Martis/Winkhart

Arzthaftungsrecht

Fallgruppenkommentar

Arzthaftungs-recht

Fallgruppenkommentar

von

Rüdiger Martis

Rechtsanwalt, Schwäbisch Gmünd

Kanzlei Rechtsanwälte
Martis, Maier, Roman-Josse, Schumm,
Wanner

und

Martina Winkhart-Martis

Rechtsanwältin, Sindelfingen
Fachanwältin für Medzinrecht

Kanzlei Rechtsanwälte
Ratajczak & Partner

4. Auflage

2014

Verlag
Dr. Otto Schmidt
Köln

*Bibliografische Information
der Deutschen Nationalbibliothek*

Die Deutsche Nationalbibliothek verzeichnet diese
Publikation in der Deutschen Nationalbibliografie;
detaillierte bibliografische Daten sind im Internet
über http://dnb.d-nb.de abrufbar.

Verlag Dr. Otto Schmidt KG
Gustav-Heinemann-Ufer 58, 50968 Köln
Tel. 02 21/9 37 38-01, Fax 02 21/9 37 38-943
info@otto-schmidt.de
www.otto-schmidt.de

ISBN 978-3-504-18052-2

©2014 by Verlag Dr. Otto Schmidt KG, Köln

Das verwendete Papier ist aus chlorfrei gebleichten
Rohstoffen hergestellt, holz- und säurefrei, alterungs-
beständig und umweltfreundlich.

Einbandgestaltung: Jan P. Lichtenford, Mettmann
Satz: Schäper, Bonn
Druck und Verarbeitung: Kösel, Krugzell
Printed in Germany

Unseren Eltern und Freunden

Vorwort

Das nunmehr in der vierten Auflage vorliegende Werk wendet sich vor allem an Rechtsanwälte, die im Arzthaftungsrecht tätig sind oder werden wollen, an hiermit befasste Richter sowie Schadenssachbearbeiter der Haftpflichtversicherungen und Kliniken.

Als praxiserfahrene und seit vielen Jahren ausschließlich bzw. mit Tätigkeitsschwerpunkt auf dem Gebiet des Arzthaftungsrechts tätige Anwälte haben wir uns besonders um eine übersichtliche – sowohl mit einem alphabetischen als auch mit einem umfassenden systematischen Inhalts- und einem nun erneut wesentlich erweiterten Stichwortverzeichnis versehene, hochaktuelle und nunmehr von 1224 auf über 1700 Seiten angewachsene – objektive Darstellung des Arzthaftungsrechts bemüht. Wir haben dabei versucht, die Interessen der Patientenanwälte in gleichem Maße wie diejenigen der Ärzte und ihrer Haftpflichtversicherungen zu berücksichtigen.

Motiviert durch die überaus freundlichen, durchweg positiven Besprechungen der dritten Auflage (vgl. etwa Jaeger, VersR 2011, 330; Teichner, GesR 2010, 574; Walter, MedR 2010, 817), für die wir uns an dieser Stelle herzlich bedanken, wurden wir auf der Suche nach neuen BGH- und teilweise unveröffentlichen OLG-Entscheidungen aus den Jahren 2010 bis Oktober 2013 mehr als 500 mal fündig.

Dabei wurden die in den wichtigsten juristischen Fachzeitschriften, Dateien und Fallsammlungen (MDR, NJW, NJW-RR, VersR, OLG-Reporte aller Oberlandesgerichte, GesR, MedR, juris, BeckRS, AHRS III/ab 2000) veröffentlichten, uns von Kollegen übersandten sowie die Entscheidungen aus dem eigenen Fundus bis Oktober 2013 berücksichtigt.

Ebenso wurden bis dahin erschienene Neuauflagen (etwa Bergmann/Pauge/Steinmeyer, Gesamtes Medizinrecht, 1. Aufl. 2012; Frahm/Nixdorf/Walter, Arzthaftungsrecht, 5. Aufl. 2013; Jaeger, Patientenrechtegesetz, 1. Aufl. 2013; Zöller, ZPO, 30. Auflage 2014; Musielak, ZPO, 10. Aufl. 2013; Ratzel/Lissel, Handbuch des Medizinschadensrechts, 1. Aufl. 2013; Spickhoff, Medizinrecht, 1. Aufl. 2011; Steffen/Pauge, Arzthaftungsrecht, 12. Aufl. 2013; Wenzel, Der Arzthaftungsprozess, 1. Aufl. 2012 und andere) eingearbeitet.

Besonders ausführlich und mit jeweils vorangestellter, das schnellere Auffinden ermöglichender Einzelübersicht wurde die nunmehr in den wesentlichen Umrissen in §§ 630a – 630h BGB kodifizierte Rechtsprechung sowie die auch hierzu erschienene Literatur zur ärztlichen Aufklärung, zu den Dokumentationspflichten, zum „groben Behandlungsfehler", zur Verjährung und der immer häufiger entscheidungserheblich werdenden „unterlassenen Befunderhebung" mit der nach wie vor problematischen Abgrenzung zum Diagnoseirrtum dargestellt. Dabei wurden die Kapitel „Diagnoseirrtum" und „Unterlassene Befunderhebung" wesentlich erweitert und mit ausführlicheren Inhaltsverzeichnissen versehen.

Anhand der hierzu ergangenen Rechtsprechung und der aktuellen Gesetzgebung mussten auch die Kapitel „Arbeitsteilung" (mit neuer Detailgliederung), „Arztvertrag" (z.B. „Nachbesserungsrecht" des Zahnarztes), „Behandlungsfehler" (z.B. „Off-Label-Use"), „Berufung", „Beweislastumkehr, Beweisvereitelung", „Gemeinschaftspraxis" (z.B. „MVZ"), „Sturz im Pflegeheim und im Krankenhaus" teilweise wesentlich erweitert werden.

Das am 26. 2. 2013 in Kraft getrenene Patientenrechtegesetz (vgl. hierzu den treffenden Hinweis von Katzenmeier, NJW 2013, 817, 822, Fn. 74 auf Montesquieu: *„Wenn es nicht notwendig ist, ein Gesetz zu erlassen, dann ist es notwendig, kein Gesetz zu erlassen"*; etwas positiver Spickhoff, VersR 2013, 267, 282: *„Es handelt sich weder um einen großen Wurf noch um eine besondere Fehlleistung"*) wird in einem eigenen Kapitel ausführlich kommentiert.

Die aktualisierten Muster der einem rechtskräftig entschiedenen Fall nachgebildeten sowie mit weiteren Problemen „angereicherten" Klage und einer Klagerwiderung bieten dem Leser einen Anhaltspunkt zur Umsetzung des hier vermittelten Wissens in die Praxis.

Dem Wunsch zahlreicher Kolleginnen und Kollegen, auch Aktenzeichen und Tag der Verkündung der vorliegenden Entscheidungen zu zitieren, sind wir für die seit dem Jahr 2000 ergangenen Urteile und Beschlüsse trotz der hiermit verbundenen „Raumforderung" auch in der vierten Auflage nachgekommen.

Anhand medizinischer Standardwerke (u.a. Siewert/Stein, Chirurgie, 9. Aufl. 2012; Pschyrembel, Klinisches Wörterbuch, 264. Aufl. 2013; Pschyrembel, Therapie, 4. Aufl. 2009) haben wir – ohne Anspruch auf Vollständigkeit – auch zahlreiche medizinische Begriffe, teilweise auch die erforderliche Diagnostik bei den jeweiligen Fallgestaltungen erläutert, z.B. Appendizitis, Bandscheibenvorfall, CRPS, Down-Syndrom, diverse Frakturtypen, Herzinfarkt, Hirnblutung, Leistenbruch, Mammakarzinom (mit der aktuellen S 3-Leitlinie), Melanom, Schlaganfall, Schulterdystokie, Thrombose u.a.

Stets gilt es zu beachten, dass die in den medizinischen Werken und den zitierten Urteilen auf der Basis der dort eingeholten Sachverständigengutachten dargestellten Standards im Einzelfall schon wieder überholt sein können!

Zur besseren Übersicht wurden die umfangreicheren Kapitel mit Detailübersichten sowie Zwischenüberschriften und das gesamte Werk mit einem Randziffersystem versehen. Die Randnummern konnten im Wesentlichen beibehalten werden.

Wir bedanken uns an dieser Stelle bei Frau Jana Franz und Frau Marianne Brenner für die Betreuung des Manuskripts sowie bei Frau Elke Schlüter, Herrn Rüdiger Donnerbauer und allen weiteren mit der Erstellung des Werks befassten Mitarbeitern des Verlages für die stets unkomplizierte, produktive Zusammenarbeit!

Zur Vorbereitung der fünften Auflage wären wir unseren Lesern für die Zusendung neuer, unveröffentlichter OLG-Entscheidungen, Anregungen, von Verbesserungsvorschlägen und konstruktiver Kritik wieder sehr dankbar!

Schwäbisch Gmünd/Sindelfingen, im Januar 2014

Rüdiger Martis   Martina Winkhart-Martis

Alphabetisches Verzeichnis

Systematisches Verzeichnis

2. Teil: Behandlungsverhältnisse

3. Teil: Behandlungsfehler

5. Teil: Verjährung

6. Teil: Prozessuales

Literaturverzeichnis

I. Juristische Literatur

AHRS III   Arzthaftpflichtrechtsprechung, Teil III, Entscheidungen ab 1. 1. 2000 (zit.: AHRS III)

Baumbach/Lauterbach/   Zivilprozessordnung, Kommentar, 71. Aufl. 2013
Albers/Hartmann   (zit.: B/L/A/H)

Baumgärtel/Laumen/   Handbuch der Beweislast, Schuldrecht Besonderer
Prütting   Teil III, §§ 812–853 BGB, 3. Aufl. 2010 (zit.: B/L/P-Bearbeiter)

Bergmann   Die Arzthaftung, Leitfaden für Ärzte und Juristen, 2. Aufl. 2012 (zit.: Bergmann)

Bergmann/Pauge/Stein-   Gesamtes Medizinrecht, 1. Aufl. 2012 (zit.: B/P/S-
meyer   Bearbeiter)

Deutsch/Spickhoff   Medizinrecht, 6. Aufl. 2008 (zit.: D/S)

Ehlers/Broglie   Arzthaftungsrecht, 4. Aufl. 2013 (zit.: E/B)

Frahm/Nixdorf/Walter   Arzthaftungsrecht, 5. Aufl. 2013 (zit.: F/N/W, 5. Aufl.)

Gehrlein   Grundriss der Arzthaftpflicht, 2. Aufl. 2006 (zit.: Gehrlein)

Geiß/Greiner   Arzthaftpflichtrecht, 6. Aufl. 2009 (zit.: G/G, 6. Aufl.)

Graf von Westphalen   Vertragsrecht und AGB-Klauselwerke; Freizeichnungsklauseln bei leichter Fahrlässigkeit, Stand Dezember 2009, bearbeitet von F. Graf von Westphalen; Vertragsabschlussklauseln, Stand Dezember 2009, bearbeitet von F. Graf von Westphalen; Krankenhausaufnahmevertrag, Stand Juni 2010, bearbeitet von Thysing (zit.: von Westphalen, Freizeichnungsklauseln/Vertragsabschlussklauseln/Krankenhausaufnahmevertrag

Grub   Schadensersatzansprüche bei Geburt eines behinderten Kindes nach fehlerhafter Pränataldiagnostik in der Schwangerschaft, Dissertation, Freiburg 2006 (zit.: Grub)

Hacks/Wellner/Häcker   Schmerzensgeld-Beträge 2013, ADAC-Schmerzensgeldtabelle, 31. Aufl. 2013 (zit.: Hacks/Wellner/Häcker)

Hausch   Der grobe Behandlungsfehler in der gerichtlichen Praxis, Dissertation 2007 (zit.: Hausch, Diss.)

Jaeger	Patientenrechtegesetz, 1. Aufl. 2013 (zit.: Jaeger)
Jaeger/Luckey	Schmerzensgeld, 6. Aufl. 2012 (zit.: Jaeger/Luckey)
Jorzig/Uphoff (Schrift-leitung)	Delegation und Substitution – wenn der Pfleger den Doktor ersetzt ..., Schriftenreihe Medizinrecht, 2010 (zit.: J/U I-Bearbeiter)
Jorzig/Uphoff (Schrift-leitung)	Qualitätsmängel im Arzthaftungsprozess – Brauchen wir ein Patientenrechtegesetz?, Schriftenreihe Medizinrecht, 2012 (zit.: J/U II-Bearbeiter)
Katzenmeier	Arzthaftungsrecht, 2002 (zit.: Katzenmeier)
Küppersbusch/Höher	Ersatzansprüche bei Personenschäden, 11. Aufl. 2013 (zit.: Küppersbusch/Höher)
Laufs/Katzenmeier/Lipp	Arztrecht, 6. Aufl. 2009 (zit.: L/K/L-Bearbeiter)
Laufs/Kern	Handbuch des Arztrechts, 4. Aufl. 2010 (zit.: L/K-Bearbeiter)
Musielak	Zivilprozessordnung, Kommentar, 10. Aufl. 2013 (zit.: Musielak-Bearbeiter)
Münchener Kommentar	Kommentar zum Bürgerlichen Gesetzbuch, Band 5 (§§ 705–853 BGB), 5. Aufl. 2009 (zit.: Müko-Bearbeiter)
Oehler	Zahnmedizinischer Standard in der Rechtsprechung, 2003 (zit.: Oehler)
Palandt	Bürgerliches Gesetzbuch, 72. Aufl. 2013 (zit.: Palandt-Bearbeiter)
Prütting	Fachanwaltskommentar Medizinrecht, 2. Aufl. 2012 (zit.: Prütting)
Quaas/Zuck	Medizinrecht, 1. Aufl. 2005 (zit.: Q/Z)
Ratzel/Lissel	Handbuch des Medizinschadensrechts, 1. Aufl. 2013 (zit.: R/L-Bearbeiter)
Ratzel/Luxemburger	Handbuch Medizinrecht, 2. Aufl. 2012 (zit.: R/L II-Bearbeiter)
Ratajczak/Stegers	(Schriftleitung) Risikoaufklärung, Schriftenreihe Medizinrecht, 2001 (zit.: R/S I)
Ratajczak/Stegers	„Waffen-Gleichheit", Das Recht in der Arzthaftung, Schriftenreihe Medizinrecht 2002 (zit.: R/S II)
Ratajczak/Stegers	Leitlinien, Richtlinien und Gesetz, Schriftenreihe Medizinrecht 2003 (zit.: R/S III)

Ratajczak/Stegers	Ärztliche Behandlung an der Grenze des Lebens, Schriftenreihe Medizinrecht 2004 (zit.: R/S IV)
Ratajczak/Stegers	Globalisierung in der Medizin, Schriftenreihe Medizinrecht 2005 (zit.: R/S V)
Ratajczak/Stegers	Arzthaftungsrecht-Rechtspraxis und Perspektiven, Schriftenreihe Medizinrecht 2006 (zit.: R/S VI)
Rumetsch	Medizinische Eingriffe bei Minderjährigen, Helbing Lichtenhahn, Diss. 2013, zit.: Rumetsch, Diss. 2013
Schulz-Borck/Pardey	Der Haushaltsführungsschaden, 7. Aufl. 2009 (zit.: S-B/P)
Slizyk	Beck'sche Schmerzensgeld-Tabelle, 9. Aufl. 2013 (zit.: Slizyk)
Spickhoff	Medizinrecht, 1. Aufl. 2011 (zit.: Spickhoff-Bearbeiter)
Steffen/Pauge	Arzthaftungsrecht, 12. Aufl. 2013 (zit.: S/Pa, 12. Aufl.)
Stegers/Hansis/Alberts/ Scheuch	Der Sachverständigenbeweis im Arzthaftungsrecht, 2. Aufl. 2008 (zit.: S/H/A/S)
Terbille	Münchener Anwalts-Handbuch Medizinrecht, 1. Aufl. 2009 (zit.: Terbille)
Ulmer/Brandner/Hensen	Kommentar zu den §§ 305–310 BGB, 11. Aufl. 2011 (zit.: U/B/H-Bearbeiter)
Wenzel	Der Arzthaftungsprozess, 1. Aufl. 2012 (zit.: Wenzel-Bearbeiter)
Wenzel	Handbuch des Fachanwalts Medizinrecht, 3. Aufl. 2012 (zit.: Wenzel II-Bearbeiter)
Wolf/Lindacher/Pfeiffer	AGB-Recht, Kommentar, 5. Aufl. 2009 (zit.: W/L/P-Bearbeiter)
Zöller	Zivilprozessordnung, Kommentar, 30. Aufl. 2014 (zit.: Zöller/Bearbeiter)

II. Medizinische Literatur

Haag/Hanhart/Müller	Gynäkologie und Urologie, 6. Aufl. 2012/2013 (zit.: Haag/Hanhart/Müller)
Pschyrembel	Gynäkologie und Geburtshilfe, 3. Aufl. 2012 (zit.: Pschyrembel Gynäkologie)

Pschyrembel   Klinisches Wörterbuch, 264. Aufl. 2013 (zit.: Pschyrembel, 264. Aufl.)

Pschyrembel   Therapie, 4. Aufl. 2009 (zit.: Pschyrembel Therapie)

Schölmerich   Medizinische Therapie, 3. Aufl. 2008 (zit.: Schölmerich)

Siewert/Stein   Chirurgie, 9. Aufl. 2012 (zit.: Siewert/Stein)

Stichwörter in alphabetischer Reihenfolge

Allgemeine Geschäftsbedingungen

Vgl. auch → *Arztvertrag*, Rz. A 401 ff.; → *Einsicht in Krankenunterlagen*, Rz. E 1 ff.; → *Krankenhausverträge*, Rz. K 130 ff.

I. Einbeziehung in den Arzt- oder Krankenhausvertrag

1. Einverständnis- und Einbeziehungsklauseln

Eine **formularmäßige Erklärung** des Patienten bzw. Kunden, in der dieser bestätigt, von den AGB des Verwenders **Kenntnis** genommen zu haben und mit deren Geltung **einverstanden** zu sein, unterliegt nicht der Inhaltskontrolle nach §§ 9 ff. AGBG bzw. (ab dem 1. 1. 2002) §§ 307 ff. BGB. Dies gilt jedenfalls dann, wenn sich die formularmäßige Erklärung darauf beschränkt, die für die Einbeziehung gem. §§ 305 II, 310 III BGB erforderlichen Tatsachen zu bestätigen (von Westphalen, Vertragsrecht, Stand März 2005, „Vertragsabschlussklauseln", Rz. 44, 45; Thüsing, Vertragsrecht, Stand Juni 2010, „Krankenhausaufnahmevertrag", Rz. 8; 9; U/B/H-Christensen, 11. Aufl. 2011, „Krankenhausverträge", Rz. 1, S. 1413; W/L/P-Stoffels, 5. Aufl. 2009, „Klauseln", Rz. K 52).

    A 1

Gem. § 11 Nr. 15b AGBG bzw. § 309 Nr. 12b BGB **unwirksam** sind jedoch Bestätigungsklauseln, die dahin lauten, der Kunde habe „**vom Inhalt der AGB/AVB Kenntnis genommen**" oder sei „auf die Geltung der AGB/AVB hingewiesen" worden. Denn diese Klausel ändert die Beweislast zum Nachteil des Kunden bzw. Krankenhausbenutzers (von Westphalen, Vertragsrecht, Stand März 2005, „Vertragsabschlussklauseln", Rz. 46; Thüsing, Vertragsrecht, Stand Juni 2010, „Krankenhausaufnahmevertrag", Rz. 8 mit Hinweis auf BGH, NJW 1990, 761,

    A 2

765; U/B/H-Christensen, 11. Aufl. 2011, „Krankenhausverträge", Rz. 1, S. 1413: *„Ich bestätige, auf die AGB und Tarife hingewiesen worden zu sein und die Möglichkeit zumutbarer Kenntnisnahme gehabt zu haben"* ist gem. §§ 309 Nr. 12b, 305c BGB unwirksam; ebenso F/N/W, 5. Aufl. 2013, Rz. 10; W/L/P-Stoffels, 5. Aufl. 2009, „Klauseln" Rz. K 52: unwirksam, soweit eine Kenntnisnahme nach den Umständen nicht unzweifelhaft anzunehmen ist, etwa beim Abdruck der AGB auf der Rückseite des Formulars).

A 3   Gegen § 309 Nr. 12b BGB bzw. § 307 I BGB verstoßen auch Klauseln, wonach der Kunde **„die Aushändigung der AGB/des Vertragsexemplars bestätigt"** (OLG Hamm NJW-RR 1992, 444, 445; von Westphalen, Stand März 2005, „Vertragsabschlussklauseln", Rz. 47) bzw. die AGB/AVB mit der Inanspruchnahme von Leistungen verbindlich werden oder der Patient **auf die Einbeziehungsvoraussetzungen verzichtet** (OLG Düsseldorf NJW 1988, 884; U/B/H-Christensen, „Krankenhausverträge", 11. Aufl. 2011, Rz. 1 a. E., S. 1413; Thüsing, Stand Juni 2010, „Krankenhausaufnahmevertrag", Rz. 9; W/L/P-Stoffels, 5. Aufl., „Klauseln", Rz. K 52).

A 4   Für eine wirksame Einbeziehung reicht auch ein Hinweis auf die Geltung der AGB/AVB nach erfolgter Aufnahme des Patienten in ein Krankenhaus regelmäßig nicht aus. Ebenso wenig kann sein **Verweilen als Zustimmung** zur Geltung der AGB/AVB des Krankenhauses gedeutet werden, jedenfalls wenn ihm ein Verlassen des Krankenhauses nicht zumutbar ist (Thüsing, Stand Juni 2010, „Krankenhausaufnahmevertrag", Rz. 9; W/L/P-Stoffels, „Klauseln", Rz. K 52).

A 5 – A 6   Einstweilen frei.

2. Einbeziehung Dritter

A 7   Gesetzliche Vertreter und Begleitpersonen des Patienten können ohne ausdrückliche und gesonderte eigene Erklärung i. S. d. § 309 Nr. 11a BGB nicht in den Vertrag mit seinen Pflichten einbezogen, insbesondere nicht zur **Übernahme der gesamtschuldnerischen Haftung** wegen zukünftiger Behandlungspositionen verpflichtet werden (OLG Köln, NJW-RR 1999, 733; OLG Düsseldorf NJW 1991, 2352; U/B/H-Christensen, 11. Aufl. 2011, „Krankenhausaufnahmeverträge", Rz. 5, S. 1419; W/L/P-Stoffels, 5. Aufl. 2009, „Klauseln" Rz. K 52: Verstoß gegen § 309 Nr. 11a BGB und Verstoß gegen § 309 Nr. 11b BGB, sofern keine verwandtschaftlichen Verhältnisse bestehen und das KKH sich nicht von der Begleitperson auf dem Formular versichern lässt, dass der Patient mit ihrer Bevollmächtigung einverstanden ist; Thüsing, Stand Juni 2010, „Krankenhausaufnahmevertrag", Rz. 10: Verstoß gegen §§ 309 Nr. 11a, 305c I BGB).

A 8   Unzulässig ist auch eine Bestätigung der Begleitperson in AGB, zur Verpflichtung des Patienten (mit der möglichen Haftung aus § 179 BGB) bevollmächtigt zu sein (LG Düsseldorf NJW 1995, 3062; U/B/H-Christensen, „Krankenhausverträge", Rz. 5, S. 1419; L/K-Kern, 4. Aufl. 2010, § 90, Rz. 10).

II. Wahlleistungs- und Selbstzahlerklauseln

1. Begründung eigener Zahlungspflicht

Wahlleistungs- und Selbstzahlerklauseln sind grundsätzlich nur wirksam, wenn   A 9
der Patient hierauf vor Inanspruchnahme der Leistung **deutlich erkennbar** – also
etwa durch **Fettdruck, Einrahmung** etc. – hingewiesen wird (BGH, NJW 1990,
761, 766; OLG Köln, Beschl. v. 21. 3. 2003 – 5 W 72/01, NJW-RR 2003, 1699,
1700 = VersR 2004, 651, 652; U/B/H-Christensen, „Krankenhausverträge", Rz. 2,
S. 1416; Thüsing, Stand Juni 2010, „Krankenhausaufnahmevertrag", Rz. 22).
Eine Klausel, worin sich der Patient

„für den Fall, dass keine Kostenübernahmeerklärung eines Sozialleistungsträgers, eines   A 10
sonstigen öffentlich-rechtlichen Kostenträgers oder einer privaten Krankenversicherung
vorgelegt wird oder die vorgelegte Kostenübernahmeerklärung nicht die Kosten aller in Anspruch genommenen Leistungen abdeckt"

selbst zur Zahlung des Entgelts für die Krankenhausleistungen verpflichtet, ist
nach Auffassung des OLG Saarbrücken (Urt. v. 12. 4. 2000 – 1 U 477/99–191,
NJW 2001, 1798, 1799) dann **nicht gem. § 305c I BGB n.F. überraschend, wenn
der Patient, wie er weiß, weder gesetzlich krankenversichert noch sozialhilfeberechtigt ist.** Der Patient muss dann damit rechnen, dass der Krankenhausträger
ihn mangels sonstiger Rückgriffsmöglichkeiten persönlich in Anspruch nimmt
(OLG Saarbrücken NJW 2001, 1798, 1799).

Das OLG Köln (Beschl. v. 21. 3. 2003 – 5 W 72/01, NJW-RR 2003, 1699, 1701 =   A 11
VersR 2004, 651, 653) lässt es offen, ob eine formularmäßige Übernahmeerklä-
rung nicht bereits dann gegen § 305c I BGB verstößt, weil der Patient in einem
Aufnahmeformular nicht unbedingt mit einer Kostenübernahmeerklärung rechnen muss. Jedenfalls werde die Klausel wegen ihres **überraschenden Charakters**
gem. § 305c I BGB dann **nicht Vertragsbestandteil** des Aufnahmevertrages,
wenn der Patient krankenversichert ist und von einer Übernahme der Kosten
durch die Krankenkasse ausgehen kann (OLG Köln, Beschl. v. 21. 3. 2003 – 5 W
72/01, NJW-RR 2003, 1699, 1701 = VersR 2004, 651, 653; zustimmend: Thüsing,
Stand Juni 2010, „Krankenhausaufnahmevertrag", Rz. 24: Verstoß gegen § 307 II
Nr. 2, 307 I BGB; U/B/H-Christensen, 11. Aufl. 2011, „Krankenhausverträge",
Rz. 2, S. 1416: überraschende Klausel; W/L/P-Stoffels, 5. Aufl. 2009, „Klauseln"
Rz. K 52: überraschende Klausel; ebenso: OLG Bremen, Urt. v. 23. 10. 1990 –
3 U 73/90, ArztR 1991, 333 u. AG Bremen, NJW-RR 2004, 931; auch OLG Saarbrücken, Urt. v. 12. 4. 2000 – 1 U 477/99–191, NJW 2001, 1798, 1799 bei gesetz-
lich versicherten Patienten).

Unabhängig von einem Verstoß gegen § 305c I BGB hält eine Kostenübernahme-   A 12
klausel, worin sich der Patient im Aufnahmeformular verpflichtet,

„unter **Übernahme der gesamtschuldnerischen Haftung alle durch die Behandlung nach den
jeweils geltenden Tarifen entstandenen Kosten zu tragen,** soweit sie nicht durch eine Krankenkasse oder einen anderen Sozialleistungs- oder Kostenträger übernommen werden",

einer Inhaltskontrolle nach § 307 I, II Nr. 2 BGB nicht stand (OLG Köln, Beschl. v.
21. 3. 2003 – 5 W 72/01, NJW-RR 2003, 1699, 1701 = VersR 2004, 651, 653; ebenso:
OLG Hamburg, Urt. v. 20. 3. 2002 – 1 U 62/01, MDR 2002, 1301, 1302; Thüsing,

Stand Juni 2010, „Krankenhausaufnahmevertrag", Rz. 24; W/L/P-Stoffels, 5. Aufl. 2009, „Klauseln" Rz. K 52: gem. § 305 I BGB überraschende Klausel). Denn die Klausel erweckt den Eindruck, dass der Patient in jedem Fall schon dann persönlich für die Kosten eintreten muss, wenn eine Krankenkasse oder ein Sozialhilfeträger sich – möglicherweise zu Unrecht – weigert, die Kosten zu übernehmen.

A 13   **Eine Selbstzahlerklausel, die zwischen den verschiedenen Fallgruppen (fehlender Krankenversicherungsschutz ist dem Patienten bekannt bzw. Patient geht von bestehendem Versicherungsschutz aus) nicht differenziert, ist danach insgesamt unwirksam.** Gleiches gilt, wenn eine Klausel eine **Selbstzahlungspflicht schon bei Zahlungsverweigerung der gesetzlichen Krankenkasse** vorsieht; diese Klausel umfasst auch die Fälle, der unberechtigten Zahlungsablehnung durch die Krankenkasse, bei denen der Patient nicht mit einer eigenen Einstandspflicht rechnen muss (U/B/H-Christensen, 11. Aufl. 2011, „Krankenhausverträge", Rz. 2, S. 1416).

A 14   Der Krankenhausträger ist aber in zweifelhaften Fällen gehalten, die Ansprüche zunächst gegen die Kasse oder den Sozialhilfeträger durchzusetzen (OLG Köln, Beschl. v. 21. 3. 2003 – 5 W 72/01, NJW-RR 2003, 1699, 1701 = VersR 2004, 651, 653; Christensen a. a. O.). Bei Privatpatienten ist eine – lediglich klarstellende – Klausel über **die Zahlungspflicht des Privatpatienten auch bei Nichterstattung der Kosten durch eine private Krankenversicherung nicht zu beanstanden** (U/B/H-Christensen, „Krankenhausverträge", Rz. 2, S. 1416; ebenso AG Nürnberg, ZMGR 2005, 150; a. A. AG Pforzheim, MedR 2003, 234).

A 15   Gem. § 305c I BGB überraschend ist auch die formularmäßige Verknüpfung von Erklärungen des **gesetzlich krankenversicherten Patienten** in der Aufnahmeerklärung mit einer gleichzeitigen Anerkennung einer zusätzlichen Zahlungsverpflichtung gegenüber den Chefärzten des jeweiligen Krankenhauses. Regelmäßig ist nicht davon auszugehen, dass ein Patient ohne gesonderte Erklärung, etwa durch Ankreuzen des Wunsches nach „**Chefarztbehandlung**", solche zusätzlich zu vergütenden Sonderleistungen wünscht (vgl. Thüsing, Stand Juni 2010, „Krankenhausaufnahmevertrag", Rz. 25).

A 16   Nach § 307 II Nr. 1 BGB unwirksam ist auch eine Klausel, wonach eine Vereinbarung über wahlärztliche Leistungen sich auf „**alle an der Behandlung des Patienten beteiligten Ärzte des Krankenhauses**" erstreckt. Denn damit schuldet der Patient die Vergütung für Wahlleistungen ohne Rücksicht darauf, ob er vom Chefarzt, dessen Stellvertreter oder einem beliebigen sonstigen Krankenhausarzt behandelt wird (OLG Stuttgart, OLGR 2002, 153, 155; LG Hamburg NJW 2001, 3415, 3416 zur „Vertreterklausel"; LG Konstanz, Urt. v. 9. 10. 2002 – 2 O 58/02, VersR 2003, 867, 868: Abbedingung der persönlichen Leistungserbringung durch AGB unzulässig; LG Mosbach, Urt. v. 30. 7. 2002 – 1 S 144/01, VersR 2003, 870 zur „Vertreterklausel"; Meyer, VersR 2003, 869 zur „Vertreterklausel"; Thüsing, Stand Juni 2010, „Krankenhausaufnahmevertrag" Rz. 26, 27; U/B/H-Christensen, 11. Aufl. 2011, „Krankenhausverträge", Rz. 3, S. 1417; Einzelheiten s. u. Rz. A 41 ff.).

A 17   Haben der Krankenhausträger und der Patient die gemeinsame Vorstellung, dass eine gesetzliche Krankenversicherung besteht, die die Kosten des Krankenhausaufenthalts des Patienten bzw. des Kindes des Patienten übernimmt, und stellt sich dies nachfolgend als Irrtum heraus, dann **fehlt** dem zwischen dem Kranken-hausträger und dem Patienten geschlossenen Behandlungsvertrag **die Geschäfts-grundlage** (BGH, Urt. v. 28. 4. 2005 – III ZR 351/04, NJW 2005, 2069 = VersR 2005, 947). Die beim **Fehlen der Geschäftsgrundlage** gebotene **Anpassung des Be-handlungsvertrages** führt dann dazu, dass der Krankenhausträger die nach Maß-gabe der §§ 10 ff. BPflV zu ermittelnde **Vergütung für die allgemeinen Kranken-hausleistungen vom Patienten selbst** – im entschiedenen Fall von der Mutter des minderjährigen Patienten – verlangen kann (BGH, Urt. v. 28. 4. 2005 – III ZR 351/04, NJW 2005, 2069, 2071 = VersR 2005, 947, 948; zustimmend Thüsing, Stand Juni 2010, „Krankenhausaufnahmevertrag" Rz. 24).

Unwirksam ist auch die Wahlleistungsentgeltregelung eines Krankenhauses, wonach bei Unterbringung in einem Ein- oder Zweibettzimmer sowohl für den Aufnahmetag als auch für den **Entlassungs- oder Verlegungstag das volle Zusatz-entgelt** zu bezahlen ist (BGH, Beschl. v. 31. 10. 2002 – III ZR 60/02, MDR 2003, 143; zustimmend Thüsing, Stand Juni 2010, „Krankenhausaufnahmevertrag", Rz. 23 a. E.: Eine AGB, die eine volle Zahlungspflicht sowohl für den Aufnahme- als auch für den Entlassungs- oder Verlegungstag vorsieht, ist unwirksam; a. A. U/B/H-Christensen, 11. Aufl. 2011, „Krankenhausverträge", Rz. 3, S. 1416). **A 18**

2. Honorarvereinbarungen

Gem. § 2 II 2 GOÄ (eine entsprechende Regelung enthält auch § 2 II GOZ), der auch bei kosmetischen bzw. medizinisch nicht indizierten Eingriffen anzuwen-den ist, muss eine **schriftliche Honorarvereinbarung** neben der Nummer und der Bezeichnung der Leistung den **Steigerungssatz und den vereinbarten Betrag enthalten.** Zusätzlich ist der Hinweis erforderlich, dass eine Erstattung der Ver-gütung durch Erstattungsstellen (private Krankenversicherung, PKV oder Beihil-fe) möglicherweise nicht in vollem Umfang gewährleistet ist. Entspricht die Ho-norarvereinbarung diesen Anforderungen nicht oder enthält sie **weitere Erklä-rungen, etwa die Einbeziehung der Einwilligung in die Honorarvereinbarung, die Erklärung über die Inanspruchnahme wahlärztlicher Leistungen im Kran-kenhaus oder die Vereinbarung über eine Vertretung durch andere Ärzte, so ist die gesamte Honorar- bzw. Wahlleistungsvereinbarung gem. § 2 II 3 GOÄ (ebenso § 2 II 3 GOZ) unwirksam** (OLG Köln, Urt. v. 31. 12. 2009 – 5 U 52/09, MedR 2011, 49, 50; Spickhoff, 1. Aufl. 2011, § 2 GOÄ, Rz. 15, 16; auch Thüsing, Stand Juni 2010, „Krankenhausaufnahmevertrag", Rz. 20, 21; U/B/H-Christen-sen, „Arztverträge", 11. Aufl. 2011, Rz. 1, 3, S. 1281, 1283). **A 19**

Eine formularmäßige Honorarvereinbarung ist darüber hinaus dann **gem. §§ 307 II Nr. 1, 307 I BGB unwirksam,** wenn sie dem Arzt eine Abrechnung seiner Leis-tungen entgegen der §§ 2–5b GOÄ, 6, 6a GOÄ bzw. §§ 2–7 GOZ **bis zum 5-fa-chen Satz der GOÄ/GOZ ermöglicht oder eine Abrechnung sämtlicher Leistun-gen mit dem 3,5-fachen (Höchst-) Satz zulässt** (BGH, NJW 1992, 746; Spickhoff, 1. Aufl. 2011, § 2 GOÄ, Rz. 11 und § 307 BGB, Rz. 6; Thüsing, Stand Juni 2010, „Krankenhausaufnahmevertrag", Rz. 23 a. E.; U/B/H-Christensen, „Arztverträge", Rz. 1, 3, S. 1281, 1283). **A 19a**

Eine Überschreitung der Höchstwerte des § 5 I GOÄ/5 I GOZ (3,5-facher Satz) schließt der BGH generell aus, da sich die Angemessenheit eines solchen Hono- **A 19b** rars anhand der Bemessungskriterien nur im Einzelfall ermitteln lasse, sei es einer Regelung durch AGB entzogen (BGH, NJW 1992, 746; U/B/H-Christensen, „Arztverträge", Rz. 3, S. 1283; vgl. zum Gebührensatz auch Rz. A 34 ff.). Der Arzt kann sich in seinen AGB **außerhalb einer Honorarvereinbarung** auch nicht von der in § 12 III GOÄ/10 III GOZ niedergelegten Verpflichtung befreien, die **Überschreitung des Schwellenwertes der GOÄ bzw. GOZ nachvollziehbar anhand der dortigen Kriterien begründen** (Christensen a. a. O.).

A 19c Die **Überschreitung der Schwellenwerte** kann etwa begründet werden mit der konkreten Angabe der Dauer einer Operation, mit einer Kombination verschiedener Krankheiten, mit komplizierten Begleiterkrankungen, mit erheblichen inneren Verwachsungen, mit erheblichen plötzlichen Störungen der Vitalfunktionen während des Eingriffs, mit einem medizinisch ungewöhnlichen, vom Normalfall deutlich abweichenden Einzelfall, mit einer Behandlung unter erschwerten Verhältnissen, etwa einem plötzlichen Notfall, mit besonderen Vorerkrankungen oder mit einer eingeschränkten Bewusstseinslage, soweit dies für die Behandlung relevant ist (Spickhoff, 1. Aufl. 2011, § 12 GOÄ, Rz. 7).

Christensen („Arztverträge", Rz. 3, S. 1283; ebenso LG Frankfurt, VersR 1992, 188) ist der Ansicht, die Anforderungen seien so streng, dass es **jenseits der Schwellenwerte der Gebührenregelungen (3,5) praktisch kaum möglich sei, eine wirksame AGB-Honorarvereinbarung zu formulieren.** Im Rahmen einer Individualvereinbarung, bei der die Überschreitung des Gebührenrahmens ernsthaft zur Disposition gestellt und dem Patienten eine reale Einflussmöglichkeit eingeräumt werden muss, ist der Arzt gem. § 242 BGB verpflichtet, die entsprechende Begründung für die Überschreitung zu erteilen (vgl. Christensen, a. a. O., S. 1282, 1283).

A 19d Das BVerfG (NJW 2005, 1036, 1037) sieht darin, dass ein Zahnarzt nach der Rechtsprechung eine Honorarvereinbarung nur **in Form einer Individualabrede treffen kann,** keine unverhältnismäßige Belastung. Eine Individualabrede zwischen einem Zahnarzt und dem Patienten ist regelmäßig aber nur dann anzunehmen, soweit auf der Grundlage eines im Vorfeld individuell erstellten Heilund Kostenplans (HKP) im vorformulierten Teil der Vereinbarung die wesentlichen Parameter (Gebührenziffer und Gebührensatz) (handschriftlich) eingefügt werden, wobei der Gebührensatz nicht zuvor abstrakt definiert sein darf. Dabei erfordert die Annahme einer – vom Zahnarzt nachzuweisenden – Individualvereinbarung keine Verhandlung der Vertragsparteien über den Preis (Spickhoff-Pannke, 1. Aufl. 2011, § 2 GOZ, Rz. 18, 19). **In einem HKP ist eine von der GOZ abweichende Vereinbarung für Leistungen auf Verlangen des Patienten, die über das Maß einer zahnmedizinisch notwendigen Versorgung hinausgehen, möglich.** Der HKP muss aber vor Erbringung der Leistung erstellt werden, die einzelnen Leistungen und Vergütungen sowie die Feststellung enthalten, dass es sich um Leistungen auf Verlangen handelt und eine Erstattung möglicherweise nicht gewährleistet ist. **Ohne schriftlichen HKP scheidet eine Abrechnung der Leistungen aus** (vgl. 2 III GOZ; Spickhoff-Pannke, 1. Aufl. 2011, § 2 GOZ, Rz. 21, 23).

A 20 Der BGH (Urt. v. 23. 3. 2006 – III ZR 223/05, ZGS 2006, 165) hat entschieden, dass **ein Arzt auch bei der privaten Abrechnung medizinisch nicht indizierter kosmetischer Operationen an die Bestimmungen der GOÄ (bzw. GOZ) gebun-**

den ist. Einen höheren Betrag kann der Arzt danach nur im engen Rahmen einer explizit geschlossenen und den Formerfordernissen des § 2 II GOÄ genügenden, individuellen schriftlichen Vereinbarung verlangen. In dem vom BGH entschiedenen Fall hatte der Arzt von der Patientin einen Pauschalpreis von 9 500,00 Euro für eine Brustverkleinerung verlangt, ohne eine solche individuelle Vereinbarung abzuschließen. Wird die Klinik jedoch in der Rechtsform einer GmbH, AG o. a. geführt, greifen die nur für Liquidationen durch einen Arzt geltenden §§ 1 ff. GOÄ nicht ein (BGH a. a. O.). U. E. sollten die Bestimmungen der GOÄ und GOZ entsprechend angewandt werden, um die – längst üblichen – Umgehungen durch die meist in der Rechtsform der GmbH organisierten „Schönheitskliniken" zu verhindern.

Die Passage   A 21

„Die Höhe der Gebühr richtet sich entsprechend § 5 II GOZ insbesondere nach der voraussichtlichen Schwierigkeit und dem voraussichtlichen Zeitaufwand für einzelne Leistungen"

ist kein unzulässiger Zusatz, der gem. § 2 II 3 GOZ ohne weiteres zur Unwirksamkeit der Vereinbarung führt (OLG Düsseldorf, Urt. v. 21. 3. 2002 – 8 U 76/01, NJW-RR 2003, 123, 124). Nach Auffassung des OLG Düsseldorf (a. a. O.) führt auch die im Abdruck der Vereinbarung enthaltene Bestätigung, wonach der Patient eine Abschrift der Vereinbarung erhalten hat, **nicht gem. § 2 II 3 GOZ zur Unwirksamkeit der Vereinbarung**. Allerdings ist diese **Klausel gem. § 309 Nr. 12b BGB unwirksam** (von Westphalen, Vertragsrecht, Stand März 2005, „Vertragsabschlussklauseln" Rz. 46; Thüsing, Stand Juni 2010, „Krankenhausaufnahmevertrag", Rz. 8).

Die Gebührenordnung für Ärzte (GOÄ) bzw. die Gebührenordnung für Zahn-   A 22
ärzte (GOZ) müssen grundsätzlich nicht – wie etwa die VOB/B – dem Patienten ausgehändigt werden, da es sich bei der GOÄ/GOZ um eine amtliche Gebührenordnung i. S. einer Rechtsverordnung handelt (Thüsing, Stand Juni 2010, „Krankenhausaufnahmevertrag", Rz. 21; W/L/P-Stoffels, „Klauseln", Rz. K 56). Bei der Vereinbarung von Wahlleistungen in einem Krankenhaus sieht jedoch § 22 II 1 Hs. 2 BPflV eine Unterrichtungspflicht des Krankenhausträgers über die Entgelte der Wahlleistungen vor.

Einstweilen frei.   A 23

3. Unterrichtung des Patienten über die Kosten ärztlicher Wahlleistungen

Der BGH hat sich in mehreren Urteilen mit der Pflicht des Krankenhauses, den   A 24
Patienten vor Abschluss einer Wahlleistungsvereinbarung (insbesondere Chefarztbehandlung u. a.) über die Entgelte und den Inhalt der wahlärztlichen Leistungen zu informieren, auseinandergesetzt. Danach sind folgende Anforderungen an die **in § 22 II 1 BPflV (jetzt: § 17 II KHEntgG) normierte Unterrichtungspflicht zu stellen** (BGH, Urt. v. 1. 2. 2007 – III ZR 126/06, VersR 2007, 950, 951; BGH, Urt. v. 4. 11. 2004 – III ZR 201/04, NJW-RR 2005, 419, 420 = VersR 2005, 121, 122 = MDR 2005, 381; Urt. v. 22. 7. 2004 – III ZR 355/03, NJW-RR 2004, 1428 = VersR 2005, 120 = MDR 2004, 1229; Urt. v. 8. 1. 2004 – III ZR 375/02, NJW 2004, 686, 687 = MDR 2004, 433, 434 = MedR 2004, 442, 443; BGH, Urt.

7

v. 27. 11. 2003 – III ZR 37/03, NJW 2004, 684, 686 = VersR 2004, 1005, 1007 = MDR 2004, 435 = MedR 2004, 264, 266):

A 25 – Kurze Charakterisierung des Inhalts wahlärztlicher Leistungen, wobei zum Ausdruck kommen muss, dass hierdurch ohne Rücksicht auf Art und Schwere der Erkrankung die persönliche Behandlung durch die liquidationsberechtigten Ärzte sichergestellt werden soll, verbunden mit dem Hinweis darauf, dass der Patient auch ohne Abschluss einer Wahlleistungsvereinbarung die medizinisch notwendige Versorgung durch hinreichend qualifizierte Ärzte erhält.

A 26 – Eine kurze Erläuterung der Preisermittlung für ärztliche Leistungen nach der GOZ bzw. GOÄ (Leistungsbeschreibung anhand der Nummern des Gebührenverzeichnisses, Bedeutung von Punktzahl und Punktwert sowie die Möglichkeit, den Gebührensatz je nach der Schwierigkeit und dem Zeitaufwand zu erhöhen) und der Hinweis auf die Gebührenminderung nach § 6a GOÄ (BGH, Urt. v. 27. 11. 2003 – III ZR 37/03, NJW 2004, 684, 686). Im Urt. v. 8. 1. 2004 (III ZR 375/02, NJW 2004, 686, 688 = MedR 2004, 442, 444) hat der BGH die fehlende Verweisung auf § 6a GOÄ, wonach die Gebühren der behandelnden Ärzte bei stationären und teilstationären Leistungen um 15 % zu mindern sind, allerdings für unschädlich gehalten. In der Entscheidung vom 4. 11. 2004 (III ZR 201/04, NJW-RR 2005, 419) hat der BGH nochmals klargestellt, dass es nicht erforderlich ist, dem Patienten unter Hinweis auf die mutmaßlich in Ansatz zu bringenden Nummern der GOÄ bzw. GOZ detailliert und auf den Einzelfall dargestellt die Höhe der voraussichtlich entstehenden Arztkosten, etwa in Form eines Kostenvoranschlags, mitzuteilen.

A 27 – Ein Hinweis darauf, dass die Vereinbarung wahlärztlicher Leistungen eine erhebliche finanzielle Mehrbelastung zur Folge haben kann.

A 28 – Ein Hinweis darauf, dass sich bei der Inanspruchnahme wahlärztlicher Leistungen die Vereinbarung zwingend auf alle an der Behandlung des Patienten beteiligten liquidationsberechtigten Ärzte erstreckt (vgl. § 22 III 1 BPflV).

A 29 – Ein **Hinweis darauf, dass die GOÄ bzw. GOZ auf Wunsch eingesehen werden kann; die ungefragte Vorlage der Gesetzestexte ist jedoch nicht zwingend.**

A 30 Damit hat der BGH den bis dato vertretenen abweichenden Auffassungen eine Absage erteilt. Nach der weitest gehenden Auffassung war die Wahlleistungsvereinbarung nur dann wirksam, wenn der Patient unter Nennung der in Ansatz zu bringenden Nummern der GOÄ auch über die Höhe der voraussichtlich entstehenden Arztkosten informiert worden ist, wobei entsprechend den Anforderungen eines Kostenvoranschlags nach § 650 BGB zumindest eine im Wesentlichen zutreffende Angabe verlangt wurde (OLG Jena, VersR 2002, 1499, 1500; LG Dortmund, VersR 2002, 1033, 1034; LG Duisburg MedR 2001, 213, 214; auch OLG Düsseldorf, VersR 1999, 496, 497).

A 31 Die für die Krankenhausträger günstigste Auffassung hielt es für ausreichend, wenn der Patient darauf hingewiesen wurde, dass die Abrechnung des selbst liquidierenden Chefarztes nach der GOÄ bzw. GOZ erfolgt; im Übrigen wurde es von dieser Auffassung als Sache des Patienten angesehen, bei Bedarf die Vorlage des Textes der GOÄ bzw. GOZ zu erbitten oder sich diese selbst zu beschaffen

(OLG Köln NJW-RR 1999, 228, 229; Biermann/Ulsenheimer/Weißauer, MedR 2000, 107, 108 f.; Haberstroh, VersR 1999, 8, 13 f.).

Genügt die Wahlleistungsvereinbarung den Anforderungen des BGH nicht, so **A 32** **steht der Behandlungsseite kein bzw. kein über das gesetzliche Honorar hinausgehender Vergütungsanspruch aus § 612 II BGB** für die im Zusammenhang mit der stationären Behandlung des Patienten erbrachten Leistungen zu; auch ein Bereicherungsanspruch aus § 812 I BGB scheidet dann aus (BGH, Urt. v. 22. 7. 2004 – III ZR 355/03, NJW-RR 2004, 1428, 1429 = VersR 2005, 120, 121; BGH, Urt. v. 27. 11. 2003 – III ZR 37/03, NJW 2004, 684, 686 = VersR 2004, 1005, 1007 = MDR 2004, 435).

Im Urt. v. 1. 2. 2007 (III ZR 126/06, VersR 2007, 950, 951) hat der BGH erneut **A 33** betont, dass ein Rückforderungsanspruch des Patienten nicht ausgeschlossen ist, wenn er in Unkenntnis der Rechtslage (vgl. § 814 BGB) die ersten Rechnungen beanstandungsfrei bezahlt hat. Allerdings kann sich der Patient aus dem Gesichtspunkt der **„unzulässigen Rechtsausübung"** (**§ 242 BGB**) dann nicht auf die Unwirksamkeit der Wahlleistungsvereinbarung berufen, wenn er zumindest ansatzweise über die Tragweite der eingegangenen Verpflichtungen informiert worden ist, ihm die Technik der Preisermittlung nach der GOÄ/GOZ vor Augen geführt wurde und er in Kenntnis der Nichterstattungsfähigkeit durch die Krankenkasse die in Rechnung gestellten Entgelte des Arztes **über Jahre hinweg anstandslos bezahlt** hat (BGH, Urt. v. 1. 2. 2007 – III ZR 126/06, VersR 2007, 950, 951).

4. Gebührensatz

Nach § 5 I GOÄ bemisst sich die Höhe der einzelnen Gebühren nach dem 1-fa- **A 34** chen bis 3,5-fachen des Gebührensatzes. Eine **Überschreitung des 2,3-fachen Steigerungssatzes** ist grundsätzlich nur zulässig, wenn dies durch **Besonderheiten** der Bemessungskriterien aus § 5 II 1 GOÄ zu rechtfertigen ist (Thüsing, Stand Juni 2010, „Krankenhausaufnahmevertrag", Rz. 19, 21; U/B/H-Christensen, 11. Aufl. 2011, „Arztverträge", Rz. 1, 3, S. 1281, 1283; vgl. bereits Rz. A 19– A 19d; Spickhoff, 1. Aufl. 2011, § 5 GOÄ, Rz. 9).

Es stellt jedoch keinen Fehlgebrauch des Ermessens des Arztes dar, wenn er per- **A 35** sönlich-ärztliche und medizinisch-technische **Leistungen durchschnittliche Schwierigkeit** mit dem jeweiligen Höchstsatz der Regelspanne, also dem **2,3-Fachen bzw. 1,8-Fachen des Gebührensatzes** abrechnet. Der Wortlaut des § 5 II 4 GOÄ steht dem nicht entgegen (BGH, Urt. v. 8. 11. 2007 – III ZR 54/07, NJW-RR 2008, 436, 438; Spickhoff, 1. Aufl. 2011, § 5 GOÄ, Rz. 9 und Spickhoff-Pannke, 1. Aufl. 2011, § 5 GOZ, Rz. 19, 20; a.A. Miebach, NJW 2001, 3386, 3387: 1,65-facher bzw. 1,4-facher Satz).

Die in AGB vereinbarte Überschreitung des Honorarrahmens der GOÄ oder der **A 36** GOZ ist insbesondere dann gem. **§ 307 II Nr. 1 BGB unwirksam, wenn nur ein Rahmen bestimmt ist und dem Arzt die Festsetzung des Honorars überlassen wird** (BGH, NJW 1998, 1789) oder **die Vereinbarung eine Abrechnung sämtlicher Leistungen mit dem 5-fachen oder 3,5-fachen Satz zulässt** (Thüsing, Stand Juni

2010, „Krankenhausaufnahmevertrag" Rz. 21 a. E.; U/B/H-Christensen, „Arzt-verträge", Rz 3, S. 1283).

A 37 Das BVerfG (Beschl. v. 25. 10. 2004 – 1 BvR 1437/02, NJW 2005, 1036) hält es zwar für verfassungsrechtlich unbedenklich, dass nach der Rspr. des BGH (NJW 1992, 746) eine Überschreitung des Gebührenrahmens des § 5 GOZ in AGB nicht möglich ist, hierfür vielmehr eine schriftliche Individualvereinbarung gefordert wird. Allerdings würden die von der Rspr. gestellten Anforderungen an die tat-bestandlichen Voraussetzungen einer Individualvereinbarung bei Überschreitung des Gebührenrahmens der GOZ (Gleiches gilt auch für die GOÄ) dem Maßstab des Art. 12 I GG nicht gerecht werden, wenn die Verwendung vorformulierter Vertragstexte nur bei einem „Aushandeln" der Gebührensätze erlaubt ist und der Zahnarzt (bzw. Arzt) zudem noch beweisen muss, dass Verhandlungen statt-gefunden haben. Danach ist es nicht grundsätzlich ausgeschlossen, dass ein Arzt oder Zahnarzt mit dem Patienten in einer Individualvereinbarung die Abrech-nung seiner Leistungen zu einem **über das 3,5-fache hinausgehenden Satz** ver-einbart (BVerfG, Beschl. v. 25. 10. 2004 – 1 BvR 1437/02, NJW 2005, 1036, 1038).

A 38 Wird ein von § 5 GOÄ nicht gedeckter Gebührensatz vereinbart, muss der Pa-tient allerdings darauf hingewiesen werden, dass der zum Ansatz gebrachte Ge-bührensatz möglicherweise **nicht vom (privaten) Krankenversicherer getragen** wird (OLG Hamburg NJW 1997, 2937; Spickhoff, § 2 GOÄ, Rz. 15; W/L/P-Stof-fels, 5. Aufl. 2009, „Klauseln" Rz. K 56; vgl. hierzu Rz. A 770 ff. und Rz. P 28 ff.).

A 39 – A 40 Einstweilen frei.

5. Stellvertreterklausel

A 41 Die aufgrund einer Wahlleistungsvereinbarung bestehende Verpflichtung zur **höchstpersönlichen Leistungserbringung** verlangt insbesondere die **persönliche Durchführung einer Operation**, da es dem Patienten um die Person des Opera-teurs und nicht lediglich um die stationäre Behandlung geht (OLG Köln, Beschl. v. 24. 11. 2003 – 5 U 107/03, NJW-RR 2004, 1136, 1137; LG Marburg, VersR 2001, 1565; LG Aachen, VersR 2002, 195; Meyer, VersR 2003, 869).

A 42 Klauseln in einer formularmäßigen Wahlleistungsvereinbarung, durch die die ei-nem Wahlarzt obliegende Leistung im Fall seiner Verhinderung durch einen Ver-treter erbracht werden darf, sind nur wirksam, wenn sie **auf diejenigen Fälle be-schränkt sind, in denen dessen Verhinderung im Zeitpunkt des Abschlusses der Wahlleistungsvereinbarung nicht bereits feststeht**, etwa weil die Verhinderung (Krankheit, Urlaub etc.) selbst noch nicht absehbar oder weil noch nicht bekannt ist, dass ein bestimmter verhinderter Wahlarzt, auf den sich die Wahlleistungs-vereinbarung gem. § 22 III 1 BPflV (ab 1. 1. 2005: § 17 III 1 KHEntgG) erstreckt, zur Behandlung hinzugezogen werden muss. Überdies **verstößt eine Stellvertre-tervereinbarung in AGB nur dann nicht gegen § 308 Nr. 4 BGB, wenn darin als Vertreter der ständige ärztliche Vertreter i. S. d. § 4 II 3, II 4, § 5 V GOÄ nament-lich benannt ist** (BGH, Urt. v. 20. 12. 2007 – III ZR 144/07, NJW 2008, 987, 988 = VersR 2008, 493, 494 = GesR 2008, 132, 134; U/B/H-Christensen, 11. Aufl. 2011, „Krankenhausverträge", Rz. 3, S. 1417; Thüsing, Stand Juni 2010, „Krankenhausaufnahmevertrag", Rz. 26, 27; L/K-Genzel/Degener-Hencke, § 87 Rz 19: für den Fall der vorhersehbaren Verhinderung kann eine Vertretervereinbarung nur durch eine Individual-Abrede wirksam geschlossen werden; Thüsing, Stand Juni 2010, „Krankenhausaufnahmevertrag", Rz 26, 27: eröffnet die Klausel undiffierenziert die Möglichkeit, dass der Stellvertreter die Behandlung durchführt, ist die Klausel sowohl gem. § 308 Nr. 4 als auch gem. § 307 II Nr. 1, 307 II 2 BGB unwirksam; W/L/P-Stoffels, 5. Aufl. 2009, „Klauseln" Rz. K 58: unwirksam, wenn die Identität des Stellvertreters nicht ohne weiteres zu ermitteln oder wenn die Verhinderung des Chefarztes während des KKH-Aufenthalts absehbar ist; auch OLG Hamm, NJW 1995, 794 und OLG Stuttgart, OLGR 2002, 153 sowie LG Hamburg, NJW 2001, 3415, 3416: generelle Übertragung von Aufgaben des Wahlarztes auf den Stellvertreter gem. § 308 Nr. 4 bzw. § 305c I BGB unwirksam).

Unwirksam sind danach insbesondere Vertreterklauseln, die sich auf eine Vielzahl von Krankenhausärzten erstrecken, da das erhöhte Honorar gerade für die persönliche Leistung des als besonders fachkundig eingeschätzten Chefarztes bezahlt wird (OLG Stuttgart, VuR 2002, 218; OLG Düsseldorf, VersR 2007, 937; U/B/H-Christensen, „Krankenhausverträge", Rz. 3, S. 1417: §§ 308 Nr. 4, 307 II Nr. 2 BGB; Thüsing, Stand Juni 2010, „Krankenhausaufnahmevertrag", Rz. 26: je nach Fallgestaltung gem. § 305c I, § 308 Nr. 4 oder § 309 Nr. 10 BGB unwirksam) und **Klauseln, die ganz allgemein darauf abstellen, dass „im Verhinderungsfall die Aufgabe des leitenden Arztes von seinem Stellvertreter" übernommen werden** (BGH a. a. O.; OLG Stuttgart a. a. O.; Thüsing a. a. O.; L/K-Kern, § 90, Rz. 16). — A 42a

Eine Klausel ist auch dann gem. § 308 Nr. 4 BGB unwirksam, wenn sie nach der kundenunfreundlichsten Auslegung auch **die bereits vorhersehbare Verhinderung des Chefarztes erfasst** (BGH a. a. O.; Thüsing a. a. O.). Dies gilt etwa für solche Klauseln, die vorsehen, dass sich der **Wahlarzt für die Zeit seines Urlaubs vertreten lassen kann** (Thüsing a. a. O.; OLG Stuttgart a. a. O.; OLG Hamm, NJW 1995, 794). — A 43

Wird eine **Stellvertretervereinbarung im Wege der Individualabrede** geschlossen, bestehen gegenüber dem Patienten besondere Aufklärungspflichten, bei deren Verletzung dem Honoraranspruch des Wahlarztes der Einwand der unzulässigen Rechtsausübung entgegensteht. Danach ist der **Patient so früh wie möglich über die Verhinderung des Wahlarztes zu unterrichten** und ihm das Angebot zu unterbreiten, dass an dessen Stelle ein bestimmter Vertreter zu den vereinbarten Bedingungen die wahlärztlichen Leistungen erbringt. Soll die Vertretervereinbarung im unmittelbaren Zusammenhang mit dem Abschluss des Wahlleistungsvertrages getroffen werden, ist der Patient auf diese gesondert hinzuweisen (BGH, Urt. v. 20. 12. 2007 – III ZR 144/07, NJW 2008, 987, 989 = GesR 2008, 132, 134/135). — A 44

Weiter ist der Patient über die **alternative Option zu unterrichten, auf die Inanspruchnahme wahlärztlicher Leistungen zu verzichten** und sich ohne Zuzahlungen von dem jeweils diensthabenden Arzt behandeln zu lassen. Ist die jeweilige Maßnahme bis zum Ende der Verhinderung des Wahlarztes verschiebbar, ist dem Patienten auch dies zur Wahl zu stellen (BGH, NJW 2008, 987, 989). Nicht — A 45 erforderlich ist allerdings, dass der Wahlarzt selbst den Patienten aufklärt und der Patient darauf hingewiesen wird, dass der Wahlarzt auch für die Behandlung durch den Stellvertreter liquidationsberechtigt ist. Zur Wirksamkeit bedarf eine Vertretervereinbarung zudem der **Schriftform** (BGH, NJW 2008, 987, 989 = VersR 2008, 493, 494).

A 46   Zur Erfüllung der Verpflichtung aus dem Wahlarztvertrag ist es auch erforderlich, dass der Chefarzt durch sein **eigenes Tätigwerden der wahlärztlichen Behandlung sein persönliches Gepräge gibt** (OLG Oldenburg, Urt. v. 14. 12. 2011 – 5 U 183/11, MDR 2012, 205, 206; OLG Frankfurt, Urt. v. 4. 8. 2011 – 8 U 226/10, GesR 2011, 680, 681; OLG Köln, Urt. v. 25. 8. 2008 – 5 U 243/07, NJW-RR 2009, 102, 103).

Dadurch, dass der **Chefarzt einer psychiatrischen Klinik** in täglichen Teamsitzungen die Behandlung **(nur) supervidiert**, werden die eigenverantwortlich durch Dritte durchgeführten Behandlungsmaßnahmen nicht zu den eigenen Leistungen des Chefarztes (OLG Oldenburg, a. a. O.). Eine nach § 4 II GOÄ ausreichende Aufsicht setzt zumindest die Möglichkeit voraus, unverzüglich persönlich einwirken zu können (OLG Oldenburg, MDR 2012, 205, 206; OLG Frankfurt, Urt. v. 4. 8. 2011 – 8 U 226/10, GesR 2011, 680, 681).

A 47   Nach Ansicht des OLG Koblenz (Urt. v. 21. 2. 2008 – 5 U 1309/07, VersR 2008, 538, 539) schuldet der Patient **auch bei sachgemäßer und erfolgreicher Durchführung des Eingriffs keine Vergütung**, wenn ein **persönlich verpflichteter Chefarzt** die Operation vertragswidrig von einem angestellten Arzt durchführen lässt. Dem Chefarzt stehe in einem solchen Fall auch kein Bereicherungsanspruch (§§ 812 I 1, 818 II BGB) gegen den Patienten zu. Dabei ist nicht die Wertschätzung der aufgedrängten Bereicherung durch den Patienten maßgeblich. Vielmehr ist der Arzt nach der gesetzlichen Wertung der §§ 814 (analog), 613 BGB, 223 StGB nicht schutzwürdig, wenn er sich dazu entschließt, dem Patienten eine in dieser Form nicht geschuldete, rechtswidrige Bereicherung zukommen zu lassen (OLG Koblenz, a. a. O. bei Durchführung einer Schönheitsoperation).

III. Ausfallhonorar des Arztes bei terminsäumigem Patienten

A 48   Ob und unter welchen Umständen ein Arzt oder Zahnarzt ein Ausfallhonorar auf der Grundlage der §§ 611, 615 bzw. §§ 280, 281 BGB verlangen kann, wenn ein Patient einen konkret vereinbarten Termin nicht wahrnimmt, ist umstritten (vgl. OLG Stuttgart, Urt. v. 17. 4. 2007 – 1 U 154/06, VersR 2007, 951 = MedR 2007, 546; Arnold, GesR 2008, 232–236; U/B/H-Christensen, 11. Aufl. 2011, „Arztverträge", Rz 5, S. 1283; L/K-Kern, 4. Aufl. 2010, § 75 Rz 24–30).

A 49   Die den Ärzten grundsätzlich zu empfehlende formularmäßige Vereinbarung einer **„Absagefrist" von 48 Stunden für abgesprochene Langzeittermine** (insbesondere bei Zahnärzten) weicht nicht wesentlich vom Leitgedanken des §§ 621 Nr. 5 BGB ab und **verstößt nicht gegen § 307 I, II Nr. 1 BGB** (AG Nettetal, Urt. v. 12. 9. 2006 – 17 C 71/03, NJW-RR 2007, 1216; AG Bremen, NJW-RR 1996, 818 zu einer „Absagefrist" von 24 Stunden; Arnold, GesR 2008, 232, 235: Absagefrist von spätestens 24 Stunden zulässig; auch OLG Stuttgart, Urt. v. 17. 4. 2007 –

1 U 154/06, VersR 2007, 951, 952 zur Absagefrist von mindestens 24 Stunden; U/B/H-Christensen, „Arztverträge" Rz 5, S. 1283: „Kündigungsfrist" von 24 oder 48 Stunden wirksam; vgl. aber L/K-Kern, § 75 Rz 28: zweifelhaft).

Wenn sich der Patient in einer **Behandlungsvereinbarung mit exklusiver Terminvergabe (so genanntes „Bestellsystem")** ausdrücklich damit einverstanden erklärt, dass er im Fall des unentschuldigten Nichterscheinens zu einem Termin das entgangene Honorar des Arztes zu tragen hat, wird eine Zahlungsverpflichtung des Patienten gem. §§ 611, 615 BGB begründet, wenn er den Termin nicht wahrnimmt und eine Behandlung deshalb nicht stattfindet. Jedenfalls dann, **wenn die Patienten nach einem „Bestellsystem" behandelt werden, bei dem es nicht zu einer Mehrfachvergabe von Terminen kommt, so ist wegen der Exklusivität des vereinbarten Termins eine kalendermäßige Bestimmung der Leistungszeit i. S. d. § 296 BGB anzunehmen** (AG Nettetal, NJW-RR 2007, 1216, 1217; auch LG Konstanz, NJW 1994, 3015; AG Bad Homburg, MDR 1994, 888; AG Bremen, NJW-RR 1996, 818; Arnold, GesR 2008, 232, 233 und 236; a. A. aber LG München II, NJW 1984, 671; LG Heilbronn, NZS 1993, 424; LG Hannover, NJW 2000, 1799; offen gelassen von OLG Stuttgart, Urt. v. 17. 4. 2007 – 1 U 154/06, VersR 2007, 951 = MedR 2007, 546). Ein Schadenersatzanspruch setzt aber **stets ein Verschulden des Patienten** voraus, §§ 615, 280 I 2 BGB (LG Berlin, MedR 2006, 63; U/B/H-Christensen, „Arztverträge", Rz. 5, S. 1283). | **A 50**

Liegt **kein „Bestellsystem"** vor und ist daher eine **Mehrfachvergabe von Terminen nicht ausgeschlossen, kommt ein Anspruch des Arztes gegen den Patienten aus §§ 611, 615 BGB bzw. §§ 280, 281 I, II BGB nicht in Betracht.** Denn die Vereinbarung eines Behandlungstermins dient jedenfalls dann grundsätzlich nur der Sicherung eines zeitlich geordneten Behandlungsablaufs, sie beinhaltet grundsätzlich keine kalendermäßige Bestimmung der Leistungszeit i. S. d. § 296 BGB. Zudem liegt im Hinblick auf das freie Kündigungsrecht des Patienten nach §§ 621 Nr. 5, 627 BGB das Risiko, die erwartete Vergütung für diesen Tag nicht zu verdienen, beim Arzt (OLG Stuttgart, Urt. v. 17. 4. 2007 – 1 U 154/06, VersR 2007, 951, 952; LG München II, NJW 1984, 671; AG Calw, NJW 1994, 3015; zustimmend Arnold, GesR 2008, 232, 233/236; Schinnenburg, MDR 2008, 837; a. A. LG Konstanz, NJW 1994, 3015; AG Osnabrück, NJW 1987, 2935; AG Bremen, NJW-RR 1996, 819; AG Ludwigsburg, NJW-RR 1993, 1695; AG Meldorf, NJW-RR 2003, 1029; L/K-Kern, § 75 Rz. 27). | **A 51**

Nach Ansicht des OLG Stuttgart (a. a. O.) liegt aber **auch bei einem „Bestellsystem" kein Annahmeverzug** des Patienten (mehr) vor, wenn anlässlich seiner kurzfristigen Absage **ein neuer Behandlungstermin vereinbart** wird; durch diese Terminänderung werde für die Mitwirkungshandlung des Patienten i. S. d. § 296 BGB der nachfolgend vereinbarte Termin maßgeblich. | **A 52**

Ein **Schadensersatzanspruch aus §§ 280, 281 BGB** kommt auch nach dieser Ansicht bei einer **kurzfristigen Absage** grundsätzlich in Betracht. Ein **Vermögensschaden i. S. d. §§ 249 I, 252 BGB** kann jedoch nicht damit begründet werden, dem Zahnarzt wäre im Fall einer nicht nur kurzfristigen Absage möglich gewesen, in der frei gewordenen Zeit einen anderen Patienten zu behandeln, der Schaden errechnet sich daher nach der „nutzlosen" Zeit mit dem entsprechenden **durchschnittlichen Stundenumsatz** (OLG Stuttgart a. a. O.). | **A 53**

13

A 54   Auf die durchschnittlichen Stundenumsätze der Praxis und die Frage der **Nach-holbarkeit der Leistung** kann es erst dann ankommen, falls mit der erforder-lichen Wahrscheinlichkeit feststeht, dass in der fraglichen Zeit andere Patienten hätten behandelt werden können und behandelt worden wären, wenn der Pa-tient den Termin rechtzeitig – nach den Anforderungen des Arztes jedenfalls 24 Stunden vorher – abgesagt hätte. **Der Arzt bzw. Zahnarzt muss darlegen, dass sich andere Patienten bei ihm mit der Bitte um einen kurzfristigen Termin ge-meldet haben, die er wegen der anstehenden Behandlung des absagenden Patien-ten abweisen musste oder dass eine kurzfristige Vergabe von Terminen (hier: in-nerhalb von 24 Stunden) bei Wegfall einer geplanten Behandlung dem gewöhn-lichen Verlauf der Dinge entsprach** (OLG Stuttgart, Urt. v. 17. 4. 2007 – 1 U 154/06, VersR 2007, 951, 953 = MedR 2007, 546, 548; a. A. Arnold, GesR 2008, 232, 233: versäumte Mitteilung des Patienten stellt nur eine Obliegenheitsver-letzung und keine Pflichtverletzung dar).

A 55   Nach Ansicht von Kern (L/K, 4. Aufl. 2010, Rz. 27; ebenso LG Konstanz, NJW 1994, 3015) kann der Arzt einen Honoraranspruch in diesen Fällen regelmäßig nur dann mit Erfolg geltend machen, wenn **der Termin außerhalb der üblichen Sprechstunden vereinbart war oder wenn es sich um einen zeitlich ausgedehn-ten Termin (z. B. ambulante Operation) handelt.**

IV. Haftungsausschluss und Haftungsbeschränkungen

1. Haftungsbeschränkungen bei Körper- und Gesundheitsschäden des Patienten

A 56   Eine Haftungsfreizeichnung in Arzt- oder Krankenhausverträgen auf **Vorsatz und grobe Fahrlässigkeit verstieß** unter der Geltung des AGBG gegen dessen **§ 11 Nr. 7 und § 9 II Nr. 1 AGBG** (S/Pa, 10. Aufl., Rz. 21, 22; Wolf/Horn/Linda-cher, 4. Aufl., § 9 AGBG Rz. K 29; Palandt-Heinrichs, 61. Aufl. 2002, § 9 AGBG Rz. 29, 30, 40–49, 100; **zu §§ 309 Nr. 7a, 307 II Nr. 2 BGB:** U/B/H-Christensen, 11. Aufl. 2011, „Krankenhausverträge", Rz. 5, S. 1418; von Westphalen-Thü-sing, Stand Mai 2004, „Krankenhausaufnahmevertrag" Rz. 39; von Westphalen, Vertragsrecht, Stand März 2005, „Freizeichnungsklauseln" Rz. 20, 21, 25, 28, 29, 34, 36, 38; S/Pa, 12. Aufl. 2013, Rz. 20, 25).

A 57   Ihre Unwirksamkeit – auch für leicht fahrlässige Pflichtverletzungen i. S. d. §§ 280 I, 823 I BGB – ergibt sich für die ab dem 1. 1. 2002 geschlossenen Verträge aus **§ 309 Nr. 7a BGB.** Danach ist ein Ausschluss oder eine Begrenzung der Haf-tung für Schäden aus der Verletzung des Lebens, des Körpers oder der Gesund-heit, die auf einer fahrlässigen Pflichtverletzung des Verwenders, eines gesetz-lichen Vertreters oder Erfüllungsgehilfen des Verwenders beruht, unwirksam (vgl. hierzu von Westphalen, NJW 2002, 12, 21 ff.; Thüsing, Stand Juni 2010, „Krankenhausaufnahmevertrag" Rz. 38, 39 und von Westphalen, Vertragsrecht, Stand März 2005, „Freizeichnungsklauseln" Rz. 20 ff., 28 ff., 38; U/B/H-Christen-sen, 11. Aufl. 2011, „Krankenhausverträge", Rz. 5, S. 1418; W/L/P-Stoffels, 5. Aufl. 2009, „Klauseln" Rz. K 59).

A 58   Die Einstandspflicht darf weder auf Erfüllungsgehilfen beschränkt noch auf Vor-satz oder grobe Fahrlässigkeit bei Behandlungs- oder Aufklärungsfehlern oder für

Schäden bei der Reinigung, Desinfektion etc. begrenzt werden (Thüsing, Stand Juni 2010, „Krankenhausaufnahmevertrag", Rz. 38; U/B/H-Christensen, „Krankenhausverträge", Rz. 5).

Einstweilen frei. A 59

2. Haftungsbeschränkung für eingebrachte Sachen

Für vom Patienten eingebrachte Sachen, die in dessen Obhut bleiben, sowie für A 60
Fahrzeuge des Patienten, die auf dem Krankenhausgrundstück oder auf einem vom Krankenhaus bereitgestellten Parkplatz abgestellt werden, kann die Haftung des Krankenhausträgers **wirksam** auf „**leichte Fahrlässigkeit**" beschränkt werden (BGH, NJW 1990, 761, 764; U/B/H-Christensen, „Krankenhausverträge", Rz. 5, S. 1418; Thüsing, Stand Juni 2010, „Krankenhausaufnahmevertrag" Rz. 40; differenzierend W/L/P-Stoffels, 5. Aufl. 2009, „Klauseln" Rz. K 59: nicht, wenn der Patient z.B. infolge Bewusstlosigkeit nicht auf seine Sachen achten kann). Eine entsprechende Klausel ist vom Wortlaut des § 309 Nr. 7b BGB gedeckt. Demgegenüber sind Klauseln, die die Haftung des Krankenhausträgers für Schäden bei der Reinigung, Desinfektion und Endwendung eingebrachter Sachen auf **Vorsatz und grobe Fahrlässigkeit** beschränken, gem. § 9 II Nr. 2 AGBG bzw. § 307 II Nr. 2 BGB **unwirksam** (BGH, NJW 1990, 761, 765; S/Pa, 12. Aufl., Rz. 20).

3. Anmeldefristen für Haftungsansprüche

Eine Ausschlussfrist, wonach Ansprüche des Patienten wegen Verlustes oder der A 61
Beschädigung von Geld oder Wertsachen, die von der Verwaltung verwahrt werden, **innerhalb von drei Monaten nach Erlangung der Kenntnis von dem Verlust** oder der Beschädigung schriftlich geltend gemacht werden müssen, ist nach h.M. noch angemessen und damit **nicht gem. § 307 I, II unwirksam** (Thüsing, Stand Juni 2010, „Krankenhausaufnahmevertrag" Rz. 40: sofern die Frist nicht bereits während des Krankenhausaufenthalts endet; ebenso U/B/H-Christensen, „Krankenhausverträge", Rz. 2, S. 1415).

Allerdings darf die Frist nach dem Wortlaut der Klausel **frühestens mit der Ent-** A 62
lassung des Patienten aus dem Krankenhaus zu laufen beginnen (U/B/H-Christensen, „Krankenhausverträge", Rz. 2, S. 1415 und Thüsing a.a.O.). Kann die 12-Wochen-Frist nach der „kundenfeindlichsten Auslegung" bereits während des stationären Aufenthalts ablaufen, ist die Klausel unwirksam (BGH, NJW 1990, 761; U/B/H a.a.O.).

4. Haftungsausschluss beim „gespaltenen Krankenhausvertrag"

Während sich der Krankenhausträger beim „totalen Krankenhausvertrag" A 63
(→ *Krankenhausverträge*, Rz. K 130ff. verpflichtet, alle für die stationäre Behandlung erforderlichen Leistungen einschließlich der ärztlichen Versorgung zu erbringen, beschränkt sich der Vertrag beim „gespaltenen Krankenhausvertrag" auf die Unterbringung, Verpflegung und pflegerische Versorgung des Patienten (vgl. S/Pa, 12. Aufl., Rz. 28, 96, 117).

A 64 Hauptanwendungsfall des „gespaltenen" Krankenhausvertrages ist der Vertrag mit einem freiberuflich tätigen „Belegarzt". Beim „gespaltenen Krankenhausvertrag" trifft das Krankenhaus **grundsätzlich keine Haftung für** die eigentliche ärztliche Leistung des **Belegarztes.** Ein Haftungsausschluss für dessen ärztliche Leistungen einschließlich von diesem herangezogenen ärztlichen Hilfspersonal ist deshalb grundsätzlich nicht zu beanstanden, weil es nach der Vertragsgestaltung bereits an einer Pflicht des Krankenhausträgers zur Erbringung ärztlicher Leistungen fehlt (OLG Düsseldorf NJW-RR 1988, 884; U/B/H-Christensen, „Krankenhausverträge", Rz. 1, S. 1413; Thüsing, Stand Juni 2010, „Krankenhausaufnahmevertrag" Rz. 38; vgl. hierzu → *Krankenhausverträge*, Rz. K 190 ff.).

A 65 Betrifft der Haftungsausschluss **ausschließlich Fehler des selbst liquidierenden Arztes**, so liegt auch grundsätzlich kein Verstoß gegen § 9 AGBG bzw. § 307 I, II BGB vor (BGH, NJW 1993, 779, 780; OLG Koblenz NJW 1998, 3425; U/B/H-Christensen, a. a. O., S. 1413; Thüsing, Stand Juni 2010, „Krankenhausaufnahmevertrag" Rz. 38). Der Krankenhausträger kann sich aber auch beim „gespaltenen Krankenhausvertrag" **nicht** wirksam **von ihn treffenden Organisationspflichten freizeichnen** (OLG Stuttgart NJW 1993, 2384, 1387; Christensen a. a. O.).

5. Haftungsausschluss beim „totalen Krankenhausvertrag mit Arztzusatzvertrag"

A 66 Beim totalen Krankenhausvertrag mit Arztzusatzvertrag verpflichtet sich der Krankenhausträger ebenfalls zur umfassenden Leistungserbringung einschließlich des ärztlichen Bereichs. Daneben schließt der Patient einen weiteren Vertrag mit dem behandelnden (Chef-)Arzt (vgl. → *Krankenhausverträge*, Rz. K 155 ff.).

A 67 Wird abweichend vom Regelfall des „totalen Krankenhausvertrages mit Arztzusatzvertrag" in AGB vereinbart, dass die **ärztlichen Leistungen nur von den liquidationsberechtigten Ärzten geschuldet** werden, so muss dem Patienten bei Vertragsabschluss **hinreichend verdeutlicht** werden, dass der Krankenhausträger für Behandlungsfehler der selbst liquidierenden Ärzte nicht haftet und der Patient sich insoweit lediglich an den liquidationsberechtigten Arzt halten kann (BGH, NJW 1993, 779, 780; auch BGH, NJW 1998, 1778, 1779; OLG Frankfurt, Urt. v. 12. 3. 2009 – 15 U 18/08, AHRS III, 1410/300: in Fettdruck o. a., aber nicht an ungewöhnlicher Stelle; dem BGH zustimmend: Thüsing, Stand Juni 2010, „Krankenhausaufnahmevertrag", Rz. 14 und W/L/P-Stoffels, 5. Aufl. 2009, „Klauseln", Rz. K 51; **a. A.** U/B/H-Christensen, „Krankenhausverträge", Rz. 1, S. 1413 und Spickhoff, NJW 2012, 1773, 1776 m. w. N.: verdeckter Haftungsausschluss, Klausel gem. § 309 Nr. 7a BGB unwirksam).

A 68 Dabei reicht es nicht aus, wenn der Patient auf diese Einschränkungen seiner Rechtsstellung lediglich in umfangreichen Formularbedingungen hingewiesen wird. Vielmehr ist es **erforderlich, dass er auf den Haftungsausschluss für privatärztliche Wahlleistungen entweder in gesonderter mündlicher Erklärung hingewiesen oder die Klarstellung innerhalb des noch durch die Unterschrift des Patienten gedeckten Vertragstextes vorgenommen wird** (BGH, NJW 1993, 779, 780; OLG Koblenz NJW 1998, 3425).

Ein Haftungsausschluss ist auch dann **nicht überraschend** i. S. d. § 305c I BGB, A 69
wenn der Patient einen **gesonderten Bogen, überschrieben mit „Vereinbarung
zum Haftungsausschluss" unterzeichnet**, der inhaltlich den Haftungsausschluss
für selbst liquidierende Ärzte klarstellt (OLG Koblenz, NJW 1998, 3425). Der
verantwortlich bleibende Klinikträger kann die Haftung für den selbst liquidierenden Chefarzt bzw. dessen Vertreter sowie auf die von diesem hinzugezogenen
Ärzte als dessen Erfüllungs- und Verrichtungsgehilfen in AGB grundsätzlich
wirksam ausschließen. Im Hinblick auf § 305c I BGB muss dem Patienten jedoch vor Unterzeichnung des Krankenhausaufnahmevertrages hinreichend klar
verdeutlicht werden, dass der **Krankenhausträger nicht Schuldner der ärztlichen
Leistungen** ist und er dem Patienten nicht für etwaige ärztliche Fehlleistungen
haftet (BGH, NJW 1993, 779 = VersR 1993, 481; Thüsing, Stand Juni 2010,
„Krankenhausaufnahmevertrag", Rz. 14).

Der Hinweis muss **innerhalb des noch durch die Unterschrift des Patienten ge-** A 70
deckten Vertragstextes, nicht lediglich in den „Aufnahmebedingungen" enthalten sein (BGH, VersR 1993, 481; OLG Frankfurt a. a. O.; S/Pa, 12. Aufl., Rz. 26)
und **drucktechnisch besonders hervorgehoben** werden (W/L/P-Stoffels, „Klauseln", Rz. K 51; Thüsing a. a. O.; F/N/W, 5. Aufl., Rz. 8). Eine danach wirksame
Haftungsfreistellung **erstreckt sich auch auf Fehler von Ärzten anderer Gebietsbezeichnung, die von dem selbst liquidierenden Chefarzt hinzugezogen werden**
(OLG Koblenz NJW 1998, 3425; Gehrlein, Rz. B 37) sowie auf die vom selbst liquidierenden Arzt zugezogene Assistenten seines eigenen Fachs, die nicht zur
Erbringung mit dem Krankenhausträger vereinbarter ärztlicher Leistungen verpflichtet sind (Gehrlein, Rz. A 33, 34; G/G, 6. Aufl., Rz. A 51).

Nach anderer Ansicht verstößt ein durch AGB begründeter gespaltener Kranken- A 70a
hausaufnahmevertrag **gegen § 307 I, II bzw. gegen § 309 Nr. 7a BGB**, weil dem Patienten durch eine willkürliche Aufteilung der an sich einheitlichen Vertragsbeziehung der Krankenhausträger als Schuldner im Fall ärztlicher Behandlungsfehler entzogen und der Patient zudem mit dem Risiko belastet wird, etwaige
Behandlungsfehler konkret den einzelnen Arztverträgen zuzuordnen. Es handle
sich um einen **verdeckten Haftungsausschluss** (U/B/H-Christensen, „Krankenhausverträge", 11. Aufl. 2011, Rz 1, S. 1413 und Kramer, NJW 1996, 2398: Verstoß
gegen § 307 I BGB; Spickhoff, NJW 2012, 1773, 1776 und Deutsch/Spickhoff,
6. Aufl. 2008, Rz. 93: Verstoß gegen § 309 Nr. 7a BGB, verdeckter Haftungsausschluss; L/K-Kern, § 90 Rz. 14: „unter Umständen Verstoß gegen § 307 I 1 BGB").

V. Aufklärungsklauseln

Eine **AGB-Klausel**, wonach der Patient durch seine Unterschrift bestätigt, dass A 71
er umfassend und ordnungsgemäß **über die Risiken eines Eingriffs aufgeklärt**
worden ist, ist gem. § 11 Nr. 15b AGBG bzw. § 309 Nr. 12b BGB **unwirksam**
(U/B/H-Christensen, 11. Aufl. 2011, „Krankenhausverträge", Rz. 4, S. 1417;
Thüsing, Stand Juni 2010, „Krankenhausaufnahmevertrag" Rz. 29; W/L/P-Stof-
fels, 5. Aufl. 2009, „Klauseln" Rz. K 61; F/N/W, 5. Aufl., Rz. 8).

Kann einer schriftlichen Aufklärungsbestätigung nur die Wirkung zufallen, dass A 72
überhaupt ein Aufklärungsgespräch stattgefunden hat, ohne die Vermutung des-

17

sen Vollständigkeit und Ordnungsgemäßheit zu fingieren, so ist sie nicht nach § 309 Nr. 12 BGB unwirksam, da sie nur ein ohnehin von der Rechtsprechung angenommenes Indiz wiedergibt, das bereits aus der Unterschrift als solcher folgt (Tüsing a. a. O.; W/L/P-Stoffels, 5. Aufl. 2009, „Klauseln" Rz. K 61; zur Indizwirkung vgl. auch G/G, 6. Aufl., Rz. C 88, 134, 135).

VI. Einsicht in Krankenunterlagen

Vgl. auch → *Einsicht in Krankenunterlagen*, Rz. E 1 ff. und P 76.

A 73 Der Patient hat gegenüber Arzt und Krankenhaus grundsätzlich – auch außerhalb eines Rechtsstreits – Anspruch auf Einsicht in die ihn betreffenden Krankenunterlagen, soweit sie Aufzeichnungen über objektive physische Befunde und Berichte über Behandlungsmaßnahmen (Medikation, Operation usw.) betreffen (BGH, NJW 1983, 328; Gehrlein, NJW 2001, 2773). **§ 630g I, II BGB** regelt das Einsichtsrecht in die Patientenakte nun ausdrücklich.

A 74 Eine Regelung in ABG, die dem Patienten das Recht auf Einsicht bzw. Übersendung von Kopien der Unterlagen gegen Kostenerstattung versagt, wäre gem. §§ 307 II Nr. 1, Nr. 2, 630g I, II BGB unwirksam (W/L/P-Stoffefls, „Klauseln", Rz. K 62; Tüsing, Stand Juni 2010, „Krankenhausaufnahmevertrag", Rz. 37; U/B/H-Christensen, „Krankenhausverträge", Rz. 5, S. 1418: „Einsichtsrechts darf durch AGB nicht wesentlich beschränkt werden").

A 75 – A 79 Einstweilen frei.

Ambulanz

Vgl. auch → *Arztvertrag*, Rz. A 401 ff.; → *Krankenhausverträge*, Rz. K 130 ff.; → *Gemeinschaftspraxis*, Rz. G 1 ff.

I. Chefarzt-Ambulanz

A 80 Der Kassenpatient, der zur ambulanten (nicht: stationären) Behandlung in ein Krankenhaus überwiesen wird, tritt **nur zu dem die Ambulanz kraft kassenärztlicher Zulassung gem. §§ 95, 116 SGB V betreibenden Chefarzt** in vertragliche Beziehungen. Dies gilt auch dann, wenn die Überweisung des Hausarztes auf das Krankenhaus lautet und die Behandlung in der Krankenhausambulanz von einem nachgeordneten Krankenhausarzt durchgeführt wird (BGH, Urt. v. 31. 1. 2006 – VI ZR 66/05, NJW-RR 2006, 811, 812 = VersR 2006, 791, 792 = GesR 2006, 269, 270; Urt. v. 20. 12. 2005 – VI ZR 180/04, NJW 2006, 767 = VersR 2006, 409, 410 = GesR 2006, 178, 179; OLG Düsseldorf, Urt. v. 30. 1. 2003 – 8 U 192/01, GesR 2003, 272; OLG Frankfurt, Beschl. v. 4. 8. 2011 – 8 U 226/10,

MedR 2012, 396, 397; vgl. auch Wenzel-Mennemeyer/Hugemann, Kap. 2, Rz. 752, 775, 782; Wenzel-Köllner, Kap. 2, Rz. 1065, 1066; Spickhoff-Greiner, § 823 BGB Rz. 302, 304, 343, 347).

In einem solchen Fall ist – auch der beamtete – Chefarzt dem Patienten sowohl A 81
vertraglich als auch deliktsrechtlich nach §§ 823, 831 BGB verantwortlich (BGH, NJW 1993, 784, 785 = MDR 1993, 425 = VersR 1993, 357; OLG Düsseldorf, Urt. v. 30. 1. 2003 – 8 U 192/01, GesR 2003, 272; Wenzel-Mennemeyer/ Hugemann, Kap. 2, Rz. 775, 782, 783; Spickhoff-Greiner, § 823 BGB Rz. 302, 347).

Nach § 4 II 1 GOÄ darf der Chefarzt als Betreiber der Chefarztambulanz und A 82
Vertragspartner des Patienten aber **nur eigene Leistungen berechnen**. Als eigene Leistungen gelten nur solche, die der Arzt selbst erbracht hat oder die unter seiner Aufsicht nach fachlicher Weisung erbracht worden sind. Hierfür ist es erforderlich, dass der Arzt erreichbar und in der Lage ist, unverzüglich persönlich einwirken zu können, falls dies notwendig wird. **Allein die Auswahl des für ihn tätig werdenden Oberarztes begründet kein Liquidationsrecht.** Vielmehr ist zu fordern, dass der Arzt eigenverantwortlich bei der Leistungserbringung tätig mitwirkt (OLG Frankfurt, Beschl. v. 4. 8. 2011 – 8 U 226/10, GesR 2011, 680, 681 = MedR 2012, 396, 397 mit abl. Anm. Clausen: gem. §§ 4 II 3, 4 II 4, 5 V GOÄ ist die Vertretung durch den ständigen Vertreter/OA möglich, wenn der Patient hierauf vor Unterzeichnung der Wahlarztvereinbarung hingewiesen worden ist; vgl. auch OLG Oldenburg, Urt. v. 14. 12. 2011 – 5 U 181/11, MDR 2012, 205 = VersR 2012, 764, 765).

Der Chefarzt muss der wahlärztlichen Behandlung sein persönliches Gepräge geben. Dies setzt zumindest **die Möglichkeit voraus, unverzüglich persönlich einwirken zu können**. Dadurch, dass der Chefarzt einer psychiatrischen Klinik **in täglichen Teamsitzungen die Behandlung supervidiert**, werden die eigenverantwortlich von nachgeordneten Ärzten durchgeführten Behandlungsmaßnahmen **nicht zu eigenen Leistungen des Chefarztes** (OLG Oldenburg, Urt. v. 14. 12. 2011 – 5 U 181/11, MDR 2012, 205 = VersR 2012, 764, 765; vgl. auch OLG Köln, Urt. v. 25. 8. 2008 – 5 U 243/07, NJW-RR 2009, 102, 103).

Der Umstand, dass der Krankenhausträger eine **unzulässige Praxis der Behand-** A 83
lung von überwiesenen Kassenpatienten durch nachgeordnete Ärzte des Krankenhauses organisatorisch ermöglicht und geduldet hat, führt grundsätzlich nicht zu seiner vertraglichen Mithaftung aus dem Behandlungsvertrag zwischen dem beteiligten Chefarzt und dem in seine Ambulanz überwiesenen Kassenpatienten. Letzterer bleibt Patient des zur Beteiligung an der kassenärztlichen Versorgung zugelassenen Chefarztes, und nur für diesen rechnet die Krankenkasse über die kassenärztliche Vereinigung (KV) ab (BGH, Urt. v. 20. 12. 2005 – VI ZR 180/04, NJW 2006, 767 = VersR 2006, 409, 410; auch BGH, NJW 1987, 2289, 2290; Wenzel-Mennemeyer/Hugemann, Kap. 2, Rz. 775: CA-Ambulanz wird damit faktisch zur Klinikambulanz; vgl. aber zur bejahten Haftung für nicht ermächtigte Ärzte Rz. A 90, A 95).

Grundsätzlich können Fehler des selbstliquidierenden Arztes ansonsten Organi- A 84
sationsfehler des Krankenhauses aufdecken und damit eine gesamtschuldnerische Haftung beider aus § 823 I BGB begründen, etwa wenn der Krankenhaus-

träger nicht sicherstellt, dass der selbstliquidierende Arzt Aufgaben nicht an das nichtärztliche Personal delegiert (Wenzel-Mennemeyer/Hugemann, Kap. 2, Rz. 774; BGH, VersR 1996, 2429, 2431).

A 85 Lautet die Überweisung des Hausarztes jedoch auf das Krankenhaus und wird der Patient in der dort eingerichteten **Krankenhaus- oder Institutsambulanz** behandelt (BGH, Urt. v. 20. 12. 2005 – VI ZR 180/04, NJW 2006, 767 = VersR 2006, 409, 410 = GesR 2006, 178, 179; OLG Düsseldorf, Urt. v. 30. 1. 2003 – 8 U 192/01, GesR 2003, 272; auch OLG Düsseldorf, VersR 1992, 493 und VersR 1986, 893, 894; Wenzel-Mennemeyer/Hugemann, Kap. 2, Rz. 763, 781; Wenzel-Köllner, Kap. 2, Rz. 1064; Spickhoff-Greiner, § 823 BGB Rz. 300, 303, 344, 350) oder **wird der Patient zur stationären Behandlung im Krankenhaus aufgenommen, weil der die Ambulanz betreibende Chefarzt oder der aufnehmende Krankenhausarzt die stationäre Behandlung für erforderlich hält** (OLG Düsseldorf, Urt. v. 30. 1. 2003 – 8 U 192/01, GesR 2003, 272 f.) bzw. hält der leitende Arzt die Behandlung nicht für erforderlich und entlässt den Patienten (OLG Düsseldorf, VersR 1992, 493; F/N/W, 5. Aufl., Rz. 20 a. E.), so sind Vertragsbeziehungen ausschließlich mit dem Krankenhausträger zustande gekommen (vgl. Rz. A 92).

A 86 Auch ein **Privatpatient**, der sich im Krankenhaus ambulant behandeln lässt, tritt grundsätzlich **nur** in **vertragliche Beziehungen** zu dem **Chefarzt**, der die Ambulanz betreibt und entsprechend seiner Abrede mit dem Krankenhausträger liquidationsberechtigt ist (BGH, Urt. v. 31. 1. 2006 – VI ZR 66/05, VersR 2006, 791, 792 = NJW-RR 2006, 811, 812; G/G, 6. Aufl., Rz. A 18, A 19; S/Pa, 12. Aufl., Rz. 50, 70). Dies gilt auch dann, wenn die Behandlung in Abwesenheit des liquidationsberechtigten Chefarztes von dessen Vertreter übernommen wird (BGH, VersR 1993, 357: Krebsvorsorgeuntersuchung in der Institutsambulanz; BGH, VersR 1990, 522; MDR 1989, 149; VersR 1988, 1270; G/G, 6. Aufl., Rz. A 19). **Kommt es in der ambulanten Krankenversorgung zu einer ausschließlichen Vertragsbeziehung zwischen Patient und Chefarzt, haftet Letzterer – vertraglich gem. § 280 I BGB und deliktisch gem. § 823 I BGB – allein** (F/N/W, 5. Aufl., Rz. 20, 59, 67; G/G, 6. Aufl., Rz. A 18, 27, 72, 83; Wenzel-Mennemeyer/Hugemann, Kap. 2, Rz. 754, 775, 782; Spickhoff-Greiner, § 823 BGB Rz. 302, 347).

A 87 Handelt es sich bei dem **Chefarzt** oder dessen Vertreter um einen **Beamten**, so haftet er für Schäden aus Versäumnissen einer ambulanten Behandlung aus § 823 I BGB **ohne** die Verweisungsmöglichkeit des **§ 839 I 2 BGB** (BGH, NJW 1993, 784 = MDR 1993, 425 = VersR 1993, 357; OLG Düsseldorf, Urt. v. 30. 1. 2003 – 8 U 192/01, GesR 2003, 727, Baxhenrich, VersR 2004, 1565; G/G, 6. Aufl., Rz. A 76, 83; Wenzel-Mennemeyer/Hugemann, Kap. 2, Rz 782, 783; Spickhoff-Greiner, § 823 BGB Rz. 347, 349). **Die beamteten, nachgeordneten Ärzte können sich demgegenüber auf das Verweisungsprivileg des § 839 I 2 BGB berufen** (S/Pa, 12. Aufl., Rz. 130, 132; G/G, 6. Aufl., Rz. A 77, A 84).

A 88 Von dem oben dargestellten Grundsatz der **alleinigen Haftung** des Chefarztes bei ambulanter Behandlung ist zunächst eine **Ausnahme** für den Fall zu machen, dass die ambulante Behandlung der **Vorbereitung** einer **stationären Aufnahme** dient, die Entscheidung später zugunsten einer stationären Aufnahme fällt und diese dann auch stattfindet. In einem solchen Fall stellt sich auch die Aufklärung sachlich als Teil der stationären Behandlung dar und ist deshalb haftungs-

rechtlich wie diese zu beurteilen (OLG Stuttgart OLGR 2000, 132 bei Privatpatient; auch OLG Köln, Urt. v. 23. 10. 2002 – 5 U 4/02, VersR 2004, 1181,
1182 = OLGR 2003, 20, 22 mit ablehnender Anm. Baxhenrich, VersR 2004,
1565 f.; kritisch auch Wenzel-Mennemeyer/Hugemann, Kap. 2, Rz. 782; zustimmend dagegen Rehborn, MDR 2000, 1101, 1102).

Das Krankenhaus kann auch im Rahmen einer **Notfallbehandlung** selbst Ver-   A 89
tragspartner werden, wenn kein selbst liquidationsberechtigter Chefarzt zur Verfügung steht (BGH, NJW 1989, 769; NJW 1987, 2289, 2290; F/N/W, 5. Aufl.,
Rz. 20 a. E. unter Hinweis auf § 76 I 2 SGB V; Wenzel-Mennemeyer/Hugemann,
Kap. 2, Rz. 756–758).

Der Krankenhausträger haftet auch dann selbst, wenn er es zulässt, dass ambu-   A 90
lante Operationen durch nicht oder nicht mehr nach § 116 SGB V ermächtigte
Krankenhausärzte durchgeführt werden. Denn der gesetzlich versicherte Patient
darf aufgrund der §§ 115b, 116 SGB V davon ausgehen, dass es einen sozialrechtlich befugten Behandler für die Durchführung der ambulanten Operationen gibt,
nämlich entweder das Krankenhaus ("Krankenhausambulanz") oder einen ermächtigten Krankenhausarzt ("Chefarztambulanz"), so dass eine **Unklarheit darüber, ob er vertragsärztliche Leistungen oder Krankenhausleistungen** in Anspruch genommen hat, haftungsrechtlich nicht zu seinen Lasten gehen dürfen.
In solchen Fällen muss dem Patienten jedenfalls der Krankenhausträger aufgrund eines Organisationsverschuldens nach § 823 I BGB als Haftender zur Verfügung stehen (BGH, Urt. v. 20. 12. 2005 – VI ZR 180/04, NJW 2006, 767, 768 =
VersR 2006, 409, 410/411 = GesR 2006, 178, 180).

II. Krankenhaus-Ambulanz

Das Krankenhaus als Institution kann die ambulante Krankenbehandlung über-   A 91
nehmen, wenn es um eine Einweisung zur stationären Behandlung, um einen
Notfall, um eine vor- bzw. nachstationäre Behandlung oder um ambulante Operationen im Rahmen eines Katalogs (§§ 115a I, II, 115b I–IV, 116b III, IV SGB V)
geht (Wenzel-Mennemeyer/Hugemann, Kap. 2, Rz. 755, 756, 759, 760, 763;
Spickhoff-Greiner, § 823 BGB Rz. 300; S/Pa, 12. Aufl., Rz. 50, 75).

Wird die Ambulanz vom Klinikträger als **Institutsambulanz, poliklinische Insti-**   A 92
tutsambulanz einer Hochschule, **als allgemein-klinische Ambulanz oder als
Notfallambulanz** (vgl. §§ 95 I, IV, 115a, 115b, 116a–119b SGB V) betrieben, so
kommt ein Behandlungsvertrag nur mit dem Krankenhausträger zustande, der
für Fehlbehandlungen über §§ 280 I, 278 BGB vertraglich und gem. §§ 823, 831,
31, 89 BGB deliktisch einzustehen hat (BGH, Urt. v. 20. 12. 2005 – VI ZR 180/04,
NJW 2006, 767 f. = VersR 2006, 409, 410; OLG Düsseldorf, Urt. v. 30. 1. 2003 –
8 U 192/01, GesR 2003, 272; G/G, 6. Aufl., Rz. A 20, 73; Rehborn, MDR 2000,
1101, 1102; Wenzel-Mennemeyer/Hugemann, Kap. 2, Rz. 755–759, 763 ff.;
Spickhoff-Greiner, § 823 BGB Rz. 300, 303, 344, 350).

Seit dem 1. 1. 1993 ist die ambulante operative Versorgung von gesetzlich ver-   A 93
sicherten Patienten nicht mehr in erster Linie Aufgabe der zugelassenen Vertragsärzte. Vielmehr soll nach der Intention des Gesetzgebers und der neuen

rechtlichen Ausgestaltung die ambulante Operation als Krankenhausleistung in Verantwortung des Krankenhausträgers gegenüber der vertragsärztlichen Ermächtigung des einzelnen Krankenhausarztes den Regelfall darstellen. Dem gemäß ist für die Zulassung eines Krankenhausarztes zur ambulanten Operation nach § 116 SGB V kein Raum, wenn die Leistungen, die Gegenstand der Ermächtigung sein sollen, bereits vom Krankenhaus auf der Grundlage des § 115b SGB V angeboten und erbracht werden (BGH, Urt. v. 20. 12. 2005 – VI ZR 180/04, NJW 2006, 767, 768 = VersR 2006, 409, 410).

A 94 Der **Krankenhausträger wird dann selbst Vertragspartner** des Patients, ohne dass es einer Ermächtigung zur Teilnahme an der kassenärztlichen Versorgung gem. §§ 95 I, 116, 116a SGB V bedarf (F/N/W, 5. Aufl., Rz. 20, 21; Wenzel-Mennemeyer/Hugemann, Kap. 2, Rz. 755ff., 763). Soweit der Krankenhausträger selbst Vertragspartner wird, können sich tätig gewordene, beamtete Ärzte gem. § 839 I 2 BGB auf dessen vorrangige Inanspruchnahme berufen (BGH, NJW 1993, 784; G/G, 6. Aufl., Rz. A 79, 84).

A 95 Kommt es zu einem Behandlungs- oder Aufklärungsfehler und sind keine anderen sozialrechtlich als für die Behandlung befugt anzusehenden Ärzte zu ermitteln, hat der Krankenhausträger hierfür zumindest aufgrund eines **Organisationsverschuldens** nach § 823 I BGB einzustehen, da er es zugelassen hat, dass ambulante Operationen durch nicht oder nicht mehr nach § 116 SGB V ermächtigte angestellte Krankenhausärzte durchgeführt werden (BGH, Urt. v. 20. 12. 2005 – VI ZR 180/04, NJW 2006, 767, 768 = VersR 2006, 409, 411).

A 96 – A 99 Einstweilen frei.

Anfängereingriffe, Anfängeroperationen

Vgl. auch → *Beweislastumkehr*, Rz. B 471; → *Voll beherrschbare Risiken*, Rz. V 301; → *Dokumentationspflicht*, Rz. D 201 ff.

I. Anfängereingriff als Behandlungsfehler

A 100 **Die Übertragung einer selbständig durchzuführenden Operation auf einen hierfür noch nicht ausreichend qualifizierten Assistenzarzt stellt einen Behand-**

lungsfehler dar, der im Falle der Schädigung des Patienten Schadensersatzansprüche gegen den Krankenhausträger, die für die Zuteilung der Operation verantwortlichen Ärzte und u. U. gegen den operierenden Arzt selbst **wegen eines Übernahmeverschuldens** auslösen kann (BGH, NJW 1993, 2989 = MDR 1993, 955; BGH, NJW 1984, 655 = VersR 1984, 60 = MDR 1984, 218; OLG Karlsruhe, Urt. v. 8. 8. 2001 – 13 U 173/99, AHRS III, 0920/316: **selbst. Lymphknotenexzirpation durch Assistenzarzt**; KG, Urt. v. 14. 4. 2008 – 20 U 183/06, VersR 2008, 1267; OLG München, Urt. v. 30. 12. 2004 – 1 U 2357/04, OLGR 2005, 880: **AiP versäumt die Abnahme eines Abstrichs zur Erregerbestimmung eines Keims**; OLG München, Urt. v. 31. 1. 2002 – 1 U 3145/01, OLGR 2003, 101: schwierige Operation nur unter Fachaufsicht; OLG Oldenburg, Urt. v. 10. 4. 2001 – 5 U 88/00, OLGR 2002, 150, 152: fehlerhafte Entscheidung eines Assistenzarztes; Katzenmeier MedR 2004, 34, 38 f.; F/N/W, 5. Aufl., Rz. 91 ff., 163; D/S, 6. Aufl., Kap. VI. Rz. 209; S/Pa, 12. Aufl., Rz. 284, 293, 260; Wenzel-Müller, Kap. 2, Rz. 1449, 1451, 1512; Wenzel-Wenzel, Kap. 2, Rz. 3598, 3599; L/K-Laufs/Kern, 4. Aufl., § 100 Rz. 23, 24; L/K/L-Katzenmeier, 6. Aufl., Rz. XI 115, 116; Spickhoff-Greiner, 1. Aufl., § 823 BGB Rz. 164; B/L/P-Katzenmeier, 3. Aufl., § 823 BGB Anh. II, Rz. 68, 69, S. 184; R/L-Kern, 1. Aufl. 2013, § 3 Rz. 96 ff.).

Die in Rechtsstreitigkeiten über Anfängeroperationen entwickelten Grundsätze **gelten in gleicher Weise auch für Anfängernarkosen** (BGH, NJW 1993, 2989; Wenzel-Müller, Kap. 2 Rz. 1453, 1454: auch für „Anfängernarkosen" und „Anfängergynäkologen"; R/L-Kern, § 3 Rz. 100 und L/K-Laufs/Kern, § 100 Rz. 26, 27: Grundsätze gelten auch für alle anderen Fachbereiche und innerhalb der Fachbereiche auch für sonstige Tätigkeiten des Anfängers, etwa für die Diagnostik und nicht operative Maßnahmen; F/N/W, 5. Aufl., Rz. 92, 93). A 101

Erleidet der Patient bei einer Anfängeroperation bzw. einer Anfängernarkose einen Gesundheitsschaden, so besteht ein **Indiz** dafür, dass die **unzureichende Qualifikation des Arztes hierfür ursächlich** geworden ist (BGH, NJW 1992, 1560; NJW 1993, 2989, 2990; OLG München, Urt. v. 30. 12. 2004 – 1 U 2357/04, OLGR 2005, 880; OLG Oldenburg, Urt. v. 10. 4. 2001 – 5 U 88/00, OLGR 2002, 150: Vermutung von Behandlungsseite zu entkräften; Katzenmeier, MedR 2004, 34, 38; F/N/W, 5. Aufl., Rz. 92, 93; Wenzel-Müller, Kap. 2, Rz. 1451, 1512: Behandlungsseite muss Vermutung entkräften und nachweisen, dass die eingetretene Komplikation nicht auf der geringen Erfahrung und Übung des noch nicht ausreichend qualifizierten Arztes beruht; L/K/L-Katzenmeier, Rz. XI 116; L/K-Laufs-Kern, § 100 Rz. 23). A 102

In einem etwaigen Schadensersatzprozess tragen sowohl der Krankenhausträger als auch der für die Übertragung der Operationsaufsicht auf den Nichtfacharzt verantwortliche Arzt und der aufsichtsführende Arzt selbst die **Darlegungs- und Beweislast** dafür, dass die **eingetretene Komplikation nicht auf der geringen Erfahrung und Übung des noch nicht ausreichend qualifizierten Operateurs bzw. nicht auf der mangelnden Erfahrung des aufsichtsführenden Arztes beruht** (BGH, NJW 1992, 1560 = VersR 1992, 745 = MDR 1992, 749; auch BGH, NJW 1993, 2989 = MDR 1993, 955; F/N/W, 5. Aufl., Rz. 163; Deutsch NJW 2000, 1745, 1748 f.; Katzenmeier MedR 2004, 34, 39; Wenzel-Müller, Kap. 2 Rz. 1451, 1512; L/K/L-Katzenmeier, Rz. XI 116; S/Pa, 12. Aufl., Rz. 298, 299). A 103

II. Patientenrechtegesetz

A 103a Der Gesetzgeber hat diese von der Rechtsprechung herausgearbeiteten Grundsätze in **§ 630h IV BGB** im Wesentlichen übernommen. Danach „wird vermutet, dass die mangelnde Befähigung für den Eintritt der Verletzung des Lebens, des Körpers oder der Gesundheit ursächlich war", wenn „ein Behandelnder für die von ihm vorgenommene Behandlung nicht befähigt" war (zur Aufklärung durch einen hierzu befähigten Arzt vgl. Rz. A 125a). In der Begründung zum Regierungsentwurf (BT-Drucks. 17/10488, S. 30) wird ausgeführt, **an der erforderlichen Befähigung fehle es dem Behandelnden, soweit er nicht über die notwendige fachliche Qualifikation verfügt,** insbesondere, wenn er sich noch in der medizinischen Ausbildung befindet oder als Berufsanfänger noch nicht über die notwendige Erfahrung verfügt. Im Referentenentwurf (S. 38) wird noch ausgeführt, eine mangelnde Eignung könne auch in den Fällen der **körperlichen und/oder geistigen Überforderung** angenommen werden, etwa wenn ein Behandler einen operativen Eingriff nach einer 78-Stunden-Schicht noch führt oder vornehmen soll. Dies wurde im Regierungsentwurf aber nicht mehr aufgegriffen.

A 103b Ausweislich der Begründung bezieht sich die verabschiedete Fassung (nur) auf den **Anfängereingriff, das Erfordernis einer abgeschlossenen fachlichen Ausbildung und die damit verbundene notwendige theoretische Befähigung** zur Durchführung der Behandlung (vgl. Walter, GesR 2013, 129, 134; F/N/W, 5. Aufl. 2013, Rz. 163: Klarstellung fehlt jedoch; Spickhoff, VersR 2013, 267, 280; Beschlussempfehlung v. 28. 11. 2012, BT-Drucks. 17/11710, S. 39: „*Die Regelung entspricht den Anforderungen aus der bisherigen Praxis und trägt insbesondere den Bedürfnissen des Krankenhausalltages Rechnung, um eine gute medizinische Aufklärung und Behandlung von Patientinnen und Patienten **mit dem vorhandenen ärztlichen Personal** zu gewährleisten*" (vgl. auch Rz. P 100–P 102).

A 103c Nach Ansicht von Kern (in: Ratzel/Lissel, 1. Aufl. 2013, § 3 Rz. 102) greift die **Beweislastumkehr (Kausalitätsvermutung) des § 630h IV BGB** auch dann ein, wenn der Berufsanfänger (Assistenzarzt o. a.) den Patienten vor der dann dennoch erteilten Einwilligung darauf hingewiesen hatte, zu dem Eingriff an sich nicht befähigt zu sein.

A 103d Nach h. L. kommt eine **delektische Haftung des Arztes, dem infolge Übermüdung ein Behandlungsfehler unterläuft,** in Betracht (vgl. Büchner/Stöhr, NJW 2012, 487, 490/491; auch Deutsch/Spickhoff, 6. Aufl., Rz. IV 208: durch die Überschreitung der zulässigen Arbeitszeit kann ein Übernahmeverschulden indiziert sein, mag auch das Arbeitszeitgesetz nur ein Schutzgesetz zugunsten der Arbeitnehmer und nicht zugunsten der Patienten sein).

III. Sicherstellung des Facharztstandards

A 104 Sowohl im Krankenhaus als auch in einer Facharztpraxis muss durchgehend eine Behandlung nach dem jeweiligen Facharztstandard sichergestellt sein. Dabei kommt es im haftungsrechtlichen Sinn jedoch – nach wie vor (vgl. Rz. A 103a, A 103b) – nicht auf die formelle Anerkennung als Facharzt (Arzt mit Gebietsbezeichnung), sondern in erster Linie auf die im Rahmen der bisherigen Ausbildung und Tätigkeit von dem in Ausbildung befindlichen Arzt gesammelten Kenntnisse, Erfahrungen und Fähigkeiten an (BGH, NJW 1978, 584; OLG München, Urt. v. 21. 3. 2002 – 1 U 5064/01, OLGR 2003, 285, 286; F/N/W, 5. Aufl., Rz. 91, 92; Wenzel-Müller, Kap. 2 Rz. 1450: förmliche Facharztqualifikation nicht stets entscheidend).

Grundsätzlich wird der **Facharztstandard** während einer Operation im Regelfall   A 105
dadurch sichergestellt, dass der Facharzt selbst operiert oder den Operateur überwacht (BGH, NJW 1984, 655 = VersR 1984, 60: FA für Chirurgie muss eingriffsbereit sein; OLG München, Urt. v. 21. 3. 2002 – 1 U 5064/01, OLGR 2003, 285, 286; OLG München, Urt. v. 31. 1. 2002 – 1 U 3145/01, OLGR 2003, 101: schwierige HNO-Operation unter FA-Aufsicht; F/N/W, 5. Aufl., Rz. 92–95, 163; Wenzel-Müller, Kap. 2 Rz. 1450). So darf einem noch in Ausbildung befindlichen hinreichend qualifizierten Assistenzarzt **unter Aufsicht auch die Durchführung schwieriger Operationen übertragen** werden, da er ansonsten sein Ausbildungsziel nicht erreichen kann (OLG München, Urt. v. 31. 1. 2002 – 1 U 3145/01, OLGR 2003, 101: schwierige HNO-Operation durch Assistenzarzt). Die Entfernung von Lymphknoten, Magen, Milz und Zwölffingerdarm kann einem Assistenzarzt dann übertragen werden, wenn der erfahrene Chef- oder Oberarzt dabei eingriffsbereit assistiert (OLG Karlsruhe, Urt. v. 8. 8. 2001 – 13 U 173/99, AHRS III, 0920/316). Gleiches gilt für eine Harnleitersteinentfernung durch den Assistenzarzt im dritten urologischen Ausbildungsjahr (OLG Koblenz NJW 1991, 2967).

Auf die Anwesenheit eines aufsichtsführenden Facharztes kann nur verzichtet   A 106
werden, wenn der auszubildende Arzt aufgrund seines Könnens und der gesammelten Kenntnisse selbst die Gewähr für die Einhaltung des fachärztlichen Standards bietet (OLG München, Urt. v. 21. 3. 2002 – 1 U 5064/01, OLGR 2003, 285, 286; OLG Karlsruhe, VersR 1991, 1177: Narkose bei einer Leistenbruchoperation; OLG Oldenburg, VersR 2002, 1028: Geburtsleitung im letzten Weiterbildungsjahr; OLG Zweibrücken, VersR 1997, 1103: Assistenzarzt im fünften Weiterbildungsjahr als Geburtshelfer; S/Pa, 12. Aufl., Rz. 285, 286; Wenzel-Müller, Kap. 2 Rz. 1450).

Mit fortschreitender Erfahrung des Auszubildenden kann die Assistenz des auf-   A 106a
sichtsführenden Facharztes gelockert werden (BGH, NJW 1993, 2989, 2990 = VersR 1993, 1231; S/Pa, 12. Aufl., Rz. 285; Wenzel-Müller, Kap. 2 Rz. 1450). **Wenn der Auszubildende aufgrund seiner praktischen Erfahrungen mit der Behandlungsmaßnahme Gewähr für den fachärztlichen Standard bietet, kann auf die Anwesenheit eines aufsichtsführenden Facharztes sogar verzichtet werden** (OLG Düsseldorf, VersR 1994, 603; OLG Karlsruhe, VersR 1991, 1177: **Narkose bei einer Leistenbruchoperation**; OLG Oldenburg, Urt. v. 18. 09. 2001 – 5 U 81/97 mit NA-Beschl. BGH v. 14. 5. 2002 – VI ZR 362/01, VersR 2002, 1028: **Geburtsleitung im letzten Ausbildungsjahr**; OLG Oldenburg, VersR 1994, 180: Gebärmutterentfernung; OLG Zweibrücken, VersR 1997, 1103; S/Pa, 12. Aufl., Rz. 286; offen gelassen von Wenzel-Müller, Kap. 2, Rz. 1450).

Wird eine Operation von einem noch in der Facharztausbildung stehenden Arzt   A 107
– hier einem **Gynäkologen im fünften Ausbildungsjahr** – ausgeführt, so ist der

Umstand, dass die Ausbildung noch nicht ganz abgeschlossen ist, **kein Indiz für die Ursächlichkeit** für die aus der Operation resultierenden Komplikationen, wenn festgestellt werden kann, dass der Operateur die wissenschaftlichen und technischen Voraussetzungen für die Durchführung der Operation in einer den facharztlichen Standard gewährleistenden Weise beherrscht (OLG Oldenburg, VersR 1994, 180; OLG Oldenburg, Urt. v. 18. 9. 2001 – 5 U 81/97, VersR 2002, 1028 und S/Pa, 12. Aufl., Rz. 286: **Geburtsleitung im letzen FA-Ausbildungsjahr;** OLG Zweibrücken, VersR 1997, 1103: **Lösung einer Schulterdystokie im letzten FA-Ausbildungsjahr;** auch OLG Koblenz, Urt. v. 18. 5. 2006 – 5 U 330/02, NJW-RR 2006, 1172, 1174: **kein Indiz für das Vorliegen eines Behandlungsfehlers, wenn das Mc-Roberts-Manöver misslingt**). Unter diesen Voraussetzungen ist die **permanente Anwesenheit eines Facharztes** bei der Operation **nicht zwingend geboten** (OLG Oldenburg, VersR 1994, 180; S/Pa, 12. Aufl., Rz. 286).

A 108 Fehlen Anhaltspunkte für ein makrosomes Kind, erfordert die Geburtsleitung nicht die unmittelbare Anwesenheit eines Facharztes, wenn der **Assistenzarzt einen genügenden Ausbildungsstand und hinreichende praktische Erfahrungen** hat. Dies ist nicht dadurch in Frage gestellt, dass die weitere Entwicklung des Kindes durch das Mc-Roberts-Manöver misslingt (OLG Koblenz, Urt. v. 18. 5. 2006 – 5 U 330/02, NJW-RR 2006, 1172, 1174).

Eine **Assistenzärztin, die sechs Monate vor der Facharztprüfung** steht, ist nach Durchführung von 300 Geburten, darunter 30 durch Vakuumextraktionen, zur selbständigen Durchführung einer Geburt bei einem zu erwartenden Geburtsgewicht unter 4000g ausreichend qualifiziert (OLG Stuttgart OLGR 2001, 394, 395; auch OLG Oldenburg, Urt. v. 18. 9. 2001 – 5 U 81/97, VersR 2002, 1028, 1029: Geburtsleitung kurz vor der FA-Anerkennung; OLG Zweibrücken, VersR 1997, 1103, 1104: selbständige Behebung einer Schulterdyskotie im letzten Ausbildungsjahr).

A 109 **Wirkt sich der Anfängerstatus danach nicht auf die Behandlung aus, so ist er haftungsrechtlich irrelevant** (BGH, NJW 1991, 1539; OLG Oldenburg, Urt. v. 10. 4. 2001 – 5 U 88/00, OLGR 2002, 150, 151 f.: Assistenzarzt hat nach Feststellung des Sachverständigen unverzüglich adäquat und situationsangepasst gehandelt).

A 110 Es ist auch nicht zu beanstanden, dass bei einer bevorstehenden Geburt, bei der sich zunächst keine Risikokonstellation abzeichnet, eine **erfahrene Hebamme die Geburtsleitung übernimmt** und die mitanwesende unerfahrene Assistenzärztin, die bis dahin noch keine Geburt eigenverantwortlich geleitet hat, die Hebamme lediglich unterstützt. Bei einer derartigen Rollenverteilung bestehen Anhaltspunkte für Behandlungsfehler der helfenden Assistenzärztin nur dann, wenn für diese Fehler der Hebamme erkennbar werden und die Ärztin daraufhin hätte handeln müssen, etwa durch frühzeitige Heranziehung des Facharztes, oder wenn die Assistenzärztin bei ihren Unterstützungsmaßnahmen selbst einen Fehler begeht (OLG Stuttgart, Urt. v. 8. 7. 2003 – 1 U 104/02, GesR 2004, 224).

A 110a Im Fall einer unproblematisch verlaufenden Geburt ist eine **ausgebildete Hebamme ebenso wie ein Facharzt für Gynäkologie zur Leitung der Geburt befugt.**

Ihr kann daher durch den verantwortlichen Arzt die eigenständige Betreuung der Geburt übertagen werden. Es ist dann allein Aufgabe der Hebamme, darüber zu entscheiden, ob und wann die Hinzuziehung eines Arztes geboten ist. Der Arzt darf **grundsätzlich auf die Richtigkeit einer Aussage der Hebamme vertrauen, dass der Geburtsverlauf „normal" ist.** Kontrollaufgaben gegenüber der Hebamme obliegen ihm nicht. Allenfalls bei **offensichtlichem Fehlverhalten der Hebamme besteht eine Interventionspflicht** (OLG Köln, Urt. v. 31. 1. 2005 – 5 U 130/01, AHRS III, 00930/300).

Wird umgekehrt ein Facharzt bei der Geburt tätig, trifft die ihm **assistierende** A 111 **Hebamme nur dann eine „Remonstrationspflicht",** wenn die beabsichtigte Behandlung – für die Hebamme erkennbar – grob fehlerhaft ist und die damit einhergehenden Gefahren vermeidbar und gravierend sind (BGH, Urt. v. 7. 12. 2004 – VI ZR 212/03, VersR 2005, 408, 411 = NJW 2005, 888, 891; nachfolgend OLG Hamm, Urt. v. 16. 1. 2006 – 3 U 207/02, VersR 2006, 512, 514; OLG Düsseldorf, Urt. v. 26. 4. 2007 – I-8 U 37/05, VersR 2008, 543, 546 = GesR 2008, 19, 20: **wenn die Hebamme erkennen muss, dass das Vorgehen des Arztes vollkommen regelwidrig und unverständlich ist,** im entschiedenen Fall bejaht; OLG Koblenz, Urt. v. 3. 5. 2007 – 5 U 567/05, VersR 2008, 222, 223 = GesR 2007, 591, 593: wenn sich das Vorgehen des Arztes der Hebamme als schlechterdings unvertretbar mit dem erkennbaren Erfordernis sofortiger Intervention darstellte, im entschiedenen Fall verneint).

IV. Beweiserleichterungen bei Anfängereingriffen

Beweiserleichterungen **zu Gunsten des Patienten** (vgl. jetzt § 630h IV BGB, A 112 Rz. A 103a) kommen in den Fällen des fehlerhaften, unbeaufsichtigten Einsatzes eines Arztes in Weiterbildung oder in Ausbildung zur Anwendung (BGH, NJW 1998, 2736). Hierzu gehören **Ärzte im Praktikum** (OLG Dresden, Urt. v. 11. 7. 2002 – 4 U 574/02, GesR 2003, 157, 159 zur Aufklärung; OLG Düsseldorf, VersR 2001, 460; OLG München, Urt. v. 30. 12. 2004 – 1 U 2357/04, OLGR 2005, 880; OLG Schleswig NJW 1997, 3098; L/K-Laufs-Kern, § 100 Rz. 30: AIP mit Wirkung zum 1. 10. 2004 abgeschafft), **Medizinstudenten im „praktischen Jahr"** („PJ"; vgl. L/K-Laufs/Kern, § 100 Rz. 23), für eine **selbständig durchzuführende Operation noch nicht ausreichend qualifizierte Assistenzärzte** (BGH, NJW 1984, 655 = VersR 1984, 60 für den Bereich den Chirurgie; OLG München, Urt. v. 30. 12. 2004 – 1 U 2357/04, OLGR 2005, 880: Assistenzarzt unterlässt Erregerbestimmung; OLG München, Urt. v. 31. 1. 2002 – 1 U 3145/01, OLGR 2003, 101: schwierige HNO-Operation durch Assistenzarzt; OLG Oldenburg, Urt. v. 10. 4. 2001 – 5 U 88/00, OLGR 2002, 150, 152: Assistenzarzt der Gynäkologie), **in der Weiterbildung zum Facharzt für Anästhesie stehende Assistenzärzte,** die noch nicht über ausreichende Erfahrungen über die mit dem konkreten Eingriff verbundenen Risiken verfügen (BGH, NJW 1993, 2989; OLG Zweibrücken, VersR 1988, 165), **nicht jedoch eine im zweiten Jahr ihrer Weiterbildung zur Fachärztin für Gynäkologie stehende Ärztin, die im nächtlichen Bereitschaftsdienst der geburtshilflichen Abteilung einer Klinik eingesetzt wird** (BGH, NJW 1998, 2736, 2737) **oder eine unerfahrene Assistenzärztin, die einer Hebamme mit 16-jähriger Berufserfahrung bei einer zunächst ohne Risikofaktoren begonnenen Geburt as-**

27

sistiert (OLG Stuttgart, Urt. v. 8. 7. 2003 – 1 U 104/02, GesR 2004, 224 = OLGR 2004, 239; OLG Köln, Urt. v. 31. 1. 2005 – 5 U 130/01, AHRS III, 0930/300: Leitung einer unproblematischen Geburt durch die Hebamme).

A 113　Die **Beweislast**, dass das **Misslingen einer vom Assistenzarzt selbständig durchgeführten Operation** (BGH, NJW 1984, 655 = VersR 1984, 60; OLG München, Urt. v. 30. 12. 2004 – 1 U 2357/04, OLGR 2005, 880), einer **ohne unmittelbare Aufsicht eines Facharztes durchgeführten Intubationsnarkose** (BGH, NJW 1993, 2989; auch OLG Zweibrücken, VersR 1988, 165), eines **eigenverantwortlich geleiteten Geburtsvorganges** (OLG Düsseldorf, VersR 2001, 460; OLG Oldenburg, Urt. v. 10. 4. 2001 – 5 U 88/00, OLGR 2002, 150, 152: im entschiedenen Fall hatte sich die fehlende Qualifikation aber nicht in der Schädigung des Patienten ausgewirkt), der von einem Assistenzarzt durchgeführte **Behandlung einer postoperativen Infektion am Fuß** (OLG München, Urt. v. 30. 12. 2004 – 1 U 2357/04, OLGR 2005, 880: Unterlassen der Erregerbestimmung) oder einer **Extraktion eines tief liegenden, verlagerten Weisheitszahns** (OLG Oldenburg, VersR 1998, 1381) **nicht auf der mangelnden Erfahrung oder Übung des nicht ausreichend qualifizierten Assistenzarztes** beruht, trägt der **Krankenhausträger** bzw. der für die Zuteilung des ohne Fachaufsicht durchgeführten Eingriffs **verantwortliche Arzt** (vgl. BGH, VersR 1993, 1231, 1233: Krankenhausträger hat „die Vermutung der Kausalität der Unerfahrenheit für den Schadenseintritt zu entkräften"; OLG Oldenburg, Urt. v. 10. 4. 2001 – 5 U 88/00, OLGR 2002, 150; OLG München, Urt. v. 30. 12. 2004 – 1 U 2357/04, OLGR 2005, 880; Katzenmeier MedR 2004, 34, 38 f.; S/Pa, 12. Aufl., Rz. 299: Behandlungsseite hat die Vermutung zu entkräften, dass sich die fehlende Qualifikation nicht in der Schädigung des Patienten ausgewirkt hat; Wenzel-Müller, Kap. 2 Rz. 1451, 1512; Wenzel-Wenzel, Kap. 2 Rz. 3599; F/N/W, 5. Aufl., Rz. 95, 163).

A 114　Diese Grundsätze gelten auch für die **Beschäftigung eines Krankengymnasten**, der die für eine Behandlung notwendige **Zusatzausbildung** (hier: Chiropraktiker) nicht besitzt (KG, Urt. v. 14. 4. 2008 – 20 U 183/06, VersR 2008, 1267; S/Pa, 12. Aufl., Rz. 299a).

A 114a　Die Grundlagen zum Einsatz von Nicht-Fachärzten werden auch **auf den fachübergreifenden Bereitschaftsdienst** übertragen. Hier nehmen Ärzte bzw. Fachärzte Bereitschaftsdienste während der Nachtschicht bzw. an Sonn- und Feiertagen auch für Behandlungsbereiche wahr, die nicht zu ihrem Fachgebiet gehören (F/N/W, 5. Aufl. 2013, Rz. 95a, 98; vgl. auch Boemke, NJW 2010, 1562, 1564).

A 115　Anders als beim voll beherrschbaren Risikobereich (vgl. → *Voll beherrschbare Risiken*, Rz. V 301 ff.) beziehen sich die zu Gunsten des Patienten eingreifenden Beweiserleichterungen (§ 630h IV BGB: es wird vermutet, dass die mangelnde Befähigung für den Gesundheitsschaden ursächlich war) also nicht auf die Frage des Vorliegens eines Behandlungsfehlers, denn **der Fehler liegt bereits in der organisatorischen Fehlentscheidung für den selbständigen Einsatz des Berufsanfängers** (BGH, VersR 1985, 1043, 1044: falsche bzw. fehlende Stellenbesetzung als Organisationsfehler; F/N/W, 5. Aufl., Rz. 95, 96, 163; vgl. aber S/Pa, 12. Aufl., Rz. 297, 298: Patient muss nachweisen, dass der Einsatz des Assistenzarztes ein Fehler war, Verschuldensvermutung des § 831 BGB ergreift aber auch die Qualifikationsfrage; zur → *Dokumentationspflicht* Rz. D 361, D 362).

V. Fachaufsicht und Kontrolle durch Facharzt

Bei einer „Anfängeroperation" bzw. einem „Anfängereingriff" durch einen noch nicht ausreichend qualifizierten Assistenzarzt muss die **ständige Eingriffsbereitschaft und Eingriffsfähigkeit des aufsichtführenden Facharztes**, regelmäßig des Chef- oder Oberarztes, gewährleistet sein (BGH, NJW 1984, 655 = VersR 1984, 60; OLG Düsseldorf, VersR 1985, 169; OLG München, Urt. v. 30. 12. 2004 – 1 U 2357/04, OLGR 2005, 880: **FA muss jeden Operationsschritt beobachtend verfolgen und jederzeit korrigierend eingreifen können**; OLG München, Urt. v. 31. 1. 2002 – 1 U 3145/01, OLG 2003, 101: schwierige HNO-Operation unter Aufsicht eines Facharztes; OLG Karlsruhe, Urt. v. 8. 8. 2001 – 13 U 173/99, AHRS III, 0920/316: **schwierige und umfangreiche Bauchoperation unter Aufsicht des Chefarztes**; OLG Oldenburg, VersR 1998, 1380, 1381 = MDR 1998, 47; OLG Stuttgart, VersR 1990, 858; S/Pa, 12. Aufl., Rz. 289, 290: der aufsichtsführende Arzt muss FA sein, Anderes kann in Notfällen gelten; Wenzel-Müller, Kap. 2, Rz. 1450, 1460: in Notfällen geringere Anforderungen).

A 116

Operiert der Auszubildende selbst, muss grundsätzlich durchgängig die **Anwesenheit und Eingriffsbereitschaft sowie die Korrekturmöglichkeit** bei sich anbahnenden, schadensträchtigen Fehlleistungen durch eine **Assistenz des aufsichtsführenden erfahrenen Facharztes** gegeben sein, solange nicht feststeht, dass der Auszubildende die Operation auch praktisch beherrscht (OLG München, Urt. v. 30. 12. 2004 – 1 U 2357/04, OLGR 2005, 880: FA muss jederzeit korrigierend eingreifen können; OLG Oldenburg MDR 1998, 47) oder **irgendwelche Zweifel** an dem erforderlichen Ausbildungsstand des Assistenzarztes bestehen können (BGH, NJW 1992, 1560 = VersR 1992, 745 = MDR 1992, 749).

A 117

Einem noch in Ausbildung befindlichen hinreichend qualifizierten Assistenzarzt darf aber die **Durchführung schwieriger Operationen übertragen** werden, da dieser ansonsten sein Ausbildungsziel nicht erreichen kann, wenn der Facharztstandard durch die Überwachung seitens eines Facharztes sichergestellt wird (OLG München, Urt. v. 31. 1. 2002 – 1 U 3145/01, OLGR 2003, 101).

A 118

Auch bei der **Nachbehandlung nach einem Eingriff** muss der Facharztstandard bei der Behandlung einer postoperativen Infektion gewährleistet sein (OLG München, Urt. v. 30. 12. 2004 – 1 U 2357/04, OLGR 2005, 880).

A 119

Auf dem Gebiet der **Anästhesie** muss der überwachende Facharzt **nicht unbedingt in unmittelbarer Nähe** eingriffsbereit sein (F/N/W, 5. Aufl., Rz. 93). Zwischen dem noch unerfahrenen Anästhesisten und dem in einem benachbarten Operationssaal (o. a.) tätigen Fachanästhesisten muss aber zumindest **Blick- und Rufkontakt** bestehen (BGH, VersR 1983, 244, 245; BGH, NJW 1993, 2989, 2990 = VersR 1993, 1231, 1232 = MDR 1993, 955).

A 120

Wird während der Operation eine **Umlagerung erforderlich, wird das damit verbundene Narkoserisiko durch den möglichen Rufkontakt zum aufsichtsführenden Facharzt nicht aufgefangen** (BGH, NJW 1993, 2989 = VersR 1993, 1231: FA muss Ordnungsmäßigkeit der Narkose nach der Umlagerung überprüfen).

A 121

A 122   Im **geburtshilflich-gynäkologischen Bereich kann eine Rufbereitschaft** des Chef-
oder Oberarztes zu Hause **ausreichen** (BGH, NJW 1994, 3008 = VersR 1994, 1303
= MDR 1994, 1088; F/N/W, 5. Aufl., Rz. 92 a. E.). Auch wenn der Einsatz einer
im zweiten Jahr ihrer Weiterbildung zur Fachärztin zur Gynäkologie stehenden
Assistenzärztin im Nachtdienst an sich nicht fehlerhaft ist, muss gewährleistet
sein, dass sofort ein **erfahrener Facharzt hinzugezogen** werden und sich unverzüglich einfinden kann (BGH, NJW 1998, 2736, 2737 = VersR 1998, 634 = MDR
1998, 535; auch BGH, NJW 1994, 3008, 3009 = MDR 1994, 1088).

A 122a   Allerdings kann auf einen die Aufsicht führenden Facharzt dann verzichtet werden, wenn der operierende bzw. behandelnde Arzt **aufgrund seiner praktischen
Erfahrung die Gewähr für den Facharztstandard bietet** (OLG Oldenburg, VersR
1994, 180 zur abdominalen Gebärmutterentfernung; OLG Oldenburg, Urt. v.
18. 9. 2001 – 5 U 81/97, NA-Beschl. BGH v. 14. 5. 2002 – VI ZR 362/01, VersR
2002, 1028, 1029: Leitung einer Geburt im letzten Ausbildungsjahr; OLG Karlsruhe, VersR 1991, 1177; S/Pa, 12. Aufl., Rz. 286; offen gelassen von Wenzel-Müller, Kap. 2, Rz. 1450).

A 123   Ohne Beaufsichtigung durch einen Facharzt darf ein unerfahrener Assistenzarzt in
alleiniger Zuständigkeit nicht über die Behandlung einer **komplizierten Gelenk-
verletzung** entscheiden (OLG Düsseldorf, VersR 1985, 169). Vielmehr ist der Chefarzt bzw. Oberarzt verpflichtet, die Diagnose und eingeleitete Therapie eines in
der Facharztausbildung stehenden Arztes, der den Patienten ärztlich versorgt
oder die Eingangsdiagnose gestellt hat, zu überprüfen (BGH, NJW 1987, 1479).

A 124   Der **Krankenhausträger**, der eine Überwachung von Behandlungsmaßnahmen
von Ärzten ohne abgeschlossene Fachausbildung nicht gewährleistet, begeht einen **Organisationsfehler** (OLG Stuttgart, VersR 1990, 858; auch BGH, VersR
1985, 1043, 1044 = NJW 1985, 2189, 2190: fehlende FA-Stellenbesetzung als Organisationsfehler; BGH, Urt. v. 7. 12. 2004 – VI ZR 212/03, NJW 2005, 888, 890
zum Organisationsverschulden beim Einsatz eines ungeeigneten Belegarztes;
KG, Urt. v. 14. 4. 2008 – 20 U 183/06, VersR 2008, 1267 zum Einsatz eines für
chiropraktische Maßnahmen nicht ausreichend qualifizierten Krankengymnasten; Katzenmeier MedR 2004, 34, 38; S/Pa, 12. Aufl., Rz. 291; Wenzel-Müller,
Kap. 2, Rz. 1456, 1457, 1472: **Organisationsfehler des Krankenhauses, ggf. Übernahmeverschulden des Arztes**; L/K-Laufs/Kern, § 101 Rz. 14, 15, 30, 44).

A 124a   Der Krankenhausträger ist auch verpflichtet, die **interne Ablauforganisation**
durch generelle Richtlinien und Weisungen so zu **regeln, dass in jeder Behandlungsphase der Facharzt-Standard verfügbar ist**, der die fehlerfreie Behandlung
und Überwachung sicherstellt (BGH, VersR 1985, 1043, 1044; F/N/W, 5. Aufl.,
Rz. 91, 92, 96, 97).

VI. Aufklärung durch Anfänger und bei Anfängereingriffen

1. Aufklärung des Patienten durch Berufsanfänger

A 125   Einem **Arzt in Ausbildung** darf die Selbstbestimmungsaufklärung des Patienten
nach bisheriger Rechtslage dann übertragen werden, wenn er **aufgrund seines**

Ausbildungstandes in der Lage ist, die konkret beim Patienten vorliegende Erkrankung und die erforderliche Behandlung zu beurteilen (OLG Dresden, Urt. v. 11. 7. 2002 – 4 U 574/02, GesR 2003, 157, 159; OLG Köln, Urt. v. 14. 6. 2000 – 5 U 258/99, AHRS III, 5300/303: es muss sichergestellt werden, dass dem aufklärenden Arzt sämtliche für die Aufklärung bedeutenden Umstände bekannt sind; OLG Saarbrücken, Urt. v. 16. 2. 2000 – 1 U 477/99–126, AHRS III, 5300/301: **Qualifikation zu einer ordnungsgemäßen Aufklärung muss vorhanden sein**) oder wenn der **Inhalt der Aufklärung zuvor mit dem Oberarzt oder dem Stationsarzt besprochen wurde** (BGH, Urt. v. 7. 11. 2006 – VI ZR 206/05, NJW-RR 2007, 310, 311 = VersR 2007, 209, 210; OLG München, Urt. v. 21. 3. 2002 – 1 U 5064/01, OLGR 2003, 285; vgl. die Einzelheiten bei → *Aufklärung*, vgl. Rz. A 1750 ff., A 1757 ff.).

Gemäß **§ 630e II 1 Nr. 1 BGB** muss die Aufklärung mündlich durch den behandelnden Arzt oder durch eine Person erfolgen, die über die zur Durchführung der Maßnahme notwendige Befähigung verfügt. In den Gesetzesmaterialien (Regierungsentwurf, BT-Drucks. 17/10488 v. 15. 8. 2012) findet sich kein Hinweis, dass mit Einführung des Patientenrechtegesetzes eine Verschärfung der Rechtslage zum Nachteil der Ärzte und Krankenhäuser beabsichtigt ist, zumal es **faktisch unmöglich wäre, zur Führung von Aufklärungsgesprächen ausschließlich Fachärzte einzusetzen** (vgl. Rz. P 44 ff., P 103; Katzenmeier, NJW 2013, 817, 820). **A 125a**

Insbesondere vor schwierigen bzw. risikoreichen Eingriffen muss sich aber der **Chef- oder Oberarzt** (als Vertreter des Chefarztes), der die Risikoaufklärung eines Patienten einem nachgeordneten Arzt überträgt, darlegen und im Bestreitensfall beweisen, welche organisatorischen Maßnahmen er ergriffen hat, um eine **ordnungsgemäße Aufklärung sicherzustellen und deren ordnungsgemäße Umsetzung zu kontrollieren.** Hierzu gehört etwa die Angabe, ob er sich in einem Gespräch mit dem Patienten über dessen ordnungsgemäße Aufklärung und/oder durch einen Blick in die Krankenakte vom Vorhandensein einer vom Patienten und dem aufklärenden Arzt unterzeichneten Einverständniserklärung vergewissert hat, dass eine für den medizinischen Laien verständliche Aufklärung unter Hinweis auf die spezifischen Risiken des vorgesehenen Eingriffs erfolgt ist (BGH, Urt. v. 7. 11. 2006 – VI ZR 206/05, VersR 2007, 209, 210). **A 126**

Gegen die Durchführung des Aufklärungsgesprächs vor einem nicht zu schwierigen Eingriff durch einen bereits **zwanzig Monate in der Facharztausbildung** befindlichen Mediziner bestehen keine Bedenken (OLG Dresden, Urt. v. 11. 7. 2002 – 4 U 574/02, GesR 2003, 157, 159). **A 127**

Allerdings ist auch der Arzt, der nur die Aufklärung und damit einen Teil der ärztlichen Behandlung übernommen hat, dafür verantwortlich, dass die Einwilligung des Patienten in den Eingriff wirksam ist; **auch der „nur" aufklärende Assistenz- oder Facharzt haftet deshalb für die Folgen eines bei fehlender, unvollständiger oder unwirksamer Aufklärung rechtswidrig durchgeführten Eingriffs** (OLG Karlsruhe, Urt. v. 8. 12. 2004 – 7 U 163/03, GesR 2005, 165, 166; ebenso bereits BGH, VersR 1981, 456, 457 = NJW 1980, 1905 = MDR 1980, 836). **A 128**

Auch der lediglich **operierende Arzt kann sich nicht ohne weiteres darauf verlassen, dass in den vorausgegangenen Aufklärungsgesprächen eine ausreichende Risikoaufklärung des Patienten über gravierende Risiken erfolgt ist.** Insbesondere **A 129** wenn aus dem Aufklärungsbogen ersichtlich ist, dass bestimmte, nicht unerhebliche Risiken offensichtlich nicht angesprochen worden waren, obliegt es dem Operateur (Facharzt), die Aufklärung rechtzeitig hinreichend zu vervollständigen und sich zu diesem Zweck vor dem abschließenden Aufklärungsgespräch am Tag vor der Operation durch einen Einblick in die Behandlungsunterlagen zu vergewissern, inwieweit bereits aufgeklärt worden ist (BGH, Urt. v. 10. 10. 2006 – VI ZR 74/05, NJW 2007, 217, 219 = VersR 2007, 66, 68 = GesR 2007, 14, 15).

A 130   Sind etwaige **Mängel der Aufklärung aus dem Aufklärungsbogen nicht erkennbar, haftet der Operateur nicht** für die unzureichende Aufklärung durch den hierfür qualifizierten Assistenzarzt (OLG Zweibrücken, Urt. v. 23. 1. 2007 – 5 U 35/05, BeckRS 2007, 5674; OLG Naumburg, Urt. v. 11. 7. 2006 – 1 U 1/06, BeckRS 2007, 3103, S. 6: mangels Verschuldens keine Eigenhaftung des Operateurs; zum Aufklärungsverschulden Rz. A 2209ff.), jedenfalls wenn ihm als Chefarzt (s. o. Rz. A 126 und A 1757ff.) kein Organisationsverschulden zur Last fällt. Nimmt der **Assistenzarzt, ohne die Aufklärung selbst durchzuführen**, lediglich weisungsgebunden unter Leitung des Chef- oder Oberarztes an der Operation teil, so ist er zu eigenständigen Nachforschungen über das Vorliegen einer wirksamen Einwilligung nicht verpflichtet, sofern er nicht konkrete Anhaltspunkte hat, dass die Einwilligung fehlt oder unwirksam sein könnte (OLG Karlsruhe, Urt. v. 24. 5. 2006 – 7 U 242/05, OLGR 2006, 617, 619).

2. Keine Aufklärungspflicht über die Beteiligung eines Berufsanfängers

A 131   Der Patient muss, da bei Aufsicht durch einen Facharzt der Facharztstandard gewährleistet ist, grundsätzlich **nicht darüber aufgeklärt werden, dass ein noch in Ausbildung befindlicher Arzt operiert** (OLG München, Urt. v. 31. 1. 2002 – 1 U 3145/01, OLGR 2003, 101; F/N/W, 5. Aufl., Rz. 163, 205; S/Pa, 12. Aufl., Rz. 292).

A 132   Wird ein Anfängereingriff ohne oder nur unter unzureichender Fachaufsicht durchgeführt, ist der Patient durch die Haftung und die eingreifende Beweiserleichterung für Behandlungsfehler ausreichend geschützt (F/N/W, 5. Aufl., Rz. 205; S/Pa, 12. Aufl., Rz. 292; vgl. auch BGH, VersR 1992, 358 und VersR 1985, 736). Handelt es sich allerdings um die Vornahme eines **schwerwiegenden Eingriffs mit erheblichen Risiken,** wird eine Verpflichtung der Behandlungsseite, den Patienten über die **Beteiligung eines Berufsanfängers als Operateur hinzuweisen, aber teilweise bejaht** (OLG Düsseldorf, VersR 1987, 161, 163; F/N/W, Rz. 205).

A 132a   Sind die Operationsrisiken, etwa das Risiko einer Nervverletzung bei einer minimal-invasiven Hüftgelenkimplantation, **aufgrund der geringen Erfahrung des Operateurs (hier: erfahrener Facharzt, hatte den Eingriff erst 5- bis 10-mal durchgeführt) höher** als bei der Anwendung der herkömmlichen Operationsmethode, muss er den Patienten hierüber aufklären (OLG Karlsruhe, Urt. v. 23. 3. 2011 – 7 U 79/10, GesR 2011, 356, 357; zustimmend Baur, VRiOLG a.D., GesR 2011, 577, 582 und F/N/W, 5. Aufl., Rz. 205; u. E. zweifelhaft, mit einem „Anfängereingriff" nicht vergleichbar).

VII. Dokumentationspflicht bei Anfängereingriffen

Selbständige Operationen und Eingriffe des erst in der Facharztausbildung ste- A 133
henden Arztes müssen **exakt dokumentiert** werden, auch wenn es sich lediglich
um so genannte „**Routineeingriffe**" handelt und der ausführende Assistenzarzt
keine Komplikationen beobachtet hat (BGH, MDR 1986, 220 = NJW 1985, 2193,
2194 = VersR 1985, 782, 784; OLG München, Urt. v. 30. 12. 2004 – 1 U 2357/04,
OLGR 2005, 880; OLG Düsseldorf, VersR 1991, 1138; S/Pa, 12. Aufl., Rz. 295;
F/N/W, 5. Aufl., Rz. 147; R/L-Kern, § 3 Rz. 101).

**Ein Verstoß gegen die Dokumentationspflicht führt zur Vermutung, dass die zu
dokumentierende Maßnahme unterblieben ist** (G/G, 6. Aufl., Rz. B 247, B 206;
vgl. → *Dokumentationspflicht*, Rz. D 361, D 394ff.; P 56ff.) und ausnahmsweise auch zu Beweiserleichterungen hinsichtlich des Kausalzusammenhangs
zwischen einem möglichen Behandlungsfehler und dem Eintritt des Primärschadens, wenn der indizierte Behandlungsfehler als „grob" zu beurteilen wäre (vgl.
S/Pa, 12. Aufl., Rz. 598, 689; → *Dokumentationspflicht*, Rz. D 416ff.).

VIII. Eigenhaftung des Assistenzarztes bzw. der Hebamme

Ein in einem Krankenhaus tätiger und am Anfang seiner Berufsausbildung ste- A 134
hender Assistenzarzt, dem kein grober Diagnose- oder Behandlungsfehler vorgeworfen werden kann, haftet bei ungeklärtem Kausalverlauf nicht unter dem
Gesichtspunkt eines Übernahmeverschuldens bei der Diagnosefindung, **wenn
feststeht, dass der von ihm hinzugezogene Chef- oder Oberarzt gleichfalls nicht
die richtige Diagnose gestellt haben würde** (OLG Düsseldorf, NJW 1986, 790).

Ein Assistenzarzt, der vom Chef- oder Oberarzt angewiesen wird, eine bestimmte A 135
Behandlungsmethode durchzuführen, hat dieser Anweisung i. d. R. Folge zu leisten und darf sich grundsätzlich auf die **Richtigkeit der von dem Facharzt getroffenen Entscheidung verlassen** (OLG Brandenburg, Urt. v. 25. 2. 2010 – 12 U 60/09,
juris, Nr. 20, 21; OLG Düsseldorf, Urt. v. 13. 2. 2003 – 8 U 41/02, VersR 2005,
230; OLG Düsseldorf, VersR 1991, 1412; OLG Hamm, VersR 1998, 104; OLG
Köln, VersR 1993, 1157; OLG München, VersR 1993, 1400; OLG Zweibrücken,
VersR 1997, 833; OLG Zweibrücken, VersR 2000, 728; S/Pa, 12. Aufl., Rz. 293,
260; L/K-Laufs/Kern, § 100 Rz. 29).

Sofern nicht für ihn erkennbare Umstände hervortreten, die ein solches Ver- A 136
trauen nicht als gerechtfertigt erscheinen lassen, kann sich der **Assistenzarzt**
auf **die vom Chefarzt gestellte Indikation zur Operation** (OLG Düsseldorf, VersR
1991, 1412), **die vom Chefarzt getroffene Entscheidung zur Durchführung einer
konservativen Therapie anstatt eines operativen Eingriffs** (OLG Düsseldorf,
Urt. v. 13. 2. 2003 – 8 U 41/02, VersR 2005, 230), auf eine **vom Oberarzt gebil-
ligte Diagnose** (OLG München, VersR 1993, 1400; S/Pa, 12. Aufl., 293, 260), auf
das mit dem Chef- oder Oberarzt abgesprochene Procedere (OLG Köln, VersR
1993, 1157; OLG Zweibrücken, VersR 1997, 833; OLG Hamm, VersR 1998, 104;
OLG Brandenburg, Urt. v. 25. 2. 2010 – 12 U 60/09, juris, Nr. 20, 21: Behandlungsseite muss zur Entlastung Konkretes vortragen; S/Pa, 12. Aufl., Rz. 293),

auf die **Beurteilung eines unklaren intraoperativen Befundes durch den anwesenden Oberarzt** (OLG Zweibrücken, Urt. v. 27. 2. 2001 – 5 U 17/00, AHRS III, 920/312), die **vom Chefarzt bei der Leitung einer Geburt, bei der er/sie lediglich assistiert, angeordneten Maßnahmen** (OLG Zweibrücken, Urt. v. 20. 10. 1998 – 5 U 50/97, VersR 2000, 728 = NJW-RR 1999, 611) sowie **die vom Krankenhausträger bzw. dem verantwortlichen Chefarzt getroffenen organisatorischen Vorsorgemaßnahmen** für den Fall, dass seine Fähigkeiten nicht ausreichen, **verlassen** (BGH, VersR 1994, 1303 = NJW 1994, 3008, 3009).

A 136a Wurde die **Schädigung durch ein Unterlassen** begangen, hat die Behandlungsseite jedoch **vorzutragen**, ob und inwieweit der Facharzt gegenüber dem nachgeordneten Arzt etwaige Anweisungen zur Vornahme oder Nichtvornahme von medizinisch gebotenen Befunderhebungen bzw. therapeutischen Maßnahmen erteilt hat. **Zur Entlastung der tätig gewordenen Assistenzärztin genügt es nicht, vorzutragen, es sei „eine in der Weiterbildungszeit befindliche Stationsärztin" tätig geworden** (OLG Brandenburg, Urt. v. 25. 2. 2010 – 12 U 60/09, juris, Nr. 21, 22).

A 137 Der Assistenzarzt ist haftungsrechtlich dann **selbst verantwortlich**, wenn er sich weisungsgemäß auf den selbständigen Eingriff eingelassen hat, obwohl er aufgrund der bei ihm nach seinem Ausbildungsstand vorauszusetzenden Kenntnisse und Erfahrungen hiergegen **Bedenken hätte haben und eine Gefährdung des Patienten hätte voraussehen müssen** (BGH, NJW 1984, 655 = MDR 1984, 218) bzw. sich dem Assistenzarzt nach den bei ihm vorauszusetzenden Fähigkeiten und Kenntnissen **Bedenken gegen die Sachgemäßheit des von dem Facharzt angeordneten Vorgehens hätten aufdrängen müssen** (OLG Düsseldorf, Urt. v. 13. 2. 2003 – 8 U 41/02, VersR 2005, 230; im entschiedenen Fall verneint). Muss er nach diesen Maßstäben Bedenken gegen seinen selbständigen Einsatz haben, insbesondere, weil er an einem Eingriff der angeordneten Art selbst noch nicht teilgenommen hat, so hat er diese zum Ausdruck zu bringen und **notfalls die Durchführung der Operation ohne Aufsicht abzulehnen** (BGH, NJW 1984, 655, 657; OLG Brandenburg, Urt. v. 25. 2. 2010 – 12 U 60/09, juris, Nr. 20, 21: Remonstrationspflicht, andernfalls Eigenhaftung wegen eines Übernahmeverschuldens; F/N/W, 5. Aufl., Rz. 95; S/Pa, 12. Aufl., Rz. 293) oder gar „den Patienten darüber zu informieren, um die Vorgehensweise zu verhindern" (L/K-Laufs/Kern, § 100 Rz. 29; u. E. sicher zu weitgehend).

A 138 Die gleichen Grundsätze gelten hinsichtlich einer **Haftung der Hebamme** für Fehler des geburtsleitenden Arztes. Hier haftet die Hebamme – neben dem Arzt – dann selbst, wenn sie aufgrund ihrer eigenen geburtshilflichen Ausbildung **erkennen muss, dass das Vorgehen des Arztes vollkommen regelwidrig und unverständlich ist** (OLG Düsseldorf, Urt. v. 26. 4. 2007 – I-8 U 37/05, VersR 2008, 534, 536 = GesR 2008, 19, 20: Haftung im entschiedenen Fall bejaht; OLG Hamm, Urt. v. 16. 1. 2006 – 3 U 207/02, VersR 2006, 512, 514: im entschiedenen Fall bejaht; OLG Koblenz, Urt. v. 3. 5. 2007 – 5 U 567/05, OLGR 2008, 6, 8 = VersR 2008, 222, 223: im entschiedenen Fall verneint).

A 139 Im Fall der **Beteiligung an einer falschen oder unvollständigen Aufklärung** des Patienten **haftet der aufklärende Fach- oder Assistenzarzt selbst neben dem die Aufklärung durchführenden Operateur** (OLG Karlsruhe, Urt. v. 8. 12. 2004 –

7 U 163/03, GesR 2005, 165, 166 im Anschluss an BGH, VersR 1981, 456, 457 = MDR 1980, 836; OLG Karlsruhe, Urt. v. 24. 5. 2006 – 7 U 242/05, OLGR 2006, 617, 619: nicht jedoch, wenn er lediglich bei der Operation assistiert; Einzelheiten vgl. Rz. A 1757 ff.).

IX. Einzelfälle

Anfängernarkose

A 140

Verfügt ein in der Weiterbildung zum Facharzt für Anästhesie stehender Assistenzarzt noch nicht über ausreichende Erfahrungen über etwaige Risiken, die sich für eine **Intubationsnarkose** aus der intraoperativ notwendigen Umlagerung des Patienten von der sitzenden Position in die Rückenlage ergeben können, so darf er jedenfalls während der Operationsphase die Narkose nicht ohne unmittelbare Aufsicht eines Facharztes führen. Die Rufbereitschaft und die Anwesenheit in einem benachbarten Operationssaal genügt dann nicht (BGH, VersR 1993, 1231, 1233 = NJW 1993, 2989; auch OLG Zweibrücken, VersR 1988, 165).

Appendektomie

A 141

Führt ein noch nicht ausreichend qualifizierter Assistenzarzt selbständig eine **Appendektomie (Blinddarmoperation)** durch und kommt es danach zu einer Nahtinsuffizienz bzw. zur Bildung von Harnröhren- und Blasenfisteln, so hat der Krankenhausträger zu beweisen, dass die eingetretene Komplikation nicht auf der geringen Erfahrung und Übung des Operateurs bzw. der mangelnden Erfahrung des Aufsichtsführenden beruht (BGH, VersR 1992, 1560 = NJW 1992, 1560; BGH, VersR 1985, 782, 783 = NJW 1985, 2193, 2194).

Antibiotische Behandlung einer postoperativen Infektion

A 142

Die für einen chirurgischen Eingriff aufgestellten Grundsätze, wonach ein Berufsanfänger nur unter unmittelbarer Aufsicht eines erfahrenen Facharztes eingesetzt werden darf, der jeden Operationsschritt beobachtend verfolgt und jederzeit korrigierend einzugreifen in der Lage ist (BGH, MDR 1984, 218 = NJW 1984, 655; MDR 1992, 749 = NJW 1992, 1560; OLG München, Urt. v. 30. 12. 2004 – 1 U 2357/04, OLGR 2005, 880) gelten auch bei der Behandlung einer postoperativen Infektion bzw. eines entsprechenden Verdachts hierauf.

So hat die Behandlungsseite die Vermutung zu entkräften, dass sich die fehlende Qualifikation eines Arztes im Praktikum (oder Assistenzarztes) nicht in der Schädigung des Patienten ausgewirkt hat, ohne dass es insoweit eines groben Versäumnisses bedarf (vgl. OLG Oldenburg, Urt. v. 10. 4. 2001 – 5 U 88/00, OLGR 2002, 150; ebenso bereits BGH, VersR 1993, 1231, 1233), wenn es der AiP bei der Behandlung einer postoperativen Infektion des Patienten unterlässt, einen **Abstrich zur Bestimmung des Erregers zu entnehmen und eine Antibiose einzuleiten** (OLG München, Urt. v. 30. 12. 2004 – 1 U 2357/04, OLGR 2005, 880). Unabhängig davon stellt das Unterlassen der Gabe eines Breitbandantibiotikums bei der Behandlung einer Infektion vor der Durchführung der Erregerbestimmung einen groben Behandlungsfehler dar (OLG München a. a. O.).

A 143

A 144 **Ausreichende Kenntnisse und Erfahrungen des Assistenzarztes**

Die Überwachung durch einen Facharzt ist nicht erforderlich, wenn der in Ausbildung stehende Arzt aufgrund seiner theoretischen Kenntnisse und seiner praktischen Erfahrung die **erforderliche Qualifikation für einen Eingriff besitzt** (OLG Düsseldorf, NJW 1994, 1598 = VersR 1994, 603; OLG Karlsruhe, VersR 1991, 1177; OLG Koblenz, Urt. v. 18. 5. 2006 – 5 U 330/02 und OLG Koblenz, NJW 1991, 2967; OLG München, Urt. v. 21. 3. 2002 – 1 U 5064/01, OLGR 2003, 285; OLG Oldenburg, Urt. v. 18. 9. 2001 = 5 U 81/97, VersR 2002, 1028, 1029: Geburtsleitung im letzten Ausbildungsjahr; OLG Oldenburg, VersR 1994, 180: Gebärmutterentfernung; OLG Zweibrücken, VersR 1997, 1103: Behebung einer Schulterdystokie im letzten Ausbildungsjahr; S/Pa, 12. Aufl., Rz. 286).

A 145 Einem schon erfahreneren Assistenzarzt kann eine **große Bauchoperation mit der Entfernung von Lymphknoten, Magen, Milz und Zwölffingerdarm** übertragen werden, wenn der Chefarzt des Krankenhauses **eingriffsbereit assistiert** (OLG Karlsruhe, Urt. v. 8. 8. 2001 – 13 U 173/99, AHRS III, 0920/316). Einem Assistenzarzt im dritten urologischen Ausbildungsjahr ist eine **Harnleitersteinentfernung in Anwesenheit des Chefarztes** erlaubt (OLG Koblenz, NJW 1991, 2967), einem **im fünften Ausbildungsjahr** zum Facharzt für Gynäkologie stehenden Arzt, der den fachärztlichen Standard gewährleistet, ein auch **umfangreicherer gynäkologischer Eingriff**, selbst wenn der Chef- oder Oberarzt bei der Operation nicht permanent anwesend ist (OLG Oldenburg, VersR 1994, 180) und einem Assistenzarzt mit hinreichenden praktischen und theoretischen Erfahrungen auch ohne unmittelbare Anwesenheit eines Facharztes die **Leitung einer ex-ante nicht problematisch erscheinenden Geburt** (OLG Koblenz, Urt. v. 18. 5. 2006 – 5 U 330/02, NJW-RR 2006, 1172, 1174). Eine **Leistenbruchoperation** darf einem in Facharztausbildung befindlichen Arzt dann überlassen werden, wenn der operative Eingriff in **Anwesenheit** eines **Oberarztes** erfolgt, der das Vorgehen des operierenden Arztes überwacht und überprüft (OLG Karlsruhe, VersR 1991, 1177). Das **selbständige Legen eines Zentralvenenkatheders** durch einen Assistenzarzt gibt für sich genommen keinen Anlass für Beweiserleichterungen nach den Grundsätzen der Anfängeroperation (OLG Oldenburg NJW-RR 1999, 1327).

A 146 **Hüftgelenksoperation**

Operiert der Assistenzarzt selbst, muss grundsätzlich und durchgängig die Anwesenheit und Einsatzbereitschaft sowie die Korrekturmöglichkeit durch einen aufsichtsführenden, erfahrenen Facharzt gewährleistet sein, solange nicht feststeht, dass der Auszubildende die Operation auch praktisch beherrscht (OLG Oldenburg, VersR 1998, 1380). Kommt es bei einer vom Assistenzarzt selbständig durchgeführten **Hüftgelenksoperation zu einer Verletzung der Femoralarterie und des Nervus femoralis**, so hat der Krankenhausträger zu beweisen, dass dies weder auf der mangelnden Qualifikation noch einer Verletzung der Organisations- und Aufsichtspflicht beruht (OLG Oldenburg, VersR 1998, 1380). Der **Entlastungsbeweis** – auch gem. § 831 BGB – ist mit dem bloßen Hinweis, der Berufsanfänger habe bereits **zwölf Hüftgelenksoperationen fehlerfrei** durchgeführt, allein nicht zu führen (OLG Oldenburg, VersR 1998, 1380; Wenzel-Müller, Kap. 2, Rz. 1452 und S/Pa, 12. Aufl., Rz. 298: Verschuldensvermutung des § 831 BGB gilt auch für die Qualifikationsfrage).

Lymphdrüsenexstirpation durch Assistenzarzt   A 147

Ein noch nicht qualifizierter Assistenzarzt darf eigenverantwortlich keine Operation vornehmen, bei der sich sein **geringerer Ausbildungsstand risikoerhöhend** auswirkt. Der Anfänger ist bei Operationen, für die seine praktischen Fähigkeiten oder theoretischen Kenntnisse nicht ausreichen, stets von einem qualifizierten Facharzt zu überwachen. Kommt es bei einer **erstmaligen Lymphdrüsenexstirpation** durch einen nicht ausreichend qualifizierten Assistenzarzt zu einer bei derartigen Operationen nicht ungewöhnlichen **Schädigung des Nervus accessorius** mit der Folge, dass die Patientin den rechten Arm nicht mehr über die Horizontale heben kann, so **hat der Krankenhausträger zu beweisen, dass diese Gesundheitsschädigung nicht auf der mangelnden Qualifikation beruht** (BGH, NJW 1984, 655 = VersR 1984, 60 = MDR 1984, 218; auch OLG Karlsruhe, Urt. v. 8. 8. 2001 – 13 U 173/99, AHRS III, 0920/316: selbständige Lymphknotenexzirpation durch Assistenzarzt begründet einen Organisationsfehler). Ein **Oberarzt**, der als Facharzt für Chirurgie die Assistenz bei einer Lymphknotenexstirpation im Halsbereich übernimmt, **hat sich vor dem Eingriff darüber zu vergewissern, dass der für die Operation eingeteilte, in der Weiterbildung zum Arzt für Chirurgie stehende Arzt, der den Eingriff erstmals vornimmt, über die notwendigen Kenntnisse der Operationstechnik, die Risiken des Eingriffs** und der zur Vermeidung von Komplikationen, etwa der Verletzung des Nervus accessorius zu beachtenden Regeln **verfügt** (OLG Düsseldorf, VersR 1994, 352).

Übernahme einer Entbindung – Vertrauen des Assistenzarztes in organisatori-   A 148
sche Vorkehrungen der Klinik

Auch der in Weiterbildung zum Gynäkologen stehende Arzt ist, wenn er eigenverantwortlich eine Geburt übernimmt, dafür verantwortlich, dass für die Geburt der Facharzt-Standard gewährleistet ist, auf den Mutter und Kind Anspruch haben. Im Hinblick auf seine Eigenhaftung kann er aber grundsätzlich darauf **vertrauen**, dass die für seinen Einsatz und dessen Organisation verantwortlichen Entscheidungsträger auch für den Fall von Komplikationen – mit denen zu rechnen ist und zu deren Beherrschung, wie sie wissen müssen, seine Fähigkeiten nicht ausreichen – **organisatorisch die erforderliche Vorsorge getroffen** haben. Dies gilt nur dann nicht, wenn für den Assistenzarzt erkennbare Umstände hervortreten, die ein solches Vertrauen als nicht gerechtfertigt erscheinen lassen (BGH, NJW 1994, 3008 = MDR 1994, 1088; auch OLG Düsseldorf, Urt. v. 13. 2. 2003 – 8 U 41/02, VersR 2005, 230).

Einer Ärztin im Praktikum darf die eigenverantwortliche Beaufsichtigung einer   A 149
geburtshilflichen Abteilung jedoch dann nicht übertragen werden, wenn ihr die **Maßnahmen zur Beseitigung einer Schulterdystokie weder theoretisch noch praktisch vertraut sind** (OLG Düsseldorf, VersR 2001, 460). Hat die Assistenzärztin bereits 300 Geburten durchgeführt, ist eine sechs Monate vor der Facharztprüfung stehende Assistenzärztin für die Durchführung einer Geburt bei einem zu erwartenden Geburtsgewicht unter 4 000 g ohne besondere Risikofaktoren ausreichend qualifiziert (OLG Stuttgart OLGR 2001, 394, 395; ebenso: OLG Oldenburg, Urt. v. 18. 9. 2001 – 5 U 81/97, VersR 2002, 1028: Geburtsleitung im letzten FA-Ausbildungsjahr; OLG Zweibrücken, VersR 1997, 1103: Lösung einer Schulterdystokie im letzten Ausbildungsjahr, keine Facharztaufsicht erforderlich).

A 150   Es ist auch nicht zu beanstanden, wenn bei einer bevorstehenden Geburt, bei der sich zunächst keine Risikokonstellation abzeichnet, eine **erfahrene Hebamme die Geburtsleitung übernimmt** und die anwesende, unerfahrene Assistenzärztin, die bis dahin eigenverantwortlich keine Geburt geleitet hat, die Hebamme lediglich unterstützt. Bei einer derartigen Rollenverteilung bestehen Anhaltspunkte für Behandlungsfehler der Assistenzärztin nur dann, wenn sie bei ihren Unterstützungshandlungen selbst Fehler begeht oder für sie Fehler der Herbamme erkennbar werden, worauf mit der frühzeitigeren Heranziehung des zuständigen Facharztes reagiert werden musste (OLG Stuttgart, Urt. v. 8. 7. 2003 – 1 U 104/02, GesR 2004, 224 = OLGR 2004, 239).

A 151   **Einsatz eines nicht ausreichend qualifizierten Krankengymnasten**

Auch die Übertragung der Behandlung auf einen **Krankengymnasten**, der die für diese Behandlung **notwendige Zusatzausbildung (hier: Chiropraktiker) nicht besitzt**, stellt einen Behandlungsfehler dar und begründet die Vermutung, dass der Mangel an Ausbildung für später aufgetretene gesundheitliche Beeinträchtigungen des Patienten ursächlich geworden ist. Dies gilt jedoch nicht, wenn der nicht über eine chiropraktische Zusatzausbildung verfügende Krankengymnast im Rahmen der konkreten Behandlung gar keine chiropraktischen Impulstechniken (Techniken von schneller, sekundenbruchteilhafter Krafteinwirkung mit Drehung bzw. Seitneigung durch Druck oder Zug) angewandt hat (KG, Urt. v. 14. 4. 2008 – 20 U 186/06, VersR 2008, 1267, 1268).

A 152 – A 159   Einstweilen frei.

Anscheinsbeweis

Vgl. auch → *Anfängereingriffe, Anfängeroperationen*, Rz. A 100ff.; → *Beweislastumkehr*, Rz. B 471ff.; → *Grobe Behandlungsfehler*, Rz. G 101ff.; → *Voll beherrschbare Risiken*, Rz. V 301ff.

I. Begriff und Funktion des Anscheinsbeweises

A 160   Bei typischen Geschehensabläufen kann sich die Beweislast für den Patienten durch den ihm zugute kommenden Beweis des ersten Anscheins mildern (vgl. BGH, Urt. v. 14. 6. 2005 – VI ZR 179/04, VersR 2005, 1238 = MDR 2005, 1347; Spickhoff-Greiner, § 823 BGB Rz. 155–160; Wenzel, Kap. 2 Rz. 3586, 3596; F/N/W, 5. Aufl., Rz. 167; S/Pa, 12. Aufl., Rz. 594–597; R/L-Kern, 1. Aufl., § 2 Rz. 72 und § 5 Rz. 76–94).

A 161   Der Beweis des ersten Anscheins greift dann ein, wenn das Schadensereignis nach allgemeiner Lebenserfahrung eine typische Folge einer Pflichtverletzung

darstellt (BGH, Urt. v. 16. 3. 2010 – VI ZR 64/09, GesR 2010, 255, 256 Nr. 16),
also in Fällen in denen **ein bestimmter Tatbestand nach der Lebenserfahrung
auf eine bestimmte Ursache für den Eintritt eines bestimmten Erfolges hinweist**
(BGH, Urt. v. 14. 6. 2005 – VI ZR 179/04, VersR 2005, 1238 = MDR 2005, 1347;
BGH, Urt. v. 5. 4. 2006 – VIII ZR 283/05, ZGS 2006, 167 = NJW 2006, 2262,
2263; OLG Stuttgart, OLGR 2001, 326; Spickhoff-Greiner, § 823 BGB Rz. 155:
In jedem Falle muss der ursächliche Zusammenhang durch einen Erfahrungssatz
der medizinischen Wissenschaft vermittelt werden).

Dabei bedeutet die Typizität nicht, dass die Ursächlichkeit einer bestimmten   A 162
Tatsache für einen bestimmten Erfolg bei allen Sachverhalten dieser Fallgruppe
notwendigerweise immer vorhanden ist; sie muss aber so häufig gegeben sein,
dass die Wahrscheinlichkeit, einen solchen Fall vor sich zu haben, sehr groß ist
(BGH, Urt. v. 5. 4. 2006 – VIII ZR 283/05, NJW 2006, 2262, 2263).

Einen allgemeinen Erfahrungssatz, nach dem eine seltene Komplikation auf   A 163
einen ärztlichen Fehler zurückgeht, gibt es jedoch nicht (BGH, MDR 1992, 749;
OLG Hamburg, Urt. v. 22. 2. 2002 – 1 U 35/00, MDR 2002, 1315; OLG Jena, Urt.
v. 18. 5. 2005 – 4 U 641/04, GesR 2005, 556, 557; OLG Stuttgart, OLGR 2001,
324, 326; Spickhoff-Greiner, § 823 BGB Rz. 156; Wenzel, Kap. 2 Rz. 3586, 3596).

Mit Hilfe des Anscheinsbeweises kann von einem feststehenden bzw. unstreiti- A 164
gen Behandlungsfehler als Ursache für den eingetretenen Primärschaden, aber
auch umgekehrt von einem eingetretenen Primärschaden auf das Vorliegen
eines Behandlungsfehlers geschlossen werden (Gehrlein, Rz. B 118). Kommt ein
Anscheinsbeweis in Betracht, so hat der **Patient lediglich einen Umstand oder
Lebenssachverhalt darzutun, der nach der allgemeinen Lebenserfahrung auf das
schadensursächliche Verschulden des Arztes hindeutet** (Spickhoff-Greiner,
§ 823 BGB Rz. 155, 156).

Ein Anscheinsbeweis für die Kausalität ist danach möglich. Kann ein festgestelltes A 165
Krankheitsbild (theoretisch) die Folge verschiedener Ursachen sein, liegen aber
nur für eine dieser möglichen Ursachen konkrete Anhaltspunkte vor, so spricht
der Beweis des ersten Anscheins für diese Ursache, selbst wenn sie im Vergleich
zu den anderen möglichen Ursachen relativ selten ist und das festgestellte Krankheitsbild nur eine zwar mögliche, aber keine typische Folge dieser Ursache ist
(Spickhoff-Greiner, § 823 BGB Rz. 159 im Anschluss an BGH, NJW 2007, 2768).

Greift ein Anscheinsbeweis ein, liegt es an der Behandlungsseite, konkrete Tat- A 166
sachen vorzutragen und im Bestreitensfalle gem. § 286 ZPO zur Überzeugung
des Tatrichters zu beweisen, aus denen auf die **ernsthafte Möglichkeit eines atypischen Geschehensablaufs bzw. einer anderen Schadensursache geschlossen**
werden kann, um damit den Anscheinsbeweis zu erschüttern (BGH, NJW 1997,
1853, 1854; OLG Zweibrücken, OLGR 2000, 386, 388; G/G, 6. Aufl., Rz. B 231
a. E.; Wenzel, Kap. 2 Rz. 3589; Spickhoff-Greiner, § 823 BGB Rz. 157).

Die Behandlungsseite muss also die Typizität angreifen, indem sie **entweder die
behauptete Typizität generell bestreitet und nachweist, dass der behauptete Erfahrungssatz keine Geltung (mehr) beansprucht oder indem sie einen atypischen
Kausalverlauf behauptet und hierfür Beweis antritt** (Wenzel, Kap. 2, Rz. 3589).

Die Behandlungsseite muss dabei Tatsachen nachweisen, aufgrund derer die Möglichkeit eines anderen als des typischen Geschehensablaufs **ernsthaft in Betracht** kommt (BGH, Urt. v. 16. 3. 2010 – VI ZR 64/09, GesR 2010, 255, Nr. 17).

Der bloße Hinweis auf Geschehensabläufe, nach denen der Schaden auch die Folge einer anderen Ursache sein kann oder die bloße Darlegung der theoretischen Möglichkeit eines anderen Verlaufs genügt dabei nicht (BGH a.a.O.; F/N/W, 5. Aufl., Rz. 167; G/G, 6. Aufl., Rz. B 231 a.E.). So hat die Behandlungsseite etwa nach einer HIV-Infektion des Patienten durch kontaminiertes Blut oder einer Hepatitisinfektion darzulegen, **welche andere Infektionsquelle konkret in Betracht** kam; der Hinweis auf eine theoretisch mögliche andere Ursache genügt nicht (BGH, Urt. v. 14. 6. 2006 – VI ZR 179/04, VersR 2005, 1238, 1239; ebenso BGH, Urt. v. 16. 3. 2010 – VI ZR 64/09, GesR 2010, 255, Nr. 16, 17).

A 167 Gelingt der Behandlungsseite dieser Nachweis, so verbleibt es bei der Grundregel, wonach der Patient das Vorliegen eines Behandlungsfehlers und dessen Kausalität zum eingetretenen Primärschaden beweisen muss (G/G, 6. Aufl., Rz. B 231; Spickhoff-Greiner, § 823 BGB Rz. 155, 157).

A 168 **Dem Anscheinsbeweis kommt in Arzthaftungsprozessen nur eine geringe Bedeutung zu**, weil wegen der Verschiedenartigkeit der Abläufe im menschlichen Organismus und dessen oft nicht vorhersehbaren individuellen Reaktionen häufig keine typischen Verlaufstypizitäten festgestellt werden können (Gehrlein, Rz. B 118; F/N/W, 5. Aufl., Rz. 167; Spickhoff-Greiner, § 823 BGB Rz. 158: in der Rechtsprechung wird der Anscheinsbeweis überwiegend nicht angewendet).

II. Fallgruppen

1. Anscheinsbeweis bejaht

A 169 **HIV-Infektion, Eigenblutspende**

Wird einem Patienten, der zu keiner HIV-gefährdeten Risikogruppe gehört und auch durch die Art seiner Lebensführung keiner gesteigerten HIV-Infektionsgefahr ausgesetzt ist, **kontaminiertes Blut eines Spenders** übertragen, der an AIDS erkrankt ist und wird bei ihm und bei anderen Empfängern dieses Blutes später eine AIDS-Infektion festgestellt, so spricht ein Anscheinsbeweis dafür, dass er vor der Bluttransfusion noch nicht HIV-infiziert war und ihm das HIV erst mit der Transfusion übertragen wurde (BGH, Urt. v. 14. 6. 2005 – VI ZR 179/04, VersR 2005, 1238 = MDR 2005, 1347; BGH, VersR 1991, 816, 817 = NJW 1991, 1948 = MDR 1991, 728; ebenso: BGH, Urt. v. 17. 1. 2012 – VI ZR 336/10, VersR 2012, 363 = NJW 2012, 684, Nr. 18 und BGH, Urt. v. 16. 3. 2010 – VI ZR 64/09, GesR 2010, 255, Nr. 16; Spickhoff-Greiner, § 823 BGB Rz. 160; Katzenmeier, NJW 2005, 3391, 3392). **Erkrankt auch der Ehegatte des Blutempfängers an AIDS**, so spricht der Anscheinsbeweis auch dafür, dass er von dem Blutempfänger angesteckt worden ist (BGH, Urt. v. 14. 6. 2005 – VI ZR 179/04, VersR 2005, 1238, 1239; BGH, VersR 1991, 816, 817 = NJW 1991, 1948; Katzenmeier, NJW 2005, 3391, 3393).

Allein der enge zeitliche Zusammenhang zwischen einer Infektion und einer In-   A 170
jektion stellt jedoch keinen typischen Geschehensablauf dar, der einen „Anscheinsbeweis" für die Infektion durch die Injektion rechtfertigen könnte (BGH,
Urt. v. 17. 1. 2012 – VI ZR 336/10, VersR 2012, 363, 365, Nr. 18: die Kontaminierung der verwendeten Blutkonserve bzw. der Substanz und der Ausschluss weiterer Ursachen außerhalb des Verantwortungsbereichs der Behandlungsseite
muss feststehen; vgl. auch BGH, Urt. v. 16. 3. 2010 – VI ZR 64/09, GesR 2010,
255, Nr. 16, 17).

Dagegen kommt ein **Anscheinsbeweis nicht in Betracht, wenn nicht feststeht,**   A 171
dass die verabreichten Blutspenden von einem infizierten Blutspender stammen
(BGH, VersR 2012, 363, 365 = NJW 2012, 684, 685, Nr. 18; OLG Düsseldorf NJW
1996, 1599 und VersR 1998, 103; OLG Hamm NJW-RR 1997, 219: Spender und
Konserve nicht nachweisbar infiziert; OLG Koblenz NJW-RR 1998, 167; LG
Nürnberg/Fürth, VersR 1998, 461, 462) **oder wenn der Patient zu einer Risiko-**
gruppe gehört (BGH, Urt. v. 14. 6. 2005 – VI ZR 179/04, VersR 2005, 1238, 1239
= MDR 2005, 1347; BGH, VersR 1991, 816, 817 = NJW 1991, 1948, 1949; KG,
VersR 1992, 316: Patientin an Lues vorerkrankt, Spender nicht; Bender, VersR
1998, 463; s. u. Rz. A 210 ff.).

Trägt der Patient bzw. dessen **in den Schutzzweck des Behandlungsvertrages**   A 172
einbezogener Ehegatte vor, die dem Patienten verabreichte Charge sei HIV-kon-
taminiert gewesen, genügt ein bloßes prozessuales Bestreiten dieses Vorbringens
durch die Behandlungsseite nicht. Der Krankenhausträger muss dann zumindest
die Nummer der verabreichten Charge näher darlegen, damit der über keine anderen Informationsmöglichkeiten verfügende Patient bzw. dessen in den Schutzzweck des Behandlungsvertrages einbezogener Ehegatte Indizien vortragen kann,
aus denen sich eine Kontaminierung der verabreichten Charge des Blutes ergibt.
Die Chargennummer würde Klarheit über die Frage des Herstellungsdatums und
damit die Art der Virusinaktivierung erbringen. Die Substantiierungslast wird
dem Krankenhausträger ungeachtet der Tatsache zugewiesen, dass er das Blut-
produkt nicht selbst hergestellt hat (BGH, Urt. v. 14. 6. 2005 – VI ZR 179/04,
VersR 2005, 1238, 1239 = MDR 2005, 1347; Katzenmeier, NJW 2005, 3391, 3392).

Die Patienten sind aber über das Risiko einer Infektion mit Hepatitis oder AIDS bei   A 173
der Transfusion von Fremdblut aufzuklären und auf die **Möglichkeit einer Eigen-**
blutspende als Alternative zur Transfusion hinzuweisen, wenn eine intra- oder
postoperative Bluttransfusion ernsthaft in Betracht kommen kann (BGH, NJW
1992, 743 – vgl. zur → *Aufklärung*, Rz. A 664 ff., A 1378 ff., A 2323). Ist eine Aufklärung über die Gefahr einer HIV-Infektion bei der Verabreichung von Blutprodukten nicht möglich, etwa weil der verunfallte Patient nicht ansprechbar ist, so ist er
jedenfalls nachträglich auf die Gefahr hinzuweisen. **Im Rahmen der „nachträgli-**
chen Sicherungsaufklärung" (therapeutische Aufklärung) ist ihm zu einem HIV-
Test zu raten (BGH, Urt. v. 14. 6. 2005 – VI ZR 179/04, VersR 2005, 1238, 1240 =
MDR 2005, 1347, 1348; zustimmend Katzenmeier, NJW 2005, 3391, 3393).

Denn der postoperative Hinweis auf die Möglichkeit einer HIV-Infektion eröff-   A 174
net dem Patienten zwar nicht mehr die Möglichkeit der Entscheidung über
eine Verringerung oder Vermeidung des Infektionsrisikos, etwa durch eine
Eigenblutspende. Der Hinweis im Nachgang zu der erfolgten Transfusion und

angeratener HIV-Test hätten ihn jedoch bei positivem Befund zu (Selbst-)Schutz-maßnahmen veranlasst, insbesondere zu einer antiretroviralen Therapie, die Leiden mindert und das Leben verlängert (Katzenmeier, NJW 2005, 3391, 3393; zur Eigenblutspende Deutsch, JZ 1992, 423 und Lippert, VersR 1992, 790 sowie Weißauer/Opderbecke, MedR 1992, 307).

A 175 Auch insoweit ist ein im Behandlungszeitpunkt noch nicht bekannter Ehepartner des Patienten in den Schutzbereich der Pflicht zur nachträglichen Sicherungsaufklärung einbezogen (BGH, Urt. v. 14. 6. 2005 – VI ZR 179/04, VersR 2005, 1238, 1340; Katzenmeier, NJW 2005, 3391, 3393).

A 176 Der BGH hat die Frage, wie weit der Schutzbereich der Pflicht zur nachträglichen Sicherungsaufklärung reicht, insbesondere ob nicht letztlich jeder Dritte hierunter fällt, offengelassen (vgl. Katzenmeier, NJW 2005, 3391, 3393). Einem einmaligen oder gelegentlichen Sexualpartner des Patienten wird der Kausalitätsnachweis jedoch nur selten gelingen, da stets andere Infektionswege zur Überzeugung des Gerichts ausgeschlossen werden müssen (Katzenmeier, NJW 2005, 3391, 3393).

A 177 **Hochfrequenzchirurgiegerät** (vgl. auch → *Voll beherrschbare Risiken*, Rz. V 326.
Kommt es bei der Anwendung eines Hochfrequenzchirurgiegerätes bei Patienten zu **endogenen Verbrennungen**, wird in der Rechtsprechung teilweise ein Anscheinsbeweis dafür angenommen, dass dem Arzt ein schuldhafter Behandlungsfehler zur Last fällt (OLG Saarbrücken, VersR 1991, 1289; zust. R/L-Kern, § 5 Rz. 84; a. A. aber LG Bonn, LG Hof und LG Ansbach, vgl. Rz. V 326). Bei derartigen Sachverhalten ist auch eine Verschuldensvermutung aus dem Gesichtspunkt des „voll beherrschbaren Risikos" (vgl. Rz. V 320 ff., V 326) zu denken, wenn die Schädigung aus einem Bereich stammt, dessen Gefahren ärztlicherseits voll ausgeschlossen werden können und müssen (OLG Hamm, NJW 1999, 1787 zum Elektrokauter; OLG Jena, Urt. v. 12. 7. 2006 – 4 U 705/05, OLGR 2006, 799, 800: Bestrahlung mit überhöhter Röntgendosis).

A 178 **Infektionen, Injektionen und mangelhafte Desinfektion** (vgl. auch → *Voll beherrschbare Risiken*, Rz. V 380 ff.)
Der Beweis des ersten Anscheins spricht für das Vorliegen eines Behandlungsfehlers und dessen Kausalität für den Eintritt des Primärschadens, wenn ein **Verstoß gegen die Regeln der Desinfektion festgestellt** werden kann (OLG Düsseldorf, NJW-RR 1998, 170; OLG Koblenz, Urt. v. 22. 6. 2006 – 5 U 1711/05, OLGR 2006, 913, 914; OLG Schleswig MDR 1989, 1099; OLG Celle, NJW-RR 1997, 1457 und Spickhoff-Greiner, § 823 BGB Rz. 160: Injektion mit infiziertem Imunglobulinpräparat, Anscheinsbeweis für die Kausalität; OLG Düsseldorf, VersR 1991, 1137 und Greiner a. a. O.: Infektion zwei Tage nach einer Kniegelenkpunktion), **eine Injektion in einem bereits entzündeten Bereich** gesetzt worden ist (OLG Hamm, VersR 1988, 807; OLG Düsseldorf, VersR 1991, 1136: Injektion in Reizknie bei anderweitig vorhandener eitriger Wunde), **eine falsche Injektionsstelle, falsche Einstichrichtung** (OLG Düsseldorf, VersR 1994, 241) oder eine **falsche Injektionstechnik** (OLG Düsseldorf, VersR 1988, 38 und VersR 1984, 241; OLG Bremen, VersR 1990, 1151) gewählt worden ist.

A 179 Kommt es nach einer Injektion zu einem Spritzenabszess und **steht fest, dass in der Arztpraxis gravierende Hygienemängel bestanden**, etwa das völlige Fehlen von Hygieneplänen, die Nichterteilung mündlicher Hygieneanweisungen über längere Zeit, die Lagerung von Desinfektionsmitteln außerhalb der Originalbehältnisse, die Verwendung von Flächendesinfektionsmitteln mit einer längeren Einwirkungszeit zur Handdesinfektion mit kurzer Einwirkung, hat der Arzt zu beweisen, dass eine beim Patienten aufgetretene Staphylokokken-Infektion auch bei Beachtung der maßgeblichen Hygieneregeln eingetreten wäre (OLG Koblenz, Urt. v. 22. 6. 2006 – 5 U 1711/05, OLGR 2006, 913, 914; vgl. Rz. V 399).

Ohne zwingende Indikation muss eine Punktion des Kniegelenks unterbleiben, A 180
wenn die Gefahr besteht, dass es zu einer exogenen Keimverlagerung von einer eitrigen Wunde in das vom Einstich betroffene Gelenk kommen kann. Ein **enger zeitlicher Zusammenhang** von jedenfalls zwei Tagen zwischen einem Einstich in das Gelenk und dem Ausbruch der Entzündung rechtfertigt es, bei der Prüfung der Kausalität zwischen dem ärztlichen Vorgehen und der Schädigung die Grundsätze des Anscheinsbeweises anzuwenden (OLG Düsseldorf, VersR 1991, 1136). Dies gilt jedenfalls dann, wenn der Stich in das Knie ohne zwingende Indikation und ohne die Sicherstellung gründlicher Desinfektion trotz eiternder Wunde erfolgt ist (OLG Düsseldorf, VersR 1991, 1136, 1138). **Allein der enge zeitliche Zusammenhang zwischen einer Infektion und der vorangegangenen Injektion stellt jedoch keinen typischen Geschehensablauf dar, der einen Anscheinsbeweis für die Infektion durch die Injektion rechtfertigen könnte** (BGH, Urt. v. 17. 1. 2012 – VI ZR 336/10, VersR 2012, 363, 365, Nr. 18).

Es gibt auch **keinen gesicherten, einen Anscheinsbeweis begründenden Erfah-** A 181
rungssatz, wonach eine Injektion in oder neben das Kniegelenk nur dann zu einer Entzündung führt, wenn der die Injektion Ausführende die Einstichstelle vorher **nicht gründlich gereinigt und/oder sterilisiert** hat (OLG Oldenburg, Urt. v. 7. 3. 1986 – 6 U 224/85; OLG Hamm, Urt. v. 26. 8. 1998 – 3 U 201/97; vgl. auch BGH, VersR 2012, 363, 365, Nr. 18: allein der enge zeitliche Zusammenhang ist nicht ausreichend), wenn eine erfahrene MTA für Radiologie eine **intravenöse Injektion** zur Vorbereitung von Diagnosemaßnahmen setzt und es beim Patienten zu **Nervirritationen** kommt (OLG Dresden, Urt. v. 24. 7. 2008 – 4 U 1857/07, OLGR 2008, 818, 820) oder in einer Arztpraxis nach der Verabreichung von Injektionen **bei mehreren Patienten Infektionen aufgetreten** sind (OLG Hamm, Urt. v. 6. 9. 2004 – 3 U 157/04, AHRS III, 6410/318).

Ein Behandlungsfehler liegt aber vor, wenn der Arzt ohne zwingenden Grund 13 A 182
Stunden nach einem Bruch des Sprunggelenks in die Schwellung hineinoperiert. In diesem Fall spricht der **Beweis des ersten Anscheins für die Ursächlichkeit der in die Schwellung vorgenommenen Injektion für eine beim Patienten auftretende Infektion** mit anschließender Versteifung des Sprunggelenks (OLG Hamm, VersR 1988, 807; Spickhoff-Greiner, § 823 BGB Rz. 160 a. E.).

Tritt nach der Injektion eines **gefäßtoxischen Medikaments** in den Gesäßmuskel A 183
eine ausgeprägte, aseptische Gewebsnekrose auf, spricht der Anscheinsbeweis für eine falsche Spritztechnik (OLG Düsseldorf, VersR 1988, 38; auch VersR 1984, 241; Greiner a. a. O.).

Lässt ein an **Hepatitis B** erkrankter **Zahnarzt** bei der Zahnbehandlung seine teilweise rissigen Hände ungeschützt und erkranken mehrere Patienten an dieser

Krankheit, so liegt es an dem Arzt, die ernsthafte Möglichkeit eines atypischen Geschehensablaufs darzulegen und zu beweisen, um einer Haftung für den eingetretenen Gesundheitsschaden zu entgehen (OLG Köln, MedR 1986, 200; einschränkend aber OLG Oldenburg, MedR 1991, 203; vgl. zur Hepatitis-Infektion auch OLG Brandenburg, Urt. v. 14. 7. 1999 – 1 U 68/98, NJW 2000, 1500 und OLG Celle, NJW-RR 1997, 1456 = VersR 1998, 1023).

A 184 **Lagerungsschaden** (vgl. auch → *Voll beherrschbare Risiken*, Rz. V 350 ff.)

Kommt es im Zusammenhang mit einer Hüftgelenksoperation zu einer Armplexusparese, so kommt ein Anscheinsbeweis für das Vorliegen eines Behandlungsfehlers und dessen Kausalität für den Eintritt eines typischen „Lagerungsschadens" in Frage, wenn die **Lagerung während der Operation in einer besonderen Stellung** („Häschenstellung") erfolgt ist (OLG Hamm, VersR 1998, 1243; zustimmend Spickhoff-Greiner, § 823 BGB Rz. 160). Daneben kommt eine Verschuldensvermutung aus dem Gesichtspunkt des „voll beherrschbaren Risikos" (vgl. Rz. V 350 ff.) in Betracht (G/G, 6. Aufl., Rz. B 244).

A 185 Andererseits wurde ein **Anscheinsbeweis beim Auftreten einer Nervschädigung infolge falscher Lagerung** bei einer vaginalen Hysterektomie verneint (OLG Bremen, Urt. v. 14. 3. 2000 – 3 U 38/98, AHRS III, 6510/300).

A 186 **Nervschädigung durch rotierendes Instrument**

Wird der Nervus lingualis bei der Extraktion eines Weisheitszahns primär durch ein rotierendes Instrument (Lindemannfräse o. Ä.) geschädigt, so spricht ein Anscheinsbeweis für das Verschulden des Zahnarztes (OLG Stuttgart, VersR 1999, 1018).

A 187 **Verletzung des Nervus accessorius bei Exzirpation eines Halslymphknotens**

Die Durchtrennung des Nervus accessorius kann bei Operationen im lateralen Halsdreieck, etwa wenn ein verbackenes Paket mehrerer Lymphknoten oder ein einzelner Lymphknoten herausoperiert werden soll, vermieden werden, wenn der Nerv in ausreichendem Umfang freigelegt und nach abwärts verfolgt wird (OLG Hamm, Urt. v. 3. 3. 1993 – 3 U 198/91 und OLG Zweibrücken, Urt. v. 11. 10. 2005 – 5 U 10/05, BeckRS 2005, 13450). Es kann sogar ein **Anscheinsbeweis** für eine intraoperative Schädigung und ein Verschulden des Operateurs bestehen, wenn nach einer unkomplizierten Lymphknoten-Exzirpation eine Läsion des Nervus accessorius festgestellt wird, weil der Verlauf des Nervs im Rahmen der Operation kontrolliert werden kann (OLG Zweibrücken, a. a. O.).

A 188 **Schädigung des Nachbarzahns bei Zahnextraktion**

Wird beim wiederholten Versuch der Extraktion eines Weisheitszahns mittels eines Hebelinstruments, bei der ein erheblicher knöcherner Widerstand zu erwarten war, der Nachbarzahn zerstört, so spricht dies prima facie für eine zu große und damit fehlerhafte Kraftentfaltung des Zahnarztes (OLG Köln, VersR 1992, 1475).

A 189 **Sturz im Pflegeheim**

Dass ein Sturz eines Heimbewohners im Bereich des Heims auf eine Pflichtverletzung des Heimträgers oder des Pflegepersonals zurückzuführen ist, muss grundsätzlich der Geschädigte bzw. dessen Krankenversicherer, auf den der Schadensersatzansprüche übergegangen sind, beweisen. Soweit sich der **Unfall bei einer konkreten Pflege-, Betreuungs-, Bewegungs- oder Transportmaßnahme**, d. h. „unter den Augen" des Pflegepersonals, ereignet hat, können Beweiserleichterungen zugunsten des Geschädigten bis hin zu einer Beweislastumkehr unter dem Gesichtspunkt des *„voll beherrschbaren Risikos"* eingreifen (OLG Hamm, Urt. v. 18. 10. 2005 – 24 U 13/05, OLGR 2006, 569; OLG Düsseldorf, Beschl. v. 20. 3. 2008 – I-24 U 166/07, VersR 2008, 1079, 1080; OLG Saarbrücken, Urt. v. 29. 1. 2008 – 4 U 318/07–115, OLGR 2008, 336; OLG Schleswig, Urt. v. 13. 4. 2012 – 17 U 28/11, NJW-RR 2013, 31, 32: Sturz in konkreter Gefahrensituation bzw. beim Toilettentransfer in Begleitung einer Pflegekraft; KG, Beschl. v. 10. 9. 2007 – 12 U 145/06, OLGR 2008, 505; KG, Urt. v. 20. 1. 2005 – 20 U 401/01, VersR 2006, 1366, 1367; OLG Zweibrücken, Urt. v. 1. 6. 2006 – 4 U 68/05, NJW-RR 2006, 1254, 1255; vgl. hierzu → *Sturz im Pflegeheim und im Krankenhaus*, Rz. S 500 ff. und Rz. V 360 ff.).

Einstweilen frei. A 190

Zurücklassen von Fremdkörpern (vgl. auch G 369, G 384 f., G 729, G 749, G 768,   A 191
G 1046, T 48, V 339)

Beim Zurücklassen von Fremdkörpern in einer Operationswunde spricht ein Anscheinsbeweis für das Vorliegen eines Behandlungsfehlers, wenn nicht festgestellt werden kann, dass die üblichen und notwendigen Sorgfaltsanforderungen, etwa die Sicherung des Drainagestreifens vor dem Absinken in die Operationswunde bei einem Scheidendammschnitt, gewahrt worden sind (OLG Köln, VersR 1990, 1244).

2. Anscheinsbeweis verneint

Arterieneinriss nach Kaiserschnitt A 192

Reißt bei Durchführung eines Kaiserschnitts in Querlage des Kindes die Arteria uterina ein, kann hieraus allein nicht auf einen ärztlichen Behandlungsfehler geschlossen werden. Eine dadurch bedingte Fruchtwasserembolie kann bei einer Schnittentbindung nicht durch besondere Maßnahmen verhindert werden, wenn der Einriss der Arterie regelrecht versorgt worden ist (OLG Stuttgart, VersR 1989, 632).

Darmperforation A 193

Kommt es im Rahmen einer Darmspiegelung zu einer Darmperforation, rechtfertigt dies allein nicht den Schluss auf einen Behandlungsfehler (OLG Oldenburg, VersR 1994, 54). Gleiches gilt, wenn es bei einer Hysterektomie zu einer Darmverletzung kommt (OLG Dresden, Urt. v. 6. 1. 2000 – 4 U 3578/98, AHRS III, 6410/300).

Perforation der Uteruswand A 194

Kommt es im Rahmen einer Nachküretage der Gebärmutter zur Entfernung von Plazentaresten bzw. eines Plazenta-Polyps zur Peforation der Uteruswand, spricht kein Anscheinsbeweis für das Vorliegen eines Behandlungsfehlers (OLG Köln, Urt. v. 14. 2. 2007 – 5 U 122/06, OLGR 2007, 622).

45

A 195   **Dekubitusschäden (Hautverfärbungen/Liegegeschwüre**, vgl. auch Rz. D 235 ff.)

Dekubitusschäden im Anschluss an eine Herzklappenimplantation am offenen Herzen begründen keinen Anscheinsbeweis für einen fehlerhaften Einsatz eines bei der Operation verwendeten **Hochfrequenzchirurgiegerätes** (OLG Zweibrücken, VersR 1997, 1281; vgl. auch OLG Düsseldorf, Urt. v. 16. 6. 2004 – I-15 U 160/03, RDG 2005, 61 bei Wenzel-Großkopf, Kap. 2 Rz. 1977: **Kein Anscheinsbeweis und kein voll beherrschbares Risiko bei Dekubitusschäden**; OLG Braunschweig, Urt. v. 7. 10. 2008 – 1 U 93/07 bei Wenzel-Großkopf, Kap. 7 Rz. 1988, S. 894: Auftreten von Druckgeschwüren kein voll beherrschbares Risiko).

A 196   Allerdings greift ein **Anscheinsbeweis** nach Auffassung des OLG Köln sogar für das Vorliegen eines groben Pflege- bzw. Behandlungsfehlers ein, wenn der liegende Patient einen **Dekubitus IV. Grades** erleidet (OLG Köln, NJW-RR 2000, 1267 = VersR 2000, 767).

A 197   **Entstehung einer Diszitis (Entzündung eines Zwischenwirbels oder einer Bandscheibe)**

Eine Diszitis im Zusammenhang mit einer Bandscheibenoperation weist nicht auf einen ärztlichen oder einen Hygienefehler hin. Jedoch kann eine zeitliche Verzögerung der Keimbestimmung um etwa drei Wochen einen Behandlungsfehler darstellen (OLG Hamm, VersR 1999, 845).

A 198   **Gefäßverletzungen**

Eine Gefäßverletzung durch eine eingeführte Nadel oder einen Trokar (Instrument zur Entleerung von Flüssigkeit aus Körperhöhlen) stellt eine typische, seltene, bekannte Komplikation einer Laparoskopie (Bauchspiegelung mit Laparoskop) dar, die auch bei aller Sorgfalt nicht vermieden werden kann. Die Verletzung eines Gefäßes indiziert kein fehlerhaftes Vorgehen des Arztes (OLG Zweibrücken, VersR 2002, 317, 318).

A 199   **Hirnstamminfarkt nach Gefäßeinriss**

Wenn bei einer **zeitlichen Latenz von 24 Stunden zwischen einer Mobilisationsbehandlung, im entschiedenen Fall einer physiotherapeutischen Manualtherapie zur Lösung einer HWS-Blockade** durch einen Orthopäden, und dem Eintritt eines Hirnstamminfarkts andere Ursachen, etwa normale Alltagsbewegungen des Patienten, für eine mögliche **Vertebraldisektion** (Einriss bzw. Spaltung der linksseitigen Arteria vertebralis, die durch den sechsten bis ersten Halswirbel bis in die Schädelhöhle verläuft), die als Folge der physiotherapeutischen Maßnahmen für den Eintritt des Hirnstamminfarkts infrage kommen, nicht ausgeschlossen werden können, scheidet eine Beweiserleichterung aus dem Gesichtspunkt des Anscheinsbeweises zugunsten des Patienten aus, weil es in einem solchen Fall keinen typischen Lebenssachverhalt gibt (OLG Jena, Urt. v. 18. 5. 2005 – 4 U 641/04, GesR 2005, 556, 557).

A 200   **Harnröhrenschlitzung, Harnleiterverletzung**

Die **Verletzung des Harnleiters** bei der Entfernung eines Harnleitersteins mittels der so genannten Zeiss'schen Schlinge begründet keinen Anscheinsbeweis für ein fehlerhaftes Vorgehen des Arztes (OLG Hamm, VersR 1989, 480). Gleiches gilt, wenn es bei einer laparoskopischen Adnexektomie zu einer Ureterverletzung kommt (OLG Stuttgart, Urt. v. 6. 7. 2004 – 1 U 46/04, AHRS III, 6410/316).

Die Häufung von Komplikationen nach der Vornahme einer indizierten **trans-** A 201
urethralen Elektro-Resektion (Teilresektion der Prostata – TURP) begründet
ebenfalls keinen Anscheinsbeweis für das Vorliegen eines Behandlungsfehlers
(OLG Bremen, Urt. v. 16. 4. 2002 – 3 U 57/01, AHRS III, 6410/310).

Auch der Umstand, dass es bei einer **Harnröhrenschlitzung** zu einer Arterienver- A 202
letzung kommt, lässt noch nicht auf ein fehlerhaftes Vorgehen des Chirurgen
schließen (OLG Hamm, VersR 1999, 452: Risiko ist aufklärungspflichtig).

HIV- und Hepatitis-Infektionen (vgl. bereits Rz. A 169 ff.) A 203

Die Grundsätze des Prima-facie-Beweises rechtfertigen Beweiserleichterungen
nur dann zu Gunsten des klagenden Patienten für den Nachweis des Kausalzusammenhangs zwischen einer HIV-Infektion und einer vorangegangenen Bluttransfusion, wenn **feststeht**, dass der Patient **mit der Blutkonserve eines infizier-**
ten Spenders versorgt worden ist der Patient weder zu den HIV-gefährdeten
Risikogruppen gehört noch durch die Art seiner Lebensführung einer gesteigerten Infektionsgefahr ausgesetzt ist bzw. war und keine weiteren Ursachen außerhalb des Verantwortungsbereichs der Behandlungsseite für die der Kontaminierung entsprechende Erkrankung ersichtlich sind (BGH, Urt. v. 16. 3. 2010 –
VI ZR 64/09, GesR 2010, 255, Nr. 16; BGH, Urt. v. 14. 6. 2005 – VI ZR 179/04,
VersR 2005, 1238 f. = MDR 2005, 1347; OLG Düsseldorf, VersR 1998, 103; VersR
1996, 377, 378; VersR 1996, 1240; OLG Hamm, VersR 1995, 709; NJW-RR 1997,
219; LG Nürnberg-Fürth, VersR 1998, 461, 462; S/Pa, 12. Aufl., Rz. 597).

Allein der enge zeitliche Zusammenhang einer Infektion mit einer Injektion A 203a
stellt keinen typischen Geschehensablauf dar, der einen „Anscheinsbeweis" für
die Infektion durch die Injektion rechtfertigen könnte (BGH, Urt. v. 12. 1. 2012
– VI ZR 336/10, VersR 2012, 363 = NJW 2012, 684, Nr. 18).

Wird bei einem Patienten nach seiner Entlassung aus dem Krankenhaus eine A 203b
Hepatitis-C-Infektion festgestellt, hat er gemäß § 286 ZPO – ohne Eingreifen
von Beweiserleichterungen – nachzuweisen, dass die Infektion während des sta-
tionären Aufenthalts entstanden ist, wenn er **keine Anhaltspunkte für einen**
Verstoß gegen die fachlich gebotenen Hygienestandards nachweisen kann (OLG
München, Urt. v. 25. 3. 2011 – 1 U 4594/08, VersR 2011, 885; S/Pa, 12. Aufl.,
Rz. 597 a. E.).

Ein Anscheinsbeweis ist nicht allein aufgrund der vorgenommenen Transfu- A 204
sionsbehandlung anzunehmen (OLG Düsseldorf, NJW 1996, 1599 = VersR 1996,
1240: nicht infizierter Spender bekannt; VersR 1996, 377: Spender unbekannt;
OLG Hamm, NJW-RR 1997, 219: Spender unbekannt, Blutkonserve nicht nachweisbar HIV-positiv; KG, VersR 1992, 316: Spender bekannt, Vorerkrankung des
Patienten an Lues; OLG Koblenz, NJW-RR 1998, 167: Kein Anspruch gegen das
Bundesgesundheitsamt, wenn Infektionszeit unbekannt).

Regelmäßig wird der Patientenseite der ihr obliegende Nachweis für die Trans- A 205
fusion einer kontaminierten Blutkonserve nicht gelingen; auch andere Beweis-

erleichterungen greifen i.d.R. nicht ein (zusammenfassend Hecker/Weimann, VersR 1997, 532). Kann durch einen Test nur in 61 % aller Fälle eine Infizierung vermieden werden, so ist nicht davon auszugehen, dass die Anwendung des Testverfahrens die Erkrankung des Betroffenen sicher vermieden hätte; Beweiserleichterungen nach den Grundsätzen des Anscheinsbeweises greifen dann nicht ein (OLG Karlsruhe, Urt. v. 1. 8. 2001 – 7 U 86/99, OLGR 2002, 170).

A 206 **Hodentorsion**

Zwei Stunden nach der Entlassung aus dem Krankenhaus erkennbar gewordene Symptome einer Hodentorsion erlauben allein nicht den Schluss auf vorangegangene Versäumnisse bei der Behandlung geklagter Unterbauchschmerzen (OLG Oldenburg, NJW-RR 2000, 241).

A 207 **Lösung einer Schulterdystokie**

Ein Anscheinsbeweis für den Nachweis der Ursächlichkeit eines festgestellten Behandlungsfehlers für die eingetretene Gesundheitsschädigung kommt jedenfalls dann nicht in Betracht, wenn es nach einer Entbindung, bei der die **zur Lösung einer Schulterdystokie erforderlichen Maßnahmen fehlerhaft ausgeführt** worden sind, zu einer Armplexusparese des Neugeborenen kommt, weitere Versäumnisse der Behandlungsseite aber nicht festgestellt werden können (OLG Braundschweig, Urt. v. 1. 3. 2007 – 1 U 51/06 mit NZB BGH v. 22. 1. 2008 – VI ZR 102/07, AHRS III, 6510/303 und AHRS III, 2500/355).

A 208 **Horner-Syndrom (Lidsenkung, Pupillenverengung und Zurücksinken des Augapfels infolge einer Lähmung der Augenmuskulatur) und Schulterdystokie (Reizoder Ausfallerscheinung der Spinalnervenwurzeln des Halsbereichs)**

Kommt es bei einer vaginalen Entbindung bzw. einer Vakuumextraktion zu einem Horner-Syndrom (OLG Schleswig, VersR 1997, 831) oder einer Schulterdystokie (OLG Zweibrücken, VersR 1997, 1103), so spricht der Beweis des ersten Anscheins nicht für einen Behandlungsfehler der bei der Entbindung beteiligten Ärzte.

A 209 **Impfschaden**

Es gibt keinen Anscheinsbeweis für einen Kausalzusammenhang zwischen einer Zeckenschutzimpfung und der nachfolgenden Gesundheitsbeschädigung des Patienten (OLG München, VersR 1997, 314; S/Pa, 12. Aufl., Rz. 596, 597).

A 210 **Infektionen, Injektionen**

Kommt es nach einer **intraartikulären Injektion** in dem betroffenen Gelenk zu einer Infektion, so kann nicht ohne weiteres auf ein Versäumnis des verantwortlichen Arztes geschlossen werden. Beweiserleichterungen können zu Gunsten des Patienten jedoch dann gerechtfertigt sein, wenn feststeht, dass der Arzt die zu fordernden **Desinfektionsmaßnahmen nicht beachtet** hat (OLG Düsseldorf, VersR 1991, 1136 und OLG Schleswig, MDR 1989, 1099: erforderliche Desinfektionsmaßnahmen unterlassen; OLG Koblenz, Urt. v. 22. 6. 2006 – 5 U 1711/05, OLGR 2006, 913, 914; unstreitige gravierende Hygienemängel, Anscheinsbeweis bejaht; OLG Hamburg, Urt. v. 22. 2. 2002 – 1 U 35/00, MDR 2002, 1315: Durchführung von Desinfektionsmaßnahmen vor dem Eingriff aber nicht dokumentationspflichtig; G/G, 6. Aufl., Rz. B 236; Wenzel, Kap. 2 Rz. 3588; R/L-Kern, § 5 Rz. 91).

Auch bei engem zeitlichen Zusammenhang zwischen der Injektion und dem   A 211
Auftreten eines Spritzenabszesses spricht kein Anscheinsbeweis für eine man-
gelhafte Desinfektion, wenn nicht festgestellt wird, dass der Arzt die zu fordern-
den Desinfektionsmaßnahmen nicht beachtet hat (OLG Köln, VersR 1998, 1026;
OLG Düsseldorf, VersR 1998, 1242: **Anscheinsbeweis bei Infektion nach intra-**
artikulärer Injektion verneint; OLG Hamburg, Urt. v. 22. 2. 2002 – 1 U 35/00,
AHRS III, 6410/308: Infektion nach behauptet fehlerhafter Injektion; OLG
Hamm, VersR 2000, 323 und OLG Oldenburg, VersR 1987, 390: **kein Anscheins-**
beweis bei Infektion nach Punktion bzw. Injektion ins Knie; OLG Oldenburg
NJW-RR 1999, 1327: **kein Anscheinsbeweis nach Punktionsversuch im Hals-**
bereich; OLG Zweibrücken, Urt. v. 27. 7. 2004 – 5 U 15/02, AHRS III, 6410/317:
Infektion nach Operation; OLG Dresden, Urt. v. 24. 7. 2008 – 4 U 1857/07,
OLGR 2008, 818, 820: **kein Anscheinsbeweis für einen schuldhaften Behand-**
lungsfehler, wenn nach einer intravenösen Injektion durch MTA der Radiologie
Nervenirritationen auftreten; der Patient ist auf dieses Risiko aber hinzuweisen;
vgl. auch BGH, Urt. v. 17. 1. 2012 – VI ZR 336/10, VersR 2012, 363 = NJW 2012,
684, Nr. 18: allein der enge zeitliche Zusammenhang zwischen einer Infektion
und einer Injektion reicht nicht aus).

Kommt es nach einer Punktion des Kniegelenks zu einer Infektion, kann nicht   A 212
prima facie auf eine mangelnde Asepsis geschlossen werden (OLG Hamm, VersR
2000, 323). Treten in einer Arztpraxis nach Injektionen **bei mehreren Patienten**
Infektionen auf, so führt dieser Umstand allein noch nicht zu einem Anscheinsbeweis für das Vorliegen eines Arztfehlers bzw. eines ärztlichen Verschuldens
(OLG Hamm, Urt. v. 6. 9. 2004 – 3 U 157/04, AHRS III, 6410/318; OLG München, VersR 1986, 496). Ebenso wenig greift ein Anscheinsbeweis ein, wenn es
während des stationären Aufenthalts des Patienten **in mehreren Fällen zu Infek-**
tionen mit einem häufig auftretenden Virus gekommen ist und die Wahrscheinlichkeit einer Infektion im Bereich des Krankenhauses deshalb deutlich erhöht
war (OLG Köln, Urt. v. 11. 2. 2004 – 5 U 150/03, AHRS III, 6410/314), wenn
nach der Operation einer Sprunggelenkverletzung eine **bakteriellen Infektion im**
Bereich des Operationsgebietes auftritt (OLG Zweibrücken, Urt. v. 27. 7. 2004
5 U 15/02, AHRS III, 4610/317) oder sich eine **Operationswunde aufgrund des**
Eindringens von Keimen infiziert (OLG Hamm, Urt. v. 8. 12. 2004 – 3 U 74/04,
AHRS III, 6410/321: Infektion nach sectio).

Werden die vor und nach Einlage eines Cerclage-Pessars zur Senkung des Infek-   A 213
tionsrisikos gebotenen **mikroskopischen Untersuchungen der Scheidenflora un-**
terlassen, ist ohne weitere Umstände i. d. R. weder ein Anscheinsbeweis noch
eine Beweiserleichterung aus dem Gesichtspunkt eines groben Behandlungsfehlers oder einer unterlassenen Befunderhebung dafür gegeben, dass die Unterlassung ursächlich für eine eingetretene Infektion war (OLG Braunschweig,
VersR 2000, 454, 455; OLG Hamburg, MDR 2002, 1315 zur Wundinfektion).

Gerät bei einer **Valium-Injektion in der Tabatiere** (Grübchen zwischen den zum   A 214
Daumen gehörenden Sehnen), die intravenös zu erfolgen hat, das **Injektionsgut**
versehentlich in die Speichenschlagader, so kann daraus allein regelmäßig noch

nicht auf einen schuldhaften Behandlungsfehler des Arztes geschlossen werden. Äußert der Patient während der Injektion Schmerzen und sind starke Schmerzen sowie ihr Verlauf zu den Fingern hin ein Anzeichen für das Anstechen einer Arterie, so hat der Arzt den Patienten jedoch in dieser Hinsicht zu befragen, bevor er die begonnene Injektion fortsetzt (BGH, NJW 1989, 771 = VersR 1989, 514).

A 215 Das Auftreten einer **durch Stäbchenbakterien verursachten bakteriellen Wundinfektion** lässt für sich genommen nicht auf einen Behandlungsfehler schließen, weil weder die menschliche Haut präoperativ mit Sicherheit keimfrei gemacht werden kann noch sich eine Besiedelung der Operationswunde durch Raumkeime sicher vermeiden lässt (OLG Hamburg, Urt. v. 22. 2. 2002 – 1 U 35/00, MDR 2002, 1315).

A 216 Eine Beweislastumkehr zugunsten des Patienten lässt sich auch nicht daraus herleiten, dass die Durchführung von **Desinfektionsmaßnahmen vor dem Eingriff im Operationsbericht nicht dokumentiert** worden ist. Denn die Dokumentation einer solchen Maßnahme ist medizinisch nicht erforderlich und daher auch aus Rechtsgründen nicht geboten (OLG Hamburg, Urt. v. 22. 2. 2002 – 1 U 35/00, OLGR 2002, 1315).

A 217 **Lagerungsfehler, Bandscheibenvorfall** (vgl. auch Rz. V 350 ff.)

Tritt im Zusammenhang mit einer Operation der Lendenwirbelsäule in so genannter „Häschenstellung" ein Massenprolaps (Bandscheibenvorfall) im Bereich der Halswirbelsäule auf, greift kein Anscheinsbeweis für das Vorliegen eines Behandlungsfehlers und die Kausalität zwischen der Lagerung in Häschenstellung und dem Vorfall ein (OLG Düsseldorf, VersR 1992, 1230).

A 218 Gleiches gilt beim Auftreten einer **Nervschädigung infolge falscher Lagerung bei einer vaginalen Hysterektomie** (OLG Bremen, Urt. v. 14. 3. 2000 – 3 U 38/98, AHRS III, 6510/300).

A 219 **Nervschädigungen**

Kommt es bei einer fehlerhaft durchgeführten operativen transaxillären Resektion der ersten Rippe zur Behandlung eines Thoracic-Outlet-Syndroms zu einer Schädigung des **Nervus medianus und des Nervus ulnaris**, besteht kein Beweis des ersten Anscheins dafür, dass die Schädigung auf einem fehlerhaften Operationsvorgehen beruht. Es kommen als weitere denkbare Ursachen für eine **Plexusschädigung** auch eine intraoperative Überstreckung im Schultergelenk, ein lokal zu stark ausgeübter Hakendruck während der Operationsphase oder eine direkte Einwirkung mit der Knochenzange in Betracht. Diese anderen Möglichkeiten einer Plexusschädigung im Rahmen einer Resektion der Rippe indizieren jeweils keinen entsprechenden Behandlungsfehler des Arztes (OLG Hamm, Urt. v. 18. 4. 2005 – 3 U 259/04, BeckRS 2006, 9612, S. 5).

A 220 Ein Anscheinsbeweis für das Vorliegen eines Behandlungsfehlers **scheidet auch aus**, wenn

A 221 – für die im Rahmen einer Operation aufgetretene Nervenläsion **mehrere Ursachen in Betracht kommen können**, etwa eine Druckschädigung des Nervs durch ein Hämatom, eine Schädigung des Rückenmarks durch einen Bandscheibenvorfall, eine Nachblutung infolge der Gewebedruckerhöhung (OLG Brandenburg, Urt. v. 8. 11. 2007 – 12 U 53/07, juris, Nr. 21),

– es nach einer **Osteotomie** (Knochendurchtrennung, um Fehlstellungen aus- A 222
zugleichen) zu einer Nervschädigung kommt (OLG Bremen, Urt. v. 2. 5. 2000
– 3 U 63/99, AHRS III, 6410/01),

– infolge **falscher Lagerung bei einer vaginalen Hysterektomie** eine Nervschädi- A 223
gung auftritt (OLG Bremen, Urt. v. 14. 3. 2000 – 3 U 38/98, AHRS III,
6510/300),

– bei oder nach einer **Hüftoperation eine Zugschädigung des Peronaeusnervs** A 224
(OLG Hamm, Urt. v. 24. 11. 2004 – 3 U 63/04, AHRS III, 6410/320) oder
nach einer **Strumaresektion (Schilddrüsenoperation) eine dauerhafte Recurrensparese auftritt** (OLG Oldenburg, Urt. v. 3. 3. 2004 – 5 U 46/03, AHRS III,
6410/315; OLG Braunschweig, VersR 2000, 636, 637; OLG Köln, NJW-RR
1999, 675; a.A. OLG Zweibrücken, Urt. v. 11. 10. 2005 – 5 U 10/05,
BeckRS 2005, 13450: Anscheinsbeweis möglich, wenn der Nervus accessorius
nicht freigelegt wurde, s. o.),

– nach einer **intravenösen Injektion** durch eine geschulte MTA der Radiologie A 225
zur Vorbereitung von Diagnosemaßnahmen **Nervenirritationen** auftreten
(OLG Dresden, Urt. v. 24. 7. 2008 – 4 U 1857/07, OLGR 2008, 818, 820),

– nach einer Leistenbruchoperation eine **Verletzung des Nervus femoralis** fest- A 225a
gestellt wird (OLG Brandenburg, Urt. v. 8. 11. 2007 – 12 U 53/07, AHRS III,
6410/325).

Schilddrüsenoperationen A 226

Kommt es bei operativer Entfernung eines zystisch veränderten und knotischen
Teils eines Schilddrüsenlappens zu einer Schädigung des Nervus vagus, welche
eine **Stimmbandlähmung** zur Folge hat, so liegt hierin die Verwirklichung eines
außergewöhnlichen Risikos, woraus allein nicht auf die Unachtsamkeit oder
Ungeschicklichkeit des Chirurgen geschlossen werden kann. Auch wenn der
Chirurg die Nervenenden in üblicher Weise mittels mikrochirurgischer Nerven-
naht zusammenfügt, liegt hierin kein Behandlungsfehler (OLG Düsseldorf,
VersR 1989, 291). Bei operativen Eingriffen an der Schilddrüse muss aber über
die möglichen Verletzungen des Nervus reccurens und über die mit der Verletzung verbundenen Folgen, insbesondere auf die Möglichkeit bleibender Heiserkeit und auf einen völligen Verlust der Stimme, **aufgeklärt** werden (OLG Düsseldorf, VersR 1989, 291; VersR 1989, 191).

Die aufgrund der Schilddrüsenresektion eingetretene beidseitige **Parese des Ner-** A 227
vus reccurens begründet keinen Anscheinsbeweis für einen ärztlichen Fehler bei
der Operation (OLG Oldenburg, Urt. v. 3. 3. 2004 – 5 U 46/03, AHRS III,
6410/315; OLG Braunschweig, VersR 2000, 636, 637; OLG Düsseldorf, VersR
1989, 191; VersR 1989, 703; OLG Köln NJW-RR 1999, 675; a.A. OLG Zweibrücken, Urt. v. 11. 10. 2005 – 5 U 10/05, BeckRS 2005, 13450: Anscheinsbeweis
möglich, wenn der Nervus accessorius nicht in ausreichendem Umfang freigelegt und nach abwärts verfolgt wird).

A 228   **Morbus Sudeck (CRPS)**

Die Entstehung einer Sudeck'schen Erkrankung (i. d. R. schmerzhafte, sekundäre, u. U. mit Restschäden ausheilende Gewebsschädigung meist am Arm oder an der Hand) im Verlauf einer konservativen Behandlung einer Radiusfraktur des linken Handgelenks kann schicksalhaft bedingt sein und deutet für sich genommen nicht auf haftungsbegründende ärztliche Versäumnisse hin (OLG Oldenburg NJW-RR 1999, 178; ebenso OLG Düsseldorf, VersR 1989, 705). Gleiches gilt, wenn der **Morbus Sudeck (CRPS) nach einer Arthroskopie (Kniegelenkoperation**; vgl. OLG Hamm, Urt. v. 8. 9. 2004 – 3 U 80/04, AHRS III, 6410/319) oder nach (behauptet falscher) **Anlage eines Gipsverbandes** eintritt (OLG Karlsruhe, Urt. v. 26. 9. 2001 – 7 U 92/99, AHRS III, 6410/305).

A 229   **Punktion der Halsvene**

Wird im Rahmen einer Operation beim Punktieren der Halsvene und beim Legen eines Venenkatheders ein Nerv geschädigt, so reicht dieser Umstand alleine nicht für die Annahme eines Behandlungsfehlers aus (OLG Stuttgart, VersR 1988, 1137).

A 230   **Nervschädigung bei zahnärztlicher Behandlung**

Aus der **Schädigung des Nervus lingualis infolge einer zur Extraktion eines Weisheitszahnes eingeleiteten Leitungsanästhesie** kann nicht im Wege des Anscheinsbeweises auf einen Behandlungsfehler geschlossen werden (OLG Stuttgart, VersR 1999, 1500 = NJW-RR 1999, 751, 752; auch OLG Jena, Urt. v. 26. 4. 2006 – 4 U 416/05, OLGR 2006, 710, 712; vgl. hierzu Rz. A 1112 ff.). Gleiches gilt bei der Schädigung des **Nervus alveolaris** bei Vornahme einer Zahnextraktion (OLG Hamburg, VersR 1989, 1297).

A 231   **Nahtinsuffizienz**

Auch bei einer Nahtinsuffizienz bzw. Nahtdeheszenz spricht kein Anscheinsbeweis für einen Behandlungsfehler (OLG Stuttgart, OLGR 2001, 324, 326).

A 232   **Prostatabiopsie**

Die diagnostizierte Verhärtung der Prostata mit Verdacht auf ein Karzinom indiziert eine Gewebeentnahme. Kommt es **mehrere Wochen nach Durchführung der Prostatabiopsie (Entnahme von Prostatagewebe) zu einer Prostatitis** (bakterielle Entzündung der Prostata), so kommt ein Anscheinsbeweis für den Ursachenzusammenhang mit der Durchführung der Gewebeentnahme nicht in Betracht (OLG Oldenburg, VersR 1997, 318).

A 233   **Schlüsselbeinbruch nach vaginaler Entbindung**

Kommt ein Kind nach vaginaler Entbindung mit Hämatomen oder einem Schlüsselbeinbruch zur Welt, kann hieraus nicht der Schluss auf ein ärztliches Fehlverhalten gezogen werden (BGH, NJW 1986, 2886).

A 234   **Sterilisation, Rekanalisation**

Der Eintritt einer **ungewollten Schwangerschaft nach einer Sterilisation** (Tubenligatur) erlaubt für sich nach den Regeln des Anscheinsbeweises noch **keinen**

Schluss auf ein fehlerhaftes Vorgehen des Arztes (OLG Düsseldorf, Urt. v. 14. 12. 2000 – 8 U 5/00, NJW-RR 2001, 959 = VersR 2001, 1117; VersR 1992, 751; OLG Saarbrücken, Urt. v. 25. 9. 2002 – 1 U 559/01–129, AHRS III, 6410/311; OLG Hamm, VersR 1987, 1146; OLG Oldenburg, Urt v. 3. 11. 1998 – 5 U 67/98, VersR 2000, 59, 60 = NJW-RR 2000, 240, 241; LG Aachen, VersR 1989, 633; G/G, 6. Aufl., Rz. B 234).

Zeigt ein Eileiter zwei Jahre nach einer Sterilisation bei sorgfältiger makroskopi-   A 235
scher Betrachtung **keine Anzeichen einer vorangegangenen Durchtrennung, so spricht der Beweis des ersten Anscheins jedoch dafür, dass dieser Eileiter nicht durchtrennt worden ist** (LG Aachen, VersR 1989, 633). Kommt es Monate oder Jahre nach einer Sterilisation zur Rekanalisation der Eileiter (Wiederherstellung der Zeugungsfähigkeit) bzw. zu einer erneuten Schwangerschaft, so lässt dies jedoch nicht den Schluss auf ein ärztliches Fehlverhalten zu (OLG Düsseldorf, VersR 2001, 1117, 1118; NJW-RR 2001, 959: Schwangerschaft nach fünf Jahren; OLG Oldenburg, Urt. v. 3. 11. 1998 – 5 U 67/98, VersR 2000, 59, 60).

**Tonsillektomie („Mandeloperation", Ausschälung der Gaumenmandel und Ab-   A 236
tragung am Zungengrund)**

Erleidet der Patient in engem zeitlichen Zusammenhang mit der Vornahme einer Tonsillektomie den Verlust des Geschmacksempfindens, kann hieraus allein nicht auf das Vorliegen eines Behandlungsfehlers geschlossen werden (OLG Düsseldorf, VersR 1988, 742; OLG Stuttgart, VersR 1993, 608; G/G, 6. Aufl., Rz. B 233).

Venenkathederteile   A 237

Bleibt nach einer schwierigen Herzoperation **ein Teil des Venenkatheders in einer Arterie zurück,** so spricht dies nicht prima facie für einen Behandlungsfehler (OLG Celle, VersR 1990, 50). Das Zurückbleiben von Operationswerkzeugen kann unter dem Gesichtspunkt des **„voll beherrschbaren Risikos"** aber für die Vermutung eines verschuldeten Behandlungsfehlers in Betracht kommen (BGH, VersR 1981, 462 und OLG Köln, VersR 1988, 140 beim Zurücklassen eines Tupfers).

Verwechslung von Blutproben   A 238

An einem typischen Geschehensablauf, der nach der allgemeinen Lebenserfahrung auf eine bestimmte Schadensursache hinweist, fehlt es, wenn in einer von zwei Arztpraxen eine Blutprobe verwechselt wird, aber nicht festgestellt werden kann, in welcher (BGH, NJW 1989, 2943).

Entstehung einer Thrombose bzw. einer Geschwulst   A 239

Es besteht auch kein Anscheinsbeweis für einen Behandlungsfehler bei der Entstehung einer tiefen Thrombose nach einer Operation am Fuß (OLG Saarbrücken, Urt. v. 29. 11. 2000 – 1 U 69/00–15, AHRS III, 6413/02) oder beim Auftreten einer Geschwulst nach dem Einstich bei einer Arthroskopie (OLG Karlsruhe, Urt. v. 12. 9. 2001 – 7 U 281/97, AHRS III, 6410/304).

Ein Anscheinsbeweis dafür, dass eine **unzureichende Thromboseprophylaxe für**   A 239a
den Eintritt einer Thrombose ursächlich geworden ist, kommt regelmäßig nicht in Betracht, weil eine Thrombose selbst bei einer ordnungsgemäß durchgeführ-

ten Prophylaxe nicht vollständig ausgeschlossen werden kann (OLG Braunschweig, Beschl. v. 17. 4. 2007 – 12 W 1/07, AHRS III, 6510/304).

A 240 **Wiederaufleben einer Osteomyelitis**

Das Wiederaufleben einer bis zur Entlassung des Patienten aus stationärer Behandlung nach den Laborwerten abgeklungenen chronischen Osteomyelitis (Knochenmarkentzündung, i. d. R. durch Keimeinschleppung entstanden) deutet nicht im Wege des Anscheinsbeweises auf einen Behandlungsfehler hin (OLG Oldenburg, VersR 1999, 761).

A 241 **Verbrennungen beim Einsatz von Elektro-Chirurgiegeräten**

Nach h. M. ist ein Anscheinsbeweis beim Auftreten einer endogenen Verbrennung nach dem Einsatz eines Elektrokauters nicht gerechtfertigt. Das Auftreten von Verbrennungen bei der Anwendung von Hochfrequenz-Chirurgiegeräten stellt auch kein „voll beherrschbares Risiko" dar. Denn auch bei Anwendung aller Sicherheitsvorkehrungen (trockene Lagerung des Patienten auf dem OP-Tisch, Anlage der Elektrode in der Nähe des Operationsfeldes u. a.) ist es nicht stets vermeidbar, dass es während der OP zu Flüssigkeitsansammlungen, etwa durch Schweiß, kommen kann. Im Rahmen des Eingriffs ist es meist nicht mehr möglich, den steril abgedeckten Patienten auf solche Flüssigkeitsansammlungen hin zu kontrollieren und Verbrennungen des Patienten durch Kriechströme stets zu vermeiden (LG Hof, Urt. v. 26. 9. 2006 – 15 O 2/06, Seite 6, 7; LG Ansbach, Urt. v. 21. 12. 2007 – 2 O 1492/06, Seite 4/5; LG Bonn, Urt. v. 30. 10. 2007 – 8 S 130/07, S. 5/6). Nach anderer Auffassung kommt ein Anscheinsbeweis zur Anwendung. Denn es sei heute nahezu ausgeschlossen, dass bei ordnungsgemäßer Anwendung eines monopolaren oder bipolaren Elektrokauters bei Beachtung der bestehenden Vorschriften Verbrennungen auftreten. Andernfalls bestünde zumindest eine **Aufklärungspflicht hinsichtlich der erhöhten Risiken** der monopolaren im Vergleich zur bipolaren Technik (Riedel, MedR 2009, 83, 85; auch OLG Saarbrücken, VersR 1991, 1289, 1290: Anscheinsbeweis beim Vorliegen einer Verbrennung, die auf den Einsatz eines Hochfrequenz-Chirurgiegerätes zurückzuführen ist).

A 242 – A 249 Einstweilen frei.

Arbeitsteilung

Vgl. auch → *Behandlungsfehler*, Rz. B 20 ff.; → *Gemeinschaftspraxis*, Rz. G 1 ff.; → *Kausalität*, Rz. K 1 ff.

I. Horizontale Arbeitsteilung

1. Begriff

A 250 Zur Organisationspflicht eines niedergelassenen Arztes gehört es, einen Patienten, dessen Behandlung in das Gebiet eines anderen Facharztes fällt oder von
ihm aufgrund eigener, begrenzter persönlicher Fähigkeiten bzw. unzureichender
Ausstattung nicht übernommen werden kann, an einen anderen Facharzt oder in
ein Krankenhaus zu überweisen.

A 251 Auch der in einem Krankenhaus tätige Arzt hat bei sich andeutender Überschreitung der Grenzen seines Fachwissens einen Konsiliararzt, d.h. einen Arzt einer
anderen Fachabteilung des Krankenhauses bzw. einen niedergelassenen Facharzt
hinzuzuziehen oder die Überweisung des Patienten in die entsprechende Fachabteilung des Krankenhauses bzw. eine Spezialklinik zu veranlassen.

A 252 Man spricht in diesen Fällen von einer „**horizontalen Arbeitsteilung**". Dabei
geht es in haftungsrechtlicher Sicht um die **Entlastung des einen und die Belas-**

tung des anderen Arztes, wobei bei Fehlen einer klaren Abgrenzung der Verantwortungsbereiche zwischen dem überweisenden und dem hinzugezogenen Arzt eine **Haftung beider Behandler als Gesamtschuldner in Betracht** kommt (OLG Düsseldorf, Urt. v. 19. 10. 2000 – 8 U 183/99, VersR 2002, 1151: Haftung des chirurgisch tätigen Gynäkologen und des Anästhesisten bei unterlassener bzw. fehlerhafter postoperativer Überwachung; OLG Frankfurt, Urt. v. 11. 3. 2004 – 3 U 89/03, NJW-RR 2004, 1333, 1334: Krankenhausarzt unterlässt die Anordnung zu engmaschigen Kontrolluntersuchungen, nachbehandelnder Facharzt nimmt diese nicht vor; KG, Urt. v. 13. 11. 2003 – 20 U 111/02, GesR 2004, 136: Vor- und Nachbehandler übersehen Fraktur; OLG Koblenz, Urt. v. 20. 7. 2006 – 5 U 47/06, OLGR 2007, 12, 13 = VersR 2007, 1698: gesamtschuldnerische Haftung von Anästhesist und Operateur, wenn EKG von beiden nicht beschafft bzw. ausgewertet wird; OLG Koblenz, Beschl. v. 14. 4. 2005 – 5 U 1610/04, NJW-RR 2005, 1111: gesamtschuldnerische Haftung aus § 830 I 2 BGB, wenn unklar ist, welcher Operateur den Darm perforiert hat; OLG Köln, Urt. v. 16. 12. 2002 – 5 U 166/01, NJW-RR 2003, 1031 = OLGR 2003, 334, 335: Haftung des behandelnden Unfallchirurgen und des konsiliarisch hinzugezogenen Neurologen bei fehlender Eindeutigkeit der Diagnose; OLG Köln, Beschl. v. 3. 9. 2008 – 5 U 51/08, GesR 2009, 385, 386: Operateur konnte Fehldiagnose erkennen; Deutsch, NJW 2000, 1745, 1746; G/G, 6. Aufl., Rz. B 115, 123, 128; Spickhoff-Greiner, § 823 BGB Rz. 54 ff und Rz. 311 ff; L/K-Laufs/Kern, 4. Aufl., § 100 Rz. 4–16; B/P/S-Alberts/Human, Kap. 3, §§ 420–426 BGB, Rz. 27, 28; Wenzel-Müller, Kap. 2, Rz. 1563, 1581, 1582; S/Pa, 12. Aufl., Rz. 258–283; F/N/W, 5. Aufl., Rz. 106–109; R/L-Kern, § 3 Rz. 50–107).

2. Vertrauensgrundsatz

a) Ärzte unterschiedlicher Fachgebiete; Übersicht

Bei der **horizontalen Arbeitsteilung** (z. B. Chirurg – Anästhesist, Gynäkologe – Pathologe, Hausarzt – Radiologe, Anästhesist – Augenarzt) gilt der Vertrauensgrundsatz. Jeder Arzt hat denjenigen Gefahren zu begegnen, die in seinem Aufgabenbereich entstehen. Solange **keine offensichtlichen Qualifikationsmängel** vorliegen oder der Arzt Fehlleistungen des hinzugezogenen Kollegen des anderen Fachbereichs **erkennt bzw. wegen Evidenz hätte erkennen müssen, kann er davon ausgehen, dass der Kollege des anderen Fachgebiets seine Aufgaben mit der gebotenen Sorgfalt erfüllt, ohne dass insoweit eine gegenseitige Überwachungspflicht besteht** (BGH, Urt. v. 14. 1. 2010 – III ZR 188/09, GesR 2010, 191, 194, Nr. 23: grundsätzlich keine gegenseitige Überwachungspflicht; BGH, Urt. v. 28. 5. 2002 – VI ZR 42/01, MedR 2003, 169: anders **bei ernsten Zweifeln an der Richtigkeit der Diagnose bzw. Behandlung, offenbaren Versehen oder ins Auge springenden Unrichtigkeiten**; BGH, NJW 1999, 1779, 1780; OLG Celle, Urt. v. 26. 3. 2001 – 1 U 63/99, NJW-RR 2002, 314, 315: **bei sich ergebenden Bedenken aber Verpflichtung zur Rückfrage**; OLG Celle, Urt. v. 17. 9. 2001 – 1 U 3/01, AHRS III, 2030/309 und 1510/300: **kein Vertrauen, wenn die vom Vorbehandler angegebenen Werte physiologisch praktisch unmöglich sind**; OLG Düsseldorf, Urt. v. 17. 11. 2011 – I-8 U 1/08, Nr. 39: **Zweifeln an der Richtigkeit der Diagnose ist aber nachzugehen**; OLG Düsseldorf, Urt. v. 27. 3. 2003 – 8 U 83/02, NJW-RR 2004, 22: **nur bei vorhandenen Anhaltspunkten, aus denen sich Zweifel**

A 253

an der Diagnose hätten ergeben müssen; OLG Düsseldorf, Urt. v. 26. 6. 2003 –
8 U 214/01, AHRS III, 2002/318 und OLG Koblenz, Urt. v. 22. 2. 2007 – 5 U
8/06, OLGR 2008, 9, 10: behandelnder Internist kann keine offensichtlichen
Qualitätsmängel oder Fehlleistungen des hinzugezogenen Radiologen erkennen;
OLG Hamm, Urt. v. 3. 2. 2003 – 3 U 140/02, AHRS III, 2030/314: **Kinderarzt
kann sich auf Mitteilung eines Krankenhauses verlassen**; OLG Hamm, Urt. v.
26. 5. 2004 – 3 U 127/02, MedR 2005, 471, 473: **Eigenhaftung bei übersehenen
Anhaltspunkten für ein fehlerhaftes Vorgehen des Kollegen**; OLG Hamm, Urt.
v. 16. 2. 2004 – 3 U 190/03, AHRS III, 920/329: **vom Hausarzt keine offensichtlichen Fehlleistungen eines Chirurgen erkennbar**; OLG Hamm, Urt. v.
21. 5. 2013 – I-26 U 140/12, juris, Nr. 35, 37, 44, 47, 48: **weiterüberweisender
Gynäkologe kann auf eine dem Inhalt des Arztbriefs entsprechende mündliche
Information der Patientin durch den Urologen, Radiologen o. a. vertrauen, jedenfalls wenn Wv-Termin vereinbart ist und die Patientin nicht erscheint**; OLG Jena, Urt. v. 18. 5. 2005 – 4 U 641/04, NJW-RR 2006, 135; OLG Jena, Beschl. v.
15. 1. 2004 – 4 U 836/03, GesR 2004, 180, 181: **Vertrauensschutz entfällt nur
wenn konkrete Anhaltspunkte Zweifel an der Diagnose des Kollegen begründen
müssen**; OLG Jena, Urt. v. 15. 10. 2008 – 4 U 990/06, juris, Nr. 47; OLG Karlsruhe, Urt. v. 20. 12. 2000 – 7 U 7/99, AHRS III, 2002/305 und 920/311: offenbare
Versehen oder ins Auge springende Unrichtigkeiten der Diagnosen eines Neurologen vom Hausarzt nicht erkennbar; OLG Koblenz, Beschl. v. 21. 11. 2011 – 5 U
688/11, GesR 2012, 346, 348: **Gynäkologe darf auf die Diagnose des Radiologen
nach durchgeführter Mammographie und Mammasonographie vertrauen**; OLG
Koblenz, Urt. v. 20. 7. 2006 – 5 U 47/06, AHRS III, 0920/334: **Operateur und Anästhesist müssen aber vom Hausarzt erstelltes EKG prüfen**; OLG Koblenz, Urt.
v. 22. 2. 2007 – 5 U 8/06, AHRS III, 0920/339: **Hausarzt kann auf Diagnose und
Therapie eines Radiologen und Neurologen vertrauen**; OLG Köln, Beschl. v.
3. 9. 2008 – 5 U 51/08, OLGR 2009, 47, 49: **kein Vertrauen auf die Diagnose
des zuweisenden Arztes, wenn sich der intraoperative Befund essentiell anders
darstellt**; OLG Köln, Beschl. v. 3. 9. 2008 – 5 U 51/08, NJW-RR 2009, 960, 961:
Chirurg kann sich auf Operationsindikation durch Chefarzt anderer Fachrichtung solange verlassen, bis sich **durchgreifende Zweifel an der Richtigkeit der Indikation oder der Aufklärung** zeigen; OLG Köln, Beschl. v. 8. 3. 2010 – 5 U
116/09, VersR 2011, 1452: **Radiologe darf auf internistisch erhobene Befunde vertrauen**; OLG Naumburg, Urt. v. 14. 9. 2004 – 1 U 97/03, VersR 2005, 1401, 1402:
**Vertrauensschutz entfällt nur bei Qualifikationsmängeln oder evidenten Fehl-
leistungen; keine gegenseitige Überwachungspflicht**; OLG Naumburg, Urt. v.
10. 5. 2010 – 1 U 97/09, juris, Nr. 44: keine Kontrollpflicht des Krankenhausarztes, der sich darauf verlassen kann, dass der niedergelassene Arzt den im Arztbrief dokumentierten Empfehlungen folgt).

A 254 Im Allgemeinen **kann sich ein hinzugezogener Arzt darauf verlassen, dass der
überweisende Arzt den Patienten entsprechend dem Standard aus dessen Fachgebiet ordnungsgemäß untersucht und behandelt und die Indikation für die
Durchführung der erbetenen Untersuchung geprüft bzw. richtig gestellt hat** (BGH,
MDR 1994, 993; OLG Düsseldorf, Urt. v. 17. 11. 2011 – I-8 U 1/08, Nr. 39: **überweisender Arzt ist aber auf Bedenken bezüglich der Diagnose hinzuweisen**; OLG
Düsseldorf, Urt. v. 27. 3. 2003 – 8 U 83/02, NJW-RR 2004, 22: Gynäkologe/Patho-

loge; OLG Hamm, Urt. v. 26. 5. 2004 – 3 U 127/02, MedR 2005, 471, 472: Gynäko-
loge/Radiologe; OLG Hamm, Urt. v. 23. 8. 2000 – 3 U 229/99, AHRS III, 1873/305:
Urologe/Radiologe, Vertrauen auf zutreffende und komplette Befundung entsprechend dem Auftrag des Urologen; OLG Jena, Urt. v. 18. 5. 2005 – 4 U 641/04,
NJW-RR 2006, 135: Orthopäde/Physiotherapeut; Beschl. v. 15. 1. 2004 – 4 U
836/03, GesR 2004, 180, 181: Augenarzt/Operateur; OLG Jena, Urt. v. 15. 10. 2008
– 4 U 990/06, OLGR 2009, 242, 244: Gynäkologe/Radiologe; OLG Koblenz, Beschl.
v. 21. 11. 2011 – 5 U 688/11, GesR 2012, 346, 348: **Vertrauen des Gynäkologen auf
radiologischen Befund**; OLG Koblenz, Urt. v. 22. 2. 2007 – 5 U 8/06, OLGR 2008,
9, 10: Hausarzt/Radiologe, Vertrauen auf die Diagnose des Radiologen „Bandscheibenvorfall"; OLG Koblenz, Beschl. v. 19. 6. 2012 – 5 U 1242/11, NJW-RR 2012,
1420, 1422: **mit der Einbringung von Implantaten beauftragter Kieferchirurg
kann darauf vertrauen, dass der überweisende Zahnarzt auf bestehende Alternativen hingewiesen hatte**; OLG Köln, Beschl. v. 8. 3. 2010 – 5 U 116/09, VersR 2011,
1452: **Radiologe kann auf Befunde des Internisten vertrauen**; OLG Köln, Beschl. v.
17. 3. 2010 – 5 U 51/09, VersR 2011, 81, 82 = GesR 2010, 409, 412: **aber kein Vertrauen des Operateurs auf eine sachgerechte Aufklärung des überweisenden Gynäkologen**; OLG Köln, Beschl. v. 3. 9. 2008 – 5 U 51/08, NJW-RR 2009, 960, 961:
kein Vertrauensschutz, wenn sich dem Operateur ein Aufklärungsmangel bzw.
die Fehldiagnose aufdrängen mussten; OLG Naumburg, Urt. v. 10. 5. 2010 – 1 U
97/09, juris, Nr. 44: Urologe/Krankenhaus; OLG Naumburg, Urt. v. 14. 9. 2004 –
1 U 97/03, VersR 2005, 1401, 1402 = MedR 2005, 232, 233: Chirurg/Anästhesist;
OLG Naumburg, Urt. v. 18. 1. 2008 – 1 U 77/07, NJW-RR 2009, 28, 29: Urologe/
Radiologe, Vertrauen auf die richtige Auftragstellung; OLG Stuttgart, Urt. v.
20. 6. 2000 – 14 U 73/98, VersR 2002, 98, 99; OLG Stuttgart, NJW-RR 2001, 960,
961; Spickhoff-Greiner, § 823 BGB Rz. 55, 56, 62, 68, 69: **Vertrauensgrundsatz,
Zweifeln an der Richtigkeit der Diagnose bzw. Aufklärung ist aber nachzugehen**;
L/K-Laufs/Kern, § 100 Rz. 4, 10, 11: Vertrauensgrundsatz bei der horizontalen Ar-
beitsteilung; neuen, eigenen Verdachtsdiagnosen ist aber nachzugehen; Wenzel-
Müller, Kap. 2 Rz. 1563, 1581, 1584: Vertrauensgrundsatz, Zweifeln ist nachzuge-
hen, ggf. Kooperations- bzw. Organisationsverschulden; D/S, 6. Aufl., Kap. VIII.
Rz. 381; G/G, 6. Aufl., Rz. B 116, 128; R/L-Kern, § 3 Rz. 55, 58; S/Pa, 12. Aufl.,
Rz. 272, 273, 280).

b) Ärzte des gleichen Fachgebiets

**Die Grundsätze des Vertrauensschutzes bei der horizontalen Arbeitsteilung finden   A 255
jedoch nach einer Auffassung grundsätzlich keine Anwendung, wenn zwei Ärzte
des gleichen Fachgebiets nacheinander behandeln.** In einem solchen Fall ist der
**Nachbehandler gehalten, sich von der Richtigkeit der Diagnose des Vorbehandlers
zu vergewissern** (KG, Urt. v. 13. 11. 2003 – 20 U 111/02, GesR 2004, 136; auch
OLG Frankfurt, Urt. v. 11. 3. 2004 – 3 U 89/03, NJW-RR 2004, 1333, 1334: urologi-
scher Belegarzt/niedergelassener Urologe; OLG Jena, Urt. v. 23. 5. 2007 – 4 U
437/05, OLGR 2007, 988, 991 = VersR 2008, 401, 403: zumindest Plausibilitätskontrolle, erkennbaren Unzulänglichkeiten muss nachgegangen werden;
F/N/W, 5. Aufl., Rz. 106).

**Nach herrschender Meinung kann sich auch der zur Vornahme einer bestimmten   A 255a
Leistung hinzugezogene Arzt derselben Fachrichtung darauf verlassen, dass der**

59

überweisende Arzt den Patienten in seinem Verantwortungsbereich sorgfältig und ordnungsgemäß untersucht und die zutreffende Indikation zu der erbetenen Leistung gestellt hat (OLG Düsseldorf, Urt. v. 17. 11. 2011 – I-8 U 1/08, Nr. 39: Vertrauensschutz auch unter Ärzten derselben Fachrichtung, **Zweifeln an der Richtigkeit der übermittelten Diagnose ist aber nachzugehen**; OLG Düsseldorf, NJW-RR 2004, 22; OLG Düsseldorf, NJW 1984, 1637; OLG Jena, Beschl. v. 15. 1. 2001 – 4 U 836/03, GesR 2004, 180, 181: operierender Augenarzt muss sich an den vom niedergelassenen Augenarzt erteilten Auftrag halten; OLG Oldenburg, VersR 1989, 1301; OLG Stuttgart, VersR 1992, 55; Spickhoff-Greiner, § 823 BGB Rz. 55, 68, 69: Vertrauensgrundsatz auch bei Ärzten derselben Fachrichtung, Zweifeln an der Richtigkeit der Diagnose ist aber nachzugehen; auch S/Pa, 12. Aufl., Rz. 281).

A 255b   Aber auch nach dieser Ansicht ist der hinzugezogene Arzt bei bestehenden Anhaltspunkten für etwaige **Zweifel an der Richtigkeit der ihm übermittelten Diagnose** verpflichtet, diesen nachzugehen (BGH, NJW 1992, 2964; Greiner a. a. O.; S/Pa, 12. Aufl., Rz. 281) bzw. den überweisenden Arzt auf die Bedenken bezüglich der Diagnose hinzuweisen. In Grenzen kann allerdings **auf die Wiederholung belastender Diagnoseeingriffe (z. B. Röntgen, CT) verzichtet** werden, wenn zuverlässige Aufzeichnungen über frühere Untersuchungen vorliegen (S/Pa, 12. Aufl. 2013, Rz. 281; auch F/N/W, 5. Aufl., Rz. 106: wenn die bestehenden Unterlagen hinreichend aussagekräftig sind oder sich die Diagnosemaßnahmen als erhebliche Belastung für den Patienten darstellen würden). Will er angebrachte, weitere Untersuchungen selbst vornehmen, muss er (bei Kassenpatienten) **das Einverständnis des überweisenden Arztes einholen** (OLG Düsseldorf, Urt. v. 17. 11. 2011 – I-8 U 1/08, Nr. 39, 42, 43; OLG Naumburg, Urt. v. 18. 1. 2008 – 1 U 77/07, NJW-RR 2009, 28, 29: Abweichungen vom Überweisungsauftrag nur in Absprache zulässig). Im Ergebnis ergeben sich zwischen den beiden Ansichten (vgl. Rz. A 255, A 255a) keine für die Praxis relevanten Konsequenzen.

A 256   So hat der **Chirurg oder Orthopäde** bei bloßer zeitlicher Nachfolge der Behandlung etwa die übersandten **Röntgenaufnahmen selbst anzusehen** und die Diagnose sowie die Therapiewahl des zuvor tätigen Orthopäden bzw. Unfallchirurgen eigenverantwortlich zu überprüfen. Versäumnisse der eigenen Befunderhebung bzw. Befundüberprüfung, etwa das Nichterkennen einer Bruchlinie auf zwei Röntgenbildern, können zur Haftung des nachbehandelnden Arztes führen (KG, Urt. v. 13. 11. 2003 – 20 U 111/02, GesR 2004, 136, 137: Beweislastumkehr wegen „unterlassener Befunderhebung" bejaht).

A 257   Gleiches gilt natürlich, wenn es ein Facharzt, etwa ein Internist, unterlässt, eine **notwendige Untersuchung durch den Facharzt eines anderen Fachgebiets**, etwa eines Radiologen, herbeizuführen, die wahrscheinlich zur Entdeckung einer behandlungsbedürftigen Krankheit geführt hätte (OLG Koblenz, Urt. v. 26. 8. 2003 – 3 U 1840/00, NJW-RR 2004, 106: Beweislastumkehr wegen → *unterlassener Befunderhebung* bejaht, vgl. Rz. U 141, U 142).

A 258   Unterlässt der (hier: urologische) Belegarzt im Rahmen eines Klinikaufenthalts die gebotene therapeutische Aufklärung (Sicherungsaufklärung) des Patienten über die **Notwendigkeit engmaschiger Kontrolluntersuchungen** und nimmt der weiterbehandelnde niedergelassene (hier: urologische) Facharzt diese behandlungsfehlerhaft nicht vor, so haften beide Ärzte für die hierdurch verursachten Gesundheitsschäden des Patienten als Gesamtschuldner (OLG Frankfurt, Urt. v. 11. 3. 2004 – 3 U 89/03, NJW-RR 2004, 1333: Im entschiedenen Fall waren die Ärzte personenidentisch; Wenzel-Müller, Kap. 2 Rz. 1581, 1584: Organisations- bzw. Koordinationsfehler).

Grundsätzlich darf sich der **hinzugezogene Arzt (hier: onkologisch tätiger Gynä-** **kologe)** darauf verlassen, dass der **überweisende Arzt (hier: Gynäkologe)**, jeden- falls wenn er derselben Fachrichtung angehört, die Patientin in seinem Verant- wortungsbereich sorgfältig untersucht und behandelt hat und dass die Indikation zu der erbetenen Leistung zutreffend gestellt ist. Der überweisende Arzt (hier: Gynäkologe) darf seinerseits darauf vertrauen, dass die vom Konsiliararzt (hier: onkologisch tätiger Gynäkologe) erhobenen Befunde richtig sind (OLG Jena, Urt. v. 23. 5. 2007 – 4 U 437/05, OLGR 2007, 988, 991 = VersR 2008, 401, 403 = GesR 2008, 49, 52). **A 259**

Der Überweisende muss dem hinzugezogenen Arzt alle ihm bekannten fremd- anamnestischen Befunde (hier: Arztbrief eines Radiologen) übermitteln und die daraufhin erhobenen Befunde des hinzugezogenen Arztes einer **Plausibilitäts-** **kontrolle** unterziehen. Erkannten Fehlern oder sich **aufdrängenden, erkennbaren** **Unzulänglichkeiten** der Befunde oder der Diagnose des hinzugezogenen Arztes muss er nachgehen. Die **Empfehlung des hinzugezogenen** Arztes ist daher **eigen-** **verantwortlich** vom überweisenden und anschließend weiterbehandelnden Arzt **zu überprüfen.** Etwas anderes kann nur dann gelten, wenn der hinzugezogene Facharzt Kenntnisse anwendet, die der überweisende/weiterbehandelnde Arzt nicht hat und auch nicht haben muss. Die Arbeitsteilung darf im Ergebnis jeden- falls nicht dazu führen, dass eine Behandlerseite „blind" wird und sich keine Gedanken mehr über eine weiterführende Diagnostik macht (OLG Jena, Urt. v. 23. 5. 2007 – 4 U 437/05, OLGR 2007, 988, 991 = VersR 2008, 401, 403). **A 260**

Dem überweisenden und anschließend weiterbehandelnden Gynäkologen müssen sich **Zweifel an der Diagnose** eines zur Fertigung einer Mammografie bzw. Mam- masonografie konsiliarisch hinzugezogenen Onkologen bzw. onkologisch tätigen Gynäkologen, es lägen „offensichtlich Fibroadenome" (nicht bösartiger, begrenz- ter Knoten von derb-elastischer Konsistenz) vor, wobei die vorliegenden zwei Herde „echoarm, homogen und scharf begrenzt" seien, **aufdrängen**, wenn sich we- nige Wochen zuvor ein diffuser radiologischer Befund mit dem Hinweis auf „un- scharf begrenzte und vom übrigen Drüsenkörper kaum abgrenzbare" mögliche große Mastopathieherde und ein Größenwachstum einer der beiden festgestellten Verhärtungen von 7 mm auf 13 mm in knapp vier Monaten ergeben haben und der Radiologe auf die „mögliche weitere Abklärung durch eine Stanzbiopsie unter Sicht oder aber durch Entnahme der beiden Knoten" hingewiesen hat. Dem über- weisenden und weiterbehandelnden Gynäkologen muss sich aufgrund dieses Vor- befundes des Radiologen aufdrängen, dass die vom hinzugezogenen onkologisch tätigen Gynäkologen gefertigte Sonographie eine gebotene **histologische Unter-** **suchung (Biopsie) nicht entbehrlich** macht (OLG Jena a. a. O.). **A 261**

Auch der konsiliarisch hinzugezogene onkologisch tätige Gynäkologe darf sich in Kenntnis des Radiologiebefundes nicht darauf beschränken, lediglich die im **A 262**

Überweisungsauftrag mit der Fragestellung „Mammatumor?" erbetene Mamma-sonografie durchzuführen. Im Hinblick auf das doch erhebliche Größenwachs-tum und die vom Radiologen ausgesprochene Empfehlung ist er in einem sol-chen Fall verpflichtet, **den überweisenden Gynäkologen auf die Notwendigkeit einer weitergehenden histologischen Abklärung hinzuweisen** oder aber für die Durchführung der Biopsie die Einwilligung des überweisenden Gynäkologen einzuholen (OLG Jena, Urt. v. 23. 5. 2007 – 4 U 437/05, OLGR 2007, 988, 992 = VersR 2008, 401, 402: grober Behandlungsfehler beider Ärzte bejaht).

A 263   Ist die **Überweisungsdiagnose einer entzündlichen Ursache des zentralen Ner-vensystems (ZNS)** nach der im Krankenhaus durchgeführten Liquorpunktion nicht mehr aufrecht zu erhalten, **müssen die Neurologen der Klinik den über-weisenden Arzt (hier: niedergelassener Neurologe) auf die Möglichkeit einer vas-kulären Genese der beklagten Beschwerden** (hier: schlagartiges Auftreten von Taubheitsgefühlen von kurzer Dauer, dumpfe Kopfschmerzen) **und die Erforder-lichkeit einer entsprechenden Diagnostik** (Doppler-Untersuchung, anschließend Angio-CT bzw. Angio-MRT) **hinweisen und/oder die Zustimmung des über-weisenden Arztes zu den indizierten Untersuchungen einholen, wenn (von vornherein oder nunmehr) erhebliche Zweifel an der Richtigkeit der Diagnose des überweisenden Arztes vorliegen** (OLG Düsseldorf, Urt. v. 17. 11. 2011 – I-8 U 1/08, Nr. 34, 39, 42, 43). Das Unterlassen dieser zwingend gebotenen Hin-weise an den überweisenden Neurologen, dass weitere Befunderhebungen erfor-derlich sind, stellt sich bei eindeutigen Symptomen (hier: für eine TIA) als grober Behandlungsfehler dar (OLG Düsseldorf, Nr. 52: offengelassen, ob als „fundamentaler Diagnoseirrtum" oder als „grob fehlerhaft unterlassene Befund-erhebung").

A 264   Andererseits kann sich nach Auffassung des OLG Jena (Beschl. v. 15. 1. 2004 – 4 U 836/03, GesR 2004, 180, 181) der **auf Augenoperationen spezialisierte Au-genarzt** darauf verlassen, dass der **überweisende Facharzt für Augenheilkunde** die gebotenen Befunde erhoben und die zutreffende Überweisung zur „Katarakt-operation" ausgestellt hat. Als Arzt, an den der Patient zur Durchführung eines konkret bestimmten Eingriffs überwiesen worden war, ist er nicht zur umfassen-den Beratung und Behandlung verpflichtet, sofern keine Anhaltspunkte vorlie-gen, aufgrund derer sich Zweifel an der Diagnose des Erstbehandlers aufdrängen müssen (OLG Jena, Beschl. v. 15. 1. 2004 – 4 U 836/03, GesR 2004, 180, 181).

A 265   Einstweilen frei.

3. Pflichten des hinzugezogenen Arztes

a) Grundlagen; Übersicht

A 266   **Der hinzugezogene Facharzt kann sich zwar regelmäßig darauf verlassen, dass der überweisende Arzt auf seinem Fachgebiet die Patientin sorgfältig untersucht und behandelt sowie die Indikation zu der erbetenen Leistung zutreffend gestellt hat** (BGH, Urt. v. 14. 1. 2010 – III ZR 188/09, GesR 2010, 191, 194, Nr. 23; OLG Koblenz, Beschl. v. 21. 11. 2011 – 5 U 688/11, GesR 2012, 346, 348; OLG Köln, Beschl. v. 8. 3. 2010 – 5 U 116/09, VersR 2011, 1452; OLG Jena, Urt. v. 23. 5. 2007 – 4 U 437/05, OLGR 2007, 988, 992 = VersR 2008, 401, 404). Er übernimmt aber im Rahmen des Überweisungsauftrages in gewissem Umfang auch eigenständige Pflichten. Er bestimmt in eigener Verantwortung nicht nur die Art und Weise der Leistungserbringung, sondern muss auch prüfen, ob die von ihm **erbetene Leistung den Regeln der ärztlichen Kunst entspricht** und **nicht etwa kontraindiziert** ist, ob der Auftrag vom überweisenden Arzt richtig gestellt ist und dem **Krankheitsbild entspricht** und ob sich die **Notwendigkeit einer weitergehenden als der von ihm erbetenen diagnostischen Abklärung** aufdrängt (BGH, NJW 1994, 797, 798 = MDR 1994, 993; OLG Naumburg, Urt. v. 29. 4. 2008 – 1 U 19/07, OLGR 2008, 649, 650; OLG Naumburg, Urt. v. 18. 1. 2008 – 1 U 77/07, NJW-RR 2009, 28, 29: Urologe/Radiologe; OLG Jena, Urt. v. 23. 5. 2007 – 4 U 437/05, VersR 2008, 401, 404; OLG Jena, Urt. v. 15. 10. 2008 – 4 U 990/06, juris, Nr. 47; Spickhoff-Greiner, § 823 BGB Rz. 55, 67, 69; S/Pa, 12. Aufl., Rz. 273, 280; F/N/W, 5. Aufl., Rz. 109).

Insbesondere hat der vom behandelnden Arzt (z. B. Gynäkologe) mit einem **Zielauftrag herangezogene Arzt** (z. B. Radiologe) die **notwendigen Befunderhebungen zu veranlassen** (z. B. Anfertigung einer Mammografie) und – soweit dies über seinen Zielauftrag hinausgeht – von ihm **für notwendig gehaltene weitere Befunderhebungen** (z. B. Mammasonografie, MRT oder Biopsie) gegenüber dem überweisenden und weiterbehandelnden Arzt **vorzuschlagen**. Nimmt er eine **Begleitempfehlung (z. B. Kontrolluntersuchung erst in zwei Jahren) vor, haftet der hinzugezogene Arzt (z. B. Radiologe) für deren Richtigkeit ebenso wie für die Erfüllung des ursprünglichen Zielauftrages** (OLG Jena, Urt. v. 15. 10. 2008 – 4 U 990/06, juris, Nr. 47, 48 = OLGR 2009, 242, 244: einfacher, kein fundamentaler Diagnoseirrtum des hinzugezogenen Radiologen bei der Bewertung eines Mamma-Tumors als Mastopathie; vgl. auch OLG Koblenz, Beschl. v. 21. 11. 2011 – 5 U 688/11, GesR 2012, 346, 348: **Gynäkologe darf auf Diagnose des Radiologen mit der Empfehlung zur Wiedervorstellung in sechs Monaten vertrauen**; OLG Hamm, Urt. v. 26. 5. 2004 – 4 U 127/02 mit NZB BGH v. 25. 4. 2005 – VI ZR 186/04, AHRS III, 3130/302: Kein Behandlungsfehler, wenn Radiologe lediglich den überweisenden Gynäkologen über ungesicherten Krebsverdacht unterrichtet und Kontrollmammographie in sechs Monaten empfiehlt).

Etwaigen Zweifeln an der Richtigkeit der ihm übermittelten Diagnose und Bedenken zum Stellenwert der von ihm erbetenen Untersuchung muss er nachgehen (BGH, Urt. v. 28. 5. 2002 – VI ZR 42/01, MedR 2003, 169; OLG Celle, Urt. v. 26. 3. 2001 – 1 U 63/99, NJW-RR 2002, 314, 315; OLG Düsseldorf, Urt. v. 27. 3. 2003 – 8 U 83/02, NJW-RR 2004, 22; OLG Düsseldorf, Urt. v. 17. 11. 2011 – I-8 U 1/08, Nr. 39, 42, 43: zwingend gebotener **Hinweis, dass zusätzlich zur erbetenen Untersuchung CT bzw. MRT erforderlich wäre**; OLG Jena, Urt. v. 15. 10. 2008 – 4 U 990/06, OLGR 2009, 242, 244 und OLG Hamm, VersR 2002, 98: ggf. **Empfehlung weiterer Kontrollen**; OLG Jena, Urt. v. 23. 5. 2007 – 4 U 437/05, VersR 2008, 401, 404 = GesR 2008, 49, 53: Hinweis auf Notwendigkeit einer Biopsie anstatt einer weiteren Sonographie erforderlich; OLG Köln, Beschl. v. 3. 9. 2008 – 5 U 51/08, OLGR 2009, 47, 49 und Beschl. v. 15. 3. 2010 – 5 U 51/09, VersR 2011, 81, 82: **intraoperativer Befund musste durchgreifende Zweifel an der Richtigkeit der Indikation des zuweisenden Arztes wecken**; OLG Naumburg, Urt. v. 14. 9. 2004 – 1 U 97/03, VersR 2005, 1401, 1402; OLG Naumburg, Urt. v. 29. 4. 2008 – 1 U 19/07, OLGR 2008, 649, 650; OLG Stuttgart, VersR

A 267

A 268

2002, 98, 100; Spickhoff-Greiner, § 823 BGB Rz. 55, 62, 67, 69; G/G, 6. Aufl., Rz. B 125, 134).

A 269 Hat der hinzugezogene Facharzt aufgrund bestimmter Anhaltspunkte **Zweifel an der Richtigkeit der Diagnose** (BGH, MDR 1994, 993 = NJW 1994, 797; OLG Celle, Urt. v. 26. 3. 2001 – 1 U 63/99, NJW-RR 2002, 314, 315; OLG Naumburg, Urt. v. 14. 9. 2004 – 1 U 97/03, VersR 2005, 1401, 1402: oder müssen sich die Zweifel aufdrängen) bzw. **Zweifel an den bislang erhobenen Befunden**, hat er den überweisenden Arzt **in einem Arztbrief umgehend von seinem Verdacht zu informieren oder die notwendige Abklärung nach Rücksprache mit dem über-weisenden Arzt selbst vorzunehmen** (BGH, Urt. v. 28. 5. 2002 – VI ZR 42/01, VersR 2002, 1026 = MedR 2003, 169: Rücksprache mit dem Kollegen und Erörte-rung mit dem Patienten; OLG Düsseldorf, Urt. v. 17. 11. 2011 – I-8 U 1/08, Nr. 39, 42, 43: Hinweis auf weitergehende, **für erforderlich gehaltene CT- bzw. MRT-Diagnostik**; OLG Celle, Urt. v. 26. 3. 2001 – 1 U 63/99, NJW-RR 2002, 314, 315: Rückfragen, Hinweis auf Bedenken; OLG Jena, Urt. v. 23. 5. 2007 – 4 U 437/05, VersR 2008, 401, 404 = GesR 2008, 49, 52/53: Hinweis des Onkolo-gen auf **zusätzlich erforderliche Biopsie**; OLG Köln, Beschl. v. 17. 3. 2010, VersR 2011, 81, 82 = GesR 2010, 409, 411/412: Operateur darf sich nicht auf **erkennbar unvollständige Aufklärung** des überweisenden Arztes verlassen; OLG Naum-burg, Urt. v. 29. 4. 2008 – 1 U 19/07, OLGR 2008, 649, 650: Hinweis, dass die vom überweisenden Arzt erbetene OP nicht indiziert ist).

A 270 Dies gilt insbesondere, wenn die bislang erhobenen Befunde im Hinblick auf den bisherigen Krankheitsverlauf **eindeutig lückenhaft sind oder gar nicht zum Krank-heitsbild passen** (OLG Naumburg, VersR 1998, 983; OLG Düsseldorf a. a. O.).

A 271 Erfolgt die Überweisung zur **eigenverantwortlichen Abklärung einer Verdachts-diagnose**, so ist der den Überweisungsauftrag übernehmende Arzt verpflichtet, alle notwendigen Befunde zu erheben und vollständig auszuwerten, um den Ver-dacht zu bestätigen oder auszuschließen. Erfolgt die Überweisung dagegen **zur Ausführung einer konkreten Diagnosemaßnahme** – wobei eine telefonische Be-schränkung durch den überweisenden Arzt möglich ist –, so ist die geschuldete **ärztliche Leistung auf die erbetene Maßnahme begrenzt**. Abweichungen vom Überweisungsauftrag sind nur in enger Absprache mit dem überweisenden und nach dessen Anweisung zulässig (OLG Naumburg, Urt. v. 18. 1. 2008 – 1 U 77/07, NJW-RR 2009, 28, 29; L/K, 4. Aufl. 2010, § 157, S. 22).

A 272 Ergeben sich jedoch **gravierende Zweifel an einem Therapievorschlag** oder ist die **Überweisungsdiagnose** (hier: entzündliche Ursache des zentralen Nervensys-tems) nach der vom Überweisungsempfänger (hier: KKH) durchgeführten Unter-suchung **nicht mehr aufrecht zu erhalten**, muss der hinzugezogene Arzt den überweisende Arzt darauf hinweisen, dass er eine weitergehende Diagnostik (hier: Doppler-Untersuchung, anschließend Angio-CT bzw. Angio-MRT) für er-forderlich hält und bzw. oder die Zustimmung zu den indizierten Untersuchun-gen einholen, weil (spätestens jetzt) erhebliche Zweifel an der Richtigkeit der Überweisungsdiagnose vorliegen (OLG Düsseldorf, Urt. v. 17. 11. 2011 – I-8 U 1/08, Nr. 34, 39, 42, 43).

A 273 Der hinzugezogene Arzt kann sich – wenn er weitere Untersuchungen für erfor-derlich hält, **nicht darauf berufen, dass er für zusätzliche, jedoch vom Auftrag** (bislang) **nicht gedeckte Leistungen für einen Kassenpatienten keine Gebühren erhält** (BGH, NJW 1994, 797, 798 = MDR 1994, 993; Spickhoff-Greiner, § 823 BGB Rz. 71).

b) **Haftung des hinzugezogenen Arztes bejaht**

(1) **Hinweis an überweisenden Augenarzt zur Überprüfung des Augeninnendrucks**

So muss der zur Spülung der Tränenwege eines Patienten hinzugezogene Klinik-   A 274
arzt den überweisenden Augenarzt über einen **Glaukomverdacht** mit der Notwendigkeit der **Überprüfung des Augeninnendrucks** in Kenntnis setzen (BGH,
NJW 1994, 797; Wenzel/Müller, Kap. 2 Rz. 1580).

(2) **Kinderärztin kann nicht auf Abklärung einer Hyperbilirubinämie durch Gynäkologen vertrauen**

Eine mit der Vorsorgeuntersuchung eines neugeborenen Kindes beauftragte, frei   A 275
praktizierende Kinderärztin kann nicht darauf vertrauen, dass der die Mutter
und das Kind betreuende Gynäkologe eine **Hyperbilirubinämie (Gelbverfärbung
– vermehrter Gehalt des Blutes an Bilirubin)** bereits abgeklärt hat (BGH, NJW
1992, 2962).

(3) **Kein Vertrauen des (Kinder-)Arztes auf physiologisch praktisch unmögliche Werte**

Auch die nachbehandelnden **Kinderärzte einer Kinderklinik** können nicht auf   A 276
die vom Vorbehandler gestellte Diagnose einer Mukoviszidose vertrauen, wenn
die von dort angegebenen **Werte physiologisch praktisch unmöglich sind** (OLG
Celle, Urt. v. 17. 9. 2001 – 1 U 3/01, AHRS III, 2030/309 und 1510/300).

(4) **Kinderarzt muss Notarzt/Anästhesisten zur Intubation hinzuziehen**

Der als Konsiliararzt **hinzugezogene Kinderarzt** darf sich, wenn er für eine aus-   A 277
reichende Intubation des Neugeborenen keine ausreichenden Kenntnisse und
Erfahrungen besitzt, nicht mit einer Maskenbeatmung begnügen, sondern muss
dafür sorgen, dass ein kompetenter Krankenhausarzt herbeigerufen wird. In der
unterlassenen oder – im entschiedenen Fall um 40 Minuten – verzögerten Hinzuziehung eines kompetenten Arztes zur Sicherstellung der vitalen Funktionen
ist ein grober Behandlungsfehler zu sehen (OLG Stuttgart, VersR 2001, 1560,
1563).

(5) **Hinweis, dass Verdacht auf Down-Syndrom nicht vollständig ausgeräumt ist**

Erkennt ein Arzt, der anhand der Fruchtwasserprobe einer Schwangeren eine   A 278
Chromosomenanalyse durchführt, um die Gefahr eines **Down-Syndroms (Mongolismus)** auszuschließen, dass seine negative Analyse keine abschließende Beurteilung ermöglicht, so hat er den vorbehandelnden Arzt hierauf hinzuweisen

(OLG Celle, Urt. v. 26. 3. 2001 – 1 U 63/99, NJW-RR 2002, 314: zumal die Mutter im entschiedenen Fall bereits ein mongoloides Kind geboren hatte).

(6) Orthopäde darf sich nicht auf unschlüssige Diagnose einer Assistenzärztin im KKH verlassen

A 279 Ein **Facharzt für Orthopädie** darf sich nicht ungeprüft mit der von einem Krankenhaus nach Untersuchung durch eine Assistenzärztin übermittelten Diagnose „Infekt mit Fistel" und dem Behandlungsvorschlag „antibiotische Therapie" zufrieden geben, wenn er selbst außer einer Schwellung und Schmerzhaftigkeit **Zeichen für eine Knochenentzündung (Ostitis)** festgestellt hatte (BGH, Urt. v. 28. 5. 2002 – VI ZR 42/01, VersR 2002, 1026 = MedR 2003, 169: vom BGH zur Klärung des Vorliegens eines „groben Behandlungsfehlers" an das OLG Karlsruhe zurückverwiesen).

(7) Gynäkologe bzw. Onkologe hat Zweifeln an radiologischem bzw. onkologischem Befund nachzugehen

A 280 Der hinzugezogene Facharzt (hier: onkologisch tätiger Gynäkologe), der an der Richtigkeit einer ihm übermittelten Diagnose oder Indikationsstellung **Zweifel hat oder haben muss**, darf diese nicht auf sich beruhen lassen (OLG Jena, Urt. v. 23. 5. 2007 – 4 U 437/05, VersR 2008, 401, 404 = GesR 2008, 49, 52; OLG Celle, Urt. v. 26. 3. 2001 – 1 U 63/99, NJW-RR 2002, 314, 315).

A 281 So darf sich der vom behandelnden Frauenarzt **konsiliarisch hinzugezogene Onkologe (bzw. onkologisch tätige Gynäkologe)** nicht darauf beschränken, lediglich die im Überweisungsauftrag mit der Fragestellung „Mammatumor?" erbetene Mammasonographie durchzuführen, wenn ihm bekannt ist bzw. aus den ihm vorliegenden Behandlungsunterlagen **bekannt sein muss, dass eine der beiden zuvor festgestellten Verhärtungen in der Brust innerhalb von vier Monaten ein Größenwachstum von 7 mm auf 13 mm aufweist** und die Gutartigkeit aufgrund der vorangegangenen Diagnose eines Radiologen, der auf eine „mögliche weitere Abklärung durch eine Stanzbiopsie unter Sicht oder aber durch Entnahme der beiden Knoten" hingewiesen hat, jedenfalls nicht eindeutig ist. In einem derartigen Fall ist auch der hinzugezogene Onkologe bzw. onkologisch tätige Gynäkologe verpflichtet, den überweisenden Gynäkologen auf die **Notwendigkeit einer weitergehenden histologischen Abklärung hinzuweisen oder aber für die Durchführung der Biopsie die Einwilligung des überweisenden Gynäkologen einzuholen** (OLG Jena, Urt. v. 23. 5. 2007 – 4 U 437/05, VersR 2008, 401, 404 = GesR 2008, 49, 52/53: grober Behandlungsfehler beider Ärzte bejaht).

(8) Bestehende Hinweispflichten einer Spezialklinik

A 282 Wenn sich der überweisende Hausarzt (o. a.) an **Spezialisten oder eine Klinik** wendet, können diese **kraft überlegener Sachkenntnis aber Untersuchungs- und Hinweispflichten** treffen, die über den eigentlichen Überweisungsauftrag hinausgehen (vgl. OLG Düsseldorf, Urt. v. 17. 11. 2011 – I-8 U 1/08, Nr. 34, 39, 42, 43).

A 283 Dies gilt etwa dann, wenn der Patient **zur Abklärung einer Subarachnoidalblutung (SAB) und Anfertigung eines CT an ein Krankenhaus bzw. eine radiologi-**

sche Praxis überwiesen worden ist und angesichts der Ergebnislosigkeit des CT jedenfalls bei vorliegenden Verdachtsmomenten weitere Untersuchungen erwogen werden mussten (z. B. cerebrale Angiographie, Kontrastmittel-CT, MRT, Lumbalpunktion). Darauf, dass der überweisende Arzt bzw. das überweisende Krankenhaus solche Untersuchungen veranlassen werden, kann sich der Spezialist in einem solchen Fall nicht berufen (OLG Hamm, Urt. v. 4. 8. 2003 – 3 U 19/03, AHRS III, 920/327).

Wird ein Patient von einem Arzt oder **Krankenhaus an eine Spezialklinik zur**   A 284
Durchführung einer Operation überwiesen, die der überweisende Arzt nicht erbringen kann, so muss der hinzugezogene Arzt darauf hinweisen, dass die von ihm erbetene **Operation nicht sinnvoll oder nicht indiziert** ist. So kann ein Hodgkin-Lymphom auch in fortgeschrittenen Fällen zu über 80 % durch eine Chemotherapie oder kombinierte Chemo-Strahlentherapie geheilt werden. Hierauf muss der hinzugezogene Arzt hinweisen. Führt er dennoch eine maximalaggressive Tumorexstirpation ohne weitere Ausbreitungsdiagnostik durch, liegt ein **grober Behandlungsfehler** vor (OLG Naumburg, Urt. v. 29. 4. 2008 – 1 U 19/07, OLGR 2008, 649, 651).

(9) Spezialisiertes Krankenhaus (hier: Brustzentrum) mit überlegenem Wissen

Wird ein **spezialisiertes Krankenhaus** (hier: Brustzentrum) in die Frage der Indi-   A 285
kation einer **nur elektiven Mastektomie wegen bestehender Krebsangst der familiär vorbelasteten Patietin**, bei der bis dato bei Mammographien Mikrokalk in beiden Brüsten festgestellt worden war, sowohl wegen der **Schwierigkeit der Indikation als auch zur technischen Durchführung der Operation eingebunden**, so obliegt die **Aufklärung der Patientin über die Fragen der Indikation und möglicher Alternativen** (hier: kernspintomographische und genetische Untersuchungen, Hormonbehandlung) und nicht nur über die spezifischen Risiken des Eingriffs den **operierenden Ärtzen des Krankenhauses**. Diese haben das Sicherheitsbedürfnis der Patientin selbst sorgfältig zu ermitteln und die durch den Eingriff erzielbare Verbesserung der Sicherheit mit ihr zu besprechen. In einem derartigen Fall darf sich der Operateur **nicht darauf verlassen, dass eine gegenüber dem überweisenden Gynäkologen erteilte Einwilligung in eine Mastektomie auf einer sachgerechten Aufklärung beruht. Der Operateur muss in Rechnung stellen, dass eine solche Aufklärung in einem derartigen Fall möglicherweise nicht bzw. nicht vollständig stattgefunden hat** (OLG Köln, Urt. v. 17. 3. 2010 – 5 U 51/09, VersR 2011, 81, 82 = GesR 2010, 409, 411/412 = juris, Nr. 30, 31).

(10) Eingriffsabbruch nach aufgetretenen Zweifeln an der Operationsindikation (hier: Geschlechtsumwandlung)

Der mit einer bestimmten Operation (hier: Entfernung weiblicher Geschlechts-   A 286
merkmale, Patient/in wünschte Anpassung an männliches Erscheinungsbild) beauftragte Chirurg darf darauf **vertrauen, dass der zuweisende Arzt die Operationsindikation richtig gestellt** und der Patient nach gehöriger Aufklärung über die Sinnhaftigkeit des Eingriffs und die in Frage kommenden Behandlungsalternativen eingewilligt hat. Zeigt sich allerdings ein intraoperativer Befund (hier: normale weibliche Anatomie, kein Hoden bzw. andere männliche Geschlechts-

teile), der **durchgreifende Zweifel an der Richtigkeit der Indikation und/oder Aufklärung** weckt, muss er den Eingriff zur Behebung der Zweifel jedenfalls dann abbrechen, wenn durch dessen Fortführung nicht rückgängig zu machende schwerwiegende Folgen bewirkt werden würden (OLG Köln, Beschl. v. 3. 9. 2008 – 5 U 51/08, GesR 2009, 385, 386 = NJW-RR 2009, 960, 961: Entfernung des kompletten Uterus und Ovarialgewebes bei objektiv normaler weiblicher chromosomenkonstitution, dem Operateur mussten sich sowohl Zweifel an der Indikation als auch der therapeutischen Aufklärung aufdrängen).

(11) Präzise Fragestellung des Neurologen (o. a.) an den Radiologen erforderlich

A 287   Wird ihm eine Patientin mit Kopfschmerzen, Zuckungen im linken Arm und linken Bein nach vorbekannter Beinvenenthrombose und EPH-Gestose zur Untersuchung überwiesen und hält der **Neurologe** nach bei ihm erhobenen, nicht eindeutigen Befunden die **Überweisung an einen Radiologen zur Durchführung einer Kernspintomographie** für erforderlich, muss diese **Weiterüberweisung mit einer präzisen Fragestellung** versehen werden (OLG Stuttgart, Urt. v. 27. 6. 2000 – 14 U 8/00, OLGR 2002, 116, 118). Der konsiliarisch hinzugezogene **Neurologe** muss dabei auch sicherstellen, dass ihm **das Ergebnis der Kernspintomographie mitgeteilt** wird, da bei unauffälligem MRT zum Ausschluss einer Sinusvenenthrombose der Patientin, die differential-diagnostisch auch vom Neurologen zu erwägen ist, eine Angiographie notwendig wird. **Unterlässt es der Neurologe, diese weitergehenden Befunderhebungen zu veranlassen, kommt eine Beweislastumkehr aus dem Gesichtspunkt der „unterlassenen Befunderhebung" in Betracht** (OLG Stuttgart, Urt. v. 27. 6. 2000 – 14 U 8/00, OLGR 2002, 116, 119f.; u. E. im Vergleich zu den in Rz. A 293–301 genannten Entscheidungen zu weitgehend; vgl. auch OLG Koblenz, Urt. v. 26. 8. 2003 – 3 U 1840/00, NJW-RR 2004, 106 zur Haftung eines Internisten, der die weitere Abklärung durch einen Radiologen unterlässt; OLG Düsseldorf, Urt. v. 17. 11. 2011 – I-8 U 1/08, Nr. 34, 42, 43, 62: unterlassener Hinweis auf zwingend gebotene, weitergehende Untersuchungen grob fehlerhaft; vgl. hierzu → *unterlassene Befunderhebung*, Rz. U 100ff., U 113, U 282).

(12) Hinweispflicht des Neurologen, wenn Krankheitsursache nicht geklärt werden kann

A 288   Der zur Abklärung eines unklaren Beschwerdebildes **konsiliarisch hinzugezogene Neurologe** hat kraft eigener Fachkompetenz alle auf neurologischem Fachgebiet liegenden differential-diagnostisch naheliegenden Erkrankungen auszuschließen und sämtliche ggf. nötigen, **weiteren Befunderhebungen zu veranlassen, mindestens jedoch vorzuschlagen, wenn nach den bisher erhobenen Befunden die Ursächlichkeit nicht geklärt ist** (OLG Köln, Urt. v. 16. 12. 2002 – 5 U 166/01, NJW-RR 2003, 1031 = OLGR 2003, 334; OLG Stuttgart, Urt. v. 27. 6. 2000 – 14 U 8/00, OLGR 2002, 116, 118; OLG Düsseldorf, Urt. v. 17. 11. 2011 – I-8 U 1/08, Nr. 34, 39, 42, 43: Hinweispflicht auf die Erforderlichkeit weitergehender Untersuchungen, wenn Krankheitsursache unklar bleibt, vgl. Rz. U 108, U 112, U 114 zum Neurologen).

(13) Überweisungsdiagnose eines Neurologen (o. a.) nach Untersuchung im KKH nicht mehr aufrechtzuerhalten

Ist die **Überweisungsdiagnose eines niedergelassenen Neurologen** einer ent- A 289
zündlichen Ursache des zentralen Nervensystems nach der im Krankenhaus
durchgeführten Liquorpunktion **nicht mehr aufrechtzuerhalten, müssen die
Neurologen der Klinik den überweisenden Arzt auf die Möglichkeit einer vasku-
lären Genese der beklagten Beschwerden** (hier: schlagartiges Auftreten von
Taubheitsgefühlen von kurzer Dauer, dumpfe Kopfschmerzen) **und die Erforderlichkeit einer entsprechenden Diagnostik** (hier: Doppler-Untersuchung, anschließend Angio-CT bzw. Angio-MRT) **hinweisen** und/oder die **Zustimmung
des überweisenden Arztes zur Vornahme der indizierten Untersuchungen einholen**, weil spätestens jetzt erhebliche Zweifel an der Richtigkeit der Diagnose
des Überweisenden vorliegen. Das Unterlassen eines solchen, zwingend geboten-
en Hinweises stellt sich als grober Behandlungsfehler dar (OLG Düsseldorf,
Urt. v. 17. 11. 2011 – I-8 U 1/08, Nr. 34, 39 42, 43, 62).

c) Haftung des hinzugezogenen Arztes verneint

Überweist der **Haus- oder Facharzt** einen Patienten ohne Äußerung eines be- A 290
stimmten Krankheitsverdachts an einen Facharzt einer anderen Fachrichtung,
darf sich dieser auf die **Durchführung der angeordneten Untersuchung beschränken** (OLG Hamm, Urt. v. 26. 5. 2004 – 3 U 127/02, MedR 2005, 471, 473; OLG
Jena, Beschl. v. 15. 1. 2004 – 4 U 836/03, GesR 2004, 180, 181 = OLGR 2004,
140, 141: Durchführung der indizierten Operation; OLG Stuttgart, NJW-RR
2001, 960; Urt. v. 20. 6. 2000 – 14 U 73/98, VersR 2002, 98; OLG Stuttgart, Urt.
v. 4. 4. 2000 – 14 U 31/99, OLGR 2002, 5; OLG Naumburg, Urt. v. 18. 1. 2008 –
1 U 77/07, NJW-RR 2009, 28, 29: Fertigung des „CT BWS/LWS"; OLG Düsseldorf, Urt. v. 17. 11. 2011 – I 8 U 1/08, Nr. 39; Spickhoff-Greiner, § 823 BGB
Rz. 56, 67, 70; S/Pa, 12. Aufl., Rz. 273, 280).

Überantwortet der hinzugezogene Facharzt bzw. das Krankenhaus den Patienten A 290a
nach Abschluss der Behandlung dem überweisenden Hausarzt zurück, so kann
sich der **rücküberweisende Facharzt darauf verlassen, dass der Hausarzt den im
Arztbrief dokumentierten Empfehlungen folgt und die hieraus ersichtlichen therapeutischen bzw. diagnostischen Maßnahmen veranlasst**. Eine Kontrollpflicht
der Krankenhausärzte besteht nicht (OLG Celle, VersR 1998, 1419; OLG Naumburg, Urt. v. 10. 5. 2010 – 1 U 97/09, juris, Nr. 44; G/G, 6. Aufl., Rz. B 131; S/Pa,
12. Aufl., Rz. 274).

(1) Vertrauen des Neurochirurgen auf Abklärung einer Infektion

Stellt die **neurologische Abteilung eines Krankenhauses** wegen einer Salmonel- A 291
leninfektion die Überweisung eines Patienten zur Gewebeentnahme zunächst
zurück, so dürfen die Ärzte der Neurochirurgie bei der später erneut erfolgten
Vorstellung des Patienten zur Gewebeentnahme jedoch darauf vertrauen, dass
die **Fortdauer der Infektion zuvor ausgeschlossen** worden ist (OLG Oldenburg,
VersR 1999, 452 = MedR 1999, 36).

(2) Kinderarzt kann sich auf Mitteilung eines Krankenhauses verlassen

A 292 Hat ein Kinderarzt dafür gesorgt, dass das hochpathologische Ergebnis des wenig spezifischen Guthrie-Tests bei bestehender Phenylketonurie, einer Stoffwechsel-erkrankung des behandelten Kleinkindes, durch eine **exakte Blutuntersuchung in einem Krankenhaus bzw. externen Labor überprüft** wird und ist diese nach dortiger (tatsächlich fehlerhafter) Mitteilung ohne Befund geblieben, so muss er den eingeholten Kontrollbefund nicht erneut kontrollieren lassen. Auf das **Ergebnis des Laborbefundes aus dem externen Labor bzw. einer Klinik, das normgerechte Werte angibt** (hier: normgerechter Phenylalanin-Wert), darf er als niedergelasse-ner Kinderarzt vertrauen. Etwas anderes gilt nur dann, wenn der Arzt erkennen müsste, dass gewichtige Bedenken gegen die Diagnostik bestehen. Solche Beden-ken müssen sich aber nicht bereits dann aufdrängen, wenn der entscheidende Blutwert bei der Voruntersuchung hochpathologisch war (hier: Phenylalanin-Blutspiegel von 20 mg/dl) und der mitgeteilte Laborwert im Normbereich (hier: 2,6 mg/dl) liegt (OLG Hamm, Urt. v. 2. 3. 2003 – 3 U 140/02, AHRS III, 2030/314).

(3) Radiologe kann auf Befunde des überweisenden Facharztes (hier: Internist) vertrauen

A 293 Ein Radiologe, dem eine Patientin mit **Verdacht auf eine Lungenembolie** zur ra-diologischen Untersuchung überwiesen wird (hier: Röntgenaufnahme der Lunge, Perfusionsszintigraphie) und dem das bestehende, hohe Rezidivrisiko nicht be-kannt ist, darf sich darauf verlassen, dass der überweisende Arzt (hier: Internist) die Patientin mit der gebotenen Sorgfalt untersucht und behandelt hat (hier: Ab-klärung eines bestehenden, hohen Rezidivrisikos). Der Radiologe handelt **nicht fehlerhaft, wenn er eine sofortige stationäre Einweisung der Patientin zur Durchführung einer Phlebographie zur Abklärung des Vorliegens weiterer, als Emboliequelle in Betracht kommender Thromben sowie eine sofortige Immobi-lisierung unterlässt** (OLG Köln, Beschl. v. 8. 3. 2010 – 5 U 116/09, VersR 2011, 1452).

(4) Radiologe kann auf beschränkten Überweisungsauftrag vertrauen

A 294 (zum medizinischen Hintergrund zur Abklärung von Tumoren der weiblichen Brust vgl. Rz. G 577b ff.).

Erfolgt die Überweisung einer Patientin ausschließlich zur Durchführung einer konkret benannten Diagnosemaßnahme, etwa seitens des behandelnden Gynä-kologen zu einer **Mammografie beim Radiologen**, so ist der die Untersuchung durchführende **Radiologe nicht zur umfassenden Beratung und Behandlung der Patientin verpflichtet** (OLG Hamm, Urt. v. 26. 5. 2004 – 3 U 127/02, MedR 2005, 471, 473 = AHRS III, 3130/302; OLG Hamm, Urt. v. 14. 6. 2000 – 3 U 202/99, VersR 2002, 98, 99: **keine Biopsie bei negativer Mammografie zu ver-anlassen**; OLG Jena, Beschl. v. 15. 1. 2004 – 4 U 836/03, GesR 2004, 180, 181; OLG Naumburg, Urt. v. 18. 1. 2008 – 1 U 77/07, NJW-RR 2009, 28, 29: Radio-loge ist an den Inhalt der Überweisung „CT BWS/LWS" gebunden; auch OLG Oldenburg, VersR 1999, 452, 453 und OLG Celle, VersR 1990, 1012, 1013).

So besteht bei negativem Tastbefund und negativer Mammografie **keine Pflicht**   A 295
des beauftragten Radiologen zum Ausschluss eines malignen Geschehens eine
Biopsie durchzuführen oder durchführen zu lassen (OLG Hamm, Urt. v.
14. 6. 2000 – 3 U 202/99, VersR 2002, 98, 99; zust. S/Pa, 12. Aufl., Rz. 280).

Eine **Kontrolle des überweisenden Gynäkologen durch den Radiologen** ist auch   A 296
in einem solchen Fall nur erforderlich, wenn sich **Anhaltspunkte für ein fehler-**
haftes Vorgehen des Gynäkologen ergeben (OLG Hamm, Urt. v. 26. 5. 2004 –
3 U 127/02, MedR 2005, 471, 473).

Nimmt etwa ein **Urologe** eine Überweisung des Patienten zur Ausführung einer   A 297
konkret benannten Diagnosemaßnahme vor, so **beschränkt sich die geschuldete**
und erlaubte ärztliche Leistung des Radiologen, Pathologen o. a. auf diese Maß-
nahme. Es bleibt dann Sache des überweisenden Arztes, die Ergebnisse zu inter-
pretieren und hieraus therapeutische bzw. diagnostische Schlussfolgerungen abzuleiten. Ist der **Auftrag an den Radiologen auf die Anfertigung eines CT der**
BWS/LWS beschränkt, kann der Radiologe darauf vertrauen, dass der überwei-
sende Arzt den Auftrag richtig gestellt hat und nach Durchführung des Auftrages
auch eine Entscheidung über weitere notwendige Diagnose- und Therapiemaßnahmen treffen wird. Ein begründeter Anlass zu Zweifeln besteht für den Radiologen nicht bereits deshalb, wenn im konkreten Überweisungsauftrag („CT BWS/
LWS – oss. metatast. PCA – beginnende Querschnittsymptomatik") der Hinweis
auf eine Querschnittlähmungssymptomatik enthalten ist und der **Überweisungs-**
auftrag vom Urologen zuvor telefonisch eingeschränkt wurde. Erfolgt die Überweisung jedoch zur eigenverantwortlichen Abklärung einer Verdachtsdiagnose,
so entsteht mit der Übernahme dieses Auftrags eine Verpflichtung zur Erhebung
aller notwendigen Befunde, um den Verdacht entweder zu bestätigen oder auszuschließen. Eine solche **Überweisung zur eigenverantwortlichen Abklärung**
liegt aber nicht bereits dann vor, wenn ein „CT BWS/LWS" angefordert und dabei
auf eine beginnende Querschnittsymptomatik hingewiesen wird (OLG Naumburg, Urt. v. 18. 1. 2008 – 1 U 77/07, NJW-RR 2009, 28, 29).

(5) Keine Verpflichtung des Radiologen zur Nachfrage bzw. Auftragserweiterung
bei Normalbefund

Überweist der Hausarzt einen Patienten etwa an einen **Radiologen** zur Anfer-   A 298
tigung eines **CT des Kopfes mit der Angabe „intracranieller Prozess"** (Abklärung
eines Hirndrucks bzw. einer Blutung innerhalb der Schädelhöhle) weiter, so ist
der Radiologe nicht verpflichtet, statt eines nativen CT (Leeraufnahme) ein Kontrastmittel-CT (zur Darstellung von Hohlräumen) zu fertigen, wenn das gefertigte **native CT keinen ungewöhnlichen Befund ergibt** (OLG Stuttgart, Urt. v.
20. 6. 2006 – 14 U 73/98, VersR 2002, 98, 99; anders aber OLG Hamm, Urt. v.
4. 8. 2003 – 3 U 19/03, AHRS III, 920/327 beim Verdacht auf das Vorliegen einer
Hirnblutung, s. o. Rz. A 283).

Der mit der Anfertigung eines CT beauftragte **Radiologe** muss den überweisen-   A 299
den Hausarzt auch **nicht von einem eigenen, möglichen Verdacht verständigen**
und ist auch nicht verpflichtet, von sich aus oder nach zu veranlassender Erweiterung des Auftrags durch den überweisenden Arzt eine Kontrastmittelunter-

suchung des Schädels vorzunehmen, wenn der Patient den Radiologen von
Symptomen wie schlechtes Hörvermögen, ständige Schwindelgefühle und Ohrgeräusche, die auf einen Tumor im inneren Gehörgang (Acusticus-Neurinom)
hindeuten, **nichts berichtet** hat bzw. er dies im Prozess nicht beweisen kann
(OLG Stuttgart, Urt. v. 20. 6. 2000 – 14 U 73/98, MedR 2002, 308, 309 = VersR
2002, 98, 99; vgl. auch OLG Naumburg, Urt. v. 18. 1. 2008 – 1 U 77/07, NJW-RR
2009, 28, 29, Rz. A 271, A 297).

**(6) Radiologe muss den überweisenden Arzt, die Patientin selbst aber nur bei
starkem (Krebs-)Verdacht informieren**

A 300   Wenn sich **keine Anhaltspunkte für ein fehlerhaftes Vorgehen des Gynäkologen ergeben**, ist der **Radiologe** grundsätzlich nicht verpflichtet, der Patientin unmittelbar
seine Erkenntnisse zu übermitteln, selbst wenn das (nur) dem Gynäkologen mitgeteilte Ergebnis der radiologischen Untersuchung einen „suspekt-karzinomver-
dächtigen Bezirk" in der rechten Brust der Patientin ergibt und **der Radiologe im
Arztbrief zur weiteren sicheren Abklärung dringend zu einer Ultraschalluntersuchung bzw. zu weiteren diagnostischen Maßnahmen rät** (OLG Hamm, Urt. v.
26. 5. 2004 – 3 U 127/02, MedR 2005, 471, 473: entgegen den Ausführungen des gynäkologischen Sachverständigen, der zur Annahme eines groben Behandlungsfehlers tendierte). In dem vom OLG Hamm entschiedenen Fall hatte der in erster Instanz hinzugezogene gynäkologische Gutachter die Auffassung vertreten, in einer
lebensbedrohlichen Situation halte er den Radiologen für verpflichtet, der Patientin
unmittelbar seine Erkenntnisse zu übermitteln. Das OLG Hamm folgte dem insoweit „fachfremden" Gutachter nicht und schloss sich der – im Ergebnis gegenteiligen – Auffassung eines radiologischen Sachverständigen an. **Lediglich bei einem
starken Verdacht, also bei einem Herdbefund sei die Patientin zwingend auch persönlich zu informieren** (OLG Hamm, Urt. v. 26. 5. 2004 – 3 U 127/02 mit NZB
BGH v. 25. 4. 2005 – VI ZR 186/04, AHRS III, 3130/302 = MedR 2005, 471, 473).

A 301   Grundsätzlich reicht es danach aus, wenn der Radiologe den überweisenden Gynäkologen in einem Arztbrief über den bestehenden Verdacht unterrichtet und
als **weitere diagnostische Maßnahme zu einer Ultraschalluntersuchung und einer
Kontrollmammografie in einem halben Jahr** rät (OLG Hamm, Urt. v. 26. 5. 2004
– 3 U 127/02, MedR 2005, 471, 473 = AHRS III, 920/331 und AHRS III, 3130/302:
Vorstellung in sechs Monaten; auch OLG Naumburg, Urt. v. 14. 9. 2004 – 1 U
97/03, AHRS III, 920/332: grundsätzlich keine gegenseitige Überwachungspflicht) oder er die von ihm **für notwendig erachtete, weitere Befunderhebung**,
etwa eine Mammasonografie oder ein MRT, **nach Rücksprache mit dem überweisenden Arzt bzw. Erweiterung des nur eine Mammografie umfassenden Zielauftrages sogleich selbst durchführt** (OLG Jena, Urt. v. 15. 10. 2008 – 4 U 990/06,
juris, Nr. 47, 48 = OLGR 2009, 242, 244 f.: kein fundamentaler Diagnoseirrtum
des hinzugezogenen Radiologen bei der Bewertung eines Mamma-Tumors als
Mastopathie und die Empfehlung zur Wiedervorstellung in zwei Jahren).

(7) Gynäkologe kann grundsätzlich auf radiologischen Befund vertrauen

A 302   Stellt der Radiologe nach Durchführung der Mammografie und Mammasonografie zwar „unklare Strukturen" fest, klassifiziert er den erhobenen Befund nach

BI-RADS III mit der Empfehlung einer weiteren mammografischen Kontrolle in sechs Monaten, darf der Gynäkologe auf diese Diagnose vertrauen. Auch handelt er **nicht behandlungsfehlerhaft, wenn er die Empfehlung zur Wiedervorstellung in sechs Monaten lediglich an die Patientin weiterleitet und dann davon ausgeht, dass sich die Patientin von sich aus wieder vorstellt** (OLG Koblenz, Beschl. v. 21. 11. 2011 – 5 U 688/11, GesR 2012, 346, 348).

Sind sich der Radiologe und aufgrund dessen Befundung auch der überweisende   A 303
Gynäkologe, der von der fachlichen Richtigkeit von dessen Diagnose ausgehen darf, sicher, dass kein malignes Geschehen vorliegt, kommt eine **Beweislastumkehr wegen unterlassener Befunderhebung** (unterlassene Überweisung zur Durchführung einer Biopsie) **nicht in Betracht**. Eine Biopsie ist in einem solchen Fall medizinisch **nicht geboten**, wenn sie aus der maßgeblichen ex-ante-Sicht lediglich zur Bestätigung einer im Großen und Ganzen bereits geklärten Diagnose dienen würde (OLG Koblenz, Beschl. v. 21. 11. 2011 – 5 U 688/11, GesR 2012, 346, 348).

(8) Physiotherapeut kann sich auf korrekte Überweisung des Orthopäden verlassen

Im Rahmen der „horizontalen Arbeitsteilung" muss auch ein **hinzugezogener**   A 304
Physiotherapeut grundsätzlich keine eigene Anamnese durchführen und keine eigenen Befunde erheben, die über den konkreten Überweisungsauftrag des Orthopäden bzw. Chirurgen hinausgehen. Vielmehr kann sich auch der Physiotherapeut darauf verlassen, dass dies bereits in ausreichender Weise durch den verordnenden Facharzt geschehen ist (OLG Jena, Urt. v. 18. 5. 2005 – 4 U 641/04, NJW-RR 2006, 135).

(9) Gynäkologen eines KKH sind ohne Verdachtsgründe nicht verpflichtet, internistische Untersuchungen zu veranlassen

War eine Patientin vom niedergelassenen Gynäkologen wegen des Verdachts auf   A 304a
die Bildung einer Dermoidzyste (mit Haaren vermengte talgartige Masse im Ovar, maligne Entartung in 3–5 % der Fälle) an die **gynäkologische Abteilung eines KKH überwiesen**, besteht für die dort behandelnden Ärzte die Verpflichtung, nach Abschluss der Behandlung den überweisenden Arzt über die abschließende Diagnose, den Behandlungsverlauf und sonstige, für die weitere Behandlung relevanten Umstände zu informieren. **Eine Verpflichtung, zusätzlich auch den Hausarzt der Patientin unaufgefordert zu informieren, besteht nicht. Ohne konkrete Verdachtsgründe sind die Krankenhausärzte der gynäkologischen Abteilung auch nicht verpflichtet, Vorsorgeuntersuchungen zum Ausschluss von Krebserkrankungen des Magen-Darm-Traktes zu veranlassen oder die Patientin an einen Gastroenterologen bzw. Internisten weiterzuüberweisen** (OLG Naumburg, Urt. v. 23. 5. 2005 – 1 U 59/03, AHRS III, 0920/333; auch OLG Düsseldorf, VersR 1988, 1297).

(10) Kieferchirurg kann auf erteilte Hinweise durch den überweisenden ZA vertrauen

A 304b Informiert ein Zahnarzt den Patienten über die Behandlungsmöglichkeiten (hier: herausnehmbarer oder festsitzender Zahnersatz für eine nicht mehr funktionsfähige Brücke) und überweist er ihn danach **zur Durchführung einer Implantatversorgung an einen Kieferchirurgen, so trifft diesen keine erneute, umfassende Aufklärungspflicht,** wenn kein Anhalt dafür besteht, dass der überweisende Zahnarzt über die weiteren Optionen nicht hinreichend aufgeklärt hat und **der Kieferchirurg davon ausgehen kann, dass dem Patienten die Alternative der Versorgung mit einem herausnehmbaren Kombinationszahnersatz bekannt ist** und der Patient einen festen Zahnersatz sowie eine schnelle Versorgung wünscht (OLG Koblenz, Beschl. v. 19. 6. 2012 – 5 U 1242/11, NJW-RR 2012, 1420, 1422).

d) Gesamtschuldnerische Haftung des überweisenden und des hinzugezogenen Arztes

A 305 Werden die notwendigen Befunderhebungen, etwa die weitere Abklärung mittels CT oder MRT durch einen zusätzlich **hinzugezogenen Radiologen** weder vom **überweisenden Chirurgen noch vom konsiliarisch hinzugezogenen Neurologen** veranlasst, kommt eine Haftung beider Ärzte als **Gesamtschuldner** in Betracht (OLG Köln, Urt. v. 16. 12. 2002 – 5 U 166/01, NJW-RR 2003, 1031, 1032 = OLGR 2003, 334, 335; OLG Koblenz, Urt. v. 20. 7. 2006 – 5 U 47/06, OLGR 2007, 12, 13 = VersR 2007, 1698: **Einholung bzw. Auswertung eines präoperativ erforderlichen EKG**; OLG Düsseldorf, Urt. v. 17. 11. 2011 – I-8 U 1/08, Nr. 31, 33, 42, 59, 62: **gesamtschuldnerische Haftung des niedergelassenen Neurologen und des Krankenhausträgers bei Unterlassung zwingend gebotener, weitergehender Doppler- bzw. CT/MRT-Untersuchungen;** auch OLG Jena, Urt. v. 23. 5. 2007 – 4 U 437/05, VersR 2008, 401, 404 = GesR 2008, 49, 52/53: grober Behandlungsfehler des überweisenden Gynäkologen und des Onkologen bejaht). **Denn die Veranlassung der Abklärung durch ein CT oder MRT ist sowohl Sache des behandelnden Chirurgen als auch des Neurologen** (OLG Köln a.a.O.; S/Pa, 12. Aufl., Rz. 277: Für Koordinationsmängel haften alle Beteiligten).

A 306 Gleiches gilt für die Anfertigung bzw. Auswertung eines EKG. Wird dem Patienten vor einer Operation aufgegeben, vom Hausarzt ein EKG fertigen zu lassen, muss dieses **EKG entweder von dem Anästhesisten oder vom Operateur ausgewertet** werden, sofern eine sachkundige Befundung noch nicht erfolgt ist. Keiner der beiden Ärzte kann sich damit entlasten, im Rahmen der „Arbeitsteilung" auf die Auswertung durch den jeweils anderen Arzt vertraut zu haben und im Übrigen zur Auswertung eines EKG nicht in der Lage zu sein (OLG Koblenz, Urt. v. 20. 7. 2006 – 5 U 47/06, VersR 2007, 1698).

A 307 Einstweilen frei.

4. Pflichten und Haftung des überweisenden Arztes

a) Allgemeines (zur Übersicht vgl. Rz. A 253, A 254)

Mit der Überweisung an ein Krankenhaus oder einen entsprechenden Facharzt A 308
geht die Verantwortung für den Patienten vom überweisenden Hausarzt auf den
Nachbehandler über. Der **Überweisende hat dem nachbehandelnden Arzt jedoch
den medizinischen Grund der Überweisung und etwaige, für eine Nachbehandlung relevante Besonderheiten mitzuteilen** (OLG Frankfurt, Urt. v. 11. 3. 2004
– 3 U 89/03, NJW-RR 2004, 1333, 1334; OLG Köln NJW-RR 1994, 861; OLG
Hamm, Urt. v. 18. 9. 2000 – 3 U 25/00, AHRS III, 920/306 und AHRS III,
2620/307: umfassende Information des Nachbehandlers durch den operierenden
Arzt; G/G, 6. Aufl., Rz. B 120; Spickhoff-Greiner, § 823 BGB Rz. 57, 63, 65:
Nachbehandler ist zeitnah, etwa durch Arztbrief zu unterrichten).

So muss der Nachbehandler auf die **Notwendigkeit engmaschiger Kontrollunter-** A 309
suchungen des Patienten hingewiesen werden (OLG Frankfurt, Urt. v. 11.3. 2004
– 3 U 89/03, NJW-RR 2004, 1333). Ist er nicht in der Lage, einen erforderlichen
Eingriff selbst vorzunehmen, etwa bei **Verdacht auf Hodentorsion** eine sofortige
operative Freilegung des Hodens durchzuführen, muss er den Patienten **notfallmäßig weiterverlegen**. Die Zuweisung an einen niedergelassenen Urologen, der
schon mangels Ausstattung die Operation nicht selbst durchführen kann, genügt nicht. Für dadurch eingetretene Verzögerungen hat der überweisende Arzt
einzustehen (OLG Köln, Urt. v. 23. 1. 2002 – 5 U 85/01, VersR 2003, 860, 861).

Ein **niedergelassener Arzt**, der einen Patienten zu weiterer Diagnostik in ein A 310
Krankenhaus überwiesen hat, **darf die Ergebnisse der ihm in personeller und apparativer Ausstattung überlegenen Klinik bei der Weiterbehandlung des Patienten nach Rückkehr aus dem Krankenhaus zugrunde legen, wenn sich ihm keine
Zweifel an der Richtigkeit des dortigen diagnostischen oder therapeutischen
Vorgehens aufdrängen müssen.** Er braucht auch die Gründe der dort gewählten
– eingeschränkten – Diagnostik nicht von sich aus zu erforschen, sondern **kann
den Arztbrief der Klinik, des Labors oder des Facharztes abwarten, wenn das Beschwerdebild dies erlaubt** (BGH, NJW 1989, 1536, 1538: **Hausarzt kann auf Arzt-
brief des KKH vertrauen,** ernsten Zweifeln ist aber nachzugehen; OLG Hamm,
Urt. v. 21. 5. 2013 – I-26 U 140/12, juris, Nr. 35, 37, 44, 47, 48: **überweisender
Gynäkologe kann auf eine dem Inhalt des Arztbriefs entsprechende mündliche
Information der Patientin durch den Urologen, Radiologen o. a. vertrauen;** OLG
Köln NJW-RR 1993, 1440; OLG Celle, Urt. v. 2. 4. 2001 – 1 U 34/00, AHRS III,
920/313: Durchführung diagnostischer Maßnahmen durch das KKH; OLG
Hamm, Urt. v. 3. 2. 2003 – 3 U 140/02, AHRS III, 920/322 und AHRS III,
2030/314: **Vertrauen auf die Ergebnisse eines Labors bzw. einer Klinik;** OLG
Nürnberg, Urt. v. 22. 7. 2002 – 5 U 3207/01, AHRS III, 0920/320: **Hausarzt darf
auf die Richtigkeit der Diagnose eines D-Arztes „Zerrung" anstatt tatsächlich
vorliegender Ruptur vertrauen;** OLG Koblenz, Beschl. v. 21. 11. 2011 – 5 U
688/11, GesR 2012, 346, 348: Gynäkologe darf auf **Befund des Radiologen mit
der Empfehlung zur Wiedervorstellung in sechs Monaten** anstatt richtigerweise
zu einer Biopsie vertrauen).

A 311   Andererseits obliegt dem überweisenden Hausarzt die Entscheidung, weilche weitergehenden Untersuchungen erforderlich sind. So war zur Abklärung eines **Thromboseverdachts** im Jahr 1995 eine Duplexsonografie vor einer Phlebographie indiziert, weil es sich um eine nicht invasive und damit schonendere Methode handelte. **Die Entscheidung, ob bei negativem Ergebnis der vom Hausarzt oder chirurgischen Facharzt veranlassten, von einem Internisten durchgeführten Sonographie zusätzlich eine Phlebographie erfolgen soll, obliegt dem überweisenden Arzt und nicht dem Arzt (hier: Internist), der die Sonographie durchführt** (OLG Stuttgart, Urt. v. 4. 4. 2000 – 14 U 31/99, OLGR 2002, 5; vgl. auch OLG Naumburg, Urt. v. 13. 3. 2008 – 1 U 83/07, OLGR 2008, 573 = VersR 2008, 1073, 1074: seit 1995 ist die weniger invasive, farbcodierte Duplex-Ultraschalluntersuchung bzw. KUS Mittel der Wahl, eine Phlebographie kommt aber bei verbleibenden Zweifeln in Betracht).

b) Haftung des überweisenden Arztes verneint

(1) Hausarzt darf sich auf Diagnose und Therapieempfehlung eines Krankenhauses verlassen

A 312   Ein **Hausarzt** darf sich auf ein **Krankenhaus der Maximalversorgung regelmäßig verlassen** (OLG Hamm, VersR 1998, 323), zumal der nachbehandelnde Haus- oder Facharzt nach dem Abschluss der dortigen Behandlung vom Krankenhausarzt über den Entlassungsbefund, auf die sich hieraus für eine **erforderliche Nachbehandlung** ergebenden therapeutischen Konsequenzen und Besonderheiten hingewiesen werden muss (OLG Frankfurt, Urt. v. 11. 3. 2004 – 3 U 89/03, NJW-RR 2004, 1333, 1334; L/K-Laufs/Kern, 4. Aufl., § 100 Rz. 11; S/Pa, 12. Aufl., Rz. 274).

A 313   Wird bei der Entlassung aus der **Spezialabteilung eines Krankenhauses** (hier: Gastroenterologie) dem **Hausarzt** in einem vorläufigen Arztbrief die Durchführung einer Angiographie empfohlen, ohne dass deren Dringlichkeit zu ersehen ist, so liegt kein Behandlungsfehler vor, wenn der Hausarzt die Angiographie nicht kurzfristig in die Wege leitet. Er darf vielmehr darauf **vertrauen, dass das Krankenhaus die Angiographie bei besonderer Dringlichkeit selbst durchgeführt** oder unmittelbar veranlasst hätte. Dies gilt jedenfalls dann, wenn sich aus dem Arztbrief der Klinik ergibt, dass erst bei „anhaltenden Beschwerden" die angiografische Darstellung einer Arterie geboten ist und es der Patientin zunächst besser geht (OLG Celle, Urt. v. 2. 4. 2001 – 1 U 34/00, AHRS III, 920/313).

A 314   Ein **Hausarzt bzw. Internist** darf auch darauf vertrauen, dass eine **Fachklinik für Psychiatrie und Psychotherapie** Blutuntersuchungen selbst durchführen kann und das Ergebnis einer vom Hausarzt/Internisten durchgeführten Blutuntersuchung selbst anfordert, wenn es hierauf ankommt (OLG Hamm, Urt. v. 16. 2. 2004 – 3 U 190/03, AHRS III, 920/329).

A 315   Die **Ergebnisse des Labors oder einer Klinik** darf der anfordernde Arzt seiner Weiterbehandlung zugrundelegen, solange er nicht erkennen muss, dass gewichtige Bedenken gegen die Diagnostik bestehen (OLG Hamm, Urt. v. 3. 2. 2003 – 3 U 140/02, AHRS III, 920/322 und AHRS III, 2030/314).

(2) Hausarzt bzw. Internist darf sich auf Diagnose des Radiologen verlassen

Ist eine Rückenschmerzproblematik bekannt, so ist die vom **Radiologen** (fälsch-   A 316
licherweise) gestellte und mitgeteilte Diagnose „Bandscheibenvorfall" für den
überweisenden Hausarzt plausibel, wenn tatsächlich eine Myelitis transversa
(querschnittartige Entzündung des Rückenmarks) mit nachfolgender vollständiger Lähmung des Patienten vorlag (OLG Koblenz, Urt. v. 22. 2. 2007 – 5 U 8/06,
OLGR 2008, 9, 10 = AHRS III, 0920/339: keine gewichtigen Bedenken gegen das
diagnostische und/oder therapeutische Vorgehen des Radiologen; OLG Nürnberg,
Urt. v. 22. 7. 2002 – 5 U 3207/01, AHRS III, 0920/320: Hausarzt darf auf die Richtigkeit der Diagnose eines D-Arztes vertrauen).

Stellt der hinzugezogene **Radiologe** bei einem Patienten wassergefüllte, gutartige   A 317
Zysten in der Leber fest und liegen keine offensichtlichen Qualitätsmängel oder
Fehlleistungen des Radiologen vor, muss der überweisende, **behandelnde Inter-
nist** keine weiteren Untersuchungen zum Ausschluss einer Krebserkrankung
(hier: tatsächlich vorliegende Lebermetastasen) veranlassen (OLG Düsseldorf,
Urt. v. 26. 6. 2003 – 8 U 214/01, AHRS III, 2002/318).

(3) Hausarzt bzw. Internist darf sich auf Diagnose des Neurologen verlassen

Ein Internist, gleichzeitig auch **Hausarzt des Patienten**, ist auch nicht gehalten,   A 318
eine „**zweite Meinung" eines Neurologen einzuholen bzw. von sich aus ein
MRT in Auftrag zu geben**, wenn ihm der Patient im Rahmen der Anamnese berichtet, dass ihm in den Monaten zuvor Hände und Füße „eingeschlafen" seien,
er eine Taubheit des linken Arms, des linken Fußes und des linken Ohrs verspürt habe, das Gesicht „verzogen gewesen" sei und er zwei Monate später mitteilt, es seien auch kurzfristige Gleichgewichtsstörungen aufgetreten, der fünfte
Finger der linken Hand könne nicht mehr gestreckt werden und der **Internist daraufhin umgehend ein neurologisches und nachfolgend auch ein orthopädisches
Konsil veranlasst** (OLG Karlsruhe, Urt. v. 20. 12. 2000 – 7 U 7/99, AHRS III,
2002/305).

Verkennt der Neurologe anlässlich der erfolgten Überweisung des Patienten ei-   A 319
nen **ausgedehnten rechtsseitigen Media-Infarkt** bei Verschluss der rechtsseitigen
Carotis interna mit einer mäßigen, rein motorischen Hemiparese und diagnostiziert er fälschlicherweise eine bereits abgelaufene TIA (transitorisch-ischämische Attacke), kann dies zwar zur Haftung des Neurologen unter dem Gesichtspunkt eines groben Behandlungsfehlers bzw. einer unterlassenen Befunderhebung (MRT unterlassen), **nicht jedoch zur Haftung des überweisenden Inter-
nisten/Hausarztes** führen (OLG Karlsruhe, Urt. v. 20. 12. 2000 – 7 U 7/99, AHRS
III, 2002/305 und AHRS III, 920/311).

Überweist ein Hausarzt einen Patienten an einen Spezialisten (hier: an einen Ra-   A 319a
diologen und einen Neurologen), so kann ihm dessen Fehlverhalten nicht zugerechnet werden, sofern er **nicht erkennen musste, dass gewichtige Bedenken gegen dessen diagnostisches oder therapeutisches Vorgehen bestehen** (OLG Koblenz, Urt. v. 22. 2. 2007 – 5 U 8/06, AHRS III, 0920/339: Radiologe verkennt
Myleopathie aufgrund einer spinalen, arteriovenösen Fistel, neurologischer Befund war unverdächtig; OLG Koblenz, Urt. v. 21. 12. 2006 – 5 U 1072/06,

AHRS III, 2002/320: Ärzte im Krankenhaus übersehen Beinvenenthrombose, für den Hausarzt nicht erkennbar; OLG Karlsruhe, Urt. v. 15. 11. 2006 – 7 U 107/04 mit NZB BGH v. 22. 11. 2007 – VI ZR 264/06, AHRS III, 0920/338: keine offensichtlichen Qualifikationsmängel oder Fehlleistungen des hinzugezogenen Neurologen).

(4) Gynäkologe bzw. Chirurg kann sich auf die Befundung durch einen Pathologen, Urologen o. a. verlassen

A 320   Diagnostiziert ein niedergelassener **Pathologe** anhand des ihm vom Gynäkologen übersandten Gewebematerials ein **Mammakarzinom** und veranlasst der beauftragende Gynäkologe daraufhin einen chirurgischen Eingriff und/oder eine Chemotherapie nebst einer Strahlenbehandlung der Patientin, so kann der **Gynäkologe für die Fehldiagnose des Pathologen nicht verantwortlich gemacht werden** (OLG Düsseldorf, Urt. v. 27. 3. 2003 – 8 U 83/02, NJW-RR 2004, 22; OLG Hamm, MedR 1999, 35; Deutsch, NJW 2000, 1745, 1746).

A 321   Ein **Pathologe** schuldet im Rahmen der horizontalen Arbeitsteilung mit den behandelnden, **operativ tätigen Gynäkologen** die korrekte Durchführung der schnellschnitthistologischen Untersuchungen und die Übermittlung eines klar und unmissverständlich formulierten Befundberichts an die Operateure. Fehlt in seiner abschließenden Beurteilung der klare und deutliche Hinweis darauf, dass lediglich ein mikroinvasives Karzinom im Stadium I a 1 vorliegt und weist der Pathologe auch nicht auf eine mögliche Unzulänglichkeit der Gewebeprobe mit den hieraus resultierenden Unsicherheiten hin, führen die Operateure daraufhin eine radikale Hysterektomie durch, weil sie **aufgrund des Befundberichts des Pathologen fälschlicherweise vom Vorliegen eines invasiven Gebärmutterhalskrebses eines höheren Stadiums** ausgehen, **haftet (nur) der Pathologe** für diesen Behandlungsfehler (Diagnose- und Organisationsfehler; OLG Oldenburg, Urt. v. 11. 1. 2000 – 5 U 110/99, AHRS III, 2093/300).

A 322   Zieht der Operateur (Chirurg bzw. Gynäkologe) eine **Fachärztin für Pathologie** hinzu, ist sich diese dann hinsichtlich der (tatsächlich zutreffenden) Beurteilung des vorgefundenen Befundes unsicher und erfolgt daraufhin die weitere Beurteilung durch den habilitierten **Direktor des Instituts für Pathologie** eines Universitätsklinikums, kann sich der Operateur auch dann **auf die Richtigkeit des grundsätzlich sachkompetenteren Ordinarius verlassen**, wenn die zunächst befragte Pathologin mitteilt, dass sie dessen Meinung nicht teilt. Die aufgrund der Beurteilung durch den Institutsdirektor getroffene Entscheidung des Operateurs zur sofortigen Nachoperation erweist sich dann nicht als fehlerhaft (OLG Düsseldorf, Urt. v. 27. 3. 2003 – 8 U 83/02, NJW-RR 2004, 22).

A 322a   Wird ein **Gynäkologe** auf Überweisung des Hausarztes tätig, so ist er grundsätzlich **nur zur Abklärung der Beschwerden auf seinem Fachgebiet** verpflichtet. Führt er die erbetenen Untersuchungen durch und überweist er die Patientin zur Abklärung von Unterbauchbeschwerden (hier: tatsächlich lag ein Adenokarzinom vor) an einen Urologen mit dem Hinweis, sich nach Durchführung der dortigen Untersuchungen bzw. bei Beschwerdepersistenz wieder vorzustellen, so **kann der Gynäkologe darauf vertrauen, dass der Urologe** (*Anm.: Gleiches* *würde auch für andere Fachärzte gelten)* **der Patientin eine dem Inhalt seines Arztbriefs entsprechende mündliche Information** (hier: Empfehlung einer Darmspiegelung durch einen Gastroenterologen) **zur weiteren Abklärung erteilt hat. Ohne Anhaltspunkte für das Vorliegen einer gravierenden Erkrankung** (hier: Tumorverdacht im Arztbrief des Urologen nicht genannt) **ist er nicht verpflichtet, weitergehend auf die Patientin einzuwirken, wenn diese nicht zur ursprünglich vereinbarten Kontroll- oder Routineuntersuchung erscheint** (OLG Hamm, Urt. v. 21. 5. 2013 – I-26 U 140/12, juris, Nr. 2, 37, 44, 47, 48).

(5) Keine Haftung des Gynäkologen bzw. Chirurgen für Fehler des Pathologen oder des Laborarztes

Beauftragt der behandelnde Arzt, etwa ein Gynäkologe, ein **pathologisches Institut** mit der histologischen Untersuchung von Gewebeproben, so bedient er sich des Pathologen nicht zur Erfüllung seiner gegenüber dem Patienten bestehenden ärztlichen Pflichten und ist deshalb auch **nicht gem. § 278 BGB für dessen Verschulden verantwortlich** (BGH, NJW 1999, 2731; BGH, VersR 2010, 816 = GesR 2010, 191, Nr. 10, 11; L/K-Laufs/Kern, § 94 Rz. 6; Spickhoff-Greiner, § 823 BGB Rz. 64, 307; Spickhoff, § 6a GOÄ Rz. 10). Mit der Inanspruchnahme des Arztes, an den der Patient überwiesen worden ist, kommt nach h.M. ein **neuer Behandlungsvertrag** zwischen diesem und dem Patienten, der dabei durch den überweisenden Arzt vertreten wird, zustande (BGHZ 100, 363, 367; BGH, VersR 1999, 1241, 1243 = NJW 1999, 2731, 2733; Spickhoff-Greiner, § 823 BGB Rz. 61, 64).   A 323

So wird etwa bei der Inanspruchnahme eines externen Laborarztes *(Anmerkung: Gleiches gilt auch für die Inanspruchnahme eines Pathologen o.a.)* durch den behandelnden Arzt letzterer im Regelfall **als Stellvertreter des Patienten tätig**. Übersendet er Untersuchungsmaterial des Patienten an den Laborarzt, erteilt er den damit verbundenen Auftrag grundsätzlich **im Namen des Patienten**. Hat dieser ihn dazu bevollmächtigt, wird neben dem Behandlungsverhältnis zwischen dem Patienten und dem Arzt ein **weiteres, eigenständiges Vertragsverhältnis zwischen dem Patienten und dem Laborarzt** (bzw. dem Pathologen o.a.) begründet. Da der behandelnde Arzt die Laboruntersuchungen regelmäßig nicht im eigenen Namen in Auftrag gibt, wird der **Laborarzt (bzw. Pathologe) nicht als Erfüllungsgehilfe (§ 278 BGB) des überweisenden Arztes tätig** (BGH, Urt. v. 14. 1. 2010 – III ZR 188/09, GesR 2010, 191, 192, Nr. 10, 11 = VersR 2010, 816; BGH, Urt. v. 14. 1. 2010 – III ZR 173/09, VersR 2010, 814 = GesR 2010, 195, 196, Nr. 6; BGH, Urt. v. 29. 6. 1999 – VI ZR 24/98, MDR 1999, 1198 = VersR 1999, 1241).   A 324

Der behandelnde Arzt kann in einem solchen Fall jedoch aus eigenem Verschulden haften, wenn er seinerseits **geschuldete und gebotene diagnostische Maßnahmen unterlässt** (BGH, NJW 1999, 2731; OLG Frankfurt, Urt. v. 11. 3. 2004 – 3 U 89/03, NJW-RR 2004, 1333: Empfehlung von Kontrolluntersuchungen durch den Krankenhausarzt, Durchführung der Kontrolluntersuchungen – auch ohne Empfehlung – durch den niedergelassenen Facharzt).   A 325

(6) Kinderarzt darf sich auf Diagnose des Augenarztes verlassen

Ein **Kinderarzt**, auch eine Kinderklinik, übergibt dem **konsiliarisch hinzugezogenen Augenarzt** wegen dessen überlegener Fachkenntnisse die Diagnostik der   A 326

Frühgeborenenretinopathie im Ganzen und damit auch die Verantwortung für die Therapie und die Wiederholungsuntersuchungen. Die Pflicht des Kinderarztes ist die Einhaltung des Termins für die Erstuntersuchung. Alle weiteren **Untersuchungen sind vom Augenarzt in Abhängigkeit von den erhobenen Befunden festzulegen**. Nur beim Vorliegen auffälliger Befunde ist der Augenarzt erneut vor dem vereinbarten Kontrolltermin hinzuzuziehen (OLG Oldenburg, Urt. v. 4. 4. 2000 – 5 U 198/99, AHRS III, 2590/301 und 920/300).

A 327 – A 329   Einstweilen frei.

c) Haftung des überweisenden Arztes bejaht

(1) Gewichtige Bedenken gegen das diagnostische oder therapeutische Vorgehen des hinzugezogenen Facharztes bzw. des Krankenhauses

A 330   Andererseits kommt eine **Haftung des weiterbehandelnden Hausarztes für fehlerhafte Befunde** dann in Betracht, wenn er erkennt oder trotz beschränkter Einsicht in das Behandlungsgeschehen erkennen muss, dass **gewichtige Bedenken gegen das diagnostische oder therapeutische Vorgehen des hinzugezogenen (Konsiliar-)Arztes bestehen** (BGH, NJW 1989, 1536, 1538; OLG Koblenz, Urt. v. 26. 8. 2003 – 3 U 1840/00, NJW-RR 2004, 106: **überweisender Facharzt hätte nach seinem Ausbildungsstand Fehlleistung erkennen müssen**; OLG Naumburg, Urt. v. 14. 9. 2004 – 1 U 97/03, VersR 2005, 1401, 1402: evidente Fehlleistung hätte wegen erkannt werden müssen; OLG Jena, Urt. v. 23. 5. 2007 – 4 U 437/05, VersR 2008, 401, 403: **Bedenken wegen teilweise widersprüchlicher Befunde**; Spickhoff-Greiner, § 823 BGB Rz. 55, 62, 75; G/G, 6. Aufl., Rz. B 122; S/Pa, 12. Aufl., Rz. 275; R/L-Kern, § 3 Rz. 62, 63).

A 331   Dies gilt auch, wenn er aufgrund seiner Ausbildung, Erfahrung und Kenntnisse **Zweifel an der Richtigkeit der Diagnostik des Krankenhauses, an das er den Patienten überwiesen hatte, haben musste** (OLG Karlsruhe, Urt. v. 20. 12. 2000 – 7 U 123/98, OLGR 2001, 412, 413; OLG Koblenz, Urt. v. 26. 8. 2003 – 3 U 1840/00, NJW-RR 2004, 106; OLG Koblenz, VersR 1992, 752; auch BGH, Urt. v. 28. 5. 2002 – VI ZR 42/01, VersR 2002, 1026 = MedR 2003, 169: Krankenhaus/Facharzt für Orthopädie) und insbesondere dann, wenn die erhobenen Befunde im Hinblick auf den bisherigen Krankheitsverlauf **eindeutig lückenhaft sind oder gar nicht zum Krankheitsbild passen** (OLG Naumburg, VersR 1998, 983; auch OLG Düsseldorf, VersR 1997, 1358: Histologie mit dem vorliegenden Sichtbefund unvereinbar; Spickhoff-Greiner, § 823 BGB Rz. 62).

A 332   So darf der überweisende Hausarzt die mit den eigenen nicht zu vereinbarenden Befunde des Konsiliararztes bzw. Krankenhauses nicht kritiklos übernehmen, etwa wenn die **Histologie mit dem vorliegenden Sichtbefund unvereinbar** ist, sondern muss ggf. an eine Verwechslung denken (OLG Düsseldorf, VersR 1997, 1358; Spickhoff-Greiner, § 823 BGB Rz. 62).

A 333   Der Hausarzt bzw. weiterbehandelnde Facharzt haftet auch dann selbst, wenn er knapp zwei Jahre lang der Medikationsempfehlung einer Fachklinik folgt, ohne **dem sich aufdrängenden Verdacht einer Medikamentenvergiftung** nach aufgetretenen Krampfanfällen mit zeitweiser Bewusstlosigkeit, Seh- und Sprachstörungen des Patienten nachzugehen (OLG Koblenz, VersR 1992, 752).

Ein Facharzt für Orthopädie muss **Zweifel** an der Richtigkeit einer von ihm ver-   A 334
anlassten Behandlung im Krankenhaus haben, wenn er **selbst Zeichen für eine
Entzündung des Knochens (Ostitis) festgestellt** und deshalb die Überweisung
dorthin veranlasst hatte, dort aber von einer Assistenzärztin ein „Infekt mit
Fistel" mit der Empfehlung einer antibiotischen Therapie diagnostiziert wird
(BGH, Urt. v. 28. 5. 2002 – VI ZR 42/01, VersR 2002, 1026 = MedR 2003, 169:
zur Feststellung eines möglicherweise „groben Behandlungsfehlers" an das Berufungsgericht zurückverwiesen).

**(2) Gynäkologe muss Zweifeln an der Diagnose bzw. den Befunden eines
Radiologen oder Pathologen nachgehen**

Auch ein **überweisender Facharzt für Gynäkologie** darf grundsätzlich auf die   A 335
Fachkunde und Sorgfalt eines in seinem Verantwortungsbereich arbeitenden
Spezialisten, etwa eines **Radiologen oder Pathologen,** vertrauen (OLG Hamm,
MedR 1999, 35; OLG Jena, Urt. v. 23. 5. 2007 – 4 U 437/05, VersR 2008, 401,
403 = GesR 2008, 49, 52; OLG Hamm, Urt. v. 26. 5. 2004 – 3 U 127/02, MedR
2005, 471, 473; auch BGH, NJW 1999, 2731).

Sind die Befunde des **hinzugezogenen Onkologen bzw. onkologisch tätigen Gy-**   A 336
näkologen jedoch **nicht eindeutig** oder stehen diese **im Widerspruch zu den
Befunden eines Radiologen,** der eine Stanzbiopsie vorhandener Herdbefunde in
Betracht gezogen hat, muss der überweisende Gynäkologe eine entsprechende,
weitergehende Diagnostik veranlassen (OLG Jena, Urt. v. 23. 5. 2007 – 4 U
437/05, VersR 2008, 401, 404 = GesR 2008, 49, 52; s. o. Rz. A 259–262).

Der überweisende Frauenarzt, der an der Richtigkeit einer ihm übermittelten   A 337
Empfehlung des Radiologen (hier: Kontrolluntersuchung erst in zwei Jahren anstatt in sechs Monaten) **Zweifel hat, muss diesen Zweifeln nachgehen.** Er hat andernfalls wie der beauftragte Arzt für die Richtigkeit der Begleitempfehlung einzustehen. Kann der Gynäkologe erkennen, dass es sich entgegen der Bewertung
des Radiologen nicht um einen eindeutig gutartigen Befund handelt, weshalb
eine **wesentlich engmaschigere radiologische Verlaufskontrolle** (hier: sechs
Monate anstatt der vom Radiologen vorgeschlagenen zwei Jahre) erforderlich
wäre, liegt ein einfacher, kein grober Behandlungsfehler vor (OLG Jena, Urt. v.
15. 10. 2008 – 4 U 990/06, OLGR 2009, 242, 244/245).

Ergibt die vom **Pathologen im Rahmen der Krebsvorsorge** mit hierauf beschränk-   A 338
ter Fragestellung erhobene Untersuchung keine Anhaltspunkte für eine **Schwangerschaft** einer 46-jährigen Patientin, so ist der **Gynäkologe verpflichtet, eigene,
ergänzende diagnostische Maßnahmen,** nämlich eine ergänzende Blutuntersuchung zur Bestimmung der Beta-HCG-Konzentration oder eine Wiederholung
des Schwangerschaftstests mit frischem Morgenurin durchzuführen (BGH, NJW
1999, 2731, 2733).

Hätte ein solcher, ergänzend zu erhebender Befund mit hinreichender Wahr-   A 339
scheinlichkeit im weiteren Verlauf zu einem aus medizinischer Sicht reaktionspflichtigen Ergebnis, nämlich dem Vorliegen einer „Trisomie 21" (zu erwarten-

des mongoloides Kind) geführt, greift für die Kausalität zwischen dem Behandlungsfehler des Gynäkologen und dem Eintritt des Primärschadens, dem entstehenden Unterhaltsschaden für das Kind nach nicht rechtzeitig durchgeführtem Schwangerschaftsabbruch eine **Beweislastumkehr** ein (BGH, NJW 1999, 2731, 2734; zur → *unterlassenen Befunderhebung* vgl. Rz. U 178; zur Früherkennung einer genetischen Schädigung der Leibesfrucht → *Früherkennung, fehlerhafte pränatale Diagnostik*, Rz. F 48 ff., F 54 ff.; → *Genetische Beratung*, Rz. G 64 ff.).

5. Verantwortungsbereiche im Rahmen einer Operation

a) Verantwortungsbereich des Anästhesisten

A 340 Im Rahmen einer Operation ist der **Anästhesist für folgende Maßnahmen allein verantwortlich** (zu Behandlungsfehlern eines Anästhesisten vgl. Rz. G 488, G 668, G 988 ff., G 1029a und T 174 ff.):

– **Die Beurteilung der Narkosefähigkeit des Patienten** (OLG Köln, VersR 1990, 1242; vgl. hierzu Rz. T 174),

– **die Entscheidung über das Anlegen einer Kanüle, deren Durchführung und Kontrolle** (BGH, NJW 1984, 1400),

– **die Vorbereitung und Durchführung der Narkose einschließlich der Aufklärung über die Narkoserisiken** (OLG Dresden, Urt. v. 17. 5. 2001 – 4 U 311/01, AHRS III, 5300/305),

– **die richtige Dosierung des Hypnotikums** (OLG Naumburg, Urt. v. 14. 9. 2004 – 1 U 97/03, VersR 2005, 1401, 1402),

– **die Erhebung der zur Aufrechterhaltung der vitalen Funktionen und der Narkosefähigkeit erforderlichen Befunde** (BGH, NJW 1987, 2293; Gehrlein, Rz. B 57, 58) und die Aufrechterhaltung der vitalen Funktionen des Patienten sowie deren **Überwachung während der Operation**, wozu auch die Verabreichung der zur Substituierung von NNR-Hormonen (Insuffizienz der Nebennieren) benötigten Medikamente (hier: Cortisol-Präparat Ultra-Corten) gehört (BGH, NJW 1991, 1539 = VersR 1991, 694), ebenso die **Kontrolle des Blutdrucks und die Behebung eines Volumenmangels während und in der ersten Zeit nach einer Operation** (OLG Düsseldorf, Urt. v. 22. 7. 2004 – I-8 U 31/03, AHRS III, 2620/342),

– **die Erkennung und Behandlung spezifischer Anästhesiekomplikationen** (OLG Düsseldorf, VersR 2002, 1151, 1152),

– **die Lagerung zur Verabreichung des Anästhetikums und die intraoperative Kontrolle der Lagerung des Patienten**, etwa in „Häschenstellung" (BGH, NJW 1984, 1403 = VersR 1984, 386),

– **die vorbeugende Kontrolle eingesetzter Infusionsschläuche und Verweilkanülen** in der operativen und in der postnarkotischen Phase bis zur Wiedererlangung der Schutzreflexe des Patienten und bis zu dessen Verlegung in die Krankenstation (BGH, NJW 1984, 1400 = VersR 1984, 355),

– **die Durchführung der Narkose, die weitere kontinuierliche Beatmung und Überwachung der Patientin nach der Operation und eine gefahrenvorbeugende Kontrolle in der operativen und postnarkotischen Phase bis zur Wieder-**

erlangung der Schutzreflexe (Spontanatmung, Normalisierung von EKG und Blutdruck), wobei der Operateur verpflichtet ist, sich aufdrängenden Fehlern des Anästhesisten entgegen zu wirken (OLG Düsseldorf, Urt. v. 12. 6. 2008 – I-8 U 129/07, MedR 2009, 285, 289 = AHRS III, 0920/343; auch OLG Düsseldorf, Urt. v. 19. 10. 2002 – 8 U 183/99, VersR 2002, 1151, 1152: Sicherstellung, dass der Patient seine Vitalfunktionen wiedererlangen kann),

– **die postoperative Kontrolle der Kreislauf- und Atmungsstabilität** (BGH, VersR 1989, 1296, 1297 = NJW 1990, 759, 760; OLG Naumburg, Urt. v. 14. 9. 2004 – 1 U 97/03, VersR 2005, 1401, 1402) und die **Medikation zum Ausgleich eines Corticoidmangels eines Morbus-Addison-Patienten** (BGH, NJW 1991, 1539).

Die Verantwortung des Anästhesisten nach Abschluss der Operation und Beendigung der Extubation endet nicht, solange die Nachwirkungen der Narkose in der postoperativen Phase anhalten und dabei die **Gefahr unerwünschter Nachwirkungen der Narkose besteht** (BGH, NJW 1990, 759; OLG Düsseldorf, Urt. v. 12. 6. 2008 – I-8 U 129/07, MedR 2009, 285, 289). A 341

So bleibt der **Anästhesist bis zum Abklingen der Narkosewirkungen verantwortlich**, wenn er den Patienten zwei Stunden nach dem Abschluss einer Magenoperation wegen einer Atemdepression behandelt und die Nachwirkungen von dessen Sauerstoffunterversorgung nicht bis zum Abklingen der Narkosewirkungen beobachtet (BGH, NJW 1990, 759 = VersR 1989, 1296). A 342

Dagegen ist der Anästhesist, der für die Narkose **erforderliche Befunde nicht erhoben** hat, ohne dass dies zu einer Schädigung des Patienten bei der Anästhesie führte, für eine Leberschädigung des Patienten durch Versäumnisse des Operateurs oder anderer Ärzte, die ihrerseits therapeutisch gebotene Befunde gleicher Art nicht erhoben haben, nicht haftbar zu machen (BGH, NJW 1987, 2293; L/K-Laufs/Kern, 4. Aufl., § 100 Rz. 9). A 343

Hat sich der Zustand der Patientin nach einem gynäkologischen Eingriff zunächst normalisiert und drohen ihr **keine unmittelbar mit der Narkose zusammenhängenden Komplikationen** mehr, so ist wegen des Risikos einer Nachblutung oder einer Verletzung sonstiger Organe ausschließlich der operierende Gynäkologe zuständig (OLG Düsseldorf, Urt. v. 19. 10. 2000 – 8 U 183/99, VersR 2002, 1151, 1152). A 344

Im Übrigen obliegt die postoperative Überwachung des Patienten nach einer ambulanten Laparoskopie nach Auffassung des OLG Düsseldorf (Urt. v. 19. 10. 2000 – 8 U 183/99, VersR 2002, 1151, 1152) **sowohl dem chirurgisch tätigen Gynäkologen als auch dem für die Narkose zuständigen Anästhesisten**. A 345

Einstweilen frei. A 346 – A 347

b) Verantwortungsbereich des Operateurs

Der **Operateur** ist insbesondere verantwortlich für A 348

– die Operationsfähigkeit des Patienten und die **allgemeine Wundinfektionsprophylaxe** (OLG Köln, VersR 1990, 1242),

- die Überprüfung der Lagerung, z. B. der „Häschenstellung" zu Beginn des Eingriffs (BGH, NJW 1984, 1403; G/G, 6. Aufl., Rz. B 136),

- die postoperative Nachsorge und therapeutische Nachbehandlung nach dem Abklingen der Narkosewirkungen und erfolgter Übergabe des Patienten auf die Krankenstation, insbesondere die Abklärung des Verdachts einer Sepsis nach Durchführung eines Kaiserschnitts (BGH, NJW 1987, 2293; OLG Naumburg, Urt. v. 14. 9. 2004 – 1 U 97/03, VersR 2005, 1401, 1402: nicht jedoch für die postoperative Kontrolle der Kreislauf- und Atmungsstabilität, s. o. Rz. A 340, A 341; G/G, 6. Aufl., Rz. B 136),

- die Nachschau nach einer Handoperation in axillärer Plexusblockade (OLG Düsseldorf, VersR 1987, 487; S/Pa, 12. Aufl., Rz. 271).

A 349 Einstweilen frei.

A 350 Es ist **nicht Aufgabe des Operateurs** (hier: Orthopäde oder Unfallchirurg bei der Implantation einer Hüfttotalendoprothese/TEP), während des Eingriffs auf den Blutdruck des Patienten zu achten und ihn zu überprüfen. Die **Überwachung der Vitalfunktionen obliegt allein dem Anästhesisten.** Seine Aufgabe ist es, einen Blutdruckabfall und einen Volumenmangel zu diagnostizieren und zu behandeln. Auch in der ersten Zeit nach einer Operation liegt die Kontrolle des Blutdrucks und die Behebung eines Volumenmangels in dessen Händen. **Fällt der Blutdruck des Patienten während des mehrstündigen Eingriffs kontinuierlich auf Werte um 90/70 und 70/50 mmHg ab und liegt der Hb-Wert auch eine Stunde nach dem Eingriff bei lediglich 8,3g/dl, liegt kein Behandlungsfehler des Operateurs vor**, der unbemerkt durch ein zu tiefes Eindringen mit dem Bohrer ein dann nach innen blutendes Gefäß verletzt hat, wenn ein Gefäßchirurg nicht unverzüglich, ggf. bereits während oder unmittelbar nach dem Eingriff hinzugezogen wird (OLG Düsseldorf, Urt. v. 22. 7. 2004 – I-8 U 31/03, AHRS III, 2620/342).

A 351 Der Operateur (Chirurg, Gynäkologe o. a.) ist jedoch verpflichtet, **sich aufdrängenden Fehlern des Anästhesisten** (hier: unterlassene bzw. fehlerhafte Überwachung der Patienten bis zur Erlangung der Spontanatmung) entgegenzuwirken (OLG Düsseldorf, Urt. v. 12. 6. 2008 – I-8 U 129/07, MedR 2009, 285, 289: Haftung des Operateurs im entschiedenen Fall aber verneint).

A 351a Besteht in einer Klinik die Übung, dass **der Anästhesist die Entscheidung trifft, ob ein Patient in den Aufwachraum gebracht werden kann, sobald er wieder spontan atmet**, kann der Operateur (Chirurg) davon ausgehen, dass der Anästhesist die Aufgabe auch ordnungsgemäß erfüllt. Der Operateur kann annehmen, dass der Patient keiner Betreuung mehr durch ihn bzw. den Anästhesisten bedarf, wenn er **davon ausgehen kann, dass der Patient wieder spontan atmet und keine Anhaltspunkte vorliegen, die Zweifel an der entsprechenden Einschätzung des Anästhesisten aufkommen lassen** (OLG Düsseldorf, Urt. v. 12. 6. 2008 – I-8 U 129/07, AHRS III, 0920/343 = MedR 2009, 285, 289).

A 352 Beim Zusammenwirken mehrerer Ärzte im Rahmen der Ausführung einer Operation bedarf es zum Schutz des Patienten einer **Koordination** zwischen dem Anästhesisten einerseits und dem Operateur (Chirurg, Orthopäde, Gynäkologe, Augenarzt etc.) andererseits, um Risiken auszuschließen, die sich aus der Unverträglichkeit der von den beteiligten Fachrichtungen vorgesehenen Methoden

oder Instrumente ergeben können (BGH, MDR 1999, 546 = NJW 1999, 1779;
auch OLG Koblenz, Urt. v. 20. 7. 2006 – 5 U 47/06, GesR 2006, 519).

Für **Koordinationsmängel** und Organisationsfehler bei der Abgrenzung der Ver-   A 353
antwortungsbereiche haften die kooperierenden Ärzte dem Patienten als **Gesamtschuldner** (BGH, NJW 1999, 1779, 1781; OLG Stuttgart, VersR 1995, 1353;
VersR 1994, 1114; OLG Koblenz, Urt. v. 20. 7. 2006 – 5 U 47/06, VersR 2007,
1698 = MedR 2007, 363, 364: **EKG weder vom Operateur noch vom Anästhesisten ausgewertet**; L/K-Laufs/Kern, § 100 Rz. 12; S/Pa, 12. Aufl., Rz. 277; Wenzel-
Müller, Kap. 2 Rz. 1584; Wenzel-Mennemeyer, Kap. 2, Rz. 1864, 1865 zu weiteren Organisationspflichten). Der oben dargestellte Vertrauensgrundsatz gilt
nämlich nur in solchen Konstellationen, in denen es um Gefahren geht, die **ausschließlich dem Aufgabenbereich eines der beteiligten Ärzte zugeordnet** sind,
nicht jedoch, wenn eine Schädigung des Patienten gerade daraus entstehen kann,
dass die von den beteiligten Ärzten angewendeten Maßnahmen jeweils für sich
genommen beanstandungsfrei sind und sich das besondere Risiko erst aus der
Kombination der beiderseitigen Maßnahmen ergibt (BGH, NJW 1999, 1779,
1780 = MDR 1999, 546). Wird zum Beispiel bei einer Schieloperation einer Patientin vom **Anästhesisten** im Rahmen der Ketanest-Narkose reiner Sauerstoff
in hoher Konzentration über einen am Kinn befestigten Schlauch zugeführt,
während der **operierende Augenarzt** zum Stillen von Blutungen im Gesichtsbereich einen Thermokauter einsetzt, und kommt es während des Kauterns zu
einer heftigen Flammenentwicklung, bei der die Patientin schwer verletzt wird,
so haften der Augenarzt und der Anästhesist für den in der mangelnden Abstimmung und Koordination der angewandten Methoden bzw. eingesetzten Geräte
liegenden Behandlungsfehler als Gesamtschuldner (BGH, NJW 1999, 1779,
1780).

Wird im Zusammenhang mit der Durchführung einer Operation ein **Radiologe**   A 354
hinzugezogen, so darf der **Chirurg** auf dessen Befundauswertung vertrauen
(OLG Düsseldorf VersR 1989, 191).

Demgegenüber kann sich der Radiologe darauf verlassen, dass der überweisende   A 355
Arzt die Indikationsprufung der Diagnosemaßnahme fehlerfrei durchgeführt hat
(OLG Stuttgart, VersR 1991, 1060; OLG Düsseldorf, VersR 1984, 643: Indikati-
onsstellung für Angiographie durch Neurologen; OLG Hamm, Urt. v. 26. 5. 2004
– 3 U 127/02, MedR 2005, 471, 473: Überweisung (nur) zur Durchführung einer
Mammografie).

6. Zeitliche Nachfolge

Bei zeitlich nachfolgender **Behandlung wegen desselben Leidens** bzw. von **Ärzten**   A 356
desselben Fachgebietes hat der Erstbehandler den nachfolgenden Arzt in einem
Arztbrief über die getroffenen therapeutischen und diagnostischen Maßnahmen,
den Entlassungsbefund und die seiner Meinung nach **bestehenden therapeutischen Konsequenzen zu unterrichten** (Gehrlein, Rz. B 74). Der nachbehandelnde
Arzt kann im Allgemeinen darauf vertrauen, dass der Erstbehandler den Patienten in dessen Verantwortungsbereich sorgfältig und ordnungsgemäß untersucht
und behandelt sowie eine zutreffende Indikation, Diagnose und Therapiewahl

veranlasst hat (OLG Naumburg, Urt. v. 18. 1. 2008 – 1 U 77/07, NJW-RR 2009, 28, 29; OLG Oldenburg MedR 1999, 36; OLG Jena, Beschl. v. 15. 1. 2004 – 4 U 836/03, GesR 2004, 180, 181 bei Überweisung des niedergelassenen Augenarztes an einen operativ tätigen Augenarzt; BGH, Urt. v. 14. 1. 2010 – III ZR 188/09, GesR 2010, 191, 194, Nr. 23: keine gegenseitige Überwachungspflicht; Spickhoff-Greiner, § 823 BGB Rz. 68, 75).

A 357 Grundsätzlich hat der nachfolgende Arzt **bei bloßer zeitlicher Nachfolge** von Ärzten des gleichen Fachgebiets die **Diagnose und die Therapiewahl des Vorbehandlers eigenverantwortlich zu überprüfen** (OLG Jena, Urt. v. 23. 5. 2007 – 4 U 437/05, VersR 2008, 401, 403 = OLGR 2007, 988, 991/992; KG, Urt. v. 13. 11. 2003 – 20 U 111/02, GesR 2004, 136, 137; OLG Naumburg VersR 1998, 983; Spickhoff-Greiner, § 823 BGB Rz. 74, 75; F/N/W, 5. Aufl., Rz. 106; S/Pa, 12. Aufl., Rz. 281; G/G, 6. Aufl., Rz. B 133: ggf. Wiederholung nicht belastender Diagnostik; im Ergebnis auch OLG Düsseldorf, Urt. v. 17. 11. 2011 – I-8 U 1/08, Nr. 39: Vertrauensgrundsatz, Zweifeln an der Richtigkeit der mitgeteilten Diagnose muss der Nachbehandler aber nachgehen; vgl. hierzu Rz. A 255, A 255a, A 255b).

A 357a Eine Übernahme der von dem vorbehandelnden Arzt erhobenen Befunde bietet sich im Einzelfall an, wenn diese zuverlässig erscheinen (z. B. Röntgenbilder, CT, MRT, histologische Befunde) oder die wiederholte Diagnostik den Patienten belasten würde. Im Regelfall wird eine nichtbelastende Diagnostik (z. B. Labor, nicht invasive Diagnostik) in der Regel wiederholt werden, weil die aktuellen Befunde vom Nachbehandler selbständig ausgewertet werden müssen. Der nachbehandelnde Arzt darf den diagnostischen und therapeutischen Wertungen des vorbehandelnden Arztes nicht ohne eigene Prüfung folgen. Auch gegenüber einem spezialisierten Arzt gilt jedenfalls das Prinzip der **Plausibilitätsprüfung dahin, dass leicht erkennbaren Zweifeln und Bedenken gegen die Richtigkeit der übermittelten Diagnose nachgegangen werden muss** (so ausdrücklich Spickhoff-Greiner, § 823 BGB, Rz. 74, 75; S/Pa, 12. Aufl., Rz. 281; OLG Düsseldorf, Urt. v. 17. 11. 2011 – I-8 U 1/08, Nr. 39; OLG Düsseldorf, VersR 1991, 1412; OLG Hamm, VersR 1989, 707).

A 358 Hatte der Patient einen Unfall erlitten, so muss der in zeitlicher Nachfolge nachbehandelnde Chirurg oder Orthopäde sich die zuvor gefertigten **Röntgenaufnahmen selbst genau ansehen** und die Diagnose des vorbehandelnden Chirurgen insbesondere dann überprüfen, wenn auch nach mehreren Wochen keine Besserung der Beschwerden eingetreten ist (KG, Urt. v. 13. 11. 2003 – 20 U 111/02, GesR 2004, 136, 137).

A 359 Erforderlichenfalls muss der nachbehandelnde Chirurg oder Orthopäde **weitere Röntgenaufnahmen**, ggf. Röntgen-Schichtaufnahmen und Funktionsaufnahmen durchführen bzw. veranlassen. Unterlässt er diese weiteren diagnostischen Maßnahmen, kommt eine Beweislastumkehr aus dem Gesichtspunkt der „unterlassenen Befunderhebung" in Betracht (vgl. KG, Urt. v. 13. 11. 2003 – 20 U 111/02, GesR 2004, 136, 137; vgl. hierzu → *unterlassene Befunderhebung*, Rz. U 1 ff., U 100 ff.).

Der „**Vertrauensgrundsatz**" vermag den weiter behandelnden Arzt auch dann   A 360
nicht zu entlasten, wenn er erkennt oder erkennen muss, dass **ernsthafte Zweifel** an den erhobenen Befunden bestehen, insbesondere, wenn diese im Hinblick
auf den bisherigen Krankheitsverlauf **eindeutig lückenhaft** sind oder gar nicht
zum Krankheitsbild passen (OLG Naumburg, VersR 1998, 983; OLG Celle, Urt.
v. 17. 9. 2001 – 1 U 3/01, AHRS III, 2030/309 und 1510/300: mitgeteilte Werte
physiologisch praktisch unmöglich; OLG Jena, Urt. v. 23. 5. 2007 – 4 U 437/05,
VersR 2008, 401, 403 = OLGR 2007, 988, 992: Divergenz zwischen Befund des
Onkologen und des Radiologen).

Dies gilt etwa dann, wenn die vom vorbehandelnden Arzt getroffene Diagnose   A 361
eines „Schlaganfalls" zu keinem Zeitpunkt nahe lag und nach den neurologischen Befunden vielmehr eine Reihe von Hirnerkrankungen in Betracht kamen,
so dass es sich bereits für den Vorbehandler als zwingende Notwendigkeit dargestellt hätte, eine Computertomographie bzw. eine Kernspin-Aufnahme anzufertigen (OLG Naumburg, VersR 1998, 983).

7. Zurechnungszusammenhang; fortbestehende Haftung des Erstbehandlers

Der vor- bzw. erstbehandelnde Arzt ist haftungsrechtlich auch für Behandlungs-   A 362
fehler des Nachbehandlers verantwortlich (BGH, Urt. v. 6. 5. 2003 – VI ZR
259/02, NJW 2003, 2311, 2314 = VersR 2003, 1128, 1130 = MedR 2004, 51, 53 =
MDR 2003, 989, 990; BGH, Urt. v. 22. 5. 2012 – VI ZR 157/11, VersR 2012, 905
= GesR 2012, 419 = NJW 2012, 2024, Nr. 12, 14; ebenso die Vorinstanz OLG
München, Urt. v. 21. 4. 2011 – 1 U 2363/10, VersR 2011, 1012, 1013; OLG München, NJW 1999, 2731; NJW 1989, 767, 768; OLG Brandenburg, Urt. v. 8. 4. 2003
– 1 U 26/00, VersR 2004, 1050, 1053; OLG Bremen, Urt. v. 13. 1. 2006 – 4 U
23/05, MedR 2007, 660, 662; OLG Köln, Urt. v. 12. 1. 2005 – 5 U 96/03, OLGR
2005, 159, 160; Urt. v. 23. 1. 2002 – 5 U 85/01, VersR 2003, 860, 861; OLG München, Urt. v. 27. 3. 2003 – 1 U 4449/02, VersR 2005, 89; OLG Schleswig, Urt. v.
4. 4. 2008 – 4 U 172/07, OLGR 2009, 126, 130/131).

Der **Zurechnungszusammenhang entfällt** nur dann (vgl. hierzu → *Kausalität*,   A 363
Rz. K 47 ff.), wenn die Nachbehandlung einer Krankheit oder Komplikation in
keinem inneren Zusammenhang mit therapeutischen oder diagnostischen Maßnahmen des Erstbehandlers steht oder wenn der die Zweitschädigung herbeiführende Arzt **in außergewöhnlich hohem Maße** die an ein gewissenhaftes ärztliches Verhalten zu stellenden **Anforderungen außer Acht gelassen und derart
gegen alle ärztlichen Regeln und Erfahrungen verstoßen** hat, dass der eingetretene Schaden seinem Handeln **haftungsrechtlich-wertend allein zugerechnet
werden muss** (BGH, Urt. v. 6. 5. 2003 – VI ZR 259/02, NJW 2003, 2311, 2314 =
VersR 2003, 1128, 1130 = MedR 2004, 51, 53; BGH, Urt. v. 22. 5. 2012 – VI ZR
157/11, VersR 2012, 905 = GesR 2012, 419 = NJW 2012, 2024, Nr. 15; BGH,
NJW 1989, 767, 768 und OLG Brandenburg, Urt. v. 8. 4. 2003 – 1 U 26/00, VersR
2004, 1050, 1053 sowie OLG Hamm, VersR 1992, 610, 611: „völlig ungewöhnliches, unsachgemäßes Verhalten"; OLG Bremen, Urt. v. 13. 1. 2006 – 4 U 23/05,
MedR 2007, 660, 662: nur wenn der für die Zweitschädigung verantwortliche
Arzt „in **außergewöhnlichem Maß gegen alle Regeln und ärztlichen Erfahrungen
verstoßen**" hat; OLG Koblenz, Urt. v. 24. 4. 2008 – 5 U 1236/07, NZV 2009, 39,

40: „Sorgfaltspflichten in außergewöhnlich hohem Maß verletzt"; OLG Köln, Urt. v. 12. 1. 2005 – 5 U 96/03, OLGR 2005, 159, 160 = AHRS III, 0812/304; OLG Köln, Urt. v. 23. 1. 2002 – 5 U 85/01, VersR 2003, 860, 861; OLG München, Urt. v. 27. 3. 2003 – 1 U 4449/02, VersR 2005, 89; OLG Oldenburg VersR 1998, 1110, 1111; OLG Saarbrücken, VersR 2000, 1241, 1244; OLG Schleswig, Urt. v. 4. 4. 2008 – 4 U 172/07, OLGR 2009, 126, 130: kein innerer Zusammenhang mit der Erstbehandlung oder „**Pflichtverletzung im oberen Bereich des groben Behandlungsfehlers**"; OLG Schleswig, Urt. v. 11. 4. 2003 – 4 U 160/01, AHRS III, 0812/301 und OLG Hamm, Urt. v. 24. 9. 2003 – 3 U 236/02, AHRS III, 0812/303: nur wenn feststeht, dass der durch den Erstbehandler angelegte Schaden erst durch ein **völlig ungewöhnliches und unsachgemäßes Verhalten des Nachbehandlers** entscheidend ausgelöst bzw. beeinflusst worden ist, kann der Schaden diesem haftungsrechtlich-wertend allein zugeordnet werden; G/G, 6. Aufl., Rz. B 191; Gehrlein, Rz. B 77, B 108: **Versagen im oberen Bereich des groben Behandlungsfehlers**; S/Pa, 12. Aufl., Rz. 282, 283; F/N/W, 5. Aufl., Rz. 73; Wertenbruch, NJW 2008, 2962, 2964: nur wenn der Zweitbehandler seine Sorgfaltspflichten „in gröblichster Weise" verletzt bzw. wenn ein „im obersten Bereich der groben Fahrlässigkeit anzusiedelndes Verhalten" vorliegt).

A 364   Damit wird ein Fehlverhalten des Nachbehandlers angesprochen, das **über einen etwa festgestellten „groben Behandlungsfehler" hinausgeht** (OLG Jena, Urt. v. 15. 2. 2006 – 4 U 579/05, AHRS III, 0812/305; ebenso OLG Hamm, Urt. v. 24. 9. 2003 – 3 U 236/02, AHRS III, 0812/303: allein die Feststellung eines „groben Behandlungsfehlers" des Nachbehandlers genügt nicht, um den Zurechnungszusammenhang zum Fehler des Erstbehandlers auszuschließen; OLG Köln, VersR 1994, 987, 989; F/N/W, 5. Aufl., Rz. 73; Wertenbruch, NJW 2008, 2962, 2964).

A 365   Danach können dem Erstbehandler also auch unter dieser Schwelle liegende → *grobe Behandlungsfehler* (Rz. G 101 ff., G 161) **des Zweitbehandlers zugerechnet** werden (OLG Schleswig, Urt. v. 4. 4. 2008 – 4 U 172/07, OLGR 2009, 126, 130/131; OLG Hamm, VersR 1992, 610, 612; OLG Hamm, Urt. v. 24. 9. 2003 – 3 U 236/02, AHRS III, 0812/303; OLG Jena a.a.O.; OLG Köln, VersR 1994, 987, 989; OLG Oldenburg, VersR 1998, 1110, 1111; OLG Saarbrücken, VersR 2000, 1241; G/G, 6. Aufl., Rz. B 191; Wertenbruch, NJW 2008, 2962, 2964; F/N/W, 5. Aufl. 2013, Rz. 73 a. E.: **Ein „nur" grober Behandlungsfehler des nachbehandelnden Arztes ist dem Erstbehandler grundsätzlich noch zurechenbar**; S/Pa, 12. Aufl. 2013, Rz. 283: Ein grober Behandlungsfehler des nachbehandelnden Arztes muss nicht stets den Zurechnungszusammenhang unterbrechen, sofern **der Behandlungsverlauf ausnahmsweise dadurch keine richtungsgebende Veränderung erfahren hat**).

A 366   Ist aufgrund des **Behandlungsfehlers des erstbehandelnden Gynäkologen** ein weiterer Eingriff durchzuführen, bei dem der Patientin (auch) der Uterus entfernt wird, so hat der Erstbehandler hierfür auch dann einzustehen, wenn die Uterusentfernung der Patientin **vom Nachbehandler fehlerhaft angeraten** worden ist oder ihm **im Rahmen der Folgeoperation ein Fehler unterläuft** (BGH, Urt. v. 6. 5. 2003 – VI ZR 259/02, VersR 2003, 1128, 1130 = NJW 2003, 2311, 2313: kein grober Behandlungsfehler des Nachbehandlers festgestellt).

Wird ein bösartiger Tumor anlässlich der hierfür angesetzten Operation behand- A 366a
lungsfehlerhaft nicht entfernt, wird deshalb ein Zweiteingriff erforderlich und
kommt es dabei zu einer Nahtinsuffizienz mit der weiteren Folge der Anlage ei-
nes Anus Praeter, ist die **Haftung des Erstoperateurs nach der „Schutzzwecklehre"** **nicht zu begrenzen, wenn sich bei dem zweiten Eingriff ein durch den Ersteingriff nicht erhöhtes, operationsimanentes Risiko verwirklicht hat.** Dies gilt
insbesondere dann, wenn der dem Erstbehandler vorzuwerfende Behandlungsfehler **den weiteren Krankheitsverlauf entscheidend geprägt** hat und den nachbehandelnden Ärzten jedenfalls kein grober Behandlungsfehler vorzuwerfen ist
(BGH, Urt. v. 22. 5. 2012 – VI ZR 157/11, VersR 2012, 905 = GesR 2012, 419 =
NJW 2012, 2024, Nr. 16 und OLG München, Urt. v. 21. 4. 2011 – 1 U 2363/10,
VersR 2011, 1012, 1013 als Vorinstanz: auch kein einfacher Behandlungsfehler
des Nachbehandlers festgestellt).

Verzögert der Erstbehandler (hier: ein Internist) schuldhaft **die notfallmäßige** A 367
Weiterverlegung des Patienten zur Durchführung einer dringend indizierten
Operation (hier: operative Freilegung des Hodens bei Verdacht auf Hodentorsion)
um mehr als vier Stunden, so hat er auch für die in der chirurgischen Abteilung
der **nachbehandelnden Klinik eingetretene weitere, schuldhafte Verzögerung**
von ca. zwei Stunden einzustehen. Der dort aufgrund eines unverständlichen
Organisationsfehlers verspätete Beginn der Operation erfüllt das Kriterium des
völlig ungewöhnlichen unsachgemäßen Verhaltens, aufgrund dessen der eingetretene Schaden des Patienten haftungsrechtlich-wertend allein der nachbehandelnden Klinik zugerechnet werden müsste, noch nicht (OLG Köln, Urt. v.
13. 1. 2002 – 5 U 85/01, VersR 2003, 860, 861).

Unterlässt der erstbehandelnde Orthopäde trotz unter konservativer Therapie A 368
fortbestehender Schmerzen die Anfertigung einer **Röntgenaufnahme**, nach deren
Auswertung mit hinreichender Wahrscheinlichkeit ein Tumor bzw. eine Knochenzyste (hier: bei HWK 4) festgestellt worden wäre (Beweislastumkehr wegen
unterlassener Befunderhebung), entfällt seine – gesamtschuldnerische – Haftung
nicht deshalb, weil dem **nachbehandelnden Orthopäden** in der Gesamtschau ein
„grober Behandlungsfehler" unterläuft (hier: in Kenntnis der Vorbefunde nur
zwei qualitativ minderwertige Röntgenaufnahmen gefertigt, hierauf ohne weiteres erkennbare Raumforderung übersehen, Krankengymnastik verordnet),
wenn diese Pflichtverletzung **nicht „im oberen Bereich" des groben Behandlungsfehlers** liegt (OLG Schleswig, Urt. v. 4. 4. 2008 – 4 U 172/07, OLGR 2009,
126, 130/131: Pflichtverletzung „im unteren Bereich" des groben Behandlungsfehlers angenommen; OLG Jena, Urt. v. 15. 2. 2006 – 4 U 579/05, AHRS III,
0812/305: Fehlverhalten des Nachbehandlers muss im oberen Bereich des groben
Behandlungsfehlers liegen) und der **Schaden durch den Nachbehandler nicht ver-
tieft oder in anderer Weise entscheidend beeinflusst wird** (OLG Schleswig,
a. a. O.).

Allerdings kann sich der Patient nicht auf eine Beweislastumkehr für den Nach- A 369
weis der haftungsausfüllenden Kausalität (vgl. § 287 ZPO) des Behandlungsfehlers des vorbehandelnden Arztes berufen (S/Pa, 12. Aufl., Rz. 283). Steht die Mitursächlichkeit seines Fehlers für den eingetretenen Primärschaden (Anwendung
des § 286 ZPO, vgl. hierzu Rz. K 4 ff.) fest, so kommt eine gesamtschuldnerische

Haftung des Vor- und Nachbehandlers in Betracht. Kann eine Mitursächlichkeit nicht festgestellt werden und greift zulasten des Vorbehandlers auch keine Beweislastumkehr, etwa aus dem Gesichtspunkt des → *groben Behandlungsfehlers* oder der → *unterlassenen Befunderhebung* ein, scheidet dessen Haftung aus.

II. Vertikale Arbeitsteilung

Vgl. auch → *Anfängereingriffe, Anfängeroperationen*, Rz. A 100 ff.

1. Begriff, Übersicht

A 370   Bei der vertikalen Arbeitsteilung geht es um die haftungsrechtliche Problematik, welche Aufgaben von einem Chefarzt, Oberarzt oder sonstigen Facharzt auf Assistenzärzte, Krankenschwestern und Krankenpfleger übertragen werden können, **in welchem Umfang Kontrollen des nachgeordneten ärztlichen und nichtärztlichen Dienstes erforderlich** sind und **inwieweit sich nachgeordnetes ärztliches und nichtärztliches Personal auf die Organisation und die Anordnungen der vorgesetzten Ärzte verlassen können** (G/G, 6. Aufl., Rz. B 137, 139, 140; L/K-Laufs/Kern, 4. Aufl., § 100 Rz. 13–17; S/Pa, 12. Aufl., Rz. 260–270; Wenzel-Müller, Kap. 2 Rz. 1588; Wenzel-Mennemeyer, Kap. 2, Rz. 1894–1897; Spickhoff-Greiner, § 823 BGB Rz. 76; vgl. BGH, Urt. v. 7. 12. 2004 – VI ZR 212/03, NJW 2005, 888 = VersR 2005, 408 und OLG Karlsruhe, Urt. v. 16. 5. 2001 – 7 U 46/99, VersR 2003, 116 sowie OLG Koblenz, Urt. v. 5. 2.2009 – 5 U 854/08, GesR 2009, 198, 200: Belegkrankenhaus/Belegarzt/Hebamme; OLG Karlsruhe, Urt. v. 13. 10. 2004 – 7 U 122/03, VersR 2005, 1587 = NJW-RR 2005, 107 = GesR 2005, 115: Organisationspflicht eines Belegkrankenhauses/Beleghebamme; OLG Düsseldorf, Urt. v. 12. 6. 2008 – I-8 U 129/07, MedR 2009, 285, 289: Belegarzt/beim Klinikträger angestellte Anästhesistin; OLG Köln, Urt. v. 13. 1. 2010 – 5 U 41/09, VersR 2010, 1454, 1455: Belegarzt hat die Aufgaben eines leitenden ärztlichen Direktors übernommen; OLG Düsseldorf, Urt. v. 13. 2. 2003 – 8 U 41/02, VersR 2005, 230; OLG Düsseldorf, Urt. v. 26. 4. 2007 – I-8 U 37/05, VersR 2008, 534, 536 = GesR 2008, 19, 20: Hebamme/geburtsleitender Arzt; OLG Koblenz, Urt. v. 3. 5. 2007 – 5 U 567/05, VersR 2008, 222, 223: Hebamme/Assistenzarzt; OLG Stuttgart, Urt. v. 8. 7. 2003 – 1 U 104/02, OLGR 2004, 239: Assistenzärztin/Hebamme; OLG Oldenburg, Beschl. v. 8. 11. 2010 – 5 U 89/10, VersR 2011, 1401 = MDR 2011, 361, 362: Beurteilung zureichender Ausstattung ist Aufgabe des Belegarztes).

2. Übertragung auf Assistenzärzte; Fehler des Assistenzarztes

A 371   **Die Übertragung** einer selbständig durchzuführenden Operation auf einen dafür **nicht ausreichend qualifizierten Assistenzarzt** (BGH, NJW 1984, 655; NJW 1992, 1560; Katzenmeier, MedR 2004, 34, 38; F/N/W, 5. Aufl., Rz. 92, 163; L/K-Laufs/Kern, § 100 Rz. 23; G/G, 6. Aufl., Rz. B 139; S/Pa, 12. Aufl., Rz. 284, 291), einer Intubationsnarkose bei einer intraoperativ notwendig werdenden Umlagerung des Patienten (BGH, MDR 1993, 955) stellt einen **Behandlungsfehler in der Form eines Organisationsfehlers** dar (vgl. Rz. A 100, A 124).

Gleiches gilt für die **eigenverantwortliche Übernahme einer Geburt durch einen** A 372
jeweils nicht ausreichend qualifizierten Assistenzarzt (BGH, VersR 1994, 1303 =
MedR 1994, 490; OLG Stuttgart, Urt. v. 8. 7. 2003 – 1 U 104/02, GesR 2004, 224:
beim Auftreten von Komplikationen Heranziehung des Facharztes erforderlich;
zu weiteren Einzelheiten vgl. → *Anfängereingriffe, Anfängeroperationen,*
Rz. A 100, A 106 ff.).

Dem nicht ausreichend qualifizierten Assistenzarzt kann jedoch nur dann der A 373
Vorwurf eines Behandlungsfehlers gemacht werden, wenn er nach den bei ihm
vorauszusetzenden Kenntnissen und Erfahrungen gegen die Übernahme eines
selbständig durchzuführenden Eingriffs **Bedenken hätte haben und eine Gefährdung des Patienten hätte voraussehen müssen** (BGH, NJW 1984, 655; OLG Düsseldorf, Urt. v. 13. 2. 2003 – 8 U 41/02, VersR 2005, 230: wenn sich dem Assistenzarzt Bedenken hätten aufdrängen müssen; OLG Koblenz, Urt. v. 3. 5. 2007
– 5 U 567/05, VersR 2008, 222 = GesR 2007, 591, 593: wenn sich das Vorgehen
des Arztes nicht als schlechterdings unvertretbar mit dem erkennbaren Erfordernis sofortiger Intervention darstellte).

Sofern nicht für ihn erkennbare Umstände hervortreten, die ein solches Ver- A 374
trauen nicht als gerechtfertigt erscheinen lassen, **kann sich der Assistenzarzt**
auf die vom Chef- oder Oberarzt getroffene Entscheidung verlassen (OLG Brandenburg, Urt. v. 25. 2. 2010 – 12 U 60/09, juris, Nr. 21, 22 = VersR 2010, 1601,
1602 mit Anmerkung Jaeger; OLG Düsseldorf, Urt. v. 13. 2. 2003 – 8 U 41/02,
VersR 2005, 230). Dies gilt etwa **bei Stellung der Indikation zur Operation**
(OLG Düsseldorf VersR 1991, 1412), **der Entscheidung des Chef- oder Oberarztes, eine Fraktur konservativ zu therapieren** (OLG Düsseldorf, Urt. v. 13. 2. 2003
– 8 U 41/02, VersR 2005, 230), **einer mit dem Oberarzt abgesprochenen Vorgehensweise** (OLG Düsseldorf, Urt. v. 13. 2. 2003 – 8 U 41/02, VersR 2005, 230;
OLG Hamm VersR 1998, 104; OLG Köln VersR 1993, 1157; OLG Zweibrücken
VersR 1997, 833), **der vom ausbildenden Chef- oder Oberarzt getroffenen Entscheidung und Beurteilung eines intraoperativen Befundes** (OLG Zweibrücken,
Urt. v. 27. 2. 2001 – 5 U 17/00, AHRS III, 920/312; vgl. auch Rz. A 135–A 139).

Grundsätzlich **darf der Assistenzarzt auch auf eine vom Chef- oder Oberarzt ge-** A 375
billigte Diagnose (OLG München, VersR 1993, 1400; OLG Köln, VersR 1993,
1157; auch OLG Brandenburg, Urt. v. 25. 2. 2010 – 12 U 60/09, VersR 2010, 1601,
1602) **sowie auf die vom Krankenhausträger bzw. vom verantwortlichen Chefarzt getroffenen organisatorischen Vorsorgemaßnahmen für den Fall, dass seine
Fähigkeiten nicht ausreichen, vertrauen** (BGH, VersR 1994, 1303 = NJW 1994,
3008 = MDR 1994, 1088; vgl. Rz. A 136, A 148).

Der nachgeordnete Assistenzarzt haftet daher nur bei einem allein von ihm zu A 375a
verantwortenden Verhalten, etwa, weil ihm eine Behandlung zur selbständigen
Ausführung überlassen wird, wenn er **durch voreiliges Handeln einer ihm erteilten Anweisung der ärztlichen Leistung zuwiderhandelt**, er pflichtwidrig **eine gebotene Remonstration unterlässt oder ihm ein Übernahmeverschulden zur Last
fällt**, etwa weil er gegen die angeordnete Durchführung Bedenken haben müsste
(OLG Brandenburg, Urt. v. 25. 2. 2010 – 12 U 60/09, juris, Nr. 21, 22 = VersR
2010, 1601, 1602 mit Anmerkung Jaeger).

A 375b Ein in Ausbildung befindlicher Assistenzarzt ist für einen – möglichen – Behandlungsfehler während einer Operation danach nicht verantwortlich, wenn er ohne
Aufsicht und Anleitung eines (Fach-)Oberarztes operiert und **keine Anhaltspunkte für ein voreiliges oder eigenmächtiges Handeln des Assistenzarztes** vorliegen (BGH, VersR 1997, 833).

A 376 So ist es nicht zu beanstanden, wenn ein Assistenzarzt damit beauftragt wird,
unter Aufsicht und Eingriffsbereitschaft eines erfahrenen Facharztes **eine Hüftoperation (Einsatz eines künstlichen Hüftgelenkes) durchzuführen**. Es ist auch
nachvollziehbar, dass ein Assistenzarzt für eine solche Operation mehr Zeit benötigt, als ein erfahrener Operateur (OLG Hamm, Urt. v. 30. 11. 2005 – 3 U
61/05, AHRS III, 3010/310).

A 377 Auch eine **Stationsärztin**, die dem gynäkologischen Chef- oder Oberarzt bei der
Leitung einer Geburt **lediglich begleitend assistiert**, haftet nicht für eine bei der
Geburt eingetretene Schädigung des Kindes (OLG Zweibrücken, VersR 2000,
728) oder die **Fehlbeurteilung eines unklaren, intraoperativen Befundes durch
den Chef- oder Oberarzt** (OLG Zweibrücken, Urt. v. 27. 2. 2001 – 5 U 17/00,
AHRS III, 920/312: nur wenn sich ernsthafte Bedenken gegen die Entscheidung
aufdrängen müssen).

A 378 Es ist auch nicht zu beanstanden und begründet weder eine Haftung der Assis-
tenzärztin und der Hebamme noch der Klinik, dass bei einer bevorstehenden Geburt, bei der sich zunächst keine Risikokonstellation abzeichnet, eine **erfahrene
Hebamme die Geburtsleitung übernimmt** und die mit anwesende unerfahrene
Assistenzärztin, die noch keine Geburt eigenverantwortlich geleitet hat, die
Hebamme lediglich unterstützt. Bei einer derartigen Rollenverteilung bestehen
Anhaltspunkte für **Behandlungsfehler der helfenden Assistenzärztin nur dann,
wenn Fehler der Hebamme erkennbar werden** und es die Ärztin unterlässt, un-
verzüglich einen Facharzt heranzuziehen oder **wenn der Assistenzärztin bei ih-
ren Unterstützungsmaßnahmen selbst ein Behandlungsfehler unterläuft** (OLG
Stuttgart, Urt. v. 8. 7. 2003 – 1 U 104/02, GesR 2004, 224).

A 379 **Prozessual ist jedoch Folgendes zu beachten:** Für eine Haftungsfreistellung des
Assistenzarztes genügt es nicht, vorzutragen, es sei ein in der Weiterbildungszeit
befindlicher Stationsarzt tätig geworden. Wurde die Schädigung durch ein Unterlassen begangen (hier: unterlassene Blutgasanalyse im Rahmen der künstlichen
Beatmung eines Frühgeborenen), bedarf es eines Vortrages der Behandlungsseite
dazu, ob und inwieweit der Facharzt gegenüber dem nachgeordneten (Assis-
tenz-)Arzt etwaige Anweisungen zur Vornahme bzw. Nichtvornahme medizinisch gebotener Befunderhebungen bzw. therapeutischer Maßnahmen erteilt
hat. Kommt eine Haftung des Assistenzarztes wegen eines **Übernahmeverschuldens** in Betracht, oder beruft sich der Assistenzarzt auf eine ihm erteilte **fachärztliche Anweisung, ist ein Vortrag der Behandlungsseite zu den konkreten Or-
ganisationsstrukturen, den Anordnungen des Facharztes im Einzelfall und auch
dazu erforderlich, dass es sich um Anordnungen handelte, denen der Assistenzarzt nichts entgegen halten konnte** (OLG Brandenburg, Urt. v. 25. 2. 2010 – 12
U 60/09, juris, Nr. 21, 22 = VersR 2010, 1601, 1602).

3. Haftung des Belegkrankenhauses für dort angestellte Ärzte und Hebammen
(Zur Haftung des Krankenhausträgers vgl. auch Rz. K 190 ff.;
zur Haftung des Belegarztes vgl. auch Rz. K 200 ff.;
zur gesamtschuldnerischen Haftung Rz. K 210 ff.).

Für Behandlungsfehler anlässlich eines Geburtsvorgangs haftet der Kranken- A 380
hausträger für die **bei ihm angestellten Ärzte und Hebammen** über §§ 278, 831
BGB. Handelt es sich um ein Belegkrankenhaus, so haftet dessen Träger für Fehler der bei ihm beschäftigten Hebamme nur solange, als die **Hebamme quasi
eigenverantwortlich und ohne die Leitung des Belegarztes tätig** ist. Wird die vor
der Entbindung stehende Patientin von der Hebamme oder anderem nichtärztlichen Personal – **vor der Übernahme der Geburt durch den Belegarzt** – überwacht, muss das Krankenhaus für Fehler der Hebamme und Krankenschwestern
einstehen (OLG Karlsruhe, Urt. v. 16. 5. 2001 – 7 U 46/99, VersR 2003, 116, 118;
Urt. v. 13. 10. 2004 – 7 U 122/03, VersR 2005, 1587; OLG Bamberg, Urt. v.
1. 8. 2011 – 4 U 38/09, GesR 2012, 301, 303/304: die ärztliche Garantenstellung
entsteht mit der Übernahme der Behandlung: OLG Koblenz, Urt. v. 5. 2. 2009 –
5 U 854/08, VersR 2010, 356: zutreffender, telefonischer Rat des Belegarztes gegenüber der Hebamme begründet noch keine Übernahme der Geburt; OLG Düsseldorf, Urt. v. 26. 4. 2007 – I-8 U 37/05, AHRS III, 2500/359: Remonstrationspflicht der Hebamme bei erkennbar unsachgemäßem Handeln des Belegarztes).

Der Träger des Belegkrankenhauses haftet für die Bereitstellung der technisch- A 380a
apparativen Einrichtungen und die erforderliche personelle Ausstattung, also
für die beim Klinikträger angestellten Ärzte, die andere fachliche Tätigkeiten
als der Belegarzt erfüllen (z. B. Anästhesisten) **sowie für die nicht-ärztlichen**
Hilfskräfte der Klinik (OLG Düsseldorf, Urt. v. 12. 6. 2008 – I-8 U 129/07,
MedR 2009, 285, 286: Haftung für Anästhesisten; OLG Koblenz, Urt. v. 5. 2. 2009
– 5 U 854/08, OLGR 2009, 401: **Haftung für angestellte Hebammen, nicht dage-**
gen für eine Beleghebamme; OLG Koblenz, Urt. v. 5. 2. 2009 – 5 U 854/08,
VersR 2010, 356: **Haftung für angestellte Hebamme vor Übernahme der Geburt**
durch den Belegarzt; OLG Köln, Urt. v. 31. 1. 2005 – 5 U 130/01, AHRS III,
3020/301: Haftung des KKH auch **für selbständige Beleghebamme** dann, wenn
dieser beim totalen Krankenhausvertrag die Mitbetreuung der Schwangeren
überlassen wird; OLG Oldenburg, Beschl. v. 8. 11. 2010 – 5 U 89/10, VersR 2011,
1401 = MDR 2011, 361, 362; BGH, NJW 1996, 2429, 2430: **CTG-Überwachung**
erfolgt durch eine **Nachtschwester**, Organisationsverschulden des KKH; OLG
Oldenburg, VersR 1997, 1236: **CTG-Auswertung nur durch eine Hebamme**;
OLG Karlsruhe, Urt. v. 16. 5. 2001 – 7 U 46/99, VersR 2003, 116, 118: unrichtige
Beurteilung oder weisungswidrige Verzögerung des CTG vor Übernahme der Ge-
burt durch Belegarzt; OLG Stuttgart, NJW 1994, 1114: **Hebamme versucht, eine**
Schulterdystokie beim Geburtsvorgang zu lösen bzw. **führt die Geburtsleitung**
bei einer – für sie erkennbaren – Risikogeburt durch; OLG Hamm VersR 1991,
228: Hebamme zieht bei Risikogeburt keinen Facharzt heran; OLG München,
VersR 1991, 586: bei Herztonabfall keinen Facharzt gerufen; vgl. aber OLG
Koblenz, Urt. v. 5. 2. 2009 – 5 U 854/08, VersR 2010, 356: **keine Haftung des**
KKH für Mängel der geburtsrelevanten Ausstattung des Belegarztes oder der Be-
leghebamme, Belegarzt muss prüfen, ob Ausstattung eines Belegkrankenhauses
ausreicht; Spickhoff-Greiner, § 823 BGB Rz. 312, 314, 316; vgl. auch G/G,

6. Aufl., Rz. A 35, 39, 41, 42, 44, 68; F/N/W, 5. Aufl., Rz. 62, 63: **KKH haftet für die eigenen nachgeordneten Ärzte, die nicht auf Veranlassung des Belegarztes oder nicht in dessen Fachgebiet tätig wurden, sowie für das nichtärztliche Krankenhauspersonal, soweit nicht eigene Vertragspflichten bestehen wie z. B. bei Beleghebammen;** S/Pa, 12. Aufl., Rz. 43, 45: Für Fehler der Pflegekräfte und angestellten Hebammen **haftet der Belegarzt ab Übernahme der Geburtsleitung** und außerhalb eines Eingriffs dann, wenn er nicht für die von ihm zu erteilenden Anweisungen und ihre Überwachung gesorgt hat).

A 380b   Hat das Krankenhaus die Geburtsbetreuung im Rahmen eines totalen Krankenhausvertrages übernommen, haftet der Krankenhausträger auch für die **Fehler einer selbständigen Beleghebamme**, wenn dieser die (Mit-)Betreuung der Schwangeren überlassen wird. Unklarheiten über Art und Umfang der Pflichten des eigenen Personals und einer Beleghebamme gehen zulasten des Krankenhausträgers (OLG Köln, Urt. v. 31. 1. 2005 – 5 U 130/01, AHRS III, 3020/301).

A 380c   Für Fehlleistungen der Krankenhausärzte, etwa **einen dem Belegarzt (Chirurg, Gynäkologe, o. a.) für den Eingriff gestellten Anästhesisten oder des konsiliarisch mitbehandelnden HNO-Arztes haftet der Krankenhausträger**, soweit diese Ärzte beim Krankenhausträger angestellt oder auf dem Gebiet der Regelleistungen des Krankenhauses – und nicht des Belegarztes – tätig sind (Spickhoff-Greiner, § 823 BGB Rz. 314, 315; G/G, 6. Aufl., Rz. A 39, A 41; F/N/W, 5. Aufl., Rz. 62, 63; OLG Düsseldorf, NJW-RR 1993, 484; OLG Koblenz, NJW 1990, 1535; OLG Köln, VersR 1990, 309).

A 380d   Allerdings **haftet nicht der Klinikträger, sondern der Belegarzt dann**, wenn dieser einen beim Krankenhausträger **angestellten Arzt aus demselben Fachgebiet** (z. B. Chirurg zieht Facharzt für Chirurgie aus der Belegklinik hinzu) oder **aus einem anderen Fachgebiet** (z. B. Chirurg wird von HNO-Arzt der Vollabteilung des KKH unterstützt; Fach-oder Assistenzarzt der chirurgischen Abteilung assistiert dem gynäkologischen Belagarzt) **als Operationsassistent hinzuzieht** (Spickhoff-Greiner, § 823 BGB Rz. 312; G/G, 6. Aufl., Rz. A 39; OLG Koblenz a. a. O.; vgl. aber OLG Düsseldorf, Urt. v. 12. 6. 2008 – I-8 U 129/07, MedR 2009, 285, 286: Klinikträger haftet für dort angestellte Anästhesisten).

A 380e   Der Belegarzt haftet auch für **Fehler der von ihm zur Erbringung seiner Leistungen im KKH hinzugezogenen niedergelassenen Ärzte**, soweit diese nicht aufgrund besonderer Umstände in eine eigene vertragliche Beziehung zum Patienten treten, was aber regelmäßig der Fall sein wird (F/N/W, 5. Aufl., Rz. 62; S/Pa, 12. Aufl., Rz. 47, 48; vgl. BGH, NJW 1992, 2962: Vorsorgeuntersuchung des Neugeborenen durch niedergelassenen Kinderarzt, eigene Vertragsbeziehung zum Patienten; vgl. aber OLG Oldenburg, VersR 1996, 1111: hinzugezogener Urologe rechnete mit dem Belegarzt ab; „wer liquidiert, haftet").

A 381   **Eine Haftung des Belegkrankenhauses wegen eines Organisationsverschuldens** kann sich aber ergeben, wenn die geburtshilfliche Belegabteilung für eine bereits erkennbare Problemgeburt **nicht entsprechend ausgestattet, dies dem Krankenhausträger bekannt ist und der werdenden Mutter deshalb nicht zur Verlegung geraten wird** (BGH, Urt. v. 7. 12. 2004 – VI ZR 212/03, NJW 2005, 888, 890 = VersR 2005, 408, 410 und nachfolgend OLG Hamm, Urt. v. 16. 1. 2006 – 3 U

207/02, VersR 2006, 512, 514: **gesamtschuldnerische Haftung** des Belegarztes und des Krankenhausträgers, wenn der Fehler des Belegarztes ein Organisations- oder Kontrollversäumnis des Klinikträgers aufdeckt; BGH, VersR 1996, 976, 977: gesamtschuldnerische Haftung bei Verletzung von Kontroll- bzw. Organisationspflichten).

Die Entscheidung, ob die **Ausstattung eines Belegkrankenhauses ausreicht** (hier: Aufnahme einer Schwangeren mit risikobehafteter Schwangerschaft bzw. drohender Frühgeburt), um die nach der Eingangsdiagnose des Belegarztes erforderlichen ärztlichen Behandlungsmaßnahmen bewältigen zu können, obliegt allein dem Belegarzt. Allerdings umfasst die **Organisationspflicht des Krankenhausträgers auch die Planung und Kontrolle, generell keine Eingriffe durchzuführen bzw. durch einen Belegarzt durchführen zu lassen, für die die personelle oder apparative Ausstattung nicht vorhanden ist.** Voraussetzung für ein Einschreiten gegen die Aufnahme einer Schwangeren bzw. deren Weiterüberweisung in ein Perinatalzentrum ist jedoch die Kenntnis des Krankenhausträgers, dass die Aufnahme zum Zweck der Geburt erfolgt, eine Frühgeburt bzw. Komplikation zumindest droht und die Ausstattung des Krankenhauses bzw. des Belegarztes zur Bewältigung der ärztlichen Aufgabe nicht ausreicht. Ein Einschreiten des Krankenhausträgers ist auch dann erforderlich, wenn ihm **Umstände bekannt werden, welche an der Zuverlässigkeit des Belegarztes zweifeln lassen** (OLG Oldenburg, Beschl. v. 8. 11. 2011 – 5 U 89/10, MDR 2011, 361 = VersR 2011, 1401). A 381a

Eine **Haftung des Belegkrankenhauses wegen eines Organisationsverschuldens** kommt auch dann in Betracht, wenn die Angaben im Prospekt des Belegkrankenhauses für die Patientin die Annahme nahe legen, dass sie bei und nach der Aufnahme ähnlich wie in einem Krankenhaus der Grund- oder Regelversorgung eine umfassende Unterstützung bei der Geburt unter Berücksichtigung aller nach dem medizinischen Standard gebotenen Maßnahmen erwarten und davon ausgehen darf, der Betreiber der Geburtshauses treffe hierfür alle notwendigen organisatorischen Maßnahmen und werde insbesondere die erforderlichen Räume, Instrumente und Apparate vorhalten sowie das benötigte Personal – einschließlich der Ärzte und Hebammen – bereitstellen. Dies ist etwa dann der Fall, wenn der **Betreiber des Geburtshauses im Prospekt damit wirbt, das Team der Hebammen werde durch rasch verfügbare Ärzte ergänzt, Notfälle würden in hauseigenen Operationsräumen behandelt werden** und diese Angaben ausdrücklich oder konkludent Inhalt des Aufnahmevertrages geworden sind (BGH, Urt. v. 7. 12. 2004 – VI ZR 212/03, VersR 2005, 408, 409 = NJW 2005, 891, 892; OLG Hamm, Urt. v. 16. 1. 2006 – 3 U 207/02, VersR 2006, 512, 514). A 381b

Für **Fehler des Belegarztes, die diesem bei der Erbringung der nur von ihm selbst geschuldeten ärztlichen Leistungen** (OLG Karlsruhe, Urt. v. 16. 5. 2001 – 7 U 46/99, VersR 2003, 116, 118; Urt. v. 13. 10. 2004 – 7 U 122/03, VersR 2005, 1587; Spickhoff-Greiner, § 823 BGB Rz. 312, 317; F/N/W, 5. Aufl., Rz. 62) **oder die der Hebamme nach der Übernahme der Geburtsleitung durch den Belegarzt unterlaufen** (BGH, Urt. v. 7. 12. 2004 – VI ZR 212/03, NJW 2005, 888, 890 = VersR 2005, 408, 409 f.; BGH, NJW 2000, 2737, 2738 = VersR 2000, 1146, 1147; BGH, NJW 1995, 1611, 1612 = VersR 1995, 706, 707; OLG Bamberg, Urt. v. 1. 8. 2011 – 4 U 38/03, GesR 2012, 301, 303; OLG Karlsruhe, Urt. v. 16. 5. 2001 – 7 U A 382

46/99, VersR 2003, 116, 118; Urt. v. 13. 10. 2004 – 7 U 122/03, VersR 2005, 1587, 1588; OLG Koblenz, Urt. v. 5. 2. 2009 – 5 U 854/08, VersR 2010, 356; OLG Koblenz, Urt. v. 26. 7. 2000 – 1 U 1606/98, VersR 2001, 897, 898; OLG Stuttgart VersR 2002, 235; Spickhoff-Greiner, § 823 BGB Rz. 316, 317), **haftet der Träger des Belegkrankenhauses nicht** (vgl. zu weiteren Einzelheiten Rz. A 388 ff.).

A 382a   Betreut die im Belegkrankenhaus angestellte Hebamme die Geburt **nach Übernahme der Behandlung durch einen Belegarzt, untersteht sie hierbei dem Weisungs- und Direktionsrecht des Belegarztes und ist deshalb ab diesem Zeitpunkt dessen Erfüllungs- und Verrichtungsgehilfin**, vor diesem Zeitpunkt diejenige des Krankenhausträgers (OLG Celle, VersR 1999, 486; OLG Düsseldorf, Urt. v. 26. 4. 2007 – I-8 U 37/05, VersR 2008, 534, 536 = GesR 2008, 19, 20; OLG Karlsruhe, Urt. v. 13. 10. 2004 – 7 U 122/03, VersR 2005, 1587 = NJW-RR 2005, 107; OLG Stuttgart, MedR 2001, 311, 314; VersR 2002, 235, 238; OLG Koblenz, Urt. v. 5. 2. 2009 – 5 U 854/08, VersR 2010, 356; Spickhoff-Greiner, § 823 BGB Rz. 317; G/G, 6. Aufl., Rz. 44; vgl. auch BGH, NJW 1995, 1611).

A 382b   Allerdings **übernimmt ein zufällig im Kreißsaal anwesender, die Schwangere zuvor nicht betreuender (anderer) Belegarzt die Geburt nicht bereits dann, wenn er in einer sich zuspitzenden Geburtssituation** (hier: dramatischer Abfall der fetalen Herztöne und während einer längeren Abwesenheit des eigentlichen Vertragsarztes/Belegarztes) **der Kindesmutter kurzfristig von der Hebamme in den Kreißsaal geholt wird und diese dort anweist, eine Tokolysespritze zu setzen** oder eine derartige, von der Hebamme beabsichtigte Maßnahme billigt. In einer derartigen Situation übernimmt der kurzfristig hinzugezogene (fremde) Belegarzt erkennbar nicht die volle Verantwortung für den gesamten, weiteren Geburtsverlauf. Überprüft er lediglich kurzfristg eine eng umgrenzte Betreuungslücke, entsteht hierdurch noch keine ärztliche Garantenstellung aus faktischer Behandlungsübernahme (OLG Bamberg, Urt. v. 1. 8. 2011 – 4 U 38/09, GesR 2012, 301, 303/304; vgl. auch L/K/L-Lipp, Rz. IV. 4, S. 89/90).

A 382c   Erteilt der Belegarzt der Hebamme Stunden zuvor den **telefonischen Rat, ein engmaschiges CTG zu erstellen**, wird er hierdurch noch nicht zum verantwortlichen Geburtsleiter (OLG Koblenz, Urt. v. 5. 2. 2009 – 5 U 854/08, GesR 2009, 198, 199 = VersR 2010, 356). Unterläuft der Hebamme vor dem Eintreffen des Belegarztes durch die Gabe von Syntocinon, das in unkalkulierbarer Weise die Wehentätigkeit verstärkt, ein grober Behandlungsfehler, ist dieser **nicht dem Belegarzt und dem Klinikträger dann nicht zuzurechnen**, wenn es sich um eine **bis dato ordentlich arbeitende Beleghebamme handelt** (OLG Koblenz, Urt. v. 5. 2. 2009 – 5 U 854/08, OLGR 2009, 401, 403; u. E. kann der Entlastungsbeweis aus § 831 BGB nur für die deliktische Haftung geführt werden, der bloße Hinweis auf bislang ordentliche Leistungen reicht hierfür auch nicht aus).

A 382d   Selbst wenn das Belegkrankenhaus verpflichtet ist, die geburtshilfliche Belegabteilung so zu organisieren, dass die Einhaltung einer EE-Zeit von zwanzig Minuten gewährleistet ist, trifft **den Krankenhausträger keine Haftung, wenn der Belegarzt nach Übernahme der Geburt die Entscheidung zur Sectio fälschlicherweise nicht trifft** (OLG Karlsruhe, Urt. v. 13. 10. 2004 – 7 U 122/03, VersR 2005, 1587, 1588 = NJW-RR 2005, 107, 108 = OLGR 2005, 40, 41; vgl. aber OLG

Hamm, Urt. v. 16. 1. 2006 – 3 U 207/02, VersR 2006, 353, 355 = MedR 2006, 236, 238 und OLG Düsseldorf, Urt. v. 26. 4. 2007 – I-8 U 37/05, VersR 2008, 534, 536 = GesR 2008, 19, 20: aber Remonstrationspflicht der Hebamme bei ihr erkennbaren groben Fehlern des Belegarztes).

Allerdings ist es nicht zu beanstanden und begründet weder eine Haftung der **A 383** Hebamme noch der Assistenzärztin oder des Krankenhauses, wenn bei einer bevorstehenden Geburt, bei der sich **zunächst keine Risikokonstellation** abzeichnet, eine **erfahrene Hebamme die Geburtsleitung übernimmt** und die anwesende unerfahrene Assistenzärztin, die selbst noch keine Geburt geleitet hat, **die Hebamme dabei lediglich unterstützt.** Bei einer derartigen Rollenverteilung bestehen nur dann Anhaltspunkte für Behandlungsfehler der helfenden Assistenzärztin, wenn sie bei ihren Unterstützungsmaßnahmen selbst einen Fehler begeht oder Fehler der Hebamme erkennbar werden, denen etwa durch die unverzügliche Heranziehung des Facharztes zu begegnen ist (OLG Stuttgart, Urt. v. 8. 7. 2003 – 1 U 104/02, OLGR 2004, 239 = GesR 2004, 224). Wenn bei einer derartigen Rollenverteilung während der Geburt eine Schulterdystokie auftritt, der Facharzt auch schon informiert und herbeigerufen ist, hat die unerfahrene Assistenzärztin der erfahrenen Hebamme den Vortritt bei weiteren bis zum Eintreffen des Facharztes erforderlichen geburtshilflichen Maßnahmen zu lassen (OLG Stuttgart, Urt. v. 8. 7. 2003 – 1 U 104/02, OLGR 2004, 239 = GesR 2004, 224).

Müssen sich der Hebamme – oder anderen dem Krankenhausträger gem. § 278 **A 384** BGB zuzurechnenden Personen – **Bedenken gegen die Sachgemäßheit** des vom Facharzt angeordneten bzw. durchgeführten Vorgehens aufdrängen (vgl. OLG Düsseldorf, Urt. v. 13. 2. 2003 – 8 U 41/02, VersR 2005, 230 zum Assistenzarzt; BGH, Urt. v. 7. 12. 2004 – VI ZR 212/03, VersR 2005, 408, 410), insbesondere wenn die vom Belegarzt durchgeführte **Behandlung erkennbar grob fehlerhaft** ist und die damit einhergehenden Gefahren für die Mutter bzw. das Kind vermeidbar und gravierend sind (BGH, Urt. v. 7. 12. 2004 – VI ZR 212/03, VersR 2005, 408, 410 = NJW 2005, 888, 891 und nachfolgend OLG Hamm, Urt. v. 16. 1. 2006 = 3 U 207/02, VersR 2006, 512, 514 = OLGR 2006, 236, 238: der Sachverständige hatte das Verhalten des Belegarztes im entschiedenen Fall als „Reißen eines Verrückten über 65 Minuten" bezeichnet; OLG Düsseldorf, Urt. v. 26. 4. 2007 – I-8 U 37/05, GesR 2008, 19, 20 = AHRS III, 2500/359), besteht eine **Remonstrationspflicht, d.h. der (Beleg-)Arzt muss dann auf die bestehenden Bedenken hingewiesen,** ggf. die Klinikleitung eingeschaltet werden.

Die Hebamme haftet – neben dem Arzt bzw. Belegarzt – also dann selbst und be- **A 384a** gründet gem. §§ 278, 831 BGB die Haftung ihres Arbeitgebers (Klinikträger), wenn sie aufgrund ihrer eigenen geburtshilflichen Ausbildung **erkennen muss, dass das Vorgehen des Arztes vollkommen regelwidrig und unverständlich ist** (OLG Düsseldorf, Urt. v. 26. 4. 2007 – I-8 U 37/05, VersR 2008, 534, 536 = GesR 2008, 19, 20: im entschiedenen Fall bejaht) bzw. **wenn sich das Vorgehen des Arztes der Hebamme als schlechterdings unvertretbar mit dem erkennbaren Erfordernis sofortiger Intervention darstellt** (OLG Koblenz, Urt. v. 3. 5. 2007 – 5 U 567/05, VersR 2008, 222, 223 = OLGR 2008, 6, 7: im entschiedenen Fall verneint; OLG Hamm, Urt. v. 16. 1. 2006 = 3 U 207/02, VersR 2006, 512, 514: im entschiedenen Fall bejaht) und sie es **dennoch unterlässt, umgehend und deut-**

lich zu remonstrieren (OLG Koblenz, a. a. O.; OLG Hamm, a. a. O.) **oder notfalls selbst lautstark und vehement die Mutter zu veranlassen, bei Gefährdung des Feten einer erteilten ärztlichen Anordnung nachzukommen** (OLG Düsseldorf, a. a. O.).

4. Haftung des Belegarztes für Ärzte und Hebammen des Belegkrankenhauses

A 385   Bedient sich der Belegarzt bei der Erfüllung seiner Pflichten beim Krankenhausträger angestellter Ärzte, so sind diese allein seine Erfüllungs- bzw. Verrichtungsgehilfen. Er muss sich daher auch die **fehlerhafte Verkennung einer Operationsindikation durch eine angestellte Krankenhausärztin nach § 278 BGB zurechnen lassen** (OLG München, Urt. v. 14. 10. 2010 – 1 U 1657/10, juris, Nr. 47: Diagnosefehler einer angestellten Krankenhausärztin führt zur Ausbildung eines Kompartmentsyndroms).

A 386   Der Belegarzt haftet auch dann für dessen Fehler, wenn er einen **beim Krankenhausträger angestellten Arzt aus demselben Fachgebiet** (z. B. Chirurg zieht Facharzt für Chirurgie aus der Belegklinik hinzu) oder **aus einem anderen Fachgebiet** (z. B. Chirurg wird von HNO-Arzt der Vollabteilung des KKH unterstützt bzw. Fach-oder Assistenzarzt der chirurgischen Abteilung assistiert dem gynäkologischen Belagarzt) **als Operationsassistent hinzuzieht** (Spickhoff-Greiner, § 823 BGB Rz. 312; G/G, 6. Aufl., Rz. A 39; F/N/W, 5. Aufl., Rz. 62; OLG Koblenz a. a. O.).

A 386a   Der während der Behandlung im Belegkrankenhaus **hinzugezogene niedergelassene Arzt tritt regelmäßig in unmittelbare Vertrags- und Honorarbeziehungen zum Patienten**; für Behandlungs- oder Aufklärungsversäumnisse haftet er selbst (vgl. BGH, VersR 1992, 1263, 1264; S/Pa, 12. Aufl., Rz. 47). Wird der niedergelassene Arzt vom Belegarzt selbst hinzugezogen und **rechnet der hinzugezogene (Konsiliar-)Arzt sein Honorar unmittelbar mit dem Belegarzt ab, haftet dieser auch für die Fehler des von ihm beauftragten Arztes** (vgl. OLG Oldenburg, VersR 1996, 1111: Vom Urologen hinzugezogener Konsiliararzt; S/Pa, 12. Aufl., Rz. 48; F/N/W, 5. Aufl., Rz. 62).

A 386b   **Der Belegarzt haftet auch für die von ihm veranlassten Leistungen von Ärzten und ärztlich geleiteten Einrichtungen außerhalb des Krankenhauses** (vgl. § 18 I 2 Nr. 4 KHEntG) und für den im Einzelfall hinzugezogenen **ärztlichen Bereitschaftsdienst für Belegpatienten** (§ 18 I 2 Nr. 2 KHEntG), auch wenn der Bereitschaftsdienst vom Belegkrankenhaus organisiert wird (F/N/W, 5. Aufl., Rz. 62).

A 386c   Wenn der **Belegarzt gleichzeitig ärztlicher Direktor des Belegkrankenhauses** ist, haftet er für Behandlungsfehler deliktisch; daneben haftet der Belegkrankenhausträger in diesem Sonderfall aus §§ 823, 31, 89 BGB (OLG Köln, Urt. v. 13. 1. 2010 – 5 U 41/09, VersR 2010, 1454; S/Pa, 12. Aufl., Rz. 44 a. E.).

A 387   Während der Träger des Belegkrankenhauses grundsätzlich für die Bereitstellung der technisch-apparativen Einrichtungen und die erforderliche personelle Ausstattung haftet, **obliegt die Entscheidung, ob die Ausstattung des Belegkrankenhauses** (hier: Aufnahme einer Schwangeren mit risikobehafteter Schwangerschaft bzw. drohender Frühgeburt) **ausreicht, um die nach der Eingangsdiagnose** zu erwartenden ärztlichen Behandlungsmaßnahmen bewältigen zu können, jedoch allein dem Belegarzt. Für dessen Fehlbeurteilung haftet der Krankenhausträger weder nach § 278 BGB noch nach § 831 BGB. Etwas anderes gilt nur dann, wenn dem Krankenhausträger Umstände bekannt sind, welche ihn **an der Zuverlässigkeit des Belegarztes zweifeln lassen** müssen (OLG Oldenburg, Beschl. v. 8. 11. 2010 – 5 U 89/10, VersR 2011, 1401 = MDR 2011, 361: Haftung neben dem Belegarzt; vgl. aber OLG Koblenz, Urt. v. 5. 2. 2009 – 5 U 854/08, VersR 2010, 356: keine Haftung des KKH für Mängel der geburtsrelevanten Ausstattung des Belegarztes oder der Beleghebamme).

Ein Gynäkologe, der von einer Hebamme (o. a.) ins Krankenhaus gerufen wird, kann aber **nur für die Entwicklung verantwortlich gemacht werden, die sich von dem Zeitpunkt an ergibt, zudem er die tatsächliche Verantwortung als Geburtshelfer übernommen hat** (OLG Koblenz, Urt. v. 5. 2. 2009 – 5 U 854/08, VersR 2010, 356). Dies ist etwa **nach der Vornahme der Eingangsuntersuchung durch den Belegarzt** (BGH, NJW 1995, 1611, 1612; OLG Celle, VersR 1999, 486; OLG Karlsruhe, Urt. v. 13. 10. 2004 – 7 U 122/03, NJW-RR 2005, 107, 108 = VersR 2005, 1587, 1588: Auffälligkeiten im CTG) oder **nach der Erteilung einer Weisung an eine Hebamme, ein weiteres CTG schreiben zu lassen** und ihm zu berichten, wenn dieses Anlass zur Besorgnis gebe (OLG Karlsruhe, Urt. v. 16. 5. 2001 – 7 U 46/99, VersR 2003, 116, 118) der Fall. | A 388

Sobald ein approbierter **Arzt in die Geburtssituation hineintritt, übernimmt dieser die Verantwortung**, so etwa auch für die unrichtige Beurteilung eines bereits geschriebenen CTG, die **weisungswidrige Verzögerung der Durchführung eines weiteren CTG durch die Hebamme** (OLG Karlsruhe, Urt. v. 16. 5. 2001 – 7 U 46/99, VersR 2003, 116, 118) und die **Verabreichung von wehenfördernden Mitteln bei ohnehin bestehender problematischer Versorgungslage des Kindes o. a.** (OLG Koblenz, Urt. v. 26. 7. 2000 – 1 U 1606/98, VersR 2001, 897, 899). | A 389

Die Verantwortlichkeit des Gynäkologen setzt aber nicht deshalb früher ein, wenn er **auf telefonische Anfrage der Hebamme erklärt, sie solle ein engmaschiges CTG erstellen.** Nur im Falle einer unsachgemäßen Anleitung (fehlerhafte oder unterbliebene Anweisung, verspätetes Eintreffen nach Alamierung o. a.) wird der Zeitpunkt der Haftung des Geburtshelfers vorverlagert (OLG Koblenz, Urt. v. 5. 2. 2009 – 5 U 854/08, AHRS III, 0930/301 = VersR 2010, 356 = GesR 2009, 198, 199). | A 390

Ein **Behandlungsfehler der Hebamme, der dem Belegarzt nicht zuzurechnen ist**, liegt vor, wenn diese einer Schwangeren **ohne ärztliche Verordnung ein Schmerzmittel verabreicht und/oder beim Auftreten einer Krisensituation** (Herztonabfall, erhebliche CTG-Veränderung) **nicht umgehend einen Facharzt bzw. den Belegarzt hinzuzieht** (OLG Koblenz, Urt. v. 5. 8. 2004 – 5 U 250/04, AHRS III, 3210/307) oder anstatt den Facharzt/Belegarzt hinzuzuziehen **von sich aus zur Geburtsbeendigung mittels Saugglocke oder Zange schreitet** (OLG Oldenburg, Urt. v. 19. 5. 2004 – 5 U 138/00, AHRS III, 3210/306). | A 391

Auch wenn eine geburtshilflich tätige Hebamme **ab der Übernahme der Behandlung durch den Arzt** dessen Weisungen unterworfen und insoweit von einer eigenen Verantwortung grundsätzlich befreit ist, ist sie verpflichtet, beim **Auftreten** | A 392 von Regelwidrigkeiten einen Arzt hinzuzuziehen (BGH, Urt. v. 7. 12. 2004 – VI ZR 212/03, NJW 2005, 888, 890 = VersR 2005, 408, 410; OLG Düsseldorf, Urt. v. 26. 4. 2007 – I-8 U 37/05, VersR 2008, 534, 536 = GesR 2008, 19, 20: Haftung der Hebamme bejaht; OLG Koblenz, Urt. v. 3. 5. 2007 – 5 U 567/05, VersR 2008, 222, 223 = GesR 2007, 591, 593: Haftung der Hebamme verneint).

A 393   Der Belegarzt haftet auch für einen **Diagnosefehler der angestellten Krankenhausärztin**, die die postoperative Nachsorge auf der Belegstation durchführt und im Rahmen der postoperativen Nachsorge ein beginnendes, auf einer angefertigten Sonographie ohne Weiteres diagnostizierbares Kompartmentsyndrom verkennt, wodurch eine indizierte Revisionsoperation erheblich verzögert wird. Dies gilt auch dann, wenn **ein abgrenzbarer Teil der erforderlichen Revisionsoperation neben dem Belegarzt von einem beim Krankenhaus angestellten Arzt (hier: Gynäkologe) eigenverantwortlich durchgeführt** wird. Denn die Durchführung eines Teils der Operation durch einen beim Krankenhaus angestellten Arzt kann nicht dazu führen, dass der Krankenhausträger neben dem Belegarzt haftet; aus der Übernahme der Operationstätigkeit wurde der Status des Belegkrankenhauses auch hinsichtlich der Verpflichtung zur postoperativen medizinischen Nachsorge, die dem Belegarzt obliegt, nicht berührt (OLG München, Urt. v. 14. 10. 2010 – 1 U 1657/10, juris, Nr. 48, 55).

A 394   Die Entscheidung, ob die Ausstattung eines Belegkrankenhauses ausreicht (hier: Aufnahme einer Schwangeren mit risikobehafteter Schwangerschaft bzw. drohender Frühgeburt), um die nach der Eingangsdiagnose des Belegarztes erforderlichen ärztlichen Behandlungsmaßnahmen bewältigen zu können, obliegt allein dem Belegarzt. Allerdings umfasst die **Organisationspflicht des Krankenhausträgers auch die Planung und Kontrolle, generell keine Eingriffe durchzuführen bzw. durch einen Belegarzt durchführen zu lassen, für die die personelle oder apparative Ausstattung nicht vorhanden ist.** Voraussetzung für ein Einschreiten gegen die Aufnahme einer Schwangeren bzw. deren Weiterüberweisung in ein Perinatalzentrum ist jedoch die Kenntnis des Krankenhausträgers, dass die Aufnahme zum Zweck der Geburt erfolgt, eine Frühgeburt bzw. Komplikation zumindest droht und die Ausstattung des Krankenhauses bzw. des Belegarztes zur Bewältigung der ärztlichen Aufgabe nicht ausreicht. Ein Einschreiten des Krankenhausträgers ist auch dann erforderlich, wenn ihm **Umstände bekannt werden, welche an der Zuverlässigkeit des Belegarztes zweifeln lassen** (OLG Oldenburg, Beschl. v. 8. 11. 2011 – 5 U 89/10, MDR 2011, 361 = VersR 2011, 1401).

5. Übertragung auf Krankenpflegepersonal

A 395   Auch die Übertragung von den Ärzten vorbehaltenen Behandlungsaufgaben auf Krankenschwestern bzw. Krankenpfleger stellt einen Behandlungsfehler dar, wenn keine entsprechende Anweisung, Anleitung und Kontrolle erfolgt. Ein **Kernbereich medizinischer Behandlungsmaßnahmen darf nicht auf nichtärztliches Personal (Krankenschwestern, Krankenpfleger, Arzthelferinnen) delegiert werden.** Es handelt sich um Behandlungsmaßnahmen, die wegen ihrer Schwierigkeiten, ihrer Gefährlichkeit oder der Unvorhersehbarkeit etwaiger Reaktionen professionelles ärztliches Fachwissen voraussetzen (Bergmann, MedR 2009, 1, 6; Bergmann, GesR 2010, 119, 120; auch L/K-Kern, § 45 Rz. 5–8; Spickhoff-

Greiner, § 823 BGB Rz. 76; Wenzel-Mennemeyer, Kap. 2 Rz. 1896; S/Pa, 12. Aufl., Rz. 263–267; R/L-Kern, § 3 Rz. 89–94, 103, 107).

Bei der Delegierbarkeit ärztlicher Aufgaben an nichtärztliches Personal sind danach drei Kriterien zu berücksichtigen: **A 396**

– Zum Einen darf für die fachgerechte Durchführung der Heilbehandlungsleistung weder besonderes ärztliches Fachwissen noch besondere ärztliche Erfahrung unbedingt erforderlich sein (Bergmann, GesR 2010, 119, 121; auch L/K-Kern, § 45 Rz. 8 und R/L-Kern, § 3 Rz. 90). Bei „Kernaufgaben" ärztlicher Tätigkeiten scheidet eine Delegation aus.

– Zum Zweiten ist das Maß der Gefährdung des Patienten zu berücksichtigen. Die delegierte Aufgabe darf sich nicht als schwierig darstellen. Die Möglichkeit einer Gefährdung des Patienten durch die Ausübung der Tätigkeit der Hilfsperson muss relativ fern liegen (Bergmann, GesR 2010, 119, 120 und MedR 2009, 1, 6).

– Schließlich hat die materielle und formelle Qualifikation der Hilfsperson der Bedeutung der Heilbehandlungsleistung zu genügen. Die Hilfsperson muss über die **notwendigen Fertigkeiten und Kenntnisse zur Bewältigung der delegierten Aufgabe verfügen und sich fachlich zur Ausübung der delegierten Tätigkeit qualifiziert haben** (Bergmann, GesR 2010, 119, 121; auch L/K-Kern, § 45 Rz. 8 und S/Pa, 12. Aufl., Rz. 265).

Danach wurden insbesondere folgende **ärztliche Leistungen als nicht delega-** **A 397** **tionsfähig angesehen:**

– Sämtliche operative Eingriffe, und zwar neben der Diagnosestellung und Befundung auch Einspritzungen in Katheter, Shunts und Ports bei zentraler Lage in herznahe Venen, in das Ventrikelsystem, das arterielle System, den Periduralraum, sowie das Peritoneum (Spickhoff-Seibl, MedR 2008, 463, 467; S/Pa, 12. Aufl., Rz. 266; L/K-Kern, § 45 Rz. 6 und R/L-Kern, § 3 Rz. 90: operative Eingriffe, schwierige Injektionen, Infusionen und Blutentnahmen; zurückhaltender Bergmann, MedR 2009, 1, 9: Substitution bei Einspritzungen u. a. jedenfalls ohne Anleitung und Überwachung unzulässig).

– Ärztliche Untersuchungen, Diagnostik, ärztliche Beratung des Patienten, Indikationsstellung, Erarbeitung eines Therapie- oder Operationsplanes (L/K-Kern, § 45 Rz. 6 und R/L-Kern, § 3 Rz. 90, 93).

– Eingriffe und Maßnahmen, die dem Arzt kraft Gesetzes vorbehalten sind, z.B. §§ 218, 218a StGB, 24 IfSG, 7 II TFG, 2 I KastrG, 23 I und 24 I, II RöV, 13 I BtMG, 48 AMG, 3 I Nr. 3 TPG, 1901b I BGB (vgl. L/K-Kern, § 45 Rz. 6).

– Intraarterielle und intraartikuläre Injektionen, wobei Einzelheiten umstritten sind (Spickhoff-Greiner, § 823 BGB Rz. 76: intraarterielle und intraartikuläre Injektionen nicht delegationsfähig, bei intramuskulären Injektionen z.T. Delegationsfähigkeit bejaht; L/K-Kern, § 45 Rz. 8 und R/L-Kern, § 3 Rz. 92: Injektionen, Infusionen, Blutentnahmen dürfen nur im Einzelfall auf qualifiziertes, nichtärztliches Personal übertragen werden; BGH, NJW 1979, 1935, 1936: intramuskuläre Injektionen dürfen nicht durch Krankenpflegehelfer gesetzt werden; OLG Köln, VersR 1988, 44, 45: Übertragung der Injektion auf einen hierfür nicht hinreichend qualifizierten Krankenpfleger oder Studenten im dritten Semester fehlerhaft).

Die Durchführung sowohl von **subkutanen und intravenösen als auch intramuskulären Injektionen** einschließlich von Injektionen bei liegendem Infusionssystem und der Blutentnahme zur Gewinnung von Kapillar- und Venenblut **durch Krankenschwestern und Krankenpfleger** mit den hierfür erforderlichen Kenntnissen und Erfahrungen ist nach h.M. jedoch **zulässig**, wenn der Eingriff nicht im Einzelfall wegen besonderer Schwierigkeiten oder bestehender Gefahren die Vornahme durch den Arzt erforderlich macht (S/Pa, 12. Aufl., Rz. 265; Bergmann, MedR 2009, 1, 6, 10: einfache Maßnahmen, die für den Patienten relativ ungefährlich sind und vom Pfleger/der Krankenschwester beherrscht werden können). So wurde die Vornahme einer **intravenösen Injektion** durch eine **erfahrene Krankenschwester im Beisein des Arztes** (BGH, NJW 1981, 628) oder die **Übertragung intravenöser Injektionen** zur Vorbereitung von Diagnosemaßnahmen (hier: in einer radiologischen Praxis) **auf eine fachgerecht ausgebildete, erfahrene und vom Arzt regelmäßig kontrollierte medizinisch-technische Assistentin** (OLG Dresden, Urt. v. 24. 7. 2008 – 4 U 1857/07, OLGR 2008, 818, 819 = MedR 2009, 410; zustimmend Wenzel-Mennemeyer, Kap. 2 Rz. 1896) nicht als Behandlungsfehler angesehen.

– Dem Arzt vorbehalten sind auch die Vornahme intravenöser Injektionen eines Röntgenkontrastmittels, das Anlegen von Bluttransfusionen und der Wechsel von Blutkonserven (S/Pa, 12. Aufl., Rz. 266), die Anweisung der Prophylaxe gegen Liegegeschwüre (BGH, NJW 1988, 762, 763; NJW 1986, 2365, 2366) und zur Ruhigstellung des Beines (BGH, NJW 1999, 863), die Anordnung zum Festzurren eines erregten Patienten (OLG Köln, VersR 1993, 1487), zur Entkoppelung eines Katheters (BGH, NJW 1984, 1400), zur Einstellung eines Wehentropfes (OLG Stuttgart, VersR 1993, 1358) und die Überwachung des Patienten in einer kritischen Aufwachphase (OLG Düsseldorf, VersR 1987, 489: durch Anästhesisten).

A 398   Zu den auch Krankenschwestern bzw. Krankenpflegern **delegationsfähigen Leistungen gehören Laborleistungen, Dauerkatheterwechsel, der Wechsel einfacher Verbände** (L/K-Kern, § 45 Rz. 7 und R/L-Kern, § 3 Rz. 91) **im Einzelfall die Durchführung von subkutanen, intravenösen und auch intramuskulären Injektionen**, ggf. im Beisein des Arztes (s. o., Einzelheiten umstritten; vgl. hierzu BGH, NJW 1981, 628, 629; BGH, NJW 1979, 1935, 1936; OLG Celle, VersR 1985, 995; OLG Düsseldorf, VersR 1987, 489; OLG Hamm, VersR 1991, 228; OLG Köln, VersR 1992, 452; OLG Köln, VersR 1991, 311; OLG München, VersR 1991, 587; OLG Stuttgart, VersR 1988, 856), die Durchführung von Röntgenkontrastuntersuchungen unter Beaufsichtigung des Facharztes (Bergmann, MedR 2009, 1, 6).

A 399   Jedoch darf eine Arzthelferin **nicht ohne Beaufsichtigung durch den Arzt** bei einer Röntgenkontrastuntersuchung das Darmrohr einführen und anschließend eine beträchtliche Menge Kontrastmittel zuführen (OLG Köln, VersR 1991, 311 und Bergmann, MedR 2009, 1, 6: im entschiedenen Fall kam es zum Austritt einer größeren Menge in die Umgebung des Dickdarms).

Arztvertrag

Vgl. auch → *Allgemeine Geschäftsbedingungen*, Rz. A 1 ff.; → *Krankenhausverträge*, Rz. K 130 ff.; → *Gemeinschaftspraxis*, Rz. G 1 ff.; → *Ambulanz*, Rz. A 80 ff.

I. Rechtsnatur des Arztvertrages

1. Allgemeines – Arztvertrag als Dienstvertrag

Der Behandlungsvertrag ist nach h. M. ein **Dienst- und kein Werkvertrag**. Denn   A 401
der Arzt schuldet lediglich eine Dienstleistung, aber **keinen Heil- oder Behandlungserfolg** (BGH, Urt. v. 29. 3. 2011 – VI ZR 133/10, VersR 2011, 883 = GesR
2011, 414 = MDR 2011, 724 = MedR 2012, 38 = NJW 2011, 1674, Nr. 7: Zahnarztvertrag, Kündigungsmöglichkeit nach § 627 I BGB; BGH, MDR 1975, 310 = NJW
1975, 305 = VersR 1975, 347; OLG Brandenburg, Urt. v. 5. 4. 2005 – 1 U 34/04,
OLGR 2005, 489, 492; OLG Frankfurt, Urt. v. 22. 4. 2010 – 22 U 153/08, juris,
Nr. 18; OLG Frankfurt, Urt. v. 6. 1. 2009 – 8 U 31/07, juris Nr. 24: Zahnarztvertrag; OLG Frankfurt, Urt. v. 23. 11. 2010 – 8 U 111/10, juris, Nr. 22, 27: **Zahnarztvertrag ist Dienstvertrag, allein die technische Herstellung von Zahnersatz
Werkvertrag**; OLG Frankfurt, Urt. v. 17. 2. 2005 – 26 U 56/04, NJW-RR 2005,
701, 702 = MedR 2005, 604, 605; OLG Frankfurt, Urt. v. 17. 10. 2003 – 2 U
210/00, GesR 2004, 103; OLG Hamburg, Beschl. v. 29. 12. 2005 – 1 W 85/05,
MDR 2006, 873; OLG Hamburg, Urt. v. 25. 11. 2005 – 1 U 6/05, OLGR 2006,
128; OLG Jena, Urt. v. 29. 5. 2012 – 4 U 549/11, NJW 2012, 2357, 2358; KG,

Beschl. v. 1. 7. 2010 – 20 W 23/10, MedR 2011, 45, 46 = VersR 2011, 402: Zahnarztvertrag, mangelnde Prothetik; OLG Koblenz, Beschl. v. 29. 8. 2011 – 5 U 481/11, MDR 2011, 1279 = GesR 2011, 729: Zahnarztvertrag; OLG Koblenz, Beschl. v. 1. 9. 2011 – 5 U 862/11, MDR 2011, 1278: Zahnarztvertrag, keine Mängelhaftung; OLG Koblenz, Urt. v. 10. 10. 2012 – 5 U 1505/11, VersR 2013, 1176; OLG Naumburg, Urt. v. 13. 12. 2007 – 1 U 10/07, NJW-RR 2008, 1056; OLG Oldenburg, Urt. v. 27. 2. 2008 – 5 U 22/07, MDR 2008, 553 = GesR 2008, 252, 253; OLG Zweibrücken, Urt. v. 28. 2. 2012 – 5 U 8/08, GesR 2012, 503, 504: **kosmetische Operation**; Ballhausen, NJW 2011, 2694, 2695; L/K-Kern, 4. Aufl., § 75 Rz. 1, 18 und § 38 Rz. 9, 11: Ausnahme bei der Erbringung technischer Leistungen und Laboranalyse; Wenzel-Mennemeyer/Hugemann, Kap. 2 Rz. 337, 338; Spickhoff, NJW 2012, 1773, 1775; Spickhoff, 1. Aufl. 2011, § 631 BGB Rz. 1–4: auch Zahnarztvertrag und Vertrag über kosmetische Operationen; B/P/S-Keysers, § 611 BGB Rz. 1; G/G, 6. Aufl., Rz. A 4; von Ziegner, MDR 2001, 1088, 1089; Teumer, VersR 2008, 174, 175; S/Pa, 12. Aufl. 2013, Rz. 11; F/N/W, 5. Aufl. 2013, Rz. 1a, 2; R/L-Kern, 1. Aufl. 2013, § 1 Rz. 12; Rehborn, GesR 2013, 257 und MDR 2013, 497 f.; Katzenmeier, NJW 2013, 817; Wagner, VersR 2012, 789, 790; Jaeger, 2013, Rz. 20, 77, 79; kritisch Grams, GesR 2012, 513, 520: der Gesetzgeber sollte den „Behandlungsvertrag" als eigenes Rechtsinstitut regeln).

A 402   Der Arzt schuldet dem Patienten, etwa bei der Entfernung eines Blinddarms, beim Einbringen von im Labor gefertigtem Zahnersatz u. a. – soweit im Einzelfall nicht besonders vereinbart – **keinen Erfolg, sondern lediglich die Durchführung des Eingriffs bzw. der Behandlung nach dem Standard seines Fachgebiets** (L/K-Kern, § 38 Rz. 9 und § 75 Rz. 1, 18; Wenzel a. a. O.; Spickhoff, 1. Aufl. 2011, § 611 Rz. 1, 2, 4; G/G, 6. Aufl., Rz. A 4, A 5; F/N/W, 5. Aufl., Rz. 2; OLG Saarbrücken, NJW-RR 2001, 671, 672).

A 403   Nur in **Ausnahmefällen haftet der Arzt werkvertraglich** (§§ 633, 634, 634a, 635 BGB: Nachbesserung, Minderung, Kostenvorschuss zur Mängelbeseitigung), etwa wenn ein Zahnarzt oder ein Orthopäde bei der Fertigung einer Zahn- oder Beinprothese **einen bestimmten Erfolg verspricht** (BGH, Urt. v. 29. 3. 2011 – VI ZR 133/10, NJW 2011, 1674, Nr. 7: nur für die reine „technische Anfertigung des Zahnersatzes"; OLG Frankfurt, Urt. v. 23. 11. 2010 – 8 U 111/10, juris, Rz. 22, 27: insoweit Anwendung der §§ 633 ff. BGB; Wenzel-Mennemeyer/Hugemann, Kap. 2 Rz. 338; Spickhoff, § 611 Rz. 4; L/K-Kern, § 38 Rz. 13, 17, 18, 19: selten vorkommende, selbständige technische Leistung ist Werkvertrag; F/N/W, 5. Aufl., Rz. 3; G/G, 6. Aufl., Rz. 4) oder es **um die Vornahme von Laboruntersuchungen von einem Laborarzt bzw. die Refraktionsbestimmung durch einen Augenarzt geht** (Wenzel a. a. O.: Laboruntersuchungen, Refraktionsbestimmung; Spickhoff, § 611 Rz. 3: Röntgendiagnostik, reine Laborleistungen; Lux, GesR 2004, 1, 6; L/K-Kern, § 38 Rz. 11, 19, 26: reine Laborleistungen, Herstellung und Lieferung von Prothesen, Korsetts, Schuheinlagen, rein technische Leistungen).

Teilweise wird die Anwendung von Werkvertragsrecht vertreten, soweit es um die bloße apparative Erhebung bildgebender Befunde bzw. um einen „reinen Diagnosevertrag" (z. B. bei Erstellung eines MRT oder CT durch den Radiologen) geht (Wenzel a. a. O.; Spickhoff, § 611 BGB Rz. 3: reiner Diagnosevertrag; Terbille, § 1 Rz. 30).

Nach Einführung des Patientenrechtegesetzes (PatRG) verbleibt es gemäß A 404
§§ 630a I, 630b BGB auch für zahnärztliche Leistungen und kosmetische Operationen bei der Einordnung des Behandlungsvertrages als Dienstvertrag. §§ 611 ff.
BGB sind anzuwenden, soweit in §§ 630a bis 630h BGB nichts anderes bestimmt
ist.

2. Dienstvertrag zwischen Zahnarzt und Patient

a) Übersicht; Dienstvertragsrecht

Grundsätzlich ist der Vertrag sowohl eines Privatpatienten als auch eines Kas- A 405
senpatienten (vgl. von Ziegner, MDR 2001, 1089 und 1092) mit dem Zahnarzt
als **Dienstvertrag nach §§ 611 ff. BGB einzuordnen** (BGH, Urt. v. 29. 3. 2011 –
VI ZR 133/10, NJW 2011, 1674 = GesR 2011, 414 = MedR 2012, 38, Nr. 7; OLG
Frankfurt, Urt. v. 23. 11. 2010 – 8 U 111/10, juris, Nr. 22, 27: außer für die rein
technische Herstellung von Zahnersatz; OLG Koblenz, Beschl. v. 1. 9. 2011 –
5 U 862/11, MDR 2011, 1278, 1279 = VersR 2012, 728; OLG Koblenz, Urt. v.
10. 10. 2012 – 5 U 1505/11, VersR 2013, 1176; OLG Jena, Urt. v. 29. 5. 2012 –
4 U 549/11, NJW 2012, 2357, 2358 und die Nachweise in Fn. A 401).

Dem **Dienstvertragsrecht** sind insbesondere die **Extraktion** von **Zähnen, Zysten-** A 406
operationen, die **präprothetische Chirurgie, Zahnreimplantationen**, die Behandlung von **Kieferbrüchen**, die Einpassung von **Zahnkronen** und die **zahnprotheti-**
sche Versorgung zu unterstellen (BGH, Urt. v. 29. 3. 2011 – VI ZR 133/10, NJW
2011, 1674, Nr. 7: **Gestaltung der Bisshöhe, Okklusion der Größe der neugestal-**
teten Zähne, Planung und Gestaltung der neuen Versorgung unterfällt den
§§ 611 ff., nunmehr §§ 630a, b BGB; OLG Brandenburg, Urt. v. 5. 4. 2005 – 1 U
34/04, OLGR 2005, 489, 492 und OLG Frankfurt, Urt. v. 17. 10. 2003 – 2 U
210/00, GesR 2004, 103 sowie OLG Koblenz NJW-RR 1994, 52, 53: zahnprothetische Behandlung; OLG Frankfurt, Urt. v. 23. 11. 2010 – 8 U 111/10, juris,
Nr. 22, 27: nur für die **rein technische Herstellung von Zahnersatz finden**
§§ 633 ff. BGB Anwendung; OLG Koblenz, Beschl. v. 1. 9. 2011 – 5 U 862/11,
MDR 2011, 1278: Beratung des Patienten, Planung, Herstellung, Einpassung
von Prothesen sind dienstvertraglich einzuordnen; L/K-Kern, § 38 Rz. 13, 17,
18, 19, 26: Dienstvertrag, soweit sich die technische Leistung wie z. B. die Anfertigung einer Zahnprothese von der ärztlichen Leistung nicht trennen lässt;
F/N/W, 5. Aufl., Rz. 3: zahnärztliche Eingliederungs- und Anpassungsmaßnahmen nach §§ 630b, 611 ff. BGB zu beurteilen).

Bei einer **prothetischen Zahnbehandlung**, der Einpassung von Kronen u. dgl. ha- A 407
ben die geschuldeten werkvertraglichen Leistungen, also die medizinische Technik, gegenüber der dienstvertraglichen Leistung des Zahnarztes nur untergeordnete Bedeutung (BGH, MDR 1975, 310; BGH, Urt. v. 29. 3. 2011 – VI ZR 133/10,
NJW 2011, 1674, Nr. 7; OLG Brandenburg, Urt. v. 5. 4. 2005 – 1 U 34/04, OLGR
2005, 489, 492; OLG Frankfurt, Urt. v. 17. 2. 2005 – 26 U 56/04, NJW-RR 2005,
701, 702 = MedR 2005, 604, 605; OLG Koblenz, Beschl. v. 1. 9. 2011 – 5 U
862/11, MDR 2011, 1278: **Herstellung von Prothesen nach der individuellen**
Situation nur bedingt objektivierbar, §§ 611 ff. BGB anzuwenden; F/N/W,
5. Aufl., Rz. 3: die zahnärztlichen Eingliederungs- und Anpassungsmaßnahmen
sind stets nach §§ 611 ff., 630b BGB zu beurteilen).

A 408 Lediglich soweit es um **rein zahnlabortechnische Verarbeitungsfehler** geht, gilt das **werkvertragliche Gewährleistungsrecht** (OLG Frankfurt, Urt. v. 23. 11. 2010 – 8 U 111/10, juris, Nr. 22, 27; OLG Frankfurt, Urt. v. 17. 2. 2005 – 26 U 56/04, MedR 2005, 604, 605; OLG Düsseldorf, Urt. v. 14. 5. 2009 – I-5 U 135/08, juris; OLG Zweibrücken OLGR 2002, 170; F/N/W, 5. Aufl., Rz. 3; L/K-Kern, § 38, Rz. 18, 19, 26: für die reine Fertigung von prothetischen Zahnersatzteilen und Inlays). Mit der Eingliederung des von einem fremden Zahnlabor hergestellten Zahnersatzes in Erfüllung seines Dienstvertrages gegenüber Patienten nimmt der Zahnarzt die **werkvertragliche Leistung des Zahntechnikers** ab (OLG Frankfurt, Urt. v. 17. 2. 2005 – 26 U 56/04, MedR 2005, 604, 605; OLG Düsseldorf, NJW-RR 1992, 1202, 1203).

b) Nachbesserungsrecht des Zahnarztes

A 409 Da der **Zahnarzt** die Passgenauigkeit, insbesondere den einwandfreien und schmerzfreien Sitz des Zahnersatzes, gefertigter Kronen u.a. nicht immer auf Anhieb herbeiführen kann, räumt ihm die bislang fast einhellige Ansicht eine den §§ 627, 628 BGB ansonsten fremde, **dem Nacherfüllungsanspruch des § 635 I BGB gleichkommende Korrekturmöglichkeit an Zähnen und Zahnersatz ein** (OLG Dresden, Beschl. v. 21. 1. 2008 – 4 W 28/08, NJW-RR 2009, 30, 31 und OLG Naumburg, Urt. v. 13. 12. 2007 – 1 U 10/07, NJW-RR 2008, 1056, 1058: **im Einzelfall ist auch eine Neuanfertigung als Nachbesserung zumutbar**; OLG Frankfurt, Urt. v. 22. 4. 2010 – 22 U 153/08, juris, Nr. 35, 37, 39, vom BGH, Urt. v. 29. 3. 2011 – VI ZR 133/10, NJW 2011, 1674 aufgehoben; OLG Jena, Urt. v. 29. 5. 2012 – 4 U 549/11, NJW 2012, 2357, 2358: **Nacherfüllungsverlangen gemäß § 281 I, II erforderlich, soweit der Mangel nachbesserungsfähig ist, Behandlungsabbruch ist aber als Kündigung nach § 627 I BGB auszulegen**; OLG Karlsruhe, Urt. v. 28. 2. 2007 – 7 U 224/06, OLGR 2007, 654, 655 = ZGS 2007, 319: § 635 BGB a.F. analog bzw. § 281; KG, Beschl. v. 1. 7. 2010 – 20 W 23/10, MedR 2011, 45, 46 = VersR 2011, 402: **aber kein Nachbesserungsrecht, wenn Neuanfertigung erfolgen muss**; OLG Koblenz, Beschl. v. 29. 8. 2011 – 5 U 481/11, MDR 2011, 1279: **kein weiteres Nachbesserungsrecht, wenn mehrere Versuche fehlgeschlagen sind oder der Zahnarzt die kostenlose Weiterbehandlung verweigert**; OLG Koblenz, Beschl. v. 1. 9. 2011 – 5 U 862/11, MDR 2011, 1278 = VersR 2012, 728: aber nicht, wenn die Leistung des Zahnarztes völlig unbrauchbar ist; OLG Koblenz, Beschl. v. 18. 6. 2009 – 5 U 319/09, GesR 2009, 555: **Fristsetzung zur Nacherfüllung durch den ZA analog §§ 281 II, 323 II BGB erforderlich**; OLG Koblenz, Beschl. v. 19. 6. 2007 – 5 U 467/07, NJW-RR 2008, 269: **kein „Nachbesserungsrecht", wenn die prothetische Leistung irreparabel fehlerhaft ist**; OLG Koblenz, Urt. v. 10. 10. 2012 – 5 U 1505/11, juris, Nr. 12–15 = GesR 2013, 224, 225: **Keine Kündigungsmöglichkeit gemäß §§ 627, 628 I BGB nach Abschluss der Behandlung, aber Rückforderungsanspruch aus §§ 280 I, 823 I BGB bei nicht nur geringfügiger Fehlleistung des ZA mit der Folge der Unbrauchbarkeit der Leistung**; OLG Naumburg, Urt. v. 13. 12. 2007 – 1 U 10/07, NJW-RR 2008, 1056, 1058 = GesR 2008, 164: Nachbesserungsrecht, ggf. bis hin zur Neuanfertigung; OLG Naumburg, Urt. v. 25. 6. 2009 – 1 U 27/09, VersR 2010, 73, 74: aber dann nicht, wenn der **Mangel nicht mehr nachbesserungsfähig** ist, etwa wenn es aufgrund des Fehlers zu einer Verschiebung der Mittellinie der Zähne im OK und UK gekommen ist; OLG Oldenburg, Urt. v.

27. 2. 2008 – 5 U 22/07, GesR 2008, 252, 253: kein Nachbesserungsrecht, wenn der Zahnarzt von vornherein jegliche Falsch- oder Schlechtbehandlung bestreitet oder **wenn das Behandlungsverhältnis bereits beendet ist, vorliegend zwei Jahre;** OLG Oldenburg, OLGR 2007, 153 = MedR 2007, 359; Schinnenburg, MedR 2000, 185, 186; von Ziegner, MDR 2001, 1088, 1090; Schellenberg, VersR 2007, 1343, 1344).

Ob ein solches „Nachbesserungsrecht" Bestand haben wird, ist fraglich. Der   A 410
BGH (Urt. v. 29. 3. 2011 – VI ZR 133/10, NJW 2011, 1674 = MDR 2011, 724 = VersR 2011, 883 = MedR 2012, 38, Nr. 13–17; zur Kritik Rz. R 17b) hat unter Aufhebung des (überzeugender begründeten!) Urteils des OLG Frankfurt v. 22. 4. 2010 (22 U 153/08, juris, Nr. 31–44) ausgeführt, **bereits ein einfacher (zahn-)ärztlicher Behandlungsfehler könne ein vertragswidriges Verhalten im Sinne des § 628 I 2 2. Alt. BGB sein und den Patienten zur Kündigung berechtigen.** Der Verlust des Vergütungsanspruches setze nicht voraus, dass das vertragswidrige Verhalten als schwerwiegend („Leistung völlig unbrauchbar") oder als wichtiger Grund im Sinne des § 626 I BGB anzusehen ist. Lediglich ein nur geringfügiges vertragswidriges Verhalten in entsprechender Anwendung der §§ 323 V 2, 242 BGB lasse die Pflicht, die bis zur Kündigung erbrachten Dienste zu vergüten, unberührt. Erstaunlicherweise stellt der BGH dabei auf § 242 BGB, nicht aber auf die von den Instanzgerichten befürwortete Anwendung der §§ 281 II, 323 II BGB ab! Allerdings komme es im Prozess auf dasjenige Verhalten des Patienten an, auf das die Kündigung gestützt worden ist. **Der Vergütungsanspruch bleibt auch dann bestehen, soweit der Patient die Leistungen des (Zahn-) Arztes wirtschaftlich verwerten kann** (z. B. Prothese bleibt im Mund und kann benutzt werden bzw. Nachbehandler baut auf den Leistungen oder Teilen hiervon auf (BGH, NJW 2011, 1674, Nr. 18).

Wurde die Kündigung des Patienten gemäß § 628 I 2 BGB nicht auf das konkrete   A 411
vertragswidrige Verhalten des Zahnarztes (Behandlungsfehler) gestützt, etwa **wenn der Patient die Behandlung abbricht und erst später vom Vorliegen eines Behandlungsfehlers Kenntnis erlangt, fehlt es an der notwendigen Kausalität** (Wenzel-Mennemeyer/Hugemann, Kap. 2, Rz. 463; Müko-Henssler, 6. Aufl., § 628 BGB Rz. 16).

Auch das OLG Koblenz (Beschl. v. 21. 11. 2012 – 5 U 623/12, GesR 2013, 466)   A 411a
hat seine Rechtsprechung (Beschl. v. 18. 6. 2009 – 5 U 319/09, GesR 2009, 555) nun dahingehend modifiziert, dass der Patient den „Nachbesserungsvorschlag" des (Zahn-)Arztes beim Vorliegen eines Mangels bzw. einer nicht unerheblichen Pflichtverletzung ablehnen darf, jedenfalls soweit nicht die rein technische Anfertigung einer Prothese o. a. betroffen ist.

Zu den Einzelheiten des „Nachbesserungsrechts" wird auf die ausführliche Darstellung bei Rz. R 18ff. verwiesen.

c) Entfallen des Vergütungsanspruchs

(vgl. Einzelheiten bei → *Rückerstattung des Honorars*, Rz. R 9ff., R 18ff.)   A 412

Einstweilen frei.   A 413 – A 417

d) Kosten der Neuanfertigung; kein „Vorschussanspruch"

A 418 Ist die Prothetik bzw. sonstige zahnärztliche Leistung aufgrund eines Behandlungsfehlers mangelhaft und eine Nachbesserung unmöglich, fehlgeschlagen bzw. für den Patienten unzumutbar, oder aus Rechtsgründen beim Bestehen eines Kündigungsrechts nach § 628 I 2 BGB nicht erforderlich (s. o. BGH, Urt. v. 29. 3. 2011 – VI ZR 133/10, NJW 2011, 1674 = VersR 2011, 883, Nr. 12–16), so kann der Patient den Ersatz der ihm für die Behebung der Mängel entstandenen Kosten, und zwar einschließlich der **Kosten einer aus zahnmedizinischen Gründen erforderlichen Neuanfertigung**, verlangen, soweit sie objektiv erforderlich waren; alternativ steht dem Patienten ein Anspruch auf Rückerstattung des bereits bezahlten Honorars zu, soweit der **Zahnersatz für ihn aufgrund des Behandlungsfehlers unbrauchbar** ist (OLG Oldenburg, Urt. v. 27. 2. 2008 – 5 U 22/07, GesR 2008, 252, 253 = MDR 2008, 553 und OLG Koblenz, Urt. v. 10. 10. 2012 – 5 U 1505/11, GesR 2013, 224, 225: zwei Jahre nach Abschluss der Behandlung kein Nachbesserungsrecht; KG, Beschl. v. 1. 7. 2010 – 20 W 23/10, VersR 2011, 402 = MedR 2011, 45, 46; OLG Koblenz, Beschl. v. 18. 6. 2009 – 5 U 319/09, GesR 2009, 555 = VersR 2009, 1542; Schellenberg, VersR 2007, 1343, 1346/1347; vgl. aber BGH, Urt. v. 29. 3. 2011 – VI ZR 133/10, VersR 2011, 883, Rz. A 410 und nunmehr auch OLG Koblenz, VersR 2013, 1176, 1177 = GesR 2013, 224, 225: Rückerstattungsanspruch auch bei einfachem Behandlungsfehler, wenn der Patient hierauf während der laufenden Behandlung die Kündigung gestützt hat und die Leistungen für ihn unbrauchbar und ohne Wert sind).

A 419 Der Arzt oder Zahnarzt hat ausnahmsweise dann auch die **Kosten einer privatärztlichen Behandlung des geschädigten Kassenpatienten** zu übernehmen, wenn nach den Umständen des Einzelfalls feststeht, dass das Leistungssystem der gesetzlichen Krankenversicherung nur unzureichende Möglichkeiten der Schadensbeseitigung bietet oder die Inanspruchnahme der vertrags(kassen-)ärztlichen Leistung dem Geschädigten aufgrund besonderer Umstände **ausnahmsweise nicht zumutbar** ist. Dies ist etwa dann der Fall, wenn der Patient nach einer fehlerhaften zahnmedizinischen Behandlung unter erheblichen Schmerzen leidet und sich zunächst **kein Zahnarzt bereitfindet, die notwendige, umfangreiche und schwierige Nachbehandlung zu den Kassensätzen durchzuführen** (BGH, Urt. v. 6. 7. 2004 – 6 ZR 266/03, VersR 2004, 1180, 1182 = NJW 2004, 3324, 3325). Von diesem Ausnahmefall abgesehen besteht aber **grundsätzlich kein Anspruch des Kassenpatienten auf Erstattung wesentlich höherer Kosten einer privatärztlichen Versorgung** (BGH, a.a.O.; OLG Düsseldorf, Urt. v. 1. 8. 2002 – 8 U 195/01, OLGR 2003, 251, 252 und NJW-RR 1991, 1308 = VersR 1991, 884: völlig anders konzipierte und wesentlich teurere implantatgetragene Prothetik statt Neuanfertigung einer Vollprothese; Gehrlein, Rz. A 38b; Zach, MDR 2007, 931, 936; Wenzel-Zoll, Kap. 2 Rz. 2123, 2124).

Bei Angehörigen des öffentlichen Dienstes kommt eine Bezahlung der Behandlungskosten durch Gewährung von Beihilfe oder sonstige Leistungen in Betracht; diese müssen vom Geschädigten vorrangig in Anspruch genommen werden (Zoll a.a.O.).

A 420 Die **Klage auf Zahlung eines Vorschusses** für die infolge eines Behandlungsfehlers erforderlich werdende Folgebehandlung **ist unzulässig**. Im Bereich des Personenschadens ist der in Höhe der Herstellungskosten verlangte Schadensersatz grundsätzlich zweckgebunden und kann ausschließlich mit einem **Antrag auf Feststellung der Kostentragungspflicht durch den Schädiger** verfolgt werden (BGH, NJW 1986, 1538 = MDR 1986, 486; OLG Düsseldorf, Urt. v. 1. 8. 2002 – 8 U 195/01, OLGR 2003, 251; KG, Beschl. v. 1. 7. 2010 – 20 W 23/10, VersR 2011, 402 = MedR 2011, 45, 46 = juris, Nr. 4, 6; OLG Koblenz, Beschl. v. 18. 6. 2009 – 5 U 319/09, VersR 2009, 1542; OLG Köln, Urt. v. 12. 1. 2005 – 5 U 96/03, GesR 2005, 266; OLG Köln, Urt. v. 19. 5. 1999 – 5 U 247/98, VersR 2000, 1021, 1022; OLG München, Beschl. v. 1. 2. 2006 – 1 U 4756/05, OLGR 2006, 431, 432; OLG Naumburg, Urt. v. 13. 12. 2007 – 1 U 10/07, NJW-RR 2008, 1056, 1058 = GesR 2008, 164, 165; OLG Naumburg, Urt. v. 25. 6. 2009 – 1 U 27/09, VersR 2010, 73; Wenzel-Zoll, Kap. 2 Rz. 2125 und Wenzel-Mennemeyer/ Hugemann, Kap. 2, Rz. 474, 479; Zach, MDR 2007, 391, 396).

Die Kosten der wegen eines ärztlichen Behandlungsfehlers notwendigen Nach- A 421 behandlung stellen nur dann bereits einen ersatzfähigen Vermögensschaden dar, wenn der Patient die **Nachbehandlung bereits durchführen** ließ. Vor der Durchführung der Nachbehandlung sind die Kosten noch nicht entstanden, d. h. es fehlt (noch) an einer vermögenswirksamen Maßnahme (OLG Naum- burg, Urt. v. 25. 6. 2009 – 1 U 27/09, VersR 2010, 73; OLG Naumburg, Urt. v. 13. 12. 2007 – 1 U 10/07, NJW-RR 2008, 1056, 1058; OLG Köln, Urt. v. 12. 1. 2005 – 5 U 96/03, GesR 2005, 266 = juris, Nr. 13).

Ausnahmsweise kann bereits dann auf Leistung und nicht nur auf Feststellung A 422 geklagt werden, wenn die **Nachbehandlungskosten für eine geplante, konkrete Operation o. a. bereits feststehen und der Patient die Behandlungsabsicht nach- weisen kann** (OLG München, Beschl. v. 1. 2. 2006 – 1 U 4756/05, OLGR 2006, 431, 432 = juris, Nr. 5 ff.; OLG Düsseldorf, Urt. v. 1. 8. 2002 – 8 U 195/01, OLGR 2003, 251 – in den entschiedenen Fällen jeweils verneint; Wenzel-Menne- meyer/Hugemann, Kap. 2, Rz. 474 und Wenzel-Zoll, Kap. 2, Rz. 2125). Solange sich der Geschädigte zur Durchführung der Maßnahme (noch) nicht entschlie- ßen kann, wäre die **Klage als derzeit unbegründet** abzuweisen (BGH, VersR 1986, 550; Zoll a. a. O.).

Zulässig ist jedoch eine **Klage auf Feststellung der Kostentragungspflicht** durch A 423 den Schädiger nach Durchführung der Behandlungsmaßnahme bzw. eine Klage auf Freistellung von den Behandlungskosten (BGH, NJW 1986, 1538; OLG Köln, VersR 2000, 1021, 1022; Wenzel-Mennemeyer/Hugemann, Kap. 2, Rz. 479).

Fallen auf einen Behandlungsfehler des (Zahn-)Arztes zurückzuführende Nach- A 423a behandlungskosten eines anderen (Zahn-)Arztes an, kann der Patient auch mit einem ihm zustehenden **Schmerzensgeld und den bereits angefallenen Nach- behandlungskosten, die dessen Honoraranspruch überschreiten, aufrechnen** (OLG Koblenz, Beschl. v. 1. 9. 2011 – 5 U 862/11, MDR 2011, 1278 = MedR 2012, 403, 404).

Ist dem Zahnarzt ein nicht nur unerheblicher Behandlungsfehler unterlaufen, A 423b kann der Patient den Behandlungsvertrag gemäß §§ 627 I, 628 I 2 BGB kündigen (vgl. Rz. A 410). Ist die **Behandlung bereits beendet**, bleibt der Anspruch des Pa- tienten aus §§ 280 I, 823 I BGB hiervon unberührt. Den Aufwendungen für die

Ersatzvornahme durch den Nachbehandler ist **die Honorarersparnis bei der Erst-behandlung entgegenzusetzen, sodass es regelmäßig an einer ausgleichsfähigen finanziellen Belastung fehlen wird** (OLG Koblenz, Urt. v. 10. 10. 2012 – 5 U 1505/11, juris, Nr. 12, 13 = GesR 2013, 224, 225 = VersR 2013, 1176; auch OLG Koblenz, Beschl. v. 1. 9. 2011 – 5 U 862/11, MDR 2011, 178 = VersR 2012, 728 und KG, Beschl. v. 1. 7. 2010 – 20 W 23/10, VersR 2011, 402; vgl. Rz. R 39–R 42). Wird allerdings aufgrund des Behandlungsfehlers des Zahnarztes eine umfangreiche Nachbehandlung erforderlich, etwa weil nur noch eine Implantatversorgung o.a. möglich ist, kann der Schadensersatzanspruch des Patienten den Honoraranspruch des Zahnarztes im Einzelfall erheblich übersteigen!

A 423c Der **Rückzahlungsanspruch hinsichtlich des Honorars** steht dem Patienten – anders als ein „Vorschussanspruch" – auch dann zu, wenn er den Zahnersatz im Zeitpunkt der letzten mündlichen Verhandlung noch nicht durch einen Nachbehandler erneuern ließ; entscheidend ist, ob einen Neuanfertigung aus zahnmedizinischen Gründen erforderlich ist (KG, Beschl. v. 1. 7. 2010 – 20 W 23/10, MedR 2011, 45, 46 = VersR 2011, 402 = juris, Nr. 4, 6). Erforderlich ist aber stets, dass ein **nicht nur geringfügiger Behandlungsfehler** des Zahnarztes während der laufenden Behandlung vorliegt, der Patient eine **Kündigung des Behandlungsver-trages hierauf gestützt** hat und der Patient die **Arbeiten nicht mehr wirtschaft-lich verwerten** kann, sie also für ihn nutzlos geworden sind (BGH, Urt. v. 29. 3. 2011 – VI ZR 133/10, VersR 2011, 883 = NJW 2011, 1674, Nr. 13–18; Wenzel-Mennemeyer/Hugemann, Kap. 2, Rz. 465).

e) Werkvertrag zwischen Zahnarzt und Zahntechniker

A 424 Dagegen unterliegt das **Vertragsverhältnis** zwischen dem **Zahnarzt und dem Zahntechniker** dem Werkvertragsrecht (OLG Brandenburg, Urt. v. 5. 4. 2005 – 1 U 34/04, OLGR 2005, 489, 492; OLG Frankfurt, Urt. v. 17. 2. 2005 – 26 56/04, NJW-RR 2005, 701, 702 = MedR 2005, 604, 605; Schinnenburg, MedR 2000, 185, 186; von Ziegner, MDR 2001, 1088, 1089; L/K-Kern, § 38 Rz. 26; Spickhoff, 1. Aufl., § 631 BGB Rz. 4). Mit der Eingliederung der Prothese, des Implantats, der Krone o.a. beim Patienten nimmt der Zahnarzt die Werkleistung des (externen) Zahntechnikers ab (OLG Frankfurt, Urt. v. 17. 2. 2005 – 26 U 56/04, NJW-RR 2005, 701, 702).

A 425 Dem Zahnarzt steht bei Mängeln der Werkleistung gem. §§ 634 Nr. 1, 635 BGB primär ein **Nacherfüllungsanspruch gegen den Zahntechniker** zu. Der Zahntechniker kann als Werkunternehmer – anders als ein Verkäufer (§ 439 I BGB) – nach eigener Wahl den Mangel beseitigen oder ein neues Werk herstellen (§ 635 I BGB).

A 426 Sind die Voraussetzungen der §§ 634 Nr. 2, 637 BGB gegeben, steht dem Zahnarzt gegen den Zahntechniker bzw. das Labor ein **Selbstvornahmerecht** bzw. ein **Vorschussanspruch** zu, unter den Voraussetzungen der §§ 634 Nr. 3, 638 BGB ein Minderungsanspruch, der §§ 634 Nr. 3, 636, 323, 326 V BGB ein Rücktrittsrecht und der §§ 634 Nr. 4, 636, 280, 281, 283 BGB ein Schadensersatzanspruch. Dieser Werkvertrag des Zahnarztes mit dem Zahntechniker entfaltet aber keine Schutzwirkungen (§ 328 I BGB analog) zugunsten des Patienten (Schinnenburg, MedR 2000, 185, 186).

3. Anfertigung und Einpassung von Gliederprothesen

Der auf prothetische Behandlung gerichtete Vertrag, etwa zur Anfertigung und A 427
Anpassung einer Beinprothese, ist grundsätzlich als **Dienstvertrag** einzuordnen,
allerdings **mit werkvertraglichen Elementen**.

Bis auf die technische Anfertigung der Prothese, die allein dem Werkvertrags- A 428
recht unterliegt, gehören die auf die prothetische Versorgung gerichteten orthopädischen Leistungen als Dienste „höherer Art" i. S. d. § 627 I, 628 I BGB zur
Heilbehandlung. Daraus schuldet der Arzt dem Patienten regelmäßig nur die
sachgerechte Behandlung, keinesfalls aber den gewünschten Erfolg (OLG Karlsruhe, MedR 1995, 374 = VersR 1996, 62; S/Pa, 12. Aufl., Rz. 153; L/K-Kern, § 38
Rz. 13).

4. Kosmetische Operationen

Auch der Vertrag über die Durchführung einer kosmetischen Operation („Schön- A 429
heitsoperation") ist nach einhelliger Ansicht ein **Dienstvertrag** (OLG Bamberg,
Beschl. v. 29. 12. 2005 – 1 W 85/05, MDR 2006, 873; OLG Hamburg, Urt. v.
22. 12. 2000 – 1 U 41/00, MDR 2001, 799; OLG Hamburg, Urt. v. 29. 12. 2005 –
1 W 85/05, MDR 2006, 873; OLG Koblenz, Urt. v. 14. 6. 2007 – 5 U 1370/06,
VersR 2008, 492; OLG Köln, Urt. v. 27. 11. 2002 – 5 U 101/02, GesR 2003, 85;
OLG Zweibrücken, Urt. v. 28. 2. 2012 – 5 U 8/08, GesR 2012, 503, 504; L/K-Kern,
§ 38 Rz. 27, 28 und die Nachweise in Rz. A 401; vgl. nunmehr auch §§ 630a I,
630b BGB).

Auch hier will der Arzt regelmäßig nicht für den Erfolg seiner Leistung einste- A 430
hen. Im Zweifel ist auch eine Erklärung des Arztes, ein bestimmter Erfolg werde
eintreten, nicht als Angebot zum Abschluss eines Werkvertrages anzusehen
(L/K-Kern, § 38 Rz. 27, 28). Hat der Arzt den kosmetischen **Eingriff lege artis**
durchgeführt, steht dem Arzt die **Vergütung grundsätzlich auch dann** zu, **wenn
der beabsichtigte Erfolg ausbleibt** (OLG Nürnberg, Urt. v. 8. 2. 2008 – 5 U
1795/05, MDR 2008, 554; OLG Hamm, Beschl. v. 11. 7. 2007 – 3 W 35/07,
BeckRS 2008, 2251, S. 2/3; a. A. OLG Koblenz, Urt. v. 21. 2. 2008 – 5 U 1309/07,
VersR 2008, 538, 539: kein Vergütungsanspruch, wenn die **erfolgreiche Schönheitsoperation trotz Zusage nicht vom Chefarzt selbst durchgeführt wird**; vgl.
hierzu Rz. R 32 ff.).

Das Interesse des Patienten i. S. d. § 628 I 2 BGB – und damit auch der Ver- A 431
gütungsanspruch des Arztes – entfällt nach einer Ansicht bereits, wenn der Eingriff ohne vorangegangene oder nach unzureichender Aufklärung erfolgt und zu
einer Schädigung des Patienten führt (OLG Düsseldorf, Urt. v. 20. 3. 2003 – 8 U
18/02, VersR 2003, 1579, 1580 = NJW-RR 2003, 1331, 1332 = GesR 2003, 236,
238: Rückerstattung des Honorars bei **rechtswidrigem, im Ergebnis erfolglosem
Eingriff**; OLG Saarbrücken, Urt. v. 21. 4. 1999 – 1 U 615/98 - 112, OLGR 2000,
401; Gehrlein, Rz. A 38a: Vergütungsanspruch entfällt im Fall eines rechtswidrigen Eingriffs) bzw. dann, wenn der mit der rechtswidrigen Operation bezweckte Erfolg nicht eintritt (OLG Düsseldorf, Urt. v. 20. 3. 2003 – 8 U 18/02,
GesR 2003, 236, 238).

A 432 Nach bislang herrschender Auffassung der Instanzgerichte kommt die Rückzahlung der geleisteten Vergütung – ohne dass es hierzu einer Aufrechnung mit Schadensersatzansprüchen bedarf – nur dann in Betracht, **wenn die erbrachte ärztliche Leistung für den Patienten von vornherein nutzlos ist** (OLG Bamberg, Beschl. v. 29. 12. 2005 – 1 W 85/05, MDR 2006, 873: Interesse des Patienten an der Behandlung von vornherein nicht gegeben; OLG Hamburg, Beschl. v. 29. 12. 2005 – 1 W 85/05, OLGR 2006, 120, 121: ungeeignete Methode, Eingriff von vornherein aussichtslos bzw. nutzlos; OLG Hamm, Urt. v. 11. 7. 2007 – 3 W 35/07, BeckRS 2008, 2251, S. 2/3: **Dienstleistung aufgrund eines Behandlungs- oder Aufklärungsfehlers für den Patienten völlig unbrauchbar;** OLG Koblenz, Urt. v. 14. 6. 2007 – 5 U 1370/06, VersR 2008, 492: Patient hätte den Eingriff bei sachgemäßer Diagnose und Aufklärung nicht vornehmen lassen; OLG Nürnberg, Urt. v. 16. 7. 2004 – 5 U 2383/03, NJW-RR 2004, 1543, 1544: Dienstleistung unbrauchbar; OLG Nürnberg, Urt. v. 8. 2. 2008 – 5 U 1795/05, MDR 2008, 554: Dienstleistung nach Aufklärungsmangel völlig unbrauchbar bzw. besonders grobe Pflichtverletzung) **oder es sich für den Patienten wegen eines Behandlungsfehlers des Operateurs als unmöglich oder unzumutbar erweist, das bei ordnungsgemäßer Durchführung des Eingriffs zu erwartende Ergebnis durch neuerliche operative Maßnahmen des beklagten Arztes herbeizuführen** (OLG Hamburg, Urt. v. 22. 12. 2000 – 1 U 41/00, MDR 2001, 799; OLG München, Urt. v. 17. 3. 2011 – 1 U 5245/10, juris, Nr. 40: Entfallen des Anspruches gemäß §§ 628 I 2 BGB analog bzw. gemäß § 242 BGB bei nicht indizierten und gänzlich wertlosen, unbrauchbaren Behandlungen; vgl. im Einzelnen Rz. R 9 ff.).

A 432a Das OLG Zweibrücken (Urt. v. 28. 2. 2012 – 5 U 8/08, GesR 2012, 503, 506) bejaht einen Honorarrückerstattungsanspruch, wenn der **kosmetische Eingriff in Ermangelung einer ordnungsgemäßen Aufklärung rechtwidrig ist, dem Operateur zudem Behandlungsfehler unterlaufen und zur Erzielung eines befriedigenden Ergebnisses ein neuerlicher Eingriff durch einen Nachbehandler notwendig wird.** Der Arzt muss dann beweisen, dass sich die Patientin auch ohne die gebotene Aufklärung gleichwohl zur Operation entschlossen hätte (OLG Zweibrücken a. a. O.; ebenso bereits OLG München, NJW-RR 1994, 20 = VersR 1993, 1529).

A 432b Die Entscheidung des BGH vom 29. 3. 2011 (VI ZR 133/10, VersR 2011, 883 = NJW 2011, 1674 = GesR 2011, 414 = MedR 2012, 38, Nr. 13–18, vgl. Rz. A 410; zur Kritik Rz. R 17b) ist auch insoweit einschlägig. Danach kann die Patientin das Behandlungshonorar bereits dann zurückfordern, wenn dem Arzt ein **nicht nur geringfügiges vertragswidriges Verhalten** (Behandlungsfehler, wohl auch bei einem Aufklärungsversäumnis) zur Last fällt, das die Kündigung veranlasst hat, soweit die Patientin die Leistungen des Arztes nicht mehr wirtschaftlich verwerten kann, etwa weil sie **für die Patientin nutzlos sind und auch ein Nachbehandler hierauf nicht aufbauen kann.**

Die Übertragung der für einen zahnärztlichen Behandlungsvertrag ausgesprochenen Grundsätze ist aber deshalb problematisch, weil der BGH von einem noch laufenden Behandlungsverhältnis ausgeht, wobei die (im entschiedenen Fall: zahnärztlichen) Dienstleistungen nicht mehr wirtschaftlich verwertet werden konnten (vgl. Wenzel-Mennemeyer/Hugemann, Kap. 2, Rz. 461, 463, 464, 465). **Erlangt die Patientin – wie meist – erst nach Abschluss der Behandlung von der**

Vertragswidrigkeit Kenntnis, fehlt es am notwendigen Kausalzusammenhang zwischen dem Behandlungsfehler und dem Schaden (Mennemeyer/Hugemann a. a. O.). Da die Entscheidung des BGH für kosmetische Behandlungen, die regelmäßig nach einem Eingriff abgeschlossen sind, nicht so recht „passt", sollte weiterhin der h. M. (Rz. A 409, A 432, A 432a) gefolgt werden.

Die Kosten einer medizinisch notwendigen Operation zur Korrektur einer wegen eines Behandlungsfehlers vorwerfbar misslungenen kosmetischen Operation sind vom Arzt zu ersetzen. Wegen dieser Kosten besteht allerdings eine Zweckbindung. **Fiktive Kosten sind auch hier grundsätzlich nicht erstattungsfähig** (BGH, MDR 1986, 486 = NJW 1986, 1538; OLG Düsseldorf, Urt. v. 1. 8. 2002 – 8 U 195/01, OLGR 2003, 251, 252; OLG Hamburg, Beschl. v. 29. 12. 2005 – 1 W 85/05, OLGR 2006, 120, 121; KG, Beschl. v. 1. 7. 2010 – 20 W 23/10, MedR 2011, 45, 46 = GesR 2010, 609, 610; OLG Köln, Urt. v. 12. 1. 2005 – 5 U 96/03, GesR 2005, 266, 267; OLG München, Beschl. v. 1. 2. 2006 – 1 U 4756/05, OLGR 2006, 431, 432; OLG Naumburg, Urt. v. 13. 12. 2007 – 1 U 10/07, NJW-RR 2008, 1056, 1058; OLG Naumburg, Urt. v. 25. 6. 2009 – 1 U 27/09, VersR 2010, 73; zu einer Ausnahme s. o. Rz. A 419, A 422). | A 433

5. Sterilisationsvertrag

Der mit dem Arzt abgeschlossene Vertrag über die Durchführung einer freiwilligen Sterilisation ist unabhängig vom Vorliegen einer besonderen Indikationslage grundsätzlich wirksam und gleichfalls als **Dienstvertrag** einzuordnen (BGH, NJW 1980, 1452, 1453; L/K-Kern, § 38 Rz. 30–33; D/S, Rz. 729, 730; Spindler/ Rieckers, JuS 2004, 272, 273). Gleiches gilt hinsichtlich eines Vertrages über die Durchführung einer Kastration oder einer operativen Geschlechtsumwandlung (L/K-Kern, § 38 Rz. 34, 35). | A 434

II. Privatpatienten

1. Vertragsabschluss mit dem Patienten

Der Behandlungsvertrag kommt regelmäßig dadurch zustande, dass sich der Patient in die Behandlung des Arztes begibt und der Arzt die Behandlung über nimmt (F/N/W, 5. Aufl., Rz. 6, 7; G/G, 6. Aufl., Rz. A 2; D/S, Kap. IV, Rz. 77, 79; L/K-Kern, § 39 Rz. 3). | A 435

Begibt sich der Patient unter **Hinweis auf das Bestehen einer privaten Krankenversicherung** in die Praxis des Arztes und weist er nicht auf eine bestehende Kassenmitgliedschaft bzw. Sozialhilfeberechtigung hin, so gibt er dadurch zu erkennen, dass er den Willen hat, als Selbstzahler untersucht und behandelt zu werden (OLG Saarbrücken, NJW 2001, 1798 zum Honoraranspruch eines Krankenhauses; vgl. zu den Einzelheiten Rz. A 9 ff.). | A 436

Sein Honorar kann der Arzt beim Privatpatienten in den von der **GOÄ** und **GOZ** (dort jeweils § 2 I) gezogenen Grenzen berechnen (vgl. hierzu Rz. A 19 ff., A 34 ff.). | A 437

113

2. Mitverpflichtung des Ehepartners (§ 1357 BGB)

A 438 Neben dem die Behandlung in Anspruch nehmenden Patienten haftet auch dessen mit ihm im Zeitpunkt der Behandlung zusammenlebender Ehegatte gem. § 1357 BGB für die Behandlungskosten, **wenn sich Art und Kosten der Behandlung im Lebenszuschnitt der Familie halten, wie er nach außen in Erscheinung tritt** (BGH, NJW 1985, 1394; BGH, NJW 1992, 909; S/Pa, 12. Aufl., Rz. 13, 14; L/K-Kern, § 39 Rz. 31; Spickhoff, § 631 BGB Rz. 7; G/G, 6. Aufl., Rz. A 102; D/S, 6. Aufl., Kap. IV, Rz. 102, 103). Dies gilt auch nach einer späteren Trennung oder Scheidung (BGH, NJW 2005, 2069, 2070; D/S, 6. Aufl., Kap. IV, Rz. 102). § 1357 BGB **gilt entsprechend für eingetragene Lebenspartnerschaften** (vgl. § 8 II LPartG), nicht jedoch bei eheähnlichen Partnerschaften (L/K-Kern, § 39 Rz. 22, 23).

A 439 Maßgeblich für die Mitverpflichtung eines Ehepartners ist also, wie der andere Partner bei Abschluss des Arztvertrages die wirtschaftlichen Verhältnisse darstellt bzw. wie er dabei auftritt und inwieweit für die Behandlungskosten durch das Eintreten einer privaten oder gesetzlichen Krankenversicherung Deckung besteht (BGH, Urt. v. 28. 4. 2005 – III ZR 351/04, NJW 2005, 2069 = VersR 2005, 947; G/G, 6. Aufl., Rz. A 102; S/Pa, 12. Aufl., Rz. 13, 14).

A 440 Auch die Vereinbarung von Wahlleistungen im Krankenhaus wird von § 1357 BGB erfasst, wenn die Leistungen dem **Lebensbedarf und Lebenszuschnitt der Familie** (§§ 1360, 1360a BGB) entsprechen, nicht dagegen Krankenhauszusatzleistungen wie z. B. Einbettzimmer (BGH, NJW 1992, 909; D/S, 6. Aufl., Kap. IV, Rz. 103)

A 441 Der **Eintritt** einer privaten **Krankenversicherung** oder einer gesetzlichen **Krankenkasse schließt** die **Mitverpflichtung** des anderen Ehegatten jedoch **grundsätzlich** aus (BGH, NJW 1992, 909; S/Pa, 12. Aufl., Rz. 14). Aus den vom Patienten nachzuweisenden Umständen des Einzelfalls kann sich jedoch auch ergeben, dass er den Behandlungsvertrag nur im Namen seines Ehegatten abschließen wollte und allein dieser Honorarschuldner werden sollte (OLG Köln, VersR 1994, 107; S/Pa, 12. Aufl., Rz. 15; einschränkend OLG Hamm, VersR 1997, 1360).

A 442 **Für den Ausschluss der Eigenhaftung des Patienten sind aber sehr deutliche Umstände zu verlangen** (OLG Hamm, VersR 1997, 1360; S/Pa, 12. Aufl., Rz. 15). Ein nichtehelicher Lebensgefährte, der seine Partnerin in ein Krankenhaus begleitet, wird nicht dadurch zum Kostenschuldner, dass er eine ihm vorgelegte, aber ihrem Inhalt nach als Kostenzusage des Patienten konzipierte Verpflichtungserklärung unterzeichnet (OLG Saarbrücken, NJW 1998, 828; S/Pa, 12. Aufl., Rz. 15; vgl. hierzu Rz. A 7 ff.).

A 443 Bei **besonders kostspieligen** oder sachlich nicht gebotenen ärztlichen **Behandlungsmaßnahmen**, etwa bei Inanspruchnahme ärztlicher Wahlleistungen, Unterbringung im Einbettzimmer, einem speziellen, über den Kassenrichtlinien liegenden Zahnersatz o. a. greift § 1357 BGB nur dann ein, wenn sich die Ehegatten – für den Arzt erkennbar – über die Durchführung der Behandlung zuvor abgestimmt haben (BGH, NJW 1992, 909; BGH, NJW 1985, 1394; G/G, 6. Aufl., Rz. A 103; S/Pa, 12. Aufl., Rz. 13, 14; L/K-Kern, § 39 Rz. 20).

Der Ehegatte eines Patienten ist nicht gem. § 1357 BGB zur Zahlung der Be-   A 444
handlungskosten verpflichtet, wenn die Kosten einer – auch medizinisch indizierten, unaufschiebbaren – ärztlichen Behandlung des Ehegatten die wirtschaftlichen Verhältnisse und finanziellen Möglichkeiten der Familie – nach außen erkennbar – **überschreiten** (OLG Saarbrücken NJW 2001, 1798, 1799; L/K-Kern,
§ 39 Rz. 20; Wenzel-Mennemeyer/Hugemann, Kap. 2 Rz. 357; D/S, Kap. IV,
Rz. 102, 103).

So gehören zwar **medizinisch indizierte, unaufschiebbare ärztliche Behandlun-   A 445
gen** des Ehegatten ohne Rücksicht auf die Höhe der mit ihr verbundenen Kosten
zur angemessenen Deckung des Lebensbedarfs, nicht jedoch eine monatelange
chemotherapeutische Behandlung eines erkennbar in diesem Umfang nicht leis-
tungsfähigen, ausländischen Patienten mit einem Aufwand von mehr als
15 000 Euro (BGHZ 116, 184; L/K-Kern, § 39 Rz. 20: sofern sich aus den Umständen nichts anderes ergibt; D/S, Kap. IV, Rz. 103; kritisch Heinrich, JZ 1992, 587).

Scheidet eine Mithaftung des Ehegatten mangels Leistungsfähigkeit aus, kommt   A 446
wegen des abschließenden Charakters der Sonderregelung des § 1357 BGB ein
Anspruch aus Geschäftsführung ohne Auftrag (§§ 677, 683, 670 BGB) nicht in
Betracht (BGH, NJW 2005, 2069; Wenzel-Mennemeyer/Hugemann, Kap. 2
Rz. 357; D/S, 6. Aufl., Kap. IV, Rz. 102). § 1357 BGB ist eine in erster Linie haf-
tungserweiternde Vorschrift, gerade deshalb dürfen ihre haftungseinschränkun-
gen Wirkungen nicht über eine Anwendung der Regeln über die GoA zu Lasten
des anderen Ehegatten überspielt werden.

Allerdings kommen Ansprüche aus **§§ 670, 677, 683 BGB gegen die Eltern eines   A 447
Kindes** in Betracht, soweit die Eltern zur Übernahme der Behandlungskosten un-
terhaltsrechtlich verpflichtet sind (Spickhoff, § 632 BGB Rz. 7 a. E.; Wenzel-
Mennemeyer/Hugemann, Kap. 2, Rz. 349, 357).

3. Vertrag zugunsten Dritter (§ 328 BGB)

Bei der ärztlichen **Behandlung eines Kindes** schließen die Eltern regelmäßig als   A 448
alleinige Honorarschuldner mit den Ärzten einen **echten Vertrag zugunsten
Dritter** (§ 328 BGB) ab, der dem Minderjährigen einen eigenen Anspruch auf
Durchführung einer fachgerechten Behandlung vermittelt (BGH, NJW 1989,
1538; F/N/W, 5. Aufl., Rz. 6, 7; G/G, 6. Aufl., Rz. A 93, 94; L/K-Kern, § 39
Rz. 30; Spickhoff, § 631 BGB Rz. 6). Auch in diesem Rahmen kann § 1357 BGB
eingreifen, wenn der Vertrag nur von einem Elternteil abgeschlossen worden ist
(Gehrlein, Rz. A 5). Bei Verträgen über eine **Entbindung**, die **Sterilisation** eines
Ehegatten oder der Behandlung einer Schwangeren wird dagegen ein **Vertrag
mit Schutzwirkung** zugunsten des ungeborenen Kindes bzw. des auf den Erfolg
der Sterilisation vertrauenden anderen Ehegatten angenommen (BGHZ 86, 240,
247; G/G, 6. Aufl., Rz. A 93, 94, B 166; S/Pa, 12. Aufl., Rz. 13, 16; L/K-Kern,
§ 39, Rz. 23, 27, 30).

Dabei wird das **ungeborene Kind** bzw. der andere Ehegatte **nicht selbst Vertrags-   A 449
partei**. Jedoch können die Eltern eines durch die Behandlung geschädigten Kindes berechtigt sein, den **Mehraufwand für die Pflege und Versorgung des Kindes**

als eigenen Schaden geltend zu machen (BGH, Urt. v. 14. 11. 2006 – VI ZR 48/06, NJW 2007, 989, 990 = VersR 2007, 109, 110 und Urt. v. 18. 6. 2002 – VI ZR 136/01, NJW 2002, 2626, 2627; OLG Düsseldorf, VersR 2001, 1559; G/G, 6. Aufl., Rz. B 175, 176, 185; Grub, 2006, S. 182, 186; Müller, VPräsBGH a.D., NJW 2003, 697, 706; S/Pa, 12. Aufl., Rz. 16; Wenzel-Mennemeyer/Hugemann, Kap. 2, Rz. 349, 350; **a.A.** Reinhart, VersR 2001, 1081, 1086 m.w.N.; Deutsch, NJW 2003, 26; Spickhoff, NJW 2002, 1758, 1764; D/S, 6. Aufl., Kap. IX, Rz. 446: jeweils eigener Anspruch des Kindes bejaht).

A 450 – A 451   Einstweilen frei.

4. Notfälle und Behandlung Geschäftsunfähiger

A 452   Bei der Behandlung bewusstloser und geschäftsunfähiger Patienten ergibt sich der Vergütungsanspruch des Arztes oder Krankenhauses aus **Geschäftsführung ohne Auftrag** (§§ 677, 683, 670 BGB), soweit es nicht zum Abschluss eines Arztvertrags durch die gesetzlichen Vertreter (Eltern, Betreuer, Pfleger u.a.) gekommen ist (KG, Urt. v. 8. 8. 2005 – 20 U 125/04, OLGR 2006, 648, 649; D/S, 6. Aufl., Kap. IV, Rz. 100; F/N/W, 5. Aufl., Rz. 36, 37). Die Haftungsbeschränkung des **§ 680 BGB findet jedoch vor dem Hintergrund der ärztlichen Berufsausübung keine Anwendung** (F/N/W a.a.O.; S/Pa, 12. Aufl., Rz. 78; Spickhoff, §§ 677–680 BGB Rz. 8; D/S, 6. Aufl., Kap. IV, Rz. 100). Allerdings greift die **Haftungsbeschränkung des § 680 BGB auf Vorsatz und grobe Fahrlässigkeit dann ein, wenn der die Nothilfe leistende Arzt zufällig an einer Unfallstelle anwesend und selbst kein Notfallmediziner ist** (OLG München, Urt. v. 6. 4. 2006 – 1 U 4142/05, NJW 2006, 1883, 1885: der zufällig anwesende Gynäkologe diagnostizierte irrtümlich den Tod durch Ertrinken; zustimmend G/G, 6. Aufl., Rz. B 27 a.E. und F/N/W, 5. Aufl., Rz. 37 sowie Spickhoff, 1. Aufl., §§ 677–680 BGB Rz. 8 a.E.; offen gelassen von S/Pa, 12. Aufl., Rz. 78; weitergehend Müko-Seiler, 6. Aufl., § 680 BGB Rz. 6: grundsätzliche Privilegierung professioneller Nothelfer im Dienst gemäß § 680 BGB; anders L/K-L-Lipp, 6. Aufl., Rz. III 53: § 680 BGB nicht anzuwenden, wenn der Arzt die Notfallbehandlung als berufliche Tätigkeit leistet; vgl. auch Rz. G 296, G 296a).

A 453   Im Rahmen der §§ 677, 683 BGB muss die Behandlung jedoch auf vital oder absolut indizierte Maßnahmen beschränkt bleiben; nur relativ indizierte Eingriffe müssen der späteren Entschließung des Patienten überlassen werden (Gehrlein, Rz. A 17; F/N/W, 5. Aufl., Rz. 36, 212; vgl. hierzu Rz. A 1698, A 1709). Nach dem Abklingen der Gefahrenlage kann der Vertragsabschluss als nachgeholt ohne die Zustimmung des Patienten als nachträglich erteilt angesehen werden, wenn er die ärztlichen Leistungen weiterhin in Anspruch nimmt. Der Arzt erlangt hieraus regelmäßig den Honoraranspruch für alle geleisteten Dienste (L/K/L-Lipp, Rz. III 55; F/N/W, 5. Aufl., Rz. 36).

A 454   Schließt ein Minderjähriger einen Arztvertrag ohne die erforderliche Einwilligung seiner Eltern ab, so hängt die Wirksamkeit des Vertrages von der Genehmigung gem. § 108 I BGB ab. Möglich ist auch, dass der Minderjährige als Bote des gesetzlichen Vertreters dessen Willenserklärungen übermittelt und zwischen dem Arzt und den Eltern ein Vertag zugunsten des Minderjährigen (§ 328 BGB) zustande kommt (L/K/L-Lipp, Rz. III 19; L/K-Kern, § 39 Rz. 27, 30).

Ein **gesetzlich krankenversicherter Minderjähriger** kann die ärztlichen Leistungen **nach Vollendung des 15. Lebensjahres** selbst in Anspruch nehmen; der Arzt ist gemäß §§ 36 I 1, 36 II SGB I verpflichtet, die Eltern hiervon zu unterrichten. Diese können die Befugnis des Minderjährigen aber gemäß § 36 II SGB I beschränken oder ausschließen. Die sozialrechtliche Handlungsfähigkeit wird überwiegend auf den Abschluss des Arztvertrages erstreckt, sodass der Arzt mit der Behandlung zunächst beginnen kann (so L/K/L-Lipp, Rz. III 19; auch L/K-Kern, § 39 Rz. 24 a. E.). Gesetzlich versicherte Minderjährige trifft auch keine Honorarzahlungspflicht; der bloße Misserfolg der Behandlung wäre kein „rechtlicher Nachteil" im Sinne des § 107 BGB (Spickhoff, § 631 BGB Rz. 6, S. 366: „in gewissen Grenzen denkbar, dass beschränkt Geschäftsfähige auch ohne Zustimmung der Eltern wirksam Arzt- oder Krankenhausverträge abschließen können"). **A 455**

Der Arzt kann den Minderjährigen bei Vorlage einer Krankenversicherungskarte (§ 291 SGB V) oder einer elektronischen Gesundheitskarte auch als unbeschränkt geschäftsfähig ansehen, wenn die Behandlung der Erhaltung oder Wiederherstellung der Arbeitskraft dient (L/K-Kern, § 39, Rz. 24). Dies soll auch in den Fällen der **Verschreibung von Ovulationshemmern für Minderjährige** gelten, soweit die gesetzliche Krankenversicherung dieses Leistung übernimmt. Bei Barzahlung entsprechender Leistungen spricht im Übrigen auch eine Vermutung für die Wirksamkeit des Rechtsgeschäfts nach § 110 BGB (L/K-Kern, § 39 Rz. 24; L/K/L-Lipp, Rz. III 19: wohl anders, wenn die Eltern die Befugnis des Minderjährigen gemäß § 36 II SGB I ausgeschlossen haben). Der gute Glaube des Arztes wird aber nicht geschützt (Lipp a. a. O.). **A 455a**

Nach anderer Ansicht (F/N/W, 5. Aufl., Rz. 6) kann ohne besondere Umstände nicht angenommen werden, dass der Minderjährige selbst Vertragspartner des Arztes werden will, selbst wenn er im Einzelfall selbst und ohne Begleitung des gesetzlichen Vertreters zur Behandlung erscheint. Dies gilt in jedem Falle für privat versicherte Minderjährige, §§ 291 SGB V, 36 SGB I sind hier nicht einschlägig (Spickhoff, § 631 BCB Rz. 6: ggf. Vertrag zugunsten Dritter, § 328 BGB oder Anwendung der §§ 677, 683, 670; F/N/W, 5. Aufl., Rz. 6, 7: Behandlungsvertrag zwischen Krankenkasse und Arzt mit Schutzwirkung zugunsten des Patienten). **A 455b**

Wird die Minderjährige oder aus anderen Gründen geschäftsunfähige Patientin notfallmäßig in ein Krankenhaus verlegt, etwa zur Vornahme einer Not-Sectio oder nach einem Unfall, ergibt sich die Einstandspflicht der Eltern für die Kosten der ärztlichen Behandlung des nicht volljährigen Kindes aus **§§ 677, 683, 670, 1835 III BGB** (KG, Urt. v. 8. 8. 2005 – 20 U 125/04, OLGR 2006, 648, 649: Kosten in Höhe von 26 000 Euro im Zusammenhang mit einer Not-Sectio; Spickhoff, 1. Aufl. 2012, § 631 BGB, S. 367: soweit eine unterhaltsrechtliche Verpflichtung besteht; Wenzel-Mennemeyer/Hugemann, Kap. 2, Rz. 423). **A 455c**

Das Krankenhaus führt durch seine ärztlichen und nichtärztlichen Mitarbeiter ein Geschäft der Eltern (§ 677 BGB). Denn die gesetzliche Unterhaltspflicht der **A 456**

§§ 1601 ff. BGB beinhaltet auch das Verschaffen ärztlicher Heilbehandlung auf Kosten des Unterhaltsverpflichteten. Der Fremdgeschäftsführungswille der Mitarbeiter des Krankenhauses ist bei einem hier vorliegenden „auch fremden" Geschäft zu vermuten. Im Übrigen würde selbst bei Vorliegen eines Eigengeschäfts, etwa aufgrund eines Vertrages, neben dem auch objektiv fremden Geschäft die Vermutung greifen, dass der Handelnde auch das fremde Geschäft mit besorgen will (KG, Urt. v. 8. 8. 2005 – 20 U 125/04, OLGR 2006, 648, 649 mit Hinweis auf BGH, Urt. v. 21. 10. 2003 – X ZR 66/01, MDR 2004, 386 = NJW-RR 2004, 81, 82 und BGH, MDR 2000, 76; Spickhoff, §§ 677–680 BGB, Rz. 10).

A 457 Die Geschäftsführung in Form der erbrachten Behandlungsmaßnahmen ist ohne weiteres berechtigt, ein abweichender Wille der Eltern wäre gem. § 679 BGB unbeachtlich. **Gem. §§ 670, 1835 III BGB ist die übliche Vergütung als Aufwendungsersatz zu erstatten** (KG, Urt. v. 8. 8. 2005 – 20 U 125/04, OLGR 2006, 648, 649). Denn der Arzt wird regelmäßig nur gegen Entgelt tätig (D/S, 6. Aufl., Kap. IV, Rz. 100).

A 458 Stützt ein Krankenhausträger Ansprüche gegen den Patienten oder dessen Eltern auf §§ 677, 683, 670 BGB, muss er nach h. M. darlegen, dass er keine Erstattung seiner Kosten aufgrund sozialrechtlicher Ansprüche gegen den Sozialhilfeträger erhalten kann (OLG Zweibrücken, FamRZ 1999, 410; D/S, 6. Aufl., Kap. IV, Rz. 100).

A 459 Ansprüche gegen den Sozialhilfeträger scheiden aber aus, wenn der Krankenhausträger bzw. Arzt mangels näherer Kenntnis der Vermögenssituation des Patienten dessen Bedürftigkeit gegenüber dem Sozialhilfeträger nicht nachweisen kann (BGH, NJW 2005, 1363; Gehrlein, Rz. A 19).

5. Stationäre Behandlungsverhältnisse

A 460 Auch bei der Aufnahme des Patienten in die stationäre Behandlung eines Krankenhauses kommt es zum Abschluss privatrechtlicher Verträge zwischen dem Krankenhausträger und dem Privatpatienten oder dem Kassenpatienten (G/G, 6. Aufl., Rz. A 22, 23).

A 461 Man unterscheidet **drei typische Gestaltungsformen** (vgl. G/G, 6. Aufl., Rz. A 26 ff., 31 ff., 34 ff., 49 ff., 66 f., 68 ff., 71 ff., 74 ff., 85 ff.; F/N/W, 5. Aufl., Rz. 23 ff., 28 ff.; S/Pa, 12. Aufl., Rz. 27 ff., 33 ff., 43 ff., 50 ff., 75 ff., 91 ff., 96., 115 ff.; L/K/L-Lipp, Rz. III 6 ff., II 37 ff.; L/K/L-Katzenmeier, Rz. XI 9 ff.; L/K-Kern, § 40 Rz. 17 ff.; L/K-Genzel/Degener/Hencke, § 89 Rz. 8 ff.; L/K-Laufs/Kern, § 94 Rz. 13 ff.; L/K-Schlund, § 115 Rz. 32 ff., 42 ff., 52 ff., 64 ff.; Spickhoff, 1. Aufl., § 631 BGB Rz. 11 ff., S. 367–369; Wenzel-Mennemeyer/Hugemann, Kap. 2, Rz. 723 ff.; Wenzel-Köllner, Kap. 2, Rz. 1054 ff., 1064 ff; D/S, 6. Aufl., Kap. IV, Rz. 79–96):

– **den totalen Krankenhausvertrag,**

– **den totalen Krankenhausvertrag mit Arztzusatzvertrag,**

– **den gespaltenen Krankenhausvertrag.**

Wegen der Einzelheiten wird auf das Kapitel → *Krankenhausverträge* (Rz. K 130ff.) verwiesen.

III. Kassenpatienten

1. Ambulante vertragsärztliche Versorgung

Die ambulante vertragsärztliche Versorgung des Kassenpatienten vollzieht sich auf der Grundlage eines privatrechtlichen Vertrages mit dem Vertragsarzt, der bereits durch die Übernahme der Behandlung und nicht erst mit der Aushändigung des Krankenscheins wirksam wird (G/G, 6. Aufl., Rz. A 9ff., 18, 19, 22ff.; S/Pa, 12. Aufl., Rz. 50, 59: rechtliche Viererbeziehung). Insoweit gelten die obigen Ausführungen entsprechend.

A 462

Zwischen dem Patienten, dem Vertragsarzt, der Krankenkasse und der Kassenärztlichen Vereinigung (KV) besteht eine **Viererbeziehung**, die auf privatrechtlicher Ebene durch den Abschluss des Behandlungsvertrages zwischen dem Patienten und dem zur Kasse zugelassenen Vertragsarzt, daneben auf öffentlichrechtlicher Ebene in den sozialrechtlichen Rechtsbeziehungen des Vertragsarztes, der Kasse und der KV geregelt sind (G/G, 6. Aufl., Rz. A 11; D/S, 6. Aufl., Kap. IV, Rz. 79, 80, 84: Viererbeziehung; Gehrlein, Rz. A 8; S/Pa, 12. Aufl., Rz. 50, 59: rechtliche Viererbeziehung; vgl. BGH, Urt. v. 20. 12. 2005 – VI ZR 180/04, NJW 2006, 767, 768 = VersR 2006, 409, 410f. zur Chefarzt- und Institutsambulanz; BGH, Urt. v. 31. 1. 2006 – VI ZR 66/05, VersR 2006, 791, 792 = NJW-RR 2006, 811, 812 zum totalen Krankenhausvertrag und dem Arztzusatzvertrag).

A 463

Die gesetzliche Krankenkasse ist dem Patienten als Krankenkassenmitglied sowie dessen Familienangehörigen (vgl. § 10 SGB V) aus dem **öffentlich-rechtlichen Versicherungsverhältnis** nach dem Regelmodell der Sachleistung zur ärztlichen Versorgung verpflichtet (§§ 2, 11, 27ff. SGB V). Die Kasse erfüllt diese Verpflichtung durch öffentlich-rechtliche Gesamtverträge ihrer Verbände mit der jeweiligen KV (§§ 82, 83 SGB V). In diesen Verträgen wird der Leistungsrahmen konkretisiert und die Gesamtvergütung festgelegt (§ 85 SGB V). Der von der jeweiligen KV zugelassene Vertragsarzt steht zu dieser in einem öffentlichrechtlichen Mitgliedsverhältnis (§ 95 III SGB V). Diese öffentlich-rechtliche Verpflichtung verpflichtet den Vertragsarzt, den festgelegten Leistungsrahmen einzuhalten und verschafft ihm einen Honoraranspruch gegen die jeweilige KV (§§ 82 II, 85 IV SGB V; vgl. G/G, 6. Aufl., Rz. A 11; D/S, 6. Aufl., Kap. IV, Rz. 79, 80).

A 464

Demgegenüber tritt der Kassenpatient zum Vertragsarzt oder Vertragszahnarzt, den er grundsätzlich frei unter den zur Kasse zugelassenen Ärzten wählen kann, in **privatrechtliche Beziehungen** (§ 76 IV SGB V; vgl. von Ziegner, MDR 2001, 1088, 1092 zur zahnärztlichen Behandlung). Da der Patient mit Übernahme der Behandlung Vertragspartei des Arztes wird, hat er Haftungsansprüche gegen diesen vor den Zivilgerichten geltend zu machen, während sich der Honoraranspruch des Vertragsarztes unmittelbar gegen die KV richtet und vor dem zu-

A 465

119

ständigen Sozialgericht eingeklagt werden muss (vgl. G/G, 6. Aufl., Rz. A 9, 11; S/Pa, 12. Aufl., Rz. 59, 60; D/S, 6. Aufl., Kap. IV, Rz. 79, 80, 94, 95; auch BGH, NJW 1999, 858 zum Anspruch gegen die KV; BGH, NJW 2000, 3429 = VersR 2000, 999 zur Zuständigkeit der Sozialgerichte).

A 466 Seit dem 1. 7. 1997 kann der Kassenpatient auch die Kostenerstattung bis zur Grenze desjenigen Betrages wählen, den die Kasse aus den Verträgen mit der KV als Sachleistung an den Vertragsarzt zu erbringen hätte, vgl. § 13 II SGB V (S/Pa, 12. Aufl., Rz. 61, 63; G/G, 6. Aufl., Rz. A 13). Seit dem 1. 1. 1999 ist diese Kostenerstattungsregelung grundsätzlich auf freiwillige Mitglieder der Kasse beschränkt, vgl. § 13 II 1 SGB V (G/G, 6. Aufl., Rz. A 13).

A 467 Wählt der Kassenpatient die Kostenerstattung durch seine gesetzliche Krankenkasse nach § 13 II SGB V, kann der Arzt vom Patienten die Leistung nach GOÄ bzw. GOZ vergütet verlangen (G/G, 6. Aufl., Rz. A 13; S/Pa, 12. Aufl., Rz. 61, 63; Wenzel-Mennemeyer-Hugemann, Kap. 2 Rz. 362, 728: Patient wird dadurch aber nicht zum Privatpatienten, Honoraranspruch nimmt nicht an der Gesamtvergütung teil und wird nach GOÄ bzw. GOZ bemessen).

A 468 An eine Erklärung **zur Ausübung des Wahlrechts sind die Versicherten nach § 13 II 12 SGB V mindestens ein Jahr lang gebunden.** Aus der Erklärung muss sich auch ergeben, welcher Umfang der Kostenerstattung gewählt wird, § 13 II 5 SGB V (Spickhoff/Trenk-Hinterberger, § 13 SGB V Rz. 3). Der Vertragsarzt muss den gesetzlich Versicherten aber darüber informieren, dass Kosten, die nicht von der Krankenkasse übernommen werden, nach GOÄ bzw. GOZ vom Versicherten zu tragen sind, § 13 II 3 SGB V. So ist der behandelnde (Zahn-)Arzt etwa verpflichtet, den Patienten darüber zu informieren, ob er eine der Leistungspflicht der Krankenkasse unterliegende oder vom Patienten zu erstattende Behandlung vornehmen will (Spickhoff/Trenk-Hinterberger, § 13 SGB V Rz. 4).

Der Versicherte muss also damit rechnen, dass er weniger von der Krankenkasse erstattet bekommt, als der (Zahn-)Arzt ihm nach der GOÄ bzw. GOZ in Rechnung gestellt hat (Spickhoff/Trenk-Hinterberger, § 13 SGB V Rz. 5).

A 469 Außer nach Wahl der Kostenerstattung durch den Patienten kann der Vertragsarzt sein **Honorar unmittelbar gegenüber dem Patienten** geltend machen, **wenn bereits vor Beginn der Behandlung feststeht**, dass die **Krankenkasse** für die Behandlung **nicht eintrittspflichtig** ist (BGH, NJW 2000, 3429; OLG Schleswig, NJW 1993, 2996). Das gleiche gilt, wenn der Patient weder gesetzlich krankenversichert noch sozialhilfeberechtigt ist (OLG Saarbrücken NJW 2001, 1798 zum Honoraranspruch des Krankenhauses; Gehrlein, Rz. A 10; zu den Einzelheiten vgl. → *Allgemeine Geschäftsbedingungen*, Rz. A 9 ff.).

2. Stationäre Behandlungsverhältnisse

A 470 Auch die stationäre Krankenhausbehandlung erfolgt auf der Basis eines privatrechtlichen Behandlungsvertrages mit dem Patienten (vgl. hierzu Rz. K 130 ff.). Die stationäre Krankenhauspflege ist im Ansatz entsprechend der ambulanten vertragsärztlichen Versorgung geregelt. Der Patient und seine gesetzliche Krankenkasse stehen in einem öffentlich-rechtlichen Versicherungsverhältnis (§§ 2,

5 ff., 107 ff., 112 SGB V). Die Krankenkassen sind in öffentlich-rechtlichen Rahmenverträgen ihrer Landesverbände, die auch die Abrechnung der Behandlungskosten festlegen, mit den zur Krankenhauspflege zugelassenen Krankenhäusern verbunden (§§ 108, 109 SGB V). Zwischen dem Patienten und dem Krankenhausträger werden privatrechtliche Verträge geschlossen; die frühere Annahme eines Vertragsabschlusses zwischen der Krankenkasse und dem Krankenhausträger zugunsten des Kassenpatienten (§ 328 BGB) ist aufgrund der Gesetze zur Strukturreform im Gesundheitswesen überholt (G/G, 6. Aufl., Rz. A 23, 24; S/Pa, 12. Aufl., Rz. 59, 65; L/K-Genzel/Degener-Hencke, § 89 Rz. 3 ff., 9 ff).

Die **Honorarforderung des Krankenhausträgers gegenüber der Krankenkasse** ist auch hier vor den **Sozialgerichten** geltend zu machen (BGH, NJW 2000, 3429; Gehrlein, Rz. A 21; S/Pa, 12. Aufl., Rz. 61, 68), während Ansprüche des **Patienten** wegen eines Behandlungs- oder Aufklärungsfehlers vor den **Zivilgerichten** einzuklagen sind.

A 471

Der gesetzlich krankenversicherte Patient, der sich aufgrund einer kassenärztlichen Einweisung in ein Krankenhaus begibt, darf grundsätzlich darauf vertrauen, nicht mit den Kosten der Behandlung belastet zu werden (OLG Saarbrücken NJW 2001, 1798, 1799; OLG Köln VersR 1987, 792; vgl. hierzu → *Allgemeine Geschäftsbedingungen*, Rz. A 9 ff.). Bleibt der Patient jedoch im Krankenhaus, obwohl er über das **Ende der Kostenübernahme** durch seine Krankenkasse wegen Wegfalls der Behandlungsbedürftigkeit oder wegen Fehlens einer hinreichenden Erfolgsaussicht für die Behandlung und Pflege **informiert** wurde, so kommt zwischen ihm und dem Krankenhausträger ein separater Vertrag über die weitere stationäre Aufnahme und Betreuung zu den üblichen Pflegesätzen zustande (BGH, Urt. v. 9. 5. 2000 – VI ZR 173/99, NJW 2000, 3429 = VersR 2000, 999; G/G, 6. Aufl., Rz. A 24).

A 472

Ist der Patient weder gesetzlich krankenversichert noch sozialhilfeberechtigt, so scheidet eine Überleitung der Honorarforderung des Krankenhausträgers gegenüber der Krankenkasse bzw. dem Sozialhilfeträger natürlich aus. Auch in diesem Fall **bleibt der Patient selbst vertraglicher Kostenschuldner** (OLG Saarbrücken, NJW 2001, 1798; zu den Einzelheiten vgl. Rz. A 9 ff.).

A 473

Allerdings darf sich der Krankenhausträger beim Vorliegen gegenteiliger Verdachtsmomente nicht auf die bloße Angabe des Patienten, er sei gesetzlich versichert, verlassen, sondern muss ggf. Rückfragen halten (OLG Köln, VersR 2004, 651). Ein Direktanspruch des Arztes bzw. Krankenhauses gegen den Kassenpatienten scheidet auch aus, wenn der zuständige **Sozialhilfeträger** die **Kostenübernahme zu Unrecht verweigert**. In diesem Fall ergibt sich der Anspruch des Krankenhausträgers aus § 121 BSHG mit den Grundsätzen einer öffentlich-rechtlichen G. o. A. (§§ 677, 683, 670 BGB analog; vgl. OLG Zweibrücken NJW-RR 1999, 1070; G/G, Rz. A 24 a. E.).

A 474

Darauf hinzuweisen ist, dass nach der am 1. 1. 2012 im Rahmen des Versorgungsstrukturgesetzes in Kraft getretenen **Neufassung des § 115a II, 115b I 4 SGB V eine notwendige ärztliche Behandlung vor- und nachstationär im Rahmen des Sicherstellungsauftrages auch auf niedergelassene Vertragsärzte ausgelagert werden kann.** Auch bei derartigen Behandlungen nach § 115a SGB V in

A 475

den Räumen des Vertragsarztes bleibt der Krankenhausträger Vertragspartner des Patienten und der Vertrags- bzw. Honorararzt Erfüllungsgehilfe des Krankenhausträgers (F/N/W, 5. Aufl. 2013, Rz. 21; Ratzel/Szabados, GesR 2012, 210, 211; zur Einbeziehung der Krankenhäuser in die ambulante fachärztliche Versorgung nach dem **neuen § 116b SGB V** vgl. Quaas, GesR 2013, 327–331).

Gemäß § 115b II 2 SGB V n. F. zugelassene Krankenhäuser bleiben auch dann selbst Vertragspartner des Patienten, wenn Patienten das Krankenhaus unmittelbar zur ambulanten Durchführung einer Operation bzw. eines „stationersetzenden Eingriffs" aufsuchen (F/N/W, 5. Aufl., Rz. 21; Spickhoff-Szabados, § 115b SGB V, Rz. 1, 5, S. 1678). Diese Grundsätze gelten auch, wenn der Krankenhausträger mit einem Vertragsarzt eine Kooperationsvereinbarung schließt, wonach dieser auf Honorarbasis bei ambulanten Operationen im KKH mitwirkt bzw. diese selbst durchführt, soweit das Krankenhaus die Leistungen selbst abrechnet (F/N/W, 5. Aufl., Rz. 21; vgl. § 115b I 4 SGB V n. F.).

A 476 – A 478   Einstweilen frei.

IV. Öffentlich-rechtliche Behandlungsverhältnisse

1. Tätigkeit des Notarztes im Rahmen des Rettungsdienstes

A 479   Nach nunmehr geänderter Rspr. des BGH (BGH, Urt. v. 9. 1. 2003 – III ZR 217/01, VersR 2003, 732, 733 = NJW 2003, 1184, 1185 = GesR 2003, 201, 204; BGH, Urt. v. 16. 9. 2004 – III ZR 346/03, NJW 2005, 429, 431 = VersR 2005, 688, 690; BGH, Urt. v. 25. 9. 2007 – KZR 48/05, MedR 2008, 211, 212: Rettungsleitstelle in Baden-Württemberg; BGH, Beschl. v. 17. 12. 2009 – III ZB 47/09, GesR 2010, 271, Nr. 9, 12: Die Wahrnehmung der rettungsdienstlichen Notfallversorgung ist **in Hessen öffentlich-rechtlicher Natur**, auch wenn sie von einer privatrechtlichen Organisation ausgeführt wird) ist in mehreren Bundesländern die **Tätigkeit des Notarztes im Rahmen des Rettungsdienstes** – anders als der hiervon zu unterscheidende vertragsärztliche Bereitschafts- oder Notfalldienst für ansonsten sprechstundenfreie Zeiten (vgl. F/N/W, 5. Aufl., Rz. 4) – im Verhältnis zum Notfallpatienten **nach Amtshaftungsgrundsätzen zu beurteilen** (Spickhoff/Trenk-Hinterberger, § 133 SGB V Rz. 4; R/L-Kern, § 1 Rz. 71 und R/L-Ratzel/Lippert, § 31 Rz. 12; Wenzel-Mennemeyer/Hugemann, Kap. 2, Rz. 404: dagegen ist der „Notfallarzt" nicht Bestandteil des Rettungsdienstes und wird daher auch nicht öffentlich-rechtlich tätig).

A 480   Dies gilt etwa für **Bayern** unter Geltung des Bayerischen Rettungsdienstgesetzes v. 10. 8. 1990 i. d. F. der Bekanntmachung v. 8. 1. 1998 (BGH, Urt. v. 9. 1. 2003 – III ZR 217/01, VersR 2003, 732, 734 = NJW 2003, 1184, 1185 = GesR 2003, 201, 202; Urt. v. 16. 9. 2003 – III ZR 346/03, NJW 2005, 429, 430 f. = VersR 2005, 688, 689 f.), für **Nordrhein-Westfalen** unter Geltung des dortigen Rettungsdienstgesetzes v. 26. 11. 1994 i. d. F. v. 25. 11. 2001 (OLG Köln, DVBl. 2001, 1776; Petry, GesR 2003, 205), für **Schleswig-Holstein** unter Geltung des dortigen Rettungsdienstgesetzes v. 29. 11. 1991 i. d. F. v. 16. 4. 2002 (Petry, GesR 2003, 205; OLG Schleswig, OLGR 2007, 17, 18), für **Mecklenburg-Vorpommern** unter Geltung des dortigen Rettungsdienstgesetzes (Petry a.a.O.), für **Rheinland-Pfalz** (OLG Zweibrücken OLGR 2001, 288; G/G, 6. Aufl., Rz. A 88) und für Hessen (BGH, Beschl. v. 17. 12. 2009 – III ZB 47/09, GesR 2010, 271, Nr. 9, 12).

In Baden-Württemberg handelt die **Rettungsleitstelle** bei der Lenkung der Ein-   A 481
sätze des Rettungsdienstes öffentlich-rechtlich (Anwendung der Art. 34 GG,
§ 839 BGB). **Die Notfallrettung wie auch der Krankentransport erfolgen in Ba-**
den-Württemberg derzeit weiterhin in den Handlungsformen des Privatrechts
(BGH, Urt. v. 25. 9. 2007 – KZR 48/05, MedR 2008, 211, 212; OLG Stuttgart,
NJW 2004, 2987; G/G, 6. Aufl., Rz. A 88: bislang privatrechtlich organisiert;
a.A. Ehmann, NJW 2004, 2944, 2945 und Fehn/Lechleuthner, MedR 2000, 114,
117 sowie Fehn, MedR 2008, 203 ff.: öffentlich-rechtliches Tätigwerden der Leistungsträger).

Auch in anderen Bundesländern ist § 839 BGB einschlägig, wenn und soweit die   A 482
Wahrnehmung der rettungsdienstlichen Aufgaben sich nach den dortigen Vor-
schriften als hoheitliche Betätigung darstellt und der Notarzt im Rahmen seiner
Notarzttätigkeit nicht mehr dem Geschäfts- und Wirkungskreis des Kranken-
hausträgers unterfällt, wovon regelmäßig auszugehen ist (BGH, Urt. v. 16. 9. 2004
– III ZR 346/03, NJW 2005, 429, 431/432).

Die Durchführung des öffentlichen Rettungsdienstes ist in den meisten Ländern   A 482a
auf private Hilfsorganisationen (z.B. das DRK) oder auf private Unternehmen
übertragen. Diese Übertragung ist rechtlich unterschiedlich gestaltet. In einigen
Ländern, etwa in Brandenburg und Sachsen, ist nur ein öffentlicher Rettungsdienst vorgesehen, innerhalb dessen private Unternehmer mitwirken können
(sog. Eingliederungsmodell). In anderen Ländern, etwa in Nordrhein-Westfalen,
ist neben dem öffentlichen auch ein Rettungsdienst durch im Namen und auf
eigene Rechnung handelnde private Unternehmer zulässig (sog. duales System).
Hier können die privaten Unternehmer nach Erteilung einer entsprechenden Genehmigung auch Krankentransporte durchführen (Spickhoff/Trenk-Hinterber-
ger, § 133 SGB V Rz. 4, 5).

Petry (GesR 2003, 205 f.) stellt zutreffend darauf ab, ob der Rettungsdienst öffent-   A 483
lich-rechtlich organisiert ist, wofür folgende Gesichtspunkte sprechen: Der Rettungsdienst nimmt Pflichtaufgaben zur Erfüllung nach Weisung wahr, für die
Leistungen werden Gebühren nach einer Gebührensatzung festgesetzt, Träger
des Rettungsdienstes ist das Land, ein Landkreis oder eine kreisfreie Stadt, der
seine hoheitlichen Aufgaben durch öffentlich-rechtlichen Vertrag auch auf
Hilfsorganisationen und juristische Personen des öffentlichen Rechts ganz oder
teilweise übertragen kann.

Die Vorschriften des SGB V stehen dem nicht (mehr) entgegen, da nach § 75 I 2   A 484
SGB V i.d.F. des zweiten GKV-Neuordnungsgesetzes vom 23. 6. 1997 die Sicherstellung der vertragsärztlichen Versorgung in Fällen des Notdienstes nur
(noch) die vertragsärztliche Versorgung zu den sprechstundenfreien Zeiten (Notfalldienst), nicht (mehr) die notärztliche Versorgung im Rahmen des Rettungsdienstes (Notarztdienst) umfasst. Dies ist auch dann nicht anders zu beurteilen,
wenn der Landesgesetzgeber – wie in Bayern – von der durch § 75 I 2 SGB V eröffneten Möglichkeit, die notärztliche Versorgung im Rahmen des Rettungs-

dienstes (wieder) zum Gegenstand der vertragsärztlichen Versorgung zu machen, Gebrauch gemacht hat (BGH, Urt. v. 9. 1. 2003 – III ZR 217/01, NJW 2003, 1184 = VersR 2003, 732).

A 485 Nach Auffassung von Lippert (VersR 2004, 839, 842) ist die Übertragung der Ergebnisse der BGH-Urteile v. 9. 1. 2003 und 16. 9. 2004 auf die Rechtslage in anderen Bundesländern fraglich, weil die Rechtslage dort teilweise erheblich differieren würde. Allein die Zugehörigkeit des Rettungswesens zum Bereich der staatlichen Daseinsvorsorge rechtfertige es nicht, hieraus zu folgern, dass diese Leistung auch öffentlich-rechtlich erbracht werden müsste.

2. D-Arzt (Durchgangsarzt)

A 486 Durchgangsärzte, i. d. R. erfahrene Fachärzte der Chirurgie oder Orthopädie, die von den Trägern der gesetzlichen Unfallversicherung durch öffentlich-rechtlichen Bescheid als solche bestellt worden sind, **handeln bei ihrer Entscheidung,** ob und in welcher Weise ein Verletzter in die berufsgenossenschaftliche Heilbehandlung (BG) übernommen werden soll, d. h. **ob und welche notwendigen Heilmaßnahmen durchgeführt werden sollen, öffentlich-rechtlich i. S. d. Art. 34 GG i. V. m. § 839 BGB** (BGH, Urt. v. 9. 3. 2010 – VI ZR 131/09, VersR 2010, 768 = GesR 2010, 251, Nr. 9, 10; BGH, Urt. v. 9. 12. 2008 – VI ZR 277/07, NJW 2009, 993 = VersR 2009, 401, Nr. 17; OLG Bremen, Beschl. v. 29. 10. 2009 – 5 U 12/09, MedR 2010, 502, 503 = GesR 2010, 21, 22; OLG Bremen, Urt. v. 27. 3. 2009 – 5 U 70/08, OLGR 2009, 550, 551; OLG Hamburg, Urt. v. 27. 10. 2006 – 1 U 65/06, AHRS III, 0465/312; OLG Karlsruhe, Urt. v. 14. 11. 2007 – 7 U 101/06, GesR 2008, 45, 47; OLG Oldenburg, Urt. v. 30. 6. 2010 – 5 U 15/10, VersR 2010, 1654, 1655 = GesR 2011, 28;OLG Schleswig, Urt. v. 2. 3. 2007 – 4 U 22/06, GesR 2007, 207, 208 = NJW-RR 2008, 41).

A 487 **Übernimmt der D-Arzt die anschließende Heilbehandlung selbst ("wie"), wird (erst) hierdurch ein zivilrechtliches Behandlungsverhältnis begründet** (BGH, NJW 1994, 2417 = VersR 1994, 1195; BGH, Urt. v. 9. 3. 2010 – VI ZR 131/09, GesR 2010, 251, 253, Nr. 12, 13: **nicht bereits dann, wenn er im Rahmen der Nachschau eine Sprunggelenkbandage verordnet;** OLG Bremen, Beschl. v. 29. 10. 2009 – 5 U 12/09, GesR 2010, 21, 22; OLG Hamm, Urt. v. 9. 11. 2009 – I 3 U 103/09, GesR 2010, 137, 138; OLG Karlsruhe, Urt. v. 14. 11. 2007 – 7 U 101/06, GesR 2008, 45, 47; OLG Oldenburg, Urt. v. 30. 6. 2010 – 5 U 15/10, VersR 2010, 1654, 1655; OLG Schleswig, Urt. v. 2. 3. 2007 – 4 U 22/06, NJW-RR 2008, 41; Wenzel-Mennemeyer/Hugemann, Kap. 2, Rz. 399; G/G, 6. Aufl., Rz. A 88; F/N/W, 5. Aufl., Rz. 5; S/Pa, 12. Aufl., Rz. 8, 10; R/L-Bieresborn, § 20 Rz. 538, 541).

A 488 Ob nach einem Unfallereignis die allgemeine oder die besondere Heilbehandlung erforderlich ist, entscheidet der D-Arzt aufgrund der Art und Schwere der Verletzung (vgl. § 27 I des Vertrages zwischen dem Hauptverband der gewerblichen Berufsgenossenschaften, dem Bundesverband der landwirtschaftlichen Berufsgenossenschaften, dem Bundesverband der Unfallkassen einerseits und der kassenärztlichen Bundesvereinigung andererseits über die Durchführung der Heilbehandlung, die Vergütung der Ärzte sowie die Art und Weise der Ab-

rechnung der ärztlichen Leistungen, §§ 34 III, 28 IV SGB VII). Bei dieser Ent-
scheidung erfüllt der D-Arzt **eine der BG obliegende Aufgabe und übt damit ein**
öffentliches Amt aus. Ist seine Entscheidung über die Art der Heilbehandlung
(„ob") fehlerhaft und wird der Verletzte dadurch geschädigt, haftet in diesem
Fall nicht der D-Arzt persönlich, sondern die BG nach Art. 34 GG, § 839 BGB
(BGH, Urt. v. 9. 3. 2010 – VI ZR 131/09, GesR 2010, 251 = VersR 2010, 768,
Nr. 9, 10; ebenso bereits OLG Bremen, Beschl. v. 29. 10. 2009 – 5 U 12/09,
GesR 2010, 21; OLG Oldenburg, Urt. v. 30. 6. 2010 – 5 U 15/10, VersR 2010,
1654, 1655 = GesR 2011, 28, 29).

Hat der D-Arzt nach Stellung der ersten Diagnose die „allgemeine Heilbehand-   A 489
lung" angeordnet und **den Patienten zur Weiterbehandlung an einen niedergelas-**
senen Orthopäden/Unfallchirurgen überwiesen und beschränkt er sich im Rahmen einer Nachschau auf die Prüfung der Frage, ob die bei der Erstversorgung
des Verletzten getroffene Entscheidung zugunsten einer allgemeinen Heilbehandlung aufrecht zu erhalten ist, wird er **in Ausübung eines öffentlichen Amtes**
tätig. Er erfüllt insoweit – ebenso wie bei der im Rahmen der Erstuntersuchung
zu treffenden Entscheidung über das „Ob" der Weiterbehandlung – eine der BG
obliegende Aufgabe. Aus der Vornahme der Erstversorgung lässt sich nicht herleiten, der D-Arzt habe die weitere Heilbehandlung als eigene Aufgabe übernommen, wenn er den Patienten zunächst an einen niedergelassenen Orthopäden
weiterüberweist und **im Rahmen der Nachschau eine Sprunggelenkbandage** verordnet (BGH, GesR 2010, 251, 253 = VersR 2010, 768, 770, Nr. 12, 13).

So gehören die **Untersuchung zur Diagnosefeststellung** (hier: „Prellung linke   A 489a
Schulter" anstatt richtigerweise „vollständige Sprengung des Schultereck-
gelenks") und **die Überwachung des Heilerfolgs** zur durchgangsärztlichen Tätigkeit und stellen mithin die Ausübung eines öffentlichen Amtes i. S. d. § 839 BGB
dar. Besteht der Fehler in der falschen Diagnose und setzt sich dieser Fehler in der
weiteren Behandlung fort, stellt er eine Folge der öffentlich-rechtlichen Fehldiagnose dar. Passivlegitimiert ist in diesen Fällen ausschließlich die **Berufsgenossen-**
schaft (BG) und nicht der Durchgangsarzt (OLG Schleswig, Urt. v. 2. 3. 2007 – 4 U
22/06, GesR 2007, 207, 208 = NJW-RR 2008, 41; zustimmend OLG Karlsruhe, Urt.
v. 14. 11. 2007 – 7 U 101/06, OLGR 2008, 90, 92 = GesR 2008, 45, 47).

Nimmt der D-Arzt eine Untersuchung des Patienten vor und entscheidet er,   A 489b
dass der Patient in der allgemeinen Heilbehandlung eines niedergelassenen Orthopäden bzw. Unfallchirurgen verbleibt, wobei noch Lockerungsmassagen und
eine Rheumasalbe durch ihn verordnet und nachfolgend noch zwei weitere
Nachschautermine durchgeführt werden, **haftet nur die BG.** Denn die eigentliche Zielsetzung, in deren Sinn der D-Arzt tätig wurde, ist **der hoheitlichen Tä-**
tigkeit zuzurechnen (OLG Frankfurt, Urt. v. 25. 5. 2010 – 14 U 84/09 mit NZB
BGH v. 15. 3. 2011 – VI ZR 182/10, AHRS III, 0465/321).

Der BGH (Beschl. v. 4. 3. 2008 – VI ZR 101/07, juris; ebenso OLG Bremen,   A 489c
Beschl. v. 29. 10. 2009 – 5 U 12/09, GesR 2010, 21; Wenzel-Mennemeyer/Huge-
mann, Kap. 2 Rz. 399; Jorzig, GesR 2009, 400, 402) hat aber darauf hingewiesen,
dass die **Zäsur zwischen dem öffentlich-rechtlichen Pflichtenkreis („ob") und**
dem privat-rechtlichen Pflichtenkreis („wie") entgegen der Annahme des OLG

Schleswig **nicht zeitlich, sondern inhaltlich zu verstehen ist. Beide Pflichten-kreise können bei der Erstbehandlung nebeneinander bestehen** (BGH a. a. O.; Mennemeyer/Hugemann a. a. O.; S/Pa, 12. Aufl., Rz. 10).

A 489d   Führt die Fehldiagnose des D-Arztes (hier: Verkennung einer LWS-Fraktur, nur LWS-Prellung diagnostiziert) dazu, dass die **Entscheidung zwischen der besonderen Heilbehandlung (hier: erforderliche OP in einer BG-Klinik) und der allgemeinen Heilbehandlung (hier: konservative Behandlung durch einen niedergelassenen Arzt) fehlerhaft** getroffen wird, **haftet nur die BG** (OLG Hamburg, Urt. v. 27. 10. 2006 – 1 U 65/06, AHRS III, 0465/312).

A 489e   Die **Überwachung des Heilerfolges und die Überprüfung, ob die allgemeine Heilbehandlung** (hier: Fortsetzung der konservativen Therapie) durch den D-Arzt selbst oder einen anderen Facharzt fortgesetzt oder zu einer anderen Heilbehandlung (hier: Operation) übergegangen werden soll, **gehört zum durchgangsärztlichen Bereich** (OLG Bremen, Urt. v. 27. 3. 2009 – 5 U 70/08, OLGR 2009, 550, 551).

A 490   **Übernimmt der D-Arzt** dagegen im Rahmen der allgemeinen oder besonderen Heilbehandlung **die Weiterbehandlung des Patienten,** nachdem er eine Entscheidung über das „Ob" und das „Wie" der zu gewährenden Heilbehandlung getroffen hat, und unterläuft ihm dabei ein Behandlungsfehler, etwa in der Form eines **vorwerfbaren Diagnosefehlers bei Fehlinterpretation eines Röntgenbildes,** so haftet er für diesen Fehler **zivilrechtlich selbst.** Denn mit der Übernahme der Weiterbehandlung wird zwischen dem D-Arzt und dem Patienten ein zivilrechtliches Behandlungsverhältnis begründet. Insoweit besteht in der Instanzrechtsprechung Einigkeit (OLG Schleswig, Urt. v. 2. 3. 2007 – 4 U 22/06, NJW-RR 2008, 41 = GesR 2007, 207, 208; ebenso: OLG Bremen, Beschl. v. 29. 10. 2009 – 5 U 12/09, MedR 2010, 502, 503 = GesR 2010, 21; OLG Karlsruhe, Urt. v. 14. 11. 2007 – 7 U 101/06, GesR 2008, 45, 47/48; OLG Oldenburg, Urt. v. 30. 6. 2010 – 5 U 15/10, VersR 2010, 1654, 1655 = GesR 2011, 28, 29; S/Pa, 12. Aufl., Rz. 8, 10).

A 490a   Nach herrschender Ansicht **haftet der D-Arzt für Fehler bei der Eingangsuntersuchung, Erstversorgung und der von ihm übernommenen, weiteren Behandlung des Patienten im Rahmen der besonderen Heilbehandlung selbst.** Dies gilt auch dann, wenn sich im Rahmen der weiteren besonderen Heilbehandlung lediglich der ursprüngliche Fehler der mangelhaften Diagnose fortsetzt. Dies ist etwa dann der Fall, wenn der D-Arzt bereits bei der Eingangsuntersuchung und Erstversorgung eine Knochenabsplitterung im Handgelenk und einen Bänderriss im Unterarm übersehen hat und demgemäß **statt des indizierten operativen Eingriffs eine konservative Behandlung** (oder umgekehrt) selbst durchführt (OLG Bremen, Beschl. v. 29. 10. 2009 – 5 U 12/09, MedR 2010, 502, 503 = GesR 2010, 21; ebenso OLG Oldenburg, Urt. v. 30. 6. 2010 – 5 U 15/10, GesR 2011, 28, 29 = VersR 2010, 1654, 1655; Wenzel-Mennemeyer/Hugemann, Kap. 2 Rz. 399; S/Pa, 12. Aufl. 2013, Rz. 10: **für ein fehlerhaftes „wie" der Erstversorgung haftet der D-Arzt stets persönlich**; Spickhoff-Greiner, 1. Aufl. 2011, § 823 BGB Rz. 354: der D-Arzt haftet persönlich für Fehler bei der Erstversorgung, der Untersuchung zur Diagnosestellung, bei der Diagnosestellung, nach inhaltlicher Übernahme der Behandlung und auch für Fehler bei der Überwachung des Heilerfolges; R/L-Bieresborn, § 20 Rz. 538, 541, 542 im Anschluss an OLG Oldenburg a. a. O.: Übernimmt der D-Arzt die Heilbehandlung auch im Rahmen der Erstversorgung selbst, kommt der zivilrechtliche Behandlungsvertrag mit ihm zustande; **wirkt sich der Diagnosefehler so aus, dass es zu einer unsachgemäßen besonderen Heilbehandlung durch den D-Arzt kommt, z. B. der Einleitung einer konservativen anstatt der gebotenen operativen Behandlung, haftet er persönlich**).

Unterläuft dem D-Arzt also vor der Entscheidung über die persönliche Heilbe-   A 490b
handlung anlässlich der Auswertung einer Röntgenaufnahme, eines CT o. a. ein als Behandlungsfehler vorwerfbarer Diagnoseirrtum, wodurch die gebotene fachgerechte Behandlung (hier: Operation statt konservativer Behandlung) unterlassen wird, so hafte er **auch dann persönlich, wenn er die besondere Heilbehandlung selbst übernimmt** (OLG Oldenburg, a. a. O.). Denn bei der Entscheidung des D-Arztes **über das „ob" und das „wie" der zu gewährenden Heilbehandlung handelt es sich nicht um ein zeitliches Abgrenzungskriterium**, welches ein Nebeneinander der Pflichtenkreise ausschließt, sondern **um ein inhaltliches Abgrenzungskriterium**; entscheidend für die Haftung des D-Arztes ist also nach h. M., in welchem Bereich sich der Fehler der Untersuchung auswirkt (OLG Oldenburg, GesR 2011, 28, 29/30; ebenso BGH, Urt. v. 4. 3. 2008 – VI ZR 101/07, juris; Wenzel-Mennemeyer/Hugemann, Kap. 2 Rz. 399; S/Pa, 12. Aufl., Rz. 8, 10: auch ein Nebeneinander der Pflichtenkreise bei Erstbehandlung ist möglich).

Nach der Gegenansicht trifft die Ersatzpflicht für kausale Schäden stets den Trä-   A 490c
ger der Unfallversicherung, wenn dem D-Arzt **bereits bei der Erstuntersuchung ein Fehler unterläuft, auch wenn sich im Rahmen der weiteren besonderen Heilbehandlung dieser ursprüngliche Fehler der mangelhaften Diagnose fortsetzt.** Fehler, die auf den vorwerfbaren Diagnoseirrtum bei der Eingangsuntersuchung zurückzuführen sind, stellen sich danach **als Folge einer öffentlich-rechtlichen Fehldiagnose** dar und sind damit haftungsrechtlich der BG zuzurechnen. Es handele sich um einen **einheitlichen Lebensvorgang, der nicht in zwei haftungsrechtlich unterschiedlich zu beurteilende Tätigkeitsbereiche aufgespalten werden dürfe.** Verstöße gegen Amtspflichten könnten sich danach nicht zugleich als Verstöße gegen privatrechtliche Pflichten des D-Arztes darstellen, wenn sich der Anfangsfehler erst in der anschließenden Heilbehandlung auswirkt (OLG Schleswig, Urt. v. 2. 3. 2007 – 4 U 22/06, GesR 2007, 207 = NJW-RR 2008, 41, 42; ebenso Jorzig, GesR 2009, 400, 404; Olzen/Kaya, MedR 2010, 504, 505; Olzen, MedR 2002, 132, 137; F/N/W, 5. Aufl. 2013, Rz. 5: Eine haftungsrechtliche Aufspaltung des einheitlichen Entscheidungsvorganges ist weder interessengerecht noch rechtlich überzeugend).

U. E. ist entscheidend, dass die Abgrenzung der genannten Pflichtenkreise des   A 490d
D-Arztes inhaltlich nach dem „ob" und dem „wie", nicht jedoch zeitlich vorzunehmen ist (so ausdrücklich OLG Bremen, NJW-RR 2008, 41, 42). **Beide Pflichtenkreise können daher bei der Erstbehandlung nebeneinander bestehen** (Wenzel-Mennemeyer/Hugemann, Kap. 2 Rz. 399 mit Hinweis auf BGH, Beschl. v. 4. 3. 2008 – VI ZR 101/07, juris; S/Pa, 12. Aufl., Rz. 10). So **haftet der D-Arzt selbst privatrechtlich, wenn er im Rahmen der Eingangsuntersuchung einen bei korrekter Auswertung der Röntgenbilder feststellbaren Tuberculum-Abriss bzw.**

eine Fraktur verkennt und es unterlässt, den Patienten zu Kontrolluntersuchungen (Röntgen, MRT) einzubestellen (OLG Hamm, Urt. v. 9. 11. 2009 – I-3 U 103/09, GesR 2010, 137, 138; ebenso OLG Bremen, MedR 2010, 502, 503; **a. A.** OLG Schleswig, NJW-RR 2008, 41, 42; zust. F/N/W, 5. Aufl., Rz. 5: öffentlich-rechtliche Haftung der BG bei falscher Eingangsdiagnose mit der Folge einer hierauf beruhenden, unsachgemäßen Behandlung, vgl. Rz. A 490a–c).

A 490e Allein das **Ausstellen von Arbeitsunfähigkeitsbescheinigungen (AU) und die Überwachung des Heilerfolgs in zwei bis drei Folgeterminen begründet aber noch keine Übernahme der Heilbehandlung durch den D-Arzt**, obwohl die Bescheinigung der AU grundsätzlich Sache des behandelnden Arztes ist. Dies gilt jedenfalls dann, wenn der D-Arzt bei diesen Terminen Nachschauberichte gefertigt hat, es sich also aus seiner Sicht jeweils um eine berufsgenossenschaftliche Nachuntersuchung gehandelt hat (OLG Schleswig, Urt. v. 2. 3. 2007 – 4 U 22/06, GesR 2007, 207, 208).

3. H-Arzt (Heilbehandlungsarzt)

A 491 Die Grundsätze für die Haftung der Unfallversicherungsträger gem. Art. 34 GG, § 839 BGB für Behandlungsfehler, die dem D-Arzt in der Ausübung eines öffentlichen Amtes bei der Entscheidung, ob der Verletzte in die besondere Heilbehandlung übernommen werden soll oder die allgemeine Heilbehandlung ausreichend ist, sind jedoch auf den **Heilbehandlungsarzt (H-Arzt)** gem. §§ 30, 35, 37 des Vertrages zwischen den Ärzten und den Unfallversicherungsträgern i. V. m. § 34 III SGB VII **nicht übertragbar.** Dem Vertrag zwischen den Ärzten und Unfallversicherungsträgern kann nicht entnommen werden, dass dem H-Arzt die gleiche Entscheidungskompetenz wie dem D-Arzt, der nach den Regelungen des Vertrages eine höhere Qualifikation aufweist, zukommt. Dem D-Arzt ist die Aufgabe übertragen, die Entscheidung zwischen einer allgemeinen Heilbehandlung und einer besonderen Heilbehandlung zu treffen, wobei der D-Arzt eines Krankenhauses entscheidet, ob eine stationäre oder ambulante Behandlung erforderlich ist (§§ 24 II, 27, 37 II des Vertrages).

A 492 Anders als der D-Arzt trifft der H-Arzt **keine Entscheidung in Ausübung einer Amtspflicht** gegenüber dem Patienten. Denn bei der von ihm zu treffenden Entscheidung, ob eine Vorstellung zum D-Arzt notwendig ist oder nicht, tritt er gerade nicht als Vertreter der Unfallversicherungsträger auf, sondern erfüllt eine ihm gegenüber dem Patienten obliegende privatrechtliche Pflicht. **Der D-Arzt ist ein „verlängerter Arm" der BG, der H-Arzt dagegen nicht** (OLG Karlsruhe, Urt. v. 14. 11. 2007 – 7 U 101/06, GesR 2008, 45, 48 = OLGR 2008, 90, 93; bestätigt von BGH, Urt. v. 9. 12. 2008 – VI ZR 277/07, NJW 2009, 993, 995 = VersR 2009, 401, 403, Nr. 17, 20, 22; F/N/W, 5. Aufl., Rz. 5 Fn. 60: Das H-Arzt-Modell läuft am 31. 12. 2015 aus).

A 493 Obliegt dem H-Arzt dagegen im Ausnahmefall die Entscheidung darüber, ob und in welcher Weise der Patient in die besondere Heilbehandlung der BG übernommen werden soll und ersetzt seine Entscheidung in diesen Fällen (§ 35 des Vertrages Ärzte/Unfallversicherungsträger) diejenige des D-Arztes und unterläuft ihm bei der Entscheidung über der „ob" der Weiterbehandlung ein Behandlungsfehler, haftet die BG (Wenzel/Mennemeyer-Hugemann, Kap. 2 Rz. 401 mit Hinweis auf BGH, NJW 2009, 993, 996).

4. Truppen-, Amts- und Anstaltsärzte

Auch die Truppenärzte der Bundeswehr, die zur Behandlung von Strafgefangenen oder Untersuchungsgefangenen beauftragten Anstaltsärzte, Amtsärzte und die von den Gesundheitsbehörden eingeschalteten Impfärzte bei Durchführung einer staatlichen Schutzimpfung handeln öffentlich-rechtlich mit der Folge der subsidiären Haftung nach § 839 I 2 BGB (F/N/W, 5. Aufl., Rz. 4; G/G, 6. Aufl., Rz. A 88; auch BGH, Urt. v. 20. 7. 2000 – III ZR 64/99, VersR 2001, 1108: Ärzte der Gesundheits- oder Versorgungsämter; BGH, VersR 1978, 252: Vertrauensarzt von LVA und Knappschaft).   A 494

Ein vom Patienten geltend gemachtes Begehren auf **Widerruf der in einem amts-** **ärztlichen Gutachten gestellten Diagnose** scheitert regelmäßig daran, dass es sich um ein auf der sachlichen Einschätzung des Arztes beruhendes Werturteil handelt (OVG Nordrhein-Westfalen, Beschl. v. 2. 12. 2008 – 13 E 1108/08, GesR 2009, 195).   A 495

5. Amtshaftung des MDK

Haben die behandelnden Ärzte die entscheidende erste Ursache für einen Behandlungsfehler (hier: verzögerter Behandlungsbeginn in einer augenärztlichen Klinik) gesetzt, **haftet der MDK bei fahrlässig fehlerhafter gutachterlicher Stellungnahme grundsätzlich nur nachrangig (§ 839 I 2 BGB)**. Der MDK ist bei Anforderung eines Gutachtens durch die Krankenkasse ebenso wie diese gehalten, bei der Ausübung des Amtsgeschäftes auch die Interessen des betroffenen Patienten zu wahren (OLG Koblenz, Urt. v. 28. 9. 2011 – 1 U 1399/10, GesR 2012, 173, 174).   A 496

Einstweilen frei.   A 497 – A 500

Aufklärung

I. Grundlagen

1. Allgemeines; Übersicht

A 501   Als Ausfluss seines grundgesetzlich garantierten Rechts auf **Menschenwürde** und körperliche Unversehrtheit (Art. 1, 2 II GG) ist der Patient über die mit einem medizinischen Eingriff verbundenen Risiken ordnungsgemäß aufzuklären, um unter Wahrung seiner Entscheidungsfreiheit wirksam in den Eingriff einwilligen zu können (vgl. BVerfG, Beschl. v. 18. 11. 2004 – 1 BvR 2315/04, NJW 2005, 1103, 1104 = MDR 2005, 559, 560; BGH, Urt. v. 22. 12. 2010 – 3 StR 239/10, GesR 2011, 237, 238; von Pentz, RiBGH, MedR 2011, 222, 225; Kern, GesR 2009, 1; vgl. auch die Begründung zum Regierungsentwurf des Patientenrechtegesetzes, Seite 11, 31, 34, 36 und Gesetzesentwurf der Bundesregierung, BT-Drucks. 17/10488, S. 9; kritische Stellungnahme des Bundesrates, BR-Drucks. 312/12; hierzu Rz. P 3).

A 502   Aus dem Behandlungsvertrag (vgl. jetzt §§ 630a, 630b BGB, Rz. P 36) ergibt sich für den Arzt sowohl die Verpflichtung zur Untersuchung und Behandlung des Patienten als auch zur Unterrichtung über dessen Leiden und den voraussichtlichen Verlauf bei behandelter und unbehandelter Form (BVerfG, Beschl. v. 18. 11. 2004 – 1 BvR 2315/04, NJW 2005, 1103, 1104 = MDR 2005, 559; auch BGH, Urt. v. 15. 3. 2005 – VI ZR 313/03, VersR 2005, 836 = NJW 2005, 1718).

A 503   So ist der Arzt zur Wahrung des Selbstbestimmungsrechts und der personalen Würde des Patienten (vgl. Art. 1 I GG i. V. m. Art. 2 I GG; BVerfG, Beschl. v. 18. 11. 2004 – 1 BvR 2315/04, NJW 2005, 1103, 1104 = MDR 2005, 559, 560) etwa nicht nur dazu verpflichtet, den Patienten davon in Kenntnis zu setzen, dass ein konservativ versorgter Bruch in Fehlstellung zu verheilen droht, sondern auch davon, dass eine bei Fortsetzung der konservativen Behandlung drohende Funktionseinschränkung des Handgelenks durch eine (unblutige) Reposition oder durch eine primäre operative Neueinrichtung des Bruchs vermieden werden könnte (BGH, Urt. v. 15. 3. 2005 – VI ZR 313/03, NJW 2005, 1718, 1719 = VersR 2005, 836 unter Bezugnahme auf BVerfG a. a. O.).

Anknüpfungspunkt einer jetzt **in § 280 I i. V. m. §§ 630a I, II BGB** normierten   A 504
vertraglichen Haftung des Arztes wegen „Pflichtverletzung" oder einer unverändert auf §§ 823 I, II, 831 I, 839 I BGB beruhenden deliktischen Haftung des
Arztes für Aufklärungsfehler, also die unterlassene, unvollständige oder falsche
Aufklärung, ist der Grundsatz, dass die Zustimmung des Patienten ihrerseits
als Wirksamkeitsbedingung eine hinreichende ärztliche Selbstbestimmungsaufklärung voraussetzt.

Dem Patienten muss aufgezeigt werden, von welcher Art und Schwere der vor-   A 505
gesehene Eingriff ist und welche Folgen für ihn persönlich daraus resultieren
können. Die Wirksamkeit der Einwilligung des Patienten setzt die **Aufklärung
über den Verlauf des Eingriffes, seine Erfolgsaussichten, Risiken und mögliche
Behandlungsalternativen mit wesentlich anderen Belastungen voraus** (BGH,
Urt. v. 22. 12. 2010 – 3 StR 239/10, GesR 2011, 237, 238; BGH, VersR 1990,
1010, 1011; OLG Brandenburg, Urt. v. 9. 7. 2009 – 12 U 75/08, juris, Nr. 19;
OLG Dresden, Urt. v. 24. 7. 2008 – 4 U 1857/07, OLGR 2008, 818, 820; OLG Koblenz, Urt. v. 29. 11. 2001 – 5 U 1382/00, VersR 2003, 1313, 1314; OLG Naumburg, Urt. v. 12. 11. 2009, 1 U 59/00, juris, Nr. 28 = VersR 2010, 1185 = MDR
2010, 325; OLG Nürnberg, Urt. v. 16. 7. 2004 – 5 U 2383/03, NJW-RR 2004,
1543; G/G, 6. Aufl. 2009, Rz. C 2; Martis/Winkhart, MDR 2011, 402; L/K/L-Kat-
zenmeier, Rz. V 5 ff.; L/K-Laufs, § 59 Rz. 11, 13, 16, 21; § 60 Rz. 3, 4; § 62 Rz. 4,
6; Spickhoff-Wellner, § 823 BGB, Rz. 202, 203, 205, 232; D/S, 6. Aufl. 2008, VII.
Rz. 248, 249, 266 ff.; Kern, GesR 2009, 1; Fehn, GesR 2009, 11, 16, vgl. jetzt
§§ 630d I 1, 630e I BGB).

Das **Patientenrechtegesetz** (vgl. Rz. P 38 ff.) kodifiziert in §§ 630c II 1, 630e I   A 506
BGB eine Verpflichtung zur verständlichen (§§ 630c II 1, 630e II 1 Nr. 3 BGB) Erläuterung der Diagnose, der voraussichtlichen gesundheitlichen Entwicklung,
der Therapie und die nach der Therapie zu ergreifenden Maßnahmen (§ 630c I 1
BGB) sowie zur Aufklärung insbesondere hinsichtlich Art, Umfang Durchführung, zu erwartender Folgen und Risiken der Behandlungsmaßnahme, deren
Notwendigkeit, Dringlichkeit, Eignung und Erfolgsaussichten im Hinblick auf
die Diagnose und Therapie (§ 630e II 2 BGB) sowie bestehender, ernsthafter Behandlungsalternativen (§ 630e II 3 BGB). Dem Patienten sind Abschriften von
Unterlagen, die er im Zusammenhang mit der Einwilligung unterzeichnet hat
(Aufklärungsbogen), auszuhändigen (§ 630e II 2 BGB; vgl. hierzu Rz. P 53 ff.).

Unterschieden werden im Wesentlichen die **Selbstbestimmungs- bzw. Eingriffs-**   A 506a
aufklärung (Rz. A 507 ff., A 535 ff.; Beweislast beim Arzt), die **therapeutische**
Aufklärung bzw. Sicherungsaufklärung (Rz. A 580 ff.; Beweislast beim
Patienten) und die wirtschaftliche Aufklärung (Rz. A 770 ff.; Beweislast beim
Patienten; vgl. etwa R/L-Uphoff/Hindemith, 1. Aufl. 2013, § 4 Rz. 3–6, 39 ff.).

Bei der **Selbstbestimmungsaufklärung** geht es um die Frage, inwieweit der ärzt-   A 507
liche Eingriff von einer durch Aufklärung getragenen **Einwilligung** des Patienten
gedeckt sein muss, um rechtmäßig zu sein (L/K-Laufs, § 59 Rz. 11, 12;
L/K/L-Katzenmeier, Rz. V 5, 9, 14, 15; Gehrlein VersR 2004, 1488, 1495; G/G,
6. Aufl., Rz. C 1; Wussow, VersR 2002, 1338 und Gründel, NJW 2002, 2987,
2989: teilweise auch als „Eingriffsaufklärung" bezeichnet; Fehn, GesR 2009, 11,

12). Die Selbstbestimmungsaufklärung erschöpft sich aber nicht in der Belehrung über die Risiken, es kommen vielmehr noch die Diagnose- und die Verlaufsaufklärung hinzu (L/K-Laufs, § 59 Rz. 11; L/K/L-Katzenmeier, Rz. V 14).

A 508 Auch nach Ansicht des Gesetzgebers (vgl. Begr. zum PatientenrechteG, RegE, S. 34, 43 und § 630h II 1 BGB) sowie der schon zuvor gefestigten Rechtsprechung erfüllt auch der gebotene, fachgerecht ausgeführte ärztliche Heileingriff diagnostischer wie auch therapeutischer Art den **Tatbestand der Körperverletzung** i. S. d. §§ 823 I BGB, 223 I, 224 I StGB. Das Fehlen einer Einwilligung des Patienten bzw. deren Unwirksamkeit stellt daher eine Verletzung des Behandlungsvertrages dar und begründet eine **Haftung des Arztes sowohl aus § 280 I als auch aus §§ 823 I, II, 839 I** (BGH, Urt. v. 27. 5. 2008 – VI ZR 69/07, NJW 2008, 2344, 2345 = GesR 2008, 419; BGH, Urt. v. 22. 12. 2010 – 3 StR 239/10, GesR 2011, 237, 238; OLG Düsseldorf, Urt. v. 20. 3. 2003 – 8 U 18/02, NJW-RR 2003, 1331, 1332; OLG Koblenz, Urt. v. 12. 2. 2009 – 5 U 927/06, OLGR 2009, 556, 557 = VersR 2009, 1077, 1078; S/Pa, 12. Aufl. 2013, Rz. 366; D/S, 6. Aufl. 2008, VII. Rz. 328, 329; Spickhoff-Wellner, § 823 BGB, Rz. 200; Wenzel-Simmler, Kap. 2 Rz. 1657, 1659; Diederichsen, RiBGH, GesR 2011, 257, 258; von Pentz, RiBGH, MedR 2011, 222, 225; Borgmann, NJW 2010, 3190; Fehn, GesR 2009, 11, 16 m. w. N.).

A 509 Nach der in der Literatur vertretenen Gegenansicht stellt eine objektiv indizierte und fachgerecht durchgeführte Operation begrifflich keine Körperverletzung oder Tötung dar, vielmehr sei der **eigenmächtige Heileingriff als Persönlichkeitsrechtsverletzung** zu bewerten (L/K/L-Katzenmeier, Rz. V 12, 70, 73, 85 und Katzenmeier, Arzthaftung, S. 118 ff; differenzierend Spickhoff/Knauer-Brose, § 223 StGB Rz. 7, 20: tatbestandlich fallen unter § 223 StGB nur die Behandlungsmaßnahmen mit erheblich substanzverletzender Wirkung und alle Operationen, deren Nachteile nicht im Hinblick auf ihre Vorzüge unerheblich sind). Diese Auffassung hat ihrerseits Kritik erfahren und hat sich letztlich schon zum bisherigen Recht nicht durchsetzen können (vgl. von Pentz, RiBGH, MedR 2011, 222, 225; Diederichsen, RiBGH, GesR 2011, 257, 258; zuletzt BGH, Urt. v. 22. 12. 2010 – 3 StR 239/10, GesR 2011, 237, 238).

A 510 **Die Haftung des Arztes ist bei fehlender Einwilligung des Patienten dem Grunde nach auch dann begründet, wenn er den Eingriff an sich völlig fehlerfrei und kunstgerecht ausführt** (BGH, NJW 1989, 1533, 1535; BGH, Urt. v. 22. 12. 2010 – 3 StR 239/10, GesR 2011, 237, 238; BGH, Urt. v. 19. 10. 2010 – VI ZR 241/09, VersR 2011, 223, 224 = GesR 2011, 24 = MedR 2011, 244, 245, Rz. 7, 8: Haftung des Arztes entfällt aber, wenn das sich realisierende Riskio **in seinem Fachgebiet nicht diskutiert** wurde; OLG Hamm, Urt. v. 12. 5. 2010 – I-3 U 134/09, juris, Rz. 51, 52, 54: Zurechnungszusammenhang fehlt, wenn sich das nicht aufgeklärte **Risiko nicht realisiert** hat; OLG Koblenz, Urt. v. 7. 8. 2003 – 5 U 1284/02, MedR 2004, 690: überflüssige, nicht von der Einwilligung getragene Operationserweiterung, die zu **keinem abgrenzbaren Nachteil** geführt hat, führt nicht zur Haftung; OLG Koblenz, NJW-RR 2002, 816, 819; OLG Stuttgart, Urt. v. 16. 11. 2010 – 1 U 124/09, GesR 2011, 30, 31: **kein Verschulden** des Arztes, wenn er von der Zustimmung des nicht erschienenen Elternteils zur OP ausgehen konnte; vgl. aber OLG Köln, Urt. v. 12. 1. 2011 – 5 U 37/10, MedR 2012,

121, 123: Hinweis auf unter Umständen schwerwiegende dauerhafte Lähmungen vor CT-gestützter periradikulärer Lumbalinfiltration erforderlich, auch wenn Risiko der Querschnittlähmung noch nicht bekannt war; von Pentz, RiBGH, MedR 2011, 222, 225; L/K-Laufs, § 59 Rz. 2; L/K-Laufs/Kern, § 103 Rz. 3, 4; F/N/W, 5. Aufl., Rz. 186; Fehn, GesR 2009, 11, 16; zur Frage der fehlenden Kausalität und des **Zurechnungszusammenhangs** vgl. Rz. A 2113 ff.).

Selbst wenn **nachträgliche Befunde eine Indikation** für den medizinischen Eingriff, der ohne wirksame Einwilligung durchgeführt wurde, ergeben, **rechtfertigt** dieser Umstand die durchgeführte Maßnahme nicht. Dies verbietet die **Wahrung** der persönlichen **Entscheidungsfreiheit** des Patienten, die nicht begrenzt werden darf durch das, was aus ärztlicher Sicht oder objektiv erforderlich und sinnvoll wäre (BGH, Urt. v. 18. 3. 2003 – VI ZR 266/02, NJW 2003, 1862 = MDR 2003, 806 = VersR 2003, 858). Im entschiedenen Fall hatte der Beklagtenvertreter den wohl aussichtsreichen Einwand der hypothetischen Einwilligung nicht erhoben (vgl. Wenzel-Simmler, Kap. 2 Rz. 1745, 1746). **A 510a**

Die ärztliche Aufklärung soll es dem Patienten ermöglichen, Art, Bedeutung, Ablauf und Folgen eines Eingriffs zwar nicht in allen Einzelheiten, aber doch in den Grundzügen zu verstehen. Er soll zu einer **informierten Risikoabwägung** in der Lage sein. In diesem Rahmen ist er über den ärztlichen Befund, die Art, Tragweite, Schwere, den voraussichtlichen Verlauf und mögliche Folgen des geplanten Eingriffs sowie über die Art und die konkrete Wahrscheinlichkeit der verschiedenen Risiken im Verhältnis zu den entsprechenden Heilungschancen, über mögliche andere Behandlungsweisen und über die ohne den Eingriff zu erwartenden Risiken einer Verschlechterung des Gesundheitszustandes zu unterrichten, **wobei eine vitale oder absolute Indikation nur die Eindringlichkeit und Genauigkeit der Aufklärung beeinflussen kann** (so z. B. BGH, Urt. v. 22. 12. 2010 – 3 StR 239/10, GesR 2011, 237, 238; OLG Brandenburg NJW-RR 2000, 398, 399; D/S, 6. Aufl. 2008, VII. Rz. 266 ff.; L/K-Laufs, § 59 Rz. 11, 13, 16, 21; § 60 Rz. 3, 4; § 62 Rz. 4, 6; Spickhoff-Wellner, § 823 BGB, Rz. 202, 203, 205, 232). **A 511**

Dem Patienten müssen **nicht alle denkbaren medizinischen Risiken exakt oder in allen möglichen Erscheinungsformen dargestellt werden** (BGH, Urt. v. 6. 7. 2010 – VI ZR 198/09, VersR 2010, 1220 = juris, Rz. 11; BGH, Urt. v. 19. 10. 2010 – VI ZR 241/09, VersR 2011, 223, 224 = GesR 2011, 24, Rz. 7; BGH, Urt. v. 18. 11. 2008 – VI ZR 198/07, MDR 2009, 281, 282 = VersR 2009, 257, 258, Nr. 11 = juris, Nr. 11; OLG Jena, Urt. v. 1. 6. 2010 – 4 U 498/07, juris, Rz. 56, 57, 58; OLG München, Urt. v. 23. 10. 2008 – 1 U 2046/08, VersR 2009, 503, 504; OLG München, Urt. v. 26. 5. 2011 – 1 U 3081/10, juris, Rz. 52, 58; OLG Schleswig, Urt. v. 29. 10. 2004 – 4 U 16/04, OLGR 2005, 24, 25; G/G, 6. Aufl., Rz. C 24, C 86, 90, 94; Fehn, GesR 2009, 11, 13). **A 512**

Im Allgemeinen ist es ausreichend, wenn der Patient zum Zwecke der Wahrung seines Selbstbestimmungsrechts über die mit der ordnungsgemäßen Durchführung des Eingriffs verbundenen **spezifischen Risiken „im Großen und Ganzen"** aufgeklärt wird. Diese gebotene „Grundaufklärung" muss dem Patienten einen **zutreffenden allgemeinen Eindruck von der Schwere des Eingriffs und der Art der Belastungen** vermitteln, die für seine körperliche Integrität und seine Le- **A 513** bensführung möglicherweise zu befürchten sind und ihm eine **zutreffende Vorstellung darüber vermitteln, wie ihm nach medizinischer Erfahrung durch den Eingriff geholfen werden kann und welche Erfolgsaussichten damit verbunden sind** (BGH, Urt. v. 19. 10. 2010 – VI ZR 241/09, VersR 2011, 223, 224 = GesR 2011, 24 = MedR 2011, 224, Rz. 7; BGH, Urt. v. 6. 7. 2010 – VI ZR 198/09, VersR 2010, 1220 = GesR 2010, 481, 482, Rz. 11; BGH, Urt. v. 18. 11. 2008 – VI ZR 198/07, MDR 2009, 281, 282 = VersR 2009, 257, 258, Nr. 11; BGH, Urt. v. 14. 3. 2006 – VI ZR 279/04, VersR 2006, 838, 839; Urt. v. 13. 6. 2006 – VI ZR 323/04, VersR 2006, 1073, 1074; OLG Brandenburg, Urt. v. 24. 3. 2011 – 12 U 75/08, juris, Rz. 21; OLG Brandenburg, Urt v. 9. 7. 2009 – 12 U 75/08, juris Nr. 19; OLG Brandenburg, Urt. v. 20. 5. 2010 – 12 U 196/09, juris: **Hinweis auf den Grad der Risikodichte ist ohne Nachfrage des Patienten nicht erforderlich;** OLG Brandenburg, Urt. v. 8. 11. 2007 – 12 U 53/07, juris, Nr. 27: Verletzung des Nervus femoralis bei einer Leistenoperation vom Hinweis auf „Nerven- und Gefäßverletzungen" erfasst; OLG Frankfurt, Urt. v. 16. 11. 2010 – 8 U 88/10, BeckRS 2010, 30179 im Anschl. an BGH VersR 1990, 1010: Hinweis auf Mortalitätsrisiko nur dann erforderlich, wenn es im Hinblick auf das Risikoprofil des Patienten oder die Gefahr des Eingriffs nicht als ganz fernliegende Komplikation angesehen werden kann; OLG Karlsruhe, Urt. v. 9. 5. 2012 – 7 U 44/11, juris, Nr. 7, 10: **im Großen und Ganzen, Vermittlung eines allgemeinen Bildes von der Schwere und Richtung des Risikospektrums,** sehr seltenes Risiko einer Nervschädigung mit chronifizierten Schmerzen aber zu nennen; OLG Karlsruhe, Urt. v. 12. 12. 2012 – 7 U 176/11, juris, Nr. 11: **Der Patient muss einen Hinweis auf das schwerste möglicherweise in Betracht kommende Risiko erhalten haben;** OLG Köln, Urt. v. 26. 10. 2011 – 5 U 46/11, MedR 2012, 813, 814: Dem Patienten soll **ein allgemeines Bild von der Schwere und der Richtung des konkreten Risikospektrums vermittelt werden;** OLG Köln, Beschl. v. 22. 6. 2011 – 5 U 58/11, VersR 2012, 365: Kein medizinisches Entscheidungswissen zu vermitteln; OLG Köln, Urt. v. 12. 1. 2011 – 5 U 37/10, MedR 2012, 121, 123 = VersR 2012, 1565, 1567: Hinweis auf unter Umständen schwerwiegende dauerhafte Lähmungen vor CT-gestützter periradikulärer Lumbalinfiltration erforderlich, auch wenn Risiko der Querschnittlähmung noch nicht bekannt war; OLG München, Urt. v. 3. 11. 2011 – 1 U 984/11, juris, Rz. 38, 42: Vermittlung eines allgemeinen und zutreffenden Bildes von der Schwere und Richtung des Risikospektrums; OLG München, Urt. v. 23. 10. 2008 – 1 U 2046/08, VersR 2009, 503, 504; OLG München, Urt. v. 17. 11. 2011 – 1 U 4499/07, juris, Nr. 86, 87, 94, 98: **„im Großen und Ganzen, allgemeine Vorstellung von der Schwere des Eingriffs und den mit ihm verbundenen, spezifischen Risiken";** irreversible Schädigung der Hornhaut und deutlicher Verlust der Sehschärfe um ca. 80 % nicht von Hinweis auf 20%iges Nachlassen des Sehvermögens erfasst; OLG München, Urt. v. 23. 2. 2012 – 1 U 2781/11, juris, Nr. 27, 34 **„im Großen und Ganzen",** allgemeine Vorstellung von der Schwere des Eingriffs und den mit ihm verbundenen, spezifischen Risiken; erforderlicher Hinweis auf „deutlich erhöhtes Risiko" erfasst das von 0,1–1,0 % auf ca. 10 % gesteigerte Risiko einer Recurrensparese bei Schilddrüsenresektion; OLG München, Urt. v. 19. 1. 2012 – 1 U 2532/11, juris, Nr. 60: Hinweis, dass keine Garantie für das gewünschte und geplante Aussehen erfolgt, erfasst unbefriedigendes Gesamterscheinungsbild der korrigierten Nase und Misslingen der kosmetischen OP; OLG München, Urt. 26. 1. 2012 –

1 U 3360/11, juris, Nr. 49, 51: Hinweis auf Querschnitt erfasst auch Risiko der Sepsis; OLG Naumburg, Urt. v. 12. 11. 2009 – 1 U 59/00, VersR 2010, 1185 = MDR 2010, 325 = juris, Nr. 28; B/P/S-Wever, § 823 BGB Rz. 24; B/P/S-Glanzmann, § 287 ZPO Rz. 121; Achterfeld, MedR 2012, 140; weitere Nachweise bei Rz. A 834 ff.).

Regelmäßig genügt die Verdeutlichung und zutreffende Darstellung der „Stoß- **richtung" der möglichen Risiken** (OLG Koblenz, Urt. v. 9. 5. 2005 – 12 U 420/02, BeckRS 2005, 6735, S. 17/18: „Zielrichtung oder Stoßrichtung der in Betracht kommenden Risiken"; OLG München, Beschl. v. 12. 3. 2007 – 1 U 5826/06, juris, Nr. 5, 6; OLG Nürnberg, Urt. v. 16. 7. 2004 – 5 U 2383/03, OLGR 2004, 373, 374; OLG Zweibrücken, Urt. v. 11. 10. 2005 – 5 U 10/05, OLGR 2006, 154, 155; Kern, GesR 2009, 1, 7), **d.h. dem Patienten muss zumindest ein „zutreffendes, allgemeines Bild" von der Schwere und Richtung des konkreten Risikospektrums vermittelt werden** (BGH, Urt. v. 6. 7. 2010 – VI ZR 198/09, VersR 2010, 1220 = GesR 2010, 481, 482, Rz. 11: Dem Patienten muss eine allgemeine Vorstellung von der Schwere des Eingriffes und den spezifisch mit ihm verbundenen Risiken vermittelt werden, ohne diese zu beschönigen oder zu verschlimmern; OLG Frankfurt, Urt. v. 16. 11. 2010 – 8 U 88/10, BeckRS 2010, 30179: „Im Großen und Ganzen", nicht aber über allgemeine Operationsrisiken; OLG Karlsruhe, Urt. v. 9. 5. 2012 – 7 U 44/11, juris, Nr. 7, 10: **im Großen und Ganzen, Vermittlung eines allgemeinen Bildes von der Schwere und Richtung des Risikospektrums, sehr seltenes Risiko einer Nervschädigung mit chronifizierten Schmerzen aber zu nennen**; OLG Jena, Urt. v. 1. 6. 2010 – 4 U 498/07, juris, Rz. 56: „Im Großen und Ganzen", aber keine Hinweispflicht auf außergewöhnliche und nicht vorhersehbare Risiken sowie über allgemeine Operationsrisiken; OLG München, Urt. v. 23. 10. 2008 – 1 U 2046/08, VersR 2009, 503, 504; OLG München, Urt. v. 17. 11. 2011 – 1 U 4499/07, juris, Nr. 86, 87, 94, 98; OLG Zweibrücken, Urt. v. 11. 10. 2005 – 5 U 10/05, OLGR 2006, 154, 156: **„zutreffendes allgemeines Bild vom Schweregrad und der Tragweite des Eingriffs und von Richtung und Gewicht der Eingriffsrisiken"**; von Pentz, RiBGH, MedR 2011, 222, 225; L/K/L-Katzenmeier, Rz. V 19, 23; Spickhoff-Wellner, § 823 BGB Rz. 232, 233; L/K-Laufs, § 60 Rz. 3 und § 62 Rz. 4; B/P/S-Wever, § 823 BGB Rz. 24; B/P/S-Glanzmann, § 287 ZPO Rz. 121; Stöhr, RiBGH, GesR 2006, 145, 148; Kern, GesR 2009, 1, 7; Fehn, GesR 2009, 11, 13: das Wesen des Eingriffs ist im Großen und Ganzen zu erläutern; Martis/Winkhart, MDR 2011, 402; weitere Nachweise bei Rz. A 834 ff.).

A 514

Eine mindestens erforderliche **Grundaufklärung** ist in aller Regel nur dann erfolgt, wenn der Patient auch einen Hinweis auf das **schwerste** möglicherweise in Betracht kommende **Risiko** erhalten hat (BGH, Urt. v. 22. 12. 2010 – 3 StR 239/10, GesR 2011, 237, 238: Schwerstes, in Betracht kommendes Risiko muss genannt werden, **ggf. auch erhöhtes Risiko**; ebenso OLG Karlsruhe, Urt. v. 12. 12. 2012 – 7 U 176/11, juris, Nr. 11; OLG Nürnberg, Urt. v. 16. 7. 2004 – 5 U 2383/03, NJW-RR 2004, 1543 = OLGR 2004, 373, 374; D/S, 6. Aufl. 2008, VII. Rz. 282; L/K-Laufs, § 63 Rz. 8 zur „Grundaufklärung").

A 515

So ist der Patient etwa vor einer Bauchspeicheldrüsenoperation über die Möglichkeit eines tödlichen Ausgangs aufzuklären. Hierfür kann nach Ansicht des

A 516

OLG Nürnberg (Urt. v. 29. 5. 2000 – 5 U 87/00, NA-Beschl. BGH v. 6. 2. 2001 – VI ZR 279/00, AHRS III, 4280/300) der Hinweis auf eine Nachblutung, Thrombose, Bauchfellentzündung, die Verletzung von Nachbarorganen wie Hauptschlagader und Leber, ausreichen.

A 517 Denn es kann nach Ansicht mehrerer Instanzgerichte als allgemein bekannt vorausgesetzt werden, dass **bei größeren Operationen immer Gefahren bestehen, die in unglücklichen Fällen zu schweren Gesundheitsschäden, ja sogar zum Tod führen können** (OLG Nürnberg, a. a. O. mit NA-Beschl. des BGH a. a. O.; OLG Frankfurt, Urt. v. 16. 11. 2010 – 8 U 88/10, BeckRS 2010, 30179; vgl. aber Gehrlein, 2. Aufl., Rz. C 7, C 27: Hinweis auf Mortalitätsrate, Funktionsbeeinträchtigungen wichtiger Organe, Dauerschmerzen, möglicherweise notwendig werdende Nachoperationen erforderlich).

Sofern der Patient den Eingriff nicht erkennbar für gänzlich ungefährlich hält, darf der Arzt auch voraussetzen, dass der Patient mit allgemeinen Operationsrisiken rechnet und die **Möglichkeit solcher allgemeinen Komplikationen – bei einer Bandscheibenoperation bis hin zum Tod – nicht im Einzelnen genannt** werden müssen (OLG Frankfurt, Urt. v. 16. 11. 2010 – 8 U 88/10, BeckRS 2010, 30179 im Anschluss an BGH, NJW 1986, 780). Ein ausdrücklicher Hinweis auf das Mortalitätsrisiko bei einer Bandscheibenoperation ist nach erfolgtem Hinweis auf Risiken wie Querschnittslähmung etc. nur erforderlich, wenn es entweder angesichts des gesundheitlichen Risikoprofils des Patienten oder im Hinblick auf die dem Eingriff anhaftenden Gefahren als nicht fernliegende Komplikation angesehen werden kann (OLG Frankfurt a. a. O.).

A 517a Andererseits wird das bei einer Herzoperation bestehende **Risiko einer cerebralen Blutung mit nachfolgender Hirnschädigung** von dem im Rahmen der Anästhesieaufklärung erteilten Hinweis auf das letztlich nie auszuschließende Todesrisiko eines operativen Eingriffs unter Vollnarkose nicht erfasst, weil ein solcher Hinweis dem Patienten keinerlei Möglichkeit gibt, die Bedeutung des konkret bevorstehenden, chirurgischen Eingriffs für seine zukünftige Lebensführung vernünftig einzuschätzen (OLG Frankfurt, Urt. v. 24. 2. 2009 – 8 U 103/08, juris, Nr. 9, 12). Der Arzt muss im Allgemeinen aber **nur über die unmittelbaren Operationsrisiken aufklären.** Dass sich nach der Realisierung einer eingriffsimmanenten Komplikation (hier: Schädigung des Harnleiters bei einer Hysterektomie) eine weitere, schwerwiegende Beeinträchtigung ergeben kann (hier: Verlust einer Niere), ist nicht von der ärztlichen Aufklärungspflicht umfasst. Informiert werden muss nur über die für den Eingriff charakteristische Gefahr, nicht über mögliche mittelbare Folgen (OLG Koblenz, Urt. v. 10. 4. 2008 – 5 U 1440/06, OLGR 2009, 314, 316).

A 518 Über mögliche und typische Schadensfolgen einer Behandlung braucht indessen dann nicht aufgeklärt zu werden, wenn sie nur in entfernt seltenen Fällen auftreten und anzunehmen ist, dass sie für den Entschluss, in die Behandlung einzuwilligen, **bei einem verständigen Patienten nicht ernsthaft ins Gewicht** fallen (OLG Koblenz, Urt. v. 2. 3. 1999 – 3 U 328/97, NJW 1999, 3419, 3420; F/N/W, 5. Aufl., Rz. 199) oder bei denen es sich um eine **ausgesprochene „Rarität"** handelt (OLG Bremen, Urt. v. 14. 3. 2000 – 3 U 38/98, OLGR 2000, 403, 405: „Rarität"; OLG Celle, Urt. v. 24. 9. 2001 – 1 U 70/00, VersR 2003, 859, 860 = OLGR 2002, 29, 30: Aufklärung über nicht spezifische und nur äußerst selten auftretende Komplikationen nicht erforderlich; LG Bremen, Urt. v. 20. 12. 2001 – 6 O 2653/00, VersR 2003, 1581: keine Aufklärung über ein Abszessrisiko in einer Größenordnung von 1 : 10000; OLG Hamm, MedR 2006, 215 und D/S, 6. Aufl. 2008, VII. Rz. 283: über ganz entlegene Risiken muss nicht aufgeklärt werden).

Abweichend hiervon kann auch bei extrem seltenen Risiken eine Aufklärungs- A 519
pflicht dann bestehen, wenn sie für die Behandlung wesenstypisch sind oder in der medizinischen Wissenschaft bereits **ernsthafte Stimmen darauf hinweisen** (OLG Koblenz, Urt. v. 2. 3. 1999 – 3 U 328/97, NJW 1999, 3419, 3420; OLG München, Urt. v. 23. 10. 2008 – 1 U 2046/08, VersR 2009, 503, 504: gewichtige Warnungen, ernstzunehmende Stimmen in der Literatur). – vgl. zu → *seltenen Risiken*, Rz. A 1100ff.).

Über die statistische Häufigkeit eines Risikos bzw. die genauen Prozentzahlen A 520
über dessen Verwirklichung muss regelmäßig nicht aufgeklärt werden (OLG Brandenburg, Urt. v. 24. 3. 2011 – 12 U 75/08, juris, Rz. 21; OLG Frankfurt, Urt. v. 14. 1. 2003 – 8 U 135/01, VersR 2004, 1053, 1054; OLG Hamm, Urt. v. 19. 5. 2004 – 3 U 296/03, AHRS III, 4285/301: Misserfolgsrisiko von 2–5 % vor einer Hallux-valgus-Operation nicht darzulegen, wenn die Risiken wie z.B. Nekrosen und Ausbleiben einer knöchernen Heilung erwähnt werden; OLG Karlsruhe, Urt. v. 23. 6. 2004 – 7 U 228/02, OLGR 2004, 520, 521; OLG Köln, Urt. v. 25. 4. 2007 – 5 U 180/05, VersR 2008, 1072, 1073; OLG München, Urt. v. 26. 5. 2011 – 1 U 3081/10, juris, Nr. 52, 58: **Genaue prozentuale Angabe des Risikos nicht erforderlich, die Risiken müssen aber realistisch dargestellt werden**; OLG München, Urt. v. 3. 11. 2011 – 1 U 984/11, juris, Nr. 38, 42; OLG Naumburg, Urt. v. 14. 2. 2008 – 1 U 66/07, OLGR 2008, 503, 504; OLG Oldenburg, Urt. v. 25. 6. 2008 – 5 U 10/08, VersR 2008, 1496, 1497; OLG Stuttgart, Urt. v. 16. 11. 2010 – 1 U 124/09, GesR 2011, 30; F/N/W, 5. Aufl., Rz. 200 und S/Pa, 12. Aufl., Rz. 380: Risikostatistiken für die Beurteilung der Aufklärung nur von geringem Wert).

Entscheidend für die ärztliche Hinweispflicht ist nicht ein bestimmter Grad der A 521
Risikodichte, insbesondere nicht eine spezifische Statistik, maßgeblich ist vielmehr, ob das betreffende Risiko dem Eingriff spezifisch anhaftet und es bei seiner Verwirklichung die Lebensführung des Patienten besonders belastet (BGH, Urt. v. 19. 10. 2010 – VI ZR 241/09, VersR 2011, 223, 224 = GesR 2011, 24, Nr. 7; BGH, Urt. v. 29. 9. 2009 – VI ZR 251/08, VersR 2010, 115, 116, Nr. 11, 12; BGH, Urt. v. 6. 7. 2010 – VI ZR 198/09, VersR 2010, 1220, 1221 = GesR 2010, 481, 482, Nr. 11; BGH, Urt. v. 18. 11. 2008 – VI ZR 198/07, MDR 2009, 281, 282 = VersR 2009, 257, 258, Nr. 11, 12; OLG Brandenburg, Urt. v. 9. 7. 2009 – 12 U 75/08, juris, Nr. 19: Wenn sich das Risiko im Falle seiner Verwirklichung für die Lebensführung des Patienten als **schwer belastend darstellt und trotz seiner Seltenheit für den Eingriff spezifisch und für den Laien überraschend ist**; OLG Karlsruhe, Urt. v. 9. 5. 2012 – 7 U 44/11, juris, Nr. 7, 10: sehr seltenes Risiko einer Nervschädigung mit chronifizierten Schmerzen; OLG Koblenz, Urt. v. 17. 11. 2009 – 5 U 967/09, MDR 2010, 443, 444; OLG München, Urt. v. 17. 11. 2011 – 1 U 4499/07, juris, Nr. 86, 87, 94, 98; OLG München, Urt. v. 23. 2. 2012 – 1 U

2781/11, juris, Nr. 27, 34: Komplikationsrate von 0,1 %-1,0 % bei Struma-OP und deutlich erhöhtes Risiko nach Voroperation aufklärungspflichtig; OLG Naumburg, Urt. v. 12. 11. 2009 – 1 U 59/00, VersR 2010, 1185 = MDR 2010, 325 = juris, Nr. 28; OLG Naumburg, Urt. v. 10. 5. 2010 – 1 U 97/09, juris, Nr. 44; OLG Oldenburg, Urt. v. 25. 6. 2008 – 5 U 10/08, NJW-RR 2009, 1106, 1107 = VersR 2008, 1496, 1497: Gefäßverletzung mit anschließendem Hirninfarkt bei chiropraktischer Manipulation an der HWS, extrem seltenes Risiko; OLG Stuttgart, Urt. v. 16. 11. 2010 – 1 U 124/09, GesR 2011, 30, 31; OLG Zweibrücken, Urt. v. 19. 10. 2004 – 5 U 6/04, NJW 2005, 74, 75, bestätigt von BGH, Urt. v. 14. 3. 2006 – VI ZR 279/04, VersR 2006, 838, 839: dauerhafte Nervschädigung bei Blutabnahme/Blutspende; Koyuncu GesR 2005, 289, 291; Stöhr, RiBGH, GesR 2006, 145, 148; Kern, GesR 2009, 1, 7; Bender, VersR 2009, 176, 180; S/Pa, 12. Aufl., Rz. 380–433; Gehrlein, Rz. C. 8, 28; D/S, 6. Aufl., VII. Rz. 291, 294; L/K/L-Katzenmeier, Rz. V. 22, 23; Spickhoff-Greiner, § 823 BGB, Rz. 232, 239 ff; L/K-Laufs, § 60 Rz. 3; B/P/S-Glanzmann, § 287 ZPO Rz. 121; Einzelheiten bei Rz. A 1100 ff.).

A 522   Ist ein Risiko **im Zeitpunkt der Behandlung nicht bekannt, besteht keine Aufklärungspflicht**. Ist ein bestehendes Risiko dem behandelnden Arzt nicht bekannt und musste es ihm auch nicht bekannt sein, etwa weil es im Zeitpunkt der Behandlung in der medizinischen Wissenschaft noch **nicht bzw. nicht ernsthaft oder nur in anderen Spezialgebieten der medizinischen Wissenschaft diskutiert wurde, entfällt seine Haftung mangels Verschuldens** (BGH, Urt. v. 19. 10. 2010 – VI ZR 241/09, VersR 2011, 223, 224 = GesR 2011, 24, Nr. 7; BGH, Urt. v. 6. 7. 2010 – VI ZR 198/09, VersR 2010, 1220 = GesR 2010, 481, 482, Nr. 11, 12; BGH, Urt. v. 29. 9. 2009 – VI ZR 251/08, VersR 2010, 115, 116, Nr. 11; OLG Brandenburg, Urt. v. 9. 7. 2009 – 12 U 75/08, juris, Nr. 20, 21: Nur eines von drei Standardlehrbüchern beschreibt die mögliche Komplikation; OLG München, Urt. v. 23. 10. 2008 – 1 U 2046/08, OLGR 2009, 500, 501 = VersR 2009, 503, 504: zum Zeitpunkt des Eingriffs **keine Warnhinweise bzw. ernstzunehmende Stimmen** in der Literatur; Einzelheiten bei Rz. A 2209 ff.). Auch über eine etwaige nachteilige **Wirkung eines Medikaments**, etwa eines Tokolytikums im Rahmen einer Geburt muss nicht aufgeklärt werden, wenn in der Medizin die Schädigungsmöglichkeit zwar diskutiert wurde, aber eine **nachteilige Wirkung des Medikaments in der medizinischen Wissenschaft nicht ernsthaft in Betracht gezogen** wurde (OLG Stuttgart, Urt. v. 26. 2. 2002 – 14 U 47/01, OLGR 2002, 446; LG Aachen, Urt. v. 26. 10. 2005 – 11 O 543/03, MedR 2006, 361).

A 523   Ein Arzt, der ein Medikament verschreibt bzw. eine bestehende Medikation durch ein anderes Medikament ersetzt, dessen Verabreichung für den Patienten mit einem dem Arzt bekannten oder bei Durchsicht des Beipackzettels erkennbaren Risiko erheblicher Nebenwirkungen (z. B. im Bereich der Lunge, der Schilddrüse, der Augen o. a.) verbunden ist, hat den Patienten jedoch über den beabsichtigten **Einsatz des neuen Medikaments und dessen Risiken** aufzuklären.

Erfolgt die **Aufklärung nicht oder nur unzureichend, ist die Behandlung rechtswidrig, auch wenn der Einsatz des Medikaments an sich fachgerecht ist** (BGH, Urt. v. 17. 4. 2007 – VI ZR 108/06, VersR 2007, 999, 1000 = NJW 2007, 2771,

2772, Nr. 8, 9; auch Hausch, VersR 2007, 167, 168; Stöhr, RiBGH, GesR 2006, 145–149 und GesR 2011, 193–198). Es handelt sich grundsätzlich um einen Fall der Eingriffs- oder Risikoaufklärung. Daneben kommt eine Verletzung der Pflicht zur Sicherungs- oder therapeutischen Aufklärung in Betracht, soweit ein therapierichtiges Verhalten zur Sicherstellung des Behandlungserfolges und zur Vermeidung möglicher Selbstgefährdungen des Patienten im Raum steht (Stöhr, RiBGH, GesR 2011, 194, 195).

Auf mögliche **Behandlungsalternativen** muss der Arzt nur dann hinweisen,   A 524
wenn im konkreten Fall für eine medizinisch sinnvolle und indizierte Therapie mehrere Behandlungsmethoden zur Verfügung stehen, die zu jeweils unterschiedlichen Belastungen des Patienten führen oder unterschiedliche Risiken und Erfolgschancen bieten. **Es muss sich jedoch um wesentliche bzw. Unterschiede von Gewicht handeln. Im Übrigen bleibt die Wahl der Behandlungsmethode allein Sache des Arztes** (BGH, Urt. v. 19. 7. 2011 – VI ZR 179/10, VersR 2011, 1450, Nr. 6, 8: **Risikounterschied von erheblichem Gewicht**; BGH, Urt. v. 17. 5. 2011 – VI ZR 69/10, VersR 2011, 1146, Nr. 10, 11: Sectio als ernsthafte Behandlungsalternative; BGH, Urt. v. 22. 2. 2000 – VI ZR 100/99, MDR 2000, 700, 701 = VersR 2000, 725, 726; OLG Brandenburg, Urt. v. 4. 11. 2010 – 12 U 148/08, juris, Nr. 20: **wesentlich unterschiedliche Belastungen oder wesentlich unterschiedliche Risiken und Erfolgschancen, verschiedene Verfahren bei Bandscheiben-OP**; OLG Brandenburg, Urteil vom 31. 3. 2011 – 12 U 44/10, juris, Nr. 22: Alternative mit gleichwertigen Chancen, aber andersartigen Risiken; OLG Brandenburg, Urt. v. 15. 7. 2010 – 12 U 232/09, VersR 2011, 267, 268: Verschiedene OP-Möglichkeiten bei Leistenbruch aufklärungspflichtig; a. A. LG Ellwangen, Urt. v. 27. 7. 2012 – 5 O 216/11, Seite 8/9, rechtskräftig; OLG Frankfurt, Urt. v. 12. 3. 2009 – 15 U 18/08, GesR 2009, 529, 530 = MedR 2009, 532, 534: konservative Therapie bei Bandscheibenvorfall als übliche Behandlungsmethode mit wesentlich geringeren Risiken; OLG Hamm, Urt. v. 12. 5. 2010 – I-3 U 134/09, VersR 2011, 625, 626: **Fortsetzung der Krankengymnastik statt OP** bei Schulterschmerzen mit Bewegungseinschränkung; OLG Karlsruhe, Urt. v. 23. 3. 2011 – 7 U 79/10, GesR 2011, 356, 357: Kein wesentlich geringeres Risiko bzw. keine höheren Erfolgschancen einer anderen Operationsmethode; OLG Karlsruhe, Urt. v. 8. 2. 2004 – 7 U 163/03, NJW 2005, 798, 799 und Urt. v. 26. 6. 2002 – 7 U 4/00, MedR 2003, 229, 230 sowie Urt. v. 31. 7. 2013 – 7 U 91/12, juris, Nr. 11: **wesentlich** unterschiedliche Belastungen des Patienten oder **wesentlich** unterschiedliche Risiken und Erfolgschancen erforderlich; OLG Koblenz, Urt. v. 10. 6. 2010 – 5 U 1461/08, VersR 2011, 1149: Bandscheiben-OP oder Infiltrationsbehandlung als **Behandlungsalternativen bei Rückenschmerzen**; OLG Koblenz, Beschl. v. 6. 1. 2010 – 5 U 949/09, VersR 2010, 908: keine Aufklärungspflicht über **technische Details einer OP**; OLG Köln, Urt. v. 25. 5. 2011 – 5 U 174/08, VersR 2012, 239, 240: Korrekturosteotomie ggü. bloßer Ulnaverkürzungsosteotomie als aufklärungspflichtige Behandlungsalternative bei in Fehlstellung verheilter Radiustrümmerfraktur OLG Köln, Beschl. v. 8. 11. 2010 – 5 U 31/10, VersR 2011, 1011: Radiojod- bzw. Thyroxinbehandlung bei großen Struma mit Knotenbildung keine ernsthafte Alternative; OLG Köln, Beschl. v. 6. 10. 2008 – 5 U 84/08, VersR 2009, 834, 835: Wurzelspitzenresektion ggü. Extraktion bei schmerzhafter Entzündung des Zahns keine ernsthafte Behandlungsalternative; OLG München, Urt. v. 23. 2. 2012 – 1 U 2781/11, juris, Nr. 43:

zweizeitiges operatives Vorgehen bei Schilddrüsen-OP bei präoperativ intakten Stimmbandnerven aufklärungspflichtig, nicht jedoch bei bereits vorliegender Recurrensparese mit Bedrängung der Luftröhre; OLG München, Urt. v. 24. 11. 2011 – 1 U 1431/11, juris Nr. 36, 39: keine Aufklärung über alternative Behandlungsmethoden bei Schienbeinbruch, diverse OP-Techniken nicht aufklärungspflichtig; OLG München, Urt. v. 18. 11. 2010 – 1 U 5334/09, juris, Nr. 45 = GesR 2011, 235, 236 = NJW-RR 2011, 749, 750: **ohne weitere Nachfrage keine fachliche Unterrichtung über die Variationen von möglichen Operationstechniken und des dabei eingesetzten Materials erforderlich**, wenn keine wesentlich unterschiedlichen Risiken bei in etwa gleichwertigen Erfolgschancen bestehen; OLG München, Urt. v. 10. 2. 2011 – 1 U 3301/10, juris, Nr. 45, 46: keine Aufklärungspflicht über verschiedene Zugangswege bzw. Methodenwahl des Operateurs bei Schulter-OP; OLG München, Urt. v. 10. 11. 2011 – 1 U 306/11, GesR 2010, 85, 87 = juris, Nr. 35, 38, 57 Op-Techniken in anderen Krankenhäusern ohne gravierende Unterschiede; OLG München, Beschl. v. 17. 10. 2007 – 1 U 3573/07, BeckRS 2008, 4017, S. 2: nur bei **signifikant unterschiedlichen Risiken oder Erfolgschancen**; OLG Naumburg, Urt. v. 10. 5. 2010 – 1 U 97/09, juris, Nr. 53: **Alternative mit höherem Risiko und geringeren Heilungschancen nicht aufklärungspflichtig**; OLG Saarbrücken, Urt. v. 31. 1. 2001 – 1 U 923/99–225, AHRS III, 5000/313: Unterschiede von Gewicht erforderlich, **geringfügig niedrigere Komplikationsrate unerheblich**; OLG Stuttgart, Urt. v. 12. 7. 2005 – 1 U 25/05, NJW-RR 2005, 1389 = GesR 2005, 465; OLG Zweibrücken, Urt. v. 23. 1. 2007 – 5 U 35/05, MedR 2007, 549 = BeckRS 2007, 5674: **wesentlich unterschiedliche Risiken und Erfolgschancen**; Kern, GesR 2009, 1, 5; Rehborn MDR 2004, 371, 374; G/G, 6. Aufl., Rz. C 21, 23, 29; S/Pa, 12. Aufl., Rz. 443, 449; F/N/W, 5. Aufl., Rz. 204, 205; R/L, § 12 Rz. 190, 191; Spickhoff-Wellner, § 823 BGB, Rz. 208 ff, 210, 217 ff; L/K-Laufs, § 60 Rz. 4, 6, 7; B/P/S-Wever, § 823 BGB Rz. 32; Einzelheiten bei Rz. A 1220 ff.).

A 525   Dies enspricht dem neu eingeführten **§ 630e I 3 BGB**, wonach auf Behandlungsalternativen (nur) dann hinzuweisen ist, wenn mehrere **medizinisch gleichermaßen indizierte** und übliche Methoden zu **wesentlich unterschiedlichen Belastungen, Risiken oder Heilungschancen** führen können.

A 526   **Die Aufklärungspflicht erstreckt sich nach ganz herrschender Ansicht bislang** (vgl. jetzt § 630c II 2 BGB, hierzu Rz. P 21 ff.) **jedoch nicht auf Behandlungsfehler, die dem Arzt unterlaufen können.** Insoweit ist ein hinreichender Schutz des Patienten durch die Verpflichtung des Arztes zu sachgerechter Behandlung gegeben (BGH, Urt. v. 7. 12. 2004 – VI ZR 212/03, NJW 2005, 888; BGH NJW 1992, 1558, 1559; BGH, NJW 1985, 2193 = VersR 1985, 736; OLG München, Urt. v. 29. 3. 2007 – 1 U 5265/06, juris = BeckRS 2007, 6485, S. 5: mögliche Behandlungsfehler, etwa eine Kontraindikation des Eingriffs, sind nicht aufklärungspflichtig; Gehrlein, Rz. C 12; Bergmann/Müller, MedR 2005, 650, 657; Kern, GesR 2009, 1, 6; G/G, 6. Aufl., Rz. C 12; F/N/W, 5. Aufl., Rz. 186, 229; S/Pa, 12. Aufl., Rz. 441, 452).

A 527   Ebenso wenig muss über **Organisationsfehler**, wie ihn der Einsatz eines Arztes ohne ausreichende Haftpflichtversicherung darstellen könnte, aufgeklärt werden (BGH, Urt. v. 7. 12. 2004 – VI ZR 212/03, VersR 2005, 408 = NJW 2005, 888;

BGH, VersR 1992, 358 = NJW 1992, 1558; BGH, VersR 1985, 736 = NJW 1985, 2193)

Das **Patientenrechtegesetz legt nunmehr in § 630c II 2 BGB eine Informations- A 528 pflicht des Behandelnden hinsichtlich bereits aufgetretener eigener und fremder Behandlungsfehler fest** (Einzelheiten hierzu vgl. Rz. P 21 ff.).

Auch auf die Beteiligung eines „Arztanfängers" muss nicht hingewiesen wer- A 529 den. Insoweit wird der Patient gleichfalls durch die Verpflichtung des Arztes, den Eingriff lege artis vorzunehmen sowie durch gewisse **Beweiserleichterungen** (vgl. → *Anfängereingriffe*, Rz. A 100 ff. und P 101 ff.) geschützt (BGH, VersR 1984, 60, 61 = NJW 1984, 655; OLG Braunschweig NJW-RR 2000, 238; OLG Düsseldorf VersR 1987, 161, 163; OLG Stuttgart VersR 1995, 1353; G/G, 6. Aufl., Rz. C 14, B 208; S/Pa, 12. Aufl., Rz. 441, 452; F/N/W, 5. Aufl., Rz. 92 ff., 163; B/P/S-Kahlert, § 276 BGB Rz. 35).

In Anlehnung an die Rechtsprechung zu den „Anfängereingriffen" (vgl. hierzu A 529a Rz. A 100 ff.) ist nach **§ 630h IV BGB die Vermutung begründet, dass die mangelnde Befähigung schadensursächlich war, wenn der Arzt für die vorgenommene Behandlung nicht „befähigt"** (vgl. hierzu Rz. P 102, P 49) **war.**

Selbst bei einem „groben" Aufklärungsfehler – den die Terminologie im Arzthaf- A 530 tungsrecht nicht kennt – kommen dem Patienten keine Beweiserleichterungen zugute. Die Beweislast liegt bei der Eingriffs- oder Risikoaufklärung ohnehin beim Arzt (OLG Hamburg, Urt. v. 27. 11. 1998 – 1 U 182/97, VersR 2000, 190, 191 = OLGR 1999, 105; OLG Hamm VersR 1995, 709, 710; OLG Oldenburg, Urt. v. 6. 2. 2008 – 5 U 30/07, OLGR 2008, 602, 603 = VersR 2008, 924, 925; F/N/W, 5. Aufl., Rz. 229; G/G, 6. Aufl., Rz. C 130, C 149 a. E.; Wenzel-Simmler, Kap. 2 Rz. 1665).

Zu beachten ist allerdings, dass eine Verletzung der Pflicht des behandelnden A 531 Arztes zur therapeutischen Aufklärung (Sicherungsaufklärung) nicht unter die Kategorie des „Aufklärungsfehlers" fällt und im Einzelfall als „grober Behandlungsfehler" (siehe dort, Rz. G 1035 ff.; A 600 ff.) zu bewerten sein kann (BGH, Urt. v. 16. 11. 2004 – VI ZR 328/03, NJW 2005, 427, 428 = VersR 2005, 228, 229; BGH, Urt. v. 16. 6. 2009 – VI ZR 157/08, VersR 2009, 1267, 1268 = MedR 2010, 101, 103, Nr. 11, 14). So kann die **mangelnde therapeutische Aufklärung über die Erforderlichkeit einer dringend gebotenen, weiteren Behandlung** im Einzelfall einen groben Behandlungsfehler darstellen (BGH a. a. O.; OLG Köln, Urt. v. 22. 9. 2010 – 5 U 211/08, BeckRS 2010, 29872).

Beim „totalen Krankenhausaufnahmevertrag" als Regelform der stationären A 532 Krankenhausbehandlung (vgl. hierzu Rz. K 132 ff.) hat der Patient grundsätzlich **keinen Anspruch darauf, von einem bestimmten Arzt behandelt und operiert** zu werden. Zur Erfüllung der Verpflichtungen aus dem Behandlungsvertrag kann sich der Krankenhausträger vielmehr grundsätzlich – bei Wahrung des Facharztstandards – seines gesamten angestellten Personals bedienen. Wenngleich die Einwilligung in einen Eingriff nur ad personam, also nur für einen bestimmten Arzt erfolgt, hat der Patient **keinen Anspruch, von einem bestimmten (Chef-) Arzt operiert zu werden, sofern die Behandlung durch einen bestimmten**

Arzt nicht konkret vereinbart oder zugesagt worden ist (BGH, Urt. v. 11. 5. 2010
– VI ZR 252/08, VersR 2010, 1038, 1039 = MDR 2010, 863 = juris, Nr. 9, 10; OLG
München, Urt. v. 18. 11. 2010 – 1 U 5334/09, GesR 2011, 235 = juris, Nr. 35, 37;
Diederichsen, RiBGH, GesR 2011, 257, 259; Spickhoff, NJW 2011, 1651, 1654 f.).

A 533 Ist jedoch ein Eingriff durch einen bestimmten Arzt, regelmäßig den Chefarzt,
etwa im Rahmen einer Wahlleistungsvereinbarung oder konkreten Abrede zugesagt, muss der Patient rechtzeitig aufgeklärt werden, wenn ein anderer Arzt an
seine Stelle treten soll (BGH a. a. O. Nr. 6; Diederichsen, RiBGH, GesR 2011,
257, 259; vgl. zu den „Stellvertreterklauseln" Rz. A 41 ff.).

A 534 Die Wirksamkeit der Einwilligung des umfassend aufgeklärten Patienten wird
auch nicht dadurch in Frage gestellt, dass er der Erklärung die **Einschränkung
beifügt, ein bestimmtes, später nicht auftretendes Risiko dürfe sich nicht verwirklichen** (OLG Koblenz, Beschl. v. 9. 9. 2010 – 5 U 593/10, MedR 2011, 248,
249 = GesR 2010, 692; im Erg. zustimmend Steffen, MedR 2011, 250: Eingriff
von der Einwilligung des Patienten nicht gedeckt, aber kein Zurechnungs- bzw.
Rechtswidrigkeitszusammenhang).

2. Selbstbestimmungsaufklärung

A 535 Die Selbstbestimmungsaufklärung schafft die Voraussetzungen für eine rechtfertigende Einwilligung. Der Patient muss **im Großen und Ganzen** (vgl.
Rz. A 834 ff.) erfahren, welche Krankheit vorliegt, welcher Eingriff geplant ist,
wie dringlich er ist, wie er abläuft und welche Nebenwirkungen und Risiken damit verbunden sind. Grundsätzlich hat vor jeder diagnostischen oder therapeutischen Maßnahme eine solche Aufklärung zu erfolgen (BGH, Urt. v. 15. 3. 2005 –
VI ZR 313/03, NJW 2005, 1718 = VersR 2005, 836; OLG Koblenz, Urt. v.
29. 11. 2001 – 5 U 1382/00, VersR 2003, 1313, 1314; Gehrlein VersR 2004, 1488,
1495; Kern, GesR 2009, 1, 5; Fehn, GesR 2009, 11, 12 f.; von Pentz, RiBGH,
MedR 2011, 222, 225; R/L-Uphoff/Hindemith, § 4 Rz. 3, 39 ff.).

A 536 Überwiegend wird die **„Selbstbestimmungsaufklärung" als Oberbegriff für die
Verlaufs- und die Risikoaufklärung** (BGH, Urt. v. 15. 3. 2005 – VI ZR 313/03,
NJW 2005, 1718 = VersR 2005, 836: in Abgrenzung zur „Sicherungsaufklärung";
OLG Koblenz, Urt. v. 29. 11. 2001 – 5 U 1382/00, VersR 2003, 1313, 1314; Koyuncu, GesR 2005, 289, 290; Gehrlein, VersR 2004, 1488, 1495) **bzw. für die Risikoaufklärung, Diagnose- und Verlaufsaufklärung** angesehen (Kern, GesR 2009,
1, 5 f.; Fehn, GesR 2009, 11, 12; L/K/L-Katzenmeier, Rz. V 14; L/K-Laufs, § 59
Rz. 11, 13, 16, 21; B/P/S-Wever, § 823 BGB Rz. 15, 20; Wussow, VersR 2002,
1337, 1338 f.). Danach umfasst die Selbstbestimmungsaufklärung die Aufklärung über die Krankheit (Diagnose), den Ablauf der vorgeschlagenen Maßnahmen (Verlauf) und deren Risiken (Kern, GesR 2009, 1, 5; ebenso Fehn, GesR
2009, 11, 12).

Katzenmeier (L/K/L, Rz. V 15; auch L/K-Laufs, § 59 Rz. 11, 13, 16, 21) fasst zusammen, im Rahmen der **Selbstbestimmungsaufklärung** sei der Patient zu unterrichten über den ärztlichen Befund, über Art, Tragweite, Dringlichkeit, voraussichtlichen Verlauf und Folgen des geplanten Eingriffes, über Art und kon-

krete Wahrscheinlichkeit der verschiedenen Risiken im Verhältnis zu den entsprechenden Heilungschancen, über mögliche andere Behandlungsweisen und über die ohne den Eingriff zu erwartenden Risiken einer Verschlechterung des Gesundheitszustandes.

Teilweise wird die **Selbstbestimmungsaufklärung ohne – in der Praxis nicht erforderliche – Differenzierung als Eingriffsaufklärung** (S/Pa, 12. Aufl., Rz. 366, 367, 368; Spickhoff-Wellner, § 823 BGB, Rz. 200, 202, 203, 205: Eingriffs- und Risikoaufklärung, Diagnoseaufklärung, Verlaufsaufklärung; Wussow, VersR 2002, 1337, 1338) **oder Behandlungsaufklärung** (G/G, 6. Aufl., Rz. C 18) **umschrieben.** Deutsch/Spickhoff (6. Aufl., VII. Rz. 266–280) unterscheiden zwischen dem Rechtsgrund der Aufklärung (Selbstbestimmungsaufklärung), der Aufklärung über die Krankheit und ihre Behandlung (Diagnoseaufklärung, Verlaufsaufklärung und Alternativaufklärung), der Verlaufsaufklärung (Risikoaufklärung), dem Umfang der Aufklärung (Basisaufklärung, Stufenaufklärung, Totalaufklärung) und dem Hinweis auf das therapierichtige Verhalten des Patienten (Sicherungsaufklärung).

A 537

Der **Gesetzgeber differenziert nicht zwischen den einzelnen Begriffen und kodifiziert die von der Rspr. entwickelten Grundsätze in §§ 630c II 1, 630e I, 630h II 1 BGB.** Danach umfasst die Aufklärungspflicht des Arztes „i. d. R. insbesondere Art, Umfang, Durchführung, zu erwartende Folgen und Risiken der Maßnahme sowie ihre Notwendigkeit, Dringlichkeit, Eignung und Erfolgsaussichten im Hinblick auf die Diagnose oder Therapie" (§ 630e I 2 BGB), den Hinweis auf ernsthafte Behandlungsalterntiven (§ 630e I 3 BGB) und die therapeutische Aufklärung über den Verlauf der Behandlung, insbesondere auch die Diagnose, die voraussichtliche gesundheitliche Entwicklung, die Therapie (§ 630c II 1 BGB „Informationspflichten").

A 538

Der Gesetzgeber wollte in § 630c II 1 BGB die „therapeutische Aufklärung" (Sicherungsaufklärung) regeln. Diese ist von der im Wesentlichen in § 630e I 1, I 2, I 3 BGB erfassten Selbstbestimmungs- bzw. Risikoaufklärung aber zu unterscheiden (vgl. Katzenmeier, NJW 2013, 817, 818; Spickhoff, VersR 2013, 267, 273; vgl. **Rz. P 19**). Nun **erfasst § 630c II 1 BGB aber auch Hinweispflichten auf Erläuterungen der Diagnose und der Therapie.** Insoweit ist es zu einer „unglücklichen Doppelung der Regelung von identischen Pflichten" gekommen (Spickhoff, ZRP 2012, 65, 67; Spickhoff, VersR 2013, 267, 273; Katzenmeier, NJW 2013, 817, 818; Katzenmeier, MedR 2012, 576, 580; Thurn, MedR 2013, 153, 155).

A 539

a) Behandlungsaufklärung

Der Begriff **„Behandlungsaufklärung"** besagt, dass zunächst überhaupt über den ins Auge gefassten Eingriff aufzuklären ist. Dies beinhaltet die Erläuterung der Art der konkreten Behandlung (konservative Methode, Operation, Bestrahlung), die Erläuterung der Tragweite des Eingriffs (wie z. B. die Funktionsbeeinträchtigung eines wichtigen Organs, Dauerschmerzen, Belastungen für die künftige Lebensführung), der Hinweis auf vorhersehbare Operationserweiterungen und auf typischer Weise erforderliche Nachoperationen (G/G, 6. Aufl., Rz. C 19, C 20).

A 540

Hierzu gehört auch die Aufklärung über **Behandlungsalternativen**, wenn im konkreten Fall eine echte Alternative mit gleichwertigen Chancen, aber anders-

A 541

artigen Risiken besteht, etwa die Fortsetzung einer konservativen Behandlung anstatt einer Operation (OLG München, Urt. v. 12. 10. 2006 – 1 U 2142/06, juris Nr. 37, 38: Operation statt konservativer Behandlung einer Fraktur; OLG Koblenz, Urt. v. 10. 6. 2010 – 5 U 1461/08, VersR 2011, 1149: Behandlungsalternativen bei Rückenschmerzen; OLG Frankfurt, Urt. v. 12. 3. 2009 – 15 U 18/08, MedR 2009, 532, 534 = GesR 2009, 529, 530: Fortsetzung der konservativen Behandlung bei Bandscheibenvorfal statt OP; OLG Brandenburg, Urt. v. 4. 11. 2010 – 12 U 148/08, juris, Nr. 18 – 21: Behandlungsalternativen bei Wirbelsäulenoperationen, aber kein ernsthafter Entscheidungskonflikt; G/G, 6. Aufl., Rz. 22, 23, 29; Kern, GesR 2009, 1, 5 und 7: Aufklärung über therapeutische Alternativen als Verlaufsaufklärung, ansonsten als Risikoaufklärung; Einzelheiten bei Rz. A 1220 ff., A 1501 ff.).

A 542 Teilweise überschneiden sich die Begriffe der **„Behandlungsaufklärung"**, der **„Verlaufsaufklärung"** und der **„Risikoaufklärung"** (vgl. OLG Koblenz, Urt. v. 29. 11. 2001 – 5 U 1382/00, VersR 2003, 1313, 1314: Verlaufsaufklärung und Risikoaufklärung als Unterfall der Selbstbestimmungsaufklärung; OLG Braunschweig, Urt. v. 18. 1. 2007 – 1 U 24/06, OLGR 2008, 442: fehlender Hinweis auf ernsthafte Behandlungsalternative als Mangel der Risiko- oder Selbstbestimmungsaufklärung; Koyuncu GesR 2005, 289, 290, s. o. Rz. A 536; Kern, GesR 2009, 1, 5 und Fehn, GesR 2009, 11, 12 sowie L/K/L-Katzenmeier, Rz. V 14), ohne dass sich hierdurch Konsequenzen für die Praxis ergeben würden. Hiervon **abzugrenzen** ist jedoch der Begriff der **„Sicherungsaufklärung"** (therapeutische Aufklärung), da sich insoweit insbesondere bei der **Beweislastverteilung** Unterschiede ergeben (siehe unten Rz. A 600 ff.).

A 543 Ist ein bestimmter **Eingriff durch einen bestimmten Arzt**, regelmäßig den Chefarzt, im Rahmen einer Wahlleistungsvereinbarung oder in sonstiger Weise **konkret zugesagt**, muss der Patient rechtzeitig aufgeklärt werden, wenn ein anderer Arzt an seine Stelle treten soll. Sofern die Einwilligung nicht eindeutig auf die Behandlung durch einen bestimmten Arzt beschränkt ist, erstreckt sie sich in einem Krankenhaus grundsätzlich auch auf die **Behandlung durch andere Ärzte** (BGH, Urt. v. 11. 5. 2010 – VI ZR 252/08, GesR 2010, 407 = VersR 2010, 1038, 1039, Nr. 5, 6; OLG München, Urt. v. 18. 11. 2010 – 1 U 5334/09, GesR 2011, 235 = juris, Nr. 35, 37, 44, 45; auch OLG München, Urt. v. 9. 3. 2006 – 1 U 4297/05, juris, Nr. 13; Diederichsen, RiBGH, GesR 2011, 257, 259; Spickhoff, NJW 2011, 1651, 1654 f.).

A 544 Dieser Grundsatz, dass die Einwilligung nur ad personam, als nur hinsichtlich eines bestimmten Arztes, erfolgt, gilt für die Behandlung im Rahmen eines „totalen Krankenhausaufnahmevertrages" (vgl. hierzu Rz. K 132 ff.) aber nur eingeschränkt. Will ein (Kassen-) Patient seine Einwilligung in einen ärztlichen Eingriff auf einen **bestimmten Arzt beschränken**, muss er seinen entsprechenden **Willen** auch **eindeutig und unmissverständlich zum Ausdruck bringen**. Dies gilt auch dann, wenn ein (Chef-) Arzt auf die Bitte des Patienten in einem Vorgespräch erklärt, er werde die Operation „sofern möglich, selbst durchführen". Hierin liegt keine verbindliche Erklärung (BGH, Urt. v. 11. 5. 2010 – VI ZR 252/08, VersR 2010, 1038, 1039, Nr. 9, 10; OLG München, Urt. v. 18. 11. 2010 – 1 U 5334/09, GesR 2011, 235 = NJW-RR 2011, 749, 750; **a. A.** noch OLG Köln,

Urt. v. 25. 8. 2008 – 5 U 28/08, VersR 2009, 785, 786 und OLG Koblenz, Urt. v. 21. 2. 2008 – 5 U 1309/07, MedR 2009, 158; kritisch auch Spickhoff, NJW 2011, 1651, 1654/1655).

Lässt der vertraglich **persönlich verpflichtete Chefarzt eine (Schönheits-)Opera-** A 545 **tion von einem angestellten Arzt durchführen**, schuldet der Patient selbst dann keine Vergütung, wenn der Eingriff sachgemäß und erfolgreich durchgeführt wurde. Dem Chefarzt steht in einem solchen Fall auch kein Bereicherungs-anspruch gegen den Patienten zu (OLG Koblenz, Urt. v. 21. 2. 2008 – 5 U 1309/07, VersR 2008, 538, 539 = MedR 2009, 158; im Erg. zustimmend von Sachsen Gessaphe, MedR 2009, 161).

Einstweilen frei. A 546 – A 553

b) Risikoaufklärung

Die **Risikoaufklärung** muss dem Patienten einen Überblick über die mit dem A 554 Eingriff verbundenen Gefahren verschaffen. Damit sind dauerhafte oder vorüber-gehende nachteilige Folgen eines Eingriffs gemeint, die sich auch bei Anwen-dung der gebotenen Sorgfalt nicht mit Gewissheit ausschließen lassen (OLG Ko-blenz, Urt. v. 29. 11. 2001 – 5 U 1382/00, VersR 2003, 1313, 1314; L/K-Laufs, § 59, Rz. 21, und § 60 Rz. 1, 3; Gehrlein VersR 2004, 1488, 1495; Koyuncu GesR 2005, 289, 290; Kern, GesR 2009, 1, 6; G/G, 6. Aufl., Rz. C 41, C 49; Gehr-lein, Rz. C 17).

Ferner ist der Patient mit Art und Schwere des Eingriffs vertraut zu machen. Da- A 555 bei genügt es, wenn dem Patienten ein **allgemeines Bild** von der Schwere und Richtung des konkreten Risikospektrums und ihm die „**Stoßrichtung**" der mög-lichen Risiken vermittelt wird (vgl. die Nachweise bei Rz. A 834 ff.).

Ohne entsprechende Nachfrage des Patienten muss der Arzt die **statistische** A 556 **Häufigkeit** von Komplikationen bzw. genaue Prozentzahlen über die Möglich-keit der Verwirklichung des Behandlungsrisikos **grundsätzlich nicht angeben** (vgl. die Nachweise bei Rz. A 1100 ff.).

Allerdings hat der Arzt den Patienten auch über seltene, sogar **äußerst seltene** A 557 Risiken mit einer Komplikationsdichte von weniger als 1 %, ja sogar bei weni-ger als 0,1 % aufzuklären, wenn deren Realisierung die **Lebensführung** des Pa-tienten **schwer belasten** würde und das entsprechende Risiko trotz der Selten-heit für den Eingriff spezifisch, für den Laien aber **überraschend** ist (BGH, Urt. v. 29. 9. 2009 – VI ZR 251/08, VersR 2010, 115, 116, Nr. 11 und die Nachweise bei Rz. A 1104 ff.).

Einstweilen frei. A 558 – A 559

c) Verlaufsaufklärung

Überwiegend wird eine Abgrenzung zwischen der **Risikoaufklärung** und der **Ver-** A 560 **laufsaufklärung** vorgenommen (s. o., Rz. A 536), ohne dass sich im Ergebnis Un-terschiede in den Rechtsfolgen einer unterlassenen oder fehlerhaften Aufklärung ergeben würden. Das OLG Koblenz (Urt. v. 29. 11. 2001 – 5 U 1382/00, VersR 2003, 1313, 1314; NJW-RR 2002, 816, 817; ebenso: Gehrlein, VersR 2004, 1488, 1495; L/K/L-Katzenmeier, Rz. V 14, 15; L/K-Laufs, § 59 Rz. 11, 12; Koyuncu, GesR 2005, 289, 290; Kern, GesR 2009, 1, 5; Fehn, GesR 2009, 11, 12 f.: Grenze zwischen Verlaufs- und Risikoaufklärung fließend) sieht die „Verlaufsaufklärung" als **Unterfall** der „Selbstbestimmungsaufklärung".

A 561 Sie erstreckt sich auf **Art, Umfang** und **Durchführung** des Eingriffs (vgl. jetzt §§ 630c I 1, 630e I 2, I 3, 603h II 1 BGB ohne exakte Differenzierung; vgl. hierzu Rz. P 18 ff., P 41 ff.). Der Patient müsse wissen, was mit ihm geschehen soll und auf welche Weise der Eingriff vorgenommen wird. Dem Aufklärungsempfänger ist, sofern er nicht auf solche Erläuterung ausdrücklich verzichtet hat, der beabsichtigte Eingriff in einer seinem Verständnisvermögen angepassten Weise so zu erläutern, dass er, wenn auch nur „im Großen und Ganzen", weiß, worin er einwilligt (OLG Koblenz, Urt. v. 29. 11. 2001 – 5 U 1382/00, VersR 2003, 1313, 1314; OLG München, Urt. v. 17. 11. 2011 – 1 U 4499/07, juris, Nr. 86, 87: „**im Großen und Ganzen über den Verlauf des Eingriffs, seine Erfolgsaussichten, seine Risiken und mögliche, echte Behandlungsalternativen**"; auch Fehn, GesR 2009, 11, 13: Art, Schwere, Umfang, Durchführung, Schmerzhaftigkeit, fragliche Erfolgschance des Eingriffs und absehbare Nebenfolgen „im Großen und Ganzen").

A 562 Nach Ansicht von Kern (GesR 2009, 1, 5 f.) umfasst die Verlaufsaufklärung die „im Großen und Ganzen" zu erteilenden Informationen über den Ablauf von Diagnostik und Therapie, mögliche ernsthafte therapeutische Alternativen, Chancen, wahrscheinlichen Grad und Umfang der angestrebten Heilung, das Misserfolgs- und Verschlimmerungsrisiko sowie die voraussichtliche Operations- und Verweildauer.

A 563 Laufs (L/K, 4. Aufl. 2010, § 59 Rz. 11, 16) erstreckt die Verlaufsaufklärung auf Art, Umfang und Durchführung des Eingriffes. Der Patient soll über die beabsichtigte Therapie und auch den voraussichtlichen Verlauf seiner Krankheit informiert werden, falls er den Eingriff nicht zustimmt. Einzelheiten des Verlaufes müssen aber nicht erläutert werden.

A 564 Wever (B/P/S, § 823 BGB Rz. 20) zählt zu dem „allgemeinen Bild" über den bei der Verlaufsaufklärung zu vermittelnden Umfang des Eingriffs die Eingriffsfolgen, das Aussehen des betroffenen Körperteils nach dem Eingriff, einen drohenden Funktionsverlust, den Grad der Erfolgs- bzw. Mißerfolgschancen.

A 565 Nach Auffassung von Deutsch und Spickhoff (D/S, 6. Aufl. 2008, VII. Rz. 268) gehören zur Verlaufsaufklärung Hinweise auf die Weiterentwicklung des Zustandes des Patienten in unbehandelter Form und die Aussicht, wie sich die gesundheitliche Situation nach erfolgter Behandlung gestalten könnte.

A 566 Greiner (RiBGH a.D., G/G, 6. Aufl., Rz. C 84 mit Hinweisen auf die Rspr.) versteht unter der „Verlaufsaufklärung" eine Aufklärungspflicht hinsichtlich der **Schmerzhaftigkeit** in den Fällen, in denen eine Untersuchungs- und Behandlungsmaßnahme mit erheblichen Schmerzen für den Patienten verbunden ist und spricht sich gegen eine damit verbundene Zersplitterung der Aufklärungsrisiken zwischen der Behandlungs- und Risikoaufklärung einerseits und der Verlaufsaufklärung andererseits aus. Dem kann für die Praxis nur zugestimmt werden!

Uphoff und Hindemith (R/L, 1. Aufl. 2013, § 4 Rz. 43) verstehen unter der Verlaufsaufklärung die Aufklärung des Patienten über den sicher oder regelmäßig eintretenden, d.h. **vorhersehbaren postoperativen Zustand.**   A 567

Einstweilen frei.   A 568

d) Diagnoseaufklärung

Diagnoseaufklärung bedeutet Information des Patienten über den medizinischen **Befund** und die sich hieraus ergebenden **Prognosen** (BVerfG, Beschl. v. 18. 11. 2004 – 1 BvR 2315/04, NJW 2005, 1103, 1104 = MDR 2005, 559, 560; G/G, 6. Aufl., Rz. C 82; L/K-Laufs, § 59 Rz. 13; B/P/S-Wever, § 823 BGB Rz. 18; Fehn, GesR 2009, 11, 12 und Kern, GesR 2009, 1, 5: Information über die behandlungsbedürftige Krankheit). Der Patient ist **mündlich,** in Einzelfällen (z.B. Schwerhörigkeit) auch schriftlich über sein **Leiden,** die **Diagnose** und den **Verlauf bei unbehandelter und behandelter Form** zu unterrichten (BVerfG, Beschl. v. 18. 11. 2004 – 1 BvR 2315/04, MDR 2005, 559, 560). So muss etwa der behandelnde Unfallchirurg den Patienten davon in Kenntnis setzen, dass ein von ihm versorgter Bruch in Fehlstellung zu verheilen droht (BGH, Urt. v. 15. 3. 2005 – VI ZR 313/03, NJW 2005, 1718, 1719 = VersR 2005, 836, 837).   A 569

Die Rechtsprechung ist bei der Diagnoseaufklärung aber – bislang – eher zurückhaltend (vgl. BGH VersR 1989, 478: Diagnose auf ungesicherter Befundgrundlage, nicht aufklärungsbedürftig; OLG Oldenburg, VersR 1998, 57: Aufklärung über die Möglichkeit intraoperativer Änderung der Diagnose nicht erforderlich; OLG Frankfurt, NJW-RR 1995, 1048; Spickhoff-Wellner, § 823 BGB, Rz. 202).

Soweit der Befund für die Selbstbestimmungs- oder Sicherungsaufklärung nicht von Bedeutung ist, muss er vom Arzt nur dann offenbart werden, wenn der Patient ausdrücklich danach fragt oder die Entscheidung des Patienten für den Arzt erkennbar von der Mitteilung solcher Befunde abhängt (G/G, 6 Aufl., Rz. C 82; D/S, 6. Aufl., VII. Rz. 267). **Gem. § 630c II 2 BGB hat der Behandelnde den Patienten (nunmehr) auch ungefragt über erkennbare (eigene und fremde) Behandlungsfehler zu unterrichten, wenn dies zur Abwendung gesundheitlicher Gefahren geboten erscheint** (vgl. hierzu Rz. P 21 ff.).   A 570

Eine Diagnoseaufklärung ist aber dann unzulässig, wenn für den mitgeteilten Befund keine hinreichende tatsächliche Grundlage besteht, er für den Laien auf eine schwere Erkrankung schließen lässt und der Patient in psychischer Hinsicht zu Überreaktionen neigt (OLG Köln, MedR 1988, 184).

Jeder Arzt hat die grundsätzliche Pflicht, seine Patienten durch die Art und den Inhalt der Diagnosemitteilung nicht „in Angst und Schrecken" zu versetzen. Diese Pflicht wird verletzt – und dem Patienten stehen entsprechende Schadensersatzansprüche zu –, wenn die eröffnete **Diagnose objektiv falsch** ist, hierfür **auch aus ex-ante-Sicht keine hinreichende tatsächliche Grundlage** besteht, sie   A 571 den Laien auf eine schwere, u. U. lebensbedrohliche Erkrankung schließen lässt und die Art und Weise der Mitteilung unter den gegebenen Umständen auch **geeignet ist, den Patienten in psychischer Hinsicht schwer zu belasten** (OLG Bamberg, Urt. v. 24. 3. 2003 – 4 U 172/02, AHRS III, 3130/300: angeblich diagnostizierter Hodentumor; OLG Oldenburg, VersR 1990, 742; OLG Köln, MedR 1998, 184, 185 und NJW 1987, 2936; OLG Frankfurt, VersR 1996, 101 = NJW-RR 1995, 1048: Diagnose auf ungesicherter Befundgrundlage; OLG Stuttgart, VersR 1988, 695 mit NA-Beschl. BGH, VersR 1989, 478; LG Cottbus, Urt. v. 1. 10. 2003 – 3 O 115/03, MedR 2004, 231, 232).

A 572 Unterliegt der Arzt einem (nicht fundamentalen) Diagnosefehler und klärt er den Patienten deshalb objektiv falsch oder unvollständig über die Risiken der gewählten Therapie und der möglichen alternativen Behandlungsmöglichkeiten auf, stellt sich dies als bloße **Folge eines haftungsrechtlich irrelevanten (einfachen) Diagnoseirrtums** dar. In einem solchen Fall ist die objektiv fehlerhafte (folgerichtige) Behandlungs- und Risikoaufklärung **kein Anknüpfungspunkt für eine Haftung** (OLG Bremen, Urt. v. 28. 8. 2001 – 3 U 120/00, AHRS III, 4280/306: bei unverschuldetem Diagnoseirrtum kein Aufklärungserfordernis über die weitere Behandlung; OLG Köln VersR 1998, 243 und VersR 1999, 98; auch OLG Köln, Urt. v. 20. 7. 2005 – 5 U 200/04, NJW 2006, 69, 70: bei einfachem Diagnoseirrtum keine Beweislastumkehr wegen „unterlassener Befunderhebung"; G/G, 6. Aufl., Rz. C 24; Spickhoff-Wellner, § 823 BGB Rz. 216; vgl. hierzu → *Unterlassene Befunderhebung*, Rz. U 1 ff.).

A 573 – A 579 Einstweilen frei.

3. Sicherungsaufklärung (Therapeutische Aufklärung)

a) Begriff

A 580 Als „Sicherungsaufklärung" (nicht: Sicherheitsaufklärung, vgl. BGH, Urt. v. 8. 7. 2008 – VI ZR 259/06, VersR 2008, 1265, 1267 = MedR 2009, 44, 46, Nr. 31) oder „therapeutische Aufklärung" wird – oft missverständlich – der Umstand umschrieben, dass der Arzt verpflichtet ist, seinen Patienten nicht nur zu behandeln, sondern ihn auch über alle Umstände zu informieren, die zur **Sicherung des Heilungserfolgs** und zu einem **therapiegerechten Verhalten** und zur **Vermeidung möglicher Selbstgefährdungen** des Patienten erforderlich sind (BGH, Urt. v. 14. 9. 2004 – VI ZR 186/03, NJW 2004, 3703, 3704 = VersR 2005, 227, 228; Urt. v. 15. 3. 2005 – VI ZR 289/03, NJW 2005, 1716 = VersR 2005, 834; BGH, Urt. v. 16. 6. 2009 – VI ZR 157/08, VersR 2009, 1267, 1268 = MedR 2010, 101, 103, Nr. 14, 15, unterlassene Sicherungsaufklärung als grober Behandlungsfehler; OLG Köln, Urt. v. 22. 9. 2010 – 5 U 211/08, GesR 2011, 229, 232 = VersR 2011, 760, 761 = juris Rz. 34, 36, 47, 48: Notwendigkeit und Dringlichkeit einer Krankenhauseinweisung; OLG Köln, Urt. v. 6. 6. 2012 – 5 U 28/10, juris, Nr. 26, 28, 35: Hinweis auf gesteigertes Risiko von Herzrhytmusstörungen nach Ummedikation eines Herzkranken; OLG Oldenburg, Urt. v. 23. 7. 2008 – 5 U 28/08, MedR 2011, 163, 164, **Hinweis auf Dringlichkeit einer Untersuchung**; F/N/W, 5. Aufl., Rz. 117, 185; R/L-Uphoff/Hindemith, § 4 Rz. 126 ff.; L/K-Laufs, § 58 Rz. 1, 3 und § 63 Rz. 1; Spickhoff-Greiner, § 822 BGB Rz. 49, 51, 201; Stöhr,

RiBGH, GesR 2006, 145, 146; Kern, GesR 2009, 1, 9; S/Pa, 12. Aufl., Rz. 370, 707, 708; B/P/S-Wever, § 823 Rz. 8 ff. und B/P/S-Glanzmann, § 287 ZPO Rz. 18, 102; zu „groben Behandlungsfehlern" Rz. G 1035 ff.).

Der Gesetzgeber hat die Grundlagen der Rspr. zur „therapeutischen Aufklärung"   A 580a
in § 630c II 1, II 2, § 630f II übernommen (vgl. Begründung des Regierungsentwurfs, S. 32 und S. 39 zur Dokumentation; vgl. Rz. P 16 ff.). Danach ist der Behandelnde verpflichtet, den Patienten „in verständlicher Weise und, soweit erforderlich" den Verlauf der Behandlung und die hierfür wesentlichen Umstände,
insbesondere die Diagnose, die voraussichtliche gesundheitliche Entwicklung,
die Therapie und die zu und nach der Therapie zu ergreifenden Maßnahmen zu
erläutern (§ 630c II 1 BGB). Die aus medizinischen Gründen wesentlichen Maßnahmen einschließlich der Befunde, Therapien, Eingriffe, Aufklärungen sind zu
dokumentieren (§ 630f II BGB).

Regelmäßig setzt die therapeutische Aufklärung erst **nach Vornahme** des Ein-   A 581
griffs bzw. der sonstigen ärztlichen Behandlungsmaßnahme ein (Gehrlein,
Rz. B 45). Mit einer „Aufklärung" im rechtstechnischen Sinn, worunter die Be-
handlungs-, Risiko- und Verlaufsaufklärung fallen (s. o.), hat die „therapeutische
Aufklärung" nichts zu tun (L/K-Laufs, § 58 Rz. 1 und § 98 Rz. 21; D/S, 6. Aufl.,
VII. Rz. 276, 278; B/P/S-Wever, § 823 Rz. 8, 9 und B/P/S-Glanzmann, § 287 ZPO
Rz. 18, 102).

So handelt es sich bei dem Hinweis an die werdende Mutter, der bei Vorliegen   A 582
gewichtiger Gründe erforderlich ist, statt einer vaginalen Geburt komme eine
primäre Schnittentbindung (Sectio) in Betracht, nicht um einen Fall der Siche-
rungs- oder therapeutischen Aufklärung, also der ärztlichen Beratung über ein
therapierichtiges Verhalten zur Sicherstellung des Behandlungserfolges und zur
Vermeidung möglicher Selbstgefährdungen, sondern um einen Fall der **Eingriffs-
oder Risikoaufklärung** (BGH, Urt. v. 14. 9. 2004 – VI ZR 186/03, NJW 2004,
3703, 3704 = VersR 2005, 227, 228; BGH, Urt. v. 17. 5. 2011 – VI ZR 69/10,
VersR 2011, 1146, Nr. 10, 11; OLG Frankfurt, Urt. v. 24. 1. 2006 – 8 U 102/05,
NJW-RR 2006, 1171, 1172).

Auch die Empfehlung einer **Medikation** mit agressiven bzw. **nicht ungefähr-**   A 583
lichen Arzneimitteln, etwa einer östrogen bzw. gestagenhaltigen „Pille" zur Re
gulierung von Menstruationsbeschwerden, stellt nach Ansicht des BGH einen
„ärztlichen Eingriff" im weiteren Sinne dar und fällt nicht nur (siehe sogleich)
unter die bloße Beratung über ein therapierichtiges Verhalten (therapeutische
Aufklärung), so dass die Einwilligung der Patientin in die Behandlung mit dem
Medikament unwirksam ist, wenn sie nicht unabhängig von den Warnhinweisen in der Packungsbeilage im Rahmen einer – zur Beweislast des Arztes stehenden – **„Eingriffsaufklärung"** über deren gefährliche Nebenwirkungen, hier das erhöhte **Risiko eines Herzinfarkts oder Schlaganfalls**, aufgeklärt worden ist (BGH,
Urt. v. 15. 3. 2005 –VI ZR 289/03, NJW 2005, 1716, 1717 = VersR 2005, 834, 835;
ebenso BGH, Urt. v. 17. 4. 2007 – VI ZR 108/06, VersR 2007, 999, 1000 = NJW
2007, 2771, 2772, Nr. 8, 9; Hausch, VersR 2007, 167, 168; Koyuncu, GesR 2005,
289, 291; Stöhr, RiBGH, GesR 2011, 193, 195).

Nach Mitteilung von Stöhr (Mitglied des VI. Zivilsenats des BGH, GesR 2006,   A 584
145, 148 und GesR 2011, 193, 195) ist dem Urteil des BGH v. 15. 3. 2005 (VI

ZR 289/03, VersR 2005, 834, 835) auch die Grundaussage zu entnehmen, bei unterlassener Aufklärung über die möglichen schwerwiegenden **Nebenwirkungen** eines Medikaments komme daneben auch die Verletzung der Pflicht zur therapeutischen Aufklärung in Betracht. Im entschiedenen Fall hatte die – mit der Rüge der unterlassenen Eingriffsaufklärung erfolgreiche – Revision der Patientin die Feststellungen des Berufungsgerichts, sie hätte den Beweis der unzureichenden Sicherungsaufklärung nicht erbracht, nicht angegriffen.

A 585   Der BGH hat die Rechtsprechung zur erforderlichen Aufklärung über mögliche, wenngleich seltene Nebenwirkungen eines Medikaments in den Entscheidungen vom 17. 4. 2007 (VI ZR 108/06, VersR 2007, 999 = NJW 2007, 2771) und vom 27. 3. 2007 (VII ZR 55/05, VersR 2007, 995 = NJW 2007, 2767 = GesR 2007, 311) fortgesetzt.

A 586   So hat der Arzt, der ein Medikament verschreibt bzw. eine bestehende Medikation durch ein anderes Medikament ersetzt, den Patienten **über den beabsichtigten Einsatz des neuen Medikaments und dessen Risiken aufzuklären** (Eingriffs- oder Risikoaufklärung). Über das äußerst seltene Risiko eines Herzstillstands muss er den Patienten auch dann hinweisen, wenn die zuvor verabreichte Medikation insoweit sogar noch gefährlicher war (BGH, Urt. v. 17. 4. 2007 – VI ZR 108/06, VersR 2007, 999, 1000 = NJW 2007, 2771, 2772, Nr. 8, 9).

A 587   Will der Arzt eine **neue und noch nicht allgemein eingeführte Behandlung mit einem in Deutschland noch nicht zugelassenen Medikament** anwenden, so hat er den Patienten nicht nur über die noch fehlende Zulassung, sondern auch darüber aufzuklären, dass **unbekannte Risiken derzeit nicht auszuschließen** sind (BGH, Urt. v. 27. 3. 2007 – VI ZR 55/05, VersR 2007, 995, 998 = NJW 2007, 2767, 2770, Nr. 31; auch LG Nürnberg-Fürth, Urt. v. 28. 8. 2008 – 4 O 13193/04, VersR 2009, 113 m. zust. Anm. Bender, VersR 2009, 176, 180: derzeit unbekannte Risiken einer neuen OP-Methode; Stöhr, RiBGH, GesR 2011, 193, 197; zum „off-label-use" Clemens RiBSG, GesR 2011, 397, 404/405 und GesR 2012, 313 ff. sowie Koenig/Müller, MedR 2008, 190, 200/202 und Rz. A 1213c ff., B 34 ff.).

A 588   Die Sicherungsaufklärung kann sich demnach im Einzelfall mit der Selbstbestimmungsaufklärung bzw. Risikoaufklärung, deren Vornahme von der Behandlungsseite zu beweisen ist, überschneiden. §§ 630c II, 630e I 2 BGB haben auch hierzu keine Klarheit, sondern eher Verwirrung geschaffen (vgl. Spickhoff, ZRP 2012, 65, 67 und NJW 2013, 267, 273: „eher unglückliche Doppelung der Regelung von zumindest teilweise identischen Pflichten, deren Sinnhaftigkeit hinterfragt werden muß").

A 589   Bestimmte Risiken können gleichzeitig sowohl im Rahmen der therapeutischen als auch im Rahmen der Selbstbestimmungsaufklärung aufklärungspflichtig sein (OLG Stuttgart, Urt. v. 20. 5. 2008 – 1 U 122/07, VersR 2008, 927). Dies ist also z. B. dann möglich, wenn die therapeutische Aufklärung den Hinweis auf eine den Patienten belastende Behandlung beinhaltet (G/G, 6. Aufl., Rz. B 97; Gehrlein, Rz. B 47 a. E.) oder dessen Selbstgefährdung durch die Einnahme eines Medikaments (s. o.) mit schwerwiegenden Nebenwirkungen vermieden werden soll (Stöhr, GesR 2006, 145, 148 und GesR 2011, 193, 195). Zur Abgrenzung ist auf den **Zweck der Aufklärung** und nicht etwa auf den Zeitpunkt, zu dem die

Aufklärung zu erfolgen hat, abzustellen (OLG Stuttgart, Urt. v. 20. 5. 2008 – 1 U 122/07, VersR 2008, 927; Hausch, VersR 2007, 167, 168).

Bei der **Ummedikation eines herzkranken Patienten** muss deutlich darauf hinge-   A 589a
wiesen werden, dass die Wirkweise der neu verordneten Medikation ungewiss
und unsicher ist, ob die bestehenden Herzrhythmusstörungen sich hierdurch zunächst noch verstärken können und deshalb zunächst eine stationäre Überwachung des Patienten über einen Zeitraum von einer Woche erforderlich ist
(OLG Köln, Urt. v. 6. 6. 2012 – 5 U 28/10, juris, Nr. 25, 30, 35: bei Hinzukommen weiterer Umstände grober Behandlungsfehler).

Nach u. E. zutreffender Ansicht des OLG Nürnberg (Urt. v. 6. 11. 2000 – 5 U   A 590
2333/00, VersR 2002, 580 = MedR 2001, 577) erfordert die Entscheidung des Arztes für eine **konservative Behandlungsmethode**, die keinen Eingriff in die körperliche Unversehrtheit darstellt, keine – der Beweislast des Arztes unterfallende –
Eingriffsaufklärung, sondern im Rahmen der Sicherungsaufklärung den Hinweis
an den Patienten auf ein operatives Vorgehen als bestehende, ernsthafte Behandlungsalternative, falls beide Methoden einigermaßen gleichwertige Heilungschancen bieten, jedoch unterschiedliche Risiken bestehen.

Durch die konservative Behandlung wird nach bislang herrschender Ansicht –   A 591
auch bei der Behandlung eines Bruchs – nicht in die körperliche Integrität des
Patienten eingegriffen (OLG Dresden, Urt. v. 23. 10. 2003 – 4 U 980/03, NJW
2004, 298, 299 = GesR 2004, 22, 23: offengelassen, ob dem Patienten die Beweislast für den unterlassenen Hinweis auf eine bestehende Behandlungsalternative
obliegt).

Ohne dies zu problematisieren, vertritt der BGH (Urt. v. 15. 3. 2005 – VI ZR   A 592
313/03, NJW 2005, 1718, 1719 = VersR 2005, 836, 837; grds. zustimmend Koyuncu GesR 2005, 289, 293/295, der bei eindeutigem Hinweis in der Packungsbeilage jedoch ein Mitverschulden der Patientin bejaht) nunmehr die Ansicht, dass
ein Chirurg den Patienten nicht nur im Rahmen der „Diagnoseaufklärung" davon in Kenntnis zu setzen hat, ein von ihm konservativ versorgter Bruch drohe
in Fehlstellung zu verheilen, sondern im Rahmen der vom BGH angenommenen
„Selbstbestimmungs- oder Risikoaufklärung" auch davon, dass **eine bei Fortsetzung der konservativen Behandlung drohende Funktionseinschränkung des betroffenen Gelenks möglicherweise durch eine erneute (unblutige) Reposition
oder durch eine primäre operative Neueinrichtung des Bruchs vermieden werden
könne.** Hier handle es sich um medizinisch indizierte und übliche Behandlungsmethoden, die gegenüber der Fortsetzung der konservativen Therapie **wesentlich
unterschiedliche Risiken und Erfolgschancen** aufweisen. In einem derartigen
Fall besteht eine „echte Wahlmöglichkeit" für den Patienten, so dass diesem
nach vollständiger ärztlicher Aufklärung die Entscheidung überlassen werden
muss, auf welchen Wege die Behandlung erfolgen soll und auf welches Risiko
er sich einlassen will (BGH, Urt. v. 15. 3. 2005 – VI ZR 313/05, NJW 2005, 1718
= VersR 2005, 836; auch BGH, NJW 1988, 765 = VersR 1988, 190, 191; OLG
München, Urt. v. 12. 10. 2006 – 1 U 2142/06, juris: Möglichkeit der chirurgischen Versorgung einer Schenkelhalsfraktur anstelle einer konservativen Behandlung aufklärungspflichtig).

A 593 Demgegenüber hat das OLG Naumburg (Urt. v. 6. 6. 2005 – 1 U 7/05, OLGR 2005, 859 = MDR 2005, 333) ausgeführt, die Möglichkeit einer operativen Therapie stelle für den Patienten keine aufklärungspflichtige Alternative dar, wenn die konservative Behandlung einer Handgelenksverletzung die gleichen oder nahezu gleichen Erfolgschancen hat und sie weitaus üblicher als die operative Versorgung ist.

A 594 – A 599 Einstweilen frei.

b) Unterlassene Sicherungsaufklärung als Behandlungsfehler; Übersicht, Beweislast

A 600 Versäumnisse im Bereich der therapeutischen Aufklärung sind **keine Aufklärungsfehler**, sondern **Behandlungsfehler** mit den für diese geltenden beweisrechtlichen Folgen. **Der Patient hat also grundsätzlich den Beweis zu führen, dass ein – medizinisch erforderlicher – therapeutischer Hinweis nicht erteilt wurde und es dadurch bei ihm zum Eintritt eines Schadens gekommen ist** (BGH, Urt. v. 16. 6. 2009 – VI ZR 157/08, GesR 2009, 442, 443 = MedR 2010, 101, 103 = VersR 2009, 1267, 1268: unterlassener therapeutischer Hinweis auf **Gefahr einer „Austrocknung"** als ggf. grober Behandlungsfehler; BGH, Urt. v. 14. 9. 2004 – VI ZR 186/03, NJW 2004, 3703, 3704 = VersR 2005, 227, 228; Urt. v. 15. 3. 2005 – VI ZR 313/03, NJW 2005, 1718 = VersR 2005, 836; Urt. v. 15. 3. 2005 – VI ZR 289/03, NJW 2005, 1716 = VersR 2005, 834; Urt. v. 14. 6. 2005 – VI ZR 179/04, VersR 2005, 1238, 1239 zur nachträglichen Sicherungsaufklärung über die Gefahr einer HIV-Infektion; OLG Frankfurt, Urt. v. 27. 5. 2008 – 8 U 180/06 mit NZB BGH v. 13. 1. 2009 – VI ZR 157/08, AHRS III, 3110/325: Hinweis an den Patienten mit latenter Diabetes, sich bei Anzeichen einer Dehydration/Austrocknung sofort in einer Klinik oder bei seinem Hausarzt vorzustellen, Kausalität im entschiedenen Fall aber verneint; OLG Hamm, Urt. v. 14. 7. 2003 – 3 U 128/02, VersR 2005, 837; OLG Koblenz, Urt. v. 29. 10. 2009 – 5 U 55/09, VersR 2010, 480, 481; OLG Köln, Urt. v. 22. 9. 2010 – 5 U 211/08, GesR 2011, 229, 232 = VersR 2011, 760, 761: **zwingend erforderliche Klinikeinweisung** bzw. Hinweis unterlassen, grober Behandlungsfehler; OLG Köln, Urt. v. 6. 6. 2012 – 5 U 28/10, juris, Nr. 26, 28, 35, 39: Hinweis auf gesteigertes Risiko von Herzrhytmusstörungen nach **Ummedikation eines Herzkranken**, bei gleichzeitig unterlassener Umprogrammierung eines eingesetzten Defibrillators grober Behandlungsfehler; OLG München, Urt. v. 19. 9. 2013 – 1 U 2071/12, juris, Nr. 27, 33, 34: Hinweis auf erforderliche Thromboseprophylaxe, Dokumentation nur im Arztbrief geboten; OLG München, Urt. v. 29. 3. 2007 – 1 U 5265/06, juris, Nr. 37, 39; OLG München, Beschl. v. 23. 8. 2011 – 1 W 1472/11, juris, Nr. 5, 6; OLG Nürnberg, Urt. v. 27. 5. 2002 – 5 U 4225/00, VersR 2003, 1444, 1445; OLG Oldenburg, Urt. v. 23. 7. 2008 – 5 U 28/08, MedR 2011, 163, 165: Hinweis auf **Unterbleiben einer zwingend gebotenen Untersuchung**; OLG Stuttgart, Urt. v. 20. 5. 2008 – 1 U 122/07, VersR 2007, 927; F/N/W, 5. Aufl., Rz. 117, 121, 122; G/G, 6. Aufl., Rz. B 95, B 285; Stöhr, RiBGH, GesR 2006, 145, 146 und GesR 2011, 193, 195; S/Pa, 12. Aufl., Rz. 370, 707, 708; R/L-Uphoff/Hindemith, § 4 Rz. 137; D/S, 6. Aufl., VI. Rz. 278; L/K/L-Katzenmeier, Rz. V 16; L/K-Laufs, § 58 Rz. 1, 2 und § 98, Rz. 21; Spickhoff/Greiner, § 823 BGB Rz. 49, 51, 201; B/P/S-Wever, § 823 Rz. 9 und B/P/S-Glanzmann, § 287 ZPO Rz. 18, 102).

Ist die Verletzung der Pflicht des behandelnden Arztes zur therapeutischen Auf- A 601
klärung (Sicherungsaufklärung) im Einzelfall **als grober Behandlungsfehler** zu
qualifizieren (vgl. hierzu → *Grobe Behandlungsfehler*, Rz. G 1035 ff.), führt dies
regelmäßig zu einer **Umkehr der objektiven Beweislast** für den ursächlichen Zusammenhang zwischen dem Behandlungsfehler in der Form der unterlassenen
therapeutischen Aufklärung und dem Gesundheitsschaden (Primärschaden),
wenn der Fehler generell geeignet ist, den eingetretenen Schaden zu verursachen
(BGH, Urt. v. 16. 11. 2004 – VI ZR 328/03, NJW 2005, 427, 428 = VersR 2005,
228, 229 zur Sicherungsaufklärung; BGH, Urt. v. 16. 6. 2009 – VI ZR 157/08,
GesR 2009, 442, 443 = MedR 2010, 101, 103, Nr. 14, 15: unterlassener Hinweis
auf „Austrocknung" und **zwingend gebotene stationäre Behandlung**, grob fehlerhaft; vgl. aber OLG Frankfurt, Urt. v. 27. 5. 2008 – 8 U 180/06 mit NZB BGH v.
13. 1. 2009 – VI ZR 157/08, AHRS III, 3110/325: unterlassener Hinweis an den
Patienten mit latenter Diabetes, sich bei Anzeichen einer Dehydration/Aus-
trocknung sofort in einer Klinik oder bei seinem Hausarzt vorzustellen, kein
grober Fehler; OLG Düsseldorf, Urt. v. 22. 11. 2001 – 8 U 192/00, AHRS III,
1820/309 und 6579/301: unterlassener Hinweis auf **erforderliche Wiedervorstellung** bei Verdacht auf Appendizitis grob fehlerhaft; OLG Karlsruhe, Urt. v.
25. 1. 2006 – 7 U 36/05, OLGR 2006, 339, 340: unterlassener Hinweis auf erforderliche Netzhautuntersuchung; OLG Koblenz, Urt. v. 29. 10. 2009 – 5 U 55/09,
VersR 2010, 480, 481 = GesR 2010, 199, 201: unterlassener Hinweis auf **dringend
indizierte Bandscheibenoperation, mehrtägige Verzögerung**; OLG Köln, Urt. v.
23. 1. 2002 – 5 U 121/01, AHRS III, 3110/307: unterlassener Hinweis auf die Erforderlichkeit einer dringend indizierten Biopsie bei Tumorverdacht; OLG Köln,
Urt. v. 22. 9. 2010 – 5 U 211/08, GesR 2011, 229, 232 = VersR 2011, 760, 761: unterlassener, deutlicher Hinweis auf dringend erforderliche Klinikeinweisung eines Kleinkindes nach tagelangem Brechdurchfall zur intravenösen Flüssigkeitszufuhr; OLG München, Urt. v. 5. 10. 2000 – 1 U 2842/99, AHRS III, 3110/301:
unterlassener Hinweis auf erforderlich werdende operative Sanierung eines Ulcus statt Fortsetzung der konservativen Therapie; OLG Nürnberg, Urt. v.
27. 5. 2002 – 5 U 4225/00, VersR 2003, 1444, 1445: unterlassener Hinweis **auf alternative Behandlungsmöglichkeit** als grober Behandlungsfehler; OLG Oldenburg, Urt. v. 23. 7. 2008 – 5 U 28/08, MedR 2011, 163, 165: Hinweis auf empfohlene, dringend gebotene Behandlung; L/K-Laufs, § 58 Rz. 2 und § 63 Rz. 1;
Spickhoff-Greiner, § 823 BGB, Rz. 49, 190; D/S, 6. Aufl., VII. Rz. 278).

Liegt kein Fall der Beweislastumkehr, etwa bei Feststellung eines → *„groben Be-* A 602
handlungsfehlers" (Rz. G 101 ff.) oder der Voraussetzungen einer → *„unterlasse-*
nen Befunderhebung" (Rz. U 50 ff.) vor, trägt der **Patient** grundsätzlich die **Beweislast** dafür, dass

– der Arzt gegen eine bestehende **Verpflichtung zur therapeutischen Sicherungsaufklärung** verstoßen hat (OLG Hamm, VersR 2005, 837; Greiner a. a. O.;
  B/P/S-Glanzmann, § 287 ZPO Rz. 18, 102, 118: anders bei grobem Behandlungsfehler; F/N/W, 5. Aufl., Rz. 149: Arzt muss den Inhalt des therapeutischen Aufklärungsgesprächs darlegen, der Patient hat dies beweismäßig zu
  widerlegen),

– er zu einer aus medizinischer Sicht erforderlichen **Nachuntersuchung nicht
  einbestellt** worden ist und er nicht unter Erläuterung des Risikos einer Außer-

achtlassung des Termins zur Wiedervorstellung darauf aufmerksam gemacht worden sei, der Nachuntersuchungstermin habe erhebliche Bedeutung für seine Gesundheit (OLG Hamm, Urt. v. 14. 7. 2003 – 3 U 128/02, VersR 2005, 837 mit NA-Beschl. des BGH v. 9. 3. 2004 – VI ZR 269/03; zustimmend Spickhoff-Greiner, RiBGH a.D., § 823 BGB Rz. 51),

– der Arzt den Patienten für den Fall fortbestehender oder sich verstärkender Schmerzen o.a. fehlerhaft nicht zu einem **Wiedererscheinen** in der Praxis aufgefordert hat (OLG München, Urt. v. 12. 4. 2007 – 1 U 2267/04 mit NZB BGH v. 19. 2. 2008 – VI ZR 138/07, juris, Nr. 158; OLG München, Urt. v. 5. 5. 2011 – 1 U 4306/10, juris, Rz. 52, 59: Empfehlung, sich bei persistierenden Schmerzen wieder vorzustellen, ist nicht dokumentationspflichtig; vgl. Rz. D 203d),

– ein **zwingend gebotener, eindringlicher Hinweis auf eine sofortige Krankenhauseinweisung entgegen der Behauptung der Arztes nicht oder nicht hinreichend deutlich erteilt worden ist,** selbst wenn es nicht sehr wahrscheinlich ist, dass der Patient dem Rat des Arztes nicht gefolgt wäre (OLG München, Beschl. v. 28. 5. 2013 – 1 U 844/13, juris, Nr. 14, 21: offen gelassen, ob dokumentationspflichtig, da auf der lediglich in Kopie vorgelegten Patientenkartei dokumentiert; vgl. aber Rz. A 602a, A 603),

– eine Thrombose bei Erteilung des Hinweises auf die Möglichkeit bzw. **Erforderlichkeit einer Thromboseprophylaxe** vermieden worden wäre (OLG Stuttgart, Urt. v. 6. 2. 2007 – 1 U 112/06 mit NZB BGH v. 13. 11. 2007 – VI ZR 61/07, AHRS III, 3110/321; OLG München, Urt. v. 19. 9. 2013 – 1 U 2071/12, juris, Nr. 27, 36, 38),

– eine medizinisch notwendige **Untersuchung oder Therapie** dem Patienten entgegen der Behauptung des Arztes nicht vorgeschlagen bzw. (insoweit streitig, s.u.) vom Patienten abgelehnt worden wäre, wenn die behauptete Weigerung unaufklärbar bleibt (OLG Düsseldorf, Urt. v. 21. 7. 2005 – I 8 U 33/05, AHRS III, 6327/301 = GesR 2006, 70: Keine Haftung, wenn nicht mehr geklärt werden kann, ob die unterbliebene Untersuchung oder Therapie dem Patienten vorgeschlagen, von diesem aber abgelehnt worden ist; einschränkend OLG Köln, Urt. v. 23. 1. 2002 – 5 U 121/01, AHRS III, 3110/307: Erteilung des Hinweises bei möglicherweise bösartigem Befund aber regelmäßig zu dokumentieren; **a.A.:** OLG Hamm, VersR 2006, 512 und OLG Schleswig, Urt. v. 8. 6. 2001 – 4 U 28/00, AHRS III, 6327/300 = VersR 2001, 1516: Die Beweislast für die Behandlungsverweigerung einer angeratenen Maßnahme liegt beim Arzt; OLG Oldenburg, Urt. v. 23. 7. 2008 – 5 U 28/08, MedR 2011, 163, 164 und G/G, 6. Aufl., Rz. B 220: wenn die Weigerung nicht in den Krankenunterlagen dokumentiert ist, trägt der **Arzt** die **Beweislast**; s.u. Rz. A 602b).

A 602a Demgegenüber hat die **Behandlungsseite** zu beweisen, dass

– der Patient die angeratene Behandlung **verweigert** hat (streitig; vgl. OLG Hamm, VersR 2003, 1312; OLG Hamm, NJW-RR 2002, 814; OLG Hamm, VersR 2006, 512; OLG Schleswig, Urt. v. 8. 6. 2001 – 4 U 28/00, AHRS III, 6327/300 = VersR 2001, 1516: Die Beweislast für die Behandlungsverweigerung einer angeratenen Maßnahme liegt beim Arzt; OLG Rostock, Urt. v. 10. 7. 2009 – 5 U 48/08 mit NZB BGH v. 15. 6. 2010 – VI ZR 243/09, AHRS

III, 3110/331 und OLG Oldenburg, Urt. v. 23. 7. 2008 – 5 U 28/08, MedR 2011, 163, 164: wenn die Weigerung **nicht** in den Krankenunterlagen **dokumentiert** ist, trägt der Arzt die Beweislast; OLG Köln, Urt. v. 23. 1. 2002 – 5 U 121/01, AHRS III, 3110/307: Erteilung des Hinweises bei möglicherweise bösartigem Befund regelmäßig zu dokumentieren; F/N/W, 5. Aufl., Rz. 149: Behandlungsseite muss beweisen, dass eine bestimmte Maßnahme angeraten, aber vom Patienten abgelehnt worden ist; G/G, 6. Aufl., Rz. B 220: wenn der Hinweis auf die erforderliche Untersuchung **aus medizinischen Gründen zu dokumentieren** war und nicht dokumentiert worden ist; **a. A.** aber OLG Düsseldorf, Urt. v. 21. 7. 2005 – I 8 U 33/05, AHRS III, 6327/301 = GesR 2006, 70; vgl. Rz. A 602),

– entgegen dem medizinischen Standard **keine Pflicht zur therapeutischen Sicherungsaufklärung** bestanden hat (OLG Köln, NJW-RR 2001, 93, 94; Spickhoff-Greiner, § 823 BGB Rz. 51).

In § 630f II BGB bestimmt das Patientenrechtegesetz nun, dass der Behandelnde   A 602b
verpflichtet ist, sämtliche aus medizinischer Sicht wesentlichen Maßnahmen und deren Ergebnisse aufzuzeichnen, insbesondere die Anamnese, Diagnosen, Untersuchungen, Untersuchungsergebnisse, Befunde, Therapien und ihre Wirkungen, Eingriffe und ihre Wirkungen, Einwilligungen und Aufklärungen. Da die Durchführung der Eingriffs- oder Risikoaufklärung nach bisheriger Rechtsprechung, die der Gesetzgeber kodifizieren wollte, nicht dokumentationspflichtig war (vgl. hierzu Rz. D 392, D 393, P 69 ff.), wäre mit den „Aufklärungen" nur die therapeutische Aufklärung gemeint. Andererseits bezieht sich die „Einwilligung" (§§ 630f II 1, 630d I 1 BGB) auf die Eingriffs- bzw. Risikoaufklärung. Gem. § 630h III BGB wird aber (lediglich) vermutet, dass eine „medizinisch gebotene wesentliche Maßnahme und ihr Ergebnis" nicht durchgeführt wurde, wenn sie nicht dokumentiert worden ist. Nach einhelliger Ansicht zählt jedoch die Eingriffs- oder Risikoaufklärung nicht zu den aus medizinischen Gründen dokumentationspflichtigen Maßnahmen. Wird sie nicht dokumentiert, kommt es nicht deshalb zu einer Beweiserleichterung aus § 630h III BGB (vgl. Rz. P 71 ff.). **Der Arzt trägt hierfür ohnehin die Beweislast** (Kern, GesR 2009, 1, 5; Petig/Rensen, MDR 2012, 877, 881: unvollständiges oder unrichtiges Aufklärungsformular erweckt gravierende Zweifel an der gebotenen Aufklärung; Ramm, MDR 2012, 463, 464: Ist das aufklärungspflichtige Risiko im Bogen nicht genannt, spricht dies eher gegen eine auch insoweit erteilte Aufklärung).

Es ist – unter dem Gesichtspunkt der Dokumentationspflicht – nach Ansicht   A 603
mehrerer Instanzgerichte Aufgabe der Behandlungsseite, eventuelle **Hinweise** anlässlich der Vereinbarung einer Wiedervorstellung des Patienten **vorzutragen** und im Bestreitensfall – etwa anhand seiner Aufzeichnungen in den Behandlungsunterlagen – zu **beweisen** (OLG Hamm, Urt. v. 14. 7. 2003 – 3 U 128/02, VersR 2005, 837; OLG Bamberg, Urt. v. 4. 7. 2005 – 4 U 126/03, VersR 2005, 1292, 1293; Gehrlein, Rz. B 51, 52; Hausch, VersR 2007, 167, 171/172). **Damit würde sich die Beweislast für die ordnungsgemäße Durchführung der therapeutischen Aufklärung in der Praxis über die Annahme einer Dokumentationspflicht des Arztes immer mehr auf die Behandlungsseite verlagern** (Hausch, VersR 2007, 167, 171).

A 604 Allerdings ist etwa **die Empfehlung, sich bei persistierenden Schmerzen wieder vorzustellen, nicht dokumentationspflichtig,** da einem solchen Hinweis für den weiteren Behandlungsverlauf keine Bedeutung zukommt (OLG München, Urt. v. 5. 5. 2011 – 1 U 4306/10, juris, Rz. 52, 59; auch OLG München, Urt. v. 12. 4. 2007 – 1 U 2267/04 mit NZB BGH v. 19. 2. 2008 – VI ZR 138/07, AHRS III, 6335/303; vgl. auch Rz. D 203d, D 260e).

Nach Auffassung des OLG München (Urt. v. 12. 4. 2007 – 1 U 2267/04, juris, Nr. 158 = AHRS III, 6335/303; ebenso Hausch, VersR 2006, 612, 617/618) muss auch der Hinweis eines Unfallchirurgen oder Orthopäden, der Patient solle sich bei Fortdauer der Beschwerden wieder vorstellen, aus medizinischen Gründen nicht dokumentiert werden. Ein entsprechender Vermerk würde zwar die Position des Arztes im Haftungsprozess verbessern, hätte aber medizinisch keine Bedeutung.

A 605 Nur **aus medizinischen Gründen aufzeichnungspflichtige Maßnahmen** müssen dokumentiert werden (vgl. hierzu § 630f II BGB, Rz. A 602b, P 71 ff., D 416; OLG Bamberg, Urt. v. 4. 7. 2005 – 4 U 126/03, VersR 2005, 1292, 1293 = MDR 2006, 206 und OLG Zweibrücken, Urt. v. 20. 8. 2002 – 5 U 25/01, MedR 2003, 168 sowie OLG Köln, Urt. v. 22. 9. 2010 – 5 U 211/08, GesR 2011, 229, 232 = VersR 2011, 760, 762 zur **zwingend gebotenen Krankenhauseinweisung und Ablehnung einer dringend erforderlichen Untersuchung**; OLG Hamburg, Urt. v. 20. 12. 2002 – 1 U 34/02, OLGR 2003, 336, 337: Abschlussuntersuchung, wenn Eingriff nicht ganz unproblematisch verlaufen ist; OLG Karlsruhe, Urt. v. 25. 1. 2006 – 7 U 36/05, OLGR 2006, 339, 340: **Hinweis auf die Erforderlichkeit einer Netzhautuntersuchung**; OLG Karlsruhe, Urt. v. 25. 10. 2006 – 7 U 183/05, BeckRS 2007, 2208, S. 4/5 = OLGR 2007, 258, 259: **Hinweis auf erforderliche unverzügliche Vorstellung bei einem anderen Facharzt sowie die behauptete Weigerung des Patienten**; OLG Koblenz, Urt. v. 15. 1. 2004 – 5 U 1145/03, VersR 2004, 1323, 1324; OLG Jena, Urt. v. 18. 5. 2005 – 4 U 641/04, GesR 2005, 556, 558 = NJW-RR 2006, 135; OLG Oldenburg, Urt. v. 23. 7. 2008 – 5 U 28/08, MedR 2011, 163, 164: **Verweigerung einer gebotenen Darmspiegelung vom Arzt zu beweisen, wenn Weigerung nicht dokumentiert wurde**; OLG Oldenburg, Urt. v. 25. 10. 2006 – 5 U 29/06, GesR 2007, 66, 67: Maßnahmen zur Beseitigung einer Schulterdystokie; OLG Rostock, Urt. v. 10. 7. 2009 – 5 U 48/08 mit NZB BGH v. 15. 6. 2010 – VI ZR 243/09, AHRS III, 3110/331: **Verweigerung einer OP und Erteilung des Hinweises auf die Folgen der Weigerung zu dokumentieren**; zu den Einzelheiten vgl. → *Dokumentationspflicht*, Rz. D 201, D 212 ff.).

A 606 Sind diagnostische oder therapeutische Maßnahmen trotz medizinischer Erforderlichkeit hierzu nicht dokumentiert und kann deren Vornahme von der Behandlungsseite auch nicht in sonstiger Weise bewiesen werden, können dem Patienten **Beweiserleichterungen** zugute kommen (vgl. jetzt §§ 630f II, 630h III BGB, Rz. A 602b, D 416 ff., D 399, P 71 ff.; OLG Köln, Urt. v. 22. 9. 2010 – 5 U 211/08, GesR 2011, 229, 232 = VersR 2011, 760, 762: Flüssigkeitsaufnahme bei Kleinkind nicht dokumentiert, Krankenhauseinweisung unterlassen; OLG Oldenburg, Urt. v. 23. 7. 2008 – 5 U 28/08, MedR 2011, 163, 165: **Weigerung des Patienten, eine dringend indizierte Behandlung durchführen zu lassen, nicht dokumentiert**; OLG Bamberg, Urt. v. 4. 7. 2005 – 4 U 126/03, VersR 2005, 1292, 1293;

OLG Düsseldorf, Urt. v. 15. 7. 2004 – I-8 U 35/03, OLGR 2005, 707, 709; OLG Karlsruhe, Urt. v. 25. 10. 2006 – 7 U 183/05, BeckRS 2007, 2208 = OLGR 2007, 258, 259: **Hinweis auf die Erforderlichkeit einer sofortigen Vorstellung bei einem Neurologen und Weigerung des Patienten**; OLG Koblenz, Urt. v. 15. 1. 2004 – 5 U 1145/03, VersR 2004, 1323, 1324; OLG Oldenburg, Urt. v. 25. 10. 2006 – 5 U 29/06, GesR 2007, 66; OLG Oldenburg, Urt. v. 30. 1. 2008 – 5 U 92/06, NJW-RR 2009, 32, 34; Hausch, VersR 2007, 167, 171/172; Gehrlein, Rz. B 51, 52, 122, 124; zu den Einzelheiten vgl. Rz. D 416 ff.).

Wenn der Arzt geltend macht, eine an sich medizinisch gebotene, unstreitig oder   A 607
nachgewiesenermaßen unterbliebene Sicherungsaufklärung sei aus bestimmten Gründen nicht notwendig gewesen, beruft er sich auf einen **Ausnahmetatbestand**, für dessen Vorliegen er dann darlegungs- und beweispflichtig ist (OLG Köln, NJW-RR 2001, 92, 93; Spickhoff-Greiner, § 823 BGB Rz. 51).

Steht fest, dass die gebotene Sicherungsaufklärung nicht oder nur unvollständig er-   A 608
folgt ist, so muss an sich der **Patient** auf entsprechendes Bestreiten des von ihm vorgetragenen Kausalverlaufs durch die Behandlungsseite **darlegen** und **beweisen**, dass er bei vollständiger und zutreffender Aufklärung dieser auch Folge geleistet und sich dementsprechend verhalten bzw. die empfohlenen Maßnahmen ergriffen hätte und der ihm aufgrund der Unterlassung entstandene Primärschaden dann vermieden worden wäre (BGH, NJW 1987, 705; OLG Karlsruhe, Urt. v. 10. 7. 2002 – 7 U 159/01, OLGR 2002, 392, 393; OLG Celle VersR 1986, 554; G/G, 6. Aufl., Rz. B 224).

Regelmäßig spricht jedoch eine **tatsächliche Vermutung bzw. der Beweis des**   A 609
ersten Anscheins dafür, dass sich der Patient entsprechend einer ihm erteilten Sicherungsaufklärung „aufklärungsrichtig" verhalten hätte (BGH, VersR 1989, 700 = NJW 1989, 2318, 2320; BGH, NJW 1987, 707; VersR 1994, 305, 307; OLG Koblenz, Urt. v. 29. 10. 2009 – 5 U 55/09, VersR 2010, 480, 481 = GesR 2010, 199, 201; OLG Köln, Urt. v. 22. 9. 2010 – 5 U 211/08, GesR 2011, 229, 232 = juris, Nr. 42, 66, 67; OLG Köln, Urt. v. 6. 6. 2012 – 5 U 28/10, juris, Nr. 28, 35: **Aufklärungsrichtiges Verhalten, Verbleiben in der Klinik bei Hinweis auf gesteigertes Risiko von Herzrhytmusstörungen nach Ummedikation eines Herzkranken**; OLG Oldenburg, Urt. v. 23. 7. 2008 – 5 U 28/08, MedR 2011, 163, 165; OLG Saarbrücken, Urt. v. 30. 6. 2004 – 1 U 386/02–92, OLGR 2005, 5, 9; OLG Zweibrücken, Urt. v. 15. 12. 1998 – 5 U 10/96, NJW-RR 2000, 235, 237; S/Pa, 12. Aufl., Rz. 707; F/N/W, 5. Aufl., Rz. 149, 170; G/G, 6. Aufl., Rz. B 173, B 225; Gehrlein, Rz. B 53; Hausch, VersR 2007, 167, 171/172; B/P/S-Glanzmann, § 287 ZPO Rz. 19, 22).

Dies gilt jedenfalls dann, wenn bei einem bestimmten Krankheitsbild anstelle   A 610
der Einweisung in ein Krankenhaus bzw. umgehenden Facharztbehandlung **keine ernsthafte Verhaltensalternative** existiert (OLG Köln, Urt. v. 22. 9. 2010 – 5 U 211/08, GesR 2011, 229, 232 = juris, Rz. 42, 59, 66, 67; F/N/W, 5. Aufl., Rz. 170: Wenn es nur eine bestimmte Möglichkeit gab, sich aufklärungsrichtig zu verhalten bzw. es fernliegt, dass der Patient bei deutlichem Hinweis eine Verweigerungshaltung überdacht hätte). Das hinzugedachte „aufklärungsrichtige" Verhalten des Patienten erscheint jedenfalls dann **nachvollziehbar und plausibel**,

wenn die aufklärungspflichtige Gefahr regelmäßig nur durch die Befolgung des (unterlassenen) Rates vermieden werden konnte (G/G, 6. Aufl., Rz. B 225; F/N/W, 5. Aufl., Rz. 170; Hausch, VersR 2007, 167, 172; B/P/S-Glanzmann, § 287 ZPO Rz. 19: wenn dem Patienten vernünftigerweise kein eigener Spielraum verbleibt, sich für andere Alternativen zu entscheiden.)

A 611 Es liegt dann an der Behandlungsseite, den Beweis zu führen, dass sich die fehlende oder unvollständige Sicherungsaufklärung auf die Entstehung des Primärschadens nicht ausgewirkt bzw. sich der Patient **nicht „aufklärungsrichtig"** verhalten hätte (BGH, NJW 1986, 776; NJW 1987, 707 = VersR 1986, 1121; OLG Köln VersR 1992, 1231, 1232; Hausch, VersR 2007, 167, 172; G/G, 6. Aufl., Rz. B 225, 226; Gehrlein, Rz. B 53; F/N/W, 5. Aufl., Rz. 170: Arzt muss beweisen, dass ein aufklärungsrichtiges Verhalten des Patienten nicht zu erwarten gewesen wäre).

A 611a Nach einer **Ummedikation** ist der herzkranke Patient darauf hinzuweisen, dass die Wirkweise der neu verordneten Medikation ungewiss und unsicher ist, ob die bestehenden Herzrhythmusstörungen sich zunächst noch verstärken, weshalb zunächst eine mehrtägige stationäre Überwachung erforderlich ist. **Die Vermutung für ein aufklärungsrichtiges Verhalten wird nicht dadurch erschüttert, dass der Patient Monate zuvor die Implantation eines Defibrillators abgelehnt, dem Eingriff aber dann nach einer Überlegungsphase doch zugestimmt hat** (OLG Köln, Urt. v. 6. 6. 2012 – 5 U 28/10, juris, Nr. 26, 28, 35).

A 612 Kommen auf den gebotenen, vom Arzt nicht erteilten bzw. nicht dokumentierten Rat **mehrere plausible Verhaltensweisen** in Betracht, etwa wenn beim Hinweis auf eine mögliche Missbildung eines Fetus auch die Entscheidung für die Fortsetzung bzw. eine künftige Schwangerschaft nicht zwingend ausgeschlossen werden kann, obliegt dem Patienten der Beweis, wie er sich bei Erteilung des Hinweises verhalten hätte (Gehrlein, Rz. B 53 a. E.; BGH, NJW 1989, 2318, 2320). **Die Vermutung aufklärungsrichtigen Verhaltens (oder eine entsprechende Beweislastumkehr) findet danach nicht statt, wenn mehrere gleichwertige Verhaltensalternativen bestehen, weil dann nach der Lebenserfahrung nicht erwartet werden kann, dass sich der Patient regelmäßig entsprechend dem erteilten Hinweis verhalten hätte, er etwa eine kostengünstigere bzw. andere Behandlung gewählt hätte** (OLG Köln, Urt. v. 21. 4. 2008 – 5 U 116/07, VersR 2009, 405; OLG Köln, Urt. v. 22. 9. 2010 – 5 U 211/08, GesR 2011, 229, 232 = juris, Nr. 42, 59, 66, 67: Vermutung des „aufklärungsrichtigen Verhaltens" nur, wenn keine ernsthafte Verhaltensalternative bestanden hat; F/N/W, 5. Aufl., Rz. 170; B/P/S-Glanzmann, § 287 ZPO Rz. 19, 22).

A 613 So sprechen bei fehlendem Hinweis auf die **Versagerquote nach einer Sterilisation** weder eine Vermutung noch ein Anscheinsbeweis dafür, dass die ungewollte Schwangerschaft vermieden worden wäre, weil dem Arzt kein Rat zu einem bestimmten Verhalten oblag, der Patient also mehrere Entscheidungsmöglichkeiten hatte (BGH, VersR 2008, 1265, 1267; BGH, NJW 1981, 2002, 2004; BGH, NJW 1981, 630, 632; B/P/S-Glanzmann, § 287 ZPO, Rz 22).

A 614 Anders als in den Fällen der Selbstbestimmungs- und Risikoaufklärung kann der Patient beim Vorliegen eines Behandlungsfehlers in der Form der unterlassenen oder fehlerhaften Sicherungsaufklärung keinen **ernsthaften Entscheidungskonflikt** plausibel machen (BGH, Urt. v. 8. 7. 2008 – VI ZR 259/06, VersR 2008, 1265, 1267 = NJW 2008, 2846, 2849, Nr. 31 zum Versagerrisiko bei einer Sterilisation; OLG Brandenburg, Urt. v. 19. 12. 2011 – 12 U 152/11, juris, Nr. 26), falls sich die Behandlungsseite auf eine hypothetische Einwilligung beruft bzw. den vom Patienten vorgetragenen Kausalverlauf bestreitet.

So genügt es bei der genetischen Beratung oder einer sonstigen, therapeutischen **A 615** Aufklärung im **Vorfeld einer Schwangerschaft** für den Nachweis des Behandlungsfehlers und dessen Kausalität für einen Gesundheitsschaden nicht, wenn der Patient darlegt, dass er im Fall beratungsrichtigen Verhaltens in einen Entscheidungskonflikt geraten wäre. Es geht bei dieser Fallgestaltung nicht um die Frage der Rechtmäßigkeit der Behandlung und einer hypothetischen Einwilligung, sondern um die Folgen eines **behaupteten Behandlungsfehlers (unterlassene bzw. unzureichende therapeutische Aufklärung), für die allein der Patient beweisbelastet** ist (OLG Brandenburg, Urt. v. 19. 12. 2011 – 12 U 152/11, juris, Nr. 26).

Einstweilen frei.   **A 616 – A 623**

c) Einzelfälle

(1) Hinweis auf die Dringlichkeit des Eingriffs; Behandlungsverweigerung

Den Arzt trifft die Verpflichtung, den Patienten auf mögliche, dem Laien nicht **A 624** ohne weiteres bekannte Gefahren hinzuweisen. Im Falle der Erforderlichkeit eines **operativen Eingriffs** hat er dem Patienten diesen in der gebotenen Form eindringlich nahe zu legen (OLG Düsseldorf, Urt. v. 26. 4. 2007 – I-8 U 37/05, VersR 2008, 534, 536 = GesR 2008, 19, 20: **Hinweis auf erforderliche Mitwirkungshandlung einer Schwangeren**; OLG Karlsruhe, Urt. v. 25. 10. 2006 – 7 U 183/05, OLGR 2007, 258, 259 = AHRS III, 3110/320: **unverzügliche Vorstellung bei einem Neurologen beim Auftreten von Lähmungen**; OLG Koblenz, Urt. v. 29. 10. 2009 – 5 U 55/09, VersR 2010, 480, 481: **Hinweis auf dringend indizierte Operation**; OLG Köln, Urt. v. 22. 9. 2010 – 5 U 211/08, GesR 2011, 229, 232 = VersR 2011, 760, 761: **zwingender Rat zur Aufnahme in ein Krankenhaus**; OLG Köln, Urt. v. 6. 6. 2012 – 5 U 28/10, juris, Nr. 26, 28, 35: **Hinweis auf gesteigertes Risiko von Herzrhytmusstörungen nach Ummedikation eines Herzkranken, Vermutung aufklärungsrichtigen Verhaltens**; OLG Köln, Urt. v. 23. 1. 2002 – 5 U 121/01, AHRS III, 3110/307: **Hinweis auf dringend indizierte Biopsie**; OLG Oldenburg, Urt. v. 23. 7. 2008 – 5 U 28/08, MedR 2011, 163, 165 und OLG Köln VersR 1996, 1021: **Erfordernis einer Darmspiegelung**; OLG Schleswig, Urt. v. 8. 6. 2001 – 4 U 28/00, NJW 2002, 227 = VersR 2001, 1516, 1517).

Er muss den Patienten vor **Gefahren** warnen, die durch das **Unterlassen der ärzt-** **A 625** lichen Behandlung, etwa der **Erforderlichkeit einer sofortigen Herzkatheder-untersuchung in der nächstgelegenen Klinik**, entstehen können (BGH, NJW 1991, 1541 = MDR 1991, 730; OLG Bamberg, Urt. v. 4. 7. 2005 – 4 U 126/03, VersR 2005, 1292, 1293; OLG Düsseldorf, Urt. v. 26. 4. 2007 – I-8 U 37/05, VersR 2008, 534, 536: akute Gefährdung des Feten bei verweigerter Mitwirkung der Schwangeren; OLG Frankfurt, Urt. v. 27. 5. 2008 – 8 U 180/06 mit NZB BGH v.

13. 1. 2009 – VI ZR 157/08, AHRS III, 3110/325: **Hinweis an den Patienten mit latenter Diabetes, sich bei Anzeichen einer Dehydration/Austrocknung sofort in einer Klinik oder bei seinem Hausarzt vorzustellen, Kausalität aber verneint;** OLG Karlsruhe, Urt. v. 25. 10. 2006 – 7 U 183/05, OLGR 2007, 258, 259 = AHRS III 3110/320: unverzügliche neurologische Abklärung beim Auftreten von Lähmungen; OLG Köln, Urt. v. 22. 9. 2010 – 5 U 211/08, VersR 2011, 760, 761 = GesR 2011, 229, 232: **drohende Dehydration eines Kleinkindes bei Nichtbefolgung des Rates zur Aufnahme in ein Krankenhaus;** OLG Köln, Urt. v. 23. 1. 2002 – 5 U 121/01, AHRS III, 3110/307: Verdacht auf das Vorliegen eines Tumors, Hinweis auf dringend indizierte Biopsie; OLG Schleswig, Urt. v. 8. 6. 2001 – 4 U 28/00, AHRS III, 3110/304: **Erforderlichkeit eines operativen Eingriffs, Behandlungsverweigerung durch den Patienten;** Diederichsen, RiBGH, GesR 2011, 257, 261: Risiko der HIV-Infektion; F/N/W, 5. Aufl., Rz. 118, 121).

A 626   Die **mangelnde Mitwirkung** des Patienten an einer medizinisch gebotenen Behandlung schließt das Vorliegen eines Behandlungsfehlers oder sogar eines groben Behandlungsfehlers nicht aus, wenn der **Patient über das Risiko der Nichtbehandlung (therapeutisch) nicht ausreichend und verständlich aufgeklärt worden ist** (BGH, Urt. v. 16. 6. 2009 – VI ZR 157/08, MedR 2010, 101, 103 = VersR 2009, 1267, 1268 = GesR 2009, 442, 443: Gefährlichkeit einer „Austrocknung" und Erforderlichkeit einer stationären Behandlung nicht bzw. nicht deutlich genug dargestellt; offengelassen, ob „grob fehlerhaft"; OLG Frankfurt, Urt. v. 27. 5. 2008 – 8 U 180/06 mit NZB BGH v. 13. 1. 2009 – VI ZR 157/08, AHRS III, 3110/325: Hinweis an den Patienten mit latenter Diabetes, sich bei Anzeichen einer Dehydration/Austrocknung sofort in einer Klinik oder bei seinem Hausarzt vorzustellen, kein grober Fehler). Der im handschriftlichen **Entlassungsbrief an den Hausarzt** gerichtete Hinweis (hier: mit der Empfehlung einer weiteren endokrinologischen Kontrolle) erfüllt die Anforderung an eine hinreichende therapeutische Aufklärung gegenüber dem Patienten nicht und begründet auch kein Mitverschulden (BGH, Urt. v. 16. 6. 2009 – VI ZR 1257/08, MedR 2010, 101, 103, Nr. 11, 14).

A 627   Der Arzt ist verpflichtet, den Patienten **eindringlich und mit allem Ernst die Bedeutung der dringend indizierten Untersuchung darzustellen** (OLG Oldenburg, Urt. v. 23. 7. 2008 – 5 U 28/08, MedR 2011, 163, 165; OLG Köln, Urt. v. 6. 6. 2012 – 5 U 28/10, juris, Nr. 26, 28, 35: Hinweis auf die Erforderlichkeit der stationären Überwachung bei gesteigertem Risiko von Herzrhytmusstörungen nach Ummedikation). Ein **Mitverschulden** des Patienten kommt nur dann in Betracht, wenn der Arzt ihn über die Sachlage vollständig und für ihn verständlich unterrichtet hat und der Patient dem Rat des Arztes dennoch nicht folgt. Dabei reicht etwa der Hinweis, „dass eine Verschiebung der Salze eintreten kann, die mit dem Leben nicht vereinbar sei" gegenüber der Mutter eines mit lang anhaltendem Brechdurchfall vorgestellten Kindes zur Begründung einer angeratenen Krankenhauseinweisung angesichts der **Verständnismöglichkeiten eines durchschnittlichen Patienten** bzw. Erziehungsberechtigten nicht aus (OLG Köln, Urt. v. 22. 9. 2010 – 5 U 211/08, GesR 2011, 229, 232 = juris Nr. 60, 61, 73).

A 628   Ist etwa eine **akute Gefährdung des Feten unter der Geburt** zu befürchten, darf sich der Arzt nicht auf entsprechende Hinweise auf die Gefahr eines Schadens für das Kind und auf ein „gutes Zureden" beschränken, wenn sich die Mutter unter der Geburt weigert, erforderliche Mitwirkungshandlungen vorzunehmen. In einem solchen Fall trifft den Arzt die Pflicht, **die Risiken der Nichtbehandlung bzw. fehlenden Mitwirkung sehr deutlich zu machen und dafür offensiv „bis hin zum Eklat" auf die Patientin einzugehen** (OLG Düsseldorf, Urt. v. 26. 4. 2007 – I-8 U 37/05, VersR 2008, 534, 536 = GesR 2008, 19, 20; kritisch Kern, GesR 2009, 1, 10: fraglicher Verstoß gegen das Selbstbestimmungsrecht der Patientin).

Deutet das klinische Bild auf einen massiven, bei konservativem Vorgehen möglicherweise irreversiblen Schaden, ist die Operation eines **Bandscheibenvorfalles** dringend indiziert. Hierüber ist der Patient aufzuklären. Wird die zwingend indizierte Operation bei Unterbleiben der therapeutischen Aufklärung erst mehrere Tage später durchgeführt (hier: 9 Tage nach Vorlage des MRT/CT, liegt ein „grober Behandlungsfehler" vor (OLG Koblenz, Urt. v. 29. 10. 2009 – 5 U 55/09, VersR 2010, 480, 481 = GesR 2010, 199, 201).   A 629

Der die Behandlung abbrechende Patient ist eindringlich auf die **Folgen der Fristversäumung** hinzuweisen, wenn nach dem Scheitern einer konservativen Therapie zur Behandlung einer Fraktur o. Ä. nur eine innerhalb von 10 bis 12 Wochen durchzuführende Operation den Behandlungserfolg herbeiführen kann (BGH, NJW 1987, 705; OLG Schleswig, Urt. v. 8. 6. 2001 – 4 U 28/00, AHRS III, 3110/304: Erforderlichkeit eines operativen Eingriffs, Behandlungsverweigerung durch den Patienten; OLG Koblenz, Urt. v. 20. 10. 2009 – 5 U 55/09, VersR 2010, 480, 481; F/N/W, 5. Aufl., Rz. 118, 170).   A 630

Ist die unverzügliche Vorstellung des Patienten bei einem anderen Facharzt (hier: Neurologe) bzw. die sofortige Einweisung in eine Fachklinik (hier: orthopädische, neurologische oder neurochirurgische Klinik) erforderlich, so hat der Arzt den Patienten darauf hinzuweisen, dass es zu **irreversiblen Schäden** kommen kann, wenn er dieser Empfehlung nicht schnellstmöglich nachkommt. **Sowohl die Erteilung des Hinweises als auch die vom Arzt behauptete Weigerung des Patienten sind dabei zu dokumentieren** (OLG Karlsruhe, Urt. v. 25. 10. 2006 – 7 U 183/05, BeckRS 2007, 2208, S. 4/5 = OLGR 2007, 258, 259 – AHRS III, 3110/320).   A 631

Hat der Patient eine vorgesehene Nachuntersuchung in der Ambulanz nicht abgewartet und das Krankenhaus verlassen, ohne über die Folgen seiner Handlungsweise belehrt worden zu sein, so kann der Arzt verpflichtet sein, ihn **erneut einzubestellen und ihn über das Erfordernis sowie die Dringlichkeit gebotener Therapiemaßnahmen aufzuklären** (BGH, MDR 1991, 730 = NJW 1991, 748; OLG Düsseldorf, Urt. v. 22. 11. 2001 – 8 U 192/00, AHRS III, 1820/309 und 6579/301: Hinweis auf erforderliche Wiedervorstellung bei Verdacht auf Appendizitis).   A 632

Ein Hausarzt, der eine Patientin, die über Sehstörungen klagt („konnte wegen schlechten Sehens nicht mehr allein gehen"), an einen Augenarzt überweist, ist **verpflichtet, diese zur Wiedervorstellung bei ihm aufzufordern, wenn die augenärztliche Untersuchung ergebnislos bleibt** (OLG München, Urt. v. 8. 1. 2009 – 1   A 632a

U 3505/08 mit NZB BGH v. 1. 12. 2009 – VI ZR 41/09, AHRS III, 3110/328: Klage aber wegen verspäteten Sachvortrags in zweiter Instanz abgewiesen).

A 633 Grundsätzlich ist ein Arzt aber nicht verpflichtet, den Patienten an die Wahrnehmung eines Termins für eine **(Krebs-) Vorsorgeuntersuchung** zu erinnern, wenn der Patient auf die Notwendigkeit einer erneuten Untersuchung hingewiesen und hierfür ein Zeitkorridor genannt wurde. Etwas Anderes kann jedoch geltend, wenn mit hinreichender Wahrscheinlichkeit von einem bösartigen Befund ausgegangen werden muss (OLG Koblenz, Urt. v. 24. 6. 2010 – 5 U 186/10, juris). Wurde mit einer Patientin – wie dokumentiert – die „WV in 12 Monaten, bei Bedarf eher" vereinbart, ist es nicht Aufgabe des Arztes, die Patientin an den vereinbarten Untersuchungstermin zu erinnern (OLG Dresden, Urt. v. 20. 11. 2003 – 4 U 1139/03, AHRS III, 2900/302: Mammakarzinom, Patientin hat sich erst wesentlich später vorgestellt).

A 634 **Auch über allgemein bekannte, ihm drohende Verläufe muss der Patient nicht aufgeklärt werden.** So drängt sich selbst für den medizinischen Laien bei einer schweren Entzündung eines Fingers ohne ärztlichen Hinweis auf, dass die weitere Ausbreitung des Entzündungsherdes bei Nichtdurchführung der vom Arzt angeratenen Operation zu einer Blutvergiftung und dauerhaften Schädigung des angegriffenen Körperteils und der Gesundheit des Patienten führen kann (OLG Schleswig, VersR 2001, 1516, 1517 = NJW 2002, 227).

A 635 **Die Weigerung des Patienten, einen Eingriff oder eine sonstige Behandlung durchführen zu lassen, ist rechtlich aber nur beachtlich, wenn der Arzt den Patienten auf dessen Dringlichkeit hingewiesen hat** (BGH, Urt. v. 16. 6. 2009 – VI ZR 157/08, MedR 2010, 101, 103 = VersR 2009, 1267, 1268 = GesR 2009, 442, 443, Nr. 11, 14; BGH, NJW 1997, 3090, 3091 = MDR 1997, 940 = VersR 1997, 1357, 1358; OLG Bamberg, Urt. v. 4. 7. 2005 – 4 U 126/03, VersR 2005, 1292, 1293 = MDR 2006, 206; OLG Düsseldorf, Urt. v. 21. 7. 2005 – I-8 U 33/05, VersR 2006, 841, 842; OLG Düsseldorf, Urt. v. 26. 4. 2007 – I-8 U 37/05, VersR 2008, 534, 536; OLG Karlsruhe, Urt. v. 25. 10. 2006 – 7 U 183/05, OLGR 2007, 258, 259; OLG Oldenburg, Urt. v. 23. 7. 2008 – 5 U 28/08, MedR 2011, 163, 165; F/N/W, 5. Aufl., Rz. 118, 122, 149, 170; L/K-Laufs, § 58 Rz. 3, 4).

A 636 Verlässt ein **psychisch kranker Patient** gegen ärztlichen Rat die Klinik, so hat der behandelnde Arzt für die Folgen haftungsrechtlich nicht einzustehen, wenn er den Patienten deutlich auf die Folgen seines Tuns hingewiesen hat (OLG Düsseldorf VersR 1997, 1402; auch BGH, VersR 1987, 1091 = NJW 1987, 2300).

A 637 Der Arzt handelt auch nicht schuldhaft, wenn er auf **dringenden Wunsch der Eltern** einer Entlassung des Kindes aus der Klinik zustimmt, sofern er eine lebensbedrohliche Gefährdung des Kindes ausschließen kann. Er muss dann die Eltern eindringlich auf die damit verbundenen Risiken hinweisen, ihnen die erforderlichen therapeutischen Ratschläge erteilen und sich hinreichend sicher sein, dass sich die Eltern sachgerecht verhalten werden (OLG Köln VersR 1987, 1250; auch OLG Köln, Urt. v. 22. 9. 2010 – 5 U 211/08, GesR 2011, 229, 232 = juris, Nr. 42, 66, 67, 73: verständlicher Hinweis auf dringend erforderliche Krankenhauseinweisung bei dehydriertem Kleinkind).

Eine **Behandlungsverweigerung** durch den Patienten ist im Krankenblatt zu **do-** A 638
kumentieren (vgl. Rz. A 580a, A 603, A 605, A 631, D 239, D 399; BGH, NJW
1998, 1782; OLG Bamberg, Urt. v. 4. 7. 2005 – 4 U 126/03, VersR 2005, 1292,
1293; OLG Karlsruhe, Urt. v. 25. 10. 2006 – 7 U 183/05, OLGR 2007, 258, 259;
OLG Oldenburg, Urt. v. 23. 7. 2008 – 5 U 28/08, MedR 2011, 163, 164; F/N/W,
5. Aufl., Rz. 149; G/G, 6. Aufl., Rz. B 220). So muss bei Verlassen der Klinik gegen ärztlichen Rat festgehalten werden, dass der Patient auf die mit einem Behandlungsabbruch einhergehenden Risiken hingewiesen worden ist (BGH, NJW
1987, 2300 = VersR 1987, 1091; OLG Bamberg, a. a. O.; F/N/W, a. a. O.).

Die **Weigerung** des Patienten, einen vom Arzt genannten Facharzt (hier: Neuro- A 639
logen) bzw. eine Fachklinik aufzusuchen (OLG Karlsruhe, Urt. v. 25. 10. 2006 –
7 U 183/05, OLGR 2007, 258, 259) oder sich einer vom Arzt für medizinisch notwendig gehaltenen Röntgen- oder Herzkathederuntersuchung zu unterziehen,
ist ebenfalls zu vermerken (BGH, NJW 1987, 1482: Röntgenuntersuchung; OLG
Bamberg, Urt. v. 4. 7. 2005 – 4 U 126/03, VersR 2005, 1292, 1293: Herzkathederuntersuchung in der nächstgelegenen Klinik; OLG Oldenburg, Urt. v.
23. 7. 2008 – 5 U 28/08, MedR 2011, 163, 164: angebliche Weigerung des Patienten, sich einer Darmspiegelung bei einem Gastroenterologen zu unterziehen).

Verweigert ein Patient nach Zunahme einer Lymphknotenschwellung am Hals A 640
die **Durchführung einer Operation** (hier: Feingewebeuntersuchung des Lymphknotens, um einen bestehenden Krebsverdacht bestätigen oder ausräumen zu
können, wobei eine bloße Feingewebsbiopsie nicht ausreichend ist), dann ist
der behandelnde HNO-Arzt verpflichtet, dem Patienten **die Folgen der Weige-**
rung im Hinblick auf die Gefährlichkeit des Krebs- bzw. Metastasenverdachts
eindringlich vor Augen zu führen und zu versuchen, den Patienten von der Notwendigkeit zu überzeugen, ein Krankenhaus aufzusuchen. Der Arzt ist in einem
solchen Fall gehalten, **den Patienten mit allem Ernst, klar und deutlich auf die**
dringlich gebotene Untersuchung hinzuweisen und muss ihm den Ernst der
Lage ggf. drastisch vor Augen führen. Erforderlichenfalls ist der Patient erneut
in die Praxis einzubestellen bzw. der notwendige Hinweis **in deutlicher Form**
schriftlich zu erteilen (OLG Rostock, Urt. v. 10. 7. 2009 – 5 U 48/08 mit NZB
BGH v. 15. 6. 2010 – VI ZR 243/09, AHRS III, 3110/331: aber kein grober Behandlungsfehler, wenn der Hinweis zwar erteilt wurde, jedoch nicht in der erforderlichen deutlichen Form).

Eine mangelnde Dokumentation kann zu Beweiserleichterungen bis zur Beweis- A 641
lastumkehr zugunsten des Patienten führen (vgl. jetzt §§ 630f II, 630h III BGB;
BGH, NJW 1997, 3090 = MDR 1997, 940; VersR 1995, 706 = NJW 1995, 1611;
NJW 1987, 2300 = VersR 1987, 1091; OLG Bamberg, Urt. v. 4. 7. 2005 – 4 U
126/03, VersR 2005, 1292, 1293; OLG Düsseldorf, Urt. v. 15. 7. 2004 – I-8 U
35/03, OLGR 2005, 707, 709; OLG Saarbrücken, Urt. v. 8. 11. 2006 – 1 U
582/05–203, OLGR 2007, 91, 92; OLG Karlsruhe, Urt. v. 25. 10. 2006 – 7 U
183/05, OLGR 2007, 258, 259; OLG München, Urt. v. 17. 3. 2011 – 1 U 5245/10,
juris, Nr. 31, 32; OLG Zweibrücken, Urt. v. 10. 3. 2009 – 5 U 19/07, OLGR 2009,
434, 436; Hausch, VersR 2007, 167, 171/172; Gehrlein, Rz. B 52, 125; F/N/W,
5. Aufl., Rz. 149, 152; G/G, 6. Aufl., Rz. B 202 ff., B 220; s. auch Rz. D 399,
D 416 ff., P 71 ff., P 92).

A 642 Allerdings kann der Arzt den Nachweis der Durchführung des Beratungs-
gesprächs, der Therapiemaßnahme u. a. auch außerhalb der Krankenunterlagen
im Weg des **Zeugenbeweises** führen (BGH, NJW 1984, 1403 = VersR 1984, 354,
355 = MDR 1984, 658, 660; NJW 1995, 1618 = VersR 1995, 539; OLG Karlsruhe,
Urt. v. 25. 1. 2006 – 7 U 36/05, OLGR 2006, 339, 340; OLG Oldenburg, Urt. v.
25. 10. 2006 – 5 U 29/06, GesR 2007, 66, 67 = Juris, Nr. 17, 18; F/N/W, 5. Aufl.,
Rz. 149, 152; hierzu → *Dokumentationspflicht*, Rz. D 406 ff.; zur Beweislast vgl.
Rz. A 602a, A 602b).

A 643 – A 646   Einstweilen frei.

(2) Erforderliche Klinikeinweisung

A 647 Wird eine Klinikeinweisung oder Weiterbehandlung in einem Krankenhaus erforderlich, so hat der Arzt den Patienten hierauf **hinzuweisen** (BGH, NJW 1986,
2367: bei deutlicher Symptomatik; BGH, Urt. v. 16. 6. 2009 – VI ZR 157/08,
GesR 2009, 442, 443 = MedR 2010, 101, 103 = VersR 2009, 1267, 1268: unterlassener therapeutischer Hinweis auf Gefahr einer „Austrocknung" bzw. deshalb
erforderliche Klinikeinweisung; ebenso OLG Frankfurt, Urt. v. 27. 5. 2008 – 8
U 180/06 mit NZB BGH v. 13. 1. 2009 – VI ZR 157/08, AHRS III, 3110/325: Hinweis an den Patienten mit latenter Diabetes, sich bei **Anzeichen einer Dehydra-
tion/Austrocknung** sofort in einer Klinik oder bei seinem Hausarzt vorzustellen,
Kausalität aber verneint; OLG Bamberg, Urt. v. 4. 7. 2005 – 4 U 126/03, VersR
2005, 1292, 1293: sofortige Herzkathederuntersuchung bei sich aufdrängendem
Verdacht auf Herzinfarkt; OLG Celle VersR 1988, 159 bei Verdacht auf Hodentorsion; OLG Düsseldorf, Urt. v. 22. 11. 2001 – 8 U 192/00, AHRS III, 1820/309
und 6579/301: Vorstellung in einem Krankenhaus bei **Verdacht auf Appendizitis**; OLG Karlsruhe, Urt. v. 25. 10. 2006 – 7 U 183/05, OLGR 2007, 258, 259 =
AHRS III, 3110/320: sofortige Einweisung in eine Fachklinik beim Auftreten
von Lähmungserscheinungen; OLG Koblenz, Urt. v. 29. 10. 2009 – 5 U 55/09,
VersR 2010, 480, 481 = GesR 2010, 199, 201: Hinweis auf das Erfordernis einer
dringend indizierten Bandscheiben-OP, Verzögerung von mehreren Tagen grob
fehlerhaft; OLG Köln, Urt. v. 22. 9. 2010 – 5 U 211/08, GesR 2011, 229, 232 = juris, Nr. 34, 42, 66, 67: verständlicher Hinweis auf zwingend indizierte Krankenhauseinweisung bei tagelang anhaltendem **Brechdurchfall eines Kleinkindes** zur
intravenösen Flüssigkeitszufuhr; OLG Köln, Urt. v. 23. 1. 2002 – 5 U 121/01,
AHRS III, 3110/307: Notwendigkeit einer baldigen Biopsie bei Tumorverdacht;
OLG Rostock, Urt. v. 10. 7. 2009 – 5 U 48/08 mit NZB BGH v. 15. 6. 2010 – VI
ZR 243/09, AHRS III, 3110/331: eindringlicher Hinweis auf die Folgen der Weigerung, eine Biopsie zur Abklärung eines Krebsverdachts in einem Krankenhaus
durchführen zu lassen, Hinweis ist zu dokumentieren; G/G, 6. Aufl., Rz. B 99;
zur → *Dokumentationspflicht* s. o. Rz. A 631 und Rz. D 238, D 239).

A 648 Weisen Veränderungen im EKG sowie die geschilderte Beschwerdesymptomatik
auf die Gefahr eines unmittelbar bevorstehenden **Herzinfarkts** hin, so stellt es
sogar einen groben Behandlungsfehler (vgl. hierzu → *Grobe Behandlungsfehler*,
Rz. G 652, G 92 ff., G 462 ff., G 539, G 652 ff.) dar, wenn es der (Allgemein-)Arzt
unterlässt, den Patienten zu einer Herzkatheteruntersuchung in eine Klinik einzuweisen (OLG Bamberg, Urt. v. 4. 7. 2005 – 4 U 126/03, VersR 2005, 1292; vgl.

auch OLG Jena, Urt. v. 18. 2. 2009 – 4 U 1066/04, OLGR 2009, 419, 421: statt Myokardinfarkt Gallenblasenkolik diagnostiziert, Einweisung unterlassen).

Diagnostiziert ein Facharzt für Allgemeinmedizin bei dem Patienten eine Gas-   A 649
troenteritis, ist jedoch auch eine **Appendizitis** nicht auszuschließen, kann sich
der Arzt nicht damit begnügen, dem Patienten zu empfehlen, er solle sich bei
Anhalten oder Verschlimmerung der Beschwerden wieder vorstellen, sondern
muss ihm den Hinweis erteilen, sich innerhalb von 24 Stunden – im Fall der
Verschlechterung des Beschwerdebildes auch früher – bei ihm bzw. in einem
Krankenhaus vorzustellen. Die Nichterteilung eines solchen Hinweises bei
nicht auszuschließender Blinddarmentzündung ist grob fehlerhaft (OLG Düsseldorf, Urt. v. 22. 11. 2001 – 8 U 192/00, AHRS III, 1820/309 und 6579/301)

Deutet das klinische Bild auf einen massiven, bei konservativem Vorgehen mög-   A 650
licherweise irreversiblen Schaden, so ist die Operation eines **Bandscheibenvorfalles** dringend indiziert. Hierüber ist der Patient von behandelnden Arzt (Hausarzt, niedergelassener Orthopäde o. a.) aufzuklären. Wird die zwingend indizierte
Operation erst mehrere Tage (hier: 9 Tage nach Vorlage des MRT/CT) durchgeführt, liegt ein „grober Behandlungsfehler" vor (OLG Koblenz, Urt. v.
29. 10. 2009 – 5 U 55/09, VersR 2010, 480, 481 = GesR 2010, 199, 201).

(3) Notwendigkeit von Kontrolluntersuchungen

Zur ordnungsgemäßen Behandlung eines **Muskelfaserrisses** in der Wade gehört   A 651
neben der Ausgabe von Verhaltensmaßregeln der in den Krankenunterlagen zu
dokumentierende Hinweis auf die Notwendigkeit von Kontrolluntersuchungen,
um der Gefahr einer Venenthrombose begegnen zu können. Die Unterlassung
dieses Hinweises stellt sogar einen groben Behandlungsfehler dar (OLG Oldenburg, VersR 1994, 1478; Bergmann/Kienzle, VersR 1999, 282, 283).

Ergibt eine CT-Untersuchung den Verdacht auf einen Substanzdefekt oder ein   A 652
arteriovenöses **Angiom** (geschwulstartige Gefäßneubildung, hier im Gehirn), ist
die weitere Abklärung mittels Angio-MRT (Angio-Magnet-Resonanz-Tomographie) geboten. Unterlässt der Behandler diese Untersuchung bzw. den Hinweis
an den Patienten auf die gebotene Abklärung, liegt ein „grober Behandlungsfehler" vor (OLG Köln, VersR 2002, 1285; u. E. ist zu differenzieren: **Befunderhebungsfehler**, wenn der Arzt die Untersuchung unterlässt, **unterlassene therapeutische Aufklärung**, wenn Hinweis auf die gebotene Abklärung versäumt wird).

Als „groben Behandlungsfehler" in der Form einer unterlassenen therapeuti-   A 653
schen Aufklärung hat der BGH (Urt. v. 16. 11. 2004 – VI ZR 238/03, VersR 2005,
228, 229 = NJW 2005, 427, 428; auch OLG Karlsruhe, Urt. v. 25. 1. 2006 – 7 U
36/05, OLGR 2006, 339 = GesR 2006, 211) es angesehen, dass ein Augenarzt
den Patienten nach Abschluss einer Notfalluntersuchung nicht darauf hingewiesen hat, er müsse bei Fortschreiten der Symptome – im entschiedenen Fall dem
Auftreten von **„Lichtblitzen" im Auge – sofort einen Augenarzt aufsuchen.** Der
Arzt ist danach grundsätzlich verpflichtet, dem Patienten seine Erkenntnisse
ebenso wie einen Verdacht eines gravierenden Krankheitsbildes bekannt zu geben (BGH, Urt. v. 16. 11. 2004 – VI ZR 238/03, VersR 2005, 228, 229: therapeutische Aufklärung in der Form der Diagnoseaufklärung).

A 654 Auch das OLG Karlsruhe (Urt. v. 25. 1. 2006 – 7 U 36/05 mit NZB BGH v. 26. 9. 2006 – VI ZR 32/06, OLGR 2006, 339 = GesR 2006, 211 f. = AHRS III, 3110/317) geht davon aus, dass ein Allgemeinmediziner dem Patienten im Rahmen der therapeutischen Aufklärung eindringlich vor Augen führen muss, welche Folgen die Nichtdurchführung der angeratenen Maßnahme hat bzw. haben kann. Das Unterlassen des – zu dokumentierenden – Hinweises auf die Notwendigkeit einer **Netzhautuntersuchung spätestens innerhalb von 48 Stunden wegen des Verdachts auf eine akute Glaskörperabhebung** kann danach – wie in dem vom BGH am 16. 11. 2004 entschiedenen Fall (s. o.) – einen groben Behandlungsfehler darstellen. Allerdings kommt eine Beweislastumkehr dann nicht in Betracht, wenn der grobe Behandlungsfehler beim konkreten Geschehen nicht geeignet war, den eingetretenen Schaden zu verursachen. Dies ist dann der Fall, wenn die durch den falschen oder unterlassenen Rat des Arztes eingetretene Verzögerung von zwei bis drei Tagen nach Auffassung des vom Gericht bestellten Sachverständigen ohne Bedeutung für eine maßgebliche Netzhautablösung war (OLG Karlsruhe, Urt. v. 25. 1. 2006 – 7 U 36/05, OLGR 2006, 339, 341; u. E. auf der Stufe „äußerst unwahrscheinlich" zu lösen).

A 655 Diagnostiziert ein Facharzt für Allgemeinmedizin bei dem Patienten eine Gastroenteritis, ist aufgrund der Schmerzsymptomatik aber auch eine **Appendizitis** nicht auszuschließen, so ist die **Nichterteilung des Hinweises**, sich bei Anhalten oder Verschlimmerung der Beschwerden innerhalb von 24 Stunden, im Fall der Verschlechterung des Beschwerdebildes auch früher wieder vorzustellen, **grob fehlerhaft** (OLG Düsseldorf, Urt. v. 22. 11. 2001 – 8 U 192/00, AHRS III, 1820/309 und 6579/301).

A 656 Ein Krankenhausarzt (hier: Gynäkologe), der eine Patientin aufgrund einer Überweisung wegen eines konkreten Krankheitsgeschehens behandelt, etwa in den Bereich der Gynäkologie fallende Beschwerden, ist **nicht zur therapeutischen Aufklärung über die Möglichkeit und Zweckmäßigkeit prophylaktischer invasiver Krebsvorsorgeuntersuchungen, z. B. die Durchführung einer Darmspiegelung, verpflichtet.** Ohne konkrete Verdachtsgründe ist der Krankenhausarzt (hier: Gynäkologe) auch nicht verpflichtet, die Patientin an einen Gastroenterologen bzw. Internisten weiter zu überweisen (OLG Naumburg, Urt. v. 25. 5. 2005 – 1 U 59/03, OLGR 2005, 900, 903).

A 657 Hat der Arzt (Allgemeinmediziner, Internist) eine nach dem ärztlichen Standard **notwendige Befunderhebung** (hier: Darmspiegelung nach positivem Hämokkult-Test) **versäumt** bzw. diese dem Patienten nicht dringend nahegelegt und behauptet, der Patient habe die von ihm vorgeschlagene Untersuchung verweigert, so hat er zu beweisen, den Patienten **eindringlich und mit allem Ernst auf die Bedeutung der Untersuchung und die möglichen Folgen ihres Unterbleibens aufmerksam gemacht** zu haben, wenn die Weigerung des Patienten in den Krankenunterlagen nicht dokumentiert ist (OLG Oldenburg, Urt. v. 23. 7. 2008 – 5 U 28/08, MedR 2011, 163, 164/165: Im entschiedenen Fall konnte der Arzt eine offensichtlich nachträglich erfolgte Eintragung „will keine Koloskopie" nicht plausibel erläutern).

A 658 Grundsätzlich ist der Arzt aber **nicht verpflichtet, den Patienten an die Wahrnehmung eines Termins für eine (Krebs-) Vorsorgeuntersuchung zu erinnern,** wenn der Patient auf die Notwendigkeit einer erneuten Vorsorgeuntersuchung hingewiesen und hierfür ein Zeitkorridor genannt wurde. Etwas anders kann jedoch dann gelten, wenn mit hinreichender Wahrscheinlichkeit von einem bösartigen Befund ausgegangen werden muss (OLG Koblenz, Urt. v. 24. 6. 2010 – 5 U 186/10, juris).

Wird ein Gynäkologe auf Überweisung des Hausarztes tätig, so ist er grundsätzlich **nur zur Abklärung der Beschwerden auf seinem Fachgebiet** verpflichtet. Führt er die erbetenen Untersuchungen durch und überweist er die Patientin zur Abklärung von Unterbauchbeschwerden (hier: tatsächlich lag ein Adenokarzinom vor) an einen Urologen mit dem Hinweis, sich nach Durchführung der dortigen Untersuchungen bzw. bei Beschwerdepersistenz wieder vorzustellen, so **kann der Gynäkologe darauf vertrauen, dass der Urologe der Patientin eine dem Inhalt seines Arztbriefs entsprechende mündliche Information (hier: Empfehlung einer Darmspiegelung durch einen Internisten/Gastroenterologen) zur weiteren Abklärung erteilt hat. Ohne Anhaltspunkte für das Vorliegen einer gravierenden Erkrankung** (hier: Tumorverdacht im Arztbrief des Urologen nicht genannt) **ist er nicht verpflichtet, weitergehend auf die Patientin einzuwirken, wenn diese nicht zur Kontroll- oder Routineuntersuchung erscheint** (OLG Hamm, Urt. v. 21. 5. 2013 – I-26 U 140/12, juris, Nr. 2, 37, 44, 47, 48).   A 658a

Andererseits ist ein **Hausarzt verpflichtet, die Patientin zur Wiedervorstellung bei ihm aufzufordern**, wenn die Patientin über Sehstörungen klagt und die ihm angeratene augenärztliche Untersuchung ergebnislos bleibt (OLG München, Urt. v. 8. 1. 2009 – 1 U 3505/08 mit NZB BGH v. 1. 12. 2009 – VI ZR 41/09, AHRS III, 3110/328: Schlaganfall deshalb verkannt, Klage aber wegen verspäteten Vortrags des Patientenvertreters in zweiter Instanz abgewiesen).   A 659

(4) Unterlassener Hinweis auf weitere Untersuchungen bzw. notwendige Probeexzision bei Krebsverdacht

Bei Verdacht auf einen seltenen, gefährlichen Tumor ist der Patient selbst, nicht nur dessen Angehöriger, über die Dringlichkeit weiterer Untersuchungen zu unterrichten (BGH, NJW 1989, 2318, 2320).   A 660

Ein Gynäkologe ist verpflichtet, eine Patientin mit familiärer Krebsvorbelastung nach Auswertung eines Mammografiebefundes eindringlich darauf hinzuweisen, dass in der Brust erkennbare Knoten wegen der im Vergleich zum Vorbefund deutlichen Wachstumstendenz **krebsverdächtig sind, weshalb eine histologische Abklärung in Form einer Probeexzision erforderlich** ist und sich bei Unterbleiben dieser Maßnahme mittel- oder langfristig eine veritable Krebserkrankung mit dem möglichen Befall anderer Organe herausbilden werde oder könne (OLG Köln, NJW-RR 2001, 92, 93; OLG Köln, Urt. v. 23. 1. 2002 – 5 U 121/01, AHRS III, 3110/307: Erteilung des Hinweises auf die Erforderlichkeit einer Sicherheitsbiopsie beim Vorliegen eines Tumorverdachts ist zu dokumentieren; auch OLG Jena, Urt. v. 23. 5. 2007 – 4 U 437/05, VersR 2008, 401, 404 = OLGR 2007, 988, 992: Unterlassene der Biopsie kann grob fehlerhaft sein).   A 661

Verweigert ein Patient nach Zunahme einer Lymphknotenschwellung am Hals die Durchführung einer Feingewebsuntersuchung des Lymphknotens, um einen   A 661a bestehenden Krebsverdacht bestätigen oder ausräumen zu können, ist der behandelnde HNO-Arzt verpflichtet, **dem Patienten die Folgen der Weigerung im Hinblick auf die Gefährlichkeit des Krebs- oder Metastasenverdachts eindringlich vor Augen zu führen und zu versuchen, den Patienten von der Notwendigkeit zu überzeugen, ein Krankenhaus aufzusuchen.** Der entsprechende Hinweis ist **zu dokumentieren** (OLG Rostock, Urt. v. 10. 7. 2009 – 5 U 48/08, NZB BGH v. 15. 6. 2010 – VI ZR 243/09, AHRS III, 3110/331).

A 661b Die **therapeutische Aufklärung über die Notwendigkeit einer Biopsie beim Verdacht auf einen Tumor obliegt dem behandelnden Arzt und nicht dem von ihm zur Erstellung einer CT-Aufnahme herangezogenen Radiologen.** Die Erteilung des Hinweises (therapeutische Aufklärung) auf die Erforderlichkeit einer Sicherheitsbiopsie beim Vorliegen des Verdachts auf einen Tumor ist aus medizinischen Gründen auch **zu dokumentieren** (OLG Köln, Urt. v. 23. 1. 2002 – 5 U 121/01, AHRS III, 3110/307).

A 662 Der fehlerhafte oder unterlassene Hinweis auf die Erforderlichkeit einer zum Ausschluss eines Tumors dringend indizierten Biopsie ist als „**grober Behandlungsfehler**" mit der Folge einer Beweislastumkehr für den eingetretenen Primärschaden, wie z.B. die Entbehrlichkeit einer nachfolgenden Bestrahlung, zu werten (OLG Köln, NJW-RR 2001, 92, 93; OLG Köln, Urt. v. 23. 1. 2002 – 5 U 121/01, AHRS III, 3110/307; OLG Jena, a.a.O.; u.E. gehört die nachfolgende Bestrahlung nicht mehr zum „Primärschaden").

(5) Möglichkeit einer Samenspende vor Chemotherapie

A 663 Vor Beginn einer Chemotherapie bei einem männlichen Patienten wegen eines Hodentumors, welche die **Unfruchtbarkeit** des Patienten zur Folge haben kann, muss der behandelnde Arzt ihn auf die Möglichkeit der Erhaltung der externen Zeugungsfähigkeit durch Abgabe einer Samenspende hinweisen (OLG Frankfurt, Urt. v. 26. 4. 2002 – 25 U 120/01, OLGR 2002, 183 = MDR 2002, 1192). Sieht der Patient wegen der fehlenden oder fehlerhaften Aufklärung von einer solchen Samenspende ab und führt die Chemotherapie später tatsächlich zu seiner Unfruchtbarkeit, so stellt dieser Verlust der Zeugungsfähigkeit eine vom Arzt verschuldete Körper- und Gesundheitsverletzung dar (OLG Frankfurt, Urt. v. 26. 4. 2002 – 25 U 120/01, OLGR 2002, 183 = AHRS III, 3110/308: aber kein „grober Behandlungsfehler").

(6) Einbestellung bei nachträglicher Kenntnis von gravierendem Untersuchungsbefund; nachträgliche Sicherungsaufklärung; HIV-Infektion

A 664 Erhält der Arzt nach Erhalt entsprechender Laborwerte **nachträglich Kenntnis von einem gravierenden Untersuchungsbefund**, etwa das Misslingen eines Schwangerschaftsabbruchs oder das Vorliegen einer Krebserkrankung, so hat er **den Patienten umgehend einzubestellen**, selbst wenn er ihm zuvor aus anderen Gründen eine Wiedervorstellung empfohlen hatte (BGH, NJW 1985, 2749; NJW 1987, 705: Tumorverdacht; Gehrlein, Rz. B 48 a.E.; OLG Koblenz, Urt. v. 24. 6. 2010 – 5 U 186/10, juris: Hinweispflicht bei hinreichender Wahrschein-

lichkeit auf einen bösartigen Befund, nicht jedoch bei routinemäßigen Voruntersuchungen, wenn dem Patienten hierfür ein Zeitkorridor genannt wurde).

Ist eine Aufklärung über die **Gefahr einer HIV-Infektion bei der Verabreichung** A 665
von Blutprodukten nicht möglich, so ist der Patient jedenfalls nachträglich hierüber aufzuklären und es ist ihm zu einem HIV-Test zu raten (BGH, Urt. v.
14. 6. 2005 – VI ZR 179/04, VersR 2005, 1238, 1239 = GesR 2005, 403, 404 –
auch zum Anscheinsbeweis; Diederichsen, RiBGH, GesR 2011, 257, 261; zustimmend Katzenmeier NJW 2005, 3391, 3393 und Zimmermann/Bender, VersR
2008, 1184 ff., 1190 sowie Kern, GesR 2009, 1, 9). Auch der dem Arzt zum Behandlungszeitpunkt noch nicht bekannte Ehepartner ist in den Schutzbereich
dieser nachträglichen Pflicht zur Sicherungsaufklärung einbezogen (BGH, VersR
2005, 1238, 1240; zur AIDS-Erkrankung vgl. auch Rz. A 169).

Wie weitgehend der Arzt über **Hintergründe und Zweck** einer angeratenen Maß- A 665a
nahme (hier: Durchführung eines HIV-Tests) informieren muss, hängt auch vom
Verhalten und von dem tatsächlichen oder anzunehmenden Kenntnisstand des
Patienten ab. Kann der Arzt davon ausgehen, dass **der Patientin die Möglichkeit**
oder Erforderlichkeit eines HIV-Tests bewusst ist, etwa, weil bereits früher ein
solcher Test durchgeführt wurde, muss er die Ablehnung der Patientin eines
weiteren, Jahre später angeratenen Tests nicht hinterfragen (OLG München,
Beschl. v. 23. 8. 2011 – 1 W 1472/11, juris, Nr. 5, 6).

(7) Notfallbehandlung und Notwendigkeit einer Nachbehandlung

Ein Zahnarzt ist im Rahmen einer Notfallbehandlung nur verpflichtet, durch A 666
geeignete Behandlungsmaßnahmen die Krankheitssymptome wirksam zu be-
kämpfen und insbesondere die Schmerzfreiheit des Patienten wieder herzustellen. So ist die Anfertigung einer Röntgenaufnahme bei einer Notfallbehandlung
nur erforderlich, wenn die Diagnostik nicht eindeutig ist. Wurzelkanäle müssen
bei einer Notfallbehandlung nicht gefüllt werden (OLG Köln, NJW-RR 2001, 91).
Der Patient muss jedoch **über die Notwendigkeit einer Nachbehandlung, etwa**
die Abfüllung eines Wurzelkanals, aufgeklärt werden. Der Beweis, dass der Arzt
die erforderliche therapeutische Sicherungsaufklärung unterlassen hat, obliegt
dem Patienten (OLG Köln, NJW-RR 2001, 91, 92).

Ein vom Patienten zu beweisender Behandlungsfehler liegt auch vor, wenn der A 667
Arzt ihn nicht über die notwendigen Behandlungen und Maßnahmen zur rechtzeitigen Einleitung einer sachgerechten Nachbehandlung aufklärt. So muss der
Patient darauf hingewiesen werden, dass Kopfschmerzen, die nach einer Spinalanästhesie auftreten, anästhesiologisch therapiert werden müssen (OLG Stuttgart, VersR 1995, 1353).

Einstweilen frei. A 668

(8) Erforderlichkeit einer Korrektur- oder Nachoperation

Weist das Bein nach Operation einer Unterschenkelfraktur einen **Drehfehler** auf, A 669
muss der Patient über die Erforderlichkeit einer Korrekturoperation aufgeklärt
werden (BGH, NJW 1991, 748; Gehrlein, Rz. B 47). Auf die Folgen der Versäu-

mung einer Frist von maximal 12 Wochen zur Durchführung einer Operation ist der die Behandlung abbrechende Patient eindringlich hinzuweisen (BGH, NJW 1987, 705).

A 670　Nach der Durchführung einer Polypektomie (endoskopische Entfernung von Polypen, hier im Darm) ist der Patient auf eine durch Therapiekomplikationen entstandene nahe liegende Möglichkeit einer sich nachträglich ausbildenden Darmperforation hinzuweisen und darauf aufmerksam zu machen, dass in diesem Falle eine frühestmögliche Operation der günstigste Weg zur Begrenzung und Behebung der Schadensauswirkungen ist (OLG Koblenz, VersR 2001, 111).

A 671 – A 680　Einstweilen frei.

(9) Hinweis auf die weitere Lebensführung

A 681　Besteht der Verdacht auf eine ernsthafte Herzerkrankung des Patienten, muss ein **Hinweis auf Konsequenzen für die weitere Lebensführung** erfolgen (OLG Köln, VersR 1992, 1231; Gehrlein, Rz. B 50: Hinweise auf die Notwendigkeit einer vorsichtigen Lebensführung, ggf. Diät und Enthaltsamkeit). Nach einer **Ummedikation** muss der Patient auch darauf hingewiesen werden, dass die Wirkweise der neu verordneten Medikation ungewiss und es unsicher ist, ob sich bislang bestehende Herzrhythmusstörungen noch verstärken, weshalb eine **mehrtägige stationäre Überwachung erforderlich** ist (OLG Köln, Urt. v. 6. 6. 2012 – 5 U 28/10, juris, Nr. 26, 31, 35).

(10) Hinweis auf einen Prothesenwechsel

A 682　Die Frage, ob ein Arzt (Chirurg oder Orthopäde) zu einem Hinweis auf einen Prothesenwechsel verpflichtet ist, ist keine Frage der Erforderlichkeit einer Eingriffsaufklärung. Auch hier handelt es sich um einen Fall der therapeutischen Aufklärung.

A 683　Über die Möglichkeit der Verwendung verschiedener **Materialkombinationen** bei einer Totalendoprothese (TEP) muss der Arzt nach zutreffender Auffassung des OLG Karlsruhe jedoch nicht von sich aus aufklären, denn dabei handelt es sich nicht um Behandlungsalternativen mit jeweils wesentlich unterschiedlichen Belastungen des Patienten oder wesentlich unterschiedlichen Risiken und Erfolgschancen (OLG Karlsruhe, Urt. v. 10. 7. 2002 – 7 U 159/01, OLGR 2002, 392, 393).

(11) Hinweis auf mehrere zur Wahl stehende therapeutische Verfahren

A 684　Unterlässt der Arzt die ihm unabhängig von der Häufigkeit der vorliegenden Erkrankung obliegende Pflicht, den Patienten über **mehrere zur Wahl stehende diagnostische und/oder therapeutische Verfahren** im Rahmen der „Sicherungsaufklärung" zu informieren und das Für und Wider mit ihm abzuwägen, wenn jeweils **unterschiedliche Risiken für den Patienten** entstehen können und der Patient eine echte Wahlmöglichkeit hat, und kommt es deshalb nicht zur gebotenen Heilbehandlung, sondern zur Fortdauer oder Verschlimmerung der durch die Grunderkrankung bedingten Gesundheitsschäden, macht sich der Arzt wegen eines Behandlungsfehlers bzw. im Einzelfall groben Behandlungsfehlers gegenüber dem Patienten schadensersatzpflichtig (OLG Nürnberg, Urt. v. 27. 5. 2002 – 5 U 4225/00, VersR 2003, 1444, 1445: Sicherungsaufklärung; auch BGH, Urt. v. 15. 3. 2005 – VI ZR 313/03, VersR 2005, 836 = NJW 2005, 1718: Risikoaufklärung; G/G, 6. Aufl., Rz. B 97 sowie Stöhr, RiBGH, GesR 2006, 145, 148 und GesR 2011, 193, 195: Überschneidung von Sicherungs- und Risikoaufklärung möglich; u.E. handelt es sich bei der Methodenwahl nicht um eine therapeutische Aufklärung).

Das Vorliegen eines „**groben Behandlungsfehlers**" (vgl. hierzu Rz. A 601, A 648, A 653, A 662 und G 1035ff.) wird etwa angenommen, wenn der Patient an einer – auch seltenen – Krankheit leidet und dem Arzt bekannt ist oder im Hinblick auf die bereits erfolgte Veröffentlichung in einschlägigen Lehrbüchern bekannt sein müsste, dass ein für seinen Patienten ernsthaft in Betracht kommendes anderes therapeutisches Verfahren (hier: Knochenmarktransplantation bei Morbus Farquhar, FHL) als Heilungschance in Betracht kommt, der Arzt aber dennoch eine konservative Behandlung einleitet bzw. fortsetzt (OLG Nürnberg, Urt. v. 27. 5. 2002 – 5 U 4225/00, OLGR 2003, 135, 137 = VersR 2003, 1444, 1445 mit NA-Beschl. BGH v. 5. 11. 2002 – VI ZR 212/02).   A 685

Es würde auch grundsätzlich nicht genügen, nur die möglichen Nachteile des alternativ in Betracht kommenden Eingriffs bzw. der alternativ in Betracht kommenden Therapiemethode zu schildern. Vielmehr ist der Patient bei Bestehen einer ernsthaft zur Wahl stehenden diagnostischen oder therapeutischen Alternative – ebenso wie bei der Eingriffsaufklärung – darauf hinzuweisen, welche **Chancen und welche Risiken** mit der alternativen Methode verbunden sein können, und zwar sowohl im Hinblick auf eine vollständige als auch eine zumindest teilweise Heilung (KG, Urt. v. 15. 12. 2003 – 20 U 105/02, NJW-RR 2004, 458 zur Sicherungsaufklärung; BGH, Urt. v. 15. 3. 2005 – VI ZR 313/03, NJW 2005, 1718, 1719 = VersR 2005, 836, 837 zur Risikoaufklärung).   A 686

So hat der behandelnde Chirurg den Patienten nach der Versorgung eines Knochenbruchs nicht nur davon in Kenntnis zu setzen, dass **der Bruch in Fehlstellung zu verheilen droht** (so genannte „Diagnoseaufklärung"), sondern auch davon, dass eine bei Fortsetzung der vom Arzt gewählten konservativen Behandlung drohende Funktionseinschränkung des (Hand-) Gelenks möglicherweise durch eine erneute (unblutige) Reposition oder **durch eine primäre operative Neueinrichtung des Bruchs vermieden** werden kann (BGH, Urt. v. 15. 3. 2005 – VI ZR 313/03, NJW 2005, 1718, 1719 = VersR 2005, 836, 837). Obwohl die Fortsetzung der konservativen Behandlung keinen aufklärungspflichtigen „Eingriff" darstellt, meint der BGH, es gehe in einem derartigen Fall nicht (bzw. nach Auffassung von Stöhr, RiBGH, GesR 2006, 145, 148 und GesR 2011, 193, 195 nicht nur) um das Unterlassen einer zur Beweislast des Patienten stehenden therapeutischen Aufklärung (Sicherungsaufklärung), sondern um die dem Patienten geschuldete und zur Beweislast des Arztes stehende „Selbstbestimmungsaufklärung oder Risikoaufklärung" über das Bestehen einer ernsthaften Behandlungsalternative (vgl. hierzu Rz. A 1280ff., A 1330bff.).   A 687

A 688   Andererseits darf der Arzt auch bei einer bestehenden **Behandlungsalternative** (hier: Rat zur Umstellungsosteotomie bei daneben bestehender Möglichkeit einer prothetischen Versorgung des Kniegelenks) eine **konkrete Empfehlung** abgeben. Liegt diese unter Berücksichtigung aller Umstände des Krankheitsbildes im Rahmen des Vertretbaren und wird die ernsthafte Behandlungsalternative erwähnt (hier: spätere prothetische Versorgung des Kniegelenks ist immer noch möglich), so ist die therapeutische Aufklärung nicht zu beanstanden (OLG Koblenz, Urt. v. 12. 2. 2009 – 5 U 927/06, OLGR 2009, 556, 557 = VersR 2009, 1077, 1078; ebenso OLG Koblenz, Urt. v. 20. 6. 2012 – 5 U 1450/11, VersR 2012, 1304 = juris Nr. 19).

A 688a   Ist die Patientin **grundsätzlich auf die Möglichkeit einer konservativen Therapie hingewiesen** worden, was dem erteilten Hinweis „empfehlen wir eine Operation" zu entnehmen ist (hier: Behebung einer Harninkontinenz durch Beckenbodengymnastik vor Durchführung eines operativen Eingriffs zur Unterpolsterung des Harnleiters mit einem TVT-Band) und liegt die **Operationsempfehlung mit entsprechender Risikoaufklärung im Rahmen des Vertretbaren**, so ist die therapeutische Aufklärung ebenfalls nicht zu beanstanden (OLG Koblenz, Urt. v. 20. 6. 2012 – 5 U 1450/11, VersR 2012, 1304 = juris, Nr. 16, 19; u.E. problematisch: Wie soll diesem Hinweis zu entnehmen sein, dass die Möglichkeit und die Erfolgschancen einer konservativen Therapie ausgesprochen worden sind?).

(12) Keine Aufklärung über mögliche, nicht gebotene Maßnahmen (Antibiotika-Prophylaxe, CT, MRT, Allergietest, Heparinprophylaxe)

A 689   Ohne medizinischen Anlass muss der Patient nicht darauf hingewiesen werden, welche weiteren bzw. **zusätzlichen Behandlungs- oder Untersuchungsmethoden theoretisch** in Betracht kommen oder verfügbar sind (OLG Köln, Urt. v. 21. 9. 2011 – 5 U 11/11, GesR 2012, 165, 167 = VersR 2012, 1305 im Anschl. an BGH, VersR 1988, 86, 88). So ist eine nach den Mutterschaftsrichtlinien nicht vorgesehene freiwillige (hier: Toxoplasmose-) Untersuchung oder ein Hinweis auf die Möglichkeit entsprechender Tests auf eigene Kosten auch nicht unter den Gesichtspunkt der „echten Behandlungsalternative" aufklärungspflichtig (OLG Köln, Urt. v. 21. 9. 2011 – 5 U 11/11, VersR 2012, 1305, 1306).

A 689a   Bei Nichtbestehen einer Indikation für eine **Antibiotika-Prophylaxe** muss der Patient weder im Rahmen der Sicherungs- noch im Rahmen der Eingriffsaufklärung darüber aufgeklärt werden, dass sie ungeachtet dessen vorgenommen werden könnte (OLG Düsseldorf, Urt. v. 21. 3. 2002 – 8 U 172/01, NJW-RR 2003, 88 = OLGR 2003, 390; auch OLG Hamm, Urt. v. 26. 1. 2004 – 3 U 157/03, GesR 2004, 181). **Ist die Antibiotika-Prophylaxe aus medizinischen Gründen nicht geboten, muss der Patient auch über das Für und Wider einer solchen Prophylaxe nicht aufgeklärt werden** (OLG Hamm, Urt. v. 26. 1. 2004 – 3 U 157/03, GesR 2004, 181 = AHRS III, 5000/352). Selbst wenn die Möglichkeit einer Antibiotika-Prophylaxe im Einzelfall aufklärungsbedürftig wäre, hätte der Patient zu beweisen, dass eine bei ihm aufgetretene Infektion bei entsprechender Antibiotikagabe vermieden worden wäre (OLG Hamm a. a. O.; OLG Stuttgart, Urt. v. 6. 2. 2007 – 1 U 112/06 mit NZB BGH v. 13. 11. 2007 – VI ZR 61/07, AHRS III, 3110/321: Patient muss beweisen, dass eine Thrombose bei Erteilung des Hin-

weises auf die Möglichkeit bzw. Erforderlichkeit einer Thromboseprophylaxe
vermieden worden wäre).

Wird der Patient bei einer ambulanten chirurgischen Behandlung (hier: ambu- A 690
lante Operation eines Leistenbruchs) über das Risiko einer Thrombose aufgeklärt, ist es nicht erforderlich, zusätzlich auf die Möglichkeit einer **prophylaktischen**, jedoch nicht zwingend indizierten **Heparinisierung** hinzuweisen (OLG
Naumburg, Urt. v. 22. 9. 2000 – 1 U 38/00, AHRS III, 5000/305).

Eine stark übergewichtige, immobile Patientin muss jedoch auf die Erforderlich- A 690a
keit der Fortsetzung einer Thromboseprophylaxe (hier: nach einer Arthroskopie)
hingewiesen werden. Der Hinweis ist zumindest im Arztbrief an den Hausarzt zu
dokumentieren (OLG München, Urt. v. 17. 9. 2013 – 1 U 2071/12, juris, Nr. 27,
30, 34: unterlassene mündliche Aufklärung von der Patientin zu beweisen; Klage
wurde abgewiesen).

Gleiches gilt, wenn die **Erstellung eines CT, eines MRT o. a. nach durchschnitt-** A 691
lichem ärztlichem Standard nicht geboten ist; der Patient muss dann nicht befragt werden, ob ein CT, MRT o. a. angefertigt werden soll, auch wenn dies von
einem überdurchschnittlich sorgfältigen und gewissenhaften Arzt angeordnet
worden wäre (OLG Nürnberg, Urt. v. 6. 11. 2000 – 5 U 1116/00, OLGR 2002, 66).

Liegen keine konkreten Anhaltspunkte für etwaige Unverträglichkeiten vor, so A 692
besteht für den Zahnarzt **keine Verpflichtung zur Durchführung von Allergietests vor dem Einbringen von Zahnersatz**, bei dem unterschiedliche Metalle verwendet werden. Ein entsprechender Hinweis an den Patienten ist in einem solchen Fall entbehrlich (OLG Oldenburg, Urt. v. 28. 2. 2007 – 5 U 147/05, juris,
Nr. 40, 34, 35; ebenso bereits OLG Stuttgart, Urt. v. 2. 1. 1997 – 14 U 10/96,
AHRS II, 2695/137).

(13) Ansteckungsgefahr und Schutzimpfung

Im Rahmen eines Klinikaufenthalts muss der Arzt den Patienten auf die von ei- A 693
nem Mitpatienten ausgehende Ansteckungsgefahr hinweisen (BGH, NJW 1994,
3012; Gehrlein, Rz. B 48). Bei einer schwerwiegenden Krankheit wie z. B. Hepatitis C ist eine Aufklärung der nächsten Angehörigen nach Auffassung des OLG
München (Urt. v. 18. 12. 1997 – 1 U 5625/95) allenfalls dann geboten, wenn der
Patient aufgrund seiner geistigen Fähigkeiten nicht in der Lage ist, die Tragweite
der Erkrankung und deren Bedeutung für das Umfeld, insbesondere hinsichtlich
der Ansteckungsgefahr richtig einzuschätzen oder nicht gewährleistet ist, dass
der Patient die gebotenen Schutzmaßnahmen selbst durchführt.

Die therapeutische **Aufklärung naher Angehöriger** kann im Übrigen, soweit sie A 694
ohne Einwilligung des Patienten zulässig ist, regelmäßig nicht das direkte Gespräch zwischen Arzt und Patienten ersetzen (BGH, NJW 1989, 2381).

Bei der Durchführung einer **staatlichen Schutzimpfung** gegen Kinderlähmung A 695
unter Verwendung von Lebendviren trifft den Impfarzt die Beratungspflicht,
den Geimpften bzw. die für ihn Sorgeberechtigten auf das **erhöhte Ansteckungs-
risiko für gefährdete Kontaktpersonen** hinzuweisen (BGH, MDR 1995, 585; NJW

1994, 3012; KG, MedR 1997, 76; Deutsch, VersR 2003, 801, 805; zur Aufklärungspflicht bei Polio-Impfungen BGH, VersR 2000, 725, 727 = NJW 2000, 1784,
1786).

A 696   Anders als dem Impfarzt ist dem Patienten im Allgemeinen nicht bekannt, dass
er nach einer **Polio-Schluckimpfung** für eine ganze Weile nicht mit gefährdeten
Personen zusammenkommen darf (Deutsch, VersR 2003, 801, 805). Die Unterlassung der therapeutischen Aufklärung über die Risiken einer Impfung kann
deshalb auch Schadensersatzansprüche von in den Schutzbereich des Behandlungsvertrages einbezogenen Dritten auslösen (BGH, VersR 2000, 725, 727;
VersR 1994, 1228, 1229).

A 697   **Auch ein im Behandlungszeitpunkt noch nicht bekannter Ehepartner des Patienten ist in den Schutzbereich der Pflicht zur Sicherungsaufklärung einbezogen** (BGH, NJW 2005, 2614 = GesR 2005, 403; Kern, GesR 2009, 1, 9; Gehrlein,
Rz. B 49 a.E. zur Möglichkeit einer HIV-Infektion).

A 698   Ein Impfarzt war jedenfalls bis Mai 2007 nicht verpflichtet, den Patienten vor einer Hepatitis-A-Impfung über das Risiko aufzuklären, er könne dadurch eine
Multiple Sklerose erleiden (OLG Köln, Urt. v. 29. 10. 2008 – 5 U 88/08, OLG
2009, 319).

A 699 – A 709   Einstweilen frei.

(14) Sterilisation und Misserfolgsquote

A 710   Nach einer Sterilisation mittels Durchtrennung der Samenleiter muss der Patient über die bestehende **Misserfolgsquote und die Notwendigkeit regelmäßiger
Nachuntersuchungen** (Anfertigung von Spermiogrammen) aufgeklärt werden,
wobei das Unterbleiben einer ordnungsgemäßen Aufklärung bei Fehlschlagen
der Sterilisation vom Patienten zu beweisen ist (BGH, VersR 1995, 1099; BGH,
Urt. v. 8. 7. 2008 – VI ZR 259/06, VersR 2008, 1265, 1267 = NJW 2008, 2846,
2849 = MedR 2009, 44, 46, Nr. 29, 30: **deutlicher Hinweis auf Versagerquoten
und Erhöhung des Versagerrisikos**; OLG Düsseldorf, NJW-RR 2001, 959, 960;
OLG Hamm, Urt. v. 21. 2. 2001 – 3 U 125/00, VersR 2002, 1562, 1563; OLG
Karlsruhe, Urt. v. 11. 4. 2002 – 7 U 171/00, OLGR 2002, 394; OLG Oldenburg,
Urt. v. 3. 11. 1998 – 5 U 67/98, NJW-RR 2000, 240, 241; G/G, 6. Aufl., Rz. B 96,
104; S/Pa, 12. Aufl., Rz. 301, 373; F/N/W, 5. Aufl., Rz. 121, 196; Deutsch, MedR
2009,46: Hinweis auf „Versagerquote 0,1 %" nicht deutlich genug; Kern, GesR
2009, 1, 10 m.w.N.: Gebrauch des Begriffes „Spermiogramm" aber nicht erforderlich; weitere Einzelheiten bei → *Sterilisation, fehlerhafte*, Rz. S 300ff.).

A 711   Dieser Beweis kann dem Patienten regelmäßig nicht gelingen, wenn der Arzt
den Patienten bzw. die Patientin darüber aufgeklärt oder zumindest in seinen
Behandlungsunterlagen **dokumentiert hat, dass es „in seltenen Ausnahmefällen
zur späteren Empfängnis" kommen kann** (OLG Karlsruhe, Urt. v. 11. 4. 2002 –
7 U 171/00, OLGR 2002, 394; OLG Hamm, Urt. v. 21. 2. 2001 – 3 U 125/00,
VersR 2002, 1562, 1563: Übergabe eines Formulars an den Patienten).

A 712   Die Patientin hat den ihr obliegenden Beweis des Vorliegens eines Behandlungsfehlers nicht erbracht, wenn es vier Monate nach der Sterilisation (Tubenligatur)

erneut zu einer Schwangerschaft kommt und der vom Gericht bestellte Sachverständige feststellt, er könne keine Spuren einer Elektrokoagulation, insbesondere keine Vernarbungen der Tuben feststellen und es sei auch nicht sehr wahrscheinlich, dass eine ordnungsgemäß durchgeführte Koagulation keinerlei Spuren hinterlässt, es könne jedoch nicht der sichere Schluss gezogen werden, dass eine ordnungsgemäße Koagulation nicht durchgeführt worden ist (OLG München, Urt. v. 16. 11. 2006 – 1 U 2385/06, juris).

Nach einer Ansicht kann es jedoch als Beweisanzeichen für die Nichterfüllung der Nebenpflicht des Arztes zur Erteilung der Sicherungsaufklärung dienen, wenn sich der Arzt den – angeblich erteilten – Hinweis auf die Versagerquote bei einer Sterilisation nicht schriftlich bestätigen lässt (OLG Zweibrücken, Urt. v. 15. 12. 1998 – 5 U 10/96, NJW-RR 2000, 235, 236).   A 713

Nach anderer Auffassung **soll es genügen, bei einer komplikationslos verlaufenden Vasektomie den bloßen Umstand der Resektion und des Verschlusses der Samenleiterenden zu dokumentieren** (OLG Oldenburg, Urt. v. 3. 11. 1998 – 5 U 67/98, NJW-RR 2000, 240).   A 714

Generell muss nach einer Vasoresektion (Entfernung eines 2–3 cm langen Stücks des Samenleiters) **über das Risiko einer Spätrekanalisation und über das Versagerrisiko informiert werden** (OLG Hamm VersR 1993, 484: Spätrekanalisation; OLG Düsseldorf VersR 1992, 317 und OLG Hamm, Urt. v. 21. 2. 2001 – 3 U 125/00, AHRS III, 3120/306 = VersR 2002, 1563 sowie OLG Karlsruhe, Urt. v. 11. 4. 2004 – 7 U 171/00, OLGR 2002, 394: Versagerrisiko; G/G, 6. Aufl., Rz. B 102, 104).   A 715

Auch bei Durchführung einer Tubensterilisation bzw. **Tubenligatur** (Unterbrechung der Eileiter) einer Patientin ist das bestehende, wenngleich **mit 0,5 % bis 2 % geringe Versagerrisiko aufklärungsbedürftig** (OLG Düsseldorf, NJW-RR 2001, 959; VersR 1992, 751; OLG Koblenz VersR 1994, 371: Versagerrisiko; OLG Köln VersR 1995, 967 und OLG Karlsruhe, Urt. v. 11. 4. 2002 – 7 U 171/00, OLGR 2002, 394: Anspruch in den entschiedenen Fällen verneint; auch BGH, Urt. v. 8. 7. 2008 – VI ZR 259/06, VersR 2008, 1265, 1267 = NJW 2008, 2846, 2849, Nr. 29, 30, 31 m. zust. Anm. Deutsch, MedR 2009, 46: deutlicher Hinweis auf Versagerquoten und Erhöhung des Versagerrisikos erforderlich).   A 716

Der Arzt hat über die verbleibende **Möglichkeit einer Schwangerschaft trotz durchgeführter Sterilisation zu informieren**, weil die Patientin nur dadurch in die Lage versetzt wird, zu beurteilen, ob sie und ihr Partner sich mit der hohen Sicherheitsquote begnügen oder aus besonderer Vorsicht zusätzliche Verhütungsmaßnahmen anwenden wollen. Dieser Beratungspflicht wird er nur gerecht, wenn er dafür sorgt, dass die Information in einer Weise erfolgt, bei der er nach den Umständen sicher sein kann, dass sich die Patientin des konkreten Versagerrisikos bewusst geworden ist (OLG Karlsruhe, Urt. v. 11. 4. 2002 – 7 U 171/00, OLGR 2002, 394: Anspruch im konkreten Fall wegen dokumentierter Aufklärung verneint).   A 717

Weist der Operateur den Patienten vor einer Sterilisation darauf hin, dass es trotz des Eingriffs zu einer Schwangerschaft kommen kann und nachfolgend vor-   A 718

183

sichtshalber „Ejakulatuntersuchungen" durchgeführt werden sollten, liegt keine Verletzung der an eine Sicherungsaufklärung zu stellenden Anforderungen vor. Denn für die ordnungsgemäße Sicherungsaufklärung (therapeutische Aufklärung) kommt es nicht darauf an, den technischen Begriff des „Spermiogramms" zu verwenden. **Entscheidend ist, dass dem Patienten die Kenntnis vermittelt wird, ungeschützter Geschlechtsverkehr könne erst nach einer wiederholten Kontrolle der Spermien durchgeführt werden** (OLG Hamm, Urt. v. 21. 1. 2001 – 3 U 125/00, VersR 2002, 1562, 1563; Kern, GesR 2009, 1, 10).

A 719   Hat der Arzt der Patientin erklärt, auch bei kunstgerechter Durchführung des Eingriffes könne in einem bis vier von tausend Fällen eine Schwangerschaft eintreten, ist er nicht verpflichtet, die Patientin nachträglich über die sich nach neuerem Erkenntnisstand ergebende, ungünstigere Quote von bis zu 1,8 % zu unterrichten (OLG Düsseldorf, Urt. v. 14. 12. 2000 – 8 U 5/00, NJW-RR 2001, 959, 960 = VersR 2001, 1117, 1118), sofern er keine andere Methode mit einem erhöhten Versagerrisiko wählt.

A 720   Der Arzt hat die Patientin auch **auf ein erhöhtes Versagerrisiko hinzuweisen,** wenn er anstatt der ursprünglich geplanten Sterilisationsmethode mit Durchtrennung der Eileiter eine Tubenligatur und Elektrokoagulation **ohne Durchtrennung der Eileiter** durchführen will. In einem solchen Fall muss die Patientin auch keinen ernsthaften Entscheidungskonflikt plausibel machen (BGH, Urt. v. 8. 7. 2008 – VI ZR 259/06, VersR 2008, 1265, 1267 = NJW 2008, 2846, 2849 = MedR 2009, 44, 46, Nr. 30, 31), falls sich die Behandlungsseite auf eine hypothetische Einwilligung beruft. Der Tatrichter kann nicht ohne weiteres davon ausgehen, dass die Patientin im Fall der Erteilung des Hinweises auf ein erhöhtes Versagerrisiko nachfolgend ebenfalls nicht verhütet hätte, weil sie das erhöhte, aber immer noch geringe Versagerrisiko in Kauf genommen hätte (BGH, NJW 2008, 2846, 2849, Nr. 31, 32).

A 721   Hat der Operateur auf einer Seite wegen dort vorhandener starker Verwachsungen **auf die vorgesehene Tubenresektion verzichtet, so hat er die Patientin auf das deshalb verbliebene Risiko einer unerwünschten Schwangerschaft hinzuweisen** (OLG Düsseldorf, VersR 1995, 542).

A 722   Nach Auffassung des OLG München (Urt. v. 14. 2. 2002 – 1 U 3495/01, GesR 2003, 239, 241; abl. Kern, GesR 2003, 242: Überforderung der Aufklärung) muss der behandelnde Arzt der (im entschiedenen Fall 23-jährigen, türkischen) Patientin auch die möglichen **psychischen Belastungen** in Folge der Unfruchtbarkeit vor Augen führen, andernfalls sei die erteilte Einwilligung zur Sterilisation unwirksam.

A 723   Das Unterlassen von **Kontrolluntersuchungen** nach einer laparoskopischen Tubensterilisation stellt keinen Behandlungsfehler dar. Derartige Verfahren haben sämtlich keine 100%ige Aussagekraft (OLG Saarbrücken, Urt. v. 25. 9. 2002 – 1 U 559/01 – 129, AHRS III, 2495/301).

A 724 – A 731   Einstweilen frei.

(15) Voraussetzungen eines Schwangerschaftsabbruchs; genetische Beratung

Vgl. hierzu → *Genetische Beratung* (Rz. G 61 ff.), → *Sterilisation, fehlerhafte* (Rz. S 300 ff.), → *Schwangerschaftsabbruch, fehlerhafter* (Rz. S 200 ff.)

Nach einem Eingriff zum Abbruch einer **Zwillingsschwangerschaft** schulden Krankenhaus und nachbehandelnder Gynäkologe der Patientin den deutlichen Hinweis, dass **wegen des Risikos des Fortbestandes der Schwangerschaft eine Nachkontrolle dringend erforderlich ist** (OLG Oldenburg, VersR 1997, 193 = NJW 1996, 2432). Die Patientin muss auch darüber unterrichtet werden, sich bei nachträglich auftretenden Anzeichen auf den Misserfolg eines durchgeführten Schwangerschaftsabbruchs umgehend wieder vorzustellen, um dieser ggf. die Möglichkeit zur Wiederholung des Abbruchsversuchs zu eröffnen (BGH, VersR 1985, 1068 = MDR 1986, 41; F/N/W, 5. Aufl., Rz. 121).

A 732

Ist streitig, ob der Arzt über die Voraussetzungen und das Bestehen der Möglichkeit eines Schwangerschaftsabbruchs nicht bzw. nur ungenügend beraten und aufgeklärt hat, so **trägt die Patientin hierfür die Beweislast** (OLG Zweibrücken MedR 2000, 540).

A 733

Es liegt auch kein Behandlungsfehler in Form eines therapeutischen Aufklärungsmangels vor, wenn **bei der Patientin kein gesteigertes Risiko von Fehlbildungen des Feten erkennbar** ist. So ist es nicht fehlerhaft, wenn der Gynäkologe die Patientin darauf hinweist, sie könne ohne Bedenken wieder schwanger werden, wenn ein bekannter Vitamin-B12-Mangel von Hausarzt behandelt wird und dem Arzt auch bekannt ist, dass der Patientin wegen einer Kugelzellanämie vor vielen Jahren die Milz entfernt wurde, wobei das erste Kind per Sectio zur Welt gebracht werden musste (OLG Brandenburg, Urt. v. 19. 12. 2011 – 12 U 152/11, juris, Nr. 17, 18, 20).

A 733a

(16) Methoden der Berechnung des Geburtstermins

Die Berechnung des Geburtstermins nach der so genannten „Naegele'schen Formel" entsprach im Jahr 2001 nicht mehr dem medizinischen Standard. Maßgeblich ist eine Ultraschalluntersuchung in den ersten zwölf Wochen der Frühschwangerschaft. Die Schätzung des Alters der Schwangerschaft durch Biometrie in der Frühschwangerschaft liefert im Vergleich zu allen anderen Methoden die verlässlichsten Angaben. **Die werdende Mutter muss vom behandelnden Arzt aber nicht (therapeutisch) über die zur Verfügung stehenden Methoden der Berechnung des Geburtstermins, diesbezügliche Unsicherheiten und Auswirkungen aufgeklärt werden** (KG, Urt. v. 21. 1. 2007 – 20 U 50/05, GesR 2007, 485, 487).

A 734

(17) Aufklärung über die Alternative einer Schnittentbindung

Drohen bei einer Entbindung für das Kind ernst zu nehmende Gefahren und sprechen daher im Interesse des Kindes gewichtige Gründe für eine **Schnittentbindung**, ist die Mutter grundsätzlich über die bestehende Alternative, die Vor- und Nachteile einer primären Schnittentbindung aufzuklären (vgl. hierzu Rz. A 1382 ff.).

A 735

A 736 Entgegen der gelegentlichen Annahme mancher Instanzgerichte handelt es sich dabei jedoch nicht um einen Fall der Sicherungs- oder therapeutischen Aufklärung, sondern um eine Frage der Eingriffs- oder Risikoaufklärung, wobei die Beweislast für die Erfüllung dieser Aufklärungspflicht – folgerichtig – beim Arzt liegt (BGH, Urt. v. 14. 9. 2004 – VI ZR 186/03, NJW 2004, 3703, 3704 = VersR 2005, 227, 228; BGH, Urt. v. 17. 5. 2011 – VI ZR 69/10, VersR 2011, 1146, Nr. 10, 11; OLG Frankfurt, Urt. v. 24. 1. 2006 – 8 U 102/05, NJW-RR 2006, 1171, 1172).

(18) Negativer Rhesusfaktor, Fruchtwasseruntersuchung

A 737 Nach der Geburt eines Kindes mit negativem Rhesusfaktor muss die Mutter mit positivem Rhesusfaktor über das Risiko von **Antikörperbildung** und die damit verbundenen Gefahren für eine nachfolgende Schwangerschaft hingewiesen werden (BGH, NJW 1989, 2320).

A 738 Erkennt der die Schwangere betreuende Gynäkologe, dass Hinweise auf mögliche Missbildungen des Kindes bestehen, hat er seine Patientin hierüber in geeigneter Form zu informieren. Allein wegen des **Alters der werdenden Mutter** (OLG München, VersR 1988, 523: 39 Jahre; OLG Hamm, Urt. v. 15. 11. 2000 – 3 U 85/00, AHRS III, 3120/303: 37 Jahre; OLG Düsseldorf, Urt. v. 15. 6. 2000 – 8 U 152/99, AHRS III, 3120/300: Aufklärung bei Vorliegen von spezifischen Risikofaktoren, etwa bei einem Alter von mehr als 35 Jahren zu Beginn der Schwangerschaft) **kann der Gynäkologe gehalten sein, sie über das Risiko der Trisomie 21 (Mongoloismus) und die Möglichkeit einer Amniozentese (Fruchtwasseruntersuchung) zur Klärung dieses Risikos zu informieren** (OLG München, a.a.O., OLG Hamm, a.a.O.; OLG Düsseldorf a.a.O.). Allerdings hat er dabei auch darauf hinzuweisen, dass die Durchführung einer Amniozentese für das Kind im Mutterleib **nicht gefahrlos** ist. In etwa jedem 200. Fall kommt es bei einer Amniozentese zum Absterben des Kindes (OLG Hamm a.a.O.).

A 739 Im Hinblick auf § 218a I, II StGB wird jedoch in vielen Fällen der **Kausalzusammenhang** zwischen einem Behandlungsfehler des Gynäkologen durch Unterlassung der gebotenen (therapeutischen) Hinweise und dem Schaden (Geburt eines behinderten Kindes) zu verneinen sein (OLG Hamm, Urt. v. 15. 11. 2000 – 3 U 85/00, AHRS III, 3120/303).

A 740 Äußert die Patientin gegenüber dem Arzt den **Wunsch zur** Vornahme einer **Fruchtwasseruntersuchung**, obliegt ihm die Pflicht zur Beratung, inwieweit und aufgrund welcher Umstände die Gefahr besteht, ein mongoloides Kind zu gebären. Eine Haftung des Arztes scheidet jedoch aus, wenn die Patientin vorinformiert ist. Hiervon ist auszugehen, wenn die Patientin in dem Gespräch mit dem Arzt selbst darauf hingewiesen hat, ihr sei eine 35-jährige Mutter bekannt, die keine Fruchtwasseruntersuchung durchführen ließ und ein mongoloides Kind bekommen hat (OLG Düsseldorf, Urt. v. 15. 6. 2000 – 8 U 152/99, AHRS III, 3120/300).

A 741 – A 742 Einstweilen frei.

186

(19) Hinweis eines vielfach aus kosmetischen Gründen voroperierten Patienten auf psychologische Behandlung

Bei einem vielfach aus kosmetischen Gründen voroperierten Patienten hat ein A 743
plastischer Chirurg die **Möglichkeit einer psychisch-neurotischen Fehlhaltung in Betracht zu ziehen und den Patienten entsprechend zu beraten.** Gibt der Patient allerdings in einem Vorgespräch an, er habe sich erst zwei oder drei Korrektureingriffen unterzogen, ist nicht ohne weiteres von einer unvernünftigen Fixierung auf das äußere Erscheinungsbild auszugehen (OLG Düsseldorf, Urt. v. 19. 10. 2000 – 8 U 116/99, VersR 2001, 1380).

Einstweilen frei. A 744

(20) Medikation, Hinweis auf Nebenwirkungen

Die Medikation verpflichtet den Arzt dazu, den Patienten über Dosis, Unver- A 745
träglichkeiten und **Nebenwirkungen** eines verordneten Medikaments ins Bild
zu setzen (G/G, 6. Aufl., Rz. B 97, C 49, C 112; F/N/W, 5. Aufl., Rz. 121, 201;
Gehrlein, Rz. B 49; Hausch, VersR 2007, 167, 168 ff; Stöhr, RiBGH, GesR 2011,
193, 195/196; L/K-Laufs, § 58 Rz. 7, 8, 14, 15; S/Pa, 12. Aufl., Rz 476).

Hierzu gehören etwa das sehr seltene Risiko eines **Herzstillstands**, selbst wenn A 746
ein vom Patienten zuvor eingenommenes Medikament insoweit gefährlicher
war (BGH, Urt. v. 17. 4. 2007 – VI ZR 108/06, VersR 2007, 999, 1000 = NJW
2007, 2771, 2772, Nr. 9), die Möglichkeit der **Verstärkung bestehender Herzrhytmusstörungen** nach Ummedikation eines herzkranken Patienten, verbunden
mit der dringenden Empfehlung einer mehrtägigen stationären Überwachung
(OLG Köln, Urt. v. 6. 6. 2012 – 5 U 28/10, juris, Nr. 26, 30, 35), das Risiko eines
Herzinfarkts oder eines Schlaganfalls bei Einnahme der „Pille" (BGH, Urt. v.
15. 3. 2005 – VI ZR 289/03, NJW 2005, 1716 = VersR 2005, 834; Stöhr, RiBGH,
GesR 2011, 193, 196), der Eintritt gefährlicher, möglicherweise lebensbedrohlicher **Blutungen bei einer Marcumar-Behandlung** (OLG Düsseldorf, Urt. v.
16. 11. 2000 – 8 U 101/99, AHRS III, 5100/301), **sonstige lebensgefährliche Nebenwirkungen** einer medikamentösen Therapie (OLG Koblenz, Urt. v.
21. 6. 2000 – 9 U 600/98, AHRS III, 5100/300), die **Reduktion der Immunabwehr**,
das Auftreten eines „Vollmondgesichts", einer Fettsucht u.a. bei einer Dauertherapie mit Glukokortikosteroiden (OLG Naumburg, Urt. v. 14. 8. 2008 – 1 U
8/08, GesR 2009, 37, 40: Kortison/Dexamethason), die mit der Wirkung des Medikaments auf den Kreislauf verbundene **Sturzgefahr** (OLG Köln, VersR 1996,
1278) und die **eingeschränkte Fahrtauglichkeit** nach der Verabreichung von Augentropfen, Herz-Kreislauf-Medikamenten o.Ä.

Ist der Patient nach einer ambulanten Behandlung, etwa einer Magen- oder A 747
Darmspiegelung, noch so stark sediert, dass seine **Tauglichkeit für den Straßenverkehr erheblich eingeschränkt** ist, ist der Arzt verpflichtet, etwa durch Einrichtung geeigneter und vom Pflegepersonal überwachter Räume oder in sonst
geeigneter Form sicherzustellen, dass sich der Patient nicht vorzeitig entfernt
(BGH, Urt. v. 8. 4. 2003 – VI ZR 265/02, NJW 2003, 2309 = VersR 2003, 1126;
S/Pa, 12. Aufl., Rz. 252, 370, 617; D/S, 6. Aufl., VI. Rz. 206; vgl. hierzu → *Mitverschulden*, Rz. M 10, M 11).

A 748   Verschreibt eine Gynäkologin ihrer Patientin ein **östrogen- und gestagenhaltiges Antikonzeptionsmittel ("Pille")** zur Regulierung von Menstruationsbeschwerden, muss sie die Patientin auch dann in geeigneter Weise darauf hinweisen, dass das Medikament bei Raucherinnen das erhebliche **Risiko eines Herzinfarkts oder Schlaganfalls** in sich birgt, wenn dieses Risiko in der dem Medikament beigefügten Gebrauchsinformation – „bei Raucherinnen ein erhöhtes Risiko von zum Teil schwerwiegenden Folgen von Gefäßveränderungen (z. B. Herzinfarkt oder Schlaganfall)" beschrieben ist (BGH, Urt. v. 15. 3. 2005 – VI ZR 289/03, NJW 2005, 1716 = VersR 2005, 834 mit grds. zustimmender Anmerkung Koyuncu, GesR 2005, 289, 293; Stöhr, RiBGH, GesR 2006, 145, 148/149 und GesR 2011, 193, 195/196).

A 749   Nach Ansicht des BGH stellt auch die **Medikation mit aggressiven bzw. nicht ungefährlichen Arzneimitteln** – wie vorliegend einer „Pille" – einen **„ärztlichen Eingriff** im weiteren Sinne" dar, so dass die Einwilligung des Patienten in die Behandlung unwirksam ist, wenn er nicht über deren gefährliche Nebenwirkungen aufgeklärt worden ist (BGH, Urt. v. 15. 3. 2005 – VI ZR 289/03, NJW 2005, 1716, 1717 = VersR 2005, 834, 835; Urt. v. 17. 4. 2007 – VI ZR 108/06, VersR 2007, 999, 1000 = NJW 2007, 2771, 2772, Nr. 8 zum sehr seltenen Risiko eines Herzstillstands; S/Pa, 12. Aufl., Rz 476, 455; Hausch, VersR 2007, 167, 168: es bleibt aber offen, wann es sich um ein „aggressives" bzw. „nicht ungefährliches" Arzneimittel handelt).

A 750   Es handle sich hier nicht (nur) um die – zur Beweislast des Patienten stehende – Verletzung einer Pflicht zur therapeutischen Aufklärung (Sicherungsaufklärung), sondern um einen „Fall der **Eingriffs- oder Risikoaufklärung**", um es dem Patienten zu ermöglichen, sein Selbstbestimmungsrecht auszuüben (BGH, Urt. v. 15. 3. 2005 – VI ZR 289/03, NJW 2005, 1716f. = VersR 2005, 834f; BGH, Urt. v. 17. 4. 2007 – VI ZR 108/06, VersR 2007, 999, 1000, Nr. 8, 9: sehr seltenes Risiko eines Herzstillstandes; Hausch, VersR 2007, 167, 168: grundsätzlich Risikoaufklärung).

A 751   Kommen derart schwere Nebenwirkungen wie etwa ein Herzinfarkt oder ein Schlaganfall, der sich im entschiedenen Fall bei der Patientin realisiert hatte, in Betracht, reicht nach Ansicht des BGH der in der Packungsbeilage erteilte Warnhinweis des Pharmaherstellers nicht aus. Vielmehr **muss der Patientin primär vom verordnenden Arzt eine allgemeine Vorstellung von den spezifischen Risiken der Medikation vermittelt werden, die „dem Eingriff" anhaften und bei ihrer Verwirklichung die Lebensführung der Patientin stark belasten** (BGH, Urt. v. 17. 4. 2007 – VI ZR 108/06, VersR 2007, 999, 1000 = NJW 2007, 2771, 2772, Nr. 8, 10: Herzinfarkt, Herzstillstand; BGH, Urt. v. 15. 3. 2005 – VI ZR 289/03, VersR 2005, 834, 835: Risiko eines Herzinfarkts oder Schlaganfalls).

A 752   Regelmäßig kann sich der Arzt zwar auf den Inhalt des vom Hersteller beigefügten **Beipackzettels** verlassen (so etwa OLG Saarbrücken OLG-Report 1999, 5; OLG Naumburg, NJW-RR 2004, 964; Gehrlein, Rz. B 49), nach Auffassung des BGH jedoch nicht darauf, dass die Patientin bzw. der Patient die Hinweise auf der Gebrauchsinformation des Medikaments tatsächlich zur Kenntnis nimmt bzw. genommen hat (BGH, Urt. v. 15. 3. 2005 – VI ZR 289/03, NJW 2005, 1716, 1718).

Greiner (RiBGH a.D., G/G, 6. Aufl., Rz. B 97) und Stöhr (RiBGH, GesR 2006,   A 753
145, 148 und GesR 2011, 193, 195) weisen ergänzend darauf hin, dass in einem
derartigen, vom BGH (Urt. v. 15. 3. 2005 – VI ZR 289/03, NJW 2005, 1716) entschiedenen Fall „**zudem eine Verletzung der Pflicht zur Sicherungs- oder therapeutischen Aufklärung in Betracht"** kommt, **die sich dann mit der Verpflichtung zur Eingriffsaufklärung überschneidet**, soweit ein therapierichtiges Verhalten zur Sicherstellung des Behandlungserfolges und zur Vermeidung möglicher
Selbstgefährdungen des Patienten im Raum steht.

Koyuncu (GesR 2005, 289, 293) stimmt dem BGH im Grundsatz zu. Dem Arzt   A 754
sei es aber auch gestattet, den Patienten nach „im Großen und Ganzen" erteilter
„Grundaufklärung" über die schwerwiegendsten Risiken auf die ergänzende
Lektüre der Packungsbeilage zu verweisen (Koyuncu, GesR 2005, 289, 293 und
295 mit Hinweis auf LG Dortmund, Urt. v. 6. 10. 1999 – 17 O 10/98, MedR
2000, 331, 332). Letztere sei als schriftliche Aufklärung des pharmazeutischen
Unternehmers anzusehen. Allerdings treffe die Patientin, die einen in der Packungsbeilage enthaltenen deutlichen Hinweis nicht beachte, ein **Mitverschulden** (Koyuncu GesR 2005, 289, 295).

Nach Ansicht von Hausch (VersR 2007, 167, 168) gebietet es die Rechtssicher-   A 755
heit, insbesondere die Aufklärung über Neben- und Wechselwirkungen von Medikamenten generell der Risikoaufklärung zuzuordnen, zumal der BGH die Frage, wann es sich bei einem Medikament um ein „aggressives" bzw. „nicht ungefährliches" Arzneimittel handelt, über dessen Wirkungen aufzuklären ist, nicht
beantwortet hat.

Will der Arzt eine neue und noch nicht allgemein eingeführte **Behandlung mit**   A 756
einem neuen, in Deutschland noch nicht zugelassenen Medikament anwenden,
so hat er den Patienten nicht nur über die noch fehlende Zulassung, sondern
auch darüber aufzuklären, dass **unbekannte Risiken derzeit nicht auszuschließen sind** (BGH, Urt. v. 27. 3. 2007 – VI ZR 55/05, VersR 2007, 995, 998 = NJW
2007, 2767, 2770, Nr. 31: Risiko- oder Selbstbestimmungsaufklärung; BGH,
Urt. v. 13. 6. 2006 – VI ZR 323/04, GesR 2006, 411 = VersR 2006, 1073, 1074;
LG Nürnberg-Fürth, Urt. v. 28. 8. 2008 – 4 O 13193/04, VersR 2009, 113 mit
zust. Anm. Bender, VersR 2009, 176, 180: Neulandmethode mit unbekannten
Risiken; Stöhr, RiBGH, GesR 2011, 193, 197).

Hat der Hersteller, das Bundesinstitut für Arzneimittel und Medizinprodukte   A 757
oder eine Universitätsklinik darauf hingewiesen, dass beim Einsatz des neuen
Medikaments regelmäßige, etwa monatliche **Kontrollen des Sehvermögens angezeigt** seien, muss der Arzt dem Patienten mitteilen, dass mit unbekannten Risiken – jedenfalls in dieser Richtung – zu rechnen ist (BGH, Urt. v. 27. 3. 2007 –
VI ZR 55/05, VersR 2007, 995, 998, Nr. 20, 21, 32).

Einstweilen frei.   A 758 – A 761

(21) Hinweis auf verbliebenes Draht- oder Bohrerstück im Knochen

Regelmäßig liegt zwar **kein Behandlungsfehler** vor, wenn bei der Operation einer   A 762
Fraktur ein abgebrochenes **Metallteil einer Bohrerspitze im Knochen verbleibt**

(OLG München, Urt. v. 10. 1. 2002 – 1 U 2373/01, OLGR 2002, 257; OLG Stuttgart, Urt. v. 2. 2. 1989 – 14 U 20/88, AHRS I, 3110/33; OLG Oldenburg, Urt. v. 20. 12. 1994 – 5 U 157/94; Oehler, 2003, S. 215, 227). Gleiches gilt, wenn ein Unfallchirurg ein abgebrochenes Stück eines Kirschner-Drahts im Knochen des Sprunggelenks des Patienten zurücklässt (OLG Hamm, Urt. v. 19. 7. 2003 – 3 U 264/02, AHRS III, 3130/301).

A 763 **Der Patient ist über das Verbleiben eines Bohrerstücks im Knochen bzw. eines sonstigen Metallteils im Körper jedoch aufzuklären,** um den Zeitraum, innerhalb dessen beim Patienten Beschwerden eintreten oder eintreten können, zu verkürzen (OLG München, Urt. v. 10. 1. 2002 – 1 U 2373/01, OLGR 2002, 257; OLG Oldenburg a. a. O.; OLG Stuttgart a. a. O.; OLG Hamm a. a. O.). Verschweigt der Arzt dem Patienten, dass bei einer Operation eine Bohrerspitze abgebrochen und im Knochen verblieben ist, kann hierin sogar ein **grober Behandlungsfehler** liegen, weil der Patient auf diese Information für die Nachbehandlung angewiesen ist (OLG Stuttgart a. a. O.). Zur Gewinnung entsprechender Erkenntnisse hat der Arzt postoperative Röntgenaufnahmen sorgsam auszuwerten. Unterbleibt dies und kann die erforderliche Sicherungsaufklärung deshalb nicht erfolgen, kann ein Schmerzensgeld in der Größenordnung von 2 000 Euro gerechtfertigt sein (OLG München, Urt. v. 10. 1. 2002 – 1 U 2373/01, OLGR 2002, 257, 258 = VersR 2002, 985, 986).

(22) Zahnersatz mit parodontal beeinträchtigtem Zahn; nicht erforderliche Neuversorgung

A 764 Der Versuch, **einen parodontal stark beeinträchtigten, jedoch seit längerer Zeit beschwerdefreien Zahn zu erhalten** und in eine prothetische Versorgung einzubeziehen, ist **zahnmedizinisch vertretbar,** wenn die Vor- und Nachteile dieses Vorgehens und die Alternativen (z. B. Durchführung einer Wurzelspitzenresektion an dem Zahn oder anderweitige Befestigungsmöglichkeiten) **mit dem Patienten besprochen** worden sind und dieser bereit ist, das Risiko später auftretender Beschwerden an dem Zahn zu tragen.

Behauptet der Zahnarzt substantiiert, dass er ein solches Gespräch mit dem Patienten geführt hat, muss der für das Vorliegen eines Behandlungsfehlers beweispflichtige Patient diese Behauptung widerlegen. Sind die Angaben des immer wieder unter Beschwerden an anderen Zähnen leidenden Patienten, dass er sich ohne Vorgespräch über den parodontalen Zustand seines Gebisses einer umfangreichen Zahnsanierung unterzogen haben will, nicht glaubhaft, kommen ihm wegen der unterbliebenen Dokumentation des Gesprächs keine Beweiserleichterungen zugute. Die entsprechende therapeutische Aufklärung des Zahnarztes ist **nicht** aus medizinischen Gründen **zu dokumentieren** (OLG Düsseldorf, Urt. v. 20. 10. 2005 – I-8 U 109/03, OLGR 2006, 427, 428 = AHRS III, 2695/325).

Das Eingliedern eine Prothese ist jedoch grob fehlerhaft, wenn die zu deren Verankerung eingebrachten Implantate wegen eines erkennbar fortgeschrittenen Knochenabbaues des Kiefers keinen genügenden Halt bieten (OLG Köln, VersR 1998, 1511, 1512).

Andererseits kommt eine Haftung des Zahnarztes wegen Unterlassens einer medizinisch gebotenen, systematischen Parodontalbehandlung bei einer schlechten Prognose hinsichtlich der Entwicklung der Erkrankung (stark ausgeprägter Knochenabbau, aggressiver Verlauf der Parodontitis, Parodontalbehandlung durch den nachbehandelnden Zahnarzt erfolglos) nicht in Betracht (OLG Düsseldorf, Urt. v. 7. 7. 2005 – I 8 U 6/05, AHRS III, 2693/308: fehlender Kausalzusammenhang, kein grober Behandlungsfehler).

Wünscht der Patient eine **zahnmedizinisch nicht erforderliche Neuversorgung**   A 765
einer erst 19 Monate zuvor eingebrachten Zahnprothetik, muss der Zahnarzt deutlich und nachdrücklich **darauf hinweisen, dass die Behandlung der langfristig sachgemäß versorgten Zähne medizinisch nicht notwendig** ist. Es ist auch nicht davon auszugehen, dass die Neuversorgung medizinisch erforderlich ist, wenn der Zahnarzt hierzu keine entsprechende Dokumentation gefertigt hat. Unterbleibt in derartigen Fällen eine Aufklärung, kann davon ausgegangen werden, dass der Patient bei sachgemäßer Information die Neuversorgung abgelehnt hätte. Dem Zahnarzt steht dann für die überflüssige Zweitbehandlung **kein Vergütungsanspruch** zu (OLG Koblenz, Urt. v. 15. 1. 2009 – 5 U 674/08, VersR 2010, 1040).

(23) Festsitzender Zahnersatz statt herausnehmbarer Prothese; Durchführung von Allergietests

Ein fester Zahnersatz mit Freiendbrücken stellt zwar eine etwas eingeschränkte,   A 766
aber gegenüber einer herausnehmbaren Prothese eine für den Patienten komfortablere Lösung dar. Es liegt weder ein Aufklärungsfehler noch ein Behandlungsfehler in Form der unterlassenen therapeutischen Aufklärung vor, wenn auf Wunsch des Patienten anstatt der im Heil- und Kostenplan zur Sanierung des Unterkiefers vorgesehenen herausnehmbaren Prothese ein **fester Zahnersatz** mit Freiendbrücken eingebracht wird **und der Patient zuvor darauf hingewiesen wurde, dass ein festsitzender Zahnersatz keine optimale Bissfunktion herstellt und damit das Risiko von Beschwerden einhergehen kann** (OLG Düsseldorf, Urt. v. 27. 4. 2000 – 8 U 149/99, AHRS III, 2695/301 und 4800/301).

Liegen **keine konkreten Anhaltspunkte für etwaige Unverträglichkeiten** vor, so   A 767
ist der Zahnarzt **nicht zur Durchführung von Allergietests** oder zur Aufklärung über diese Möglichkeit vor dem Einbringen von Zahnersatz, bei dem unterschiedliche Metalle verwendet werden, verpflichtet (OLG Oldenburg, Urt. v. 28. 2. 2007 – 5 U 147/05, juris, Nr. 34, 35, 40).

Einstweilen frei.   A 768

(24) Erhöhtes Kariesrisiko bei fester Zahnspange

Bei einer kieferorthopädischen Behandlung mit einer **festen Zahnspange** ist im   A 769
Rahmen der therapeutischen Sicherungsaufklärung auf das **erhöhte Kariesrisiko** und die deshalb erforderlichen Prophylaxemaßnahmen (ausreichende Zahnpflege) hinzuweisen. Die Beweislast für eine fehlende oder unzureichende Aufklärung liegt beim Patienten (OLG Stuttgart, Urt. v. 20. 5. 2008 – 1 U 122/07, VersR 2008, 927 = OLGR 2008, 633).

4. Wirtschaftliche Aufklärung

a) Grundlagen; Patientenrechtegesetz

A 770   Ein Arzt hat den Patienten auch über die wirtschaftlichen Folgen der vorgeschlagenen Behandlung aufzuklären, wenn und soweit er diese besser beurteilen kann
als der Patient (Schelling MedR 2004, 422, 427; Stöhr, RiBGH, GesR 2011, 193,
198 und MedR 2004, 156, 159; L/K-Steinhilper, § 25 Rz. 24). Bei der Pflicht zur
wirtschaftlichen Aufklärung handelt es sich um eine **vertragliche Nebenpflicht.**
Die Beweislast, dass eine etwa gebotene wirtschaftliche Aufklärung nicht erfolgt
ist, obliegt dabei dem Patienten (OLG Stuttgart, Urt. v. 9. 4. 2002 – 14 U 90/01,
VersR 2003, 462, 463 = OLGR 2002, 350, 351; Urt. v. 16. 4. 2002 – 14 U 71/01,
AHRS III, 380/304 = OLGR 2002, 91, 94; Schelling, MedR 2004, 422, 426; Stöhr,
MedR 2004, 156, 160; von Ziegner, MDR 2001, 1088, 1091; F/N/W, 5. Aufl.,
Rz. 33a).

A 771   Im Patientenrechtegesetz wurde mit **§ 630c III BGB** (vgl. hierzu Rz. P 28 ff.) eine
schon jetzt umstrittene Regelung eingeführt. Danach trifft den Behandelnden
eine in Textform (§ 126b BGB) zu erfüllende Informationspflicht, wenn er weiß
oder sich hinreichende Anhaltspunkte dafür ergeben, dass eine **vollständige**
Übernahme der Behandlungskosten durch einen Dritten, regelmäßig die Krankenversicherung, **nicht gesichert** ist. Der Behandelnde muss den Patienten über
die voraussichtliche Höhe der Kosten unterrichten. In der Begründung des Regierungsentwurfs (BT-Drucks. 17/10488, S. 32/33) wird darauf hingewiesen, ein
Vertragsarzt der gesetzlichen Krankenversicherungen (GKV) kenne die maßgeblichen Kostensätze (§§ 92 V, 91 VI, 94 II 1 SGB V), **während der Patient die Über-**
nahmefähigkeit der Behandlungskosten durch die GKV – von Ausnahmefällen
abgesehen – regelmäßig nicht beurteilen kann (Katzenmeier, NJW 2013, 817,
819; Katzenmeier, MedR 2012, 576, 581; Wagner, VersR 2012, 789, 794; Jaeger
2013, Rz. 173, 180; kritisch Spickhoff, VersR 2013, 267, 274: die vom Gesetzgeber unterstellte Vermutung des „überlegenen Wissens des Behandelnden" ist
angesichts der ständigen Rechtsänderungen durchaus zweifelhaft; vgl. auch LG
Wiesbaden, Urt. v. 8. 3. 2013 – 9 O 66/11, VersR 2013, 910: **Hinweis grundsätz-**
lich erforderlich; anders aber, wenn dem Patienten anhand des vorgelegten Heil-
und Kostenplanes bzw. Behandlungsplanes Zweifel an der Kostenübernahme be-
kannt sind).

Demgegenüber liege es bei Patienten mit privater Krankenversicherung (**PKV**)
grundsätzlich im Verantwortungsbereich des Patienten, Kenntnisse über den Inhalt und Umfang des mit der PKV abgeschlossenen Versicherungsvertrages zu
haben. Etwas anderes gelte aber dann, wenn der Arzt – etwa aufgrund früherer
Ablehnungen oder gleichgelagerter Fälle – Anhaltspunkte dafür hat, dass die
PKV die Kosten nicht übernimmt. Dies ist insbesondere bei den „individuellen
Gesundheitsleistungen" (IGeL) der Fall (Begründung, RegE S. 33). Eine weitergehende Informationspflicht des Behandelnden besteht dagegen nicht. Er muss den
Patienten nicht umfassend wirtschaftlich beraten. Vielmehr habe der Patient
selbst die Pflicht, vorab bei der Versicherung eine vorherige Kostenzusage bzw.
Übernahmebestätigung einzuholen (BT-Drucks. 17/10488, Begründung, S. 33;
vgl. auch Seite 6/7 der Gegenäußerung der BReg. zur Stellungnahme des Bundesrates, BR-Drucks. 312/12; vgl. Rz. P 30 ff.).

Im Übrigen ist die Information gem. § 630c IV BGB insbesondere bei Notfällen, vorangegangenem, unmissverständlichem Verzicht, entsprechender Vorkenntnis und bei Bestehen erheblicher therapeutischer Gründe (Lebens- oder Gesundheitsgefahr) entbehrlich (Begründung, S. 34). Gem. § 630c III 2 BGB bleiben über das Textformerfordernis des § 630c III 1 BGB hinausgehende Formerfordernisse (z.B. nach § 17 II des Krankenhausentgeltgesetzes) unberührt (vgl. Begründung, S. 33). Als **Rechtsfolge** eines Verstoßes gegen die wirtschaftliche Informationspflicht aus § 630c III 1 BGB soll der Patient dem **Honoraranspruch** den entsprechenden **Pflichtenverstoß (ggf. Mehrkosten) entgegenhalten können** (Spickhoff, ZRP 2012, 65, 67; Spickhoff, VersR 2013, 267, 274; Wagner, VersR 2012, 789, 794; Katzenmeier, NJW 2013, 817, 819; ebenso bereits Deutsch/Spickhoff, 6. Aufl., Rz. VII 280, 281: teilweise Verwirkung des Gebührenanspruchs bzw. des Pflegesatzes).

Bei der Frage, ob und in welchem Umfang der Arzt zur „wirtschaftlichen Aufklä- A 772
rung" des Patienten verpflichtet ist, wurde bereits vor Einführung des § 630c II 1 BGB überwiegend danach differenziert, ob der Patient **gesetzlich** oder **privat krankenversichert** ist, wobei sich bei kosmetischen Operationen und bestimmten zahnmedizinischen Behandlungen, die nicht vom Versicherungsschutz eines privaten oder gesetzlichen Krankenversicherers erfasst sind, Besonderheiten ergeben können.

b) Gesetzlich krankenversicherte Patienten

Behandelt der Arzt einen Kassenpatienten, ist er regelmäßig darüber im Bild, A 773
welche Heilbehandlungskosten ihm von der Kassenärztlichen Vereinigung (KV) unproblematisch erstattet werden und welche nicht, da er die Abrechnungen mit der Krankenkasse laufend selbst vornimmt und er die für die Erstattung maßgeblichen Richtlinien des Gemeinsamen Bundesausschusses (vgl. §§ 92 V, 91 VI, 94 II 1, 30 VI 6 SGB V) kennt (Katzenmeier, NJW 2013, 817, 819; Katzenmeier, MedR 2012, 576, 581; Schelling, MedR 2004, 422, 423; Michalski, VersR 1997, 137, 144; L/K-Steinhilper, § 25 Rz. 24, 26; vgl. Begr. zum Regierungsentwurf, BT-Drucks. 17/10488, Seite 33; kritisch Spickhoff, ZRP 2012, 65, 67: Leistungskataloge der GKV zunehmend unterschiedlich, vgl. auch Rz. P 28 ff.).

Wegen des bestehenden Leistungsgeflechts zwischen Vertragsarzt, KV, Kranken- A 774
kasse und Kassenpatient stellt die Kostenübernahme zugunsten des Kassenpatienten grundsätzlich die Regel dar, so dass der gesetzlich versicherte Patient – abgesehen von der Praxisgebühr und Zuzahlungen bei Heilmitteln – nicht zur Zahlung einer Vergütung an den Arzt verpflichtet ist (Schelling, MedR 2004, 422, 423; Schinnenburg, MedR 2000, 185, 187; Michalski, VersR 1997, 137, 144).

Der Kassenpatient erwartet grundsätzlich eine Behandlung nach den Regeln der A 775
kassenärztlichen Versorgung und **geht i.d.R. davon aus, keine Zuzahlungen zu schulden** (vgl. OLG Stuttgart, Urt. v. 9. 4. 2002 – 14 U 90/01, VersR 2003, 462, 463; Urt. v. 16. 4. 2002 – 14 U 71/01, OLGR 2002, 92, 94; Schelling, MedR 2004, 422, 424).

Weiß also der Arzt, dass eine bestimmte ärztliche Behandlung von der gesetzli- A 776
chen Krankenkasse nicht oder nur unter bestimmten, fraglich vorliegenden Vo-

raussetzungen bezahlt wird, hat er deshalb **den Patienten vor Abschluss des Be-**
handlungsvertrages bzw. vor Durchführung der vorgesehenen Behandlung be-
reits nach bisheriger Rechtslage darauf hinzuweisen (OLG Stuttgart, Urt. v.
9. 4. 2002 – 14 U 90/01, VersR 2003, 462, 463; OLG Köln, Urt. v. 23. 3. 2005 –
5 U 144/04, MedR 2005, 601 = VersR 2005, 1589 zur Implantatbehandlung;
OLG München, Beschl. v. 20. 3. 2012 – 1 U 4547/11, juris, LS; Kern, GesR 2009,
1, 10; D/S, 6. Aufl., VII. Rz. 281: Hinweispflicht, wenn der Arzt von der voraussichtlich fehlenden Übernahme der Kosten aus früheren Sachverhalten weiß
oder dies jedenfalls ganz nahe liegt; L/K-Steinhilper § 25 Rz. 24, 25; auch Schelling, MedR 2004, 422, 424 sowie Stöhr, MedR 2004, 156, 159 und GesR 2011,
193, 198).

A 776a   Hat der Arzt den Patienten nicht darauf hingewiesen, dass die vorgeschlagene
Behandlung über das ihm bekannte Maß des medizinisch Notwendigen hinausgeht und von der Krankenkasse nicht erstattet wird, muss er den Patienten
gem. § 280 I BGB auch die hieraus adäquat kausal entstandenen **Folgekosten ein-**
schließlich frustrierter Rechtsverfolgungskosten aus einem Rechtsstreit gegen-
über der Krankenkasse ersetzen (OLG München, Beschl. v. 20. 3. 2012 – 1 U
4547/11, juris, LS).

A 776b   So darf der Vertragsarzt dem Kassenpatienten auch keine Behandlung als
IGeL-Leistung aufdrängen, wenn derselbe Behandlungserfolg für den Patienten
kostenfrei über das Sachleistungsprinzip erreicht werden kann. Ebenso wenig
darf ein Vertragsarzt dem Patienten eine privatärztliche Leistung mit der Begründung anbieten, nur diese wäre optimal und ausreichend, wenn die Kassen-
leistung dem medizinischen Standard bei der konkreten Behandlung entspricht
(L/K-Steinhilper, § 25 Rz. 25; vgl. Begr. zum Regierungsentwurf, S. 33 und
Rz. P 29, P 30).

A 776c   Gemäß § 73 V 3 SGB V hat der Arzt dem gesetzlich Krankenversicherten bei
Verordnung eines Arzneimittels, dessen Preis des Festbetrag nach §§ 35, 35a
SGB V überschreitet, auf die **Pflicht zur Übernahme der Mehrkosten hinzuwei-**
sen (Stöhr, RiBGH, GesR 2011, 193, 198).

Steht eine **echte Behandlungshalternative** etwa in Form der Verschreibung eines
Medikaments zur Verfügung, dessen Kosten vom gesetzlichen Krankenversicherer nach Kenntnis des Arztes nicht übernommen werden, hat der Arzt den Patienten darauf hinzuweisen, dass das entsprechende Medikament möglicherweise eine bessere Heilungschance bietet, aber von der gesetzlichen Krankenversicherung nicht bezahlt wird (Stöhr, RiBGH, GesR 2011, 193, 198 und MedR
2010, 214, 217; ebenso OLG Oldenburg, GesR 2008, 539; **a.A.** aber S/Pa,
12. Aufl., Rz. 376 und Steffen, VRiBGH a.D. in Festschrift für Geiß, 2000,
S. 487, 501, 502).

A 776d   Die gesetzliche oder vertragliche Nebenpflicht des Kassenarztes besteht jedenfalls dann, wenn für ihn erkennbar ist, dass sich der Patient **falsche Vorstellun-**
gen über die Kostenfolge einer Behandlung macht. Wird die vorgeschlagene medizinische Maßnahme nicht von einem gesetzlichen oder privaten Krankenversicherer bezahlt und kann der Arzt nicht davon ausgehen, dass dem Patienten

dies bekannt ist, sind ihm **gleich wirksame Alternativen** vorzuschlagen, die von den Kassen bezahlt werden (L/K-Steinhilper, § 25 Rz. 24; auch Stöhr, RiBGH, GesR 2011, 193, 198 und MedR 2010, 214, 217).

In **§ 630c III 1 BGB** wird das Problem einer Aufklärungspflicht über alternativ   A 776e
zur Verfügung stehende Behandlungen bzw. Medikamente mit gleichen oder höheren Heilungschancen bei höheren Kosten nicht gelöst. In den bei den Arzthaftungssenaten und zahlreichen Arzthaftungskammern eingeholten Stellungnahmen der Bundesländer findet sich der Hinweis, die Information über Behandlungsalternativen sei nach § 630e I BGB **lediglich für den Fall der Aufklärung über einen Eingriff** vorgesehen. Andererseits wollte der Gesetzgeber die Position des Patienten gegenüber der bisherigen Rechtslage nicht verschlechtern, sondern verbessern (Begründung zum Regierungsentwurf, S. 32, 33).

Grundsätzlich wird es (nach bisheriger Rechtslage) als ausreichend angesehen,   A 777
wenn der behandelnde Arzt dem Patienten erklärt, dessen Krankenkasse werde möglicherweise die Kosten der beabsichtigten bzw. gewünschten Behandlung **nicht übernehmen** (OLG Stuttgart, Urt. v. 16. 4. 2002 – 14 U 71/01, OLGR 2003, 91, 94 = VersR 2003, 992).

Ist eine Therapie sowohl stationär als auch ambulant medizinisch sinnvoll und   A 778
praktikabel, so ist sowohl der gesetzlich krankenversicherte als auch der privat versicherte Patient nach bislang herrschender, von § 630c III 1 BGB nicht in Frage gestellter Auffassung über die **ernsthaft in Betracht kommenden Behandlungsalternativen einschließlich der wirtschaftlichen Folgen aufzuklären** (AG Pforzheim, Urt. v. 7. 5. 2002 – 8 C 221/01, MedR 2003, 234; zustimmend Schelling MedR 2004, 422, 423; grundsätzlich auch LG Karlsruhe, Urt. v. 15. 7. 2005 – 5 S 124/04, NJW-RR 2005, 1690, 1691 = VersR 2006, 1217, 1218; Stöhr, RiBGH, GesR 2011, 193, 198 und MedR 2010, 214, 127), jedenfalls wenn der Arzt den Umständen nach **begründete Zweifel** (vgl. jetzt § 630c III 1 BGB: Vorliegen „hinreichender Anhaltspunkte") haben muss, ob der (im entschiedenen Fall private) Krankenversicherer des Patienten die Behandlung im Krankenhaus als notwendig ansehen und die Kosten hierfür übernehmen wird (BGH, NJW 1983, 2630; KG VersR 2000, 89; LG Karlsruhe, Urt. v. 15. 7. 2005 – 5 S 124/04, NJW-RR 2005, 1690, 1691; OLG Köln, Urt. v. 23. 3. 2005 – 5 U 144/04, OLGR 2005, 601 und Rehborn MDR 2000, 1101, 1103: begründete Zweifel bei Zahnbehandlung; Kern, GesR 2009, 1, 10). Der Arzt muss auf die **voraussichtliche Höhe der Behandlungskosten** jedenfalls dann hinweisen, wenn ihm bekannt ist, dass der Patient die Behandlungskosten selbst tragen muss und er erkennbar nicht über die entsprechenden Mittel verfügt (zutreffend AG Bergheim, Urt. v. 30. 9. 2008 – 28 C 517/07, VersR 2009, 684). Dies ergibt sich nunmehr aus § 630 III 1 BGB (in diesem Sinne Begr. zum Regierungsentwurf zu § 630 III 1 BGB, S. 29, 32; vgl. Rz. P 28 ff.).

So hat der Arzt, der dem Patienten zu einer **stationären konservativen Behand-**   A 779
lung einer Hüftgelenksarthrose rät, obwohl diese auch ambulant behandelt werden könnte, darauf hinzuweisen, dass die gesetzliche oder die private Krankenversicherung die durch die stationäre Aufnahme bedingten Mehrkosten voraussichtlich nicht erstatten wird (BGH, NJW 1983, 2630; Terbille/Schmitz-Her-

scheidt, NJW 2000, 1749, 1754; insoweit ablehnend Schelling, MedR 2004, 422, 429).

A 780 Bietet der Arzt einem **Krebspatienten** im letzten Stadium der Krankheit eine teure Therapie an, deren Wirksamkeit wissenschaftlich nicht erwiesen ist und deren Kosten von den Krankenkassen in aller Regel nicht übernommen werden, muss er den Patienten **unmissverständlich darüber belehren**, dass er die Therapie voraussichtlich **selbst zu bezahlen** haben wird. Bei unterbliebener Aufklärung kann der Patient im Wege des Schadensersatzes vom Arzt **Freistellung von den Kosten** verlangen (OLG Hamm, MDR 1994, 1184 und VersR 2001, 895, 896 = NJW 2002, 307: Behandlung mit nicht zugelassenem, nicht nachweislich wirksamem Medikament für 33 000 DM; D/S, 6. Aufl., Rz. VII. 281; Spickhoff, ZRP 2012, 65, 67; nunmehr von § 630 III 1 BGB erfasst).

A 781 Der Arzt muss den Patienten auch darauf hinweisen, dass der Erfolg einer ausschließlich **naturheilkundlichen Behandlung** und die Erstattung der Behandlungskosten durch den privaten oder gesetzlichen Krankenversicherer zweifelhaft sind (OLG Stuttgart, Urt. v. 16. 4. 2002 – 14 U 71/01, OLGR 2003, 91, 92 = VersR 2003, 992; nunmehr von § 630 III 1 BGB erfasst).

A 782 – A 789 Einstweilen frei.

c) Privat krankenversicherte Patienten

A 790 Gegenüber privat krankenversicherten Patienten nimmt der Arzt die Liquidation selbst vor. Die Frage einer Erstattung der Kosten durch die private Krankenversicherung (PKV) berührt ausschließlich das Vertragsverhältnis zwischen dem Patienten und der Versicherung, nicht hingegen zwischen Arzt und Patienten (Schelling, MedR 2004, 422, 424).

A 791 Die vertraglichen Ausgestaltungsmöglichkeiten in der PKV sind so mannigfaltig, dass es dem Arzt nicht zugemutet werden kann, sich die Versicherungsbedingungen aushändigen zu lassen und zu prüfen, ob alle Kosten auslösenden medizinischen Maßnahmen vom vereinbarten Umfang der Kostenerstattung abgedeckt werden (Schelling, MedR 2004, 422, 424; ebenso von Ziegner, MDR 2001, 1088f und L/K-Steinhilper, § 25 Rz. 26; ebenso Begr. zum Regierungsentwurf zu § 630c III BGB, S. 33; hierzu Wagner, VersR 2012, 789, 794; Katzenmeier, NJW 2013, 817, 819; Spickhoff, VersR 2013, 267, 274; vgl. hierzu Rz. P 30 ff.).

A 792 Eine entsprechende Aufklärungspflicht des Arztes gegenüber dem privat krankenversicherten Patienten wurde bereits vor Einführung des § 630 III BGB angenommen, wenn der Arzt **positiv weiß**, dass die PKV oder Beihilfe die **Erstattung der Behandlungskosten verweigern** oder zumindest Probleme bereiten wird (vgl. jetzt § 630 III 1 BGB). Hiervon ist etwa bei „IGeL-Leistungen" der Vorsorge- und Servicemedizin (Begr. zum Regierungsentwurf zu § 630c III BGB, Seite 33) oder dann auszugehen, wenn die PKV des Patienten dem Arzt oder Zahnarzt gegenüber schon vor Beginn der Behandlung Zweifel an der medizinischen Notwendigkeit der Heilbehandlung geäußert hat (KG, Urt. v. 21. 9. 1999 – VersR 2000, 89 bei zweifelhafter Kostenübernahme; Schelling, MedR 2004, 422, 424; Spickhoff-Wellner, § 823 BGB Rz. 204; auch Kern, GesR 2009, 1, 10).

Für eine **Kenntnis** des Arztes spricht auch, wenn er **mit bestimmten Behand-** A 793
lungsarten und Krankenversicherungen **wiederholt zu tun** und die PKV bereits
in früheren Fällen darauf hingewiesen hat, dass die Kosten des beabsichtigten
Verfahrens nicht übernommen werden können (vgl. LG Düsseldorf, MedR 1986,
208 bei alternativem Verfahren der Ozon-Sauerstoff-Eigenbluttransfusion; Schelling, MedR 2004, 422, 424).

Eine Aufklärungspflicht des Arztes war bereits nach bisheriger Rechtslage dann A 794
zu bejahen, wenn es für den Arzt oder Zahnarzt **erkennbar zweifelhaft** (also
i. d. R. bei grober Fahrlässigkeit) ist, ob eine Behandlung als medizinisch notwendig anerkannt wird oder nicht (KG, VersR 2000, 89; OLG Stuttgart, Urt. v.
16. 4. 2002 – 14 U 71/01, VersR 2003, 992, 993; auch BGH, VersR 1983, 443 =
MedR 1983, 109; AG Pforzheim, Urt. v. 7. 5. 2002 – 8 C 221/01, MedR 2003,
234: **Hinweispflicht, wenn „für den Arzt erkennbar zweifelhaft"**; auch LG Karlsruhe, Urt. v. 15. 7. 2005 – 5 S 124/04, VersR 2006, 1217, 1218 = NJW-RR 2005,
1690; Kern, GesR 2009, 1, 10; Stöhr, RiBGH, MedR 2004, 156, 159 und GesR
2011, 193, 198; L/K-Steinhilper, § 25 Rz. 24; Schelling, MedR 2004, 422, 424
und 425; D/S, 6. Aufl., VII. Rz. 281: Kenntnis von der voraussichtlich fehlenden
Übernahme oder begründete Zweifel; ebenso Begr. zum Regierungsentwurf zu
§ 630c III BGB, S. 32/33, vgl. Rz. P 29 ff.).

So muss der Arzt den Patienten etwa bei der Anwendung alternativer Methoden A 795
wie einer **Ozon-Sauerstoff-Eigenbluttransfusion** darauf hinweisen, dass diese
vom privaten Krankenversicherer regelmäßig nicht ersetzt wird (LG Düsseldorf,
MedR 1986, 208; Schelling, MedR 2004, 422, 424).

Gleiches gilt etwa, wenn der Arzt weiß, dass die Erstattung der Kosten einer na- A 796
turheilkundlichen Behandlung durch den Krankenversicherer (OLG Stuttgart,
Urt. v. 16. 4. 2002 – 14 U 71/01, OLGR 2003, 91, 92 = VersR 2003, 992), der sechswöchigen stationären Behandlung einer einfachen Arthrose (BGH, NJW 1983,
2630, 2631; Schelling, MedR 2004, 422, 425) oder einer stationär durchgeführten
Abmagerungskur (LG Köln, VersR 1983, 960) zumindest zweifelhaft ist.

Zweifel an der Erstattungsfähigkeit durch die PKV müssen sich dem Arzt auch A 797
bei der Anwendung anderer, wissenschaftlich nicht allgemein anerkannter Un-
tersuchungs- oder Behandlungsmethoden aufdrängen (OLG Frankfurt, VersR
1988, 733; Terbille/Schmitz-Herscheidt, NJW 2000, 1749, 1754; D/S, 6. Aufl.,
VII. Rz. 281).

Eine Aufklärungspflicht des Arztes oder Zahnarztes gegenüber dem privat ver- A 798
sicherten Patienten wird auch bejaht, wenn dieser routinemäßig eine Honorarvereinbarung abschließt und dem Arzt bekannt ist, dass das vereinbarte, über
den üblichen Satz hinausgehende Honorar regelmäßig von der PKV oder der Bei-
hilfestelle nicht ersetzt wird, etwa weil es **den 2,3- bzw. 3,5-fachen (Kassen-)Satz**
überschreitet oder hierfür keine ausreichende Begründung gegeben wird (Stöhr,
MedR 2004, 156, 160 und MedR 2010, 214, 217).

Im Prozess zwischen dem Arzt bzw. Krankenhaus und dem Patienten, der Scha- A 799
densersatzansprüche wegen unterlassener „wirtschaftlicher" Aufklärung geltend macht, wird nicht geprüft, ob die ablehnende Praxis des (privaten) Kranken-

versicherers in derartigen Fällen berechtigt und die vorgeschlagene bzw. durchgeführte Behandlung tatsächlich als nicht notwendige Behandlung im Sinne der Krankenversicherungsbedingungen (§ 1 II MB/KK) anzusehen ist; **allein die dem Arzt bekannte Nichtanerkennungspraxis der PKV genügt, um ihn zur Aufklärung zu verpflichten** (LG Karlsruhe, Urt. v. 15. 7. 2005 – 5 S 124/04, NJW-RR 2005, 1690 = VersR 2006, 1217).

A 800   Der Patient kann den **Schadensersatz wegen unterlassener „wirtschaftlicher"** **Aufklärung** nach Ansicht des LG Karlsruhe (Berufungskammer, Urt. v. 15. 7. 2005 – 5 S 124/04, NJW-RR 2005, 1690, 1691; ebenso OLG Koblenz, MedR 2007, 553 und D/S, 6. Aufl., VII. Rz. 281; u. E. Fall einer Zug-um-Zug Verurteilung nach §§ 273, 274 BGB) aber nur dann mit Erfolg geltend machen, wenn er für den Fall des Bestehens der Kostenerstattungspflicht der PKV den **möglichen Erstattungsanspruch** gegen den Versicherer an den Arzt bzw. den Krankenhausträgern **abtritt** (§ 255 analog).

In einem „Mietwagenfall" hat der BGH (Urt. v. 16. 9. 2008 – VI ZR 226/07, NJW-RR 2009, 130, 131, Nr. 7, 9) jedoch entschieden, dass es dem Schädiger versagt sei, vom Geschädigten die **Abtretung von Schadensersatzansprüchen** gegen den Vermieter (wegen Verletzung seiner Hinweispflicht auf günstigere Tarife) zu verlangen und die Leistung (Zahlung der Mietwagenkosten) bis zur Abtretung (gemäß § 255 BGB analog) zurückzuhalten.

A 801   Enthalten die Krankenversicherungsbedingungen – üblicherweise – ein **Abtretungsverbot** (vgl. § 6 VI MB/KK), kann der Patient mit dem Schadensersatzanspruch erst dann durchdringen, wenn er eine Erklärung der PKV vorlegt, wonach diese auf das Abtretungsverbot in diesem Fall verzichtet. Hierzu ist der Krankenversicherer in einem solchen Fall gem. § 242 verpflichtet (LG Karlsruhe, Urt. v. 15. 7. 2005 – 5 S 124/04, NJW-RR 2005, 1690, 1692 = VersR 2006, 1217, 1218).

A 802   Einstweilen frei.

d) Insbesondere: Zahnmedizinische Behandlung

A 803   Wenngleich i. d. R. kein Bedürfnis einer Aufklärung über die Kosten einer allgemeinmedizinischen Behandlung besteht, da diese meist von der privaten oder gesetzlichen Krankenkasse getragen werden, ist dies nach h. L. bei einer zahn- und kieferchirurgischen Behandlung anders (Schinnenburg, MedR 2000, 185, 187; Schelling, MedR 2003, 422, 428; Hart, MedR 1999, 47, 50; auch OLG Oldenburg, Urt. v. 14. 11. 2007 – 5 U 61/07, GesR 2008, 539, 540).

A 804   Aus §§ 29, 30 III SGB V (Schinnenburg, MedR 2000, 185, 187) bzw. aus § 73 V 3 SGB V (Hart, MedR 1999, 47, 50; auch Stöhr, RiBGH, GesR 2011, 193, 198 bei bestehenden, echten Behandlungsalternativen; ablehnend aber Schelling, RiOLG, MedR 2004, 422, 428), wonach die Patienten bei diesen Behandlungen einen Teil der Kosten zu tragen haben und eine Versorgung wählen können, die über den für gesetzlich Versicherte vorgesehenen Standard hinausgeht, leitet die h. L. eine **Hinweispflicht des Zahnarztes** zur Aufklärung über die entstandenen Kosten und bestehenden Behandlungsalternativen ab.

Jedenfalls dann, wenn es **für einen Zahnarzt erkennbar zweifelhaft** ist, ob eine   A 805
Behandlung von der Kasse oder PKV als medizinisch notwendig angesehen wird
oder nicht, muss er den Patienten bereits nach bisheriger Rechtslage darauf hinweisen, dass die in Aussicht genommene Behandlung möglicherweise vom
Krankenversicherer nicht als notwendig anerkannt werden könnte und der Versicherer dementsprechend die Kosten der zahnärztlichen Behandlung voraussichtlich nicht erstatten wird (KG, VersR 2000, 89; OLG Stuttgart, OLGR 2002,
350, 351; OLG Köln, Urt. v. 23. 3. 2005 – 5 U 144/04, OLGR 2005, 601, 602 zur
umfangreichen Implantatbehandlung; Stöhr, MedR 2004, 156, 159; L/K-Steinhil-
per, § 25 Rz. 24). Auch diese Fallkonstellation wird jetzt von **§ 630c III 1 BGB**
erfasst (vgl. Begr. zum Regierungsentwurf zu § 630c III BGB, S. 32/33).

Ansonsten erfüllt der Zahnarzt seine Pflicht zur wirtschaftlichen Aufklärung   A 806
nach zutreffender Ansicht grundsätzlich durch **Fertigung eines Heil- und Kostenplans**, den der Patient vor Aufnahme einer umfangreichen Behandlung abwarten und an dem er sich wegen der Kostenfrage orientieren kann (Stöhr,
MedR 2004, 156, 159).

Erklärt der Zahnarzt dem Patienten, der Privatversicherer werde die Kosten ei-   A 807
ner beabsichtigten umfangreichen Implantatbehandlung erstatten und beginnt
er die Behandlung **vor Eingang einer Kostenübernahmezusage**, obwohl er weiß,
dass der Heil- und Kostenplan erst zur Prüfung eingereicht worden ist, so hat er
die nachfolgend vom Versicherer nicht übernommenen Kosten zu tragen. Allerdings **muss sich der Patient ein hälftiges Mitverschulden anrechnen lassen,
wenn er den beantragten Bescheid des Krankenversicherers nicht abwartet**
(OLG Köln, Urt. v. 23. 3. 2005 – 5 U 144/04, OLGR 2005, 601 = VersR 2005,
1589; Spickhoff-Wellner, § 823 BGB Rz. 204 a. E.).

Auch wenn der Patient die Verpflichtung eingegangen ist, von der Krankenkasse   A 808
nicht übernommene bzw. nicht zu übernehmende Pflege- und Behandlungskosten selbst zu tragen, ist er von einer Ablehnung der Kostenübernahme zu informieren und auf die Möglichkeit, ggf. einen **Kostenübernahmeantrag** nach dem
BSHG zu stellen, hinzuweisen (OLG Frankfurt, Urt. v. 27. 5. 2004 – 3 U 82/03,
MDR 2004, 1401 = NJW-RR 2004, 1608).

Nach Auffassung des OLG Düsseldorf (Urt. v. 20. 5. 1999 – 8 U 181/99, NJW-RR   A 809
2000, 906; zustimmend Stöhr, MedR 2004, 156, 159; a.A. Schinnenburg, MedR
2000, 185, 187) gehört es **nicht** zu den **Nebenpflichten** eines Zahnarztes, vor einer prothetischen Behandlung zu prüfen, ob seine Leistungen von einer privaten
Krankenversicherung seines Patienten getragen werden. Der Zahnarzt ist auch
nicht gehalten, einen Kassenpatienten bei jeder einzelnen Maßnahme über eine
alternative und teure privatärztliche Behandlung aufzuklären (LG Aachen,
VersR 2000, 1374). Die wirtschaftliche Beratungspflicht des Zahnarztes gehört
danach allenfalls zu den Neben- und Schutzpflichten des Behandlungsvertrages,
die nicht überspannt werden dürfen (OLG Köln, NJW 1987, 2304; einschränkend
zugunsten des Zahnarztes auch S/Pa, 12. Aufl., Rz. 376, 453 und L/K-Steinhil-
per, § 25 Rz. 26).

Denn **kein Arzt oder Zahnarzt kann verpflichtet sein, sich Kenntnis über die Ab-   A 810
rechnungspraxis jeder einzelnen privaten Krankenversicherung oder über den je-**

weiligen Versicherungsstatus seines Patienten zu verschaffen (D/S, 6. Aufl, VII. Rz. 281; L/K-Steinhilper, § 25 Rz. 26).

A 811   Letzteres entspricht auch der Auffassung des Gesetzgebers (vgl. Begr. zum Regierungsentwurf zu § 630c III BGB, S. 33).

A 812 – A 813   Einstweilen frei.

e) Aufklärung über die Möglichkeit einer nicht vom gesetzlichen Krankenversicherer zu erstattenden Behandlung

A 814   Zum Teil wird die Ansicht vertreten, dass ein Kassenpatient **nicht auf die fehlende Erstattungsfähigkeit der Kosten der von ihm gewünschten privatärztlichen Behandlung** (vgl. OLG Hamm, NJW-RR 1991, 1141, 1142) oder über eine Behandlungsalternative **hinzuweisen** ist, die von der gesetzlichen Krankenversicherung aus ihrem Leistungskatalog ausgeklammert worden ist und ihm daher nur als Selbstzahler zur Verfügung steht (S/Pa, 12. Aufl. 2013, Rz. 376, 453; Steffen, VRiBGH a.D., Festschrift für Geiß, 2000, S. 487, 501/502). Die gesetzliche Regelung (§§ 630c III 1, 630e I 3 BGB) lässt die Frage letztlich **offen** (vgl. Rz. P 28 ff.).

A 815   Die h. L. befürwortet dagegen eine **Hinweispflicht** des Arztes. Danach muss es dem Patienten ermöglicht werden, mit einer Kostenübernahme dafür zu sorgen, dass ein bestimmtes Heilverfahren auch bei ihm angewendet wird (Hart, MedR 1999, 47, 49; Rumler-Detzel, VersR 1998, 546, 547; Rinke/Balser, VersR 2001, 423, 425; Schinnenburg, MedR 2000, 185, 187; Stöhr, RiBGH, GesR 2011, 193, 198 und MedR 2010, 214, 217). Steht eine echte Behandlungsalternative etwa in Form der Verschreibung eines Medikaments zur Verfügung, dessen Kosten vom gesetzlichen Krankenversicherer nach Kenntnis des Arztes nicht übernommen werden, hat der Arzt den Patienten darauf hinzuweisen, dass das entsprechende Medikament **möglicherweise** eine **bessere Heilungschance** bietet, aber von der gesetztlichen Krankenversicherung **nicht bezahlt** wird (Stöhr, RiBGH, GesR 2011, 193, 198 und MedR 2010, 214, 217).

A 816   **Auch in der neueren Rechtsprechung wird eine Beratungspflicht des Zahnarztes über den GKV-Standard hinaus teilweise bejaht** (OLG Oldenburg, Urt. v. 14. 11. 2007 – 5 U 61/07, GesR 2008, 539, 540; OLG Köln, Urt. v. 23. 3. 2005 – 5 U 144/04, OLGR 2005, 601 = VersR 2005, 1589; OLG Düsseldorf, Urt. v. 6. 6. 2002 – 8 U 116/01, AHRS III, 3140/302).

A 817   So muss ein Zahnarzt den Patienten nach Ansicht des OLG Köln auch auf die Möglichkeit hinweisen, ganz oder teilweise **auf eigene Kosten eine** zahnprothetische **Versorgung** zu wählen, die **über** den für gesetzlich Versicherte vorgesehenen **Standard hinausgeht.** Nur dann könne der mündige Patient aus dem ganzen Repertoire moderner Medizin auswählen und sei nicht auf den Katalog der gesetzlichen Krankenversicherung beschränkt (OLG Köln, Urt. v. 23. 3. 2005 – 5 U 144/04, OLGR 2005, 601 = VersR 2005, 1589: Kosten einer beabsichtigten, umfangreichen Implantatbehandlung; zustimmend Spickhoff-Wellner, § 823 BGB Rz. 204; Schinnenburg, MedR 2000, 185, 187; auch Rinke/Balser, VersR

2001, 423, 424 f. und F/N/W, 5. Aufl., Rz. 33a: Hinweis auf Kosten der Behandlung erforderlich, nicht aber auf Kostenbeteiligung bei einer Nachbehandlung).

Bietet eine zahnprothetische Behandlungsalternative (hier: Teleskopprothese gegenüber Modellgussprothese) **höhere Erfolgschancen**, so muss der Zahnarzt auch einen Kassenpatienten nach Ansicht des OLG Oldenburg (Urt. v. 14. 11. 2007 – 5 U 61/07, GesR 2008, 539, 540) auf die Möglichkeit hinweisen, gegen **Zahlung eines höheren Eigenanteils eine zahnprothetische Versorgung zu wählen, die über den für gesetzlich Versicherte als Regelversorgung vorgesehenen Standard hinausgeht.** Denn es sei allein Sache des Patienten zu entscheiden, welche Versorgung er sich leisten kann und will. 　A 818

Nach differenzierender Auffassung des OLG Düsseldorf (Urt. v. 6. 6. 2002 – 8 U 116/01, AHRS III, 3140/302) ist ein Zahnarzt nur dann verpflichtet, dem Patienten eine Behandlungsalternative zur Behandlung etwaiger Okklusionsprobleme mit aufwendigen funktionsanalytischen Maßnahmen vorzuschlagen, die von der gesetzlichen Krankenkasse nicht bezahlt werden, wenn diese **Alternative deutlich bessere Erfolgsaussichten** verspricht. 　A 819

Nach u. E. **zutreffender, vermittelnder Ansicht von Schelling** (MedR 2004, 422, 428; im Erg. auch OLG Oldenburg a. a. O.) würde die Begründung einer grundsätzlichen Verpflichtung zur Aufklärung über die Möglichkeiten einer nicht vom Krankenversicherer zu erstattenden Versorgung zu einer erheblichen Verunsicherung aller Beteiligten führen (so auch S/Pa, 12. Aufl., Rz. 376). Um die Gefahr einer exorbitanten Ausdehnung der Aufklärungspflicht, welche auf ärztlicher Seite zu einer neuen Dimension zeitlicher Belastung führen würde, entgegenzuwirken, **muss die Aufklärungspflicht auf diejenigen Fälle beschränkt werden, in denen der Patient ein schützenswertes Interesse an einer entsprechenden Information durch den Arzt hat.** 　A 820

In Anknüpfung an die Grundsätze zur Aufklärungspflicht bei Bestehen ernsthafter Behandlungsalternativen (vgl. hierzu Rz. A 1220 ff.) ist eine Verpflichtung des Arztes, auf die Möglichkeit und Finanzierbarkeit einer von der Krankenversicherung nicht zu übernehmenden Heilmethode hinzuweisen, danach nur dann anzunehmen, wenn es sich um eine „**echte Behandlungsalternative**", d. h. um Verfahren oder Methoden mit **wesentlich geringeren Risiken oder Belastungen und/oder wesentlich besseren Erfolgsaussichten** handelt (Schelling, MedR 2004, 422, 428; auch: Stöhr, RiBGH, GesR 2011, 193, 198 und MedR 2010, 214, 217; OLG Düsseldorf, Urt. v. 6. 6. 2002 – 8 U 116/01, AHRS III, 3140/302; OLG Köln, Urt. v. 21. 9. 2011 – 5 U 11/11, VersR 2012, 1305, 1306). Bietet also – wie in dem vom OLG Oldenburg (Urt. v. 14. 11. 2007 – 5 U 61/07, GesR 2008, 539, 540) entschiedenen Fall – eine **Teleskopprothese gegenüber einer Modelgussprothese höhere Erfolgschancen oder wesentlich geringere Risiken, muss der Patient hierauf hingewiesen werden.** 　A 821

Andererseits ist etwa eine **nach den Mutterschaftsrichtlinien nicht vorgesehene** freiwillige (hier: Toxoplasmose-) **Untersuchung auch nicht unter den Gesichtspunkt der „echten Behandlungsalternative" aufklärungspflichtig.** Dem Arzt obliegt auch kein Hinweis auf die Möglichkeit entsprechender Tests auf eigene 　A 822

Kosten der Schwangeren (OLG Köln, Urt. v. 21. 9. 2011 – 5 U 11/11, VersR 2012, 1305, 1306).

A 823 Einstweilen frei.

f) Kosmetische Operation

A 824 Vor einer kosmetischen Operation muss der behandelnde Arzt die Patientin bzw. den Patienten jedoch unmissverständlich darauf aufmerksam machen, dass die **Krankenkasse möglicherweise die Operationskosten nicht tragen** werde. Dies gilt auch und gerade dann, wenn das Krankenhaus die Patientin einen Aufnahmeantrag unterzeichnen lässt, durch welchen sie zusagt, die Krankenhauskosten selbst zu tragen, sofern sie nicht von dritter Seite übernommen werden sollten (LG Bremen, NJW 1991, 2353; zustimmend OLG Stuttgart, Urt. v. 9. 4. 2004 – 14 U 90/01, OLGR 2002, 350, 351 = VersR 2003, 462, 463; L/U, § 65 Rz. 18).

A 825 Dagegen besteht auch bei kosmetischen Operationen keine Aufklärungspflicht, wenn der **Patient weiß, dass die gesetzliche Krankenkasse die Behandlung nicht bezahlt. Hiervon ist etwa bei einer Fettabsaugung und Narbenkorrektur auszugehen** (OLG Stuttgart, Urt. v. 9. 4. 2002 – 14 U 90/01, VersR 2003, 462, 463).

5. Hinweis auf eigene Behandlungsfehler

A 826 **Die ganz überwiegende Ansicht hat bislang eine rechtliche Verpflichtung des Arztes zur Anzeige und Offenbarung ärztlicher Behandlungsfehler abgelehnt** (BGH, NJW 1984, 661, 662; auch BGH, NJW 1992, 1558 = VersR 1992, 358: keine Aufklärung über möglicherweise auftretende Behandlungsfehler; OLG Hamm, NJW 1985, 685; L/K-Laufs, § 61 Rz. 15; F/N/W, 5. Aufl., Rz. 35; D/S, 6. Aufl., Rz. VI. 207; Taupitz, NJW 1992, 713, 715 ff.; Weidinger, MedR 2004, 289, 292; **a. A.** Terbille/Schmitz-Herscheidt, NJW 2000, 1749, 1755 f.: generelle Fehleroffenbarungspflicht des Arztes aus der allgemeinen Leistungstreuepflicht; auch L/K-Steinhilper, § 25 Rz. 27).

A 827 Eine Parallele zur Anwaltshaftung könne schon deshalb nicht gezogen werden, weil dessen Fehler regelmäßig ohne strafrechtliche Folgen bleiben; der Arzt kann nicht verpflichtet sein, sich durch die Offenbarung eines Behandlungsfehlers Strafverfolgungsmaßnahmen auszusetzen (D/S, 6. Aufl., Rz. VI. 207; L/K-Laufs, § 61 Rz. 15; F/N/W, a. a. O.; Weidinger, MedR 2004, 289, 292; hiergegen Terbille/Schmitz-Herscheidt, NJW 2000, 1749, 1751: Vorschlag eines Beweisverwertungsverbotes).

A 828 Eine Hinweispflicht besteht auch dann, wenn aufgrund des Behandlungsfehlers eine **weitere Behandlung erforderlich** ist oder sich im Einzelfall **aus dem Behandlungsfehler resultierende, weiter gehende Folgen** ergeben können (L/K-Laufs, § 61 Rz. 15; Kern, GesR 2009, 1, 8 mit Hinweis auf OLG Karlsruhe, VersR 1988, 1134; enger Taupitz, NJW 1992, 713, 719: vor geplantem, weiteren Eingriff).

A 829 Denn kein Arzt dürfe sehenden Auges eine Gefährdung seines Patienten hinnehmen (BGH, VersR 1989, 186, 188; Terbille/Schmitz-Herscheidt, NJW 2000, 1749,

1750 und 1753). Unter Umständen muss der Arzt den Patienten auch darauf hinweisen, dass die Diagnose falsch und eine sich anschließende Therapie überflüssig war: Stellt sich etwa nach einer Krebsoperation die Diagnose oder der Therapieansatz als falsch heraus, muss dies dem Patienten dies mitgeteilt und die (falsche) Therapie (z. B. Chemotherapie, Bestrahlung) eingestellt werden (Kern, GesR 2009, 1, 8 mit Hinweis auf OLG Karlsruhe, VersR 1988, 1134).

So kann die **mangelnde therapeutische Aufklärung über die Erforderlichkeit einer dringend gebotenen, weiteren Behandlung im Einzelfall bereits nach bisheriger Rechtslage einen groben Behandlungsfehler darstellen** (BGH, Urt. v. 16. 6. 2009 – VI ZR 157/08, VersR 2009, 1267, 1268 = MedR 2010, 101, 103, Nr. 11, 14; OLG Köln, Urt. v. 22. 9. 2010 – 5 U 211/08, BeckRS 2010, 29872; OLG Oldenburg, Urt. v. 23. 7. 2008 – 5 U 28/08, MedR 2011, 163, 165: L/K-Laufs, § 58 Rz. 2 und § 63 Rz. 1; Spickhoff-Greiner, § 823 BGB, Rz. 49, 190; D/S, 6. Aufl., VII. Rz. 278).

A 830

Das Patientenrechtegesetz hat in § 630c II 2 BGB nunmehr eine **Informationspflicht des Behandelnden hinsichtlich eigener und fremder Behandlungsfehler** mit dem Hinweis auf die „bislang schon geltende Rechtsprechung" festgelegt (Begründung des Regierungsentwurfs zu § 630c II BGB, S. 32; Gegenäußerung der BReg. zu Nr. 7–9 der Stellungnahme des Bundesrates, BR-Drucksache 312/12; vgl. Rz. P 21 ff.).

A 831

§ 630c II 2 BGB regelt zunächst den Fall, dass der Patient den Behandelnden ausdrücklich nach etwaigen Behandlungsfehlern befragt. Der Behandelnde sei dann verpflichtet, „wahrheitsgemäß zu antworten, wenn er Umstände erkennt, die die Annahme eines Behandlungsfehlers begründen, auch wenn er dabei Gefahr läuft, nicht nur einen Behandlungsfehler eines Dritten, sondern auch eigene Fehler offenbahren zu müssen" (Begründung im Regierungsentwurf, S. 32). Gem. § 630c II 3 BGB darf die Angabe des Behandelnden in einem nachfolgenden Straf- oder Ordnungswidrigkeitverfahren nur mit dessen Zustimmung verwendet werden. Der Gesetzgeber hat damit den Vorschlag eines Beweisverwertungsverbots – das sich auch auf Angehörige des Arztes i. S. d. § 52 I StPO erstreckt – von Terbille/Schmitz-Herscheidt (NJW 2000, 1749, 1751; zur Kritik vgl. D/S, 6. Aufl., Rz VI. 207; L/K-Laufs, § 61 Rz 15) übernommen.

Fragt der Patient nicht ausdrücklich nach einem Behandlungsfehler, so trifft den Behandelnden **die Informationspflicht über erkennbare eigene bzw. Behandlungsfehler des Vorbehandlers** gem. § 630c II 2 BGB auch dann, soweit dies **zur Abwendung von gesundheitlichen Gefahren für den Patienten erforderlich** ist. Im Gesetzgebungsverfahren wurde kritisiert, das Eingeständnis eigener Behandlungsfehler könne dem Arzt gegenüber seinem Versicherer zum Nachteil gereichen, zudem könnten sich neue, erhebliche Haftungsrisiken in Bezug auf die Erkennung und Offenlegung von Behandlungsfehlern Dritter ergeben, insbesondere dann, wenn sich der Hinweis auf einen möglichen Behandlungsfehler in einem späteren Prozess nicht bewahrheitet. Zu bedenken ist auch, **dass sich der unterlassene Hinweis auf das Vorliegen eines eigenen Behandlungsfehlers bzw. eines erkannten Behandlungsfehlers des Vorbehandlers in Anknüpfung an die bisherige Rechtsprechung zur unterlassenen therapeutischen Aufklärung** (s. o.

A 832

Rz. A 601, A 648, A 653, A 662, A 685) **auch als „grober Behandlungsfehler"
darstellen kann**.

A 833   Soweit im unterlassenen Hinweis auf eigene oder fremde Fehler kein „grober Behandlungsfehler" liegt, **läuft die Regelung des § 630 II 2 BGB u.E. weitgehend
leer**. Liegt ein Behandlungsfehler vor, hat der Patient dessen Kausalität für den
Gesundheitsschaden zu beweisen. Gelingt ihm dies, erübrigt sich die Prüfung
der Voraussetzungen des § 630 II 2 BGB. **Gelingt der Kausalitätsnachweis nicht,
wird er auch den Nachweis eines vom Arzt erkannten oder erkennbaren Behandlungsfehlers** (sowie eine nicht dokumentierte Nachfrage, § 630 II 2 BGB) **nicht
führen können** (vgl. hierzu Rz. P 23 ff.).

II. Art und Umfang der Aufklärung

1. Aufklärung „im Großen und Ganzen"

a) Übersicht

A 834   Eine den ärztlichen Heileingriff rechtfertigende Einwilligung des Patienten setzt
voraus, dass er über den Verlauf des Eingriffs, seine Erfolgsaussichten, seine Risiken und mögliche echte Behandlungsalternativen mit gleichwertigen Chancen,
aber andersartigen Risiken und Gefahren **„im Großen und Ganzen" aufgeklärt**
worden ist. **Dabei müssen dem Patienten die möglichen Risiken nicht medizinisch exakt und in allen denkbaren Erscheinungsformen dargestellt werden; es
genügt, wenn dem Patienten ein allgemeines Bild von der Schwere und Richtung
des Risikospektrums dargelegt, ihm die „Stoßrichtung" der Risiken verdeutlicht
wird** (BGH, Urt. v. 6. 7. 2010 – VI ZR 198/09, VersR 2010, 1220 = GesR 2010,
481, 482, Nr. 11 und Urt. v. 19. 10. 2010 – VI ZR 241/09, VersR 2011, 223, 224
= GesR 2011, 24, Nr. 7: **„Im Großen und Ganzen", allgemeine Vorstellung** von
der Schwere des Eingriffes und den spezifisch mit ihm verbundenen Risiken,
auch auf sehr seltene Risiken die bei ihrer Realisierung zu einer besonders
schweren Belastung für die Lebensführung führen können; BGH, Urt. v.
22. 12. 2010 – 3 StR 239/10, GesR 2011, 237, 238: „Im Großen und Ganzen", erforderlich ist ein **Hinweis auf das schwerste, möglicherweise in Betracht kommende Risiko und ggf. ein Hinweis auf ein erhöhtes Risiko**; BGH, Urt. v.
18. 11. 2008 – VI ZR 198/07, MDR 2009, 281, 282 = VersR 2009, 257, 258,
Nr. 11; BGH, Urt. v. 14. 3. 2006 – VI ZR 279/04, VersR 2006, 838, 839; BGH,
Urt. v. 13. 6. 2006 – VI ZR 323/04, VersR 2006, 1073, 1074 = NJW 2006, 2477,
2478 = GesR 2006, 411, 412: **„im Großen und Ganzen über Chancen und Risiken
der Behandlung"**; OLG Brandenburg, Urt. 8. 11. 2007 – 12 U 53/07, juris, Nr. 27:
Hinweis auf Nerven- und Gefäßverletzungen erfasst auch das sehr seltene Risiko der Verletzung des Nervus femoralis; anders aber OLG Koblenz, VersR
2009, 1077, 1078, s. u.; OLG Brandenburg, Urt. v. 20. 5. 2010 – 12 U 196/09, juris
und OLG Brandenburg, Urt. v. 24. 3. 2011 – 12 U 75/08, juris, Nr. 21 sowie OLG
Brandenburg, Urt. v. 9. 7. 2009 – 12 U 75/08, juris, Nr. 19: **„Im Großen und Ganzen" über Chancen und Risiken der Behandlung, über seltene Risiken bei Gefahr einer schweren Belastung für die Lebensführung**; OLG Celle, Urt. v.
25. 6. 2001 – 1 U 48/00, AHRS III, 4280/304: Vermittlung eines **allgemeinen Bil-**

des mit den typischen Komplikationen; OLG Düsseldorf, Urt. v. 21. 3. 2002 – 8 U 172/01, NJW-RR 2003, 88, 89: **„Allgemeines Bild von der Schwere und Richtung des konkreten Risikospektrums"**; OLG Frankfurt, Urt. v. 14. 1. 2003 – 8 U 135/01, VersR 2004, 1053, 1054: **„Allgemeine Vorstellung über die mit dem Eingriff verbundenen Gefahren, genaue Prozentzahlen sind nicht anzugeben"**; OLG Frankfurt, Urt. v. 5. 8. 2008 – 8 U 267/07, GesR 2009, 83, 84 = OLGR 2008, 969, 970: **Erwähnung eines Todesfalls bei Mandeloperation deckt Risiko der Nachblutung**; OLG Frankfurt, Urt. v. 16. 11. 2010 – 8 U 88/10, BeckRS 2010, 30179 im Anschl. an BGH VersR 1990, 1010: Hinweis auf **Mortalitätsrisiko** nur dann erforderlich, wenn es im Hinblick auf das Risikoprofil des Patienten oder die Gefahr des Eingriffs nicht als ganz fernliegende Komplikation angesehen werden kann; OLG Frankfurt, Urt. v. 16. 11. 2010 – 8 U 88/10, BeckRS 2010, 30179: „Im Großen und Ganzen", Hinweis auf allgemeine Operationsrisiken einer Hüft-OP nicht erforderlich; OLG Hamm, Urt. v. 7. 11. 2001 – 3 U 55/01, AHRS III, 4350/302: Hinweis auf Verstärkung von Schmerzen und evtl. erforderliche Versteifungsoperation nach Lockerung von Wirbeln erfasst auch eine **fortbestehende Schmerzsymptomatik durch Instabilität**; OLG Jena, Urt. v. 28. 3. 2007 – 4 U 1030/04, OLGR 2008, 677, 679: „Aufklärung über die allgemeinen Risiken der Anästhesie"; OLG Jena, Urt. v. 1. 6. 2010 – 4 U 498/07, juris, Nr. 56: **„Im Großen und Ganzen" allgemeine OP-Risiken sowie außergewöhnliche und nicht vorhersehbare Risiken nicht aufklärungspflichtig**; OLG Karlsruhe, Urt. v. 9. 5. 2012 – 7 U 44/11, juris, Nr. 7, 10: **im Großen und Ganzen, Vermittlung eines allgemeinen Bildes von der Schwere und Richtung des Risikospektrums, sehr seltenes Risiko einer Nervschädigung mit chronifizierten Schmerzen aber zu nennen**; OLG Karlsruhe, Urt. v. 11. 12. 2002 – 7 U 146/01, OLGR 2003, 334: Aufklärung „im Großen und Ganzen", insbesondere über die Erfolgsaussichten; OLG Karlsruhe, Urt. v. 17. 12. 2008 – 7 U 32/08, Seite 3: Hinweis auf „Entzündung des Mittelohrs" erfasst erhebliche Hörminderung; OLG Karlsruhe, Urt. v. 12. 12. 2012 – 7 U 176/11, juris, Nr. 11, 12: **allgemeines Bild von der Schwere und Richtung des Risikospektrums, schwerstes in Betracht kommendes Risiko ist zu nennen**; OLG Koblenz, Urt. v. 10. 4. 2008 – 5 U 1440/06, OLGR 2009, 314, 317: **nur über unmittelbare OP-Risiken** ist aufzuklären; OLG Koblenz, Urt. v. 9. 4. 2009 – 5 U 621/08, VersR 2010, 770, 771: „Im Großen und Ganzen", **bei einem Wahleingriff auch entfernt liegendere Risiken**; OLG Koblenz, Urt. v. 12. 2. 2009 – 5 U 927/06, OLGR 2009, 556, 558 = VersR 2009, 1077, 1078: Hinweis auf „Nervschädigung deckt nicht das Risiko einer **Peroneusverletzung**; anders aber OLG Brandenburg, Urt. v. 8. 11. 2007 – 12 U 53/07, s.o.; OLG Koblenz, Beschl. v. 22. 10. 2007 – 5 U 1288/07, VersR 2008, 690, 691: **„Aufklärung im Großen und Ganzen, die die Gefahrenlage allgemein verdeutlicht"**; Hinweis auf mögliche Beschädigung des Darms umfasst entstehende Darm-Scheiden-Fistel mit nachfolgenden Thrombosen und Embolien; OLG Koblenz, Urt. v. 9. 5. 2005 – 12 U 420/02, BeckRS 2005, 6735, Seite 17/18: **„im Großen und Ganzen"; Zielrichtung oder Stoßrichtung** der in Betracht kommenden Risiken sind **aufzuzeigen**; OLG Köln, Urt. v. 25. 4. 2007 – 5 U 180/05, OLGR 2008, 769, 770 = VersR 2008, 1072, 1073: **Aufklärung „im Großen und Ganzen", Vermittlung einer allgemeinen Vorstellung** über das Ausmaß der mit dem Eingriff verbundenen Gefahren; OLG Köln, Urt. v. 12. 1. 2011 – 5 U 37/10, MedR 2012, 121, 122; OLG Köln, Beschl. v. 22. 6. 2011 – 5 U 58/11, VersR 2012, 365: **Kein medizi-**

nisches Entscheidungswissen zu vermitteln; OLG Köln, Urt. v. 11. 5. 2009 – 5 U
15/08, juris, Nr. 10, 14: „Im Großen und Ganzen", Hinweis auf „frühzeitige Lockerung" vor OP am linken Knie genügt, wenn 3 Jahre später ein Rezidiveingriff
erforderlich wird und ein Dauerschaden verbleibt; OLG Köln, MedR 2012, 813,
814: **allgemeines Bild von der Schwere und Richtung des konkreten Risikospektrums, Risiken dürfen aber nicht verharmlost werden**; OLG München, Beschl. v.
1. 2. 2013 – 1 U 3691/12, juris, Nr. 6: **Hinweis auf dauerhafte schmerzhafte
Missempfindungen und Bewegungsstörungen erfasst auch Femoralisparese** mit
erheblichen Gehbeschwerden; OLG München, Urt. v. 23. 10. 2008 – 1 U
2046/08, VersR 2009, 503, 504 und OLG München, Urt. v. 26. 5. 2011 – 1 U
3081/10, juris, Nr. 52, 58 sowie OLG München, Beschl. v. 12. 3. 2007 – 1 U
5826/06, juris, Nr. 5, 6: **„Allgemeines Bild von der Schwere und Richtung des Risikospektrums", „Stoßrichtung" der Risiken** muss dem Patienten verdeutlicht
werden; OLG München, Urt. v. 17. 11. 2011 – 1 U 4499/07, juris, Nr. 86, 87,
94, 98 und OLG München, Urt. v. 23. 2. 2012 – 1 U 2781/11, juris, Nr. 27, 34
**„im Großen und Ganzen", allgemeine Vorstellung von der Schwere des Eingriffs
und den mit ihm verbundenen, spezifischen Risiken"**; OLG München, Urt. v.
3. 11. 2011 – 1 U 984/11, juris, Rz. 38, 42: Vermittlung eines allgemeinen und
zutreffenden Bildes von der Schwere und Richtung des Risikospektrums; OLG
München, Urt. v. 19. 1. 2012 – 1 U 2532/11, juris, Nr. 60: Hinweis, dass **keine
Garantie** für das gewünschte und geplante Aussehen erfolgt, erfasst **unbefriedigendes Gesamterscheinungsbild** der korrigierten Nase und Misslingen der kosmetischen OP; OLG München, Urt. v. 28. 6. 2001 – 1 U 1680/01, AHRS III,
4265/305: Hinweis auf das **Risiko von Gefäß- und Nervenverletzungen umfasst
auch lang anhaltende Schmerzen**; OLG München, Urt. v. 26. 1. 2012 – 1 U
3360/11, juris, Nr. 49, 51: Hinweis auf Querschnitt erfasst auch Risiko der Sepsis; OLG Naumburg, Urt. v. 21. 5. 2007 – 1 U 33/06, juris, Nr. 36: Hinweis auf
das Risiko möglicher Nervenschädigungen, Gefühlsstörungen und Muskelfunktionsstörungen erfassen das Risiko einer vorübergehenden Lähmung nicht; OLG
Naumburg, Urt. v. 14. 2. 2008 – 1 U 66/07, OLGR 2008, 503: **allgemeines Bild**
von der Schwere des Eingriffs, den **Heilungschancen** und **Operationsrisiken**;
OLG Naumburg, Urt. v. 12. 11. 2009 – 1 U 59/00, MDR 2010, 325 = VersR 2010,
1185 = juris, Nr. 28: **„Im Großen und Ganzen" Misserfolgs- und Verschlimmerungsrisiko zu nennen**; OLG Nürnberg, Urt. v. 16. 7. 2004 – 5 U 2383/03,
NJW-RR 2004, 1543 = OLGR 2004, 373, 374: „Allgemeines Bild von der Schwere
und Richtung des Risikospektrums, Stoßrichtung in der Dimension des mit der
Operation verbundenen Risikos; schwerstes in Betracht kommendes Risiko aber
zu erwähnen"; OLG Oldenburg, Urt. v. 15. 11. 2006 – 5 U 68/05, juris, Nr. 29,
30: **„Vermittlung eines allgemeinen Bildes von der Schwere und Richtung des
konkreten Risikospektrums"; auf erhöhtes Infektionsrisiko ist jedoch hinzuweisen**; OLG Oldenburg, Urt. v. 27. 5. 2009 – 5 U 43/08, VersR 2010, 1221, 1222:
„Im Großen und Ganzen", Hinweis auch auf Dringlichkeit des Eingriffes erforderlich; OLG Oldenburg, Urt. v. 4. 7. 2007 – 5 U 106/06, VersR 2008, 124, 125:
Information über die statistische Wahrscheinlichkeit nicht erforderlich; OLG
Schleswig, Urt. v. 29. 10. 2004 – 4 U 16/04, OLGR 2005, 24, 25: **„Im Großen
und Ganzen**, d.h. über die wesentlichen und auch für den einzelnen Patienten
spezifischen Risiken"; OLG Schleswig, Urt. v. 19. 8. 2005 – 17 U 89/04, AHRS
III, 4350/312: Hinweis auf Risiko einer Lähmung vor einer Bandscheibenopera-

tion erfasst auch Fußheber- und Fußsenkerlähmung; OLG Stuttgart, Urt. v.
16. 11. 2010 – 1 U 124/09, GesR 2011, 30, 31 = NJW-RR 2011, 747: „Im Großen
und Ganzen", Hinweis auf **Stimmbandlähmung vor Struma-OP** deckt Funktionsbeeinträchtigung der Nebenschilddrüse mit dem Erfordernis lebenslanger
Kalziumeinnahme; OLG Zweibrücken, Urt. v. 11. 10. 2005 – 5 U 10/05, OLGR
2006, 154, 156 = BeckRS 2005, 13450: **„Stoßrichtung der Risiken"; zutreffendes**
allgemeines Bild von der Schwere und Richtung des Risikospektrums; OLG
Zweibrücken, Urt. v. 19. 10. 2004 – 5 U 6/04, NJW 2005, 74, 75, bestätigt von
BGH, Urt. v. 14. 3. 2006 – VI ZR 279/04: **„Im Großen und Ganzen", exakte me-**
dizinische Beschreibung der Risiken nicht erforderlich; Spickhoff-Wellner, § 823
BGB Rz. 232, 233; L/K/L-Katzenmeier, Rz. V 19; L/K-Laufs, § 62 Rz. 4; Martis/
Winkhart, MDR 2011, 402; G/G, 6. Aufl., Rz. C 86, 90, 94; S/Pa, 12. Aufl.,
Rz. 466, 467; F/N/W, 5. Aufl., Rz. 196, 197; Müller, VPräsBGH a. D., GesR 2004,
257, 263; Stöhr, RiBGH, GesR 2006, 145, 148; Kern, GesR 2009, 1, 7; Fehn, GesR
2009, 11, 13; B/P/S-Wever, § 823 BGB Rz. 24; B/P/S-Glanzmann, § 287 ZPO
Rz. 121; Achterfeld, MedR 2012, 140; kritisch D/S, 6. Aufl. 2008, VII. Rz. 282:
Formel „im Großen und Ganzen" meist nicht weiterführend, ja sogar eher ver-
harmlosend).

b) Patientenrechtegesetz

Durch das Patientenrechtegesetz hat die Rechtsprechung keine Änderung erfah-   A 835
ren (vgl. Begründung des Regierungsentwurs zu § 630e BGB, S. 36/37). Danach
muss der Patient über sämtliche **für die Einwilligung „wesentlichen Umstände"**
aufgeklärt werden, insbesondere Art, Umfang, Durchführung, zu erwartende
Folgen und Risiken der Maßnahme sowie ihre Notwendigkeit, Dringlichkeit,
Eignung und Erfolgsaussichten (§ 630e I 1, I 2 BGB; vgl. hierzu Rz. P 41 ff.).

c) Einzelfälle

(1) Allgemeine und unmittelbare Operationsrisiken

Der Arzt hat den Patienten also „im Großen und Ganzen" über den voraussicht-   A 836
lichen Verlauf des Eingriffs, seine Erfolgsaussichten, seine Risiken und mögliche
Behandlungsalternativen mit wesentlich anderen Belastungen, Chancen und
Gefahren aufzuklären. **Er braucht das Risiko nicht exakt zu bestimmen, muss**
jedoch die „Zielrichtung" oder „Stoßrichtung" seines beabsichtigten Handelns
und der in Betracht kommenden Risiken aufzeigen (OLG Koblenz, Urt. v.
9. 5. 2005 – 12 U 420/02, BeckRS 2005, 6735, S. 17/18; OLG München, Beschl.
v. 12. 3. 2007 – 1 U 5826/06, juris, Nr. 5, 6). Für die ärztliche Hinweispflicht
auf ein bestimmtes Risiko ist dabei nicht der statistische Grad der Risikodichte,
eine bestimmte Prozentzahl entscheidend; maßgebend ist vielmehr die Bedeutung, die das Risiko für die Entschließung des Patienten haben kann. **Bei einer**
möglichen, besonders schweren Belastung für die Lebensführung des Patienten
ist deshalb die Information über ein Risiko auch dann von Bedeutung, wenn es
sich nur sehr selten verwirklicht (BGH, Urt. v. 19. 10. 2010 – VI ZR 214/09,
VersR 2011, 223, 224 = GesR 2011, 24 = MedR 2011, 244, Nr. 7; BGH, Urt. v.
6. 7. 2010 – VI ZR 198/09, VersR 2010, 1223 = GesR 2010, 481, 482, Nr. 11;
BGH, Urt. v. 29. 9. 2009 – VI ZR 251/08, MDR 2010, 29 = VersR 2010, 115,

116, Nr. 11; OLG Brandenburg, Urt. v. 9. 7. 2009 – 12 U 75/08, juris, Nr. 19; OLG München, Urt. v. 26. 5. 2011 – 1 U 3081/10, juris, Rz. 52, 58).

A 836a Dabei muss der Arzt im Allgemeinen **nur über unmittelbare Operationsrisiken aufklären.** Informiert werden muss die Patientin etwa nur über die für den Eingriff charakteristische Gefahr (hier: Schädigung des Harnleiters bei einer Hysterektomie), **nicht über mögliche mittelbare Folgen** (hier: Verlust einer Niere; OLG Koblenz, Urt. v. 10. 4. 2008 – 5 U 1440/06, OLGR 2009, 314, 315/316).

A 836b Vor einer **Gallenoperation** zur Entfernung der Gallenblase ist der Patient allerdings auch auf das sehr seltene, aber schwerwiegende Risiko des Auftretens einer **Bauchspeicheldrüsenentzündung** hinzuweisen, auch wenn diese **erst im Rahmen einer Folgeoperation** nach Entfernung der Gallenblase (Choledochusrevision) **infolge der aggressiven Manipulation an den Gallenwegen auftreten** kann (BGH, VersR 1996, 330, 332 = NJW 1996, 779, 781: bei Zurückweisung an das OLG Koblenz offengelassen, ob sich der Patient auf einen „ernsthaften Entscheidungskonflikt" berufen kann, wovon u. E. jedoch auszugehen ist).

A 837 Operationsrisiken müssen dem Patienten nicht in allen medizinischen Einzelheiten, sondern nur in ihrem Kern dargestellt werden. Es bedarf lediglich einer **Aufklärung „im Großen und Ganzen", die die Gefahrenlage allgemein verdeutlicht** (BGH, Urt. v. 6. 7. 2010 – VI ZR 198/09, VersR 2010, 1220 = GesR 2010, 481, 482, Nr. 11; BGH, Urt. v. 19. 10. 2010 – VI ZR 241/09, VersR 2011, 223, 224 = GesR 2011, 24, Nr. 7; OLG Karlsruhe, Urt. v. 9. 5. 2012 – 7 U 44/11, juris, Nr. 7, 10: im Großen und Ganzen, Vermittlung eines allgemeinen Bildes von der Schwere und Richtung des Risikospektrums, sehr seltenes Risiko einer Nervschädigung mit chronifizierten Schmerzen aber zu nennen; OLG Koblenz, Beschl. v. 22. 10. 2007 – 5 U 1288/07, VersR 2008, 690, 691 = OLGR 2008, 178, 179 im Anschl. an BGH, VersR 1984, 465, 466; OLG Köln, Urt. v. 11. 5. 2009 – 5 U 15/08, juris, Nr. 10, 14: Hinweis auf „frühzeitige Lockerung der Knieprothese" erfasst auch das Risiko einer eintretenden Instabilität mit dem Erforderniss eines Rezidiveingriffes und Dauerschäden; OLG Köln, MedR 2012, 813, 814: allgemeines Bild, aber keine Verharmlosung).

So bedarf der Patient, der über seine Erkrankung und den Verlauf der geplanten Operation informiert ist und der auch Kenntnis von der ungefähren Größenordnung des Misserfolgsrisikos erhalten hat, für seine selbstbestimmte Entscheidung über die Einwilligung zur Operation nicht der Erläuterung, aus welchen medizinischen Gründen im Einzelnen der Eingriff möglicherweise nicht zum Erfolg führt (BGH, NJW 1990, 2929).

A 838 Wird der Patient während einer Operation standardmäßig in Rückenlage gelagert, reicht eine allgemeine Aufklärung über die Narkose und deren Risiken mit dem Hinweis auf die „laufende Überprüfung der Lagerung, um Nervenschäden durch Druck oder Zerrung möglichst zu vermeiden", aus (OLG Jena, Urt. v. 28. 3. 2007 – 4 U 1030/04, OLGR 2008, 677, 679).

A 839 Nicht aufgeklärt werden muss über Risiken, die außergewöhnlich und nicht vorhersehbar sind, sowie über **allgemeine Operationsrisiken, die jedem operativen Eingriff anhaften können und grundsätzlich bekannt sind** (OLG Jena, Urt. v.

1. 6. 2010 – 4 U 498/07, juris, Nr. 56; OLG Frankfurt, Urt. 16. 11. 2010 – 8 U 88/10, BeckRS 2010, 30179; vgl. hierzu Rz. A 950).

Sofern der Patient den Eingriff nicht erkennbar für ungefährlich hält, darf der   A 840
Arzt grundsätzlich voraussetzen, dass dieser mit allgemeinen Operationsrisiken
rechnet und die Möglichkeit solcher **allgemeinen Komplikationen – bis hin zum
Tod – nicht im Einzelnen genannt** werden müssen. So gehören zu den allgemeinen Operationsrisiken bei Hüftoperationen Nerven- und Gefäßverletzungen,
Blutungen, Thrombosen, Embolien; **ein ausdrücklicher Hinweis auf das Mortalitätsrisiko ist nur erforderlich, wenn es entweder angesichts des gesundheitlichen Risikoprofils des Patienten oder im Hinblick auf die dem Eingriff anhaftenden besonderen Gefahren als nicht fernliegende Komplikation angesehen werden kann** (OLG Frankfurt, Urt. v. 16. 11. 2010 – 8 U 88/10, BeckRS 2010, 30170
im Anschluß an BGH, VersR 1990, 1010).

Ebenso wie das allgemeine Wundinfektionsrisiko ist das Risiko eines retromaxi-
lären Abszesses bei der Extraktion eines Weisheitszahnes nicht aufklärungspflichtig, da die **Gefahr eines entzündlichen Prozesses auch für den medizinischen Laien erkennbar** ist (OLG Hamm, Urt. v. 11. 10. 2004 – 3 U 141/04,
AHRS III, 4100/325; ebenso OLG Frankfurt, AHRS II, 4800/128 mit NA-Beschl.
BGH).

(2) Bandscheibenoperationen, Lumbalinfiltrationen, Wirbelbiopsien

Der Hinweis auf das Risiko einer **Lähmung vor einer Bandscheibenoperation** er-   A 841
fasst auch Fußheber- und Fußsenkerlähmung. Die unzureichende Aufklärung
über andere Risiken, die sich dann nicht realisiert haben, ist unschädlich (OLG
Schleswig, Urt. v. 19. 8. 2005 – 17 U 89/04, AHRS III, 4350/312).

Der Hinweis, dass eine **Bandscheibenoperation erfolglos sein und zur Verstär-**   A 842
kung vorhandener Schmerzen sowie zu einer Versteifungsoperation nach der
Lockerung von Wirbeln führen kann, erfasst auch die fortbestehende Schmerzsymptomatik durch eine – nicht gesondert angesprochene – **Instabilität** (OLG
Hamm, Urt. v. 7. 11. 2001 – 3 U 55/01, AHRS III, 4350/302). Gleiches gilt auch
für andere Eingriffe. So ist den Anforderungen an eine Aufklärung „Im Großen
und Ganzen" genügt, wenn der Patient vor der Implantation einer Totalendoprothese (TEP) des linken Knies darauf hingewiesen wird, dass es zu einer „**frühzeitigen Lockerung**" kommen kann, wenn dann ca. drei Jahre später aufgrund
einer Instabilität ein Reziiveingriff erforderlich wird und **Beschwerden als Dauerschäden verbleiben** (OLG Köln, Urt. v. 11. 5. 2009 – 5 U 15/08, juris, Nr. 10,
14).

Ist der Patient vor einer **Bandscheibenoperation** über das Narkoserisiko, die Ge-   A 843
fahr intra- oder postoperativer Blutungen, die Möglichkeit des Auftretens einer
Liquorzyste, die Gefahr von Lähmungen oder Bewegungsstörungen auch bleibender Art und über eventuelle Wundheilungsstörungen belehrt worden, bedarf
es **nicht zusätzlich der Erwähnung des Risikos einer schmerzhaften Bandschei-
benwirbelentzündung** (OLG Oldenburg, VersR 1990, 742; vgl. zur ausreichenden
Risikoaufklärung bei einer Bandscheibenoperation auch OLG Hamm, VersR
1993, 102).

A 844   Insbesondere muss über das Risiko einer **Spondylodiszitis** (Entzündung des Bandscheibenraumes und der angrenzenden Wirbelknochen) sowie einer **Spondylitis** (Wirbelentzündung) als Unterfall einer von der Aufklärung erfassten „Infektion" **nicht gesondert aufgeklärt** werden (OLG Dresden, Urt. v. 28. 2. 2002, VersR 2003, 1257; zustimmend Bergmann/Müller, MedR 2005, 650, 654).

A 845   Jedoch muss dem Patienten die Tragweite dieses Risikos „im Großen und Ganzen" erläutert werden, wobei es ausreicht, wenn **das schwerste möglicherweise in Betracht kommende Risiko dargestellt** wird (OLG Dresden, VersR 2003, 1257; OLG Nürnberg, Urt. v. 16. 7. 2004 – 5 U 2383/03, OLGR 2004, 373, 374; OLG Karlsruhe, Urt. v. 12. 12. 2012 – 7 U 176/11, juris, Nr. 6; vgl. aber BGH, Urt. v. 10. 10. 2006 – VI ZR 74/05, NJW 2007, 217 = VersR 2007, 66, s. u.).

A 846   Danach reicht es aus, wenn der Patient vor einer relativ indizierten Bandscheibenoperation auf das „Risiko von Lähmungen bis zur Querschnittlähmung" aufgeklärt worden ist und es anschließend zu einer Spondylodiszitis oder Spondylitis kommt (OLG Dresden, VersR 2003, 1257; Bergmann/Müller MedR 2005, 650, 654). Gleiches gilt, wenn der Patient auf das Risiko „schwerwiegender dauerhafter Lähmungen" hingewiesen wurde und sich eine Kaudalähmung (Lähmung der Beine mit Blasen- und Mastdarmstörung) einstellt (BGH, NJW 1991, 2346, S/Pa, 12. Aufl., Rz. 466, 534: Grundaufklärung, schwerstes in Betracht kommendes Risiko ist zu nennen).

A 847   Hat der Arzt im Rahmen des Aufklärungsgesprächs nur auf das „persistierende Beschwerdebild", die bestehenden Schmerzen der Patientin nach einem **Bandscheibenvorfall** abgehoben, und wird bei der Patientin dadurch der Eindruck hervorgerufen, schlimmstenfalls könne wohl nur der zuvor bestehende Zustand verbleiben, so stellt dies aber eine **unzulässige Verharmlosung** der tatsächlichen, sich später realisierenden Risiken einer Spondylodiszitis bzw. Spondylitis dar (OLG Dresden, VersR 2003, 1257; Bergmann/Müller, MedR 2005, 650, 654).

A 847a   Über das **Risiko einer Querschnittlähmung durch eine CT-gesteuerte periradikuläre Lumbalinfiltration** ist schon im Rahmen der Grundaufklärung hinzuweisen. Dabei ist es nicht entscheidend, ob diese Gefahr als spezifisches Risiko bereits zum Zeitpunkt der Behandlung vorherzusehen war oder ob es sich in einer Form verwirklicht, mit der nicht zu rechnen war. Wenn der Patient nach den Ausführungen des Sachverständigen im Rahmen der Grundaufklärung über das Risiko des zwar **äußerst seltenen, aber eingrifftypischen Risikos einer dauerhaften Lähmung infolge der bekannten Ursachen wie Blutergüssen, schwere Infektionen im Bereich des Stichkanals oder Nervverletzungen aufzuklären** gewesen wäre, zumindest aber, dass es zu **schwerwiegenden, auch dauerhaften Lähmungen** infolge des Eingriffs kommen könnte, genügt ein Hinweis auf die Möglichkeit von „kurzfristigen Taubheitsgefühlen, Schwäche im Bein, Veränderungen, die als Folge einer Infektion bei Punktionen auftreten können" nicht (OLG Köln, Urt. v. 12. 1. 2011 – 5 U 37/10, MedR 2012, 121, 123; auch BGH, Urt. v. 6. 7. 2010 – VI ZR 198/09, VersR 2010, 1220, 1221).

A 847b   Bei einer Bandscheibenoperation ist der Arzt aber nicht verpflichtet, den Patienten über die **Notwendigkeit einer geringfügigen Entfernung von knöchernen**

Strukturen, die ohne funktionelle Konsequenz bleiben, aufzuklären, wenn eine Aufklärung über die Risiken einer Bandscheibenoperation u. a. mit dem **Hinweis auf dauerhafte Lähmungen erfolgt** ist (OLG Köln, Beschl. v. 22. 6. 2011 – 5 U 58/11, VersR 2012, 365).

(3) Nervschädigungen, Lähmungen, Falschgelenkbildung, Pseudoarthrose

Der Hinweis auf das Risiko möglicher Nervenschädigungen, Gefühlsstörungen A 848 und Muskelfunktionsstörungen erfasst das Risiko einer vorübergehenden oder gar dauerhaften Lähmung nicht (OLG Naumburg, Urt. v. 21. 2. 2007 – 1 U 33/06, juris, Nr. 36). Gleiches gilt auch für Hüft- und Knieoperationen. Der Hinweis auf mögliche „Nervenverletzungen" vermittelt dem Patienten kein hinreichendes Bild der Auswirkungen einer als Risiko der Versorgung des Kniegelenks mit einer Prothese möglichen Peronaeusverletzung. Eine ganz erhebliche und noch dazu dauerhaft verbleibende Funktionsbeeinträchtigung in Form einer **Fußheberparese ("Steppergang") ist von diesem Hinweis nicht erfasst** (OLG Koblenz, Urt. v. 12. 2. 2009 – 5 U 927/06, VersR 2009, 1077, 1078).

Ebenso wenig erfasst der Hinweis auf die Risiken „Misserfolg, Nachblutung, Infektion, Gefäß- und Nervenverletzung, Thrombose, Embolie, Morbus Sudeck, Implantatlockerung, Bruch, anhaltende Schmerzen insbesondere des Oberschenkels, Beinlängendifferenz" bei der Implantation einer Hüftkopfendoprothese das **Risiko dauerhafter Lähmungen** (OLG Nürnberg, Urt. v. 16. 7. 2004 – 5 U 2383/03, AHRS III, 4650/322 = NJW-RR 2004, 1543, 1544).

Birgt ein zahnärztlicher Eingriff (hier: bei der Versorgung mit Implantaten) das A 848a seltene, die weitere Lebensführung des Patienten besonders nachhaltig beeinträchtigende Risiko einer **dauerhaft verbleibenden Nervschädigung, muss auch hierauf hingewiesen werden**. Der bloße Hinweis auf „Nervschädigungen" in einem schriftlichen Aufklärungsformular ist unzureichend, weil er nicht verdeutlicht, dass auch **ein nicht mehr behebbarer Dauerschaden** eintreten kann (OLG Koblenz, Beschl. v. 6. 7. 2012 und Beschl. v. 22. 8. 2012 – 5 U 496/12, GesR 2013, 83 = VersR 2013, 61; weiter hierzu Rz. A 1112 ff.).

Andererseits darf der Arzt nach Auffassung des OLG Frankfurt (Urt. v. A 849 16. 11. 2010 – 8 U 88/10, BeckRS 2010, 30179) grundsätzlich voraussetzen, dass der Patient bei einer Bandscheibenoperation mit **allgemeinen Operationsrisiken rechnet**. Hierzu gehören bei Hüftoperationen **Nerven- und Gefäßverletzungen, Blutungen, Thrombosen, Embolien**. Diese dürfen im Allgemeinen als bekannt vorausgesetzt werden. Ein ausdrücklicher Hinweis auf das Mortalitätsrisiko ist dabei nur erforderlich, wenn es entweder angesichts des gesundheitlichen Risikoprofils des Patienten oder im Hinblick auf die dem Eingriff anhaftenden besonderen Gefahren als nicht fernliegende Komplikation angesehen werden kann (OLG Frankfurt, Urt. v. 16. 11. 2010 – 8 U 88/10, BeckRS 2010, 30179).

Vor einer Bandscheibenoperation ist der Arzt auch nicht verpflichtet, den Pa- A 849a tienten über die Notwendigkeit einer **geringfügigen Entfernung von knöchernen Strukturen, die ohne funktionelle Konsequenz bleibt**, aufzuklären (OLG Köln, Beschl. v. 22. 6. 2011 – 5 U 58/11, VersR 2012, 365).

A 849b   Wurde die Patientin präoperativ über die Möglichkeit einer Nervschädigung mit möglichen dauerhaften schmerzhaften Missempfindungen und Bewegungsstörungen aufgeklärt, erfasst die Aufklärung auch **eine Femoralisparese, die mit einer unzureichenden Kraftentwicklung des Beins und mangelnder Kniestreckung einhergeht** (OLG München, Beschl. v. 1. 2. 2013 – 1 U 3691/12, juris, Nr. 6).

A 850   **Auch über ein gegenüber dem Hauptrisiko des Eingriffs weniger schweres Risiko ist aufzuklären, wenn dieses dem Eingriff spezifisch anhaftet, für den Laien überraschend ist und durch die Verwirklichung des Risikos die Lebensführung des Patienten schwer belastet** werden würde. So ist die Einwilligung des Patienten unwirksam, wenn er zwar auf das als äußerst gering beschriebene Risiko einer **Querschnittlähmung,** nicht aber über die Risiken einer **Falschgelenkbildung (Pseudoarthrose)** und des operativen Zugangs (Verwachsungen im Brustraum und Rippeninstabilität), die sich nach dem Eingriff sämtlich realisiert haben, aufgeklärt wurde (BGH, Urt. v. 10. 10. 2006 – VI ZR 74/05, NJW 2007, 217, 219 = VersR 2007, 66, 68).

A 851   Besteht vor einer CT-gesteuerten, periradikulären Lumbalinfiltration das zum Zeitpunkt des Eingriffs in Fachkreisen bekannte, wenngleich äußerst seltene Risiko einer dauerhaften Lähmung infolge der bekannten Ursachen wie Blutergüsse, schwere Infektionen im Bereich des Stichkanals oder Nervverletzungen, muss der Patient zumindest darauf hingewiesen werden, dass es u. U. **zu schwerwiegenden dauerhaften Lähmungen infolge des Eingriffs** kommen kann. Der bloße Hinweis auf die Möglichkeit von „kurzfristigen Taubheitsgefühlen, Schwäche im Bein, Veränderungen infolge einer Infektion bei der Punktion" reicht nicht aus. In einem solchen Fall ist es nicht entscheidend, ob die Gefahr einer Querschnittlähmung aufgrund der CT-gesteuerten Lumbalinfektion als spezifisches Risiko anzusehen und bekannt war oder sich in einer Form verwirklichte, mit der nicht zu rechnen war (OLG Köln, Urt. 12. 1. 2011 – 5 U 37/10, MedR 2012, 121, 123 mit zust. Anm. Steffen).

A 852   Führt der vom Gericht beauftragte Sachverständige aus, er halte eine Aufkärung über das Risiko einer Querschnittlähmung vor einer CT-gestützten periradikulären Therapie (PRT) im Bereich der Nervenwurzel C 7 nach einem Bandscheibenvorfall bzw. einer Bandscheibenprotrusion (Vorwölbung) nach vorangegangener, erfolgloser konservativer Therapie für erforderlich, auch wenn zum damaligen Zeitpunkt noch keine Vorfälle einer **Querschnittlähmung bei der Durchführung einer PRT** bekannt geworden seien, weil das Risiko möglicher unbeabsichtigter Blutungen und Schädigungen einer Nervenwurzel bei wirbelsäulennahen Eingriffen generell besteht und zum Zeitpunkt des fraglichen Eingriffs in Fachkreisen auch bekannt war, kann der Tatrichter eine Aufklärungspflichtverletzung nicht mit der Argumentation verneinen, dass das spezielle Risiko bei Durchführung einer PRT zum Zeitpunkt des Eingriffs in der Fachliteratur nicht erwähnt worden und auch nicht Gegenstand der Aufklärung durch andere Fachärzte (hier: Orthopäden) gewesen sei (BGH, Urt. v. 6. 7. 2010 – VI ZR 198/09, VersR 2010, 1220, Nr. 8, 9, 13).

(4) Starke Schmerzen nach Nervschädigung, geringfügig erhöhte Risiken, Lagerungsschäden, Schilddrüsenoperationen, Hüftoperationen

Auf die Möglichkeit, dass ein **Nervschaden** in ganz vereinzelten Fällen auch **mit**   A 853
starken, therapieresistenten Schmerzen verbunden sein kann, muss eine Patientin in der Regel hingewiesen werden (OLG Koblenz, Urt. v. 12. 2. 2009 – 5 U
927/06, VersR 2009, 1077, 1078: **Hinweis auf „Nervverletzungen" vermittelt**
kein hinreichendes Bild der Auswirkungen einer möglichen Peronaeusverlet
zung in Form einer Fußheberparese; OLG Nürnberg, Urt. v. 16. 7. 2004 – 4 U
2383/03, AHRS III, 4650/322: Hinweis auf die Risiken Misserfolg, Infektion, Gefäß- und Nervverletzungen, Morbus Sudeck, Implantatlockerung, Bruch, anhaltende Schmerzen insbesondere des Oberschenkels" erfasst nicht das Risiko dauerhafter Lähmungen; OLG Karlsruhe, Urt. v. 9. 5. 2012 – 7 U 44/11, juris, Nr. 7,
9, 10: Hinweis auf „Nervverletzungen und üblicherweise vorübergehende Sensibilitätsstörungen sowie motorische Störungen" erfasst nicht das seltene Risiko
irreversibler Nervschädigungen mit chronifizierten Schmerzen).

Das Risiko, nach einer Operation unter **ständigen, chronischen Schmerzen** zu   A 854
leiden, ist mit dem Hinweis „**selten kann die Durchtrennung von Nervenästen**
zu Taubheitsgefühlen und stärkeren Schmerzen in der Leistengegend führen,
eine Schmerzbehandlung kann erforderlich werden" ausreichend umschrieben
(OLG Stuttgart, Urt. v. 1. 10. 1997 – 14 U 54/96; vgl. aber BGH, Urt. v.
14. 3. 2006 – VI ZR 279/04, VersR 2006, 838, 840, s. u. Rz. A 867).

Der Hinweis auf eine eingriffsbedingte, **fortschreitende Arthrose** umfasst das Ri   A 855
siko der Verstärkung bestehender Schmerzen (BGH, VersR 2000, 1282). Die Aufklärung über eine **mögliche Schmerzverstärkung** nach Durchführung einer Operation zur Behebung eines Karpaltunnel-Syndroms beinhaltet das Risiko der Entstehung eines Sudeck-Syndroms (BGH, NJW 1994, 3010; s. u. Rz. A 905, A 977,
A 1071, A 1183 ff.).

Erhebliche Schmerzen nach Tibeakopfumstellungsosteotomie   A 856

Wird ein Patient über die Möglichkeit von Gefäß- und Nervenverletzungen, einer Thrombose oder Lungenembolie sowie von Funktionseinschränkungen
(hier: vor einer Tibeakopfumstellungsosteotomie) aufgeklärt, umfasst die Aufklärung auch das Risiko, dass Schmerzen drohen können, die nicht nur untergeordneter oder vorübergehender Natur sein müssen (OLG München, Urt. v.
28. 6. 2001 – 1 U 1680/01, AHRS III, 4265/305; vgl. aber Rz. A 859, A 861).

Schilddrüsenoperation, Eingriffe am Hals (vgl. hierzu auch Rz. A 1124 ff.,   A 857
A 1323, A 1336 ff., A 1600 ff., A 1935 ff., A 2070 ff.)

Der Hinweis auf die Risiken bei der **Exstirpation eines Halslymphknotens**, insbesondere einer **Schädigung des Nervus accessorius**, betrifft einen zumindest
mit der tatsächlich durchgeführten Entfernung eines Lipoms im Halsbereich annähernd vergleichbaren Sachverhalt (OLG Zweibrücken, Urt. v. 11. 10. 2005 – 5
U 10/05, OLGR 2006, 154, 155). Die Aufklärung über das Risiko einer Schädigung von Nerven und einer möglichen Heiserkeit erfasst bei einer Schilddrüsenoperation auch das Risiko einer Stimmbandlähmung (OLG Karlsruhe, Urt. v.
12. 12. 2001 – 7 U 102/00, AHRS III, 4265/307; OLG Düsseldorf, AHRS III,

4265/312: Hinweis auf „Heiserkeit bis hin zum Stimmverlust" erforderlich, OLG Brandenburg, Urt. v. 11. 3. 2003 – 1 U 11/02, AHRS III, 4265/313: Hinweis auf „Schädigung der Stimmbandnerven" genügt).

A 857a Vor einer Schilddrüsenoperation (hier: subtotale Schilddrüsenresektion bei vorbestehender Rekurrensaprese auf der rechten Seite) muss der Patient darüber aufgeklärt werden, dass der Eingriff mit einem **deutlich erhöhten Nervverletzungsrisiko** verbunden ist und als Folge einer (beidseitigen) Rekurrensparese Atembeschwerden, ggf. mit dem Erfordernis eines Luftröhrenschnitts auftreten können und eine Nervverletzung zum gänzlichen oder irreversiblen Verlust der Stimme führen kann (OLG München, Urt. v. 23. 2. 2012 – 1 U 2781/11, juris, Nr. 30).

A 857b Das vom Sachverständigen mit **bis zu 10 % Wahrscheinlichkeit** – gegenüber 0,1 % bis 1,0 % bei der Erstoperation – beurteilte Risiko einer Rekurrensparese bei einem Zweiteingriff (hier: Schilddrüsenrezidiv) ist im Rahmen der Erforderlichkeit einer Aufklärung „im Großen und Ganzen" mit dem **Hinweis auf ein „deutlich erhöhtes Risiko" zutreffend umschrieben** (OLG München, Urt. v. 23. 2. 2012 – 1 U 2781/11, juris, Nr. 34, 31: Hinweis im Aufklärungsbogen indiziert die Durchführung eines entsprechenden Aufklärungsgesprächs; vgl. auch OLG München, Urt. v. 2. 2. 2012 – 1 U 5333/10, juris, Nr. 61, 62: das um das zehn- bis zwanzigfach erhöhte Risiko der Schädigung des Stimmbandnerven/Recurrensparese ist aufklärungspflichtig, aber bei absolut indizierter Tumor-OP kein ernsthafter Entscheidungskonflikt).

A 858 **Nervenläsion bei Plattenosteosynthese**

Der allgemeine Hinweis auf eine **„Nervenläsion"** und deren Folgen wie Taubheitsgefühl und Schmerzempfinden stellt eine zureichende Risikoaufklärung bei nachfolgender Schädigung des Nervus ilioinguinalis im Rahmen der Operation einer unfallbedingten **Unterschenkeltrümmerfraktur** (Plattenosteosynthese mit homologer Spongiosaplastik) dar (OLG Saarbrücken, Urt. v. 15. 3. 1989 – 1 U 145/87; vgl. aber Rz. A 860, A 861). Der Hinweis auf schmerzhafte Missempfindungen und Bewegungsstörungen erfasst auch eine dauerhafte Funktionsstörung des Beins (OLG München, Beschl. v. 1. 2. 2013 – 1 U 3691/12, juris, Nr. 6).

A 859 **Dauerhafte Lähmung nach Hüftoperation bzw. Knieoperation**

Vor dem Einsetzen einer Hüftkopfendoprothese deckt der Hinweis auf eine mögliche „Nachblutung, Infektion, Gefäß- und Nervenverletzung, Thrombose, Embolie, Sudeck'sche Krankheit, Implantatlockerung, Re-OP, Beinlängendifferenz, anhaltende Schmerzen insbesondere des Oberschenkels" nicht das **Risiko einer dauerhaften Lähmung infolge von Nervenverletzungen** ab (OLG Nürnberg, Urt. v. 16. 7. 2004 – 5 U 2383/03, NJW-RR 2004, 1543 = AHRS III, 4650/322; a. A. noch OLG Koblenz, Urt. v. 19. 10. 2001 – 10 U 1252/00, AHRS III, 4650/310: Hinweis auf „Nervenlähmung" umfasst auch das Risiko einer Lähmung des Fuß- und Zehenhebernervs; vgl. auch Rz. A 864). **Die Aufklärung des Patienten über die Möglichkeit von „Nervenverletzungen" im Rahmen einer Umstellungsosteotomie bzw. Knieoperation vermittelt kein hinreichendes Bild der Auswirkung einer Peroneusverletzung, d. h. einer als dauerhafte Lähmung verbleibenden Fußheberparese** (OLG Koblenz, Urt. v. 12. 2. 2009 – 5 U 927/06,

OLGR 2009, 556, 558 = VersR 2009, 1077, 1078; OLG Karlsruhe, Urt. v. 9. 5. 2012 – 7 U 44/11, juris, Nr. 9, 10: Hinweis auf „Nervverletzungen und üblicherweise vorübergehende Sensibilitätsstörungen sowie motorische Störungen" erfasst **nicht** das seltene Risiko irreversibler Nervschädigungen mit chronifizierten Schmerzen; **a. A.** noch OLG Koblenz, Urt. v. 19. 10. 2001 – 10 U 1252/00, AHRS III, 4650/310).

Andererseits wird nach Auffassung des OLG Frankfurt (Urt. v. 27. 4. 2004 – 8 U 139/02, AHRS III, 4650/319) das Risiko eines möglichen, mit dauerhaften Beschwerden verbundenen Kompartmentsyndroms von dem Hinweis auf „Nerven- und Gefäßverletzungen" erfasst. Die Instanzrechtsprechung zu dieser Problematik ist divergierend (vgl. Rz. A 859, A 864).

A 859a

Hinweis auf Prothesenlockerung umfasst Bewegungseinschränkungen

A 860

Den Anforderungen an eine Aufklärung „Im Großen und Ganzen" ist genügt, wenn der Patient vor der Implantation einer Totalendoprothese (TEP) des linken Knies darauf hingewiesen wird, dass es zu einer **„frühzeitigen Lockerung"** kommen kann, wenn dann ca. drei Jahre später aufgrund einer Instabilität ein Reziiveingriff erforderlich wird und **Beschwerden als Dauerschaden verbleiben** (OLG Köln, Urt. v. 11. 5. 2009 – 5 U 15/08, juris, Nr. 10, 14; ebenso OLG Düsseldorf, Urt. v. 27. 9. 2001 – 8 U 2/01, AHRS III, 4650/309: Hinweis auf „Prothesenlockerung" bei einer Knie- oder Hüftoperation umfasst auch Bewegungseinschränkungen nach dem Eingriff).

Geringfügig erhöhtes Risiko vor TEP-Operation

A 861

Wird vor dem Einsatz einer Hüftpfanne darauf hingewiesen, dass es zu einer Nervenschädigung mit einer **mehr oder weniger schweren Lähmung des Beins** kommen kann, liegt eine ausreichende Aufklärung auch dann vor, wenn es nach der dann durchgeführten Totalendoprothesenoperation (TEP) zu einer Nervenläsion durch Hakenzug kommt. Ein gesonderter Hinweis, dass das Risiko bei einem bereits voroperierten Patienten mit 2 % gegenüber der Erstoperation bei nichtvoroperierten Patienten **mit etwa 1 % leicht erhöht ist, ist angesichts dieses geringfügigen Risikoprofils nicht erforderlich** (OLG Hamm, Urt. v. 23. 8. 2000 – 3 U 64/99, AHRS III, 4650/301 im Anschl. an BGH, VersR 1992, 960, 961; vgl. aber Rz. A 866). Auch in anderen Fällen ist **nicht stets auf ein geringfügig erhöhtes Risiko hinzuweisen** (vgl. Rz. A 853; OLG Brandenburg, Urt. v. 20. 5. 2010 – 12 U 196/09, MedR 2010, 871 und OLG Nürnberg, Urt. v. 3. 9. 2004 – 5 U 3354/02, AHRS III, 4650/323). Die Rechtsprechung ist auch zu dieser Problematik nicht einheitlich (vgl. Rz. A 866, A 868).

Arm-Plexus-Läsion bei Oberarmoperation

A 862

Der Hinweis auf das Risiko von Nervverletzungen bei der operativen Versorgung eines **Oberarm-Stückbruchs** mit Verrenkung des Oberarmkopfes umfasst auch die Gefahr einer Arm-Plexus-Läsion (neurologische Ausfälle im Schultergürtel-Armbereich; OLG Hamm, Urt. v. 17. 5. 1999 – 3 U 141/98).

Lagerungsschäden

A 863

Wird der Patient während einer Operation in Rückenlage gelagert, die für die vorgesehene Operation Standard ist, reicht eine allgemeine Behandlungsaufklärung mit den Hinweisen auf die Narkoserisiken und dem Passus, dass in Zusammenarbeit mit dem Operateur laufend die Lagerung auf dem Operationstisch überprüft wird, um **Nervenschäden (Gefühlsstörungen und Lähmungen) durch Druck oder Zerrung möglichst zu vermeiden**, aus. Eine weitergehende Aufklärung über spezielle Lagerungsschäden wird angesichts der fehlenden Erkennbarkeit einer etwaigen Anomalie des Patienten nicht geschuldet (OLG Jena, Urt. v. 28. 3. 2007 – 4 U 1030/04, OLGR 2007, 677, 679).

A 864   **Nervverletzung bei Leistenoperation**

Es ist nicht erforderlich, dem Patienten die Risiken eines Eingriffs in allen denkbaren Erscheinungsformen darzustellen. Aufzuklären ist vielmehr über die dem geplanten Eingriff typischerweise anhaftenden Risiken, selbst wenn diese sehr selten auftreten, jedoch im Fall ihrer Verwirklichung die **Lebensführung des Patienten schwer belasten**. Die dem Patienten erteilte Grundaufklärung über die mit jeder Operation typischerweise verbundenen Risiken „Wundheilungsstörungen, Nachblutungen, Nerven- und Gefäßverletzungen" erfasst auch das sehr seltene Risiko der Verletzung des Nervus femoralis bei der Durchführung einer Leistenoperation (OLG Brandenburg, Urt. v. 8. 11. 2007 – 12 U 53/07, juris, Nr. 27). Die Rechtsprechung ist aber nicht einheitlich (vgl. Rz. A 859).

(5) Erkennbar erhöhte Risiken von Nervenverletzungen, Gebärmutterverletzungen, Infektionen und Schlaganfällen

A 865   Auch wenn dem Patienten ein „**allgemeines Bild**" über die mit dem Eingriff verbundenen Risiken zutreffend vermittelt wurde, genügt dies **zur ordnungsgemäßen Aufklärung aber dann nicht**, wenn der Eingriff aufgrund der besonderen Befindlichkeit des Patienten, etwa aufgrund von **Voroperationen im Operationsgebiet oder einer besonderen Konstitution des Patienten, besondere Risiken** aufweist (BGH, VersR 1988, 493, 494: erhöhtes Risiko verstärkter Schmerzen; BGH, Urt. v. 18. 11. 2008 – VI ZR 198/07, MDR 2009, 281, 282 = VersR 2009, 257, 258, Nr. 11, 15, 16 und Vorinstanz OLG Oldenburg, Urt. v. 4. 7. 2007 – 5 U 106/06, VersR 2008, 124, 125: signifikante Erhöhung des Risikos eines Schlaganfalls von 0,5 % auf 1,0 %; BGH, Urt. v. 22. 12. 2010 – 3 StR 239/10, GesR 2011, 237, 238: **erhöhtes Wund- bzw. Infektionsriko**; OLG Brandenburg, Urt. v. 13. 11. 2008 – 12 U 104/08, AHRS III, 4285/305: Hinweis auf **erhöhtes Risiko von Infektionen und Wundheilungsstörungen bei OP einer Hammerzehe**; OLG Oldenburg, Urt. v. 15. 11. 2006 – 5 U 68/05, AHRS III, 4285/304 und 6815/300: **deutlich erhöhtes Risiko von Infektionen und Wundheilungsstörungen nach langjähriger Einnahme von Kortison**, hier bei Hallux-Valgus-OP; OLG Karlsruhe, Urt. v. 9. 5. 2012 – 7 U 44/11, juris, Nr. 9, 10: Hinweis auf „Nervverletzungen und üblicherweise vorübergehende Sensibilitätsstörungen sowie motorische Störungen" erfasst nicht das **seltene Risiko irreversibler Nervschädigungen mit chronifizierten Schmerzen**; OLG Karlsruhe, Urt. v. 28. 11. 2001 – 7 U 114/99, OLGR 2002, 407; OLG Naumburg, Beschl. v. 5. 8. 2004 – 1 W 27/03, OLGR 2005, 5: Hinweis auf spezielle Risiken bzw. Reaktionen auf Komplikationen; OLG Köln, Urt. v. 21. 12. 2009 – 5 U 52/09, MedR 2011, 49, 50: **deutlich erhöhtes Risiko von Narben- und Dellenbildungen bei übergewichtiger Patientin**; OLG München, Urt. v. 23. 2. 2012 – 1 U 2781/11, juris, Nr. 29, 30, 34: Hinweis auf „deutlich erhöhtes Risiko" erfasst das **von 0,1–1,0 % auf ca. 10 % gesteigerte Risiko einer Recurrensparese bei Schilddrüsenresektion**; OLG München, Urt. v. 2. 2. 2012 – 1 U 5333/10, Juris, Nr. 61, 62: um das zehn- bis zwanzigfach erhöhte Risiko der Schädigung des Stimmbandnerven/Recurrensparese aufklärungspflichtig, aber bei absolut indizierter Tumor-OP kein ernsthafter Entscheidungskonflikt; OLG Köln, Urt. v. 14. 4. 2008 – 5 U 135/07, VersR 2009, 261: **um das Zehnfache erhöhtes Risiko einer permanenten Rekurrensparese mit bleibender Stimmbandlähmung**; vgl. aber OLG Brandenburg, Urt. v. 20. 5. 2010 – 12 U 196/09, MedR 2010, 871: **Hinweis auf erhöhtes Risiko nur dann erforderlich, wenn hinsichtlich der Gefahr des Schadenseintrittes eine höhere Wahrscheinlichkeitsstufe erreicht wird**; vgl. auch Rz. A 861).

So reicht der Hinweis auf das Risiko von „Nervverletzungen" dann nicht aus,   A 865a
wenn aufgrund vorhandener, von Voroperationen herrührender Vernarbungen ein **erhöhtes Risiko von Nervenverletzungen** im Operationsgebiet besteht. Der Patientin muss dann dargelegt werden, dass sich dieses Risiko in ihrem Fall häufiger als im Normalfall verwirklicht (OLG Karlsruhe, Urt. v. 28. 11. 2001 – 7 U 114/99, OLGR 2002, 407, 408). Bestehen aufgrund erkannter **körperlicher Besonderheiten** des Patienten, etwa aufgrund vorangegangener zahlreicher Voroperationen im Operationsgebiet, Risiken, die im „Normalfall" auszuschließen sind, hat sich die Aufklärung auch hierauf zu erstrecken (OLG Köln, Urt. v. 21. 1. 2001 – 5 U 34/01, OLGR 2002, 74; vgl. auch OLG Oldenburg, Urt. v. 15. 11. 2006 – 5 U 68/05, AHRS III, 4285/304 und 6815/300: **deutlich erhöhtes Risiko von Infektionen und Wundheilungsstörungen nach langjähriger Einnahme von Kortison**, hier bei Hallux-Valgus-OP, aufklärungspflichtig).

Der Patient ist über die **Gefahr von Nervenschädigungen** mit schwerwiegenden   A 865b
Folgen wie etwa Einschränkungen der Gebrauchsfähigkeit von Gliedmaßen oder auch nur nachhaltigen Sensibilitätsstörungen insbesondere dann aufzuklären, wenn unter Beachtung der anatomischen Besonderheiten des Patienten nach zahlreichen Voroperationen im Operationsgebiet die ansonsten zu vernachlässigende Gefahr von Nervenschädigungen besteht (OLG Köln, Urt. v. 21. 1. 2001 – 5 U 34/01, OLGR 2002, 74, 75; OLG Karlsruhe, Urt. v. 9. 5. 2012 – 7 U 44/11, juris, Nr. 9, 10: Hinweis auf „Nervverletzungen und üblicherweise vorübergehende Sensibilitätsstörungen sowie motorische Störungen" erfasst nicht das seltene Risiko irreversibler Nervschädigungen mit chronifizierten Schmerzen).

Vor einer beidseitigen Rezidivstrumektomie ist der Patient über das im Vergleich   A 866
zur Erstoperation deutlich (hier: **um den Faktor 10–20) erhöhte Risiko einer permanenten Rekurrensparese** (hier: bleibende Stimmbandlähmung, Atem-und Sprachstörungen) aufzuklären (OLG Köln, Urt. v. 14. 4. 2008 – 5 U 135/07, VersR 2009, 261, 262 im Anschluss an BGH, VersR 1992, 960; ebenso: OLG München, Urt. v. 2. 2. 2012 – 1 U 5333/10, juris, Nr. 61, 62: um den Faktor 10–20 erhöhtes Risiko; OLG München, Urt. v. 23. 2. 2012 – 1 U 2781/11, juris, Nr. 29, 30, 34: Risiko 0,1–1,0 % bei Ersteingriff, ca. 10 % bei Zweiteingriff/Rezidiv; vgl. aber Rz. A 868f: Risikoverdoppelung von 1 % auf 2 % **nicht aufklärungspflichtig). Allerdings erfasst der Hinweis auf ein „deutlich erhöhtes Risiko" das von 0,1–1,0 % auf ca. 10 % gesteigerte Risiko einer Recurrensparese bei einer Schilddrüsenresektion** (OLG München, Urt. v. 23. 2. 2012 – 1 U 2781/11, juris, Nr. 29, 34).

A 867 Ein – noch dazu nur in einem Informationsblatt enthaltener – Hinweis auf „mögliche Schädigungen von Blutgefäßen oder Nerven sowie Entzündungsreaktionen" deckt nicht das **Risiko von irreversiblen Nervenschädigungen mit chronischen Schmerzen** ab (BGH, Urt. v. 14. 3. 2006 – VI ZR 279/04, VersR 2006, 838, 839; OLG Zweibrücken, Urt. v. 19. 10. 2004 – 5 U 6/04, NJW 2005, 74, 76 = GesR 2005, 23, 26 als Vorinstanz; OLG Karlsruhe, Urt. v. 9. 5. 2012 – 7 U 44/11, juris, Nr. 9, 10: Hinweis auf „Nervverletzungen und üblicherweise vorübergehende Sensibilitätsstörungen sowie motorische Störungen" erfasst nicht das seltene Risiko von irreversible Nervschädigungen mit chronifizierten Schmerzen).

A 868 Andererseits muss der Arzt den Patienten grundsätzlich nicht darüber in Kenntnis setzen, dass ein bestimmtes Risiko in seinem Fall wegen besonderer Umstände erhöht ist, wenn nicht **die Erhöhung des Risikos dazu führt, dass hinsichtlich der Gefahr des Schadenseintrittes eine höhere Wahrscheinlichkeitsstufe erreicht wird** (OLG Brandenburg, Urt. v. 20. 5. 2010 – 12 U 196/09, MedR 2010, 871).

A 868a Im Einzelfall kann der Hinweis auf ein gegenüber dem Normalfall **erhöhtes Wund- bzw. Infektionsrisiko** geboten sein. Es kommt darauf an, ob das infrage stehende Risiko dem Eingriff spezifisch anhaftet und bei seiner Verwirklichung die Lebensführung des Patienten besonders belasten würde. Vor der **Durchführung einer Nierenbeckenplastik** ist der Patient jedenfalls darüber aufzuklären, dass die hiermit verbundene **Gefahr einer Anastomoseninsuffizienz** eine Nachoperation erforderlich machen kann, die mit einer **Wahrscheinlichkeit von ca. 10 % einen Nierenverlust** zur Folge haben kann (BGH, Urt. v. 22. 12. 2010 – 3 StR 239/10, GesR 2011, 237, 238/239).

A 868b Vor einem operativen **Eingriff an einer Hammerzehe** muss der Patient darauf hingewiesen werden, dass **Infekte und Wundheilungsstörungen wegen der Keimbelastung am Fuß deutlich häufiger als bei sonstigen Operationen** vorkommen und Infektionen auftreten können, die bis zur Amputation des Fußes führen können (OLG Brandenburg, Urt. v. 13. 11. 2008 – 12 U 104/08, AHRS III, 4285/305).

A 868c Vor einer Hallux-Valgus-Operation *(Anm.: auch vor anderen vergleichbaren Operationen)* ist der Patient auf das **nach langjähriger Einnahme von Kortison deutlich erhöhte Risiko von Infektionen und Wundheilungsstörungen** hinzuweisen (OLG Oldenburg, Urt. v. 15. 11. 2006 – 5 U 68/05, AHRS III, 4285/304 und 6815/300).

A 868d **Eine Risikoerhöhung alleine ist allerdings nicht aufklärungspflichtig.** Nur wenn das bestehende Risiko (hier: **Infektionsrisiko** bei Applikation einer kortisonhaltigen Lösung in ein Kniegelenk) durch die allgemeine Aufklärung nicht mehr realistisch beschrieben ist, muss auf die Erhöhung hingewiesen werden (OLG Stuttgart, 1 U 175/10 – Berufungsrücknahme durch Patienten).

A 868e Erfolgt nach einem früheren Eingriff am linken Knie eine Arthroskopie am rechten Knie, muss **nicht auf ein erhöhtes Infektionsrisiko hingewiesen werden, wenn das Infektionsrisiko auch dann weniger als 1‰ beträgt.** Die Aufklärung über das bestehende allgemeine Infektionsrisiko genügt in derartigen Fällen (OLG Nürnberg, Urt. v. 3. 9. 2004 – 5 U 3354/02, AHRS III, 4650/323).

Ein gesonderter Hinweis, dass das Risiko bei einem bereits voroperierten Patien-   A 868f
ten mit **2 % gegenüber der Erstoperation bei nicht voroperiertem Patienten mit
etwa 1 % leicht erhöht** ist, ist angesichts dieses geringfügigen Risikoprofils
nicht erforderlich (OLG Hamm, Urt. v. 23. 8. 2000 – 3 U 64/99, AHRS III,
4650/301; vgl. aber Rz. A 866).

Der Arzt ist nicht verpflichtet, eine Patientin über **ein erhöhtes Risiko der Ge-**   A 868g
bärmutterverletzung mit der Folge einer Gebärmutterentfernung beim Vorliegen
eines Uterus subseptus aufzuklären (KG, Urt. v. 16. 12. 2004 – 20 U 191/01 mit
NZB BGH v. 13. 9. 2005 – VI ZR 61/05, AHRS III, 4475/311).

(6) Bauchoperationen, Herzuntersuchungen, chiropraktische Eingriffe, Gefäßverletzungen

Bauchspeicheldrüsenoperation, numerisches Sterblichkeitsrisiko   A 869

Vor einer Bauchspeicheldrüsenoperation (hier: Operation nach Whipple) ist der
Patient über die Möglichkeit eines tödlichen Ausgangs aufzuklären. Hierfür
kann allerdings der Hinweis auf eine Nachblutung, Thrombose, Bauchfellentzündung, die Verletzung von Nachbarorganen wie Hauptschlagader und Leber
ausreichen. Dabei **kann als allgemein bekannt vorausgesetzt werden, dass bei
größeren Operationen immer Gefahren bestehen, die in unglücklichen Fällen
zu schweren Gesundheitsschäden, ja sogar zum Tod führen können.** Ein Hinweis auf das numerische Sterblichkeitsrisiko (hier: zwischen 1 % und 15 %) ist
in derartigen Fällen nicht erforderlich (OLG Nürnberg, Urt. v. 29. 5. 2000 – 5 U
87/00 mit NA-Beschl. BGH v. 6. 2. 2001 – VI ZR 279/00, AHRS III, 4280/300;
auch OLG Frankfurt, Urt. v. 16. 11. 2010 – 8 U 88/10, BeckRS 2010, 30179 zum
Mortalitätsrisiko bei Hüftoperationen, vgl. Rz. A 517, A 840).

Sterblichkeitsrisiko bei Sigmadivertikulitis   A 870

Bei einer rezidivierenden Sigmadivertikulitis (Entzündung im Darmbereich)
reicht eine Aufklärung über die Operationsmethode, deren Risiken und mögliche Komplikationen, das Restrisiko sowie eine eventuelle **Bauchfellentzündung**
aus. Hinweise auf das Sterblichkeitsrisiko bei der Realisierung einer Bauchfellentzündung und auf die nicht zwingende Notwendigkeit des indizierten Eingriffs sind nicht erforderlich (OLG Nürnberg, Urt. v. 6. 11. 2000 – 5 U 1116/00,
AHRS III, 4280/303 = OLGR 2003, 66, 67).

Risiken einer Herzkathederoperation; Hinweis auf „Gefäßverletzungen" oder   A 871
„Blutungen" reicht nicht aus

Anders als bei größeren Operationen rechnet ein Patient bei **diagnostischen Un-**
tersuchungsmaßnahmen regelmäßig nicht mit wesentlichen Gesundheitsschäden. Vor einer Herzkatheteruntersuchung (HKA) muss der Patient u. a. über das
Risiko einer Dissektion von Beckenachsen und der Aorta, daneben auch auf das
Todesrisiko, das Risiko eines Myokardinfarkts, von Hirndurchblutungsstörun-
gen, Herzrhythmusstörungen, der Perforation des Herzens, einer Kontrastmittel-
unverträglichkeit, des Nierenversagens und von Kreislaufstörungen hingewiesen
werden. Die Aufklärung muss verdeutlichen, dass die HKA nicht nur zu Herz-
problemen und zu vorübergehenden Blutungen führen kann, sondern auch Dau-

erschäden an gänzlich anderen Körperteilen auftreten können, so als Folge einer Gefäßverletzung etwa **ziehende Schmerzen und Durchblutungsstörungen im Bein**. Es reicht nicht aus, das Risiko des Durchstichs der Arterie bzw. der Spaltung der Aorta und anderer Arterien mit Schlagworten wie „Gefäßverletzung" oder „Blutung" zu beschreiben. Vielmehr muss dem Patienten vor einer HKA jedenfalls in groben Umrissen klargemacht werden, dass es **in seltenen Fällen zu Verletzungen von Arterien mit Durchblutungsstörungen auch anderer Organe und möglichen Bewegungseinschränkungen kommen kann** (KG, Urt. v. 24. 6. 2004 – 20 U 66/03, AHRS III, 5150/311 und LG Berlin, Urt. v. 23. 1. 2003 – 6 O 332/00, AHRS III, 5150/307 – Vorinstanz).

A 872 **Arterienverletzung bei Harnöhrenoperation**

Das Risiko einer Arterienverletzung im Rahmen einer Harnröhrenoperation ist bei der Aufklärung mit dem Hinweis auf die Gefahr von **Blutungen und inneren Verletzungen** hinreichend beschrieben (OLG Hamm, VersR 1999, 452).

A 873 **Risiken einer Koronarangiographie**

Wird der Patient vor der Durchführung einer Koronarangiographie und Koronarangioplastie auf die **Möglichkeit lebensgefährlicher Gefäßverletzungen hingewiesen, wird hiervon auch das Risiko einer Verletzung der Aortenklappentasche abgedeckt**. Kann die Verletzung sowohl durch den mangels Einwilligung rechtswidrigen Teil des Eingriffs (hier: Koronarangiographie) als auch durch den aufgrund wirksamer Einwilligung rechtmäßigen Teil (hier: Koronarangioplastie) verursacht worden sein, obliegt dem Patienten der Nachweis dafür, dass die Verletzung durch den nicht von der Einwilligung gedeckten Teil des Eingriffs verursacht worden ist (OLG Karlsruhe, Urt. v. 1. 9. 2004 – 7 U 113/03, AHRS III, 5150/312).

A 874 Wurde der Patient vor einer Koronarangioplastie (PTCA) auf das Risiko von Gefäßverletzungen und Blutungen hingewiesen, muss er nicht darüber aufgeklärt werden, dass sich ein Führungsdraht in den Maschen des Stents verfangen und ein Gefäß verletzen kann, wodurch es zu einem Herzinfarkt und anderen schweren Folgen kommen kann (OLG Karlsruhe, Urt. v. 29. 5. 2002 – 7 U 84/99, AHRS III, 4300/304).

A 875 **Herzoperation, Gehirninfarkt**

Vor einer Herzoperation ist hinreichend auf die **Komplikation eines „Gehirninfarkts" hingewiesen**, wenn ein Aufklärungsgespräch durchgeführt wurde und der Aufklärungsbogen den Hinweis auf die „selten" oder **„sehr selten" auftretenden Risiken wie „Kreislaufstörungen, Durchblutungsstörungen, die zu Lähmungserscheinungen im Bereich des Gehirns und zu Sprach- und Bewegungsstörungen führen können"** enthält. Die vom Sachverständigen genannte Risikoquote von 1–2 % kann als selten bezeichnet werden. Wird im Aufklärungsbogen bzw. Aufklärungsgespräch ein auf 2–4 % geschätztes, tatsächlich **seltenes Risiko als „sehr selten" bezeichnet, ist dies unschädlich, wenn die insgesamt bestehenden Risiken (hier: Kreislaufstörungen, Herzinfarkt, Lähmungserscheinungen im Bereich des Gehirns) genannt und nicht verharmlost** worden sind (OLG München, Urt. v. 26. 5. 2011 – 1 U 3081/10, juris, Rz. 52, 58, 60, 61).

Verletzung der Arteria vertrebralis und Hirninfarkt　　　　　　　　　　　A 876

Vor einer **chiropraktischen Manipulation an der Halswirbelsäule** ist der Patient
über die damit verbundenen Risiken, insbesondere einer Gefäßverletzung (Arteria vertebralis) mit nachfolgenden Durchblutungsstörungen einzelner Hirnareale
(hier: Hirninfarkt) aufzuklären (OLG Oldenburg, Urt. v. 25. 6. 2008 – 5 U 10/08,
VersR 2008, 1496, 1497 = NJW-RR 2009, 1106, 1107). Bei einer lediglich „**weichen" Mobilisierung der HWS ist jedoch keine Risikoaufklärung** (etwa über
eine Dissektion der Arteria vertebralis mit nachfolgendem Schlaganfall) **erforderlich**, da bei einer solchen Behandlung kein über die Alltagsrisiken hinausgehendes Risiko besteht (OLG Jena, Urt. v. 18. 5. 2005 – 4 U 641/04 mit NZB
BGH v. 10. 1. 2006 – VI ZR 110/05, AHRS III, 4650/327).

Medizinischer Hintergrund: **Mobilisationen** (sog. weiche Technik) beeinflussen
reflektorische Fehlspannungen der Muskulatur und der Weichteile und damit
das gestörte Gelenkspiel. **Manipulationen** (sog. harte Technik, eigentlicher chiropraktischer Eingriff), d.h. kurzfristige mechanische Impulse von geringer Kraft
und hoher Geschwindigkeit auf das Gelenk, verbessern gezielt die gestörte Gelenkbewegung, z.B. bei der Lösung von Blockierungen kleiner Wirbel- und der
Iliosakralgelenke und dürfen nur unter Beachtung strenger Ein- und Ausschlusskriterien durchgeführt werden. Kontraindikationen bestehen etwa bei knöchernen Veränderungen bzw. Vorschäden der HWS/BWS und funktioneller lokaler
Hypermobilität. Durch die Ausübung von Zugkräften auf die Halsschlagader
kann es zu schwerwiegenden **neurologischen Ausfällen** kommen (Pschyrembel,
262. Aufl., S. 360/361 = 264. Aufl., S. 369; Pschyrembel, Therapie, 4. Aufl.,
S. 1031).

Erhöhtes Schlaganfallrisiko bei angiographischer Untersuchung, Herz- und Hirn-　A 877
operationen

Der Arzt ist grundsätzlich nicht gehalten, den Patienten über die statistische
Wahrscheinlichkeit einer möglichen Komplikation zu informieren. Dies entbindet den Arzt aber nicht von der Verpflichtung, auf eine im konkreten Fall vorliegende **signifikante Erhöhung des Risikos eines Schlaganfalls** von 0,5 % auf
1,0 % bei einer geplanten **cerebralen angiographischen Untersuchung** hinzuweisen, insbesondere dann, wenn der Patient bereits zuvor einen Schlaganfall erlitten hatte. Der aus dem Perimed-Aufklärungsbogen entnommene Hinweis des
aufklärenden Arztes an den Patienten, das **Risiko eines Schlaganfalls sei mit
„selten" oder** nur **„gelegentlich" zu bewerten, genügt in einem solchen Fall
nicht** (BGH, Urt. v. 18. 11. 2008 – VI ZR 198/07, MDR 2009, 281, 282 = VersR
2009, 257, 258, Nr. 11, 15, 16 und Vorinstanz OLG Oldenburg, Urt. v. 4. 7. 2007
– 5 U 106/06, VersR 2008, 124, 125).

Das bei der Herzoperation eines Kleinkindes bestehende Risiko einer cerebralen　A 878
Blutung mit nachfolgender Hirnschädigung wird weder von dem Hinweis auf die
seltene Möglichkeit eines Schlaganfalls noch von dem im Rahmen der Anästhesieaufklärung erwähnten, letztlich **nie auszuschließenden Todesrisiko** des operativen Eingriffs unter Vollnarkose erfasst (OLG Frankfurt, Urt. v. 24. 2. 2009 –
8 U 103/08, juris, Nr. 9, 12).

Vor einer radikalen Resektion eines Chondronsarkom-Rezidivs (seltener, malig-　A 879
ner Tumor an der Schädelbasis) ist der Patient über das **Risiko eines Schlag-**

anfalls mit seinen in der Regel schwerwiegenden Auswirkungen für die weitere Lebensführung aufzuklären (OLG Hamm, Urt. v. 5. 2. 2007 – 3 U 155/06, AHRS III, 4310/300: es bestand keine ernsthafte Behandlungsalternative, der aussichtsreiche Einwand der „hypothetischen Einwilligung" wurde von der Behandlungsseite offensichtlich nicht erhoben!).

A 880 – A 900   Einstweilen frei.

(7) Infektionen, Wundheilungsstörungen, Morbus Sudeck (CRPS)

A 901   **Infektion mit dem Keim Staphylococcus aureus**

Mit dem Hinweis auf „**Infektionen/Wundheilungsstörungen**" wird der Schwere und „Stoßrichtung" des konkreten Risikospektrums im Hinblick auf eine **Infektion** mit dem Keim Staphylococcus aureus Genüge getan (OLG Düsseldorf, Urt. v. 19. 11. 1998 – 8 U 66/98).

A 902   **„Platzbauch" als Maximalvariante einer Wundheilungsstörung**

Durch den Hinweis auf „Wundheilungsstörungen" vor einer Magenreduktionsplastik bei einem **260 kg schweren Patienten** wird nach Ansicht des OLG Oldenburg (Urt. v. 11. 7. 2000 – 5 U 38/00) auch das Risiko eines „**Platzbauches**" (Aufreißen der Operationswunde wegen einer bestehenden Bauchdeckenlücke) als **Maximalvariante** einer Wundheilungsstörung ausreichend umschrieben.

A 902a   **Hinweis auf Querschnittlähmung erfasst auch Risiko der Sepsis mit Arbeitsunfähigkeit**

Wird der Patient vor einer **orthopädischen Schmerztherapie mit epiduralen Injektionen auf das Risiko von Nervschäden bis hin zur Querschnittlähmung** und die mögliche Erforderlichkeit einer operativen Revision hingewiesen, wird hierdurch auch das **Risiko einer Sepsis mit der Folge einer längeren Arbeitsunfähigkeit u. a.** erfasst (OLG München, Urt. v. 26. 1. 2012 – 1 U 3360/11, juris, Nr. 49).

A 903   **Erhöhtes Infektionsrisiko wird vom Hinweis auf „Wundheilungsstörungen" nicht erfasst**

Besteht wegen jahrelanger Einnahme von Kortison vor einer beabsichtigten Operation ein erhöhtes Infektionsrisiko, reicht es nicht aus, den Patienten pauschal auf die Gefahr von Wundheilungsstörungen und Wundinfektionen aufmerksam zu machen. Ein **erhöhtes Infektionsrisiko wird von der Aufklärung über Wundheilungsstörungen und Wundinfektionen nicht erfasst** (OLG Oldenburg, Urt. v. 15. 11. 2006 – 5 U 68/05, juris, Nr. 29, 30). Andererseits genügt die Aufklärung über das bestehende allgemeine Infektionsrisiko, wenn nach einem früheren Eingriff am linken Knie eine Arthroskopie am rechten Knie mit erhöhten Infektionsrisiko erfolgt, wenn das Infektionsrisiko dann immer noch bei weniger als 1‰ liegt (OLG Nürnberg, Urt. v. 3. 9. 2004 – 5 U 3354/02, AHRS III, 4650/323; vgl. zu erhöhten Risiken Rz. A 865 ff.).

Risiko der Hämatombildung vom Hinweis auf mögliche „Verletzung von Blut- A 904
gefäßen" erfasst

Wird auf das Risiko einer Verletzung von Blutgefäßen, kleinere Nachblutungen und Gelenkergüsse **bis hin zu Gelenkinfektionen hingewiesen**, umfasst dies auch das Risiko der Hämatombildung. Ein Hinweis auf ein wegen der Blutsperre bei der Operation **erhöhtes Infektionsrisiko ist nicht erforderlich**. Ist im Zusammenhang mit der Operation eine Antibiotikaprophylaxe aus medizinischen Gründen nicht erforderlich, muss der Patient nicht darüber aufgeklärt werden, dass sie aus Sicherheitsgründen dennoch erfolgen kann (OLG Düsseldorf, Urt. v. 21. 3. 2002 – 8 U 172/01, AHRS III, 5150/306).

Risiko eines Morbus-Sudeck (CRPS) A 905

Über das Risiko eines **Morbus Sudeck (CRPS)** ist vor Durchführung der operativen Behandlung eines Karpaltunnelsyndroms (CPS – Schädigung des Endastes des Nervus medianus in Höhe des Karpaltunnels mit anschließendem Schwund der Daumenballenmuskulatur) aufzuklären. Bei einer fachkundigen Patientin (hier: Busfahrerin mit vorangegangener Ausbildung zur Arzthelferin) reicht hierfür der **Hinweis auf das Risiko von Entzündungen** aus (OLG Hamm, Urt. v. 5. 12. 2001 – 3 U 68/01, AHRS III, 4265/306; vgl. Rz. A 1183 ff.).

Infektionsrisiko bei Hodenbiopsie A 906

Vor einer Hodenbiopsie ist auf die Möglichkeit einer Infektion des Hodens hinzuweisen. **Wird der Patient auf die möglichen Risiken „Blutung, Infektion, Verletzung von Nerven oder Blutgefäßen" hingewiesen, ist es nicht erforderlich, ausdrücklich auf die möglichen Folgen einer Infektion**, etwa die mögliche Notwendigkeit der Entfernung des Hodens oder auf ein erhöhtes Infektionsrisiko bei gleichzeitiger Entfernung des anderen Hodens **hinzuweisen**. Es ist nicht Aufgabe des Arztes, sämtliche Komplikationen aufzuführen, die sich aus einer Infektion möglicherweise ergeben können. Sonst müsste über eine Vielzahl von schwerwiegenden Erkrankungen und Komplikationen aufgeklärt werden, etwa eine Hirnhautentzündung, Blutvergiftung, die Amputation von Gliedern u. a., die als Folge einer Infektion entstehen könnten (OLG München, Urt. v. 5. 4. 2001 – 1 U 4025/99, AHRS III, 5150/302; NA-Beschl. BGH vom 9. 4. 2002 – VI ZR 346/01).

Organ- oder Hautveränderungen, Herzbeutelentzündung A 907

Der formularmäßige Hinweis auf **„entzündliche Reaktionen"** wird als hinreichende Aufklärung über mögliche Organveränderungen durch eine Bestrahlung angesehen (BGH, VersR 1992, 238, 240). So wird etwa das Risiko einer **Perikarditis (Herzbeutelentzündung)** vom Hinweis auf das Risiko von Organ- oder Hautveränderungen nach durchgeführter Bestrahlung wegen Lymphdrüsenkrebs umfasst (BGH, VersR 1992, 238).

Einstweilen frei. A 908

(8) Gynäkologische Eingriffe, Brustaufbau, Gebärmutterverletzung, Darmverletzung, Herztonveränderungen

A 909   **Darmverletzung, Darm-Scheiden-Fistel, Harnleiterverletzung**

Weist der Gynäkologe vor dem operativen Eingriff zur Entfernung einer Vaginalzyste und einer Rectocele darauf hin, dass man bei diesem Eingriff „in den Darm schneiden könnte", so ist von dieser Aufklärung auch eine Schädigung der Rektumwand und das Entstehen einer Darm-Scheiden-Fistel mit nachfolgenden Thrombosen und Embolien erfasst (OLG Koblenz, Beschl. v. 22. 10. 2007 – 5 U 1288/07, VersR 2008, 690, 691 = OLGR 2008, 178, 179). Wurde die Patientin über das **Risiko einer Blasen- und Darmverletzung** vor einer vaginalen Hysterektomie aufgeklärt, ist hiervon auch eine spätere Fistelbildung mit Austreten von Kot und Urin aus der Scheide umfasst (OLG Nürnberg VersR 1996, 1372). Dabei **genügt es, wenn der Arzt nur über die unmittelbaren Operationsrisiken, etwa die Schädigung des Harnleiters bei einer Hysterektomie, aufgeklärt hat**. Auf die Entstehung einer möglichen, auch schwerwiegenden mittelbaren Folge (hier: Verlust einer Niere) muss die Patientin nicht hingewiesen werden (OLG Koblenz, Urt. v. 10. 4. 2008 – 5 U 1440/06, OLGR 2009, 314, 315/316).

A 910   Bei der Unterrichtung über eine laparoskopische **Entfernung einer Ovarialzyste nebst Eierstock und Eileiter** am Tag des ambulanten Eingriffs ist über das Risiko eines Narbenbruchs nicht besonders aufzuklären, wenn auf die Risiken von Verletzungen und Veränderungen im Darm- und Bauchdeckenbereich hingewiesen wurde (OLG Oldenburg, VersR 1998, 769).

A 911   **Risiko der Gebärmutterverletzung**

Vor der Ausschabung der Gebärmutterhöhle ist die Patientin auf das Risiko eines Asherman-Syndroms (partielle oder totale Verwachsungen im Uterus durch Bildung bindegewebiger Narbenzüge) mit der **Folge der Unfruchtbarkeit** aufzuklären. Realisiert sich dieses Risiko **in einem von 1 000 Fällen**, wird es von dem Hinweis auf eine mögliche Verletzung der Gebärmutter mit der hieraus folgenden Fortpflanzungsunfähigkeit **von 1 : 10 000 nicht erfasst** (OLG Köln, Urt. v. 25. 04. 2007 – 5 U 180/05, OLGR 2008, 769, 770).

Es ist unschädlich, wenn der Arzt vor einer Endometriumablation die Risiken der einzelnen Behandlungsschritte anhand eines Aufklärungsbogens zur Abrasio (Ausschabung) erklärt, weil die Risiken hinsichtlich einer Verletzung der Gebärmutterwand, einer Perforation mit der Folge der Erforderlichkeit einer Gebärmutterentfernung für alle Behandlungsschritte im Wesentlichen gleich zu bewerten sind. Ein Arzt ist auch **nicht verpflichtet, seine Patientin über ein erhöhtes Risiko der Gebärmutterverletzung mit der Folge einer Gebärmutterentfernung bei Vorliegen eines Uterurs Subseptus (Uterusfehlbildung) aufzuklären**, wenn sich das erhöhte Risiko lediglich aus einer theoretischen Überlegung ergibt, keine Daten zu dieser Fragestellung vorliegen und das von der Patientin unterzeichnete Aufklärungsformular den handschriftlichen Hinweis auf das Risiko einer Perforation enthält (KG, Urt. v. 16. 12. 2004 – 20 U 191/01 mit NZB BGH v. 13. 9. 2005 – VI ZR 61/05, AHRS III, 4475/312).

Risiko einer Selbstkatederisierung nach Gebärmutteroperation   A 912

Ist bei einer erweiterten Gebärmutteroperation wegen eines Cervixcarzinoms über das bestehende Risiko einer anschließenden **Selbstkatheterisierung** aufgeklärt worden, muss der Hinweis i.d.R. nicht dahin konkretisiert werden, dass die Selbstkatheterisierung möglicherweise auch lebenslang andauern kann (OLG München, Urt. v. 20. 3. 2003 – 1 U 4853/02, OLGR 2004, 126).

Aufklärung vor einer Sectio   A 913

Ist eine Sectio relativ indiziert, reicht es aus, die werdende Mutter darüber aufzuklären, dass es dem Kind bei der in Kaiserschnittbereitschaft durchzuführenden äußeren Wendung **„schlecht gehen"**, es zu **„Herztonveränderungen" kommen kann**, wenn es nachfolgend zu einem mehrmaligen, über einminütigen Abfall der Herzfrequenz des Kindes auf 60 Schläge pro Minute mit negativen Zusatzkriterien kommt und deshalb ein sofortiger Kaiserschnitt erforderlich ist (OLG München, Urt. v. 30. 10. 2003 – 1 U 5749/01, AHRS III, 4490/308).

Asymmetrien, Abflachungen und Wundheilungsstörungen nach Brustaufbau   A 914

Vor der Wiederaufbau-Operation einer Brust umfasst der Hinweis auf **„Asymmetrien, Narben- und Wundheilungsstörungen, mögliche Korrektur-OP"** mit entsprechender zeichnerischer Darstellung in einem Aufklärungsbogen auch **deutliche Abflachungen** infolge der Gewebeentnahme am Gesäß an der Stelle, an der der Lappen entnommen wurde und ein **optisches Erscheinungsbild mit einer wesentlich größeren und anders geformten Brust**. Es genügt, wenn der Patientin ein allgemeines und zutreffendes Bild von der Schwere und Richtung des Risikospektrums dargelegt (OLG München, Urt. v. 3. 11. 2011 – 1 U 984/11, juris, Nr. 38, 41, 42, 45).

(9) Augenoperationen

Dem Patienten müssen im Rahmen der Aufklärung die Risiken des Eingriffs   A 915
nicht medizinisch exakt und in allen denkbaren Erscheinungsformen dargestellt werden. Es genügt vielmehr, wenn dem Patienten ein allgemeines Bild von der Schwere und Richtung des Risikospektrums dargelegt, ihm die „Stoßrichtung" der Risiken verdeutlicht wird. So ist vor einer Augenoperation die **gesonderte Erwähnung des Risikos einer Kapselruptur entbehrlich**, wenn der Patient auf das **Risiko eines Glaskörpervorfalls als gegenüber der Kapselruptur kompliziertere Variante hingewiesen** worden ist (OLG München, Beschl. v. 12. 3. 2007 – 1 U 5826/06, juris Nr. 5, 6).

Vor einer relativ indizierten Laseroperation einer Myopie unter -6 dpd mit einem   A 916
erheblichen Astigmatismus an beiden Augen hat der Augenarzt den Patienten **über das erhebliche Risiko einer nicht reversiblen Überkorrektur unter der möglichen Folge einer Erblindung oder einer schweren Sehbehinderung** hinzuweisen. Die Ausführungen im Aufklärungsbogen, dass das Sehvermögen in extremen Fällen bis zu 20 % nachlassen kann, genügt nicht (OLG München, Urt. v. 17. 11. 2011 – 1 U 4499/07, juris, Nr. 91 – 95).

Andererseits deckt der Hinweis auf das Risiko der Minderung des Sehvermögens   A 917
bis zu 20 % nicht die **irreversible Schädigung der Hornhaut mit deutlichem Ver-**

lust der Sehschärfe um ca. 80 % (OLG München, Urt. v. 17. 11. 2011 – 1 U 4499/07, juris, Nr. 86, 87, 94, 98).

A 918 – A 920   Einstweilen frei.

(10) HNO-Eingriffe, Nasenkorrektur

A 921   **Nachblutung und Hirnschädigung nach Mandeloperation**

Hat der aufklärende HNO-Arzt den ihm bekannten, nach einer Mandeloperation aufgetretenen Todesfall erwähnt, deckt diese Aufklärung auch das Risiko einer Nachblutung mit nachfolgender Hirnschädigung ab (OLG Frankfurt, Urt. v. 5. 8. 2008 – 8 U 267/07, GesR 2009, 83, 84 = OLGR 2008, 969, 970: im entschiedenen Fall war das seltene Risiko von Nachblutungen auch im Aufklärungsbogen erwähnt, der erteilte Hinweis auch von einer Arzthelferin bestätigt worden).

A 922   **Risiken einer Ohroperation**

Es reicht aus, vor einer Tympanoplastik (Verfahren zur Beseitigung von Defekten des Trommelfells) oder der Gehörknöchelchenkette bzw. zur Wiederherstellung der Schallleitung zum Innenohr) über die Art der Operation, die anzuwendende Anästhesie (i. d. R. Lokalanästhesie) und die Operationsrisiken, insbesondere eine **Infektion mit evtl. nachfolgender Taubheit** aufzuklären. **Eine Aufklärung über die Art und Weise der Nachsorge (medikamentös oder operativ) ist nicht erforderlich**; die Notwendigkeit einer Nachoperation stellt kein spezifisches, aufklärungspflichtiges Risiko dieses Eingriffs dar (OLG Bamberg, Urt. v. 20. 11. 2000 – 4 U 104/00, AHRS III, 4510/301; Revision vom BGH zurückgewiesen, Beschl. v. 18. 12. 2001 – VI ZR 60/01). Der vor einer Operation erteilte Hinweis auf die Möglichkeit von **Entzündungen und der Schädigung des Innenohrs umfasst auch das Auftreten einer chronischen Mittelohrentzündung mit der weiteren Folge einer erheblichen Hörminderung** (OLG Karlsruhe, Urt. v. 17. 12. 2008 – 7 U 32/08, Seite 3).

A 923   **Kosmetische Operationen/Nasenkorrektur**

Wird im Aufklärungsbogen ausdrücklich erwähnt, eine **Garantie für das gewünschte und geplante Aussehen könne nicht gegeben werden**, ist der Patientin hinreichend vor Augen geführt, dass das Aussehen der Nase auch nach der Operation unbefriedigend sein und die Operation auch misslingen kann. Es ist **nicht erforderlich, die Patientin auf sämtliche Varianten hinzuweisen, die zu einem postoperativen unbefriedigenden Gesamterscheinungsbild der Nase** führen können (OLG München, Urt. v. 19. 1. 2012 – 1 U 2532/11, juris, Nr. 60, 64: im Übrigen wurde im vorliegenden Fall ein „ernsthafter Entscheidungskonflikt" verneint, weil sie einem rikanteren Eingriff, Durchführung einer Osteotomie, zugestimmt hatte).

(11) Chirurgie; Hallux-valgus-Operation, Luxation, Verbleiben von Metallsplittern, Sepsis, Prothesenlockerung

Luxation des Daumengrundgelenks   A 924

Es liegt auch kein Aufklärungsfehler vor, wenn der Patient nach einer unfallbedingten Verletzung der linken Hand über die Risiken einer operativen **Reposition des Daumensattelgelenks** aufgeklärt wird, tatsächlich dann aber intraoperativ eine Luxation des Daumengrundgelenks erkannt und behandelt wird (OLG Schleswig, Urt. v. 23. 1. 2004 – 4 U 97/02, OLGR 2005, 272).

Verbleiben von Metallsplittern im Körper   A 925

Wird über die Möglichkeit des Bruchs von Metallteilen und des Zurückbleibens von solchen im Körper aufgeklärt, erfasst dies im Rahmen der erforderlichen Vermittlung eines allgemeinen Bildes von der Schwere und der „Stoßrichtung" des Risikospektrums auch die Möglichkeit des Abbruchs eines Metallsplitters des Operationsbestecks (OLG Düsseldorf, Urt. v. 6. 7. 2000 – 8 U 74/99, AHRS III, 4650/300).

Hinweis auf Prothesenlockerung umfasst Bewegungseinschränkungen   A 926

Das erforderliche allgemeine Bild des Risikospektrums wird dem Patienten mit dem Hinweis auf die Möglichkeit einer **Prothesenlockerung** bei einer Knie- oder Hüftoperation ausreichend vermittelt, wenn es nach der Operation zu **Bewegungseinschränkungen** kommt (OLG Düsseldorf, Urt. v. 27. 9. 2001 – 8 U 2/01, AHRS III, 4650/309; ebenso OLG Köln, Urt. v. 11. 5. 2009 – 5 U 15/08, juris, Nr. 10, 14: Hinweis auf „frühzeitige Lockerung" erfasst auch das Erfordernis eines Rezidiveingriffes mit nachfolgenden Dauerschäden).

Sepsis nach orthopädischer Schmerztherapie   A 927

Wird der Patient vor einer multimodalen Schmerztherapie mittels epiduraler Injektionen auf die möglichen Komplikationen einer Entzündung, ggf. mit der Notwendigkeit einer antibiotischen Behandlung oder operativen Revision, **im Extremfall mit Nervenschäden bis hin zur Querschnittlähmung aufgeklärt**, so wird hiervon auch **das Risiko einer Sepsis** erfasst. Eine solche Aufklärung **wirkt auch für nachfolgende, ambulante Behandlungen fort, wenn sich das Risikoprofil nicht wesentlich verändert** hat (OLG München, Urt. v. 26. 1. 2012 – 1 U 3360/11, juris, Nr. 49, 51).

Hallux-valgus-Operation   A 928

Vor einer Hallux-valgus-Operation (hier: Methode Bösch) reicht eine Aufklärung insbesondere über die **Risiken von Nekrosen sowie von knöchernen Fehlheilungen bzw. dem Ausbleiben einer knöchernen Heilung einschließlich der Erforderlichkeit von Nachoperationen aus.** Eine weitergehende Darlegung des Misserfolgsrisikos von 2–5 % sowie die Angabe einer möglichen Falschgelenkbildung ist nicht erforderlich. Vor einer Hallux-valgus-Operation muss der Patient auch nicht auf die verschiedenen fußchirurgischen Operationsverfahren (z. B. Methoden nach Brandes, Hueter-Mayo, Hohmann – insgesamt über 115 Methoden!) hingewiesen werden, da diese jeweils **keine wesentlich größeren Heilungschancen oder geringeren Risiken für den Patienten** aufweisen (OLG Hamm, Urt. v.

227

19. 5. 2004 – 3 U 296/03, AHRS III, 4285/301; auch OLG Hamm, VersR 1992, 834 und OLGR 2000, 324, 325; OLG Karlsruhe, MedR 2003, 229, 230; KG, VersR 1993, 189). Mit dem Hinweis auf die Möglichkeiten einer „Überkorrektur" und **„schmerzhaften Bewegungseinschränkungen"** wird dem Patienten vor einer Hallux-valgus-Operation das Misserfolgsrisiko ausreichend verdeutlicht. Kommt es nach den Feststellungen des Sachverständigen **in ca. 2 % der Fälle zu einer Verschlechterung des bestehenden Zustandes, reicht der im Aufklärungsbogen erläuterte Hinweis „gelegentlich" könne es auch zu einer Verschlechterung des Beschwerdebildes kommen, aus.** Eine weitergehende Aufklärung über statistische Wahrscheinlichkeiten oder den Grad der Belastungsmöglichkeiten ist nicht erforderlich (OLG Bremen, Urt. v. 28. 5. 2004 – 4 U 7/04 mit NZB BGH v. 11. 1. 2005 – VI ZR 178/04, AHRS III, 4285/302: Auch die möglichen, verschiedenen Techniken müssen nicht erläutert werden).

A 929 Vor einer Hallux-Valgus- Operation *(Anm.: auch vor anderen vergleichbaren Operationen)* ist der Patient aber auf das **nach langjähriger Einnahme von Kortison deutlich erhöhte Risiko von Infektionen und Wundheilungsstörungen** hinzuweisen (OLG Oldenburg, Urt. v. 15. 11. 2006 – 5 U 68/05, AHRS III, 4285/304 und 6815/300).

(12) Zahnbehandlungen

A 930 **Schwellung nach Zahnarztbehandlung**

Ein allgemeiner Hinweis des **Zahnarztes** auf eine mögliche Schwellung ist in Bezug auf postoperativ eintretende, langandauernde **Schwellungen mit „Hamsterwangen und Falten"** in jedem Fall ausreichend, zumal es sich um ein Risiko handelt, das allgemein bekannt ist (OLG Schleswig, Urt. v. 29. 10. 2004 – 4 U 16/04, OLGR 2005, 24, 25).

A 931 – A 949 Einstweilen frei.

2. Allgemeine Operationsrisiken

a) Übersicht

A 950 Allgemeine, mit einer jedenfalls größeren Operation regelmäßig verbundene **Risiken wie Wundinfektionen, Narbenbrüche, die Gefahr von Nachblutungen, nur vorübergehende, anästhesiebedingte Nervschädigungen sowie Thrombosen und Embolien** können regelmäßig in das Wissen des Patienten gestellt werden und sind nicht aufklärungspflichtig. Hier kann der Arzt davon ausgehen, dass von einem Patienten mit allgemeinem Wissensstand nachgefragt wird, wenn dieser weitere Erläuterungen wünscht (BGH, VersR 2000, 1282: Fortdauernde Schmerzen; BGH, NJW 1996, 788: **Allgemeines Infektionsrisiko**; BGH, NJW 1991, 1541: Wundinfektionsrisiko; BGH, VersR 1986, 342: Allgemeines Embolierisiko; OLG Dresden, Urt. v. 28. 2. 2002 – 4 U 2811/00, VersR 2003, 1257, 1258 und Bergmann/Müller MedR 2005, 650, 654: **Wundinfektion, Verletzungen von Nerven und Gefäßen, Narbenbruch, Nachblutungsgefahr, Thrombose und Embolie** als allgemeine Operationsrisiken; OLG Dresden, Urt. v. 24. 7. 2008 – 4 U 1857/07, OLGR 2008, 818, 820: **Rötung, kleinere Hämatome**; OLG Düsseldorf, Urt. v.

21. 3. 2002 – 8 U 172/01, NJW-RR 2003, 88, 89: Hämatombildung nach intraoperativer Blutsperre; OLG Düsseldorf, VersR 1988, 1132: **Wundinfektionsrisiko;** OLG Frankfurt, Urt. v. 16. 11. 2010 – 8 U 88/10, BeckRS 2010, 30179: **Nerven- und Gefäßverletzungen, Blutungen, Thrombosen, Embolien bei Hüftoperationen;** OLG Frankfurt, Urt. v. 1. 2. 1990 – 1 U 72/87: **Wundinfektion, Narbenbrüche, Embolien;** OLG Frankfurt, Urt. v. 16. 11. 2010 – 8 U 88/10, BeckRS 2010, 30179: bei Hüftoperationen **Nerven- und Gefäßverletzungen, Blutungen, Thrombosen, Embolien;** OLG Hamm, Urt. v. 27. 9. 2004 – 3 U 113704, AHRS III, 4750/307: **allgemeines Wundinfektionsrisiko** bei Sterilisations-OP; OLG Hamm, Urt. v. 11. 10. 2004 – 3 U 141/04, AHRS III, 4100/325: **allgemeines Wundinfektionsrisiko bei der Extraktion eines Weisheitszahnes;** OLG Hamm, Urt. v. 16. 6. 2008 – 3 U 148/07, OLGR 2009, 78, 80: **allgemeines Wundinfektionsrisiko nicht aufklärungspflichtig, anders aber bei erhöhtem Risiko wg. Diabetes o. a.;** OLG Hamm, Urt. v. 19. 2. 2003 – 3 U 124/02, AHRS III, 5100/306: **Wundheilungsstörungen nach Spritzentherapie;** OLG Jena, Urt. v. 1. 6. 2010 – 4 U 498/07, juris, Nr. 56: **allgemeine Operationsrisiken,** die jedem operativen Eingriff anhaften können; OLG Karlsruhe, OLGR 2001, 449, 450: **Reizungen, Rötungen und Hämatome;** OLG Karlsruhe, Urt. v. 9. 5. 2012 – 7 U 44/11, juris, Nr. 7, 10: im Großen und Ganzen, Hinweis auf **Wundinfektion, Narbenbruch, Fettembolie** nicht erforderlich, sehr seltenes **Risiko einer Nervschädigung mit chronifizierten Schmerzen aber zu nennen;** KG, Urt. v. 17. 12 2012 – 20 U 290/10, GesR 2013, 229, 231: **Verletzungen von Nerven und damit verbundene Schmerzen;** OLG Koblenz, Beschl. v. 24. 8. 2011 – 5 U 370/11, GesR 2011, 722, 723: Risiko einer erneuten Krümmung bei Penisoperation nicht aufklärungspflichtig, wenn dem Patienten das konkrete Problem bekannt ist; OLG Köln VersR 1995, 543: Infektions- und Thromboserisiko; OLG Köln, VersR 1990, 662: **Thrombose- und Embolierisiko;** OLG München, Urt. v. 17. 11. 2011 – 1 U 4499/07, juris, Nr. 87: kein Hinweis auf Risiken erforderlich, die sich für den medizinischen Laien aus der Art des Eingriffs ohnehin ergeben; OLG Naumburg, Urt. v. 12. 6. 2012 – 1 U 119/11, NJW-RR 2012, 1375, 1376: **allgemeines Wundinfektionsrisiko sowie im KKH erhöhtes MRSA-Risiko nicht aufklärungspflichtig, auf individuell erhöhtes Wundinfektionsrisiko ist jedoch hinzuweisen;** OLG Naumburg, Beschl. v. 8. 7. 2008 – 1 U 33/08, OLGR 2008, 983: **erhöhtes Risiko von Wundheilungsstörungen bei Rauchern nicht aufklärungspflichtig, anders aber** OLG Oldenburg, Urt. v. 15. 11. 2006 – 5 U 68/05, AHRS III, 4285/304 und 6815/300: **deutlich erhöhtes Risiko von Infektionen und Wundheilungsstörungen nach langjähriger Einnahme von Kortison aufklärungspflichtig;** OLG Oldenburg VersR 1998, 769: Risiko eines Narbenbruchs; OLG Schleswig, Urt. v. 29. 10. 2004 – 4 U 16/04, OLGR 2005, 24, 25: Wundheilungsstörungen und Schwellungen; OLG Schleswig, Urt. v. 8. 6. 2001 – 4 U 28/00, AHRS III, 3110/304: Keine Aufklärungspflicht über allgemein bekannte Krankheitsverläufe, z. B. **Blutvergiftung bei Nichtbehandlung einer Entzündung;** OLG Stuttgart, VersR 1999, 1500: Anästhesiebedingte Nervschädigung; OLG Stuttgart, Urt. v. 1. 3. 2005 – 1 U 13/04, S. 15: **Thrombose- und Embolierisiko;** LG Freiburg, Urt. v. 20. 7. 2006 – 1 O 290/04, Seite 8: Risiko einer Kokkeninfektion beim Verlegen eines Katheters; Spickhoff-Wellner, § 823 BGB Rz. 233; S/Pa, 12. Aufl., Rz. 480; F/N/W, 5. Aufl., Rz. 203: Wundinfektion, Thromboserisiko, Embolien, nur vorübergehende anästhesiebedingte Nervschädigungen nicht aufklärungspflichtig,

aber Hinweis auf **erhöhtes Infektionsrisiko bei Verabreichung einer Spritze;** Gehrlein, Rz. C 28: Wundinfektionen, Narbenbrüche, Embolien, psychische Folgen einer Gebärmutterentfernung nicht aufklärungspflichtig; G/G, 6. Aufl., Rz. C 47; S/Pa, 12. Aufl., Rz. 480; R/L-Uphoff/Hindemith, § 4 Rz. 50, 51: **keine Aufklärung über allgemeine Risiken;** a.A. KG, Urt. v. 8. 5. 2008 – 20 U 202/06, OLGR 2008, 647, 639 = GesR 2009, 81, 82: Embolie und Thrombose bei einer einfachen arthroskopischen Knieoperation aufklärungspflichtig).

A 950a Uphoff und Hindemith (in: Ratzel/Lissel, 1. Aufl. 2013, § 4 Rz. 50, 51 mit Hinweis auf BGH, NJW 1984, 1403 und BGH, NJW 2000, 3423; vgl. auch Rz. A 964, A 965, A 965a) differenzieren bei der **Abgrenzung zwischen allgemeinen und spezifischen Operationsrisiken** – völlig zutreffend – wie folgt:

Über **allgemeine Operationsrisiken**, wie sie regelmäßig mit jedem operativen Eingriff verbunden sind, etwa Wundinfektionen, Verletzung von Nerven und Gefäßen, Narbenbruch, Nachblutungsgefahr, Thrombosen, Embolien muss nicht aufgeklärt werden. Hält der Patient den Eingriff aber – für den Arzt erkennbar – für gänzlich ungefährlich oder geht es um die Gefahr der **Verletzung eines bestimmten Nervs mit schwerwiegenden Folgen, so liegt ein spezifisches und damit aufklärungspflichtiges Risiko vor.** Entsprechendes gelte auch für die **Abgrenzung spezifischer von nicht spezifischen Infektionsrisiken.**

b) Einzelfälle

A 951 Über ein allgemein bekanntes, jedenfalls **nicht erhöhtes Blutungsrisiko** bei einer Operation (OLG Köln, Urt. v. 13. 3. 2002 – 5 U 70/00, AHRS III, 4750/304; OLG Frankfurt, Urt. v. 16. 11. 2010 – 8 U 88/10, BeckRS 2010, 30179) oder die Tatsache, dass die Nichtdurchführung einer dem Patienten dringend angeratener Behandlung einer Entzündung des Fingers zu einer weiteren Ausbreitung des Entzündungsherds und zu einer Blutvergiftung und dauerhaften Schädigung des angegriffenen Körperteils und insgesamt der Gesundheit des Patienten führen kann (OLG Schleswig, Urt. v. 8. 6. 2001 – 4 U 28/00, AHRS III, 3110/304) muss grundsätzlich nicht aufgeklärt werden.

A 952 Auf das **Infektionsrisiko** muss jedoch z.B. **bei einer Kniepunktion oder einer Injektion hingewiesen werden**, weil es sich hierbei um ärztliche Routineeingriffe handelt, die der Patient üblicherweise als ungefährlich ansieht (BGH, NJW 1994, 2414; Gehrlein, Rz. C 28). Vor einer **intraartikulären Injektion in das linke Sprunggelenk** (o. a.) ist der Patient nicht nur über das Risiko einer **Gelenkinfektion**, sondern auch auf dasjenige einer **Gelenkversteifung** aufzuklären (OLG Hamm, Urt. v. 17. 11. 2004 – 3 U 277/03 mit NZB BGH v. 20. 12. 2005 – VI ZR 321/04, AHRS III, 5110/312).

A 953 Dass es bei **Einstichen mit einer Spritze** o. a. zu **Reizungen, Rötungen und kleinen Hämatomen** kommen kann, ist einem Laien ebenfalls bekannt, so dass der behandelnde Arzt solche Risiken nicht besonders erwähnen muss (OLG Karlsruhe, Urt. v. 13. 6. 2001 – 7 U 123/97, AHRS III, 4100/305 = OLGR 2001, 449, 450; ebenso OLG Dresden, Urt. v. 24. 7. 2008 – 4 U 1857/07, OLGR 2008, 818, 820: Rötung, kleinere Hämatome).

Allerdings ist der Patient vor einer intravenösen Injektion in die Ellenbogen-   A 954
beuge (o.a.) über das Risiko einer Nervenreizung aufzuklären (OLG Dresden
a.a.O.).

Auch vor einer **Spritzentherapie**, hier zur Behandlung einer Lumboischialgie   A 955
bzw. allgemein eines Ischiassyndroms, muss der Patient weder über mögliche
Wundheilungsstörungen noch über die Zusammensetzung der Medikamenten-
mischung aufgeklärt werden. **Kennt der Patient das Risiko von Infektionen und
Wundheilungsstörungen** allgemein, muss er nach Ansicht des OLG Hamm hierauf nicht erneut hingewiesen werden. Das orale Verabreichen von Analgetika
sei keine adäquate Therapie (OLG Hamm, Urt. v. 19. 2. 2003 – 3 U 124/02,
AHRS III, 5100/306 und AHRS III, 2745/321).

Nach einer Auffassung bedarf das Risiko einer **Infektion mit nachfolgendem**   A 956
Spritzenabszess nach einer Injektion in das Gesäß (OLG Hamm, VersR 1998,
1548 = AHRS II, 5110/108; OLG Hamm, Urt. v. 19. 2. 2003 – 3 U 124/02,
AHRS III, 2745/321; auch OLG München, Urt. v. 12. 2. 1998 – 1 U 5001/97 bei
Oehler, S. 254) und das **Abszessrisiko nach Verabreichung einer Spritze** in den
rechten Oberschenkel (LG Bremen, VersR 2003, 1581) grundsätzlich keines besonderen Hinweises hierauf.

Nach h.M. ist der Patient **vor einer intramuskulären Injektion** sowie vor einem   A 957
periartikulären Eingriff grundsätzlich auf die **Möglichkeit einer Infektion** und
deren ggf. schwerwiegende Folgen hinzuweisen (OLG Frankfurt, Urt. v.
7. 11. 2000 – 8 U 83/00, AHRS III, 5110/301, NA-Beschl. BGH v. 16. 10. 2001 –
VI ZR 417/00; OLG Düsseldorf, Urt. v. 28. 6. 2001 – 8 U 171/00, AHRS III,
5110/302; OLG Stuttgart, Urt. v. 20. 7. 1999 – 14 U 53/98, AHRS II, 5110/114
bei mit der Spritze verabreichten kortisonhaltigen Medikamenten; F/N/W,
5. Aufl., Rz. 203; Wemhöner, VersR 1998, 1550; auch OLG Naumburg, Urt. v.
2. 12. 2008 – 1 U 27/08, juris, Nr. 2, 4, 27: im entschiedenen Fall aber „hypothetische Einwilligung" bejaht, vgl. Rz. A 1190ff., A 2076), vor einer **intraartikulären Injektion (hier: in das linke Sprunggelenk) auch auf das Risiko einer Gelenkversteifung** (OLG Hamm, Urt. v. 17. 11. 2004 – 3 U 277/03 mit NZB BGB v.
20. 12. 2005 – VI ZR 321/04, AHRS III, 5110/312).

**Der Patient muss vor einer intraartikulären Kortikoid-Injektion auch auf eine
mögliche Medikation per os hingewiesen werden.** Die Injektion wirkt zwar rascher, hat aber den Nachteil der Infektionsgefahr. Es ist davon auszugehen, dass
der Patient bei vollständiger Aufklärung über eine im Einzelfall bestehende, wesentlich risikoärmere Behandlungsalternative nicht in eine Injektion eingewilligt hätte (so wörtlich OLG Hamm, Urt. v. 17. 11. 2004 – 3 U 277/03, AHRS III,
5000/365 mit NZB BGH v. 20. 12. 2005 – VI ZR 321/04).

Anmerkung: U. E. ist hier in diesem Sinne (Rz. A 957, A 959, A 1191 ff.) zu diffe-   A 958
renzieren. Bei einem Ischiassyndrom mit akuten Schmerzen und/oder einer neurologischen Symptomatik wird eine Therapie mit nichtsteroidalen Antiphlogistika, ggf. Injektion eines Glukokortikoid-Lokalanästhetikum-Gemisches (PRT)
empfohlen (vgl. Pschyrembel, Therapie, 4. Aufl., S. 501, 502). Es wird im Einzelfall aber stets zu prüfen sein, ob geeignete Medikamente nicht auch oral ver-

abreicht werden können. Es stellt sich dann auch das Problem der **Aufklärung über eine risikoärmere Behandlungsalternative!**

A 959   So zählt die Gefahr der **Infektion nach Verabreichung einer Spritze** (Spritzenabszess o. a., vgl. hierzu auch Rz. A 1190 ff., A 1193) jedenfalls dann zu den aufklärungsbedürftigen Risiken, wenn sich das **Infektionsrisiko durch das verabreichte Medikament erhöht wird** (BGH, VersR 1989, 514, 515; OLG Hamburg, OLGR 2004, 324, 326; OLG Karlsruhe VersR 1994, 860, 861; F/N/W, 5. Aufl., Rz. 203), insbesondere bei **wiederholter Verabreichung** des Präparats über einen längeren Zeitraum oder die **Beimischung von Kortison** (OLG Hamm, Urt. v. 6. 9. 2004 – 3 U 157/04, AHRS III, 5110/311; auch OLG Karlsruhe a. a. O.) oder wenn bei der Realisierung eines derartigen „allgemeinen Operationsrisikos" wie z. B. einer Infektion nach einer Spritze, **das Leben des Patienten bzw. eine unerlässliche Körperfunktion gefährdet** wäre (LG Bremen, VersR 2003, 1581; OLG Düsseldorf, Urt. v. 18. 6. 2001 – 8 U 171/00, AHRS III, 5110/302: Verlust der Gelenkfunktion; OLG Hamm, Urt. v. 17. 11. 2004 – 3 U 277/03, AHRS III, 5110/312: Risiko der Gelenkversteifung; OLG Köln, Urt. v. 9. 4. 2003 – 5 U 218/02, AHRS III, 5110/309: dauerhafte Nervschädigung nach Injektion in ein Wirbelgelenk).

A 960   Auch beim Verlegen eines Blasenkatheters besteht keine Verpflichtung, den Patienten auf das damit verbundene **Risiko einer Kokkeninfektion** hinzuweisen (LG Freiburg, Urt. v. 20. 7. 2006 – 1 O 290/04, S. 8).

A 961   Über das Risiko einer **Spondylodiszitis** (Entzündung des Bandscheibenraumes und der angrenzenden Wirbelknochen) als Unterfall einer „Infektion" muss im Grundsatz nicht gesondert aufgeklärt werden; dem Patienten muss jedoch die Tragweite dieses – seltenen, aber für eine Bandscheibenoperation spezifischen – Risikos, nämlich **Lähmungen bis hin zur Querschnittlähmung, erläutert** werden. Die Einwilligung des Patienten ist nicht wirksam, wenn die ihm erteilte Aufklärung den Eindruck hervorrufen konnte, schlimmstenfalls würde es beim zuvor bestehenden Schmerzzustand verbleiben (OLG Dresden, Urt. v. 28. 2. 2002 – 4 U 2811/00, VersR 2003, 1257; zustimmend Bergmann/Müller MedR 2005, 650, 654).

A 962   Bei postoperativ eintretenden **Schwellungen und Wundheilungsstörungen** handelt es sich um allgemein bekannte, mit der **Extraktion von Weisheitszähnen** verbundene, nicht zwingend erläuterungsbedürftige Risiken (OLG Schleswig, Urt. v. 29. 10. 2004 – 4 U 16/04, OLGR 2005, 24, 25; OLG Hamm, Urt. v. 11. 10. 2004 – 3 U 141/04, AHRS III, 4100/325: allgemeines Wundinfektionsrisiko bei der Extraktion eines Weisheitszahnes).

A 963   Dagegen muss der Patient auf mögliche **Wundheilungsstörungen** insbesondere vor **Bauchoperationen** (OLG Oldenburg, Urt. v. 11. 7. 2000 – 5 U 38/00), **Herzoperationen** (BGH, VersR 1990, 1010, 1012: Diabetiker) und **Bestrahlungen** (KG, VersR 1995, 338, 339; F/N/W, 5. Aufl., Rz. 196: Vorschäden wegen vorangegangener Bestrahlungen) **hingewiesen werden.**

A 964   Besteht bei einer Patientin ein **erhöhtes Wundinfektionsrisiko** (vgl. hierzu Rz. A 865 ff., A 1956 ff.), etwa wegen einer dem Arzt bekannten Diabetes und/ oder vor einer Rezidivoperation, muss sie hierüber aufgeklärt werden (OLG

Hamm, Urt. v. 16. 6. 2008 – 3 U 148/07, OLGR 2009, 78, 80: im entschiedenen Fall aber kein plausibler Entscheidungskonflikt).

Auf allgemein bekannte Risiken wie etwa das **Risiko des Auftretens einer Wundinfektion, eines Narbenbruchs oder einer Fettembolie muss der Patient nicht hingewiesen werden** (OLG Karlsruhe, Urt. v. 9. 5. 2012 – 7 U 44/11, juris, Nr. 7). Bei einer Bauchoperation muss der Patient aber auf das damit verbundene, **spezifische Risiko der Verletzung von Interkostalnerven mit der Gefahr einer Bauchwandparese aufgeklärt werden**, da diese Nervschädigung irreversibel ist und mit chronischen Schmerzen verbunden sein kann. Der Hinweis auf „**Nervenverletzungen und üblicherweise vorübergehende Sensibilitätsstörungen" sowie ein allgemeiner Hinweis über Eingriffe bei Nieren- und Harnleitergeschwülsten genügt in einem solchen Fall nicht** (OLG Karlsruhe, Urt. v. 9. 5. 2012 – 7 U 44/11, juris, Nr. 9, 10; ebenso R/L-Uphoff/Hindemith, § 4 Rz. 50, 51).

A 965

Über das **Risiko von Wundinfektionen**, das zu den allgemeinen Gefahren gehört, ist keine Aufklärung erforderlich. Der Patient muss auch **nicht darüber aufgeklärt werden, dass sein Infektionsrisiko während eines Klinikaufenthalts höher ist als bei anderen Patienten oder dass in einem Krankenhaus ein erhöhtes MRSA-Risiko besteht. Denn die Möglichkeit, sich in einem Krankenhaus mit Keimen zu infizieren, ist allgemein bekannt. Auch bei einer MRSA-Infektion handelt es sich nicht um ein spezifisches Risiko eines bestimmten Eingriffs oder eines bestimmten Patienten, sondern um ein generelles Problem von Antibiotikaresistenzen** (OLG Naumburg, Urt. v. 12. 6. 2012 – 1 U 119/11, NJW-RR 2012, 1375, 1378; auch OLG Hamm, Urt. v. 16. 6. 2008, BeckRS 2008, 23874). Besteht für einen vorgesehenen Eingriff jedoch ein **für den konkreten Patienten individuell erhöhtes Wundinfektionsrisiko**, etwa durch einen Diabetes oder die Operation selbst, **muss der Arzt den Patienten hierauf hinweisen** (OLG Naumburg, NJW-RR 2012, 1375, 1377).

A 965a

Sind bei einem Patienten wegen früherer chronischer Kieferhöhlenentzündungen und **mehrerer Voroperationen im Bereich der Kieferhöhle** die Voraussetzungen für eine Sinusbodenelevation mit einer Anlagerung von autologem und heterologem Knochenmaterial besonders ungünstig und besteht deshalb **ein zwei- bis dreifach erhöhtes Risiko des Fehlschlagens der Operation** wegen der Gefahr der Abstoßung der eingebrachten Knochenmaterialien, so ist der Patient vor dem Eingriff **auf diese erhöhte Risikolage deutlich hinzuweisen**. Die Erklärung, es bestehe „ein erhöhtes Präparationsrisiko", genügt nicht (OLG Düsseldorf, Urt. v. 16. 3. 2006 – I-8 U 165/04, ARHS III, 4346/302).

A 965b

Demgegenüber ist der Arzt auch bei einer kosmetischen Operation **nicht verpflichtet, ungefragt darüber aufzuklären, dass Wundheilungsstörungen bei Rauchern häufiger als bei Nichtrauchern auftreten** (OLG Naumburg, Beschl. v. 8. 7. 2008 – 1 U 33/08, OLGR 2008, 983).

A 966

Eine **übergewichtige Patientin** (hier: BMI von 33,5, also 1/3 über dem Normalgewicht) ist vor der Durchführung einer Bauchdeckenplastik nebst Liposuktion bzw. eines ähnlichen operativen Eingriffs über das **erhöhte Thromboserisiko** aufzuklären. Ein solches erhöhtes Risiko liegt aber nicht bereits dann vor, wenn ca.

A 967

300 g Fett abgesaugt werden (OLG Oldenburg, Urt. v. 30. 5. 2000 – 5 U 218/99, AHRS III, 4370/301 = OLGR 2002, 50, 51).

3. Diagnostische Absicherung; keine unnötige Belastung des Patienten

A 968　Sachlich richtig sind ärztliche Aufklärungshinweise nur dann, wenn der Arzt dem Patienten verdeutlicht hat, wie „sicher" seine Diagnose im Hinblick auf differenzial-diagnostisch in Erwägung zu ziehende Alternative (siehe hierzu Rz. A 1220ff.) ist.

A 969　Spiegelt der Arzt der Patientin eine Eindeutigkeit seiner Diagnose vor, die in Wahrheit nicht gegeben ist, fehlt der Einwilligung der Patientin von vornherein die sachliche Grundlage (OLG Frankfurt, NJW-RR 1995, 1048).

A 970　Auch im Rahmen eines Behandlungsverhältnisses obliegt dem Arzt die grundsätzliche Pflicht, den Patienten durch die Art und den Inhalt der Diagnosemitteilung **nicht in unnötige Ängste zu versetzen** und ihn nicht unnötig zu belasten (OLG Bamberg, Urt. v. 24. 3. 2003 – 4 U 172/02, VersR 2004, 198; LG Cottbus, Urt. v. 1. 10. 2003 – 3 O 115/03, MedR 2004, 231, 232).

A 971　Diese Pflicht ist jedenfalls dann verletzt, wenn zum einen die **eröffnete Diagnose objektiv falsch** ist, zum zweiten hierfür **keine hinreichenden tatsächlichen Gründe** bestanden, zum dritten die eröffnete Diagnose den Patienten auf eine schwere, unter Umständen **lebensbedrohende Erkrankung** schließen lässt und zum vierten die Art und Weise der Mitteilung unter den gegebenen Umständen auch geeignet ist, **den Patienten in psychischer Hinsicht schwer zu belasten**, insbesondere bei ihm Überreaktionen auszulösen (OLG Bamberg, Urt. v. 24. 3. 2003 – 4 U 172/02, VersR 2004, 198; OLG Köln, VersR 1988, 139; VersR 1988, 385; OLG Braunschweig, VersR 1990, 57).

A 972　Diese Voraussetzungen liegen etwa vor, wenn der Arzt dem Patienten die objektiv unzutreffende **Diagnose „Hodenkrebs"** eröffnet, hierfür aufgrund der für den Arzt erkennbaren Verwechslung im Labor **keine tatsächliche Grundlage bestand** und der Patient einen Monat lang in Todesangst versetzt wird (OLG Bamberg, Urt. v. 24. 3. 2003 – 4 U 172/02, VersR 2004, 198).

A 973　Der Arzt haftet auch dann wegen **unrichtiger Diagnoseaufklärung**, wenn diese zwar nicht schuldhaft falsch ist, er aber dem Patienten nicht deutlich gemacht hat, dass es sich tatsächlich nur um eine ungesicherte **Verdachtsdiagnose** handelt und dadurch dessen Entscheidungsspielraum unzulässig eingeschränkt wird (OLG Stuttgart, VersR 1988, 695).

A 974　So ist eine Diagnoseaufklärung dann unzureichend, wenn für den mitgeteilten Befund „Verdacht auf Hirntumor" keine hinreichende tatsächliche Grundlage besteht, der Befund für den Patienten auf eine schwere Erkrankung schließen lässt und dieser in psychischer Hinsicht zu Überreaktionen neigt (OLG Köln, NJW 1987, 2936 und NJW 1988, 2306).

A 975　Die Pflicht zur möglichsten Schonung des Patienten ist jedoch nicht verletzt, wenn die mitgeteilte **Diagnose zwar falsch war, sie jedoch auf gesicherten Be-**

funden beruhte (OLG Köln, NJW 1988, 2306). **Eine Haftung des aufklärenden Arztes scheidet auch aus, wenn die objektiv fehlerhafte bzw. nicht auf einer gesicherten Diagnose beruhende Aufklärung auf einem „einfachen" Diagnoseirrtum beruht** (OLG Köln, VersR 1999, 98; Spickhoff-Wellner, § 823 BGB Rz. 216). Dies gilt jedoch nicht bei Vorliegen eines „fundamentalen Diagnoseirrtums" (siehe → *Diagnosefehler*, Rz. D 17).

4. Keine „Verharmlosung"

a) Übersicht

Die Einwilligung des Patienten ist unwirksam, wenn der aufklärende Arzt das   A 976
mit der Vornahme oder Unterlassung des Eingriffs bestehende Risiko verharmlost hat. Insbesondere bei zweifelhafter oder nur **relativer Operationsindikation** mit hohem **Misserfolgsrisiko** (vgl. hierzu unten Rz. A 1060 ff.) müssen **Verschlechterungsmöglichkeiten deutlich angesprochen werden** (BGH, NJW 1997, 1637; NJW 1994, 793 = VersR 1994, 102: extrem **seltenes Erblindungsrisiko** verharmlost; BGH, Urt. v. 29. 9. 2009 – VI ZR 251/08, MDR 2010, 29 = VersR 2010, 115, 116, Nr. 11, 12: **Erblindungsrisiko bei Bypass-Operation**; BGH, NJW 1992, 2351: **Nervschädigungsrisiko verharmlost**; OLG Bremen, Urt. v. 4. 3. 2003 – 3 U 65/02, OLGR 2003, 335 = VersR 2004, 911, 912; OLG Düsseldorf, Urt. v. 29. 1. 2004 – I-8 U 75/03, AHRS III, 4475/310: **Verschlimmerung der Schmerzsymptomatik** nach Hysterektomie; OLG Frankfurt, Urt. v. 5. 8. 2008 – 8 U 267/07, juris, Nr. 19, 20 = GesR 2009, 83, 84: Risiko der **Nachblutung bei HNO-OP mit Lebensgefahr**, Klage aber abgewiesen; OLG Hamm, Urt. v. 5. 11. 2003 – 3 U 102/03, AHRS III, 4100/319: **Verschlechterung der Schmerzsituation** bei relativ indizierter OP; OLG Koblenz, Urt. v. 1. 4. 2004 – 5 U 844/03, MDR 2004, 881 = MedR 2004, 501: **Misserfolg und Verschlimmerung der Beschwerden bei Hüftgelenksoperation**; OLG Köln, Urt. v. 21. 12. 2009 – 5 U 52/09, MedR 2011, 49, 50 = VersR 2010, 1606, 1607: deutliche **Verharmlosung der Risikorate bei kosmetischer OP**; OLG Köln, Urt. v. 6. 6. 2012 – 5 U 28/10, VersR 2013, 237, 238: **Risiko der Verstärkung von Herzrhythmusstörungen nach Medikamentenumstellung**; OLG Oldenburg, Urt. v. 26. 1. 2005 – 5 U 9/04, AHRS III, 4350/311: erhebliches Misserfolgsrisiko einer unzureichenden knöchernen Durchbauung; OLG Naumburg, Urt. v. 9. 11. 2010 – 1 U 44/10, VersR 2011, 1014, 1016: **Verschlechterung des Gangbildes nach OP**; OLG Naumburg, Urt. v. 12. 11. 2009 – 1 U 59/00, VersR 2010, 1185 = NJW 2010, 1758 = juris, Nr. 28: **Misserfolgsrisiko mit verbleibenden Bewegungseinschränkungen**; OLG Stuttgart VersR 1988, 832: Risiko einer Halbseitenlähmung verharmlost; Spickhoff, NJW 2011, 1651, 1655; Martis/Winkhart, MDR 2011, 402, 403; G/G, 6. Aufl., Rz. C 90, 91; S/Pa, 12. Aufl., Rz. 473).

b) Einzelfälle

Die im Rahmen einer Operation drohende Gefahr einer **dauerhaften Lähmung**   A 977
(hier: des Nervus peronaeus) wird mit dem Hinweis auf das Risiko „**vorübergehender Lähmungen" nur unzureichend beschrieben** (BGH, NJW 1999, 863; auch OLG Dresden, Urt. v. 28. 2. 2002 – 4 U 2811/00, VersR 2003, 1257, 1258). Die Nennung der beim **Einsetzen einer Hüftkopfendoprothese** bestehenden all-

gemeinen Risiken „Misserfolg, Rezidiv, Nachblutung, Infektion, Gefäß- und Nervenverletzung, Thrombose, Embolie, Morbus Sudeck, Implantatlockerung, anhaltende Schmerzen" umfasst nicht das **Risiko dauerhafter Lähmungen** infolge von Nervenverletzungen (OLG Nürnberg, Urt. v. 16. 7. 2004 – 5 U 2383/03, NJW-RR 2004, 1543 = OLGR 2004, 373, 374; auch OLG Oldenburg, VersR 1997, 1493; vgl. hierzu auch Rz. A 848a, A 849b, A 858 zur teilweise divergierenden Rspr.).

A 978   Auch die Auflistung des Risikos „noch seltener sind Schädigungen von Blutgefäßen und Nerven" in einem „Fragebogen für Blutspender" erfasst – abgesehen vom Fehlen einer entsprechenden und erforderlichen mündlichen Aufklärung – nicht das Risiko **irreversibler Nervenschädigungen** mit chronischen Schmerzen (OLG Zweibrücken, Urt. v. 19. 10. 2004 – 5 U 6/04, NJW 2005, 74, 76 = GesR 2005, 23, 26, bestätigt von BGH, Urt. v. 14. 3. 2006 – VI ZR 279/04, VersR 2006, 838, 840). Der Hinweis auf eine mögliche „**Nervschädigung**" umfasst ein breites Spektrum möglicher Folgen von einer vorübergehenden Schmerzempfindung, einer kurzfristigen Lähmung, Taubheitsgefühlen bis hin zu **chronischen, unbeherrschbaren Schmerzen und andauernden Lähmungen und vermittelt dem Patienten damit keine allgemeine Vorstellung von den mit dem Eingriff verbundenen Risiken** (BGH, Urt. v. 14. 3. 2006 – VI ZR 279/04, VersR 2006, 838, 840).

A 978a   Vor einer **Bauchoperation** erfasst der Hinweis auf das Risiko von „Nervenverletzungen und üblicherweise vorübergehender Sensibilitätsstörungen sowie motorische Störungen" nicht das sehr **seltene Risiko einer irreversiblen Nervschädigung mit schweren, chronifizierten Schmerzen** (OLG Karlsruhe, Urt. v. 9. 5. 2012 – 7 U 44/11, juris, Nr. 9, 10).

A 979   Bei der Vornahme einer Myelographie (Röntgenkontrastdarstellung des Wirbelkanals) muss das Risiko einer **Querschnittslähmung** ausdrücklich angesprochen werden (BGH, VersR 1996, 195; OLG Hamm, VersR 1988, 1133). Gleiches gilt bei einer Bestrahlung, die zu einer Querschnittslähmung führen kann (BGH, NJW 1984, 1397; Gehrlein, Rz. C 439). Das allgemein bekannte, auch im Aufklärungsgespräch angesprochene Infektionsrisiko umfasst nicht das Risiko einer Spondylodiszitis mit der Gefahr einer **Lähmung bis zur Querschnittslähmung** (OLG Dresden, Urt. v. 28. 2. 2002 – 4 U 2811/00, VersR 2003, 1257, 1258; zust. Bergmann/Müller, MedR 2005, 650, 654).

A 980   Bei **diagnostischen Eingriffen ohne therapeutischen Eigenwert** gelten strengere Maßstäbe für die Aufklärung des Patienten. So ist er über Risiken, die mit der Eigenart eines Eingriffs, etwa einer **Angiographie** spezifisch verbunden sind, unabhängig von der Komplikationsrate aufzuklären; entscheidend ist weniger die quantitative Verwirklichung des Risikos, sondern vielmehr die qualitative Auswirkung, etwa eine **Halbseitenlähmung und/oder eine Aphasie** mit vorübergehendem oder dauerhaftem Bestand (OLG Koblenz, Urt. v. 29. 11. 2001 – 5 U 1382/00, VersR 2003, 1313, 1315).

A 981   Das bei einer Angiographie bestehende Risiko einer **Halbseitenlähmung** ist auch mit dem Hinweis auf ein „Schlägle, das man medikamentös beherrschen kann" nur unzureichend beschrieben (OLG Stuttgart, VersR 1988, 832; S/Pa., 12. Aufl., Rz. 385, 473). Dagegen darf die Gefahr einer **dauerhaften Lähmung** vor der

Durchführung einer dringend indizierten Bandscheibenoperation als „denkbar gering" oder „sehr gering" dargestellt werden (BGH, NJW 1984, 2629; Gehrlein, Rz. C 43 a. E.; G/G, 6. Aufl., Rz. C 91).

Bei der Eröffnung eines Hüftgelenks (**Arthrotomie**) ist der deutliche Hinweis auf das Risiko einer **Nervenverletzung** mit nachfolgender Beinlähmung erforderlich (OLG Oldenburg, VersR 1997, 1493).   A 982

Der bloße Hinweis auf eine mögliche „Hodenschwellung, Durchblutungsstörungen im Hoden" reicht zur Beschreibung des Risikos einer **Hodenatrophie** nach einer Leistenbruchrezidivoperation jedoch nicht aus (OLG Stuttgart, VersR 1998, 1111; S/Pa, 12. Aufl., Rz. 473).   A 983

Bei einer Rezidiv-Strumektomie (**Kropfoperation**) wird das **gesteigerte Stimm-band-Lähmungsrisiko** mit „gelegentlich auftretender Heiserkeit, Sprach- und Atemstörungen, die sich meist zurückbilden" nur ungenügend beschrieben (BGH, NJW 1992, 2351; S/Pa, 12. Aufl., Rz., 473; Gehrlein, Rz. C 43; G/G, 6. Aufl., Rz. C 91).   A 984

Vor einer Lymphknotenentfernung aus dem Hals muss der Patient darüber aufgeklärt werden, dass es in seltenen Fällen zu einer **dauerhaft persistierenden Stimmbandlähmung** kommen kann. Der bloße Hinweis auf die Möglichkeit einer „Infektion, Thrombose, Embolie, Verletzung der Nachbarorgane, Wundheilungsstörung" und auf das „sehr geringe Risiko der Verletzung des Nervus recurrens" reicht ebenso wenig aus wie die Erklärung, bei Realisierung eines Risikos könne auch eine intensiv-medizinische Betreuung und Überwachung erforderlich werden (OLG Koblenz, Urt. v. 28. 11. 2012 – 5 U 420/12, GesR 2013, 120, 121: auch Entscheidungskonflikt war plausibel; vgl. **zum erhöhten Risiko einer Recurrensparese bei einer Schilddrüsenoperation** Rz. A 865 ff., A 1100, A 1125).   A 984a

Auch auf ein **extrem seltenes Erblindungsrisiko** muss vor einer endonasalen Siebbeinoperation deutlich hingewiesen werden (BGH, NJW 1994, 793; G/G, 6. Aufl., Rz. C 91).   A 985

Bei einer **Kieferhöhlen-Operation** durch die Nase, bei der die Siebbeinzellen mitbetroffen sein können, muss der Patient darauf hingewiesen werden, dass es zu schwerwiegenden Sehstörungen bis zum **völligen Sehverlust** kommen kann. Die Aufklärung über mögliche Nervenverletzungen in der Kieferhöhle und Taubheitsgefühle in den Wangen reicht nicht aus. Hat der Patient den Arzt noch gefragt, ob auch eine Verletzung des Auges möglich sei, liegt in der Äußerung des Arztes, dass ihm **„solches noch nicht vorgekommen sei"**, eine **unzulässige Verharmlosung** des operationstypischen, wenngleich äußerst seltenen Risikos schwerwiegender Sehstörungen bis hin zum völligen Sehverlust (OLG Koblenz, Urt. v. 17. 11. 2009 – 5 U 967/09, MDR 2010, 443, 444; Martis/Winkhart, MDR 2011, 402, 403).   A 986

Auch bei einer **Bypass-Operation am Herzen muss der Patient über das seltene Risiko einer Erblindung aufgeklärt werden.** Hier genügt der Hinweis auf „Gerhirnschäden" infolge mangelnder Durchblutung nach Kreislaufstörungen nicht (BGH, Urt. v. 29. 9. 2009 – VI ZR 251/08, MDR 2010, 29 = VersR 2010, 115, 116, Nr. 11, 12).   A 987

A 988   Wird der Patient vor einer **schwierigen Bauchspeicheldrüsenoperation** auf schwerwiegende Risiken, insbesondere das Entstehen von Thrombosen, einer Bauchfellentzündung, der Verletzung von Nachbarorganen wie der Hauptschlagader und der Leber hingewiesen, ist **keine Aufklärung** über die aus der Operation resultierende **Sterblichkeitsrate**, im entschiedenen Fall zwischen 1 % und 10 %, erforderlich (OLG Nürnberg, MedR 2002, 29, 30).

A 989   Der Arzt muss seinen Patienten in der Regel auch über das Risiko eines **schlechten postoperativen** Ergebnisses aufklären, das nicht unabhängig vom Verletzungsbild beurteilt werden kann. Wurde der Patient darüber aufgeklärt, dass der Knochen nicht oder in einer Fehlstellung zusammen wachsen, sich ein „Falschgelenk" bilden und es zu starken Vernarbungen und Verkalkungen in der Umgebung des Gelenkes kommen kann und sich **schwere Funktionsstörungen bis zur völligen Versteifung nicht stets vermeiden lassen, wird hiervon das Misserfolgsrisiko mit verbleibenden Bewegungseinschränkungen erfasst** (OLG Naumburg, Urt. v. 12. 11. 2009 – 1 U 59/09, juris, Nr. 28, 30, 35; Martis/Winkhart, MDR 2011, 402, 403). Kann in einem solchen Fall nicht festgestellt werden, dass sich ein aufklärungspflichtiges Risiko des Eingriffes, über das der Patient nicht hinreichend aufgeklärt worden ist, realisiert hat, kommt ein Schadensersatzanspruch des Patienten auch aus diesem Grunde nicht in Betracht (OLG Naumburg, a.a.O. Nr. 39, 40).

A 990   Das Risiko, dass ein beabsichtigter Eingriff nicht nur erfolglos bleiben, sondern darüber hinaus zu einer **Beschwerdeverschlimmerung** führen kann, stellt einen aufklärungspflichtigen Umstand dar. So ist der Patient, der an einer Tetraplegie (krampfhafte Lähmung der Gliedmaßen) und einer Hüftdysplasie (Abflachung der Hüftgelenkpfanne) leidet, **darauf hinzuweisen, dass die vorgesehene dreifache Becken-Osteotomie** (Durchtrennen der Knochen mit Meißel oder Säge) **möglicherweise nicht zu einer dauerhaften Verbesserung der Situation, unter Umständen aber zu einer Verschlechterung des Gangbildes und der Standsicherheit** (hier: entstandene Außendrehfehlstellung des Beines und Einschränkung der Beugung der Hüfte) **führen kann** (OLG Naumburg, Urt. v. 9. 11. 2010 – 1 U 44/10, VersR 2011, 1014, 1016).

A 991 – A 999   Einstweilen frei.

5. Fehlende Dringlichkeit

a) Übersicht

A 1000   Vor einer Operation ist der Patient nicht nur über deren Risiken, sondern auch über den **Grad der Dringlichkeit des Eingriffs** aufzuklären (BGH, Urt. v. 18. 3. 2003 – VI ZR 266/02, NJW 2003, 1862, 1863: **Operation nur relativ indiziert;** BGH, VersR 1992, 747 = NJW 1992, 2354: **fehlende Dringlichkeit einer Mastektomie;** OLG Bremen, Urt. v. 4. 3. 2003 – 3 U 65/02, VersR 2004, 911, 912 und OLG Düsseldorf, Urt. v. 21.3. 2002 – 8 U 117/01, VersR 2004, 386: Laserbehandlung bei Fehlsichtigkeit; Urt. v. 20. 3. 2003 – 8 U 18/02, VersR 2003, 1579: **Risiken einer Fettabsaugung;** OLG Koblenz, Urt. v. 29. 11. 2001 – 5 U 1382/00, VersR 2003, 1313, 1315: Diagnostischer Eingriff; OLG Köln, Urt. v.

29. 1. 2007 – 5 U 85/06, MedR 2008, 599, 601: mangels Beschwerden **nur relativ indizierte Entfernung von Endometrioseherden**; OLG Köln, Beschl. v. 12. 8. 2009 – 5 U 44/09, MedR 2010, 716, 717: **Erfolg einer Laser-Operation fraglich**, Kontaktlinsen möglich; OLG Naumburg, Urt. v. 9. 11. 2010 – 1 U 44/10, VersR 2011, 1014, 1016: **fehlende OP-Dringlichkeit mit dem Risiko einer Verschlechterung**; OLG Zweibrücken, Urt. v. 19. 10. 2004 – 5 U 6/04, NJW 2005, 74, 75, bestätigt von BGH, Urt. v. 14. 3. 2006 – VI ZR 279/04, VersR 2006, 838, 840: **Risiko irreversibler Nervenschädigungen bei Blutspende**; L/K/L-Katzenmeier, Rz. V 20; Kern, GesR 2009, 1, 2: erhöhte Aufklärungspflicht bei nur relativ indiziertem Eingriff; F/N/W, 5. Aufl., Rz. 196 a.E., 200; G/G, 6. Aufl., Rz. C 90, 92; S/Pa, 12. Aufl., Rz. 473).

b) Einzelfälle

Besteht etwa für einen chirurgischen Eingriff keine akute Dringlichkeit, dient dieser vielmehr vor allem **kosmetischen oder ästhetischen Zwecken**, ist der Patient umfassend über die damit verbundenen Risiken und die möglichen Komplikationen aufzuklären. Hierzu gehört z.B. der Hinweis auf eine Thrombose (Bildung von Blutgerinnseln) mit evtl. nachfolgender Embolie (Schlagaderverschluss durch verschleppte Gerinnsel) bei übergewichtiger Patientin (OLG Oldenburg, VersR 2001, 1381). **A 1001**

Erklärt der Arzt dem Patienten, ohne den beabsichtigten operativen Eingriff werde sich ein im Bereich des Rückenmarks befindlicher **Tumor schon nach ganz kurzer Zeit als Querschnittslähmung verwirklichen**, obwohl der Eingriff tatsächlich noch mindestens vier bis fünf Jahre hinausgezögert werden könnte, so liegt hierin trotz erfolgter Aufklärung über das Risiko einer Querschnittslähmung eine Falschinformation. Hierdurch wird dem Patienten die Möglichkeit genommen, sich statt für den Eingriff, bei dem sich das von der Aufklärung umfasste Risiko realisiert, für die Chance eines normalen Weiterlebens für einige Jahre zu entscheiden (OLG Hamm, VersR 1985, 577; vgl. auch OLG Oldenburg, NJW 1997, 1642). **A 1002**

Die vom Patienten erteilte Einwilligung ist auch unwirksam, wenn ihm vom Arzt mitgeteilt wird, er hätte **ohne den Eingriff (hier: Operation einer Gallengangszyste) nur noch drei Wochen zu leben, obwohl tatsächlich keine akute Lebensgefahr bestand** und bei der dann lege artis durchgeführten Operation schwerwiegende Komplikationen eintreten, die zu erheblichen Beschwerden im Bereich der Gallenwege führen und Folgeoperationen erforderlich machen (BGH, NJW 1990, 2928). **A 1003**

Eine Formularaufklärung mit dem beschwichtigenden mündlichen Zusatz, der Arzt sei erfahren und in den zurückliegenden sieben Jahren sei **nichts passiert**, ist bei einem **nicht dringlichen diagnostischen Eingriff** (hier: Angiographie) unzureichend (OLG Koblenz, Urt. v. 29. 11. 2001 – 5 U 1382/00, VersR 2003, 1313, 1315). Der verharmlosende Hinweis, dass sich das **Risiko bei dem betreffenden Arzt noch nie realisiert** hat, kann die Aufklärung als unzureichend erscheinen lassen (OLG Koblenz, Urt. v. 17. 11. 2009 – 5 U 967/09, MDR 2010, 443; Spickhoff, NJW 2011, 1651, 1655). Ein entsprechender Hinweis ist nach Ansicht von **A 1004**

Spickhoff (a. a. O.) aber dann **akzeptabel, wenn dem Patienten die entsprechende Fallzahl in Bezug auf die fehlende Realisierung des Risikos genannt wird**.

A 1005 Vor einer **Mastektomie** (operative Entfernung einer weiblichen Brustdrüse) ist jedenfalls bei zweifelhaftem Malignitätsverdacht darauf hinzuweisen, dass der Eingriff nicht dringlich ist (BGH, NJW 1992, 2354 = VersR 1992, 747; G/G, 6. Aufl., Rz. C 91).

A 1006 Besteht die ernsthafte Möglichkeit, eine Operation durch eine – ggf. weitere – **konservative Behandlung** zu vermeiden (BGH, Urt. v. 22. 2. 2000 – VI ZR 100/99, MDR 2000, 700: Bandscheibenoperation) oder kann sie noch ohne weiteres **hinausgeschoben** werden (BGH, NJW 1998, 1784; Gehrlein, Rz. C 44), so muss dar Patient auch über diese Möglichkeit unterrichtet werden (vgl. hierzu auch Rz. A 1932, A 2060).

A 1007 Besteht **keine Dringlichkeit für den Eingriff**, etwa bei rein diagnostischen Maßnahmen, Impfungen und kosmetischen Operationen, oder handelt es sich um eine zweifelhafte Operationsindikation mit hohem Misserfolgsrisiko, so muss der Patient **auch über fern liegende Gefahren aufgeklärt** werden (OLG Koblenz, Urt. v. 29. 11. 2001 – 5 U 1382/00, VersR 2003, 1313, 1315 zu diagnostischen Eingriffen ohne therapeutischen Eigenwert; OLG Koblenz, Urt. v. 17. 11. 2009 – 5 U 967/09, MDR 2010, 443, 444; F/N/W, 5. Aufl., Rz. 196 a. E., 200).

A 1008 Ein Aufklärungsmangel wird auch nicht dadurch beseitigt, wenn sich der – mangels Aufklärung zunächst rechtswidrige – **Eingriff** etwa aufgrund einer histologischen Untersuchung des beim diagnostischen Eingriff entnommenen Gewebes **später als indiziert erweist** (BGH, Urt. v. 18. 3. 2003 – VI ZR 266/02, NJW 2003, 1862, 1863: Vornahme einer Hysterektomie). In einem solchen Fall ist aber die „hypothetische Einwilligung" der Patientin bei offensichtlich fehlendem Entscheidungskonflikt zu diskutieren. Im Übrigen fehlt es u. E. jedenfalls bei wertender Betrachtung in einem solchen Fall an einem durch den Aufklärungsmangel verursachten Schaden, wenn keine weiteren Komplikationen eingetreten sind.

A 1009 Einstweilen frei.

6. Operation/Eingriff nur relativ indiziert

a) Übersicht

A 1010 Ist eine Operation oder ein diagnostischer Eingriff **nur relativ indiziert**, weil ihre Erforderlichkeit vom **Sicherheitsbedürfnis** des Patienten abhängt, so muss dies mit diesem besprochen werden. Andernfalls fehlt es an der erforderlichen Aufklärung als Voraussetzung für eine wirksame Einwilligung in die Operation (BGH, VersR 1997, 451; BGH, MedR 2001, 461; OLG Bremen, Urt. v. 4. 3. 2003 – 3 U 65/02, VersR 2004, 911, 912 und OLG Düsseldorf, Urt. v. 21. 3. 2002 – 8 U 117/01, VersR 2004, 386 sowie OLG Köln, Beschl. v. 12. 8. 2009 – 5 U 44/09, MedR 2010, 716, 717: **Lasertherapie zur Korrektur einer Fehlsichtigkeit**; OLG Köln, Urt. v. 29. 1. 2007 – 5 U 85/06, MedR 2008, 599, 601 = juris, Nr. 9, 10: mangels Beschwerden nur **relativ indizierte Entfernung von Endometrioseherden**; OLG Köln, Urt. v. 27. 5. 2002 – 5 U 78/96, AHRS III, 4350/306: vor nur **rela-**

tiv indizierter Lipomentfernung müssen auch die Risiken ihres Unterbleibens erläutert werden; OLG Koblenz, Urt. v. 29. 11. 2001 – 5 U 1382/00, VersR 2003, 1313, 1315: **nur relativ indizierter diagnostischer Eingriff**; Spickhoff-Wellner, § 823 BGB Rz. 238; Müller, VPräsBGH a.D., MedR 2001, 487, 488).

b) Einzelfälle

Bei einer nur **relativen Indikation** ist das Selbstbestimmungsrecht des Patienten nur dann gewahrt, wenn er darauf hingewiesen wird, dass und mit welchem Risiko auch ein **Aufschieben oder gänzliches Unterlassen der Operation möglich** ist (BGH, VersR 1997, 451; OLG Bremen, Urt. v. 4. 3. 2003 – 3 U 65/02, OLGR 2003, 335, 336: Rückbildung der Sehschärfe und **Narbenbildung nach Laserbehandlung durch Augenarzt**; OLG Köln, Beschl. v. 12. 8. 2009 – 5 U 44/09, MedR 2010, 716, 717: **fraglicher Erfolg einer Laser-Operation**; LG Köln, Urt. v. 16. 8. 2006 – 25 O 335/03, NJW-RR 2006, 1614: Lasik-Operation bei nur geringfügiger Fehlsichtigkeit). Gleiches gilt bei der **vorgesehenen Erweiterung eines Eingriffs** (OLG Stuttgart, VersR 1997, 1537).   A 1011

Eine **Laser-Operation** zur Beseitigung einer normalen Kurzsichtigkeit, die auch durch das Tragen von Kontaktlinsen oder einer Brille korrigiert werden könnte und für die eine weitergehende medizinische Indikation nicht besteht, ist im Hinblick auf die Anforderungen der Aufklärung einer kosmetischen Operation vergleichbar. Jedenfalls bei einem 65-jährigen Patienten ist auch darüber aufzuklären, dass der **dauerhafte Erfolg einer Laser-Operation fraglich und die Kurzsichtigkeit auch durch das Tragen einer Brille bzw. von Kontaktlinsen beseitigt bzw. verbessert werden kann** (OLG Köln, Beschl. v. 12. 8. 2009 – 5 U 44/09, MedR 2010, 716, 717; vgl. auch LG Köln, Urt. v. 16. 8. 2006 – 25 O 335/03, NJW-RR 2006, 1614: Lasik-Operation bei nur geringfügiger Fehlsichtigkeit).   A 1011a

Bei lediglich **relativer Indikation** eines operativen Eingriffs (hier: Lipomentfernung) müssen dem Patienten sowohl die **Risiken des Eingriffs** (hier: Nervverletzungen und hieraus möglicherweise resultierende Lähmungen) als auch die **Risiken eines Unterbleibens** (hier: weiteres Größenwachstum der Geschwulst, ggf. Nervenkompressionen) erläutert werden (OLG Köln, Urt. v. 27. 5. 2002 – 5 U 78/96, AHRS III, 4350/306).   A 1012

Vor einem operativen Eingriff bei einem **Epilepsieleiden** muss sowohl die Chance einer vollständigen Heilung als auch das Risiko eines Fehlschlages erörtert werden (KG, Urt. v. 15. 12. 2003 – 20 U 105/02 mit NA-Beschl. BGH v. 16. 11. 2004 – VI ZR 28/04, AHRS III, 4350/307).   A 1013

Ist die Entfernung der Rachenmandeln (Tonsillektomie) absolut, die in der Korrektur der Nasenscheidewand mit Septumplastik und einer Kappung der unteren Nasenmuschel (Konchotomie) liegende Erweiterung aufgrund der hierzu erhobenen Befunde nur relativ indiziert, so darf der Arzt die Erweiterung des Eingriffs nicht empfehlen bzw. durchführen; vielmehr muss er dem Patienten den Operationsentschluss auch insoweit in besonderem Maße anheim stellen (OLG Stuttgart, VersR 1997, 1537).   A 1014

Hat die nicht unter wesentlichen Beschwerden leidende Patientin in die operative (laparoskopische) **Entfernung eines Teils einer Zyste im Bereich des Eier-**   A 1014a stocks zum Zweck der Diagnostik eingewilligt, wurde aber tatsächlich während der Operation die vorgefundene Endometriosezyste **einschließlich sämtlicher intraoperativ angetroffener Endometrioseherde entfernt**, handelt es sich jedenfalls dem Umfang nach um einen rechtswidrigen Eingriff des Arztes. Führt der Eingriff zu einer Harnleiterverletzung, **muss der Arzt beweisen, dass der Schaden auch bei rechtmäßigem Alternativverhalten – also bei Durchführung des lediglich diagnostischen Eingriffs bis hin zur Ausschälung der Endometriosezyste – eingetreten wäre**, wenn der vom Gericht beauftragte Sachverständige ausführt, man könne sagen, dass der Harnleiter unverletzt geblieben wäre, wenn lediglich ein Teil der Zyste zum Zweck der Diagnostik entfernt worden wäre (OLG Köln, Urt. v. 29. 1. 2007 – 5 U 85/06, MedR 2008, 599, 601 = juris, Nr. 10, 13; vgl. hierzu auch BGH, Urt. v. 7. 2. 2012 – VI ZR 63/11, NJW 2012, 850, Nr. 11, 12 unter Aufhebung der insoweit unzutreffenden Entscheidung des OLG Köln v. 2. 2. 2011 – 5 U 15/09, GesR 2011, 601 zum Kausalzusammenhang).

A 1015   Besteht die Möglichkeit, eine Operation durch eine **konservative Behandlung** als bestehende **ernsthafte Alternative** zu vermeiden und ist die Operation deshalb nur relativ indiziert, so muss der Patient auch hierüber informiert werden (BGH, Urt. v. 22. 2. 2000 –VI ZR 100/99, VersR 2000, 766 = MDR 2000, 700: Bandscheibenoperation; OLG Dresden, Urt. v. 28. 2. 2002 – 4 U 2811/00, VersR 2003, 1257, 1259: Fortsetzung einer konservativen Therapie vor Bandscheibenoperation; OLG Saarbrücken OLGR 2000, 401, 403; OLG Köln, Beschl. v. 12. 8. 2009 – 5 U 44/09, MedR 2010, 716, 717: Kontaktlinsen statt Laser-OP; vgl. Rz. A 1257 ff., A 1320).

A 1016   Insbesondere bei **diagnostischen Eingriffen ohne therapeutischen Eigenwert gelten allgemein strengere Maßstäbe** für die Aufklärung des Patienten über die mit der medizinischen Maßnahme verbundenen Gefahren, sofern der invasive Schritt nicht gerade dringend oder vital indiziert erscheint; hier muss der Arzt dem Patienten **selbst entfernt liegende Komplikationsmöglichkeiten** in angemessener Weise darlegen (OLG Koblenz, Urt. v. 29. 11. 2001 – 5 U 1382/00, VersR 2003, 1313, 1315: Halbseitenlähmung nach Angiographie).

A 1017   Wird der Patient vor einem dreistufigen **diagnostischen Eingriff**, etwa einer **Angiographie** (Gefäßdarstellung durch Injektion eines Röntgenkontrastmittels), einer Embolisation (kathetergesteuerter Gefäßverschluss mit Mikropartikeln o. a.) und einem Okklusionstest (Verödung des Gefäßes) nur über die Risiken der ersten Stufe aufgeklärt und verwirklicht sich in einer späteren Stufe ein Risiko, das auch auf der ersten Stufe hätte eintreten können, so haftet der Arzt für das Aufklärungsversäumnis, wenn er den Patienten nicht auf die Risikokumulation hingewiesen hatte (OLG Koblenz, Urt. v. 29. 11. 2001 – 5 U 1382/00, VersR 2003, 1313, 1315 = NJW-RR 2002, 816, 818). Bei einer vorgesehenen **Angiographie** und anderen diagnostischen Maßnahmen mit hohem Risiko ist eine umfas-sende Unterrichtung des Patienten über deren Notwendigkeit, Zweckmäßigkeit und die Art und Risiken geboten, wenn das Unterlassen des Eingriffs aus ärztlicher Sicht mindestens ebenso in Betracht kommt wie die Durchführung (OLG Hamm VersR 1992, 833; OLG Koblenz, Urt. v. 29. 11. 2001 – 5 U 1382/00, VersR 2003, 1313, 1315: Risiko einer Halbseitenlähmung nach Angiographie).

Die in dieser Weise **erhöhte Aufklärungspflicht gilt aber nur bei diagnostischen**   A 1018
Eingriffen ohne therapeutischen Eigenwert (BGH, VersR 1979, 721; OLG Stuttgart VersR 1988, 832; OLG Koblenz, Urt. v. 29. 11. 2001 – 5 U 1382/00, VersR
2003, 1313, 1315). Richtet sich der Eingriff vorrangig auf die **Heilung oder Lin-**
derung bzw. handelt es sich um einen Notfall und dient der Eingriff nur zugleich
auch diagnostischen Zwecken, so folgt der Grad der erforderlichen Aufklärung
den Gegebenheiten des therapeutischen Eingriffs (L/K-Laufs, § 60 Rz. 10; OLG
Stuttgart, VersR 1988, 832 bei einem Notfall).

7. Kosmetische Operationen; Honorarrückforderung

a) Übersicht

Auch der Vertrag über die Durchführung einer kosmetischen Operation („Schön-   A 1019
heitsoperation") ist ein **Dienstvertrag** (OLG Hamburg, Beschl. v. 29. 12. 2005 – 1
W 85/05, MDR 2006, 873 = OLGR 2006, 120, 121; Urt. v. 22. 12. 2000 – 1 U
41/00, MDR 2001, 799 = OLGR 2001, 179; OLG Köln VersR 1998, 1510; VersR
1988, 1049 = MDR 1988, 317; OLG Bamberg, Beschl. v. 29. 12. 2005 – 1 W 85/05,
MDR 2006, 873; OLG Hamm, Beschl. v. 11. 7. 2007 – 3 W 35/07, BeckRS 2008,
2251, S. 2/3; Teumer, VersR 2008, 174, 178; vgl. hierzu → *Arztvertrag*,
Rz. A 401 ff., A 429, P 6). Hiervon geht auch der Gesetzgeber aus (vgl. Begründung zum Regierungsentwurf zu § 630a BGB, S. 25/26).

Vor einer kosmetischen Operation ist der Patient über die Erfolgsaussichten und   A 1020
Risiken des Eingriffs wie bleibende Entstellungen und gesundheitliche Beeinträchtigungen besonders sorgfältig, **umfassend und gegebenenfalls schonungslos**
aufzuklären (BGH, MDR 1991, 424 = VersR 1991, 227; OLG Düsseldorf, Urt. v.
20. 3. 2003 – 8 U 18/02, NJW-RR 2003, 1331, 1332 = VersR 2003, 1579; NJW-RR
2000, 904, 905 m. w. N. der Rspr.; OLG Hamm, Urt. v. 29. 3. 2006 – 3 U 263/05,
VersR 2006, 1511, 1512: hinreichend **drastische und schonungslose Darstellung**;
OLG Hamm, Urt. v. 30. 8. 2006 – 3 U 208/05, AHRS III, 4370/309: Gefahr eines
unbefriedigenden kosmetischen Ergebnisses, des Auftretens von Empfindungsstörungen sowie der **Notwendigkeit einer ggf. weiteren Korrekturoperation bei**
Brust-OP; OLG Hamm, Urt. v. 11. 9. 2006 – 3 U 74/06, AHRS III, 4370/311: **Vo-**
lumenverlust, Falterung/Asymetrie der Implantate bei Brust-OP; OLG Hamm,
Urt. v. 30. 8. 2006 – 3 U 227/05, AHRS III, 4370/310: **Dellenbildung, Vernar-**
bung, Breite des Schnitts bei Bauchdeckenstraffung; OLG Köln, Beschl. v.
12. 8. 2009 – 5 U 44/09, MedR 2010, 716, 717; OLG Köln, Urt. v. 10. 1. 2001 –
5 U 158/00, AHRS III, 4370/302: unterhalb der Promillegrenze liegendes **Risiko**
der Erblindung bei Lidkorrektur; OLG München, Urt. v. 22. 4. 2010 – 1 U
3807/09, GesR 2010, 414, 415; OLG Oldenburg, Urt. v. 30. 5. 2000 – 5 U 218/99,
OLGR 2002, 50, 51: **erhöhtes Thromboserisiko bei adipöser Patientin vor Bauch-**
deckenplastik/Fettabsaugung; OLG Stuttgart, Urt. v. 20. 7. 1999 – 14 U 1/99,
NJW-RR 2000, 904, 905 m. w. N.; Spickhoff-Wellner, § 823 BGB, Rz. 238; Gehrlein, VersR 2004, 1488, 1496 f.; Wenzel-Simmler, Kap. 2 Rz. 1756).

Der Arzt hat seinem Patienten das Für und Wider des Eingriffs mit allen Konsequenzen vor Augen zu führen. Dem Patienten muss erläutert werden, **welche**
Verbesserungen er günstigstenfalls erwarten kann und welche Risiken bestehen,

damit er selbst abwägen kann, ob er einen etwaigen Misserfolg des Eingriffes und darüber hinaus ggf. bleibende Einstellungen oder gesundheitliche Beeinträchtigungen in Kauf nehmen will, selbst wenn diese **auch nur entfernt als Folge des kosmetischen Eingriffes in Betracht kommen** (OLG München, Urt. v. 22. 4. 2010 – 1 U 3807/09, GesR 2010, 414, 415 im Anschluss an BGH, MDR 1991, 424 = VersR 1991, 227 = NJW 1991, 2349).

b) Einzelfälle

A 1021   Eine den gesteigerten Anforderungen an die Aufklärungspflichten nicht genügende Aufklärung, die dazu führt, dass die Einwilligung des Patienten auf einer **unzulänglichen Informationsgrundlage** basiert, macht diese insgesamt unwirksam (OLG Oldenburg, Urt. v. 30. 5. 2000 – 5 U 218/99, OLGR 2002, 50, 51 = VersR 2001, 1381; OLG Köln, Urt. v. 21. 12. 2009 – 5 U 52/09, MedR 2011, 49, 50; OLG München, Urt. v. 22. 4. 2010 – 1 U 3807/09, GesR 2010, 414, 415). Bei kosmetischen Operationen muss die vom Arzt zu erbringende Aufklärung in besonderem Maß auch dem Umstand Rechnung tragen, dass es sich hier um keinen aus ärztlicher Sicht notwendigen Eingriff handelt, die Operation vielmehr wegen eines besonderen Bedürfnisses des Patienten an einer kosmetischen Verbesserung erfolgen soll (OLG Düsseldorf, VersR 1999, 61; OLG Frankfurt, Urt. v. 11. 10. 2005 – 8 U 47/04, OLGR 2006, 489, 490).

So bedarf z.B. die aus kosmetischen Gründen erwünschte Entfernung ausgedehnter Fettpolster wegen der **Operationsrisiken wie insbesondere der Entstehung von Fisteln und Fettgewebsnekrosen mit verbleibenden Narben und Wundheilungsstörungen einer schonungslosen Patientenaufklärung** (OLG Düsseldorf, VersR 1999, 61: 5 113,00 Euro Schmerzensgeld bei unvollständiger Aufklärung; OLG Düsseldorf, Urt. v. 20. 3. 2003 – 8 U 18/02, VersR 2003, 1579: ausführlicher und eindringlicher Hinweis auf Erfolgsaussichten und Risiken erforderlich; OLG Stuttgart, Urt. v. 9. 4. 2002 – 14 U 90/01, VersR 2003, 462 und Gehrlein, VersR 2004, 1488, 1496: Risiken eines Misserfolges oder gar bleibender Entstellungen darzustellen).

A 1022   Vor einer schönheitschirurgischen Operation muss die Patientin bzw. der Patient umfassend und schonungslos über möglicherweise bleibende Entstellungen und gesundheitliche Beeinträchtigungen aufgeklärt werden, etwa die Gefahr einer **deutlichen Vergrößerung der bereits vorhandenen Unterbauchnarbe** (hier: von 15 auf 45 cm) oder längerfristige Sensibilitätsstörungen bei der Vornahme einer **Bauchdeckenstraffung** (OLG Frankfurt, Urt. v. 11. 10. 2005 – 8 U 47/04, OLGR 2006, 489, 490).

A 1023   Ist die Operation zur dann vorgenommenen Entfernung von 1 400 g Fettgewebe nicht dringlich und nur teilweise medizinisch indiziert, muss die Patientin auf das wegen ihres Übergewichtes (hier: BMI 33,5) **erhöhte Thromboserisiko** (Bildung von Blutgerinnseln) mit eventuell nachfolgender Embolie (Schlagaderverschluss durch verschleppte Gerinnsel) hingewiesen werden (OLG Oldenburg, Urt. v. 30. 5. 2000 – 5 U 218/99, OLGR 2002, 50, 51 = VersR 2001, 1381, 1382). Demgegenüber ist der Arzt auch bei einer kosmetischen Operation **nicht verpflichtet**, ungefragt darüber aufzuklären, dass **Wundheilungsstörungen bei Rau-**

chern **häufiger als bei Nichtrauchern** auftreten OLG Naumburg, Beschl. v.
8. 7. 2008 – 1 U 33/08, OLGR 2008, 983).

Ist die Durchführung einer **Liposuktion (Bauchfettabsaugung)** geplant, so ist die   A 1024
Patientin in besonders eindringlicher Weise darüber zu belehren, dass bei großflächigen Fettabsaugungen mit der Entstehung **unregelmäßiger Konturen, Haut-
faltenüberschüsse und Dellen,** die nicht in jedem Fall vollständig beseitigt wer-
den können, zu rechnen ist (OLG Düsseldorf, Urt. v. 20. 3. 2003 – 8 U 18/02,
VersR 2003, 1579 = NJW-RR 2003, 1331: **unregelmäßige Konturen;** OLG Köln,
Urt. v. 21. 12. 2009 – 5 U 52/09, MedR 2011, 49, 50 = VersR 2010, 1606, 1607:
Hautfaltenüberschüsse und Dellen; OLG Hamm, Urt. v. 30. 8. 2006 – 3 U
227/05, AHRS III, 4370/310: **Hinweis auf Breite des Schnitts, Dellenbildung,
Vernarbungen vor einer Bauchdeckenstraffung**).

Dieses **Risiko ist bei einer über 50-jährigen, unter einer Fettschürze leidenden**   A 1024a
Patientin deutlich erhöht. Auch auf das **erhöhte Risiko muss hingewiesen werden.** Es stellt eine unzulässige Verharmlosung dar, wenn der Arzt das bestehende, erhöhte Risiko aufgrund eigener Erfahrung mit „ca. 2 %" beziffert, obwohl
in der medizinischen Literatur insoweit keine Prozentzahlen publiziert sind,
die **Risikorate nach allgemeiner ärztlicher Erfahrung aber wesentlich höher** liegt
(OLG Köln, Urt. v. 21. 12. 2009 – 5 U 52/09, MedR 2011, 49, 50 = VersR 2010,
1606, 1607).

Vor der Durchführung einer **Fettabsaugung im Bereich der Beine** muss die Pa-   A 1025
tientin auf die möglicherweise entstehenden kosmetischen Nachteile hingewiesen werden, etwa auf das Risiko von **vorübergehenden bzw. dauerhaften Dellenbildungen** (OLG Oldenburg, Urt. v. 11. 2. 2004 – 5 U 114/03, AHRS III,
4370/306).

Kann der von der Patientin gewünschte **Erfolg einer kosmetischen Operation**   A 1026
(etwa einer Fettabsaugung) **nur durch weitere operative Maßnahmen wie einer,
Haut- und Bauchdeckenstraffung erreicht werden,** so hat der behandelnde Arzt
auch hierüber nachdrücklich aufzuklären (OLG Düsseldorf, Urt. v. 20. 3. 2003
– 8 U 18/02, VersR 2003, 1579 = NJW-RR 2003, 1331, 1332).

Eine ordnungsgemäße Aufklärung liegt jedoch vor, wenn die Patientin vor einer   A 1027
Fettabsaugung und der Entfernung einer Narbe über die Gefahr von Wundheilungsstörungen und die nicht auszuschließende **Notwendigkeit einer Narbenkorrektur informiert** wird und sich nach dem Eingriff Nekrosen mit einer verbleibenden, deutlich sichtbaren Narbe einstellen (OLG Stuttgart, Urt. v. 9.4.
2002 – 14 U 90/01, VersR 2003, 462, 463).

Bei nicht vital indizierten **Operationen zur Vergrößerung oder Verkleinerung**   A 1028
von Brüsten muss die Patientin auch eingehend darüber aufgeklärt werden,
dass die Erreichung des erstrebten, kosmetischen Erfolges nicht gesichert ist, es
zur Bildung von **hässlichen Narben, Sensibilitätsstörungen** und erforderlichen
Nachoperationen kommen kann (OLG München, MedR 1988, 187, 188; OLG
Oldenburg, VersR 1998, 1421). Das bestehende **Risiko lebenslanger Schmerzen
bei implantatbedingten Brustmuskelüberdehnungen** wird mit der Erklärung des
Arztes, es könne nach der Operation „zu verstärkten Schmerzen" bzw. „wie bei

Sportlern zu längerfristigen Schmerzen" kommen, wobei als Beispiel auf einen Muskelfaserriss hingewiesen wird, nicht hinreichend drastisch und schonungslos dargestellt (OLG Hamm, Urt. v. 29. 3. 2006 – 3 U 263/05, VersR 2006, 1511, 1512). Legt die Patientin in einem solchen Fall im Rahmen ihrer persönlichen Anhörung dar, dass sie bei der erforderlichen schonungslosen und deutlichen Aufklärung über das Risiko lebenslanger Brustmuskelschmerzen bei alltäglichen Armbewegungen unsicher und schwankend geworden wäre, ob sie den Eingriff durchführen lassen sollte, ist das **Vorliegen eines ernsthaften Entscheidungskonflikts plausibel** (OLG Hamm, Urt. v. 29. 3. 2006 – 3 U 263/05, VersR 2006, 1511, 1512).

A 1028a   Vor einer Brustaugmentation muss insbesondere auch auf die Gefahr eines unbefriedigenden kosmetischen Ergebnisses, des **Auftretens von Bewegungs- und Empfindungsstörungen sowie der Notwendigkeit ggf. weiterer Korrekturoperationen hingewiesen werden** (OLG Hamm, Urt. v. 30. 8. 2006 – 3 U 208/05, AHRS III, 4370/309: Nachweis vom Operateur anhand des unterzeichneten Aufklärungsbogens und der glaubhaften Schilderung eines Aufklärungsgesprächs geführt, im Übrigen kein plausibler Entscheidungskonflikt der zur Operation entschlossenen Patientin).

A 1028b   Vor einer Brustvergrößerungsoperation durch Einsetzen von Doppellumen-Implantaten mit Kochsalzlösung ist die Patientin auch auf das Risiko des möglicherweise auftretenden **Volumenverlustes mit der Folge einer Faltung der die Implantate umgebenden Brusthaut** deutlich hinzuweisen. Diesen Anforderungen **genügt der Arzt** mit dem Hinweis auf einen „möglichen Defekt des Implantats durch äußere Einwirkung" (OLG Hamm, Urt. v. 11. 9. 2006 – 3 U 74/06, AHRS III, 4370/311).

A 1029   Auch wenn eine Brustreduktion mit der Entfernung von 1 kg Fettgewebe (Mammareduktionsplastik nach Strömbeck) teilweise medizinisch indiziert, teilweise schönheitschirurgisch bedingt ist, hat eine über die allgemeinen gesundheitlichen **Risiken wie Infektionen, Nachblutung und Nekrosebildung, die zum Verlust der Brustwarze** führen können, hinausgehende Aufklärung klar und deutlich, wenngleich wegen der zugleich vorliegenden medizinischen Indikation nicht schonungslos, zu erfolgen (OLG Stuttgart, Urt. v. 20. 7. 1999 – 14 U 1/99, NJW-RR 2000, 904). Hierzu gehört auch der Hinweis auf die Möglichkeit, dass restliches Fettgewebe zu einer Taschenbildung unter der Achsel führen und einen Korrektureingriff erforderlich machen kann, Wundrandnekrosen zu einem **Verlust der Brustwarze** und zu Gefühlsstörungen führen und **Asymmetrien oder Fehlstellungen** auftreten können (OLG Stuttgart, Urt. v. 20. 7. 1999 – 14 U 1/99, NJW-RR 2000, 904, 905). Der auf den Einwand der Behandlungsseite, die Patientin hätte sich auch bei ordnungsgemäßer Aufklärung zu dem Eingriff entschlossen (s. u. Rz. A 1884 ff.), von der Patientin behauptete „**Entscheidungskonflikt**" (s. u. Rz. A 1900 ff., A 1974 ff.) ist jedoch **nicht plausibel**, wenn die Patientin die Ärzte mehrfach auf die Durchführung der Operation gedrängt hat und sich fest entschlossen zeigte, den Eingriff alsbald durchführen zu lassen (OLG Stuttgart, Urt. v. 20. 7. 1999 – 14 U 1/99, NJW-RR 2000, 904).

A 1030   Vor einer **Brustvergrößerung** ist eine Patientin über die typischerweise mit der Verwendung von **Kochsalzimplantaten** verbundenen Nachteile aufzuklären,

z. B. ein unnatürliches Tast- und Fremdkörpergefühl, die mögliche Sichtbarkeit der verwendeten Prothesen, den möglichen Volumenverlust und eine hierdurch entstehende, **unnatürliche Faltenbildung** (OLG Düsseldorf, Urt. v. 20. 6. 2002 – 8 U 138/01, AHRS III, 4370/303).

Hinsichtlich der vermeintlichen Auswirkungen von **Silikonimplantaten** auf das **A 1031** Immunsystem und das Risiko eines so genannten „**Gel-Bleeding**" (Expander-Prothese mit Silikon, die mit einer Kochsalzlösung aufzufüllen ist) besteht **keine Aufklärungspflicht** (OLG Köln, VersR 1997, 115; OLG Hamm, Urt. v. 4. 12. 2000 – 3 U 97/00, VersR 2003, 599, 600; Gehrlein, VersR 2004, 1488, 1497; vgl. auch OLG Frankfurt, NJW-RR 2000, 1268 zur verneinten Haftung der inländischen Vertriebsgesellschaft für Silikonimplantate, die mit einer ausführlichen Packungsbeilage an Krankenhäuser und Ärzte verkauft wurden). Derzeit liegen keine medizinisch-wissenschaftlichen Erkenntnisse über körperlich-schädliche Wirkungen von Silikon vor (OLG Hamm, Urt. v. 4. 12. 2000 – 3 U 97/00, VersR 2003, 599).

Wird eine wissenschaftlich nicht anerkannte **Laserbehandlung zur Beseitigung** **A 1032** **der Weitsichtigkeit an Patienten** angewendet, so sind an die Risikoaufklärung ebenfalls hohe Anforderungen zu stellen. Da es sich um einen kosmetischen Operationen vergleichbaren Eingriff handelt, muss der Patient auf etwaige Risiken und die möglicherweise **geringen Erfolgsaussichten** deutlich und schonungslos hingewiesen werden (OLG Bremen, Urt. v. 4. 3. 2003 – 3 U 65/02, OLGR 2003, 335 = VersR 2004, 911, 912; LG Köln, Urt. v. 16. 8. 2006 – 25 O 335/03, NJW-RR 2006, 1614, 1615; OLG Köln, Beschl. v. 12. 8. 2009 – 5 U 44/09, MedR 2010, 716, 717).

Jedenfalls bei einem über 60-jährigen Patienten ist auch darüber aufzuklären, dass der **dauerhafte Erfolg einer Laser-Operation fraglich** ist und die Beseitigung einer normalen Kurzsichtigkeit auch durch das Tragen von Kontaktlinsen oder einer Brille möglich ist (OLG Köln, Beschl. v. 12. 8. 2009 – 5 U 44/09, MedR 2010, 716, 717).

Auch **außerhalb der reinen Schönheitschirurgie** ist der Patient darüber aufzuklä- **A 1033** ren, dass weder die Resektion mittels Laser noch die anschließenden Laserbehandlungen bei einem „**Hammerzeh**" eine Standardmethode darstellen und es **bei Operationen am Fuß häufiger zu Infektionen und Wundheilungsstörungen** bis hin zur Erforderlichkeit der Amputation des Fußes kommen kann (OLG Brandenburg, Urt. v. 13. 11. 2008 – 12 U 104/08, MDR 2009, 568 = OLGR 2009, 458).

Bei der Korrektur der Ober- und Unterlider beider Augen im Rahmen einer kos- **A 1034** metischen Operation ist auch auf das **unterhalb der Promillegrenze liegende Risiko der Erblindung** hinzuweisen. Eine Aufklärung dahingehend, dass es zu „Schädigungen des Sehvermögens" kommen kann, genügt nicht (OLG Köln, Urt. v. 10. 1. 2001 – 5 U 158/00, AHRS III, 4370/302).

c) Honorarrückforderung (Einzelheiten bei Rz. R 1 ff., R 11 ff.)

Anders als bei medizinisch notwendigen Eingriffen (OLG Nürnberg, Urt. v. **A 1035** 16. 7. 2004 – 5 U 2383/03, NJW-RR 2004, 1543, 1544; OLG Stuttgart, VersR

2002, 1286: Dienstleistung des Arztes müsste „unbrauchbar" sein; vgl. hierzu → *Rückerstattung des Honorars,* Rz. R 1 ff., R 11 ff., R 28 ff.) **kann der Honoraranspruch des Arztes für eine kosmetische Operation nach einer Ansicht schon dann entfallen, wenn der Patient bei Erteilung der gebotenen Aufklärung in den Eingriff nicht eingewilligt hätte** (OLG Düsseldorf, Urt. v. 20. 3. 2003 – 8 U 18/02, NJW-RR 2003, 1331, 1333 = VersR 2003, 1579, 1580; OLG Koblenz, Urt. v. 14. 6. 2007 – 5 U 1370/06, OLGR 2007, 852, 854 = VersR 2008, 492, 493: wenn feststeht, dass der Patient bei sachgemäßer Diagnose und Aufklärung den Eingriff nicht hätte vornehmen lassen; Teumer, VersR 2008, 174, 177 und Schütz/Dopheide, VersR 2006, 1440, 1443/1444: wenn der Vertrag bei ordnungsgemäßer Aufklärung nicht abgeschlossen worden wäre, was vom Patienten zu beweisen ist; OLG Saarbrücken, OLGR 2000, 401; Gehrlein, Rz. A 38a).

A 1036   Dies gilt nach anderer, einschränkender Auffassung nur dann, wenn zur Erzielung eines befriedigenden Ergebnisses ein **neuerlicher Eingriff notwendig** (OLG München, NJW-RR 1994, 20; OLG Hamburg, MDR 2001, 799 = OLGR 2001, 179) oder das **Interesse des Patienten** an der Durchführung des Eingriffs wegen dessen Fehlschlagens **weggefallen** (OLG Hamburg, Urt. v. 22. 12. 2000 – 1 U 41/00, MDR 2001, 799 = OLGR 2001, 179; Beschl. v. 29. 12. 2005 – 1 W 85/05, MDR 2006, 873 = OLGR 2006, 120, 121; OLG Bamberg, Beschl. v. 29. 12. 2005 – 1 W 85/05, MDR 2006, 873: Interesse von vornherein nicht gegeben) bzw. die **ärztliche Leistung für den Patienten von vornherein nutzlos** ist (OLG Hamburg, Beschl. v. 22. 12. 2000 – 1 W 85/05, OLGR 2006, 120, 121: von vornherein aussichtslos; OLG Köln VersR 2000, 361 = NJW-RR 1999, 674: **Leistung unbrauchbar**; OLG Nürnberg, Urt. v. 16. 7. 2004 – 5 U 2383/03, NJW-RR 2004, 1543, 1544 und Urt. v. 8. 2. 2008 – 5 U 1795/05, MDR 2008, 554 = OLGR 2008, 322, 323: Dienstleistung völlig unbrauchbar bzw. **Behandlung völlig erfolglos**; OLG Koblenz, Urt. v. 26. 2. 2007 – 12 U 1433/04, NJW-RR 2007, 997: Dienstleistung völlig unbrauchbar; OLG Koblenz, Beschl. v. 1. 9. 2011 – 5 U 862/11, VersR 2012, 728 = MDR 2012, 1278: **„wenn die Leistung derart unbrauchbar ist, dass sie einer Nichtleistung gleich steht"**; OLG Koblenz, Beschl. v. 29. 8. 2011 – 5 U 481/11, MDR 2011, 1279: **„völlige Unbrauchbarkeit"** zahnärztlicher Leistungen jedenfalls dann, wenn zahlreiche Nachbesserungsversuche fehlgeschlagen sind; vgl. aber jetzt OLG Koblenz, Urt. v. 10. 10. 2012 – 5 U 1505/11, juris, Nr. 12, 13, 14: **Rückforderungsrecht, soweit die bisherigen Arbeiten infolge der Kündigung kein Interesse mehr für den Patienten haben;** Wenzel-Mennemeyer/Hugemann, Kap. 2 Rz. 480, 484: Leistungen für den Patienten nicht von Interesse bzw. unbrauchbar; weitergehend OLG Düsseldorf, Urt. v. 20. 3. 2003 – 8 U 18/02, NJW-RR 2003, 1331, 1333 und Gehrlein, Rz. A 38a mit Hinweis auf OLG Saarbrücken, OLGR 2000, 401: Vergütungsanspruch entfällt bei rechtswidrigem Eingriff; zu den Einzelheiten vgl. Rz. A 414 ff., R 1 ff., R 11 ff.).

A 1037   Ob und inwieweit die Rechtsprechung der Instanzgerichte zum Verlust des Vergütungsanspruches aufrecht zu erhalten ist, ist im Hinblick auf die Entscheidung des BGH vom 29. 3. 2011 (VI ZR 133/10, NJW 2011, 1674, 1675; ebenso jetzt auch OLG Koblenz, Urt. v. 10. 10. 2012 – 5 U 1505/11, juris, Nr. 12, 13, 14 = GesR 2013, 224, 225) zum Verlust des Vergütungsanspruches eines Zahnarztes sehr fraglich!

248

Danach steht dem Zahnarzt, der durch sein vertragswidriges Verhalten die Kündigung des Patienten veranlasst hat, gemäß § 628 I 2 BGB kein Vergütungsanspruch zu, soweit seine bisherigen Leistungen infolge der Kündigung für den Patienten kein Interesse mehr haben. Auch ein einfacher (zahn-)ärztlicher Behandlungsfehler kann ein vertragswidriges Verhalten i. S. d. § 628 I 2 BGB sein. Der **Verlust des Vergütungsanspruches setzt nicht voraus, dass das vertragswidrige Verhalten (hier: Vorliegen eines einfachen Behandlungsfehlers) als schwerwiegend oder als wichtiger Grund i. S. d. § 626 I, II BGB anzusehen ist** (BGH, NJW 2011, 1674, 1675, Nr. 12, 14, 15). Allerdings fällt das Interesse des Patienten an der Leistung des (Zahn-) Arztes nur weg, soweit die **Leistungen für ihn nutzlos geworden** sind. Eine solche „Nutzlosigkeit" ist insoweit nicht gegeben, als ein Nachbehandler auf den Leistungen des beklagten Arztes aufbauen kann (BGH, NJW 2011, 1674, 1675, Nr. 18).

Das OLG Koblenz (Urt. 10. 10. 2012 – 5 U 1505/11, GesR 2013, 224 = juris, Nr. 12–15) hat sich der Auffassung des BGH grundsätzlich angeschlossen und ergänzend Folgendes ausgeführt: Unterläuft dem Zahnarzt während, jedenfalls vor Abschluss der Behandlung eine **nicht nur geringfügige Fehlleistung** und kündigt der Patient den Vertrag vor Abschluss der Behandlung, so **entfällt der Vergütungsanspruch des Zahnarztes gem. §§ 627, 628 I 2 BGB insoweit, als seine bisherigen Arbeiten infolge der Kündigung kein Interesse mehr für den Patienten haben.** Hat der Patient das insoweit nicht geschuldete Honorar bereits entrichtet, so steht ihm ein Rückforderungsrecht zu. Darüber hinaus kann er **Schadenersatz für die Aufwendungen verlangen, die für die Abhilfe durch einen anderen Zahnarzt erforderlich werden**, § 628 II BGB. Allerdings müsse beides im Zusammenhang gesehen werden, **den Aufwendungen für die Ersatzvornahme durch den Nachbehandler ist die Honorarersparnis bei der Erstbehandlung entgegenzusetzen, so dass es regelmäßig an einer ausgleichsfähigen finanziellen Belastung fehlen wird** (OLG Koblenz, a. a. O., Nr. 13; auch Schellenberg, VersR 2007, 1343; *Anm.: Wird aufgrund des Behandlungsfehlers des Zahnarztes jedoch eine umfangreichere Nachbehandlung erforderlich, etwa das Einsetzen von Implantaten anstatt Kronen bzw. einer Teilprothese, muss der Zahnarzt bei kausalem Behandlungs- oder Aufklärungsfehler die Mehrkosten ersetzen!*).

Ist die beanstandete Leistung vertraglich abgeschlossen, d. h. die Behandlung beendet, ist für eine Kündigung nach §§ 627, 628 I BGB kein Raum mehr. Ein Anspruch aus §§ 280 I, 823 I BGB gegen den Zahnarzt bleibt hiervon jedoch unberührt (OLG Koblenz, a. a. O., Nr. 14, 15, 17, 19: aber erhebliches Mitverschulden der Patientin, die über einen Zeitraum von mehreren Jahren nicht für anderweitige Abhilfe sorgt).

d) Exkurs: Zur Honorarrückforderung bei einer § 2 GOÄ widersprechenden Honorarvereinbarung

Gemäß § 2 II 2 GOÄ, der auch bei kosmetischen Eingriffen anzuwenden ist, muss eine schriftliche Honorarvereinbarung neben der Nummer und der Bezeichnung der Leistung den Steigerungssatz und den vereinbarten Vertrag enthalten. Zusätzlich ist die Feststellung erforderlich, dass eine Erstattung der Vergütung durch Erstattungsstellen (private Krankenversicherungen oder Beihilfe)

A 1038

A 1039

möglicherweise nicht bzw. nicht in vollem Umfang gewährleistet ist (vgl. hierzu auch Rz. A 770 ff. und Rz. P 28 ff.). Enthält die Honorarvereinbarung **weitere Erklärungen**, etwa die Einbeziehung der Einwilligung in die Honorarvereinbarung, die Erklärung über die Inanspruchnahme wahlärztlicher Leistungen im Krankenhaus oder die Vereinbarung über eine Vertretung durch andere Ärzte, so ist diese **gemäß § 2 II 3 GOÄ unwirksam** (OLG Köln, Urt. v. 21. 12. 2009 – 5 U 52/09, MedR 2011, 49, 50 = VersR 2010, 1606, 1607; Spickhoff, 1. Aufl. 2011, § 2 GOÄ Rz. 15, 16).

A 1040 Eine formularmäßige Honorarvereinbarung ist darüber hinaus dann **gemäß § 307 I, II BGB unwirksam**, wenn die vereinbarte Steigerungsrate über dem Gebührenhöchstsatz liegt oder wenn undifferenziert der gleiche Multiplikator für alle Leistungen angesetzt wird (BGH NJW 1992, 746; Spickhoff, § 2 GOÄ Rz. 11 und § 307 BGB Rz. 6).

In der Regel darf eine Gebühr nur zwischen dem 1-fachen und dem 2,3-fachen des Gebührensatzes berechnet werden (Regelspanne). Eine Überschreitung des Rahmens bis zum 3,5-fachen Satz ist nur zulässig, wenn Besonderheiten der Bemessungskriterien dies rechtfertigen (Spickhoff, § 307 BGB Rz. 6 und § 5 GOÄ Rz. 9: Regelspanne bis 2,3).

A 1041 – A 1059 Einstweilen frei.

8. Misserfolgsrisiko und herabgesetzte Erfolgsaussicht

a) Übersicht

A 1060 **Auf die Gefahr des Fehlschlagens eines vorgesehenen Eingriffs hat der Arzt hinzuweisen, wenn bei relativer bzw. zweifelhafter Operationsindikation ein hohes Misserfolgsrisiko besteht** (BGH, NJW 1992, 108, 109; NJW 1991, 2349: kosmetische Operation; BGH, VersR 1988, 493, 494: **„eingriffsspezifische Risikoerhöhung"** wie die **Verstärkung vorhandener Schmerzen**; OLG Koblenz, Urt. v. 1. 4. 2004 – 5 U 844/03, VersR 2004, 1564 = OLGR 2004, 511 = GesR 2004, 330: **Misserfolg und Verschlimmerung bei Hüftoperation**; OLG Koblenz, Urt. v. 30. 3. 2004 – 4 U 1256/99, AHRS III, 4350/308 und AHRS III, 2410/307: **Misserfolgsquote einer nur relativ indizierten Bandscheibenoperation von ca. 20 %**; OLG Köln, Urt. v. 6. 5. 2002 – 5 U 60/99, AHRS III, 4800/306: **Risiko des Fehlschlagens einer Implantatbehandlung von 5–10 %**, Hinweis auf die Möglichkeit der Versorgung mit einer Vollprothese; OLG Köln, Beschl. v. 12. 8. 2009 – 5 U 44/09, MedR 2010, 716, 717 und LG Köln, Urt. v. 16. 8. 2006 – 25 O 335/03, NJW-RR 2006, 1614, 1616: **Misserfolgsrisiko einer Lasik-Operation**; G/G, 6. Aufl., Rz. C 93).

Gleiches gilt, wenn bei einem **Eingriff die zu beseitigenden schmerzhaften Beschwerden im Falle eines Misserfolges nicht gelindert, sondern möglicherweise noch vergrößert werden, insbesondere wenn die Operation zwar indiziert, aber nicht dringlich ist** (BGH, NJW 1992, 108; NJW 1992, 1558; VersR 1990, 1238: Hinweis auf postoperativ auftretende **persistierende Schmerzen**; BGH, NJW 1989, 1541: Misserfolgsrisiko bei Herzoperation; BGH, NJW 1987, 1481: Verschlechterungsrisiko bei Hüftgelenksoperation; BGH, NJW 1985, 676: Verschlechterungsrisiko bei Knieoperation; BGH, VersR 1988, 493, 494: Misserfolgsrisiko bei Fuß-Versteifungsoperation; BGH, VersR 1987, 667, 668: **Verschlechterungsrisiko** bei **Beinverkürzung**; OLG Düsseldorf, Urt. v. 16. 3. 2006 – I-8 U 165/04, AHRS III, 4346/302: **zwei- bis dreifach erhöhtes Risiko des Fehlschlagens der Operation** aufgrund mehrerer Voroperationen im Bereich der Kieferhöhle; OLG Düsseldorf, Urt. v. 5. 12. 2002 – 8 U 32/02, AHRS III, 4100/313: Risiken erheblicher gesundheitlicher Schäden bei HNO-Operation; OLG Düsseldorf, Urt. v. 29. 1. 2004 – I-8 U 75/03, AHRS III, 4475/310: noch **stärkere Schmerzen nach Hysterektomie**; OLG Hamm, Urt. v. 5. 11. 2003 – 3 U 1027/03, AHRS III, 4100/319: **Verschlechterung der Schmerzsituation** bei nur relativ indiziertem Eingriff; OLG Koblenz, Urt. v. 1. 4. 2004 – 5 U 844/03, VersR 2004, 1564 = OLGR 2004, 511 = GesR 2004, 330: **Misserfolg und Verschlimmerung nach Hüftoperation**; OLG Naumburg, Urt. v. 12. 11. 2009 – 1 U 59/09, juris, Nr. 28, 30, 35: **Misserfolgsrisiko und Verschlimmerung bei Trümmerfraktur-OP**; OLG Naumburg, Urt. v. 9. 11. 2010 – 1 U 44/10, VersR 2011, 1014, 1016 = MedR 2012, 195, 197: **Misserfolg und Verschlechterung bei Becken-Osteotomie**).

Eine ordnungsgemäße Aufklärung setzt auch voraus, dass der Patient nicht nur über das Risiko der geplanten Operation, sondern bei **herabgesetzter Erfolgsaussicht** des Eingriffs wenigstens in den Grundzügen darüber informiert wird, **welche Chancen die geplante Operation für eine Heilung oder Linderung seiner Beschwerden bietet** (KG, Urt. v. 15. 12. 2003 – 20 U 105/02, VersR 2005, 1399; OLG München, Urt. v. 15. 9. 2005 – 1 U 2925/05, AHRS III, 4350/313: geringere Chance auf Beschwerdefreiheit wegen Knochenentzündung). — A 1061

Grundsätzlich ist der Arzt aber **nicht verpflichtet**, den Patienten über Risiken aufzuklären, die ihm **durch vermeidbare Behandlungsfehler** entstehen können (BGH, NJW 1992, 108 = VersR 1992, 358; NJW 1985, 2193 = VersR 1985, 736; OLG München, Urt. v. 20. 3. 2007 – 1 U 5265/06, juris = BeckRS 2007, 6485, S. 5; Bergmann/Müller, MedR 2005, 650, 657; Kern, GesR 2009, 1, 6; S/Pa, 12. Aufl., Rz. 441, 452). — A 1062

Die nunmehr in **§ 630c II 2, II 3 BGB** statuierte Informationspflicht auf Nachfrage des Patienten oder zur Abwendung erheblicher gesundheitlicher Gefahren bezieht sich auf bereits eingetretene, erkennbare eigene oder fremde Behandlungsfehler. — A 1063

b) Einzelfälle

Über das Risiko eines Misserfolgs des beabsichtigten Eingriffs (hier: offene Operation am Fersenbein) ist **nicht unter Angabe konkreter Prozentzahlen aufzuklären**. Auf die Quote muss der aufklärende Arzt nicht ungefragt hinweisen. Es reicht aus, wenn dem Patienten mitgeteilt wird, dass die **Operation trotz aller ärztlichen Kunst fehlschlagen** kann mit dem Ergebnis, dass die Leiden, Ausfälle und Beschwerden sich **nicht bessern oder sogar verschlimmern** können (OLG Naumburg, Urt. v. 12. 11. 2009 – 1 U 59/09, VersR 2010, 1185, 1186 = MDR 2010, 325). — A 1064

So genügt es bei einem unter Epilepsieanfällen leidenden Patienten nicht, die möglichen Nachteile des Eingriffs zu schildern. Vielmehr ist dem Patienten auch darzulegen, welche Chancen eine Operation bringen kann, insbesondere **welche wahrscheinlich bleibende Anfallsfreiheit – im entschiedenen Fall nur 65 % – zu erwarten ist** (KG, Urt. v. 15. 12. 2003 – 20 U 105/02, VersR 2005, 1399, 1400).

A 1065 Insbesondere bei einem **nur relativ indizierten Eingriff** ist der Patient auch auf eine mögliche **Verschlechterung der Schmerzsituation** hinzuweisen (OLG Hamm, Urt. v. 5. 11. 2003 – 3 U 102/03, AHRS III, 4100/319; OLG Koblenz, Urt. v. 1. 4. 2004 – 5 U 844/03, VersR 2004, 1564 = GesR 2004, 330; OLG Naumburg, Urt. v. 9. 11. 2010 – 1 U 44/10, VersR 2011, 1014, 1016 = MedR 2012, 195, 197).

A 1066 Bei einer nur **relativ indizierten chirurgischen Maßnahme** ist es erforderlich, die Erfolgsaussichten und Gefahren der geplanten Operation in einem Gespräch zwischen Arzt und Patient eingehend zu besprechen (OLG Düsseldorf, Urt. v. 5. 12. 2002 – 8 U 32/02, AHRS III, 4100/313).

A 1067 Über das mit einer Operation verbundene Risiko der **Verschlimmerung der Beschwerden**, etwa bei einer **Hüftgelenksoperation**, ist selbst dann aufzuklären, wenn der konkrete Eingriff in diesem Krankenhaus noch nie misslungen ist (OLG Koblenz, Urt. v. 1. 4. 2004 – 5 U 844/03, VersR 2004, 1564 = GesR 2004, 330 = MedR 2004, 501; OLG Hamm, Urt. v. 5. 11. 2003 – 3 U 102/03, AHRS III, 4100/319; OLG Naumburg, Urt. v. 12. 11. 2009 – 1 U 59/00, MDR 2010, 325 = VersR 2010, 1185 = juris, Nr. 28, 30, 35: **Misserfolgsrisiko mit verbleibenden Bewegungseinschränkungen nach Trümmerfraktur-OP**). Das Aufklärungsversäumnis führt jedoch nicht zur Haftung des Arztes, wenn der Patient nicht nachweisen kann, dass sich seine Beschwerden gerade aufgrund des relativ indizierten, durchgeführten Eingriffs verschlechtert haben (OLG Hamm, a.a.O.; OLG Naumburg a.a.O.).

A 1068 Der Patient, der an einer **Tetraplegie (krampfhafte Lähmung der Gliedmaßen)** und an einer **Hüftdysplasie (Abflachung der Hüftgelenkspfanne)** leidet, muss darauf hingewiesen werden, dass die vorgesehene dreifache Becken-Osteotomie (Durchtrennen der Knochen mit Meißel oder Säge) möglicherweise nicht zu einer dauerhaften Verbesserung der Situation, unter Umständen aber zu einer **Verschlechterung des Gangbildes und der Standsicherheit** (hier: entstandene Außendrehfehlstellung des Beins, sowie Einschränkung der Beugung der Hüfte) führen kann (OLG Naumburg, Urt. v. 9. 11. 2010 – 1 U 44/10, VersR 2011, 1014, 1016 = MedR 2012, 195, 197).

A 1069 Der Patient ist vor einer **varisierenden Osteotomie** zur Linderung von Beschwerden aufgrund einer **Hüftluxation** darüber aufzuklären, dass **u. U. keine Schmerzfreiheit für längere Zeit erreicht werden kann, es vielmehr subjektiv sogar zu größeren Schmerzen kommen kann** (BGH, VersR 1987, 667; BGH, Urt. v. 27. 6. 2000 – VI ZR 201/99, NJW 2000, 3423, 3424 = VersR 2000, 1282, 1283: im entschiedenen Fall verneint).

A 1070 Bei der Eröffnung eines Hüftgelenks (Arthrotomie) muss der Arzt deutlich auf das Risiko einer **Nervenverletzung** mit nachfolgender Beinlähmung hinweisen (OLG Oldenburg, VersR 1997, 1493).

Ist dem Patienten infolge jahrelanger Beschwerden und erfolgloser Heilungsversuche die Notwendigkeit einer **operativen Versteifung des Fußes** bekannt und ärztlich mehrfach bestätigt worden, müssen nähere Einzelheiten wie Ort und Art der Versteifung sowie über den komplizierten Aufbau des Rückfußes nur auf ausdrückliche Fragen des Patienten erklärt werden. Soll der erforderliche Eingriff (Gelenkversteifung) nur zum Zweck der Besserung eines bestehenden Schmerzzustandes vorgenommen werden und besteht die Gefahr, dass sich durch die Knochenoperation das Risiko eines Morbus Sudeck (Gewebsschädigung an Extremitätenabschnitten mit schmerzhafter Schwellung und i.d.R. Atrophie der Weichteile) erhöht und dadurch **größere Schmerzen als vor der Operation** auftreten können, muss er hierauf jedoch detailliert hingewiesen werden (BGH, VersR 1988, 493 = NJW 1988, 1514).

A 1071

Bei einer nicht dringlichen operativen **Korrektur eines beidseitigen Ballenhohl- und Spreizfußes** mit Krallenzehenbildung mit bestehenden, vorwiegend belastungsabhängigen Schmerzen im Vorfußbereich mit einer bestehenden Erfolgsaussicht von 80 % muss der Patient unmissverständlich auf das Risiko der **Verschlechterung der Schmerzsituation** von ca. 5 % hingewiesen werden (OLG Stuttgart, OLGR 2000, 132, 134 – auch zur aufklärungspflichtigen Alternative der Anpassung orthopädischer Schuhe).

A 1072

Der Arzt muss seinen Patienten in der Regel über das Risiko eines schlechten postoperativen Ergebnisses aufklären, das nicht unabhängig vom Verletzungsbild beurteilt werden kann. Hat der Patient eine **Trümmerfraktur mit Fragmentdislokation** erlitten, stellt eine **konservative Behandlung gegenüber der offenen Operation am Fersenbein keine ernsthafte Alternative** dar. Wurde der Patient darüber aufgeklärt, dass der Knochen nicht oder in einer Fehlstellung zusammenwachsen, sich ein „Falschgelenk" bilden und es zu starken Vernarbungen und Verkalkungen in der Umgebung des Gelenks kommen kann und sich **schwere Funktionsstörungen bis zur völligen Versteifung nicht stets vermeiden lassen** wird hiervon das **Misserfolgsrisiko** mit verbleibenden Bewegungseinschränkungen in ausreichender Weise **erfasst** (OLG Naumburg, Urt. v. 12. 11. 2009 – 1 U 59/09, juris, Nr. 28, 30, 35).

A 1073

Leidet der Patient neben einem **Bandscheibenvorfall** an einer **Osteochondrose (Knochen- bzw. Knorpelentzündung)**, muss er darüber aufgeklärt werden, dass deshalb eine geringere Chance auf Beschwerdefreiheit nach Durchführung des Eingriffs besteht und die Osteochondrose durch eine Bandscheibenoperation nicht beseitigt werden kann (OLG München, Urt. v. 15. 9. 2005 – 1 U 2925/05, OLGR 2006, 297 = AHRS III, 4350/313).

A 1074

Soll eine Operation mit einer **Nervdurchtrennung** erfolgen, ist dem Patienten deutlich zu machen, dass danach sogar eine **Verschlimmerung der Schmerzsymptomatik** eintreten kann (OLG Köln, VersR 2000, 492).

A 1075

Die Patientin ist darauf hinzuweisen, dass der durch die **Operation (hier: Hysterektomie)** bezweckte Erfolg (hier: Beseitigung bzw. Verbesserung eines Beckenbodendefekts) nicht sicher ist und sich die bisherigen Beschwerden (hier: Schmerzsymptomatik im Genitalbereich) sogar verschlimmern können (OLG Düsseldorf, Urt. v. 29. 1. 2004 – I-8 U 75/03, AHRS III, 4475/310).

A 1076

A 1077　Liegen keine nennenswerten Beschwerden vor, muss die Patientin darauf hingewiesen werden, dass ein nur **relativ indizierter Eingriff** (Lösung von Verwachsungen, Abtragung von Endometrioseherden) zur Verletzung von Organen, und Gefäßen (hier: **Harnleiterverletzung mit starken Unterleibsbeschwerden**) führen
und unter Inkaufnahme eines geringfügigen Karzinomrisikos (hier: unter 1 %)
auch unterlassen werden kann (OLG Köln, Urt. v. 29. 1. 2007 – 5 U 85/06,
MedR 2008, 599, 601).

A 1078　Besteht bei einer ordnungsgemäß durchgeführten Operation einer Nierenbeckenplastik stets ein Risiko, dessen Verwirklichung zu einer Nachoperation
mit dem erhöhten Risiko eines **Nierenverlustes** für den Patienten führen kann,
so ist der Patient auch über dieses Risiko einer etwaigen Nachoperation schon
vor dem ersten Eingriff aufzuklären (BGH, VersR 1996, 1239).

A 1079　Auch das Risiko dauerhafter **Dranginkontinenz** nach einer Operation zur Behebung einer Stressinkontinenz ist aufklärungspflichtig (OLG Köln, VersR 1992,
1518; S/Pa, 12. Aufl., Rz. 434).

A 1080　Vor einer **Operation des Gallenganges** muss dem Patienten erklärt werden, dass
auch nach der Operation dieselben Beschwerden auftreten können, die mit der
Operation zur Beseitigung einer Zyste bekämpft werden sollen (BGH, NJW 1990,
2928; Gehrlein, Rz. C 29).

A 1081　Ein medizinisch nicht vorgebildeter Patient muss vor einer Operation wegen
chronisch-rezidivierender Sinusitiden mit begleitenden Pharyngitiden vom behandelnden HNO-Arzt darüber aufgeklärt werden, dass sich der **Zustand durch
die Operation verschlechtern** kann, sich etwa nach der Operation ein permanen-
tes **Brennen und eine Trockenheit im Hals- und Rachenraum** einstellen kann
(LG Berlin, Urt. v. 20. 8. 2003 – 6 O 343/02, MedR 2004, 449). Der Hinweis auf
die Möglichkeit des Eintritts eines „funktionell unbefriedigenden Ergebnisses"
genügt dabei nicht (LG Berlin a. a. O.).

A 1082　Vor der Durchführung einer Tympanoplastik (operativer Verschluss eines Trom-
melfelldefekts) zur Beseitigung bzw. Verbesserung der Folgen einer Trommel-
fellperforation bei lediglich geringen, bestehenden Belastungen des Patienten
muss dieser darauf hingewiesen werden, dass der **relativ indizierte Eingriff mit
zwar seltenen, aber typischen Risiken erheblicher gesundheitlicher Schäden
(hier: andauernder Tinnitus sowie Gleichgewichtsstörungen)** verbunden sein
kann (OLG Düsseldorf, Urt. v. 5. 12. 2002 – 8 U 32/02, AHRS III, 4100/313).

A 1083　Ein **Zahnarzt** hat den Patienten darüber zu unterrichten, dass die erheblichen
Kiefergelenkbeschwerden auch nach Durchführung einer umfangreichen prothetischen Versorgung und der Überkronung mehrerer Zähne **möglicherweise nicht
beseitigt** werden können (OLG Saarbrücken, OLG-Report 1999, 148; Gehrlein,
Rz. C 29 a. E.). Rät der Zahnarzt dem Patienten zu einer **implantatgestützten
Brückenversorgung** im Ober- und Unterkiefer, so muss er auf die besonderen,
beim Patienten sogar **erhöhten Risiken hinweisen**, die sich aus einer anlagebedingten Zahnsteinbildung und einem extrem schlechten Mundhygiene-
zustand ergeben (OLG Oldenburg, Urt. v. 28. 7. 2004 – 5 U 102/03, AHRS III,
4800/311).

Sind bei einem Patienten wegen früherer chronischer Kieferhöhlenentzündun- A 1084
gen und mehrerer Voroperationen im Bereich der Kieferhöhle die Voraussetzungen für eine Sinusbodenelevation mit einer Anlagerung von autologem und heterologem Knochenmaterial besonders ungünstig und besteht deshalb **ein zwei-
bis dreifach erhöhtes Risiko des Fehlschlagens der Operation** wegen der Gefahr
der Abstoßung eingebrachter Knochenmaterialien, ist der Patient vor dem Eingriff auf die erhöhte Risikolage deutlich hinzuweisen. Die Erklärung, es bestehe
„ein erhöhtes Präparationsrisiko" genügt dabei nicht (OLG Düsseldorf, Urt. v.
16. 3. 2006 – I-8 U 165/04, AHRS III, 4346/302).

Ist der Patient über seine Erkrankung und den Verlauf der geplanten Operation A 1085
informiert und hat er auch Kenntnis von der ungefähren Größenordnung des
Misserfolgsrisikos erhalten, bedarf es für eine selbstbestimmte Entscheidung
über die Einwilligung zur Operation jedoch **nicht der Erläuterung, aus welchen
medizinischen Gründen im Einzelnen der Eingriff möglicherweise nicht zum Erfolg führen könnte** (BGH, NJW 1990, 2929, 2930).

Einstweilen frei.   A 1086 – A 1099

9. Seltene Risiken

a) Übersicht

Grundsätzlich hat der Arzt den Patienten auch über seltene, sogar **sehr seltene** A 1100
Risiken aufzuklären, wenn deren Realisierung die **Lebensführung des Patienten
schwer belasten** würde und die entsprechenden Risiken trotz ihrer Seltenheit
für den Eingriff spezifisch, für den Laien aber überraschend sind (BGH, Urt. v.
19. 10. 2010 – VI ZR 241/09, VersR 2011, 223 = GesR 2011, 24 = MedR 2011,
244, Nr. 7, 9: Dauerschäden durch subdurales Hämatom nach Spinalanästhesie;
BGH, Urt. v. 29. 9. 2009 – VI ZR 251/08, VersR 2010, 115, 116, Nr. 11, 12: **sehr
seltenes, aber lebensbedrohliches Risiko eines Herz-Kreislauf-Schocks, sowie einer Querschnittlähmung bei der Anästhesie** einer ansonsten einfachen Operation; BGH, Urt. v. 6. 7. 2010 – VI ZR 198/09, VersR 2010, 1220, 1221 = GesR 2010,
481, 482, Nr. 11, 13, 15: Risiko einer **Querschnittlähmung bei PRT-CT**; BGH,
Urt. v. 18. 11. 2008 – VI ZR 198/07, MDR 2009, 281, 282 = VersR 2009, 257,
258, Nr. 11, 12; BGH, Urt. v. 18. 11. 2008 – VI ZR 198/07, VersR 2009, 257,
258, Nr. 11, 12: **erhöhtes Schlaganfallrisiko**; BGH, Urt. v. 17. 4. 2007 – VI ZR
108/06, VersR 2007, 999, 1000, Nr. 9, 10: zur Aufklärungspflicht über Nebenwirkungen von Medikamenten; BGH, Urt. v. 10. 10. 2006 – VI ZR 74/05, NJW 2007,
217, 219 = VersR 2007, 66, 68: **auch über ein gegenüber dem erwähnten Hauptrisiko einer Querschnittlähmung weniger schweres Risiko einer Pseudoarthrose**;
BGH, Urt. v. 14. 3. 2006 – VI ZR 279/06, VersR 2006, 838, 839; BGH, Urt. v.
15. 3. 2005 – VI ZR 289/03, VersR 2005, 834, 835 = NJW 2005, 1716, 1717;
BGH, Urt. v. 15. 2. 2000 – VI ZR 48/99, VersR 2000, 725, 726; OLG Brandenburg,
Urt. v. 9. 7. 2009 – 12 U 75/08, juris, Nr. 19: Wenn sich das Risiko im Falle seiner Verwirklichung für die **Lebensführung des Patienten als schwer belastend**
darstellt und trotz seiner Seltenheit **für den Eingriff spezifisch und für den Laien
überraschend** ist; OLG Brandenburg, Urt. v. 24. 3. 2011 – 12 U 75/08, juris,
Rz. 21, 23: **dauerhafte Gesundheitsbeeinträchtigungen durch Spinalanästhesie**

bei **Krampfaderoperation**; OLG Brandenburg, Urt. v. 13. 11. 2008 – 12 U 104/08, AHRS III, 4285/305: Hinweis auf **erhöhtes Risiko von Infektionen, die bis zur Amputation des Fußes führen können, bei OP einer Hammerzehe**; OLG Düsseldorf, Urt. v. 13. 2. 2003 – 8 U 229/01, AHRS III, 4265/312 und Urt. v. 19. 12. 2002 – 8 U 35/02, AHRS III, 4265/311 sowie OLG Köln, Urt. v. 14. 4. 2008 – 5 U 135/07, VersR 2009, 261, 262: **Risiko des Stimmverlustes/Recurrensparese bei Schilddrüsenoperation**; OLG Frankfurt, Urt. v. 7. 11. 2000 – 8 U 83/00, AHRS III, 5110/301, NA-Beschl. BGH v. 16. 10. 2001 – VI ZR 417/00 und OLG Düsseldorf, Urt. v. 28. 6. 2001 – 8 U 171/00, AHRS III, 5110/302 sowie OLG Hamm, Urt. v. 6. 9. 2004 – 3 U 157/04, AHRS III, 5110/311 und LG Bremen, VersR 2003, 1581: **Risiko einer Infektion mit der Möglichkeit des Verlustes wichtiger Körperfunktionen bei intramuskulärer Spritzeninjektion**; OLG Hamm, Urt. v. 29. 9. 2010 – I 3 U 169/09, VersR 2011, 758, 759 und OLG Düsseldorf, Urt. v. 13. 12. 2007 – I 8 U 19/07, VersR 2009, 546, 547 sowie OLG Koblenz, Beschl. v. 6. 7. 2012 und v. 22. 8. 2012 – 5 U 496/12, GesR 2013, 83 = VersR 2013, 61, 62: **Schädigung von Zahnnerven, dauerhafte Taubheitsgefühle durch Leitungsanästhesie vor Zahnextraktion**; OLG Hamm, Urt. v. 12. 3. 2003 – 3 U 132/02, AHRS III, 4100/314: **Risiko einer Gefäßverletzung von 0,003 %,** aber ernsthafter Entscheidungskonflikt verneint; OLG Hamm, Urt. v. 26. 4. 2004 – 3 U 167/03, AHRS III, 4270/301: **Risiko der Stuhlinkontinenz bei Hämorrhoidenoperation**; OLG Hamm, Urt. v. 5. 12. 2001 – 3 U 68/01, AHRS III, 4265/306: Risiko eines **Morbus Sudeck/CRPS bei OP eines Karpaltunnelsyndroms/CTS**; OLG Karlsruhe, Urt. v. 28. 11. 2001 – 7 U 114/99, OLGR 2002, 407 = AHRS III, 4650/311: **seltenes, aufgrund einer Voroperation möglicherweise erhöhtes Risiko**; OLG Karlsruhe, Urt. v. 9. 5. 2012 – 7 U 44/11, juris, Nr. 9, 10: sehr seltenes Risiko einer **Nervschädigung mit chronifizierten Schmerzen** zu nennen; OLG Koblenz, Urt. v. 17. 11. 2009 – 5 U 967/09, MDR 2010, 443, 444: **völliger Sehverlust bei Kieferhöhlen-Operation durch die Nase**; OLG Köln, Urt. v. 12. 1. 2011 – 5 U 37/10, MedR 2012, 121, 123 = VersR 2012, 1565, 1567: Hinweis auf unter Umständen **schwerwiegende dauerhafte Lähmungen vor CT-gestützter periradikulärer Lumbalinfiltration** erforderlich; OLG Köln, Urt. v. 25. 4. 2007 – 5 U 180/05, VersR 2008, 1072, 1073: **Risiko der Gebärmutterverletzung bei Ausschabung von 1 : 1 000,** bestimmter Grad der Risikodichte oder Statistik nicht maßgebend; OLG Köln, Urt. v. 14. 4. 2008 – 5 U 135/07, VersR 2009, 261, 262: **deutlich erhöhtes Risiko einer Recurrensparese/Stimmbandlähmung**; OLG München, Urt. v. 23. 2. 2012 – 1 U 2781/11, juris, Nr. 27, 30, 34 und OLG München, Urt. v. 2. 2. 2012 – 1 U 5333/10, juris, Nr. 61, 62: **um den Faktor 10–20 erhöhtes Risiko einer Stimmbandlähmung bei Struma-OP** OLG München, Urt. v. 17. 11. 2011 – 1 U 4499/07, juris, Nr. 86, 87, 94, 98; OLG München, Urt. v. 26. 5. 2011 – 1 U 3081/10, juris, Nr. 52, 58, 60: **Hirninfarkt bei Herzoperation**; OLG München, Urt. v. 23. 10. 2008 – 1 U 2046/08, VersR 2009, 503, 504: Risikodichte oder Statistik nicht entscheidend; OLG Naumburg, Urt. v. 12. 11. 2009 – 1 U 59/00, VersR 2010, 1185 = MDR 2010, 325 = juris, Nr. 28; OLG Naumburg, Urt. v. 10. 5. 2010 – 1 U 97/09, juris, Nr. 44, 60, 61: **Funktionsverlust der Niere bei Harnleitersteinentfernung**; OLG Nürnberg, Urt. v. 29. 5. 2000 – 5 U 87/00, AHRS III, 4280/300: Hinweis auf das **numerische Sterblichkeitsrisiko bei Bauchspeicheldrüsenoperation** nicht erforderlich; OLG Oldenburg, Urt. v. 25. 6. 2008 – 5 U 10/08, NJW-RR 2009, 1106, 1107 = VersR 2008,

1496, 1497: Gefäßverletzung mit anschließendem **Hirninfarkt bei chiroprakti-scher Manipulation an der HWS**, extrem seltenes Risiko; OLG Stuttgart, Urt. v. 16. 11. 2010 – 1 U 124/09, GesR 2011, 30, 31: **Luftröhrenschnitt, Stimmbandläh-mung nach Struma-OP**; OLG Zweibrücken, Urt. v. 19. 10. 2004 – 5 U 6/04, NJW 2005, 74, 75, bestätigt von BGH, Urt. v. 14. 3. 2006 – VI ZR 279/04, VersR 2006, 838, 839: **dauerhafte Nervschädigung bei Blutabnahme/Blutspende**; Koyuncu, GesR 2005, 289, 291; Stöhr, RiBGH, GesR 2006, 145, 148; Kern, GesR 2009, 1, 7; Bender, VersR 2009, 176, 180; Martis/Winkhart, MDR 2011, 402, 403; S/Pa, 12. Aufl., Rz. 381–433; Gehrlein, Rz. C. 8, 28; D/S, 6. Aufl., VII. Rz. 291, 294; L/K/L-Katzenmeier, Rz. V. 22, 23; Spickhoff-Greiner, § 823 BGB, Rz. 232, 239 ff., 262; L/K-Laufs, § 60 Rz. 3; B/P/S-Glanzmann, § 287 ZPO Rz. 121; F/N/W, 5. Aufl., Rz. 196, 199; D/S, 6. Aufl., VII. Rz. 291, 294; L/K/L-Katzenmeier, Rz. V 22–25, V 74, 75).

Katzenmeier (in L/K/L, Rz. V 75 m. w. N.; auch Franzki, MedR 1994, 171, 176) schlägt vor, die Aufklärung über eingriffsspezifische Risiken auf als solche er-kennbar gemachte **Beispiele zu beschränken**. Im Anschluss an diese Aufklärung sollte der Patient dann auf die Möglichkeit hingewiesen werden, nach weiteren, ggf. sehr seltenen Risiken zu fragen. Dieser sinnvolle und begrüßenswerte Vor-schlag wird sich aber in der Praxis aber nicht durchsetzen lassen! — A 1100a

b) Einzelfälle

Dem Patienten muss eine allgemeine Vorstellung von der Schwere des Eingriffes und den spezifisch mit ihm verbundenen Risiken vermittelt werden, ohne diese zu beschönigen oder zu verschlimmern. Bei einer möglichen, besonders schwe-ren Belastung für die Lebensführung des Patienten ist deshalb die Information über ein Risiko auch dann von Bedeutung, wenn es sich **nur sehr selten verwirk-licht, dem Eingriff aber spezifisch anhaftet** (s. o.; BGH, Urt. v. 6. 7. 2010 – VI ZR 198/09, VersR 2010, 1220 = GesR 2010, 481, 482, Nr. 11; BGH, Urt. v. 29. 9. 2009 – VI ZR 251/08, VersR 2010, 115, 116 = MDR 2010, 29, Nr. 11, 12; BGH, Urt. v. 19. 10. 2010 –VI ZR 241/09, VersR 2011, 223 = GesR 2011, 24; MedR 2011, 244, Nr. 7, 9). — A 1101

Auch über ein **gegenüber dem Hauptrisiko weniger schweres Risiko ist auf-zuklären**, wenn auch dieses dem Eingriff spezifisch anhaftet, für den Laien über-raschend ist und wenn durch die Verwirklichung dieses Risikos die **Lebensfüh-rung des Patienten schwer belastet werden kann** (BGH, Urt. v. 29. 9. 2009 – VI ZR 251/09, VersR 2010, 115, 116, Nr. 12 u. BGH, Urt. v. 10. 10. 2006 – VI ZR 74/05, VersR 2007, 66, 68).

Über extrem seltene, aber schwerwiegende Risiken ist der Patient daneben auch dann aufzuklären, wenn in der medizinischen Wissenschaft bereits ernsthafte Stimmen darauf hinweisen, die nicht als unbeachtliche Außenseitermeinungen abgetan werden können, sondern als gewichtige Warnungen angesehen werden müssen (OLG Koblenz, NJW 1999, 3419; OLG München, Urt. v. 23. 10. 2008 – 1 U 2046/08, VersR 2009, 503, 504; OLG Oldenburg, Urt. v. 25. 6. 2008 – 5 U 10/08, NJW-RR 2009, 1106, 1108: Verletzung der Arteria vertebralis mit der Folge bleibender Lähmungen bei chiropraktischem Eingriff; G/G, 6. Aufl., — A 1102

Rz. C 29, 39). Die Aufklärungspflicht über Risiken einer umfangreichen Operation, etwa einer schwierigen Bauchoperation, gebietet im Regelfall jedoch **keine
Angabe der aus ihr resultierenden Sterblichkeitsrate**, jedenfalls wenn mögliche,
lebensbedrohliche Komplikationen genannt werden (OLG Nürnberg, MedR
2002, 29; vgl. auch OLG Frankfurt, Urt. v. 16. 11. 2010 – 8 U 88/10, Beck-
RS 2010, 30179: Hinweis auf Mortalitätsrisiko nur erforderlich, wenn es im Hinblick auf die Gefährlichkeit des Eingriffs oder das gesundheitliche Risikoprofil
des Patienten als nicht fernliegende Komplikation angesehen werden kann).

A 1103   Auf mögliche und typische Schadensfolgen einer beabsichtigten Behandlung
braucht der Patient nur dann nicht hingewiesen zu werden, wenn sie nur in entfernt seltenen Fällen auftreten und anzunehmen ist, dass sie **bei einem verständigen Patienten für seinen Entschluss, in die Behandlung einzuwilligen, nicht
ernsthaft ins Gewicht fallen** (OLG Koblenz NJW 1999, 3419, 3420; OLG Stuttgart NJW-RR 1999, 751, 752 und Urt. v. 26. 2. 2002 – 14 U 47/01, OLGR 2002,
446: sowie OLG München, a.a.O.: Risiko in der medizinischen Wissenschaft
nicht ernsthaft in Betracht gezogen; OLG Zweibrücken, Urt. v. 10. 4. 2000 – 5
U 22/99, AHRS III, 4100/300). In einem solchen Fall muss die Aufklärung erst
dann erteilt werden, wenn der Patient ausdrücklich nach etwaigen Risiken fragt
(OLG Zweibrücken a.a.O.; OLG Koblenz a.a.O.).

A 1104   Über die Aufklärungsbedürftigkeit entscheidet **weniger der Grad der Komplikationsdichte** bzw. die prozentuale Wahrscheinlichkeit der Realisierung als vielmehr die Frage, welche **Bedeutung** das mit dem Eingriff verbundene **Risiko** für
die Entschließung des Patienten im Hinblick auf eine mit seiner Realisierung
verbundene **schwere Belastung der Lebensführung** haben kann (BGH, Urt. v.
29. 9. 2009 – VI ZR 251/08, VersR 2010, 115, 116, Nr. 11; OLG Brandenburg,
Urt. v. 24. 3. 2011 – 12 U 75/08, juris, Nr. 21: **statistischer Grad der Risikodichte
nicht entscheidend**; OLG Brandenburg, Urt. v. 8. 11. 2007 – 12 U 53/07, juris,
Nr. 27; OLG Brandenburg, Urt. v. 9. 7. 2009 – 12 U 75/08, juris, Nr. 19; OLG
München, Urt. v. 23. 2. 2012 – 1 U 2781/11, juris, Nr. 27 und OLG München,
Urt. v. 26. 5. 2010 – 1 U 3081/10, juris, Rz. 52, 58: **genaue prozentuale Angabe
des Risikos von Komplikationen nicht erforderlich**; OLG Nürnberg, Urt. v.
16. 7. 2004 – 5 U 2383/03, OLGR 2004, 373, 374 = NJW-RR 2004, 1543; OLG Oldenburg, Urt. v. 25. 6. 2008 – 5 U 10/08, VersR 2008, 1496, 1497, bestätigt von
BGH, Urt. v. 18. 11. 2008 – VI ZR 198/07, MDR 2009, 281, 282 = VersR 2009,
257, 258, Nr. 11, 12: erhöhtes Schlaganfallrisiko; OLG Zweibrücken, Urt. v.
19. 10. 2004 – 5 U 6/04, NJW 2005, 74, 75).

A 1105   Dementsprechend kann **auch unterhalb einer Komplikationsdichte von 1 %**
(OLG Naumburg, Urt. v. 10. 5. 2010 – 1 U 97/09, juris, Nr. 61, 62: Risiko des
Nierenverlustes von 0,6–3,7 % bei Entfernung eines Harnleitersteins; OLG
München, Urt. v. 26. 5. 2011 – 1 U 3081/10, juris, Rz. 52, 58, 60, 61: Risiko eines
Gehirninfarkts bei Herzoperation 1–4 %; OLG Brandenburg, NJW-RR 2000,
398, 399: **0,7 bis 1,7 %**; OLG Düsseldorf, VersR 1989, 290: unter **1 %**; OLG
Koblenz NJW-RR 2002, 816, 818: **um 1 %**; OLG Koblenz, VersR 1989, 629 und
NJW 1990, 1540: **ca. 1 %**; OLG Köln VersR, 1992, 1518: **unter 1 %**) von einer
Aufklärung über mögliche Risiken und Zwischenfälle regelmäßig nur dann abge-
sehen werden, wenn diese Möglichkeit bei einem verständigen Patienten für sei-

nen Willensentschluss über die Einwilligung nicht ernsthaft ins Gewicht fallen kann.

Dies gilt im Einzelfall **auch unterhalb einer Komplikationsdichte von 0,1 %**   A 1106
(BGH, VersR 2000, 725, 726: **1 zu 4,4 Millionen** bei Impfung; OLG Köln, Urt. v.
25. 4. 2007 – 5 U 180/05, OLGR 2008, 769, 770 = VersR 2008, 1072, 1073: **0,1 %**;
OLG Köln, NJW-RR 1992, 984: unter **0,1 %**; OLG Naumburg, Urt. v. 10. 5. 2010
– 1 U 97/09, juris, Rz. 61, 62: **im Promillebereich** liegendes Risiko des Nierenverlustes; OLG Saarbrücken, VersR 1992, 756: **0,1 %**; OLG Stuttgart, VersR
1986, 581, 582: **0,05 %**; OLG Hamm VersR 1993, 1399: **0,02 %**; OLG Oldenburg,
Urt. v. 15. 2. 1992 – 5 U 44/90: **0,02 %**; OLG Zweibrücken, NJW-RR 1995, 1305:
0,01 %; OLG Bremen, VersR 1991, 425 und OLG Stuttgart, NJW-RR 1999, 751,
752: Jeweils **1 zu 400000**; OLG Zweibrücken, Urt. v. 19. 10. 2004 – 5 U 6/04,
NJW 2005, 74, 75: **1: 20000 bis 25000**, bestätigt von BGH, Urt. v. 14. 3. 2006 –
VI ZR 279/06, VersR 2006, 838, 840; OLG Hamm, Urt. v. 12. 3. 2003 – 3 U
132/02, AHRS III, 4100/314: **0,003 %**, Entscheidungskonflikt im entschiedenen
Fall verneint; anders aber OLG Nürnberg, Urt. v. 3. 9. 2004 – 5 U 3354/02,
AHRS/III, 4650/323: erhöhtes Infektionsrisiko von weniger als 1‰ vom Hinweis
auf das allgemeine Infektionsrisiko erfasst).

War allerdings ein Risiko im Zeitpunkt der Behandlung noch nicht bekannt, be-   A 1107
steht keine Aufklärungspflicht. War das Risiko dem behandelnden Arzt nicht
bekannt und musste es ihm auch nicht bekannt sein, etwa weil es nur in ande-
ren Spezialgebieten der medizinischen Wissenschaft, aber nicht in seinem Fach-
gebiet diskutiert wurde, entfällt die Haftung des Arztes mangels Verschuldens
(BGH, Urt. v. 19. 10. 2010 – VI ZR 241/09, VersR 2011, 223 = GesR 2011, 24 =
MedR 2011, 244, Nr. 8; BGH, Urt. v. 29. 9. 2009 – VI ZR 251/08, VersR 2010,
115, 116, Nr. 12; BGH, Urt. v. 6. 7. 2010 – VI ZR 198/09, VersR 2010, 1220 =
GesR 2010, 481, 482, Nr. 12; Martis/Winkhart, MDR 2011, 402, 406; Diederichsen, RiBGH, GesR 2011, 257, 260; vgl. hierzu Rz. A 2209ff.).

(1) Impfschäden

So entfällt etwa die Notwendigkeit zur Aufklärung über die Gefahr, dass der Pa-   A 1108
tient aufgrund einer staatlich empfohlenen Impfung mit lebenden Polioviren an
einer spinalen Kinderlähmung erkranken kann, nicht deshalb, weil es sich dabei
um eine äußerst seltene Folge mit einer Schadenshäufigkeit von 1:4,4 Millionen
handelt (BGH, Urt. v. 15. 2. 2000 – VI ZR 48/99, MDR 2000, 701 = VersR 2000,
725, 726; BGH, MedR 1995, 25: 1 zu 15,5 Millionen; Deutsch, VersR 2003, 801,
803 m. w. N.). Allerdings gebietet das Erfordernis eines Aufklärungsgesprächs bei
einer Routineimpfung nicht in jedem Fall eine mündliche Erläuterung der Risiken.

Es kann vielmehr genügen, wenn dem Patienten nach **schriftlicher Aufklärung**   A 1109
Gelegenheit zu weiteren Informationen durch ein Gespräch mit dem Arzt gege-
ben wird (BGH, Urt. v. 15. 2. 2000 – VI ZR 48/99, VersR 2000, 725; Müller,
VPräsBGH, MedR 2001, 487, 489; Reich, NJW 36/2006, XVI; a. A. Spickhoff,
NJW 2001, 1757, 1761 und die Übersicht bei Deutsch, VersR 2003, 801, 803 f.
m. w. N.; vgl. aber jetzt § 630e II 1 Nr. 1 BGB und Rz. P 44ff.).

A 1110 In derartigen Fällen muss der Arzt den Patienten daneben auch auf etwa bestehende Möglichkeiten einer anderen Behandlung hinweisen, wenn bereits **ernsthafte Stimmen in der medizinischen Wissenschaft gewichtige Bedenken** gegen
eine zum Standard gehörende Behandlung und die damit verbundenen Gefahren
geäußert haben (BGH, Urt. v. 15. 2. 2000 – VI ZR 48/99, VersR 2000, 725, 727).

A 1110a In einfach gelagerten Fällen (hier: Leistenhernie-Operation) kann der Arzt den
Patienten **auch in einem telefonischen Gespräch über die Risiken des bevorste-
henden Eingriffs aufklären,** wenn der Patient damit einverstanden ist und der
Arzt vor der Durchführung des Eingriffes noch persönlich für Nachfragen zur
Verfügung steht (BGH, Urt. v. 15. 6. 2010 – VI ZR 204/09, VersR 2010, 1183 =
GesR 2010, 479 = MedR 2010, 857, Nr. 20, 21; Diederichsen, RiBGH, GesR 2011,
257, 260).

A 1111 Es besteht keine Verpflichtung, im Rahmen einer Keuchhustenimpfung mit Pertussisganzkeimvakzinen über das Risiko eines cerebralen Krampfanfallsleidens
aufzuklären, weil es sich hierbei um eine nicht spezifische und nur äußerst selten auftretende Komplikation handelt (OLG Celle, Urt. v. 24. 9. 2001 – 1 U
70/00, VersR 2003, 859 = OLGR 2002, 29). Gleiches galt jedenfalls bis Mai 2007
vor einer Hepatitis-A-Impfung hinsichtlich des **Risikos einer Multiplen Sklerose**
(OLG Köln, Urt. v. 29. 10. 2008 – 5 U 88/08, OLGR 2009, 319).

A 1111a Hat der Arzt die Empfehlungen der STIKO (Ständige Impfkommission am
Robert-Koch-Institut) und die Hinweise des Impfstoffherstellers beachtet, **kann
es am Verschulden fehlen**, wenn es dennoch zu einem Impfschaden kommt
(OLG Koblenz, Beschl. v. 9. 10. 2013 – 5 U 746/13, juris, Nr. 12).

(2) Nervverletzungen bei einer Zahnbehandlung; Kieferbruch, Schleiftrauma

(aa) Schädigung des Nervus lingualis

A 1112 **Nach nunmehr überwiegender Ansicht muss ein Zahnarzt seinen Patienten
auch über das Risiko einer dauerhaften Schädigung des Nervus lingualis durch
eine Leitungsanästhesie zur Schmerzausschaltung etwa vor der Extraktion eines
Weisheitszahns aufklären, weil dem Patienten mit Ausfällen im Bereich der Injektionsstelle und der betroffenen Zungenhälfte sowie persistierenden Beschwerden ein seine weitere Lebensführung schwer belastendes Risiko droht**
(so zuletzt insbesondere OLG Koblenz, Urt. v. 13. 5. 2005 – 5 U 41/03, MedR
2004, 502, 503 = VersR 2005, 118, 119 sowie OLG Koblenz, Beschl. v. 22. 8. 2012
– 5 U 496/12, GesR 2013, 83 = VersR 2013, 61, 62 und OLG Hamm, Urt. v.
29. 9. 2010 – I-3 U 169/09, VersR 2011, 758, 759: dauerhafte Schädigung des N.
lingualis; OLG Hamm, Urt. v. 10. 3. 2004 – 3 U 203/03, AHRS III, 4800/308:
Schädigung des N. lingualis mit ggf. dauerhafter Geschmacks- und Gefühllosigkeit eines größeren Zungenbereichs; OLG Düsseldorf, Urt. v. 13. 12. 2007 – I-8
U 19/07, VersR 2009, 546, 547; OLG Düsseldorf, Urt. v. 26. 1. 2006 – I 8 U 86/05,
AHRS III, 4800/317: vor Weisheitszahnextraktion; OLG Hamburg, Urt. v.
27. 2. 1998 – 1 U 131/97, OLGR 1998, 157; OLG Karlsruhe, Urt. v. 25. 5. 2000
– 7 U 193/97: Aufklärung über die Gefahr einer Schädigung des N. mandibularis
und des N. alveolaris; OLG München, Urt. v. 23. 6. 1994 – 24 U 961/92, NJW-RR
1994, 308; Stöhr, MedR 2004, 156, 158.

Birgt ein zahnärztlicher Eingriff, etwa die **Versorgung mit Implantaten im Un-** A 1112a
terkiefer das seltene, den Patienten aber erheblich belastende **Risiko einer dauer-**
haft verbleibenden Nervschädigung (z. B. Taubheitsgefühl der Zunge, dauerhafte
Geschmackbeeinträchtigung), so muss der Patient hierüber aufgeklärt werden.
Der bloße Hinweis auf mögliche „Nervschädigungen" genügt dabei nicht (OLG
Koblenz, Beschl. v. 6. 7. 2012 und v. 22. 8. 2012 – 5 U 496/12, GesR 2013, 83 =
VersR 2013, 61, 62; **a. A.** insoweit Stöhr, Rz. A 1112c).

Nach Auffassung des OLG Hamm (Urt. v. 29. 9. 2010 – I-3 U 169/09, VersR A 1112b
2011, 758, 759) besteht eine Aufklärungsverpflichtung über das Risiko einer dauerhaften Schädigung des Nervus lingualis über die Fälle der Extraktion von Zähnen (insbesondere Weisheitszähnen) hinaus **auch dann, wenn eine Leitungsanäs-**
thesie appliziert werden soll, um zahnerhaltenden Maßnahmen (Füllungen u. a.)
durchzuführen.

Auf die Behandlungsalternative einer Vollnarkose anstatt einer Leitungsanästhesie muss der Patient wegen des erheblich höheren Risikos aber nicht hingewiesen werden. Das Risiko des Versterbens bei einer Vollnarkose liegt bei 1 : 25 000,
während das Risiko einer dauerhaften Schädigung des Nervus lingualis bei einer
Leitungsanästhesie bei ca. 1 : 400 000 liegt (OLG Hamm, a. a. O. ggf. aber Hinweis auf die Nötigkeit einer intraligamentären Anästhesie/ILA).

Stöhr (RiBGH, MedR 2004, 156, 158f) weist darauf hin, dass das **Risiko derartiger** A 1112c
Nervenverletzungen grundsätzlich aufklärungspflichtig sei. Nach dem Grundsatz einer nur „im Großen und Ganzen" vorzunehmenden Aufklärung würde jedoch der Hinweis **„Nervenverletzung, Lähmung" ausreichen**. Die Bezeichnung
einer Nervenverletzung als „recht geringes Risiko" erscheine allerdings problematisch, dies würde als „verharmlosende Aufklärung" nicht ausreichen.

Nach differenzierender Ansicht des OLG Köln (Urt. v. 22. 4. 2009 – 5 U 152/08, A 1112d
juris, Nr. 1, 33, 35 und Beschl. v. 6. 10. 2008 – 5 U 84/08, VersR 2009, 834, 835)
besteht zwar **keine grundsätzliche Aufklärungspflicht, wenn das Risiko einer**
dauerhaften Schädigung des N. lingualis dem Eingriff (Risiko 1 : 400 000) nicht
spezifisch anhaftet. Allerdings muss der Zahnarzt den Patienten dann auf das Risiko einer Verletzung des Nervus alveolaris und des Nervus mentalis vor einer
Implantatbehandlung (hier: regio 44–47) hinweisen, wenn wegen der geringen
Knochendimension über dem Nervkanal selbst bei Verwendung der kürzesten
zur Verfügung stehenden Implantate **eine extreme Nervnähe besteht und der üb-**
liche Sicherheitsabstand (2 mm) nicht eingehalten werden kann (OLG Köln, Urt.
v. 22. 4. 2009 – 5 U 152/08, juris, Nr. 33, 35).

Nach der Gegenauffassung besteht keine Aufklärungspflicht des behandelnden A 1113
Zahnarztes, da der Eintritt dieses seltenen Risikos außerhalb aller Wahrscheinlichkeit liegt und bei einem verständigen Patienten für seinen Willensentschluss nicht ernsthaft ins Gewicht fallen kann. Gerade bei einer Leitungsanästhesie kann es auch bei der Einhaltung der gebotenen Sorgfalt zu einer Verletzung des Nervus lingualis kommen. **Eine Aufklärung über das mit einer**
Komplikationsdichte von 1 : 400 000 extrem seltene Risiko einer solchen Schä-
digung wird von dieser Ansicht nicht für erforderlich gehalten, weil der vor einem ohne Durchführung der Leitungsanästhesie sehr schmerzhaften Eingriff

stehende Patient seine Entscheidung vernünftigerweise nicht davon abhängig machen wird, dass der Nervus lingualis unter Umständen dauerhaft geschädigt werden kann (OLG Stuttgart, Urt. v. 17. 11. 1998 – 14 U 69/97, VersR 1999, 1500 = NJW-RR 1999, 751, 752: Leitungsanästhesie vor Ausbohrung und Füllung des Zahns 47 – **soweit keine operative Entfernung des Weisheitszahnes mit dort deutlich höherem Risiko durchgeführt wird**; OLG Köln, Beschl. v. 6. 10. 2008 – 5 U 84/08, VersR 2009, 834, 835: keine Aufklärungspflicht vor Extraktion der Zähne 16, 26, 36, 46; ebenso OLG Bremen, OLGR 2000, 403, 405: keine Aufklärungspflicht bei ausgesprochener „Rarität"; OLG Frankfurt, Urt. v. 20. 4. 1989 – 1 U 119/88: Risiko einer Verletzung des Nervus lingualis liegt bei 0,1 %, keine Aufklärungspflicht; OLG Schleswig, Urt. v. 12. 2. 1986 – 4 U 324/83: bei unter 0,2 % liegendem Risiko keine Aufklärungspflicht, bei Schmerzzuständen i. d. R. hypothetische Einwilligung anzunehmen; OLG Zweibrücken, Urt. v. 22. 2. 2000 – 5 U 25/99, VersR 2000, 892 = OLGR 2000, 549, 550; LG Frankenthal, Urt. v. 10. 2. 1997 – 8 O 2102/95, MedR 1998, 569: keine Aufklärungspflicht; LG Trier, Urt. v. 6. 11. 1986 – 6 O 77/85: Risiko deutlich unter 1 %, keine Aufklärungspflicht).

A 1114 Das OLG Jena (Urt. v. 26. 4. 2006 – 4 U 416/05, OLGR 2006, 710, 712) hat es offengelassen, ob stets eine Aufklärungspflicht über das Risiko einer dauerhaften Schädigung des Nervus lingualis durch eine Leitungsanästhesie zur Schmerzausschaltung besteht. **Der Patient sei auf das Risiko einer dauerhaften Schädigung des Nervus lingualis mit der Folge eines Geschmacksverlustes bzw. einer verbleibenden „Pelzigkeit" jedenfalls dann hinzuweisen, wenn die Leitungsanästhesie mit der operativen Entfernung eines Weisheitszahns einhergeht. Denn in diesen Fällen liegt das Risiko einer dauerhaften Nervschädigung erheblich höher** (OLG Jena, Urt. v. 26. 4. 2006 – 4 U 416/05, OLGR 2006, 710, 712; ebenso OLG Düsseldorf, Urt. v. 26. 1. 2006 – I-8 U 86/05, AHRS III, 4800/317: Verletzung des Nervus lingualis bei Weisheitszahnextraktion aufklärungspflichtig; OLG Hamm, Urt. v. 10. 3. 2004 – 3 U 203/03, AHRS III, 4800/308: auf das seltene Risiko dauerhafter Geschmacks- und Gefühllosigkeit eines größeren Zungenbereichs ist vor einer Weisheitszahnextraktion hinzuweisen; auch OLG Stuttgart, NJW-RR 1999, 751, 752 a. E.: Risiko bei operativer Extraktion nach Angabe des dort beauftragten Sachverständigen 100-fach höher, jedoch keine Aufklärungspflicht bei bloßer Ausbohrung und Füllung eines Weisheitszahns).

A 1115 Nach Auffassung des OLG Zweibrücken (Urt. v. 22. 2. 2000 – 5 U 25/99, VersR 2000, 892) ist eine **Aufklärung** über das äußerst geringe Risiko einer dauerhaften Schädigung des Nervus lingualis vor einer Leitungsanästhesie **ausnahmsweise entbehrlich**, wenn der Arzt angesichts der äußerst geringen Komplikationsdichte annehmen darf, der Patient werde vernünftigerweise seine Einwilligung angesichts der bevorstehenden, ansonsten schmerzhaften Parodontosebehandlung nicht wegen dieses Risikos verweigern. Auf die – problematische – Darlegung eines möglichen Entscheidungskonflikts im Zusammenhang mit der – vom Behandler vorzutragenden – hypothetischen Einwilligung komme es dann nicht an (OLG Zweibrücken, VersR 2000, 892, 893).

A 1115a Allerdings ist ein **ernsthafter Entscheidungskonflikt des Patienten nicht plausibel dargelegt**, wenn er ausführt, bei korrekter und vollständiger Aufklärung über das extrem seltene Risiko hätte er wohl „einen älteren und erfahreneren Arzt aufgesucht"; denn das Risiko hätte sich dort in gleicher Weise verwirklichen können (OLG Jena, Urt. v. 26. 4. 2006 – 4 U 416/05, OLGR 2006, 710, 713; auch OLG Zweibrücken, Urt. v. 22. 2. 2000 – 5 U 25/99, OLGR 2000, 549, 550; vgl. zum Entscheidungskonflikt, Rz. A 1900ff., A 2103ff.).

Ein **Entscheidungskonflikt ist jedenfalls dann nicht plausibel**, wenn der Patient unter erheblichen Beschwerden leidet und der Eingriff in einer **kieferchirurgischen Spezialpraxis ausgeführt** wird (OLG Köln, Urt. v. 22. 4. 1998 – 5 U 232/96, bei Oeler S. 255, 256: im KG-Chirurg bzw. Oralchirurg; OLG Karlsruhe, Urt. v. 6. 5. 1987 – 7 U 88/86, bei L/K § 162 Nr. 142: kein Entscheidungskonflikt bei erheblichen Schmerzen vor Extraktion der Zähne 36 und 37; OLG Karlsruhe, Urt. v. 6. 5. 2005 – 13 U 138/04 mit NZB BGH v. 4. 4. 2006 – VI ZR 102/05, AHRS III, 1050/348: Patient war vom Hauszahnarzt zum Kieferchirurgen zur Wurzelspitzenresektion überwiesen worden; OLG Köln, Urt. v. 22. 4. 2009 – 5 U 152/08, juris, Nr. 41, 42, 45: Patient ist Internist, Eingriff wird durch MKG-Chirurg vorgenommen). | A 1115b

(bb) Schädigung des Nervus alveolaris

Bei der **Schädigung des Nervus alveolaris** handelt es sich ebenfalls um eine sehr seltene, hier aber typische Komplikation, die dem Eingriff spezifisch anhaftet und bei ihrer Verwirklichung die Lebensführung des Patienten besonders belastet. Jedenfalls vor der Extraktion eines Weisheitszahns, bei dem nach dem Röntgenbild ein Verlauf des Nervus alveolaris sehr dicht an der Zahnwurzel zu erwarten ist, hat der Zahnarzt den Patienten daher über das Risiko der Verletzung dieses Nerven mit der Folge einer **Taubheit im Bereich der rechten Mund- bzw. Kieferpartie mit einer möglichen irreversiblen Schädigung aufzuklären** (OLG Düsseldorf, Urt. v. 20. 10. 1988 – 8 U 261/87, VersR 1989, 290; OLG Düsseldorf, Urt. v. 13. 12. 2007 – I-8 U 19/07, VersR 2009, 546, 547; auch OLG Frankfurt, Urt. v. 14. 4. 1986 – 3 U 39/85: Aufklärung über Taubheit im Bereich des Mundwinkels, wenn nach dem Röntgenbild ein Verlauf des **N. alveolaris sehr dicht an der Wurzel** zu erwarten ist; OLG Karlsruhe, Urt. v. 25. 5. 2000 – 7 U 193/97: über die Gefahr einer vorübergehenden Schädigung des N. mandibularis und des N. alveolaris ist vor einer Leitungsanästhesie aufzuklären; OLG Koblenz, Beschl. v. 6. 7. 2012 und v. 22. 8. 2012 – 5 U 496/12, GesR 2013, 83 = VersR 2013, 61, 62: **Hinweis auf das Risiko einer dauerhaften Nervschädigung etwa bei Versorgung mit Implantaten im UK grundsätzlich erforderlich**; OLG Köln, Urt. v. 22. 4. 2009 – 5 U 152/08, juris, Nr. 33, 35: Risiko der Verletzung des N. alveolaris inferior und des N. mentalis vor einer Implantatbehandlung bei extremer Nervnähe; OLG Köln, VersR 1989, 632; OLG München, NJW-RR 1994, 1308; OLG Stuttgart, Urt. v. 17. 11. 1998 – 14 U 69/97, VersR 1999, 1500 = NJW-RR 1999, 751, 752 a.E.; G/G, 6. Aufl., Rz. C 69; Stöhr, MedR 2004, 156, 158; **anderer Ansicht** aber noch OLG München, Urt. v. 20. 11. 1986 – 1 U 5924/85: keine Aufklärungspflicht; ebenso OLG Hamm, VersR 1994, 1304 und OLG Hamburg, VersR 1989, 1297 bei untypischer Schädigung). | A 1116

Eine Aufklärungspflicht wird jedoch **abgelehnt**, wenn nach den Umständen eine Schädigung des N. alveolaris **absolut untypisch (nicht „spezifisch")** und mit ihm | A 1117 keineswegs zu rechnen ist (OLG Hamburg, Urt. v. 19. 8. 1988 – 1 U 33/88, VersR 1989, 1297, 1298 und Stöhr, MedR 2004, 156, 158 zu einer im Zusammenhang mit der Extraktion eines Zahns durchgeführten Entfernung eines Amalgameinschlusses; OLG Hamm, VersR 1994, 1304 bei Schädigung des Nervus alveolaris nach Entfernung des Zahns 36).

A 1117a   Wurde der Patient vor einer Zahnextraktion (hier: Backenzahn 36) über das Risiko einer Nervläsion aufgeklärt, muss der **Hinweis nicht wiederholt** werden, wenn innerhalb von **ca. zwei Monaten** ein Nachbarzahn (hier: Weisheitszahn 38) extrahiert wird, selbst wenn das Risiko aufgrund der engen Lagebeziehung zwischen der distalen Wurzel des Zahns und dem Nervus alveolaris etwas höher ist (OLG Düsseldorf, Urt. v. 13. 12. 2007 – I-8 U 19/07, VersR 2009, 546, 547; OLG Hamm, Urt. v. 29. 9. 2010 – I 3 U 169/09, VersR 2011, 758, 759: Nervschädigung bei gleichartiger Behandlung vier Monate zuvor genannt; **a.A.** Keller, VersR 2009, 617, 619: Im entschiedenen Fall wäre ein zusätzlicher Hinweis erforderlich gewesen, da die erste Extraktion wegen starker Entzündung zwingend geboten war, während es sich bei der zweiten Extraktion um eine lediglich prophylaktische Maßnahme handelte, weshalb auch ein „ernsthafter Entscheidungskonflikt" bei nicht zwingender Extraktionsindikation plausibel gewesen wäre).

(cc) Kieferbruch

A 1118   Bei beabsichtigter operativer Entfernung von Weisheitszähnen muss der Patient auch auf das **Risiko eines Kieferbruchs** hingewiesen werden (OLG München, VersR 1996, 102; OLG Düsseldorf, NJW-RR 1996, 1173 und VersR 1997, 620; OLG Braunschweig, Urt. v. 24. 4. 1997 – 1 U 56/96; LG Heidelberg, VersR 1991, 822; Stöhr, MedR 2004, 156, 157).

(dd) Knochenmarksentzündungen

A 1119   Vor einer Weisheitszahnentfernung hat der Zahnarzt auch über das seltene Risiko einer Osteomyelitis (Kieferknochenmarksentzündung) aufzuklären (OLG Köln, Urt. v. 12. 3. 2003 – 5 U 52/02, NJW-RR 2003, 1606 = MDR 2003, 993).

(ee) Schleiftrauma, Anbringung von Veneers

A 1119a   Vor der Behandlung mit dem Einsatz sogenannter Veneers (Keramikverblendschalen im Frontzahnbereich) hat der behandelnde Zahnarzt über das mit den notwendigen Einschleifmaßnahmen verbundene Risiko einer **chronischen Pulpitits** aufzuklären, weil das Einsetzen der Veneers im Wesentlichen auch aus kosmetischen Gründen erfolgt und aus rein medizinischen Gründen nur eine relative und keineswegs eilbedürftige Indikation für eine solche Behandlung besteht (OLG Hamm, Urt. v. 30. 5. 2011 – I 3 U 205/10, GesR 2011, 477, 478).

(3) Querschnittlähmung, Halbseitenlähmung, bleibende Lähmung

A 1120   Das extrem seltene Risiko einer **Querschnittslähmung oder einer Halbseitenlähmung ist stets aufklärungspflichtig** (BGH, Urt. v. 6. 7. 2010 – VI ZR 198/09, VersR 2010, 1220 = GesR 2010, 481, 482, Nr. 11, 13, 15: bei wirbelsäulennahen

Eingriffen; BGH, Urt. v. 19. 10. 2010 – VI ZR 241/09, VersR 2011, 223 = GesR 2011, 24, Nr. 7, 9: subdurales Hygrom mit Dauerschäden als Folgen einer Spinalanästhesie, u.U. mangelndes Aufklärungsverschulden; OLG Köln, Urt. v. 12. 1. 2011 – 5 U 37/10, MedR 2012, 121, 123: Hinweis auf unter Umständen schwerwiegende dauerhafte Lähmungen vor CT-gestützter periradikulärer Lumbalinfiltration erforderlich, auch wenn Risiko der Querschnittlähmung noch nicht bekannt war).

Dies gilt insbesondere für das seltene Risiko einer **Halbseiten- oder Querschnitts-**   A 1121
lähmung bei Vornahme einer **Angiographie** (Gefäßdarstellung durch Injektion eines Röntgenkontrastmittels; OLG Koblenz, Urt. v. 29. 11. 2001 – 5 U 1382/00, VersR 2003, 1313, 1315; OLG Stuttgart, VersR 1988, 832 und VersR 1983, 278; OLG Hamm, VersR 1992, 833 und VersR 1989, 807; S/Pa, 12. Aufl., Rz. 385, 388; G/G, 6. Aufl., Rz. C 62), einer **Myelographie** (Röntgenkontrastdarstellung des Wirbelkanals; BGH, NJW 1995, 2410 und BGH, NJW 1996, 777; S/Pa, 12. Aufl., Rz. 385, 386, 388; G/G, 6. Aufl., Rz. C 61), bei bzw. nach einer **Bandscheiben-Operation** (BGH, NJW 1991, 2346; OLG Hamm, VersR 1992, 1473 und VersR 1993, 102; OLG Oldenburg VersR 1997, 978; S/Pa, 12. Aufl., Rz. 414, 417; Spickhoff-Wellner, § 823 BGB Rz. 254, 255; OLG Bremen VersR 2001, 340, 341: Inkomplettes Kaudasyndrom), einer **Halswirbeloperation** (OLG Oldenburg VersR 1988, 695; G/G, 6. Aufl., Rz. C 61), einer **Herzoperation** (BGH, VersR 1989, 289), der Operation einer **angeborenen Aortenstenose** (BGH, NJW 1991, 2344; OLG Schleswig VersR 1996, 634; S/Pa, 12. Aufl., Rz. 414, 417) ist hinzuweisen.

Aufzuklären ist auch über die seltenen Risiken einer **Blasen- und Mastdarmstö-**   A 1122
rung, einer durch die Operation eintretenden **Instabilität der Wirbelsäule** und einer Verletzung des Bauchraumes durch die eingesetzten Instrumente mit hoher Letalitätsquote bei bestimmten **Bandscheibenoperationen** (OLG Bremen, NJW-RR 2001, 671).

Bleibende Lähmungen bis hin zur Querschnittlähmung nach wirbelsäulennahen   A 1122a
Injektionen sind sehr selten, aber im Allgemeinen bei Eingriffen im Bereich der
Wirbelsäule nicht auszuschließen; in solchen Fällen kann das Tatgericht das Bestehen einer Aufklärungspflicht entgegen der Wertung des Sachverständigen nicht mit der Argumentation verneinen, das seltene Risiko sei in der medizinischen Literatur für die konkrete Behandlung im Bereich von Nervenwurzeln (hier: CT-gestützte periradikuläre Therapie/PRT im Bereich C7) erst ein Jahr nach dem streitgegenständlichen Eingriff erwähnt worden, es sei zu diesem Zeitpunkt nur theoretischer Natur gewesen (BGH, Urt. v. 6. 7. 2010 – VI ZR 198/09, VersR 2010, 1220 = GesR 2010, 481, 482, Nr. 11, 12, 13, 15: zur weiteren Aufklärung, ob das Risiko dem niedergelassenen Orthopäden bekannt sein musste, an das OLG Hamburg zurückverwiesen.

Auch wenn das Risiko einer Querschnittlähmung nicht bekannt war, ist ein   A 1122b
Hinweis auf unter Umständen **schwerwiegende dauerhafte Lähmungen vor einer**
CT-gestütztern periradikulären Lumbalinfiltration erforderlich; (OLG Köln, Urt. v. 12. 1. 2011 – 5 U 37/10, MedR 2012, 121, 123 = VersR 2012, 1565, 1567: hiermit musste bei Eingriffen an der WS gerechnet werden).

Der Hinweis auf die Risiken „Misserfolg, Nachblutung, Infektion, Gefäß- und   A 1122c
Nervverletzungen, Thrombose, Embolie, Morbus Sudeck, Implantatlockerung,

Bruch, anhaltende Schmerzen, Beinlängendifferenz" **erfasst nicht das Risiko dauerhafter Lähmungen** (OLG Nürnberg, Urt. v. 16. 7. 2004 – 5 U 2383/03, AHRS III, 4650/322 = NJW-RR 2004, 1543, 1544; OLG Karlsruhe, Urt. v. 9. 5. 2012 – 7 U 44/11, juris, Nr. 9, 10: Hinweis auf „Nervverletzungen und üblicherweise vorübergehende Sensibilitätsstörungen sowie motorische Störungen" erfasst nicht das **seltene Risiko irreversibler Nervschädigungen mit chronifizierten Schmerzen;** vgl. Rz. A 859, A 864, A 866).

(4) Lagerungsschäden und sonstige Nervschädigungen

A 1123 Aufzuklären ist auch über die Gefahr einer **Nervschädigung infolge einer besonderen Lagerung** („Häschenstellung") während der Operation (BGH, NJW 1985, 2192; S/Pa, 12. Aufl., Rz. 383–392; G/G, 6. Aufl., Rz. C 65: Nervus-ulnaris-Läsion). Gleiches gilt bei der Gefahr einer Lähmung des **Nervus accessorius bei einer Lymphknotenexstirpation** (vgl. Rz. A 1124; BGH, NJW 1984, 655; OLG Zweibrücken, Urt. v. 11. 10. 2005 – 5 U 10/05, OLGR 2006, 154, 155; S/Pa, 12. Aufl., Rz. 384) oder der Entfernung eines **Lipoms im Halsbereich** (OLG Zweibrücken, Urt. v. 11. 10. 2005 – 5 U 10/05, OLGR 2006, 154, 155), des **Nervus peronaeus** (vom Oberschenkel kniekehlenwärts nach unten verlaufender Nerv) **bei einer Hüftgelenks-Umstellungsosteotomie** (OLG Koblenz, VersR 1989, 629; OLG Hamm, Urt. v. 28. 1. 2008 – I 3 U 121/07, AHRS III, 2620/371: typische Komplikation bei Hüftoperation, beim dorsalen Zugang ca. 1,5 %, beim transglutealen Zugang deutlich geringer), des **Nervus femoralis vor dem Einsatz einer Hüftkopfendoprothese** (OLG Nürnberg, Urt. v. 16. 7. 2004 – 5 U 2383/03, NJW-RR 2004, 1543; OLG Brandenburg, Urt. v. 8. 11. 2007 – 12 U 53/07, juris, Nr. 27, s.u.), des **Nervus facialis und des Nervus trigeminus** bei Eingriffen **im Ohr- und Kieferbereich** (BGH, VersR 1986, 183; S/Pa, 12. Aufl., Rz. 383), **Plexus-Lähmungen** und Plexusläsionen bei **Röntgen- oder Kobaltbestrahlungen** (BGH, NJW 1990, 1528; OLG Zweibrücken VersR 1987, 108; S/Pa, 12. Aufl., Rz. 383, 384, 399; Spickhoff-Wellner, § 823 BGB Rz. 249–261; G/G, 6. Aufl., Rz. C 63).

Die dem Patienten erteilte Grundaufklärung über die mit jeder Operation typischerweise verbundenen Risiken „**Wundheilungsstörungen, Nachblutungen, Nerven- und Gefäßverletzungen" erfasst auch das sehr seltene Risiko der Verletzung des Nervus femoralis bei der Durchführung einer Leistenoperation** (OLG Brandenburg, Urt. v. 8. 11. 2007 – 12 U 53/07, juris, Nr. 27).

(5) Stimmbandlähmung nach Schilddrüsenoperation bzw. Lymphknotenentfernung

A 1124 **Vor einer Schilddrüsenresektion (Erstoperation) liegt eine hinreichende Aufklärung vor, wenn auf die Gefahr einer dauerhaften Stimmbandlähmung mit der Möglichkeit des Stimmverlustes hingewiesen wurde** (BGH, NJW 1992, 2351; OLG Brandenburg, Urt. v. 11. 3. 2003 – 1 U 11/02, AHRS III, 4265/313: Risiko der Schädigung der Stimmbandnerven; OLG Brandenburg, Urt. v. 17. 7. 2008 – 12 U 221/07, juris, Nr. 8: Risiko von Stimmbandlähmungen aufklärungspflichtig, bei medizinisch dringend indizierter Operation aber **kein ernsthafter Entscheidungskonflikt;** OLG Brandenburg, Urt. v. 11. 3. 2003 – 1 U 11/02, AHRS III, 4265/313: Hinweis auf Gefahr der Schädigung der Stimmbandnerven; OLG

Düsseldorf, Urt. v. 19. 12. 2002 – 8 U 35/02, AHRS III, 4265/311: Risiko einer Stimmbandnervenläsion; OLG Düsseldorf, Urt. v. 13. 2. 2003 – 8 U 229/01, AHRS III, 4265/312: **Hinweis auf „Heiserkeit bis zum Stimmverlust" erforderlich**; OLG Düsseldorf, VersR 1989, 191: Hinweis auf „völligen Verlust der Stimme"; OLG Düsseldorf, Urt. v. 10. 11. 1988 – 8 U 156/86 bei L/K § 158 Nr. 10: Hinweis auf Verletzung des N. recurrens und dessen Folgen; OLG Karlsruhe, Urt. v. 12. 12. 2001 – 7 U 102/00, AHRS III, 4265/307: **Hinweis auf Nervschädigung und Heiserkeit umfasst auch das Risiko einer dauerhaften Stimmbandlähmung**; OLG Koblenz, Urt. v. 1. 4. 2004 – 5 U 1086/03, MedR 2005, 292: dauerhaft verbleibende Atembeschwerden; OLG Köln, Beschl. v. 8. 11. 2010 – 5 U 31/10, VersR 2011, 1011: Verletzung des Stimmbandnerves bei Schilddrüsen-OP; OLG Stuttgart, Urt. v. 16. 11. 2010 – 1 U 124/09, GesR 2011, 30, 31 = NJW-RR 2011, 747, 748: Hinweis, dass „Stimmbänder Schaden nehmen können und in seltenen Fällen ein Luftröhrenschnitt erforderlich werden kann"; OLG Düsseldorf, VersR 1989, 191: Risiko eines bleibenden, weitgehenden Verlustes der Stimme; OLG Koblenz, Urt. v. 1. 4. 2004 – 5 U 1086/03, MedR 2005, 292 = VersR 2005, 695: **Gefahr dauerhaft verbleibender Atembeschwerden**; vgl. zu weiteren Einzelheiten Rz. A 857 ff., A 865, A 1125 f., A 1336 ff.).

Vor einer beidseitigen Rezidivstrumektomie ist der Patient über das im Vergleich zur Erstoperation deutlich (hier: um den Faktor 10–20) erhöhte Risiko einer permanenten Rekurrensparese (hier: bleibende Stimmbandlähmung, Atem- und Sprachstörungen) **aufzuklären** (OLG Köln, Urt. v. 14. 4. 2008 – 5 U 135/07, VersR 2009, 261, 262 im Anschluss an BGH, VersR 1992, 960; ebenso: OLG München, Urt. v. 2. 2. 2012 – 1 U 5333/10, juris, Nr. 61, 62: um den Faktor 10–20 erhöhtes Risiko; OLG München, Urt. v. 23. 2. 2012 – 1 U 2781/11, juris, Nr. 29, 30, 34: Risiko 0,1–1,0 % bei Ersteingriff, ca. 10 % bei Zweiteingriff bzw. Rezidiv). **Allerdings erfasst der Hinweis auf ein „deutlich erhöhtes Risiko" das von 0,1–1,0 % auf ca. 10 % gesteigerte Risiko einer Recurrensparese bei einer Schilddrüsenresektion** (OLG München, Urt. v. 23. 2. 2012 – 1 U 2781/11, juris, Nr. 29, 34).

A 1125

Auch bei einem Rezidiveingriff (Schilddrüsenoperation) muss auf das deutlich erhöhte Risiko einer ggf. beidseitigen Recurrensparese hingewiesen werden (OLG Köln, Urt. v. 14. 6. 2000 – 5 U 258/99, AHRS III, 4265/300 und OLG Köln, Urt. v. 14. 4. 2008 – 5 U 135/07, VersR 2009, 261, 262: **Hinweis auf deutlich erhöhtes Risiko der Stimmbandlähmung bei Rezidiv-OP**; OLG München, Urt. v. 2. 2. 2012 – 1 U 5333/10, juris, Nr. 61, 62: **um den Faktor 10–20 erhöhtes Risiko bei Rezidiv**; OLG München, Urt. v. 23. 2. 2012 – 1 U 2781/11, juris, Nr. 29, 30, 34: Risiko 0,1–1,0 % bei Ersteingriff, ca. 10 % bei Zweiteingriff/Rezidiv).

A 1125a

Vor einer subtotalen Strumektomie ist eine Patientin im Rahmen der Risikoaufklärung **aber nicht darüber aufzuklären, ob die Operation mit oder ohne Darstellung des Nervus recurrens erfolgt** (OLG Düsseldorf, Urt. v. 25. 1. 2007 – I-8 U 116/05 mit NZB BGH v. 19. 2. 2008 – VI ZR 57/07, AHRS III, 4265/319).

A 1125b

Ist der Patient über das Risiko einer Verletzung der Stimmbandnerven vor einer Schilddrüsenoperation hingewiesen worden, muss ihm **die Möglichkeit, dass ein Nerv nicht darstellbar ist und deshalb verletzt werden kann, nicht gesondert er-**

wähnt werden (OLG Koblenz, Beschl. v. 3. 6. 2011 – 5 U 1372/10 bei Bergmann/
Wever, MedR 2012, 730: Bei einem scheinbaren Widerspruch zwischen OP-Protokoll und OP-Bericht ist Letzterer maßgeblich).

A 1125c   Vor einer **Lymphknotenentfernung aus dem Hals** muss der Patient ebenfalls darüber aufgeklärt werden, dass in seltenen Fällen zu einer **dauerhaft persistieren-den Stimmbandlähmung** kommen kann. Der Hinweis auf die Möglichkeit einer „Infektion, Thrombose, Embolie, Verletzung der Nachbarorgane, Wundheilungsstörung" und auf das „sehr geringe Risiko der Verletzung des Nervus recurrens" reicht ebenso wenig aus wie die Erklärung, bei Realisierung eines Risikos könne auch eine „intensiv-medizinische Betreuung und Überwachung erforderlich" werden (OLG Koblenz, Urt. v. 28. 11. 2012 – 5 U 420/12, GesR 2013, 120, 121: auch ernsthafter Entscheidungskonflikt bei Telefonistin plausibel).

(6) Nervschäden bei Varizenoperation

A 1126   Zu einer **Varizenoperation** liegt eine ausreichende Aufklärung vor, wenn in dem beim Aufklärungsgespräch verwendeten Formular darauf hingewiesen wurde, dass Thrombosen, Embolien und eine **Verletzung größerer Schlagadern oder Nervenschäden** eintreten könnten (OLG Hamm, Urt. v. 15. 3. 2000 – 3 U 171/99, AHRS III, 4300/300). Vor Durchführung der Varizenoperation ist der Patient über das **Risiko einer dauerhaften Schädigung von Gefühlsnerven** und daraus resultierenden Beschwerden aufzuklären. Der Hinweis „meist bilden sich etwaige Schädigungen von Gefühlsnerven innerhalb weniger Wochen oder Monate zurück, in Einzelfällen können jedoch auch dauerhafte Beschwerden zurückbleiben (Taubheitsgefühl, Berührungsempfindlichkeit, Schmerzen)" genügt nicht, weil mit dem Eingriff möglicherweise verbundene **Dauerschäden in Gestalt einer nachhaltigen motorischen Beeinträchtigung nicht erwähnt** werden und die Wahrscheinlichkeit des Eintritts von dauerhaften Beeinträchtigungen (hier: dauerhafte Taubheit der linken Fußsohle sowie eingeschränkte Beweglichkeit der Zehen) heruntergespielt wird (OLG Hamm, a. a. O.).

(7) Risiken einer Angiographie

A 1127   Vor einer **Röntgenuntersuchung von Gefäßen nach Einspritzung von Kontrast-mitteln** muss auf die **Gefahr einer Halbseitenlähmung** (OLG Koblenz, Urt. v. 29. 11. 2001 – 5 U 1382/00, VersR 2003, 1313, 1315; OLG Stuttgart, VersR 1988, 832; OLG Hamm, VersR 1981, 686; VersR 1989, 807; VersR 1992, 833; OLG München VersR 1983, 930; Spickhoff-Wellner, § 823 BGB, Rz. 255; S/Pa, 12. Aufl., Rz. 385) bzw. einer **Aphasie** mit vorübergehendem oder dauerhaftem Bestand (OLG Koblenz, Urt. v. 29. 11. 2001 – 5 U 1382/00, VersR 2003, 1313, 1315), einer **Querschnittslähmung** (OLG Stuttgart, VersR 1983, 278; G/G, 6. Aufl., Rz. C 61), eines **Schlaganfalls** (OLG Oldenburg, VersR 1991, 1242) oder einer verbleibenden **Sprachstörung** (OLG Hamm, VersR 1981, 686) hingewiesen werden. Eine besonders gefährdete Patientin ist dabei deutlich, wenn auch schonend über das Risiko eines Schlaganfalls mit der Folge **bleibender Lähmungen** aufzuklären; der Hinweis auf andere gewichtige Risiken genügt nicht (OLG Hamm, VersR 1989, 807; ebenso OLG Oldenburg, VersR 1983, 888).

Nach Auffassung des OLG Zweibrücken (NJW-RR 1995, 1305) verletzt der un- A 1128
tersuchende Arzt seine Aufklärungspflicht vor Durchführung einer endoskopischen retrograden Cholangiographie jedenfalls dann nicht, wenn die **letale Komplikationsrate im Bereich von 0,1 %** liegt und er über jahrelange umfangreiche
eigene Erfahrungen ohne tödlichen Ausgang verfügt.

(8) Risiken einer Myelographie

Ähnliches gilt vor Durchführung einer **Myelographie (Röntgenkontrastdarstel-** A 1129
lung des Wirbelkanals; kann zwischenzeitlich meist durch Kernspintomographie oder Myelo-CT ersetzt werden). Auch hier muss der Patient über das Risiko
einer **Querschnittslähmung** aufgeklärt werden (BGH, NJW 1995, 2410; NJW
1996, 777; OLG Stuttgart, VersR 1988, 832; S/Pa, 12. Aufl., Rz. 388), wobei der
Ausdruck „Querschnittslähmung" nicht unbedingt benutzt werden muss (BGH,
MDR 1995, 908). Das Risiko einer sonstigen dauerhaften Lähmung (OLG
Hamm, VersR 1988, 1133) und das Risiko einer auch nur vorübergehenden Blasenlähmung sind ebenfalls aufklärungspflichtig. Der Patient muss auch darauf
hingewiesen werden, dass es nach Durchführung einer Myelographie zur Abklärung massiver Lumboischialgien zu einer **dauerhaften Blasenlähmung** kommen
kann (OLG Brandenburg, Urt. v. 1. 9. 1999 – 1 U 3/99, VersR 2000, 1283, 1284
= NJW-RR 2000, 398, 399: Risikorate 0,7–1,7 %).

(9) Erblindung

Vor einer **Bypass-Operation am Herzen** muss der Patient über das sehr **seltene** A 1130
Risiko einer Erblindung aufgeklärt werden. Der Hinweis auf „Gehirnschäden"
infolge mangelnder Durchblutung nach Kreislaufstörungen, einer Embolie
oder einer Thrombose reicht nicht aus (BGH, Urt. v. 29. 9. 2009 – VI ZR 251/08,
VersR 2010, 115, 116, Nr. 11, 12: Wenn das Risiko zum Zeitpunkt des Eingriffs
in der medizinischen Wissenschaft bereits diskutiert worden ist, andernfalls
fehlt es am Aufklärungsverschulden).

Vor einem **endonasalen Siebbeineingriff bzw. einer Kieferhöhlen-Operation
durch die Nase** ist auch über das seltene Risiko operativ-bedingter Sehstörungen
bis hin zur äußerst seltenen Gefahr der **Erblindung** aufzuklären, selbst wenn dieses Risiko nur im Promillebereich liegt (BGH, NJW 1994, 793, 794 = VersR 1994,
104, 105; OLG Koblenz, Urt. v. 17. 11. 2009 – 5 U 967/09, MDR 2010, 443, 444).
Die Aufklärung über mögliche Nervenverletzungen in der Kieferhöhle und
Taubheitsgefühle in den Wangen reicht hierbei nicht aus. Hat der Patient den
Arzt aufgrund dieses Hinweises befragt, ob eine Verletzung des Auges möglich
sei, liegt in der Äußerung des Arztes, dass ihm **„solches noch nicht vorgekommen sei", eine unzulässige Verharmlosung** eines operationstypischen, wenngleich sehr seltenen Risikos (OLG Koblenz, MDR 2010, 443, 444).

Auf das seltene Erblindungsrisiko muss auch vor einer so genannten **Katarakt-** A 1131
operation zur Behandlung der Eintrübung einer Augenlinse (Grauer Star; OLG
Oldenburg, MDR 1999, 547), vor einer **Injektion gefäßverengender Stoffe** in die
Septumschleimhaut vor einer Nasenscheidewandoperation (OLG Nürnberg,
VersR 1992, 754; G/G, 6. Aufl., Rz. C 51; S/Pa, 12. Aufl., Rz. 429, 430), vor einer

Tumoroperation im Bereich der Hirnanhangsdrüse (BGH, NJW 1998, 2734) und vor einer **Lidkorrektur** (OLG Köln, Urt. v. 10. 1. 2001 – 5 U 158/00, AHRS III, 4370/302: Hinweis auf „Schädigung des Sehvermögens" genügt nicht) hingewiesen werden.

A 1132 Vor der Gabe **aggressiver Medikamente** muss auch auf eine damit möglicherweise verbundene **Sehnervschädigung** (OLG Oldenburg, VersR 1986, 69; Spickhoff-Wellner, § 823 BGB Rz. 257) oder die erforderlich werdenden, monatlichen Kontrollen des Sehvermögens (BGH, Urt. v. 27. 3. 2007 – VI ZR 55/05, VersR 2007, 995, 998, Nr. 20, 21, 32) hingewiesen werden.

A 1132a Vor einer relativ indizierten Laseroperation einer Myopie unter -6 dpd mit einem erheblichen Astigmatismus an beiden Augen hat der Augenarzt den Patienten **über das erhebliche Risiko einer nicht reversiblen Überkorrektur unter der möglichen Folge einer Erblindung oder einer schweren Sehbehinderung** hinzuweisen. Die Ausführungen im Aufklärungsbogen, dasss das Sehvermögen in extremen Fällen bis zu 20 % nachlassen kann, genügt nicht (OLG München, Urt. v. 17. 11. 2011 – 1 U 4499/07, juris, Nr. 91–95).

(10) Komplikationen bei operativer Entfernung der Gebärmutter (Hysterektomie)

A 1133 Vor Durchführung einer **Hysterektomie** muss über das Risiko des Entstehens einer **Rektumscheidenfistel** (OLG Köln, VersR 1990, 489: Verletzungsfistel, offen gelassen bei Nekrosefistel; OLG Köln, VersR 1983, 277: offen gelassen, ob Nekrosefistel aufklärungspflichtig; a. A. OLG Nürnberg, VersR 1996, 1372: Risiko einer Blasen- oder Darmverletzung aufklärungspflichtig, Fistelbildung als Verletzungsfolge jedoch nicht), einer **Blasen- oder Darmverletzung** (OLG Nürnberg, VersR 1996, 1372; OLG Hamm VersR 2001, 461: Blasen- und Nierenbeckenentzündungen), einer **Harnleiterläsion**, (BGH, NJW 1991, 2342; NJW 1984, 1807; NJW 1985, 1399), einer möglichen Verletzung umliegender Organe sowie einer Darmlähmung (OLG Dresden, Urt. v. 6. 1. 2000 – 4 U 3578/98, AHRS III, 4475/300: diese Hinweise sind insgesamt ausreichend; OLG Hamm, VersR 1991, 667: Risiko der Verletzung von Nachbarorganen und Entstehung einer Blasenfistel aufklärungspflichtig) und die Erforderlichkeit einer möglichen **Nachbestrahlung** (OLG Köln, VersR 1988, 384) aufgeklärt werden.

A 1134 Bei der **Vorbereitung einer vaginalen Hysterektomie** sind andere Ursachen der klinischen Beschwerden (Rückenschmerzen und Blutungsstörungen) im gebotenen Umfang abzuklären. Eine sofortige Hysterektomie darf nur dann vorgenommen werden, wenn die Patientin über deren Risiken und den Verzicht auf die Abklärung durch eine Abrasio (Ausschabung) aufgeklärt worden ist (OLG Hamm, VersR 2001, 461). Ein **Hinweis auf die Möglichkeit der psychischen Fehlbearbeitung (Zweifel an der eigenen Vollwertigkeit nach einer Hysterektomie) ist jedoch nicht erforderlich** (OLG Düsseldorf, Urt. v. 23. 4. 2001 – 8 U 136/00, AHRS III, 4475/304). Andererseits soll das Risiko einer **postoperativen Depression** bei Mitentfernung der Adnexe (Hormondefizit) bei einer Hysterektomie **aufklärungspflichtig** sein (BGH, NJW 1992, 1558; Spickhoff-Wellner, § 823 BGB Rz. 242).

A 1135 Der Arzt muss aber im Allgemeinen **nur über unmittelbare Operationsrisiken aufklären**. Dass es bei Realisierung der eingriffsimmanenten Komplikation (hier:

Schädigung des Harnleiters bei einer Hysterektomie) nachfolgend zu einer **schwerwiegenderen Beeinträchtigung** kommen kann (hier: Verlust einer Niere), ist nicht **von der ärztlichen Aufklärungspflicht umfasst** (OLG Koblenz, Urt. v. 10. 4. 2008 – 5 U 1440/06, OLGR 2009, 214, 315/316).

(11) Nebenwirkungen von Medikamenten

Bei möglichen schwerwiegenden Nebenwirkungen eines Medikaments ist ne- A 1136
ben dem Hinweis auf der Gebrauchsinformation des Pharmaherstellers auch eine Aufklärung durch den das Medikament verordnenden Arzt erforderlich. So muss der Arzt seine Patientin bei der Verschreibung eines **Antikonzeptionsmittels** zur Regulierung von Menstruationsbeschwerden bzw. einer „Pille" darauf hinweisen, dass **bei Raucherinnen ein erhöhtes Herzinfarkt- und Schlaganfallrisiko** besteht, selbst wenn sich ein entsprechender Warnhinweis in der Packungsbeilage findet (BGH, Urt. v. 15. 3. 2005 – VI ZR 289/03, VersR 2005, 834 = NJW 2005, 1716; vgl. ergänzend Stöhr, RiBGH, GesR 2006, 145 ff. und GesR 2011, 193, 194/196; vgl. hierzu auch Rz. A 745 ff., A 1136 ff., A 1929 ff.).

Vor dem Einsatz eines Medikaments ist der Patient über das sehr seltene **Risiko** A 1137
eines Herzstillstandes auch dann aufzuklären, wenn ein von ihm zuvor eingenommenes, abgesetztes Medikament insoweit sogar gefährlicher war (BGH, Urt. v. 17. 4. 2007 – VI ZR 108/06, VersR 2007, 999, 1000 = NJW 2007, 2771, 2772, Nr. 9).

Hat der Hersteller, das Bundesinstitut für Arzneimittel und Medizinprodukte A 1138
oder eine Universitätsklinik darauf hingewiesen, dass beim **Einsatz eines neuen Medikaments** regelmäßige, etwa monatliche **Kontrollen des Sehvermögens** angezeigt sind, muss der Arzt dem Patienten mitteilen, dass mit unbekannten Risiken – jedenfalls in dieser Richtung – zu rechnen ist (BGH, Urt. v. 27. 3. 2007 – VI ZR 55/05, VersR 2007, 995, 998, Nr. 20, 21, 32).

Vor der Gabe eines Tokolytikums muss nicht über eine mögliche Schädigung A 1139
des Kindes durch das wehenhemmende Mittel aufgeklärt werden, wenn in der Medizin die Schädigungsmöglichkeit zwar diskutiert, aber eine nachteilige Wirkung des Medikaments in der medizinischen Wissenschaft nicht ernsthaft in Betracht gezogen wurde (OLG Stuttgart, Urt. v. 26. 2. 2002 – 14 U 47/01, OLGR 2002, 446 = MedR 2003, 509).

(12) Blutspende

Vor einer **Blutspende** muss der Spender insbesondere darauf hingewiesen wer- A 1140
den, dass es durch die eingeführte Nadel **in seltenen Fällen auch zu irreversiblen Nervenschädigungen** mit chronischen Schmerzen und dauerhaften Funktionsbeeinträchtigungen kommen kann. Der lediglich in einem „Fragebogen für Blutspender" enthaltene Hinweis, in seltenen Fällen könne es zu Unwohlsein, Kreislaufschwäche, stärkeren Nachblutungen, Schädigungen von Blutgefäßen oder Nerven sowie Entzündungsreaktionen kommen, reicht nicht aus (OLG Zweibrücken, Urt. v. 19. 10. 2004 – 5 U 6/04, NJW 2005, 74, 75 = GesR 2005, 23, 25, bestätigt von BGH, Urt. v. 14. 3. 2006 – VI ZR 279/04, VersR 2006, 838, 840: Ri-

siko 1 : 20000 bzw. 1 : 25000). Ein Arzt darf dabei nicht als allgemein bekannt voraussetzen, dass die Beschädigung eines Nervs nach einer Blutspende irreversibel sein und **dauerhafte Schmerzen und Funktionsbeeinträchtigungen** nach sich ziehen kann (OLG Zweibrücken a. a. O.; BGH, Urt. v. 14. 3. 2006 – VI ZR 279/04, VersR 2006, 838, 840 = NJW 2006, 2108, 2109).

Andererseits bedarf es vor Durchführung einer **medizinisch indizierten Blutentnahme keiner Aufklärung des Patienten über das Risiko einer Nervenirritation** durch die eingeführte Nadel. Zum einen ist das Risikopotential bei einer Blutspende ein ganz anderes als dasjenige einer regulären Blutentnahme. Wegen der bei Blutspenden verwendeten kaliberstärkeren Punktionskanülen treten dort Nervverletzungen häufiger als bei einer gewöhnlichen Blutentnahme auf. Zudem muss der Spender einer fremdnützigen, für diesen medizinisch nicht indizierten Handlung ausführlicher und eindrücklicher über etwaige schädliche Folgen des Eingriffs aufgeklärt werden (LG Heidelberg, Urt. v. 29. 6. 2011 – 4 O 95/08, juris, Nr. 61, 62, 63, 73 = MedR 2012, 136 mit Anm. Achterfeld). **Ist die Blutentnahme medizinisch alternativlos indiziert, befindet sich der Patient auch nicht in einem Entscheidungskonflikt (LG Heidelberg a. a. O., Nr. 70).**

(13) Inkontinenz, Hämorrhoidektomie

A 1141 Vor einer Operation zur Behebung einer **Stressinkontinenz** (unwillkürlicher Urinverlust beim Husten, Niesen und bei körperlicher Belastung) ist der Patient darauf hinzuweisen, dass in sehr seltenen Fällen nicht nur der angestrebte Erfolg nicht erreicht wird, sondern zusätzlich eine dauerhafte Dranginkontinenz (ständiger unwillkürlicher Harnverlust mit gehäuft auftretendem Harndrang) ausgelöst werden kann (OLG Köln, VersR 1992, 1518).

A 1142 Das Risiko einer **bleibenden Harninkontinenz** ist auch vor der Durchführung von Narbenstrukturen in der Harnröhre, bei der es zu Verletzungen des Schließmuskels kommen kann, aufklärungsbedürftig (OLG Köln, VersR 1990, 311; G/G, 6. Aufl., Rz. C 53). Auf das Risiko einer **bleibenden Harninkontinenz ist auch vor der Operation einer ischiorektalen Fistel oder Hysterektomie** hinzuweisen (BGH, NJW 1991, 2342; OLG Hamm, VersR 1991, 667; S/Pa, 12. Aufl., Rz. 394; Spickhoff-Wellner, § 823 BGB Rz. 242: Hinweis auf mögliche Schließmuskeldurchtrennung und mögliches Rezidiv nicht ausreichend).

A 1143 Auch vor einer **Hämorrhoidektomie (operative Entfernung von Hämorrhoiden)** ist auf das seltene Risiko einer Stuhlinkontinenz hinzuweisen. Beim Grad 1 und 2 kommt (nach Pschyrembel, 264. Aufl. 2013, S. 829), ggf. kumulativ, eine Stuhlregulierung, das Auftragen von entzündungshemmenden Salben und Suppositorien und/oder eine Infrarot-Koagulation, jeweils mit der Empfehlung zur Gewichtsreduktion in Betracht (OLG Hamm, Urt. v. 26. 4. 2004 – 3 U 167/03, AHRS III, 4270/301).

A 1143a Das Risiko der **Schädigung des Harnleiters** (hier: beim Einsatz von Clips zum Verschluss auftretender Blutungsquellen im Bauchraum) ist von der Aufklärung über die Risiken „Gefäß- und Nervverletzungen" erfasst (OLG Düsseldorf, Urt. v. 6. 3. 2002 – 8 U 4/01, AHRS III, 2370/308).

(14) Hodenatrophie (Rückbildung des Hodengewebes mit Fertilitätsstörungen)

Vor einer **Leistenbruchoperation ist auf das Risiko einer Hodenatrophie hin-**   A 1144
zuweisen (OLG Stuttgart, VersR 1998, 1111; OLG München, VersR 1995, 95;
S/Pa, 12. Aufl., Rz. 396). Weitere Risiken der operativen Korrektur einer Leisten-
hernie sind neben einer Hodenatropie einer Hodennekrose, die Einengung der
Vena femoralis mit nachfolgender Thrombose bzw. Lungenembolie, Darm- und
Blasenverletzungen und die Entstehung einer Urinphlegmone oder einer Fistel
(Pschyrembel, Therapie, 4. Aufl., S. 572/573).

(15) Nierenverlust

Der Patient muss darauf hingewiesen werden, dass eine **Ureterorenoskopie (en-**   A 1145
doskopische Entfernung einer Harnleitersteins) in seltenen Fällen zu einem
Harnleiterabriss und damit mittelbar zu einem Funktionsverlust der betroffenen
Niere führen kann (OLG Naumburg, Urt. v. 10. 5. 2010 – 1 U 97/09, juris,
Rz. 61, 62: Risiko 0,6–3,7 % mit Korrekturmöglichkeit von bis zu 90 % der Fäl-
le; im Erg. aber keine Haftung wegen bejahter hypothetischer Einwilligung des
Patienten bei dringend indiziertem Eingriff; vgl. auch OLG Koblenz NJW 1986,
1547: Nierenverlust bei OP zur Entfernung eines Nierensteins).

Auch vor der Durchführung einer Nierenbeckenplastik ist der Patient auf das   A 1145a
seltene Risiko einer Anastomoseninsuffizienz (hier: Undichtigkeit des Harnleiters), deren Verwirklichung wiederum zu einer Nachoperation mit dem **erhöh-**
ten Risiko des Verlusts einer Niere verbunden sein kann, hinzuweisen (OLG
Naumburg, Urt. v. 10. 5. 2010 – 1 U 97/09, juris, Rz. 61, 62 im Anschluss an
BGH, MDR 1996, 1015 = NJW 1996, 3073, 3074: Patient muss hierauf schon
vor dem ersten Eingriff hingewiesen werden.

Über die mögliche, **mittelbare Folge des Verlusts einer Niere** muss die Patientin   A 1145b
vor Durchführung einer Hysterektomie jedoch **nicht hingewiesen** werden, wenn
das Risiko der Schädigungen des Harnleiters erwähnt worden ist (OLG Koblenz,
Urt. v. 10. 4. 2008 – 5 U 1440/06, OLGR 2009, 314, 315/316; **a. A.** aber OLG
Naumburg, a. a. O. bei einer endoskopischen Harnsteinentfernung).

(16) Risiko einer Nachoperation

Besteht bei einer ordnungsgemäß durchgeführten Operation stets ein Risiko,   A 1146
dessen Verwirklichung zu einer Nachoperation mit erhöhtem Risiko und einschneidenden Folgen für den Patienten führen kann, so ist der Patient auch
über dieses **Risiko der Nachoperation vor dem ersten Eingriff aufzuklären** (BGH,
NJW 1996, 3073 = VersR 2006, 1239, 1240; BGH NJW 1996, 779, 780 = VersR
1996, 330, 331; OLG Naumburg, Urt. v. 10. 5. 2010 – 1 U 97/09, juris, Nr. 60 –
62, Rz. A 1145; auch OLG Dresden, Urt. v. 10. 5. 2001 – 4 U 151/01, AHRS III,
5000/322: Risiko der Nachoperation für den Fall der Bösartigkeit eines Tumors).
Ist der Eingriff jedoch zwingend indiziert, ist ein „ernsthafter Entscheidungs-
konflikt" des Patienten regelmäßig nicht plausibel (OLG Naumburg, a. a. O.).

Vor einer **laparoskopischen Tumoroperation** muss der Patient über das selbst ge-   A 1147
ringfügige Risiko einer Nachoperation für den Fall der Bösartigkeit des Tumors

aufgeklärt werden. Kann nicht ausgeschlossen werden, dass es sich bei einem über 10 cm großen zystischen Ovarialtumor um ein bösartiges Geschwür handeln kann, bei dessen laparoskopischer Entfernung durch Zerschneidung die Kontamination des Bauchraums mit austretenden Tumorzellen wahrscheinlich ist, muss der Patient über das – selbst geringfügige – Risiko der **Erforderlichkeit einer kurzfristigen Nachoperation** durch Laparotomie (offener Bauchschnitt) zur Entfernung dieser Zellstrukturen für den Fall der Bösartigkeit des Tumors aufgeklärt werden. Denn selbst bei einem geringen, eingriffsspezifischen Risiko muss der Arzt den Patienten hierüber dann aufklären, wenn im Fall der Verwirklichung des Risikos mit **schweren Folgen für die weitere Lebensführung** zu rechnen ist. Es kommt dabei nicht auf das prozentuale Wahrscheinlichkeitsverhältnis an (OLG Dresden, Urt. v. 10. 5. 2001 – 4 U 151/01, AHRS III, 5000/322). U.E. stellt sich hier die Frage nach dem Vorliegen eines „ernsthaften Entscheidungskonflikts"; offensichtlich hatte die Behandlungsseite den Einwand der „hypothetischen Einwilligung" nicht erhoben.

A 1147a   **Vor einer Gallenoperation zur Entfernung der Gallenblase ist der Patient auf das sehr seltene, aber schwerwiegende Risiko des Auftretens einer Bauchspeicheldrüsenentzündung hinzuweisen,** auch wenn diese erst im Rahmen einer Folgeoperation nach Entfernung der Gallenblase (Choledochusrevision) infolge der aggressiven Manipulation an den Gallenwegen auftreten kann (BGH, VersR 1996, 330, 332 = NJW 1996, 779, 781: bei Zurückweisung an das OLG Koblenz offengelassen, ob sich der Patient auf einen „ernsthaften Entscheidungskonflikt" berufen kann, wovon u.E. jedoch auszugehen ist).

(17) Verkürzungs- und Verlängerungsosteotomie, Plattenbruch

A 1148   Bei einer **Verkürzungsosteotomie** (Herausmeißeln von Knochenstücken zur Korrektur eines Knochens) muss der Patient auf das **Risiko einer Nervenschädigung** hingewiesen werden (OLG Hamm, VersR 1986, 897), ebenso auf eine **dauerhafte Nervschädigung nach einer Hüftgelenksoperation** (OLG Oldenburg, VersR 1994, 1493). Gleiches gilt bei einer **Verlängerungsosteotomie** hinsichtlich des Risikos einer Peroneusparese (Lähmung der auf das Wadenbein bezogenen Nerven; OLG Koblenz, VersR 1989, 629).

A 1149   Der Patient ist auch über die Einzelheiten einer beabsichtigten Beinverlängerung, insbesondere die **ggf. erhöhte Gefahr von Nervschädigungen**, aufzuklären, wenn mit dem vorgesehenen Beinlängenausgleich um 4,5 cm eine **deutliche Risikoerhöhung** verbunden und es auch möglich ist, den Beinlängenausgleich auf risikoärmere 3 cm zu begrenzen (OLG Hamburg, Urt. v. 5. 8. 2005 – 1 U 184/04, OLGR 2006, 199).

A 1150   Die Aufklärung muss auch den Hinweis auf das Risiko einer Hüftkopfnekrose (Absterben von Gewebe) nach etwaigem Fehlschlagen einer vorgeschlagenen **Adduktions-Osteotomie** enthalten (BGH, NJW 1987, 1481; VersR 1985, 969).

A 1151   Der vor einer **Hüftoperation** erteilte Hinweis auf mögliche Nachblutungen, Infektionen, Gefäß- und Nervenverletzungen, das Entstehen einer Thrombose, Embolie, eines Morbus Sudeck, eine mögliche Implantatlockerung und deren

Bruch mit der Folge einer Revisionsoperation, anhaltende Schmerzen insbesondere im Bereich des Oberschenkels deckt nicht das sich realisierende **Risiko von dauerhaften Lähmungen** infolge von Nervenverletzungen im Operationsgebiet ab (OLG Nürnberg, Urt. v. 16. 7. 2004 – 5 U 2383/03, OLGR 2004, 373, 374 = NJW-RR 2004, 1543). Bei einer **Hüftoperation** stellt die Läsion des Nervus peronaeus eine typische, aufklärungspflichtige Komplikation dar. Beim **dorsalen Zugang** ist das Risiko einer Nervverletzung mit etwa 1,5 %, beim **transglutealen Zugang** deutlich geringer zu bewerten (OLG Hamm, Urt. v. 28. 1. 2008 – I 3 U 121/07, AHRS III, 2620/371).

Beträgt bei einem mehrfach voroperierten, subluxierten oder hochluxiert stehenden Hüftgelenk die nervale Schädigungsrate das Doppelte oder sogar das Dreifache desjenigen Risikos, das bei der Versorgung anatomisch normal geformter Hüftgelenke gegeben ist, so ist der Patient über dieses **erhöhte Risiko** aufzuklären (OLG Hamburg, Urt. v. 5. 8. 2005 – 1 U 184/04, OLGR 2006, 199). A 1152

Auf das Risiko eines **Plattenbruchs** infolge einer **Materialermüdung** muss der Patient vor der Versorgung eines **Oberschenkelbruches** jedoch nicht hingewiesen werden (OLG Hamm, NJW-RR 2001, 666). A 1153

Einstweilen frei. A 1154 – A 1179

(18) Arthroskopie; Gefäßverletzung

Die Aufklärungsbedürftigkeit des Patienten entfällt nicht bereits deshalb, weil das Risiko einer Gefäßverletzung anlässlich einer Arthroskopie ausgesprochen gering ist (hier: 0,003 %), wenn dieses geringfügige Risiko bei seiner Verwirklichung die **Lebensführung des Patienten besonders belastet**. In derartigen Fällen ist ein **Entscheidungskonflikt jedoch regelmäßig nicht plausibel**, wenn die Durchführung des Eingriffs medizinisch indiziert ist und keine ernsthaften Alternativen hierzu bestehen (OLG Hamm, Urt. v. 12. 3. 2003 – 3 U 132/02, AHRS III, 4100/314). A 1180

(19) Chirotherapie; Gefäßverletzung

Vor einer chiropraktischen Manipulation muss der Patient über das seltene Risiko von Gefäßverletzungen (hier: Arteria vertebralis) mit nachfolgenden Durchblutungsstörungen bis hin zum Hirninfarkt aufgeklärt werden (OLG Oldenburg, Urt. v. 25. 6. 2008 – 5 U 10/08, VersR 2008, 1496, 1497 = NJW-RR 2009, 1106). Bei einer lediglich **„weichen" Mobilisierung der HWS ist jedoch keine Risikoaufklärung** (etwa über eine Dissektion der Arteria vertebralis mit nachfolgendem Schlaganfall) **erforderlich**, da bei einer solchen Behandlung kein über die Alltagsrisiken hinausgehendes Risiko besteht (OLG Jena, Urt. v. 18. 5. 2005 – 4 U 641/04 mit NZB BGH v. 10. 1. 2006 – VI ZR 110/05, AHRS III, 4650/327). A 1181

Medizinischer Hintergrund: **Mobilisationen** (sog. weiche Technik) beeinflussen reflektorische Fehlspannungen der Muskulatur und der Weichteile und damit das gestörte Gelenkspiel. **Manipulationen** (sog. harte Technik, eigentlicher chiropraktischer Eingriff), d.h. kurzfristige mechanische Impulse von geringer Kraft und hoher Geschwindigkeit auf das Gelenk, verbessern gezielt die gestörte Gelenkbewegung, z.B. bei der Lösung von Blockierungen kleiner Wirbel- und der Iliosakralgelenke und dürfen nur unter Beachtung strenger Ein- und Ausschlusskriterien durchgeführt werden. Kontraindikationen bestehen etwa bei knöchernen Veränderungen bzw. Vorschäden der HWS/BWS und funktioneller lokaler Hypermobilität. Durch die Ausübung von Zugkräften auf die Halsschlagader kann es zu **neurologischen Ausfällen** kommen (Pschyrembel, 262. Aufl. S. 360/361 = 264. Aufl. 2013, S. 369; Pschyrembel, Therapie, 4. Aufl., S. 1031).

(20) Spinalanästhesie, Dauerschäden

A 1182 Auch vor einem **Routineeingriff (hier: Kramfaderoperation)** muss der Patient im Rahmen der Anästhesieaufklärung daruf hingewiesen werden, dass es bei bzw. nach einer Spinalanästhesie oder einer Lumbalpunktion zum **Entstehen eines subduralen Hämatoms bzw. Hygroms (Entzündung mit Ergussbildung im Gehirn)** mit dem Erfordernis einer Kopfoperation und der Gefahr von Dauerschäden kommen kann (BGH, Urt. v. 19. 10. 2010 – VI ZR 241/09, VersR 2011, 223 = GesR 2011, 24 = MedR 2011, 244, Nr. 7, 9; OLG Brandenburg, Urt. v. 24. 3. 2011 – 12 U 75/08, juris, Nr. 21, 23). Ein „ernsthafter Entscheidungskonflikt" ist jedoch nicht plausibel, wenn der Patient im Rahmen der Anästhesieaufklärung auf das Risiko einer Querschnittlähmung hingewiesen worden ist (OLG Brandenburg, Urt. v. 24. 3. 2011 – 12 U 75/08, juris, Nr. 24, 25).

(21) Sudeck-Dystrophie (CRPS)

A 1183 Die Sudeck-Dystrophie (CRPS – complex regional pain syndrome) ist eine auf einer **örtlichen Ernährungsstörung**, einer Mangelversorgung von Weichteilen der Extremitäten und Knochen beruhende schmerzhafte Erkrankung der Gliedmaßen bei lokalen Durchblutungs- und Stoffwechselstörungen der Knochen und Weichteile infolge das Nerven- und Gefäßsystem betreffender Fehlsteuerung nach einem Trauma, insbesondere einer Fraktur (Gaisbauer, VersR 2000, 558).

Medizinischer Hintergrund: Bei dem **Sudeck-Syndrom (CRPS)** handelt es sich um ein regionales **Schmerzsyndrom einer Extremität**, das ohne definierte Nervenläsion häufig nach geringer Weichteilverletzung, operativem Eingriff, nach mehrmaligen Repositionsmanövern bei einer Fraktur oder bei Erkrankungen des peripheren oder zentralen Nervensystems auftritt, in **5–10 % aller Fälle jedoch ohne konkretes, auslösendes Ereignis**. Die Diagnose erfolgt durch eine Skelettszintigraphie, die Behandlung mit nichtsteroidalen Antiphlogistika, z.B. Diclofenac, Metamizol, erforderlichenfalls mit Opioiden wie Tramadol, Naloxon, Psychopharmaka wie Diazepam oder Neuroleptika wie z.B. Levomepromazin u.a. Bei Versagen der **konservativen Therapie** im fortgeschrittenen Stadium III ist die operative Therapie (Sympathikusblockade), bei erneutem Versagen eine dauerhafte Sympathektomie, evtl. eine rekonstruktive Operation erforderlich. Ultima Ratio sind Gelenkversteifungen (Pschyrembel, Therapie, 4. Aufl., S. 880/881; Pschyrembel, 262. Aufl., S. 1859; 264. Aufl. 2013, S. 1881).

A 1184 Ob der Patient grundsätzlich vor einem notwendigen chirurgischen Eingriff an der Hand oder am Fuß über das Risiko einer CRPS aufgeklärt werden muss, ist teilweise umstritten (vgl. Gaisbauer, VersR 2000, 558, 560). Auf die Gefahr des

Eintritts einer CRPS ist jedenfalls hinzuweisen, wenn die **Knochenoperation gerade zur Behebung von Dauerschmerzen** erfolgt (BGH, VersR 1988, 493 = MDR 1988, 485; NJW 1994, 3009: Karpaltunnelsyndrom; OLG Hamm, Urt. v. 5. 12. 2001 – 3 U 68/01, AHRS III, 4265/306: vor Durchführung der operativen Behandlung eines Karpaltunnelsyndroms), wenn die CRPS ein **typisches Risiko einer – nicht dringenden – Gelenkversteifungsoperation** am Fuß zur Besserung des bestehenden Zustandes darstellt (BGH, MDR 1988, 485 = NJW 1988, 1514; Gaisbauer VersR 2000, 558, 560), vor einer Meniskusoperation (OLG Oldenburg, VersR 1988, 603 und OLG Hamm, VersR 1990, 855) und vor einer Operation wegen einer „Dupuytren'schen Kontraktur", also dem Zusammenziehen der Finger in Beugestellung in Folge verhärteter Zusammenschrumpfung einer Sehne der Hohlhand und der gleichzeitigen Ausbildung von harten Knoten und Strängen (OLG Köln, VersR 1992, 1233; Gaisbauer, VersR 2000, 558, 561; G/G, 6. Aufl., Rz. C 70; vgl. auch Pschyrembel, 262. Aufl., S. 1859 und Pschyrembel, Therapie, 4. Aufl., S. 880/881).

Bei einer fachkundigen Person (hier: Busfahrerin mit vorangegangener Ausbildung zur Arzthelferin) reicht der **Hinweis auf das Risiko von Entzündungen** zur Beschreibung eines Morbus Sudeck vor Durchführung der operativen Behandlung eines Karpaltunnelsyndroms aus (OLG Hamm, Urt. v. 5. 12. 2001 – 3 U 68/01, AHRS III, 4265/306).   A 1185

Besteht bei einer nicht absolut indizierten Operation das gegenüber anderen Eingriffen erhöhte **Risiko etwa eines Morbus Sudeck**, wodurch sich die Situation für den Patienten nachhaltig verschlechtert, muss er hierauf hingewiesen werden (OLG Dresden, Urt. v. 12. 4. 2001 – 4 U 71/01, AHRS III, 4650/305).   A 1186

Bei einer vorderen Kreuzbandruptur ist es jedoch nicht erforderlich, darüber aufzuklären, dass als seltene Folge einer durchzuführenden Arthroskopie ein Morbus Sudeck entstehen kann, wenn ein höheres oder ähnlich großes Risiko auch bei Ablehnung der Operation besteht, selbst wenn die **Arthroskopie nur relativ indiziert** ist (OLG Dresden, a. a. O.).   A 1187

Auch vor einer **Handgelenksoperation** ist der Patient auf die Gefahr von Nervenverletzungen und des Auftretens einer CRPS hinzuweisen (OLG Frankfurt bei Gaisbauer VersR 2000, 558, 561: Patient war Berufskraftfahrer; a. A. OLG Schleswig, VersR 1982, 378).   A 1188

Eine Aufklärungspflicht hinsichtlich des außerordentlich seltenen Risikos einer CRPS wurde dagegen **verneint** vor der Operation eines **Überbeines an der Ferse** (OLG Nürnberg bei Gaisbauer, VersR 2000, 558, 561: Komplikationsrate bei 0,04 %), bei **Ruhigstellung des Oberarmes** des Patienten während der Behandlung einer Sehnenscheidenentzündung durch Anlegen eines Gipsverbandes (OLG Köln bei Gaisbauer, VersR 2000, 558, 561) und vor einer **Ringbandspaltung** an Finger und Daumen (OLG Hamm bei Gaisbauer, VersR 2000, 558, 561).   A 1189

(22) Infektionen, Injektionen (vgl. auch Rz. A 956 ff.)

Vor einer intramuskulären Injektion sowie einem periartikulären Eingriff ist nach überwiegender Ansicht auf die **Möglichkeit einer Infektion und deren Fol-**   A 1190 gen (**Abszess, Blutvergiftung o. a.**) hinzuweisen (BGH NJW 1994, 2414: Hinweis auf **Infektionsrisiko vor intraartikulärer Punktion des Kniegelenks**; BGH NJW 1989, 1533, 1534: Infektionsrisiko mit Schulterversteifung vor **Corticoidinjektion ins Schultergelenk** aufklärungspflichtig; OLG Frankfurt, Urt. v. 7. 11. 2000 – 8 U 83/00, AHRS III, 5110/301, NA-Beschl. BGH v. 16. 10. 2001 – VI ZR 417/00; OLG Düsseldorf, Urt. v. 28. 6. 2001 – 8 U 171/00, AHRS III, 5110/302: bei intramuskulären Spritzen Hinweis auf Infektionsgefahr mit der Möglichkeit eines **Verlustes der Gelenkfunktion** erforderlich; OLG Hamm, VersR 1994, 860: Risiko eines Spritzenabszesses wegen der Gefahr einer Blutvergiftung aufklärungspflichtig; OLG Hamm, Urt. v. 17. 11. 2004 – 3 U 277/03 mit NZB BGH v. 20. 12. 2005 – VI ZR 321/04, AHRS III, 5110/312: vor einer intraartikulären Injektion in ein **Knie- oder Sprunggelenk** ist der Patient nicht nur über das Risiko einer Gelenkinfektion, sondern auch auf dasjenige einer **Gelenkversteifung** hinzuweisen; OLG Oldenburg, VersR 2000, 232: Infektionsrisiko vor intraartikulärer Injektion aufklärungspflichtig; OLG Hamm, VersR 2000, 232: Infektionsrisiko vor **Punktion des Kniegelenks** aufklärungspflichtig; OLG Köln, VersR 1988, 1136: Risiko eines Spritzenabszesses vor **periartikulärer Corticoidinjektion** aufklärungspflichtig; OLG Naumburg, Urt. v. 2. 12. 2008 – 1 U 27/08, juris, Nr. 2, 4, 27: aber ggf. kein „ernsthafter Entscheidungskonflikt"; Spickhoff-Wellner, § 823 BGB Rz. 247).

A 1191   Über das Risiko eines Spritzenabszesses ist der Patient nach h. M. jedenfalls **beim Bestehen eines erhöhten Risikos aufzuklären**, etwa bei wiederholter Verabreichung des Präparats **über einen längeren Zeitraum oder der Beimischung von Kortison** (OLG Hamm, Urt. v. 6. 9. 2004 – 3 U 157/04, AHRS III, 5110/311; F/N/W, 5. Aufl., Rz. 203; auch OLG Stuttgart, Urt. v. 20.7. 1999 – 14 U 53/98, AHRS II, 5110/114 und OLG Hamburg, Urt. v. 23. 1. 2004 – 1 U 24/00, OLGR 2004, 324 = AHRS III, 5100/308 bei Injektionen in ein Wirbelgelenk mit kortisonhaltigem Präparat; OLG Köln, Urt. v. 9. 4. 2003 – 5 U 218/02, AHRS III, 5110/309: vor Facetteninfiltration Hinweis auf das Risiko einer dauerhaften Nervschädigung erforderlich). Ist eine Aufklärung erfolgt, muss bei einem zeitnahen (hier: **vier Monate späteren) gleichgelagerten Eingriff** aber nicht erneut aufgeklärt werden (OLG Frankfurt, a. a. O.).

A 1192   Nach anderer Ansicht (OLG Hamm VersR 1998, 1548 = AHRS II, 5110/108; OLG Hamm, Urt. v. 19. 2. 2003 – 3 U 124/02, AHRS III, 2745/321; OLG München, Urt. v. 12. 2. 1998 – 1 U 5001/97 bei Oehler, S. 254; vgl. bereits Rz. A 956ff.) besteht **bei einer Injektion in das Gesäß keine Aufklärungspflicht über das Risiko einer Infektion mit nachfolgendem Spritzenabszess**. Insbesondere bei einer schmerzhaften Lumboischialgie sei die Spritzentherapie die Methode der Wahl (OLG Hamm, Urt. v. 19. 2. 2003 – 3 U 124/02, AHRS III, 2745/321).

A 1193   U. E. ist dies wegen grundsätzlich als ernsthafte Behandlungsalternative in Frage kommender **medikamentöser Therapien** fraglich (in diesem Sinne jetzt auch OLG Hamm, Urt. v. 6. 9. 2004 – 3 U 157/04, AHRS III, 5110/311; OLG Naumburg, Urt. v. 2. 12. 2008 – 1 U 27/08, juris, Nr. 2, 4, 27). So muss der Patient vor einer intraartikulären Corticoidinjektion auf eine mögliche Medikation per os hingewiesen werden. Die Injektion wirkt zwar rascher, hat aber den Nachteil der Infektionsgefahr. **Es ist regelmäßig davon auszugehen, dass der Patient bei** vollständiger Aufklärung über eine bestehende, wesentlich risikoärmere Behandlungsalternative (medikamentöse Behandlung) nicht in eine Injektion eingewilligt hätte (OLG Hamm, Urt. v. 17. 11. 2004 – 3 U 277/03 mit NZB BGH v. 20. 12. 2005 – VI ZR 321/04, AHRS III, 5000/365).

Das Auftreten eines **Spritzenabszesses** nach einer in den rechten Oberschenkel   A 1194
zur Schmerzlinderung verabreichten Infiltrationsspritze lässt auch nicht den
Schluss auf einen Behandlungsfehler zu. Das mit **1 zu 10 000 angegebene Abszessrisiko** soll in derartigen Fällen nicht aufklärungspflichtig sein (LG Bremen,
Urt. v. 20. 12. 2001 – 6 O 2653/00, VersR 2003, 1581, a. A. OLG Köln, VersR
1988, 1136: Abszessrisiko vor periartikulärer Corticoidinjektion aufklärungspflichtig). Die Folgen eines Abszesses sind zwar unangenehm, gefährden in der
Regel aber weder das Leben noch unerlässliche Körper- oder Organfunktionen
und beeinträchtigen die Lebensführung des Patienten regelmäßig nicht nachhaltig (LG Bremen, Urt. v. 20. 12. 2001 – 6 O 2653/00, VersR 2003, 1581).

Einstweilen frei.   A 1195 – A 1196

Bei Infektionen nach **Gelenkpunktionen** gibt es zwar **keinen Anscheinsbeweis**   A 1197
für einen Verstoß gegen die gebotene Behandlungssorgfalt (vgl. hierzu → *Anscheinsbeweis*, Rz. A 160 ff.). **Vor intraarteriellen Injektionen ist der Patient jedoch über das Risiko einer Gelenkversteifung aufzuklären** (OLG Oldenburg,
VersR 1995, 786: kein Anscheinsbeweis, aber erforderliche Aufklärung nicht erfolgt; OLG Hamm, Urt. v. 20. 5. 1998 – 3 U 139/97, VersR 2000, 323: kein Anscheinsbeweis, gebotene Aufklärung erteilt; OLG Hamm, Urt. v. 17. 11. 2004 –
3 U 277/03, AHRS III, 5110/312: seltenes Risiko einer Gelenkversteifung aufklärungspflichtig; OLG Düsseldorf, Urt. v. 28. 6. 2001 – 8 U 171/00, AHRS III,
5110/302: Hinweis auf möglichen Verlust der Gelenkfunktion auch bei intramuskulärer Spritze erforderlich).

Auch vor einer Injektion in das Kniegelenk eines Patienten ist trotz der großen   A 1198
Seltenheit von 1 zu 10.000 über das Infektionsrisiko, auch über bestehende Behandlungsalternativen aufzuklären (OLG Hamm, VersR 1992, 610: Patient war
unterschenkelamputiert; OLG Hamm, VersR 2000, 323, 324: Kniegelenkspunktion wegen Arthrose; BGH, NJW 1994, 2414: Kniegelenkspunktion; OLG Schleswig, VersR 1989, 810: Infektionsrisiko bei Kniegelenkspunktion aufklärungspflichtig, Versteifungsrisiko jedoch nicht; a. A. insoweit Spickhoff-Wellner,
§ 823 BGB, Rz. 247: auch Versteifungsrisiko aufklärungsbedürftig; G/G, 6. Aufl.,
Rz. C 58).

Erfolgt jedoch **nach einem früheren Eingriff am linken Knie eine Arthoskopie**   A 1198a
am rechten Knie, muss nicht auf ein erhöhtes Infektionsrisiko hingewiesen werden, wenn das **Infektionsrisiko weniger als 1 ‰** beträgt. Die Aufklärung über das
bestehende allgemeine Infektionsrisiko genügt in einem solchen Fall (OLG
Nürnberg, Urt. v. 3. 9. 2004 – 5 U 3354/02, AHRS III, 4650/323).

Zudem muss der Arzt den Patienten grundsätzlich **nicht darüber in Kenntnis**   A 1198b
setzen, dass ein bestimmtes Risiko im Falle des Patienten wegen besonderer
Umstände erhöht ist, wenn nicht die Erhöhung des Risikos dazu führt, dass **hinsichtlich der Gefahr des Schadenseintritts eine höhere Wahrscheinlichkeitsstufe**

erreicht wird (OLG Brandenburg, Urt. v. 20. 5. 2010 – 12 U 196/09, MedR 2010, 871).

A 1199   **Hinweis:** Ergeben sich nach einer **Punktion des Kniegelenks** Infektionsanzeichen, so müssen zur weiteren Abklärung neben einer Röntgendiagnostik eine Serologie und eine **bakteriologische Untersuchung des Punktats** erfolgen (OLG Hamm, Urt. v. 20. 5. 1998 – 3 U 139/97, VersR 2000, 323, 324). Das Unterbleiben der weiteren Diagnostik kann einen „groben Behandlungsfehler" (siehe → *Grobe Behandlungsfehler*, Rz. G 101 ff., G 393, G 527, G 653a, G 759a) darstellen (OLG Hamm, VersR 2000, 323, 324).

A 1200   Ebenso ist der Patient vor der intraartikulären Injektion eines **kortisonhaltigen Mittels in das Schultergelenk** auf die – wenn auch mit einem Risiko von 1 zu 10 000 sehr seltene – Gefahr einer Infektion des Gelenks mit der möglichen Folge einer Schulterversteifung hinzuweisen; über die fern liegende Gefahr der Ausbildung einer tödlich verlaufenden Sepsis braucht er jedoch nicht aufgeklärt zu werden (BGH, NJW 1989, 1533; OLG Hamburg, Urt. v. 23. 1. 2004 – 1 U 24/00, AHRS III, 5100/308: erhöhtes Infektionsrisiko bei wiederholter Verabreichung kortisonhaltiger Spritzen bei L 5/S 1).

(23) Langer Heilungsverlauf

A 1201   Grundsätzlich besteht eine Verpflichtung, den Patienten über Prognosen, das tägliche Behandlungs- und Testprogramm und die voraussichtliche Verweildauer im Krankenhaus zu unterrichten, nur auf Anfrage (BGH, NJW 1983, 328).

A 1202   Bei **erkennbarer Bedeutung der Funktionsfähigkeit eines Organs** für die private Lebensgestaltung muss der Arzt den Patient jedoch im Rahmen der Eingriffsaufklärung auf die seltene Möglichkeit eines sehr langen Heilungsverlaufs hinweisen (OLG Oldenburg, VersR 1992, 1005).

A 1203   Dies gilt etwa bei der Vorhautbeschneidung einer **relativen Phimose** (OLG Oldenburg, VersR 1992, 1005). Bei ausdrücklicher Nachfrage des Patienten bleibt der operierende Arzt dabei trotz eventueller Voraufklärung vorbehandelnder Ärzte aufklärungspflichtig (OLG Oldenburg, VersR 1992, 1005; auch OLG Hamm, VersR 1992, 833).

10. Außenseiter- und Neulandmethoden, Off-Label-Use, kontraindizierte Eingriffe

a) Außenseitermethode (vgl. Rz. A 1342, A 1346)

A 1204   Die Einwilligung des Patienten in einen Eingriff zur Linderung therapieresistenter Beschwerden befreit den Arzt nicht von der Haftung für schädliche Folgen, wenn er nicht darauf hingewiesen hat, dass die Maßnahme von der herrschenden Meinung auf dem betreffenden Gebiet des Facharztes als **medizinisch kontraindiziert qualifiziert** wird (OLG Köln, VersR 2000, 492). Dies trifft etwa hinsichtlich der in Aussicht genommenen Operation einer Nervdurchtrennung zu, die, wie in der wissenschaftlichen Literatur beschrieben, sogar zu einer **Verschlimmerung der Schmerzsymptomatik** führen kann (OLG Köln, VersR 2000, 492).

b) Neulandmethode, unbekannte Risiken

Insbesondere dann, wenn der Arzt keine anerkannte Standardmethode, sondern   A 1205
eine relativ neue und noch nicht allgemein eingeführte Methode („Neulandmethode") mit neuen, noch nicht abschließend geklärten Risiken anwenden
will, hat er den Patienten auch darauf hinzuweisen, dass unbekannte Risiken
derzeit nicht auszuschließen sind (BGH, Urt. v. 13. 6. 2006 – VI ZR 323/04,
VersR 2006, 1073, 1075 = NJW 2006, 2477, 2478 = GesR 2006, 411, 413: „Robodoc"; zustimmend Katzenmeier, NJW 2006, 2738, 2741: „Robodoc-Methode"
hat sich anschließend nicht durchgesetzt; BGH, Urt. v. 27. 3. 2007 – VI ZR
55/05, VersR 2007, 995, 998 = NJW 2007, 2767, 2770, Nr. 31, 32; BGH, Urt. v.
22. 12. 2010 – III StR 239/10, GesR 2011, 237, 239, Nr. 12, 15: **geplanter Eingriff
war nicht medizinischer Standard mit unbekannten Risiken**; OLG Brandenburg,
Urt. v. 13. 11. 2008 – 12 U 104/08, MDR 2009, 568: Lasereinsatz bei OP eines
„Hammerzehs"; OLG Bremen, Urt. v. 12. 3. 2004 – 4 U 3/04, GesR 2004, 238;
OLG Düsseldorf, Urt. v. 21. 3. 2002 – 8 U 117/01, VersR 2004, 386; OLG Oldenburg, VersR 1997, 192 und VersR 1997, 491; OLG Stuttgart, Urt. v. 26. 7. 2011 –
1 U 163/10, GesR 2011, 562, 563: **neue Behandlungsmethoden, Off-Label-Use**;
Wenzel-Simmler, Kap. 2 Rz. 1763, 1764; G/G, 6. Aufl., Rz. C 39; S/Pa, 12. Aufl.,
Rz. 454a, 455, 456; L/K-Laufs, 4. Aufl., § 60 Rz. 4 u. § 61, Rz. 5; Spickhoff-Wellner, § 823 BGB, Rz. 215, 231; Kern, GesR 2009, 1, 7; Bender, VersR 2009, 176,
177f.; Stöhr, RiBGH, GesR 2011, 193, 196/197: unbekannte Risiken beim Einsatz eines für die Anwendung noch nicht zugelassenen Medikaments; von
Pentz, RiBGH, MedR 2011, 222, 226: **Möglichkeit unbekannter Risiken einer geplanten Maßnahme**; Diederichsen, RiBGH, GesR 2011, 257, 259: Hinweis auf
unbekannte Risiken nebst Vor- und Nachteilen gegenüber der Standardmethode;
Martis/Winkhart, MDR 2011, 402, 403/404).

Dies gilt auch, wenn der Arzt eine Behandlung mit einem neuen, **in Deutsch-   A 1206
land noch nicht zugelassenen Medikament** mit ungeklärten Risiken anwenden
will. Hat der Hersteller, das Bundesinstitut für Arzneimittel und Medizinprodukte oder eine Universitätsklinik darauf hingewiesen, dass beim Einsatz des
neuen Medikaments regelmäßige, etwa monatliche **Kontrollen des Sehvermögen
angezeigt** seien, muss der Arzt dem Patienten mitteilen, dass mit unbekannten
Risiken – jedenfalls in dieser Richtung – zu rechnen ist (BGH, Urt. v. 27. 3. 2007
– VI ZR 55/05, VersR 2007, 995, 998, Nr. 20, 21, 32).

Ist die **„Neulandmethode"** wie etwa die Anwendung des computerunterstützten   A 1207
Fräsverfahrens (**„Robodoc"**) am coxalen Femur (Hüft-Oberschenkelknochen) bei
Implantation einer Hüftgelenksendoprothese zum Zeitpunkt des Eingriffs **noch
nicht allgemein etabliert**, muss der Patient über diese Tatsache sowie die Vor-
und Nachteile dieser und alternativer, herkömmlicher manueller Verfahren aufgeklärt werden (OLG Frankfurt, Urt. v. 7. 12. 2004 – 8 U 194/03, NJW-RR 2005,
173, 175, bestätigt von BGH, Urt. v. 13. 6. 2006 – VI ZR 323/04, VersR 2006,
1073, 1075; Bender, VersR 2009, 176, 177f.).

Eine besondere **Hinweispflicht besteht jedoch nicht, wenn sich die Methode in   A 1208
der Praxis neben anderen Verfahren durchgesetzt hat** (OLG Köln, VersR 2000,
493), etwa bei der laparoskopischen Versorgung einer Rezidiv-Leistenhernie als
selbständigem Operationsverfahren neben der konventionellen Leistenhernie-

operation mittels Schnittführung seit dem Jahr 1996 (OLG Köln, VersR 2000, 493; vgl. aber OLG Brandenburg, Urt. v. 15. 7. 2010 – 12 U 232/09, VersR 2011, 267: Aufklärung über verschiedene Operationsmethoden bei Leistenbruch erforderlich, a. A. LG Ellwangen, Urt. v. 27. 7. 2012 – 5 O 216/11, S. 8/9, rechtskräftig; hierzu Rz. A 1351 f.).

A 1209 Hat sich etwa mit dem Eintritt einer **Nervschädigung** ein Risiko verwirklicht, über das der Patient vollständig, wenn auch im Zusammenhang mit der erläuterten herkömmlichen Operationsmethode aufgeklärt worden ist, so kann der Patient bei wertender Betrachtungsweise nach dem **Schutzzweck der Aufklärungspflicht (Pflichtwidrigkeitszusammenhang)** aus der Verwirklichung dieses Risikos keine Haftung des Arztes herleiten (BGH, Urt. v. 13. 6. 2006 – VI ZR 323/04, VersR 2006, 1073, 1075 = GesR 2006, 411, 413; OLG Köln, Beschl. v. 19. 11. 2012 – 5 U 114/12, VersR 2013, 1177, 1178: Risiko war von der Aufklärung umfasst; OLG Stuttgart, Urt. v. 26. 7. 2011 – 1 U 163/10, GesR 2011, 562, 564: **Risiko der Off-Label-verabreichten Substanz hat sich nicht realisiert**; ebenso LG Nürnberg-Fürth, Urt. v. 18. 8. 2008 – 4 O 13193/04, VersR 2009, 113, 115 und Bender, VersR 2009, 176, 180; einschränkend Katzenmeier NJW 2006, 2738, 2740: Wenn die neue Methode mit einem **signifikant höheren Risiko** der Nervschädigung behaftet war als das traditionelle Verfahren, hätte auch hierüber aufgeklärt werden müssen).

Hat der Patient nämlich bei seiner Einwilligung das später eingetretene Risiko in Kauf genommen, so kann er bei wertender Betrachtung nach dem **Schutzzweck der Aufklärungspflicht** aus der späteren Verwirklichung des Risikos keine Haftung herleiten (BGH a. a. O.; OLG Köln a. a. O.; LG Nürnberg-Fürth a. a. O.; nach Bender, VersR 2009, 176, 180 kein Problem des Rechtswidrigkeitszusammenhanges, sondern der „hypothetischen Einwilligung").

A 1210 Die Anwendung eines solchen „**Neuland**"**-Verfahrens**, das der herkömmlichen Methode bei Abwägung der Vor- und Nachteile jedenfalls nicht unterlegen ist, stellt nach entsprechender Aufklärung des Patienten und erfolgter Zustimmung auch **keinen Behandlungsfehler** dar. Es besteht jedoch eine **gesteigerte Aufklärungspflicht** etwa bei der beabsichtigten Anwendung eines speziellen Prostata-Laserverfahrens in zwei Operationsschritten, das sich zum Zeitpunkt des Eingriffs noch nicht etabliert hat (OLG Bremen, Urt. v. 12. 3. 2004 – 4 U 3/04, GesR 2004, 238). Weist der Arzt hierauf und auf die Möglichkeit, ein klassisches Verfahren zu wählen, nicht hin, ist vom Bestehen eines echten Entscheidungskonflikts des Patienten auszugehen, wenn er darlegt, dass er die klassische Methode der „transurethralen Resektion der Prostata" (TURP) bei ordnungsgemäßer Aufklärung in seine Überlegungen einbezogen hätte (OLG Bremen, Urt. v. 12. 3. 2004 – 4 U 3/04, GesR 2004, 238).

A 1211 Vor der **Resektion eines sogenannten „Hammerzehs" mittels eines Lasergeräts** ist der Patient darüber aufzuklären, dass es bei Operationen am Fuß gegenüber Eingriffen in anderen Körperregionen **häufiger zu Infektionen und Wundheilungsstörungen** kommen kann und weder die Resektion mittels Laser noch die anschließenden Laserbehandlungen eine Standardmethode darstellen (OLG Brandenburg, Urt. v. 13. 11. 2008 – 12 U 104/08, MDR 2009, 568 = OLGR 2009, 458).

Auch die **photoreaktive Keratektomie** mittels eines Excimer-Lasers zur Korrek- A 1211a
tur einer Weitsichtigkeit war im Jahr 1996 ein experimentelles, wissenschaftlich
noch nicht anerkanntes Verfahren, dessen Erfolgsaussicht als zweifelhaft einzustufen war. An eine sachgerechte Risikoaufklärung sind unter diesen Umständen auch hier hohe Anforderungen zu stellen, insbesondere wenn die **Laser-The-
rapie in die Nähe einer kosmetischen Operation rückt, für die eine intensive und
schonungslose Aufklärung des Patienten zu fordern ist** (OLG Düsseldorf, Urt. v.
21. 3. 2002 – 8 U 117/01, NJW-RR 2003, 89, 90 = VersR 2004, 386).

Bei der Anwendung einer hergebrachten, bewährten Methode muss der Patient A 1212
**nicht auf neue diagnostische oder therapeutische Verfahren hingewiesen wer-
den, die erst in wenigen Spezialkliniken erprobt werden** (BGH, NJW 1984, 1810;
Schelling/Erlinger, MedR 2003, 331, 334; G/G, 6. Aufl., Rz. C 40; Spickhoff-
Wellner, § 823 BGB Rz. 213; F/N/W, 5. Aufl., Rz. 205: keine Hinweispflicht,
wenn Behandlung noch dem Facharztstandard entspricht).

Etwas anderes gilt jedoch dann, **wenn der Patient den Arzt von sich aus nach
neuen Verfahren befragt** (Schelling/Erlinger, MedR 2003, 331, 334 m. w. N.) oder
**wenn der Arzt wissen muss, dass der Patient mit seinen speziellen Leiden
zweckmäßiger und besser in einer solchen Spezialklinik behandelt werden
kann** (G/G, 6. Aufl., Rz. C 40; Spickhoff-Wellner, § 823 BGB Rz. 213, 214; S/Pa,
12. Aufl., Rz 454; Hart, MedR 1999, 47, 49; auch LG Köln, MedR 1999, 323) und
dort eine **deutlich risikoärmere Behandlung** erfolgen kann (F/N/W, 5. Aufl.,
Rz. 205; S/Pa, 12. Aufl., Rz. 449 a. E.), eine **bessere Heilungschance** besteht
(BGH, NJW 1989, 2321; Gehrlein, Rz. C 38) oder sich das neue **Verfahren weitgehend durchgesetzt hat und dem Patienten entscheidende Vorteile bietet** (BGH,
NJW 1988, 763, 765 = VersR 1988, 179).

Erheben **ernsthafte Stimmen** in der medizinischen Wissenschaft, die nicht ledig- A 1213
lich als unbeachtliche Außenseitermeinungen abgetan werden können, gegen
neue, noch nicht allgemein eingeführte oder gegen bestimmte, bislang übliche
Operations- oder Behandlungsmethoden **ernst zu nehmende Bedenken, muss
der Patient auch hierüber aufgeklärt werden** (BGH, Urt. v. 13. 6. 2006 – VI ZR
323/04, VersR 2006, 1073, 1075 = GesR 2006, 411, 413: Neulandmethode, BGH,
NJW 1996, 776: hergebrachte Methode; OLG Oldenburg, VersR 2006, 517: gewichtige Warnungen; OLG München, Urt. v. 23. 10. 2008 – 1 U 2046/08, VersR
2009, 503, 504: wenn zum Zeitpunkt des Eingriffs **gewichtige Warnungen aus
der medizinischen Wissenschaft** hinsichtlich seltener, die Lebensführung im
Falle ihres Eintritts stark belastenden, gefährlichen Risiken oder Nebenwirkungen bestehen, im konkreten Fall vom OLG verneint; S/Pa, 12. Aufl., Rz. 451,
454, L/K-Laufs, 4. Aufl., § 60 Rz. 7; G/G, 6. Aufl., Rz. C 24, 29, 39).

Dies gilt etwa im Hinblick auf die **Risiken einer Heparin-Thromboseprophylaxe** A 1213a
(BGH, NJW 1996, 776; OLG Celle, Urt. v. 28. 5. 2001 – 1 U 22/00, AHRS III,
5100/302: über die Risiken einer Heparinbehandlung zumindest in Grundzügen
aufzuklären, wenn nur noch relativ indiziert; vgl. hierzu Bergmann/Müller,
MedR 2005, 650, 656 f. m. w. N.). Eine **Aufklärungspflicht entfällt** jedoch, wenn
der Arzt zum Zeitpunkt der Durchführung der Behandlung **das Risiko, etwa die
Heparinunverträglichkeit, nicht kennen musste, weil es in der medizinischen**

Wissenschaft bis dahin noch nicht ernsthaft diskutiert worden ist (OLG Düsseldorf, VersR 1996, 377 und VersR 1998, 103; OLG Stuttgart, Urt. v. 26. 2. 2002 – 14 U 47/01, OLGR 2002, 446; Urt. v. 22. 2. 2001, OLGR 2002, 251, 254 = MedR 2002, 650, 652: Folgen unterlassener Thrombozytenkontrolle wurden im Jahr 1995 bereits diskutiert, aber kein grober Behandlungsfehler; Aufklärungsrüge war nicht erhoben worden; vgl. auch BGH, Urt. v. 6. 7. 2010 – VI ZR 198/09, VersR 2010, 1220, 1221 = GesR 2010, 481, 482, Nr. 12, 16 und BGH, Urt. v. 19. 10. 2010 – VI ZR 241/09, VersR 2011, 223 = GesR 2011, 24: **kein Aufklärungsverschulden, wenn seltenes Risiko nicht bekannt sein muss**).

A 1213b   Waren die in der Bedienungsanleitung eines implantierten medizinischen Geräts (hier: Implantation einer Grazilis-Plastik zur Behandlung einer Stuhlinkontinenz) enthaltenen **Warnhinweise vor möglichen Störungen des Stimulators** durch andere elektrische oder elektronische Geräte **nicht durch ernstzunehmende Stimmen in der Literatur belegt** und war lediglich die theoretische Möglichkeit der Koppelung von Magnetfeldern bekannt, ist eine Aufklärung über die Möglichkeit, dass die Funktion der Apparatur durch starke Magnetfelder anderer Geräte beeinträchtigt werden kann, nicht erforderlich. Es besteht auch keine Verpflichtung des Arztes, einem Patienten vor der Implantation eines medizinischen Geräts die Bedienungsanleitung auszuhändigen (OLG München, Urt. v. 23. 10. 2008 – 1 U 2046/08, VersR 2009, 503, 504 = OLGR 2009, 500, 501).

c) Off-Label-Use

A 1213c   Der Einsatz von Medikamenten, die für eine bestimmte Behandlung oder eine bestimmte Erkrankung in Deutschland nicht zugelassen sind, ist nicht per se unzulässig, allerdings an bestimmte Voraussetzungen gebunden. Ein derartiger **Off-Label-Use ist, genauso wie die Anwendung sonstiger neuer Behandlungsmethoden (s. o.) zulässig, wenn er unter sorgfältiger Abwägung der Vor- und Nachteile des nicht zugelassenen Medikaments im Vergleich zu den zugelassenen Substanzen vertretbar ist und medizinisch–sachlich begründet erscheint** (OLG Stuttgart, Urt. v. 26. 7. 2011 – 1 U 163/10, GesR 2011, 562, 563; OLG Stuttgart, Urt. v. 16. 6. 2010 – 1 U 157/09; Clemens, RiBSG, GesR 2011, 397, 401 – 404 m.N. der BSG-Rechtsprechung; Spickhoff-Knauer-Brose, § 222 StGB Rz. 23, 24; Spickhoff-Greiner, § 823 BGB, Rz. 19, 37; vgl. die Einzelheiten bei Rz. A 1344a, A 2126, B 34 ff.).

A 1213d   So ist etwa der Einsatz eines in Deutschland für die Spinalanästhesie nicht zugelassenen Medikaments (hier: Ultracain), das im Vergleich zu anderen zugelassenen Medikamenten den Vorteil der schnelleren Anschlagzeit und der geringeren neurotoxischen Wirkung bietet, nicht fehlerhaft, wenn aus der gebotenen ex-ante-Sicht gegenüber den zugelassenen Medikamenten **nicht mit größeren Nachteilen oder Risiken zu rechnen** ist (OLG Stuttgart, Urt. v. 26. 7. 2011 – 1 U 163/10, GesR 2011, 562, 563).

A 1214   Es liegt auch **kein Behandlungsfehler** vor, wenn ein Off-Label-Use (hier: mit Avonex für die Behandlung der sekundär-chronischen Verlaufsform von MS) im Rahmen eines individuellen Heilversuches zurückgegriffen wird, wenn das Medikament in seinem Risikoprofil aus der Behandlung schubförmiger Verläufe gut und ausreichend erforscht war, sodass **mit keinen unbekannten Nebenwirkungen gerechnet** werden musste und der Behandlungserfolg mit einem zugelassenen Medikament (hier: Betaferon) nicht bzw. nur teilweise erreicht werden könnte (OLG Stuttgart, Urt. v. 16. 6. 2010 – 1 U 157/09; vgl. auch Clemens, RiBSG, GesR 2011, 397, 401–405 m. w. N.).

Wie vor der Anwendung eines Neuland-Verfahrens muss der Patient vor einer Off-Label-Behandlung aber darauf hingewiesen werden, dass es sich um einen solchen **Off-Label-Use mit möglicherweise noch unbekannten Nebenwirkungen** handelt (Clemens, RiBSG, GesR 2011, 397, 403 m. w. N.). Das Bestehen einer Aufklärungspflicht wird aber verneint, wenn das „Off-Label" eingesetzte Medikament gegenüber anderen, zugelassenen Substanzen gewisse Vorteile bietet, aber **kein höheres oder im Hinblick auf eine bestimmte, beim Patienten eingetretene Komplikation erhöhtes Risiko** aufweist (OLG Stuttgart, Urt. v. 26. 7. 2011 – 1 U 163/10, GesR 2011, 562, 563) bzw. wenn das Medikament ausreichend erforscht erschien und insoweit keine anderen Nebenwirkungen zu erwarten waren, die über diejenigen des zugelassenen Medikaments hinausgingen und dem Patienten mitgeteilt worden waren (OLG Stuttgart, Urt. v. 16. 6. 2010 – 1 U 157/09). | A 1215

Wurde der Patient vor einem Off-Label-Use **auf ein bestimmtes Risiko (hier: Risiko von Herz- und Kreislaufkomplikationen) bei der grundsätzlichen Anwendung derartiger Substanzen aufgeklärt** und hat sich dieses Risiko im konkreten Fall realisiert, so ist es unerheblich, ob der Patient auch über andere, möglicherweise noch unbekannte Risiken der Off-Label-verabreichten Substanz hätte aufgeklärt werden müssen, wenn sich diese nicht verwirklicht haben und das entsprechende **Risiko sich durch das Medikament im Vergleich zu einem zugelassenen Standardpräparat nicht erhöht** hat (OLG Stuttgart, Urt. v. 26. 7. 2011 – 1 U 163/10, GesR 2011, 562, 564). | A 1216

Sind von dem Off-Label-eingesetzen Medikament gegenüber der bisherigen Standardbehandlung im Wesentlichen dieselben Nebenwirkungen zu erwarten, scheidet eine Haftung des Arztes nach den **Grundsätzen des rechtmäßigen Alternativverhalten bzw. des Schutzzwecks der Norm** aus, wenn feststeht, dass in jedem Falle eines der beiden Medikamente eingesetzt werden muss. Im Übrigen wäre ein Entscheidungskonflikt dann auch nicht plausibel (OLG Stuttgart, Urt. v. 16. 6. 2010 – 1 U 157/09: Entscheidungskonflikt dort aber nicht problematisiert). | A 1217

Ein **Entscheidungskonflikt ist insbesondere nicht plausibel,** wenn eine Patientin unter starken Kopfschmerzen leidet und ihr der Arzt ein für diese Behandlung nicht zugelassenes **Kortisonpräparat im Off-Label-Use verordnet,** das zwar zu einer **Besserung der Beschwerden,** möglicherweise aber zu einer nicht von der Aufklärung umfassten, erheblichen Gewichtszunahme geführt hat (LG Karlsruhe, Urt. v. 6. 5. 2011 – 6 O 285/09, juris, Rz. 20, 39, 47). | A 1218

Während bei einem Off-Label-Use das Arzneimittel immerhin als solches zugelassen ist und es lediglich außerhalb des in der Zulassung angegebenen Indikationsbereichs eingesetzt wird, fehlt es beim **unlicensed Use** gänzlich an einer in Deutschland wirksamen Zulassung. Der **unlicensed Use** unterliegt deshalb | A 1219 strengeren Schranken als ein Off-Label-Use (vgl. die Einzelheiten bei Clemens, RiBSG, GesR 2011, 397, 404/405).

11. Behandlungsalternativen

a) Wahl der richtigen Behandlungsmethode, Operationstechniken; Übersicht

A 1220 Zur Behandlungsaufklärung gehört unter bestimmten Umständen auch, dass der Arzt dem Patienten Kenntnis über Behandlungsalternativen verschaffen muss. Die Wahl der richtigen Behandlungsmethode ist zwar **grundsätzlich Sache des Arztes.** Diesem steht ein **Ermessensspielraum** zu. Er kann in aller Regel davon ausgehen, der Patient vertraue insoweit seiner ärztlichen Entscheidung und **erwarte keine eingehende fachliche Unterrichtung über spezielle medizinische Fragen** (BGH, Urt. v. 19. 7. 2011 – VI ZR 179/10, VersR 2011, 1450, Nr. 6, 8; BGH, Urt. v. 13. 6. 2006 – VI ZR 323/04, VersR 2006, 1073, 1074 = NJW 2006, 2477, 2478 = GesR 2006, 411, 412; Urt. v. 15. 3. 2005 – VI ZR 313/03, VersR 2005, 836 = NJW 2005, 1718; Urt. v. 14. 9. 2004 – VI ZR 186/03, NJW 2004, 3703, 3704; BGH, Urt. v. 22. 2. 2000 – VI ZR 100/99, NJW 2000, 1788, 1789 = MDR 2000, 700 = VersR 2000, 766, 767; Spickhoff, NJW 2003, 1701, 1707; F/N/W, 5. Aufl. 2013, Rz. 204; G/G, 6. Aufl. 2009, Rz. C 21, 23; S/Pa, 12. Aufl., Rz. 443, 449).

A 1221 Im Allgemeinen muss ein Arzt dem Patienten **nicht ungefragt** erläutern, welche **Behandlungsmethoden oder Operationstechniken theoretisch in Betracht kommen und was für und gegen die eine oder die andere dieser Methoden spricht, solange er eine Therapie anwendet, die dem medizinischen Standard genügt** (BGH, NJW 1988, 763 = VersR 1988, 179; OLG Brandenburg, Urt. v. 4. 11. 2010 – 12 U 148/08, juris, Rz. 20; OLG Brandenburg, Urt. v. 15. 7. 2010 – 12 U 232/09, VersR 2011, 267/268; OLG Frankfurt, Urt. v. 12. 3. 2009 – 15 U 18/08, GesR 2009, 529, 530; OLG Karlsruhe, Urt. v. 26. 6. 2002 – 7 U 4/00, MedR 2003, 229, 230; OLG Koblenz, Urt. v. 20. 6. 2012 – 5 U 1450/11, VersR 2012, 1304 = juris, Nr. 19; OLG Köln, Urt. v. 21. 9. 2011 – 5 U 11/11, VersR 2012, 1305, 1306; OLG München, Urt. v. 10. 11. 2011 – 1 U 306/11, juris, Nr. 35, 37, 57; OLG München, Urt. v. 5. 11. 2009 – 1 U 3028/09, juris, Nr. 37; OLG München, Urt. v. 18. 11. 2010 – 1 U 5334/09, juris, Rz. 45 = NJW-RR 2011, 749, 750).

A 1222 **Über einzelne Behandlungstechniken oder Behandlungsschritte muss der Arzt grundsätzlich nicht aufklären** (OLG Bamberg, Urt. v. 11. 11. 2002 – 4 U 99/02, OLGR 2003, 300: Intraoperativ notwendig werdender **Übergang von der Laparoskopie zur Laparotomie**; OLG Brandenburg, Urt. v. 31. 3. 2011 – 12 U 44/10, juris, Nr. 22: Endoskopie mittels eines flexiblen anstatt eines starren Gerätes, keine Aufklärungspflicht; OLG Dresden, VersR 2002, 440: Behandlungsmethoden nach Infektion eines Fingers; OLG Hamm, Urt. v. 5. 11. 2003 – 3 U 10/02, OLGR 2004, 161, 162 und OLG Karlsruhe, Urt. v. 26. 6. 2002 – 7 U 4700, MedR 2003, 229, 230 sowie KG, VersR 1993, 189: Verschiedene Methoden einer Hallux-valgus-Operation; OLG Frankfurt, Urt. v. 5. 8. 2003 – 8 U 14/03 mit NA-Beschl. BGH v. 27. 4. 2004 – VI ZR 279/03, AHRS III, 5000/345: **unterschiedliche Methoden bei Schilddrüsen-OP**; OLG Karlsruhe, Urt. v. 23. 3. 2011 – 7 U 116/10, GesR 2011, 360: Möglichkeiten der Behandlung einer Schleimbeutelentzündung; OLG Karlsruhe, Urt. v. 10. 7. 2002 – 7 U 159/01, OLGR 2002, 392, 393 und OLG Stuttgart, Urt. v. 21. 7. 2008 – 1 U 25/08, Seite 4 sowie OLG Köln, Urt. v. 4. 4. 2012 – 5 U 99/11, BeckRS 2012, 11822: Möglichkeit der Verwendung **verschiedener Materialkombinationen** bei einer Totalendoprothese; OLG Karlsruhe, Urt. v. 23. 3. 2011 – 7 U 116/10, GesR 2011, 360: Behandlungsmöglichkeiten bei Schleimbeutelentzündung; OLG Karlsruhe, Urt. v. 4. 12. 2002 – 13 U 10/02, OLGR 2003, 232: Möglichkeit der Versorgung kleiner Primärnarbenhernien durch ein Netz statt mit einer Naht; OLG Karlsruhe, Urt. v. 12. 12. 2001 – 7 U 102/00, AHRS III, 1010/300 und OLG Köln, Urt. v. 17. 10. 2007 – 5 U 46/05, OLGR 2008, 769: keine Aufklärung über **alternative Methoden der Befunderhebung** erforderlich; OLG Karlsruhe, Urt. v. 23. 3. 2011 – 7 U 79/10, GesR 2011, 356, 357: **unterschiedliche operative Zugangsarten bei der Implantation einer Hüftgelenksprothese**; OLG Koblenz, Beschluss v. 6. 1. 2010 – 5 U 949/09, VersR 2010, 980: **technische Details einer Knie- bzw. Sprunggelenksoperation**; OLG Köln, Urt. v. 27. 4. 2005 – 5 U 254/02 mit NZB BGH v. 21. 3. 2006 – VI ZR 97/05, AHRS III, 5000/376a: keine Aufklärungspflicht für **verschiedene Behandlungstechniken bei Abtragung eines Rhinopyms/„Knollennase"**; OLG München, Beschl. v. 20. 4. 2012 – 1 U 4430/11, juris, Nr. 7 und Beschl. v. 7. 3. 2012 – 1 U 4430/11, juris, Nr. 12: keine Aufklärungspflicht hinsichtlich **einzelner Behandlungstechniken und Materialvarianten bei einer Kataraktoperation**; OLG München, Urt. v. 23. 2. 2012 – 1 U 2781/11, juris, Nr. 43: zweizeitiges operatives Vorgehen bei **Schilddrüsen-OP** bei präoperativ intakten Stimmbandnerven aufklärungspflichtig, nicht jedoch bei bereits vorliegender Recurrensparese mit Bedrängung der Luftröhre; OLG München, Urt. v. 10. 2. 2011 – 1 U 3301/10, juris, Nr. 45, 46: **verschiedene Zugänge zum OP-Gebiet bei Humeruskopf-Frakturen nicht aufklärungspflichtig**; OLG München, Urt. v. 10. 11. 2011 – 1 U 306/11, GesR 2011, 85, 87 = juris, Nr. 35, 37, 57: **keine Hinweispflicht auf in anderen Krankenhäusern mögliche OP-Verfahren bei Anwendung einer Standardtherapie**, Mittelfingerbruch; OLG München, Urt. v. 24. 11. 2011 – 1 U 1431/11, juris, Nr. 36, 39: **keine Hinweispflicht auf alternative Behandlungsmethoden bei Schienbeinbruch**; OLG München, Beschl. v. 17. 10. 2007 – 1 U 3573/07, BeckRS 2008, 4017, S. 2: keine Aufklärungspflicht über die Vor- und Nachteile eines **Zugangs bei einer Bandscheibenoperation**; OLG München, Urt. v. 29. 11. 2001 – 1 U 2554/01, OLGR 2002, 419, 420 – AHRS III, 2345/301: Mehrere **praktisch gleichwertige Methoden des Zugangs zum Operationsgebiet**; OLG München, Urt. v. 15. 11. 2012 – 1 U 2093/11, juris, Nr. 37, 38, 65: **vaginaler und abdomineller Zugang bei einer Hysterektomie, keine wesentlich unterschiedlichen Risiken**; OLG München, Beschl. v. 20. 4. 2012 – 1 U 4430/11, juris, Nr. 7 und Beschl. v. 7. 3. 2012 – 1 U 4430/11, juris, Nr. 12: **einzelne Behandlungstechniken sowie unerhebliche Materialvarianten vor Kataraktoperation nicht aufklärungspflichtig**; OLG München, Urt. v. 31. 5. 2012 – 1 U 2459/11, BeckRS 2012, 11481: **einzelne Operationsschritte bzw. Details einer OP-Methode nicht aufklärungspflichtig**; OLG München, Urt. v. 18. 11. 2010 – 1 U 5334/09, juris, Nr. 45 = GesR 2011, 235, 236: **Implantatmöglichkeiten bei Wirbelsäulenoperation**; OLG Naumburg, Beschl. v. 5. 8. 2004 – 1 W 27/03, MDR 2005, 395, 396: Verlegung einer Magensonde über die Nase oder über den Mund; OLG Naumburg, Urt. v. 23. 8. 2004 – 1 U 18/04, GesR 2004, 494: Behandlungsmethoden bei ausgerissenem Fingerendglied; OLG Naumburg, Urt. v.

10. 5. 2010 – 1 U 97/09, juris, Nr. 53, 55: Alternative mit geringeren Heilungs-chancen nicht aufklärungspflichtig; OLG Naumburg, Urt. v. 4. 10. 2007 – 1 U 11/07, NJW-RR 2008, 270/271: Abbruch einer Wurzelspitzenresektion gegenüber Versuch, eine Knochenzyste sogleich zu entfernen, keine ernsthafte Alternative; OLG Saarbrücken, Urt. v. 17. 4. 2002 – 1 U 612/01–139, OLGR 2002, 223, 224: Kein Hinweis auf Möglichkeit eines Bauchschnitts **anstatt der weniger belasten-den Laparoskopie**; LG Ellwangen, Urt. v. 27. 7. 2012 – 5 O 216/11, Seite 8/9, rechtskräftig: **laparotopische Methode mit Netz ggü. offener OP schonender, keine Aufklärungspflicht**; vgl. aber OLG Brandenburg, Urt. v. 15. 7. 2010 – 12 U 232/09, VersR 2011, 267: verschiedene Operationsmöglichkeiten bei Leisten-bruch aufklärungspflichtig, näher Rz. A 1351 f.; OLG Koblenz, Urt. v. 12. 10. 2006 – 5 U 456/06, AHRS III, 5000/388: laparoskopische oder laparoto-mische Entfernung einer Ovarialzyste aufklärungspflichtig).

A 1223   Ein Arzt hat bei einer **Bandscheibenoperation** zwar unter anderem auf das Risiko einer Querschnittlähmung, **nicht aber über die möglichen Operationstechniken** und dabei verwendeten Materialien, etwa den Einsatz eines „Palacos-Dübel" oder eines Eigenknocheninterponats (OLG Stuttgart, Urt. v. 2. 4. 2004 – 1 U 7/02, OLGR 2003, 19), auch **nicht auf den Zugang dorsal oder transthorakal** hin-zuweisen (OLG Oldenburg, VersR 1997, 978; OLG München, Beschl. v. 17. 10. 2007 – 1 U 3573/07, BeckRS 2008, 4017, S. 2).

A 1224   Insbesondere **muss nicht über unterschiedliche, hinsichtlich Chancen und Risi-ken im Wesentlichen gleichwertige Zugangsmöglichkeiten zum Operations-gebiet aufgeklärt werden, so etwa auch des Zugangs zur Implantation einer Hüftendoprothese** (OLG München, Beschl. v. 17. 10. 2007 – 1 U 3573/07, BeckRS 2008, 4017, S. 2; OLG München, Urt. v. 29. 11. 2001 – 1 U 2554/01, OLGR 2002, 419, 420 = AHRS III, 2345/301: **mehrere praktisch gleichwertige Methoden des Zugangs zum Operationsgebiet nicht aufklärungspflichtig**; OLG München, Urt. v. 18. 11. 2010 – 1 U 5334/09, GesR 2011, 235, 236 = NJW-RR 2011, 749, 750: Variationen der Operationstechniken bei Wirbelsäulen-OP, keine Aufklärungspflicht; OLG München, Urt. v. 10. 11. 2011 – 1 U 306, 11, ju-ris, Nr. 35, 37, 57: Standardtherapie bei Fixation eines offenen Mittelfinger-bruchs; OLG München Urt. v. 24. 11. 2011 – 1 U 1431/11, juris, Nr. 36, 39: Stan-dardtherapie bei Schienbeinbruch; OLG München, Urt. v. 10. 2. 2011 – 1 U 3301/10, juris, Nr. 45, 46: **verschiedene Zugänge zum OP-Gebiet bei Humerus-kopf-Frakturen**; OLG München, Urt. v. 15. 11. 2012 – 1 U 2093/11, juris, Nr. 37, 38, 65: vaginaler und abdomineller Zugang bei einer Hysterektomie als gleicher-maßen praktizierte Standardverfahren; OLG München, Urt. v. 31. 5. 2012 – 1 U 2459/11, BeckRS 2012, 11481: **einzelne Operationsschritte bzw. Details einer OP-Methode nicht aufklärungspflichtig**; OLG Karlsruhe, Urt. v. 23. 3. 2011 – 7 U 116/10, GesR 2011, 360: Behandlungstechniken bei Schleimbeutelentzün-dung).

A 1225   Ein aufklärungspflichtiges, signifikant unterschiedliches Risiko bzw. signifikant unterschiedliche Erfolgschancen liegen bei einer **Bandscheibenoperation** nicht bereits deshalb vor, weil beim rechtsseitigen Zugang eine höhere Gefahr der Ver-letzung des Nervus laryngeus recurrens besteht, der rechtsseitige Zugang bei Rechtshändern operationstechnisch besser und damit sicherer zu führen ist

(OLG München, Beschl. v. 17. 10. 2007 – 1 U 3573/07, BeckRS 2008, 4017, S. 2). Nur wenn die Behandlungsalternativen zu **wesentlich unterschiedlichen Belastungen** des Patienten führen oder **wesentlich unterschiedliche Risiken und Erfolgschancen** bieten, kann eine Aufklärung erforderlich sein, **nicht aber bei einer nur geringfügig niedrigeren Komplikationsrate verschiedener Verfahren bei einer Bandscheibenoperation** (OLG Brandenburg, Urt. v. 4. 11. 2010 – 12 U 148/08, juris, Nr. 20: auch ernsthafter Entscheidungskonflikt verneint).

Der Patient muss auch nicht darüber aufgeklärt werden, dass bei einer Wirbelsäulenoperation anstelle von Knochenzement, der ggf. nicht einwachsen könne, auch sogenannte Cages (Körbchen), die mit körpereigenem Knochenmaterial gefüllt werden, zum Einsatz gebracht werden können (OLG München, Urt. v. 18. 11. 2010 – 1 U 5334/09, juris, Nr. 45 = NJW-RR 2011, 749, 750).   A 1226

Auch die **Durchführung einer Endoskopie mittels eines flexiblen anstatt eines starren Gerätes** stellt keine aufklärungspflichtige Behandlungsalternative dar, zumal die Risiken in etwa gleich sind (OLG Brandenburg, Urt. v. 31. 3. 2011 – 12 U 44/10, juris, Nr. 22).   A 1227

Bei einer **Hüftgelenkimplantation** kann der Operateur den minimal-invasiven Zugang wählen, ohne den Patienten über die Vor- und Nachteile der herkömmlichen Operationsmethode aufklären zu müssen. Denn der **minimal-invasive Zugang weist gegenüber der herkömmlichen Operationsmethode keine wesentlich höheren Risiken oder geringeren Erfolgschancen auf** (OLG Naumburg, Beschl. V. 22. 4. 2010 – 1 U 14/10, juris, Nr. 7, 8; auch OLG Karlsruhe, Urt. v. 23. 3. 2011 – 7 U 79/10, GesR 2011, 356, 357/358: aber Hinweis auf geringe Erfahrung des Operateurs mit der minimal-invasiven Methode erforderlich).   A 1227a

Auch bei der **Versorgung von Humeruskopf-Frakturen** (hier: mit einer 5-Loch-Filos-Platte) muss nicht darüber aufgeklärt werden, dass grundsätzlich zwei verschiedene Zugänge zum OP-Gebiet möglich sind, nämlich einerseits der deltoideo-pektorale Zugang (ventral) und zum anderen der antero-laterale (transmuskuläre) Zugang. Keiner der Zugänge bietet gegenüber dem anderen wesentlich geringere oder wesentlich höhere Erfolgschancen (OLG München, Urt. v. 10. 2. 2011 – 1 U 3301/10, juris, Nr. 45, 46).   A 1227b

Unter mehreren praktisch gleichwertigen Operationsmethoden darf der Operateur dasjenige Verfahren bevorzugen, **für welches er die größte Erfahrung besitzt**, selbst wenn andere Verfahren aktuell häufiger angewandt werden (OLG München, Urt. v. 29. 11. 2001 – 1 U 2554/01, OLGR 2002, 419, 420 = AHRS III, 2345/301: der „vordere Zugang" bei der Implantation einer Hüftgelenkendoprothese war zum Zeitpunkt der OP weitgehend verlassen worden, aber noch nicht „veraltet"; OLG München, Urt. v. 10. 2. 2011 – 1 U 3301/10, juris, Nr. 45, 46 zur Schulter-OP: auch individuelle Erfahrung und persönliche Vorlieben entscheidend; OLG Hamburg, VersR 1989, 147).   A 1228

Auch über die Möglichkeit der **Verwendung verschiedener Materialkombinationen** wie z. B. die Kombination Keramik/Polyäthylen gegenüber Metall/Polyäthylen (OLG Karlsruhe, Urt. v. 10. 7. 2002 – 7 U 159/01, OLGR 2002, 392, 393) oder   A 1229 die Gleitpaarung Keramik/Keramik gegenüber Keramik/Polyethylen (OLG Stuttgart, Urt. v. 21. 7. 2008 – 1 U 25/08, S. 4) bei einer Totalendoprothese muss der Arzt nicht von sich aus hinweisen.

Bei solchen Konstellationen handelt es sich **nicht** um Behandlungsalternativen mit jeweils wesentlich unterschiedlichen Belastungen des Patienten oder wesentlich unterschiedlichen Risiken und Erfolgschancen (OLG Karlsruhe und OLG Stuttgart a. a. O.: **nur „wesentlicher Unterschied"** begründet Aufklärungspflicht; OLG München, Urt. v. 5. 11. 2009 – 1 U 3028/09, juris, Nr. 13, 30, 37: verschiedene konservative **Behandlungsmöglichkeiten bei Mittelfußfraktur**; OLG München, Urt. v. 18. 11. 2010 – 1 U 5334/09, GesR 2011, 235, 236 = NJW-RR 2011, 749, 750: **Variationen von möglichen Operationstechniken und des dabei verwendeten Materials**; OLG München, Beschl. v. 20. 4. 2012 – 1 U 4430/11, juris, Nr. 7 und Beschl. v. 7. 3. 2012 – 1 U 4430/11, juris, Nr. 12: **keine Aufklärungspflicht hinsichtlich einzelner Behandlungstechniken und Materialvarianten bei einer Kataraktoperation**; OLG Naumburg, Beschl. v. 22. 4. 2010 – 1 U 14/10, juris, Nr. 7, 8: minimal-invasiver Zugang bei TEP nicht mit wesentlich höheren Risiken oder geringeren Erfolgschancen verbunden).

A 1230   Die Anforderungen an die gebotene Aufklärung würden auch überspannt werden, wenn der Arzt auch über **alternative Methoden der Befunderhebung zur Diagnosestellung im Vorfeld eines Eingriffs** (OLG Naumburg, Beschl. v. 5. 8. 2004 – 1 W 27/03, MDR 2005, 395, 396: hypothetische Verläufe bei der Verlegung einer Sonde; OLG Karlsruhe, Urt. v. 4. 12. 2002 – 13 U 10/02, OLGR 2003, 232, 233: Hinsichtlich der Heilungschancen und Risiken gleichwertige oder vom Arzt gewählte, vorzuziehende Therapie; OLG Karlsruhe, OLGR 2002, 396, 397; OLG Karlsruhe, Urt. v. 12. 12. 2001 – 7 U 102/00, AHRS III, 1010/300: keine Aufklärung über die Möglichkeit der Anfertigung eines MRT anstatt einer Angiographie, ggf. Behandlungsfehler; OLG Köln, Urt. v. 17. 10. 2007 – 5 U 46/05, OLGR 2008, 769: keine Aufklärung über alternative Methoden der Befunderhebung, mittels MRCP/MRT statt ERCP) **oder über die verschiedenen Alternativen, die sich im Rahmen einer Therapie ergeben, aufklären müsste** (OLG Naumburg, OLGR 2001, 98). Dies gilt erst recht, wenn das jeweilige Risiko in der einen wie in der anderen Variante identisch ist (OLG Naumburg, OLGR 2001, 98).

A 1231   Will der Arzt eine **neue und noch nicht allgemein eingeführte Behandlung**, etwa mit einem neuen, noch nicht zugelassenen Medikament mit ungeklärten Risiken anwenden, hat er den Patienten auch darüber aufzuklären, dass **unbekannte Risiken derzeit nicht auszuschließen sind** (BGH, Urt. v. 27. 3. 2007 – VI ZR 55/05, VersR 2007, 995, 998 = NJW 2007, 2767, 2770 = GesR 2007, 311, 314, Nr. 31; BGH, Urt. v. 17. 4. 2007 – VI ZR 108/06, VersR 2007, 999, 1000 = NJW 2007, 2771, 2772, Nr. 8, 10 zur Herzmedikation; OLG Stuttgart, Urt. v. 26. 7. 2011 – 1 U 163/10, GesR 2011, 562, 563 und Clemens, RiBSG, GesR 2011, 397, 403 zu Off-Label-Use, s. o. Rz. A 1213c ff.).

A 1232   Ist die ärztliche ex-ante-Bewertung zweier alternativer (Operations-) Methoden **als nicht gleichwertig vertretbar**, so stellt der darauf fußende Entschluss, über die andere, aus ex-ante-Sicht weniger geeignete (Operations-) Methode nicht aufzuklären, **keine schuldhafte Pflichtverletzung** des Arztes dar. Die **Haftung entfällt dann mangels Verschuldens** (OLG Naumburg, Urt. v. 28. 2. 2008 – 1 U 53/07, VersR 2008, 1494, 1495; auch BGH, Urt. v. 7. 11. 2006 – VI ZR 206/05, VersR 2007, 209, 210: Haftung des Arztes entfällt mangels Verschuldens, wenn er von einer wirksamen Einwilligung des Patienten ausgehen konnte und der Irrtum nicht auf Fahrlässigkeit beruht; BGH, Urt. v. 29. 9. 2009 – VI ZR 251/08, VersR 2010, 115, 116, Nr. 12 und BGH, Urt. v. 19. 10. 2010 – VI ZR 241/09, VersR 2011, 223 = GesR 2011, 24, Nr. 8: **Risiko wurde im Fachgebiet des Arztes noch nicht diskutiert, kein Verschulden**; OLG Hamm, Urt. v. 12. 5. 2010 – I 3 U 134/09, juris, Nr. 56, 57: Arzt konnte davon ausgehen, dass konservative Behandlungsmöglichkeit ausgeschöpft war, kein Verschulden; Hausch, VersR 2009, 1178, 1189/1190).

Einstweilen frei.   A 1233 – A 1246

b) Echte Behandlungsalternativen, Übersicht

Eine Aufklärung – als **Eingriffs- oder Risikoaufklärung** (BGH, Urt. v. 15. 3. 2005   A 1247
– VI ZR 313/03, VersR 2005, 836 = NJW 2005, 1718: Risikoaufklärung; Urt. v. 15. 3. 2005 – VI ZR 289/03, VersR 2005, 834, 835 = NJW 2005, 1716, 1717; Urt. v. 14. 9. 2004 – VI ZR 186/03, NJW 2004, 3703, 3704 = VersR 2005, 227, 228; OLG Naumburg, Urt. v. 23. 8. 2004 – 1 U 18/04, OLGR 2004, 404 = GesR 2004, 494, 495; F/N/W, 5. Aufl., Rz. 204), im **Einzelfall** aber auch als **therapeutische Aufklärung bzw. Sicherungsaufklärung** (OLG Nürnberg, Urt. v. 27. 5. 2002 – 5 U 4225/00, VersR 2003, 1444, 1445 = OLGR 2003, 135: Kurative/heilende Knochenmarktransplantation statt palliativer/medikamentöser Behandlung; Rinke, VersR 2005, 1150), – ist aber dann geboten, wenn für eine medizinisch sinnvolle und indizierte Therapie mehrere Behandlungsmethoden zur Verfügung stehen, die zu **jeweils unterschiedlichen Belastungen für den Patienten führen oder unterschiedliche Risiken und/oder Erfolgschancen bieten, weil der Patient – nach sachverständiger Beratung des Arztes – selbst prüfen können muss, was er an Belastungen und Gefahren im Hinblick auf möglicherweise unterschiedliche Erfolgschancen auf sich nehmen will** (BGH, Urt. v. 19. 7. 2011 – VI ZR 179/10, VersR 2011, 1450, Nr. 6, 8: bei Risikounterschied von erheblichem Gewicht; BGH, Urt. v. 17. 5. 2011 – VI ZR 69/10, VersR 2011, 1146, Nr. 10, 11: **Sectio statt vaginaler Geburt**; BGH, Urt. v. 22. 5. 2007 – VI ZR 35/06, NJW 2007, 2774, 2775 = VersR 2007, 1273, 1275, Nr. 24, 26, 27: Außenseitermethode in der Schmerztherapie; BGH, Urt. v. 13. 6. 2006 – VI ZR 323/04, VersR 2006, 1073, 1074 = GesR 2006, 411, 412; BGH, Urt. v. 15. 3. 2005 – VI ZR 313/03, VersR 2005, 836 = NJW 2005, 1718: **erneute Reposition statt Fortsetzung der konservativen Behandlung eines Bruchs**; BGH, Urt. v. 14. 9. 2004 – VI ZR 186/03, NJW 2004, 3703 = VersR 2005, 227, 228; Urt. v. 15. 2. 2000 – VI ZR 48/99, VersR 2000, 725, 726; OLG Brandenburg, Urt. v. 15. 7. 2010 – 12 U 232/09, VersR 2011, 267, 268: **verschiedene Operationsmöglichkeiten bei Leistenbruch aufklärungspflichtig; a. A.** LG Ellwangen, Urt. v. 27. 7. 2012 – 5 O 216/11, Seite 8/9, rechtskräftig; OLG Brandenburg, Urteil vom 31. 3. 2011 – 12 U 44/10, juris, Nr. 22: Alternative mit **gleichwertigen Chancen, aber andersartigen Risiken**; OLG Braunschweig, Urt. v. 18. 1. 2007 – 1 U 24/06, OLGR 2008, 442 = AHRS III,

5000/394: zeitnahe OP bei Mehrfachtrümmerbruch statt konservativer Therapie; OLG Düsseldorf, Urt. v. 13. 2. 2003 – 8 U 41/02, VersR 2005, 230: **Operation einer dislozierten, instabilen Radiusfraktur mit besseren Wiederherstellungschancen gegenüber der konservativen Therapie**; OLG Frankfurt, Urt. v. 7. 12. 2004 – 8 U 194/03, NJW-RR 2005, 173, 174, bestätigt von BGH, Urt. v. 13. 6. 2006 – VI ZR 323/04: **Neuland-Verfahren**; OLG Frankfurt, Urt. v. 12. 3. 2009 – 15 U 18/08, MedR 2009, 532, 534 = GesR 2009, 529, 530 und OLG Hamm, Urt. v. 12. 5. 2010 – I-3 U 134/09, VersR 2011, 625, 627 sowie OLG Brandenburg, Urt. v. 4. 11. 2010 – 12 U 148/08, juris, Nr. 19, 20, 21: **nicht ausgeschöpfte konservative Therapie vor Wirbelsäulen- bzw. Bandscheibenoperation**; OLG Hamburg, Beschl. v. 29. 12. 2005 – 1 W 85/05, OLGR 2006, 120: unterschiedliche Methoden bei Bauchstraffung; OLG Hamm, Urt. v. 12. 5. 2010 – I-3 U 134/09, VersR 2011, 625, 626: **Fortsetzung der Krankengymnastik statt OP bei Schulterschmerzen mit Bewegungseinschränkung**; OLG Hamm, Urt. v. 26. 4. 2004 – 3 U 167/03, AHRS III, 4270/301: konservative Behandlung statt operativer Entfernung von Hämorrhoiden; OLG Hamm, Urt. v. 23. 5. 2001 – 3 U 115/00, AHRS III, 5000/324: **konservative Behandlungsmöglichkeit statt Kropfoperation**; OLG Hamm, Urt. v. 4. 4. 2001 – 3 U 155/00, AHRS III, 5000/317: **konservative Methode statt OP einer Knöchelfraktur**; OLG Hamm, Urt. v. 1. 12. 2003 – 3 U 128/03, AHRS III, 5000/351: **konservative Behandlung statt OP bei Achillessehnenruptur**; OLG Hamm, Urt. v. 11. 10. 2004 – 3 U 93/04, GesR 2006, 30, 31: abwartende Behandlung statt Operation einer voraussichtlich gutartigen Geschwulst; OLG Hamm, Urt. v. 8. 12. 2004 – 7 U 163/03, OLGR 2005, 189, 191: Punktion statt operativer Resektion einer Nierenzyste; OLG Hamm, Urt. v. 13. 4. 2005 – 3 U 219/04, AHRS III, 2440/329: **Operation statt konservativer Behandlung bei Außenbandruptur** und Instabilität des Gelenks; OLG Hamm, Urt. v. 17. 11. 2004 – 3 U 277/03, AHRS III, 5000/365: **Tablette statt intraartikuläre Corticoid-Injektion**; OLG Karlsruhe, Urt. v. 8. 12. 2004 – 7 U 163/03, NJW-RR 2005, 798, 799 = GesR 2005, 165, 167: **Punktion statt operativer Resektion** einer Niere; OLG Karlsruhe, Urt. v. 9. 10. 2002 – 7 U 107/00, OLGR 2003, 233, 234: echte Wahlmöglichkeit auch bei nur zur Linderung der Beschwerden führender Maßnahme; KG Berlin, Urt. v. 22. 4. 2004 – 20 U 2/03, AHRS III, 5000/356: **konservative Methode statt LWS-OP**; KG, Urt. v. 17. 12. 2012 – 20 U 290/10, GesR 2013, 229: **Hallux-Valgus-Operation mit und ohne Zweiteingriff**; OLG Koblenz, Urt. v. 12. 10. 2006 – 5 U 456/06, VersR 2007, 111, 112 = OLGR 2007, 47, 48: Aufklärungspflicht, wenn **Laparotomie gegenüber Laparoskopie zur Entfernung einer Ovarialzyste eindeutige Vorteile** aufweist; OLG Koblenz, Urt. v. 12. 2. 2009 – 5 U 927/06, VersR 2009, 1077, 1078: Knieprothese statt Umstellungsosteotomie; OLG Koblenz, Urt. v. 10. 6. 2010 – 5 U 1461/08, VersR 2011, 1149: **Behandlungsalternativen bei Rückenschmerzen**; OLG Koblenz, Urt. v. 9. 4. 2009 – 5 U 621/08, VersR 2010, 770, 771: mehrere Operationsmethoden mit unterschiedlichen Risiken aufklärungspflichtig, kontrolliertes Zuwarten ggü. sofortiger Brustentfernung vorzuziehen; OLG Koblenz, Urt. v. 20. 7. 2006 – 5 U 180/06, VersR 2007, 651 = OLGR 2007, 125, 126: verschiedene Möglichkeiten einer **prothetischen Versorgung mit wesentlichen Unterschieden** in den Belastungen, Risiken und Erfolgschancen; OLG Koblenz, Urt. v. 10. 6. 2010 – 5 U 1461/08, VersR 2011, 1149 und OLG Koblenz, Urt. v. 19. 12. 2012 – 5 U 710/12, VersR 2013, 236, 237 sowie OLG Frankfurt, Urt. v.

12. 3. 2009 – 15 U 18/08, MedR 2009, 532, 534 und OLG Köln, Urt. v. 16. 3. 2005 – 5 U 63/03, VersR 2005, 1147: **konservative- bzw. Infiltrationsbehandlung statt Bandscheiben-OP**; OLG Köln, Beschl. v. 8. 11. 2010 – 5 U 31/10, VersR 2011, 1011 zur Schilddrüsen-OP; OLG Köln, Urt. v. 6. 5. 2002 – 5 U 60/99, AHRS III, 4800/306: **Vollprothese statt Implantate**; OLG Köln, Urt. v. 23. 10. 2002 – 5 U 4/02, VersR 2004, 1181, 1182: Hinweis auf **medikamentöse Dauertherapie statt einer Operation**; OLG Köln, VersR 2000, 493 und Urt. v. 16. 1. 2002 – 5 U 252/98, AHRS III, 5000/333: Fruchtwasseruntersuchung statt Chorionzottenbiopsie; OLG Köln, Urt. v. 1. 6. 2005 – 5 U 91/03, VersR 2006, 124, 125: **intraoperative Abklärung eines Tumorverdachts oder radikale Tumorentfernung**; OLG Köln, Urt. v. 2. 2. 2011 – 5 U 15/09, GesR 2011, 601, 602/604: **Cerclage**, d. h. operative Umschlingung der Portio gegenüber bloßer Ruhigstellung der Schwangeren mit wesentlich höheren Erfolgschancen bei Zervixinsuffizienz; OLG Köln, Urt. v. 25. 5. 2011 – 5 U 174/08, VersR 2012, 239, 240: **Korrekturosteotomie ggü. bloßer Ulnaverkürzungsosteotomie als aufklärungspflichtige Behandlungsalternative** bei in Fehlstellung verheilter Radiustrümmerfraktur; OLG München, Urt. v. 23. 2. 2012 – 1 U 2781/11, juris, Nr. 43: zweizeitiges operatives Vorgehen bei **Schilddrüsen-OP** bei präoperativ intakten Stimmbandnerven aufklärungspflichtig, nicht jedoch bei bereits vorliegender Recurrensparese mit Bedrängung der Luftröhre; OLG München, Urt. v. 12. 10. 2006 – 1 U 2142/06, juris, Nr. 37, 38 und OLG Nürnberg, Urt. v. 6. 11. 2000 – 5 U 2333/00, VersR 2002, 580, 581: **konservative Behandlung eines Knochenbruchs statt OP**; OLG München, Urt. v. 13. 10. 2005 – 1 U 2864/05, OLGR 2006, 296: **konservative statt operativer Behandlungsmethode**; OLG München, Urt. v. 3. 8. 2006 – 1 U 5775/05, OLGR 2007, 205, 206: Entfernung des gesamten Darms statt des erkrankten Abschnitts bei erheblichem Rezidivrisiko; OLG Naumburg, Urt. v. 12. 11. 2009 – 1 U 59/09, MDR 2010, 325 = NJW 2010, 1758, 1759: echte Wahlmöglichkeit erforderlich; OLG Naumburg, Urt. v. 12. 11. 2009 – 1 U 59/09, VersR 2010, 1185, 1186 = NJW 2010, 1785: **mehrere Behandlungsmethoden bei Trümmerbruch**; OLG Naumburg, Urt. v. 5. 4. 2004 – 1 U 105/03, VersR 2004, 1469: **mehrere Alternativen des Zahnersatzes**; OLG Naumburg, Urt. v. 20. 12. 2007 – 1 U 95/06, OLGR 2008, 376, 378 = AHRS III, 5000/405: Abwarten mit Förderung der Lungenreife statt bewusst eingeleiteter Frühgeburt; OLG Oldenburg, Urt. v. 14. 11. 2008 – 5 U 61/07, GesR 2008, 539, 540: **zahnprothetische Alternative, Teleskop- statt Modellgussprothese**; Urt. v. 28. 7. 2004 – 5 U 102/03, AHRS III, 4800/311: **keine Implantate** bei laufender **Zahnsteinbildung und extrem schlechter Mundhygiene**; OLG Oldenburg, Urt. v. 25. 6. 2008 – 5 U 10/08, NJW-RR 2009, 1106, 1107 = VersR 2008, 1496, 1497: **Schmerztherapien oder Schanz'sche Krawatte statt chirotherapeutische Manipulation an der HWS mit dem Risiko eines Hirninfarkts**, mögliche Behandlungsalternativen mit wesentlich anderen Belastungen und Risiken; OLG Saarbrücken, Urt. v. 17. 4. 2002 – 1 U 612/01 – 139, OLGR 2002, 223: **Laparotomie**, d. h. offener Bauchschnitt belastender als laparoskopische Appendektomie; OLG Stuttgart, Urt. v. 3. 4. 2007 – 1 U 115/06, S. 7/8: **Zuwarten, ggf. spätere Versteifung eines Fingerendglieds statt OP**; OLG Stuttgart, Urt. v. 12. 7. 2005 – 1 U 25/05, NJW-RR 2005, 1389 = OLGR 2005, 10 = GesR 2005, 465; OLG Zweibrücken, Urt. v. 23. 1. 2007 – 5 U 35/05, MedR 2007, 549: **verschiedene OP-Methoden mit wesentlich unterschiedlichen Risiken und Erfolgschancen** bei Scheidenprolaps; Zach, MDR 2007,

931–937: Versorgungsalternativen bei Zahnbehandlung; G/G, 6. Aufl., Rz. C 21, 23, C 29; S/Pa, 12. Aufl., Rz. 443, 449, 452, 694; Spickhoff-Wellner, § 823 BGB Rz. 208, 210, 217 ff.; L/K-Laufs, 4. Aufl., § 60 Rz. 4, 6, 7; L-K-L-Katzenmeier, Rz. V 26–29; Wenzel-Simmler, Kap. 2 Rz. 1773, 1778, 1781, 1782; von Pentz, RiBGH, MedR 2011, 222, 226; F/N/W, 5. Aufl., Rz. 204.

A 1248 Greiner (RiBGH, 6. Aufl. 2009, Rz. C 21, 23), der BGH (Beschl. v. 19. 7. 2011 – VI ZR 179/10, VersR 2011, 1450, Nr. 8), die überwiegende Mehrzahl der Oberlandesgerichte und nunmehr auch des Gesetzgeber (vgl. § 630e I 3 BGB) weisen darauf **hin, dass die Behandlungsalternative zu jeweils** *wesentlich* **unterschiedlichen Belastungen des Patienten führen oder** *wesentlich* **unterschiedliche Risiken und Erfolgschancen bieten müsste, um von der Aufklärungspflicht des Arztes erfasst zu sein** (OLG Brandenburg, Urt. v. 4. 11. 2010 – 12 U 148/08, juris, Nr. 20: wesentlich unterschiedliche Risiken und Erfolgschancen, **nicht nur geringfügig niedrigere Komplikationsrate bei Bandscheiben-OP**; OLG Frankfurt, Urt. v. 12. 3. 2009 – 15 U 18/08, MedR 2009, 532, 534 = GesR 2009, 529, 530; OLG Karlsruhe, Urt. v. 23. 3. 2011 – 7 U 79/10, GesR 2011, 356, 357: kein wesentlich geringeres Risiko bzw. keine höheren Erfolgschancen einer anderen Operationsmethode; OLG Karlsruhe, Urt. v. 8. 2. 2004 – 7 U 163/03, OLGR 2005, 189, 191 = NJW 2005, 798, 799; OLG Karlsruhe, Urt. v. 31. 7. 2013 – 7 U 91/12, juris, Nr. 11, 13; OLG Koblenz, Urt. v. 20. 7. 2006 – 5 U 180/06, OLGR 2007, 125, 126 = VersR 2007, 651: **wesentliche Unterschiede in den Belastungen, Risiken und Erfolgschancen**; OLG Köln, Urt. v. 2. 2. 2011 – 5 U 15/09, GesR 2011, 601, 602 und OLG Köln, Urt. v. 24. 1. 2007 – 5 U 142/03, OLGR 2007, 547, 548: wesentlich unterschiedliche Risiken und Erfolgschancen; OLG München, Urt. v. 10. 2. 2011 – 1 U 3301/10, juris, Nr. 45, 46; OLG München, Beschl. v. 7. 3. 2012 – 1 U 4430/11, juris, Nr. 12 und Beschl. v. 20. 4. 2012 – 1 U 4430/11, juris Nr. 7: Materialvarianten, verschiedene Linsenarten bei Katarakt-OP nicht aufklärungspflichtig; OLG München, Urt. v. 10. 11. 2011 – 1 U 306/11, GesR 2010, 85, 87 = juris, Nr. 35, 38, 57 OP-Techniken in anderen Krankenhäusern ohne gravierende Unterschiede; OLG München, Urt. v. 18. 11. 2011 – 1 U 5334/09, GesR 2011, 235, 236 = juris, Nr. 45: **Operationstechniken und dabei verwendetes Material ohne wesentliche unterschiedliche Risiken bei gleichwertigen Erfolgschancen**; OLG München, Beschl. v. 17. 10. 2007 – 1 U 3573/07, BeckRS 2008, 4017, S. 2: **signifikant unterschiedliche Risiken oder Erfolgschancen**; OLG Naumburg, Urt. v. 23. 8. 2004 – 1 U 18/04, GesR 2004, 494, 495: „Wesentlich geringere oder keine Heilungschancen" der Alternative; OLG Naumburg, Urt. v. 10. 5. 2010 – 1 U 97/09, juris, Nr. 53, 55: erheblich höheres Risiko und/oder wesentlich geringere Heilungschancen; OLG Oldenburg, Urt. v. 25. 6. 2008 – 5 U 10/08, NJW-RR 2009, 1106, 1107: „Behandlungsalternativen mit wesentlich anderen Belastungen, Chancen und Gefahren im Großen und Ganzen"; OLG Saarbrücken, Urt. v. 31. 1. 2001 – 1 U 923/99–225, AHRS III, 5000/313: Unterschiede von Gewicht erforderlich, **geringfügig niedrigere Komplikationsrate unerheblich**; OLG Stuttgart, Urt. v. 21. 7. 2008 – 1 U 25/08, Seite 4; OLG Zweibrücken, Urt. v. 23. 1. 2007 – 5 U 35/05, MedR 2007, 549 = BeckRS 2007, 5674: wesentlich unterschiedliche Risiken und Erfolgschancen; von Pentz, RiBGH, MedR 2011, 222, 226: **Behandlungsalternativen mit wesentlich anderen Belastungen, Chancen und Gefahren**; F/N/W, 5. Aufl., Rz. 204;

Martis/Winkhart, MDR 2011, 402, 404; Wenzel-Simmler, Kap. 2 Rz. 1773, 1778, 1781).

Wendet der Arzt eine medizinische Standardtherapie an, die gegenüber anderen A 1248a
moderneren Operationsverfahren sowohl Vor- als auch Nachteile hat, wobei
der **Unterschied zwischen den diversen Operationsstrategien nicht gravierend**
ist (hier: Operation eines offenen Mittelfingerbruchs durch Fixation mittels
Kirschnerdrähte), so ist der Arzt **nicht verpflichtet, den Patienten in eine andere**
Klinik zu verweisen, in der andere Operationstechniken angewandt werden
(OLG München, Urt. v. 10. 11. 2011 – 1 U 306/11, GesR 2011, 85, 87 = juris,
Nr. 35, 38, 57).

Grundsätzlich muss der Patient auch **nicht über die Möglichkeit der Behandlung** A 1249
in einem personell oder apparativ besser ausgestatteten Krankenhaus aufgeklärt
werden. Eine Verpflichtung zur Aufklärung über die Möglichkeit der Verlegung
in ein Krankenhaus der höheren Versorgungsstufe besteht aber bei einer **deutli-**
chen Unterausstattung (BGH NJW 1988, 763, 765: wenn es deshalb zu einer
Schädigung des Patienten kommt) bzw. wenn das andere **Krankenhaus mit deut-**
lich besseren medizinisch-technischen Apparaten ausgestattet ist und über **be-**
sonders erfahrene Ärzte zur Behandlung der entsprechenden Erkrankung verfügt
(OLG Oldenburg, Urt. v. 6. 2. 2008 – 5 U 30/07, OLGR 2008, 924, 925; Spickhoff-
Wellner, § 823 BGB Rz. 213, 214). Der Patient muss aber nachweisen, dass ein
bei Unterbleiben der Verlegung eingetretener Schaden gerade hierauf zurückzuführen ist (BGH a. a. O.; OLG Oldenburg a. a. O.).

Zu einer **Überweisung des Patienten in eine Spezialklinik** ist der Arzt **auch dann** A 1250
verpflichtet, wenn ein erforderlicher Eingriff nur dort ohne bzw. bei erheblich
vermindertem Komplikationsrisiko vorgenommen werden kann und eine besondere Dringlichkeit für den Eingriff zunächst nicht besteht (OLG Naumburg, Urt.
v. 9. 11. 2010 – 1 U 44/10, juris, Rz 69; ebenso OLG Stuttgart, MedR 1985, 85,
87; in den entschiedenen Fällen verneint).

Dem Patienten muss auch dann die Entscheidung überlassen werden, die Be- A 1251
handlung in einem anderen Krankenhaus oder bei einem anderen Arzt durchführen zu lassen, wenn sich **ein neues Verfahren bereits weitgehend durchgesetzt**
hat und entscheidende Vorteile hinsichtlich einer geringeren Risikobelastung
oder höhere Erfolgsaussicht bietet (BGH, NJW 1988, 763, 765; G/G, 6. Aufl.,
Rz. C 24, 29; F/N/W, 5. Aufl., Rz. 205: deutlich risikoärmere Behandlung oder
deutlich bessere Heilungschancen in anderer Klinik; S/Pa, 12. Aufl., Rz. 449
a. E.: wenn das Risiko durch Wahl optimalerer Behandlungsbedingungen signifikant kleiner gehalten werden kann).

Die ärztliche Aufklärungspflicht setzt in allen Fällen zur Verfügung stehender Be- A 1252
handlungsalternativen nicht voraus, dass die wissenschaftliche Diskussion über
bestimmte Risiken einer Behandlung bereits abgeschlossen ist und zu allgemein
akzeptierten Ergebnissen geführt hat. Für das Bestehen der Aufklärungspflicht
über eine ernsthafte Alternative genügt es vielmehr, dass **ernsthafte Stimmen** in
der medizinischen Wissenschaft auf bestimmte, mit einer Behandlung verbundene Gefahren, etwa des Entstehens einer Thrombose und die Möglichkeiten ihrer
Begegnung durch medikamentöse Prophylaxe, hinweisen (BGH, NJW 1996, 776 =

MDR 1996, 366; auch BGH, Urt. v. 13. 6. 2006 – VI ZR 323/04, VersR 2006, 1073, 1075 = NJW 2006, 2477, 2478 = GesR 2006, 411, 413; BGH, VersR 2000, 725, 727; G/G, 6. Aufl., Rz. C 24, 29; Spickhoff-Wellner, § 823 BGB Rz. 209).

A 1253 Bei **Nichtbestehen einer Indikation zur Thromboseprophylaxe** muss der Patient auch nicht darüber aufgeklärt werden, dass sie ungeachtet dessen vorgenommen werden könnte (OLG Düsseldorf, Urt. v. 21. 3. 2002 – 8 U 172/01, NJW-RR 2003, 88; auch OLG Hamm, Urt. v. 26. 1. 2004 – 3 U 157/03, GesR 2004, 181).

A 1253a Eine **nach den Mutterschaftsrichtlinien nicht vorgesehene** freiwillige und der Selbstzahlungspflicht unterliegende (hier: Toxoplasmose-) **Untersuchung ist auch nicht unter dem Gesichtspunkt der „echten Behandlungsalternative" aufklärungspflichtig** (OLG Köln, Urt. v. 21. 9. 2011 – 5 U 11/11, VersR 2012, 1305, 1306).

A 1254 Der Patient, der eine Verletzung der Pflicht zur Aufklärung über Behandlungsalternativen behauptet, hat jedoch **darzulegen, über welche alternativen Behandlungsmethoden eine Aufklärung erforderlich gewesen sein soll** (OLG Karlsruhe, Urt. v. 26. 9. 2001 – 7 U 92/99, OLGR 2002, 20; OLG Köln, Urt. v. 11. 5. 2009 – 5 U 15/08, juris, Nr. 13). Ist etwa eine TEP-Operation indiziert und die tatsächlich implantierte Prothese unter Berücksichtigung der Situation des Knies des Patienten geeignet, so ist es dessen Aufgabe, **vorzutragen, dass es zu der tatsächlich erfolgten Operation eine echte, gleichwertige Behandlungsalternative gegeben hätte**, über die er hätte aufgeklärt werden müssen (OLG Köln, a.a.O.). Zur Begründung eines Aufklärungsmangels reicht es jedenfalls nicht aus, wenn der Patient lediglich vorbringt, er sei „nicht über Behandlungsalternativen aufgeklärt worden", ohne diese **wenigstens laienhaft zu beschreiben** (OLG Karlsruhe a.a.O. = AHRS III, 6060/304).

A 1255 Geht es um eine **therapeutische Aufklärung bzw. Sicherheitsaufklärung**, also die ärztliche Beratung über ein therapierichtiges Verhalten zur Sicherstellung des Behandlungserfolges (vgl. BGH, Urt. v. 14. 9. 2004 – VI ZR 186/03, VersR 2005, 227, 228) oder um die dem Arzt obliegende Pflicht, den Patienten über **mehrere zur Wahl stehende diagnostische oder therapeutische Verfahren** zu informieren (OLG Nürnberg, Urt. v. 27. 5. 2002 – 5 U 4225/00, VersR 2003, 1444, 1445), wären ärztliche Versäumnisse in diesem Bereich als **Behandlungsfehler, ggf. als grobe Behandlungsfehler** anzusehen, so dass der Patient zu beweisen hätte, inwieweit die gebotene (Sicherheits-) Aufklärung unterblieben ist oder unzureichend war (BGH, Urt. v. 14. 9. 2004 – VI ZR 186/03, VersR 2005, 227, 228: Aufklärung über Sectio als Behandlungsalternative unterfällt jedoch der Eingriffs- oder Risikoaufklärung; OLG Nürnberg, Urt. v. 27. 5. 2002 – 5 U 4225/00, VersR 2003, 1444, 1445: grober Behandlungsfehler bei unterlassenem Hinweis über alternative Heilungsmöglichkeit; OLG Karlsruhe, Urt. v. 18. 12. 2002 – 7 U 143/01, OLGR 2003, 313: Nichtdurchführung des Eingriffs keine aufklärungspflichtige Behandlungsalternative, möglicherweise Behandlungsfehler).

So erfordert die **Entscheidung des Arztes für eine konservative, d.h. auf eine Selbstheilung des Körpers setzende Behandlungsmethode keine der Beweislast des Arztes unterliegende Eingriffs- oder Risikoaufklärung**, sondern lediglich eine der Beweislast des Patienten unterliegende Aufklärung über die bestehende alternative – operative – Behandlungsmöglichkeit, falls beide Methoden einigermaßen gleichwertige Heilungschancen bieten, jedoch unterschiedliche Risiken bestehen (BGH, VersR 1986, 342; OLG Nürnberg, Urt. v. 6. 11. 2000 – 5 U 2333/00, VersR 2002, 580, 581; vgl. aber Rz. A 1280 ff., A 1330 ff.).

Unterliegt der Arzt einem – jedenfalls nicht fundamentalen – Diagnoseirrtum   A 1256
und klärt er deshalb den Patienten objektiv falsch bzw. unvollständig über die
Risiken der gewählten Therapie und der bestehenden, ernsthaften Behandlungs-
alternativen auf, haftet er nicht wegen eines Aufklärungsfehlers, ggf. aber wegen
eines als Behandlungsfehler vorwerfbaren Diagnoseirrtums (Spickhoff-Wellner,
§ 823 BGB Rz. 216 und S/Pa., 12. Aufl., 461 im Anschluss an OLG Köln, VersR
1999, 98 = NJW 1998, 3422).

Gleiches gilt, wenn das **Aufklärungsversäumnis nicht verschuldet** ist (OLG   A 1256a
Hamm, Urt. v. 12. 5. 2010 – I 3 U 134/09, VersR 2011, 625, 627; OLG Koblenz,
Urt. v. 12. 6. 2008 – 5 U 1630/07, GesR 2009, 383, 385; Hausch, VersR 2009,
1178, 1189/1193).

Sind etwa die konservativen Behandlungsmöglichkeiten (hier: vor einer Schulteroperation) objektiv noch nicht ausgeschöpft, **fehlt es an einem Aufklärungs-**
verschulden, wenn die behandelnden Ärzte aufgrund der ihnen erteilten, möglicherweise nicht ganz zutreffenden Informationen des Patienten davon ausgehen
konnten, dass konservative Behandlungsalternativen keinen nachhaltigen Erfolg
bzw. keine wesentliche Beschwerdelinderung erbracht hatten (OLG Hamm, Urt.
v. 12. 5. 2010 – I 3 U 134/09, juris, Nr. 57).

Der aufklärende Arzt haftet auch dann nicht, wenn das Risiko bzw. eine objek-   A 1256b
tiv bestehende Behandlungsalternative zum Zeitpunkt der Aufklärung in seinem Fachbereich **noch nicht ernsthaft diskutiert** worden war (BGH, Urt. v.
19. 10. 2010 – VI ZR 241/09, VersR 2011, 223 = GesR 2011, 24 = MedR 2011,
244, Nr. 8; Hausch, VersR 2009, 1178, 1193; vgl. aber OLG Köln, Urt. v.
12. 1. 2011 – 5 U 37/10, MedR 2012, 121, 123 = VersR 2012, 1565, 1567: Hinweis
auf unter Umständen schwerwiegende dauerhafte Lähmungen vor CT-gestützter
periradikulärer Lumbalinfiltration erforderlich, auch wenn Risiko der Querschnittlähmung noch nicht bekannt war).

(1) Konservative oder operative Methode; Übersicht

Kann eine Operation durch eine konservative Behandlung oder deren Fortfüh-   A 1257
rung vermieden werden oder ist sie erst nach deren erfolgloser Vorschaltung indiziert und besteht für den Patienten eine **echte Wahlmöglichkeit** mit zumindest **gleichwertigen Chancen, aber andersartigen Risiken**, ist dieser zur Wahrung
seines Selbstbestimmungsrechts hierauf hinzuweisen (BGH, Urt. v. 22. 2. 2000 –
VI ZR 100/99, VersR 2000, 766, 767 = NJW 2000, 1788, 1789; BGH, Beschl. v.
19. 7. 2011 – VI ZR 179/10, VersR 2011, 1450, Nr. 8: wesentlich unterschiedliche Risiken der Behandlungsalternativen; OLG Dresden, Urt. v. 23. 10. 2003 –
4 U 980/03, NJW 2004, 298, 299 = GesR 2004, 22, 23; OLG Hamm, Urt. v.
12. 5. 2010 – I-3 U 134/09, VersR 2011, 625, 626; OLG Koblenz, Urt. v.
10. 6. 2010 – 5 U 1461/08, VersR 2011, 1149; OLG Koblenz, Urt. v. 12. 10. 2006

– 5 U 456/06, VersR 2007, 111; OLG Koblenz, Urt. v. 19. 12. 2012 – 5 U 710/12, VersR 2013, 236, 237; OLG Köln, Urt. v. 21. 9. 2011 – 5 U 188/10, VersR 2012, 1445, 1446; OLG Köln, Urt. v. 23. 10. 2002 – 5 U 4/02, VersR 2004, 1181, 1182; OLG München, Urt. v. 12. 10. 2006 – 1 U 2142/06, juris, Nr. 37, 38; OLG Nürnberg, Urt. v. 27. 5. 2002 – 5 U 4225/00, VersR 2003, 1444, 1445 und Urt. v. 6. 11. 2000 – 5 U 2333/00, VersR 2002, 580, 581: jeweils therapeutische Aufklärung; OLG Zweibrücken, Urt. v. 23. 1. 2007 – 5 U 35/05, MedR 2007, 549).

A 1258 Dementsprechend muss der Patient über die bestehende Möglichkeit der Einleitung oder Fortsetzung **einer konservativen Therapie zur Vermeidung einer sofortigen Operation**, umgekehrt **aber auch über eine bestehende, alternative operative Behandlungsmöglichkeit,** falls beide Methoden einigermaßen gleichwertige Heilungschancen bieten, jedoch unterschiedliche Risiken bestehen, **in den nachfolgend näher beschriebenen Fällen hingewiesen werden** (vgl. zu dislozierten, instabilen bzw. abgekippten Frakturen Rz. A 1519, A 1534 ff.; BGH, Urt. v. 15. 3. 2005 – VI ZR 313/03, VersR 2005, 836: Reposition statt Fortsetzung der konservativen Behandlung; OLG Braunschweig, Urt. v. 18. 1. 2007 – 1 U 24/06, OLGR 2008, 442: **bei Mehrfachtrümmerbruch eines Oberarms ist OP risikoärmer**; OLG Düsseldorf, Urt. v. 13. 2. 2003 – 8 U 41/02, VersR 2005, 230, 231 = AHRS III, 5000/342: **Operation mit besseren Wiederherstellungschancen bei dislozierter Radiusbasisfraktur**; vgl. aber OLG Naumburg, Urt. v. 6. 6. 2005 – 1 U 7/05, AHRS III, 5000/378: **Operation bei nicht dislozierter Radiustrümmerfraktur keine ernsthafte Alternative**; OLG Frankfurt, Urt. v. 12. 3. 2009 – 15 U 18/08, MedR 2009, 532, 534: Fortsetzung der konservativen Therapie statt Bandscheiben-OP; OLG Hamm, Urt. v. 26. 4. 2004 – 3 U 167/03, AHRS III, 4270/301: konservative Behandlung, ggf. mit Salben und Zäpfchen statt Hämorrhoidenoperation; OLG Hamm, Urt. 23. 5. 2001 – 3 U 115/00, AHRS III, 5000/324: **konservative Behandlung statt Kropfoperation**; OLG Hamm, Urt. v. 4. 4. 2001 – 3 U 155/00, AHRS III, 5000/317: Fortsetzung der konservativen Behandlung statt OP bei Außenknöchelfraktur; OLG Hamm, Urt. v. 7. 7. 2004 – 3 U 264/03, VersR 2005, 942, 943: **Fortsetzung der konservativen Therapie statt sofortiger Rückenoperation**; OLG Hamm, Urt. v. 12. 5. 2010 – 3 U 134/09, VersR 2011, 625, 627: Fortsetzung der Krankengymnastik statt Schulteroperation; OLG Hamm, Urt. v. 9. 2. 2005 – 3 U 147/04, AHRS III, 2620/344: **OP/Versteifung** statt Fortsetzung der erfolglosen konservativen Therapie bei **Fußverletzung mit starken Vernarbungen**; OLG Hamm, Urt. v. 13. 4. 2005 – 3 U 219/04, AHRS III, 2440/329: **Operation statt konservativer Behandlung bei chronischer Instabilität des Gelenks vorrangig**; OLG Hamm, Urt. v. 1. 12. 2003 – 3 U 128/03, AHRS III, 5000/351: konservative Behandlung statt OP bei Achillessehnenruptur; KG, Urt. v. 22. 4. 2004 – 20 U 2/03, AHRS III, 5000/356: konservative Methode einer Facettendenervation statt OP; OLG Koblenz, Urt. v. 12. 10. 2006 – 5 U 456/06, VersR 2007, 111, 112: Laparoskopie oder Laparotomie bei Ovarialzyste; OLG Koblenz, Urt. v. 12. 2. 2009 – 5 U 927/06, VersR 2009, 1077, 1078: **Knieprothese statt Umstellungsosteotomie**; OLG Koblenz, Urt. v. 10. 6. 2010 – 5 U 1461/08, VersR 2011, 1149: **konservative Infiltrationsbehandlung statt sofortiger Bandscheiben-OP bei Rückenschmerzen**; OLG Koblenz, Urt. v. 19. 12. 2012 – 5 U 710/12, VersR 2013, 236, 237: **Fortsetzung der konservativen Behandlung statt Bandscheibenoperation**; OLG Köln, Urt. v. 24. 1. 2007 – 5 U 142/03, OLGR

2007, 547, 548: Zuwarten bzw. konservative Behandlung nur bei *wesentlich unterschiedlichen Risiken und Erfolgschancen* aufklärungspflichtig; OLG Köln, Urt. v. 16. 3. 2004 – 5 U 63/03, VersR 2005, 1147; OLG Köln, Urt. v. 16. 1. 2002 – 5 U 252/98, AHRS III, 5000/333: Fruchtwasseruntersuchung statt Chorionzottenbiopsie; OLG München, Urt. v. 12. 10. 2006 – 1 U 2142/06, juris, Nr. 37, 38: **OP statt konservativer Versorgung eines Hüftgelenkbruchs**; OLG München, Urt. v. 12. 10. 2006 – 1 U 2142/06, juris, Nr. 37, 38: mögliche **Operation einer Schenkelhalsfraktur gegenüber konservativer Behandlung aufklärungspflichtig**; OLG München, Urt. v. 5. 11. 2009 – 1 U 3028/09, juris, Nr. 37, 39: **unterschiedliche Varianten konservativer Frakturbehandlung nicht aufklärungspflichtig**, fehlender Kausalzusammenhang; OLG Naumburg, Urt. v. 12. 11. 2009 – 1 U 59/09, VersR 2010, 1185, 1186: **Behandlungsalternativen nach Trümmerbruch, Aufklärungsfehler nicht kausal**; OLG Oldenburg, Urt. v. 28. 7. 2004 – 5 U 112/03, AHRS III, 5000/360: Operation statt konservativer Behandlung; OLG Stuttgart, Urt. v. 3. 4. 2007 – 1 U 115/06: Verzicht auf OP einer Beugesehne und spätere Versteifung eines Fingerendglieds).

(aa) Bandscheibenvorfall, Rückenschmerzen

Nach einem **Bandscheibenvorfall oder vor einer sonstigen Rückenoperation** kann die Behandlung bei nicht vital indizierter Operation bzw. falls nicht bereits Lähmungserscheinungen aufgetreten sind, regelmäßig durch **krankengymnastische Maßnahmen oder eine Therapie mit Opioiden** (zentral angreifende Analgetika zur Schmerzbehandlung) **bzw. anderen Schmerzmitteln eingeleitet bzw. fortgesetzt** werden (BGH, MDR 2000, 700; OLG Bremen, VersR 2001, 340, 341: Zuwarten nach Bandscheibenvorfall; OLG Dresden, Urt. v. 28. 2. 2002 – 4 U 2811/00, VersR 2003, 1257, 1259: Fortsetzung der konservativen Therapie vor Bandscheibenoperation; OLG Hamm, Urt. v. 7. 7. 2004 – 3 U 264/03, VersR 2005, 942, 943: konservative Therapie bzw. Schmerztherapie nicht ausgeschöpft; OLG Koblenz, Urt. v. 19. 12. 2012 – 5 U 710/12, VersR 2013, 236, 237: Fortsetzung der konservativen Behandlung bei Bandscheibenprolaps ohne Lähmungserscheinungen; auch OLG Köln, Urt. v. 16. 3. 2005 – 5 U 63/03, VersR 2005, 1147, 1148 und OLG Brandenburg, Urt. v. 4. 11. 2010 – 12 U 148/08, juris, Nr. 19, 20, 21 sowie OLG Frankfurt, Urt. v. 12. 3. 2009 – 15 U 18/08, MedR 2009, 532, 534: **weitere konservative Behandlung statt sofortiger OP**). Der operative Eingriff ist – im Sinne des Vorliegens eines Behandlungsfehlers – auch nicht indiziert, wenn die Erfolgschance im einstelligen Prozentbereich liegt und die konservativen Behandlungsmöglichkeiten **(stationäre konservative Therapie bzw. Schmerztherapie) nicht ausgeschöpft** sind (OLG Hamm, Urt. v. 7. 7. 2004 – 3 U 264/03, VersR 2005, 942, 943).

Medizinischer Hintergrund: Etwa 90 % der lumbalen **Bandscheibenvorfälle** gehen von den Bandscheiben L4/5 und L5/S1 aus (Siewert/Stein, Chirurgie, 9. Aufl. 2012, S. 268; Pschyrembel, Therapie, 4. Aufl., S. 131). Die **Indikation zur operativen Therapie ist grundsätzlich zurückhaltend zu stellen. Über 80 % der BSV können konservativ erfolgreich behandelt werden**. In Betracht kommen in der Akutphase ein Stufenbett bzw. die Flachlagerung mit Knierolle, Wärmeanwendung, Elektrotherapie, die PRT (interventionell-radiologisches Verfahren, bei dem unter Röntgendurchleuchtung oder durch CT-Steuerung ein lang

A 1259

A 1259a

wirkendes Lokalanästhetikum wie z. B. Bupivacain ggf. zusammen mit einem Glukokortikoid in das Foramen um die Nervenwurzel injiziert wird). Nach der Therapie akuter Schmerzen besteht die konservative Therapie in einer zweistufigen Physiotherapie (KG) und in einer schonenden Frühmobilisation (Pschyrembel, 4. Aufl., S. 132). Eine **absolute Indikation für eine operative Therapie** besteht bei einer Querschnittläsion bzw. bei einem Kaudasyndrom, hochgradigen Paresen mit einem Kraftgrad 3 und weniger (normal: Kraftgrad 5) bzw. einem Nervenwurzelausfall mit erheblichem neurologischem Defizit (Pschyrembel, 4. Aufl., S. 132; Siewert/Stein, S. 267, 270).

Eine **relative Operationsindikation** besteht bei konservativer Therapieresistenz mit Schmerzsyndrom, ggf. mit unwesentlichen Funktionsdefiziten sowie 3 bis 4-wöchiger, vergeblicher konservativer Therapie (Pschyrembel, 4. Aufl., S. 132). Als **operative Verfahren** kommen die Nukleotomie als Sequestrektomie oder Diskektomie bei lumbalem Bandscheibenvorfall in Betracht, und zwar endoskopisch minimal-invasiv oder mit radiologisch gesteuerter Punktion bzw. Laserdiskektomie oder offen-konventionell mit dem Operationsmikroskop. Nur bei völlig freiem Sequester und makroskopisch völlig intaktem Ligamentum dorsale ist eine alleinige Sequestrektomie ausreichend. Alternativ zur mikrochirurgischen Technik kann dies unter besonderen Umständen auch endoskopisch durchgeführt werden (Siewert/Stein, 9. Aufl., S. 270).

A 1260   Hat der Patient einen **Bandscheibenvorfall** (hier: L5/S1 mit Sequester) erlitten, muss er auch bei ständigen, erheblichen Beschwerden darauf hingewiesen werden, dass anstatt einer Operation mit voraussichtlich schnellerer Schmerzfreiheit, aber dem Risiko eines „Postnukleotomiesyndroms" mit Vernarbungen und Verwachsungen im Wirbelkanal, schmerzhaften Beschwerden und irreversibler Segmentinstabilität zunächst noch eine **konservative Behandlung mit wesentlich geringeren Risiken** in Betracht kommt. Dies gilt jedenfalls dann, wenn der Patient der vorgeschlagenen Operation skeptisch gegenüber stand (OLG Frankfurt, Urt. v. 12. 3. 2009 – 15 U 18/08, MedR 2009, 532, 534 = GesR 2009, 529, 530: auch ernsthafter Entscheidungskonflikt plausibel dargelegt).

A 1260a   Kann ein Rückenleiden (hier: Bandscheibenprolaps L5/S1), der (noch) nicht zu Lähmungserscheinungen geführt hat, zunächst **weiterhin konservativ behandelt werden**, muss der Patient vor einer Bandscheibenoperation hierauf hingewiesen werden. Eine Risikoaufklärung kann irreführend und damit unwirksam sein, wenn dem Patienten ein Informationsbogen zur Ausräumung von Bandscheibengewebe ausgehändigt, aber stattdessen eine Nervendekompression durchgeführt wird. Auch den **geplanten Zugang zum Operationsgebiet** muss der Arzt mit dem Patienten besprechen, wenn die in Betracht kommenden Varianten **unterschiedliche Vor- und Nachteile** im Hinblick auf die Gewährleistung der Wirbelstabilität und die Möglichkeiten einer intraoperativen Sichtkontrolle aufweisen (OLG Koblenz, Urt. v. 19. 12. 2012 – 5 U 710/12, VersR 2013, 236, 237).

A 1260b   Bei der Therapie eines Bandscheibenvorfalls stellt die **instrumentierte Stabilisierung der Wirbelsäule gegenüber der alleinigen Verwendung eines Beckenkammspans** ein zumindest relativ indiziertes Verfahren mit gleichwertigen Chancen, aber andersartigen Risiken dar, sodass der Arzt auf diese echte Behandlungsalternative auch dann hinweisen muss, wenn sich **die tatsächlich gewählte Methode der alleinigen Beckenkammspaneinbringung im konkreten Fall sogar als fehlerhaft darstellt.** Bei unterlassener Aufklärung über die Behandlungsalternative haftet der Arzt für alle kausalen Folgen des Eingriffs (OLG Köln, Urt. v. 21. 9. 2011 – 5 U 188/10, VersR 2012, 1445, 1446: der SV hatte ausgeführt, dass das Risiko des Ausbleibens einer Einheilung des Beckenkammspans bei dessen alleiniger Verwendung ca. 50 % betrage, während es bei zusätzlicher instrumentierter Stabilisierung, die allerdings mit einem zusätzlichen operativen Risiko einhergeht, unter 5 % liegt).

Ist unklar, ob eine Meralgia Paraesthetica (Neuralgie und Parästhesien am lateralen Oberschenkel), ein Wurzelreizsyndrom der Lendenwirbelsäule oder beides vorliegt, darf der vom Arzt favorisierte Behandlungsweg (Bandscheibenoperation) nur beschritten werden, wenn er die konkrete Problemsituation und die beiden in Betracht kommenden, völlig unterschiedlichen Heilungsoptionen, nämlich **einerseits eine Bandscheibenoperation und andererseits die Infiltrationsbehandlung** bei der Meralgia, mit dem Patienten erörtert hat. Es genügt nicht, dem Patienten zu erklären, die Operation sei „relativ indiziert", ohne auf die Alternative hinzuweisen (OLG Koblenz, Urt. v. 10. 6. 2010 – 5 U 1461/08, VersR 2011, 1149).   A 1261

Die Einleitung oder Fortsetzung der konservativen Behandlung eines Bandscheibenleidens stellt jedoch **keine ernsthafte, aufklärungspflichtige Alternative** (mehr) dar, wenn sie **seit mehreren Monaten kein befriedigendes Ergebnis** hervorgebracht hat und bei der Aufnahmeuntersuchung zur Durchführung operativer Maßnahmen erhebliche Deformationen von zwei Bandscheiben festgestellt wurden (OLG Naumburg, Urt. v. 14. 2. 2008 – 1 U 66/07, OLGR 2008, 503, 504 bei Martis/Winkhart, MDR 2011, 402, 404).   A 1262

Leidet ein Patient bereits seit längerer Zeit wegen einer Wirbelsäulenverkrümmung unter **erheblichen Beschwerden** und empfindet er seinen Zustand **nach Ausschöpfung aller konservativen Behandlungsmöglichkeiten als unbefriedigend**, so ist eine Operation mit dem Ziel der Versteifung der Wirbelsäule indiziert. Ein Revisionseingriff ist auch indiziert, wenn die Beweglichkeit eines Fußes nach dem Ersteingriff eingeschränkt ist und am Folgetag auch die Beweglichkeit des anderen Beins zurückgeht (OLG Koblenz, Urt. v. 27. 7. 2006 – 5 U 212/05, AHRS III, 2410/317).   A 1262a

Gleiches gilt, wenn der Patient **mehrere Jahre lang wegen rezidivierender Rückenschmerzen ambulant behandelt** wurde und plötzlich eine Ausstrahlung in das linke Bein mit starken Schmerzen erfolgt (OLG Schleswig, Urt. v. 19. 8. 2005 – 4 U 89/04, AHRS III, 2410/313: ohne Taubheitsgefühl, aber keine notfallmäßige Indikation) oder wenn Taubheitsgefühle und ausstrahlende Schmerzen in die Beine auftreten (OLG Oldenburg, Urt. v. 26. 1. 2005 – 5 U 9/04, AHRS III, 2410/310).   A 1262b

Nach Auffassung des OLG Köln (Urt. v. 16. 3. 2005 – 5 U 63/03, VersR 2005, 1147, 1148) scheidet eine Haftung des Arztes trotz unterbliebener Aufklärung über die nach wie vor bestehende ernsthafte Alternative der Fortsetzung einer konservativen Therapie aus, wenn **seitens des Patienten nicht bewiesen** ist,   A 1263 dass die im Rahmen der durchgeführten Bandscheibenoperation eingetretenen gesundheitlichen Schäden auf dem ohne wirksame Einwilligung durchgeführten Eingriff beruhen. Blieben die Erwägungen zum hypothetischen weiteren Verlauf ohne den rechtswidrigen Eingriff auch nach Ansicht des vom Gericht bestellten Sachverständigen spekulativ, ginge dies zu Lasten des Patienten.

A 1263a So hat auch der BGH etwa im Urteil v. 5. 4. 2005 (VI ZR 216/03, VersR 2005, 942 = NJW 2005, 2072 = GesR 2005, 359; vgl. hierzu Rz. A 2251 ff., A 2140) ausgeführt, dass der Arzt zu beweisen hat, der Patient hätte **auch bei einem rechtmäßigen und fehlerfreien Handeln den gleichen Schaden erlitten**, wenn feststeht, dass er dem Patienten durch rechtswidriges und/oder fehlerhaftes Handeln einen Körper- oder Gesundheitsschaden zugefügt hat. Zudem muss die **Behandlungsseite beweisen**, dass es zu dem Eingriff auch bei rechtzeitiger und zutreffender Aufklärung gekommen wäre (BGH a.a.O.). Allerdings **fällt der Behandlungsseite die Beweislast für den Einwand des rechtmäßigen Alternativverhaltens erst dann zu, wenn die Ursächlichkeit zwischen dem Behandlungs- oder Aufklärungsfehler für den behaupteten Schaden feststeht** (BGH, Urt. v. 7. 2. 2012 – VI ZR 63/11 NJW 2012, 850, Nr. 13, 14).

A 1264 U. E. trifft die Entscheidung des OLG Köln (VersR 2005, 1147) zwar im Ergebnis, nicht jedoch in der Begründung zu. In dem vom OLG Köln entschiedenen Fall bestand nach den Ausführungen des dort hinzugezogenen Sachverständigen eine klare relative Indikation für ein operatives Vorgehen. Beim Patienten bestand eine mehr als vierjährige Beschwerdesymptomatik. Konservative Therapieansätze, zuletzt auch im Rahmen eines vierwöchigen stationären Aufenthalts unmittelbar vor der Durchführung der Operation, blieben ohne jeglichen Erfolg. Der **Patient war „konservativ austherapiert"**. In derartigen Fällen ist die **Behauptung eines „ernsthaften Entscheidungskonflikts" durch den Patienten nicht plausibel** (vgl. hierzu Rz. A 1974, A 1975, A 1979). Denn auch vor einer nur relativ indizierten Wirbelsäulen- oder Bandscheibenoperation ist ein ernsthafter Entscheidungskonflikt des Patienten nicht plausibel, wenn zwar nicht sämtliche konservativen Therapiemöglichkeiten (hier: Wärmebehandlung und Krankengymnastik) durchgeführt worden sind, eine medikamentöse Schmerztherapie sowie eine Infiltration zum Zwecke der Erschlaffung der Rückenmuskulatur aber nicht zu einer wesentlichen Linderung der jahrelangen Rückenbeschwerden geführt haben, der mit dem Patienten durchgegangene Aufklärungsbogen deutliche und sprachlich verständliche Hinweise auf Komplikationen enthält und der Patient vorträgt, bei einem weitergehenden Hinweis auf das Risiko einer Nervschädigung (hier: Teillähmung des Fußes) hätte er noch einmal nachgefragt, ob nicht andere Möglichkeiten bestünden (OLG Brandenburg, Urt. v. 4. 11. 2010 – 12 U 148/08, juris, Rz. 19, 21: jahrelange, konservativ nicht therapierbare Schmerzen; auch OLG München, Beschl. v. 24. 6. 2010 – 1 U 2464/10, juris, Nr. 12 und Beschl. v. 6. 8. 2010 – 1 U 2464/10, juris, Nr. 8, 9: Entscheidungskonflikt bei erheblichem Leidensdruck, Taubheitsgefühl mit Gangunsicherheit nicht plausibel; Martis/Winkhart, MDR 2011, 402, 404).

A 1264a Leidet ein Patient unter einer **langstreckigen Spinalkanalstenose** und ist die Durchführung einer Laminektomie geplant (hier werden zur Erweiterung des eingeengten Wirbelkanals die Wirbelbögen im Bereich der Wirbelkanalstenose komplett entfernt und anschließend eine dorsale Stabilisierung durch Einbringen von Cages, sogenannte „Körbchen", vorgenommen), muss neben den damit verbundenen **Risiken wie etwa einer Querschnittlähmung die Möglichkeit einer Laminoplastik als Behandlungsalternative genannt** werden. Bei der Laminoplastik werden die Wirbelbögen nicht entfernt, sondern durch entsprechende Dorsalverlagerung neu positioniert, wobei eine dorsale Stabilisierung mittels Cages nicht erforderlich ist. Bei der Laminektomie besteht die Gefahr einer Migration der implantierten Cages, die die **Notwendigkeit einer zweiten Wirbelsäulenoperation** nach sich zieht. Es handelt sich hier um einen (aufklärungspflichtigen) **Risikounterschied von erheblichem Gewicht** (BGH, Urt. v. 19. 7. 2011 – VI ZR 179/10, VersR 2011, 1450, Nr. 8).

Medizinischer Hintergrund: Die **Laminektomie** ist zur operativen Freilegung spinaler Raumforderungen (z.B. bei Rückenmarktumoren), seltener zur operativen Erweiterung einer interlaminären Fensterung und damit der besseren Darstellung des OP-Gebiets indiziert (vgl. Pschyrembel, 264. Aufl. 2013, S. 1159).

Der dem Patienten vor einer Bandscheibenoperation erteilte Hinweis, es könne   A 1264b
zu „Infektionen, Nerven- und Gefäßläsionen und persistierenden Beschwerden" kommen, reicht zur Abdeckung des Risikos einer Spondylodiszitis (Entzündung des Bandscheibenraums und der angrenzenden Wirbelknochen) als „Unterfall" einer Infektion nicht aus. Erforderlich ist vor einer **Bandscheibenoperation** (hier: Prolaps L5/S1) insbesondere der **Hinweis**, dass es bei dieser Behandlung zur **Invalidität bis zur Querschnittlähmung** kommen kann und **alternativ die Fortsetzung einer konservativen Therapie bei relativer Operationsindikation in Betracht kommt** (OLG Dresden, Urt. v. 28. 2. 2002 – 4 U 2811/00, VersR 2003, 1257, 1258 f.; zustimmend Bergmann/Müller, MedR 2005, 650, 654; vgl. auch BGH, Urt. v. 14. 3. 2006 – VI ZR 279/04, NJW 2006, 2108, 2109: Hinweis auf „Nervschädigung" beim Risiko dauerhafter Schmerzen oder andauernder Lähmungen unzureichend; OLG Karlsruhe, Urt. v. 9. 5. 2012 – 7 U 44/11, juris, Nr. 9, 10: sehr seltenes Risiko einer **Nervschädigung mit chronifizierten Schmerzen** wird vom Hinweis auf „Nervschädigung und üblicher Weise vorübergehende Sensibilitätsstörungen" nicht erfasst).

(bb) Schulteroperation, Schultereckgelenkssprengung

Bei einer Schultereckgelenkssprengung hat der Arzt den Patienten sowohl über   A 1265
die Möglichkeit operativer als auch konservativer Behandlungen, etwa durch **Injektionen oder Medikamente**, aufzuklären (OLG München, VersR 1992, 834; vgl. auch BGH, NJW 1992, 2353). Auch über die Wahl zwischen einer **intraartikulären Injektion in das Schultergelenk und der Medikation zur Schmerzbekämpfung muss aufgeklärt werden** (BGH, NJW 1989, 1533; auch OLG Hamm, Urt. v. 17. 11. 2004 – 3 U 277/03, AHRS III, 5000/365: Einnahme von Tabletten gegenüber intraartikulärer Injektion wesentlich risikoärmere Behandlungsmethode).

Der Patient ist grundsätzlich darüber aufzuklären, dass anstelle einer **Schulter-**   A 1265a
operation zunächst alternativ die Fortsetzung einer konservativen Behandlung infrage kommt. So bestehen zur Behandlung von Schmerzzuständen mit Bewegungseinschränkung und Hinweisen auf einen subakromialen Reizzustand der

linken Schulter sinnvolle therapeutische Alternativen i. S. d. Fortsetzung oder Intensivierung insbesondere einer konsequenten Krankengymnastik (OLG Hamm, Urt. v. 12. 5. 2010 – I-3 U 134/09, VersR 2011, 625, 627).

(cc) Hüftgelenkbruch/Schenkelhalsfraktur

A 1266   Der Patient muss über die Möglichkeit der **chirurgischen Versorgung eines Bruchs** (hier: mediale Schenkelhalsfraktur/Hüftgelenkbruch) anstelle einer (durchgeführten) konservativen Behandlung (hier: strenge Bettruhe, Teilmobilisierung, Gehübungen) aufgeklärt werden. Ein **ernsthafter Entscheidungskonflikt** einer 66-jährigen Patientin ist jedoch **nicht plausibel**, wenn der vom Gericht hinzugezogene Sachverständige darlegt, in der streitgegenständlichen Situation hätte er der Patientin von einer Operation abgeraten und die Durchführung der konservativen Behandlung empfohlen, weil die Operation mit teilweise schweren Risiken verbunden gewesen wäre, etwa dem Risiko eines Herz-Kreislauf-Versagens, einer Knocheninfektion, Nervenverletzungen, Nachblutungen sowie höheren Arthrose- und Nekroserisiken (OLG München, Urt. v. 12. 10. 2006 – 1 U 2142/06, juris, Nr. 37, 38).

A 1267   U. E. fehlt es in einem solchen Fall bereits an einer aufklärungspflichtigen, ernsthaften Behandlungsalternative, da die doch erheblichen Risiken einer Operation im konkreten Fall überwogen und der in dem reduzierten Risiko des Verrutschens des Bruchs liegende Vorteil einer chirurgischen Versorgung (Verschraubung des Bruchs) hinter diesen spezifischen Nachteilen zurücktrat.

(dd) Verkürzungsosteotomie

A 1268   Vor Durchführung einer Verkürzungsosteostomie des Oberschenkels muss der Patient auf die **Möglichkeit** einer konservativen Ausgleichshilfe, etwa dem Tragen **spezieller Schuhe**, hingewiesen werden (BGH, VersR 1981, 532).

(ee) Eingriffe am Knie, Arthroskopie, Injektionen, Meniskusschäden

A 1269   Vor einer **Injektion in das Kniegelenk** zur Minderung bestehender Schmerzen einer beginnenden Arthrose ist nicht nur über das mit 1 : 100000 äußerst seltene Infektionsrisiko, sondern über die Möglichkeit einer **alternativen Behandlung** mit **krankengymnastischen** bzw. physiotherapeutischen **Übungen** aufzuklären (OLG Hamm, VersR 1992, 610; auch OLG Hamm, Urt. v. 6. 9. 2004 – 3 U 157/04, AHRS III, 5110/311 und OLG Hamm, Urt. v. 17. 11. 2004 – 3 U 277/03, AHRS III, 5000/365: medikamentöse Therapieform gegenüber Injektion ins Kniegelenk o. a. risikoärmere Behandlungsalternative).

A 1270   Vor der operativen Beseitigung einer **degenerativen Knorpelveränderung** der Kniescheibe muss der Patient darauf hingewiesen werden, dass man vor der Operation versuchen könne, die Beschwerden durch eine **medikamentöse Behandlung**, die Durchführung einer Physiotherapie und/oder die Verordnung spezieller Schuhe mit Negativabsätzen zu lindern oder zu beseitigen (BGH, NJW 1988, 765, 766). **Bei therapieresistenter Schmerzsymptomatik** stellt eine konservative Behandlung durch entsprechende Medikamente und/oder eine physikalische

Therapie **keine ernsthafte Alternative** dar. In einem solchen Fall kann auch eine Arthroskopie des Kniegelenks indiziert und gegenüber einer Kernspintomographie vorzugswürdig sein; insbesondere kleinere Knorpelschäden können durch einen MRT-Untersuchung nicht zuverlässig festgestellt werden (OLG Hamm, Urt. v. 16. 2. 2005 – 3 U 203/04, AHRS III, 2240/309).

Die **Versorgung des Kniegelenks mit einer Prothese ist gegenüber eine Umstel-**   A 1271
lungsosteotomie eine echte Behandlungsalternative, auf die der Patient hingewiesen werden muss. Liegt die Empfehlung (hier: zu einer Umstellungsosteotomie) unter Berücksichtigung aller entscheidungserheblichen medizinschen Tatsachen im Rahmen des Vertretbaren, ist diese nach erfolgtem Hinweis auf die
bestehende Alternative aber nicht zu beanstanden (OLG Koblenz, Urt. v.
12. 2. 2009 – 5 U 927/06, VersR 2009, 1077, 1078: aber Hinweis auf „Nervenverletzungen" erfasst nicht das Risiko einer Verletzung des Nervus peronaeus mit
der Folge einer dauerhaften Fußheberparese).

Besteht bei einer konservativen Behandlung die Gefahr des erneuten Herausspringens der Kniescheibe und nachfolgender Knorpelverletzungen und bietet
die durchgeführte **Arthroskopie deutliche Vorteile** hinsichtlich der Diagnostik
und der Erfolgsaussichten, reicht es aus, nur über die **Risiken der Arthroskopie
aufzuklären**. Ein Hinweis auf die **Möglichkeit einer konservativen Therapie** ist
in einem solchen Fall entbehrlich (OLG Hamm, Urt. v. 14. 5. 2003 – 3 U 241/02,
AHRS III, 4650/313).

Die bei Arthroskopien erfolgte Teilresektion von Menisken stellt bei medizinischer Indikation, im entschiedenen Fall bei festgestellten Längsrissen im Meniskusgewebe und bei **degenerativen Veränderungen des Meniskusgewebes**, keinen Behandlungsfehler dar. Längsrisse im Meniskusgewebe rechtfertigen in Abhängigkeit vom Alter und dem Aktivitätsbedürfnis des Patienten auch dann eine
Meniskusteilresektion, auch im Rahmen der Durchführung einer Arthroskopie,
wenn der Patient nur über gelegentlich auftretende Kniegelenksbeschwerden
klagt. In solchen Fällen stellen ein bloßes Zuwarten, eine konservative Behandlung sowie eine Meniskusnaht bzw. eine Meniskusrefixation **keine ernsthafte,
aufklärungspflichtige Alternative** dar (OLG Köln, Urt. v. 24. 1. 2007 – 5 U
142/03, OLGR 2007, 547, 548).

(ff) Unterschenkelschaftfraktur

Die operative Versorgung von Unterschenkelschaftfrakturen bei Kindern und Ju-   A 1272
gendlichen ist nur im Fall einer instabilen oder offenen Fraktur indiziert. **Die
Aufklärung über die theoretische Möglichkeit einer operativen Versorgung** ist
in solchen Fällen nicht erforderlich. Durch die konservative Behandlung der
Fraktur wird nicht in die körperliche Integrität des Patienten eingegriffen, vielmehr handelt es sich dabei um eine bewahrende und unterstützende Tätigkeit
zur natürlichen Verletzungsheilung (OLG Dresden, Urt. v. 23. 10. 2003 – 4 U
980/03, NJW 2004, 298, 299 = GesR 2004, 22, 23; ebenso OLG Nürnberg, Urt.
v. 6. 11. 2000 – 5 U 2333/00, VersR 2002, 580, 581; OLG Hamm, Urt. v.
6. 5. 1985 – 3 U 216/84).

(gg) **Achillessehnenruptur**

A 1273 Vor der operativen Behandlung einer Achillessehnenruptur ist der Patient über die Möglichkeit einer konservativen Therapie aufzuklären. Die **konservative Behandlung** kommt erst **nach Ablauf von einer Woche** seit dem auslösenden Ereignis nicht mehr in Betracht (OLG Hamm, Urt. v. 1. 12. 2003 – 3 U 128/03, OLGR 2004, 131 = AHRS III, 5000/351: teilweise wird die **Zeitgrenze** aber bei **48 Stunden** gezogen).

(hh) **Trümmerfraktur des Knöchels, Außenbandruptur, Sprunggelenksverletzungen**

A 1274 Bei einer **Trümmerfraktur des Knöchels** muss der Patient über die Möglichkeit einer konservativen Versorgung belehrt werden. Der Hinweis des Arztes, eine solche Fraktur „**werde besser operiert**", genügt jedoch als Aufklärung auch über die Alternative, wenn der Patient keine weiteren Fragen stellt (BGH, NJW 1985, 780: u. E. zwischenzeitlich überholt).

A 1274a Ist die **konservative Behandlung weitaus üblicher** und hat sie gleiche oder zumindest nahezu gleiche Erfolgschancen, so stellt die **Möglichkeit einer operativen Therapie** (hier: bei einer Radiustrümmerfraktur) für den Patienten **keine aufklärungspflichtige Behandlungsalternative** dar (OLG Naumburg, Urt. v. 6. 6. 2005 – 1 U 7/05, AHRS III, 5000/378).

A 1274b Wurde der Patient vor der Operation eines erlittenen **Trümmerbruchs nicht bzw. nicht vollständig** – etwa über das Misserfolgsrisiko oder bestehenden Behandlungsalternativen – aufgeklärt, hat sich dabei aber nicht mit der erforderlichen an Sicherheit grenzenden Wahrscheinlichkeit (§ 286 ZPO) ein Risiko des Eingriffes realisiert, sondern **eine schicksalhafte Folge des Trümmerbruchs**, die durch die Operation nicht gebessert bzw. vermieden werden konnte, scheidet ein Schadensersatzanspruch des Patienten aus (OLG Naumburg, Urt. v. 12. 11. 2009 – 1 U 59/09, VersR 2010, 1185, 1186).

A 1274c Besteht die Möglichkeit, eine Operation (hier: operative Osteosynthese) durch **Einleitung oder Fortsetzung einer konservativen Behandlung** (hier: Anlegen einer Unterschenkel-L-Gipsschiene mit regelmäßigen Kontrollen) zu vermeiden, muss der Patient sowohl hierüber als auch über die Auswirkungen, die die Operation für seine persönliche Situation haben kann, etwa das Auftreten von Infektionen mit Wundheilungsstörungen mit der möglichen Folgen eines ausgedehnten Weichteilinfekts und der Erforderlichkeit der Versteifung des Sprunggelenks aufgeklärt werden (OLG Hamm, Urt. v. 4. 4. 2001 – 3 U 155/00, AHRS III, 5000/317).

Bei einer frischen **Verletzung des Außenbandapparates** (hier: **Außenbandruptur**) kommen sowohl eine operative als auch eine konservative Behandlung in Betracht. Soweit im Einzelfall neben der frischen Verletzung noch **Besonderheiten beim Patienten** vorliegen, etwa eine chronische Instabilität des Sprunggelenkes oder ein rezidivierendes „Umknicktrauma", ist **vorrangig die Operation in Betracht** zu ziehen (OLG Hamm, Urt. v. 13. 4. 2005 – 3 U 219/04, AHRS III, 2440/329 und AHRS III, 5000/376: konservative Therapie vertretbar, aber nicht aufklärungspflichtig; vgl. auch Rz. A 1515 ff.).

Medizinischer Hintergrund bei Sprunggelenkverletzungen bzw. Knöchelfraktu- A 1274d
ren: Unterschieden werden die **Frakturen vom Typ Weber A, B und C**. Bei Typ A
handelt es sich um eine Fraktur des Außenknöchels unterhalb der Syndesmose
(auf Höhe oder distal des Gelenkspaltes). Bei der Typ B-Verletzung handelt es
sich um eine Fraktur der distalen Fibula in Höhe der Syndesmose, ggf. zusätzlich
mit Verletzung des Innenknöchels oder des hinteren Kantenfragments. Die Typ
C-Verletzung ist eine Fraktur der distalen Fibula oberhalb der Syndesmose.

Für die Therapieplanung ist die Stabilität des oberen Sprunggelenks (OSG) von
Bedeutung. Hierzu erfolgt nach entsprechender Anamnese und klinischer Unter-
suchung eine Standardröntgenuntersuchung im a-p-Winkel von 15 Grad im seit-
lichen Strahlengang. Zusätzlich können 45 Grad-Schrägaufnahmen wertvolle
Zusatzinformationen liefern. **Selten kann eine Typ-A-Fraktur ohne Dislokation
konservativ durch Ruhigstellung im Gips, einer Kunststoffschiene oder einer
Spezialorthese (z. B. Vacoped) behandelt werden. Gleiches gilt für einfache Typ-
B-Frakturen** (Siewert/Stein, Chirurgie, 9. Aufl. 2012, S. 981, 982; Pschyrembel,
Therapie, 5. Aufl., S. 524/525).

**Die operative Reposition stellt insbesondere bei ausgeprägter Osteoporose, bei
instabiler Fraktur und bei allen Luxaktions- und isolierten Außenfrakturen, insbesondere bei Typ-B- und Typ-C-Verletzungen den Regelfall der Behandlung von
Sprunggelenkfrakturen dar.** Der günstigste Zeitpunkt für die OP liegt bei 6–8
Stunden nach der Verletzung, wenn sich noch keine maximale Schwellung ausgebildet hat (Siewert/Stein, S. 982; Pschyrembel, 4. Aufl., S. 525).

(ii) Korrektur des Mittelfußes mit Zehenfehlstellung; Mittelfußfraktur

Vor der Operation eines beidseitigen Ballenhohl- und Spreizfußes mit Krallenze-   A 1275
henbildung muss der Patient auf das **Risiko einer Verschlechterung der vorbestehenden Schmerzsituation** von ca. 5 % hingewiesen werden, daneben auch auf
die eine Besserungschance von ca. 50 % bietende Möglichkeit der Fortsetzung
oder Intensivierung der konservativen Therapie durch Anpassung oder Zurich-
tung von orthopädischem Schuhwerk (OLG Stuttgart, OLGR 2000, 132, 135).

Erleidet der Patient bei einem Sturz eine **Mittelfußfraktur (Bruch des inneren
Würfelbeins)**, so fällt dem behandelnden Unfallchirurgen bzw. Orthopäden kein
Aufklärungsfehler zur Last, wenn er den Patienten nicht darauf hinweist, dass
die – einem operativen Eingriff vorzuziehende – richtigerweise vorgeschlagene
**konservative Behandlung entweder durch Entlastung mit Teilmobilisation oder
durch Eingipsen** erfolgen kann. Die funktionelle Nachbehandlung vermeidet
das mit einem Gips verbundene Thromboserisiko und die Beeinträchtigungen
von Muskulatur und Knochen, die mit der durch den Gips erzwungenen weitgehenden Inaktivität verbunden sind, sodass die **Ruhigstellung durch Eingipsen
keine Behandlungsalternative** mit geringeren Risiken oder höheren Heilungschancen darstellt (OLG München, Urt. v. 5. 11. 2009 – 1 U 3028/09, juris,
Nr. 13, 37, 38: im entschiedenen Fall konnte der Patient auch nicht nachweisen,
dass ein etwaiger Aufklärungsfehler bzw. der hierdurch verzögerte Heilungsverlauf zu einem Gesundheitsschaden geführt hatte).

(kk) Resektion der Großzehengrundgelenke, Hallux-Valgus-Operation

A 1276 Der Patient muss selbst entscheiden, ob er die Beschwerden weiterhin ertragen und demgemäß auf einen operativen Eingriff mit Resektion der Großzehengrundgelenke bei Senkspreizfuß und arthrotischen Veränderungen mit der Aussicht auf Minderung der Beschwerden verzichten und stattdessen eine auf Dauer gesehen voraussichtlich erfolglose konservative Behandlung wählen will (OLG Düsseldorf, VersR 1988, 1248).

Vor einer **Hallux-valgus-Operation** reicht es aus, die verschiedenen Operationsmöglichkeiten kurz aufzuführen, ohne die Abweichungen der anderen (insgesamt über 120!) Methoden in allen Einzelheiten darzustellen. Die möglichen, verschiedenen Techniken müssen dem Patienten nicht erläutert werden. Mit dem Hinweis auf die Möglichkeiten einer **„Überkorrektur" und „schmerzhaften Bewegungseinschränkungen"** wird dem Patienten das Misserfolgsrisiko dabei **ausreichend verdeutlicht** (OLG Bremen, Urt. v. 28. 5. 2004 – 4 U 7/04 mit NZB BGH v. 11. 1. 2005 – VI ZR 178/04, AHRS III, 4285/302; auch OLG Oldenburg, VersR 1998, 1286: Misserfolgsrisiko aufklärungspflichtig, nicht dagegen Vor- und Nachteile der in Betracht kommenden OP-Methoden).

A 1277 Vor einer Hallux-Valgus-Operation *(Anm.: auch vor anderen vergleichbaren Operationen)* ist der Patient aber auf das **nach langjähriger Einnahme von Kortison deutlich erhöhte Risiko von Infektionen und Wundheilungsstörungen** hinzuweisen (OLG Oldenburg, Urt. v. 15. 11. 2006 – 5 U 68/05, AHRS III, 4285/304 und 6815/300).

A 1277a Vor einer Hallux-Valgus-Operation bei nur geringfügigen Beschwerden ist der Patient darauf hinzuweisen, dass die Operation **nur relativ indiziert ist** und auch abgewartet werden kann. Aufzuklären ist der Patient auch über die **Möglichkeiten einer alternativen Behandlungsmethode bei der Hallux-Valgus-Operation ohne von vornherein erforderlichen Zweiteingriff** (KG, Urt. v. 17. 12. 2012 – 20 U 290/10, GesR 2013, 229, 231, n. rkr.).

(ll) Oberarmfrakturen und andere Frakturen

A 1278 Ist die **operative Versorgung des Oberarmbruchs** oder eines anderen Bruchs nach den Darlegungen des Sachverständigen **medizinisch nicht geboten und eine konservative Therapie indiziert, muss der Arzt nicht auf die bestehende Möglichkeit einer operativen Intervention hinweisen.** Dies gilt insbesondere dann, wenn eine Operation bei gleichem Misserfolgsrisiko, etwa einer Heilung in Fehlstellung, angesichts des Alters des Patienten oder anderer Faktoren eher risikoreicher ist. Einem „Eingriff" ist eine konservative Behandlung nur dann gleichzusetzen, wenn dieses „Unterlassen" eines aktiven Eingreifens in den Heilungsvorgang rechtswidrig wäre, und dies wäre nur dann der Fall, wenn eine Rechtspflicht zum Handeln bestünde (OLG Nürnberg, Urt. v. 6. 11. 2000 – 5 U 2333/00, VersR 2002, 580, 581: und die Vornahme der gebotenen Handlung, hier der Operation, den eingetretenen Schaden verhindert hätte). Auf die **Gefahr der Einsteifung des Arms** bei einer Oberarmfraktur **muss jedoch hingewiesen werden**, wenn bei Einleitung oder Fortsetzung der konservativen Behandlung begleitende krankengymnastische Maßnahmen ergriffen werden müssen, um dieser Gefahr vorzubeugen (OLG Nürnberg, Urt. v. 6. 11. 2000 – 5 U 2333/00, VersR 2002, 580, 581 = AHRS III, 5000/309).

Ein Aufklärungsmangel liegt auch vor, wenn der Arzt die Patientin, die einen schweren **Mehrfachtrümmerbruch des Oberarms** erlitten hat, nicht über die **Möglichkeit der zeitnahen operativen Therapie (Endoprothese)** informiert und stattdessen eine **riskante und wenig erfolgversprechende konservative Therapie durchführt**, ohne die Patientin zuvor über deren erhebliche Nachteile und Risiken aufzuklären (OLG Braunschweig, Urt. v. 18. 1. 2007 – 1 U 24/06, OLGR 2008, 442 = AHRS III, 5000/394 und 2440/338 mit NZB BGH v. 30. 10. 2007 – VI ZR 45/07). Für ein solches Aufklärungsversäumnis haftet auch der Chefarzt des Krankenhauses, der persönlich nicht bei der Erstaufnahme der Patientin mitgewirkt hat, wenn er keine organisatorische Vorsorge zur Durchführung einer ordnungsgemäßen Aufklärung getroffen hat. Greift er später in das Behandlungsgeschehen ein, hat er sich wenigstens über die Durchführung der Aufklärung zu erkundigen bzw. diese unverzüglich nachzuholen (OLG Braunschweig a. a. O.). — A 1279

(mm) Dislozierte Radiusbasisfraktur, Behandlung von Brüchen des Handgelenks u. a.

Kommen nach den Leitlinien der Deutschen Gesellschaft für Unfallchirurgie zur Korrektur einer dislozierten Radiusbasisfraktur (Handgelenk/Speichenbruch) grundsätzlich sowohl die konservative Behandlung als auch die mit der Gefahr einer Entzündung verbundene, aber **die besseren Wiederherstellungschancen bietende chirurgische Versorgung** in Betracht, sind die unterschiedlichen Therapiemöglichkeiten sowie ihre jeweiligen Chancen und Risiken mit dem Patienten zu erörtern (OLG Düsseldorf, Urt. v. 13. 2. 2003 – 8 U 41/02, VersR 2005, 230, 231 = AHRS III, 5000/342). Gleiches gilt bei der Behandlung eines Bruches im Bereich des Handgelenks. Hier ist der Arzt nicht nur verpflichtet, den Patienten davon in Kenntnis zu setzen, dass der Bruch in Fehlstellung verheilen könnte, sondern auch davon, dass eine **bei Fortsetzung der konservativen Behandlung drohende Funktionseinschränkung des Handgelenks** möglicherweise durch eine erneute (unblutige) Reposition oder **durch eine primäre operative Neueinrichtung des Bruchs vermieden werden könnte** (BGH, Urt. v. 15. 3. 2005 – VI ZR 313/03, VersR 2005, 836 = NJW 2005, 1718, 1719). — A 1280

Das OLG Naumburg (Urt. v. 6. 6. 2005 – 1 U 7/05, OLGR 2005, 859 = AHRS III, 2440/330) hat sich nach Einholung eines Sachverständigengutachtens auf den Standpunkt gestellt, die Möglichkeit der **operativen Versorgung einer Handgelenksverletzung** stelle **keine aufklärungspflichtige Alternative** dar, wenn die konservative Behandlung „weitaus üblicher ist und die gleiche bzw. nahezu gleiche Erfolgschance bietet". Eine primär konservative Versorgung kann danach auch bei einem **komplizierten Handgelenkbruch (Radiustrümmerfraktur)** die gleichen oder nahezu gleichen Erfolgschancen haben wie eine operative Versorgung mittels einer Platten- oder Spickdrahtosteosynthese. Dies gilt auch dann, wenn ab der zweiten Woche nach dem Unfalltag erkennbar wird, dass die Trümmerfraktur zunehmend in Fehlstellung verheilt, hieraus aber **keine funktionellen Bewegungseinschränkungen** des Handgelenks resultieren. Die **operative Me-** — A 1281 thode ist aber dann vorzuziehen, wenn das Handgelenk instabil wird oder andere funktionelle Beschränkungen auftreten (OLG Naumburg a. a. O.).

(nn) Ellenbogenfrakturen

A 1282 Stellt sich der Patient mit einer in Rotationsfehlstellung verheilten Radiustrümmerfraktur nebst Subluxation der Elle nach dorsal und bestehender Radiusverkürzung vor, muss er auf die Alternative einer **Radiuskorrektur-Osteotomie anstatt der (dann durchgeführten) bloßen Ulnaverkürzungs-Osteotomie** oder den möglichen Verzicht auf eine operative Maßnahme hingewiesen werden. Denn bei der Radiuskorrektor-Osteotomie besteht die Möglichkeit, nicht nur die Symptome, sondern auch die Ursachen der Beschwerden zu beheben. Auch ein **Entscheidungskonflikt ist plausibel,** wenn der Patient in einem solchen Fall erklärt, bei erfolgtem Hinweis auf die bestehenden Alternativen hätte er sich noch von einem anderen Chirurgen beraten lassen, ggf. auch einen anderen Operateur gewählt (OLG Köln, Urt. v. 25. 5. 2011 – 5 U 174/08, VersR 2012, 239, 240).

A 1282a Die Versorgung einer Ellenbogenfraktur mit Kirschnerdrähten wird im Jahr 2009 als suboptimal beschrieben, weil das Drahtmaterial (wie im entschiedenen Fall) leicht brechen kann. Seit 2003 hat sich die **Versorgung von Ellenbogenfrakturen mit einem Fixateur externe, einer offenen Rekonstruktion der Kapselstrukturen und einer anschließenden Überweisung an einen Ellenbogenspezialisten gegenüber einer Versorgung mit Kirschnerdrähten als erfolgversprechender erwiesen** (OLG München, Urt. v. 16. 2. 2012 – 1 U 3749/11, juris, Nr. 63, 64: damit seit 2003 auch aufklärungspflichtig).

Medizinischer Hintergrund: Bei einer Ulnafraktur (Bruch der Elle) ist der operativen Versorgung regelmäßig der Vorzug zu geben, da die Immobilisierungszeit gegenüber der konservativen Therapie deutlich kürzer ist. Bei Knickbildung, Rotationsfehlstellung oder Spiralfraktur wird in der Regel eine **offene Reposition und innere Fixierung mit Plattenosteosynthese** vorgenommen. Nur bei minimaler Fehlstellung bzw. nicht dislozierten kindlichen Frakturen ist die konservative Therapie mit Oberarmgips unter Einschluss des Handgelenks für sechs bis acht Wochen indiziert (vgl. Pschyrembel, Therapie, 4. Aufl., S. 1072).

(oo) Gerissene Beugesehne an einem Fingerendglied

A 1283 Kommt zur Behandlung einer gerissenen Beugesehne an einem Fingerendglied nicht nur ein vom Arzt allein in Betracht gezogener **operativer Eingriff** in Form einer Revision der gerissenen Beugesehne in Betracht, sondern auch der Verzicht auf die operative Wiederherstellung der Funktionsfähigkeit der Sehne mit möglicherweise erforderlich werdender Einsteifung des Endgelenks, Einschränkungen der Griffkraft der Hand und Schmerzen bei einer Überstreckung des Endglieds, so ist über diese **Möglichkeit des Verzichts auf den Eingriff** jedenfalls dann aufzuklären, wenn die Patientin einer Operation sehr kritisch gegenüberstand (hier: Patientin war Bluterin) und der optimale Zeitpunkt für eine operative Revision bereits überschritten und dadurch das Risiko einer hierdurch verursachten Verschlechterung (hier: Verwachsungen der Sehne, Verklebungen der Sehne in der

310

Hohlhand, Narbenbildung, Notwendigkeit einer Operationserweiterung) gestiegen war (OLG Stuttgart, Urt. v. 3. 4. 2007 – 1 U 115/06, S. 6/7). U. E. ist es sehr fraglich, ob die Nichtdurchführung des indizierten Eingriffs in der sicheren Erwartung eines Gesundheitsschadens der Patientin eine ernsthafte Alternative darstellt. Das Vorbringen der Patientin, sie hätte im Fall der vollständigen Aufklärung nicht in den operativen Eingriff eingewilligt, weil sie als Bluterin ein erhöhtes Risiko trage und vier Kinder zu versorgen hatte, weshalb für sie eine steife Fingerkuppe gegenüber den mit der Operation verbundenen Risiken weniger schlimm gewesen sei, macht einen ernsthaften Entscheidungskonflikt nach u. E. zu weit gehender Ansicht des OLG Stuttgart (a. a. O., Seite 8) plausibel.

(pp) Beseitigung einer Trichterbrust

Vor der Beseitigung einer **Trichterbrust mit Silikon** sind die Vor- und Nachteile der Implantate zu erwähnen (OLG München, NJW-RR 1994, 20).   A 1284

(qq) Chiropraktische Behandlung

Vor der Anwendung einer **manuellen Chirotherapie muss der Arzt darauf hinweisen, dass auch Schmerztherapien oder konservative Behandlungsmethoden** wie das Tragen einer Schanz'schen Krawatte, Physiotherapie o. a. in Betracht kommen, mögen diese konservativen Alternativen im Einzelfall auch nicht so effektiv sein wie eine Chriotherapie, die aber mit **wesentlich höheren Risiken (Verletzung der Arteria Vertebralis/Halsschlagader mit Durchblutungsstörungen einzelner Hirnareale bis hin zu bleibenden Lähmungen oder Todesfolge)** verbunden ist (OLG Oldenburg, Urt. v. 25. 6. 2008 – 5 U 10/08, NJW-RR 2009, 1106, 1107; auch OLG Düsseldorf, VersR 1994, 218). Bei einer lediglich *„weichen"* **Mobilisierung der HWS ist keine Risikoaufklärung** (etwa über eine Dissektion der Arteria vertebralis mit nachfolgendem Schlaganfall) **erforderlich**, da bei einer solchen Behandlung kein über die Alltagsrisiken hinausgehendes Risiko besteht (OLG Jena, Urt. v. 18. 5. 2005 – 4 U 641/04 mit NZB BGH v. 10. 1. 2006 – VI ZR 110/05, AHRS III, 4650/327).   A 1285

Medizinischer Hintergrund: **Mobilisationen** (sog. weiche Technik) beeinflussen reflektorische Fehlspannungen der Muskulatur und der Weichteile und damit das gestörte Gelenkspiel. **Manipulationen** (sog. harte Technik, eigentlicher chiropraktischer Eingriff), d. h. kurzfristige mechanische Impulse von geringer Kraft und hoher Geschwindigkeit auf das Gelenk, verbessern gezielt die gestörte Gelenkbewegung, z. B. bei der Lösung von Blockierungen kleiner Wirbel- und der Iliosakralgelenke und dürfen nur unter Beachtung strenger Ein- und Ausschlusskriterien durchgeführt werden. Kontraindikationen bestehen etwa bei knöchernen Veränderungen bzw. Vorschäden der HWS/BWS und funktioneller lokaler Hypermobilität. Durch die Ausübung von Zugkräften auf die Halsschlagader kann es zu **neurologischen Ausfällen** kommen (Pschyrembel, 262. Aufl., S. 360/361, 2053 = 264. Aufl., S. 369, 2076; Pschyrembel, Therapie, 4. Aufl., S. 1031).   A 1285a

(rr) Trigeminus-Neuralgie (i. d. R. einseitige, heftige Schmerzattacken im Kopf/ Gesichtsbereich)

A 1286   Vor der Behandlung einer Trigeminus-Neuralgie mittels Thermokoagulation zur operativen Zerstörung umschriebener Gewebsbezirke durch Hochfrequenzstrom hat der Arzt den Patienten auf die Möglichkeit einer **medikamentösen Behandlung** mehrmals täglich auftretender, heftiger Schmerzattacken auch dann hinzuweisen, wenn zwar die Medikation mit dem Wirkstoff erster Wahl erfolglos war, aber der Einsatz eines anderen Medikaments zweiter Wahl als aussichtsreich erscheint (OLG Köln, Urt. v. 3. 12. 1997 – 5 U 231/96).

(ss) Hämorrhoidenbehandlung

A 1287   Vor einer Hämorroidektomie (operative Entfernung von Hämorrhoiden) ist über das **seltene Risiko einer Stuhlinkontinenz** aufzuklären. Zudem muss der Patient auch auf die Möglichkeit einer **konservativen Behandlung** hingewiesen werden. Beim Grad 1 und 2 kommt (nach Pschyrembel, 264. Aufl. 2013, S. 829/830 und Pschyrembel, Therapie, 4. Aufl., S. 366/367) – ggf. kumulativ –, eine Stuhlregulierung, das Auftragen von entzündungshemmenden Salben und Suppositorien, eine Infrarot-Koagulation jeweils mit der Empfehlung zur Gewichtsreduktion und/oder eine weniger invasive Gummibandligatur in Betracht (OLG Hamm, Urt. v. 26. 4. 2004 – 3 U 167/03, AHRS III, 4270/301; Pschyrembel a. a. O.).

(tt) Lysebehandlung nach Herzinfarkt

A 1288   Besteht nach einem Herzinfarkt zur **Lysebehandlung mit Streptokinase** (Auflösung von Zellen mit aus hämolysierenden Streptokokken gewonnenem Eiweiß) eine gleichwertige, aber weniger aggressive Behandlungsmöglichkeit mit **Aspirin und Heparin**, muss über die unterschiedlichen Risiken einer Gehirnblutung von 1 bis 1,4 % im ersten und ca. 0,5 % im zweiten Fall aufgeklärt werden (OLG Bremen, VersR 1998, 1240).

A 1289 – A 1298   Einstweilen frei.

(uu) Mastektomie (operative Entfernung der Brustdrüse)

A 1299   Neben der von ihm vorgeschlagenen Mastektomie (operative Entfernung der Brustdrüse) mit anschließender Silikonprotheseninsertion muss der Arzt die Patientin auf andere mögliche Therapien mit geringeren und weniger belastenden körperlichen Auswirkungen hinweisen und der Patientin auch mitteilen, dass ein Wiederaufbau der Brust nur in begrenztem Umfang möglich ist (OLG Düsseldorf, VersR 1989, 191).

Leidet die Patientin an einer schmerzhaften knotigen Veränderung des Brustdrüsengewebes (Mastopathie), muss sie darauf hingewiesen werden, dass – wie bisher – **mit radiologischen Kontrolluntersuchungen und Punktierungen** fortgefahren, weiter zugewartet oder vor einem operativen Eingriff auch eine **Hormontherapie anstatt einer sofortigen, elektiven Mastektomie** (Entfernung der Brustdrüsenkörper unter Erhaltung der Brusthaut) **bei fehlendem Karzinomverdacht** durchgeführt werden kann (OLG Koblenz, Urt. v. 9. 4. 2009 – 5 U 621/08,

VersR 2010, 770, 771; auch OLG Köln, Beschl. v. 17. 3. 2010 – 5 U 51/09, GesR 2010, 409, 411: erzielbare Verbesserung der Sicherheit, Risiken und **Möglichkeit genetischer und regelmäßiger kernspintomographischer Untersuchungen vor elektiver Mastektomie** mit der Patientin besonders zu besprechen).

(vv) Tumoroperation; Diagnoseirrtum

Erkennt der Arzt sorgfaltswidrig nicht, dass ein Tumor auch medikamentös be-   A 1300
handelt oder zur Erleichterung der Operation vorbehandelt werden kann, und empfiehlt er deshalb die sofortige Operation, so liegt ein **Aufklärungs- und kein Behandlungsfehler** vor, wenn die sofortige Operation nach Beurteilung des Sachverständigen noch „die Grenze des Machbaren darstellt" (BGH JR 1994, 514).

Die Haftung wegen eines Aufklärungsversäumnisses über Behandlungsalternati-   A 1301
ven scheidet aus, wenn die **unterlassene oder objektiv fehlerhafte Aufklärung auf einem Diagnoseirrtum** beruht, der sich mangels Vorwerfbarkeit nicht als haftungsbegründender Behandlungsfehler darstellt (OLG Köln VersR 1999, 98; S/Pa, 12. Aufl., Rz. 461 und Spickhoff-Wellner, § 823 BGB, Rz. 42, 216; auch OLG Köln, Urt. v. 20. 7. 2005 – 5 U 200/04, NJW 2006, 69, 70 = VersR 2005, 1740, 1741 zu der infolge eines einfachen Diagnoseirrtums unterlassenen Befunderhebung).

(ww) Gewichtsreduktion mit Magenballon

Vor der Implantation eines Magenballons zur Gewichtsreduktion muss auf kon-   A 1302
servative Therapiealternativen und das hohe Misserfolgsrisiko hingewiesen werden (OLG Köln, VersR 1992, 754).

(xx) Behandlung einer Refluxösophagitis

Ist anstelle der mit gewissen Risiken behafteten Operation bei einer Entzündung   A 1303
der Speiseröhre im Bereich des Mageneingangs (Refluxösophagitis) eine **Dauertherapie mit Medikamenten** bzw. deren Fortsetzung in Betracht zu ziehen und stellt die medikamentöse Therapie eine echte Behandlungsalternative mit etwa gleichwertigen Chancen, aber unterschiedlichen Risiken dar, ist der Patient hierüber zu belehren (OLG Köln, Urt. v. 23. 10. 2002 – 5 U 4/02, VersR 2004, 1181, 1182). Es handelt sich auch hier um eine **therapeutische Aufklärung** (vgl. OLG Nürnberg, Urt. v. 6. 11. 2000 – 5 U 2333/00, VersR 2002, 580, 581; OLG Nürnberg, Urt. v. 27. 5. 2002 – 5 U 4222/00, VersR 2003, 1444, 1445; OLG Dresden, Urt. v. 23. 10. 2003 – 4 U 980/03, NJW 2004, 298, 299 jeweils zur therapeutischen Aufklärung über zur Wahl stehende diagnostische oder therapeutische Verfahren).

Einstweilen frei.   A 1304 – A 1317

(2) Zuwarten als ernsthafte Alternative

(aa) Operation nicht dringlich

Ist die Operation nicht dringlich und stellt deren Zurückstellung und **ein wei-**   A 1318
teres Zuwarten eine echte Behandlungsalternative dar, muss der Patient auch

hierüber aufgeklärt werden (OLG Bremen VersR 2001, 340, 341; OLG Frankfurt, Urt. v. 12. 3. 2009 – 15 U 18/08, MedR 2009, 532, 534: **Fortsetzung der konservativen Behandlung vor Bandscheibenoperation**; OLG Hamm, Urt. v. 1.10. 2004 – 3 U 93/04, GesR 2006, 30, 31; OLG Hamm, Urt. v. 7. 7. 2004 – 3 U 264/03, VersR 2005, 942, 943: **Fortsetzung der konservativen Therapie bzw. einer Schmerztherapie vor Rückenoperation**; OLG Koblenz, Urt. v. 9. 4. 2009 – 5 U 621/08, VersR 2010, 770, 771: **kontrolliertes Zuwarten vor sofortiger Mastektomie**; OLG Koblenz, Urt. v. 7. 8. 2003 – 5 U 1284/02, NJW-RR 2003, 1607, 1608; OLG Köln, VersR 2000, 361 und NJW-RR 1999, 674; OLG Oldenburg, VersR 1997, 1493).

(bb) Aufschub einer Hüftgelenksoperation

A 1319   Dies kommt etwa in Betracht, wenn die vorgesehene, an sich indizierte Hüftgelenksoperation mit Endoprothese nach einigen Wochen in geringerem Maß mit der Gefahr einer Nervenverletzung verbunden gewesen wäre (OLG Oldenburg, VersR 1997, 1493).

(cc) Bandscheibenoperation

A 1320   Ein **Zuwarten** ist aus medizinischer Sicht nicht völlig unvernünftig und die hierzu bestehende Möglichkeit deshalb aufklärungspflichtig, wenn eine **Bandscheibenoperation** zwar medizinisch indiziert ist, der Patient aber zunächst **keine neurologischen Ausfälle** hat (OLG Bremen VersR 2001, 340, 341; auch OLG Bremen NJW-RR 2001, 671). Kann ein Rückenleiden (hier: Bandscheibenprolaps L5/S1), das (noch) nicht zu Lähmungserscheinungen geführt hat, **zunächst weiterhin konservativ behandelt werden**, muss der Patient vor einer Bandscheibenoperation hierauf hingewiesen werden (OLG Koblenz, Urt. v. 19. 12. 2012 – 5 U 710/12, VersR 2013, 236, 237; vgl. zu den Einzelheiten Rz. A 259 ff.).

A 1321   Für einen unter **starken Schmerzen bzw. Lähmungserscheinungen** leidenden Patienten, der letztlich auf jeden Fall operiert werden muss, liegt im Operationsaufschub jedoch **keine echte Alternative** (OLG Koblenz, Urt. v. 7. 8. 2003 – 5 U 1284/02, NJW-RR 2003, 1607, 1608; OLG Schleswig, Urt. v. 19. 8. 2005 – 4 U 89/04, AHRS III, 2410/313 und OLG Oldenburg, Urt. v. 26. 1. 2005 – 5 U 9/04, AHRS III, 2410/310: in die Beine ausstrahlende Schmerzen).

A 1322   Ein bloßes Zuwarten sowie eine konservative Behandlung kommen auch dann **nicht als ernsthafte Behandlungsalternative** in Betracht, wenn es bei festgestellten Längsrissen im Meniskusgewebe dabei voraussichtlich zum **Fortschreiten der degenerativen Veränderungen** kommen würde (OLG Köln, Urt. v. 24. 1. 2007 – 5 U 142/03, OLGR 2007, 547, 548).

(dd) Schilddrüsenoperation

A 1323   Das Selbstbestimmungsrecht des Patienten wird auch verkürzt, wenn ihm nicht mitgeteilt wird, dass nach den erhobenen Befunden **kein Verdacht auf Malignität eines zystischen Knotens im Bereich der Schilddrüse** bestand, so dass bezüglich einer operativen Therapie unter Mitnahme eines walnussgroßen Isthmus-anteils der Schilddrüse zunächst kurzfristig eine **abwartende Haltung vertretbar** erschien, weil unter Umständen nur eine Entzündung der Schilddrüse vorlag (OLG Köln, VersR 2000, 361).

Bei entsprechender Größe der vorhandenen Knotenbildung stell eine Radiojodbe-handlung bzw. eine weitere medikamentöse Behandlung (L-Thyroxin o.a.) ge-genüber einer Schilddrüsenoperation **keine ernsthafte Behandlungsalternative** dar. Dies gilt jedenfalls dann, wenn sich intraoperativ die Notwendigkeit einer nahezu vollständigen Entfernung der Schilddrüse ergibt und deshalb ausreichend gesundes Schilddrüsengewebe, das auf eine medikamentöse Behandlung noch er-folgreich hätte ansprechen können, nicht mehr vorhanden gewesen wäre (OLG Köln, Beschl. v. 8. 11. 2010 – 5 U 31/10, VersR 2011, 1011).

(ee) Lipomentfernung

Vor der **operativen Entfernung** eines **mit hoher Wahrscheinlichkeit gutartigen Lipoms** (hier: oberflächliches Geschwulst) muss der Patient auf die **Möglichkeit einer abwartenden Behandlung bzw. des „Nichtstuns" hingewiesen** werden. Ist dem Patienten aufgrund der Angaben seines Hausarztes klar, dass ihm diese Op-tion gegenüber der vom Chirurgen angeratenen Operation offen steht, sofern er bereit ist, auf eine sichere Abklärung der Bösartigkeit zu verzichten, genügt der Hinweis des Operateurs, dass der Eingriff nicht zwingend notwendig ist (OLG Hamm, Urt. v. 11. 10. 2004 – 3 U 93/04, GesR 2006, 30, 31).

A 1324

(ff) Mastektomie, brusterhaltende Operation, Gebärmutterentfernung

Vor einer Mastektomie muss generell auf andere Behandlungsmöglichkeiten zur Brusterhaltung (z.B. operative **brusterhaltende Entfernung eines Mammakarzi-noms** mit nachfolgender Bestrahlung) hingewiesen werden (OLG Düsseldorf, VersR 1989, 191).

A 1325

Leidet die Patientin an einer schmerzhaften knotigen Veränderung des Brustdrü-sengewebes (Mastopathie), muss sie darauf hingewiesen werden, dass – wie bis-her – **mit radiologischen Kontrolluntersuchungen und Punktierungen fortgefah-ren, weiter zugewartet oder vor einem operativen Eingriff auch eine Hormonthe-rapie anstatt einer sofortigen Mastektomie** ohne bestehenden Karzinomverdacht durchgeführt werden kann (OLG Koblenz, Urt. v. 9. 4. 2009 – 5 U 521/08, VersR 2010, 770, 771).

A 1326

Wird ein spezialisiertes Krankenhaus (hier: Brustzentrum) in die Frage der Indi-kation einer nur **elektiven Mastektomie wegen bestehender Krebsangst** der fa-miliär vorbelasteten Patientin, bei der bis dato bei Mammographien Mikrokalk in beiden Brüsten festgestellt worden war, sowohl wegen der Schwierigkeit der Indikation als auch zur technischen Durchführung der Operation (Mastektomie) eingebunden, so obliegt die Aufklärung der Patientin über die Fragen der Indika-tion und **mögliche Alternativen (hier: kernspintomographische und genetische Untersuchungen)** den operierenden Ärzten des Krankenhauses. Der Operateur darf sich in einem solchen Fall nicht darauf verlassen, dass eine gegenüber dem

A 1327

niedergelassenen Gynäkologen erklärte Einwilligung auf einer sachgerechten Aufklärung insbesondere auch über die bestehenden Behandlungsalternativen beruht (OLG Köln, Beschl. v. 17. 3. 2010 – 5 U 51/09, GesR 2010, 409, 412 = VersR 2011, 81, 82).

A 1328   Hängt eine nur relativ indizierte Operation wesentlich vom **Sicherheitsbedürfnis der Patientin** ab, so etwa bei der **Entfernung der Gebärmutter oder der Brust bei vorliegendem Krebsverdacht**, so ist die Möglichkeit eines Aufschiebens oder der Nichtvornahme der Operation mit ihr zu besprechen (BGH, NJW 1997, 1637, 1638; Müller, VPräsBGH a. D., MedR 2001, 487, 488; vgl. auch OLG Köln, Urt. v. 1. 6. 2005 – 5 U 91/03, VersR 2006, 124, 125 zur operativen Abklärung eines fraglich bösartigen Tumors statt dessen radikaler Entfernung).

(gg) Nichtdurchführung des Eingriffs

A 1329   Die **Nichtdurchführung** eines – jedenfalls nicht dringend indizierten – Eingriffs stellt nach Auffassung des OLG Karlsruhe dagegen **keine aufklärungspflichtige Behandlungsalternative**, jedoch möglicherweise einen Behandlungsfehler dar (OLG Karlsruhe, Urt. v. 18. 12. 2002 – 7 U 143/01, OLGR 2003, 313, 314).

(3) Operation statt konservativer Methode

(aa) Operation mit höheren Erfolgschancen

A 1330   Ist eine operative Intervention eine echte Behandlungsalternative **mit wesentlich höheren Erfolgschancen gegenüber einer konservativen Behandlung**, ist hierüber aufzuklären (OLG Oldenburg, Urt. v. 28. 7. 2004 – 5 U 112/03, AHRS III, 5000/360; OLG Hamm, Urt. v. 13. 4. 2005 – 3 U 219/04, AHRS III, 5000/376: Außenbandriss; OLG Düsseldorf, Urt. v. 13. 2. 2003 – 8 U 41/02, VersR 2005, 230, 231 = AHRS III, 5000/342: **Operation mit besseren Wiederherstellungschancen bei instabilem Bruch bzw. dislozierter Radiusbasisfraktur**; vgl. aber OLG Naumburg, Urt. v. 6. 6. 2005 – 1 U 7/05, AHRS III, 5000/378: **Operation bei nicht dislozierter Radiustrümmerfraktur i. d. R. keine ernsthafte Alternative**).

(bb) Mittelfußfraktur, Außenbandriss

A 1330a   Ist eine **operative Versorgung eindeutig indiziert**, bedarf es keiner Aufklärung über die Vor- und Nachteile einer konservativen Behandlung. Dies gilt etwa hinsichtlich der durchgeführten **Plattenosteosynthese bei einer Mittelfußknochenfraktur** gegenüber einer konservativen Behandlung durch Gips o. a. (OLG Frankfurt, Urt. v. 20. 7. 2004 – 22 U 163/00, AHRS III, 5000/359) und in der Regel **auch bei einem Außenbandriss** (OLG Hamm, Urt. v. 13. 4. 2005 – 3 U 219/04, AHRS III, 5000/376: OP vorrangig indiziert).

(cc) In Fehlstellung verheilter Bruch

A 1330b   Kommt statt der Fortsetzung der **konservativen Behandlung eines in Fehlstellung verheilten Bruchs (hier: am Handgelenk)** mit der Gefahr einer bleibenden Funktionsbeeinträchtigung eine (unblutige) Reposition oder dessen **operative**

Neueinrichtung mit dem Risiko der Entstehung eines Morbus Sudeck (CRPS) in Betracht, ist der Patient auf diese bestehenden Alternativen mit wesentlich unterschiedlichen Risiken und Erfolgschancen hinzuweisen (BGH, Urt. v. 15. 3. 2005 – VI ZR 313/03, VersR 2005, 836, 837 = NJW 2005, 1718, 1719). Obwohl in der Fortsetzung der konservativen Behandlung nach einhelliger Ansicht kein eigentlicher „Eingriff" liegen würde, geht der BGH hier nicht von einer zur Beweislast des Patienten stehenden therapeutischen Aufklärung (**Sicherungsaufklärung**), sondern vom Vorliegen eines Falles der „**Selbstbestimmungsaufklärung** oder Risikoaufklärung" aus (vgl. hierzu Rz. A 580 ff., A 687).

(dd) Schenkelhalsfraktur, Hüftgelenksbruch

Der Patient muss auch über die Möglichkeit der **chirurgischen Versorgung einer medialen Schenkelhalsfraktur bzw. eines Hüftgelenkbruchs anstelle einer konservativen Behandlung** (strenge Bettruhe, Teilmobilisierung, Gehübungen) aufgeklärt werden. Ein **ernsthafter Entscheidungskonflikt** einer 66-jährigen Patientin ist jedoch nicht plausibel, wenn der vom Gericht hinzugezogene Sachverständige darlegt, in der maßgeblichen Situation des Arztes hätte er der Patientin von einer Operation abgeraten und die Durchführung der konservativen Behandlung empfohlen, weil der Eingriff mit teilweise schweren Risiken verbunden gewesen wäre, etwa dem Risiko einer Herz-Kreislauf-Versagens, einer Knocheninfektion, Nervernverletzungen, Nachblutungen sowie höheren Arthrose- und Nekroserisiken (OLG München, Urt. v. 12. 10. 2006 – 1 U 2142/06, juris, Nr. 37, 38).

A 1331

(ee) Fußverletzung mit Knochenabsplitterung

Treten beim Patienten nach einer **Fußverletzung** mit **Knochenabsplitterung** am Mittelfuß nach einer Resektion starke Vernarbungen im Operationsgebiet auf, die mit erheblichen Schmerzen verbunden sind, ist ein **operativer Eingriff** (hier: Arthrodese/Versteifung) **indiziert, wenn die konservativen Behandlungsmöglichkeiten ausgeschöpft**, insbesondere eine Neurolyse oder eine Injektionsbehandlung nicht sinnvoll sind, weil der Nerv als Ursache für die andauernden Beschwerden nicht in Betracht kommt. Eine Dauertherapie mit Cortison ist in einem solchen Fall gefährlich und nicht indiziert (OLG Hamm, Urt. v. 9. 2. 2005 – 3 U 147/04, AHRS III, 2620/344).

A 1332

(ff) Außenbandruptur

Bei einer frischen Verletzung des Außenbandapparates (hier: **Außenbandruptur**) kommen sowohl eine operative als auch eine konservative Behandlung in Betracht. Soweit im Einzelfall neben der frischen Verletzung noch **Besonderheiten beim Patienten** vorliegen, etwa eine chronische Instabilität des Sprunggelenkes oder ein rezidivierendes „Umknicktrauma", ist **vorrangig die Operation** in Betracht zum ziehen (OLG Hamm, Urt. v. 13. 4. 2005 – 3 U 219/04, AHRS III, 2440/329 und AHRS III, 5000/376; vgl. auch OLG Düsseldorf, Urt. v. 13. 2. 2003 – 8 U 41/02, VersR 2005, 230, 231: Operation hat bei **dislozierter Radiusbasisfraktur** ggü. konservativer Behandlung bessere Wiederherstellungschancen; OLG München, Urt. v. 12. 10. 2006 – 1 U 2142/06, juris, Nr. 37, 38: bestehende

A 1333

Möglichkeit der **Operation einer Schenkelhalsfraktur** gegenüber konservativer
Behandlung aufklärungspflichtig).

**(4) Linderung von Beschwerden durch umfangreicheren oder weniger radikalen
Eingriff**

(aa) Operation eines Rückenmarktumors

A 1334 Eine Aufklärung über die Möglichkeit einer Operation (hier: Entfernung eines
Rückenmarktumors anstatt dessen bloßer Punktion) muss auch dann erfolgen,
wenn die in Betracht kommende Maßnahme zwar nicht zur Heilung führt, aber
bei ungleich geringerem Risiko und geringerer Belastung zumindest für eine **gewisse Zeit zur Linderung der Beschwerden und Beeinträchtigungen** führt (OLG
Karlsruhe, Urt. v. 9. 10. 2002 – 7 U 107/00, OLGR 2003, 233, 234).

(bb) Schonenderer, ggf. zweiseitiger Eingriff

A 1334a Über die unterschiedlichen Chancen und Risiken einer **radikalen Operation unter Inkaufnahme der Durchtrennung von Nerven** mit dem (sich realisierenden)
Risiko einer Plexuslähmung des rechten Arms (hier: supraclaviluläre Tumorexstirpation über die rechte Halsseite zur Entdeckung und Entfernung eines Primärtumors), auch eines unter Umständen gutartigen Tumors (hier: Feststellung
eines gutartigen Neurinoms in der Pathologie) einerseits und einer **nicht radikalen Operation** zur Abklärung der Qualität des Tumors mit der Folge, dass bei
Gutartigkeit eine **schonende Entfernung** versucht sowie bei deren Unmöglichkeit es bei einer teilweisen Entfernung belassen und die Streuung eines etwa
bösartigen Tumors in Kauf genommen wird, andererseits, muss der Patient aufgeklärt werden (OLG Köln, Urt. v. 1. 6. 2005 – 5 U 91/03, AHRS III, 5000/377).

(cc) Versteifung zur Schmerzlinderung

A 1335 Saniert ein Handchirurg eine alte **Kahnbeinpseudoarthrose** mittels einer „Her-
bert-Schraube" und Spongiosaplastik, so ist diese gelenkerhaltende Operation
nicht schon deshalb fehlerhaft bzw. die hierzu erteilte Einwilligung rechtswidrig, weil sie nicht zu einem beschwerdefreien Erfolg führt und statistisch eine
geringere Erfolgsquote (50 % bis 75 %) als die Operation einer frischen Kahnbeinfraktur (ca. 87 %) hat. Der Patient ist jedoch darüber aufzuklären, dass zur
Linderung von Schmerzen und Beschwerden eine **operative Versteifung** in Betracht kommt (OLG Koblenz, Urt. v. 17. 12. 2001 – 12 U 540/00, MedR 2002,
518). Dieses Aufklärungsdefizit ist aber dann nicht schadensursächlich, wenn
sich der Patient auch bei einer derart erweiterten Aufklärung zunächst für die
gelenkerhaltende Operation entschieden hätte (hypothetische Einwilligung, vgl.
Rz. A 1884 ff., A 2063 f.). Hiervon ist bei entsprechenden vorprozessualen Äußerungen auszugehen. Denn die zur faktischen Unbenutzbarkeit der Hand für Arbeiten mit grober Handkraft führende Totalversteifung kann bei einem Scheitern der gelenkerhaltenden Operation immer noch durchgeführt werden (OLG
Koblenz, Urt. v. 17. 12. 2001 – 12 U 540/00, MedR 2002, 518).

(5) Schilddrüsenoperation (vgl. hierzu auch Rz. A 857 ff., A 1124 ff., A 1323, A 1600 ff., A 1935 ff.)

Kommt anstatt einer **nicht vital indizierten Strumaoperation** mit dem dieser in-   A 1336
newohnenden Risiko einer Verletzung des Nervus recurrens und der möglichen
Folge eines bleibenden **Stimmverlustes** eine weitgehend risikolose konservative
Behandlung (OLG Hamm, Urt. v. 23. 5. 2001 – 3 U 115/00, AHRS III, 5000/324),
etwa auch eine **Radio-Jod-Behandlung** in Betracht, so muss der Arzt hierauf hinweisen (OLG Köln, VersR 1998, 1510). Die Radio-Jod-Behandlung stellt jedoch
wegen ihres Verkleinerungseffektes von „nur" etwa 30 % dann keine aufklärungspflichtige ernsthafte Alternative dar, wenn der Kropf des Patienten eine erhebliche Ausdehnung aufweist (OLG München, Urt. v. 25. 7. 2002 – 1 U
4499/01: sogar relative Kontraindikation bei großem Struma mit Beeinträchtigung der Trachea; OLG Köln, Beschl. v. 8. 11. 2010 – 5 U 31/10, VersR 2011,
1011).

Geht der behandelnde Arzt davon aus, dass das **geringfügig höhere Risiko einer**   A 1337
Totalresektion durch das wegfallende Risiko eines zweiten Eingriffs zur Entfer-
nung von Schilddrüsengewebe aufgewogen wird, muss er den Patienten auf beide
Möglichkeiten und deren Vor- und Nachteile hinweisen (OLG Naumburg, Urt. v.
10. 6. 2003 – 1 U 4/02, NJW-RR 2004, 315). Hat der Patient mangels vollständiger
Aufklärung nur in eine – **absolut indizierte (und deshalb bei entsprechendem Vor-**
trag der Behandlungsseite auch von einer hypothetischen Einwilligung getragene)
– Teilentfernung von Schilddrüsengewebe wirksam eingewilligt, der Arzt aber das
gesamte Schilddrüsengewebe entfernt, so hat der Patient zu beweisen, dass der
Schadenseintritt – im entschiedenen Fall eine auch bei lege artis vorgenommenem
Eingriff nie sicher vermeidbare beidseitige Stimmbandlähmung – ohne diese
Pflichtverletzung zumindest sehr unwahrscheinlich gewesen wäre (OLG Naumburg, Urt. v. 10. 6. 2003 – 1 U 4/02, NJW-RR 2004, 315, 316; vgl. aber Rz. A 2136;
auch OLG Koblenz, Urt. v. 7. 8. 2003 – 5 U 1284/02, MedR 2004, 690 = NJW-RR
2003, 1607 und OLG Karlsruhe, Beschl. v. 17. 2. 2003 – 7 U 156/02, GesR 2003,
239: nicht von der Einwilligung getragene Operationserweiterung verursacht keinen, vom Patienten zu beweisenden abgrenzbaren Nachteil).

Anmerkung: Anders als im – vom BGH aus anderen Gründen aufgehobenen –
Urteil des OLG Naumburg dargestellt, muss der Patient beweisen, dass der Scha-
den gerade Folge des rechtswidrigen Eingriffs, also der Totalresektion, ist. Der
Terminus „sehr unwahrscheinlich" findet weder in § 286 ZPO noch in § 287
ZPO eine Stütze. Da der rechtswidrige Eingriff den gem. § 286 ZPO nachzuwei-
senden Primärschaden darstellt, greift für den Sekundärschaden in Form der
Stimmbandlähmung aber § 287 ZPO ein, so dass der Nachweis einer überwie-
genden Wahrscheinlichkeit genügt (vgl. hierzu Rz. A 2113, A 2136 ff.).

Hier ist auf einen **Vergleich zwischen dem fiktiven Verlauf der ursprünglich be-**
absichtigten und von der wirksamen Einwilligung gedeckten, absolut indizier-
ten Teilresektion und dem Verlauf der tatsächlich – ohne Einwilligung erfolgten
– Totalresektion abzustellen (OLG Naumburg, Urt. v. 10. 6. 2003 – 1 U 4/02,
NJW-RR 2004, 315; auch OLG Koblenz, Urt. v. 7. 8. 2004 – 5 U 1284/02, MedR
2004, 690 = NJW-RR 2003, 1607: abgrenzbarer Nachteil ist festzustellen; vgl.
hierzu Rz. A 2113 ff., A 2134 ff. zur Kausalität).

A 1338   Jedenfalls bis Juli 1998 konnte die beidseitige (gleichzeitige) subtotale Schilddrüsenresektion der „Chirurgischen Schule" noch nicht als fehlerhafte Operationsmethode eingestuft werden. Der Arzt war jedoch verpflichtet, den Patienten
über die damals bestehenden **unterschiedlichen Operationsmethoden, der „Chirurgischen Schule" einerseits und der „HNO-Schule"** andererseits, wegen des erhöhten Risikos der Beschädigung des Nervus recurrens bei Vornahme der Operation zunächst nur einer Seite, später bei unbeschädigtem Nervus recurrens in
weiterer Narkose in einer zweiten Operation auf der anderen Seite aufzuklären
(OLG Frankfurt, Urt. v. 14. 1. 2003 – 8 U 135/01, NJW-RR 2003, 745, 746).

A 1339   Ein zweizeitiges und nicht zweiseitiges operatives Vorgehen, also eine chirurgische Intervention auf je einer Seite der Schilddrüse in zwei gesonderten Operationen, stellt aber dann **keine aufklärungsbürftige, ernsthafte Behandlungsalternative** dar, wenn ein **großer, rasch wachsender Kropf** vorliegt, der die Luftröhre
einengt und zudem ein Tumorverdacht besteht, auch wenn sich letzterer nachfolgend nicht bestätigt (OLG München, Urt. v. 23. 2. 2012 – 1 U 2781/11, juris,
Nr. 43, 44).

A 1339a   Bei entsprechender Größe der vorhandenen Knotenbildung bzw. einer Einengung der Luftröhre stellt eine **Radiojodbehandlung bzw. eine weitere medikamentöse Behandlung** (L-Thyroxin o.a.) gegenüber einer Schilddrüsenoperation
keine ernsthafte Behandlungsalternative dar (OLG München a.a.O.; OLG Köln,
Beschl. v. 8. 11. 2010 – 5 U 31/10, VersR 2011, 1011).

(6) Unterschiedliche diagnostische oder therapeutische Verfahren
   (vgl. auch Rz. A 684, A 1212, A 1255)

A 1340   Der Arzt hat unabhängig von der Häufigkeit einer vorliegenden Erkrankung den
Patienten dann über mehrere zur Wahl stehende diagnostische oder therapeutische Verfahren zu informieren und das Für und Wider mit ihm abzuwägen,
wenn **jeweils unterschiedliche Risiken** für den Patienten entstehen können
und der Patient eine echte Wahlmöglichkeit hat (OLG Nürnberg, Urt. v.
27. 5. 2002 – 5 U 4225/00, VersR 2003, 1444).

A 1341   So obliegt dem Arzt die Pflicht, den Patienten auf eine alternative Behandlungsmöglichkeit, die zur Heilung führen kann, hinzuweisen, wenn diese Methode
(im entschiedenen Fall eine Knochenmarktransplantation) in den medizinischen
Lehrbüchern als **„einzige Heilungschance"** bezeichnet wird und durch die verabreichten Medikamente nur ein vorübergehendes Zurückweichen der Krankheitssymptome erzielt werden kann (OLG Nürnberg, Urt. v. 27. 5. 2002 – 5 U
4225/00, VersR 2003, 1444, 1445).

A 1341a   Ein Arzt ist allerdings nicht verpflichtet, mit dem Patienten sämtliche auf dem
Markt befindlichen Medizinprodukte durchzusprechen und Materialvarianten für
die vorgesehene Operation darzustellen. Nur dann, wenn sich aus ex-ante-Sicht
wesentliche Unterschiede in den Chancen und/oder Risiken der Behandlung ergeben, besteht eine Auflärungspflicht. Vor einer **Kataraktoperation** muss der Augenarzt mit dem Patienten **nicht die einzelnen Behandlungstechniken oder für die
Chancen und Risiken des Eingriffs unerhebliche Materialvarianten** (verschiedene

Linsenarten u. a.) besprechen (OLG München, Beschl. v. 7. 3. 2012 – 1 U 4430/11, juris, Nr. 12, 13 und Beschl. v. 20. 4. 2012 – 1 U 4430/11, juris, Nr. 7).

(7) Prostataoperation

Vor der Anwendung eines speziellen, sogar als Außenseitermethode geltenden Prostata-Laserverfahrens in zwei Operationsschritten ist der Patient auf die Möglichkeit der Anwendung der klassischen Operationsmethode („transure-thrale Resektion der Prostata" – TURP) hinzuweisen (OLG Bremen, Urt. v. 12. 3. 2004 – 4 U 3/04, OLGR 2004, 320, 321).

A 1342

(8) Unterschiedliche Methoden bei kosmetischen Operationen

Kommen bei einer kosmetischen Operation unterschiedliche Methoden in Betracht, etwa der Längs- und/oder Querschnitt über dem Bauchnabel bei einer Bauchstraffung, so muss sich die Aufklärung auf die damit verbundenen **unterschiedlichen Erfolgsaussichten** und auf die Intensität des Eingriffs mit der jeweiligen Methode erstrecken (OLG Hamburg, Beschl. v. 29. 12. 2005 – 1 W 85/05, OLGR 2006, 120: bei der Patientin lag eine bereits fortgeschrittene Erschlaffung der Haut vor).

A 1343

(9) Neuland-Methode (z. B. „Robodoc") und Off-Label-Use (vgl. Rz. A 1205 ff.)

Begibt sich ein Arzt mit der von ihm vorgeschlagenen Behandlungsmethode auf „Neuland" mit noch **nicht vollständig geklärten Risiken,** muss der Patient über diese Tatsache sowie die **Vor- und Nachteile** dieser und alternativer Verfahren aufgeklärt werden (OLG Frankfurt, Urt. v. 7. 12. 2004 – 8 U 194/03, NJW-RR 2005, 173, 175, bestätigt von BGH, Urt. v. 13. 6. 2006 – VI ZR 323/04, VersR 2006, 1073, 1075 = GesR 2006, 411, 413; ebenso: OLG Bremen, OLGR 2004, 320, 321 f.; OLG Düsseldorf, VersR 2004, 386; OLG Karlsruhe, MedR 2003, 229; zum Heilversuch mit einem noch nicht zugelassenen Medikament auch BGH, Urt. v. 17. 4. 2007 – VI ZR 108/06, VersR 2007, 999, 1000 = NJW 2007, 2771, 2772 = MedR 2007, 718, 719, Nr. 8–11 und BGH, Urt. v. 27. 3. 2007 – VI ZR 55/05, VersR 2007, 995, 998 = NJW 2007, 2767, 2770, Nr. 31; vgl. bereits Rz. A 1205 ff., A 2125).

A 1344

Gleiches gilt bei einem „**Off-Label-Use**", also dem Einsatz eines zwar generell, aber nicht für den konkreten, geplanten Einsatz zugelassenen Medikaments bzw. einer hierfür zugelassenen Behandlung (vgl. Rz. A 1213c ff., A 2126). Hier muss der Patient auch darauf hingewiesen werden, dass es sich um einen **Off-Label-Use mit möglicherweise unbekannten Nebenwirkungen** handelt (vgl. OLG Stuttgart, Urt. v. 26. 7. 2011 – 1 U 163/10, GesR 2011, 562, 563: aber keine Aufklärungspflicht, wenn das Off-Label-eingesetzte Medikament gegenüber anderen, zugelassenen Substanzen kein höheres oder ggf. erhöhtes Risiko aufweist; auch Clemens, RiBSG, GesR 2011, 397, 403 und GesR 2012, 313, 314: es darf keine andere Therapie zur Behandlung einer schwerwiegenden Erkrankung verfügbar sein).

A 1344a

Die Anwendung des computerunterstützten Fräsverfahrens („Robodoc") am coxalen Femur (Hüft-Oberschenkelknochen) bei der Implantation einer Hüftge-

A 1345

lenksendoprothese (das seit 2004 nicht mehr praktiziert wird, vgl. Katzenmeier NJW 2006, 2738 und Bender, VersR 2009, 176, 180 je m. w. N.) stellte keinen Behandlungsfehler dar und setzte im Jahr 1995 voraus, dass die Ärzte den Patienten darüber aufgeklärt haben, dass es sich um eine neue Methode handelt, die noch nicht lange praktiziert wird und dass es daneben noch das herkömmliche Verfahren mit ausschließlich manueller Technik gibt. Der Patient musste außerdem auf die **wesentlichen Unterschiede beider Verfahren** hingewiesen werden, insbesondere darauf, dass die Operation mit der neuen Methode und **nicht abschließend geklärten Risiken** länger dauert und dass eine Voroperation zur Anbringung von Pins (Markierungsstifte) am Oberschenkelknochen erforderlich ist (OLG Frankfurt, Urt. v. 7. 12. 2004 – 8 U 194/03, NJW-RR 2005, 173, 174; bestätigt von BGH, Urt. v. 13. 6. 2006 – VI ZR 323/04, VersR 2006, 1073, 1075; Wenzel-Simmler, Kap. 2 Rz. 1763, 1764).

(10) Außenseitermethode

A 1346   Die Anwendung einer „Außenseitermethode", also einer nicht allgemein anerkannten Heilmethode stellt erhöhte Anforderungen an die Aufklärungspflicht des Arztes. Der Patient ist bei der Anwendung einer Außenseitermethode nicht nur auf die Gefahr eines **Misserfolgs** des Eingriffs **hinzuweisen**, sondern auch darauf, dass der geplante Eingriff **(noch) nicht medizinischer Standard ist und seine Wirksamkeit statistisch (noch) nicht abgesichert ist** (BGH, Urt. v. 22. 5. 2007 – VI ZR 35/06, NJW 2007, 2774, 2775 = VersR 2007, 1273, 1275, Nr. 24). Der Hinweis auf die schwerwiegenden Risiken einer Querschnittlähmung sowie einer Blasen- und Mastdarmstörung und die mögliche Erfolglosigkeit des Eingriffs reicht bei der Therapie mit einem „Racz-Katheder" nicht aus. Erforderlich ist vielmehr auch eine Belehrung, dass es sich bei dieser Methode um eine **neuartige, wissenschaftlich umstrittene Art der Schmerztherapie** handelt, die (noch) nicht medizinischer Standard und deren Wirksamkeit statistisch (noch) nicht abgesichert ist (BGH, NJW 2007, 2774, 2775 = MedR 2007, 87, 89 = VersR 2007, 1273, 1275, Nr. 26, 27; F/N/W, 5. Aufl., Rz. 204).

A 1346a   Vor der Resektion eines sogenannten „Hammerzehs" mittels eines Lasergeräts, ist der Patient darauf hinzuweisen, dass es bei Operationen am Fuß gegenüber Eingriffen in anderen Körperregionen **häufiger zu Infektionen und Wundheilungsstörungen** kommen kann und **weder die Resektion mittels Laser noch die anschließenden Laserbehandlungen bei einem „Hammerzeh" eine Standardmethode darstellen** (OLG Brandenburg, Urt. v. 13. 11. 2008 – 12 U 104/08, MDR 2009, 568 = OLGR 2009, 458).

(11) Operationsmethoden zur Entfernung einer Zyste

A 1347   Kommt anstatt der operativen Resektion einer **Zyste an der linken Niere** grundsätzlich auch die **Punktion als Behandlungsmethode** mit gleichwertigen Erfolgschancen oder andersartigen Risiken in Betracht, hat der Arzt vor Durchführung der Operation mit dem sich realisierenden **Risiko eines Nierenverlusts** auch hierauf hinzuweisen (OLG Karlsruhe, Urt. v. 8. 12. 2004 – 7 U 163/03, GesR 2005, 165, 167 = OLGR 2005, 189, 191 = NJW-RR 2005, 798, 799: zur weiteren Aufklärung an das LG zurückverwiesen).

Kann eine **Ovarialzyste auf laparoskopischem Weg oder durch Laparotomie** beseitigt werden, muss der Arzt die Patientin darüber und über die spezifischen Risiken der beiden in Betracht kommenden Möglichkeiten aufklären, sofern keine der beiden Methoden im konkreten Fall eindeutige Vorteile aufweist. Bietet sich die Laparotomie von vornherein als konkrete Alternative mit verschiedenen Belastungen und Erfolgschancen an, muss die Patientin hierüber unterrichtet werden. Es reicht nicht aus, wenn der Arzt die Zyste von vornherein auf laparoskopischem Weg entfernen und nur im Notfall auf eine Laparotomie „umstellen" wollte (OLG Koblenz, Urt. v. 12. 10. 2006 – 5 U 456/06, VersR 2007, 111, 112 = OLGR 2007, 47, 48 = MedR 2007, 175, 176). Eine von der Behandlungsseite behauptete **hypothetische Einwilligung** der Patientin lässt sich dabei nicht allein auf die Erwägung stützen, diese habe eine weniger belastende ambulante Behandlung gewünscht (OLG Koblenz a. a. O.).

(12) Behandlungsalternativen bei Scheidenprolaps

Zur Behebung eines **Scheidenprolaps**, einer Zystocele (Senkung der vorderen   A 1348
Scheidenwand und des Blasenbodens) sowie einer Rectocele (Vorwölbung der Scheidenhinterwand) stehen **unterschiedliche operative Behandlungsmethoden** mit wesentlich unterschiedlichen Risiken und Heilungschancen zur Wahl. Neben einem abdominalen Vorgehen (das im entschiedenen Fall gewählt wurde) kommt zunächst auch eine vaginale Variante in Betracht. Es handelt sich hierbei um einen risikoärmeren Eingriff, der die zusätzlichen Risiken eines abdominalen Vorgehens (hier: Längsschnittnarbe bei adipöser Bauchdecke, Adhäsiolyse mit dem Risiko von Darmverletzungen u. a.) vermeiden kann. Dem gegenüber ist bei einem rein vaginalen Vorgehen die Rezidivgefahr größer, hier können sich auch Beeinträchtigungen für die Ausübung des Geschlechtsverkehrs ergeben. Stehen für den Behandlungsfall danach mehrere medizinisch gleichermaßen indizierte und übliche Methoden zur Verfügung, mit denen **wesentlich unterschiedliche Risiken und Erfolgschancen** verbunden sind, so hat der Arzt die Patientin hierüber aufzuklären und ihr die Wahl der Methode zu überlassen (OLG Zweibrücken, Urt. v. 23. 1. 2007 – 5 U 35/05, MedR 2007, 549, 550).

(13) Nervenschonende, intraoperative Abklärung statt radikaler Tumorentfernung

Ist präoperativ die Diagnose der Bösartigkeit eines Tumors (hier: Verdacht auf   A 1349
Vorliegen einer Lymphknotenzyste eines Primärtumors) nicht gesichert, sondern nur überwiegend wahrscheinlich, muss dem Patienten nach entsprechender Aufklärung die Entscheidung überlassen bleiben, ob er die radikale **Tumorentfernung** unter **Inkaufnahme** von zu **Lähmungserscheinungen** führenden **Nervverletzungen** oder aber eine **intraoperative Abklärung** mit den damit verbundenen Gefahren einer **Streuung** von etwa vorhandenen Krebszellen und einer dann bei Feststellung der Malignität erforderlich werdenden Zweitoperation wünscht, wenn der Tumor im Falle der Gutartigkeit nervenschonend (hier: ohne die Erforderlichkeit der Durchtrennung von Nervengewebe) entfernt werden kann (OLG Köln, Urt. v. 1. 6. 2005 – 5 U 91/03, VersR 2006, 124, 125 = AHRS III, 5000/377).

(14) Unterlassung einer palliativen Chemotherapie

A 1350 Der Arzt ist gehalten, bei krebskranken Patienten den mit der Erkrankung verbundenen psychischen Belastungen Rechnung zu tragen und die Art und Weise der Aufklärung möglichst schonend zu gestalten. Dieses Gebot der Rücksichtnahme auf das Leiden des Patienten und dessen voraussichtlich nur noch kurze Lebenszeit rechtfertigt es jedoch nicht, ihm gänzlich zu verschweigen, dass die **Aussicht** der dann angewandten **Chemotherapie** für den angestrebten palliativen (d. h. nicht zur Heilung führenden) **Erfolg eher gering** einzuschätzen sei. Vielmehr muss auch dem schwer krebskranken, zu Beginn der Chemotherapie noch nicht unter Schmerzen leidenden Patienten erläutert werden, dass die Chemotherapie mit erheblichen Nebenwirkungen verbunden ist bzw. sein kann, die Erfolgsaussichten möglicherweise nur gering einzuschätzen sind und die **Alternative** besteht, den **bestehenden Zustand** des noch schmerzfreien Lebens mit der dann allerdings sicheren Aussicht auf ein qualvolles Lebensende **ohne Anwendung der Chemotherapie noch eine gewisse Zeit erhalten zu können.** Ein **Entscheidungskonflikt** des Patienten ist schlüssig dargelegt, wenn er ausführt, bei korrekter Aufklärung hätte er den Rat anderer Ärzte eingeholt und im Hinblick auf die verhältnismäßig kurze Lebenserwartung möglicherweise auf die palliative Chemotherapie verzichtet, dem Schicksal seinen Lauf gelassen und die noch gegebene beschwerdefreie Zeit ausgeschöpft (OLG Hamburg, Urt. v. 15. 11. 2002 – 1 U 23/02, AHRS III, 4100/312).

(15) Leistenbruch

A 1351 Nach Auffassung des OLG Brandenburg (Urt. v. 15. 7. 2010 – 12 U 232/09, VersR 2011, 267 = GesR 2010, 610) ist **vor einer Leistenbruchoperation über die in Betracht kommenden verschiedenen Operationsmöglichkeiten (mit oder ohne Netzimplantation, konventionell oder in laparoskopischer Technik) aufzuklären**, da es sich um mittlerweile standardmäßige Methoden zur Leistenbruchversorgung handelt, die im Hinblick auf die Möglichkeit eines Rezidivs des Leistenbruchs sowie der auftretenden speziellen Risiken unterschiedlich sind. Es handelt sich um unterschiedliche Standardmethoden der operativen Behandlung mit unterschiedlichen Belastungen und Erfolgschancen, wobei sich hinsichtlich der laparoskopischen Methode gegenüber der konventionellen Methode zusätzliche Risiken ergeben würden, wie etwa durch Hautknistern, Pneumothorax oder eine Luftembolie.

Kommt es kurzfristig zu einem Wechsel der Operationsmethode (hier: Operation in laparoskopischer Technik statt konventionell), ist der **Eingriff von der Einwilligung in die Operation nach der konventionellen Technik nicht gedeckt** (OLG Brandenburg, Urt. v. 15. 7. 2010 – 12 U 232/09, VersR 2011, 267, 268: die Behandlungsseite hatte den aussichtsreich erscheinenden Einwand der „hypothetischen Einwilligung" nicht erhoben!).

A 1352 U. E. ist die **Behandlungsseite ohne konkrete Nachfrage regelmäßig nicht verpflichtet, die Vor- und Nachteile der derzeit gängigen, mindestens fünf Operationsverfahren sowohl in offener als auch laparoskopischer Technik darzustellen.**

Ein bei vergleichbarer Fallkonstellation eingeholtes medizinisches Sachverständigengutachten des Chefarztes einer Universitätsklinik kam in einem Verfahren vor dem LG Ellwangen, dessen **klageabweisendes Urteil** (Urt. v. 27. 7. 2012 – 5 O 216/11, Seite 8/9) rechtskräftig wurde, zum Ergebnis, die laparoskopischen Techniken **(TAPP und TEP) würden gegenüber dem offenen Verfahren sogar wesentliche Vorteile aufweisen,** nämlich ein geringeres Auftreten von chronischen, postoperativen Schmerzen und Operationstraumata, ein wesentlich geringeres Risiko von Nervverletzungen, eine verkürzte Rekonvaleszenzzeit, eine wesentlich kürzere Krankenhausverweildauer, eine deutlich geringere Rate von Taubheitsgefühlen im Bereich der Wunde, bei der TAPP-Operation die Möglichkeit einer sumultanen Beurteilung und Behandlung beider Leistenregionen ohne weitere Hautinzisionen sowie der diagnostischen Laparoskopie und die Möglichkeit, in einem bislang nicht tangierten Kompartment zu operieren (vgl. Pschyrembel, Therapie, 4. Aufl., S. 572, 573; Pschyrembel, 262. Aufl., 2011, S. 850/851 = 264. Aufl. 2013, S. 866, 1202: über 10 OP-Arten).

Allerdings sollte bei jungen Patienten (unter 18 Jahren) und Frauen im gebährfähigen Alter die Implantation von Kunststoffnetzen vermieden werden. In beiden Fällen stellt die „Shouldice-Technik" (Verstärkung der Leistenkanalhinterwand durch Doppelung der Fascia transversalis) in Lokalänästesie eine sinnvolle *(Anm.: und damit aufklärungspflichtige)* Alternative zu den Verfahren mit Netzimplantation dar. Bei der beidseitigen Leistenhernie oder einer Rezidivhernie ist das endoskopische Verfahren (TAPP/transabdominelle präperitoneale Hernioplastik) oder EEHP/endoskopische extraperitoneale Hernioplastik), jeweils mit ca. 10x15 cm großem Netz, vorteilhafter, da über wenige endoskopische Zugänge beide Leisten versorgt werden können (Siewert/Stein, Chirurgie, 9. Aufl. 2012, Seite 829/830).

Einstweilen frei.   A 1353 – A 1369

(16) Stützstrümpfe statt Heparinbehandlung

Ist eine Heparinbehandlung etwa am vierten Tag des Krankenhausaufenthaltes | A 1370
nicht mehr absolut indiziert, muss der Patient über die **Risiken einer Heparinbehandlung** zumindest in den Grundzügen aufgeklärt werden. Zu erwähnen ist jedenfalls das geringe Risiko einer HIT I/II-Erkrankung. Bei der HIT II kommt es bei 0,5–3,0 % aller Fälle zum Abfall der Thrombozytenzahl um mehr als 50 % mit der möglichen Folge thromboembolischer Gefäßverschlüsse.

Das **Tragen von Stützstrümpfen** stellt nach teilweise vertretener Ansicht zwar | A 1371
durchaus eine Alternative zur Heparingabe dar; auf den Einwand der hypothetischen Einwilligung muss der Patient jedoch einen ernsthaften Entscheidungskonflikt plausibel darlegen (OLG Celle, Urt. v. 28. 5. 2001 – 1 U 22/00, AHRS III, 5100/302: ernsthafter Entscheidungskonflikt verneint).

Medizinischer Hintergrund: Gegenüber der Gabe von Heparin und dem Tragen von Stützstrümpfen besteht im Übrigen die **effektivere Möglichkeit, das Heparin abzusetzen und Hirudin oder Danaparoid zu verabreichen** (vgl. Pschyrembel, 261. Aufl., S. 776, 1916 = 264. Aufl. 2013, S. 858, 2085; Pschyrembel, Therapie, 4. Aufl., S. 1035/1036: Gabe von niedermolekularem Heparin wie z. B. Clexane, Fraxiparin, Clivarin).

(17) Anästhesie

A 1372   Kommen für die Operation **zwei unterschiedliche Anästhesiemethoden** in Betracht, wobei die eine bei gedämpftem Bewusstsein das Schmerzgefühl, die andere das Bewusstsein ausschaltet, aber ein spezifisches Risiko beinhaltet, so ist der Patient über die bestehende Alternative aufzuklären (BGH, NJW 1974, 1422; Gehrlein, Rz. C 34).

(18) Gallensteinoperationen

A 1373   Eine laparoskopische Cholezystektomie (operative Entfernung der Gallenblase mit Endoskop, vgl. OLG Brandenburg, NJW-RR 2000, 24 und Bergmann/Müller, MedR 2005, 650 f.; vgl. hierzu → *Klage*, Rz. K 80 ff.) ist zwar nicht mit größeren oder anders gelagerten Risiken verbunden als ein laparotomisches Vorgehen (Bauchschnitt).

A 1374   Der Arzt muss allerdings darauf hinweisen, dass im Falle ungünstiger anatomischer Verhältnisse ein **Wechsel zur konventionellen Methode** erforderlich werden kann (so das OLG Düsseldorf, VersR 2000, 456 = OLGR 1999, 312, 313: kein höheres Risiko; OLG Schleswig, Urt. v. 29. 5. 2009 – 4 U 38/08, OLGR 2009, 594, 596/597: Risiko einer Gallengangsverletzung **nur im Promillebereich höher** als bei der offenen Vorgehensweise/Laparotomie). Einer zwischen den beiden Operationsweisen differenzierenden Aufklärung über das ggf. geringfügig höhere Risiko der Durchtrennung des Gallenganges bedarf es auch nach Auffassung des OLG Schleswig nicht. Jedenfalls kann der Patient einen ernsthaften Entscheidungskonflikt nicht plausibel machen, wenn der Operateur das weniger invasive und zu einer schnelleren Rekonvaleszenz führende laparoskopische Verfahren wählt. Der Operateur ist auch nach dieser Ansicht gehalten, bei auftretenden Schwierigkeiten, z.B. erheblichen Verwachsungen, auf die offene (laparotomische) Vorgehensweise umzusteigen (OLG Schleswig, Urt. v. 29. 5. 2009 – 4 U 38/08, OLGR 2009, 594, 596: Hinweis auf möglichen **Wechsel der OP-Methode und Möglichkeit der Verletzung benachbarter Organe** im entschiedenen Fall erfolgt).

A 1375   Aktuelle Entscheidungen **verneinen auch das Vorliegen eines Behandlungsfehlers**, wenn es bei einer Gallenoperation zur **Durchtrennung des Hauptgallenganges** kommt (OLG Hamm, Urt. v. 28. 11. 2008 – 26 U 28/08, GesR 2009, 247; OLG Schleswig, Urt. v. 29. 5. 2009 – 4 U 38/08, OLGR 2009, 594, 595/596; OLG Oldenburg, Urt. v. 21. 6. 2006 – 5 U 86/04, GesR 2006, 408, 409; auch OLG Hamburg, Urt. v. 19. 11. 2004 – 1 U 84/03, OLGR 2005, 105, 196; **a.A.** noch OLG Hamm, Urt. v. 15. 3. 2000 – 3 U 1/99, OLGR 2000, 322, 323 = VersR 2001, 65, 66). **Der Operateur ist nach dem medizinischen Standard auch nicht verpflichtet, den Gallenblasengang bis zur Einmündung frei zu präparieren** (OLG Hamm, a.a.O.; OLG Schleswig a.a.O.; ebenso OLG Oldenburg a.a.O.: Fehlplatzierung eines Clips ohne vorherige genügende sorgfältige Präparation kein Behandlungsfehler; **a.A.** noch OLG Brandenburg, NJW-RR 2000, 24, 26 = OLGR 1999, 96, 98; vgl. Rz. G 723 ff., G 770 ff.).

A 1375a   Vor einer Gallenoperation zur Entfernung der Gallenblase ist der Patient aber auf das sehr seltene, jedoch schwerwiegende Risiko des Auftretens einer **Bauch-**

speicheldrüsenentzündung hinzuweisen, auch wenn diese erst im Rahmen einer Folgeoperation nach Entfernung der Gallenblase (Choledochusrevision) infolge der aggressiven Manipulation an den Gallenwegen auftreten kann (BGH, VersR 1996, 330, 332 = NJW 1996, 779, 781: bei Zurückweisung an das OLG Koblenz offengelassen, ob sich der Patient auf einen „ernsthaften Entscheidungskonflikt" berufen kann, wovon u. E. jedoch auszugehen ist).

(19) Behandlungsalternativen bei Colitis ulcerosa (Darmerkrankung)

Besteht bei einer Operation das erhebliche Risiko, dass die Krankheit nach dem Eingriff wieder ausbricht (hier: Befall des bislang gesunden Darmabschnitts mit Colitis ulcerosa nach Entfernung eines erkrankten Abschnitts), ist der Patient hierauf hinzuweisen. In einem solchen Fall muss der Arzt den Patienten darüber aufklären, dass als ernsthafte Alternative die **Entfernung des gesamten Darms** und die Anlage eines künstlichen Darmausgangs in Betracht kommt (OLG München, Urt. v. 3. 8. 2006 – 1 U 5775/05, OLGR 2007, 205, 206). A 1376

Der vom Patienten behauptete **ernsthafte Entscheidungskonflikt ist jedoch nicht plausibel**, wenn er wegen der Erkrankung unter einem erheblichen Leidensdruck stand und/oder die nichterwähnte Behandlungsalternative ganz erhebliche Nachteile aufweist (OLG München, a. a. O.). A 1377

(20) Bildung und Verwendung von Eigenblutkonserven; HIV-Infektion

Der Patient muss über eine mögliche Behandlungsalternative durch Bildung und Verwendung von **Eigenblutkonserven** aufgeklärt werden, um eine Hepatitis B- oder HIV-Infektion zu vermeiden (OLG Köln, VersR 1997, 1534; OLG Hamm, VersR 1995, 709; auch BGH, NJW 1992, 743 und BGH, Urt. v. 14. 6. 2005 – VI ZR 179/04, VersR 2005, 1238, 1240 = MedR 2005, 403, 405). A 1378

Eine Aufklärungspflicht entfällt jedoch, wenn aus ex-ante-Sicht eine Bluttransfusion nicht ernsthaft in Betracht kommt (BGH, NJW 1992, 743; OLG Zweibrücken, NJW-RR 1998, 383), etwa wenn bei dem Patienten infolge zunächst nicht vorhersehbarer Blutungen ein erheblicher Blutverlust eingetreten war (OLG Düsseldorf, VersR 1996, 1240) oder die Alternative Eigenbluttransfusion wegen unzureichender Hämoglobinkonzentration des Eigenblutes sogar kontraindiziert ist (OLG Köln, VersR 1997, 1534, 1535). In einem solchen Fall ist der behauptete Entscheidungskonflikt des Patienten auch nicht plausibel (OLG Köln, VersR 1997, 1534, 1535). A 1379

Die behandelnden Ärzte sind auch verpflichtet, den zahlreiche Bluttransfusionen erhaltenden Patienten auf die Möglichkeit einer HIV-Infektion hinzuweisen und ihm jedenfalls im Rahmen der Sicherheitsaufklärung **vorsorglich zu einem HIV-Test zu raten** (BGH, Urt. v. 14. 6. 2005 – VI ZR 179/04, VersR 2005, 1238, 1240 = MedR 2005, 403, 405). A 1380

Ist eine präoperative Sicherungsaufklärung (therapeutische Aufklärung) etwa wegen der Unansprechbarkeit des schwer verunfallten Patienten nicht möglich, wandelt sich die Aufklärungsverpflichtung des Arztes jedenfalls bei für den Patienten und dessen Kontaktpersonen lebensgefährlichen Risiken zu einer **Pflicht** A 1381 zur nachträglichen Sicherungsaufklärung. Auch ein im Behandlungszeitpunkt noch nicht bekannter Ehepartner des Patienten ist in den Schutzbereich der Pflicht zur nachträglichen Sicherungsaufklärung über die Gefahr einer HIV-Infektion einbezogen (BGH, Urt. v. 14. 6. 2005 – VI ZR 179/04, VersR 2005, 1238, 1240 = MedR 2005, 403, 405 f.).

(21) Kaiserschnitt statt vaginaler Entbindung

A 1382 Die Entscheidung über das ärztliche Vorgehen, eine Geburt vaginal oder mittels Kaiserschnitts (Sectio) durchzuführen, ist primär Sache des Arztes.

In einer normalen Entbindungssitutation muss der Arzt grundsätzlich nicht auf die Möglichkeit einer Schnittentbindung hinweisen. Auch eine vorgezogene Aufklärung über die unterschiedlichen Risiken der verschiedenen Entbindungsmethoden (vaginale Entbindung, ggf. mit Vakuumextraktion und Sectio) ist nicht bei jeder Geburt erforderlich, selbst dann noch nicht, wenn nur die theoretische Möglichkeit besteht, dass im weiteren Verlauf eine Konstellation eintreten kann, die als relative Indikation für eine Sectio zu werten ist (BGH, Urt. v. 17. 5. 2011 – VI ZR 69/10, MDR 2011, 914 = VersR 2011, 1146, 1147, Nr. 10, 11).

Eine Aufklärung ist jedoch erforderlich und muss dann bereits zu einem Zeitpunkt vorgenommen werden, zu dem sich die Patientin noch in einem Zustand befindet, in dem diese Problematik mit ihr besprochen werden kann, wenn sich **eine Risikogeburt konkret abzeichnet bzw. dem Kind bei Durchführung oder Fortsetzung der vaginalen Entbindung ernst zu nehmende Gefahren drohen** und eine Sectio auch unter Berücksichtigung der Konstitution und der Befindlichkeit der Mutter eine medizinisch verantwortbare Alternative darstellt (BGH, Urt. v. 17. 5. 2011 – VI ZR 69/10, VersR 2011, 1146, 1147, Nr. 10, 11; BGH, Urt. v. 14. 9. 2004 – VI ZR 186/03, NJW 2004, 3703, 3704 = VersR 2005, 227, 228 = GesR 2005, 21, 22; BGH, Urt. v. 25. 11. 2003 – VI ZR 8/03, VersR 2004, 645, 647 = GesR 2004, 132, 135; BGH, VersR 1993, 835, 836: 4 200 g geschätztes Geburtsgewicht, zwei große Kinder vorgeboren; BGH, NJW 1993, 2372 = VersR 1993, 703; OLG Düsseldorf, Urt. v. 31. 1. 2008 – I-8 U 149/06, OLGR 2009, 137 f.; OLG München, Urt. v. 29. 1. 2009 – 1 U 3836/05, juris, Nr. 70, 71, 72; OLG Karlsruhe, Urt. v. 22. 12. 2004 – 7 U 4/03, VersR 2006, 515 und OLG Karlsruhe, Urt. v. 30. 9. 2005 – 7 U 96/04, AHRS III, 4490, 312: Anzeichen für eine fetale Gefährdung im CTG bzw. übergroßes Kind zu erwarten; OLG Karlsruhe, Urt. v. 31. 7. 2013 – 7 U 91/12, juris, Nr. 9, 11, 13).

A 1383 Dies gilt umso mehr, wenn sich die Mutter vor der Entbindung wegen der geringeren Risiken für das Kind und trotz des erörterten höheren Risikos für sich selbst zu einer Schnittentbindung bereit gefunden hatte (BGH, MDR 1989, 437 = NJW 1989, 1538; OLG Karlsruhe, Urt. v. 22. 12. 2004 – 7 U 4/03, VersR 2006, 515; OLG Koblenz NJW-RR 2002, 310, 311: Erhöhtes Risiko für das Kind bei Vaginalgeburt).

A 1384 Eine Konstellation, bei der die Mutter über die Möglichkeit einer Sectio aufgeklärt werden muss, ist etwa dann gegeben, wenn bei einer **bereits deutlich verlängerten Geburtsdauer eine Serie von mindestens drei Dezelerationen der feta-**

len Herzfrequenz mit einer Gesamtdauer von knapp zehn Minuten aufgetreten und ein erster Versuch einer Vakuumextraktion misslungen ist (BGH, Urt. v. 17. 5. 2011 – VI ZR 69/10, VersR 2011, 1146, 1147, Nr. 11, 13, 15, 16; auch OLG Karlsruhe, Urt. v. 30. 9. 2005 – 7 U 96/04, AHRS III, 4490/312: deutliche Anzeichen für eine fetale Gefährdung im CTG).

Andererseits wird die – ggf. **„vorsorgliche" – Aufklärung** der werdenden Mutter   A 1385
über die Möglichkeit einer Sectio als Alternative zur vaginalen Geburt, bevor etwa nach Durchführung einer Ultraschalluntersuchung ein konkreter Anlass hierzu besteht, **nicht für erforderlich** (OLG Bamberg, Beschl. v. 28. 7. 2008 – 4 U 115/07, VersR 2009, 259 = OLGR 2008, 784, 786) **oder sogar für unzureichend gehalten, da das Gespräch zu diesem Zeitpunkt weitgehend theoretisch bleibt** (OLG Karlsruhe Urt. v. 22. 12. 2004 – 7 U 4/03, OLGR 2005, 273, 274: Aufklärung muss in dem Zeitpunkt erfolgen, in dem sie konkret veranlasst ist).

Dies gilt selbst dann, wenn bei einem vorgeborenen Kind eine Schulterdystokie   A 1386
(SD) aufgetreten ist und die Schwangere von ihrer Frauenärztin zur Abklärung der Notwendigkeit einer vorzeitigen Geburtseinleitung wegen einer „Gestose-symtomatik" und „kräftigem Feten" in ein Krankenhaus eingeliefert worden ist, aufgrund der erhobenen Befunde eine EPH-Gestose ausscheidet und das sachgemäß ermittelte, voraussichtliche Geburtsgewicht ca. 3 500 g, das tatsächliche Gewicht dann 5 270 g beträgt (OLG Bamberg, Beschl. v. 28. 7. 2008 – 4 U 115/07, OLGR 2008, 784, 786 = GesR 2008, 594, 596 f. = VersR 2009, 259, 260).

Der BGH hat unter Aufhebung eines gegenteiligen OLG-Urteils erneut klar-   A 1387
gestellt, dass es sich bei der Aufklärung der werdenden Mutter nicht um einen Fall der Sicherheits- oder therapeutischen Aufklärung mit der Folge einer Beweisbelastung der Schwangeren für die Nichterteilung des Hinweises handelt, sondern um einen Fall der **Eingriffs- oder Risikoaufklärung**, im Rahmen derer dem Arzt die Beweislast für die Erfüllung dieser Aufklärungspflicht obliegt (BGH, Urt. v. 14. 9. 2004 – VI ZR 186/03, NJW 2004, 3703, 3704 = VersR 2005, 227, 228).

Einstweilen frei.   A 1388 – A 1389

Wurde mit einer schwangeren Patientin im Rahmen der vorgeburtlichen Aufklä-   A 1390
rung bei bestehender, relativer Indikation für einen Kaiserschnitt vereinbart, zunächst primär eine Vaginalgeburt anzustreben, ist es der Patientin unbenommen, das festgelegte Entbindungskonzept zu ändern und im Falle einer hierfür entstehenden medizinischen Notwendigkeit (relative Indikation) unmittelbar die Vornahme einer Sectio zu verlangen. Zur Änderung des festgelegten Entbindungskonzepts durch die Patientin ist aber eine **ausdrückliche und eindeutige Distanzierung von dem ursprünglich vereinbarten Konzept erforderlich, aus der für die Behandlerseite deutlich wird, dass die zunächst erklärte Einwilligung für eine Vaginalgeburt nicht mehr besteht** (OLG Hamm, Beschl. v. 9. 5. 2011 – I 3 U 75/10, GesR 2011, 474; Baur, VRiOLG a. D., GesR 2011, 577, 580).

Soll die Geburt **in Abweichung von der verabredeten oder bereits relativ indizier-   A 1391
ten Sectio vaginal** erfolgen, ist der Arzt verpflichtet, die Patientin vorab **über die unterschiedlichen Risiken und Erfolgschancen über die zur Wahl stehenden Ent-**

bindungsmethoden zu belehren, so etwa über das Risiko einer Hirnschädigung bei vaginaler Steißlagengeburt (OLG Stuttgart, VersR 1991, 1141), die **Gefahr einer Schulterdystokie (SD)**, also einen gestörten Geburtsverlauf, bei dem die vordere Schulter nach Geburt des kindlichen Kopfes am Becken oder Schambein hängen bleibt, was oftmals zu Schädigungen der Nervenwurzeln im Schulter-Arm-Bereich des Kindes führt (OLG Hamm, VersR 1997, 1403; OLG Stuttgart, VersR 1989, 519, 520: im konkreten Fall verneint) **oder einer Armplexus-Parese** (OLG Düsseldorf, VersR 2003, 114, 115: Plexus-Lähmung nach „Kristellern"; OLG Hamm, Urt. v. 24. 4. 2002 – 3 U 8/01, VersR 2003, 1312, 1313: Plexus-Schaden bei Durchführung der vaginalen Entbindung; OLG Karlsruhe, Urt. v. 22. 12. 2004 – 7 U 4/03, VersR 2006, 515: inkomplette Lähmung des rechten Arms; OLG Koblenz, Urt. v. 4. 12. 2003 – 5 U 234/03: Plexus-Schaden, „Kristellern" aber rechtzeitig eingestellt; OLG Koblenz, Urt. v. 17. 4. 2001 – 3 U 1158/96, OLGR 2002, 69, 70: Plexus-Schaden nach vorliegenden Risikofaktoren; OLG Karlsruhe, Urt. v. 26. 10. 2005 – 7 U 159/04, AHRS III, 6570/331: Kristeller-Handgriff bei hoher SD grob fehlerhaft).

A 1392   **Allein der Umstand, dass ein „großes Kind" mit einem Geburtsgewicht von 4 000 g und mehr zu erwarten und möglicherweise mit einer Risikogeburt zu rechnen ist, stellt per se noch keine Indikation für einen Kaiserschnitt und damit für das Bestehen einer Aufklärungspflicht dar** (BGH, Urt. v. 25. 11. 2003 – VI ZR 8/03, VersR 2004, 645, 647; OLG Bamberg, Beschl. v. 28. 7. 2008 – 4 U 115/07, OLGR 2008, 784, 786 = VersR 2009, 259, 260: ohne sonstige Komplikationen Aufklärung **nur bei zu erwartenden 4 500 g oder mehr**; OLG Düsseldorf, Urt. v. 31. 1. 2008 – I-8 U 149/06, OLGR 2009, 137, 138: errechnet 4 000 g, tatsächlich dann 4 800 g; OLG Düsseldorf, Urt. v. 10. 1. 2002 – 8 U 49/01, VersR 2003, 114, 115: weniger als 4 500 g, im entschiedenen Fall 4 000 g bis 4 200 g; OLG Düsseldorf, Urt. v. 23. 5. 2002 – 8 U 176/01, AHRS III, 2500/331; OLG Frankfurt, Urt. v. 24. 1. 2006 – 8 U 102/05, NJW-RR 2006, 1171, 1172: **geschätzt 3 900 g, tatsächlich dann 4 900 g**; OLG Koblenz, Urt. v. 17. 4. 2001 – 3 U 1158/96, OLGR 2002, 69, 70 = NJW-RR 2002, 310, 311; OLG Koblenz, Urt. v. 18. 5. 2006 – 5 U 330/02, NJW-RR 2006, 1172, 1173: errechnet 3 500 g, tatsächlich dann 4 720 g; OLG Koblenz, Urt. v. 12. 6. 2008 – 5 U 1198/07, OLGR 2008, 676, 677 = VersR 2009, 70, 71: **errechnet weniger als 4 000 g, tatsächlich 4 630 g**; OLG Köln, Urt. v. 17. 4. 2002 – 5 U 131/01, AHRS III, 5000/335: **ca. 4 000 g bei erheblichem Bluthochdruck, Adipositas und Diabetes der Mutter zu erwarten, keine Aufklärungspflicht**; OLG Schleswig, Urt. v. 12. 1. 2000 – 4 U 71/97, AHRS III, 4490/301 = VersR 2000, 1544: 4 000 g, eher mehr zu erwarten; OLG Stuttgart, Urt. v. 25. 5. 2004 – 1 U 5/04, S. 9: **geschätzte 4 000 g begründen noch keine Indikation für eine Sectio**; OLG Stuttgart, Urt. v. 29. 5. 2007 – 1 U 28/07, VersR 2007, 1417, 1418: **geschätzte 3 900 g bei Adipositas, erhöhten Harnzuckerwerten der Mutter, keine Aufklärungspflicht**; OLG Karlsruhe, Urt. v. 30. 9. 2005 – 7 U 96/04, AHRS III, 4490, 312: wenn sich aus dem CTG Anzeichen für eine fetale Gefährdung ergeben, **nicht bereits dann, wenn der geburtsleitende Arzt nicht mit einem Gewicht von mehr als 4 500 g rechnete bzw. rechnen musste**).

A 1393   Liegen **keine weiteren Risikofaktoren** vor, ist eine entsprechende Aufklärung der Schwangeren nach der neueren Rechtsprechung sogar erst bei einem **geschätzten Geburtsgewicht von 4 500 g und mehr** (übergroßes Kind) geboten (OLG Bamberg,

Beschl. v. 28. 7. 2008 – 4 U 115/07, OLGR 2008, 784, 786 = VersR 2009, 259, 260 = GesR 2008, 594, 596; OLG Düsseldorf, Urt. v. 31. 1. 2008 – I-8 U 149/06, OLGR 2009, 137, 138; OLG Düsseldorf, Urt. v. 30. 11. 2000 – 8 U 157/99, AHRS III, 2500/311; OLG Düsseldorf, Urt. v. 10. 1. 2002 – 8 U 49/01, OLGR 2002, 349, 350; OLG Köln, Urt. v. 17. 4. 2002 – 5 U 131/01, AHRS III, 5000/335; OLG München, Urt. v. 11. 1. 2007 – 1 U 3974/99, juris, Nr. 227, 230, 232, 233, 237, 342, 343, 344, 348; OLG München, Urt. v. 29. 6. 2006 – 1 U 2132/05, OLGR 2007, 266, 267; OLG Stuttgart, Urt. v. 29. 5. 2007 – 1 U 28/07, VersR 2007, 1417, 1418).

(aa) Aufklärungspflicht bejaht

In folgenden Fällen hat die – nicht ganz einheitliche (vgl. Rz. A 1420 ff.) – Rechtsprechung eine **Kaiserschnittentbindung** wegen ernst zu nehmender Gefahren für das Kind als eine **aufklärungspflichtige, echte Alternative** gegenüber der vaginalen Entbindung angesehen: **A 1394**

– Eine Konstellation, in der sich die Notwendigkeit oder zumindest die relative Indikation einer Sectio ergibt, liegt vor, wenn bei einer bereits **deutlich verlängerten Geburtsdauer eine Serie von mindestens drei Dezelerationen der fetalen Herzfrequenz mit einer Gesamtdauer von knapp zehn Minuten auftritt** und ein erster Versuch einer Vakuumextraktion misslungen ist (BGH, Urt. v. 17. 5. 2011 – VI ZR 69/10, VersR 2011, 1164, Rz. 13, 15, 16). **A 1395**

– Liegen deutliche Anzeichen für eine **Makrosomie** vor, etwa bei einem zu erwartenden **Geburtsgewicht** von „nicht wesentlich mehr als **4500 g**" (tatsächlich dann 5400 g), wobei **die Schwangere adipös ist** (hier: 82 kg), eine **außergewöhnliche Gewichtszunahme** (hier: 28,7 kg) während der Schwangerschaft und/oder eine **schwere Gestose** (hier: massive Ödemen, stark erhöhte Eiweißwerte im Urin, deutlich erhöhter Blutdruck), muß der Hinweis auf die **Möglichkeit der Sectio** erfolgen. Jeder der genannten Umstände führt bereits für sich allein zu einer Erhöhung mit der Geburt verbundenen Gefahren, insbesondere dem Risiko der **Schulterdystokie**. Diese Gefahrerhöhung wird noch verstärkt, wenn nicht auszuschließen ist, dass die Schwangere an **Diabetes** leidet (OLG Koblenz, Urt. v. 17. 4. 2001 – 3 U 1158/96, AHRS III, 5000/318 = OLGR 2002, 69, 70). **A 1396**

– Beträgt das **geschätzte Geburtsgewicht mehr als 4500 g, wobei weitere Risikofaktoren hinzukommen** (OLG München, Urt. v. 29. 6. 2006 – 1 U 2132/05, OLGR 2007, 266, 269: mehr als 4500 g, erhebliches Übergewicht der Mutter, pathologisches CTG und/oder Gestose, Aufklärungspflicht im konkreten Fall aber verneint; OLG Stuttgart, Urt. v. 29. 5. 2007 – 1 U 28/07, VersR 2007, 1417, 1418: Adipositas, erhöhte Gewichtszunahme u. a.; Haftung im konkreten Fall verneint; OLG Düsseldorf, Urt. v. 31. 1. 2008 – I-8 U 149/06, OLGR 2009, 137, 138: Geburtsgewicht 4800 g, geschätztes Gewicht 4000 g, Gewichtszunahme bei 1,63 m um 17 kg auf 81 kg, Gestationsdiabetes und/oder verminderte Glukosetoleranz in der Schwangerschaft, Anspruch im entschiedenen Fall aber verneint), ist grundsätzlich ein Hinweis auf die Möglichkeit einer Schnittentbindung notwendig. Gleiches gilt, wenn die Mutter deutlich **A 1397** übergewichtig und bei vorliegendem Risikositus mit der Geburt eines „übergroßen Kindes" von **mehr als 4500 g** zu rechnen ist (BGH, VersR 1992, 237), oder wenn das geschätzte Geburtsgewicht **4200 g** beträgt, die Mutter zwei Jahre zuvor ein Kind mit **4130 g nach Kaiserschnitt** bei eingetretenem Geburtsstillstand geboren hatte und erhebliche Anzeichen für ein **relatives Kopf-Becken-Missverhältnis vorliegen** (BGH, NJW 1993, 1524, 1526).

A 1398 – A 1399   Einstweilen frei.

A 1400   – Wird das Geburtsgewicht mit voraussichtlich **mehr als 4000 g** berechnet und hatte die Schwangere hat **schon zuvor ein makrosomes Kind geboren**, wobei es zum Eintritt einer Schulterdystokie (SD) kam (OLG Dresden, Urt. v. 20. 9. 2001 – 4 U 1598/00, AHRS III, 2500/320: über 4500 g, mütterliche Diabetes, verlängerte Geburtsphasen oder voraugegangene SD; OLG Stuttgart, Urt. v. 11. 1. 2000 – 14 U 14/99, AHRS III, 4490/300 = OLGR 2001, 394 – aber überholt durch Urt. v. 29. 5. 2007 – 1 U 28/07, VersR 2007, 1417, 1418: mehr als 4000 g, SD bei früherer Geburt; OLG Bamberg, Urt. v. 5. 2. 2001 – 4 U 247/99, AHRS III, 5000/314: bei vorangegangener SD um ca. 17 % erhöhte Gefahr), ist die Aufklärung erforderlich.

A 1401   – Dies auch dann, wenn mit der Geburt eines **über 4000 g** schweren Kindes zu rechnen ist, dessen vorangegangenes Geschwisterkind bei einem Gewicht von **4200 g eine Erb'sche Lähmung mit Schulterdystokie** erlitten hatte (OLG Köln, VersR 1998, 1156; OLG Dresden, Urt. v. 20. 9. 2001 – 4 U 1598/95, AHRS III, 5000/328).

A 1402   – Wird das geschätzte **Geburtsgewicht mit weniger als 4000 g** berechnet (tatsächliches Geburtsgewicht: 5070 g), aber sind die **CTG-Werte nicht nur kurzfristig pathologisch** (OLG Hamm, Urt. v. 24. 4. 2002 – 3 U 8/01, VersR 2003, 1312, 1313: CTG mehr als zwanzig Minuten pathologisch; OLG Karlsruhe, Urt. v. 15. 8. 2001 – 7 U 129/99, AHRS III, 5000/326: CTG nicht nur kurzfristig pathologisch; vgl. auch BGH, Urt. v. 17. 5. 2011 – VI ZR 69/10, VersR 2011, 1164, Nr. 13, 15, 16: mehrere Dezelerationen über ca. 10 Min.), muss der Hinweis auf die **Möglichkeit der Sectio** erfolgen. Sind die kindlichen **Herzfrequenzen wehensynchron und ohne pathologische Zeichen, erfordert andererseits allein der Stillstand der Geburt noch keinen sofortigen Kaiserschnitt** (OLG Koblenz, Urt. v. 5. 8. 2004 – 5 U 250/04, GesR 2004, 496).

A 1403   – Bestehen bei **zu erwartenden 4000 g oder mehr erhebliche Anzeichen für ein zumindest relatives Kopf-Becken-Missverhältnis** (BGH, NJW 1993, 1524; OLG Dresden, Urt. v. 20. 9. 2001 – 4 U 1598/95, AHRS III, 5000/328), eine subklinische **diabetische Stoffwechselstörung der Mutter** (OLG Hamm, VersR 1997, 1403; OLG Dresden, a. a. O.) oder bei einer relativ **kleinen Mutter mit vorausgegangenem Kaiserschnitt der Verdacht auf ein relatives Missverhältnis zwischen Kindsgröße und Geburtsweg** vor (OLG Köln, VersR 1988, 1185; OLG Dresden a. a. O.), muss über die Möglichkeit einer Sectio aufgeklärt werden.

A 1404   – Gleiches gilt, wenn eine **Beckenendlage, ggf. mit weiteren Risikofaktoren**, vorliegt. In der Rechtsprechung wird das Bestehen einer Aufklärungspflicht überwiegend **bereits bei bloßem Bestehen einer Beckenendlage bzw. einer Steiß-Fuß-Lage** angenommen (OLG Nürnberg, Urt. v. 15. 2. 2008 – 5 U 103/06, VersR 2009, 71, 72 im Anschluss an BGH, VersR 1992, 237: Beckenendlage bzw. Steiß-Fuß-Lage; OLG München, Urt. v. 29. 1. 2009 – 1 U 3836/05, juris, Nr. 70, 71, 72 und Urt. v. 23. 7. 1998 – 24 U 741/97: **Aufklärungspflicht, wenn sich der Kopf des Kindes in der Beckenmitte** befindet; OLG Celle, VersR 1995, 462: Beckenendlage ohne weitere Risikofaktoren; OLG Frankfurt, Urt. v. 24. 1. 2006 – 8 U 102/05, NJW-RR 2005, 1171, 1172: Beckenendlage und geschätztes Geburtsgewicht von mehr als 4 000 g; OLG Köln, VersR 1996, 586: Beckenend- und Fußlage; OLG Düsseldorf, VersR 1998, 364 und VersR 1995, 1317 sowie G/G, 6. Aufl., Rz. C 35: **Steiß-Fuß-Lage**; a. A. OLG Hamm, VersR 1983, 565 bei Beckenendlage ohne weitere Risikofaktoren Aufklärungspflicht verneint; OLG München, Urt. v. 11. 1. 2007 – 1 U 3974/99, juris, Nr. 297 und OLG Karlsruhe, Urt. v. 31. 7. 2013 – 7 U 91/12, juris, Nr. 13, 14: **kein Umsteigen auf Sectio, wenn der Kopf schon in die Beckenmitte oder den Beckenausgang eingetreten ist**).

Medizinischer Hintergrund: Bei einer **Beckenendlage (BEL)** ist die operative Therapie (Sectio) insbesondere bei einer in Gang befindlichen Geburt vor der 34.+0. SSW (Frühgeburt) bzw. bei einem fetalen Schätzgewicht von weniger als 2000 g oder mehr als 3500 g sowie auch auf Wunsch der Mutter indiziert und damit auch aufklärungspflichtig. Ansonsten kommt eine vaginale Entbindung mittels Bracht-Manualhilfe bzw. der Veit-Smellic-Handgriff und/oder die Armlösung bzw. bei abgeschlossener 36. SSW, intakter Fruchtblase ohne zervixwirksame Wehentätigkeit unter CTG-Überwachung auch eine äußere Wendung in Betracht (Pschyrembel, Therapie, 4. Aufl., S. 138/139).   A 1405

– Das Risiko des beabsichtigten ärztlichen Vorgehens – Fortsetzung der eingeleiteten vaginalen Entbindung bzw. Zangenentbindung – muss der Patientin jedenfalls dann erläutert werden, wenn bei einer **Zwillingsschwangerschaft mit Beckenendlage die Herzfrequenz des Kindes nicht darstellbar und kaum Fruchtwasser** vorhanden ist (BGH, Urt. v. 14. 9. 2004 – VI ZR 186/03, VersR 2005, 227, 228).   A 1406

Bei einer **Beckenendlage** ist eine Sectio auch indiziert und damit aufklärungspflichtig, wenn bei dem Kind eine **Diskrepanz zwischen Kopf und Rumpf und/oder eine Hyperextension des Kopfes** nicht ausgeschlossen werden kann (OLG Hamm, VersR 1989, 255), die 38-jährige Mutter zuvor bereits eine **Fehlgeburt erlitten** und sich wegen der gesteigerten Risiken **zu einer Sectio bereitgefunden** hatte (BGH, VersR 1989, 253 und OLG Stuttgart, VersR 1991, 1141: Beckenendlage und Sectio vereinbart), wenn der **Kopf des Kindes noch im Beckeneingang** steht und Hinweise auf eine **Beckenverengung** bestehen (OLG Stuttgart, VersR 1999, 582: Schwangere erhielt ohnehin eine Vollnarkose).   A 1407

Nimmt der die Geburt leitende Arzt bei einer **Beckenendlage** in der Form einer **reinen Fußlage** die Geburt durch ganze Extraktion anstelle eines Kaiserschnitts vor, liegt – unabhängig vom Bestehen eines Aufklärungsversäumnisses – ein **Behandlungsfehler** vor, wenn sich der kindliche Steiß noch nicht hinreichend gesenkt hatte (BGH, MDR 1993, 123).   A 1408

A 1409   Bei Verdacht auf eine **Beckenendlage** ist es sogar **grob fehlerhaft**, wenn der betreuende Arzt vor der Entscheidung für eine vaginale Entbindung nicht durch Ultraschall das Vorliegen eines etwaigen **Missverhältnisses zwischen Kopf und Rumpf** des Kindes ausschließt. Kann dies nach Vornahme der gebotenen Untersuchungen nicht sicher ausgeschlossen werden, ist die **Sectio bei Beckenendlage indiziert** (OLG Hamm, VersR 1989, 255). Bei einem **Geburtsstillstand in Beckenmitte** kommt eine Beendigung der Geburt mittels Sectio jedoch nicht mehr in Betracht (OLG Hamm, VersR 1990, 51; VersR 1990, 201; OLG München, Urt. v. 11. 1. 2007 – 1 U 3974/99, juris, Nr. 297: kein Umsteigen auf Sectio, wenn der Kopf schon in die Beckenmitte eingetreten ist).

A 1410   – Auf die Möglichkeit einer Sectio muss jedenfalls bei **Hinzutreten weiterer typischer Risikofaktoren** hingewiesen werden, etwa wenn Zeichen einer **chronischen oder akuten Plazentainsuffizienz** bestehen bzw. wenn die **Tragezeit weniger als 36 Wochen** (OLG Celle, Urt. v. 5. 7. 1993 – 1 U 50/91; Pschyrembel, Therapie, 4. Aufl.: 34 + 0 SSW) oder das geschätzte Geburtsgewicht **bei Beckenendlage mehr als 4 000 g** beträgt (OLG Frankfurt, Urt. v. 24. 1. 2006 – 8 U 102/05, NJW-RR 2005, 1171, 1172: im entschiedenen Fall verneint; Pschyrembel, Therapie, 4. Aufl.: weniger als 2 000 g oder mehr als 3 500 g), bei einer **Makrosomie des Feten und erheblichen Anzeichen für ein zumindest relatives Kopf-Becken-Missverhältnis** (BGH, NJW 1993, 1524 und OLG Dresden, Urt. v. 20. 9. 2001 – 4 U 1598/95, AHRS III, 5000/328) oder bei einer Makrosomie des Feten mit subklinischer diabetischer Stoffwechselstörung der Mutter (OLG Hamm, VersR 1997, 1403 und OLG Dresden, a. a. O.).

A 1411   – Auch bei einer **Hinterhauptlage** ist ein Hinweis auf die Möglichkeit einer Sectio (nur) erforderlich, wenn trotz regelmäßiger Wehentätigkeit kein Geburtsfortschritt zu erwarten ist (OLG Odenburg, Urt. v. 5. 4. 2006 – 5 U 91/05, AHRS III, 4490/313).

A 1412   – Bei der Mutter und dem ungeborenen Kind vorliegende Risikofaktoren (hier: Diabetes, Adipositas, Gestose, Makrosomie) stellen grundsätzlich keine absolute Indikation für eine Sectio dar, über die als solche aufzuklären wäre. Ist jedoch **der Rumpf zum Kopf deutlich disproportioniert (hier: BIP 89 mm, Kopfumfang 34 cm), stellt die Sectio eine aufklärungspflichtige Alternative gegenüber einer vaginalen Geburt dar** (OLG Düsseldorf, Urt. v. 7. 12. 2006 – I 8 U 83/05, AHRS III, 5000/391).

A 1413 – A 1419   Einstweilen frei.

(bb) Aufklärungspflicht verneint

A 1420   In folgenden Fällen wurde eine **Aufklärungspflicht** über die Möglichkeit einer Schnittentbindung in der – teilweise divergierenden – obergerichtlichen Rechtsprechung **verneint**:

A 1421   – Allein der Umstand, dass ein „großes Kind" mit **4 000 g oder mehr** zu erwarten ist, stellt noch keine Indikation für eine Sectio dar. Vielmehr besteht eine Aufklärungspflicht nur dann, wenn entweder ein **„übergroßes Kind" mit 4 500 g** oder mehr zu erwarten ist und/oder wenn **weitere Risikofaktoren hinzutreten**

(BGH, Urt. v. 25. 11. 2003 – VI ZR 8/03, VersR 2004, 645, 647 unter Aufhebung von OLG Frankfurt, OLGR 2003, 55, 59: **großes Kind über 4000 g allein keine Indikation zur Sectio**; OLG Bamberg, Beschl. v. 28. 7. 2008 – 4 U 115/07, OLGR 2008, 784, 786 = VersR 2009, 259; OLG Düsseldorf, VersR 2003, 114, 115: **weniger als 4500 g, im entschiedenen Fall 4200 g**; OLG Düsseldorf, Urt. v. 31. 1. 2008 – I-8 U 149/06, OLGR 2009, 137, 138: **geschätzt 4000 g, tatsächlich 4800**; OLG Oldenburg, Urt. v. 18. 9. 2001 – 5 U 81/97, VersR 2002, 1028, 1029: „deutlich erkennbare Risikokonstellation" erforderlich; OLG Stuttgart, Urt. v. 25. 5. 2004 – 1 U 5/04, S. 9: **Schätzgewicht ca. 4000 g, tatsächliches Gewicht 4640 g, keine Aufklärungspflicht**; OLG Hamm, Urt. v. 20. 10. 1999 – 3 U 158/98, VersR 2001, 247 = OLGR 2001, 8: ca. 4000 g; OLG Schleswig, Urt. v. 12. 1. 2000 – 4 U 71/97, AHRS III, 4490/301 = VersR 2000, 1544: „4000 g, eher mehr"; OLG Frankfurt, Urt. v. 24. 1. 2006 – 8 U 102/05, NJW-RR 2006, 1171, 1172: **Schätzgewicht 3900 g, Geburtsgewicht 4900 g**; OLG Koblenz, Urt. v. 12. 6. 2008 – 5 U 1198/07, OLGR 2008, 676, 677 = VersR 2009, 70, 71: **geschätzt unter 4000 g, tatsächlich 4630 g**).

– Ist die Geburt des ersten Kindes wegen eines protahierten Geburtsverlaufs durch Sectio erfolgt, so ist allein deshalb bei der Geburt des zweiten Kindes noch keine Indikation für einen Kaiserschnitt gegeben, wenn das geschätzte Geburtsgewicht **unter 4000 g** (hier: 3895 g) liegt (OLG Düsseldorf, Urt. v. 23. 5. 2002 – 8 U 176/01, AHRS III, 2500/331). A 1422

– Bei einem zu erwartenden Geburtsgewicht **unter 4000 g** (im entschiedenen Fall: 3800 g, tatsächliches Gewicht dann 4730 g) ist eine primäre Sectio nicht indiziert, auch wenn es bei einer früheren Geburt zu einer Clavikulafraktur kam. Bei einem hohen Schultergradstand ist ein stufenweises Vorgehen mit dem Mc-Roberts-Manöver und danach dem Versuch einer inneren Lösung angezeigt. Der Versuch einer äußeren Lösung vor einer inneren Lösung ist aber **nicht behandlungsfehlerhaft** (OLG Stuttgart, Urt. v. 11. 1. 2000 – 14 U 14/99, OLGR 2001, 394, 396). A 1423

– Über die Möglichkeit einer Schnittentbindung ist **erst im Zusammenhang mit der akuten Entbindungssituation** aufzuklären. Dies gilt grundsätzlich auch bei Anzeichen für eine mögliche Makrosomie des Kindes. Liegen keine weiteren Risikofaktoren (z. B. EPH-Gestose o. a.) vor, besteht eine Aufklärungspflicht erst bei einem zu erwartenden **Geburtsgewicht von 4500 g oder mehr**. Bei einem dann ermittelten, geschätzten Geburtsgewicht von ca. 3500 g in der 37. SSW. besteht auch dann keine „vorverlagerte" Hinweispflicht, wenn die Mutter zu Abklärung einer (dann nicht festgestellten) Gestosesymptomatik und kräftigem, ggf. makrosomen Feten in die gynäkologische Abteilung eines Krankenhauses überwiesen wird (OLG Bamberg, Beschl. v. 28. 7. 2008 – 4 U 115/07, VersR 2009, 259, 260 = GesR 2008, 594, 597). A 1424

– Bei einem problemlosen Verlauf der Schwangerschaft besteht aufgrund des **vertretbar auf unter 4000 g geschätzten Geburtsgewichtes** bei leichtem Übergewicht, durch Wassereinlagerungen zu erklärender hoher Gewichtszunahme und Zeichen einer leichten Diabetes der Mutter **keine Indikation für eine Sectio.** Selbst bei dann „übergroßem Kind" (4630 g) indiziert eine Armplexus- A 1425

lähmung nicht, dass unter der Geburt unsachgemäß auf den Nasciturus eingewirkt wurde, wenn dafür kein konkreter Anhalt besteht (OLG Koblenz, Urt.
v. 12. 6. 2008 – 5 U 1198/07, OLGR 2008, 676, 677 = VersR 2009, 70, 71).
Steht nicht fest, dass es überhaupt zu einer SD gekommen ist und wurden
Manöver, die eine manuelle Lösung der hinteren, dann verletzten Schulter beschreiben, in der Krankenakte **nicht dokumentiert**, kann hieraus nicht auf ein
Fehlverhalten des Geburtshelfers geschlossen werden (OLG Koblenz, VersR
2009, 70, 71).

A 1426 – Liegen keine weiteren Risikofaktoren vor, etwa eine Gestose, ein pathologisches CTG und/oder ein erhebliches Übergewicht der Mutter, besteht auch
bei einem zu erwartenden Geburtsgewicht **zwischen 4 500 g und 5 000 g** keine
Indikation für eine Sectio und damit auch keine Aufklärungspflicht (OLG
München, Urt. v. 29. 6. 2006 – 1 U 2132/05, OLGR 2007, 266, 269: der dortige
Sachverständige hatte die Untergrenze sogar bei 5 000 g gesetzt). Ein zu erwartendes Geburtsgewicht von **4 000 g, die Gewichtszunahme der Mutter (hier:
von 48 kg auf 67 kg) und die rechnerische Übertragung von einer Woche** stellen keine zwingende Indikation für eine Sectio und damit für eine Aufklärung
der Mutter dar, zumal die Schätzungen des Geburtsgewichts mit Abweichungen bis zu 20 % generell unzuverlässig sind (OLG München, a. a. O.).

Bei einem geschätzten Geburtsgewicht **zwischen 4 500 g und 5 000 g** (tatsächliches Gewicht dann 6 660 g) ist eine Sectio jedenfalls dann nicht zwingend
indiziert, wenn unter Zugrundelegung der üblichen Zu- und Abschläge von
15–20 % nicht mit der Geburt eines wesentlich schwereren Kindes gerechnet
werden musste, die Mutter bereits ein Kind mit einem Gewicht von mehr als
5 000 g geboren hatte und keine sonstigen Risikofaktoren vorliegen. Wenn der
kindliche Kopf nicht annähernd zangen- oder vakuumgerecht steht (Höhenstand der Leitstelle über „0") und auch keine Notsituation vorliegt, ist der
Versuch einer Vakuumextraktion kontraindiziert (OLG Düsseldorf, Urt. v.
7. 4. 2005 – I-8 U 130/02, AHRS III, 2500/346).

A 1427 – Ohne **zusätzliche Risikofaktoren** ist eine entsprechende Aufklärung der
Schwangeren erst bei einem geschätzten Geburtsgewicht von **4 500 g und
mehr** („übergroßes Kind") geboten. Ein zu erwartendes Geburtsgewicht von
**3 900 g, die Adipositas der Mutter, eine erhöhte Gewichtszunahme sowie
zwei positive Harnzuckerwerte der Mutter**, die bereits vier Kinder geboren
hatte, hiervon zwei Kinder mit einem Geburtsgewicht von 4 200 g und
4 300 g, erfordern keine Aufklärung über die Möglichkeit einer Sectio (OLG
Stuttgart, Urt. v. 29. 5. 2007 – 1 U 28/07, VersR 2007, 1417, 1418).

A 1428 – Wegen der normalen Schwankungsbreite einer sonografischen Messung zur
Ermittlung des zu erwartenden Geburtsgewichts von etwa **10–20 %** und einer
insbesondere bei Schätzgewichten über 4 000 g sehr großen Ungenauigkeit
kann aus der Tatsache, dass das Kind bei **geschätzten 3 900 g tatsächlich mit
einem Gewicht von 5 470 g** zur Welt kommt, nicht auf ein fehlerhaftes Vorgehen der behandelnden Ärzte bei der vorangegangenen Ultraschallmessung
geschlossen werden (OLG Stuttgart, Urt. v. 29. 5. 2007 – 1 U 28/07, VersR
2007, 1417, 1418). Die Unterlassung von Untersuchungen zur Abschätzung
des Geburtsgewichts bei der Aufnahme in die Geburtsklinik entsprechend

den Empfehlungen der Deutschen Gesellschaft für Geburtshilfe und Gynäkologie stellt dann **keinen Behandlungsfehler** dar, wenn drei Tage zuvor eine entsprechende Untersuchung im Rahmen der Ermittlung des Symphysen-Fundus-Abstandes durchgeführt wurde und sich hieraus kein Verdacht auf das Vorliegen einer Makrosomie (Geburtsgewicht von mehr als 4500 g) ergab (OLG Stuttgart a. a. O.).

Eine fehlerhafte Berechnung des Geburtsgewichts (hier: 3400 g statt 3900 g) hat keine Auswirkungen auf die vorgeburtliche Aufklärung über die Möglichkeit einer Sectio und wird auch für einen etwaigen Körper- oder Gesundheitsschaden des Kindes (hier: nach eingetretener Schulterdystokie) **nicht kausal**, wenn der vom Gericht beauftragte Sachverständige anhand der gemessenen Werte wie Kopf- und Abdomendurchmesser ein zu erwartendes Geburtsgewicht von jedenfalls weniger als 4000 g (hier: 3914 g) errechnet. Aus der maßgeblichen ex-ante-Betrachtung ist die Aufklärung über die Möglichkeit einer Sectio in einem solchen Fall auch bei vorhandener Adipositas der Mutter nicht obligat (OLG Hamm, Urt. v. 10. 12. 2007 – 3 U 216/06 mit NZB BGH v. 18. 11. 2008 – VI ZR 49/08, AHRS III, 2498/316).

– Bei einem **unter 4500 g liegenden, geschätzten Geburtsgewicht** kommt es darauf an, ob **weitere Risikofaktoren** vorliegen, etwa eine vorangegangene Geburt mit erheblichen Komplikationen, insbesondere einer Schulterdystokie, eine bestehende Adipositas der Mutter und starke Gewichtszunahme in der Schwangerschaft oder eine Gestationsdiabetes in den letzten sechs Wochen der Schwangerschaft. Je weiter das zu erwartende Geburtsgewicht unterhalb der Grenze von 4500 g liegt, umso größere eigenständige Bedeutung muss dabei den sonstigen Risikofaktoren zukommen. Bei einem zu erwartenden Geburtsgewicht von **3900 g bis 4000 g, erheblichem Bluthochdruck der Mutter**, einem in den letzten Wochen der Schwangerschaft diagnostizierten Diabetes sowie einer leichten Praeklampsie unter erheblicher Adipositas mit einer Gewichtszunahme von 30 kg während der Schwangerschaft ist die Aufklärung über die Möglichkeit einer Sectio **nicht zwingend geboten** (OLG Köln, Urt. v. 17. 4. 2002 – 5 U 131/01, AHRS III, 5000/335). | A 1429

– Beträgt das tatsächliche Geburtsgewicht dann **4800 g** und wurde das zu erwartende Geburtsgewicht bei einer Messungenauigkeit von 10–20 % auf **4000 g** geschätzt, ist eine Sectio selbst denn nicht indiziert, wenn die 1,63 m große Mutter während der Schwangerschaft 17 kg auf 81 kg zugenommen, ein Geschwisterkind mit 4500 g vorgeboren hatte, der Risikofaktor „Gestationsdiabetes" nicht bekannt war und kein Anlass für ein Diabetes-Screening bestand. Bei geschätzten 4000 g liegt das **Risiko einer Schulterdystokie (SD) lediglich bei 0,17 %.** Allein aufgrund der bestehenden Messungenauigkeiten von 10–20 % muss nicht von vornherein davon ausgegangen werden, dass ein auf ca. 10 % erhöhtes Risiko einer SD besteht oder bestehen könnte und schon deshalb eine Sectio indiziert ist (OLG Düsseldorf, Urt. v. 31. 1. 2008 – I-8 U 149/06, OLGR 2009, 137, 138/139). | A 1430

– Ein tatsächliches Geburtsgewicht von **4550 g** indiziert aus der erforderlichen ex-ante-Betrachtung auch im Hinblick auf die Unzuverlässigkeit der Bestim- | A 1431 mung des Geburtsgewichts durch Sonografie nicht zwingend die Durchführung einer Sectio, legt aber eine **Aufklärung über die Möglichkeit einer primären Sectio** nahe (OLG München, Urt. v. 11. 1. 2007 – 1 U 3974/99, juris, Nr. 227, 230). Über die Möglichkeit einer Sectio als ernsthafte Alternative zur Vakuumextraktion muss die Patientin aber nicht deshalb aufgeklärt werden, wenn eine „Übertragung" von ca. **zwei Wochen und eine Adipositas der Mutter** (92 kg bei 1,72 m Körpergröße) vorliegt und das tatsächliche Geburtsgewicht von **4550 g** vom geburtsleitenden Arzt wegen der bestehenden Unsicherheiten einer vorgeburtlichen Gewichtsschätzung nicht vorausgesehen werden, dieser vielmehr von einem **deutlich unter 4500 g liegenden Geburtsgewicht ausgehen konnte** (OLG München, Urt. v. 11. 1. 2007 – 1 U 3974/99, juris, Nr. 227, 230, 233, 237, 342, 343, 344, 348). Eine **Adipositas der Mutter** spricht – nach Auffassung des sachverständig beratenen OLG München (a.a.O., juris, Nr. 227, 232, 233) – sogar gegen einen Kaiserschnitt, da die Komplikationsrate (Wundinfektionen, Nachblutungen, Thrombose, Embolie) nach operativen Eingriffen mit Narkose deutlich höher liegen als bei einer vaginalen Entbindung). Auch die unterlassene **Aufklärung über die Risiken einer Vakuumextraktion** begründet keinen Schadenersatzanspruch der Mutter bzw. des Kindes, wenn der eingetretene Geburtsschaden möglicherweise auf eine andere Ursache zurückzuführen ist (OLG München, a.a.O., juris, Nr. 352).

A 1432   – Ein zu erwartendes Geburtsgewicht von **4500 g** begründet im Hinblick auf die Gefahr für die Mutter für sich **allein keine relative Indikation für eine Sectio**. Sind keine Schwierigkeiten bei der Passage des Geburtskanals zu erwarten, etwa weil die Mutter zuvor bereits Kinder mit Geburtsgewichten von 4230 g, 4340 g und 5000 g spontan zur Welt gebracht hatte, sich das knöcherne Becken sowie die Weichteile normal und weit zeigen und sind auch keine sonstigen Risikofaktoren für die Leibesfrucht ersichtlich, so z.B. eine Querlage des Feten, das Alter der Patientin, pathologische CTG-Werte o.a., scheidet eine relative Indikation für eine Sectio und damit auch eine Aufklärungspflicht hierüber aus (OLG Düsseldorf, Urt. v. 30. 11. 2000 – 8 U 157/99, AHRS III, 2500/311).

A 1433   – Liegt die Schätzung des voraussichtlichen Geburtsgewichts **unter 4500 g (hier: 4000 g–4200 g)** und hatte die Schwangere bereits zuvor ein Kind mit 4000 g problemlos vaginal geboren, ist die Aufklärung über die Möglichkeit einer Sectio allein aus diesem Grund nicht erforderlich (OLG Düsseldorf, Urt. v. 10. 1. 2002 – 8 U 49/01, OLGR 2002, 349, 350 = AHRS III, 2500/326). Bei einer plötzlichen Schulterdystokie (SD) muss zunächst die Wehentätigkeit medikamentös unterbunden und eine großzügige Episiotomie angelegt werden. Anschließend muss versucht werden, die im Becken verkeilte kindliche Schulter durch mehrfaches Beugen und Strecken der mütterlichen Beine, durch Druck oberhalb der Symphyse oder durch intravaginale Rotation zu lösen. Begnügt sich der ärztliche Geburtshelfer bei einer SD damit, ein wehenförderndes Medikament zu verabreichen (hier: Syntocinon) und die Entbindung durch einen massiven Einsatz des **Kristeller-Handgriffs**, also durch massiven Druck auf den Oberbauch der Patientin zu beenden, liegt ein **grober Behandlungsfehler** vor (OLG Düsseldorf, a.a.O.; auch OLG Düsseldorf, VersR 2005, 654 und OLG Karlsruhe, Urt. v. 26. 10. 2005 – 7 U 159/04, AHRS III, 6570/331: Kristeller-Handgriff bei hoher SD grob fehlerhaft).

– Der verantwortliche Gynäkologe muss die werdende Mutter in einer „norma-   A 1434
len Entbindungssituation" selbst dann nicht auf die Möglichkeit einer Schnittentbindung hinweisen, wenn zwar erkennbare Risikofaktoren wie etwa ein
deutliches **Übergewicht der Mutter (hier: 139 kg)** vorliegen, aus ex-ante-Sicht
jedoch keine ernstzunehmenden Gefahren für das Kind bestehen (OLG Oldenburg, VersR 2002, 1028, 1029; auch OLG Frankfurt, Urt. v. 24. 1. 2006 – 8 U
102/05, NJW-RR 2006, 1171, 1172: 123 kg bei 1,64 m Größe).

– Die Vornahme einer Sectio stellt auch nicht bereits deshalb eine ernsthafte   A 1435
Alternative zur Vaginalgeburt dar, wenn am Tag vor der Geburt ein voraus-
sichtliches Geburtsgewicht von **3900 g** ermittelt worden ist, eine unerhebliche Größenabweichung zwischen Kopfdurchmesser (10,2 bzw. 10,0) und Tho-
raxdurchmesser (11,5 bis 11,9) gemessen wurde, die 1,64 m große Mutter **unmittelbar vor der Geburt 123 kg** wiegt und ein Geschwisterkind bei
Beckenendlage nach Kaiserschnitt mit einem Geburtsgewicht von 3700 g
zur Welt kam (OLG Frankfurt, Urt. v. 24. 1. 2006 – 8 U 102/05, OLGR 2006,
1070, 1071 = NJW-RR 2006, 1171, 1172).

– Allein die Möglichkeit einer **äußerst seltenen Schulterdystokie (SD)** begrün-   A 1436
det für sich allein keine Indikation für eine Schnittentbindung (OLG Zweibrücken, VersR 1997, 1103; OLG Schleswig, Urt. v. 12. 1. 2000 – 4 U 71/97,
AHRS III, 4490/301 = VersR 2000, 1544, 1545: Risiko bei 0,15 % bis 0,6 %).
Bei fehlender Indikation ist über die Möglichkeit eine Sectio auch dann **nicht
aufzuklären, wenn die Schwangere ausdrücklich danach verlangt** (BGH, NJW
1993, 1524, 1525; OLG Koblenz, Urt. v. 4. 12. 2003 – 5 U 234/03, NJW-RR
2004, 534, 535 = GesR 2004, 137, 138).

– Ob allein das Bestehen einer **Beckenendlage** die Aufklärung über eine Sectio   A 1437
erforderlich macht, wird in der Rspr. nicht einheitlich beantwortet (s. o.
Rz. A 1404 ff.).

(22) Vakuumextraktion, Entbindung mit Geburtszange, Saugglocke oder Kaiserschnitt

Zur **Indikation der Vakuumextraktion** bestehen hinsichtlich des Höhenstandes   A 1438
gewisse Auffassungsunterschiede (vgl. OLG München, Urt. v. 11. 1. 2007 – 1 U
3974/99, juris, Nr. 276, 295: OLG Hamm, AHRS II, 2500/121: Vakuumextraktion setzt voraus, dass der Kopf des Kindes den Beckenboden erreicht hat; OLG
Hamm, AHRS II, 2500/139: Kopf muss bereits irgendwie im Becken sein, damit
ein vaginaler Geburtsversuch denkbar ist).

Hat die Leitstelle des kindlichen Kopfes die Beckenmittelebene überschritten,   A 1438a
stellt ein Kaiserschnitt aufgrund des Höhenstandes **keine aufklärungspflichtige
Alternative** zur vaginal-operativen Entbindung dar, da sowohl die rasche Durch-
führbarkeit einer **Vakuum- oder Zangenextraktion** als auch die deutlich geringere mütterliche Gefährdung zu diesem Zeitpunkt den Kaiserschnitt nicht
mehr als gleichwertige Methode erscheinen lässt. Es entspricht auch den geburtshilflichen Regeln, nach misslungener Vakuumextraktion eine Zangenextraktion nachfolgen zu lassen (OLG Stuttgart, Urt. v. 11. 6. 2002 – 14 U 93/01,

AHRS III, 2500/332). Steht der Kopf des Kindes bei vollständig eröffnetem Muttermund in der **Beckenmitte**, so ist die vaginal-operative Entbindung i. d. R. sogar vorzugswürdig, sodass eine Aufklärung über die Möglichkeit einer Sectio trotz festgestelltem Herztonabfall auf 80 Schläge pro Minute nicht erforderlich ist (OLG Stuttgart, Urt. v. 11. 1. 2000 – 14 U 14/99, AHRS III, 4490/300 = OLGR 2001, 394, 395; auch OLG Karlsruhe, Urt. v. 31. 7. 2013 – 7 U 91/12, juris, Nr. 13, 14: keine Sectio, wenn der Kopf im Beckenausgang steht).

A 1438b Wenn der kindliche Kopf nicht annähernd zangen- oder vakuumgerecht steht (Höhenstand der Leitstelle über „0") und auch keine Notsituation vorliegt, ist der **Versuch einer Vakuumextraktion kontraindiziert** (OLG Düsseldorf, Urt. v. 7. 4. 2005 – I 8 U 130/02, AHRS III, 2500/346).

A 1438c Eine Entbindung mit der Geburtszange kann auch nach medikamentöser Einleitung der Geburt sachgerecht und je nach den Umständen des Falles der Entbindung durch eine Vakuumextraktion vorzuziehen sein; in diesem Fall besteht **keine Alternative**, über welche die Mutter aufgeklärt werden müsste (OLG München, VersR 1997, 452; mit zustimmender, erklärender Anmerkung Gaisbauer, VersR 1997, 1007).

A 1439 Auch wenn sich der kindliche Herztonabfall nach Einleitung der Vakuumextraktion nicht bessert, ist es nicht fehlerhaft, auf eine intrauterine Reanimation und die Vorbereitung einer Sectio zu verzichten, da sich durch die Organisation der Sectio eine gegenüber der Fortsetzung der Vakuumextraktion **größere Verzögerung** ergibt (OLG München, Urt. v. 11. 1. 2007 – 1 U 3974/99, juris, Nr. 284, 287, 290).

A 1440 Die Frage, ob die von der Mutter in eine vaginale Entbindung erteilte Einwilligung wegen einer unzulänglichen Aufklärung über die Behandlungsalternativen unwirksam ist, stellt sich nach Auffassung des OLG Stuttgart (VersR 1989, 519, 521) von vornherein nicht, da eine **Vaginalentbindung ein vom Arzt lediglich unterstützter natürlicher Vorgang** ist, der die tatbestandlichen Voraussetzungen einer Körperverletzung nicht erfüllt. Jedenfalls begründet die unterlassene Aufklärung über die **Risiken einer Vakuumextraktion** keinen Schadenersatzanspruch der Mutter bzw. des Kindes, wenn der eingetretene Geburtsschaden nicht auf den Einsatz der Saugglocke zurückzuführen ist (OLG München, Urt. v. 11. 1. 2007 – 1 U 3974/99, juris, Nr. 352).

(23) Abwarten mit einer Förderung der Lungenreife anstatt eingeleiteter Frühgeburt

A 1441 Kommen nach einem Blasensprung in der laufenden 31. SSW sowohl das Abwarten mit der Förderung der Lungenreife als auch eine bewusst eingeleitete Frühgeburt in Betracht, muss die Schwangere über diese Behandlungsalternativen und vor allem über die typischen **Risiken einer vorzeitigen Einleitung der Geburt** aufgeklärt werden. Die Frage, ob eine Behandlungsalternative, auf die die Patientin nicht hingewiesen worden ist, zu einem besseren Ergebnis geführt hätte, betrifft nicht die Kausalität der tatsächlich durchgeführten Entbindung für den eingetretenen Schaden (hier: Hirnblutung des Kindes), sondern einen hypothetischen Kausalverlauf, für den die Behandlungsseite beweispflichtig ist

(OLG Naumburg, Urt. v. 20. 12. 2007 – 1 U 95/06, OLGR 2008, 376, 377/378 = AHRS III, 5000/395).

(24) Fruchtwasseruntersuchung statt Chorionzottenbiopsie

Vor der Durchführung einer Chorionzottenbiopsie ist auf deren Risiken sowie die denkbare Behandlungsalternative einer Fruchtwasseruntersuchung hinzuweisen (OLG Köln, Urt. v. 16. 1. 2002 – 5 U 252/98, AHRS III, 5000/333).   A 1442

(25) Beckenhochlagerung; Tokolyse statt Cerclage; Cerclage statt Ruhigstellung

Vor dem Legen einer Cerclage (schwangerschaftsverlängernde Maßnahme; operative Umschlingung der Portio in der Schwangerschaft bei Zervixinsuffizienz o. ä.) muss der Arzt die Patientin über die damit verbundenen **Risiken und Alternativen aufklären**, insbesondere über das **Risiko schwerster Missbildungen** des Kindes für den Fall, dass es nach einer durch die Cerclage bewirkten, nur relativ kurzzeitigen Schwangerschaftsverlängerung überhaupt lebend geboren wird. Vor dem Legen einer **Cerclage** muss die Patientin auch über die **Möglichkeit einer konservativen Vorgehensweise** (Beckenhochlagerung, prophylaktische Antibiose und Tokolyse, d.h. medikamentöse Wehenhemmung bei vorzeitiger oder übermäßiger Wehentätigkeit) aufklärt werden. Behauptet die Behandlungsseite eine hypothetische Einwilligung, ist ein Entscheidungskonflikt der Patientin mit dem Hinweis, ihr Kinderwunsch hätte nicht um jeden Preis bestanden, sie hätte das Risiko einer schweren Missbildung des Kindes nicht in Kauf genommen, plausibel (OLG Celle, Urt. v. 2. 7. 2002 – 1 U 106/06, OLGR 2007, 727, 728 = GesR 2007, 595 = VersR 2008, 123).   A 1443

Andererseits stellt eine **Cerclage gegenüber einer rein konservativen Behandlung mit Ruhigstellung der Schwangeren eine echte Behandlungsalternative** dar und nicht bloß eine im Ermessen des Arztes stehende Behandlungsmethode. Wird eine Schwangere wegen drohender Frühgeburt stationär aufgenommen und ist zu diesem Zeitpunkt eine Cerclage wegen einer genitalen Infektion kontraindiziert, so muss sie **über die Alternative einer Cerclage gegenüber einer bloßen Ruhigstellung spätestens dann aufgeklärt werden, wenn die Entzündung abgeklungen ist** (OLG Köln, Urt. v. 2. 2. 2011 – 5 U 15/09, GesR 2011, 601, 603/604).   A 1443a

Allerdings hat das geschädigte Kind darzulegen und zu beweisen (§ 286 ZPO!), dass es **bei pflichtgemäßer (therapeutischer) Aufklärung seiner Mutter über die Möglichkeit der Cerclage als ernsthafter Behandlungsalternative anstatt der Fortsetzung der konservativen Behandlung keinen Schaden erlitten hätte**, bei Durchführung der Cerclage somit die Frühgeburt und die damit verbundenen gravierenden Gesundheitsschäden vermieden worden wären (BGH, Urt. v. 7. 2. 2012 – VI ZR 63/11, NJW 2012, 850, Nr. 11, 12 unter Aufhebung der insoweit unzutreffenden Entscheidung des OLG Köln v. 2. 2. 2011 – 5 U 15/09, GesR 2011, 601).

Es stellt aber **keinen Behandlungsfehler** dar, bei drohender Frühgeburt im Rahmen einer Mehrlingsschwangerschaft eine Cerclage (geburtshilfliche Umschlingung der Portio etwa bei Zervixinsuffizienz) zu unterlassen. Es gibt keine wis-   A 1443b senschaftlich gesicherte Tendenz dafür, dass hierdurch bei Zwillingsschwangerschaften eine Verlängerung der Schwangerschaft erreicht werden kann. Stellt sich eine ärztliche Maßnahme (hier: Cerclage) gegenüber einer konservativen Behandlung **nicht als Behandlung mit gleichwertigen Chancen und ggf. geringeren Risiken** dar, ist über deren Möglichkeit **nicht als ernsthafte Behandlungsalternative aufzuklären** (OLG Köln, Urt. v. 18. 4. 2012 – 5 U 172/11, MedR 2013, 47, 49: das OLG Köln schließt sich zur Frage der Kausalität der Auffassung des BGH an, Rz. A 1443a).

(26) Zahnbehandlung, Wurzelspitzenresektion

A 1444   Ein Zahnarzt muss einen Patienten vor einer bestimmten Behandlung über gegebene ernsthafte Behandlungsalternativen aufklären. So hat er vor einem chirurgischen Vorgehen durch Wurzelspitzenresektion (WSR) bzw. Wurzelspitzenkürzung nach der Feststellung einer Wurzelzyste über die **Möglichkeit einer konservativen Behandlung** durch Aufbohren des betroffenen Zahns und anschließende Wurzelkanalbehandlung, die eine konkrete und echte Behandlungsalternative mit gleichwertigen Chancen, aber andersartigen, im entschiedenen Fall geringeren Risiken einer Verletzung von Nerven darstellt, aufzuklären (OLG Koblenz, Urt. v. 4. 4. 2000 – 1 U 1295/98, OLGR 2000, 529).

A 1445   Eine **Wurzelkanalbehandlung** ist gegenüber einer Zahnextraktion wegen ihrer guten Erfolgschancen bei möglicher Zahnerhaltung **vorrangig indiziert** und stellt gegenüber der Extraktion eine ernsthafte, aufklärungspflichtige Alternative dar (OLG Stuttgart, Urt. v. 12. 9. 1996 – 14 U 1/96; auch OLG Düsseldorf, Urt. v. 10. 3. 1988 – 8 U 45/87 und Urt. v. 30. 6. 1988 – 8 U 213/86 sowie Urt. v. 19. 1. 1989 – 8 U 158/87: **Wurzelbehandlung hat einer Extraktion regelmäßig vorzugehen**; OLG Jena, Urt. v. 14. 5. 1997 – 4 U 1271/96: Extraktion nur ultima ratio, wenn konservierende Maßnahmen aussichtslos erscheinen; Oehler S. 142, 143, 144).

A 1446   Im umgekehrten Fall stellt eine Zahnextraktion gegenüber einer Wurzelkanalbehandlung keine aufklärungspflichtige Alternative dar. Eine solche Aufklärungspflicht besteht nur dann, wenn die Prognose für den Erfolg der Wurzelkanalbehandlung nach entsprechenden Röntgenbefunden schlechter oder die Zahnerhaltung wegen des Zustandes des Zahns weniger aussichtsreich ist (OLG Stuttgart, Urt. vom 12. 9. 1996 – 14 U 1/96; Oehler S. 240). Entdeckt ein Zahnarzt bei der Durchführung einer Wurzelspitzenresektion eine Knochenzyste, stellt der **Abbruch der Operation** mit der Folge der Belastung des Patienten mit einer Zweitoperation **keine ernsthafte Alternative** gegenüber dem aussichtsreichen Versuch, die Knochenzyste sogleich zu entfernen, dar (OLG Naumburg, Urt. v. 4. 10. 2007 – 1 U 11/07, VersR 2008, 224, 225 = NJW-RR 2008, 270, 271).

(27) ILA oder Vollnarkose statt Leitungsanästhesie

A 1447   Auf die **Behandlungsalternative einer Vollnarkose anstatt einer Leitungsanästhesie** muss der Patient wegen des erheblich höheren Risikos nicht hingewiesen werden. Das Risiko des Versterbens liegt bei einer Vollnarkose bei 1 : 25 000, während das Risiko einer dauerhaften Schädigung des Nervus lingualis bei der

Leitungsanästhesie bei ca. 1 : 400 000 liegt. Jedenfalls im Jahr 2009 musste der Patient auf die **Alternative einer intraligamentären Anästhesie (ILA) anstatt einer Leitungsanästhesie nicht hingewiesen** werden. Bei der ILA besteht in erster Linie das Risiko einer umschriebenen Nekrose, die bis zum Verlust des Zahnes führen kann, nicht aber zu Nervschäden. Ob eine ILA durchgeführt werden kann bzw. soll, ist insbesondere davon abhängig, wie sich der Zustand des Zahnhalteapparates darstellt. Etwa bei einer starken Parodonthose soll eine ILA nicht angewandt werden. Andernfalls **soll die Leitungsanästhesie zum Einsatz kommen, wenn durch die ILA keine Schmerzfreiheit erzielt werden kann** (OLG Hamm, Urt. v. 29. 9. 2010 – I-3 U 169/09, VersR 2011, 758, 759).

(28) Materialwechsel bei der zahnärztlichen Versorgung

Auch über einen beabsichtigten Materialwechsel bei der zahnärztlichen Versorgung, etwa von Gold auf eine Paladiumlegierung, hat der Zahnarzt den Patienten aufzuklären (OLG München, Urt. v. 28. 11. 2002 – 1 U 1973/00, OLGR 2003, 400).

A 1448

(29) Zahnersatz, Implantate, Versorgung mit höherem Eigenanteil (vgl. auch Rz. A 770 ff. und P 28 ff.)

Kommen zur zahnärztlichen Versorgung von **Zahnlücken** mehrere **Alternativen** des Zahnersatzes (viergliedrige bogenförmige Brücke, implantatgetragene Einzelbrücken oder herausnehmbare Prothese) in Betracht, die aus ex-ante-Sicht objektiv eine **gleichwertige Versorgungschance** bieten, aber insbesondere eine deutlich unterschiedliche Beanspruchung des Patienten durch die Behandlung zur Folge haben bzw. haben können, so hat der Zahnarzt seinen Patienten über diese Behandlungsalternativen aufzuklären (OLG Naumburg, Urt. v. 5. 4. 2004 – 1 U 105/03, VersR 2004, 1469).

A 1449

Ein Zahnarzt ist verpflichtet, über medizinisch gleichermaßen indizierte Alternativen, etwa einer prothetischen Versorgung aufzuklären, wenn mehrere Wege zur Verfügung stehen, die sich in ihren Belastungen, Risiken und Erfolgschancen wesentlich unterscheiden. Ist etwa eine **Neuversorgung** des Oberkiefers gegenüber einer bloßen Teilerneuerung überhaupt indiziert, bestehen regelmäßig verschiedene Optionen, etwa (a.) die Entfernung wurzelbehandelter Zähne und damit die Reduktion auf wenige „Restzähne" mit nachfolgender Einbringung einer **ausgedehnten Teilprothese**, (b.) die **Befestigung der Prothese über Klammern** oder, allerdings weniger stabile, Geschiebe mit etwas lockerem Sitz der Prothese, (c.) der Einsatz einer durch **Teleskopkronen getragenen Teilprothese** oder (d.) der – mit höheren Kosten verbundene – **Einsatz von Implantaten**, insbesondere von implantatgestützten Brücken (OLG Koblenz, Urt. v. 20. 7. 2006 – 5 U 180/06, OLGR 2007, 125, 126 = VersR 2007, 651).

A 1450

Der Zahnarzt hat die bestehenden Alternativen mit dem Patienten auch dann zu erörtern, wenn **einzelne der in Betracht kommenden Alternativen zu einer höheren Kostenbelastung führen** (vgl. hierzu jetzt § 630c III 1 BGB und Rz. A 770 ff., P 28 ff.). Er darf nicht einfach unterstellen, der Patient wünsche in jedem Fall die vom Zahnarzt entwickelte Lösung mit der Anlehnung an eine be-

A 1451

stehende alte Prothese. In dem vom OLG Koblenz (VersR 2007, 651) entschiedenen Fall hatte der Zahnarzt auf fünf noch vorhandene, teilweise wurzelbehan-
delte Zähne im Oberkiefer keramisch verblendete Metallkronen, die brückenför-
mig miteinander verblockt und zum Teil mit Wurzelstiften versehen wurden,
aufgebracht, ohne auf bestehende Alternativen hinzuweisen.

A 1452 Der Behandler hat den Patienten auf die **Versorgungsalternative einer implantatgetragenen Brücke** hinzuweisen, wenn diese Konstruktion zumindest gleichwertige Chancen und vergleichbare Risiken gegenüber der herkömmlichen Brückenkonstruktion oder Teleskopprothese aufweist (OLG Hamm, Urt. v. 11. 1. 1995 –
3 U 84/94, AHRS II, 4800/15; Zach, MDR 2007, 931, 933/934). Hier kann aber
folgender **Hinweis ausreichen**: „Besprechung der Implantat-Möglichkeit Regio
44/34, 2 x Benefit, Aufklärung über OP-Vorgehen, Risiken Nerv/Nachbarzahn/
Abstoßung" (Zach a. a. O. m. w. N.).

A 1453 Der Zahnarzt muss seinen Patienten auch darüber aufklären, dass **anstatt einer
Implantatlösung** (hier: Zähne 21 und 22) mit dem Risiko der Entzündung des
Gewebes und geringfügigen optischen Nachteilen auch die **Möglichkeit der In-
sertion einer Brücke** mit dem Risiko eines weiteren Knochenabbaus besteht
(OLG Hamm, Urt. v. 2. 2. 2005 – 3 U 245/04, AHRS III, 4800/313).

A 1454 Empfiehlt der Zahnarzt dem Patienten eine implantatgestützte Brückenversorgung, muss er ihn auch auf die besonderen, in seinem Fall sogar **erhöhten Risiken eines Implantatverlustes** und Fehlschlagens der Behandlung aufklären, die
sich aus einer anlagebedingten Zahnsteinbildung, rezidivierenden Zahnfleischentzündungen und der unzureichenden Mundhygiene des Patienten ergeben
(OLG Oldenburg, Urt. v. 28. 7. 2004 – 5 U 102/03, AHRS III, 4800/311).

A 1455 Der Patient ist auf das Risiko (hier: 5–10 %) des **Fehlschlagens einer Implantatbehandlung** und auf die **Möglichkeit, die Versorgung stattdessen mit einer Vollprothese vorzunehmen**, aufzuklären. Ein **ernsthafter Entscheidungskonflikt ist
plausibel**, wenn der Patient vorträgt, im Falle einer Aufklärung über das Fehlschlagrisiko und die Möglichkeit einer Vollprothese hätte er zunächst mit seinem „Hauszahnarzt", der einer Implantatlösung skeptisch gegenüberstand,
Rücksprache gehalten (OLG Köln, Urt. v. 6. 5. 2002 – 5 U 60/99, AHRS III,
4800/306).

A 1456 Wenn die Verstärkung einer Kieferatrophie droht, ist eine Beratung hin zur **Insertion von Zahnimplantaten statt zu einer teleskopgetragenen Modellgussprothese** als herausnehmbarer Prothetik geboten, weil die Einbringung von Implantaten der weiteren Atrophierung entgegenwirken kann und die Versorgung mit
festsitzendem Zahnersatz grundsätzlich eher geeignet ist, langfristig die Kau-
und Sprechfunktion zu sichern (LG Stuttgart, Urt. v. 15. 7. 2002 – 27 O 304/01,
bei Zach, MDR 2007, 931, 934).

A 1457 Bietet eine zahnprothetische Behandlungsalternative, etwa eine **Teleskoppro-
these gegenüber einer Modellgussprothese**, höhere Erfolgschancen, so muss der
Zahnarzt auch einen Kassenpatienten auf die Möglichkeit hinweisen, gegen
Zahlung eines höheren Eigenanteils eine Versorgung zu wählen, die über den

als Regelversorgung vorgesehenen Standard hinausgeht (OLG Oldenburg, Urt. v. 14. 11. 2008 – 5 U 61/07, GesR 2008, 539, 540).

Besteht die Gefahr, dass zukünftig gerade bei dem Zahn eine Wurzelspitzenresektion durchgeführt werden muss, der vom Zahnarzt als Brückenpfeiler für den Aufbau einer Prothese vorgesehen ist, so muss er den Patienten aufgrund der mangelnden Eignung dieses Zahns als „Brückenpfeiler" auf die normalerweise weniger geeignete **Behandlungsalternative, zwei Teilprothesen anzubringen**, hinweisen (OLG Bamberg, Urt. v. 3. 3. 1997 – 4 U 167/96; Stöhr, RiBGH, MedR 2004, 156, 159). | A 1458

Der Patient muss auch darauf hingewiesen werden, dass im Bereich eingebrachter Implantate funktions- oder entzündungsbedingt regelmäßig und langfristig mit einem gegenüber einer Behandlung ohne Implantate **stärkeren Rückgang von Knochen zu rechnen** ist (Zach, MDR 2007, 931, 934). Ist die Implantation angesichts der komplizierten Kieferverhältnisse eines Patienten mit einem **besonderen Misserfolgsrisiko** behaftet, so muss der Zahnarzt den Patienten darüber aufklären, dass dieses operative Vorgehen **nur einen Versuch zur Verbesserung der Kaufunktion** – ohne Erfolgsgewissheit – darstellen kann (Zach, MDR 2007, 931, 934 mit Hinweis auf OLG Oldenburg, Urt. v. 23. 6. 1993 – 5 U 154/92). | A 1459

Vor einer Knochentransplantation muss der Patient darauf hingewiesen werden, dass bei reduziertem vertikalem Knochenangebot die **Verwendung lateraler Zahnimplantate (z. B. Boi-Implantate) risikoärmer und daher vorzugswürdig** sein kann (OLG Köln, Urt. v. 1. 7. 1996 – 5 U 196/95, bei Zach, MDR 2007, 931, 934). | A 1460

Vor der Verwendung von aus **Rinderknochen gewonnenen Materials (Bio-OSS) für eine präimplantologische Augmentation** (hier: Knochenaufbau des Ober- oder Unterkiefers) ist der Patient wegen einer entsprechenden Empfehlung der WHO, im Hinblick auf bestehende Restrisiken, an der Kreutzfeld-Jacob-Krankheit zu erkranken, **keine Rinderstoffe als Ausgangsmaterial** für die Herstellung von Medizinprodukten zu verwenden, über die **gleichwertige Behandlungsmethode der Verwendung autologen, d. h. eigenen Knochens** einschließlich einer hier erforderlich werdenden Zweitoperation zur Knochenentnahme aus dem Beckenkamm aufzuklären (OLG Stuttgart, Urt. v. 12. 7. 2005 – 1 U 25/05, NJW-RR 2005, 1389 = OLGR 2006, 10 = GesR 2005, 465, 466). | A 1461

Der Zahnarzt, der eine **ältere, inzwischen weniger gebräuchliche und risikoreichere Methode** bei Vornahme eines Zahnersatzes anwendet, etwa wenn er ein subperiostales statt eines enossalen Implantats einbringen will, muss den Patienten über die **Vor- und Nachteile beider Methoden** unterrichten, wobei insbesondere ein fortgeschrittener Knochenabbau zu berücksichtigen ist (OLG Stuttgart, Urt. v. 17. 4. 2001 – 14 U 74/00, VersR 2002, 1286, 1287). | A 1462

Der Zahnarzt kann seinen **Honoraranspruch** wegen des Aufklärungsmangels verlieren, wenn sich die gewählte Art der **Versorgung als völlig unbrauchbar** erweist (OLG Koblenz, Beschl. v. 1. 9. 2011 – 5 U 862/11, MDR 2011, 1278, 1279: völlig unbrauchbar, kommt einer Nichtleistung gleich; OLG Koblenz, Beschl. v. 18. 6. 2009 – 5 U 319/09, GesR 2009, 555 = MedR 2010, 263, 264; OLG Koblenz, | A 1463

Urt. v. 20. 7. 2006 – 5 U 180/06, OLGR 2007, 152 = VersR 2007, 651; OLG Koblenz, Beschl. v. 19. 6. 2007 – 5 U 467/07, NJW-RR 2008, 269, 270: irreparabel fehlerhafte prothetische Leistung; OLG Frankfurt, Urt. v. 22. 4. 2010 – 22 U 153/08, juris, Rz. 24, 42; OLG Hamburg, Urt. v. 25. 11. 2005 – 1 U 6/05, OLGR 2006, 128, 130f.; OLG Naumburg, Urt. v. 13. 12. 2007 – 1 U 10/07, NJW-RR 2008, 1056, 1057: völlig wertlos und unbrauchbar; OLG Nürnberg, Urt. v. 8. 2. 2008 – 5 U 1795/05, OLGR 2008, 322, 323; OLG Dresden, Beschl. v. 21. 1. 2008 – 4 W 28/08, OLGR 2008, 335, 336; OLG Oldenburg, Urt. v. 27. 2. 2008 – 5 U 22/07, MDR 2008, 553 = GesR 2008, 252, 253: unbrauchbare Prothetik; OLG Stuttgart, Urt. v. 17. 4. 2001 – 14 U 74/00, VersR 2002, 1286; vgl. hierzu → *Rückerstattung des Honorars*, Rz. R 1 ff., R 11 ff.).

A 1464   Der BGH stellt allerdings fest (Urt. v. 29. 3. 2011 – VI ZR 133/10, VersR 2011, 883 = GesR 2011, 414, Nr. 12, 13, 14), bei einem zahnärztlichen Behandlungsvertrag setze der Verlust des Vergütungsanspruches nach § 628 I 2 BGB nicht voraus, dass das vertragswidrige Verhalten als schwerwiegend oder als wichtiger Grund im Sinne des § 626 BGB anzusehen ist. **Bereits ein einfacher Behandlungsfehler kann danach ein vertragswidriges Verhalten im Sinne des § 628 I 2 BGB darstellen** (BGH a. a. O.).

A 1465   War die prothetische Versorgung wegen eines **Aufklärungsmangels** nicht von einer wirksamen Einwilligung gedeckt, jedoch **handwerklich fehlerfrei**, kommt eine (anteilige) Honorarerstattung nach Ansicht des OLG Koblenz (Urt. v. 20. 7. 2006 – 5 U 180/06, OLGR 2007, 125, 127 = VersR 2007, 651, 652) nur in Betracht, wenn der Patient beweist, dass eine abweichende Gestaltung entsprechend einer bestehenden, ernsthaften Alternative, auf die er nicht hingewiesen worden ist, zu einer **geringeren finanziellen Belastung** geführt hätte.

A 1466 – A 1500   Einstweilen frei.

c) Nicht echte Behandlungsalternativen; Übersicht

A 1501   Wenn keine wesentlichen Unterschiede der in Betracht kommenden Behandlungsmethoden mit gleichwertigen Chancen und deren Risiken im konkreten Fall bestehen, die alternative Methode bei etwa gleichwertigen Belastungen **keine höhere Heilungs- bzw. Erfolgsaussicht** verspricht, so bleibt die Behandlungsmethode allein Sache des Arztes, der dann nicht über die Vorteile und Risiken der beiden Behandlungsmethoden im Verhältnis zueinander aufklären muss (BGH, Urt. v. 13. 6. 2006 – VI ZR 323/04, VersR 2006, 1073 = NJW 2006, 2477; Urt. v. 14. 9. 2004 – VI ZR 186/03, NJW 2004, 3703, 3704; BGH, Urt. v. 22. 2. 2000 – VI ZR 100/99, NJW 2000, 1788, 1789 = VersR 2000, 766, 767; OLG Bamberg, Urt. v. 11. 11. 2002 – 4 U 99/02, OLGR 2003, 300: **Schnittführung** beim Übergang von Laparoskopie zur Laparotomie **nicht aufklärungspflichtig**; OLG Bamberg, Urt. v. 6. 3. 2006 – 4 U 236/05, OLGR 2006, 739, 740: wg. Blutverlust dringend indizierte Hysterektomie; OLG Brandenburg, Urt. v. 4. 11. 2010 – 12 U 148/08, juris, Nr. 20: **nur geringfügig niedrigere Komplikationsrate bei Verfahren zur Bandscheiben-OP**; OLG Dresden, Urt. v. 23. 10. 2003 – 4 U 980/03, NJW 2004, 298, 299 = GesR 2004, 22, 23; OLG Dresden, Urt. v. 12. 4. 2001 – 4 U 71/01, AHRS III, 4650/305: konservative Behandlung bei

Kreuzbandruptur; OLG Hamm, Urt. v. 26. 11. 2003 – 7 U 63/02, OLGR 2004, 323, 325: Aufklärung über Alternativen nur, wenn konkret eine echte Alternative **mit gleichwertigen Chancen, aber andersartigen Risiken** besteht; OLG Hamm, Urt. v. 19. 5. 2004 – 3 U 296/03, AHRS III, 4285/301 und Urt. v. 5. 11. 2003 – 3 U 102/03, OLGR 2004, 162, 163 sowie OLG Hamm, VersR 1992, 834: **gleichwertige Operationsmethoden in der Fußchirurgie**; OLG Hamm, Beschl. v. 26. 11. 2007 – 3 U 174/07, MedR 2008, 508: abdominelle Vorgehensweise ggü. Hysterektomie nicht risikoärmer; OLG Karlsruhe, Urt. v. 23. 3. 2011 – 7 U 116/10, GesR 2011, 360: Behandlung einer Schleimbeutelentzündung mit Cast oder einer Orthese; OLG Karlsruhe, Urt. v. 23. 3. 2011 – 7 U 79/10, GesR 2011, 356, 357: **unterschiedliche Zugangsarten bei TEP-Implantation**; OLG Karlsruhe, Urt. v. 8. 12. 2004 – 7 U 163/03, NJW-RR 2005, 798, 799 = OLGR 2005, 189, 191; OLG Karlsruhe, Urt. v. 26. 11. 2003 – 7 U 63/02, OLGR 2004, 323, 325: **Radiochirurgie** bei **Akustikusneurinom** keine ernsthafte Alternative ggü. herkömmlicher OP; OLG Karlsruhe, Urt. v. 10. 7. 2002 – 7 U 159/01, OLGR 2002, 392, 393 und OLG Stuttgart, Urt. v. 21. 7. 2008 – 1 U 25/08, S. 4 sowie OLG Köln, Urt. v. 4. 4. 2012 – 5 U 99/11, BeckRS 2012, 11822: **Materialkombinationen bei einer Hüftprothese**; OLG Karlsruhe, Urt. v. 26. 9. 2001 – 7 U 92/99, OLGR 2002, 20, 21: Patient hat die mögliche alternative Behandlungsmethode darzulegen; OLG Karlsruhe, Urt. v. 12. 12. 2001 – 7 U 102/00, AHRS III, 1010/300: keine Aufklärung über **alternative Methoden der Befunderhebung**; OLG Karlsruhe, Urt. v. 26. 6. 2002 – 7 U 4/00, MedR 2003, 229, 230: keine Aufklärungspflicht bei unterschiedlichen Operationsmethoden mit **nur unwesentlichen Unterschieden** der Belastung des Patienten; OLG Karlsruhe, Urt. v. 4. 12. 2002 – 13 U 10/02, OLGR 2003, 232, 233: keine Aufklärungspflicht bei **gleichwertiger oder vorzuziehender Methode**; OLG Koblenz, Beschl. v. 6. 1. 2010 – 5 U 949/09, VersR 2010, 908: **keine Aufklärungspflicht über technische Details einer OP**; OLG Koblenz, Urt. v. 7. 8. 2003 – 5 U 1284/02, NJW-RR 2003, 1607, 1608: **Operationsaufschub bei leidendem Patienten keine echte Alternative**; OLG Koblenz, Urt. v. 12. 10. 2006 – 5 U 456/06, VersR 2007, 111 = MedR 2007, 175: **verschiedene OP-Methoden ohne eindeutige Vorteile** zur Entfernung einer Zyste; OLG Köln, Beschl. v. 18. 1. 2012 – 5 U 146/11 bei Bergmann/Wever, MedR 2012, 652: keine Aufklärung über die Möglichkeit **einer zementierten bzw. nicht zementierten Hüftprothese**; OLG Köln, Urt. v. 4. 4. 2012 – 5 U 99/11, BeckRS 2012, 11822: **keine Aufklärungspflicht über die Alternativen einer Hüftprothese mit Keramikkopf bzw. mit Metallkopf**; OLG Köln, Urt. v. 11. 5. 2009 – 4 U 15/08, juris, Nr. 13: aufklärungspflichtige Behandlungsalternative ist vom Patienten vorzutragen; OLG Köln, Beschl. v. 8. 11. 2010 – 5 U 31/10, VersR 2011, 1011: **Radiojod- bzw. Thyroxinbehandlung bei großer Struma** mit Knotenbildung zur OP keine ernsthafte Alternative; OLG Köln, Beschl. v. 6. 10. 2008 – 5 U 84/08, VersR 2009, 834, 835: **Wurzelspitzenresektion ggü. Zahnextraktion bei schmerzhafter Entzündung** des Zahns keine ernsthafte Behandlungsalternative; OLG Köln, Urt. v. 24. 1. 2007 – 5 U 142/03, OLGR 2007, 547, 548: konservative Behandlung bzw. Zuwarten statt Meniskusteilresektion; OLG Köln, Urt. v. 27. 4. 2005 – 5 U 254/02 mit NZB BGH v. 21. 3. 2006 – VI ZR 97/05, AHRS III, 5000/376: **verschiedene Behandlungstechniken** bei der OP einer „Knollennase"; OLG München, Urt. v. 18. 11. 2010 – 1 U 5334/09, GesR 2011, 235, 236 = NJW-RR 2011, 749, 750: ohne weitere Nachfrage keine fachliche Unterrichtung über die **Variationen von möglichen Operationstechniken und des dabei einge-setzten Materials** erforderlich; OLG München, Beschl. v. 7. 3. 2012 – 1 U 4430/11, juris, Nr. 12 und Beschl. v. 20. 4. 2012 – 1 U 4430/11, juris Nr. 7: Be-handlungstechniken, **Materialvarianten, verschiedene Linsenarten bei Kata-rakt-OP nicht aufklärungspflichtig;** OLG München, Urt. v. 23. 2. 2012 – 1 U 2781/11, juris, Nr. 43: **zweizeitiges operatives Vorgehen bei Schilddrüsen-OP** bei präoperativ intakten Stimmbandnerven aufklärungspflichtig, nicht jedoch bei bereits vorliegender Recurrensparese mit Bedrängung der Luftröhre; OLG München, Urt. v. 15. 11. 2012 – 1 U 2093/11, juris, Nr. 37, 38, 65: **keine Aufklä-rungspflicht hinsichtlich des vaginalen anstatt eines abdominellen Zugangs bei einer Hysterektomie;** OLG München, Urt. v. 24. 11. 2011 – 1 U 1431/11, juris, Nr. 36, 39: keine Aufklärung über **alternative Behandlungsmöglichkeiten bei Schienbeinbruch;** OLG München, Urt. v. 10. 11. 2011 – 1 U 306/11, GesR 2012, 85, 87 = juris, Nr. 35, 37, 38 57: **keine Aufklärungspflicht bei Standardtherapien, OP-Techniken in anderen Krankenhäusern ohne gravierende Unterschiede;** OLG München, Urt. v. 3. 11. 2011 – 1 U 984/11, juris, Rz. 38, 47–50: verschie-dene Methoden des Brustaufbaus bei Vorkenntnis der Patientin; OLG München, Urt. v. 18. 11. 2011 – 1 U 5334/09, GesR 2011, 235, 236 = juris, Nr. 45: **Opera-tionstechniken und dabei verwendetes Material ohne wesentliche unterschied-liche Risiken bei gleichwertigen Erfolgschancen;** OLG München, Urt. v. 10. 2. 2011 – 1 U 3301/10, juris, Nr. 45, 46: **verschiedene Zugänge zum OP-Gebiet bei Humeruskopf-Frakturen** nicht aufklärungspflichtig; OLG München, Urt. v. 13. 10. 2005 – 1 U 2864/05, OLGR 2006, 296: **keine konservative Behand-lung bei instabiler Humeruskopffraktur;** OLG München, Beschl. v. 17. 10. 2007 – 1 U 3573/07, BeckRS 2008, 4017, S. 2: **Zugang bei Bandscheiben-OP;** OLG München, Urt. v. 29. 11. 2001 – 1 U 2554/01, OLGR 2002, 419, 420: keine Auf-klärungspflicht über **gleichwertige Zugangsmöglichkeiten zum Operations-gebiet;** OLG München, Urt. v. 11. 1. 2007 – 1 U 3974/99, juris sowie OLG Mün-chen, Urt. v. 29. 6. 2006 – 1 U 2132/05, OLGR 2007, 266, 267 und OLG Stutt-gart, Urt. v. 29. 5. 2007 – 1 U 28/07, VersR 2007, 1417, 1418 sowie OLG Bamberg, Beschl. v. 28. 7. 2008 – 4 U 115/07, VersR 2009, 259: **keine Aufkärung über Sectio bei geschätztem Geburtgsgewicht unter 4500 g bei fehlenden, sons-tigen Risikofaktoren;** OLG Naumburg, Urt. v. 10. 5. 2010 – 1 U 97/09, juris, Nr. 53: Alternative mit höhrem Risiko und geringeren Heilungschancen nicht aufklärungspflichtig; OLG Naumburg, Urt. v. 6. 6. 2005 – 1 U 7/05, OLGR 2005, 859 = MDR 2006, 333: **weiter Ermessensspielraum;** keine Aufklärung über mög-liche Operation, wenn die **konservative Behandlung bei nahezu gleichen Erfolgs-chancen weitaus üblicher** ist; OLG Oldenburg, Urt. v. 30. 3. 2005 – 5 U 66/03, VersR 2006, 517: **Arthrodese/völlige Einsteifung gegenüber Knieendoprothese** keine ernsthafte Alternative; OLG Stuttgart, Urt. v. 2. 4. 2002 – 1 U 7/02, OLGR 2003, 19: Verwendung eines Dübels statt Eigeninterponat nicht aufklä-rungspflichtig; OLG Saarbrücken, Urt. v. 17. 4. 2002 – 1 U 612/01, OLGR 2002, 223, 224: **bei etwa gleichen Risiken keine Aufklärungspflicht über Möglichkeit des Bauchschnitts/Laparotomie anstatt einer Laparoskopie;** OLG Zweibrücken, Urt. v. 17. 12. 2002 – 5 U 5/02, OLGR 2003, 130, 131: nicht sinnvolle Alterna-tive ist nicht zu erörtern; Spickhoff-Wellner, § 823 BGB Rz. 217–222; G/G, 6. Aufl., Rz. C 21–28; Wenzel-Simmler, Kap. 2 Rz. 1773, 1778, 1781; F/N/W, 5. Aufl. 2013, Rz. 204, 206).

Nach nunmehr feststehender Rechtslage (vgl. § 630e I 3 BGB) wird eine Aufklärung nur erforderlich, wenn mehrere medizinisch gleichermaßen indizierte Behandlungsmethoden zu jeweils **wesentlich unterschiedlichen Belastungen** des Patienten führen **oder wesentlich unterschiedliche Risiken oder Heilungschancen** bieten (vgl. die Nachweise bei Rz. A 1248). Auch der BGH (Urt. v. 19. 7. 2011 – VI ZR 179/10, VersR 2011, 1450, Nr. 8) hatte zuletzt ausgeführt, es müsse sich um „**wesentlich unterschiedliche Risiken** der Behandlungsalternativen" handeln. A 1502

Unterläuft dem Arzt ein vertretbar (einfacher) **Diagnosefehler** (vgl. hierzu → *Diagnosefehler*, Rz. D 1 ff., D 55 ff., D 104 ff.) und klärt er deshalb den Patienten objektiv falsch bzw. unvollständig über die Risiken der gewählten Therapie und der dazu gegebenen alternativen Behandlungsmöglichkeiten auf oder unterlässt er deshalb die Erhebung von Befunden, so stellt sich dies als Folge eines haftungsrechtlich nicht relevanten Irrtums dar. In einem solchen Fall ist die objektiv fehlerhafte Behandlungs- und Risikoaufklärung kein Anknüpfungspunkt für eine Haftung (G/G, 6. Aufl., Rz. C 24, B 64; Spickhoff-Wellner, § 823 BGB Rz. 216; OLG Köln, NJW 1998, 3422 = VersR 1998, 98; OLG Bremen, Urt. v. 28. 8. 2001 – 3 U 120/00, AHRS III, 4280/306). A 1503

Einstweilen frei. A 1504

Der Arzt schuldet dem Patienten auch keine Aufklärung über eine **früher angewandte Behandlungsmethode**, wenn die zum Zeitpunkt der Durchführung des Eingriffs angewandte Methode seit vielen Jahren bessere Ergebnisse liefert, die hergebrachte, konservative Behandlungsmethode also keine gleichwertige Behandlungsalternative (mehr) darstellt (OLG München VersR 1992, 1134; OLG Saarbrücken, Urt. v. 17. 12. 2003 – 1 U 711/02–170, OLGR 2004, 358). A 1505

Solange bewährte und mit vergleichsweise geringem Risiko behaftete Diagnose- und Behandlungsmethoden zur Verfügung stehen, besteht auch über **neuartige Verfahren**, die sich noch in der Erprobung befinden bzw. sich noch nicht durchgesetzt haben, keine Aufklärungspflicht (BGH, NJW 1984, 1810; OLG Nürnberg MedR 2002, 29; Spickhoff-Wellner, § 823 BGB Rz. 213, 214; G/G, 6. Aufl., Rz. C 40; D/S, 6. Aufl., Rz. VII. 297; S/Pa, 12. Aufl., Rz. 454, 456). A 1506

Anders ist es jedoch, wenn sich ein **neues Verfahren weitgehend durchgesetzt** hat und dem Patienten entscheidende Vorteile bietet (BGH, NJW 1988, 763, 765; Rz. A 1212, A 1251, A 1621). A 1507

Wählt der Arzt die **risikoärmere Methode**, hat er nicht auf die Alternative der risikoreicheren Methode hinzuweisen (OLG Köln, VersR 1991, 930; OLG Nürnberg MedR 2001, 577, 578), etwa auf ein mögliches operatives Vorgehen anstatt der empfohlenen konservativen Methode, wenn eine Operation bei ansonsten gleicher Gefahr angesichts des Alters für den Patienten risikoreicher gewesen wäre (OLG Nürnberg, MedR 2001, 577, 578). A 1508

Die Pflicht des Arztes, den Patienten über Behandlungsalternativen aufzuklären, **entfällt** auch, wenn eine an sich gegebene **Behandlungsalternative im konkreten Fall wegen anderer behandlungsbedürftiger Verletzungen des Patienten aus-** A 1509 scheidet (BGH, MDR 1992, 749) **oder wenn ein klarer Vorrang für die operative Therapie besteht** (BGH, MDR 1986, 342, 343; OLG Dresden, Urt. v. 12. 4. 2001 – 4 U 71/01, AHRS III, 4650/305: Kreuzbandruptur; OLG Frankfurt, Urt. v. 17. 4. 2007 – 14 U 124/06 mit NZB BGH v. 4. 12. 2007 – VI ZR 157/07, AHRS III, 5000/400: **primäre knöcherne Rekonstruktion bei Oberarmluxationsfraktur;** OLG Hamm, Urt. v. 26. 9. 2001 – 3 U 5/01, AHRS III, 5000/329: Bandscheibenoperation; OLG Hamm, Urt. v. 13. 4. 2005 – 3 U 219/04, AHRS III, 2440/329 = AHRS III 4400/302: **bei Außenbandruptur und chronischer Instabilität des Sprunggelenkes OP vorrangig;** OLG Karlsruhe, Urt. v. 14. 9. 2005 – 13 U 98/02 mit NZB BGH v. 5. 9. 2006 – VI ZR 209/05, AHRS III, 1050/351: Kreuzbandersatzplastik, konservative Behandlung nicht empfehlenswert; OLG Köln, Urt. v. 24. 1. 2007 – 5 U 142/03, OLGR 2007, 547, 548: **Arthroskopie bei Rissen im Meniskusgewebe;** OLG München, Urt. v. 13. 10. 2005 – 1 U 2864/05, OLGR 2006, 296; OLG Stuttgart OLGR 2000, 132, 134; weitergehend OLG Naumburg, Urt. v. 6. 6. 2005 – 1 U 7/05, OLGR 2005, 859 = MDR 2006, 333: keine Aufklärungspflicht bei Anwendung der üblichen operativen Methode mit gleichen oder **nahezu gleichen Erfolgschancen).**

A 1510 Allerdings muss ein Hinweis über Behandlungsalternativen auch dann erfolgen, wenn die alternativ in Betracht kommende Maßnahme zwar nicht zur Heilung führt, aber bei **ungleich geringerem Risiko** und geringerer Belastung zumindest **für eine gewisse Zeit zur Linderung der Beschwerden** und Beeinträchtigungen führt.

A 1511 So stellt die bloße **Punktion einer Zyste gegenüber der operativen Entfernung** eines Tumors durchaus eine echte Behandlungsalternative dar, wenn damit zwar keine Heilung wie bei der Entfernung des Tumors verbunden ist, aber eine gewisse Vermutung dafür besteht, dass der Patientin mit der Punktion über einen längeren Zeitraum geholfen werden kann (OLG Karlsruhe, Urt. v. 9. 10. 2002 – 7 U 107/00, OLGR 2003, 233, 234; OLG Karlsruhe, Urt. v. 8. 12. 2004 – 7 U 163/03, NJW-RR 2005, 798, 799 = OLGR 2005, 189, 191: Punktion statt operativer Entfernung einer Zyste).

A 1512 Die Rechtswidrigkeit eines Eingriffs aufgrund einer unzureichenden Aufklärung über Behandlungsalternativen kann auch nicht allein daraus hergeleitet werden, dass **keine Aufklärung über alternative Methoden der Befunderhebung** zur nachfolgenden Diagnosestellung im Vorfeld des Eingriffs stattgefunden hat (OLG Karlsruhe, Urt. v. 12. 12. 2001 – 7 U 102/00, OLGR 2002, 396).

A 1513 Behauptet der Patient eine bestehende Pflicht des Arztes zur Aufklärung über etwaige Behandlungsalternativen, hat er **darzulegen, über welche alternativen Behandlungsmethoden eine Aufklärung erforderlich gewesen sein soll** (OLG Karlsruhe, Urt. v. 26.9. 2001 – 7 U 92/99, OLGR 2002, 20; OLG Köln, Urt. v. 11. 5. 2009 – 5 U 15/08, juris, Nr. 13; zust. F/N/W, 5. Aufl., Rz. 229). Ist etwa eine TEP-OP indiziert und die tatsächlich implantierte Prothese unter Berücksichtigung der Situation des Knies des Patienten geeignet, so ist es Aufgabe des Patienten, vorzutragen, dass es zu der tatsächlich erfolgten Operation eine echte, gleichwertige Behandlungsalternative gegeben hätte (OLG Köln, a. a. O.).

A 1514 Zudem hat der Patient auch vorzutragen, dass er bei richtiger und vollständiger Aufklärung die Zustimmung zu dieser Behandlung nicht erteilt hätte (BGH,

VersR 1994, 1302 = NJW 1994, 2414; VersR 1998, 766 = NJW 1998, 2734; G/G, 6. Aufl., Rz. C 147) und **dass der dann rechtswidrige Behandlungseingriff für den von ihm behaupteten Schaden ursächlich geworden ist** (BGH, Urt. v. 15. 3. 2005 – VI ZR 313/03, NJW 2005, 1718, 1719; VersR 1987, 667 = NJW 1987, 1481: nach § 287 ZPO; BGH, Urt. v. 19. 10. 2010 – VI ZR 241/09, VersR 2011, 223, 224 Nr. 18: § 287 ZPO; BGH, Urt. v. 7. 2. 2012 – VI ZR 63/11, NJW 2012, 850 = GesR 2012, 217 Nr. 10, 11: bei unterlassener therapeutischer Aufklärung nach § 286 ZPO; OLG Naumburg, Urt. v. 12. 11. 2009 – 1 U 59/09, VersR 2010, 1185 = juris, Nr. 39, 40; OLG Köln, Urt. v. 18. 4. 2012 – 5 U 172/11, MedR 2013, 47, 50; G/G, 6. Aufl., Rz. C 147, 149).

In folgenden Fällen hat die Rechtsprechung das Bestehen einer **aufklärungspflichtigen, echten Alternative mit gleichwertigen Chancen, aber andersartigen Risiken verneint:**

(1) Konservative und operative Versorgung von Knochenbrüchen

Grundsätzlich erfordert die Entscheidung des Arztes für eine konservative, d. h. auf die Selbstheilung des Körpers setzende Behandlungsmethode keine der Beweislast des Arztes unterliegende Eingriffsaufklärung, sondern lediglich eine der Beweislast des Patienten unterliegende **therapeutische Aufklärung** über die bestehende **alternative** operative **Behandlungsmöglichkeit,** falls beide Methoden einigermaßen gleichwertige Heilungschancen bieten, jedoch unterschiedliche Risiken bestehen (BGH, Urt. v. 15. 3. 2005 – VI ZR 313/03, VersR 2005, 836 = NJW 2005, 1718; VersR 1986, 342; OLG Dresden, Urt. v. 23. 10. 2003 – 4 U 980/03, NJW 2004, 298, 299 = GesR 2004, 22, 23; OLG Nürnberg, Urt. v. 6. 11. 2000 – 5 U 2333/00, VersR 2002, 580). A 1515

Ist die **operative Versorgung** eines Bruchs **nicht zwingend geboten,** etwa wenn **keine offene oder instabile Fraktur** vorliegt, hat der Arzt über die dennoch bestehende Möglichkeit einer operativen Intervention nicht aufzuklären (OLG Dresden, Urt. v. 23. 10. 2003 – 4 U 980/03, NJW 2004, 298, 299; OLG München, Urt. v. 13. 10. 2005 – 1 U 2864/05, OLGR 2006, 296; OLG Nürnberg, Urt. v. 6. 11. 2000 – 5 U 2333/00, VersR 2002, 580, 581; OLG Naumburg, Urt. v. 6. 6. 2005 – 1 U 7/05, AHRS III, 5000/378: **Operation bei nicht dislozierter Radiustrümmerfraktur keine ernsthafte Alternative;** vgl. aber Rz. A 1280, A 1330 ff., A 1519). A 1516

Hat der Patient eine **Oberschenkeltrümmerfraktur** erlitten, muss über eine mögliche **operative Intervention anstatt einer Marknagelung** nach Kirschner o. a. (Stabilisierung von Brüchen durch innere Schienung mittels eines formschlüssig eingetriebenen Stahlnagels ohne Kopf) nicht aufgeklärt werden (BGH, VersR 1982, 771). A 1517

Die Standardbehandlung bei einer geschlossenen, **nicht dislozierten Humerusschaftfraktur des Oberarms ist die konservative Methode.** Die **operative Behandlung der geschlossenen Humerusschaftfraktur** ist angesichts der statistisch nicht nennenswert höheren Heilungschance bei nachweislich **höheren Risiken** (Gefahr der Dislokation, Narkoserisiko, Auftreten einer Pseudoarthrose) jedenfalls nicht als eine der konservativen Methode überlegene und damit aufklärungs- A 1518 pflichtige Form der Behandlung anzusehen. Auch von einem Behandlungsfehler ist nicht auszugehen, wenn sich nach Abschluss der Behandlung ein Achsen-schiefstand von 15 Grad herausstellt, was noch als adäquater Verlauf angesehen werden kann (OLG Saarbrücken, Urt. v. 31. 1. 2001 – 1 U 923/99–225, AHRS III, 5000/313).

A 1518a Erleidet eine Person unter 50 Jahren eine **Oberarmluxationsfraktur,** ist wie-derum die **primäre knöcherne Rekonstruktion indiziert,** um die mit dem operati-ven Eingriff verbundenen höheren Chancen eines Knochen- und Gelenkerhalts zu wahren. **Auf konservative Behandlungsmethoden muss der Patient dann nicht hingewiesen werden** (OLG Frankfurt, Urt. v. 17. 4. 2007 – 14 U 124/06 mit NZB BGH v. 4. 12. 2007 – VI ZR 157/07, AHRS III, 5000/400).

A 1518b Auch bei einer Läsion im Meniskusgewebe und wesentlicher Degeneration des Meniskus ist ein **operatives Vorgehen die Methode der Wahl.** Ein bloßes Zuwar-ten führt zum Fortschreiten der degenerativen Veränderungen und kommt als Alternative nicht in Betracht (OLG Köln, Urt. v. 24. 1. 2007 – 5 U 142/03, AHRS III, 5000/396).

A 1519 **Drohen Instabilitäten oder andere funktionelle Beschränkungen, muss der Pa-tient auf die Möglichkeit der chirurgischen Versorgung eines Bruchs anstelle ei-ner konservativen Behandlung hingewiesen werden** (OLG München, Urt. v. 12. 10. 2006 – 1 U 2142/06, juris, Nr. 37, 38: mediale Schenkelhalsfraktur/Hüft-gelenksbruch; OLG München, Urt. v. 13. 10. 2005 – 1 U 2864/05, OLGR 2006, 296: **dislozierte, instabile Humeruskopffraktur;** OLG München, Urt. v. 12. 1. 2012 – 1 U 1387/11, juris, Nr. 48, 49 und OLG München, Urt. v. 10. 11. 2011 – 1 U 306/11, juris, Nr. 35, 37, 57: operative Versorgung eines **offe-nen Mittelfingerbruchs** bzw. von **Frakturen der Mittelhandknochen** mittels Kirschnerdrähten; OLG Hamm, Urt. v. 13. 4. 2005 – 3 U 219/04, AHRS III, 2440/329: **Außenbandruptur mit chronischer Instabilität** oder rezidivierendem Umknicktrauma; OLG Naumburg, Urt. v. 6. 6. 2005 – 1 U 7/05, OLGR 2005, 859 = AHRS III, 2440/330: **komplizierter Handgelenksbruch,** wenn das Hand-gelenk instabil wird oder andere Funktionsbeeinträchtigungen auftreten; OLG Düsseldorf, Urt. v. 13. 2. 2003 – 8 U 41/02, VersR 2005, 230, 231: **Operation mit besseren Wiederherstellungschancen bei instabilem Bruch bzw. dislozierter Radiusbasisfraktur;** BGH, Urt. v. 15.3. 2005 – VI ZR 313/05, VersR 2005, 836: Re-position oder **Operation eines abgekippten Handgelenksbruchs bei drohender Funktionseinschränkung;** vgl. bereits Rz. A 1258 ff., A 1280, A 1330 ff.).

A 1520 Ein Arzt, der eine **medizinische Standardtherapie anwendet** (hier: Versorgung eines offenen Mittelfingerbruchs durch Fixation mittels kreuzender Kirschner-drähte), muss dem Patienten **nicht ungefragt erläutern, welche alternativen Ope-rationstechniken anderweitig möglich wären.** Dies gilt insbesondere dann, wenn aus prognostischer Sicht Unterschiede zwischen den diversen Operationstech-niken **nicht wesentlich bzw. gravierend** sind (OLG München, Urt. v. 10. 11. 2011 – 1 U 306/11, juris, Nr. 35, 37, 57).

A 1521 Eine Aufklärung des Patienten über die **Verplattung eines Schienbeinbruchs** als alternative Behandlungsmethode ist schon deshalb nicht erforderlich, weil die (vorliegend durchgeführte) **Versorgung mittels eines Verriegelungsnagels** (Nagelung des Schienbeinbruchs, Versorgung des ebenfalls gebrochenen Wadenbeins mit einer Platte) die medizinisch indizierte Methode darstellt (OLG München, Urt. v. 24. 11. 2011 – 1 U 1431/11, juris, Nr. 36, 39).

Der Arzt muss nicht auf die Möglichkeit der Durchführung einer Operation (hier: subkapitale Oberarmfraktur) hinweisen, anstatt die **konservative Behandlung** einzuleiten oder fortzusetzen, wenn eine **Operation bei gleichem Misserfolgsrisiko** (hier: unzureichende Heilung bzw. Heilung in Fehlstellung) angesichts des Alters des Patienten oder anderer Faktoren sogar eher risikoreicher ist (OLG Nürnberg, Urt. v. 6. 11. 2000 – 5 U 2333/00, AHRS III, 5000/309 = VersR 2002, 580).

A 1522

Bei einer **Radiusfraktur (Speichenbruch)** muss nicht auf die alternative Möglichkeit der Anlegung eines Rundgipses anstatt der dorsalen Schienung hingewiesen werden (OLG Hamm, VersR 1992, 834; vgl. auch Rz. A 1247, A 1280).

A 1523

Ist die Behandlung einer **Handgelenksverletzung** mit mehreren medizinisch gleichermaßen indizierten Methoden konservativ oder operativ möglich, ist aber die **konservative Methode weitaus üblicher und hat letztere die gleiche oder zumindest nahezu gleiche Erfolgschance**, so stellt die Möglichkeit der operativen Therapie nach Auffassung des OLG Naumburg (Urt. v. 6. 6. 2005 – 1 U 7/05, MDR 2006, 333 = OLGR 2005, 859, 860 = AHRS III, 2440/330) keine dem Patienten zu erläuternde Alternative dar. Die operative Methode ist allerdings dann vorzuziehen, wenn das Handgelenk instabil wird oder andere funktionelle Beschränkungen auftreten (OLG Naumburg a.a.O.; vgl. auch Rz. A 1280, A 1281, A 1519).

A 1524

Einstweilen frei.

A 1525

(2) Schultergelenkssprengung

Bei einer Schultergelenkssprengung ist die konservative Therapiealternative gegenüber einem operativen Eingriff grundsätzlich aufklärungspflichtig (BGH, MDR 1992, 749; OLG München, VersR 1992, 834); die Pflicht des Arztes, den Patienten über die konservative Behandlungsalternative aufzuklären, entfällt jedoch, wenn deren Durchführung im konkreten Fall wegen anderer behandlungsbedürftiger Verletzungen des Patienten ausscheidet (BGH, MDR 1992, 749).

A 1526

(3) Korrektur des Mittelfußes und der Zehenfehlstellung

Die operative Behandlung eines Ballenhohl- und Spreizfußes nach Helal oder in einer Variante dieser Methode und/oder die zusätzliche Korrektur einer Krallenzehenbildung durch ein- oder zweizeitiges Vorgehen (zeitlich zwei getrennte Phasen) stellt für den Patienten keine ernsthafte und damit aufklärungspflichtige Alternative dar (OLG Stuttgart, OLGR 2000, 132, 133; zustimmend OLG Hamm, Urt. v. 5. 11. 2003 – 3 U 102/03, OLGR 2004, 162, 163). Gleiches gilt für andere, jeweils **gleichwertige Methoden in der Fußchirurgie** (OLG Hamm, Urt. v. 5. 11. 2003 – 3 U 102/03, OLGR 2004, 162, 163 m.w.N.: gleichwertige Methoden nach Helal vs. Weil und Hueter/Mayo vs. Keller/Brandes sowie Hueter/Mayo vs. Subkapitale Umstellungsosteotomie; OLG Hamm, Urt. v. 19. 5. 2004 – 3 U 296/03, AHRS III, 4285/301: Methode Bösch, aber Hinweis auf

A 1527

Risiken wie Nekrosen, Fehlheilungen, Nachoperation erforderlich; OLG Hamm, VersR 1992, 834 und OLGR 2000, 324, 325).

A 1527a Vor einer Hallux-valgus-OP reicht es auch aus, die verschiedenen Operations-methoden kurz aufzuführen, ohne die Abweichungen der anderen Methoden in Einzelheiten darzustellen. Die möglichen, verschiedenen (über 115!) Techniken müssen dem Patienten nicht erläutert werden. Der Patient muss aber auf das Misserfolgs- bzw. Verschlechterungsrisiko hingewiesen werden. Mit dem Hin-weis auf die Möglichkeit einer „**Überkorrektur**" und „**schmerzhaften Bewe-gungseinschränkung**" wird dem Patienten vor einer Hallux-valgus-OP das Miss-erfolgsrisiko ausreichend verdeutlicht (OLG Bremen, Urt. v. 28. 5. 2004 – 4 U 7/04, mit NZB BGH, v. 11. 1. 2005 – VI ZR 178/04, AHRS III, 4285/302; vgl. auch OLG Oldenburg, VersR 1998, 1286: Misserfolgsrisiko aufklärungspflichtig, nicht dagegen Vor- und Nachteile verschiedener OP-Methoden).

A 1527b Allerdings muss der Patient darauf hingewiesen werden, dass eine Hallux-Val-gus-OP bei nur geringfügigen Beschwerden nur relativ indiziert ist und bei Durchführung des Eingriffs eine **alternative Behandlungsmethode ohne einen bei der gewählten Methode erforderlichen Zweiteingriff** besteht (KG, Urt. v. 17. 12. 2012 – 20 U 290/10, GesR 2013, 229, 231).

A 1528 Treten beim Patienten nach einer **Fußverletzung mit Knochenabsplitterung** im linken Mittelfuß nach der Resektion des Knochensporns **starke Vernarbungen im Operationsgebiet** auf, die mit erheblichen Schmerzen verbunden sind, ist ein **operativer Eingriff (hier: Arthrodese) indiziert**, wenn die konservativen Be-handlungsmöglichkeiten ausgeschöpft sind, insbesondere eine Neurolyse oder eine Injektionsbehandlung nicht sinnvoll sind, weil der Nerv als Ursache für die andauernden Beschwerden nicht in Betracht kommt. Auch eine Dauerthera-pie mit Kortison ist in einem solchen Fall gefährlich und daher nicht angezeigt (OLG Hamm, Urt. v. 9. 2. 2005 – 3 U 147/04, AHRS III, 2620/344).

(4) Hüftgelenkoperationen

A 1529 Bei einer Hüftgelenkimplantation kann der Operateur den minimal-invasiven Zugang wählen, ohne den Patienten über die Vor- und Nachteile der herkömm-lichen Operationsmethode aufklären zu müssen. Denn der **minimal-invasive Zugang hat keine wesentlich unterschiedlichen Risiken und Erfolgschancen** (OLG Naumburg, Beschl. v. 22. 4. 2010 – 1 U 14/10, juris, Rz. 7, 8; offen gelassen von OLG Karlsruhe, Urt. v. 23. 3. 2011 – 7 U 79/10, GesR 2011, 356, 357).

A 1529a Sind die **Operationsrisiken**, etwa das Risiko einer Nervverletzung bei einer mini-mal-invasiven Hüftgelenkimplantation, **aufgrund der geringen Erfahrung des Operateurs (hier: Eingriff erst 5–10 Mal durchgeführt) höher** als bei der Anwen-dung der herkömmlichen Operationsmethode, muss er den Patienten hierüber aufklären (OLG Karlsruhe, Urt. v. 23. 3. 2011 – 7 U 79/10, GesR 2011, 356, 357; zustimmend Baur, VRiOLG a.D., GesR 2011, 577, 582).

A 1530 Stellt sich während der Implantation eines künstlichen Hüftgelenks heraus, dass die Vordehnung nicht ausreichend war, muss der Patient **nicht über die Möglich-keit eines Abbruchs der Operation aufgeklärt** werden, wenn sich eine Dehnung mittels Wagner-Distraktor nach Abbruch des Eingriffs gegenüber der Fortsetzung des Eingriffs nicht als Alternative anbietet. Bei einem Abbruch des Eingriffs und späterer Wiederholung nach Durchführung der Dehnung erhöht sich das Infektionsrisiko und zudem auch das Risiko einer dauerhaften Nervenschädigung (OLG Koblenz, Urt. v. 19. 10. 2001 – 10 U 1252/00, AHRS III, 5000/331).

(5) Implantation einer Knieendoprothese

Bei der Implantation einer Knieendoprothese stellt eine **Arthrodese (Versteifung)**   A 1531
gegenüber der Endoprothese keine ernsthafte Behandlungsalternative dar. Während die Arthrodese mit einer völligen Einsteifung des Knies verbunden ist, kann mit der Endoprothese die Beweglichkeit des Knies sogar verbessert werden. Zudem können vorhandene Schmerzen mit Ersterer nicht sicherer als durch eine Endoprothese beseitigt werden (OLG Oldenburg, Urt. v. 30. 3. 2005 – 5 U 66/03, VersR 2006, 517).

Ist eine TEP-Operation indiziert und die tatsächlich implantierte Prothese unter Berücksichtigung der Situation des Knies des Patienten geeignet, so ist es dessen Aufgabe, **vorzutragen, dass es zu der tatsächlich erfolgten Operation eine echte, gleichwertige Behandlungsalternative gegeben hätte**, über die er hätte aufgeklärt werden müssen (OLG Köln, Urt. v. 11. 5. 2009 – 5 U 15/08, juris, Nr. 13).

(6) Meniskusschäden

Die bei Arthroskopien erfolgte Teilresektion von Menisken stellt bei medizi-   A 1532
nischer Indikation, im entschiedenen Fall festgestellten Längsrissen im Meniskusgewebe und bei degenerativen Veränderungen des Meniskusgewebes, keinen Behandlungsfehler dar. Längsrisse im Meniskusgewebe bei degenerativer Veränderung des Gewebes rechtfertigen in Abhängigkeit vom Alter und dem Aktivitätsbedürfnis des Patienten auch dann eine **Meniskusteilresektion**, und zwar auch im Rahmen der Durchführung einer Arthroskopie, wenn der Patient nur über gelegentlich auftretende Kniegelenksbeschwerden klagt. In solchen Fällen stellt ein **bloßes Zuwarten**, eine konservative Behandlung sowie eine Meniskusnaht bzw. eine Meniskusrefixation **keine** ernsthafte, **aufklärungspflichtige Alternative** dar.

Ein bloßes **Zuwarten**, das grundsätzlich in Betracht kommt, **führt regelmäßig zum Fortschreiten der degenerativen Veränderungen**. Insbesondere bei sportlich aktiven Patienten besteht bei bloßem Zuwarten die Gefahr eines Meniskusrisses. Auch eine konservative Behandlung ist in derartigen Fällen nicht zielführend, da sie nur symptomatisch wirkt. Eine Meniskusnaht oder eine **Meniskusteilrefixation anstelle einer Teilresektion** ist jedenfalls dann nicht als gleichwertige Behandlungsalternative in Betracht zu ziehen, wenn der Befund eines Meniskuslängsrisses mit degenerativer Vorschädigung gesichert ist. Meniskusnaht oder Meniskusrefixation anstelle einer Teilresektion sind allenfalls bei nicht wesentlicher Degeneration des Meniskus bei Schädigung jüngerer Patienten im kapselnahen Drittel angezeigt (OLG Köln, Urt. v. 24. 1. 2007 – 5 U 142/03, OLGR 2007, 547, 548 = juris, Nr. 27 = AHRS III 5000/396).

(7) Kreuzbandruptur

A 1533 Bei einer **vorderen Kreuzbandruptur** ist es nicht erforderlich, darüber aufzuklären, dass als seltene Folge einer durchzuführenden Arthroskopie ein Morbus Sudeck (CRPS) entstehen kann, wenn ein höheres oder ähnlich großes Risiko auch
bei **Ablehnung der Operation** besteht, selbst wenn die Arthroskopie nur relativ
indiziert ist. Der Patient muss in solchen Fällen auch **nicht auf die Möglichkeit
der Versorgung mit einem Kreuzbandersatz aus körpereigenem Material hingewiesen werden.** Die **Einleitung oder Fortsetzung einer konservativen Behandlung** stellt keine ernsthafte aufklärungspflichtige Behandlungsalternative dar,
wenn der bestehenden Gefahr des Eintritts von Meniskusschäden und Knorpel-
abnutzungen mit der Verschiebung oder Unterlassung der Operation nicht wirksam begegnet werden könnte (OLG Dresden, Urt. v. 12. 4. 2001 – 4 U 71/01,
AHRS III, 4650/305).

(8) Bandscheibenvorfall, Wirbelsäulenoperationen

A 1534 Besteht bei einer Patientin eine langjährige Beschwerdesymptomatik (hier: über
fünf Jahre) mit Rückenschmerzen, zu deren Beseitigung auch konservative Therapieansätze praktiziert wurden, und sprach das Schmerzsyndrom auf die konservative Behandlung nicht an, besteht eine **Indikation zu invasiven Maßahmen
(operative perkutane Nukleotomie L4/L5)**, wenn als Ursache der Schmerzsymptomatik eine Vorwölbung der Bandscheibe (L4/L5) durch CT bestätigt wurde (OLG
Köln, Urt. v. 16. 3. 2005 – 5 U 63/03, AHRS III, 2620/346; siehe hierzu auch
Rz. A 841 ff., A 1259 ff., A 1592; zum medizin. Hintergrund Rz. A 1259a). Bei einer vorgesehenen **Bandscheibenoperation** muss der Arzt grundsätzlich nicht über
die **Vor- und Nachteile** eines **Zugangs von rechts oder von links aufklären** (OLG
München, Beschl. v. 17. 10. 2007 – 1 U 3573/07, BeckRS 2008, 4017, S. 2).

A 1535 Leidet ein Patient bereits seit längerer Zeit wegen einer Wirbelsäulenverkrümmung o. a. unter erheblichen Beschwerden und empfindet er seinen Zustand
nach Ausschöpfung aller konservativen Behandlungsmöglichkeiten als unbefriedigend, so ist **eine Operation mit dem Ziel der Versteifung der Wirbelsäule indiziert.** Ein Revisionseingriff ist indiziert, wenn die Beweglichkeit eines Fußes
nach dem Ersteingriff eingeschränkt ist und am Folgetag auch die Beweglichkeit
des anderen Beins zurückgeht (OLG Koblenz, Urt. v. 27. 7. 2006 – 5 U 212/05,
AHRS III, 2410/317).

A 1535a Gleiches gilt, wenn bei dem Patienten Deformationen von Bandscheiben der
HWS bestehen, wodurch der Subarachnoidalraum verengt wird; hier liegt in einem weiteren Zuwarten keine ernsthafte Behandlungsalternative (OLG Naumburg, Urt. v. 14. 2. 2008 – 1 U 66/07, AHRS III, 2410/320).

A 1535b Eine **Bandscheibenoperation ist auch indiziert**, wenn der Patient über mehrere
Jahre wegen rezidivierender Rückenschmerzen ambulant behandelt wurde und
plötzlich eine Ausstrahlung in das linke Bein mit starken Schmerzen erfolgt
(OLG Schleswig, Urt. v. 19. 8. 2005 – 4 U 89/04, AHRS III, 2410/313) oder
wenn durch ein „Wirbelgleiten" (Spondylosithesis) Schmerzen im Bereich der
LWS und bewegungsbedingte, ausstrahlende Schmerzen in die Beine auftreten
(OLG Oldenburg, Urt. v. 26. 1. 2005 – 5 U 9/04, AHRS III, 2410/310).

Vor einer Wirbelsäulenoperation ist der Arzt nicht zur detaillierten Erörterung **A 1535c** **verschiedener Variationen bestehender Implantatmöglichkeiten**, etwa der Möglichkeit, anstelle von Knochenzement sogenannte Cages (Körbchen) einzusetzen, verpflichtet (OLG München, Urt. v. 18. 11. 2010 – 1 U 5334/09, GesR 2011, 235, 236 = juris, Rz. 45).

Nur eine **geringfügig niedrigere Komplikationsrate** verschiedener Verfahren einer Bandscheibenoperation begründet keine Aufklärungspflicht (OLG Brandenburg, Urt. v. 4. 11. 2010 – 12 U 148/08, juris, Nr. 20). Weist eine zur Beseitigung einer Spinalkanalstenose (eingeengter Wirbelkanal der Wirbelsäule) ins Auge gefasste Operationsmethode **gegenüber einer anderen Operationsmethode jedoch wesentlich unterschiedliche Risiken** auf, ist auch die andere Methode zu nennen (BGH, Urt. v. 19. 7. 2011 – VI ZR 179/10, VersR 2011, 1450, Nr. 8). **A 1535d**

(9) Krampfaderoperation

Der Patient muss nicht darauf hingewiesen werden, dass die vorgesehene **A 1536** Krampfaderoperation auch an beiden Beinen gleichzeitig oder in zwei zeitlich getrennten Phasen erfolgen kann (OLG Oldenburg, VersR 2000, 61).

(10) Amputationsverletzungen

Grundsätzlich kommt auch bei Amputationsverletzungen eine Aufklärung über **A 1537** Behandlungsalternativen in Betracht, wenn es darum geht, den Vorteil einer – theoretisch möglichen, wenn auch in der Funktion stark eingeschränkten – Erhaltung eines Körperglieds gegen die höheren Risiken eines Replantationsversuchs abzuwägen. Die Replantation eines infolge einer Quetschverletzung ausgerissenen Fingerendglieds stellt jedoch gegenüber der bloßen Stumpfversorgung keine aufklärungspflichtige Alternative dar (OLG Naumburg, Urt. v. 23. 8. 2004 – 1 U 18/04, OLGR 2004, 404 = GesR 2004, 494, 495).

(11) Unterlassen einer prophylaktischen Heparinisierung bzw. einer Antibiotika-Prophylaxe

Es würde die Anforderungen an die gebotene Aufklärung überspannen, wenn der **A 1538** Arzt auch über die verschiedenen Alternativen, die sich im Rahmen einer Therapie ergeben, aufklären müsste. Dies gilt erst recht, wenn das jeweilige **Risiko** in der einen wie in der anderen Variante **identisch** ist. Sind keine Risikofaktoren für eine Thrombose ersichtlich, so ist das **Unterlassen einer prophylaktischen Heparinisierung** eines jungen, sportlichen Patienten im Rahmen einer ambulanten chirurgischen Behandlung nicht behandlungsfehlerhaft; die Nichterteilung des Hinweises auf deren Möglichkeit zur Vermeidung einer Thrombose begründet auch keinen Aufklärungsmangel (OLG Naumburg, OLGR 2001, 98; auch OLG Düsseldorf, Urt. v. 21. 3. 2002 – 8 U 172/01, NJW-RR 2003, 88 = OLGR 2003, 390 sowie OLG Hamm, Urt. v. 26. 1. 2004 – 3 U 157/03, GesR 2004, 181).

Andererseits muss der Patient über die **Risiken einer Heparinbehandlung** zumindest in den Grundzügen aufgeklärt werden, wenn die Heparinbehandlung etwa **A 1539** am vierten Tag des Krankenhausaufenthaltes nicht absolut indiziert ist. Auch das **Tragen von Stützstrümpfen** stellt bei fehlender oder relativer Indikation einer Heparingabe eine ernsthafte Alternative dar (OLG Celle, Urt. v. 28. 5. 2001 – 1 U 22/00, AHRS III, 5100/302). Im Übrigen besteht gegenüber der Gabe von Heparin und dem Tragen von Stützstrümpfen die **effektivere Möglichkeit, das Heparin abzusetzen und Hirudin oder Danaparoid bzw. andere Medikamente zu verabreichen** (vgl. Pschyrembel, 262. Aufl., S. 844, 2062 = 264. Aufl. 2013, S. 858, 2085).

A 1540   So ist eine präoperative Antibiotika-Prophylaxe auch bei einer Kniegelenksarthroskopie nicht routinemäßig vorzunehmen. Bei **Nichtbestehen einer Indikation der Prophylaxe** muss der Patient auch nicht darüber aufgeklärt werden, dass sie ungeachtet dessen vorgenommen werden könnte (OLG Düsseldorf, Urt. v. 21. 3. 2002 – 8 U 172/01, NJW-RR 2003, 88 = OLGR 2003, 390).

A 1541   Gleiches gilt bei der Nichtvornahme einer routinemäßigen Antibiotika-Prophylaxe vor einer neurochirurgischen Angiom-Exstirpation. Im Rahmen der Eingriffsaufklärung ist der Patient zuvor zwar über das Risiko einer Meningitis aufzuklären, nicht aber über das **Für und Wider einer routinemäßigen Antibiotika-Prophylaxe** (OLG Hamm, Urt. v. 26. 1. 2004 – 3 U 157/03, GesR 2004, 181 = OLGR 2004, 107).

(12) Nichterstellung eines Computertomogramms

A 1542   Ist die Erstellung eines Computertomogramms (CT) nach durchschnittlichem ärztlichem Standard nicht geboten, muss der Patient **nicht befragt werden, ob ein CT angefertigt werden soll**, auch wenn dies von einem überdurchschnittlich sorgfältigen und gewissenhaften Arzt angeordnet worden wäre (OLG Nürnberg, Urt. v. 6. 11. 2000 – 5 U 1116/00, OLGR 2002, 66).

(13) Alternative Methoden der Befunderhebung

A 1543   Hat vor einem operativen Eingriff, etwa einer Tumoroperation, keine Aufklärung über alternative Methoden der Befunderhebung zur Diagnoseerstellung stattgefunden, etwa die **Anfertigung eines MRT** anstatt der durchgeführten Angiographie, führt dies allein nicht zur Rechtswidrigkeit des Eingriffs. Denn Behandlungsmethode i. S. d. Aufklärungsverpflichtung ist die Operation selbst und nicht die Art und Weise der im Vorfeld der Operation infrage kommenden Möglichkeiten der Befunderhebung. Ob die Indikation zur Operation aufgrund ausreichender Diagnostik gestellt worden ist, ist eine **Frage des Behandlungsfehlers** und nicht eine solche der Aufklärung (OLG Karlsruhe, Urt. v. 12. 12. 2001 – 7 U 102/00, AHRS III, 1010/300; vgl. hierzu auch OLG Nürnberg, Urt. v. 27. 5. 2002 – 5 U 4225/00, VersR 2003, 1444, 1445; u. E. fraglich, soweit die Befunderhebung zu einem Gesundheitsschaden führen kann). Zur **diagnostischen Abklärung einer verdickten Papille** (Verdacht auf Papillentumor/Pankreaskarzinom) ist die **ERCP** (endoskopische retrograde Cholangio-Pankreatikographie, d. h. Röntgenkontrastdarstellung des Gallen- und Pankreasgangsystems) das Mittel der Wahl. Eine **MRCP** (Magnetresonanz-Cholangio-Pankretikographie, d. h. Darstellung des Gallengangsystems und der Pankreasgänge mittels MRT/Kernspintomographie) ist hierfür weniger geeignet und stellt sich nicht als aufklärungspflichtige Behandlungsalternative dar (OLG Köln, Urt. v. 17. 10. 2007 – 5 U 46/05, OLGR 2008, 769).

(14) Gallenoperation/Cholezystektomie

Eine **laparoskopische Cholezystektomie** (Entfernung der Gallenblase im Wege der Bauchspiegelung bei Gallenblasensteinleiden) ist nicht mit größeren oder anders gelagerten Risiken verbunden als ein **laparotomisches Vorgehen** (Entfernung der Gallenblase im Rahmen eines offenen Bauchschnitts; OLG Düsseldorf, VersR 2000, 456 = OLGR 1999, 312; OLG Schleswig, Urt. v. 29. 5. 2009 – 4 U 38/08, OLGR 2009, 594, 596/597: nur minimal höheres Risiko im Promillebereich). Die Laparoskopie weist gegenüber der Laparotomie sogar ein deutlich geringeres Letalitäts- bzw. Morbiditätsrisiko auf und ist in Bezug auf Verletzungen der Gallenwege nicht risikoreicher. Die laparoskopische Methode stellt sich gegenüber der laparotomischen Methode nicht als aufklärungspflichtige Alternative dar (OLG Brandenburg, NJW-RR 2000, 24, 27; OLG Schleswig a. a. O.: i. Ü. auch **kein ernsthafter Entscheidungskonflikt** des Patienten). Dies gilt jedoch nicht stets auch im umgekehrten Fall. Der Arzt hat den Patienten im Rahmen der präoperativen Aufklärung allerdings darauf hinzuweisen, dass im Falle ungünstiger anatomischer Verhältnisse, etwa bei massiven Verwachsungen, ein **Wechsel zur konventionellen Laparotomie** erforderlich werden kann (OLG Düsseldorf, VersR 2000, 456; G/G, 6. Aufl., Rz. C 34; auch Bergmann/Müller, MedR 2005, 650, 651 zum chirurgischen Vorgehen). | A 1544

Der Patient muss vor Durchführung einer Gallenoperation (OLG Düsseldorf, VersR 2000, 456) – wie auch vor einer Magenresektion (OLG Karlsruhe, VersR 1998, 718) – darüber aufgeklärt werden, dass es dabei zu einer **Durchtrennung des Hauptgallenganges** mit nachfolgender Entzündung der Gallenwege und des gesamten Bauchraumes kommen kann. | A 1545

Er muss auch darauf hingewiesen werden, dass im Falle ungünstiger anatomischer Verhältnisse ein Wechsel von der Laparoskopie zur Laparotomie (offener Bauchschnitt) erforderlich werden kann (OLG Düsseldorf, VersR 2000, 456, 457 = OLGR 1999, 312, 313; nicht problematisiert von OLG Schleswig, Urt. v. 29. 5. 2009 – 4 U 38/08, OLGR 2009, 594, 596: ein Hinweis auf möglichen **Wechsel der OP-Methode und Möglichkeit der Verletzung benachbarter Organe** war im entschiedenen Fall erfolgt). | A 1546

Die Durchtrennung des Hauptgallengangs bei der Entfernung der Gallenblase stellt nach neuerer Ansicht aber **keinen Behandlungsfehler** dar. Der Operateur ist nach dem medizinischen Standard auch nicht verpflichtet, den Gallenblasengang bis zur Einmündung frei zu präparieren (OLG Hamm, Urt. v. 28. 11. 2008 – 26 U 28/08, GesR 2009, 247; OLG Schleswig, Urt. v. 29. 5. 2009 – 4 U 38/08, OLGR 2009, 594, 595/596; auch OLG Oldenburg, Urt. v. 21. 6. 2006 – 5 U 86/04, GesR 2006, 408, 409: Fehlplatzierung eines Clips ohne vorherige genügende Präparation kein Behandlungsfehler; vgl. Rz. G 723 ff., G 770; zum medizinischen Hintergrund Rz. G 725d).

Vor einer Gallenoperation zur Entfernung der Gallenblase ist der Patient auf das sehr seltene, aber schwerwiegende Risiko des Auftretens einer **Bauchspeichel-** | A 1547 drüsenentzündung hinzuweisen, auch wenn diese erst im Rahmen einer Folge-operation nach Entfernung der Gallenblase (Choledochusrevision) infolge der aggressiven Manipulation an den Gallenwegen auftreten kann (BGH, VersR 1996 – 330, 332 = NJW 1996, 779, 781: bei Zurückweisung an das OLG Koblenz offengelassen, ob sich der Patient auf einen „ernsthaften Entscheidungskonflikt" berufen kann, wovon u. E. jedoch auszugehen ist).

A 1548 – A 1568   Einstweilen frei.

(15) Blinddarmoperation (vgl. auch Rz. A 2092, D 120 ff.)

A 1569   Die **laparoskopische Appendektomie** ist vor allem bei der Verdachtsdiagnose einer Appendizitis (Blinddarmentzündung) indiziert, weil sich der letzte Schritt der Diagnostik mit dem ersten Schritt der Therapie vereinigt. Ein Hinweis auf die theoretisch bestehende Behandlungsalternative einer herkömmlichen **Operation mit Bauchschnitt** ist entbehrlich, weil die offene Operation bei in etwa gleichen Risiken belastender ist als die laparoskopische Appendektomie (OLG Saarbrücken, Urt. v. 17. 4. 2002 – 1 U 612/01 – 139, OLGR 2002, 223, 224).

(16) Magenoperation

A 1570   Vor einer Magenoperation musste jedenfalls in den 80er Jahren auch nicht über die Methode nach Billroth (Billroth I als Magenresektion mit End-zu-End-Vereinigung des Magenstumpfes mit dem Zwölffingerdarm bzw. Billroth II mit Entfernung des „Magenpförtners" und des davor liegenden Magenanteils unter Blindverschluss des Magen- und Zwölffingerdarmstumpfes, gefolgt von der End-zu-Seit-Vereinigung der Magenvorderwand mit der oberen Schlinge des Dünndarms) anstatt einer Vagotomie, d. h. einer operativen Durchtrennung des unteren Nervus vagus mit kleiner Resektion, die heute wegen konservativer Behandlungsmöglichkeiten kaum noch indiziert sein dürfte, aufgeklärt werden (BGH, NJW 1988, 1516).

A 1571   Gleiches galt 1982 bei der Vornahme einer Vagotomie statt einer Magenresektion bei rezidivierenden Magen- und Zwölffingerdarmgeschwüren (OLG Hamm, VersR 1984, 1076, 1077).

(17) Operationsmethode bei Bauchspeicheldrüsenentzündung

A 1572   Nach dem Wissensstand Anfang der 90er Jahre war es nicht behandlungsfehlerhaft, wenn sich der Operateur nach dem intraoperativ vorgefundenen Zustand einer Pankreatitis (Bauchspeicheldrüsenentzündung) für die in solchen Fällen bislang angewandte Resektion des Pankreasschwanzes an Stelle der im Vordringen befindlichen Pankreaskopfresektion entschied.

A 1573   Über diese unterschiedlichen Operationsarten musste der Patient nicht aufgeklärt werden (OLG Oldenburg, MedR 1998, 27). Auf die „duodenumerhaltende Pankreaskopfresektion" als weniger belastende, risikoärmere Operationsmethode musste der Patient im Jahr 1996 nicht hingewiesen werden. Im Jahr 1996 war dieses Verfahren noch nicht so ausreichend untersucht, dass es als Standardverfahren empfohlen wurde (OLG Nürnberg, MedR 2002, 29, 31).

(18) ERCP (endoskopische retrograde Cholangio- und Pankreatographie)

Die ERCP stellt eine geeignete Methode zur Abklärung des Verdachts auf Vorlie- A 1574
gen von Gallensteinen dar. Demgegenüber sind die Infusions-Cholezystocholan-
giographie und endoskopische Ultraschalluntersuchung **(EUS) keine gleichwertigen Alternativen**.

Liegt die letale Komplikationsrate der ERCP im Bereich von 0,1 %, verletzt der A 1575
untersuchende Arzt seine Aufklärungspflicht nicht schon dann, wenn er den Patienten hierauf im Hinblick auf die eigenen langjährigen praktischen Erfahrungen ohne tödlichen Verlauf nicht hinweist (OLG Zweibrücken, NJW-RR 1995,
1305).

(19) Leberresektion

Vor einer Leberresektion muss der Patient grundsätzlich weder über die Gefahr A 1576
einer Schädigung der Gallenwege aufgeklärt noch in die Entscheidung über die
Wahl der Operationsmethode, Resektion (operative Teilentfernung) statt Zyst-
ektomie (operative Entfernung der Harnblase) einbezogen werden (OLG Köln,
VersR 1990, 856).

(20) Entfernung eines Harnleitersteins

Handelt es sich bei der anderen Behandlungsmöglichkeit aus medizinischer A 1577
Sicht objektiv nicht um eine echte Alternative, weil sie im konkreten Einzelfall
nicht indiziert ist, ein erheblich höheres Risiko aufweist oder wesentlich geringere Heilungschancen bietet, muss der Arzt über solche theoretischen Behandlungsmöglichkeiten nicht ungefragt aufklären (OLG Naumburg, Urt. v.
10. 5. 2010 – 1 U 97/09, juris, Nr. 53, 55; OLG München, Urt. v. 5. 11. 2009 – 1
U 3028/09, juris, Nr. 13, 30, 37). Im Fachgebiet der Urologie stellt die **Ureterorenoskopie die Standardmethode bei der Entfernung eines Harnleitersteins** dar.
Die Stoßwellentherapie als alleinige Behandlung ist keine aufklärungspflichtige,
ernsthafte Behandlungsalternative (OLG Naumburg, a. a. O.).

(21) Sterilisationsverfahren

Die laparoskopische Sterilisation (Bauchspiegelung) mittels Elektrokoagulation A 1578
und Eileiterdurchtrennung ist hinsichtlich des Versagerrisikos nicht unsicherer
als diejenige mittels Laparotomie (Bauchschnitt). Der Arzt muss eine adipöse Patientin nicht über die Möglichkeit einer Sterilisation mittels Laparotomie statt
derjenigen mittels Laparoskopie aufklären (OLG Frankfurt, VersR 1989, 291).

Gegenüber der Sterilisationsmethode nach Labhardt ist auch die Fimbriektomie A 1579
(operative Sterilisation durch Entfernung der Fransen des Eileiters und Unterbindung der Eileiter) keine 100%ig sichere Methode. Die Risikoquote verschiebt
sich dabei von ca. 1 zu 1 000 auf 1 zu 2 000, so dass bei erteilter Aufklärung
über das bestehende generelle, geringe Restrisiko nicht von einer echten Behandlungsalternative mit andersartigen Risiken gesprochen werden kann (OLG
Hamm, VersR 1987, 1146; auch OLG Nürnberg, VersR 1988, 1137).

A 1580   Gegenüber einer Resektion nach Pomeroy ist die Alternative Tubenkoagulation nicht aufklärungsbedürftig (OLG Hamburg, VersR 1989, 148; auch OLG Saarbrücken VersR 1988, 831; G/G, 6. Aufl., Rz. C 27).

A 1581   Vor Durchführung einer Tubenligatur (Unterbindung der Eileiter bei Sterilisation der Frau) ist über die Alternative einer Adnexektomie (ein- oder beidseitige operative Entfernung der Eileiter und Eierstöcke) nicht aufzuklären (OLG Frankfurt, VersR 1983, 879).

(22) Einzelne Behandlungstechniken bzw. Behandlungsschritte, Übersicht

A 1582   **Über einzelne Behandlungstechniken, Operationstechniken oder Behandlungsschritte oder muss der Arzt nicht aufklären** (vgl. nachfolgend Rz. A 1583 – A 1613a; OLG Bamberg, Urt. v. 11. 11. 2002 – 4 U 99/02, OLGR 2003, 300: Intraoperativ notwendig werdender Übergang von der Laparoskopie zur Laparotomie; OLG Brandenburg, Urt. v. 31. 3. 2011 – 12 U 44/10, juris, Rz. 22: **Durchführung einer Endoskopie mittels eines flexiblen anstatt eines starren Gerätes**; OLG Dresden VersR 2002, 440: Behandlungsmethoden nach Infektion eines Fingers; OLG Frankfurt, Urt. v. 5. 8. 2003 – 8 U 14/08 mit NZB BGH v. 27. 4. 2004 – VI ZR 279/03, AHRS III, 5000/345: **unterschiedliche OP-Methoden bei Schilddrüsenoperation**; OLG Hamm, Beschl. v. 26. 11. 2007 – 3 U 174/07, MedR 2008, 508 und OLG München, Urt. v. 15. 11. 2012 – 1 U 2093/11, juris, Nr. 37, 65: Zugangswege „vaginal" und „abdominell" bei Hysterektomie nicht aufklärungspflichtig; OLG München, Urt. v. 31. 5. 2012 – 1 U 2459/11, BeckRS 2012, 11481: **einzelne OP-Schritte oder Details innerhalb einer OP-Methode nicht aufklärungspflichtig**; OLG Karlsruhe, Urt. v. 23. 3. 2011 – 7 U 116/10, GesR 2011, 360: Behandlung einer Schleimbeutelentzündung mit Cast-Tutor, geschaltem Cast oder einer Orthese; OLG Karlsruhe, Urt. v. 10. 7. 2002 – 7 U 159/01, OLGR 2002, 392, 393 und OLG Stuttgart, Urt. v. 21. 7. 2008 – 1 U 25/08, Seite 4 sowie OLG Köln, Urt. v. 4. 4. 2012 – 5 U 499/11, BeckRS 2012, 11822: **Möglichkeit der Verwendung verschiedener Materialkombinationen bei einer Totalendoprothese**; OLG Koblenz, Beschl. v. 6. 1. 2010 – 5 U 949/09, VersR 2010, 908: keine Aufklärungspflicht über technische Details einer OP; OLG Köln, Urt. v. 27. 4. 2005 – 5 U 254/02 mit NZB BGH v. 21. 3. 2006 – VI ZR 97/05, AHRS III, 5000/376: **verschiedene Behandlungstechniken** bei der OP einer „Knollennase"; OLG München, Urt. v. 18. 11. 2010 – 1 U 5334/09, GesR 2011, 235, 236 = NJW-RR 2011, 749, 750 = juris, Nr. 45: **ohne weitere Nachfrage keine fachliche Unterrichtung über die Variationen von möglichen Operationstechniken und des dabei eingesetzten Materials** erforderlich, vorliegend Wirbelsäulen-OP; OLG München, Beschl. v. 7. 3. 2012 – 1 U 4430/11, juris, Nr. 12 und Beschl. v. 20. 4. 2012 – 1 U 4430/11, juris Nr. 7: Behandlungstechniken, **Materialvarianten, verschiedene Linsenarten bei Katarakt-OP nicht aufklärungspflichtig**; OLG München, Urt. v. 29. 11. 2001 – 1 U 2554/01, OLGR 2002, 419, 420 und Beschl. v. 17. 10. 2007 – 1 U 3573/07, BeckRS 2008, 4017, S. 2 sowie OLG München, Urt. v. 10. 2. 2011 – 1 U 3301/10, juris, Nr. 45, 46: **mehrere praktisch gleichwertige Methoden des Zugangs zum Operationsgebiet**; OLG München, Urt. v. 10. 11. 2011 – 1 U 306/11, GesR 2012, 85, 87: keine gravierenden Unterschiede zwischen diversen OP-Methoden; OLG München, Urt. v. 24. 11. 2011 – 1 U 1431/11, juris Nr. 36, 39: keine Aufklärungspflicht über **alternative Methoden**

bei Schienbeinbruch; OLG Naumburg, Beschl. v. 5. 8. 2004 – 1 W 27/03, MDR 2005, 395, 396: Verlegung einer Magensonde über die Nase oder über den Mund; OLG Naumburg, Urt. v. 23. 8. 2004 – 1 U 18/04, GesR 2004, 494: **Behandlungsmethoden bei ausgerissenem Fingerendglied**; OLG Stuttgart, Urt. v. 2. 4. 2002 – 1 U 7/02, OLGR 2003, 19: **Kein Hinweis erforderlich, dass bei einer Bandscheibenoperation statt eines bestimmten Dübels ein Eigeninterponat verwendet werden kann**).

Allerdings besteht dann eine **Aufklärungspflicht, wenn unterschiedliche Verfahren hinsichtlich ihrer Risiken oder Erfolgschancen gravierende Unterschiede** aufweisen (BGH, Urt. v. 19. 7. 2011 – VI ZR 179/10, VersR 2011, 1450, Nr. 8: Laminoplastie gegenüber Laminektomie risikoärmer; OLG Brandenburg, Urt. v. 15. 7. 2010 – 12 U 232/09, GesR 2010, 610, 612: verschiedene Operationsmöglichkeiten mit und ohne Netzimplantation, konventionell oder laparoskopisch bei Leistenbruchoperation; a. A. zutreffend LG Ellwangen, Urt. v. 27. 7. 2012 – 5 O 216/11, S. 8/9, rechtskräftig: Laparoskopische OP insgesamt schonender, vgl. Rz. A 1351, A 1352; OLG Koblenz, Urt. v. 12. 10. 2006 – 5 U 456/06, AHRS III, 5000/388: Entfernung einer Ovarialzyste auf laparoskopischem oder laparatomischem Weg).   A 1582a

Die Kenntnis einer an sich gleichwertigen Operationsmethode ist für den Patienten aber ausnahmsweise dann entscheidungserheblich, wenn diese Methode wegen der **persönlichen Erfahrungen und Kenntnisse des Operateurs mit geringeren Risiken verbunden** ist oder andere besonders ins Gewicht fallende Vorteile aufweist. So muss der Operateur, der einen minimal-invasiven **Eingriff erst 5–10 Mal durchgeführt** hat, den Patienten daruf hinweisen, dass das Risiko dieser an sich geeigneten und indizerten Methode (derzeit) höher ist als bei der Anwendung der herkömmlichen Operationsmethode (OLG Karlsruhe, Urt. v. 23. 3. 2011 – 7 U 79/10, GesR 2011, 356, 357; zustimmend Baur, VRiOLG a.D., GesR 2011, 577/582).   A 1582b

(23) Operationsverfahren bei Hallux valgus

Über die **verschiedenen Verfahren (über 115 Methoden!) bei einer Hallux-valgus-Operation** (Korrektur einer X-Großzehe) **muss nicht aufgeklärt werden** (OLG Karlsruhe, Urt. v. 26. 6. 2002 – 7 U 4/00, MedR 2003, 229, 230: Methode nach Hueter/Mayo vs. subkapitale Umstellungsosteotomie – aber auf das Risiko der Versteifung des Großzehs ist hinzuweisen; OLG Hamm, Urt. v. 5. 11. 2003 – 3 U 102/03, OLGR 2004, 162, 163: Methode nach Helal vs. Methode nach Weil sowie Helal vs. Helal-Varianten; OLG Hamm, Urt. v. 25. 10. 2005 – 3 U 46/05: Methoden nach Homann, Brandes oder Hueter-Majo vs. Methode nach Stoffella; OLG Hamm, Urt. v. 19. 5. 2004 – 3 U 296/03, AHRS III, 4285/301: Methode Bösch; OLG Hamm, VersR 1992, 834 und OLGR 2000, 324, 325; KG, VersR 1993, 189; OLG Oldenburg, VersR 1998, 1285 = OLGR 1998, 129; OLG Bremen, Urt. v. 28. 5. 2004 – 4 U 7/04 mit NZB BGH v. 11. 1. 2005 – VI ZR 178/04, AHRS III, 4285/302: aber **Hinweis auf Misserfolgs- bzw. Verschlechterungsrisiko erforderlich**; Spickhoff-Wellner, § 823 BGB Rz. 217, 218; G/G 6. Aufl., Rz. C 26).   A 1583

Vor einer Hallux-Valgus-Operation *(Anm.: auch vor anderen vergleichbaren Operationen)* ist der Patient aber auf das **nach langjähriger Einnahme von Korti-**

son deutlich erhöhte Risiko von Infektionen und Wundheilungsstörungen hinzuweisen (OLG Oldenburg, Urt. v. 15. 11. 2006 – 5 U 68/05, AHRS III, 4285/304 und 6815/300).

A 1583a Aufzuklären ist der Patient auch über die nur **relative Indikation** bei geringfügigen Beschwerden und über die Möglichkeit einer alternativen Behandlungsmethode bei der Hallux-Valgus-OP ohne den **bei der gewählten Methode erforderlichen Zweiteingriff** (KG, Urt. v. 17. 12. 2012 – 20 U 290/10, GesR 2013, 229, 231).

(24) Oberschenkeltrümmerfraktur

A 1584 Bei einer Oberschenkeltrümmerfraktur muss über eine mögliche operative Intervention anstatt einer Marknagelung nach Kürschner (Stabilisierung von Brüchen langer Röhrenknochen durch innere Schienung mittels eines formschlüssig eingetriebenen Stahlnagels ohne Kopf) nicht aufgeklärt werden (BGH, VersR 1982, 771).

(25) Oberarm- und Schulterbruch; kopferhaltende Operation statt Humeruskopfprothese

A 1585 Nach einem komplizierten **Oberarm- und Schulterbruch** muss der Arzt einen 55-jährigen Patienten nicht darauf hinweisen, dass anstatt der durchgeführten kopferhaltenden Operation (hier: offene Reposition, Fixation des Pfannenrandfragmentes, Osteosynthese der Humerusfraktur) eine primäre Humeruskopfprothese in Betracht kommt. Beim (primären) Einsatz einer Prothese besteht bei der erforderlichen ex-ante-Betrachtung nämlich ein höheres Risiko erheblicher Bewegungseinschränkungen (OLG Karlsruhe, Urt. v. 28. 6. 2002 – 13 U 12/01: Altersgrenze i. d. R. bei 65 Jahren anzusetzen).

(26) Verwendung verschiedener Materialkombinationen bei einer Totalendoprothese

A 1586 Über die Möglichkeit der Verwendung **verschiedener Materialkombinationen** bei einer **Totalendoprothese** muss der Arzt nicht von sich aus aufklären, denn hierbei handelt es sich nicht um Behandlungsalternativen mit jeweils **wesentlich unterschiedlichen Belastungen** des Patienten oder wesentlich unterschiedlichen Risiken und Erfolgschancen (OLG Karlsruhe, Urt. v. 10. 2. 2002 – 7 U 159/01, OLGR 2002, 392, 393; OLG Stuttgart, Urt. v. 21. 7. 2008 – 1 U 25/08, Seite 4, n. v.; OLG Köln, Urt. v. 4. 4. 2012 – 5 U 99/11, BeckRS 2012, 11822).

A 1587 So bietet die **Materialkombination Keramik/Polyäthylen** gegenüber der Materialkombination **Metall/Polyäthylen** keine besonders ins Gewicht fallenden Vorteile hinsichtlich möglicher Komplikationen. Zwar ist der Verschleiß bei der Materialpaarung Metall/Polyäthylen geringfügig höher als bei der Materialpaarung Keramik/Polyäthylen. Dem geringfügig besseren Abriebverhalten steht aber ein höheres Sprengungsrisiko der Materialpaarung Keramik/Polyäthylen gegenüber, so dass der Arzt bei der beabsichtigten Verwendung der Materialkombination Metall/Polyäthylen auf die Möglichkeit der Verwendung dieser anderen

Materialien nicht hinweisen muss (OLG Karlsruhe, Urt. v. 10. 2. 2002 – 7 U 159/01, OLGR 2002, 392, 393: „*Wesentlich* unterschiedliche Belastungen des Patienten oder *wesentlich* unterschiedliche Risiken und Erfolgschancen" erforderlich; OLG München, Urt. v. 18. 11. 2010 – 1 U 5334/09, GesR 2011, 235, 236: ohne Nachfrage **kein Hinweis auf verschiedene OP-Techniken und dabei eingesetzte Materialien erforderlich**).

Auch die Entscheidung für eine Keramik/Keramik-Gleitpaarung zählt zu der dem Arzt obliegenden Wahl der Behandlungsmethode. Eine Keramik/Polyäthylen-Gleitpaaarung stellt demgegenüber trotz eines nicht näher quantifizierbar geringeren Frakturrisikos bei gleichzeitig größerem Abrieb des Polyäthylens keine ernste, aufklärungspflichtige Alternative dar (OLG Stuttgart, Urt. v. 21. 7. 2008 – 1 U 25/08, S. 4 n. v.: keine wesentlich unterschiedlichen Belastungen oder wesentlich unterschiedlichen Risiken und Erfolgschancen). A 1588

Das Keramikkopfsystem weist zwar gegenüber Metallköpfen bzw. Metallkugeln eine potentiell höhere Bruchgefahr auf. Ein Stahlkopf hat demgegenüber aber den Nachteil des stärkeren Abriebs und einer höheren Revisionsrate. **Die Hüftprothese mit Keramikkopf weist somit gegenüber derjenigen mit Metallkopf keine wesentlich höheren Risiken oder größere Erfolgschancen auf** (OLG Köln, Urt. v. 4. 4. 2012 – 5 U 99/11, BeckRS 2012, 11822). A 1588a

Auch die **Wahl des Prothesenmodells bei gleichwertigen Modellen** liegt im Rahmen der ärztlichen Therapiefreiheit. Es ist daher nicht darüber aufzuklären, ob eine **nicht zementierte Totalendoprothese anstatt einer zementierten Prothese** eingesetzt werden kann (OLG München, Urt. v. 14. 11. 1991 – 1 U 6324/90 bei Bergmann/Wever, MedR 2012, 652; auch OLG Köln, Beschl. v. 18. 1. 2012 – 5 U 146/11, Rz. A 1593a). A 1588b

(27) Zugang zur Implantation einer Hüftendoprothese

Unter mehreren praktisch gleichwertigen Methoden, etwa des Zugangs zur Implantation einer Hüftendoprothese darf ein Operateur das nach seinem Ermessen am besten geeignete Verfahren bevorzugen, insbesondere ein solches, für das er selbst die größte Erfahrung besitzt. Über unterschiedliche, hinsichtlich Chancen und Risiken im Wesentlichen **gleichwertige Zugangsmöglichkeiten** zum Operationsgebiet muss i. d. R. nicht aufgeklärt werden (OLG München, Urt. v. 29. 11. 2001 – 1 U 2554/01, OLGR 2002, 419, 420: selbst wenn sich andere Verfahren durchgesetzt haben; OLG Naumburg, Beschl. v. 22. 4. 2010 – 1 U 14/10, juris, Rz. 7, 8; auch OLG München, Urt. v. 10. 11. 2011 – 1 U 306/11, GesR 2012, 85, 87: wenn keine gravierenden Unterschiede zwischen diversen OP-Methoden bestehen). A 1589

Sind die **Operationsrisiken, etwa das Risiko einer Nervverletzung** bei einer minimal-invasiven Hüftgelenkimplantation, **aufgrund der geringen Erfahrung des Operateurs (hier: Eingriff erst 5–10 Mal durchgeführt) höher** als bei der Anwendung der herkömmlichen Operationsmethode, muss er den Patienten hierüber aufklären (OLG Karlsruhe, Urt. v. 23. 3. 2011 – 7 U 79/10, GesR 2011, 356, 357; zustimmend Baur, VRiOLG a. D., GesR 2011, 577, 582). A 1589a

(28) Zugang zum Operationsgebiet bei Schulteroperationen

A 1590   Bei der Versorgung von Humeruskopf-Frakturen (hier: mit einer 5-Loch-Filos-Platte) werden grundsätzlich zwei verschiedene Zugänge zum OP-Gebiet verwendet. Es handelt sich zum einen um den deltoideo-pectorale Zugang (ventral) zum anderen um den antero-lateralen (transmuskulären) Zugang. **Beide Zugänge haben Vorteile und auch Nachteile.** Da das spätere Repositionsergebnis weniger durch den chirurgischen Zugang als vielmehr durch den Frakturtyp beeinflusst wird und die Entscheidung des Operateurs über den Zugang vom Frakturtyp sowie den persönlichen Vorlieben und individuellen Erfahrungen und Fähigkeiten abhängig ist, ist die **Methodenwahl des Operateurs nicht zu beanstanden** (OLG München, Urt. v. 10. 2. 2011 – 1 U 3301/10, juris, Rz. 45, 46: auch keine Aufklärungspflicht, da **keiner der Zugänge wesentlich höhere Risiken oder Erfolgschancen aufweist**).

(29) Zugang bei Tumor- und Bandscheibenoperationen

A 1591   Vor einer Tumoroperation im Bereich der Hirnanhangdrüse muss nicht über alternative Zugangswege, durch die Nase oder die Schädeldecke, aufgeklärt werden (BGH, NJW 1998, 2734). Gleiches gilt bei einer Bandscheibenoperation hinsichtlich der **möglichen Zugangswege** thorakal (durch den Brustabschnitt des Rückenmarks) oder dorsal (vom Rücken her), jedenfalls soweit die Risiken in etwa gleich hoch sind (OLG Oldenburg, VersR 1997, 978; u. E. zweifelhaft).

A 1592   Eine aufklärungspflichtige Behandlungsalternative liegt auch bei **Bandscheibenoperationen** nur dann vor, wenn Therapien zur Verfügung stehen, die zu unterschiedlichen Belastungen des Patienten führen oder **signifikant unterschiedliche Risiken oder Erfolgschancen** bieten. Bei einer vorgesehenen Bandscheibenoperation (hier: unterhalb des Wirbels C 6) muss der Arzt grundsätzlich **nicht über die Vor- und Nachteile eines Zugangs von rechts oder von links aufklären** (OLG München, Beschl. v. 17. 10. 2007 – 1 U 3573/07, BeckRS 2008, 4017, S. 2). Ein signifikant unterschiedliches Risiko bzw. signifikant unterschiedliche Erfolgschancen liegen bei einer Bandscheibenoperation nicht bereits deshalb vor, weil beim rechtsseitigen Zugang eine höhere Gefahr der Verletzung des Nervus laryngeus recurrens besteht, der rechtsseitige Zugang bei Rechtshändern operationstechnisch besser und damit sicherer zu führen ist (OLG München a. a. O.).

(30) Implantatmöglichkeiten bei Wirbelsäulenoperation, Spinalkanalstenose

A 1593   Vor einer **Wirbelsäulenoperation** ist der Arzt nicht zur detaillierten Erörterung verschiedener Variationen bestehender Implantatmöglichkeiten, etwa der Möglichkeit, anstelle von Knochenzement sogenannte Cages (Körbchen) einzusetzen, verpflichtet (OLG München, Urt. v. 18. 11. 2010 – 1 U 5334/09, GesR 2011, 235, 236 = NJW-RR 2011, 749, 750 = juris, Rz. 35, 37, 44, 45).

A 1593a Eine weitergehende Aufklärung über die Möglichkeit des **Einsatzes einer zementierten oder nicht zementierten Hüftprothese** ist jedenfalls dann nicht erforderlich, wenn sich der Patient beim Operateur mit dem **Wunsch vorstellt, dass er gerne eine zementfreie Hüftprothese hätte** und der Arzt erklärt „wir sehen mal bei der Operation". Hierdurch wird dem Patienten ausreichend klargemacht, dass es für die Frage des Einsatzes einer zementierten oder nicht zementierten Prothese grundsätzlich auf die **intraoperativ vorgefundenen Verhältnisse an-kommt.** Sofern der Patient nach diesem Hinweis nicht zum Ausdruck bringt, gleichwohl an seinem Wunsch nach einer zementierten Hüftprothese festzuhalten, kann der Arzt **annehmen, dass der Patient der ärztlichen Empfehlung einer erst intraoperativ zu treffenden Entscheidung folgen werde**, wenn im schriftlichen Aufklärungsbogen die Frage, ob mit oder ohne Zement implantiert werden soll, offengelassen wurde (OLG Köln, Beschl. v. 18. 1. 2012 – 5 U 146/11 bei Bergmann/Wever, MedR 2012, 652).

Dies entspricht auch der obergerichtlichen Rechtsprechung, wonach die Wahl des Prothesenmodells bei gleichwertigen Modellen im Rahmen der ärztlichen Therapiefreiheit liegt und eine nicht zementierte Totalendoprothese anstatt einer zementierten Prothese eingesetzt werden kann (OLG München, Urt. v. 14. 11. 1991 – 1 U 6324/90 bei Bergmann/Wever, MedR 2012, 652).

Weisen unterschiedliche Verfahren hinsichtlich ihrer Risiken oder Erfolgschancen aber **gravierende Unterschiede** auf, müssen die Methoden und die unterschiedlichen Risiken erwähnt werden (OLG Frankfurt, Urt. v. 5. 8. 2003 – 8 U 14/03 mit NZB BGH v. 27. 4. 2004 – VI ZR 279/03, AHRS III, 5000/345).   A 1594

Vor der **operativen Therapie einer Spinalkanalstenose** (eingeengter Wirbelkanal der Wirbelsäule) muss der Patient darauf hingewiesen werden, dass statt einer Laminekotmie, wobei zur Erweiterung des eingeengten Wirbelkanals die Wirbelbögen im Bereich der Stenose komplett entfernt werden (Pschyrembel, 264. Aufl. 2013, S. 1159) auch eine Laminoplastie (plastische Erweiterung des Raumes unter den Wirbelbögen, wobei die Wirbel nicht dauerhaft entfernt werden) in Betracht kommt. Denn **bei der Laminektomie besteht gegenüber der Laminoplastie ein deutlich höheres Risiko von Wirbelsäulendeformierungen** und das Risiko der Wanderung der zur Stabilisierung eingesetzten Cages („Körbchen", Implantat), das zu einer signifikanten Einengung des Wirbelkanals führt. Demgegenüber ist die mit zusätzlichen Risiken behaftete Stabilisierungsoperation bei der Laminoplastie nicht erforderlich (BGH, Urt. v. 19. 7. 2011 – VI ZR 179/10, VersR 2011, 1450, Nr. 8).   A 1595

(31) Standardtherapie, verschiedene Operationsstrategien; Mittelfingerbruch

Der Arzt, der eine **medizinische Standardtherapie** anwendet, muss dem Patienten nicht ungefragt erläutern, welche **alternativen Operationstechniken in anderen Krankenhäusern** möglich wären. Dies gilt insbesondere dann, wenn der vom Gericht beauftragte Sachverständige ausführt, dass aus prognostischer Sicht **der Unterschied zwischen den diversen Operationsstrategien nicht gravierend ist.** Erleidet der Patient einen offenen **Mittelfingerbruch**, liegt weder ein Behandlungsfehler noch ein Aufklärungsversäumnis hinsichtlich bestehender Alternativen vor, wenn die Behandlung darin besteht, zwei Knochenfragmente zu entfernen und das mittlere Fingergelenk des Mittelfingers mit zwei kreuzweise eingebrachten Kirschnerdrähten zu versehen und eine anschließende Ruhigstellung in einer Aluschiene vorzunehmen (OLG München, Urt. v. 10. 11. 2011 – 1 U 306/11, GesR 2012, 85, 87 = juris, Nr. 35, 37, 38, 57).   A 1596

A 1597   Eine Aufklärung des Patienten über die **Verplattung eines Schienbeinbruchs** als alternative Behandlungsmethode ist schon deshalb nicht erforderlich, weil die (vorliegend durchgeführte) Versorgung mittels eines Verriegelungsnagels (Nagelung des Schienbeinbruchs, Versorgung des ebenfalls gebrochenen Waden-beins mit einer Platte) die **medizinisch indizierte Methode** darstellt. Es besteht **keine gleichwertige, alternative operative Behandlungsmethode mit wesentlich höheren Erfolgschancen oder wesentlich geringeren Risiken.** Im Übrigen muss der Operateur dem Patienten **keine „Vorlesung" über diverse Operationstech-niken** halten (OLG München, Urt. v. 24. 11. 2011 – 1 U 1431/11, juris, Nr. 36, 39).

(32) Verschiedene Endoskope

A 1598   Die Durchführung einer **Endoskopie mittels eines flexiblen anstatt eines starren Gerätes stellt keine aufklärungspflichtige Behandlungsalternative** dar, zumal die Risiken in etwa gleich sind (OLG Brandenburg, Urt. v. 31. 3. 2011 – 12 U 44/10, juris, Rz. 22).

(33) Behandlungsmöglichkeiten bei Schleimbeutelentzündung

A 1599   Ob der Arzt eine Schleimbeutelentzündung mit einem zirkulären Cast-Tutor (Gipsverband), mit einem geschalten Cast oder einer Orthese behandelt, ist le-diglich eine Frage der Behandlungstechnik, über die der Patient nicht aufgeklärt werden muss (OLG Karlsruhe, Urt. v. 23. 3. 2011 – 7 U 116/10, GesR 2011, 360).

(34) Schilddrüsenoperation

A 1600   Eine Aufklärungspflicht besteht nur dann, wenn unterschiedliche Verfahren hinsichtlich ihrer Risiken oder Erfolgschancen **gravierende Unterschiede** aufwei-sen. Es ist nicht erforderlich, den Patienten vor einer Schilddrüsenoperation über die alternativen Methoden nach Rebein und Peena/de Vries aufzuklären, wenn die **Ergebnisse der unterschiedlichen Methoden in etwa identisch** sind (OLG Frankfurt, Urt. v. 5. 8. 2003 – 8 U 14/03, NZB BGH v. 27. 4. 2004 – VI ZR 279/03, AHRS III, 5000/345).

A 1601   Ein **zweizeitiges operatives Vorgehen**, d. h. eine chirurgische Intervention auf je einer Seite der Schilddrüse in zwei gesonderten Operationen (hierzu OLG Frank-furt, Urt. v. 14. 10. 2003 – 8 U 135/01, OLGR 2003, 181, 184 = VersR 2004, 1053, 1054) ist dann sinnvoll und dementsprechend **aufklärungspflichtig**, wenn die Stimmbandnerven auf beiden Seiten präoperativ noch intakt sind. Dann kann der Gefahr einer beidseitigen Stimmbandlähmung durch ein zweizeitiges Vor-gehen begegnet werden. Besteht **auf der einen Seite bereits eine Recurrensparese** und tritt das Rezidiv auf der intakten anderen Stimmbandseite auf, stellt das **zweizeitige Vorgehen jedoch keine sinnvolle, ernsthafte Behandlungsalternative** dar. Denn durch eine OP auf derjenigen Seite, auf der der Recurrensnerv bereits geschädigt ist, wären die Probleme auf der anderen Seite (hier: rasches Rezidiv-wachstum, Bedrängung der Luftröhre und Tumorverdacht) nicht beseitigt wor-den. In einem solchen Fall kommt auch eine bloße **Biopsie oder eine medika-mentöse Radiojod-Therapie nicht als ernsthafte Behandlungsalternative** in Betracht (OLG München, Urt. v. 23. 2. 2012 – 1 U 2781/11, juris, Nr. 43, 44; vgl. OLG München, Urt. v. 2. 2. 2012 – 1 U 5333/10, juris, Nr. 61: Risiko der Verletzung der Stimmbandnervs bei Erstoperation ca. 1 %, bei einer Zweitoperation 10–20 %, vgl. Rz. A 865, A 866, A 1125).

Bei entsprechender Größe der vorhandenen Knotenbildung stellt eine **Radiojod-Behandlung bzw. eine weitere medikamentöse Behandlung (L-Thyroxin o. a.) gegenüber einer Schilddrüsenoperation ohnehin keine ernsthafte Behandlungsalternative dar** (OLG Köln, Beschl. v. 8. 11. 2010 – 5 U 31/10, VersR 2011, 1011; OLG München a. a. O.).   A 1602

(35) Technische Details; Knochentransplantation

Vor einer **Knorpel- bzw. Knochentransplantation** vom Knie– in das Sprunggelenk muss der Arzt den Patienten nicht darüber aufklären, **an welcher Stelle des Kniegelenks er den Knorpel entnimmt,** wenn das konkrete Behandlungskonzept dem Stand der medizinischen Wissenschaft zum Zeitpunkt des Eingriffes entspricht (OLG Koblenz, Beschl. v. 6. 1. 2010 – 5 U 949/09, VersR 2010, 908; OLG München, Urt. v. 10. 11. 2011 – 1 U 306/11, GesR 2012, 85, 87: keine gravierenden Unterschiede zwischen diversen OP-Methoden).   A 1603

(36) Brustaufbau

Als mögliche Alternativen zu dem vom Operateur gewählten **Verfahren eines Sofortaufbaus nach radikaler Mastektomie** mit einem S-GAP-Flap (Gewebelappen aus der Gesäßregion) kommen grundsätzlich auch eine Sekundäraufbau, der Einsatz eines Silikonimplantats sowie der Aufbau mit einem freien Fettgewebelappentransplantat in Betracht. Eignet sich der Einsatz von Silikon im speziellen Fall eher nicht und hat der Operateur **die anderen Alternativen grundsätzlich angesprochen,** müssen die Vor- und Nachteile der einzelnen Methoden jedenfalls dann nicht erläutert werden, wenn die Patientin sich mit den verschiedenen Möglichkeiten erkennbar befasst hatte und mit einem konkreten Wunsch an den Operateur herangetreten war (OLG München, Urt. v. 3. 11. 2011 – 1 U 984/11, juris, Rz. 38, 47–51).   A 1604

(37) Schnittführung beim Übergang von der Laparoskopie zur Laparotomie

Beim intraoperativ notwendigen **Übergang von der Laparoskopie zur Laparotomie** (offener Bauchschnitt) besteht **keine vorherige Aufklärungspflicht des Chirurgen im Hinblick auf eine vertikale oder horizontale Schnittführung.** Zwar wird der Längsschnitt in der medizinischen Praxis häufiger angewandt. Daraus folgt jedoch nicht, dass der Arzt deshalb rechtlich gezwungen wäre, eine mögliche spätere Schnittführung im Rahmen eines Aufklärungsgesprächs zu erläutern und darauf hinzuweisen, dass er den „Rippenbogenrundschnitt" bevorzugt (OLG Bamberg, Urt. v. 11. 11. 2002 – 4 U 99/02, OLGR 2003, 300). **Unter mehreren praktisch gleichwertigen Methoden darf ein Operateur das nach seinem Ermessen am besten geeignete Verfahren bevorzugen, insbesondere ein solches, für das er die größte Erfahrung besitzt** (OLG München, Urt. v. 29. 11. 2001 – 1 U 2554/01, OLGR 2002, 419, 420: Zugang zum Operationsgebiet; OLG Bamberg,   A 1605

Urt. v. 11. 11. 2002 – 4 U 99/02, OLGR 2003, 300: in etwa gleichwertige Schnittmethoden).

(38) Netzversorgung einer Primärhernie

A 1606 Über die Möglichkeit der Versorgung kleiner Primärnarbenhernien durch ein Netz anstatt einer üblichen Naht der Operationswunde war jedenfalls im Jahr 1996 ohne Vorliegen erkennbarer Bindegewebsschwächen nicht aufzuklären (OLG Karlsruhe, Urt. v. 4. 12. 2002 – 13 U 10/02, OLGR 2003, 232, 233; vgl. Rz. A 1351 zur Netzversorgung beim Leistenbruch).

(39) Nahtmaterial

A 1607 Der Chirurg schuldet dem Patienten **keine Aufklärung** über das Risiko einer Fadenfistel (röhrenförmiger Gang von einem Hohlorgan oder Hohlraum des Körpers zur Körperoberfläche) bei der Verwendung nicht resorbierbarer Fäden für eine innere Naht. Über **Vor- und Nachteile des verwendeten Nahtmaterials** muss der Patient nicht unterrichtet werden (OLG Celle, Urt. v. 23. 7. 1984 – 1 U 13/84).

(40) Verschiedene Linsenarten bei Kataraktoperationen

A 1608 Vor einer **Kataraktoperation** muss der behandelnde Augenarzt mit dem Patienten die **einzelnen Behandlungstechniken** oder für die Chancen und Risiken des Eingriffs **unerhebliche Materialvarianten, etwa verschiedene Linsenarten, nicht besprechen** (OLG München, Beschl. v. 7. 3. 2012 – 1 U 4430/11, juris, Nr. 12, 13 und Beschl. v. 20. 4. 2012 – 1 U 4430/11, juris, Nr. 7, 8: keine wesentlichen Unterschiede).

(41) Keine Behandlungsalternativen bei der Abtragung eines Rhinophyms

A 1609 Bei der **Entfernung eines Rhinophyms ("Knollennase") durch tangentiale Abtragung und Dermabrasio** ist nicht über Behandlungsalternativen aufzuklären. Es gibt hierfür keine verschiedenen Behandlungsmethoden, sondern **nur verschiedene Behandlungstechniken** (z.B. Laserbehandlung mit geringerem Risiko für eine Blutung, aber nicht für geringere Narbenbildungen). Chancen und Risiken sind dabei **nicht nennenswert bzw. wesentlich unterschiedlich** (OLG Köln, Urt. v. 27. 4. 2005 – 5 U 254/02 mit NZB BGH v. 21. 3. 2006 – VI ZR 97/05, AHRS III, 5000/376a).

(42) Kaiserschnitt oder vaginale Geburt – keine Aufklärungspflicht

A 1610 (vgl. hierzu bereits Rz. A 1382 ff., A 1420 ff.).

(43) Abdominelle Vorgehensweise, Hysterektomie (Gebärmutterentfernung)

A 1611 Vor der Durchführung einer medizinisch indizierten Hysterektomie muss die Patientin **nicht darüber aufgeklärt werden, dass ein vaginaler Zugang (von unten) anstelle eines abdominellen Zugangs (von oben) gewählt wird** bzw. als Behandlungsalternative in Betracht kommt. Beide Zugangswege bei der Hysterektomie sind, was das Lösen der Harnblase von der Gebärmutter angeht (Gefahr einer Blasenverletzung), auch bei Vernarbungen aufgrund durchgeführter Voroperationen gleichermaßen risikoreich. Auch **Voroperationen stellen keine Kontraindikation für einen vaginalen Zugang dar**. Allein die Tatsache, dass der abdominelle Zugang häufiger gewählt wird, impliziert nicht, dass die Wahl eines anderen Zugangsweges fehlerhaft oder aus diesem Grunde aufklärungspflichtig wäre (OLG München, Urt. v. 15. 11. 2012 – 1 U 2093/11, juris, Nr. 37, 38, 65; auch OLG Hamm, Beschl. v. 26. 11. 2007 – 3 U 174/07, MedR 2008, 508). Weder bei der abdominellen noch bei der vaginalen Hysterektomie ist routinemäßig eine Ureter-Darstellung geboten (OLG Hamm, Beschl. v. 26. 11. 2007 – 3 U 174/07, MedR 2008, 508).

Leidet die Patientin seit mehreren Tagen unter starken Blutungen und ist deshalb die Entfernung der Gebärmutter (Hysterektomie) indiziert, stellt der **Aufschub dieser Operation keine ernsthafte Alternative** dar (OLG Bamberg, Urt. v. 6. 3. 2006 – 4 U 236/05, OLGR 2006, 739, 740). Dem Arzt ist darin, wie er der Patientin das Für und Wider des Eingriffs darstellt, ein weites Ermessen eingeräumt, wobei auch eine drastische und eindringliche Schilderung der Dringlichkeit geboten sein kann, etwa der Hinweis, dass die Patientin „umfallen würde, wenn sie noch zwei Stunden so blutet" (OLG Bamberg, Urt. v. 6. 3. 2006 – 4 U 236/05, OLGR 2006, 739, 740). | A 1612

Bei einer etwa **faustgroßen Gebärmutter und zunehmenden Unterbauchschmerzen mit verstärkten Regelblutungen** war jedenfalls im Jahr 2000 die **Entfernung des Uterus im Ganzen medizinischer Standard**, weil andere Behandlungsalternativen wie z.B. die Entfernung der feststellbaren Myome – im entschiedenen Fall zweier Myome mit einer jeweiligen Größe von 4 cm – nicht den Erfolg dauerhafter Beschwerdefreiheit versprachen. Ist bzw. war bei einer Totalentfernung des Organs demgegenüber ein dauerhafter Behandlungserfolg zu erwarten, muss der behandelnde Arzt dem im Rahmen einer vollständigen Befunderhebung, der Aufklärung über organschonende Behandlungsalternativen und einer entsprechenden Operationsmethode nur dann Rechnung tragen, wenn es der Patientin erkennbar auf die Organerhaltung ankommt. Dies ist etwa der Fall, wenn es für die Behandlungsseite erkennbar ist, dass die Patientin die Gebärmutter trotz zu erwartender weiterer Beschwerden bei **fortbestehendem Kinderwunsch** behalten will (KG, Urt. v. 8. 4. 2002 – 20 U 58/03, GesR 2004, 409). Ansonsten bleibt die Wahl der Behandlungsmethode primär Sache des Arztes. Dieser befindet sich jedenfalls auf der therapeutisch sicheren Seite, wenn er die Variante wählt, die gegenüber den anderen Varianten eine absolute Erfolgschance hat (KG, Urt. v. 8. 4. 2004 – 20 U 58/03, bei Jorzig GesR 2004, 409, 410). | A 1613

Vor einer Hysterektomie ist im Übrigen auf das **Risiko einer Blasen- und Darmverletzung**, welche eine Fistelbildung mit Austreten von Kot und Urin aus der Scheide umfasst (OLG Nürnberg, VersR 1996, 1372), die mögliche **Verletzung (anderer) Nachbarorgane** (OLG Hamm, VersR 1991, 667; S/Pa, 12. Aufl., Rz 394; G/G, 6. Aufl., Rz. C 53), der Entstehung einer **Darmnekrosefistel** (OLG Köln, VersR 1983, 277) bzw. einer **Verletzungsfistel** (OLG Köln, VersR 1990, 489), jedenfalls soweit – zuvor oder noch rechtzeitig danach – eine mögliche „Blasen- oder Darmverletzung" nicht genannt wurde, hinzuweisen. | A 1613a

(44) Keine Hinweispflicht auf vorsorgliche, nach den Mutterschaftsrichtlinien nicht vorgesehene Untersuchung

A 1614 Die Mutterschaftsrichtlinien müssen ohne besonderen Anlass nicht überschritten werden. Eine **nach den Mutterschaftsrichtlinien nicht vorgesehene** freiwillige (hier: Toxoplasmose-) **Untersuchung** oder ein Hinweis auf die Möglichkeit entsprechender Tests auf eigene Kosten **ist auch nicht unter den Gesichtspunkt der „echte Behandlungsalternative" aufklärungspflichtig** (OLG Köln, Urt. v. 21. 9. 2011 – 5 U 11/11, VersR 2012, 1305, 1306).

d) Signifikant kleineres Risiko

A 1615 Bei gleichartig schwerwiegenden Eingriffen kann es in eingeschränktem Maß auch darauf ankommen, ob ein signifikanter Unterschied zwischen den mit den verschiedenen Eingriffsarten verbundenen Risiken besteht, der eine besondere und spezielle Aufklärung über die unterschiedlichen Risiken erforderlich macht, etwa dann, wenn das **Risiko durch die Wahl besserer Behandlungsbedingungen signifikant kleiner** gehalten werden kann (OLG Oldenburg, VersR 2000, 61 und VersR 1997, 1535; OLG Hamm, Urt. v. 7. 7. 2004 – 3 U 264/03, VersR 2005, 942, 943: Erfolgschance einer Operation gegenüber der Fortsetzung der konservativen Behandlung im einstelligen Prozentbereich nicht signifikant höher; F/N/W, 5. Aufl., Rz. 205). Dies ist z. B. bei einer gleichzeitigen Krampfaderoperation beider Beine gegenüber der zweizeitigen, d. h. in zwei zeitlich getrennten Phasen erfolgenden operativen Behandlung nicht der Fall. Hier birgt die eine Behandlungsmethode **keine anderen Risiken** in sich, bei beiden Behandlungsarten stellen sich die gemeinsamen **Risiken nur unterschiedlich ausgeprägt** dar (OLG Oldenburg, VersR 2000, 61).

e) Krankenhaus mit besserer Ausstattung

A 1616 Der Patient muss **grundsätzlich nicht** darüber aufgeklärt werden, dass dieselbe Behandlung andernorts mit besseren personellen und apparativen Mitteln und deshalb mit einem etwas geringeren Komplikationsrisiko möglich ist, **solange der Ausstattungszustand noch dem medizinischen Standard entspricht** (BGH, NJW 1988, 763, 765 = VersR 1988, 179; BGH, NJW 1988, 2302, 2303 = VersR 1988, 914, 915; OLG Düsseldorf, VersR 1988, 1298; OLG Oldenburg, VersR 1996, 1023; L/K-Laufs, § 60 Rz. 7; G/G, 6. Aufl., Rz. C 37; F/N/W, 5. Aufl., Rz. 205; S/Pa, 12. Aufl., Rz. 449 a. E., 451; Spickhoff-Wellner, § 823 BGB Rz. 213, 214; weitergehend Hart, MedR 2013, 159, 161/162 und MedR 1999, 47, 49 m. w. N.).

A 1617 Wendet der Arzt eine medizinische Standardtherapie an, die gegenüber anderen moderneren Operationsverfahren sowohl Vor- als auch Nachteile hat, wobei der **Unterschied zwischen den diversen Operationsstrategien nicht gravierend ist** (hier: Operation eines offenen Mittelfingerbruchs durch Fixation mittels Kirschnerdrähten), so ist der Arzt auch **nicht verpflichtet, den Patienten in eine andere Klinik zu verweisen, in der andere, modernere Operationstechniken angewandt werden** (OLG München, Urt. v. 10. 11. 2011 – 1 U 306/11, GesR 2011, 85, 87 = juris, Nr. 35, 38, 57). Dies gilt jedenfalls, wenn die Risiken auch in dem anderen Krankenhaus im Wesentlichen gleich sind bzw. **andernorts kein erheblich vermindertes Komplikationsrisiko** besteht (OLG Naumburg, Urt. v. 9. 11. 2010 – 1 U 44/10, juris, Nr. 69).

Im Übrigen ist ein **Entscheidungskonflikt des Patienten nicht plausibel**, wenn er   A 1618
erklärt, im Fall einer ordnungsgemäßen Aufklärung (hier: Hinweis auf deutlich erhöhte Risiko einer Recurrensparese bei einer Rezidivoperation) hätte er eine andere Klinik bzw. eine „Spezialklinik" aufgesucht, wenn das **Risiko bei jedem operierenden Facharzt gleich hoch** einzuschätzen war (OLG München, Urt. v. 2. 2. 2012 – 1 U 5333/10, juris, Nr. 61, 62).

Nach Ansicht des OLG Zweibrücken (Urt. v. 27. 4. 1999 – 5 U 63/99) kann der   A 1619
Arzt das allgemeine Wissen schwangerer Frauen voraussetzen, dass über die apparativen Ausstattungen eines niedergelassenen Gynäkologen hinaus zumindest in großen Krankenhäusern solche vorhanden sind, die weitergehende Diagnosemöglichkeiten eröffnen, so dass er hierauf nicht gesondert hinweisen muss.

Reicht die **apparative Ausstattung einer Universitätsklinik** nicht aus, allen Pa-   A 1620
tienten die nach den neuesten medizinischen Erkenntnissen optimale Behandlung zuteil werden zu lassen, etwa eine CT-geplante Bestrahlung nach einer Brustkrebsoperation, muss der Patient die sich hieraus ergebenden Nachteile entschädigungslos hinnehmen, wenn die Behandlung im Übrigen dem ärztlichen Qualitätsstandard entspricht (OLG Köln, VersR 1998, 847).

Eine **Aufklärungspflicht besteht jedoch**, sobald sich **neue und anderweitig prak-**   A 1621
tizierte Verfahren weitgehend durchgesetzt haben, die dem Patienten entscheidende Vorteile bieten (BGH, NJW 1988, 763, 765; Neelmeier, NJW 2013, 2230, 2232; G/G, 6. Aufl., Rz. C 37, 40; S/Pa, 12. Aufl., Rz. 449 a. E., 451: signifikant kleineres Risiko), wenn ein erforderlicher Eingriff nur **in einer anderen (Spezial-) Klinik ohne bzw. bei erheblich vermindertem Komplikationsrisiko durchgeführt** werden kann (OLG Naumburg, Urt. v. 9. 11. 2010 – 1 U 44/10, juris, Nr. 69; auch OLG Oldenburg, Urt. v. 6. 2. 2008 – 5 U 30/07, OLGR 2008, 602, 604 und OLG Stuttgart, MedR 1985, 85, 87; F/N/W, 5. Aufl., Rz. 205: dort wesentlich risikoärmere Behandlung möglich), im beklagten KKH eine **deutliche personelle oder apparative Unterausstattung** besteht bzw. bestand (BGH, NJW 1988, 763, 765: „wenn es deswegen zu vermeidbaren Schädigungen der Patientin kommt"), bzw. sich die **technisch-apparative** Ausstattung in der **unteren Bandbreite** der von Wissenschaft und Praxis akzeptierten Norm befindet und andernorts **für ein schweres Leiden deutlich bessere Heilungschancen bestehen** (BGH, NJW 1989, 2321, 2322 = VersR 1989, 851; F/N/W, Rz. 205; Neelmeier, NJW 2013, 2230, 2232), wenn die baulich-hygienischen Verhältnisse nicht den Richtlinien des BGA entsprechen, sofern die **Infektionsstatistiken des betreffenden Krankenhauses von der Norm abweichen** und nicht durch besondere innerbetriebliche Prophylaxemaßnahmen ausgeglichen werden (OLG Saarbrücken, VersR 1992, 52; G/G, 6. Aufl., Rz. C 37) oder wenn gegen die dort **angewandte Methode gewichtige Bedenken in der medizinischen Literatur erhoben** worden sind (BGH, NJW 1978, 587; Gehrlein, Rz. C 39; S/Pa, 12. Aufl., Rz. 449 a. E., 451; Neelmeier, NJW 2013, 2230, 2232).

Der Patient muss aber den Kausalitätsnachweis führen, dass ein bei unterblie-   A 1622
bender Verlegung in ein **Krankenhaus mit deutlich besserer Ausstattung** einge-

tretener Schaden gerade hierauf zurückzuführen ist (BGH, NJW 1988, 763, 765). Wäre der Schaden (möglicherweise) auch in dem Klinikum der höheren Versorgungsstufe aufgetreten, ist der Nachweis nicht geführt (OLG Oldenburg, Urt. v. 6. 2. 2008 – 5 U 30/07, VersR 2008, 924, 925).

A 1623   Eine Verpflichtung zur Aufklärung des Patienten über die Möglichkeit der Verlegung in ein Krankenhaus der höheren Versorgungsstufe kommt insbesondere in Betracht, wenn das andere Krankenhaus (hier: Universitätsklinik) **mit deutlich besseren medizinisch-technischen Apparaten ausgestattet ist und über besonders erfahrene Ärzte zur Behandlung der entsprechenden Krankheit verfügt** (OLG Oldenburg, Urt. v. 6. 2. 2008 – 5 U 30/07, OLGR 2008, 602, 604 = VersR 2008, 924, 925; Neelmeier a. a. O.; auch BGH, NJW 1988, 763, 765: bei deutlicher Unterausstattung des behandelnden Krankenhauses bzw. Arztes).

A 1624   Neelmeier (NJW 2013, 2230, 2233; ähnlich auch R/L-Uphoff/Hindemith, § 4 Rz. 115: wenn die dortige Behandlung schon bewährt bzw. etabliert ist und „Vorteile" bietet) befürwortet – u. E. zu weitgehend – eine analoge Anwendung des § 630e I 3 BGB. Danach besteht eine Aufklärungspflicht schon dann, wenn aus der maßgeblichen ex-ante-Betrachtung **für den konkreten Patienten eine Behandlung in einer anderen, erreichbaren Klinik mit dort wesentlich geringeren Risiken oder wesentlich höheren Erfolgschancen möglich gewesen wäre.** Diese Ansicht ist u. E. abzulehnen. Denn „wesentlich höhere Erfolgschancen" oder gar nur „Vorteile" bestehen in spezialisierten Zentren der Maximalversorgung gegenüber einem Krankenhaus der Grundversorgung oder einem niedergelassenen Arzt in einer Vielzahl von Fällen, ohne dass sich dies signifikant auf die Misserfolgsquote auswirken würde!

A 1625 – A 1633   Einstweilen frei.

III. Rechtzeitigkeit der Aufklärung

1. Grundsatz; Übersicht

A 1634   Der Schutz des Selbstbestimmungsrechts des Patienten erfordert grundsätzlich, dass ein Arzt, der einem Patienten eine Entscheidung über die Duldung eines operativen Eingriffs abverlangt und für diesen Eingriff bereits einen Termin bestimmt, ihm schon in diesem Zeitpunkt auch die Risiken aufzeigt, die mit diesem Eingriff verbunden sein können. Eine erst später erfolgte Aufklärung ist zwar nicht in jedem Fall verspätet; eine hierauf erfolgte Einwilligung ist jedoch nur wirksam, wenn **der Patient unter den jeweils gegebenen Umständen noch ausreichend Gelegenheit hat, sich innerlich frei zu entscheiden** (BGH, Urt. v. 25. 3. 2003 – VI ZR 131/02, VersR 2003, 1441 = NJW 2003, 2012 = MedR 2003, 576 = GesR 2003, 264, 265; BGH, VersR 1998, 766, 767 = MDR 1998, 716; VersR 1995, 1055, 1056 = MDR 1995, 908; VersR 1994, 1235, 1236; VersR 1992, 960, 961 = MDR 1992, 748; OLG Brandenburg, Urt. v. 8. 11. 2007 – 12 U 53/07, juris, Nr. 28; OLG Frankfurt, Urt. v. 24. 2. 2009 – 8 U 103/08, juris, Nr. 14, 15; OLG Koblenz, Urt. v. 9. 4. 2009 – 5 U 621/08, VersR 2010, 770, 771; OLG Koblenz, Beschl. v. 30. 1. 2008 – 5 U 1298/07, MDR 2008, 507; OLG Koblenz, Urt. v.

15. 12. 2005 – 5 U 676/05, MDR 2006, 992; OLG Koblenz, Urt. v. 29. 11. 2001 –
5 U 1382/00, VersR 2003, 1315, 1315; OLG Köln, Beschl. v. 4. 10. 2011 – 5 U
184/10, GesR 2010, 414 = VersR 2012, 863; OLG München, Urt. v. 20. 5. 2010 –
1 U 3057/09, MedR 2010, 712 = juris, Rz. 68, 69; OLG München, Urt. v.
21. 9. 2006 – 1 U 2175/06, GesR 2007, 112, 114 = MedR 2007, 601, 604: Aufklärung so früh wie möglich, aber drei bis vier Stunden vor Notoperation wirksam;
Kern, GesR 2009, 1, 4; Spickhoff-Wellner, § 823 BGB Rz. 274, 275; Wenzel-
Simmler, Kap. 2 Rz. 1797 ff.; F/N/W, 5. Aufl., Rz. 216, 217; S/Pa, 12. Aufl.,
Rz 484, 486). Dies setzt eine **Überlegungsfreiheit ohne vermeidbaren Zeitdruck**
voraus.

Das **Patientenrechtegesetz** bestimmt in § 630e I 1, I 2, II Nr. 2 BGB, dass die   A 1635
Aufklärung insbesondere über Art, Umfang, Durchführung, zu erwartende Folgen und Risiken der beabsichtigten Maßnahme sowie deren Notwendigkeit,
Dringlichkeit, Eignung und Erfolgsaussichten so rechtzeitig erfolgen muss, dass
der Patient seine Entscheidung über die Einwilligung wohlüberlegt treffen kann.
Gem. § 630e III BGB ist die Aufklärung entbehrlich, soweit diese ausnahmsweise aufgrund besonderer Umstände entbehrlich ist, insbesondere bei unaufschiebbaren Maßnahmen. **Der Gesetzgeber lässt für den Regelfall eine Aufklärung am Vortrag eines operativen Eingriffs genügen** (vgl. RefE, S. 30; RegE, S. 37
zum Patientenrechtegesetz; Hassner, VersR 2013, 23, 30; Rehborn, MDR 2013,
497, 502). Danach *„wird es bei operativen Eingriffen regelmäßig ausreichen,
wenn die Aufklärung am Vortag des Eingriffes erfolgt ist. Ist der Eingriff hingegen eilig, kann die Bedenkfrist im Einzelfall verkürzt sein, um einen Eingriff
noch am gleichen Tag zuzulassen"* (vgl. RegE, S. 37; BT-Drucks. 17/10488,
S. 24/25; vom Bundesrat nicht kritisiert, vgl. BR-Drucks. 312/1/12, S. 13–15).

Je nach den Vorkenntnissen des Patienten von dem bevorstehenden Eingriff   A 1636
**kann eine Aufklärung – auch nach dem Willen des Gesetzgebers – im Verlauf
des Vortages vor dem Eingriff genügen, wenn sie zu einer Zeit erfolgt, zu der
sie dem Patienten die Wahrung seines Selbstbestimmungsrechts erlaubt** (BGH,
Urt. v. 25. 3. 2003 – VI ZR 131/02, VersR 2003, 1441, 1443 = MedR 2003, 576,
577 = NJW 2003, 2012, 2013; VersR 1998, 766, 767 = MDR 1998, 716; OLG Brandenburg, Urt. v. 8. 11. 2007 – 12 U 53/07, juris, Nr. 28: Aufklärung am Vortag einer Leistenoperation; OLG Brandenburg, Urt. v. 17. 7. 2008 – 12 U 221/07, juris,
Nr. 8: Risiko von dauerhafter Stimmbandlähmung vor Schilddrüsen-OP; OLG
Frankfurt, Urt. v. 11. 10. 2005 – 8 U 47/04, OLGR 2006, 489, 491 = MedR 2006,
294, 296: **gewöhnliche Eingriffe mit gewisser Dringlichkeit und weniger einschneidenden Risiken**; OLG Hamm, Urt. v. 12. 1. 2000 – 3 U 35/99, AHRS III,
5400/300: **Aufklärung am Vortag ausreichend, wenn die Patientin ausreichend
Gelegenheit zur Rücksprache mit Angehörigen hat**; OLG Hamm, Urt. v.
12. 5. 2010 – I-3 U 134/09, VersR 2011, 625, 627: **Aufklärung am Vortag einer
Schulter-OP**; OLG Karlsruhe, Urt. v. 18. 12. 2002 – 7 U 143/01, OLGR 2003,
313: Aufklärung am Vorabend der Operation nach vorangegangener Vorbespre-
chung; OLG Koblenz, Urt. v. 15. 12. 2005 – 5 U 676/05, MDR 2006, 992, 993 =
AHRS III, 5400/325: am Vortag einer Leistenhernieoperation rechtzeitig; OLG
München, Urt. v. 20. 5. 2010 – 1 U 3057/09, MedR 2010, 712 = juris Rz. 68, 69:
**am Vortag des Eingriffes bei Eingriffen mit geringeren bzw. weniger einschnei-
denden Risiken ausreichend, am Tag des Eingriffs bei ambulanten Operationen**

mit beträchtlichen Risiken verspätet; OLG München, Urt. v. 21. 9. 2006 – 1 U 2175/06, GesR 2007, 112, 114 = MedR 2007, 601, 604: i. d. R. Bedenkzeit von 24 Stunden, aber vor Notoperation drei bis vier Stunden vor dem Eingriff ausreichend; OLG Saarbrücken, Urt. v. 10. 5. 2000 – 1 U 576/98–105, AHRS III, 5400/302 und AHRS III, 6060/300: **Aufklärung am Vorabend vor Entfernung der Prostata bei früherem Hinweis rechtzeitig**; OLG Stuttgart, VersR 1998, 1111: am Vortag einer Prostataoperation rechtzeitig; OLG München, Urt. v. 26. 5. 2011 – 1 U 3081/10, juris, Rz. 64: **am Vortag einer Herzoperation, wenn OP-Entschluss schon Wochen zuvor gefasst**; vgl. aber OLG Köln, Beschl. v. 4. 10. 2011 – 5 U 184/10, GesR 2012, 414: am Vorabend einer Herzoperation verspätet).

A 1637 Bei einer Aufklärung am **Vorabend einer Operation** wird der Patient aber regelmäßig mit der Verarbeitung der ihm mitgeteilten Fakten und der von ihm zu treffenden Entscheidung **überfordert** sein, wenn er dabei – für ihn überraschend – **erstmals von gravierenden Risiken erfährt, die seine künftige Lebensführung entscheidend beeinflussen können** (BGH, Urt. v. 25. 3. 2003 – VI ZR 131/02, VersR 2003, 1441, 1443 = MedR 2003, 576, 577 = NJW 2003, 2012, 2013; VersR 1992, 960, 961 = MDR 1992, 748; VersR 1998, 766, 767 = NJW 1998, 2734 = MDR 1998, 716; OLG Düsseldorf, Urt. v. 27. 9. 2001 – 8 U 2/01, AHRS III, 5400/312: Aufklärung am Tag vor Implantation einer Schulterprothese nur dann rechtzeitig, wenn Patient schon mehrere Wochen zuvor umfassend informiert worden ist; OLG Frankfurt, Urt. v. 11. 10. 2005 – 8 U 47/04, OLGR 2006, 489, 491; OLG Frankfurt, Urt. v. 24. 2. 2009 – 8 U 103/08, juris, Nr. 12, 14, 15; OLG Karlsruhe, Urt. v. 7. 6. 2000 – 13 U 78/98, AHRS III, 5400/304: Aufklärung am Vorabend einer Tumoroperation mit Erblindungsrisiko verspätet; OLG Karlsruhe, Urt. v. 5. 10. 2005 – 13 U 109/04, AHRS III, 5400/323: **am Vorabend einer Umstellungsosteotomie im Einzelfall verspätet**; OLG Köln, Beschl. v. 4. 10. 2011 – 5 U 184/10, GesR 2012, 414 = VersR 2012, 863: **am Vorabend einer Herzoperation verspätet**; OLG Koblenz, Urt. v. 15. 12. 2005 – 5 U 676/05, MDR 2006, 992, 993: Aufklärung am Vorabend der OP kann schon bedenklich sein; LG Berlin, Urt. v. 8. 10. 2009 – 6 O 568/04, VersR 2010, 482: Aufklärung gegen 20.00 Uhr am Vorabend vor Gebärmutter-OP verspätet; G/G, 6. Aufl., Rz. C 98; Kern, GesR 2009, 1, 4; F/N/W, 5. Aufl., Rz. 217).

A 1638 So ist etwa die Information am **Tag der Aufnahme bzw. am Vortag der Operation** nicht mehr rechtzeitig, wenn es sich um eine extrem risikobehaftete Situation handelt, etwa um eine Strumektomie mit dem Risiko von **Stimmbandlähmungen** und Stimmbandverletzungen (BGH, NJW 1992, 2351 = VersR 1992, 960 = MDR 1992, 748; a. A. OLG Brandenburg, Urt. v. 17. 7. 2008 – 12 U 221/07, juris, Nr. 8: Aufklärung über das Risiko von Stimmbandlähmung vor Schilddrüsen-OP am Vortag rechtzeitig, wenn OP schon länger geplant). Auch eine Aufklärung der Patientin gegen 20.00 Uhr am **Vorabend einer umfangreichen gynäkologischen Operation (hier: Gebärmutterentfernung) ist verspätet** (LG Berlin, Urt. v. 8. 10. 2009 – 6 O 568/04, VersR 2010, 482).

A 1639 Gleiches gilt für die Operation eines **Tumors im Bereich der Hirnanhangdrüse** mit dem **Risiko eines vollständigen Sehverlustes** auf dem betreffenden Auge (OLG Karlsruhe, Urt. v. 7. 6. 2000 – 13 U 78/98, AHRS III, 5400/304), eine Bandscheibenoperation mit dem gravierenden Risiko einer durch die Operation eintretenden **dauerhaften Lähmung bzw. Instabilität der Wirbelsäule** oder einer Verletzung des Bauchraums durch die Instrumente mit hohem **Letalitätsrisiko** (OLG Bremen, NJW-RR 2001, 671 = VersR 2001, 340: Hinweis auf Nervverletzungen, **Querschnittlähmung**, Sensibilitätsstörungen im Genitalbereich; BGH, Urt. v. 25. 3. 2003 – VI ZR 131/02, VersR 2003, 1441, 1443 = NJW 2003, 2012, 2013: Risiko der **Blasenlähmung** nach Bandscheibenoperation; OLG Köln, Urt. v. 26. 10. 2011 – 5 U 46/11, MedR 2012, 813, 814: **Risiko einer Querschnittlähmung bei Wirbelsäulen-OP**).

Werden die Eltern eines wenige Wochen alten Kleinkindes erst **am Vorabend (hier: zwischen 17.00 Uhr und 18.00 Uhr) einer lebenswichtigen, aber nicht akut indizierten Herzoperation über deren Risiken informiert**, nachdem das am Vormittag aufgenommene Kind schon operationsvorbereitenden Maßnahmen (u. a. Ultraschalluntersuchungen, Herzkatheder, Monitorüberwachung) unterzogen worden ist, ist die Aufklärung **nicht mehr rechtzeitig** (OLG Frankfurt, Urt. v. 24. 2. 2009 – 8 U 103/08, juris, Nr. 14, 15). Das bei der Herzoperation des Kleinkindes bestehende Risiko einer cerebralen Blutung mit nachfolgender Hirnschädigung wird von dem im Rahmen der Anästhesieaufklärung erteilten Hinweis auf das letztlich **nie auszuschließende Todesrisiko eines operativen Eingriffs unter Vollnarkose** nicht erfasst, weil ein solcher Hinweis dem Patienten keinerlei Möglichkeiten gibt, die Bedeutung des konkret bevorstehenden, chirurgischen Eingriffs für seine zukünftige Lebensführung vernünftig einzuschätzen (OLG Frankfurt a. a. O., Nr. 9, 12; vgl. auch OLG Köln, Beschl. v. 4. 10. 2011 – 5 U 184/10, GesR 2012, 414 = VersR 2012, 863: Aufklärung **am Vorabend einer Herzoperation i. d. R. verspätet**). 　A 1640

Auch die Aufklärung am **Vorabend** (hier gegen 20 Uhr) einer rein **kosmetischen Operation** (hier: Bauchdeckenstraffung) ist verspätet, wenn die Patientin dabei erstmals mit erheblichen ästhetischen Folgen, etwa einer deutlichen Vergrößerung der bereits existierenden Unterbauchnarbe von 15 auf 45 cm oder mit langfristigen Sensibilitätsstörungen konfrontiert wird (OLG Frankfurt, Urt. v. 11. 10. 2005 – 8 U 47/04, OLGR 2006, 489, 491). Diese Risiken werden i. d. R. bei einem medizinisch dringend indizierten Eingriff nicht gravierend sein; für eine medizinisch nicht indizierte Schönheitsoperation gelten jedoch strengere Maßstäbe (OLG Frankfurt a. a. O.). 　A 1641

In jedem Fall unwirksam ist die Aufklärung jedoch, wenn sie erst „**vor der Tür des Operationssaals**" dergestalt erfolgt, dass der Patient schon **während der Aufklärung mit der anschließenden Durchführung des Eingriffs rechnen muss** und deshalb unter dem Eindruck stehen kann, sich nicht mehr aus einem bereits in Gang gesetzten Geschehensablauf lösen zu können (BGH, NJW 1994, 3009, 3011 = VersR 1994, 1235, 1236 = MDR 1995, 159; VersR 1995, 1055, 1057 = NJW 1995, 2410, 2411; NJW 1998, 1784 = VersR 1998, 716; OLG Brandenburg, Urt. v. 15. 7. 2010 – 12 U 232/09, VersR 2011, 267, 268 = juris, Nr. 27, 28: **Nennung der Risiken einer Leistenbruchoperation erst am Tag des Eingriffs verspätet**; OLG Hamm, Urt. v. 15. 6. 2005 – 3 U 289/04, AHRS III, 5400/322: Aufklärung anhand eines vierseitigen, zweispaltig bedruckten Aufklärungsbogens **am Tag einer Koronarangiographie verspätet**; OLG Koblenz, Urt. v. 29. 11. 2001 – 5 U 1382/00, VersR 2003, 1313, 1315 = NJW-RR 2002, 816, 818; OLG München, 　A 1642

Urt. v. 20. 5. 2010 – 1 U 3057/09, MedR 2010, 712 = juris, Rz. 68, 69: Aufklärungsgespräch 30 Min. vor Einleitung der Narkose).

A 1643 Unterzeichnet der Patient die ihm schon mehrere Tage vor der Operation überlassene Einwilligungserklärung erst **auf dem Weg zum Operationssaal nach Verabreichung einer Beruhigungsspritze** und dem Hinweis des Arztes, dass man die Operation auch andernfalls unterlassen könne, so ergibt sich hieraus keine wirksame Einwilligung in die Operation (BGH, VersR 1998, 716 = MDR 1998, 654; OLG Bremen, VersR 1999, 1370).

A 1644 Die **Aufklärung** einer Patientin über die Risiken einer nicht dringend indizierten beidseitigen, radikalen Mastektomie (Entfernung beider Brüste) **nach Verabreichung einer Beruhigungsspritze** macht deren daraufhin schriftlich erteilte Einwilligung unwirksam (BGH, VersR 1998, 716 = MDR 1998, 654).

2. Kleinere und risikoarme Eingriffe

a) Ambulante Eingriffe

A 1645 Bei normalen ambulanten sowie diagnostischen (hierzu unten Rz. A 1652) Eingriffen reicht es grundsätzlich aus, wenn die **Aufklärung am Tag des Eingriffs** erfolgt. Auch in solchen Fällen müssen dem Patienten bei der Aufklärung die Art des Eingriffs und seine Risiken verdeutlicht werden, so dass ihm eine eigenständige Entscheidung darüber, ob er den Eingriff durchführen lassen will, überlassen bleibt (BGH, Urt. v. 25. 3. 2003 – VI ZR 131/02, VersR 2003, 1441, 1443 = MedR 2003, 576, 577 = NJW 2003, 2012, 2013; VersR 1995, 1055, 1056 = MDR 1995, 908; OLG Bremen VersR 1999, 1370; OLG Koblenz, Urt. v. 29. 11. 2001 – 5 U 1382/00, VersR 2003, 1313, 1315; OLG Oldenburg, VersR 1998, 769, 770; OLG Stuttgart, Urt. v. 27. 2. 2001 – 14 U 49/00, OLGR 2002, 101, 102; G/G, 6. Aufl., Rz. C 98; S/Pa, 12. Aufl., Rz. 486, 489, 491; F/N/W, 5. Aufl., Rz. 218; Wenzel-Simmler, Kap. 2 Rz. 1805, 1806; Kern, GesR 2009, 1, 4).

A 1646 Bei einer ambulanten Behandlung kann je nach den Vorkenntnissen des Patienten eine **Aufklärung am Tag des Eingriffs** genügen, wenn nach den Gesamtumständen hinreichend Zeit bleibt, das Für und Wider eigenverantwortlich abzuwägen. So ist eine Aufklärung drei Stunden vor dem Eingriff, der mit dem Risiko von Nervenverletzungen verbunden ist, nicht zu beanstanden, wenn der Patient bereits **mehrfach in vergleichbarer Weise operiert worden ist** (OLG Koblenz, Beschl. v. 30. 1. 2008 – 5 U 1298/07, MDR 2008, 507; u.E. kann sich die Behandlungsseite in einem solchen Fall auch darauf berufen, eine Aufklärungspflicht bestehe bei einem derart „voraufgeklärten" Patienten nicht).

A 1647 Findet sich eine Patientin zu einem **ambulanten Schwangerschaftsabbruch** nach vorgeschriebener Beratung zum vereinbarten Termin in der Praxis des operierenden Arztes ein, ist die im Rahmen der Anamnese erfolgende und dem Eingriff unmittelbar vorausgehende Aufklärung über die Risiken, auch dasjenige einer Dünndarmperforation, noch rechtzeitig, wenn die Patientin bei dem Aufklärungsgespräch noch keine Medikamente erhalten hatte und die Möglichkeit besteht, den Eingriff noch abzulehnen (OLG Bremen, VersR 1999, 1370).

Angesichts des nach Komplikationsraten und Komplikationsdichte als routine-   A 1648
mäßig anzusehenden, gegenüber einem Bauchschnitt weniger belastenden Eingriffs durch eine Laparoskopie (Bauchspiegelung) sieht das OLG Oldenburg
(VersR 1998, 769, 770; u. E. sehr fraglich!) in der **Entfernung einer Zyste** am Eierstock einschließlich des Eileiters **keinen „größeren" Eingriff**, dessen Risiken
nicht noch am Tage der ambulant durchgeführten Operation mit der Patientin
besprochen werden könnten, ohne deren Selbstbestimmungsrecht zu verletzen.
Auf das Risiko eines Narbenbruchs, der generell zu den Wundheilungsstörungen
eines solchen Eingriffs gehört, muss generell nicht besonders hingewiesen werden (OLG Oldenburg, VersR 1998, 769, 770). Nach Ansicht von Steffen/Pauge
(S/Pa, 12. Aufl., Rz. 490) reicht es in einem derartigen Fall aus, dass der Arzt
dem Patienten durch einen „aufrichtig artikulierten Hinweis, dass er nicht unter
Zeitdruck steht", die freie Entscheidung für die Möglichkeit lässt, auf eine Bedenkzeit zu verzichten.

Endet eine ambulante Untersuchung mit einer Operationsempfehlung, schuldet   A 1648a
der Arzt im Vorfeld des noch **ungewissen Eingriffs keine Aufklärung** über dessen
Risiken. Angesichts des allgemeinen Wissens, dass Operationen risikobehaftet
sind, ist es **Sache des Patienten, bei der ambulanten Behandlung nachzufragen,
falls er schon jetzt eine konkrete Risikoinformation wünscht.** Eine Aufklärung,
wonach der Erfolg der Operation nicht dauerhaft garantiert werden kann (hier:
Peniskrümmung), schuldet der Arzt regelmäßig nicht, wenn der Patient das Risiko bereits kennt (OLG Koblenz, Beschl. v. 24. 8. 2011 – 5 U 370/11, MedR 2012,
119).

Bei **umfangreicheren oder mit erheblichen Risiken** verbundenen ambulanten   A 1649
Eingriffen wird die Erteilung der **Aufklärung am Tag des Eingriffs aber regelmäßig nicht mehr als rechtzeitig angesehen** (OLG Stuttgart, Urt. v. 19. 9. 2000
– 14 U 4/00, AHRS III, 5400/306: Ausschabung; OLG Stuttgart, Urt. v.
27. 2. 2001 – 14 U 49/00, AHRS III, 5400/309: Verweilkatheder; OLG Koblenz,
Urt. v. 29. 11. 2001 – 5 U 1382/00, AHRS III, 5400/301: Angiographie der Arteria
carotis; OLG Hamm, Urt. v. 15. 6. 2005 – 3 U 289/04, AHRS III, 5400/322: Aufklärung anhand eines vierseitigen, zweispaltig bedruckten Aufklärungsbogens
am Tag einer Koronarangiographie verspätet; OLG Brandenburg, Urt. v.
15. 7. 2010 – 12 U 232/09, VersR 2011, 267, 268 = juris, Nr. 27, 28: **Nennung
der Risiken einer Leistenbruchoperation erst am Tag des Eingriffs verspätet;**
OLG München, Urt. v. 20. 5. 2010 – 1 U 3057/09, MedR 2010, 712 = juris,
Rz. 68, 69: Aufklärungsgespräch 30 Min. vor Einleitung der Narkose; F/N/W,
5. Aufl., Rz. 218; Kern, GesR 2009, 1, 4), zumal solchen Operationen regelmäßig
Untersuchungen vorangehen, in deren Rahmen dem Patienten die erforderlichen
Hinweise gegeben werden können (BGH, VersR 1994, 1235, 1236 = NJW 1994,
3009, 3011 = MDR 1995, 159).

So wahrt bei einer **nicht dringlichen Routineoperation** (hier: Leistenhernie) die   A 1650
erst am Tag des Eingriffs erfolgte Aufklärung nicht das Selbstbestimmungsrecht
des Patienten (OLG Koblenz, Urt. v. 15. 12. 2005 – 5 U 676/05, OLGR 2006, 193
= MDR 2006, 992, 993; ebenso OLG Brandenburg, Urt. v. 15. 7. 2010 – 12 U
232/09, VersR 2011, 267, 268: Aufklärung erst am Tag der Leistenbruchoperation verspätet).

A 1651   Wird einer Patientin vor einer Kürettage (Ausschabung) das seltene, für ihre Entschließung aber erkennbar wichtige **Risiko einer Hysterektomie** (Gebärmutterentfernung) erst **unmittelbar vor Beginn der Behandlung**, beginnend mit der Verabreichung eines Prostaglandinzäpfchens mitgeteilt, so ist die Aufklärung **verspätet**, auch wenn ihr das Vorgehen und die damit verbundenen Risiken
teilweise kursorisch schon am Vorabend dargestellt worden sind (OLG Stuttgart,
Urt. v. 19. 9. 2000 – 14 U 4/00, AHRS III, 5400/306).

b) Diagnostische Eingriffe

A 1652   Ebenso wie bei ambulanten Operationen **reicht es auch bei risikoarmen diagnostischen Eingriffen aus, den Patienten am Tag des Eingriffs aufzuklären** (BGH,
Urt. v. 25. 3. 2003 – VI ZR 131/02, VersR 2003, 1441, 1443 = MedR 2003, 576,
577 = NJW 2003, 2012, 2013; VersR 1995, 1055, 1056 = MDR 1995, 908; OLG Koblenz, Urt. v. 29. 11. 2001 – 5 U 1382/00, VersR 2003, 1313, 1315; OLG Stuttgart, Urt. v. 27. 2. 2001 – 14 U 49/00, OLGR 2002, 101, 102; F/N/W, 5. Aufl.,
Rz. 218). So kann die Aufklärung sogar am Tag der Durchführung einer Myelographie genügen (BGH, VersR 1995, 1055, 1056; VersR 1996, 195, 197).

A 1653   Erfolgt die Aufklärung aber im Untersuchungsraum oder vor dessen Tür dergestalt, dass dem Patienten erklärt wird, ohne die Einwilligung könne die für
den nächsten Tag vorgesehene Operation nicht durchgeführt werden, muss er
dabei schon während der Aufklärung mit einer sich **nahtlos anschließenden
Durchführung des diagnostischen Eingriffs** rechnen und steht er deshalb unter
dem Eindruck, sich nicht mehr aus einem bereits in Gang gesetzten Geschehensablauf lösen zu können, ist die **Aufklärung nicht rechtzeitig** erfolgt (BGH,
VersR 1995, 1055, 1056 = MDR 1995, 908; vgl. auch OLG Koblenz, Urt. v.
29. 11. 2001 – 5 U 1382/00, VersR 2003, 1313, 1315). Gleiches gilt, wenn die
Aufklärung über die **Risiken einer Angiographie** (Halbseitenlähmung und/oder
Aphasie mit vorübergehendem oder dauerhaftem Bestand u.a.) im Untersuchungsraum oder vor dessen Tür stattfindet und der Patient schon während
der Aufklärung mit einer sich nahtlos anschließenden Durchführung des Eingriffs mit nicht unerheblichen Risiken rechnen muss (OLG Koblenz, Urt. v.
29. 11. 2001 – 5 U 1382/00, VersR 2003, 1313, 1315).

A 1654   Bei stationärer Aufnahme des Patienten zur Durchführung einer diagnostischen
Koronarangiographie bzw. Herzkatheteruntersuchung ist jedenfalls bei vorbestehender, leichter Nierenfunktionsstörung die Risikoaufklärung über das kontrastmittelbedingte Risiko eines unter Umständen **dialysepflichtigen Nierenversagens am Tag des Eingriffs verspätet**, wenn der Patient bereits nach der Ankunft vorbereitenden Untersuchungen zugeführt wird und ihm dann keine
hinreichende Zeit für eine eigenverantwortliche Entscheidung verbleibt (OLG
Hamm, Urt. v. 15. 6. 2005 – 3 U 289/04, GesR 2005, 401, 402 = AHRS III,
5400/322).

A 1655   Auch bei einer diagnostischen Maßnahme bei dringender Verdachtsdiagnose eines Mamma-Karzinoms reicht die Aufklärung der Patientin am Tag des Eingriffs
nicht aus, wenn zum Zeitpunkt des Aufklärungsgesprächs bereits die **Prämedi-
kation zur Vorbereitung des Eingriffs vorbereitet** oder gar verabreicht worden

ist (OLG Düsseldorf, Urt. v. 10. 10. 2002 – 8 U 13/02, VersR 2004, 912, 913). Dagegen ist die Aufklärung über deren Risiken (Infektion, Blutung, Wundheilungsstörung, Abszess, Sepsis u.a.) unmittelbar vor dem Legen eines Venenverweil-
katheders **noch rechtzeitig** (OLG Stuttgart, Urt. v. 27. 2. 2001 – 14 U 49/00,
OLGR 2002, 101).

c) Stationäre Behandlung

Je nach den Vorkenntnissen des Patienten von dem bevorstehenden Eingriff A 1656
**reicht bei stationärer Behandlung eine Aufklärung im Verlauf des Vortages
grundsätzlich aus**, wenn sie zu einer Zeit erfolgt, zu der sie dem Patienten die
Wahrung seines Selbstbestimmungsrechts erlaubt (BGH, Urt. v. 25. 3. 2003 –
VI ZR 131/02, VersR 2003, 1441, 1443 = MedR 2003, 576, 577 = NJW 2003, 2012,
2013; Urt. v. 14. 9. 2004 – VI ZR 186/03, GesR 2005, 21, 23; OLG Brandenburg,
Urt. v. 8. 11. 2007 – 12 U 53/07, juris, Nr. 28; OLG Brandenburg, Urt. v.
17. 7. 2008 – 12 U 221/07, juris, Nr. 8: **Hinweis auf Risiko von Stimmbandlähmung vor Schilddrüsen-OP am Vortag ausreichend**; OLG Karlsruhe, Urt. v.
18. 12. 2002 – 7 U 143/01, OLGR 2003, 313; OLG Koblenz, Urt. v. 15. 12. 2005
– 3 U 676/05, AHRS III, 5400/325: **am Vortag einer Leistenhernie-OP rechtzeitig**;
OLG München, Urt. v. 21. 9. 2006 – 1 U 2175/06, GesR 2007, 112, 114 = MedR
2007, 601, 604: **i.d.R. Bedenkzeit von 24 Stunden, aber drei bis vier Stunden
vor Notoperation ausreichend**; OLG München, Urt. v. 20. 5. 2010 – 1 U 3057/09,
MedR 2010, 712 = juris, Rz. 68, 69; OLG München, Urt. v. 26. 5. 2011 – 1 U
3081/10, juris, Rz. 64; OLG München, Urt. v. 26. 9. 2013 – 1 U 1665/12, juris,
Nr. 81: Hinweis auf Querschnittlähmung am Vortag bei vorinformierter Patientin nicht verspätet; OLG Stuttgart, Urt. v. 8. 1. 2002 – 14 U 70/01, VersR 2002,
1428; F/N/W, 5. Aufl., Rz. 217; G/G, 6. Aufl., Rz. C 98; S/Pa, 12. Aufl., Rz. 486;
Wenzel-Simmler, Kap. 2 Rz. 1803; kritisch Kern, GesR 2009, 1, 4: Aufklärung
am Vorabend i.d.R. verspätet). Dies entspricht auch der Ansicht des Gesetzgebers (vgl. Rz. A 1635).

Eine Aufklärung bei stationärer Behandlung, die erst am Tag des operativen A 1657
Eingriffs erfolgt ist, von Notfällen abgesehen, regelmäßig zu spät (BGH, NJW
1998, 2734 – MDR 1998, 716; NJW 2003, 2012, 2013 = MDR 2003, 931; OLG
Koblenz, Urt. v. 15. 2. 2005 – 5 U 676/05, MDR 2006, 992, 993; OLG Stuttgart,
Urt. v. 19. 9. 2000 – 14 U 4/00, AHRS III, 5400/306; OLG Brandenburg, Urt. v.
15. 7. 2010 – 12 U 232/09, VersR 2011, 267, 268; OLG München, Urt. v.
20. 5. 2010 – 1 U 3057/09, juris, Rz. 68, 69 = MedR 2010, 712, 713).

Erfolgt die Aufklärung des Patienten **am Vortag der stationär durchgeführten** A 1658
Operation (hier: diagnostische Arthroskopie, Schulteroperation), so muss dies
zu einer Zeit stattfinden, zu der sie dem Patienten die Wahrung des Selbstbestimmungsrechts erlaubt, wobei etwaige Vorkenntnisse des Patienten aus früheren Gesprächen zu berücksichtigen sind. Den Patienten trifft jedoch **die Darlegungslast, weshalb ein späterer Zeitpunkt der Aufklärung sein Entscheidungsrecht verkürzt hat. Ein Entscheidungskonflikt ist nicht plausibel**, wenn dem
Patienten der vorgeschlagene Eingriff (hier: an der linken Schulter) bereits wenige Wochen zuvor anlässlich der Ambulanzvorstellung dargestellt worden ist
und ihm die detaillierten Informationen insbesondere auch bezüglich der **Ein-**

griffsrisiken spätestens am Vortag der Operation (hier: vormittags) vermittelt worden sind (OLG Hamm, Urt. v. 12. 5. 2010 – I-3 U 134/09, VersR 2011, 625, 627: auch zur Frage der Aufklärung über therapeutische Alternativen und eines unverschuldeten Aufklärungsversäumnisses).

A 1659 Die Aufklärung über die **Risiken** einer **Leistenbruchoperation am Abend vor dem Eingriff ist jedenfalls dann rechtzeitig,** wenn ihr die Aufnahme zur stationären Behandlung unmittelbar vorausgegangen ist und der Patient dabei den Wunsch geäußert hat, bereits am nächsten Tag operiert zu werden (OLG Düsseldorf, NJW-RR 1996, 347; vgl. auch OLG Koblenz, Urt. v. 15. 12. 2005 – 3 U 676/05, AHRS III, 5400/325: Aufklärung am Vortag einer Leistenhernie-OP rechtzeitig) oder wenn die **Entscheidung zur Operation bereits vor der Einweisung des Patienten in die Klinik getroffen worden ist und der Patient sich hierauf einstellen konnte.** Beruft er sich darauf, dass seine Entscheidungsfreiheit bei einer erst am Vortag erfolgten Risikoaufklärung nicht gewahrt war, muss er substantiiert Tatsachen vortragen, die diese Behauptung stützen (OLG Brandenburg, Urt. v. 8. 11. 2007 – 12 U 53/07, juris, Nr. 28 zur Leistenbruchoperation; Spickhoff-Wellner, § 823 BGB Rz. 275).

A 1660 Der Umstand, dass das Aufklärungsgespräch auch bei einem weitreichenden Eingriff erst **am späten Nachmittag des Tages vor der Operation** durchgeführt wurde, steht der Wirksamkeit der Aufklärung jedenfalls dann nicht entgegen, wenn die Ärzte den Eingriff zuvor schon **in mehreren Gesprächen mit der Patientin erörtert** hatten und diese nicht darlegt, dass ihre Entscheidungsmöglichkeiten deshalb beeinträchtigt wurden, weil sie aufgrund der Kürze der zur Verfügung stehenden Zeit mit der Entscheidung überfordert gewesen wäre (OLG Karlsruhe, Urt. v. 18. 12. 2002 – 7 U 143/01, OLGR 2003, 313; vgl. auch OLG Hamm, VersR 2011, 625, 627, Rz. A 1658).

A 1661 Die Aufklärung des Patienten über die Risiken einer **Prostatektomie** (Entfernung der Prostata), insbesondere die etwaige Notwendigkeit einer Hodenentfernung einschließlich der damit einhergehenden gesundheitlichen Auswirkung (Inkontinenz, Libido- und Erektionsstörungen) **am Vorabend der Operation** ist rechtzeitig erfolgt, wenn der Arzt den Nachweis erbringen kann, dass bereits im Rahmen der Behandlung des Patienten bei **früheren Vorgesprächen** eine etwaige Notwendigkeit der Hodenentfernung erörtert worden ist (OLG Saarbrücken, Urt. v. 10. 5. 2000 – 1 U 576/98–105, AHRS III, 5400/302 und AHRS III, 6060/300; ebenso OLG Stuttgart, VersR 1998, 1111: Aufklärung am Vortag einer Prostataoperation nach zuvor erteilten Hinweisen rechtzeitig).

A 1662 Vor der Implantation einer Schulterprothese ist die Aufklärung des Patienten über deren Risiken, insbesondere das signifikante **Risiko einer möglichen Prothesenlockerung am Nachmittag des Tages vor der Operation** jedenfalls dann rechtzeitig erfolgt, wenn der Eingriff für den Patienten **nicht überraschend** erfolgt, sondern schon mehrere Wochen zuvor umfassend über mögliche Operationsmethoden und deren Erfolgsaussichten gesprochen worden ist (OLG Düsseldorf, Urt. v. 27. 9. 2001 – 8 U 2/01, AHRS III, 5400/312).

A 1663 Vor einer **Bandscheibenoperation** (OLG Stuttgart, Urt. v. 8. 1. 2002 – 14 U 70/01, VersR 2002, 1428 = OLGR 2002, 351, 352) oder einer **Hysterektomie** (operative

Entfernung der Gebärmutter) muss die Risikoaufklärung **spätestens am Vortag des Eingriffs** erfolgen (BGH, NJW 1985, 1399 = VersR 1985, 361, 363 a. A. LG Berlin, Urt. v. 8. 10. 2009 – 6 O 568/04, VersR 2010, 482: Aufklärung gegen 20.00 Uhr am Vorabend der Hysterektomie verspätet).

Bestehen jedoch schon zuvor **deutliche Anzeichen dafür, dass ein operativer Eingriff erforderlich sein kann**, muss die Aufklärung – etwa vor einer Bandscheibenoperation – bereits zu diesem Zeitpunkt durchgeführt werden (BGH, Urt. v. 25. 3. 2003 – VI ZR 131/02, VersR 2003, 1441, 1443; OLG Stuttgart a. a. O.). Sie darf nicht deshalb verzögert werden, weil sich der Chefarzt die Entscheidung über die Operation vorbehalten hat und den Patienten erst am Tag der Operation bei der Chefarztvisite sieht (OLG Stuttgart, Urt. v. 8. 1. 2002 – 14 U 70/01, OLGR 2002, 351, 352 = VersR 2002, 1428). | A 1664

Der Patient wird im Allgemeinen auch am Vortag der Operation normale Narkoserisiken abschätzen und zwischen den unterschiedlichen Risiken ihm alternativ vorgeschlagener Narkoseverfahren abwägen können (BGH, NJW 1992, 2351, 2352 = VersR 1992, 960, 961 = MDR 1992, 748). | A 1665

Aufklärungsgespräche am Vorabend einer Operation sind jedoch **stets verspätet**, wenn der aufklärende Arzt den Patienten dabei erstmals und für diesen überraschend auf **gravierende Risiken** hinweist, die dessen persönliche zukünftige Lebensführung entscheidend beeinträchtigen können (BGH, Urt. v. 25. 3. 2003 – VI ZR 131/02, VersR 2003, 1441, 1443 = MedR 2003, 576, 577 = NJW 2003, 2012, 2013; NJW 1992, 2351, 2352 = VersR 1992, 960, 691; NJW 1998, 2734 = VersR 1998, 766, 767 = MDR 1998, 716; OLG Frankfurt, Urt. v. 24. 2. 2009 – 8 U 103/08, juris, Nr. 12, 14, 15). So reicht die erst **unmittelbar vor einer Tumoroperation nach Verabreichung einer Beruhigungsspritze** (BGH, VersR 1998, 716 = MDR 1998, 654; Müller, VPräsBGH a. D., MedR 2001, 487, 488) **bzw. nach bereits erfolgter Verabreichung der Prämedikation** zur Vorbereitung des Eingriffs (OLG Düsseldorf, Urt. v. 10. 10. 2002 – 8 U 13/02, VersR 2004, 912, 913) oder die erst **am Vortag** einer Operation zur Entfernung eines Tumors erfolgte Information des Patienten über das dabei bestehende **Erblindungsrisiko** (BGH, NJW 1998, 2734; OLG Karlsruhe, Urt. v. 7. 6. 2000 – 13 U 78/98, AHRS III, 5400/304 = VersR 2001, 860, 861: Risiko des vollständigen Sehverlustes bei Operation eines Tumors im Bereich der Hirnanhangdrüse) nicht aus, um dessen Entscheidungsfreiheit zu gewährleisten. | A 1666

Eine medizinische Aufklärung ist auch dann **nicht mehr rechtzeitig**, wenn die Eltern eines wenige Wochen alten Kindes erst am Vorabend (hier: ca. 18.00 Uhr) einer **lebenswichtigen, aber nicht akut indizierten Herzoperation** über deren Risiken informiert werden, nachdem das am Vormittag aufgenommene Kind schon operationsvorbereitenden Maßnahmen (u. a. Ultraschalluntersuchungen, Herzkatheder, Monitorüberwachung) unterzogen worden ist (OLG Frankfurt, Urt. v. 24. 2. 2009 – 8 U 103/08, juris Nr. 14, 15; vgl. auch OLG Köln, Beschl. v. 4. 10. 2011 – 5 U 184/10, GesR 2012, 414 = VersR 2012, 863: Aufklärung **am Vorabend einer Herzoperation mit Mitralklappenersatz verspätet**) oder wenn der Hinweis auf das Risiko einer möglichen **Querschnittslähmung** bzw. einer Instabilität in der Wirbelsäule erstmals am Vortag erteilt wird (OLG Bremen, | A 1667

NJW-RR 2001, 671). Gleiches gilt nach Auffassung des OLG Frankfurt (Urt. v. 11. 10. 2005 – 8 U 47/04, GesR 2006, 127 = MedR 2006, 294, 296) auch bei einer am Vorabend einer schönheitschirurgischen Operation (hier: Bauchdeckenstraffung) erfolgten Aufklärung über mögliche, **erhebliche kosmetische Folgen** (hier: Vergrößerung einer bereits existenten Unterbauchnarbe von 15 cm auf 45 cm) mit langfristigen gesundheitlichen Beeinträchtigungen wie z. B. Sensibilitätsstörungen und Spannungsgefühle.

A 1668   Andererseits wurde auch **vor einer Operation am offenen Herzen die Durchführung des Aufklärungsgespräches gegen 18.00 Uhr am Vortag der Operation** als rechtzeitig angesehen, wenn der Patient durch den überweisenden Kardiologen über Art und Umfang des Eingriffs im Wesentlichen **vorinformiert** war bzw. der Operateur hiervon ausgehen konnte, der Patient durch die Übergabe eines Informationsblattes gegen 14.00 Uhr des Vortages hinreichend Gelegenheit hatte, die Belehrungen bis zur Durchführung des mündlichen Aufklärungsgespräches am Abend durchzulesen und der Operationsentschluss bereits vor der Aufnahme in die Klinik bzw. ohne Mitwirkung des Operateurs gefasst worden war. Zudem sind die wesentlichen Risiken einer Operation am offenen Herzen allgemein bekannt (OLG München, Urt. v. 26. 5. 2011 – 1 U 3081/10, juris, Rz. 64; ebenso OLG München, Urt. v. 26. 9. 2013 – 1 U 1665/12, juris, Nr. 81: Hinweis auf Querschnittslähmung am Vortag bei vorinformierter Patientin nicht verspätet).

A 1669 – A 1683   Einstweilen frei.

3. Schwierige und risikoreiche Eingriffe

A 1684   Bei schwierigen und/oder risikoreichen Eingriffen hat das Aufklärungsgespräch unabhängig davon, ob es sich um eine stationäre oder ambulante Behandlung handelt, bereits in derjenigen **Sprechstunde mit dem Patienten** zu erfolgen, **in der der spätere Eingriff verabredet** und der Termin hierfür festgelegt wird (BGH, NJW 1992, 2351, 2352 = MDR 1992, 748 = VersR 1992, 960, 961; NJW 1994, 3009, 3011 = MDR 1995, 159; OLG Stuttgart, Urt. v. 8. 1. 2002 – 14 U 70/01, VersR 2002, 1428: **Aufklärung hat so früh wie möglich zu erfolgen, soweit keine „Sonderlage" vorliegt**; OLG Koblenz, Urt. v. 9. 4. 2009 – 5 U 621/08, VersR 2010, 770, 772; OLG München, Urt. v. 20. 5. 2010 – 1 U 3057/09, MedR 2010, 712 = juris, Rz. 68, 69: **Aufklärung grundsätzlich schon dann vorzunehmen, wenn der Arzt einen festen OP-Termin vereinbart**; OLG München, Urt. v. 21. 9. 2006 – 1 U 2175/06, OLGR 2007, 381, 382: grundsätzlich „so früh wie nötig"; OLG Köln, Urt. v. 26. 10. 2011 – 5 U 46/11, MedR 2012, 813, 814: **Aufklärung schon bei Vereinbarung des OP-Termins für eine Wirbelsäulenoperation**; OLG Köln, Beschl. v. 4. 10. 2011 – 5 U 184/10, VersR 2012, 863 = GesR 2012, 414: **Aufklärung am Vorabend einer Herzoperation verspätet**; auch OLG Frankfurt, Urt. v. 11. 10. 2005 – 8 U 47/04, MedR 2006, 294, 296 beim Risiko langfristiger gesundheitlicher Beeinträchtigungen nach einer kosmetischen Operation; Wenzel-Simmler, Kap. 2 Rz. 1802).

A 1685   Die Verpflichtung zur Aufklärung bereits bei der Vereinbarung des Operationstermins besteht jedenfalls dann, wenn die für die Operationsindikation entscheidenden Voruntersuchungen bei der Terminvereinbarung schon vorliegen, die

Durchführung der Operation somit **nicht mehr von dem Vorliegen wichtiger Untersuchungsbefunde abhängt** (BGH, Urt. v. 25. 3. 2003 – VI ZR 131/02, VersR 2003, 1441, 1443 = NJW 2003, 2012, 2013; BGH, VersR 1992, 960, 961 = NJW 1992, 2351, 2352).

Liegen dem Arzt alle wesentlichen Informationen vor und hat der Patient die restlichen Krankenunterlagen zum verabredeten Gespräch mitgebracht, muss die **Aufklärung über die Risiken einer Bandscheibenoperation (Querschnittlähmung, Blasenlähmung u.a.)** bereits im Rahmen desjenigen Gesprächs erfolgen, in dem der Arzt zu dem operativen Eingriff rät und zugleich einen **Operationstermin mit dem Patienten vereinbart** (BGH, Urt. v. 25. 3. 2003 – VI ZR 131/02, VersR 2003, 1441, 1443 = NJW 2003, 2012, 2013: auch wenn sich das Risiko sehr selten verwirklicht; OLG Köln, MedR 2012, 813, 814: bei Vereinbarung des OP-Termins; OLG München, Urt. v. 20. 5. 2010 – 1 U 3057/09, juris, Rz. 68, 69: Aufklärung grundsätzlich schon dann vorzunehmen, wenn der Arzt zum operativen Eingriff rät und zugleich einen festen Operationstermin vereinbart; a.A. OLG Koblenz, Beschl. v. 24. 8. 2011 – 5 U 370/11, MedR 2012, 119: aber nicht bereits dann, wenn eine Untersuchung mit einer OP-Empfehlung endet). **A 1686**

Ist das Aufklärungsgespräch zu diesem Zeitpunkt noch nicht möglich, etwa weil noch bestimmte diagnostische Maßnahmen durchzuführen sind, so muss es erfolgen, sobald diese Untersuchungsergebnisse vorliegen (Hoppe, NJW 1998, 782, 786; auch OLG Stuttgart, VersR 2002, 1428). **A 1687**

Eine erneute Aufklärung ist jedenfalls dann **nicht erforderlich**, wenn die Patientin neun Tage vor dem Eingriff auch über schwerwiegende Risiken aufgeklärt worden ist (OLG Koblenz, Urt. v. 9. 4. 2009 – 5 U 621/08, VersR 2010, 770, 772). **A 1688**

Eine Aufklärung des Patienten am Tag der Aufnahme bzw. am **Vortag** der Operation ist **nicht** mehr **rechtzeitig**, wenn es sich um eine **extrem risikobehaftete Operation** handelt, etwa um eine **Bandscheibenoperation** mit dem gravierenden Risiko einer durch die Operation eintretenden **Instabilität der Wirbelsäule** oder einer Verletzung des Bauchraumes durch die Instrumente mit hohem Letalitätsrisiko (OLG Bremen, VersR 2001, 340, 341 = NJW-RR 2001, 671; BGH, Urt. v. 25. 3. 2003 – VI ZR 131/02, VersR 2003, 1441, 1443 = NJW 2003, 2012, 2013: Blasenlähmung nach Bandscheibenoperation) oder um eine **Herzoperation** (OLG Frankfurt, Urt. v. 24. 2. 2009 – 8 U 103/08, juris, Nr. 14, 15: **erhebliche Risiken einer Herz-OP**; OLG Köln, Beschl. v. 4. 10. 2011 – 5 U 184/10, GesR 2012, 414: am Vorabend einer Herzoperation verspätet; s.o. Rz. A 1666f., A 1684). **A 1689**

Wird ein Operationstermin (hier: zur Korrektur einer Wirbelsäulenverkrümmung) auf einen Wochen oder Monate später liegenden Zeitraum festgelegt, so ist der Patient **schon zu diesem Zeitpunkt über gravierende Risiken des Eingriffs, etwa eine Querschnittlähmung, hinzuweisen** (OLG Köln, Urt. v. 26. 10. 2011 – 5 U 46/11, MedR 2012, 813, 814/815: auch ernsthafter Entscheidungskonflikt wegen nicht ausgeschöpfter konservativer Behandlungsmöglichkeiten bejaht). **A 1689a**

Andererseits kann die Führung des Aufklärungsgespräches gegen **18.00 Uhr am Vortag einer Operation am offenen Herzen rechtzeitig** sein, wenn der Patient **A 1689b** durch den überweisenden Kardiologen über Art und Umfang des Eingriffs **im Wesentlichen vorinformiert** war und der Patient durch die **Übergabe eines Informationsblattes gegen 14.00 Uhr des Vortages** hinreichend Gelegenheit hatte, die Belehrungen bis zur Durchführung des eigentlichen Aufklärungsgespräches durchzulesen und der Operationsentschluss bereits vor der Aufnahme in die Klinik bzw. ohne Mitwirkung des Operateurs gefasst worden war; zudem sind die wesentlichen Risiken einer Operation am offenen Herzen allgemein bekannt (OLG München, Urt. v. 26. 5. 2011 – 1 U 3081/10, juris, Rz. 64).

A 1690 Auch vor einer **Strumektomie** (operative Entfernung der vergrößerten Schilddrüse) mit dem Risiko von ggf. bleibenden Stimmbandlähmungen und Stimmbandverletzungen ist die Aufklärung am Vortag des Eingriffs dann **noch rechtzeitig** erfolgt, wenn die Operation bereits seit geraumer Zeit geplant war und dem Patienten am Vortag noch genügend Zeit verbleibt, die Risiken und Nutzen des Eingriffs abzuwägen (OLG Brandenburg, Urt. v. 17. 7. 2008 – 12 U 221/07, juris, Nr. 8).

A 1691 Wurde die Notwendigkeit einer umfangreichen Operation schon seit mehreren Monaten diskutiert und war der Patient bereits in zwei vorangegangenen Gesprächen über die wesentlichen Risiken des Eingriffs informiert worden, ist die **abschließende Aufklärung am Vortag noch rechtzeitig** (Kern, GesR 2009, 1, 4 mit Hinweis auf BGH, Urt. v. 10. 10. 2006 – VI ZR 74/05, NJW 2007, 217, 219: drei Aufklärungsgespräche in innerem Zusammenhang; vgl. auch OLG Hamm, VersR 2011, 625, 627, Rz. A 1658 und Rz. A 1668).

A 1692 Die gebotene Aufklärung über ein mit der Durchführung einer **Rezidivstrumaresektion** (OLG Hamm VersR 1995, 1440) oder einer **Hodenentfernung** (OLG Saarbrücken, Urt. v. 10. 5. 2000 – 1 U 576/98-105, AHRS III, 5400/302 = OLGR 2000, 401, 402) verbundenes, **erhöhtes Operationsrisiko am Vorabend der Operation ist noch rechtzeitig**, wenn eine umfassende Aufklärung im Übrigen **bereits einige Tage zuvor** stattgefunden hat (OLG Hamm, VersR 1995, 1440; OLG Saarbrücken a.a.O.; OLG Düsseldorf, Urt. v. 27. 9. 2001 – 8 U 2/01, AHRS III, 5400/312). Wurde der Patient schon **mehrere Wochen zuvor** umfassend über die möglichen Operationsmethoden zur Implantation einer Schulterprothese und deren Erfolgsaussichten **informiert**, so ist die Aufklärung über die Risiken, insbesondere das **signifikante Risiko einer möglichen Prothesenlockerung** am Nachmittag des Tages vor dem Eingriff **rechtzeitig** (OLG Düsseldorf, Urt. v. 27. 9. 2001 – 8 U 2/01, AHRS III, 5400/312; vgl. auch OLG Hamm, Urt. v. 12. 5. 2010 – I-3 U 134/09, VersR 2011, 625, 627, Rz. A 1658).

A 1693 Eine Aufklärung am **Nachmittag vor einer größeren Operation** (hier: Adnexexstirpation und Hysterektomie) ist **rechtzeitig erfolgt**, wenn die Patientin ausreichend Gelegenheit hatte, das Für und Wider des Eingriffs mit **anwesenden oder telefonisch erreichbaren Angehörigen** abzuwägen (OLG Hamm, Urt. v. 12. 1. 2000 – 3 U 35/99, AHRS III, 5400/300: anwesende, erwachsene Tochter; OLG Hamm, Urt. v. 13. 2. 2002 – 3 U 139/01, AHRS III, 5400/315: Patientin hat vor dem Eingriff ein Telefonat mit ihrer Tochter geführt).

A 1694 So liegt eine wirksame Aufklärung vor, wenn die Ärzte den Eingriff – etwa eine **Mastektomie** mit Silikon-Augmentation – **schon einige Tage zuvor in Gesprä-**

chen mit der Patientin erörtert hatten und dieser die **maßgebliche Problematik dabei unterbreitet** wurde. Die Patientin hat dann darzulegen, dass ihre Entscheidungsmöglichkeiten deshalb beeinträchtigt wurden, weil sie aufgrund der Kürze der zur Verfügung stehenden Zeit mit der Entscheidung überfordert war (OLG Karlsruhe, Urt. v. 18. 12. 2002 – 7 U 143/01, OLGR 2003, 313).

Wird dem Patienten erstmals im Aufklärungsgespräch am **Vorabend der Operation** mitgeteilt, dass die Entfernung eines Tumors im Bereich der Hirnanhangsdrüse möglicherweise zu einer **Erblindung eines Auges** führen könne, so ist die **Einwilligung in die Operation unwirksam.** Denn in Anbetracht dieses Risikos muss dem Patienten zur Wahrung des Selbstbestimmungsrechts eine längere Bedenkzeit eingeräumt werden (BGH, VersR 1998, 761 = NJW 1998, 2734; OLG Karlsruhe, Urt. v. 7. 6. 2000 – 13 U 78/98, AHRS III, 5400/304 = VersR 2001, 860, das jedoch eine hypothetische Einwilligung annimmt; vgl. auch OLG Hamm, Urt. v. 12. 5. 2010 – I-3 U 134/09, VersR 2011, 625, 627: **Entscheidungskonflikt nicht plausibel,** wenn detaillierte Informationen auch hinsichtlich der Risiken einer größeren OP am Vortag vermittelt worden sind).   A 1695

Die Aufklärung unmittelbar vor oder **am Vortag der Operation** zur **weiträumigen Entfernung eines Melanoms** mit Durchführung einer Lymphknoten-Dissektion, einer Narbenexzision, der Entfernung eines Teils der Vena saphena magna und der Eröffnung des Beckenraums sowie der unteren Bauchhöhle ist gleichfalls **verspätet** (OLG Bamberg, VersR 1998, 1025, 1026; vgl. auch OLG Bremen, VersR 2001, 340, 341 = NJW-RR 2001, 671: Verletzung des Bauchraumes mit hohem Letalitätsrisiko, s. o.).   A 1696

Besteht bei einer durchzuführenden Operation wie zum Beispiel einer **Nierenbeckenplastik** stets ein Risiko, dessen Eintreten zu einer Nachoperation mit erhöhtem Risiko einschneidender Folgen, etwa des **Verlusts einer Niere** führen kann, ist der Patient schon vor dem ersten Eingriff auch über das Risiko der Nachoperation aufzuklären (BGH, MDR 1996, 1015).   A 1697

4. Notfalloperationen

Bei Notoperationen kann ein Aufklärungsgespräch naturgemäß nicht bzw. nur kurzfristig vor dem Eingriff durchgeführt werden. So genügt bei einem Notfallpatienten mit einem Magendurchbruch die Aufklärung **unmittelbar vor dem Eingriff** (OLG Saarbrücken, VersR 1988, 95; auch OLG Koblenz, Urt. v. 15. 12. 2005 – 5 U 676/05, OLGR 2006, 193, 194; Wenzel-Simmler, Kap. 2 Rz. 1801).   A 1698

Eine Notoperation, in die der Patient auch nur **wenige Stunden** vor dem Eingriff rechtswirksam einwilligen kann, liegt auch dann vor, wenn bei ihrer Verschiebung oder Verzögerung gewichtige, unter Umständen sogar lebensbedrohliche Komplikationen zu befürchten sind. Dies gilt etwa bei einer akuten Gallenblasenentzündung mit der Gefahr einer Gallenblasenperforation; hier ist auch eine erst **drei bis vier Stunden** vor dem Eingriff erfolgte Aufklärung wirksam (OLG München, Urt. v. 21. 9. 2006 – 1 U 2175/06, GesR 2007, 112, 114 = OLGR 2007, 381, 382 = MedR 2007, 601, 604). Muss die chirurgische Primärversorgung einer komplizierten Fraktur innerhalb von **sechs bis acht Stunden** durchgeführt wer-   A 1699

den, ist es notwendig, die dem Patienten einzuräumende Überlegungszeit entsprechend abzukürzen (OLG Düsseldorf, Urt. v. 8. 2. 2001 – 8 U 90/00, AHRS
III, 5400/308).

A 1700 Auch bei einer akuten Appendizitis wirkt sich die Eilbedürftigkeit dahin aus,
dass dem Patienten nicht die sonst übliche Bedenkzeit eingeräumt werden
muss; von einer Aufklärung kann aber nur bei einer **vital indizierten**, unverzüglich durchzuführenden Operation **gänzlich abgesehen** werden. Ist der Eingriff **innerhalb der nächsten Stunden zwingend indiziert**, kann der Patient auch einen
ernsthaften Entscheidungskonflikt nicht plausibel machen (OLG Bamberg, Urt.
v. 15. 9. 2003 – 4 U 75/03, AHRS III, 4280/311). Im Übrigen ist regelmäßig von
einer **mutmaßlichen Einwilligung** des Patienten zur Vornahme vital indizierter
Notoperationen auszugehen (OLG Celle, VersR 1984, 444, 445; S/Pa, 12. Aufl.,
Rz. 497, 498; G/G, 6. Aufl., Rz. C 103; Gehrlein, Rz. C 66, 67).

5. Intraoperative Erweiterungen

A 1701 Bei Operationserweiterungen muss nach h. M. **differenziert** werden, ob diese bereits **vor dem Eingriff vorhersehbar** waren. Ist dieses der Fall, so muss der Patient
schon vor dem Eingriff über dessen Risiken und die Erforderlichkeit einer möglichen Erweiterung aufgeklärt werden (BGH, NJW 1993, 2372 zur Entbindung;
BGH, NJW 1992, 2354; NJW 1989, 1541; OLG Hamm, Urt. v. 17. 9. 2001 – 3 U
58/01, OLGR 2002, 309, 310 = VersR 2003, 1544 LS; G/G, 6. Aufl., Rz. C 104,
105; F/N/W, 5. Aufl., Rz. 212; S/Pa, 12. Aufl., Rz. 496, 499; Spickhoff-Wellner,
§ 823 BGB, Rz. 283, 285).

A 1702 War eine **mehr als nur belanglose Erweiterung** (vgl. hierzu OLG Hamm, Urt. v.
17. 9. 2001 – 3 U 58/01, OLGR 2002, 309, 310 = VersR 2003, 1544 LS) oder **Änderung vorhersehbar** und hatte der Arzt den noch nicht in Narkose versetzten Patienten hierüber nicht aufgeklärt, kann er sich nach h. M. **nicht auf die mutmaßliche Einwilligung berufen**, sondern haftet grundsätzlich wegen Verletzung der
Aufklärungspflicht (F/N/W, 5. Aufl., Rz. 212; S/Pa, 12. Aufl., Rz. 496: Arzt haftet, wenn er die Zwangslage durch mangelnde Diagnostik oder Operationsplanung herbeigeführt hat; auch Wenzel-Simmler, Kap. 2 Rz. 1822). Sind bereits
präoperativ hinreichende Anhaltspunkte für eine konkrete intraoperative Eingriffserweiterung **vorhanden**, besteht eine entsprechende Hinweispflicht (OLG
Naumburg, Beschl. v. 5. 8. 2004 – 1 W 27/03, OLGR 2006, 5, 6 und Urt. v.
10. 6. 2003 – 1 U 4/02, OLGR 2003, 525).

A 1702a Nach anderer, u. E. zutreffender Ansicht **kann auch eine vorhersehbare Operationserweiterung durch die mutmaßliche Einwilligung gerechtfertigt sein**, und
zwar selbst dann, wenn der Arzt es pflichtwidrig unterlassen hat, mit dem Patienten die Frage der möglichen Operationserweiterung vor dem Eingriff zu besprechen (BGH, Strafsenat, NJW 1988, 2310; OLG Koblenz, Urt. v. 13. 7. 2006 –
5 U 290/06, NJW 2006, 2928; OLG Stuttgart, Beschl. v. 15. 3. 2011 – 1 U 161/10,
n. v.; Spickhoff-Knauer/Brose, § 223 StGB Rz. 63). Allerdings kommt eine **Haftung des Arztes** in Betracht, wenn die Operation abgebrochen wird, weil der
Arzt vor dem Eingriff die Einwilligung des Patienten in die vorhersehbare Erweiterung der Operation hätte einholen müssen, oder wenn die Operation fort-

gesetzt wird, die Voraussetzungen der mutmaßlichen Einwilligung aber nicht vorliegen (Knauer/Brose a. a. O.; vgl. auch S/Pa, 12. Aufl., Rz. 496: Organisationsfehler).

So ist eine Rechtfertigung des Eingriffs aus dem Gesichtspunkt der mutmaßlichen Einwilligung **nicht bereits dadurch ausgeschlossen, dass sich die Notwendigkeit der Maßnahme** (hier: Einbringen von Silikon-Implantaten, nachdem sich intraoperativ Vernarbungen und Verwachsungen zeigten) **vorhersehbar war und die Einwilligung insoweit im Vorfeld hätte eingeholt werden können.** Von einer mutmaßlichen Einwilligung ist aber auch in einem solchen Fall nicht auszugehen, wenn sich die Patientin vor dem Eingriff **explizit gegen eine solche Erweiterung (Implantation von Silikon) ausgesprochen** hatte (OLG Stuttgart, Beschl. v. 15. 3. 2011 – 1 U 161/10, n. v.).   A 1702b

Der Operateur bzw. Anästhesist darf den Patienten ohne ausdrücklich erklärte Einwilligung behandeln, wenn sich das **Aufklärungsbedürfnis erst intraoperativ** herausstellt und er **annehmen darf, dass der Patient bei entsprechender Aufklärung in den Eingriff eingewilligt haben würde.** Dabei darf sich der Arzt am Bild des verständigen Patienten orientieren. Je gravierender der Eingriff ist, desto dringlicher muss er medizinisch geboten sein (BGH, NJW 1993, 2372, 2374 = VersR 1993, 703, 705; OLG Hamm, Urt. v. 17. 9. 2001 – 3 U 58/01, OLGR 2002, 309, 310; auch OLG Naumburg, Urt. v. 10. 6. 2003 – 1 U 4/02, NJW-RR 2004, 315 und OLG Naumburg, Urt. v. 4. 10. 2007 – 1 U 11/07, VersR 2008, 224, 225; OLG Stuttgart a. a. O.; kritisch Wenzel-Simmler, Kap. 2 Rz. 1822: allein aus der physischen und psychischen Belastung einen weiteren OP kann nicht auf eine mutmaßliche Einwilligung geschlossen werden).   A 1703

Von einer **mutmaßlichen Einwilligung** des Patienten kann der Arzt in solchen Fällen sowohl bei **vitaler oder absoluter Indikation**, aber auch bei einer nur **belanglosen Erweiterung des Eingriffs** ausgehen (BGH, VersR 1985, 1187; VersR 1989, 289 = MDR 1989, 438; OLG Hamm, Urt. v. 17. 9. 2001 – 3 U 58/01, OLGR 2002, 309, 310: vitale und absolute Indikation sowie belanglose Erweiterung; S/Pa, 12. Aufl., Rz. 498, 499; G/G, 6. Aufl., Rz. C 102, 103; Gehrlein, Rz. 52, 67). So kann etwa bei umfangreichen Bauchoperationen mit erheblichen Risiken eine **stillschweigende Einwilligung** in eine medizinisch gebotene Erweiterung angenommen werden (OLG Frankfurt, NJW 1981, 1322; S/Pa, 12. Aufl., Rz. 499; kritisch Wenzel-Simmler, Kap. 2 Rz. 1822, vgl. Rz. A 1703), zum Beispiel bei Erweiterung der geplanten Magenresektion zu einer Pankreas-Splenektomie (Entfernung von Milz und Zwölffingerdarm) wegen eines dringenden Karzinomverdachts (OLG Frankfurt, NJW 1981, 1322).   A 1704

Auch bei der Anlage eines **Zentralvenenkatheders** oder einer anderen nur belanglosen Erweiterung der Operation ohne wesentliche Risiken kann der Arzt grundsätzlich von der Einwilligung des Patienten ausgehen (OLG Hamm, Urt. v. 17. 9. 2001 – 3 U 58/01, VersR 2003, 1544 = OLGR 2002, 309, 311). In den Fällen, in denen präoperativ **keine hinreichenden Anhaltspunkte für eine konkrete intraoperative Operationserweiterung** vorliegen, reicht der zuvor erteilte pauschale Hinweis auf das Risiko von Operationserweiterungen bzw. Nachoperationen für eine pflichtgemäße Eingriffs- und Risikoaufklärung aus (OLG Naum-   A 1705 burg, Urt. v. 10. 6. 2003 – 1 U 4/02, NJW-RR 2004, 315; vgl. aber BGH, Urt. v. 5. 4. 2005 – VI ZR 216/03, NJW 2005, 2072, Rz. A 2136, A 2200a).

A 1706   Allerdings kann bei einer **Kropfoperation eine intraoperative Operationserweiterung** – etwa die Entfernung des gesamten Schilddrüsengewebes anstatt einer zunächst vorgesehenen Teilentfernung – ernsthaft in Betracht kommen. Hatte der Patient nur in eine **Teilentfernung von Schilddrüsengewebe wirksam eingewilligt**, der behandelnde Arzt jedoch während dieser Operation das gesamte Schilddrüsengewebe entfernt, ist der Eingriff nicht von der erteilten Einwilligung gedeckt (OLG Naumburg, Urt. v. 10. 6. 2003 – 1 U 4/02, NJW-RR 2004, 315, 316). Der Patient hat dann jedoch **nachzuweisen**, dass eine überflüssige bzw. nicht von der Einwilligung gedeckte **Operationserweiterung den konkreten Schaden verursacht** hat (OLG Naumburg, Urt. v. 10. 6. 2003 – 1 U 4/02, NJW-RR 2004, 315 = OLGR 2003, 525: Rekurrensparese, d. h. Lähmung der Stimmbandnerven nach Entfernung des Schilddrüsengewebes statt einer bloßen Teilentfernung; OLG Koblenz, Urt. v. 7. 8. 2003 – 5 U 1284/02, NJW-RR 2003, 1607 = MedR 2004, 690: überflüssige Operationserweiterung, Durchtrennung von Magennerven anstatt einer Divertikelentfernung, hat keinen abgrenzbaren Nachteil verursacht; OLG Karlsruhe, Beschl. v. 17. 2. 2003 – 7 U 156/02, GesR 2003, 239: Patient muss beweisen, dass der Schaden durch den nicht von der Einwilligung gedeckten Teil des Eingriffs verursacht worden ist; vgl. hierzu Rz. A 2136, A 2200a).

A 1707   Bei nicht vitaler oder zeitlich und sachlich absoluter Indikation kann eine Eingriffserweiterung aus dem Gesichtspunkt der „**mutmaßlichen Einwilligung**" dann gerechtfertigt sein, wenn das Schadensrisiko bei der Eingriffserweiterung geringer wiegt als die Gefahren des vom Patienten gebilligten Eingriffs (Gehrlein, Rz. C 67; G/G, 6. Aufl., Rz. C 103; Spickhoff-Wellner, § 823 BGB Rz. 283; kritisch Wenzel-Simmler, Kap. 2 Rz. 1822, vgl. Rz. A 1703), etwa bei der Mitentfernung eines Krampfaderknäuels im Rahmen der Exstirpation eines Ganglions in der Kniekehle (G/G, Rz. C 103; S/Pa, 12. Aufl., Rz. 497, 498 je m. w. N.) oder bei der **Entfernung einer auf den präoperativen Röntgenbildern nicht ohne weiteres erkennbaren Knochenzyste im Rahmen einer Wurzelspitzenresektion** (OLG Naumburg, Urt. v. 4. 10. 2007 – 1 U 11/07, VersR 2008, 224, 225 = NJW-RR 2008, 270: Abbruch der OP nicht vertretbar bzw. nicht sinnvoll).

A 1708   Anders verhält es sich jedoch, wenn die Gefahren der Erweiterung diejenigen des ursprünglich geplanten Eingriffs übersteigen und der Eingriff nicht im Sinne eines Notfalls absolut indiziert ist (Gehrlein, Rz. C 67; G/G, 6. Aufl., Rz. C 105: „oder gleichwertig balanciert").

A 1709   In folgenden Fallgruppen ist danach die **Fortsetzung der Operation ohne eine Erweiterung der Aufklärung** zulässig:

– **bei akuter vitaler Indikation**, insbesondere sonst drohenden schweren Gesundheitsschäden und nicht entgegenstehendem Willen bzw. mutmaßlichem Willen des Patienten (OLG Frankfurt, NJW 1981, 1322; OLG Celle VersR 1984, 444, 445 und OLG Zweibrücken VersR 1999, 1546: Hysterektomie vital indiziert; G/G, 6. Aufl., Rz. C 103; S/Pa, 12. Aufl., Rz. 498, 499; F/N/W, 5. Aufl., Rz. 212: bei belanglosen Erweiterungen oder wenn dem Patienten ansonsten schwere Gefahren drohen),

- wenn die **Unterbrechung des Eingriffs zu neuen gefährlichen Komplikationen führen kann** (OLG Frankfurt, Urt. v. 10. 2. 1981 – 22 U 213/79; NJW 1981, 1322; Spickhoff-Wellner, § 823 BGB Rz. 283, 284; Spickhoff-Knauer/Brose, § 223 StGB Rz. 63; F/N/W a. a. O.).

- wenn das **Schadensrisiko der Eingriffserweiterung geringfügig ist und hinter dem Risiko der Eingriffsbegrenzung bzw. Unterlassung der Erweiterung zurückbleibt** (OLG Frankfurt a. a. O.; G/G, 6. Aufl., Rz. C 103; Spickhoff-Wellner, § 823 BGB Rz. 283, 284; F/N/W, Rz. 212).

Stößt der Arzt bei einer Operation völlig unerwartet auf ein **erhöhtes Operationsrisiko**, über das der Patient noch nicht aufgeklärt worden ist und das von der Einwilligung auch „im Großen und Ganzen" nicht erfasst ist, muss er nach h. M. den Eingriff abbrechen, wenn dies medizinisch möglich und nach o. g. Grundsätzen vertretbar ist. Operiert er trotzdem weiter, so hat er nachzuweisen, dass dies aus medizinischen Gründen unbedingt erforderlich und, etwa zur Lebenserhaltung, im Interesse des Patienten notwendig war (OLG Koblenz, NJW-RR 1994, 1370; Spickhoff-Wellner, § 823 BGB Rz. 284; F/N/W, 5. Aufl., Rz. 212).

A 1709a

6. Entbindungsmethoden

Bestehen vor einer Entbindung deutliche Anzeichen dafür, dass im weiteren Verlauf ein **Kaiserschnitt** nötig werden könnte, so muss der geburtsleitende Arzt die Schwangere über das Bestehen dieser Alternative bereits in einem Zeitpunkt aufklären, in dem die werdende Mutter **noch einwilligungsfähig** ist (BGH, Urt. v. 14. 9. 2004 – VI ZR 186/03, NJW 2004, 3703, 3704 = VersR 2005, 227, 228; NJW 1993, 1524, 1525 = VersR 1993, 835, 8366; NJW 1993, 2372, 2374; OLG Frankfurt, Urt. v. 11. 12. 2002 – 13 U 199/98, OLGR 2003, 55, 60; OLG München VersR 1994, 1345; VersR 1996, 63, 64). War die Sectio bereits indiziert, so ist die Aufklärung verspätet, wenn bereits Presswehen eingesetzt haben oder starke Schmerzmittel eine freie Entscheidung der Schwangeren nicht mehr zulassen (BGH, NJW 1993, 2372; G/G, 6. Aufl., Rz. C 99; S/Pa, 12. Aufl., Rz. 500).

A 1710

Es bleibt jedoch festzuhalten, dass **in einer normalen Entbindungssituation grundsätzlich nicht auf die Möglichkeit einer Schnittentbindung hingewiesen werden muss**. Auch eine vorgezogene Aufklärung über die unterschiedlichen Risiken der verschiedenen Entbindungsmethoden (vaginale Entbindung, ggf. mit Vakuumextraktion und die Schnittentbindung) ist nicht bei jeder Geburt erforderlich und auch dann noch nicht, wenn nur die theoretische Möglichkeit besteht, dass im weiteren Verlauf eine Konstellation eintreten kann, die als relative Indikation für eine Sectio zu bewerten ist. Die Aufklärung wird aber erforderlich, wenn sich eine Risikogeburt konkret abzeichnet bzw. dem Kind bei Durchführung oder Fortsetzung der vaginalen Entbindung ernst zu nehmende Gefahren drohen (BGH, Urt. v. 17. 5. 2011 – VI ZR 69/10, VersR 2011, 1164, Nr. 10, 11).

7. Kausalität und Zurechnungszusammenhang (vgl. Rz. A 2115 ff., A 2133 ff.)

A 1711   Ist die Aufklärung verspätet erfolgt, so ist die hierauf erteilte **Einwilligung** des Patienten **nicht wirksam**. Hat sich anlässlich des Eingriffs eine aufklärungsbedürftige Gefahr verwirklicht, so schuldet der Arzt dem Patienten Schadensersatz (OLG Frankfurt, Urt. v. 11. 10. 2005 – 8 U 47/04, OLGR 2006, 489, 491; Hoppe, NJW 1998, 782, 784).

A 1712   Hat jedoch bei einem Eingriff eine überflüssige oder erst verspätet erläuterte Operationserweiterung, etwa die Durchtrennung von Magennerven im Rahmen einer ursprünglich vorgesehenen und von der Einwilligung des Patienten erfassten Divertikelentfernung im weiteren Verlauf **keinen abgrenzbaren Nachteil** verursacht, rechtfertigt die überflüssige Maßnahme die Zubilligung materiellen und immateriellen Schadensersatzes nicht (OLG Koblenz, Urt. v. 7. 8. 2003 – 5 U 1284/02, NJW-RR 2003, 1607 = MedR 2004, 690).

A 1713   Kann der Schaden beim Patienten sowohl durch den von der Einwilligung gedeckten und behandlungsfehlerfrei durchgeführten Teil als auch durch den nicht von der Einwilligung erfassten Teil des Eingriffs verursacht worden sein, hat der Patient zu beweisen, dass der Schaden durch den nicht rechtmäßigen Teil verursacht wurde (OLG Karlsruhe, Beschl. v. 17. 2. 2003 – 7 U 156/02, GesR 2003, 239).

A 1714   Eine Haftung wegen nicht ausreichender oder nicht rechtzeitiger Aufklärung entfällt auch, wenn der Patient über das maßgebliche Risiko bereits **anderweitig aufgeklärt** worden ist (BGH, Urt. v. 25. 3. 2003 – VI ZR 131/02, MDR 2003, 931 = VersR 2003, 1441, 1443 = NJW 2003, 2012, 2014: inhaltlich ausreichende Aufklärung sechs Wochen zuvor erfolgt; auch OLG Celle, Urt. v. 30. 9. 2002 – 1 U 7/02, VersR 2004, 384, 385: Vorkenntnis aus einem Todesfall in der Familie; aber OLG Hamm, Urt. v. 15. 6. 2005 – 3 U 289/04, GesR 2005, 401, 402: fünf Jahre zuvor erfolgte Aufklärung wirkt nicht fort; OLG Bremen, Urt. v. 16. 4. 2002 – 3 U 57/01, AHRS III, 5400/317: Aufklärung über die Risiken einer Prostataoperation elf Monate vor der OP unwirksam) oder er innerhalb kurzer Zeit wiederholt operiert wird, soweit sich gegenüber dem Ersteingriff keine wesentlich neuen bzw. größere Risiken ergeben (OLG Düsseldorf, Urt. v. 13. 12. 2007 – I-8 U 19/07, VersR 2009, 546, 547; G/G, 6. Aufl., Rz. C 46 m. w. N.).

A 1715 – A 1749   Einstweilen frei.

IV. Aufklärungspflichtiger und Aufklärungsadressat

1. Aufklärungspflichtiger

A 1750   Jeder behandelnde Arzt ist verpflichtet, den Patienten hinsichtlich **der von ihm übernommenen Behandlungsaufgabe** aufzuklären (BGH, Urt. v. 7. 11. 2006 – VI ZR 206/05, NJW-RR 2007, 310, 311 = VersR 2007, 209). Sind mehrere Ärzte an der Behandlung eines Patienten beteiligt, so ist grundsätzlich zunächst jeder für diejenigen Eingriffe und Behandlungsmaßnahmen aufklärungspflichtig, **die er selbst durchführt** (OLG Bamberg, Urt. v. 15. 9. 2003 – 4 U 11/03, GesR 2004,

135, 136; OLG Hamm, VersR 1994, 815; OLG Karlsruhe, Urt. v. 24. 5. 2006 – 7 U 242/05, OLGR 2006, 617, 619 = AHRS III, 5300/316; Katzenmeier, MedR 2004, 34, 37; F/N/W, 5. Aufl., Rz. 215; G/G, 6. Aufl., Rz. C 106, 107; Kern, GesR 2009, 1, 2).

Grundsätzlich kann sich dabei kein an der Behandlung beteiligter Arzt ohne ent-   A 1751
sprechende Verständigung oder sonstige sichere Anhaltspunkte darauf verlassen, dass ein anderer die Aufklärung besorgt hat oder besorgen werde (OLG Karlsruhe, VersR 1998, 718, 719 = NJW-RR 1998, 459, 461; OLG Koblenz, Beschl. v. 14. 5. 2005 – 5 U 1610/04, VersR 2006, 123 = GesR 2005, 407; Katzenmeier, MedR 2004, 34, 37; Spickhoff-Wellner, § 823 BGB Rz. 279).

Ein **Operateur kann sich nicht ohne weiteres darauf verlassen, dass in den voraus-**   A 1752
gegangenen Aufklärungsgesprächen eine ausreichende Risikoaufklärung des Pa-
tienten erfolgt ist, etwa über gravierende Risiken, etwa einer Querschnittläh-
mung, einer Falschgelenkbildung (Pseudoarthrose) u. a. (BGH, Urt. v. 10. 10. 2006 – VI ZR 74/05, NJW 2007, 217, 219 = VersR 2007, 66, 68; OLG Naumburg, Urt. v. 9. 11. 2010 – 1 U 44/10, VersR 2011, 1014, 1016; vgl. auch OLG Koblenz, Urt. v. 12. 2. 2009 – 5 U 927/06, VersR 2009, 1077, 1078/1079: Beweislast für mangelndes Verschulden liegt beim Operateur, vgl. Rz. A 2209 ff.).

Ist etwa **aus dem Aufklärungsbogen ersichtlich**, dass bestimmte, nicht unerheb-   A 1753
liche **Risiken offensichtlich nicht angesprochen** worden waren, obliegt es dem Operateur, die Aufklärung rechtzeitig **hinreichend zu vervollständigen** und sich zu diesem Zweck vor dem abschließenden Aufklärungsgespräch am Tag vor der Operation durch einen Einblick in die Behandlungsunterlagen zu vergewissern, inwieweit bereits aufgeklärt worden ist (BGH, NJW 2007, 217, 219 = VersR 2007, 66, 68; OLG Naumburg, Urt. v. 9. 11. 2010 – 1 U 44/10, VersR 2011, 1014, 1016; auch OLG Koblenz, VersR 2009, 1077, 1078).

Die Pflicht zur vollständigen und rechtzeitigen Aufklärung trifft den aufklären-   A 1754
den Arzt aber **nur für sein Fachgebiet.** So hat der Operateur über das Operations-
risiko einschließlich des mit ihm verbundenen Risikos von Lagerungsschäden, der Anästhesist über das Narkoserisiko, der Strahlentherapeut über etwaige Strahlenschäden aufzuklären (OLG Karlsruhe, Urt. v. 8. 10. 2003 – 7 U 6/02, OLGR 2004, 237: Aufklärungs- und Behandlungsfehler des Anästhesisten; OLG Hamm, VersR 1994, 815; S/Pa, 12. Aufl., Rz. 504; vgl. hierzu Arbeitsteilung, Rz. A 250 ff., A 285, A 286). Über die Indikation zur Implantation eines Herzschrittmachers hat der Kardiologe, nicht der durchführende Chirurg, aufzuklä-
ren. Letzterer muss den Patienten aber auf die Risiken des von ihm durchgeführten Eingriffs hinweisen (OLG Düsseldorf, Urt. v. 2. 11. 2002 – 8 U 31/02, AHRS III, 5300/311).

Bei horizontaler Arbeitsteilung, etwa zwischen einem Orthopäden und einem   A 1754a
Physiotherapeuten, kann sich **der Physiotherapeut darauf verlassen, dass die**
Aufklärung über die Risiken der dem Patienten verordneten Behandlung (hier:
weiche Mobilisierung der HWS) in der gebotenen Form **durch den erstbehandeln-**
den Arzt (Orthopäde) geschehen ist (OLG Jena, Urt. v. 18. 5. 2005 – 4 U 641/04 mit NZB BGH v. 10. 1. 2006 – VI ZR 110/05, AHRS III, 5300/315 und AHRS III, 4650/327). Bei einer **„weichen" Mobilisierung der HWS ist keine Risikoaufklä-**

rung (etwa über eine Dissektion der Arteria vertebralis mit nachfolgendem Schlaganfall) **erforderlich**, da bei einer solchen Behandlung kein über die Alltagsrisiken hinausgehendes Risiko besteht (OLG Jena, Urt. v. 18. 5. 2005 – 4 U 641/04 mit NZB BGH v. 10. 1. 2006 – VI ZR 110/05, AHRS III, 4650/327; *Anmerkung der Verf.: Anders aber vor einem chiropraktischen Eingriff, bei dem es zur Ausübung von Zugkräften auf die Halsschlagader kommen kann*).

Medizinischer Hintergrund: **Mobilisationen** (sog. weiche Technik) beeinflussen reflektorische Fehlspannungen der Muskulatur und der Weichteile und damit das gestörte Gelenkspiel. **Manipulationen** (sog. harte Technik, eigentlicher chiropraktischer Eingriff), d. h. kurzfristige mechanische Impulse von geringer Kraft und hoher Geschwindigkeit auf das Gelenk, verbessern gezielt die gestörte Gelenkbewegung, z. B. bei der Lösung von Blockierungen kleiner Wirbel- und der Iliosakralgelenke und dürfen nur unter Beachtung strenger Ein- und Ausschlusskriterien durchgeführt werden. Kontraindikationen bestehen etwa bei knöchernen Veränderungen bzw. Vorschäden der HWS/BWS und funktioneller lokaler Hypermobilität. Durch die Ausübung von Zugkräften auf die Halsschlagader kann es zu **neurologischen Ausfällen** kommen (Pschyrembel, 264. Aufl. 2013, S. 369; Pschyrembel, Therapie, 4. Aufl., S. 1031).

A 1755   Eventuelle **Fehler der die Anästhesie betreffenden Aufklärung** stellen die Wirksamkeit der ordnungsgemäßen Aufklärung über den vom Operateur (Chirurg, Gynäkologe o. a.) durchgeführten Eingriff – und umgekehrt – nicht in Frage, denn **beide Eingriffe sind selbständig zu beurteilen** (OLG Karlsruhe, Urt. v. 8. 10. 2003 – 7 U 6/02, OLGR 2004, 237; F/N/W, 5. Aufl., Rz. 215; auch G/G, 6. Aufl., Rz. C 107: Anästhesist haftet aber, wenn er positive Kenntnis von der Rechtswidrigkeit des Eingriffs hat).

A 1756   Insbesondere im Rahmen der Arbeitsteilung bei einer stationären Krankenhausbehandlung ist die fehlende Personenidentität von Operateur und aufklärendem Arzt regelmäßig nicht zu beanstanden; **aufklärender Arzt und Operateur müssen nicht identisch** sein (BGH, Urt. v. 7. 11. 2006 – VI ZR 206/05, NJW-RR 2007, 310, 311 = VersR 2007, 209, 210; Urt. v. 10. 10. 2006 – VI ZR 74/05, NJW 2007, 217, 219 = VersR 2007, 66, 68; OLG Bamberg, Urt. v. 22. 11. 2004 – 4 U 39/03, OLGR 2005, 85, 86: Operateur und Stationsärztin; OLG Dresden, Urt. v. 11. 7. 2002 – 4 U 574/02, GesR 2003, 157, 159: Operateur und Assistenzarzt; OLG Karlsruhe, Urt. v. 8. 12. 2004 – 7 U 163/03, OLGR 2005, 189, 190 und Urt. v. 24. 5. 2006 – 7 U 242/05, OLGR 2006, 617, 619: Operateur und Assistenzarzt; OLG Karlsruhe, OLGR 2001, 147, 148; OLG Naumburg, Urt. v. 9. 11. 2010 – 1 U 44/10, VersR 2011, 1014, 1016; OLG Zweibrücken, Urt. v. 27. 7. 2004 – 5 U 15/02, OLGR 2004, 598, 599: Operateur und aufklärender Assistenzarzt; S/Pa, 12. Aufl., Rz. 505, 509; F/N/W, 5. Aufl., Rz. 215).

A 1757   Der aufklärende Arzt muss jedoch ausreichend mit den medizinischen Gegebenheiten vertraut sein und jedenfalls **für die Aufklärung die erforderliche Qualifikation besitzen** (OLG München, Urt. v. 18. 11. 2010 – 1 U 5334/09, GesR 2011, 235, 236 = juris, Rz. 35, 37, 44, 45: bei Aufklärung durch Assistenzarzt; OLG Karlsruhe, Urt. v. 24. 5. 2006 – 7 U 242/05, OLGR 2006, 617, 619 = AHRS III, 5300/316 und NJW-RR 1998, 459, 460; OLG Dresden, Urt. v. 11. 7. 2002 – 4 U

574/02, GesR 2003, 157, 159; OLG Saarbrücken, Urt. v. 16. 2. 2000 – 1 U
477/99–126, AHRS III, 5300/301: Qualifikation zur ordnungsgemäßen Aufklärung erforderlich; OLG Köln, Urt. v. 14. 6. 2000 – 5 U 258/99, AHRS III,
5300/303: es muss sichergestellt werden, dass dem aufklärenden Arzt sämtliche
für die Aufklärung bedeutenden Umstände bekannt sind; F/N/W, 5. Aufl.,
Rz. 215 zu § 630e II 1 Nr. 1 BGB) **und aufgrund seines Ausbildungsstandes in
der Lage sein, die konkret beim Patienten vorliegenden Erkrankung sowie die erforderliche Behandlung zu beurteilen** (OLG Dresden, Urt. v. 11. 7. 2002 – 4 U
574/02, GesR 2003, 157, 159; OLG Köln, a. a. O.). Dies ist etwa bei der Übertragung der Aufklärung auf einen **Assistenzarzt oder einen Arzt im Praktikum
nach 20-monatiger Tätigkeit** und einem diesem vertrauten Eingriff zu bejahen
(OLG Dresden a. a. O.).

Nach § 630e II 1 Nr. 1 BGB *muss die Aufklärung mündlich durch den Behandelnden oder durch eine Person erfolgen, die über die zur Durchführung des
Maßnahme notwendige Ausbildung verfügt; ergänzend kann auch auf die Unterlagen Bezug genommen werden, die der Patient in Textform erhält.* A 1757a

Ausweislich der Gesetzesbegründung wollte der Gesetzgeber damit keine Änderung bzw. Verschärfung der obergerichtlichen Rechtsprechung herbeiführen. Allerdings müsse entsprechend der Qualifikation bzw. für die jeweiligen Fachgebiete *die Aufklärung für gesonderte Maßnahmen unter Umständen jeweils
gesondert erfolgen* (Begründung, BT-Drucks. 17/10488, S. 24). Die jetzige Formulierung *„notwendige Ausbildung verfügt"* soll nach der Intention des Gesetzgebers (wohl) klarstellen, dass die **Aufklärung auch durch eine Person erfolgen
kann, die die theoretische Befähigung zur Durchführung des vorgesehenen
Maßnahme (z. B. Operation) erworben hat**, auch wenn sie noch nicht das Maß
an praktischer Erfahrung aufweist, das für die eigenständige Durchführung
der Maßnahme selbst unverzichtbar ist. Dabei soll den Bedürfnissen insbesondere des Krankenhausalltages Rechnung getragen werden (Katzenmeier, NJW
2013, 817, 820 mit Hinweis auf BT-Drucks. 17/11710, S. 38, 39; Hart, MedR
2013, 159, 162; Rehborn, MDR 2013, 495, 501; vgl. zu den Einzelheiten
Rz. P 44 ff., P 102 ff.).

Der Chefarzt, der die Risikoaufklärung eines Patienten einem nachgeordneten A 1758
Arzt überträgt, muss zur Vermeidung seiner fortbestehenden Eigenhaftung
(§§ 280 I, II, 278, 831 I 2 BGB) aber darlegen und im Bestreitensfall beweisen,
welche **organisatorischen Maßnahmen** er ergriffen hat, um eine ordnungsgemäße Aufklärung **sicherzustellen** und deren Umsetzung zu kontrollieren.
Hierzu gehört etwa die Angabe des Operateurs (Chef- oder Oberarzt), ob er sich
in einem Gespräch mit dem Patienten über dessen ordnungsgemäße Aufklärung
und/oder durch einen Blick in die Krankenakte vom Vorhandensein einer vom
Patienten und vom aufklärenden Arzt unterzeichneten Einverständniserklärung
vergewissert hat und dass eine für den medizinischen Laien verständliche Aufklärung unter Hinweis auf die spezifischen Risiken des vorgesehenen Eingriffs
erfolgt ist (BGH, Urt. v. 7. 11. 2006 – VI ZR 206/05, NJW-RR 2007, 310, 311 =
VersR 2007, 209, 210, Nr. 9, 10; OLG Naumburg, Urt. v. 9. 11. 2010 – 1 U 44/10,
VersR 2011, 1014, 1016: Verschlechterungsrisiko weder vom Assistenzarzt noch
im Aufklärungsbogen genannt).

A 1759 Insbesondere vor **schwierigen und seltenen Eingriffen** ist es erforderlich, dass für solche Eingriffe entweder eine **spezielle Aufklärungsanweisung** existiert oder jedenfalls gewährleistet ist, dass sich der Operateur auf andere Weise wie z.B. in einem **Vorgespräch** mit dem aufklärenden Arzt **vergewissert**, dass dieser den Eingriff in seiner Gesamtheit erfasst hat und dem Patienten die erforderlichen Entscheidungshilfen im Rahmen der Aufklärung geben kann (BGH, VersR 2007, 209, 210 = NJW-RR 2007, 310, 311, Nr. 11).

A 1760 Auch bei **Standardeingriffen** wirkt die Delegation der Aufklärung nur befreiend, wenn **klare stichprobenweise kontrollierte Organisationsanweisungen** bestehen und auch kein Anlass zu Zweifeln an der Qualifikation des bestellten Arztes oder an einer ordnungsgemäßen Aufklärung gerade im konkreten Fall vorliegen (OLG Karlsruhe, Urt. v. 24. 5. 2006 – 7 U 242/05, OLGR 2006, 617, 619 und NJW-RR 1998, 459, 460; auch BGH, Urt. v. 10. 10. 2006 – VI ZR 74/05, VersR 2007, 66, 68, Nr. 13: **Überprüfung der Eintragungen im Aufklärungsbogen**; BGH, Urt. v. 7. 11. 2006 – VI ZR 206/05, VersR 2007, 209, 210: **Prüfung einer verständlichen Aufklärung im Aufklärungsbogen**; OLG Naumburg, Urt. v. 9. 11. 2010 – 1 U 44/10, VersR 2011, 1014, 1016: Operateur muss Aufklärung dann rechtzeitig nachholen).

A 1761 Die gleichen Anforderungen sind auch an einen **Oberarzt oder sonstigen Facharzt** zu stellen, der zwar bei der durchzuführenden Operation nur als Assistent eingeteilt, aber durch seine Stellung gegenüber dem Operateur zumindest gleichwertig für die Operation verantwortlich ist (OLG Karlsruhe, Urt. v. 24. 5. 2006 – 7 U 242/05, OLGR 2006, 617, 619 und Urt. v. 8. 12. 2004 – 7 U 163/03, NJW-RR 2005, 798, 799). Demgegenüber ist der lediglich weisungsgebunden unter Leitung des übergeordneten Arztes (Chefarzt, Oberarzt) **assistierende Arzt** zu eigenständigen Nachforschungen für das Vorliegen einer wirksamen Einwilligung nicht verpflichtet, sofern er nicht konkrete Anhaltspunkte hat, dass es an einer wirksamen Aufklärung des Patienten fehlt (OLG Karlsruhe, Urt. v. 24. 5. 2006 – 7 U 242/05, OLGR 2006, 617, 619 f.).

A 1762 **Grundsätzlich darf die Aufklärung jedoch nicht auf nichtärztliches Personal** (OLG Dresden, Urt. v. 11. 7. 2002 – 4 U 574/02, GesR 2003, 157, 159; OLG Karlsruhe, VersR 1998, 718 = NJW-RR 1998, 459, 461: Aufklärung durch Pfleger; OLG Brandenburg, Urt. v. 4. 11. 2010 – 12 U 148/08, juris, Rz. 18: Krankenpfleger hat den wesentlichen Teil des Aufklärungsgespräches geführt; OLG Celle, VersR 1981, 1184; L/K/L-Katzenmeier, Rz. V 38; Katzenmeier, MedR 2004, 34, 37; Achterfeld, MedR 2012, 140, 143 m.w.N.; Wenzel-Simmler, Kap. 2 Rz. 1832; F/N/W, 5. Aufl., Rz. 215: In jedem Fall durch einen Arzt; S/Pa, 12. Aufl., Rz. 509; Rehborn, MDR 2013, 497, 501; Spickhoff, VersR 2013, 267, 276; vgl. Rz. P 48) **oder einen Arzt in der Ausbildung**, der noch nicht in der Lage ist, die konkret beim Patienten vorliegende Erkrankung und die erforderliche Behandlung zu beurteilen bzw. mit dem Eingriff noch nicht vertraut ist, **übertragen werden** (OLG Dresden, Urt. v. 11. 7. 2002 – 4 U 574/02, GesR 2003, 157, 159).

a) Vertikale Arbeitsteilung (vgl. hierzu → *Arbeitsteilung*, Rz. A 370 ff.)

Folge einer zulässigen Delegation der Aufklärung auf einen qualifizierten Arzt, der zumindest in der Lage ist, die konkret beim Patienten vorliegende Erkrankung und die erforderliche Behandlung zu beurteilen ist, dass **die Aufklärungspflicht auf den aufklärenden Arzt übergeht und diesen die Haftung für etwaige Aufklärungsmängel trifft** (BGH, NJW 1980, 1905, 1906 = MDR 1980, 836 = VersR 1981, 456, 457; VersR 1990, 1010 = NJW 1990, 2929; OLG Bamberg, Urt. v. 22. 11. 2004 – 4 U 39/03, OLGR 2005, 85, 86 = AHRS III, 5300/313; OLG Brandenburg, Urt. v. 8. 11. 2007 – 12 U 53/07, juris; OLG Karlsruhe, Urt. v. 8. 12. 2004 – 7 U 163/03, OLGR 2005, 189, 190 = NJW-RR 2005, 798, 799; OLG Nürnberg, VersR 1992, 754; OLG Schleswig NJW-RR 1994, 1052, 1053; Katzenmeier, MedR 2004, 34, 37; F/N/W, 5. Aufl., Rz. 215; teilweise abweichend OLG Bamberg, Urt. v. 15. 9. 2003 – 4 U 11/03, GesR 2004, 135, 136: allein die weisungsgemäße Übernahme der Aufklärung durch den Assistenzarzt reicht nicht aus). | A 1763

Auch ein Arzt, der **nur die Aufklärung des Patienten** über die ihm anderweitig angeratene Operation übernommen hat, kann diesem zum Ersatz des durch die Operation entstandenen Körperschadens verpflichtet sein, wenn er den Patienten im Verlauf des Gesprächs über Art, Umfang und Risiken – **unvollständig oder fehlerhaft – aufklärt**, weil er damit einen Teil der ärztlichen Behandlung des Patienten und deshalb eine Garantenstellung übernimmt (BGH, NJW 1980, 1905, 1906 = MDR 1980, 836; OLG Karlsruhe, Urt. v. 8. 12. 2004 – 7 U 163/03, NJW-RR 2005, 798, 799 = OLGR 2005, 189, 190; OLG Nürnberg VersR 1992, 754; OLG Oldenburg VersR 1996, 1111, 1112; teilw. abweichend OLG Bamberg, Urt. v. 15. 9. 2003 – 4 U 11/03, GesR 2004, 135, 136). | A 1764

Für die unterlassene oder unvollständige Aufklärung haftet auch der **aufnehmende Krankenhausarzt**, der den Eingriff und den erst in einigen Wochen anstehenden **Operationstermin mit dem Patienten vereinbart**, falls eine vollständige und rechtzeitige Aufklärung bei der späteren Krankenhausaufnahme nicht erfolgt (BGH, NJW 1992, 2351, 2352; OLG Oldenburg VersR 1996, 1111, 1112; S/Pa, 12. Aufl., Rz. 507). Es entlastet den Krankenhausarzt nicht, wenn er den mangels erfolgter Risikoaufklärung rechtswidrigen Eingriff auf Drängen des vom Hausarzt nicht oder nur unzureichend aufgeklärten Patienten durchführt (OLG Koblenz, Beschl. v. 14. 4. 2005 – 5 U 1610/04, VersR 2006, 123 = GesR 2005, 407). | A 1765

Hat der **operierende Arzt** die Aufklärung des Patienten zulässigerweise dem Stationsarzt überlassen, so haftet er für dessen **unvollständige Risikoaufklärung eines ausländischen Patienten** daneben selbst, wenn ihm bekannt sein musste, dass die **Aufklärung bei ausländischen**, nicht deutsch sprechenden **Patienten** nicht immer ausreichend erfolgte (OLG Karlsruhe, VersR 1998, 718). Diese Verantwortung kann sowohl den Chefarzt als auch den Oberarzt, der bei der vom Stationsarzt durchgeführten Operation assistiert, treffen (OLG Karlsruhe VersR 1998, 718 = NJW-RR 1998, 459, 460; ebenso Urt. v. 24. 5. 2006 – 7 U 242/05, OLGR 2006, 617, 619). | A 1766

Neben dem aufklärenden Arzt haftet auch der Chefarzt, der keine ausreichenden organisatorischen Maßnahmen ergriffen hat, um eine ordnungsgemäße Aufklä- | A 1767

rung sicherzustellen und deren ordnungsgemäße Umsetzung zu kontrollieren
(BGH, Urt. v. 7. 11. 2006 – VI ZR 206/05, VersR 2007, 209, 210, Nr. 9, 10), **der
Operateur, der den Aufklärungsbogen vor dem Eingriff nicht auf das Vorhandensein einer für den medizinischen Laien verständlichen Aufklärung überprüft hat**
(BGH, VersR 2007, 209, 210, Nr. 9; Urt. v. 10. 10. 2006 – VI ZR 74/05, VersR
2007, 66, 68, Nr. 13; OLG Naumburg, Urt. v. 9. 11. 2010 – 1 U 44/10, VersR
2011, 1014, 1016) **sowie der Krankenhausträger aus § 823 I,** wenn klare und verständliche Anweisungen für die Wahrnehmung der Aufklärungspflichten und
deren Kontrolle fehlen bzw. unzureichend sind (Gehrlein, Rz. C 57 a.E., G/G,
6. Aufl., Rz. C 109; Katzemeier, MedR 2004, 34, 37; F/N/W, 5. Aufl., Rz. 215;
die Haftung des Krankenhausträgers ergibt sich im Übrigen natürlich aus
§§ 831, 278, 31, 89 BGB ohne Entlastungsmöglichkeit, wenn es an klaren Organisationsanweisungen und/oder Kontrollen mangelt).

A 1768　Der Operateur haftet nach zutreffender Ansicht aber dann **nicht für die unzureichende Aufklärung** durch den hierfür grundsätzlich qualifizierten Assistenzarzt,
wenn ein vom Patienten unterzeichneter schriftlicher Aufklärungsbogen vorliegt und **Mängel der Aufklärung hieraus nicht erkennbar** sind (OLG Zweibrücken, Urt. v. 23. 1. 2007 – 5 U 35/05, BeckRS 2007, 5674; auch OLG Naumburg,
Urt. v. 11. 7. 2006 – 1 U 1/06, BeckRS 2007, 3103, S. 6). Konnte der Arzt davon
ausgehen, dass der Patient bereits **einschlägig informiert** war, scheidet seine Haftung wegen eines Aufklärungsversäumnisses **mangels Verschuldens** aus (OLG
Koblenz, Urt. v. 12. 6. 2008 – 5 U 1630/07, OLGR 2008, 796, 798; vgl. hierzu
Rz. A 1779, A 2219).

A 1769　Für **Aufklärungsversäumnisse eines Belegarztes** haftet der Klinikträger dann,
wenn ein Geschäftsführer der Klinik an dem Eingriff beteiligt ist oder diesen
selbst ausführt (OLG Frankfurt, Urt. v. 11. 10. 2005 – 8 U 47/04, MedR 2006,
294, 296).

b) Horizontale Arbeitsteilung (vgl. hierzu → *Arbeitsteilung*, Rz. A 250 ff.,
A 285)

A 1770　Bei horizontaler Arbeitsteilung, insbesondere also im Fall einer Überweisung beschränkt sich die Verantwortung des Arztes prinzipiell auf sein eigenes Fachgebiet, hier soll der „Vertrauensgrundsatz" gelten (Katzemeier, MedR 2004,
34, 37; S/Pa, 12. Aufl., Rz. 504; G/G, 6. Aufl., Rz. C 110).

A 1771　Im Verhältnis zwischen dem überweisenden (Haus-)Arzt und dem **spezialisierten Facharzt** obliegt die Aufklärung grundsätzlich Letzterem. Denn die Aufklärung des überwiesenen Patienten setzt eine genaue Anamnese und Diagnose voraus, die sich meist erst bei dem Spezialisten mit seinen gesteigerten Erkenntnismöglichkeiten ergibt (BGH, NJW 1979, 1933; OLG Hamm, VersR 1994, 815;
OLG Koblenz, Beschl. v. 14. 4. 2005 – 5 U 1610/04, NJW-RR 2005, 1111 = GesR
2005, 407 = VersR 2006, 123; G/G, 6. Aufl., Rz. C 111; S/Pa, 12. Aufl., Rz. 508;
Katzemeier, MedR 2004, 34, 37; teilw. weitergehend BGH, NJW 1980, 633,
634 und OLG Karlsruhe VersR 2002, 717, s. o. Rz. A 1754, A 1754a).

A 1772　Dass der **Hausarzt** einen bestimmten Eingriff für indiziert hält und den Patienten daher in ein Krankenhaus einweist, enthebt den dort **weiterbehandelnden**

Arzt folgerichtig nicht von der Pflicht zur umfassenden Risikoaufklärung. Es entlastet ihn nicht, wenn er den mangels Risikoaufklärung rechtswidrigen Eingriff auf Drängen des vom Hausarzt unzureichend vorinformierten Patienten durchführt (OLG Koblenz, Beschl. v. 14. 4. 2005 – 5 U 1610/04, VersR 2006, 123 = GesR 2005, 407 = NJW-RR 2005, 1111).

Der BGH (NJW 1980, 633, 634; vgl. auch Wenzel-Simmler, Kap. 2, Rz. 1826:   A 1773
wenn der überweisende Arzt bereits eine Therapieempfehlung abgibt) hielt in einer früheren, **vereinzelt gebliebenen** und auf erhebliche Kritik gestoßenen **Entscheidung auch den Hausarzt**, der den Patienten mit einer nicht weiter begründeten Standarddiagnose in eine Klinik einweist, für verpflichtet, den Patienten aufzuklären (ablehnend etwa Katzenmeier, MedR 2004, 34, 37; Giesen, Arzthaftungsrecht, 4. Auf. 1995, Rz. 289; S/Pa, 12. Aufl., Rz. 508). Nach h. M. ist der an den Facharzt oder an das Krankenhaus **überweisende Arzt** grundsätzlich **nicht** zur **Aufklärung** des Patienten über die dort vorzunehmenden Maßnahmen **verpflichtet** (OLG Koblenz a. a. O.; S/Pa, 12. Aufl., Rz. 508; Gehrlein, Rz. C 57; Katzenmeier, MedR 2004, 34, 37; vgl. auch Rz. A 1781).

Der **hinzugezogene Facharzt** kann sich aber regelmäßig darauf verlassen, dass   A 1774
der überweisende Arzt den Patienten **im Verantwortungsbereich von dessen Fachrichtung sorgfältig untersucht und behandelt hat** (OLG Düsseldorf, Urt. v. 27. 3. 2003 – 8 U 83/02, NJW-RR 2004, 22: **Chirurg/Befund des Pathologen**; OLG Düsseldorf, NJW 1984, 2636: **Radiologe/Neurologe**; OLG Hamm, Urt. v. 16. 2. 2004 – 3 U 190/03, AHRS III, 920/329: **Hausarzt/Chirurg**; OLG Jena, Beschl. v. 15. 1. 2004 – 4 U 836/03, GesR 2004, 180, 181: keine Diagnoseüberprüfung bei Auftragsleistung; OLG Jena, Urt. v. 18. 5. 2005 – 4 U 641/04, AHRS III, 5300/315: **Orthopäde/Physiotherapeut**; OLG Karlsruhe, Urt. v. 8. 10. 2003 – 7 U 6/02, OLGR 2004, 237, 238: **Operateur/Anästhesist**, keine gegenseitige Überwachungspflicht; OLG Koblenz, Urt. v. 22. 2. 2007 – 5 U 8/06, OLGR 2008, 9, 10: **Hausarzt/Radiologe**; OLG Naumburg, Urt. v. 14. 9. 2004 – 1 U 97/03, OLGR 2005, 70: **Chirurg/Anästhesist**, keine gegenseitige Überwachungspflicht; OLG Naumburg, Urt. v. 18. 1. 2008 – 1 U 77/07, BeckRS 2008, 4363: **Radiologe/Urologe**; OLG Stuttgart VersR 1991, 1060: **Radiologe/Internist**; OLG Stuttgart, NJW-RR 2001, 960, 961; G/G, 6. Aufl., Rz. B 122, 125, 128 und C 110; Katzenmeier, MedR 2004, 34, 37; Spindler/Rieckers, JuS 2004, 272, 276; vgl. aber OLG Köln, Urt. v. 16. 12. 2002 – 5 U 166/01, NJW-RR 2003, 1031: Abklärung durch CT sowohl Sache des behandelnden Chirurgen als auch des hinzugezogenen Neurologen; vgl. hierzu → *Arbeitsteilung*, Rz. A 254, A 285).

So muss der hinzugezogene **Radiologe** den Patienten nicht über die Risiken einer   A 1775
beim überweisenden Arzt durchzuführenden Bestrahlung (OLG Nürnberg, Urt. v. 3. 5. 1999 – 5 U 3933/98; G/G Rz. C 110) oder einer Phlebographie (Röntgendarstellung venöser Gefäße; OLG Stuttgart, VersR 1991, 1060) aufklären.

Eventuelle Fehler bei der Durchführung der **Anästhesie**, etwa die Wirkungslosig-   A 1776
keit oder Überdosierung der Narkose, sowie eventuelle sonstige Mängel der die Anästhesie betreffenden Aufklärung fallen allein in den Verantwortungsbereich des Anästhesisten und stellen die Wirksamkeit der ordnungsgemäßen Aufklärung über den vom **Operateur (Chirurg, Gynäkologe o. a.)** durchgeführten Eingriff

nicht in Frage (OLG Karlsruhe, Urt. v. 8. 10. 2003 – 7 U 6/02, OLGR 2004, 237: Wirkungslosigkeit, sonstige Mängel der Anästhesie; OLG Naumburg, Urt. v. 14. 9. 2004 – 1 U 97/03, OLGR 2005, 70: Überdosierung, unzureichende postoperative Überwachung der Vitalfunktionen, keine gegenseitige Überwachungspflicht). Ebenso wenig haftet der für seinen Bereich ordnungsgemäß aufklärende **Anästhesist** nicht für das Fehlen bzw. Mängel der Eingriffsaufklärung des Chirurgen oder Gynäkologen (G/G, 6. Aufl., Rz. C 107; F/N/W, 5. Aufl., Rz. 215).

A 1777 Der behandelnde **Chirurg oder Gynäkologe** darf grundsätzlich auch auf die Richtigkeit der von einem hinzugezogenen **Pathologen** erhobenen Befunde, die etwa einen sofortigen bzw. umfangreicheren Eingriff indizieren, vertrauen (OLG Düsseldorf, Urt. v. 27. 3. 2003 – 8 U 83/02, NJW-RR 2004, 22: Pathologe hatte zur Entfernung des gesamten Schilddrüse und zu einer Radiojodtherapie aufgefordert).

A 1778 **Die Aufklärung für eine risikobehaftete physiotherapeutische Heilbehandlung schuldet grundsätzlich nur der verordnende Orthopäde.** Anders als der **Physiotherapeut**, der die Behandlung durchführt, hat nur er genügend Kenntnisse und Informationen, um den Patienten in der für ihn geeigneten Weise aufzuklären. Bei horizontaler Arbeitsteilung – wie zwischen einem Orthopäden und einem Physiotherapeuten – muss der für die Behandlung hinzugezogene Physiotherapeut grundsätzlich keine eigene Anamnese durchführen und auch keine eigenen Befunde erheben, die über den konkreten Überweisungsauftrag – hier die Verordnung durch den Orthopäden – hinausgehen. Vielmehr kann sich der hinzugezogene Arzt eines anderen Fachgebiets bzw. im entschiedenen Fall der Physiotherapeut darauf verlassen, dass dies bereits in der gebotenen Form durch den erstbehandelnden bzw. überweisenden Arzt geschehen ist (OLG Jena, Urt. v. 18. 5. 2005 – 4 U 641/04, BeckRS 2005, 11838, S. 7 = AHRS III, 5300/315).

A 1779 Dem Arzt, der wegen Verletzung der Aufklärungspflicht in Anspruch genommen wird, kann jedenfalls **kein Verschuldensvorwurf** gemacht werden, wenn ein vom Patienten unterschriebener Aufklärungsbogen vorliegt, aus dem sich ergibt, dass der **Patient von einem anderen Arzt vollständig und ordnungsgemäß aufgeklärt wurde**, solange keine Umstände bekannt sind oder hätten bekannt sein müssen, die die Vollständigkeit und Richtigkeit der Aufklärung in Frage zu stellen geeignet sind (OLG Karlsruhe, OLGR 2001, 147, 148; vgl. auch OLG Zweibrücken, Urt. v. 23. 1. 2007 – 5 U 35/05, BeckRS 2007, 5674 und OLG Naumburg, Urt. v. 11. 7. 2006 – 1 U 1/06, BeckRS 2007, 3103, S. 6: Mängel aus dem Aufklärungsbogen nicht erkennbar; F/N/W, 5. Aufl., Rz. 215).

A 1780 Allerdings haftet ein Facharzt (hier: Internist), der bei der Behandlung eines Patienten einen fehlerhaften Ratschlag des konsiliarisch hinzugezogenen Facharztes eines anderen Fachgebiets (hier: Neurologe) befolgt, für die Folgen dieses Fehlers, wenn er ihn nach seinem Ausbildungsstandard **hätte erkennen können** (OLG Düsseldorf, Urt. v. 27. 3. 2003 – 8 U 83/02, NJW-RR 2004, 22: **wenn Anhaltspunkte für Zweifel an der Diagnose ersichtlich sind**; OLG Jena, Beschl. v. 15. 1. 2004 – 4 U 836/03, GesR 2004, 180, 181 bei konkreten Zweifeln an der Richtigkeit der Diagnose; OLG Koblenz, Urt. v. 26. 8. 2003 – 3 U 1840/00, NJW-RR 2004, 106: Internist/Fehler des Neurologen; OLG Köln, Urt. v.

16. 12. 2002 – 5 U 166/01, NJW-RR 2003, 1031 **bei nicht eindeutiger Diagnose**; auch OLG Stuttgart, Urt. v. 8. 7. 2003 – 1 U 104/02, OLGR 2004, 239: Assistenzärztin/Fehler der Hebamme).

Nach h. M. trifft einen Arzt nicht bereits deshalb eine Aufklärungspflicht hinsichtlich der Risiken der bei einem anderen Facharzt oder in einem Krankenhaus durchzuführenden Therapie, wenn er dem Patienten **die Therapie empfiehlt** (Rehborn, MDR 2000, 1101, 1106; Katzenmeier, MedR 2004, 34, 37; S/Pa, 12. Aufl., Rz. 508; auch OLG Koblenz, Beschl. v. 14. 4. 2005 – 5 U 1610/04, VersR 2006, 123 = GesR 2005, 407 = NJW-RR 2005, 1111: einweisender Hausarzt muss nicht über die Risiken des dann im Krankenhaus vorgenommenen Eingriffs aufklären; a. A. OLG Oldenburg, VersR 1999, 1422, diesem zustimmend Wenzel-Simmler, Kap. 2 Rz. 1826). Nach dieser, u. E. zutreffenden Ansicht **kann derjenige, der eine bloße Therapieempfehlung ausspricht und damit die letzte Entscheidung auch über die Operationswürdigkeit dem Operateur überlässt, den Patienten häufig gar nicht abschließend über die Risiken einer möglicherweise dann gar nicht durchgeführten Operation aufklären** (Rehborn, MDR 2000, 1101, 1106; Katzenmeier, MedR 2004, 34, 37). | A 1781

Allerdings kann eine deliktische Haftung des vorbehandelnden Arztes wegen unterlassener oder fehlerhafter Aufklärung dann begründet sein, **wenn er dem Patienten zur Operation rät und ihm bereits eine Entscheidung abverlangt, etwa indem er mit ihm einen festen Operationstermin vereinbart** (BGH, VersR 1992, 960, 961; OLG Oldenburg, VersR 1996, 1111, 1112) oder wenn er dem Patienten die Durchführung der Operation empfiehlt und ihn im Verlauf eines solchen Gesprächs über Art und Umfang sowie mögliche Risiken eines solchen Eingriffs **unvollständig oder fehlerhaft aufklärt.** Er begründet hierdurch eine Garantenstellung und ist bei unvollständiger Aufklärung mitverantwortlich, wenn andere Ärzte den Patienten ohne wirksame Einwilligung operieren, weil er die rechtswidrige Körperverletzung mitverursacht hat (OLG Oldenburg, VersR 1996, 1111, 1112; Wenzel-Simmler, Kap. 2 Rz. 1826). | A 1782

Die **uneingeschränkte Operationsempfehlung** eines Konsiliararztes begründet allein aber noch keine Garantenstellung mit der Pflicht zu vollständiger oder teilweiser Aufklärung, wenn die Untersuchung und das sich anschließende Gespräch nicht unmittelbar in eine Operationsentscheidung einmünden soll (OLG Oldenburg, VersR 1996, 1111; S/Pa, 12. Aufl., Rz. 508, 494). | A 1783

Arbeitet eine **Spezialklinik** mit der Operationsklinik in der Weise zusammen, dass sie den Patienten untersucht, über erforderliche Heilmaßnahmen berät und auf den Eingriff vorbereitet, während die Operation in der anderen Klinik vorgenommen wird, so sind die Ärzte der Spezialklinik zur **Grundaufklärung** über den vorgesehenen Eingriff verpflichtet, die Ärzte der Operationsklinik für die Durchführung der Anästhesie und ggf. für spezielle operationstechnische Risiken (S/Pa, 12. Aufl., Rz. 508; G/G, 6. Aufl., Rz. C 110, 111; auch BGH, VersR 1990, 1010). | A 1783a

Wird ein **spezialisiertes Krankenhaus (hier: Brustzentrum)** in die Frage der Indikation einer nur elektiven Mastektomie wegen bestehender Krebsangst der familiär vorbelasteten Patientin, bei der bis dato anlässlich der Fertigung von | A 1783b

Mammographien Mikrokalk in beiden Brüsten festgestellt worden ist, sowohl **wegen der Schwierigkeit der Indikation als auch zur technischen Durchführung der Operation eingebunden,** so obliegt die Aufklärung der Patientin über die Fragen der Indikation und mögliche Alternativen (hier: kernspintomographische und genetische Untersuchungen) und nicht nur über die spezifischen Risiken des Eingriffs den operierenden Ärzten dieses Krankenhauses. In einem derartigen Fall **darf sich der Operateur nicht darauf verlassen, dass eine gegenüber einem niedergelassenen Gynäkologen erteilte Einwilligung in eine Mastektomie auf einer sachgerechten Aufklärung beruht** (OLG Köln, Beschl. v. 17. 3. 2010 – 5 U 51/09, GesR 2010, 409, 411/412 = VersR 2011, 81, 82).

c) Beschränkung der Einwilligung auf bestimmten Arzt

A 1784 Will ein Patient abweichend von den Grundsätzen des „totalen Krankenhausaufnahmevertrages" seine **Einwilligung in einen ärztlichen Eingriff auf einen bestimmten Arzt beschränken,** muss er seinen entsprechenden Willen eindeutig zum Ausdruck bringen. Der vom Patienten geäußerte Wunsch oder seine subjektive Erwartung, von einem bestimmten Arzt operiert zu werden, reichen für die Annahme auf eine bestimmte Person beschränkten Einwilligung nicht aus. Dies gilt auch dann, wenn ein Krankenhausarzt auf die Bitte des Patienten in einem Vorgespräch erklärt, er werde **die Operation, sofern möglich, selbst durchführen** (BGH, Urt. v. 11. 5. 2010 – VI ZR 252/08, MDR 2010, 863 = GesR 2010, 407 = NJW 2010, 2580, Nr. 9, 10; OLG München, Urt. v. 18. 11. 2010 – 1 U 5334/09, GesR 2011, 235 = NJW-RR 2011, 749, 750).

Ist jedoch ein Eingriff **durch einen bestimmten Arzt, regelmäßig durch den Chefarzt, konkret vereinbart oder zugesagt, muss der Patient rechtzeitig aufgeklärt werden,** wenn ein anderer Arzt an seine Stelle treten soll. Sofern die Einwilligung nicht eindeutig auf die Behandlung durch einen bestimmten Arzt beschränkt ist, erstreckt sie sich grundsätzlich auch auf die Behandlung durch andere Ärzte (BGH, MDR 2010, 863 = NJW 2010, 2580, Nr. 6; OLG Oldenburg, MedR 2008, 295). Bei einem totalen Krankenhausaufnahmevertrag mit Arztzusatzvertrag muss der als Wahlarzt verpflichtete Chefarzt (hier: Chirurg) die geschuldete Operation grundsätzlich selbst durchführen, sofern er mit dem Patienten nicht eine Ausführung seiner Kernleistungen **durch einen Stellvertreter wirksam vereinbart** hat (BGH, MDR 2010, 863 = NJW 2010, 2580, Nr. 7; vgl. hierzu Rz. A 41 ff.).

2. Aufklärungsadressat

A 1785 Die Aufklärung muss demjenigen zuteil werden, der die Einwilligung in den Eingriff zu geben hat, also dem Patienten selbst, bei Minderjährigen oder willensunfähigen Kranken dem gesetzlichen Vertreter, also den Eltern, dem Vormund oder Pfleger (F/N/W, 5. Aufl., Rz. 207–213; G/G, 6. Aufl., Rz. C 113, 114; L/K-Laufs, § 62 Rz. 7–11; S/Pa, 12. Aufl., Rz. 511–514; Wenzel-Simmler, Kap. 2 Rz. 1833 ff.; Kern, GesR 2009, 1, 2 f.; Nebendahl, MedR 2009, 197–205). Die therapeutische Aufklärung naher Angehöriger, soweit sie überhaupt ohne Einwilligung des Patienten zulässig ist, kann ebenso wenig wie die Übergabe von Formularen und Merkblättern das direkte Gespräch zwischen Arzt und Patienten ersetzen (BGH, NJW 1989, 2318, 2319; OLG Köln, VersR 1992, 745; L/K-Laufs, § 62 Rz. 9, 11, 12).

Gem. **§§ 630d I 2, 630e IV BGB** hat die Aufklärung eines hierzu Berechtigten zu   A 1785a
erfolgen, wenn der Patient einwilligungsunfähig ist, soweit nicht eine Patientenverfügung nach § 1901a I 1 BGB die Maßnahme gestattet oder untersagt. Gem.
§ 630e II 1 Nr. 3 BGB muss die Aufklärung für den Patienten bzw. den Einwil-
ligungsberechtigten verständlich sein.

a) Erwachsene

Eine intraoperative Verlaufs- und Risikoaufklärung des Patienten setzt voraus,   A 1786
dass der Patient physisch und psychisch in der Lage ist, einem solchen Gespräch
zu folgen und eine eigenständige Entscheidung zu treffen. Dies ist bei einem
nach **Einnahme von Medikamenten sedierten und in einem sehr schlechten Allgemeinzustand befindlichen Patienten** regelmäßig nicht der Fall (BGH, Urt. v.
10. 3. 1987 – VI ZR 88/86, NJW 1987, 2291 = VersR 1987, 770).

Ein **Patient**, der in verständlicher Form (vgl. jetzt § 630e II Nr. 3 BGB) über die   A 1787
Komplikationsmöglichkeiten eines Eingriffs aufgeklärt worden ist und zusätzliche Fragen zur Operation gestellt hat, kann sich jedoch nicht darauf berufen,
dass er wegen seines **geringen Bildungsstandes** die mündlichen und schriftlichen
Informationen über den Eingriff nicht habe verstehen und würdigen können
(OLG Saarbrücken, VersR 1994, 1427). Es wäre auch treuwidrig, wenn sich der
Patient darauf berufen würde, die Aufklärung nicht verstanden zu haben, wenn
er beim aufklärenden Arzt den Eindruck erweckt hat, **der deutschen Sprache
hinreichend mächtig** zu sein (OLG Hamm, Urt. v. 11. 9. 2000 – 3 U 109/99,
AHRS III, 4100/301; s. u. Rz. A 1820 ff.).

In derartigen Fällen **kann es auch am Aufklärungsverschulden des Arztes** fehlen,
wenn er davon ausging und ausgehen konnte, der Patient hätte seine Hinweise
auf die Risiken verstanden (OLG Koblenz, Urt. v. 12. 6. 2008 – 5 U 1630/07,
OLGR 2008, 796, 798; OLG München, Urt. v. 18. 12. 2008 – 1 U 2213/08,
juris, Nr. 50; KG, Urt. v. 8. 5. 2008 – 20 U 202/06, GesR 2009, 81, 82; OLG
Stuttgart, Urt. v. 16. 11. 2010 – 1 U 124/09, GesR 2011, 30, 31; vgl. hierzu
Rz. A 2219 ff., A 2224).

b) Minderjährige

Bei einem minderjährigen Kind, für das die elterliche Sorge beiden Eltern ge-   A 1788
meinsam zusteht, müssen **regelmäßig beide Elternteile aufgeklärt** werden und
in den Eingriff einwilligen. In Routinefällen, wozu etwa auch eine Leistenhernieoperation zählt, kann der Arzt jedoch davon ausgehen, dass der mit dem
Kind erscheinende Elternteil ermächtigt ist, die Einwilligung in die ärztliche Behandlung auch für den abwesenden Elternteil mit zu erteilen, solange ihm keine
entgegenstehenden Umstände bekannt sind (BGH, Urt. v. 15. 6. 2010 – VI ZR
204/09, GesR 2010, 479, 480/481 = NJW 2010, 2430, 2431, Nr. 15, 17; BGH,
Urt. v. 10. 10. 2006 – VI ZR 74/05, NJW 2007, 217, 218; Diederichsen, RiBGH,
GesR 2011, 257, 260; vertiefend Rumetsch, Diss. 2013, S. 62 ff., 103 ff., 188 ff.;

F/N/W, 5. Aufl., Rz. 210; Wenzel-Simmler, Kap. 2 Rz. 1840, 1841; S/Pa, 12. Aufl., Rz. 513; zum Patientenrechtegesetz vgl. Rz. A 1800a, P 38 ff.).

Dies gilt insbesondere dann, wenn es sich um einen aus chirurgischer Sicht **relativ einfachen Eingriff (hier: Leistenhernieoperation)** handelt und der Vater das Aufklärungsformular sogar mit unterzeichnet hat (BGH, Urt. v. 15. 6. 2010 – VI ZR 204/09, GesR 2010, 479, 481).

A 1789 Bei **Eingriffen schwererer Art mit nicht unbedeutenden Risiken** muss sich der Arzt aber vergewissern, ob die mit dem Kind erschienene Mutter auch vom Vater ermächtigt worden ist, die Einwilligung zu erklären. Der Arzt kann aber auch hier, solange dem nichts entgegensteht, **auf eine wahrheitsgemäß erscheinende Auskunft des erschienenen Elternteils vertrauen** (BGH, Urt. v. 15. 6. 2010 – VI ZR 204/09, GesR 2010, 479, 481, Nr. 15, 17; OLG Stuttgart, Urt. v. 16. 11. 2010 – 1 U 124/09, GesR 2011, 30, 31 = NJW-RR 2011, 747; OLG München, Urt. v. 4. 6. 2009 – 1 U 3200/08, OLGR 2009, 848, 849). Werden sämtliche Gespräche mit dem behandelnden Arzt von der Mutter des minderjährigen Patienten geführt, **kann der Arzt darauf vertrauen, dass die Mutter von ihrem Ehemann zur Abgabe der Einverständniserklärung auch in dessen Namen bevollmächtigt ist** (OLG Köln, Urt. v. 31. 1. 2001 – 5 U 142/98, AHRS III, 1025/302).

A 1790 Im Falle einer fehlenden Ermächtigung des erschienenen Elternteils kann es im Einzelfall **auch am Verschulden des Arztes** fehlen, wenn er aufgrund des Verhaltens des anwesenden Elternteils von einer Ermächtigung bzw. Einwilligung ausgehen konnte (OLG Stuttgart, Urt. v. 16. 11. 2010 – 1 U 124/09, GesR 2011, 30, 31 = VersR 2011, 534, 535; vgl. auch Rz. A 2219 ff.).

A 1790a Eine **Ermächtigung** des mit dem minderjährigen Kind erschienenen Elternteils (hier: Mutter stimmt einer Schilddrüsenoperation bei ihrem 17-jährigen Sohn zu) **kann sich auch aus den Umständen ergeben**, und ist anzunehmen, wenn etwa der Vater erklärt, er hätte an dem Aufklärungsgespräch nicht teilnehmen können und seiner Frau die Entscheidung übertragen, alles Nötige zu veranlassen. Auch wenn sich der Vater dabei über die Schwierigkeit des (hier: wohl eher mittelschweren) Eingriffs geirrt hat, ändert dies nichts an der Übertragung der Ermächtigung zur Einwilligung seiner Ehefrau (OLG Stuttgart, Urt. v. 16. 11. 2010 – 1 U 124/09, GesR 2011, 30, 31 = NJW-RR 2011, 747: Schilddrüsenoperation als „Eingriff schwererer Art mit nicht unbedeutenden Risiken").

A 1791 Geht es um **schwierige und weitreichende Entscheidungen über die Behandlung des Kindes**, etwa um eine **Herzoperation**, die mit erheblichen Risiken verbunden sind, liegt eine Ermächtigung des mit dem Kind erschienenen Elternteils nicht von vornherein nahe. In solchen Fällen muss sich der Arzt die **Gewissheit verschaffen, dass der nicht erschienene Elternteil mit der vorgesehenen Behandlung des Kindes einverstanden ist** (BGH, Urt. v. 15. 6. 2010 – VI ZR 204/09, GesR 2010, 479, 481, Nr. 15; BGH, Urt. v. 15. 2. 2000 – VI ZR 48/99, NJW 2000, 1784, 1785: Herzoperation bei einem 7-jährigen Kind; auch BGH NJW 1988, 2946 zur Herzoperation; OLG München, Urt. v. 4. 6. 2009 – 1 U 3200/08, OLGR 2009, 848, 849; Diederichsen, RiBGH, GesR 2011, 257, 260; G/G, 6. Aufl., Rz. C 114; F/N/W, 5. Aufl., Rz. 210; S/Pa, 12. Aufl., Rz. 513).

Auch vor der Durchführung eines **schwierigen und risikoreicheren Eingriffs**   A 1791a
(hier: Operation bei Verkrümmung der LWS und BWS) kann der Arzt von einer
Ermächtigung des einen Elternteils, die Einwilligung auch für den anderen Elternteil zu unterzeichnen, ausgehen, wenn bereits ein **ausführliches Beratungs-**
gespräch mit beiden Elternteilen vorangegangen ist, in welchem beide Eltern
dem Grunde nach ihr Einverständnis mit dem Eingriff erklärt hatten, der Aufklärungsbogen den vorgedruckten Hinweis enthält, der unterzeichnende Elternteil handele **im Einverständnis mit dem anderen Elternteil** und dem Arzt keine
der Ermächtigung entgegenstehenden Umstände bekannt sind (OLG Jena, Urt.
v. 27. 2. 2008 – 4 U 2/04, NZB BGH v. 18. 11. 2008 – VI ZR 55/08, AHRS III,
1052/309).

In **einfach gelagerten Fällen (hier: Leistenhernieoperation in Narkose)** kann der   A 1792
Arzt den Patienten bzw. den Erziehungsberechtigten grundsätzlich **auch in ei-**
nem telefonischen Gespräch über die Risiken des bevorstehenden Eingriffs auf-
klären, wenn der Patient hiermit einverstanden ist (BGH, Urt. v. 15. 6. 2010 –
VI ZR 204/09, GesR 2010, 479, 481, Nr. 20, 21; Diederichsen, RiBGH, GesR
2011, 257, 260: nicht bei komplizierten Eingriffen mit erheblichen Risiken; von
Pentz, MedR 2011, 222, 226: Elternteil hatte vor dem Eingriff des Kindes nochmals Gelegenheit, nachzufragen).

Verweigern die Eltern aus **religiösen Gründen** (z. B. Zeugen Jehovas, vgl. hierzu   A 1793
OLG München, NJW-RR 2002, 811 und Spickhoff, NJW 2003, 1701, 1709: Bluttransfusion bei Zeugin Jehovas trotz entgegenstehender Patientenverfügung
nicht rechtswidrig bzw. nicht schuldhaft) ihre Einwilligung zu einer medizinisch indizierten **Bluttransfusion** ihres minderjährigen Kindes, so ist grundsätzlich eine **Genehmigung** des Familiengerichts zur Durchführung des Eingriffs
einzuholen (§§ 1628, 1666 I, III Nr. 5 BGB). Dieses bestellt einen die Belange
des Kindes wahrnehmenden Betreuer (Gehrlein, Rz. C 65; Palandt/Diederich-
sen, 72. Aufl., 2013, § 1666 Rz. 10, 18, 44, 49: einstweilige Anordnung, Erzie-
hungs- und Überwachungspflegschaft, Einsatz eines Ergänzungspflegers; Nebendahl, MedR 2009, 197, 205; Kern, GesR 2009, 1, 3). Bei besonderer Eilbedürftigkeit kann eine vorläufige Anordnung zur Ersetzung der elterlichen
Einwilligung auch ohne vorherige Anhörung und ohne rechtliches Gehör der Eltern ergehen. Die Anhörung ist allerdings unverzüglich nachzuholen (OLG Celle, MDR 1994, 487; Palandt/Diederichsen, 72. Aufl. 2013, § 1666 Rz. 49 und vor
§ 1626 Rz. 12, 13, 25).

Bei **absoluter Operationsindikation** ist eine religiös oder weltanschaulich moti-   A 1794
vierte Verweigerung unbeachtlich, die dringend erforderliche Behandlung darf
dann unter dem Gesichtspunkt der **mutmaßlichen Einwilligung** (bzw. nach
§§ 677, 683 BGB analog) ohne vorläufige Anordnung des Vormundschafts-
gerichts (jetzt: des Familiengerichts) vorgenommen werden (OLG Stuttgart,
VersR 1987, 515; OLG Bamberg, Urt. v. 5. 12. 2011 – 4 U 72/11, GesR 2011,
157, 160: mutmaßliche Einwilligung, sofern der Patient nicht ansprechbar, der
Eingriff vital indiziert ist und die Unterlassung der Behandlung medizinisch unvertretbar wäre; F/N/W, 5. Aufl., Rz. 210 a. E.; S/Pa, 12. Aufl., Rz. 514: ebenso
bei objektiv verfehlter Behandlungsmethode; Gehrlein, Rz. C 66: der Arzt darf
von einer mutmaßlichen Einwilligung ausgehen, wenn der Eingriff vital oder

dringend indiziert, die entsprechende Therapie ohne Aufschub geboten ist). Verfährt der Arzt gegen die Weigerung der Eltern und ohne das VormG einzuschalten gemäß der Indikation, ist der Eingriff nicht rechtswidrig, wenn feststeht, dass das VormG die Zustimmung der Eltern ersetzt hätte (Kern, GesR 2009, 1, 3).

A 1794a   Im umgekehrten Fall der erteilten Einwilligung der Eltern in einen medizinisch nicht gebotenen Eingriff, etwa eine **von § 1631d BGB n.F. nicht gedeckte religiöse Beschneidung**, kann diese mit der Folge der Rechtswidrigkeit des Eingriffs unbeachtlich sein (F/N/W, 5. Aufl., Rz. 210 a.E. mit Hinweis auf LG Köln, NJW 2012, 2128 = GesR 2012, 484).

A 1795   Soweit Minderjährige die **notwendige Einsicht und Willensfähigkeit** besitzen, können sie auch selbst eine wirksame Einwilligung abgeben (OLG Schleswig, VersR 1989, 810, 811; Gehrlein, Rz. C 64; D/S, 6. Aufl., Rz. XV. 686, 687; Wölk, MedR 2001, 80, 84 und 89; L/K-Laufs, § 62 Rz. 9; G/G, 6. Aufl., Rz. C 115; Nebendahl, MedR 2009, 197, 202 u. 203; BGH, NJW 1959, 811: Einwilligung durch nocht nicht volljährigen Patienten in Schilddrüsen-OP, Eltern waren nicht erreichbar).

A 1795a   Die **Einwilligungsfähigkeit** des **Minderjährigen** bestimmt sich nach Auffassung von Wölk (MedR 2001, 80, 86) nach dessen Möglichkeit, die durch die Aufklärung erlangten Informationen zu verstehen und von seinem **Wertehorizont** zu bewerten, sowie nach seiner Fähigkeit, sein Verhalten nach der erlangten Überzeugung zu bestimmen. Auch Kern (GesR 2009, 1, 3) spricht sich gegen starre Altersvorgaben aus. Danach kommt es auf die **Altersstufe des Minderjährigen, seine geistige Entwicklung, die Schwere der Krankheit und des Eingriffs** an.

A 1795b   U.E. sind diese Kriterien (geistige Entwicklung, Wertehorizont, Fähigkeiten des Minderjährigen) im Klinikalltag überwiegend unpraktikabel! Einigkeit besteht jedoch darin, dass dem Arzt bei der Feststellung der Urteils- und Einsichtsfähigkeit des Minderjährigen im Hinblick auf den geplanten Eingriff ein **Bewertungs- bzw. Beurteilungsspielraum** zusteht, der vom Gericht **nur auf grobe Fehleinschätzungen überprüft** werden kann (Nebendahl, MedR 2009, 197, 202; zum Verschulden vgl. Rz. A 2223 ff.).

A 1795c   Simmler (RiOLG in: Wenzel, Kap 2 Rz. 1839: Volljährigkeit erforderlich) äußert „begründete Zweifel" an der Wirksamkeit der Einwilligung minderjähriger Patienten.

A 1795d   Teilweise werden **starre Altersgrenzen** von 14 bzw. 16 Jahren vorgeschlagen (Nachweise bei Wölk, MedR 2001, 80, 86 und Rumetsch, Diss. 2013, S. 63, 111 ff., 189), wobei Einigkeit besteht, dass die Einwilligung eines Minderjährigen unter 14 Jahren nie relevant sein dürfte (Tempel, NJW 1980, 609, 614; Wölk, MedR, 2001, 80, 86).

A 1795e   Nach Ansicht von Laufs kommt es in der Altersstufe zwischen dem 14. und dem 18. Lebensjahr darauf an, **wie der Arzt die Persönlichkeit des Jugendlichen im Hinblick auf den geplanten, konkreten Eingriff beurteilt** (L/K-Laufs, § 62 Rz. 9).

A 1796   Auch Deutsch und Spickhoff (D/S, 6. Aufl. 2008, XV. Rz. 686, 687) gehen im Grundsatz davon aus, dass als Referenzmaß zur Ermittlung der Einsichtsfähigkeit der **durchschnittliche Reifegrad von 14-Jährigen** zugrunde zu legen ist; allerdings komme es auf die konkreten Umstände des Einzelfalls und den jeweiligen Eingriff an. So ist die – alleinige – Einwilligung eines **17-jährigen Patienten** in eine Behandlung **wirksam**, wenn er die Einsichtsfähigkeit und Urteilskraft über Bedeutung und Tragweite der Behandlung besitzt (OLG Schleswig, VersR 1989, 810; BGH, VersR 1991, 812; vom OLG Stuttgart, Urt. v. 16. 11. 2010 – 1 U 124/09, GesR 2011, 30, 31 offen gelassen).

Andererseits ist vor der Durchführung eines **Schwangerschaftsabbruchs** (OLG Hamm, NJW 1998, 3424; Gehrlein, Rz. C 64; Nebendahl, MedR 2009, 197, 204) oder einer Warzenentfernung durch Bestrahlung bzw. einer **Warzenbehandlung** mit **einem aggressiven Medikament** die Zustimmung der Eltern der 15- bzw. 16-jährigen Patientinnen für erforderlich gehalten worden (BGH, NJW 1972, 335; NJW 1970, 511; Wölk, MedR 2001, 80, 81). Ist der ärztliche Eingriff dringend indiziert und ein gesetzlicher Vertreter nicht erreichbar, besteht ein **Alleinentscheidungsrecht** des einwilligungsfähigen Minderjährigen (Wölk, MedR 2001, 80, 81; BGH, NJW 1972, 335, 337; NJW 1959, 811).   A 1797

Wölk (MedR 2001, 80, 83 m. w. N.) und Nebendahl (MedR 2009, 197, 210 ff.) vertreten im Grundsatz das „**Prinzip der kumulativen Einwilligung**", wonach sowohl die gesetzlichen Vertreter als auch der einwilligungsfähige Minderjährige in den ärztlichen Eingriff einwilligen müssen. Kern (GesR 2009, 1, 3) postuliert aus verfassungs- und zivilrechtlichen Gründen (Art. 2 I, II GG, § 1626 II 1 BGB) eine **Alleinzuständigkeit des einwilligungsfähigen Minderjährigen**. Stehen sich im **Konfliktfall** jedoch die Einwilligung des einwilligungsfähigen Minderjährigen und die Ablehnung des gesetzlichen Vertreters gegenüber, so kann das verfassungsrechtlich geschützte Elternrecht auch nach Ansicht von Wölk (MedR 2001, 80, 84) nicht dazu führen, die Einwilligung des Minderjährigen zu übergehen und die Behandlung zu verhindern. Insoweit steht den **gesetzlichen Vertretern kein Veto-Recht** zu und auch kein Recht, eine medizinisch erforderliche Behandlung gegen den Willen des einwilligungsfähigen Minderjährigen zu verhindern (Wölk, MedR 2001, 80, 84; Nebendahl, MedR 2009, 197, 201 u. 204; F/N/W, 5. Aufl., Rz. 210; im Erg. auch Kern, GesR 2009, 1, 3).   A 1798

Dieses Selbstbestimmungsrecht des einwilligungsfähigen Minderjährigen zieht eine Zustimmungspflicht seiner gesetzlichen Vertreter zum Abschluss eines Behandlungsvertrages mit dem Arzt nach sich (Wölk, MedR 2001, 80, 85). Die fehlende Zustimmung kann sich als **Missbrauch** der elterlichen **Personensorge** (§ 1666 I BGB) darstellen und vom Familiengericht ersetzt werden (Wölk, MedR 2001, 80, 89; Palandt-Diederichsen, 72. Aufl. 2013, § 1666 Rz. 12, 44, 49).   A 1799

Nach zutreffender Auffassung des BGH (Urt. v. 10. 10. 2006 – VI ZR 74/05, NJW 2007, 217, 218 = VersR 2007, 66, 67, Nr. 8) steht **minderjährigen Patienten** auch bei einem nur relativ indizierten Eingriff mit der Möglichkeit erheblicher Folgen für die künftige Lebensgestaltung (im entschiedenen Fall: Querschnittlähmung, Verwachsungen, Falschgelenkbildungen) ein **Vetorecht** gegen die Fremdbestimmung durch die gesetzlichen Vertreter zu, wenn sie im konkreten Fall über eine ausreichende Urteilsfähigkeit verfügen. Hiervon ist bei einer 15-jährigen Schülerin regelmäßig auszugehen. Um von diesem Vetorecht Gebrauch machen zu können, sind **auch minderjährige Patienten entsprechend aufzuklären**, wobei   A 1800 der Arzt allerdings im Allgemeinen darauf vertrauen kann, dass die Aufklärung und Einwilligung der Eltern genügt (BGH, a. a. O., Nr. 8; S/Pa, 12. Aufl., Rz. 512; F/N/W, 5. Aufl., Rz. 210; Wenzel-Simmler, Kap. 2 Rz. 1840; abl. Kern, GesR 2009, 1, 3: Alleinzuständigkeit, „Vetorecht" genügt nicht). Dahinter steht offenbar die Prämisse, dass die (aufgeklärten) Eltern ihre Kinder über das Aufklärungsgespräch zureichend informieren (D/S, 6. Aufl., XV. Rz. 686).

A 1800a   Die Frage der Einwilligungsfähigkeit **wird auch durch §§ 630d I, 630e IV, V BGB nicht geregelt**, obwohl bezüglich der Reichweite und Grenzen der Patientenautonomie die aufgezeigten Fragen offen waren (vgl. Katzenmeier, NJW 2013, 817, 820; Jaeger, 2013, Rz. 196, 199: § 630d BGB „regelt nur Selbstverständlichkeiten und ist restlos überflüssig"; Rehborn, MDR 2013, 497, 500).

Nach dem Willen des Gesetzgebers soll es aber dabei bleiben, dass bei einem einwilligungsunfähigen Patienten „nur der gesetzliche Vertreter zur Einwilligung befugt ist" (Spickhoff, VersR 2013, 267, 275 mit Hinweis auf BT-Drucks. 17/11710, S. 39). Gemäß § 630e V BGB sind daneben auch dem einwilligungsunfähigen Patienten die wesentlichen Umstände (Aufklärung „im Großen und Ganzen") entsprechend seinem Verständnis zu erläutern, soweit dieser in der Lage ist, die Erläuterung aufzunehmen und soweit dies seinem Wohl nicht zuwiderläuft, wenn die Maßnahme nicht unaufschiebbar ist.

c) Psychisch Kranke und sonstige Geschäftsunfähige

A 1801   Hier gelten die vorstehenden Ausführungen entsprechend. Auch der psychisch Kranke ist aufzuklären, soweit er einwilligungsfähig ist (vgl. jetzt §§ 630d I 2, 630e IV, V BGB; hierzu näher Hennies, MedR 1999, 341; D/S, 6. Aufl., XV. Rz. 690–709, XVIII. Rz. 820–833; vgl. Rz. P 39, P 62).

A 1802   Aufklärung und Einwilligung eines psychisch Kranken können als so genannte „antizipierte Aufklärung" auch während einer besonders verständnisvollen Periode des Patienten erfolgen. So kann der Patient etwa während eines solchen „lichten Zeitraums" aufgeklärt und befragt werden, ob er der ins Auge gefassten Behandlung zustimme und die damit verbundenen Risiken auf sich nehme (D/S, 6. Aufl., XVIII. Rz. 824). Andernfalls muss die Einwilligung vom gesetzlichen Vertreter bzw. dem bestellten Betreuer oder dem durch eine Vorsorgevollmacht in Gesundheitsangelegenheiten Bevollmächtigten erteilt werden. Bei vital indizierten Eingriffen ist auch hier auf deren mutmaßliche Einwilligung abzustellen (F/N/W, 5. Aufl., Rz. 211).

A 1802a   Besteht die begründete Gefahr, dass der betreute Patient aufgrund des vorgesehenen bzw. erforderlichen Eingriffs stirbt oder einen schweren und länger dauernden gesundheitlichen Schaden erleidet oder ist eine nicht nur kurzzeitige Freiheitsentziehung, etwa durch das Anbringen eines Bettgitters, Beckengurtes des in einer Anstalt, einem Heim oder Krankenhauses untergebrachten Patienten erforderlich, ist – soweit kein Notfall vorliegt – die **Einwilligung des Betreuers bzw. Bevollmächtigten und der Genehmigung des Betreuungsgerichts erforderlich** (F/N/W, 5. Aufl., Rz. 211; Palandt/Diederichsen, 72. Aufl. 2013, § 1904 BGB Rz. 5 ff. und § 1906 BGB Rz. 38 ff., 37: genehmigungsfrei sind Bettgitter für einen Fieberkranken, Maßnahmen bei bewegungsunfähigen Patienten; zur verschiedenen Fallgestaltungen medizinisch indizierter **Einleitung lebenserhalten-der Maßnahmen bei einwilligungsunfähigen Patienten** auch Boemke, NJW 2013, 1412–1414 und Coeppicus, NJW 2013, 2939–2942).

Das **Anbringen von Bettgittern sowie die Fixierung im Stuhl etwa mittels eines Beckengurts stellen freiheitsentziehende Maßnahmen i.S.d. § 1906 IV BGB dar**, wenn der Patient durch sie in seiner körperlichen Bewegungsfreiheit einge-schränkt wird. Dies ist jedenfalls dann der Fall, wenn nicht ausgeschlossen wer-den kann, **dass er zu einer willensgesteuerten Aufenthaltsveränderung in der Lage wäre**, an der er durch die Maßnahmen über einen längeren Zeitraum oder regelmäßig gehindert wird bzw. werden würde. Hiervon ist insbesondere bei ei-nem **Beckengurt und bei einem Bettgitter** zumindest dann auszugehen, wenn nicht ausgeschlossen werden kann, dass der Patient in der Lage wäre, das Bett durch seinen natürlichen Willen gesteuert zu verlassen. Das Selbstbestim-mungsrecht des Patienten wird nicht dadurch verletzt, dass die Einwilligung ei-nes von ihm Bevollmächtigten bzw. des Betreuers in eine freiheitsentziehende Maßnahme der gerichtlichen Genehmigung bedarf (BGH, Beschl. v. 27. 6. 2012 – XII ZB 24/12, MedR 2013, 45, Nr. 10, 16). {A 1802b}

Die Genehmigung einer Unterbringung zur Heilbehandlung nach § 1906 I Nr. 2 BGB (a.F./n.F.) kommt allerdings noch in den Fällen in Betracht, in denen nicht von vornherein ausgeschlossen ist, dass sich der Patient im Krankenhaus bzw. der Anstalt behandeln lassen wird, sein **natürlicher Wille** also nicht bereits der medizinisch notwendigen Behandlung entgegensteht und er die Notwendigkeit der Unterbringung nicht einsieht (BGH, Beschl. v. 8. 8. 2012 – XII ZB 671/11, MDR 2012, 1165; Coeppicus, NJW 2013, 2939, 2941).

Ein Krankenhaus, das einen künstlich beatmeten bzw. mit der Verdachtsdiag-nose „Alkoholentzugsdelir" bewusstlosen Patienten aufnimmt, ist aber nicht ge-halten, für die Vornahme einer medikamentösen Sedierung oder mechanischen Fixierung die Genehmigung des Betreuungsgerichts einzuholen. Der Anwen-dungsbereich des § 1906 BGB (a.F.) ist nur eröffnet, wenn der Betroffene bereits unter Betreuung steht. Zudem muss eine Betreuungsbedürftigkeit wegen einer psychischen Erkrankung bzw. nicht körperlichen Behinderung (§ 1896 I 1 BGB) vorliegen. Zudem wird der **betreuungsrechtlich geschützte Freiheitsstatus von vornherein nicht berührt, wenn der Betroffene aufgrund eines körperlichen Ge-brechens weitgehend oder völlig bewegungsunfähig oder bewusstlos ist.** Schließ-lich sind nach § 1906 IV BGB auch nur solche Maßnahmen genehmigungspflich-tig, die entweder „über einen längeren Zeitraum" oder „regelmäßig" angewendet werden sollen. Von einer „längeren Dauer" ist dabei nur für solche freiheitsent-ziehenden Eingriffe auszugehen, die aller Voraussicht nach eine **Gesamtdauer von drei Tagen überschreiten** werden (OLG Bamberg, Urt. v. 5. 12. 2011 – 4 U 72/11, VersR 2012, 1440, 1443/1444; **a.A.** Spickhoff, MedR, § 1906 BGB Rz. 18 mit Hinweis auf § 128 I StPO und BT-Drucks. 11/4528, S. 149: ein Tag). {A 1802c}

d) Abbruch lebenserhaltender Maßnahmen

Bereits im Beschluss vom 8. 6. 2005 (XII ZR 177/03, NJW 2005, 2385 = VersR 2005, 1249) hatte der BGH im Anschluss an seine bisherige Rechtsprechung (vgl. BGH, Beschl. v. 17. 3. 2003 – XII ZB 2/03, VersR 2003, 861 = NJW 2003, 1588) aus- {A 1803} geführt, eine **gegen den erklärten Willen des Patienten durchgeführte künstliche Ernährung**, etwa mittels PEG-Sonde, sei auch dann **rechtswidrig und löse Unterlassungsansprüche** des Patienten aus § 1004 I 2 analog, 823 I BGB aus, wenn die begehrte Unterlassung zum Tode des Patienten führen würde. Die Anordnung des Betreuers, die weitere, dem Willen des Patienten entgegenstehende Ernährung zu unterlassen, sei **auch gegenüber Ärzten und dem Pflegepersonal bindend**. Auch die Gewissensfreiheit des Pflegepersonals und der mit einem Pflegeheim geschlossene Heimvertrag rechtfertige die Fortsetzung der künstlichen Ernährung in solchen Fällen nicht. Eine vormundschaftsgerichtliche (jetzt: betreuungsgerichtliche) Entscheidung sei nur dann erforderlich, wenn der einen **einwilligungsunfähigen Patienten** behandelnde Arzt eine von ihm geboten oder vertretbar erachtete lebensverlängernde oder lebenserhaltende Maßnahme „anbietet" und der Betreuer sich diesem Angebot verweigert (BGH, Beschl. v. 8. 6. 2005 – XII ZR 177/03, NJW 2005, 2385, 2386 = VersR 2005, 1249, 1250; ebenso auch OLG München, Beschl. v. 25. 1. 2007 – 33 Wx 6/07, NJW 2007, 3506, 3508; vgl. Coeppicus, NJW 2013, 2939, 2940 und Schwedler, MedR 2013, 652, 653).

A 1804   Nach jahrelanger Diskussion ist dann am 1. 9. 2009 das dritte Gesetz zur Änderung des Betreuungsrechts in Kraft getreten. Das „Patientenverfügungsgesetz" besteht aus den neu eingefügten §§ 1901a–1901c BGB, dem geänderten § 1904 BGB sowie den geänderten § 287 III, 298 FamFG. Die gesetzliche Neuregelung orientiert sich im Wesentlichen an der Rechtsprechung des BGH.

Nachdem das BVerfG (Beschl. v. 23. 3. 2011 – 2 BvR 882/09, FamRZ 2011, 1128, Nr. 40, 42, 49, 58, 63, 64, 68 ff., 73 und Beschl. v. 12. 10. 2011 – 2 BvR 633/11, GesR 2012, 21, Nr. 38) und im Anschluss hieran der BGH (Beschl. v. 20. 6. 2012 – XII ZB 99/12, NJW 2012, 2967 = GesR 2012, 568, Nr. 25 ff., 34, 40 ff. und BGH, Beschl. v. 5. 12. 2012 – XII ZB 665/11, NJW-RR 2013, 321, Nr. 7 ff.) unter Aufgabe der früheren Rechtsprechung festgestellt hatten, **derzeit** (vor dem 26. 2. 2013!) **fehle es an einer den verfassungsrechtlichen Anforderungen genügenden gesetzlichen Grundlage für eine betreuungsrechtliche Zwangsbehandlung, weshalb der Betreuer bzw. Bevollmächtigte auch im Rahmen einer geschlossenen Unterbringung keine Zwangsbehandlung** veranlassen darf, hat der Gesetzgeber reagiert.

e) Zwangsbehandlung

A 1804a   Am 26. 2. 2013 ist die – im Wesentlichen in der Änderung bzw. Einfügung des § 1906 III, III a BGB bestehende – **Regelung der betreuungsrechtlichen Einwilligung in einer ärztliche Zwangsmaßnahme in Kraft getreten** (vgl. hierzu Dodegge, NJW 2013, 1265 – 1270 und die Kommentierungen bei Palandt-Diederichsen, 73. Aufl. 2014, Rz. 22 ff.). Die einen erheblichen Grundrechtseingriff beinhaltende Zwangsbehandlung wird hierin im Rahmen der geschlossenen Unterbringung nach § 1906 BGB zugelassen, die ihrerseits in § 1906 II 1 BGB bereits einen gerichtlichen Genehmigungsvorbehalt unterliegt.

A 1804b   Gemäß §§ 1906 I, II, III, III a BGB, 313, 323, 329, 331 FamFG ist eine ärztliche Zwangsmaßnahme (Fixierung, Verabreichung von Medikamenten o. a.) nur unter folgenden Voraussetzungen zulässig:

(1.) Der Betreute darf aufgrund einer psychischen Krankheit oder einer geistigen bzw. seelischen Behinderung die Notwendigkeit der ärztlichen Maßnahme **nicht**

erkennen oder nicht nach dieser Einsicht handeln können (§ 1906 III, Nr. 1 BGB). Die Einsichtsfähigkeit fehlt etwa, wenn der Betreute in akuten Krankheitsphasen Informationen nicht mehr rational, sondern nur noch paranoid verarbeiten kann, er unter extremen Störungen des Kurzzeitgedächtnisses leidet, bei ihm keine Krankheits- und Behandlungseinsicht besteht oder er demenzbedingt keinen eigenen Willen bekunden kann (Dodegge, NJW 2013, 1265, 1267 m. w. N.; Schwedler, MedR 2013, 652, 654; Lipp, FamRZ 2013, 913 ff.).

(2.) Es wurde **vergeblich intensiv versucht, den Betreuten von der Notwendigkeit der ärztlichen Maßnahme zu überzeugen** (§ 1906 III Nr. 2 BGB). Dieser Versuch sollte im Rahmen der stationären Unterbringung durch die dort tätigen Ärzte in einem Zeitraum von 10–14 Tagen nach der Unterbringung des Betreuten erfolgen, sofern keine Eilmaßnahme geboten ist (Dodegge, NJW 2013, 1265, 1267). Allerdings ist ein Betreuer oder Bevollmächtigter (§ 1906 I 1, V BGB: **eine Vollmacht muss die Maßnahme ausdrücklich umfassen**) an eine auf die aktuelle Situation zutreffende Patientenverfügung oder, wenn eine solche fehlt, an die Behandlungswünsche bzw. den zu ermittelnden mutmaßlichen Willen des Betreuten gebunden, §§ 1901 I, 1901a I, II, V, 1901b, 1904 I, V BGB (Dodegge, NJW 2013, 1265).

(3.) Die ärztliche Zwangsmaßnahme im Rahmen der Unterbringung des Betreuten in einem Krankenhaus, Pflegeheim oder einer sonstigen Anstalt muss **zum Wohl des Betreuten erforderlich sein, um einen drohenden erheblichen gesundheitlichen Schaden abzuwenden** (§ 1906 III Nr. 3 BGB). „Erhebliche gesundheitliche Schäden" sind etwa die krankheitsbedingte Durchführung von suizidalen Handlungen, die zum Tod oder zu irreversiblen Gesundheitsschäden führen können, das Vorliegen einer Wahnsymptomatik, eines Aggressionspotentials und einer Realitätsverkennung, was bei entsprechender situativer Zuspitzung zu suizidalen Handlungen führt bzw. führen kann, die dauerhafte Schädigung des Magen-Darm-Traktes und der Knochensubstanz bzw. der Eintritt einer lebensbedrohlichen Situation bei Ablehnung einer Nahrungsaufnahme durch einen Magersüchtigen, die krankheitsbedingte Ablehnung einer lebensnotwendigen Behandlung, die konkrete Gefahr der Selbstverstümmelung bzw. Gifteinnahme und/oder das Heraufbeschwören eines gesundheitlichen Rückfalls durch Ablehnung der Einnahme der zur Behandlung erforderlichen Medikamente mit drohender erheblicher Gesundheitsgefahr (Dodegge, NJW 2013, 1265, 1267 m. w. N.; Palandt/Diederichsen, 72. Aufl. 2013, § 1906 BGB Rz. 11 ff., 15 ff.; Schwedler, MedR 2013, 652, 654).

(4.) Der erhebliche gesundheitliche Schaden darf **durch keine andere dem Betreuten zumutbare Maßnahme abgewendet werden können**, § 1906 III Nr. 4 BGB.

(5.) Der zu erwartende Nutzen der ärztlichen Zwangsmaßnahme **muss die zu erwartenden Beeinträchtigungen deutlich überwiegen**, § 1906 III Nr. 5 BGB).

(6.) Die Anordnung der ärztlichen Zwangsmaßnahme erfolgt **durch den Betreuer oder durch einen Bevollmächtigten**. Ein Bevollmächtigter kann allerdings nur dann wirksam in eine solche Maßnahme einwilligen, wenn die **Vollmacht schriftlich erteilt ist und ärztliche Zwangsmaßnahmen ausdrücklich umfasst** (Dodegge, NJW 2013, 1265, 1268).

(7.) § 1906 III 2 BGB stellt klar, dass die eigenständige Anordnungsbefugnis des Familien- bzw. Betreuungsgerichts nach § 1846 BGB nur anwendbar ist, wenn der Betreuer bzw. der Bevollmächtigte an der Erfüllung seiner Pflichten verhindert ist. In **Eilfällen**, in denen weder ein Betreuer noch ein Bevollmächtigter vorhanden sind, erachtet der Gesetzgeber nämlich die **einstweilige Bestellung eines Betreuers** sowie – nach dessen Einwilligung in eine ärztliche Zwangsmaßnahme – eine **einstweilige Genehmigung der Zwangsmaßnahmen für ausreichend**, §§ 1906 III 2, III a (Dodegge, NJW 2013, 1265, 1268). Eine akute psychiatrische Zwangsbehandlung kann im Übrigen nach § 34 StGB gerechtfertigt sein (Dodegge, NJW 2013, 1265, 1268).

(8.) Nach § 1906 III a 2, 3 BGB muss der Betreuer die **Einwilligung widerrufen**, wenn die Voraussetzungen für die ärztliche Zwangsmaßnahme entfallen sind und den Widerruf auch dem Betreuungsgericht anzeigen (vgl. Dodegge, NJW 2013, 1265, 1268).

(9.) Nach § 312 S. 3 FamFG ist bei der Genehmigung einer Einwilligung in eine ärztliche Zwangsmaßnahme seitens des Betreuungsgerichts **stets die Bestellung eines Verfahrenspflegers erforderlich**. Nach § 321 I FamFG ist vor der Erteilung der Genehmigung einer Einwilligung in eine ärztliche Zwangsmaßnahme ein Sachverständiger (Psychiater bzw. Arzt mit Erfahrungen auf dem Gebiet der Psychiatrie) zu hören. § 329 I 2 FamFG beschränkt die **Höchstdauer der Genehmigung für eine ärztliche Zwangsmaßnahme auf sechs Wochen. Eine Verlängerung der Genehmigung ist möglich, §§ 329 I, III, 333 II FamFG**. Einstweilige Anordnungen mit einer Höchstfrist von zwei Wochen für die Einwilligung in eine ärztliche Zwangsmaßnahme (§ 333 II 1 FamFG) werden angesichts des massiven Grundrechtseingriffs nur in seltenen Ausnahmefällen in Betracht kommen (Dodegge, NJW 2013, 1265, 1270).

f) Patientenverfügung

A 1805 In § 1901a I BGB wird das Institut der **Patientenverfügung** definiert. § 1901a III BGB stellt klar, dass es für die Beachtung und Durchsetzung des Patientenwillens **nicht auf die Art und das Stadium der Erkrankung ankommt**. Auch die medizinisch-ethisch zuvor besonders umstrittene Konstellation des sogenannten **„Wachkomas" und die Demenzerkrankung sind dementsprechend keine Basis für eine Reichweitenbegrenzung der Patientenverfügung**, die Würde des Patienten ist auch dann zu respektieren, wenn seine **Krankheit noch keinen „irreversiblen Verlauf" genommen** hat (Höfling, NJW 2009, 2849, 2850; Palandt-Diederichsen, 72. Aufl. 2013, § 1901a Rz. 29 mit Hinweis auf BT-Drucks. 16/8442, S. 16 ff.; Wilckens, MDR 2011, 143, 144; Gaede, NJW 2010, 2925, 2926; Coeppicus, NJW 2011, 2085, 2088; Coeppicus, NJW 2013, 2939, 2940).

Allerdings kommt in derartigen Konstellationen der dem Betreuer und nach § 1901a V BGB auch dem Bevollmächtigten durch § 1901a I 1 BGB zugewiesenen Prüfungspflicht eine ganz existenzielle Bedeutung zu. **Betreuer bzw. Bevollmächtigter haben zu klären, ob die Festlegungen einer Patientenverfügung (noch) „auf die aktuelle Lebens- und Behandlungssituation zutreffen"** (vgl. hierzu Höfling, NJW 2009, 2849, 2850).

Hat der Betroffene bei Abfassung seiner schriftlichen Verfügung als einwilligungsfähiger Volljähriger eindeutig zum Ausdruck gebracht, dass er die Ablehnung der bezeichneten bzw. von seiner Verfügung erfassten lebenrettenden Maßnahmen sicherstellen will und ihm keine Änderung seines in der Verfügung geäußerten Willens unterstellt werden soll, wenn er zu den notwendigen Abwegungen aller Umstände nicht mehr in der Lage ist, so **muss die Patientenverfügung befolgt werden** (Wilckens, MDR 2011, 143, 145; Coeppicus, NJW 2011, 2085, 2090; Coeppicus, NJW 2013, 2939, 2940). Dies ist etwa dann anzunehmen, wenn die Patientenverfügung folgenden Passus enthält: „Ich wünsche nicht, dass mir in der akuten Situation eine Änderung meines hiermit bekundeten Willens unterstellt wird" oder „mein etwa im Zustand der Einwilligungsunfähigkeit geäußerter, natürlicher Wille soll die getroffenen Festlegungen nicht beseitigen" (Coeppicus, NJW 2011, 2085, 2089).

A 1806

Liegt **keine schriftliche Patientenverfügung vor oder treffen die Feststellungen der Patientenverfügung danach nicht bzw. nicht mehr auf die aktuelle Lebens- und Behandlungssituation** zu, so hat der Betreuer bzw. der Bevollmächtigte die Behandlungswünsche oder den mutmaßlichen Willen des Betreuten **anhand konkreter Anhaltspunkte zu ermitteln**, wobei insbesondere frühere mündliche oder schriftliche Äußerungen, ethische oder religiöse Überzeugungen und sonstige persönlichen Wertvorstellungen des Betreuten zu berücksichtigen sind (§ 1901a II BGB; vgl. hierzu Höfling, NJW 2009, 2849, 2851; Palandt-Diederichsen, 72. Aufl. 2013, § 1901a BGB Rz. 7, 18a). Dabei ist ein Rückgriff auf allgemeine Wertvorstellungen wie etwa „im Zweifel für das weitere Leben" unzulässig (Palandt-Diederichsen a. a. O.).

A 1807

Eine betreuungsgerichtliche Genehmigungsbedürftigkeit für Entscheidungen über die Vornahme, das Unterlassen oder den Abbruch medizinischer Maßnahmen ist auf die Fälle von **Meinungsdivergenzen zwischen Arzt und Betreuer** bzw. Bevollmächtigtem über den in der Patientenverfügung geäußerten, andernfalls den mutmaßlichen Willen des nicht selbst äußerungsfähigen Patienten oder über die medizinische Indikation von Maßnahmen beschränkt (so ausdrücklich BGH, Urt. v. 25. 6. 2010 – 2 StR 454/09, NJW 2010, 2963, 2965, Nr. 17, 24; Olzen/Schneider, MedR 2010, 745, 746; Gaede, NJW 2010, 2925, 2926; Palandt-Diederichsen, § 1901a BGB Rz. 7, 19 und § 1904 BGB Rz. 10, 22 zu §§ 1904 IV, 1901a I BGB; Coeppicus, NJW 2013, 2939, 2940 f.).

A 1808

Besteht **zwischen Arzt und Betreuer bzw. Bevollmächtigten Einvernehmen** darüber, dass der Abbruch lebenserhaltender Maßnahmen (BGH, NJW 2010, 2963, 2965, Nr. 17, 24) bzw. die Erteilung, die Verweigerung oder der Widerruf der Einwilligung des Betreuer in eine lebenserhaltende ärztliche Behandlung (hier: künstliche Ernährung mittels Ernährungssonde) dem in einer Patientenverfügung niedergelegten Willen des Betroffenen entspricht, und schaltet der Betreuer gleichwohl das Betreuungsgericht ein, so hat dieses lediglich auszusprechen, dass die Genehmigungsbedürftigkeit gemäß § 1904 IV BGB nicht besteht (LG Kleve, Beschl. v. 31. 5. 2010 – 4 T 77/10, NJW 2010, 2666; a. A. Coeppicus, NJW 2013, 2939, 2940 und Palandt-Diederichsen, 71. Aufl. 2012, § 1904, Rz. 22: Negativattest nicht erforderlich, Betreuungsgericht hat bei bestehendem Einvernehmen die Auslegung der Patientenverfügung nicht zu prüfen).

A 1809

A 1810 **Medizinische Maßnahmen, die gar nicht indiziert sind, kann der Arzt aber in eigener Entscheidung verweigern.** Die medizinische Indikation fehlt schon dann, wenn „kein sinnvolles Therapieziel mehr erreichbar ist (OLG München, Beschl. v. 25. 1. 2007 – 33 Wx 6/07, NJW 2007, 3506, 3508; LG Berlin, NJW 2006, 3014, 3015: wenn eine künstliche Ernährung nicht mehr als sinnvolle Behandlungsmaßnahme anzusehen ist; Coeppicus, NJW 2011, 2085, 2088; Olzen/Schneider, MedR 2010, 745, 747: Alleinige Entscheidungskompetenz des Arztes in Eilfällen).

A 1811 Der BGH (Beschl. v. 10. 11. 2010 – 2 StR 320/10, NJW 2011, 161, 162, Nr. 14, 15; a. A. Coeppicus, NJW 2011, 2085, 2089) hat ausgeführt, es sei Aufgabe des behandelnden Arztes, in eigener Verantwortung zu prüfen, welche ärztliche Behandlung im Hinblick auf den Gesamtzustand und die Prognose des Patienten (noch) indiziert ist; das Ergebnis seiner Überprüfung soll er mit dem Betreuer bzw. Bevollmächtigten unter Berücksichtigung des Patientenwillens als Grundlage für die zu treffende Entscheidung erörtern.

A 1812 Der **im Zustand der Einwilligungsunfähigkeit geäußerte natürliche Wille** des Patienten („lebensfroher Demenzkranker") **beseitigt die Bindungswirkung einer Patientenverfügung grundsätzlich nicht**, wenn die Patientenverfügung bzw. der im Zustand der Einwilligungsfähigkeit geäußerte Wille dahingehend auszulegen sind, dass seine Festlegungen zum Behandlungsverzicht auch für diesen Fall seinen wirklichen Willen irrtumsfrei wiedergeben (Coeppicus, NJW 2011, 2085, 2090; Coeppicus, NJW 2013, 2939, 2940 f.; ebenso Wilckens, MDR 2011, 143, 144; Olzen/Schneider, MedR 2010, 745; a. A. Spickhoff, FamRZ 2009, 1949, 1951 und Spickhoff, § 1901 BGB Rz. 12, 20). **Für den Widerruf der Patientenverfügung ist es erforderlich, dass der Betroffene zum Zeitpunkt des Widerrufs noch einwilligungsfähig ist** (Olzen/Schneider, MedR 2010, 745; Coeppicus, NJW 2011, 2085, 2089; Olzen, JR 2009, 354, 358; Wilckens, MDR 2011, 143, 144; Palandt-Diederichsen, 72. Aufl. 2013, § 1901a Rz. 18c, 25).

A 1813 Der BGH (Urt. v. 25. 6. 2010 – 2 StR 454/09, NJW 2010, 2963, Nr. 17, 18, 34, 35) hatte einen Rechtsanwalt bereits vor Geltung der §§ 1901a–1901c, 1904 BGB n. F. vom Vorwurf des versuchten Totschlages bei folgender Fallkonstellation freigesprochen:

Die Patientin lag nach einer Hirnblutung im **Wachkoma**. Eine **schriftliche Patientenverfügung existierte nicht und doch war ihr Wille, medizinische Maßnahmen zur Erhaltung oder Verlängerung des Lebens abzulehnen, unstreitig.** Der behandelnde Hausarzt hielt medizinische Indikation zur Fortsetzung der künstlichen Ernährung nicht mehr für gegeben. Die Pflegeheimleitung veranlasste dennoch die Wiederaufnahme der künstlichen Ernährung mittels einer PEG-Sonde. Der angeklagte Rechtsanwalt erteilte der betreuenden Tochter den Rat, den Schlauch der Sonde unmittelbar über der Bauchdecke zu durchtrennen. Die Tochter verfuhr entsprechend, trotz Wiederanlage einer PEG-Sonde verstarb die Patientin kurz daruf.

Der BGH hat ausgeführt, wenn zwischen dem behandelnden Arzt und dem Betreuer bzw. Bevollmächtigten ein **Einvernehmen besteht, dass der Abbruch der künstlichen Ernährung dem wirklichen oder mutmaßlichen Willen der Patien-**

tin entspricht, darf (u. E.: muss) die Fortsetzung der künstlichen Ernährung unterlassen werden, ohne dass eine betreuungsgerichtliche Genehmigung erforderlich ist (BGH, NJW 2010, 2963, 2965 Nr. 17, 24).

Die Anordnung der Heimleitung, trotz des von der Betreuerin und dem behandelnden Arzt bestätigten entgegenstehenden Willen der Patientin eine PEG-Sonde zu legen bzw. die künstliche Ernährung entgegen dem Widerspruch der Betreuerin oder des Arztes fortzusetzen, stellt einen **rechtswidrigen Angriff auf die körperliche Integrität und das Selbstbestimmungsrecht der Patientin dar** (Nr. 18). Hiergegen durfte sich die Betreuerin und auch der sie vertretende Rechtsanwalt als Dritter durch die Entfernung der Sonde im Sinne der Durchsetzung des Willens der Patientin zur Wehr setzen (BGH, Urt. v. 25. 6. 2010 – 2 StR 454/09, NJW 2010, 2963, Nr. 18, 21, 35, 39).

Einstweilen frei.   A 1814 – A 1816

g) Ausländische bzw. schlecht deutsch sprechende Patienten

Die Rechtsprechung zu den sich häufenden Fällen (behaupteter) unzureichender   A 1817
Aufklärung fremdsprachiger Patienten ist nicht ganz einheitlich. Eine **grundsätzliche Verpflichtung** des aufklärenden Arztes, sich mit ausländischen Patienten stets per Sprachmittler zu verständigen, **besteht** nach bislang einhelliger Ansicht **nicht** (KG, Urt. v. 8. 5. 2008 – 20 U 202/06, OLGR 2008, 647, 649 = GesR 2009, 81, 82; OLG Hamm, VersR 2002, 192 mit NA-Beschl. BGH v. 18. 9. 2001 – VI ZR 389/00; OLG München, OLGR 1994, 242 = VersR 1995, 95).

Bei der Behandlung ausländischer Patienten muss **der Arzt** aber dann eine   A 1818
sprachkundige Person hinzuziehen, wenn zu befürchten oder nicht ohne weiteres sicher ist, dass der Patient die deutsche Sprache nicht genügend beherrscht bzw. die ärztlichen Erläuterungen nicht richtig versteht. Dem ausländischen Patienten **muss in jedem Fall eine zutreffende Vorstellung vermittelt werden, welche Risiken er durch den beabsichtigten Eingriff eingeht** (OLG München, Urt. v. 14. 2. 2002 – 1 U 3495/01, VersR 2002, 717 = GesR 2003, 239, 240; OLG München, VersR 1993, 1488: **Krankenschwester als Dolmetscherin**; OLG Nürnberg, VersR 1996, 1372: mit Ausländer verheiratete Ärztin als Dolmetscherin; OLG Karlsruhe, VersR 1997, 241: **Putzfrau als Dolmetscherin**; Rehborn, MDR 2004, 371, 373; S/Pa, 12. Aufl., Rz. 482, 483; G/G, 6. Aufl., Rz. C 113; D/S, 6. Aufl., XV. Rz. 813; Kern, GesR 2009, 1, 3; nunmehr auch KG, Urt. v. 8. 5. 2008 – 20 U 202/06, GesR 2009, 81, 82 unter Aufgabe von KG, Urt. v. 15. 1. 1998 – 20 U 3654/96, MedR 1999, 226: **Nachfrage, ggf. Zuziehung eines Sprachmittlers erforderlich**).

Nach u. E. zu weit gehender Auffassung des OLG Düsseldorf, das dem Arzt das   A 1819
„Sprachrisiko" aufbürdet, muss sogar **gesichert** sein, dass der fremdsprachige Patient in der Lage ist, die gegebenen Erklärungen zu verstehen und die Gefahr von Missverständnissen ausgeschlossen ist (OLG Düsseldorf, NJW 1990, 771; auch OLG München, Urt. v. 14. 2. 2000 – 1 U 3495/01, VersR 2002, 717 = OLGR 2002, 255: die Gefahr sprachlicher Missverständnisse muss ausgeschlossen sein; zust. Rehborn MDR 2004, 371, 373; ebenso Spickhoff NJW 2005, 1694, 1699 u.

D/S, 6. Aufl. XV. Rz. 813: Arzt muss sich vergewissern, dass Aufklärung verstanden worden ist; a. A. Kern, GesR 2009, 1, 3 im Anschluss an KG, OLGR 2008, 647, 649: Hinzuziehung eines „Sprachmittlers" ausreichend).

A 1819a Gem. § 630e II 1 Nr. 3 BGB muss die Aufklärung „für den Patienten verständlich sein". In der Begründung zum Regierungsentwurf (S. 27) wird hierzu ausgeführt, bei einem Patienten, der den Inhalt der Aufklärung nach seinem körperlichen, geistigen oder seelischen Zustand nur schwer nachvollziehen kann, muss die Aufklärung in leichter Sprache erfolgen und ggf. wiederholt werden. Bei Patienten, die nach eigenen Angaben oder nach der Überzeugung des Behandelnden der deutschen Sprache nicht hinreichend mächtig sind, hat die Aufklärung in einer Sprache zu erfolgen, die der Patient versteht. Erforderlichenfalls ist eine sprachkundige Person oder ein Dolmetscher auf Kosten des Patienten hinzuzuziehen.

Bereits im Gesetzgebungsverfahren und in den ersten Anmerkungen zum Patientenrechtegesetz (vgl. Spickhoff, ZRP 2012, 65, 68) wird dies als „brisant" angesehen. Denn nicht in allen Fällen steht Klinikpersonal oder stehen sonstige und vor allem zuverlässige Übersetzer zur Verfügung, die Übernahme von Dolmetscherkosten durch die GKV wurde vom BSG in anderem Zusammenhang bislang abgelehnt (BSG, NJW 1996, 806; Spickhoff a. a. O.). **Ist der Patient der deutschen Sprache nicht hinreichend mächtig, ist auch kein entsprechendes Klinikpersonal hierfür verfügbar und kann der Patient die Kosten eines Dolmetschers nicht tragen, wäre die Behandlung deshalb – außerhalb von Notfällen – abzulehnen** (Spickhoff, ZRP 2012, 65, 68 mit Hinweis auf KG, Urt. v. 15. 1. 1998 – 20 U 3654/96, MedR 1999, 226; Spickhoff, VersR 2013, 267, 277; F/N/W, 5. Aufl., Rz. 213; vgl. Rz. P 51, P 52).

A 1820 Klärt der Arzt eine ausländische Patientin ausführlich auf, indem er eine sprachkundige **Krankenschwester als Übersetzerin** an dem Gespräch teilnehmen lässt, die sich mit der Patientin gut verständigen kann, so ist die Einwilligung der Patientin in die vorgesehene Behandlung nach bisheriger Rechtsprechung wirksam (OLG München, VersR 1993, 1488). Je nach den Umständen kann auch das mit einem Ausländer **in deutscher Sprache geführte Aufklärungsgespräch** als ausreichend angesehen werden (OLG Hamm, Urt. v. 11. 9. 2000 – 3 U 109/99, VersR 2002, 192). Dies ist insbesondere dann der Fall, wenn sich im Aufnahmebogen vom Patienten mitgeteilte, detaillierte Angaben zu Vorerkrankungen, Art und Entwicklung der Beschwerden finden oder der aufklärende Arzt aus anderen Gründen **davon ausgehen kann, der Patient sei der deutschen Sprache hinreichend mächtig** (OLG Hamm, Urt. v. 11. 9. 2000 – 3 U 109/99, VersR 2002, 192, 193; OLG Nürnberg, Urt. v. 30. 10. 2000 – 5 U 319/00, MedR 2003, 172, 173 = NJW-RR 2002, 1255: ausführliche Angaben des Patienten im Anamnesebogen; zustimmend Kern, GesR 2009, 1, 3).

A 1821 Gibt ein ausländischer Patient, der offenbar der deutschen Sprache ausreichend mächtig ist, während des Aufklärungsgesprächs **nicht zu erkennen**, dass er die Aufklärung nicht verstanden hat, verlangt er auch nicht die Zuziehung eines Dolmetschers oder wenigstens eines deutsch sprechenden Familienangehörigen, so können die Ärzte also **grundsätzlich davon ausgehen, dass die erteilte Einwil-**

ligung in den Eingriff wirksam ist (OLG München, Urt. v. 14. 2. 2002 – 1 U 3495/01, OLGR 2002, 255 = GesR 2003, 239, 240; OLG München, Urt. v. 31. 5. 1990 – 24 U 961/98; OLG Karlsruhe, Urt. v. 11. 9. 2002 – 7 U 102/01, MedR 2002, 104, 105 = AHRS III, 4250/302: Arzt kann darauf vertrauen, dass der grundsätzlich sprachkundige Ausländer nachfragt; KG, Urt. v. 8. 5. 2008 – 20 U 202/06, OLGR 2008, 647, 649 = GesR 2009, 81, 82 und OLG Stuttgart, Urt. v. 26. 6. 2001 – 14 U 81/00, AHRS III, 4100/306: aufklärender Arzt bekundet glaubhaft, Verständigungsschwierigkeiten hätten nicht bestanden; OLG Brandenburg, MedR 1998, 470: Patient beherrscht die deutsche Alltagssprache; zustimmend Muschner, VersR 2003, 826, 827 m. w. N.; Jorzig, GesR 2004, 409, 410; F/N/W, 5. Aufl., Rz. 213).

Durfte der Arzt bei Beobachtung der erforderlichen Sorgfalt darauf vertrauen, dass der Patient die Operationsaufklärung verstanden hatte, fehlt es am (Aufklärungs-) Verschulden (OLG Koblenz, Beschl. v. 1. 8. 2011 – 5 U 712/11, GesR 2011, 679: Patientin hatte mit „verminderter Auffassungsgabe" argumentiert; OLG Koblenz, Urt. v. 12. 6. 2008 – 5 U 163/07, OLGR 2008, 796, 798: Arzt konnte nach den Umständen davon ausgehen, der Patient habe die Aufklärung verstanden; OLG München, Urt. v. 10. 2. 2011 – 1 U 2382/10, juris, Rz. 95: keine Verdachtsmomente für eine mangelnde Einsichtsfähigkeit des Patienten; vgl. auch Hausch, VersR 2009, 1178, 1191: überwiegendes Mitverschulden des Patienten denkbar; vgl. Rz. A 2221 ff.).

Der die deutsche Sprache grundsätzlich beherrschende Ausländer steht insoweit   A 1822
einem Deutschen, der die medizinischen Fremdwörter ebenfalls nicht immer versteht, gleich. Ist er in einer insgesamt verständlichen Weise aufgeklärt worden, so liegt es in seinem Verantwortungsbereich, **dem Arzt mitzuteilen, wenn er etwas nicht verstanden hat** (OLG Karlsruhe, Urt. v. 11. 9. 2002 – 7 U 102/01, MedR 2002, 104, 105 = AHRS III, 4250/302; ebenso: KG, Urt. v. 8. 4. 2004 – 20 U 58/03, GesR 2004, 409, 410; OLG Koblenz, Beschl. v. 1. 8. 2011 – 5 U 713/11, GesR 2011, 679, 680: Nachfrage bei Verständnisschwierigkeiten ist Sache des Patienten; OLG Saarbrücken, VersR 1994, 1427, 1428: Patient muss dem Arzt mitteilen, wenn er etwas nicht verstanden hat; Muschner, VersR 2003, 826, 827; Spickhoff, NJW 2005, 1999. Beweislast insoweit beim Patienten).

Hat der Patient beim Aufklärungsgespräch den **Eindruck erweckt, der deutschen**   A 1823
Sprache hinreichend mächtig zu sein, ist es nach Auffassung des OLG Hamm sogar treuwidrig, wenn der Patient später behauptet, die Aufklärung mangels ausreichender Deutschkenntnisse nicht verstanden zu haben (OLG Hamm, Urt. v. 11. 9. 2003 – 3 U 109/99, VersR 2002, 193; Jorzig GesR 2004, 410; F/N/W, 5. Aufl., Rz. 213).

Ein Anspruch des Patienten wegen Verletzung der Aufklärungspflicht scheidet   A 1824
aus, wenn die aufklärende Ärztin nachvollziehbar schildert, dass sie sich im Hinblick auf den Zeitablauf zwar nicht mehr an das konkrete Aufklärungsgespräch erinnert, sie aber aufgrund ihrer Erfahrung mit ausländischen Patienten stets („ständige Übung") darauf achtet, sich für den Patienten verständlich auszudrücken sowie **nachzufragen, ob der Patient ihr sprachlich folgen könne** und sie im Falle der Verneinung eine **zur Sprachmittlung bereite Begleitperson des**

Patienten, andernfalls einen der Sprache des Patienten mächtigen Krankenhausmitarbeiter hinzuziehe. Enthalte der Aufklärungsbogen keine Angaben zu Sprachproblemen oder einer Übersetzertätigkeit, sei davon auszugehen, dass keine Verständigungsschwierigkeiten bestanden haben (KG, Urt. v. 8. 5. 2008 – 20 U 202/06, GesR 2009, 81, 82 = OLGR 2008, 647, 649).

A 1825   Der Annahme einer rechtswirksamen Aufklärung über die Möglichkeit einer Darmverletzung bei der Laparoskopie (Bauchspiegelung mit starrem Endoskop) steht die den Ärzten nicht bekannte **Leseunfähigkeit einer ausländischen Patientin**, die ohne weitere Nachfrage einen mehrseitigen Aufklärungsbogen unterzeichnet hat, nach Auffassung des OLG Frankfurt (Urt. v. 15. 2. 2000 – 8 U 183/99) nicht entgegen, wenn ein Aufklärungsgespräch geführt worden ist.

A 1826   Äußert jedoch eine kurz vor der Entbindung stehende, aus einem fremden Kulturkreis stammende junge Frau mit **erkennbar rudimentären Deutschkenntnissen** überraschend den Wunsch nach einer gleichzeitig durchzuführenden Sterilisation, so hängt die Wirksamkeit ihrer Einwilligung in diesen Eingriff davon ab, dass ihr **in einer für sie verständlichen Weise eingehend die Folgen der Sterilisation einschließlich ihrer psychosozialen Folgen dargestellt werden.** Daran fehlt es bei einem bloßen kurzen Gespräch über die Endgültigkeit der Maßnahme im Stil von „**nix Baby mehr**" und einer anschließenden Illustration der Operationstechnik (OLG München, Urt. v. 14. 2. 2002 – 1 U 3495/01, OLGR 2002, 255 = VersR 2002, 717).

A 1827   Muschner (VersR 2003, 826, 829; auch OLG München, Urt. v. 10. 2. 2011 – 1 U 2382/10, juris, Rz. 95: wirksame Einwilligung entschuldbar angenommen; OLG Stuttgart, Urt. v. 26. 6. 2001 – 14 U 81/00, AHRS III, 4100/306) führt zutreffend aus, der Arzt handle jedenfalls **nicht fahrlässig**, wenn er den der deutschen Sprache zumindest in Grundzügen mächtigen Patienten sprachlich angepasst aufgeklärt hat und ihm auch nach Durchführung von **Verständniskontrollen** keine Anhaltspunkte dafür vorliegen, dass er von diesem nicht verstanden wurde. Muschner (VersR 2003, 826, 831 und 833; zustimmend F/N/W, 5. Aufl., Rz. 213) ist der Ansicht, dass es **einem ausländischen Patienten zugemutet werden könnte, eine sprachkundige Person zur Übersetzung hinzuzuziehen.** Erweist sich dessen Hinzuziehung als erforderlich und steht ein Dolmetscher nicht zur Verfügung, kann im Einzelfall eine **Aufklärung durch Zeichensprache** und Zeichnungen genügen (S/Pa, 12. Aufl., Rz. 483).

A 1828   Muschner (VersR 2003, 826, 830) sowie Deutsch/Spickhoff (D/S, 6. Aufl., XVII. Rz. 813) stellen auf die Dringlichkeit des Eingriffs ab. Sofern Zeitmangel besteht oder die Zuziehung eines Dolmetschers als zu aufwendig erscheint, ist nach den Regeln der **Geschäftsführung ohne Auftrag**, also abstellend auf das Interesse und den mutmaßlichen Willen des Patienten, zu verfahren (D/S, XVII. Rz. 813 und VII. Rz. 318, 319; ebenso F/N/W, 5. Aufl., Rz. 213 und Muschner, VersR 2003, 826, 831; auch OLG Braunschweig, Urt. v. 11. 4. 2002 – 1 U 37/01, ZfS 2003, 114 zur Aufklärung über die Möglichkeit einer Sectio bei bevorstehender Geburt, wobei von Letzterer dann abgesehen wird). **Die Beweislast für die Durchführung einer ordnungsgemäßen Aufklärung bzw. der Zuziehung einer sprachkundigen Person als Dolmetscher liegt beim Arzt** (G/G, 6. Aufl., Rz. C 113,

131; F/N/W, 5. Aufl., Rz. 227; vgl. auch Begr. zum Regierungsentwurf zu § 630e
II Nr. 3 BGB).

Das AG Leipzig (MedR 2003, 582; zust. Kern, GesR 2009, 1, 2) hatte den im Hin-   A 1829
blick auf den zunehmenden Ärztemangel in der Praxis immer häufiger auftretenden „umgekehrten Fall" einer Aufklärung durch einen fremdsprachigen
Arzt zu entscheiden. Es konnte sich nicht davon überzeugen, dass ein nur gebrochen deutsch sprechender Assistenzarzt dem Patienten das – sich realisierende –
seltene Risiko einer Rekurrensparese (Stimmbandlähmung) vor einer subtotalen
Strumaresektion („Kropfoperation") verständlich erläutert hatte.

V. Entbehrlichkeit/Entfallen der Aufklärungsbedürftigkeit

Die Pflicht zur Aufklärung **kann in folgenden Fällen entfallen** (Rz. A 1831–   A 1830
A 1839; vgl. jetzt §§ 630c IV, 630e III BGB):

– Der **Patient** hat aus **eigenem medizinischen Vorwissen** bereits ein **hinreichen-**   A 1831
   des Bild von dem Eingriff (OLG Koblenz, Urt. v. 22. 10. 2009 – 5 U 662/08,
   VersR 2010, 629 = GesR 2010, 70, 71: langjährig operativ tätiger Arzt; OLG
   Hamm, VersR 1998, 322: Patient war **Chirurg und Allgemeinmediziner;**
   OLG Celle, Urt. v. 30. 9. 2002 – 1 U 7/02, VersR 2004, 384, 385; OLG Stutt-
   gart, Urt. v. 14. 10. 2003 – 1 U 50/03, AHRS III, 4100/318: mit 3–5 % seltenes
   Todesrisiko war der Patientin, selbst Zahnärztin, durch Telefonat mit privat
   bekanntem Arzt bekannt; OLG Karlsruhe, Urt. v. 8. 6. 2001 – 13 U 173/99,
   AHRS III, 4280/305: Patient war die Dimension des Eingriffs klar und **kannte**
   wesentliche Risiken aus früheren Aufklärungsgesprächen; OLG München,
   Urt. v. 3. 11. 2011 – 1 U 984/11, juris, Nr. 47, 49: Vorkenntnisse der Patientin,
   die sich vor einer kosmetischen Brustkorrektur gezielt über mögliche Operati-
   onsergebnisse mit Silikon und Eigengewebe informiert hatte; OLG München,
   Urt. v. 26. 1. 2012 – 1 U 3360/11, juris, Nr. 51: **Voraufklärung liegt nur we-**
   nige Wochen zurück, Risikoprofil hat sich zwischenzeitlich nicht verändert;
   OLG Hamm, Urt. v. 13. 12. 2000 – 3 U 90/00: Patient kannte als Apotheker
   das Risiko von Nervenschäden und deren Folgen; OLG Düsseldorf, Urt. v.
   13. 12. 2007 – I-8 U 19/07, VersR 2009, 546: **weitere Zahnextraktion nach**
   zwei Monaten; Stöhr, GesR 2006, 145, 149: Vorwissen eines Arztes oder Krankenpflegers bzw. einer Krankenschwester; G/G, 6. Aufl., Rz. C 112: Krankenschwester bzw. Pfleger; F/N/W, 5. Aufl., Rz. 192, 227: nicht jedoch bei einem
   Medizinstudenten im letzten Ausbildungsabschnitt), wobei es **keinen all-**
   gemeinen Grundsatz gibt, dass ein Arzt, Krankenpfleger oder gar Apotheker
   nicht über die Risiken eines außerhalb seines Fachgebietes liegenden Risikos
   aufgeklärt werden muss.

– Der Patient war **vom einweisenden Hausarzt** oder dem vorbehandelnden   A 1832
   Facharzt über das betreffende Risiko **aufgeklärt** worden (BGH, Urt. v.
   25. 3. 2003 – VI ZR 131/02, GesR 2003, 264, 267 = MDR 2003, 931, 932;
   NJW 1994, 2414; VersR 1984, 538, 539 = MDR 1984, 926; VersR 1980, 68, 69
   = MDR 1980, 218; OLG Düsseldorf VersR 1984, 643; OLG Stuttgart a. a. O.: te-
   lefonischer Hinweis eines privat bekannten Arztes; OLG Hamm, Urt. v.

15. 6. 2005 – 3 U 289/04, AHRS III, 5150/314: Behandlungsseite hat den Beweis für Voraufklärung über das Risiko eines Nierenversagens erbracht; OLG München, Urt. v. 26. 1. 2012 – 1 U 3360/11, juris, Nr. 51: **Voraufklärung liegt nur wenige Wochen zurück**, keine Risikoerhöhung eingetreten; S/Pa, 12. Aufl., Rz. 485: signifikante, wenngleich nicht alle Risiken waren dem Patienten bereits bekannt).

A 1833 – **Der Arzt konnte von einer bereits erfolgten Aufklärung ausgehen**, weil ein vom Patienten unterschriebener Aufklärungsbogen vorlag, aus dem sich ergab, dass der Patient von einem anderen Arzt vollständig und ordnungsgemäß aufgeklärt worden ist (OLG Karlsruhe, OLGR 2001, 147, 148; auch OLG Koblenz, Urt. v. 12. 6. 2008 – 5 U 1630/07, OLGR 2008, 796, 798: Arzt konnte davon ausgehen, dass die Patientin durch die Hinweise in dem von ihr unterzeichneten Aufklärungsbogen einschlägig informiert war). Enthält der vom Patienten unterzeichnete Aufklärungsbogen den Hinweis auf die wesentlichen Risiken des Eingriffs und behauptet der Patient, **bestimmte Informationen nicht erhalten oder nicht verstanden zu haben, kommt eine Haftung des Arztes auch mangels Verschuldens nicht in Betracht** (OLG Koblenz, Urt. v. 12. 2. 2008 – 5 U 1630/07, GesR 2009, 383, 385).

Hat etwa der operierende Oberarzt die irrige Vorstellung, der Assistenzarzt hätte den Patienten sachgemäß aufgeklärt, kann es am Aufklärungsverschulden fehlen. Der Operateur muss aber einen auch die Fahrlässigkeit ausschließenden Irrtum beweisen (OLG Koblenz, Urt. v. 12. 2. 2009 – 5 U 927/06, VersR 2009, 1077, 1079).

A 1834 – Der Patient **kannte das mit dem Eingriff verbundene, schlimmstmögliche Risiko**, etwa die Entzündung der Bauchspeicheldrüse mit nachfolgendem Tod des Patienten nach einer Gallengangspiegelung, etwa weil sich nach einem vergleichbaren Eingriff ein Todesfall in der Familie ereignet hatte (OLG Celle, Urt. v. 30. 9. 2002 – 1 U 7/02, VersR 2004, 384, 385; OLG Stuttgart, Urt. v. 14. 10. 2003 – 1 U 50/03, AHRS III, 4100/318: Hinweis auf das Risiko eines letalen Ausgangs war von Drittem erteilt worden; OLG Koblenz, Beschl. v. 24. 8. 2011 – 5 U 370/11, GesR 2011, 722, 723: Risiko der erneuten Penisverkrümmung war dem Patienten bekannt).

A 1835 – Es handelt sich um eine **wiederholte Operation desselben Leidens** ohne geänderte Risiken, über die der Patient in einem nicht zu weit zurückliegenden, früheren Zeitpunkt aufgeklärt worden ist (OLG Köln, VersR 1995, 1237; Kern MedR 2004, 568 und GesR 2009, 1, 3; OLG München, Urt. v. 26. 1. 2012 – 1 U 3360/11, juris, Nr. 51: **Voraufklärung liegt nur wenige Wochen zurück**, zwischenzeitlich keine Risikoerhöhung eingetreten; OLG Düsseldorf, Urt. v. 13. 12. 2007 – I-8 U 19/07, VersR 2009, 546: weitere Zahnextraktion nach **zwei Monaten**; F/N/W, 5. Aufl., Rz. 192: **nicht länger als ein Jahr**; G/G, 6. Aufl., Rz. C 112) oder um die **Durchführung weiterer gleichartiger ärztlicher Behandlungsmaßnahmen** wie etwa laufender intramuskulärer und intraartikulärer Injektionen bzw. Infiltrationen, auf deren mögliche Risiken der Patient bereits zu einem früheren Zeitpunkt hingewiesen worden ist (OLG Köln, Beschl. v. 21. 7. 2003 – 5 U 75/03, MedR 2004, 567, 568; OLG Koblenz, Urt. v. 13. 5. 2004 – 5 U 41/03, VersR 2005, 118, 119: frühere, gleichartige Behandlungen nach vorangegangener Risikoaufklärung; OLG Bamberg, VersR 2002, 323, 324; Achterfeld, MedR 2012, 140, 143; L/K/L-Katzenmeier, Rz. V 32).

Eine Fortwirkung der zu einem früheren Zeitpunkt erfolgten Aufklärung   A 1836
kommt nach wohl zu weitgehender Ansicht des OLG Köln (Beschl. v. 21. 7. 2003 – 5 U 75/03, MedR 2004, 567, 568) auch dann noch in Betracht, wenn diese **über zehn Jahre zurückliegt** und der Patient sich in der Zwischenzeit immer wieder gleichartiger Eingriffe unterzogen hat und sich für ihn die Aufklärung über damit verbundene Risiken immer wieder neu ins Bewusstsein gebracht hat bzw. sich an die frühere Aufklärung zumindest noch in wesentlichen Zügen erinnert. Das OLG Hamm (Urt. v. 15. 6. 2005 – 3 U 289/04, GesR 2005, 401, 402) geht zutreffend davon aus, **dass sich ein medizinischer Laie jedenfalls nach fünf Jahren nicht mehr an den Inhalt eines Aufklärungsgesprächs erinnert.**

– Der **Patient hat deutlich und unmissverständlich** auf eine Aufklärung ver-   A 1837
zichtet (OLG München, Urt. v. 20. 5. 2010 – 1 U 3057/09, MedR 2010, 712; F/N/W, 5. Aufl., Rz. 191; D/S, 6. Aufl., Rz. VII. 320). Hierfür gelten aber **strenge Anforderungen.** Ein konkludenter Verzicht kann allenfalls dann angenommen werden, wenn der Arzt die Äußerungen und das sonstige Verhalten des Patienten nach den besonderen Umständen des Falls und unter Berücksichtigung der Verkehrsanschauung eindeutig dahingehend verstehen kann, dass dieser **im Bewusstsein der Komplikationsmöglichkeit mit dem Eingriff einverstanden** ist (OLG München, Urt. v. 20. 5. 2010 – 1 U 3057/09, MedR 2010, 712 = juris, Rz. 73, 74; im entschiedenen Fall verneint). Allein das Nichterscheinen zu dem angesetzten Aufklärungsgespräch kann der Arzt nicht als Verzicht auf die Aufklärung verstehen (OLG München, a.a.O.).

– Der Patient hat durch sein **bewusstes Behandlungsbegehren** in eine notwen-   A 1838
dige ärztliche Standardmaßnahme wie z.B. die Anfertigung einer Röntgenaufnahme und das Eingipsen eines gebrochenen Arms, einwilligt (OLG Koblenz, VersR 2000, 230; F/N/W, 5. Aufl., Rz. 191; u.E. fraglich und auf der Stufe der „hypothetischen Einwilligung" zu lösen).

– Die Behandlungsseite behauptet, die Aufklärung sei kontraindiziert gewesen,   A 1839
die Aufklärung sei rechtzeitig vor dem Eingriff erfolgt, es läge eine mutmaßliche Einwilligung, eine hypothetische Einwilligung, ein Mitverschulden des Patienten vor (F/N/W, 5. Aufl., Rz. 227).

Wenn feststeht, dass ein Arzt dem Patienten durch fehlerhaftes oder rechtswid-   A 1840
riges Handeln einen Schaden zugefügt hat, so muss **der Arzt beweisen, dass der Patient den gleichen Schaden auch bei rechtmäßigem bzw. fehlerfreiem ärztlichen Handeln erlitten hätte** (BGH, Urt. v. 5. 4. 2005 – VI ZR 216/03, VersR 2005, 942; BGH, Urt. v. 22. 5. 2012 – VI ZR 157/11, NJW 2012, 2024 = VersR 2012, 905 = GesR 2012, 419, Nr. 12).

Der Operateur bzw. Krankenhausarzt bleibt zur Aufklärung verpflichtet, wenn   A 1841
nicht gesichert ist, dass der Patient mit dem einweisenden Arzt nicht nur über die Notwendigkeit des Eingriffs, sondern auch über dessen Risiken gesprochen

hat (OLG Hamm, VersR 1991, 667; OLG Koblenz, Beschl. v. 14. 4. 2005 – 5 U 1610/04, VersR 2006, 123: Krankenhausarzt kann sich nicht auf vollständige Aufklärung durch den Hausarzt verlassen) oder wenn der von dritter Seite voraufgeklärte Patient ausdrücklich nach etwaigen Risiken nachfragt (OLG Oldenburg VersR 1992, 1005).

A 1842 – A 1874 Einstweilen frei.

VI. Mutmaßliche und hypothetische Einwilligung; Entscheidungskonflikt des Patienten

1. Mutmaßliche Einwilligung

A 1875 Kann der Patient nicht oder nicht umfassend aufgeklärt werden, weil es sich um einen **Notfall** handelt (vgl. §§ 630d I 4, 630e III BGB), der Patient bewusstlos ist oder sich der aufklärungspflichtige Umstand erst während der Operation herausstellt, so darf der Arzt den Eingriff durchführen bzw. fortsetzen, wenn angenommen werden kann, dass ein verständiger Patient in den Eingriff oder dessen Fortsetzung eingewilligt haben würde (BGH, NJW 1991, 2342; NJW 1989, 1547; OLG Koblenz, Urt. v. 13. 7. 2006 – 5 U 290/06, NJW 2006, 2928; OLG Hamm VersR 2003, 1544; OLG Hamm, Urt. v. 17. 9. 2001 – 3 U 58/01, AHRS III, 1040/301: **mutmaßliche Einwilligung bei vitaler und absoluter Indikation sowie bei belangloser Erweiterung der OP**; OLG Frankfurt, Urt. v. 2. 5. 2000 – 22 U 63/97, AHRS III, 1040/300: Patient im Schockzustand; OLG Naumburg, Urt. v. 4. 10. 2007 – 1 U 11/07, NJW-RR 2008, 270: Erweiterung eines zahnärztlichen Eingriffs; Spickhoff-Wellner, § 823 BGB Rz. 283, 284; G/G, 6. Aufl., Rz. C 102; S/Pa, 12. Aufl., Rz. 496, 497; D/S, VII. Rz. 262, 263, 319; Wenzel-Norouzi, Kap. 3 Rz. 67; vgl. hierzu bereits oben Rz. A 1794, P 60 zu §§ 630c IV, 630d I 4, 630e III BGB).

A 1876 Von einer „mutmaßlichen Einwilligung" kann bei **vitaler oder absoluter Indikation**, bei einer **dringend gebotenen Erweiterung der Operation** sowie einer nur **belanglosen Erweiterung eines Eingriffs ausgegangen werden, jedenfalls wenn die Unterlassung der Behandlung medizinisch unvertretbar wäre** (OLG Hamm, Urt. v. 26. 11. 2008 – 3 U 165/08 mit NZB BGH v. 1. 3. 2011 – IV ZR 140/10, AHRS III, 1040/305: **absolute Indikation bzw. belanglose Erweiterung**; OLG Hamm, Urt. v. 17. 9. 2001 – 3 U 58/01, AHRS III, 1040/301: bei vitaler oder absoluter Indikation; OLG Bamberg, Urt. v. 5. 12. 2011 – 4 U 72/11, VersR 2012, 1440, 1441: **bei vitaler Indikation bzw. wenn die Unterlassung der Behandlung medizinisch unvertretbar wäre**; OLG Zweibrücken, Urt. v. 12. 1. 1999 – 5 U 30/96, NJW-RR 2000, 27: **mutmaßliche Einwilligung in Hysterektomie bei intraoperativ aufgetretenen, gravierenden Blutungen**; OLG Frankfurt, NJW 1981, 1322: **dringend gebotene Erweiterung einer Magenresektion wegen des aufgetretenen Karzinomverdachts**; G/G, 6. Aufl., Rz. C 103; S/Pa, 12. Aufl., Rz. 497, 498; Spickhoff-Wellner, § 823 BGB Rz. 283, 285).

A 1877 Die Annahme einer mutmaßlichen Einwilligung setzt nach u.E. zutreffender Ansicht nicht voraus, dass es von vornherein unmöglich gewesen wäre, die tatsächliche Zustimmung des Patienten einzuholen. Vielmehr **kommt eine mutmaßliche Einwilligung auch dort in Betracht, wo primär die Gelegenheit bestanden hätte, den Patienten zu befragen und dies – möglicherweise sogar schuldhaft – versäumt worden ist** (OLG Koblenz, Urt. v. 13. 7. 2006 – 5 U 290/06, NJW 2006, 2928; OLG Stuttgart, Beschl. v. 15. 3. 2011 – 1 U 161/10: intraoperativ zeigten sich Vernarbungen und Verwachsungen; Spickhoff-Knauer/Brose, § 223 StGB Rz. 63 mit Hinweis auf BGH NJW 1988, 2310; vgl. Rz. A 1701 ff.). Vielmehr kommt sogar eine Haftung in Betracht, wenn die Operation abgebrochen wird, weil es dem Arzt bei gehöriger Sorgfalt möglich gewesen wäre, die Einwilligung des Patienten in eine vorhersehbare Erweiterung der Operation einzuholen (Spickhoff-Knauer/Brose, § 223 StGB Rz. 63).

Nach h. M. kann sich der Arzt nicht auf eine Einwilligung nach den Grundsätzen der mutmaßlichen Einwilligung berufen, wenn die erforderlich werdende Operationserweiterung bei ordnungsgemäßer Diagnostik und Operationsplanung **vorhersehbar** gewesen wäre (Geiß/Greiner, 6. Aufl., Rz. C 104; F/N/W, 5. Aufl., Rz. 212; S/Pa, 12. Aufl., Rz. 496: wenn der Arzt diese Zwangslage herbeigeführt hat; Wenzel-Simmler, Kap. 2 Rz. 1801, 1822: Keine Rechtfertigung durch mutmaßliche Einwilligung, selbst wenn OP aus medizinischen Gründen nicht abgebrochen werden kann bzw. soll; BGH, NJW 1991, 2342 = VersR 1991, 547: intraoperativ erforderlich werdende Fistelentfernung war vorhersehbar, Risiko der Inkontinenz nicht von der Aufklärung des erweiterten Eingriffs erfasst; BGH, NJW 1998, 1541 = VersR 1998, 289: falls Änderung vorhersehbar, ist auch über Risiko einer Operationserweiterung aufzuklären; BGH, VersR 1985, 1187: falls Divertikel vorhersehbar, ist das Inkontinenzrisiko eines hierauf erweiterten Eingriffs aufklärungsbedürftig). | A 1877a

War die Erforderlichkeit eine Operationserweiterung vorhersehbar und setzt der Arzt den Eingriff fort, so hat er jedenfalls **nachzuweisen, dass dies aus medizinischen Gründen unbedingt erforderlich** und im Interesse des Patienten, insbesondere zur Lebenserhaltung notwendig war (Spickhoff-Wellner, § 823 BGB Rz. 284). | A 1877b

Um einen medizinischen Eingriff aufgrund einer mutmaßlichen Einwilligung des Patienten legitimieren zu können, bedarf es aber einer Situation, in der der Eingriff objektiv angezeigt ist, um **gesundheitliche Gefahren abzuwenden, die in ihrer Schwere deutlich über das hinausgehen, was der Eingriff an Beeinträchtigungen mit sich bringt** (BGH, Urt. v. 4. 10. 1999 – V StR 712/98, NJW 2000, 885 = VersR 2000, 603; OLG Koblenz, Urt. v. 13. 7. 2006 – 5 U 290/06, NJW 2006, 2928; Gehrlein, VersR 2004, 1488, 1496). Dabei müssen die Dinge so gestaltet sein, dass der Patient, würde er selbst die gegebenen Chancen und Risiken abwägen, seine Zustimmung ernstlich nicht würde verweigern können und es **völlig unverständlich wäre, wenn er anders reagieren würde** (OLG Frankfurt, NJW 1981, 1322, 1323; OLG Koblenz, Urt. v. 13. 7. 2006 – 5 U 290/06, NJW 2006, 2928). In der Literatur wird formuliert, die Eingriffserweiterung kann aus mutmaßlicher Einwilligung dann gerechtfertigt sein, wenn **das Schadensrisiko der Eingriffserweiterung geringfügig ist und hinter dem Risiko der Eingriffsbegrenzung zurückbleibt** (Geiß/Greiner, 6. Aufl., Rz. C 103; Spickhoff-Wellner, § 823 BGB Rz. 283 a. E.). | A 1878

A 1879   Bei großen und schweren Bauchoperationen mit erheblichen Risiken, etwa bei der Erweiterung einer medizinisch notwendigen Darmoperation (OLG Hamm, Urt. v. 17. 9. 2001 – 3 U 58/01, AHRS III, 1040/301), kann der Operateur meist die stillschweigende Einwilligung in eine **dringend gebotene Erweiterung** der Operation voraussetzen (so S/Pa, 12. Aufl., Rz. 499 und OLG Hamm, a. a. O.), jedenfalls soweit die Operationserweiterung bei ordnungsgemäß durchgeführter Diagnostik und Operationsplanung **nicht vorhersehbar** gewesen ist (G/G, 6. Aufl., Rz. C 104; vgl. auch BGH, NJW 1989, 1541 und Rz. A 1701 ff.).

A 1880   Gleiches gilt bei **Zufallsbefunden**, etwa nach einer geplanten Schnellschnitt-Untersuchung, die eine Erweiterung des Eingriffs **dringend indizieren** (Dettmeyer/ Madea, MedR 1989, 247; OLG Naumburg, Urt. v. 4. 10. 2007 – 1 U 11/07, VersR 2008, 224, 225 = NJW-RR 2008, 270). So ist von einer mutmaßlichen Einwilligung des lokal narkotisierten Patienten auszugehen, wenn der Zahnarzt bei der Durchführung einer Wurzelspitzenresektion (WSR) eine radikuläre Knochenzyste, die auf den zuvor angefertigten Röntgenbildern nicht ohne weiteres erkennbar war, sogleich entfernt. Kann eine solche Knochenzyste in den folgenden Wochen und Monaten zu Gesundheitsschäden beim Patienten führen, ist der **Abbruch der Operation in dieser Lage nicht vertretbar, jedenfalls nicht sinnvoll**, insbesondere wenn der nach erneuter, weitergehender Aufklärung des Patienten durchzuführende erweiternde Eingriff eine wesentlich ungünstigere Risiko-Nutzen-Prognose mit der Gefahr von Narbenbildungen, dem zusätzlichen allgemeinen Operationsrisiko und einer längeren Wundheilungsphase gehabt hätte (OLG Naumburg, Urt. v. 4. 10. 2007 – 1 U 11/07, VersR 2008, 224, 225 = NJW-RR 2008, 270). Entdeckt der Zahnarzt bei Durchführung einer WSR eine solche Knochenzyste, stellt der **Abbruch der Operation** mit der Folge der Belastung des Patienten mit einer Zweitoperation auch **keine ernsthafte Behandlungsalternative** gegenüber dem aussichtsreichen Versuch, die Knochenzyste sogleich zu entfernen, dar (OLG Naumburg, a. a. O.).

A 1880a   Stellt sich während einer vermeintlichen Blinddarmoperation heraus, dass die Beschwerden auf einer tomatengroßen eitrigen Darmausstülpung (Colondivertikel) beruhen, so ist die **sofortige Entfernung des Divertikels** indiziert. Die Abwägung zwischen dem Selbstbestimmungsrecht des Patienten einerseits und dessen gesundheitlichen Interessen andererseits sowie der mutmaßliche Wille sprechen in diesem Fall gegen einen Behandlungsabbruch (OLG Koblenz, VersR 1995, 710).

A 1881   Ist ein Patient nicht mehr ansprechbar (vgl. hierzu auch Rz. A 1803 ff.), kommt es für eine mutmaßliche Einwilligung darauf an, ob die behandelnden Ärzte **annehmen durften, dass der Patient bei verständiger Würdigung im Falle einer ordnungsgemäßen Aufklärung dem Eingriff zugestimmt hätte**. Dies ist jedenfalls dann der Fall, wenn der operative Eingriff (hier: Pracheotomie) im Zeitpunkt der Vornahme gegenüber anderen Behandlungsoptionen die bessere Heilungsaussicht und geringere Risiken versprach (OLG Hamm, Urt. v. 26. 11. 2003 – 3 U 265/02, AHRS III, 1040/302).

A 1882   Ergibt sich demgegenüber im Rahmen einer Sectio ein Befund, den der Arzt bei weiteren Schwangerschaften für gefährlich hält (hier: Verwachsungen am Perito-

424

neum, die den Wiederverschluss sehr schwierig gestalten), ist die deswegen **ungefragt vorgenommene Sterilisation der Patientin weder von einer mutmaßlichen noch von einer hypothetischen Einwilligung gedeckt**. Es handelt sich
hier um einen schwerwiegenden existentiellen Eingriff, der sich auch in einer
solchen Situation nicht aufdrängt. In einem solchen Fall muss es der Patientin
überlassen bleiben, ob sie weiteren Schwangerschaften mit einer Sterilisation
oder durch die Anwendung empfängnisverhütender Mittel, ggf. auch durch Enthaltsamkeit begegnet (OLG Koblenz, Urt. v. 13. 7. 2006 – 5 U 290/06, NJW 2006,
2928).

Ist die Erweiterung des Eingriffs **nicht vital oder absolut indiziert**, kann dann von   A 1883
einer mutmaßlichen Einwilligung zur Erweiterung des Eingriffs ausgegangen
werden, wenn es sich nur um eine **belanglose Erweiterung** handelt, deren Risiken hinter denjenigen der Nichtvornahme des erweiterten Eingriffs zurücktreten (OLG Hamm, Urt. v. 17. 9. 2001 – 3 U 58/01, AHRS III, 1040/301; G/G,
6. Aufl., Rz. C 103; Spickhoff-Wellner, § 823 BGB Rz. 283). So kann der Arzt
etwa bei einer belanglosen Erweiterung der Operation wie der **Anlage eines Zentralvenenkatheders** grundsätzlich von der Einwilligung des Patienten ausgehen
(OLG Hamm, VersR 2003, 1544).

**Ruhigstellende Vorkehrungen während der Bewusslosigkeit bzw. eines künst-   A 1883a
lichen Komas** sind bereits aufgrund einer **mutmaßlichen Einwilligung** gerechtfertigt, wenn der Patient im Aufnahmezeitpunkt nicht ansprechbar war, **der Eingriff vital indiziert ist und die Unterlassung der Behandlung medizinisch nicht
vertretbar** wäre. Soweit eine Sedierung und die zeitweise Fixierung des Patienten
über die Beendigung des künstlichen Komas hinaus durchgeführt werden, können sich diese Eingriffe als geeignete und notwendige Maßnahmen zur Vermeidung einer akuten und nicht anders abwendbaren Gefahr für Leib und Leben
des Patienten sowie der von ihm selbst ausgehenden Fremdgefährdung darstellen und sind damit von § 34 StGB gedeckt, etwa wenn die mechanische Fixierung zur Bewahrung eines Patienten vor Selbstschädigungen erforderlich und
verhältnismäßig erscheint (OLG Bamberg, Urt. v. 5. 12. 2011 – 4 U 72/11, GesR
2012, 157, 160/161 = VersR 2012, 1440, 1443).

2. Hypothetische Einwilligung und hypothetischer Kausalverlauf

a) Hypothetische Einwilligung

Eine unterlassene, unvollständige oder nicht rechtzeitige Aufklärung führt nicht   A 1884
zur Haftung des Arztes, wenn dieser darlegen – und im Bestreitensfall beweisen
– kann, dass **der Patient auch bei ordnungsgemäßer Aufklärung in den konkreten, gerade durch den betreffenden Arzt bzw. in der betreffenden Abteilung des
Krankenhauses vorgenommenen Eingriff eingewilligt hätte** (BGH, Urt. v.
17. 4. 2007 – VI ZR 108/06, VersR 2007, 999, 1000; BGH, Urt. v. 15. 3. 2005 –
VI ZR 313/03, VersR 2005, 836, 837; Urt. v. 25. 3. 2003 – VI ZR 131/02, NJW
2003, 2012, 2014 = VersR 2003, 1441, 1443 = MedR 2003, 576, 577: **Entscheidungskonflikt bei verspäteter Aufklärung**; BGH, VersR 1991, 547, 548; NJW
1996, 3073, 3074; OLG Bamberg, Urt. v. 15. 9. 2003 – 4 U 11/03, GesR 2004,
135, 136; OLG Koblenz, Urt. v. 29. 11. 2001 – 5 U 1382/00, VersR 2003, 1313,

1315: Entscheidungskonflikt bei verspäteter Aufklärung; OLG Koblenz, Urt. v. 13. 7. 2006 – 5 U 290/06, NJW 2006, 2928, 2929: **keine mutmaßliche oder hypothetische Einwilligung in Eileiterdurchtrennung**; OLG Koblenz, Urt. v. 1. 4. 2004 – 5 U 1086/03, NJW-RR 2004, 1166; Urt. v. 13. 5. 2004 – 5 U 41/03, MedR 2004, 502, 503 = VersR 2005, 118, 119; OLG Oldenburg, Urt. v. 30. 3. 2005 – 5 U 66/03, VersR 2006, 517: **„Behauptung der Behandlungsseite, der Patient hätte keine andere Wahl als die Durchführung der Operation gehabt"**; OLG Oldenburg, Urt. v. 4. 7. 2007 – 5 U 106/06, VersR 2008, 124, 125, bestätigt von BGH, Urt. v. 18. 11. 2008 – VI ZR 198/07, MDR 2009, 281, 282 = VersR 2009, 257, 258, Nr. 24, 25 sowie OLG Oldenburg, Urt. v. 27. 5. 2009 – 5 U 43/08, VersR 2010, 1221, 1223 = GesR 2010, 207: **Behauptung in zweiter Instanz verspätet**; F/N/W, 5. Aufl., Rz. 221; G/G, 6. Aufl., Rz. C 137, 138; S/Pa, 12. Aufl., Rz. 521 ff., 699; R/L-Uphoff/Hindemith, § 4 Rz. 92, 93; L/K/L-Katzenmeier, V Rz. 58, 61, 86, 89; Spickhoff-Wellner, § 823 Rz. 280; L/K-Laufs, § 63 Rz. 3, 4; Wenzel-Simmler, Kap. 2, Rz. 1699, 1704 f.; Stöhr, GesR 2006, 145, 149; vgl. § 630h II 2 BGB).

A 1885 Nach h. M. handelt es sich bei nur diesen Konstellationen um Fälle der **„hypothetischen Einwilligung"** (OLG Bamberg, Urt. v. 15. 9. 2003 – 4 U 11/03, GesR 2004, 135, 136; OLG Brandenburg, Urt. v. 17. 7. 2008 – 12 U 221/07, juris, Nr. 8; OLG Düsseldorf, Urt. v. 25. 4. 2002 – 8 U 81/01, OLGR 2003, 387, 389; OLG Koblenz, Urt. v. 1. 4. 2004 – 5 U 1086/03, NJW-RR 2004, 1166 = OLGR 2004, 537, 538; Urt. v. 13. 5. 2005 – 5 U 41/03, MedR 2004, 502, 503 = VersR 2005, 118, 119; OLG Köln, Urt. v. 21. 11. 2001 – 5 U 34/01, OLGR 2002, 74, 75; OLG Oldenburg, Urt. v. 4. 7. 2007 – 5 U 106/06, VersR 2008, 124, 125; F/N/W, 5. Aufl., Rz. 221; Spickhoff-Wellner, § 823 BGB Rz. 280).

A 1886 Nach abweichender Auffassung des Kammergerichts (KG, Urt. v. 27. 1. 2003 – 20 U 285/01, VersR 2004, 1320, 1321; a. A. zuletzt OLG Koblenz, Urt. v. 13. 7. 2006 – 5 U 290/06, NJW 2006, 2928) sind die Grundsätze der „hypothetischen Einwilligung" nur dann anzuwenden, wenn die Einwilligung nicht eingeholt werden kann. Bei unterlassener, unvollständiger oder nicht rechtzeitiger Aufklärung käme jedoch die Rechtsfigur des „rechtmäßigen Alternativverhaltens" zum Zuge. Der BGH hat die Nichtzulassungsbeschwerde der Patientin gegen das Urteil des KG vom 27. 1. 2003 durch Beschl. vom 23. 9. 2003 (VI ZR 82/03) zurückgewiesen und ausgeführt, nach den insoweit nicht angegriffenen tatsächlichen Feststellungen des KG sei von einem „nach hypothetischer Einwilligung nicht rechtswidrigen Eingriff auszugehen".

A 1887 Die Behauptung, der Patient hätte auch ohne vollständige und rechtzeitige Aufklärung in dieselbe Operation **in einer Fachklinik** eingewilligt, genügt *nicht* den Anforderungen an den Einwand einer hypothetischen Einwilligung (BGH, NJW 1996, 3073, 3074). Gleiches gilt für den Einwand, der Körper- oder Gesundheitsschaden hätte auch bei der Behandlung durch einen anderen Arzt oder bei einem späteren Eingriff eintreten *können* (BGH, VersR 1981, 677; F/N/W, 5. Aufl., Rz. 221).

A 1888 Besteht zum Beispiel bei einer ordnungsgemäß durchgeführten Nierenbeckenplastik stets das Risiko einer Anastomoseninsuffizienz (Nahtundichtigkeit), dessen Verwirklichung zu einer Nachoperation mit erhöhtem Risiko einschneidender Folgen für den Patienten wie den **Verlust einer Niere** führen kann, so ist der Patient vom behandelnden Urologen schon vor dem ersten Eingriff auch über dieses **Risiko der Nachoperation** aufzuklären. Erfolgt die Aufklärung nicht oder nicht vollständig, hat der behandelnde Urologe darzulegen und zu beweisen, dass der Patient den Eingriff auch ohne die Aufklärung nicht nur in entsprechender Art und Weise bei einem anderen Arzt seines Vertrauens, sondern gerade **beim Behandler** hätte durchführen lassen (BGH, NJW 1996, 3073, 3074).

Hiervon abweichend, vertritt das OLG Koblenz (Urt. v. 21. 6. 2001 – 5 U 1788/00, VersR 2003, 253) die Ansicht, der Einwand der „hypothetischen Aufklärung" greife auch dann, wenn der andere bzw. nachfolgende Arzt denselben Eingriff vorgenommen hätte. **A 1889**

Die **Anforderungen an den Beweis** der Behauptung, dass sich der Patient auch bei ordnungsgemäßer Aufklärung zu dem vorgenommenen Eingriff entschlossen hätte, sind **besonders** hoch, wenn er den Eingriff zunächst abgelehnt und sich hierzu erst bereitgefunden hat, nachdem der Arzt auf ihn eingewirkt hat (BGH, VersR 1994, 1302 = MedR 1994, 488). **A 1890**

b) Hypothetischer Kausalverlauf (vgl. Rz. A 2136ff.)

Hätte der Patient den Eingriff bei ordnungsgemäßer Aufklärung zwar durchführen lassen, aber zu einem späteren Zeitpunkt, unter günstigeren Bedingungen oder von einem anderen Behandler, hat **der Arzt nachzuweisen, dass es dann zu gleichartigen Schäden gekommen wäre** (BGH, VersR 1981, 677; BGH, Urt. v. 7. 2. 2012 – VI ZR 63/11, NJW 2012, 850 = GesR 2012, 217 Nr. 10, 11; BGH, Urt. v. 22. 5. 2012 – VI ZR 157/11, NJW 2012, 2024 = VersR 2012, 905 = GesR 2012, 419, Nr. 12; OLG Köln, Urt. v. 18. 4. 2012 – 5 U 172/11, MedR 2013, 47, 50: **Nachweis der hypothetischen Kausalität durch die Behandlungsseite erst dann erforderlich, wenn Schadensverursachung durch den Arzt feststeht**; OLG Köln, Urt. v. 29. 1. 2007 – 5 U 85/06, juris, Nr. 10, 13: Arzt muss beweisen, dass der Schaden auch dann eingetreten wäre; Spickhoff-Wellner, § 823 BGB Rz. 271, 282; S/Pa, 12. Aufl., Rz. 530; L/K/L-Katzenmeier, V Rz. 62, 89). Dabei handelt es sich jedoch nicht um die Frage einer „**hypothetischen Einwilligung**", sondern um ein Problem des „**hypothetischen Kausalverlaufs**" (G/G, 6. Aufl., Rz. C 123, C 151; S/Pa, 12. Aufl., Rz. 530; Spickhoff-Wellner, § 823 Rz. 282; vgl. hierzu → *Kausalität*, Rz. K 41ff., Rz. A 2136ff., A 2140). **A 1891**

Drei Ebenen sind deutlich voneinander zu trennen: **A 1891a**

(1.) **Der Patient muss beweisen, dass sein Körper- oder Gesundheitsschaden gerade Folge des mangels ordnungsgemäßer Aufklärung rechtswidrigen Eingriffs ist.** Besteht die rechtswidrige Behandlungsmaßnahme etwa in einer Operation, stellt dies den Primärschaden i.S.d. § 286 ZPO dar. Dem Patienten kommt dann für den Nachweis des hierauf kausal zurückzuführenden Gesundheitsschadens die Beweiserleichterung aus § 287 ZPO zugute (überwiegende Wahrscheinlichkeit, jedenfalls mehr als 50 %, genügt; vgl. hierzu Rz. A 2113, A 2114, A 2115a, A 2136ff.).

(2.) Mit dem – rechtzeitig in erster Instanz zu erhebenden (vgl. §§ 296 I, II, 53 II Nr. 3 ZPO) – **Einwand der hypothetischen Einwilligung** (vgl. jetzt § 630h II 2 BGB) macht die Behandlungsseite geltend, bei korrekter Aufklärung hätte der Patient ebenfalls in die Durchführung des konkreten – und nicht nur eines vergleichbaren – Eingriffs durch den betreffenden Arzt eingewilligt (vgl. Rz. A 1884, A 1887). **Der von der Behandlungsseite zu führende Nachweis der hypothetischen Kausalität ist aber erst dann erforderlich, wenn Schadensverursachung durch den Arzt vom Patienten bewiesen worden ist** (OLG Köln, Urt. v. 18. 4. 2012 – 5 U 172/11, MedR 2013, 47, 50; vgl. Rz. A 1892 ff., A 2136 ff). Der Patient kann dem Einwand mit der **Berufung auf einen „ernsthaften Entscheidungskonflikt"** begegnen (vgl. hierzu Rz. A 1900 ff.).

(3.) **Mit dem Einwand des rechtmäßigen Alternativverhaltens zieht der Arzt einen völlig anderen, hypothetischen Kausalverlauf zum Vergleich heran.** Hier macht er geltend, auch bei korrekter Aufklärung (oder bei Meidung seines vom Patienten nachgewiesenen, kausalen Behandlungsfehlers) wäre derselbe Schaden ebenfalls eingetreten, etwa als Folge der Grunderkrankung, eines Verhaltens des Patienten oder bei Durchführung der Behandlung durch einen anderen Arzt. **Steht fest, dass ein Arzt dem Patienten durch fehlerhaftes und/oder rechtswidriges Handeln einen Schaden zugefügt hat, so muss er beweisen (§ 286 ZPO), dass der Patient den gleichen Schaden auch bei rechtmäßigem bzw. fehlerfreiem ärztlichen Handeln erlitten hätte** (BGH, Urt. v. 22. 5. 2012 – VI ZR 157/11, NJW 2012, 2024 = VersR 2012, 905 = GesR 2012, 419, Nr. 12; vgl. auch Rz. A 2113, A 2115a).

Der Arzt hat also zu beweisen (Beweismaß des § 286 ZPO!), dass

A 1892   – der ohne die erforderliche Aufklärung durchgeführte Eingriff in einer anderen Klinik **denselben Verlauf** genommen (BGH, VersR 1989, 289; OLG Celle, VersR 1987, 567; OLG Oldenburg, Urt. v. 7. 9. 2011 – 5 U 60/11, GesR 2011, 677, 678) **bzw. dort zu demselben Misserfolg geführt hätte** (BGH, Urt. v. 15. 3. 2005 – VI ZR 313/03, NJW 2005, 1718, 1720; hypothetischer Kausalverlauf),

A 1893   – eine **echte alternative Behandlungsmöglichkeit**, etwa die operative Reposition eines Bruchs anstatt der konservativen Behandlung, über die nicht aufgeklärt worden ist, **zum selben Schaden** geführt hätte, (BGH, Urt. v. 15. 3. 2005 – VI ZR 313/03, VersR 2005, 836, 837 = NJW 2005, 1718, 1720; BGH, VersR 1989, 289, 290);

A 1894   – der Patient sich auch bei ordnungsgemäßer Aufklärung zu der tatsächlich durchgeführten Behandlung entschlossen hätte (BGH, Urt. v. 15. 3. 2005 – VI ZR 313/03, NJW 2005, 1718, 1719 = VersR 2005, 836, 837; Urt. v. 5. 4. 2005 – VI ZR 216/03, NJW 2005, 2072 = VersR 2005, 942 = GesR 2005, 359; hypothetische Einwilligung),

A 1895   – sich der Patient bei Erteilung der Aufklärung **nicht „aufklärungsrichtig" verhalten** hätte (OLG Zweibrücken, NJW-RR 2000, 235, 237; m. w. N.: rechtmäßiges Alternativverhalten; OLG Köln, Urt. v. 21. 4. 2008 – 5 U 116/07, VersR 2009, 405: aber **nicht, wenn mehrere gleichwertige Verhaltensalternativen bestehen**; vgl. hierzu auch Schwab, NJW 2012, 3274, 3275),

- sich das aufklärungspflichtige **Risiko** auch ohne den Eingriff, etwa aufgrund   A 1896
des behandlungsbedürftigen Grundleidens, **in derselben Weise verwirklicht**
bzw. der Patient den Schaden auch bei einem rechtmäßigen und fehlerfreien
Eingriff erlitten hätte (BGH, Urt. v. 5. 4. 2005 – VI ZR 216/03, VersR 2005,
942 = GesR 2005, 359; BGH, Urt. v. 22. 5. 2012 – VI ZR 157/11, VersR 2012,
905 = GesR 2012, 419, Nr. 12; OLG Köln, Urt. v. 29. 1. 2007 – 5 U 85/06, juris,
Rz. 10, 13; rechtmäßiges Alternativverhalten);

- sich der Patient im Fall einer ordnungsgemäßen Aufklärung über die beste-   A 1897
henden Behandlungsalternativen **gegen eine Operation** und für die Fortsetzung der dann (tatsächlich) durchgeführten konservativen Behandlungen **entschieden hätte** sowie für seinen Vortrag, der Patient hätte der Aufklärung
nicht bedurft, weil er bereits fest entschlossen gewesen wäre, sich unter keinen Umständen einer Operation (aufklärungspflichtige Behandlungsalternative) zu unterziehen (OLG Karlsruhe, Urt. v. 29. 5. 2002 – 7 U 116/01, AHRS III,
6340/300; hypothetische Einwilligung).

Hat der Arzt substantiiert vorgetragen, dass der Patient bei ordnungsgemäßer   A 1898
Aufklärung den Eingriff in gleicher Weise hätte durchführen lassen, so **muss er
den ihm obliegenden Beweis allerdings erst führen, wenn der Patient plausible
Gründe dafür darlegt, dass er – bzw. im Falle einer Geburt die Mutter – sich in
diesem Falle in einem echten „Entscheidungskonflikt befunden haben würde"**
(BGH, NJW 1998, 2714; BGH, Urt. v. 17. 4. 2007 – VI ZR 108/06, VersR 2007,
999, 1000 = NJW 2007, 2771, 2772, Nr. 17; OLG Koblenz, NJW-RR 2002, 310,
311 und Urt. v. 1. 4. 2005 – 5 U 1086/03, MedR 2005, 292).

Demgegenüber muss der Patient darlegen und **beweisen, dass zwischen dem**   A 1899
**Körperschaden und der Behandlungsmaßnahme, über deren Vornahme oder Un-
terlassung hätte aufgeklärt werden müssen, ein Kausalzusammenhang besteht**
(BGH, Urt. v. 7. 2. 2012 – VI ZR 63/11, NJW 2012, 850 = GesR 2012, 217 =
MedR 2012, 456, Nr. 10, 11; OLG Düsseldorf, Urt. v. 19. 1. 1995 – 8 U 53/93;
OLG Düsseldorf, Urt. v. 28. 6. 2001 – 8 U 110/00, AHRS III, 4255/300: eingetre-
tenes Risiko der Verletzung einer Halsarterie nicht erwähnt, Kausalität für
Schlaganfall nicht bewiesen; OLG Hamm, Urt. v. 5. 11. 2003 – 3 U 102/03,
AHRS III, 4100/319: andere Ursachen für Verschlechterung der Schmerzsitua-
tion möglich; KG, Urt. v. 27. 11. 2000 – 20 U 7753/98, AHRS III, 6370/300;
OLG Köln, Urt. v. 20. 7. 2011 – 5 U 83/09, MedR 2012, 405, 408; OLG Köln,
Urt. v. 18. 4. 2012 – 5 U 172/11, MedR 2013, 47, 50; F/N/W, 5. Aufl., Rz. 188,
229) bzw. **dass sein Gesundheitsschaden gerade auf den Eingriff zurückzuführen
ist, der mangels ordnungsgemäßer Aufklärung ohne anzunehmende mutmaßliche oder hypothetische Einwilligung des Patienten rechtswidrig war** (vgl.
Rz. A 2113ff., A 2140ff.; BGH, Urt. v. 7. 2. 2012 – VI ZR 63/11, NJW 2012, 850
= GesR 2012, 217 Nr. 10, 11; BGH, Urt. v. 29. 9. 2009 – VI ZR 251/08, VersR
2010, 115, 116, Nr. 13 und BGH, Urt. v. 19. 10. 2010 – VI ZR 241/09, VersR
2011, 223 = GesR 2011, 24, Nr. 18, 21: unterlassene Risiko- bzw. Eingriffsaufklärung muss für den Gesundheitsschaden kausal geworden sein, hierfür gilt aber
§ 287 ZPO; OLG Brandenburg, Urt. v. 9. 7. 2009 – 12 U 75/08, juris, Nr. 22: Kausalzusammenhang zwischen fehlerhafter Auflärung und dem Primärschaden
vom Patienten zu beweisen; OLG Köln a.a.O.; OLG Naumburg, Urt. v.

12. 11. 2009 – 1 U 59/09, VersR 2010, 1185, 1186 = NJW 2010, 1758: Misserfolg der OP möglicherweise auf Grunderkrankung zurückzuführen; OLG München, Beschl. v. 5. 2. 2007 – 1 U 4946/06, juris: **Gesundheitsschaden ist möglicherweise auf den rechtmäßigen Teil des Eingriffs zurückzuführen;** OLG Hamm, Urt. v. 5. 11. 2003 – 3 U 102/03, AHRS III, 4100/319).

A 1899a   Im Urteil vom 7. 2. 2012 (VI ZR 63/11, NJW 2012, 850 = GesR 2012, 217 = MedR 2012, 456, Nr. 10, 11, 12) hat der BGH für den Fall der unterlassenen Aufklärung über eine mögliche Behandlungsalternative Folgendes klargestellt:

Besteht die Pflichtverletzung des Arztes in einer Unterlassung (hier: unterlassener Hinweis der Kindmutter auf die Behandlungsalternative einer Cerclage nach dem Abklingen einer Infektion), so ist diese für den Schaden nur dann i. S. d. § 286 I ZPO (nicht: 287 ZPO!) kausal, wenn **das pflichtgemäße Handeln den Eintritt des Schadens verhindert hätte.** Eine vom Sachverständigen genannte „gewisse Wahrscheinlichkeit" genügt hierfür nicht. So hat das geschädigte Kind zu beweisen, dass es bei pflichtgemäßer Aufklärung seiner Mutter über die Möglichkeit einer **Cerclage als ernsthafter Behandlungsalternative anstatt der Fortsetzung der konservativen Behandlung keinen Schaden erlitten** hätte, bei Durchführung der Cerclage somit die extreme Frühgeburt und die damit verbundenen gravierenden Gesundheitsschäden vermieden worden wären (BGH, NJW 2012, 850, Nr. 11, 12). **Der Behandlungsseite fällt die Beweislast für den Einwand des hypothetischen Kausalverlaufs bei rechtmäßigem Alternativverhalten also erst dann zu, wenn die Ursächlichkeit zwischen der Pflichtwidrigkeit** (hier: der rechtswidrigen Behandlung) für den behaupteten Schaden festgestellt und mithin die Haftung grundsätzlich gegeben ist (BGH, NJW 2012, 850 = GesR 2012, 217, Nr. 13, 14 unter Aufhebung von OLG Köln, Urt. v. 2. 2. 2011 – 5 U 15/09, GesR 2011, 601).

A 1899b   Dem hat sich nunmehr auch das OLG Köln angeschlossen. Eine unterlassene oder unzulängliche Aufklärung ist für den Eintritt des Schadens **nur dann kausal, wenn pflichtgemäßes ärztliches Handeln den Eintritt des Schadens verhindert hätte,** was vom Patienten gemäß § 286 ZPO zur Überzeugung des Gerichts nachgewiesen werden muss. Der Patient muss somit nicht nur substantiiert dartun, dass er sich für die – nicht erwähnte – Behandlungsalternative entschieden haben würde, sondern auch gemäß § 286 ZPO beweisen, dass die Behandlung **nach dieser Alternative nicht oder nicht im selben Umfang zu dem eingetretenen Schaden geführt haben würde.** Für den **Einwand der hypothetischen Kausalität bei rechtmäßigem Alternativverhalten, für den die Behandlungsseite beweispflichtig ist, ist danach erst dann Raum, wenn feststeht, dass das vom Schädiger zu verantwortende Verhalten für den Schaden kausal geworden ist** (OLG Köln, Urt. v. 18. 4. 2012 – 5 U 172/11, MedR 2013, 47, 50).

3. Ernsthafter Entscheidungskonflikt

a) Übersicht

A 1900   Beruft sich der Arzt darauf, der Patient hätte auch bei ausreichender Aufklärung die Einwilligung zur Durchführung des konkreten Eingriffs erteilt, etwa weil die Ablehnung der Behandlung medizinisch unvernünftig gewesen wäre (hypothetische Einwilligung, vgl. jetzt § 630h II 2 BGB), so **kann der Patient diesen Einwand dadurch entkräften, dass er dem Gericht plausibel macht, er hätte sich bei ordnungsgemäßer Aufklärung in einem echten Entscheidungskonflikt befunden** (zuletzt für alle: BGH, Urt. v. 6. 7. 2010 – VI ZR 198/09, GesR 2010, 481, 484 = VersR 2010, 1220, 1221, Nr. 17; BGH, Urt. v. 22. 5. 2007 – VI ZR 35/06, NJW 2007, 2774, 2776 = VersR 2007, 1273, 1276, Nr. 27, 31; Urt. v. 17. 4. 2007 – VI ZR 108/06, VersR 2007, 999, 1000 = NJW 2007, 2771, 2772, Nr. 17; Urt. v. 27. 3. 2007 – VI ZR 55/05, VersR 2007, 995, 998, Nr. 36; BGH, Urt. v. 15. 3. 2005 – VI ZR 313/03, VersR 2005, 836, 837 = NJW 2005, 1718, 1719; Urt. v. 1. 2. 2005 – VI ZR 174/03, VersR 2005, 694 = NJW 2005, 1364; OLG Brandenburg, Urt. v. 24. 3. 2011 – 12 U 75/08, juris, Rz. 23: kein Entscheidungskonflikt bei unterlassenem Hinweis auf Hygrome und Hämatome vor Spinalanästhesie, wenn Querschnittlähmung erwähnt wurde; OLG Brandenburg, Urt. v. 4. 11. 2010 – 12 U 148/08, juris, Nr. 19, 21: **kein Entscheidungskonflikt vor WS-Operation bei erheblichem Leidensdruck, wenn konservative Behandlung erfolglos und Gefährlichkeit der OP bekannt war**; OLG Brandenburg, Urt. v. 15. 7. 2010 – 12 U 232/09, VersR 2011, 267 = GesR 2010, 610, 613; OLG Brandenburg, Urt. v. 17. 7. 2008 – 12 U 221/07, juris, Nr. 8: **dringend indizierte Struma-OP**; OLG Bremen, Urt. v. 12. 3. 2004 – 4 U 3/04, GesR 2004, 238; OLG Frankfurt, Urt. v. 12. 3. 2009 – 15 U 18/08, MedR 2009, 532, 535; OLG Hamm, Urt. v. 12. 5. 2010 – I 3 U 134/09, VersR 2011, 625, 627: **Risiken der indizierten Schulter-OP im Wesentlichen bekannt**; OLG Karlsruhe, Urt. v. 23. 3. 2011 – 7 U 79/10, GesR 2011, 356, 358; OLG Karlsruhe, Urt. v. 8. 12. 2004 – 7 U 163/03, NJW-RR 2005, 798, 799; OLG Koblenz, Urt. v. 13. 5. 2004 – 5 U 41/03, VersR 2005, 118, 119; OLG Koblenz, Urt. v. 28. 11. 2012 – 5 U 420/12, GesR 2013, 120, 121: **Entscheidungskonflikt einer Telefonistin bei Hinweis auf Stimmbandlähmung vor nicht dringend indizierter OP plausibel**; OLG Köln, Urt. v. 26. 10. 2011 – 5 U 46/11, MedR 2012, 813, 815: Entscheidungskonflikt bei Hinweis auf **Risiko einer Querschnittlähmung vor nur relativ indizierter LWS/BWS-OP plausibel**; OLG Köln, Beschl. v. 4. 10. 2011 – 5 U 184/10, GesR 2012, 414 = VersR 2012, 863: Entscheidungskonflikt bei **verspätetem Hinweis auf gravierende Risiken einer nur relativ indizierten Herzoperation plausibel**; OLG Köln, Beschl. v. 1. 6. 2012 – 5 U 246/11, MDR 2012, 1287 = GesR 2012, 684, 685: **Hinweis auf Einholung einer Zweitmeinung vor zwingend indizierter Angiographie mit Stent-Einlage nicht plausibel**; OLG Köln, Beschl. v. 29. 2. 2012 – 5 U 139/11, VersR 2013, 62, 63: **Entscheidungskonflikt bei Schönheitsoperation nach Vorinformation durch vier andere Schönheitschirurgen nicht plausibel**; OLG Köln, Beschl. v. 9. 11. 2011 – 5 U 89/09, GesR 2012, 168, 172: Abstandnahme von Intubation nach Risikoaufklärung nicht plausibel, wenn das **Unterlassen der Behandlung sicher zur Verschlechterung des Gesundheitszustandes geführt** hätte; OLG Köln, Urt. v. 12. 1. 2011 – 5 U 37/10, MedR 2012, 121, 124: **Abstandnahme von nicht zwingend indizierter Lumbalinfiltration/Eingriff an WS L 4/5 bei Aufklärung über dauerhafte Lähmungen plausibel**; OLG Köln, Beschl. v. 29. 3. 2010 – 5 U 103/09, GesR 2010, 371, 373: kein Entscheidungskonflikt bei unterlassenem Hinweis auf Paravasat, wenn **Chemotherapie alternativlos indiziert** ist; OLG Köln, Urt. v. 22. 4. 2009 – 5 U 152/08, juris, Nr. 41, 42, 45: **Nervschädigung bei Zahn-OP, Eingriff durch MKG-Chirurgen, kein Entscheidungskonflikt**; OLG Köln, Urt. v. 25. 5. 2011 – 5 U 174/08, VersR 2012, 239, 240: **Hinweis auf Zweit-**

meinung bzw. **Spezialklinik im Falle der Aufklärung über besser geeignetes OP-Verfahren plausibel**; OLG München, Urt. v. 26. 5. 2011 – 1 U 3081/10, juris, Nr. 66, 67: **kein Entscheidungskonflikt bei verspäteter Aufklärung vor zwingend indizierter Herz-OP**; OLG München, Urt. v. 24. 11. 2011 – 1 U 976/11, juris, Nr. 75, 79, 80: **Revisions-OP alternativlos indiziert**; OLG München, Urt. v. 24. 11. 2011 – 1 U 4262/10, juris, Nr. 58–61: **Entscheidungskonflikt nach unterlassener Aufklärung über Nervschädigungen, Fibrosen u.a. bei Strahlentherapie zur Abwendung eines frühen Todes nicht plausibel**; OLG München, Urt. v. 10. 11. 2011 – 1 U 134/11, juris, Nr. 37, 42, 43, 46: Abstandnahme von Augen-OP nach Hinweis auf Parästhesien der linken Gesichtshälfte **bei drohender Erblindung nicht plausibel**; OLG München, Beschl. v. 23. 3. 2011 – 1 U 409/11, juris, Nr. 5: **Hinweis auf Abstandnahme von Untersuchung/Darmspiegelung zur Abklärung eines Tumorverdachts bei Aufklärung über Schmerzzustände unplausibel**; OLG München, Beschl. v. 24. 6. 2010 – 1 U 2464/10, juris, Rz. 12 und Beschl. v. 6. 8. 2010 – 1 U 2464/10, Rz. 7, 8: **Hinweis auf Einholung einer Zweitmeinung nicht plausibel, wenn OP alternativlos indiziert**; OLG München, Urt. v. 2. 2. 2012 – 1 U 5333/10, juris, Nr. 62: **Aufsuchen einer anderen Klinik bei absoluter OP-Indikation bei Tumor nicht plausibel, wenn Risiko dort nicht nennenswert geringer gewesen wäre**; OLG München, Urt. v. 19. 1. 2012 – 1 U 2532/11, juris, Nr. 63, 64: kein Entscheidungskonflikt, wenn Patientin Risiken eines kosmetischen Eingriffs im Wesentlichen bekannt waren; OLG Naumburg, Urt. v. 10. 5. 2010 – 1 U 97/09, juris, Nr. 60, 64: kein Entscheidungskonflikt, wenn **endoskopische Entfernung eines Harnleitersteins alternativlos indiziert** ist und Verlust der Nierenfunktion droht; OLG Naumburg, Urt. v. 17. 2. 2011 – 1 U 89/10, GesR 2011, 560, 561 = MedR 2012, 247, 248: **Verzicht auf alternativlos indizierte OP hätte zur Erblindung führen können**; OLG Oldenburg, Urt. v. 27. 5. 2009 – 5 U 43/08, GesR 2010, 207, 208 = VersR 2010, 1221, 1223; OLG Oldenburg, Urt. v. 4. 7. 2007 – 5 U 106/06, VersR 2008, 124, 125; Urt. v. 15. 11. 2006 – 5 U 68/05, juris, Nr. 29, 30, 37; OLG Oldenburg, Urt. v. 30. 3. 2005 – 5 U 66/03, VersR 2006, 517; OLG Saarbrücken, Urt. v. 14. 12. 2011 – 1 U 172/05–61, GesR 2012, 219, 221: **dringend indizierte Herz-OP bei Kleinkind**; OLG Stuttgart, Urt. v. 16. 11. 2010 – 1 U 124/09, GesR 2011, 30, 31 und OLG Stuttgart, Urt. v. 23. 8. 2011 – 1 U 51/11, S. 6: **Hinweis auf „Spezialklinik" bei dort gleich hohen Risiken nicht plausibel**; F/N/W, 5. Aufl., Rz. 222; G/G, 6. Aufl., Rz. C 138–146; S/Pa, 12. Aufl., Rz. 522, 524; Spickhoff-Wellner, § 823 BGB Rz. 280, 281; L/K/L-Katzenmeier, Rz. V 59, 60, 86, 89).

A 1900a   Nachdem der Referentenentwurf – jedenfalls nach dessen Wortlaut – ursprünglich eine von Amts wegen vorzunehmende Prüfung des „ernsthaften Entscheidungskonflikts" vorgesehen hatte, bestimmt § 630h II 2 BGB nunmehr, der Behandelnde könne sich nunmehr darauf **berufen**, dass der Patient auch im Fall einer ordnungsgemäßen Aufklärung in die Maßnahme eingewilligt hätte (vgl. Rz. P 63 ff.).

A 1901   Auch in der Instanzrechtsprechung wird bzw. wurde oft übersehen, dass der Patient nach feststehender obergerichtlicher Rechtsprechung **erst dann plausibel Gründe dafür darlegen** muss, dass er sich in einem „echten bzw. ernsthaften Entscheidungskonflikt" befunden haben würde, wenn **die Behandlungsseite substantiiert dargelegt hat, dass der Patient bei ordnungsgemäßer Aufklärung den**

Eingriff in der gleichen Weise hätte durchführen lassen (BGH, Urt. v. 27. 3. 2007
– VI ZR 55/05, VersR 2007, 995, 998 = NJW 2007, 2767, 2770, Nr. 34, 36; Urt. v.
17. 4. 2007 – VI ZR 108/06, VersR 2007, 999, 1000 = NJW 2007, 2771, 2772,
Nr. 17; OLG Celle, Urt. v. 2. 7. 2007 – 1 U 106/06, OLGR 2007, 727, 728 =
GesR 2007, 595, 596; OLG Brandenburg, Urt. v. 15. 7. 2010 – 12 U 232/09,
GesR 2010, 610, 613 = VersR 2011, 267, 268; OLG Frankfurt, Urt. v. 14. 10. 2003
– 8 U 135/01, OLGR 2003, 181, 184: **der Arzt muss zunächst darlegen, die Pa-
tientin hätte sich auch bei ordnungsgemäßer Information über alle wesentlichen
Umstände zu dem Eingriff bei ihm entschlossen;** OLG Karlsruhe, Urt. v.
23. 3. 2011 – 7 U 79/10, GesR 2011, 356, 358; OLG Naumburg, Urt. v.
9. 11. 2010 – 1 U 44/10, MedR 2012, 195, 197; OLG Oldenburg, Urt. v. 4. 7. 2007
– 5 U 106/06, VersR 2008, 124, 125; Urt. v. 15. 11. 2006 – 5 U 68/05, juris,
Nr. 37; OLG Oldenburg, Urt. v. 30. 3. 2005 – 5 U 66/03, VersR 2006, 517; OLG
Stuttgart, Beschl. v. 28. 2. 2008 – 1 W 4/08, VersR 2008, 1373, 1374; F/N/W,
5. Aufl., Rz. 221, 265; G/G, 6. Aufl., Rz. C 139; anders OLG Nürnberg, Urt. v.
27. 5. 2002 – 5 U 4225/00, OLGR 2003, 135, 137: „Patient befindet sich in einem
bereits aufgrund der Sachlage plausiblen Entscheidungskonflikt").

Nach Auffassung des OLG Köln (Beschl. v. 30. 4. 2012 – 5 U 246/11, GesR 2012,   A 1901a
684) **kann der Einwand der „hypothetischen Einwilligung" auch konkludent erhoben werden.** Hiervon sei etwa auszugehen, wenn sich der Prozessbevollmächtigte des beklagten Arztes in erster Instanz darauf berufen hatte, die Risiken der
Ausdehnung der Arterie und einer Stent-Anlage sei dem Patienten bekannt gewesen. Damit werde sogleich konkludent geltend gemacht, dass sich der Patient
auch im Falle einer ordnungsgemäßen Risikoaufklärung für eine Angiographie
mit Stent-Einbringung entschieden hätte.

Diese Ansicht dürfte im Hinblick auf die strengen Anforderungen der Rechtsprechung (nunmehr auch §§ 630e I, II, 630h II 2 BGB) **zur Vermeidung einer Aus-
höhlung des Selbstbestimmungsrechts des Patienten abzulehnen sein** (vgl.
hierzu Rz. A 1901, A 1902, Rz. P 63 ff. jeweils m. w. N.; F/N/W, 5. Aufl., Rz. 221:
substantiierter Vortrag der Behandlungsseite erforderlich, wonach der Patient
seine Zustimmung zu dem konkreten Eingriff gerade durch den betroffenen
Arzt auch bei ordnungsgemäßer Aufklarung erteilt hatte).

Der Arzt ist nach rechtzeitig erhobenem Einwand auf dieser Stufe jedoch **erst**   A 1902
dann beweisbelastet, wenn der **Patient** zur Überzeugung des Tatrichters **plausibel macht,** dass er – wären ihm rechtzeitig die Risiken der Behandlung verdeutlicht worden – vor einem **echten Entscheidungskonflikt** gestanden hätte. **Der
erst in zweiter Instanz erhobene Einwand der „hypothetischen Einwilligung"
ist grundsätzlich gem. § 531 II Nr. 3 ZPO unbeachtlich und nur dann zuzulassen, wenn die dem neuen Vorbringen zugrundeliegenden Tatsachen** (ggf. aufgrund eines „Anschlussfehlers" des Patientenvertreters!) **unstreitig bleiben**
(BGH, Urt. v. 18. 11. 2008 – VI ZR 198/07, MDR 2009, 281, 282 = NJW 2009,
1209, 1211 = VersR 2009, 257, 258, Nr. 22, 24, 25; OLG Oldenburg, Urt. v.
27. 5. 2009 – 5 U 43/08, VersR 2010, 1221, 1223 = GesR 2010, 207; auch OLG
Naumburg, Urt. v. 9. 11. 2010 – 1 U 44/10, MedR 2012, 195, 197 mit abl. Anm.
Wagener: erstmalige Aufklärungsrüge des Patienten in der Berufungsinstanz
blieb unstreitig; vgl. hierzu → *Berufung*, Rz. B 320 ff., B 358 ff.).

b) Persönliche Anhörung des Patienten erforderlich

A 1903   Ob der **Patient** für den Fall der vollständigen und richtigen Aufklärung plausibel darlegen kann, dass er wegen seiner Einwilligung in den ärztlichen Eingriff in einen ernsthaften Entscheidungskonflikt geraten wäre, lässt sich **regelmäßig nur nach seiner persönlichen Anhörung** beurteilen (BGH, Urt. v. 6. 7. 2010 – VI ZR 198/09, VersR 2010, 1220, 1221 = GesR 2010, 481, 484, Nr. 17; BGH, Urt. v. 27. 3. 2007 – VI ZR 55/05, VersR 2007, 995, 998, Nr. 34; Urt. v. 17. 4. 2007 – VI ZR 108/06, VersR 2007, 999, 1000, Nr. 17; BGH, Urt. v. 1. 2. 2005 – VI ZR 174/03, VersR 2005, 694 = MDR 2005, 865 = GesR 2005, 259; Urt. v. 15. 3. 2005 – VI ZR 313/03, VersR 2005, 836, 837 = NJW 2005, 1718, 1719; OLG Bamberg, Urt. v. 15. 9. 2003 – 4 U 11/03, GesR 2004, 135, 136 = OLGR 2004, 27, 28; Urt. v. 15. 9. 2003 – 4 U 75/03, OLGR 2004, 105, 106; OLG Karlsruhe, Urt. v. 8. 12. 2004 – 7 U 163/03, GesR 2005, 165, 168; OLG Naumburg, Urt. v. 17. 2. 2011 – 1 U 89/10, GesR 2011, 560, 561 = MedR 2012, 247, 248; OLG Naumburg, Urt. v. 9. 11. 2010 – 1 U 44/10, MedR 2012, 195, 197; OLG Oldenburg, Urt. v. 4. 7. 2007 – 5 U 106/06, VersR 2008, 124, 125; OLG Stuttgart, Beschl. v. 28. 2. 2008 – 1 W 4/08, VersR 2008, 1373, 1374; Stöhr, RiBGH, GesR 2006, 145, 149; Kern, GesR 2009, 1, 8; Spickhoff-Wellner, § 823 Rz. 280, 281; F/N/W, 5. Aufl., Rz. 222, 271; S/Pa, 12. Aufl., Rz. 523, 699).

A 1904   Von der persönlichen Anhörung kann nur in solchen Fällen abgesehen werden, in denen schon die unstreitigen äußeren Umstände insoweit eine **sichere Beurteilung der hypothetischen Entscheidungssituation erlauben und die besondere persönliche Situation des Patienten und seiner Einstellung ohne weiteres erfasst werden können** (BGH, Urt. v. 1. 2. 2005 – VI ZR 174/03, NJW 2005, 1364 = VersR 2005, 694; BGH, Urt. v. 17. 4. 2007 – VI ZR 108/06, VersR 2007, 999, 1000 = NJW 2007, 2771, 2773, Nr. 17; VersR 1998, 766, 767; OLG Oldenburg, Urt. v. 4. 7. 2007 – 5 U 106/06, VersR 2008, 124, 125; OLG Bamberg, Urt. v. 15. 9. 2003 – 4 U 11/03, OLGR 2004, 27, 28 und OLG Karlsruhe, Urt. v. 12. 12. 2012 – 7 U 176/11, juris, Nr. 18, 19, 21: im konkreten Fall nach Schlaganfall des Patienten jeweils verneint; OLG Karlsruhe, Urt. v. 8. 12. 2004 – 7 U 163/03, OLGR 2005, 189, 190; OLG Düsseldorf, Urt. v. 20. 6. 2002 – 8 U 119/01, AHRS III, 7030/302; G/G, 6. Aufl., Rz. C 142).

A 1904a   So ist die persönliche Anhörung des Patienten dann **entbehrlich, wenn die konsequente Sanierung einer superinfizierten Wunde zwingend erforderlich war und keine alternativen Behandlungsmethoden mit geringeren Risiken oder höheren Erfolgschancen in Betracht kamen.** In einem solchen Fall würde sich die persönliche Anhörung des Patienten als „bloße Förmelei" darstellen (OLG Düsseldorf, Urt. v. 20. 10. 2002 – 8 U 119/01, AHRS III, 7030/302).

A 1905   **An diese Darlegungspflicht des Patienten dürfen keine allzu hohen Anforderungen gestellt werden** (BGH, Urt. v. 17. 4. 2007 – VI ZR 108/06, VersR 2007, 999, 1001 = NJW 2007, 2771, 2773, Nr. 18, 19; Urt. v. 27. 3. 2007 – VI ZR 55/05, VersR 2007, 995, 998 = NJW 2007, 2767, 2770, Nr. 36; OLG Brandenburg, Urt. v. 24. 3. 2011 – 12 U 75/08, juris, Rz. 23; OLG Frankfurt, Urt. v. 12. 3. 2009 – 15 U 18/08, MedR 2009, 532, 535; OLG Karlsruhe, Urt. v. 23. 3. 2011 – 7 U 79/10, GesR 2011, 356, 358; OLG Koblenz, Urt. v. 29. 11. 2001 – 5 U 1382/00,

VersR 2003, 1313, 1315; OLG Koblenz, Urt. v. 1. 4. 2004 – 5 U 1086/03, NJW-RR 2004, 1166, 1167; OLG München, Beschl. v. 23. 3. 2011 – 1 U 409/11, juris, Rz. 5, 7; OLG München, Urt. v. 24. 11. 2011 – 1 U 4262/10, juris, Nr. 58–61; OLG Naumburg, Urt. v. 17. 2. 2011 – 1 U 89/10, GesR 2011, 560, 562; OLG Oldenburg, Urt. v. 30. 3. 2005 – 5 U 66/03, VersR 2006, 517; G/G, 6. Aufl., Rz. C 144; F/N/W, 5. Aufl., Rz. 222, 271; S/Pa, 12. Aufl., Rz. 524, 699).

Es kommt dabei nicht darauf an, dass der Patient eine anderweitige Entschei- A 1906
dung glaubhaft zu machen in der Lage ist (BGH, NJW 1991, 1543; OLG Brandenburg VersR 2000, 1283, 1285) **oder wie sich ein „vernünftiger" Patient verhalten haben würde oder was aus ärztlicher Sicht sinnvoll und erforderlich gewesen wäre** (BGH, Urt. v. 27. 3. 2007 – VI ZR 55/05, VersR 2007, 995, 999 = NJW 2007, 2767, 2771, Nr. 37; BGH, Urt. v. 15. 3. 2005 – VI ZR 313/03, VersR 2005, 836, 837; OLG Bamberg, Urt. v. 6. 3. 2006 – 4 U 236/05, OLGR 2006, 739, 741; OLG Frankfurt, Urt. v. 12. 3. 2009 – 15 U 18/08, MedR 2009, 532, 535; OLG Koblenz, Urt. v. 29. 11. 2001 – 5 U 1382/00, VersR 2003, 1313, 1315; Urt. v. 1. 4. 2004 – 5 U 1086/03, NJW-RR 2004, 1166, 1167; OLG Naumburg, Urt. v. 17. 2. 2011 – 1 U 89/10, GesR 2011, 560, 561/562; G/G, 6. Aufl., Rz. C 138, 140; Spickhoff-Wellner, § 823 BGB Rz. 281; L/K/L-Katzenmeier, Rz. V 59, 60; F/N/W, 5. Aufl., Rz. 221).

Ist nicht auszuschließen, dass sich der Patient unter Berücksichtigung des zu be- A 1907
handelnden Leidens und der Risiken, über die aufzuklären war, aus vielleicht nicht gerade „vernünftigen", jedenfalls aber **nachvollziehbaren Gründen** für eine Ablehnung der Behandlung entschieden haben könnte, kommt ein „echter Entscheidungskonflikt" in Betracht (BGH, Urt. v. 17. 4. 2007 – VI ZR 108/06, VersR 2007, 999, 1001, Nr. 19).

So kann auch ein ernsthafter Entscheidungskonflikt des Patienten mit dem Hin- A 1907a
weis, bei rechtzeitiger Aufklärung hätte er eine **relativ, aber nicht zwingend indizierte Herzoperation am fraglichen Tag in der betreffenden Klinik nicht durchführen lassen, plausibel sein.** Denn es kommt nicht auf die Sichtweise eines vernünftigen Patienten an, selbst wenn die verspätete Aufklärung nach Inhalt und Umfang ansonsten nicht zu beanstanden ist (OLG Köln, Beschl. v. 4. 10. 2011 – 5 U 184/10, GesR 2012, 414 = VersR 2012, 863).

Ist eine Lymphknotenentfernung aus dem Hals nicht vital bzw. dringend indi- A 1907b
ziert, so ist auch ein Entscheidungskonflikt **einer Telefonistin mit dem Hinweis auf die damit verbundene Berufsunfähigkeit** plausibel, wenn sie nicht auf das Risiko einer dauerhaft verbleibenden Stimmbandlähmung hingewiesen wird (OLG Koblenz, Urt. v. 28. 11. 2012 – 5 U 420/12, GesR 2013, 120, 121).

Abzustellen ist allein auf die konkrete **persönliche Entscheidungssituation** des A 1908
Patienten, der „nur" einsichtig machen muss, dass ihn die vollständige Aufklärung über das Für und Wider des beabsichtigten Eingriffs **vor die ernsthafte Frage gestellt hätte, ob er den Eingriff zu diesem Zeitpunkt nun durchführen lassen soll oder nicht** (BGH, Urt. v. 25. 3. 2003 – VI ZR 131/02, NJW 2003, 2012, 2014 bei verspäteter Aufklärung; BGH, VersR 1992, 960, 962; MDR 1991, 603; OLG Brandenburg VersR 2000, 1283, 1285; OLG Koblenz, Urt. v. 29. 11. 2001 – 5 U 1382/00, VersR 2003, 1313, 1315 bei verspäteter Aufklärung; OLG Koblenz,

Urt. v. 1. 4. 2004 – 5 U 1086/03, NJW-RR 2004, 1166, 1167: **kein ernsthafter Entscheidungskonflikt vor Operation „kalter Knoten" im Bereich des Schilddrüsenlappens nach aufgetretenen Atembeschwerden**; OLG München, Urt. v. 24. 11. 2011 – 1 U 4262/10, juris, Nr. 58–61; OLG Oldenburg, Urt. v. 30. 3. 2005 – 5 U 66/03, VersR 2006, 517; OLG Stuttgart NJW-RR 2004, 904 und VersR 1998, 1111, 1113).

Dabei kann unter Umständen **auch das Verhalten des Patienten nach dem Eingriff zu berücksichtigen** sein (OLG Stuttgart NJW-RR 2000, 904; G/G, 6. Aufl., Rz. C 140).

c) Hinweis auf „Spezialklinik"; Zustimmungsverweigerung medizinisch offenkundig unvernünftig (vgl. auch Rz. A 2079 ff.)

A 1909   Teilweise wurde bzw. wird die **Rechtsfigur des „ernsthaften Enscheidungskonflikts" missbraucht,** zumal es in Fachkreisen teilweise durchaus als „Anwaltsfehler" gilt, den Patienten nicht auf die entsprechenden Fragen des Gerichts bzw. der Gegenseite „vorzubereiten".

A 1909a   Völlig zutreffend hat das OLG München (Beschl. v. 24. 5. 2010 – 1 U 2464/10, juris, Rz. 12 und nachfolgend Beschl. v. 6. 8. 2010 – 1 U 2464/10, juris, Rz. 8; in diesem Sinne auch OLG München, Urt. v. 2. 2. 2012 – 1 U 5333/10, juris, Nr. 62 und OLG Stuttgart, Urt. v. 16. 11. 2010 – 1 U 124/09, GesR 2011, 30, 31) ausgeführt, dass eine allgemeine Erklärung eines Patienten, er hätte im Falle der vollständigen Aufklärung **noch einen anderen Arzt konsultiert** bzw. die zusätzliche, vom behandelnden Arzt unterlassene Information über den anstehenden Eingriff hätte ihn **möglicherweise zum nochmaligen Nachdenken veranlasst, für die Darlegung eines plausiblen Entscheidungskonflikts nicht ausreicht.** Denn diese Überlegung kann ein Patient für jeden beliebigen Aufklärungsmangel vorbringen. Würde eine solche Aussage genügen, **hätte der Einwand der hypothetischen Einwilligung faktisch unter keinen Umständen mehr Aussicht auf Erfolg,** zumal zu erwarten wäre, dass eine entsprechende anwaltliche Beratung des Patienten erfolgen würde (so ausdrücklich OLG München, Beschl. v. 6. 8. 2010 – 1 U 2464/10, juris, Rz. 8: Patientin stand im entschiedenen Fall unter einem erheblichen Leidensdruck und kannte mehrere schwerwiegende Risiken des Eingriffs).

A 1909b   Hat die Behandlungsseite den Einwand der hypothetischen Einwilligung erhoben, ist ein Entscheidungskonflikt des Patienten mit dem Hinweis, in Kenntnis des Risikos einer dauerhaften Nervschädigung hätte er sich **in einem anderen Krankenhaus oder in einer „Spezialklinik" behandeln lassen,** ebenfalls nicht plausibel, wenn die **Operation absolut indiziert ist** (OLG Stuttgart, Urt. v. 23. 8. 2011 – 1 U 51/11, S. 9: offene Reposition mit Osteosynthese nach Humerusschaft-Mehrfragmentfraktur; OLG München, Urt. v. 2. 2. 2012 – 1 U 5333/10, juris, Nr. 62: Strumaoperation zur Entfernung eines bösartigen Tumors), **wenn das Risiko auch in einem Klinikum höhrerer Versorgungsstufe in etwa gleich hoch** ist (OLG München a. a. O.: Risiko der Stimmbandverletzung) bzw. **Zweifel an der Qualität der medizinischen Versorgung im fraglichen Krankenhaus nicht bestehen** und der Sachverständige ausführt, ein Weitertransport

in ein anderes Krankenhaus wäre zwar möglich, aber nicht sinnvoll gewesen (OLG Stuttgart, Urt. v. 23. 8. 2011 – 1 U 51/11, S. 9: Patient hatte vor zwingend indizierter Osteosynthese nach Humerusschaft-Mehrfragmentfraktur Schmerzen).

Ein Entscheidungskonflikt ist auch nicht plausibel dargetan, wenn der Patient **vor der Durchführung einer Schilddrüsenoperation** darauf hingewiesen worden ist, dass die Stimmbänder Schaden nehmen könnten und in seltenen Fällen ein Luftröhrenschnitt erforderlich werden kann, das sich realisierende Risiko einer lebenslangen Pflicht zur Einnahme von Kalzium aber nicht erwähnt wird und der Patient ausführt, wenn ihm auch dieses Risiko genannt worden wäre, hätte er sich **noch einmal erkundigt und eine „Spezialklinik" aufgesucht** (OLG Stuttgart, Urt. v. 16. 11. 2010 – 1 U 124/09, GesR 2011, 30, 32 = NJW-RR 2011, 747, 748).   **A 1909c**

Ist die Durchführung einer Herzoperation bei einem Kleinkind zwingend indiziert ist (hier: OP muss innerhalb von 48 bis längstens 72 Stunden durchgeführt werden), ist ein Entscheidungskonflikt der Eltern mit dem Hinweis, **bei korrekter Aufklärung hätten die Eltern auf einer Verlegung ihres Kindes mit dem Hubschrauber in eine Spezialklinik bestanden, nicht plausibel**, wenn während des Transports nur eingeschränkte Behandlungsmöglichkeiten bestanden hätten, der **Zustand des Kindes problematisch war** (hier: vom Sachverständigen als „wackelig" beschrieben) und das **extrem seltene Operationsrisiko** (hier: komplette motorische Querschnittlähmung) **auch in der fraglichen Spezialklinik bestanden hätte**, wobei etwa geringfügigere Risiken durch die Nachteile des Hubschraubertransports aufgewogen worden wären (OLG Saarbrücken, Urt. v. 14. 12. 2011 – 1 U 172/05–61, GesR 2012, 219, 223; **a.A. aber** OLG Stuttgart, VersR 1987, 515 und OLG Schleswig, NJW-RR 1996, 348, 350: Entscheidungskonflikt bei älteren Patienten mit der Möglichkeit, die OP noch aufzuschieben, jeweils bejaht).   **A 1909d**

Auch das OLG Koblenz (Beschl. v. 17. 8. 2004 – 5 W 482/04, GesR 2005, 15) hatte Jahre zuvor darauf hingewiesen, die bloße **pauschale Behauptung** des Patienten, bei ordnungsgemäßer Aufklärung habe er sich „in einem ernsthaften Entscheidungskonflikt befunden", reiche nicht aus, wenn der Arzt vorgetragen hat, dass **zu der durchgeführten Operation keine ernsthafte Alternative** bestanden hat. Gleiches gilt, wenn sich der Patient bei seiner Anhörung auf die Erklärung beschränkt, **er könne nicht sagen, ob er dem Eingriff zugestimmt hätte**, wenn er auf die Risiken hingewiesen worden wäre (OLG Oldenburg, Urt. v. 30. 3. 2005 – 5 U 66/03, VersR 2006, 517, 518: im entschiedenen Fall waren die konservativen Behandlungsmöglichkeiten ausgeschöpft).   **A 1909e**

Ein Entscheidungskonflikt ist ebenfalls **nicht plausibel**, wenn der Patient ausführt, er hätte sich **auf keinen Fall operieren lassen**, wenn er gewusst hätte, welche Folgen sich einstellen könnten, wenn der vom Gericht beauftragte Sachverständige darlegt, bei der Operation (hier: Karpaltunnelspaltung) hätte eine **günstige Nutzen-Risiko-Konstellation** bestanden, es sei nicht zu erwarten gewesen, dass durch den Eingriff eine Verschlechterung eintreten würde; bei einem Verzicht auf die Operation hätte es zu irreversiblen Schäden kommen können (OLG Düsseldorf, Urt. v. 16. 9. 2004 – I 8 U 46/04, AHRS III, 7460/308).   **A 1909f**

A 1910   Ist die **Zustimmungsverweigerung medizinisch offenkundig unvernünftig, trifft den Patienten eine nähere Substantiierungslast**, aus welchen Gründen er bei vollständiger und zutreffender Aufklärung über die Risiken des Eingriffs seine Zustimmung versagt hätte (OLG Bamberg, Urt. v. 15. 9. 2003 – 4 U 75/03, AHRS III, 1050/333: **Blinddarmoperation war dringend indiziert**; OLG Koblenz, VersR 1990, 489: Ablehnung einer alternativlos indizierten Strahlentherapie; OLG Köln, Urt. v. 9. 11. 2011 – 5 U 89/09, GesR 2012, 168, 172: **Unterlassen der zwingend gebotenen Intubation**, über deren Risiken nicht aufgeklärt wurde, hätte zu einer weiteren Verschlechterung des Zustandes des Patienten geführt; OLG Köln, Urt. v. 22. 12. 2003 – 5 U 216/00, AHRS III, 1505/336: **Ablehnung einer Arteriographie/CT bei Tumorverdacht**; OLG Köln, Beschl. v. 1. 6. 2012 – 5 U 246/11, MDR 2012, 1287, 1288: **Ablehnung einer zwingend indizierten Angiographie mit evtl. Stent-Einlage nicht plausibel**; OLG Köln, Urt. v. 10. 12. 2008 – 5 U 35/08 mit NZB BGH v. 25. 12. 2009 – VI ZR 15/09, AHRS III, 1050/369: **Keine Behandlungsalternative zu einer durchgeführten Prothesenimplantation**; OLG München, Urt. v. 24. 11. 2011 – 1 U 4262/10, juris, Nr. 58–61: Verzicht auf Strahlentherapie nach Hinweis auf Nervschädigungen, Atrophien, Problemen beim Gehen als Spätfolge **hätte zum baldigen Tod des Patienten führen können**; OLG München, Urt. v. 10. 11. 2011 – 1 U 134/11, juris, Nr. 37, 42, 43, 46: bei Verzicht auf Augen-OP nach Hinweis auf dauerhafte Parästhesien der linken Gesichtshälfte **drohte die Erblindung eines Auges**; OLG Naumburg, Urt. v. 17. 2. 2011 – 1 U 89/10, MedR 2012, 247, 248: bei rechtzeitiger Aufklärung erklärter **Verzicht auf die OP hätte zur Erblindung des Patienten geführt**; OLG Naumburg, Urt. v. 10. 5. 2010 – 1 U 97/09, juris, Nr. 60, 64: endoskopische Entfernung eines Harnleitersteins alternativlos indiziert; OLG Oldenburg, VersR 1991, 820 bei vitaler oder **absoluter Indikation des Eingriffs**; OLG Saarbrücken, Urt. v. 14. 12. 2011 – 1 U 172/05–61, GesR 2012, 219, 222: kein Entscheidungskonflikt bei unterlassenem Hinweis auf Behandlung in Spezialklinik, wenn die **Herzoperation bei einem Kleinkind zeitnah und zwingend indiziert** ist; OLG Stuttgart, Urt. v. 23. 8. 2011 – 1 U 51/11, S. 9: **Eingriff war alternativlos indiziert, weiteres Zuwarten wäre nicht sinnvoll gewesen**; G/G, 6. Aufl., Rz. C 140; S/Pa, 12. Aufl., Rz. 698).

A 1911   So hat der Patient **bei vitaler oder absoluter Indikation substantiiert plausible Gründe** für seinen Entscheidungskonflikt vorzutragen und deutlich zu machen, dass er sich bei einer **Lebenserwartung von rund zwei Jahren ohne bestehende, echte Behandlungsalternative nach entsprechender Aufklärung gegen eine indizierte Strahlentherapie** entschieden hätte (OLG Oldenburg, VersR 1991, 820; ebenso OLG Frankfurt, VersR 1989, 254; OLG München, Urt. v. 24. 11. 2011 – 1 U 4262/10, juris, Nr. 58–61: Entscheidungskonflikt nach unterlassener Aufklärung über Nervschädigungen, Fibrosen u. a. bei Strahlentherapie zur Abwendung eines frühen Todes nicht plausibel). Gleiches gilt bei behauptetem Verzicht der Patientin auf die ohne Aufklärung durchgeführte Strahlentherapie bei Vorliegen eines Brustkarzinoms (OLG Koblenz, VersR 1990, 489).

A 1912   Hätte der Patient bei einer ordnungsgemäßen Aufklärung (hier: über die Risiken einer alternativlos indizierten Strahlentherapie, insbesondere Atrophien der Muskulatur und der Haut, Nervschädigungen, Fibrosen des bestrahlten Gewebes, Probleme beim Gehen als Spätfolge) vor der Entscheidung gestanden, ob er

die Chancen nutzt, unter Inkaufnahme der bestehenden Risiken weiterzuleben oder mit hoher Wahrscheinlichkeit zu versterben, muss er greifbare Anhaltspunkte dafür vortragen, dass er sich aufgrund besonderer Umstände den Risiken der Therapie nicht ausgesetzt und einen frühen Tod billigend in Kauf genommen hätte (OLG München, Urt. v. 24. 11. 2011 – 1 U 4264/10, juris, Nr. 10, 59, 60: Entscheidungskonflikt verneint).

Die Behauptung des Patienten, bei rechtzeitiger bzw. vollständiger Aufklärung über die Risiken einer Augenoperation hätte er den Eingriff nicht bzw. nicht in der fraglichen Klinik durchführen lassen, ist nicht plausibel, wenn **ohne die Operation mit einer baldigen Erblindung des fraglichen Auges zu rechnen** gewesen wäre (OLG München, Urt. v. 10. 11. 2011 – 1 U 134/11, juris, Nr. 37, 42, 43, 46; OLG Naumburg, Urt. v. 17. 2. 2011 – 1 U 89/10, MedR 2012, 247, 248: OP bot eine Chance von 87 % bis 96 % auf dauerhafte Besserung).   A 1912a

Der Einwand der hypothetischen Einwilligung greift auch durch, wenn eine **Intubation in der eingetretenen Notfallsituation unausweichlich war und deren Unterlassen zu einer weiteren Verschlechterung des Zustandes des Patienten geführt hätte** (OLG Köln, Urt. v. 9. 11. 2011 – 5 U 89/09, GesR 2012, 168, 172).   A 1912b

Ist zum Beispiel die **voraussichtliche Überlebenszeit bei einem nicht operierten Rektumkarzinom sehr gering** und würde die Lebensqualität des Patienten ohne die Operation alsbald erheblich beeinträchtigt werden, so ist seine Erklärung, er hätte wegen des **Risikos des Potenzverlusts**, über das er nicht aufgeklärt worden ist, von der Operation Abstand genommen, nicht plausibel (OLG Köln, VersR 1990, 663).   A 1912c

Ist die endoskopische **Entfernung eines Harnleitersteins alternativlos indiziert**, weil der Verzicht auf den Eingriff nach der eindeutigen Darstellung des hinzugezogenen Sachverständigen im weiteren Verlauf mit Sicherheit zum Verlust der Nierenfunktion geführt hätte, ist die Behauptung des Patienten, er hätte sich bei korrekter Auflärung über das Risiko des Funktionsverlustes der betroffenen Niere als mögliche, indirekte Folge des Eingriffs für ein **Zuwarten oder eine weniger invasive Stoßwellentherapie** entschieden, **nicht pausibel** (OLG Naumburg, Urt. v. 10. 5. 2010 – 1 U 97/09, juris, Nr. 60, 64).   A 1912d

Wenn die **mögliche Komplikation (hier: vorübergehende, erhebliche Schmerzzustände) völlig außer Verhältnis zu der Notwendigkeit der durchzuführenden Untersuchung (hier: nach festgestelltem Blut im Stuhl nebst Brennen und Jucken, Karzinomverdacht) steht**, ist die Behauptung eines Entscheidungskonflikts mit der Erklärung, bei ordnungsgemäßer Aufklärung über die möglichen Schmerzzustände hätte der Patient den Eingriff nicht durchführen lassen, **nicht plausibel** (OLG München, Beschl. v. 23. 3. 2011 – 1 U 409/11, juris, Rz. 5, 7).   A 1913

Allein der Umstand, dass ein indizierter Eingriff hätte zeitlich hinausgeschoben werden können, begründet nach Ansicht des OLG Stuttgart (VersR 1998, 1111) keinen Entscheidungskonflikt, wenn der Patient nicht **plausibel darlegt, wozu er die Zeit genutzt hätte**.   A 1914

Spielen **streitige Äußerungen des Patienten** gegenüber früher behandelnden Ärzten für die Beurteilung eines ernsthaften Entscheidungskonflikts eine Rolle, ist   A 1915 die Forderung nach der **Entbindung** dieser Ärzte von der **Schweigepflicht** grundsätzlich gerechtfertigt (OLG München, Urt. v. 12. 1. 2006 – 1 U 3633/05, OLGR 2006, 341).

A 1916   Einstweilen frei.

d) Patient verstorben

A 1917   Kann das Gericht die Plausibilität des behaupteten Entscheidungskonflikts nicht abschließend beurteilen, weil der **Patient** zwischenzeitlich **verstorben** ist oder einen **Schlaganfall** erlitten hat (OLG Bamberg VersR 1998, 1025, 1026 und OLG Düsseldorf, Urt. v. 27. 3. 1997 – 8 U 47/96 sowie OLG Hamm, Urt. v. 15. 6. 2005 – 3 U 289/04, GesR 2005, 401, 402: Patient verstorben; OLG Stuttgart, Urt. v. 14. 10. 2003 – 1 U 50/03, AHRS III, 1050/334: Patientin tot; OLG Bamberg, Urt. v. 15. 9. 2003 – 4 U 11/03, GesR 2004, 135, 136 und OLG Karlsruhe, Urt. v. 12. 12. 2012 – 7 U 176/11, juris, Nr. 18–21: Schlaganfall; BGH, Urt. v. 17. 4. 2007 – VI ZR 108/06, VersR 2007, 999, 1001 = NJW 2007, 2771, 2773, Nr. 21, 24: Patient hat schwere Hirnschäden erlitten; S/Pa, 12. Aufl., Rz. 525), so kann die durch den Tod des Patienten unmöglich gewordene Anhörung wegen des betroffenen Selbstbestimmungsrechts nach einer Ansicht **nicht durch eine Zeugeneinvernahme**, etwa der Ehefrau oder sonstiger Angehöriger ersetzt werden, wenn nicht ausnahmsweise schon die unstreitigen Umstände eine sichere Beurteilung der hypothetischen Entscheidungssituation erlauben (so etwa OLG Bamberg, Urt. v. 15. 9. 2003 – 4 U 11/03, GesR 2004, 135, 136 und OLG Bamberg, VersR 1998, 1025, 1026 = AHRS II, 4265/124 und 5400/134; NA-Beschl. BGH v. 3. 2. 1998 – VI ZR 226/97; auch OLG Celle, Urt. v. 23. 4. 2001 – 1 U 37/00, NA-Beschl. BGH v. 15. 1. 2002 – VI ZR 207/01; auch OLG Dresden, Urt. v. 23. 3. 2000 – 4 U 3144/99 bei unentschuldigtem Fehlen des zur Anhörung geladenen Patienten; S/Pa, 12. Aufl., Rz. 525: geht zu Lasten des Patienten).

A 1918   Hat der Arzt in einem solchen Fall die Behauptung aufgestellt, der Patient hätte auch bei ordnungsgemäßer Aufklärung in die streitgegenständliche Behandlung eingewilligt, so ist die Aufklärungspflichtverletzung für die Realisierung des Risikos, über das nicht aufgeklärt worden ist, nach dieser Ansicht **nicht kausal** geworden (OLG Bamberg, a. a. O.; auch OLG Hamm, Urt. v. 15. 6. 2005 – 3 U 289/04, GesR 2005, 401, 402: Darlegung eines Entscheidungskonflikts wird dann „kaum gelingen"; Rehborn, MDR 2000, 1107).

A 1919   Nach anderer Auffassung kann sich das Gericht in solchen Fällen durch die **Vernehmung angebotener Zeugen oder anhand des Verhaltens des Patienten nach dem Eingriff von der Plausibilität des Entscheidungskonflikts überzeugen** (OLG Düsseldorf, Urt. v. 25. 4. 2002 – 8 U 81/01, OLGR 2003, 387, 390: Entscheidungskonflikt durch die Witwe und den Sohn des verstorbenen Patienten dargelegt, jedoch nicht plausibel; OLG Frankfurt, Urt. v. 14. 1. 2003 – 8 U 135/01, OLGR 2003, 181, 184: Entscheidungskonflikt nach den Darlegungen der Tochter des verstorbenen Patienten bejaht; OLG Karlsruhe, Urt. v. 9. 10. 2002 – 7 U 107/00, OLGR 2003, 233, 234: Entscheidungskonflikt durch die Tochter der Patientin plausibel dargelegt: OLG Oldenburg, Urt. v. 30. 5. 2000 – 5 U 218/99, VersR 2001, 1381, 1382 = AHRS III, 4370/301, NA-Beschl. BGH v. 12. 12. 2000

– VI ZR 237/00: Entscheidungskonflikt des Patienten trotz des erlittenen, schweren Hirnschadens bejaht; OLG Stuttgart, Urt. v. 14. 10. 2003 – 1 U 50/03, AHRS III, 1050/334: Vorbringen des Ehemanns, im Falle des Hinweises auf das äußerst seltene Todesrisiko hätte die verstorbene Ehefrau die Zustimmung zu einer Biopsie nicht erteilt, nicht plausibel).

Der BGH differenziert wie folgt (Urt. v. 17. 4. 2007 – VI ZR 108/06, VersR 2007, 999, 1001 = NJW 2007, 2771, 2773 = MedR 2007, 718, 720 = MDR 2007, 1017, 1018 = GesR 2007, 362, 365, Nr. 19, 21, 24):   A 1920

Sofern aufgrund der objektiven Umstände ein **echter Entscheidungskonflikt eher fern**, eine haftungsrechtliche Ausnutzung des Aufklärungsversäumnisses **eher nahe** liegt, ist es rechtlich nicht zu beanstanden, wenn der Tatrichter eine **hypothetische Einwilligung bejaht**, obwohl der Patient hierzu **nicht persönlich angehört** werden konnte. Ist indes nicht auszuschließen, dass sich der Patient unter Berücksichtigung des zu behandelnden Leidens und der Risiken, über die aufzuklären war, aus vielleicht nicht gerade „vernünftigen", jedenfalls aber **nachvollziehbaren Gründen** für eine Ablehnung der Behandlung entschieden haben, könnte, kommt ein „echter Entscheidungskonflikt" in Betracht. In einem solchen Fall darf der Tatrichter nicht allein aufgrund der Unmöglichkeit der persönlichen Anhörung eine dem Patienten nachteilige Wertung vornehmen (BGH, a. a. O., Nr. 19). Es kommt nach Auffassung des BGH auf die Umstände des jeweiligen Einzelfalls an, so dass zwischen den divergierenden Entscheidungen des OLG Bamberg (VersR 1998, 1025) und der des OLG Oldenburg (VersR 2001, 1381) nach (insoweit wohl unzutreffender) Auffassung des BGH kein rechtsgrundsätzlicher Widerspruch bestehen würde.

In dem vom BGH entschiedenen Fall lag ein Entscheidungskonflikt des aufgrund   A 1921 erlittener, schwerer bleibender Hirnschäden nicht persönlich angehörten Patienten, der über mögliche, **erhebliche Nebenwirkungen eines Medikaments** zur Behandlung einer Herzarrhythmie nicht aufgeklärt worden war, auf der Hand. Denn beim Einsatz des Medikaments, das der Besserung der Beschwerden durch Herzrhythmusstörungen dienen sollte, war mit einer **Wahrscheinlichkeit von 35 % mit erheblichen Gesundheitsbeeinträchtigungen** wie etwa einer Schilddrüsenfunktionsstörung, schweren entzündlichen Lungenerkrankungen und Leberschäden, peripheren Neuropathien oder Myopathien sowie – wenn auch mit geringerer Wahrscheinlichkeit – einem Herzstillstand zu rechnen. In einem solchen Fall ist nicht auszuschließen, sondern sogar **eher wahrscheinlich**, dass sich der Patient nach erfolgter Aufklärung eher für die Ablehnung der Behandlung entschieden haben könnte, anstatt sich der Hoffnung hinzugeben, die Nebenwirkungen würden sich bei ihm nicht einstellen (BGH, a. a. O., Rz. 19, 24).

Wenzel (MedR 2007, 722) weist darauf hin, dass sich nach diesen Ausführungen   A 1922 des BGH eine Konfliktlage nur selten „ausschließen" lässt. Damit liegen die **Risiken** der **Unaufklärbarkeit** der persönlichen Entscheidungssituation des Patienten noch deutlicher auf der **Behandlungsseite** als bei der im Normalfall vorgeschriebenen persönlichen Anhörung (Wenzel, a. a. O.).

Das OLG Karlsruhe (Urt. v. 12. 12. 2012 – 7 U 176/11, juris, Nr. 18–21) hat sich   A 1922a den Ausführungen des BGH grundsätzlich angeschlossen und Folgendes ausgeführt:

Sofern aufgrund der objektiven Umstände ein **echter Entscheidungskonflikt eher fern, eine haftungsrechtliche Ausnutzung des Aufklärungsversäumnisses eher naheliegt**, ist es nicht zu beanstanden, wenn der Tatrichter eine hypothetische Einwilligung bejaht, obwohl der Patient hierzu nicht persönlich angehört werden konnte. Ist jedoch **nicht auszuschließen, dass sich der Patient aus nachvollziehbaren Gründen, die nicht „vernünftig" sein müssen**, für eine Ablehnung der Behandlung entschieden haben würde, kommt ein ernsthafter Entscheidungskonflikt in Betracht. Danach ist **nicht von einem ernsthaften Entscheidungskonflikt auszugehen**, wenn der Patient mit Verdacht auf einen Schlaganfall im Krankenhaus eingeliefert wird, eine Sonographie den Verdacht bestätigt und eine ordnungsgemäße Aufklärung über das seltene Risiko eines (weiteren) Schlaganfalls bei der dann indizierten Angiographie unterbleibt.

e) Verspätete Aufklärung

A 1923   Auch der **nicht rechtzeitig** aufgeklärte Patient (vgl. hierzu oben Rz. A 1634 ff., A 1658, A 1695, A 1700) muss substantiiert darlegen, dass ihn die späte Aufklärung in seiner Entscheidungsfreiheit beeinträchtigt hat und plausibel machen, dass er, wenn ihm rechtzeitig die Risiken der Operation verdeutlicht worden wären, vor einem echten Entscheidungskonflikt gestanden hätte, wobei allerdings an die Substantiierungspflicht zur Darlegung eines solchen Konflikts auch hier **keine zu hohen Anforderungen** gestellt werden dürfen (BGH, Urt. v. 25. 3. 2003 – VI ZR 131/02, NJW 2003, 2012, 2014 = VersR 2003, 1441, 1443; NJW 1998, 2734, 2735 = VersR 1998, 766, 767; NJW 1994, 3009, 3011 = VersR 1994, 1235, 1236).

A 1924   Jedoch legt es bei einem verspätet erfolgten Aufklärungsgespräch bereits die Lebenserfahrung nahe, dass seine Entscheidungsfreiheit im Hinblick auf den psychischen und organisatorischen Druck eingeschränkt gewesen ist (BGH, NJW 1995, 2410 = VersR 1995, 1055; NJW 1994, 3009, 3011 = VersR 1994, 1235; OLG Koblenz, Urt. v. 29. 11. 2001 – 5 U 1382/00, VersR 2003, 1313, 1315; G/G, 6. Aufl., Rz. C 141; Hoppe, NJW 1998, 782, 784; vgl. aber OLG Stuttgart, VersR 2002, 1428 – siehe oben Rz. A 1663, A 1664, A 1684).

A 1925   Nach u. E. zu weitgehender Auffassung des OLG Koblenz (Urt. v. 29. 11. 2001 – 5 U 1382/00, VersR 2003, 1313, 1315 = NJW-RR 2002, 816, 818) bedarf es gar keines näheren Vortrages des Patienten, dass er bei vollständiger und rechtzeitiger Aufklärung in einen ernsthaften Entscheidungskonflikt geraten wäre, wenn die erteilte **Aufklärung verspätet** erfolgt ist.

A 1925a   Andererseits ist ein **Entscheidungskonflikt auch bei verspäteter Aufklärung**, etwa über die Risiken einer Herzoperation (OLG München, Urt. v. 26. 5. 2011 – 1 U 3081/10, juris, Nr. 64) bzw. einer Augenoperation (OLG Naumburg, Urt. v. 17. 2. 2011 – 1 U 89/10, MedR 2012, 247, 248) **nicht plausibel**, wenn ein Verzicht auf die Operation zu schwerwiegenden Schäden geführt hätte (OLG Naumburg a. a. O.: Erblindung auf einem Auge; OLG München a. a. O.: Herzinfarkt, Schlaganfall) bzw. **wenn wesentliche Risiken einer Herzoperation bereits mit dem einweisenden Kardiologen erörtert worden waren und der Patient am Vortag des Eingriffs ein die Risiken enthaltendes Informationsblatt erhalten hatte** (OLG München a. a. O., Nr. 64, 66, 77).

Trotz Annahme eines von der Patientin **plausibel dargelegten Entscheidungs-** A 1926
konflikts hat das OLG Karlsruhe (Urt. v. 7. 6. 2000 – 13 U 78/98, VersR 2001,
860, 861; Revision vom BGH nicht angenommen) die hypothetische Einwilligung der Patientin bei einer am Vorabend einer Hirntumoroperation und damit
verspätet erteilten Aufklärung über das Risiko der Erblindung auf einem Auge
bejaht. Im entschiedenen Fall bestand zur vorgeschlagenen und in einer anerkannten Fachklinik durchgeführten Operationsmethode **keine ernsthafte Alter-**
native. Bei Ablehnung der Operation hätte die Patientin innerhalb von zwei Jahren mit der Erblindung des Auges rechnen müssen. Das OLG geht davon aus,
dass der Arzt ihres Vertrauens, mit dem sie sich nach ihrem Vortrag zum ernsthaften Entscheidungskonflikt bei rechtzeitiger Aufklärung besprochen hätte, ihr
aus den zu diesem Zeitpunkt bekannten, überzeugenden medizinischen Gründen zur Durchführung des Eingriffs geraten hätte.

Behauptet also der Arzt, der Patient hätte sich auch bei ordnungsgemäßer und A 1927
rechtzeitiger Aufklärung zu dem Eingriff entschlossen und kann der Patient
demgegenüber einen ernsthaften Entscheidungskonflikt plausibel darlegen, so
greift der **Einwand der hypothetischen Einwilligung des Patienten** nach der
vom BGH (NA-Beschl. v. 13. 3. 2001 – VI ZR 262/00) gebilligten Ansicht des
OLG Karlsruhe (Urt. v. 7. 6. 2000 – 13 U 78/98, VersR 2001, 860, 861) also **den-**
noch durch, wenn die Behandlungsseite nachvollziehbar darlegen und ggf. beweisen kann, dass der vom Patienten hinzugezogene Arzt seines Vertrauens ihn
aufgrund objektiver Kriterien davon überzeugt hätte, in die Vornahme der Operation einzuwilligen. Die Haftung des Arztes wegen eines Aufklärungsfehlers
entfällt dann ebenso wie im Fall eines vom Patienten nicht oder nicht plausibel
dargelegten, ernsthaften Entscheidungskonfliktes. Spickhoff (NJW 2002, 1758,
1763) stimmt der Entscheidung des OLG Karlsruhe im Ergebnis, nicht jedoch
in der Begründung zu. Spickhoff verneint das Vorliegen der Voraussetzungen einer „hypothetischen Einwilligung". Nach seiner Auffassung **fehlt es am Rechts-**
widrigkeitszusammenhang zwischen dem ohne wirksame Einwilligung durchgeführten Eingriff und dem Gesundheitsschaden, der ohnehin zu erwartenden
fortschreitenden Teilerblindung.

f) Ernsthafter Entscheidungskonflikt bejaht

In folgenden Fällen wurde die **Darlegung des Patienten für plausibel gehalten** A 1928
und das Vorliegen eines „ernsthaften Entscheidungskonflikts" bejaht:

(1) Nebenwirkungen von Medikamenten

Der Arzt, der eine neue und noch nicht allgemein eingeführte Behandlung mit A 1929
einem neuen, noch nicht zugelassenen Medikament anwenden will, hat den Patienten nicht nur über die noch fehlende Zulassung, sondern auch darüber aufzuklären, dass **unbekannte Risiken derzeit nicht auszuschließen** sind (BGH,
Urt. v. 27. 3. 2007 – VI ZR 55/05, VersR 2007, 995, 998, Nr. 31; Urt. v.
17. 4. 2007 – VI ZR 108/06, VersR 2007, 999, 1000, Nr. 8, 10, 11; BGH, VersR
2006, 1073, 1074). Ist die Aufklärung nicht bzw. nicht vollständig erfolgt und behauptet der Arzt eine „hypothetische Einwilligung" des Patienten, ist ein Entscheidungskonflikt plausibel dargelegt, wenn der Patient ausführt, bei einem

Hinweis auf noch nicht gekannte mögliche Nebenwirkungen hätte er das Mittel nicht eingenommen, weil er wegen einer bereits **vorhandenen schweren Erkrankung** nicht bereit gewesen wäre, das Risiko einer weiteren Schädigung einzugehen (BGH, Urt. v. 27. 3. 2007 – VI ZR 55/05, VersR 2007, 995, 999, Nr. 37).

A 1930 Hat der Patient nach der Einnahme des neuen, noch nicht zugelassenen Medikaments einen schweren bleibenden Hirnschaden erlitten, ist auf den Einwand der Behandlungsseite, der Patient hätte das Medikament auch bei zutreffender, vollständiger Aufklärung eingenommen, ohne Durchführung der persönlichen Anhörung von einem **„auf der Hand liegenden"** Entscheidungskonflikt auszugehen, wenn die vollständige, zutreffende Aufklärung des Arztes den Hinweis auf erhebliche Risiken wie den Eintritt von Herzrhythmusstörungen und mit einer Wahrscheinlichkeit von 35 % erhebliche Gesundheitsbeeinträchtigungen wie z. B. Schilddrüsenfunktionsstörungen, schwere entzündliche Lungenerkrankungen und Leberschäden, periphere Neuropathien oder Myopathien enthalten hätte (BGH, Urt. v. 17. 4. 2007 – VI ZR 108/06, VersR 2007, 999, 1001 = NJW 2007, 2771, 2773, Nr. 24).

(2) Falschgelenkbildung und Verwachsungen mit Rippeninstabilitäten

A 1931 Die Patientin kann einen Entscheidungskonflikt **trotz** erfolgter rechtzeitiger **Aufklärung** über das **schwerstmögliche** in Betracht kommende **Risiko** einer **Querschnittlähmung** plausibel machen, wenn dieses Risiko vom aufklärenden Arzt als äußerst gering dargestellt worden ist und bei der Patientin der Eindruck entstanden sein kann, dass es zu vernachlässigen sei, eine Aufklärung über die weniger schwerwiegenden, aber häufigeren Risiken einer Falschgelenkbildung (Pseudoarthrose) und der Entstehung von Verwachsungen im Brustraum mit Rippeninstabilitäten, die sich dann alle realisiert haben, nicht erfolgt ist und diese bei der Aufklärung unerwähnt gebliebenen Risiken auch aus ex-ante-Sicht die **Lebensführung** der (im vorliegenden Fall jugendlichen) Patienten **schwer belasten** und ihr Leben nachhaltig beeinträchtigen (BGH, Urt. v. 10. 10. 2006 – VI ZR 74/05, NJW 2007, 217, 219 = VersR 2007, 66, 68, Nr. 12, 16). Dies gilt jedenfalls dann, wenn die Patientin darlegt, dass sie **vor der Operation nicht unter Leidensdruck** gestanden habe, alle altersüblichen Sportarten ausüben konnte und sie bei Kenntnis aller Operationsrisiken ihre Einwilligung hierzu nicht erteilt, sondern in jedem Fall ihre Volljährigkeit abgewartet hätte, damit sie die Entscheidung selbst hätte treffen können (BGH, a. a. O., Nr. 16).

(3) Relativ indizierte Bandscheibenoperation

A 1931a Wurde der Patient vor einer nicht bzw. **nicht zwingend indizierten Bandscheibenoperation** nicht über die Möglichkeit einer – wenngleich langwierigeren und mit geringeren Erfolgsaussichten verbundenen – **konservativen Therapie** hingewiesen, ist ein Entscheidungskonflikt des Patienten (hier: Arzt im Praktikum) **plausibel**, wenn er der vorgeschlagenen Operation trotz sich verstärkender Beschwerden von vornherein skeptisch gegenüber stand und bereits um eine Verschiebung des Operationstermins gebeten hatte. An die Substantiierungspflicht für die Darlegung eines ernsthaften Entscheidungskonflikts dürfen auch hier keine allzu hohen Anforderungen gestellt werden (OLG Frankfurt, Urt. v. 12. 3. 2009 – 15 U 18/08, GesR 2009, 529, 530 = MedR 2009, 532, 535).

(4) Geringe Erfolgschancen einer Bandscheibenoperation

Wird ein Patient vor einer Bandscheibenoperation nicht auf eine bei ihm beste-   A 1931b
hende, **nur geringe Chance auf Erreichen einer Beschwerdefreiheit** hingewiesen,
ist es **plausibel, wenn er sich in Kenntnis der geringeren Erfolgchancen von einem weiteren Spezialisten hätte beraten** (OLG Köln, Urt. v. 12. 9. 2012 – 5 U
152/11, BeckRS 2013, 01560: Beschränkte Erfolgsaussichten mit ca. 50 %, Versteifung der Wirbelkörper führt zu höherem Verschleiß benachbarter Wirbelkörper bzw. der Bandscheiben).

(5) Konservative Behandlungsmöglichkeit vor Wirbelsäulen-OP nicht aus-geschöpft

Wird ein Operationstermin (hier: zur Korrektur einer Wirbelsäulenverkrüm-   A 1931c
mung) auf einen Wochen oder Monate später liegenden Zeitraum festgelegt, ist
der Patient schon zu diesem Zeitpunkt über **gravierende Risiken des Eingriffs,
etwa einer Querschnittlähmung**, aufzuklären. Ein Entscheidungskonflikt ist
plausibel, wenn die **Operation nicht zwingend bzw. absolut indiziert und noch
konservative Behandlungs- und Verbesserungsmöglichkeiten bestanden** (hier:
konservative Behandlung einer Skoliose mit einem Korsett anstatt einer sofortigen Operation) und der Patient erklärt, bei einem Hinweis auf das Risiko einer
Querschnittlähmung hätte er zunächst eine **zweite ärztliche Meinung eingeholt**
(OLG Köln, Urt. v. 26. 10. 2011 – 5 U 46/11, MedR 2012, 813, 815).

(6) CT-gesteuerte, periradikuläre Lumbalinfiltration

Über das **Risiko einer Querschnittlähmung durch eine CT-gesteuerte, periradi-   A 1931d
kuläre Lumbalinfiltration** ist der Patient schon im Rahmen der Grundaufklärung aufzuklären. Es kommt dabei nicht darauf an, ob die **Gefahr zum Zeitpunkt
der Behandlung als spezifisches Risiko anzusehen war oder ob sie sich in einer
Form verwirklichte, mit der nicht zu rechnen war**. Für die Bejahung einer Hinweispflicht im Rahmen der Grundaufklärung reicht es aus, dass **das spezifische
Risiko einer dauerhaften Lähmung aus anderen als den sich realisierenden Gründen**, nämlich als Folge von Blutergüssen, Entzündungen oder Nervverletzungen
nach wirbelsäulennahen Injektionen bekannt bzw. nicht auszuschließen war,
auch wenn der Mechanismus unterschiedliche Ursachen haben kann und sich
das seltene, schwerwiegende Risiko einer Querschnittlähmung dann aus anderen, zum Zeitpunkt der Aufklärung noch nicht bekannten Gründen realisiert
hat (OLG Köln, Urt. v. 12. 1. 2011 – 5 U 37/10, MedR 2012, 121, 123 = VersR
2012, 1565, 1567 im Anschl. an BGH, VersR 2010, 1220, Nr. 8, 9, 13; zustimmend Steffen, MedR 2012, 124).

In einem solchen Fall ist ein **Entscheidungskonflikt plausibel**, wenn die Beschwerden des Patienten nach einem Bandscheibenvorfall nicht derart gravierend sind, dass eine absolute Operationsindikation bestanden hätte und er darauf
hinweist, in Kenntnis der Situation einer Rollstuhlpatientin in seinem Bekan-
tenkreis hätte er sich auf das Risiko einer Querschnittlähmung nicht eingelassen (OLG Köln, MedR 2012, 121, 123 mit zustimmender Anm. Steffen, MedR
2012, 124).

(7) Operationsmethoden bei Hüftgelenkimplantation; geringe Erfahrung des Operateurs

A 1931e Bei einer Hüftgelenkimplantation kann der Operateur **den minimal-invasiven Zugang wählen**, ohne den Patienten über die Vor- und Nachteile der herkömmlichen Operationsmethode aufklären zu müssen. Denn **der minimal-invasive Zugang hat keine wesentlich unterschiedlichen Risiken und Erfolgschancen** (OLG Naumburg, Beschl. v. 22. 4. 2010 – 1 U 14/10, juris, Rz. 7, 8; OLG Karlsruhe, Urt. v. 23. 3. 2011 – 7 U 79/10, GesR 2011, 356, 357 im Ergebnis offen gelassen). Sind die **Operationsrisiken, etwa das Risiko einer Nervverletzung bei einer minimal-invasiven Hüftgelenkimplantation, aufgrund der geringen Erfahrung des Operateurs** (hier: Eingriff erst 5–10 Mal durchgeführt) **deutlich höher als bei der Anwendung der herkömmlichen Operationsmethode**, muss er den Patienten hierüber aufklären.

In einem solchen Fall ist ein **Entscheidungskonflikt des Patienten plausibel**, wenn er darlegt, dass es ihm aus Angst vor einer Beeinträchtigung in seiner beruflichen Tätigkeit wichtig gewesen wäre, die **sicherste Methode** zu wählen, er hätte sich bei entsprechendem Hinweis **zunächst anderweitig darüber beraten lassen** (OLG Karlsruhe, Urt. v. 23. 3. 2011 – 7 U 79/10, GesR 2011, 356, 358: ein Behandlungsfehler liegt jedoch nicht vor).

(8) Chiropraktischer Eingriff

A 1931f Ein „ernsthafter Entscheidungskonflikt" des Patienten ist plausibel, wenn er ausführt, in Kenntnis der gravierenden **Risiken eines chiropraktischen Eingriffs** (Verletzung der Arteria vertebralis mit Durchblutungsstörungen einzelner Hirnareale bis hin zu bleibenden Lähmungen oder Todesfolge) hätte er sich zunächst für eine andere, keinen schnellen Erfolg versprechende **konservative Therapie** entschieden, jedenfalls wenn zum Zeitpunkt der Behandlung **kein starker Leidendruck** vorlag und die **Beschwerden erst einige Tage lang bestanden** (OLG Oldenburg, Urt. v. 25. 6. 2008 – 5 U 10/08, NJW-RR 2009, 1106, 1108).

Medizinischer Hintergrund: **Mobilisationen** (sog. weiche Technik) beeinflussen reflektorische Fehlspannungen der Muskulatur und der Weichteile und damit das gestörte Gelenkspiel. **Manipulationen** (sog. harte Technik, eigentlicher chiropraktischer Eingriff), d. h. kurzfristige mechanische Impulse von geringer Kraft und hoher Geschwindigkeit auf das Gelenk, verbessern gezielt die gestörte Gelenkbewegung, z. B. bei der Lösung von Blockierungen kleiner Wirbel- und der Iliosakralgelenke und dürfen nur unter Beachtung strenger Ein- und Ausschlusskriterien durchgeführt werden. Kontraindikationen bestehen etwa bei knöchernen Veränderungen bzw. Vorschäden der HWS/BWS und funktioneller lokaler Hypermobilität. Durch die Ausübung von Zugkräften auf die Halsschlagader kann es zu **neurologischen Ausfällen bis hin zur Dissektion der Halsschlagader** kommen (Pschyrembel, 262. Aufl. S. 360/361 = 264. Aufl. 2013, S. 369; Pschyrembel, Therapie, 4. Aufl., S. 1031).

(9) Nur relativ indizierte Angiographie

A 1932 Ist eine Angiographie – als diagnostische Maßnahme – nur relativ indiziert, die nachfolgend erforderliche Operation (hier: gutartiger Tumor) **nicht dringend** und hat die Patientin **keine bzw. keine gravierenden Beschwerden**, ist es nachvollziehbar, wenn die Patientin ausführt, bei vollständiger Aufklärung über die Risiken des Eingriffs (Verletzung von Gefäßen, ggf. Halbseitenlähmung oder Aphasie) hätte sie die Operation noch hinausgeschoben (OLG Koblenz, Urt. v. 29. 11. 2001 – 5 U 1382/00, VersR 2003, 1313, 1315).

(10) Koronarangiographie und Herzkatheteruntersuchung

Ein ernsthafter Entscheidungskonflikt des Patienten kann anzunehmen sein, wenn er unvollständig und/oder zu spät über die Risiken eines diagnostischen Eingriffs, hier einem akuten Nierenversagen bei einer Koronarangiographie nebst Herzkatheteruntersuchung und vorbestehend leichter Nierenfunktionsstörung, aufgeklärt wird (OLG Hamm, Urt. v. 15. 6. 2005 – 3 U 289/04, GesR 2005, 401).   A 1933

(11) Myelographie (Röntgenkontrastdarstellung des Wirbelkanals)

Es erscheint plausibel, dass sich eine allein erziehende Mutter zweier minderjähriger Kinder bei ordnungsgemäßer Aufklärung über die Risiken einer Myelographie, wie das seltene Risiko einer kompletten Blasenlähmung jedenfalls zunächst für denkbare **Behandlungsalternativen in Form physiotherapeutischer Maßnahmen** entschieden oder diese in Erwägung gezogen hätte, jedenfalls wenn ein zunächst angenommener Bandscheibenvorfall trotz fortdauernder Beschwerden ausgeschlossen wurde (OLG Brandenburg, VersR 2000, 1283, 1285).   A 1934

(12) Schilddrüsenoperationen

Vor einer Schilddrüsenoperation, bei der weder kalte Knoten festgestellt wurden noch der Verdacht besteht, dass sich solche hinter diagnostizierten heißen Knoten verbergen, ist der Patient auf die **ernsthafte Alternative einer Radiojodbehandlung hinzuweisen**. Es ist plausibel, dass ein beruflich auf die Stimme angewiesener, z. B. ein als Strafverteidiger tätiger Rechtsanwalt die Radiojodbehandlung vorgezogen hätte, um das **Risiko einer Stimmbandlähmung** zu vermeiden (OLG Köln, VersR 1998, 1510). Gleiches gilt für den Vortrag einer als Verkäuferin tätigen Patientin, sie hätte bei ordnungsgemäßer Aufklärung über das Risiko einer dauerhaften Stimmbandlähmung von der Strumaresektion) zunächst abgesehen (AG Leipzig, Urt. v. 30. 5. 2003 – 17 C 344/03, MedR 2003, 582, 583).   A 1935

Es ist **auch plausibel**, dass eine Patientin, welche zum Zeitpunkt der Durchführung einer Kropfoperation mit Entfernung eines haselnussgroßen zystischen Knotens beruflich und familiär stark belastet war, zunächst eine **abwartende Haltung** eingenommen und eine weitere Abklärung nach Rücksprache mit ihrem Hausarzt oder anderen Fachärzten veranlasst hätte, wenn ihr mitgeteilt worden wäre, dass nach dem szintigraphischen und sonografisch erhobenen Befund **kein Verdacht auf Malignität des festgestellten Knotens** bestand, so dass **bezüglich einer operativen Therapie zunächst kurzfristig eine abwartende Haltung vertretbar** gewesen wäre (OLG Köln, VersR 2000, 361, 362).   A 1935a

Die **beidseitige subtotale Schilddrüsenresektion** wurde bis Juli 1998 nicht als fehlerhafte Operationsmethode eingestuft. Der behandelnde Arzt war bzw. ist je-   A 1936 doch verpflichtet, dem Patienten die unterschiedlichen Operationsmethoden der damaligen „chirurgischen Schule", nämlich das gleichzeitige beidseitige Operieren, und die Methode nach der HNO-Schule, die sich zwischenzeitlich durchgesetzt hat, wonach zunächst nur eine Seite und bei intakt gebliebenem Nervus recurrens auch die andere Seite operiert wird, darzulegen. Das Vorbringen des Patienten (im entschiedenen Fall: der Tochter der anschließend verstorbenen Patientin), bei richtiger und vollständiger Aufklärung wäre die Einwilligung zur Durchführung nach der chirurgischen Schule nicht erteilt worden, ist als plausibel anzusehen (OLG Frankfurt, Urt. v. 14. 1. 2003 – 8 U 135/01, OLGR 2003, 181, 184).

A 1936a Besteht jedoch auf einer Seite bereits eine Recurrensparese und tritt das **Rezidiv auf der intakten anderen Stimmbandseite** auf, stellt das **zweizeitige Vorgehen jedoch keine sinnvolle, ernsthafte Behandlungsalternative dar**. Durch eine Operation auf derjenigen Seite, auf der der Recurrensnerv bereits geschädigt war, wären die Probleme auf der anderen Seite (hier: rasches Rezidivwachstum, Bedrängung der Luftröhre und Tumorverdacht) nicht beseitigt worden. In einem solchen Fall **kommt auch eine bloße Biopsie oder eine medikamentöse Radiojod-Therapie nicht als ernsthafte Behandlungsalternative in Betracht** (OLG München, Urt. v. 23. 2. 2012 – 1 U 2781/11, juris, Nr. 43, 44).

A 1936b Bei entsprechender Größe der vorhandenen Knotenbildung stellt eine Radiojod-Behandlung bzw. eine weitere medikamentöse Behandlung (L-Thyroxin o. a.) gegenüber einer Schilddrüsenoperation **keine ernsthafte Behandlungsalternative dar**. Dies gilt jedenfalls dann, wenn sich intraoperativ die Notwendigkeit einer nahezu vollständigen Entfernung der Schilddrüse ergibt und deshalb ausreichend gesundes Schilddrüsengewebe, das auf eine medikamentöse Behandlung noch erfolgreich hätte ansprechen können, nicht mehr vorhanden gewesen wäre (OLG Köln, Beschl. v. 8. 11. 2010 – 5 U 31/10, VersR 2011, 1011).

A 1936c Vor einer beidseitigen Rezidivstrumektomie ist über das im Vergleich zur Erstoperation (hier: Risiko 0,5–1,5 %) **deutlich (hier: um den Faktor 10–20) erhöhte Risiko einer permanenten Rekurrensparese** mit ggf. dauerhafter Stimmbandlähmung, Sprach- und Atemstörungen **hinzuweisen** (OLG Köln, Urt. v. 14. 4. 2008 – 5 U 135/07, VersR 2009, 261, 262; ebenso OLG München, Urt. v. 23. 2. 1012 – 1 U 2781/11, juris, Nr. 29, 30, 34: mindestens zehnfach erhöhtes Risiko von Stimmverlust, Atembeschwerden u. a.; OLG München, Urt. v. 2. 2. 2012 – 1 U 5333/10, juris, Nr. 62: zehnfach erhöhtes Risiko). Beruft sich die Behandlungsseite auf die „hypothetische Einwilligung", so ist ein **Entscheidungskonflikt plausibel, wenn die Operation (auch) auf der anderen Seite nicht eilbedürftig war und der Patient erklärt, er hätte in Kenntnis des erhöhten Risikos zunächst abgewartet, ob sich nach der auf die eine Seite beschränkten Operation eine Komplikation einstellen würde und sich dann noch in anderen Kliniken erkundigt** (OLG Köln, Urt. v. 14. 4. 2008 – 5 U 135/07, VersR 2009, 261, 262).

A 1937 Ein Entscheidungskonflikt ist jedoch **nicht plausibel**, wenn die **Strumaoperation zur Entfernung eines bösartigen Tumors alternativlos indiziert ist und das Risiko der Verletzung des Stimmbandnervs bei jedem operierenden Facharzt in etwa gleich hoch ist** (OLG München, Urt. v. 2. 2. 2012 – 1 U 5333/10, juris,

Nr. 62: Patient hatte sich auf eine „Spezialklinik" berufen) oder wenn **ein gro-
ßer, rasch wachsender Kropf vorliegt, der die Luftröhre einengt und zudem eine
Tumorverdacht besteht**, auch wenn sich letzterer nachfolgend nicht bestätigt
(OLG München, Urt. v. 23. 2. 2012 – 1 U 2781/11, juris, Nr. 43, 44).

(13) Lymphknotenentfernung aus dem Hals

Vor einer Lymphknotenentfernung aus dem Hals muss die Patientin darüber auf-   A 1938
geklärt werden, dass es in seltenen Fällen zu einer **dauerhaft persistierenden
Stimmbandlähmung** kommen kann. Der Hinweis auf die Möglichkeit einer „Infektion, Thrombose, Embolie, Verletzung der Nachbarorgane, Wundheilungsstörung" und auf das „sehr geringe Risiko der Verletzung des Nervus Recurrens"
reicht ebenso wenig aus wie die Erklärung, bei Realisierung eines Risikos könne
auch eine intensiv medizinische Überwachung erforderlich werden. Ist der **Eingriff nicht vital bzw. dringend indiziert**, so ist ein Entscheidungskonflikt mit
dem Hinweis der Patientin, sie hätte die Operation im Falle des Hinweises auf
die Möglichkeit eines irreparablen Dauerschadens zu diesem Zeitpunkt nicht
durchführen lassen, weil eine dauerhaft verbleibende Stimmbandlähmung für sie
als Telefonistin zur Berufsunfähigkeit führe, plausibel. Auch eine **mutmaßliche
Einwilligung scheidet aus**, wenn es sich nicht um eine vital indizierte Operation
handelt (OLG Koblenz, Urt. v. 28. 11. 2012 – 5 U 420/12, GesR 2013, 120, 121).

(14) Operation statt konservativer Behandlung eines Bruchs

Der Entscheidung v. 15. 3. 2005 ist zu entnehmen, dass der BGH (VI ZR 313/05,   A 1939
NJW 2005, 1718 = VersR 2005, 836) das Vorliegen eines ernsthaften Entscheidungskonflikts auch bejahen würde, wenn **statt der Fortsetzung der konservativen
Behandlung eines abkippenden Bruchs (hier: am Handgelenk) eine erneute, unblutige Reposition oder eine Operation des Bruchs in Erwägung zu ziehen** wäre.

(15) Korrektur-Osteotomie als besser geeignete Therapie

Stellt sich der Patient mit einer **in Rotationsfehlstellung verheilten Radiustrüm-   A 1939a
merfraktur** mit Subluxation der Elle nach dorsal und Radiusverkürzung vor,
muss er auf die **Alternative einer Radiuskorrektur-Osteotomie anstatt der** (tatsächlich durchgeführten) **bloßen Ulnaverkürzungs-Osteotomie** oder den möglichen Verzicht auf eine operative Maßnahme hingewiesen werden. Denn bei der
Radiuskorrektur-Osteotomie besteht die Möglichkeit, nicht nur die Symptome,
sondern auch die Ursachen der Bescherden zu beheben. Ein **Entscheidungskonflikt ist plausibel**, wenn der Patient in einem solchen Fall erklärt, bei erfolgtem
Hinweis auf die bestehende Alternative hätte er sich noch **von einem anderen
Chirurgen beraten lassen und ggf. auch einen anderen Operateur gewählt** (OLG
Köln, Urt. v. 25. 5. 2011 – 5 U 174/08, VersR 2012, 239, 240).

(16) Erhöhtes Risiko bei Vaginalgeburt

Wäre der Schwangeren offenbart worden, dass wegen der Besonderheiten des   A 1940
konkreten Falles für das Kind bei einer Vaginalgeburt ein erhöhtes Risiko bestand (siehe Rz. A 1394 ff., A 1438 ff.) und der eine Entbindungsmodus für das

Kind, der andere für die Schwangere selbst die höheren Gefahren barg, so hätte sie dies ernsthaft vor die Frage gestellt, ob sie der **Vaginalentbindung oder der Schnittentbindung** zustimmen sollte. Ein solche Situation genügt stets zur Bejahung eines ernsthaften Entscheidungskonflikts (OLG Koblenz NJW-RR 2002, 310, 311; OLG Karlsruhe, Urt. v. 22. 12. 2004 – 7 U 4/03, VersR 2006, 515).

(17) Konservative Behandlungsmöglichkeit statt Cerclage

A 1941   Vor dem Legen einer Cerclage (operative Umschlingung der Portio in der Schwangerschaft bei Zervixinsuffizienz o. a.) muss der Arzt die Patientin über die damit verbundenen Risiken und Alternativen aufklären, insbesondere über das **Risiko schwerster Missbildungen** des Kindes. Auch auf die **Möglichkeit einer konservativen Vorgehensweise** (Beckenhochlagerung, prophylaktische Antiobiose und Tokolyse, d. h. medikamentöse Wehenhemmung bei vorzeitiger oder übermäßiger Wehentätigkeit) muss hingewiesen werden. Behauptet die Behandlungsseite eine hypothetische Einwilligung, ist ein Entscheidungskonflikt der Patientin mit dem Hinweis, ihr Kinderwunsch hätte nicht um jeden Preis bestanden, **sie hätte das Risiko einer schweren Missbildung des Kindes nicht in Kauf genommen, plausibel** (OLG Celle, Urt. v. 2. 7. 2007 – 1 U 106/06, OLGR 2007, 727, 728 = GesR 2007, 595, 596).

(18) Ausschabung der Gebärmutter; Unfruchtbarkeit

A 1942   Über die mit einer Ausschabung der Gebärmutterhöhle verbundenen Risiken, insbesondere das mit 1 : 1 000 sehr seltene Risiko eines „**Asherman-Syndroms**" (Verklebung des Uterus durch Bildung von Narbenzügen) mit der Folge einer **Unfruchtbarkeit** muss eine 28 Jahre alte Patientin aufgeklärt werden. Das Risiko wird nicht von dem Hinweis auf eine mit 1 : 10 000 nur in den seltensten Fällen eintretende Verletzung der Gebärmutter und der hieraus folgenden Fortpflanzungsunfähigkeit erfasst. Ein Entscheidungskonflikt ist zu bejahen, wenn die Patientin vorträgt, bei erteiltem Hinweis hätte sie zunächst Rücksprache mit ihrem behandelnden Gynäkologen gehalten, weil dieser ihr erklärt hatte, die Ausschabung der Gebärmutter sei nicht zwingend erforderlich (OLG Köln, Urt. v. 25. 4. 2007 – 5 U 180/05, VersR 2008, 1072, 1073 = OLGR 2008, 769, 770).

(19) Ureterverletzung bei der Entfernung einer Zyste

A 1943   Vor der Entfernung einer Zyste und dem Lösen von Verwachsungen muss die Patientin darauf hingewiesen werden, dass **der Eingriff nicht dringend** ist und es dabei zu einer Verletzung des Harnleiters kommen kann. Ein **Entscheidungskonflikt** der Patientin „liegt auf der Hand", wenn die **Patientin zuvor beschwerdefrei** war und zunächst nur eine Bauchspiegelung vereinbart und die Entfernung der sich dabei zeigenden Verwachsungen und mehrerer Endometrioseherde zur Vermeidung eines „Platzens" der mit entfernten Zyste im Rahmen des dann umfangreichen und schwierigen Eingriffs nur relativ indiziert war (OLG Köln, Urt. v. 29. 1. 2007 – 5 U 85/06, MedR 2007, 599, 601).

(20) Punktion statt Operation

A 1944   Wurde die Patientin nicht darüber aufgeklärt, dass statt der operativen Entfernung eines Tumors mit nicht unerheblichen Risiken auch die bloße Punktion der Zyste in Betracht kommt, mit der zwar keine Heilung wie bei einer operativen Entfernung des Tumors, aber bei ungleich geringerem Risiko und geringerer Belastung zumindest **für eine gewisse Zeit eine Linderung der Beschwerden** und Beeinträchtigungen verbunden ist, ist ein von der Patientin – bzw. im vorliegenden Fall von den klagenden Erben – dargelegter Entscheidungskonflikt, es sei der Patientin **auf die Linderung der Schmerzen angekommen** und sie hätte bei ordnungsgemäßer Aufklärung die bloße Punktion der Zyste vorgezogen, plausibel (OLG Karlsruhe, Urt. v. 9. 10. 2002 – 7 U 107/00, OLGR 2003, 233, 234).

Stellt sich die Punktion einer Zyste in der Niere gegenüber deren operativer Resektion als Behandlungsmethode mit gleichwertigen Erfolgschancen, aber andersartigen – hier deutlich geringeren – Risiken dar, so ist die Darlegung der Patientin, bei erfolgter Aufklärung über das sich nachfolgend realisierende Risiko einer Durchtrennung des Harnleiters und des Verlustes einer Niere hätte sie sich gegen die Operation entschieden, plausibel (OLG Karlsruhe, Urt. v. 8. 12. 2004 – 7 U 163/03, OLGR 2005, 189, 191 = NJW-RR 2005, 798, 799 – wegen des ungeklärten Sachverhalts an die Vorinstanz zurückverwiesen). A 1945

(21) Grauer Star-Operation

Vor einer Katarakt-Operation zur Behandlung der Eintrübung einer Augenlinse (Grauer Star) muss der Patient über das Risiko einer operationsbedingten Erblindung aufgeklärt werden. Der Entscheidungskonflikt ist plausibel dargelegt, wenn der Patient erklärt, die Aufklärung über ein solches, wenn auch seltenes Risiko hätte ihm Anlass gegeben, zunächst darüber nachzudenken, wann und von wem dieser Eingriff durchgeführt werden soll und ob er der Operationsempfehlung dann sofort ohne weiteres zugestimmt hätte (OLG Oldenburg, MDR 1999, 547). A 1946

(22) Keratektomie zur Behandlung extremer Kurzsichtigkeit

Bei einer nicht bzw. nicht dringend indizierten photoreaktiven Keratektomie (Augenoperation an der Hornhaut) mittels eines Excimer-Lasers sind an die Aufklärung hohe Anforderungen zu stellen. Der hohe Leidensdruck der stark kurzsichtigen Patientin und aufgetretene Probleme mit verordneten Kontaktlinsen vermögen bei Fehlen einer vollständigen Aufklärung, insbesondere über **das Risiko einer erhöhten Blendempfindlichkeit sowie einer Minderung des Dämmerungs- und Kontrastsehens**, eine hypothetische Einwilligung sowie die Annahme der fehlenden Plausibilität eines Entscheidungskonflikts nicht zu begründen (OLG Bremen, Urt. v. 4. 3. 2003 – 3 U 65/02, VersR 2004, 911, 912). A 1947

Einstweilen frei. A 1948

(23) Kniepunktion

Plausibel ist auch die Erklärung einer Patientin, im Falle einer **Aufklärung über das Infektionsrisiko** nach Punktion eines Kniegelenks hätte sie auf jeden Fall einige Tage mit konservativer Behandlung zugewartet, ob es dadurch besser werde, insbesondere wenn sie einer Punktion zunächst ohnehin ablehnend gegenüberstand (BGH, NJW 1994, 2414). A 1949

(24) Lysebehandlung

A 1950 Besteht **nach einem Herzinfarkt zur Lysebehandlung** (Auflösung von Zellen) mit Streptokinase (aus hämolysierenden Streptokokken isoliertes Eiweiß) eine gleichwertige, aber **weniger aggressive Behandlungsmöglichkeit** mit Aspirin und Heparin, muss über die unterschiedlichen Risiken einer Gehirnblutung und deren Folgen aufgeklärt werden. Liegt das Risiko der aggressiveren Therapie mit 1,0 bis 1,4 % deutlich über dem Risiko der sanfteren Therapie von 0,5 %, ist der Vortrag des Patienten, er hätte sich bei gehöriger Aufklärung für die sanftere Therapie entschieden, plausibel (OLG Bremen, VersR 1998, 1240, 1241).

(25) Aufklärung am Vorabend einer Herzoperation

A 1950a Bei der Aufklärung am Vorabend einer schweren Operation wird der Patient in der Regel mit der Verarbeitung der ihm mitgeteilten Fakten und der für ihn zutreffenden Entscheidung überfordert sein, wenn er – für ihn überraschend – erstmals aus dem späten Aufklärungsgespräch von **gravierenden Risiken des Eingriffs** erfährt. Ein **ernsthafter Entscheidungskonflikt** des Patienten mit dem Hinweis, bei rechtzeitiger Aufklärung hätte er eine relativ, aber **nicht zwingend indizierte Herzoperation** am fraglichen Tag in der betreffenden Klinik nicht durchführen lassen, **kann plausibel sein.** Denn es kommt nicht auf die Sichtweise eines vernünftigen Patienten an, sondern darauf, ob der Patient aus seiner Sicht nachvollziehbare Gründe darlegen kann, wonach er sich möglicherweise gegen die Durchführung des konkreten Eingriffs entschieden hätte (OLG Köln, Beschl. v. 4. 10. 2011 – 5 U 184/10, GesR 2012, 414 = VersR 2012, 863, 864).

(26) Nervschädigungen bei Bauchoperation

A 1951 Bestehen aufgrund erkennbarer körperlicher Besonderheiten des Patienten, etwa nach vorangegangenen Operationen im gleichen Gebiet, Risiken, die im „Normalfall" auszuschließen sind, hat sich die Aufklärung auch hierauf zu erstrecken. Ist der Patient über Nervschädigungen mit schwerwiegenden Folgen für die Gebrauchsfähigkeit von Gliedmaßen nicht bzw. nicht ausreichend aufgeklärt worden, ist sein Vortrag, er hätte sich bei korrekter Aufklärung in einem ernsthaften Entscheidungskonflikt befunden, den nicht vital indizierten Eingriff nicht durchführen zu lassen und **tolerable Schmerzen lieber zu ertragen als das Risiko einer erheblichen Gesundheitsverschlechterung einzugehen, plausibel.** Der bloße Leidensdruck, mag er auch erheblich gewesen sein, rechtfertigt in derartigen Fällen die Annahme einer hypothetischen Einwilligung nicht (OLG Köln, Urt. v. 21. 11. 2001 – 5 U 34/01, OLGR 2002, 74, 75).

(27) Operation durch Neurochirurgen statt durch Urologen beim Risiko von Nervenverletzungen

A 1952 Der Patient ist vor der operativen Entfernung eines Tumors über das Risiko der **Verletzung des Nervus femoralis** aufzuklären, wenn der präoperative MRT-Befund im Eingang des Beckens eine Raumforderung (Tumor) mit auffälliger Verbindung zu den Nervenausgängen beim Wirbel L 4 ergibt. Macht der Patient glaubhaft, er hätte sich im Falle der Aufklärung über das Risiko einer solchen

Nervverletzung von einem **Neurochirurgen anstatt dem behandelnden Urologen operieren** lassen, ist ein Entscheidungskonflikt auch dann plausibel dargelegt, wenn der Eingriff auch in das Fachgebiet des Urologen fällt und dieser auf seinem Fachgebiet als anerkannte Kapazität gilt (OLG Köln, Urt. v. 28. 4. 2008 – 5 U 192/07, OLGR 2009, 9).

(28) Strahlentherapie

Auch eine Strahlentherapie darf ohne Einwilligung des Patienten nicht angewendet werden, selbst wenn sie die allein erfolgversprechende Behandlungsmethode ist und der Patient ohne die Bestrahlung nur noch eine verhältnismäßig kurze Lebenserwartung hat. Das Vorbringen eines „ernsthaften Entscheidungskonflikts" ist plausibel, wenn der Patient **darlegt, er habe sich bei Aufklärung über das Risiko einer inkompletten Querschnittlähmung möglicherweise zwar nicht gegen die Durchführung einer Strahlenbehandlung entschieden, sich aber durch die Konsultation anderer Fachärzte über die Möglichkeit kundig gemacht, durch den Einsatz einer geringeren Strahlendosis**, allerdings unter Erhöhung des Rezidivrisikos die Gefahr der Schädigung des Rückenmarks **herabzusetzen** (OLG Frankfurt, VersR 1989, 254; vgl. aber OLG München, Urt. v. 24. 11. 2011 – 1 U 4262/10, juris, Nr. 58–61: Entscheidungskonflikt nach unterlassener Aufklärung über Nervschädigungen, Fibrosen u. a. bei Strahlentherapie zur Abwendung eines frühen Todes nicht plausibel).

A 1953

(29) Prostata-Laserverfahren; radikale Prostataoperation

Von einem echten Entscheidungskonflikt ist auch auszugehen, wenn der Patient darlegt, dass er die klassische Methode der „transurethralen Resektion der Prostata" (TURP) bei ordnungsgemäßer Aufklärung vor einem urologischen Eingriff in seine Überlegungen einbezogen und sich dann **möglicherweise gegen die Anwendung eines speziellen Prostata-Laserverfahrens** in zwei Operationsschritten (das noch dazu als Außenseitermethode galt) entschieden hätte (OLG Bremen, Urt. v. 12. 3. 2004 – 4 U 3/04, GesR 2004, 238).

A 1954

Es ist auch plausibel, dass ein Patient, bei dem eine umfangreiche Voroperation (hier: Tumornephrektomie) durchgeführt und der über die wesentlichen Risiken einer nachfolgend beabsichtigten Prostataoperation (hier: Inkontinenz, Impotenz, Erforderlichkeit einer Fremdbluttransfusion) aufgeklärt wurde, in Ruhe und ggf. erst nach Beratung durch andere Ärzte entscheiden will, ob er in die **empfohlene radikale Prostataoperation mit dem (nicht erwähnten) Risiko einer Rektumläsion und die Erforderlichkeit des Anlegens eines Anus praeter** einwilligen will, selbst wenn die Ablehnung des Eingriffes objektiv unvernünftig ist (OLG Nürnberg, Urt. v. 2. 4. 2004 – 5 U 1491/03, AHRS III, 1050/340).

(30) Infektionsrisiko bei Verabreichung kortisonhaltiger Spritzen

Ein Entscheidungskonflikt ist auch zu bejahen, wenn der Patient vor der Verabreichung kortisonhaltiger Spritzen (sechs Injektionen innerhalb eines Monats) nicht über das **deutlich erhöhte**, sich dann realisierende **Infektionsrisiko** aufgeklärt wurde und die verabreichten Spritzen nur eine kurzfristige Linderung seiner Beschwerden bewirken konnten (OLG Hamburg, Urt. v. 23. 1. 2004 – 1

A 1955

U 24/00, OLGR 2004, 324, 326f.; vgl. zum Spritzenabszess Rz. A 865ff., A 955ff., A 1191ff., A 2076).

(31) Erhöhtes Risiko von Wundheilungsstörungen und Wundinfektionen

A 1956 Anders als auf das allgemeine Wundinfektionsrisiko muss der Patient auf ein **erhöhtes Risiko von Wundinfektionen**, etwa wegen einer Diabetes und/oder einer bevorstehenden Rezidivoperation, hingewiesen werden (OLG Hamm, Urt. v. 16. 6. 2008 – 3 U 148/08, OLGR 2009, 78, 80: aber ggf. kein ernsthafter Entscheidungskonflikt). So muss der Patient vor einem operativen **Eingriff an einer Hammerzehe** darauf hingewiesen werden, dass **Infekte und Wundheilungsstörungen wegen der Keimbelastung am Fuß deutlich häufiger als bei sonstigen Operationen** vorkommen und Infektionen auftreten können, die bis zur Amputation des Fußes führen können (OLG Brandenburg, Urt. v. 13. 11. 2008 – 12 U 104/08, AHRS III, 4285/305).

A 1956a Besteht **wegen jahrelanger Einnahme von Kortison vor einer beabsichtigten Operation ein erhöhtes Infektionsrisiko**, reicht es nicht aus, den Patienten pauschal auf die Gefahr von Wundheilungsstörungen und Wundinfektionen aufmerksam zu machen. Ein **erhöhtes Infektionsrisiko** wird von der **Aufklärung** über Wundheilungsstörungen und Wundinfektionen **nicht erfasst** (OLG Oldenburg, Urt. v. 15. 11. 2006 – 5 U 68/05, juris, Nr. 29, 30 = AHRS III, 4285/304; vgl. zur Aufklärungspflicht über erhöhte Risiken Rz. A 865ff., A 868e, A 903, A 1198a).

A 1957 Behauptet die Behandlungsseite eine „hypothetische Einwilligung", so ist ein Entscheidungskonflikt des Patienten **plausibel dargelegt**, wenn er vorbringt, bei ordnungsgemäßer Aufklärung über das erhöhte Infektionsrisiko hätte er zwar nicht gänzlich von der Operation zur Behebung eines Bruchspalts am Fuß Abstand genommen, er hätte jedoch auf die zusätzlich durchgeführte (nur relativ indizierte) Korrektur des Großzehs zur Behebung eines Hallux valgus (Verbiegung der Großzehe) im Hinblick auf das erhöhte Infektionsrisiko verzichtet, weil die **Beschwerden hier noch erträglich** gewesen wären (OLG Oldenburg, Urt. v. 15. 11. 2006 – 5 U 68/05, juris, Nr. 37).

(32) Unterlassung einer palliativen Chemotherapie

A 1958 Auch einem schwer krebskranken, zu Beginn der Chemotherapie noch nicht unter Schmerzen leidenden Patienten muss erläutert werden, dass die **Chemotherapie mit erheblichen Nebenwirkungen verbunden** ist bzw. sein kann, die Erfolgsaussichten möglicherweise nur gering einzuschätzen sind und die Alternative besteht, den bestehenden Zustand des noch schmerzfreien Lebens mit der dann allerdings sicheren Aussicht auf ein qualvolles Lebensende **ohne Anwendung der Chemotherapie** noch eine gewisse Zeit erhalten zu können. Ein Entscheidungskonflikt des Patienten ist schlüssig dargelegt, wenn er ausführt, bei korrekter Aufklärung hätte er den Rat anderer Ärzte eingeholt und im Hinblick auf die verhältnismäßig kurze Lebenserwartung **möglicherweise auf die palliative Chemotherapie verzichtet, dem Schicksal seinen Lauf gelassen** und die noch gegebene, beschwerdefreie Zeit ausgeschöpft (OLG Hamburg, Urt. v. 15. 11. 2002 – 1 U 23/02, AHRS III, 4100/312).

(33) Heilende Therapie bei seltener Krankheit

Zwischen den Alternativen einer den Tod nur zeitlich hinauszögernden medika-   A 1959
mentösen Symptombehandlung einer sonst unheilbaren, i. d. R. tödlich verlaufenden Krankheit, deren Verschlimmerung im Laufe der Symptombehandlung
mit Eintreten einer ZNS-Beteiligung wahrscheinlich und deren Umfang unkal-
kulierbar ist, einerseits und einer auch **mit erheblichen Risiken behafteten, allerdings heilenden Behandlung** (hier: Knochenmarktransplantation bei vorhandenem Familienspender) befindet sich ein junger Patient bereits aufgrund der
Sachlage in einem ernsthaften Entscheidungskonflikt (OLG Nürnberg, Urt. v.
27. 5. 2002 – 5 U 4225/00, OLGR 2003, 135, 137).

(34) Sorge vor Komplikationen aus Vorerkrankungen

Ein Entscheidungskonflikt kann durch den Hinweis auf die Sorge vor Komplika-   A 1960
tionen wegen einer Vorerkrankung oder einem vorangegangenen Eingriff plausibel dargelegt werden, etwa wenn das Risiko einer Dauerschädigung des benachbarten Nervengeflechts vor einer Sympathicusblockade (Ausschaltung des Nervus sympathicus) besteht (OLG Oldenburg, NJW-RR 1999, 390). So ist auch die
Erklärung einer Patientin plausibel, sie hätte **bei ordnungsgemäßer Aufklärung
über die Risiken einer nicht dringenden Gallenoperation wegen eines erst kurz
zuvor erfolgten gynäkologischen Eingriffs zunächst mit ihrem Hausarzt Rücksprache gehalten** (BGH, NJW 1990, 2928).

(35) Schädigung von Gefühlsnerven bei relativ indiziertem Eingriff

Besteht die Gefahr einer dauerhaften Schädigung von Gefühlsnerven mit einer   A 1961
erheblichen motorischen Beeinträchtigung, so ist bei einem **nicht** zwingend **erforderlichen Eingriff** ein Entscheidungskonflikt plausibel dargelegt, wenn eine
34-jährige **Patientin sehr bewegungsaktiv** (Tanzen, Aerobic) gewesen ist und
Kinder zu versorgen hat (OLG Brandenburg, Urt. v. 10. 5. 2000 – 1 U 21/99,
AHRS III, 1050/301).

(36) Nervschäden bei Zahnextraktion

Eine Nervläsion kann auch bei ordnungsgemäßer Zahnextraktion nicht aus-   A 1962
geschlossen werden. Über solche typischen Risiken ist der Patient grundsätzlich
aufzuklären (vgl. OLG Hamm, Urt. v. 29. 9. 2010 – I-3 U 169/09, VersR 2011,
758, 759; vgl. hierzu Rz. A 1112 ff.). Der Vortrag des Patienten, er hätte dann
die Einwilligung in die Zahnextraktion verweigert oder noch zugewartet, ist
**plausibel, wenn er keine Beschwerden hatte und die Extraktion nicht vital indi-
ziert war** (OLG Koblenz, Urt. v. 13. 5. 2004 – 5 U 41/03, MedR 2004, 502, 503 =
VersR 2005, 118, 119 = NJW-RR 2004, 1026, 1027; Entscheidungskonflikt bejaht;
OLG München, VersR 1996, 102; LG Bonn, VersR 1989, 811; **a. A.**: OLG Stuttgart, VersR 1999, 1500: Aufklärung über Schädigung des N. alveolaris, N. mandibularis und N. lingualis nur bei operativer Entfernung von Weisheitszähnen; vgl.
hierzu oben Rz. A 1113).

Nach der Gegenauffassung (OLG Karlsruhe, VersR 1989, 808; auch Urt. v.   A 1963
6. 5. 1987 – 7 U 88/86: kein Entscheidungskonflikt bei erheblicher Schmerz-

455

symptomatik; OLG Schleswig, Urt. v. 12. 2. 1986 – 4 U 324/83: hypothetische Einwilligung, wenn die Schmerzvermeidung im Vordergrund steht; OLG Zweibrücken, Urt. v. 22. 2. 2000 – 5 U 25/99, OLGR 2000, 549 = VersR 2000, 892, 893; OLG Koblenz, Urt. v. 22. 9. 1987 – 3 U 1632/86; OLG Jena, Urt. v. 26. 4. 2006 – 4 U 416/05, OLGR 2006, 710, 713) ist auch das mit der Extraktion der Zähne im Unterkiefer (35–38, 45–48) unter Leitungsanästhesie verbundene Risiko einer Nervläsion mit Dauerfolgen extrem selten, so dass für den **Patienten, der unter erheblichen Schmerzen leidet, regelmäßig kein echter Entscheidungskonflikt vorliegt.**

A 1964   Das OLG Jena (Urt. v. 26. 4. 2006 – 4 U 416/05, OLGR 2006, 710, 712 f. = McdR 2007, 731, 733) hat es offen gelassen, ob stets eine Aufklärungspflicht über das Risiko einer dauerhaften Schädigung des Nervus lingualis durch eine Leitungsanästhesie besteht (bejahend etwa OLG Koblenz, Urt. v. 13. 5. 2004 – 5 U 41/03, VersR 2005, 118, 119 = MDR 2004, 1239) oder nur dann, wenn die Leitungsanästhesie mit einer operativen Entfernung von Weisheitszähnen einhergeht, weil dann das Risiko einer dauerhaften Nervschädigung erheblich höher liegt (so OLG Stuttgart, NJW-RR 1999, 751, 752). Denn in dem vom OLG Jena entschiedenen Fall ging es um die **operative Entfernung eines Weisheitszahns, hier wurde das Bestehen einer Aufklärungspflicht grundsätzlich bejaht.** Allerdings hatte der Patient mit dem Hinweis, bei ordnungsgemäßer Aufklärung hätte er **„einen älteren und erfahreneren Arzt aufgesucht", einen Entscheidungskonflikt nicht plausibel dargelegt,** da sich die Gefahr der Nervschädigung auch bei völlig korrekter Vorgehensweise eines älteren und erfahreneren Arztes verwirklichen konnte.

A 1965   Zusammenfassend ist nach ganz herrschender Ansicht ein ernsthafter Entscheidungskonflikt insbesondere bei der Extraktion eines Weisheitszahnes (18, 28, 38, 48) jedenfalls dann nicht plausibel, wenn der Patient unter **Schmerzen** leidet, eine Wurzel- oder Wurzelspitzenbehandlung keinen Erfolg (mehr) verspricht und der Eingriff von einem **MKG- oder Kieferchirurgen bzw. ähnlich qualifiziertem Zahnarzt durchgeführt** wird (OLG Köln, Urt. v. 22. 4. 2009 – 5 U 152/08, juris, Nr. 41, 42, 45; OLG Köln, Urt. v. 22. 4. 1998 – 5 U 232/96 bei Oehler, S. 255/256; im Ergebnis auch OLG Zweibrücken, Urt. v. 22. 2. 2000 – 5 U 25/93, VersR 2000, 892, 893; OLG Jena, Urt. v. 26. 4. 2006 – 4 U 416/05, OLGR 2006, 710, 712/713; OLG Karlsruhe, Urt. v. 6. 5. 1987 – 7 U 88/86).

(37) Kieferfraktur und Kieferknochenmarkentzündung

A 1966   Vor einer Extraktion eines Weisheitszahns muss der Patient auch über das **Risiko einer Kieferfraktur** (OLG Braunschweig, Urt. v. 24. 4. 1997 – 1 U 56/96; OLG Düsseldorf, Urt. v. 21. 3. 1996 – 8 U 153/95) und über das – sich selten verwirklichende – Risiko einer Osteomyelitis (Kieferknochenmarkentzündung) aufgeklärt werden (OLG Köln, Urt. v. 12. 3. 2003 – 5 U 52/02, MDR 2003, 993). Dass der Patient bei ordnungsgemäßer Aufklärung in einen ernsthaften Entscheidungskonflikt geraten wäre, ist jedenfalls dann anzunehmen, wenn er bislang schmerzfrei und die Entfernung des Weisheitszahns nicht dringend erforderlich war (OLG Köln, Urt. v. 12. 3. 2003 – 5 U 52/02, MDR 2003, 993).

(38) Prothetische Versorgung (vgl. auch „Zahnarzt" und „Implantate")

Ein Zahnarzt ist verpflichtet, über medizinisch **gleichermaßen indizierte Alterna-** A 1967
tiven einer prothetischen Versorgung der Oberkieferbezahnung aufzuklären, so
etwa den Einsatz einer bügelfreien Brückenprothese anstatt einer Gaumenplatte.
Wird die Versorgung mittels Gaumenplatte nicht toleriert, entfällt der
Vergütungsanspruch des Zahnarztes, wenn der Patient plausibel darlegt,
dass er in Kenntnis der Behandlungsalternative der getroffenen Maßnahme
nicht zugestimmt hätte (OLG Köln, VersR 1999, 1498; vgl. auch OLG Köln, Urt.
v. 27. 11. 2002 – 5 U 101/02, GesR 2003, 85: wertlose zahnprothetische Versorgung).

Kommen zur zahnärztlichen Versorgung einer Zahnlücke **mehrere Alternativen** A 1968
des Zahnersatzes (mehrgliedrige bogenförmige Brücke, implantatgetragene Einzelbrücken oder herausnehmbare Prothese) in Betracht, die aus ex-ante-Sicht
eine gleichwertige Versorgungschance bieten, aber insbesondere eine deutlich
unterschiedliche Beanspruchung des Patienten durch die Behandlung zur Folge
haben bzw. haben können, so hat der Zahnarzt den Patienten über diese Behandlungsalternativen aufzuklären und die Therapiewahl unter Berücksichtigung
der subjektiven Gründe des Patienten vorzunehmen (OLG Naumburg, Urt. v.
5. 4. 2004 – 1 U 105/03, VersR 2004, 1460 = GesR 2004, 332). Die Darlegung
des Patienten, er hätte sich bei ordnungsgemäßer Aufklärung eine Bedenkzeit
für die Entscheidung über die Art der Weiterbehandlung ausbedungen und sich
ggf. auch **bei einem anderen Zahnarzt informiert**, ist für die Annahme eines
ernsthaften Entscheidungskonflikts plausibel (OLG Naumburg, Urt. v.
5. 4. 2004 – 1 U 105/03, VersR 2004, 1460, 1461).

So ist die Behauptung des Patienten plausibel, bei erteiltem Hinweis auf das **Ri-** A 1969
siko des Fehlschlagens einer Implantatbehandlung und der günstigeren und risi-
koloseren Möglichkeit der Versorgung mit einer Vollprothese hätte er mit seinem „Hauszahnarzt", der einer Implantatlösung skeptisch gegenüberstand,
Rücksprache gehalten (OLG Köln, Urt. v. 6. 5. 2002 – 5 U 60/99, AHRS III,
4800/306).

Einstweilen frei. A 1970 – A 1971

g) Ernsthafter Entscheidungskonflikt verneint

(1) Übersicht

Ein festgestellter ärztlicher Aufklärungsfehler ist für die Einwilligung in die A 1972
Operation dann unbeachtlich, wenn der **Patient nicht plausibel macht bzw. ma-**
chen kann, er hätte sich bei ordnungsgemäßer Aufklärung in einem ernsthaften
Entscheidungskonflikt befunden, soweit die Behandlungsseite vorträgt, der Pa-
tient hätte sich auch bei ordnungsgemäßer Aufklärung zu dem tatsächlich
durchgeführten Eingriff entschlossen (BGH, Urt. v. 6. 7. 2010 – VI ZR 198/09,
GesR 2010, 481, 484 = VersR 2010, 1220, 1221, Nr. 17; OLG Brandenburg, Urt.
v. 24. 3. 2011 – 12 U 75/08, juris, Rz. 23: kein Entscheidungskonflikt bei unterlassenem Hinweis auf Hygrome und Hämatome vor Spinalanästhesie, wenn
Querschnittlähmung erwähnt wurde; OLG Brandenburg, Urt. v. 4. 11. 2010 –

12 U 148/08, juris, Nr. 19, 21: **kein Entscheidungskonflikt vor WS-Operation bei erheblichem Leidensdruck, wenn konservative Behandlung erfolglos und Gefährlichkeit der OP bekannt war**; OLG Brandenburg, Urt. v. 17. 7. 2008 – 12 U 221/07, juris, Nr. 8: dringend indizierte Struma-OP; OLG Hamm, Urt. v. 12. 5. 2010 – I 3 U 134/09, VersR 2011, 625, 627: Risiken der indizierten Schulter-OP im Wesentlichen bekannt; OLG Karlsruhe, Urt. v. 23. 3. 2011 – 7 U 79/10, GesR 2011, 356, 358; OLG Köln, Beschl. v. 9. 11. 2011 – 5 U 89/09, GesR 2012, 168, 172: Abstandnahme von Intubation nach Risikoaufklärung nicht plausibel, wenn deren **Unterlassen sicher zur Verschlechterung des Gesundheitszustandes geführt** hätte; OLG Köln, Beschl. v. 29. 3. 2010 – 5 U 103/09, GesR 2010, 371, 373: kein Entscheidungskonflikt bei unterlassenem Hinweis auf Paravasat, d.h. die Injektionsflüssigkeit kann in das Gewebe gelangen, wenn Chemotherapie alternativlos indiziert ist; OLG Köln, Urt. v. 22. 4. 2009 – 5 U 152/08, juris, Nr. 41, 42, 45: **Nervschädigung bei Zahn-OP, Eingriff durch MKG-Chirurgen, kein Entscheidungskonflikt**; OLG München, Urt. v. 26. 5. 2011 – 1 U 3081/10, juris, Nr. 66, 67: kein Entscheidungskonflikt bei **verspäteter Aufklärung vor zwingend indizierter Herz-OP**; OLG München, Urt. v. 24. 11. 2011 – 1 U 976/11, juris, Nr. 75, 79, 80: **TEP-Revisionsoperation alternativlos indiziert**; OLG München, Urt. v. 24. 11. 2011 – 1 U 4262/10, juris, Nr. 58–61: Entscheidungskonflikt bei **Strahlentherapie zur Abwendung eines frühen Todes** nicht plausibel; OLG München, Urt. v. 10. 11. 2011 – 1 U 134/11, juris, Nr. 37, 42, 43, 46 und OLG Naumburg, Urt. v. 17. 2. 2011 – 1 U 89/10, GesR 2011, 560, 561 = MedR 2012, 247, 248: Verzicht auf **alternativlos indizierte Augen-OP** hätte zur Erblindung führen können; OLG München, Beschl. v. 23. 3. 2011 – 1 U 409/11, juris, Nr. 5: Hinweis auf Abstandnahme von **Untersuchung/Darmspiegelung zur Abklärung eines Tumorverdachts** bei Aufklärung über Schmerzzustände unplausibel; OLG München, Beschl. v. 24. 6. 2010 – 1 U 2464/10, juris, Rz. 12 und Beschl. v. 6. 8. 2010 – 1 U 2464/10, Rz. 7, 8: **Hinweis auf Einholung einer Zweitmeinung nicht plausibel, wenn OP alternativlos indiziert**; OLG München, Urt. v. 2. 2. 2012 – 1 U 5333/10, juris, Nr. 62: **Aufsuchen einer anderen Klinik bei absoluter OP-Indikation bei Tumor nicht plausibel, wenn Risiko dort nicht nennenswert geringer gewesen wäre**; OLG Naumburg, Urt. v. 10. 5. 2010 – 1 U 97/09, juris, Nr. 60, 64: kein Entscheidungskonflikt, wenn **endoskopische Entfernung eines Harnleitersteins alternativlos indiziert** ist und Verlust der Nierenfunktion droht; OLG Oldenburg, Urt. v. 27. 5. 2009 – 5 U 43/08, GesR 2010, 207, 208 = VersR 2010, 1221, 1223; OLG Saarbrücken, Urt. v. 14. 12. 2011 – 1 U 172/05–61, GesR 2012, 219, 221: **dringend indizierte Herz-OP bei Kleinkind**; OLG Stuttgart, Urt. v. 16. 11. 2010 – 1 U 124/09, GesR 2011, 30, 31 und OLG Stuttgart, Urt. v. 23. 8. 2011 – 1 U 51/11, S. 6: **Hinweis auf „Spezialklinik" bei dort gleich hohen Risiken nicht plausibel**; F/N/W, 5. Aufl., Rz. 222; G/G, 6. Aufl., Rz. C 144, 146; S/Pa, 12. Aufl., Rz. 522, 524; Spickhoff-Wellner, § 823 BGB Rz. 280, 281; L/K/L-Katzenmeier, Rz. V 59, 60, 89 und die Nachweise bei Rz. A 1900).

A 1973 Zur Feststellung eines „ernsthaften Entscheidungskonflikts" bedarf es einer wertenden Gesamtschau aller Umstände des Einzelfalles. Maßgeblich sind neben dem **Leidensdruck** und der **Risikobereitschaft des Patienten** insbesondere die **Dringlichkeit des Eingriffs** und die **Erwartungen** eines (dann fiktiv) umfassend aufgeklärten Patienten vor dem Eingriff (OLG Koblenz, Urt. v. 1. 4. 2004 –

5 U 1086/03, NJW-RR 2004, 1166 = OLGR 2004, 537, 538; S/Pa, 12. Aufl., Rz. 522, 698, 699, 773).

Insbesondere bei **hohem Leidensdruck des Patienten, vitaler Indikation des Eingriffs, nicht ins Gewicht fallenden Eingriffserweiterungen, medizinisch offensichtlicher Unvernünftigkeit der Ablehnung des Eingriffs u.a.** ist ein vom Patienten behaupteter Entscheidungskonflikt regelmäßig nicht plausibel (vgl. Rz. A 1910 ff.; OLG Bamberg, Urt. v. 15. 9. 2003 – 4 U 75/03, OLGR 2004, 105, 106: akute Blinddarmentzündung; OLG Brandenburg, Urt. v. 4. 11. 2010 – 12 U 148/08, juris, Nr. 19, 20: Ablehnung einer Bandscheibenoperation bei starken Schmerzen nach Ausschöpfung der konservativen Therapie nicht plausibel; OLG Bamberg, Urt. v. 15. 9. 2003 – 4 U 75/03, AHRS III, 1050/333: **Blinddarmoperation dringend indiziert**; OLG Koblenz, Urt. v. 17. 12. 2001 – 12 U 540/00, MedR 2002, 518; OLG Koblenz, Urt. v. 1. 4. 2004 – 5 U 1086/03, NJW-RR 2004, 1166; OLG Koblenz, Urt. v. 27. 7. 2006 – 5 U 212/05, AHRS III, 2410/317: LWS-Operation bei **erheblichem Leidensdruck nach Ausschöpfung aller konservativen Behandlungsmöglichkeiten**; OLG Koblenz, Urt. v. 12. 1. 2006 – 5 U 641/05 mit NZB BGH v. 13. 3. 2006 – VI ZR 33/06, AHRS III, 1050/354: TEP-Implantation, Infektion, erhebliche vorbestehende Beschwerden; OLG Köln, Urt. v. 9. 11. 2011 – 5 U 89/09, GesR 2012, 168, 172: Intubation nach fehlender Aufklärung in Notfallsituation zwingend geboten; OLG München, Urt. v. 3. 8. 2006 – 1 U 5775/05, OLGR 2007, 205, 206: **massiver Leidensdruck**; OLG München, Urt. v. 26. 5. 2011 – 1 U 3081/10, juris, Nr. 64, 66, 67: **zwingend indizierte Herz-OP**; OLG Naumburg, Urt. v. 10. 5. 2010 – 1 U 97/09, juris, Nr. 60, 64: **Entfernung eines Harnleitersteins zwingend indiziert**; OLG Saarbrücken, Urt. v. 14. 12. 2011 – 1 U 172/05–61, GesR 2012, 219, 221: **dringend indizierte Herz-OP bei Kleinkind**, Hinweis auf „Spezialklinik" mit Hubschraubertransport nicht plausibel; OLG Stuttgart, Urt. v. 23. 8. 2011 – 1 U 51/11, S. 9: Hinweis auf „Spezialklinik" nicht plausibel, wenn **Operation einer Mehrfragmentfraktur im hierfür qualifizierten KKH absolut indiziert** ist; OLG Stuttgart, Urt. v. 19. 9. 2000 – 14 U 4/00, OLGR 2002, 103, 105; Urt. v. 8. 1. 2002 – 14 U 70/01, VersR 2002, 1428, 1429).

Die allgemeine Erklärung eines Patienten, er hätte im Falle einer vollständigen Aufklärung (hier: über das Risiko des Verlustes der Milz vor einer Wirbelsäulenoperation) noch einen **anderen Arzt konsultiert und erst dann entschieden**, ob er sich dem Eingriff unterzieht, stellt **keine plausible Darlegung eines ernsthaften Entscheidungskonflikts** dar, wenn der Patient über zahlreiche andere, schwerwiegende Risiken aufgeklärt worden ist (hier: Nerven-, Gefäß- und Lungenverletzungen) und er präoperativ **unter einem erheblichen Leidensdruck** stand (hier: aufsteigendes Taubheitsgefühl mit Gangunsicherheit, freie Gehstrecke wenige 100 m). Denn diese Überlegung **kann der Patient für jeden beliebigen Aufklärungsmangel vorbringen**. Würde eine solche Aussache stets genügen, wäre der Einwand der „hypothetischen Einwilligung" obsolet und hätte faktisch unter keinen Umständen mehr Aussicht auf Erfolg, zumal zu erwarten ist, dass der Patient entsprechend anwaltlich beraten wird (OLG München, Beschl. v. 24. 6. 2010 – 1 U 2464/10, juris, Rz. 12 und Beschl. v. 6. 8. 2010 – 1 U 2464/10, juris, Rz. 8, 9).

A 1973a

Ebenso wenig reicht der Hinweis des Patienten aus, in Kenntnis des Risikos (hier: einer dauerhaften Nervschädigung) hätte er sich in einer **„Spezialklinik"**

A 1973b

behandeln lassen, wenn die **Operation** (hier: offene Reposition mit Osteosynthese nach Humerusschaft-Mehrfragmentfraktur) **absolut indiziert ist, Zweifel an der Qualität der medizinischen Versorgung im fraglichen Krankenhaus nicht bestehen** und der Sachverständige ausführt, ein Weitertransport in ein anderes Krankenhaus wäre zwar möglich, aber nicht sinnvoll gewesen. Ist die **Zustimmungsverweigerung in derartigen Fällen medizinisch offenkundig unvernünftig,** trifft den Patienten vielmehr eine nähere Substantiierungslast, aus welchen Gründen er bei vollständiger und zutreffender Aufklärung über die Risiken des Eingriffs seine Zustimmung hierzu versagt hätte (OLG Stuttgart, Urt. v. 23. 8. 2011 – 1 U 51/11, S. 9; vgl. hierzu Rz. A 1909 ff., A 2106 ff.).

In folgenden Fällen wurde das Vorliegen eines ernsthaften Entscheidungskonflikts verneint:

(2) Drängen des Patienten, starker Leidensdruck; Lähmungserscheinungen

A 1974   Leidet der Patient unter starken, durch Einleitung oder Fortführung einer konservativen Behandlung **nicht beherrschbaren Schmerzen,** ist sein Vorbringen, bei ordnungsgemäßer Aufklärung über die Risiken eines operativen Eingriffs hätte er sich in einem ernsthaften Entscheidungskonflikt befunden, **i. d. R. nicht plausibel** (OLG Brandenburg, Urt. v. 4. 11. 2010 – 12 U 148/08, juris, Nr. 19, 20: Ablehnung einer Bandscheibenoperation bei **starken, jahrelangen Schmerzen nach Ausschöpfung der konservativen Therapie** nicht plausibel; OLG Bamberg, Urt. v. 15. 9. 2003 – 4 U 75/03, AHRS III, 1050/333: **Operation als Noteingriff dringend indiziert;** OLG Düsseldorf, Urt. v. 13. 12. 2007 – I-8 U 123/06, AHRS III, 1050/366: **Einsatz einer Hüfttotalendoprothese bot die einzige Chance, wieder weitgehend beschwerdefrei zu leben;** OLG Köln, Urt. v. 10. 12. 2008 – 5 U 35/08 mit NZB BGH v. 25. 12. 2009 – VI ZR 15/09, AHRS III, 1050/369: **Keine ernsthafte Behandlungsalternative zur Implantation einer Duokopfprothese,** Hinweis auf das Risiko des Fehlschlagens ist erfolgt; OLG Oldenburg, Urt. v. 15. 10. 2008 – 5 U 33/07 mit NZB BGH v. 13. 10. 2009 – VI ZR 285/08, AHRS III, 1050/368: **Infiltrationsbehandlung zur Beseitigung erheblicher Schulterschmerzen,** konservative Behandlungsversuche waren erfolglos, das sich realisierende Infektionsrisiko war ex-ante äußerst gering; OLG Karlsruhe, Urt. v. 28. 11. 2001 – 7 U 114/99, OLGR 2002, 407, 408: **seit Jahren starke Schmerzen im Bereich des Hüftgelenkes;** OLG Koblenz, Urt. v. 12. 1. 2006 – 5 U 641/05 mit NZB BGH v. 13. 3. 2006 – VI ZR 33/06, AHRS III, 1050/354 und OLG Karlsruhe, Urt. v. 22. 11. 2000 – 7 U 52/98, AHRS III, 1050/310: **erheblicher Leidensdruck vor TEP-Implantation;** OLG München, VersR 1991, 1241, 1242; OLG München, Urt. v. 3. 8. 2006 – 1 U 5775/05, OLGR 2007, 205, 206: **massiver Leidensdruck vor Darmoperation;** OLG Oldenburg, Urt. v. 30. 3. 2005 – 5 U 66/03, VersR 2006, 517, 518: **„erhebliche Beschwerden, die sich unter konservativer Behandlung nicht gebessert hatten";** OLG Schleswig, Urt. v. 16. 5. 2003 – 4 U 139/01, OLGR 2003, 389, 390: **starke Schulterbeschwerden;** OLG Stuttgart, Urt. v. 8. 1. 2002 – 14 U 70/01, VersR 2002, 1428, 1429: **starke Schmerzen im Bereich der LWS**).

A 1975   Dient der Eingriff der Vermeidung erheblicher, über **viele Jahre andauernder Schmerzen** und wurde der Patient allgemein über mögliche Nervschädigungen aufgeklärt, so ist die Darlegung des Patienten nicht plausibel, bei der tatsächlich gebotenen, aber unterlassenen Aufklärung über ein erhöhtes **Risiko von Nervenverletzungen** hätte er den Eingriff nicht durchführen lassen bzw. noch zugewartet (OLG Karlsruhe, Urt. v. 28. 11. 2001 – 7 U 114/99, OLGR 2002, 407, 408: **Operation am Hüftgelenk** nach vorangegangenem Eingriff, der zur Erhöhung der Gefahr von Nervenschädigungen geführt hatte). Gleiches gilt, wenn der Patient vor der Implantation einer zementfreien **Hüfttotalendoprothese** an **erheblichen Schmerzen litt, kaum noch gehen konnte** und zu dem operierenden Arzt, der ihm empfohlen worden war, Vertauen hatte (OLG Karlsruhe, Urt. v. 22. 11. 2000 – 7 U 52/98, AHRS III, 1050/310).

Wurde die Patientin vor der Implantation einer Hüftprothese nicht über die dabei **notwendige Ablösung des mittleren Gesäßmuskels vom Femur** und hierdurch möglicherweise entstehende Probleme, etwa einer Infektion o. a., aufgeklärt, ist ein Entscheidungskonflikt mit dem Hinweis, bei ordnungsgemäßer Aufklärung von der OP abgesehen zu haben, nicht plausibel, wenn der **Eingriff aufgrund vorbestehender erheblicher Beschwerden indiziert** war und **andere Operationstechniken jedenfalls nicht mit geringeren Risiken verbunden gewesen wären** (OLG Koblenz, Urt. v. 12. 1. 2006 – 5 U 641/05 mit NZB BGH v. 13. 3. 2006 – VI ZR 33/06, AHRS III, 1050/354).   A 1975a

Ein Entscheidungskonflikt ist auch nicht plausibel dargelegt, wenn die Patientin erklärt, falls sie vor dem Einsatz einer **Hüfttotalendoprothese auf das sehr geringe Risiko einer dauerhaften Verschlechterung** mit der Möglichkeit, nicht mehr laufen zu können, hingewiesen worden wäre, hätte sie „mit sich gekämpft, hätte der Operation aber dann nicht zugestimmt", wenn nach Angaben des Sachverständigen die Operation **die einzige Chance bot, wieder weitgehend beschwerdefrei zu leben,** konservative Behandlungsmöglichkeiten nicht zu einem Erfolg, sondern eher zu einer Verschlechterung führen konnten und die Patientin zuvor selbst erklärt hatte, dass es „eigentlich nicht mehr ging" (OLG Düsseldorf, Urt. v. 13. 12. 2007 – I-8 U 123/06, AHRS III, 1050/366).   A 1975b

Ist eine **offene Biopsie eines Brustwirbelkörpers (BWK)** geeignet, eine **Reihe von lebensbedrohlichen Erkrankungen entweder schnell zu erkennen oder auszuschließen** und die bislang erfolglose Suche nach einer wirksamen Behandlung **heftiger Schmerzschübe** des Patienten zu unterstützen, so ist ein Entscheidungskonflikt mit dem Hinweis, bei erfolgter Aufklärung über das **Risiko einer vorübergehenden Lähmung** hätte er dem Eingriff nicht zugestimmt und noch zugewartet, **nicht plausibel,** selbst wenn sich nachträglich herausstellt, dass die ex-ante indizierte Biopsie für die Diagnose des tatsächlich vorliegenden Krankheitsbildes nicht erforderlich war und ein bloßes Abwarten letztlich zu gleichen Erkenntnissen geführt hätte (OLG Naumburg, Urt. v. 21. 5. 2007 – 1 U 33/06, AHRS III, 1050/364).   A 1975c

Auch vor einer **nur relativ indizierten Wirbelsäulen- bzw. Bandscheibenoperation** ist ein ernsthafter Entscheidungskonflikt des Patienten **nicht plausibel,** wenn zwar nicht sämtliche konservativen Therapiemöglichkeiten (hier: Wärmebehandlung und Krankengymnastik) durchgeführt worden sind, eine **medikamentöse Schmerztherapie sowie eine Infiltration zum Zweck der Erschlaffung**   A 1976 der Rückenmuskulatur nicht zu einer wesentlichen Linderung der jahrelangen Rückenbeschwerden geführt haben, der mit dem Patienten durchgegangene **Aufklärungsbogen deutliche und sprachlich verständliche Hinweise auf Komplikationen enthält** und der Patient vorträgt, bei einem weitergehenden Hinweis auf das Risiko einer Nervschädigung (Peronaeusparese, Teillähmung des Fußes) hätte er noch einmal nachgefragt, ob nicht andere Möglichkeiten bestünden (OLG Brandenburg, Urt. v. 4. 11. 2010 – 12 U 148/08, juris, Rz. 19, 21: Patient litt vor der OP knapp drei Jahre lang an Schmerzen, die konservativ nicht therapierbar waren; die Gefährlichkeit der OP an der Wirbelsäule war ihm bekannt, Krankengymnastik hätte lediglich für eine gewisse Zeit Linderung erbringen können).

A 1977 Wenn der Patient **verspätet**, etwa erst unmittelbar vor Durchführung des Eingriffs **aufgeklärt** wird, legt die verspätete Aufklärung nach der Lebenserfahrung in vielen Fällen eine Beeinträchtigung der Entscheidungsfreiheit nahe (vgl. BGH, VersR 1995, 1055, 1056; OLG Koblenz, Urt. v. 29. 11. 2001 – 5 U 1382/00, VersR 2003, 1313, 1315; OLG Stuttgart, Urt. v. 8. 1. 2002 – 14 U 70/01, VersR 2002, 1428, 1429). Leidet der Patient unmittelbar vor dem Eingriff bereits eine Woche lang unter **starken, medikamentös nicht beherrschbaren Schmerzen**, die ihm kaum Schlaf ermöglicht hatten und von denen er erlöst werden wollte und wurde er deshalb zur Durchführung einer medizinisch indizierten **Bandscheibenoperation** stationär aufgenommen, so ist die Behauptung, bei rechtzeitiger Aufklärung über die Risiken (Lähmungen, Fußheberschwäche u. a.) hätte er sich in einem Entscheidungskonflikt befunden, aber nicht plausibel (OLG Stuttgart, Urt. v. 8. 1. 2002 – 14 U 70/01, VersR 2002, 1428, 1429 = OLGR 2002, 351, 353).

A 1978 Erfolgt die **Aufklärung des Patienten am Vortag der stationär durchgeführten Operation** (hier: diagnostische Arthroskopie, Schulteroperation), so muss sie zu einer Zeit stattfinden, zu der sie dem Patienten die Wahrung des Selbstbestimmungsrechts erlaubt, wobei etwaige Vorkenntnisse des Patienten zu berücksichtigen sind. Den Patienten trifft jedoch die **Darlegungslast, weshalb ein späterer Zeitpunkt der Aufklärung sein Entscheidungsrecht verkürzt hat.** Er muss substantiiert darlegen, dass seine Entscheidungsfreiheit wegen der Kurzfristigkeit der Informationserteilung vor dem geplanten Eingriff nicht mehr gewährleistet war. Ein solcher Entscheidungskonflikt ist nicht plausibel, wenn der dem Patienten vorgeschlagene **Eingriff (hier: Schulteroperation) bereits wenige Wochen zuvor anlässlich der Ambulanzvorstellung dargestellt** worden ist und ihm die detaillierten Informationen, insbesondere auch bezüglich der Eingriffsrisiken, am Vortag der Operation vermittelt worden sind (OLG Hamm, Urt. v. 12. 5. 2010 – I 3 U 134/09, VersR 2011, 625, 627).

A 1978a Es ist auch nicht plausibel, wenn die Patientin behauptet, sie hätte in eine **Infiltrationsbehandlung (hier: zur Beseitigung von erheblichen Schultergelenkschmerzen)** nicht eingewilligt, wenn das (sich realisierende) Risiko einer Infektion äußerst gering ist, sie in der Vergangenheit bereits mehrfach in solche Behandlungen eingewilligt hatte und **konservative Behandlungsversuche mit Krankengymnastik und Schmerzmitteln nicht bzw. nur kurzfristig zum Erfolg geführt hatten** (OLG Oldenburg, Urt. v. 15. 10. 2008 – 5 U 33/07 mit NZB BGH v. 13. 10. 2009 – VI ZR 285/08, AHRS III, 1050/368).

462

Ein Entscheidungskonflikt ist auch dann nicht plausibel, wenn der Patient unter starken, konservativ **nicht therapierbaren Schulterbeschwerden** leidet und ohne die Operation der Verlust des Arbeitsplatzes droht (OLG Schleswig, Urt. v. 16. 5. 2003 – 4 U 139/01, OLGR 2003, 389, 390), er vor der **(Knie-) Operation** „**unter erheblichen Beschwerden**" gelitten hat, die sich unter konservativer Behandlung nicht gebessert hatten und nach eigenen Angaben insoweit „**alles versucht**" hatte (OLG Oldenburg, Urt. v. 30. 3. 2005 – 5 U 66/03, VersR 2006, 517, 518) oder der Patient nach den eigenen früheren Bekundungen **möglichst frühzeitig operiert werden wollte** und durch die organisationsbedingte Verschiebung der Operation sogar in eine schwere psychische Krise geraten ist, wobei zur Durchführung der Operation dabei keine ernsthafte Alternative bestand (OLG Karlsruhe, Urt. v. 12. 1. 1994 – 7 U 79/94).

A 1979

Wurde die Patientin vor Durchführung einer **Kreuzbandersatzplastik** mit Patellasehnentransplantat nicht über die **Risiken der Spaltung der Kniescheibe** aufgeklärt, ist ein Entscheidungskonflikt nicht plausibel, wenn **eine konservative Therapie nicht empfehlenswert** war, das **Risiko äußerst selten** und beim operierenden Arzt mit einer Erfahrung von mehr als einhundert Operationen noch nicht vorgekommen war und die dennoch eingetretene **Spaltung der Kniescheibe durch das Setzen von Schrauben behoben werden** kann (OLG Karlsruhe, Urt. v. 14. 9. 2005 – 13 U 98/02 mit NZB BGH v. 5. 9. 2006 – VI ZR 209/05, AHRS III, 1050/351).

A 1979a

Auch bei einem unter **starkem Leidensdruck** stehenden und über schwerere Risiken aufgeklärten Patienten kann die unterbliebene Aufklärung über das Risiko einer **Nervenläsion** bei einer Nephropexie (operative **Teilentfernung einer Organkapsel in der Niere**) unter dem Gesichtspunkt der hypothetischen Einwilligung unbeachtlich sein. Hat der Patient diese Operation gewünscht, weil „es so nicht mehr weitergehe", so ist die Behauptung eines ernsthaften Entscheidungskonflikts, bei vollständiger Aufklärung über das Risiko von Nervläsionen hätte er hiervon Abstand genommen oder sich in einer anderen Klinik – mit grundsätzlich denselben Risiken – operieren lassen, nicht nachvollziehbar (OLG München, VersR 1991, 1241, 1242).

A 1980

Vor einer **Darmoperation** des an Colitis ulcerosa (Entzündung des Dickdarms) erkrankten Patienten muss dieser darauf hingewiesen werden, dass statt des Eingriffs auch die **Fortsetzung der konservativen Behandlung mit Medikamenten** oder anstatt der Entfernung nur eines Teils des Darms auch die **Entfernung des gesamten Darms** mit der Anlage eines künstlichen Darmausgangs in Betracht kommt (OLG München, Urt. v. 3. 8. 2006 – 1 U 5775/05, OLGR 2007, 205, 206). Ein ernsthafter Entscheidungskonflikt ist jedoch nicht plausibel dargelegt, wenn der Patient wegen der Erkrankung **unter einem erheblichen Leidensdruck** stand (hier: mit Krankheitsschüben verbundene massive Beschwerden und durch Kortisonpräparate verursachte erhebliche Nebenwirkungen), er die Möglichkeit einer **konservativen Behandlung mit Medikamenten kannte** und die durchgeführte Teilentfernung des Darms neben geringeren Komplikationsrisiken die Chance von mindestens 50 % bot, eine natürliche, zufriedenstellende Kontinenz zu erreichen und ggf. eintretende Entzündungen am Restkolon medikamentös kontrollieren zu können, während die **Entfernung des gesamten Darms**

A 1981

mit erheblichen Nachteilen und Risiken verbunden gewesen wäre, insbesondere dem Anlegen eines künstlichen Darmausgangs, dem erheblichen Entzündungsrisiko, der Impotenzgefahr und dem Risiko von weiteren Nachoperationen (OLG München, a. a. O.; vgl. auch OLG München, Beschl. v. 23. 3. 2011 – 1 U 409/11, juris, Nr. 5: Hinweis auf Abstandnahme von **Untersuchung/Darmspiegelung zur Abklärung eines Tumorverdachts** bei Aufklärung über Schmerzzustände unplausibel).

A 1982 U. E. stellt sich hier die Frage eines „ernsthaften Entscheidungskonflikts" nicht. Denn die Entfernung des gesamten Darms stellte nach den vom OLG München wiedergegebenen Sachverhalt gegenüber der Teilentfernung keine Behandlungsmethode mit **geringeren Belastungen und/oder höheren Erfolgschancen** dar, war also damit nicht aufklärungspflichtig.

A 1983 Wird die Patientin nicht oder nur verspätet darüber aufgeklärt, dass es **bei einer vorgesehenen Coloskopie mit möglicher Polypektomie** (Entfernung vorgefundener Darmpolypen im Rahmen der Darmspiegelung) zu einer **Darmperforation bzw. Darmblutung** mit der ggf. bestehenden Erforderlichkeit einer chirurgischen Intervention kommen kann, ist ein Entscheidungskonflikt auf den Einwand der hypothetischen Einwilligung der Behandlungsseite nicht plausibel, wenn die **Perforationsrate bei einer Coloskopie durchschnittlich nur bei 0,17 %, bei der Polypektomie bis 0,53 %** liegt, der Eingriff wegen seit Monaten bestehender **Blutbeimengungen im Stuhl zur Abklärung eines Karzinomverdachts dringend indiziert** ist und eine von der Patientin nachträglich genannte bauchchirurgische Entfernung von – vor der Durchführung der Coloskopie gar nicht festgestellter – Darmpolypen **noch mit höheren Risiken** (Narkose, große Wunde, Vernarbungen, Verwachsungen) **verbunden** gewesen wäre (OLG Koblenz, Urt. v. 24. 8. 1999 – 3 U 1078/95, juris, Nr. 3, 34, 37 = VersR 2001, 111, 112).

A 1984 Vor der Durchführung einer **Mammareduktionsplastik** als teilweise medizinisch, teilweise rein kosmetisch bedingtem Eingriff muss die Patientin über allgemeine gesundheitliche Risiken wie Infektion, Nachblutung und Nekrosenbildung, die zum Verlust der Brustwarze führen können, daneben aber auch über die Gefahr eines kosmetisch unbefriedigenden Ergebnisses und die Möglichkeit des Erfordernisses eines Korrektureingriffs zur Entfernung von restlichem Fettgewebe klar und deutlich aufgeklärt werden (OLG Stuttgart, Urt. 20. 7. 1999 – 14 U 1/99, NJW-RR 2000, 904). Ein Entscheidungskonflikt der Patientin ist jedoch nicht hinreichend plausibel, wenn die Patientin den Arzt **mehrfach gedrängt** hat, den Eingriff unbedingt durchzuführen und sich hierzu trotz anfänglicher Abweisung fest entschlossen zeigt (OLG Stuttgart, Urt. v. 20. 7. 1999 – 14 U 1/99, NJW-RR 2000, 904, 905).

A 1985 – A 2053 Einstweilen frei.

(3) Aufschieben des Eingriffs bzw. weiteres Zuwarten; Eingriff medizinisch indiziert

A 2054 Waren die **Möglichkeiten einer konservativen Behandlung erschöpft**, das andere, rechte Hüftgelenk bereits erfolgreich operiert und barg weiteres, untätiges Zuwarten die **Gefahr einer Progredienz arthrotischer Beschwerden**, ist die Behauptung eines Entscheidungskonflikts des auch vor dem Eingriff am linken **Hüftgelenk** nicht über das Misserfolgs- und Verschlimmerungsrisiko aufgeklärten Patienten nicht plausibel (OLG Koblenz, Urt. v. 1. 4. 2004 – 5 U 844/03, MedR 2003, 501, 502).

Leidet die Patientin laufend und zunehmend unter **starken Blutungen** und bieten andere Therapiemöglichkeiten, etwa eine (erneute) Gebärmutterspiegelung, keine Aussicht auf Heilung oder deutliche Besserung, so ist der Vortrag der Patientin, bei vollständiger und zutreffender Aufklärung über die Risiken einer medizinisch indizierten, aber **nicht dringlichen Hysterektomie** (Gebärmutterentfernung) hätte sie sich „unter keinen Umständen hierfür entschieden", nicht plausibel (OLG Bamberg, Urt. v. 6. 3. 2006 – 4 U 236/05, OLGR 2006, 739, 741).   A 2055

Gleiches gilt, wenn eine Patientin aufgrund ihrer wirtschaftlichen und familiären Situation von der Notwendigkeit eines Schwangerschaftsabbruchs überzeugt und nicht bereit ist, ein viertes Kind auszutragen, und es im Rahmen einer diagnostischen oder therapeutischen gynäkologischen Untersuchung zu einer **Gebärmutterperforation mit anschließender Gebärmutterentfernung** kommt. Hier ist ein Entscheidungskonflikt, in Kenntnis des Risikos hätte die Patientin den Eingriff bei dem fraglichen Arzt abgelehnt, nicht plausibel (OLG Hamm, Urt. v. 14. 5. 2003 – 3 U 212/02, AHRS III, 1050/332).   A 2056

Ist die **endoskopische Entfernung eines Harnleitersteins** alternativlos indiziert, weil der Verzicht auf den Eingriff nach der eindeutigen Darstellung des hinzugezogenen Sachverständigen im weiteren Verlauf mit Sicherheit zum **Verlust der Nierenfunktion** geführt hätte, ist der Vortrag des Patienten, er hätte sich bei korrekter Aufklärung über das Risiko eines Funktionsverlustes der betroffenen Niere als möglicher indirekter Folge des Eingriffs für ein Zuwarten oder eine weniger invasive Stoßwellentherapie entschieden, nicht plausibel (OLG Naumburg, Urt. v. 10. 5. 2010 – 1 U 97/09, juris, Nr. 60, 64).   A 2057

Wurde die Patientin vor einer **Krampfaderoperation** nicht auf das in ihrem Fall (hier: wg. Diabetes und Rezidiv) erhöhte Risiko einer Wundinfektion hingewiesen, ist ein Entscheidungskonflikt nicht plausibel, wenn der **Eingriff „medizinisch sinnvoll und ohne echte Behandlungsalternative"** und ein „Verzicht lediglich aus schwerwiegenden Gründen anzuraten gewesen" wäre (OLG Hamm, Urt. v. 16. 6. 2008 – 3 U 148/07, OLGR 2009, 78, 80).   A 2058

Ist ein Patient ohne nähere Erläuterung der Notwendigkeit des Eingriffs und der bestehenden Risiken (hier: extrem seltenes Risiko der Schädigung der nervus suralis, Nerv hinter dem lateralen Knöchel) der Empfehlung des Arztes zur Durchführung einer **Krampfaderoperation** gefolgt, ist ein Entscheidungskonflikt nicht plausibel, wenn es sich um ein **extrem seltenes Risiko handelt und der Eingriff wegen der Gefahr einer Thrombose oder einer Lungenembolie (hier: Thrombophlebitis) indiziert i**st (OLG Oldenburg, Urt. v. 8. 6. 2005 – 5 U 146/04, AHRS III, 1050/349).   A 2059

Allein der Umstand, dass ein indizierter Eingriff zeitlich **hinausgeschoben** werden kann, begründet keinen Entscheidungskonflikt, wenn der Patient nicht   A 2060 plausibel darlegen kann, wozu er die Zeit genutzt hätte (OLG Stuttgart, VersR 1998, 1111, 1113; F/N/W, 5. Aufl., Rz. 222). Insbesondere ist das **Begehren einer „Denkpause"** nicht plausibel, solange der Patient nicht darlegt, dass ihm eine zeitlich verschobene Operation ein möglicherweise günstigeres Ergebnis erbracht hätte (OLG Köln, NJW 1990, 2940; vgl. auch Rz. A 1634ff., A 1658, A 1695 zur Rechtzeitigkeit).

A 2061 Ein Aufschieben des Eingriffs, um weitere Fortschritte in der Medizin abzuwarten, ist bei einem Routineeingriff wie einer Leistenbruchoperation nicht einleuchtend. Auch für ein **bloßes Zuwarten**, etwa um sich von dritter Seite Auskunft über die Höhe des Risikos einer Hodenatrophie, über das nicht aufgeklärt worden ist, einzuholen oder die Entwicklung der Beschwerden abzuwarten, besteht bei einer **Leistenbruchoperation** regelmäßig kein nachvollziehbarer Anlass (OLG Stuttgart, VersR 1998, 1111, 1114).

A 2062 Dies gilt insbesondere dann, wenn sich der Patient beim Operateur, dem Chefarzt der chirurgischen Abteilung eines großen bzw. mittelgroßen Krankenhauses in „guten Händen fühlen" konnte (OLG Stuttgart, VersR 1998, 1111, 1114; auch OLG München, VersR 1992, 834).

(4) Operation statt konservativer Behandlung

A 2063 Der Patient muss über die Möglichkeit der **chirurgischen Versorgung eines Bruchs** (hier: mediale Schenkelhalsfraktur/Hüftgelenkbruch) anstelle einer konservativen Behandlung (strenge Bettruhe, Teilmobilisierung, Gehübungen) aufgeklärt werden. Ein ernsthafter Entscheidungskonflikt einer 66-jährigen Patientin ist jedoch nicht plausibel, wenn der vom Gericht hinzugezogene Sachverständige darlegt, in der streitgegenständlichen Situation hätte er der Patientin von einer Operation abgeraten und ihr die Durchführung der konservativen Behandlung empfohlen, eine Operation wäre mit allgemeinen, **teilweise schwereren Risiken verbunden** gewesen, etwa dem Risiko eines Herz-Kreislauf-Versagens, einer Knocheninfektion, Nervenverletzungen, Nachblutungen sowie höheren Arthrose- und Nekroserisiken. Der in dem reduzierten Risiko des Verrutschens des Bruchs liegende Vorteil einer chirurgischen Versorgung tritt in einem solchen Fall hinter den genannten spezifischen Nachteilen zurück (OLG München, Urt. v. 12. 10. 2006 – 1 U 2142/06, juris, Nr. 37, 38). U. E. stellt die operative Versorgung in einem solchen Fall bereits keine ernsthafte, aufklärungspflichtige Alternative dar.

A 2063a Leidet ein Patient bereits seit längerer Zeit wegen einer Wirbelsäulenverkrümmung o. a. unter erheblichen Beschwerden und empfindet er seinen Zustand **nach Ausschöpfung aller konservativen Behandlungsmöglichkeiten als unbefriedigend, so ist eine Operation mit dem Ziel der Versteifung der Wirbelsäule indiziert.** Ein **Entscheidungskonflikt ist nicht plausibel**, wenn der Patient bereits einen längeren Leidensweg hinter sich hatte, alle konservativen Behandlungsmöglichkeiten ausgeschöpft worden sind und auch der behandelnde Orthopäde eine operative Korrektur empfohlen hatte (OLG Koblenz, Urt. v. 27. 7. 2006 – 5 U 212/05, AHRS III, 2410/317; vgl. auch OLG Brandenburg, Urt. v. 4. 11. 2010 – 12 U 148/08, juris, Nr. 19, 21: kein Entscheidungskonflikt vor BWS oder LWS-

Operation bei **erheblichem Leidensdruck, wenn konservative Behandlung erfolglos und Gefährlichkeit der OP bekannt war**; OLG Düsseldorf, Urt. v. 13. 12. 2007 – I-8 U 123/06, AHRS III, 1050/366: **Einsatz einer Hüfttotalendoprothese bot die einzige Chance, wieder weitgehend beschwerdefrei zu leben**, konservative Behandlungsmöglichkeiten blieben erfolglos).

(5) Widersprüchliches Verhalten des Patienten

Ist einem Patienten bekannt, dass er **möglicherweise an einer lebensbedrohlichen Krebserkrankung** leidet und zur Abklärung eine Entnahme von Lymphknoten erforderlich ist und weist der Arzt ihn nicht auf das Risiko einer möglichen Nervenverletzung mit der Folge von Beeinträchtigungen bei der Kopfdrehung und Schulterhebung hin, kann ein **wechselndes und widersprüchliches Vorbringen gegen einen ernsthaften Entscheidungskonflikt** sprechen. Ein widersprüchliches Verhalten des Patienten liegt etwa vor, wenn er zunächst erklärt, bei vollständiger Aufklärung hätte er auf der Durchführung der Operation durch den Chefarzt bestanden, ihm sei eine Behandlung durch den Chefarzt zugesagt worden und schließlich vortragen lässt, er hätte damit gerechnet, dass der Eingriff von einem speziellen Oberarzt durchgeführt werde (OLG Karlsruhe, Urt. v. 8. 8. 2001 – 13 U 173/99, AHRS III, 1050/323).

A 2064

Ein Entscheidungskonflikt ist ebenfalls **nicht plausibel**, wenn der Patient von der geltend gemachten Schädigung derart befangen ist, dass er sich in die damalige Entscheidungssituation nicht mehr zurückversetzen kann und deshalb zu einer **beliebigen Darstellung des angeblichen Entscheidungskonflikts** bereit ist (OLG Karlsruhe, Urt. v. 26. 5. 2000 – 7 U 193/97, OLGR 2001, 171), der Patient hinsichtlich einer angeblichen Zusage, der Eingriff werde durch einen bestimmten Operateur durchgeführt, im Lauf des Rechtsstreits **widersprüchliche Angaben** macht (OLG Karlsruhe, Urt. v. 8. 8. 2001 – 13 U 173/99, AHRS III, 1050/323) oder er seinen Vortrag nach Unterliegen in erster Instanz wechselt und **der Prozesssituation „anpasst"** (OLG Karlsruhe, Urt. v. 13. 6. 2001 – 7 U 123/97, OLGR 2001, 449).

A 2064a

(6) Aneurysmaoperation, Nervschädigungen; Verschlechterung des Gesundheitszustandes, ohne den Eingriff zu erwarten

Wird ein Patient vor der Entfernung eines **Aneurysmas (krankhafte Wandausbuchtung eines vorgeschädigten arteriellen Blutgefäßes oder der Herzwand)** nicht über die Gefahr und die möglichen Folgen der Verletzung des Nervus recurrens mit der Folge einer Stimmbandlähmung aufgeklärt und hätte der Patient nach einer Aufklärung dem Eingriff zwar zugestimmt, diesen aber – nach seiner Behauptung – an einer anderen Klinik durchführen lassen, so ist der Entscheidungskonflikt nicht plausibel, wenn **zwischen den Kliniken kein Rangunterschied** besteht, insbesondere, wenn der Patient keinen Arzt der anderen Klinik benennen kann, dem er sich gerade wegen dessen wissenschaftlichem oder operationspraktischem Rufs anvertraut hätte (OLG Köln, NJW 1990, 2940; auch OLG Stuttgart, Urt. v. 16. 11. 2010 – 1 U 124/09, GesR 2011, 30, 31: Hinweis auf „Spezialklinik" bei dort im Wesentlichen gleich hohen Risiken nicht plausibel; vgl. Rz. A 1909 ff.).

A 2065

A 2065a   Gleiches gilt, wenn **Zweifel an der Qualität der medizinischen Versorgung in dem fraglichen Krankenhaus nicht bestehen** und der Sachverständige ausführt, ein Weitertransport in ein anderes Krankenhaus wäre zwar möglich, aber nicht sinnvoll gewesen (OLG Stuttgart, Urt. v. 23. 8. 2011 – 1 U 51/11, S. 6–9).

A 2066   Wird vor einer dringenden Aneurysmaoperation eine Angiographie (Gefäßdarstellung durch Injektion eines Röntgenkontrastmittels) durchgeführt, ist grundsätzlich über deren Risiken wie zum Beispiel schwere Durchblutungsstörungen und eine möglich Halbseitenlähmung bei entsprechender Injektionsstelle aufzuklären (OLG Stuttgart, VersR 1988, 832; OLG Oldenburg, VersR 1983, 888). Ist der Eingriff jedoch **dringlich** (OLG Stuttgart, VersR 1988, 832), insbesondere bei sich **ständig verschlechterndem Zustand** des Patienten (OLG Koblenz, MDR 1999, 871), so ist die Behauptung eines ernsthaften Entscheidungskonflikts nicht plausibel (OLG Stuttgart, VersR 1988, 832; OLG Oldenburg, VersR 1983, 888 zur Angiographie; OLG Köln, Urt. v. 9. 11. 2011 – 5 U 89/09, GesR 2012, 168, 172: Unterlassen ohne ausreichende Aufklärung durchgeführten Intubation hätte zu einer **weiteren Verschlechterung des Gesundheitszustandes** geführt).

(7) Gefäßverletzungen bei Koronarangiographie; Hinweis auf vergleichbares Risiko erfolgt

A 2067   Ein ernsthafter Entscheidungskonflikt ist nicht plausibel, wenn der Patient vor einer Koronarangiographie nicht über das **äußerst seltene Risiko einer Verletzung des Herzens** informiert worden ist, seine Entscheidung für den Eingriff aber nicht von dem Risiko einer Herzverletzung, sondern der Möglichkeit einer Verletzung von Gefäßen (hier: der Ader) im Rahmen der Ballondilatation bzw. einer Stent-Implantation bestimmt wurde und er auf die Möglichkeit einer **lebensgefährlichen Gefäßverletzung hingewiesen** worden ist (OLG Karlsruhe, Urt. v. 1. 9. 2004 – 7 U 113/03, AHRS III, 5150/312).

A 2067a   Es ist auch nicht plausibel, dass sich der Patient statt **für eine Angiographie mit evtl. Stent-Anlage für eine rein diagnostische intraarterielle Angiographie** und damit zu einem gesonderten, invasiven Eingriff für einen späteren Zeitpunkt entschlossen hätte, wenn er über das Risiko der intraarteriellen Angiographie mit Stent-Anlage vollständig bzw. ordnungsgemäß aufgeklärt worden wäre. Dies hätte – auch aus der damaligen Sicht des Patienten – zu einer **Verdoppelung der Eingriffe mit zusätzlichen, vermeidbaren Risiken** geführt, ohne dass damit ein wesentlicher Vorteil verbunden gewesen wäre (OLG Köln, Beschl. v. 1. 6. 2012 – 5 U 246/11, MDR 2012, 1287, 1288: Patient hatte zudem einem vergleichbaren Voreingriff früher zugestimmt).

(8) Strahlentherapie, Querschnittslähmung

A 2068   Vor der Durchführung einer Strahlentherapie bei Morbus Hodgkin (bösartig verlaufende Krankheit der lymphatischen Gewebe mit tumorartigen Wucherungen) muss über das Risiko einer Querschnittlähmung aufgeklärt werden. Da **zur Strahlenbehandlung in fortgeschrittenem Stadium keine ernsthafte Alternative** besteht, ist ein Entscheidungskonflikt bei fehlender Aufklärung über dieses Risiko jedoch nicht plausibel (BGH, VersR 1994, 465; OLG Frankfurt, VersR 1988, 57; OLG Koblenz, VersR 1990, 489).

Dies gilt insbesondere **bei sonst deutlich geringerer Lebenserwartung des Patienten** (OLG Frankfurt, VersR 1989, 254; OLG Koblenz, VersR, 1990, 489; OLG München, Urt. v. 24. 11. 2011 – 1 U 4262/10, juris, Nr. 58–61: Entscheidungskonflikt nach unterlassener Aufklärung über Nervschädigungen, Fibrosen u. a. bei Strahlentherapie zur Abwendung eines frühen Todes nicht plausibel; S/Pa, 12. Aufl., Rz. 524; G/G, 6. Aufl., Rz. C 146).   **A 2068a**

Es ist auch nicht plausibel, dass eine 20-jährige Patientin, Mutter eines vier Jahre alten Kindes, bei vollständiger Aufklärung über die Risiken (hier: Schäden an Blase und Schilddrüse) eine **medizinisch indizierte Strahlenbehandlung abgelehnt und statt dessen eine (weitere) Chemotherapie durchgeführt** hätte, wenn die nicht genannten Risiken hinter den Nebenwirkungen, auf die hingewiesen worden ist, zurückbleiben (OLG München, Urt. v. 4. 6. 2009 – 1 U 4217/07, MedR 2009, 591; vgl. auch OLG München, Urt. v. 24. 11. 2011 – 1 U 4262/10, juris, Nr. 58–61: Entscheidungskonflikt nach unterlassener Aufklärung über Nervschädigungen, Fibrosen u. a. bei Strahlentherapie zur Abwendung eines frühen Todes nicht plausibel).   **A 2068b**

Dieselben Grundsätze gelten bei fehlender oder nicht vollständiger Aufklärung der Patientin über eine mögliche **Plexuslähmung** vor Durchführung einer Bestrahlungstherapie (OLG Koblenz, VersR 1990, 489; OLG Zweibrücken, VersR 1987, 108; G/G, 6. Aufl., Rz. C 146).   **A 2069**

(9) Kropfoperation; Aufklärung über andere schwerwiegende Risiken erfolgt

Über die **Gefahr dauerhaft verbleibender Atembeschwerden** muss der Arzt den Patienten vor der operativen Entfernung „kalter Knoten" im Bereich des Schilddrüsenlappens aufklären. Dieses Risiko ist von den dem Patienten erläuterten Punkten wie z.B. Blutung, Nachblutung, Thrombose, Embolie, Wundinfektion, Wundheilungsstörungen, Verletzung von Nerven und Gefäßen, Stimmbandlähmung, Heiserkeit und Narbenbildung nicht erfasst. Der vom Patienten behauptete **Entscheidungskonflikt** ist jedoch im Hinblick auf die vorangegangene, erfolglose konservative Behandlung und den **ex-ante nicht auszuschließenden Malignitätsverdacht** nicht plausibel, wenn die Patientin mit dem Eingriff auch bei ihrer Mutter durch einen Kropf bedingt aufgetretene, starke optische und körperliche Beeinträchtigungen vermeiden wollte (OLG Koblenz, Urt. v. 1. 4. 2004 – 5 U 1086/03, NJW-RR 2004, 1166, 1167 = OLGR 2004, 537, 538 f. = MedR 2005, 292, 293).   **A 2070**

Ein **zweizeitiges operatives Vorgehen**, also eine chirugische Intervention auf je einer Seite der Schilddrüse in zwei gesonderten Operationen, stellt **keine aufklärungsbedürftige ernsthafte Behandlungsalternative** dar, wenn ein **großer, rasch wachsender Kropf vorliegt, der die Luftröhre einengt und zudem ein Tumorverdacht besteht**, auch wenn sich letzterer nachfolgend nicht bestätigt (OLG München, Urt. v. 23. 2. 2012 – 1 U 2781/11, juris, Nr. 43, 44).   **A 2070a**

Bei entsprechender Größe der vorhandenen Knotenbildung stellt auch eine Radiojod-Behandlung bzw. die weitere medikamentöse Behandlung (mit L-Thyro-   **A 2070b**

469

xin o. a.) gegenüber einer Schilddrüsenoperation **keine ernsthafte Behandlungs- alternative** dar (OLG Köln, Beschl. v. 8. 11. 2010 – 5 U 31/10, VersR 2011, 1011; OLG München, Urt. v. 23. 2. 2012 – 1 U 2781/11, juris, Nr. 43, 44).

Auch ein **Entscheidungskonflikt ist nicht plausibel,** wenn die Strumaoperation zur **Entfernung eines bösartigen Tumors alternativlos indiziert und das Risiko der Verletzung des Stimmbandnervs bei jedem operierenden Facharzt in etwa gleich hoch ist** (OLG München, Urt. v. 2. 2. 2012 – 1 U 5333/10, juris, Nr. 62: Patient hatte sich nach unterlassener Aufklärung über das deutlich erhöhte Ri- siko der Verletzung des Stimmbandnervs bei einer Rezidivoperation auf eine „**Spezialklinik"** berufen).

A 2070c Ein Entscheidungskonflikt ist auch nicht plausibel dargetan, wenn der Patient vor der Durchführung einer Schilddrüsenoperation darauf hingewiesen worden ist, dass die **Stimmbänder Schaden nehmen könnten und in seltenen Fällen ein Luftröhrenschnitt erforderlich werden kann,** das sich realisierende Risiko einer **lebenslangen Pflicht zur Einnahme von Kalzium aber nicht erwähnt** wird und der Patient ausführt, wenn ihm auch dieses Risiko genannt worden wäre, hätte er sich noch einmal erkundigt und eine „**Spezialklinik"** aufgesucht (OLG Stutt- gart, Urt. v. 16. 11. 2010 – 1 U 124/09, NJW-RR 2011, 747, 748 = GesR 2011, 30, 32).

A 2071 Ein Entscheidungskonflikt ist ebenfalls nicht plausibel dargetan, wenn eine Pa- tientin wiederholt vorgetragen hat, dass sie **unbedingt eine Strumaoperation (Kropfoperation)** vornehmen lassen wollte, weil eine Tabletteneinnahme bei ih- rem Ehemann erfolglos gewesen sei und sie Probleme mit der Einnahme von Tabletten (hier: Thyroxin) habe. Dass die Patientin von der ursprünglich ge- wünschten Operation Abstand genommen hätte, wenn ihr mitgeteilt worden wäre, sie müsse unter Umständen **lebenslang Kalziumtabletten** einnehmen, wo- bei das Risiko bei 1–1,5 % liegt, ist nicht nachvollziehbar, denn in diesem Fall hätte sie stattdessen lebenslang Jodtabletten (o. a.) zu sich nehmen müssen (OLG Köln, Urt. v. 7. 2. 2001 – 5 U 156/00, AHRS III, 1050/314).

A 2072 Der Einwand der „hypothetischen Einwilligung" greift auch durch, wenn die **Schilddrüsenoperation medizinisch indiziert** ist, eine **echte Alternative** (z. B. Ra- dio-Jod-Behandlung oder medikamentöse Behandlung mit Thyroxin) **nicht be- steht** und die Patientin ausführt, bei erfolgtem Hinweis auf eine ggf. dauerhafte Stimmbandlähmung hätte sie **eine Zweitmeinung eingeholt.** Es ist nicht plausi- bel, dass die Patientin bei fehlender Alternative dann ihre Zustimmung nicht er- teilt hätte (OLG Brandenburg, Urt. v. 17. 7. 2008 – 12 U 221/07, juris, Nr. 8; dem OLG Brandenburg folgend LG Ellwangen, Urt. v. 13. 2. 2009 – 5 O 480/07, S. 17/18; vgl. zu Schilddrüsenoperationen auch Rz. A 857 ff., A 1124 ff., A 1323, A 1337, A 1935 ff.).

A 2073 Folgte eine Patientin bisher ärztlichen Empfehlungen, insbesondere denen des Operateurs, der sie **bereits einmal komplikationslos an der Schilddrüse operiert** hatte, und drohte ohne die, allerdings **zunächst nicht dringende Operation** (hier: beidseitige subtotale Strumaresektion) eine **lebensgefährliche Krebserkrankung,** die letztlich nicht beherrschbar gewesen wäre, ist es nicht plausibel, dass sich die Patientin diesem Risiko nach ordnungsgemäßer Aufklärung (hier: über das

Risiko von Sprach- und Atemstörungen mit einer Risikoquote bis zu 30 %) ausgesetzt hätte (OLG Oldenburg, Urt. v. 12. 12. 2000 – 5 U 109/00, AHRS III,
1050/311).

Macht der Patient geltend, er hätte im Falle der Aufklärung über ein bestimmtes   A 2074
Operationsrisiko möglicherweise einer **konservativen Therapie, die eine ernsthafte Alternative dargestellt hätte** (vgl. hierzu oben Rz. A 1257 ff., A 1323,
A 1336 ff., A 1600), den Vorzug gegeben, so ist ein Entscheidungskonflikt nicht
plausibel, wenn er **bewusst ein ungleich schwerwiegenderes, belastenderes Risiko in Kauf genommen** hat, etwa eine irreparable Recurrensparese (Stimmbandlähmung) gegenüber einem sehr selten auftretenden und regelmäßig durch Medikamentengabe einstellbaren permanenten Hypoparathyreoidismus, also einer
Unterfunktion der Nebenschilddrüsen (OLG Köln, NJW-RR 1996, 405).

**(10) Vorausgegangene, ähnliche Eingriffe; intraartikuläre Injektionen, Spritzen-
abszess**

Es ist nicht plausibel, wenn die Patientin behauptet, sie hätte in eine **Infiltrati-**   A 2075
onsbehandlung (hier: zur Beseitigung von erheblichen Schultergelenkschmerzen) nicht eingewilligt, wenn das (sich realisierende) **Risiko einer Infektion äußerst gering** ist, sie in der Vergangenheit mehrfach in solche Behandlungen eingewilligt hatte und **konservative Behandlungsversuche mit Krankengymnastik
und Schmerzmitteln nicht bzw. nur ganz kurzfristig zum Erfolg geführt hatten**
(OLG Oldenburg, Urt. v. 15. 10. 2008 – 5 U 33/07 mit NZB BGH v. 13. 10. 2009
– VI ZR 285/08, AHRS III, 1050/368; OLG Köln, Urt. v. 21. 7. 2003 – 5 U 75/03,
MedR 2004, 567, 568: 131 Injektionsbehandlungen über mehr als zehn Jahre). In
den entschiedenen Fällen des OLG Oldenburg und des OLG Köln hatte sich der
Patient bereits in den Jahren zuvor mehrfach ähnlichen Eingriffen unterzogen. In
dem vom OLG Köln entschiedenen Fall wirkte die vor mehr als zehn Jahren er-
teile Aufklärung nach Ansicht des Senats noch fort.

Wurde die Patientin nicht darauf hingewiesen, dass auch bei akuten, rheumati-   A 2076
schen Schmerzzuständen anstatt einer **Spritze in das Gesäß** zur Vermeidung
von Infektionen und – in seltenen Fällen – schweren allergischen oder Entzündungsreaktionen (hier: Spritzenabszesses, Ausdehnung von 12 × 7 cm, Tiefe 5–7
cm, Operation erforderlich) auch **oral zu verabreichende Schmerzmittel** in Betracht kommen, ist ein Entscheidungskonflikt nicht plausibel, wenn die Patientin erklärt, sie hätte keine Angst vor Spritzen, habe sich auch vor und nach dem
streitgegenständlichen Ereignis spritzen lassen und die Wahl des Mittels trotz
bestehender Diabetes (wohl) dem Arzt überlassen (OLG Naumburg, Urt. v.
2. 12. 2008 – 1 U 27/08, juris, Nr. 2, 4, 27).

Ist der Patient nicht über das bei ca. 6 % liegende **Infektionsrisiko** und das im   A 2077
Promillebereich liegende **Risiko des Hodenverlusts** aufgeklärt worden und reali-
siert sich ein solches Risiko nach Durchführung einer Biopsie, die wegen des
Verdachts auf Hodenkrebs dringend indiziert ist, so ist ein Entscheidungskon-
flikt des Patienten nicht schlüssig dargelegt, wenn er früher nach umfassender
Aufklärung insbesondere über das Risiko der Impotenz, der Verletzung des
Darms, größerer Gefäße und Nerven eine retroperitoneale Lymphadenektomie

wegen des anderen befallenen Hodens durchführen ließ und dabei **sogar auf die angeratene, vorherige Abgabe einer Spermaprobe verzichtet** hatte (OLG München, Urt. v. 5. 4. 2001 – 1 U 4025/99, AHRS III, 1050/315).

(11) Hinweis auf vergleichbares Risiko erfolgt; Hodenschädigung

A 2078   Erteilt der Patient trotz des erfolgten Hinweises auf eine **mögliche Hodenschädigung** seine Zustimmung zu einer Hernioplastik (Leistenbruchoperation; plastische Stabilisierung der Leistenhinterwand und Rekonstruktion des inneren und äußeren Leistenrings), so spricht dies dagegen, dass ein zusätzlicher, vom Arzt pflichtwidrig unterlassener Hinweis auf mögliche **Missempfindungen an der Bauchwand, in der Leiste, am Skrotum oder im Bereich des Oberschenkels**, welche durch eine kompressionsbedingte Läsion der im Operationsgebiet verlaufenden Nerven verursacht werden können, zu einem Entscheidungskonflikt geführt hätte. Dies gilt insbesondere dann, wenn es zu der durchgeführten chirurgischen Korrektur letztlich keine ernsthafte Behandlungsalternative gab (OLG Düsseldorf, Urt. v. 18. 7. 2001 – 8 U 190/00, AHRS III, 1050/321).

(12) Hinweis auf schwerwiegenderes Risiko erfolgt; Zustimmungsverweigerung medizinisch offenkundig unvernünftig (vgl. auch Rz. A 1909a ff.)

A 2079   Wäre die **Zustimmungsverweigerung zu einem zwingend gebotenen Eingriff medizinisch offenkundig unvernünftig**, trifft den Patienten eine nähere Substantiierungslast, aus welchen Gründen er bei vollständiger und zutreffender Aufklärung über die Risiken des Eingriffs seine Zustimmung hierzu versagt hätte (OLG Stuttgart, Urt. v. 23. 8. 2011 – 1 U 51/11, S. 9; auch OLG Saarbrücken, Urt. v. 14. 12. 2011 – 1 U 172/05–61, GesR 2012, 219, 221: dringend indizierte Herz-OP bei Kleinkind; OLG München, Urt. v. 26. 5. 2011 – 1 U 3081/10, juris, Nr. 64: verspätete Aufklärung bei dringend indizierter Herz-OP; vgl. hierzu Rz. A 1909b–A 1914).

A 2079a   So ist ein Entscheidungskonflikt nicht plausibel vorgetragen, wenn der Patient bei ernsthaft in Betracht kommender **konservativer Behandlung seinen Beruf sicher hätte aufgeben müssen** und mit der Klage auch Verdienstausfallschaden geltend gemacht hat (OLG München VersR 1992, 834) oder er bei Ablehnung des medizinisch gebotenen Eingriffs **ein ungleich schwerwiegenderes und erheblich belastenderes Risiko (hier: Blinddarmdurchbruch, Aufklärung insoweit erfolgt) in Kauf genommen hätte** (OLG Bamberg, Urt. v. 15. 9. 2003 – 4 U 75/03, AHRS III, 1050/333 = OLGR 2004, 105, 107; ebenso OLG Hamm, VersR 1988, 601 und OLG Köln, VersR 1996, 1413, 1414).

A 2079b   **Nimmt ein Patient eine beträchtliche Anzahl von Risiken in Kauf** (hier: Wundheilungsstörungen, Knochen- und Gelenkentzündungen, Bewegungseinschränkung eines Gelenks, Metall- und Prothesenlockerung, Metallbruch, Nervenschädigung, Thrombose, Embolie, Restbeschwerden im Zusammenhang mit einer Athroskopie), **während das weitere, nicht genannte Risiko** (hier: Risiko der Gefäßverletzung) **im Promillebereich liegt, spricht dies gegen einen ernsthaften Entscheidungskonflikt** (OLG Hamm, Urt. v. 12. 3. 2003 – 3 U 132/02, AHRS III, 1050/331).

Ein Entscheidungskonflikt des Patienten, der vor einer Magenoperation nicht auf das Risiko einer **Perforation der Speiseröhre** durch die eingelegte Magensonde hingewiesen worden ist, ist nicht plausibel, wenn er **den Eingriff trotz des Hinweises auf ein – wenngleich geringfügiges – Mortalitätsrisiko eingewilligt** hat (OLG Hamm, Urt. v. 5. 12. 2005 – 3 U 110/05, AHRS III, 4230/303).

A 2079c

Es ist auch nicht plausibel, dass eine 20-jährige Mutter einer vierjährigen Tochter bei einer lebensgefährlichen Erkrankung wegen einer **im Vergleich zu den aufgeklärten Nebenwirkungen geringeren Nebenwirkung** nicht alle Heilungschancen ausgeschöpft hätte (OLG München, Urt. v. 4. 6. 2009 – 1 U 4217/07 bei Bergmann/Wever, MedR 2009, 591).

A 2079d

Wenn die mögliche Komplikation (hier: vorübergehende, ggf. auch starke Schmerzzustände) **völlig außer Verhältnis zu der Notwendigkeit der durchzuführenden Untersuchung** (hier: bei Blut im Stuhl und möglicher Krebserkrankung erforderliche Darmspiegelung o. a.) stehen, reicht die bloße Behauptung des Patienten, bei ordnungsgemäßer Aufklärung hätte er die Zustimmung zu dem Eingriff verweigert, nicht aus, um einen Entscheidungskonflikt plausibel darzulegen (OLG München, Beschl. v. 23. 3. 2011 – 1 U 409/11, juris, Rz. 7).

A 2079e

Hatte eine Langzeitkortikoidtherapie (hier: mit Prednisolon) bereits zu einer Erniedrigung der Knochendichte geführt und barg deren Fortsetzung das Risiko, dass sich eine bestehende Osteoporose verschlimmert und sich der Gesundheitszustand verschlechtert, während **die Risiken der medizinisch indizierten Therapie (hier: mit Dapson) aus ex-ante-Sicht als weit weniger gefährlich einzuschätzen waren** (hier: Zahl der roten Blutkörperchen sinkt zeitweilig ab, Hämoglobingehalt steigt nach dem Absetzen aber wieder in den Normbereich), ist ein ernsthafter Entscheidungskonflikt des Patienten, in Kenntnis der Risiken hätte er die indizierte Behandlung mit Dapson verweigert und eine mögliche erneute Verschlechterung seines Gesundheitszustandes in Kauf genommen, nicht plausibel (OLG Düsseldorf, Urt. v. 25. 4. 2002 – 8 U 81/08, AHRS III, 1050/329).

A 2079f

Wird der Patient nicht über das **Risiko einer Nervenirritation vor einer medizinisch indizierten Blutentnahme** aufgeklärt, ist ein Entscheidungskonflikt nicht plausibel, wenn sich der Patient in einem äußerst bedenklichen Zustand befunden hat und die **Infusionsbehandlung sowie die Blutentnahme zur Bestimmung des Elektrolythaushalts o. a. erforderlich** war (LG Heidelberg, Urt. v. 29. 6. 2011 – 4 O 95/08, juris, Rz. 70: Der Arzt hatte im entschiedenen Fall aber den Einwand der hypothetischen Einwilligung gar nicht erhoben!).

A 2079g

Ein Entscheidungskonflikt betreffend die Durchführung einer Spinalanästhesie (Narkose) anlässlich einer **Krampfaderoperation** bei Hinweis auf das Risiko des Entstehens von subduralen Hygromen oder Hämatomen und damit verbundene dauerhafte Gesundheitsbeeinträchtigungen einschließlich des sehr seltenen Todesrisikos ist nicht plausibel, wenn der Patient **auf das Risiko einer Querschnittlähmung hingewiesen** worden ist (OLG Brandenburg, Urt. v. 24. 3. 2011 – 12 U 75/08, juris, Rz. 24, 25).

A 2079h

Wird der Patient über die mögliche Erforderlichkeit einer Intubation und die Risiken der Anästhesie nicht bzw. nicht rechtzeitig aufgeklärt, ist eine **Entschei-**

A 2079i

dungskonflikt nicht plausibel, wenn die Intubation in der eingetretenen Notfall-situation unausweichlich war und deren Unterlassen zu einer weiteren Ver-schlechterung des Gesundheitszustandes des Patienten geführt hätte (OLG Köln, Urt. v. 9. 11. 2011 – 5 U 89/09, GesR 2012, 168, 172).

A 2079k Wird die Patientin nicht auf das **Risiko eines Paravasats** (neben ein Blutgefäß ge-langende Infektionsflüssigkeit mit der Folge des Absterbens von Gewebe, ggf. mit erheblichen Schmerzen verbunden) hingewiesen, so ist ihre Behauptung, bei zutreffender Auflärung hätte sie eine weitere Chemotherapie mittels eines Portsystems abgelehnt, nicht plausibel, wenn sie sich bereits zuvor und auch nach dem Auftreten des Paravasats derselben Behandlung unterzogen hat und die **Ablehnung einer Chemotherapie unter Benutzung des sicheren Portsystems medizinisch eindeutig unvernünftig** ist (OLG Hamm, Urt. v. 16. 3. 2005 – 3 U 225/04, AHRS III, 1050/346; ebenso OLG Köln, Beschl. v. 29. 3. 2010 – 5 U 103/09, GesR 2010, 371, 373).

A 2079l Ein Entscheidungskonflikt einer nicht über das **Risiko eines Paravasats** auf-geklärten Patientin ist auch nicht plausibel, wenn ein vorangegangener Zyklus der Chemotherapie mittels eines peripheren Zugangs ohne Komplikationen ver-abreicht worden ist, weil eine Infusion mittels eines Ports nicht möglich war und der **weitere Zyklus nicht ohne Gefährdung des Erfolges der Chemotherapie verschoben werden konnte** (OLG Köln, Beschl. v. 29. 3. 2010 – 5 U 103/09, GesR 2010, 371, 373).

(13) Knieendoprothese und Versteifung eines Gelenks als Alternative

A 2080 Eine Arthrodese stellt gegenüber einer Knieendoprothese keine ernsthafte Be-handlungsalternative dar. Während die Arthrodese mit einer **völligen Einstei-fung des Gelenks** verbunden ist, kann die Beweglichkeit des Gelenks durch eine Endoprothese sogar verbessert werden. Zudem können durch Erstere vor-handene Schmerzen nicht sicherer als durch die Endoprothese beseitigt werden (OLG Oldenburg, Urt. v. 30. 3. 2005 – 5 U 66/03, VersR 2006, 517).

A 2081 Wird der Patient über die Alternative einer **operativen Versteifung seines Hand-gelenks** nicht aufgeklärt, so ist der Aufklärungsfehler nicht schadensursächlich, wenn sich der Patient nach Überzeugung des Gerichts auch bei Erteilung des Hinweises, dass eine Handgelenksversteifung zwar in Frage komme, aber eine unumkehrbare Lösung darstelle, zunächst für die tatsächlich durchgeführte ge-lenkerhaltende Operation mit einer Erfolgsquote von 50–75 % entschieden hätte (OLG Koblenz, MedR 2002, 518, 520).

(14) Gefäßverletzung bei einer Arthroskopie; Nervschädigung bei einer Arteriographie

A 2082 Die Aufklärungsbedürftigkeit entfällt nicht bereits deshalb, weil das Risiko ei-ner Gefäßverletzung anlässlich einer Arthroskopie ausgesprochen gering ist (hier: 0,003 %), wenn dieses geringfügige Risiko bei seiner Verwirklichung die **Lebensführung des Patienten besonders belastet**. In derartigen Fällen ist ein Ent-scheidungskonflikt jedoch regelmäßig nicht plausibel, wenn die Durchführung des Eingriffs medizinisch indiziert ist und keine ernsthaften Alternativen hierzu bestehen (OLG Hamm, Urt. v. 12. 3. 2003 – 3 U 132/02, AHRS III, 4100/314).

Begibt sich eine seit Längerem unter Schmerzen im rechten Bein leidende Patientin zur Abklärung eines Tumorverdachts in ein Krankenhaus und brachte eine **CT-Untersuchung keine Klarheit**, ist ein Entscheidungskonflikt wegen der bei einem arteriographischen CT (Arteriographie) bestehenden **Risiken (hier: Gefahr von Nervschädigungen) nicht plausibel** (OLG Köln, Urt. v. 22. 12. 2003 – 5 U 216/00, AHRS III, 1505/336).

(15) Verschiedene Operationsmethoden; Hallux valgus und Gallenoperation

Bei der Operation eines **Hallux valgus** ist über das **Risiko einer Versteifung des Großzehen** aufzuklären. Auf das gegenüber der gewählten Methode nach Hueter/Mayo bestehende alternative Verfahren einer subkapitalen Umstellungsosteotomie muss jedenfalls bei anhaltender oder zunehmender Schmerzsymptomatik nicht hingewiesen werden. Der Patient befindet sich auch nicht in einem ernsthaften Entscheidungskonflikt, wenn ihm der den Eingriff durchführende Arzt vom behandelnden Orthopäden **als Spezialist empfohlen** worden ist, dieser ihm (nur) die gewählte Methode plausibel erklärt hat und das Fehlschlagrisiko mit der Notwendigkeit einer weiteren Operation und dem geringen **Risiko der Versteifung des Großzehen bei beiden Verfahren in etwa gleich** ist (OLG Karlsruhe, Urt. v. 26. 6. 2002 – 7 U 4/00, MedR 2003, 229, 230; auch OLG Hamm, Urt. v. 5. 11. 2003 – 3 U 102/03, OLGR 2004, 162, 163: keine Aufklärungspflicht über verschiedene Operationsmethoden bei Vorfuß-Operation; tatsächlich existieren mehr als 115 Operationsmethoden bei Hallux valgus!; vgl. auch Rz. A 928, A 1276, A 1583). A 2083

Vor einer Gallenoperation (Gallenblasenentfernung) muss der Patient nicht darauf hingewiesen werden, dass das jeweils absolut im Promillebereich liegende Risiko der versehentlichen **Durchtrennung des Hauptgallenganges** (Ductus choledochus) bei der vorgesehenen laparoskopischen Methode („Knopflochchirurgie") mit einer Häufigkeit von 0,4 % bis 0,6 % **dreifach höher als bei der konventionellen Laparotomie** (offener Bauchschnitt) ist. Jedenfalls kann ein mit schmerzhaften Koliken aufgenommener Patient einen ernsthaften Entscheidungskonflikt nicht plausibel machen. Denn bei der Laparotomie handelt es sich um das weniger invasive und zu einer schnelleren Rekonvaleszenz führende Verfahren (OLG Schleswig, Urt. v. 29. 5. 2009 – 4 U 38/08, OLGR 2009, 594, 597; vgl. auch Rz. A 1374, A 1544, G 723 ff., G 770 ff.). A 2084

(16) Absetzen einer Medikation

Bei möglichen schwerwiegenden Nebenwirkungen eines Medikaments ist neben dem Hinweis in der Gebrauchsinformation des Pharmaherstellers auch die Aufklärung durch den das Medikament verordnenden Arzt erforderlich. Jedenfalls die Medikation mit aggressiven bzw. nicht ungefährlichen Arzneimitteln ist als ärztlicher „Eingriff" im weiteren Sinne zu verstehen, so dass die Einwilligung des Patienten in die Behandlung mit dem Medikament unwirksam ist, wenn er nicht über dessen **gefährliche Nebenwirkungen aufgeklärt** worden ist A 2085

(BGH, Urt. v. 15. 3. 2005 – VI ZR 289/03, VersR 2005, 834, 835 = NJW 2005, 1716, 1717: Durchführung der Eingriffsaufklärung vom Arzt zu beweisen). Das Nichtvorliegen eines „ernsthaften Entscheidungskonflikts" – und damit die Annahme einer hypothetischen Einwilligung – erscheint aber dann nahe liegend, wenn die **Arzneimittelgabe dringend geboten** ist, die Gründe für eine Ablehnung der Behandlung angesichts der Schwere der Erkrankung oder bestehender, starker Schmerzen nicht ohne weiteres zu Tage liegen und eine ernsthafte, weniger invasive Behandlungsalternative nicht zur Verfügung steht (Stöhr, RiBGH, GesR 2006, 145, 149).

So ist etwa das Vorbringen des Patienten, bei ordnungsgemäßer Aufklärung über die mit der Einnahme des Medikaments verbundene Gefahr der Entstehung einer Hämolyse (Zerstörung der roten Blutkörperchen) hätte er es abgesetzt, nicht plausibel, wenn dann konkret die Gefahr eines Rezidivs, ein Wiederaufleben der mit dem Medikament therapierten Krankheit (hier: Vaskulitis, d. h. einer Systemerkrankung mit entzündlichen Veränderungen an Gelenken u. a.) bestanden hätte und demgegenüber die Folgen der Fortsetzung der eingeschlagenen medikamentösen Therapie aus der ex-ante-Sicht als **weit weniger gefährlich** einzuschätzen und dauerhafte oder schwere Nebenwirkungen nicht zu erwarten waren (OLG Düsseldorf, Urt. v. 25. 4. 2002 – 8 U 81/01, OLGR 2003, 387, 390).

(17) Absetzen einer Dialyse

A 2086   Eine Haftung des Arztes bei unterlassener Aufklärung über das erhöhte Risiko, **beim Absetzen einer Dialyse einen Pericarderguss (Erguss im Herzbeutel)** zu erleiden, scheidet aus, wenn der Patient nicht plausibel macht, er hätte sich bei pflichtgemäßer Aufklärung gegen das Absetzen der Dialyse entschieden oder wenn nicht bewiesen ist, dass der Pericarderguss bei Fortsetzung der Dialyse ausgeblieben wäre (OLG Stuttgart, VersR 1997, 931).

(18) Eigenblutspende

A 2087   Ist die Bildung von Eigenblutkonserven, etwa wegen unzureichender Hämoglobinkonzentration, kontraindiziert, so ist die vom Patienten behauptete Verweigerung einer Fremdblutübertragung, falls er auf die Bildung und Verwendung von Eigenblutkonserven hingewiesen worden wäre, wegen der Gefahr schwerster gesundheitlicher Folgeschäden nicht plausibel (OLG Köln, VersR 1997, 1534).

(19) Routineimpfung

A 2088   Eine Polio-Impfung (Schluckimpfung) stellt, auch wenn sie mit einer Schadenshäufigkeit von 1 zu 4,4 Millionen nicht gänzlich risikolos ist, die Eltern nicht vor schwierige Entscheidungen, die erst einer gründlichen Abwägung und reiflichen Überlegung bedürfen. Bei einer Routineimpfung ist den Eltern der Entscheidungskonflikt aufgrund der von den Gesundheitsbehörden vorgenommenen Abwägung des Für und Wider und der von ihnen ausgesprochenen Impfempfehlung weitestgehend abgenommen (BGH, VersR 2000, 725, 727). Bei derartigen Routinemaßnahmen kann es genügen, wenn dem Patienten nach **schriftlicher Aufklä-**

rung Gelegenheit zu weiteren Informationen durch ein Arztgespräch, jedoch keine mündliche Erläuterung der Risiken gegeben wird (BGH, VersR 2000, 725, 728; a. A. Spickhoff, NJW 2006, 2075, 2077 und NJW 2001, 1757, 1761 m. w. N.).

Nach § 630e II 1 Nr. 1 BGB wird nunmehr ausnahmslos ein **mündliches Aufklä-**   A 2088a
rungsgespräch verlangt, in einfach gelagerten Fällen kann jedoch eine telefonische Aufklärung ausreichen (vgl. Spickhoff, VersR 2013, 267, 276; F/N/W,
5. Aufl. 2013, Rz. 197; vgl. auch Rz. P 44).

(20) Einbringung eines Venenkatheters

Ob die Wahl des Zugangs für einen Zentralvenenkatheter überhaupt aufklä-   A 2089
rungspflichtig ist oder ob dies nicht lediglich die operationstechnische Seite eines Eingriffs betrifft, über die ein Arzt nach den eigenen Erfahrungen und Fertigkeiten zu entscheiden hat, ist fraglich (vgl. OLG Oldenburg, VersR 2000, 191,
192). Jedenfalls ist ein behaupteter Entscheidungskonflikt, der Patient hätte
sich bei erfolgter Aufklärung über mögliche, sich aber zurückbildende Nervenschäden bei einer Halsvenenpunktion für den Zugang über die Ellenbogenvene
entschieden, nicht plausibel (OLG Oldenburg, VersR 2000, 191, 193).

(21) Coloskopie/Darmperforation

Besteht bei einer Coloskopie (Darmspiegelung) das Risiko einer Darmperforation   A 2090
in 0,25 % der Fälle und ist das Risiko tödlicher Folgen einer solchen Perforation
mit etwa 20 %, also insgesamt 0,05 % aller Fälle anzusetzen, so muss der Patient nicht nur über den möglichen **Eintritt der Perforation**, sondern auch über
die damit verbundene **Lebensgefahr** und auch über die Gefahr der Verweigerung
dieser Untersuchung aufgeklärt werden (OLG Stuttgart, VersR 1986, 581; vgl.
auch OLG Frankfurt, VersR 1991, 185). Allerdings fehlt es an dem erforderlichen
Zurechnungszusammenhang, wenn der Arzt zwar über das Risiko der Magen-
Darm-Perforation, nicht jedoch über das Risiko tödlicher Folgen einer Perforation aufgeklärt hat und sich Letztere nicht realisiert. Es ist auch nicht plausibel,
dass die Patientin bei vollständiger Aufklärung die Durchführung dieses zur **Ent-**
deckung bösartiger Darmpolypen erforderlichen Eingriffs verweigert hätte (OLG
Stuttgart, VersR 1986, 581; OLG Frankfurt, VersR 1991, 185, 186).

Wird die Patientin nicht oder nur verspätet darüber aufgeklärt, dass es bei einer   A 2090a
vorgesehenen **Coloskopie (Darmspiegelung) mit möglicher Polypektomie** (Entfernung vorgefundener Darmpolypen im Rahmen der Coloskopie) zu einer
Darmperforation bzw. Darmblutung mit der ggf. bestehenden Erforderlichkeit
einer chirurgischen Intervention kommen kann, ist ein Entscheidungskonflikt
nicht plausibel, wenn die Perforationsrate bei einer Coloskopie durchschnittlich
nur bei 0,17 % bis 0,25 %, bei der Polypektomie bis 0,53 % liegt und der Eingriff
wegen **seit Monaten bestehender Blutbeimengungen im Stuhl zur Abklärung ei-**
nes Karzinomverdachts dringend indiziert ist (OLG Koblenz, Urt. v. 24. 8. 1999
– 3 U 1078/95, juris, Nr. 3, 34, 37 = VersR 2001, 111, 112).

Gleiches gilt, wenn die Patientin von ihrer Gynäkologin aufgrund rezidivieren-   A 2091
der, diffuser peranaler Blutungen zur Durchführung der Coloskopie überwiesen

worden ist und auf Befragen antwortete, sie habe ja behandelt werden und sehen müssen, was dabei herauskommt (OLG Hamm, Urt. v. 28. 2. 2001 – 3 U 157/00, AHRS III, 5150/301).

A 2091a Wenn die mögliche Komplikation (hier: vorübergehende, nicht unerhebliche Schmerzzustände) **völlig außer Verhältnis zur Notwendigkeit der durchzuführenden Untersuchung stehen** (hier: zur Abklärung einer ggf. lebensbedrohlichen Erkrankung, etwa eines Darmtumors), reicht die bloße Behauptung des Patienten, bei ordnungsgemäßer Aufklärung hätte er die Zustimmung zu dem Eingriff verweigert, nicht aus, um einen ernsthaften Entscheidungskonflikt plausibel darzustellen (OLG München, Beschl. v. 23. 3. 2011 – 1 U 409/11, juris, Nr. 7).

(22) Dünndarmperforation bei Appendektomie

A 2092 Bei einer **Laparotomie (hier: Blinddarmoperation)** ist der Patient darüber aufzuklären, dass mit einer Verletzung von Organen und Darmteilen (hier: Perforation des Dünndarms) gerechnet werden muss. Beim „Normalfall" einer akuten Appendizitis wirkt sich die Eilbedürftigkeit nur dahin aus, dass dem Patienten nicht die sonst übliche Bedenkzeit eingeräumt werden muss. Vollständig kann von einer Aufklärung nur bei einer vital indizierten, unverzüglich durchzuführenden Operation abgesehen werden. Ist der Eingriff **innerhalb der nächsten Stunden zwingend indiziert**, kann der Patient einen ernsthaften Entscheidungskonflikt aber nicht plausibel machen (OLG Bamberg, Urt. v. 15. 9. 2003 – 4 U 75/03, AHRS III, 4280/311 = OLGR 2004, 105, 106).

A 2092a Gleiches gilt, wenn der Patient bei akuter Appendizitis **nicht oder nicht rechtzeitig über die Risiken der einzuleitenden Vollnarkose** aufgeklärt wird (OLG Hamm, Urt. v. 17. 9. 2001 – 3 U 48/01, OLGR 2002, 309, 310).

A 2093 Das Vorliegen eines ernsthaften Enscheidungskonflikts ist auch zu verneinen, wenn der Patient mit der Ablehnung des gebotenen Eingriffs bei vollständiger Aufklärung über die Risiken (hier: Darmperforation) **ein ungleich schwerwiegenderes Risiko (hier: Blinddarmdurchbruch) in Kauf genommen** hätte (OLG Bamberg, Urt. v. 15. 9. 2003 – 4 U 75/03, AHRS III, 1050/333; ebenso OLG Hamm, VersR 1988, 601).

(23) Darmtumor; Anastomoseninsuffizienz bei Bauchoperation

A 2094 Vor der operativen Entfernung eines Adenokarzinoms bzw. einer Darmoperation ist der Patient darauf hinzuweisen, dass die Darmnaht undicht werden könnte (Anastomoseninsuffizienz). Besteht jedoch keine andere erfolgversprechende Möglichkeit, den **Darmtumor** zu heilen, kann der Patient einen ernsthaften Entscheidungskonflikt nicht plausibel machen (OLG Düsseldorf, Urt. v. 5. 12. 2002 – 8 U 216/01, AHRS III, 4280/310).

(24) Potenzverlust nach Krebsoperation

A 2095 Auch die Behauptung, bei erfolgter Aufklärung über einen möglichen Potenzverlust auf die Operation eines Rektumkarzinoms verzichtet zu haben, ist nicht plausibel (OLG Köln, VersR 1990, 663; S/Pa, 12. Aufl., Rz. 524).

(25) Verschlechterungsrisiko

Hat der Arzt bei nicht dringlicher Indikation eines operativen Eingriffs mit einer A 2096
Erfolgsaussicht von ca. 80 % das Risiko der Verschlechterung der vorbestehenden Schmerzsituation von ca. 5 % in allgemeiner Form dargestellt, so ist der behauptete Entscheidungskonflikt vom Patienten nicht plausibel dargelegt, wenn
er erklärt, er hätte bei der Angabe **eines in 5 % der Fälle schlechteren Ergebnisses schon zugestimmt**, nicht aber bei einem Hinweis auf das Risiko eines verschlechterten Lebenszustandes, der sich bei ihm eingestellt habe. Denn es ist
nicht geboten, in derartigen Fallgestaltungen speziell über außergewöhnliche
und besonders nachteilige Entwicklungen aufzuklären (OLG Stuttgart, OLGR
2000, 132, 134). **Informiert werden muss nur über die für den Eingriff charakteristische Gefahr, nicht über mögliche mittelbare Folgen** (OLG Koblenz, Urt. v.
10. 4. 2008 – 5 U 1440/06, OLGR 2009, 314, 315).

(26) Sectio statt vaginaler Entbindung; genetische Beratung

Der im Rahmen einer hypothetischen Einwilligung zu prüfende plausible Ent- A 2097
scheidungskonflikt ist grundsätzlich **ausschließlich am Kindeswohl zu messen**,
soweit nicht etwa bei einer ernsthaft in Betracht zu ziehenden Sectio das bestehende, erhöhte Risiko für Leben und Gesundheit der Mutter gegen dasjenige des
werdenden Kindes bei Durchführung der vaginalen Entbindung abzuwägen ist
oder die Eltern eine genetische Beratung wünschen, um werdendes behindertes
Leben zu verhindern. Es erscheint nicht tragbar, ein werdendes Leben lieber ster-
ben zu lassen als die gegenüber der Chance, ein gesundes Kind zu erhalten, deutlich geringere Gefahr zu riskieren, einem behinderten Kind zum Leben zu ver-
helfen, selbst wenn das geringe Risiko einer schweren Hirnschädigung besteht
(OLG Köln, VersR 1999, 98, 99). *Anm.:* Nach den allgemeinen Grundsätzen (vgl.
Rz. A 1908 ff.) ist die subjektive Sicht der Patientin entscheidend, nicht der allgemeine moralische Grundsatz, dass es besser sei, ein behindertes Kind zu haben als kein Kind.

(27) Ablehnung einer Sectio

Nicht plausibel ist die behauptete Ablehnung eines Kaiserschnitts durch die Pa- A 2098
tientin bei Aufklärung über dessen Risiken, wenn gesichert ist, dass das Kind infolge eines bereits eingetretenen Sauerstoffmangels nur so vor einem Hirndauer-
schaden bewahrt werden konnte (OLG Köln, VersR 1999, 98; nach S/Pa,
12. Aufl., Rz. 524: „als Grundsatz zweifelhaft").

(28) Gebärmutterperforation

Bei einer Gebärmutterausräumung nach intrauterinem Kindstod ohne Aufklä- A 2099
rung über das Risiko einer Gebärmutterperforation kann sich die Mutter ebenfalls nicht auf einen „ernsthaften Entscheidungskonflikt" berufen (OLG Zweibrücken, VersR 1992, 496; G/G, 6. Aufl., Rz. C 146).

(29) Uterusperforation nach Kürettage

Wird die Patientin vor der Entfernung von Plazentaresten nicht auf das **seltene** A 2100
Risiko einer Uterusperforation hingewiesen, so ist ein Entscheidungskonflikt

mit der Behauptung, bei vollständiger Aufklärung hätte sie den Eingriff nicht durchführen lassen, im Hinblick auf die dringende Indikation zur Vermeidung von weiteren Blutungen, einer möglichen Anämie und **lebensgefährlichen Folgen der Unterlassung** nicht plausibel (OLG Köln, Urt. v. 14. 2. 2007 – 5 U 122/06, OLGR 2007, 622 = AHRS III, 1050/363).

(30) Sterilisation

A 2101   Kommt es drei Jahre nach einer Tubensterilisation zu einer Schwangerschaft, so spricht schon der Zeitablauf dafür, dass die Koagulation der Eileiter zunächst erfolgreich verlaufen und erst später eine auch bei sorgfältigem Vorgehen nicht immer vermeidbare Rekanalisation eingetreten ist. Die Behauptung der Patientin, sie hätte bei ordnungsgemäßer (therapeutischer) Aufklärung über die mit einer Tubensterilisation verbundene Versagerquote (unter 1,5 %) gemeinsam mit ihrem Ehemann **weiter gehende Verhütungsmaßnahmen ergriffen**, erscheint nicht plausibel, wenn sich die (Ehe-) Partner nach einer unerwünschten Schwangerschaft damit begnügen, der Gefahr einer erneuten Gravidität durch eigene „Enthaltsamkeit an den fruchtbaren Tagen" zu begegnen (OLG Düsseldorf, Urt. v. 25. 10. 2001 – 8 U 13/01, OLGR 2002, 352).

A 2102   Bei fehlender oder unzureichender Aufklärung über die Versagerquote einer Sterilisation von 0,1 % und darüber ist auch ein Entscheidungskonflikt mit der Behauptung, nach einem Hinweis auf die **erhöhte Versagerquote bei einer postpartalen Sterilisation** hätte die Patientin mehrere Monate lang verhütet und sodann den Erfolg der Sterilisation endoskopisch überprüfen lassen, nicht plausibel, wenn der Patientin bekannt war, dass die Sterilisation grundsätzlich mit einem Versagerrisiko behaftet und die **endoskopische Kontrolle aufwendig, mit Risiken behaftet und unangenehm** ist (OLG München, Urt. v. 16. 11. 2006 – 1 U 2385/06, BeckRS 2006, 13708).

(31) Zahnbehandlung; Ablehnung einer Leitungsanästhesie

A 2103   Nach Auffassung des OLG Stuttgart (VersR 1999, 1500 = NJW-RR 1999, 751, 752; auch OLG Jena, Urt. v. 26. 4. 2006 – 4 U 416/05, MedR 2007, 731, 733; OLG Köln, VersR 2009, 834, 835 bei Extraktion des Zahnes 36; **a. A.** aber OLG Koblenz, Urt. v. 13. 5. 2004 – 5 U 41/03, MedR 2004, 502 = NJW-RR 2004, 1026; VersR 2003, 118, 119 = MedR 2003, 502, 503; OLG Hamm, Urt. v. 29. 9.2010 – I 3 U 169/09, VersR 2011, 758, 759; OLG Düsseldorf, VersR 2009, 546; vgl. hierzu Rz. A 1112 ff. und A 1962 ff.) ist die Ablehnung einer Leitungsanästhesie vor einer **Zahnextraktion** wegen des extrem seltenen Risikos einer Dauerschädigung des Nervus lingualis nicht plausibel. Allerdings kann bei der operativen Entfernung von Weisheitszähnen wegen des dabei deutlich erhöhten Risikos einer Nervschädigung etwas anderes gelten (OLG Stuttgart a. a. O.).

A 2103a   Gleiches gilt nach Auffassung des OLG Zweibrücken (Urt. v. 22. 2. 2000 – 5 U 25/99, VersR 2000, 892: keine Aufklärungspflicht) auch für die Ablehnung der **Leitungsanästhesie vor einer schmerzhaften Parodontosebehandlung** wegen einer hierbei extrem seltenen Dauerschädigung des Nervus lingualis. Ein Entscheidungskonflikt des Patienten ist jedenfalls dann nicht plausibel, wenn dieser darlegt, er habe in Kenntnis, dass der behandelnde Zahnarzt seine Ausbildung noch nicht lange abgeschlossen habe, dessen Patient werden wollen; bei Kenntnis des Risikos einer dauerhaften Schädigung des Nervus lingualis in bis zu 2 % aller Fälle hätte es aber „sein können, dass er einen älteren und erfahreneren Zahnarzt aufgesucht hätte" (OLG Jena, Urt. v. 26. 4. 2006 – 4 U 416/05, MedR 2007, 731, 733 = OLGR 2006, 710, 712).

War die **Entfernung eines Weisheitszahnes dringend indiziert**, ist nach zutreffen- **A 2103b** der Auffassung des OLG Köln (Urt. v. 22. 4. 1998 – 5 U 232/96 bei Oehler S. 255/256; OLG Köln, Urt. v. 22. 4. 2009 – 5 U 152/08, juris, Nr. 41, 42, 45; OLG Karlsruhe, Urt. v. 6. 5. 1987 – 7 U 88/86, bei Laufs/Kern, § 162 Nr. 142 und § 195, S. 230) von der hypothetischen Einwilligung zur Extraktion auszugehen, wenn der Eingriff in einer **kieferchirurgischen Spezialpraxis** ausgeführt wird. Dies gilt jedenfalls dann, wenn es sich bei dem **Behandler um einen MKG-Chirurgen bzw. einen Oralchirurgen handelt** und der Patient gegenüber dem Sachverständigen angegeben hat, sein Wissen um die Risiken hätten an seinem Entschluss zur Durchführung der Operation wohl nichts geändert (OLG Köln, Urt. v. 22. 4. 2009 – 5 U 152/08, juris, Nr. 41, 42, 45).

Da mit der Extraktion etwa der Zähne 36, 37, 26, 27 unter Leitungsanästhesie **A 2103c** das Risiko der Nervläsion mit Dauerfolgen extrem selten ist, besteht für den **Patienten, der unter erheblichen Schmerzen leidet**, nach Auffassung des OLG Karlsruhe (Urt. v. 6. 5. 1987 – 7 U 88/96, bei Laufs/Kern, 4. Aufl., § 162 Nr. 142) **in der Regel kein ernsthafter Entscheidungskonflikt**, auch wenn kein spezialisierter Kieferchirurg bzw. MKG-Chirurg aufgesucht wird.

Sucht ein Patient mit eindeutiger Indikation zur **Entfernung von vier Weisheits-** **A 2103d** **zähnen einen Kieferchirurgen** auf, der ihn über verschiedene andere Risiken des Eingriffs aufklärt, ist ein Entscheidungskonflikt mit dem Hinweis, in Kenntnis des **nicht genannten Risikos einer hartnäckigen Kieferklemme** hätte er den Eingriff nicht durchführen lassen, nicht plausibel, wenn der Eingriff **alternativlos indiziert** war und die **Komplikations- und Infektionsgefahr bei weiterem Zuwarten zugenommen** hätte (OLG Köln, Urt. v. 11. 1. 2006 – 5 U 27/05 mit NZB BGH v. 10. 7. 2007 – VI ZR 34/06, AHRS III, 1050/353).

Ist der Patient von seiner Hauszahnärztin zu einem Kieferchirurgen überwiesen **A 2103e** worden, um eine **Wurzelspitzenresektion (WSR)** durchführen zu lassen, so kann der Patient einen ernsthaften Entscheidungskonflikt nicht plausibel machen, bei zutreffender und vollständiger Aufklärung auch über die **Möglichkeit einer sofortigen Zahnextraktion** mit erheblichen negativen Konsequenzen für eine Zahnersatzkonstruktion hätte er die WSR abgelehnt, wenn das sich realisierende **Risiko einer dauerhaften Nervverletzung bei der Behandlung des konkreten Zahns äußerst gering bzw. nahezu ausgeschlossen** war (OLG Karlsruhe, Urt. v. 6. 5. 2005 – 13 U 138/04 mit NZB BGH v. 4. 4. 2006 – VI ZR 102/05, AHRS III, 1050/348: im entschiedenen Fall wäre eine Zahnextraktion auch mit erheblichen negativen Konsequenzen für eine Zahnersatzkonstruktion verbunden gewesen).

Ein Entscheidungskonflikt ist auch nicht plausibel dargelegt, wenn der Patient **A 2104** von der eingetretenen Schädigung des Nervus mandibularis bzw. des Nervus alveolaris derart befangen ist, dass er sich in die damalige Entscheidungssituation nicht mehr zurückversetzen kann und deshalb, wie sein **wechselnder Vortrag** (vgl. auch Rz. A 2064, A 2064a) zeigt, zu einer **beliebigen Darstellung des angeblichen Entscheidungskonflikts** bereit ist (OLG Karlsruhe, OLGR 2001, 171, 172: offengelassen, ob Dauernervschädigung aufklärungspflichtig; vgl. jetzt aber OLG Karlsruhe, Urt. v. 9. 5. 2012 – 7 U 44/11, juris, Nr. 9, 10: sehr seltenes Risiko einer dauerhaften Nervschädigung mit chronifizierten Schmerzen zu nennen).

A 2105 Ein Hinweis auf die **fehlende medizinische Notwendigkeit der Extraktion eines Weisheitszahnes** ist entbehrlich, wenn dem Patienten bekannt ist, dass die Entfernung des lediglich verlagerten und nicht durchgebrochenen Zahnes wegen der vorgesehenen Brückenversorgung bzw. **aufgrund kassenrechtlicher Vorgaben** erfolgen soll (OLG Düsseldorf, Urt. v. 13. 12. 2007 – I-8 U 19/07, VersR 2009, 546, 547; a. A. Keller, VersR 2009, 617, 619).

(32) Kein Entscheidungskonflikt bei gleichartigen Risiken in einem höher- oder gleichrangigen Krankenhaus (vgl. auch Rz. 1909b ff.)

A 2106 Die Behauptung einer Patientin, bei rechtzeitiger **Aufklärung über die Risiken einer Kürettage** (Ausschabung nach der Geburt eines Kindes), einem Routineeingriff, hätte sie erwogen, dieselbe Behandlung in einer **Universitätsklinik anstatt dem Kreiskrankenhaus** durchzuführen, ist nicht plausibel, wenn die Patientin mit der Behandlung in dem Krankenhaus bis dahin **gute Erfahrungen gemacht**, ihre beiden ersten Kinder dort entbunden und somit keinen Grund hatte, an der fachlichen Kompetenz der behandelnden Ärzte zu zweifeln (OLG Stuttgart, Urt. v. 19. 9. 2000 – 14 U 4/00, AHRS III, 1050/308 = OLGR 2002, 103, 105).

A 2107 Der Entscheidungskonflikt einer werdenden Mutter ist auch dann nicht plausibel, wenn sie nicht darlegt, welche **besondere Sachkunde oder besondere technische Ausstattung** in einem anderen Krankenhaus, in das sie sich bei ordnungsgemäßer, vollständiger Aufklärung möglicherweise begeben hätte, vorgelegen hätten, und wenn auch in sonstiger Weise nicht ersichtlich ist, dass die betreffenden Risiken in der anderen Klinik besser beherrscht worden wären und die Patientin mit der Behandlung in der aufgesuchten Klinik **bis dahin zufrieden** war (OLG München, Urt. v. 29. 3. 2001 – 1 U 6409/98, AHRS III, 4490/304: die Patientin war nicht darüber aufgeklärt worden, dass bei einer Sectio Verwachsungen entstehen könnten). Gleiches gilt, wenn **zwischen den Kliniken kein Rangunterschied** besteht, insbesondere, wenn der Patient keinen Arzt der anderen Klinik benennen kann, dem er sich gerade wegen dessen wissenschaftlichem oder operationspraktischem Rufs anvertraut hätte (OLG Köln, NJW 1990, 2940).

A 2107a Ein Entscheidungskonflikt ist nicht plausibel, wenn eine **Strumaoperation zur Entfernung eines bösartigen Tumors alternativlos indiziert** ist und das (im vorliegenden Fall deutlich erhöhte und insoweit nicht aufgeklärte) **Risiko der Verletzung des Stimmbandnervs bei jedem operierenden Facharzt in etwa gleich hoch ist**. Die Erklärung des Patienten, im Fall einer ordnungsgemäßen Aufklärung hätte er sich zur Operation **in eine andere Klinik bzw. „Spezialklinik"** begeben, begründet einen ernsthaften Entscheidungskonflikt nicht, wenn das Risiko auch bei einem Klinikum höherer Versorgungsstufe in etwa gleich hoch ist (OLG München, Urt. v. 2. 2. 2012 – 1 U 5333/10, juris, Nr. 63).

Ist die Durchführung einer **Herzoperation bei einem Kleinkind zwingend indi-** A 2107b
ziert (hier: OP muss innerhalb von 48 bzw. längestens 72 Stunden durchgeführt
werden), ist ein Entscheidungskonflikt der Eltern mit dem Hinweis, bei korrekter Aufklärung hätten sie **auf einer Verlegung ihres Kindes mit dem Hub-**
schrauber in eine Spezialklinik bestanden, nicht plausibel, wenn während des
Transports nur eingeschränkte Behandlungsmöglichkeiten bestanden hätten,
der **Zustand des Kindes problematisch** war (hier: vom Sachverständigen als „wackelig" beschrieben) und das **extrem seltene Operationsrisiko (hier: komplette**
motorische Querschnittlähmung) auch der fraglichen Spezialklinik bestanden
hätte, wobei etwa geringfügigere Risiken durch die Nachteile des Hubschraubertransports aufgewogen worden wären (OLG Saarbrücken, Urt. v. 14. 12. 2011 –
1 U 172/05–61, GesR 2012, 219, 223; a.A. OLG Stuttgart, VersR 1987, 515 und
OLG Schleswig, NJW-RR 1996, 348, 350: Entscheidungskonflikt bei älteren Patienten mit der Möglichkeit, die Durchführung der OP noch aufzuschieben, jeweils bejaht).

Hat die Behandlungsseite den Einwand der hypothetischen Einwilligung erho- A 2107c
ben, ist ein Entscheidungskonflikt des Patienten mit dem Hinweis, in Kenntnis
des Risikos einer dauerhaften Nervschädigung hätte er sich in einer „**Spezialkli-**
nik" behandeln lassen, nicht plausibel, wenn die **Operation** (hier: offene Reposition mit Osteosynthese nach Humerusschaft-Mehrfragmentfraktur) zwar nicht
notfallmäßig, aber **absolut indiziert ist, Zweifel an der Qualität der medizi-**
nischen Versorgung im fraglichen Krankenhaus nicht bestehen und der Sachverständige ausführt, ein Weitertransport in ein anderes Krankenhaus wäre zwar
möglich, aber nicht sinnvoll gewesen (OLG Stuttgart, Urt. v. 23. 8. 2011 – 1 U
51/11, S. 9).

Ein Entscheidungskonflikt ist auch nicht plausibel, wenn der Patient vor der A 2107d
Durchführung einer **Schilddrüsenoperation in einem Kreiskrankenhaus** darauf
hingewiesen worden ist, dass die Stimmbänder Schaden nehmen könnten und
in seltenen Fällen ein Luftröhrenschnitt erforderlich werden kann, das sich realisierende Risiko einer **lebenslangen Pflicht zur Einnahme von Kalzium** aber nicht
erwähnt wird und der Patient ausführt, wenn ihm auch dieses Risiko genannt
worden wäre, hätte er sich **noch einmal erkundigt und sich in einer „Spezialkli-**
nik" behandeln lassen (OLG Stuttgart, Urt. v. 16. 11. 2010 – 1 U 124/09,
NJW-RR 2011, 747, 748 = GesR 2011, 30, 32).

Ist der vor einer Hysterektomie und Exzision adipöser Bauchdeckenanteile nicht A 2108
über das Risiko von Verwachsungen (u.a.) aufgeklärten Patientin die Notwendigkeit des Eingriffs bewusst und hat sie sich **zweimal in die stationäre Behand-**
lung des betreffenden Krankenhauses zur Besprechung und Durchführung des
Eingriffs begeben, spricht dies gegen einen Entscheidungskonflikt, etwa wegen
bestehender Bedenken gegen die Kompetenz der ausführenden Fachärzte (OLG
Hamm, Urt. v. 12. 12. 2001 – 3 U 137/00, AHRS III, 1050/324).

Es ist auch nicht plausibel, wenn der Patient, der zuvor unter heftigen Schmer- A 2109
zen litt, die durch eine vom behandelnden, niedergelassenen Arzt vorgeschlagene Injektionstherapie gelindert werden konnten, bei der dort **gleichgelagerten**
Gefahr einer Gelenkinfektion geltend macht, er hätte sich bei ordnungsgemäßer

Aufklärung über dieses Risiko **nicht vom niedergelassenen Arzt, sondern in einer Klinik behandeln lassen** (OLG Düsseldorf, Urt. v. 28. 6. 2001 – 8 U 171/00, AHRS III, 1050/320).

(33) Vertrauensverhältnis zum operierenden Arzt

A 2110 Ein ernsthafter Entscheidungskonflikt ist ebenfalls nicht anzunehmen, wenn der Patient ausführt, bei rechtzeitiger Aufklärung über das Risiko von Beinlähmungen vor einem Hüftpfannenwechsel hätte er „sich das noch einmal überlegt und möglicherweise Schiss gekriegt", wenn er ein **uneingeschränktes Vertrauensverhältnis zu seinem Arzt,** der ihn seit mehr als zehn Jahren zur Zufriedenheit behandelt und Jahre zuvor eine erste, **anderweitige Operation erfolgreich durchführte,** bekundet hat (OLG Hamm, Urt. v. 23. 8. 2000 – 3 U 64/99, AHRS III, 1050/307).

A 2111 Ist dem mündlich nicht aufgeklärten Patienten das Risiko der Operation im Wesentlichen aus dem unterzeichneten Formular bekannt und erklärt er, er hätte **großes Vertrauen in den Operateur** gehabt, spricht dies gegen einen Entscheidungskonflikt (OLG Karlsruhe, Urt. v. 23. 6. 2001 – 7 U 199/98, AHRS III, 1050/319).

A 2111a Ein Entscheidungskonflikt ist auch nicht plausibel, wenn die Patientin erklärt, **sie wisse nicht, wie ihre Entscheidung ausgefallen wäre,** wenn sie über die aufgetretenen Komplikationen (hier: Misserfolg einer Handoperation, Verschlechterung der Kontraktur, Morbus Dupuytren) aufgeklärt worden wäre, sie hätte wohl in Kenntnis der Risiken noch zugewartet, wenn sie wegen ständiger Schmerzen im Finger vom Hausarzt die dringende Empfehlung erhalten hatte, sich operieren zu lassen, der **Operateur ihr als „hervorragend qualifiziert" empfohlen** worden und sie auf die Funktionsfähigkeit der Hand in ihrem Beruf noch mehrere Jahre lang angewiesen war (OLG Karlsruhe, Urt. v. 27. 3. 2002 – 7 U 157/00, AHRS III, 1050/328).

A 2111b Besteht auch bei einer alternativen Methode, auf die nicht hingewiesen worden ist, ein nicht unerhebliches Risiko und erklärt der Patient, bei vollständiger Aufklärung hätte er die Risiken abgewogen, **sich aber wohl entsprechend dem Ratschlag des Arztes entschieden,** ist ein Entscheidungskonflikt ebenfalls nicht plausibel (OLG Karlsruhe, Urt. v. 7. 12. 2005 – 7 U 87/04, AHRS III, 4300/307).

A 2112 Der Einwand der hypothetischen Einwilligung greift auch dann durch, wenn eine nicht mündlich aufgeklärte Patientin ausführt, sie hätte sich nach umfassenden Überlegungen dazu entschlossen gehabt, eine Arthroskopie durchzuführen zu lassen, den beklagten Arzt als Operateur persönlich ausgesucht und den **Aufklärungsbogen,** der den Hinweis auf die Gefahr von Gelenkinfektionen und schwerwiegenden Nervverletzungen mit bleibenden Lähmungen enthielt, **lange und gründlich durchgelesen** (Hamm, Urt. v. 18. 9. 2000 – 3 U 25/00, AHRS III, 5150/300; vgl. auch Rz. A 22, A 18ff.: kein Verschulden des Arztes).

VII. Kausalität für den Schaden, Reserveursache und Zurechnungszusammenhang

1. Schadensursächlichkeit

a) Übersicht

Steht fest, dass der Arzt den Patienten nicht, nicht vollständig oder nicht recht- A 2113
zeitig aufgeklärt hat, so hat der Patient darzulegen und zu beweisen, dass sein
Gesundheitsschaden auf der Behandlung beruht, die mangels ordnungsgemäßer
Aufklärung rechtswidrig gewesen ist (BGH, Urt. v. 19. 10. 2010 – VI ZR 241/09,
VersR 2011, 223, 224 = MedR 2011, 244, 245, Nr. 18, 20; BGH, Urt. v. 29. 9. 2009
– VI ZR 251/08, VersR 2010, 115, 116 Nr. 13; BGH, Urt. v. 27. 3. 2008 – VI ZR
69/07, NJW 2008, 2344, 2345, Nr. 18, 20; OLG Brandenburg, Urt. v. 9. 7. 2009 –
12 U 75/08, juris, Nr. 22; OLG Hamm, Urt. v. 5. 11. 2003 – 3 U 102/03, AHRS
III, 4100/319: Verschlechterung muss auf den rechtswidrigen Eingriff zurück-
zuführen sein; KG, Urt. v. 27. 11. 2000 – 20 U 7753/98, OLGR 2002, 129, 131 =
AHRS III, 6370/300: rechtswidriger Eingriff muss für den Schaden ursächlich geworden sein, keine Beweislastumkehr; OLG Karlsruhe, Beschl. v. 17. 2. 2003 – 7
U 156/02, GesR 2003, 239 = OLGR 2003, 333; OLG Koblenz, Urt. v. 7. 8. 2003 –
5 U 1284/02, MedR 2004, 690 = NJW-RR 2003, 1607: **von der Einwilligung nicht**
gedeckter Teil des Eingriffs hat keinen abgrenzbaren Nachteil verursacht; OLG
Koblenz, Urt. v. 28. 3. 2002 – 5 U 1070/01, AHRS III, 0855/302 = MedR 2002,
408 und OLG Köln, Urt. v. 16. 3. 2005 – 5 U 63/03, AHRS III, 6370/305: **Patient**
muss beweisen, dass die persistierenden Beschwerden auf dem rechtswidrigen
Eingriff beruhen; OLG Köln, Urt. v. 20. 7. 2011 – 5 U 83/09, MedR 2012, 405,
408: Nachweis für den **Sekundärschaden nach § 287 ZPO** vom Patienten nicht
geführt; OLG München, Beschl. v. 5. 2. 2007 – 1 U 4946/06, juris: Primärschaden muss gerade Folge des rechtswidrigen Eingriffs gewesen sein; OLG Naumburg, Urt. v. 12. 11. 2009 – 1 U 59/09, VersR 2010, 1185, 1186 = MDR 2010,
325; OLG Naumburg, Urt. v. 10. 6. 2003 – 1 U 4/02, NJW-RR 2004, 315, 316: Patient trägt Beweislast für die Kausalität des rechtswidrigen Eingriffs für den
Schaden; OLG Oldenburg, Urt. v. 29. 7. 2004 – 5 U 112/03, AHRS III, 6370/303:
auch bei Durchführung der infolge mangelhafter Aufklärung unterbliebenen OP
wäre die Beseitigung einer Fehlstellung nicht sicher möglich gewesen; Gehrlein,
VersR 2004, 1488, 1492; F/N/W, 5. Aufl., Rz. 188, 223, 229; G/G, 6. Aufl.,
Rz. C 147; S/Pa, 12. Aufl., Rz. 529, 702; L/K/L-Katzenmeier, Rz. V 62, V 87;
L/K-Laufs/Kern, § 107 Rz. 17, 18 und § 106 Rz. 6, 7; B/P/S-
Glanzmann, § 287 ZPO Rz. 120, 121).

Ist die Eingriffs- oder Risikoaufklärung des Patienten fehlerhaft, unzureichend A 2114
oder verspätet erfolgt, liegt die Primärschädigung des Patienten (vgl. § 286
ZPO) bereits in dem mangels wirksamer Einwilligung per se rechtwidrigen Ein-
griff. Für die Folgen des rechtswidrigen Eingriffs gilt deshalb der Beweismaßstab
des § 287 ZPO. Hier reicht eine „**überwiegende Wahrscheinlichkeit**" für eine
Ursächlichkeit des rechtswidrigen Eingriffs für den entstandenen Körper- bzw.
Gesundheitsschaden aus (BGH, Urt. v. 19. 10. 2010 – VI ZR 241/09, VersR 2011,
223, 224 = GesR 2011, 24 = MedR 2011, 244, Nr. 18, 20; BGH, Urt. v. 29. 9. 2009
– VI ZR 251/08, VersR 2010, 115, 116, Nr. 13; BGH, Urt. v. 12. 2. 2008 – VI ZR

221/06, VersR 2008, 644, 645; OLG Köln, Urt. v. 20. 7. 2011 – 5 U 83/09, MedR 2012, 405, 408; Baur, MedR 2012, 459/460; F/N/W, 5. Aufl. 2013, Rz. 229, 273).

A 2114a   Vgl. Rz. A 1891a zur Begriffsbestimmung und Abgrenzung

(1.) Beweislast des Patienten nach §§ 286, 287 ZPO

(2.) Hypothetische Einwilligung/Entscheidungskonflikt

(3.) Hypothetischer Kausalverlauf/rechtmäßiges Alternativverhalten

b) Einzelfälle; Rechtswidrigkeits- bzw. Pflichtwidrigkeitszusammenhang

A 2115   So führt das Aufklärungsversäumnis des Arztes über das Risiko einer Verschlechterung der Schmerzsituation **nicht zur Haftung**, wenn der Patient **nicht nachweisen** kann, dass sich seine Beschwerden **gerade aufgrund des relativ indizierten, mangels Aufklärung rechtswidrigen Eingriffs** verschlechtert haben (OLG Hamm, Urt. v. 5. 11. 2003 – 3 U 102/03, AHRS III, 4100/319) bzw. dass die vom Arzt durchgeführte, nicht von der Einwilligung gedeckte Maßnahme **zu einem konkreten Schaden** geführt hat (OLG Düsseldorf, Urt. v. 28. 6. 2001 – 8 U 110/00, AHRS III, 4255/300; KG, Urt. v. 27. 11. 2000 – 20 U 7753/98, OLGR 2002, 129, 131; OLG München, Beschl. v. 5. 2. 2007 – 1 U 4946/06, juris).

A 2115a   Ist der **Eingriff rechtswidrig** (hier: Segmentresektion anstatt vereinbarter Quadrantenresektion bzw. unvollständige Aufklärung, haftet der Arzt nur dann, **wenn Patient gemäß § 287 ZPO nachweist, dass der mangels Einwilligung rechtswidrige Eingriff einen Schaden verursacht hat** (OLG Köln, Urt. v. 20. 7. 2011 – 5 U 83/09, MedR 2012, 405, 407/408). Kann nicht mit überwiegender Wahrscheinlichkeit (§ 287 ZPO) festgestellt werden, dass eine spätere Ablatio (vollständige Entfernung der Brust) hätte verhindert werden können, wenn anstatt der durchgeführten Segmentresektion die vereinbarte Quadrantenresektion durchgeführt worden wäre und kann der Sachverständige auch sonst keinen durch den rechtswidrigen Eingriff verursachten Körper- oder Gesundheitsschaden feststellen, scheidet ein Schadensersatzanspruch aus. Eine vom Sachverständigen angegebene „**Wahrscheinlichkeit von bis zu 50 %**, sämtliche Tumorreste bei der umfangreicheren (vereinbarten) Quadrantenresektion zu entfernen", **reicht für den Nachweis eines Schadens nach § 287 ZPO nicht aus. Als Schaden kann in derartigen Fällen auch der Eingriff an sich nicht angesehen werden**, weil die Patientin einen weitaus größeren Eingriff gewollt und hierzu ihre Einwilligung erteilt hat, **ein rechtmäßiger Eingriff also zu gleichen oder gar höheren Substanzschäden geführt hätte** (OLG Köln, Urt. v. 20. 7. 2011 – 5 U 83/09, MedR 2012, 405, 408; vgl. auch Rz. A 1891a).

A 2116   Der Arzt haftet dem Patienten nicht auf Schadensersatz, wenn sich **nicht mit der erforderlichen Sicherheit feststellen lässt**, dass die vom Arzt vorgenommene, mangels Aufklärung über das Risiko von Verletzungen der Halsarterien (u. a.) rechtswidrige Manipulation der HWS zu einer später festgestellten Dissektion der Arteria vertebralis mit anschließenden Schlaganfall geführt hat (OLG Düsseldorf, Urt. v. 28. 6. 2001 – 8 U 110/00, AHRS III, 4255/300: offen gelassen, ob überwiegende Wahrscheinlichkeit i. S. d. § 287 ZPO ausreicht).

Hat bei einem komplexen Eingriff, etwa einer Divertikelentfernung, eine **über-** A 2117 **flüssige Operationserweiterung** – im entschiedenen Fall die Durchtrennung von Magennerven – im weiteren Verlauf **keinen abgrenzbaren Nachteil** verursacht, rechtfertigt auch dies nicht die Zubilligung eines Schmerzensgeldes (OLG Koblenz, Urt. v. 7. 8. 2003 – 5 U 1284/02, GesR 2004, 24 = MedR 2004, 690).

Wurde es vom Arzt versäumt, den Patienten vor der Durchführung einer Angio- A 2118 graphie bzw. PTA über das **Risiko einer nachfolgend eingetretenen Embolie** aufzuklären, so haftet der Arzt dem Patienten jedoch **nicht auf Schadensersatz,** wenn auch eine Herzkatheteruntersuchung, über deren Risiken der Patient aufgeklärt worden ist, für die Beschwerden ursächlich geworden sein kann (OLG München, Beschl. v. 5. 2. 2007 – 1 U 4946/06, juris).

Der **Beweis,** dass eine unterlassene oder fehlerhafte Aufklärung über das Risiko A 2119 des Auftretens eines subduralen Hämatoms oder Hygroms bei einer Spinalanästhesie einen Gesundheitsschaden des Patienten hervorgerufen hat, ist **nicht geführt, wenn der Sachverständige darlegt, es komme auch eine zufällig zeitgleiche Bildung des Hygroms in Betracht** (OLG Brandenburg, Urt. v. 9. 7. 2009 – 12 U 75/08, juris, Nr. 22).

Gleiches gilt, wenn die **Verschlechterung der Schmerzsituation,** worüber der Pa- A 2120 tient vor der Durchführung des Eingriffs nicht hingewiesen worden ist, auch **auf dem Grundleiden beruhen** kann (OLG Hamm, Urt. v. 5. 11. 2003 – 3 U 102/03, AHRS III, 4100/319).

Hat sich gerade das Risiko verwirklicht, über das aufgeklärt werden musste und A 2121 **tatsächlich aufgeklärt worden ist, so haftet der Arzt nach einhelliger Ansicht nicht, wenn er weitere, sich nicht realisierende, aufklärungspflichtige Risiken nicht genannt hat** (BGH, Urt. v. 13. 6. 2006 – VI ZR 323/04, VersR 2006, 1073, 1075; BGH, Urt. v. 15. 2. 2000 – VI ZR 48/99, NJW 2000, 1784, 1785 = MDR 2000, 1012 = VersR 2000, 725, 726; BGH, Urt. v. 30. 1. 2001 – VI ZR 353/99, NJW 2001, 2798 f. = VersR 2001, 592; OLG Hamm, Urt. v. 12. 5. 2010 – I 3 U 134/09, VersR 2011, 625 = MedR 2011, 439 = juris, Nr. 51, 52, 54; OLG Koblenz, Urt. v. 7. 4. 2011 – 5 U 1190/10, VersR 2012, 238; OLG Naumburg, Urt. v. 12. 11. 2009 – 1 U 59/09, VersR 2010, 1185, 1186 = MDR 2010, 325 = juris, Nr. 39, 40; KG, Urt. v. 27. 1. 2003 – 20 U 285/01, VersR 2004, 1320, 1321; LG Nürnberg-Fürth, Urt. v. 28. 8. 2008 – 4 O 13193/04, VersR 2009, 113, 115; Gehrlein, VersR 2001, 593; Baur, VRiOLG a.D., GesR 2011, 577, 580 und MedR 2012, 459; Bender, VersR 2009, 176, 2180; Steffen, VRiBGH a.D., MedR 2011, 250; S/Pa, 12. Aufl., Rz. 533; Spickhoff-Wellner, § 823 BGB Rz. 266, 267; L/K/L-Katzenmeier, Rz. V 55, 56, 85; G/G, 6. Aufl., Rz. C 157; a.A. noch Terbille, MDR 2000, 1012: kritisch zur Auffassung des BGH: Wenzel-Simmler, Kap. 2, Rz. 1713: dogmatische Bedenken unter dem Aspekt der Unteilbarkeit der Einwilligung zugunsten pragmatischer Lösungen zurückzustellen).

Für den **Rechtswidrigkeits- bzw. Pflichtwidrigkeitszusammenhang,** auf den sich A 2122 der Schadensersatzanspruch des Patienten stützen soll, **reicht es demnach nicht aus,** dass die Aufklärung über irgendein Risiko unterblieben ist, bevor der Patient seine Einwilligung in den ärztlichen Eingriff erteilte. Es ist vielmehr grundsätzlich erforderlich, dass die **Aufklärung über dasjenige Risiko ausblieb, das** schließlich zu einem Körper- bzw. Gesundheitsschaden beim Patienten führte (OLG Koblenz, Urt. v. 7. 4. 2011 – 5 U 1190/10, VersR 2012, 238; LG Frankfurt, Urt. v. 29. 8. 2003 – 2–21 O 362/98, GesR 2004, 67, 68; LG Nürnberg-Fürth, Urt. v. 28. 8. 2008 – 4 O 13193/04, VersR 2009, 113, 115; Bender, VersR 2009, 176, 180; F/N/W, 5. Aufl., Rz. 223, 224).

A 2123 Hat sich nur ein **Eingriffsrisiko verwirklicht, über das der Patient zumindest „im Großen und Ganzen" aufgeklärt worden ist** (hier: Hinweis auf „Einsteifung" vor einer Schulteroperation, bei der es zu Verwachsungen und Verklebungen gekommen ist) haftet der Arzt nicht wegen eines Aufklärungsfehlers, weil der Patient über andere, grundsätzlich aufklärungspflichtige Risiken (hier: Reruptur, Knochenbruch, CRPS/Morbus Sudeck) nicht aufgeklärt worden ist, wenn sich diese **Risiken nicht realisiert haben.** Es fehlt dann unter Schutzzweckgesichtspunkten am **Zurechnungszusammenhang zwischen der verletzten Aufklärungspflicht und dem geltend gemachten Schaden** (OLG Hamm, Urt. v. 12. 5. 2010 – I-3 U 134/09, VersR 2011, 625, 626 = MedR 2011, 439 = juris, Nr. 51, 52, 54; Baur, GesR 2011, 577, 580; S/Pa, 12. Aufl., Rz. 533, 534).

A 2124 Verwirklicht sich mit der Beschädigung des Nervus fibularis ein Risiko, über das der Patient „im Großen und Ganzen" (hier: Nervschädigungen) aufgeklärt worden ist, kann er sich nicht auf ein Aufklärungsversäumnis über mögliche, unbekannte Risiken einer „Neuland-Methode" (hier: „Robodoc" im Jahr 2000) berufen, wenn die **Wahrscheinlichkeit des konkret eingetretenen Schadens auch bei einer Operation nach einer Standardmethode etwa gleich hoch gewesen** wäre und dem Patienten eine entsprechende Grundaufklärung zuteil wurde (OLG Dresden, Urt. v. 13. 9. 2007 – 4 U 601/06, OLGR 2007, 1033; Bender, VersR 2009, 176, 180).

A 2125 Wurde der Patient nicht über zum Zeitpunkt der Operation **unbekannte, aber nicht auszuschließende Risiken einer Neulandmethode** (hier: Einsatz des Operationsroboters CASPAR bei der Hüftgelenendoprothetik; vgl. hierzu Rz. A 1205 ff., A 1207) aufgeklärt, kann er bei wertender Betrachtung nach dem Schutzzweck der Aufklärungspflicht keine Schadensersatzansprüche geltend machen, wenn sich ein solches Risiko im Form von Muskelbeeinträchtigungen realisiert hat, der Patient im Rahmen der Grundaufklärung aber auf die **solche Beeinträchtigungen erfassenden Risiken des herkömmlichen Eingriffs hingewiesen** worden ist (hier: Gefahr auch dauerhafter Gefühlsstörungen, Nervenschmerzen, Lähmungen des Beins, einer Fußheberschwäche, Prothesenlockerungen, Erforderlichkeit des Prothesenwechsels (LG Nürnberg-Fürth, Urt. v. 28. 8. 2008 – 4 O 13193/04, VersR 2009, 113, 115 im Anschluss an BGH, VersR 2006, 1073, 1074; zustimmend Bender, VersR 2009, 176, 180; ebenso OLG Köln, Beschl. v. 19. 11. 2012 – 5 U 144/12, VersR 2013, 1177: Risiko im Zusammenhang mit herkömmlicher OP-Methode genannt).

A 2126 Wurde der Patient vor dem Einsatz eines im **Off-Label-Use** eingesetzten Medikaments über ein bestimmtes Risiko (hier: Risiko von Herz- und Kreislaufkomplikationen) bei der Anwendung derartiger Substanzen aufgeklärt und hat sich dieses Risiko im konkreten Fall realisiert, so ist es unerheblich, ob der Patient auch über andere, möglicherweise noch unbekannte Risiken der verabreichten Substanz hätte aufgeklärt werden müssen, wenn sich diese nicht verwirklicht haben und das entsprechende **Risiko sich durch das Medikament im Vergleich zu einem zugelassenen Standardpräparat nicht erhöht** hat (OLG Stuttgart, Urt. v. 26. 7. 2011 – 1 U 163/10, GesR 2011, 562, 563).

Sind von dem **Off-Label-Use** eingesetzten Medikament gegenüber der bisherigen A 2127 Standardbehandlung **im Wesentlichen dieselben Nebenwirkungen zu erwarten**, scheidet eine Haftung des Arztes nach den Grundsätzen des rechtmäßigen Alternativverhaltens bzw. des Schutzzwecks der Norm aus, wenn feststeht, dass in jedem Fall eines der beiden Medikamente eingesetzt werden muss. Im Übrigen wäre ein Entscheidungskonflikt dann nicht plausibel (OLG Stuttgart, Urt. v. 16. 6. 2010 – 1 U 157/09: Entscheidungskonflikt dort aber nicht problematisiert).

Die Auffassung des OLG Jena (VersR 1998, 586 = MDR 1998, 536), wonach der A 2128 Arzt auch dann für den ohne Einwilligung durchgeführten Eingriff auf Zahlung eines Schmerzensgeldes haftet, wenn die **Aufklärungspflichtverletzung nicht kausal für die Einwilligung in die Operation war, wird ganz einhellig abgelehnt** (BGH, Urt. v. 27. 3. 2008 – VI ZR 69/07, NJW 2008, 2344, 2345, Nr. 18, 20; BGH, Beschl. v. 31. 1. 2006 – VI ZR 87/05, VersR 2006, 517; OLG Dresden, Urt. v. 23. 10. 2003 – 4 U 980/03, GesR 2004, 22, 23 = NJW 2004, 298, 299; KG, Urt. v. 27. 1. 2003 – 20 U 285/01, VersR 2004, 1320, 1321; OLG Koblenz, Urt. v. 24. 6. 2004 – 5 U 331/04, GesR 2004, 411; Urt. v. 1. 4. 2004 – 5 U 844/03, VersR 2004, 1564 = GesR 2004, 330; OLG Naumburg, Urt. v. 12. 11. 2009 – 1 U 59/09, VersR 2010, 1185, 1186 = MDR 2010, 325; OLG Naumburg, Urt. v. 23. 8. 2004 – 1 U 18/04, GesR 2004, 494, 495; Spickhoff, NJW 2005, 1694, 1698; G/G, 6. Aufl., Rz. C 150; F/N/W, 5. Aufl., Rz. 221; Müller, VPräsBGH a.D., GesR 2004, 257, 261; dem OLG Jena jedoch zustimmend Grams, GesR 2009, 69, 71 f.: Verletzung des Selbstbestimmungsrechts, Art. 1, 2 I G/G, rechtfertigt Schmerzensgeld).

Der Aufklärungsmangel stellt sich zwar als Eingriff in das Selbstbestimmungs- A 2129 recht des Patienten dar, hat jedoch per se **kein solches Gewicht, das die Zuerkennung eines Schmerzensgeldes rechtfertigen würde** (OLG Naumburg, Urt. v. 12. 11. 2009 – 1 U 59/09, VersR 2010, 1185, 1186; OLG Koblenz, Urt. v. 1. 4. 2004 – 5 U 844/03, VersR 2004, 1564 = MedR 2004, 501).

Wurde dem Patienten fehlerhaft ein Medikament verabreicht und hat dies zu A 2130 einem Gesundheitsschaden geführt, muss der Arzt folgerichtig beweisen, dass der **Gesundheitsschaden nach Art und Ausmaß auch bei rechtzeitigem Absetzen des Medikaments eingetreten wäre** (BGH, Urt. v. 27. 3. 2007 – VI ZR 55/05, AHRS III, 6370/313).

Die Wirksamkeit der Einwilligung des umfassend aufgeklärten Patienten wird A 2131 nach Ansicht des OLG Koblenz (Beschl. v. 9. 9. 2010 – 5 U 593/10, GesR 2010, 692 = MedR 2011, 248, 249) nicht dadurch in Frage gestellt, dass er der Erklärung die **Einschränkung beifügt, ein bestimmtes, später nicht eingetretenes Risiko dürfe sich nicht verwirklichen** (hier: „es dürfen keine Blasenlähmung und keine unstillbaren, chronischen Blutungen oder Schmerzen entstehen").

Steffen (MedR 2011, 250; ebenso Baur, GesR 2011, 577, 580) stimmt der Ent- A 2132 scheidung des OLG Koblenz nur im Ergebnis, nicht aber in der Begründung zu:

489

Weil der Operateur dem Patienten den Nichteintritt derartiger Risiken nicht garantieren konnte, war der Eingriff von der Einwilligung des Patienten nicht gedeckt. Die vom Patienten gemachte Einschränkung war nicht „Ausdruck der Hoffnung, dass das Risiko nicht eintreten werde" (so das OLG Koblenz), sondern Ausdruck der Versagung der Einwilligung in einen Eingriff, bei dem das Risiko nicht ausgeschlossen werden kann. Allerdings greift die Haftung des Arztes wegen eines Aufklärungsmangels deshalb nicht ein, weil es im entschiedenen Fall an dem erforderlichen **Zurechnungs- bzw. Rechtswidrigkeitszusammenhang** zwischen der Verletzung der Aufklärungspflicht und dem eingetretenen Schaden fehlt. Denn **als Folge des Eingriffs traten beim dortigen Patienten Narbenbrüche und Entzündungen auf, nicht jedoch eine Blasenlähmung bzw. unstillbare Blutungen oder Schmerzen.**

c) Eingriff nur teilweise von der Einwilligung gedeckt

A 2133   **Problematisch sind die Fälle, in denen der Eingriff nur teilweise von der Einwilligung des Patienten gedeckt ist.**

A 2134   Kann der Schaden eines Patienten sowohl durch den durch die Einwilligung gedeckten und behandlungsfehlerfrei durchgeführten Teil des Eingriffs als auch durch den durch die Einwilligung nicht mehr gedeckten und daher nicht rechtmäßigen Teil verursacht worden sein, so **haftet der Arzt grundsätzlich nur dann, wenn der Patient beweist, dass der Schaden durch den nicht rechtmäßigen Teil verursacht worden ist** (OLG Karlsruhe, Beschl. v. 17. 2. 2003 – 7 U 156/02, GesR 2003, 239 = OLGR 2003, 333; OLG München, Beschl. v. 5. 2. 2007 – 1 U 4946/06, juris; auch OLG Koblenz, Urt. v. 7. 8. 2003 – 5 U 1284/02, MedR 2004, 690 = NJW-RR 2003, 1607; kritisch: Wenzel-Simmler, Kap. 2, Rz. 1713: dogmatische Bedenken unter dem Aspekt der Unteilbarkeit der Einwilligung sind zugunsten pragmatischer Lösungen zurückzustellen).

A 2135   Hat der Patient etwa nur in eine **Teilentfernung von Schilddrüsengewebe wirksam eingewilligt,** der behandelnde Arzt jedoch während dieser Operation das gesamt Schilddrüsengewebe entfernt, so ist nach Auffassung des OLG Naumburg für die Kausalitätsbetrachtungen auf einen Vergleich zwischen dem fiktiven Verlauf der ursprünglich beabsichtigten und von der wirksamen Einwilligung des Patienten gedeckten Teilresektion des Schilddrüsengewebes und dem Verlauf der tatsächlich durchgeführten Operation abzustellen. Dies bedeutet, dass der Patient im Prozess schon dann unterliegt, wenn er nicht beweisen kann, dass die Pflichtverletzung den Schaden verursacht bzw. dass der Schadenseintritt ohne die Pflichtverletzung – also **den erweiterten, nicht von der Einwilligung gedeckten Eingriff – zumindest sehr unwahrscheinlich gewesen wäre** (OLG Naumburg, Urt. v. 10. 6. 2003 – 1 U 4/02, NJW-RR 2004, 315, 316).

A 2136   Der BGH (Urt. v. 5. 4. 2005 – VI ZR 216/03, GesR 2005, 359, 360 = VersR 2005, 942 = NJW 2005, 2072) hat das Urteil des OLG Naumburg aufgehoben und darauf hingewiesen, **der Arzt müsse beweisen, dass der Patient dem Eingriff auch bei zutreffender Aufklärung zugestimmt hätte und der Patient den gleichen Schaden bei einem rechtmäßigen bzw. fehlerfreien Eingriff erlitten hätte, wenn** *feststeht,* dass es bei dem nicht mehr von der Einwilligung gedeckten Eingriff zu

einem Körper- bzw. Gesundheitsschaden gekommen ist. Die bloße Möglichkeit, dass der Gesundheitsschaden (hier: Stimmbandlähmung) auch dann eingetreten wäre, wenn die Operation sich in Grenzen der Einwilligung gehalten hätte, genügt für den Ausschluss der Kausalität nicht (BGH, a.a.O.; ebenso OLG Oldenburg, Urt. v. 7. 9. 2011 – 5 U 60/11, GesR 2011, 677, 678; S/Pa, 12. Aufl., Rz. 530, 703).

In diesem Sinne hat auch das OLG Köln (Urt. v. 29. 1. 2007 – 5 U 85/06, MedR 2007, 599, 601 = juris, Nr. 10, 13) entschieden.   A 2137

Liegt nur eine Einwilligung der Patientin in die **operative Entfernung eines Teils einer Zyste zum Zweck der Diagnostik** vor, wurde während der Operation aber tatsächlich die vorgefundene Endometriosezyste einschließlich sämtlicher intraoperativ angetroffener Endometrioseherde entfernt, handelt es sich jedenfalls dem Umfang nach um einen **rechtswidrigen Eingriff** des Arztes. Führt der Eingriff zu einer Ureterverletzung, muss jedoch **der Arzt beweisen**, dass der Schaden auch bei **rechtmäßigem Alternativverhalten** – also bei Durchführung des lediglich diagnostischen Eingriffs bis hin zur Ausschälung der Endometriosezyste – eingetreten wäre, wenn der vom Gericht beauftragte Sachverständige ausführt, man könne sagen, dass **der Harnleiter unverletzt geblieben wäre, wenn lediglich ein Teil der Zyste zum Zweck der Diagnostik entfernt worden wäre** (OLG Köln, Urt. v. 29. 1. 2007 – 5 U 85/06, MedR 2007, 599, 601 = juris, Nr. 10, 13).

Hat die an Brustkrebs erkrankte Patientin mit dem Operateur vereinbart, eine (umfangreichere) Quadrantenresektion durchzuführen, wobei ein Viertel des gesamten Drüsenkörpers unter Mitnahme einer größeren Hauptspindel entfernt werden soll, führt der Operateur nach intraoperativer Beurteilung aber nur eine **weniger invasive Segmentresektion** durch, bei der Teile eines lobulären Karzinoms angeschnitten werden, aber Reste des Tumors (zunächst unerkannt) in der Brust verbleiben, ist der **Eingriff rechtswidrig.** Der Arzt haftet jedoch nicht, wenn die Patientin nicht nachweisen kann, dass ihr aufgrund des rechtswidrigen Eingriffs (Primärschaden i.S.d. § 286 I ZPO!) mit überwiegender Wahrscheinlichkeit (§ 287 ZPO: Wahrscheinlichkeit von jedenfalls mehr als 50 %) ein (Sekundär-)Schaden entstanden ist (OLG Köln, Urt. v. 20. 7. 2011 – 5 U 83/09, MedR 2012, 405, 407/408, vgl. Rz. A 2115a, A 1891a).   A 2137a

Das OLG Oldenburg (Urt. v. 7. 9. 2011 – 5 U 60/11, GesR 2011, 677, 678 unter Hinweis auf BGH, VersR 2005, 942 = NJW 2005, 2072, Rz. A 2136) hat in einem vergleichbaren Fall – u. E. zu weitgehend – Folgendes ausgeführt: A 2138

Wird eine – von der Aufklärung gedeckte – **rechtmäßige Teilresektion der Schilddrüse intraoperativ auf eine nicht mehr von der Aufklärung gedeckte Totalresektion ausgeweitet,** bleibt die **Behandlungsseite für den Einwand des hypothetischen Kausalverlaufs bzw. des rechtmäßigen Alternativverhaltens beweisfällig,** wenn der Sachverständige ausführt, die **Stimmbandlähmung wäre möglicherweise auch schon bei der Teilresektion eingetreten, dies sei aber offen.** Die bloße Möglichkeit, dass es bei Meidung des Behandlungs- oder Aufklärungsfehlers zu einem vergleichbaren Schaden gekommen wäre, reicht also nicht aus (OLG Oldenburg, GesR 2011, 677, 678).

Auch wenn die mangels Aufklärung rechtswidrige Operation **in nächster Zeit ohnehin hätte durchgeführt werden müssen, ist der Beweis der hypothetischen Kausalität nicht bereits dann gelungen, wenn die Wahrscheinlichkeit einer intraoperativ eingetretenen Nervschädigung dabei gleich hoch gewesen wäre** (OLG Oldenburg, Urt. v. 7. 9. 2011 – 5 U 60/11, GesR 2011, 677, 678). Gleiches gilt, wenn der fragliche Eingriff bei zutreffender Diagnose bzw. rechtzeitiger Erhebung der erforderlichen Befunde früher durchgeführt worden wäre und das Risiko des Auftretens einer Komplikation dabei in gleicher oder ähnlicher Weise bestanden hätte (OLG Oldenburg, GesR 2011, 677, 678: Beweis der hypothetischen Kausalität von der Behandlungsseite nicht geführt).

A 2139   U. E. sind die **Kausalitätsbetrachtungen des OLG Oldenburg teilweise unzutreffend** (vgl. auch Rz. A 1891a).

Nach einhelliger Rechtsprechung muss der Patient beweisen, dass der Eingriff mangels Einwilligung rechtswidrig gewesen und der Primärschaden auf den nicht von der Einwilligung gedeckten Eingriff zurückzuführen ist. In den vom BGH (Rz. A 2136, A 2140) und vom OLG Köln (Rz. A 2137) entschiedenen Fällen **stand fest (§ 286 ZPO!), dass der nicht von der Einwilligung des Patienten gedeckte Teil der Operation für den Körper- oder Gesundheitsschaden ursächlich geworden ist**, wobei eine Mitursächlichkeit ausreichen würde. Hält der Sachverständige es für möglich oder gar für überwiegend wahrscheinlich, dass der Schaden auf den rechtmäßigen Teil zurückzuführen ist (und der rechtswidrige Teil hierfür nicht mitursächlich geworden ist), scheidet eine Haftung aus (vgl. die Nachweise in Rz. A 2113, A 2117, A 2118, A 2140, A 2141, A 1891a).

A 2140   Der BGH (Urt. v. 7. 2. 2012 – VI ZR 63/11, GesR 2012, 217 = MedR 2012, 456 = NJW 2012, 850, Nr. 10, 13, 15) hat in Abgrenzung zu seiner Entscheidung vom 15. 3. 2005 (VI ZR 313/03, VersR 2005, 836, 837 = NJW 2005, 1718, 1719) und unter Aufhebung eines anderslautenden Urteils des OLG Köln (Urt. v. 2. 2. 2011 – 5 U 15/09, GesR 2011, 601 = BeckRS 2011, 18429) folgende **Klarstellung** vorgenommen:

Besteht die Pflichtverletzung des Arztes in einer **Unterlassung** (hier: unterlassener Hinweis an die Kindesmutter auf die Behandlungsalternative einer Cerclage nach dem Abklingen einer Infektion), so ist die unterlassene Aufklärung **für den Schaden nur dann i. S. d. § 286 I ZPO** (nicht: § 287 ZPO!) **kausal, wenn das pflichtgemäße Handeln den Eintritt des Schadens verhindert hätte.** Eine vom Sachverständigen genannte „gewisse Wahrscheinlichkeit" genügt hierfür nicht.

Das geschädigte Kind hat somit **zu beweisen, dass es bei pflichtgemäßer Aufklärung seiner Mutter über die Möglichkeit einer Cerclage als ernsthafter Behandlungsalternative anstatt der Fortsetzung der konservativen Behandlung keinen Schaden erlitten hätte,** bei Durchführung der Cerclage somit eine extreme Frühgeburt und die damit verbundenen gravierenden Gesundheitsschäden vermieden worden wären (BGH, NJW 2012, 850, Nr. 11, 12).

Der Behandlungsseite fällt die Beweislast für den Einwand des hypothetischen Kausalverlaufs bei rechtmäßigem Alternativverhalten also erst dann zu, wenn die Ursächlichkeit zwischen der Pflichtwidrigkeit (hier: der rechtswidrigen Behandlung) **für den behaupteten Schaden festgestellt und mithin die Haftung grundsätzlich gegeben ist** (BGH, Urt. v. 7. 2. 2012 – VI ZR 63/11, NJW 2012, 850 = MedR 2012, 456 = GesR 2012, 217, Nr. 13, 14). In dem am 15. 3. 2005 (BGH, VI ZR 313/05, VersR 2005, 836, 837 = NJW 2005, 1718) entschiedenen Fall war aus prozessrechtlichen Gründen unterstellt worden, dass die geklagten Beschwerden auf der Fortsetzung der konservativen Behandlung beruhten, die mangels Aufklärung über die bestehende, ernsthafte Behandlungsalternative einer sofortigen Operation rechtswidrig war!

Dem hat sich das OLG Köln unter Aufgabe seiner bisherigen, vom BGH beanstandeten Rechtsprechung angeschlossen (OLG Köln, Urt. v. 18. 4. 2012 – 5 U 172/11, MedR 2013, 47, 50; vgl. auch Rz. A 1891a):   A 2141

Eine unterlassene oder unzulängliche Aufklärung ist für den Eintritt des Schadens nur dann kausal, wenn ein pflichtgemäßes ärztliches Handeln den Eintritt des Schadens verhindert hätte, was vom Patienten gemäß § 286 ZPO zur Überzeugung des Gerichts nachgewiesen werden muss. Der Patient muss danach nicht nur substantiiert dartun, dass er sich für die – nicht erwähnte – **Behandlungsalternative entschieden haben würde, sondern auch gemäß § 286 ZPO beweisen, dass die Behandlung nach dieser Alternative nicht oder nicht im gleichen Umfang zu dem eingetretenen Schaden geführt haben würde** (OLG Köln, MedR 2013, 47, 48/49). Für den **Einwand der hypothetischen Kausalität bei rechtmäßigem Alternativverhalten, für den die Behandlungsseite beweispflichtig ist, ist aber erst dann Raum, wenn feststeht, dass das vom Schädiger** (hier: Aufklärungsfehler des Arztes) **zu verantwortende Verhalten für einen Schaden kausal geworden ist** (OLG Köln, MedR 2013, 47, 50 im Anschluss an BGH, Urt. v. 7. 2. 2012 – VI ZR 63/11, MedR 2012, 456 = NJW 2012, 850, Nr. 13, 14).

In diesem Zusammenhang muss nochmals darauf hingewiesen werden, dass   A 2142
sich das **Beweismaß für den nach einem ärztlichen Eingriff aufgetretenen Körper- oder Gesundheitsschaden nach § 287 ZPO** richtet, wenn es um eine **unterlassene, unzureichende, verspätete oder sonst mangelhafte Risiko- oder Eingriffsaufklärung** geht (vgl. BGH, Urt. v. 19. 10. 2010 – VI ZR 241/09, VersR 2011, 223, 224 = GesR 2011, 24, Nr. 18; BGH, Urt. v. 29. 9. 2009 – VI ZR 251/08, VersR 2010, 115, 116, Nr. 13; Baur, MedR 2012, 459/460; F/N/W, 5. Aufl., Rz. 273). Hat der Arzt demgegenüber seine Verpflichtung zur **therapeutischen Aufklärung (Sicherungsaufklärung) verletzt, richtet sich das Beweismaß nach § 286 I ZPO** (BGH, Urt. v. 7. 2. 2012 – VI ZR 63/11, NJW 2012, 850 = GesR 2012, 217, Nr. 10 a. E.; OLG Köln, MedR 2013, 47, 50)! Insoweit kommt im Einzelfall aber ein „grober Behandlungsfehler" mit der Folge einer Beweislastumkehr für den Primärschaden in Betracht, etwa wenn die unterlassene Sicherungsaufklärung völlig unverständlich ist.

Einstweilen frei.   A 2143 – A 2169

2. Fehlende Grundaufklärung, Zurechnungszusammenhang

a) Fehlende oder mangelhafte Grundaufklärung

A 2170 Der rechtswidrige, nicht von einer wirksamen Einwilligung gedeckte Eingriff führt **auch bei lege artis durchgeführtem Eingriff** zur **Haftung** des Arztes für den dem Patienten hieraus entstandenen Schaden. Voraussetzung ist allerdings im Grundsatz, dass sich das **aufklärungspflichtige Risiko, über das nicht aufgeklärt worden ist** (BGH, NJW 1986, 1541; LG Frankfurt, Urt. v. 29. 8. 2003 – 2-21 O 362/98, GesR 2004, 67, 68; G/G, 6. Aufl., Rz. C 157; Spickhoff-Wellner, § 823 BGB Rz. 266, 267, 268) **verwirklicht hat. Hat sich ein ganz anderes, nicht aufklärungspflichtiges Risiko realisiert, so kann es an einem zurechenbaren Schaden fehlen** (BGH, Urt. v. 30. 1. 2001 – VI ZR 353/99, NJW 2001, 2798, 2799 = VersR 2001, 592, 593; Urt. v. 25. 2. 2000 – VI ZR 48/99, NJW 2000, 1784, 1785 = VersR 2000, 725, 726; OLG Hamm, Urt. v. 12. 5. 2010 – I 3 U 134/09, VersR 2011, 625 = MedR 2011, 439, 440 = juris, Rz. 51, 52, 54; Gehrlein, VersR 2001, 593; Steffen, MedR 2011, 250; Bender, VersR 2009, 176, 180; L/K/L-Katzenmeier, Rz. V 56, V 85; G/G, 6. Aufl., Rz. C 157; S/Pa, 12. Aufl., Rz. 533).

A 2171 Ein Haftungswegfall aus dem Gesichtspunkt der fehlenden Zurechenbarkeit setzt dann jedoch voraus, dass der Patient wenigstens eine **Grundaufklärung** über Art und **Schwere des Eingriffs** erhalten hat. Die erforderliche Grundaufklärung ist nur dann erteilt, wenn dem Patienten ein **zutreffender Eindruck von der Schwere des Eingriffs und von der Art der Belastungen vermittelt** wird, die für seine körperliche Integrität und Lebensführung auf ihn zukommen können, wobei es nicht erforderlich ist, sämtliche denkbaren Risiken medizinisch exakt zu beschreiben und Details hierzu abzugeben (BGH, NJW 1996, 777, 778 = MDR 1996, 367, 368; OLG Düsseldorf, Urt. v. 20. 3. 2003 – 8 U 18/02, VersR 2003, 1579: **Grundaufklärung muss dem Patienten einen zutreffenden Eindruck von der Schwere des Eingriffs und damit auch für die spätere Lebensführung verbleibenden Belastungen vermitteln**; OLG Nürnberg, Urt. v. 16. 7. 2004 – 5 U 2383/03, OLGR 2004, 373, 374 = NJW-RR 2004, 1543, 1544: **Hinweis auf das schwerste möglicherweise in Betracht kommende Risiko erforderlich**; OLG Karlsruhe, Urt. v. 8. 12. 2004 – 7 U 163/03, NJW-RR 2005, 798, 799 = OLGR 2005, 189, 190: Grundaufklärung über das größtmögliche Risiko, hier eines Nierenverlustes; Spickhoff-Wellner, § 823 BGB, Rz. 266, 267, 268; B/P/S-Wever, § 823 BGB Rz. 77; F/N/W, 5. Aufl., Rz. 223, 224; S/Pa, 12. Aufl., Rz. 534, 535).

A 2172 Erforderlich ist, dass der Arzt den Patienten über alle wesentlichen Punkte informiert, die dem Eingriff spezifisch anhaften und bei ihrer Verwirklichung die Lebensführung des Patienten besonders belasten, etwa **dauerhafte Lähmungen** infolge von Nervenverletzungen bei dem Eingriff (OLG Nürnberg, Urt. v. 16. 7. 2004 – 5 U 2383/03, OLGR 2004, 373, 374; auch BGH, Urt. v. 14. 3. 2006 – VI ZR 279/04, NJW 2006, 2108, 2109 zur Blutspende: Besteht das Risiko dauerhafter Lähmungen oder chronischer, unbeherrschbarer Schmerzen, reicht der Hinweis auf die mögliche „Schädigung von Nerven" nicht aus; OLG Bremen, VersR 2001, 340).

A 2173 Bei Operationen, die nicht zur Abwendung einer akuten oder schwerwiegenden Gefahr veranlasst sind, insbesondere bei kosmetischen Operationen, bestehen gesteigerte Anforderungen an die Grundaufklärung (BGH, Urt. v. 14. 3. 2006 – VI ZR 279/04, VersR 2006, 838, 839; OLG Düsseldorf, Urt. v. 20. 3. 2003 – 8 U 18/02, VersR 2003, 1579; OLG Oldenburg, VersR 2001, 1381, 1382). Der Mangel der Grundaufklärung kann sich zu Lasten der Behandlungsseite auswirken, wenn dem **Patienten nicht einmal ein Hinweis auf das schwerstmögliche, in Betracht kommende Risiko, welches dem Eingriff spezifisch anhaftet, erteilt worden ist**, so dass er sich von der Schwere und Tragweite des Eingriffs keine Vorstellung machen konnte (BGH, Urt. v. 30. 1. 2001 – VI ZR 353/99, NJW 2001, 2798, 2799 = VersR 2001, 592, 593; NJW 1996, 777, 778; OLG Brandenburg, VersR 2000, 1283, 1285; OLG Hamm, Urt. v. 9. 5. 1994 – 3 U 199/87; OLG Nürnberg, Urt. v. 16. 7. 2004 – 5 U 2383/03, OLGR 2004, 373, 374 = NJW-RR 2004, 1543, 1544; OLG Zweibrücken, VersR 1998, 1553, 1554; S/Pa, 12. Aufl., Rz. 534; Gehrlein, VersR 2001, 593).

Danach haftet der Arzt bei Durchführung einer Myelographie bei mangelhafter Grundaufklärung auch dann, wenn sich statt des aufklärungspflichtigen, wenngleich seltenen, schwersten in Betracht kommenden Risikos, einer **Querschnittslähmung**, über das nicht aufgeklärt worden ist, ein nur äußerst seltenes, nicht aufklärungspflichtiges Risiko, nämlich ein **Krampfanfall**, verwirklicht (BGH, NJW 1996, 777, 778) oder sich bei einer Bandscheibenoperation anstatt der aufklärungsbedürftigen, somatischen Kaudalähmung eine nicht aufklärungspflichtige psychogene Kaudalähmung verwirklicht (BGH, NJW 1991, 2346, 2347; G/G, 6. Aufl., Rz. C 156). **A 2174**

Wurde der Patient vor einer **Bandscheibenoperation** nur über die **Möglichkeit vorübergehender Gefühlsstörungen** sowie Muskel- und Nervenlähmungen hingewiesen, so ist die erforderliche Grundaufklärung nicht erbracht; die Haftung des Arztes erstreckt sich dann auch auf die Folgen einer **psychogenen Querschnittslähmung**, die sich bei dem Patienten im Rahmen einer auf die Operation zurückzuführenden Konversionsneurose entwickelt (OLG Hamm, Urt. v. 9. 5. 1994 – 3 U 199/87; bestätigt von BGH Beschl. v. 24. 1. 1995 – VI ZR 204/94). Es fehlt auch an der erforderlichen Grundaufklärung, wenn der Patient vor der Durchführung einer **Bandscheibenoperation** weder auf eine alternativ mögliche, konservative Therapie oder die nicht völlig unvernünftig erscheinende Möglichkeit des Zuwartens noch auf die mit dem Eingriff spezifisch verbundenen Komplikationen, den Eintritt eines inkompletten Kaudasyndroms (Lähmung der Beine mit Blasen- und Mastdarmstörungen) mit der Folge von **Blasenentleerungsstörungen und Sensibilitätsstörungen** der unteren Extremitäten, die seine Lebensführung gravierend beeinträchtigen können, hingewiesen wird (OLG Bremen, Urt. v. 21. 12. 1999 – 3 U 42/99, VersR 2001, 340, 341). **A 2175**

Ein Hinweis des Arztes vor der **Injektion eines Lokalanästhetikums in Wirbelsäulennähe** auf die Möglichkeit eines vorübergehenden Taubheitsgefühls, während tatsächlich gravierende Risiken wie Entzündungsgefahr, Kreislauf- und Unverträglichkeitsreaktionen oder Nervenverletzungen drohen, genügt ebenfalls nicht den Erfordernissen einer ausreichenden Grundaufklärung; infolgedessen hat der Arzt auch dann zu haften, wenn sich ein besonders seltenes, an sich nicht aufklärungspflichtiges Risiko verwirklicht, etwa die **Blockade des Nervus sympathicus** oder das Risiko einer **hypoxischen Hirnschädigung** (OLG Hamm, **A 2176**

VersR 1996, 197; vgl. auch BGH, Urt. v. 14. 3. 2006 – VI ZR 279/04, NJW 2006, 2108, 2109: Hinweis auf mögliche Nervverletzung genügt nicht, wenn das Risiko dauerhafter Lähmungen oder chronischer Schmerzen besteht; OLG Karlsruhe, Urt. v. 9. 5. 2012 – 7 U 44/11, juris, Nr. 9, 10: Hinweis auf „Nervverletzungen und üblicherweise vorübergehende Sensibilitätsstörungen sowie motorische Störungen" erfasst nicht das seltene Risiko irreversibler Nervschädigungen mit chronifizierten Schmerzen). Kommt es infolge einer lumbalen Myelographie (Röntgenkontrastdarstellung des Rückenmarks) zur Realisierung eines relativ seltenen und möglicherweise nicht aufklärungspflichtigen Risikos, einer bleibenden Blasenlähmung mit Störungen der Mastdarmfunktion, so haftet der Arzt bereits wegen unterbliebener Grundaufklärung über die aufklärungspflichtige Möglichkeit des Eintritts einer **vorübergehenden Blasenlähmung** (OLG Brandenburg, Urt. v. 1. 9. 1998 – 1 U 3/99, VersR 2000, 1283, 1285).

A 2177 Vor der Durchführung einer geplanten **Liposuktion (Fettabsaugung)** ist die Patientin in besonders eindringlicher Weise darüber zu belehren, dass bei großflächigen Fettabsaugungen mit der Entstehung **unregelmäßiger Konturen** zu rechnen ist, die nicht in jedem Fall vollständig beseitigt werden können. Unterlässt der behandelnde Arzt eine entsprechende Grundaufklärung, ist der Eingriff rechtswidrig (OLG Düsseldorf, Urt. v. 20. 3. 2003 – 8 U 18/02, Vers 2003, 1579 = NJW-RR 2003, 1331).

b) Zurechnungszusammenhang bei fehlender Grundaufklärung

A 2178 Fehlt es danach an einer ausreichenden Eingriffsaufklärung des Patienten, verwirklicht sich aber nur ein Risiko des Eingriffs, über das nicht hätte aufgeklärt werden müssen, so kann der **Zurechnungszusammenhang** zwischen dem Körper- und Gesundheitsschaden des Patienten und dem Aufklärungsmangel bei wertender Betrachtung der Umstände des Einzelfalles nur dann **entfallen**, wenn das nicht aufklärungspflichtige Risiko, auf das auch nicht hingewiesen worden ist, nach Bedeutung und Auswirkung für den Patienten mit den hinweispflichtigen Risiken **vergleichbar oder sogar geringer ist und der Patient über den allgemeinen Schweregrad des Eingriffs informiert worden war** (BGH, NJW 1989, 1533 = VersR 1989, 514 = MDR 1989, 624: „vergleichbar"; BGH, NJW 1991, 2346; OLG Brandenburg, Urt. v. 1. 9. 1998 – 1 U 3/99, VersR 2000, 1283, 1284; OLG Nürnberg, Urt. v. 16. 7. 2004 – 5 U 2383/03, OLGR 2004, 373, 374; OLG Köln, VersR 1990, 489: „Risiko benachbart"; S/Pa, 12. Aufl., Rz. 535: „Risiko ähnlich"; G/G, 6. Aufl., Rz. C 156, 157: „mit den mitzuteilenden Risiken vergleichbar"; L/K-Laufs, § 63 Rz. 8; Gehrlein, VersR 2001, 593; B/P/S-Wever, § 823 BGB Rz. 77; kritisch zur Auffassung des BGH Wenzel-Simmler, Kap. 2, Rz. 1713: dogmatische Bedenken unter dem Aspekt der Unteilbarkeit der Einwilligung).

A 2179 Somit kommen für eine Korrektur der Haftung des Arztes durch den Schutzzweckzusammenhang vorwiegend Fälle in Betracht, in denen das Aufklärungsversäumnis im aufzuklärenden Risikospektrum eher eine nicht so bedeutende Spezialität betroffen hat (S/Pa, 12. Aufl., Rz. 535).

A 2180 So **entfällt die Haftung des Arztes nicht**, wenn vor einer intraartikulären Injektion in das Schultergelenk mit **kortisonhaltigen Mitteln** die aufklärungspflichtige Gefahr einer infektionsbedingten Schultergelenksversteifung besteht, sich aber nach der Injektion das sehr entfernte, nicht aufklärungspflichtige Risiko einer tödlich verlaufenden Sepsis nach einer durch die Spritze verursachten Ansteckung realisiert (BGH, NJW 1989, 1533 = MDR 1989, 624; F/N/W, 5. Aufl., Rz. 223, 224).

Der bloße Hinweis des Arztes darauf, es könne in seltenen Fällen nach der Injektion zu einer Infektion kommen, ist dabei nicht ausreichend. Der Zurechnungszusammenhang wäre nur dann entfallen, wenn der Patient über die – wenn auch sehr seltene – Gefahr einer Infektion des Gelenks mit der möglichen Folge einer Schulterversteifung bzw. zumindest den allgemeinen Schweregrad, die „Stoßrichtung" dieses Risikos informiert worden wäre (BGH, NJW 1989, 1533). **A 2181**

Demgegenüber **entfällt der Zurechnungszusammenhang**, wenn vor einer diagnostischen Laparoskopie zur Abklärung des Verdachts einer Zyste am Eierstock die Patientin über die Risiken einer Gefäß-, Darm- und Blasenverletzung aufgeklärt worden ist, sich jedoch das nicht aufklärungspflichtige, extrem seltene Risiko einer Blutung und einer dadurch erforderlich werdenden Bluttransfusion mit der Folge einer Infektion der Patientin mit Hepatitis C realisiert hat, wenn **eine Transfusion im Zusammenhang mit dem geplanten Eingriff und damit ggf. auch eine Eigenblutspende nicht ernsthaft in Betracht zu ziehen war** (OLG Zweibrücken, MedR 1999, 224, 225). **A 2182**

Hat sich ein nicht aufklärungspflichtiges Risiko verwirklicht, das mit den mitzuteilenden Risiken hinsichtlich der Richtung, in der sich dieses auswirken kann, und nach der Bedeutung für die künftige Lebensführung des Patienten **nicht vergleichbar** ist und besteht das Aufklärungsversäumnis des Arztes etwa nur im Unterlassen einer genaueren Beschreibung eines Einzelaspekts im Rahmen des gesamten Risikospektrums, der eher fern liegend oder für den Patienten noch tragbar ist, ihm aber besonders hätte dargestellt werden müssen, und wurde er ohne dessen Kenntnis dennoch wenigstens über den allgemeinen Schweregrad des Eingriffs („Stoßrichtung") ins Bild gesetzt, so muss der Arzt in Ermangelung des Zurechnungszusammenhangs nicht für diejenigen Schäden haften, die sich bei Realisierung des fern liegenden oder für den Patienten tragbaren Risikos ergeben (BGH, NJW 1989, 1533, 1535). **A 2183**

Andererseits besteht der **Zurechnungszusammenhang** aber **stets** dann, wenn sich gerade das aufklärungspflichtige Risiko, über das nicht aufgeklärt worden ist, verwirklicht, selbst wenn es zu weiteren schweren Folgen geführt hat, mit denen nicht ernsthaft gerechnet werden konnte und die dem Patienten deshalb vorher nicht darzustellen waren (BGH, NJW 1989, 1533 = MDR 1989, 624). **A 2184**

Dies ist etwa dann der Fall, wenn die Aufklärung vor der Durchführung einer Bandscheibenoperation nur über die Möglichkeit **vorübergehender Gefühlsstörungen** sowie Muskel- und Nervenlähmungen erteilt worden ist, nicht aber über das Risiko einer **bleibenden Lähmung** als schwerstem, möglicherweise in Betracht kommendem Risiko und sich beim Patienten eine psychogene Querschnittslähmung einstellt, die sich bei ihm im Rahmen einer auf die Operation zurückzuführenden Konversionsneurose entwickelt hat (OLG Hamm, Urt. v. 9. 5. 1994 – 3 U 199/87) oder wenn der Patient vor dem Einsetzen einer Hüft- **A 2185** kopfendoprothese zwar über mögliche Gefäß- und **Nervenverletzungen** und anhaltende Schmerzen, nicht jedoch über die Möglichkeit des Eintritts **dauerhafter Lähmungen infolge von Nervenverletzungen** informiert worden ist (OLG Nürnberg, Urt. v. 16. 7. 2004 – 5 U 2383/03, OLGR 2004, 373, 374 = NJW-RR 2004, 1543, 1544).

A 2186   Wurde der Patient vor einer Diskographie (Röntgenkontrastdarstellung einer Bandscheibe) sowie einer Lasernervenwurzeldekompression zur Behebung von Bandscheibenbeschwerden über das Risiko einer **Peronäusparese (Fußheberschwäche**; ob Belehrung erteilt wurde, hat der BGH offengelassen), nicht jedoch über das Risiko einer **Impotenz** sowie das schwerstmögliche Risiko einer Querschnittslähmung aufgeklärt, und treten nach dem Eingriff sowohl gravierende Potenzstörungen als auch eine Fußheberschwäche auf, so haftet der Arzt dem Patienten für den gesamten Gesundheitsschaden (BGH, Urt. v. 30. 1. 2001 – VI ZR 353/99, NJW 2001, 2798 = VersR 2001, 592).

A 2187   Die Voraussetzungen einer Haftungsbegrenzung des Arztes kommen in diesem Fall nicht in Betracht, weil sich mit dem Eintritt der Fußheberschwäche einerseits und der Impotenz andererseits kein fern liegendes, sondern jeweils ein eingriffsimmanentes, gesondert aufklärungspflichtiges Risiko verwirklicht hatte. Die – vorliegend nicht einmal erteilte – Grundaufklärung genügt zur Haftungsfreistellung des Arztes wegen eines fehlenden Zurechnungszusammenhanges nicht, wenn sich ein gesondert aufklärungspflichtiges Risiko realisiert (Gehrlein, VersR 2001, 593; unklar aber bei BGH, VersR 2001, 592, 593).

A 2188   Hat sich jedoch das **Risiko verwirklicht, über das aufgeklärt werden musste und über das tatsächlich aufgeklärt worden ist, so spielt es regelmäßig keine Rolle, ob bei der Aufklärung auch andere Risiken der Erwähnung bedurft hätten** (BGH, Urt. v. 13. 6. 2006 – VI ZR 323/04, VersR 2006, 1073, 1075; Urt. v. 15. 2. 2000 – VI ZR 48/99, NJW 2000, 1784, 1785 = VersR 2000, 725, 726 = MDR 2000, 701 mit ablehnender Anmerkung Terbille, MDR 2000, 1012; BGH, Urt. v. 30. 1. 2001 – VI ZR 353/99, NJW 2001, 2798, 2799 = VersR 2001, 592; OLG Hamm, Urt. v. 12. 5. 2010 – I-3 U 134/09, VersR 2011, 625, 626 = juris, Rz. 51, 52, 54; L/K/L-Katzenmeier, Rz. V 56, V 85; F/N/W, 5. Aufl., Rz. 224; S/Pa, 12. Aufl., Rz. 533; Steffen, MedR 2011, 250; kritisch zur Auffassung des BGH Wenzel-Simmler, Kap. 2, Rz. 1713: dogmatische Bedenken unter dem Aspekt der Unteilbarkeit der Einwilligung zugunsten pragmatischer Lösungen zurückzustellen).

c) Tragweite und Stoßrichtung des Eingriffs

A 2189   Selbst wenn dem Patienten ein bestimmtes Risiko genannt worden ist, bedarf es für die wertende Entscheidung über den Zurechnungszusammenhang der Überprüfung, ob dem Patienten zumindest Tragweite und Stoßrichtung des Eingriffs im Wesentlichen bekannt waren; nur dann ist es gerechtfertigt, im Einzelfall den **Zurechnungszusammenhang zu verneinen** (OLG Nürnberg, Urt. v. 16. 7. 2004 – 5 U 2383/03, OLGR 2004, 373, 374: Allgemeines Bild von der Schwere und Stoßrichtung erforderlich, das schwerste möglicherweise in Betracht kommende Risiko muss erwähnt werden; G/G, 6. Aufl., Rz. C 157; S/Pa, 12. Aufl., Rz. 534, 536).

Die Folgen, die den Patienten belasten, dürfen mit der Stoßrichtung des aufklä-   A 2190
rungspflichtigen Risikodetails, über das nicht aufgeklärt worden ist, für die Lebensführung des Patienten nichts zu tun haben (S/Pa, 12. Aufl., Rz. 536) bzw.
mit diesem in Art und Schwere **nicht vergleichbar** (BGH, NJW 1989, 1533;
OLG Zweibrücken MedR 1999, 224, 225; OLG Brandenburg, VersR 2000, 1283,
1284; s. o.) oder „benachbart" (OLG Köln, VersR 1990, 489) sein.

d) Abweichende Ansichten

Nach Ansicht des OLG Jena (MDR 1998, 536 = VersR 1998, 586; zustimmend   A 2191
Grams, GesR 2009, 69, 72: ähnlich noch OLG Koblenz, Urt. v. 8. 3. 2002 – 10
U 692/01, OLGR 2002, 267, 268) kann ein Anspruch des Patienten auf Schmerzensgeld wegen Verletzung der ärztlichen Aufklärungspflicht auch dann bestehen, wenn die Aufklärungspflichtverletzung nicht kausal für die Einwilligung
in die Operation war. Das OLG Jena stellt darauf ab, dass der **Anspruch** des Patienten auf Aufklärung dem **Recht auf freie Selbstbestimmung** entspringt. Werde
nicht hinreichend aufgeklärt, stelle die auf der fehlerhaften Aufklärung beruhende Reduzierung der Entscheidungsgrundlage des Patienten einen Eingriff in
dessen Persönlichkeit und körperliche Integrität dar, auch wenn bei einer notwendigen, lebenserhaltenden Operation ohne Entscheidungsalternative die Aufklärungspflichtverletzung für die Einwilligung des Patienten nicht kausal wurde. Der Patient habe wegen dieser Verletzung der Rechte auf Wahrung der körperlichen Integrität und der Persönlichkeit als solcher einen Anspruch auf
Schmerzensgeld (OLG Jena, MDR 1998, 536; zustimmend Grams, GesR 2009,
69, 72).

Diese **Entscheidung wird aber ganz einhellig abgelehnt** (BGH, Urt. v. 27. 5. 2008   A 2192
– VI ZR 69/07, NJW 2008, 2344, 2345, Nr. 18, 20; BGH, NA-Beschl. v.
31. 1. 2006 – VI ZR 87/05 zu OLG Oldenburg, Urt. v. 30. 3. 2005 – 5 U 66/03,
VersR 2006, 517 und die Nachweise bei Rz. A 2128, A 2129).

Völlig zutreffend wird darauf hingewiesen, dass ein ergänzender deliktischer   A 2193
Rechtsschutz nur bei ganz schwerwiegenden Eingriffen in Betracht gezogen werden kann. Diese Schwere des Eingriffs wird regelmäßig nicht erreicht, wenn der
Patient bei ordnungsgemäßer Aufklärung in die Behandlung eingewilligt hätte.
Denn auch bei aufgeklärten Patienten ist die Betroffenheit bei der Verwirklichung
des Risikos erheblich. Zudem erfordert in diesen Fällen der Sanktionsgedanke
keine Geldentschädigung (OLG Dresden, Urt. v. 23. 10. 2003 – 4 U 980/03, NJW
2004, 298, 299f.; OLG Naumburg, Urt. v. 12. 11. 2009 – 1 U 59/09, VersR 2010,
1185, 1186 = NJW 2010, 1758, 1759; OLG Koblenz, Urt. v. 1. 4. 2005 – 5 U 844/03,
MedR 2004, 501, 502 = VersR 2004, 1564, 1565; Jorzig, GesR 2004, 412). Ein
Schmerzensgeldanspruch musste der Patientin auch in dem vom OLG Jena entschiedenen Fall versagt werden, weil sie sich, wie das OLG feststellt, auch bei ordnungsgemäßer Aufklärung dem Eingriff unterzogen hätte und damit der vom Arzt
erhobene Einwand der „hypothetischen Einwilligung" zum Tragen kam.

e) Zusammenfassung der Zurechnungsproblematik

Bender (VersR 2009, 176, 180) und Greiner (RiBGH, G/G, 6. Aufl. 2006,   A 2194
Rz. C 157) halten den **Streit** um die Grundaufklärungsproblematik, deren Vo-

raussetzungen und Rechtsfolgen, zutreffend für **weitgehend obsolet**. Danach sind zusammenfassend folgende Fallgruppen zu unterscheiden:

A 2195 – Ein **aufklärungspflichtiges Risiko**, über das **nicht aufgeklärt** worden ist, hat sich realisiert: Der Eingriff ist grundsätzlich rechtswidrig. Der Arzt haftet.

A 2196 – Ein **aufklärungspflichtiges Risiko**, das von der erteilten Grundaufklärung „**im Großen und Ganzen**", in seiner „Stoßrichtung" erfasst wird, hat sich realisiert: **Der Arzt haftet selbst dann nicht, wenn über andere aufklärungspflichtige Risiken, die sich nicht realisiert haben, nicht aufgeklärt worden ist** (s. o.; BGH, Urt. v. 13. 6. 2006 – VI ZR 323/04, VersR 2006, 1073, 1074; Urt. v. 30. 1. 2001 – VI ZR 353/99, VersR 2001, 592; Urt. v. 15. 2. 2000 – VI ZR 48/99, VersR 2000, 725, 726; OLG Dresden, Urt. v. 13. 9. 2007 – 4 U 601/06, OLGR 2007, 1033; OLG Hamm, Urt. v. 12. 5. 2010 – I 3 U 134/09, VersR 2011, 625, 626 = juris, Rz. 51, 52, 54; LG Nürnberg-Fürth, Urt. v. 28. 8. 2008 – 4 O 13193/04, VersR 2009, 113, 115; Bender, VersR 2009, 176, 180; G/G, 6. Aufl., Rz. C 157; S/Pa, 12. Aufl., Rz. 533, 534).

A 2197 – Ein **nicht aufklärungspflichtiges Risiko** hat sich realisiert, wobei hinsichtlich anderer, aufklärungspflichtiger Risiken, die sich nicht verwirklicht haben, **ordnungsgemäß** aufgeklärt wurde: Keine Haftung des Arztes.

A 2198 – Ein **nicht aufklärungspflichtiges Risiko** hat sich verwirklicht, die **Grundaufklärung** über aufklärungspflichtige Risiken ist nicht oder hinsichtlich der „Stoßrichtung" nur **unvollständig** erfolgt: Der Eingriff ist insgesamt rechtswidrig, der haftungsrechtliche Zurechnungszusammenhang zu bejahen. Der Arzt haftet (s. o.; BGH, NJW 1996, 777 = VersR 1996, 195; NJW 1991, 2346; G/G, 6. Aufl., Rz. C 157; u. E. nach der neueren Rspr. aber fraglich!).

A 2199 – Ein nicht aufklärungspflichtiges Risiko hat sich verwirklicht, die **Grundaufklärung** hinsichtlich **aufklärungspflichtiger Risiken** ist **erfolgt**: Der Zurechnungszusammenhang entfällt, wenn das nicht aufklärungspflichtige, sich realisierende Risiko nach Bedeutung und Auswirkung mit den aufklärungspflichtigen Risiken, auf die („im Großen und Ganzen") hingewiesen worden ist, vergleichbar bzw. sogar geringer und der Patient jedenfalls über den allgemeinen Schweregrad („Stoßrichtung") des Eingriffs informiert worden ist (s. o.; BGH, NJW 1989, 1533 = VersR 1989, 514; OLG Brandenburg, VersR 2000, 1283, 1284; OLG Köln, VersR 1990, 489; S/Pa, 12. Aufl., Rz. 534, 535, 536; G/G, 6. Aufl., Rz. C 86, 90, 94, C 157; Bender, VersR 2009, 176, 180).

3. Hypothetischer Kausalverlauf, Reserveursache

a) Übersicht (vgl. auch Rz. A 1891a)

A 2200 **Steht die Kausalität zwischen dem mangels korrekter Aufklärung rechtswidrigen Eingriff und dem Gesundheitsschaden fest** und macht der Patient auf den Einwand der „hypothetischen Einwilligung" des beklagten Arztes zur Überzeugung des Gerichts plausibel, dass er – wären ihm die Risiken der gewählten Behandlung rechtzeitig verdeutlicht worden – vor einem echten, **ernsthaften Entscheidungskonflikt** gestanden hätte, so **muss der Arzt nachweisen, dass sich**

der Patient auch bei ordnungsgemäßer Aufklärung zu der tatsächlich durchgeführten Behandlung (*Anm.: oder zu einer anderen Behandlung durch einen
anderen Arzt*) entschlossen hätte bzw. es auch dann zu gleichartigen Schäden gekommen wäre (BGH, Urt. v. 22. 5. 2012 – VI ZR 157/11, GesR 2012, 419 = VersR
2012, 905 = NJW 2012, 2024, Nr. 12; BGH, Urt. v. 7. 2. 2012 – VI ZR 63/11, GesR
2012, 217 = VersR 2012, 491 = NJW 2012, 850 = MedR 2012, 456, Nr. 10, 13, 15;
BGH, Urt. v. 15. 3. 2005 – VI ZR 313/03, VersR 2005, 836, 837 = NJW 2005,
1718, 1719 = MDR 2005, 988 = GesR 2005, 255, 256; BGH, Urt. v. 5. 4. 2005 –
VI ZR 216/03, VersR 2005, 942 = NJW 2005, 2072 = GesR 2005, 359: Arzt muss
beweisen dass derselbe Schaden auch bei rechtmäßigem, fehlerfreien Eingriff
eingetreten wäre; BGH, NJW 1989, 1541 = VersR 1989, 289: **in der Spezialklinik
wäre bei erfolgter Verlegung derselbe Schaden eingetreten**; BGH, NJW 1989,
1538 = VersR 1989, 253: bei Durchführung einer indizierten Sectio wäre derselbe
Schaden eingetreten; BGH, NJW 1987, 1481 = VersR 1987, 667 und OLG Hamm,
VersR 1985, 1072: **Arzt muss dann beweisen, dass Körper- oder Gesundheitsschaden Folge der Grunderkrankung ist**; OLG Hamburg, Urt. v. 5. 8. 2005 – 1 U
184/04, OLGR 2006, 199, 201; OLG Koblenz, Urt. v. 17. 4. 2001 – 3 U 1158/96,
OLGR 2002, 69, 72; OLG Koblenz, Urt. v. 8. 3. 2002 – 10 U 692/01, AHRS III,
1010/302: Wirbelentzündung wäre auch bei Operation im richtigen Segment
aufgetreten; OLG Koblenz, Urt. v. 21. 6. 2001 – 5 U 1788/00, AHRS III,
0815/300: **ohne wirksame Einwilligung extrahierter Zahn hätte in absehbarer
Zeit ohnehin gezogen werden müssen**; OLG Köln, Urt. v. 29. 1. 2007 – 5 U
85/06, MedR 2007, 599, 601 = juris, Nr. 10, 13: **Ureterverletzung wäre auch bei
geringfügigerem, von der Einwilligung gedeckten diagnostischen Eingriff eingetreten**; OLG Köln, Urt. v. 18. 4. 2012 – 5 U 172/11, MedR 2013, 47, 50: **Patient
muss kausalen Schaden nachweisen, erst dann ist die Behandlungsseite für den
Einwand der hypothetischen Kausalität bei rechtmäßigem Alternativverhalten
beweispflichtig**; OLG München, Beschl. v. 2. 11. 2006 – 1 U 3851/06, juris: **Hüftendoprothese hätte auch bei regelgerechter Behandlung implantiert werden
müssen**; OLG Schleswig, Urt. v. 18. 6. 2004 – 4 U 117/03, NJW 2005, 439, 441:
Beweislast für die „Reserveursache" trägt der Schädiger; OLG Oldenburg, Urt.
v. 7. 9. 2011 – 5 U 60/11, GesR 2011, 677, 678; OLG Schleswig, VersR 1996,
634, 637: strenge Anforderungen an die Beweisführung; OLG Zweibrücken,
NJW-RR 2000, 235, 237; S/Pa, 12. Aufl., Rz. 530, 703; L/K/L-Katzenmeier,
Rz. V 62; Spickhoff-Wellner, § 823 BGB, Rz. 270; G/G, 6. Aufl., Rz. C 151; vgl.
auch Rz. A 2136 ff., A 1891a).

Die bloße Möglichkeit, dass sich der Schaden bei Meidung des Behandlungsfeh-   A 2200a
lers oder bei ordnungsgemäßer Aufklärung in gleicher Weise eingestellt hätte,
genügt für den vom Arzt zu führenden Nachweis nicht (BGH, Urt. v. 15. 3. 2005
– VI ZR 313/03, VersR 2005, 836, 837; BGH, Urt. v. 5. 4. 2005 – VI ZR 216/03,
VersR 2005, 942 = GesR 2005, 359; OLG Oldenburg, Urt. v. 7. 9. 2011 – 5 U
60/11, GesR 2011, 677, 678).

Nachdem sich im Zusammenhang mit der Entscheidung des BGH vom   A 2200b
15. 3. 2005 (VI ZR 313/03, VersR 2005, 836, 837 = NJW 2005, 1718, 1719) bei
der Vorinstanz (OLG Köln, Urt. v. 2. 2. 2011 – 5 U 15/09, GesR 2011, 601, 603)
wohl ein „Missverständnis" (vgl. Baur, MedR 2012, 459/460) ergeben hatte, hat
der BGH nochmals auf Folgendes hingewiesen: Der Behandlungsseite fällt die

Beweislast für den Einwand des hypothetischen Kausalverlaufs bei rechtmäßigem Alternativverhalten erst dann zu, **wenn die Ursächlichkeit zwischen der Pflichtwidrigkeit (im entschiedenen Fall: der rechtswidrigen Behandlung) für den behaupteten Schaden feststeht und mithin die Haftung grundsätzlich gegeben ist** (BGH, Urt. v. 7. 2. 2012 – VI ZR 63/11, NJW 2012, 850 = GesR 2012, 217 = VersR 2012, 491, Nr. 13, 14, 15).

A 2200c   Dem hat sich das OLG Köln (Urt. v. 18. 4. 2012 – 5 U 172/11, MedR 2013, 47, 50) zwischenzeitlich angeschlossen und ausgeführt, für den Einwand der hypothetischen Kausalität bei rechtmäßigem Alternativverhalten, für den die Behandlungsseite beweispflichtig ist, ist erst dann Raum, wenn **feststeht, dass das vom Schädiger** (hier: Aufklärungsdefizit des Arztes) **zu verantwortende Verhalten für einen Schaden kausal geworden ist.** Der Patient muss nicht nur substantiiert dartun, dass er sich für die – vom Arzt nicht erwähnte – Behandlungsalternative entschieden haben würde, sondern auch gemäß § 286 ZPO beweisen, dass **die Behandlung nach dieser Alternative nicht oder nicht im gleichen Umfang zu dem eingetretenen Schaden geführt haben würde** (OLG Köln, Urt. v. 18. 4. 2012 – 5 U 172/11, MedR 2013, 47, 49/50).

b) Einzelfälle

A 2201   Wird der Patient **nicht darüber aufgeklärt, dass es bei dem vorgesehenen Eingriff zur Durchtrennung eines Nerven kommt** und realisiert sich dieses Risiko, hat **der Arzt nachzuweisen,** dass der Patient in den Eingriff bei zutreffender Aufklärung eingewilligt und es dann bzw. im Rahmen der später ohnehin erforderlichen Operation zu demselben oder einem vergleichbar schweren Schaden gekommen wäre (BGH, VersR 1981, 677, 678; OLG Oldenburg, Urt. v. 7. 9. 2011 – 5 U 60/11, GesR 2011, 677, 678).

A 2201a   Hat der **Radiologe eine ihm übersandte Probe falsch befundet** und müssen der Patientin im Rahmen des dadurch um ca. ein Jahr verspäteten Eingriffs die Gebärmutter, die Eierstöcke, Lymphknoten im Beckenbereich entfernt werden, wobei es noch zu einer Verletzung des Dickdarms kommt, hat der **Arzt nachzuweisen, dass die gleichen Folgen auch bei korrekter Befundung im Rahmen der dann früher durchgeführten Operation eingetreten** wären (OLG Oldenburg, Urt. v. 7. 9. 2011 – 5 U 60/11, GesR 2011, 677, 678).

A 2201b   Bezieht sich die Einwilligung der Patientin lediglich auf die **operative Entfernung eines Teils einer Zyste zum Zweck der Diagnostik,** werden aber tatsächlich während der Operation die vorgefundene Zyste einschließlich sämtlicher intraoperativ angetroffener Endometrioseherde entfernt und erhebliche Verwachsungen gelöst, ist der Eingriff insoweit rechtswidrig. Führt der Eingriff zu einer Ureterverletzung, **muss der Arzt beweisen,** dass der **Schaden auch bei rechtmäßigem Alternativverhalten** – also bei Durchführung des von der Einwilligung erfassten diagnostischen Eingriffs mit bloßer Ausschälung der Zyste – eingetreten wäre, wenn der gerichtlich beauftragte Sachverständige ausführt, der Harnleiter wäre mit größter Wahrscheinlichkeit unverletzt geblieben, wenn lediglich die Bauchspiegelung durchgeführt worden wäre (OLG Köln, Urt. v. 29. 1. 2007 – 5 U 85/06, MedR 2007, 599, 601 = juris, Nr. 10, 13; vgl. auch Rz. A 2136–2139).

Besteht die Pflichtverletzung des Arztes in einer **Unterlassung (hier: unterlasse-**   A 2201c
ner Hinweis der Kindesmutter auf die Behandlungsalternative einer Cerclage
nach dem Abklingen einer Infektion), so ist diese für den Schaden nur dann
i. S. d. § 286 I ZPO kausal, wenn das pflichtgemäße Handeln den Eintritt des
Schadens verhindert hätte. Eine vom Sachverständigen genannte „gewisse
Wahrscheinlichkeit" genügt hierfür nicht. Das geschädigte Kind hat dann zu beweisen, dass es **bei pflichtgemäßer Aufklärung seiner Mutter über die Möglich-**
keit einer Cerclage als ernsthafter Behandlungsalternative anstatt der Fortset-
zung der konservativen Behandlung keinen Schaden erlitten hätte, bei Durchführung der Cerclage somit die extreme Frühgeburt und die damit verbundenen
gravierenden Gesundheitsschäden vermieden worden wären (BGH, Urt. v.
7. 2. 2012 – VI ZR 63/11, NJW 2012, 850 = GesR 2012, 217 = MedR 2012, 456 =
VersR 2012, 491, Nr. 10, 11, 14).

Unterläuft dem Arzt (Unfallchirurg/Orthopäde) ein Behandlungsfehler, etwa in   A 2202
Form eines Diagnoseirrtums, oder ein Aufklärungsfehler, etwa durch Unterlassung des Hinweises auf eine in Betracht kommende, ernsthafte Behandlungsalternative, so steht dem Patienten dennoch **kein Schadenersatzanspruch** zu,
wenn der gerichtlich bestellte Sachverständige ausführt, auch ohne den in der
Klinik des behandelnden Arztes aufgetretenen Behandlungsfehler, der für den sofortigen Einsatz einer Hüftendoprothese ursächlich geworden ist, hätte die Patientin bei unterstellter regelrechter bzw. rechtmäßiger Behandlung **in einem**
Zeitraum von ca. zwei Jahren ohnehin eine Hüftendoprothese benötigt (OLG
München, Beschl. v. 2. 11. 2006 – 1 U 3851/06, juris).

Auch ein Zahnarzt im Bereitschaftsdienst, der einem Patienten rechtswidrig   A 2203
einen Zahn extrahiert, **haftet nicht**, wenn feststeht bzw. vom Arzt bewiesen wird,
dass **wenig später derselbe Erfolg eingetreten** wäre, indem der Hauszahnarzt bzw.
nachbehandelnde Zahnarzt denselben Rat erteilt und der durch ihn umfassend informierte Patient den Rat befolgt hätte; der alternative Kausalverlauf ist in einem
derartigen Fall nach Ansicht des OLG Koblenz sogar dann zu berücksichtigen,
wenn sich der beklagte Arzt nicht hierauf berufen hat (OLG Koblenz, Urt. v.
21. 6. 2001 – 5 U 1788/00, VersR 2003, 253 = AHRS III, 0815/300).

Erfolgt statt des geplanten Eingriffs (hier: Operation eines Bandscheibenvorfalls   A 2204
im Segment LWK 4/5 nach entsprechender, hierauf bezogener Aufklärung) **die**
Operation an anderer Stelle (hier: Segment LWK 3/4), so liegt ein rechtswidriger
Eingriff in die körperliche Integrität vor, auch wenn dieser Eingriff ebenfalls indiziert und korrekt durchgeführt, aber zuvor mit dem Patienten nicht besprochen
worden war. Tritt nach der Operation eine Infektion auf, die zu einer Spondylodiszitis (Wirbelentzündung) führt, **haftet der Arzt hierfür nicht**, wenn der gerichtlich bestellte Sachverständige feststellt, die **Infektion wäre ebenso schick-**
salhaft aufgetreten, wenn die Operation im richtigen Segment durchgeführt wor-
den wäre (OLG Koblenz, Urt. v. 8. 3. 2002 – 10 U 692/01, AHRS III, 1010/302).
Das OLG Koblenz lässt dabei offen, ob sich dies rechtsdogmatisch aus dem fehlenden Pflichtwidrigkeitszusammenhang, einer Normzweckbegrenzung, der hypothetischen Kausalität oder eines rechtmäßigen Alternativverhaltens ergibt.

Die Kausalität zwischen einer (hier: wegen behaupteter Aufklärungsmängel)   A 2204a
rechtswidrigen Impfung und behaupteten neurologischen Auffälligkeiten (hier:

Rückenschmerzen, Muskelzuckungen) muss zur vollen richterlichen Überzeugung (§ 286 ZPO) vom Patienten nachgewiesen werden (OLG Köln, Beschl. v. 3. 8. 2011 und v. 30. 9. 2011 – 5 U 81/11, MedR 2012, 466). Anders als bei einer Operation ist die **Einleitung oder Fortsetzung einer konservativen bzw. medikamentösen Behandlung noch kein „Primärschaden"** im Sinne eines „ersten Verletzungserfolges" einer mangels Aufklärung etwa über ernsthafte Behandlungsalternativen rechtswidrigen Behandlungsmaßnahme. Hier ist erst die spätere Verwirklichung der mit der Einleitung oder Fortsetzung der konservativen Behandlung verbundenen Gefahren als „Primärschaden" zu qualifizieren (Baur, VRiOLG a.D., MedR 2012, 459/460 mit Hinweis auf BGH, VersR 1998, 1153).

A 2205 An den Nachweis, auch bei umfassender Aufklärung hätte der Patient eingewilligt, sind bei einem **nicht vital indizierten diagnostischen Eingriff** besonders strenge Anforderungen zu stellen (OLG Koblenz, Urt. v. 29. 11. 2001 – 5 U 1382/00, VersR 2003, 1313; auch OLG Schleswig, VersR 1996, 634, 637). Dies gilt aber nur soweit, als es um den auf eine bestimmte Verhaltensweise ausgerichteten Rat oder Hinweis geht. Wird durch die Aufklärung aber lediglich eine Grundlage für die Bewertung von Entscheidungsalternativen gegeben und **schuldet der Arzt daher keinen konkreten Rat**, verbleibt es bei der allgemeinen Regel, dass der **Patient bzw. die Patientin die Darlegungs- und Beweislast für die Behauptung hat, sie hätte nach erfolgter Aufklärung zum Beispiel eine Schwangerschaft nicht fortgesetzt** (OLG Zweibrücken, NJW-RR 2000, 235, 237).

A 2206 Bei der Aufklärungspflichtverletzung besteht auch eine **Vermutung dafür, dass sich der Patient bei – unterstellter – sachgerechter Aufklärung „aufklärungsrichtig" verhalten hätte.** Es liegt dann an der Behandlungsseite, diese Vermutung auszuräumen (BGH, VersR 1989, 186 und 702; VersR 1984, 186, 188; OLG Stuttgart, VersR 2002, 1286, 1287; OLG Hamm, VersR 2001, 895, 897 und OLG Köln, VersR 2002, 1285 zur therapeutischen Aufklärung; vgl. Rz. A 609 ff., A 2256).

A 2207 Die Vermutung aufklärungsrichtigen Verhaltens (oder eine entsprechende Beweislastumkehr) findet danach nicht statt, wenn **mehrere gleichwertige Verhaltensalternativen** bestehen, weil dann nach der Lebenserfahrung nicht erwartet werden kann, dass sich der Patient regelmäßig entsprechend dem erteilten Hinweis verhalten hätte, er etwa eine kostengünstigere bzw. andere Behandlung gewählt hätte (OLG Köln, Urt. v. 21. 4. 2008 – 5 U 116/07, VersR 2009, 405; OLG Köln, Urt. v. 22. 9. 2010 – 5 U 211/08, GesR 2011, 229, 232 = juris, Nr. 42, 59, 66, 67: Vermutung des „aufklärungsrichtigen Verhaltens" nur, wenn keine ernsthafte Verhaltensalternative bestanden hat; F/N/W, 5. Aufl., Rz. 170; B/P/S-Glanzmann, § 287 ZPO Rz. 19, 22; Schwab, NJW 2012, 3274, 3275 f. zur Arzt-, Anwalts- und Anlageberaterhaftung).

A 2208 Einstweilen frei.

VIII. Fehlendes Verschulden

1. Grundlagen, Übersicht

Liegt ein Aufklärungsmangel vor, hat dieser zu einem Schaden beim Patienten **A 2209** geführt und kann der Arzt sich nicht mit Erfolg auf eine „hypothetische Einwilligung", ein „rechtmäßiges Alternativverhalten" oder eine zuvor erfolgte Voraufklärung des Patienten (o. a.) berufen, haftet er dem Patienten auf Schadensersatz. In der Rechtsprechung ist jedoch anerkannt, dass **die Einstandspflicht des Arztes im Einzelfall bei fehlender oder unzureichender Aufklärung mangels Verschuldens entfallen kann** (BGH, Urt. v. 7. 11. 2006 – VI ZR 206/05, VersR 2008, 209, 210, Nr. 8; BGH, Urt. v. 19. 10. 2010 – VI ZR 241/09, VersR 2011, 223, 224 = GesR 2011, 24 = MedR 2011, 244, 245, Nr. 8, 9: **Risiko im Fachgebiet des Arztes nicht diskutiert;** BGH, Urt. v. 29. 9. 2009 – VI ZR 251/08, VersR 2010, 115, 116 = MDR 2010, 29, Nr. 12; BGH, Urt. v. 6. 7. 2010 – VI ZR 198/09, VersR 2010, 1220, 1221 = GesR 2010, 481, 482 = NJW 2011, 375, 376, Nr. 12, 13, 16; OLG Brandenburg, Urt. v. 9. 7. 2009 – 12 U 75/08, juris, Nr. 20, 21: **Risiko „nahezu unbekannt";** OLG Hamm, Urt. v. 12. 5. 2010 – I-3 U 134/09, VersR 2011, 625, 227: **Patient macht unzutreffende Angaben über vorangegangene, konservative Behandlungen;** OLG Koblenz, Beschl. v. 9. 10. 2013 – 5 U 746/13, juris, Nr. 12, 18: Kein Verschulden, wenn Impfarzt die **Empfehlungen der STIKO** und des Impfmittelherstellers **beachtet** hat; OLG Koblenz, Urt. v. 12. 2. 2009 – 5 U 927/06, VersR 2009, 1077, 1079: **Beweislast beim Operateur, strenge Anforderungen;** OLG Koblenz, Urt. v. 12. 6. 2008 – 5 U 1630/07, MedR 2008, 672, 674 = GesR 2009, 383, 385: **Arzt konnte davon ausgehen, dass Patient bereits informiert war;** OLG Köln, Urt. v. 12. 1. 2011 – 5 U 37/10, MedR 2012, 121, 122: aber **Grundaufklärung** betreffend gravierender, grundsätzlich bekannter Risiken wie Querschnittlähmung **erforderlich;** vgl. aber OLG Saarbrücken, Urt. v. 14. 12. 2011 – 1 U 172/05–61, GesR 2012, 219, 221: **Risiko der Querschnittlähmung musste dem Operateur nicht bekannt sein;** OLG München, Urt. v. 18. 12. 2008 – 1 U 2213/08, juris, Nr. 50 und OLG München, Urt. v. 10. 2. 2011 – 1 U 2382/10, juris, Rz. 95 sowie OLG Koblenz, Beschl. v. 1. 8. 2011 – 5 U 713/11, GesR 2011, 679 = MedR 2012, 193, 194: **Arzt konnte davon ausgehen, dass der Patient Aufklärung verstanden hatte,** keine Anhaltspunkte für Geschäfts- bzw. Einwilligungsunfähigkeit; OLG Naumburg, Urt. v. 28. 2. 2008 – 1 U 53/07, VersR 2008, 1494, 1496: **Behandlungsalternative für den Arzt nicht erkennbar;** OLG Stuttgart, Urt. v. 16. 11. 2010 – 1 U 124/09, GesR 2011, 30, 32 = NJW-RR 2011, 747, 748: **keine Anhaltspunkte für fehlende Ermächtigung des beim Aufklärungsgespräch erschienenen Elternteils;** Baur, VRiOLG a. D., GesR 2011, 577, 580; Diederichsen, RiBGH, GesR 2011, 257, 260; Hausch, VersR 2009, 1178, 1187 ff., 1192; Martis/Winkhart, MDR 2011, 402, 406/407 und MDR 2013, 758, 762; S/Pa, 12. Aufl., Rz. 460; G/G, 6. Aufl., Rz. C 112 a. E.; F/N/W/, 5. Aufl., Rz. 214; L/K/L-Katzenmeier, Rz. V 24, 43, 69; Wenzel-Simmler, Kap. 2 Rz. 1737; B/P/S-Glanzmann, VRiOLG a. D., § 287 ZPO Rz. 127: Beweislast gem. § 280 I 2 BGB beim Arzt, Patient muss im Rahmen § 823 I BGB nur den Nachweis eines aufklärungspflichtigen Risikos, das nicht genannt worden ist, führen; R/L-Uphoff/Hindemith, § 4 Rz. 72–76).

2. Einzelfälle

A 2210 Ist ein Risiko im Zeitpunkt der Behandlung nicht bekannt, besteht **keine Aufklärungspflicht. Ist ein bestehendes Risiko dem behandelnden Arzt nicht bekannt und musste es ihm auch nicht bekannt sein, etwa weil es im Zeitpunkt der Behandlung in der medizinischen Wissenschaft noch nicht bzw. nicht ernsthaft oder nur in anderen Spezialgebieten der medizinischen Wissenschaft diskutiert wurde, entfällt seine Haftung mangels Verschuldens** (BGH, Urt. v. 6. 7. 2010 – VI ZR 198/09, VersR 2010, 1220, 1221 = GesR 2010, 481, 482, Nr. 12, 16 a. E.: zur weiteren Aufklärung dieser Frage an das OLG Hamburg zurückverwiesen; BGH, Urt. v. 19. 10. 2010 – VI ZR 241/09, VersR 2011, 223 = GesR 2011, 24 = MedR 2011, 2244, Nr. 8: zur weiteren Aufklärung an das OLG Brandenburg zurückverwiesen; BGH, Urt. v. 29. 9. 2009 – VI ZR 251/08, VersR 2010, 115, 116, Nr. 12: Risiko wurde zum Zeitpunkt der Behandlung **in der Fachliteratur nicht ernsthaft diskutiert**; OLG Brandenburg, Urt. v. 9. 7. 2009 – 12 U 75/08, juris, Nr. 20, 21: **Komplikation wurde nur in einem von drei Standardlehrbüchern genannt**; OLG Hamm, Urt. v. 5. 12. 2005 – 3 U 110/05, AHRS III, 4230/303: Risiko nach den Recherchen des Sachverständigen **nur ein einziges Mal in der Literatur beschrieben**; OLG Köln, Urt. v. 12. 1. 2011 – 5 U 37/10, MedR 2012, 121, 122: Risiko einer Querschnittlähmung hätte aber grundsätzlich bekannt sein müssen; OLG Saarbrücken, Urt. v. 14. 12. 2011 – 1 U 172/05–61, GesR 2012, 219, 221: Risiko der Querschnittlähmung **musste dem Operateur nicht bekannt** sein; Diederichsen, GesR 2011, 257, 260/261; Baur, GesR 2011, 577, 580; Hausch, VersR 2009, 1178, 1192/1193).

A 2211 In dem vom BGH am 6. 7. 2010 (VI ZR 198/09, VersR 2010, 1220, 1221, Nr. 8, 9, 13, 16; ähnlich OLG Köln, Urt. v. 12. 1. 2011 – 5 U 37/10, MedR 2012, 121, 123 = VersR 2012, 1565, 1567) entschiedenen Fall hat der Sachverständige ausgeführt, er halte eine Aufklärung über das Risiko einer Querschnittlähmung vor einer CT-gestützten periradikulären Therapie (PRT) im Bereich der Nervenwurzel C7 nach einem Bandscheibenvorfall bzw. einer Bandscheibenprotrusion (Vorwölbung) nach vorangegangener, erfolgloser konservativer Therapie für erforderlich, auch wenn **zum damaligen Zeitpunkt noch keine Vorfälle einer Querschnittlähmung bei der Durchführung einer PRT bekannt geworden** seien, weil das Risiko möglicher, unbeabsichtigter Blutungen und Schädigungen einer Nervenwurzel bei wirbelsäulennahen Eingriffen, etwa einer Epiduralinfiltration **generell besteht und dieses Risiko zum Zeitpunkt des fraglichen Eingriffs in Fachkreisen auch bekannt war**. Nach Ansicht des BGH kann der Tatrichter eine Aufklärungspflichtverletzung in einem solchen Fall nicht mit der Argumentation verneinen, dass das spezielle Risiko bei Durchführung der PRT zum Zeitpunkt des Eingriffs in der Fachliteratur nicht erwähnt worden und auch nicht Gegenstand der Aufklärung durch andere Fachärzte (hier: Orthopäde) gewesen sei. Den Chirurgen bzw. Orthopäden könnte allerdings entlasten, wenn das Risiko nur rein theoretisch gegeben war oder die entsprechende Kenntnis hiervon von einem niedergelassenen Chirurgen bzw. Orthopäden zum Zeitpunkt des Eingriffs nicht verlangt werden konnte. Zur Klärung dieser Fragen hat der BGH den Rechtsstreit an das OLG Hamburg zurückverwiesen (vgl. hierzu Diederichsen, RiBGH, GesR 2011, 257, 261; Baur, VRiOLG a.D.; GesR 2011, 577, 580).

Auch das OLG Köln (Urt. v. 12. 1. 2011 – 5 U 37/10, VersR 2012, 1565, 1567 =   A 2212
MedR 2012, 121, 123 mit zust. Anm. Steffen) fordert den **Hinweis auf unter Umständen schwerwiegende, dauerhafte Lähmungen vor einer CT-gestützten periradikulären Lumbalinfiltration**, wenn das spezifische Risiko **einer dauerhaften
Lähmung aus anderen als den sich realisierenden Gründen**, nämlich als Folge
von Blutergüssen, Entzündungen oder Nervverletzungen nach wirbelsäulennahen Injektionen **bekannt bzw. nicht auszuschließen war**, auch wenn der Mechanismus unterschiedliche Ursachen haben kann und sich das seltene, schwerwiegende Risiko einer Querschnittlähmung dann auf anderen, zum Zeitpunkt
der Aufklärung noch nicht bekannten Gründen realisiert hat. War das **schwerwiegende Risiko also generell bekannt**, reicht der Hinweis auf die „Möglichkeit
von kurzfristigen Taubheitsgefühlen, Schwächen im Bein, Veränderungen, die
als Folge einer Infektion bei Punktion auftreten können" nicht aus (OLG Köln,
MedR 2012, 121, 122 mit zust. Anm. Steffen, MedR 2012, 124).

In der BGH-Entscheidung vom 19. 10. 2010 (VI ZR 241/09, VersR 2011, 223,   A 2213
Nr. 7, 8) ging es um Schadensersatzansprüche einer Patientin, bei der sich nach
einer Spinalanästhesie im Jahr 2003 Flüssigkeitsergüsse (Hygrome) im Kopf gebildet hatten. Der BGH führt zunächst aus, dass der Patient auch **über sehr seltene Risiken aufzuklären** sei, etwa die Entstehung eines subduralen Hygroms
oder Hämatoms als Folge einer Spinalanästhesie, wenn dieses Risiko bei seiner
Realisierung die Lebensführung des Patienten erheblich belasten würde. Dies
war vorliegend der Fall, da die **Therapierung eines solchen Hämatoms eine Kopfoperation mit der Gefahr von Dauerschäden erforderlich machen kann.** Der BGH
hat ausgeführt, die Beurteilung des Berufungsgerichts (OLG Brandenburg), es
liege kein Aufklärungsverschulden vor, weil einem Anästhesisten im Kranken-
hausbereich das betreffende Risiko im Jahr 2003 nicht bekannt sein musste,
werde von den getroffenen Feststellungen nicht getragen, so dass der Rechtsstreit an die Berufungsinstanz zurückverwiesen wurde (BGH, Urt. v.
19. 10. 2010 – VI ZR 241/09, VersR 2011, 223, 224 = GesR 2011, 24, 25, Nr. 8,
9; zust. Baur, VRiOLG a.D., GesR 2011, 577, 580; Diederichsen, RiBGH, GesR
2011, 257, 261).

In einem weiteren, am 29. 9. 2009 (VI ZR 251/08, VersR 2010, 115, 116, Nr. 11,   A 2214
12) verkündeten Urteil hat der BGH ausgeführt, vor einer **Bypass-Operation am
Herzen** müsse der Patient über das **seltene Risiko einer Erblindung aufgeklärt**
werden. Auch über ein gegenüber dem Hauptrisiko (hier: Herzinfarkt, Herzstillstand) weniger schweres Risiko (hier: Erblindung) ist aufzuklären, wenn dieses
dem Eingriff spezifisch anhaftet, für den Laien überraschend ist und wenn durch
die Verwirklichung dieses Risikos die Lebensführung des Patienten schwer belastet werden würde. Ein Aufklärungsmangel sei jedoch **nicht verschuldet,
wenn der aufklärende bzw. operierende Arzt nach dem Stand der medizinischen
Erkenntnisse im Zeitpunkt der Behandlung das nicht genannte Risiko nicht
kennen musste, weil es zu diesem Zeitpunkt in der medizinischen Wissenschaft
noch nicht bzw. nicht ernsthaft diskutiert wurde.**

Das Aufklärungsversäumnis ist jedenfalls dann **nicht verschuldet, wenn nur**   A 2215
**eines der drei vom Sachverständigen als Standardlehrbücher bezeichneten
Werke die mögliche Komplikation beschreibt bzw. beschrieben hat** (OLG Bran-

denburg, Urt. v. 9. 7. 2009 – 12 U 75/08, juris, Nr. 20, 21) bzw. wenn die Komplikation in der gesamten, vom Sachverständigen recherchierten medizinischen Literatur **erst ein einziges Mal beschrieben** worden ist (OLG Hamm, Urt. v.
5. 12. 2005 – 3 U 110/05, AHRS III, 4230/303).

A 2216 Fehlt es an einer Aufklärung über ein einzelnes Risiko oder eine alternative Behandlungsmöglichkeit, mangelt es nach einer Ansicht am Aufklärungsverschulden des Arztes, wenn nach Einschätzung des befragten Sachverständigen über
das fragliche Risiko in der Praxis nicht aufgeklärt oder dieses **Risiko auch in
den von Fachleuten (Medizinern und Juristen) entwickelten Aufklärungsbögen
nicht erwähnt** wird (Hausch, VersR 2009, 1178, 1188/1193; OLG Hamm, Urt. v.
3. 6. 1996, AHRS II, 4265/120 bei Hausch, VersR 2009, 1178, 1188).

Nach anderer Auffassung (OLG Köln, Urt. v. 25. 4. 2007 – 5 U 180/05, VersR
2008, 1072 = OLGR 2008, 769, 771) **darf sich kein Arzt grundsätzlich darauf verlassen, dass in einem von ihm benutzten Aufklärungsbogen (z. B. Perimed, Dio-
med o. a.) alle tatsächlich relevanten, aufklärungsbedüftigen Risiken aufgeführt
sind**, wenn etwa das in Frage stehende Risiko (hier: 1 : 1 000) sehr selten ist (hier:
Asherman-Syndrom, d. h. Verwachsungen im Uterus mit dem Risiko der Unfruchtbarkeit), aber sich doch typischerweise als Folge des Eingriffs realisieren
kann. Dem ist u. E. zuzustimmen, wenn das fragliche Risiko zwar nicht im
(möglicherweise nicht mehr aktuellen) Aufklärungsbogen, aber **in der Fachliteratur** (vgl. hierzu Rz. A 2214 f.) **genannt** wird.

A 2217 Das OLG Naumburg (Urt. v. 28. 2. 2008 – 1 U 53/07, VersR 2008, 1494, 1496;
auch Hausch, VersR 2009, 1178, 1193) lehnt ein Verschulden und damit eine
Haftung für einen objektiv vorliegenden Aufklärungsmangel ab, wenn der Arzt
das Bestehen einer echten Behandlungsalternative nicht erkennen konnte. Ist
etwa die ärztliche ex-ante-Bewertung zweier alternativer Behandlungsmethoden
zum Zeitpunkt des Eingriffs oder dessen Nichtvornahme als nicht gleichwertig
vertretbar (und damit nicht aufklärungspflichtig), so stellt der hierauf fußende
Entschluss, über die andere (Operations-) Methode nicht bzw. nicht im Einzelnen aufzuklären, keine schuldhafte Pflichtverletzung dar (OLG Hamm,
a. a. O.).

A 2218 Bestehen bei jahrelangen, erheblichen Schulterschmerzen zum Zeitpunkt der
Durchführung des Aufklärungsgesprächs **objektiv noch konservative Behandlungsmöglichkeiten**, die als ernsthafte und damit aufklärungspflichtige Alternativen in Betracht kommen, scheidet eine Haftung der Behandlungsseite mangels
Verschuldens aus, wenn die behandelnden Ärzte aufgrund der ihnen erteilten,
möglicherweise nicht ganz zutreffenden oder unvollständigen Informationen **davon ausgehen konnten, dass die grundsätzlich zur Verfügung stehenden konservativen Behandlungsalternativen keinen Erfolg bzw. keine wesentliche Besserung erbracht** hatten (OLG Hamm, Urt. v. 12. 5. 2010 – I 3 U 134/09, juris,
Rz. 57).

A 2219 Konnte der Arzt davon ausgehen, dass **der Patient bereits einschlägig informiert
war**, etwa weil er einen **Aufklärungsbogen, der den Hinweis auf die wesentlichen Risiken des Eingriffs und die Passage, alles gelesen und verstanden zu ha-

ben, enthielt, im Besitz und unterzeichnet hatte, scheidet eine Haftung wegen eines Aufklärungsversäumnisses mangels Verschuldens aus (OLG Koblenz, Urt. v. 12. 6. 2008 – 5 U 1630/07, OLGR 2008, 796, 798; u. E. zu weitgehend, da das grundsätzlich bestehende Erfordernis eines Aufklärungsgesprächs mit diesem Argument unterlaufen werden könnte).

Hat der operierende Chef- oder Oberarzt die **irrige Vorstellung, der Assistenzarzt hätte den Patienten sachgemäß aufgeklärt**, kann es ebenfalls am Verschulden fehlen. Der Operateur muss aber vortragen, welche Vorstellungen er vom Inhalt des Aufklärungsgesprächs hatte und einen auch die Fahrlässigkeit ausschließenden Irrtum beweisen (OLG Koblenz, Urt. v. 12. 2. 2009 – 5 U 927/06, VersR 2009, 1077, 1079: Verschulden bejaht; vgl. auch BGH, Urt. v. 7. 11. 2006 – VI ZR 206/05, VersR 2008, 209, 210, Nr. 8: Voraussetzung ist, dass der Irrtum des Behandlers nicht auf Fahrlässigkeit beruht). Der Operateur kann sich auf ein mangelndes Verschulden aber nur dann berufen, wenn **durch geeignete organisatorische Maßnahmen und Kontrollen sichergestellt ist, dass eine ordnungsgemäße Aufklärung durch den damit betrauten Arzt gewährleistet ist** (BGH, Urt. v. 7. 11. 2006 – VI ZR 206/05, VersR 2008, 209, Nr. 8; vgl. Rz. A 1757 ff.). | A 2220

Die abstrakt-theoretische Möglichkeit eines **mangelnden Verständnisses** des Patienten über mögliche nachteilige Folgen eines Eingriffs genügt für sich genommen nicht, an einer ordnungsgemäßen Aufklärung zu zweifeln. Zudem würde eine Haftung des Arztes entfallen, wenn er **entschuldbar eine wirksame Einwilligung** des Patienten annimmt, etwa weil er trotz Anwendung der gebotenen Sorgfalt **keine Verdachtsmomente für eine mangelnde Einsichtsfähigkeit des Patienten** hat (OLG München, Urt. v. 10. 2. 2011 – 1 U 2382/10, juris, Rz. 95; ebenso OLG München, Urt. v. 18. 12. 2008 – 1 U 2213/08, juris, Nr. 50: angeblich fehlende oder beschränkte Geschäftsfähigkeit der Patientin; OLG Koblenz, Urt. v. 12. 6. 2008 – 5 U 1630/07, GesR 2009, 383, 385; OLG Koblenz, Beschl. v. 1. 8. 2011 – 5 U 713/11, GesR 2011, 679 = MedR 2012, 193). | A 2221

Behauptet der Patient etwa, **infolge verminderter Auffassungsgabe habe er die ärztlichen Informationen nicht verstanden**, ist dies haftungsrechtlich unerheblich, wenn nicht vorgetragen und bewiesen wird, aufgrund welcher tatsächlichen Umstände der Arzt dies habe **feststellen und berücksichtigen müssen** (OLG Koblenz, Beschl. v. 1. 8. 2011 – 5 U 713/11, GesR 2011, 679 = MedR 2012, 193; OLG Koblenz, Urt. v. 12. 6. 2008 – 5 U 1630/07, GesR 2009, 383, 385). | A 2222

Auch bei einem ärztlichen Eingriff schwererer Art mit nicht unbedeutenden Risiken kann der aufklärende Arzt grundsätzlich von der **Ermächtigung des mit dem Minderjährigen zum Aufklärungsgespräch erscheinenden Elternteils** (hier: 17-jähriger vor einer Schilddrüsenoperation) ausgehen. Jedenfalls wird es in derartigen Fällen aber regelmäßig **an einem Verschulden des Arztes fehlen**, wenn **keine Anhaltspunkte dafür vorliegen, dass die Ermächtigung des beim Aufklärungsgespräch nicht erschienenen Vaters** entgegen den ausdrücklichen oder konkludenten Angaben der Mutter **nicht vorliegt** (OLG Stuttgart, Urt. v. 16. 11. 2010 – 1 U 124/09, GesR 2011, 30, 31 = NJW-RR 2011, 747, 748; OLG Koblenz, Urt. v. 9. 10. 2013 – 5 U 746/13, juris, Nr. 18: Aufklärung der Mutter über Impfrisiken; auch OLG München, Urt. v. 18. 12. 2008 – 1 U 2213/08, juris, | A 2223

Nr. 50: **kein Verschulden, wenn die fehlende oder beschränkte Geschäfts- bzw. Einwilligungsfähigkeit für den Arzt nicht erkennbar war**).

A 2224   Gibt ein **ausländischer Patient,** der nach dem Eindruck des Arztes der deutschen Sprache ausreichend mächtig ist, während des Aufklärungsgesprächs **nicht zu erkennen,** dass er die Aufklärung nicht verstanden hat, verlangt er auch nicht die Zuziehung eines Dolmetschers oder wenigstens eines deutsch sprechenden Familienangehörigen, so kann der aufklärende Arzt **grundsätzlich davon ausgehen, dass die erteilte Einwilligung in den Eingriff wirksam ist** (OLG München, Urt. v. 14. 2. 2002 – 1 U 3495/01, GesR 2003, 239, 240; OLG Karlsruhe, Urt. v. 11. 9. 2002 – 7 U 102/01, MedR 2002, 104, 105: **Arzt kann darauf vertrauen, dass der grundsätzlich sprachkundige Ausländer nachfragt;** KG, Urt. v. 8. 5. 2008 – 20 U 202/06, GesR 2009, 81, 82 und OLG Stuttgart, Urt. v. 26. 6. 2001 – 14 U 81/00, AHRS III, 4100/306: aufklärender Arzt bekundet glaubhaft, Verständigungsschwierigkeiten hätten nicht bestanden; OLG Brandenburg, MedR 1998, 470: Patient beherrscht die deutsche Alltagssprache; zustimmend Muschner, VersR 2003, 826, 827 m. w. N.; Jorzig, GesR 2004, 409, 410).

A 2225   Nach zutreffender Ansicht von Hausch (VersR 2009, 1178, 1181/1193) entfällt das Aufklärungsverschulden auch dann, wenn **unterschiedliche Rechtsauffassungen verschiedener Gerichte über den notwendigen Inhalt eines Aufklärungsgesprächs** bestehen. Denn wenn schon von Richtern eines Fachgerichts (Arzthaftungskammer, Arzthaftungssenat) eine Verletzung der Aufklärungspflicht verneint wird, kann von den Ärzten nicht verlangt werden, es besser zu wissen.

A 2226 – A 2239   Einstweilen frei.

IX. Beweislast für die Durchführung der Aufklärung

Zur Beweislast bei Behandlungsfehlern vgl. → *Beweislastumkehr.*

1. Beweislast der Behandlungsseite (vgl. auch Rz. A 602 ff., A 1830 ff., A 1891a ff., A 2113 ff., A 2136 ff.)

A 2240   Die Behandlungsseite trägt die Beweislast für das Vorliegen der vom Patienten erteilten Einwilligung und der zuvor ordnungsgemäß durchgeführten Aufklärung (F/N/W, 5. Aufl., Rz. 227; B/P/S-Glanzmann, § 287 ZPO Rz. 122, 123, 128; Baumgärtel/Laumen/Prütting/Katzenmeier, Handbuch der Beweislast, 3. Aufl. 2010, § 823 BGB Anhang II, Rz. 3 ff., S. 144 ff.). **So muss der Arzt bzw. der Krankenhausträger etwa beweisen, dass er den Patienten aufgeklärt hat**

A 2240a   – gem. **§ 630e I 2, 630e III, 630h II 1 BGB** (vgl. hierzu Rz. P 41 ff., P 63 ff.) insbesondere über Art, Umfang, Durchführung, zu erwartende Folgen und Risiken der geplanten Maßnahme sowie ihre Notwendigkeit, Dringlichkeit, Eignung, deren Erfolgsaussichten, bestehende ernsthafte Behandlungsalternativen, einen etwaigen Verzicht des Patienten auf die Durchführung der Aufklärung,

– im Rahmen der Grundaufklärung zumindest *„im Großen und Ganzen"*, ins-   A 2241
besondere über die medizinische Notwendigkeit des Eingriffs, auch über seltene, mit dem Eingriff verbundene und im Falle ihrer Realisierung dessen Lebensführung schwer belastende Risiken (BGH, Urt. v. 14. 3. 2006 – VI ZR
279/04, VersR 2006, 838, 839; Urt. v. 13. 6. 2006 – VI ZR 323/04, VersR 2006,
1073, 1074; G/G, 6. Aufl., Rz. C 86, 90, 156, 157; B/L/P-Katzenmeier, § 823
BGB Anhang II Rz. 3, 84; B/P/S-Glanzmann, § 287 ZPO Rz. 121, 123; vgl.
hierzu Rz. A 834 ff. „im Großen und Ganzen", Rz. A 1100 ff. „seltene Risiken"),

– über die **Dringlichkeit** und Notwendigkeit des Eingriffs und bestehende,   A 2242
ernsthafte Behandlungsalternativen (Gehrlein, Rz. C 69; G/G, 6. Aufl.,
Rz. C 90, 141 ff.; B/P/S-Glanzmann, § 287 ZPO Rz. 123; F/N/W, 5. Aufl.,
Rz. 227; Müller, VPräsBGH a. D., MedR 2001, 487, 488).

– bei nicht dringender Indikation oder **beschränkten Heilungsaussichten** auch   A 2243
über die Erfolgsaussichten des Eingriffs (G/G, 6. Aufl., Rz. C 93, 94; s. o.
Rz. A 1060 ff.),

– zu einem Zeitpunkt, in dem eine eigenständige Entscheidung des Patienten   A 2244
für oder gegen den Eingriff noch möglich ist, die Aufklärung also **rechtzeitig**
erfolgt ist (vgl. jetzt § 630e II Nr. 2 BGB; BGH, VersR 1992, 747, 749 = NJW
1992, 2354, 2356; VersR 1992, 960, 961 = NJW 1992, 2351, 2352; F/N/W,
5. Aufl., Rz. 227; S/Pa, 12. Aufl., Rz. 484; G/G, 6. Aufl., Rz. C 98;
B/P/S-Glanzmann, § 287 ZPO Rz. 123).

Die Behandlungsseite trägt **auch die Beweislast für den Vortrag**, dass

– überhaupt ein grundsätzlich erforderliches **Aufklärungsgespräch mit dem Pa-**   A 2245
tienten geführt wurde (OLG Saarbrücken, Beschl. v. 4. 6. 2003 – 1 W 110/03
– 17, OLGR 2003, 281, 282),

– ein der deutschen Sprache erkennbar nicht bzw. kaum mächtiger Patient ord-   A 2246
nungsgemäß aufgeklärt worden ist bzw. bei feststehendem Aufklärungsversäumnis ein Mitverschulden des Patienten vorliegt (F/N/W, 5. Aufl. 2013,
Rz. 226, 227),

– eine **Aufklärung unterbleiben** musste, weil sie zu einer ernstlichen **Gefähr-**   A 2247
dung des Lebens oder der Gesundheit des Patienten geführt hätte (Gehrlein,
Rz. C 15, 16, 69; F/N/W, 5. Aufl., Rz. 227),

– der **Patient nicht aufklärungsbedürftig** oder über die wesentlichen Risiken   A 2248
bereits vorinformiert war, etwa aus eigenem, medizinischem Fachwissen,
der Aufklärung aus vorangegangener, gleichartiger Operation oder aufgrund
der vorangegangenen Aufklärung eines vorbehandelnden Arztes (s. o.
Rz. A 1830 ff.; G/G, 6. Aufl., Rz. C 46, C 112, C 133; Gehrlein, Rz. C 16, 69;
B/P/S-Glanzmann, § 287 ZPO Rz. 123; auch BGH, Urt. v. 25. 3. 2003 – VI
ZR 131/02, MDR 2003, 931, 932 und VersR 1984, 538, 539: **Voraufklärung**
durch anderen Arzt; OLG Celle, Urt. v. 30. 9. 2002 – 1 U 7/02, VersR 2004,
384, 385: **anderweitige Vorkenntnis**; OLG Hamm, VersR 1998, 322: Patient
ist selbst Arzt; OLG Stuttgart, Urt. v. 14. 10. 2003 – 1 U 50/03, AHRS III,

4100/318: **Nachweis der Voraufklärung durch einen anderen Arzt**; OLG Köln, MedR 2004, 567, 568: Aufklärung lag zehn Jahre zurück; **anders** OLG Köln, VersR 1995, 1237: **nach einem Jahr kein „Vorwissen" mehr**; vgl. auch Stöhr, RiBGH, GesR 2006, 145, 149: Vorwissen bzw. Voraufklärung; Wussow, VersR 2001, 1337, 1342: schon nach mehreren Wochen kein „Vorwissen" mehr),

A 2249 — eine nicht von der erteilten Einwilligung umfasste **Operationserweiterung nicht vorhersehbar** war und der Eingriff im Interesse des Patienten nicht abgebrochen werden konnte, um dessen Einwilligung auch insoweit einzuholen (F/N/W, 5. Aufl., Rz. 227; Gehrlein, Rz. C 52, 67, 69; G/G, 6. Aufl., Rz. C 20, C 104),

A 2250 — sich der Patient **auch bei ordnungsgemäßer Aufklärung** für die Durchführung des Eingriffs durch den behandelnden Arzt entschieden hätte (vgl. jetzt § 630h II 2 BGB; BGH, Urt. v. 15. 3. 2005 – VI ZR 313/03, VersR 2005, 836, 837 = NJW 2005, 1718, 1719 = GesR 2005, 255, 256; OLG Koblenz, Urt. v. 17. 4. 2001 – 3 U 1158/96, OLGR 2002, 69, 72; OLG Schleswig, Urt. v. 18. 6. 2004 – 4 U 117/03, NJW 2005, 439, 441: Eintritt der Reserveursache vom Schädiger zu beweisen; S/Pa, 12. Aufl., Rz. 697, 700; G/G, 6. Aufl., Rz. C 137),

A 2251 — sich das aufklärungspflichtige **Risiko** auch ohne den Eingriff, etwa aufgrund des behandlungsbedürftigen Grundleidens, **in derselben oder ähnlichen Weise verwirklicht** bzw. sich eine **Reserveursache ebenso ausgewirkt** hätte (BGH, Urt. v. 7. 2. 2012 – VI ZR 63/11, NJW 2012, 850 = GesR 2012, 217, Nr. 10, 13, 14; BGH, Urt. v. 5. 4. 2005 – VI ZR 216/03, VersR 2005, 942 = NJW 2005, 2072 = GesR 2005, 359; BGH, Urt. v. 22. 5. 2012 – VI ZR 157/11, VersR 2012, 905, Nr. 12; OLG München, Beschl. v. 2. 11. 2006 – 1 U 3851/06, juris: Einsatz einer Hüftendoprothese wäre in zwei Jahren ohnehin erforderlich geworden; OLG Köln, Urt. v. 29. 1. 2007 – 5 U 85/06, MedR 2007, 599, 601 = juris, Nr. 10, 13: Ureterverletzung wäre auch bei rechtmäßigem, lediglich diagnostischem Eingriff eingetreten; OLG Koblenz, Urt. v. 8. 3. 2002 – 10 U 692/01, AHRS III, 1010/302: Infektion wäre auch bei Operation an richtiger Stelle aufgetreten; G/G, 6. Aufl., Rz. C 123; F/N/W, 5. Aufl., Rz. 227; S/Pa, 12. Aufl., Rz. 530, 703; B/P/S-Glanzmann, § 287 ZPO Rz. 123; vgl. Rz. A 2113 ff., A 2136 ff., A 2200 ff.),

A 2252 — **derselbe Schaden** auch bei rechtmäßigem und fehlerfreien ärztlichen Handeln **eingetreten wäre**, etwa wenn der Patient einen Eingriff nach erfolgter Aufklärung nicht, von einem anderen Arzt, in einem anderen Krankenhaus oder zu einem späteren Zeitpunkt hätte vornehmen lassen (BGH, Urt. v. 7. 2. 2012 – VI ZR 63/11, NJW 2012, 850 = GesR 2012, 217, Nr. 10, 13, 14; BGH, Urt. v. 5. 4. 2005 – VI ZR 216/03, VersR 2005, 942 = NJW 2005, 2072; OLG München, Beschl. v. 2. 11. 2006 – 1 U 3851/06, juris: Patientin hätte innerhalb von zwei Jahren ebenfalls eine Hüftendoprothese benötigt; OLG Köln, Urt. v. 29. 1. 2007 – 5 U 85/06, MedR 2007, 599, 601: Ureterverletzung wäre auch bei rechtmäßigem, geringfügigerem Eingriff aufgetreten; F/N/W, 5. Aufl., Rz. 227; S/Pa, 12. Aufl., Rz. 530, 703; G/G, 6. Aufl., Rz. C 151; vgl. Rz. A 2200 ff.),

– eine **echte, ernsthafte Behandlungsalternative**, über die nicht aufgeklärt wor-   A 2253
den ist, bei ihrer Anwendung zu demselben oder einem **ähnlich schwerwiegenden Schaden** geführt hätte (BGH, Urt. v. 7. 2. 2012 – VI ZR 63/11, NJW
2012, 850 = GesR 2012, 217, Nr. 10, 13, 14; BGH, Urt. v. 15. 3. 2005 – VI ZR
313/03, VersR 2005, 836, 837 = NJW 2005, 1718, 1719; NJW 1989, 1541, 1542;
vgl. Rz. A 2200 ff.), etwa eine Operation wegen zu später Vorstellung beim
Arzt erfolglos geblieben wäre (OLG Oldenburg, VersR 1995, 96),

– sich der Patient im Fall einer ordnungsgemäßen Aufklärung über bestehende   A 2254
Behandlungsalternativen **gegen eine Operation** und für die Fortsetzung der
durchgeführten konservativen Behandlung entschieden hätte bzw. der Patient
bereits fest entschlossen gewesen wäre, sich unter keinen Umständen einer
Operation zu unterziehen (OLG Karlsruhe, Urt. v. 29. 5. 2002 – 7 U 116/01,
AHRS III, 6340/300),

– der Patientin der ärztliche Rat zur standardgemäßen Behandlung bzw. Opera-   A 2255
tion, etwa der Vornahme einer gebotenen Sectio, erteilt wurde und sie diesen
Rat nicht befolgt hat bzw. sich im Falle der Erteilung des ärztlichen Rates **gegen die empfohlene Sectio** bzw. sonstige therapeutische Maßnahme entschieden hätte (OLG Hamm, Urt. v. 23. 4. 2002 – 3 U 8/01, VersR 2003, 1312, 1313;
S/Pa, 12. Aufl., Rz. 370, 708; B/L/P-Katzenmeier, § 823 BGB Anhang II,
Rz. 84, S. 191),

– der Patient sich in sonstiger Weise **bei Erteilung der Aufklärung nicht „auf-**   A 2256
klärungsrichtig" verhalten (vgl. Rz. A 609 ff., A 720 f.; BGH, NJW 1989, 1536,
1537 = VersR 1989, 186, 187 und NJW 1988, 2318, 2319 = VersR 1989, 702 sowie NJW 1987, 707 = VersR 1986, 1121: Beweislast des Arztes; OLG Hamm,
VersR 2001, 897: Vermutung für aufklärungsrichtiges Verhalten des Patienten; OLG Köln, VersR 1992, 1231, 1232: Arzt muss gegenteiligen Entschluss
des Patienten beweisen; OLG Köln, Urt. v. 21. 4. 2008 – 5 U 116/07, VerR
2009, 405: **aber nicht, wenn mehrere Verhaltensalternativen bestehen**; OLG
Zweibrücken, NJW-RR 2000, 235, 237; G/G, 6. Aufl., Rz. B 173, B 225;
B/L/P-Katzenmeier, § 823 BGB, Anhang II Rz. 84, S. 191) oder **eine empfohlene Behandlungsalternative entgegen medizinischer Vernunft ausgeschlagen**
hätte (BGH, NJW 1992, 741; OLG Hamm, Urt. v. 24. 4. 2002 – 3 U 8/01,
VersR 2003, 1312, 1313; Urt. v. 19. 3. 2001 – 3 U 193/00, NJW-RR 2002, 814,
815; Gehrlein, Rz. C 69).

– welche **Anweisungen seitens des Chefarztes bzw. des Operateurs zur Durch-**   A 2257
führung eines korrekten Aufklärungsgesprächs erteilt und welche Kontroll-
maßnahmen hierfür ergriffen worden sind (BGH, Urt. v. 7. 11. 2006 – VI ZR
206/05, VersR 2007, 209, 210, Nr. 9, 10; B/P/S-Glanzmann, § 287 ZPO
Rz. 126).

2. Beweislast des Patienten

Der Patient muss insbesondere darlegen und beweisen, dass   A 2258

– **sein Gesundheitsschaden gerade auf der Behandlung beruht, die mangels ord-**   A 2259
nungsgemäßer Aufklärung rechtswidrig war (BGH, Urt. v. 27. 3. 2008 – VI ZR

69/07, NJW 2008, 2344, 2345, Nr. 18, 20; OLG Köln, Urt. v. 18. 4. 2012 – 5 U 172/11, MedR 2013, 47, 50; OLG Köln, Urt. v. 20. 7. 2011 – 5 U 83/09, MedR 2012, 405, 408; Gehrlein, VersR 2004, 1488, 1492; F/N/W, 5. Aufl., Rz. 188, 229; G/G, 6. Aufl., Rz. C 147; S/Pa, 12. Aufl., Rz. 529, 702; B/L/P-Katzenmeier, § 823 BGB Anhang II, Rz. 85, B/P/S-Glanzmann, § 287 ZPO Rz. 120; vgl. Rz. A 2136 ff., A 1891a); zu beachten ist jedoch, dass der **nicht von einer ordnungsgemäßen Aufklärung gedeckte (operative) Eingriff den „Primärschaden"** darstellt und es sich bei den Folgen eines rechtswidrigen Eingriffs um „Sekundärschäden" i. S. d. § 287 ZPO handelt, sodass der Patient für diese Folgen nur eine „überwiegende Wahrscheinlichkeit" nachweisen muss (BGH, Urt. v. 19. 10. 2010 – VI ZR 241/09, VersR 2011, 223, 224 = GesR 2011, 24, 25, Nr. 18, 21; BGH, Urt. v. 29. 9. 2009 – VI ZR 251/08, VersR 2010, 115, 116, Nr. 13),

A 2260 – **der Schaden durch den nicht rechtmäßigen Teil des Eingriffs verursacht wurde**, wenn dieser sowohl durch den von der Einwilligung gedeckten und behandlungsfehlerfrei durchgeführten Teil eines Eingriffs als auch durch den nicht von der Einwilligung gedeckten und daher nicht rechtmäßigen Teil verursacht worden sein kann (vgl. Rz. A 2133 ff.; OLG Dresden, VersR 2002, 440; OLG Karlsruhe, Beschl. v. 17. 2. 2003 – 7 U 156/02, GesR 2003, 239; OLG Koblenz, VersR 2000, 230, 231; OLG Koblenz, Urt. v. 7. 8. 2003 – 5 U 1284/02, NJW-RR 2003, 1607 = GesR 2004, 24 = MedR 2004, 690; OLG München, Beschl. v. 5. 2. 2007 – 1 U 4946/06, juris; OLG Naumburg, Urt. v. 10. 6. 2003 – 1 U 4/02, NJW-RR 2004, 315, 316; OLG Oldenburg, Urt. v. 28. 7. 2004 – 5 U 112/03, AHRS III, 6370/303),

A 2261 – sein Entscheidungsrecht im Fall einer verspäteten Aufklärung verkürzt worden ist (BGH, VersR 1994, 1235; S/Pa, 12. Aufl., Rz. 524, 528),

A 2262 – eine Aufklärung über **bestimmte, vom Patienten darzulegende alternative Behandlungsmethoden** erforderlich gewesen wäre (OLG Karlsruhe, Urt. v. 26. 9. 2001 – 7 U 92/99, OLGR 2002, 20; Spickhoff, NJW 2002, 1758, 1762; B/P/S-Glanzmann, § 287 ZPO Rz. 121; L/K- Laufs/Kern, § 107 Rz. 22: Patient muss die Existenz einer bestehenden Behandlungsalternative darlegen),

A 2263 – er sich, falls die Behandlungsseite behauptet, er hätte dem Eingriff auch bei ordnungsgemäßer Aufklärung zugestimmt, in einem „**ernsthaften Entscheidungskonflikt**" befunden hat, wobei die Darlegung lediglich plausibel sein muss (BGH, Urt. v. 15. 3. 2005 – VI ZR 313/03, VersR 2005, 836, 837 = NJW 2005, 1718, 1719; OLG Oldenburg, Urt. v. 30. 3. 2005 – 5 U 66/03, VersR 2006, 517; G/G, 6. Aufl., Rz. C 138, 140, 144; S/Pa, 12. Aufl., Rz. 522, 698, 699; B/P/S-Glanzmann, § 287 ZPO Rz. 121, 133, 140; vgl. Rz. A 1900 ff.),

A 2264 – er seine **zunächst erteilte Einwilligung nachträglich widerrufen hat** (BGH, NJW 1980, 1903, 1904; S/Pa, 12. Aufl., Rz. 705; Gehrlein, Rz. C 69 a. E.),

A 2265 – er nicht einwilligungsfähig gewesen bzw. eine vom unterzeichneten Formular **abweichende Operationsmethode vereinbart** worden ist (F/N/W, 5. Aufl., Rz. 229: wenn die im Formular genannte Methode zur Anwendung kam),

A 2266 – der **handschriftliche Vermerk** des aufklärenden Arztes über die Durchführung der Aufklärung bzw. der Hinweis auf einzelne Risiken nach der von ihm vor-

genommenen Unterzeichnung des Aufklärungsbogens **nachträglich angebracht** worden ist (OLG Hamm, Urt. v. 18. 4. 2005 – 3 U 259/04, AHRS III,
6805/321 = BeckRS 2006, 9612, S. 6 mit NA-Beschl. BGH v. 16. 5. 2005 – VI
ZR 138/05; OLG Frankfurt, VersR 1994, 986 und VersR 1999, 758; OLG Oldenburg, Urt. v. 4. 7. 2007 – 5 U 106/06, BeckRS 2007, 12673, S. 5; OLG Saarbrücken, OLG-Report 1997, 286; auch OLG Koblenz, Urt. v. 7. 8. 2005 – 5 U
1284/02, MedR 2004, 690 = NJW-RR 2003, 1607; Müller, VPräsBGH a.D.,
MedR 2001, 487, 489; S/Pa, 12. Aufl., Rz. 704; Petig/Rensen, MDR 2012,
877, 881; Ramm, MDR 2012, 463, 465: Beweislast für Fälschung bzw. nachträgliche Veränderung liegt beim Patienten); wurde dem Patienten **entgegen
§ 630e II 2 BGB keine Abschrift bzw. Kopie des unterzeichneten Aufklärungsbogens ausgehändigt, dürfte dies hinsichtlich der handschriftlichen Eintragungen aber nunmehr zu Beweiserleichterungen zugunsten des Patienten führen** (vgl. Rz. P 53 ff.),

– er zu einer aus medizinischer Sicht erforderlichen Nachuntersuchung vom   A 2267
Arzt nicht ordnungsgemäß einbestellt worden ist (OLG Hamm, Urt. v.
14. 7. 2003 – 3 U 128/02, VersR 2005, 837: der Arzt hat aber etwa erteilte Hinweise anlässlich der Vereinbarung einer Wiedervorstellung vorzutragen),

– **der Arzt den erforderlichen Hinweis, umgehend ein Krankenhaus aufzusu-**   A 2267a
chen, entgegen dessen Behauptung (sekundäre Darlegungslast!) **nicht oder
nicht mit dem gebotenen Nachdruck erteilt hat**, selbst wenn es nicht sehr
wahrscheinlich ist, dass er einem solchen Rat nicht gefolgt wäre (OLG München, Beschl. v. 28. 5. 2013 – 1 U 844/13, juris, Nr. 14, 21: jedenfalls die
Gründe für die Empfehlung sind nicht dokumentationspflichtig; OLG München, Urt. v. 12. 4. 2007 – 1 U 2267/04, juris, Nr. 158 und OLG München,
Urt. v. 5. 5. 2011 – 1 U 4306/10, juris, Nr. 58, 59: **Hinweis bzw. Empfehlung
nicht dokumentationspflichtig**; vgl. Rz. D 326),

– er im Rahmen der **therapeutischen Aufklärung** (Sicherungsaufklärung) nicht   A 2268
unter Erläuterung des Risikos einer Versäumung des Termins zur Wiedervorstellung darauf aufmerksam gemacht worden sei, der Nachuntersuchungstermin habe erhebliche Bedeutung für seine Gesundheit und müsse deshalb
wahrgenommen werden (OLG Hamm, Urt. v. 14. 7. 2003 – 3 U 128/02, VersR
2005, 837; vgl. hierzu Rz. A 602 f., A 632, A 664).

Eine **Beweislastumkehr** wie etwa beim Vorliegen eines → *groben Behandlungs-*   A 2269
fehlers, bei → *unterlassener Befunderhebung*, → *voll beherrschbaren Risiken*
oder → *Dokumentationsversäumnissen* **kommt dem Patienten auch bei „groben" Aufklärungsfehlern nicht** zugute (BGH, VersR 1992, 238, 240; OLG Hamburg, VersR 2000, 190, 191 = OLGR 1999, 105; OLG Oldenburg, Urt. v.
6. 2. 2008 – 5 U 30/07, VersR 2008, 924, 925: Pflicht zur Risikoaufklärung ist
der Figur des „groben Behandlungsfehlers" nicht zugänglich; OLG Stuttgart,
VersR 1987, 391, 392; B/P/S-Glanzmann, § 287 ZPO Rz. 76; Wenzel-Simmler,
Rz. 1665; F/N/W, 5. Aufl., Rz. 229; G/G, 6. Aufl., Rz. C 130, 149: „Kategorie
überflüssig").

X. Aufklärungsgespräch, Dokumentation und „ständige Aufklärungs-übung"

1. Übersicht; keine übertriebenen Anforderungen

A 2270 An den vom Arzt zu führenden Nachweis der ordnungsgemäßen Aufklärung, welche regelmäßig ein Aufklärungsgespräch verlangt, **dürfen im Hinblick auf die „Waffengleichheit" im Arzthaftungsprozess keine unbilligen oder übertriebenen Anforderungen gestellt werden** (BGH, NJW 1985, 1399 = MDR 1985, 923; OLG Brandenburg, NJW-RR 2000, 398, 400; OLG Bremen, VersR 2000, 1414; OLG Hamm, Urt. v. 12. 5. 2010 – I 3 U 134/09, VersR 2011, 625, 626 = juris, Rz. 32: **keine unbillig hohe Anforderungen, im Zweifel ist dem Arzt zu glauben;** OLG Karlsruhe, Urt. v. 7. 4. 2010 – 7 U 114/09, GesR 2010, 367, 368 = juris Nr. 14: „prozessuale Waffengleichheit", Arzt ist anzuhören; OLG Karlsruhe, Urt. v. 12. 12. 2012 – 7 U 176/11, juris, Nr. 14–16: **Nachweis der ständigen Aufklärungsübung auch ohne unterzeichneten Aufklärungsbogen möglich;** OLG Koblenz, Beschl. v. 19. 3. 2012 – 5 U 1260/11 mit NZB BGH v. 6. 11. 2012 – VI ZR 177/12, VersR 2013, 462, 463: **Ständige Aufklärungsübung auch hinsichtlich erhöhter Risiken;** OLG München, Urt. v. 15. 11. 2012 – 1 U 2093/11, juris, Nr. 62: unterzeichneter Aufklärungsbogen; OLG München, Beschl. v. 12. 3. 2007 – 1 U 5826/06, juris, Nr. 9; OLG München, Urt. v. 3. 11. 2011 – 1 U 984/11, juris, Rz. 37, 42; OLG München, Urt. v. 23. 2. 2012 – 1 U 2781/11, juris, Nr. 31, 32, 33; OLG München, Beschl. v. 1. 7. 2013 – 1 U 213/13, juris, Nr. 16, 17 und OLG München, Urt. v. 18. 11. 2010 – 1 U 5334/09, GesR 2011, 235, 236 = juris, Rz. 44: **es dürfen keine unbilligen oder übertriebenen Anforderungen an den Nachweis einer ordnungsgemäßen Aufklärung gestellt werden;** OLG Oldenburg, Urt. v. 15. 11. 2006 – 5 U 68/05, juris, Nr. 34; L/K/L-Katzenmeier, Rz. V 45, 46; S/Pa, 12. Aufl., Rz. 515, 696; F/N/W, 5. Aufl., Rz. 228; Wenzel-Simmler, Rz. 1732, 1735: keine übertriebenen Anforderungen, ggf. Parteivernehmung des Arztes; L/K-Laufs, § 62 Rz. 14, 15, 16; G/G, 6. Aufl., Rz. C 87, C 134; B/P/S-Glanzmann, VRiOLG a.D., § 287 ZPO Rz. 129; Ramm, RiOLG, MDR 2012, 463, 464; Peting/Rensen, MDR 2012, 877, 880).

A 2271 **Im Zweifel ist den Angaben des Arztes über eine erfolgte Risikoaufklärung zu glauben, wenn seine Darstellung in sich schlüssig und „einiger Beweis" für ein Aufklärungsgespräch erbracht worden ist** (BGH, NJW 1985, 1399 = VersR 1985, 361 = MDR 1985, 923; OLG Bremen, VersR 2000, 1414; OLG Frankfurt, Urt. v. 5. 8. 2008 – 8 U 267/07, juris, Nr. 23, 26, 29 = GesR 2009, 83, 84; OLG Hamm, Urt. v. 21. 1. 2004 – 3 U 186/03, AHRS III, 6805/315 und OLG Saarbrücken, Urt. v. 6. 10. 2004 – 1 U 661/03–167, AHRS III, 6805/318 sowie OLG Koblenz, Beschl. v. 19. 6. 2012 – 5 U 1242/11, NJW-RR 2012, 1420, 1422 und OLG Karlsruhe, Urt. v. 12. 12. 2012 – 7 U 176/11, juris, Nr. 15, 16: **schlüssige Schilderung einer ständigen Aufklärungsübung kann auch bei fehlendem Aufklärungsbogen genügen;** OLG Karlsruhe, Urt. v. 23. 6. 2004 – 7 U 228/02, GesR 2004, 469; Urt. v. 26. 6. 2002 – 7 U 4/00, MedR 2003, 229; OLG Koblenz, Urt. v. 12. 6. 2008 – 5 U 1630/07, OLGR 2008, 796, 798; OLG München, Urt. v. 18. 12. 2008 – 1 U 2213/08, juris, Nr. 40, 42; OLG München, Urt. v. 3. 11. 2011 – 1 U 984/11, juris, Nr, 37; OLG München, Beschl. v. 24. 6. 2010 – 1 U 2464/10, juris, Nr. 8; OLG

München, Urt. v. 23. 2. 2012 – 1 U 2781/11, juris, Nr. 31, 32, 33; OLG München, Beschl. v. 14. 1. 2011 – 1 U 5275/10, juris, Nr. 5 und Beschl. v. 17. 2. 2011 – 1 U 5275/10, juris, LS 2 und Nr. 10 sowie OLG München, Urt. v. 15. 11. 2012 – 1 U 2093/11, juris, Nr. 62 und OLG München, Beschl. v. 1. 7. 2013 – 1 U 213/13, juris, Nr. 16, 17, 20: **im Zweifel ist dem Arzt zu glauben, wenn „einiger Beweis" für ein Aufklärungsgespräch erbracht wurde**; OLG Nürnberg, Urt. v. 8. 7. 2002 – 5 U 623/02, MedR 2002, 29, 31; OLG Oldenburg, Urt. v. 15. 11. 2006 – 5 U 68/05, juris, Nr. 34: Nachweis einer „ständigen und ausnahmslosen Übung des Arztes" im entschiedenen Fall nicht erbracht; OLG Zweibrücken, Urt. v. 11. 10. 2005 – 5 U 10/05 mit NZB BGH v. 5. 12. 2006 – VI ZR 228/05, AHRS III, 5350/305 = OLGR 2006, 154, 156: **unterzeichneter Aufklärungsbogen oder entsprechende Eintragungen in der Patientenkartei wie „OP besprochen" und schlüssige, glaubhafte Darstellung einer „ständigen Aufklärungsübung"**; Ramm, RiOLG, MDR 2012, 463, 464; S/Pa, 12. Aufl., Rz. 515, 516, 696; G/G, 6. Aufl., Rz. C 87 a. E., C 134; B/P/S-Glanzmann, VRiOLG a. D., § 287 ZPO Rz. 129; Ramm, RiOLG, MDR 2012, 463, 464; Peting/Rensen, MDR 2012, 877, 880).

„Einiger Beweis" für die Durchführung eines Aufklärungsgesprächs ist regelmäßig bereits dann erbracht, wenn der Arzt sich zwar nicht mehr an das konkrete Aufklärungsgespräch erinnert, er aber einen in vergleichbaren Fällen regelmäßig besprochenen Aufklärungsinhalt („ständige Übung") darlegt und das fragliche Risiko in einem vom Patienten unterzeichneten (formularmäßigen, erst recht einem individuellen) **Aufklärungsbogen enthalten ist** (OLG Brandenburg, Urt. v. 25. 10. 2007 – 12 U 79/06, AHRS III, 6850/301: **lückenhafter Aufklärungsbogen und glaubhafte Darstellung des Arztes, alle Risiken besprochen zu haben**; OLG Düsseldorf, Urt. v. 8. 5. 2008 – I-8 U 38/07, OLGR 2009, 199, 201: **unterzeichneter Aufklärungsbogen und Parteivernehmung des Arztes**; OLG Düsseldorf, Urt. v. 8. 5. 2008 – I-8 U 38/07, OLGR 2009, 199, 201; OLG Düsseldorf, Urt. v. 17. 3. 2005 – I-8 U 56/04, OLGR 2006, 12, 14; OLG Frankfurt, Urt. v. 5. 8. 2008 – 8 U 267/07, juris, Rz. 23, 26, 29: **Risiko im Aufklärungsbogen erwähnt und Zeugenaussage einer Arzthelferin**; OLG Hamm, Urt. v. 12. 5. 2010 – I-3 U 134/09, VersR 2011, 625, 626: **unterzeichneter Aufklärungsbogen, Risiken teilweise handschriftlich eingetragen**; OLG Karlsruhe, Urt. v. 17. 12. 2008 – 7 U 32/08: Patient muss die der formularmäßigen Erklärung beizumessende Indizwirkung entkräften; OLG Karlsruhe, Urt. v. 12. 12. 2001 – 7 U 102/00, AHRS III, 4265/307; OLG Koblenz, Urt. v. 12. 6. 2008 – 5 U 1630/07, MedR 2008, 672, 674: **handschriftliche Eintragung im unterzeichneten Aufklärungsbogen**; OLG Koblenz, Beschl. v. 1. 8. 2011 – 5 U 713/11, GesR 2011, 1287: **unterzeichneter Aufklärungsbogen und glaubhafte Darstellung des Arztes**; OLG Koblenz, Urt. v. 12. 6. 2008 – 5 U 1630/07, MedR 2008, 672: handschriftlicher Vermerk; OLG Koblenz, Beschl. v. 19. 6. 2012 – 5 U 1242/11, NJW-RR 2012, 1420, 1422: **Kein Aufklärungsbogen, glaubhafte Angaben des Arztes, signifikante Erinnerungsdefizite des Patienten**; OLG Koblenz, Beschl. v. 19. 3. 2012 – 5 U 1260/11, VersR 2013, 462, 463: **handschriftlich unterstrichener Hinweis auf „Verletzung von Nachbarorganen"**; OLG Köln, Beschl. v. 13. 11. 2012 – 5 U 69/12, VersR 2013, 463, 464: **kein Aufklärungsbogen, Eintrag der Aufklärung in den Behandlungsunterlagen** und glaubhafte Schilderung des Arztes; OLG Köln, Urt. v. 22. 4. 2009 – 5 U

A 2272

152/08, juris, Nr. 37, 38, 39: **Hinweis auf nicht dokumentiertes Risiko in der Rechnung und Bestätigung der ständigen Aufklärungsübung durch Zahnarzthelferin**; OLG Köln, Urt. v. 27. 5. 2002 – 5 U 78/96, AHRS III, 4350/306: **unterzeichnetes Aufklärungsformular ohne handschriftliche Einträge, daneben die schlüssige Darstellung** der üblichen Aufklärungspraxis; OLG München, Urt. v. 23. 2. 2012 – 1 U 2781/11, juris, Nr. 31, 32, 33: **unterzeichneter Aufklärungsbogen und glaubhafte Angaben des Arztes hinsichtlich einer ständigen Aufklärungsübung**; OLG München, Urt. v. 24. 11. 2011 – 1 U 976/11, juris, Nr. 75: **unterzeichnetes Aufklärungsformular ohne Ankreuzungen, handschriftliche Vermerke waren bereits zuvor angebracht worden, glaubhafte Schilderung der ständigen Aufklärungsübung durch den Operateur**; OLG München, Urt. v. 3. 11. 2011 – 1 U 984/11, juris, Nr. 37: unterzeichneter Aufklärungsbogen unter Darstellung eines regelmäßig geübten, korrekten Aufklärungsprogramms; OLG München, Beschl. v. 14. 1. 2011 – 1 U 5275/10, juris, Nr. 5 und Beschl. v. 17. 2. 2011 – 1 U 5275/10, juris, LS 2 und Nr. 10: **im Zweifel ist dem Arzt zu glauben, wenn „einiger Beweis" für ein Aufklärungsgespräch erbracht wurde**; OLG München, Urt. v. 18. 11. 2010 – 1 U 5334/09, GesR 2011, 235, 236 = NJW-RR 2011, 749, 750 = juris, Rz. 44 und OLG München, Urt. v. 26. 9. 2013 – 1 U 1665/12, juris, Nr. 71, 73 sowie OLG München, Beschl. v. 24. 6. 2010 – 1 U 2464/10, juris, Rz. 8: unterzeichneter Aufklärungsbogen, Darstellung der „ständigen Aufklärungsübung" durch den Arzt; OLG München, Urt. v. 4. 6. 2009 – 1 U 3200/08, OLGR 2009, 848, 849: **handschriftliche Notizen des Arztes zu den möglichen Risiken im unterzeichneten Aufklärungsbogen und glaubhafte Angabe des Arztes**; OLG München, Urt. v. 18. 12. 2008 – 1 U 3200/08, juris, Rz. 40, 42: **unterzeichneter Aufklärungsbogen und Zeugenaussage einer Arzthelferin**; OLG München, Urt. v. 13. 6. 2013 – 1 U 4904/09, juris, Nr. 58, 60 und OLG München, Beschl. v. 1. 7. 2013 – 1 U 213/13, juris, Nr. 16, 17, 20: **schlüssige, glaubhafte Schilderung des Arztes und unterzeichneter Aufklärungsbogen; Verwendung verschiedener Stifte entwertet die Indizwirkung nicht**; OLG Naumburg, Urt. v. 15. 3. 2012 – 1 U 72/11 bei Bergmann/Wever, MedR 2013, 245: **Aufklärungsgespräch dem Grunde nach unstreitig und glaubhafte Darstellung der ständigen Aufklärungspraxis**; OLG Oldenburg, Urt. v. 26. 1. 2005 – 5 U 9/04, AHRS III, 4350/311: „Stoßrichtung" im Formular genannt; OLG Oldenburg VersR 1994, 1425; OLG Stuttgart, Beschl. v. 28. 11. 2006 – 1 U 121/06: unterzeichneter Aufklärungsbogen mit handschriftlichen Ergänzungen und schlüssiger Darstellung der „ständigen Aufklärungsübung"; OLG Stuttgart, Urt. v. 23. 8. 2011 – 1 U 51/11, S. 8: **Skizze des Arztes mit Hinweis auf mögliche Nervverletzungen auf der Rückseite des Aufklärungsbogens**; OLG Zweibrücken, Urt. v. 11. 10. 2005 – 5 U 10/05 mit NZB BGH v. 5. 12. 2006 – VI ZR 228/05, AHRS III, 5350/305 = OLGR 2006, 154, 156: **unterzeichneter Aufklärungsbogen oder entsprechende Eintragungen in der Patientenkartei wie „OP besprochen" und schlüssige, glaubhafte Darstellung einer „ständigen Aufklärungsübung"**; Ramm, RiOLG, MDR 2012, 463, 464; Peting/Rensen, MDR 2012, 877, 880/881; B/P/S-Glanzmann, VRiOLG a.D., § 287 ZPO Rz. 129, 131; **kritisch** und differenzierend L/K/L-Katzenmeier, Rz. V 46 a. E. und Rz. XI 135: formularmäßige Bestätigung der Aufklärung „nur von geringem Beweiswert", Nachweis der ordnungsgemäßen Aufklärung muss aber auch ohne Formulare möglich sein).

Dies gilt jedenfalls dann, wenn unstreitig oder nachgewiesen ist, dass zwischen   A 2273
dem Arzt und dem Patienten ein Gespräch stattgefunden hat, in dem es um die
bevorstehende Operation ging und/oder auf handschriftliche Zusätze bzw. individuelle Zeichnungen im unterzeichneten Aufklärungsbogen gestützt wird
(OLG Düsseldorf, Urt. v. 17. 3. 2005 – I-8 U 56/04, GesR 2005, 464 = OLGR
2006, 12, 14: handschriftlicher Hinweis im Aufklärungsbogen auf das sich realisierende Risiko; OLG Frankfurt, Urt. v. 5. 8. 2008 – 8 U 267/07, juris, Nr. 23, 26,
29 = GesR 2009, 83, 85: **Risiko im Aufklärungsbogen erwähnt und Zeugenaussage einer Arzthelferin**; OLG Hamm, Urt. v. 12. 5. 2010 – I-3 U 134/09, VersR
2011, 625, 626: vom Chefarzt bestätigte Angaben des aufklärenden Arztes, wonach **handschriftliche Eintragungen** stets vor Unterzeichnung des Bogens eingetragen wurden; OLG Karlsruhe, Urt. v. 23. 6. 2004 – 7 U 228/02, GesR 2004, 469,
470; OLG Karlsruhe, Urt. v. 29. 5. 2002 – 7 U 116/01, AHRS III, 6805/309: **Aussage einer Ärztin oder Krankenschwester sowie Vermerk eines Aufklärungsgesprächs im Krankenblatt**; OLG Karlsruhe, Urt. v. 12. 12. 2001 – 7 U 102/00,
AHRS III, 4265/307 sowie OLG Karlsruhe, Urt. v. 12. 12. 2012 – 7 U 176/11, juris, Nr. 15, 16 und OLG Köln, Urt. v. 27. 5. 2002 – 5 U 78/96, AHRS III,
4350/306 sowie OLG Düsseldorf, Urt. v. 19. 12. 2002 – 8 U 35/02, AHRS III,
4265/311: **stimmige und nachvollziehbare Zeugenaussage des aufklärenden Arztes**; OLG Köln VersR 1997, 59 sowie OLG Koblenz, Urt. v. 12. 6. 2008 – 5 U
1630/07, MedR 2008, 672, 673 und OLG Koblenz, Urt. v. 12. 5. 2010 – 3 U
134/09, VersR 2011, 625, 626: **Risiken im unterzeichneten Aufklärungsbogen
teilweise handschriftlich eingetragen**; OLG München, Urt. v. 10. 11. 2011 – 1
U 134/11, juris, Nr. 37, 42, 43: **Zeugen- oder Parteivernehmung zweier Ärzte
bei widersprüchlichem Vortrag der Patientin**; OLG München, Urt. v. 3. 11. 2011
– 1 U 984/11, juris, Nr. 37, 41: Glaubhafte Angaben des Arztes, Erklärung anhand einer Zeichnung; OLG München, Beschl. v. 24. 6. 2010 – 1 U 2464/10, juris, Rz. 8: **unterzeichneter, handschriftlicher Aufklärungsbogen**; OLG München,
Urt. v. 4. 6. 2009 – 1 U 3200/08, OLGR 2009, 848, 849: **handschriftliche Notizen
des Arztes zu den möglichen Risiken im Aufklärungsbogen**; OLG München,
Urt. v. 18. 12. 2008 – 1 U 2213/08, juris, Nr. 42, 43: **Parteianhörung des Arztes
und Bestätigung der ständigen Aufklärungspraxis durch andere Ärztin oder Arzthelferin**; OLG Nürnberg, Urt. v. 8. 7. 2002 – 5 U 623/02, AHRS III, 6805/311 =
MedR 2002, 29, 31; OLG Oldenburg, Urt. v. 4. 7. 2007 – 5 U 106/06,
BeckRS 2007, 12673, S. 5: **individuelle, handschriftliche Eintragungen** im Aufklärungsbogen; OLG Oldenburg, Urt. v. 26. 1. 2005 – 5 U 9/04, AHRS III,
4350/311: glaubhafte Angaben des aufklärenden Arztes, **wenn der schlüssige
Sachvortrag des Arztes durch entsprechende Eintragungen in der Patientenkartei
untermauert** wird; OLG Stuttgart, Urt. v. 23. 8. 2011 – 1 U 51/11, S. 8: **Skizze
mit Verlauf des Nerven und dem Hinweis auf mögliche Nervschädigungen auf
der Rückseite des Aufklärungsbogens sowie glaubhafte Angaben des Arztes**;
OLG Stuttgart, Beschl. v. 28. 11. 2006 – 1 U 121/06: handschriftliche Ergänzungen im Aufklärungsbogen und Nachweis der „ständigen Aufklärungsübung";
OLG Zweibrücken, Urt. v. 11. 10. 2005 – 5 U 10/05 mit NZB BGH v. 5. 12. 2006
– VI ZR 228/05, AHRS III, 5350/305 = OLGR 2006, 154, 156: unterzeichneter
Aufklärungsbogen oder entsprechende Eintragungen in der Patientenkartei wie
„OP besprochen" und schlüssige, glaubhafte Darstellung einer „ständigen Auf-
klärungsübung").

A 2274 Ist jedoch streitig, ob überhaupt ein Aufklärungsgespräch stattgefunden hat, und befindet sich auch kein Nachweis hierüber in den Krankenunterlagen, so ist der Nachweis für eine ordnungsgemäße Aufklärung regelmäßig nicht erbracht (OLG Brandenburg, Urt. v. 1. 9. 1999 – 1 U 3/99, NJW-RR 2000, 398, 400 = VersR 2000, 1283, 1285; OLG Brandenburg, Urt. v. 12. 7. 2007 – 12 U 207/06, GesR 2007, 575: **Darstellung der „ständigen Aufklärungsübung" genügt nicht, wenn der Umfang der Aufklärung nicht immer gleich war**; OLG Hamm, VersR 1995, 661, 662; OLG Hamm, Urt. v. 15. 6. 2005 – 3 U 289/04, GesR 2005, 401: keine „ständige Übung" nachgewiesen, wenn gewichtige Gründe gegen eine regelhafte Eingriffsaufklärung sprechen; OLG Koblenz, Urt. v. 12. 2. 2009 – 5 U 927/06, VersR 2009, 1077, 1078: fehlende Eintragung im Aufklärungsbogen indiziert, dass der Hinweis im konkreten Fall nicht erteilt worden ist; OLG München, Urt. v. 30. 9. 2004 – 1 U 3940/03, MedR 2006, 431: **Aufklärungsformular nicht ausgefüllt und nicht unterschrieben**; OLG München, Urt. v. 17. 11. 2011 – 1 U 4499/07, juris, Nr. 91, 92, 95: **seltenes Risiko der Erblindung im Aufklärungsbogen nicht genannt, pauschale Behauptung des Arztes nicht ausreichend**; OLG Oldenburg, Urt. v. 27. 5. 2009 – 5 U 43/08, VersR 2010, 1221, 1222: Nachweis des Aufklärungsgesprächs im entschiedenen Fall wegen Ungereimtheiten im Aufklärungsbogen nicht erbracht; OLG Oldenburg, Urt. v. 15. 11. 2006 – 5 U 68/05, juris, Nr. 34: **Erklärung des Arztes „normalerweise" über das erhöhte Infektionsrisiko aufzuklären, genügt nicht**; G/G, 6. Aufl., Rz. C 87 a.E., C 134; Hüwe, GesR 2004, 470; Kern, GesR 2009, 1, 5; Petig/Rensen, MDR 2012, 877, 881: unvollständiges oder unrichtiges Aufklärungsformular erweckt gravierende Zweifel an der gebotenen Aufklärung; Ramm, MDR 2012, 463, 464: **ist das aufklärungspflichtige Risiko im Bogen nicht genannt, spricht dies gegen eine insoweit erteilte Aufklärung**).

Allein der Nachweis des üblichen Inhalts eines Aufklärungsgesprächs genügt für sich genommen nicht, wenn das aufklärungspflichtige Risiko im Bogen nicht erwähnt ist (OLG Brandenburg, Urt. v. 12. 7. 2007 – 12 U 207/06, GesR 2007, 575; OLG München, Urt. v. 17. 11. 2011 – 1 U 4499/07, juris, Nr. 91, 92, 95; G/G, 6. Aufl., Rz. C 87; **vgl. aber** OLG Köln, Beschl. v. 13. 11. 2012 – 5 U 69/12, VersR 2013, 463, 464: **Vermerk über ein Aufklärungsgespräch in den Behandlungsunterlagen** bei glaubhafter Schilderung des Arztes und widersprüchlicher Schilderung des Patienten; OLG Koblenz, Beschl. v. 19. 6. 2012 – 5 U 1242/11, NJW-RR 2012, 1420, 1422: **glaubhafte Angaben des Arztes bei signifikanten Erinnerungsdefiziten des Patienten** ausreichend).

A 2274a Erklärt der Arzt, seinen im Rahmen des Aufklärungsgesprächs erteilten Hinweis auf ein bestimmtes Risiko (hier: Fußheberparese nach Umstellungsosteotomie) schreibe er üblicherweise in den Aufklärungsbogen, kann das **Fehlen des Hinweises in der Urkunde indizieren, dass der Hinweis im konkreten Fall nicht erteilt** worden ist (OLG Koblenz, Urt. v. 12. 2. 2009 – 5 U 927/06, VersR 2009, 1077, 1078; auch Petig/Rensen, MDR 2012, 877, 880/881 und Ramm, MDR 2012, 463, 464).

A 2274b Kann sich der Arzt nicht mehr an das mit dem Patienten geführte Aufklärungsgespräch erinnern und enthält das vom Patienten unterzeichnete Aufklärungsformular nur die Hinweise auf die Risiken „Wundinfekte, Wundheilungsstörun-

gen, Knocheninfekte u. a.", nicht jedoch auf das mit der Einnahme von Kortisonpräparaten **erhöhte Infektionsrisiko** und erklärt der aufklärende Arzt, er würde
„normalerweise über das erhöhte Risiko aufklären, könne aber nach so langer
Zeit nicht mehr sagen, was genau er mit dem Patienten besprochen hat", **fehlt
es an ausreichenden Indizien für eine Aufklärung über das erhöhte Risiko.** Eine
ständige und ausnahmslose Aufklärungsübung ist in einem solchen Fall nicht
bewiesen (OLG Oldenburg, Urt. v. 15. 11. 2006 – 5 U 68/05, AHRS III, 6815/300
= juris, Nr. 34).

Ist das sich realisierende Risiko einer nicht mehr korrigierbaren Über- oder Un- A 2274c
terkorrektur im Rahmen einer Laseroperation mit der möglichen, künftigen
Folge einer Erblindung oder einer schweren Sehbehinderung **im Aufklärungsbogen nicht erwähnt und wird dort lediglich ausgeführt, das Sehvermögen könne
in extremen Fällen bis zu 20 % nachlassen, so ist der Nachweis der Durchführung eines Aufklärungsgesprächs nicht geführt, wenn der aufklärende Arzt erklärt, er würde die Patienten stets auf das seltene Risiko einer Erblindung und
einer möglichen Hornhautschädigung hinweisen,** er hätte aber von der handschriftlichen Ergänzung des Aufklärungsbogens insoweit abgesehen (OLG München, Urt. v. 17. 11. 2011 – 1 U 4499/07, juris, Nr. 91, 92, 95).

Andererseits ist im Zweifel auch einer jungen Assistenzärztin zu glauben, dass A 2274d
die **ihr bekannten Voroperationen des Patienten** für sie Anlass waren, das durch
innere Narben und Verwachsungen **gesteigerte Vulnerabilitätsrisiko** (erhöhtes
OP-Risiko) im Aufklärungsgespräch zu betonen, wenn ihre Darstellung glaubhaft ist und sich in dem vom Patienten unterzeichneten Aufklärungsformular
der **handschriftlich unterstrichene Hinweis auf die „Verletzung von Nachbarorganen"** ergibt (OLG Koblenz, Beschl. v. 19. 3. 2012 – 5 U 1260/11 mit NZB
BGH v. 6. 11. 2012 – VI ZR 177/12, VersR 2013, 462, 463).

Der Nachweis der Durchführung eines Aufklärungsgesprächs ist ebenfalls nicht A 2274e
geführt, wenn das Risiko zwar im unterzeichneten Aufklärungsbogen genannt,
aber nicht auszuschließen ist, dass **ein Krankenpfleger den wesentlichen Teil
des Aufklärungsgesprächs geführt** hat (OLG Brandenburg, Urt. v. 4. 11. 2010 –
12 U 148/08, juris, Nr. 18).

Allerdings ist dem Arzt der Nachweis der Aufklärung des Patienten nicht ver- A 2275
**wehrt, wenn sie nicht dokumentiert bzw. der Aufklärungsbogen nicht (mehr)
aufzufinden ist.** Der Arzt muss auch dann eine faire und reale Chance haben,
den ihm obliegenden Beweis für die Durchführung und den Inhalt des Aufklärungsgesprächs zu führen, wenn **schriftliche Aufzeichnungen hierzu fehlen** (so
wörtlich OLG Hamm, Urt. v. 21. 1. 2004 – 3 U 186/03, AHRS III, 6805/315:
**glaubhafte Bekundung des Arztes, er hätte den nicht mehr auffindbaren Stan-
dard-Aufklärungsbogen mit dem Patienten entsprechend dem ständigen, üblichen Vorgehen in der Klinik durchgesprochen, kann ausreichen;** ebenso OLG
Saarbrücken, Urt. v. 6. 10. 2004 – 1 U 661/03–167, AHRS III, 6805/318; OLG
Brandenburg, Urt. v. 13. 11. 2008 – 12 U 104/08, OLGR 2009, 458, 459; OLG
Celle, VersR 2004, 384, 385: **„immer-so"-Aufklärung durch Zeugenaussage belegt;**
OLG Hamm, Urt. v. 13. 12. 2000 – 3 U 90/00, AHRS III, 6805/305: Risiko von
Nervschädigungen im Aufklärungsbogen nicht erwähnt, aber glaubhafte Bekun-

dung des Arztes einer auf Hüftoperationen spezialisierten Klinik, es stets und grundsätzlich zu erwähnen; OLG Jena, Urt. v. 7. 4. 2004 – 4 U 1308/01, AHRS III, 4350/309; OLG Karlsruhe, Urt. v. 23. 6. 2004 – 7 U 228/02, OLGR 2004, 520, 521 = AHRS III, 6805/317: **Arzt hatte in anderen, vergleichbaren Fällen richtig aufgeklärt**; OLG Karlsruhe, Urt. v. 12. 12. 2001 – 7 U 102/00, OLGR 2002, 396: **Nachweis durch Zeugenaussagen von Ärzten, Schwestern, Pflegern**; OLG Koblenz, Urt. v. 9. 4. 2009 – 5 U 621/08, VersR 2010, 770, 771: **wenn wesentliche, im Bogen nicht enthaltene Risiken Tage zuvor von einem anderen Arzt genannt worden sind**; OLG Koblenz, Beschl. v. 22. 10. 2007 – 5 U 1288/07, AHRS III, 6850/300: wenn das Aufklärungsformular zumindest erkennen lässt, dass über die Anatomie und die Verhältnisse im Bereich des bei der OP verletzten Damms gesprochen worden und ein **Gespräch über das Vorgehen unstreitig** ist; OLG Koblenz, Beschl. v. 19. 6. 2012 – 5 U 1242/11, NJW-RR 2012, 1420, 1422: **Aufklärung nicht dokumentiert, signifikante Erinnerungsdefizite des Patienten, glaubhafte Angaben des Arztes**; OLG Köln, Beschl. v. 13. 11. 2012 – 5 U 69/12, VersR 2013, 363, 364: **Vermerk über Aufklärungsgespräch in der Kurve, widersprüchliche Schilderung des Patienten**; OLG Köln, Urt. v. 22. 4. 2009 – 5 U 152/08, juris, Nr. 37, 38, 39: **Bestätigung der ständigen und ausnahmslosen Aufklärungsübung durch ausgeschiedene Zahnarzthelferin und Hinweis auf der Rechnung „sehr große Gefahr der Verletzung des Nervus alveolaris"**; OLG München, Urt. v. 10. 11. 2011 – 1 U 134/11, juris, Nr. 37, 42, 43, 46: **glaubhafte Zeugen- bzw. Parteivernehmung zweier aufklärender Ärzte bei widersprüchlichem Vortrag der Patientin**; OLG München, VersR 1991, 189, 190 und F/N/W, 5. Aufl., Rz. 228: fehlender Aufklärungsbogen kein Indiz gegen Aufklärung; OLG München, Urt. v. 25. 7. 2002 – 1 U 4499/01, GesR 2003, 274, 275; OLG Oldenburg, Urt. v. 15. 11. 2006 – 5 U 68/05, juris, Nr. 34: **Zeugenvernehmung des aufklärenden Arztes**; „ständige und ausnahmslose Aufklärungsübung" im entschiedenen Fall aber **nicht nachgewiesen**; OLG Saarbrücken, Urt. v. 6. 10. 2004 – 1 U 661/03–167, AHRS III, 6805/318: **glaubhafte Angabe des Arztes**, über bestimmte Risiken aufgeklärt zu haben, kann bei fehlender schriftlicher Belehrung genügen; S/Pa, 12. Aufl., Rz. 516: **fehlende Dokumentation über die Aufklärung kein Indiz für deren Unterlassung**; G/G, 6. Aufl., Rz. C 134, 135: Partei- und Zeugenvernehmung möglich; Wenzel-Simmler, Kap. 2 Rz. 1735; L/K-Laufs, § 62 Rz. 15; vgl. auch Rz. A 2291a–A 2292).

A 2275a **Die Anforderungen an die Substanz der Bekundungen des Arztes steigen aber, wenn es an jeglicher Dokumentation des Aufklärungsgesprächs fehlt, insbesondere, wenn ein entsprechender Aufklärungsbogen nicht vorgelegt werden kann** (OLG Brandenburg, Urt. v. 25. 10. 2007 – 12 U 79/06, AHRS III, 6850/301; ebenso OLG Hamburg, Urt. v. 23. 1. 2004 – 1 U 24/00, OLGR 2004, 324, 326; OLG Brandenburg, Urt. v. 12. 7. 2007 – 12 U 207/06, GesR 2007, 575: Verweis auf „ständige Praxis" reicht aber nicht aus, wenn die Aufklärung nicht immer gleich war; Petig/Rensen, MDR 2012, 877, 881; Ramm, MDR 2012, 463, 464).

A 2275b Nach bisheriger Rechtslage (vgl. aber jetzt § 630e II 2, 630f II, 630h III BGB, hierzu Rz. A 2279a und Rz. P 63 ff.) kann es **im Einzelfall ausreichen, dass der aufklärende Arzt glaubhaft bekundet, er habe den Patienten vor einer Operation über die Risiken entsprechend seiner ständigen, ausnahmslosen Übung auf-**

geklärt (OLG Saarbrücken, Urt. v. 6. 10. 2004 – 1 U 661/03–167, AHRS III, 6805/318: über Gefäßverletzungen, Blutungen, Kollabieren der Lunge, schriftliche Belehrung fehlt; OLG Karlsruhe, Urt. v. 23. 6. 2004 – 7 U 228/02, OLGR 2004, 520, 521 = AHRS III, 6805/317: Arzt hatte in früheren, vergleichbaren Fällen richtig aufgeklärt; OLG Karlsruhe, Urt. v. 12. 12. 2012 – 7 U 176/11, juris, Nr. 15, 16: **glaubhafte Angaben des Arztes über ständige Aufklärungsübung bei Notfallaufnahme**; OLG Koblenz, Beschl. v. 19. 6. 2012 – 5 U 1242/11, NJW-RR 2012, 1420, 1422: **glaubhafte Angaben des Arztes, signifikante Erinnerungsdefizite des Patienten**; OLG München, Urt. v. 10. 11. 2011 – 1 U 134/11, juris, Nr. 37, 42, 43, 46: glaubhafte Angabe zweier unabhängig voneinander aufklärender Ärzte bei widersprüchlichem Vortrag der Patientin) **bzw. darlegt, er habe dem ständigen, ausnahmslosen Vorgehen der Klinik entsprochen, den Patienten auf bestimmte Risiken hinzuweisen und er sei mit ihm einen entsprechenden** (Anm.: nicht mehr in den Krankenunterlagen befindlichen) **Standard-Aufklärungsbogen vor dem Eingriff durchgegangen** (OLG Hamm, Urt. v. 21. 1. 2004 – 3 U 186/03, AHRS III, 6805/315; LG Ellwangen, Urt. v. 13. 2. 2009 – 5 O 480/07, S. 13–16 und die Nachweise bei Rz. A 2275; differenzierend L/K/L-Katzenmeier, Rz. V 46 a. E. und Rz. XI 135: formularmäßige Bestätigung der Aufklärung „nur von geringem Beweiswert", Nachweis der ordnungsgemäßen Aufklärung muss aber auch ohne Formulare möglich sein).

Verhält sich die schriftlich dokumentierte Risikoaufklärung unmittelbar vor dem Eingriff über eine Operationsmethode, die nachfolgend gar nicht angewandt wurde, nicht, **kann die gebotene Anhörung des aufklärenden Arztes gleichwohl die Überzeugung vermitteln, dass er auch über die Risiken des tatsächlich durchgeführten Eingriffs aufgeklärt hat.** Dies gilt insbesondere dann, wenn die wesentlichen Risiken des dann durchgeführten Eingriffs (hier: Verlagerung und „Durchscheuern der Prothese, Hautperforation) vom aufklärenden oder Tage zuvor von einem anderen Arzt genannt worden sind. Ist der Beweis für die Durchführung eines gewissenhaften Aufklärungsgesprächs erbracht, **sollte dem Arzt im Zweifel geglaubt werden, dass die Aufklärung auch im konkreten Einzelfall in der gebotenen Weise durchgeführt worden ist** (OLG Koblenz, Urt. v. 9. 4. 2009 – 5 U 621/08, VersR 2010, 770, 771). | A 2275c

Ist die in einer formularmäßigen Einwiligungserklärung enthaltene Risikoaufklärung unzureichend, weil sie nicht erkennen lässt, dass die Gefahrenlage erörtert wurde, kann eine ordnungsgemäße mündliche Aufklärung **durch Parteianhörung** des aufklärenden Arztes und der Gegenüberstellung mit dem Patienten nachgewiesen werden, wenn das **Aufklärungsformular zumindest erkennen lässt**, dass über die Anatomie und die Verhältnisse einer Zyste zum Damm und Darm vor einer gynäkologischen Operation, bei der es dann zu einer Verletzung des benachbarten Darms gekommen ist, **gesprochen worden sein muss** (OLG Koblenz, Beschl. v. 22. 10. 2007 – 5 U 1288/07, AHRS III, 6850/300). | A 2275d

Hat die aufklärende Ärztin keine Erinnerung an das konkrete Aufklärungsgespräch, sind ihre Angaben, sie habe die Patientin entsprechend ihrer **ständigen und ausnahmslosen Aufklärungsübung** ausdrücklich auf die Gefahr einer dauerhaft verbleibenden, beidseitigen Stimmbandlähmung mit dem Funktionsverlust der Stimme sowie dauerhaft verbleibender Atembeschwerden und Heiserkeit | A 2275e hingewiesen, Glauben zu schenken, wenn sich ein von der Patientin **unterzeich- neter Aufklärungsbogen** in den Behandlungsunterlagen befindet, sich zudem eine Skizze der Ärztin über die Operationssituation und die **handschriftlichen Hinweise auf eine „Verletzung der Stimmbandnerven" und einen „Luftröhren- schnitt"** enthalten, selbst wenn **die Gefahr einer dauerhaft verbleibenden, beid- seitigen Stimmbandlähmung, dauerhaft verbleibender Atembeschwerden und Heiserkeit dort nicht vermerkt sind** (OLG Hamm, Urt. v. 27. 4. 2005 – 3 U 288/04 mit NZB BGH v. 28. 3. 2006 – VI ZR 130/05, AHRS III, 4265/318).

A 2275f   Wenn eine **Risikoaufklärung in den Behandlungsunterlagen nicht dokumentiert** ist (hier: Risiko von Nervverletzungen mit anhaltendem Taubheitsgefühl im Be- reich des rechten Unterkiefers vor einer invasiven Zahnbehandlung), kann sich das Gericht von der Durchführung des Aufklärungsgesprächs überzeugen, wenn ein **Vorgespräch mit der Erörterung bestehender Besonderheiten** zwischen den Parteien unstreitig ist und der Arzt glaubhaft versichert, bei der speziellen Aus- gangssituation sei auch die Gefahr einer Nervverletzung besprochen worden, zu- mal diese Gefahr auf der Hand lag, die vom Arzt aufgezeigte, **ständige und aus- nahmslose Aufklärungsübung von einer Zahnarzthelferin bestätigt** und die **Rechnung an den Privatpatienten zur Begründung des angesetzten Steigerungs- faktors den Hinweis auf die „sehr große Gefahr der Verletzung des Nervus alve- olaris" enthält** (OLG Köln, Urt. v. 22. 4. 2009 – 5 U 152/08, juris, Nr. 37, 38, 39: im entschiedenen Fall lag auch kein ernsthafter Entscheidungskonflikt des Pa- tienten vor).

A 2276   Ist der **Vortrag der Patientin zur Aufklärung schwankend bzw. widersprüchlich**, so kann sich das Gericht seine Überzeugung von der Durchführung eines ord- nungsgemäßen Aufklärungsgesprächs **durch Zeugen- oder Parteivernehmung der aufklärenden Ärzte bilden** (OLG München, Urt. v. 10. 11. 2011 – 1 U 134/11, juris, Nr. 37, 42, 43, 46: zwei Ärzte hatten das sich realisierende Risiko nach ih- ren Angaben unabhängig voneinander genannt, im entschiedenen Fall bestand auch kein ernsthafter Entscheidungskonflikt; OLG Koblenz, Beschl. v. 19. 6. 2012 – 5 U 1242/11, NJW-RR 2012, 1420, 1422: **signifikante Erinnerungs- defizite des Patienten** und glaubhafte Angaben des Arztes).

A 2277   Allein der Umstand, dass der **Patient eine ordnungsgemäße Aufklärung in Ab- rede stellt**, kann nicht dazu führen, den vom Arzt zu führenden Beweis eines be- haupteten Aufklärungsgesprächs als nicht geführt anzusehen, da dem Arzt der Beweis entgegen dem Grundsatz der „Waffengleichheit" sonst nicht gelingen kann. Vielmehr müssen **erhebliche, den Arzt belastende Indizien** hinzukom- men, wenn das **Risiko in einem vom Patienten unterzeichneten Aufklärungsfor- mular erwähnt** ist (OLG München, Urt. v. 18. 12. 2008 – 1 U 2213/08, juris, Nr. 42, 44, OLG Hamm, Urt. v. 12. 5. 2010 – I 3 U 134/09, VersR 2011, 625, 626: glaubhafte Angabe des Arztes, der Bogen sei nicht nachträglich ergänzt wor- den; OLG Hamm, MedR 2006, 649: Patient ist für die Behauptung einer nach- träglichen Ergänzung **beweispflichtig**; Petig/Rensen, MDR 2012, 877, 879: unter- zeichnetem Aufklärungsbogen kommt gem. §§ 440 II, 416 ZPO die Vermutung der Richtigkeit und Vollständigkeit zu; Ramm, RiOLG, MDR 2012, 463, 465: Be- weislast für Fälschung bzw. nachträgliche Veränderung liegt beim Patienten;

vgl. aber **zur „fälschungssicheren" Dokumentation nunmehr § 630f I BGB n. F.** und zur erforderlichen Übergabe von Abschriften des Aufklärungsbogens § 630e II 2 BGB, vgl. Rz. P 53 ff.).

Der Grundsatz, es solle **im Zweifel dem Arzt geglaubt** werden, dass die behaup-   A 2278
tete Aufklärung in der im Einzelfall gebotenen Weise geschehen ist, wenn einiger Beweis dafür erbracht wurde, gilt unbeschadet der in diesem Falle dem Patienten obliegenden Beweislast auch für den Fall einer angeblich unzureichenden **therapeutischen Aufklärung,** etwa den angeblich unterlassenen Hinweis
auf die Versagerquote bei einer Tubenligatur (OLG Köln, VersR 1995, 967; OLG
Karlsruhe, OLGR 2002, 394: Beweislast bei der Patientin; OLG München, Urt. v.
23. 9. 2004 – 1 U 5198/03, OLGR 2006, 90, 91; vgl. Rz. A 600 ff.).

2. Aufklärungsgespräch und Dokumentation der Aufklärung

Schriftliche Aufzeichnungen im Krankenblatt über die Durchführung eines Auf-   A 2279
klärungsgesprächs sowie dessen wesentlichen Inhalt und die Vorlage eines Aufklärungsbogens mit den entsprechenden Hinweisen auf die Risiken, Behandlungsalternativen u. a. waren nach bisheriger Rechtslage nicht zwingend erforderlich. Sie sind aber **wichtig und den Ärzten dringend zu empfehlen** (vgl. BGH
NJW 1985, 1399: „nützlich und dringend zu empfehelen"; BGH, Urt. v.
21. 4. 2005 – VI ZR 190/02, AHRS III, 3145/300: Schriftlichkeit des aufklärenden
Hinweises nicht erforderlich, der Arzt bleibt aber für eine hinreichende Aufklärung beweispflichtig; Gehrlein, Rz. C 71 und Kern, GesR 2009, 1, 5).

Inwieweit das **Patientenrechtegesetz (§ 630e II 2, 630f II, 630h III BGB)** eine Än-   A 2279a
derung der bisherigen Rechtslage herbeiführen soll bzw. kann, ist noch nicht abschließend geklärt. Gem. § 630e II 1 Nr. 1 BGB muss die Aufklärung grundsätzlich mündlich erfolgen. Gem. § 630e II 2 BGB sind **dem Patienten Abschriften
von Unterlagen, die er im Zusammenhang mit der Aufklärung oder Einwilligung
unterzeichnet hat, auszuhändigen** (ebenso zum bisherigen Recht Ramm,
RiOLG, MDR 2012, 463, 465: Nebenpflicht aus dem Behandlungsvertrag; vgl.
hierzu Rz. P 53 ff.). Gem. **§ 630f II BGB** sind in der Patientenakte auch „Einwilligungen und Aufklärungen" aufzuzeichnen. Nach **§ 630h III BGB** wird vermutet, dass eine medizinisch gebotene, wesentliche Maßnahme nicht getroffen
wurde, wenn das Ergebnis entgegen § 630f I, II BGB nicht in der Patientenakte
aufgezeichnet wurde. Es ist bislang allerdings unstreitig, dass die Durchführung
eines Aufklärungsgesprächs nicht zu denjenigen Maßnahmen gehört, die **aus
medizinischen Gründen geboten** sind (vgl. zur Dokumentation Rz. D 204,
D 392 f.). Im Ergebnis ist deshalb davon auszugehen, dass insbesondere § 630f II
BGB keine Änderung der Rechtslage zum Nachteil der Behandlungsseite herbeiführen soll (ebenso F/N/W, 5. Aufl. 2013, Rz. 228; vgl. Rz. P 66 ff.).

In einfach gelagerten Fällen (hier: Leistenhernieoperation in Vollnarkose) kann   A 2279b
der Arzt den Patienten auch in einem **telefonischen Gespräch** über die Risiken
des bevorstehenden Eingriffs aufklären, wenn der Patient hiermit einverstanden
ist (BGH, Urt. v. 15. 6. 2010 – VI ZR 204/09, VersR 2010, 1183 = GesR 2010, 479
= MedR 2010, 857, Rz. 20, 21; OLG München, Urt. v. 4. 6. 2009 – 1 U 3200/08,

OLGR 2009, 848, 850; Diederichsen, RiBGH, GesR 2011, 257, 260; von Pentz, RiBGH, MedR. 2011, 222, 226: „besonders gelagerter Einzelfall"; ablehnend Spickhoff, NJW 2011, 1651, 1654: Vollnarkose von Kleinkindern kein „einfach gelagerter Fall"; kritisch auch Finn, MedR 2010, 860). Auch unter Geltung der §§ 630e, 630f, 630h II, III BGB soll es nach dem Willen des Gesetzgebers dabei bleiben, dass in **einfach gelagerten Fällen eine telefonische Aufklärung ausreichen kann**, wenn sich der Arzt davon überzeugt, dass der Patient die Aufklärung verstanden hat (F/N/W, 5. Aufl., Rz. 197 mit Hinweis auf BT-Drucks. 17/10488, S. 24; Spickhoff, VersR 2013, 267, 276; vgl. Rz. P 45).

A 2279c Sofern der Patient nicht auf einem persönlichen Gespräch besteht, genügt es danach etwa vor einer Leistenhernieoperation, den Patienten auf die typischen Risiken dieses eher einfachen chirugischen Eingriffs und die Risiken der Anästhesie (hier: bei einem Kleinkind) anlässlich eines 15-minütigen Telefonats hinzuweisen. Werden dabei auch gewisse, durchaus erhebliche, aber **insgesamt seltene Risiken der Anästhesie am Telefon angesprochen**, haftet der Arzt nicht wegen eines Aufklärungsversäumnisses, wenn es bei der Operation zu atemwegsbezogenen Komplikationen mit der Folge einer Kreislaufdestabilisierung und einer nachfolgenden schweren, zentral monitorischen Störung mit erheblichen Dauerschäden kommt (BGH, Urt. v. 15. 6. 2010 – VI ZR 204/09, VersR 2010, 1183, Nr. 1, 4, 21). Handelt es sich dagegen um **kompliziertere Eingriffe mit erheblichen Risiken, ist eine telefonische Aufklärung regelmäßig unzureichend** (BGH a. a. O., Nr. 20, 21; von Pentz, RiBGH, MedR 2011, 222, 226; Diederichsen, RiBGH, GesR 2011, 257, 260).

A 2280 Der von der Behandlungsseite zu führende Nachweis einer vollständigen zutreffenden Aufklärung kann **nicht allein durch Vorlage eines „Aufklärungsbogens"**, einer Eintragung in der Patientenkartei oder der Aushändigung von Informationsblättern geführt werden (vgl. jetzt §§ 630e II 1 Nr. 1, 630e II 2 BGB: ergänzend kann auf Unterlagen Bezug genommen werden). **Aushändigung und Unterzeichnung von Merkblättern ersetzen das grundsätzlich erforderliche Aufklärungsgespräch nicht** (OLG Stuttgart, Beschl. v. 28. 2. 2008 – 1 W 4/08, GesR 2008, 41, 42; G/G, 6. Aufl., Rz. C 134, 135; Spickhoff-Wellner, § 823 BGB, Rz. 272; Wenzel-Simmler, Kap. 2, Rz. 1732, 1735; Kern, GesR 2009, 1, 8; B/P/S-Glanzmann, VRiOLG a. D., § 287 ZPO Rz. 129, 131; S/Pa, 12. Aufl., Rz. 517; F/N/W, 5. Aufl., Rz. 197, 228; Petig/Rensen, MDR 2012, 877, 880; Ramm, MDR 2012, 463, 465; auch L/K/L-Katzenmeier, Rz. V 46 a. E. und Rz. XI 135: formularmäßige Bestätigung der Aufklärung „nur von geringem Beweiswert").

A 2281 Die Existenz einer vom Patienten **unterzeichneten Einwilligungserklärung** kann **nur** ein – teilweise als „gewichtig" bezeichnetes – **Indiz dafür sein, dass überhaupt ein Aufklärungsgespräch stattgefunden hat und kann den für eine Parteivernehmung des Arztes** (§ 448 ZPO; s. u. Rz. A 2314) **erforderlichen „Anfangsbeweis" erbringen** (BGH, VersR 1999, 190, 191 = MDR 1999, 37, 38; BGH, VersR 1985, 361, 362 = MDR 1985, 923; OLG Düsseldorf, Urt. v. 19. 12. 2002 – 8 U 35/02, AHRS III, 4265/311 und Urt. v. 16. 9. 2004 – I-8 U 46/04, AHRS III, 7460/308: unterzeichnetes Aufklärungsformular regelmäßig Indiz für die Durchführung eines Aufklärungsgesprächs, das im Einzelfall auch eine Parteivernehmung des Arztes rechtfertigen kann; OLG Düsseldorf, Urt. v. 17. 3. 2005 – I-8 U 56/04, GesR 2005, 464: **„gewisse Wahrscheinlichkeit" spricht dann für die Führung eines Aufklärungsgesprächs;** OLG Düsseldorf, Urt. v. 19. 12. 2002 – 8 U 35/02, AHRS III, 4265/311 und OLG Köln, Urt. v. 27. 5. 2002 – 5 U 78/96, AHRS III, 4350/306: unterzeichnetes Aufklärungsformular **auch ohne handschriftliche Einträge wesentliches Indiz;** OLG Hamm, Urt. v. 12. 5. 2010 – I 3 U 134/09, VersR 2011, 625, 626: Indiz, dem Arzt kann im Zweifel geglaubt werden, dass die Aufklärung in der von ihm beschriebenen Weise geschehen ist; OLG Karlsruhe, Urt. v. 26. 6. 2002 – 7 U 4/00, AHRS III, 6805/310: unterzeichneter Aufklärungsbogen erbringt **„einigen Beweis für das Vorliegen eines Aufklärungsgesprächs";** OLG Koblenz, Beschl. v. 22. 10. 2007 – 5 U 1288/07, OLGR 2008, 178: unterzeichnetes Aufklärungsformular **kein Beweis, nur Indiz; Parteianhörung des Arztes,** um letzte Zweifel auszuräumen; OLG München, Beschl. v. 14. 01. 2011 – 1 U 5275/10, juris, Nr. 5: im Zweifel sollte dem Arzt dann geglaubt werden, dass die Aufklärung in der gebotenen Weise erfolgt ist; OLG München, Beschl. v. 24. 6. 2010 – 1 U 2464/10, juris, Nr. 8 und Urt. v. 18. 11. 2010 – 1 U 5334/09, GesR 2011, 235, 236 = NJW-RR 2011, 749, 740 = juris, Nr. 44 sowie OLG München, Urt. v. 26. 9. 2013 – 1 U 1665/12, juris, Nr. 71: gewichtiges Indiz; OLG München, Beschl. v. 12. 3. 2007 – 1 U 5826/06, juris, Nr. 4 und Urt. v. 23. 2. 2012 – 1 U 2781/11, juris, Nr. 31, 32, 33 **unterzeichneter Aufklärungsbogen wesentliches Indiz und erbringt „einigen Beweis" für den Inhalt der Aufklärung;** OLG München, Urt. v. 13. 6. 2013 – 1 U 4904/09, juris, Nr. 58, 60 und OLG München, Beschl. v. 1. 7. 2013 – 1 U 213/13, juris, Nr. 16, 17, 20: **schlüssige, glaubhafte Schilderung des Arztes und unterzeichneter Aufklärungsbogen; Verwendung verschiedener Stifte entwertet die Indizwirkung nicht;** OLG Naumburg, Urt. v. 11. 7. 2006 – 1 U 1/06, BeckRS 2007, 3103, S. 5/6: Eintragung in den Behandlungsunterlagen bzw. im Aufklärungsbogen **Indiz, zusätzlich Parteivernehmung** bzw. Parteianhörung **des Arztes;** OLG Saarbrücken, Beschl. v. 4. 6. 2003 – 1 W 110/03-17, OLGR 2003, 281, 282 = GesR 2003, 242; OLG Stuttgart, Beschl. v. 28. 11. 2006 – 1 U 121/06: **„gewichtiges Indiz",** daneben **Parteianhörung des Arztes;** OLG Zweibrücken, Urt. v. 11. 10. 2005 – 5 U 10/05, OLGR 2006, 154, 156: Unterzeichnung des Perimed-Bogens indiziert die Durchführung eines Aufklärungsgesprächs; OLG Zweibrücken, Urt. v. 19. 10. 2004 – 5 U 6/04, NJW 2005, 74, 75 zu Informationsblättern; G/G, 6. Aufl., Rz. C 87, C 134, 135: unterzeichneter Aufklärungsbogen erbringt **„Indiz" und „im Allgemeinen einigen Beweis** für ein Aufklärungsgespräch"; S/Pa, 12. Aufl., Rz. 696, 515: „einiger Beweis"; L/K-Laufs, § 62 Rz. 16; Spickhoff-Wellner, § 823 BGB, Rz. 272; Spickhoff, NJW 2004, 1710, 1717; D/S, 6. Aufl., VII. Rz. 308: „Aufklärungsformular ist **bestenfalls Indiz** und ersetzt nicht das Aufklärungsgespräch"; B/P/S-Glanzmann, § 287 ZPO Rz. 129, 131; Petig/Rensen, MDR 2012, 877, 879/881: unterzeichnetem Aufklärungsbogen kommt gem. §§ 440 II, 416 ZPO die Vermutung der Vollständigkeit und Richtigkeit zu und indiziert die Durchführung eines Aufklärungsgesprächs; Ramm, MDR 2012, 463, 464: **erheblicher indizieller Beweiswert;** kritisch L/K/L-Katzenmeier, Rz. V 46 a.E. und Rz. XI 135: formularmäßige Bestätigung der Aufklärung **„nur von geringem Beweiswert",** Nachweis der ordnungsgemäßen Aufklärung muss aber auch ohne Formulare möglich sein).

A 2282 Nach einer in der Rechtsprechung und Literatur vertretenen Ansicht **kommt einem vom Patienten unterzeichneten Aufklärungsbogen entsprechend §§ 440 II, 416 ZPO die dann vom Patienten zu widerlegende Vermutung der Vollständigkeit und Richtigkeit des Formularinhaltes zu** (OLG Hamm, Urt. v. 18. 4. 2005 – 3 U 259/04, AHRS III, 6805/321 = MedR 2006, 649 = BeckRS 2006, 9612, S. 6: unterzeichneter Aufklärungsbogen hat die **Vermutung der Vollständigkeit und Richtigkeit für sich**; OLG Hamm, Urt. v. 12. 5. 2010 – I-3 U 134/09, MedR 2011, 339, 340; OLG Düsseldorf, Urt. v. 1. 9. 2002 – 8 U 103/01, n. v. und VersR 1995, 1316; OLG Frankfurt, VersR 1999, 758 und VersR 1994, 986; OLG Saarbrücken, OLGR 1997, 286; OLG Karlsruhe, Urt. v. 17. 12. 2008 – 7 U 32/08, S. 3: der Inhalt des unterzeichneten Aufklärungsbogens streitet für die Richtigkeit der dort abgegebenen Erklärungen, **Patient muss Vermutung wiederlegen**; Petig/Rensen, MDR 2012, 877, 879; **differenzierend** B/P/S-Glanzmann, § 287 ZPO Rz. 131, 132: Vermutung der Richtigkeit und Vollständigkeit greift aber nicht für die formularmäßige Bestätigung der Aufklärungshinweise).

A 2283 Greiner (RiBGH a. D., G/G, 6. Aufl., Rz. C 134; ebenso OLG Brandenburg, Urt. v. 13. 11. 2008 – 12 U 104/08, OLGR 2009, 458, 459; auch L/K/L-Katzenmeier, Rz. V 46 und Rz. XI 135; Ramm, RiOLG, MDR 2012, 463, 464: nur Indiz) tritt dieser Ansicht u. E. **zu Recht entgegen**. Danach verbleibt es beim bloßen – in der Praxis aber allerdings regelmäßig prozessentscheidenden – **Indizwert**.

A 2284 So **indiziert** die Eintragung in den Behandlungsunterlagen bzw. im Aufklärungsbogen „Sterilisationswunsch auch bei der zu erwartenden Frühgeburt" selbst bei erhöhtem Aufklärungsbedarf bei einer Sterilisation während der Schwangerschaft die Durchführung eines Aufklärungsgesprächs mit diesem Inhalt. Bestreitet die Patientin die Führung des Aufklärungsgesprächs und die Richtigkeit des Inhalts der vorgenommenen Eintragung, sind die beidseits angebotenen Beweise (Parteivernehmung bzw. Parteianhörung der Patientin und des Arztes, Zeugenvernehmung von Mitpatienten und Krankenschwestern) einzuziehen (OLG Naumburg, Urt. v. 11. 7. 2006 – 1 U 1/06, BeckRS 2007, 3103, S. 5/6).

A 2285 Ein vom Patienten **unterzeichneter Aufklärungsbogen** indiziert aber, dass ein mündliches Aufklärungsgespräch mit diesem Inhalt tatsächlich stattgefunden hat und begründet den **„Anfangsbeweis" für eine Parteivernehmung** des Arztes (OLG Zweibrücken, Urt. v. 11. 10. 2005 – 5 U 10/05, BeckRS 2005, 13450 = AHRS III, 5350/305; G/G, 6. Aufl., Rz. C 88, C 134, 135; Ramm, MDR 2012, 463, 464; S/Pa, 12. Aufl., Rz. 515; Gehrlein, Rz. C 71: Indiz und Anfangsbeweis für die Parteivernehmung; Wenzel-Simmler, Rz. 1732, 1735; L/K/L-Katzenmeier, Rz. V 46 a. E.; vgl. bereits Rz. A 2272, A 2281, A 2314 ff.).

A 2286 Nach bislang unbestrittener Ansicht **hat der Patient eine von ihm behauptete Manipulation zu beweisen** (OLG Hamm, Urt. v. 12. 5. 2010 – I-3 U 134/09, VersR 2011, 625, 626; OLG Hamm, Urt. v. 18. 4. 2005 – 3 U 259/04 mit NA-Beschl. BGH v. 16. 5. 2005 – VI ZR 138/05, AHRS III, 6805/321 = BeckRS 2006, 9612, S. 6 = MedR 2006, 649; OLG Koblenz, MedR 2008, 672; Petig/Rensen, MDR 2012, 877, 881; Ramm, MDR 2012, 463, 465: Beweislast für Fälschung bzw. nachträgliche Veränderung liegt beim Patienten; F/N/W, 4. Aufl., Rz. 229; sehr weitgehend OLG Zweibrücken, OLGR 2004, 598, 600: Beweiswert „nicht schon dadurch erschüttert, dass Anhaltspunkte für eine nachträgliche handschriftliche Ergänzung der Einwilligungserklärung festgestellt werden").

Nach Einführung des Patientenrechtegesetzes (hier: §§ 630e II 2, 630f I 2, I 3   A 2287
BGB, vgl. hierzu Rz. P 53 ff., P 66 ff.) wird man hieran nicht mehr uneingeschränkt festhalten können. Wurde dem Patienten eine Kopie bzw. eine Abschrift des Aufklärungsbogens entgegen § 630e II 2 BGB nicht ausgehändigt, **dürfte dies nunmehr zu Beweiserleichterungen zugunsten des Patienten führen**. Jedenfalls hinsichtlich der **handschriftlich in einen vom Patienten unterzeichneten Aufklärungsbogen eingefügten Passagen** (insbesondere Hinweise auf sich realisierende Risiken) könnte sich die **Darlegungs- und Beweislast umkehren**, wenn die Kopie oder Abschrift dem Patienten jedenfalls erst nach der Geltendmachung von Ansprüchen übergeben wird (vgl. Rz. P 55; in diesem Sinne auch Rehborn, MDR 2013, 497, 502).

Zudem wird insbesondere einer **ärztlichen EDV-Dokumentation kein bzw. kein voller Beweiswert (mehr) zukommen, wenn sie entgegen § 630f I 2, I 3 BGB nicht „fälschungssicher"** (d.h. Änderungen bleiben, auch nach dem Zeitpunkt der Vornahme, erkennbar) **und möglicherweise nachträglich verändert worden ist** (vgl. Rz. P 79 ff.).

Ein Beweis der nachträglichen Manipulation kann nach bisheriger Rechtslage   A 2288
nicht schon dann als geführt angesehen werden, wenn sich nach dem äußeren Eindruck der Orginalurkunde **keine Anzeichen für eine nachträgliche, nicht durch die Unterschrift des Patienten gedeckte Eintragung** ergeben, etwa mit einem andersfarbigen Stift oder einer vom übrigen Text abweichenden Handschrift (OLG Hamm, Urt. v. 18. 4. 2005 – 3 U 259/04, AHRS III, 6805/321).

Den vom Patienten unterzeichneten Formularen und Merkblättern kann aber   A 2289
nicht entnommen werden, dass der Patient über ein hierin nicht ausdrücklich erwähntes Risiko informiert worden ist (BGH, VersR 1985, 361, 362; OLG München, Urt. v. 30. 9. 2004 – 1 U 3940/03, OLGR 2006, 343 = MedR 2006, 431; OLG München, Urt. v. 17. 11. 2011 – 1 U 4499/07, juris, Nr. 91, 92, 95; OLG Schleswig, NJW-RR 1996, 348, 349; Petig/Rensen, MDR 2012, 877, 880/881).

Fehlt in der Aufzählung des vom Patienten unterzeichneten Formulars ein auf   A 2290
klärungspflichtiges Risiko, spricht dies nach einer Ansicht dafür, dass die Aufklärung insoweit unterblieben ist (zusammenfassend Kern, GesR 2009, 1, 5 und MedR 2005, 292; OLG Koblenz, Urt. v. 12. 2. 2009 – 5 U 927/06, VersR 2009, 1077, 1078: Fehlen des Hinweises in der Urkunde indiziert dessen Nichterteilung; OLG München, Urt. v. 30. 9. 2004 – 1 U 3940/03, OLGR 2006, 343 = MedR 2006, 431: überhaupt nicht ausgefülltes und unterzeichnetes Aufklärungsformular; Petig/Rensen, MDR 2012, 877, 881: unvollständiges oder unrichtiges Aufklärungsformular erweckt **gravierende Zweifel** an der gebotenen Aufklärung; Ramm, MDR 2012, 463, 464: zumal sich dann eine handschriftliche Ergänzung des Aufklärungsformulars durch den Arzt aufdrängt; Müko-Wagner, 5. Aufl., § 823 BGB Rz. 824; **a.A. aber** OLG Jena, Urt. v. 7. 4. 2004 – 4 U 1308/01, AHRS III, 4350/309 und OLG München, Urt. v. 25. 7. 2002 – 1 U 4499/01, GesR 2003, 274, 275 sowie OLG Koblenz, Beschl. v. 22. 10. 2007 – 5 U 1288/07, AHRS III, 6850/300; auch OLG Köln, Urt. v. 22. 4. 2009 – 5 U

152/08, juris, Nr. 37, 38, 39: Zeugnis der Zahnarzthelferin und Hinweis auf der Rechnung können genügen).

A 2290a Erklärt der Arzt, seinen Hinweis auf ein bestimmtes Risiko (hier: dauerhafte Fußheberparese nach Umstellungsosteotomie) **schreibe er üblicherweise in den Aufklärungsbogen**, kann das Schweigen der Urkunde **indizieren, dass der Hinweis im konkreten Fall gerade nicht erteilt worden ist** (OLG Koblenz, Urt. v. 12. 2. 2009 – 5 U 927/06, OLGR 2009, 556 = VersR 2009, 1077, 1078).

A 2291 Nach der etwas großzügigeren Auffassung ist dem Arzt ist der **Nachweis der Aufklärung des Patienten aber nicht verwehrt, wenn er sie nicht dokumentiert hat bzw. der Aufklärungsbogen nicht (mehr) aufzufinden ist** (OLG Hamm, Urt. v. 21. 1. 2004 – 3 U 186/03, AHRS III, 6805/315: glaubhafte Bekundung des Arztes, er hätte den nicht mehr auffindbaren Standard-Aufklärungsbogen mit dem Patienten entsprechend dem ständigen, üblichen Vorgehen in der Klinik durchgesprochen, kann ausreichen; vgl. die Nachweise bei Rz. A 2275 ff.).

A 2291a Bekundet der aufklärende Arzt glaubhaft und nachvollziehbar, er könne es ausschließen, dass bei dem Patienten anders als in allen sonstigen Fällen bei **Hüftoperationen in einer hierfür spezialisierten Klinik** verfahren worden sei, von ihm entsprechend der ständigen Handhabung in der Klinik aber **stets und grundsätzlich auf mögliche Nervschädigungen hingewiesen** werde, ist **aus der fehlenden Erwähnung dieses Risikos im Aufklärungsbogen**, der sich zu Wundheilungsstörungen, Blutungen, Entzündungen u. a. verhält, nach Auffassung des OLG Hamm **nicht zu schließen, dass eine Aufklärung über das Risiko von Nervschädigungen nicht erfolgt ist** (OLG Hamm, Urt. v. 13. 12. 2000 – 3 U 90/00, AHRS III, 6805/305: Mängel und Lücken im Aufklärungsbogen können durch Parteivernehmung ausgeglichen werden; auch S/Pa, 12. Aufl., Rz. 516: fehlende Dokumentation über die Aufklärung kein Indiz für deren Unterlassung; ebenso OLG Koblenz, Beschl. v. 22. 10. 2007 – 5 U 1288/07, AHRS III, 6850/300: Risiko im Aufklärungsformular nicht genannt, Durchführung eines Aufklärungsgesprächs im Grundsatz aber unstreitig bzw. nachgewiesen).

A 2291b Das Fehlen eines unterzeichneten Aufklärungsbogens darf auch nach Ansicht des OLG Karlsruhe (Urt. v. 12. 12. 2012 – 7 U 176/11, juris, Nr. 14–16) nicht dazu führen, dass der Arzt für seine Behauptung einer ordnungsgemäßen Aufklärung regelmäßig beweisfällig bleibt. So kann es **im Einzelfall ausreichen, wenn der Nachweis geführt wird, dass der aufklärende Arzt entsprechend einer ständigen, ausnahmslosen Übung verfahren ist** (Nr. 15). Wird etwa der Patient notfallmäßig mit dem Verdacht auf das Vorliegen eines Schlaganfalls im Krankenhaus eingeliefert und deshalb eine Angiographie erforderlich, kann den Angaben der als Zeugen vernommenen Ärzte, **vor der Durchführung einer Angiographie werde auch in Notfallsituationen grundsätzlich ein Aufklärungsgespräch mit dem Hinweis auf das Risiko eines Schlaganfalls geführt**, Glauben geschenkt werden, wenn keine Anhaltspunkte dafür vorliegen, dass beim Patienten von dem vorgegebenen, stets praktizierten schematischen Ablauf abgewichen worden ist und die Verwendung von Aufklärungsbögen nicht Bestandteil dieser Routine war (OLG Karlsruhe, Urt. v. 12. 12. 2012 – 7 U 176/11, juris, Nr. 16).

Der Beweis einer ordnungsgemäßen Aufklärung ist auch dann erbracht, wenn   A 2291c
der vom Patienten unterzeichnete Aufklärungsbogen, der Hinweise auf die Risiken des Eingriffs enthält, lückenhaft ist (hier: im Formular ausdrücklich vorgesehene Ankreuzungen fehlen), wenn der **als Zeuge oder Partei vernommene
Arzt nachvollziehbar und glaubhaft schildert, dass sämtliche im Aufklärungsbogen angeführten, wesentlichen Risiken („Stoßrichtung", Aufklärung „im Großen und Ganzen") besprochen worden sind** und der Aufklärungsbogen im Einzelnen durchgegangen worden ist (OLG Brandenburg, Urt. v. 25. 10. 2007 – 12
U 79/06, AHRS III, 6850/301; kritisch Petig/Rensen, MDR 2012, 877, 881 und
Kern, GesR 2009, 1, 5).

Verhält sich die schriftlich dokumentierte Risikoaufklärung unmittelbar vor   A 2291d
dem Eingriff über eine Operationsmethode, die nachfolgend gar nicht angewandt
wurde, nicht, kann die gebotene **Anhörung des aufklärenden Arztes** gleichwohl
die Überzeugung vermitteln, dass er auch über die Risiken des tatsächlich
durchgeführten Eingriffs aufgeklärt hat (OLG Koblenz, Urt. v. 9. 4. 2009 – 5 U
621/08, VersR 2010, 770).

Enthält ein formularmäßiger **Aufklärungsbogen keinen Hinweis** auf das gegen-   A 2291e
über dem Ersteingriff **deutlich erhöhte Risiko neurologischer Ausfälle bei einem
Wiederholungseingriff** (hier: Bandscheibenoperation, Risiko neurogener Komplikationen 0,5–1,3 % beim Ersteingriff und 12–15 % beim Zweiteingriff), **reicht es
danach zum Nachweis einer ordnungsgemäßen Aufklärung regelmäßig aus**,
wenn der aufklärende Arzt glaubhaft bekundet, es entspreche der ständigen und
ausnahmslosen Praxis in der Klinik, dem Patienten vor einer solchen Zweitoperation den für die Erstoperation vorgesehenen Formularbogen vorzulegen, aber
im Aufklärungsgespräch vor Rezidivoperationen grundsätzlich darauf hinzuweisen dass dieser Eingriff **mit einer höheren Komplikationsrate verbunden** ist
(OLG Jena, Urt. v. 7. 4. 2004 – 4 U 1308/01, AHRS III, 4350/309).

Im Zweifel ist auch einer jungen Assistenzärztin zu glauben, dass die ihr be-   A 2292
kannten Voroperationen des Patienten für sie Anlass waren, das durch innere
Narben und Verwachsungen **gesteigerte Vulnerabilitätsrisiko** (erhöhtes OP-Risiko) im Aufklärungsgespräch zu betonen, wenn ihre Darstellung glaubhaft ist
und sich in dem vom Patienten unterzeichneten Aufklärungsformular **der handschriftlich unterstrichene Hinweis auf die „Verletzung von Nachbarorganen" ergibt, auch wenn von einem erhöhten Risiko dabei nicht die Rede ist** (OLG Koblenz, Beschl. v. 19. 3. 2012 – 5 U 1260/11 mit NZB BGH v. 6. 11. 2012 – VI
ZR 177/12, VersR 2013, 462, 463).

Nach zutreffender, insoweit vermittelnder Ansicht (OLG Hamburg, Urt. v.   A 2293
23. 1. 2004 – 1 U 24/00, OLGR 2004, 324, 326; OLG Brandenburg, Urt. v.
25. 10. 2007 – 12 U 79/06, AHRS III, 6850/301; auch OLG München, Urt. v.
25. 7. 2002 – 1 U 4499/01, GesR 2003, 274, 275; OLG Oldenburg, VersR 1998,
854; auch Petig/Rensen, MDR 2012, 877, 881: dem Arzt obliegt in diesem Fall
eine substantiierte Darlegung der vom Formular abweichenden, mündlichen
Aufklärung und der Nachweis derselben; Ramm, MDR 2012, 463, 464: die Behandlungsseite muss dann das gegen sie sprechende Indiz ausräumen und den
Nachweis einer ordnungsgemäßen Aufklärung anderweitig führen) **erhöht das**

Fehlen einer in der klinischen Praxis an sich zu fordernden schriftlichen Einverständniserklärung bzw. des Aufklärungsbogens aber die Anforderungen an die Darlegungs- und Beweislast des Arztes zum Zeitpunkt und Inhalt des Aufklärungsgesprächs.

A 2294   Ebenso wie dem Arzt der Nachweis der Aufklärung nicht verwehrt ist, wenn er sie überhaupt nicht dokumentiert hat, muss es ihm danach möglich sein, **über den schriftlich dokumentierten Text hinausgehende Inhalte seines Aufklärungsgesprächs nachzuweisen.** Dies gilt sowohl für den Fall, dass das sich realisierende Risiko in dem vom Patienten unterschriebenen Aufklärungsformular nicht erwähnt ist, als auch für den Fall, dass darüber hinaus durch **handschriftliche Zusatzeinträge ein weiter gehender Gesprächsinhalt** dokumentiert ist (OLG München, Urt. v. 25. 7. 2002 – 1 U 4499/01, GesR 2003, 274, 275 mit NZB BGH v. 28. 1. 2003 – VI ZR 307/02; OLG Oldenburg, Urt. v. 2. 12. 1997 – 5 U 53/97, MedR 1999, 69: Mangel und Lücken im Aufklärungsbogen können durch Parteivernehmung ausgeglichen werden; OLG Jena, Urt. v. 7. 4. 2004 – 4 U 1308/01, AHRS III, 4350/309; auch OLG Hamm, Urt. v. 13. 12. 2000 – 3 U 90/00, AHRS III, 6805/305; OLG Koblenz, Urt. v. 9. 4. 2009 – 5 U 621/08, VersR 2010, 770, 771; Petig/Rensen, MDR 2012, 877, 880/881; S/Pa, 12. Aufl., Rz. 516).

A 2294a   Erklärt der Arzt allerdings, er würde **„normalerweise über das erhöhte Risiko aufklären, könne aber nach so langer Zeit nicht mehr sagen, was genau er mit dem Patienten besprochen hat",** fehlt es an ausreichenden Indizien für eine Aufklärung über ein im Aufklärungsbogen nicht genanntes, erhöhtes Risiko (hier: erhöhtes Infektionsrisiko bei Einnahme von Kortisonpräparaten). Eine ständige und ausnahmslose Aufklärungsübung ist ein einem solchen Fall nicht bewiesen (OLG Oldenburg, Urt. v. 15. 11. 2006 – 5 U 68/05, AHRS III, 6815/300).

A 2294b   Dabei ist darauf hinzuweisen, dass der Arzt den Patienten grundsätzlich nicht darüber in Kenntnis setzen muss, dass ein bestimmtes Risiko im Falle des Patienten wegen besonderer Umstände erhöht ist, wenn die **Erhöhung des Risikos nicht dazu führt, dass hinsichtlich der Gefahr des Schadenseintritts eine höhere Wahrscheinlichkeitsstufe erreicht wird** (OLG Brandenburg, Urt. v. 20. 5. 2010 – 12 U 196/09, MedR 2010, 871).

A 2295   Die bestehende **Indizwirkung** der schriftlichen Einwilligungserklärung reicht aber nicht aus, den der Arztseite obliegenden Beweis einer ordnungsgemäßen Aufklärung über die Gefahr **dauerhafter Lähmungen** als geführt anzusehen, wenn der hierzu als Partei angehörte Arzt erklärt, er hätte dem Patienten mitgeteilt, dass es zu einer **„kurzzeitigen Lähmung"** kommen könne (BGH, VersR 1999, 190, 191 = MDR 1999, 37, 38; vgl. auch BGH, Urt. v. 14. 3. 2006 – VI ZR 279/04, VersR 2006, 838, 840 = NJW 2006, 2108, 2109: **Hinweis auf Schädigung von Nerven deckt nicht irreversible Nervschädigung mit dauerhaften Schmerzen und Funktionsbeeinträchtigungen;** OLG Karlsruhe, Urt. v. 9. 5. 2012 – 7 U 44/11, juris, Nr. 9, 10: Hinweis auf „Nervverletzungen und üblicherweise vorübergehende Sensibilitätsstörungen sowie motorische Störungen" erfasst nicht das **seltene Risiko irreversibler Nervschädigungen mit chronifizierten Schmerzen;** OLG Nürnberg, Urt. v. 16. 7. 2004 – 5 U 2383/03, NJW-RR 2004, 1543, 1544: der Hinweis auf mögliche Gefäß- und Nervenverletzungen deckt das **Ri-**

siko dauerhafter Lähmungen nicht ab; OLG Oldenburg, Urt. v. 4. 7. 2007 – 5 U 106/06, VersR 2008, 124, 125, bestätigt von BGH, Urt. v. 18. 11. 2008 – VI ZR 198/07, VersR 2009, 257, 258, Nr. 15, 16: **Hinweis auf das Risiko eines Schlaganfalls mit „selten" oder nur „gelegentlich" genügt bei einer signifikanten Erhöhung des Risikos im konkreten Fall von 0,5 % auf 1,0 % nicht;** OLG Oldenburg, Urt. v. 15. 11. 2006 – 5 U 68/05, juris, Nr. 29, 30: **erhöhtes Infektionsrisiko vom Hinweis auf „Wundinfektionen" nicht erfasst;** OLG Naumburg, Urt. v. 21. 5. 2007 – 1 U 33/06, juris, Nr. 36: Hinweis auf „Muskelfunktionsstörungen, Gefühlsstörungen" erfassen das Risiko einer vorübergehenden Lähmung nicht).

Nach dem insoweit ausdrücklich nicht übernommenen Referentenentwurf zu § 630e II 1 Nr. 1 BGB sollte bei „geringfügigen Eingriffen" im Anschluss an die teilweise kritisierte Rechtsprechung die Aufklärung auch vollständig in Textform erfolgen dürfen (RefE, S. 30; vgl. Hassner, VersR 2013, 23, 29; Spickhoff, VersR 2013, 267, 276; F/N/W, 5. Aufl. 2013, Rz 197; zur bisherigen Rechtslage: BGH, VersR 2000, 725, 728 = MDR 2000, 701, 702). A 2296

§ 630e II 1 Nr. 1 BGB enthält diese Ausnahme für „Bagatelleingriffe" nicht mehr, sondern **verlangt ausnahmslos ein mündliches Aufklärungsgespräch.** Zudem ist die Aushändigung der vom Patienten im Zusammenhang mit der Aufklärung oder Einwilligung unterzeichneten Unterlagen erforderlich (§ 630e II 2 BGB, vgl. hierzu Rz. P 44 f.).

In **einfach gelagerten Fällen** (hier: Leistenhernieoperation mit allerdings nicht unerheblichem Narkoserisiko) kann der Arzt den Patienten grundsätzlich **auch in einem Telefonat über die Risiken eines bevorstehenden Eingriffs aufklären,** wenn der Patient damit einverstanden ist. Handelt es sich dagegen um kompliziertere Eingriffe mit erheblichen Risiken, ist eine telefonische Aufklärung regelmäßig unzureichend (BGH, Urt. v. 15. 6. 2010 – VI ZR 204/09, VersR 2010, 1183 = GesR 2010, 479 = MedR 2010, 857, Rz. 20, 21; Diederichsen, RiBGH, GesR 2011, 257, 260; von Pentz, RiBGH, MedR 2011, 222, 226: Entscheidung kann aber nicht ohne Weiteres auf andere Fallgestaltungen übertragen werden; kritisch Spickhoff-NJW 2011, 1651, 1654 und Finn, MedR 2010, 860; dies gilt auch weiterhin, vgl. Rz. P 44, P 45 m.w.N.). A 2297

Formularmäßige Einverständniserklärungen etwa mit dem Inhalt „Ich bin über den vorgesehenen Eingriff vom behandelnden Arzt aufgeklärt worden" sind ohnehin gem. § 309 Nr. 12b BGB **unwirksam** (L/K-Laufs, § 62 Rz. 17; B/P/S-Glanzmann, VRiOLG a.D., § 287 ZPO Rz. 132; D/S, 6. Aufl., VII. Rz. 310: §§ 309 Nr. 12b, 305c I BGB in Betracht zu ziehen; vgl. → *Allgemeine Geschäftsbedingungen,* Rz. A. 71). A 2298

3. Ständige Aufklärungsübung („immer so")

Grundsätzlich kann – sofern nicht gewichtige Gründe im Einzelfall dagegen sprechen – die Darlegung des aufklärenden Arztes ausreichen, dass **Aufklärungsgespräche nach Art und Inhalt einer ständigen und ausnahmslosen Übung („immer so") der Klinik bzw. des betroffenen Arztes entsprechen.** Hat ein als Zeuge oder Partei vernommener bzw. angehörter Arzt **keine konkrete Erinnerung** A 2299 mehr an das streitige Aufklärungsgespräch, so genügt es zur Überzeugungsbildung des Gerichts regelmäßig, wenn er **in nachvollziehbarer und in sich stimmiger Weise die übliche Vorgehensweise bei einem Aufklärungsgespräch vor dem vorgenommenen Eingriff schildert und zugleich bekräftigt, dass er sich ganz sicher sei, dass dieses Programm immer eingehalten wird.** Dies gilt jedenfalls dann, wenn der Patient einen entsprechenden **Aufklärungsbogen unterzeichnet** hat oder der Hinweis auf das durchgeführte Aufklärungsgespräch **in den Behandlungsunterlagen enthalten** ist (OLG Bamberg, Urt. v. 10. 4. 2000 – 4 U 216/98, AHRS III, 5350/302 und 5300/302: **schlüssige Darstellung der ständigen Aufklärungsübung und Hinweis im Aufklärungsformular**; OLG Celle, Urt. v. 30. 9. 2002 – 1 U 7/02, VersR 2004, 384, 385: ständig angewandte Vorgehensweise; OLG Düsseldorf, Urt. v. 19. 12. 2002 – 8 U 35/02, AHRS III, 4265/311: **unterzeichnetes Aufklärungsformular und Parteivernehmung** des Arztes mit Darlegung einer ständigen Aufklärungsübung; OLG Düsseldorf, Urt. v. 19. 9. 2002 – 8 U 215/01, AHRS III, 4100/310 und Urt. v. 19. 12. 2002 – 8 U 35/02, AHRS III, 4265/311: **unterzeichnetes Aufklärungsformular und Parteivernehmung bzw. Parteianhörung**; OLG Düsseldorf, Urt. v. 17. 3. 2005 – I-8 U 56/04, OLGR 2006, 12, 14: handschriftliche Eintragungen im Aufklärungsformular und Parteivernehmung des Arztes; OLG Hamm, Urt. v. 12. 5. 2010 – I-3 U 134/09, VersR 2011, 625, 626: **ständige Aufklärungsübung vom Chefarzt bestätigt, im Zweifel kann dem Arzt geglaubt werden**; OLG Hamm, Urt. v. 15. 6. 2005 – 3 U 289/04, GesR 2005, 401: „übliches Programm stets eingehalten"; OLG Hamm, Urt. v. 21. 1. 2004 – 3 U 186/03, AHRS III, 6805/315: glaubhafte Bekundung des Arztes, entsprechend der **ständigen Übung in der Klinik** den Patienten anhand eines **später fehlenden Aufklärungsbogens** auf bestimmte Risiken hingewiesen zu haben; OLG Hamm, Urt. v. 13. 12. 2000 – 3 U 90/00, AHRS III, 6805/305: stets und grundsätzlich auf mögliche Nervschädigung hingewiesen; OLG Jena, Urt. v. 7. 4. 2004 – 4 U 1308/01, AHRS III, 4350/309: vor Rezidiv-OP wird in der Klinik **ausnahmslos auf erhöhtes Risiko von Nervschädigungen hingewiesen**; OLG Karlsruhe, Urt. v. 26. 6. 2002 – 7 U 4/00, MedR 2003, 229; OLG Karlsruhe, NJW 1998, 1800 m. w. N.; OLG Karlsruhe, Urt. v. 8. 12. 2004 – 7 U 163/03, GesR 2005, 165, 168 = NJW-RR 2005, 798, 800; OLG Karlsruhe, Urt. v. 12. 12. 2001 – 7 U 102/00, AHRS III, 4265/307: **ständige Aufklärungsübung, Zeugenaussage des Arztes und Erwähnung der „Stoßrichtung" des Risikos im Bogen**; OLG Karlsruhe, Urt. v. 23. 6. 2004 – 7 U 228/02, GesR 2004, 469: Arzt hat **in anderen, vergleichbaren Fällen richtig aufgeklärt**; KG, Urt. v. 15. 12. 2003 – 20 U 105/02, VersR 2005, 1399: **Aufklärung in derartigen Fällen stets so gestaltet**; OLG Koblenz, Beschl. v. 22. 10. 2007 – 5 U 1288/07, OLGR 2008, 178: **unterzeichneter Aufklärungsbogen und Parteivernehmung**; OLG Köln, Urt. v. 22. 4. 2009 – 5 U 152/08, juris, Nr. 37, 38, 39: **ständige und ausnahmslose Aufklärungsübung von Arzthelferin bestätigt, Hinweis nicht im Aufklärungsbogen, aber auf Rechnung enthalten**; OLG Koblenz, Beschl. v. 19. 3. 2012 – 5 U 1260/11 mit NZB BGH v. 6. 11. 2012 – VI ZR 177/12, VersR 2013, 462, 463: **glaubhafte Angaben einer Assistenzärztin und handschriftlich unterstrichener Hinweis im Aufklärungsbogen auf bestimmte Risiken**; OLG München, Urt. v. 15. 11. 2012 – 1 U 2093/11, juris, Nr. 62: **schlüssige Darstellung der ständigen Aufklärungsübung sowie vom Patienten unterzeichnetes Formular mit handschriftlichen Eintragungen**; OLG München, Urt. v. 13. 6. 2013 – 1 U 4904/09, juris, Nr. 58,

60 und OLG München, Beschl. v. 1. 7. 2013 – 1 U 213/13, juris, Nr. 16, 17, 20: **schlüssige, glaubhafte Schilderung des Arztes und unterzeichneter Aufklärungsbogen**; Verwendung verschiedener Stifte entwertet die Indizwirkung nicht; OLG Naumburg, Urt. v. 15. 3. 2012 – 1 U 72/11 bei Bergmann/Wever, MedR 2013, 245: **Aufklärungsgespräch dem Grunde nach unstreitig und glaubhafte Darstellung der ständigen Aufklärungspraxis**; OLG München, Urt. v. 23. 2. 2012 – 1 U 2781/11, juris, Nr. 31, 32, 33: schlüssige Darstellung des Arztes, unterzeichneter Aufklärungsbogen enthält den Hinweis auf das Risiko; OLG München, Urt. Beschl. v. 3. 11. 2011 – 1 U 984/11, juris, Rz. 37, 42: **ständige Übung glaubhaft dargelegt, Risiko im Aufklärungsbogen erwähnt**; OLG München, Urt. v. 24. 11. 2011 – 1 U 976/11, juris, Nr. 75: ständige Aufklärungspraxis glaubhaft dargelegt, **unterzeichnetes Aufklärungsformular ohne Ankreuzungen**; OLG München, Beschl. v. 14. 1. 2011 – 1 U 5275/10, juris, Nr. 5: ist **einiger Beweis** für ein Aufklärungsgespräch erbracht, sollte **dem Arzt im Zweifel geglaubt** werden, dass die Aufklärung in der gebotenen Weise erfolgt ist; OLG München, Beschl. v. 24. 6. 2010 – 1 U 2464/10, juris Nr. 8: **Darstellung des Arztes in sich schlüssig, vom Patienten unterzeichneter Aufklärungsbogen**; OLG München, Urt. v. 18. 11. 2010 – 1 U 5334/09, GesR 2011, 235, 236 = juris, Nr. 44 sowie OLG München, Urt. v. 26. 9. 2013 – 1 U 1665/12, juris, Nr. 71, 73: ständige Aufklärungsübung glaubhaft dargelegt, unterzeichneter Aufklärungsbogen vorhanden; OLG Oldenburg, Urt. v. 26. 1. 2005 – 5 U 9/04, AHRS III, 4350/311: unterzeichneter Aufklärungsbogen und glaubhaft dargestellte, ständige Aufklärungsübung; OLG Saarbrücken, Urt. v. 6. 10. 2004 – 1 U 661/03–167, AHRS III, 6805/318: **glaubhafte Angaben des Arztes bei fehlender schriftlicher Belehrung**; OLG Stuttgart, Urt. v. 8. 1. 2002 – 14 U 70/01, MedR 2003, 413, 415: **Schilderung des üblichen Vorgehens**; OLG Stuttgart, Beschl. v. 28. 11. 2006 – 1 U 121/06: **unterzeichneter Aufklärungsbogen und Darlegung einer ständigen Aufklärungsübung**; OLG Zweibrücken, Urt. v. 11. 10. 2005 – 5 U 10/05 mit NZB BGH v. 5. 12. 2006 – VI ZR 228/05, OLGR 2006, 154, 156 = AHRS III, 5350/305 und 7370/305: Vorliegen eines **unterzeichneten Aufklärungsbogens oder einer Eintragung in den Behandlungsunterlagen und Parteivernehmung des Arztes** mit Darstellung der ständigen Aufklärungsübung; F/N/W, 5. Aufl., Rz. 228; G/G, 6. Aufl., Rz. C 87, C 134; S/Pa, 12. Aufl., Rz. 517, 696; Ramm, MDR 2012, 463, 464; Petig/Rensen, MDR 2012, 877, 880; Hüwe, GesR 2005, 402; Jorzig, MDR 2001, 481, 485 und GesR 2004, 470; Kern, MedR 2005, 292; B/P/S-Glanzmann, VRiOLG a.D., § 287 ZPO Rz. 129, 131; **einschränkend aber** OLG Hamm, Urt. v. 15. 6. 2005 – 3 U 289/04, GesR 2005, 401 und OLG Köln, Urt. v. 24. 5. 2000 – 5 U 230/99, AHRS III, 6805/303 sowie OLG Oldenburg, Urt. v. 27. 5. 2009 – 5 U 43/08, VersR 2010, 1221, 1222: **nicht, wenn im Einzelfall gewichtige Umstände gegen eine regelhafte Eingriffsaufklärung sprechen**; OLG Oldenburg, Urt. v. 15. 11. 2006 – 5 U 68/05, juris, Nr. 34 und OLG Brandenburg, Urt. v. 12. 7. 2007 – 12 U 207/06, GesR 2007, 575 sowie OLG München, Urt. v. 17. 11. 2011 – 1 U 4499/07, juris, Nr. 91, 92, 95: **ständige und ausnahmslose Aufklärungsübung jeweils nicht schlüssig bzw. glaubhaft dargelegt**).

So ist den Angaben des Arztes, er würde entsprechende Eintragungen nur dann vornehmen, wenn eine diesbezügliche Besprechung mit dem Patienten stattgefunden hat, **er weise stets darauf hin, dass es zum Eintritt bestimmter Risiken**   A 2300

kommen könne, etwa vor einer Strumaoperation auf das Risiko einer beidseitigen Stimmbandlähmung mit der Folge massiver Atemnot und ggf. der Notwendigkeit eines Luftröhrenschnitts, im Zweifel Glauben zu schenken, wenn der
vom Patienten unterzeichnete Aufklärungsbogen einen Hinweis auf dieses Risiko enthält (OLG München, Urt. v. 23. 2. 2012 – 1 U 2781/11, juris, Nr. 31,
32, 33; ebenso OLG München, Urt. v. 24. 11. 2011 – 1 U 976/11, juris, Nr. 75:
glaubhafte Schilderung der üblichen Aufklärungspraxis, **Aufklärungsformular
enthält das fragliche Risiko**; OLG München, Urt. v. 18. 11. 2010 – 1 U 5334/09,
GesR 2011, 235, 236 = juris, Nr. 44: ständige Übung und Erwähnung im Aufklärungsformular; OLG München, Beschl. v. 24. 6. 2010 – 1 U 2464/10, juris, Nr. 8:
glaubhafte Darstellung der ständigen Aufklärungsübung und **handschriftlich
ausgefüllter, vom Patienten unterzeichneter Aufklärungsbogen**; OLG München,
Urt. v. 3. 11. 2011 – 1 U 984/11, juris, Nr. 37, 41, 42: Darstellung eines regelmäßig geübten, ordnungsgemäßen Aufklärungsprogramms, **unterzeichneter
Aufklärungsbogen mit OP-Zeichnung**; OLG München, Beschl. v. 14. 1. 2011 –
1 U 5275/10, juris, Nr. 5: ist einiger Beweis für ein Aufklärungsgespräch erbracht, sollte dem Arzt im Zweifel geglaubt werden, dass die Aufklärung in der
gebotenen Weise erfolgt ist; OLG Hamm, Urt. v. 12. 5. 2010 – I-3 U 134/09,
VersR 2011, 625, 626: **ständige Aufklärungsübung vom Chefarzt bestätigt, im
Zweifel kann dem Arzt geglaubt werden**; Ramm, MDR 2012, 463, 464; Petig/
Rensen, MDR 2012, 877, 880).

A 2301   Hat sich beim Patienten nach einer Rücken- oder Wirbeloperation eine Spondy-
lolisthesis (Wirbelgleiten; bewegungsabhängige Verschiebung oder Verkippung
des Wirbelkörpers) eingestellt, ist der Nachweis eines durchgeführten Aufklärungsgesprächs geführt, wenn der **vom Patienten unterzeichnete Formularbogen**
die Komplikationsmöglichkeiten „Entzündung, Blutung, Nervenschaden, Lockerung" enthält und der aufklärende Arzt glaubhaft bekundet, dass er vor derartigen Eingriffen beim Stichwort „Lockerung" **stets die die Möglichkeit einer
mangelnden knöchernen Durchbauung des Segments erwähne** und dazu erkläre,
es sei möglich, dass die Knochen nicht anwachsen würden (OLG Oldenburg,
Urt. v. 26. 1. 2005 – 5 U 9/04, AHRS III, 4350/311).

A 2302   Der Nachweis eines geführten Aufklärungsgesprächs vor einer Lipomentfernung
(die im entschiedenen Fall zu Lähmungserscheinungen beim Patienten führte)
ist etwa auch erbracht, wenn die **vom Patienten unterzeichnete Einwilligungserklärung den Hinweis auf das Risiko einer Nervenverletzung und daraus möglicherweise resultierende Lähmungen enthält und der aufklärende Arzt (hier: als
Zeuge) glaubhaft bekundet,** er könne sich zwar an das konkrete Aufklärungsgespräch nicht erinnern, es entspreche jedoch seiner üblichen Praxis, Patienten
auf das Risiko von Nervenverletzungen und mögliche Lähmungen hinzuweisen
und bei derartigen Eingriffen auch die Alternative der Unterlassung des Eingriffs
zu erwähnen (OLG Köln, Urt. v. 27. 5. 2002 – 5 U 78/96, AHRS III, 4350/306).

A 2303   Auch wenn eine Risikoaufklärung in den Behandlungsunterlagen (hier: Risiko
von Nervverletzungen mit anhaltendem Taubheitsgefühl im Bereich des rechten
Unterkiefers) **nicht dokumentiert** ist, kann sich das Gericht von der Durchführung des Aufklärungsgesprächs überzeugen, wenn ein Vorgespräch mit der Erörterung bestehender Besonderheiten beim Patienten unstreitig ist und der Arzt

glaubhaft versichert, bei der speziellen Ausgangssituation sei auch die Gefahr einer Nervverletzung besprochen worden, zumal die Gefahr auf der Hand lag, diese **ständige und ausnahmslose Aufklärungsübung von einer nicht mehr in der Praxis des Arztes tätigen Zahnarzthelferin bestätigt wird** und die Rechnung an den Privatpatienten zur Begründung des angesetzten Steigerungsfaktors den Hinweis auf die „sehr große Gefahr der Verletzung des Nervus alveolaris" enthält (OLG Köln, Urt. v. 22. 4. 2009 – 5 U 152/08, juris, Nr. 37, 38, 39).

Enhält das **Aufklärungsformular keinen Hinweis auf die vorgesehene Operationsmethode,** kann die Anhörung des aufklärenden Arztes gleichwohl die Überzeugung vermitteln, dass auch über die Risiken des tatsächlich durchgeführten Eingriffes aufgeklärt wurde. Dies gilt insbesondere dann, wenn die wesentlichen Risiken des dann tatsächlich durchgeführten Eingriffs (hier: Verlagerung und „Durchscheuern" einer Prothese, Hautperforation) Tage zuvor **von einem anderen Arzt genannt** worden sind (OLG Koblenz, Urt. v. 9. 4. 2009 – 5 U 621/08, VersR 2010, 770, 771; vgl. auch Rz. A 2274d).

A 2304

Ist der **Vortrag der Patientin zur Aufklärung schwankend bzw. widersprüchlich,** so kann sich das Gericht seine Überzeugung von der Durchführung eines ordnungsgemäßen Aufklärungsgesprächs durch die **Zeugen- oder Parteivernehmung der aufklärenden Ärzte** bilden (OLG München, Urt. v. 10. 11. 2011 – 1 U 134/11, juris, Nr. 37, 42, 43, 46: zwei Ärzte hatten das Risiko des Auftretens von Parästhesien, das sich verwirklicht hat, unabhängig voneinander genannt).

A 2305

Gleiches gilt, wenn das Aufklärungsgespräch zwar nicht dokumentiert ist, die Angaben des Arztes jedoch glaubhaft sind und **die Schilderung des Patienten signifikante Erinnerungsdefizite offenbaren** (OLG Koblenz, Beschl. v. 19. 6. 2012 – 5 U 1242/11, NJW-RR 2012, 1420, 1422; vgl. auch OLG Koblenz, Beschl. v. 19. 3. 2012 – 5 U 1260/11 mit NZB BGH v. 6. 11. 2012 – VI ZR 177/12, VersR 2013, 462, 463, Rz. A 2274d, A 2292).

A 2305a

„Einiger Beweis" für die Durchführung eines Aufklärungsgespräches ist auch erbracht, wenn der aufklärende Arzt **glaubhaft seine ständige und gleichmäßige Aufklärungspraxis** (hier: über Infektionsrisiken) schildert und zwar kein vom Patienten unterzeichneter Aufklärungsbogen, jedoch ein **Eintrag über die Aufklärung des Patienten in den Behandlungsunterlagen („Kurve") vorliegt.** Dies gilt jedenfalls dann, wenn die dem widersprechende Schilderung des Patienten in anderen Punkten **nicht glaubwürdig** ist (OLG Köln, Beschl. v. 13. 11. 2012 – 5 U 69/12, VersR 2013, 463, 464).

A 2305b

Ist zwischen den Parteien **umstritten, ob überhaupt ein Aufklärungsgespräch stattgefunden** hat und befindet sich auch **kein entsprechender Aufklärungsbogen** bei der Krankenakte, so **reicht allein die Behauptung einer „ständigen Übung" zum Nachweis der Aufklärung in der Regel nicht aus** (OLG Brandenburg, NJW-RR 2000, 398, 400; OLG Oldenburg, Urt. v. 15. 11. 2006 – 5 U 68/05, AHRS III, 6815/300: aufklärungspflichtiges, erhöhtes Risiko im Bogen nicht erwähnt, ständige Aufklärungsübung nicht nachgewiesen; OLG Koblenz, Urt. v. 1. 4. 2004 – 5 U 1086/03, NJW-RR 2004, 1166 = VersR 2005, 695; OLG München, Urt. v. 17. 11. 2011 – 1 U 4499/07, juris, Nr. 91, 92, 95; G/G, 6. Aufl.,

A 2306

Rz. C 134: Hinweis auf „ständige Praxis" genügt nicht, wenn keine konkrete Erinnerung des Arztes besteht und keine ausreichenden Indizien für das Aufklärungsgespräch vorhanden sind; Ramm, MDR 2012, 463, 464: Beweissituation der Behandlungsseite wird erheblich verschlechtert; Petig/Rensen, MDR 2012, 877, 881: erhebliche Zweifel an der Durchführung des Aufklärungsgesprächs; vgl. aber oben Rz. A 2274 ff.).

A 2307 So ist auch die Erklärung des Arztes, er weise auf das bei einer Entfernung „kalter Knoten" im Bereich des Schilddrüsenlappens bestehende Risiko operationsbedingt dauerhaft verbleibender Atembeschwerden hin, unzureichend, wenn er an das konkrete Aufklärungsgespräch **keine Erinnerung mehr hat** und sonstige Anhaltspunkte für eine vollständige Aufklärung fehlen (OLG Koblenz, Urt. v. 1. 4. 2004 – 5 U 1086/03, NJW-RR 2004, 1166 = MedR 2005, 292 bei Kern; auch OLG Koblenz, VersR 2003, 1313, 1314; G/G, 6. Aufl., Rz. C 134; Kern, MedR 2005, 292).

A 2308 Die Aussage des Arztes, er **könne sich an das konkrete Aufklärungsgespräch mit dem Patienten nicht mehr erinnern, er „müsste aber auch darüber** (d. h. die Schädigung des nervus peroneus mit dauerhafter Fußheberparese) **aufgeklärt haben"** (OLG Koblenz, Urt. v. 12. 2. 2009 – 5 U 927/06, OLGR 2009, 556, 558 = VersR 2009, 1077, 1078: Risiko war im Aufklärungsbogen nicht erwähnt, Assistenzarzt war unerfahren) bzw. er würde aber **„normalerweise über das erhöhte Infektionsrisiko aufklären**, das aus der Einnahme kortisonhaltiger Präparate resultiert", er könne aber nach so langer Zeit nicht mehr sagen, was genau er mit dem Patienten besprochen hat, **genügt nicht** für die glaubhafte Darstellung einer **ständigen und ausnahmslosen Übung des Arztes**, die stets eingehalten worden ist, wenn nicht ausgeschlossen ist, dass er das konkrete, insoweit **im Aufklärungsbogen nicht erwähnte, erhöhte Risiko** gegenüber dem bestimmten Patienten **gerade nicht erwähnt** hat (OLG Oldenburg, Urt. v. 15. 11. 2006 – 5 U 68/05, juris, Nr. 34 = AHRS III, 6815/300; vgl. aber OLG Jena, Urt. v. 7. 4. 2004 – 4 U 1308/01, AHRS III, 4350/309, Rz. A 2291e).

A 2309 Gleiches gilt, wenn der Arzt **keine konkrete Erinnerung** an das nicht dokumentierte Aufklärungsgespräch hat und erklärt, „er würde sagen, dass er mit dem Patienten auf jeden Fall über das (aufklärungspflichtige) Risiko eines Nierenversagens (Anm.: bei vorbestehender Nierenfunktionsstörung vor der Durchführung einer Herzkatheteruntersuchung) gesprochen habe", er sich aber auch nicht mehr dran erinnern kann, ob ihm ein die Risikoaufklärung indizierender auffälliger Laborbefund überhaupt bekannt gewesen und eine bestehende Nierenfunktionsstörung des Patienten **in der Dokumentation nicht erwähnt** ist (OLG Hamm, Urt. v. 15. 6. 2005 – 3 U 289/04, GesR 2005, 401, 402).

A 2310 Besteht Streit darüber, ob ein Aufklärungsgespräch überhaupt stattgefunden hat und lassen sich in den **Behandlungsunterlagen keine Hinweise** finden (unterzeichnetes Aufklärungsformular oder Eintragung in der Patientenkartei), können Zweifel an der Durchführung eines Aufklärungsgesprächs nicht schon mit dem Verweis auf eine „ständige Praxis" ausgeräumt werden, wenn der (angeblich aufklärende) Arzt im Rahmen der Parteianhörung oder der Zeugenvernehmung einräumt, dass der **Umfang der Aufklärung nicht immer gleich gewesen** sei, also gerade keine generelle, ständige Aufklärungsübung bestand (OLG Brandenburg, Urt. v. 12. 7. 2007 – 12 U 207/06, GesR 2007, 575).

Ein vom Patienten unterzeichneter Aufklärungsbogen, in dem das fragliche Risiko genannt ist, **indiziert die Durchführung eines Aufklärungsgesprächs dann nicht, wenn nicht auszuschließen ist, dass ein Krankenpfleger bzw. eine Krankenschwester den wesentlichen Teil des Aufklärungsgesprächs geführt hat** (OLG Brandenburg, Urt. v. 4. 11. 2010 – 12 U 148/08, juris, Nr. 18).   A 2311

Ist das sich realisierende Risiko einer nicht mehr korrigierbaren Über- oder Unterkorrektur im Rahmen einer Laseroperation mit der möglichen, künftigen Folge einer Erblindung oder einer schweren Sehbehinderung **im Aufklärungsbogen nicht erwähnt** und wird dort lediglich ausgeführt, dass das Sehvermögen in Extremfällen bis zum 20 % nachlassen kann, wobei bei einem Zweiteingriff sehr gute Aussichten auf Besserung bestünden, so ist der **Nachweis der Durchführung eines Aufklärungsgesprächs nicht geführt, wenn der aufklärende Arzt erklärt, er würde die Patientin stets auf das seltene Risiko einer Erblindung hinweisen, hätte aber von einer handschriftlichen Ergänzung des Aufklärungsbogens insoweit abgesehen** (OLG München, Urt. v. 17. 11. 2011 – 1 U 4499/07, juris, Nr. 91, 92, 95: im vorgedruckten Bogen wurde auch nur das Risiko des Nachlassens des Sehvermögens erwähnt).   A 2312

Gewichtige **Umstände, die gegen eine regelhafte Aufklärung** und dafür sprechen, dass im konkreten Fall **keine ausreichende Aufklärung** über Risiken und Behandlungsalternativen erfolgt ist, liegen auch vor, wenn sich vorhandene handschriftliche Zusätze in einem Aufklärungsbogen auf die Risiken des Ersteingriffs (Brustkrebsoperation) beziehen, in den schriftlichen Unterlagen keine Hinweise für eine Aufklärung auf Risiken und Alternativen einer Zweitoperation (hier: Brustaufbau) vorliegen und zum Zeitpunkt der Vornahme der Aufklärung über die Risiken der Erstoperation noch nicht absehbar war, ob und in welchem Umfang es im weiteren Verlauf zu einem Brustaufbau kommen werde. Die nicht durch eine schriftliche Dokumentation gestützte Behauptung des Arztes, er hätte die Patientin entsprechend seiner ständigen Übung bereits vor der Tumorexzision bzw. vor der operativen Entfernung der befallenen Brust über die möglichen Alternativen eines späteren Brustaufbaus und die Risiken von Silikonprothesen informiert, ist in einem solchen Fall **nicht glaubhaft** (OLG Köln, Urt. v. 24. 5. 2000 – 5 U 230/99, AHRS III, 6805/303).   A 2313

4. Parteivernehmung und Parteianhörung

Im Anschluss an eine Entscheidung des EGMR (NJW 1993, 1413) hat der BGH (NJW 1999, 363, 364 = MDR 1999, 699; ebenso BGH, Urt. v. 14. 5. 2013 – VI ZR 325/11, GesR 2013, 405, Nr. 10, 11; BGH, Urt. v. 27. 9. 2005 – XI ZR 216/04, NJW-RR 2006, 61, 63 = MDR 2006, 285; Beschl. v. 25. 9. 2003 – III ZR 384/02, NJW 2003, 3636 = MDR 2004, 227; Urt. v. 19. 12. 2002 – VII ZR 176/02, NJW-RR 2003, 1002 = MDR 2003, 467; NJW-RR 2001, 1431, 1432 und sowie zustimmend BVerfG, Beschl. v. 21. 2. 2001 – 2 BvR 140/00, NJW 2001, 2531, 2532) in einer Fallkonstellation, in der der einen **Partei ein Mitarbeiter als Zeuge** zur Seite stand, während die andere Partei das fragliche Gespräch, dessen Inhalt streitig   A 2314 war, selbst geführt hatte, entschieden, dass dieser Umstand im Rahmen der Ermessensentscheidung, Letztere zu deren Vortrag gem. § 448 ZPO als Partei zu vernehmen, zu berücksichtigen ist. Dem Grundsatz der „Waffengleichheit" könne durch die Anhörung der Partei gem. § 141 ZPO bzw. deren Vernehmung nach § 448 ZPO über ein **Vier-Augen-Gespräch** Genüge getan werden. Dabei sei das Gericht nicht gehindert, einer solchen Parteierklärung den Vorzug vor den Bekundungen des Zeugen zu geben.

A 2315 Erfordert der – im gesamten Zivilprozessrecht geltende – Grundsatz der „Waffengleichheit", einer Partei, die für ein Gespräch keinen Zeugen hat, Gelegenheit zu geben, ihre Darstellung des Gesprächs persönlich in den Prozess einzubringen, kann die Vernehmung der Partei gem. **§ 448 ZPO** als auch ihre Anhörung gem. **§ 141 ZPO nicht** von einer überwiegenden Wahrscheinlichkeit („Anfangswahrscheinlichkeit") abhängig gemacht werden (BGH, Urt. v. 27. 9. 2005 – XI ZR 216/04, NJW-RR 2006, 61, 63 = MDR 2006, 285; OLG Karlsruhe, Urt. v. 7. 4. 2010 – 7 U 114/09, GesR 2010, 367, 368; OLG Frankfurt, Urt. v. 10. 10. 2012 – 19 U 235/11, MDR 2013, 107, 108; **a. A.** Zöller/Greger, 30. Aufl. 2014, § 448 Rz. 2a: Neuinterpretation des § 448 ZPO ist abzulehnen).

A 2316 Im Interesse der **Waffengleichheit zwischen Arzt und Patient** darf einer Anhörung des Arztes bei der Beweiswürdigung gegenüber der Aussage des Patienten, der infolge des gesetzlichen Übergangs seiner Ansprüche etwa auf eine Krankenkasse oder der Abtretung als Zeuge vernommen wird, nicht von vornherein jede entscheidungserhebliche Bedeutung abgesprochen werden (OLG München, Urt. v. 26. 9. 2002 – 1 U 4148/99, OLGR 2003, 423).

A 2317 Diese Linie, die die **Anforderungen an die Zulässigkeit der Parteivernehmung absenkt** und den Beweiswert einer Parteianhörung insbesondere dann erweitert, wenn **nur der Gegenseite Zeugen zur Verfügung stehen**, setzt sich zunehmend durch (BVerfG NJW 2001, 2531, 2532; BGH, Urt. v. 27. 9. 2005 – XI ZR 216/04, NJW-RR 2006, 61, 63 = MDR 2006, 285; NJW-RR 2001, 1431, 1432; BGH, Urt. v. 14. 5. 2013 – VI ZR 325/11, GesR 2013, 405, Nr. 10, 11: **Grundsätze gelten auch bei Sechs-Augen-Gespräch, bei dem der allein zur Verfügung stehende Zeuge im Lager des Prozessgegners steht**; das Gericht kann einer Parteianhörung i. Ü. die gleiche Bedeutung wie einer Aussage bei einer Parteivernehmung zumessen; OLG Frankfurt, Urt. v. 10. 10. 2012 – 19 U 235/11, MDR 2013, 107, 108: **Parteivernehmung oder Parteianhörung des Klägers bei Vier-Augen-Gespräch mit Angestelltem des Beklagten**; OLG Karlsruhe, Urt. v. 7. 4. 2010 – 7 U 114/09, GesR 2010, 367, 368: **bei Vier-Augen-Gespräch Parteivernehmung, zumindest Parteianhörung erforderlich**; KG, Urt. v. 15. 12. 2003 – 20 U 105/02, VersR 2005, 1399; OLG Koblenz, Urt. v. 18. 9. 2003 – 5 U 306/03, NJW 2004, 414, 415; OLG Koblenz, Beschl. v. 22. 10. 2007 – 5 U 1288/07, OLGR 2008, 178: **Parteianhörung des Arztes, um letzte Zweifel auszuräumen**; OLG München, Urt. v. 26. 9. 2002 – 1 U 4148/99, OLGR 2003, 423; OLG München, Urt. v. 25. 7. 2002 – 1 U 4499/01, GesR 2003, 274, 275; OLG Saarbrücken OLGR 2000, 296; OLG Zweibrücken, Urt. v. 11. 10. 2005 – 5 U 10/05, OLGR 2006, 154, 156: Nachweis der „ständigen Aufklärungsübung" durch Parteivernehmung des Arztes; **ablehnend** noch OLG Düsseldorf VersR 1999, 205; LAG Köln MDR 1999, 1085; Zöller/Gummer, 26. Aufl., § 448 ZPO Rz. 2a; differenzierend jetzt in der 30. Aufl. 2014, § 448 ZPO Rz. 2a: Parteianhörung, keine Parteivernehmung zu den Angaben des Zeugen der Gegenseite).

Nach zutreffender Ansicht des BGH (Urt. v. 14. 5. 2013 – VI ZR 325/11, GesR   A 2318
2013, 405, Nr. 10, 11; ebenso Sächsisches LAG, MDR 2000, 724 und OLG München, Urt. v. 25. 7. 2002 – 1 U 4499/01, GesR 2003, 274, 275) **steht eine Parteianhörung i. S. d. § 141 ZPO bei entsprechender Würdigung des Wahrheitsgehalts der Bekundung den Beweismitteln der Parteivernehmung nach §§ 447, 448 ZPO gleich.**

Mit Beschl. v. 22. 5. 2007 (3 AZN 1155/06, NJW 2007, 2427, 2428, Nr. 16, 17)   A 2318a
hat das BAG entschieden, dass auch bei einem allein zwischen den Parteien geführten „**Vier-Augen-Gespräch**" die beweisbelastete Partei den Beweis durch einen Antrag auf Vernehmung oder Anhörung ihrer eigenen Person antreten kann, wobei das Gericht den **Beweisantritt berücksichtigen** und ihm in einer der beiden Formen zwingend nachgehen muss.

Noethen (NJW 2008, 334, 336; auch Zöller/Greger, 30. Aufl. 2014, § 448 ZPO Rz. 2a) lehnt die Entscheidung des BAG zu Recht ab und weist zutreffend darauf hin, dass bei einem ausschließlich zwischen den Parteien geführten „Vier-Augen-Gespräch" ein Verstoß gegen den Grundsatz der „Waffengleichheit" nicht in Betracht kommt, weil – anders als in den Fällen, in denen nur einer Partei ein Zeuge für das Gespräch zur Verfügung steht – in einem solchen Fall keiner der Parteien ein taugliches Beweismittel benennen kann.

Es besteht aber dann **keine Notwendigkeit zu einer Parteivernehmung von Amts**   A 2319
wegen, wenn der Partei das Ergebnis der Vernehmung der vom Prozessgegner benannten Zeugen bekannt ist und sie auf Grund ihrer Anwesenheit bei der Beweisaufnahme oder in einem nachfolgenden Termin in der Lage war, ihre Darstellung vom Verlauf eines Vier-Augen-Gesprächs mit einem Mitarbeiter des Prozessgegners, der als Zeuge vernommen wurde, durch eine **Wortmeldung nach § 137 IV ZPO persönlich vorzutragen** (BVerfG, Beschl. v. 27. 2. 2008 – 1 BvR 2588/06, NJW 2008, 2170; Zöller/Greger, 30. Aufl. 2014, § 448 ZPO Rz. 2a).

Eine förmliche Parteivernehmung des Arztes kommt nach einhelliger Ansicht   A 2320
aber jedenfalls dann in Betracht, wenn ein **zureichender Anhalt dafür besteht, dass die Sachdarstellung des Arztes zutrifft,** insbesondere dann, wenn ein **vom Patienten unterzeichneter Aufklärungsbogen** vorliegt (OLG Düsseldorf, Urt. v. 17. 3. 2005 – I-8 U 56/04, OLGR 2006, 12, 14 und Urt. v. 8. 5. 2008 – I-8 U 38/07, OLGR 2009, 199, 201: **Parteivernehmung, wenn das Aufklärungsformular handschriftliche Eintragungen zum Inhalt eines Aufklärungsgesprächs enthält;** OLG Düsseldorf, Urt. v. 19. 12. 2002 – 8 U 35/02, AHRS III, 4265/311: unterzeichnetes Aufklärungsformular; OLG Koblenz, Beschl. v. 22. 10. 2007 – 5 U 1288/07, OLGR 2008, 178: **Parteianhörung, um letzte Zweifel auszuräumen;** OLG Naumburg, Urt. v. 11. 7. 2006 – 1 U 1/06, BeckRS 2007, 3103, S. 5/6: Eintragung in den Behandlungsunterlagen bzw. im Aufklärungsbogen; OLG Zweibrücken, Urt. v. 11. 10. 2005 – 5 U 10/05, OLGR 2006, 154, 156: **bei unterzeichnetem Aufklärungsbogen und/oder Vermerk in der Patientenkartei;** Wenzel-Simmler, Kap. 2 Rz. 1735; G/G, 6. Aufl., Rz. C 88, 134).

A 2321 Behauptet der Patient, er habe dem beklagten Arzt Tatsachen mitgeteilt, aus denen sich eine ergänzende Hinweis- oder Aufsichtspflicht ergeben hätte, muss er dieses Vorbringen beweisen. Da derartige Gespräche regelmäßig nur unter vier Augen stattfinden, gebietet es die gerichtliche Aufklärungspflicht, die Parteien zumindest gem. § 141 ZPO persönlich anzuhören. Begründet der gem. § 141 ZPO angehörte Arzt das Gegenteil der Beweisbehauptung des Patienten und verhandelt der Prozessbevollmächtigte des Patienten daraufhin rügelos weiter, ohne seinen Antrag auf eigene Parteivernehmung des Patienten gem. § 445 ZPO zu wiederholen, liegt hierin ein Verzicht auf den zuvor gestellten Antrag (OLG Koblenz, Beschl. v. 22. 7. 2007 – 5 U 880/07, OLGR 2007, 936, 937 = VersR 2008, 123, 124).

XI. Einzelfälle in alphabetischer Reihenfolge

1. Aids

A 2322 Lehnt eine HIV-infizierte Patientin gegen den Rat des sie behandelnden Arztes einen Aidsbluttest ab, so haftet der Arzt nicht einem Lebenspartner der Patientin, der von dieser mit dem Aidsvirus angesteckt wird; er ist auch nicht verpflichtet, die Verweigerung des Aidstests durch die Patientin zu dokumentieren (OLG Düsseldorf, VersR 1995, 339).

A 2323 Vor der Verabreichung zahlreicher Bluttransfusionen besteht (entschieden für das Jahr 1995) eine Verpflichtung der Ärzte, den Patienten auf die Möglichkeit einer HIV-Infektion hinzuweisen und zu einem HIV-Test zu raten. Ist eine entsprechende **präoperative Sicherungsaufklärung** wegen der Notfallaufklärung oder Unansprechbarkeit des verunfallten Patienten nicht möglich, wandelt sich die Aufklärungsverpflichtung jedenfalls bei für den Patienten und dessen Kontaktpersonen lebensgefährlichen Risiken zu einer Pflicht zur alsbaldigen **nachträglichen Sicherheitsaufklärung** (BGH, Urt. v. 14. 6. 2005 – VI ZR 179/04, VersR 2005, 1238, 1240 = GesR 2005, 403, 405; zustimmend Katzenmeier, NJW 2005, 3391, 3393 m. w. N.).

A 2324 Eine Aufklärung der nächsten Angehörigen durch den Arzt über eine schwerwiegende ansteckende Krankheit wie Aids u. a. ist in jedem Fall geboten, wenn der Patient aufgrund seiner geistigen Fähigkeiten nicht (mehr) in der Lage ist, die Tragweite der Erkrankung und deren Bedeutung für das Umfeld richtig einzuschätzen (OLG München, Urt. v. 18. 12. 1997 – 1 U 5625/95) oder wenn der Patient ihm zwar verbietet, eine Aidserkrankung seiner Lebensgefährtin zu offenbaren, diese jedoch ebenfalls Patientin desselben Arztes ist (OLG Frankfurt, MDR 1999, 1444 mit zust. Anm. Vogels, MDR 1999, 1445 und Rehborn, MDR 2000, 1104).

Die vom Arzt vorzunehmende Güterabwägung verpflichtet ihn angesichts der für seine Patientin bestehenden Lebensgefahr, dem Rechtsgut Leben gegenüber dem Geheimhaltungsinteresse des Erkrankten Vorzug zu geben (OLG Frankfurt, MDR 1999, 1444).

A 2325 Zu Gunsten des Patienten kommt ein **Anscheinsbeweis** dahingehend in Betracht, dass ihm in einem Krankenhaus verabreichtes Fremdblut infiziert war, wenn die Kontaminierung eines verwendeten Blutprodukts feststeht und keine weiteren Ursachen außerhalb des Verantwortungsbereichs der Behandlungsseite für die der Kontaminierung entsprechende Erkrankung ersichtlich sind (BGH, Urt. v. 14. 6. 2005 – VI ZR 179/04, VersR 2005, 1238 = GesR 2005, 403, 404; VersR 1991, 816, 817f.; vgl hierzu → *Anscheinsbeweis*, Rz. A 160ff.).

Bei einer HIV-Infektion nach einer Bluttransfusion setzt die Annahme eines An-   A 2326
scheinsbeweises voraus, dass der Patient, der HIV-kontaminiertes Blut oder kon-
taminierte Blutprodukte erhalten hat, weder zu den HIV-gefährdeten Risikogruppen gehört noch durch die Art seiner Lebensführung einer gesteigerten Infektionsgefahr ausgesetzt ist bzw. war (BGH, Urt. v. 14. 6. 2005 – VI ZR
179/04, VersR 2005, 1238; OLG Düsseldorf, NJW 1995, 3060; VersR 1996, 377,
378; VersR 1996, 1240; VersR 1998, 103; OLG Hamm, VersR 1995, 709; NJW-RR
1997, 217, 218; OLG Karlsruhe, OLGR 2002, 170; auch OLG Brandenburg, NJW
2000, 1500 und OLG Celle, VersR 1998, 1023 im Zusammenhang mit einer Hepatitisinfektion).

2. Amalgam

Zwar ist auch über extrem seltene, aber schwerwiegende Risiken aufzuklären,   A 2327
wenn sie für die Behandlung wesenstypisch sind oder in der medizinischen Wissenschaft bereits ernsthafte Stimmen darauf hinweisen, die nicht als unbeachtliche Außenseitermeinungen abgetan werden können (vgl. zuletzt BGH, Urt. v.
13. 6. 2006 – VI ZR 323/04, VersR 2006, 1073, 1074 = NJW 2006, 2477, 2478).
Das allgemeine Risiko, an amyotropher Lateralsklerose (ALS) zu erkranken,
wird aus medizinischer Sicht durch Verwendung von Amalgam bzw. des darin
enthaltenen Quecksilbers für Zahnfüllungen nicht erhöht. Es besteht auch kein
wissenschaftlich begründeter, gewichtiger und ernsthaft vertretener Verdacht eines Zusammenhangs zwischen Amalgamfüllungen und dem Auftreten von ALS
(OLG Koblenz, NJW 1999, 3419; auch LG Lübeck, NJW 2001, 2811, 2812; zur
Verwendung von Amalgam vgl. Pfeffer/Kurz, MedR 2001, 235ff.) oder anderen
Erkrankungen (OLG München, Beschl. v. 3. 6. 2005 – 1 W 1482/04, AHRS III,
2693, 307). Über den vorgesehenen Einsatz von Amalgam muss der Patient nicht
aufgeklärt werden (OLG Koblenz, NJW 1999, 3419; LG Lübeck a.a.O.).

3. Angiographie

(Gefäßdarstellung durch Injektion eines Röntgenkontrastmittels und anschlie-   A 2328
ßende Anfertigung schneller, programmierter Aufnahmeserien; vgl. auch
Rz. A 873, A 877, A 980, A 1004, A 1017, A 1127ff., A 1543, A 1649, A 1654,
A 1932, A 2066, G 540f., G 663).

Der Patient muss über die Risiken einer arteriellen Angiographie wie die Gefahr
einer Hirnembolie mit Halbseitenlähmung und Sprachstörung, eine mögliche
Geschwürbildung oder einen kleinen Gefäßverschluss aufgeklärt werden, auch
wenn er zuvor schon durch einen anderen Arzt anlässlich einer venösen Angiographie über deren Risiken und über diejenigen einer später möglicherweise
nachfolgenden arteriellen Angiographie informiert worden ist (OLG Hamm,
VersR 1992, 833).

A 2329　Vor einer Carotisangiographie (Diagnoseeingriff) ist eine besonders gefährdete Person deutlich, wenn auch schonend über das Risiko eines Schlaganfalls mit der Folge bleibender Lähmungen aufzuklären; der Hinweis auf andere gewichtige Risiken genügt nicht (OLG Hamm, VersR 1989, 807).

A 2330　Hat der Patient bereits zuvor einen Schlaganfall erlitten, muss auch auf das **erhöhte Risiko eines Schlaganfalls** von 0,5 % auf 1,0 % hingewiesen werden (OLG Oldenburg, Urt. v. 4. 7. 2007 – 5 U 106/06, VersR 2008, 124, 125, bestätigt von BGH, Urt. v. 18. 11. 2008 – VI ZR 198/07, MDR 2009, 281, 282 = VersR 2009, 257, 258, Nr. 15, 16).

A 2331　Vor der Durchführung einer diagnostischen Koronarangiographie nebst Herzkatheteruntersuchung ist der Patient jedenfalls bei vorbestehender, leichter Nierenfunktionsstörung über das kontrastmittelbedingte Risiko des unter Umständen dialysepflichtigen Nierenversagens aufzuklären. Der erst nach Einleitung vorbereitender Untersuchungen am Tage des Eingriffs erteilte Hinweis ist in einem derartigen Fall verspätet (OLG Hamm, Urt. v. 15. 6. 2005 – 3 U 289/04, GesR 2005, 401, 402).

A 2332　**Vor Durchführung einer Angiographie ist auch auf das Risiko einer Querschnittlähmung** (OLG Stuttgart, VersR 1983, 278), **einer Halbseitenlähmung** (OLG Hamm, VersR 1989, 807; OLG Stuttgart, VersR 1988, 832; OLG München, VersR 1983, 930), **auf das Schlaganfallrisiko** durch den Verschluss der Arteria brachialis bzw. axillaris (OLG Oldenburg, VersR 1991, 1242; OLG Oldenburg, Urt. v. 4. 7. 2007 – 5 U 106/06, VersR 2008, 124, 125, bestätigt von BGH, Urt. v. 18. 11. 2008 – VI ZR 198/07, VersR 2009, 257, 258, Nr. 15, 16: von 0,5 % auf 1,0 % erhöhtes Risiko eines Schlaganfalls), **eine mögliche Hirnembolie** (OLG Celle, VersR 1988, 829) und **bleibende Sprachstörungen** (OLG Hamm, VersR 1981, 686; OLG München, VersR 1983, 930) **hinzuweisen.**

4. Antibiotikaprophylaxe

A 2333　Eine präoperative Antibiotikaprophylaxe ist bei einer Kniegelenksarthroskopie nicht routinemäßig vorzunehmen. Bei Nichtbestehen einer Indikation der Prophylaxe muss der Patient auch nicht darüber aufgeklärt werden, dass sie ungeachtet dessen zur Sicherheit des Patienten vorgenommen werden könnte. Es handelt sich um eine Therapieentscheidung, die grundsätzlich nicht aufklärungspflichtig ist (OLG Düsseldorf, Urt. v. 21. 3. 2002 – 8 U 172/01, NJW-RR 2003, 88, 89 = OLGR 2003, 390).

A 2334　Die Nichtvornahme einer routinemäßigen Antibiotikaprophylaxe vor einer neurochirurgischen Angiom-Exstirpation ist nicht behandlungsfehlerhaft. Im Rahmen der Eingriffsaufklärung ist der Patient auch nicht über das Für und Wider einer **routinemäßigen Antibiotikaprophylaxe** aufzuklären (OLG Hamm, Urt. v. 26. 1. 2004 – 3 U 157/03, GesR 2004, 181).

Eine Aufklärung über das Thrombose- und Embolierisiko etwa vor der operativen Ausräumung eines infizierten Hämatoms am Oberschenkel ist entbehrlich, weil dieses nicht spezifische Operationsrisiko im Regelfall als allgemein bekannt vorausgesetzt werden kann (OLG Stuttgart, Urt. v. 1. 3. 2005 – 1 U 13/04).

5. Blutspende/Eigenblut

Die mit einer Blutspende im Allgemeinen verbundenen Risiken, insbesondere aber das Risiko eines direkten **Nerventraumas** durch die eingeführte Nadel und die Möglichkeit bleibender Körperschäden, hierbei etwa irreversible Nervenschädigungen mit chronischen Schmerzen, bedürfen der Selbstbestimmungsaufklärung des Blutspenders. Diese Aufklärung muss umfassend und in einer auf die Person des Blutspenders abgestellten verständlichen und individuellen Form durch einen Arzt oder eine entsprechend geschulte Person erfolgen. Diesen Anforderungen genügen schriftliche Hinweise auf der Rückseite eines „**Fragebogens für Blutspender**" („Informationen zur Blutspende") regelmäßig nicht. Im Regelfall können solche Informationsblätter jedoch das Gespräch, in dem sich der Arzt davon überzeugen muss, ob der Patient die schriftlichen Hinweise gelesen und verstanden hat und das ihm die Möglichkeit gibt, auf seine Belange einzugehen und eventuelle Fragen zu beantworten, nicht ersetzen (OLG Zweibrücken, Urt. v. 19. 10. 2004 – 5 U 6/04, NJW 2005, 74, 75 = GesR 2005, 23, 25, bestätigt von BGH, Urt. v. 14. 3. 2006 – VI ZR 279/04, VersR 2006, 838, 840 = NJW 2006, 2108, 2109 mit zust. Anm. Spickhoff, NJW 2006, 2075; vgl. zur Aufklärung grds. durch einen Arzt Rz. A 1762). | A 2335

Auch ein mündlich erteilter Hinweis auf das Risiko einer „Nervschädigung" würde nicht ausreichen. Denn eine „**Nervschädigung**" weist ein **breites Spektrum** möglicher Folgen von einer vorübergehenden Schmerzempfindung, einer kurzfristigen Lähmung, einem Taubheitsgefühl bis hin zu chronischen, unbeherrschbaren Schmerzen und dauerhaften Lähmungen wie einer Querschnittslähmung auf und vermittelt dem Patienten demzufolge keine allgemeine Vorstellung über die mit dem Eingriff verbundenen Gefahren (BGH, Urt. v. 14. 3. 2006 – VI ZR 279/04, NJW 2006, 2108, 2109: Patient leidet an chronischen Schmerzen im Unterarm). | A 2336

Patienten sind immer dann über das Risiko einer Infektion mit **Hepatitis** und **AIDS** bei der Transfusion von Fremdblut aufzuklären, wenn es für den Arzt ernsthaft in Betracht kommt, dass bei ihnen intra- oder postoperativ eine Bluttransfusion erforderlich werden kann (BGH, MDR 1992, 233; OLG Zweibrücken, VersR 1998, 1553, 1554). Nach den ergänzenden Empfehlungen zu den Richtlinien zur Blutgruppenbestimmung und Bluttransfusion der Bundesärztekammer ist dies bei einem „Richtwert von 5 %" der Fall (OLG Zweibrücken, VersR 1998, 1553, 1554 = MedR 1999, 224, 226). | A 2337

Darüber hinaus sind solche Patienten auf den Weg der **Eigenblutspende** als ernsthafte Alternative zur Transfusion von fremdem Spenderblut hinzuweisen, sofern für sie diese Möglichkeit besteht (BGH, MDR 1992, 233). So ist die Möglichkeit einer alternativen Eigenbluttransfusion vor der Operation von Verwachsungen des Dünndarms und des Dickdarms **aufklärungsbedürftig** (OLG Hamm, VersR 1995, 709; G/G, 6. Aufl., Rz. C 34). | A 2338

Ist die Eigenbluttransfusion kontraindiziert, stellt sie keine ernsthafte, aufklärungspflichtige Alternative zur Fremdbluttransfusion dar (OLG Köln, VersR 1997, 1534). | A 2339

Nimmt ein **Gynäkologe** zur Abklärung einer **Unterbauchschmerzsymptomatik**, etwa bei Verdacht einer Zyste am Eierstock der Patientin, eine diagnostische Laparoskopie vor, so muss er wegen des extrem seltenen Risikos einer Blutung und dadurch erforderlicher Bluttransfusion nicht über die Möglichkeit der Eigenblutspende aufklären; in diesem Falle ist die Erforderlichkeit einer Fremdbluttransfusion nicht vorhersehbar (OLG Zweibrücken, VersR 1998, 1553).

A 2340 Auch wenn ein Patient vor einer größeren Operation über die Möglichkeit einer ernsthaft in Betracht kommenden Eigenbluttransfusion nicht aufgeklärt wurde, haftet der Arzt nur dann, wenn festgestellt werden kann, dass durch die Bluttransfusion eine Infektion verursacht wurde; den Patienten trifft die Beweislast, dass eine **Blutkonserve kontaminiert** war (LG Nürnberg-Fürth, VersR 1998, 461; vgl. → *Anscheinsbeweis*, Rz. A 169 ff., A 203 ff.).

A 2341 Die Unterlassung der Belehrung über die Risiken einer Bluttransfusion begründet nicht ohne weiteres eine Haftung des Arztes wegen einer nachfolgend aufgetretenen Aidserkrankung, wenn bei dem Patienten infolge gastrointestinaler Blutungen ein erheblicher Blutverlust eingetreten war und keine ernsthaften Behandlungsalternativen bestanden (OLG Düsseldorf, VersR 1996, 1240).

6. Diagnosemitteilung, fehlerhafte

A 2342 Dem Arzt obliegt die grundsätzliche Pflicht, den Patienten durch die Art und den Inhalt der Diagnosemitteilung bzw. Diagnoseaufklärung nicht in unnötige Ängste zu versetzen und ihn nicht unnötig zu belasten (OLG Bamberg, Urt. v. 24. 3. 2003 – 4 U 172/02, VersR 2004, 198; LG Cottbus, Urt. v. 1. 10. 2003 – 3 O 115/03, MedR 2004, 231, 232; OLG Oldenburg, VersR 1990, 742).

A 2343 Diese Pflicht des Arztes ist jedenfalls dann verletzt, wenn *erstens* die eröffnete Diagnose objektiv falsch ist, *zweitens* dafür auch keine hinreichende tatsächliche Grundlage besteht, *drittens* sie den Laien auf eine schwere, unter Umständen lebensbedrohliche Erkrankung schließen lässt und *viertens* die Art und Weise der Mitteilung unter den gegebenen Umständen auch geeignet ist, den Patienten in psychischer Hinsicht schwer zu belasten, insbesondere bei ihm Überreaktionen auszulösen (OLG Bamberg, Urt. v. 24. 3. 2003 – 4 U 172/02, VersR 2004, 198; auch OLG Braunschweig, VersR 1990, 57; OLG Celle, VersR 1981, 1184; OLG Köln, VersR 1988, 139; 1988, 385).

A 2344 So rechtfertigt die Eröffnung der unzutreffenden Diagnose „Hodenkrebs", aufgrund derer der Patient einen Monat in Todesangst lebt, ein Schmerzensgeld in Höhe von 2500 Euro (OLG Bamberg, Urt. v. 24. 3. 2003 – 4 U 172/02, VersR 2004, 198).

7. Dickdarmoperation, Darmerkrankung (colitis ulcerosa)

A 2345 Vor einer Dickdarmoperation ist u. a. über das **Risiko von Nervenverletzungen**, nicht jedoch gesondert über die extrem seltene Komplikation eines Kompartementsyndroms an den Unterschenkeln aufzuklären (OLG Hamm, Urt. v. 3. 5. 2005 bei Bergmann/Müller, MedR 2006, 650, 651). Besteht bei einer Operation das erhebliche Risiko, dass die Krankheit nach dem Eingriff wieder ausbricht (hier: Befall des bislang gesunden Darmabschnitts mit colitis ulcerosa nach Entfernung eines erkrankten Abschnitts), ist der Patient hierauf hinzuweisen. In einem solchen Fall muss der Arzt den Patienten darüber aufklären, dass als **ernsthafte Alternative die Entfernung des gesamten Darms** und die Anlage eines künstlichen Darmausgangs in Betracht kommt (OLG München, Urt. v. 3. 8. 2006 – 1 U 5775/05, OLGR 2007, 205, 206).

Der vom Patienten behauptete ernsthafte Entscheidungskonflikt ist jedoch nicht plausibel, wenn er wegen der Erkrankung unter einem erheblichen Leidensdruck stand (massive Beschwerden und durch Kortisonpräparate verursachte erhebliche Nebenwirkungen) und die Entfernung des gesamten Darms ganz erhebliche Nachteile (künstlicher Darmausgang, Erfolgsquote nur 50–70 %) aufweist (OLG München, a. a. O.). | A 2346

8. Hüftgelenksoperation

Unter mehreren praktisch gleichwertigen Methoden, etwa des Zugangs zur Implantation einer Hüftendoprothese, darf ein Operateur das nach seinem Ermessen am besten geeignete Verfahren bevorzugen, insbesondere ein solches, für das er nachgewiesenermaßen die größte Erfahrung besitzt. Über unterschiedliche, hinsichtlich Chancen und Risiken im Wesentlichen gleichwertige **Zugangsmöglichkeiten zum Operationsgebiet** muss i. d. R. **nicht aufgeklärt** werden (OLG München, Urt. v. 29. 11. 2001 – 1 U 2554/01, OLGR 2002, 419; ebenso OLG Bamberg, OLGR 2003, 300). | A 2347

Vor einer Hüftgelenksoperation muss u. a. auf die Möglichkeit **dauerhafter Nervschädigungen** hingewiesen werden (OLG Oldenburg, NJW 1997, 1642; OLG Koblenz, VersR 1992, 963), ebenso auf eine mögliche **Hüftkopfnekrose** bzw. einen Schenkelhalsbruch nach einem nicht immer vermeidbaren Fehlschlagen einer Abduktionsosteotomie (BGH, VersR 1985, 969). | A 2348

Bei einer Hüftgelenksprothese liegt die **Wahl des Prothesenmodells** bei gleichwertigen Modellen im Rahmen der ärztlichen Therapiefreiheit; so kann eine nicht zementierte Totalendoprothese statt einer zementierten Prothese eingesetzt (OLG München, Urt. v. 14. 11. 1991 – 1 U 6324/90, für 1986) oder die Materialkombination Metall/Polyäthylen statt Keramik/Polyäthylen gewählt werden (OLG Karlsruhe, Urt. v. 10. 7. 2002 – 7 U 159/01, OLGR 2002, 392, 393; ebenso OLG Stuttgart, Beschl. v. 21. 7. 2008 – 1 U 25/09, S. 3 zur gewählten Keramik/Keramik-Gleitpaarung gegenüber einer Keramik/Polyäthylen-Gleitpaarung mit unwesentlich geringerem Bruchrisiko). | A 2349

Nach Auffassung des OLG Oldenburg (VersR 1997, 1535) ist dagegen bereits bei der Operationsplanung der Hinweis auf unterschiedliche Implantatmaterialien, die zur Verwendung kommen können, erforderlich. Wird der Patient auch auf das Risiko der Lockerung des künstlichen Gelenks und darauf, dass ein Dauererfolg nicht unbedingt erwartet werden kann, hingewiesen, ist es unschädlich, wenn die **Gefahr** eines **Materialbruchs** nicht ausdrücklich erwähnt wird (OLG München, Urt. v. 14. 11. 1991 – 1 U 6324/90). | A 2350

A 2351 Vor einer Knie- oder Hüftoperation wird dem Patienten das Risiko von Bewegungseinschränkungen mit den Hinweis auf die Möglichkeit einer **Prothesenlockerung** ausreichend vermittelt (OLG Düsseldorf, Urt. v. 27. 9. 2001 – 8 U 2/01, AHRS III, 4650/309).

A 2352 Wurde der Patient vor der Implantation eines künstlichen Hüftgelenks über das **Risiko einer Nervenlähmung** aufgeklärt, liegt eine ausreichende Aufklärung vor, wenn während der Operation eine weitere Dehnung erforderlich wird, die zu einer **Lähmung des Fuß- und Zehenhebernervs** führt (OLG Koblenz, Urt. v. 19. 10. 2001 – 10 U 1252/00, AHRS III, 4650/310).

Das Risiko einer Schädigung des Nervus femoralis (OLG Koblenz, VersR 1992, 953; G/G, 6. Aufl., Rz. C 52) sowie das **Thrombose- bzw. Embolierisiko** ist vor der Durchführung einer Hüftgelenksoperation aufklärungsbedürftig (OLG Köln, VersR 1990, 662).

A 2353 Die Anwendung des **computerunterstützten Fräsverfahrens („Robodoc")** am coxalen Femur (Hüft-Oberschenkelknochen) bei der Implantation einer Hüftgelenksendoprothese stellt nicht bereits als solche einen Behandlungsfehler dar. Im Jahr 1995 setzte die Anwendung dieses (seit 2004 nicht mehr angewandten) neuen Verfahrens jedoch voraus, dass die Ärzte den Patienten darüber aufgeklärt haben, dass es sich um eine neue Methode mit noch nicht abschließend geklärten Risiken handelt, die noch nicht lange praktiziert wird und dass es daneben noch das herkömmliche Verfahren mit ausschließlich manueller Technik gibt; dem Patienten mussten und müssen außerdem die wesentlichen Unterschiede beider Verfahren erklärt werden, insbesondere, dass die Operation mit der neuen Methode länger dauert und dass eine Voroperation zur Anbringung von Pins (Markierungsstifte) am Oberschenkelknochen erforderlich ist (OLG Frankfurt, Urt. v. 7. 12. 2004 – 8 U 194/03, NJW 2005, 173, 175; bestätigt von BGH, Urt. v. 13. 6. 2006 – VI ZR 323/04, VersR 2006, 1073, 1074 = GesR 2006, 411, 412 f.; Bender, VersR 2009, 176, 180).

Vgl. zu Eingriffen an der Hüfte Rz. A 848 f., A 859 ff., A 1067 ff., A 1123, A 1148 ff., A 1227a, A 1331, A 1529 ff., A 1589 f., A 1931c, A 1975.

9. Hysterektomie und Ausschabung der Gebärmutter

A 2354 Vor der Durchführung einer Hysterektomie (operative Entfernung der Gebärmutter) muss die Patientin insbesondere über folgende Risiken aufgeklärt werden:

A 2355 Läsion des Harnleiters (BGH, NJW 1985, 1399; NJW 1984, 1807), einer Verletzungsfistel (OLG Köln, VersR 1990, 489; a. A. OLG Nürnberg, VersR 1996, 1372), einer postoperativen Darmnekrosefistel (OLG Köln, VersR 1983, 277; G/G, 6. Aufl., Rz. C 53: offengelassen, ob auch Nekrosefistel aufklärungsbedürftig), einer Blasen- oder Scheidenfistel (OLG Hamm, VersR 1991, 667), einer Verletzung von Blase oder Darm (OLG Nürnberg, VersR 1996, 1372) bzw. der Nachbarorgane (OLG Hamm, VersR 1991, 667), einer möglichen Verletzung umliegender Organe und eine Darmlähmung (OLG Dresden, Urt. v. 6. 1. 2000 – 4 U 3578/98, AHRS III, 4475/300: dieser Hinweis reicht aus), einer bleibenden Harninkontinenz (OLG Köln, VersR 1990, 311) sowie der Durchtrennung des Nervus femoralis (Oberschenkelnerv, bei Schädigung ist die Streckung im Kniegelenk unmöglich bzw. eingeschränkt, BGH, VersR 1993, 228).

Die Patientin ist auch darauf hinzuweisen, dass der durch eine Hysterektomie   A 2356
bezweckte Erfolg (hier: Beseitigung bzw. Verbesserung eines Beckenbodendefekts) nicht sicher ist und sich die bisherigen Beschwerden sogar **verschlimmern**
können (hier: Schmerzsymptomatik im Genitalbereich; OLG Düsseldorf, Urt. v.
29. 1. 2004 – I-8 U 75/03, AHRS III, 4475/310).

Vor Durchführung einer vaginalen Hysterektomie sind andere in Betracht kom-   A 2357
mende Ursachen der klinischen Beschwerden im gebotenen Umfang abzuklären.
Eine sofortige vaginale Hysterektomie darf nur vorgenommen werden, wenn die
Patientin über diese Verfahrensweise und den Verzicht auf eine Abrasio (Ausschabung) zur Abklärung der Ursachen für eine Blutungsstörung aufgeklärt worden ist (OLG Hamm, VersR 2001, 461, 462).

Wird die Patientin aufgeklärt, dass die Entfernung des Uterus die Unfruchtbar-   A 2358
keit zur Folge hat, muss sie nicht zusätzlich auf das Risiko eines „Posthysterektomiesyndroms" (psychische Fehlverarbeitung, Zweifel an der eigenen Vollwertigkeit u.a.) hingewiesen werden (OLG Düsseldorf, Urt. v. 23. 4. 2001 – 8 U
136/00, AHRS III, 4475/304).

Über die mit einer **Ausschabung** der Gebärmutterhöhle verbundenen Risiken,   A 2359
insbesondere des mit 1 : 1 000 seltene Risiko eines Asherman-Syndroms (Verklebung des Uteruskavums durch Bildung bindegewebsartiger Narbenzüge), muss
eine 28-jährige Patientin hingewiesen werden. Die Erwähnung des mit 1 : 10 000
äußerst seltenen Risikos einer Gebärmutterverletzung genügt nicht (OLG Köln,
Urt. v. 25. 4. 2007 – 5 U 180/05, VersR 2008, 1072, 1073).

10. Impfung

Grundsätzlich muss auch über äußerst seltene Risiken aufgeklärt werden, wenn   A 2360
das betreffende Risiko dem Eingriff spezifisch anhaftet und es bei seiner Verwirklichung die Lebensführung des Patienten besonders belastet (BGH, VersR
2000, 725, 726 = MDR 2000, 701). Dies gilt auch für öffentlich empfohlene Impfungen wie eine Impfung mit lebenden Polioviren, die eine Schadenshäufigkeit
von 1 zu 4,4 Mio. aufweist.

Bei derartigen Routinemaßnahmen genügte es nach bisheriger Rechtslage, wenn   A 2361
dem Patienten nach **schriftlicher Aufklärung** mit dem Hinweis, „selten treten
fieberhafte Reaktionen auf, extrem selten Lähmungen, ein Fall auf 5 Mio. Impfungen" Gelegenheit zu weiteren Informationen durch ein Gespräch mit dem
Arzt gegeben wird und dieser andernfalls von einer mündlichen Erläuterung absieht (BGH, VersR 2000, 725, 728 = MDR 2000, 701, 702; insoweit zustimmend
Terbille, MDR 2000, 1012, 1013; a.A. Spickhoff, NJW 2001, 1757, 1763 und NJW
2006, 2075, 2077; vgl. nunmehr aber § 630 II 1 Nr. 1 BGB und Rz. P 44f.).

Bei einer im Jahr **1989** durchgeführten **Polio-Impfung** bestand für den Arzt keine   A 2362
Verpflichtung, vor oder nach der Impfung einen Hinweis des Inhalts auszuspre-

chen, dass für Kontaktpersonen eine **Ansteckungsgefahr** besteht (OLG Hamm, NJW-RR 2000, 1266). Für die **späteren Jahre** hat der BGH (MDR 1995, 585) eine solche Aufklärungspflicht jedoch bejaht. Im entschiedenen Fall hatte ein mit abgeschwächten Lebendviren gegen Kinderlähmung geimpfter Säugling einen Angehörigen mit Polio angesteckt.

A 2363 Nach Ansicht des BGH hätte die für den Säugling sorgeberechtigte Person entsprechend den Warnhinweisen der Herstellerin des Impfstoffs über die Ansteckungsgefahr für Kontaktpersonen für sechs bis acht Wochen aufgeklärt werden müssen (BGH, VersR 1994, 1228 = MDR 1995, 585; Deutsch, VersR 2003, 801, 803).

A 2364 Selbst bei Bejahung einer solchen Hinweispflicht obliegt der Nachweis, dass die durch die Unterlassung eingetretene Erkrankung auf eine Ansteckung durch die geimpfte Person zurückzuführen ist, dem Geschädigten; der – unterstellte – **Behandlungsfehler** des mangelnden Hinweises ist **nicht** als „grob" anzusehen (OLG Hamm, NJW-RR 2000, 1266, 1267; ebenso OLG Stuttgart, MedR 2000, 35, 37). Der Geschädigte trägt sowohl für den Vorwurf der ungenügenden oder fehlerhaften Aufklärung als auch für das Vorliegen eines mit der Impfung zusammenhängenden Behandlungsfehlers und dessen Kausalität für den eingetretenen Primärschaden die Beweislast (OLG Stuttgart, MedR 2000, 35, 36; zum fehlenden Kausalzusammenhang: OLG Koblenz, VersR 1996, 855; KG, VersR 2002, 438; LG Waldshut-Tiengen, bei Deutsch, VersR 2003, 801, 804).

A 2365 Soweit über die Impfrisiken nicht hinreichend aufgeklärt worden ist, kommt eine Beweislastumkehr allein aus diesem Grund nicht in Betracht (KG, VersR 2002, 438; OLG Stuttgart, MedR 2000, 35, 36; a. A. Deutsch, VersR 2003, 801, 805: **Anscheinsbeweis** dahingehend, dass im Fall einer Impfung die Infektion nicht aufgetreten wäre).

A 2366 Auch für einen Kinderarzt besteht keine Verpflichtung, im Rahmen einer Keuchhustenimpfung mit Pertussisganzkeimvakzinen über das Risiko eines zerebralen Krampfanfallleidens aufzuklären, weil es sich hierbei um eine nicht spezifische und nur äußerst selten auftretende Komplikation handelt (OLG Celle, Urt. v. 24. 9. 2001 – 1 U 70/00, VersR 2003, 859 = OLGR 2002, 29).

11. Markierungsmöglichkeit

A 2367 Über die fehlende Markierungsmöglichkeit eines **Operationsfeldes** muss eine Patientin nach Ansicht des OLG Oldenburg (NJW-RR 1999, 610) regelmäßig nicht aufgeklärt werden. Nach gegenteiliger Auffassung des OLG Koblenz (Urt. v. 14. 4. 2005 – 5 U 667/03, NJW-RR 2005, 815, 816 = VersR 2005, 1588) ist die Patientin vor einer Brustoperation oder deren Weiterführung ergänzend auf die Gefahr hinzuweisen, dass das verdächtige Gewebe verfehlt und stattdessen gesundes Gewebe entfernt wird bzw. werden kann, wenn die Drahtmarkierung des maßgeblichen Befundes misslingt.

12. Nachträgliche Befunde

A 2368 Ergeben nachträgliche Befunde eine Indikation für einen medizinischen Eingriff, der ohne wirksame Einwilligung vorgenommen wurde und deshalb rechtswidrig ist, rechtfertigt dieser Umstand den Eingriff regelmäßig nicht (BGH, Urt. v. 18. 3. 2003 – VI ZR 266/02, VersR 2003, 858; Wenzel-Simmler, Kap. 2 Rz. 1745, 1746, 1747).

13. Schlaganfallrisiko (vgl hierzu auch Rz. A 748, A 876 ff., A 1127, A 1181, A 1285, A 2329 f.)

Der Arzt schuldet dem Patienten nur eine Aufklärung „im Großen und Ganzen"; er ist grundsätzlich nicht gehalten, den Patienten über die statistische Wahrscheinlichkeit einer möglichen Komplikation zu informieren. Dies entbindet ihn aber nicht von der Verpflichtung, auf eine **im konkreten Fall vorliegende signifikante Erhöhung des Risikos eines Schlaganfalls** von 0,5 % auf 1,0 % bei eine geplanten cerebralen angiographischen Untersuchung hinzuweisen, insbesondere dann, wenn der Patient bereits zuvor einen Schlaganfall erlitten hatte (OLG Oldenburg, Urt. v. 4. 7. 2007 – 5 U 106/06, VersR 2008, 124, 125; bestätigt von BGH, Urt. v. 18. 11. 2008 – VI ZR 198/07, MDR 2009, 281, 282 = VersR 2009, 257, 258, Nr. 15, 16).
A 2369

Das bei der Herzoperation eines Kleinkindes bestehende **Risiko einer cerebralen Blutung mit nachfolgender Hirnschädigung** wird von dem im Rahmen der Anästhesieaufklärung erteilten Hinweis auf die Möglichkeit eines Schlaganfalls und auf das letztlich nie auszuschließende Todesrisiko eines operativen Eingriffs unter Vollnarkose nicht erfasst, weil ein solcher Hinweis dem Patienten keinerlei Möglichkeit gibt, die Bedeutung des konkret bevorstehenden, chirurgischen Eingriffs für die zukünftige Lebensführung vernünftig einzuschätzen (OLG Frankfurt, Urt. v. 24. 2. 2009 – 8 U 103/08, juris, Nr. 9, 12).

14. Sterilisation

Bei einem Sterilisationseingriff trifft den Arzt die vertragliche Nebenpflicht, den Patienten auf das „**Versagerrisiko**" hinzuweisen (OLG Düsseldorf, VersR 1992, 317; OLG Karlsruhe, Urt. v. 11. 4. 2002 – 7 U 171/00, OLGR 2002, 394: Beweislast beim Patienten; OLG Hamm, VersR 2002, 1562, 1563). Der Arzt wird seiner vertraglich geschuldeten Beratungspflicht (therapeutische Aufklärung) nur gerecht, wenn er dafür sorgt, dass die Information in einer Weise erfolgt, bei der er nach den Umständen sicher sein kann, dass sich die Patientin bzw. der Patient des konkreten Versagerrisikos bewusst geworden ist (OLG Karlsruhe, Urt. v. 11. 4. 2002 – 7 U 171/00, OLGR 2002, 394).
A 2370

Auf das Risiko einer **Eileiterschwangerschaft** ist vor der Sterilisation mit einer Koagulationszange hinzuweisen (OLG Düsseldorf, VersR 1992, 751). Als Aufklärung über die Sicherheit einer Sterilisationsmethode reicht es aus, wenn der Arzt der Patientin hinreichend deutlich vor Augen führt, dass durch den Eingriff nur eine höchst mögliche, aber keine absolute Sicherheit gegen eine erneute Schwangerschaft erreicht werden kann (OLG Hamburg, VersR 1989, 147).
A 2371

Der Operateur erfüllt die an eine Sicherungsaufklärung (therapeutische Aufklärung) zu stellenden Anforderungen, wenn er den Patienten vor einer Sterilisation unter anderem darauf hinweist, dass es trotz der Sterilisation zu einer Schwan-
A 2372

gerschaft kommen kann und dass vorsichtshalber „Ejakulatuntersuchungen"
durchgeführt werden sollen (OLG Hamm, Urt. v. 21. 2. 2001 – 3 U 125/00,
VersR 2002, 1562) bzw. die Anfertigung eines **Spermiogramms** erforderlich wird
(BGH, MDR 1995, 1015).

A 2373   Entscheidend ist, dass dem Patienten die Kenntnis vermittelt wird, ungeschützter Geschlechtsverkehr könne erst nach einer wiederholten Kontrolle der Spermien durchgeführt werden (OLG Hamm, a. a. O.).

A 2374   Das Unterbleiben einer ordnungsgemäßen Aufklärung über die Notwendigkeit
regelmäßiger Nachuntersuchungen nach einer Sterilisation mittels Durchtren-
nens der Samenleiter wegen der Möglichkeit einer **Spätrekanalisation**, d. h. einem späteren Zusammenwachsen der Samenleiter muss jedoch vom Patienten
bewiesen werden (OLG Oldenburg bei Röver, MedR 1999, 219).

A 2375   Nicht aufklärungsbedürftig sind die Länge des zu resezierenden Samenleiters
(OLG Oldenburg, VersR 1984, 1348) und die verschiedenen Möglichkeiten der
Sterilisation nach Madlehner (OLG Düsseldorf, VersR 1987, 412), mit Clips
(OLG Schleswig, VersR 1987, 419) oder nach Labhardt (OLG Hamm, VersR 1987,
1146) bzw. eine demgegenüber bestehende alternative Fimbriektomie (OLG
Hamm a. a. O.).

15. Sudeck-Syndrom (CRPS)

A 2376   Bei einem Sudeck-Syndrom, bezeichnet als CRPS (complex regional pain syndro-
mes) handelt es sich um ein die Extremitäten betreffendes, sich regelmäßig nach
einem schädigenden Ereignis entwickelndes Schmerzsyndrom und Störungen
des vegetativen Nervensystems, der Sensibilität und der Motorik. Die Einteilung
erfolgt in Typ 1 (CRPS I) nach relativ geringfügigem Trauma und Typ 2 (CRPS II)
mit brennenden Schmerzen und Störungen des Nervensystems als Folge einer
definierten peripheren Nervenläsion. Als Therapie kommen nicht steroidale Antiphlogistika, Analgetika, Calcitonin, Opioide, Gabapentin, Antidepressiva, Betablocker, eine Sympathikusblockade, ggf. eine operative Sympathektomie in
Betracht (Pschyrembel, 264. Aufl. 2013, S. 1881).

A 2377   Der Umfang der Aufklärungspflicht über das Risiko des Entstehens eines Sudeck-Syndroms (CRPS) ist umstritten. Die Aufklärung über die Möglichkeit des
Auftretens eines CRPS ist jedenfalls dann erforderlich, wenn der Erfolg der Operation zweifelhaft ist und die Gefahr besteht, dass sich der Zustand durch den
Eingriff verschlechtert (BGH, MDR 1988, 485 = VersR 1988, 493). So ist auch
das Risiko des Eintritts eines **Karpaltunnelsyndroms** (CTS-Schädigung des Endastes des Nervus medianus in Höhe des Karpaltunnels mit anschließendem
Schwund der Daumenballenmuskulatur) aufklärungsbedürftig, wobei jedoch
der Hinweis ausreicht, dass sich bestehende Schmerzen verstärken können
(BGH, NJW 1994, 3009; G/G, 6. Aufl., Rz. C 70).

A 2378   Bei einer fachkundigen Patientin (hier: Busfahrerin mit vorangegangener Ausbildung zur **Arzthelferin**) reicht vor der Durchführung der operativen Behandlung eines CTS der **Hinweis** auf das Risiko von **Entzündungen** aus (OLG Hamm, Urt. v.
5. 12. 2001 – 3 U 68/01, AHRS III, 4265/306). Eine Aufklärungspflicht wird auch

vor einer Operation wegen einer Dupuytren'schen Kontraktur (Beugekontraktur der Finger, besonders der Finger 4 und 5) und vor Knochenoperationen bejaht, wenn diese gerade zur Behebung von Dauerschmerzen erfolgen (OLG Köln, OLGR 1992, 213; BGH, MDR 1988, 485; Gaisbauer, VersR 2000, 558, 561).

Dagegen wurde eine Aufklärungspflicht über das äußerst seltene Risiko eines Sudeck-Syndroms (CRPS) vor der Operation eines Überbeines an der Ferse (OLG Nürnberg bei Gaisbauer, VersR 2000, 558, 561), bei Ruhigstellung des Oberarmes des Patienten während der Behandlung einer Sehnenscheidenentzündung durch Anlegen eines Gipsverbandes (OLG Köln bei Gaisbauer a.a.O.) und vor einer Ringbandspaltung an Finger und Daumen (OLG Hamm bei Gaisbauer a.a.O.) verneint. Auch bei einer vorderen Kreuzbandruptur ist es nicht erforderlich darüber aufzuklären, dass als seltene Folge einer durchzuführenden Arthroskopie ein Morbus Sudeck entstehen kann, wenn ein höheres oder ähnlich großes **Risiko auch bei Ablehnung der Operation** besteht, selbst wenn die Arthroskopie nur relativ indiziert ist (OLG Dresden, Urt. v. 12. 4. 2001 – 4 U 71/01, AHRS III, 4650/305). **A 2379**

Wird ein Patient vor der operativen Behandlung einer Kapsel-Band-Ruptur umfassend über Schwere und Richtung des Risikospektrums aufgeklärt, so ist die ausdrückliche Erwähnung des medizinischen Begriffs „Morbus Sudeck" nicht erforderlich (OLG Hamm bei Gaisbauer, VersR 2000, 558, 561). **A 2380**

Kommt statt der Fortsetzung der konservativen Therapie eines abkippenden Bruchs auch eine erneute Reposition oder eine operative Neueinrichtung in Betracht, weil einerseits nach dem Abkippen die Gefahr einer **bleibenden Funktionsbeeinträchtigung** des (Hand-) Gelenks, andererseits aber bei erneuter Reposition oder Operation die eines **Morbus Sudeck** besteht, so ist der Patient über diese unterschiedlichen Behandlungsmethoden zu informieren (BGH, Urt. v. 15. 3. 2005 – VI ZR 313/03, NJW 2005, 1718 = VersR 2005, 836, 837 = MDR 2005, 988). **A 2381**

16. Zahnarzt

(vgl. zu Zahnnervschädigungen bereits Rz. A 1112 ff., A 1962 ff., A 2103 ff.) **A 2382**

a) Allergische Reaktion auf Füllstoff

Kommt es dem Patienten erkennbar darauf an, angesichts des umstrittenen Füllstoffes Amalgam einen gut verträglichen Stoff zu erhalten, so ist der Zahnarzt verpflichtet, mit dem Patienten mögliche **Alternativen** zu dem von ihm geplanten Füllstoff zu **erörtern**, ihn insbesondere darauf hinzuweisen, dass es zahlreiche verschiedene Legierungen mit unterschiedlich hohem Goldanteil und verschiedenen Zusatzstoffen gibt. Gerade auf das seltene Risiko einer allergischen Reaktion auf Palladium als Bestandteil von Zahnfüllungen muss dann hingewiesen werden (LG Kiel bei Röver, MedR 1999, 269). **A 2383**

b) Alternativen zur Versorgung mit Zahnersatz

(vgl. auch Rz. A 764 ff., A 1444 ff., A 1448 ff., A 1967 ff.)

A 2384 Ein Zahnarzt ist verpflichtet, über medizinisch gleichermaßen indizierte Alternativen einer prothetischen Versorgung aufzuklären, etwa über die Möglichkeit des Einsatzes teleskopierender **Brückenprothesen** anstatt einer **Gaumenplatte** (OLG Köln, VersR 1999, 1498) oder die Möglichkeit der Gestaltung einer Oberkieferprothese mit Gaumenplatte oder **Transversalbügel** (OLG Stuttgart, NJWE-VHR 1997, 134; G/G, 6. Aufl., Rz. C 36; zur Aufklärung über alternative Behandlungsmethoden bei Implantaten OLG Stuttgart, VersR 2002, 1286). Gegenüber der vorgenommenen zahnprothetischen Oberkieferversorgung mittels einer Gaumenplatte kommt als ernsthafte Alternative auch eine teleskopierende bügelfreie Brückenprothese (**sekundäre Verblockung aller Restzähne**) mit einer nur auf dem Kieferkamm ausgedehnten Gerüstauslegung in Betracht, wenn die Voraussetzungen für eine gute parodontale Verankerung der Restzähne und ein ausreichend ausgeprägter Alveolarfortsatz vorliegen (OLG Köln, VersR 1999, 1498; Stöhr, MedR 2004, 156, 157).

A 2385 Bietet eine zahnprothetische Behandlungsalternative (hier: Teleskopprothese gegenüber Modellgussprothese) **höhere Erfolgschancen**, so muss der Zahnarzt auch einen Kassenpatienten auf die Möglichkeit hinweisen, gegen **Zahlung eines höheren Eigenanteils** eine zahnprothetische Versorgung zu wählen, die über die Regelversorgung (GKV) hinausgeht. Denn es ist allein Sache des Patienten zu entscheiden, welche Versorgung er sich leisten kann und will (OLG Oldenburg, Urt. v. 14. 11. 2007 – 5 U 61/07, GesR 2008, 539).

A 2386 Eine Verpflichtung zur Erteilung eines Hinweises wurde auch dann angenommen, wenn verschiedene Gestaltungsmöglichkeiten für eine Oberkieferprothese wegen der **unterschiedlichen** Missempfindungen und **Gewöhnungsprobleme** zu jeweils unterschiedlichen Belastungen für den Patienten führen (OLG Stuttgart, Urt. v. 2. 1. 1997 – 14 U 10/96 bei Stöhr, MedR 2004, 156, 157).

In dem vom OLG Stuttgart entschiedenen Fall ging es um eine Gaumenplatte, die auf andere Weise in das Zusammenspiel von Zunge und Gaumen eingreift als ein weiter hinten liegender Transversalbügel, der einen Würgereiz auslösen kann. Hier reichte es nicht aus, dem Patienten verschiedene Ausführungen der Ober- und Unterkieferprothese bildhaft vorzustellen, weil sich die jeweiligen Vor- und Nachteile hieraus nicht ohne weiteres entnehmen ließen (OLG Stuttgart bei Stöhr, MedR 2004, 156, 157).

A 2387 Auch dann, wenn eine inzwischen weniger gebräuchliche und risikoreichere Methode angewendet werden soll, etwa beim Einsatz eines subperiostalen anstatt eines enossalen Implantats, muss über die Behandlungsalternative aufgeklärt werden. So muss der Patient darauf hingewiesen werden, dass bei einem **subperiostalen Implantat** das Risiko einer chronischen Entzündung besteht, die Misserfolgsquote deutlich höher als bei einem enossalen Implantat ist und bei Ersterem im Fall einer Entzündung das gesamte Implantat entfernt werden muss, während dies bei einem enossalen Implantat nur für das betroffene Implantatteil gilt (OLG Stuttgart, Urt. v. 17. 4. 2001 – 14 U 74/00, VersR 2002, 1286; Stöhr, MedR 2004, 156, 157).

A 2388 Kommen zur zahnärztlichen Versorgung einer Zahnlücke mehrere **Alternativen** des **Zahnersatzes** in Betracht, etwa eine viergliedrige Brücke, implantatgetragene

Einzelbrücken oder eine herausnehmbare Prothese, die aus ex-ante-Sicht des Zahnarztes eine in etwa gleichwertige Versorgungschance bieten, aber insbesondere eine deutlich unterschiedliche Beanspruchung des Patienten durch die Behandlung zur Folge haben, so hat der Zahnarzt den Patienten über diese Behandlungsalternativen aufzuklären und die Therapiewahl unter Berücksichtigung der subjektiven Gründe des Patienten vorzunehmen (OLG Naumburg, Urt. v. 5. 4. 2004 – 1 U 105/03, VersR 2004, 1460 = GesR 2004, 332).

Der Patient hat auch in einem solchen Fall einen „ernsthaften Entscheidungs-   A 2389
konflikt" schlüssig dargelegt, wenn er vorbringt, dass er sich bei korrekter und vollständiger Aufklärung eine **Bedenkzeit** für die Entscheidung über die Art der Weiterbehandlung ausbedungen und sich ggf. auch bei einem anderen Zahnarzt informiert und vergewissert hätte (OLG Naumburg, Urt. v. 5. 4. 2004 – 1 U 105/03, GesR 2004, 332, 333).

Besteht vor dem Einsetzen einer Brücke die Gefahr, dass der bereits wurzelge-   A 2390
füllte, als „Brückenpfeiler" vorgesehene Zahn als solcher ungeeignet ist und in absehbarer Zeit erneut behandelt werden muss, so ist der Patient über die normalerweise weniger geeignete Behandlungsalternative des **Einsatzes von zwei Teilprothesen** aufzuklären (OLG Bamberg, Urt. v. 3. 3. 1997 – 4 U 167/96 bei Stöhr, MedR 2004, 156, 159).

Vor der Verwendung von aus Rinderknochen gewonnenen Materials für eine prä-   A 2391
implantologische Augmentation ist der Patient u. a. wegen einer entsprechenden Empfehlung der WHO, keine Rinderstoffe als Ausgangsmaterial für die Herstellung von Medizinprodukten zu verwenden, über die gleichwertige Behandlungsmethode der Verwendung eigener Knochen einschließlich der dann erforderlichen Zweitoperation zur Knochenentnahme aus dem Beckenkamm aufzuklären (OLG Stuttgart, Urt. v. 12. 7. 2005 – 20 O 389/03, GesR 2005, 465).

c) Amalgam

(S. o. Amalgam, Rz. A 2327)   A 2392

d) Infektionen

Der Zahnarzt ist im Rahmen der Risikoaufklärung nicht verpflichtet, vor Durch-   A 2393
führung einer Wurzelkanalbehandlung auf die Gefahr des **Ausschwemmens** von **Bakterien** in die Blutbahn oder der Verursachung einer Infektion in Organen und Gelenken hinzuweisen. Es handelt sich hier um kein spezifisch mit dem Eingriff verbundenes Risiko, das unbehandelt ebenso besteht wie im Fall einer – vorrangig vor einer Extraktion durchzuführenden – Wurzelkanalbehandlung und der subsidiär in Betracht zu ziehenden Zahnextraktion (OLG Stuttgart, Urt. v. 12. 9. 1996 – 14 U 1/96; Oehler, S. 148/149).

e) Kariesrisiko

Bei einer kieferorthopädischen Behandlung mit einer **festen Zahnspange** ist der   A 2394
Patient im Rahmen der therapeutischen Aufklärung auf das **erhöhte Kariesrisiko**

und die deshalb erforderlichen Prophylaxemaßnahmen (ausreichende Zahnpflege) hinzuweisen. Die Beweislast für eine fehlende oder unzureichende therapeutische Aufklärung liegt aber beim Patienten (OLG Stuttgart, Urt. v. 20. 5. 2008 – 1 U 122/07, VersR 2008, 927).

f) Kieferfrakturen

A 2395   Kieferfrakturen gehören zu den Risiken, über die ein Zahnarzt vor der Extraktion eines Weisheitszahnes aufzuklären hat (OLG Düsseldorf, VersR 1997, 620).

g) Materialwechsel

A 2396   Über einen beabsichtigten Materialwechsel bei der zahnärztlichen Versorgung, etwa von **Gold** auf eine **Palladiumlegierung**, hat der Zahnarzt den Patienten aufzuklären (OLG München, Urt. v. 28. 11. 2002 – 1 U 1973/00, OLGR 2003, 400).

h) Medikation

A 2397   Über eine möglicherweise **fehlende Wirksamkeit** umstrittener Medikamente muss auch im Bereich der Zahnmedizin aufgeklärt werden (OLG München, Urt. v. 29. 4. 1993 – 1 U 5466/92; Oehler, S. 160). Die prophylaktische Gabe eines Antibiotikums ist vor einer Wurzelkanalbehandlung, Hemisektion oder Extraktion eines Zahns nicht geboten, wenn der Patient klinisch gesund ist und keiner Gruppe zugehört, bei denen diese Vorsichtsmaßnahme angezeigt ist, etwa nach einer durchgemachten bakteriellen Endokarditis und sonstigen nicht unerheblichen Entzündungen im Bereich des Herzens (OLG Stuttgart, Urt. v. 12. 9. 1996 – 14 U 1/96).

i) Sanierung

A 2398   Vor einer **Komplettsanierung** des Gebisses mit dem Abschleifen und der Überkronung sämtlicher Zähne muss der Zahnarzt, der einen insuffizienten alten Zahnersatz, Karies und eine Parodontitis beim Patienten diagnostiziert hat, zunächst auf das Risiko einer Distraktion der Kiefergelenke mit anschließender **Myoarthropathie (Gelenkerkrankung)** hinweisen, auch wenn es sich hierbei um eine Komplikation handelt, die sich nur selten verwirklicht. Denn bei Verwirklichung des Risikos stellt sich hier eine schwerwiegende gesundheitliche Beeinträchtigung ein, die die Lebensführung des Patienten durch langandauernde akute Schmerzen im Bereich des Kiefers und des gesamten Kopfes nachhaltig beeinträchtigt bzw. beeinträchtigen kann (OLG Frankfurt, OLGR 1997, 237; Stöhr, MedR 2004, 156, 159).

k) Totalextraktion

A 2399   Eine Reihen- oder Totalextraktion, im entschiedenen Fall sämtlicher achtzehn noch vorhandener Zähne, darf erst nach vorheriger **Erhaltungsdiagnostik** und **Erhaltungstherapieversuchen** mit entsprechender Aufklärung vorgenommen werden (OLG Oldenburg, MDR 1999, 676).

A 2400   Vor einem chirurgischen Vorgehen durch Wurzelspitzenresektion und Wurzelspitzenkürzung hat der Zahnarzt den Patienten über die Möglichkeit einer kon-

servativen Behandlung durch Aufbohren des betroffenen Zahns und anschließende **Wurzelkanalbehandlung** aufzuklären (OLG Koblenz, Urt. v. 4. 4. 2000 –
1 U 1295/98; Oehler, S. 257, 261).

Die Extraktion stellt wegen der guten Erfolgschancen einer Wurzelkanalbehand-   A 2401
lung keine echte Alternative dar, wenn der Zahn grundsätzlich noch erhaltungswürdig ist (OLG Stuttgart, Urt. v. 12. 9. 1996 – 14 U 1/96: Vorrang der Wurzelkanalbehandlung und Wurzelspitzenresektion vor der Extraktion; vgl. auch
OLG Düsseldorf, Urt. v. 10. 3. 1988 – 8 U 45/87 und Urt. v. 30. 6. 1988 – 8 U
213/86 sowie Urt. v. 19. 1. 1989 – 8 U 158/87: Zahnerhaltung/Wurzelbehand-
lung grundsätzlich vorrangig; OLG Jena, Urt. v. 14. 5. 1997 – 4 U 1271/96: Extraktion ist erst als letzte Möglichkeit in Betracht zu ziehen; Oehler, S. 93,
143/144, 257, 261). Es ist auch durchaus üblich und vertretbar, operative Weis-
heitszahnentfernungen in der Praxis ambulant durchzuführen (OLG München,
Urt. v. 16. 11. 1995 – 1 U 4895/93; OLG Karlsruhe, Urt. v. 23. 5. 1990 – 7 U
179/88: Auch die gleichzeitige Entfernung aller vier Weisheitszähne unter Vollnarkose; Oehler, S. 95, 102).

Ein **stationärer Aufenthalt** ist jedoch dann zu diskutieren, wenn der Patient die   A 2402
Entfernung aller vier Weisheitszähne in Vollnarkose in einem Termin wünscht
oder keine Kooperationsbereitschaft (geistige Behinderung, übermäßige Angst)
zeigt (OLG München, Urt. v. 16. 11. 1995 – 1 U 4895/93 bei Oehler, S. 95).

l) Zuwarten als Alternative

Vor der Extraktion von Weisheitszähnen in akuter Schmerzsituation muss der   A 2403
Patient darauf hingewiesen werden, dass es sinnvoll sein könnte, den Eingriff
erst nach einigen Tagen des Zuwartens unter kurzfristiger Schmerzbekämpfung
mit starken Medikamenten durchzuführen (BGH, NJW 1994, 799; G/G, 6. Aufl.,
Rz. C 36).

m) Zurücklassen von Metallteilen

(Vgl. hierzu auch Rz. A 191, A 762 f., G 729, G 768, T 48, V 339, V 342)

Es ist i. d. R. nicht fehlerhaft, bei der Operation einer Fraktur ein abgebrochenes   A 2404
Metallteil einer Bohrerspitze im Knochen zu belassen. Der Patient ist hierüber
jedoch aufzuklären. Denn nach Auftreten von Beschwerden kann eine frühe Diagnose den Schmerzzeitraum des Patienten, dem die Problematik bekannt gemacht worden ist, verkürzen (OLG München, Urt. v. 10. 1. 2002 – 1 U 2373/01,
OLGR 2002, 257).

Befundsicherungspflicht

Vgl. auch → *Beweislastumkehr, Beweisvereitelung,* Rz. B 471 ff.; → *Dokumentationspflicht,* Rz. D 18, D 357 ff., D 412 ff.; → *Patientenrechtegesetz,* Rz. P 84;
→ *Unterlassene Befunderhebung,* Rz. U 1 ff., U 310 ff.

I. Befundsicherungspflicht nach dem Patientenrechtegesetz

B 1   Die Pflicht des Arztes, die zur Diagnose und Durchführung der Therapie erhobenen Befunde zu dokumentieren, die erhobenen Befunde zu sichern und zehn Jahre lang aufzubewahren, soweit nicht nach anderen Vorschriften andere Aufbewahrungsfristen bestehen, ergibt sich seit dem 26. 2. 2013 aus §§ 630f II, III, 630h III BGB.

Nach § 630f II BGB ist der Behandelnde u. a. verpflichtet, **sämtliche aus fachlicher Sicht für die derzeitige und künftige Behandlung wesentlichen Maßnahmen und deren Ergebnisse aufzuzeichnen**, insbesondere die Anamnese, Diagnosen, Untersuchungen, Untersuchungsergebnisse, Befunde, Therapien und ihre Wirkungen, Eingriffe und ihre Wirkungen, Einwilligungen und Aufklärungen. Auch Arztbriefe sind in die Patientenakte aufzunehmen. Die Patientenakte mit den Befunden und Aufzeichnungen muss für die Dauer von zehn Jahren nach Abschluss der Behandlung aufbewahrt werden, soweit nicht nach anderen Vorschriften andere Aufbewahrungsfristen bestehen (§ 630f II, III BGB).

Hat der Behandelnde eine **medizinisch gebotene wesentliche Maßnahme** und ihr Ergebnis nicht in der Patientenakte aufgezeichnet oder die Patientenakte nicht aufbewahrt, wird vermutet, dass er die Maßnahme nicht getroffen hat, § 630h III BGB (vgl. hierzu Walter, GesR 2013, 129, 132; Rehborn, GesR 2013, 257, 270; Katzenmeier, NJW 2013, 817, 821; Spickhoff, VersR 2013, 267, 277 und die Einzelheiten bei Rz. P 67 ff., P 71 ff.; vgl. auch OLG Hamm, Urt. v. 12. 12. 2001 – 3 U 119/00, NJW-RR 2003, 807, 808 zur Lagerung von Gewebeproben; OLG Zweibrücken, NJW-RR 2001, 667, 669; F/N/W, 5. Aufl., Rz. 143, Rz. 132; S/Pa, 12. Aufl., Rz. 600, 681).

Bei **Röntgenbildern, CT und MRT**, gilt eine **dreißigjährige** Aufbewahrungsfrist gem. §§ 28 IV Nr. 1 RöVO, 43 V StrahlenschutzVO.

B 2   So hat ein Krankenhausträger dafür zu sorgen, dass über den Verbleib von Behandlungsunterlagen jederzeit Klarheit besteht. Verletzt er diese Pflicht, ist davon auszugehen, dass er es zu verantworten hat, wenn die Unterlagen nicht verfügbar sind. Gerät der Patient mit seiner Behauptung, dem Arzt sei ein Behandlungsfehler unterlaufen, etwa weil der Rest eines Gallensteins auf einer Röntgenaufnahme zu sehen, und deshalb ein Eingriff erforderlich gewesen sei, in Beweisnot, so kann ihm eine **Beweiserleichterung** hinsichtlich des objektiven Fehlverhaltens und des Verschuldens zugute kommen (BGH, NJW 1996, 779; S/Pa, 12. Aufl., Rz. 551, 600, 682; F/N/W, 5. Aufl., Rz. 143).

II. Beweiserleichterung und Beweislastumkehr

B 3   Können tatsächlich erhobene Befunde oder Befundträger, etwa **Gewebeproben, Präparate u. a. innerhalb der üblichen Aufbewahrungszeit** (§ 630f III BGB: **10 Jah-**

re, soweit nicht nach anderen Vorschriften andere Fristen bestehen, vgl. OLG Hamm, Urt. v. 12. 12. 2001 – 3 U 119/00, OLGR 2003, 93, 95 bei Gewebeproben; Muschner, VersR 2006, 621, 625) nicht mehr vorgelegt werden, so muss die Behandlungsseite darlegen und beweisen, dass sie diesen Umstand nicht verschuldet hat; ist der Verbleib von Befundträgern – und gleiches gilt für eine Behandlungsdokumentation – ungeklärt, so geht dies grundsätzlich zulasten des Arztes (OLG Hamm, a. a. O.).

Sind die zuletzt beim behandelnden Arzt verbliebenen **Röntgen-, Kernspin- oder computertomografischen Aufnahmen** nicht mehr auffindbar und kann der Arzt keine Auskunft über den Verbleib der Unterlagen geben, so obliegt ihm der Beweis, dass ein immerhin wahrscheinlicher vom Patienten behaupteter Befund auf den Aufnahmen nicht erkennbar gewesen ist (BGH, NJW 1996, 779, 780; G/G, 6. Aufl., Rz. B 212; S/Pa, 12. Aufl., Rz. 551, 600; F/N/W, 5. Aufl., Rz. 143).   B 4

Kann nach Durchführung einer **Bandscheibenoperation** nicht mehr festgestellt werden, ob eine während der Operation stattgefundene Verletzung des Duralsacks, ein etwaiges, zu langes Zuwarten der Ärzte mit einer weiteren Bandscheibenoperation oder eine andere Ursache zu einer Lähmung der unteren Extremitäten des Patienten mit Blasen- und Darmentleerungsstörungen geführt hat, weil eine Röntgenaufnahme der betreffenden Zonen vor der Operation verschwunden und nur die schriftliche Befundauswertung noch vorhanden war, kommen dem Patienten Beweiserleichterungen zugute (OLG Brandenburg bei Röver, MedR 2001, 40).   B 5

Wird bei einer **Hüftgelenkerneuerung** wegen der besonderen anatomischen Verhältnisse des Patienten der Einsatz einer Sonderprothese erforderlich, müssen Vorkehrungen getroffen werden, um das – seltene – Risiko einer Inkompatibilität der Prothesenelemente aufzufangen. Die zutage getretenen Befunde sind ordnungsgemäß zu dokumentieren und zu sichern, insbesondere muss ein zunächst eingesetztes, dann aber wieder entferntes Prothesenteil aufbewahrt werden. Geschieht dies nicht, liegt ein Verstoß gegen die Pflicht zur Befundsicherung vor, welche zur Beweislastumkehr für die haftungsbegründende Kausalität zwischen dem dann gegebenen Behandlungsfehler und dem Eintritt des Primärschadens führt (OLG Zweibrücken, VersR 1999, 719, 720).   B 6

Die mangelnde Sorgfalt bei der Verwahrung eines im Geburtsvorgang abgeleiteten CTG-Streifens kann eine Beweislastumkehr für den Eintritt des Primärschadens bei der Patientin begründen, wenn dadurch die Aufklärung eines immerhin wahrscheinlichen Ursachenzusammenhangs zwischen dem ärztlichen Behandlungsfehler und dem Gesundheitsschaden erschwert oder vereitelt wird (OLG Oldenburg, VersR 1993, 1021). Eine zu Beweiserleichterungen zugunsten des Patienten führende Beweisvereitelung kann aber nicht darin gesehen werden, dass ein Zahnarzt die vom Patienten ausdrücklich abgelehnte, für ihn angefertigte Oberkieferprothese nicht so aufbewahrt, dass später die vom Patienten beanstandete Saugkraft überprüft werden kann. Bei einer Prothese, die vom Patienten nicht akzeptiert wird, handelt es sich nicht um vom Zahnarzt erhobene Befunde, sodass Beweiserleichterungen wegen Mängeln bei der Erhebung und Aufbewahrung von Befunden insoweit nicht in Betracht kommen (OLG Oldenburg, Urt. v. 28. 2. 2007 – 5 U 147/05, juris, Nr. 32).   B 7

B 8   Die Unauffindbarkeit eines CTG-Streifens mehr als zehn Jahre nach der Geburt lässt aber nicht den Rückschluss zu, dass ein CTG nicht aufgezeichnet worden ist (S/Pa, 12. Aufl., Rz. 600 und OLG Hamm, Urt. v. 29. 1. 2003 – 3 U 91/02 mit NZB BGH v. 16. 12. 2003 – VI ZR 74/03, VersR 2005, 412).

B 9 – B 19   Einstweilen frei.

Behandlungsfehler

I. Vertragliche und deliktische Sorgfaltspflichten; ärztlicher Sorgfaltsmaßstab

1. Vertragliche und deliktische Sorgfaltspflichten

B 20   Bei dem zwischen dem Patienten und dem Arzt geschlossenen Vertrag handelt es sich um einen **Dienstvertrag**. Der Arzt schuldet dem Patienten regelmäßig nur eine fachgerechte, dem wissenschaftlichen Stand entsprechende Behandlung als **Dienstleistung, keinen Behandlungs- oder Heilerfolg** (vgl. hierzu → *Arztvertrag*, Rz. A 401 ff. und Rz. P 6 ff.; BGH, NJW 1975, 305; BGH, Urt. v. 29. 3. 2011 – VI ZR 133/10, VersR 2011, 883 = NJW 2011, 1674 = MedR 2012, 38 = GesR 2011, 414, Nr. 7; OLG Frankfurt, Urt. v. 22. 4. 2010 – 22 U 153/08, juris, Nr. 18; OLG Koblenz, Beschl. v. 1. 9. 2011 – 5 U 862/11, MDR 2011, 1278; OLG Naumburg, Urt. v. 25. 6. 2009 – 1 U 27/09, VersR 2010, 73; Spickhoff, NJW 2012, 1773, 1775; zu weiteren Einzelheiten vgl. Rz. A 401 ff.). Allein der Misserfolg der eingeleiteten Behandlungsmaßnahme begründet deshalb keinen Behandlungsfehler (F/N/W, 5. Aufl., Rz. 75; S/Pa, 12. Aufl., Rz. 153, 154).

Gemäß **§§ 630a I, 630b BGB** sind nach dem Wortlaut des zum 26. 2. 2013 in Kraft getretenen Patientenrechtegesetzes auf das Behandlungsverhältnis die Vorschriften über das Dienstverhältnis, das kein Arbeitsverhältnis im Sinne des § 622 BGB ist, anzuwenden, soweit sich aus §§ 630a-630h BGB n. F. nichts Anderes ergibt (vgl. hierzu Rz. P 6 ff.). **B 21**

Die einem Arzt bei der Behandlung seines Patienten obliegenden (dienst-)vertraglichen **Sorgfaltspflichten** (p. V. v. bzw. für Verträge ab dem 1. 1. 2002 §§ 280 I ff. BGB) und die deliktischen Sorgfaltspflichten (§§ 823 ff. BGB) sind dabei **grundsätzlich identisch** (BGH, Urt. v. 6. 5. 2003 – VI ZR 259/02, NJW 2003, 2311, 2312 = MDR 2003, 989; OLG Karlsruhe, Urt. v. 12. 10. 2005 – 7 U 132/04, OLGR 2006, 8; OLG Saarbrücken, NJW-RR 1999, 176; vgl. auch R/L-Kern, § 2 Rz. 1 ff., 58 ff. zu den Sorgfaltspflichten und zum Sorgfaltsmaßstab, Rz. 3, 9 ff. zum Facharztstandard, Rz. 29 ff. zum Behandlungsfehler). **B 22**

Auch nach Inkrafttreten des Patientenrechtegesetzes zum 26. 02. 2013 bleiben die **Regelungen der §§ 823 ff. BGB für die Haftung des Arztes bzw. Krankenhausträgers aus Delikt unberührt** (Rehborn, GesR 2013, 257, 258 und MDR 2013, 497; Katzenmeier, NJW 2013, 817, 823; Spickhoff, VersR 2013, 267, 281; F/N/W, 5. Aufl. 2013, Rz. 75). **B 22a**

Während Frahm und Walter (5. Aufl. 2013, Rz. 75) davon ausgehen, es spreche Einiges dafür, im Rahmen eines Gleichlaufs einheitliche Sorgfaltsprogramme zu entwickeln, hält Katzenmeier (NJW 2013, 817, 823; ebenso Wagner, VersR 2012, 795, 801) Friktionen nur für eine Frage der Zeit. Der BGH (VI. ZS.) dürfte sich durch die §§ 630a ff. BGB nicht davon abhalten lassen, jedenfalls die deliktische Haftung des Arztes entsprechend den Verkehrsbedürfnissen fortzubilden (Katzenmeier, NJW 2013, 817, 823). So könnten etwa im Rahmen von § 823 I BGB **zusätzliche Beweiserleichterungen durch Richterrecht** eingeführt werden (Wagner, VersR 2012, 795, 801). U. E. ist hiervon in absehbarer Zeit nicht auszugehen.

Im Übrigen sind die **Ansprüche aus §§ 823 ff., 831, 839 BGB nur noch von Bedeutung, wenn es an einem Vertragsschluss fehlt oder sich die Ansprüche des Patienten gegen einen Arzt richten, der selbst nicht Vertragspartner geworden ist** (Rehborn, GesR 2013, 257, 258; Spickhoff, VersR 2013, 267, 281: nachgeordnete Ärzte des Krankenhausträgers, Angestellte Ärzte einer Praxis, Notfallbehandlungen). **B 23**

Für die den Arzt treffende Verantwortung macht es keinen Unterschied, ob das Schwergewicht seines Handelns in der Vornahme einer sachwidrigen oder in dem Unterlassen einer sachlich gebotenen Heilmaßnahme liegt (BGH, MDR 1989, 150; S/Pa, 12. Aufl., Rz. 155, 156). Der Arzt ist verpflichtet, den Patienten nach dem anerkannten und gesicherten Standard der medizinischen Wissenschaft zu behandeln. Als **Behandlungsfehler** ist dabei **jeder Verstoß gegen die Regeln und Standards der ärztlichen Wissenschaft** zu verstehen; ob ein Arzt einen Behandlungsfehler begangen hat, beantwortet sich danach, ob er nach den von ihm zu fordernden medizinischen Kenntnissen und Erfahrungen im konkreten Fall diagnostisch und therapeutisch vertretbar und sorgfältig vorgegangen ist, wobei auf den Standard zum Zeitpunkt der Behandlung abzustellen ist (BGH, **B 24**

VersR 1997, 770, 771; OLG Brandenburg, Urt. v. 9. 10. 2002 – 1 U 7/02, VersR 2004, 199, 200; OLG Jena, Urt. v. 31. 5. 2011 – 4 U 635/10, MedR 2012, 266, 268: **es kommt auf die objektive Sorgfalt und nicht auf die subjektiven Fähigkeiten und Kenntnisse des Arztes an**; OLG Karlsruhe, Urt. v. 12. 10. 2005 – 7 U 132/04, OLGR 2006, 8; OLG Koblenz, Urt. v. 20. 7. 2006 – 5 U 47/06, AHRS III, 1220/324; OLG Naumburg, Urt. v. 24. 2. 2011 – 1 U 58/10, GesR 2011, 478, 480: der Arzt muss diagnostisch und therapeutisch sorgfältig und zumindest vertretbar vorgegangen sein; OLG Naumburg, Urt. v. 11. 7. 2006 – 1 U 1/06, OLGR 2007, 396: **Abweichung vom Standard der medizinischen Versorgung**; OLG Stuttgart, Urt. v. 4. 6. 2002 – 14 U 86/01, VersR 2003, 253, 254; Boemke, NJW 2010, 1562, 1563; Gehrlein, VersR 2004, 1488, 1489; Spickhoff-Greiner, § 823 Rz. 6, 8, 17, 134; F/N/W, 5. Aufl., Rz. 77, 78; G/G, 6. Aufl., Rz. 2, 9; S/Pa, 12. Aufl., Rz. 154, 157; L/K/L-Katzenmeier, Rz. X. 7; Wenzel-Müller, Kap. 2 Rz. 1410, 1426, 1435, 1442: objektiver Facharztstandard entscheidend; B/P/S-Kahlert, § 276 BGB Rz. 19, 20, 21, 25, 26, 42, 45; vgl. auch Rz. P 12 ff.).

B 25   Das Absehen von einer medizinisch gebotenen Vorgehensweise, die sich **nach dem Stand der medizinischen Wissenschaft des jeweiligen Fachgebiets bestimmt**, begründet einen ärztlichen Behandlungsfehler (BGH, Urt. v. 6. 5. 2003 – VI ZR 259/02, NJW 2003, 2311, 2312 = MDR 2003, 989; OLG Jena, Urt. v. 31. 5. 2011 – 4 U 635/10, MedR 2012, 266, 268; OLG Karlsruhe, Urt. v. 12. 10. 2005 – 7 U 132/04, OLGR 2006, 8; OLG Naumburg, Urt. v. 24. 2. 2011 – 1 U 58/10, GesR 2011, 478, 480; Boemke, NJW 2010, 1562, 1563; F/N/W, 5. Aufl., Rz. 77, 78; Spickhoff-Greiner, § 823 BGB Rz. 6, 8, 17, 134; L/K/L-Katzenmeier, Rz. X. 7, 17 ff.; L/K-Laufs/Kern, § 97 Rz. 13 ff.; Rehborn, GesR 2013, 257, 259; R/L-Kern, § 2 Rz. 11, 14).

B 25a   Der **Facharztstandard ist gewahrt**, wenn der behandelnde Arzt diejenigen Maßnahmen ergreift, die von einem gewissenhaften und aufmerksamen Arzt aus berufsfachlicher Sicht seines Fachgebiets vorausgesetzt und erwartet werden. Diese richten sich nach dem **zum Behandlungszeitpunkt in der ärztlichen Praxis und Erfahrung bewährten, nach naturwissenschaftlicher Erkenntnis gesicherten, von einem durchschnittlich befähigten Facharzt verlangten Maß an Kenntnis und Können** (Boemke, NJW 2010, 1562, 1563; ebenso L/K/L-Katzenmeier, Rz. X 7: „gemeint ist diejenige Behandlung, die ein **durchschnittlich qualifizierter Arzt des jeweiligen Fachgebiets** nach dem jeweiligen Stand von Wissenschaft und Praxis an Kenntnissen, Wissen, Können und Aufmerksamkeit zu erbringen in der Lage ist; S/Pa, 12. Aufl., Rz. 157, 161, 177; Wenzel-Müller, Kap. 2 Rz. 1410, 1426, 1435, 1447: maßgebend ist, was von einem **sorgfältigen Arzt eines bestimmten Fachgebiets** erwartet werden kann, keine Erfolgshaftung; R/L-Kern, § 2 Rz. 3, 14 mit Hinweis auf BGH, NJW 1992, 1560, 1561: immer muss der **Standard eines erfahrenen Facharztes** gewährleistet sein).

B 25b   Dabei wird nicht ein formeller Facharztstandard dahingehend verlangt, dass der behandelnde Arzt auch die jeweilige Facharztanerkennung besitzen muss. Vielmehr ist es ausreichend, dass der Arzt die Behandlung theoretisch und praktisch so beherrscht, wie dies von einem Arzt des entsprechenden Fachgebiets erwartet wird. So kann auch die Behandlung **durch Assistenzärzte in der Weiterbildung zum Facharzt dem Facharztstandard entsprechen**, soweit diese in ihrer Ausbildung bereits soweit fortgeschritten sind, dass sie eine tatsächliche Leistungsqualität nach den Regeln der fachärztlichen Kunst gewährleisten können (Boemke, NJW 2010, 1562, 1563; ebenso: Spickhoff-Greiner, § 823 BGB Rz. 11; G/G, 6. Aufl., Rz. B 4; Wenzel-Müller, Kap. 2 Rz. 1450; aus der Rspr.: OLG Zweibrücken, VersR 1997, 1103; OLG Düsseldorf, VersR 1994, 603; OLG Oldenburg, VersR 1994, 180; OLG Karlsruhe, VersR 1991, 1177).

Auf die möglicherweise hinter dem medizinischen Standard des jeweiligen Fachgebiets zurückbleibenden **subjektiven Fähigkeiten des jeweils behandelnden Arztes kommt es dabei nicht an** (BGH, Urt. v. 6. 5. 2003 – VI ZR 259/02, NJW 2003, 2311, 2312 = MDR 2003, 989; BGH, Urt. v. 13. 2. 2001 – VI ZR 34/00, VersR 2001, 646 = MDR 2001, 565; OLG Frankfurt, MedR 1995, 75; OLG Jena, Urt. v. 31. 5. 2011 – 4 U 635/10, MedR 2012, 266, 268; F/N/W, 5. Aufl., Rz. 77; Spickhoff-Greiner, § 823 BGB Rz. 7, 134; Wenzel-Müller, Kap. 2 Rz. 1426; G/G, 6. Aufl., Rz. B 2; R/L-Kern, § 2 Rz. 63, 69; B/P/S-Kahlert, § 276 BGB Rz. 20, 21, 34). **B 25c**

Nach § 630a II BGB kann **auch eine vom Standard abweichende Behandlung vereinbart werden**. Dies kann sich etwa auf Heilversuche, Neulandmethoden (so der RegE., BT-Drucks. 17/10488, S. 20; Rehborn, MDR 2013, 497, 498 und GesR 2013, 257, 259; auch Katzenmeier, MedR 2012, 576, 579), medizinisch nicht notwendige Behandlungen und die **Unterschreitung allgemeingültiger Standards**, etwa im Rahmen der Zahnprothetik, beziehen (Rehborn, GesR 2013, 257, 259: z. B. deutschen Standards nicht entsprechenden Zahnersatz aus dem Ausland). **B 25d**

Der behandelnde Arzt hat im Hinblick auf den **objektivierten, zivilrechtlichen Fahrlässigkeitsbegriff** grundsätzlich für sein dem medizinischen (Facharzt-)Standard zuwiderlaufendes Vorgehen auch dann haftungsrechtlich einzustehen, wenn dieses aus seiner persönlichen Lage heraus **subjektiv als entschuldbar** erscheinen mag (BGH, Urt. v. 6. 5. 2003 – VI ZR 259/02, NJW 2003, 2311, 2312 = MDR 2003, 989; Urt. v. 13. 2. 2001 – VI ZR 34/00, VersR 2001, 646 = MDR 2001, 565 f.). In dem vom BGH (VersR 2001, 646 = MDR 2001, 565) entschiedenen Fall hatte der eine Geburt leitende Assistenzarzt versucht, nach einer Verkeilung des Kindes am Beckenausgang in der sich hieraus anbahnenden, akuten Notsituation die Geburt durch Ziehen des Kindes am Kopf voranzubringen, ohne dabei die Möglichkeit einer – mit anderen Mitteln zu lösenden – Schulterdystokie in Betracht zu ziehen. Der BGH hat das – insoweit klageabweisende – Urteil der Vorinstanz aufgehoben und darauf hingewiesen, dass die Haftung des Arztes nicht entfällt, wenn er, etwa infolge **mangelhafter Ausbildung**, der **Geburtsituation nicht gewachsen** ist (BGH, MDR 2001, 565, 566 mit zust. Anm. Gehrlein). **B 26**

Unterschritten ist der zu fordernde Facharztstandard aber dann, wenn eine neue apparative Technik für den Patienten risikoärmer oder weniger belastend ist und/oder bessere Heilungschancen verspricht, die neue Technik bzw. Behandlungsmethode in der medizinischen Wissenschaft im Wesentlichen unumstritten und in der Praxis verbreitet ist und – nicht nur an wenigen Zentren – Anwendung findet (BGH, NJW 1988, 2949, 2950; BGH, NJW 1992, 754, 755; G/G, 6. Aufl., Rz. 6; Spickhoff-Greiner, § 823 BGB Rz. 14, 18, 213; F/N/W, 5. Aufl., Rz. 81) oder wenn **der behandelnde Arzt bzw. das behandelnde Krankenhaus B 27**

den Anforderungen an den jeweiligen Facharztstandard nicht entspricht (OLG Naumburg, Urt. v. 24. 2. 2011 – 1 U 58/10, GesR 2011, 478, 480; Spickhoff-Greiner, § 823 BGB Rz. 6, 7, 8, 134; S/Pa, 12. Aufl., Rz. 157, 161, 164: Standard in einem Haus der Grundversorgung kann gegenüber demjenigen einer Universitätsklinik niedriger sein; Wenzel-Müller, Kap. 2 Rz. 1437, 1447, 1449, 1456, 1468; B/P/S-Kahlert, § 276 BGB Rz. 22, 25).

B 27a   Grundsätzlich besteht jedoch **keine Verpflichtung des Arztes zur Durchführung einer Behandlung, für die er aufgrund der vertragsärztlichen Vorgaben keine Vergütung erhält** (F/N/W, 5. Aufl., Rz. 78; S/Pa, 12. Aufl., Rz. 160: sofern nicht der besondere Zustand des Patienten derartige Maßnahmen als indiziert gebietet; Wenzel-Müller, Kap. 2 Rz. 1489: fehlende Erstattungsfähigkeit kann zur Rückbildung des Standards führen). In derartigen Fällen **muss der Arzt den Patienten allerdings auf bestehende Behandlungsmöglichkeiten bzw. Medikationen hinweisen, die nicht vom Leistungsumfang der GKV erfasst sind, dem Patienten aber als Selbstzahler offenstehen** (F/N/W, 5. Aufl., Rz. 78; Wenzel-Müller, Kap. 2 Rz. 1468; vgl. hierzu Rz. A 814 ff.).

2. Übernahmeverschulden

B 28   Genügen die Kenntnisse oder Fertigkeiten des behandelnden Arztes nicht dem Facharztstandard in diesem Gebiet, so hat er einen entsprechenden **Facharzt, etwa als Konsiliarius, beizuziehen** oder den Patienten zu einem Facharzt bzw. in ein Krankenhaus mit entsprechender fachärztlicher Abteilung zu überweisen. Setzt er die Behandlung auf dem fremden bzw. eigenen, aber von ihm nicht beherrschten Fachgebiet fort, oder unterlässt bzw. verzögert er die Verständigung eines mit den notwendigen Kenntnissen, Fertigkeiten oder medizinischen Gerätschaften ausgestatteten Facharztes, liegt ein Behandlungsfehler in der Form des „**Übernahmeverschuldens**" vor (BGH, Urt. v. 7. 12. 2004 – VI ZR 212/03, VersR 2005, 408, 409 f. und nachfolgend OLG Hamm, Urt. v. 16. 1. 2006 – 3 U 207/02, GesR 2006, 120, 123 f.: **Verlegung einer Schwangeren trotz erkennbarer Überforderung unterlassen**; BGH NJW 1993, 2989, 2991; OLG Bamberg, VersR 2002, 323 und OLG München, VersR 1991, 471 zur ärztlichen Behandlung durch Heilpraktiker; OLG Stuttgart, VersR 2001, 1560, 1563; Spickhoff-Greiner, § 823 Rz. 23, 24; L/K-Laufs/Kern, § 97 Rz. 21 ff.; R/L-Kern, § 2 Rz. 50, 53; Wenzel-Müller, Kap. 2 Rz. 1457, 1472: **erforderliche Überweisung vom Hausarzt zum Facharzt bzw. vom Krankenhaus der Grundversorgung in ein solches mit höherer Versorgungsstufe**; G/G, 6. Aufl., Rz. B 11–17; Gehrlein, Rz. B 31–35; B/P/S-Kahlert, § 276 BGB Rz. 34; zu den Einzelheiten s. u. Rz. B 106 ff.).

B 28a   Übernimmt etwa ein Facharzt für Allgemeinmedizin bzw. der Arzt einer anderen Fachrichtung Behandlungsmaßnahmen außerhalb seines Fachgebiets, so ist der **Facharzt-Standard dieses Gebiets maßgebend** (BGH, VersR 1982, 147; Spickhoff-Greiner, § 823 BGB Rz. 24). Entsprechend muss ein **Heilpraktiker** in der Anwendung einer invasiven Behandlungsmethode nach dem **Facharztstandard eines Allgemeinmediziners gemessen** werden (BGH, NJW 1991, 1535, 1537; OLG Bamberg, VersR 2002, 323; G/G, 6. Aufl., Rz. 13; R/L-Kern, § 2 Rz. 56).

B 29   Die Übernahme einer medizinischen Behandlung, die regelmäßig von einer Spezialklinik durchgeführt werden soll (hier: Behandlung von Risikoschwanger-schaften in einem Perinatalzentrum) durch ein Krankenhaus der Grund- oder der Regelversorgung löst für sich allein genommen eine Arzthaftung wegen eines Behandlungsfehlers (Übernahmeverschulden) nicht aus, wenn **keine Abweichung vom Standard der medizinischen Versorgung** festgestellt werden kann und der gerichtlich bestellte Sachverständige ausführt, dass der medizinische Aufwand im Krankenhaus der Grundversorgung auch in der Klinik der höheren Versorgungsstufe wohl nicht übertroffen worden wäre (OLG Naumburg, Urt. v. 11. 7. 2006 – 1 U 1/06, OLGR 2007, 396 = BeckRS 2007, 3103, S. 8).

3. Einholung eines Sachverständigengutachtens

Ob ein Arzt seine berufsspezifische Sorgfaltspflicht verletzt hat, ist nach medizinischen Maßstäben zu beurteilen; dem gemäß darf der Richter den medizinischen Standard nicht ohne **Einholung eines Sachverständigengutachtens** (vgl. hierzu Rz. S 1 ff.) ermitteln (BGH, Urt. v. 27. 4. 2004 – VI ZR 34/03, NJW 2004, 2011 = GesR 2004, 290; BGH, Urt. v. 25. 11. 2003 – VI ZR 8/03, NJW 2004, 1452, 1453; BGH, Urt. v. 28. 5. 2002 – VI ZR 42/01, NJW 2002, 2944 = MDR 2002, 1120; OLG Bamberg, Urt. v. 25. 4. 2005 – 4 U 61/04, VersR 2005, 1244, 1245; OLG Naumburg, Urt. v. 26. 4. 2004 – 1 U 2/04, GesR 2004, 225; OLG Naumburg, VersR 2001, 3420: Studium von Fachliteratur genügt nicht; OLG Jena, Urt. v. 31. 5. 2011 – 4 U 635/10, MedR 2012, 266, 268: **klinisch erfahrener Sachverständiger aus demselben Fachgebiet**; Wenzel-Müller, Kap. 2 Rz. 1433, 1473). Verfügt ein Arzt jedoch über spezielle, **den Facharztstandard seines Fachgebiets überschreitende und für die Therapie bedeutsame Spezialkenntnisse**, muss er jedoch von diesen Gebrauch machen, um eine Haftung zu vermeiden (BGH, NJW 1997, 3090 = VersR 1997, 1357; OLG Düsseldorf, VersR 1992, 494; G/G, 6. Aufl., Rz. B 4; S/Pa, 12. Aufl., Rz. 175).

B 30

II. Maßgebender Zeitpunkt

Die ärztliche Sorgfaltspflicht beurteilt sich nach dem Erkenntnisstand der medizinischen Wissenschaft zum **Zeitpunkt der Durchführung der Behandlung** (BGH, Urt. v. 25. 11. 2003 – VI ZR 8/03, NJW 2004, 1452 = GesR 2004, 132, 133 = VersR 2004, 645, 647: Fassung der Mutterschafts-Richtlinien zum Zeitpunkt der Behandlung; OLG Hamm, NJW 2000, 1801 und Urt. v. 9. 5. 2001 – 3 U 250/99, VersR 2002, 857, 858; OLG Saarbrücken, NJW-RR 1999, 176; G/G, 6. Aufl., Rz. B 9; F/N/W, 5. Aufl., Rz. 79, 80; Spickhoff-Greiner, § 823 BGB Rz. 15; Wenzel-Müller, Kap. 2 Rz. 1432; B/P/S-Kahlert, § 276 BGB Rz. 22, 25; Schmidt-Recla, GesR 2003, 138, 140; R/L-Kern, § 2 Rz. 17).

B 31

Ein Vorwurf fehlerhaften Verhaltens ist dem Arzt danach nur dann zu machen, wenn er dasjenige versäumt hat, was nach dem **Stand der medizinischen Wissenschaft und Praxis im Zeitpunkt der Behandlung** geboten war (OLG Naumburg, Urt. v. 24. 2. 2011 – 1 U 58/10, GesR 2011, 478, 480; G/G, 6. Aufl., Rz. B 9). Der Arzt muss, um den erforderlichen Kenntnisstand zu erlangen, die **einschlägigen Fachzeitschriften des entsprechenden Fachgebiets, in dem er tätig ist, regelmäßig lesen** (BGH, NJW 1991, 1535; OLG Hamm, NJW 2000, 1801, 1802).

B 32   Ein niedergelassener Facharzt ist jedoch auch aus haftungsrechtlichen Gründen **nicht verpflichtet, Spezialveröffentlichungen** über Kongresse oder ausländische Fachliteratur **laufend zu studieren** (OLG München, Urt. v. 1. 4. 1999 – 1 U 2676/95, VersR 2000, 890; vgl. auch G/G, 6. Aufl., Rz. B 12). Von einem Facharzt ist jedoch über die Lektüre der einschlägigen inländischen Fachzeitschriften hinaus auch die **Berücksichtigung des methodenspezifischen ausländischen Schrifttums zu verlangen, wenn er neue, noch nicht allgemein eingeführte Methoden anwenden will** (G/G, 6. Aufl., Rz. 12 m. w. N.).

B 33   Eine Behandlungsmaßnahme kann aber **nicht als behandlungsfehlerhaft bewertet werden, wenn sie zwar nicht zum Zeitpunkt der Durchführung der Behandlung, aber zum Zeitpunkt der Beurteilung durch den Sachverständigen dem aktuellen Standard entspricht** (OLG Köln, Urt. v. 20. 7. 2011 – 5 U 83/09, MedR 2012, 405, 406; F/N/W, 5. Aufl., Rz. 80; G/G, 6. Aufl., Rz. B 9).

III. „Off-Label-Use" und noch nicht zugelassene Medikamente

B 34   Unter einem „Off-Label-Use" versteht man die **Anwendung eines bestimmten Arzneimittels jenseits der vom Hersteller vorgegebenen Indikation** (D/S, 6. Aufl., Kap. XXVI Rz. 1287; Koenig/Müller, MedR 2008, 190, 199; Wrana, NJW 2010, 3068, 3069; Rumetsch, Diss. 2013, S. 131 ff. m. w. N.; G/G, 6. Aufl., Rz. B 35; Spickhoff-Greiner, § 823 Rz. 19, 37; Spickhoff-Barth, § 35b SGB V Rz. 1, 10, 15, S. 1343; Spickhoff-Knauer/Brose, § 222 StGB Rz. 23, 24, S. 2169; vgl auch R/L-Ratzel, § 28 Rz. 4, 11, 12).

Aufgrund seiner Therapiefreiheit hat der Arzt regelmäßig die freie Wahl hinsichtlich der konkret anzuwendenden Methode. Wählt er eine Medikamentenverabreichung, so ist er auch in der Entscheidung frei, welches Arzneimittel er für welche Indikation einsetzt. Die **indikationsfremde, zulassungsüberschreitende Anwendung eines Medikaments** (Off-Label-Use) entspricht jedoch nur dann dem medizinischen Standard, wenn Forschungsergebnisse vorliegen, die erwarten lassen, dass **das off-label eingesetzte Arzneimittel sowohl für das jeweilige Therapiegebiet als auch für die betreffenden Indikationen zugelassen werden kann und wenn es in der medizinischen Praxis zur Behandlung der jeweiligen gesundheitlichen Störung anerkannt ist** (Koenig/Müller, MedR 2008, 190, 199; auch D/S, Kap. XXVIII, 1393).

B 35   Die Rechtsprechung des BSG (vgl. zuletzt BSG, Urt. v. 8. 11. 2011 – B 1 KR 19/10 R, GesR 2012, 313, 314 m. w. N.; Urt. v. 30. 6. 2009 – B 1 KR 5/09, NJW 2010, 3118 = NJOZ 2010, 464; Clemens, RiBSG, GesR 2011, 397 ff. m. w. N.) hat für die Zulässigkeit eines Off-Label-Use nachfolgende Voraussetzungen (1.–4.) aufgestellt, die mittelbar auch für das Haftungsrecht relevant sind:

1. Vorliegen einer schwerwiegenden Erkrankung

B 35a   Zu den schwerwiegenden Erkrankungen gehören etwa eine multiple Sklerose, AIDS, ein fortgeschrittenes Zoekomkarzinom, ein nicht metastasierendes Prostatakarzinom, eine pulmonale arterielle Hypertonie, ein chronisches Schmerzsyndrom, ein Bronchialkarzinom, ein Karzinom der Thoraxorgane u. a. (vgl. Clemens, RiBSG, GesR 2011, 397, 401). **Je schwerwiegender die Krankheit ist, desto weniger hoch sind die Anforderungen an die Stufe der Evidenzbasierung für Wirksamkeitsnachweise einer Off-Label-Therapie zu stellen** (Spickhoff-Barth, § 35b SGB V Rz. 15). Nicht als schwerwiegende Erkrankung sind dagegen etwa nicht chronifizierte Schmerzen einzuordnen (BSG, Urt. v. 8. 12. 2010 – B 6 KA 38/10 B bei Clemens, RiBSG, GesR 2011, 397, 401).

2. Keine anderweitige, anerkannte Therapie

Nach einer Auffassung ist es erforderlich, dass entweder eine Erweiterung der Zulassung des jeweiligen Arzneimittels bereits beantragt ist und die Ergebnisse einer kontrollierten klinischen Prüfung der Phase III vorliegen und eine klinisch relevante Wirksamkeit bzw. einen klinisch relevanten Nutzen bei vertretbaren Risiken belegen oder dass außerhalb eines Zulassungsverfahrens gewonnene Ergebnisse veröffentlicht sind, die über Qualität und Wirksamkeit des Arzneimittels in dem neuen Anwendungsgebiet zuverlässige, wissenschaftlich nachprüfbare Aussagen zulassen und aufgrund deren in den einschlägigen Fachkreisen Konsens über einen voraussichtlichen Nutzen im vorgenannten Sinn besteht (Koenig/Müller, MedR 2008, 190, 199; vgl. auch D/S, Kap. XXVIII Rz. 1393). **B 35b**

Greiner (RiBGH a. D. in: G/G, 6. Aufl., Rz. B 35 und in: Spickhoff, 1. Aufl. 2011, § 823 BGB Rz. 37) hält den Off-Label-Use nur dann für fehlerhaft, wenn die verantwortliche medizinische Abwägung und ein **Vergleich der zu erwartenden Vorteile des off-label eingesetzten Medikaments sowie dessen abzusehender oder zu vermutender Nachteile** einerseits **mit der standardgemäßen Behandlung** andererseits unter Berücksichtigung des Wohles des Patienten die Anwendung der Off-Label verordneten Medikation nicht rechtfertigen würde. Bekannte Risiken sind dabei durch die Wahl einer risikoärmeren Alternative möglich zu verringern oder zu vermeiden. **Die Wahl der risikoreicheren Therapie muss aber stets medizinisch-sachlich begründet werden.** **B 35c**

Anwendbar können nach zutreffender Ansicht auch **Therapien sein, die keine Zulassung nach dem AMG haben**, etwa als Behandlungsstandard anerkannte Off-Label-Therapien (Clemens, GesR 2011, 397, 401). Es besteht kein Vorrang für andere, bereits **etablierte Behandlungsmethoden**, die im konkreten Fall beim konkreten Patienten **wegen der Gefahr schwerwiegender Nebenwirkungen, etwa aufgrund einer Zweiterkrankung, nicht angewendet** werden können (BSG, Urt. v. 4. 4. 2006 – B 1 KR 7/05 R, GesR 2007, 24; Clemens, GesR 2011, 397, 402). **B 35d**

So ist etwa der Einsatz eines in Deutschland für die Spinalanästhesie **nicht zugelassenen Medikaments** (hier: Ultracain), das im Vergleich zu anderen zugelassenen Medikamenten den Vorteil der schnelleren Anschlagszeit und der geringeren neurotoxischen Wirkung bietet, – ohne dass insoweit eine schwerwiegende Erkrankung des Patienten vorliegen müsste – nicht fehlerhaft, wenn aus der gebotenen ex-ante-Sicht **gegenüber den zugelassenen Medikamenten nicht mit größeren Nachteilen oder Risiken zu rechnen ist** (OLG Stuttgart, Urt. v. 26. 7. 2011 – 1 U 163/10, GesR 2011, 562, 563). **B 35e**

B 35f Dem Arzt ist es grundsätzlich auch nicht verwehrt, in Abweichung von Angaben in Medikamentenbeipackzetteln auf die individuelle Situation zu reagieren und **ein Medikament höher zu dosieren sowie riskanter zu applizieren**, wenn in der konkreten Situation (hier: Abwendung einer lebensbedrohlichen Komplikation einer Darmblutung durch Unterspritzen von Suprarenin und Topostasin **in der konkreten Notfallsituation andere, die gleiche Wirkung versprechenden Medikamente bzw. Therapieoptionen nicht zur Verfügung stehen bzw. hinsichtlich eines anderen Medikaments keine belegbaren Erfahrungen vorliegen** (OLG Koblenz, Urt. v. 24. 8. 1999 – 3 U 1078/95, juris, Nr. 49, 50 = VersR 2001, 111, 112).

B 35g Es liegt auch kein Behandlungsfehler vor, wenn ein **Off-Lable-Use** (hier: mit Avonex für die Behandlung der sekundär-chronischen Verlaufsform von MS) im Rahmen eines **individuellen Heilversuches** zurückgegriffen wird, wenn das Medikament in seinem Risikoprofil aus der Behandlung schubförmiger Verläufe gut und ausreichend erforscht war, sodass mit keinen unbekannten Nebenwirkungen gerechnet werden musste, und der Behandlungserfolg mit einem zugelassenen Medikament (hier: Betaferon) nicht bzw. nur teilweise erreicht werden konnte, wobei die **Behandlung mit dem Off-Label eingesetzten Medikament keine höheren Nebenwirkungen erwarten ließ** (OLG Stuttgart, Urt. v. 16. 6. 2010 – 1 U 157/09).

3. Ausreichende Belege für eine Aussicht auf einen Behandlungserfolg

B 35h Aufgrund der Datenlage muss die **begründete Aussicht bestehen, dass mit dem Off-Label eingesetzten Präparat ein Behandlungserfolg, sei es kurativ oder palliativ, erzielt werden kann** (BSG, Urt. v. 8. 11. 2011 – B 1 KR 19/10 R, GesR 2012, 313, 314). Abzustellen ist dabei auf die im jeweiligen Zeitpunkt der Behandlung vorliegenden Erkenntnisse (BSG a. a. O. und BSG, Urt. v. 27. 9. 2005 – B 1 KR 6/04, GesR 2005, 77, 78; vgl. bereits Rz. B 35b).

B 35i Grundsätzlich müssen **Belege für die Qualität, Wirksamkeit und Unbedenklichkeit der Off-Label-Therapie** vorliegen, d. h. es muss sich möglichst um randomisierte, placebokontrollierte und doppelt-blind durchgeführte Studien handeln oder aber die Belege müssen solchen Studien annähernd gleichwertig sein (BSG, Urt. v. 26. 9. 2006 – B 1 KR 1/06 R, GesR 2007, 88; BSG, Urt. v. 1. 3. 2011 – B 1 KR 10/10 R, Nr. 41; Clemens, GesR 2011, 397, 402). Wesentlich ist, dass außerhalb eines Zulassungsverfahrens gewonnene Erkenntnisse von gleicher Qualität mit denjenigen einer kontrollierten klinischen Prüfung der Phase III haben (BSG, GesR 2012, 313, 314/315).

B 35k Liegt eine unerforschte Krankheit oder eine singuläre Krankheit (Erkrankungen, die max. 5 × auf 10 000 Einwohnern vorkommen) vor, reicht es aus, wenn die Behandlungsmethode bzw. für ordnungsweise **in wissenschaftlichen Fachveröffentlichungen befürwortet wird und sich ein Konsens unter den ärztlichen Fachkennern herausgebildet hat** (BSG, Urt. v. 19. 3. 2002 – B 1 KR 37/00 R, GesR 2002, 35; Clemens, GesR 2011, 397, 403) oder wenn sich die **Behandlung in der medizinischen Praxis und/oder in der medizinischen Fachdiskussion durchgesetzt** hat (BSG, Urt. v. 3. 2. 2010 – B 6 KA 37/08 R; Clemens, GesR 2011, 397, 403).

Bei einer singulären Krankheit reicht es aus, wenn eine **gewisse Plausibilität dafür spricht, dass der voraussichtliche Nutzen die möglichen Risiken überwiegt** (BSG, Urt. v. 19. 10. 2004 – B 1 KR 27/02 R, BSGE 93, 236; Clemens, GesR 2011, 397, 403).   B 35l

Bei **lebensbedrohlichen oder regelmäßig tödlich verlaufenden Erkrankungen** dürfen an sich nicht zugelassene Behandlungsmethoden und ärztliche Verordnungen sowie Arzneiverordnungen eingesetzt werden, sofern die Behandlung wenigstens eine **auf Indizien gestützte, nicht ganz fernliegende Aussicht auf spürbare positive Einwirkungen auf den Krankheitsverlauf** bietet (BVerfG, Beschl. v. 6. 12. 2005 – I BvR 347/98, GesR 2006, 72; BSG, Urt. v. 4. 4. 2006 – B 1 KR 7/05 R, GesR 2007, 24; Clemens, GesR 2011, 397, 403).   B 35m

4. Aufklärung des Patienten

Vor einer Off-Label-Behandlung muss der Patient auch darauf hingewiesen werden, dass es sich um einen **Off-Label-Use mit möglicherweiese unbekannten Nebenwirkungen** handelt (OLG Stuttgart, Urt. v. 26. 7. 2011 – 1 U 163/10, GesR 2011, 562, 563; LG Karlsruhe, Urt. v. 6. 5. 2011 – 6 O 285/09, juris, Nr. 46; Wenzel-Rehmann, Kap. 2 Rz. 2049; Clemens, GesR 2011, 397, 403; R/L-Uphoff/Hindemith, § 4 Rz. 119: Vor- und Nachteile sind zu erläutern; Rumetsch, Diss. 2013, S. 157 ff., 160, 168 m. w. N.).   B 35n

Die Standardbehandlung mit einem bereits zugelassenen Medikament stellt dabei regelmäßig eine echte, ernsthafte Behandlungsalternative dar. Eine Aufklärungspflicht besteht jedoch nicht, soweit der Einsatz eines Medikaments im Off-Label-Use **keine höheren Risiken bzw. Nebenwirkungen erwarten lässt, aber die Möglichkeit eines weitergehenden Heilungserfolges damit verbunden ist** (OLG Stuttgart, Urt. v. 16. 6. 2010 – 1 U 157/09, n. v.; OLG Stuttgart, Urt. v. 26. 7. 2011 – 1 U 163/10, GesR 2011, 562, 563: kein höheres oder im Hinblick auf eine bestimmte Komplikation erhöhtes Risiko).   B 35o

Auf den **Einwand der hypothetischen Einwilligung** wäre ein **Entscheidungskonflikt des Patienten auch nicht plausibel,** wenn er unter starken Kopfschmerzen litt und ihm der Arzt ein für diese Behandlung nicht zugelassenes Cortisonpräparat im Off-Label-Use verordnet hat, das zu einer **Besserung der Beschwerden**, möglicherweise aber zu einer von der Aufklärung nicht umfassten, erheblichen Gewichtszunahme geführt hat (LG Karlsruhe, Urt. v. 6. 5. 2011 – 6 O 285/09, juris, Nr. 20, 39, 47).   B 35p

Wurde der Patient vor dem Einsatz eines im Off-Label-Use eingesetzten Medikaments über ein bestimmtes Risiko (hier: Risiko von Herz- und Kreislaufkomplikationen) bei der Anwendung derartiger Substanzen aufgeklärt und hat sich dieses Risiko im konkreten Fall realisiert, so ist es unerheblich, ob der Patient auch über andere, möglicherweise noch unbekannte Risiken der verabreichten Substanz hätte aufgeklärt werden müssen, wenn sich diese nicht verwirklicht haben und **das entsprechende Risiko sich durch das Medikament im Vergleich zu einem zugelassenen Standardpräparat nicht erhöht** hat (OLG Stuttgart, Urt. v. 26. 7. 2011 – 1 U 163/10, S. 9 = GesR 2011, 562, 564; ebenso LG Karlsruhe, Urt.   B 35q

v. 6. 5. 2011 – 6 O 285/09, juris, Nr. 48: keine Haftung des Arztes, wenn nicht festgestellt werden kann, dass sich ein mit dem Gebrauch des Medikaments einhergehendes besonderes Risiko realisiert hat).

B 35r Im Urt. v. 27. 3. 2007 (VI ZR 55/05, VersR 2007, 995, 996 = NJW 2007, 2767, 2768, Nr. 12) hatte der BGH ausgeführt, allein in der Verabreichung eines in Deutschland noch nicht zugelassenen Medikaments liege noch **kein Behandlungsfehler**; dies gelte jedenfalls dann, wenn sich das Medikament in der klinischen Prüfung in Phase III befindet und kurz vor seiner Zulassung steht. Allerdings gehört es zu den Sorgfaltspflichten eines Arztes, **sich vor einem Heilversuch mit einem noch nicht zugelassenen Medikament über die vom Hersteller bzw. vom Bundesinstitut für Arzneimittel und Medizinprodukte empfohlenen Vorsichtsmaßnahmen zu informieren** (BGH, VersR 2007, 995, 997, Nr. 20). Der Arzt muss den Patienten über den zulassungsüberschreitenden Einsatz einschließlich damit verbundener, auch entfernterer Risiken und Nebenwirkungen, bei fehlenden bzw. lückenhaften klinischen Studien auch über die **Möglichkeit bislang unbekannter Nebenfolgen aufklären** (Koenig/Müller, MedR 2008, 190, 200 und 202).

B 35s So ist etwa der Einsatz eines in Deutschland noch nicht zugelassenen Medikaments über einen Zeitraum von sechs Monaten ohne Beachtung erteilter bzw. vorliegender Hinweise auf erforderliche **Kontrolluntersuchungen, z. B. monatliche Kontrollen des Sehvermögens**, fehlerhaft, unter Umständen sogar grob fehlerhaft (BGH, Urt. v. 27. 3. 2007 – VI ZR 55/05, VersR 2007, 995, 997 = NJW 2007, 2767, 2769, Nr. 21, 22). Bei einem Heilversuch mit einem neuen Medikament, bei dem **mit unbekannten Gefahren und Risiken gerechnet werden** muss, muss dem von einer Universitätsklinik geäußerten Verdacht auf die ernst zu nehmende Möglichkeit eines medikamenteninduzierten Eintritts irreparabler Schäden etwa für das Sehvermögen des Patienten grundsätzlich im Rahmen der dann erneut erforderlichen Güteabwägung nachgegangen werden. Aus Sicherheitsgründen muss in einem solchen Fall zumindest ein vorläufiger, **sofortiger Abbruch der Medikation bis zum Vorliegen weiterer Untersuchungsergebnisse** in Betracht gezogen und mit dem Patienten erörtert werden. Wird das Medikament in einem solchen Fall nicht zumindest vorläufig abgesetzt, liegt ein „grober Behandlungsfehler" vor (BGH, VersR 2007, 995, 998 = NJW 2007, 2767, Nr. 25, 29).

5. Unterlassene Medikamentengabe als Behandlungsfehler

B 36 Andererseits kann die **unterlassene Gabe eines Medikaments im Off-Label-Use behandlungsfehlerhaft** sein (B/P/S-Kahlert, § 276 BGB Rz. 40; vgl. auch Wrana, NJW 2010, 3068–3071 zur Neubewertung der Arzneimittelgewährung im Off-Label-Use; Rumetsch, S. 158 f.; sehr weitgehend OLG Köln, VersR 1991, 186).

B 37 So kann die Anwendung von Medikamenten mit einer arzneimittelrechtlichen Zulassung im off-label-use lediglich für Erwachsene und Jugendliche zu einem bestimmten Zweck kann etwa im Bereich der **Neonatologie** gleichwohl **Standard der kinderärztlichen Betreuung** sein und den haftungsrechtlichen Maßstab bestimmen, **wenn ausdrücklich für Kinder zugelassene Alternativmedikamente** fehlen und im Rahmen einer auf den Einzelfall bezogenen Abwägung das Risiko der Nichtanwendung des Medikaments die Risiken ihres Einsatzes überwiegt (OLG Naumburg, Urt. v. 11. 7. 2006 – 1 U 1/06, OLGR 2007, 396 = BeckRS 2007, 3103, S. 9).

Ist das off-label einzusetzende Medikament, damals etwa Aciclovir zur Behand- B 38
lung einer viralen Hirnhautentzündung, das in Universitätskliniken eingesetzte **Mittel der Wahl**, ist dessen **Nichtanwendung sogar grob fehlerhaft** (OLG Köln, VersR 1991, 186; D/S, 6. Aufl., Kap. XXVI Rz. 1289; zu Recht kritisch B/P/S-Kahlert, § 276 BGB Rz. 40: erstaunlich und sehr weitgehend, weil von nie-dergelassenen Ärzten eine dezidierte Kenntnis der Wirkungsmöglichkeit einen off-label eingesetzten Medikaments nicht stets erwartet werden kann).

Einstweilen frei.   B 39 – B 40

IV. Leitlinien und Richtlinien

Richtlinien und Leitlinien erlangen im Rahmen von Gerichtsentscheidungen B 41
eine immer größer werdende Bedeutung. Haftungsrechtlich sind die Folgen von Verstößen gegen Richt- und Leitlinien oder Empfehlungen der Bundesärztekam-mer bzw. einzelner Berufsverbände noch nicht abschließend geklärt.

1. Leitlinien

Die AWMF (Arbeitsgemeinschaft der wissenschaftlichen und medizinischen B 42
Fachgesellschaften) formuliert wie folgt (vgl. Bergmann, BADK-Information 2003, S. 125 und Bergmann, GesR 2006, 337):

„Leitlinien sind systematisch entwickelte Entscheidungshilfen über die angemes-sene ärztliche Vorgehensweise bei speziellen gesundheitlichen Problemen (...), **wissenschaftlich begründete und praxisorientierte Handlungsempfehlungen** (...). Leitlinien sind **Orientierungshilfen i. S. v. Handlungs- und Entscheidungs-korridoren, von denen in begründeten Fällen abgewichen werden kann oder sogar muss.**"

Die wichtigsten Leitlinien können im AWMF-Leitlinien-Register abgerufen wer- B 43
den unter www.uni-duesseldorf.de/awmf/ll oder www.awmf.org/leitlinien.

a) Literaturansichten

In der Literatur finden sich folgende Ansichten und Formulierungen: B 44

Greiner (RiBGH a. D. in: G/G, 6. Aufl. 2009, Rz. B 9a und bei Spickhoff, § 823 BGB Rz. 21):

„Leitlinien (vgl. §§ 135 ff. SGB V) und Rahmenvereinbarungen (vgl. § 115b SGB V) von ärztlichen Fachgremien oder Verbänden, z. B. der AWMF (...) **können den Standard zutreffend beschreiben,** aber auch – etwa wenn sie veraltet sind – hinter diesem zurückbleiben. Sie sind daher **nicht unbesehen mit dem zur Beurteilung eines Behandlungsfehlers gebotenen medizinischen Standard gleichzuset-**

zen. Sie können kein Sachverständigengutachten ersetzen und nicht unbesehen als Maßstab für den Standard übernommen werden. Sie können allerdings den Standard auch richtig beschreiben. Solches festzustellen ist Aufgabe des Tatrichters (...)."

B 45 Steffen (VRiBGH a.D.) und Pauge (RiBGH in: S/Pa, 12. Aufl. 2013, Rz. 178, 673):

„Leitlinien und Empfehlungen der Bundesärztekammer oder der medizinischen Fachgesellschaften haben zwar **keine Bindungswirkung**, sind aber Wegweiser für den medizinischen Standard, von dem abzuweichen **besonderer Rechtfertigung** bedarf." (S/Pa, 12. Aufl., Rz. 178).

Dabei wird auf die Mutterschaftsrichtlinien, die Impfempfehlungen der STIKO und die Leitlinien der BÄK für Wiederbelebung und Notfallversorgung hingewiesen, denen auch nach überwiegender Ansicht eine derartige Wirkung zukommt. Danach *indiziert ein Verstoß gegen ärztliche Leitlinien*

„... **nicht von vornherein einen groben Behandlungsfehler.** Je nach den Umständen des Einzelfalls kann aber eine grundlose Außerachtlassung des in solchen Leitlinien enthaltenen Standards die Bejahung eines groben Fehlers nahe legen" (S/Pa, 12. Aufl., Rz. 673).

B 45a Müller (VPräsBGH a.D. in Wenzel, Kap. 2 Rz. 1483, 1484 und GesR 2004, 257, 260) führt aus, Leitlinien

„können im Einzelfall den Standard zutreffend beschreiben, aber auch – wenn sie etwa veraltet sind – hinter diesen zurückbleiben. Deshalb **dürfen sie nicht unbesehen (bzw. ungeprüft) übernommen werden** und sind insbesondere auf ihre Anwendbarkeit für den Zeitpunkt der Behandlung zu prüfen".

Eine Abweichung von den Leitlinien stelle **nicht per se einen Behandlungsfehler** dar. Eine Leitlinie sei als ärztliche Meinungsäußerung in der Beweiswürdigung zu berücksichtigen und ggf. mit dem beauftragten Sachverständigen zu erörtern (Wenzel-Müller, Kap. 2 Rz. 1483, 1484)

B 45b Katzenmeier (in Laufs/Katzenmeier/Lipp, 6. Aufl. 2009, Rz. X 10, 11) weist darauf hin,

„dass Leitlinien als für typisierte Problemlagen aufgestellte Regelwerke das zum gesundheitlichen Wohl einer konkreten Patienten in einer bestimmten Situation Gebotene nicht ausschließlich oder abstrakt bestimmen können".

Die Indizwirkung ist bei einer S1-Leitlinie schwächer als bei einer S2- oder S3-Leitlinie. Entscheidend sei aber immer die medizinische Plausibilität der Abweichungsgründe in der konkreten Behandlungssituation.

B 46 Deutsch/Spickhoff (6. Aufl. 2008, Kap. VI Rz. 215–217):

Die Befolgung einer S1-, S2- oder S3-Leitlinie indiziert ein pflichtgemäßes Verhalten des anwendenden Arztes.

„Ist gegen eine Leitlinie der Entwicklungsstufe 1 **(S1-Leitlinie)** verstoßen worden, die lediglich von einer repräsentativ zusammengesetzten Expertengruppe der wissenschaftlichen medizinischen Fachgesellschaft in informellem Konsens erarbeitet worden ist, so ist besonders sorgfältig deren Gewicht zu überprüfen. Grundsätzlich soll es im Fall des Abweichens von solchen Leitlinien notwendig sein, dass **in ei-**

nem Sachverständigengutachten dargelegt wird, warum die Befolgung der Leitlinie nicht angezeigt war. Insbesondere wenn der in den Leitlinien niedergelegte Standard überholt ist, ist er aber unstreitig nicht maßgebend" (D/S, 6. Aufl., Kap. VI Rz. 217 und Spickhoff, NJW 2007, 1628, 1631; auch OLG Düsseldorf, Urt. v. 25. 1. 2007 – I-8 U 116/07, GesR 2007, 110, 111).

Andererseits kann ein feststehender **Verstoß gegen eine sogenannte evidenzbasierte Konsensus-Leitlinie (S3-Leitlinie)** als gewissermaßen höchster Entwicklungsstufe einer Leitlinie die Verletzung der Sorgfalt im Einzelfall, jedoch **keinen groben Behandlungsfehler indizieren** (D/S, 6. Aufl., Kap. VI Rz. 215, 216).

Hart (MedR 2002, 472 f. und GesR 2011, 387, 389 sowie MedR 2012, 453, 454) unterscheidet zwischen den wenigen bislang existierenden evidenzbasierten Konsensus-Leitlinien (S3) und den übrigen Leitlinien. Während S1- und S2-Leitlinien für die arzthaftungsrechtliche Standardfeststellung nicht anleitungsfähig seien, weil ihre Bewertungen bzw. Empfehlungen verzerrt sein können, seien **S3-Leitlinien verbindlich und könnten den Standard konstituieren, den Standard festsetzen oder beschreiben** (Hart, GesR 2011, 387, 389/390 und MedR 2002, 472, 473).   B 47

Dass die unbegründete und/oder undokumentierte Abweichung von einer evidenz- und konsensbelegten Empfehlung der einschlägigen S 3-Leitlinie (dort muss man von gesicherten medizinischen Erkenntnissen sprechen) eine erhebliche Risikoerhöhung für den Patienten bedeutet, sollte nach dieser (Minder-) Meinung **Anlass für eine widerlegliche Kausalitätsvermutung geben** (Hart, MedR 2012, 453, 454).   B 47a

Auch Bergmann (GesR 2006, 337–345) weist darauf hin, dass zur Kennzeichnung ihrer Verfahrensqualität S1-, S2- und S3-Leitlinien unterschieden werden: S1-Leitlinien werden von einer Expertengruppe erarbeitet und können sich zu einer Leitlinie der Stufe S2 weiterentwickeln. Die höchste Stufe ist die S3-Leitlinie. Hier wird die vorliegende wissenschaftliche Evidenz explizit in die Empfehlungen einbezogen. Man spricht von „evidenzbasierten Konsensus-Leitlinien", die sich durch eine systematischere Vorgehensweise bei ihrer Erstellung (systematische Recherche, formalisierte Konsensusverfahren) und ihren expliziten Charakter auszeichnen (Bergmann, GesR 2006, 337, 338). Derartige **S3-Leitlinien würden den medizinischen Standard wiedergeben und könnten insoweit auch den Haftungsmaßstab bestimmen** (Bergmann, GesR 2006, 337, 342).   B 48

Ein vom Gericht bestellter Sachverständiger   B 48a

„... muss die Inhalte dieser (S 3-)Leitlinie bei seiner Begutachtung berücksichtigen, um seinen Sorgfaltspflichten zu entsprechen (...). Er ist gehalten, **den medizinischen Standard nicht abweichend von den Empfehlungen der Leitlinie zu bestimmen"** (Bergmann, GesR 2006, 337, 342).

Vom Arzt sei zu verlangen, dass er bei einer Abweichung von solchen Leitlinienempfehlungen

„einen Grund für die Abweichung benennt und zur Sicherung des Beweises, dass er die Leitlinienempfehlungen wahrgenommen und beachtet hat, (dies) vernünftigerweise auch in den Behandlungsunterlagen dokumentiert. Der Sachver-

573

ständige wird anhand dieser Angaben überprüfen, ob der behandelnde Arzt aufgrund von objektiv nachvollziehbaren Gesichtspunkten eine außerhalb des Behandlungskorridors der Leitlinie liegende Maßnahme der Behandlung gewählt hat und auf diese Weise seinem konkreten Patienten eine standardgemäße Therapie zuteil geworden ist" (Bergmann, GesR 2006, 337, 343).

B 48b   Dies entspricht auch der Auffassung von Kopp (GesR 2011, 385 ff.). Danach bilden S1-Leitlinien, die in einem informellen, nicht systematischen Prozess erstellt werden, Handlungsempfehlungen von Experten. S2-Leitlinien beruhen entweder auf einer systematischen Evidenzbasierung (S2e-Leitlinien) oder auf einer strukturierten Konsensfindung eines repräsentativen Gremiums (S2k-Leitlinien). **S3-Leitlinien vereinen beide Elemente. Insofern können sie den gebotenen fachlichen Standard abbilden** (Kopp, GesR 2011, 385, 386).

B 48c   In diese Richtung zielen auch die Ausführungen von Hase (GesR 2012, 601 – 604). Danach können Leitlinien insoweit eine Orientierung bieten, als sich – insbesondere bei der Entwicklung und Anwendung innovativer, spezialisierter oder hochkomplexer Behandlungsmethoden – aus dem vorhandenen Wissen keine eindeutigen Einschätzungen und Verhaltensvorgaben mehr gewinnen lassen. Da **evidenzbasierte, insbesondere S3-Leitlinien im Wesentlichen auf klinischen Tests beruhen, sind sie bei der Bestimmung des medizinischen Standards heranzuziehen.** Die Leitlinien dürfen aber nicht als Rechtsquellen gesehen werden; sie können die rechtlich maßgeblichen Anforderungen an das ärztliche Verhalten nicht von sich aus begründen und **geben oft nur einen „Handlungs- und Entscheidungskorridor" vor. In besonders gelagerten Fällen kann auch ein Abweichen von dem in den Leitlinien vorgeschlagenen Vorgehen rechtlich geboten sein** (Hase, GesR 2012, 601, 604 im Anschluss an Bergmann, GesR 2006, 337, 343).

B 49   Schmidt-Recla (GesR 2003, 138, 140 m. w. N.):

„Leitlinien sollen **Handlungsanweisungen für den sorgfältig handelnden Arzt** sein. Sie geben stets den zum Zeitpunkt ihrer Veröffentlichung gültigen Stand des medizinischen Wissens wieder und müssen demnach an den Fortschritt der medizinischen Wissenschaft angepasst werden. Sie **sollen grundsätzlich befolgt werden, von ihnen soll aber abgewichen werden dürfen, wenn die Umstände des Einzelfalls dies erfordern.** Auch Leitlinien engen die Therapie freiheit (des Arztes) nicht ein (...). Darüber hinaus wird angenommen, dass ein Verstoß des Arztes gegen Vorgaben und Leitlinien, die dem aktuellen Standard entsprechen, eine Pflichtverletzung indiziere und dazu führe, dass die Arztseite im Prozess im Einzelnen darzulegen hätte, warum im konkreten Fall anders vorgegangen worden sei. **Wer dem folgt, erhält mit dieser Indizwirkung eine Beweiserleichterung für die Patientenseite, auch wenn der Kausalitätsnachweis immer noch beim Patienten verbleibt"** (Schmidt-Recla, GesR 2003, 138, 140).

B 50   Jorzig/Feifel (GesR 2004, 310, 311):

„Bei ärztlichen Leitlinien handelt es sich um Festsetzungen von methodischen oder sachlichen Regeln durch eine medizinische Fachgesellschaft, die der Sicherung der Qualität dienen." (Seite 311). „Bei einem Verstoß gegen Leitlinien, die den aktuellen Stand der medizinischen Wissenschaft wiedergeben und somit **Indizwirkung für das Vorliegen eines Behandlungsfehlers** haben, wird man vom Arzt zumindest fordern können (…), dass er in dem Rechtsstreit darlegt, dass ein untypischer Sachverhalt vorlag, der **ein Abweichen von den Vorgaben der entsprechenden Leitlinie rechtfertigt.** Eine Abweichung erscheint plausibel, wenn (…) kein zwingendes Erfordernis ihrer Einhaltung vorlag. **In dem bloßen Abweichen von solchen Regelungen wird man zudem noch keinen Anscheinsbeweis für das Vorliegen eines Arztfehlers sehen können"** (Seite 312 m. w. N.). „Eine Beweiserleichterung für den Nachweis eines Behandlungsfehlers bei einem Verstoß gegen Leitlinien kann nur dann angenommen werden, wenn die Leitlinien im Zeitpunkt des Schadensfalles den aktuellen Erkenntnisstand der Wissenschaft wiedergeben".

„Allein aus der Aufnahme einer Behandlungsregel in eine Leitlinie ergibt sich noch nicht, dass eine Behandlungsmaßnahme zu den elementaren medizinischen Standards gehört und ein Unterlassen dieser Maßnahme einen groben Behandlungsfehler darstellt" (Jorzig/Feifel, GesR 2004, 301, 313 mit Hinweis auf OLG Stuttgart, Urt. v. 22. 2. 2001 – 14 U 62/2000, MedR 2002, 650, 653 = OLGR 2002, 251, 254). **B 51**

„Leitlinien (…) können **in bestimmten Situationen durchaus Indizwirkung** für einen bestimmten Behandlungsstandard bzw. für eine Sorgfaltspflichtverletzung entfalten. Besteht für ein bestimmtes diagnostisches oder therapeutisches Vorgehen eine Leitlinie der entsprechenden Fachgesellschaft, so **begründet bereits die Leitlinie eine widerlegbare Vermutung, dass sie den medizinischen Standard bei der Behandlung dieser bestimmten Erkrankung zu beschreiben vermag. Aus dieser Indizwirkung wird Leitlinien der Charakter eines antizipierten Sachverständigengutachtens eingeräumt"** (Jorzig/Feifel, GesR 2004, 310, 313 sowie Rehborn, MDR 2000, 1101, 1102).

„Damit kann die Leitlinie von sich aus keinesfalls den Anspruch erheben, dem Behandler das Maß der medizinischen Sorgfalt, also den guten Facharzt standard verbindlich vorzugeben (…). **Ein Verstoß gegen die Leitlinien allein lässt den Schluss auf das Vorliegen eines Behandlungsfehlers nicht zu. Materiell-rechtlich allein maßgebend ist die Frage, ob der tatsächliche Facharztstandard im individuellen Behandlungsfall gewahrt wurde."** (Jorzig/Feifel, GesR 2004, 310, 315 mit Hinweis auf BGH, Urt. v. 16. 1. 2001 – VI ZR 408/99, NJW 2001, 1787 und, VersR 1995, 659).

Als Ergebnis halten Jorzig/Feifel (GesR 2004, 310, 316) Folgendes fest:

„Leitlinien können daher nur **im Einzelfall und mit Einschränkungen Indizwirkungen** entfalten. Selbst die Vorfrage der Validität einer Leitlinie für den konkreten Behandlungsfall ist sachverständiger Prüfung zu unterwerfen. Damit steht fest, dass der gebotene **medizinische Standard nicht entscheidend von Leitlinien geprägt** wird, sondern Ausdruck des Erkenntnistandes der Wissenschaft zur Zeit der Behandlung ist."

Ratzel und Feifel (in: Ratzel/Lissel, 1. Aufl. 2013, § 8 Rz. 39, 44, 45, 46) führen aus: **B 51a**

„Leitlinien stellen ebenso wie Sachverständigengutachten, **Empfehlungen oder Lehrbuchinhalte sachverständige Äußerungen** dar, die ein Indiz dafür abgeben können, was unter der im Verkehr erforderlichen Sorgfalt verstanden werden kann. Diese Indizwirkung wird desto stärker, als es sich um typisierte Fallvarianten han-

delt. Sie wird umso schwächer, als die Besonderheiten des einzelnen Falles überwiegen" (§ 8 Rz. 44). Es sei auch „stets zu überprüfen, ob der Inhalt der Leitlinie
sich mit seinem Erfahrungswissen (Anm.: dem des Sachverständigen) deckt bzw.
den Besonderheiten des konkreten Falles gerecht wird" (§ 8 Rz. 45). **Jedenfalls
wenn der Bereich der Diagnose- und Therapiewahl betroffen ist, begründet
ein Abweichen von der Leitlinie noch keine Beweislastumkehr (§ 8 Rz. 46).**

B 52   Frahm (VRiOLG, GesR 2005, 529, 531 und Frahm/Nixdorf/Walter, 5. Aufl. 2013,
Rz. 89, 130):

„Ärztliche Leitlinien sind durch ärztliche Fachgremien gesetzte **Handlungsempfehlungen zur Steuerung der diagnostischen bzw. therapeutischen Vorgehensweise für bestimmte Standard- Situationen**, die auf die qualitative Sicherung
ärztlichen Handelns abstellen und damit dem Schutz des Patienten dienen. Die
Leitlinien werden nach ihren systematischen Entwicklungsstufen unterschieden,
wobei gegenüber S 1- und S 2-Leitlinien die S 3-Leitlinien die höchste Evidentstufe
aufweisen (...). Ärztliche Leitlinien und medizinischer Standard sind nicht deckungs-
gleich. **Ein Abweichen von einer Leitlinie bedeutet also nicht automatisch einen Behandlungsfehler"** (Frahm, GesR 2005, 529, 531).

„Die Leitlinien liefern – soweit sie hinsichtlich des Zeit- und Situationsbezuges der
konkreten zu überprüfenden ärztlichen Behandlung einschlägig sind – (jedoch) **Anhaltspunkte zur Beantwortung der Frage, ob der Korridor medizinischen Standards verlassen worden ist"** (Frahm, GesR 2005, 529, 531 mit Hinweis auf Walter,
GesR 2003, 165, 168).

Nach Ansicht von Frahm (GesR 2005, 529, 532) wird man i. d. R. **die Einhaltung
der Leitlinien zunächst als Indiz für eine fehlerfreie Behandlung bewerten** *dürfen.* Jedoch könne man

„im Gegensatz zum baurechtlichen Bereich und der Anwendung von DIN-Normen
(...) dem Arzt insbesondere in der Hektik des Medizinbetriebs nicht stets abverlan-
gen, das komplizierte und untereinander zum Teil unterschiedliche Regelwerk der
Leitlinien im Einzelnen zu kennen oder gar einzuhalten" (Frahm, GesR 2005, 529,
532; hiergegen jedoch Ziegler, GesR 2006, 109 f.).

Zusammenfassend sei der Arzt zwar gehalten, ein Abweichen von den Leitlinien
darzulegen und zu dokumentieren. **Grundsätzlich führe der Verstoß gegen eine
Leitlinie jedoch nicht zu einer Beweislastumkehr zugunsten des Patienten hinsichtlich eines Behandlungsfehlers oder des Kausalzusammenhangs zwischen
dem ärztlichen Handeln und dem eingetretenen Gesundheits- bzw. Körperschaden. Allenfalls könne eine solche Abweichung eine (geringe) Indizwirkung entfalten** (Frahm, GesR 2005, 529, 533).

B 53   Allerdings gebe es

„dennoch Fälle, in denen das **Abweichen von Leitlinien zu einer Beweislastumkehr für das Vorliegen eines Behandlungsfehlers führt**. Dies ist dann denkbar,
wenn z. B. **Hygiene- oder Organisationsleitlinien**, Letztere z. B. zur horizontalen
Abgrenzung von ärztlichen Tätigkeitsbereichen, etwa zwischen Geburtshelfer und
Anästhesist, außer Acht gelassen werden".

Solche Fälle seien wie diejenigen des sogenannten „voll beherrschbaren Risikobereichs" zu behandeln, wonach **der Behandler die ihn treffende Vermutung einer Pflichtverletzung zu widerlegen hat** (Frahm, GesR 2005, 529, 533).

Frahm/Nixdorf/Walter (5. Aufl. 2013, Rz. 89, 130) stimmen der Rechtsprechung (u. a. OLG Naumburg, MedR 2002, 471, 472) zu, wonach **Leitlinien den medizinischen Erkenntnisstand nicht konstitutiv begründen, sondern bestenfalls für einen gewissen Zeitraum deklaratorisch wiedergeben können.** Ein Leitlinienverstoß wirke ebenso wenig haftungsbegründend wie die Befolgung der Leitlinie eine Haftungsimmunisierung zugunsten des Arztes zur Folge habe. Entscheidend bleibe vielmehr der Erkenntnisstand der medizinischen Wissenschaft zum Zeitpunkt der Behandlung, der mit Hilfe des medizinischen Sachverständigen zu ermitteln ist (F/N/W, 5. Aufl., Rz. 89 a. E.). Die von Hart (MedR 1998, 8, 13 und MedR 2012, 453, 454, vgl. hierzu Rz. B 47, B 47a, B 55, B 56) postulierte Kausalitätsvermutung bei festgestelltem Verstoß gegen eine (*Anm.:* S 1 oder S 2) Leitlinie sei abzulehnen. **Die stets bestehende Möglichkeit überraschender Krankheitswendungen trotz lege artis durchgeführter diagnostischer und therapeutischer Maßnahmen sei auch bei Erstellung hochwertiger Behandlungsleitlinien kaum berechenbar** (F/N/W, 5. Aufl. 2013, Rz. 130). **Denkbar sei jedoch eine Vermutungswirkung bei Verstößen gegen aktuelle und hochwertige Leitlinien zur Organisation und Hygiene, da hochwertige Leitlinien** (gemeint ist offensichtlich eine S3- Leitlinie) **den aktuellen Standard wiedergeben und damit in diesen Bereichen regelmäßig von der Festschreibung des Mindeststandards ausgegangen werden kann** (F/N/W, 5. Aufl., Rz. 130 a. E.).

B 53a

Glanzmann (VRiOLG a. D. in: Bergmann/Pauge/Steinmeyer, 1. Aufl. 2012, § 287 ZPO Rz. 25, S. 1457) führt aus, **Leitlinien**

B 54

„können nicht unbesehen mit dem zur Beurteilung eines Behandlungsfehlers gebotenen ärztlichen Standard gleichgesetzt werden und ersetzen kein Sachverständigengutachten".

Es könne auch

„nicht davon ausgegangen werden, die Beachtung bzw. Nichtbeachtung von Leitlinien habe per se Indizwirkung für die Einhaltung oder Verletzung des geschuldeten Standards, schon gar nicht geben die ärztlichen Leitlinien wie die Technischen Regelwerke den Entwicklungsstand wieder."

Es komme letztlich aber nicht darauf an, ob den Leitlinien indizieller Charakter beizumessen sei, da der BGH und die Obergerichte

„es ablehnen, ohne sachverständige Beratung im Einzelfall einen Behandlungsfehler zu bejahen oder zu verneinen".

Es sei jedoch festzustellen, dass sich die Sachverständigen dabei in verstärktem Maße auf die Leitlinien berufen.

Deutlich weitergehend ist Ziegler (VersR 2003, 545, 546 und, GesR 2006, 109 f.) der Auffassung, bei den ärztlichen Leitlinien handle es sich

B 55

„um Festsetzungen von methodischen oder sachlichen Regeln guten ärztlichen Handelns, die in einem geordneten Verfahren zustande gekommen sind" (Ziegler,

VersR 2003, 545, 546; GesR 2006, 109; auch Hart, MedR 1998, 8, 10/13 und MedR 2012, 453, 454, vgl. Rz. B 47a).

B 56 **Die Leitlinien würden Handlungskorridore festlegen. Werde hiervon abgewichen, der Korridor verlassen, sei dies zu dokumentieren** (Ziegler, VersR 2003, 545, 549; insoweit auch Frahm, GesR 2005, 529, 533: „Dokumentation der Gründe von Vorteil"). Geschehe dies nicht, **kehre sich die Beweislast um**; das Verlassen der vorgeschriebenen Handlungskorridore führe – wie die Missachtung von DIN-Normen – zu einer Beweislastumkehr (Ziegler, VersR 2003, 545, 549 und, GesR 2006, 109). **Der Arzt müsse dann nachweisen, dass bei Einhaltung der Leitlinie der beim Patienten vorhandene Schaden ebenfalls eingetreten wäre** (Ziegler, VersR 2003, 545, 548). Die **Beweislastumkehr** greife zudem zugunsten des Patienten **auch für den Kausalzusammenhang zwischen eingetretenem Schaden und der Verletzung der Leitlinie** ein (Ziegler, VersR 2003, 545, 548).

B 57 Rehborn (GesR 2011, 391) fasst zusammen, **Leitlinien könnten nach wie vor nicht den Standard festsetzen oder ein Sachverständigengutachten ersetzen**, einem auf die Leitlinien gestützten Parteigutachten komme im Hinblick auf dessen „Leitlinienbasiertheit" eine erhöhte Bedeutung auch zur Beurteilung der Frage, ob ein „grober Behandlungsfehler" vorliegt, zu. Rehborn unterbreitet Vorschläge für die Fortentwicklung der Rechtsprechung bzw. Rechtspraxis. Er empfiehlt den Gerichten, den zu beauftragenden Sachverständigen jeweils noch folgende Fragen aufzugeben (Rehborn, GesR 2011, 391, 393):

(1.) Gibt es Richtlinien, Leitlinien oder Empfehlungen, die die streitgegenständliche Behandlung zum Gegenstand haben?

(2.) Bejahendenfalls, welchen Qualitätscharakter (S1, S2, S2k, S2e, S3) haben diese?

(3.) Welchen Bearbeitungsstand haben die Leitlinien bzw. Richtlinien?

(4.) Ist das ärztliche Vorgehen im vorliegenden Fall richtlinien- bzw. leitlinienkonform erfolgt?

(5.) Falls Frage 4 verneint wird:

    (a) In welchem Punkt liegt eine Abweichung vor?

    (b) Gibt es medizinische Gründe, die eine solche Abweichung gebieten oder zumindest vertretbar erscheinen lassen?

b) Rechtsprechung

B 58 Auch die Rechtsprechung ist nicht ganz einheitlich. Das OLG Stuttgart (Urt. v. 22. 2. 2001 – 14 U 62/2000, MedR 2002, 650, 653 = OLGR 2002, 251, 254; ablehend: L/K-Laufs/Kern, § 97 Rz. 20 und Bergmann/Müller, MedR 2005, 650, 657) meint, Leitlinien von Fachgesellschaften **prägten auch dann den ärztlichen Standard**, wenn sie zur Zeit ihrer Formulierung und Veröffentlichung noch **nicht einmal von 5 % aller in diesem Fachgebiet tätigen Ärzte und Kliniken beachtet** werde.

B 59 Es kommt nach Ansicht des OLG Stuttgart nicht darauf an, ob eine zur Abwendung eines erheblichen Gesundheitsrisikos medizinisch für erforderlich gehaltene Behandlungsmaßnahme in der Praxis allgemein durchgeführt werde, sondern nur darauf, ob vom behandelnden Arzt verlangt werden könne, die für den Patienten bestehende Gesundheitsgefahr zu erkennen und die unter Berücksichtigung der hierzu ergangenen Leitlinien und gesichertem Wissen möglichen ärztlichen Maßnahmen zu ergreifen. Nach Ansicht von Schmidt-Recla (GesR 2003, 138, 140; ablehnend auch Bergmann/Müller, MedR 2005, 650, 657 sowie L/K-Laufs/Kern, § 97 Rz. 20) bedeutet dies nichts anderes als die juristische Rezeption einer der Praxis von einer Arbeitsgruppe einer Fachgesellschaft aufgezwungenen medizinischen Mindermeinung.

Demgegenüber argumentiert das OLG Naumburg (Urt. v. 25. 3. 2002 – 1 U **B 60**
111/01, GesR 2002, 14, 15 = MedR 2002, 471, 472; Urt. v. 1. 11. 2007 – 1 U
13/07, NJW-RR 2008, 408, 410 = GesR 2008, 128, 129 = juris, Nr. 6, 7 **zur S1-Leitlinie**; Urt. v. 11. 7. 2006 – 1 U 1/06, BeckRS 2007, 3103, S. 11 **zur S2-Leitlinie**;
OLG Naumburg, Urt. v. 20. 8. 2009 – 1 U 86/08, GesR 2010, 73, 75 beim Fehlen
einer Leitlinie; vgl. auch OLG Nürnberg, Urt. v. 16. 4. 2004 – 5 U 2286/03,
AHRS III, 1220/321: **nur bloße Empfehlungen**), dass Leitlinien der AWMF, denen
nach Ansicht von Schmidt-Recla (GesR 2003, 138, 140) die Richtlinien des wissenschaftlichen Beirats der Bundesärztekammer etwa zur Pränataldiagnostik
von der rechtlichen Struktur her gleichgeachtet werden können, ungeachtet ihrer wissenschaftlichen Fundierung derzeit **lediglich informatorischen bzw. deklaratorischen Charakter** haben könnten (OLG Naumburg, Urt. v. 25. 3. 2002 –
1 U 111/01, MedR 2002, 471, 472 und Urt. v. 19. 12. 2001 – 1 U 46/01, MedR
2002, 1373, 1374: **auch kein antizipiertes Sachverständigengutachten**; OLG
Naumburg, Urt. v. 11. 7. 2006 – 1 U 1/06, BeckRS 2007, 3103, S. 11 und Urt. v.
1. 11. 2007 – 1 U 13/07, NJW-RR 2008, 408, 409 = juris, Nr. 16; OLG Naumburg,
Urt. v. 20. 8. 2009 – 1 U 86/08, GesR 2010, 73, 75: reiner Empfehlungscharakter).

Im Urt. v. 1. 11. 2007 (1 U 13/07, NJW-RR 2008, 408, 410 = GesR 2008, 128, 129) **B 60a**
hält das OLG Naumburg zunächst fest, dass der **Verstoß gegen eine S1-Leitlinie
keinen Behandlungsfehler** indiziert, insbesondere wenn die Leitlinie (hier:
AWMF-Leitlinie der Fachgesellschaft für MKG-Chirurgie) sehr knapp gefasst ist
und die Diagnose- sowie Therapiemöglichkeiten ohne erläuternde Zusätze einfach aufzählt.

In der Entscheidung vom 11. 7. 2006 (1 U 1/06, BeckRS 2007, 3103, S. 11) hat **B 60b**
das OLG Naumburg auch für eine **S2-Leitlinie der Entwicklungsstufe 2** ausgeführt, die Leitlinien der AWMF hätten ungeachtet ihrer wissenschaftlichen
Fundierung **lediglich Informationscharakter** für die Ärzte selbst. Sie stellen
keine verbindliche oder quasi-verbindliche **Handlungsanleitung** für den behandelnden Arzt dar. Die **Leitlinien (hier: S1 und S2)** geben einen **Hinweis auf den
Stand der medizinischen Wissenschaft und bieten im Arzthaftungsprozess regelmäßig erhebliche Anhaltspunkte für den üblichen Krankheitsverlauf**, für die Art
und den Erkenntnisgehalt der typischerweise zu erhebenden Befunde und für die
Therapiemöglichkeiten in ihren Abstufungen. Weil sich die medizinische Behandlung im Einzelfall wegen der individuellen Besonderheiten eines jeden Patienten und eines Krankheitsverlaufs einer strengen Regulierung entzieht, können die Empfehlungen einer Leitlinie sich allenfalls daran orientieren, welche
Maßnahmen regelmäßig die höchste Aussicht auf einen Behandlungserfolg ver-

sprechen. Im **Einzelfall** kann aber gleichwohl eine hiervon **abweichende Behandlung geboten** bzw. zumindest vertretbar sein (OLG Naumburg, a. a. O., S. 11).

B 60c Im Urteil vom 20. 8. 2009 (OLG Naumburg – 1 U 86/08, GesR 2010, 73, 75) hat das OLG Naumburg darauf hingewiesen, die Leitlinien der AMWF hätten **reinen Empfehlungscharakter**, seien aber ein wichtiges Hilfsmittel für die praktizierenden Ärzte zur Feststellung des aktuellen Erkenntnisstandes der medizinischen Wissenschaft. **Allein aus dem Fehlen eines Leitlinientextes könne aber nicht auf das Fehlen eines Behandlungsstandards geschlossen werden.** So könne etwa das vollständige Unterlassen von Desinfektionsmaßnahmen vor einer Injektion im Hals-Schulter-Bereich auch ohne das Vorliegen von Leitlinien als „grob fehlerhaft" bewertet werden. Dies entspricht auch der Auffassung des BGH (Urt. v. 20. 9. 2011 – VI ZR 55/09, NJW 2011, 3442 = GesR 2011, 718, Nr. 11).

B 61 Der BGH (Urt. v. 20. 9. 2011 – VI ZR 55/09, NJW 2011, 3442 = GesR 2011, 718 = VersR 2011, 1569, Nr. 11) hat darauf hingewiesen, gesicherte medizinische Erkenntnisse, deren Missachtung einen Behandlungsfehler als grob erscheinen lassen können, seien nicht nur die Erkenntnisse, die Eingang in Leitlinien, Richtlinien oder anderweitige ausdrückliche Handlungsanweisungen gefunden haben. Hierzu zählen vielmehr auch die **elementaren medizinischen Grundregeln, die im jeweiligen Fachgebiet vorausgesetzt werden.** Im entschiedenen Fall war es bei einer Mandeloperation zu einem Anästhesiezwischenfall gekommen. Der Sachverständige hatte als „völlig unverständlich" bezeichnet, dass der Wechsel auf einen größeren Tubus 25 Minuten verspätet erfolgt sei, das Vorliegen eines „groben Behandlungsfehlers" aber abgelehnt, weil keine Leitlinien oder Richtlinien für einen derartigen Sachverhalt vorlagen. Die Revision der Krankenversicherung des Patienten hatte beim BGH Erfolg.

B 62 Das OLG Nürnberg legt in seinem Urteil vom 16. 4. 2004 (5 U 2286/03, AHRS III 1220/321) dar, die Deutsche Gesellschaft für Gefäßchirurgie erachte die von ihr erarbeiteten Leitlinien nicht als verbindliche Richtlinien, sondern nur als **bloße Empfehlungen.** Die individuelle Verfahrenswahl aufgrund der intraoperativen Befundung durch den Operateur werde hierdurch nicht eingeschränkt. Dem Arzt könne deshalb **kein Behandlungsfehlervorwurf** gemacht werden, wenn er sich aus wohlverstandenen Gründen für eine andere Methode entscheide.

B 63 Der bloße **Verstoß gegen eine S1-Leitlinie**, also der von einer repräsentativ zusammengesetzten medizinischen Expertengruppe in informellem Konsensus erarbeiteten Empfehlung, wonach der Nervus recurrens bei einer Schilddrüsenoperation immer dann „dargestellt werden sollte", wenn die Präparations- bzw. Resektionsnähe zum möglichen Nervenverlauf eine Darstellung erforderlich macht, um die anatomische Integrität der Nerven zu schonen, stellt auch nach Auffassung des OLG Düsseldorf (Urt. v. 25. 1. 2007 – I-8 U 116/05, GesR 2007, 110, 111) **nicht per se einen Behandlungsfehler** dar. Dies gelte jedenfalls dann, wenn die vom Operateur gewählte Methode (hier: „chirurgische Schule", die ab ca. 1995/1996 von der „HNO-Schule" abgelöst wurde) jedenfalls in den Jahren zuvor ein anerkanntes Verfahren darstellte (OLG Düsseldorf, a. a. O.).

B 64 Der **BGH** hat das Urteil des OLG Düsseldorf in seinem NA-Beschluss vom 28. 3. 2008 (VI ZR 57/07, GesR 2008, 361) bestätigt und hierzu ausgeführt, **Leit-**

linien von ärztlichen Fachgremien oder Verbänden könnten im Gegensatz zu den Richtlinien der Bundesausschüsse der Ärzte und Krankenkassen nicht unbesehen mit dem zur Beurteilung eines Behandlungsfehlers gebotenen medizinischen Standard gleichgesetzt werden. Grundsätzlich können Leitlinien kein Sachverständigengutachten ersetzen und nicht unbesehen als Maßstab für den Standard übernommen werden (BGH, GesR 2008, 361). Aufgrund des Zeitbezuges und der Situationsbezogenheit der ärztlichen Sorgfaltsprogramme und nicht zuletzt der ärztlichen Therapiefreiheit, die letztlich die fachgerechte Behandlung im individuellen Fall sicherstellen soll, kann einem Leitlinienverstoß regelmäßig **keine Beweiserleichterung bzw. Vermutungswirkung** für das Vorliegen eines Behandlungsfehlers zukommen (BGH, Beschl. v. 8. 1. 2008 – VI ZR 161/07, bei F/N/W, 5. Aufl., Rz. 130; vgl. auch Rz. B 61).

Das OLG Bamberg (Beschl. v. 28. 7. 2008 – 4 U 115/07, VersR 2009, 259, 260 = OLGR 2008, 784 = GesR 2008, 594, 596) hat sich diesen Ausführungen für eine Leitlinie zur Behebung einer Schulterdystokie ausdrücklich angeschlossen. **B 65**

Auch nach Ansicht des OLG Hamm (Urt. v. 11. 1. 1999 – 3 U 131/98, VersR 2000, 1373, 1374 = NJW-RR 2000, 401, 402; Urt. v. 9. 5. 2001 – 3 U 250/99, OLGR 2002, 176, 177 = VersR 2002, 857, 858) können die von der Bundesärztekammer (o. a.) herausgegebenen Leitlinien, ebenso die Richtlinien den Erkenntnisstand der medizinischen Wissenschaft nur **deklaratorisch wiedergeben** und ihn ggf. ergänzen, **nicht aber konstitutiv begründen**. **B 66**

In dem am 11. 1. 1999 entschiedenen Fall (OLG Hamm, VersR 2000, 1373 = NJW-RR 2000, 401) hat das OLG Hamm zwar einen **Verstoß** des dort in einem Notfall tätig gewordenen Internisten **gegen die Leitlinien** für die Wiederbelebung und Notfallversorgung und damit einen **(einfachen) Behandlungsfehler bejaht**, weil er die Reanimation eines Patienten mit einem Herz-Kreislauf-Stillstand in der Annahme der Zwecklosigkeit dieses Unterfangens nicht fortführte, hieraus jedoch nicht den Schluss auf eine Beweislastumkehr gezogen. **B 67**

Das OLG Hamm hat das **Vorliegen eines groben Behandlungsfehlers abgelehnt** und ausgeführt, dass auch bei erfolgreicher Wiederherstellung von Herzfunktion und Kreislauf entsprechend den Leitlinien für Wiederbelebung und Notfallversorgung schwerste Schädigungen des Gehirns mit entsprechenden Funktionseinbußen, wie sie der dortige Kläger nach der Reanimation durch einen neun Minuten später eintreffenden Notarzt erlitten hatte, nach einer gewissen Zeit jedenfalls häufig seien. Der **Verstoß gegen die in Leitlinien** von medizinischen Fachgesellschaften niedergelegte Behandlungsregeln sei jedenfalls **nicht zwingend als grober Behandlungsfehler** zu werten (OLG Hamm, Urt. v. 11. 1. 1999, 3 U 131/98, VersR 2000, 1373, 1374; ebenso OLG München, Urt. v. 5. 4. 2006 – 1 U 4142/06, GesR 2006, 266, 268; OLG Stuttgart, Urt. v. 22. 2. 2001 – 14 U 62/2000, MedR 2002, 650, 653). **B 68**

So hat auch das OLG München (Urt. v. 6. 4. 2006 – 1 U 4142/05, GesR 2006, 266, 268 f.) die **Annahme eines groben Behandlungsfehlers bzw. fundamentalen Diagnoseirrtums abgelehnt**, wenn der zufällig am Unglücksort anwesende Arzt (im entschiedenen Fall ein Gynäkologe – für einen Notfallmediziner gelten andere Grundsätze) aus den ihm bekannten bzw. mitgeteilten Fakten den – fal- **B 69** schen – Rückschluss gezogen hat, ein offensichtlich zehn Minuten lang im acht Grad kalten Wasser liegendes Kind, das sich „wie eine kalte Wachspuppe" anfühlte, könne nicht mehr reanimiert werden.

B 70 Das OLG Jena (Urt. v. 1. 6. 2010 – 4 U 498/07, juris, Nr. 36) weist darauf hin, dass Leitlinien ärztlicher Fachgremien den ärztlichen Standard grundsätzlich nicht konstitutiv begründen würden. **S1 und S2-Leitlinien seien nicht unbesehen mit dem anzuwendenden medizinischen Standard des jeweiligen Fachgebiets gleichzusetzen. Bei einer S3-Leitlinie handelt es sich aber um eine bereits evidenzbasierte Konsensusleitlinie mit „starkem Empfehlungscharakter".** Diese eröffnet einen Behandlungskorridor, innerhalb dessen sich der Arzt in seinem therapeutischen Ermessen bewegen sollte (OLG Jena, a. a. O.).

B 71 Dies betrifft etwa die Mutterschaftsrichtlinien, die den ärztlichen Standard widerspiegeln und ohne besonderen Anlass nicht unterschritten werden dürfen (OLG Köln, Urt. v. 21. 9. 2011 – 5 U 11/11, VersR 2012, 1305, 1306 = MedR 2012, 527).

c) Zusammenfassung

B 72 U. E. ist danach von folgenden **Grundsätzen** auszugehen:

– **Ein Verstoß gegen eine S1- oder S2-Leitlinie indiziert nicht das Vorliegen eines Behandlungsfehlers, keinesfalls eines groben Behandlungsfehlers** (BGH, Beschl. v. 28. 3. 2008 – VI ZR 57/07, GesR 2008, 361 und Beschl. v. 8. 1. 2008 – VI ZR 161/07: keine Vermutungswirkung; OLG Düsseldorf, Urt. v. 25. 1. 2007 – I-8 U 116/05, GesR 2007, 110, 111 sowie OLG Brandenburg, Beschl. v. 28. 7. 2008 – 4 U 115/07, GesR 2008, 594, 596: Verstoß nicht per se fehlerhaft, OLG Hamm, Urt. v. 9. 5. 2001 – 3 U 250/99, OLGR 2002, 176, 177; OLG Hamm, Urt. v. 11. 1. 1999 – 3 U 131/98, NJW-RR 2000, 401, 402: jedenfalls kein grober Behandlungsfehler; OLG Jena, Urt. v. 1. 6. 2010 – 4 U 498/07, juris, Nr. 36: **anders bei einer S3-Leitlinie**; OLG Naumburg, Urt. v. 20. 8. 2009 – 1 U 86/08, GesR 2010, 73, 75: reiner Empfehlungscharakter; OLG Naumburg, Urt. v. 25. 3. 2002 – 1 U 111/01, MedR 2002, 471, 472 = GesR 2002, 14, 15; OLG Naumburg, Urt. v. 1. 11. 2007 – 1 U 13/07, NJW-RR 2008, 408, 410: Verstoß gegen S1-Leitlinie indiziert keinen Behandlungsfehler; OLG Naumburg, Urt. v. 11. 7. 2006 – 1 U 1/06, BeckRS 2007, 3103, S. 11: **Abweichung von S2-Leitlinie kann geboten bzw. zumindest vertretbar sein**; G/G, 6. Aufl., Rz. B 9a; Jorzig/Feifel, GesR 2004, 310, 311/313 ff.; Frahm, GesR 2005, 529 f.; Rehborn, MDR 2000, 1101, 1103 und MDR 2002, 1281, 1283; Spickhoff, NJW 2004, 1710, 1714 und, NJW 2007, 1628, 1631; F/N/W, 5. Aufl., Rz. 89, 130; L/K-Laufs/Kern, § 97 Rz. 18, 19: keine verbindlichen Handlungsanleitungen; Wenzel-Müller, Kap. 2 Rz. 1483, 1484: Abweichung nicht per se Behandlungsfehler; L/K/L-Katzenmeier, Rz. X 10: Abweichung von einer Leitlinie kein Indiz für einen Behandlungsfehler; S/Pa, 12. Aufl., Rz. 177, 673: Behandlungskorridor, Abweichung indiziert jedenfalls keinen groben Behandlungsfehler; G/G, 6. Aufl., Rz. 9a: können nicht unbesehen als Maßstab für den Standard übernommen werden; Kopp, GesR 2011, 385, 386; R/L-Ratzel/Feifel, § 8 Rz. 44, 46).

– **Leitlinien, Empfehlungen und insbesondere Richtlinien können sich jedoch zum medizinischen Standard des jeweiligen Fachgebiets entwickeln** (BGH,

Urt. v. 15. 2. 2000 – VI ZR 48/99, NJW 2000, 1784, 1785 = VersR 2000, 725, 726; OLG Hamm, Urt. v. 11. 1. 1999 – 3 U 131/98, NJW-RR 2000, 401, 402 = VersR 2000, 1373, 1374; G/G, 6. Aufl., Rz. B 9a; Spickhoff-Greiner, § 823 BGB Rz. 21; D/S, 6. Aufl., Kap. VI Rz. 215, 215).

– **Weicht der Arzt im Einzelfall von einer bestehenden Leitlinie ab, hat er die Gründe hierfür darzulegen und zumindest dann zu dokumentieren,** wenn die Dokumentation aus medizinischen Gründen (vgl. hierzu Rz. D 395 ff.) erforderlich ist (OLG Düsseldorf, Urt. v. 15. 6. 2000 – 8 U 99/99, VersR 2000, 1019, 1020: Abweichung von Leitlinie bedarf besonderer Begründung; Bergmann, GesR 2006, 337, 343: **Abweichung von S3-Leitlinie, nicht jedoch von S-1-Leitlinie zu dokumentieren;** Frahm, GesR 2005, 529, 533: „Dokumentation der Gründe von Vorteil"; Jorzig/Feifel, GesR 2004, 310, 312/314 f. Abweichen von den Vorgaben der Leitlinie als „untypischer Sachverhalt" zu rechtfertigen, aber nicht stets zu dokumentieren; S/Pa, 12. Aufl., Rz. 177, 673: Abweichung bedarf besonderer Rechtfertigung; D/S, 6. Aufl., Kap. VI Rz. 217 und Spickhoff, NJW 2007, 1628, 1631: in Sachverständigengutachten ist darzulegen, warum die Befolgung der Leitlinie nicht angezeigt war; Ziegler, VersR 2003, 545, 549: Abweichen vom vorgegebenen „Handlungskorridor" zu dokumentieren).

– **Im Einzelfall können Leitlinien auch Indizwirkung für das Vorliegen eines Sorgfaltsverstoßes entfalten, etwa beim Verstoß gegen S3-Leitlinien** (OLG Jena, Urt. v. 1. 6. 2010 – 4 U 498/07, juris, Nr. 36: **S3-Leitlinie hat starken Empfehlungscharakter;** OLG Köln, Urt. v. 21. 9. 2011 – 5 U 11/11, VersR 2012, 1305 zur Mutterschaftsrichtlinie; Hase, GesR 2012, 601, 604; D/S, 6. Aufl., Kap. VI Rz. 215; Hart, GesR 2011, 387, 389/390 und Kopp, GesR 2011, 385, 386 sowie Bergmann, GesR 2006, 337, 342/345: **S3-Leitlinien können Haftungsmaßstab bestimmen**) sowie **gegen Hygiene- oder Organisationsleitlinien** (OLG Düsseldorf, Urt. v. 15. 6. 2000 – 8 U 99/99, VersR 2000, 1019, 1020; LG München I, Urt. v. 7. 7. 2004 – 9 O 18834/00, GesR 2004, 512, 513: Verstoß gegen Richtlinie zum Hygienestandard; F/N/W, 5. Aufl., Rz. 130: **Abweichung von „hochwertigen Leitlinien",** z.B. zur Organisation und Hygiene; Frahm, GesR 2005, 529, 533: Behandler hat dann die Vermutung einer Pflichtverletzung zu widerlegen; Jorzig/Feifel, GesR 2004, 310, 312/316; Ziegler, VersR 2003, 545, 546/548).

2. Richtlinien

Richtlinien der Bundesausschüsse für Ärzte bzw. Zahnärzte und Krankenkassen (§§ 91 ff. SGB V) sind Regelungen des Handelns oder Unterlassens, die von einer gesetzlich, berufsrechtlich, standesrechtlich oder satzungsrechtlich legitimierten Institution konsentiert, schriftlich fixiert und veröffentlicht werden, für den Rechtsraum dieser Institution verbindlich sind und **deren Nichtbeachtung definierte Sanktionen nach sich ziehen kann** (Bergmann, GesR 2006, 337: L/K-Krauskopf/Clemens, § 30 Rz. 28, 29; Spickhoff-Barth, § 91 SGB V Rz. 10 und § 92 SGB V Rz. 3 ff.; R/L-Ratzel/Feifel, § 8 Rz. 41, 42). B 73

Richtlinien finden sich ganz wesentlich im Sozialrecht, insbesondere im Vertragsarzt- und Vertragszahnarztrecht (Bergmann, GesR 2006, 337, 338 und erlan- B 74 gen dort eine **sozialrechtliche Verbindlichkeit** (L/K-Krauskopf/Clemens, § 30 Rz. 28, 29; Frahm, GesR 2005, 529, 531; Müller, VPräsBGH, GesR 2004, 257, 260; Jorzig/Feifel, GesR 2004, 310, 311; G/G, 6. Aufl., Rz. B 9a; auch BGH, Beschl. v. 28. 3. 2008 – VI ZR 57/07, GesR 2008, 361: Richtlinien der Bundesausschüsse der Ärzte und Krankenkasse verbindlich).

B 74a   Nach § 91 VI SGB V sind *„die Beschlüsse des gemeinsamen Bundesausschusses (GBA). … für die Träger nach § 91 I 1 SGB V* (d. h. für die Träger des GBA), *deren Mitglieder und Mitgliedskassen sowie für die Versicherten und die Leistungserbringer verbindlich".* Wichtige Richtlinien sind etwa die Richtlinie über die künstliche Befruchtung, die Richtlinie zur Empfängnisregelung und zum Schwangerschaftsabbruch, die Krebsfrüherkennungs-Richtlinie, die Heilmittel-Richtlinie, die Psychotherapie-Richtlinie, die Krankenhauseinweisungs-Richtlinie (vgl. hierzu L/K-Krauskopf/Clemens, § 30 Rz. 30, 45 ff.). Der aktuelle Richtlinienstand ist dokumentiert und abrufbar unter **www.g-ba.de**.

B 74b   Eine Verbindlichkeit der Richtlinien des GBA für **die private Krankenversicherung einschl. des Beihilferechts** wird aufgrund der völlig andersartigen Struktur dieses parallelen Versicherungssystems allerdings verneint (OVG Nordrhein-Westfalen MedR 2010, 422; Spickhoff-Barth, § 91 SGB V Rz. 10, S. 1603).

B 75   Richtlinien legen den Standard insoweit fest, als eine **Unterschreitung jedenfalls im sozialrechtlichen Sinn unzulässig** ist; der Standard kann aber mehr verlangen als die Richtlinien festlegen (G/G, 6. Aufl., Rz. B 9a; Müller, VPräsBGH a. D., GesR 2004, 257, 260). Die gem. § 92 I SGB V aufgestellten Richtlinien wirken aber regelmäßig auf das Entstehen medizinischer Standards ein.

B 76   Wenn eine Behandlung nach diesen Richtlinien nicht oder nur eingeschränkt abgerechnet werden darf (vgl. § 135 SGB V), wird sie sich regelmäßig nicht zum Standard ausbilden. Umgekehrt wird die Anwendung einer vom Bundesausschuss etwa durch Richtlinien zur Abrechnung zugelassenen Behandlung nicht als generell fehlerhaft gewertet werden können (BGH, Urt. v. 25. 11. 2003 – VI ZR 8/03, NJW 2004, 1452 = VersR 2004, 645; BSG, Urt. v. 20. 3. 1996 – 6 RKA 62/94, MedR 1997, 123; G/G, 6. Aufl. 2009, Rz. B 9a).

B 77   Untersuchungs- und Behandlungsmethoden, die nach einer Richtlinie des Bundesausschusses für Ärzte bzw. Zahnärzte nicht die maßgebenden Kriterien der diagnostischen und/oder therapeutischen Nützlichkeit erfüllen, erfordern – wenn sie dennoch angewendet werden – nach Auffassung von Müller (VPräsBGH, GesR 2004, 257, 260; auch S/Pa, 12. Aufl., Rz. 177, 179) eine **besondere medizinische Rechtfertigung** sowie eine **besondere Aufklärung des Patienten**.

B 78   So verfolgen etwa die vom Bundesausschuss der Ärzte und Krankenkassen erstellten **Mutterschaftsrichtlinien** das Ziel, eine nach den Regeln der ärztlichen Kunst und unter Berücksichtigung des allgemein anerkannten Stands der medizinischen Erkenntnisse ausreichende, zweckmäßige und wirtschaftliche ärztliche Betreuung der Versicherten während der Schwangerschaft und nach der Entbindung sicherzustellen (BGH, Urt. v. 25. 11. 2003 – VI ZR 8/03, GesR 2004, 132, 133 = VersR 2004, 645, 647; Gehrlein, VersR 2004, 1488, 1491).

Die Mutterschaftsrichtlinien geben danach den ärztlichen Standard wieder und **B 79**
dürfen nicht unterschritten, müssen aber ohne Anlass auch nicht überschritten
werden (OLG Köln, Urt. v. 21. 9. 2011 – 5 U 11/11, VersR 2012, 1305, 1306 =
MedR 2012, 527; KG, Urt. v. 2. 10. 2003 – 20 U 402/01, NJW 2004, 691: im entschiedenen Fall keine Unterschreitung festgestellt; Butzer/Kaltenborn, MedR
2001, 335: haftungsrechtliche Wirkung; a. A. Schmidt-Recla, GesR 2003, 138,
139: nur sozialversicherungsrechtliche Wirkung). So ist etwa eine nach den Mutterschaftsrichtlinien nicht vorgesehene freiwillige und der Selbstzahlungspflicht
unterliegende Toxoplasmoseuntersuchung auch unter dem Gesichtspunkt der
„echten Behandlungsalternative" nicht aufklärungspflichtig (OLG Köln, Urt. v.
21. 9. 2011 – 5 U 11/11, VersR 2012, 1305, 1306).

Verstößt der Arzt im Einzelfall gegen diese oder eine andere **Richtlinie der Bun-** **B 80**
desausschüsse der Ärzte bzw. Zahnärzte bzw. sonstige **von Fachgesellschaften**
erlassene Richtlinien und liegt hierfür keine besondere vom Arzt darzulegende
medizinische Rechtfertigung vor, wird von der wohl überwiegenden Ansicht
ein **haftungsrechtlich relevanter Verstoß gegen den medizinischen Standard be-**
jaht (so Müller, VPräsBGH a. D., GesR 2004, 257, 260; OLG Köln, Urt. v.
21. 9. 2011 – 5 U 11/11, VersR 2012, 1305, 1306 zur Mutterschaftsrichtlinie;
auch BGH, Beschl. v. 28. 3. 2008 – VI ZR 57/07: **Maßstab für den Standard**; KG,
Urt. v. 2. 10. 2003 – 20 U 402/01, NJW 2004, 691: im entschiedenen Fall aber
keine Unterschreitung festgestellt; OLG Köln, Urt. v. 13. 2. 2002 – 5 U 95/01,
MedR 2002, 458, 459: Verstoß gegen Richtlinien zur Wiederbelebung und Notfallversorgung **im Einzelfall grob fehlerhaft**; Franke/Regenbogen, MedR 2002,
174, 175: haftungsrechtliche Wirkung; Rehborn, MDR 2000, 1101, 1103: **anti-**
zipiertes Sachverständigengutachten; S/Pa, 12. Aufl., Rz. 177, 179: Abweichung
bedarf besonderer Rechtfertigung; Ziegler, VersR 2003, 545, 546: haftungsrechtliche Relevanz bereits beim Verstoß gegen Leitlinien; zu weitgehend Hart,
MedR 2012, 453, 454: Verstoß gegen Richtlinie begründet **groben Behandlungs-**
fehler).

Nach anderer Auffassung beschränkt sich die Rechtswirkung eines Verstoßes **B 81**
gegen Richtlinien nur auf den **sozialrechtlichen Bereich** (Frahm, GesR 2005,
529, 531, Fn 34; Schmidt-Recla, GesR 2003, 138, 139; Spickhoff-Barth, § 91
SGB V Rz. 10: Geltung nur im Bereich der GKV) bzw. können zur Bewertung
des ärztlichen Standards nur sehr **eingeschränkt herangezogen** werden (Jorzig/
Feifel, GesR 2004, 310, 312).

Auch das OLG Hamm hat ausgeführt, der gebotene medizinische Standard **B 82**
könne nicht allein durch Empfehlungen oder Richtlinien der zuständigen medizinischen Gesellschaft geprägt werden. Richtlinien könnten den Erkenntnisstand der medizinischen Wissenschaft zum Zeitpunkt der Behandlung grundsätzlich **nur deklaratorisch wiedergeben, aber nicht konstitutiv begründen**
(OLG Hamm, Urt. v. 9. 5. 2001 – 3 U 250/99, VersR 2002, 857, 858 = OLGR
2002, 176, 177; Urt. v. 27. 1. 1999 – 3 U 26/98, OLGR 2000, 57 = NJW 2000,
1801, 1802).

B 83 U. E. sind die zu den Richtlinien entwickelten Grundsätze wie folgt zusammenzufassen:

Die Nichteinhaltung einer bzw. der Verstoß gegen eine Richtlinie der Bundesausschüsse für Ärzte bzw. Zahnärzte hat ggf. sozialrechtliche Konsequenzen, bedarf einer besonderen medizinischen Rechtfertigung und **indiziert im Einzelfall
auch das Vorliegen eines Behandlungsfehlers** (vgl. Müller, VPräsBGH a.D.,
GesR 2004, 257, 260; anders noch in, MedR 2001, 487, 492: Richtlinien nicht
verbindlich; auch BGH, Beschl. v. 28. 3. 2008 – VI ZR 57/07, GesR 2008, 361:
Richtlinien sind anders als Leitlinien Maßstab für den Standard; OLG Köln,
Urt. v. 21. 9. 2011 – 5 U 11/11, VersR 2012, 1305 und KG, Urt. v. 2. 10. 2003 –
20 U 402/01, NJW 2004, 691: **Richtlinien dürfen nicht unterschritten werden**;
R/L-Ratzel/Feifel, § 8 Rz. 41, 42: Nichtbeachtung zieht definierte Sanktionen
nach sich; Frahm, GesR 2005, 529, 533: im Einzelfall **Indiz für Behandlungsfehler**; G/G, 6. Aufl., Rz. B 9a: **Unterschreitung unzulässig**; Jorzig/Feifel, GesR
2004, 310, 313/316: **im Einzelfall Indizwirkung**; Spickhoff, NJW 2004, 1710,
1714: **Indiz für eine Standardverletzung**; Ziegler, VersR 2003, 545, 546/548: **Abweichung indiziert Behandlungsfehler**).

B 84 – B 89 Einstweilen frei.

V. Soll-Standard

B 90 Der Arzt ist verpflichtet, den Patienten **nach dem anerkannten und gesicherten
Stand der medizinischen Wissenschaft des jeweiligen Fachgebiets im Zeitpunkt
der Behandlung zu betreuen** (OLG Brandenburg, Urt. v. 9. 10. 2002 – 1 U 7/02,
VersR 2004, 199; OLG Hamm, VersR 2002, 857; OLG Jena, Urt. v. 31. 5. 2011 –
4 U 635/10, MedR 2012, 266, 268: objektiver Facharztstandard; OLG Naumburg,
Urt. v. 24. 2. 2011 – 1 U 58/10, GesR 2011, 478, 480; Rehborn, GesR 2013, 257,
259; Spickhoff-Greiner, § 823 BGB Rz. 6, 8, 15, 17: Facharztstandard zum Zeitpunkt der Behandlung; Gehrlein, VersR 2004, 1488, 1489; G/G, 6. Aufl., Rz. 2,
6, 9; vgl. bereits Rz. B 25 ff.).

B 91 Der Arzt oder Krankenhausträger schuldet nicht stets eine immer dem neuesten
Stand entsprechende apparative Ausstattung und die Anwendung des jeweils ak-
tuellsten Therapiekonzepts (G/G, 6. Aufl., Rz. B 6; F/N/W, 5. Aufl., Rz. 78, 81;
Heyers/Heyers, MDR 2001, 918, 922; Boemke, NJW 2010, 1562, 1563).

B 92 Die Anwendung eines **neuen Therapiekonzepts** wird erst dann gefordert, wenn
die **neue Methode risikoärmer bzw. für den Patienten weniger belastend ist oder
die besseren Heilungschancen verspricht, in der medizinischen Wissenschaft im
Wesentlichen unumstritten ist und deshalb von einem sorgfältigen Arzt nur ihre
Anwendung verantwortet werden kann** (BGH, VersR 1988, 179; NJW 1992, 754;
OLG Düsseldorf, Urt. v. 25. 1. 2007 – I-8 U 116/05, GesR 2007, 110, 111; OLG
Hamm, NJW 2000, 3437; F/N/W, 5. Aufl., Rz. 81; G/G, 6. Aufl., Rz. B 6; S/Pa,
12. Aufl., Rz. 159, 174; Spickhoff-Greiner, § 823 BGB Rz. 14, 18, 213).

B 93 Diagnose- und Behandlungsmöglichkeiten, die erst in wenigen **Spezialkliniken**
erprobt und durchgeführt werden, bestimmen den allgemeinen Soll-Standard

noch nicht (BGH, NJW 1984, 1810; G/G, 6. Aufl., Rz. B 9). Sind die dort praktizierten neuen **Methoden risikoärmer** und/oder bieten sie dem Patienten wesentlich bessere Heilungschancen, muss der Patient dorthin überwiesen, zumindest
auf die dort bestehenden, deutlich besseren Heilungschancen hingewiesen werden (BGH, NJW 1989, 2321; NJW 1984, 1810; G/G, 6. Aufl., Rz. C 37, 40; Spickhoff-Greiner, § 823 BGB Rz. 14, 18, 213; S/Pa, 12. Aufl., Rz. 173, 174; B/P/S-Kah-
lert, § 276 BGB Rz. 22). Für die Erprobung einer **neuen klinischen Methode** oder
die Anschaffung neuer Geräte zur Erlangung des medizinischen Soll-Standards
ist dem Arzt bzw. Krankenhausträger einerseits eine **Karenzzeit einzuräumen**
(BGH, NJW 1992, 754; S/Pa, 12. Aufl., Rz. 174; Gehrlein, Rz. B 11). Andererseits
ist das in einem Krankenhaus bereits vorhandene, im Zeitpunkt der Durchführung der Behandlung dem erforderlichen medizinischen Standard noch nicht gebotene, medizinische Gerät einzusetzen, wenn dies indiziert ist (BGH, NJW
1988, 2949; Gehrlein, Rz. B 11; S/Pa, 12. Aufl., Rz. 175).

Auch kann sich der Krankenhausträger bei **fehlender Verabreichung** eines **teu-**   B 94
ren Medikaments, das nicht zur Standardbevorratung gehört, nicht auf die Un-
wirtschaftlichkeit einer Vorratshaltung berufen, wenn das **Medikament recht-**
zeitig von außen beschafft werden konnte (BGH, NJW 1991, 1543; S/Pa,
12. Aufl., Rz. 170; Wenzel-Müller, Kap. 2 Rz. 1492; G/G, 6. Aufl., Rz. B 8). Ein
Krankenhaus muss z. B. für Patienten mit möglichen Metallallergien auch keine
Hüftgelenke in Keramik-Titan-Ausführung vorhalten. Es ist allerdings verpflichtet, den Patienten rechtzeitig über ein mögliches Allergierisiko aufzuklären, um
diesem die Möglichkeit zu geben, sich ggf. an ein anderes Krankenhaus zu wenden (OLG Oldenburg, VersR 1997, 1535; S/Pa, 12. Aufl., Rz. 166, 171).

Müller (VPräsBGH a.D. bei Wenzel, Kap. 2 Rz. 1492, 1493) weist darauf hin,   B 94a
dass die Behandlungsseite wirtschaftliche Erwägungen oder gar Sparzwänge als
Beweggrund für eine bestimmte Behandlung oder deren Unterlassung – soweit
überschaubar – bislang noch nicht geltend gemacht hätte. Für den Umfang der
ärztlichen Sorgfaltspflicht könne auch der „Nikolaus-Beschluss" des BVerfG
(NJW 2006, 891, 892) von Bedeutung sein. Danach ist die gesetzliche Krankenversicherung bei einer schweren Erkrankung auch dann zur Leistung verpflichtet, wenn für die Behandlung kein Standard besteht, aber die vom Patienten gewünschte Medikation eine gewisse Aussicht auf Heilung oder Besserung verspricht.

Nach h. M. besteht jedoch **keine Verpflichtung des Arztes zur Vornahme einer**   B 94b
Behandlung, für die er aufgrund der vertragsärztlichen Vorgaben keine Ver-
gütung erhält (F/N/W, 5. Aufl., Rz. 78; einschränkend S/Pa, 12. Aufl., Rz. 160:
sofern nicht der besondere Zustand des Patienten derartige Maßnahmen als indiziert gebietet).

Unterschreitet der sozialrechtliche Standard im konkreten Fall den für das Haf-   B 95
tungsrecht maßgeblichen medizinischen Standard, muss der Patient allerdings
darauf hingewiesen werden, dass **bessere bzw. weitergehende Behandlungsmög-**
lichkeiten bestehen, die Kosten von der Krankenkasse hierfür allerdings nicht
übernommen werden (F/N/W, 5. Aufl., Rz. 78; Wenzel/Müller, Kap. 2 Rz. 1468,
1489 und die Nachweise bei Rz. A 814 ff.).

VI. Fallgruppen ärztlicher Behandlungsfehler

1. Diagnosefehler

(vgl. → *Diagnosefehler*, Rz. D 1 ff., D 28 ff. und → *Grobe Behandlungsfehler*, Rz. G 101 ff.)

B 96   Während bei **unterlassener Befunderhebung** regelmäßig ein **Behandlungsfehler**, bei Vorliegen weiterer Voraussetzungen gar eine Beweislastumkehr zwischen dem Behandlungsfehler und dem beim Patienten eingetretenen Primärschaden angenommen wird (vgl. → *Unterlassene Befunderhebung*, Rz. U 1 ff., U 50 ff.), werden Diagnoseirrtümer, die lediglich auf eine **Fehlinterpretation** erhobener Befunde zurückzuführen sind, von der Rechtsprechung **nur mit Zurückhaltung** als Behandlungsfehler gewertet (BGH, Urt. v. 8. 7. 2003 – VI ZR 304/02, VersR 2003, 1256, 1257 = NJW 2003, 2827, 2828; OLG Brandenburg, Urt. v. 21. 7. 2011 – 12 U 9/11, juris, Nr. 15 = GesR 2012, 83, 84; OLG Koblenz, Beschl. v. 7. 5. 2009 – 5 U 478/09, MedR 2010, 196, 197; OLG Koblenz, Urt. v. 20. 1. 2011 – 5 U 828/10, GesR 2011, 539, 540; OLG München, Urt. v. 22. 3. 2012 – 1 U 1244/11, juris, Nr. 35 – 40; Hausch, MedR 2012, 231, 236 ff.; Ramm, GesR 2011, 513, 516; Spickhoff-Wellner, § 823 BGB Rz. 42, 187; Wenzel-Müller, Kap. 2 Rz. 1553, 1555; S/Pa, 12. Aufl., Rz. 183, 185; G/G, 6. Aufl., Rz. B 55; F/N/W, 5. Aufl., Rz. 111; B/P/S-Glanzmann, § 287 ZPO Rz. 106, 108; zu den Einzelheiten vgl. Rz. D 1 ff., D 55 ff.)

B 97   Erst bei der **Abweichung von einer klar zu stellenden Diagnose, der Verkennung oder Fehldeutung eindeutiger Symptome** (OLG Stuttgart, Urt. v. 16. 6. 1998 – 14 U 67/97 und OLGR 2002, 251, 255; G/G, 6. Aufl., Rz. B 55, B 265) bzw. bei einem **„nicht mehr vertretbaren" Vorgehen bzw. der Stellung einer nicht mehr vertretbaren Diagnose ist ein Diagnoseirrtum auch als Behandlungsfehler zu qualifizieren** (OLG Brandenburg, Urt. v. 21. 7. 2011 – 12 U 9/11, GesR 2012, 83, 84: **„noch vertretbare Deutung der Befunde" kein Behandlungsfehler**; OLG Hamm, Beschl. v. 2. 3. 2011 – I-3 U 93/10, VersR 2012, 493: Radiologe verkennt diskrete Größenprogredienz bei Lungenrundherd, nicht mehr vertretbare Diagnose, nur einfacher Behandlungsfehler; OLG Jena, Urt. v. 15. 10. 2008 – 4 U 990/06, OLGR 2009, 242, 245: **Diagnose „schlechthin unvertretbar"**; OLG Karlsruhe, Urt. v. 13. 11. 2007 – 7 U 101/06, GesR 2008, 45, 46: Fraktur „ohne weiteres erkennbar" zur Begründung eines groben Behandlungsfehlers; OLG Koblenz, Beschl. v. 7. 5. 2009 – 5 U 478/09, VersR 2010, 1184: kein Behandlungsfehler, wenn die Ärzte postoperative Symptome vertretbar als Folge eines orthopädischen Eingriffs deuten konnten; OLG Koblenz, Urt. v. 21. 12. 2006 – 5 U 1072/06, OLGR 2008, 100, 102: **aus ex-ante-Sicht nicht mehr vertretbar**; OLG Koblenz, Urt. v. 31. 8. 2006 – 5 U 588/06, VersR 2006, 1547, 1548: **„nicht mehr vertretbar"**; OLG München, Urt. v. 19. 10. 2006 – 1 U 2149/06, juris, Nr. 65: wenn Symptome für eine bestimmte Erkrankung kennzeichnend sind; OLG München, Urt. v. 3. 6. 2004 – 1 U 5250/03, VersR 2005, 657: **„völlig unvertretbar" zur Begründung eines „groben Behandlungsfehlers"**; OLG München, Urt. v. 30. 6. 2011 – 1 U 2414/10, juris, Nr. 41, 42: **kein Behandlungsfehler, wenn „Diagnose noch vertretbar"**; OLG München, Urt. v. 22. 3. 2012 – 1 U 1244/11, juris, Nr. 40: vertretbare Bandverletzung diagnostiziert, weitere Röntgenaufnahme unterlassen, kein als Behandlungsfehler vorwerfbarer Diagnoseirrtum; OLG Naumburg, Urt. v. 17. 12. 2009 – 1 U 41/09, GesR 2010, 139, 140 = juris, Nr. 39: **Behandlungsfehler nur bei „unvertretbarer Fehlinterpretation der vorliegenden Befunde"**; OLG Schleswig, Urt. v. 13. 2. 2004 – 4 U 54/02, GesR 2004, 178: „in völlig unvertretbarer Weise gedeutet"; zu den Einzelheiten vgl. D 11 ff.).

2. Unterlassene Befunderhebung

(vgl. → *Unterlassene Befunderhebung*, Rz. U 1 ff., U 50 ff. und → *Beweislastumkehr*, Rz. B 471 ff.)

Während die Rspr. Diagnoseirrtümer nur mit großer Zurückhaltung als Behandlungsfehler bewertet, gilt bei der **Nichterhebung** gebotener Diagnose- oder Kontrollbefunde ein **schärferer Maßstab**. In der nunmehr gemäß **§ 630h V 2 BGB** gesetzlich normierten Fallgruppe der „unterlassenen Befunderhebung" (vgl. hierzu Rz. P 108 ff.) greift in der Kausalitätsfrage zwischen einem Behandlungsfehler in Form des Unterlassens einer gebotenen Befunderhebung und dem Eintritt eines Körper- bzw. Gesundheitsschadens grundsätzlich eine **Beweislastumkehr** ein, wenn sich – ggf. unter Würdigung zusätzlicher medizinischer Anhaltspunkte – bei Durchführung der versäumten Untersuchung bzw. Erhebung des unterlassenen Befundes mit hinreichender Wahrscheinlichkeit ein so deutlicher und gravierender Befund ergeben hätte, dass sich dessen Verkennung als fundamental und die Nichtreaktion auf ihn als grob fehlerhaft darstellen müsste (BGH, Urt. v. 13. 9. 2011 – VI ZR 144/10, MDR 2011, 1286 = VersR 2011, 1400, Nr. 8, 9; BGH, Urt. v. 7. 6. 2011 – VI ZR 87/10, VersR 2011, 1148 = MedR 2012, 249 = NJW 2011, 2508, Nr. 7, 8; BGH, Urt. v. 27. 4. 2004 – VI ZR 34/03, NJW 2004, 2011, 2013 = VersR 2004, 909, 911; vgl. die umfangreichen Nachweise bei Rz. U 54, U 56).

B 98

Im Einzelfall kann die Beurteilung schwierig sein, ob ein – nicht als Behandlungsfehler vorwerfbarer – **Diagnosefehler** oder ein einfacher, im Einzelfall sogar grober **Behandlungsfehler in Form der Nichterhebung von Diagnose- oder Kontrollbefunden** vorliegt. In der obergerichtlichen Rechtsprechung hat sich zwischenzeitlich die Ansicht durchgesetzt, dass demjenigen Arzt, der eine **nicht vorwerfbar falsche Diagnose** (d. h. jedenfalls unterhalb des „fundamentalen Diagnoseirrtums") **gestellt** und deshalb – aus seiner Sicht folgerichtig – bestimmte Befunde nicht erhoben hat, **aufgrund der unrichtigen Diagnosestellung keine „unterlassene Befunderhebung" zur Last gelegt werden** kann (OLG München, Urt. v. 22. 3. 2012 – 1 U 1244/11, juris, Nr. 40 bei noch vertretbarer Diagnose; OLG München, Urt. v. 29. 3. 2012 – 1 U 3611/11, juris, Nr. 49–53: keine „unterlassene Befunderhebung", wenn die Beschwerden auf die diagnostizierte Grunderkrankung zurückgeführt werden konnten; OLG München, Urt. v. 6. 10. 2011 – 1 U 5220/10, GesR 2012, 149, 150: im entschiedenen Fall lag nach dem „Schwerpunkt der Vorwerfbarkeit" eine unterlassene Befunderhebung vor; OLG Koblenz, Urt. v. 20. 1. 2011 – 5 U 828/10, GesR 2011, 539, 540: **keine unterlassene Befunderhebung bei noch vertretbarer Deutung erhobener Befunde**; OLG Brandenburg, Urt. v. 14. 11. 2001 – 1 U 12/01, MedR 2002, 149, 150 = VersR 2002, 313, 315: „Schwerpunkt" des Fehlverhaltens entscheidend; OLG Köln, Urt. v. 20. 7. 2005 – 5 U 200/04, VersR 2005, 1740, 1741 = NJW 2006, 69, 70 sowie

B 99

OLG Koblenz, Urt. v. 13. 7. 2006 – 5 U 17/06, VersR 2007, 1001, 1002: **keine „unterlassene Befunderhebung", wenn der Arzt den Befund aufgrund eines – nicht fundamendalen – Diagnoseirrtums nicht erhoben hat**; vgl. im Einzelnen Rz. U 15 b, U 26, U 14 ff., U 25 ff.).

B 99a Diese Rechtsansicht hat der BGH in seinem Urteil v. 21. 12. 2010 (VI ZR 284/09, VersR 2011, 400 = NJW 2011, 1672, Nr. 13, 18, 20) im Ergebnis bestätigt und ausgeführt, ein **Diagnosefehler werde nicht dadurch zu einem Befunderhebungsfehler, dass bei objektiv zutreffender Diagnosestellung noch weitere Befunde zu erheben gewesen wären.** Zudem sei die Schwelle, von der ab ein Diagnoseirrtum als „grober Behandlungsfehler" (fundamentaler Diagnoseirrtum) zu beurteilen sei, hoch anzusetzen (vgl. zu den Einzelheiten Rz. D 21 ff. und U 15 ff., U 25 ff.).

3. Therapiefehler

(vgl. → *Therapiefehler*, Rz. T 1 ff.)

B 100 Der Arzt muss die möglichen und zumutbaren Maßnahmen ergreifen, um einen nach dem jeweiligen Stand naturwissenschaftlicher Erkenntnisse und ärztlicher Erfahrung erkennbaren gesundheitlichen Schaden von seinem Patienten abzuwenden (Gehrlein, VersR 2004, 1488, 1489; G/G, 6. Aufl., Rz. B 9, 39 ff.; Spickhoff-Greiner, § 823 BGB Rz. 5, 17; S/Pa, 12. Aufl., Rz. 157, 161 ff.). Bei der Wahl der Therapie ist **dem Arzt ein weites Ermessen eingeräumt.** Die ärztliche Entscheidung ist nur dahingehend zu überprüfen, ob die gewählte Therapie dem Stand der naturwissenschaftlichen Erkenntnisse und fachärztlichen Erfahrungen entspricht, ob sie zur Erreichung des Behandlungsziels geeignet und erforderlich ist und regelmäßig auch, ob sie sich in der fachärztlichen Praxis bewährt hat (OLG Naumburg, Urt. v. 6. 6. 2005 – 1 U 7/05, VersR 2006, 979; vgl. auch BGH, NJW 1989, 1538). Dabei ist er **nicht stets auf den sichersten Weg oder das neueste Therapiekonzept unter Anwendung der neuesten medizinischen Apparaturen festgelegt** (S/Pa, 12. Aufl., Rz. 172, 173, 174; G/G, 6. Aufl. Rz. B 35; a. A. aber OLG Köln, VersR 1990, 856: ein Chirurg hat grundsätzlich den sichersten Weg zu wählen).

B 101 Der Arzt begeht jedoch einen Behandlungsfehler, wenn er bei der Diagnostik oder Therapie eine **veraltete Methode** anwendet (S/Pa, 12. Aufl., Rz. 174, 175; G/G, 6. Aufl., Rz B 6, B 8, B 38), jedenfalls wenn diese **durch gesicherte medizinische Erkenntnisse überholt** ist (G/G, 6. Aufl., Rz. B 38; auch BGH, VersR 1978, 41), wenn bei Vorliegen verschiedener Möglichkeiten **neue Methoden risikoärmer sind oder bessere Heilungschancen versprechen und in der medizinischen Wissenschaft im Wesentlichen unum-stritten sind und nicht nur an wenigen Spezialkliniken praktiziert werden** (S/Pa, 12. Aufl., Rz. 174; G/G, 6. Aufl., Rz. B 6, B 38; Spickhoff-Greiner, § 823 BGB Rz. 14, 18, 213 m.w.N.; F/N/W, 5. Aufl., Rz. 81; B/P/S-Kahlert, § 276 BGB Rz. 22; OLG Düsseldorf, Urt. v. 25. 1. 2007 – I-8 U 116/05, GesR 2007, 110, 111: wenn neue Methoden risikoärmer sind und/oder bessere Heilungschancen versprechen und in der medizinischen Wissenschaft unumstritten sind; s. o.). In diesem Zusammenhang ist zu beachten, dass der Patient **auch über das Bestehen einer ernsthaften Alterna-**

tive, etwa der Fortsetzung einer konservativen Behandlung anstatt eines operativen Eingriffs oder der Absicht des Arztes, eine risikoreichere Therapie mit möglicherweise besseren Heilungschancen anzuwenden, aufgeklärt werden muss (Gehrlein, Rz. B 28, 29, C 33; G/G, 6. Aufl., Rz. B 36, C 21, 23, 24, 29; vgl. → *Aufklärung*, Rz. A 1220ff. zu weiteren Einzelheiten).

4. Therapeutische Aufklärung (Sicherungsaufklärung)

(vgl. → *Aufklärung*, Rz. A 580ff. und P 16ff.)

Unter „Sicherungsaufklärung" oder „therapeutischer Aufklärung" versteht man – oft missverständlich – die Verpflichtung des Arztes, seinen Patienten nicht nur diagnostisch und therapeutisch zu behandeln und über die Behandlung und deren Risiken korrekt aufzuklären, sondern ihn auch über alle **Umstände** zu informieren, die zur **Sicherung des Heilungserfolges** und zu einem **therapiegerechten Verhalten** erforderlich sind (BGH, Urt. v. 14. 9. 2004 – VI ZR 186/03, NJW 2004, 3703, 3704 = VersR 2005, 227, 228; Urt. v. 15. 3. 2005 – VI ZR 289/03, NJW 2005, 1716 = VersR 2005, 834; BGH, Urt. v. 16. 6. 2009 – VI ZR 157/08, MedR 2010, 101, 103, Nr. 14, 15: unterlassene Sicherungsaufklärung als grober Behandlungsfehler; OLG München, Beschl. v. 28. 5. 2013 – 1 U 844/13, juris, Nr. 14 und OLG Köln, Urt. v. 22. 9. 2010 – 5 U 211/08, GesR 2011, 229, 232 = juris, Nr. 34, 36, 47, 48: **Notwendigkeit und Dringlichkeit einer Krankenhauseinweisung;** OLG Köln, Urt. v. 6. 6. 2012 – 5 U 28/10, juris, Nr. 26, 28, 35: Hinweis auf gesteigertes Risiko von Herzrythmusstörungen nach Ummedikation eines Herzkranken; OLG München, Urt. v. 16. 11. 2006 – 1 U 2385/06, juris: **therapeutische Aufklärung über die erhöhte Versagerquote einer postpartalen Sterilisation;** OLG Oldenburg, Urt. v. 23. 7. 2008 – 5 U 28/08, MedR 2011, 163, 164: Hinweis auf die Dringlichkeit einer Untersuchung; OLG Stuttgart, Urt. v. 20. 5. 2008 – 1 U 122/07, VersR 2008, 927: therapeutische Aufklärung über erhöhtes Kariesrisiko; Stöhr, RiBGH, GesR 2006, 145, 146; Spickhoff-Greiner, § 823 BGB Rz. 49, 51, 201; Kern, GesR 2009, 1, 9; S/Pa, 12. Aufl., Rz. 370, 707, 708; B/P/S-Glanzmann, § 287 ZPO Rz. 18, 102; F/N/W, 5. Aufl., Rz. 117ff.; zu weiteren Einzelheiten vgl. Rz. A 580ff.).

B 102

Hierzu gehören etwa der Hinweis auf die **Dringlichkeit** der ärztlich indizierten Behandlung oder die von einem Mitpatienten ausgehende **Ansteckungsgefahr**, die Aufklärung über die bestehende **Misserfolgsquote** und die Notwendigkeit regelmäßiger **Nachuntersuchungen** nach einer Sterilisation oder die Erforderlichkeit einer Korrekturoperation, die Information über Dosis, Unverträglichkeiten und Nebenwirkungen eines verordneten Medikaments und der Hinweis auf das Erfordernis einer **vorsichtigen Lebensführung** bei Verdacht auf eine ernsthafte Herzerkrankung des Patienten (vgl. Rz. A 625ff., A 681ff.; G/G, 6. Aufl., Rz. B 95ff., 221, 222; Spickhoff-Greiner, § 823 BGB Rz. 49, 51, 201; OLG Köln, Urt. v. 22. 9. 2010 – 5 U 211/08, GesR 2011, 229, 232: zwingend erforderliche Klinikeinweisung bzw. Hinweis unterlassen, grober Behandlungsfehler; OLG Oldenburg, Urt. v. 23. 7. 2008 – 5 U 28/08, MedR 2011, 163, 165: **Hinweis auf Unterbleiben einer zwingend gebotenen Untersuchung**). Der Arzt ist auch verpflichtet, den Patienten, der die notwendige Behandlung verweigert, auf **mögliche, für den Laien nicht ohne weiteres erkennbare Gefahren der Nichtbehand-**

B 103

lung hinzuweisen (OLG Bamberg, Urt. v. 4. 7. 2005 – 4 U 126/03, VersR 2005, 1292, 1293 = MDR 2006, 206; OLG Schleswig, NJW 2002, 227).

B 104 Versäumnisse im Bereich der **therapeutischen Aufklärung** sind keine Aufklärungs-, sondern **Behandlungsfehler** mit den für diese geltenden beweisrechtlichen Folgen. Der **Patient hat also grundsätzlich den Beweis zu führen, dass ein – medizinisch erforderlicher – therapeutischer Hinweis nicht erteilt wurde und es dadurch bei ihm zum Eintritt eines Schadens gekommen ist** (BGH, Urt. v. 16. 6. 2009 – VI ZR 157/08, MedR 2010, 101, 103 = GesR 2009, 442, 443: unterlassener therapeutischer Hinweis auf die Gefahr einer „Austrocknung" als ggf. grober Behandlungsfehler; BGH, Urt. v. 14. 9. 2004 – VI ZR 186/03, NJW 2004, 3703, 3704 = VersR 2005, 227, 228; BGH, Urt. v. 16. 11. 2004 – VI ZR 328/03, VersR 2005, 228, 229; OLG Hamm, Urt. v. 14. 7. 2003 – 3 U 128/02, VersR 2005, 837; OLG München, Urt. v. 29. 3. 2007 – 1 U 5265/06, juris, Nr. 37, 39; OLG Stuttgart, Urt. v. 20. 5. 2008 – 1 U 122/07, VersR 2008, 927; Hausch, VersR 2007, 167, 168, 171; Spickhoff-Greiner, § 823 BGB Rz. 49, 51; G/G, 6. Aufl., Rz. B 95, 98, 221, 224; B/P/S-Wever, § 823 BGB Rz. 8 ff.; B/P/S-Glanzmann, § 287 ZPO Rz. 18, 102; Müller, VPräsBGH a.D., GesR 2004, 257, 262; Stöhr, RiBGH, GesR 2006, 145, 146; vgl. die Nachweise bei Rz. A 600 ff.).

B 105 Dem Patienten kann allerdings eine **Beweiserleichterung** zugute kommen, wenn der Arzt die Durchführung der Therapieaufklärung **nicht dokumentiert** hat (OLG Bamberg, Urt. v. 4. 7. 2005 – 4 U 126/03, VersR 2005, 1292, 1293 = MDR 2006, 206; OLG München, Urt. v. 5. 5. 2011 – 1 U 4306/10, juris, Nr. 52, 59: Empfehlung, sich bei persistierenden Schmerzen wieder vorzustellen, aber nicht dokumentationspflichtig; OLG Köln, Urt. v. 22. 9. 2010 – 5 U 211/08, GesR 2011, 229, 232: Ablehnung eines Rates zur dringend erforderlichen Untersuchung; OLG Zweibrücken, Urt. v. 20. 8. 2002 – 5 U 25/01, OLGR 2003, 92: Ablehnung einer dringend erforderlichen Untersuchung) oder den Nachweis in sonstiger Weise zu führen nicht in der Lage ist (vgl. zu den Einzelheiten Rz. D 394 ff. und A 602a, A 602b, A 605, A 606).

5. Übernahmeverschulden

(vgl. auch → *Arbeitsteilung*, Rz. A 250 ff., A 375a, A 379 und → *Anfängereingriffe*, Rz. A 100, A 103d, A 134)

B 106 Zahlreiche therapeutische Fehler gehen auch auf ein „Übernahmeverschulden" aufgrund unzureichender Fachkenntnisse des behandelnden Arztes oder unzureichender sachlicher und räumlicher Ausstattung der Praxis bzw. des Krankenhauses zurück (G/G, 6. Aufl., Rz. B 11, 17; Spickhoff-Greiner, § 823 BGB Rz. 23, 24; L/K-Laufs/Kern, § 97 Rz. 21, 24; Wenzel-Müller, Kap. 2 Rz. 1457, 1472; B/P/S-Kahlert, § 276 BGB Rz. 34; S/Pa, 12. Aufl., Rz. 187, 196; R/L-Kern, § 2 Rz. 50, 51; vgl. auch OLG Stuttgart, VersR 2001, 1560, 1563). Jeder Arzt hat bei der Übernahme einer Behandlung oder vor Durchführung einer Operation **zu prüfen, ob er die erforderlichen praktischen und theoretischen Kenntnisse besitzt und über die für die konkrete Behandlung erforderliche technisch-apparative Ausstattung verfügt,** um die voraussichtlich erforderlich werdende Behandlung oder den Eingriff entsprechend dem Stand der medizinischen Erkenntnisse zum Zeitpunkt des Eingriffs durchzuführen (B/P/S-Kahlert, § 276 Rz. 34; Spick-hoff-Greiner, § 823 BGB Rz. 23). Übernimmt der Arzt eine Behandlung, die – für ihn erkennbar – über die Grenzen seines Fachbereichs hinausgeht, so hat er den für dieses Gebiet geforderten **Facharztstandard zu gewährleisten** (BGH, NJW 1987, 1482; G/G, 6. Aufl., Rz. B 13).

So muss ein **Urologe**, der die Behandlung eines an Tuberkulose erkrankten Pa- B 106a
tienten übernimmt, dem Facharzt-Standard eines Lungenfacharztes genügen (BGH, NJW 1982, 1049; Gehrlein, Rz. B 33). Ein **Heilpraktiker** muss in der An-wendung einer invasiven Behandlungsmethode für den Facharztstandard eines Allgemeinmediziners einstehen (BGH, NJW 1991, 1535, 1537; Spickhoff-Grei-ner, § 823 BGB Rz. 24; L/K-Laufs/Kern, § 97 Rz. 27; R/L-Kern, § 2 Rz. 56).

Der behandelnde Arzt **zur Überweisung des Patienten an ein Spezialkranken-** B 107
haus verpflichtet, wenn ein erforderlicher Eingriff nur dort ohne bzw. mit erheb-lich vermindertem Komplikationsrisiko vorgenommen werden kann und eine besondere Dringlichkeit für den Eingriff nicht besteht (OLG Düsseldorf, MedR 1985, 85; OLG Hamm, Urt. v. 16. 1. 2006 – 3 U 207/01, GesR 2006, 120, 123 f.: Problemgeburt, Überforderung des Belegarztes).

Die **Nichteinweisung** in ein apparativ besser ausgestattetes Krankenhaus zur B 108
Durchführung einer Problemgeburt bzw. nach Abgang von grünem Fruchtwasser (BGH, Urt. v. 7. 12. 2004 – VI ZR 212/03, VersR 2005, 408, 410 und nachfolgend OLG Hamm, Urt. v. 16. 1. 2006 – 3 U 207/02, GesR 2006, 120, 122 f.), zur kon-trollierten Durchführung einer Strahlentherapie o. a. stellt einen **Behandlungs-**
fehler dar, wenn ein sorgfältiger und gewissenhafter Arzt die Behandlung im
Kreiskrankenhaus, in das der Patient eingeliefert worden ist, hätte ablehnen müs-
sen (vgl. auch BGH, NJW 1989, 2321). In solchen Fällen ist der Patient über **die**
Möglichkeit, ein besser ausgestattetes Krankenhaus aufzusuchen, aufzuklären
(BGH, NJW 1989, 2321; NJW 1992, 1560; L/K-Laufs/Kern, § 97 Rz. 24, 25; Spick-hoff-Greiner, § 823 BGB Rz. 14, 18, 213; vgl. → *Aufklärung*, Rz. A 1213, A 1616 ff.).

Die Übernahme einer medizinischen Behandlung, die regelmäßig von einer Spe- B 109
zialklinik durchgeführt werden soll (hier: Behandlung von Risikoschwanger-schaften in einem Perinatalzentrum) durch ein Krankenhaus der Grund- oder der Regelversorgung stellt jedoch keinen Behandlungsfehler (Übernahmever-schulden) dar, wenn **keine Abweichung vom Standard der medizinischen Versor-**
gung festgestellt werden kann und der gerichtlich bestellte Sachverständige aus-führt, dass der medizinische Aufwand im Krankenhaus der Grundversorgung auch in der Klinik der höheren Versorgungsstufe wohl nicht übertroffen worden wäre (OLG Naumburg, Urt. v. 11. 7. 2006 – 1 U 1/06, OLGR 2007, 396 = BeckRS 2007, 3103, S. 8).

Unterschritten ist der zu fordernde apparative Standard nur dann, wenn eine B 109a
neue apparative Technik für den Patienten risikoärmer oder weniger belastend
ist und/oder bessere Heilungschancen verspricht, in der medizinischen Wissen-
schaft im Wesentlichen unumstritten ist und in der Praxis verbreitet – nicht nur
an wenigen Zentren – Anwendung findet (Spickhoff-Greiner, § 823 Rz. 14, 18; G/G, 6. Aufl., Rz. B 6; B/P/S-Wever, § 823 Rz. 35; F/N/W, 5. Aufl., Rz. 81,

201; BGH, NJW 1992, 754, 755; BGH, NJW 1989, 2321, 2322; BGH, NJW 1984, 1810).

B 110 Ein hinzugezogener Kinderarzt darf sich, wenn er für eine ausreichende **Intubation** des **Neugeborenen** keine ausreichenden Kenntnisse und Erfahrungen besitzt, nicht mit einer Maskenbeatmung begnügen, sondern muss dafür Sorge tragen, dass ein **kompetenter Krankenhausarzt herbeigerufen** wird. In der unterlassenen oder – im entschiedenen Fall bis zu dessen Erscheinen um 40 Minuten – verzögerten Hinzuziehung eines kompetenten Arztes zur Sicherstellung der vitalen Funktionen ist sogar ein grober Behandlungsfehler zu sehen (OLG Stuttgart, VersR 2001, 1560, 1563).

B 111 Wird ein 3-jähriges Kind wegen eines erlittenen Brillenhämatoms nach einem Sturz aus einer Höhe von 1,50 m mit Verdacht auf Schädelbasisbruch einem Internisten (oder Allgemeinmediziner o. a.) zur Behandlung zugeführt, liegt ein **Übernahmeverschulden** vor, wenn dieser davon absieht, einen Augenarzt zur Abklärung einer Einblutung in die Netzhaut hinzuzuziehen (OLG Oldenburg, VersR 1997, 1405; S/Pa, 12. Aufl., Rz. 187, 196).

B 112 Klagt ein Patient nach einer Galleoperation gegenüber dem behandelnden Chirurgen über ein **Druckgefühl im Ohr**, so hat dieser einen HNO-Arzt hinzuzuziehen (OLG Zweibrücken, VersR 1998, 590; S/Pa, 12. Aufl., Rz. 196). Ein HNO-Arzt ist auch zur Abklärung eines Hörsturzes nach einer Unterleibsoperation mit der Behandlung zu beauftragen (OLG Stuttgart, VersR 1994, 106; Gehrlein, Rz. B 34).

B 113 Bei einem Arzt für Allgemeinmedizin genügt zur Vornahme der üblichen Behandlung regelmäßig die **Lektüre inländischer Allgemeinfach-Periodika**. Auch der niedergelassene Facharzt muss keine Spezialveröffentlichungen über Kongresse oder ausländische Fachliteratur verfolgen, soweit diese nur neue wissenschaftliche Denkanstöße, nicht aber einen neuen wissenschaftlichen Standard begründen. Ein Facharzt muss sich jedoch dann mit der Lektüre des einschlägigen, methodenspezifischen ausländischen Schrifttums befassen, wenn er eine **neue, noch nicht allgemein eingeführte Methode** anwendet (Spickhoff-Greiner, § 823 Rz. 23 m. w. N.).

B 114 Ein Übernahmeverschulden wird auch dann bejaht, wenn der Chefarzt eines Krankenhauses dem Patienten die persönliche Behandlung bzw. Operation zusagt, obwohl ihm bekannt ist, dass er den Eingriff nicht selbst wird vornehmen können, dieser dann vielmehr von einem **nicht ausreichend qualifizierten Assistenzarzt ohne Aufsicht eines qualifizierten Facharztes** durchgeführt wird (OLG Celle, VersR 1982, 46).

B 115 Nach Ansicht des OLG Koblenz (Urt. v. 21. 2. 2008 – 5 U 1309/07, VersR 2008, 538, 539) schuldet der Patient selbst dann **keine Vergütung**, wenn der Chefarzt den Eingriff trotz vertraglicher Zusage von einem anderen Facharzt **sachgemäß und erfolgreich** durchführen lässt. Dem Chefarzt stehe in einem solchen Fall auch kein Bereicherungsanspruch gegen den Patienten zu. Nach h. M. (vgl. OLG Nürnberg, Urt. v. 8. 2. 2008 – 5 U 1795/05, OLGR 2008, 322, 323; OLG Hamm, Beschl. v. 11. 7. 2007 – 3 W 35/07, BeckRS 2008, 2251, S. 2 und die

Nachweise bei Rz. R 1 ff., R 9 ff.) entfällt der Honoraranspruch nur dann, wenn die ärztliche Dienstleistung für den Patienten **völlig unbrauchbar und damit wertlos** ist. Soweit der angestrebte Heilerfolg eingetreten ist, fehlt es an einem materiellen Schaden des Patienten.

Einstweilen frei.   B 116 – B 129

6. Organisationsfehler

(vgl. auch → *Anfängereingriffe, Anfängeroperationen*, Rz. A 115, A 124, A 124a, A 148, → *Arbeitsteilung*, Rz. A 353, A 371, A 381, A 381b, A 394, → *Grobe Behandlungsfehler*, Rz. G 1019 ff., G 990a)

Ein Krankenhausträger muss organisatorisch gewährleisten, dass er mit dem   B 130
vorhandenen ärztlichen Personal und funktionstüchtigem medizinischem Gerät seine Aufgaben nach dem jeweiligen Stand der medizinischen Erkenntnisse auch erfüllen kann. Hierzu gehört die Sicherstellung eines operativen Eingriffs durch **ausreichend qualifizierte Operateure** sowie fachlich **einwandfrei arbeitendes nichtärztliches Hilfspersonal**, wobei durch entsprechende Einteilung sicherzustellen ist, dass die behandelnden Ärzte nicht durch einen vorangehenden Nachtdienst übermüdet und deshalb nicht mehr in der Lage sind, mit der im Einzelfall erforderlichen Konzentration und Sorgfalt zu operieren (BGH, Urt. v. 8. 4. 2003 – VI ZR 265/02, NJW 2003, 2309, 2311: Sicherstellung, dass sich ein **sedierter Patient** nach der Behandlung nicht unbemerkt entfernt; BGH, Urt. v. 7. 12. 2004 – VI ZR 212/03, VersR 2005, 408, 419 und nachfolgend OLG Hamm, Urt. v. 16. 1. 2006 – 3 U 207/02, GesR 2006, 120, 123 f.: Verweigerung einer **Verlegung in besser ausgestattete Klinik**; BGH, NJW 1989, 2321 = VersR 1989, 851: defektes Bestrahlungsgerät; BGH, NJW 1996, 2429 = VersR 1996, 976: Nachtdienst durch inkompetentes Personal; BGH, NJW 1992, 1560 = VersR 1992, 745: **Anfängeroperation ohne Anwesenheit eines Facharztes**; OLG Bremen, Urt. v. 13. 1. 2006 – 4 U 23/05, MedR 2007, 660, 661: um 90 Minuten verzögerte Erstuntersuchung eines „wie tot aussehenden" eingelieferten Kindes; OLG Stuttgart, VersR 2000, 1108: **Schlüssel zum OP-Saal nicht auffindbar**; G/G, 6. Aufl., Rz. B 253, 291 zu „groben Organisationsfehlern"; Spickhoff-Greiner, § 823 BGB Rz. 26 ff.; G/G, B 18 ff.; B/P/S-Kahlert, § 276 BGB Rz. 35; L/K-Laufs/Kern, § 101 Rz. 14 ff., 30 ff.; S/Pa, 12. Aufl., Rz. 187, 223 ff., 672; F/N/W, 5. Aufl., Rz. 96 ff.; R/L-Kern, § 3 Rz. 11 ff.; zu den Einzelheiten vgl. Rz. G 1019 ff.).

a) Personelle Ausstattung

Werden offensichtlich ungeeignete, insbesondere nicht ausreichend qualifizierte   B 131
Assistenzärzte oder **übermüdete Ärzte** eingesetzt, so trägt der für den Einsatz dieses Arztes verantwortliche **Krankenhausträger die Beweislast** dafür, dass eine beim Patienten eingetretene Schädigung nicht auf fehlender Erfahrung, Übung oder Qualifikation des Behandlers beruht (BGH, NJW 1996, 2429 = VersR 1996, 976: **Nachtdienst durch nicht ausreichend ausgebildetes Personal**; BGH, VersR 1986, 295 = NJW 1986, 776: **Operation durch übermüdeten Arzt**; BGH, NJW 1996, 2429 = VersR 1996, 976: CTG-Überwachung durch unzureichend qualifizierte Krankenschwester; BGH, Urt. v. 7. 12. 2004 – VI ZR 212/03, VersR

2005, 408, 410 und nachfolgend OLG Hamm, Urt. v. 16. 1. 2006 – 3 U 207/02, GesR 2006, 120, 123 f.: **Entbindung durch erkennbar unfähigen Belegarzt**; Spick-hoff-Greiner, § 823 BGB Rz. 26, 32, 33; G/G, 6. Aufl., Rz. B 23, 24, 291; S/Pa, 12. Aufl., Rz. 196). Auch bei sorgfältiger Auswahl des Personals muss der Kran-kenhausträger durch geeignete Maßnahmen sicherstellen, dass die Organisati-onsstruktur und die einzelnen Organisationsformen wirksam sind und eine **aus-reichende Instruktion sowie Überwachung des eingesetzten Personals gewähr-leistet** ist (Deutsch, NJW 2000, 1745; F/N/W, 5. Aufl., Rz. 96, 97).

B 131a Die **nachgewiesene Übermüdung eines Arztes** genügt alleine nicht, um eine Haf-tung des Krankenhausträgers oder des handelnden Arztes selbst zu begründen. Dem Krankenhausträger steht auch der Entlastungsbeweis dahingehend offen, dass **der Schaden auch bei ordnungsgemäßer Erfüllung der Überwachungs- bzw. Organisationspflichten eingetreten wäre.** So kann ein Kausal- bzw. Zurech-nungszusammenhang fehlen, wenn der Arzt vor dem konkreten Eingriff keinen anstrengenden Dienst ausgeführt hatte (R/L-Kern, § 3 Rz. 32 mit Hinweis auf BGH, NJW 1986, 776, 777; ebenso S/Pa, 12. Aufl., Rz. 688).

B 132 Der **Krankenhausträger** hat die eingesetzten **Chefärzte** im Bereich der diesen übertragenen Organisationsaufgaben zu **überwachen** (BGH, VersR 1979, 844; G/G, 6. Aufl., Rz. B 30; Spickhoff-Greiner, § 823 BGB Rz. 33). Den Chefärzten obliegt ihrerseits die Fachaufsicht über die nachgeordneten ärztlichen und nicht-ärztlichen Dienste (BGH, NJW 1980, 1901; S/Pa, 12. Aufl., Rz. 229, 230: hin-sichtlich der Grundzüge der dem CA übertragenen Organisationsaufgaben; G/G, 6. Aufl., Rz. B 30).

B 133 Der Chefarzt, der die **Risikoaufklärung eines Patienten einem nachgeordneten Arzt überträgt**, muss zur Vermeidung einer fortbestehenden eigenen Haftung (vgl. §§ 280, 278, 831 I 2 BGB) darlegen und im Bestreitensfall beweisen, welche organisatorischen Maßnahmen er ergriffen hat, um eine **ordnungsgemäße Auf-klärung sicherzustellen und deren ordnungsgemäße Umsetzung zu kontrollie-ren.** Erforderlich ist entweder die Existenz einer speziellen Aufklärungsanwei-sung jedenfalls für schwierige und risikoreiche Eingriffe oder aber die Sicherstel-lung, dass sich der Operateur/Chefarzt auf andere Weise, z. B. in einem Vorgespräch mit dem aufklärenden Arzt vergewissert hat, dass dieser den Ein-griff in seiner Gesamtheit erfasst hat und dem Patienten die Risiken vermitteln kann (BGH, Urt. v. 7. 11. 2006 – VI ZR 206/05, NJW-RR 2007, 310, 311 = VersR 2007, 209, 210 = GesR 2008, 108, 109).

B 134 **Der Chefarzt hat den Einsatz und die Arbeit der Assistenzärzte gezielt zu kon-trollieren**, etwa durch Überprüfung der von diesen erhobenen Befunde, Röntgen-, Kernspin- und CT-Aufnahmen u. a. sowie regelmäßige Besprechungen (BGH, NJW 1989, 767; Gehrlein, Rz. B 40). Lediglich die Vornahme von täglichen Visi-ten reicht nicht aus (BGH, NJW 1989, 767, 769; BGH, NJW 1988, 2299, 2300; G/G, 6. Aufl., Rz. B 30; Spickhoff-Greiner, § 823 BGB Rz. 33). Die Überwachung eines qualifizierten Facharztes mit eng begrenztem Fachgebiet, der sich über viele Jahre hin bewährt hat, kann sich jedoch darauf beschränken, ob die Zuver-lässigkeit, für deren Fortbestehen zunächst die Lebenserfahrung spricht, durch nachfolgende Entwicklungen in Frage gestellt wird (OLG Köln, VersR 1989, 708 für qualifizierten Chirurgen). Auch sonst dürfen die Anforderungen nicht überspannt werden, wenn sich der Assistenzarzt schon bewährt hat (S/Pa, 12. Aufl., Rz. 196).

Ein **Belegkrankenhaus** muss sich im Rahmen eines „gespaltenen Krankenhausvertrages" (siehe → *Krankenhausverträge*, Rz. K 177ff.) durch entsprechende Kontrollen vergewissern, dass das Pflegepersonal nicht zu ärztlichen Entscheidungen berufen wird (BGH, NJW 1996, 2429; S/Pa, 12. Aufl., Rz. 117, 227) und keine **Belegärzte** zum Einsatz kommen, die mehrfach durch die Erteilung systematisch **fehlerhafter Anweisungen** oder sonstiger, gehäufter Fehlleistungen auffällig geworden sind (OLG Koblenz, VersR 2001, 897, 898). **B 135**

Ein Belegkrankenhaus hat für eine unverzügliche Verlegung der Patientin in eine **besser geeignete Klinik** zu sorgen, wenn die (im entschiedenen Fall auch als Mitbetreiberin der Klinik tätige) Hebamme die vom Belegarzt erteilten Weisungen als grob fehlerhaft erkennt und sich damit einer verantwortlichen Person der Einrichtung begründete Zweifel an einem fachgerechten weiten Ablauf des Geburtsvorgangs aufdrängen müssen (OLG Hamm, Urt. v. 16. 11. 2006 – 3 U 207/02, GesR 2006, 120, 124 im Anschl. an BGH, Urt. v. 7. 12. 2004 – VI ZR 212/03, VersR 2005, 408, 410f.). Der Krankenhausträger hat sicherzustellen, dass **im Belegkrankenhaus keine Eingriffe erfolgen, für die die personelle und apparative Ausstattung nicht vorhanden ist** (BGH a. a. O.; G/G, 6. Aufl., Rz. A 35, 41 ff.; zur Haftung des Belegkrankenhauses einerseits und des Belegarztes andererseits vgl. Rz. K 190ff.). **B 136**

Bei einer „**Anfängeroperation**" durch einen nicht ausreichend qualifizierten Assistenzarzt muss dabei die ständige Eingriffsbereitschaft und Eingriffsfähigkeit des Aufsicht führenden Chef- oder Oberarztes (OLG Oldenburg, VersR 1998, 1380; MDR 1998, 47; OLG Stuttgart, VersR 1990, 858), bei einer „Anfängernarkose" durch einen noch unerfahrenen Anästhesisten zumindest Blick- und Rufkontakt (BGH, NJW 1993, 2989, 2990), beim Einsatz einer in Weiterbildung zur Fachärztin für Gynäkologie stehenden Assistenzärztin im Nachtdienst die Rufbereitschaft des Chef- oder Oberarztes gewährleistet sein (BGH, MDR 1998, 535; BGH, NJW 1994, 3008, 3009; vgl. hierzu → *Anfängereingriffe, Anfängeroperationen*, Rz. A 116f., A 122). **B 137**

In **Notfällen** sind die dadurch bedingten zwangsläufigen Beschränkungen hinsichtlich der Entschlusszeit und der verfügbaren personellen und apparativen Mittel angemessen zu berücksichtigen, hier ist der Facharztstandard der Notlage anzupassen (G/G, 6. Aufl., Rz. B 27; Spickhoff-Greiner, § 823 BGB Rz. 28 a. E.: die Annahme eines groben Behandlungsfehlers ist bei Fehlern im Rahmen von Notfall- und Eilmaßnahmen selten). Eine Herabsetzung des Sorgfaltsmaßstabes zur Gewährleistung des Facharztstandards kommt jedoch nicht in Betracht, wenn die konkrete Notlage vorhersehbar war oder die Notfallbeherrschung zu dem an der Notfallversorgung beteiligten Krankenhaus gehört (G/G, 6. Aufl., Rz. B 27; Gehrlein, Rz. B 40). Ein **Notfallkrankenhaus** muss sicherstellen, dass die **Untersuchung einer Schwangeren** mit Blutungen und Unterbauchschmerzen **innerhalb von 15 Minuten** nach der Notfallaufnahme und eine erforderliche sofortige Schnittentbindung von einem einsatzfähigen Operationsteam innerhalb **B 138** von **20–25 Minuten nach der Indikationsstellung** durchgeführt werden kann (OLG Braunschweig, VersR 1999, 191 = MDR 1998, 907).

B 139 Der Klinikträger muss für einen **neonatologischen Notfall** innerhalb kürzester Zeit ausreichende organisatorische Vorkehrungen treffen, insbesondere sicherstellen, dass beim Auftreten von Atemnot eines Neugeborenen ein kompetenter Arzt hinzugezogen wird, der die Ursache der gestörten Atmung klären und eine erforderliche Intubation durchführen kann. Der Klinikträger hat zu regeln, wann eine Säuglingsschwester oder Hebamme ein neugeborenes Kind zu kontrollieren und welchen Arzt das nichtärztliche Klinikpersonal beim Auftreten eines Notfalls zu verständigen hat. Organisatorische Versäumnisse dieser Art rechtfertigen in einer „Gesamtbetrachtung" den Schluss auf einen groben Behandlungsfehler (OLG Stuttgart, VersR 2001, 1560, 1562 f.).

b) Apparative Ausstattung

B 140 Neben der Bereitstellung, Überwachung und Kontrolle des qualifizierten Personals hat der Krankenhausträger auch den **hygienischen und apparativen Standard** entsprechend dem jeweiligen Stand naturwissenschaftlicher Erkenntnisse und ärztlicher Erfahrung, der zur Erreichung des Behandlungszieles erforderlich ist, zu gewährleisten (BGH, NJW 1992, 754 = VersR 1992, 238 und OLG Jena, Urt. v. 12. 7. 2006 – 4 U 705/05, OLGR 2006, 799, 801: Bestrahlungsgerät; BGH, NJW 1988, 763, 764: Koagulationsgerät; OLG Frankfurt, VersR 1991, 185: Hochfrequenzchirurgiegerät; OLG Koblenz, Urt. v. 22. 6. 2006 – 5 U 1711/05, OLGR 2006, 913 = GesR 2006, 469: gravierende Hygienemängel, u. a. verunreinigter Alkohol; G/G, 6. Aufl., Rz. B 20, 21; Spickhoff-Greiner, § 823 BGB Rz. 26; F/N/W, 5. Aufl., Rz. 81, 100 ff.).

B 141 Hierzu gehört, dass **zur Desinfektion kein verunreinigter Alkohol** (BGH, Urt. v. 20. 3. 2007 – VI ZR 158/06, VersR 2007, 847, 848 = GesR 2007, 254, 255; OLG Koblenz, Urt. v. 22. 6. 2006 – 5 U 1711/05, OLGR 2006, 913: gravierende Hygienemängel, u. a. verunreinigter Alkohol), **bei einer Infusion keine unsterile Infusionsflüssigkeit** (BGH, NJW 1982, 699) **und bei einer Fremdbluttransfusion kein etwa mit Hepatitis C verseuchtes Blut verwendet wird**, soweit dies – wie nunmehr stets – durch entsprechende organisatorische Vorkehrungen vermieden werden kann (BGH, NJW 1991, 1948; NJW 1992, 743; vgl. → *Anscheinsbeweis*, Rz. A 169, A 178 ff. und → *voll beherrschbare Risiken*, Rz. V 380 ff.).

B 142 Der Krankenhausträger hat die Funktionstüchtigkeit der medizinischen Geräte und Apparate und deren sachgerechte Handhabung durch **Unterweisungen, Fortbildung, Wartung und Kontrolle** durch Fachpersonal zu gewährleisten (Gehrlein, Rz. B 39; G/G, 6. Aufl., Rz. B 19–24, 30; Spickhoff-Greiner, § 823 BGB Rz. 27, 32, 33; L/K-Laufs/Kern, § 97 Rz. 24 und § 101 Rz. 14, 16, 37, 39: auch Vorhaltung eines hinreichenden Personalstandes, ausreichende räumliche und finanzielle Ausstattung etc.; BGH, VersR 1980, 822: Narkosegerät; OLG Hamm, VersR 1980, 1030: Röntgeneinrichtung; OLG Jena, Urt. v. 12. 7. 2006 – 4 U 705/05, VersR 2007, 69, 70: überhöhte Röntgendosis, defektes Gerät; OLG Frankfurt, VersR 1991, 185: Hochfrequenzchirurgiegerät).

B 143 Die **Funktionskontrolle eines komplizierten Narkosegeräts** muss vom bedienenden Facharzt (BGH, Beschl. v. 13. 2. 2007 – VI ZR 174/06, VersR 2007, 1416 und

OLG Jena, Urt. v. 12. 7. 2006 – 4 U 705/05, VersR 2007, 69, 70: ordnungsgemäßer Zustand eines Narkosegeräts, eine Tubus, eines Röntgentherapiegeräts, Sterilität der Infusionsflüssigkeit), ein einfacheres medizinisches Gerät wie z. B. ein
bei Narkosen verwendeter Tubus vom Pflegepersonal überprüft werden (Gehrlein, Rz. B 39). Der Krankenhausträger hat auch dafür Sorge zu tragen, dass die
zum medizinischen Standard gehörenden **Medikamente vorrätig** sind oder innerhalb kurzer Zeit zur Durchführung einer geplanten Operation beschafft werden
können (BGH, NJW 1991, 1543 = MDR 1991, 603; F/N/W, 5. Aufl., Rz. 102).
Ein Organisationsverschulden des Krankenhausträges kann darin liegen, dass
ein Medikament mit erheblich niedrigeren Risiken für den Patienten nicht
rechtzeitig vor der Operation zur Verfügung steht (BGH, NJW 1991, 1543).

Blutkonserven dürfen nur von als **zuverlässig bekannten Herstellern** bezogen   B 144
werden, bei denen gewährleistet ist, dass die nach den Richtlinien zur Vermeidung verseuchter Blutkonserven erforderlichen Untersuchungen durchgeführt
worden sind (BGH, NJW 1992, 743; Gehrlein, Rz. B 38). Andernfalls müssen die
Blutkonserven vor ihrer Verwendung auf etwaige Verseuchungen, insbesondere
mit Hepatitis- oder Aids-Erregern untersucht werden (Gehrlein, Rz. B 38; vgl.
→ *Anscheinsbeweis*, Rz. A 169 ff., A 173, A 203).

Reicht die apparative Ausstattung einer Universitätsklinik nicht aus, allen Patienten die nach den neuesten medizinischen Erkenntnissen optimale Behandlung zuteil werden zu lassen, etwa eine CT-geplante Bestrahlung nach einer
Brustkrebsoperation, so muss die Patientin die sich hieraus ergebenden Nachteile jedoch entschädigungslos hinnehmen, wenn die Behandlung im Übrigen
gutem ärztlichem Qualitätsstandard entspricht (OLG Köln, VersR 1999, 847).

7. Verkehrssicherungspflichten

(vgl. → *Suizidgefährdete Patienten*, Rz. S 630 ff. und → *Sturz im Pflegeheim
und im Krankenhaus*, Rz. S 500, S 520 ff.)

Der Krankenhausträger ist nicht nur zur Behandlung der aufgenommenen Pa-   B 145
tienten unter Einsatz qualifizierten Personals und Sicherstellung des hygienischen, apparativen und medikamentösen Standards verpflichtet, sondern
auch zum Schutz des Patienten vor einer Schädigung, die diesem durch die Einrichtung oder **bauliche Gestaltung des Krankenhauses** (BGH, VersR 2000,
1240 f.), **durch eingesetzte Geräte, Apparate, Möbel, sanitäre Einrichtungen oder
auf Zu- und Abgängen** droht (BGH, Urt. v. 28. 4. 2005 – III ZR 399/04, NJW
2005, 1937 = VersR 2005, 984; BGH, Urt. v. 14. 7. 2005 – III ZR 391/04, NJW
2005, 2613 = GesR 2006, 44; OLG Düsseldorf, Urt. v. 2. 3. 2006 – I-8 U 163/04,
GesR 2006, 214, 217; OLG Dresden, Urt. v. 17. 1. 2006 – 2 U 753/04, VersR
2006, 843, 844 = GesR 2006, 114 jeweils zum „Sturz im Pflegeheim"; G/G,
6. Aufl., Rz. A 56; S/Pa, 12. Aufl., Rz. 242, 244, 246; L/K-Laufs/Kern, § 101
Rz. 20, 21; Spickhoff-Greiner, § 823 BGB Rz. 326; F/N/W, 5. Aufl., 103, 104).

So muss der Einsatz von Personal und Material so organisiert werden, dass ein   B 146
Sturz des Patienten von einer Untersuchungsliege (OLG Hamm, Urt. v.
10. 1. 2001 – 3 U 59/00, MedR 2002, 196; LG Kassel, Urt. v. 30. 11. 2007 – 5 O

1488/06, VersR 2008, 405), der **Sturz aus einem Rollstuhl**, in den er zur Vorbereitung der Verbringung in eine andere Klinik verbracht wurde (KG, Urt. v.
20. 1. 2005 – 20 U 401/01, GesR 2005, 305 = OLGR 2005, 903; KG, Urt. v.
20. 1. 2005 – 20 U 401/01, VersR 2006, 1366), **einem Krankenstuhl** (BGH, VersR
1991, 310) oder **einem Duschstuhl** (BGH, VersR 1991, 1058) vermieden wird und
der Patient bzw. Heimbewohner bei einer konkret geschuldeten Hilfeleistung,
etwa bei der Begleitung zur Toilette, nicht zu Fall kommt (KG, Beschl. v.
10. 9. 2007 – 12 U 145/06, OLGR 2008, 505, 506; Beschl. v. 11. 1. 2007 – 12 U
63/06, MDR 2007, 1258; zu den Einzelheiten vgl. → *Sturz im Pflegeheim und
im Krankenhaus*, Rz. S 520 ff.).

B 147   Dem Träger eines **psychiatrischen Krankenhauses** obliegt deliktsrechtlich eine
Verkehrssicherungspflicht zum Schutz des Patienten vor einer Schädigung, die
diesem wegen der Krankheit durch ihn selbst oder durch die Einrichtung und
bauliche Gestaltung des Krankenhauses droht. Diese Pflicht ist allerdings auf
das Erforderliche und für das Krankenhauspersonal und deren Patienten Zumutbare beschränkt; das **Sicherheitsgebot** ist hier gegen den Gesichtspunkt der The-
rapiegefährdung durch allzu strikte Verwahrung abzuwägen (BGH, Urt. v.
20. 6. 2000 – VI ZR 377/99, VersR 2000, 1240, 1241= MDR 2000, 1376; OLG
Braunschweig, Beschl. v. 11. 2. 2008 – 1 U 2/08, NJW-RR 2008, 1060; OLG Koblenz, Beschl. v. 3. 3. 2008 – 5 U 1343/07, GesR 2008, 255; OLG Zweibrücken,
Urt. v. 26. 3. 2002 – 5 U 13/00, MedR 2003, 181).

Ohne besondere Umstände kann deshalb nicht verlangt werden, dass in der offenen Station einer psychiatrischen Klinik alle Türen und Fenster verschlossen
werden (BGH, MDR 2000, 1376). Überwiegend wird in der Rspr. darauf abgestellt, ob eine akute oder latent vorhandene **Selbstmordgefahr** für medizinisches
Personal **erkennbar** war; eine verstärkte Sicherungspflicht wird nur bei Anhaltspunkten für eine erhöhte, akute oder konkrete Selbsttötungsgefahr verlangt
(BGH, Urt. v. 20. 6. 2000 – VI ZR 377/99, MedR 2001, 201, 202 = VersR 2000,
1240, 1241; OLG Koblenz, Beschl. v. 3. 3. 2008 – 5 U 1343/07, GesR 2008, 255,
256: erhöhte Sicherungspflicht bei zwei kurz zuvor vorangegangenen Selbst-
tötungsversuchen; OLG Oldenburg, VersR 1997, 117; OLG Stuttgart, Urt. v.
4. 4. 2000 – 14 U 63/99, MedR 2002, 198 = NJW-RR 2001, 1250; vgl. hierzu
Rz. S 630 ff.).

B 148   Eine Haftung des behandelnden Arztes kommt selbst dann nicht in Betracht,
wenn er die Suizidgefahr als solche erkannt, diese nicht durch Außerachtlassung
wesentlicher Umstände unterschätzt hat und ihr auf angemessene Art und
Weise begegnet ist (OLG Naumburg, NJW-RR 2001, 1251). Verlangt wird dabei
„nur" eine **methodisch fundierte Befunderhebung** und Diagnosestellung; hinsichtlich der Schlussfolgerung, ob ein „Akutfall" vorliegt, verbleibt dem Therapeuten im Einzelfall ein Entscheidungs- und Ermessensspielraum (OLG Koblenz, MedR 2000, 136).

B 149   Diese Grundsätze gelten erst recht bei einer Behandlung in der inneren (oder einer sonstigen) Abteilung eines Allgemeinkrankenhauses. Ist eine **aktuelle Suizidgefahr** bei einem Patienten für den behandelnden Arzt **nicht erkennbar**, so
stellt die Unterlassung konkreter Sicherungsmaßnahmen keinen Behandlungs-

fehler (Verstoß gegen die Verkehrssicherungspflicht) dar. Unterlässt der behandelnde Arzt jedoch die erforderliche Zuziehung eines Facharztes für Psychiatrie, so haftet er für die Verletzungen durch einen Sturz des Patienten aus dem Fenster nur, wenn der Patient beweisen kann, dass der Sturz **bei rechtzeitiger Zuziehung des Facharztes für Psychiatrie verhindert worden wäre** (OLG Karlsruhe, Urt. v. 10. 11. 1999 – 13 U 107/98). Allerdings kommt dem Patienten hinsichtlich des Kausalitätsnachweises eine **Beweislastumkehr** zugute, wenn ein „grober Organisationsmangel" vorliegt, der das Spektrum der für die Schädigung des Patienten in Frage kommenden Ursachen besonders verbreitert hat (OLG Hamm, Urt. v. 16. 9. 1992 – 3 U 283/91). Dies ist etwa der Fall, wenn die Station einer **Nervenklinik** mit **30–35 Patienten** abends nur mit einer **Pflegekraft** besetzt ist (OLG Hamm a. a. O.).

Zu weiteren Einzelheiten vgl. → *Grobe Behandlungsfehler*, Rz. G 1019 ff.; → *Suizidgefährdete Patienten*, Rz. S 630 ff.; → *Voll beherrschbare Risiken*, Rz. V 360 ff.; → *Sturz im Pflegeheim und im Krankenhaus*, Rz. S 500, S 520 ff.

8. Koordinationsfehler; Arbeitsteilung

(vgl. → *Arbeitsteilung*, Rz. A 250 ff., A 353 f.)

Zur Organisationspflicht des niedergelassenen Arztes gehört es, einen Patienten, dessen Behandlung in das Gebiet eines anderen ärztlichen Fachbereichs fällt oder von ihm aufgrund eigener, begrenzter persönlicher Fähigkeiten bzw. unzureichender Ausstattung nicht übernommen werden kann, an einen entsprechenden Facharzt oder in ein Krankenhaus zu überweisen.   B 150

Der in einem Krankenhaus tätige Arzt hat bei sich andeutender Überschreitung der Grenzen seines Fachwissens im Rahmen der „horizontalen Arbeitsteilung" einen Konsiliararzt (Arzt einer anderen Abteilung des Krankenhauses oder niedergelassener Arzt) hinzuzuziehen oder die Überweisung des Patienten in die entsprechende Fachabteilung des Krankenhauses bzw. einer Spezialklinik zu veranlassen.   B 151

Bei dieser „**horizontalen Arbeitsteilung**" zwischen dem behandelnden Arzt einerseits und dem hinzugezogenen Facharzt, Konsiliararzt oder der entsprechenden Fachklinik andererseits geht es in haftungsrechtlicher Sicht um die Entlastung des einen und die Belastung des anderen Arztes, wobei bei Fehlen einer klaren Abgrenzung der Verantwortungsbereiche zwischen dem überweisenden und dem hinzugezogenen Arzt u. U. eine **Haftung beider Behandler als Gesamtschuldner** in Betracht kommt (vgl. Rz. A 252, A 305, A 353; G/G, 6. Aufl., Rz. B 115, 117; S/Pa, 12. Aufl., Rz. 271 ff., 277; Spickhoff-Greiner, § 823 Rz. 55 ff.; L/K-Laufs/Kern, § 100 Rz. 4 ff., 13 ff.; Deutsch, NJW 2000, 1745, 1746; OLG Naumburg, Urt. v. 18. 1. 2008 – 1 U 77/07, BeckRS 2008, 4363, S. 3/4: Radiologe kann sich auf den Überweisungsauftrag eines Urologen verlassen; OLG Koblenz, Urt. v. 22. 2. 2007 – 5 U 8/06, OLGR 2008, 9, 10: Hausarzt kann sich auf die Diagnose eines Radiologen verlassen; OLG Jena, Urt. v. 23. 5. 2007 – 4 U 437/05, VersR 2008, 401, 404: gesamtschuldnerische Haftung von Gynäkologen und Onkologen bei unterlassener Empfehlung zur Biopsie).   B 152

B 153 Demgegenüber geht es bei der „**vertikalen Arbeitsteilung**" um die Fragen, welche Aufgaben vom Chef- oder Oberarzt eines Krankenhauses auf die Assistenzärzte bzw. vom Assistenzarzt auf Pflegekräfte übertragen werden können, in welchem Umfang Kontrollen des nachgeordneten ärztlichen und nichtärztlichen Dienstes erforderlich sind, und inwieweit sich nachgeordnetes ärztliches und nichtärztliches Personal auf die Organisation und die Anordnungen der vorgesetzten Ärzte verlassen können (vgl. Rz. A 370 ff.; G/G, Rz. B 137, 139, 140; S/Pa, 12. Aufl., Rz. 260, 263, 265; L/K-Laufs/Kern, § 100 Rz. 13, 14; Spickhoff-Greiner, § 823 BGB Rz. 76; OLG Düsseldorf, Urt. v. 26. 4. 2007 – VI-8 U 37/05, VersR 2008, 534, 536 = GesR 2008, 19, 20: Haftung der Hebamme neben dem geburtsleitenden Arzt bei vollkommen regelwidrigem und unverständlichem Vorgehen; OLG Koblenz, Urt. v. 3. 5. 2007 – 5 U 567/05, VersR 2008, 222, 223: keine Haftung der Hebamme bei nicht offensichtlich unvertretbarem Vorgehen des Arztes).

VII. Kausalität

(vgl. → *Beweislastumkehr*, Rz. B 471 ff.; → *Grobe Behandlungsfehler*, Rz. G 101 ff.; → *Kausalität*, Rz. K 1 ff. und → *Unterlassene Befunderhebung*, Rz. U 1 ff., U 50 ff.; → *Kausalität bei Aufklärungsfehlern*, Rz. A 2113 ff.)

B 154 Im Arzthaftungsprozess muss der Patient nicht nur das Vorliegen eines ärztlichen Behandlungsfehlers durch positives Tun oder Unterlassen, ein zumindest fahrlässiges Versäumnis bei der medizinischen Versorgung des Patienten, sondern grundsätzlich auch dessen für die Gesundheit nachteilige Wirkung, den **Kausalzusammenhang** zwischen dem Behandlungsfehler und dem eingetretenen Gesundheitsschaden **beweisen** (BGH, Urt. v. 5. 4. 2005 – VI ZR 216/03, NJW 2005, 2072, 2073 = VersR 2005, 942, 943; OLG Düsseldorf, Urt. v. 24. 7. 2003 – I-8 U 137/02, OLGR 2004, 335, 337; OLG Karlsruhe, Urt. v. 13. 10. 2004 – 7 U 122/03, OLGR 2005, 40: Ursächlichkeit der Verletzung einer Organisationspflicht; OLG Naumburg, Urt. v. 10. 6. 2003 – 1 U 4/02, NJW-RR 2004, 315, 316; OLG Oldenburg, Urt. v. 30. 3. 2005 – 5 U 66/03, VersR 2006, 517; Gehrlein, VersR 2004, 1488, 1497; G/G, 6. Aufl., Rz. B 200, 217, 218; Spickhoff-Greiner, § 823 BGB Rz. 114 ff., 122, 153, 183; zu den Einzelheiten vgl. Rz. G 101 ff., K 1 ff., A 2113 ff.).

B 155 – B 199 Einstweilen frei.

Berufung

I. Übersicht

B 200 Nach Inkrafttreten des Gesetzes zur Reform des Zivilprozesses vom 27. 7. 2001 am 1. 1. 2002 haben die Vorschriften des Berufungsrechts einschneidende Änderungen erfahren. Die **Berufung** ist bereits bei einer **Beschwer über 600 Euro**, andernfalls nach Zulassung der Berufung durch das Gericht des ersten Rechtszuges **zulässig** (§ 511 II ZPO).

B 201 Gem. § 517 ZPO beträgt die Einlegungsfrist für die Berufung einen Monat ab Zustellung und die Begründungsfrist – unabhängig vom Zeitpunkt der (rechtzeitigen) Einlegung – zwei Monate ab Zustellung der angefochtenen Entscheidung (§ 520 II 1 ZPO). Ohne Einwilligung der Gegenpartei darf sie vom Vorsitzenden nur bis zu einem Monat verlängert werden, wenn nach dessen freier Überzeugung keine Verzögerung des Rechtsstreits eintritt oder wenn der Berufungsführer „erhebliche Gründe" darlegt (§ 520 II 3 ZPO).

B 202 §§ 520 III 2 Nr. 1–4, 529 I Nr. 1, 2, II ZPO beinhalten eine Verschärfung der Forderungen an eine einwandfreie Berufungsbegründung und beschränken nach bislang vertretener herrschender Ansicht den Prüfungsumfang des Berufungsgerichts (vgl. Ball ZGS 2002, 146, 148 ff.; Fellner, MDR 2006, 552 ff.; Hartmann, NJW 2001, 2577, 2590 f.; Rimmelspacher, NJW 2002, 1897, 1901 ff.; Schellhammer, MDR 2001, 1141, 1142 ff.). Der BGH versteht insbesondere die Vorschrift des § 520 III 2 Nr. 2 ZPO dahin, dass mit ihr die Begründungsanforderungen zwar präzisiert, keinesfalls aber verschärft, sondern im Gegenteil „etwas herabgesetzt" werden sollen (BGH, NJW 2003, 1531, 1532; NJW 2003, 2532, 2533; auch BGH, Urt. v. 9. 3. 2005 – VIII ZR 266/03, NJW 2005, 1583, 1584 = MDR 2005, 945, 956 mit Anm. Manteuffel, NJW 2005, 2963, 2965; Gaier, NJW 2004, 2041, 2042).

B 203 **Neue Angriffs- und Verteidigungsmittel** sind nur unter den eingeschränkten Voraussetzungen des § 531 I, II ZPO zugelassen. Neuer Vortrag ist in der Berufungsinstanz gem. § 531 II Nr. 3 ZPO nur beachtlich, wenn er in erster Instanz ohne Nachlässigkeit unterblieben war. Hier schadet dem Berufungsführer bereits die „**einfache**" **Fahrlässigkeit** (BGH, Urt. v. 19. 3. 2004 – V ZR 104/03, NJW 2004, 2152, 2153 = MDR 2004, 1077 LS; Urt. v. 8. 6. 2004 – VI ZR 199/03,

VersR 2004, 1177, 1179 = NJW 2004, 2825, 2826; Zöller/Heßler, 30. Aufl., § 531 ZPO Rz. 30; Musielak/Ball, 10. Aufl., § 531 ZPO Rz. 19 a. E.).

Allerdings eröffnet ein Fehler des erstinstanzlichen Gerichts, das die Parteien **gem. § 139 I, II ZPO** auf alle rechtlich relevanten Gesichtspunkte **hinzuweisen** und die **Hinweise gem. § 139 IV ZPO aktenkundig** zu machen hat, dem Berufungsführer den neuen Vortrag in der zweiten Instanz, § 531 II 1 Nr. 1, Nr. 2 ZPO (vgl. Rz. B 307 ff.; BGH, Beschl. v. 30. 6. 2011 – XI ZR 35/10, NJW-RR 2011, 1556, Nr. 5, 7, 8: das Gericht genügt seiner Hinweispflicht nach § 139 IV ZPO i. d. R. nicht, wenn es **lediglich allgemeine oder pauschale Hinweise** erteilt, wobei ein Protokollvermerk ausreicht, wenn sich die **Erteilung des Hinweises auch aus dem anschließenden Schriftsatz der Gegenpartei** ergibt; BGH, Urt. v. 21. 12. 2011 – XIII ZR 166/11, MDR 2012, 487: neuer Vortrag nicht gem. § 531 II 2 Nr. 1 ZPO unbeachtlich, wenn das Gericht die Partei durch seine Prozessleitung oder seine erkennbare rechtliche Beurteilung des Sachverhalts **davon abgehalten hat, zu bestimmten Gesichtspunkten ggf. weiter vorzutragen**).

Kann eine sofortige Äußerung nach den Umständen nicht erwartet werden, muss die Verhandlung vertagt oder in das schriftliche Verfahren übergegangen oder aber auf Antrag eine **Schriftsatzfrist bestimmt** werden (BGH, Beschl. v. 18. 9. 2006 – II ZR 10/05, NJW-RR 2007, 412 und Beschl. v. 13. 3. 2008 – VII ZR 204/06, NJW-RR 2008, 973). Gem. § 160 II ZPO hat das Gericht die wesentlichen Vorgänge der Verhandlung **im Sitzungsprotokoll aufzunehmen**. Hierzu gehört insbesondere die Erteilung eines Hinweises nach § 139 I, II ZPO (BGH, Urt. v. 22. 9. 2005 – VII ZR 34/04, NJW 2006, 60, 62; BGH, Urt. v. 20. 6. 2005 – II ZR 366/03, NJW-RR 2005, 1518; BGH, Beschl. v. 23. 5. 2012 – IV ZR 224/10, NJW 2012, 2354 = VersR 2012, 1190, Nr. 5, 7: **Hinweise sind zu protokollieren**, andernfalls steht der Verfahrensverstoß gem. §§ 165, 160 II ZPO fest).

B 204

Wurde der Hinweis erteilt, aber seine Dokumentation versehentlich unterlassen, kann die Erteilung des Hinweises auch noch **im Tatbestand des Urteils** aktenkundig gemacht werden (BGH, Urt. v. 22. 9. 2005 – VII ZR 34/04, NJW 2006, 60, 62: Grund für das Unterlassen des Hinweises in der Sitzung ist daher mitzuteilen).

Nach § 160 IV 1 ZPO kann die **Aufnahme bestimmter Vorgänge oder Äußerungen in das Protokoll beantragt** werden. Es empfiehlt sich, hiervon vermehrt Gebrauch zu machen. Falls das Gericht die Aufnahme in das Protokoll ablehnt, muss der Anwalt einen förmlichen Beschluss darüber herbeiführen. Ein solcher Beschluss ist auf alle Fälle im Protokoll aufzunehmen, § 160 IV 3 (vgl. Doms, NJW 2002, 777, 779).

B 205

Ein Protokollaufnahmeantrag (§ 160 IV ZPO) kann nur bis zum Schluss derjenigen mündlichen Verhandlung gestellt werden, über die das Protokoll aufgenommen worden ist. Ein später gestellter Antrag ist unzulässig. In Abgrenzung zum Protokollaufnahmeantrag nach § 160 IV ZPO kann eine Protokollberichtigung nach § 164 ZPO nur sprachliche Unvollständigkeiten bei der Wiedergabe eines Vorganges oder einer Äußerung umfassen, nicht jedoch die vollständig fehlende Wiedergabe eines Vorgangs oder einer Äußerung (OLG Schleswig, Beschl. v. 25. 2. 2011 – 5 W 7/11, MDR 2011, 751, 752; ebenso OLG Frankfurt, Beschl. v. 8. 11. 2004 – 4 W 53/04, OLGR 2005, 463, 463; Musielak/Stadler, 10. Aufl.,

B 206

§ 164 ZPO Rz. 1, 2: Antrag nach § 164 I ZPO umfasst formelle und sachliche Fehler des Protokolls sowie Unvollständigkeiten, nicht vorgelesene und genehmigte Feststellungen).

B 207 **Rechtsmittel gegen stattgebende oder ablehnende Entscheidungen über Protokollberichtigungsanträge sind unzulässig**, wenn sie vom Beschwerdegericht verlangen, eine dessen Erkenntnismöglichkeit entzogene Entscheidung über den Inhalt der abgegebenen Erklärungen zu treffen (OLG Koblenz, Beschl. v. 19. 3. 2012 – 5 W 142/12, MDR 2012, 1061; OLG Frankfurt, NJW-RR 2007, 1142; Zöller/Stöber, 30. Aufl., § 164 ZPO Rz. 11). Die Beschwerde ist jedoch **zulässig und begründet, wenn sich die Unrichtigkeit aus den Akten selbst ergibt** (OLG Frankfurt, Beschl. v. 11. 2. 2013 – 19 W 8/13, NJW-RR 2013, 574, 575).

B 208 Das Berufungsgericht weist die Berufung **ohne mündliche Verhandlung** durch **einstimmigen Beschluss** zurück, wenn sie keinen Erfolg verspricht, keine grundsätzliche Bedeutung hat, die Fortbildung des Rechts bzw. die Sicherung einer einheitlichen Rechtsprechung eine Entscheidung des Berufungsgerichts nicht erfordert und eine mündliche Verhandlung nicht geboten ist (§ 522 II 1 Nr. 1–4 ZPO n. F.).

B 209 Bis zum 27. 10. 2011 war die **einstimmige Zurückweisung gemäß § 522 III ZPO** unanfechtbar. Dass ein Rechtsmittel ohne mündliche Verhandlung erledigt werden konnte, wurde massiv kritisiert (vgl. die Nachweise bei Meller-Hannich, NJW 2011, 3393, Fn. 1), wurde vom BVerfG aber als verfassungsgemäß angesehen (vgl. BVerfG, NJW 2009, 137; NJW 2008, 3419; NJW-RR 2007, 1194, 1195; NJW 2005, 659).

Die seit dem 27. 10. 2011 geltende **Neuregelung des § 522 II ZPO** modifiziert die Voraussetzungen der Zurückweisung insbesondere durch die Einführung des § 522 II 1 Nr. 4 ZPO, wonach kumulativ vorausgesetzt wird, dass eine mündliche Verhandlung nicht geboten ist. Hierfür ist entscheidend, ob die Sache für den Berufungsführer **existentielle Bedeutung** hat, wobei besonders in Arzthaftungssachen und der Fall fehlerhafter Begründung eines im Ergebnis richtigen erstinstanzlichen Urteils erwähnt werden (Meller-Hannich, NJW 2011, 3393, 3395 mit Hinweis auf BT-Drucks. 17/6406, S. 9 und 17/5334, S. 7).

Die bedeutsamste Änderung ist die Einführung eines Rechtsmittels gegen die **Beschlusszurückweisung in § 522 III ZPO n. F.** Danach fingiert der Gesetzgeber im Falle eines Zurückweisungsbeschlusses nach § 522 II ZPO eine Entscheidung durch Urteil unter Nichtzulassung der Revision, die NZB richtet sich damit gegen die (fingierte) Nichtzulassung der Revision, sodass der BGH die Revisionszulassungsgründe zu prüfen hat. Falls der BGH der NZB stattgibt, wird das Beschwerdeverfahren als Revisionsverfahren fortgeführt, §§ 544 V 3, VI, 549 I 3 ZPO (Meller-Hannich, NJW 2011, 3393, 3396; Musielak/Ball, 10. Aufl., § 522 ZPO Rz. 29; sehr weitgehend Baumert, MDR 2013, 7, 12: Anwendungsbereich des § 522 II ZPO n. F. beschränkt sich auf substanzlose Berufungen). Allerdings muss der Wert der mit der Revision (im Falle ihrer Zulassung) geltend gemachten Beschwer 20 000 Euro übersteigen (§ 26 Nr. 8 S. 1 EG-ZPO).

B 210 Die zulässige und nicht von Anfang an aussichtslose, letztlich aber unbegründete Berufung wird nach mündlicher Verhandlung – wie bisher – durch Urteil zurückgewiesen (vgl. Schellhammer, MDR 2001, 1141, 1147). Auf eine zulässige und begründete Berufung hat das Berufungsgericht selbst über Klage- und Berufungsanträge zu entscheiden (§ 538 I, II ZPO). Eine Zurückverweisung an das erstinstanzliche Gericht kommt nur ausnahmsweise unter den Voraussetzungen des § 538 II 1 Nr. 1–7 ZPO in Betracht (vgl. Hartmann, NJW 2001, 2577, 2591; Schellhammer, MDR 2001, 1141, 1147).

Einstweilen frei.   B 211 – B 215

II. Zulässigkeit der Berufung

Für Berufungen gegen Urteile des AG bleibt das LG zuständig (§ 72 GVG), für   B 216
Berufungen gegen erstinstanzliche Urteile des LG ist das OLG zuständig (§ 119
I GVG), wobei es § 119 III GVG den einzelnen Bundesländern überlässt, Oberlandesgerichte für alle Berufungen und Beschwerden gegen amtsgerichtliche Entscheidungen für zuständig zu erklären. Hiervon hat bislang jedoch kein Bundesland Gebrauch gemacht. Gem. § 522 I 1 ZPO ist die Berufung nur zulässig (vgl. LG Stendal, NJW 2002, 2886; Zöller/Heßler, 30. Aufl., § 520 Rz. 17 ff.), wenn sie an sich statthaft (§ 511 I, II ZPO) und in der gesetzlichen Form und Frist angelegt und begründet worden ist (§§ 513 I, 517, 518 I, II, IV, 520 ZPO). Im Einzelnen:

1. Statthaftigkeit der Berufung

a) Berufungsfähige erstinstanzliche Urteile

Die Berufung ist – wie bisher – gegen Endurteile der ersten Instanz statthaft und   B 217
erfasst auch deren Vorentscheidungen, die weder unanfechtbar noch mit sofortiger Beschwerde anfechtbar sind (§§ 511 I, 512 ZPO), also alle Zwischenurteile nach § 303 ZPO, Beweisbeschlüsse, Beschlüsse über Trennung und Verbindung und andere prozessleitende Anordnungen des Gerichts (Zöller/Heßler, 30. Aufl., § 511 ZPO Rz. 1 und § 512 ZPO Rz. 1; Musielak-Ball, § 511 Rz. 2, 3 und § 512 Rz. 2). Ein Versäumnisurteil kann gem. § 514 II ZPO in der Berufung nur mit der Begründung angefochten werden, dass der Fall einer schuldhaften Versäumung nicht vorgelegen habe. Im Übrigen ist hier der Einspruch der richtige Rechtsbehelf (§§ 514 II, 338, 339, 340 ZPO).

b) Wert des Beschwerdegegenstandes

Gem. § 511 II Nr. 1 ZPO beträgt die Berufungssumme bei Urteilen, die auf eine   B 218
mündliche Verhandlung nach dem 31. 12. 2001 erfolgen, nunmehr **600 Euro**. Bei geringeren Beschwerdewerten ist eine Zulassung durch das erstinstanzliche Gericht erforderlich (§ 511 II Nr. 2, IV 1 Nr. 1, 2 ZPO). Für die Zulässigkeit der zulassungsfreien Berufung ist nicht die Beschwer, sondern der **Wert des Beschwerdegegenstandes maßgeblich** (vgl. BGH, NJW 2002, 2720, 2721; Althammer, NJW 2003, 1079, 1080; Musielak/Ball, 10. Aufl., § 511 Rz. 18, 19; Zöller/Heßler, 30. Aufl., vor § 511 ZPO Rz. 10, 13 und § 511 Rz. 13 ff.). Er ist zu unterscheiden vom erstinstanzlichen Streitwert und von der Beschwer. Beschwerdegegenstand

ist Teil der Beschwer, dessen Beseitigung die Berufung erstrebt. Sein Wert wird bestimmt durch den Umfang, in dem Beschwer und Berufungsantrag sich decken. Er kann daher nicht höher als die Beschwer sein, wohl aber hinter ihr zurückbleiben (BGH, NJW 1994, 735; Musielak-Ball, § 511 ZPO Rz. 18; Zöller a.a.O.).

B 219 **Beispiel:** Der Beklagte wird zur Zahlung eines Betrages in Höhe von 1 500,00 Euro verurteilt. Bei diesem Betrag handelt es sich um die „Beschwer". Der Beklagte legt gegen dieses Urteil Berufung ein, soweit er zur Zahlung eines Betrages in Höhe von mehr als 900,00 Euro verurteilt worden ist. Der Beschwerdegegenstand beziffert sich somit auf 600,00 Euro. Gem. § 511 II Nr. 1 ZPO wäre eine Berufung aber erst bei einem Beschwerdegegenstand von 600,01 Euro zulässig (zu weiteren Fallkonstellationen vgl. Althammer, NJW 2003, 1079–1083 und Zöller/Heßler, 30. Aufl., vor § 511 ZPO Rz. 10, 10a, § 511 ZPO Rz. 13, 14).

2. Berufungseinlegung

a) Berufungsfrist

B 220 Die Berufungsfrist beträgt gem. § 517 ZPO nach wie vor **einen Monat nach Zustellung** des Urteils. Die beim Berufungsgericht – auch durch Fernschreiben (BGH, NJW 1987, 2587), Btx (BVerwG, NJW 1995, 2121), **Telefax** (BVerfG, NJW 1996, 2857; BGH, Beschl. v. 25. 4. 2006 – IV ZB 20/05, NJW 2006, 2263, 2264; BGH., NJW 2003, 3487; Musielak-Ball, § 517 ZPO Rz. 13 und § 519 ZPO Rz. 22; Zöller/Heßler, 30. Aufl., § 519 ZPO Rz. 18, 18c, 18d), **elektronische Übertragung einer Textdatei mit eingescannter Unterschrift auf ein Faxgerät des Gerichts** (GemS der Obergerichte, NJW 2000, 2341 = VersR 2000, 1166 = MDR 2004, 349 und BGH, NJW 2006, 2263, 2265: Computerfax; BGH, Urt. v. 10. 5. 2005 – XI ZR 128/04, VersR 2006, 427, 428; BGH, MDR 2005, 1182 und NJW-RR 2012, 1142 sowie NJW-RR 2012, 1139: Verantwortlichkeit eines bestimmten RA muss erkennbar sein) – einzureichende Berufungsschrift muss – wie bisher – den Mindesterfordernissen des § 519 I Nr. 1, Nr. 2 und des § 519 IV i.V.m. § 130, 130a ZPO genügen. Dagegen wahrt ein elektronisches Dokument **(E-Mail)** nicht die für bestimmende Schriftsätze (Berufung, Berufungsbegründung) vorgeschriebene Schriftform (BGH, Beschl. v. 4. 12. 2008 – IX ZB 41/08, NJW-RR 2009, 357).

Etwas anders gilt dann, wenn die entsprechende Landesregierung von der **Ermächtigung des § 130a II ZPO** Gebrauch gemacht hat, wonach auch die **Berufung mittels elektronisch signierter E-Mail zulässig** ist (vgl. BGH MDR 2009, 401; Zöller/Greger, § 130a ZPO Rz. 1, 4; Zöller/Heßler, § 519 ZPO Rz. 18).

B 221 Das Fehlen der Unterschrift des Prozessbevollmächtigten unter der Berufungs- bzw. Berufungsbegründungsschrift ist ausnahmsweise unschädlich, wenn sich aus anderen, keine Beweisaufnahme erfordernden Umständen eine der Unterschrift vergleichbare Gewähr dafür ergibt, dass der zugelassene Prozessbevollmächtigte des Berufungsführers die Verantwortung für den Inhalt des Schriftsatzes übernommen und diesen willentlich in den Rechtsverkehr gebracht hat. Zu berücksichtigen sind aber nur die bis zum Ablauf der Berufungsbegründungsfrist bekannt gewordenen Umstände. Anerkannt zur Fristwahrung sind etwa die elektronische **Übertragung einer Textdatei mit eingescannter Unterschrift des zugelassenen Anwalts** oder ein mit der nicht unterzeichneten Berufungsbegründungsschrift fest verbundenes, vom zugelassenen RA unterzeichnetes Begleitschreiben oder von ihm **beglaubigtes Schriftsatzdoppel für die Gegenseite** (BGH, Urt. v. 10. 5. 2005 – XI ZR 128/04, VersR 2006, 427, 429 m. w. N.; BGH, Urt. v. 20. 7. 2010 – KZR 9/09, NJW 2010, 3661, Nr. 12, 13: nicht unterschriebene Berufungsbegründung ist etwa durch fortlaufende Seitennummerierung fest mit einem unterzeichneten Anschreiben verbunden; BGH, Beschl. v. 10. 3. 2009 – VIII ZB 55/06, MDR 2009, 762: **gleichzeitig übersandte beglaubigte Abschrift ist von RA unterzeichnet oder die nicht unterzeichnete Berufung ist fest mit einem vom RA unterzeichneten Begleitschreiben verbunden**; BGH, Beschl. v. 2. 4. 2008 – XII ZB 120/06, NJW-RR 2008, 1020: beglaubigtes Schriftsatzdoppel wahrt die Frist, wenn die Unterschrift auf dem Orginal fehlt). Ausreichend ist auch ein mit der Unterschrift bzw. zumindest eingescannten Unterschrift eines zugelassenen Anwalts versehenes Fax bzw. Computerfax (BGH NJW 2008, 2649 und Zöller/Heßler, 30. Aufl., § 519 ZPO Rz. 18, 18c).

Nach bisheriger Rspr. des BGH und einhelliger Auffassung in der Literatur war ein per Telefax übermittelter Schriftsatz grundsätzlich erst in dem Zeitpunkt bei Gericht als eingegangen anzusehen, in welchem das Telefaxgerät des Gerichts den Schriftsatz vollständig ausgedruckt hat (BGH, NJW 1994, 2097, 2098; NJW 1994, 1881, 1882; NJW 1987, 2586; B/L/A/H, 65. Aufl., § 519 ZPO Rz. 4, 10; Musielak/Ball, 10. Aufl., § 519 ZPO Rz. 22). **B 222**

In Anlehnung an die Vorgabe des BVerfG (NJW 1996, 2857) hat der BGH seine Rspr. im Beschluss v. 25. 4. 2006 (IV ZB 20/05, NJW 2006, 2263 = VersR 2006, 1093; ebenso BGH, Beschl. v. 7. 7. 2011 – I ZB 62/10, NJW 2013, 320; OLG Nürnberg, Beschl. v. 30. 5. 2012 – 12 U 2453/11, MDR 2012, 1310, 1311 = NJW-RR 2012, 1149; OLG Naumburg, Beschl. v. 27. 8. 2012 – 12 U 32/12, MDR 2013, 55: Übertragungsvorgang muss mit der Speicherung vollständig abgeschlossen sein; Zöller/Heßler, 30. Aufl., § 519 ZPO Rz. 18c, 18d) geändert. Danach ist – nunmehr – allein darauf abzustellen, ob die **gesendeten Signale noch vor Ablauf des letzten Tages der Frist vom Telefaxgerät des Gerichts vollständig empfangen (gespeichert) worden sind.** Dass der Ausdruck des Empfangenen bei Gericht (teilweise) erst nach Fristablauf erfolgt, etwa wegen technischer Störungen des Empfangsgeräts (z. B. Papierstau), eines Bedienungsfehlers oder der technischen Beschaffenheit des Geräts (Ausdruck erst nach Empfang des letzten Signals), wird nicht (mehr) als erheblich angesehen (BGH, Beschl. v. 25. 4. 2006 – IV ZB 20/05, NJW 2006, 2263, 2264/2265 = VersR 2006, 1093, 1094; BGH, NJW 2007, 2045, 2046). **B 223**

Für die Rechtzeitigkeit des Eingangs eines per Telefax übermittelten Schriftsatzes kommt es danach **allein darauf an, ob die gesendeten Signale noch vor Ablauf des letzten Tages der Frist, d. h. spätestens um 23.59 Uhr u. 59 Sek. des letzten Tages der Frist vom Telefaxgerät des Gerichts vollständig empfangen (gespeichert) worden sind.** Die Fristversäumnis ist nur dann **unverschuldet, wenn der Absender des Telefax mit der Übermittlung so rechtzeitig begonnen hat, dass er** **B 223a** unter gewöhnlichen Umständen mit dem Abschluss des Übermittlungsvorganges noch vor Fristablauf rechnen konnte (OLG Nürnberg, Beschl. v. 30. 5. 2012 – 12 U 2453/11, MDR 2012, 1310, 1311 = NJW-RR 2012, 1149).

Maßgeblich ist das **Journal des Empfangsgerätes**. Dem hieraus ersichtlichen Übertragungsbeginn ist die dort ebenfalls verzeichnete Übertragungsdauer hinzuzurechnen (OLG Naumburg, Beschl. v. 27. 8. 2012 – 12 U 32/12, MDR 2013, 55; auch OLG Nürnberg, Beschl. v. 30. 5. 2012 – 12 U 2453/11, MDR 2012, 1310, 1311 = NJW-RR 2012, 1149). Eine mögliche Ungenauigkeit der Zeiterfassung bei manueller Einstellung des Empfangsgerätes ist dem Absender nicht zugute zu halten (OLG Nürnberg, NJW-RR 2012, 1149).

B 223b Wird ein Schriftsatz am letzten Tag der Frist gegen 24.00 Uhr per Telefax übermittelt, so ist bei der Prüfung der Frage, ob die Frist gewahrt ist, **nur der Teil des Schriftsatzes zu berücksichtigen, der bis 24.00 Uhr empfangen (gespeichert) worden ist** (BGH, NJW 2006, 3500; NJW 2007, 2045, 2046; Musielak/Ball, 10. Aufl., § 519 ZPO Rz. 22). Beim Zugang eines E-Mails (vgl. § 130a II ZPO, s.o.) kommt es auf den Zeitpunkt des vollständigen Herunterladens auf den Computer des Gerichts an, nicht auf den Empfang beim Mail-Server (Zöller/Heßler, 30. Aufl., § 519 ZPO Rz. 18c; Müko-Remmelspacher, § 519 ZPO Rz. 24). Bei bestimmenden Schrifsätzen wie der Berufungsschrift oder einem PKH-Gesuch ist entscheidend, ob das **Abbild der auf der Kopiervorlage vorhandenen Unterschrift noch vor Fristablauf empfangen (gespeichert) wird** (BGH, NJW 2003, 3487; Musielak/Ball, 10. Aufl., § 519 ZPO Rz. 22).

b) Inhalt der Berufungsschrift

B 224 Im Interesse der Rechtsklarheit dürfen an den Inhalt der Berufungsschrift keine zu geringen Anforderungen gestellt werden. Es ist anerkannt, dass eine vollständige Bezeichnung die Angabe der Parteien, des Gerichts, das das angefochtene Urteil erlassen hat, des Verkündungsdatums und des Aktenzeichens erfordert (BGH, Beschl. v. 24. 4. 2003 – III ZB 94/02, VersR 2004, 623). **Fehlerhafte oder unvollständige Angaben schaden jedoch nicht, wenn aufgrund der sonstigen erkennbaren Umstände für Gericht und Prozessgegner nicht zweifelhaft bleibt, welches Urteil angefochten wird bzw. gegen wen sich die Berufung richtet** (BGH, Beschl. v. 24. 4. 2003 – III ZB 94/02, VersR 2004, 623; BGH, Urt. v. 11. 1. 2001 – III ZR 113/00, NJW 2001, 1070). Die Gegenseite kann sich aus der Auslegung der Berufungsschrift und aus dem nach § 519 III ZPO beizufügenden Urteil oder anderen Unterlagen ergeben (BGH, MDR 2003, 948; NJW 1993, 1720; NJW 1991, 2081; Musielak/Ball, 10. Aufl., § 519 ZPO Rz. 9; Zöller/Heßler, 30. Aufl., § 519 ZPO Rz. 30a, 31).

B 225 Erforderlich ist insbesondere die Angabe des Berufungsklägers und des Berufungsbeklagten bis zum Ablauf der Berufungsfrist. Grundsätzlich bestehen hohe Anforderungen, **es kann aber selbst eine eindeutig fehlerhafte Bezeichnung des Rechtsmittelführers unschädlich sein, wenn aus der beigefügten Urteilsabschrift zweifelsfrist hervorgeht, dass nicht die bezeichnete, sondern nur eine bestimmte andere Person gemeint sein kann** (BGH, NJW-RR 2000, 1661, 1662; Musielak/Ball, 10. Aufl., § 519 ZPO Rz. 9). Hat andererseits der Berufungsanwalt versehentlich die gegnerische statt der eigenen Partei als Berufungskläger bezeichnet, so ist die Berufung für die eigenen Parteien nicht, für den Prozessgegner unzulässigerweise eingelegt (BGH, NJW-RR 1988, 1528; Musielak a. a. O.). Eine fehlende oder falsche Bezeichnung der Parteien schadet also nur, wenn **die richtige Partei dem Berufungsgericht und dem unbefangenen Leser nicht deutlich erkennbar ist** (BGH, MDR 2004, 703, 704; BGH, NJW 2002, 1430; BGH, NJW-RR 2002, 932; BGH, NJW-RR 2002, 1074; BGH MDR 2013, 420).

Bei einer an sich korrekten Bezeichnung einer tatsächlich existierenden (juristischen oder natürlichen) Person kommt ein objektives Verständnis, eine andere Partei sei gemeint, nur dann in Betracht, wenn **aus dem übrigen Inhalt der Erklärung unzweifelhaft deutlich wird, dass eine andere und welche Partei tatsächlich gemeint ist.** Dies ist nicht der Fall, wenn die Klage- bzw. Berufungsschrift widersprüchlich bzw. mindestens mehrdeutig ist (Urt. v. 24. 1. 2013 – VII ZR 128/12, MDR 2013, 420, Nr. 17). | B 225a

Wenn der in der Vorinstanz obsiegende Gegner aus mehreren Streitgenossen besteht, richtet sich das Rechtsmittel im Zweifel gegen die gesamte angefochtene Entscheidung und somit **gegen alle gegnerischen Streitgenossen**, es sei denn, die Rechtsmittelschrift lässt eine Beschränkung der Anfechtung erkennen (BGH, Urt. v. 15. 12. 2010 – XII ZR 18/09, MDR 2011, 181). Die Angabe der ladungsfähigen Anschriften der Berufungsbeklagten stellt keine Zulässigkeitsvoraussetzung dar (BGH, NJW 2005, 3773; Zöller/Heßler, 30. Aufl., § 519 ZPO Rz. 31). | B 226

Wenn die gesetzlichen Anforderungen an eine Berufungsschrift oder eine Berufungsbegründung erfüllt sind (hier: Bezeichnung als „Berufung", kein PKH-Antrag), kommt die Deutung, dass der Schriftsatz nicht als zugleich eingelegte Berufung oder Berufungsbegründung bestimmt war, nur dann in Betracht, wenn sich dies aus den Begleitumständen mit einer jeden vernünftigen Zweifel ausschließenden Deutlichkeit ergibt. Dies ist nicht schon dann der Fall, wenn der als „Berufung" bezeichnete Schriftsatz bereits den Antrag nebst Begründung und zudem den Satz „vorbehaltlich PKH-Bewilligung für die zweite Instanz" enthält (BGH, Beschl. v. 8. 12. 2010 – XII ZB 140/10, NJW-RR 2011, 492). | B 227

3. Berufungsbegründungsfrist

Der Berufungskläger muss die Berufung innerhalb von **zwei Monaten nach Zustellung** des vollständigen, erstinstanzlichen Urteils begründen (§ 520 II 1 ZPO). | B 228

a) Verlängerung der Berufungsbegründungsfrist

Eine Verlängerung ist ohne Einwilligung des Prozessgegners bei Darlegung erheblicher Gründe nur um **einen Monat** zulässig (§ 520 II 3 ZPO). Wird die Frist zur Begründung der Berufung um einen bestimmten Zeitraum verlängert und fällt der letzte Tag der ursprünglichen Frist auf einen Samstag, Sonntag oder einen allgemeinen Feiertag, so beginnt der verlängerte Teil der Frist erst mit dem Ablauf des nächstfolgenden Werktags (BGH, Beschl. v. 14. 12. 2005 – IX ZB 198/04, NJW 2006, 700). | B 229

Ein Prozessbevollmächtigter darf mit der Bewilligung einer erstmals beantragten Verlängerung der Berufungsbegründungsfrist rechnen, wenn er zur Begründung | B 230 des Verlängerungsantrages darauf verweist, eine **ausreichende Rücksprache mit dem Mandanten und die notwendige Beschaffung von Unterlagen** hätten innerhalb der Berufungsbegründungsfrist nicht erfolgen können oder **wenn er sich auf eine Arbeitsüberlastung beruft.** Regelmäßig reicht die pauschale Berufung auf einen dieser Gründe jedenfalls beim ersten Verlängerungsantrag aus; eine weitere Substantiierung oder Glaubhaftmachung ist nicht erforderlich (BGH, Beschl. v. 16. 3. 2010 – VI ZB 46/09, MDR 2010, 645; BVerfG, Beschl. v. 26. 7. 2007 – 1 BvR 602/07, NJW 2007, 3342: der bloße Hinweis auf eine Arbeitsüberlastung reicht aus; BGH, NJW-RR 2011, 285: Hinweis auf Arbeitsüberlastung; BGH, NJW 1999, 430: Hinweis auf laufende Vergleichsgespräche; BGH, NJW-RR 1989, 1280: Hinweis auf die Notwendigkeit der Einholung eines Gutachtens).

Der Berufungsführer kann beim Hinweis auf einen dieser Gründe regelmäßig **darauf vertrauen, dass die beantragte, erste Fristverlängerung bis zu einem Monat gewährt wird**, auch wenn er innerhalb dieser Zeitspanne noch keine Nachricht darüber erhalten hat, ob seinem Verlängerungsantrag stattgegeben wurde (BGH, Beschl. v. 10. 3. 2009 – VIII ZB 55/06, MDR 2009, 762).

B 231 Die **über einen Monat hinausgehende Verlängerung der** Berufungs- bzw. Beschwerdefrist ist nach dem seit dem 1. 1. 2002 geltenden Zivilprozessrecht **nur bei Einwilligung** des Gerichts möglich; ein Ermessensspielraum des Gerichts besteht nicht mehr (OLG Zweibrücken, Beschl. v. 6. 6. 2003 – 2 UF 38/03, MDR 2003, 1197; Musielak/Ball, 10. Aufl., § 520 ZPO Rz. 9). Der Berufungsführer kann nach neuem Recht grundsätzlich **nicht darauf vertrauen, dass ihm ohne Einwilligung des Gegners eine zweite Verlängerung der Berufungsbegründungsfrist bewilligt wird** (BGH, Beschl. v. 4. 3. 2004 – IX ZB 121/03, NJW 2004, 1742).

B 232 Anders als der Verlängerungsantrag gegenüber dem Gericht bedarf die Einwilligung des Berufungsbeklagten in die Verlängerung der Berufungsbegründungsfrist **nicht der Schriftform**, sondern kann vom Prozessbevollmächtigten des Berufungsklägers eingeholt und gegenüber dem Berufungsgericht **anwaltlich versichert** werden (BGH, Beschl. v. 9. 11. 2004 – XII ZB 6/04, MDR 2005, 408; Beschl. v. 22. 3. 2005 – XI ZB 36/04, MDR 2005, 1129; BGH, NJW 2006, 2192, 2193; Fellner, MDR 2006, 552).

Hat der Vorsitzende die Berufungsbegründungsfrist im behaupteten Einverständnis des gegnerischen Prozessbevollmächtigten verlängert, so ist diese Verfügung aber auch dann wirksam, wenn das vom Antragsteller infolge eines Missverständnisses irrtümlich angenommene **Einverständnis des Gegners in Wirklichkeit nicht vorgelegen** hat (BGH, Beschl. v. 18. 11. 2003 – VIII ZB 37/03, NJW 2004, 1460; Beschl. v. 9. 11. 2004 – XI ZB 6/04, MDR 2005, 408; BGH, Beschl. v. 30. 4. 2008 – III ZB 85/07, MDR 2008, 813).

B 233 **Selbst das völlige Fehlen eines Antrags oder die Unzuständigkeit des Richters, der die Verlängerung gewährt hat, steht der Wirksamkeit der Verlängerungsverfügung nicht entgegen** (BGH, Beschl. v. 18. 11. 2003 – VIII ZB 37/03, NJW 2004, 1460; Zöller/Heßler, 30. Aufl., § 520 ZPO Rz. 20, 21; Musielak/Ball, § 520 ZPO Rz. 7, 12). Mit einer „antragsgemäßen" Verlängerung macht das Gericht den Fristverlängerungsantrag selbst dann zum Inhalt der Fristverlängerung, wenn die

Frist vom Antragsteller falsch berechnet worden ist (BGH, Beschl. v. 30. 4. 2008 –
III ZB 85/07, MDR 2008, 813).

b) Berufungsbegründungsfrist bei Prozesskostenhilfe

Die zweiwöchige Frist für einen Antrag auf Wiedereinsetzung nach Versäumung B 234
der Berufungsbegründungsfrist beträgt nicht (mehr) zwei Wochen, sondern nach
§ 234 I 2 ZPO für alle seit dem 1. 9. 2003 anhängige Verfahren **einen Monat**. Die
Wiedereinsetzung ist dann sowohl hinsichtlich eines versäumten Wiedereinset-
zungsantrags als auch hinsichtlich der nachzuholenden Prozesshandlung – Einlegung der Berufung – zu beantragen und **beginnt gem. § 234 II ZPO mit der Bekanntgabe der Entscheidung über die Prozesskostenhilfe** (BGH, Beschl. v.
29. 6. 2006 – III ZA 7/06, NJW 2006, 2857, 2858; BGH, Beschl. v. 19. 12. 2012 –
XII ZB 169/12, NJW 2013, 471, Nr. 14: Mit Bekanntgabe des Prozesskostenhilfe-
beschlusses; abweichend BGH NJW 2007, 3354 und BGH MDR 2010, 947,
Nr. 13: Erst mit der Mitteilung der Wiedereinsetzungsentscheidung; Musielak-
Grandel, § 234 ZPO Rz. 1, 5 und § 236 ZPO Rz. 6 und Musielak-Ball, § 520
ZPO Rz. 5). Das Motiv des Gesetzgebers, der vermögenslosen Partei nach Gewährung von Prozesskostenhilfe ausreichend Zeit zur Begründung des Rechtsmittels einzuräumen, rechtfertigt es nicht, die Bestimmung des § 234 I 2 ZPO
abweichend vom Wortlaut auf andere Fälle einer Versäumung der Frist zur Begründung eines Rechtsmittels anzuwenden (BGH, Beschl. v. 15. 1. 2008 – XI ZB
11/07, NJW 2008, 1164).

Die Rechtsprechung des BGH, wonach die Frist zur Nachholung der Berufungs- B 235
begründung für die mittellose Partei erst mit der Mitteilung der Entscheidung
über die Wiedereinsetzung in den vorigen Stand gegen die Versäumung der Berufungsfrist beginnt (vgl. BGH, Beschl. v. 26. 5. 2008 – II ZB 19/07, NJW-RR 2008,
1306, Nr. 16; zu den Einzelheiten Musielak-Grandel, 10. Aufl., § 234 ZPO Rz. 5
und § 236 ZPO Rz. 6 sowie Zöller/Greger, 30. Aufl., § 234 ZPO Rz. 7a, 8 und
§ 236 ZPO Rz. 6, 6a), kann nicht auf die Anträge einer **nicht mittellosen Partei**
über die Wiedereinsetzung in den vorigen Stand übertragen werden (BGH,
Beschl. v. 17. 5. 2010 – II ZB 12/09, MDR 2010, 947, 948).

Eine Berufung, die unter der Bedingung eingelegt wird, dass die zugleich bean- B 235a
tragte Prozesskostenhilfe bewilligt wird, darf **nicht als unzulässig verworfen
werden, bevor über den Prozesskostenhilfeantrag entschieden worden ist** (BGH,
Beschl. v. 5. 2. 2013 – VIII ZB 38/12, MDR 2013, 481, Nr. 11).

4. Inhalt der Berufungsbegründung

Gem. § 520 III 2 Nr. 1–4 ZPO muss die Berufungsbegründung gegen Urteile, de- B 236
ren zugrunde liegende mündliche Verhandlung nach dem 31. 12. 2001 stattgefunden hat, viererlei enthalten (vgl. Gaier, NJW 2004, 2041, 2042 f.; Gehrlein,
MDR 2004, 661 ff. und MDR 2003, 421, 426; Stackmann, NJW 2003, 169, 170 ff.;
Schellhammer, MDR 2001, 1141, 1143; B/L/A/H, 71. Aufl. 2013, Rz. 16 ff.):

a) Berufungsanträge gem. § 520 III 2 Nr. 1 ZPO

B 237   Die Berufungsanträge müssen auf eine **sachliche Abänderung** des angefochtenen Urteils zugunsten des Berufungsklägers abzielen. Ein förmlicher Berufungsantrag ist nicht nötig (BGH, Urt. v. 22. 3. 2006 – VII ZR 212/04, NJW 2006, 2705); Es muss aber aus der Berufungsschrift oder der Berufungsbegründung zu entnehmen sein, **in welchem Umfang und mit welchem Ziel das erstinstanzliche Urteil angegriffen wird und welche Abänderungen erstrebt werden** (BGH, NJW 2006, 2705; NJW-RR 1999, 211; VersR 1982, 974: aus dem Inhalt der Berufungsbegründung; BGH, NJW 1992, 698: aus sonstigen innerhalb der Begründungsfrist eingegangenen Schriftsätzen; Zöller/Heßler, § 520 ZPO Rz. 32; Musielak-Ball, § 520 ZPO Rz. 20, 21). **Grundsätzlich reicht auch ein lediglich auf Aufhebung und Zurückverweisung gerichteter Antrag in einem innerhalb der Berufungsbegründungsfrist eingereichten Schriftsatz aus** (BGH, Urt. v. 22. 3. 2006 – VIII ZR 212/04, NJW 2006, 2705; die Voraussetzungen des § 520 III 2 Nr. 2–4 ZPO müssen aber vorliegen).

B 237a   Ein Rechtsmittel ist **unzulässig**, wenn es den in der Vorinstanz erhobenen Klageanspruch **nicht wenigstens teilweise weiter verfolgt** und damit die Richtigkeit des angefochtenen Urteils in Frage stellt, sondern **lediglich im Wege der Klageänderung einen neuen, bislang nicht geltend gemachten Anspruch zur Entscheidung stellt**. Eine Erweiterung oder Änderung der Klage in der Berufungsinstanz setzt ein bereits zulässiges Rechtsmittel voraus (BGH, Urt. v. 14. 3. 2012 – XII ZR 164/09, MDR 2012, 603, Nr. 17).

B 237b   Auch ohne förmlichen Antrag ist die **Berufung zulässig, wenn der Inhalt der Berufungsbegründung eindeutig ergibt, dass der Berufungskläger sein erstinstanzliches Begehren in vollem Umfang weiterverfolgen will** (BGH, NJW 2010, 424, 425; Musielak/Ball, 10. Aufl., § 520 ZPO Rz. 20) bzw. wenn lediglich unklar bleibt, ob er darüber hinaus eine Klageerweiterung beabsichtigt (Musielak a. a. O.; Zöller/Heßler, 30. Aufl., § 520 ZPO Rz. 28).

B 238   Die Berufungsanträge können bis zum Ablauf der Berufungsbegründungsfrist **ohne weiteres erweitert** werden (BGH, NJW-RR 2005, 741; Musielak-Ball, § 520 ZPO Rz. 25: soweit die erweiterten Anträge durch die fristgerecht eingereichten Berufungsgründe gem. § 520 III 2 Nr. 2–4 ZPO gedeckt sind; Zöller/Heßler, § 520 ZPO Rz. 31). Die Erweiterung ist auch noch bis zum Schluss der mündlichen Verhandlung zulässig, sofern sich der Umfang und Inhalt im Rahmen der ursprünglichen Berufungsbegründung hält und keine neuen Gründe nachgeschoben werden, die nach § 533 i. V. m. § 529 ZPO nicht mehr eingeführt werden können (BGH, NJW-RR 2002, 1435; NJW 2000, 590, 592; NJW 1994, 2896, 2897; NJW 1990, 1173; Zöller/Heßler, § 520 ZPO Rz. 31; Musielak-Ball, § 520 ZPO Rz. 25; B/L/A/H, 71. Aufl., § 520 ZPO Rz. 20, 31).

B 239   Eine Erweiterung der Berufungsanträge ist daneben auch dann zulässig, wenn nach Ablauf der Berufungsbegründungsfrist Umstände eintreten, die eine Abänderungsklage (§ 323 ZPO; vgl. BGH, NJW 1987, 1024, 1025 und Musielak-Ball, § 520 ZPO Rz. 25), eine Wiedereinsetzung in den vorigen Stand (BGH, NJW-RR 1989, 962, 963) oder eine Wiederaufnahme des Verfahrens (§§ 580 ff. ZPO) rechtfertigen würden (Musielak-Ball, § 520 ZPO Rz. 25).

Ergibt sich aber aus der Berufungsbegründung, dass bezüglich eines bestimmten   B 240
Teils des Streitgegenstandes auf die Berufung verzichtet wird, ist eine spätere Er-
weiterung ausgeschlossen; das angefochtene Urteil wird insoweit rechtskräftig
(Zöller/Heßler, § 520 ZPO Rz. 31 a. E. und § 515 ZPO Rz. 17).

Auch die mit der Berufung vorgenommene Erweiterung des Klageantrages gem.   B 241
§ 264 Nr. 2 ZPO etwa wegen einer weitergehenden Schlussrechnungsforderung
ist keine Klageänderung i. S. d. § 533 ZPO; insoweit ist auch neuer Vortrag der
Parteien zu berücksichtigen (BGH, Urt. v. 8. 12. 2005 – VII ZR 138/04, MDR
2006, 565). Im Übrigen sind Angriffs- und Verteidigungsmittel, die nicht rechtzeitig in der Berufungsbegründung oder Berufungserwiderung vorgebracht worden sind, nach §§ 530, 296 I ZPO nur dann zuzulassen, wenn sie das Verfahren
nicht verzögern und die Partei die Verspätung ausreichend entschuldigt.

b) Entscheidungsrelevante Rechtsverletzung (§ 520 III 2 Nr. 2 ZPO)

In der Berufungsbegründung müssen gem. § 520 III 2 Nr. 2 ZPO etwaige Um-   B 242
stände für eine Rechtsverletzung, die das Urteil verfälschen, dargelegt werden.
Der BGH versteht die neu gefasste Vorschrift des § 520 III 2 Nr. 2 ZPO mit Blick
auf die Materialien (vgl. BT-Drucks. 14/4722, S. 95) dahin, dass mit ihr die Begründungsanforderungen **zwar präzisiert, keinesfalls aber verschärft**, sondern
im Gegenteil „etwas herabgesetzt" werden sollten (BGH, Beschl. v. 28. 5. 2003
– XI ZB 165/02, NJW 2003, 2531, 2532 = MDR 2003, 1192: „keine qualitative Erhöhung, sondern lediglich Präzisierung der Anforderungen"; BGH, NJW 2003,
2522, 2533; NJW-RR 2003, 1580; Gaier, NJW 2004, 2041, 2042; Zöller/Heßler,
§ 520 ZPO Rz. 33; Musielak-Ball, § 520 ZPO Rz. 31, 34). In der Praxis haben
sich aus der neuen Gesetzesformulierung keine Erleichterungen für den Berufungsführer ergeben (vgl. Zöller/Heßler, 30. Aufl., § 520 ZPO Rz. 33, 33a).

Erforderlich ist jedoch – insoweit in Übereinstimmung mit dem bisherigen   B 243
Recht – die auf den Streitfall zugeschnittene **Darlegung**, in welchen Punkten
und aus welchen materiell-rechtlichen oder verfahrensrechtlichen Gründen der
Berufungskläger das Urteil für unrichtig hält und der Vortrag, dass das Urteil
ohne den Rechtsfehler **für den Berufungskläger günstiger ausgefallen wäre** (BGH,
Urt. v. 8. 6. 2005 – XII ZR 75/04, MDR 2006, 452; Beschl. v. 26. 6. 2003 – III ZB
71/02, NJW 2003, 2532, 2533 = MDR 2003, 1246; Beschl. v. 21. 5. 2003 – VIII ZB
133/02, MDR 2003, 1130; Urt. v. 18. 9. 2001 – X ZR 196/99, NJW-RR 2002, 209,
210; Fellner, MDR 2006, 552, 553) **Rügt er beispielsweise die Verletzung der
richterlichen Aufklärungspflicht nach § 139 I, II, III ZPO, so muss er auch darlegen, wie er auf den vermissten Hinweis reagiert und wie seine Reaktion das Urteil voraussichtlich beeinflusst hätte** (BGH, Urt. v. 30. 6. 2006 – V ZR 148/05,
NJW-RR 2006, 1292, 1293: Fehler des Vordergerichts muss den Sachvortrag der
Partei beeinflusst haben; BGH, NJW 2004, 2152, 2153; BGH, NJW-RR 2004,
927, 928; Zöller/Greger, 30. Aufl., § 139 ZPO Rz. 20; Musielak/Ball, § 520 ZPO
Rz. 32 a. E.; Schellhammer, MDR 2001, 1141, 1143; Stöber, NJW 2005, 3601,
3604).

So kann eine Berufung nicht allein auf die Behauptung gestützt werden, dass es
sich bei dem angefochtenen Urteil um ein „Überraschungsurteil" handeln wür-

de. Zusätzlich ist die **Darlegung** der entscheidungserheblichen **Tatsachen** erforderlich, **die vorgetragen worden wären**, wenn die angefochtene Entscheidung nicht überraschend gewesen wäre und das Gericht einen entsprechenden Hinweis erteilt hätte (KG, Beschl. v. 7. 9. 2006 – 8 U 107/06, MDR 2007, 677).

B 244   Die Berufungsbegründung erfordert aber weder die ausdrückliche Benennung einer bestimmten Norm **noch die Schlüssigkeit oder jedenfalls Vertretbarkeit der erhobenen Rügen** (BGH, Beschl. v. 26. 6. 2003 – III ZB 71/02, NJW 2003, 2532, 2533 = MDR 2003, 1246, 1247; Beschl. v. 21. 5. 2003 – VIII ZB 133/02, NJW-RR 2003, 1580: Schlüssigkeit oder rechtliche Haltbarkeit der Ausführungen ohne Bedeutung; Zöller/Heßler, 30. Aufl., § 520 ZPO Rz. 34; a. A. zum neuen Recht LG Stendal, NJW 2002, 2886, 2887; Schellhammer, MDR 2001, 1141, 1143). Anders als in der Revisionsbegründung darf für eine Berufungsbegründung auch **nicht verlangt** werden, dass das nicht berücksichtigte Vorbringen unter **Angabe der Fundstelle** in den Schriftsätzen der Vorinstanz genau bezeichnet wird (BGH, Urt. v. 12. 3. 2004 – V ZR 257/03, NJW 2004, 1876, 1878 = MDR 2004, 954, 956; Gaier, NJW 2004, 2041, 2043; Musielak/Ball, 10. Aufl. 2012, § 520 ZPO Rz. 32).

B 245   Hat das Erstgericht die Abweisung der Klage hinsichtlich eines prozessualen Anspruchs **auf mehrere voneinander unabhängige, selbständig tragende rechtliche Erwägungen gestützt**, so muss die Berufungsbegründung das Urteil in allen diesen Punkten angreifen und für **jede einzelne der Erwägungen** darlegen, warum sie die Entscheidung nicht trägt; andernfalls ist das Rechtsmittel unzulässig (BGH, Beschl. v. 18. 10. 2005 – VI ZB 81/04, NJW-RR 2006, 285; OLG Frankfurt, Beschl. v. 2. 11. 2012 – 19 U 160/12, MDR 2013, 548).

Ist im **Arzthaftungsprozess** die auf einen **Behandlungs- sowie einen Aufklärungsfehler** gestützte Klage unter beiden Gesichtspunkten abgewiesen worden, so muss die Berufungsbegründung bzw. ein innerhalb der Berufungsbegründungsfrist nachgereichter Schriftsatz erkennen lassen, ob das Urteil **hinsichtlich beider Fehler angegriffen** wird (BGH, Urt. v. 5. 12. 2006 – VI ZR 228/05, NJW-RR 2007, 414 = GesR 2007, 163, 164).

B 245a   Enthält die Berufungsbegründung immerhin **zu einem Streitpunkt eine dem § 520 III 2 Nr. 2 ZPO genügende Begründung**, so ist die Berufung aber insgesamt zulässig, wenn die bezeichneten Umstände geeignet sind, der angegriffenen Entscheidung insgesamt den Boden zu entziehen. Es ist für die Zulässigkeit der Berufung ohne Belang, ob der Angriff begründet ist (BGH, Beschl. v. 6. 12. 2011 – II ZB 21/10, MDR 2012, 244 = NJW-RR 2012, 244, Nr. 7).

B 246   Auch wenn durch eine beschränkte Anfechtung die Rechtskraft des erstinstanzlichen Urteils in vollem Umfang gehemmt wird, können die Berufungsangriffe nur im Rahmen der Frist zur Berufungsbegründung **bis zum Schluss der Berufungsverhandlung ergänzt werden, soweit nicht darüber hinaus Präklusionsvorschriften (§§ 296, 530, 531 ZPO) entgegenstehen** (BGH, Urt. v. 5. 12. 2006 – VI ZR 228/05, NJW-RR 2007, 414 = GesR 2007, 163, 164; B/L/A/H, 71. Aufl., § 520 ZPO, Rz. 20, 31).

B 247   Zu den Umständen für eine Rechtsverletzung, mit denen sich das Berufungsgericht gem. § 529 II 1 ZPO nur nach rechtzeitiger Rüge in der Berufungsbegründung beschäftigen muss, gehören auch **Verfahrensfehler** (OLG Düsseldorf, Beschl. v. 6. 10. 2011 – 24 U 47/11, NJW 2012, 621, 523; Schellhammer, MDR 2001, 1141, 1146).

Zu den **von Amts wegen zu berücksichtigenden Verfahrensfehlern** zählen etwa die Verletzung des § 308 I ZPO (BGH, NJW-RR 1989, 1087; NJW-RR 1999, 381, 383), ein **Urteil ohne brauchbaren Tatbestand** (Schellhammer a. a. O.; Musielak-Ball, § 529 Rz. 21), **ein Verstoß gegen die Regeln über die Bestellung des streitentscheidenden Einzelrichters bzw. der in Arzthaftungsprozessen gem. §§ 348 I 2 Nr. 2e, 348a I Nr. 1 ZPO zuständigen Kammer** (vgl. B/L/A/H, 71. Aufl., ZPO § 295 Rz. 25 „Einzelrichter"; OLG Frankfurt, Beschl. v. 25. 2. 2010 – 22 W 5/10, juris, Nr. 27 sowie OLG Brandenburg, Urt. v. 17. 7. 2008 – 12 U 221/07, juris, Nr. 10 und OLG Karlsruhe, Beschl. v. 24. 6. 2005 – 7 W 28/05, OLGR 2005, 753: **in Arzthaftungssachen keine Entscheidung und Beweiserhebung durch Einzelrichter**; zustimmend G/G, 6. Aufl., Rz. E 35), die **fehlerhafte Besetzung des Gerichts** (B/L/A/H, ZPO, 71. Aufl., § 295 Rz. 29, 30), die **Unzulässigkeit eines Teil- oder Grundurteils** (Musielak/Ball, § 529 ZPO Rz. 21), die **Rechtskraft einer Entscheidung über den Streitgegenstand** (BGH, NJW 1993, 3204, 3205, Musielak/Ball, § 529 ZPO Rz. 21), **die anderweitige Rechtshängigkeit** (BGH, NJW-RR 1990, 45, 47; Musielak-Ball, § 529 ZPO Rz. 21), das **fehlende Rechtsschutzinteresse** etwa einer Feststellungsklage (Musielak-Ball, § 529 ZPO Rz. 21), die **Unbestimmtheit des Klageantrages** (BGH, NJW 1994, 3221; NJW 1997, 3440), die **fehlende Partei- oder Prozessfähigkeit** (BGH, NJW 1995, 196; NJW 1983, 996), die **fehlende Prozessführungsbefugnis** (Musielak-Ball, § 529 ZPO Rz. 21) und das Fehlen weiterer Prozessvoraussetzungen mit Ausnahme der Zuständigkeit des erstinstanzlichen Gerichts (Schellhammer, MDR 2001, 1141, 1146; Hartmann, NJW 1999, 3747; Zöller/Heßler, 30. Aufl., § 529 ZPO Rz. 13 und § 295 ZPO Rz. 4; Musielak-Huber, 10. Aufl., § 295 ZPO Rz. 3).

Gem. § 513 II ZPO kann die Berufung nicht darauf gestützt werden, dass die erste Instanz ihre **Zuständigkeit zu Unrecht angenommen** hat. Dies gilt für die örtliche, sachliche und auch eine ausschließliche Zuständigkeit (Schellhammer, MDR 2001, 1141, 1146; Musielak-Ball, § 513 ZPO Rz. 7; B/L/A/H, 71. Aufl., § 513 ZPO Rz. 4, 6), nicht jedoch für die internationale Zuständigkeit (BGH, NJW 2003, 426 = MDR 2003, 348; und Zöller/Heßler, 30. Aufl., § 513 ZPO Rz. 8; Musielak-Ball, a. a. O.). **B 248**

Nicht von Amts wegen zu berücksichtigende, verzichtbare Verfahrensfehler, die **B 249** gem. § 520 III 2 Nr. 2 ZPO zu rügen sind, soweit sie nicht ohnehin bereits in erster Instanz gem. § 295 I ZPO durch rügelose Verhandlung geheilt worden sind und deshalb gem. § 534 ZPO auch in zweiter Instanz nicht mehr beanstandet werden können, sind etwa die Durchführung einer **Beweisaufnahme ohne einen nach §§ 358, 358a ZPO erforderlichen Beweisbeschluss** (B/L/A/H, 71. Aufl., § 295 ZPO Rz. 22), das **Fehlen der Klagezustellung**, soweit keine Notfrist in Lauf gesetzt werden soll (B/L/A/H, 71. Aufl., § 295 ZPO Rz. 62), das **Fehlen einer wirksamen Unterzeichnung auch fristgebundener Schriftsätze** (BGH, NJW 1996, 1351 und, NJW-RR 1999, 1252), das **Verbot, nach Ende der mündlichen Verhandlung noch Schriftsätze nachzureichen** (Zöller/Greger, § 295 ZPO Rz. 3) und das **Recht, zum Ergebnis der Beweisaufnahme Stellung zu nehmen** (§ 285 I

ZPO; vgl. Zöller/Greger, § 295 Rz. 3 und § 285 Rz. 1), die unterbliebene Protokollierung einer Zeugenaussage, sofern hieraus kein Tatbestandsmangel folgt
(Musielak-Huber, 10. Aufl., § 295 ZPO Rz. 4), die Benutzung eines etwa wegen
unterlassener Belehrung nach § 383 II ZPO unzulässigen Beweismittels (Musielak a. a. O.), die **Gutachtenerstattung durch einen anderen als den vom Gericht
beauftragten Sachverständigen entgegen § 407a II ZPO** (OLG Zweibrücken,
NJW-RR 1999, 1368; Musielak a. a. O.; B/L/A/H, 71. Aufl., § 295 ZPO Rz. 49),
die Vernehmung eines gesetzlichen Vertreters einer Partei als Zeugen (Zöller/
Greger, 30. Aufl., § 295 ZPO Rz. 3), die unterbliebene Zustellung der Klageschrift sowie die formlose Übersendung eines klageerweiternden Schriftsatzes
(Zöller a. a. O.).

B 250 **Verzichtbare Rügen zur Zulässigkeit der Klage**, die nicht ohnehin gem. §§ 534,
295 I ZPO unangreifbar geworden sind und bereits im ersten Rechtszug oder bis
zum Ablauf der Berufungsbegründungsfrist hätten vorgebracht werden müssen,
können – anders als die sonstigen, § 520 III 2 Nr. 1–4 ZPO unterfallenden Berufungsgründe (vgl. Schellhammer, MDR 2001, 1141, 1143) – gem. § 532 ZPO (nur)
dann nachgeschoben werden, wenn die Partei die Verspätung genügend entschuldigt. Zwar prüft das Berufungsgericht einen Mangel des Verfahrens – soweit er nicht von Amts wegen berücksichtigt werden muss – gem. § 529 II 1
ZPO an sich nur dann, wenn er gem. § 520 III 2 Nr. 2 ZPO in der Berufungsbegründung gerügt worden ist.

Nach der Rechtsprechung des BGH ist **§ 520 III Nr. 2, Nr. 3 ZPO für das Prü-
fungsprogramm des Berufungsgerichts (faktisch) ohne Bedeutung.** Danach hat
das Berufungsgericht vielmehr **von Amts wegen den gesamten schriftsätzlichen
Parteivortrag der I. Instanz auf Anhaltspunkte für Zweifel an der Richtigkeit
oder Vollständigkeit der Tatsachenfeststellung zu überprüfen** (BGH, Urt. v.
12. 3. 2004 – V ZR 257/03, NJW 2004, 1876, 1878 = MDR 2004, 954, 957; auch
BGH, Urt. v. 22. 5. 2012 – II ZR 35/10, MDR 2012, 1184, Nr. 29; BGH, Urt. v.
9. 3. 2005 – VIII ZR 266/03, NJW 2005, 1583, 1584 = MDR 2005, 945; Gaier,
NJW 2004, 2041, 2043 und, NJW 2004, 110, 112; Musielak/Ball, 10. Aufl., § 520
ZPO Rz. 34 und § 529 ZPO Rz. 9, 23).

B 251 Insoweit ist ausschließlich § 529 I ZPO maßgebend, die Regelungen aus § 529 II
ZPO zur Rechtsfehlerkontrolle sind dabei nicht anwendbar (BGH a. a. O.; Gaier
a. a. O.). Danach ist das Berufungsgericht **an verfahrensfehlerhaft zustande gekommene Tatsachenfeststellungen der ersten Instanz auch dann nicht gebunden, wenn der Verfahrensfehler vom Berufungsführer nicht gerügt wird** (BGH,
NJW 2004, 1876, 1878; Gaier, a. a. O.; Musielak/Ball, § 529 ZPO Rz. 9; Zöller/
Heßler, 30. Aufl., § 529 ZPO Rz. 2).

B 251a Mit dem zulässigen Rechtsmittel gelangt der gesamte aus den Akten ersichtliche Streitstoff des ersten Rechtszuges in die Berufungsinstanz, so dass das Berufungsgericht **Parteivorbringen, das vom erstinstanzlichen Gericht für unerheblich erachtet worden ist, auch dann berücksichtigen darf, wenn es im Urteilstatbestand keine Erwähnung gefunden hat** (BGH, Urt. v. 22. 5. 2012 – II ZR 35/10,
MDR 2012, 1184, Nr. 29; BGH; Urt. v. 4. 7. 2012 – VIII ZR 109/11, NJW 2012,
2662, Nr. 16).

So ist das Berufungsgericht auch an eine vertretbare Auslegung einer Individual- | B 252
vereinbarung durch die erster Instanz nicht gebunden (BGH, NJW 2004, 2751;
Zöller/Heßler, § 529 ZPO Rz. 2). Auch die **Ermessensausübung bei der Bemes-
sung von Schmerzensgeld kann in zweiter Instanz voll nachgeprüft werden**
(BGH, NJW 2006, 1589, 1590; Zöller/Heßler, § 529 ZPO Rz. 2; a. A. OLG Hamm,
VersR 2006, 134 und OLG Braunschweig, VersR 2004, 924).

c) Bezeichnung der Anhaltspunkte für die Unrichtigkeit der Tatsachenfeststellungen (§ 520 III 2 Nr. 3 ZPO)

Gem. § 520 III 2 Nr. 3 ZPO muss der Berufungskläger konkrete Anhaltspunkte, | B 253
die Zweifel an der Richtigkeit oder Vollständigkeit der Tatsachenfeststellung im
angefochtenen Urteil begründen und deshalb eine neue Feststellung gebieten,
darlegen.

aa) Vorliegen „konkreter Anhaltspunkte"

Ein „**konkreter Anhaltspunkt**" i. S. d. § 520 III 2 Nr. 3 ZPO ist jeder objektivier- | B 254
bare rechtliche oder tatsächliche Einwand gegen die erstinstanzlichen Feststellungen. Bloß subjektive Zweifel, lediglich abstrakte Erwägungen oder Vermutungen der Unrichtigkeit ohne greifbare Anhaltspunkte wollte der Gesetzgeber ausschließen (BGH, Urt. v. 8. 6. 2004 – VI ZR 230/03, NJW 2004, 2828,
2829; BGH, Urt. v. 18. 10. 2005 – VI ZR 270/04, NJW 2006, 152, 153 = NZV
2006, 73).

„**Konkrete Anhaltspunkte**" liegen etwa vor, wenn | B 255

– ein **tatsächliches Vorbringen** einer Partei **übergangen** oder nicht vorgetragene | B 256
  Tatsachen verwertet werden (BGH, Urt. v. 18. 10. 2005 – VI ZR 270/04, NJW
  2006, 152, 153; Urt. v. 19. 3. 2004 – V ZR 104/03, NJW 2004, 2152, 2153; Ball,
  Richter am BGH, ZGS 2002, 146, 148; Fellner, MDR 2006, 552, 554; Musielak-Ball, § 529 ZPO Rz. 5, 9),

– unstreitige oder **zugestandene Tatsachenbehauptungen als streitig** oder strei- | B 257
  tiges Vorbringen als unstreitig behandelt werden (Ball, ZGS 2002, 146, 148;
  Fellner, MDR 2006, 552, 554 je m. w. N.),

– dem Erstgericht bei der **Feststellung des Sachverhalts** sonstige Fehler unter- | B 258
  laufen sind (BGH, Urt. v. 8. 6. 2004 – VI ZR 230/03, NJW 2004, 2828, 2829;
  Urt. v. 19. 3. 2004 – V ZR 104/03, NJW 2004, 2152, 2153; NJW 2004, 2825;
  Urt. v. 12. 3. 2004 – V ZR 257/03, NJW 2004, 1876, 1878 = MDR 2004, 954,
  956), **soweit kein nach §§ 314, 320 ZPO rechtlich bindender Tatbestand vorliegt** (BGH, Urt. v. 18. 7. 2013 – III ZR 208/12, MDR 2013, 1115; Zöller/Heß-
  ler, 30. Aufl., § 529 ZPO Rz. 2 und Einsiedler, MDR 2011, 1454, 1457 f. sowie
  Vollkommer, MDR 2010, 1161, 1162: Bindung an den festgestellten Tatbestand),

– **angebotene Beweise** verfahrensfehlerhaft **nicht** oder unter Verletzung von | B 259
  Verfahrensnormen **erhoben werden** (BGH, Urt. v. 19. 3. 2004 – V ZR 104/03,
  NJW 2004, 2152, 2153; Urt. v. 12. 3. 2004 – V ZR 257/03, MDR 2004, 954;
  OLG Düsseldorf, NJW 2013, 618, 619; Ball, ZGS 2002, 146, 148; Fellner,
  MDR 2006, 552, 554; Musielak-Ball, § 529 ZPO Rz. 5, 9),

B 260 – **erhobene Beweise nicht** oder fehlerhaft **gewürdigt** worden sind (BGH, Urt. v.
19. 3. 2004 – V ZR 104/03, NJW 2004, 2152, 2153; OLG Düsseldorf, NJW
2013, 618, 619; Ball, ZGS 2002, 146, 148; Musielak-Ball, § 529 ZPO Rz. 5;
Fellner, MDR 2006, 552, 554 und MDR 2003, 721, 722: Rüge nach § 520 III
Nr. 3 ZPO und Wiederholung des Beweisangebots erforderlich),

B 260a – wenn sonstige Anhaltspunkte dafür bestehen, dass die **Feststellungen unvollständig oder unrichtig sind**, etwa wenn das Berufungsgericht **das Ergebnis einer erstinstanzlichen Beweisaufnahme anders würdigen will als das Vordergericht, die Beweiswürdigung den Anforderungen des § 286 ZPO nicht genügt
oder unvollständig bzw. in sich widersprüchlich ist** (OLG Düsseldorf, Urt. v.
1. 6. 2012 – I-22 U 159/11, NJW 2013, 618, 619),

B 261 – es das Vordergericht versäumt, **Unvollständigkeiten** oder **Widersprüche im
Gutachten** eines bzw. zwischen mehreren Sachverständigen mit Hilfe einer
ergänzenden Anhörung des Sachverständigen und dessen gezielter Befragung
auszuräumen (BGH, Urt. v. 8. 6. 2004 – VI ZR 230/03, NJW 2004, 2828, 2829;
Beschl. v. 10. 5. 2005 – VI ZR 245/04, NZV 2005, 463, 464; Urt. v.
18. 10. 2005 – VI ZR 270/04, NJW 2006, 152, 153 = NZV 2006, 73 = MDR
2006, 531: Unvollständigkeit des Gutachtens; Musielak-Ball, § 529 ZPO
Rz. 5, 18; Fellner, MDR 2006, 552, 554; Zöller/Heßler, § 529 ZPO Rz. 9),

B 262 – die **Einholung eines weiteren Gutachtens unterbleibt**, obwohl sich Widersprüche in dem vom Gericht eingeholten Gutachten bzw. den mündlichen Ausführungen des Sachverständigen nicht auflösen lassen (BGH, NJW 2001, 1787,
1788; Zöller/Heßler, 30. Aufl., § 529 ZPO Rz. 9; Musielak/Ball, 10. Aufl.,
§ 529 ZPO Rz. 18) oder die **Voraussetzungen des § 412 ZPO in erster Instanz
vorlagen** (OLG Saarbrücken OLGR 2000, 403), also wenn das Gutachten des
gerichtlich bestellten Sachverständigen in sich widersprüchlich oder unvollständig ist, der Sachverständige erkennbar nicht sachkundig war, sich die Tat-
sachengrundlage nach Erstellung des Gutachtens geändert hat oder wenn es
neue wissenschaftliche Erkenntnismöglichkeiten zur Beantwortung der dem
Sachverständigen gestellten Fragen gibt (Zöller/Heßler, § 529 ZPO Rz. 9;
Gehrlein, MDR 2004, 661, 664 und, VersR 2004, 1488, 1499).

B 263 Der **Berufungsführer muss** die Würdigung und die Wiedergabe von Feststellungen des erstinstanzlichen Urteils **unmittelbar angreifen**, etwa durch Hinweise
auf Widersprüche in den Aussagen eines Zeugen, das Übersehen einer Urkunde
oder eines erheblichen Beweisangebotes (B/L/A/H, 71. Aufl., § 520 ZPO Rz. 33,
34; Schmude/Eichele, BRAK-Mitt. 2001, 255, 256). Sind entscheidungserhebliche Tatsachen durch Sachverständigengutachten festgestellt, so ist eine eingehende Auseinandersetzung mit den Einzelheiten des Gutachtens erforderlich
(Schmude/Eichele a. a. O., 256).

B 264 Die „konkreten Anhaltspunkte" i. S. d. §§ 520 III 2 Nr. 3, 529 I Nr. 1 ZPO müssen geeignet sein, eine **gewisse – nicht notwendig überwiegende – Wahrscheinlichkeit** aufzuzeigen, dass die erstinstanzliche Feststellung bei einer erneuten
Beweisaufnahme keinen Bestand haben wird (BGH, Urt. v. 18. 10. 2005 – VI ZR
270/04, NJW 2006, 152, 153; Urt. v. 8. 6. 2004 – VI ZR 230/03, NJW 2004, 2828,
2829; NJW 2004, 2825; Urt. v. 15. 7. 2003 – V ZR 361/02, NJW 2003, 3480, 3481;
Zöller/Heßler, § 529 ZPO Rz. 3).

Wendet sich der Berufungsführer gegen eine **ihm nachteilige Beweiswürdigung** B 265
des erstinstanzlichen Gerichts, so genügt er den Anforderungen an die Zulässig-
keit der Berufung, wenn er deutlich macht, dass und aus welchen Gründen er
die Beweiswürdigung für unrichtig hält. Eine weitergehende Auseinandersetzung mit der (Beweis-)Würdigung des erstinstanzlichen Gerichts ist dabei nicht
erforderlich. Es kommt auch nicht darauf an, ob die Berufungsbegründung inhaltlich schlüssig ist und begründeten Anlass für eine erneute und vom Erstgericht abweichende Würdigung gibt. **Ergibt sich die Entscheidungserheblichkeit**
eines Rechtsverstoßes oder eine beanstandeten Tatsachenfeststellung unmittel-
bar aus dem Prozessstoff, bedarf sie keiner besonderen Darlegung in der Beru-
fungsbegründung (BGH, Beschl. v. 13. 9. 2012 – III ZB 24/12, MDR 2012, 1362
= NJW 2012, 3581 Nr. 8, 9, 12). Das Berufungsgericht darf auch **schriftsätzlich**
angekündigtes, entscheidungserhebliches Parteivorbringen berücksichtigen, das
vom erstinstanzlichen Gericht für unerheblich erachtet worden ist, auch wenn
es im Urteilstatbestand keine Erwähnung gefunden hat (BGH, Urt. v. 4. 7. 2012
– VIII ZR 109/11, NJW 2012, 2662, Nr. 16; BGH, NJW 2011, 2796, Nr. 35).

bb) „Zweifel" an der Richtigkeit und Vollständigkeit der erstinstanzlichen
   Feststellungen

In einem **zweiten Schritt** müssen die konkreten Anhaltspunkte „Zweifel" an der B 266
Richtigkeit oder Vollständigkeit der entscheidungserheblichen Feststellungen
begründen, wobei das Vorliegen „konkreter Anhaltspunkte" das Bestehen von
„Zweifeln" oftmals indiziert. Zweifel an der Richtigkeit oder Vollständigkeit
der entscheidungserheblichen Feststellungen können sich etwa ergeben aus

– **Verfahrensfehlern**, die dem erstinstanzlichen Gericht bei der Feststellung des B 267
  Sachverhalts unterlaufen sind, insbesondere wenn es Beweise fehlerhaft erhoben oder gewürdigt hat (BGH, Urt. v. 19. 3. 2004 – V ZR 104/03, NJW 2004,
  2152, 2153; BGH, Urt. v. 12. 3. 2004 – V ZR 257/03, NJW 2004, 1876, 1878 =
  MDR 2004, 954, 956; Musielak/Ball, 10. Aufl., § 529 ZPO Rz. 9, 23 und
  § 520 ZPO Rz. 34; vgl. hierzu Rz. B 247, B 249, B 260a m. w. N.).

– **Tatsachenfeststellungen**, die auf der Grundlage eines Sachverstandigengut- B 268
  achtens getroffen worden sind, wobei der Sachverständige trotz rechtzeitigem
  Antrag des Berufungsführers nicht zur mündlichen Erläuterung seines Gut-
  achtens geladen worden war (BGH, Beschl. v. 10. 5. 2005 – VI ZR 245/04,
  NZV 2005, 463, 464 und OLG Saarbrücken, Urt. v. 25. 2. 2004 – 1 U 422/03,
  108; GesR 2004, 235, 237: Antrag auf Ladung des Sachverständigen bedarf keiner besonderen Begründung; es genügt die allgemeine Angabe, in welcher
  Richtung die Partei eine weitere Aufklärung herbeizuführen wünscht; OLG
  Düsseldorf, Urt. v. 1. 6. 2012 – I-22 U 159/11, NJW 2013, 618, 619: wenn die
  Beweiswürdigung den Anforderungen des § 286 I ZPO nicht genügt, die Be-
  weiswürdigung unvollständig oder in sich widersprüchlich ist oder wenn das
  Berufungsgericht das Ergebnis einer erstinstanzlichen Beweisaufnahme an-
  ders würdigen will),

– der **Widersprüchlichkeit oder Unvollständigkeit des erstinstanzlich eingehol-** B 269
  ten Sachverständigengutachtens bzw. der erkennbar fehlenden Sachkundig-

keit des Sachverständigen (BGH, Urt. v. 15. 7. 2003 – V ZR 361/02, NJW 2003, 3480, 3481 = VersR 2004, 1575, 1576; BGH, Urt. v. 8. 6. 2004 – V ZR 199/03, NJW 2004, 2825, 2826 = VersR 2004, 1177 und Urt. v. 18. 10. 2005 – VI ZR 270/04, NJW 2006, 152, 153 = MDR 2006, 531: Unvollständigkeit des Gutachtens; Gehrlein, MDR 2004, 661, 664 und, VersR 2004, 1488, 1499; Fellner, MDR 2006, 552, 554; Zöller/Heßler, 30. Aufl., § 529 ZPO Rz. 9; Musielak-Ball, § 529 ZPO Rz. 18),

B 270 – der **Änderung von Tatsachengrundlagen** durch einen i. S. d. §§ 296, 531 II ZPO zulässigen neuen Sachvortrag oder bei neuen wissenschaftlichen Erkenntnismöglichkeiten zur Beantwortung der an den Sachverständigen gestellten Fragen (BGH, Urt. v. 15. 7. 2003 – V ZR 361/02, NJW 2003, 3480, 3481; NJW 2004, 2825, 2826; Zöller/Heßler, 30. Aufl., § 529 ZPO Rz. 9),

B 271 – **neuen Angriffs- und Verteidigungsmitteln**, die in der Berufungsinstanz gem. § 529 I Nr. 2 i. V. m. § 531 II zu berücksichtigen sind (vgl. hierzu unten Rz. B 297 ff., B 307 ff.), weil ihre Geltendmachung in erster Instanz wegen eines vom Gericht zu vertretenden Umstandes (§ 531 II 1 Nr. 1 und Nr. 2 ZPO) oder sonst ohne Verschulden der Partei (§ 531 II 1 Nr. 3 ZPO) unterblieben ist, soweit eine gewisse Wahrscheinlichkeit dafür besteht, dass die erstinstanzlichen Feststellungen keinen Bestand haben werden (BGH, Urt. v. 19. 3. 2004 – V ZR 104/03, NJW 2004, 2152, 2153; BGH, Beschl. v. 10. 5. 2012 – IX ZR 221/09, NJW-RR 2012, 1408, Nr. 6),

B 272 – **unauflösbaren Widersprüchen** zwischen dem Protokoll der Vernehmung eines Zeugen bzw. den Angaben eines Sachverständigen und den daraus vom Gericht gezogenen Schlüssen, der Verkennung der Beweislast oder bei Verstößen der Beweiswürdigung gegen die Denkgesetze oder allgemein anerkannte Erfahrungssätze (B/L/A/H, 71. Aufl., § 529 ZPO Rz. 8; Rixecker, NJW 2004, 705, 709).

B 273 **Zweifel an der Richtigkeit und Vollständigkeit** der entscheidungserheblichen Feststellungen können sich nach der neueren Rechtsprechung des BVerfG (Beschl. v. 22. 11. 2004 – 1 BvR 1935/03, NJW 2005, 1487; Beschl. v. 12. 6. 2003 – 1 BvR 2285/02, NJW 2003, 2524) und des BGH (BGH, Beschl. v. 2. 11. 2005 – IV ZR 57/05, NJW-RR 2006, 283; Urt. v. 9. 3. 2005 – VIII ZR 266/03, NJW 2005, 1583, 1584 = MDR 2005, 945; NJW 2005, 1487; Urt. v. 12. 3. 2004 – V ZR 257/03, MDR 2004, 954, 956 = NJW 2004, 1876, 1877) aus der Möglichkeit unterschiedlicher Wertungen ergeben, insbesondere daraus, dass **das Berufungsgericht das Ergebnis einer erstinstanzlichen Beweisaufnahme anders würdigt bzw. würdigen will als das erstinstanzliche Gericht.**

B 274 Wenn sich das Berufungsgericht von der Richtigkeit der erstinstanzlichen Beweiswürdigung nicht überzeugt, so ist es an die erstinstanzliche Beweiswürdigung, die es aufgrund der erforderlichen konkreten Anhaltspunkte nicht für richtig hält, nicht gebunden, sondern zu einer **erneuten Tatsachenfeststellung** nach der gesetzlichen Neuregelung nicht nur berechtigt, sondern sogar **verpflichtet** (BVerfG, Beschl. v. 22. 11. 2004 – 1 BvR 1935/03, NJW 2005, 1487; Beschl. v. 12. 6. 2003 – 1 BvR 2285/02, NJW 2003, 2524; BGH, Urt. v. 9. 3. 2005 – VIII ZR 266/03, NJW 2005, 1583, 1584 = MDR 2005, 945; Beschl. v. 2. 11. 2005 – IV ZR 57/05, NJW-RR 2006, 283; zustimmend Manteuffel, NJW 2005, 2963, 2965).

Dabei muss das Berufungsgericht die **bereits in erster Instanz vernommenen** **B 274a**
Zeugen nochmals gemäß § 398 I ZPO vernehmen, wenn es deren Aussagen an
ders würdigen will als die Vorinstanz. Andernfalls liegt ein Verstoß gegen das
rechtliche Gehör der benachteiligten Partei vor (BGH, Beschl. v. 21. 3. 2012 –
XII ZR 18/11, MDR 2012, 601, Nr. 6; BGH, Urt. v. 10. 11. 2010 – IV ZR 122/09,
VersR 2011, 369 = NJW 2011, 1364, Nr. 6; BGH, Beschl. v. 14. 7. 2009 – VIII ZR
3/09, NJW-RR 2009, 1291 = MDR 2009, 1126).

Es verstößt insbesondere gegen Art. 103 GG, wenn das Berufungsgericht im Zivilverfahren im Hinblick auf objektive Umstände, die bei der Beweiswürdigung
eine Rolle spielen können und von der ersten Instanz nicht beachtet worden
sind, **ohne erneute Vernehmung des Zeugen und abweichend von der Vorinstanz**
zu dem Ergebnis gelangt, dass der Zeuge in einem prozessentscheidenden Punkt
mangels Urteilsfähigkeit, Erinnerungsvermögen oder Wahrheitsliebe objektiv
die Unwahrheit gesagt hat (BVerfG, Beschl. v. 14. 9. 2010 – II BvR 2638/09,
NJW 2011, 49, Nr. 14).

Eine nochmalige Vernehmung eines Zeugen kann allenfalls dann unterbleiben, **B 274b**
wenn sich das Berufungsgericht auf solche Umstände stützt, die weder die Urteilsfähigkeit, das Erinnerungsvermögen oder die Wahrheitsliebe des Zeugen,
d. h. seine Glaubwürdigkeit, noch die Vollständigkeit oder Widerspruchsfreiheit
seiner Aussage betreffen (BGH, Beschl. v. 21. 3. 2012 – XII ZR 18/11, MDR 2012,
601, Nr. 7; BGH, Urt. v. 10. 11. 2010 – IV ZR 122/09, VersR 2011, 369 = NJW
2011, 1364, Nr. 6; BGH, Urt. v. 21. 12. 2010 – X ZR 122/07, NJW 2011, 989,
993, Nr. 45; BGH, Beschl. v. 14. 7. 2009 – VIII ZR 3/09, MDR 2009, 1126 =
NJW-RR 2009, 1291).

Ist das LG nach Anhörung eines Sachverständigen von einer **Aufklärungspflicht** **B 275**
des beklagten Arztes ausgegangen, darf das Berufungsgericht das Bestehen der
Aufklärungspflicht nicht ohne erneute Beweisaufnahme verneinen (BGH, Urt.
v. 19. 7. 2011 – VI ZR 179/10, VersR 2011, 1450, Nr. 8, 9).

Der BGH stellt in den aktuellen Entscheidungen klar, dass **eine erneute Tatsa** **B 276**
chenfeststellung nach § 529 I Nr. 1 ZPO **bei Zweifeln** des Berufungsgerichts an
der Richtigkeit der erstinstanzlichen Tatsachenfeststellung **keine entsprechende**
Berufungsrüge nach § 520 III 2 Nr. 2 und Nr. 3 ZPO **voraussetzt**, und verweist
zur Begründung auf § 529 II ZPO, wonach das Berufungsgericht – abgesehen
von bestimmten Verfahrensmängeln – an die geltend gemachten Berufungsgründe nicht gebunden ist.

Aus dem Umstand, dass das Berufungsgericht Zweifeln i. S. d. § 529 I Nr. 1 ZPO
auch dann nachgehen muss, wenn sich diese unabhängig vom Parteivortrag auf
lediglich gerichtsbekannte Tatsachen gründen, folgert der BGH, dass das Berufungsgericht **erst recht konkrete Anhaltspunkte berücksichtigen muss, die ihre**
Grundlage im erstinstanzlichen Parteivorbringen haben, auch wenn diese nicht
Gegenstand einer Berufungsrüge sind (BGH, Urt. v. 12. 3. 2004 – V ZR 257/03,
MDR 2004, 954, 957 = NJW 2004, 1876, 1878; Urt. v. 9. 3. 2005 – VIII ZR 266/03,
NJW 2005, 1583, 1585; Urt. v. 19. 3. 2004 – V ZR 104/03, NJW 2004, 2152, 2156:
auch ohne entsprechende Rüge sind Zweifel an der Vollständigkeit der entscheidungserheblichen Feststellungen zu beachten, wenn diese im erstinstanzlichen

Urteil trotz entsprechenden Parteivortrages nicht festgestellt worden sind; BGH, Urt. v. 27. 9. 2006 – VIII ZR 19/04, BGH-Report 2007, 28, 30; Gaier, NJW 2004, 2041, 2043; Manteuffel, NJW 2005, 2963, 2965; Musielak/Ball, 10. Aufl., § 520 ZPO Rz. 34 und § 529 ZPO Rz. 23: **Zweifeln ist auch ohne Berufungsrüge nachzugehen;** ablehnend Lechner, NJW 2004, 3593, 3595 f.).

B 277 Danach hat das Berufungsgericht den gesamten erstinstanzlichen Prozessstoff – unter Einbeziehung des Ergebnisses einer Beweisaufnahme – **von Amts wegen auf Zweifel an der Richtigkeit und Vollständigkeit der Tatsachenfeststellung zu überprüfen** (BGH, Urt. v. 9. 3. 2005 – VIII ZR 266/03, NJW 2005, 1583, 1585 = MDR 2005, 945, 946; Fellner, MDR 2006, 552, 554; Manteuffel, NJW 2005, 2963, 2965). In der ersten Instanz schriftsätzlich vorgetragenes, nach Ansicht des Berufungsgerichts entscheidungserhebliches Parteivorbringen, das von dem erstinstanzlichen Gericht **für unerheblich erachtet worden ist, ist auch dann zu berücksichtigen, wenn es im Urteilstatbestand keine Erwähnung gefunden hat** (BGH, Urt. v. 27. 9. 2006 – VIII ZR 19/04, BGH-Report 2007, 28, 30 = NJW 2007, 2414, Nr. 16; BGH, Urt. v. 13. 1. 2012 – V ZR 183/10, MDR 2012, 486, 487 = NJW-RR 2012, 429, Nr. 11; BGH; Beschl. v. 13. 9. 2012 – III ZB 24/12, MDR 2012, 1362 = NJW 2012, 3581, Nr. 8, 9, 12 und BGH, Urt. v. 4. 7. 2012 – VIII ZR 109/11, NJW 2012, 2662, Nr. 16: keine Berufungsrüge erforderlich, wenn sich die Entscheidungserheblichkeit eines Rechtsverstoßes oder einer beanstandeten Tatsachenfeststellung **unmittelbar aus dem Prozessstoff ergibt;** BGH, Urt. v. 22. 5. 2012 – II ZR 35/10, MDR 2012, 1184, Nr. 29 und BGH, NJW 2012, 2662, Nr. 16: **Erstinstanzlich für unerheblich erachtetes Parteivorbringen zu berücksichtigen, auch wenn es im Urteilstatbestand nicht erwähnt ist**).

B 277a So können die unterlassene oder fehlerhafte Erfassung von Tatsachen durch die **Verletzung materiellen Rechts (z. B. die Verkennung der Beweislast), die fehlerhafte Tatsachenfeststellung aufgrund von Verfahrensfehlern (z. B. Verletzung der Hinweispflicht nach § 139 ZPO)** oder die sonstige Fehlerhaftigkeit des Beweisergebnisses (etwa eine nicht erschöpfende Beweisaufnahme oder aber Widersprüche zwischen einer protokollierten Aussage und den Urteilsgründen) **die Notwendigkeit erneuter Feststellungen gebieten** (OLG Düsseldorf, Beschl. v. 6. 10. 2011 – 24 U 47/11, NJW 2012, 621, 623; auch Zöller/Heßler, 30. Aufl., § 529 ZPO Rz. 2, 2b, 2d).

B 278 Im Hinblick auf die im **Arzthaftungsprozess** postulierte „Waffengleichheit" ist es also – wie schon in der 1. Aufl. (S. 218) vermutet wurde – bei dem nun auch für andere Verfahren geltenden Grundsatz verblieben, dass das **Gericht** auch ohne Rüge der Partei **verpflichtet** ist, entscheidungserhebliche **medizinische Fragen von Amts wegen aufzuklären** (BGH, MDR 1984, 660; OLG Koblenz, Urt. v. 15. 1. 2004 – 5 U 1145/03, GesR 2004, 100, 101; Rehborn, MDR 2000, 1320 und MDR 2001, 1148, 1155; R/S, II – Greiner, S. 9 ff.; G/G, 6. Aufl., Rz. E 6, 8).

B 279 Der BGH weist auch in diesem Zusammenhang darauf hin, dass in einem Revisionsverfahren **nicht zu überprüfen wäre, ob das Berufungsgericht bei der Zulassung neuen Tatsachenvortrages des Berufungsführers die Voraussetzungen des § 531 II ZPO beachtet und – an sich fehlerhafter Weise – ausgeschlossenen neuen Vortrag zulässt** (BGH, Urt. v. 22. 1. 2004 – V ZR 187/03, MDR 2004, 700

= NJW 2004, 1458; Urt. v. 9. 3. 2005 – VIII ZR 266/03, NJW 2005, 1583, 1585 = MDR 2005, 945, 946; zustimmend Fellner, MDR 2005, 946 und Manteuffel, NJW 2005, 2963, 2965).

cc) Beweiskraft des Urteilstatbestandes

Konkrete Anhaltspunkte für Zweifel können sich – wie dargestellt – daraus ergeben, dass das erstinstanzliche Gericht erhebliches Parteivorbringen übergangen hat (vgl. BGH, Urt. v. 12. 3. 2004 – V ZR 257/03, NJW 2004, 1876, 1877 = MDR 2004, 954, 956; Gaier, NJW 2004, 2041, 2044). Hierbei kann – und muss – das Berufungsgericht nach nunmehr herrschender Meinung auch schriftsätzlich vorgebrachte Behauptungen und Beweisangebote heranziehen, die **im Tatbestand des erstinstanzlichen Urteils keine Erwähnung** gefunden haben. Der BGH hat seine frühere Rspr. zur negativen Beweiskraft des Urteilstatbestandes nunmehr aufgegeben (BGH, Urt. v. 8. 1. 2007 – II ZR 334/04, NJW-RR 2007, 1434, 1435; Urt. v. 12. 3. 2004 – V ZR 257/03, NJW 2004, 1876, 1879 = MDR 2004, 954, 957; Urt. v. 19. 3. 2004 – V ZR 104/03, NJW 2004, 2152, 2156 = MDR 2004, 1077, 1078: **wenn entsprechender Sachvortrag übergangen wurde**; BGH, Urt. v. 4. 7. 2012 – VIII ZR 109/11, NJW 2012, 2662, Nr. 16; ebenso: Crückeberg, MDR 2003, 199, 200; Gaier, NJW 2004, 2041, 2044 und, NJW 2004, 110, 111; Jaeger, NZV 2005, 22, 26; Musielak/Ball, 10. Aufl., § 529 ZPO Rz. 6, 7, 23 und § 520 ZPO Rz. 34; Stöber, MDR 2006, 5, 6 m. w. N.; Zöller/Heßler, 30. Aufl., § 529 ZPO Rz. 2, 2b: das Übergehen durch das Vordergericht verletzt materielles Recht; **anders noch** BGH, NJW 1992, 2148, 2149; NJW-RR 1990, 1269; NJW 1984, 2463; NJW 1983, 885, 886; **ablehnend** Wach/Kern, NJW 2006, 1315, 1319 m. w. N.: dem Tatbestand kommt nach wie vor negative Beweiskraft zu, was sich auch aus dem Wortlaut des § 320 II ZPO „Auslassungen" ergibt). B 280

Die Parteien können daher ihr – nicht i. S. d. § 296 ZPO verspätetes – **schriftsätzliches Tatsachenvorbringen aus der ersten Instanz in zweiter Instanz wiederholen**, auch wenn es nicht im Tatbestand oder in einem Sitzungsprotokoll festgehalten worden ist; es handelt sich hierbei nicht um neues Vorbringen i. S. d. § 531 I, II ZPO (Crückeberg, MDR 2003, 199, 200; Gaier, NJW 2004, 110, 111 und, NJW 2004, 2041, 2044; Stöber, MDR 2006, 5, 6; Musielak-Ball, § 529 ZPO Rz. 7 und § 559 ZPO Rz. 16, 17). Die **einzelnes Parteivorbringen nicht erwähnende Sachverhaltsdarstellung im Tatbestand des erstinstanzlichen Urteils** ist aber **lediglich unvollständig, nicht unrichtig** (BGH, Urt. v. 12. 3. 2004 – V ZR 257/03, MDR 2004, 954, 957 m. Anm. Fellner; BGH, Urt. v. 4. 7. 2012 – VIII ZR 109/11, NJW 2012, 2662, Nr. 16: wenn relevanter Parteivortrag im Urteil nicht festgehalten wurde; Gaier, NJW 2004, 110, 111 und, NJW 2004, 2041, 2044; Einsiedler, MDR 2011, 1454, 1459; Musielak/Ball, 10. Aufl., § 529 Rz. 7; Zöller/Vollkommer, 30. Aufl., § 320 ZPO Rz. 4; Stöber, MDR 2006, 5, 6). B 281

Die Übergehung eines in einem erstinstanzlichen Schriftsatz angekündigten, im Tatbestand des angefochtenen Urteils nicht wiedergegebenen Tatsachenvortrages oder Beweisantritts kann mithin nach § 529 I Nr. 1 ZPO als konkreter Umstand angeführt werden, der Zweifel an der Vollständigkeit oder Richtigkeit der erstinstanzlich festgestellten Tatsachen begründet (BGH, NJW 2012, 2662, B 281a

Nr. 16; Musielak/Ball, 10. Aufl., § 529 ZPO Rz. 7; Gaier, NJW 2004, 110, 111/112).

B 282   §§ 314, 320 ZPO werden damit jedoch nicht obsolet. Denn die „positive Beweiskraft" hinsichtlich des Vorbringens, das im Tatbestand Erwähnung gefunden hat, bleibt auch durch die neue Rspr. unangetastet (vgl. Gaier, NJW 2004, 2041, 2044 und, NJW 2004, 110, 112; Jaeger, NZV 2005, 22, 26; Stöber, MDR 2006, 5, 6). Die Beweiswirkung des § 314 S. 1 ZPO erstreckt sich bei einer Entscheidung, die im **schriftlichen Verfahren gem. § 128 II ZPO** ergangen ist, aber **nur auf dasjenige Parteivorbringen, das zuvor Gegenstand einer mündlichen Verhandlung gewesen ist** (BGH, Urt. v. 8. 11. 2007 – I ZR 99/05, NJW-RR 2008, 1566, 1567, Nr. 15, 16).

B 283   So sind **Unrichtigkeiten des Tatbestandes, d. h. wenn die Darstellung im Urteilstatbestand derjenigen aus den Schriftsätzen oder dem mündlichen Vorbringen widerspricht, einer Korrektur über § 529 I ZPO nicht zugänglich; hierfür steht allein der gesetzliche Weg des § 320 ZPO zur Verfügung** (BGH, Urt. v. 6. 6. 2012 – VIII ZR 198/11, NJW 2012, 2659, Nr. 17; OLG Karlsruhe, Urt. v. 20. 2. 2003 – 12 U 210/02, NJW-RR 2003, 778; OLG Karlsruhe, Beschl. v. 20. 11. 2008 – 17 U 364/08, OLGR 2009, 147, 148; Gaier, NJW 2004, 110, 112 und, NJW 2004, 2041, 2044; Stöber, MDR 2006, 5, 6 f.; Musielak/Ball, 10. Aufl., § 529 ZPO Rz. 6, 7; Einsiedler, MDR 2011, 1454, 1459; Zöller/Heßler, 30. Aufl., § 529 ZPO Rz. 2, 2b; a. A. Wach/Kern, NJW 2006, 1315, 1318: Unrichtigkeiten **und** Unvollständigkeiten des Tatbestandes sind gem. § 320 I ZPO zu rügen).

B 283a   **Die Beweisregel des § 314 S. 1 ZPO gilt auch für die im Urteil aufgeführten prozessualen Erklärungen der Parteien**, die in der mündlichen Verhandlung abgegeben werden, z. B. Zustimmung zur Klageänderung oder zu einer Erledigungserklärung, Anerkenntnis, Verzicht, Vergleich, Erklärungen zur Zuständigkeit u. a. (BGH, Beschl. v. 19. 3. 2013 – VIII ZR 45/12, MDR 2013, 671, Nr. 11, 12: Tatbestandsberichtigungsantrag nach § 320 ZPO erforderlich).

Allerdings ist eine Tatbestandsberichtigung nur zulässig, soweit dem (zu berichtigenden) Tatbestand die **verstärkte Beweiskraft des § 314 ZPO** zukommt (OLG Karlsruhe, Beschl. v. 20. 11. 2008 – 17 U 364/08, OLGR 2009, 147, 148; Einsiedler, MDR 2011, 1454, 1457; Musielak/Ball, 10. Aufl., § 529 ZPO Rz. 6; Zöller/ Vollkommer, 30. Aufl., § 320 ZPO Rz. 4 und § 314 ZPO Rz. 4, 5).

B 283b   Danach ist **ein Tatbestandsberichtigungsantrag (§ 320 I, II ZPO: innerhalb von zwei Wochen nach Zustellung) insbesondere in folgenden Fällen erforderlich:**

– Im Tatbestand wurde **ein geltend gemachter Anspruch nicht aufgenommen** (Einsiedler, MDR 2011, 1454, 1459; auch BGH, Urt. v. 6. 6. 2012 – VIII ZR 198/11, NJW 2012, 2659, Nr. 17) oder eine prozessuale Erklärung nicht bzw. falsch aufgenommen (BGH, MDR 2013, 671, Nr. 11).

– Im Tatbestand des Urteils wird **Sachvortrag der Parteien mit anderem Inhalt dargestellt, als dieser entweder schriftsätzlich oder aber** (ohne klare Erwähnung im Sitzungsprotokoll) **in der mündlichen Verhandlung ausdrücklich**

oder hinreichend konkludent vorgetragen worden ist (Einsiedler, MDR 2011, 1454, 1459; Musielak/Ball, 10. Aufl., § 529 ZPO Rz. 6, 7: Tatbestand unrichtig, nicht unvollständig; Zöller/Heßler, 30. Aufl., § 529 ZPO Rz. 2 und Zöller/Vollkommer, 30. Aufl., § 320 ZPO Rz. 4). So ist eine im Tatbestand des angefochtenen Urteils als unstreitig dargestellte Tatsache auch dann, wenn sie in den erstinstanzlichen Schriftsätzen tatsächlich umstritten war, **als unstreitig und für das Berufungsgericht bindend anzusehen, wenn der Tatbestand nicht berichtigt wurde** (OLG Rostock, Urt. v. 9. 9. 2010 – 3 U 50/10, MDR 2011, 217; ebenso BGH, Beschl. v. 24. 6. 2010 – III ZR 277/09, juris, Nr. 1–4: Sachverhalt wurde von den Parteien in den Tatsacheninstanzen schriftsätzlich unterschiedlich, vom erstinstanzlichen Gericht aber als unstreitig dargestellt; BGH, Urt. v. 18. 7. 2013 – III ZR 208/12, MDR 2013, 1115: Gegenbeweis nur durch Sitzungsprotokoll; Einsiedler, MDR 2011, 1454, 1458).

– Das Gericht hat in den Entscheidungsgründen **Sachvortrag der Parteien mit anderem als tatsächlich erfolgtem Inhalt dargestellt**. Zum Tatbestand gehört nämlich auch das in den Entscheidungsgründen enthaltene tatsächliche Vorbringen (BGH, NJW 1993, 1852; Zöller/Vollkommer, 30. Aufl., § 320 ZPO Rz. 4; Müko-Musielak, § 320 ZPO Rz. 5). Einsiedler (Richter am KG, MDR 2011, 1454, 1457) stellt darauf ab, **ob das Gericht tatsächliches Vorbringen der Parteien in den Entscheidungsgründen beurkunden wollte oder nicht.** Hiervon sei regelmäßig nicht auszugehen. Wenn das Gericht einen erfolgten Sachvortrag oder ein erfolgtes Bestreiten lediglich als unzureichend ansieht und ohne Beurkundungswillen in den Entscheidungsgründen die Wertung trifft, der Vortrag der Gegenseite sei als zugestanden anzusehen, ist der Tatbestandsberichtigungsantrag unzulässig, hier würde ein nach § 529 I ZPO ohnehin vom Berufungsgericht zu beachtender Umstand liegen.

Ist dem Urteil dagegen **zu entnehmen, dass das Gericht in den Entscheidungsgründen beurkunden wollte, die Parteien hätten zum Sachverhalt dasselbe vorgetragen, wäre die Einreichung eines Antrages nach § 320 I ZPO erforderlich** (Einsiedler, MDR 2011, 1454, 1458). Im Hinblick auf die o. g. Entscheidungen des BGH und des OLG Rostock dürfte u. E. in jedem Falle ein **Rechtsschutzbedürfnis** für einen Antrag nach § 320 I ZPO bestehen, da das Berufungsgericht die Rechtsfrage des Bestehens oder Nichtbestehens eines „Beurkundungswillens" des Vordergerichts durchaus anders würdigen kann!

– Im Tatbestand des Urteils wird **Parteivorbringen nicht erwähnt**, welches nur – ohne klare Erwähnung – im Sitzungsprotokoll – in der mündlichen Verhandlung erfolgt ist (Einsiedler, MDR 2011, 1454, 1459; auch Musielak/Ball, 10. Aufl., § 529 ZPO Rz. 6 und Rz. B 283d).

– Das **Berufungsgericht gibt die Anträge einer Partei im Tatbestand nicht bzw. nicht zutreffend wieder** und befasst sich dort nur teilweise mit dem Begehren (BGH, Urt. v. 6. 6. 2012 – VIII ZR 198/11, NJW 2012, 2659, Nr. 17; vgl. Rz. B 283a).

Demgegenüber ist ein **Tatbestandsberichtigungsantrag in folgenden Fällen nicht erforderlich und wäre dementsprechend auch zurückzuweisen:** B 283c

– Die einzelnes Parteivorbringen nicht erwähnende Sachverhaltsdarstellung im
Tatbestand ist lediglich unvollständig und nicht unrichtig (BGH, Urt. v.
12. 3. 2004 – V ZR 357/03, MDR 2004, 954, 957; BGH, Urt. v. 4. 7. 2012 –
VIII ZR 109/11, NJW 2012, 2662, Nr. 16; Gaier, NJW 2004, 110, 111 und
NJW 2004, 2041, 2044; Zöller/Vollkommer, 30. Aufl., § 320 ZPO Rz. 4).

– In den Entscheidungsgründen werden Tatsachenelemente lediglich zum besseren Verständnis der tragenden Erwägungen aufgegriffen bzw. es erfolgt lediglich eine **Würdigung des Parteivortrages ohne entsprechenden Beurkundungswillen** (Einsiedler, MDR 2011, 1454, 1459).

– Lücken, Unklarheiten und und Widersprüchen kommt weder die Beweiskraft
nach § 314 ZPO noch die Bindungswirkung für die Revisionsinstanz zu, ein
Tatbestandsberichtigungsantrag ist insoweit nicht erforderlich (Musielak/
Ball, 10. Aufl., § 559 ZPO Rz. 17, 18; auch BGH, NJW-RR 2005, 962, 963).

**Widerspricht die Darstellung im Tatbestand den Inhalt eines konkreten in Be-
zug genommenen Schriftstücks, geht der Tatbestand vor, ein Antrag aus § 320
I ZPO ist dann jedoch erforderlich** (Musielak/Ball, § 559 ZPO Rz. 19 und
§ 529 ZPO Rz. 6; BGH, NJW 2003, 1390, 1391). Gleiches gilt bei einem dem
Tatbestand widersprechenden Parteivorbringen in Schriftsätzen oder Anlagen
(BGH, NJW 2003, 1390, 1391; Musielak a. a. O.).

– Der **Tatbestand widerspricht dem Sitzungsprotokoll**. Hier ist ein Antrag aus
§ 320 I ZPO nicht erforderlich, da der Gegenbeweis nach § 314 S. 2 ZPO geführt werden kann (vgl. BGH, MDR 1993, 954; Einsiedler, MDR 2011, 1454,
1459; Musielak/Ball, 10. Aufl., § 559 ZPO Rz. 19). Dennoch besteht in einem
solchen Fall ein Rechtsschutzinteresse an einer Tatbestandsberichtigung,
weil es der Partei nicht zuzumuten ist, sich auf den im Vergleich zu einer
Berichtigung des Tatbestandes unsichererem Weg des § 314 S. 2 ZPO verweisen zu lassen (Einsiedler a. a. O.; Zöller/Vollkommer, 30. Aufl., § 314 ZPO
Rz. 6).

B 283d   Der nach § 314 S. 1 ZPO erbrachte Beweis kann durch das Sitzungsprotokoll nur
entkräftet werden, wenn die dortigen Feststellungen wenigstens unzweideutig
dem Tatbestand widersprechen (BGH, Urt. v. 18. 7. 2013 – III ZR 208/12, MDR
2013, 1115).

B 283e   Andere Autoren wollen der betroffenen Partei den Berichtigungsantrag nach
§ 320 I ZPO in verschiedenen Fallgestaltungen nicht zumuten (Fellner, MDR
2003, 721 f.; Gehrlein, MDR 2003, 421, 427; Rixecker, NJW 2004, 705, 708; hiergegen Musielak/Ball, § 529 ZPO Rz. 6 und Crückeberg, MDR 2003, 199 ff. und
Stöber, MDR 2006, 5 ff.). **Im Zweifel sollte der Antrag aus § 320 I ZPO aber gestellt werden!**

B 284   Der erstinstanzlich tätige Anwalt muss in diesen Fällen zur Vermeidung von
Haftungsrisiken **vor Ablauf von zwei Wochen** (§ 320 I ZPO) **nach Zustellung**
des vollständig abgefassten Urteils (§ 320 II 1 ZPO), spätestens binnen dreier
Monate nach Verkündung des Urteils (§ 320 II 3 ZPO) dessen Tatbestand auf
Vollständigkeit und Richtigkeit des widergegebenen Sach- und Streitstandes

überprüfen und innerhalb dieser Fristen Tatbestandsberichtigung beantragen (Ball ZGS 2002, 146, 150; Zöller/Vollkommer, 30. Aufl., § 320 ZPO Rz. 6 ff.; Musielak-Musielak, § 320 ZPO Rz. 4, 5; Stöber, MDR 2006, 5, 7; weitergehend Wach/Kern, NJW 2006, 1315, 1318: immer, wenn der Tatbestand unrichtig oder unvollständig ist).

Der durch den Tatbestand gelieferte Beweis kann nur durch die im Sitzungsprotokoll (vgl. § 160 II, IV ZPO und Rz. B 283d) getroffenen widersprechenden Feststellungen entkräftet werden, nicht jedoch durch die vorher eingereichten Schriftsätze (BGH, Urt. v. 8. 1. 2007 – II ZR 334/04, NJW-RR 2007, 1434, 1435; NJW 1999, 1339; Zöller/Vollkommer, 30. Aufl., § 314 ZPO Rz. 4; Musielak-Musielak, § 314 ZPO Rz. 7). **Selbst bei einem Widerspruch zwischen den ausdrücklichen tatbestandlichen Feststellungen und dem in Bezug genommenen Inhalt der Schriftsätze der Prozessbevollmächtigten geht der „Tatbestand" vor.** Eine etwaige Unrichtigkeit derartiger tatbestandlicher Darstellungen kann nur auf entsprechende Rüge innerhalb der Zwei-Wochen-Frist nach § 320 ZPO behoben werden (BGH, Urt. v. 8. 1. 2007 – II ZR 334/04, NJW-RR 2007, 1434, 1435 = MDR 2007, 853; BGH, Urt. v. 6. 6. 2012 – VIII ZR 198/11, NJW 2012, 2659, Nr. 17). **B 285**

Findet sich **im Protokoll der mündlichen Verhandlung kein Hinweis darauf, dass die Parteien zum Beweisergebnis verhandelt haben**, so steht gem. §§ 165, 160 II ZPO ein Verstoß gegen die §§ 285 I, 279 III ZPO und damit ein Verfahrensfehler fest, derin der Regel auch Art 103 GG (rechtliches Gehör) verletzt (BGH, Beschl. v. 23. 5. 2012 – IV ZR 224/10, VersR 2012, 1190 = NJW 2012, 2354, Nr. 5, 7; OLG Saarbrücken, Urt. v. 11. 9. 2012 – 4 U 193/11, NJW-RR 2013, 28, 30). Die Entscheidung des Gerichts „beruht" dann auf diesem Verstoß, wenn die vom Rechtsmittelführer darzustellende (fiktive, in der Berufung bzw. Revision darzulegende) Stellungnahme zum Beweisergebnis zu einer ihm günstigeren Entscheidung hätte führen können (BGH, NJW 2012, 2354, Nr. 8). **B 286**

Einstweilen frei. **B 287 – B 289**

dd) Unverzichtbare Verfahrensmängel (§ 529 II ZPO)

Gem. § 529 II ZPO sind unverzichtbare Verfahrensmängel, d. h. solche, die nicht von Amts wegen zu berücksichtigen sind, im Berufungsrechtszug nur zu prüfen, wenn sie gem. § 520 III 2 Nr. 2 ZPO gerügt worden sind (Musielak-Ball, § 529 ZPO Rz. 23; Zöller/Heßler, § 529 ZPO Rz. 13). **B 290**

d) Bezeichnung der neuen Angriffs- und Verteidigungsmittel (§ 520 III 2 Nr. 4 ZPO)

Gem. § 520 III 2 Nr. 4 ZPO müssen neue Angriffs- und Verteidigungsmittel sowie die Tatsachen, aufgrund derer diese nach § 531 II ZPO zuzulassen sind, in der Berufungsbegründung dargestellt werden. **Neu** sind Angriffs- und Verteidigungsmittel, also insbesondere Behauptungen, Bestreiten, Einwendungen, Einreden, Beweismittel und Beweiseinreden (vgl. § 282 I ZPO; BGH, Urt. v. **B 291**

30. 6. 2006 – V ZR 148/05, NJW-RR 2006, 1292: z.B. §§ 134, 138 BGB), nicht jedoch eine Klage oder Widerklage, deren Änderung, Erweiterung oder Konkretisierung (Zöller/Greger, 30. Aufl., § 282 Rz. 2a: neue Sachanträge können nicht wegen Verspätung zurückgewiesen werden), wenn sie erstmals in der Berufungsinstanz verwendet werden, also **weder im Tatbestand** des erstinstanzlichen Protokolls **noch im Verhandlungsprotokoll vermerkt** sind oder aber in der ersten Instanz entgegen § 296 I, II ZPO zu spät vorgebracht worden sind (Schellhammer, MDR 2001, 1141, 1144; B/L/A/H, 71. Aufl., § 531 ZPO Rz. 12).

B 292 **Neu ist** auch die **Nachholung der bislang fehlenden Substantiierung** einer vorher erklärten **Aufrechnung, nicht jedoch die Konkretisierung eines schon in erster Instanz eingeführten Vorbringens** (BGH, Beschl. v. 21. 6. 2006 – VI ZR 279/05, NJW 2007, 1531, 1532; B/L/A/H a.a.O.). Nicht „neu" ist die Aufrechnung, wenn das erstinstanzliche Gericht nur von mangelnder Substantiierung ausgegangen ist (Schneider, MDR 2002, 684, 686 a. E.).

Hat der Berufungskläger seinen Sachvortrag in der Berufungsinstanz nicht beschränkt, so sind Angriffs- und Verteidigungsmittel, die in den Tatbestand des angefochtenen Urteils eingegangen sind, nicht neu und durch die auch stillschweigend mögliche Bezugnahme auf das erstinstanzliche Urteil vorgetragen; ihre ausdrückliche Wiederholung ist entbehrlich (BGH, Urt. v. 25. 11. 2003 – X ZR 159/00, MDR 2004, 829).

B 293 Die **Vorlage eines Privatgutachtens**, mit dessen Hilfe die Feststellungen des Erstgerichts in Zweifel gezogen werden, **wird nicht als nachlässig i. S. d. § 531 I Nr. 3 ZPO bewertet** (BGH, Urt. v. 8. 7. 2008 – VI ZR 259/06, VersR 2008, 1265, 1267 = NJW 2008, 2846, 2849, Nr. 27: Konkretisierung des Angriffs aus erster Instanz mithilfe eines Privatgutachtens in zweiter Instanz; BGH, Beschl. 21. 12. 2006 – VII ZR 279/05, NJW 2007, 1531, 1532; Zöller/Heßler, § 531 ZPO Rz. 31). Allerdings ist dem Berufungsführer dringend zu empfehlen, nach Vorlage des erstinstanzlichen Gutachtens die **Ladung des Sachverständigen** zur Erörterung bestimmter, entscheidungserheblicher Fragen zu **beantragen**, um sich hernach nicht dem Vorwurf auszusetzen, bei gezielter Befragung hätte sich möglicherweise ein anderes Bild ergeben.

B 294 Denn **Beanstandungen gegen ein Sachverständigengutachten, die im ersten Rechtszug innerhalb angemessener Frist hätten vorgebracht werden können**, sind als neue Angriffs- und Verteidigungsmittel im Berufungsverfahren nach § 531 II Nr. 3 ZPO regelmäßig nicht zugelassen (KG, Beschl. v. 20. 8. 2007 – 12 U 11/07, OLGR 2008, 497, 498).

III. Zulassung neuer Angriffs- und Verteidigungsmittel (§ 531 ZPO)

B 295 Während nach **§ 531 I ZPO** Angriffs- und Verteidigungsmittel, die in erster Instanz gem. § 296 I, II ZPO bzw. nach § 340 III S. 3 ZPO i. V. m. § 296 I ZPO zurecht zurückgewiesen oder nicht zugelassen worden sind, auch für die Berufungsinstanz präkludiert sind und damit für die Entscheidung des Rechtsstreits endgültig unberücksichtigt bleiben (vgl. Musielak-Ball, § 531 ZPO Rz. 3, 4; Zöller/Heßler, § 531 ZPO Rz. 1, 6, 7), differenziert der „**Novenausschluss**" des § 531 II ZPO nicht danach, ob die Geltendmachung von Angriffs- und Verteidigungsmitteln in erster Instanz entgegen einer hierfür gesetzten Frist oder nur unter Verletzung der allgemeinen Prozessförderungspflicht unterblieben ist; im Rahmen des § 531 II ZPO ist auch **nicht entscheidend**, ob die **Zulassung neuen Vorbringens** die Erledigung des Rechtsstreits in der zweiten Instanz **verzögern würde** (Musielak-Ball, § 531 ZPO Rz. 16; Zöller/Heßler, § 529 ZPO Rz. 2).

§ 531 II ZPO schließt neue Angriffs- und Verteidigungsmittel für die zweite Instanz vielmehr generell aus, soweit nicht einer der Zulassungsgründe des § 531 II S. 1 Nr. 1–3 ZPO eingreift (Musielak/Ball, 10. Aufl., § 531 ZPO Rz. 16, 21; Zöller/Heßler, 30. Aufl., § 531 ZPO Rz. 35). Gem. § 531 II ZPO sind neue Angriffs- und Verteidigungsmittel in der Berufungsinstanz nur noch in drei Fällen (§ 531 II Nr. 1, Nr. 2 und Nr. 3 ZPO) zugelassen. **B 296**

1. Erstinstanzlich übersehene Gesichtspunkte (§§ 531 II 1 Nr. 1, 139 ZPO)

§ 531 II 1 Nr. 1 ZPO gestattet neues, d. h. in erster Instanz noch nicht geltend gemachtes Vorbringen zu tatsächlichen oder rechtlichen Gesichtspunkten, die vom Standpunkt des Berufungsgerichts aus betrachtet entscheidungserheblich sind, vom Eingangsgericht jedoch erkennbar übersehen oder für unerheblich gehalten wurden und **aus einem vom Vordergericht zumindest mit zu verantwortenden Grund in erster Instanz nicht geltend gemacht worden sind** (BGH, Urt. v. 21. 12. 2011 – XIII ZR 166/11, MDR 2012, 487 = NJW-RR 2012, Nr. 20, 21: neuer Vortrag nicht gem. § 531 II 2 Nr. 1 ZPO unbeachtlich, wenn das Gericht die Partei durch seine Prozessleitung oder seine erkennbare rechtliche Beurteilung des Sachverhalts **davon abgehalten hat, zu bestimmten Gesichtspunkten ggf. weiter vorzutragen**; BGH, Beschl. v. 10. 5. 2005 – VI ZR 245/04, NZV 2005, 463, 464: Erstgericht hat dem rechtzeitig gestellten **Antrag auf mündliche Anhörung des gerichtlichen Sachverständigen nicht entsprochen**; BGH, Beschl. v. 10. 5. 2012 – IX ZR 221/09, NJW-RR 2012, 1408, Nr. 6: Wird ein **rechtlicher Gesichtspunkt erstmals im Berufungsverfahren relevant**, muss das Gericht ergänzendes Vorbringen einer Partei hierzu nach § 531 II Nr. 1 ZPO zulassen; BGH, Urt. v. 30. 6. 2006 – V ZR 148/05, NJW-RR 2006, 1292, 1293; BGH, Urt. v. 19. 3. 2004 – V ZR 104/03, NJW 2004, 2152, 2153 = MDR 2004, 1077, 1078; Fellner, MDR 2006, 552, 555; Gaier, NJW 2004, 2041, 2045; Musielak/Ball, 10. Aufl., § 529 ZPO Rz. 17; Zöller/Heßler, 30. Aufl., § 531 ZPO Rz. 20ff., 27). **B 297**

Ungeschriebenes Tatbestandsmerkmal des § 531 II 1 Nr. 1 ZPO ist also, dass die – objektiv fehlerhafte – Rechtsansicht des Vordergerichts den erstinstanzlichen Sachvortrag der Partei auch beeinflusst hat und daher **zumindest mitursächlich dafür geworden ist, dass sich das Parteivorbringen in das Berufungsverfahren verlagert** (BGH, Urt. v. 21. 12. 2011 – VIII ZR 166/11, MDR 2012, 487 = NJW-RR 2012, 341, Nr. 20, 21; BGH, Beschl. v. 22. 2. 2007 – III ZR 114/06, NJW-RR 2007, 774, 775; BGH, Urt. v. 30. 6. 2006 – V ZR 148/05, NJW-RR 2006, 1292, 1293 = MDR 2006, 1340; OLG Oldenburg, Urt. v. 27. 5. 2009 – 5 U 43/08, VersR 2010, 1221, 1223; OLG Nürnberg, Urt. v. 10. 6. 2005 – 5 U 195/05, NZV 2006, 209, 210; Gaier, NJW 2004, 2041, 2045).

B 298 Die für die Anwendung des § 531 II 1 Nr. 1 ZPO erforderliche Voraussetzung, dass die Rechtsansicht des erstinstanzlichen Gerichts den Sachvortrag der Partei mitbeinflusst hat, ist schon dann erfüllt, wenn dieses die Partei durch seine Prozessleitung oder seine erkennbare rechtliche Beurteilung des Streitverhältnisses **davon abgehalten hat, zu bestimmten Gesichtspunkten (weiter) vorzutragen**. Hierfür genügt es, dass das Gericht durch das Unterlassen von Hinweisen den Eindruck erweckt, weiterer Vortrag sei aus seiner Sicht nicht erforderlich (BGH, Urt. v. 21. 12. 2011 – VIII ZR 166/11, MDR 2012, 487 = NJW-RR 2012, 341, Nr. 20, 21; BGH, Urt. v. 14. 10. 2004 – VII ZR 180/03, MDR 2005, 161) bzw. **es komme auf die Aussage eines von der Partei benannten Zeugen nicht (mehr) an, woraufhin die Partei auf den Zeugen verzichtet** (BGH, Beschl. v. 22. 7. 2007 – III ZR 114/06, MDR 2007, 971 = NJW-RR 2007, 774, 775).

B 299 So muss der Berufungsführer ohne einen **Hinweis nach § 139 II 1 ZPO** nicht damit rechnen, dass die Frage der Formunwirksamkeit eines Vertrages Bedeutung für das erstinstanzliche Urteil erlangen könnte. Gehörte ein bestimmter Gesichtspunkt hingegen – etwa aufgrund entsprechenden Parteivortrages der Gegenseite, – zum erstinstanzlichen Streitstoff und konnte der spätere **Berufungsführer nicht darauf vertrauen, dass das Gericht ihn für unerheblich halten würde**, muss er seine Prozessführung auch auf diesen Gesichtspunkt einrichten. Diesbezügliche Angriffs- oder Verteidigungsmittel sind deshalb in der Berufungsinstanz selbst dann ausgeschlossen, wenn der Gesichtspunkt für das erstinstanzliche Urteil nicht erheblich geworden ist; maßgeblich ist auch insoweit die Überlegung, dass die Unzulänglichkeiten im Parteivortrag in dieser Konstellation nicht vom Vordergericht (mit) zu verantworten sind (BGH, Urt. v. 30. 6. 2006 – V ZR 148/05, NJW-RR 2006, 1292, 1293).

B 300 Eine richterliche Aufklärung ist nicht veranlasst, wenn das Parteivorbringen nicht nur ergänzungsbedürftig, sondern **ersichtlich substanzlos** ist (OLG Brandenburg, Urt. v. 15. 6. 2011 – 13 U 82/10, NJW-RR 2012, 151). Dagegen ist den Parteien etwa dann **Gelegenheit zu neuem Vorbringen** zu geben, wenn das Berufungsgericht statt des **erstinstanzlich angenommenen Aufklärungsmangels** einen – vom Prozessbevollmächtigten des Patienten erstinstanzlich zumindest schlüssig dargelegten – **Behandlungsfehler für möglich hält** (BGH, VersR 1998, 853; VersR 1998, 716; Dieti, VersR 2005, 442, 446).

B 301 Sieht das Berufungsgericht bereits die **Befunderhebung als mangelhaft an und nicht erst die Durchführung der Therapie** (vgl. BGH, VersR 1999, 60) oder bewertet es schon die Unterlassung einer sofortigen Verlegung des Patienten in eine andere Klinik als fehlerhaft, während das erstinstanzliche Gericht allein etwaige Behandlungsfehler erörtert hat, handelt es sich ebenfalls um neue Aspekte des Behandlungsgeschehens i.S.d. § 531 Abs. 2 S. 1 Nr. 1 ZPO (Dieti, VersR 2005, 442, 446). In solchen Fällen muss das Berufungsgericht **auf seine abweichende Rechtsauffassung hinweisen** und den Parteien gem. § 139 II ZPO Gelegenheit zur Stellungnahme geben (BGH, Urt. v. 19. 3. 2004 – V ZR 104/03, NJW 2004, 2152, 2153; Musielak/Ball, 10. Aufl., § 531 ZPO Rz. 17; Stöber, NJW 2005, 3601, 3603 f.). Kann eine sofortige Äußerung auf einen gerichtlichen Hinweis in erster oder Instanz nach den konkreten Umständen nicht erwartet werden, muss die **mündliche Verhandlung vertagt, in das schriftliche Verfahren übergegangen** oder auf Antrag einer Partei eine Schriftsatzfrist bestimmt werden (BGH, Beschl. v. 13. 3. 2008 – VII ZR 204/06, NJW-RR 2008, 973; BGH, NJW 2007, 412).

So darf die mündliche Verhandlung nicht ohne Weiteres geschlossen werden, wenn das Gericht entgegen § 139 IV ZPO **einen Hinweis nicht frühzeitig vor der mündlichen Verhandlung, sondern erst in der mündlichen Verhandlung erteilt, sofern eine sofortige Äußerung der betreffenden Partei nach den konkreten Umständen nicht erwartet werden kann.** Das Gericht muss die mündliche Verhandlung dann vertagen, in das schriftliche Verfahren übergehen oder auf Antrag der betreffenden Partei **gemäß §§ 139 V, 296a ZPO einen Schriftsatznachlass gewähren** (OLG Hamm, Urt. v. 27. 3. 2012 – I-24 U 61/11, NJW-RR 2012, 1415, 1417; ebenso bereits BGH, NJW-RR 2007, 412, 413).   B 301a

Ein im Berufungsverfahren neues, bereits erstinstanzlich möglich gewesenes Vorbringen ist aber **nicht alleine deshalb zuzulassen, weil das Berufungsgericht auf die Unzulänglichkeit des bisherigen Vortrages hingewiesen hat**, sofern der Hinweis keine Aufforderung zu ergänzendem Vortrag enthält (OLG Hamm, NJW-RR 2012, 1415, 1417).

Hat das Vordergericht dem **rechtzeitig gestellten Antrag** einer Partei auf erstmalige **mündliche Anhörung** des gerichtlich bestellten Sachverständigen nicht entsprochen, so muss das Berufungsgericht dem in zweiter Instanz wiederholten Antrag auf Ladung des Sachverständigen stattgeben (BGH, Beschl. v. 10. 5. 2005 – V ZR 245/04, MDR 2005, 1308, 1309 = NZV 2005, 463, 464).   B 302

Auch einem **erstmals in zweiter Instanz gestellten Antrag auf Anhörung eines Sachverständigen** (§§ 402, 397 ZPO) hat das Berufungsgericht stattzugeben, wenn der Antrag entscheidungserhebliche Gesichtspunkte betrifft, den das Gericht des ersten Rechtszuges aufgrund einer fehlerhaften Beurteilung der Rechtslage übersehen hat (BGH, Urt. v. 8. 6. 2004 – V ZR 230/03, NJW 2004, 2828, 2830 = NZV 2004, 508, 510 = MDR 2004, 1313, 1314; Urt. v. 18. 10. 2005 – VI ZR 270/04, NJW 2006, 152, 153 = NZV 2006, 73, 74; Beschl. v. 21. 12. 2006 – VII ZR 279/05, NJW 2007, 1531, 1532).   B 303

Die Partei, die einen Antrag auf Ladung des Sachverständigen stellt, muss dabei die Fragen, die sie an ihn richten will, **nicht** konkret **im Voraus** formulieren. **Ausreichend ist, wenn sie angibt, in welcher Richtung sie durch ihre Fragen eine weitere Aufklärung herbeizuführen wünscht** (BGH, Beschl. v. 22. 5. 2007 – VI ZR 233/06, NJW-RR 2007, 1294 = MDR 2007, 1091; Beschl. v. 25. 9. 2007 – VI ZR 157/06, VersR 2007, 1697 = GesR 2008, 192, 193; BGH, Urt. v. 8. 6. 2004 – VI ZR 230/03, NJW 2004, 2828, 2830 = MDR 2004, 1313, 1314; Beschl. v. 10. 5. 2005 – VI ZR 245/04, NZV 2005, 463, 464; Urt. v. 29. 10. 2002 – VI ZR 353/01, NJW-RR 2003, 208, 209 = MDR 2003, 168 = VersR 2003, 926, 927; OLG Saarbrücken, Urt. v. 25. 2. 2004 – 1 U 422/03 – 108, GesR 2004, 235, 237).   B 304

Beschränkungen des Antragsrechts ergeben sich nur aus den Gesichtspunkten des **Rechtsmissbrauchs und der Prozessverschleppung** (BGH, Beschl. v. 22. 5. 2007 – VI ZR 233/06, NJW-RR 2007, 1294 = MDR 2007, 1091; Beschl. v. 10. 5. 2005 – VI ZR 245/04, NZV 2005, 463, 464; Urt. v. 29. 10. 2002 – VI ZR 353/01, NJW-RR 2003, 208, 209).   B 305

B 306   Übersieht das Vordergericht etwa, dass der **Werklohn** aus einem VOB/B-Vertrag auch dann fällig ist, wenn die Rechnung objektiv nicht prüfbar ist bzw. keine prüfbare Schlussrechnung vorliegt, kann das Berufungsgericht die in zweiter Instanz **nachgereichte Schlussrechnung nicht** gem. § 531 II 1 Nr. 1 bzw. Nr. 3 ZPO als **verspätet** zurückweisen. Dem Berufungsführer kann nicht i. S. d. § 531 II 1 Nr. 3 ZPO angelastet werden, er hätte nicht bereits in erster Instanz vorgetragen, was sich aus der bis dahin aufgrund vertraglicher Vereinbarungen nicht zu erstellenden Schlussrechnung ergeben hätte (BGH, Urt. v. 6. 10. 2005 – VII ZR 229/03, NJW-RR 2005, 1687 = MDR 2006, 201; Urt. v. 9. 10. 2003 – VII ZR 335/02, MDR 2004, 148 = NZBau 2004, 98 = NJW-RR 2004, 167). Die Zulassung neuer Angriffs- und Verteidigungsmittel kann in diesen Fällen nicht mit der Begründung abgelehnt werden, **die Partei hätte den Erstrichter** auf erkennbar übersehene Gesichtspunkte oder eine abweichende Rechtsauffassung **aufmerksam machen** und hierzu gesondert vortragen müssen (Musielak/Ball, § 531 ZPO Rz. 17 a. E.).

2. Verfahrensfehler des erstinstanzlichen Gerichts (§§ 531 II 1 Nr. 2, 139 ZPO)

B 307   § 531 II 1 Nr. 2 ZPO betrifft die Fälle, in denen sich die Partei durch fehlerhafte Prozessleitung des Erstgerichts veranlasst sah, von einem bestimmten Vorbringen abzusehen oder in denen sie an weiterem Vortrag durch das Unterlassen von **nach § 139 ZPO gebotenen Hinweisen** gehindert wurde, zu denen das erstinstanzliche Gericht vom objektiv zutreffenden Rechtsstandpunkt aus verpflichtet gewesen wäre (BGH, Beschl. v. 30. 6. 2011 – XI ZR 35/10, NJW-RR 2011, 1556, Nr. 5, 7, 8: das Gericht genügt seiner Hinweispflicht nach § 139 IV ZPO i. d. R. nicht, wenn es **lediglich allgemeine oder pauschale Hinweise** erteilt, wobei ein Protokollvermerk ausreicht, wenn sich die **Erteilung des Hinweises auch aus dem anschließenden Schriftsatz der Gegenpartei** ergibt; BGH, Beschl. v. 16. 4. 2008 – XII ZB 192/06, MDR 2008, 813: **Hinweis muss aber nicht wiederholt werden**; BGH, Urt. v. 30. 6. 2006 – V ZR 148/05, NJW-RR 2006, 1292, 1293: ein Gesichtspunkt wurde von allen Verfahrensbeteiligten übersehen oder das **Vordergericht hat zu erkennen gegeben, dass es einen bestimmten Gesichtspunkt für unerheblich erachtet**; BGH, Urt. v. 21. 12. 2011 – VIII ZR 166/11, NJW-RR 2012, 341, Nr. 20, 21: Gericht hat durch das **Unterlassen von Hinweisen den Eindruck erweckt, weiterer Sachvortrag sei aus seiner Sicht nicht erforderlich**; BGH, Beschl. v. 18. 9. 2006 – II ZR 10/05, NJW-RR 2007, 412 zur Rechtzeitigkeit des Hinweises; BGH, Urt. v. 8. 12. 2005 – VII ZR 67/05, NJW-RR 2006, 524: **Hinweis auf die Notwendigkeit ergänzenden Vortrages unterlassen**; BGH, Beschl. v. 9. 6. 2005 – V ZR 271/04, NJW 2005, 2624: Hinweis nach § 139 I 2, II ZPO unterlassen; BGH, Beschl. v. 23. 5. 2012 – IV ZR 224/10, VersR 2012, 1190 = NJW 2012, 2354, Nr. 5, 7: **Hinweise sind zu protokollieren**, andernfalls steht der Verfahrensverstoß gem. §§ 165, 160 II ZPO fest; BGH, Urt. v. 20. 6. 2005 – II ZR 366/03, NJW-RR 2005, 1518 und Urt. v. 22. 9. 2005 – VII ZR 34/04, NJW 2006, 60, 62 = MDR 2006, 411 sowie Rensen, MDR 2006, 1201: **Hinweis ist im Sitzungsprotokoll, spätestens im Urteil zu dokumentieren**; BGH, Urt. v. 19. 3. 2004 – V ZR 104/03, NJW 2004, 2152, 2153: Gericht hat unzureichenden Vortrag mit zu verantworten oder **gebotene Hinweise nicht erteilt**; BGH, Urt. v. 14. 10. 2004 – VII ZR 180/03, MDR 2005, 161: **unvollständiger, missverständli-**

cher Hinweis des Gerichts; BGH, Urt. v. 23. 9. 2004 – VII ZR 173/03, NJW-RR 2005, 167: erheblicher Gesichtspunkt vom Gericht für unerheblich gehalten; OLG Brandenburg, Urt. v. 15. 6. 2011 – 13 U 82/10, NJW-RR 2012, 151: **Keine Hinweispflicht bei offensichtlich substanzlosem Vorbringen;** KG, Beschl. v. 3. 3. 2009 – 7 U 132/08, MDR 2009, 826: **keine Hinweispflicht des Gerichts, wenn Hinweis von der Gegenseite erteilt wird;** OLG Oldenburg, Urt. v. 27. 5. 2009 – 5 U 43/08, VersR 2010, 1221, 1223: Zulassung nach § 531 II Nr. 1, Nr. 2 ZPO geboten, wenn das erstinstanzliche Gericht auf seine Hinweise **die Partei dazu veranlasst, keine weiteren Bemühungen zur Vervollständigung des Vortrages zu unternehmen;** Gaier, NJW 2004, 2041, 2045: fehlerhafte Rechtsansicht des Gerichts beeinflusst den Sachvortrag der Partei; Stöber, NJW 2005, 3601, 3603 m.w.N.; Fellner, MDR 2006, 552, 555; Musielak/Ball, 10. Aufl., § 531 ZPO Rz. 17, 18; Zöller/Greger, 30. Aufl., § 139 ZPO Rz. 6, 12a, 13, 14, 17).

So ist neues Vorbringen in der Berufungsinstanz (hier: Benennung eines Zeugen) zuzulassen, wenn es aufgrund eines **Verfahrensfehlers des Gerichts** im ersten Rechtszug nicht geltend gemacht werden konnte. Dies ist etwa dann der Fall, wenn sich eine Partei die ihr günstigen Ausführungen des in der Hauptverhandlung mündlich angehörten Sachverständigen zu Eigen macht und der Terminsvertreter der anderen Partei zu einem sich hierbei ergebenden neuen Gesichtspunkt nicht sofort Stellung nehmen kann. Das Gericht ist in einem solchen Fall verpflichtet, von Amts wegen auf die Bedeutung dieses Gesichtspunkts hinzuweisen und der anderen Partei eine **angemessene Schriftsatzfrist** einzuräumen, um ihr Gelegenheit zu geben, zu dem neuen Gesichtspunkt vorzutragen und ggf. Beweis anzutreten (OLG Hamm, Urt. v. 8. 12. 2004 – 3 U 74/04, AHRS III, 7460/309). | B 307a

Das Gericht hat alle Tatsachen zu erörtern, die nach seiner vorläufigen Beurteilung entscheidungserheblich sein können und hat die Parteien erforderlichenfalls gezielt zu befragen (B/L/A/H, 71. Aufl., § 139 ZPO Rz. 24, 25, 28) sowie darauf hinzuwirken, dass sich die Parteien über alle erheblichen Tatsachen vollständig erklären, insbesondere auch ungenügende Angaben ergänzen, Beweismittel bezeichnen und sachdienliche Anträge stellen können (BGH, Beschl. v. 8. 12. 2005 – VII ZR 67/05, NJW-RR 2006, 524, 525). | B 308

Auf rechtliche und tatsächliche Gesichtspunkte, die eine Partei erkennbar übersehen oder für unerheblich gehalten hat, hat es – **zielgerichtet, inhaltlich klar und eindeutig** (OLG Schleswig, Urt. v. 16. 12. 2004 – 7 U 26/04, MDR 2005, 889; Fellner, MDR 2006, 552, 555; Stöber, NJW 2005, 3601, 3603) – hinzuweisen und Gelegenheit zur Äußerung zu geben (§ 139 I, II 1 ZPO). Das Gericht genügt seiner Hinweispflicht nicht, wenn es **lediglich allgemeine oder pauschale Hinweise** erteilt (BGH, Beschl. v. 30. 6. 2011 – IX ZR 35/10, NJW-RR 2011, 1556, Nr. 7).

Solche Gesichtspunkte sind etwa eine weitere, nicht erwähnte Anspruchsgrundlage, ein offenkundiger, von keiner Partei vorgetragener Sachverhalt, etwa die Nichtigkeit eines Vertrages (BGH, Urt. v. 30. 6. 2006 – V ZR 148/05, NJW-RR 2006, 1292, 1293), **Bedenken gegen die Schlüssigkeit des Vorbringens** einer der

Parteien (OLG Schleswig, Urt. v. 16. 12. 2004 – 7 U 26/04, MDR 2005, 889: unsubstantiierter Vortrag; Dieti, VersR 2005, 442, 446; Zöller/Greger, 30. Aufl., § 139 ZPO Rz. 6, 9; Fellner, MDR 2006, 552, 555: Sachvortrag nicht ausreichend substantiiert; Musielak-Stadler, § 139 ZPO Rz. 8, 22) oder die **Verkennung der Beweislast durch eine Partei oder ein beabsichtigtes Abweichen von höchst richterlicher Rechtsprechung** (B/L/A/H, 71. Aufl., § 139 ZPO Rz. 41, 58).

B 309   So wird auch das Gebot aus Art. 103 I GG, **rechtliches Gehör** zu gewähren, verletzt, wenn das Berufungsgericht neues Vorbringen unter offensichtlich fehlerhafter Anwendung des § 531 II ZPO nicht zur Verhandlung zulässt. Ein solcher Fehler liegt etwa dann vor, wenn im erstinstanzlichen Urteil **Vortrag zu einem entscheidungserheblichen Punkt mangels hinreichender Substantiierung zurückgewiesen worden ist, ohne dass der Partei durch einen unmissverständlichen Hinweis Gelegenheit zur Ergänzung gegeben worden war** und das Berufungsgericht auch das neue, in der zweiten Instanz substantiierte Vorbringen unter Hinweis auf § 531 II ZPO zurückweist (BGH, Beschl. v. 9. 6. 2005 – V ZR 271/04, MDR 2005, 1365, 1366; vgl. auch BGH, Urt. v. 27. 1. 2010 – XII ZR 148/07, NJW-RR 2010, 1508: zu Unrecht erfolgte Nichtberücksichtigung nach § 531 II Nr. 1 – 3 ZPO verstößt gegen Art. 103 I GG). **Hat andererseits das erstinstanzliche Gericht den Vortrag des Klägers als schlüssig angesehen, darf er darauf vertrauen, dass das Berufungsgericht ihm seine davon abweichende Auffassung durch einen Hinweis nach § 139 ZPO mitteilt** (BGH, Urt. v. 11. 9. 2003 – VII ZR 136/02, MDR 2004, 169; Urt. v. 16. 5. 2002 – VII ZR 197/01, MDR 2002, 1139).

B 310   **Beruht das Unterbleiben des Beweisantritts** auf einer erkennbar falschen Beurteilung der Beweislast oder auf einem offensichtlichen Versehen der Partei, darf das Gericht auch auf die Notwendigkeit der Benennung von Beweismitteln hinweisen (BGH, MDR 1991, 223, 224; Stöber, NJW 2005, 3601, 3602; Zöller/Greger, 30. Aufl., § 139 ZPO Rz. 16; B/L/A/H, 71. Aufl., § 139 ZPO Rz. 58, 59 „Beweis").

B 311   Nach der früher überwiegend vertretenen Rspr. **entfiel die Hinweispflicht des Gerichts** gegenüber einer anwaltlich vertretenen Partei dann, wenn die **Gegenseite den entscheidungserheblichen Hinweis bereits eingebracht** oder schriftsätzlich die Unzulänglichkeit eines bestimmten Vortrages aufgezeigt hatte (BGH, NJW 1992, 436, 438; NJW 1987, 1142, 1143; NJW 1984, 310, 311; NJW 1980, 223, 224; OLG Koblenz, NJW-RR 1988, 662, 663; OLG Nürnberg, NZBau 2000, 518 = MDR 2000, 227; OLG Oldenburg, NJW-RR 2000, 949, 950; vgl. hierzu die Nachweise bei Musielak/Stadler, 10. Aufl., § 139 ZPO Rz. 2, 6, 7, 22).

In neueren Entscheidungen hat der BGH ausgeführt, das Gericht müsse **grundsätzlich auch die anwaltlich vertretene Partei selbst auf Bedenken gegen die Schlüssigkeit der Klage**, insbesondere auf fehlenden Sachvortrag, den es als entscheidungserheblich ansieht, **hinweisen** und zwar vor allem dann, wenn der Prozessbevollmächtigte der Partei die **Rechtslage erkennbar falsch beurteilt** oder ersichtlich darauf vertraut, dass sein schriftsätzliches Vorbringen ausreichend sei (BGH, Beschl. v. 8. 12. 2005 – VII ZR 67/05, NJW-RR 2006, 524, 525; NJW 2002, 3317, 3320; NJW 2001, 2548, 2549; NJW 1999, 1867; NJW 1999, 1264; Stöber, NJW 2005, 3601, 3603).

Ein Hinweis ist danach insbesondere dann geboten, wenn offensichtlich ist, dass der Prozessbevollmächtigte einer Partei die vom Gegner erhobenen **Schlüssigkeitsbedenken nicht oder falsch aufgenommen** hat oder aufgrund eines erkennbaren Rechtsirrtums nicht auf den von der Gegenpartei angesprochenen Gesichtspunkt eingegangen ist (BGH, NJW 2001, 2548, 2549 f.; OLG Hamm, NJW-RR 2003, 1651; Musielak/Stadler, § 139 ZPO Rz. 7; Zöller/Greger, 30. Aufl., § 139 ZPO Rz. 6a).

Aktuell tendieren **einige Senate des BGH** aber wieder dazu, **einen gerichtlichen Hinweis** nach § 139 I, II ZPO für **entbehrlich zu halten, wenn** die Partei die gebotene **Unterrichtung** bereits **durch die Gegenseite** erhalten hat (BGH, Beschl. v. 20. 12. 2007 – IX ZR 207/05, NJW-RR 2008, 581, 582; BGH, NJW 2007, 759 = WM 2007, 984, 986, Nr. 19; ebenso Musielak/Stadler, 10. Aufl., § 139 ZPO Rz. 6, 7: keine Hinweispflicht, wenn der Gegner bereits auf einen Mangel bzw. auf Lücken aufmerksam gemacht hat; Zöller/Greger, 30. Aufl., § 139 ZPO Rz. 6a: kein erneuter richterlicher Hinweis erforderlich, wenn die Partei von der Gegenseite schriftsätzlich **zutreffend über die Sach- und Rechtslage unterrichtet worden** war; B/L/A/H, 71. Aufl., § 139 ZPO Rz. 54: nur bei erkennbar entschuldbarem Versehen des RA). B 312

Dies gilt jedenfalls dann, wenn sich aus einem Schriftsatz oder sonstigem Verhalten der betroffenen Partei ergibt, dass der entsprechende **Vortrag der Gegenpartei von ihr erfasst worden ist** (BGH, Beschl. v. 20. 12. 2007 – IX ZR 207/05, NJW-RR 2008, 581, 582; ebenso KG, Beschl. v. 3. 3. 2009 – 7 U 132/08, OLGR 2009, 347 = MDR 2009, 826: es genügt, wenn der Gegenanwalt auf die Unschlüssigkeit des Vortrages hingewiesen und die Partei diesen Vortrag zur Kenntnis genommen hat; weitergehend Musielak/Stadler, § 139 ZPO Rz. 6, 7: Hinweispflicht nur dann, wenn der anwaltlich vertretene Prozessgegner den Hinweis der Gegenseite erkennbar nicht aufgenommen hat).

Gerichtliche Hinweise nach § 139 ZPO, die in der mündlichen Verhandlung erteilt werden, sind in der Regel **in das Verhandlungsprotokoll aufzunehmen**, §§ 139 IV, 160 II ZPO (BGH, Urt. v. 22. 9. 2005 – VII ZR 34/04, NJW 2006, 60 BGH, Beschl. v. 23. 5. 2012 – IV ZR 224/10, NJW 2012, 2354, Nr. 5, 7: **Hinweise sind zu protokollieren**, andernfalls steht der Verfahrensverstoß gem. §§ 165, 160 II ZPO fest). Ist der Hinweis erteilt und seine Dokumentation zunächst **versehentlich unterlassen** worden, kann die Erteilung des Hinweises ausnahmsweise **auch im Tatbestand des Urteils** dokumentiert und damit aktenkundig gemacht werden (BGH, Urt. v. 22. 9. 2005 – VII ZR 34/04, NJW 2006, 60, 62 und BGH, NJW 2011, 76, 79: nur hilfsweise, wenn die anderweitige Dokumentation versehentlich unterblieben ist; ohne diese Einschränkung Musielak/Stadler, 10. Aufl., § 139 ZPO Rz. 27 und Zöller/Greger, 30. Aufl., § 139 Rz. 13 a. E.: „verfehlter Formalismus" des BGH). B 313

Wird der **Hinweis** erst in der **mündlichen Verhandlung** erteilt und kann eine sofortige Reaktion der betreffenden Partei nach den konkreten Umständen und den Anforderungen des § 282 I ZPO nicht erwartet werden, darf die mündliche Verhandlung nicht ohne weiteres geschlossen werden (BGH, Beschl. v. 18. 9. 2006 – II ZR 10/05, NJW-RR 2007, 412; BGH, NJW 1999, 2123, 2124; KG, B 314

OLGR 2004, 369, 371; Stöber, NJW 2005, 3601, 3604). Vielmehr muss das Gericht dann die mündliche Verhandlung **vertagen**, soweit dies im Einzelfall sachgerecht erscheint, in das **schriftliche Verfahren übergehen** oder gem. § 139 V i. V. m. § 296a ZPO **einen Schriftsatznachlass gewähren** (BGH, Beschl. v. 13. 3. 2008 – VII ZR 204/06, NJW-RR 2008, 973; BGH, Beschl. v. 18. 9. 2006 – II ZR 10/05, NJW-RR 2007, 412; OLG Hamm, Urt. v. 27. 3. 2012 – I-24 U 61/11, NJW-RR 2012, 1415, 1417; OLG Hamm, Urt. v. 8. 12. 2004 – 3 U 74/04, AHRS III, 7460/309; Musielak/Stadler, 10. Aufl., § 139 ZPO Rz. 15; Fellner, MDR 2004, 728, 729; Zöller/Greger, 30. Aufl., § 139 ZPO Rz. 14 und Stöber, NJW 2006, 3601, 3604: Vertagung, Wiedereröffnung der Verhandlung, schriftliches Verfahren oder Schriftsatzrecht).

B 315 Unterlässt das Gericht die derart gebotenen prozessualen Reaktionen und erkennt es sodann aus einem nicht nachgelassenen Schriftsatz, dass die betroffene Partei sich in der mündlichen Verhandlung nicht ausreichend erklären konnte, ist es jedenfalls dann gem. § 156 II Nr. 1 ZPO zur **Wiedereröffnung der mündlichen Verhandlung** verpflichtet (BGH, NJW-RR 2007, 412; NJW 1999, 2123, 2124).

B 316 Im Arzthaftungsrecht wirkt der **(Quasi-)Amtsermittlungsgrundsatz** über § 531 II 1 Nr. 2 ZPO insofern in das Berufungsverfahren hinein, als ein **Verstoß gegen § 139 ZPO** vorliegt, wenn **entscheidungserhebliche medizinische Fragen**, zu deren Aufklärung in erster Instanz bereits von Amts wegen Veranlassung bestand, sich aufgrund eines entsprechenden Hinweises des Berufungsführers erst in zweiter Instanz auftun. Damit stellt sich der Tatbestand des § 531 II 1 Nr. 2 ZPO gleichfalls als Einfallstor für die Wirkung des „Waffengleichheitsgebots" im Arzthaftungsprozess dar (Dieti, VersR 2005, 442, 446).

B 317 Dieser Aspekt klingt auch in der Entscheidung des BGH vom 8. 6. 2004 (BGH, Urt. v. 8. 6. 2004 – VI ZR 199/03, NJW 2004, 2825, 2826 = VersR 2004, 1177, 1179 = GesR 2004, 374, 376 = BGH-Report 2004, 1378, 1380 mit zustimmender Anm. Winkhart-Martis; auch BGH, Urt. v. 8. 7. 2008 – VI ZR 259/06, VersR 2008, 1265, 1267 = NJW 2008, 2846, 2849 = MedR 2009, 44, 46, Nr. 27: keine Nachlässigkeit, wenn Angriff erst in zweiter Instanz mittels Privatgutachten konkretisiert wird) an, wenn der BGH die Instanzgerichte für verpflichtet ansieht, **den Sachverständigen zu eventuell risikoärmeren Behandlungsalternativen zu befragen** und somit die – nur im Arzthaftungsrecht statthafte – **Amtsermittlung einzelner Elemente** vorzunehmen (BGH, Urt. v. 8. 6. 2004 – VI ZR 199/03, VersR 2004, 1177, 1179; OLG Oldenburg, Beschl. v. 25. 2. 2008 – 5 W 10/08, MedR 2008, 618: der SV kann auch nach dem Vorliegen sonstiger Behandlungsfehler befragt werden; Dieti, VersR 2005, 442, 446f.; Winkhart-Martis, BGH-Report 2004, 1381).

B 318 Allerdings gilt die erleichterte Novenzulassung über § 531 II 1 Nr. 2 bzw. Nr. 3 ZPO nicht für Vorbringen, das nicht den eigentlichen medizinischen Sachverhalt betrifft. So bedarf es zur Erhebung der Aufklärungsrüge gewöhnlich nicht des Einblicks in die medizinischen Behandlungsabläufe, sondern lediglich der Darlegung der faktischen Geschehnisse; **die Aufklärungsrüge muss daher grundsätzlich bereits in erster Instanz vorgetragen werden** (vgl. BGH, Beschl. v.

24. 10. 2012 – VI ZR 396/12, GesR 2013, 50: In 9. 11. 2010 – 1 U 44/10, MedR 2012, 195, 196: erstmalige Aufklärungsrüge in zweiter Instanz aber **zuzulassen, wenn der Vortrag unstreitig bleibt**; OLG Brandenburg, Urt. v. 8. 11. 2007 – 12 U 53/07, juris, Nr. 27; OLG Hamm, Urt. v. 23. 1. 2006 – 3 U 48/05 mit NZB BGH v. 19. 6. 2007 – VI ZR 54/06, AHRS III, 7460/313; OLG Karlsruhe, Urt. v. 25. 10. 2006 – 7 U 183/05, AHRS III, 7460/317 = BeckRS 2007, 2208, S. 3; OLG Karlsruhe, Urt. v. 2. 8. 2006 – 7 U 14/06, AHRS III, 7460/315; OLG Karlsruhe, Urt. v. 9. 3. 2005 – 7 U 27/04, GesR 2005, 361 = OLGR 2005, 375; OLG Koblenz, Urt. v. 23. 4. 2003 – 1 U 857/02 mit NA-Beschl. BGH v. 14. 10. 2003 – VI ZR 149/03, GesR 2003, 208; OLG Naumburg, Urt. v. 18. 7. 2006 – 1 U 29/05, OLGR 2007, 2, 3; OLG Nürnberg, Beschl. v. 14. 5. 2007 – 5 U 180/07, GesR 2007, 400; Dieti, VersR 2005, 442, 447; **einschränkend** jedoch OLG Stuttgart, Urt. v. 3. 4. 2007 – 1 U 115/06, S. 5: allgemeine Aufklärungsrüge in erster Instanz kann ausreichen).

Beruft sich der behandelnde Arzt auf die (rechtzeitig erhobene) Aufklärungsrüge des Patienten hin **erstmals in der Berufungsinstanz auf den Einwand der hypothetischen Einwilligung**, d. h. der Patient hätte auch bei vollständiger und zutreffender Aufklärung in die ärztliche Behandlung eingewilligt, so ist auch dieser **neue Vortrag ungeprüft zurückzuweisen** (BGH, Urt. v. 18. 11. 2008 – VI ZR 198/07, MDR 2009, 281, 282 = NJW 2009, 1209, 1211 = VersR 2009, 257, 259, Nr. 24, 25; Vorinstanz OLG Oldenburg, Urt. v. 4. 7. 2007 – 5 U 106/06, VersR 2008, 124, 125 = MedR 2008, 437, 440; OLG Oldenburg, Urt. v. 27. 5. 2009 – 5 U 43/08, VersR 2010, 1221, 1223; OLG Karlsruhe, Urt. v. 23. 3. 2011 – 7 U 79/10, GesR 2011, 356, 358; Dieti, VersR 2005, 442, 447). Gleiches gilt, wenn der Patient auf den – erstinstanzlich vom Arzt vorgebrachten – Einwand der hypothetischen Einwilligung erst im Berufungsverfahren näher darlegt, weshalb er auch bei vollständiger Aufklärung vor einem „**echten Entscheidungskonflikt**" gestanden hätte (Dieti, VersR 2005, 442, 447; OLG Frankfurt, Urt. v. 30. 3. 2004 – 8 U 192/03 bei Winkhart-Martis, BGH-Report 2004, 1380).

B 319

3. Fehlende Nachlässigkeit (§ 531 II 1 Nr. 3 ZPO)

a) Einfache Fahrlässigkeit

Nach § 531 II 1 Nr. 3 ZPO sind neue Angriffs- und Verteidigungsmittel nur zuzulassen, wenn ihre Geltendmachung in erster Instanz nicht aus Nachlässigkeit der Partei unterblieben ist. Dem Berufungsführer **schadet hier bereits einfache Fahrlässigkeit** (BGH, Urt. v. 18. 10. 2005 – VI ZR 270/04, NJW 2006, 152, 153 = NZV 2006, 73, 74; Urt. v. 8. 6. 2004 – VI ZR 199/03, VersR 2004, 1177, 1179 = NJW 2004, 2825, 2826; Urt. v. 19. 3. 2004 – V ZR 104/03, NJW 2004, 2152, 2154; OLG Karlsruhe, Urt. v. 9. 3. 2005 – 7 U 27/04, GesR 2005, 361, 362; Urt. v. 14. 7. 2004 – 7 U 18/03, VersR 2005, 420, 421; Musielak/Ball, 10. Aufl., § 531 ZPO Rz. 19; Zöller/Heßler, 30. Aufl., § 531 ZPO Rz. 30, 31).

B 320

Ausgeschlossen ist demnach die Berücksichtigung solcher tatsächlicher Umstände, die in erster Instanz nicht vorgebracht wurden, obwohl sie und ihre Bedeutung für den Ausgang des Rechtsstreits der Partei vor Schluss der mündlichen Verhandlung **in erster Instanz bekannt waren oder hätten bekannt sein**

B 321

müssen (BGH, Urt. v. 18. 11. 2008 – VI ZR 198/07, MDR 2009, 281, 282 = VersR 2009, 257, 258, Nr. 24; BGH, Urt. v. 19. 3. 2004 – V ZR 104/03, NJW 2004, 2152, 2154 = MDR 2004, 1077, 1078). **Zu berücksichtigen sind danach alle Tatsachen, die erst nach Schluss der mündlichen Verhandlung in der ersten Instanz entstanden oder der Partei erst nach diesem Zeitpunkt bekannt geworden sind, ohne dass ihre Unkenntnis auf Nachlässigkeit beruht** (KG, Urt. v. 12. 9. 2002 – 8 U 78/02, MDR 2003, 471, 472 = OLGR 2003, 23; OLG Zweibrücken, OLGR 2003, 34; OLG Saarbrücken, OLGR 2003, 249; LG Schwerin, Urt. v. 2. 5. 2003 – 6 S 362/02, NJW-RR 2003, 1292; Musielak/Ball, § 531 ZPO Rz. 19).

B 321a   Die Nichtnutzung der Möglichkeit einer Überprüfung von Angaben der anderen Partei begründet nur dann eine Nachlässigkeit im Sinne des § 531 II Nr. 3 ZPO, wenn ein konkreter Anlass besteht, den Angaben der anderen Partei zu misstrauen und deshalb insoweit eine Überprüfung vorzunehmen. Soweit keine besonderen Umstände vorliegen, ist eine Partei **nicht gehalten, tatsächliche Umstände, die ihr nicht bekannt sind, zu ermitteln oder dem Vortrag des Prozessgegners zu misstrauen** (BGH, Beschl. v. 30. 6. 2010 – IV ZR 229/07, VersR 2011, 414, Nr. 11).

B 321b   Der Prozessbevollmächtigte einer Partei ist auch nicht verpflichtet, um dem Vorwurf nachlässigen Verhaltens zu entgehen, **umfangreiche staatsanwaltschaftliche Ermittlungsakten** (hier: 4 LO) im Einzelnen darauf durchzusehen, ob ihnen Anhaltspunkte für bestimmte Pflichtverletzungen zu entnehmen sein könnten, die nach dem bisherigen Sachstand nicht im Raum stehen (BGH, Urt. v. 6. 11. 2008 – III ZR 231/07, MDR 2009, 160).

B 322   Benennt eine anwaltlich vertretene Partei in erster Instanz einen Zeugen, von dem sie hätte erkennen können, dass er ungeeignet ist, die in sein Wissen gestellte Behauptung zu beweisen, und stellt sie **erst nach Abschluss des erstinstanzlichen Verfahrens Ermittlungen an, die dann zur Benennung eines geeigneten Zeugen führen**, so ist sie mit diesem neuen Beweismittel im Berufungsrechtszug gem. § 531 II 1 Nr. 3 ZPO ausgeschlossen (LG Schwerin, Urt. v. 2. 5. 2003 – 6 S 362/02, NJW-RR 2003, 1292). Kann der Berufungsführer dagegen glaubhaft (vgl. § 531 II 2 ZPO) darlegen, dass eine erstmals in der Berufungsbegründung benannte **Zeugin in erster Instanz nicht erreicht werden bzw. ihre Zeugeneigenschaft erst nach Schluss der mündlichen Verhandlung in erster Instanz in Erfahrung gebracht werden konnte**, ist der erstmals in zweiter Instanz erfolgte Beweisantritt zuzulassen (BGH, Beschl. v. 28. 5. 2003 – XII ZB 165/02, MDR 2003, 1192, 1193 = NJW 2003, 2531, 2532).

B 323   Stets hat der Berufungsführer zur Vermeidung des Vorwurfs der Nachlässigkeit darzulegen, warum er sich trotz vorliegender Anhaltspunkte **nicht früher um entsprechende Kenntnis der im Berufungsverfahren vorgetragenen neuen Tatsachen oder Beweismittel bemüht** hat (KG, Urt. v. 12. 9. 2002 – 8 U 78/02, MDR 2003, 471). Dabei sind Hinweise auf eine Prozesstaktik grundsätzlich ungeeignet, eine Verspätung auszuräumen (OLG Karlsruhe, Urt. v. 14. 7. 2004 – 7 U 18/03, VersR 2005, 420; Zöller/Heßler, 30. Aufl., § 531 ZPO Rz. 31, 32).

B 324   Ein Vortrag, der aus prozesstaktischen Erwägungen zurückgehalten wurde, um zunächst erst einmal abzuwarten, wie sich das Gericht zu dem schon vorgebrachten Prozessstoff stellt, bleibt gem. § 531 I ZPO bei der Entscheidung des Berufungsgerichts grundsätzlich unberücksichtigt (OLG Karlsruhe, Urt. v. 14. 7. 2004 – 7 U 18/03, VersR 2005, 420). Insbesondere **dürfen Gegenbeweise, Einwendungen und Einreden nicht zurückgehalten werden** (OLG Saarbrücken, OLGR 2002, 109; Zöller/Heßler, § 531 ZPO Rz. 31; zur Einrede der Verjährung vgl. Rz. B 374 ff.).

Nachlässigkeit im Sinne des § 531 II 1 Nr. 3 ZPO ist grundsätzlich zu vernei- B 324a
nen, wenn ein neues Angriffs- und Verteidigungsmittel **erst nach Schluss der erstinstanzlichen mündlichen Verhandlung entstanden ist.** Dies trifft etwa für eine Aufrechnung aus einem Anspruch, den der Beklagte erst nach Schluss der mündlichen Verhandlung in erster Instanz erworben hat, zu (BGH, Beschl. v. 17. 5. 2011 – X ZR 77/10, NJW-RR 2012, 110, Nr. 14). Wird ein Angriffs- oder Verteidigungsmittel aber auf einen abgeschlossenen Lebenssachverhalt gestützt und hängt die Möglichkeit, es mit Aussicht auf Erfolg geltend zu machen, nur noch davon ab, dass die Partei ein ihr zustehendes materielles Gestaltungsrecht ausübt, etwa eine Aufrechnungserklärung, Anfechtungs- oder Kündigungserklärung, kommt es auf den **Zeitpunkt der Entstehung des Gegenanspruches** (Aufrechnungslage, Kündigungssachverhalt) und nicht auf deren Ausübung an (BGH, Beschl. v. 17. 5. 2011 – X ZR 77/10, NJW-RR 2012, 110, Nr. 13, 14).

b) Gegenbeweise (z. B. Privatgutachten) und Aufklärungsrüge

Grundsätzlich sind Beanstandungen gegen das Gutachten eines gerichtlich be- B 325
stellten Sachverständigen, die im ersten Rechtszug hätten vorgebracht werden können, als neue Angriffs- und Verteidigungsmittel im Berufungsverfahren nach § 531 II Nr. 3 ZPO nicht zugelassen (KG, Beschl. v. 20. 8. 2007 – 12 U 11/07, OLGR 2008, 497, 498).

Bei einem Parteigutachten, mit welchem in der Berufungsinstanz ein im ersten Rechtszug eingeholtes gerichtliches Gutachten angegriffen wird, handelt es sich um ein **neues**, gem. § 531 II 1 Nr. 3 ZPO nicht zulassungsfähiges **Angriffsmittel**, wenn das Gutachten auch bereits im ersten Rechtszug hätte eingeholt werden können, jedenfalls wenn zwischen der Zustellung des vom Gericht in Auftrag gegebenen Gutachtens und dem Hauptverhandlungstermin ein Zeitraum von **elf Wochen liegt** und für den späteren Berufungsführer tatsächlich ein Privatsachverständiger im Hauptverhandlungstermin anwesend ist (OLG Schleswig, Urt. v. 23. 9. 2004 – 7 U 31/04, OLGR 2005, 8, 10; vgl. auch OLG Saarbrücken, NJW-RR 2003, 139: Beanstandung erst Wochen nach Ablauf der Frist aus § 411 IV ZPO).

Andererseits ist eine **Partei grundsätzlich nicht verpflichtet, bereits in erster Instanz ihre Einwendungen gegen das Gerichtsgutachten auf die Beifügung eines Privatgutachtens oder auf sachverständigen Rat zu stützen** bzw. selbst oder durch Dritte in medizinischen Bibliotheken Recherchen anzustellen, um Einwendungen gegen ein gerichtliches Sachverständigengutachten zu formulieren (BGH, Urt. v. 8. 7. 2008 – VI ZR 259/06, VersR 2008, 1265, 1267 = NJW 2008, 2846, 2849, Nr. 27 im Arzthaftungsrecht; BGH, Urt. v. 8. 6. 2004 – VI ZR 199/03, VersR 2004, 1177, 1179 = NJW 2004, 2825, 2826 im Arzthaftungsrecht;

BGH, Beschl. v. 21. 12. 2006 – VII ZR 279/05, NJW 2007, 1531, 1532 im Bauprozess; Urt. v. 18. 10. 2005 – VI ZR 270/04, NJW 2006, 152, 154 = NZV 2006, 73, 74 = MDR 2006, 531, 532: auch außerhalb des Arzthaftungsprozesses; BGH, Urt. v. 19. 2. 2003 – IV ZR 321/02, VersR 2004, 83, 84).

aa) Neues Vorbringen der Patientenseite in zweiter Instanz

B 326   Der BGH (Urt. v. 8. 6. 2004 – VI ZR 199/03, VersR 2004, 1177 = NJW 2004, 2825 = GesR 2004, 374; nachfolgend BGH, Urt. v. 8. 7. 2008 – VI ZR 259/06, VersR 2008, 1265, 1267 = NJW 2008, 2846, 2849, Nr. 27; BGH, Beschl. v. 24. 10. 2012 – VI ZR 396/12, GesR 2013, 50: Erstmals in der Berufungsbegründung geltend gemachte Rüge einer fehlenden oder fehlerhaften Aufklärung ist verspätet; OLG Naumburg, Urt. v. 9. 11. 2010 – 1 U 44/10, MedR 2012, 195 = VersR 2011, 1014, 1015: Erstmalige Aufklärungsrüge in zweiter Instanz aber **zuzulassen, wenn sie unstreitig bleibt**) hatte die Frage zu klären, in welchem Umfang neues bzw. konkretisiertes Vorbringen des Patienten im Rahmen des § 531 II 1 Nr. 3 ZPO zuzulassen ist.

In dem vom BGH am 8. 6. 2004 (VI ZR 199/03, NJW 2004, 2825) entschiedenen Fall hatte sich die Patientin einen Trümmerbruch mit hauptsächlich streckseitig gelegener Trümmerzone am Arm zugezogen. In der chirurgischen Abteilung des beklagten Krankenhauses wurde der Trümmerbruch operativ eingerichtet, die Reponierung anschließend mit zwei durch die Haut eingebrachten Kirschner-Drähten und einer Gipsschiene stabilisiert. Nach der Entfernung der Drähte klage die Patientin über Beschwerden im Bereich des rechten Handgelenks und über ein Taubheitsgefühl der Streckseite des rechten Daumens. **In erster Instanz hatte** die Patientin **Behandlungsfehler** bei der operativen Versorgung und der anschließenden Reposition gerügt und vorgetragen, eine unzureichende Stabilisierung des Bruchs habe zu einer Verheilung in Fehlstellung geführt. Auf ihre starken postoperativen Schmerzen sei nicht in angemessener Weise durch die Verordnung von Schmerzmitteln reagiert worden. Dies sei zur Prophylaxe eines Morbus Sudeck (sekundäre Gewebsschädigung i. d. R. am Arm oder an der Hand mit zunächst schmerzhafter Schwellung, dann atrophierter Haut, nachfolgend möglicher vollständiger Gelenksteife) erforderlich gewesen. Bei der **Entfernung der Kirschner-Drähte** sei es behandlungsfehlerhaft zu einer **Durchtrennung** des sensiblen Astes des **Nervus radialis** superficialis gekommen.

In zweiter Instanz brachte die Patientin dann erstmals vor, der tatsächlich aufgetretene **Morbus Sudeck** sei **nicht adäquat bzw. überhaupt nicht behandelt** worden. Zudem sei die vom Arzt durchgeführte Methode der Bruchversorgung (Spickdrahtosteosynthese) nicht die Methode der Wahl gewesen, als ernsthafte Alternativmethode zur Heilung des Handgelenkbruchs sei die Behandlung mit einem „Fixateur externe" in Betracht gekommen.

Das Berufungsgericht (OLG Köln, Urt. v. 11. 6. 2003 – 5 U 216/02, VersR 2004, 517 = GesR 2003, 325) hatte im angefochtenen Urteil dargelegt, der neue Vortrag der Klägerin zu einem medizinischen Sachverhalt sei eine Tatsachenbehauptung, die den Präklusionsvorschriften der §§ 531 II 1 Nr. 3, 296 ZPO unterliege. Ausgehend hiervon würden beide erstmals im Berufungsrechtszug erhobenen

Behauptungen „neue Angriffsmittel" i. S. d. § 531 II 1 Nr. 3 ZPO darstellen und seien nicht zuzulassen, weil die Voraussetzungen der § 531 II 1 Nr. 2 und 3 ZPO nicht dargetan seien. In diesem Sinn hatten sich auch das OLG Koblenz (OLG Koblenz, Urt. v. 23. 4. 2003 – 1 U 857/02, GesR 2003, 208 – Revision vom BGH durch Beschl. v. 14. 10. 2003 – VI ZR 194/03 nicht angenommen) und das OLG Frankfurt (OLG Frankfurt, Urt. v. 30. 3. 2004 – 8 U 192/03, n. v.) geäußert.

Der BGH führt im Urt. v. 8. 6. 2004 zunächst – u. E. völlig zutreffend – aus, die **Behauptung der Patientin**, der behandelnde Arzt hätte den Ausbruch einer Krankheit – hier des Morbus Sudeck – nicht verhindert und die ausgebrochene Krankheit nicht behandelt, würde **zwei unterschiedliche zeitliche Abschnitte** des Behandlungsverlaufs betreffen. Mit dem erst zweitinstanzlich erhobenen Vorwurf werde die Behandlung fehlerhafter Prophylaxe dem gemäß **nicht lediglich konkretisiert, verdeutlicht oder erläutert, sondern der Angriff der klagenden Patientin insoweit geändert.** Für den entsprechenden Vortrag seien auch keine medizinischen Fachkenntnisse erforderlich gewesen, denn die Patientin wusste aus eigenem Erleben, ob eine Behandlung des Morbus Sudeck erfolgt war und konnte die von ihr erst zweitinstanzlich behauptete Unterlassung der Behandlung deshalb ohne weiteres zum Gegenstand der gerichtlichen und sachverständigen Überprüfung in erster Instanz machen, ohne auf vertiefte medizinische Kenntnisse angewiesen zu sein (BGH, Urt. v. 8. 6. 2004 – VI ZR 199/03, VersR 2004, 1177, 1179 = NJW 2004, 2825, 2826). | B 327

Rehborn (GesR 2004, 403, 405 f.) und Dieti (VersR 2005, 442, 445 f.) halten eine derart strenge Aufspaltung des Behandlungsgeschehens für problematisch und plädieren für eine Zulassung des neuen Vorbringens in zweiter Instanz. Der für den **Streitgegenstand maßgebliche Lebenssachverhalt** ergebe sich danach aus dem gesamten Behandlungsgeschehen, nämlich den zahlreichen einzelnen Behandlungsschritten einer medizinischen Gesamtbehandlung, das Gegenstand des Klageverfahrens ist, und dem verbleibenden Gesundheitsschaden. Eine Aufteilung des einheitlichen Behandlungsgeschehens und Behandlungszeitraums stehe dem entgegen (Dicti, VersR 2005, 442, 445; Rehborn, GesR 2004, 403, 405/406). | B 328

Obwohl im vorliegenden Rechtsstreit, der dem Urt. des BGH vom 8. 6. 2004 zugrunde lag – anders als in dem vom OLG Koblenz (Urt. v. 23. 4. 2003 – 1 U 857/02, GesR 2003, 208 – Revision vom BGH nicht angenommen) entschiedenen Fall – erstinstanzlich nicht vorgebracht worden war, es hätte eine **bessere Behandlungsalternative** durch einen „Fixateur externe" bestanden, über die die Patientin hätte aufgeklärt werden müssen bzw. die unterlassene Wahl dieser ernsthaften Behandlungsalternative begründe einen Behandlungsfehler, vertritt der BGH im Urt. v. 8. 6. 2004 zu diesem zweiten Komplex die Auffassung, der erst zweitinstanzlich erfolgte Vortrag, es habe eine echte Behandlungsalternative bestanden, stelle vorliegend „**lediglich eine weitere Verdeutlichung des schlüssigen Vorbringens einer fehlerhaften Behandlung** des Bruchs dar, der nicht ausreichend stabilisiert worden sei". Denn **die erstinstanzliche Behauptung einer fehlerhaften Behandlung schließe den Vorwurf mit ein, es sei eine weniger geeignete Behandlungsmethode gewählt worden.** Für eine solche Unterstellung | B 329 finden sich in den veröffentlichten Passagen der Urteile des BGH und des OLG Köln (Vorinstanz) in tatsächlicher Hinsicht jedoch keine Anhaltspunkte. Ein diesbezüglicher **schlüssiger Vortrag** war **in erster Instanz gerade nicht** erfolgt. Insbesondere könnte sich ein Aufklärungsmangel auch nicht als Konkretisierung oder Verdeutlichung der Behauptung eines Behandlungsfehlers darstellen (vgl. die Urteilsanmerkung von Winkhart-Martis in BGH-Report 2004, 1381).

B 330 Der BGH hat die Begründung, den erstmals in der zweiten Instanz erfolgten Vortrag der Patientin zu diesem Komplex zuzulassen, wohlweislich auch auf ein zweites und drittes Bein gestellt. Er weist zum einen darauf hin, dass im Arzthaftungsprozess – anders als bei mindestens ebenso komplex gelagerten Sachverhalten etwa aus dem Bau- oder dem Bank- und Börsenrecht – **an die Substantiierungspflicht des klagenden Patienten nur „maßvolle und verständige Anforderungen" zu stellen** sind, weil von ihm bzw. dessen Prozessbevollmächtigtem regelmäßig keine genaue Kenntnis der medizinischen Vorgänge erwartet und gefordert werden könne (BGH, Urt. v. 8. 6. 2004 – VI ZR 199/03, VersR 2004, 1177, 1179; ebenso BGH, Urt. v. 8. 7. 2008 – VI ZR 259/06, VersR 2008, 1265, 1267 = MedR 2009, 44, 46, Nr. 27; OLG Düsseldorf, Urt. v. 8. 4. 2004 – 8 U 96/03, VersR 2005, 1737, 1738; Dieti, VersR 2005, 442, 445/446; → *Substantiierung der Klage/Schlüssigkeit*, Rz. S 600 ff.). Aufgrund dieses – ausschließlich im Arzthaftungsrecht geltenden – Grundsatzes könne es **nicht als „Nachlässigkeit" i. S. d. für § 531 II 1 Nr. 3 ZPO** erforderlichen einfachen Fahrlässigkeit angesehen werden, wenn die Patientin bzw. deren Prozessbevollmächtigter sich erst- oder zweitinstanzlich keines Privatgutachtens bedienen oder nicht selbst in medizinischen Bibliotheken Recherchen anstellen würde.

B 331 Der VI. Zivilsenat weist zudem darauf hin, dass bereits das Landgericht gehalten gewesen wäre, den Sachverständigen nach dem Bestehen einer Behandlungsalternative zu befragen und somit die – wiederum nur im Arzthaftungsrecht statthafte – **Amtsermittlung einzelner Elemente** vorzunehmen (BGH, Urt. v. 8. 6. 2004 – VI ZR 199/03, VersR 2004, 1177, 1180; ebenso BGH, VersR 1982, 168; OLG Oldenburg, Beschl. v. 25. 2. 2008 – 5 W 10/08, MDR 2008, 527 = MedR 2008, 618; Rehborn, GesR 2004, 403, 404 und 406; Dieti, VersR 2005, 442, 446 f.; Winkhart-Martis, BGH-Report 2004, 1381). Denn der Sachverständige kann – was im Arzthaftungsprozess oftmals übersehen wird – vom Gericht sogar dahingehend befragt werden, ob die ärztliche Behandlung nicht aus einem anderen als vom Patienten behaupteten Grund fehlerhaft gewesen sein könnte, sofern hierfür Anhaltspunkte vorliegen (BGH, VersR 1982, 168; OLG Oldenburg, Beschl. v. 25. 2. 2008 – 5 W 10/08, MDR 2008, 527 = MedR 2008, 618; Rehborn, MDR 2000, 1319, 1321 und, GesR 2004, 403, 404 und 405; Dieti, VersR 2005, 442, 446).

B 332 Vor diesem Hintergrund der dem erstinstanzlichen Gericht obliegenden Pflicht zur **umfassenden Sachverhaltsaufklärung** in medizinischer Hinsicht kann die Zulassung neuen Vorbringens zum medizinischen Sachverhalt nach **§ 531 II 1 Nr. 2 ZPO** eröffnet sein. Werden von einer Partei nämlich erstmals im Berufungsrechtszug neue Gesichtspunkte vorgebracht, die zur medizinischen Bewertung des Behandlungsgeschehens von Bedeutung sein können, so kann hieraus zu schließen sein, dass das Erstgericht seiner Pflicht zur umfassenden Sachverhaltsaufklärung nicht gerecht geworden ist und **den medizinischen Sachverhalt nicht hinreichend aufgeklärt** hat. In diesem Fall wäre eine Verletzung der Prozessleitungspflicht durch das Erstgericht anzunehmen (Dieti, VersR 2005, 442, 446; ähnlich Rehborn, MDR 2004, 371, 377 und, GesR 2004, 403, 404 und 406).

Lässt das Berufungsgericht dann das Vorbringen des die Berufung führenden Patienten nicht zu, weil es dieses zu unrecht für neu hält oder Nachlässigkeit bejaht (**§ 531 II 1 Nr. 3 ZPO**), so kann es sich nicht auf die Bindung an die erstinstanzlich festgestellten Tatsachen berufen, wenn die Berücksichtigung dieses den medizinischen Sachverhalt betreffenden Vorbringens zu Zweifeln i. S. d. § 529 I Nr. 1 ZPO hätte führen müssen (BGH, Urt. v. 8. 6. 2004 – VI ZR 199/03, VersR 2004, 1177, 1178; auch BGH, Urt. v. 18. 10. 2005 – VI ZR 270/04, NJW 2006, 152, 153 = MDR 2006, 531 in einer Unfallsache).

B 333

Der BGH hat seine oben dargestellte Rechtsprechung fortgeführt und darauf hingewiesen, dass **eine Partei auch außerhalb des Arzthaftungsprozesses grundsätzlich nicht verpflichtet ist, Einwendungen gegen ein Gerichtsgutachten (hier: eines KfZ – Sachverständigen) bereits in erster Instanz auf ein Privatgutachten oder sachverständigen Rat zu stützen, wenn der Vortrag fachspezifische Fragen betrifft und eine besondere Sachkunde erfordert** (BGH, Urt. v. 18. 10. 2005 – VI ZR 270/04, NJW 2006, 152, 153 = NZV 2006, 73, 74 = MDR 2006, 531 in einer Unfallsache; BGH, Beschl. v. 21. 12. 2006 – VII ZR 279/05, NJW 2007, 1531, 1532 in einem Bauprozess; Urt. v. 8. 7. 2008 – VI ZR 259/06, VersR 2008, 1265, 1267 = NJW 2008, 2846, 2849, Nr. 27 in einem weiteren Arzthaftungsfall).

B 334

Das OLG Koblenz hatte im bereits zitierten Urt. v. 23. 4. 2003 (OLG Koblenz – 1 U 857/02, GesR 2003, 208; Revision vom BGH, Beschl. v. 14. 10. 2003 – VI ZR 149/03 nicht angenommen) entschieden, der klagende Patient sei im Berufungsverfahren mit neuem Vorbringen zur **Substantiierung der Aufklärungsrüge** nach § 531 II 1 Nr. 3 ZPO ausgeschlossen, auch wenn er erstinstanzlich allgemein die Aufklärungsrüge erhoben hätte.

B 335

Im dortigen Verfahren hatte der Patient vor dem Landgericht zunächst die **allgemeine Aufklärungsrüge erhoben** und diese dann konkret mit dem fehlenden Hinweis auf alternative Operationstechniken begründet. Das Landgericht hatte eine Aufklärungspflichtverletzung abgelehnt, da keine aufklärungsbedürftige operative Behandlungsalternative vorgelegen hätte. Erst im Berufungsverfahren hat der klagende Patient seinen Vortrag zur fehlenden bzw. mangelhaften Aufklärung geändert und nunmehr behauptet, zur Vermeidung der Operation hätte er über die **Möglichkeit einer (weiteren) konservativen Behandlung** aufgeklärt werden müssen.

B 336

Das OLG Koblenz hat zwar grundsätzlich eine Pflicht zur Aufklärung über die neu vorgetragene konservative Behandlungsalternative bejaht, soweit diese sinnvoll und möglich gewesen wäre. Es wies jedoch die Rüge des Patienten, eine Aufklärung über die Möglichkeit einer (weiteren) konservativen Behandlung sei erforderlich gewesen, als neuen, im Berufungsverfahren gem. § 531 II 1 Nr. 3 ZPO nicht zuzulassenden Vortrag zurück. Denn **„neu" i. S. d. § 531 II 1 Nr. 3 ZPO sei das Vorbringen auch dann, wenn es einen sehr allgemein gehaltenen Vortrag aus der erster Instanz konkretisiert oder erstmals substantiiert** – was

B 337

vorliegend der Fall gewesen sei – nicht aber dann, wenn ein bereits schlüssiges Vorbringen aus der erster Instanz durch weitere Tatsachenbehauptungen nur konkretisiert bzw. verdeutlicht werde (OLG Koblenz, Urt. v. 23. 4. 2003 – 1 U 857/02, GesR 2003, 208; nach der Diktion des BGH, Urt. v. 8. 6. 2004 – VI ZR 199/03, VersR 2004, 1177, 1179 und Urt. v. 8. 7. 2008 – VI ZR 259/06, VersR 2008, 1265, 1267 = MedR 2009, 44, 46, Nr. 27 wäre die Behauptung fehlender oder mangelhafter Aufklärung mit dem zweitinstanzlich erhobenen Vorwurf wohl nicht lediglich konkretisiert, sondern der Angriff des klagenden Patienten geändert worden). Der BGH hat die Revision des Patienten allerdings durch Beschl. v. 14. 10. 2003 (VI ZR 149/03) ohne Begründung nicht angenommen.

B 338   Dieti (VersR 2005, 442, 447; zweifelnd auch Rehborn, MDR 2004, 371, 377) lehnt die Entscheidung des OLG Koblenz ab. **Behandlungsalternativen** würden zum **Kernbereich des medizinischen Sachverhalts** gehören. Denn die Frage, ob eine gleichwertige ernsthafte Behandlungsalternative mit geringeren oder andersartigen Risiken zur Verfügung steht, setzt medizinisches Wissen voraus. Insoweit gelte – wie oben ausgeführt – die erleichterte Novenzulassung über § 531 II 1 Nr. 2 ZPO für den medizinischen Sachverhalt. Die Entscheidung des OLG Koblenz stehe auch nicht im Einklang mit der Entscheidung des BGH v. 8. 6. 2004, in der eine Pflicht des erstinstanzlichen Gerichts angenommen worden war, den Sachverständigen nach eventuell risikoärmeren Behandlungsalternativen zu befragen (Dieti, VersR 2005, 442, 447). Der BGH scheint dies in seinem Nichtzulassungsbeschluss v. 14. 10. 2003 (VI ZR 149/03 – ohne Begründung) entweder gar nicht oder anders gesehen zu haben!

B 339   Auf derselben Linie wie das OLG Koblenz liegt auch ein Urt. des OLG Karlsruhe (Urt. v. 9. 3. 2005 – 7 U 27/04, GesR 2005, 361 = OLGR 2005, 375). Danach ist ein Patient, der den im ersten Rechtszug erhobenen Vorwurf unzureichender Aufklärung über eine Behandlungsalternative fallen lässt, mit der in zweiter Instanz erhobenen **neuen Behauptung**, er habe über eine **andere Behandlungsalternative aufgeklärt** werden müssen, gem. § 531 II 1 Nr. 3 ZPO ausgeschlossen. In erster Instanz ging der Vorwurf gegen den beklagten Arzt allein dahin, dass er eine Behandlung vorgenommen habe, die nicht geeignet war, die Ursache der Beschwerde des Patienten beim Laufen zu beseitigen. Erstinstanzlich hatte er gerügt, er hätte darauf hingewiesen werden müssen, dass anstatt der vom Arzt vorgenommenen **Abtragung** der **Hornhautschwiele** eine **Operation** des **Zehengrundgelenks** in Betracht gekommen wäre. Dem gegenüber hat der Patient erstmals im Berufungsrechtszug geltend gemacht, der Arzt hätte ihn darauf hinweisen müssen, es sei überhaupt keine operative Maßnahme notwendig, weil durch einfache fußpflegerische Maßnahmen bzw. andere **konservative Behandlungsmaßnahmen** eine Heilung möglich gewesen wäre.

Das OLG Karlsruhe setzt sich mit dem Urt. des BGH vom 8. 6. 2004 auseinander und führt aus, es seien keine Gründe ersichtlich, warum der Patient sein Begehren nicht im ersten Rechtszug hätte darlegen können. Es gehe nicht um eine medizinische Frage, sondern darum, einen vollständig neuen Aspekt im Behandlungsverlauf zur Überprüfung des Gerichts zu stellen; es sei **auch einer medizinisch nicht gebildeten Partei zuzumuten, dem Gericht im ersten Rechtszug darzulegen, was sie dem Arzt vorwirft und auf welche Behandlungsalternativen sie**

hätte hingewiesen werden müssen (OLG Karlsruhe, Urt. v. 9. 3. 2005 – 7 U 27/04, GesR 2005, 361, 362 = OLGR 2005, 375, 376; in diesem Sinn auch OLG Koblenz, Urt. v. 23. 4. 2003 – 1 U 857/02, GesR 2003, 208, Rz. B 337). Im Fall des OLG Karlsruhe war der neu erhobene Vorwurf des Patienten auch nicht innerhalb der Berufungsbegründungsfrist (§ 520 II, III Nr. 4 ZPO) erhoben und die Verspätung nicht genügend entschuldigt worden, sodass der 7. Senat des OLG Karlsruhe die Zurückweisung des Vorbringens in zweiter Instanz auch auf §§ 296 I, 530 ZPO gestützt hat (OLG Karlsruhe, Urt. v. 9. 3. 2005 – 7 U 27/04, GesR 2005, 361, 362 = OLGR 2005, 375, 376).

In seinem Urteil v. 25. 10. 2006 betont das OLG Karlsruhe (7 U 183/05, **B 340** BeckRS 2007, 2208, S. 3 = AHRS III, 7460/317) zunächst, dass an die Substantiierungspflicht der Partei im Arzthaftungsprozess nur maßvolle Anforderungen zu stellen seien. Ein Vorbringen in zweiter Instanz ist auch danach **nicht neu, wenn ein bereits schlüssiges Vorbringen aus der ersten Instanz durch weitere Tatsachenbehauptungen zusätzlich konkretisiert, verdeutlicht oder erläutert** wird (OLG Karlsruhe, a.a.O. im Anschl. an BGH, VersR 2004, 1177, 1179; ebenso BGH, Urt. v. 21. 12. 2011 – VIII ZR 166/11, NJW-RR 2012, 341, Nr. 15). Allerdings sei es dem Patienten, der sich nach eigenem Vortrag von Anfang an gegen eine bestimmte Behandlungsmethode gewandt hat, durchaus zuzumuten, bereits erstinstanzlich zur erfolgten bzw. nicht erfolgten Aufklärung vor einer eingeleiteten Therapie vorzutragen. Hierzu bedarf er keiner medizinischen Kenntnisse, die vom Patienten grundsätzlich auch nicht verlangt werden können, vielmehr ist er lediglich **gehalten, den tatsächlichen Ablauf der Behandlung** – ohne den erteilten Hinweis auf mögliche Alternativen bzw. Risiken – **zu schildern** (OLG Karlsruhe, BeckRS 2007, 2208 im Anschl. an OLG Karlsruhe, Urt. v. 9. 3. 2005 – 7 U 27/04, GesR 2005, 361; großzügiger zugunsten des Patienten jedoch OLG Stuttgart, Urt. v. 3. 4. 2007 – 1 U 115/06, n.v.).

Wenn der Patient bzw. dessen Prozessbevollmächtigter **aus einem Sachverständigengutachten Anhaltspunkte für einen Aufklärungsfehler entnehmen** kann und **B 341** er durch mehrere Fragen an den Sachverständigen die Erhebung der **Aufklärungsrüge vorbereitet**, gebietet es die Prozessförderungspflicht auch nach Ansicht des OLG Nürnberg, dieses Angriffsmittel schon vor dem Termin zur mündlichen Verhandlung, spätestens aber in diesem Termin bzw. dem Termin zur Anhörung des Sachverständigen geltend zu machen. In einem solchen Fall verletzt ein Zuwarten auch die im Arzthaftungsprozess zu stellenden maßvollen Anforderungen (OLG Nürnberg, Beschl. v. 14. 5. 2007 – 5 U 180/07, GesR 2007, 400). An der Verspätung des Vorbringens ändert die Tatsache nichts, dass der Partei im Termin zur Anhörung des Sachverständigen vom erstinstanzlichen Gericht eine Schriftsatzfrist zu den neuen, anlässlich der Sachverständigenanhörung gewonnenen Erkenntnissen gewährt wurde. Neues Vorbringen, das über eine solche Stellungnahme hinausgeht, kann nicht auf diesem Weg in den Prozess eingeführt werden und bleibt in erster Instanz gem. § 296a ZPO verspätet. Der diesbezügliche in zweiter Instanz wiederholte Vortrag, etwa die **erstmalige Aufklärungsrüge in zweiter Instanz**, ist dort gem. § 531 II Nr. 3 ZPO **nicht zu berücksichtigen** (OLG Nürnberg, Beschl. v. 14. 5. 2007 – 5 U 180/07, GesR 2007, 400, 401).

Hat ein Patient seine Klage in erster Instanz **zunächst pauschal** unter anderem **B 342** auf den **Vorwurf der unzureichenden Eingriffsaufklärung** gestützt, auf den deutlichen Hinweis des erstinstanzlichen Gerichts zur Unschlüssigkeit dieses pauschalen Vorbringens nicht reagiert und das angebliche **Aufklärungsversäumnis mit keinem Wort mehr erwähnt**, so kann er diesen damit fallen gelassenen Klagegrund in der Berufungsinstanz nur unter den Voraussetzungen des § 531 II Nr. 1–3 ZPO wieder aufgreifen (OLG Naumburg, Urt. v. 18. 7. 2006 – 1 U 29/05, OLGR 2007, 2, 3). Ein zu diesem Vortrag erst in der Berufungsinstanz vorgebrachtes Beweismittel, etwa die Benennung eines Zeugen, ist gem. § 531 II Nr. 3 ZPO aufgrund der Nachlässigkeit des Patienten bzw. seines Prozessbevollmächtigten nicht zuzulassen. Das erstinstanzliche Gericht ist im Rahmen der Sachverhaltsaufklärung auch nicht verpflichtet, die Krankenunterlagen der nachbehandelnden Ärzte von Amts wegen beizuziehen bzw. den Patienten aufzufordern, die Unterlagen vorzulegen, wenn der in erster Instanz vom Gericht beauftragte Sachverständige, dem die Krankenunterlagen des Hausarztes und mithin auch die jeweiligen Arztbriefe der auf Überweisung tätig gewordenen Fachärzte vorlagen, ausgeführt hat, dass die Auswertung der weiteren vorhandenen Unterlagen keine für das Gutachten relevanten Aspekte ergeben habe (OLG Naumburg, Urt. v. 18. 7. 2006 – 1 U 29/05, OLGR 2007, 2, 4).

B 342a   Zum gleichen Ergebnis gelangt das OLG Köln (Urt. v. 20. 7. 2011 – 5 U 206/07 mit NZB BGH VI ZR 213/11, GesR 2011, 742, 745). Wird danach **ein Behandlungsabschnitt, der in erster Instanz zur Überprüfung gestellt war, im Rahmen der Berufungsbegründung nicht weiterverfolgt**, aber kurz vor der abschließenden mündlichen Verhandlung nach Einholung eines Privatgutachtens wieder aufgegriffen, so ist der Vortrag im Sinne der §§ 520 III, 530, 296 I ZPO (nicht gemäß § 531 III Nr. 3 ZPO) als verspätet zurückzuweisen (OLG Köln, GesR 2011, 724, 726).

B 342b   Das OLG Hamm (Urt. v. 23. 1. 2006 – 3 U 48/05 mit NZB BGH v. 19. 6. 2007 – VI ZR 54/06, AHRS III, 7460/313) geht ebenfalls davon aus, dass ein Aufklärungsmangel grundsätzlich in erster Instanz gerügt werden muss. Der Patient weiß aus den Krankenunterlagen und insbesondere dem eigenen Erleben regelmäßig, welche Aufklärungsgespräche mit welchem Inhalt geführt bzw. nicht geführt worden sind. Zudem drängt sich dem Patienten bzw. dessen Prozessbevollmächtigtem die Erhebung der Aufklärungsrüge spätestens in der letzten mündlichen Verhandlung in erster Instanz auf, wenn der zunächst nur nach dem Vorliegen von Behandlungsfehlers befragte Sachverständige ausführt, zur Behebung der Beschwerdesituation hätten **zwei verschiedene Operationsmöglichkeiten bestanden** (OLG Hamm a. a. O.). Hat der Patient in erster Instanz behauptet, eine Hüftpfanne sei fehlerhaft eingebracht worden, so ist die dann **erst in zweiter Instanz erhobene Behauptung, vor der Operation sei er nicht über alternative Behandlungsmöglichkeiten aufgeklärt worden, gemäß § 531 II Nr. 3 ZPO ausgeschlossen** (OLG Hamm a. a. O.).

B 342c   Hat die Patientin erstinstanzlich vortragen lassen, dass sie sich wegen einer Hallux-Valgus-Deformität in die stationäre Behandlung des KKH begeben habe, sie sei nach der OP unter Verkennung einer gravierenden Wundheilungsstörung zu früh aus der stationären Behandlung entlassen worden, so ist der **erstmals in der Berufungsinstanz erfolgte Vortrag, bei ihr hätte präoperativ überhaupt keine Hallux-Valgus-Deformität vorgelegen, sodass die Operation nicht indiziert war, gemäß § 531 II ZPO nicht zuzulassen**. Es handelt sich hierbei nicht nur um eine Ergänzung, Präzisierung oder Fortentwicklung bzw. eine Vertiefung des erstinstanzlichen Vorbringens (OLG Köln, Beschl. v. 5. 11. 2012 – 5 U 98/12, juris, Nr. 5).

Allerdings ist ein vom Patienten erstmals in der Berufungsinstanz behauptetes Aufklärungsversäumnis (hier: fehlender Hinweis auf das Risiko eines Fehlschlags sowie einer Verschlimmerung der Beschwerden) vom Berufungsgericht **zu berücksichtigen, wenn die Behandlungsseite den neuen Vortrag nicht bestreitet** (OLG Naumburg, Urt. v. 9. 11. 2010 – 1 U 44/10, juris, Nr. 75, 76 = VersR 2011, 1014, 1015 = MedR 2012, 195, 196: der Hinweis auf das entsprechende Risiko ergab sich auch nicht aus dem Aufklärungsbogen; **a. A.** Thora, VersR 2011, 1017 und F/N/W, 5. Aufl. 2013, Rz. 265: Änderung des Streitgegenstandes in zweiter Instanz nur unter den engen Voraussetzungen des § 533 ZPO zulässig, vorliegend nicht sachdienlich; vgl. auch Rz. B 343a). | B 342d

Danach ist – jedenfalls bei insoweit streitigem Sachverhalt – die **vom Patienten erstmals in der Berufungsbegründung erhobene Rüge, eine Aufklärung über eine Behandlungsalternative sei unterblieben, gem. § 531 II Nr. 3 ZPO nach einhelliger Ansicht nicht zu berücksichtigen** (BGH, Beschl. v. 24. 10. 2012 – VI ZR 396/12, GesR 2013, 50; OLG Brandenburg, Urt. v. 8. 11. 2007 – 12 U 53/07, juris, Nr. 27; OLG Hamm, Urt. v. 23. 1. 2006 – 3 U 48/05, AHRS III, 7460/313; OLG Karlsruhe, Urt. v. 25. 10. 2006 – 7 U 183/05, BeckRS 2007, 2208, S. 3 und Urt. v. 9. 3. 2005 – 7 U 27/04, GesR 2005, 361, 362 sowie OLG Karlsruhe, Urt. v. 25. 10. 2006 – 7 U 183/05, AHRS III, 7460/317; OLG Koblenz, Urt. v. 23. 4. 2003 – 1 U 852/02, GesR 2003, 208; OLG Naumburg, Urt. v. 18. 7. 2006 – 1 U 29/05, OLGR 2007, 2, 3/4; OLG Nürnberg, Beschl. v. 14. 5. 2007 – 5 U 180/07, GesR 2007, 400, 401; OLG Oldenburg, Urt. v. 24. 3. 2004 – 5 U 121/02, AHRS III, 7460/305). | B 343

Auch der BGH hat zwischenzeitlich klargestellt, dass die **erstmals in der Berufungsbegründung geltend gemachte Rüge einer fehlerhaften Aufklärung** (hier: über die Alternative einer Sectio bei einer Entbindung) wohl **verspätet ist, wenn die Ansprüche des Patienten erstinstanzlich ausschließlich auf Behandlungsfehler gestützt worden sind.** Den Haftungstatbeständen aus dem Komplex eines Behandlungsfehlervorwurfes und demjenigen eines Aufklärungsversäumnisses liegen **räumlich und zeitlich verschieden gelagerte Sachverhalte** zugrunde, an denen unterschiedliche Personen beteiligt sein können. Auch sind die Schadensereignisse im Allgemeinen weder hinsichtlich der Auswirkungen noch hinsichtlich des Verschuldens gleichwertig (BGH, Beschl. v. 24. 10. 2012 – VI ZR 396/12, GesR 2013, 50; ebenso die Vorinstanz OLG Karlsruhe, Urt. v. 8. 8. 2012 – 7 U 128/11, juris; zustimmend F/N/W, 5. Aufl. 2013, Rz. 265). | B 343a

Dies soll selbst dann gelten, wenn der zweitinstanzliche neue Vortrag nicht bestritten wird. Es handele sich um eine **Änderung des Streitgegenstandes, der nur unter den engen Voraussetzungen des § 533 ZPO zulässig ist** (Einwilligung der Gegenseite oder Sachdienlichkeit), was im entschiedenen Fall nicht gegeben war (OLG Karlsruhe, Urt. v. 8. 8. 2012 – 7 U 128/11, juris; F/NW, 5. Aufl., Rz. 265; Thora, VersR 2011, 1017: Anderer Streitgegenstand, Voraussetzungen des § 533 ZPO nicht gegeben; OLG Zweibrücken, MedR 2006, 218 und Wagener,

MedR 2012, 198 sowie Müko/Wagener, 5. Aufl., § 823 Rz. 831: verschiedene Streitgegenstände; vgl. hierzu Rz. B 370 ff. zur Zulassung des neuen, unstreitigen Vortrags in der Berufungsinstanz).

B 344 Dem gegenüber hat das OLG Stuttgart (Urt. v. 3. 4. 2007 – 1 U 115/06, S. 5) in einem Fall einen **großzügigeren Maßstab** gegenüber dem Patienten angesetzt. Hat der Patient danach in erster Instanz die **allgemeine Aufklärungsrüge** mit der Behauptung erhoben, er sei **über die Risiken des operativen Eingriffs nicht aufgeklärt** worden, so ist der die allgemeine Aufklärungsrüge **konkretisierende Vortrag** in zweiter Instanz, wonach er nicht über die Möglichkeit einer konservativen Behandlung informiert worden ist, nicht gem. § 531 II Nr. 3 ZPO unbeachtlich. Ob eine konservative Behandlung in Betracht kommt und ob diese eine aufklärungspflichtige, echte Behandlungsalternative darstellt, ist im Kern eine medizinische Fragestellung, die ein Laie ohne medizinischen Rat nicht beurteilen kann, weil er die medizinischen Alternativen nicht kennt und auch nicht weiß, wie sie hinsichtlich der Chancen und Risiken zu gewichten sind (so das OLG Stuttgart, a. a. O. explizit gegen OLG Karlsruhe, GesR 2005, 361).

B 345 Wenn **in erster Instanz chirurgische Behandlungsfehler nicht gerügt** worden sind, kann das erstmals mit der Berufung geltend gemachte Vorbringen, statt einer Cholezystektomie (operative Entfernung der Gallenblase, in 95 % der Fälle durch minimal-invasive Chirurgie) hätte eine ERCP (endoskopische retrograde Cholangiopankreatikographie d. h. Röntgendarstellung des Gallen- und Pankreasgangsystems) durchgeführt werden können bzw. müssen, **gem. § 531 II Nr. 3 ZPO ausgeschlossen** sein (OLG Oldenburg, Urt. v. 24. 3. 2004 – 5 U 121/02, AHRS III, 7460/305; auch OLG Braunschweig, Urt. v. 7. 10. 2008 – 1 U 93/07, juris, Nr. 15, 17).

B 346 Macht das durch die Eltern vertretene Kind in **erster Instanz** ausdrücklich Schadensersatzansprüche aus Anlass der **Geburtsvorbereitung und des Geburtsvorgangs** selbst geltend, so ist es in **zweiter Instanz** mit dem – pauschal erhobenen – Vorwurf einer **nachgeburtlichen Fehlbehandlung** des für den Geburtszeitpunkt dokumentierten asphyktischen Zustandes ausgeschlossen (OLG Hamm, Beschl. v. 9. 2. 2005 – 3 U 247/04, MedR 2005, 351). Mit diesem Vortrag wird nämlich **nicht lediglich der bisherige Vorwurf konkretisiert, sondern der gesamte Angriff geändert.** Wie in dem vom BGH entschiedenen Fall (Urt. v. 8. 6. 2004 – VI ZR 199/03, VersR 2004, 1177) hätte dieser weitere zeitliche Abschnitt des Behandlungsverlauf nach Auffassung des OLG Hamm bereits im ersten Rechtszug in den Rechtsstreit eingeführt werden können (OLG Hamm, Beschl. v. 9. 2. 2005 – 3 U 247/04, MedR 2005, 351).

B 347 Gleiches gilt, wenn sich der Patient erstinstanzlich pauschal auf eine nicht fachgerechte Durchführung einer Operation beruft und nicht auf eine angeblich fehlerhafte Nachsorge. Die erstmals im Berufungsverfahren erhobene **Rüge eines Hygieneverstoßes** ist dann gemäß § 531 II Nr. 3 ZPO präkludiert (OLG Schleswig, Urt. v. 25. 1. 2012 – 4 U 103/10, GesR 2012, 312).

B 348 Wird **erstmals im Berufungsrechtszug das Unterlassen einer Befunderhebung behauptet**, ist der Vortrag nicht gemäß § 531 II Nr. 3 ZPO zuzulassen, wenn es dem Patienten bzw. dessen Prozessbevollmächtigtem ohne medizinische Fachkenntnisse möglich gewesen wäre, diesen Vorwurf bereits in erster Instanz zu erheben. Dies ist etwa dann der Fall, wenn die Mutter des klagenden Patienten **aus eigenem Erleben wusste, dass am fraglichen Tag keine Untersuchungen zum mutmaßlichen Geburtsgewicht vorgenommen worden waren** und Entsprechendes auch nicht dokumentiert wurde (OLG Karlsruhe, Urt. v. 21. 3. 2007 – 7 U 198/04 mit NZB BGH v. 13. 11. 2007 – VI ZR 119/07, AHRS III, 7460/320).

Wird erstmals im Berufungsrechtszug behauptet, dass der Patient den Arzt nicht nur wegen einer Gelbfärbung eines Auges, sondern auch wegen Schmerzen und einer Sehverschlechterung aufgesucht habe, ist dieser Vortrag gemäß § 531 II Nr. 3 ZPO bei der Entscheidungsfindung nicht zu berücksichtigen (OLG Düsseldorf, Urt. v. 17. 3. 2005 – I 8 U 123/04, AHRS III, 7460/311). **B 349**

Auch ein auf identischer Erkenntnisgrundlage von der **klagenden Krankenkasse erstmals im Berufungsverfahren erhobener Vorwurf eines weiteren Behandlungsfehlers** (hier: erstinstanzlich fehlerhafte Behandlung von Druckgeschwüren, zweitinstanzlich unzureichende Behandlung einer Blutarmmut) ist gem. § 531 II Nr. 3 ZPO präkludiert. Denn jedenfalls eine vom MdK beratene Krankenkasse kann sich nicht auf das typische Sachkundedefizit des Patienten berufen und ist gehalten, mögliche Behandlungsfehler bereits in erster Instanz geltend zu machen (OLG Braunschweig, Urt. v. 7. 10. 2008 – 1 U 93/07, juris, Nr. 15, 17). **B 350**

Auch unter Berücksichtigung der geringeren Anforderungen an die Substantiierungspflicht des Patienten im Arzthaftungsprozess muss der **Tatsachenvortrag** nach Auffassung des OLG Düsseldorf **zumindest in groben Zügen erkennen lassen, welches ärztliche Verhalten fehlerhaft gewesen** und welcher Schaden hieraus entstanden sein soll (OLG Düsseldorf, Urt. v. 8. 4. 2004 – I-8 U 96/03, VersR 2005, 1737; Urt. v. 17. 3. 2005 – I-8 U 123/04, GesR 2005, 526 = OLGR 2006, 42, 43; F/N/W, 5. Aufl., Rz. 265). Der Patient muss zumindest vortragen, mit welchen Beschwerden er sich beim beklagten Arzt vorgestellt hat. Wird dies in erster Instanz unterlassen, so ist dies i. d. R. nachlässig und steht einer Berücksichtigung neuen Vorbringens – sofern von der Behandlungsseite bestritten – im Berufungsverfahren gem. § 531 II 1 Nr. 3 ZPO entgegen (OLG Düsseldorf, Urt. v. 17. 3. 2005 – I-8 U 123/04, GesR 2005, 526 = OLGR 2006, 42, 43). **B 351**

Beruft sich der klagende Patient zur Begründung eines Antrags auf Sachverständigenbeweis mit verspätetem Vorbringen fachspezifischen Inhalts selbst darauf, **dass der betreffende Punkt auch nach allgemein zugänglichen Informationsquellen geradezu „auf der Hand gelegen"** hätte, kann er nach Ansicht des OLG Koblenz aber keine spezifischen Erleichterungen der Vortragslast zu medizinischen Fachfragen im Arzthaftungsprozess in Anspruch nehmen (OLG Koblenz, Urt. v. 6. 12. 2002 – 10 U 1790/01, VersR 2004, 1458 = NJW-RR 2003, 970). **B 352**

Erstmals in der **Berufungsbegründung** gegen ein **im selbständigen Beweisverfahren eingeholtes Sachverständigengutachten geltend gemachte Rügen** sind nach einem allerdings ebenfalls vor der Entscheidung des BGH vom 8. 6. 2004 ergangenen Urteil des OLG Saarbrücken wegen **Nachlässigkeit** der Partei **(§ 531 II 1 Nr. 3 ZPO)** auch dann **nicht zuzulassen,** wenn die Partei **das Gutachten zuvor weder im selbständigen Beweisverfahren noch im erstinstanzlichen streitigen** **B 353**

Verfahren beanstandet hat (OLG Saarbrücken, Urt. v. 25. 9. 2002 – 1 U 273/05–65, OLGR 2002, 453 = NJW-RR 2003, 139; ebenso KG, Beschl. v. 20. 8. 2007 – 12 U 11/07, OLGR 2008, 497, 498).

B 354   Jedoch muss der Partei natürlich Gelegenheit gegeben worden sein, Einwendungen gegen das Gutachten vorzubringen und den Sachverständigen zur Erläuterung seines schriftlichen Gutachtens zur mündlichen Verhandlung laden zu lassen (vgl. hierzu → *Sachverständigenbeweis*, Rz. S 43 ff., S 70 ff. und → *Beweisverfahren, selbständiges*, Rz. B 552 ff., B 534a).

B 355   **Beanstandungen gegen das Gutachten eines gerichtlichen Sachverständigen**, die im ersten Rechtszug hätten vorgebracht werden können, sind als neue Angriffs- und Verteidigungsmittel im Berufungsverfahren auch nach zutreffender Ansicht des KG (Beschl. v. 20. 8. 2007 – 12 U 11/07, OLGR 2008, 497, 498) nach § 531 II Nr. 3 ZPO regelmäßig nicht zuzulassen.

B 356   Auch bei einem **Parteigutachten**, mit welchem **in zweiter Instanz ein im ersten Rechtszug eingeholtes gerichtliches Gutachten angegriffen** wird, handelt es sich nach Auffassung des OLG Schleswig um ein neues, gem. § 531 II 1 Nr. 3 ZPO nicht zuzulassendes Angriffsmittel, wenn das Gutachten auch bereits im ersten Rechtszug hätte eingeholt werden können (OLG Schleswig, Urt. v. 23. 9. 2004 – 7 U 31/04, OLGR 2005, 8; a. A. aber BGH, Urt. v. 8. 6. 2004 – VI ZR 199/03, VersR 2004, 1177, 1179; vgl. Rz. B 325, B 330, B 334).

B 357   Dies gelte jedenfalls dann, wenn zwischen der Zustellung des gerichtlichen Sachverständigengutachtens und dem Hauptverhandlungstermin elf Wochen liegen und der – später berufungsführende – Patient tatsächlich einen Privatgutachter in die Hauptverhandlung stellt, der den gerichtlich bestellten Sachverständigen für den Patienten befragt hat (OLG Schleswig, Urt. v. 23. 9. 2004 – 7 U 31/04, OLGR 2005, 8, 10).

bb) Neues Vorbringen der Behandlungsseite in zweiter Instanz

B 358   Auch zugunsten der Behandlungsseite muss gelten, dass die Partei im Arzthaftungsprozess berechtigt ist, ihre Einwendungen gegen ein gerichtliches Sachverständigengutachten zunächst ohne Hilfe eines Privatgutachters vorzubringen. Es kann **nicht als Nachlässigkeit angesehen** werden, wenn eine Partei **erst im zweiten Rechtszug ihren Angriff bzw. ihre Verteidigung mithilfe eines Privatsachverständigen konkretisiert** (BGH, Urt. v. 8. 7. 2008 – VI ZR 259/06, VersR 2008, 1265, 1267 = NJW 2008, 2846, 2849, Nr. 27 im Anschl. an BGH, Urt. v. 8. 6. 2004 – VI ZR 199/03, VersR 2004, 1177, 1179 = NJW 2004, 2825, 2826).

B 359   Die Behandlungsseite ist jedoch mit einem **erstmals in der Berufungsinstanz** gestellten Beweisantrag, etwa der **Vernehmung eines Zeugen zum Umfang der nach Behauptung der Behandlungsseite erfolgten Risikoaufklärung** gem. § 531 II Nr. 3 ZPO **ausgeschlossen**, wenn der Patient bereits in erster Instanz bestritten hatte, über die Risiken einer Operation aufgeklärt worden zu sein (KG, Urt. v. 15. 12. 2003 – 20 U 105/02, AHRS III, 7460/304).

B 360   Auch die erstmals in zweiter Instanz aufgestellte, vom Patientenvertreter bestrittene Behauptung des Arztes, **ein weiterer**, dem Patienten **zumutbarer Ein-**

griff könne die anlässlich des streitgegenständlichen Eingriffs verursachten Ausfälle und **Beschwerden lindern**, ist nach § 531 II Nr. 3 ZPO unbeachtlich (OLG Koblenz, Urt. v. 14. 6. 2007 – 5 U 1370/06, VersR 2008, 492, 493 = GesR 2007, 488, 490).

Erhebt die Behandlungsseite den **Einwand der „hypothetischen Einwilligung"** des Patienten erst in zweiter Instanz, so ist sie damit ebenfalls nach § 531 II Nr. 3 ZPO ausgeschlossen. Das erst- und zweitinstanzliche Gericht muss sich nicht mit der Frage befassen, ob sich der Patient in einem **„ernsthaften Entscheidungskonflikt"** befand, denn die Entscheidung hierüber ist erst zulässig und geboten, wenn die Behandlungsseite den Einwand der fehlenden Ursächlichkeit der unterlassenen Aufklärung **(hypothetische Einwilligung) rechtzeitig erstinstanzlich vorbringt** (BGH, Urt. v. 18. 11. 2008 – VI ZR 198/07, NJW 2009, 1209, 1211 = VersR 2009, 257, 258, Nr. 22, 24; ebenso bereits die Vorinstanz, OLG Oldenburg, Urt. v. 4. 7. 2007 – 5 U 106/06, OLGR 2007, 861, 862 = VersR 2008, 124, 125 = MedR 2008, 437, 440 = juris, Nr. 27; OLG Oldenburg, Urt. v. 27. 5. 2009 – 5 U 43/08, VersR 2010, 1221, 1223; OLG Karlsruhe, Urt. v. 23. 3. 2011 – 7 U 79/10, GesR 2011, 356, 358; KG, Urt. v. 27. 6. 2004 – 20 U 66/06, AHRS III, 7460/307; vgl. auch BGH, Urt. v. 22. 5. 2007 – VI ZR 35/06, NJW 2007, 2774, 2776 = VersR 2007, 1273, 1276, Nr. 30: hypothetische Einwilligung nur beachtlich, wenn sich die Behandlungsseite hierauf beruft). **B 361**

Musste der beklagte Arzt spätestens nach Vorlage des in erster Instanz eingeholten Sachverständigengutachtens in Betracht ziehen, dass das Gericht seinem Sachvortrag zu einer ordnungsgemäßen Aufklärung nicht folgen würde, ist es spätestens zu diesem Zeitpunkt geboten, sich zumindest hilfsweise mit dem Einwand der **„hypothetischen Einwilligung"** zu verteidigen (BGH, Urt. v. 18. 11. 2008 – VI ZR 198/07, MDR 2009, 281, 282 = NJW 2009, 1209, 1211 = VersR 2009, 257, 258, Nr. 24). **B 362**

Nur dann, wenn die der in zweiter Instanz geltend gemachten „hypothetischen Einwilligung" zugrundeliegenden Tatsachen **zwischen den Parteien unstreitig bleiben**, – denkbar wohl nur infolge eines „Anschlussfehlers" der Gegenseite, – **ist das neue Verteidigungsmittel zuzulassen** (BGH, Urt. v. 18. 11. 2008 – VI ZR 198/07, VersR 2009, 257, 258, Nr. 24, 25; BGH, Urt. v. 2. 2. 2010 – VI ZR 82/09, MDR 2010, 649 zur Einrede der Verjährung bzw. Aufrechnung; auch BGH, Beschl. v. 23. 6. 2008 – GSZ 1/08, MDR 2008, 1414, 1415 = NJW 2008, 3434, 3435, Nr. 10, 11, 19 zur Einrede der Verjährung; OLG München, Urt. v. 2. 2. 2012 – 1 U 5333/10, juris, Nr. 63; Kroppenberg, NJW 2009, 642, 644; a. A. noch OLG Oldenburg, Urt. v. 4. 7. 2007 – 5 U 106/06, VersR 2008, 124, 125 = MedR 2008, 437, 440: Einwand der „hypothetischen Einwilligung" in zweiter Instanz selbst dann unbeachtlich, wenn der entsprechende Vortrag unstreitig bleibt). **B 363**

Nach Auffassung des OLG München (Urt. v. 2. 2. 2012 – 1 U 5333/10, juris, Nr. 62, 63) ist die **Rüge der hypothetischen Einwilligung bzw. der Ernsthaftigkeit eines vom Patienten behaupteten Entscheidungskonflikts erst in zweiter Instanz zuzulassen und nicht verspätet, wenn der Rechtsstreit aufgrund der ohnehin erforderlichen Anhörung des Patienten hierdurch nicht verzögert wird.** Da- **B 364** nach könnte der Einwand der „hypothetischen Einwilligung" auch in zweiter Instanz beachtlich sein, wenn der Patient zum Behandlungsgeschehen ohnehin angehört wird.

c) Neuer Vortrag unstreitiger Tatsachen in der Berufungsinstanz

B 365   Im Rahmen des § 531 II 1 Nr. 3 ZPO war jedenfalls bis zur Entscheidung des BGH vom 18. 11. 2004 (IX ZR 229/03, NJW 2005, 291, 293 = MDR 2005, 527 = NJW 2005, 291, 293) streitig, ob unstreitiger oder unstreitig gewordener neuer Vortrag zu berücksichtigen ist.

B 366   Zahlreiche Oberlandesgerichte hatten den neuen Sachvortrag, auch wenn er unstreitig geblieben oder geworden ist, **nur unter den Voraussetzungen des § 531 II 1 Nr. 1–3 ZPO zugelassen** (OLG Celle, Urt. v. 8. 5. 2003 – 6 U 208/02, OLGR 2003, 303, 307; OLG Koblenz, Urt. v. 20. 11. 2003 – 7 U 599/03, OLGR 2004, 354, 356; OLG Nürnberg, Urt. v. 16. 10. 2002 – 4 U 1404/02, OLGR 2003, 377; OLG Oldenburg, Beschl. v. 4. 9. 2002 – 2 U 149/02, MDR 2003, 48, 49 = NJW 2002, 3556, 3557; zustimmend Würfel, MDR 2003, 1212; Rimmelspacher, NJW 2002, 1897, 1903; grundsätzlich auch Schenkel, MDR 2004, 121, 122).

B 367   Nach der vermittelnden Ansicht ist bzw. war neues tatsächliches Vorbringen in der Berufungsinstanz jedenfalls dann zu berücksichtigen, wenn es **unstreitig** blieb und eine Zurückweisung zu einer **„evident unrichtigen Entscheidung"** führen würde bzw. geführt hätte (OLG Hamm, Urt. v. 10. 2. 2003 – 18 U 93/02, NJW 2003, 2325 = MDR 2003, 650; Urt. v. 19. 9. 2003 – 19 U 56/02, NJW-RR 2003, 1720, 1721; OLG Karlsruhe, Urt. v. 13. 1. 2004 – 17 U 71/03, MDR 2004, 1020 = OLGR 2004, 200; OLG Köln, Urt. v. 22. 12. 2003 – 5 U 127/03, MDR 2004, 833; OLG Oldenburg, Urt. v. 23. 7. 2002 – 5 U 37/02; Crückeberg, MDR 2003, 10, 11; Schenkel, MDR 2004, 121, 124: neues Vorbringen nur in extremen Ausnahmefällen zuzulassen; Würfel, MDR 2003, 1212, 1214: neues Vorbringen bei offensichtlich unzutreffendem Vortrag der Gegenseite zuzulassen).

B 368   Andere Oberlandesgerichte vertraten die Auffassung, neue Angriffs- und Verteidigungsmittel seien im Berufungsverfahren unabhängig vom Vorliegen der Voraussetzungen des § 531 II ZPO grundsätzlich dann **zuzulassen, wenn der neue Sachvortrag unstreitig ist** bzw. wird und seine Berücksichtigung eine **Sachentscheidung ohne weitere Beweisaufnahme ermöglicht** (OLG Nürnberg, Urt. v. 7. 5. 2003 – 13 U 615/03, MDR 2003, 1133; OLG Karlsruhe, Urt. v. 4. 11. 2004 – 19 U 216/03, MDR 2005, 412 = OLGR 2005, 42 zur Einrede der Verjährung; auch OLG Celle, Urt. v. 25. 7. 2006 – 16 U 23/06, OLGR 2006, 647, 648 und Crückeberg, MDR 2003, 10, 11: Zulassung jedenfalls dann, wenn die neu vorgetragenen Tatsachen unstreitig bleiben und keine weiteren Beweiserhebungen erforderlich werden).

B 369   Der V. Zivilsenat des BGH hatte sich im Beschl. v. 22. 1. 2004 (V ZR 187/03, NJW 2004, 1458, 1459 = MDR 2004, 700; ebenso BGH, XII. ZS., NJW 2006, 140, 141) zur Problematik geäußert, eine klare Aussage aber zunächst vermieden. Auch andere Gerichte (vgl. etwa KG, Urt. v. 5. 7. 2004 – 12 U 146/03, OLGR 2005, 26 = MDR 2004, 1438) hatten die Frage offengelassen.

Im Urt. v. 18. 11. 2004 (IX ZS., NJW 2005, 291, 292 = MDR 2005, 527, 528; nach- B 370
folgend ebenso BGH, II. ZS., NJW-RR 2005, 437; BGH, III. ZS., NJW-RR 2006,
630, Nr. 6; BGH, IV. ZS., FamRZ 2005, 1555, 1557 = BeckRS 2005, 8881; BGH,
VIII. ZS., NJW-RR 2006, 755, Nr. 5; BGH, IX. ZS., NJW 2008, 63, 67 und Urt. v.
16. 10. 2008 – IX ZR 135/07, NJW 2009, 685, Nr. 7, 22; BGH, XI ZS., NJW 2008,
1312, 1315; BGH, Urt. v. 2. 2. 2010 – VI ZR 82/09, MDR 2010, 649; OLG Naumburg, Urt. v. 9. 11. 2010 – 1 U 44/10, juris, Nr. 75, 76 = MedR 2012, 195, 196/197;
OLG Düsseldorf, Urt. v. 17. 3. 2005 – I-8 U 123/04, GesR 2005, 526, 527; OLG
Karlsruhe, Urt. v. 21. 2. 2006 – 17 U 63/05, OLGR 2006, 526, 528; OLG Koblenz,
Urt. v. 22. 2. 2007 – 5 U 8/06, OLGR 2008, 9; Musielak-Ball, 10. Aufl., 2012,
§ 531 ZPO Rz. 16 a.E.; Zöller/Heßler, 30. Aufl., 2012, § 531 ZPO Rz. 20) hat
sich der BGH der weiter gehenden Ansicht angeschlossen, wonach **neuer, aber
unstreitiger Tatsachenvortrag in der Berufungsinstanz stets zu berücksichtigen
ist**; eine analoge Anwendung des § 531 II ZPO wird vom BGH ausdrücklich abgelehnt (BGH, Urt. v. 18. 11. 2004 – IX ZR 229/03, NJW 2005, 291, 292 = MDR
2005, 527, 528).

Der Große Senat für Zivilsachen (BGH, Beschl. v. 23. 6. 2008 – GSZ 1/08, MDR B 371
2008, 1414, 1415 = NJW 2008, 3434, Nr. 10, 11, 19) hat die Rechtsauffassung des
II., III., IV., VIII., IX. und XI. Zivilsenats zur Berücksichtigung des neuen, aber
unstreitigen Vorbringens bestätigt und auch für die erstmals in zweiter Instanz
erhobene Einrede der Verjährung entschieden, diese sei unabhängig von den Voraussetzungen des § 531 II 1 Nr. 1–3 ZPO zuzulassen, wenn die Erhebung der
Einrede und die den **Verjährungseintritt** begründenden **tatsächlichen Umstände
unstreitig** seien.

Nach Auffassung des IX. Zivilsenats ist neuer, unstreitiger Vortrag in der Beru- B 372
fungsinstanz **selbst dann zu zuzulassen, wenn dies dazu führt, dass vor einer
Sachscheidung eine Beweisaufnahme erforderlich wird** (BGH, Urt. v.
16. 10. 2008 – IX ZR 135/07, NJW 2009, 685, 687, Nr. 22 und, NJW 2005, 291,
292; a.A. Kroppenberg, NJW 2009, 642, 644 m.w.N.: neuer Vortrag nur unter
den Voraussetzungen des § 531 II ZPO zu berücksichtigen; von BGH, Beschl. v.
23. 6. 2008 – GSZ 1/08, MDR 2008, 1414, 1415 = NJW 2008, 3434, 3435, Nr. 10
offen gelassen).

Auch ein **völlig neuer Tatsachenstoff** ist in zweiter Instanz zu berücksichtigen, B 373
wenn sich aus einem neuen Gutachten im Berufungsverfahren ergibt, dass alle
bisherigen Diagnosen und Behandlungsmaßnahmen einschließlich der gutachterlichen Feststellungen und Schlussfolgerungen aus erster Instanz unzutreffend
waren und die Parteien die Erkenntnisse des Zweitgutachters unstreitig stellen
(OLG Koblenz, Urt. v. 22. 2. 2007 – 5 U 8/06, OLGR 2008, 9).

d) In zweiter Instanz erhobene Einrede der Verjährung

Nach **einer**, auch vom X. Zivilsenat des BGH vertretenen **Ansicht** ist die **erst in** B 374
zweiter Instanz erhobene Einrede der Verjährung nach § 531 II 1 Nr. 3 ZPO als
neues Angriffs- und Verteidigungsmittel **schon dann zurückzuweisen, wenn die
Verjährungsfrist bereits vor oder während des erstinstanzlichen Verfahrens abgelaufen war** (BGH, Urt. v. 21. 12. 2005 = X ZR 165/04, MDR 2006, 766; OLG

Brandenburg, Urt. v. 15. 1. 2003 – 13 U 108/02, BauR 2003, 1256; OLG Düsseldorf, BeckRS 2005, 3324; OLG Frankfurt, Urt. v. 8. 12. 2003 – 1 U 115/03, OLGR 2004, 249 = BauR 2004, 560; OLG Karlsruhe, Urt. v. 12. 9. 2007 – 7 U 169/06, NJW 2008, 925, 927; KG, Urt. v. 26. 11. 2002 – 5 U 85/02, OLGR 2003, 392; OLG München, Urt. v. 31. 3. 2004 – 17 U 1902/04, BauR 2004, 1982; OLG Oldenburg, Urt. v. 29. 7. 2003 – 9 U 65/02, MDR 2004, 292; OLG Oldenburg, Urt. v. 4. 7. 2007 – 5 U 106/06, VersR 2008, 124, 125 = OLGR 2007, 861, 862 = MedR 2008, 437, 440; OLG Saarbrücken, OLGR 2007, 589, 591 = BeckRS 2007, 8767; Meller-Hannich, NJW 2006, 3385, 3387 und JZ 2005, 656, 664; Roth, JZ 2005, 174, 176; Rotz, JZ 2006, 9, 15; Schenkel, MDR 2005, 726, 727).

B 375 Nach der – zuletzt auch vom IX. und III. ZS des BGH (vgl. Rz. B 370 f.) vertretenen – Gegenauffassung steht § 531 II ZPO der erstmaligen Erhebung der Verjährungseinrede in der Berufungsinstanz nicht entgegen, wenn die tatsächlichen Grundlagen nicht streitig sind und die Zulassung der Verjährungseinrede daher nicht zu einer Verzögerung des Rechtsstreits führt (BGH, Vorlagebeschl. v. 4. 12. 2007 – XI ZR 144/06, NJW 2008, 1312, 1315; Urt. v. 19. 1. 2006 – III ZR 105/05, MDR 2006, 822 = NJW-RR 2006, 630, Nr. 6).

B 376 Auf den Vorlagebeschluss des XI. ZS (XI ZR 144/06, NJW 2008, 1312, 1315) hat sich der Große Senat für Zivilsachen nunmehr dieser letztgenannten Ansicht angeschlossen (BGH, Beschl. v. 23. 6. 2008 – GSZ 1/08, NJW 2008, 3434 = MDR 2008, 1414; auch BGH, Urt. v. 16. 10. 2008 – IX ZR 135/07, NJW 2009, 685, 687, Nr. 7, 22 und BGH, Urt. v. 2. 2. 2010 – VI ZR 82/09, MDR 2010, 649).

B 377 Danach ist auch der erstmals im Berufungsrechtszug erhobene Verjährungseinwand unabhängig von den Voraussetzungen des § 531 III 1 Nr. 1–3 ZPO zuzulassen, wenn die Erhebung der Verjährungseinrede und die den Verjährungseintritt begründenden tatsächlichen Umstände zwischen den Prozessparteien unstreitig sind. Nach Auffassung des IX. Zivilsenats gilt dies selbst dann, wenn aufgrund der Zulassung der Einrede vor einer Sachentscheidung eine Beweisaufnahme erforderlich wird (BGH, Urt. v. 16. 10. 2008 – IX ZR 135/07, NJW 2009, 685, 687, Nr. 22 und BGH, NJW 2005, 291, 292 = MDR 2005, 527; Zöller/Heßler, 30. Aufl, § 531 ZPO Rz. 20; a. A. Kroppenberg, NJW 2009, 642, 644 m. w. N.: neuer Vortrag nur unter den Voraussetzungen des § 531 II ZPO zu berücksichtigen).

B 378 Damit ist unstreitiges, neues Vorbringen in zweiter Instanz stets beachtlich, etwa eine erstmals im Berufungsverfahren erhobene Verjährungseinrede (BGH, Beschl. v. 23. 6. 2008 – GSZ 1/08, NJW 2008, 3434, 3435), die erstmalige Fristsetzung zur Nacherfüllung (BGH, NJW 2009, 2532, 2533) oder die erstmalige Ausübung eines Widerrufsrechts nach § 355 BGB (Musielak/Ball, 10. Aufl., § 531 ZPO Rz. 16 a. E.; Rohlfing, NJW 2010, 1787, 1789).

B 379 Zu beachten ist, dass die erstmalige Erhebung der Einrede der Verjährung bzw. eine Aufrechnungserklärung im Laufe des Rechtsstreits auch dann ein erledigendes Ereignis darstellt, wenn die Verjährung bereits vor Rechtshängigkeit eingetreten ist bzw. wenn sich die gegenseitigen Ansprüche bereits vor Rechtshängigkeit aufrechenbar gegenübergestanden haben (BGH, Urt. v. 27. 1. 2010 – VIII ZR 58/09, MDR 2010, 650: Kostenentscheidung nach § 91a ZPO unter Berücksichtigung des wesentlichen Verursachungsbeitrages des Klägers sowie der verspäteten Berufung auf die Einrede durch den Beklagten).

e) Sanktion und Entscheidung

Die Sanktion in allen Fallgruppen des § 531 II ZPO besteht darin, dass das Berufungsgericht die neuen Angriffs- und Verteidigungsmittel **nicht zulässt, ohne dass es auf die Verzögerung des Rechtsstreits in der Berufungsinstanz ankäme** (Zöller/Heßler, 30. Aufl., § 531 ZPO Rz. 20, 35; Musielak-Ball, § 531 ZPO Rz. 21, 22: kein Entscheidungsspielraum des Berufungsgerichts). **B 380**

Die Entscheidung muss zusammen mit der Hauptsacheentscheidung getroffen und der belasteten Partei zuvor rechtliches Gehör gewährt werden (Zöller/Heßler, 30. Aufl., § 531 ZPO Rz. 36). Die Zurückweisung ist zu begründen. **B 381**

Lässt das Berufungsgericht erstinstanzlich zu **Unrecht präkludiertes Vorbringen** unberücksichtigt, so kann der hierin liegende Verstoß gegen § 531 I ZPO, Art. 103 I GG im Rahmen der **Revision**, beim Vorliegen der sonstigen Voraussetzungen auch einer **Verfassungsbeschwerde** geltend gemacht werden (Musielak-Ball, § 531 ZPO Rz. 23; Zöller/Heßler, 30. Aufl., § 531 ZPO Rz. 36, 37). **B 382**

Denn die **Zurückweisung des neuen Vorbringens einer Partei in zweiter Instanz verletzt zugleich die Verfassungsgarantie des rechtlichen Gehörs (Art. 103 I GG)**, wenn sie auf einer offenkundig fehlerhaften Anwendung des § 531 II ZPO beruht (BGH, Beschl. v. 10. 5. 2012 – IX ZR 221/09, NJW-RR 2012, 1408, Nr. 6; BGH, NJW-RR 2009, 332, Nr. 8). **B 383**

Für den umgekehrten Fall, dass in erster Instanz **zu Recht präkludiertes Vorbringen** vom Berufungsgericht unter Verstoß gegen § 531 I, II ZPO **zugelassen** wird, hat der BGH entschieden, im Revisionsverfahren sei **nicht zu überprüfen**, ob das Berufungsgericht bei der Zulassung des neuen Tatsachenvortrages die Voraussetzungen des § 531 II 1 Nr. 1–3 ZPO beachtet hat (BGH, Beschl. v. 22. 1. 2004 – 5 ZR 187/03, NJW 2004, 1458; zustimmend Zöller/Heßler, 30. Aufl., § 531 ZPO Rz. 38, 39; Müko-Rimmelspacher, § 531 ZPO Rz. 33; **a. A.** Musielak-Ball, § 531 ZPO Rz. 24). Denn die infolge einer gesetzwidrigen Zulassung eingetretene Verzögerung kann in der Revisionsinstanz ohnehin nicht mehr rückgängig gemacht werden (BGH, Beschl. v. 22. 1. 2004 – V ZR 187/03, NJW 2004, 1458, 1459; **ablehnend** Musielak-Ball, § 531 ZPO Rz. 24). **B 384**

IV. Ausschluss zurückgewiesener Angriffs- und Verteidigungsmittel

1. Verspätet vorgebrachte Angriffs- oder Verteidigungsmittel in erster und zweiter Instanz (§§ 531 I, 530 ZPO)

Gem. § 296 I, II ZPO in erster Instanz zu Recht zurückgewiesene Angriffs- und Verteidigungsmittel bleiben auch in der zweiten Instanz ausgeschlossen (§ 531 I ZPO; Musielak-Ball, § 531 ZPO Rz. 4, 6, 13). Hiervon zu unterscheiden ist § 530 ZPO, der Angriffs- und Verteidigungsmittel ausschließt, die unentschuldigt erst nach Ablauf der Berufungsbegründungs- bzw. Berufungserwiderungsfrist vorgebracht werden, sofern ihre Zulassung die Erledigung des Rechtsstreits **B 385** verzögern würde (Musielak-Ball, § 530 ZPO Rz. 2; Zöller/Heßler, 30. Aufl., § 530 ZPO Rz. 1, 2, 14; B/L/A/H, 71. Aufl., Rz. 1, 4).

B 385a Ist erstinstanzliches, verspätetes Vorbringen **zu Recht zurückgewiesen** worden (vgl. nachfolgend Rz. B 389ff.), so ist dieses Vorbringen **auch für die zweite Instanz endgültig ausgeschlossen, § 531 I ZPO** (vgl. Zöller/Heßler, § 530 ZPO Rz. 1, 14; Musielak-Ball, § 530 ZPO Rz. 7 und § 531 ZPO Rz. 6, 13).

Wurde tatsächliches Vorbringen erstinstanzlich **zu Unrecht zurückgewiesen** (nachfolgend Rz. B 389ff.), so ist das zweitinstanzliche Vorbringen weder neu noch verspätet noch verzögernd. Das Berufungsgericht muss dann versuchen, den Verfahrensfehler auszugleichen (vgl. Zöller/Heßler, § 530 ZPO Rz. 14 und Musielak-Ball, § 530 ZPO Rz. 7).

Ist das **Vorbringen neu**, also erstmals in zweiter Instanz vorgebracht worden, ist **vorrangig § 531 II Nr. 1–3 zu prüfen.** In diesem Anwendungsbereich spielt eine Verzögerung keine Rolle (Zöller/Heßler, § 530 ZPO Rz. 1, 14 und § 531 ZPO Rz. 20, 35; Musielak-Ball, § 530 ZPO Rz. 8 und § 531 ZPO Rz. 2, 16).

B 386 **§ 530 ZPO** ist aber auch dann anzuwenden, wenn die Voraussetzungen für die Zurückweisung des Vorbringens nach **§ 531 ZPO nicht gegeben** sind (OLG Karlsruhe, Urt. v. 9. 3. 2005 – 7 U 27/04, OLGR 2005, 375, 376). Werden Angriffs- und Verteidigungsmittel von der jeweiligen Partei unentschuldigt erst nach Ablauf der Berufungsbegründungsfrist (§§ 520 II, 530 ZPO), der Berufungserwiderungsfrist (§§ 521 II, 530 ZPO) oder einer dem Berufungskläger gesetzten Frist zur Stellungnahme auf die Berufungserwiderung (§§ 521 II, 530 ZPO) vorgebracht, so sind sie **bei drohender Verzögerung** nach § 530 i. V. m. § 296 I, IV ZPO (siehe hierzu unten Rz. B 392ff.) **präkludiert** (Zöller/Heßler, § 530 ZPO Rz. 2, 9, 14; Musielak-Ball, § 530 ZPO Rz. 11ff., 19ff.).

B 386a **Typische Verstöße gegen § 530 ZPO sind etwa nachgeschobene Beweisanträge**, die grundsätzlich innerhalb der Frist zur Berufungsbegründung bzw. Berufungserwiderung eingeführt werden müssen, ein in erster Instanz im Laufe des Verfahrens wieder fallengelassener Beweisantrag, **die erstmalige Benennung des erstinstanzlich benannten Zeugen „N.N." in der Berufungsinstanz**, obwohl Name und Anschrift bekannt bzw. ohne Weiteres ermittelbar waren sowie ein in der Berufungsbegründung unterlassenes, später aber nachgeholtes Bestreiten (Zöller/Heßler, § 530 ZPO Rz. 10–12). Neu ist auch ein Bestreiten, wenn der Vortrag der Partei zwar erstinstanzlich schriftsätzlich bestritten worden war, der Vorgang im Tatbestand des angefochtenen Urteils jedoch als unstreitig wiedergegeben und **keine Tatbestandsberichtigung nach § 320 ZPO erwirkt worden ist** (Zöller/Heßler, § 530 ZPO Rz. 12 und Rz. B 280ff.).

B 387 Werden Angriffs- oder Verteidigungsmittel für die jeweilige Partei unentschuldigt erst nach Ablauf der Berufungsbegründungsfrist (§ 520 II ZPO), der Berufungserwiderungsfrist (§ 521 II ZPO) oder einer dem Berufungskläger gesetzten Frist zur Stellungnahme auf die Berufungserwiderung (§ 521 II ZPO) bzw. einer sonstigen, den Parteien wirksam nach §§ 525, 273 II Nr. 3 gesetzten Frist vorgebracht, so sind sie bei drohender Verzögerung gemäß §§ 530, 296 I, IV ZPO präkludiert (Musielak-Ball, § 530 ZPO Rz. 4, 5, 6).

Angriffs- und Verteidigungsmittel, die in Berufungsverfahren unter Verletzung   B 388
der **allgemeinen Prozessförderungspflicht** (§ 525 ZPO i. V. m. § 282 ZPO) verspätet vorgebracht werden, ohne dass gesetzliche oder richterliche Fristen missachtet worden sind, unterliegen der Zurückweisung nach § 525 ZPO i. V. m. §§ 296
II, 282 ZPO (Musielak-Ball, § 530 ZPO Rz. 4–6).

Im Rahmen des § 530 ZPO mus jedoch eine Verzögerung festgestellt werden.   B 388a
Diese kann etwa dadurch eintreten, dass der Gegner sich nicht mehr rechtzeitig
äußern kann und eine Vertagung nötig würde, weil ein Schriftsatznachlass nicht
ausreichen würde. Verzögert wäre auch eine Beweisaufnahme, die bei rechtzeitigem Vorbringen durch Maßnahmen nach §§ 273, 358a ZPO im ersten Termin
hätte durchgeführt werden können, soweit es nicht ohnehin zu einer besonderen
bzw. weiteren Beweisaufnahme gekommen wäre (Zöller/Heßler, § 530 ZPO
Rz. 16, 17). Eine Verzögerung darf jedoch nicht angenommen werden, wenn sie
durch **vorbereitende Maßnahmen des Gerichts nach § 273 ZPO verhindert werden** können bzw. konnten (BGH, NJW 1999, 585; auch BGH, Urt. v. 3. 7. 2012
– VI ZR 120/11, NJW 2012, 2808, Nr. 11; Zöller/Heßler, § 530 ZPO Rz. 18;
Musielak-Ball, § 530 ZPO Rz. 20, 21).

**2. Überprüfung der erstinstanzlichen Zurückweisung bzw. Nichtzulassung;
Vorliegen der Voraussetzungen des § 296 I ZPO**

a) Prüfungsumfang

Nach § 531 I ZPO hat das **Berufungsgericht nur** zu prüfen, ob die erstinstanzli-   B 389
che **Zurückweisung** bzw. **Nichtzulassung rechtmäßig** war. Das ist dann der Fall
– und die Zurückweisung rechtmäßig – wenn nach dem Erkenntnisstand des Berufungsgerichts und nach seiner eigenen freien Überzeugung die Voraussetzungen der vom Erstgericht angewendeten Präklusionsnorm (§ 296 I, II ZPO) im
Zeitpunkt der letzten mündlichen Verhandlung in erster Instanz erfüllt waren
(Musielak-Ball, § 531 ZPO Rz. 6, 8; Zöller/Heßler, § 531 ZPO Rz. 2, 6, 8).

In erster Instanz zu Unrecht zurückgewiesene Angriffs- und Verteidigungsmittel   B 390
sind im Berufungsrechtszug nicht nach § 531 I ZPO ausgeschlossen und daher
ohne weiteres zu berücksichtigen, sofern nicht § 530 ZPO entgegensteht (Musielak-Ball, § 531 ZPO Rz. 13). Gleiches gilt für gem. § 296 I, II ZPO verspätetes
Vorbringen, das in erster Instanz zu Recht oder aber auch zu Unrecht zugelassen
worden ist (BGH, NJW 1981, 928; Zöller/Heßler, § 530 ZPO Rz. 1, 14 und
§ 531 ZPO Rz. 6, 38, 39; Musielak-Ball, § 531 ZPO Rz. 13).

Das Berufungsgericht **darf dabei eine fehlerhafte Begründung der erstinstanzli-   B 391
chen Entscheidung nicht durch eine andere, eigene Begründung ersetzen** oder
die Zurückweisung auf eine andere als die von der Vorinstanz angewandte Vorschrift stützen (BGH, Urt. v. 22. 2. 2006 – IV ZR 56/05, VersR 2006, 812, 813;
Urt. v. 4. 5. 2005 – XII ZR 23/03, NJW-RR 2005, 1007, 1008 = MDR 2005, 1006,
1007; BGH, Beschl. v. 25. 2. 2010 – I ZB 18/08, juris, Nr. 18; OLG Frankfurt, Urt.
v. 22. 12. 2010 – 19 U 190/10, MDR 2011, 880 = juris, Nr. 10).

b) Voraussetzungen der Zurückweisung wegen Verspätung gem. § 296 I ZPO

B 392   Das **Berufungsgericht** hat bei entsprechendem, schlüssigem Vortrag jedoch zur Frage einer rechtmäßigen Zurückweisung gem. § 296 I ZPO von seinem Standpunkt und Blickwinkel **die Voraussetzungen dieser Vorschrift nachzuprüfen (aa)–nn)):**

aa) Vorbringen eines Angriffs- oder Verteidigungsmittels durch den Berufungsführer in erster Instanz (§ 282 II ZPO)

B 393   Angriffs- und Verteidigungsmittel sind z.B. Behauptungen, Bestreiten, Einwendungen, Einreden, Benennung von Beweismitteln, Beweiseinreden (BGH, Urt. v. 8. 6. 2004 – VI ZR 230/03, NJW 2004, 2828, 2830; Musielak-Ball, § 530 ZPO Rz. 11; Musielak-Foerste, § 282 ZPO Rz. 2; Zöller/Greger, § 282 ZPO Rz. 2, 2a; Zöller/Heßler, § 531 ZPO Rz. 22; B/L/A/H, 71. Aufl., Einl. III Rz. 70, 71, S. 16/17).

Keine Angriffs- und Verteidigungsmittel sind z.B. **Sachanträge, Klageänderungen, Klageerweiterungen, Widerklagen** (Zöller/Heßler, § 282 Rz. 2a; B/L/A/H, § 296 ZPO Rz. 29 und Einl. III Rz. 70; Musielak-Foerste, § 282 ZPO Rz. 2). Auch die **Anschlussberufung** ist kein der Zurückweisung nach §§ 296 I, II, 530, 531 I ZPO unterliegendes Angriffs- oder Verteidigungsmittel (Musielak-Ball, § 530 ZPO Rz. 11, 13). Sie kann aber regelmäßig (Ausnahme: § 524 II 3 ZPO: wenn es um eine Verurteilung zu künftig fällig werdenden wiederkehrenden Leistungen geht) nur innerhalb der dem Berufungsbeklagten gesetzten Frist zur Berufungserwiderung eingelegt (§ 524 II 2 ZPO) und muss binnen gleicher Frist begründet werden (§ 524 III 1 ZPO; vgl. Musielak-Ball, § 530 ZPO Rz. 13 und § 524 ZPO Rz. 21, 22).

B 394   Daneben kommt zur Anschlussberufung eine Präklusion nach § 525 ZPO i.V.m. §§ 296 II, 282 ZPO in Betracht; neues Vorbringen zur Begründung einer Anschlussberufung unterliegt darüber hinaus den Beschränkungen des § 531 II ZPO (Musielak-Ball, § 530 ZPO Rz. 13).

B 395   Im Einzelfall kann zur Vermeidung einer Zurückweisung wegen Verspätung in erster Instanz eine **„Flucht" in die Säumnis, die Klageänderung, die Klageerweiterung oder die Widerklage** zu empfehlen sein (vgl. Einzelheiten bei Schafft/Schmidt, MDR 2001, 436, 441 und Schneider, MDR 2002, 684, 685f. sowie MDR 2003, 901, 904). Dabei ist jedoch § 533 ZPO zu beachten, wonach eine **Klageänderung, Aufrechnungserklärung und Widerklage** in zweiter Instanz nur zulässig sind, wenn der Prozessgegner einwilligt oder das Gericht dies für sachdienlich hält **und** diese auf Tatsachen gestützt werden können, die das Berufungsgericht bei seiner Verhandlung und Entscheidung über die Berufung ohnehin nach § 529 ZPO zugrunde zu legen hat. So ist eine erstmals im Berufungsrechtszug erhobene Widerklage dann zulässig, wenn der Prozessgegner einwilligt oder das Berufungsgericht sie für sachdienlich erachtet und das Begehren auf einem unstreitigen Sachverhalt beruht (BGH, Urt. v. 6. 2. 2004 – II ZR 394/02, NJW-RR 2005, 437 = MDR 2005, 588).

B 396   Nach Auffassung des V. Zivilsenats des BGH (Urt. v. 9. 3. 2004 – V ZR 104/03, NJW 2004, 2152, 2154) darf das Berufungsgericht seiner rechtlichen Beurteilung eines nach § 264 Nr. 2, Nr. 3 ZPO geänderten oder gem. § 263 ZPO sachdienlichen Klagantrags entgegen der missverständlichen Formulierung des § 533 Nr. 2 ZPO nicht nur die von dem erstinstanzlichen Gericht zu dem ursprünglichen Klageantrag festgestellten Tatsachen zugrunde legen, sondern muss auf den gesamten erstinstanzlichen Prozessstoff zurückgreifen.

Zu den Tatsachen, auf die gem. § 533 Nr. 2 ZPO eine Klageänderung gestützt werden kann, weil sie das Berufungsgericht seiner Verhandlung und Entscheidung über die Berufung ohnehin nach § 529 ZPO zugrunde zu legen hat, gehören auch solche, die bereits in erster Instanz vorgetragen worden sind und deshalb im Urteilstatbestand keine Erwähnung gefunden haben. Kommt es aus der allein maßgeblichen Sicht des Berufungsgericht aufgrund einer Klageänderung in der Berufungsinstanz auf diese Tatsachen an, bestehen **erhebliche Zweifel an der Vollständigkeit der entscheidungserheblichen Feststellungen**, die nach § 529 I Nr. 1 ZPO zu eigenen Feststellungen des Berufungsgerichts verpflichten (BGH, Urt. v. 27. 9. 2006 – VIII ZR 19/04, BGH-Report 2007, 28 = NJW 2007, 2414, 2515). | B 397

Ist in zweiter Instanz über einen gem. § 264 Nr. 2 oder Nr. 3 geänderten Antrag zu entscheiden, so hat das Berufungsgericht die hierzu erforderlichen Feststellungen auf der Grundlage des gesamten erstinstanzlichen Prozessstoffes selbst zu treffen (BGH, NJW 2004, 2152, 2153; Musielak-Ball, § 533 ZPO Rz. 22). | B 398

Die **Einwilligung** des **Prozessgegners** kann stillschweigend erteilt werden und wird entsprechend **§ 267 ZPO unwiderleglich vermutet**, wenn sich der Gegner rügelos auf die Widerklage einlässt (Musielak-Ball, § 533 ZPO Rz. 19; Zöller/Heßler, § 533 ZPO Rz. 24). | B 399

Die Sachdienlichkeit der Widerklage ist in den Fällen des § 264 Nr. 1–3 ZPO ohne weiteres gegeben. Im Übrigen entscheidet entsprechend § 263 ZPO vor allem der Gesichtspunkt der Prozessökonomie (BGH, NJW-RR 1992, 733, 736; Musielak-Ball, § 533 ZPO Rz. 20 und Musielak-Foerste, § 263 ZPO Rz. 7; Zöller/Heßler, § 533 ZPO Rz. 10, 26, 28, 29, 30 und Zöller/Greger, § 263 ZPO Rz. 13). So wird die **Sachdienlichkeit** regelmäßig zu bejahen sein, wenn für die Entscheidung über Klage und Widerklage – zumindest teilweise – **derselbe Streitstoff erheblich** ist (Musielak-Ball, § 533 ZPO Rz. 20). **Unerheblich ist, ob die Zulassung der Widerklage für die Gegenpartei den Verlust einer Tatsacheninstanz zur Folge hat** (BGH, NJW 2000, 143, 144; BGH, NJW 2011, 2796, 2797; BGH, NJW 1984, 1552, 1555; Musielak-Ball, § 533 ZPO Rz. 5, 20) **oder ob die Widerklage schon in erster Instanz hätte erhoben werden können** (BGH, NJW 2000, 143, 144; NJW-RR 1990, 505, 506; Musielak-Ball, § 533 ZPO Rz. 20 a. E.; Musielak-Foerste, § 263 ZPO Rz. 7 a. E.).

Die „Sachdienlichkeit" fehlt aber regelmäßig, wenn mit dem neuen Anspruch ein völlig neuer Streitstoff eingeführt wird, bei dessen Beurteilung die bisherigen Prozessergebnisse nicht verwertet werden könnten (BGH, NJW 2000, 800, 803; Zöller/Greger, 30. Aufl., § 263 Rz. 13; Musielak-Foerste, 10. Aufl., § 263 ZPO Rz. 7: die bisherigen Prozessergebnisse müssen wenigstens teilweise nutzbar bleiben). | B 399a

Allerdings ist die frühere Rspr., wonach die Sachdienlichkeit auch dann bejaht werden konnte, wenn die Zulassung der Widerklage eine weitere Beweisauf- | B 400 nahme erforderte und dadurch die Erledigung des Berufungsverfahrens verzögert wurde (BGH, NJW 2000, 143, 144; NJW 1977, 49) im Hinblick auf die **neue Zulassungsschranke des § 533 Nr. 2 ZPO (Hinweis auf § 529 ZPO) überholt** (Musielak-Ball, § 533 ZPO Rz. 21, 22). Klageänderung, Widerklage und Aufrechnung in zweiter Instanz sind somit nur zulässig, soweit sie für die Entscheidung über die Berufung erheblich und nach § 531 II ZPO zuzulassen sind. Eine Änderung oder Erweiterung des nach § 533 Nr. 2 ZPO maßgeblichen Sach- und Streitstandes durch neue, für die Berufung nicht entscheidungserhebliche Angriffs- und Verteidigungsmittel lässt sich auch nicht über § 531 II ZPO erreichen (Musielak-Ball, 9. Aufl., § 533 ZPO Rz. 21, 22). **Neu eingeführte Tatsachen sind auch im Rahmen des § 533 ZPO anhand von §§ 529 I Nr. 2, 530, 531 I, II ZPO zu prüfen** (Zöller/Heßler, § 533 ZPO Rz. 35 und § 529 ZPO Rz. 2).

B 400a   Da eine Partei das Gericht also nicht mit einem solchen Tatsachenstoff konfrontieren darf, den das Gericht nach § 529 i. V. m. § 531 I, II ZPO unbeachtet lassen muss (vgl. BGH, NJW-RR 2010, 1509 und OLG Naumburg, NJW-RR 2011, 249), ist **die Zulassung einer Klageänderung, Aufrechnungserklärung oder Widerklage nach § 533 ZPO praktisch nur dann statthaft, wenn es sich um denselben Streitgegenstand handelt** (B/L/A/H, 71. Aufl. 2013, § 533 ZPO Rz. 11; auch BGH, Urt. v. 6. 12. 2004 – II ZR 394/02, NJW-RR 2005, 437 = MDR 2005, 588).

B 400b   **Wird eine Widerklage auf Vorbringen gestützt, das bereits in erster Instanz erfolgt und deshalb nach § 529 I Nr. 1 ZPO beachtlich ist, sind die Voraussetzungen des § 533 Nr. 2 ZPO aber erfüllt** (BGH, Urt. v. 13. 1. 2012 – V ZR 183/10, MDR 2012, 486, 487 = NJW-RR 2012, 429, Nr. 12; Musielak-Ball, 9. Aufl., § 533 ZPO Rz. 21, 22). **Gleiches gilt, wenn die Widerklage auf neues, unstreitiges Vorbringen gestützt wird** (BGH, Urt. v. 13. 1. 2012 – V ZR 183/10, MDR 2012, 486, 487 = NJW-RR 2012, 429, Nr. 12; BGH, Urt. v. 6. 12. 2004 – II ZR 394/02, MDR 2005, 588 = NJW-RR 2005, 437).

B 400c   Wird eine aufwändige Beweisaufnahme über die im ersten Rechtszug vorgetragenen Tatsachen ausschließlich im Hinblick auf die in zweiter Instanz erhobene Widerklage erforderlich, kann dies bei fehlender – ggf. konkludenter – Einwilligung des Gegners allenfalls dazu führen, dass die **Sachdienlichkeit gemäß § 533 Nr. 1 ZPO zu verneinen** ist (BGH, Urt. v. 13. 1. 2012 – V ZR 183/10, MDR 2012, 486, 487, Nr. 13; Musielak/Ball, 10. Aufl., § 533 ZPO Rz. 19, 20: Einwilligung wird unwiderleglich vermutet, wenn sich der Gegner rügelos auf die Widerklage einlässt).

B 401   Bei einer **Widerklage in erster Instanz** gelten die Einschränkungen des § 533 ZPO nicht. Macht der klagende Patient etwa Schmerzensgeldansprüche, Verdienstausfall o. a. wegen eines Behandlungsfehlers geltend und trägt der beklagte Arzt verspätet, etwa nach Ablauf der ihm gesetzten Klagerwiderungsfrist (§ 275 I 1 ZPO) vor, so könnte er im frühen ersten Termin Widerklage auf Zahlung des (teilweise) offenen Behandlungshonorars erheben, jedenfalls soweit es sich um einen Privatpatienten handelt bzw. mit dem Kassenpatienten zusätzliche Leistungen vereinbart worden sind.

B 402   Die Widerklage kann bis zum Schluss der mündlichen Verhandlung in erster Instanz erhoben werden; es handelt sich um einen einigermaßen **sicheren „Flucht-**

weg", der sich für die beklagte Partei vor allem anstelle einer (hilfsweisen) Prozessaufrechnung empfiehlt (Musielak-Huber, § 296 Rz. 6, 42; auch Zöller/Greger, § 296 ZPO Rz. 42).

bb) Wirksame Setzung und Ablauf von Fristen

Der Partei muss eine **Frist zur Einreichung der Klagerwiderung, Replik o. a. gesetzt** worden sein (§§ 275 I 1, 276 I 2, 276 III, 277, 340 III, 411 IV 2, 697 III 2, 700 V ZPO; Zöller/Greger, 30. Aufl., § 296 ZPO Rz. 8c, 9, 9a; Musielak-Huber, 10. Aufl., § 296 ZPO Rz. 7, 8: § 296 I ZPO anwendbar bei Frist zur Klageerwiderung, zur Replik, zur Ergänzung oder Erläuterung und zur Vorlegung von Urkunden oder Gegenständen, zur Begründung des Einspruchs gegen ein VU, zur Stellungnahme auf ein Sachverständigengutachten, zur Anspruchsbegründung nach Einspruch gegen einen MB oder VB, nicht jedoch auf gemäß § 283 ZPO nachgelassene Schriftsätze; B/L/A/H, 71. Aufl. 2013, § 296 ZPO Rz. 31, 32: **nach § 296 I ZPO kommen folgende Fristen in Betracht: § 273 II Nr. 1 ZPO** zur Ergänzung oder Erläuterung der vorbereiteten Schriftsätze; **§ 273 II Nr. 5 ZPO** i. V. m. einer Anordnung nach § 142 bzw. 144 ZPO; **§ 275 I 1 ZPO** Klageerwiderungsfrist; **§ 275 III** Klageerwiderungsfrist im Verhandlungstermin; **§ 275 IV ZPO** Frist zur Replik; **§ 276 I 2 ZPO** Klageerwiderungsfrist im schriftlichen Vorverfahren; **§ 277 ZPO** Klageerwiderung; **§ 340 III 3 ZPO** Einspruchsbegründungsfrist; **§ 411 IV 2 ZPO** Frist zur Stellungnahme zu einem Gutachten; **§ 530 ZPO** im Berufungsverfahren; **§ 697 III 2 ZPO** Anspruchsbegründungsfrist in der Terminsbestimmung; **§ 700 V 2 Hs. ZPO** Anspruchsbegründungsfrist).

B 403

Wird etwa ein früher erster Termin bestimmt, so sind dies die Frist zur vor diesem Termin einzureichenden Klagerwiderung (§ 275 I 1 ZPO: zuständig ist der Vorsitzende), die im frühen ersten Termin gesetzte Klagerwiderungsfrist (§ 275 III ZPO; zuständig ist das Gericht) und die Frist zur schriftlichen Stellungnahme auf die Klagerwiderung (§ 275 IV ZPO).

B 404

Letztere kann außerhalb der Verhandlung gem. § 275 IV 2 ZPO auch vom Vorsitzenden gesetzt werden; erfolgt die Fristsetzung zur Replik im Termin, obliegt sie nach § 275 IV 1 ZPO dem Gericht (Musielak-Huber, § 296 ZPO Rz. 7). Eine Fristsetzung durch einen anderen Richter als den Vorsitzenden ist unzulässig (s. u. Rz. B 408; BGH, NJW 1991, 2774; Musielak-Huber, § 296 ZPO Rz. 11; Zöller/Greger, § 296 ZPO Rz. 9). Üblicherweise werden die Fristen vom Berichterstatter „in Vertretung" des Vorsitzenden gesetzt

B 405

Verteidigungsmittel (in der Klageerwiderung oder Einspruchsbegründung) sind nicht „nach Ablauf einer hierfür gesetzten Frist" (§ 296 I ZPO) vorgebracht, wenn das Gericht nach Ablauf der gem. § 276 I 2 ZPO gesetzten (und bereits verlängerten) Klageerwiderungsfrist dem Beklagten **ohne weitere Fristsetzung nochmals Gelegenheit zur Klageerwiderung** gibt (BGH, Urt. v. 3. 7. 2012 – VI ZR 120/11, NJW 2012, 2808, LS und Nr. 16, 17).

B 405a

cc) Erteilung einer Belehrung über die Folgen der Fristversäumung in den Fällen der §§ 275 I 2, 277 I 2, II, IV, 276 II ZPO

B 406   Die dem Beklagten gesetzte Frist zur Klageerwiderung sowie die dem Kläger gesetzte Frist zur Replik muss die nach §§ 276 II, 277 II, 277 IV ZPO erforderliche **Belehrung über die Folgen einer Fristversäumung** (i. d. R. Formblatt) enthalten. Die entsprechende Verfügung muss die volle Namensunterschrift des Richters enthalten, eine Paraphe genügt nicht (BGH; NJW 2001, 1210; OLG Frankfurt, Urt. v. 22. 12. 2010 – 19 U 190/10, juris, Nr. 10 = MDR 2011, 880; Zöller/Greger, 30. Aufl., § 296 ZPO Rz. 9, 9c; Musielak-Huber, 10. Aufl., § 296 ZPO Rz. 11).

dd) Angemessenheit der gesetzten Frist

B 407   Die gesetzte Frist muss im Einzelfall angemessen sein (vgl. § 277 III ZPO: Mindestens zwei Wochen zur Klageerwiderung; BGH, NJW 1994, 736: Mehr als vier Wochen bei umfangreichem und verwickeltem Sachverhalt; OLG Düsseldorf, Urt. v. 23. 9. 2011 – I-8 U 29/11, GesR 2011, 668, 670 = juris, Nr. 16, 18; Zöller/ Greger, 30. Aufl., § 296 ZPO Rz. 24: war die Frist nach den konkreten Umständen zu kurz bemessen, ist ihre Versäumung entschuldigt; Musielak-Huber, § 296 ZPO Rz. 15, 16: bei unangemessen kurzer Klageerwiderungsfrist fehlt es an einer wirksamen Fristsetzung).

B 407a   Nach h. M. setzt die Wirksamkeit einer Frist zur Stellungnahme bzw. Klageerwiderung voraus, dass die **Dauer der Frist angemessen** ist, wobei sich die Länge der Frist nach den Umständen des Einzelfalls, insbesondere nach **dem Umfang des Streitstoffes und dessen Schwierigkeitsgrad** richtet. Zudem muss die Versäumung einer angemessenen Frist **den Prozessablauf kausal und in erheblichem Umfang verlängern** (OLG Düsseldorf, Urt. v. 22. 9. 2011 – I-8 U 29/11, GesR 2011, 668, 670 = juris, Nr. 16, 18; vgl. auch BGH, Urt. v. 3. 7. 2012 – VI ZR 120/11, NJW 2012, 2808, Nr. 11 – 14; Müko-Prütting, 3. Aufl., § 296 ZPO Rz. 69; Musielak-Huber, 10. Aufl., § 296 ZPO Rz. 11, 15: keine wirksame Fristsetzung bei unangemessen kurzer Frist; im Ergebnis auch Zöller/Greger, 30. Aufl., § 296 ZPO Rz. 24: Versäumung einer zu kurz bemessenen Frist entschuldigt die Partei).

Eine **Frist von zwei Wochen für die Verteidigungsanzeige und weiteren zwei Wochen für die Klageerwiderung ist jedenfalls bei einem komplexen Handlungsgeschehen** etwa einem umfangreichen Arzthaftungsfall, unangemessen kurz. Dies gilt auch dann, wenn sich die Behandlungsseite bereit nach Zustellung des PKH-Antrages mit dem Entwurf der Klageschrift über einen Monat lang auf den vorstehenden Prozess vorbereiten konnte (OLG Düsseldorf, GesR 2011, 668, 669/670 = juris, Nr. 16, 18).

Auch eine Zurückweisung **einer sechs Wochen nach Ablauf der Klageerwiderungsfrist eingegangenen Klageerwiderung** gemäß § 296 I, II ZPO kommt nicht in Betracht, wenn **das Gericht bei rechtzeitigem Eingang entweder sogleich gemäß § 358a ZPO oder nach Durchführung eines Gütetermins (mindestens) ein Sachverständigengutachten in Auftrag gegeben hätte bzw. das Gutachten einzuholen gewesen wäre.** Auch bei rechtzeitigem Vorbringen der Behandlungsseite **ist ein Arzthaftungsprozess regelmäßig erst nach Einholung eines oder mehrerer**

Gutachten entscheidungsreif (OLG Düsseldorf, Urt. v. 22. 9. 2011 – I-8 U 29/11, juris, Nr. 18 = GesR 2011, 668, 670; ebenso BGH, Urt. v. 3. 7. 2012 – VI ZR 120/11, MDR 2012, 1158 = NJW 2012, 2808, Nr. 11–14, vgl. Rz. B 413a).

Im Regelfall wird jedenfalls in einer relativ komplexen Arzthaftungssache ein schriftliches Gutachten regelmäßig nicht vor Ablauf von drei Monaten vorliegen, wobei anschließend Gelegenheit gegeben werden muss, zum Gutachten Stellung zu nehmen (OLG Düsseldorf, Urt. v. 22. 9. 2011 – I-8 U 29/11, juris, Nr. 18 = GesR 2011, 668, 670).   B 407b

Eine Zurückweisung nach § 296 I, II ZPO kommt ebenfalls **nicht in Betracht**, wenn es sich um einen **umfangreichen Bauprozess** mit Erforderlichkeit von Rücksprachen mit der Prozesspartei oder Dritten handelt, wenn der entsprechende Fristverlängerungsantrag unterbleibt (OLG Karlsruhe, NJW-RR 1997, 828), wenn zwischen dem Eingang des den verspäteten Beweisantritt enthaltenden Schriftsatzes und dem **Termin zur mündlichen Verhandlung mehrere Monate** liegen (BVerfG, NJW-RR 1999, 1079, 1080; Musielak-Huber, 10. Aufl., § 296 ZPO Rz. 15), wenn nach Erlass eines VU die Einspruchsbegründung mit Beweisantritt verspätet eingereicht wurde, **bei rechtzeitigem Eingang innerhalb der Einspruchsfrist aber dieselbe Verzögerung eingetreten wäre**, weil im Zeitpunkt des verspäteten Eingangs noch kein Termin bestimmt war (BVerfG, NJW 1995, 1417, 1418; Musielak-Huber, § 296 ZPO Rz. 17).   B 407c

ee) Unterzeichnung der Fristsetzung vom Vorsitzenden bzw. dessen Vertreter

Wird ein früher erster Termin bestimmt, ist **der Vorsitzende** für die Fristsetzung zur Klageerwiderung zuständig (§ 275 I 1 ZPO); für die im frühen ersten Termin gesetzte Klageerwiderungsfrist (§ 275 III ZPO) und die Frist zur Replik (§ 275 IV ZPO) ist das **Gericht zuständig** (Musielak-Huber, § 296 ZPO Rz. 7). Außerhalb der Verhandlung kann die Frist zur Replik auch vom **Vorsitzenden** gesetzt werden (§ 275 IV 2 ZPO).   B 408

Wird ein schriftliches Vorverfahren angeordnet, ist der **Vorsitzende** für die Fristsetzung zur Klageerwiderung (§ 276 I 2 ZPO) und zur Fristsetzung für die Replik (§ 276 III ZPO) zuständig (Musielak-Huber, § 296 ZPO Rz. 8). Für die Setzung der Frist zur Ergänzung oder Erläuterung sowie zur Vorlegung von Urkunden und Gegenständen (§ 273 II Nr. 1, Nr. 5 ZPO) gegenüber einer Prozesspartei ist ebenfalls der **Vorsitzende** zuständig (Musielak-Huber, § 296 ZPO Rz. 8). **Eine Fristsetzung durch den Berichterstatter oder ein anderes Mitglied der Kammer ist, außer im Vertretungsfall, unzulässig** und macht die Fristsetzung unwirksam (Musielak-Huber, § 296 ZPO Rz. 11 und Zöller/Greger, § 296 ZPO Rz. 9). „I.V." für den Vorsitzenden reicht aus (offen gelassen bei BGH, NJW 1991, 2774; wohl zulässig, OLG Köln OLGR 1999, 322; Musielak-Huber, § 296 ZPO Rz. 7, 11).

ff) Verkündung bzw. ordnungsgemäße Zustellung der Fristsetzung (§ 329 II ZPO)

Sofern keine mündliche Verkündung und entsprechende Protokollierung stattfindet, muss die Fristsetzung der Partei förmlich zugestellt werden (§ 329 II   B 409

ZPO). Für die andere, von der Fristsetzung nicht betroffene Partei ist die formlose Mitteilung ausreichend. Die bloße Mitteilung der Geschäftsstelle reicht nicht aus, selbst wenn sie förmlich zugestellt wurde (BGH, MDR 2009, 216; Zöller/Greger, 30. Aufl., § 296 ZPO Rz. 9d).

gg) Vorliegen einer „absoluten" Verfahrensverzögerung

B 410   Nach h.M. gilt im Rahmen des § 296 ZPO – wie auch der §§ 530, 531 I ZPO – der „absolute Verzögerungsbegriff". Danach kommt es ausschließlich darauf an, ob der Rechtsstreit bei Zulassung des verspäteten Vorbringens länger dauern würde als bei dessen Zurückweisung (BGH, NJW 1983, 575; NJW 1982, 1535; NJW 1987, 500; grundsätzlich auch BGH, Urt. v. 3. 7. 2012 – VI ZR 120/11, NJW 2012, 2808, Nr. 11; BGH, Urt. v. 9. 6. 2005 – VII ZR 43/04, NJW-RR 2005, 1296, 1297 = MDR 2005, 1366 mit Anm. Fellner, MDR 2005, 1367; OLG Naumburg, Urt. v. 23. 1. 2004 – 7 U 34/03, VersR 2005, 1099, 1100; Musielak-Huber, 10. Aufl., § 296 ZPO Rz. 13; Zöller/Greger, 30. Aufl., § 296 ZPO Rz. 20; B/L/A/H, 71. Aufl., Rz. 40, 41).

B 411   **Grundsätzlich unerheblich ist, ob der Prozess bei rechtzeitigem Vorbringen früher geendet oder wenigstens genauso lang gedauert hätte** als bei Berücksichtigung des verspäteten Vortrages (vgl. zuletzt BGH, MDR 2012, 1158 = NJW 2012, 2808, Nr. 11); der auf einen solchen hypothetischen Vergleich abstellende „relative Verzögerungsbegriff" (vgl. hierzu OLG Frankfurt, NJW 1979, 1616; Schneider, NJW 1979, 2615; Zöller/Greger, § 296 ZPO Rz. 19, 21) hat sich in dieser Form nicht durchgesetzt.

B 412   Allerdings hat das BVerfG den **absoluten Verzögerungsbegriff deutlich „modifiziert"** (vgl. BVerfG, NJW 1995, 1417; NJW 1991, 2275f.; NJW 1987, 2733, 2735 = BVerfGE 75, 302, 316ff.; ebenso OLG Bremen, Urt. v. 9. 2. 2009 – 3 U 24/08, OLGR 2009, 351, 352; OLG Düsseldorf, Urt. v. 23. 9. 2011 – I-8 U 29/11, GesR 2011, 668, 670 = juris, Nr. 18; KG, Beschl. v. 7. 6. 2010 – 12 U 161/09, juris, Nr. 33, 34; OLG Dresden, NJW-RR 1999, 214; OLG Frankfurt, NJW-RR 1993, 62: Ausnahme vom „absoluten Verzögerungsbegriff"; OLG Hamm, NJW-RR 1995, 126; OLG Naumburg, Urt. v. 23. 1. 2004 – 7 U 34/03, VersR 2005, 1099; Musielak-Huber, 9. Aufl., 2012, § 296 ZPO Rz. 14, 15; Zöller/Greger, 30. Aufl., 2012, § 296 ZPO Rz. 22). Danach verstößt der absolute Verzögerungsbegriff zwar nicht grundsätzlich gegen den Anspruch auf rechtliches Gehör, so dass es bei dessen Anwendung zwar zu einer schnelleren Beendigung des Rechtsstreits kommen kann als bei korrektem Alternativverhalten der säumigen Partei. **Verfassungsrechtlich bedenklich wird die Anwendung des absoluten Verzögerungsbegriffs allerdings dann, wenn sich ohne weitere Erwägungen aufdrängt, dass dieselbe Verzögerung auch bei rechtzeitigem Vorbringen eingetreten wäre** (BVerfG, NJW 1995, 1417; BVerfG NJW 1987, 2733; OLG Naumburg, Urt. v. 23. 1. 2004 – 7 U 34/03, VersR 2005, 1099, 1100; OLG Dresden, NJW-RR 1999, 214; OLG Bremen a.a.O.; OLG Düsseldorf a.a.O.; KG a.a.O.).

B 413   Dies ist etwa dann der Fall – und eine Zurückweisung gem. § 296 I ZPO damit unzulässig –, wenn sich abzeichnet, dass nach der Sach- und Rechtslage eine Streitbeendigung im frühen ersten Termin bzw. dem vom Gericht angesetzten

Haupttermin von vornherein ausscheidet, etwa weil es sich um einen **offensichtlich schwierigen Prozess** handelt (BGH, Urt. v. 9. 6. 2005 – VII ZR 43/04,
NJW-RR 2005, 1296, 1297 = MDR 2005, 1366 m. Anm. Fellner, MDR 2005,
1367; BGH, NJW 1987, 500; OLG Düsseldorf, Urt. v. 23. 9. 2011 – I-8 U 29/11,
GesR 2011, 668, 670 = juris, Nr. 18: komplexer Arzthaftungsprozess; Frist von
zwei Wochen für die Verteidigungsanzeige und weiterer zwei Wochen für die
Klageerwiderung nicht ausreichend), **schon aus der Klagebegründung klar ist,
dass der Beklagte außergerichtlich geltend gemachte Rügen auch im Prozess erheben und eine Beweisaufnahme mit Zeugenvernehmung und Sachverständigengutachten erforderlich sein wird** (BGH, Urt. v. 9. 6. 2005 – VII ZR 43/04,
NJW-RR 2005, 1296, 1297 = MDR 2005, 1366; ebenso BGH, Urt. v. 3. 7. 2012
– VI ZR 120/11, NJW 2012, 2808, Nr. 11 – 14), es dem Gericht **in den verbleibenden 20 bis 26 Tagen bis zum angesetzten Termin ganz offensichtlich nicht
gelungen wäre, ein Sachverständigengutachten einzuholen, wenn der verspätete Schriftsatz fristgerecht eingegangen wäre** (OLG Naumburg, Urt. v.
23. 1. 2004 – 7 U 34/03, VersR 2005, 1099, 1100; auch OLG Düsseldorf, GesR
2011, 668, 670: Eingang eines Gutachtens im Arzthaftungsprozess innerhalb
von drei Monaten nicht zu erwarten), **ein Beweisbeschluss auch bei fristgerechtem Eingang der Klageerwiderung nicht früher ergangen wäre** (OLG Bremen,
Urt. v. 9. 2. 2009 – 3 U 24/08, OLGR 2009, 351, 352), **es sich erkennbar um einen „Durchlauftermin" handelt** (BGH, Urt. v. 9. 6. 2005 – VII ZR 43/04,
NJW-RR 2005, 1296, 1297 = MDR 2005, 1366; NJW 1983, 575; Fellner, MDR
2005, 1367) oder das Gericht es **versäumt hat, verspätet benannte Zeugen
gem. § 273 I, II Nr. 4 ZPO noch zum Termin zu laden** (BGH, NJW-RR 2002,
646; NJW 1987, 499, 500; NJW 1999, 3272, 3273; Zöller/Greger, 30. Aufl., § 296
ZPO Rz. 14a, 25; Musielak-Huber, § 296 ZPO Rz. 15; Einzelheiten siehe nachfolgend).

Der BGH (Urt. v. 3. 7. 2012 – VI ZR 120/1, MDR 2012, 1158 = NJW 2012, 2808,   B 413a
Nr. 12–14) hat hierzu folgendes ausgeführt:

Im **Arzthaftungsprozess** kann ein Verstoß gegen das verfassungsmäßige **Verbot
der „Überbeschleunigung"** (vgl. hierzu BVerfGE 75, 302, 316 ff. = NJW 1987,
2733, 2734; BVerfG NJW 1995, 1417; BGH NJW-RR 2005, 1296, 1297; BGH
NJW 1995, 776; BGH NJW 1987, 500) insbesondere dann vorliegen, wenn das
als verspätet zurückgewiesene Verteidigungsvorbringen ein **Sachverständigengutachten** veranlasst hätte, das im Zeitraum zwischen dem Ende der Klageerwi-
derungs- bzw. Einspruchsbegründunhgsfrist und dem Termin zur mündlichen
Verhandlung (im entschiedenen Fall ca. drei Wochen) **ohnehin nicht hätte eingeholt werden können** (LS 1 und Nr. 12, 13; ebenso OLG Düsseldorf, Urt. v.
22. 9. 2011 – I-8 U 29/11, juris, Nr. 18 = GesR 2011, 668, 670; OLG Dresden,
NJW-RR 1999, 214, 215; OLG Celle, BauR 2000, 1900, 1901; OLG Naumburg,
VersR 2005, 1099, 1100).

Im Regelfall wird jedenfalls in einer relativ komplexen Arzthaftungssache ein   B 413b
schriftliches Gutachten regelmäßig nicht vor Ablauf von drei Monaten vorliegen, wobei anschließend Gelegenheit gegeben werden muss, zum Gutachten
Stellung zu nehmen (OLG Düsseldorf, Urt. v. 22. 9. 2011 – I-8 U 29/11, juris,
Nr. 18 = GesR 2011, 668, 670).

hh) Abwendung der Verzögerung durch Maßnahmen des Gerichts

B 414 Konnte die Verzögerung durch **vorbereitende Maßnahmen** des Gerichts gem. § 273 II, 358a ZPO abgewendet werden, scheidet eine Zurückweisung aus (BGH, NJW 1987, 499, 500; auch BVerfG, WuM 1994, 512: Zeugenvernehmung im Räumungsprozess; auch BGH, Urt. v. 3. 7. 2012 – VI ZR 120/11, NJW 2012, 2808, Nr. 11: das Gericht hat die Verspätung durch zumutbare Maßnahmen gem. § 273 ZPO so weit wie möglich auszugleichen; Musielak-Huber, § 296 ZPO Rz. 15). Dabei liegt **keine nennenswerte Verzögerung** des Verfahrens vor, wenn **vier oder gar sechs erreichbare Zeugen** gem. § 273 II Nr. 4 ZPO geladen und bei Erscheinen vernommen werden müssen (BVerfG, NJW-RR 1999, 1079; BGH, NJW 1999, 3272, 3273).

B 414a Ist der von einer **Partei mit „N. N."** angegebene Zeuge individualisierbar, muss das Gericht der Partei eine **Frist zur Beibringung von dessen Namen und Anschrift setzen** und darf erst nach fruchtlosem Fristablauf von einer Beweiserhebung absehen (BGH, Beschl. v. 30. 11. 2010 – VI ZR 25/09, VersR 2011, 1158 = MDR 2011, 160 = GesR 2011, 98, Nr. 5, 6).

B 415 Unter Umständen müssen **Zeugen auch durch Telefon oder Telefax geladen** bzw. der Prozessbevollmächtigte der säumigen Partei aufgefordert werden, die nicht mehr ladbaren Zeugen in den Termin zu stellen (BGH, NJW 1980, 1848, 1849; Musielak-Huber, § 296 ZPO Rz. 15). Nach der Neufassung des § 284 ZPO durch das erste Justizmodernisierungsgesetz kommt unter Umständen – und mit Einverständnis der Parteien – auch eine **telefonische Befragung der Zeugen**, eine telefonische bzw. schriftliche Nachfrage beim Sachverständigen o. a. in Betracht (vgl. Musielak-Foerste, § 284 ZPO Rz. 26: aber nur mit Einverständnis beider Parteien und nicht, wenn der persönliche Eindruck von einem Zeugen unentbehrlich ist; ebenso Zöller/Greger, 30. Aufl., § 284 ZPO Rz. 1, 2).

B 416 Allerdings kann eine Verzögerung vorliegen, soweit das Gericht einen **verspätet benannten und lediglich vom Beweisführer gestellten Zeugen im Termin nicht abschließend vernehmen** kann (BGH, NJW 1986, 2257; OLG Hamm, MDR 1986, 766; B/L/A/H, 71. Aufl., § 296 ZPO Rz. 51; Zöller/Greger, § 296 ZPO Rz. 14a: Gericht ist nicht verpflichtet, einen erst fünf Tage vor dem Termin benannten Zeugen zu laden) oder das Gericht nach der Vernehmung eines verspätet benannten, aber im ersten Termin vom Beweisführer gestellten Zeugen einen erst deshalb erforderlichen weiteren Beweis oder Gegenbeweis in einem späteren Termin erheben könnte bzw. müsste (OLG Koblenz, NVersZ 2004, 361; LG Frankfurt, NJW 1981, 2266; B/L/A/H, 71. Aufl., § 296 ZPO Rz. 51).

B 416a Hat sich der Kläger erstinstanzlich nicht innerhalb der ihm hierfür gesetzten Frist, sondern **erst in der mündlichen Verhandlung** zum Beweis einer behaupteten Verletzung auf die **Parteivernehmung des Beklagten** berufen, ist der nach § 296 I ZPO als verspätet zurückgewiesene Vortrag auch im Berufungsverfahren ausgeschlossen, § 531 I ZPO (KG, Beschl. v. 7. 6. 2010 – 12 U 161/09, juris, Nr. 33, 34). Hätte der Kläger den Beweisantritt rechtzeitig vorgebracht, so hätte das erstinstanzliche Gericht im entschiedenen Fall entweder die Pflicht des Beklagten zum persönlichen Erscheinen nicht aufgehoben bzw. dies wieder angeordnet. Das Gericht ist bei einem vor der mündlichen Verhandlung fehlenden Beweisantritt **nicht von**

Amts wegen gehalten, eine Partei zum Termin zu laden (KG a. a. O.: soweit deren Anhörung bzw. Parteivernehmung zuvor nicht beantragt worden ist).

ii) Kein „Durchlauftermin"

Handelt es sich bei dem angesetzten Termin beim erstinstanzlichen Gericht nicht um einen „Durchlauftermin", in dessen Rahmen nach der Sach- und Rechtslage eine **Streiterledigung von vornherein ausgeschlossen** gewesen wäre, sind §§ 296 I, II ZPO nicht anzuwenden (BGH, Urt. v. 9. 6. 2005 – VII ZR 43/04, NJW-RR 2005, 1296, 1297 = MDR 2005, 1366 mit Anm. Fellner; BGH, NJW 1987, 500; OLG Frankfurt, NJW 1989, 722 und, NJW-RR 1993, 62; OLG Hamm, NJW-RR 1989, 895). **Beispiele** (nach Musielak/Huber, § 296 ZPO Rz. 20):   B 417

Anberaumung einer Vielzahl von Sachen auf dieselbe Terminsstunde (**Sammeltermine**), **unzureichende Dauer** der Verhandlung, etwa bei vorgesehenen zehn Minuten in einem umfangreichen Arzthaftungs- oder Bauprozess oder Ablauf der Klagerwiderungsfrist unmittelbar vor dem Termin.

kk) Erhebliches, streitiges Vorbringen; Schriftsatzrecht, Wiedereröffnung der mündlichen Verhandlung

Es muss sich um **erhebliches, streitiges Vorbringen** des Berufungsführers in erster Instanz handeln. **Ist sein Vortrag von der Gegenseite auch im Rahmen eines dieser nachgelassenen Schriftsatzes nicht bestritten worden, kann keine Zurückweisung nach § 296 I, II ZPO erfolgen** (OLG Bamberg, NJW-RR 1998, 1607; OLG Brandenburg, NJW-RR 1998, 498: vom Gegner kein Schriftsatzrecht beantragt; OLG Düsseldorf, NJW 1987, 507; vgl. Zöller/Greger, § 296 Rz. 16 m. w. N.).   B 418

Weder die Notwendigkeit des Ansetzens eines Verkündungstermins, noch die Gewährung einer Schriftsatzfrist (§ 283 ZPO) können eine durch verspätetes Vorbringen verursachte Verzögerung begründen, denn erst die dem Gegner der säumigen Partei nachgelassene Erwiderung erlaubt die Prüfung, ob das verspätete Vorbringen zurückzuweisen ist (KG, Beschl. v. 11. 3. 2010 – 12 U 115/09, juris, Nr. 8; auch BGH, NJW 1985, 1539, 1543; Zöller/Greger, 30. Aufl., § 296 ZPO Rz. 15, 16; Musielak-Huber, 10. Aufl., § 296 Rz. 23).   B 419

Räumt das Gericht einer Partei ein **Schriftsatzrecht zur Stellungnahme zu einem erst in der mündlichen Verhandlung erteilten Hinweis ein (§ 283 ZPO)** und wird in einem daraufhin eingegangenen Schriftsatz neuer, entscheidungserheblicher Prozessstoff eingeführt, so muss das Gericht **die mündliche Verhandlung wieder eröffnen (§ 156 ZPO) oder in das schriftliche Verfahren übergehen (§ 128 ZPO)**, um dem Prozessgegner rechtliches Gehör zu gewähren (BGH, Beschl. v. 20. 9. 2011 – VI ZR 5/11, NJW-RR 2011, 1558 = MDR 2011, 1313, Nr. 5, 6; ebenso BGH, Beschl. v. 25. 1. 2012 – IV ZR 230/11, juris, Nr. 19). **Die Zurückweisung ohne einen vorherigen Hinweis mit Gelegenheit zur Äußerung scheidet aus** (BGH, a. a. O.; Musielak-Huber, 10. Aufl., § 296 ZPO Rz. 35).   B 419a

Gibt ein **Sachverständiger in seinen mündlichen Ausführungen neue und ausführlichere Beurteilungen gegenüber dem bisherigen Gutachten ab** bzw. bringt   B 419b er erstmals einen möglichen Behandlungs- oder Aufklärungsfehler ins Spiel, so ist den Parteien **Gelegenheit zur Stellungnahme** (Einräumung eines Schriftsatzrechts) zu geben. Dabei sind auch Ausführungen in einem nicht nachgelassenen Schriftsatz zur Kenntnis zu nehmen und **die mündliche Verhandlung wieder zu eröffnen (§ 156 ZPO)**, soweit die Ausführungen Anlass zu weiterer tatsächlicher Aufklärung geben (BGH, Beschl. v. 30. 11. 2010 – VI ZR 25/09, VersR 2011, 1158 = MDR 2011, 160 = GesR 2011, 98, Nr. 5, 6).

B 419c Weder §§ 296 I, 282 I ZPO noch §§ 296 II, 282 II ZPO sind einschlägig, wenn **beantragt wird, den Sachverständigen zur mündlichen Verhandlung zur Erläuterung seines Gutachtens zu laden.** Denn § 282 II ZPO betrifft nur Angriffs- und Verteidigungsmittel auf die der Gegner voraussichtlich ohne vorherige Erkundigung keine Erklärung abgeben kann. Allerdings muss das Gerichts Einwendungen und Anträge betreffend ein Sachverständigengutachten, die **nach Ablauf einer hierfür mit Belehrung hinsichtlich der Folgen der Nichtbeachtung gesetzten, angemessenen Frist vorgebracht werden, gemäß §§ 411 IV, 296 I ZPO wegen Verspätung zurückweisen**, wenn diese das Verfahren verzögern und nicht genügend entschuldigt sind. Ob ein entsprechender Antrag nach § 296 I ZPO hätte zurückgewiesen werden dürfen, ist aber in der Rechtsmittelinstanz nicht (mehr) zu prüfen (BGH, Beschl. v. 17. 7. 2012 – VIII ZR 273/11, NJW-RR 2012, 3787, Nr. 6–8; vgl. auch Kaiser, NJW 2012, 3789).

ll) Hinweis des Gerichts auf die Möglichkeit der Zurückweisung

B 420 Will das **Gericht** den Vortrag als verspätet zurückweisen, so hat es **auf diese Absicht hinzuweisen** (BGH, NJW 1989, 717, 718; OLG Bamberg, NJW-RR 1998, 1607; **a. A.** OLG Hamm, NJW-RR 1995, 958). Dies gilt jedenfalls dann, wenn die Verspätung von der Gegenseite nicht gerügt worden ist (OLG Bamberg, NJW-RR 1998, 1607).

mm) Fehlende Kausalität des verspäteten Vorbringens; Einzahlung eines Kostenvorschusses

B 421 Mangels Kausalität kann keine Verzögerung angenommen werden, wenn ein **ordnungsgemäß geladener Zeuge nicht erscheint**, selbst wenn der Auslagenvorschuss durch den Beweisführer gem. § 379 ZPO nicht fristgerecht eingezahlt war (BGH, NJW 1986, 2319; auch BGH, NJW 1987, 1949; BGH, NJW 1987, 1950; NJW 1982, 2259; Musielak-Huber, § 296 ZPO Rz. 18; Zöller/Greger, § 296 Rz. 14, 25; a. A. OLG Köln, MDR 1984, 675 und Schneider, MDR 1984, 726 sowie MDR 1986, 1019).

B 421a Eine Verzögerung des Verfahrens durch die **nicht fristgerechte Einzahlung eines angeforderten Vorschusses im Sinne des § 379 ZPO kann nicht angenommen werden, wenn die verspätete Zahlung nicht kausal für eine Verspätung ist.** Dies ist dann der Fall, wenn das Verfahren bei Durchführung der Beweisaufnahme nicht länger dauern würde, als es bei rechtzeitiger Einzahlung des Vorschusses gedauert hätte (BGH, Beschl. v. 10. 2. 2011 – VII ZR 155/09, MDR 2011, 561; vgl. aber OLG Düsseldorf, Beschl. v. 9. 1. 2012 – I-24 U 160/11, MDR 2012, 835, s. u. Rz. B 421d).

Wird ein angeforderter **Vorschuss nicht innerhalb der hierfür bestimmten Frist** **B 421b**
einbezahlt, so führt dies nach § 379 S. 2 ZPO (nur) zum **Unterbleiben der La-**
dung, der Termin zur Beweisaufnahme darf jedoch nicht aufgehoben werden;
das Beweismittel wird hierdurch nicht präkludiert (OLG Düsseldorf, NJW-RR
1997, 1085; Zöller/Greger, 30. Aufl., § 379 Rz. 7; Musielak-Huber, § 379 ZPO
Rz. 9).

Unterbleibt die Ladung, so liegt hierin keine automatische Zurückweisung des **B 421c**
Beweismittels; beruht die Nichtzahlung des Vorschusses auf grober Nachlässigkeit, kann die **Zurückweisung jedoch gemäß § 296 II ZPO erfolgen** (BGH, NJW
1982, 2559, 2560; OLG Köln, Beschl. v. 19. 7. 2010 – 11 W 49/10, juris, Nr. 3;
Musielak a.a.O.; Zöller a.a.O.) Unter diesen Voraussetzungen (grobe Nachlässigkeit gemäß § 296 ZPO) kann auch der Antrag auf Einholung eines ergänzenden Gutachtens im Hauptverfahren oder im selbständigen Beweisverfahren zurückgewiesen werden, wenn der **Sachverständige** aufgrund der unterbliebenen
bzw. verspäteten Einzahlung des Vorschusses **erst mit Verspätung geladen bzw.**
mit der Erstellung des Ergänzungsgutachtens beauftragt werden kann (OLG
Köln, Beschl. v. 19. 7. 2010 – 11 W 49/10, juris, Nr. 3).

Lädt das Gericht einen Zeugen nicht, weil der Beweisführer trotz ihm gesetzter **B 421d**
Frist einen **Auslagenvorschuss nicht rechtzeitig einbezahlt** hat, so darf das Gericht die Vernehmung des dennoch erschienenen bzw. in die Sitzung gestellten
Zeugen bei unentschuldigter Verspätung **gem. § 296 I ZPO ablehnen**, wenn es
wegen der noch erforderlichen **Vernehmung bislang nicht geladener (Gegen-)**
Zeugen zu einer Verzögerung des Rechtsstreits kommen würde (OLG Düsseldorf, Beschl. v. 9. 1. 2012 – I-24 U 160/11, MDR 2012, 835).

Die Voraussetzungen des § 296 I ZPO liegen auch vor, wenn der verspätet be- **B 422**
nannte, ausgebliebene **Zeuge nicht mehr rechtzeitig geladen werden konnte**,
selbst wenn er vorher dem Prozessbevollmächtigten der säumigen Partei sein Erscheinen zugesagt hatte (BGH, NJW 1989, 719; Musielak-Huber, § 296 ZPO
Rz. 18). Der Rechtsstreit wird andererseits nicht verzögert, wenn das an sich **ver-**
spätete Vorbringen mit einer Widerklage oder Klageänderung verbunden wird
(OLG Düsseldorf, MDR 1980, 943; Zöller/Greger, § 296 ZPO Rz. 14, 42: dem
Rechtsstreit wird dann die Entscheidungsreife genommen; Schafft/Schmidt,
MDR 2001, 436, 441 mit Hinweisen zu „Umgehungsstrategien").

Hat der Beklagte gegen ein ergangenes Versäumnisurteil rechtzeitig Einspruch **B 423**
eingelegt, die Einspruchsbegründung mit Beweisantritt (§ 340 III 1 ZPO) aber
verspätet eingereicht, kommt eine Zurückweisung gem. §§ 340 III, 296 I ZPO
nicht in Betracht, wenn **dieselbe Verzögerung auch bei rechtzeitiger Einreichung**
des Schriftsatzes eingetreten wäre, insbesondere, wenn im Zeitpunkt des verspäteten Eingangs noch kein Verhandlungstermin anberaumt worden ist (BVerfG,
NJW 1995, 1417, 1418; vgl. auch BGH, Urt. v. 3. 7. 2012 – VI ZR 120/11, NJW
2012, 2808, Nr. 12–14, Rz. B 413a).

Eine Zurückweisung nach § 296 I, II ZPO kommt ebenfalls nicht in Betracht, **B 423a**
wenn bei der Zustellung eines Versäumnisurteils die **Belehrung nach § 340 III**
4 ZPO nicht beigefügt war. Dies gilt auch dann, wenn der Empfänger anwaltlich
vertreten ist (OLG Naumburg, Urt. v. 13. 4. 2010 – 1 U 119/09, juris, Nr. 8).

B 423b   An der Ursächlichkeit fehlt es auch, wenn bei fristgerechtem Eingang des Schriftsatzes mit dem verspäteten Vorbringen **ein Beweisbeschluss hätte ergehen müssen** und der Rechtsstreit folglich ohnehin nicht erledigt worden wäre (OLG Naumburg, Urt. v. 23. 1. 2004 – 7 U 34/03, VersR 2005, 1099, 1100; BGH, Urt. v. 3. 7. 2012 – VI ZR 120/11, NJW 2012, 2808, Nr. 12 – 14 und OLG Düsseldorf, Urt. v. 23. 9. 2011 – I-8 U 29/11, GesR 2011, 668, 670 = juris, Nr. 16, 18: Einholung eines Sachverständigengutachten in einem Arzthaftungsfall wäre auch bei rechtzeitig eingegangener Klageerwiderung erforderlich geworden; OLG Hamm, NJW-RR 1995, 126; OLG Dresden, NJW-RR 1999, 214, 215; Musielak-Huber, § 296 ZPO Rz. 18; Zöller/Greger, § 296 ZPO Rz. 14a, 25: fehlende Kausalität der Verzögerung bei relevanten Unterlassungen oder Fehlleistungen des Gerichts; vgl. Rz. B 413a).

nn) Keine genügende Entschuldigung

B 424   An eine Entschuldigung sind **strenge Anforderungen** zu stellen, wobei sich die Partei das Verschulden ihres Prozessbevollmächtigten zurechnen lassen muss (B/L/A/H, 71. Aufl., § 296 Rz. 52, 53; Zöller/Greger, § 296 ZPO Rz. 23, 24).

B 425   Als Entschuldigung ist es anzusehen, wenn eine vom Gericht zu kurz bemessene Frist oder ein Verfahrensfehler für die Verzögerung ursächlich war, etwa wenn **gebotene Hinweise gem. § 139 I–IV ZPO oder Förderungsmaßnahmen wie die Ladung eines spät benannten Zeugen unterblieben** sind (vgl. B/L/A/H, 71. Aufl., § 296 ZPO Rz. 53, 56; Zöller/Greger, § 296 ZPO Rz. 24, 25) oder sich der mit einer umfangreichen Sache vertraute Anwalt im Urlaub befindet und daher nicht rechtzeitig beauftragt werden kann (OLG Köln, NJW 1980, 2421; Musielak-Huber, § 296 ZPO Rz. 25).

B 425a   Die Benennung von Zeugen erst nach einer Beweisaufnahme und außerhalb der Berufungsbegründungsfrist (gleiches würde für die Klageerwiderungsfrist gelten) ist entschuldigt, wenn erst das Ergebnis der Beweisaufnahme Anlass zur Benennung der Zeugen gibt und den Parteien vom Berufungsgericht **ausdrücklich nachgelassen wurde, schriftlich zum Ergebnis der Beweisaufnahme Stellung zu nehmen** (BGH, Beschl. v. 25. 1. 2012 – IV ZR 230/11, juris, Nr. 12).

3. Zurückweisung nach § 296 II ZPO

B 426   Bei einer Überprüfung einer rechtmäßigen **Zurückweisung nach § 296 II ZPO** kommt es darauf an, ob die Partei ihre Prozessförderungspflicht in den Erscheinungsformen nach § 282 I, II ZPO verletzt hat. Umfasst werden alle Angriffs- und Verteidigungsmittel (s. o. Rz. B 393), nicht dagegen der Angriff und die Verteidigung selbst, etwa der Klage- bzw. Widerklageantrag, eine Klageänderung und Klageerweiterung (Zöller/Greger, § 282 ZPO Rz. 2, 2a; Musielak-Foerste, § 282 ZPO Rz. 2).

B 427   Hinsichtlich der Verzögerungswirkung und der Kausalität gilt dasselbe wie zu § 296 I ZPO (Zöller/Greger, § 296 ZPO Rz. 26). Die fehlende Rechtzeitigkeit des Vortrages hat im Rahmen des § 296 II keinen automatischen Ausschluss zur Folge. Hier besteht ein pflichtgemäßes Ermessen des Gerichts (B/L/A/H, 71. Aufl., § 296 ZPO Rz. 38, 58; Musielak-Huber, § 296 ZPO Rz. 29, 32).

Als weitere Voraussetzung einer Zurückweisung nach § 296 II ZPO muss die Verspätung auf einer mindestens „**groben Nachlässigkeit**" beruhen. Eine solche ist dann gegeben, wenn die Partei eine Pflicht in besonders schwerwiegender Weise bzw. ungewöhnlich hohem Maß verletzt (Musielak-Huber, § 296 ZPO Rz. 31: Vernachlässigung der Prozessförderungspflicht in besonders hohem Maße; Zöller/Greger, § 296 ZPO Rz. 27; B/L/A/H, 71. Aufl., § 296 ZPO Rz. 61, 65–68 m. w. N.).

B 428

Eine „grobe Nachlässigkeit" liegt etwa vor, wenn die Partei ihren Prozessbevollmächtigten **zu spät beauftragt**, während des Prozesses einen gewillkürten Anwaltswechsel vornimmt, ihr Prozessbevollmächtigter einen Beweisbeschluss nicht alsbald darauf überprüft, ob er einen Antrag auf Berichtigung, Ergänzung o. a. stellen muss (B/L/A/H, § 296 ZPO Rz. 65, 66). **Die grobe Nachlässigkeit wird nicht – wie das Verschulden bei § 296 I ZPO und § 531 II ZPO – vermutet** (Zöller/Greger, § 296 ZPO Rz. 30; Musielak-Huber, § 296 ZPO Rz. 32). Der Richter muss der säumigen Partei Gelegenheit geben, die gegen sie sprechenden Umständen zu entkräften und dafür unter Umständen eine kurze Frist gewähren (BGH, NJW-RR 2002, 646; Musielak-Huber, § 296 ZPO Rz. 32).

B 429

Legt der Kläger in einem **Arzthaftungsprozess** nach einer Verfügung des Gerichts mit Fristsetzung von sechs Wochen und zweier nachfolgender **Bitten und Hinweise des Sachverständigen**, ihm die in den Händen der Parteien befindlichen prä- und postoperativen **Röntgenaufnahmen zugänglich zu machen, auch nach mehreren Monaten nicht vor**, beschränkt sich der Klägervertreter lediglich auf eine „Fehlanzeige" ohne sich rechtzeitig um die Beibringung der Röntgenbilder zu bemühen, trägt er auch nicht vor, dass die anfertigende Klinik die Röntgenbilder zurückgehalten hat und diese ggf. vom Gericht dort anzufordern wären, verstößt er in grober Weise gegen seine Prozessförderungspflicht mit der Folge, dass **die erst im Verhandlungstermin in Abwesenheit des Sachverständigen vorgelegten Röntgenbilder aufgrund Verspätung nicht mehr als Beweismittel zu berücksichtigen sind** (OLG München, Beschl. v. 17. 2. 2011 – 1 U 5275/10, Nr. 5, 6 und Beschl. v. 14. 1. 2011 – 1 U 5275/10, Nr. 2). Die Behauptung des Klägervertreters, er hätte die Röntgenbilder „erst vor einigen Wochen erhalten" würde in einem solchen Fall bereits für sich genommen die Zurückweisung als verspätet rechtfertigen. Denn das Gericht hätte im Falle einer Vorlage „vor einigen Wochen" den Sachverständigen zur ergänzenden Bewertung der Röntgenaufnahmen laden können bzw. müssen (OLG München, Beschl. v. 17. 2. 2011 – 1 U 5275/10, juris, Nr. 5, 6).

B 429a

V. Entscheidung des Berufungsgerichts

1. Verwerfung der unzulässigen oder offensichtlich unbegründeten Berufung

a) Verwerfung nach § 522 I ZPO

Ist die Berufung nicht statthaft (§ 511 ZPO), nicht in der gesetzlichen Form und Frist eingelegt (§§ 517, 518, 519 ZPO), nicht rechtzeitig (§ 520 II 1 ZPO) oder nicht mit obigen Inhalten (§ 520 III 2 Nr. 1–4 ZPO) begründet, ist sie vom Berufungsgericht als unzulässig zu verwerfen, § 522 I 2 ZPO (vgl. LG Stendal, NJW

B 430

2002, 2886, 2888; vgl. hierzu Musielak-Ball, § 522 ZPO Rz. 10). Ergeht die Entscheidung nicht auf eine mündliche Verhandlung zur Zulässigkeit, so erfolgt sie durch Beschluss (Zöller/Heßler, 30. Aufl., § 522 ZPO Rz. 13, 14; Musielak-Ball, 10. Aufl., § 522 ZPO Rz. 10, 12, 17, 18: bei Entscheidung nach mündlicher Verhandlung durch Urteil).

B 431   Dieser Beschluss ist nicht mit der **sofortigen Beschwerde**, sondern der Rechtsbeschwerde binnen einer Notfrist von einem Monat nach Zustellung des Beschlusses anfechtbar, §§ 522 I 4, 574 I Nr. 1, II, 575 I ZPO. Die Rechtsbeschwerde ist binnen Monatsfrist zu begründen, § 575 II, III ZPO. Die Rechtsbeschwerde gegen Verwerfungsbeschlüsse eines Oberlandesgerichts kann nur beim BGH durch einen dort zugelassenen Anwalt eingelegt werden (vgl. BGH, MDR 2002, 1448; Zöller/Heßler, § 522 ZPO Rz. 18).

B 432   Anders als für die Nichtzulassungsbeschwerde im Fall der Verwerfung durch Urteil besteht bzw. bestand für die **Rechtsbeschwerde keine Wertgrenze** (vgl. Musielak-Ball, 10. Aufl., § 522 ZPO Rz. 17). Die Rechtsbeschwerde ist nur unter den mit § 543 II ZPO übereinstimmenden Voraussetzungen zulässig, d. h. die Rechtssache muss grundsätzliche Bedeutung haben oder die Fortbildung des Rechts bzw. die Sicherung einer einheitlichen Rspr. muss eine Entscheidung des Rechtsbeschwerdegerichts erfordern, § 574 II ZPO (vgl. BGH, NJW 2003, 2172; NJW 2003, 2991; Musielak-Ball, § 522 ZPO Rz. 18).

B 433   Gegen ein die Berufung verwerfendes Urteil findet gem. §§ 542 I, 543 ZPO die Revision mit der Möglichkeit der Nichtzulassungsbeschwerde (§ 544 ZPO) statt, allerdings nicht in den Fällen des § 542 II ZPO (Musielak-Ball, § 522 ZPO Rz. 17; Zöller/Heßler, § 522 ZPO Rz. 21, 13).

b) Verwerfung nach § 522 II ZPO

B 434   Nach der seit dem 27. 10. 2011 geltenden **Neuregelung des § 522 II ZPO** „soll" die Berufung durch Beschluss unverzüglich zurückgewiesen werden, wenn das Gericht einstimmig davon überzeugt ist, dass die Berufung offensichtlich keine Aussicht auf Erfolg hat (§ 522 II 1 Nr. 1 ZPO), die Rechtssache keine grundsätzliche Bedeutung hat (§ 522 II 1 Nr. 2 ZPO), die Fortbildung des Rechts oder die Sicherung einer einheitlichen Rechtsprechung eine Entscheidung auch nicht erfordert (§ 522 II 1 Nr. 3 ZPO) und eine mündliche Verhandlung nicht geboten ist (§ 522 II 1 Nr. 4 ZPO). Die Voraussetzungen müssen kumulativ vorliegen. § 522 II ZPO räumt dem Berufungsgericht – abweichend von der ursprünglichen, bis zum 26. 10. 2011 geltenden Fassung – ein **Auswahlermessen zwischen Urteils- und Beschlussverfahren** ein (Musielak-Ball, 10. Aufl., § 522 ZPO Rz. 20; enger: Meller-Hannich, NJW 2011, 3393, 3395: das Gericht darf nur in Ausnahmefällen nach mündlicher Verhandlung durch Urteil entscheiden, selbst wenn sämtliche Voraussetzungen einer Beschlusszurückweisung vorliegen).

Nach bisheriger Rechtslage zu § 522 II ZPO a. F. bestand kein Handlungsermessen, bei Vorliegen der Voraussetzungen des § 522 II ZPO wurde das Gericht für verpflichtet gehalten, die Berufung durch Beschluss gemäß § 522 II ZPO zurückzuweisen (BGH, MDR 2007, 1103 = NJW 2007, 2644: „strikte Verfahrensvorschrift"; KG, Beschl. v. 16. 12. 2005 – 7 U 80/05, OLGR 2006, 268 und Beschl. v. 2. 11. 2004 – 7 U 50/04, OLGR 2004, 109; Zöller/Heßler, 30. Aufl., § 522 ZPO Rz. 31).

Nach Vorstellung des Gesetzgebers ist die Berufung im Sinne des § 522 II 1 Nr. 1 ZPO **offensichtlich aussichtslos**, wenn für jeden Sachkundigen ohne längere Nachprüfung erkennbar ist, dass die vorgebrachten Berufungsgründe das angefochtene Urteil nicht zu Fall bringen können. Nach der Begründung des Rechtsausschusses muss die Aussichtslosigkeit „nicht auf der Hand liegen", sie darf vielmehr auch das Ergebnis vorangegangener, gründlicher Prüfung sein (Zöller/ Heßler, 30. Aufl., § 522 ZPO Rz. 36 und Musielak-Ball, 10. Aufl., § 522 ZPO Rz. 21 mit Hinweis auf BT-Drucks. 17/6406, S. 11; B/L/A/H, 71. Aufl., § 522 ZPO Rz. 16 und Baumert, MDR 2013, 7, 8: **eindeutig, zweifelsfrei, klar erkennbar**). **B 435**

Bei der Beurteilung ist **auch neues Vorbringen einzubeziehen**, soweit es nach Eingang der Berufungserwiderung unstreitig ist bzw. voraussichtlich unstreitig bleiben wird (Musielak-Ball, 10. Aufl., § 522 Rz. 21a; Zöller/Heßler, 30. Aufl., § 522 ZPO Rz. 36 a. E. mit Hinweis auf BGH, MDR 2005, 527 = NJW 2005, 291). Der neue Begriff der „Offensichtlichkeit" ist aber nicht als entscheidende Änderung der Rechtslage zu bewerten (Meller-Hannich, NJW 2011, 3393, 3394).

Trotz fehlender Erfolgsaussicht im Sinne des § 522 II 1 Nr. 1 ZPO darf die Berufung nicht durch Beschluss zurückgewiesen werden, wenn die Rechtssache **grundsätzliche Bedeutung** hat (vgl. § 543 II Nr. 1 ZPO) oder wenn die Fortbildung des Rechts bzw. die Sicherung einer einheitlichen Rechtsprechung eine Entscheidung durch Berufungsurteil nach mündlicher Verhandlung erfordert (vgl. hierzu Musielak-Ball, 10. Aufl., § 522 Rz. 22 und § 543 ZPO Rz. 5a-Rz. 8d; Zöller/Heßler, 30. Aufl., § 522 ZPO Rz. 38, 39 und § 543 ZPO Rz. 11–15c). **B 436**

Das Berufungsgericht muss eine mündliche Verhandlung **einstimmig für „nicht geboten"** erachten (§ 522 II 1 Nr. 4 ZPO). Eine **mündliche Verhandlung ist dann „geboten"**, wenn die Entscheidung des Berufungsgerichts auf eine umfassend neue rechtliche Würdigung gestützt wird und diese mit dem Berufungsführer **im schriftlichen Verfahren nicht angemessen erörtert werden kann** (Zöller/Heßler, 30. Aufl., § 522 ZPO Rz. 40), **wenn das erstinstanzliche Urteil nur im Ergebnis richtig ist, selbst wenn i. S. d. § 522 II 1 Nr. 1 ZPO offensichtlich keine Erfolgsaussicht besteht** (Meller-Hannich, NJW 2011, 3393, 3395; Baumert, MDR 2013, 7, 10; auch Musielak-Ball, 10. Aufl., § 522 ZPO Rz. 23a) oder wenn die Sache **für den Berufungsführer existentielle Bedeutung hat, was insbesondere in Arzthaftungssachen der Fall sein kann** (Zöller/Heßler, 30. Aufl., § 522 ZPO Rz. 40; Musielak-Ball, 10. Aufl., § 522 ZPO Rz. 23a und Meller-Hannich, NJW 2011, 3393, 3395, mit Hinweis auf die Gesetzesbegründung BT-Drucks. 17/6406, S. 9 und 17/5334, S. 7). **B 437**

Dies bedeutet aber nicht, dass eine Zurückweisung durch Beschl. gem. § 522 II ZPO in Arzthaftungssachen stets ausscheidet (in diese Richtung aber Meller-Hannich, NJW 2011, 3393, 3395: körperliche und geistige Unversehrtheit sowie wirtschaftliche Existenz oder die Selbstbestimmung betreffende Angelegenheiten werden als existentiell wichtig angesehen; auch Baumert, MDR 2013, 7, 10).

B 438   Völlig zutreffend hat das OLG München (Beschl. v. 16. 2. 2012 – 1 U 4433/11, juris, Nr. 23; a. A. aber Baumert, MDR 2013, 7, 8 und 10) hierzu Folgendes ausgeführt:

Aus den Gesetzesmaterialien zur Reform des § 522 II ZPO ergibt sich, dass nach den Vorstellungen des Gesetzgebers eine mündliche Verhandlung auch bei Vorliegen aller anderen Zurückweisungsvoraussetzungen geboten sein **kann** wenn die Rechtsverfolgung für den Beschwerdeführer **existentielle Bedeutung** hat, wie es etwa in Arzthaftungssachen der Fall sein kann. Aber weder dem Gesetzeswortlaut noch der Begründung kann ein Automatismus entnommen werden, dass in Arzthaftungsfällen stets von einer Zurückweisung nach § 522 II ZPO abzusehen ist. Auch verlangt das Gesetz nicht, dass für die Frage der Zurückweisung ausschließlich auf Belange des Berufungsklägers (hier: des Patienten) abgestellt wird. Neben dem **Grad der Betroffenheit** des Berufungsklägers und **dem Interesse des Berufungsbeklagten an einer schnellen Entscheidung** ist auch zu bewerten, ob durch eine mündliche Verhandlung eine **weitergehende Befriedungsfunktion** erreicht werden kann und ggf. bei der klagenden Partei ein **erhöhtes Maß an Verständnis** für die richterliche Entscheidung geweckt werden kann. Allein der Umstand, dass der Berufungskläger **eine hohe Klageforderung geltend macht und Gegenstand des Rechtsstreits der Tod des Ehepartners** ist, reicht nicht aus, um eine mündliche Verhandlung als geboten zu erachten. Ist das angefochtene Urteil **in der Begründung und im Ergebnis überzeugend, die Sach- und Rechtslage eindeutig** und hat sich das Vordergericht mit der Frage eines Behandlungsfehlers und dessen Kausalität für den Tod überzeugend auseinandergesetzt, besteht kein über dessen Urteilsgründe hinausgehender Erörterungsbedarf (OLG München, Beschl. v. 16. 2. 2012 – 1 U 4433/11, juris, Nr. 23).

B 438a   Das OLG Hamm (Beschl. v. 2. 3. 2012 – I-20 U 228/11, VersR 2013, 604) ist der Ansicht, dass die **Begründung zur Beschlussempfehlung des Rechtsausschusses** (BT-Drucks. 17/6406), wonach eine **Änderung der Urteilsbegründung** stets eine mündliche Verhandlung in zweiter Instanz gebiete, für die Auslegung des § 522 II Nr. 4 ZPO **nicht bindend** ist.

B 438b   Macht ein gesetzlicher **Krankenversicherer oder Sozialversicherungsträger** aus übergegangenem Recht Regressansprüche geltend, kann sich dieser nicht auf eine „existentielle Bedeutung" der Rechtsangelegenheit berufen (OLG Oldenburg, Beschl. v. 29. 11. 2011 – 5 U 80/11, bei Bergmann/Wever, MedR 2012, 179).

B 439   Vor einer Zurückweisung durch Beschluss muss der Berufungsführer auf die beabsichtigte Zurückweisung und die hierfür bestehenden Gründe hingewiesen und ihm eine **Frist zur Stellungnahme eingeräumt** werden, § 522 II 1 ZPO (vgl. Musielak-Ball, 10. Aufl., § 522 ZPO Rz. 26, 27; B/L/A/H, 71. Aufl., § 522 ZPO Rz. 20: mind. zwei Wochen; Meller-Hannich, NJW 2011, 3393, 3395). Zu neuem Vorbringen im Sinne des § 531 I, II ZPO **muss auch der Gegner gehört werden, weil es darauf ankommt, ob neues Vorbringen unstreitig wird oder bleibt** (BGH, NJW 2005, 291: unstreitiges Vorbringen; OLG Koblenz, Beschl. v. 21. 4. 2005 – 10 U 2/04, VersR 2006, 135, 136; Zöller/Heßler, 30. Aufl., § 522 ZPO Rz. 34 und § 531 ZPO Rz. 9, 20).

B 440   Die Entscheidung des Berufungsgerichts erfolgt **durch einstimmigen Beschluss**. Der Zurückweisungsbeschluss bedarf der Begründung nur insoweit, als die Zurückweisung auf andere bzw. weitere als die im vorangegangenen Hinweis bezeichneten Gründe gestützt wird, § 522 II 3 ZPO (vgl. Musielak-Ball, § 522 BGB Rz. 28).

Mit Wirkung vom 27. 10. 2011 hat der Gesetzgeber die in der ursprünglichen Fassung des § 522 III ZPO a.F. geregelte **Unanfechtbarkeit des Zurückweisungsbeschlusses beseitigt**, obwohl das Bundesverfassungsgericht die in der Rechtsprechung und Literatur erhobenen verfassungsrechtlichen Bedenken nicht geteilt hat (vgl. BVerfG, Beschl. v. 18. 7. 2011 – 1 BvR 1618/10, NJW 2011, 3356, Nr. 10, 11; Beschl. v. 18. 6. 2008 – I BvR 1336/08, NJW 2008, 3419; Beschl. v. 30. 7. 2008 – I BvR 1525/08, NJW 2009, 137; BVerfG, NJW-RR 2007, 1194, 1195; NJW 2005, 659; NJW 2003, 281). **B 441**

Statthaftes Rechtsmittel ist nach § 522 III ZPO n.F. die Nichtzulassungsbeschwerde (NZB) gemäß § 544 ZPO, sofern der Wert der mit der Revision (im Falle ihrer Zulassung) geltend zu machenden Beschwer 20000,00 Euro übersteigt (Musielak-Ball, 10. Aufl., § 522 ZPO Rz. 29; Zöller/Heßler, 30. Aufl., § 522 ZPO Rz. 44; kritisch Meller-Hannich, NJW 2011, 3393, 3396: „Konstruktion ist ziemlich gewagt"; B/L/A/H, 71. Aufl., § 522 ZPO Rz. 23: keine klare Lösung). Die NZB richtet sich nicht gegen den Zurückweisungsbeschluss, sondern gegen die (fingierte) Nichtzulassung der Revison. Die Revisionszulassungsgründe sind deshalb gemäß §§ 543 II, 544 II ZPO darzulegen. Die beschwerte Partei erreicht also nicht, dass überprüft würde, ob das Berufungsgericht zu Recht oder zu Unrecht den Weg der Zurückweisung gewählt hat. Die Voraussetzungen des § 522 II 1 Nr. 1 und Nr. 4 ZPO werden nicht überprüft. Über die NZB kann der Beschwerdeführer zunächst **lediglich erreichen, dass der BGH die Revisionzulassungsgründe überprüft**. Mit der Ablehnung wird der Zurückweisungsbeschluss rechtskräftig, § 544 V 3 ZPO (Meller-Hannich, NJW 2011, 3393, 3396; vgl. auch B/L/A/H, 71. Aufl., § 522 ZPO Rz. 24, 26 und § 544 ZPO Rz. 3 ff.). **B 442**

Vor Einlegung der NZB muss ein Antrag nach § 321a ZPO im Abhilfeverfahren geprüft werden. **§ 321a ZPO ist im Rahmen des § 522 II ZPO anzuwenden** (vgl. OLG Frankfurt, NJW 2004, 165; OLG Celle, MDR 2003, 1311; Zöller/Heßler, 30. Aufl., § 522 ZPO Rz. 41, 44; Musielak-Musielak, 10. Aufl., § 321a ZPO Rz. 3; auch BGH, MDR 2007, 601; a.A. B/L/A/H, 71. Aufl., § 522 ZPO Rz. 26). **B 443**

Während das Berufungsgericht die fehlerhafte Begründung einer Verspätung nach § 296 I, I ZPO durch die Vorinstanz nicht durch eine andere ersetzen und die Zurückweisung wegen Verspätung nicht durch eine andere als die von der ersten Instanz angewandte Vorschrift stützen darf (BGH; Beschl. v. 25. 2. 2010 – I ZB 18/08, juris, Nr. 18; BGH, Urt. v. 4. 5. 2005 – XII ZR 23/03, NJW-RR 2005, 1007, 1008), darf es das Rechtsmittel **auch dann gem. § 522 II ZPO zurückweisen, wenn es gegenüber der Vorinstanz zu einer anderen rechtlichen Beurteilung kommt, aber anhand der festgestellten Tatsachen bei eigener rechtlicher Würdigung die Überzeugung gewinnt, dass der Rechtsstreit in erster Instanz im Ergebnis zutreffend entschieden worden ist** (OLG Hamburg, Beschl. v. 10. 5. 2005 – 14 U 154/04, NJW 2006, 71; KG, Beschl. v. 29. 11. 2007 – 12 U 20/07, OLGR 2008, 481). **B 444**

In einem solchen Fall darf die Berufung jedoch nur dann durch Beschluss gem. § 522 II ZPO zurückgewiesen werden, wenn das Berufungsvorbringen auch insoweit nach erteiltem Hinweis an den Berufungsführer keinerlei Erfolgsaussicht bietet (Musielak-Ball, § 522 ZPO Rz. 21a; OLG Frankfurt, NJW 2004, 165, 167).

B 445 – B 447   Einstweilen frei.

2. Zurückweisung der unbegründeten Berufung

B 448   Ist die Berufung zulässig und nicht von vornherein aussichtslos, aber letztlich unbegründet, wird sie wie bisher nach mündlicher Verhandlung **durch Urteil zurückgewiesen** (Gehrlein, MDR 2004, 661, 666; MDR 2003, 421, 429; Lechner, NJW 2004, 3593, 3598; Schellhammer, MDR 2001, 1141, 1147). Die Erwartung des Rechtsausschusses, dass viele Berufungsurteile nun sehr kurz abgefasst werden können, hat sich jedoch nicht erfüllt. Der frühere Rechtszustand ist nach mehreren Entscheidungen des BGH im Wesentlichen wieder erreicht (Lechner, NJW 2004, 3593, 3598; Gehrlein, MDR 2004, 661, 666; Fellner, MDR 2004, 241).

B 449   Nach § 540 ZPO darf sich das Berufungsurteil anstelle von Tatbestand und Entscheidungsgründen zwar mit einer **Bezugnahme** auf die **tatsächlichen Feststellungen** im angefochtenen Urteil sowie einer kurzen Begründung für die Abänderung, Aufhebung oder Bestätigung begnügen (§ 540 I Nr. 1 u. 2 ZPO). Wird der Sachvortrag in der Berufungsinstanz geändert oder ergänzt, ist dies im Berufungsurteil darzustellen. Zusammen mit den Bezugnahmen auf die erstinstanzlichen Feststellungen muss sich ein widerspruchsfreier Sachverhalt ergeben (BGH, NJW 2004, 293; NJW-RR 2007, 781; Zöller/Heßler, 30. Aufl., § 540 ZPO Rz. 9; Musielak-Ball, 10. Aufl., § 540 ZPO Rz. 3).

B 450   Diese Vereinfachung, die mit Hinblick auf die ab dem 31. 12. 2014 entfallende Beschwer von 20000,00 Euro (§ 26 Nr. 8 EGZPO) für die Erhebung von Nichtzulassungsbeschwerden (§ 544 ZPO) und die damit verbundene Anfechtbarkeit sämtlicher Berufungsurteile eigentlich eine Entlastung der Berufungsgerichte bezweckt, ist durch die BGH-Rspr. erheblich eingeschränkt worden (vgl. Gehrlein, MDR 2004, 661, 666; Musielak-Ball, § 540 ZPO Rz. 3–5; Zöller/Heßler, 30. Aufl., § 540 ZPO Rz. 7–11; B/L/A/H, 71. Aufl., § 26 EGZPO Rz. 2 und § 540 Rz. 3).

B 451   Wird die Beschwer des § 26 Nr. 8 EGZPO (20000,00 Euro) nicht erreicht, kann das Berufungsgericht sein Urteil entweder nach § 540 ZPO – mit den tatsächlichen Feststellungen nach § 540 I Nr. 1 ZPO – begründen oder aber nach § 313a I ZPO vorgehen, also den Tatbestand ganz weglassen, schriftliche Entscheidungsgründe verfassen oder diese im Fall des § 313a I 2 ZPO zu Protokoll geben (Zöller/Heßler, § 540 ZPO Rz. 7; Musielak-Ball, § 540 ZPO Rz. 8).

B 452   Jedenfalls dann, wenn kein Fall des § 26 Nr. 8 EGZPO vorliegt, müssen Bezugnahme und abändernde bzw. ergänzende Darstellung des Parteivorbringens in ihrer Zusammenschau den Sach- und **Streitstand** vollständig und **widerspruchsfrei wiedergeben** (vgl. BGH, NJW-RR 2007, 781; NJW-RR 2003, 1290, 1291; NJW 2003, 3352, 3353; NJW 2004, 293, 294; Musielak-Ball, § 540 ZPO Rz. 3), auch die **Berufungsanträge** sind – wenngleich nicht unbedingt wörtlich – **wiederzugeben** (BGH, Urt. v. 26. 2. 2003 – VIII ZR 262/02, NJW 2003, 1743 = MDR 2003, 765; Urt. v. 13. 1. 2004 – XI ZR 5/03, MDR 2004, 704; Urt. v. 13. 8. 2003 – XII ZR

303/02, NJW 2003, 3352 = MDR 2004, 44; NJW 2004, 293, 294). Das Berufungsurteil unterliegt auch bei einer fehlenden **Bezugnahme und Darstellung etwaiger
Änderungen und Ergänzungen** von Amts wegen der Aufhebung und Zurückverweisung, weil es an der für die revisionsrechtlichen Nachprüfung erforderlichen
Beurteilungsgrundlage fehlt (BGH, Urt. v. 6. 6. 2003 – V ZR 392/02, NJW-RR
2003, 1290 = MDR 2003, 1170; Urt. v. 13. 8. 2003 – XII ZR 303/02, NJW 2003,
3352, 3353 = MDR 2004, 44; Urt. v. 22. 12. 2003 – VIII ZR 122/03, MDR 2004,
464; Urt. v. 12. 11. 2003 – VIII ZR 360/02; Urt. v. 1. 10. 2003 – VIII ZR 326/02,
MDR 2004, 226; Gehrlein, MDR 2004, 661, 666).

Seinen Inhalt nach muss das Berufungsurteil **tatbestandliche Darstellungen** ent-   B 453
halten, welche die tatsächlichen Grundlagen der Entscheidung klar erkennen
lassen und eine revisionsrechtliche Nachprüfung ermöglichen (BGH, Urt. v.
6. 6. 2003 – V ZR 392/02, MDR 2003, 1170 = NJW-RR 2003, 1290; Urt. v.
13. 8. 2003 – XII ZR 303/02, MDR 2004, 44 = NJW 2003, 3352; Urt. v. 10. 2003
– VIII ZR 326/02, MDR 2004, 226; Gehrlein, MDR 2004, 661, 666).

Ferner dürfen sich aus der Kombination der Bezugnahme auf die erstinstanzli-   B 454
chen Feststellungen und der im Berufungsrechtszug eingetretenen Änderungen
und Ergänzungen zur Vermeidung von Aufhebung und Zurückverweisung der
Sache **keine Widersprüche** ergeben (BGH, Urt. v. 7. 11. 2003 – V ZR 141/03,
MDR 2004, 391; Gehrlein, MDR 2004, 661, 666; Musielak-Ball, 10. Aufl., § 540
ZPO Rz. 3; Zöller/Heßler, 30. Aufl., § 540 ZPO Rz. 9, 11).

3. Änderung des angefochtenen Urteils

Gem. § 538 II ZPO hat das Berufungsgericht in der Sache selbst zu entscheiden.   B 455
Eine – von einer der Prozessparteien beantragte – Zurückverweisung an die erster Instanz kommt nur unter den Voraussetzungen des § 538 II 1 Nr. 1–7 ZPO
in Betracht.

Eine Zurückverweisung nach § 538 II 1 Nr. 1 ZPO kommt – auf Antrag mindes-   B 456
tens einer Prozesspartei – nur in Betracht, wenn das erstinstanzliche Verfahren
an einem **so wesentlichen Mangel leidet**, dass es keine Grundlage für eine die Instanz beendende Entscheidung sein kann. Ob ein **wesentlicher Verfahrensfehler**
vorliegt, ist allein aufgrund des materiell-rechtlichen Standpunkts des Erstgerichts zu beurteilen, auch wenn dieser verfehlt ist oder das Berufungsgericht
ihn für verfehlt erachtet. Bewertet das Berufungsgericht das Parteivorbringen
materiell-rechtlich anders als das Erstgericht, liegt **kein zur Aufhebung und Zurückverweisung berechtigender wesentlicher Verfahrensmangel** vor; dies gilt
auch dann, wenn in Folge der abweichenden Beurteilung eine Beweisaufnahme
erforderlich wird. Eine – willentlich oder vermeintlich – unrichtige Rechtsansicht des Erstgerichts darf nicht auf dem Umweg über eine angebliche Hinweispflicht (§ 139 ZPO) in einen Verfahrensmangel umgedeutet werden, wenn
auf der Grundlage der Auffassung des Erstgerichts gar kein Hinweis geboten
war (BGH, Urt. v. 13. 7. 2010 – VI ZR 254/09, VersR 2010, 1666, 1667, Nr. 8, 15).

Eine **Zurückverweisung an das erstinstanzliche Gericht** kommt bei Vorliegen   B 457
der Voraussetzungen des § 538 II 1 Nr. 2–7 ZPO sowie beim Vorliegen folgender
Voraussetzungen aus § 538 II 1 Nr. 1 ZPO in Betracht:

– **Das erstinstanzliche Gericht hat einen Beweisantrag übergangen**; dies stellt einen wesentlichen Verfahrensmangel im Sinne des § 538 II 1 Nr. 1 ZPO dar (OLG München, Urt. v. 21. 10. 2011 – 10 U 1995/11, juris, Nr. 39; OLG Frankfurt, Urt. v. 28. 4. 2010 – 9 U 133/09, juris, Nr. 29 und Urt. v. 20. 7. 2010 – 22 U 14/10, NZV 2010, 623; KG, Urt. v. 14. 2. 2010 – 12 U 67/10, NJW-Spezial 2011, 202; B/L/A/H, 71. Aufl., § 538 ZPO Rz. 7). Eine Zurückverweisung hat jedenfalls dann zu erfolgen, wenn die **Nachholung der Beweisaufnahme in der Berufungsinstanz umfangreich** wäre (OLG München, a. a. O.; OLG Köln, VersR 2003, 1587; Zöller/Heßler, 30. Aufl., § 538 ZPO Rz. 31: auch die Vernehmung von nur zwei Zeugen kann zeitraubend und kompliziert sein; Musielak-Ball, 10. Aufl., § 538 ZPO Rz. 15; abw. B/L/A/H, 71. Aufl., § 538 ZPO Rz. 9: Vernehmung einer Vielzahl von Zeugen). **Die bereits in erster Instanz gegebene Erforderlichkeit der Einholung eines umfangreicheren Sachverständigengutachtens in einem Arzthaftungsprozess rechtfertigt regelmäßig die Zurückverweisung nach § 538 II 1 Nr. 1 ZPO** (KG, OLGR 2007, 776; KG, NJW-RR 2008, 371; Zöller/Heßler, 30. Aufl., § 538 ZPO Rz. 31; B/L/A/H a. a. o).

– Eine **erheblich mangelhafte Beweiserhebung** stellt ebenfalls einen Zurückverweisungsgrund nach § 538 II 1 Nr. 1 ZPO dar (OLG München, Urt. v. 21. 10. 2011 – 10 U 1995/11, juris, Nr. 40 und Urt. v. 25. 6. 2010 – 10 U 1847/10, juris, Nr. 13 sowie Urteil vom 5. 11. 2010 – 10 U 2401/10, VersR 2011, 549, 550; OLG Frankfurt, MDR 2011, 880; Musielak-Ball, 10. Aufl., § 538 ZPO Rz. 11; Zöller/Heßler, 30. Aufl., § 538 ZPO Rz. 18, 20, 25).

– Ein schwerwiegender Verfahrensfehler des erstinstanzlichen Gerichts liegt auch darin, wenn es die **Pflicht zur persönlichen Anhörung** von Unfallbeteiligten in Verkehrsunfallsachen verletzt hat; gleiches würde auch für eine unterlassene Anhörung der Parteien im Arzthaftungsprozess bei einer erhobenen Aufklärungsrüge gelten (OLG München, Urt. v. 21. 10. 2011 – 10 U 1995/11, juris, Nr. 41; OLG Schleswig, MDR 2008, 684).

– Auch die **fehlerhafte Anwendung von Präklusionsvorschriften (§§ 296, 530, 531 ZPO) stellt einen Verstoß gegen Art. 103 I GG und einen Grund für die Zurückverweisung gemäß § 538 II 1 Nr. 1 ZPO dar** (OLG Naumburg, Urt. v. 13. 4. 2010 – 1 U 119/09, juris, Nr. 12; Musielak-Ball, 10. Aufl., § 538 ZPO Rz. 11; Zöller/Heßler, 30. Aufl., § 538 ZPO Rz. 10, 20).

4. Kostenentscheidung nach eingelegter Anschlussberufung

B 458   Die **Kosten** einer zulässig eingelegten Anschlussberufung sind – wie der BGH nunmehr entschieden hat – **dem Berufungskläger aufzuerlegen, wenn dieser die (Haupt-)Berufung nach einem Hinweis gem. § 522 II 2 ZPO zurücknimmt und die Anschlussberufung – selbst wenn sie inhaltlich unbegründet gewesen wäre – dadurch ihre Wirkung verliert** (BGH, Beschl. v. 7. 2. 2006 – XI ZB 9/05, NJW-RR 2006, 1147 = MDR 2006, 586; BGH, Beschl. v. 7. 2. 2007 – XII ZB 175/06, MDR 2007, 788 = NJW-RR 2007, 786, 787; OLG Bremen, Beschl. v. 24. 6. 2008 – 2 U 13/08, MDR 2008, 1306, 1307; KG, Beschl. v. 17. 4. 2008 – 12 U 86/07, MDR 2008, 1062 = NZV 2008, 635; OLG Celle, Beschl. v. 27. 1. 2004 – 16 U 158/03, MDR 2004, 592; OLG Hamburg, Beschl. v. 3. 4. 2003 – 1 U

144/02, MDR 2003, 1251; OLG Köln, Beschl. v. 23. 8. 2004 – 11 U 196/03, OLGR 2004, 397 f.; OLG Schleswig, Beschl. v. 28. 1. 2009 – 4 U 192/07, OLGR 2009, 194; Hülk/Timme, MDR 2004, 14 f.; **a. A. für Kostenteilung:** OLG Brandenburg, Beschl. v. 7. 7. 2003 – 13 U 31/03, MDR 2003, 1261 f.; OLG Celle, Beschl. v. 16. 10. 2002 – 2 U 110/02, NJW 2003, 2755 f.; OLG Düsseldorf, Beschl. v. 28. 10. 2002 – 24 U 81/02, MDR 2003, 288; OLG München, Beschl. v. 27. 7. 2004 – 17 U 2042/04, OLGR 2004, 456).

Der Berufungsführer hat nach § 97 I ZPO die Kosten der Berufung sowie der An-   B 459
schlussberufung nach nunmehr herrschender Ansicht auch bei Zurückweisung
seiner Berufung als unbegründet gem. § 522 II ZPO zu tragen (OLG Bremen, Beschl. v. 24. 6. 2008 – 2 U 13/08, MDR 2008, 1306 = OLGR 2008, 719, 720; OLG Celle, MDR 2004, 592; OLG Celle, Beschl. v. 30. 8. 2013 – 14 U 69/13, MDR 2013, 1243: jedenfalls dann, wenn dadurch **keine kostenrelevante Streit-werterhöhung** eingetreten ist; OLG Dresden, MDR 2004, 1386; OLG Frankfurt, Beschl. v. 14. 6. 2011 – 6 U 278/10, MDR 2011, 1318 = NJW-RR 2011, 1671, 1672; OLG Hamburg, MDR 2003, 1251; OLG Hamm, Beschl. v. 11. 1. 2011 – 7 U 40/10, NJW 2011, 1520, 1521; OLG Köln, Beschl. v. 27. 6. 2011 – 17 U 101/10, NJW-RR 2011, 1435, 1436; OLG Köln, Urt. v. 14. 11. 2008 – 16 U 23/08, OLGR 2009 – 496; OLG Zweibrücken, Urt. v. 1. 9. 2009 – 5 UF 24/09, FamRZ 2010, 399; OLG Naumburg, Beschl. v. 9. 5. 2012 – 1 U 102/11, MDR 2012, 1494; OLG Nürnberg, Beschl. v. 3. 9. 2012 – 6 U 844/12, MDR 2012, 1309 = NJW-RR 2013, 124).

Andernfalls würde ein **einsichtiger Berufungsführer,** der die Hauptberufung auf   B 460
den Hinweis des Berufungsgerichts gemäß § 522 II 2 ZPO zurücknimmt und deshalb auch die Kosten der Anschlussberufung zu tragen hat (BGH, Beschl. v. 7. 2. 2006 – XI ZB 9/05, NJW-RR 2006, 1147 = MDR 2006, 586) **schlechter ge-stellt** als derjenige Berufungsführer, der trotz des Hinweises an seinem – aussichtslosen – Rechtsmittel festhält (OLG Frankfurt, MDR 2011, 1318 = NJW-RR 2011, 1671, 1672; Vossler, MDR 2008, 722, 725).

Auch das OLG Nürnberg (Beschl. v. 3. 9. 2012 – 6 U 844/12, MDR 2012, 1309,   B 460a
1310 = NJW-RR 2013, 124, 125; anders jedoch der 5. Zivilsenat, OLG Nürnberg, Beschl. v. 23. 7. 2012 – 5 U 256/11, NJW 2012, 3451, 3452) weist darauf hin, dass eine von der Gegenansicht vertretene „Kostenquotelung" den „uneinsichtigen" Berufungsführer ohne einleuchtenden Grund besserstellen würde als den „einsichtigen" Berufungsführer, der auf den Hinweis des Berufungsgerichts die Berufung zurücknimmt. Eine Kostenquotelung würde auch den Bestrebungen des Gesetzgebers zuwiderlaufen, dem Entschluss des Berufungsführers, eine aussichtslose Berufung zurückzunehmen, durch eine Halbierung der Gerichtsgebühren von 4,0 auf 2,0 zu honorieren. Hiervon wäre dem Berufungsführer abzuraten, wenn eine Rücknahme der Berufung ihm kostenrechtliche Nachteile bescheren würde, die höher wären als die zu erwartenden Vorteile. Die danach zu befürwortende Belastung des Hauptberufungsklägers auch mit den durch die Anschlussberufung ausgelösten Kosten ist auch nicht davon abhängig, dass der Berufungsbeklagte seine Anschlussberufung ausdrücklich nur unter der Bedingung eingelegt hatte, dass die Hauptberufung nicht schon durch Beschluss zurückgewiesen wird (OLG Nürnberg, MDR 2012, 1309, 1310;

a. A. aber OLG Nürnberg, Beschl. v. 23. 7. 2012 – 5 U 256/11, NJW 2012, 3451, 3453).

B 461   Nach anderer, allerdings von zahlreichen Instanzgerichten vertretener Auffassung hat eine **Kostenquotelung zu erfolgen, wenn die Anschlussberufung ihre Wirkung wegen Zurückweisung der Hauptberufung nach § 522 II ZPO verliert** (OLG Braunschweig, OLGR 2003, 457, 458; OLG Brandenburg, MDR 2003, 1261; OLG Celle, Urt. v. 10. 1. 2005 – 4 U 225/04, MDR 2005, 1017; OLG Dresden, MDR 2004, 1386; OLG Düsseldorf, MDR 2010, 769; OLG Düsseldorf, MDR 2003, 288; OLG Frankfurt, NJW-RR 2005, 80; KG, Beschl. v. 17. 4. 2008 – 12 U 86/07, MDR 2008, 1062 = NZV 2008, 635; KG, Beschl. v. 21. 8. 2006 – 20 U 10/05, OLGR 2007, 568; KG, Beschl. v. 11. 5. 2010 – 6 U 170/09, MDR 2010, 1486; OLG Koblenz, OLGR 2005, 419; OLG Köln, Urt. v. 23. 7. 2009 – 4 UF 80/09, FamRZ 2010, 224; OLG Schleswig, Beschl. v. 28. 1. 2009 – 4 U 192/07, MDR 2009, 532; OLG Stuttgart, Beschl. v. 23. 3. 2009 – 12 U 220/08, NJW-RR 2009, 863, 864; OLG Zweibrücken, NJW-RR 2005, 507; OLG Nürnberg, Beschl. v. 23. 7. 2012 – 5 U 256/11, NJW-RR 2012, 3451; B/L/A/H, 71. Aufl. 2013, § 524 ZPO Rz. 27; Musielak-Ball, § 524 ZPO Rz. 31a; Zöller/Heßler, 30. Aufl., § 524 ZPO Rz. 44).

B 462   Diese Ansicht argumentiert mit dem Hinweis, dass sich der BGH auch im vergleichbaren Fall der Anschlussrevision für eine Kostenquotelung im Verhältnis der Werte von Haupt- und Anschlussrechtsmittel ausgesprochen hat (BGHZ 80, 146; Zöller/Heßler, 30. Aufl., § 524 Rz. 44). Zudem würde der Anschlussberufungsführer das Risiko einer Verwerfung der Hauptberufung durch Beschluss (§ 522 II ZPO) und damit den Wegfall der unselbständigen Anschlussberufung bewusst eingehen (KG, Beschl. v. 11. 5. 2010 – 6 U 170/09, MDR 2010, 1486 und OLG Nürnberg, Beschl. v. 23. 7. 2012 – 5 U 256/11, NJW 2012, 3451, 3453 jeweils mit Hinweis auf BGHZ 80, 146 = NJW 1981, 1790).

B 462a   Allerdings hat der BGH in einer neueren Entscheidung (Beschl. v. 26. 9. 2012 – IV ZR 208/11, NJW 2013, 875, Nr. 16, 17) ausgeführt, dem **Rechtsmittelkläger seien grundsätzlich auch die Kosten eines zulässig erhobenen Anschlussrechtsmittels aufzuerlegen, wenn dieses in Folge der Rücknahme des Rechtsmittels seine Wirkung verliert.** Auch im Falle der Umdeutung einer unzulässigen Revision in eine unselbständige Anschlussrevision könne nichts Anderes gelten.

B 463   Den Anschlussberufungskläger treffen die Kosten seiner Anschlussberufung in jedem Fall dann, wenn er sich einer von vornherein unzulässigen, einer bereits zurückgenommenen oder durch Beschluss (§ 522 II ZPO zurückgewiesenen Berufung angeschlossen hat, wenn die Anschlussberufung unzulässig ist oder zuerst zurückgenommen wird oder wenn die wirkungslose Anschlussberufung weiterverfolgt wird (Musielak-Ball, § 424 ZPO Rz. 31a; Zöller/Heßler, § 524 ZPO Rz. 43: bei eigenen Mängeln der Anschlussberufung, bei erklärter Rücknahme der Anschlussberufung sowie bei Weiterverfolgung einer infolge Zurücknahme der Hauptberufung wirkungslos gewordenen Anschlussberufung; OLG Frankfurt, Beschl. v. 14. 6. 2011 – 6 U 278/10, MDR 2011, 1318, 1319: wenn die Anschlussberufung erst **nach einem gemäß § 522 II ZPO ergangenen Hinweis**, wonach die Berufung keine Aussicht auf Erfolg hat, eingelegt wird; BGH,

NJW-RR 2005, 727, 728: Anschlussberufung unzulässig oder nach Rücknahme der Berufung weiterverfolgt).

Einstweilen frei.   B 464 – B 470

Beweislastumkehr, Beweisvereitelung

Vgl. auch → *Anfängereingriffe*, Rz. A 100ff.; → *Anscheinsbeweis*, Rz. A 160ff.; → *Dokumentationspflicht*, Rz. D 201ff.; → *Grobe Behandlungsfehler*, Rz. G 101ff.; → *Kausalität*, Rz. K 1ff.; → *Patientenrechtegesetz*, Rz. P 1ff.; → *Unterlassene Befunderhebung*, Rz. U 1ff., U 50ff.; → *Voll beherrschbare Risiken*, Rz. V 301ff.

I. Beweislast bei Behandlungsfehlern

1. Beweislast des Patienten

Die Darlegungs- und Beweislast für eine Pflichtverletzung des Arztes, das Vorliegen eines Behandlungsfehlers, den Eintritt eines Körper- oder Gesundheitsschadens, die Kausalität zwischen dem Behandlungsfehler und dem Körper- oder Gesundheitsschaden und den Sachverhalt, aus dem sich ein Behandlungsverschulden begründet, **trägt – auch nach Einführung des Patientenrechtegesetzes** (zur Beweislast §§ 630h I-V, 630f BGB) – **grundsätzlich der Patient** (BGH, NJW 1999, 1778, 1779 = VersR 1999, 716; OLG Düsseldorf, Urt. v. 24. 7. 2003 – I-8 U 137/02, OLGR 2004, 335, 337; OLG Brandenburg, VersR 2001, 1241, 1242; OLG Karlsruhe, Urt. v. 13. 10. 2004 – 7 U 122/03, OLGR 2005, 40: zur Ursächlichkeit eines Organisationsfehlers; OLG Naumburg, Beschl. v. 6. 6. 2012 – 1 W 25/12, GesR 2013, 56, 57; R/L-Kern, § 2 Rz. 70 und § 5 Rz. 26, 61; G/G, 6. Aufl., Rz. B 200, 213, 218; Müller, VPräsBGH a.D., MedR 2001, 487, 489 und, NJW 1997, 3049ff.; S/Pa, 12. Aufl. 2013, Rz. 591, 626, 628, 676; F/N/W, 5. Aufl., Rz. 128, 129, 172, 174, 229; Wenzel-Müller, Kap. 2 Rz. 1408, 1411ff.,

B 471

1415, 1516, 1517; L/K/L-Katzenmeier, Rz. XI 51 ff., 82; B/P/S-Glanzmann, § 287 ZPO Rz. 1–22, 27; **zum Patientenrechtegesetz:** Katzenmeier, NJW 2013, 817, 821, 823; ders., MedR 2012, 576 ff.; Spickhoff, VersR 2013, 267, 278, 281; Spickhoff, ZRP 2012, 65, 69; Hassner, VersR 2013, 23, 32/33; Wagner, VersR 2012, 789, 800/801; Walter, GesR 2013, 129, 130; Hart, GesR 2012, 385, 387; Olzen/Metzmacher, JR 2012, 271 ff. und JR 2012, 442 ff.; Ratajczak, Die Zahnarzthaftung nach dem Patientenrechtegesetz, 2013, S. 208 ff., 216). Dies gilt **sowohl für Ansprüche aus Delikt (§§ 823, 831 BGB) als auch für Ansprüche aus Vertrag** (§ 280 I 1 BGB; vgl. BGH, MDR 1987, 43 = NJW 1987, 705, 706; F/N/W, 5. Aufl., Rz. 127, 128).

2. Verschuldensvermutung des § 280 I 2 BGB

B 472 Der **BGH** hatte die Anwendung der **Verschuldensvermutung** des § 282 BGB a. F. (seit 1. 1. 2002 ersetzt durch § 280 I 2 BGB n. F.) auf den Kernbereich des ärztlichen Handelns **bislang abgelehnt** (BGH, NJW 1980, 1333; NJW 1991, 1540; F/N/W, 5. Aufl., Rz. 129; G/G, 6. Aufl., Rz. B 214; Müller, VPräsBGH a. D., NJW 1997, 3049).

B 473 Der **Rechtsgedanke des § 282 BGB a. F.** findet jedoch **Anwendung**, wenn es um Risiken aus dem Krankenhausbetrieb geht, die vom Träger der Klinik und dem Personal **voll beherrscht werden können** (OLG Jena, Urt. v. 12. 7. 2006 – 4 U 705/05, OLGR 2006, 799 = VersR 2007, 69 mit NA-Beschl. BGH v. 13. 2. 2007 – VI ZR 174/06, VersR 2007, 1416; BGH, Urt. v. 20. 3. 2007 – VI ZR 158/06, VersR 2007, 847, 848 = GesR 2007, 254; KG, Beschl. v. 10. 9. 2007 – 12 U 145/06, OLGR 2008, 505, 506; F/N/W, 5. Aufl., Rz. 129, 156; G/G, 6. Aufl., Rz. B 214, 241; Jorzig, MDR 2001, 481, 483; Müller, NJW 1997, 3049, 3050; S/Pa, 12. Aufl., Rz. 603 ff.).

B 474 Der **seit dem 1. 1. 2002** geltende **§ 280 I 2 BGB** bürdet dem Schuldner bei festgestellter „Pflichtverletzung" grundsätzlich die Beweislast dafür auf, dass er die Pflichtverletzung nicht zu vertreten hat und beruht auf einer Verallgemeinerung der zuvor für die Fälle der Unmöglichkeit und des Verzuges geltenden Beweislastanordnung der §§ 282, 285 BGB a. F. (Zimmer, NJW 2002, 1, 7). In der Literatur besteht jedoch Einigkeit, dass **mit der Neufassung des § 280 I BGB keine Änderung der Rechtslage** unter Geltung des § 282 BGB a. F. herbeigeführt werden sollte (Zimmer, NJW 2007, 1, 7, Fn 76; Deutsch, JZ 2002, 588, 592, Katzenmeier, NJW 2013, 817, 821; Walter, GesR 2013, 129, 130; F/N/W, 5. Aufl., Rz. 77, 129; G/G, 6. Aufl., Rz. B 214, Müller, VPräsBGH a. D., MedR 2001, 487, 494 und NJW 2003, 697, 698; Spickhoff, NJW 2002, 1758, 1762; Spickhoff, NJW 2002, 2530, 2532/2537; Spindler/Rickers, JuS 2004, 272, 274; Weidinger, VersR 2004, 35, 37).

B 474a Überraschend ist deshalb der Hinweis in der Gesetzesbegründung des am 26. 2. 2013 in Kraft getretenen Patientenrechtegesetz, wonach die Beweislastregel des § 280 I 2 BGB schon bislang gegolten habe, da dies von der h. M. gerade verneint wurde. Die Gesetzesbegründung stellt aber klar, dass **Anknüpfungspunkt der Vermutung des § 280 I 2 BGB im Arzthaftungsrecht nicht ein ausblei-**

bender Heilungserfolg, sondern vielmehr ein feststehender Behandlungsfehler ist (Katzenmeier, NJW 2013, 817, 821 mit Hinweis auf BT-Drucks. 17/10488, S. 28; vgl. auch Hart, GesR 2012, 385, 387 und Spickhoff, VersR 2013, 267, 278: nach § 280 I 2 BGB wird lediglich das subjektive Verschulden bei nachgewiesenem, objektivem Verstoß gegen den Facharztstandard vermutet; Wagner, VersR 2012, 789, 791: es wäre hilfreich gewesen, wenn in der Gesetzesbegründung klargestellt worden wäre, dass eine Entlastung des Arztes mit Rücksicht auf § 280 I 2 BGB nicht in Betracht kommt).

Letztlich wird die Frage, ob die in § 280 I 2 BGB formulierte Verschuldensvermutung grundsätzlich auch für den Arztvertrag anzuerkennen ist (so etwa Katzenmeier, VersR 2002, 1066, 1069 m.w.N.) in der Praxis regelmäßig nicht relevant. Denn eine **Verletzung der äußeren Sorgfalt**, d.h. des medizinischen Standards nach dem zugrunde zu legenden objektivierten Fahrlässigkeitsmaßstabs **indiziert grundsätzlich auch die Verletzung der inneren Sorgfalt** (so etwa Weidinger, VersR 2004, 35, 37; Katzenmeier, VersR 2002, 1066, 1069; Katzenmeier, NJW 2013, 817, 821; G/G, 6. Aufl., Rz. B 214, 215; Hart, GesR 2012, 385, 387; Wagner, VersR 2012, 789, 791; Spickhoff, VersR 2013, 267, 278; Walter, GesR 2013, 129, 130; Hassner, VersR 2013, 23, 32; **zum objektiven Fahrlässigkeitsbegriff bei der Arzthaftung** vgl. BGH, Urt. v. 6. 5. 2003 – VI ZR 259/02, NJW 2003, 2311 = MDR 2003, 989 und Urt. v. 13. 2. 2001 – VI ZR 34/00, VersR 2001, 646 = MDR 2001, 565).

B 475

II. Beweislast bei Aufklärungsfehlern

Während der Patient beim Behandlungsfehler grundsätzlich in vollem Umfang die Voraussetzungen seines Anspruchs beweisen muss, kommt es beim Aufklärungsfehler für die Beweislast darauf an, ob es sich um einen Fall der **Eingriffs- bzw. Risikoaufklärung (dann Beweislast des Arztes) oder um einen Fall der sogenannten therapeutischen oder Sicherungsaufklärung (dann Beweislast des Patienten) handelt** (Müller, MedR 2001, 487, 488; Müller, NJW 1997, 3049, 3051 m.w.N.; F/N/W, 5. Aufl., Rz. 185, 227, 229; S/Pa, 12. Aufl., Rz. 370, 515, 693–697, 706; L/K/L-Katzenmeier, Rz. V 11, 14, 16, 16).

B 476

Das **Patientenrechtegesetz**, dessen Ziel es war, die von der Rechtsprechung entwickelten Grundsätze im Arzthaftungsrecht systematisch in einer Vorschrift zusammenfassen (BT-Drs. 17/10488, S. 27) regelt die Beweislastverteilung bei Aufklärungsmängeln im Wesentlichen in §§ 630h II, III, 630d, 630e BGB. Danach hat der Arzt zu beweisen, dass er die erforderliche Einwilligung des Patienten (§ 630d BGB) eingeholt und entsprechend den Anforderungen des § 630e BGB aufgeklärt hat (vgl. zu §§ 630e, 630f II, 630h II BGB Katzenmeier, NJW 2013, 817, 820; Spickhoff, VersR 2013, 267, 276, 279; Hassner, VersR 2013, 23, 26ff.; Wagner, VersR 2012, 789, 792ff.; vgl. Rz. P 63ff., P 91).

Nach § 630h II 2 BGB kann sich der Arzt nach wie vor auf die **hypothetische Einwilligung** berufen, was nach der fortgeltenden Rechtsprechung aber nur dann erforderlich ist, wenn der Patient einen auf das Aufklärungsversäumnis zurückzuführenden Schaden erlitten hat (BGH, Urt. v. 7. 2. 2012 – VI ZR 63/11, NJW 2012, 850 = MedR 2012, 456, Nr. 14 mit Anm. Baur, MedR 2012, 458–460;

OLG Köln, Urt. v. 20. 7. 2011 – 5 U 83/09, MedR 2012, 405, 408; OLG Köln, Urt. v. 18. 4. 2012 – 5 U 172/11, MedR 2013, 47, 50).

Die Einzelheiten werden zur Beweislast bei Aufklärungsdefiziten bei Rz. A 2240ff., A 2140f. und Rz. P 63ff., P 91 dargestellt.

III. Haftungsbegründende und haftungsausfüllende Kausalität

B 477 Grundsätzlich hat der Patient neben dem Vorliegen eines Behandlungsfehlers auch dessen Ursächlichkeit für den Eintritt des Primärschadens und das Verschulden der Behandlungsseite zu beweisen (BGH, Urt. v. 12. 2. 2008 – VI ZR 221/06, VersR 2008, 644, 645; BGH, Urt. v. 7. 2. 2012 – VI ZR 63/11, NJW 2012, 850 = MedR 2012, 456, Nr. 6, 11; BGH, Urt. v. 19. 10. 2010 – VI ZR 241/09, VersR 2011, 223 = MedR 2011, 244, Nr. 18, 21).

B 478 Den Beweis für das Vorliegen eines **Behandlungsfehlers** kann der Patient durch den Nachweis einer **Abweichung** der ärztlichen Behandlung **vom Facharztstandard zum Zeitpunkt der Durchführung der Behandlung erbringen** (BGH, NJW 1999, 1778; G/G, Rz. B 31, 90ff.). Dieser Beweis ist grundsätzlich nach dem **Maßstab des § 286 ZPO zu führen.** Der „Strengbeweis" gilt auch für den Nachweis des Ursachenzusammenhangs, hier jedoch nur für die haftungsbegründete Kausalität, also den Zusammenhang zwischen dem Behandlungsfehler und dem Primärschaden. Der **Beweis nach § 286 ZPO** ist zur vollen Überzeugung des Gerichts zu führen, **wobei ein für das praktische Leben brauchbarer Grad von Gewissheit, der Zweifeln Schweigen gebietet, ohne sie völlig auszuschließen, ausreicht** (BGH, Urt. v. 7. 2. 2012 – VI ZR 63/11, NJW 2012, 850 = MedR 2012, 456, Nr. 6, 11 mit Anm. Baur, MedR 2012, 459/460; BGH, Urt. v. 23. 5. 2012 – VI ZR 157/11, GesR 2012, 419 = VersR 2012, 905, Nr. 10, 11; BGH, Urt. v. 8. 7. 2008 – VI ZR 259/06, VersR 2008, 1265, 1266 = NJW 2008, 2846, 2848 = MedR 2009, 44, 46, Nr. 22; BGH, Urt. v. 8. 7. 2008 – VI ZR 274/07, VersR 2008, 1126, 1127; BGH, Urt. v. 4. 11. 2003 – VI ZR 28/03, NJW 2004, 777, 778; vgl. hierzu Rz. G 102ff., K 4ff.).

Der BGH hat wiederholt darauf hingewiesen, dass es dabei **nicht** um einen medizinisch-naturwissenschaftlichen Nachweis und nicht um eine mathematische, jede Möglichkeit eines abweichenden Geschehensablaufs ausschließende, von niemandem anzweifelbare Gewissheit („mit an Sicherheit grenzender Wahrscheinlichkeit") gehen kann; ausreichend ist nach seiner ständigen Rechtsprechung vielmehr ein **Grad von Gewissheit, der Zweifeln einen besonnenen, gewissenhaften und lebenserfahrenen Beurteilers Schweigen gebietet, ohne sie gänzlich auszuschließen** (BGH, Urt. v. 8. 7. 2008 – VI ZR 259/06, VersR 2008, 1265, 1266, Nr. 22 und Urt. v. 8. 7. 2008 – VI ZR 274/07, VersR 2008, 1126, 1127).

B 479 Bei der Beweisführung für die **haftungsausfüllende Kausalität**, also die weiteren Schäden und Beschwerden einschließlich einer etwa behandlungsfehlerbedingten Verschlimmerung von Vorschäden, reicht es zur Überzeugungsbildung des Gerichts nach **§ 287 ZPO** aus, wenn für die betreffende Behauptung eine **deut-**

lich überwiegende, auf gesicherter Grundlage beruhende Wahrscheinlichkeit bejaht werden kann (BGH, Urt. v. 19. 10. 2010 – VI ZR 241/09, GesR 2011, 24 = VersR 2011, 223, Nr. 21 und BGH, Urt. v. 12. 2. 2008 – VI ZR 221/06, VersR 2008, 644, 645: „überwiegende Wahrscheinlichkeit" kann genügen; BGH, Urt. v. 4. 11. 2003 – VI ZR 28/03, NJW 2004, 777, 778; OLG Hamm, Urt. v. 15. 3. 2006 – 3 U 131/05, VersR 2007, 1129, 1130: „überwiegende Wahrscheinlichkeit" genügt; F/N/W, 5. Aufl., Rz. 174: „deutlich überwiegende Wahrscheinlichkeit"; S/Pa, 12. Aufl., Rz. 351, 628, 676; G/G, 6. Aufl., Rz. B 192, 229, 262; zu weiteren Einzelheiten vgl. Rz. G 120 ff., K 25 ff.).

IV. Beweiserleichterungen und Beweislastumkehr

Der **BGH** hatte es jedenfalls unter der Geltung der §§ 282, 285 BGB a.F. für den   **B 480**
„**Kernbereich**" des **ärztlichen Handelns abgelehnt**, die für den Vertragsbereich an sich mögliche Beweislastumkehr des **§ 282 BGB a.F.** (ab dem 1. 1. 2002 ersetzt durch § 280 I 2 BGB n.F.) auch auf **Behandlungsverträge** anzuwenden (zu den Einzelheiten s.o. Rz. B 474, B 474a, B 475 und Rz. V 306 ff.). Denn der Arzt schuldet dem Patienten nicht die erfolgreiche Herstellung seiner Gesundheit, sondern lediglich das sorgfältige Bemühen um seine Heilung (OLG Jena, Urt. v. 12. 7. 2006 – 4 U 705/05, OLGR 2006, 799; Wagner, VersR 2012, 789, 791; Spickhoff, VersR 2013, 267, 278; Walter, GesR 2013, 129, 130; Katzenmeier, NJW 2013, 817, 821; F/N/W, 5. Aufl., Rz. 129 und Gehrlein, Rz. B 117 je m.w.N.; Müller, VPräsBGH a.D., MedR 2001, 487, 494; Rehborn, MDR 2002, 1281, 1288).

Die Rspr. hat jedoch insbesondere für die **haftungsbegründende Kausalität Fallgruppen** geschaffen, bei denen dem Patienten **Beweiserleichterungen, regelmäßig sogar eine Beweislastumkehr zugute kommen können**.

Nach der Gesetzesbegründung zum Patientenrechtegesetz sollten die von der Rechtsprechung entwickelten Grundsätze zu den Beweiserleichterungen im Arzthaftungsrecht systematisch in § 630h BGB zusammengefasst werden (BT-Drucks. 17/10488, S. 27), was mit Ausnahme der Regelungen zum „Anscheinsbeweis" – insoweit gelten die Grundsätze der Rechtsprechung ebenfalls fort – auch im Wesentlichen erfolgt ist (vgl. Spickhoff, VersR 2013, 267, 282: es handelt sich weder um einen großen Wurf noch um eine besondere Fehlleistung des Gesetzgebers).

1. Vorliegen eines „groben Behandlungsfehlers"

Ist ein Sachverhalt bewiesen, der die – vom Gericht vorzunehmende – Bewer-   **B 481**
tung eines Behandlungsfehlers als grob rechtfertigt, so greift für den **Kausalzusammenhang** zwischen dem festgestellten Behandlungsfehler und dem beim Patienten eingetretenen Primärschaden generell **eine Beweislastumkehr** ein, so dass die Kausalität vermutet wird und die Behandlungsseite beweisen muss, dass der Behandlungsfehler für die Schädigung nicht ursächlich geworden ist (vgl. § 630h V 1 BGB und Rz. G 133 ff., G 161 ff.).

Ein „grober Behandlungsfehler" liegt vor, wenn ein **medizinisches Fehlverhalten**   **B 481a**
vorliegt, welches **aus objektiver ärztlicher Sicht nicht mehr verständlich er-**

scheint, weil ein solcher Fehler dem Arzt schlechterdings nicht unterlaufen darf. Betroffen sind also Verstöße gegen eindeutig gesicherte medizinische Erkenntnisse und bewährte ärztliche Behandlungsregeln und Erfahrungen (vgl. BGH, Urt. v. 25. 10. 2011 – VI ZR 139/10, MDR 2012, 150 = VersR 2012, 360, Nr. 8; BGH, Urt. v. 20. 9. 2011 – VI ZR 55/09, VersR 2011, 1569 = GesR 2011, 718, Nr. 10; BGH, Urt. v. 19. 6. 2012, VI ZR 77/11, VersR 2012, 1176 = NJW 2012, 2653, Nr. 6; BGH, Urt. v. 8. 1. 2008 – VI ZR 118/06, NJW 2008, 1304 = VersR 2008, 490, 491, Nr. 11, 12 und die umfangreichen Nachweise bei Rz. G 161).

Von einer Legaldefinition des groben Behandlungsfehlers in § 630h V 1 BGB hat der – eigentlich auf Transparenz bedachte – Gesetzgeber abgesehen. Die Begriffsbestimmung erfolgt jedoch in der Gesetzesbegründung (vgl. Walter, GesR 2013, 129, 131 mit Hinweis auf BT-Drs. 17/10488, S. 30; auch Katzenmeier, NJW 2013, 817, 822).

B 481b Ist ein „grober Behandlungsfehler" festgestellt, genügt es für die Annahme einer Beweislastumkehr für die Kausalität hinsichtlich des eingetretenen Primärschadens, wenn der Behandlungsfehler **generell geeignet bzw. „grundsätzlich geeignet" (§ 630h V 1 BGB)** ist, diesen eingetretenen Primärschaden zu verursachen (BGH, Urt. v. 7. 6. 2011 – VI ZR 87/10, VersR 2011, 1148 = GesR 2011, 472 = NJW 2011, 2508, Nr. 8; BGH, Urt. v. 29. 9. 2009 – VI ZR 251/08, VersR 2010, 115 = NJW-RR 2010, 833, Nr. 8, 11; BGH, Urt. v. 8. 1. 2008 – VI ZR 118/06, VersR 2008, 490, 491, Nr. 11, 12; Urt. v. 27. 3. 2007 – VI ZR 55/05, VersR 2007, 995, 997, Nr. 25).

B 482 Allerdings ist eine Beweiserleichterung ausgeschlossen, wenn der Kausalzusammenhang gänzlich bzw. **äußerst unwahrscheinlich** ist (Einzelheiten bei Rz. G 214ff., G 255ff.; vgl. BGH, Urt. v. 7. 6. 2011 – VI ZR 87/10, VersR 2011, 1148 = NJW 2011, 2508, Nr. 8; BGH, Urt. v. 29. 9. 2009 – VI ZR 251/08, VersR 2010, 115 = NJW-RR 2010, 833, Nr. 8).

Aus der Gesetzesbegründung zu § 630h V 1 BGB ergibt sich, dass auch die von der Rechtsprechung entwickelten Einschränkungen, wonach eine Beweisalstumkehr ausgeschlossen ist, wenn insbesondere der haftungsbegründende Kausalzusammenhang zwischen dem (groben) Behandlungsfehler und dem Eintritt des Primärschadens „gänzlich unwahrscheinlich" ist, fortgelten sollen (vgl. Walter, GesR 2013, 129, 131 mit Hinweis auf BT-Drs. 17/10488, S. 31; Spickhoff, VersR 2013, 267, 280; Ratajczak, 2013, S. 252).

Zu den einzelnen Fallgruppen und Nachweisen der umfangreichen Rechtsprechung vgl. → *Grobe Behandlungsfehler*, Rz. G 101ff., G 297ff.

2. Unterlassene Befunderhebung

B 483 Hat der Arzt die Erhebung oder Sicherung von Diagnose- oder Kontrollbefunden unterlassen und ist dieses Unterlassen bereits als „grob fehlerhaft" zu qualifizieren, kommt bereits aus diesem Grunde eine **Beweislastumkehr hinsichtlich der haftungsbegründenden Kausalität** in Betracht (vgl. hierzu Rz. G 521, U 1ff., U 100ff.).

Nach der bereits auf das Jahr 1996 zurückgehenden Rechtsprechung des BGH   B 484
kommt eine Beweiserleichterung bis zur Beweislastumkehr jedoch bereits bei einem „einfachen" Behandlungsfehler in Betracht, wenn der Arzt es unterlassen
hat, medizinisch zwingend gebotene Befunde zu erheben bzw. diese Befunde zu
sichern und sich aus den erhobenen Befunden mit hinreichender Wahrscheinlichkeit ein so deutlicher und gravierender Befund ergeben hätte, dass sich dessen Verkennung als fundamental *oder* die Nichtreaktion auf die Befunde als
grob fehlerhaft darstellen müssten (BGH, Urt. v. 13. 9. 2011 – VI ZR 144/10,
VersR 2011, 1400 = NJW 2011, 3441, Nr. 3, 8, 9; BGH, Urt. v. 7. 6. 2011 – VI
ZR 87/10, MDR 2011, 913 = VersR 2011, 1148, Nr. 7, 8; BGH, Urt. v. 29. 9. 2009
– VI ZR 251/08, VersR 2010, 115, Nr. 8; BGH, Urt. v. 9. 1. 2007 – VI ZR 59/06,
VersR 2007, 541, 542 = GesR 2007, 233, 234; BGH, Urt. v. 27. 4. 2004 – VI ZR
34/03, NJW 2004, 2011, 2013 = VersR 2004, 909, 911; zu den Einzelheiten vgl.
→ *Unterlassene Befunderhebung*, Rz. U 1 ff., U 50 ff., U 82 ff.).

Der BGH hatte etwa im Urteil v. 7. 6. 2011 (VI ZR 87/10, GesR 2011, 472 =   B 485
VersR 2011, 1148 = NJW 2011, 2508 = MedR 2012, 249, Nr. 7, 8) ausdrücklich
darauf hingewiesen, in der „dritten Stufe" der Rechtsfigur müssten die Voraussetzungen „Verkennung des hinreichend wahrscheinlichen Befundes als fundamental" sowie die Bewertung der „Nichtreaktion auf den Befund als grob fehlerhaft" **nicht kumulativ** vorliegen.

Der Gesetzgeber hat § 630h V 2 BGB nun dahingehend formuliert, dass es zur   B 486
Beweislastumkehr bei der Unterlassung der Erhebung medizinisch gebotener Befunde nur dann kommt, „*soweit der Befund mit hinreichender Wahrscheinlichkeit ein Ergebnis erbracht hätte, das Anlass zu weiteren Maßnahmen gegeben
hätte, und wenn das Unterlassen solcher Maßnahmen grob fehlerhaft gewesen
wäre*". Aus dem Wortlaut des § 630h V 2 BGB ergibt sich also eine Einschränkung der teilweise als zu weitgehend empfundenen Rechtsfigur der „unterlassenen Befunderhebung" (vgl. hierzu Rz. P 108 ff.).

Da der Gesetzgeber „die von der Rechtsprechung entwickelten Grundsätze zu
den Beweiserleichterungen aus dem Arzthaftungsrecht systematisch in einer
Vorschrift zusammenfassen" wollte (BT-Drs. 17/10488, S. 27) und auf den Einwand des Bundesrates (BR-Drs. 312/1/12, S. 18; BR-Drs. 312/12, S. 47) in der Gegenäußerung der Bundesregierung (BR-Drs. 312/12, Anlage 4, zu Nr. 23) ausdrücklich behauptet wird, § 630h V 2 BGB „bildet die bisherige Rechtslage
einschl. der aktuellen Rechtsprechung des BGH aus dem Jahr 2011 zutreffend
und vollständig ab", muss wohl eher von einem „Redaktionsversehen" des Gesetzgebers ausgegangen werden (in diesem Sinne auch Walter, RiLG, GesR 2013,
129, 132; nicht problematisiert von Katzenmeier, NJW 2013, 817, 822 und Wagner, VersR 2012, 789, 792, 800; vgl. Rz. P 108 ff.).

3. Anscheinsbeweis

Der **Beweis des ersten Anscheins** baut auf einem gewissen Tatbestand auf, der   B 487
nach den Erfahrungen des Lebens auf eine bestimmte Ursache oder Folge hinweist. Dabei kann aus einem bestimmten Behandlungsfehler typischerweise
auf die Verursachung des Primärschadens oder aus der festgestellten Primär-

schädigung auf das Vorliegen eines Behandlungsfehlers geschlossen werden (z.B. OLG Köln, Urt. v. 14. 2. 2007 – 5 U 122/06, OLGR 2007, 622: kein Anscheinsbeweis bei Perforation der Uteruswand; zu den Einzelheiten vgl. Rz. A 160ff.).

B 487a Greift ein Anscheinsbeweis – was im Arzthaftungsrecht selten ist – so liegt es an der Behandlungsseite, konkrete Tatsachen vorzutragen und im Bestreitensfalle gemäß § 286 ZPO zu beweisen, aus denen auf die **ernsthafte Möglichkeit eines atypischen Geschehensablaufes bzw. einer anderen Schadensursache geschlossen** werden kann, um damit den Anscheinsbeweis zu erschüttern (BGH, NJW 1997, 1853, 1854; G/G, 6. Aufl., Rz. B 231; Spickhoff-Greiner, § 823 BGB Rz. 157; Wenzel, Kap. 2 Rz. 3589).

Die Behandlungsseite muss also die Typizität angreifen, indem sie **entweder die behauptete Typizität generell bestreitet und nachweist, dass der behauptete Erfahrungssatz keine Geltung (mehr) beansprucht oder indem sie einen atypischen Kausalverlauf behauptet und hierfür Beweis antritt. Die Behandlungsseite muss dabei Tatsachen nachweisen, aufgrund derer die Möglichkeit eines anderen als des typischen Geschehensablaufes ernsthaft in Betracht kommt** (BGH, Urt. v. 16. 3. 2010 – VI ZR 64/09, GesR 2010, 255, Nr. 17; zu den Einzelheiten vgl. → *Anscheinsbeweis*, Rz. A 160ff.).

4. Voll beherrschbare Risiken

B 488 Die Behandlungsseite muss sich von einer **Verschuldens- oder Fehlervermutung** entlasten, wenn feststeht, dass der eingetretene Primärschaden aus einem Bereich stammt, dessen Gefahren **ärztlicherseits voll beherrscht werden können und müssen** (BGH, Beschl. v. 13. 2. 2007 – VI ZR 174/06, VersR 2007, 1416; BGH, Urt. v. 20. 3. 2007 – VI ZR 158/06, VersR 2007, 847, 848 = GesR 2007, 254; zu den Einzelheiten vgl. Rz. V 301ff. und S 500ff.).

B 489 Es handelt sich etwa um die **Funktionstüchtigkeit eingesetzter medizinischer Geräte, vermeidbare Keimübertragungen** durch ein Mitglied des Operations- oder Pflegeteams, durch eine **falsche Lagerung** entstandene Nervschädigungen und die Verrichtungssicherheit des Pflegepersonals zur Vermeidung von Stürzen des Patienten (BGH, Urt. v. 20. 3. 2007 – VI ZR 158/06, VersR 2007, 847, 848; Beschl. v. 13. 2. 2007 – VI ZR 174/06, VersR 2007, 1416; OLG Köln, Beschl. v. 10. 10. 2012 – 5 U 69/12, juris, Nr. 4: Infektionen i.d.R. nicht „voll beherrschbar"; G/G, 6. Aufl., Rz. B 241ff.; S/Pa, 12. Aufl., Rz. 603ff.; F/N/W, 5. Aufl., Rz. 156–162).

B 490 Für die vertragliche Haftung ist die Beweisfigur der „**voll beherrschbaren Risiken" jetzt in § 630h I BGB geregelt.** Soweit die Gesetzesbegründung missverständlich den Hygienebereich als klassisches Fallbeispiel anführt, sollte damit keine Änderung der bisherigen Rechtslage herbeigeführt werden, wonach ein Krankenhausträger bzw. Behandler aufgrund der Fehler- und Verschuldensvermutung nur dann für die Folgen einer Infektion einzustehen hat, wenn feststeht, dass die Infektion aus einem hygienisch voll beherrschbaren Bereich hervorgegangen sein muss, was nur in seltenen Fällen angenommen wurde (vgl. BGH,

NJW 1991, 1541, 1542 = MDR 1991, 730: Identität des Keimträgers konnte nicht ermittelt werden; Walter, GesR 2013, 129, 134: in der Praxis wird im Hygiene-bereich eher selten ein voll beherrschbares Risiko angenommen; Katzenmeier, NJW 2013, 817,821 und Spickhoff, VersR 2013, 267, 279 sowie Ratajczak, 2013, S. 225, 226: keine Änderung der Rechtsprechung beabsichtigt).

Auch die Übertragung einer selbständig auszuführenden Operation oder eines   B 491
selbständig auszuführenden, sonstigen ärztlichen Eingriffs („**Anfängeroperati-on**") wird bislang teilweise den „voll beherrschbaren Risiken" zugeordnet und dort behandelt (G/G, 6. Aufl., Rz. B 241; Gehrlein, Rz. B 134).

Zu den Einzelheiten vgl. → *Voll beherrschbare Risiken*, Rz. V 301 ff. sowie → *Sturz im Pflegeheim und im Krankenhaus*, Rz. S 500 ff. sowie Rz. P 88 ff.

5. Anfängereingriffe, Anfängeroperationen

Die Übertragung einer selbständig durchzuführenden Operation oder eines ver-   B 492
gleichbaren Eingriffs auf einen hierfür noch nicht ausreichend qualifizierten As-sistenzarzt ist ein Behandlungsfehler in Form eines Organisationsfehlers. **Wird die Gesundheit des Patienten bei dem Eingriff durch einen nicht ausreichend qualifizierten Assistenzarzt oder noch geringer qualifizierten Berufsanfänger ge-schädigt, so trifft den Krankenhausträger die Beweislast, dass dies nicht auf des-sen mangelnder Qualifikation beruht** (BGH, NJW 1984, 655 zur Anfängeroperati-on; NJW 1993, 2989 = VersR 1993, 1231 zur Anfängernarkose: Krankenhausträ-ger hat die Vermutung der Kausalität der Unerfahrenheit des „Anfängers" für den Schadenseintritt zu entkräften; KG, Urt. v. 14. 4. 2008 – 20 U 183/06, VersR 2008, 1267, 1268: nicht ausreichend qualifizierter Therapeut; Gehrlein, Rz. B 134; S/Pa, 12. Aufl., Rz. 284 ff., 293; F/N/W, 5. Aufl., Rz. 91, 92, 163; L/K-Laufs/Kern, § 100 Rz. 23, 24; Spickhoff-Greiner, § 823 BGB Rz. 164; zu den Einzelheiten vgl. → *Anfängereingriffe*, Rz. A 101 ff.).

Gemäß § 630h IV BGB „wird vermutet, dass die mangelnde Befähigung für den   B 492a
Eintritt der Verletzung des Lebens, des Körpers oder der Gesundheit ursächlich war", wenn „ein Behandler für die von ihm vorgenommene Behandlung nicht befähigt" war (vgl. hierzu Rz. P 101 ff.).

Während in § 630e II 1 Nr. 1 BGB das Wort „Befähigung" des Aufklärenden durch die Eigenschaft der hierfür „notwendigen Ausbildung" ersetzt worden ist, ist es im Kontext von § 630h IV BGB im Rahmen des Gesetzgebungsverfahrens (vgl. RegE vom 25. 5. 2012, S. 5, 37: „notwendige Befähigung"; Empfehlung des Bundesrates, BR-Drs. 312/1, 12, S. 14: „Die gleiche fachliche Befähigung und Qualifikation wie der Behandelnde"; Beschlussempfehlung vom 28. 11. 2012, BT-Drs. 17/11710, S. 12, „Befähigung" statt „Ausbildung") bei der „Befähigung" geblieben. Ausweislich der Begründung **bezieht sich die verabschiedete gesetzli-che Regelung (nur) auf den Anfängereingriff**, das Erfordernis einer abgeschlosse-nen fachlichen Ausbildung und die damit verbundene notwendige theoretische Befähigung zur Durchführung des vorgesehenen Maßnahmen entsprechend den Vorgaben der Rspr. und bleibt damit hinter dem Referentenentwurf zurück, der neben der fehlenden Befähigung auch die mangelnde Eignung, etwa im Falle einer Übermüdung des Arztes, zur Grundlage einer Kausalitätsvermutung erklärte (vgl. Walter, GesR 2013, 129, 134; Rehborn, GesR 2013, 257, 271; Spickhoff, VersR 2013, 267, 280; hierzu der RefE, S. 38: „körperliche und/oder geistige Überforderung etwa nach einer 78-Stunden-Schicht"; Beschlussempfehlung vom 28. 11. 2012, BT-Drucks. 17/11710, S. 39: „die Regelung entspricht den Anforderungen aus der bisherigen Praxis und trägt inbesondere den Bedürfnissen des Krankenhausaltages Rechnung, um eine gute medizinische Aufklärung und Behandlung von Patientinnen und Patienten mit dem vorhandenen ärztlichen Personal zu gewährleisten"). Damit wurde eindeutig eine Enschränkung gegenüber dem Referentenentwurf vorgenommen (Olzen/Uzunovic, JR 2012, 447, 450; auch Spickhoff, VersR 2013, 267, 280; a. A. Walter, GesR 2013, 129, 134: eine wünschenswerte Klarstellung fehlt).

B 492b   Der Einsatz einer nicht hinreichend qualifizierten Person stellt im Übrigen auch ein „voll beherrschbares Risiko" dar, sodass auch die Fehlervermutung des §§ 630h I BGB eingreift (Katzenmeier, NJW 2013, 817, 821, Fn. 70; L/K/L-Katzenmeier, Rz. XI 117).

6. Dokumentationsmängel

B 493   Zugunsten des Patienten kommen nach der Rechtsprechung **Beweiserleichterungen** in Betracht, wenn eine **aus medizinischen – nicht aus juristischen – Gründen** erforderliche ärztliche Dokumentation der wesentlichen medizinischen Fakten lückenhaft bzw. unzulänglich ist und deshalb für den Patienten im Falle einer Schädigung die Aufklärung des Sachverhalts unzumutbar erschwert wird. Die Dokumentationspflicht erstreckt sich aber nur auf Umstände, **die für die Diagnose und Therapie nach medizinischem Standard wesentlich sind.** Umstände und Tatsachen, deren Aufzeichnung und Aufbewahrung für die weitere Behandlung des Patienten **medizinisch nicht erforderlich** sind, sind wiederum **auch aus Rechtsgründen nicht geboten**, sodass aus dem Unterbleiben derartiger Aufzeichnungen keine beweisrechtlichen Folgerungen gezogen werden dürfen (BGH, NJW 1999, 3408, 3409; BGH, VersR 1993, 836, 837; OLG München, Urt. v. 10. 2. 2011 – 1 U 2382/10, juris, Nr. 72; OLG München, Urt. v. 5. 5. 2011 – 1 U 4306/10, juris, Nr. 52; OLG Oldenburg, Beschl. v. 29. 11. 2011 – 5 U 80/11 bei Bergmann/Wever, MedR 2012, 179: **es kommt maßgeblich auf den therapeutischen Nutzen der Aufzeichnung an**; OLG Oldenburg, Urt. v. 30. 1. 2008 – 5 U 92/06, NJW-RR 2009, 32, 34 = OLGR 2008, 491, 492; OLG Saarbrücken, Urt. v. 8. 11. 2006 – 1 U 582/05–203, OLGR 2007, 91, 92; G/G, 6. Aufl., Rz. B 203; F/N/W, 5. Aufl., Rz. 145, 149; S/Pa, 12. Aufl. 2013, Rz. 540, 545, 690; Hausch, Diss. 2007, S. 124, 129; L/K-Laufs/Kern, § 111 Rz. 7, 10; Spickhoff-Greiner, § 823 BGB Rz. 124; B/P/S-Glanzmann, § 287 ZPO Rz. 49, 51; Wenzel-Müller, Kap. 2 Rz. 1625, 1626, 1632; Martis/Winkhart, MDR 2011, 709, 713; vgl. hierzu Rz. D 204 ff.).

B 494   Nach § 630h III BGB „wird vermutet, dass er diese Maßnahmen nicht getroffen hat", wenn „der Behandelnde eine medizinisch gebotene wesentliche Maßnahme und ihr Ergebnis entgegen § 630f I oder II nicht in der Patientenakte aufgezeichnet oder er die Patientenakte entgegen § 630f III nicht aufbewahrt" hat. Gemäß § 630f II 1 BGB ist „der Behandelnde verpflichtet, in der Patientenakte

sämtliche aus fachlicher Sicht für die derzeitige und künftige Behandlung wesentlichen Maßnahmen und deren Ergebnisse aufzuzeichnen, insbesondere die
Anamnese, Diagnosen, Untersuchungen, Untersuchungsergebnisse, Befunde,
Therapien und ihre Wirkungen, Eingriffe und ihre Wirkungen, Einwilligungen
und Aufklärungen."

Als Dokumentationszwecke nennt die Gesetzesbegründung die Therapiesiche- B 494a
rung, Rechenschaftslegung und zudem eine „faktische Beweissicherung" (vgl.
Katzenmeier, NJW 2013, 817, 820 und Walter, GesR 2013, 129, 132 mit Hinweis
auf BT-Drucks. 17/10488, S. 26).

Es besteht jedoch Einigkeit, dass **die Dokumentation nach wie vor nicht dazu
dienen soll, dem Patienten Beweise für Schadensersatzansprüche in einem späteren Arzthaftungsrecht zu verschaffen** (Walter, GesR 2013, 129, 132: der Regelung lässt sich kein Anhaltspunkt dafür entnehmen, dass lediglich für einen späteren Haftungsprozess zweckmäßige Umstände aufzuzeichnen sind; Katzenmeier, NJW 2013, 817, 820/821: nach wie vor nur Vermutung, dass die gebotene
Maßnahme nicht getroffen wurde; Rehborn, GesR 2013, 257, 270; Reuter/Hahn,
VuR 2012, 247, 254; auch Spickhoff, VersR 2013, 267, 277, 279; Ratajczak, 2013,
S. 239 mit Hinweis auf BT-Drs. 17/10488, S. 30, wonach nur die Rspr. des BGH
kodifiziert werden soll; S/Pa, 12. Aufl. 2013, Rz. 540, 541).

Soweit § 630f II 1 auch die Aufzeichnung von „Einwilligungen und Aufklärun- B 494b
gen" nennt, ist auch insoweit nicht davon auszugehen, dass der Gesetzgeber
über die intendierte Kodifizierung der Rechtsprechung zu den Beweiserleichterungen (vgl. BT-Drs. 17/10488, S. 27) eine Verschlechterung der Rechtslage zu
Lasten der Behandler beabsichtigte. Denn **die Erteilung der Einwilligung und
die Aufklärung ist für die Weiterbehandlung des Patienten belanglos und gehört
nicht zu den aufzeichnungspflichtigen _„medizinisch gebotenen wesentlichen
Maßnahmen"_** (vgl. § 630h III BGB und Rz. P 51 ff.; Wenzel-Müller, Kap. 2
Rz. 1630; Spickhoff-Greiner, § 823 BGB Rz. 124, 125, 127; Hassner, VersR 2013,
23, 32/33: Begründung einer Dokumentationspflicht auch für die Aufklärung
wäre „für den Arzt fatal"; **a. A.** aber L/K/L-Katzenmeier, Rz. IX 51: auch therapeutische Aufklärung und Selbstbestimmungsaufklärung" zu dokumentieren).
Für die Durchführung eines Aufklärungsgesprächs – außerhalb der reinen therapeutischen Aufklärung (Sicherungsaufklärung) – ist der **Arzt aber ohnehin beweispflichtig**.

Zu den Einzelheiten vgl. → _Dokumentationspflicht_, Rz. D 201 ff., D 394 ff.,
P 56 ff.

7. Verstoß gegen Leitlinien und Richtlinien

Haftungsrechtlich sind die Folgen von Verstößen gegen Richt- und Leitlinien B 495
noch nicht vollständig geklärt. In der Rspr. und Literatur besteht aber im Wesentlichen Einigkeit darüber, dass ein **Verstoß gegen eine Leitlinie nicht per se
das Vorliegen eines Behandlungsfehlers bzw. eines groben Behandlungsfehlers
indiziert**. Danach steht jedenfalls fest, dass **der Verstoß gegen eine Leitlinie
nicht zu einer Beweislastumkehr zugunsten des Patienten führt, wenngleich
S3-Leitlinien eine Indizwirkung für das Vorliegen eines (einfachen) Behand-**

lungsfehlers zukommt (OLG Düsseldorf, Urt. v. 25. 1. 2007 – I-8 U 116/05, GesR 2007, 110, 111: **Verstoß gegen S1-Leitlinie nicht per se fehlerhaft**; OLG Hamm, Urt. v. 9. 5. 2001 – 3 U 250/99, VersR 2002, 857, 858; OLG Hamm, Urt. v. 27. 1. 1999 – 3 U 26/98, NJW 2000, 1801, 1802; OLG Hamm, Urt. v. 11. 1. 1999 – 3 U 131/98, VersR 2000, 1373, 1374 = NJW-RR 2000, 401, 402; OLG Naumburg, Urt. v. 1. 11. 2007 – 1 U 13/07, NJW-RR 2008, 4098, 410: **Verstoß gegen S1-Leitlinie indiziert keinen Behandlungsfehler**; OLG Naumburg, Urt. v. 11. 7. 2006 – 1 U 1/06, BeckRS 2007, 3103: **auch S2-Leitlinie hat lediglich Informationscharakter für die Ärzte**; OLG Stuttgart, Urt. v. 22. 2. 2001 – 14 U 62/2000, OLGR 2002, 251, 252: **kein Indiz für einen „groben Behandlungsfehler"**; Jorzig/Feifel, GesR 2004, 310, 311/313; Frahm, GesR 2005, 529 f.; Müller, VPräsBGH, GesR 2004, 257, 260; zusammenfassend Bergmann, GesR 2006, 337, 341/342; G/G, 6. Aufl. 2009, Rz 9a und Spickhoff-Greiner, 1. Aufl., § 823 BGB Rz 21: Leitlinien können den Standard zutreffend beschreiben, **sind aber nicht unbesehen mit dem zur Beurteilung eines Behandlungsfehlers gebotenen medizinischen Standard gleichzusetzen**; S/Pa, 12. Aufl. 2013, Rz 178, 673: ein Verstoß gegen ärztliche Leitlinien **indiziert nicht von vornherein einen groben Behandlungsfehler**; Wenzel-Müller, Kap. 2 Rz. 1483, 1484: eine **Abweichung von Leitlinien stellt nicht per se einen Behandlungsfehler dar**; Kopp, GesR 2011, 385, 386: **S3-Leitlinien können den gebotenen fachlichen Standard abbilden**; Hase, GesR 2012, 601, 604: S3-Leitlinien sind bei der Bestimmung des medizinischen Standards heranzuziehen, Leitlinien geben aber oft nur einen Handlungs- und Entscheidungskorridor vor; B/P/S-Glanzmann, § 287 ZPO Rz. 25: die **Nichtbeachtung von Leitlinien hat nicht per se Indizwirkung für die Verletzung des geschuldeten Standards**; vgl. die Einzelheiten bei Rz. B 41 ff., B 58 ff.).

B 496 Auch ein **Verstoß gegen Richtlinien**, die im Wesentlichen nur eine sozialrechtliche Verbindlichkeit gegenüber Vertragsärzten und Vertragszahnärzten erlangen (vgl. Frahm, GesR 2005, 529, 531; Müller, VPräsBGH, GesR 2004, 257, 260; Jorzig/Feifel, GesR 2004, 310, 311; Bergmann, GesR 2006, 337, 338) begründet regelmäßig kein Indiz für das Vorliegen eines „groben Behandlungsfehlers".

V. Beweisvereitelung

1. Vorsätzliche Beweisvereitelung

B 497 Unter einer Beweisverteilung versteht man ein schuldhaftes Verhalten des Gegners der beweisbelasteten Partei, durch das dieser die **Beweisführung unmöglich gemacht oder erschwert wird** (vgl. B/P/S-Glanzmann, § 287 ZPO Rz. 62; B/L/P-Katzenmeier, Handbuch der Beweislast, 2010, § 823 BGB Anh. II, Rz. 58; Zöller/Greger, 30. Aufl., § 286 ZPO Rz. 14a). Ein missbilligenswertes Verhalten vor oder während des Prozesses einer Partei liegt aber nicht vor, wenn für das Verhalten der Partei **verständliche Gründe** angeführt werden können (BGH, NJW-RR 1996, 1534; Zöller/Greger, § 286 ZPO Rz. 14a).

2. Fahrlässige Beweisvereitelung

B 498 Beweiserleichterungen sind nach h. M. auch bei nur **fahrlässiger Beweisvereitelung** möglich. Auch hier wird ein „**doppeltes Verschulden**" vorausgesetzt, das sich zum einen auf die objektbezogene (vorsätzliche oder fahrlässige) **Vernichtung des Beweisgegenstandes** und zum anderen auf die (vorsätzliche oder fahrlässige) **Vereitelung der Beweissituation** in einem gegenwärtigen oder künftigen Prozess erstrecken muss (BGH, NJW 1994, 1594,1595 = VersR 1994, 562, 563; BGH, NJW 2008, 982, 985; F/N/W, 5. Aufl., Rz. 168; B/L/P-Katzenmeier, § 823 BGB Anh. II, Rz. 59; L/K-Laufs/Kern, § 107 Rz. 32; Musielak-Foerste, 10. Aufl., § 286 ZPO Rz. 65; B/P/S-Glanzmann, § 287 ZPO Rz. 62; Laumen, MDR 2009, 177, 178; Schmidt, NJW 1994, 767, 772; **a. A.** BGH, NJW 1993, 1391, 1393: Verschulden nicht stets notwendig). Notwendig ist also, dass für den denjenigen, der einen Gegenstand vernichtet oder vernichten lässt, **bereits zuvor erkennbar ist, dass dieser später einmal Beweisfunktion haben kann** (BGH, NJW 1994, 1594, 1595; BGH, VersR 1975, 952, 954; F/N/W, 5. Aufl., Rz. 168).

Angesichts der Abdeckung eines Teilbereichs dieser Fälle durch die **Fallgruppe des Dokumentationsversäumnisses** bzw. der unterlassenen Aufzeichnung aus medizinischen Gründen dokumentationspflichtiger Maßnahmen wird ein Teil der Fallgestaltungen der fahrlässigen Beweisvereitelung bereits von den dort geltenden Beweislastgrundsätzen erfasst (F/N/W, 5. Aufl., Rz. 168, 152).

3. Fallbeispiele

Eine Beweisvereitelung liegt etwa dann vor, wenn die **Behandlungsseite**　　　　B 499

– ein in Verdacht geratenes **Sterilisationsgerät zerstört** (B/L/P-Katzenmeier, § 823 BGB Anh. II, Rz. 58; BGH, VersR 1975, 952, 954),

– den in einer Operationswunde **zurückgelassenen Tupfer bei einer Nachoperation entfernt bzw. noch auswertbare Präparate und in Kenntnis der Umstände wegwirft** (OLG Düsseldorf, VersR 2004, 792; B/P/S-Glanzmann, § 287 ZPO Rz. 67; B/L/P-Katzenmeier, § 823 BGB Anh. II, Rz. 58, 59),

– sonstige möglicherweise **schadhafte medizinische Gerätschaften nach Misslingen eines Eingriffs beseitigt** (B/L/P-Katzenmeier, § 823 BGB Anh. II, Rz. 58; F/N/W, 5. Aufl., Rz. 168: oder fehlerhafte Medikamente bzw. Substanzen in Kenntnis der Problematik entsorgt),

– erkennbar **wichtige Befunde (Röntgenaufnahmen, MRT, CT, EKG) bzw. wichtige Unterlagen vor Ablauf der gesetzlichen Aufbewahrungsfrist vernichtet** (Musielak-Foerste, 10. Aufl. 2013, § 286 ZPO Rz. 66 m. w. N.; B/P/S-Glanzmann, § 287 ZPO Rz. 67).

Eine Beweisvereitelung durch den Patienten liegt etwa im **Beharren auf der ärztlichen Schweigepflicht**, wodurch die Vernehmung ärztlichen Personals als Zeugen verhindert und dadurch die Aufklärung des Geschehensablaufs blockiert wird (F/N/W, 5. Aufl., Rz. 168, 270; B/L/P-Katzenmeier, § 823 BGB Anh. II, Rz. 60).　　　　B 499a

Dem Patienten kommt dagegen **keine Beweiserleichterung** zugute, wenn ein **Hautarzt ein suspektes Muttermal nach optischer Befundung mit einer Speziallupe als gutartig einstuft und im Folgetermin ablasert**, anstatt es – lege artis – mit einem Skalpell zu entfernen und damit die histologische Untersuchung zur Feststellung eines (objektiv vorliegenden) Melanoms (Hautkrebs) vereitelt. Das　　　　B 499b

Gebot, ein Muttermal kunstgerecht zu entfernen, um es anschließend untersuchen zu können, dient – vergleichbar mit der Aufgabe ärztlicher Behandlungsdokumentation – **nicht dem Beweissicherungsinteresse des Patienten** (OLG Brandenburg, Urt. v. 21. 7. 2011 – 12 U 9/11, juris, Nr. 17, 25 = GesR 2012, 83, 84).

Eine **Vernichtung von Beweismitteln, etwa eines Operationsvideos**, führt nicht
zu Beweiserleichterungen zugunsten des Patienten, wenn der medizinische
Sachverständige zur Beweisantwortung der Beweisfragen anhand des vorliegenden Materials in der Lage ist (OLG Köln, MedR 2007, 599, 600; L/K-Laufs/Kern,
§ 107 Rz. 30).

4. Rechtsfolgen

B 499c   Die Folgen einer vorsätzlichen bzw. fahrlässigen Beweisvereitelung sind nicht
abschließend geklärt. Nach der Rechtsprechung führt die schuldhafte Beweisvereitelung durch die nicht beweispflichtige Partei **in entsprechender Anwendung
der §§ 427, 444 ZPO zu Beweiserleichterungen bis hin zur Beweislastumkehr**
zugunsten der benachteiligten Partei (BGH, NJW 2004, 222; BGH, NJW 2009,
360, 362, Nr. 23; BGH, NJW 2008, 982, 984, Nr. 18; F/N/W, 5. Aufl., Rz. 168,
270: Beweislastumkehr entsprechend § 444 ZPO **auch bei nur fahrlässiger Beweisvereitelung möglich**; B/L/P-Katzenmeier, § 823 BGB Anh. II, Rz. 59: Beweiserleichterungen bis hin zur Beweislastumkehr entsprechend §§ 427, 444
ZPO; kritisch Zöller/Greger, § 286 ZPO Rz. 14a: „Formel von Beweiserleichterungen bis zur Umkehr der Beweislast missverständlich"; differenzierend
B/P/S-Glanzmann, § 287 ZPO Rz. 64).

B 499d   Nach h. L. ist das **Problem der Beweisvereitelung auf der Ebene der Beweiswürdigung zu lösen**, zumal die §§ 371 III, 427, 441 III, 444 ZPO die strenge Rechtsfolge
einer Beweislastumkehr nicht vorsehen (L/K-Laufs/Kern, § 107 Rz. 29; ebenso
Zöller/Greger, § 286 ZPO Rz. 14a; Musielak-Foerste, 10. Aufl., § 286 ZPO
Rz. 62, 63; B/P/S-Glanzmann, § 287 ZPO Rz. 64; Laumen, NJW 2002, 3739,
3746 und MDR 2009, 177, 178/179).

Danach ist **nach freier Überzeugung** zu entscheiden, ob der beweisbelasteten
Partei die Führung des Beweises noch zugemutet werden kann oder ob **das Verhalten des Gegners es rechtfertigt, den Beweis als geführt anzusehen**
(B/P/S-Glanzmann, § 287 ZPO Rz. 64). Wenn der beweisbelasteten Partei wegen
der Vereitelung ein Vollbeweis nicht mehr zugemutet werden kann, **kann sich
etwa das Beweismaß auf eine überwiegende oder geringe Wahrscheinlichkeit reduzieren oder im Einzelfall angenommen werden, dass die vereitelte Beweisführung gelungen wäre** (Musielak-Foerste, 10. Aufl., § 286 ZPO Rz. 63, 86 mit Hinweis auf OLG Celle, NJW-RR 1997, 568, 570 und OLG Saarbrücken, NJW-RR
1988, 611, 612).

Beweisverfahren, selbständiges

Vgl. auch → *Sachverständigenbeweis*, Rz. S 1 ff.

I. Zulässigkeit des selbständigen Beweisverfahrens

1. Bestehen eines rechtlichen Interesses des Antragstellers

Gem. § 485 I ZPO kann während oder außerhalb eines anhängigen Rechtsstreits auf Antrag einer Partei neben der Einnahme eines Augenscheins und der Vernehmung von Zeugen die Begutachtung durch einen Sachverständigen angeordnet werden, wenn der **Gegner zustimmt** oder zu besorgen ist, dass das Beweismittel verloren geht oder seine Benutzung erschwert wird.   B 500

Es ist auch zulässig, nach einem Personenschaden den **entgangenen Gewinn gem. § 485 II Nr. 3 ZPO** feststellen zu lassen, wenn hierzu ausreichende Anknüpfungstatsachen vorgetragen werden (BGH, Beschl. v. 20. 10. 2009 – VI ZB 53/08, NJW-RR 2010, 946, Nr. 7, 9).

Ist der Rechtsstreit noch nicht anhängig, kann eine Partei die schriftliche Begutachtung durch einen Sachverständigen beantragen, wenn sie ein **rechtliches Interesse** daran hat, den Zustand einer Person, den Zustand oder Wert einer Sache, die Ursache eines Personenschadens, Sachschadens oder eines Sachmangels oder den Aufwand für die Beseitigung eines Schadens oder Sachmangels festzustellen (§ 485 II 1 ZPO). Ein rechtliches Interesse ist insbesondere anzunehmen, wenn die Feststellung der **Vermeidung eines Rechtsstreits** dienen kann (§ 485 II 2 ZPO). Letzteres wird in aller Regel kaum zu verneinen sein (OLG Koblenz, Beschl. v. 17. 10. 2008 – 7 WF 867/08, OLGR 2009, 211: selbst entfernte Streitschlichtungschancengenügen; Musielak-Huber, 10. Aufl. 2012, § 485 ZPO Rz. 13; Zöller/Herget, 30. Aufl. 2014, § 485 ZPO Rz. 7a).   B 501

B 502 Dem steht nach h. M. grundsätzlich **nicht entgegen, dass der Antragsgegner eine gütliche Einigung ablehnt** (OLG Hamm, MDR 1999, 184; OLG Koblenz, Beschl. v. 4. 4. 2005 – 5 W 159/05, MDR 2005, 888; OLG Oldenburg, MDR 1995, 746; OLG Saarbrücken, Beschl. v. 13. 5. 1999 – 1 W 125/99–16, VersR 2000, 891, 892; Zöller/Herget, § 485 ZPO Rz. 7a; Musielak-Huber, § 485 ZPO Rz. 13) **oder geltend macht, der mögliche Hauptsacheanspruch sei verjährt** (OLG Düsseldorf, MDR 2001, 50; OLG Celle BauR 2003, 1076) bzw. sich auf einen Gewährleistungsausschluss bzw. dem Anspruch entgegenstehende AGB beruft (KG, OLGR 2000, 219; Zöller/Herget, § 485 ZPO Rz. 7a).

B 503 Damit ist der Sachvortrag des Antragstellers im selbständigen Beweisverfahren hinsichtlich des Anspruchs in der Hauptsache **grundsätzlich nicht auf die Schlüssigkeit oder Erheblichkeit zu prüfen** (BGH, Beschl. v. 16. 9. 2004 – III ZB 33/04, MDR 2005, 162 = NJW 2004, 2488; OLG Oldenburg, Beschl. v. 14. 5. 2008 – 5 W 31/08, OLGR 2008, 756, 757 = GesR 2008, 421, 422: keine Schlüssigkeitsprüfung im Arzthaftungsrecht; OLG Köln, Beschl. v. 28. 10. 2010 – 5 W 31/10, juris, Nr. 1, 4 und OLG Saarbrücken, Beschl. v. 21. 2. 2011 – 1 W 8/11–2, GesR 2011, 422 = juris, Nr. 4, 5: Gericht ist an die Fragen des Ast. gebunden; Zöller/ Herget, § 485 ZPO Rz. 4, 7a; Musielak-Huber, § 485 ZPO Rz. 7, 13).

B 504 **Ein „rechtliches Interesse" ist jedoch zu verneinen**, wenn von vornherein ein Rechtsverhältnis, ein **möglicher Prozessgegner oder ein Anspruch nicht erkennbar** (BGH, Beschl. v. 16. 9. 2004 – III ZB 33/04, MDR 2005, 162, 163 = NJW 2004, 3488; BGH, Beschl. v. 29. 9. 2013 – VI ZB 12/13, MDR 2013, 1342 = juris, Nr. 22: aber Frage nach grobem Behandlungsfehler zulässig; ebenso schon OLG Bamberg, NJW-RR 1995, 893; OLG Köln, NJW-RR 1996, 573; Zöller/Herget, § 485 ZPO Rz. 7a; Bockey, NJW 2003, 3453, 3454) bzw. **wenn die Erfolglosigkeit der Rechtsverfolgung im künftigen Streitverfahren evident ist** (BGH, Beschl. v. 16. 9. 2004 – III ZB 33/04, MDR 2005, 162, 163; OLG Düsseldorf, Beschl. v. 16. 1. 2001 – 22 W 2/01, NJW-RR 2001, 1725, 1726; OLG Oldenburg, Beschl. v. 14. 5. 2008 – 5 W 31/08, GesR 2008, 421, 422 und OLG Nürnberg, Beschl. v. 29. 5. 2008 – 5 W 506/08, OLGR 2009, 25, 26: wenn es evident ist, dass der behauptete Anspruch keinesfalls bestehen kann; auch OLG Zweibrücken, Beschl. v. 13. 10. 2005 – 4 W 60/05 und 62/05, OLGR 2006, 174: **nur bei „offensichtlich nutzlosen Beweisanträgen"**; OLG Nürnberg, Beschl. v. 7. 3. 2011 – 12 W 456/11, NJW-RR 2011, 1216: **wenn klar auf der Hand liegt, dass der Anspruch nicht bestehen kann**; OLG Celle, Beschl. v. 18. 10. 2010 – 8 W 32/10, NJW-RR 2011, 536 und OLG Oldenburg, Beschl. v. 3. 12. 2000 – 5 W 60/09, GesR 2010, 76: **wenn evident ist, dass der zugrundeliegende Anspruch nicht bestehen kann oder wenn ein Rechtsverhältnis nicht ersichtlich ist**); F/N/W, 5. Aufl., Rz. 258: Wenn ein späterer Prozess durch das selbständige Beweisverfahren **nicht vereinfacht oder vermieden, sondern verzögert und komplizierter** wird oder wenn das einzuholende Gutachten im selbständigen Beweisverfahren die maßgebenden Fragen nicht annähernd beantworten kann bzw. wenn es **nur zur Ausforschung dient**, also lediglich allgemein gehaltene Fragen enthält; tendenziell **gegen eine Zulässigkeit** auch R/L-Jorzig, § 31 Rz. 160, 161).

2. Zulässigkeit in Arzthaftungssachen

Der **BGH** (Beschl. v. 21. 1. 2003 – VI ZB 51/02, NJW 2003, 1741 = GesR 2003, 171 = MDR 2003, 590 = MedR 2003, 405; zustimmend: OLG Koblenz, Beschl. v. 4. 4. 2005 – 5 W 159/05, OLGR 2005, 639; OLG Karlsruhe, Beschl. v. 23. 11. 2010 – 7 W 27/10, juris = GesR 2011, 421, 422 = MedR 2011, 157; OLG Oldenburg, Beschl. v. 3. 12. 2009 – 5 W 60/09, GesR 2010, 76; OLG Oldenburg, Beschl. v. 14. 5. 2008 – 5 W 31/08, GesR 2008, 421, 422 = OLGR 2008, 756, 757; Baur, VRiOLG a.D., GesR 2011, 577, 583; grds. zustimmend auch Zöller/Herget, 30. Aufl., § 485 Rz. 9 sowie B/P/S-Pauge, RiBGH, § 485 Rz. 4 ZPO und S/Pa, 12. Aufl., Rz. 788) **bejaht grundsätzlich die Zulässigkeit des selbständigen Beweisverfahrens im Arzthaftungsrecht** insbesondere auch im Hinblick auf die amtliche Begründung des Rechtspflegevereinfachungsgesetzes (BT-Drucks. 11/3621, S. 23). Sinn und Zweck der vorprozessualen Beweissicherung nach § 485 II ZPO sei es nämlich, die **Gerichte von Prozessen zu entlasten** und die Parteien unter Vermeidung eines Rechtsstreits zu einer raschen und kostensparenden Einigung zu bringen. Hiergegen spreche auch nicht zwingend, dass dem Gutachten unter Umständen ein geringer Beweiswert zukommen kann, weil der Antragsteller ohne Hilfe durch das Gericht die Beweisfrage vorgibt oder wesentliche Unterlagen fehlen. Schließlich komme auch dem außergerichtlichen Schlichtungsverfahren vor den Gutachter- und Schlichtungsstellen der Ärztekammern kein Vorrang vor dem selbständigen Beweisverfahren zu (BGH, Beschl. v. 21. 1. 2003 – VI ZB 51/05, NJW 2003, 1741, 1742 = GesR 2003, 171, 172).

B 505

Ein rechtliches Interesse an der Durchführung eines selbständigen Beweisverfahrens kann auch dann vorliegen, wenn für eine abschließende Klärung weitere Aufklärungen im Hauptverfahren erforderlich erscheinen (BGH, Beschl. v. 24. 9. 2013 – VI ZB 12/13, MDR 2013, 1342 = juris, Nr. 18, 22: auch Frage nach „grobem Behandlungsfehler" zulässig!).

B 505a

Gem. § 490 II 2 ZPO ist ein **Beschluss** des erst- oder zweitinstanzlichen Gerichts, durch den dem **Antrag im selbständigen Beweisverfahren stattgegeben wird, nicht anfechtbar** (BGH, Beschl. v. 13. 9. 2011 – VI ZB 67/10, MDR 2011, 1313 = NJW 2011, 3371, Nr. 6).

B 505b

Zahlreiche Oberlandesgerichte **bejahen die Zulässigkeit des selbständigen Beweisverfahrens in Arzt- und Zahnarzthaftungssachen. Die Frage, ob die Behandlung von dem geschuldeten ärztlichen Standard abweicht (Behandlungsfehler) und ob diese Abweichung den Körper- bzw. Gesundheitsschaden mit verursacht hat (Kausalität) oder hierzu zumindest geeignet war, würden die Ursache des Personenschadens im Sinne des § 485 II 1 Nr. 2 ZPO betreffen und seien daher zulässig** (OLG Karlsruhe, Beschl. v. 3. 11. 2010 – 7 W 27/10, MedR 2011, 157 = GesR 2011, 421, 422 und Beschl. v. 3. 11. 2010 – 7 W 25/10, MedR 2012, 261, 263: auch **Frage nach dem Vorliegen eines „groben Behandlungsfehlers zulässig";** OLG Düsseldorf, Beschl. v. 11. 1. 2010 – I 1 W 71/09, VersR 2010, 1056, 1057 = juris, Nr. 5, 9, 12, 13: Frage nach kausalen Behandlungsfehler zulässig; OLG Brandenburg, Beschl. v. 12. 11. 2009 – 12 W 33/09, juris, Nr. 3, 4, 7: **auf konkreten Anhaltspunkten beruhende Fragen nach dem Vorliegen eines Behandlungs-**

B 506

fehlers zulässig; OLG Brandenburg, Beschl. v. 29. 9. 2011 – 12 U W 24/11, juris, Nr. 29, 30: **Frage nach der Abweichung vom Facharztstandard und der Mitver-ursachung des Gesundheitsschadens zulässig, nicht dagegen Frage nach „grobem Behandlungsfehler"**; OLG Oldenburg, Beschl. v. 3. 12. 2009 – 5 W 60/09, GesR 2010, 76: gewisse Anhaltspunkte für die Behauptung eines ärztlichen Behand-lungsfehlers erforderlich; OLG Düsseldorf, Beschl. v. 12. 1. 2000 – 8 W 53/99, NJW 2000, 3438, 3439: zur **Feststellung** eines von diesem schlüssig **behaupteten, konkreten Behandlungsfehlers zulässig**; OLG Koblenz, Beschl. v. 4. 4. 2005 – 5 W 159/05, OLGR 2005, 639 und Beschl. v. 14. 12. 2001 – 5 W 822/01, MDR 2002, 352, 353 = MedR 2002, 359: **zulässig, aber wenig sinnvoll**; OLG Nürnberg, Beschl. v. 29. 5. 2008 – 5 W 506/08, OLGR 2009, 25, 26: Frage nach der hinrei-chenden Anpassung einer Hüftgelenksprothese zulässig; OLG Schleswig, Beschl. v. 19. 12. 2000 – 16 W 292/00, OLGR 2001, 279, 280; OLG Stuttgart, MDR 1999, 482 = NJW 1999, 874, 875).

B 507   Die Behauptung, dass die Verletzung einer Person durch einen ärztlichen Be-handlungsfehler verursacht worden ist, kann danach dann Gegenstand eines selbständigen Beweisverfahrens sein, wenn der Antragsteller unter **Bezeichnung gewisser Anhaltspunkte die Behauptung eines ärztlichen Behandlungsfehlers aufstellt** (OLG Oldenburg, Beschl. v. 8. 7. 2008 – 5 W 41/08, MDR 2008, 1059, 1060 = juris, Nr. 6, 8; OLG Oldenburg, Beschl. v. 3. 12. 2009 – 5 W 60/09, GesR 2010, 76: **gewisse Anhaltspunkte für das Vorliegen eines Behandlungsfehlers vorzutragen**; OLG Brandenburg, Beschl. v. 29. 9. 2011 – 12 W 24/11, juris, Nr. 3, 5, 6, 29, 30: gewisse „Ausforschungsfragen" ohne konkrete Anhaltspunkte aber unzulässig; OLG Nürnberg, Beschl. v. 29. 5. 2008 – 5 W 506/08, OLGR 2009, 25, 27 und OLG Hamm, Beschl. v. 17. 2. 2010 – I-3 W 4/10, GesR 2010, 254: un-zulässig, wenn die Fragen alleine der Ausforschung dienen).

B 508   Die Gefahr, dass ein Sachverständiger im selbständigen Beweisverfahren sein Gutachten auf ungesicherter tatsächlicher Grundlage erstellt sowie der Um-stand, dass die **Fragen einseitig vom Antragsteller formuliert** sind, stellen da-nach keine Besonderheiten des Arzthaftpflichtprozesses, die es rechtfertigen würden, gerade in diesen Fällen das rechtliche Interesse des Patienten zu vernei-nen (OLG Düsseldorf, Beschl. v. 11. 1. 2010 – I-1 W 71/09, VersR 2010, 1056, 1057 = juris, Nr. 9, 11, 13; OLG Karlsruhe, MedR 2012, 261, 263; ebenso bereits OLG Düsseldorf, MDR 1996, 132 und Beschl. v. 12. 1. 2000 – 8 W 53/99, NJW 2000, 3438 sowie OLG Stuttgart, MDR 1999, 482).

B 508a   Zulässig sind nach Ansicht des OLG Karlsruhe (Beschl. v. 3. 11. 2010 – 7 W 25/10, MedR 2012, 261, 262/263) auch Beweisfragen, die die medizinischen Vo-raussetzungen für die Annahme eines **groben Behandlungsfehlers** betreffen. Bei der Einstufung eines ärztlichen Fehlverhaltens als grob geht es zwar um eine rechtliche Beurteilung, die dem Gericht vorbehalten ist. Der Richter muss sich dabei aber auf die **medizinische Bewertung eines Sachverständigen stützen** kön-nen. Schließlich sei auch die Frage zulässig, **ob und in welcher Weise und von welchem Arzt** (wenn mehrere Ärzte in Betracht kommen) **der Patient fehlerhaft behandelt worden ist**. Es sei nicht auf den Umfang und die Komplexität des Sachverhalts, sondern darauf abzustellen, ob das Verfahren allein der Ausfor-schung dient oder aber **hinreichende Inhaltspunkte für die Behauptung eines** ärztlichen Behandlungsfehlers der einzelnen Antragsgegner vorgetragen werden (OLG Karlsruhe, MedR 2012, 261, 262; ebenso OLG Hamm, Beschl. v. 17. 2. 2010 – I-3 W 4/10, GesR 2010, 254; nunmehr auch BGH, Beschl. v. 24. 9. 2013 – VI ZB 12/13, MDR 2013, 1342 = juris, Nr. 22; a. A. aber OLG Köln, GesR 2004, 235 und VersR 2009, 1515, 1516 sowie OLG Jena, Beschl. v. 23. 1. 2012 – 4 W 32/12, GesR 2012, 308).

Der BGH (Beschl. v. 24. 9. 2013 – VI ZB 12/13, MDR 2013, 1342, 1343 = juris, Nr. 22) hält die Frage nach dem Vorliegen eines „groben Behandlungsfehlers" für zulässig, selbst wenn eine abschließende Klärung erst im Hauptverfahren möglich ist. **B 509**

Der Zulässigkeit des selbständigen Beweisverfahrens steht es auch im Arzthaftungsrecht **nicht entgegen, dass die Behandlungsseite eine gütliche Einigung von vornherein ablehnt** (OLG Saarbrücken, Beschl. v. 13. 5. 1999 – 1 W 125/99–16, VersR 2000, 891; ebenso: OLG Koblenz, Beschl. v. 4. 4. 2005 – 5 W 159/05, OLGR 2005, 639; OLG Koblenz, Beschl. v. 17. 10. 2008 – 7 WF 867/08, OLGR 2009, 211: selbst entferntere Streitschlichtungschchancen genügen; OLG Oldenburg, MDR 1995, 746 und Beschl. v. 14. 5. 2008 – 5 W 31/08, OLGR 2008, 756, 757; Ullrich, GesR 2008, 423) **oder die Erfolgsaussichten einer anschließenden, möglichen Klage gering sind** (OLG Karlsruhe, MDR 1999, 496; ebenso OLG Zweibrücken, Beschl. v. 13. 10. 2005 – 4 W 60/05 und 62/05, OLGR 2006, 174, 175; a. A. OLG Hamm, Beschl. v. 26. 11. 2003 – 3 W 36/03, OLGR 2004, 279: kein rechtliches Interesse, wenn Gutachterkommission keinen Behandlungsfehler festgestellt hat). **B 510**

Das Rechtsschutzinteresse entfällt jedenfalls dann, wenn **evident ist, dass der behauptete Anspruch keinesfalls bestehen kann** (BGH, Beschl. v. 16. 9. 2004 – III ZR 33/04, MDR 2005, 162, 163; OLG Düsseldorf, Beschl. v. 16. 1. 2001 – 22 W 2/01, NJW-RR 2001, 1725, 1726; OLG Nürnberg, Beschl. v. 29. 5. 2008 – 5 W 506/08, OLGR 2009, 25, 26: offensichtlich „ins Blaue hinein" behauptet; OLG Oldenburg, Beschl. v. 14. 5. 2008 – 5 W 31/08, GesR 2008, 421, 422; OLG Saarbrücken, Beschl. v. 13. 9. 2004 – 4 W 166/04–27, OLGR 2005, 120; OLG Celle, Beschl. v. 18. 10. 2010 – 8 W 32/10, NJW-RR 2011, 536: wenn evident ist, dass der Anspruch keinesfalls bestehen kann oder wenn ein Rechtsverhältnis bzw. ein möglicher Prozessgegner nicht ersichtlich ist; OLG Oldenburg, Beschl. v. 3. 12. 2009 – 5 W 60/09, GesR 2010, 76: **wenn das Nichtbestehen des behaupteten Anspruches evident ist oder die Frage ohne Vortrag gewisser Anhaltspunkte für das Vorliegen eines Behandlungsfehlers allein der Ausforschung dient**; OLG Nürnberg, Beschl. v. 7. 3. 2011 – 12 W 456/11, NJW-RR 2011, 1216: wenn auf der Hand liegt, dass der Anspruch nicht bestehen kann). **B 511**

Auch in **Zahnarzthaftungssachen** ist das selbständige Beweisverfahren mit der Einholung eines schriftlichen Sachverständigengutachtens zur Feststellung eines vom Patienten behaupteten **Behandlungsfehlers** zulässig (OLG Düsseldorf, Beschl. v. 11. 1. 2010 – I 1 W 71/09, VersR 2010, 1056, 1057 = juris, Nr. 9, 11, 13; OLG Karlsruhe, Beschl. v. 11. 1. 2002 – 13 W 178/01, VersR 2003, 374, 375: Feststellung von Tatsachen in Zahnarzthaftungsstreitigkeiten, die zu einem Personenschaden geführt haben könnten; OLG Karlsruhe, MDR 1999, 496; einschränkend OLG Köln, Beschl. v. 7. 8. 2002 – 5 W 98/02, VersR 2003, 375: Be- **B 512** gutachtung des gegenwärtigen Zustandes eines Gebisses und voraussichtliche Nachbehandlungskosten).

B 513   Zweckmäßig ist es, der Antragsschrift die den umstrittenen Vorfall betreffenden **Unterlagen (medizinische Dokumentation) beizufügen** (OLG Düsseldorf, Beschl. v. 12. 1. 2000 – 8 W 53/99, NJW 2000, 3438; ablehnend hierzu Musielak-Huber, § 485 ZPO Rz. 14: bloße Vorlage der Behandlungsdokumentation mit der Antragschrift genügt nicht; auch OLG Köln, Beschl. v. 23. 4. 2004 – 5 W 51/04, GesR 2004, 235: komplexe Fragestellungen, die die Beiziehung von Behandlungsunterlagen, ggf. die Befragung von Zeugen und der Parteien voraussetzen, führen zur Unzulässigkeit des Antrages).

B 514   Einstweilen frei.

B 515   Nach bislang überwiegender Ansicht ist die **Klärung einer Abweichung der Behandlung vom medizinischen Standard (Feststellung eines Behandlungsfehlers oder groben Behandlungsfehlers) sowie die Frage, ob ein (behaupteter) Behandlungsfehler einen Körper- oder Gesundheitsschaden des Patienten verursacht hat, im selbständigen Beweisverfahren nicht zulässig** (OLG Saarbrücken, Beschl. v. 21. 2. 2011 – 1 W 8/11–2, GesR 2011, 422 = juris, Nr. 4, 5 unter Aufgabe der zuvor gegenteiligen Rspr.; OLG Saarbrücken, Beschl. v. 14. 3. 2012 – 1 W 287/11–45, GesR 2012, 309; OLG Jena, Beschl. v. 23. 1. 2012 – 4 W 32/12, juris, Nr. 7, 8 = GesR 2012, 308: **Frage nach Behandlungsfehler und dessen Kausalität für einen Personenschaden unzulässig;** OLG Köln, Beschl. v. 28. 10. 2010 – 5 W 31/10, VersR 2012, 123 = GesR 2011, 157: **Frage nach einer „lege artis" erfolgten Behandlung und der Kausalität unzulässig;** OLG Köln, Beschl. v. 12. 7. 2010 – 5 W 24/10, VersR 2011, 1419: Frage nach kausalem Behandlungsfehler ist dem Beweisverfahren nicht zugänglich; OLG Naumburg, Beschl. v. 23. 1. 2012 – 4 W 32/12, juris, Nr. 7, 8: **Frage nach der Verletzung des ärztlichen Standards unzulässig;** KG, Beschl. v. 15. 5. 2011 – 20 W 29/11, GesR 2011, 421, 422 = juris, Nr. 8, 9: **Frage nach dem Vorliegen eines Behandlungsfehlers oder groben Behandlungsfehlers bzw. der Verletzung fachärztlicher Standards kann nicht Gegenstand eines selbständigen Beweisverfahrens sein;** OLG Hamm, Beschl. v. 17. 2. 2010 – I-3 W 4/10, GesR 2010, 254: **Frage, welchem der unterschiedlichen Antragsgegner eine fehlerhafte Versorgung vorzuwerfen ist und ob die Ursache einer behaupteten Gesundheitsschädigung auf einem Behandlungsfehler beruht, unzulässig;** OLG Hamm, Beschl. v. 26. 11. 2003 – 3 W 36/03, GesR 2004, 379: **unzulässig, wenn Gutachterkommission keinen Behandlungsfehler festgestellt hat;** KG, Beschl. v. 11. 9. 2006 – 20 W 35/06, OLGR 2007, 539, 540: unzulässig, soweit der Patient geklärt haben will, ob ein Behandlungsfehler der behandelnden Ärzte vorliegt; OLG Köln, Beschl. v. 23. 4. 2004 – 5 W 51/04, GesR 2004, 235: **unzulässig, wenn Zeugen oder – üblicherweise im Arzthaftungsprozess – Parteien angehört werden müssen;** OLG Oldenburg, Beschl. v. 8. 7. 2008 – 5 W 41/08, MDR 2008, 1059, 1060: **unzulässig, wenn es allein der Ausforschung dient;** Zöller/Herget, 30. Aufl., § 485 Rz. 9: kein SBV zur Frage der Aufklärung des Patienten oder dazu, ob ein Behandlungsfehler vorlag; vgl. aber Musielak-Huber, 10. Aufl. 2013, § 485 Rz. 10, 14: Frage nach der Ursache eines Gesundheitsschadens zulässig, Frage ob die Ursache auf einem Behandlungsfehler beruht, jedoch nicht; B/P/S-Pauge, RiBGH, § 485 Rz. 4: **schlichte Frage nach Be-**

handlungsfehler und der Aufklärung des Patienten kein tauglicher Gegenstand des Beweisverfahrens; a.A. aber jetzt BGH, MDR 2013, 1342, Nr. 18, 22, Rz. B 505a, B 509).

Eine Erklärung im selbständigen Beweisverfahren im Arzthaftungsprozess ist da- B 516
nach **ausschließlich die Frage nach dem körperlichen Zustand des Patienten sowie der medizinischen Urache für einen bestimmten Körperschaden** zugänglich.
Die Beantwortung der Frage, ob dies auf einen Behandlungsfehler oder groben
Behandlungsfehler beruht, stellt dagegen eine Rechtsfrage dar, deren Beurteilung
dem Gericht im Hauptsacheverfahren vorbehalten bleiben muss. **Die Frage nach
dem Vorliegen eines (groben) Behandlungsfehlers lässt sich regelmäßig erst dann
beantworten, wenn der zugrundeliegende Sachverhalt durch entsprechende Beweiserhebungen, Anhörungen bzw. die Beiziehung von Behandlungsunterlagen
insgesamt geklärt ist** (OLG Saarbrücken, Beschl. v. 21. 2. 2011 – 1 W 8/11–2,
GesR 2011, 422 unter Aufgabe der bisherigen anderslautenden Rspr; OLG Saarbrücken, Beschl. v. 14. 3. 2012 – 1 W 287/11–45, GesR 2012, 309; KG, Beschl.
v. 15. 5. 2011 – 20 W 29/11, GesR 2011, 421, 422 = juris, Nr. 8, 9: die Wertung
und Würdigung der Gesamtumstände ist dem Gericht vorbehalten; OLG Naumburg, Beschl. v. 23. 1. 2012 – 4 W 32/12, juris, Nr. 7, 8: Fragen nach der Verletzung des ärztlichen Standards können nur im Hauptsacheverfahren geklärt werden; OLG Naumburg, Beschl. v. 14. 11. 2005 – 1 W 18/05, OLGR 2006, 255, 256:
Frage nach Behandlungsfehler bzw. der richtigen Dosierung eines Medikaments
ist Rechtsfrage; OLG Jena, Beschl. v. 23. 1. 2012 – 4 W 32/12, juris, Nr. 7, 8 =
GesR 2012, 308 und OLG Köln, Beschl. v. 28. 10. 2010 – 5 W 31/10, VersR 2012,
123: **Frage nach einer „lege artis" erfolgten Behandlung und der Kausalität im
Hauptsacheverfahren zu klären**; KG, Beschl. v. 11. 9. 2006 – 20 W 35/06, OLGR
2007, 539, 540; vgl. aber Rz. B 505a, B 509).

Im Wesentlichen besteht jedoch bislang **Einigkeit darüber, dass die Frage des**   B 517
Vorliegens eines „groben Behandlungsfehlers" (Entsprechendes dürfte u.E.
auch für die Frage des Vorliegens eines Beweislastumkehr wegen „unterlassener
Befunderhebung" gelten) **einer Klärung im Hauptsacheverfahren vorbehalten ist,
denn eine solche Bewertung obliegt ausschließlich dem Gericht** (OLG Saarbrücken, Beschl. v. 21. 2. 2011 – 1 W 8/11–2, GesR 2011, 422; KG, Beschl. v.
15. 5. 2011 – 20 W 29/11, GesR 2011, 421, 422; OLG Jena, Beschl. v. 23. 1. 2012
– 4 W 32/12, GesR 2012, 308; OLG Köln, Beschl. v. 29. 4. 2009 – 5 W 3/09, VersR
2009, 1515, 1516; OLG Brandenburg, Beschl. v. 29. 9. 2011 – 12 W 24/11, juris,
Nr. 29; OLG Naumburg, Beschl. v. 14. 11. 2005 – 1 W 18/05, OLGR 2006, 255,
256: Rechtsfragen und Wertungen sind alleine Sache des Gerichts; Ullrich,
VRiLG, GesR 2008, 423; Musielak-Huber, 10. Aufl., § 485 ZPO Rz. 14; Zöller/
Herget, 30. Aufl., § 485 ZPO Rz. 9; anders aber jetzt BGH, Beschl. v. 24. 9. 2013
– VI ZB 12/13, MDR 2013, 1342 = juris, Nr. 18, 22, vgl. Rz. B 505a, B 509).

Nach **differenzierender Ansicht** kann gemäß § 485 II 1 Nr. 2 ZPO grundsätzlich   B 518
auch **die Ursache eines Personenschadens** durch Begutachtung durch einen
Sachverständigen aufgeklärt werden. Dies umfasst auch die Möglichkeit der
Klärung, ob die Behandlung vom geschuldeten Facharztstandard abgewichen ist
und ob diese Abweichung den Schaden **mitverursacht** hat oder haben kann. Die
hierauf aufbauende Feststellung des **Vorliegens eines Behandlungsfehlers wie**

auch die Bewertung des Behandlungsfehlers als „grob" hingegen sei als Rechts-frage der alleinigen Beurteilung durch den medizinischen Sachverständigen ent-zogen (OLG Brandenburg, Beschl. v. 29. 9. 2011 – 12 W 24/11, juris, Nr. 29, 30; a. A. aber BGH, MDR 2013, 1342, 1343, Nr. 18, 22, Rz. B 505a, B 509).

B 519   Auch Fragen im Zusammenhang mit einem behaupteten Behandlungsfehler, die **allein der Ausforschung dienen, um damit erst die Voraussetzungen für eine Klage zu schaffen, sind unzulässig** (OLG Oldenburg, Beschl. v. 3. 12. 2009 – 5 W 60/09, GesR 2010, 76; OLG Oldenburg, Beschl. v. 8. 7. 2008 – 5 W 41/08, MDR 2008, 1059, 1060 = juris, Nr. 6, 8; OLG Nürnberg, Beschl. v. 29. 5. 2008 – 5 W 506/08, OLGR 2009, 25, 27; OLG Brandenburg, Beschl. v. 12. 11. 2009 – 12 W 33/09, juris, Nr. 7; S/Pa, 12. Aufl., Rz. 788: reine Ausforschung unzulässig).

B 520   So dient etwa die schlichte Frage, ob ein Behandlungsfehler vorliegt oder eine be-stimmte Operation lege artis durchgeführt worden ist, lediglich der Ausfor-schung und ist deshalb **unzulässig** (OLG Oldenburg, MDR 2008, 1059, 1060; auch OLG Hamm, GesR 2010, 254 und S/Pa, 12. Aufl., Rz. 788). Der Antrag ist auch zurückzuweisen, wenn der Antragsteller ohne greifbare Anhaltspunkte für das Vorliegen eines bestimmten Sachverhalts Behauptungen „aufs Geratewohl" oder „ins Blaue hinein" aufstellt (OLG Nürnberg, OLGR 2009, 25, 27).

B 521   Auch nach der differenzierenden Auffassung sind etwa folgende Beweisfragen **unzulässig** (vgl. OLG Brandenburg, Beschl. v. 29. 9. 2011 – 12 W 24/11, juris, Nr. 3, 5, 6, 10–14, 30):

„War es behandlungsfehlerhaft, dass ...?"; „handelt es sich um einen fundamen-talen Diagnoseirrtum bzw. um einen groben Behandlungsfehler?"; „Ist der Zustand des Patienten auf einen Diagnoseirrtum bzw. auf einen Befunderhebungsfehler des Antragsgegners zurückzuführen?"; „Bestand für den Patienten durch die Fehldiag-nose bzw. die unterlassene Befunderhebung eine Lebensgefahr bzw. eine sonstige Gefahr für die Gesundheit?"

Das rechtliche Interesse fehlt auch dann, wenn anhand der Beweisfragen umfas-send geklärt werden soll, **ob oder ggf. welchem der unterschiedlichen Antrags-gegner im Rahmen eines mehrwöchigen Behandlungsverlaufes eines fehlerhafte Versorgung vorzuwerfen ist** (OLG Hamm, Beschl. v. 17. 2. 2010 – I 3 W 4/10, GesR 2010, 254; zustimmend B/P/S-Pauge, § 485 ZPO Rz. 4).

Auch streitiges, **erst durch Zeugenvernehmung noch aufzuklärendes Parteivor-bringen** kann einer Begutachtung durch Sachverständige zugrundegelegt werden, wenn die Beweisfragen entweder dem Zustand einer Person (§ 485 II Nr. 1 ZPO) oder die Ursache eines Personenschadens (§ 485 II Nr. 2 ZPO) betreffen (OLG Schleswig, Beschl. v. 12. 6. 2009 – 16 W 65/09, OLGR 2009, 593 in einem Bau-prozess).

B 522   **Nach zwischenzeitlich einhelliger Ansicht ist die Frage der ordnungsgemäßen Aufklärung eines Patienten durch den Arzt kein tauglicher Gegenstand eines selbständigen Beweisverfahrens.** Diese Frage betrifft keine der in § 485 II 1 ZPO genannten Fallgruppen (Zustand einer Person, Ursache eines Personenscha-dens und Wege seiner Beseitigung) und ist deshalb **unzulässig** (OLG Oldenburg, Beschl. v. 3. 12. 2009 – 5 W 60/09, GesR 2010, 76 = MDR 2010, 715; OLG Nürn-

berg, Beschl. v. 29. 5. 2008 – 5 W 506/08, OLGR 2009, 25, 26; OLG Jena, Beschl.
v. 12. 4. 2001 – 4 W 235/01, AHRS III, 7050/303: Vorwegnahme des Hauptsacheprozesses, **Rechtsfrage vom Gericht zu beurteilen**; Zöller/Herget, 30. Aufl.,
§ 485 ZPO Rz. 9 a. E.; Musielak-Huber, 10. Aufl., § 485 Rz. 14: in aller Regel
nicht erfolgversprechend; B/P/S-Pauge, RiBGH, § 485 ZPO Rz. 4; differenzierend
Ullrich, VRiLG, GesR 2010, 77: im selbständigen Beweisverfahren kann dem SV
die Frage gestellt werden, welchen Inhalt die ärztliche Aufklärung in einem konkreten Fall grundsätzlich haben bzw. gehabt haben muss).

Allerdings ist ein Beschluss, durch den dem Antrag im selbständigen Beweisver-   B 522a
fahren stattgegeben wird, gemäß § 490 II 2 ZPO **nicht anfechtbar**. Gibt das Beschwerdegericht dem – in erster Instanz zurückgewiesenen – Antrag auf Durchführung des selbständigen Beweisverfahrens in einer Arzthaftungssache (u. U. zu
Unrecht) statt, ist eine dagegen gerichtete **Rechtsbeschwerde unstatthaft** (BGH,
Beschl. v. 13. 9. 2011 – VI ZB 67/10, MDR 2011, 1313 = NJW 2011, 3371, Nr. 6).

Der Beschluss des BGH v. 21. 1. 2003 (VI ZB 51/02, NJW 2003, 1741 = GesR   B 523
2003, 171 = MedR 2003, 405) nimmt nicht zu der Frage, ob der Antragsgegner
im selbständigen Beweisverfahren verpflichtet ist, die den Antragsteller betreffenden **Krankenunterlagen an den vom Gericht beauftragten Sachverständigen
im Original vorzulegen**, Stellung. Eine solche Vorlagepflicht lässt sich aber mit
dem Sinn und Zweck des selbständigen Beweisverfahrens oder einer analogen
Anwendung der §§ 142 I, 144 I, II, III sowie der §§ 421, 422 und 423 ZPO begründen (Stegers, Anm. zum Beschl. des BGH v. 21. 1. 2003, MedR 2003, 405).

Einstweilen frei.   B 524

3. Glaubhaftmachung

Gem. § 487 Nr. 4 ZPO ist die Glaubhaftmachung für alle Tatsachen erforder-   B 525
lich, welche die Zulässigkeit des selbständigen Beweisverfahrens und die Zuständigkeit des Gerichts nach §§ 485, 486 ZPO begründen. Mittel der Glaubhaftmachung sind z. B. ärztliche Atteste, außergerichtliche Korrespondenz, Behandlungsunterlagen u. a. (vgl. Musielak-Huber, 10. Aufl., § 487 ZPO Rz. 6).

Da der Sachvortrag des Antragstellers zu den dem Sachverständigen unterbreite-   B 526
ten Fragen, zu deren Klärung die Begutachtung dienen soll, grundsätzlich nicht
auf seine Schlüssigkeit oder Erheblichkeit zu prüfen ist, unterliegt er auch **nicht
der Glaubhaftmachung** nach § 487 Nr. 4 ZPO (OLG Oldenburg, Beschl. v.
14. 5. 2008 – 5 W 31/08, OLGR 2008, 756, 757 = GesR 2008, 421, 422 =
BeckRS 2008, 11409; OLG Oldenburg, Beschl. v. 3. 12. 2009 – 5 W 60/09, GesR
2010, 76, 77; Ullrich, VRiLG, GesR 2008, 423 und GesR 2010, 78; auch Musielak-Huber, § 487 ZPO Rz. 6 a. E.; Zöller/Herget, 30. Aufl., § 487 ZPO Rz. 6).

Jedenfalls diejenigen Tatsachen, die durch das selbständige Beweisverfahren   B 527
über das einzuholende gerichtliche Gutachten erst noch festgestellt werden sollen, sind nach zutreffender Ansicht des OLG Oldenburg (GesR 2008, 421, 422;
GesR 2010, 76, 77) **nicht gem. § 487 Nr. 4 ZPO glaubhaft zu machen**. Denn andernfalls müsste in diesen Fällen allein zur Glaubhaftmachung ein Privatgutachten vorgelegt werden, was das selbständige Beweisverfahren aber gerade vermeiden soll (Ullrich, GesR 2008, 424).

Jedoch kann ein Antragsteller, der Probleme mit dem Vortrag der Glaubhaftmachung hat, den Gegenstand, auf den sich die Darstellungsschwierigkeit bezieht, in eine – ggf. zusätzliche – Frage kleiden, um die Hürde der Glaubhaftmachung zu umgehen (Ullrich, GesR 2010, 78).

4. Nachträgliche Anhängigkeit der Hauptsache

B 528   Ein nach § 485 II ZPO (nicht: nach § 485 I ZPO) betriebenes selbständiges Beweisverfahren wird unzulässig, wenn der Antragsteller **vor seiner Beendigung Klage in der Hauptsache erhebt** (OLG Schleswig, Beschl. v. 12. 10. 2004 – 16 W 116/04, OLGR 2005, 39; Zöller/Herget, § 486 ZPO Rz. 7).

B 529   Die **Zuständigkeit für das Beweisverfahren** geht nach Anhängigkeit der Hauptsachenklage allerdings erst dann auf das Gericht der Hauptsache über, wenn dieses eine Beweisaufnahme für erforderlich hält und deshalb **die Akten des selbständigen Beweisverfahrens beizieht** (BGH, Beschl. v. 22. 7. 2004 – VII ZB 3/03, MDR 2005, 45; abweichend OLG Schleswig, Beschl. v. 12. 10. 2004 – 16 W 116/04, OLGR 2005, 39: bei Erhebung der Hauptsachenklage ist das Beweisverfahren durch Beschluss einzustellen und die Sache an das Prozessgericht abzugeben; ebenso OLG Köln, OLGR 1995, 315 und Zöller/Herget, § 485 ZPO Rz. 7).

B 529a   Die Einstellung eines selbständigen Beweisverfahrens wegen zwischenzeitlicher Erhebung der Hauptsachenklage kommt aber nicht in Betracht, wenn das selbständige Beweisverfahren nicht erst durch die Klageerhebung unzulässig wird, sondern **von Anfang an unzulässig war** (OLG Köln, Beschl. v. 12. 7. 2010 – 5 W 24/10, VersR 2011, 1419).

II. Beendigung und Wirkung des selbständigen Beweisverfahrens

1. Hemmung der Verjährung

B 530   In prozessualer Hinsicht steht die **Verwertbarkeit** der selbständigen Beweiserhebung im Hauptprozess gem. § 493 ZPO im Vordergrund. Die materiell-rechtlichen Wirkungen eines selbständigen Beweisverfahrens betreffen hauptsächlich die Unterbrechung der Verjährung beim Kauf sowie beim Werk- und Werklieferungsvertrag gem. §§ 477 II, 639 I, 651 I BGB a.F. (Musielak-Huber, § 485 ZPO Rz. 3, 4; Zöller/Herget, § 492 ZPO Rz. 4).

B 531   Einstweilen frei.

B 532   Nach dem **seit dem 1. 1. 2002** geltenden § 204 I Nr. 7 BGB **wird die Verjährung** nunmehr generell durch die Zustellung des Antrages auf Durchführung eines selbständigen Beweisverfahrens **gehemmt.** Voraussetzung für den Beginn der Hemmung ist jedoch die förmliche Zustellung beim Antragsgegner, woran es in der gerichtlichen Praxis oftmals fehlt (F/N/W, 5. Aufl., Rz. 258 a.E.: formlose Übersendung entgegen § 270 S. 1 ZPO genügt für den Eintritt der Hemmung nicht).

B 533   Gem. § 204 I 1 BGB n.F. endet die Hemmung sechs Monate nach der rechtskräftigen Entscheidung oder anderweitigen Erledigung des eingeleiteten Verfahrens.

Die Wirkung der Hemmung (§ 209 BGB) tritt auch ein, wenn der im selbständigen Beweisverfahren bestellte Sachverständige einen Mangel bzw. Behandlungsfehler nicht bestätigt. Im Umfang wird die Hemmung der Verjährung durch die in den Anträgen bezeichneten Mängel bzw. Behandlungsfehler begrenzt (Musielak-Huber, § 485 ZPO Rz. 4, 5).

2. Beendigung des selbständigen Beweisverfahrens

Ein selbständiges Beweisverfahren ist **beendet**, wenn die Beweissicherung sachlich erledigt ist. Erfolgt die Beweiserhebung durch ein **schriftliches Sachverständigengutachten**, so ist es **mit dessen Übersendung an die Parteien beendet**, wenn weder das Gericht nach § 411 IV 2 ZPO eine Frist zur Stellungnahme gesetzt hat noch die Parteien innerhalb eines angemessenen Zeitraumes nach Erhalt des Gutachtens **Einwendungen** dagegen oder das Gutachten betreffende **Anträge oder Ergänzungsfragen** stellen (BGH, Urt. v. 28. 10. 2010 – VII ZR 172/09, MDR 2011, 185 = NJW 2011, 594, 595; BGH, Urt. v. 20. 2. 2002 – VIII ZR 228/00, VersR 2003, 129; OLG Hamm, Beschl. v. 28. 12. 2006 – 19 W 21/06, NJW-RR 2007, 600: Beendigung innerhalb angemessener Frist nach Übersendung des Gutachtens bzw. nach mündlicher Erläuterung durch den Sachverständigen im Termin; OLG Düsseldorf, Beschl. v. 27. 4. 2004 – I-5 W 7/04, MDR 2004, 1200; Musielak-Huber, § 492 ZPO Rz. 3)

Hat eine Partei **rechtzeitig Einwendungen** gegen das Gutachten erhoben, so ist – sofern nicht eine weitere Beweisaufnahme stattfindet – das selbständige Beweisverfahren dann beendet, wenn der mit der Beweisaufnahme befasste Richter zum Ausdruck bringt, dass **eine weitere Beweisaufnahme nicht stattfindet** und hiergegen innerhalb angemessener Frist keine Einwände erhoben werden. Ein entsprechende Einwendungen enthaltender Schriftsatz, der dem Gericht **erst sechs Wochen nach diesem Zeitpunkt zugeht**, ist verspätet und führt nicht zur Fortsetzung des selbständigen Beweisverfahrens (BGH, Urt. v. 28. 10. 2010 – VII ZR 172/09, MDR 2011, 185 = NJW 2011, 594, Nr. 11, 12).

Eine **Zurückweisung nach § 296 I ZPO** kommt aber nur in Betracht, wenn den Parteien eine angemessene Frist mit dem Hinweis auf deren Nichtbeachtung gesetzt worden ist, §§ 411 IV, 296 I, 492 ZPO (BGH, Urt. v. 28. 10. 2010 – VII ZR 172/09, NJW 2011, 594, Nr. 11, 12; OLG Celle, Beschl. v. 6. 3. 2009 – 16 W 19/09, NJW-RR 2009, 1364; OLG Celle, Beschl. v. 15. 8. 2005 – 4 W 165/05, OLGR 2005, 588, 589: förmliche Zustellung gemäß § 329 II 2 ZPO, Fristsetzung muss vom Richter mit vollem Namen unterzeichnet sein; ebenso OLG Schleswig, Beschl. v. 21. 8. 2003 – 16 W 115/03, OLGR 2003, 470; auch Musielak-Huber, 10. Aufl., § 411 ZPO Rz. 8 und Zöller/Herget, 30. Aufl., § 492 Rz. 4: wenn das Gericht eine Frist setzt, steht mit deren Ablauf die Beendigung des selbständigen Beweisverfahrens fest).

Setzt das **Gericht – nicht der Vorsitzende** – den Parteien gem. §§ 411 IV, 296 I ZPO eine **Frist, innerhalb derer Einwendungen gegen das Gutachten, die Begutachtung betreffende Anträge und Ergänzungsfragen zu erfolgen** haben, muss dies **klar und eindeutig** erfolgen, so dass bei der betroffenen Partei von Anfang an vernünftigerweise keine Fehlvorstellungen über die gravierenden Folgen der mit der

B 534

B 534a

B 534b

B 534c

Nichtbeachtung der Frist verbundenen Rechtsfolgen aufkommen können (BGH, Urt. v. 22. 5. 2001 – VI ZR 268/00, MDR 2001, 1130). Diesen strengen Voraussetzungen genügt eine Verfügung nicht, in der – noch dazu lediglich vom Kammervorsitzenden – angeordnet wird, dass den Parteien bis zu einem bestimmten Zeitpunkt Gelegenheit gegeben wird, zum Gutachten Stellung zu nehmen (BGH, Urt. v. 22. 5. 2001 – VI ZR 268/00, MDR 2001, 1130 = NJW-RR 2001, 1431, 1432; KG, Urt. v. 14. 6. 2007 – 20 U 5/06, NJW-RR 2008, 371, 372: Fristsetzung mit unmissverständlichem Hinweis auf den möglichen Ausschluss durch die Kammer erforderlich; OLG Celle, Beschl. v. 15. 8. 2005 – 4 W 165/05, OLGR 2005, 588, 589: Fristsetzungsverfügung muss vom Richter mit vollem Namen unterzeichnet und gem. § 329 II ZPO zugestellt worden sein).

B 535 Wird einer Partei im selbständigen Beweisverfahren auf deren Antrag eine **Verlängerung der gesetzten Frist** zur Stellungnahme auf ein schriftliches Sachverständigengutachten eingeräumt (hier: zunächst drei Wochen bis 4. 10.) und beantragt dieselbe Partei eine weitere Fristverlängerung um **einen Monat** (hier: bis 4. 11.) unter Ankündigung der Beibringung eines Privatgutachtens, so ist der erst **knapp drei Monate später** (hier: mit Schriftsatz vom 30. 1.) eingehende Antrag auf Ladung des Sachverständigen bzw. mündliche Erörterung des schriftlichen Gutachtens i. S. d. § 411 IV ZPO **verspätet** gestellt (OLG Koblenz, Beschl. v. 3. 4. 2006 – 5 W 200/06, VersR 2007, 132, 133).

B 536 Hat das Gericht eine **Frist nach § 411 IV 2 ZPO nicht oder nicht wirksam gesetzt**, kommt es darauf an, ob die Parteien innerhalb eines „angemessenen Zeitraums nach Erhalt des Gutachtens" Einwendungen erheben oder weitere Anträge stellen (BGH, Urt. v. 20. 2. 2002 – VIII ZR 228/00, VersR 2003, 129).

B 537 Wann ein **Zeitraum angemessen i. S. d. § 411 IV ZPO** ist, richtet sich dabei nach den schutzwürdigen Interessen der Beteiligten (vgl. OLG Düsseldorf, Beschl. v. 27. 4. 2004 – I-5 W 7/04, MDR 2004, 1200; OLG Hamburg, Beschl. v. 18. 6. 2003 – 4 W 45/02). In der Rechtsprechung werden **Fristen bis zu drei Monaten** als angemessen und ausreichend angesehen (LG Dortmund, NJW-RR 2001, 714: ein Monat; OLG Düsseldorf, NJW-RR 1997, 1220: sechs Wochen bei umfangreichem Gutachten; OLG Düsseldorf, NJW 2000, 3364: weniger als drei Monate bei Überprüfung durch einen Privatgutachter; OLG Düsseldorf, Beschl. v. 27. 4. 2004 – I-5 W 7/04, MDR 2004, 1200: i. d. R. bis zu drei Monaten; OLG Celle, MDR 2001, 108: drei Monate; OLG Frankfurt, NJW-RR 2007, 17: nicht mehr als drei Monate).

B 538 In Ausnahmefällen kann ein **Zeitraum von vier Monaten noch angemessen** sein (OLG Düsseldorf, Beschl. v. 27. 4. 2004 – I-5 W 7/04, MDR 2004, 1200: fast vier Monate; OLG München, MDR 2001, 531: vier Monate bei Überprüfung durch Privatgutachter; **weitergehend:** OLG Jena, BauR 2003, 581 und OLG Frankfurt, NJW 2007, 852: längstens sechs Monate). Dies soll jedenfalls dann gelten, wenn das Gericht weder eine Ausschlussfrist gesetzt noch einen rechtlichen Hinweis auf den baldigen Ablauf der Stellungnahmefrist erteilt hat (OLG Düsseldorf a. a. O.).

B 538a Erfolgt die **mündliche Anhörung des Sachverständigen**, tritt die sachliche Erledigung **mit dem Verlesen des Sitzungsprotokolls über die Vernehmung des Sachverständigen oder der Vorlage des Protokolls zur Durchsicht** ein, nicht erst (aber spätestens) mit der Übermittlung des Protokolls. Es kommt dabei nicht darauf an, ob der Gutachter die Beweisfragen umfassend beantwortet hat; für die Beendigung reicht es aus, wenn sich der Gutachter zu den Beweisfragen geäußert hat und **innerhalb eines angemessenen Zeitraums nach der mündlichen Anhörung keine Anträge einer Partei zur Ergänzung des Gutachtens gestellt werden**, die bloße Ankündigung solcher Anträge reicht nicht aus (BGH, Beschl. v. 24. 3. 2009 – VII ZR 200/08, NJW-RR 2009, 1243; OLG Düsseldorf, NJW-RR 1996, 1527 und Musielak-Huber, § 492 Rz. 3 a. E.: Verfahren endet mit Erteilung des Protokollabschrift, soweit das Gericht keine neue Begutachtung anordnet, §§ 485 III, 412).

Allerspätestens **mit einer Kostenentscheidung nach § 494a 2 1 ZPO** endet das Beweisverfahren (Zöller/Herget, § 492 ZPO Rz. 4 a. E.). B 538b

Eine vorherige Beendigung tritt mit der Erhebung der Hauptsacheklage ein, wenn die Sache **an das Prozessgericht abgegeben** wird (OLG Schleswig, Beschl. v. 12. 10. 2004 – 16 W 116/04, OLGR 2005, 39) bzw. wenn das Gericht der Hauptsache **die Beiziehung der Akten des Beweisverfahrens anordnet** (BGH, MDR 2005, 45 = NZBau 2004, 550; OLG Hamm, Beschl. v. 15. 1. 2010 – 19 W 48/09, MDR 2010, 714; Zöller/Herget, § 486 ZPO Rz. 7; Musielak-Huber, § 492 ZPO Rz. 3 a. E.). B 539

Eine Beendigung des selbständigen Beweisverfahrens tritt jedoch nicht ein, wenn eine im Hauptsacheverfahren angekündigte Beweisanordnung noch nicht beschlossen worden ist (OLG Hamm, Beschl. v. 15. 1. 2010 – 19 W 48/09, MDR 2010, 714) oder wenn sich der **Sachverständige weigert**, auf sachbezogene Fragen der Parteien oder des Gerichts ein erstes oder zweites Ergänzungsgutachten zu erstellen. Hier ist das Gericht gehalten, dem Sachverständigen ein Ordnungsgeld anzudrohen und dieses ggf. festzusetzen und/oder gem. §§ 294 I, 411 III ZPO einen Termin zur mündlichen Erläuterung des Gutachtens zu bestimmen (OLG Hamm, Beschl. v. 28. 12. 2006 – 19 W 21/06, NJW-RR 2007, 600). B 540

Das Gericht kann **feststellen, dass ein selbständiges Beweisverfahren nicht weiter betrieben wird**, wenn der Antragsteller der Aufforderung zur Einzahlung offener Sachverständigengebühren nicht Folge leistet. Ein derartiger Feststellungsbeschluss unterliegt der sofortigen Beschwerde (OLG Düsseldorf, Beschl. v. 18. 12. 2012 – I-21 W 28/12, NJW-RR 2013, 346). B 540a

3. Verwertung im Hauptsachenprozess

Die abgeschlossene Beweisaufnahme im selbständigen Beweisverfahren hat zur Folge, dass ein neues Gutachten in einem sich anschließenden Rechtsstreit **nur unter den engen Voraussetzungen des § 412 ZPO** eingeholt werden kann (BGH, Beschl. v. 13. 9. 2005 – VI ZB 84/04, GesR 2006, 28, 29; MDR 1999, 675 = VersR 1999, 716, 717; BGH, Urt. v. 11. 6. 2010 – V ZR 85/09, NJW 2010, 2873, 2876, Nr. 27; OLG Frankfurt, Beschl. v. 7. 12. 2007 – 4 W 64/07, MDR 2008, 585, 587 = OLGR 2008, 438, 439). B 541

Ist die vom Gericht ordnungsgemäß gesetzte Frist (s. o.) abgelaufen, führt dies dazu, dass die betreffende Partei im nachfolgenden Rechtsstreit mit Einwänden B 542 verfahrensrechtlich ausgeschlossen ist, §§ 411 IV 2 ZPO in Verbindung mit § 296 I, IV ZPO. Wird ein danach verspätetes Vorbringen der Partei nachfolgend jedoch zugelassen, indem das Gericht den Sachverständigen im Hauptverfahren ergänzend anhört, ist hiergegen **kein Rechtsmittel** gegeben (BGH, Urt. v. 11. 6. 2010 – V ZR 85/09, NJW 2010, 2873, 2876, Nr. 27).

B 543 Eine **Wiederholung oder Fortsetzung der Beweiserhebung** kommt ausnahmsweise in Betracht, wenn die selbständige Beweiserhebung i. S. d. § 492 I ZPO **fehlerhaft** war, etwa das **Fragerecht einer Partei missachtet** wurde, der Gegner zum Erörterungstermin nicht bzw. **nicht wirksam (vgl. § 493 II ZPO) geladen** worden war (Zöller/Herget, § 493 ZPO Rz. 2; Musielak-Huber, § 493 ZPO Rz. 2, 3: bei fehlender Rüge Heilung gem. § 295 ZPO), eine **Vereidigung nachzuholen** (§§ 391, 410 ZPO) oder der **Sachverständige erfolgreich abgelehnt** worden ist (§ 406 ZPO), das selbständige Beweisverfahren **nicht zwischen den Parteien des Hauptsacheprozesses** stattfand (BGH, MDR 1991, 236; Zöller/Herget, § 493 ZPO Rz. 2 a. E.), die Beweiserhebung dem Gericht **ergänzungsbedürftig** (Zöller, a. a. O.) erscheint oder die **Voraussetzungen des § 412 ZPO** vorliegen (vgl. hierzu KG, Urt. v. 16. 10. 2003 – 12 U 58/01, VersR 2004, 1193, 1195 und Urt. v. 1. 7. 2002 – 12 U 8427/00, VersR 2004, 350, 351; vgl. → *Sachverständigenbeweis*, Rz. S 61 ff.).

B 543a Das im selbständigen Beweisverfahren eingeholte Sachverständigengutachten ist genau so zu behandeln, wie wenn es im Hauptprozess eingeholt worden wäre. Die **Erhebung weiterer Beweise im Hauptprozess, etwa eine Zeugenvernehmung, bleibt aber möglich** (OLG Brandenburg, Urt. v. 24. 2. 2011 – 12 U 129/10, NJW-RR 2011, 603).

4. Ablehnung der Einholung eines weiteren Gutachtens; Rechtsmittel

B 544 Heilbare Verfahrensmängel, z. B. die Verletzung des Fragerechts (§§ 397, 411 ZPO) und die fehlende bzw. nicht rechtzeitige Ladung der Partei zu einem Termin (§ 493 II ZPO) müssen zur Vermeidung des Rechtsverlustes (§ 295 ZPO) gerügt werden (Musielak-Huber, § 493 ZPO Rz. 3, 4; Zöller/Herget, § 493 ZPO Rz. 3).

B 544a Eine verfahrensrechtliche Pflicht zur **Einholung eines weiteren Gutachtens** besteht im Hauptsacheverfahren gemäß § 412 ZPO nur ausnahmsweise, nämlich bei besonders schwierigen Fragen, bei groben Mängeln der vorhandenen Gutachten und dann, wenn ein neuer Gutachter über überlegene Forschungsmittel verfügt. Hinsichtlich der Frage, ob die Einholung eines weiteren Sachverständigengutachtens geboten ist, ist dem Tatrichter ein Ermessensspielraum eingeräumt, §§ 144, 411 III, 412 ZPO (BGH, Beschl. v. 9. 2. 2010 – VI ZB 59/09, MDR 2010, 767, 768).

B 545 **Gegen die Ablehnung der Einholung eines weiteren Sachverständigengutachtens im selbständigen Beweisverfahren (§§ 485 III, 412, 567 I ZPO) ist eine sofortige Beschwerde unzulässig** (BGH, Beschl. v. 9. 2. 2010 – VI ZB 59/09, MDR 2010, 767; OLG Celle, Beschl. v. 28. 9. 2010 – 4 W 168/10, MDR 2010, 318; OLG Hamm, Beschl. v. 23. 10. 2009 – I-19 W 26/09, MDR 2010, 169; OLG Koblenz, Beschl. v. 30. 1. 2007 – 5 W 71/07, MDR 2007, 763; OLG Rostock, Beschl. v. 17. 3. 2008 – 3 W 28/08, OLGR 2008, 516 = MDR 2008, 999, 1000; OLG Düsseldorf, Beschl. v. 30. 1. 2009 – I-1 W 3/09, MDR 2009, 588; OLG Schleswig, Beschl. v. 10. 2. 2009 – 16 W 18/09, OLGR 2009, 271; OLG Köln, NJW-RR 2000, 729; Musielak-Huber, § 485 ZPO Rz. 15; Zöller/Herget, § 490 ZPO Rz. 4; Zöller/ Greger, § 412 ZPO Rz. 2: **auch Schwierigkeit der Gutachtenfragen kein Grund für weiteres Gutachten**; Musielak-Huber, § 412 ZPO Rz. 5; **a. A.** noch OLG Frankfurt, Beschl. v. 7. 12. 2007 – 4 W 64/07, MDR 2008, 585, 586 = OLGR 2008, 438; OLG Stuttgart, Beschl. v. 4. 8. 2008 – 10 W 38/08, NJW-RR 2009, 497, 498; vgl. auch Rz. B 546a).

Gleiches gilt, wenn ein verspätetes Vorbringen der Partei im selbständigen Be-   B 545a
weisverfahren bzw. im nachfolgenden Hauptsacheverfahren zugelassen wird, in dem das Gericht den Sachverständigen im Hauptverfahren ergänzend mündlich anhört (BGH, Urt. v. 11. 6. 2010 – VI ZR 85/09, NJW 2010, 2873, 2876, Nr. 27: kein Rechtsmittel möglich; ebenso Musielak-Huber, § 493 ZPO Rz. 4 a. E.).

Ein Beschluss, durch den das LG den Antrag einer Partei, den Sachverständigen   B 545b
zur mündlichen Erläuterung seines schriftlichen Gutachtens zu laden, ablehnt,
ist nunmehr mit der sofortigen Beschwerde nach § 567 I Nr. 2 ZPO anfechtbar
(BGH, Beschl. v. 13. 9. 2005 – VI ZB 84/04, MDR 2006, 287 = GesR 2006, 28, 29; zum alten Recht: OLG Düsseldorf, NJW-RR 2001, 141; OLG Stuttgart, OLGR 1998, 384; OLG Köln, OLGR 1997, 116; **a. A.** OLG Düsseldorf OLGR 1992, 344). Anders als bei der Beweisaufnahme im Erkenntnisverfahren (vgl. § 355 II ZPO) handelt es sich nämlich bei der Zurückweisung des Gesuchs um Anhörung eines Sachverständigen im selbständigen Beweisverfahren um eine Entscheidung, die das Verfahren weitgehend abschließt und die deshalb nicht erst in einen möglicherweise folgenden Rechtsstreit zur Hauptsache geklärt werden kann (BGH, Beschl. v. 13. 9. 2005 – VI ZB 84/04, GesR 2006, 28, 29).

III. Zulässigkeit von Gegenanträgen und der Streitverkündung

1. Gegenanträge

Im selbständigen Beweisverfahren ist ein Gegenantrag des Antragsgegners, im   B 546
Arzthaftungsprozess also der Behandlungsseite, jedenfalls dann **zulässig, wenn** das zusätzliche Beweisthema mit dem primären **Beweisthema im sachlichen Zusammenhang** steht, es vom gleichen Sachverständigen beurteilt werden kann, die Einbeziehung in die Beweisaufnahme zu keiner wesentlichen Verzögerung führt und das Beweisverfahren noch nicht beendet ist (OLG Düsseldorf, Beschl. v. 25. 3. 2004 – I-5 W 61/03, OLGR 2004, 378; OLG Jena, Beschl. v. 16. 12. 2005 – 4 W 637/05, OLGR 2006, 147; OLG Nürnberg, MDR 2001, 51, 52; LG Konstanz, Beschl. v. 27. 5. 2003 – 12 T 109/03, NJW-RR 2003, 1379; für die grundsätzliche Zulässigkeit von Gegenanträgen auch OLG Düsseldorf, OLGR 1994/ 262; OLG Frankfurt, OLGR 1998, 34; OLG München, NJW-RR 1996, 1277; OLG Hamburg, MDR 2001, 1012; KG, OLGR 1996, 94; Zöller/Herget, § 485 ZPO Rz. 3; **ablehnend** OLG München, BauR 1993, 365 und Cuypers, NJW 1994, 1992). Es muss jedoch gewährleistet sein, dass dem Antragsteller das Beweisantragsrecht durch Gegenanträge nicht aus der Hand genommen wird. Diese Gefahr besteht nicht, soweit der Antragsgegner lediglich eigene, ergänzende Anträge stellt (OLG Hamburg, MDR 2001, 1012).

B 546a   Verlangt eine Prozesspartei im selbständigen Beweisverfahren nach bereits erfolgter Beweiserhebung eine Begutachtung zu einem Gegenantrag, um das Ergebnis der bisherigen Begutachtung zu erschüttern, so ist hierüber gemäß §§ 485
III, 412 ZPO nach pflichtgemäßem Ermessen zu befinden. **Gegen die Ablehnung
der Einholung eines Sachverständigengutachtens zu einem Gegenantrag nach
bereits erfolgter Begutachtung zum Hauptantrag ist ein Rechtsmittel ebenfalls
nicht statthaft** (OLG Stuttgart, Beschl. v. 23. 9. 2010 – 10 W 39/10, MDR 2011,
319; anders noch OLG Stuttgart, Beschl. v. 4. 8. 2008 – 10 W 39/08, NJW-RR
2009, 497, 498: sofortige Beschwerde möglich, s. o. Rz. B 545, B 545a).

2. Streitverkündung

B 547   Im selbständigen Beweisverfahren ist die **Streitverkündung** gegenüber einem
Dritten grundsätzlich **zulässig** (BGH, NJW 1997, 859 = MDR 1997, 390; OLG
Düsseldorf, Beschl. v. 25. 3. 2004 – I-5 W 61/03, OLGR 2004, 378; OLG Jena,
OLGR 1996, 69; OLG Koblenz, MDR 1994, 619; OLG München, NJW 1993,
2756; Musielak-Huber, § 487 ZPO Rz. 2; a. A. OLG Hamm, OLGR 1992, 113;
OLG Saarbrücken, NJW-RR 1989, 1216) und hemmt die Verjährung gem. § 204
I Nr. 6 BGB (Zöller/Herget, § 487 ZPO Rz. 3). Allerdings ist ein Antrag auf Begutachtung durch einen Sachverständigen im selbständigen Beweisverfahren,
der der Vorbereitung eines Prozesses gegen den bestellten Sachverständigen aus
§ 839a BGB dienen soll, mangels eines rechtlichen Interesses grundsätzlich unzulässig, solange der Vorprozess noch nicht abgeschlossen ist und der Partei
dort Rechtsbehelfe zur Verfügung stehen, mit denen sie eine Korrektur des ihrer
Meinung nach grobfehlerhaften Gutachtens erwirken kann (BGH, Beschl. v.
28. 7. 2006 – III ZB 14/06, MDR 2007, 290, 291).

B 548 – B 551   Einstweilen frei.

IV. Ladung des Sachverständigen zur Erläuterung des Gutachtens

B 552   Die **mündliche Erläuterung des Gutachtens** durch den Sachverständigen und
dessen **Anhörung im Termin** sind auch im selbständigen Beweisverfahren zulässig (BGH, Beschl. v. 22. 5. 2007 – VI ZR 233/06, NJW-RR 2007, 1294 = MDR
2007, 1091; Beschl. v. 13. 9. 2005 – VI ZB 84/04, MDR 2006, 287 = GesR 2006,
28, 29; Beschl. v. 21. 1. 2003 – VI ZB 51/02, NJW 2003, 1741, 1742 a. E. = GesR
2003, 171, 173; OLG Düsseldorf, BauR 1993, 637, 638 und MDR 1994, 939, 940;
OLG Hamburg, Beschl. v. 6. 8. 2002 – 2 W 47/02, OLGR 2003, 263, 264; OLG
München, OLGR 1994, 106).

B 553   Die Beweisaufnahme im selbständigen Beweisverfahren hat daher zur Folge, dass
ein **neues Gutachten** in einem sich anschließenden Rechtsstreit nur **unter den
engen Voraussetzungen des § 412 ZPO eingeholt** werden kann (BGH, Beschl. v.
9. 2. 2010 – VI ZB 59/09, MDR 2010, 767, 768; BGH, Urt. v. 11. 6. 2010 – V ZR
85/09, NJW 2010, 2873, 2876, Nr. 27; BGH, Beschl. v. 13. 9. 2005 – VI ZB 84/04,
MDR 2006, 287 = GesR 2006, 28, 29; MDR 1999, 675 = VersR 1999, 716, 717;
OLG Frankfurt, Beschl. v. 7. 12. 2007 – 4 W 64/07, MDR 2008, 585, 587; zu den
Voraussetzungen des § 412 ZPO vgl. KG, Urt. v. 16. 10. 2003 – 12 U 58/01, VersR

2004, 1193, 1195 und KG, Urt. v. 1. 7. 2002 – 12 U 8427/00, VersR 2004, 350, 351
und → *Sachverständigenbeweis*, Rz. S 61 ff.).

Dem von einer Partei rechtzeitig gestellten Antrag, den gerichtlichen Sachver-   B 554
ständigen nach Erstattung des schriftlichen Gutachtens zu dessen mündlicher
Erläuterung zu laden, **muss das Gericht auch dann stattgeben, wenn die schriftliche Begutachtung aus der Sicht des Gerichts ausreichend und überzeugend ist**
(BGH, Beschl. v. 7. 12. 2010 – VIII ZR 96/10, GesR 2011, 317, 318 = NJW-RR
2011, 704, Nr. 9, 10; BGH, Urt. v. 21. 12. 2010 – VI ZR 284/09, VersR 2011,
400, 402, Nr. 17; BGH, Beschl. v. 25. 9. 2007 – VI ZR 157/06, VersR 2007, 1697
= GesR 2008, 192, 193; Beschl. v. 22. 5. 2007 – VI ZR 233/06, NJW-RR 2007,
1294 = MDR 2007, 1091; BGH, Urt. v. 29. 10. 2002 – VI ZR 353/01, MDR 2003,
168 = NJW-RR 2003, 208; Beschl. v. 10. 5. 2005 – VI ZR 245/04, MDR 2005,
1308, 1309 = VersR 2005, 1555, 1556; Beschl. v. 8. 11. 2005 – VI ZR 121/05,
NJW-RR 2006, 1503, 1504; vgl. zu den Einzelheiten Rz. S 43 ff., S 50).

Die Partei, die den Antrag auf Ladung des Sachverständigen stellt, muss die Fra-   B 555
gen, die sie an den Sachverständigen richten will, **nicht im Voraus konkret formulieren.** Ausreichend ist, wenn sie angibt, **in welcher Richtung** sie durch ihre
Fragen eine weitere Aufklärung herbeizuführen wünscht (BGH, Beschl. v.
22. 5. 2007 – VI ZR 233/06, NJW-RR 2007, 1294; Beschl. v. 25. 9. 2007 – VI ZR
157/06, VersR 2007, 1697 = GesR 2008, 192, 193; Urt. v. 8. 6. 2004 – VI ZR
230/03, NJW 2004, 2828, 2830 = MDR 2004, 1313, 1314; Beschl. v. 10. 5. 2005 –
VI ZR 245/04, VersR 2005, 1555, 1546 = MDR 2005, 1308; Beschl. v. 8. 11. 2005
– VI ZR 121/05, NJW-RR 2006, 1503, 1504; vgl. Rz. S 44, S 47, S 73).

Einstweilen frei.   B 556 – B 569

V. Kostenentscheidung

1. Beschluss nach § 494a ZPO

Gem. § 494a ZPO hat der Antragsteller die dem Antragsgegner entstandenen   B 570
Kosten zu tragen, wenn das Gericht auf dessen Antrag nach Beendigung der Beweiserhebung angeordnet hat, dass der Antragsteller **binnen einer bestimmten
Frist Klage zu erheben** hat und er dieser Anordnung nicht nachkommt. Einer
Klageerhebung i. S. d. § 494a I ZPO steht dabei die Erhebung einer Widerklage
gleich (BGH, Beschl. v. 22. 5. 2003 – VII ZB 30/02, NJW-RR 2003, 1240 = MDR
2003, 1130).

Dagegen stellt eine auf **Erstattung der dem Antragsteller im selbständigen Be-**   B 571
weisverfahren entstandenen Kosten gerichtete Klage keine Hauptsacheklage
i. S. d. § 494a I ZPO dar (BGH, Beschl. v. 1. 7. 2004 – V ZB 66/03, NJW-RR 2004,
1580 = MDR 2004, 1325: ggf. Feststellungsklage erforderlich; Zöller/Herget, § 91
ZPO Rz. 13: Feststellungsantrag nach Erledigung). Allein die Absicht, die im
selbständigen Beweisverfahren erhobenen Ansprüche gerichtlich geltend zu
machen, steht einer Kostenentscheidung nach § 494a II ZPO nicht entgegen
(OLG Karlsruhe, Beschl. v. 7. 3. 2008 – 19 W 4/08, NJW-RR 2008, 1196).

B 571a   Der **Antrag aus § 494a I ZPO ist in folgenden Fällen unzulässig:**

– Die ursprünglich angeordnete Beweisaufnahme **wird tatsächlich nicht durchgeführt**, etwa weil sich die Parteien gütlich geeinigt haben (OLG Dresden, NJW-RR 1999, 1516; Musielak-Huber, § 494a ZPO Rz. 2c; differenzierend OLG Stuttgart, Beschl. v. 20. 4. 2010 – 10 W 47/09, NJW-RR 2010, 1462 einerseits und Beschl. v. 20. 4. 2010 – 10 W 45/09, NJW-RR 2010, 1464 andererseits).

Schließt der Antragsteller mit dem Antragsgegner im laufenden selbständigen Beweisverfahren eiinen **außergerichtlichen Vergleich** hinsichtlich der bis dahin vom Sachverständigen feststellten Mängel ohne Berücksichtigung der übrigen Antragsgegner und teilt er daraufhin dem Gericht mit, **das Verfahren sei damit beendet**, ist dies nach Auffassung des OLG Stuttgart (NJW-RR 2010, 1462; ebenso OLG Celle, MDR 2010, 519: wenn der Ast nach Vergleich mit einem Ag das „selbständige Beweisverfahren für erledigt" erklärt) **als Antragsrücknahme auszulegen** mit der Folge, dass dem Antragsteller gemäß § 269 III 2 ZPO analog die Kosten der übrigen Antragsgegner aufzuerlegen sind.

Teilt der Antragsteller nach Abschluss eine außergerichtlichen Vergleichs betreffend der vom Sachverständigen feststellten Mängel dagegen mit, **das Verfahren sei nach Auffassung der am Vergleich beteiligten Parteien beendet, wobei er ausdrücklich erklärt, dass damit keine Erledigungserklärung und keine Antragsrücknahme verbunden** seien, wird das Beweisverfahren erst beendet, wenn der weitere Antragsgegner zu erkennen gibt, dass er ebenfalls nicht mehr an der Fortsetzung des Verfahrens interessiert ist. Dies kann der Fall sein, wenn der weitere Antragsgegner Kostenantrag gegenüber dem Antragsteller stellt. Er kann dann nach § 494a I, II ZPO vorgehen (OLG Stuttgart, NJW-RR 2010, 1464).

B 571b   – **Der Antragsgegner hat den zugrundeliegenden Anspruch anerkannt oder erfüllt** (BGH, Beschl. v. 14. 1. 2010 – VII ZB 56/07, NJW 2010, 1460, Nr. 14, 15; Musielak, a.a.O.; a.A. Zöller/Herget, § 494a Rz. 4: bei Klageverzicht und Erfüllung § 494a II ZPO analog); Gleiches gilt, wenn **einer von mehreren Antragsgegnern als Gesamtschuldner den Anspruch erfüllt** hat (OLG Hamm, MDR 1999, 1406; Musielak-Huber, § 494a ZPO Rz. 2c; s.u. Rz. B 571f). Nach Ansicht des OLG Jena (Beschl. v. 27. 1. 2011 – 4 W 44/11, NJW-RR 2011, 1219) hat der verzichtende Ast grundsätzlich die Kosten des Beweissicherungsverfahrens zu tragen. Verzichtet der Ast nach Teilerfüllung seiner Forderung auf die Hauptsacheklage, muss über den Kostenantrag nach § 494a II 1 ZPO entschieden und eine Kostenentscheidung über die Gesamtkosten des Beweissicherungsverfahrens nach dem Verhältnis des tatsächlich bezahlten Betrages zu dem ursprünglich im Beweisantrag angesetzten Schadensbeseitigungskosten getroffen werden (OLG Jena, a.a.O.).

Erkennt der Ag etwa durch vollständige Erfüllung die im Ergebnis des Beweissicherungsverfahrens festgestellten Ansprüche an und vereitelt er damit eine Hauptsacheklage, ist sein Antrag aus § 494a II 1 ZPO auf Auferlegung der Kosten auf den Ast unzulässig (OLG Jena, NJW-RR 2011, 1219).

B 571c   – Der Ag hat nach Abschluss des Verfahrens mit seinem Antag auf Erhebung der Klage über eine angemessene Überlegungsfrist hinaus **solange zugewartet,**

bis der etwaige Anspruch des Ast verjährt ist. Der Antrag ist dann gemäß § 242 BGB rechtmissbräuchlich und unzulässig; es kommt nicht darauf an, ob eine Klage zu dem Zeitpunkt, in dem der Ast redlicherweise spätestens den Antrag nach § 494a ZPO hätte stellen müssen, Aussicht auf Erfolg gehabt hätte (BGH, Beschl. v. 14. 1. 2010 – VII ZB 56/07, NJW 2010, 1460, Nr. 14, 15: Der Antrag wurde dort erst über 5 Jahre nach Abschluss des Beweisverfahrens gestellt).

– Es ist bereits ein Hauptsacheverfahren anhängig bzw. das Beweisergebnis wird dort für ein Zurückbehaltungsrecht oder für eine Aufrechnung durch den Antragsgegner benutzt (BGH, NZBau 2005, 687; Musielak, a. a. O.).   **B 571d**

Ist der Antrag nach § 494a ZPO unzulässig, ergeht die Anordnung des Gerichts auf Klageerhebung durch den Ast aber dennoch (vgl. BGH, MDR 2010, 1144: Beschl. gemäß § 494a I ZPO ist unanfechtbar) muss der Ast ebenfalls eine **Feststellungsklage erheben, um der Kostenfolge des § 494a II ZPO zu entgehen** (BGH, MDR 2010, 1144; BGH, MDR 2004, 1325; OLG Hamm, MDR 2007, 621; Zöller/Herget, § 494a ZPO Rz. 3).   **B 571e**

Eine Unzulässigkeit des Antrages auf Fristsetzung zur Klageerhebung nach § 494a I ZPO kann nach zutreffender Ansicht des BGH nicht daraus hergeleitet werden, dass eine solche Klage wegen der zwischenzeitlich erfolgten Beseitigung der Mängel nicht mehr erhoben werden kann. In solchen Fällen bleibt die Möglichkeit, eine Klage auf Feststellung zu erheben, dass der Antragsgegner zu Mängelbeseitigung verpflichtet war (BGH, Beschl. v. 8. 7. 2010 – VII ZB 36/08, NJW-RR 2010, 1318, 1319 = MDR 2010, 1144; auch Zöller/Herget, 30. Aufl. 2014, § 91 ZPO Rz. 13, S. 405/406 und § 494a Rz. 5).   **B 571f**

Folgt einem selbständigen Beweisverfahren ein **außergerichtlicher Vergleich, der den Gegenstand der Beweissicherung umfassend erledigt,** so scheidet eine Kostenbelastung des Antragstellers wegen unterlassener Klagerhebung aus. Es kann dann vielmehr geboten sein, die Kosten der Beweissicherung in entsprechender Anwendung des § 98 ZPO als gegeneinander aufgehoben anzusehen (OLG Koblenz, Beschl. v. 17. 8. 2004 – 5 W 517/04, MDR 2005, 232; auch OLG Dresden, NJW-RR 1999, 1516).   **B 571g**

Auch wenn der Antragsteller das selbständige **Beweisverfahren gegen zwei Antragsgegner** einleitet und nachfolgend **nur einen** der beiden **verklagt,** sind die **Gerichtskosten** des selbständigen Beweisverfahrens **insgesamt notwendige Gerichtskosten des Hauptsacheverfahrens.** Werden dem – einzigen – Beklagten dann die Kosten im Hauptsacheverfahren auferlegt, so hat er dem Kläger die vollen Gerichtskosten des selbständigen Beweisverfahrens zu erstatten (BGH, Beschl. v. 22. 7. 2004 – VII ZB 9/03, MDR 2005, 87 = NJW-RR 2004, 1651; OLG Hamm, Urt. v. 22. 11. 2007 – 22 U 110/07, NJW-RR 2008, 950, 951).   **B 572**

Erhebt der Antragsteller eine Klage, deren Streitgegenstand hinter dem Verfahrensgegenstand des selbständigen Beweisverfahrens zurückbleibt, ist eine **Teilkostenentscheidung nach § 494a II 1 ZPO nach h. M. grundsätzlich unzulässig** (BGH, Beschl. v. 13. 12. 2006 – XII ZB 176/03, NJW 2007, 1279, 1282 = MDR 2007, 554; Beschl. v. 9. 2. 2006 – VII ZB 59/05, MDR 2006, 1075 = NJW 2006,   **B 573**

810; BGH, Beschl. v. 24. 6. 2004 – VII ZB 11/03, NJW 2004, 3121 = MDR 2004, 1373; OLG Düsseldorf, Beschl. v. 10. 1. 2006 = I-22 W 36/05, MDR 2006, 1253; OLG Celle, Beschl. v. 28. 9. 2000 – 22 W 80/00, OLGR 2001, 157; OLG Schleswig, Beschl. v. 12. 4. 2001 – 16 W 35/01, MDR 2001, 836 = OLGR 2001, 338; 29; auch Zöller/Herget, 30. Aufl., § 494a ZPO Rz. 4a; Musielak-Huber, 10. Aufl., § 494a ZPO Rz. 5a; **a. A.** für die Zulässigkeit einer Teilkostenentscheidung: OLG Köln, Beschl. v. 12. 4. 2000 – 17 W 480/99, NJW-RR 2001, 1650; OLG Koblenz, NJW-RR 1998, 68; OLG Düsseldorf, 7. ZS, NJW-RR 1998, 210; OLG München, OLGR 1992, 94; LG München I, NJW-RR 2001, 1151; LG Osnabrück, MDR 1994, 1052).

B 574   **Gegen eine Teilkostenentscheidung** nach § 494a II 1 ZPO sprechen der Grundsatz der Einheitlichkeit der Kostenentscheidung sowie Sinn und Zweck des § 494a ZPO. Dieser soll die Lücke schließen, die entsteht, wenn der Antragsteller nach der Beweisaufnahme auf eine Hauptsachenklage verzichtet. Eine Teilkostenentscheidung würde die Gefahr widersprüchlicher Entscheidungen begründen. In welchem Umfang die Klage hinter dem Verfahrensgegenstand des Beweisverfahrens zurückbleibt, steht bis zur letzten mündlichen Verhandlung vor dem Tatrichter des Hauptsacheverfahrens nicht fest. Eine Klageänderung oder Klageerweiterung bleibt auch dann möglich. Hierdurch würde die der Teilkostenentscheidung nach § 494a II 1 ZPO zugrunde gelegte Quote unrichtig (BGH, Beschl. v. 9. 2. 2006 – VII ZB 59/05, MDR 2006, 1075 = NJW 2006, 810; Beschl. v. 24. 6. 2004 – VII ZB 11/03, NJW 2004, 3121 = MDR 2004, 1373).

B 575   Bleibt die Hauptsacheklage hinter dem Verfahrensgegenstand des selbständigen Beweisverfahrens zurück, wird der Antragsgegner dadurch ausreichend geschützt, dass dem Antragsteller in **entsprechender Anwendung des § 96 ZPO** die dem Antragsgegner durch den überschießenden Teil des selbständigen Beweisverfahrens entstandenen Kosten auferlegt werden (BGH, Beschl. v. 9. 2. 2006 – VII ZB 59/05, MDR 2006, 1075 = NJW 2006, 810; Beschl. v. 24. 6. 2004 – VII ZB 11/03, NJW 2004, 3121 = MDR 2004, 1373; Beschl. v. 21. 10. 2004 – V ZB 28/04, MDR 2005, 296 = NJW 2005, 294; OLG Stuttgart, Beschl. v. 19. 10. 2004 – 8 W 156/04, MDR 2005, 358 unter Aufgabe von OLG Stuttgart, Die Justiz 1982, 127 und 157).

Die Kosten eines im Klageverfahren nicht weiter verfolgten Teils des vorausgegangenen selbständigen Beweisverfahrens können **dem Antragsteller also in analoger Anwendung des § 96 ZPO auch dann auferlegt** werden, wenn er in der Hauptsache – mit dem eingeklagten Teil – vollständig obsiegen sollte (BGH, Beschl. v. 21. 10. 2004 – V ZB 28/04, MDR 2005, 296 = NJW 2005, 294). Hat das Gericht der Hauptsache von der Möglichkeit der entsprechenden Anwendung des § 96 ZPO keinen Gebrauch gemacht, scheidet eine Korrektur der Kostengrundentscheidung im anschließenden Kostenfestsetzungsverfahren aus (BGH, Beschl. v. 9. 2. 2006 – VII ZB 59/05, NJW-RR 2006, 810 = MDR 2006, 1075).

B 576   **Die Kosten des abgeschlossenen selbständigen Beweisverfahrens werden nach der Rücknahme der Klage im Hauptsacheverfahren ohne weiteres von der Kostengrundentscheidung nach § 269 III 2 ZPO erfasst; für eine analoge Anwendung des § 494a II ZPO besteht deshalb in dieser Fallgestaltung kein Bedürfnis**

(BGH, Beschl. v. 13. 12. 2006 – XII ZB 176/03, NJW 2007, 1279, 1281 = MDR 2007, 554; OLG Stuttgart, Beschl. v. 19. 10. 2004 – 8 W 156/04, MDR 2005, 358; OLG Jena, Beschl. v. 22. 6. 2006 – 4 W 173/06, OLGR 2006, 775, 776; OLG Koblenz, Beschl. v. 18. 8. 2004 – 5 W 521/04, MDR 2005, 291; im Ergebnis auch OLG München, Beschl. v. 16. 11. 2004 – 1 W 2704/04, OLGR 2005, 735: bei Zurückweisung als unzulässig ist § 91 I ZPO anzuwenden; Musielak-Foerste, 10. Aufl., § 269 ZPO Rz. 23 und Musielak-Lackmann, § 91 ZPO Rz. 65; **a.A.** OLG Koblenz, Beschl. v. 5. 3. 2003 – 14 W 148/03, NJW 2003, 3281: Kosten müssen in einem besonderen Rechtsstreit geltend gemacht werden; **für eine direkte bzw. analoge Anwendung des § 494a II ZPO:** OLG Frankfurt, Beschl. v. 1. 8. 2003 – 19 W 29/03, NJW-RR 2004, 70, 71; OLG Düsseldorf, Beschl. v. 3. 2. 2006 – 23 W 62/05, NJW-RR 2006, 1028; OLG Köln, MDR 2002, 1391).

Die Kosten eines vorausgegangenen selbständigen Beweisverfahrens gehören auch dann zu den Kosten des Hauptsacheverfahrens, wenn dessen Streitgegenstand und der Gegenstand des selbständigen Beweisverfahrens **nur teilweise identisch** sind. Dabei bleibt es auch dann, wenn die Hauptsacheklage zurückgenommen wird. Die fehlende Kostengrundentscheidung im Hauptsacheverfahren kann **nicht durch eine Entscheidung nach § 494a II ZPO ersetzt werden** (BGH, Beschl. v. 10. 1. 2007 – XI ZB 231/05, MDR 2007, 744; Beschl. v. 13. 12. 2006 – XII ZB 176/03, MDR 2007, 554 = NJW 2007, 1279, 1281; Musielak-Lackmann, § 91 ZPO Rz. 65; Zöller/Herget, 30. Aufl. 2014, § 91 ZPO Rz. 13 und § 494a ZPO Rz. 4a; **a.A.** OLG Düsseldorf, Beschl. v. 3. 2. 2006 – 23 W 62/05, NJW-RR 2006, 1028: Kostenentscheidung zulasten des Klägers gem. § 269 III 2 ZPO i. V. m. § 494a II 1 ZPO analog).

B 577

Schließen die Parteien im Hauptsacheverfahren **einen Vergleich, der die Aufhebung der Kosten des Rechtsstreits vorsieht, gelten die Kosten des vorausgegangenen selbständigen Beweisverfahrens – auch ohne gesonderte Kostenregelung – als gegeneinander aufgehoben**, wenn die Parteien und der Streitgegenstand beider Verfahren identisch sind (OLG Saarbrücken, Beschl. v. 10. 12. 2012 – 9 W 323/12, NJW-RR 2013, 316; auch OLG Celle, Beschl. v. 3. 11. 2011 – 2 W 310/09, BeckRS 2010, 16898).

B 577a

Problematisch ist, ob ein Kostenausspruch nach § 494a II ZPO auch dann noch eröffnet ist, wenn zwar die vom Gericht gesetzte Frist zur Klagerhebung fruchtlos verstrichen ist, der Antragsteller aber in der Zeit **zwischen Fristablauf und Kostenentscheidung Klage erhoben** hat. Nach **h.M.** darf das Gericht den **Beschluss nach § 494a II 1 ZPO nicht mehr fassen**, wenn bis zum Zeitpunkt der Beschlussfassung vom Antragsteller doch noch – **verspätet – Klage zur Hauptsache erhoben** wird (BGH, Beschl. v. 28. 6. 2007 – VII ZB 118/06, NJW 2007, 3357 = MDR 2007, 1089; OLG Karlsruhe, Beschl. v. 7. 3. 2008 – 19 W 4/08, NJW-RR 2008, 1196, 1197; OLG Düsseldorf, NJW-RR 1998, 359 und NJW-RR 2002, 427; B/L/A/H, 71. Aufl., § 494a ZPO Rz. 17; Zöller/Herget, § 494a ZPO Rz. 4a; a.A. OLG Frankfurt, NJW-RR 2001, 862).

B 578

Ist die Klage, wenngleich verspätet, bei Gericht eingegangen, bevor der (bereits verkündete) Kostenbeschluss von dort zur Post gegeben worden ist, so wird der Antrag auf seinen Erlass unzulässig (OLG Karlsruhe, Beschl. v. 7. 3. 2008 – 19

B 579

W 4/08, NJW-RR 2008, 1196, 1197), der Beschluss ist dem Antragsgegner dann nicht mehr mitzuteilen (OLG München, MDR 2001, 833; Zöller/Herget, § 494a ZPO Rz. 4a).

B 580 Eine Entscheidung über die durch einen Streithelfer auf Seiten des Antragsgegners verursachten Kosten ist nicht möglich, wenn der Antragsteller diesem gegenüber die Hauptsacheklage erhoben hat. Bei einem Beitritt auf Seiten mehrerer Antragsgegner gilt dies auch dann, wenn Klage gegen einen Antragsgegner erhoben worden ist. **Über die Kosten der Streithilfe ist dann im Hauptverfahren in entsprechender Anwendung des § 101 I ZPO zu entscheiden.** Kommt es nicht zu einer Hauptsacheentscheidung, weil der Ast nach Durchführung der Beweisaufnahme von der Einleitung des Hauptprozesses absieht, so hat er – ebenso wie im Falle einer Rücknahme des Antrages auf Durchführung eines selbständigen Beweisverfahrens – **die Kosten des gegnerischen Streithelfers zu tragen** (BGH, Beschl. v. 23. 7. 2009 – VII ZB 3/07, MDR 2009, 1296, 1297).

Sofern ein Antragsteller das selbständige Beweisverfahren gegen mehrere Antragsgegner geführt hat, kommt allerdings eine Entscheidung über die Kosten derjenigen Antragsgegner, gegen die keine Klage erhoben wird, sowie diesen beigetretenen Streithelfern gemäß § 494a II ZPO in Betracht (BGH, MDR 2009, 1296, 1297).

B 581 Einstweilen frei.

2. Entsprechende Anwendung des § 269 III ZPO

B 582 Wird der **Antrag** auf Durchführung eines selbständigen Beweisverfahrens **zurückgenommen**, so ist über dessen Kosten **nicht durch selbständigen Kostenbeschluss** unabhängig von der Kostenentscheidung des Hauptsacheverfahrens, sondern im Rahmen des Klageverfahrens **gem. §§ 91 I, 269 III 2 ZPO zu entscheiden** (BGH, Beschl. v. 10. 3. 2005 – VII ZB 1/04, MDR 2005, 944 = NJW-RR 2005, 1015; **a.A.** OLG Zweibrücken, Beschl. v. 27. 10. 2003 – 4 W 94/03, NJW-RR 2004, 821 und OLG München, MDR 1998, 307: gesonderte, vom Hauptsacheverfahren unabhängige Kostengrundentscheidung analog § 269 III ZPO; auch Musielak-Huber, § 494a ZPO Rz. 7 und Musielak-Foerste, § 269 ZPO Rz. 23: **analoge Anwendung des § 269 III ZPO, wenn keine Klage erhoben wird**).

Denn die Kosten des selbständigen Beweisverfahrens gehören **grundsätzlich zu den Kosten des anschließenden Hauptsacheverfahrens** (BGH, Urt. v. 24. 6. 2004 – VII ZB 11/03, MDR 2004, 1373 = NJW 2004, 3121; Beschl. v. 22. 7. 2004 – VII ZB 9/03, MDR 2005, 87 = NJW-RR 2004, 1651; OLG Düsseldorf, NJW-RR 2013, 316; OLG Stuttgart, Beschl. v. 19. 10. 2004 – 8 W 156/04, MDR 2005, 358; OLG Hamm, Urt. v. 22. 11. 2007 – 22 U 110/07, NJW-RR 2008, 950, 951: zu den Kosten des Hauptsacheverfahrens zählen die Gerichts- und Sachverständigenkosten, ebenso die – gem. Vorbemerkung 3 V Anl. 1 zu § 2 II RVG anzurechnenden – Anwaltsgebühren).

B 583 Eine **Kostenentscheidung unter entsprechender Anwendung des § 269 III 2 ZPO** kommt im selbständigen Beweisverfahren aber (nur) in Betracht, wenn der Antragsteller den Antrag zurücknimmt und **kein Hauptsacheverfahren anhängig**

ist bzw. anhängig gemacht wird (BGH, Beschl. v. 14. 10. 2004 – VI ZB 23/03, MDR 2005, 227 = BauR 2005, 133; OLG Hamm, MDR 2000, 790; OLG Köln, Beschl. v. 23. 5. 2001 – 3 W 27/01, OLGR 2001, 355; OLG München, MDR 2001, 1011, 1012; LG Dortmund, NJW-RR 2001, 1438; Musielak-Huber, § 494a ZPO Rz. 7; **a. A.** LG Mönchengladbach, Beschl. v. 8. 9. 2005 – 5 T 352/05, MDR 2006, 229, 230 und OLG Koblenz, Beschl. v. 5. 3. 2003 – 14 W 148/03, NJW 2003, 3281, 3282: Kosten müssen in einem gesonderten Rechtsstreit geltend gemacht werden).

Darüber hinaus ist eine **isolierte Kostenentscheidung** im selbständigen Beweisverfahren in entsprechender Anwendung des § 269 III 2 ZPO **auf Antrag stets dann möglich, wenn das Beweisverfahren vom Antragsteller nicht weiterbetrieben wird** (OLG Koblenz, Beschl. v. 18. 8. 2004 – 5 W 521/04, MDR 2005, 291; Musielak-Foerste, § 269 ZPO Rz. 23: § 269 III 2, 3 ZPO analog) oder die **Beweisaufnahme aus anderen Gründen tatsächlich nicht** oder nicht vollständig durchgeführt wird, die Beweisthemen des selbständigen Beweisverfahrens nicht Gegenstand eines anderweitigen Hauptsacheverfahrens sind und die Beteiligten die Kosten auch **nicht vergleichsweise geregelt** haben. **Die Kosten hat dann derjenige zu tragen, dem es zuzurechnen ist, dass es nicht zur Beweiserhebung gekommen ist** (OLG München, Beschl. v. 2. 3. 2001 – 28 W 979/01, MDR 2001, 768 = OLGR 2001, 157 = NJW-RR 2001, 1439; NJW-RR 2001, 1580 = MDR 2001, 1011, 1012; OLG Koblenz BauR 1998, 1045; Musielak-Huber, § 494a ZPO Rz. 7: Entscheidung entsprechend § 91a ZPO bei Untätigkeit des Antragstellers; Musielak-Foerste, § 269 ZPO Rz. 23: § 269 III 2 ZPO analog; **a. A.** OLG Hamburg, MDR 1998, 242, 243: Prüfung der materiellen Rechtslage erforderlich). B 584

Zahlt der ASt. den bei ihm angeforderten **Auslagenvorschuss** trotz entsprechender, erneuter Aufforderung des Gerichts nicht ein, ist dies nach Ansicht mehrerer Oberlandesgerichte als **Antragsrücknahme** mit der Folge der Anwendung des § 269 III ZPO auszulegen (OLG Düsseldorf OLGR 1993, 345; OLG Frankfurt, MDR 1995, 751; OLG Stuttgart OLGR 1999, 419; auch OLG Koblenz, Beschl. v. 18. 8. 2004 – 5 W 521/04, MDR 2005, 291, wenn der ASt das Verfahren nicht weiterbetreibt). Nach anderer Auffassung (OLG Köln, NJW-RR 2001, 1650) hat das Gericht auch in diesen Fällen **das Verfahren zu Ende zu führen**, um dem Antragsgegner eine Kostenentscheidung nach § 494a II ZPO zu ermöglichen. Zahlt der Ast. den angeforderten Auslagenvorschuss für den gerichtlichen Sachverständigen nicht ein, so kann der Antragsgegner den Fortgang des Verfahrens durch Zahlung des Vorschusses erreichen. B 585

Wenngleich die Lösung des OLG Köln dogmatisch die korrektere ist, so sprechen doch Gründe der **wirtschaftlichen Vernunft** für die erstgenannte Ansicht. Denn das OLG Köln zwingt den Antragsgegner zur Einzahlung teilweise ganz erheblicher, danach möglicherweise beim ASt. nicht mehr realisierbarer Beträge. B 586

3. Keine entsprechende Anwendung des § 91a ZPO

Eine Kostenentscheidung in entsprechender Anwendung des § 91a ZPO kommt im selbständigen Beweisverfahren weder bei einseitiger noch bei übereinstimmender Erledigungserklärung in Betracht. Eine danach unzulässige einseitige Er- B 587 ledigungserklärung des Antragstellers ist regelmäßig in eine **Antragsrücknahme mit der Kostenfolge des § 269 III 2 ZPO umzudeuten**. Dies gilt auch dann, **wenn das Beweissicherungsinteresse zum Zeitpunkt der Erklärung entfallen war** (BGH, Beschl. v. 7. 12. 2010 – VIII ZB 14/10, MDR 2011, 317 = NJW 2011, 1292, 1294, Nr. 12; BGH; Beschl. v. 24. 2. 2011 – VII ZB 20/09, MDR 2011, 503 = NJW-RR 2011, 932, Nr. 8, 9; BGH, Beschl. v. 24. 2. 2011 – VII ZB 108/08, MDR 2011, 502 = NJW-RR 2011, 931, Nr. 8, 10: **unabhängig davon, zu welchem Zeitpunkt eine etwa übereinstimmende Erledigungserklärung erfolgt**; auch BGH, Beschl. v. 9. 5. 2007 – IV ZB 26/06, MDR 2007, 1150; BGH, Beschl. v. 14. 10. 2004 – VII ZB 23/03, MDR 2005, 227: **einseitige Erledigungserklärung regelmäßig als Antragsrücknahme auszulegen; a. A.** OLG Koblenz, BauR 1998, 1045; OLG München, Beschl. v. 25. 4. 2001 – 29 W 1086/01, NJW-RR 2001, 1580, 1582; OLG Schleswig, Beschl. v. 23. 3. 2009 – 16 W 20/09, NJW-RR 2009, 1437, 1438; OLG Celle, Beschl. v. 11. 6. 2010 – 13 W 45/10, NJW-RR 2010, 1676: § 91 I ZPO analog; OLG München, NJW-RR 2000, 1455 und B/L/A/H, 71. Aufl. 2013, § 494a ZPO Rz. 12: Kostenentscheidung gemäß § 91a ZPO analog).

B 588   Herget (Zöller/Herget, 30. Aufl. 2014, § 494a Rz. 5 und § 91 ZPO Rz. 13, 405/406), Huber (Musielak-Huber, 10. Aufl. 2013, § 494a Rz. 7) und Foerste (Musielak-Foerste, § 269 ZPO Rz. 23) stimmen der Rspr. des BGH (s. o.), wonach **sowohl eine einseitige wie auch eine übereinstimmende Erledigung im Verfahren nach §§ 485 ff., 494a ZPO ausscheiden**, zu.

Danach sei eine Antragsrücknahme bzw. eine einseitige Erledigungserklärung mit der dann zwingendenen Kostenfolge des § 269 III 2 ZPO nicht zu empfehlen, wenn die Erfüllung gerade durch die Mängelbeseitigung (Entsprechendes würde für eine erfolgreiche Nachbehandlung des Patienten gelten) eingetreten ist und der Antragsgegner für den Mangel verantwortlich war (bzw. ein kausaler Behandlungsfehler vorliegt. Es würde sich anbieten, das Verfahren nach §§ 485 ff. ZPO fortzusetzen **mit einem geänderten Antrag auf Feststellung, dass die Mängelbeseitigungsmaßnahmen eine Gewährleistung/Nachbesserung dargestellt haben** (Zöller/Herget, § 494a ZPO Rz. 5 und § 91 ZPO Rz. 13). Übertragen auf das Arzthaftungsrecht wäre eine Umstellung des Antrages auf Feststellung erforderlich, dass der auf einem Behandlungsfehler beruhende Gesundheitsschaden durch Nachbehandlung beseitigt worden ist.

Nach Auffassung des OLG Schleswig (Beschl. v. 23. 3. 2009 – 16 W 20/09, NJW-RR 2009, 1437, 1438 im Anschluss an BGH, NZBau 2005, 42) ist eine einseitige Erledigungserklärung **dann nicht als Antragsrücknahme zu bewerten**, wenn sie jedenfalls teilweise aufgrund sachlicher Zwänge (hier: Baufortschritt und Renovierungszwang) und nicht ausschließlich aus freien Stücken erfolgt. In einem solchen Fall soll es – ebenso bei übereinstimmenden Erledigungserklärungen – bei dem Grundsatz verbleiben, dass eine Anspruchsgrundlage für eine isolierte Kostenentscheidung nicht vorhanden ist. Auch § 494a II ZPO sei in einem solchen Fall nicht analog anwendbar.

B 589   Einstweilen frei.

B 590   Nach Auffassung des OLG Hamm (Urt. v. 22. 11. 2007 – 22 U 110/07, NJW-RR 2008, 950, 952) können die Kosten eines selbständigen Beweisverfahrens, das sich vor Erhebung der Hauptsachenklage durch Schadensbehebung – im Arzthaftungsrecht käme eine erfolgreiche Nachbehandlung in Betracht – erledigt hat, abweichend von der Kostenquote des Hauptsacheverfahrens selbständig ausgequotelt werden.

Vollkommer (Zöller/Vollkommer, 30. Aufl. 2014, § 91a ZPO Rz. 58, S. 437) schlägt für einen solchen Fall auf **Antrag des ASt. eine Kostenentscheidung zu Lasten des Antragsgegners entsprechend § 269 III 3 ZPO** vor.

Die Ansicht von Vollkommer (30. Aufl. 2014, § 91a ZPO Rz. 58) ist insbesondere auch aus folgendem Grunde vorzugswürdig: B 591

Im Falle einer Klagerücknahme kommt ein der Kostenentscheidung nach § 269 III 2 ZPO entgegen gerichteter materiell-rechtlicher Anspruch auf Kostenerstattung nach Auffassung des BGH nicht in Betracht, wenn der Sachverhalt, der zu dieser Kostenentscheidung geführt hat, unverändert bleibt und zwar ohne Rücksicht darauf, ob dieses Ereignis mit dem materiellen Recht (z.B. Verzug bzw. Pflichtverletzung des Beklagten/Antragsgegners) übereinstimmt oder nicht (BGH, Urt. v. 16. 2. 2011 – VIII ZR 80/10, NJW 2011, 2368, 2369, Nr. 12; **a.A.** Zöller/Herget, 30. Aufl. 2012, § 494a ZPO Rz. 5a und vor § 91 ZPO Rz. 13; Zöller/Greger, § 269 ZPO Rz. 18a; Musielak-Foerste, 10. Aufl., § 269 Rz. 12 a.E.: materiell-rechtliche Kostenhaftung gemäß §§ 280, 286 BGB möglich; dem BGH zustimmend Musielak-Lackmann, 10. Aufl., vor § 91 ZPO Rz. 17).

Festzuhalten ist jedoch, dass dem Antragsteller **die Möglichkeit** bleibt, **eine Klage**   B 592
auf Feststellung zu erheben, dass der Antragsgegner zur Mängelbeseitigung (o. a.) verpflichtet war, wenn die Mängel zum Zeitpunkt der Beendigung des selbständigen Beweisverfahrens beseitigt worden sind (BGH, Beschl. v. 8. 7. 2010 – VII ZB 36/08, MDR 2010, 1144 = NJW-RR 2010, 1318, 1319; auch Zöller/Herget, 30. Aufl., § 91 ZPO Rz. 13, S. 405/406 und § 494a ZPO Rz. 5).

VI. Erstattungsfähigkeit von Privatgutachterkosten

Die Kosten eines privaten Sachverständigengutachtens, das während eines selb-   B 593
ständigen Beweisverfahrens vom Antragsgegner in Auftrag gegeben wird, können **gem. § 494a II ZPO erstattungsfähig** sein. Hierfür ist es **unerheblich, ob der Antragsgegner entsprechende Fragen und Einwendungen zum Gutachten des gerichtlich bestellten Sachverständigen nur deshalb formulieren konnte, weil ihm das Privatgutachten vorgelegen hat** (BGH, Beschl. v. 7. 2. 2013 – VII ZB 60/11, NJW 2013, 1820, Nr. 24–27; auch BGH, NJW 2013, 1823: sogar ohne Vorlage des Gutachtens im Prozess; BGH, NJW 2012, 1370, Nr. 10–13: **Kosten jedenfalls dann erstattungsfähig, wenn die Partei ohne sachverständige Hilfe zu einem sachgerechten Vortrag nicht in der Lage ist;** OLG München, Beschl. v. 4. 6. 2013 – 11 W 751/13, NJW-RR 2013, 1106, 1108: Privatgutachten muss die Entscheidung nicht beeinflusst haben).

Diagnosefehler

Vgl. auch → *Anfängereingriffe*, Rz. A 100 ff.; → *Grobe Behandlungsfehler*, Rz. G 101 ff.; → *Therapiefehler*, Rz. T 1 ff.; → *Unterlassene Befunderhebung*, Rz. U 1 ff.

724

I. Grundlagen

1. Begriff des Diagnoseirrtums

Irrtümer bei der Diagnosestellung, die in der Praxis nicht selten vorkommen, **D 1** sind oft nicht die Folge eines vorwerfbaren Versehens des Arztes. Die Symptome einer Erkrankung sind nämlich nicht immer eindeutig, sondern können auf die verschiedensten Ursachen hinweisen. Auch kann jeder Patient wegen der Unterschiedlichkeiten des menschlichen Organismus die Anzeichen ein und derselben Krankheit in anderer Ausprägung aufweisen. **Diagnoseirrtümer, die objektiv auf eine Fehlinterpretation der Befunde zurückzuführen sind, können deshalb nur mit Zurückhaltung als Behandlungsfehler gewertet werden** (BGH, Urt. v. 8. 7. 2003 – VI ZR 304/02, VersR 2003, 1256, 1257 = NJW 2003, 2827 = MDR 2003, 1290; BGH, Urt. v. 21. 12. 2010 – VI ZR 284/09, VersR 2011, 400 = GesR 2011, 153 = NJW 2011, 1672, Nr. 13, 20: **Anästhesist verkennt Lungenrundherd auf Röntgenbild, kein fundamentaler Diagnoseirrtum und keine „unterlassene Befunderhebung"**; OLG Brandenburg, Urt. v. 18. 6. 2009 – 12 U 213/08, juris, Nr. 4; OLG Brandenburg, Urt. v. 21. 7. 2011 – 12 U 9/11, juris, Nr. 15 = GesR 2012, 83, 84: **Melanom verkannt, vertretbare Deutung der Befunde**; OLG Hamm, Urt. v. 19. 1. 2009 – I - 3 U 13/08 mit NZB BGH v. 15. 6. 2010 – VI ZR 133/09, AHRS III, 1870/307: **Schulterprellung, Hämatom u. a. nach Schwächeanfall diagnostiziert, CT zur Abklärung einer Hirnblutung unterlassen** OLG Hamm, Urt. v. 2. 4. 2001 – 3 U 160/00, VersR 2002, 578, 579; OLG Hamm, Urt. v. 23. 8. 2000 – 3 U 229/99, VersR 2002, 315, 316; OLG Jena, Urt. v. 18. 2. 2009 – 4 U 1066/04, OLGR 2009, 419, 420; OLG Jena, Urt. v. 15. 10. 2008 – 4 U 990/06, juris, Nr. 52, 60: **nur bei „nicht mehr vertretbarer bzw. schlechthin unvertretbarer" Diagnose**; OLG Frankfurt, Urt. v. 9. 4. 2013 – 8 U 12/12, juris, Nr. 13, 17, 18: **bei Oberbauchbeschwerden Gastritis diagnostiziert, Sonografie nicht wiederholt und kein CT gefertigt, Bauchspeicheldrüsenkrebs verkannt, vertretbarer Diagnoseirrtum**, kein Befunderhebungsfehler; OLG Koblenz, Beschl. v. 21. 11. 2011 – 5 U 688/11, GesR 2012, 346, 347: **Brustkrebs verkannt, Biopsie unterlassen, keine unvertretbare Diagnose eines Gynäkologen sowie eines Radiologen**; OLG Koblenz, Beschl. v. 26. 9. 2012 – 5 U 783/12, juris, Nr. 10, 11: **Herzinfarkt verkannt, neurologische bzw. orthopädische Erkrankung diagnostiziert, noch ver-**

tretbare Diagnose; OLG Koblenz, Beschl. v. 7. 5. 2009 – 5 U 478/09, VersR 2010, 1184 = MedR 2010, 196, 197: **Schlaganfall bei vorgeschädigtem Patienten verkannt,** kein fundamentaler Diagnoseirrtum; OLG Koblenz, Beschl. v. 18. 10. 2010 – 5 U 1000/10, GesR 2011, 100, 101: **Kompartmentsyndrom verkannt, noch vertretbare Diagnose;** OLG Koblenz, Urt. v. 20. 1. 2011 – 5 U 828/10, GesR 2011, 539, 540: Knochenmarknekrose im Hüftkopf verkannt, kein fundamentaler Diagnoseirrtum; OLG Koblenz, Urt. v. 14. 6. 2007 – 5 U 1370/06, VersR 2008, 492; OLG Koblenz, Urt. v. 13. 7. 2006 – 5 U 17/06, VersR 2007, 1001, 1002; OLG Koblenz, Urt. v. 31. 8. 2006 – 5 U 588/06, VersR 2006, 1547, 1548; OLG München, Urt. v. 8. 8. 2013 – 1 U 4549/12, juris, Nr. 56, 58, 59: **vertretbar malignen Tumor diagnostiziert;** OLG München, Urt. v. 22. 3. 2012 – 1 U 1244/11, juris, Nr. 35 – 40: **vertretbar Bandverletzung diagnostiziert, weitere Röntgenaufnahme unterlassen;** OLG München, Urt. v. 29. 3. 2012 – 1 U 3611/11, juris, Nr. 49 – 53: **Eierstockzyste diagnostiziert, Sonografie und Biopsie unterlassen;** OLG München, Urt. v. 30. 6. 2011 – 1 U 2414/10, juris, Nr. 41 – 43: **Sepsis verkannt, Diagnose „Rachenentzündung" noch vertretbar;** OLG München, Urt. v. 5. 5. 2011 – 1 U 4306/10, juris, Nr. 44: Kahnbeinfraktur auf Röntgenbild verkannt, Diagnose noch vertretbar; OLG München, Urt. v. 10. 2. 2011 – 1 U 5066/09, juris, Nr. 47, 49: **geringfügige Höhenminderung bzw. Keilwirbelbildung verkannt, nur einfacher Behandlungsfehler;** OLG München, Urt. v. 19. 10. 2006 – 1 U 2149/06 mit NZB BGH v. 16. 10. 2007 – VI ZR 229/06, AHRS III, 3110/319: **vertretbar Darminfekt/Interkostalneuralgie diagnostiziert, Herzinfarkt verkannt;** OLG München, Urt. v. 12. 4. 2007 – 1 U 2267/04, juris, Nr. 126, 127, 130, 131; OLG München, Urt. v. 6. 4. 2006 – 1 U 4142/05, NJW 2006, 1883, 1886; OLG München, Urt. v. 19. 7. 2012 – 1 U 4791/11, juris, Nr. 61, 63, 65: **Gelenkinfekt bei rückläufigen CRP-Werten und Verschließen der Wunde verkannt, weder vorwerfbarer Diagnoseirrtum noch Befunderhebungsfehler;** OLG Naumburg, Urt. v. 31. 5. 2012 – 1 U 97/11, GesR 2013, 149: **BWS-Fraktur bei Mehrfachverletztem übersehen, kein vorwerfbarer Diagnoseirrtum;** OLG Naumburg, Urt. v. 17. 12. 2009 – 1 U 41/09, VersR 2010, 1041: Volldelir und Suizidgefahr verkannt, nicht unvertretbar; OLG Naumburg, Urt. v. 13. 3. 2001 – 1 U 76/00, NJW-RR 2002, 312, 313; OLG Schleswig, Urt. v. 13. 2. 2004 – 4 U 54/02, GesR 2004, 178, 179; OLG Schleswig, Urt. v. 28. 3. 2008 – 4 U 34/07, OLGR 2009, 296, 297; OLG Stuttgart, Urt. v. 11. 10. 2005 – 1 U 94/04 mit NZB BGH v. 12. 12. 2006 – VI ZR 220/05, AHRS III, 2002/325: vertretbar Schockzustand nach fieberhafter Erkrankung diagnostiziert, HB-Wert nicht bestimmt; OLG Stuttgart, Urt. v. 22. 2. 2001 – 14 U 62/00, OLGR 2002, 251, 255; OLG Stuttgart, Urt. v. 12. 3. 2002 – 1 U 18/01, OLGR 2002, 405, 406; Hausch, MedR 2012, 231, 236 ff.; Ramm, RiOLG, GesR 2011, 513, 516/517; Spickhoff-Wellner, § 823 BGB Rz. 42, 187; Müller, VPräsBGH a. D., GesR 2004, 257, 259 f.; Wenzel-Müller, Kap. 2 Rz. 1553, 1555; S/Pa, 12. Aufl., Rz. 183, 185; L/K-Laufs/Kern, § 98 Rz. 6, 7; G/G, 6. Aufl., Rz. B 55; F/N/W, 5. Aufl., Rz. 111; D/S, VI. Rz. 202; B/P/S-Glanzmann, § 287 ZPO Rz. 106, 108; Ratzel/Lissel-Kern, § 5 Rz. 42, 45; Martis/Winkhart-Martis, MDR 2013, 634 ff.).

2. Einfacher, vorwerfbarer und fundamentaler Diagnoseirrtum

Unterschieden werden grundsätzlich (vgl. zuletzt OLG München, Urt. v. 8. 8. 2013   **D 2**
– 1 U 4549/12, juris, Nr. 56 ff., 68)

– der einfache, nicht als Behandlungsfehler vorwerfbare Diagnoseirrtum („vertretbare bzw. noch vertretbare Diagnose"),

– der als einfacher Behandlungsfehler vorwerfbare Diagnoseirrtum („nicht bzw. nicht mehr vertretbare Diagnose") und

– der als grober Behandlungsfehler vorwerfbare fundamentale Diagnoseirrtum („völlig unvertretbare Diagnose" bzw. „gänzlich unverständliche Befundinterpretation").

a) Vertretbare und unvertretbare Diagnose (kein bzw. einfacher Behandlungsfehler)

Schwierigkeiten bereitet die **Abgrenzung, ob ein Diagnoseirrtum überhaupt als**   **D 3**
Behandlungsfehler, bejahendenfalls als „einfacher" oder als „grober Behandlungsfehler" (fundamentaler Diagnoseirrtum) **zu bewerten** ist. Hierzu finden sich in der Rechtsprechung die folgenden – teilweise nicht einheitlichen – Formulierungen:

Ein Diagnoseirrtum kann dem Arzt nur dann als **haftungsbegründender Behandlungsfehler** vorgeworfen werden, wenn (alternativ)

– sich die Diagnose des Arztes als **nicht mehr vertretbare bzw. unvertretbare**   **D 4**
Fehlleistung darstellt (vgl. die Nachweise in Rz. D 11) oder

– **Symptome vorliegen, die für eine bestimmte Erkrankung kennzeichnend**   **D 5**
sind, vom Arzt aber nicht ausreichend berücksichtigt werden (BGH, Urt. v. 8. 7. 2003 – VI ZR 304/02, VersR 2003, 1256, 1257 = MDR 2003, 1290; BGH, Beschl. v. 22. 9. 2009 – VI ZR 32/09, VersR 2010, 72, 73 und OLG Jena, Urt. v. 18. 2. 2009 – 4 U 1066/04, OLGR 2009, 419, 420: **gravierende Symptome für Herzinfarkt verkannt**; OLG Brandenburg, Urt. v. 18. 6. 2009 – 12 U 213/08, OLGR 2009, 694, 696 = juris, Nr. 4–6: „Diagnose angesichts weiterer Befunde nicht mehr vertretbar" bzw. **„eindeutige Symptome nicht erkannt oder falsch gedeutet"**; OLG Jena, Urt. v. 15. 10. 2008 – 4 U 990/06, OLGR 2009, 242, 244; OLG Jena, Urt. v. 18. 2. 2009 – 4 U 1066/04, OLGR 2009, 419, 420; OLG Karlsruhe, Urt. v. 14. 11. 2007 – 7 U 101/06, OLGR 2008, 90, 91 = GesR 2008, 45; OLG Koblenz, Urt. v. 20. 1. 2011 – 5 U 828/10, GesR 2011, 539, 540: Röntgenaufnahme falsch gedeutet, Deutung aber vertretbar; OLG Koblenz, Urt. v. 29. 6. 2006 – 5 U 1494/05, OLGR 2006, 911: wenn eine **Abweichung von einer klar zu stellenden Diagnose vorliegt oder eindeutige Symptome nicht erkannt oder falsch gedeutet werden**; OLG München, Urt. v. 6. 10. 2012 – 1 U 5220/10, GesR 2012, 149, 150: trotz Beschwerdepersistenz Verschluss der Arteria iliaca communis/paVK verkannt; OLG Schleswig, Urt. v. 4. 4. 2008 – 4 U 172/07, OLGR 2009, 126, 130), etwa wenn ein Facharzt für Chirurgie zum Ausschluss einer Fraktur ein Röntgenbild angefertigt hat, dieses aber nicht genau ansieht und **das Vorliegen eines Bruchs verkennt, der nach Auffassung des Sachverständigen bei genauer Betrachtung des Rönt-**

727

genbildes (ohne Lupe) erkennbar gewesen wäre (OLG Karlsruhe, Urt. v. 14. 11. 2007 – 7 U 101/06, GesR 2008, 45; L/K-Laufs/Kern, § 98 Rz. 6, 7) oder

D 6 – die Fehldiagnose darauf beruht, dass der Arzt **eine notwendige Befunderhebung entweder vor der Diagnosestellung oder zur erforderlichen Überprüfung der Diagnose unterlassen hat** (BGH, Urt. v. 8. 7. 2003 – VI ZR 304/02, VersR 2003, 1256, 1257 = MDR 2003, 1290; OLG Jena, Urt. v. 18. 2. 2009 – 4 U 1066/04, OLGR 2009, 419, 420; Müller, VPräsBGH a. D., GesR 2004, 257, 260) bzw. **die vom Arzt gestellte Diagnose entweder auf der Unterlassung elementarer Befunderhebungen beruht oder aber die Überprüfung einer ersten Arbeitsdiagnose im weiteren Behandlungsverlauf fehlerhaft versäumt** wurde (OLG Düsseldorf, VersR 1987, 994; OLG Frankfurt, VersR 1997, 1358; OLG Köln, VersR 1999, 366; VersR 1991, 1288 und VersR 1989, 631; OLG Nürnberg, Urt. v. 22. 7. 2002 – 5 U 3207/03, AHRS III, 1815/312; OLG Schleswig, Urt. v. 13. 2. 2004 – 4 U 54/02, GesR 2004, 178; OLG Naumburg, Urt. v. 17. 12. 2009 – 1 U 41/09, VersR 2010, 1041 = GesR 2010, 139, 140: Überprüfung einer ersten Verdachtsdiagnose im weiteren Behandlungsverlauf fehlerhaft versäumt oder völlig unvertretbare diagnostische Fehlleistung; S/Pa, 12. Aufl., Rz. 184, 185).

D 7 Allerdings ist dieses letzte Kriterium (Rz. D 6) zwischenzeitlich durch die Rechtsprechung zur Abgrenzung zwischen einem – den Arzt ggf. privilegierenden – „Diagnoseirrtum" und einer „unterlassenen Befunderhebung" (vgl. hierzu Rz. D 18–D 25e) faktisch überholt.

D 8 Hat der Arzt nämlich nicht alle medizinisch erforderlichen Befunde erhoben und deshalb eine Fehldiagnose gestellt, liegt **„im Schwerpunkt"** eine **„unterlassene Befunderhebung"** mit der Folge einer Beweislastumkehr hinsichtlich der Kausalität des Behandlungsfehlers zum Eintritt des Primärschadens bei Vorliegen der weiteren Voraussetzungen (vgl. hierzu Rz. U 50 ff.) vor (vgl. Ramm, RiOLG, GesR 2011, 513, 516/517; BGH, Beschl. v. 22. 9. 2009 – VI ZR 32/09, VersR 2010, 72, 73 und OLG Jena, Urt. v. 18. 2. 2009 – 4 U 1066/04, OLGR 2009, 419, 420: **kein Diagnoseirrtum, sondern Befunderhebungsfehler bei differential-diagnostisch in Betracht kommendem Myokardinfarkt und unterlassener KKH-Einweisung**; OLG Brandenburg, Urt. v. 18. 6. 2009 – 12 U 213/08, juris, Nr. 4–6: unterlassene Feststellung des Beta-HCG-Wertes, Eileiterschwangerschaft verkannt, kein Diagnosefehler, sondern im Schwerpunkt ein Befunderhebungsfehler; OLG Hamm, Beschl. v. 2. 3. 2011 – I-3 U 92/10, MedR 2012, 599, 600 = VersR 2012, 493, 494: **Unterlassene Befunderhebung, wenn Radiologe verdächtigen Lungenrundherd erkennt, aber Abklärung durch Biopsie unterlässt**; OLG München, Urt. v. 6. 10. 2011 – 1 U 5220/10, juris, Nr. 34–41: Arbeitsdiagnose **„Erkrankung des Bewegungsapparats" nicht überprüft, pAVK verkannt, Schwerpunkt des Versäumnisses bei der unterlassenen Befunderhebung**).

D 9 Nach Auffassung von Steffen/Pauge (S/Pa, 12. Aufl. 2013, Rz. 185) darf die Zurückhaltung in der Bewertung von Diagnosefehlern durch den BGH im Übrigen nicht dahin missverstanden werden, dass nur aus einer ex-ante-Sicht **völlig unvertretbare** diagnostische **Fehlleistungen** zur Haftung führen können; danach **ge-**

nügt es vielmehr, wenn das diagnostische Vorgehen für einen gewissenhaften Arzt nicht mehr vertretbar erscheint, insbesondere, wenn die erhobenen Befunde nur den Schluss auf eine bestimmte (andere) Diagnose rechtfertigen. Greiner (G/G, 6. Aufl., Rz. 55) nimmt das Vorliegen eines (einfachen), zur Haftung des Arztes führenden Diagnosefehlers an, wenn er eindeutige Symptome nicht erkennt oder falsch deutet bzw. die Deutung angesichts weiterer Befunde nicht mehr vertretbar erscheint.

Ganz überwiegend wird auf die **Vertretbarkeit bzw. Unvertretbarkeit der Diag-** **D 10** **nose** (Rz. D 4, D 11) abgestellt. Liegen **Symptome vor, die für eine bestimmte Erkrankung kennzeichnend sind, vom Arzt aber nicht ausreichend berücksichtigt werden** (Rz. D 5; vgl. etwa OLG Brandenburg, Urt. v. 18. 6. 2009 – 12 U 213/08, juris, Nr. 4–6: Gynäkologin unterlässt die Feststellung des Beta-HCG-Wertes bei Anzeichen einer Eileiterschwangerschaft, eindeutige Symtome nicht erkannt, Diagnose nicht mehr vertretbar), **stellt sich die Diagnose i.d.R. auch als nicht mehr vertretbar dar**.

Im Rahmen der Diagnose liegt danach ein **als Behandlungsfehler vorwerfbarer** **D 11** **Diagnoseirrtum** grundsätzlich erst dann vor, wenn das diagnostisch gewonnene Ergebnis für einen Arzt des entsprechenden Fachgebietes **nicht mehr vertretbar erscheint** bzw. wenn es sich um eine in der gegebenen Situation **nicht mehr vertretbare Deutung der Befunde** handelt (OLG Brandenburg, Urt. v. 21. 7. 2011 – 12 U 9/11, juris, Nr. 15, 25 = GesR 2012, 83, 84: „noch vertretbare Deutung der Befunde" kein Behandlungsfehler; OLG Brandenburg, Urt. v. 18. 6. 2009 – 12 U 213/08, OLGR 2009, 694, 696 = juris, Nr. 4–6: „wenn die Diagnose angesichts weiterer Befunde **nicht mehr vertretbar ist oder der Arzt eindeutige Symptome nicht erkennt oder falsch deutet"**; OLG Frankfurt, Urt. v. 9. 4. 2013 – 8 U 12/12, juris, Nr. 13, 17, 18: bei Oberbauchbeschwerden Gastritis diagnostiziert, Sonografie nicht wiederholt und kein CT gefertigt, **Bauchspeicheldrüsenkrebs verkannt; vertretbarer Diagnoseirrtum, wenn keine bestimmten, die Krankheit kennzeichnenden Symptome vorliegen;** OLG Frankfurt, Urt. v. 23. 12. 2008 – 8 U 146/06, GesR 2009, 270, 271: wenn „diagnostische Bewertung nicht mehr vertretbar" ist; OLG Hamm, Urt. v. 2. 4. 2001 – 3 U 160/00, VersR 2002, 578, 579 und Urt. v. 23. 8. 2000 – 3 U 29/99, VersR 2002, 315, 316: „Fehlinterpretation eines Befundes **unvertretbar und unverständlich"**, wobei jeweils ein grober Behandlungsfehler angenommen wurde; OLG Hamm, Beschl. v. 2. 3. 2011 – I-3 U 93/10, MedR 2012, 599 = VersR 2012, 493: **Radiologe verkennt diskrete Größenprogredienz bei Lungenrundherd**, nur einfacher Behandlungsfehler; OLG Jena, Urt. v. 18. 2. 2009 – 4 U 1066/04, OLGR 2009, 419, 420: „nicht mehr vertretbare Deutung" erhobener Befunde; OLG Jena, Urt. v. 15. 10. 2008 – 4 U 990/06, juris, Nr. 52, 60: **„gänzlich unverständliche, nicht mehr vertretbare"** bzw. im entschiedenen Fall verneinte „schlechthin unvertretbare Fehldiagnose"; OLG Koblenz, Beschl. v. 7. 5. 2009 – 5 U 478/09, VersR 2010, 1184 = MedR 2010, 196, 197: kein Behandlungsfehler, „wenn die Ärzte postoperative Symptome vertretbar als Folge des orthopädischen Eingriffs deuten konnten"; OLG Koblenz, Beschl. v. 21. 11. 2011 – 5 U 688/11, GesR 2012, 346, 348: **Radiologe bewertet Tumor vertretbar als Zyste, WV in 6 Monaten; auch kein Behandlungsfehler des hierauf vertrauenden Gynäkologen;** OLG Koblenz, Beschl. v. 26. 9. 2012 – 5 U 783/12, juris, Nr, 10, 11: **Diagnose einer orthopädischen Erkrankung statt**

koronarer Herzerkrankung nicht unvertretbar; OLG Koblenz, Urt. v. 20. 1. 2011
– 5 U 828/10, GesR 2011, 539, 540: Knochenmarknekrose im Hüftkopf auf Röntgenbild verkannt, **Fehldeutung ex-ante nicht unvertretbar**; OLG Koblenz,
Beschl. v. 18. 10. 2010 – 5 U 1000/10, GesR 2011, 100, 102: „**für einen gewissenhaften Arzt nicht mehr vertretbar**", Behandlungsfehler im entschiedenen Fall
aber verneint; OLG Koblenz, Urt. v. 31. 8. 2006 – 5 U 588/06, VersR 2006, 1547,
1548 = NJW-RR 2006, 1612, 1613: **Übersehen eines Bruchs auf einer Röntgenaufnahme „unvertretbar und schlichtweg nicht mehr verständlich"**, grober Behandlungsfehler im entschiedenen Fall aber verneint; OLG Koblenz, Urt. v.
29. 6. 2006 – 5 U 1494/05, OLGR 2006, 911: wenn eine **Abweichung von einer
klar zu stellenden Diagnose** vorliegt oder **eindeutige Symptome nicht erkannt
oder falsch gedeutet** werden; OLG München, Urt. v. 30. 6. 2011 – 1 U 2414/10,
juris, Nr. 41, 42 und Urt. v. 8. 8. 2013 – 1 U 4549/12, juris, Nr. 56, 58, 59, 68:
kein Behandlungsfehler, wenn „**Diagnose noch vertretbar**", keine vorwerfbare
Fehlinterpretation der erhobenen Befunde; OLG München, Urt. v. 10. 2. 2011 –
1 U 5066/09, juris, Nr. 47, 49: Übersehen einer Keilwirbelbildung auf einem
Röntgenbild **unvertretbar**, aber nur einfacher Behandlungsfehler, kein „fundamentaler Diagnoseirrtum"; OLG München, Urt. v. 22. 3. 2012 – 1 U 1244/11,
juris, Nr. 40: **vertretbar Bandverletzung diagnostiziert, weitere Röntgenaufnahme unterlassen**, kein vorwerfbarer Diagnoseirrtum und keine unterlassene
Befunderhebung; OLG München, Urt. v. 23. 9. 2004 – 1 U 5198/03, MedR 2006,
174, 175: „**völlig unvertretbar**" zur Begründung eines „**groben Behandlungsfehlers**"; OLG München, Urt. v. 6. 4. 2006 – 1 U 4142/05, GesR 2006, 266, 269 =
NJW 2006, 1883, 1886: „Krankheitserscheinung in **völlig unvertretbarer Weise
gedeutet** oder elementare Kontrollbefunde nicht erhoben"; im entschiedenen
Fall wurde ein „fundamentaler Diagnosefehler" verneint; OLG München, Urt.
v. 12. 4. 2007 – 1 U 2267/04 mit NZB BGH v. 19. 2. 2008 – VI ZR 138/07,
AHRS III, 1876/326 = juris, Nr. 106, 107; OLG München, Urt. v. 19. 10. 2006 –
1 U 2149/06 mit NZB BGH v. 16. 10. 2007 – VI ZR 229/06, AHRS III, 3110/319:
Darminfekt diagnostiziert, Herzinfarkt bei 34-jährigem Patienten verkannt;
OLG München, Urt. v. 19. 7. 2012 – 1 U 4791/11, juris, Nr. 61, 63, 65: **Gelenkinfekt bei rückläufigen CRP-Werten und beginnendem Wundverschluss verkannt, kein Diagnose- oder Befunderhebungsfehler**; OLG Naumburg, Urt. v.
31. 5. 2012 – 1 U 97/11, GesR 2013, 149: **BWK-Fraktur bei Mehrfachverletztem
verkannt, CT unterlassen, kein Diagnose- oder Befunderhebungsfehler**; OLG
Naumburg, Urt. v. 17. 12. 2009 – 1 U 41/09, VersR 2010, 1041 = GesR 2010,
139, 140 = juris, Nr. 39: nur bei „unvertretbarer Fehlinterpretation" der vorliegenden Befunde; OLG Schleswig, Urt. v. 13. 2. 2004 – 4 U 54/02, GesR 2004,
178: „**in völlig unvertretbarer Weise gedeutet**"; OLG Stuttgart, Urt. v.
11. 10. 2005 – 1 U 94/04 mit NZB BGH v. 12. 12. 2006 – VI ZR 220/05, AHRS
III, 2002/325: **Deutung der Befunde in der gegebenen Situation vertretbar**; G/G,
6. Aufl., Rz. B 55; Martis/Winkhart, MDR 2011, 709, 711 und MDR 2013,
634 ff.).

D 12   Nur die aus **ex-ante-Sicht unvertretbare Fehlinterpretation erhobene Befunde**
und nicht bereits die ex-post festgestellte Fehlerhaftigkeit einer Diagnose kann
dem Arzt als Behandlungsfehler vorgeworfen werden (OLG Naumburg, Urt. v.
17. 12. 2009 – 1 U 41/09, VersR 2010, 1041 = GesR 2010, 139, 140: eine unvertretbare Fehlinterpretation erhobener Befunde liegt nicht bereits dann vor,

wenn mangels vegetativer Symptome, wie Zittern, Schwitzen, Blutdruckerhöhung, ein **Volldelir verkannt** wird und der Patient sich aus dem Fenster eines Krankenhauses stürzt; von Pauge in S/Pa, 12. Aufl., Rz. 185 als „bedenklich" bezeichnet).

Sind die vorliegenden Krankheitszeichen aus der Sicht des Arztes **mit verschie-** **D 13** **denen Verdachtsdiagnosen erklärbar, von denen eine als führend gestellt wurde, fällt dem Arzt kein vorwerfbarer Diagnoseirrtum zur Last.** So liegt **kein Behandlungsfehler** vor, wenn der Arzt den Patienten sorgfältig untersucht, ergänzend alle nach den seinerzeit bestehenden Erkenntnismöglichkeiten gebotenen weiteren diagnostischen Maßnahmen veranlasst und deren Ergebnis zeitnah ausgewertet sowie **vertretbar gedeutet** hat (OLG Koblenz, Urt. v. 29. 6. 2006 – 5 U 1494/05, OLGR 2006, 911).

Gibt die Patientin an, sie sei mit dem Fuß umgeknickt und hängengeblieben, sie **D 14** hätte ein „Krachen" vernommen, und hat der behandelnde Orthopäde daraufhin **das Sprunggelenk und die Basis der Metatarsale V „o. B." geröngt und eine Bandverletzung im Sprunggelenk diagnostiziert,** eine (tatsächlich vorliegende) Mittelfußfraktur in Ermangelung einer weiteren Röntgenaufnahme aber nicht festgestellt, liegt **kein dem Arzt als Behandlungsfehler vorwerfbarer Diagnoseirrtum und auch kein Fall der unterlassenen Befunderhebung** vor, wenn der Sachverständige ausführt, der beklagte Orthopäde durfte anhand der Angaben der Patientin, der Klinik und der gefertigten Röntgenbilder von den typischen Anzeichen für eine Bandverletzung des oberen Sprunggelenks ausgehen, wobei ein von der Patientin geschildertes „Krachen" sowohl mit einer Fraktur als auch mit einer Bänderverletzung vereinbar gewesen wäre (OLG München, Urt. v. 22. 3. 2012 – 1 U 1244/11, juris, Nr. 35–40).

Bei fehlenden Anhaltspunkten anlässlich der klinischen Untersuchung eines **D 14a** nach einem Motorradunfall **Mehrfachverletzten** (hier: retrograde Amnesie, hirnorganisches Psychosyndrom, unspezifische Schmerzen außerhalb der BWS/HWS) stellt **das Übersehen einer Brustwirbelkörperfraktur auf einem Röntgenbild, das primär der Abklärung der inneren Organe dienen soll, einen nicht als Behandlungsfehler zu qualifizierenden, einfachen Diagnoseirrtum dar** (hier: Hinweise auf eine BWS-Verletzung waren auf dem Röntgenbild aus ex-ante-Betrachtung nicht sicher erkennbar). Klagt der Patient erst nach zwei Tagen auch über Beschwerden an der HWS/BWS und zeigt das daraufhin veranlasste CT die **BWK-Fraktur**, ist den Ärzten auch **keine unterlassene bzw. verzögerte Befunderhebung anzulasten** (OLG Naumburg, Urt. v. 31. 5. 2012 – 1 U 97/11, GesR 2013, 149).

Stützen Hämoglobinwert und Hämatokrit die (tatsächlich falsche) Diagnose ei- **D 15** ner Beinvenenthrombose, ist es **vertretbar, auf die Abklärung durch bildgebende Verfahren zu verzichten.** Die Verkennung eines tatsächlich vorliegenden Kompartmentsyndroms ist in einem solchen Fall weder als Diagnoseirrtum noch als „unterlassene Befunderhebung" vorwerfbar (OLG Koblenz, Beschl. v. 18. 10. 2010 – 5 U 1000/10, GesR 2011, 100, 102).

Andererseits ist **ein als Behandlungsfehler vorwerfbarer Diagnoseirrtum dann zu** **D 16** **bejahen**, wenn aus Sicht des Arztes zum Zeitpunkt der Diagnosestellung entweder **Anlass zu Zweifeln an der Richtigkeit der gestellten Diagnose** bestand oder

der Arzt solche **Zweifel gehabt und diese nicht beachtet** hat (OLG Naumburg, Urt. v. 13. 3. 2001 – 1 U 76/00, OLGR 2002, 39, 40: nicht erkanntes Nierenfunktionsversagen). ***Medizinischer Hintergrund:*** Deutlich erhöhte Werte für Harnstoff, Phosphat oder Kalium im Serum bzw. Urin, ß-HCG im Urin, Kreatinin bzw. Nierenschmerzen, Leistungsschwäche, Polyurie, Dehydration deuten auf Niereninsuffizienz hin, vgl. Dormann/Luley/Heer, Laborwerte, S. 82, 86, 99, 106, 128 und Pschyrembel, 263. Aufl., S. 1461, 1463 = 264. Aufl., S. 1468/1469).

b) Fundamentaler Diagnoseirrtum (grober Behandlungsfehler)

D 17   Ist die **Interpretation** eines Befundes **nicht nur unvertretbar, sondern darüber hinaus als „unverständlich"** (OLG Hamm, VersR 2002, 315, 316 u. VersR 2002, 578, 579; OLG München, NJW 2006, 1883, 1886) oder sogar als **„gänzlich unverständlich"** (OLG Jena, OLGR 2009, 242, 245/246: im entschiedenen Fall wurde eine „schlechthin unvertretbare Fehldiagnose" verneint) zu werten, rechtfertigt dies die **Annahme eines „groben Behandlungsfehlers" (in der Form des „fundamentalen Diagnoseirrtums")**, der zur Beweislastumkehr zugunsten des Patienten hinsichtlich der Kausalität zwischen dem Behandlungsfehler und dem hierdurch eingetretenen Primärschaden beim Patienten führt (vgl. hierzu unten Rz. D 28 ff. und → *Grobe Behandlungsfehler*, Rz. G 101 ff., G 350 ff.).

3. Abgrenzung zur unterlassenen und verzögerten Befunderhebung

a) Übersicht

D 18   Gelingt dem Patienten zwar der Beweis eines Behandlungsfehlers in der Form eines vorwerfbaren Diagnoseirrtums oder eines (einfachen) Fehlers in der Befunderhebung, nicht aber der Nachweis der Ursächlichkeit dieses Fehlers für den geltend gemachten Gesundheitsschaden, kommt ihm eine Beweislastumkehr zu Hilfe, wenn der Diagnosefehler entweder als grob zu werten ist („fundamentaler Diagnoseirrtum"), ein grober Fehler in der Befunderhebung vorliegt oder wenn die Voraussetzungen für eine **Beweislastumkehr in der Fallgruppe der „unterlassenen Befunderhebung"** wegen eines (lediglich einfachen) Fehlers bei der Befunderhebung oder Befundsicherung gegeben sind (BGH, Urt. v. 8. 7. 2003 – VI ZR 304/02, VersR 2003, 1256, 1257 = NJW 2003, 2827, 2828; BGH, Urt. v. 21. 12. 2010 – VI ZR 284/09, VersR 2011, 400 = NJW 2011, 1672, Nr. 13, 19, 20 zur Abgrenzung; BGH, Beschl. v. 22. 9. 2009 – VI ZR 32/09, VersR 2010, 72, 73 = NJW-RR 2010, 711, 712 zur Abgrenzung; OLG Hamm, Beschl. v. 2. 3. 2011 – I - 3 U 92/10, VersR 2012, 493; OLG München, Urt. v. 22. 3. 2012 – 1 U 1244/11, juris, Nr. 35, 36, 38, 40: bei vertretbarer Diagnosestellung kein Rückgriff auf die „unterlassene Befunderhebung"; OLG München, Urt. v. 6. 10. 2011 – 1 U 5220/10, GesR 2012, 149, 150 = juris, Nr. 34, 36: Abgrenzung nach dem „Schwerpunkt des Versäumnisses"; vgl. die Nachweise bei Rz. D 23; – zu weiteren Einzelheiten → *Unterlassene Befunderhebung*, Rz. D 25 ff. und U 14 ff., U 100 ff.).

D 19   Kommt im Einzelfall sowohl ein einfacher Behandlungsfehler in der Form des (vorwerfbaren, nicht fundamentalen) „Diagnoseirrtums" als auch in der Form der „unterlassenen Befunderhebung" in Betracht, kann die **Abgrenzung proble-matisch** sein.

b) „Sperrwirkung" des nicht fundamentalen Diagnoseirrtums

Ramm (RiOLG, GesR 2011, 513, 516/517), Karmasin (VRiBayObLG a.D., VersR   D 20
2009, 1200, 1202) und Hausch (Diss. 2007, S. 155, 159, 373; Hausch, VersR 2003,
1489, 1496 sowie in MedR 2012, 231, 235ff.; vgl. auch R/L-Kern, § 5 Rz. 45) vertreten völlig zutreffend die Ansicht, dass eine zusätzliche, eigenständige Sorgfaltspflichtverletzung des Arztes in der Form einer – zur Beweislastumkehr führenden – **„unterlassenen Befunderhebung" nicht angenommen werden kann,
wenn lediglich ein nicht vorwerfbarer Diagnoseirrtum oder ein als einfacher Behandlungsfehler zu bewertender, vorwerfbarer Diagnoseirrtum vorliegt.** Denn
andernfalls würde nahezu jeder Diagnoseirrtum zu einem Befunderhebungsfehler und – bei Vorliegen der weiteren Voraussetzungen (vgl. Rz. U 50ff.) zu einer
Beweislastumkehr führen. Jedenfalls wenn der Arzt die erforderlichen Befunde
korrekt erhoben hat, daraus jedoch vorwerfbar (aber nicht grob fehlerhaft!) unzutreffende Schlüsse zieht, handelt es sich, auch wenn dann konsequenterweise
die Erhebung weiterer (objektiv erforderlicher) Befunde unterbleibt, insgesamt
ausschließlich um einen Diagnosefehler (so ausdrücklich Ramm, RiOLG, GesR
2011, 513, 516; Martis/Winkhart, MDR 2011, 709, 711 und MDR 2013, 634, 636;
ebenso Hausch, MedR 2012, 231, 236/237).

Auch in der obergerichtlichen Rechtsprechung hat sich zwischenzeitlich die An-   D 21
sicht durchgesetzt, dass demjenigen Arzt, der eine **nicht vorwerfbar falsche Diagnose** (d.h. jedenfalls unterhalb des „fundamentaler Diagnoseirrtums") **gestellt**
und deshalb – aus seiner Sicht folgerichtig – bestimmte Befunde nicht erhoben
hat, aufgrund der unrichtigen Diagnosestellung keine „unterlassene Befunderhebung" zur Last gelegt werden kann (so ausdrücklich OLG München, Urt. v.
22. 3. 2012 – 1 U 1244/11, juris, Nr. 40 bei noch vertretbarer Diagnose; OLG
München, Urt. v. 12. 4. 2007 – 1 U 2267/04, juris, Nr. 107 = AHRS III, 1876/326
mit NZB BGH v. 19. 2. 2008 – VI ZR 138/07; OLG München, Urt. v. 8. 8. 2013 –
1 U 4549/12, juris, Nr. 56, 59; OLG München, Urt. v. 29. 3. 2012 – 1 U 3611/11,
juris, Nr. 49–53: keine „unterlassene Befunderhebung", wenn Beschwerden auf
die diagnostizierte Grunderkrankung zurückgeführt werden konnten; OLG
München, Urt. v. 6. 10. 2011 – 1 U 5220/10, GesR 2012, 149, 150: im entschiedenen Fall lag nach dem „Schwerpunkt der Vorwerfbarkeit" aber eine unterlassene
Befunderhebung vor; OLG München, Urt. v. 10. 2. 2011 – 1 U 5066/09, juris,
Nr. 47, 49: Keilwirbelbildung auf Röntgenbild verkannt, als Behandlungsfehler
vorwerfbarer Diagnoseirrtum; OLG München, Urt. v. 19. 7. 2012 – 1 U 4791/11,
juris, Nr. 61, 63, 65: bei rückläufigem CRP-Wert und Verschließen der Wunde
Gelenkinfektion verkannt, deshalb keine mikrobiologische Laboruntersuchung
veranlasst, weder Befunderhebungs- noch Diagnosefehler; OLG München, Urt.
v. 12. 4. 2007 – 1 U 2267/04, juris, Nr. 84, 100, 101, 102, 106, 114, 130, 131;
OLG Brandenburg, Urt. v. 21. 7. 2011 – 12 U 9/11, juris, Nr. 15 = GesR 2012,
83, 84; OLG Hamm, Beschl. v. 2. 3. 2011 – I-3 U 92/10, MedR 2012, 599, 600 =
VersR 2012, 493; OLG Köln, Urt. v. 20. 7. 2005 – 5 U 200/04, NJW 2006, 69, 70
mit zust. G/G, 6. Aufl. 2009, Rz. B 64; OLG Koblenz, Beschl. v. 21. 11. 2011 –
5 U 688/11, GesR 2012, 346, 348: **Radiologe diagnostiziert vertretbar Zyste statt**

Tumor und unterlässt Biopsie; kein Befunderhebungsfehler; OLG Koblenz, Beschl. v. 26. 9. 2012 – 5 U 783/12, juris, Nr. 10, 11: **bei Schulterschmerzen orthopädische Erkrankung statt Herzinfarkt diagnostiziert, kein Befunderhebungsfehler;** OLG Koblenz, Beschl. v. 18. 10. 2010 – 5 U 1000/10, GesR 2011, 100, 102: kein Behandlungsfehler in Form des vorwerfbaren Diagnoseirrtums und keine unterlassene Befunderhebung, wenn der Arzt ein Kompartmentsyndrom nicht sofort in Erwägung zieht; OLG Koblenz, Urt. v. 20. 1. 2011 – 5 U 828/10, GesR 2011, 539, 540: keine unterlassene Befunderhebung bei noch vertretbarer Deutung erhobener Befunde; OLG Koblenz, Urt. v. 13. 7. 2006 – 5 U 17/06, VersR 2007, 1001, 1002 und Urt. v. 30. 11. 2006 – 5 U 209/06, VersR 2007, 1565, 1566; der OLG-Rspr. zustimmend: R/L-Kern, § 5 Rz. 45; Spickhoff, NJW 2013, 1714, 1717; Martis/Winkhart, MDR 2011, 709, 711 und MDR 2013, 634, 636 ff.).

D 21a Diese Rechtsansicht hat der BGH in seinem Urt. v. 21. 12. 2010 (VI ZR 284/09, VersR 2011, 400 = NJW 2011, 1672, Nr. 13, 18, 20) im Ergebnis bestätigt.

Im dort entschiedenen Fall hatte ein Anästhesist bei der Durchführung einer Meniskusoperation zum Zwecke der Narkose ein Röntgenbild der Lunge gefertigt und dabei keine der vorgesehenen Anästhesie entgegenstehenden Umstände festgestellt. Er **übersah eine ca. 2 × 2 cm durchmessende Verdichtungszone (Rundherd)**, aus der sich (bei korrekter Auswertung) der Verdacht auf das Vorliegen eines Adenokarzinoms ergeben hätte. Das tatsächlich bereits bestehende Adenokarzinom wurde erst ein Jahr später festgestellt, der Patient verstarb hieran. Die Vorinstanz (OLG Brandenburg, Urt. v. 27. 8. 2009 – 12 U 233/08, BeckRS 2009, 25226) hatte – ungeachtet des vorliegenden, jedenfalls nicht fundamentalen Diagnoseirrtums – die Voraussetzungen einer Beweislastumkehr wegen „unterlassener Befunderhebung" bejaht. Der BGH hat das Urteil aufgehoben und im Wesentlichen Folgendes ausgeführt:

Dem Anästhesisten sei ein Diagnoseirrtum und kein Befunderhebungsfehler unterlaufen. Die ca. 2 × 2 cm durchmessende, verdächtigte Verdichtungszone sei auf dem Röntgenbild erkennbar gewesen. Der **Diagnosefehler werde aber nicht dadurch zu einem Befunderhebungsfehler, dass bei objektiv zutreffender Diagnosestellung noch weitere Befunde zu erheben gewesen wären** (vorliegend also Röntgen-Thoraxaufnahmen, ein CT-Thorax bzw. eine Bronchoskopie, vgl. hierzu Pschyrembel, Therapie, 4. Aufl., S. 163). Insbesondere hätte der Anästhesist das Röntgenbild **nicht auch den Fachärzten für Radiologie zur Kontrollbefundung vorlegen** müssen, nachdem er selbst keine Auffälligkeiten festgestellt habe (BGH, VersR 2011, 400, 401, Nr. 13, 16).

Der BGH nimmt im vorliegenden Fall **nur einen als einfachen Behandlungsfehler zu bewertenden, vorwerfbaren Diagnoseirrtum des Anästhesisten** an und weist darauf hin, dass die **Schwelle, von der ab ein Diagnoseirrtum als „grober Behandlungsfehler" (fundamentaler Diagnoseirrtum) zu beurteilen ist, hoch anzusetzen sei** (BGH, VersR 2011, 400, 401, Nr. 20; ebenso bereits BGH, Urt. v. 9. 1. 2007 – VI ZR 59/06, VersR 2007, 541, 542 = NJW-RR 2007, 744, Nr. 10; dem folgend OLG Hamm, Beschl. v. 2. 3. 2011 – I-3 U 92/10, VersR 2012, 493 = MedR 2012, 599, 600 und OLG Koblenz, Beschl. v. 21. 11. 2011 – 5 U 688/11, GesR 2012, 346, 349). Folgerichtig prüft der BGH die vom OLG Brandenburg bejahten, weiteren Voraussetzungen einer Beweislastumkehr wegen „unterlassener Befunderhebung" – die bei Bejahung einer Vorlagepflicht bei einem Facharzt für Radiologie bzw. Fertigung eines CT/MRT nach den Ausführungen der Vorinstanz vorgelegen hätten – nicht!

Das OLG Hamm hat sich den Ausführungen des BGH angeschlossen und folgen- **D 21b** de, nachvollziehbare Differenzierung vorgenommen: Geht ein Facharzt für Radiologie bei der Beurteilung einer Röntgen-Kontrollaufnahme einer Patientin von einem „Rundherd ohne bis dahin aufgetretene Größenprogredienz" aus, obwohl objektiv eine nur **geringe bzw. diskrete Größenprogredienz feststellbar** gewesen wäre, und **unterlässt er es deshalb, ein CT oder MRT zu fertigen** bzw. fertigen zu lassen, liegt **kein Fall der unterlassenen Befunderhebung, sondern ein Behandlungsfehler (vorwerfbarer Diagnoseirrtum)** unterhalb des groben Behandlungsfehlers (fundamentaler Diagnoseirrtum) vor (OLG Hamm, Beschl. v. 2. 3. 2011 – I-3 U 93/10, VersR 2012, 493 = MedR 2012, 599, 600).

Ein **Fall der unterlassenen Befunderhebung** ist jedoch gegeben, wenn **ein Radiologe auf einem angefertigten CT einen verdächtigen Lungenrundherd entdeckt, es aber unterlässt, eine sofortige histologische Abklärung zu veranlassen.** Hätte sich dabei mit hinreichender Wahrscheinlichkeit der reaktionspflichtige Nachweis einer Tumorerkrankung (hier: Lungenkrebs) mit dem Ergebnis einer unmittelbar anschließenden, weiterführenden Behandlung ergeben, wobei eine Heilung der Patientin nicht äußerst unwahrscheinlich gewesen wäre, greift **die Beweislastumkehr aus dem Gesichtspunkt der „unterlassenen Befunderhebung"** ein (OLG Hamm, Beschl. v. 2. 3. 2011 – I-3 U 92/10, VersR 2012, 493, 494).

Ein Diagnosefehler wird haftungsrechtlich auch **nicht dadurch zu einem Befund- D 21c erhebungsfehler, wenn bei objektiv zutreffender (Verdachts-) Diagnose noch weitere Befunde zu erheben gewesen wären** (BGH, Urt. v. 21. 12. 2010 – VI ZR 284/09, VersR 2011, 400 = NJW 2011, 1672, Nr. 13; OLG Hamm, Beschl. v. 2. 3. 2011 – I 3 U 92/10, VersR 2012, 493 = MedR 2012, 599, 600; OLG Koblenz, Beschl. v. 26. 9. 2012 – 5 U 783/12, juris, Nr. 10, 11; OLG München, Urt. v. 8. 8. 2013 – 1 U 4549/12, juris, Nr. 59; Ramm, RiOLG, GesR 2011, 513, 516).

Diagnostiziert ein Arzt **fehlerhaft, aber noch vertretbar** bei einem Patienten, der **D 21d** aufgrund seines Übergewichts, des Nikotinkonsums und einer Hypercholesterinämie für eine koronare Herzerkrankung prädisponiert war, aufgrund angegebener Schmerzen im Schulter- und Armbereich eine **neurologische bzw. orthopädische Erkrankung und unterlässt er es deshalb, den Patienten in ein Krankenhaus bzw. zu einem Kardiologen zu überweisen, ist ihm kein Befunderhebungsversäumnis vorzuwerfen. Ein Diagnoseirrtum wird nicht dadurch zu einem Befunderhebungsfehler, dass Befunde unterbleiben, die erst bei einer Falsifizierung der Diagnose zu erheben gewesen wären** (OLG Koblenz, Beschl. v. 26. 9. 2012 – 5 U 783/11, juris, Nr. 10, 11).

Bei fehlenden Anhaltspunkten für eine solche Verletzung anlässlich der kli- **D 21e** nischen Untersuchung eines nach einem Motorradunfall Mehrfachverletzten stellt **das Übersehen einer Brustwirbelkörperfraktur auf einem Röntgenbild**, das primär der Abklärung der inneren Organe dienen sollte, einen **nicht als Behandlungsfehler zu qualifizierenden, einfachen Diagnoseirrtum dar** (hier: Hinweise auf eine BWS-Verletzung waren auf dem Röntgenbild aus ex-ante-Betrachtung nicht sicher erkennbar). Klagt der Patient erst nach zwei Tagen auch über Beschwerden an der HWS-BWS und zeigt das daraufhin veranlasste CT eine BWK-Fraktur, ist den Ärzten **keine unterlassene bzw. verzögerte Befunderhebung anzulasten** (OLG Naumburg, Urt. v. 31. 5. 2012 – 1 U 97/11, GesR 2013, 149).

D 21f Ein als Behandlungsfehler vorwerfbarer Diagnoseirrtum (hier: Brustkrebs verkannt) eines Radiologen liegt nicht vor, wenn ihm eine 50-jährige, erblich vorbelastete Patientin mit dem Hinweis auf eine **„abklärungsbedürftige, unklare Verdichtung" nach getastetem Knoten in der Brust** zur Durchführung einer Mammographie und Mammasonografie überwiesen wird, er nach Durchführung der Untersuchungen die Diagnose nach BI-RADS III stellt und im Befundbericht ausführt, es lägen „unklare Strukturen", eine „unscharfe Begrenzung" als **Anzeichen für eine vorhandene Zyste** vor, eine Wiedervorstellung innerhalb von sechs Monaten werde empfohlen.

Sind sich der Radiologe und aufgrund dessen Befund auch der überweisende Gynäkologe, der von der fachlichen Richtigkeit von dessen Diagnose ausgehen darf, sicher, dass kein malignes Geschehen vorliegt, kommt **eine Beweislastumkehr wegen unterlassener Befunderhebung (unterlassene Überweisung zur Durchführung einer Biopsie) nicht in Betracht.** Eine Biopsie ist in einem solchen Fall medizinisch nicht geboten, wenn sie aus der maßgeblichen ex-ante-Sicht lediglich der Bestätigung einer im Großen und Ganzen bereits geklärten Diagnose dienen würde. Ist sich der Arzt (hier: Radiologe, anschließend auch der Gynäkologe) bei zunächst vollständig erhobenem Befund seiner Diagnose sicher, kann ihm **die unterlassene Einholung einer Zweitmeinung nicht als unterlassene Befunderhebung vorgeworfen werden** (OLG Koblenz, Beschl. v. 21. 11. 2011 – 5 U 688/11, GesR 2012, 346, 348/349: tatsächlich lag nach dem Zeitpunkt der Untersuchung ein maligner, schnell wachsender Tumor vor).

D 21g Folgt man dieser, u. E. völlig zutreffenden obergerichtlichen Rechtsprechung, wäre **sowohl der nicht als Behandlungsfehler vorwerfbare als auch der als einfacher Behandlungsfehler zu qualifizierende Diagnoseirrtum gegenüber einer Beweislastumkehr wegen „unterlassener Befunderhebung" privilegiert** (in diesem Sinne BGH, VersR 2011, 400, Nr. 13, 18, 20 und OLG Hamm, VersR 2012, 493 sowie OLG München, Urt. v. 10. 2. 2011 – 1 U 5066/09, juris, Nr. 47, 49 **jeweils bei vorwerfbarem Diagnoseirrtum/einfachem Behandlungsfehler;** OLG München, Urt. v. 8. 8. 2013 – 1 U 4549/12, juris, Nr. 56, 59, 68 sowie OLG München, Urt. v. 22. 3. 2012 – 1 U 1244/11, juris, Nr. 40 und OLG München, Urt. v. 29. 3. 2012 – 1 U 3611/11, juris, Nr. 49–53 sowie OLG Hamm, Urt. v. 19. 1. 2009 – I-3 U 13/08 mit NZB BGH v. 15. 6. 2010 – VI ZR 133/09, AHRS III, 1870/307 und OLG Koblenz, Urt. v. 20. 1. 2011 – 5 U 828/10, GesR 2011, 539, 540 **jeweils bei noch vertretbarer Diagnose;** Hausch, MedR 2012, 231, 235 ff.; Karmasin, VRiBayObLG a. D., VersR 2009, 1200, 1202; Ramm, RiOLG, GesR 2011, 513, 516/517; zust. R/L-Kern, § 5 Rz. 45 und die Nachweise bei Rz. D 20, D 21).

D 21h Nach abweichender, bisheriger Ansicht von Greiner (vgl. G/G, 6. Aufl. 2009, Rz. B 64; auch Schultze-Zeu, VersR 2008, 898, 901 f.) entfalten sowohl der „fundamentale Diagnoseirrtum" (grober Behandlungsfehler) als auch der sonst vorwerfbare Diagnoseirrtum (einfacher Behandlungsfehler) **keine derartige „Sperrwirkung":**

„Ein Behandlungsfehler, der sich folgerichtig aus einem nicht vorwerfbaren Diagnoseirrtum ergibt, ist nicht gesondert vorwerfbar, solange nicht weitere Umstände wie fehlerhaft unterlassene Erhebung von Kontrollbefunden einen zurechenbaren Haftungsgrund ergeben. Ist dagegen der Diagnosefehler vorwerfbar, ist er haftungsbegründend und kann durch zwar folgerichtige, aber ebenso zurechenbare weitere Fehler nicht zu einer Entlastung des Arztes führen. Insbesondere sind in einem solchen Fall die allgemeinen Regeln über Beweiserleichterungen nach fehlerhaft unterlassener Befunderhebung anwendbar, denn das Folgeverhalten ist infolge des vorwerfbaren Diagnosefehlers ebenfalls zurechenbar. Andernfalls bliebe die Summierung von Fehlern ohne haftungsrechtliche Konsequenz" (G/G, 6. Aufl., Rz. B 64).

c) Fallbeispiele

- zur Verkennung eines Herzinfarkts vgl. Rz. D 24ff., D 24d, D 45ff., D 92ff., D 133, G 462aff., G 539, G 652, G 941   D 22
- zur Verkennung von Frakturen vgl. Rz. D 22c, D 22d, D 22e, D 25e, D 58ff.
- zur Verkennung einer Brustkrebserkrankung vgl. Rz. D 22a, D 22g, D 24e, D 74ff., G 390ff.
- zur Verkennung eines Melanoms (Hautkrebs) vgl. Rz. D 22b, U 288
- zur Verkennung einer Hirnblutung vgl. Rz. D 22e, D 24d, D 111, D 111a, D 132

(1) Pathologe verkennt Tumor

Ist sich ein Pathologe (bzw. Radiologe o.a.) seiner auch auf subjektiven Einschätzungen und Erfahrungen beruhenden **Diagnose, es liege ein gutartiger Tumor vor, sicher**, kann aus seiner zusätzlichen Aussage, es bestehe **kein Anhaltspunkt für ein invasives malignes Melanom** sowie eine andersartige Krebserkrankung, **kein fundamentaler Diagnoseirrtum** (grober Behandlungsfehler) hergeleitet werden (BGH, Urt. v. 9. 1. 2007 – VI ZR 59/06, NJW-RR 2007, 744, 745 = VersR 2007, 541, 542). Ein (nicht fundamentaler) Diagnoseirrtum eines Pathologen wird nicht bereits deshalb zum Befunderhebungsfehler, weil der Arzt es unterlassen hat, die (äußerst schwierige) Beurteilung des von ihm erhobenen Befundes durch die Einholung einer zweiten Meinung (ggf. in einem Referenzzentrum) überprüfen zu lassen (BGH, Urt. v. 9. 1. 2007 – VI ZR 59/06, NJW-RR 2007, 744, 746; ebenso BGH, Urt. v. 21. 12. 2010 – VI ZR 284/09, NJW 2011, 1672, Nr. 13 und OLG München, Urt. v. 8. 8. 2013 – 1 U 4549/12, juris, Nr. 56, 59).   D 22a

(2) Hautarzt verkennt Melanom

Stellt sich eine hinsichtlich etwaiger Hauterkrankungen bis dahin unauffällige Patientin mit einem dunkelbraun gefärbten, leicht erhabenen, in der Oberflächenstruktur „schrumpeligen", etwa Fingernagel großen und damit suspekten Muttermal beim Hautarzt vor und **diagnostiziert** dieser nach Inspektion und optischer Befundung mit einer Speziallupe einen **„Naevus, dermatoskopisch o.B."**   D 22b

(gutartiges Muttermal), und kann der Sachverständige später nicht mehr angeben, dass eine solche Diagnose zum fraglichen Zeitpunkt unvertretbar gewesen sei, so kann dem Arzt **kein Behandlungsfehler unter dem Gesichtspunkt einer „unterlassenen Befunderhebung"** angelastet werden, wenn er es unterlässt, eine Gewebeprobe zu entnehmen und diese histologisch untersuchen zu lassen, um das **Vorliegen eines bösartigen Hauttumors (Melanom) auszuschließen.** Einen medizinischen Standard, einen Patienten, der aus Beunruhigung über ein verändertes Muttermal vorstellig wird, stets und ungeachtet der dermatoskopischen Untersuchung eine Gewebeprobe zu entnehmen, gibt es nicht. In einem solchen Fall fällt dem Hautarzt **ein (nicht fundamentaler) Diagnoseirrtum** aufgrund fehlerhafter Bewertung des vollständig erhobenen Befundes und keine „unterlassene Befunderhebung" zur Last, wenn es sich um **eine in der gegebenen Situation noch vertretbare Deutung der Befunde handelt und das Unterlassen der Erhebung weiterer Befunde (hier: Gewebeuntersuchung) somit Folge des (nicht fundamentalen) Diagnoseirrtums ist** (OLG Brandenburg, Urt. v. 21. 7. 2011 – 12 U 9/11, GesR 2012, 83, 84 = juris, Nr. 1, 15, 18, 20).

(3) Unfallchirurg/Orthopäde verkennt Knochenbruch

D 22c Erkennt ein Unfallchirurg bzw. Orthopäde auf den von ihm erstellten Röntgenbildern eine **„Verkippung" der Handwurzelknochen bzw. einen Bruch** nicht, liegt zwar ein vorwerfbarer Diagnoseirrtum (Behandlungsfehler), aber kein fundamentaler Diagnoseirrtum (grober Behandlungsfehler) vor, wenn sich aus den Aufnahmen kein sicherer Hinweis auf einen Bruch ergibt, auch der nachbehandelnde Facharzt die Verletzung auf den Bildern nicht erkennt und der vom Gericht beauftragte Sachverständige die Verkennung der Verkippung bzw. des Bruchs zwar als fehlerhaft bezeichnet, aber ausführt, die **Diagnose sei sehr schwierig gewesen.** Ist sich der Chirurg bzw. Orthopäde seiner (objektiv falschen) Diagnose deshalb sicher und unterlässt er es, im weiteren Behandlungsverlauf vergleichende Röntgenaufnahmen anzufertigen, aus denen sich mit hinreichender Wahrscheinlichkeit ein reaktionspflichtiges Ergebnis ergeben hätte, liegt kein nach den Grundsätzen der Beweislastumkehr wegen „unterlassener Befunderhebung" zu bewertender Sachverhalt, sondern ein Fall des **einfachen Behandlungsfehlers** in der Form eines vorwerfbaren Diagnoseirrtums vor (OLG München, Urt. 12. 4. 2007 – 1 U 2267/04, juris, Nr. 101, 102, 107, 126, 127, 130, 131; vgl. auch OLG München, Urt. v. 22. 3. 2012 – 1 U 1244/11, juris, Nr. 35 – 40: vertretbar Bandverletzung diagnostiziert, weiteres Röntgenbild zum Ausschluss einer Fraktur unterlassen; OLG Koblenz, Urt. v. 30. 11. 2006 – 5 U 209/06, OLGR 2007, 234, 236 = VersR 2007, 1565, 1566: weitere Abklärung wegen Falschbefundung eines CT unterblieben; OLG Koblenz, Urt. v. 13. 7. 2006 – 5 U 17/06, OLGR 2007, 93, 95 = VersR 2007, 1001, 1002: postoperative Röntgenaufnahme falsch interpretiert, kein CT/MRT angefertigt; „fundamentaler Diagnoseirrtum" und „unterlassene Befunderhebung" jeweils verneint; vgl. aber KG, Urt. v. 7. 3. 2005 – 20 U 398/01, GesR 2005, 251: nach Sturz auf die Hand Röntgenaufnahme unterlassen, **Kahnbeinbruch nicht diagnostiziert**, Fall der „unterlassenen Befunderhebung". Ramm, RiOLG, GesR 2011, 513, 517; vgl. zu den Einzelheiten Rz. D 58 ff., D 68, D 70, G 362, G 372 ff., U 30, U 81a ff., U 105, U 201 ff.).

Gibt die Patientin an, sie sei mit dem Fuß umgeknickt und hängengeblieben, sie   D 22d
hätte ein „Krachen" vernommen, und hat der behandelnde Orthopäde daraufhin
das Sprunggelenk und die Basis der Metatarsale V „o.B." geröngt **und eine Bandverletzung im Sprunggelenk diagnostiziert,** eine (tatsächlich vorliegende) Mittelfußfraktur in Ermangelung einer weiteren Röntgenaufnahme aber nicht festgestellt, liegt **kein dem Arzt als Behandlungsfehler vorwerfbarer Diagnoseirrtum
und auch kein Fall der unterlassenen Befunderhebung** vor, wenn der Sachverständige ausführt, der beklagte Orthopäde durfte anhand der Angaben der Patientin, der Klinik und der gefertigten Röntgenbilder von den typischen Anzeichen
für eine Bandverletzung des oberen Sprunggelenks ausgehen, wobei ein von der
Patientin geschildertes „Krachen" sowohl mit einer Fraktur als auch mit einer
Bänderverletzung vereinbar gewesen wäre (OLG München, Urt. v. 22. 3. 2012 –
1 U 1244/11, juris, Nr. 35–40).

(4) Unfallchirug verkennt Hirnblutung

Es liegt auch **kein Behandlungsfehler in der Form einer unterlassenen Befund-**   D 22e
erhebung vor, wenn bei einer Patientin, die bei einem Spaziergang einen Schwächeanfall erlitten hatte und auf die rechte Körperhälfte und den Kopf gestürzt
war, **kein CT angefertigt** wird, nachdem **eine Prellung der rechten Schulter, ein
beginnenden Monokelhämatom, eine Prellung des Jochbogens rechts und eine retrograde Amnesie diagnostiziert** worden sind, **Röntgenaufnahmen keinen Frakturnachweis** ergaben und die klinische Untersuchung unauffällig war, insbesondere das Bewusstsein der Patientin klar, Pupillen und Reaktionen ohne Befund
waren. Im Übrigen ist es **nicht „hinreichend wahrscheinlich",** dass ein wenige
Stunden nach dem Sturz angefertigtes CT Anhaltspunkte für eine – tatsächlich
vorliegende – Hirnblutung bzw. eines subduralen Hämatoms ergeben hätte
(OLG Hamm, Urt. v. 19. 1. 2009 – I-3 U 13/08 mit NZB BGH v. 15. 6. 2010 –
VI ZR 133/09, AHRS III, 1870/307).

Medizinischer Hintergrund: Eine Hirnblutung, ggf. mit Bildung eines intrazerebralen Hämatoms, kann regelmäßig nur durch craniales CT (nativ oder mit Kontrastmittel), eine CT-Angiografie bzw. eine MRT-Angiografie nachgewiesen
werden, wobei sich ein Hämatom oftmals erst nach mehreren Stunden zeigt
(Pschyrembel, 262. Aufl., S. 293 = 264. Aufl., S. 301/302).

(5) Gynäkologe unterlässt Kontrolluntersuchung

Hat ein Gynäkologe einen **Abstrich** falsch ausgewertet, ohne dass ihm hierbei   D 22f
ein fundamentaler Diagnoseirrtum (grober Behandlungsfehler) zur Last gelegt
werden könnte, kommt eine Beweislastumkehr aus dem Gesichtspunkt der
„unterlassenen Befunderhebung" nicht in Betracht, wenn der Arzt im Rahmen
der weiteren Behandlung (aus seiner Sicht folgerichtig) eine **Kontrolluntersuchung unterlässt,** die bei richtiger Auswertung des erhobenen Befundes medizinisch objektiv geboten gewesen wäre und mit hinreichender Wahrscheinlichkeit ein reaktionspflichtiges Ergebnis erbracht hätte (OLG Köln, Urt. v.
20. 7. 2005 – 5 U 200/04, VersR 2005, 1740, 1741 = NJW 2006, 69, 70).

(6) Gynäkologe verkennt Tumor

D 22g   Es liegt **kein Behandlungsfehler in der Form der „unterlassenen Befunderhebung" und auch kein vorwerfbarer Diagnoseirrtum** vor, wenn der behandelnde Gynäkologe bei einer Patientin, die unter Eierstockzysten und intermittierend auftretenden Periodenschmerzen leidet, die vaginal-sonografisch abgeklärt worden sind, nach mehreren Monaten keine weitere Sonografie veranlasst, wenn die Beschwerden **in vertretbarer Weise auf die vorliegende Grunderkrankung zurückgeführt** werden konnten. Im Übrigen wäre im entschiedenen Fall auch ein reaktionspflichtiger Befund einer Sonografie und ggf. einer nachfolgenden Biopsie **nicht hinreichend wahrscheinlich** gewesen, wenn die Patientin an einem seltenen, vom Tumorwachstum und der Metastasierungsdynamik her gesehen extrem aggressiven Tumor leidet und der Sachverständige hierzu ausführt, er halte es für möglich oder gar für wahrscheinlich, dass der Tumor nach Berechnung der Tumorverdoppelungszeit bei (fiktiver) Fertigung einer Sonografie und Durchführung einer Biopsie noch nicht hätte entdeckt werden können (OLG München, Urt. v. 29. 3. 2012 – 1 U 3611/11, juris, Nr. 49–53).

(7) Gynäkologe und Radiologe verkennen Mammakarzinom

D 22h   Ein (als Behandlungsfehler vorwerfbarer) **Diagnoseirrtum eines Radiologen liegt nicht vor**, wenn ihm eine 50-jährige, erblich vorbelastete Patientin mit dem Hinweis auf eine „abklärungsbedürftige, unklare Verdichtung" nach getastetem Knoten in der Brust vom Gynäkologen zur Durchführung einer Mammographie und Mammasonografie überwiesen wird, er nach Durchführung der Untersuchungen die Diagnose nach BI-RADS III stellt und im Befundbericht ausführt, es lägen „unklare Strukturen", eine „unscharfe Begrenzung" als Anzeichen für eine vorhandene Zyste vor, eine Wiedervorstellung innerhalb von sechs Monaten werde empfohlen.

Sind sich der Radiologe und aufgrund dessen Befundung auch der überweisende Gynäkologe, der von der fachlichen Richtigkeit von dessen Diagnose ausgehen darf, **sicher, dass kein malignes Geschehen vorliegt, kommt eine Beweislastumkehr wegen unterlassener Befunderhebung** (unterlassene Überweisung zur Durchführung einer Biopsie) **nicht in Betracht.** Eine Biopsie ist in einem solchen Fall nicht geboten, wenn sie aus der maßgeblichen ex-ante-Sicht lediglich der Bestätigung einer im Großen und Ganzen bereits geklärten Diagnose dienen würde. Ist sich der Radiologe bei (insoweit) vollständig erhobenem Befund seiner Diagnose sicher, kann ihm die **unterlassene Einholung einer Zweitmeinung nicht als unterlassene Befunderhebung vorgeworfen werden.** Eine Beweislastumkehr wegen unterlassener Befunderhebung würde im Übrigen auch dann ausscheiden, wenn der Sachverständige ausführt, es sei **offen, ob das später festgestellte, sehr aggressive, schnell wachsende Mammakarzinom im Falle einer 7–8 Monate früher durchgeführten Biopsie festgestellt worden wäre** (OLG Koblenz, Beschl. v. 21. 11. 2011 – 5 U 688/11, GesR 2012, 346, 348/349).

(8) Internist im KKH verkennt seltene Anämie

Erkennen die behandelnden Internisten bei der Notfallbehandlung eines mit ho-   D 22i
hem Fieber nach einen cerebralen Krampfanfall in einem Schockzustand eingelieferten Kleinkindes eine schwere Anämie nicht (hier: Sichelzellenanämie,
Blutarmut, Vorkommen fast ausschließlich bei Afrikanern und Afroamerikanern, vgl. Pschyrembel, 261. Aufl., S. 1775 = 264. Aufl., S. 1914) und nehmen
sie deshalb nur eine symptomatische Behandlung vor, kann ihnen die **objektiv
falsche Arbeitshypothese „Schockzustand nach fieberhafter Erkrankung"** nicht
als Behandlungsfehler angelastet werden, weil **die Deutung der Befunde in der
gegebenen Situation vertretbar** ist. Das **Unterlassen einer HB-Wert-Bestimmung**
ist vor dem Hintergrund dieser nicht als Behandlungsfehler vorwerfbaren Fehleinschätzung folgerichtig, wenn auch aus ex-post-Betrachtung falsch und folgenschwer (OLG Stuttgart, Urt. v. 11. 10. 2005 – 1 U 94/04 mit NZB BGH v.
12. 12. 2006 – VI ZR 220/05, AHRS III, 2002/325).

**d) „Schwerpunkttheorie"; Schwerpunkt der Vorwerfbarkeit bei der Diagnose
oder der unterlassenen Erhebung von Befunden**

Nach zutreffender Ansicht ist bei der Frage, ob die Voraussetzungen einer „un-   D 23
terlassenen Befunderhebung" zu prüfen sind oder ein den Arzt ggf. privilegierender, nicht fundamentaler Diagnoseirrtum vorliegt, der den Rückgriff auf die
Rechtsfigur der „unterlassenen Befunderhebung" „sperrt", nach dem **„Schwerpunkt der ärztlichen Pflichtverletzung"** zu differenzieren. Liegt der **Schwerpunkt nach Einholung eines Sachverständigengutachtens in der fehlerhaften Diagnose, entfaltet diese eine faktische „Sperrwirkung".** Andernfalls kann an eine
**Haftung wegen „unterlassener Befunderhebung" angeknüpft werden, insbeson-
dere, wenn der Arzt die im konkreten Fall (ggf. zwingend) gebotenen Befunde
nicht erhoben hat** (Ramm, RiOLG, GesR 2011, 513, 517; Voraufl., Rz. D 22, U
21, 45; OLG Brandenburg, Urt. v. 14. 11. 2001 – 1 U 12/01, MedR 2002, 149,
150 = VersR 2002, 313; OLG Brandenburg, Urt. v. 18. 6. 2009 – 12 U 213/08, juris, Nr. 4: Schwerpunkt beim Befunderhebungsfehler, wenn bei klassischen
Symptomen einer Eileiterschwangerschaft der Beta-HCG-Wert nicht erhoben
wird; inzidenter auch: OLG Brandenburg, Urt. v. 21. 7. 2011, 12 U 9/11, juris,
Nr. 15 = GesR 2012, 83, 84; KG, Urt. v. 13. 11. 2003 – 20 U 111/02, GesR 2004,
136, 137; OLG Jena, Urt. v. 18. 2. 2009 – 4 U 1066/04, OLGR 2009, 419, 421;
OLG München, Urt. v. 6. 10. 2011 – 1 U 5220/10, GesR 2012, 149, 150 = juris,
Nr. 35, 36: Schwerpunkt bei der unterlassenen Abklärung der Ursachen jahrelanger Beschwerden beim Gehen; OLG Schleswig, Urt. v. 28. 3. 2008 – 4 U
34/07, OLGR 2009, 296, 297; OLG Frankfurt, Urt. v. 9. 4. 2013 – 8 U 12/12, juris,
Nr. 12, 13, 17, 18: bei Oberbauchbeschwerden Gastritis diagnostiziert, Sonografie nicht wiederholt und kein CT gefertigt, **Bauchspeicheldrüsenkrebs verkannt;
vertretbarer Diagnoseirrtum, wenn keine bestimmten, die Krankheit kennzeichnenden Symptome vorliegen,** i.Ü. hätte die Sonografie bzw. das CT nicht mit
hinreichender Wahrscheinlichkeit einen reaktionspflichtigen Befund erbracht;
OLG Koblenz, Beschl. v. 21. 11. 2011 – 5 U 688/11, GesR 2012, 346, 348/349:
**unterlassene Überweisung zur Biopsie nicht vorwerfbar, wenn statt Tumor ver-
tretbar Zyste diagnostiziert wurde;** OLG Koblenz, Beschl. v. 26. 9. 2012 – 5 U
783/12, juris, Nr. 10, 11: **Herzinfarkt verkannt, keine unterlassene Befunderhe-**

bung bei noch vertretbarer Diagnose; OLG Naumburg, Urt. v. 31. 5. 2012 – 1 U 97/11, GesR 2013, 149: BWK-Fraktur im Röntgenbild verkannt, CT unterlassen, nur Diagnoseirrtum).

D 23a Entscheidend bei der Bestimmung des „Schwerpunktes" ist, ob **bestimmte Symptome differential-diagnostisch eine bestimmte Diagnose zwingend nahelegen und diese deshalb durch weitere Untersuchungen ausgeschlossen werden müssen** (OLG Brandenburg, Urt. v. 21. 7. 2011 – 12 U 9/11, juris, Nr. 1, 15, 18, 20 = GesR 2012, 83, 84 im Anschluss an BGH, Urt. v. 16. 10. 2007 – VI ZR 229/06, GesR 2008, 79, 80 = NJW-RR 2008, 263).

D 23b Glanzmann (VRiOLG a. D. in: B/P/S, 1. Aufl. 2012, § 287 ZPO Rz. 107, 111) differenziert wie folgt: **Erlaubte der maßgebliche Facharztstandard nach den bislang erhobenen Befunden eine Diagnose**, stellt sich eine objektiv falsche Bewertung als **Diagnoseirrtum** dar. Waren aus der maßgeblichen ex-ante-Betrachtung **weitere, tatsächlich nicht erhobene Befunde (differentialdiagnostische Maßnahmen)** veranlasst, liegt ein Befunderhebungsfehler vor. Der Unterschied zur „Schwerpunkttheorie" ist marginal; denn Letztere setzt die Erhebung der aus ex-ante-Sicht gebotenen Befunde regelmäßig voraus (vgl. Ramm, RiOLG, GesR 2011, 513, 517). Zudem ist eine Diagnose oftmals schon aufgrund eines einzigen, erhobenen Befundes möglich, etwa der Ausschluß einer – bei Fertigung eines CT erkennbaren – Fraktur aufgrund eines Röntgenbildes (vgl. hierzu Rz. D 22c, D 22d, D 60, D 64).

D 23c **Hausch** (MedR 2012, 231, 236/237) **lehnt die „Schwerpunkttheorie" ab**. Es handle sich um ein begrifflich und sachlich schwer zu fassendes Kriterium, zudem führe auch die „Schwerpunkttheorie" im Ergebnis dazu, dass die Haftungsprivilegierung des Arztes bei Diagnoseirrtümern unterlaufen bzw. ausgehebelt wird. Vielmehr sei darauf abzustellen, **ob es sich beim Unterlassen einer weiteren Befunderhebung um eine bewusste Behandlungsentscheidung des Arztes gehandelt hatte oder nicht**, d. h. ob der Arzt gerade im Hinblick auf eine von ihm gestellte (Verdachts-)Diagnose von der Erhebung weiterer Befunde abgesehen hatte. Danach ist von einer **unterlassenen Befunderhebung** auszugehen, wenn der Arzt zwar erkennt, dass eine weitere Befunderhebung notwendig ist, er hiervon aber absieht, weil er die anhand der bislang erhobenen Befunde gestellte Diagnose für zutreffend hält. Ergibt sich jedoch, dass der Arzt in Kenntnis und unter Berücksichtigung der festgestellten Symptome folgerichtig **bewusst an der gestellten Diagnose bzw. Behandlungsmethode – wenn auch in vorwerfbarer Weise – festgehalten** hat und nicht erkannt, dass weitere Befunde zu erheben sind, liegt danach nur ein Diagnosefehler (vorwerfbarer Diagnoseirrtum) vor.

D 23d U. E. ist die Abgrenzung deshalb problematisch – worauf Hausch letzlich selbst hinweist (vgl. MedR 2012, 231, 238) – weil die beklagten – und vor Durchführung des Verhandlungstermins entsprechend anwaltlich beratenen – Ärzte natürlich stets behaupten würden, sie hätten bewusst an der Diagnose festgehalten bzw. wegen des Diagnoseirrtums (wie er sich später herausgestellt hat) von einer weiteren Befunderhebung abgesehen. Das von Hausch insoweit in die Tatrichter gesetzte Vertrauen (MedR 2012, 231, 238), die Angaben des Arztes entsprechend den Behauptungen des Patienten zum Vorliegen eines „ernsthaften Entscheidungskonflikts" sachlich und rechtlich zutreffend zu bewerten, wird den Gerichten an anderer Stelle (MedR 2012, 231, linke Spalte; S. 233 rechte Spalte; S. 234 linke Spalte; S. 235 linke Spalte) von ihm so gerade nicht entgegengebracht. Im Zweifel werden die schlüssigen Einlassungen des beklagten und entsprechend „vorbereiteten" Arztes – wie auch diejenigen des meist instruierten Patienten zum „ernsthaften Entscheidungskonflikt" – nicht zu widerlegen sein!

e) „Schwerpunkt" beim Diagnoseirrtum

(vgl. bereits Rz. D 22a–22i)

(1) Herzinfarkt verkannt

Zur **Verkennung von Symptomen eines Herzinfarkts** liegen divergierende Entscheidungen vor (vgl. hierzu Rz. D 24d, D 45 ff., D 92 ff., D 133, G 462a ff., G 467, G 539, G 652, G 941).

D 24

Ein Arzt im Notfalldienst ist nicht verpflichtet, einen **jungen, sportlichen Patienten**, bei dem er aufgrund der klinischen Untersuchung **nicht den Verdacht auf das Vorliegen eines Herzinfarkts** hat, sondern die **Diagnose „Darminfekt, Interkostalneuralgie"** stellt, aufzufordern, sich zur Erstellung eines EKG oder zur Erhebung der Enzymwerte umgehend in ein Krankenhaus zu begeben, um das Vorliegen eines Herzinfarkts abzuklären (OLG München, Urt. v. 19. 10. 2006 – 1 U 2149/06 mit NZB BGH v. 16. 10. 2007 – VI ZR 229/06, AHRS III, 3110/319).

Dem OLG München lagen dabei insgesamt fünf Gutachten vor. Zwei Sachverständige vertraten die Meinung, neben dem jugendlichen Alter des sportlichen Patienten sei auch die Familienanamnese (Mutter im Alter von 60 Jahren am Herzinfarkt verstorben), ein dauernder, hoher Blutdruck und ein nicht abgeklärter Zigarettenkonsum zu berücksichtigen. Auch wenn ein Herzinfarkt unwahrscheinlich sei, sei er diagnostisch in Betracht zu ziehen und durch zweimalige EKG-Ableitung im Abstand von 24 Stunden sowie eine Blutuntersuchung auf Enzyme in einem Krankenhaus abzuklären (vgl. nachfolgend OLG Jena, Urt. v. 18. 2. 2009 – 4 U 1066/04, OLGR 2009, 419, 421: wenn differenzial-diagnostisch ein „Herzinfarkt" in Betracht kommt, hat im Zweifelsfall eine Krankenhauseinweisung zu erfolgen; zum *medizinischen Hintergrund* vgl. Rz. G 462a).

Drei andere Sachverständige hatten dagegen ausgeführt, ein **Myokardinfarkt sei für Männer im Alter von 34 Jahren äußerst selten**. Der Infarkt der deutlich älteren Mutter des Patienten stelle kein vergleichbares Ereignis dar. Die Aufgabe des ärztlichen Notdienstes könne nicht darin bestehen, bei anhaltenden Thoraxbeschwerden die **fast immer mögliche Differenzialdiagnose „Herzinfarkt"** über alle anderen Diagnosen zu stellen und eine Klinikeinweisung zu erwirken. Wenn jedermann mit Brust- oder Bauchschmerzen, hinter denen sich ebenfalls unterschiedliche bedrohliche Erkrankungen verbergen können, etwa eine Blinddarmentzündung, eine akute Diverdikulitis o. a., mit dem Notarzt in ein Krankenhaus eingeliefert werden müssten, wäre das Gesundheitssystem hierauf nicht eingerichtet. Diesen Ausführungen hat sich das OLG München angeschlossen. Die „zweite Stufe" der Rechtsfigur einer „unterlassenen Befunderhebung" war danach nicht mehr zu prüfen. Tatsächlich wäre es im entschiedenen Fall „hinreichend wahrscheinlich" gewesen, dass im Krankenhaus durch EKG und Enzymanalyse ein Herzinfarkt festgestellt worden wäre (OLG München, AHRS III, 3110/319).

D 24a Auch das OLG Koblenz (Beschl. v. 26. 9. 2012 – 5 U 783/12, juris, Nr. 10, 11) **geht bei einem verkannten Herzinfarkt von einem Diagnoseirrtum aus.** Diagnostiziert ein Arzt fehlerhaft, aber nach Auffassung des Sachverständigen noch vertretbar bei einem Patienten, der aufgrund seines Übergewichts, des Nikotinkonsums und einer Hypercholesterinanämie für eine koronare Herzerkrankung prädisponiert war, aufgrund angegebener Schmerzen im Schulter- und Armbereich eine **neurologische bzw. orthopädische Erkrankung** und unterlässt er es deshalb, den Patienten in ein Krankenhaus bzw. zu einem Kardiologen zu überweisen, ist ihm **kein Befunderhebungsversäumnis vorzuwerfen. Ein Diagnoseirrtum wird nicht dadurch zu einem Befunderhebungsfehler, dass Befunde unterbleiben, die erst bei einer Falsifizierung der Diagnose zu erheben gewesen wären.** Ein haftungsrechtlich relevantes Verschulden ist im Rahmen der Diagnosestellung erst dann gegeben, wenn das diagnostisch gewonnene Ergebnis **für einen gewissenhaften Arzt nicht mehr vertretbar erscheint** (OLG Koblenz, Beschl. v. 26. 9. 2012 – 5 U 783/12, juris, Nr. 10, 11).

D 24b Unterlässt es ein niedergelassener Arzt (Allgemeinmediziner bzw. Internist) dagegen, einen **Patienten mit erheblichen Risikofaktoren für einen Herzinfarkt, entsprechender Schmerzsymptomatik** (ziehende Beschwerden in der linken Brusthälfte bis zum Arm) **und pathologischem EKG** unverzüglich in das nächst gelegene Krankenhaus einzuweisen, so liegt ein **Fall der „unterlassenen Befunderhebung"** (hier: unterlassene Durchführung der gebotenen Anschlussdiagnostik, serielles EKG, Blutabnahme, Troponin-Test, Feststellung des Vorliegens von Herzrhythmusstörungen etc.) und **kein Diagnoseirrtum** vor (BGH, Beschl. v. 22. 9. 2009 – VI ZR 32/09, VersR 2010, 72, 73 = NJW-RR 2010, 711, 712; auch OLG Jena, Urt. v. 18. 2. 2009 – 4 U 1066/04, OLGR 2009, 419, 421: Diagnose „Gallenblasenkolik" war zunächst vertretbar, Arzt verfügte aber nicht über die erforderliche Ausstattung zur dringend erforderlichen, weiteren Abklärung bei in Betracht kommender Verdachtsdiagnose eines Herzinfarkts).

D 24c Ramm (RiOLG München, GesR 2011, 513, 517/518) differenziert anhand eines Beispiels nach dem „Schwerpunkt der Vorwerfbarkeit" wie folgt: Weist eine junge, sportliche und schlanke Frau, Nichtraucherin ohne Belastungen in der Familienanamnese die typischen Symptome eines fiebrigen Schnupfens auf, klagt sie aber auch über **Schmerzen in der Brust und diagnostiziert der Internist bzw. Hausarzt eine Erkältungskrankheit**, ohne eine weitergehende Diagnostik zum Ausschluss eines sich tatsächlich anbahnenden Herzinfarkts vorzunehmen, liegt der **Schwerpunkt bei der fehlerhaften Diagnose** (hier u. E.: wohl noch vertretbare Diagnose, allenfalls aber einfacher Behandlungsfehler).

Stellt er dieselbe Diagnose bei identischer Symptomatik eines etwa 50-jährigen, übergewichtigen, stark rauchenden Mannes, dessen Vater vor Erreichung des 60. Lebensjahres an einem Herzinfarkt verstorben ist, liegt der **Schwerpunkt bei der unterbliebenen Herzinfarktausschlussdiagnostik**, da immerhin ein greifbarer Verdacht auf das Vorliegen eines Herzinfarkts vorlag (Ramm, GesR 2011, 513, 518).

Bei schwerwiegenden Risiken – wie einem differential-diagnostisch möglichen, jedenfalls nicht auszuschließenden Herzinfarkt – muss der behandelnde Arzt auch subjektiv für unwahrscheinlich gehaltene Gefährdungsmomente ausschließen und den **Patienten bei bekannten Risikofaktoren (hier: hoher Blutdruck, erhöhter Cholesterinwert als Hinweis für eine koronare Herzerkrankung) mit geschilderten Oberbauchschmerzen in eine Klinik zur differential-diagnostischen Abklärung des erhobenen Erstbefundes (hier: Gallenblasenkolik diagnostiziert) überweisen** (OLG Jena, Urt. v. 18. 2. 2009 – 4 U 1066/04, OLGR 2009, 419, 421; auch OLG Hamm, Urt. v. 5. 11. 2003 – 3 U 52/03, AHRS III, 1820/315: Diagnose „HWS-Blockierung" bei starken Schmerzen im Brustbereich nicht mehr vertretbar; OLG Koblenz, Beschl. v. 30. 1. 2012 – 5 U 857/11, VersR 2012, 1041, 1043: Leitsymptome verkannt, KKH-Einweisung unterlassen).

D 24d

(2) Radiologe verkennt Tumor

Geht ein Facharzt für Radiologie bei der Beurteilung einer Röntgen-Kontrollaufnahme einer Patientin von einem „Rundherd ohne bis dahin aufgetretene Größenprogredienz" aus, obwohl objektiv eine geringe bzw. diskrete Größenprogredienz feststellbar gewesen wäre, und **unterlässt er es deshalb, zur Abklärung eines (tatsächlich vorliegenden) Tumors o. a. ein CT oder MRT zu fertigen** bzw. fertigen zu lassen, liegt **kein Fall der unterlassenen Befunderhebung, sondern ein Behandlungsfehler (vorwerfbarer Diagnoseirrtum)** unterhalb des groben Behandlungsfehlers (fundamentaler Diagnoseirrtum) vor (OLG Hamm, Beschl. v. 2. 3. 2011 – I-3 U 93/10, VersR 2012, 493).

D 24e

(3) Unfallchirurg/Orthopäde verkennt nach Sturz Anzeichen einer Hirnblutung bzw. eine BWK-Fraktur

Es liegt **kein Behandlungsfehler in der Form einer unterlassenen Befunderhebung** vor, wenn ein Unfallchirurg oder Orthopäde bei einer Patientin, die bei einem Spaziergang einen Schwächeanfall erlitten hatte und auf die rechte Körperhälfte und den Kopf gestürzt war, **kein CT anfertigt**, nachdem er **eine Prellung der rechten Schulter, ein beginnendes Monokelhämatom, eine Prellung des Jochbogens rechts und eine retrograde Amnesie diagnostiziert hat, Röntgenaufnahmen keinen Frakturnachweis** ergaben und die klinische Untersuchung unauffällig war, insbesondere das Bewusstsein der Patientin klar, Pupillen und Reaktionen ohne Befund waren. Im Übrigen ist es **nicht „hinreichend wahrscheinlich"**, dass ein wenige Stunden nach dem Sturz angefertigtes CT Anhaltspunkte für eine – tatsächlich vorliegende – Hirnblutung bzw. eines subduralen Hämatoms ergeben hätte (OLG Hamm, Urt. v. 19. 1. 2009 – I-3 U 13/08 mit NZB BGH v. 15. 6. 2010 – VI ZR 133/09, AHRS III, 1870/307; zur Verkennung einer Hirnblutung vgl. auch Rz. D 22e, D 111, D 111a, D 132).

D 24f

Bei fehlenden Anhaltspunkten anlässlich der klinischen Untersuchung eines nach einem Motorradunfall Mehrfachverletzten (hier: retrograde Amnesie, hirnorganisches Psychosyndrom, unspezifische Schmerzen außerhalb der BWS/

D 24g

HWS) stellt das **Übersehen einer Brustwirbelkörperfraktur auf einem Röntgenbild**, das primär der Abklärung der inneren Organe dienen soll, einen nicht als Behandlungsfehler zu qualifizierenden, **einfachen Diagnoseirrtum** dar (hier: Hinweise auf eine BWS-Verletzung waren auf dem Röntgenbild aus ex-ante-Betrachtung nicht sicher erkennbar). Klagt der Patient erst nach zwei Tagen auch über Beschwerden an der HWS/BWS und zeigt das daraufhin veranlasste CT eine BWK-Fraktur, ist den Ärzten **keine unterlassene bzw. verzögerte Befunderhebung anzulasten** (OLG Naumburg, Urt. v. 31. 5. 2012 – 1 U 97/11, GesR 2013, 149).

D 24h Unterläuft dem Arzt ein nicht als Behandlungsfehler vorwerfbarer Diagnoseirrtum in Form einer **objektiv falschen, aber (noch) vertretbaren Diagnose** (hier: nach Röntgenaufnahme des Sprunggelenks und Diagnose einer Bandverletzung im Sprunggelenk weitere Röntgenaufnahmen des Mittelfußes unterlassen), so ist der haftungsrechtliche Rückgriff auf eine hierauf beruhende, unterbliebene Befunderhebung (Anfertigung weiterer Röntgenbilder unterlassen) unzulässig. **Aus den folgerichtigen Konsequenzen eines** (Anm.: jedenfalls nicht fundamentalen) **Diagnoseirrtums kann sich deshalb auch keine Befunderhebungshaftung ergeben** (OLG München, Urt. v. 22. 3. 2012 – 1 U 1244/11, juris, Nr. 38, 40; auch OLG München, Urt. v. 29. 3. 2012 – 1 U 3611/11, juris, Nr. 51; OLG Hamm, Beschl. v. 2. 3. 2011 – I-3 U 92/10, VersR 2010, 493; vgl. Rz. D 20 f.).

f) „Schwerpunkt" bei der unterlassenen Befunderhebung

D 25 Kein Diagnosefehler, sondern **im Schwerpunkt ein Befunderhebungsfehler** liegt jedoch vor, wenn sich der Arzt darauf beschränkt, **lediglich die vorliegenden Befunde auszuwerten, obwohl er aus medizinischer Sicht weitere Befunde hätte erheben müssen**, um den Verdacht auf das Vorliegen einer schwerwiegenden Erkrankung mit den hierfür üblichen Befunderhebungen entweder zu erhärten oder auszuräumen (so OLG Brandenburg, Urt. v. 18. 6. 2009 – 12 U 213/08, juris, Nr. 4: Beta-HCG-Wert bei Verdacht auf Eileiterschwangerschaft nicht erhoben; OLG München, Urt. v. 6. 10. 2011 – 1 U 5220/10, juris, Nr. 34–36: Überweisung zum Internisten/Angiologen zur Abklärung einer p. A. V. K. unterlassen; BGH, Beschl. v. 22. 9. 2009 – VI ZR 32/09, VersR 2010, 72 = NJW-RR 2010, 711, 712 u. OLG Jena, Urt. v. 18. 2. 2009 – 4 U 1066/04, OLGR 2009, 419, 421: **sofortige Krankenhauseinweisung bei V. a. Herzinfarkt unterlassen**, vgl. hierzu Rz. D 24 ff., D 45 ff., D 92 ff., D 133, G 462a ff., G 539; OLG Hamm, Beschl. v. 2. 3. 2011 – I-3 U 93/10, VersR 2012, 493: Schwerpunkt bei der unterlassenen Befunderhebung, wenn ein **Radiologe auf einem angefertigten CT einen verdächtigen Lungenrundherd entdeckt, es aber unterlässt, eine sofortige histologische Abklärung zu veranlassen**; OLG Hamm, Urt. v. 9. 11. 2012 – I-26 U 142/09, juris, Nr. 33, 36, 39, 51, 53, 61, 62: **Angio-CT bzw. MRT bei plötzlichem, stechendem Kopfschmerz unterlassen, SAB verkannt**; OLG Koblenz, Beschl. v. 30. 1. 2012 – 5 U 857/11, VersR 2012, 1041, 1043: **Leitsymptome eines Herzinfarkts verkannt, KKH-Einweisung unterlassen**; OLG Rostock, Urt. v. 21. 12. 2012 – 5 U 170/11, VersR 2013, 465: **Nierenbeckenentzündung bzw. Sepsis verkannt, Urinuntersuchung unterlassen, Befunderhebungsfehler neben Diagnoseirrtum bejaht**; Ramm, RiOLG, GesR 2011, 513, 517/518: „Schwerpunkt der Vorwerfbarkeit" bei der Erhebung weiterer, gebotener Befunde).

(1) Verdacht auf Hodentorsion nicht abgeklärt

Hat bereits ein vorbehandelnder Arzt die **Verdachtsdiagnose „Hodentorsion"** ge-   D 25a
stellt oder eine solche jedenfalls nicht ausschließen können und liegen eindeutige Symptome vor, die hierauf hindeuten, erweist sich die **unterbliebene Freilegung des Hodens nicht als bloßer Diagnoseirrtum, sondern – zumindest im
Schwerpunkt – als Fall der unterlassenen Erhebung weiterer Befunde** (OLG Brandenburg, VersR 2002, 313, 314: zwingend gebotene Befunde unterlassen, grober
Behandlungsfehler).

(2) HNO-Arzt unterlässt Abklärung von Entzündungszeichen

Der Schwerpunkt des vorwerfbaren Verhaltens liegt bei einem HNO-Arzt – der   D 25b
eine Tonsillektomie (Mandeloperation) durchgeführt hat, in der **unterlassenen
Erhebung weiterer Befunde,** wenn er lediglich die **Verdachtsdiagnose „Novamin-
sulfon-Allergie"** stellt und von weiteren Befunderhebungen (Fiebermessen,
nachfolgend Anfertigung eines Blutbildes) absieht, obwohl **beim Patienten deutliche Entzündungszeichen (erhöhte Körpertemperatur) vorliegen** (OLG Schleswig, Urt. v. 28. 3. 2008 – 4 U 34/07, OLGR 2009, 296, 297: „unterlassene Befunderhebung" und „grober Behandlungsfehler" bejaht).

(3) Gynäkologe unterlässt Abklärung einer Eileiterschwangerschaft

Kein Diagnosefehler, sondern **im Schwerpunkt ein „Befunderhebungsfehler"**   D 25c
liegt vor, wenn sich der Arzt darauf beschränkt, lediglich die vorliegenden Befunde auszuwerten, obwohl er aus medizinischer Sicht **weitere Befunde hätte erheben müssen,** um den Verdacht auf das Vorliegen einer schwerwiegenderen Erkrankung mit den hierfür üblichen Befunderhebungen entweder zur erhärten
oder auszuräumen. Stellt ein Gynäkologe zunächst die vertretbare Diagnose des
Vorliegens einer „gestörten intrauterinen Schwangerschaft", liegen aber gleichzeitig **klassische Symptome einer extrauterinen Gravidität (Eileiterschwangerschaft)**, etwa ein positiver Schwangerschaftstest, eine irreguläre vaginale
Schmierblutung und ein Unterbauchschmerz vor, muss eine **weitergehende Abklärung durch Bestimmung des Beta-HCG-Wertes** erfolgen. Das Unterlassen der
Feststellung dieses Wertes stellt einen **Behandlungsfehler in Form der unterlassenen Befunderhebung** dar. Ist es hinreichend wahrscheinlich, dass bei Bestimmung des Beta-HCG-Wertes der Verdacht auf das Vorliegen einer Eileiterschwangerschaft bestätigt bzw. erhärtet worden wäre, wäre es auch grob fehlerhaft gewesen, eine weitere Kontrolle und nachfolgend eine Abortkürettage zu
unterlassen (OLG Brandenburg, Urt. v. 18. 6. 2009 – 12 U 213/08, juris, Nr. 4–6).

(4) Allgemeinmediziner unterlässt Abklärung einer Gefäßerkrankung

Klagt der Patient über rechtsseitige Schmerzen beim Gehen, ist die Diagnose ei-   D 25d
ner Erkrankung des Bewegungsapparates zunächst vertretbar. Ergibt ein CT nach
jahrelanger Krankengeschichte aber keinen wesentlichen Befund in Richtung
auf die angenommene orthopädische Ursache der Beschwerden, ist auch ein Allgemeinmediziner gehalten, zumindest **differential-diagnostisch auch eine Gefäßerkrankung abzuklären bzw. durch Überweisung zu einem Facharzt zur Vor-**

747

nahme einer Angiografie abklären zu lassen. Der „**Schwerpunkt des Versäumnisses**" des Arztes liegt in einem solchen Fall nicht im Festhalten an der Diagnose einer orthopädischen Erkrankung (hier: nicht mehr vertretbare Diagnose), sondern in der **unterlassenen Veranlassung weiterer Befunde** (OLG München, Urt. v. 6. 10. 2011 – 1 U 5220/10, GesR 2012, 149, 150 = juris, Nr. 34–36: die weiteren Voraussetzungen einer Beweislastumkehr wegen „unterlassener Befunderhebung" lagen vor).

(5) Unfallchirurg/Orthopäde unterlässt Röntgendiagnostik

D 25e Bei einer Traumatisierung des Handgelenks nach einem Sturz gehört die Röntgendiagnostik zur Abklärung eines etwaigen Knochenbruchs zum medizinischen Facharztstandard. Hat der Arzt (Chirurg oder Orthopäde) einen tatsächlich vorliegenden **Kahnbeinbruch nicht diagnostiziert**, handelt es sich nicht um einen einfachen Diagnosefehler, sondern um einen Fall der „unterlassenen Befunderhebung". Das Unterlassen der Fertigung einer Röntgenaufnahme stellt in einem solchen Fall sogar ein **grobes medizinisches Fehlverhalten** (grober Befunderhebungsfehler) dar (KG, Urt. v. 7. 3. 2005 – 20 U 398/01, GesR 2005, 251), so dass es hier auf das Vorliegen der weiteren Voraussetzungen im Rahmen der Fallgruppe der → *Unterlassenen Befunderhebung* (siehe hierzu Rz. U 1 ff., U 50 ff.) nicht mehr ankommt.

(6) SAB verkannt, CT/MRT unterlassen

D 25f Tritt bei einem Patienten ein plötzlich einsetzender, heftiger Kopfschmerz auf (dokumentiert: plötzlich aufgetretene, stechende Kopfschmerzen), so liegt ein **(einfacher) Befunderhebungsfehler** vor, wenn er notfallmäßig in einem Krankenhaus aufgenommen wird und dort auf der Basis einer ausreichenden Anamnese (Abklärung, ob Kopfschmerzen bereits früher aufgetreten sind u. a.) **kein CT angefertigt** wird. Wird eine **CT-Angiographie bzw. ein MRT erst mehrere Tage später gefertigt**, das eine frühere Blutung nachweist, ist es „hinreichend wahrscheinlich", dass die CT-Angiographie die dann verspätet erkannte Subarachnoidalblutung (SAB) oder jedenfalls deren Vorstufen (lokale Blutung bzw. moderate Blutung) bereits am Tag der Einlieferung gezeigt hätte.

Wenn die CT-Angiographie unauffällig gewesen wäre, so wäre leitliniengerecht zwingend eine Liquoruntersuchung nach Lumbalpunktion erforderlich und die SAB mit hinreichender Wahrscheinlichkeit nachgewiesen worden. **Die Verkennung eines solchen Befundes (SAB bzw. lokale Blutung) wäre auch grob fehlerhaft gewesen** (OLG Hamm, Urt. v. 9. 11. 2012 – I-26 U 142/09, juris, Nr. 33, 36, 39, 51, 53, 61, 62, 63). In einem solchen Fall dürfen sich die Ärzte des KKH nicht mit der **Diagnose „Spannungskopfschmerz"** begnügen, dem Patienten ein Schmerzmittel verabreichen, um ihn danach aus der stationären Behandlung zu entlassen (OLG Hamm, a. a. O., Nr. 2, 39, 51, 61: inzidenter „Schwerpunkt" bei der unterlassenen Befunderhebung angenommen).

Medzinischer Hintergrund: Bei einer **SAB** handelt es sich um eine **akute Blutung in den Subarachnoidalraum.** Symptome sind ein **plötzlich einschießender, noch nie so erlebter, heftiger, meist okzipitaler Kopfschmerz mit rascher Ausbil-**

dung eines akuten **Meningisums** ohne Fieber, häufig begleitet von vegetativen Symptomen wie Erbrechen und Schweißausbruch. Die Diagnose erfolgt durch CT (Feststellung von koagulierten Blutfüllungen des Subarachnoidalraums) bzw. MRT. Insbesondere bei einem Aneurysma des vorderen Kreislaufes, etwa der arteria carotis interna oder der arteria cerebri media soll der neurochirurgische Eingriff möglichst früh, innerhalb von 48 Stunden nach dem Auftreten der Blutung durchgeführt werden. Bei einem Aneurysma des hinteren Kreislaufs (arteria basalis, arteria vertebralis, arteria communicans anterio) ist die Überlegenheit einer Frühoperation aber nicht gesichert (Pschyrembel, Therapie, 4. Aufl., S. 995, 996).

(7) Orthopäde verkennt Herzinfarkt, KKH-Einweisung unterlassen

Werden **Leitsymptome eines Herzinfarkts** (hier: außergewöhnlich starke Schmerzen der linken Körperseite) einer 36-jährigen Patientin von einem Orthopäden unzutreffend als orthopädische Erkrankung diagnostiziert (hier: Wirbelblockade und Muskelverspannung), liegt in der **versäumten kardiologischen Abklärung** jedenfalls dann **kein grober Behandlungsfehler**, wenn der Patient anlässlich der Anamnese darauf hinweist, die Schmerzen würden wohl wie bereits vor einigen Monaten auf der Einklemmung eines Nerven im Bereich der HWS beruhen, was internistisch bereits abgeklärt worden sei. `D 25g`

Es liegen jedoch die Voraussetzungen einer Beweislastumkehr wegen „unterlassener Befunderhebung" vor. Eine akute, starke Schmerzsymptomatik der linken Körperseite erfordert die ärztliche Feststellung, wann die Schmerzen erstmals aufgetreten sind und wie sie sich im Einzelnen entwickelt haben. Ein scheinbar ähnliches, jedoch mehrere Monate zurückliegendes Ereignis darf einen Orthopäden bei fehlenden Brückensymptomen nicht zu der Annahme verleiten, eine Erkrankung auf internistischem Gebiet sei ausgeschlossen. Kann er die dann **erforderlichen, weitergehenden Untersuchungen (EKG, Labor)** nicht selbst durchführen, ist eine umgehende Krankenhauseinweisung erforderlich. Es ist auch „hinreichend wahrscheinlich", dass der Herzinfarkt dort festgestellt worden wäre, wenn der Patient ca. zwei Stunden später nach einem anderweitig veranlassten Notarzttransport an einem Herzversagen verstirbt (OLG Koblenz, Beschl. v. 30. 1. 2012 – 5 U 857/11, VersR 2012, 1041, 1043).

(8) Nierenbeckenentzündung bzw. Sepsis verkannt, Urinuntersuchung unterlassen

Wird der Patient mit Schmerzen im Bauchraum in einem Krankenhaus eingeliefert und fehlen zwar typische Zeichen einer **Nierenbeckenentzündung** wie Fieber, Nierenlagerklopfschmerz und Beschwerden beim Wasserlassen, hätte anhand der Anamnese des Patienten mit Hinweisen auf einen zuvor abgelaufenen Harnwegsinfekt, aktuelle massive Bauchschmerzen, vom Rücken ausstrahlende Schmerzen in den Bauch sowie den Laborbefund (erhöhte Leukozyten- bzw. CRP-Werte und Blut im Urin) **differential-diagnostisch an eine akute Nierenbeckenentzündung bzw. Sepsis gedacht werden müssen, liegt in der am Folgetag gestellten Diagnose „Ulcus im Darm" ein als Behandlungsfehler vorwerfbarer Diagnoseirrtum**. `D 25h`

Da diese Anamnese Anlass für differential-diagnostische Maßnahmen, nämlich **zumindest eine weiterführende Urinuntersuchung**, gibt, stellt **deren Unterlassen gleichzeitig einen Befunderhebungsfehler dar** (OLG Rostock, Urt. v. 21. 12. 2012 – 5 U 170/11, VersR 2013, 465: Das OLG Rostock nimmt sowohl einen vorwerfbaren Diagnoseirrtum als auch eine unterlassene Befunderhebung und für den Folgetag bei Verkennung einer Stauungsniere noch einen fundamentalen Diagnoseirrtum an).

4. Der Patient darf nicht in unnötige Ängste versetzt werden

D 26 Dem Arzt obliegt auch die Pflicht, den Patienten durch die Art und den Inhalt der Diagnosemitteilung **nicht in unnötige Ängste** zu versetzen und ihn nicht unnötig zu belasten.

D 27 Diese Pflicht ist dann verletzt, wenn (kumulativ) die eröffnete Diagnose objektiv falsch ist (einfacher Diagnosefehler), für sie auch keine hinreichende Grundlage besteht (Tendenz zum fundamentalen Diagnoseirrtum), sie den Laien auf eine schwere, unter Umständen lebensbedrohende Erkrankung (z. B. div. Krebsarten wie „Hodentumor") schließen lässt und die Art und Weise der Mitteilung unter den gegebenen Umständen auch objektiv geeignet ist, den Patienten in psychischer Hinsicht schwer zu belasten (OLG Bamberg, Urt. v. 24. 3. 2003 – 4 U 172/02, OLGR 2003, 215 = AHRS III, 3130/300: 2500 Euro Schmerzensgeld bei erlittenem Schock; auch: OLG Braunschweig, VersR 1990, 57; OLG Celle, VersR 1981, 1184; OLG Köln, VersR 1988, 139 und, VersR 1988, 385).

II. Als grobe Behandlungsfehler bewertete Diagnosefehler

D 28 Ein Diagnoseirrtum im Sinne einer Fehlinterpretation erhobener Befunde gilt nur dann als grober, zur Beweislastumkehr führender Behandlungsfehler, wenn es sich um ein „fundamentales Missverständnis", einen „fundamentalen Diagnoseirrtum" handelt (BGH, Urt. v. 21. 12. 2010 – VI ZR 284/09, NJW 2011, 1672 = VersR 2011, 400, Nr. 20; S/Pa, 12. Aufl., Rz. 644; Spickhoff-Greiner, § 823 BGB Rz. 187; zu weiteren Einzelheiten vgl. Rz. G 350 ff.).

D 29 Wegen der bei Stellung der Diagnose nicht seltenen Unsicherheiten und der nicht immer eindeutigen Symptome einer Erkrankung **muss die Schwelle, von der ab ein Diagnoseirrtum grundsätzlich als fundamental (grober Behandlungsfehler) zu beurteilen ist, hoch angesetzt werden** (BGH, Urt. v. 12. 2. 2008 – VI ZR 221/06, VersR 2008, 644, 645: **Bruch eines Fingers auf einem Röntgenbild nur schwer zu entdecken, kein fundamentaler Diagnoseirrtum**; BGH, Urt. v. 21. 12. 2010 – VI ZR 284/09, VersR 2011, 400, Nr. 20: **Anästhesist verkennt 2 × 2 cm großen Lungenrundherd, nur einfacher Behandlungsfehler**; OLG Hamm, Beschl. v. 2. 3. 2011 – I-3 U 92/10, VersR 2012, 493: **Radiologe verkennt geringe Größenprogredienz bei Lungenrundherd, nur einfacher Behandlungsfehler/vorwerfbarer Diagnoseirrtum**; OLG München, Urt. v. 12. 4. 2007 – 1 U 2267/04, juris, Nr. 126, 127, 130, 131, 142, 143, 148: **Fehlinterpretation eines Röntgenbildes, sehr schwierige Diagnose**; OLG Koblenz, Urt. v. 31. 8. 2006 – 5 U 588/06, VersR 2006, 1547, 1548: **Fehlstellung in den Gelenkflächen verkannt – kein „schlicht-**

weg nicht mehr verständlicher Fehler"; OLG Koblenz, Urt. v. 30. 11. 2006 – 5 U 209/06, VersR 2007, 1565, 1566: richtige Beurteilung eines CT schwierig, „sehr spezieller Fall"; OLG Jena, Urt. v. 15. 10. 2008 – 4 U 990/06, juris, Nr. 52, 60: **Radiologe verkennt Brustkrebs wegen Strukturverdichtungen und Narbenbildung; keine „gänzlich unverständliche, nicht mehr vertretbare" Fehldiagnose;** vgl zum verkannten Mammakarzinom Rz. D 74 ff., G 390 ff., G 484, G 574 ff.).

Ein **grober Behandlungsfehler** in der Form des „fundamentalen Diagnoseirr-   D 30
tums" liegt vor, wenn der Arzt eindeutig gegen bewährte ärztliche Behandlungsregeln oder gesicherte medizinische Erkenntnisse verstößt und einen **Fehler** begeht, der aus **objektiver Sicht nicht mehr verständlich** erscheint, weil er einem
Arzt des entsprechenden Fachs schlechterdings nicht unterlaufen darf, etwa
wenn

– ein Neurologe einen **akuten Schlaganfall eines Patienten nicht erkennt und
  auf dünner Tatsachenbasis eine „komplizierte Migräne" diagnostiziert, ohne
  einem möglichen weiterhin ablaufenden ischämischen Prozess nachzugehen**
  (OLG München, Urt. v. 3. 6. 2004 – 1 U 5250/03, VersR 2005, 657),

– der niedergelassene Internist oder Allgemeinmediziner einen **Patienten mit
  erheblichen Risikofaktoren für einen Herzinfarkt** (hier: Nikotinabusus, Bluthochdruck, familiäre Vorbelastung, Adipositas und Blutzuckererhöhung), **vorliegender Schmerzsymptomatik und Veränderungen im EKG nicht sofort mit
  dem Notarztwagen in ein Krankenhaus einweist** (BGH, Beschl. v. 22. 9. 2009
  – VI ZR 32/09, VersR 2010, 72, 73),

– eine bildgebende **Dokumenation (etwa Röntgenaufnahmen, CT, MRT) einen
  derart gravierenden Befund ergeben, dass dessen Verkennung unverständlich
  und nicht mehr nachvollziehbar wäre** (OLG Schleswig, Urt. v. 21. 7. 2006 – 4
  U 130/05, AHRS III, 1876/322 mit NZB BGH v. 25. 09. 2007 – VI ZR 183/06),

– ein von einem zugezogenen Arzt **ausdrücklich mitgeteilter Befund verkannt
  bzw. übergangen** wird (G/G, 6. Aufl., Rz. B 265) oder

– das diagnostische Vorgehen und die Bewertung der durch diagnostische Hilfsmittel gewonnenen Ergebnisse **nicht nur als unvertretbar, sondern die vom
  betroffenen Arzt vorgenommene Interpretation darüber hinaus als unverständlich zu bewerten ist** (OLG Hamm, Urt. v. 23. 8. 2000 – 3 U 229/99,
  VersR 2002, 315, 316; Urt. v. 2. 4. 2001 – 3 U 160/00, OLGR 2002, 217, 218 =
  VersR 2002, 578, 579; OLG München, Urt. v. 6. 4. 2006 – 1 U 4142/05, NJW
  2006, 1883, 1886: „schlechthin unverständlich", im entschiedenen Fall aber
  verneint; OLG Jena, Urt. v. 15. 10. 2008 – 4 U 990/06, OLGR 2009, 242,
  245/246 = juris, Nr. 52, 60: „gänzlich unverständliche, nicht mehr vertretbare" bzw. „schlechthin unvertretbare Fehldiagnose", im entschiedenen Fall
  verneint OLG Schleswig a. a. O.).

Eine solche „Unverständlichkeit" liegt etwa vor, wenn **die vom Arzt angenom-**   D 31
mene Ursache so unwahrscheinlich ist, dass ein massiver Verstoß gegen grund-
legende medizinische Erkenntnisse und Erfahrungen, die zum medizinischen
Basiswissen derselben Fachrichtung gehören, zu bejahen wäre (OLG Zweibrücken,
OLGR 2000, 459, 462; G/G, 6. Aufl., Rz. B 265), wobei die Schwelle, von der ab
ein Diagnoseirrtum als „fundamental" zu bewerten ist, hoch angesetzt werden

muss (BGH, Urt. v. 21. 12. 2010 – VI ZR 284/09, VersR 2011, 400, Nr. 20; BGH, VersR 2007, 541, Nr. 10). Danach kommt ein grober Behandlungsfehler in der Form eines „**fundamentalen Diagnosefehlers**" etwa in **folgenden, weiteren Fällen** (zu weiteren Einzelfällen vgl. Rz. G 350 ff.) in Betracht:

(1) Unfallchirurg/Orthopäde verkennt Fraktur

D 32   Der **auf einem Röntgenbild eindeutig erkennbare Bruch** wird von den Ärzten der Röntgenabteilung bzw. dem behandelnden Chirurgen oder Orthopäden übersehen (OLG Celle, VersR 1998, 54 und, VersR 1987, 941; OLG Karlsruhe, Urt. v. 14. 11. 2007 – 7 U 101/06, OLGR 2008, 90, 91: Bruch bei genauer Betrachtung des Röntgenbildes ohne Lupe ohne weiteres erkennbar; OLG Koblenz, Urt. v. 31. 8. 2006 – 5 U 588/06, VersR 2006, 1547, 1548 mit Anm. Jaeger: Fraktur ohne weiteres erkennbar, grober Behandlungsfehler von Jaeger bejaht, vom OLG Koblenz verneint; OLG Schleswig, Urt. v. 21. 7. 2006 – 4 U 130/05, AHRS III, 1876/322: im Randbereich abgebildete BWK-Fraktur auf Röntgenbild verkannt, nur einfacher Behandlungsfehler).

(2) Orthopäde verkennt Knochenzyste

D 33   Ein grober Behandlungsfehler liegt in der „**Gesamtschau**" vor, wenn ein Orthopäde bei bereits monatelang andauernden Schmerzen des Patienten im Bereich der HWS in Kenntnis der sechswöchigen, erfolglosen Behandlung des vorbehandelnden Facharztes (hier: manuelle Deblockierungen, kein Röntgenbild angefertigt) nur **zwei qualitativ minderwertige Röntgenaufnahmen** (Elemente der HWS nicht ausreichend abgebildet) fertigt, ohne anschließend neue, bessere Bilder zu erstellen, auf den Röntgenbildern einen gleichwohl **ohne weiteres erkennbaren raumgreifenden Prozess bei HWK 4** (hier: als Zeichen einer Knochenzyste) nicht feststellt und dem Patienten deshalb Krankengymnastik verordnet (OLG Schleswig, Urt. v. 4. 4. 2008 – 4 U 172/07, OLGR 2009, 126, 130/131).

(3) Orthopäde verkennt Hüftkopfgleiten

D 34   Ein grober Behandlungsfehler wurde auch bejaht wenn ein Orthopäde bei einem 14-jährigen Jungen mit Schmerzen in der Hüft- und Leistenregion **wegen unzureichender diagnostischer Methoden ein Hüftkopfgleiten** („Epiphyseolysis capitis femoris") **nicht bzw. nicht rechtzeitig erkennt** (OLG Schleswig, Urt. v. 11. 4. 2003 – 4 U 160/01, OLGR 2003, 430).

(4) Radiologe verkennt Thrombose

D 35   Wird die auf einer Phlebographie **ohne weiteres erkennbare Thrombose** vom behandelnden Radiologen als „ungünstiges Strömungsverhältnis" interpretiert (OLG Hamm, VersR 2002, 315, 316: Unvertretbar und unverständlich), liegt ein fundamentaler Diagnoseirrtum vor.

(5) Radiologe verkennt Lungentumor

Ergeben sich aus einer **CT-Aufnahme deutliche Verdachtsmomente für das Vor-** | D 36
liegen eines Lungenkarzinoms und wird eine solche Diagnose vom beurteilen-
den Radiologen faktisch ausgeschlossen, ist der Behandlungsfehler als „grob"
zu bewerten (OLG Hamm, Urt. v. 2. 4. 2001 – 3 U 160/00, OLGR 2002, 217,
218 = VersR 2002, 578, 579: soweit die Fehlinterpretation eines Befundes unvertretbar ist, begründet dies den einfachen Behandlungsfehler; ist die Interpretation darüber hinaus als unverständlich zu werten, rechtfertigt das die Annahme
eines fundamentalen Diagnosefehlers).

Liegt dagegen eine **geringe bzw. diskrete Größenprogredienz eines Rundherdes** | D 37
vor und unterlässt es der untersuchende Radiologe deshalb, ein CT bzw. MRT
zu fertigen bzw. es gegenüber dem überweisenden Arzt zu empfehlen, liegt nur
ein (vorwerfbarer) Diagnoseirrtum unterhalb des groben Behandlungsfehlers vor
(OLG Hamm, Beschl. v. 2. 3. 2011 – I-3 U 92/10, VersR 2012, 493). Ein **Fall der**
unterlassenen Befunderhebung ist jedoch gegeben, wenn der Radiologe auf einem angefertigten CT den Ausläufer eines Lungenrundherdes entdeckt, es aber
unterlässt, eine **sofortige histologische Abklärung zu veranlasssen** (OLG Hamm,
VersR 2012, 493, 494).

(6) Notarzt verkennt Nierenkolik

Unterlässt der alarmierte Notarzt, dem sich das **Bild eines schweren Krankheits-** | D 38
zustandes (hier: starke, zunehmende Schmerzen in beiden Nieren, wiederholtes
Erbrechen) bietet, die sofortige Einweisung des Patienten in eine Klinik zur Erhebung der erforderlichen Befunde, liegt ein grober Behandlungsfehler vor (OLG
Naumburg, Urt. v. 13. 3. 2001 – 1 U 76/00, OLGR 2002, 39, 41 = MedR 2002,
515, 517: insoweit auch Fall der → *unterlassenen Befunderhebung,* Rz. U 152,
U 253). Hat der Arzt Anlass zu Zweifeln an der Richtigkeit der von ihm gestellten Diagnose oder hat er solche Zweifel gehabt, diese aber nicht beachtet, liegt
ein – im Ergebnis fundamentaler – Diagnoseirrtum vor (OLG Naumburg a. a. O.).

(7) Unfallchirurg verkennt Infektion

Gleiches gilt, wenn der behandelnde Facharzt trotz **deutlicher Anzeichen eine** | D 39
bakterielle Infektion (z. B. starke Rötung, Überwärmung, erhöhter CRP- oder
Leukozytenwert) **verkennt** (OLG Karlsruhe, VersR 1989, 195; auch OLG Schleswig, Urt. v. 28. 3. 2008 – 4 U 34/07, OLGR 2009, 296, 297) bzw. deren Vorliegen
nach einer Unfallverletzung nicht in Betracht zieht (OLG Saarbrücken, VersR
1992, 1359).

Sind die **Entzündungswerte (CRP, BSG, Leukozyten) nach einer Operation dage-**
gen rückläufig und spricht das Verschließen der Operationswunde gegen einen
manifesten Gelenkinfekt, kann den behandelnden Chirurgen weder ein Befund-
erhebungs- noch ein Diagnosefehler zur Last gelegt werden, wenn bestehende
Schmerzen auf den Eingriff zurückgeführt und zunächst keine Punktatentnah-
men und mikrobiologischen Laboruntersuchungen veranlasst werden (OLG
München, Urt. v. 19. 7. 2012 – 1 U 4791/11, juris, Nr. 61, 63, 65, 67).

(8) Unfallchirurg verkennt Gelenkinfekt bzw. Abszess

D 40 Wird bei der auf Überweisung des Hausarztes wegen **starker Schmerzen im Oberschenkel** erfolgen Aufnahme im Krankenhaus (hier: Universitätsklinik) ein „Muskelriss" diagnostiziert und es unterlassen, notwendige weitere **differentialdiagnostische Untersuchungen** (Ultraschall, ultraschallgesteuerte Punktion, weitere Blutentnahmen) durchzuführen, um zum sicheren Ausschluss der sich anhand vom Patienten mitgeführter Befunde aufdrängenden, tatsächlich zutreffenden Verdachtsdiagnose „Gelenkinfekt" bzw. „Abszess im Bereich des linken Hüftgelenks" zu gelangen, liegt ein grober Behandlungsfehler vor (OLG München, Urt. v. 23. 9. 2004 – 1 U 5198/03, MedR 2006, 174, 175).

(9) Allgemeinmediziner bzw. Internist verkennt Leistenbruch

D 41 Klagt die Patientin über Unterleibsschmerzen und Beschwerden beim Wasserlassen und ergibt eine Urinuntersuchung den Befund von **massenhaftem Erythrozytensediment**, so liegt der vom Arzt geäußerte Verdacht auf eine Nierenbeckenentzündung fern. Das Nichterkennen eines tatsächlich vorliegenden, **eingeklemmten Leistenbruchs** ist grob fehlerhaft, so dass der Arzt zu beweisen hat, dass dieser fundamentale Diagnoseirrtum und das nachfolgende Unterbleiben der sofortigen Einweisung in ein Krankenhaus nicht für den im Zusammenhang mit der verspäteten Operation eingetretenen Tod der Patientin ursächlich geworden ist (OLG Frankfurt, Urt. v. 30. 3. 1999 – 8 U 219/98, VersR 2000, 853, 854).

D 42 Einstweilen frei.

(10) Kinderarzt verkennt Spannungspneumothorax

D 43 Ein fundamentaler Diagnoseirrtum ist gegeben, wenn ein **pädiatrischer** Facharzt sich objektiv aufdrängende, hochcharakteristische und hochverdächtige Symptome für einen **Spannungspneumothorax** bei einem **Neugeborenen** übersieht und es unterlässt, zeitnah indizierte diagnostische bzw. therapeutische Maßnahmen – im entschiedenen Fall eine Probepunktion und anschließend eine beidseitige Pleurapunktion – durchzuführen (OLG Schleswig, Urt. v. 28. 2. 2003 – 4 U 10/01, OLGR 2003, 264).

(11) HNO-Arzt verkennt Kehlkopfkarzinom

D 44 Gleiches gilt, wenn trotz **monatelang** bestehender **Heiserkeit** die Verdachtsdiagnose „**Kehlkopfkarzinom**" nicht gestellt wird (OLG München, VersR 1996, 379).

(12) Allgemeinmediziner bzw. Internist verkennt Herzinfarkt

D 45 (vgl. hierzu Rz. D 24 ff., D 24d, D 45 ff., D 92 ff., D 133, G 462a ff., G 539, G 652, G 941)

Auch das Nichterkennen eines **Herzinfarkts trotz deutlicher Symptome** (BGH, NJW 1996, 1589) oder dessen Einstufung als „HWS-Syndrom" bei unterlassener weiterer Abklärung ist grob fehlerhaft (BGH, NJW 1994, 801; a.A. OLG Koblenz, Beschl. v. 30. 1. 2012 – 5 U 857/11, MDR 2012, 770 = VersR 2012, 1041: auch bei Leitsymptomen nicht ohne weiteres grob fehlerhaft, aber Befunderhebungsmangel; zum *medizinischen Hintergrund beim Herzinfarkt* vgl. Rz. G 462a).

So liegt ein grober Behandlungsfehler vor, wenn der niedergelassene Internist oder Allgemeinmediziner einen **Patienten mit erheblichen Risikofaktoren** (hier: Nikotinabusus, Bluthochdruck, familiäre Vorbelastung, Adipositas und Blutzuckererhöhung), **vorliegender Schmerzsymptomatik und Veränderungen im EKG** nicht sofort mit dem Notarztwagen in ein Krankenhaus einweist (BGH, Beschl. v. 22. 9. 2009 – VI ZR 32/09, VersR 2010, 72, 73 = NJW-RR 2010, 711, 712; vgl. auch Ramm, RiOLG, GesR 2011, 513, 518: „Schwerpunkt der Vorwerfbarkeit" bei der unterbliebenden Herzinfarktausschlussdiagnostik, Beweislastumkehr wegen eines „groben Behandlungsfehlers" und wegen „unterlassener Befunderhebung").

Die Unterlassung einer angesichts der **Unsicherheit einer zunächst vertretbar gestellten Diagnose (hier: Gallenblasenkolik)** erforderlichen Überprüfung, also die Nichterhebung weiterer Befunde (hier: Labordiagnostik, Belastungs-EKG o. a.) stellt einen Behandlungsfehler dar, wenn die vorliegenden Befunde auch den nicht auszuschließenden Verdacht einer Erkrankung nahelegen, die zwingend behandlungsbedürftig ist (hier: Herzinfarkt) und die – aufgrund objektiv fehlerhafter, aber zunächst noch vertretbarer Erstdiagnose – notwendige Behandlung in einer Klinik unterbleibt, weil der Arzt es versäumt, die differenzialdiagnostisch in Betracht kommende, ggf. **lebensbedrohliche Krankheit (hier: Herzinfarkt)** in einer Klinik mit Labormedizin und technischem Gerät abklären zu lassen (OLG Jena, Urt. v. 18. 2. 2009 – 4 U 1066/04, OLGR 2009, 419, 421). **D 46**

(13) Orthopäde bzw. Arzt im Notfalldienst unterlässt bei Leitsymptomen eines Herzinfarkts Krankenhauseinweisung

Andererseits liegt in der **versäumten internistischen und kardiologischen Sachaufklärung nicht ohne Weiteres ein grober Behandlungsfehler eines Orthopäden**, wenn der Patient selbst darauf hinweist, die außergewöhnlich starken Schmerzen auf der linken Körperseite könnten, wie bereits einige Monate zuvor, auf der Einklemmung eines Nervs im Bereich der Halswirbelsäule beruhen und der Orthopäde daraufhin unter **Verkennung der Leitsymptome eines Herzinfarkts** des 36-jährigen Patienten eine Querwirbelblockade sowie eine Muskelverspannung diagnostiziert. In einem solchen Fall kommt allerdings eine **Beweislastumkehr aus dem Gesichtspunkt der „unterlassenen Befunderhebung"** in Betracht, wenn eine ergänzende Befragung des Patienten ergeben hätte, dass die aktuelle Beschwerdesymptomatik mit außergewöhnlich starken Schmerzen der linken Körperseite mit der Monate zuvor bestehenden Symptomatik nicht vergleichbar war, sodass eine **ergänzende internistische Abklärung (EKG, Labordiagnostik u. a.) erforderlich** gewesen wäre (OLG Koblenz, Beschl. v. 30. 1. 2012 – 5 U 857/11, MDR 2012, 770 = VersR 2012, 1041, 1043: auch die weiteren Voraussetzungen einer Beweislastumkehr wegen „unterlassener Befunderhebung" lagen vor). **D 47**

Es wurde als **noch vertretbar, jedenfalls nicht grob fehlerhaft** bewertet, wenn ein Arzt im Notfalldienst bei einem 34 Jahre alten, sportlichen Patienten, dessen **D 48**

Mutter im Alter von 60 Jahren einen Herzinfarkt erlitten hatte, bei ziehenden Unterbauchschmerzen einen „Darminfekt, Interkostalneuralgie" diagnostiziert und den Patienten nicht aufgefordert, sich zur Erstellung eines EKG und zur Erhebung von Enzymwerten umgehend in ein Krankenhaus zu begeben, um die Verdachtdiagnose eines Herzinfarkts abklären zu lassen (OLG München, Urt. v. 19. 10. 2006 – 1 U 2149/06 mit NZB BGH v. 16. 10. 2007 – VI ZR 229/06, AHRS III, 3110/319: im entschiedenen Fall lagen insgesamt fünf Sachverständigengutachten vor, die zu teilweise divergierenden Auffassungen gelangten).

(14) Unfallchirurg verkennt bei der OP verbliebenen Fremdkörper

D 49   Auch das **Festhalten an einer ersten Diagnose** bei einer zwölf Tage später durchgeführten erneuten Sonographie kann grob fehlerhaft sein. So ist die Vermutung, es handle sich bei einer diffusen Schwellung der Bauchwand im Unterbauch- und Leistenbereich um **ein etwa 5 × 3 cm großes Hämatom und nicht um einen bei der vorangegangenen Operation verbliebenen Fremdkörper** unter Berücksichtigung folgender Umstände **nicht mehr vertretbar und unverständlich:** Ein Bluterguss hätte sich gegenüber dem Vorbefund vor zwölf bis vierzehn Tagen normalerweise zurückgebildet, angesichts der Gleichheit der auffälligen Strukturen hätte man nunmehr an einen nach dem Unfall bzw. nach der Operation im Gewebe (tatsächlich) verbliebenen Fremdkörper denken müssen (OLG Düsseldorf, Urt. v. 16. 11. 2000 – 8 U 63/00, AHRS III, 6560/303).

(15) Urologe verkennt Hodentorsion

D 50   Es ist auch grob fehlerhaft, bei einem schmerzhaft geschwollenen Hoden (hier: akute und heftige Schmerzen im Hoden kurz vor der Untersuchung) die Möglichkeit einer **Hodentorsion** auszuschließen und eine Nebenhodenentzündung zu diagnostizieren, ohne den Hoden zuvor operativ freigelegt zu haben bzw. den Patienten zur **Freilegung des Hodens notfallmäßig in die Chirurgie zu überweisen** (OLG Hamm, Urt. v. 7. 9. 2005 – 3 U 37/05, AHRS III, 6562/345).

(16) Gynäkologe diagnostiziert trotz entgegenstehender Laparoskopie Myom

D 51   Die fehlerhafte Diagnose eines Uterus myomatosus (Myom in der Gebärmutter) mit der Folge der – objektiv nicht indizierten – Entfernung der Gebärmutter ist grob fehlerhaft, wenn einer solchen Diagnose durch eine vorangegangene Laparoskopie, bei der kein Myom beschrieben wird, der Boden entzogen worden ist (OLG Köln, Urt. v. 19. 3. 2003 – 5 U 159/02, AHRS III, 1942/309).

(17) Allgemeinmediziner bzw. Internist verkennt Lungenentzündung

D 52   Das diagnostische Vorgehen und die Bewertung der durch die diagnostischen Hilfsmittel gewonnenen Ergebnisse sind für einen gewissenhaften Arzt **nicht mehr vertretbar und unverständlich** (OLG Hamm, Urt. v. 4. 3. 2002 – 3 U 147/01, AHRS III, 2002/312 und Urt. v. 23. 8. 2003 – 3 U 229/99, AHRS III, 1815/301 = VersR 2002, 315, 316), wenn der Nachweis einer Pilzinfektion im Bronchialsekret nicht geführt werden kann, beim Patienten eine extreme Leukozytose von 29 000 μ/l (Norm: bis 11 000) und eine deutliche Erhöhung der Blutsenkungsgeschwindigkeit als Zeichen einer (objektiv vorliegenden) ausgeprägten, **bakteriell bedingten Lungenentzündung** vorliegen und die behandelnden Ärzte dennoch an der Eingangsdiagnose „Pilzinfektion in der Speiseröhre" festhalten, so dass die Lungenentzündung erst am dritten stationären Tag festgestellt werden kann (OLG Hamm, Urt. v. 4. 3. 2002 – 3 U 147/01, AHRS III, 2002/312).

(18) Neurologe bzw. KKH verkennt Hirnblutung

Klagt ein Patient über **schlagartig aufgetretene, erhebliche und unerträgliche Kopfschmerzen, etwa „eine Explosion im Kopf, als hätte man einen Nackenschuss bekommen"**, wobei sich die Schmerzen bei Kopfbewegungen, beim Bücken u. a. verstärken, ist es **grob fehlerhaft, wenn ein (niedergelassener) Neurologe lediglich eine CT-Untersuchung des Schädels ohne Kontrastmittel**, das keinen pathologischen Befund ergibt, nicht jedoch nachfolgend eine **Aneurysmadiagnostik, etwa durch Kontrastmittel-CT bzw. Angio-MRT** oder (im Jahr 2003) eine DS-Angiographie zur möglichen Feststellung einer **Hirnblutung (hier: Subarachnoidalblutung, SAB)** veranlasst und mit der Patientin lediglich einen Wiedervorstellungstermin in vier Tagen vereinbart (OLG Düsseldorf, Urt. v. 8. 11. 2007 – I-8 U 38/07, AHRS III, 2060/311). **D 53**

Deutet der Aufnahmebefund des Patienten auf einen **Schlaganfall** hin, ist eine **unverzügliche Bildgebung – zumeist ein CT, nicht lediglich ein EEG –** zur weiteren diagnostischen Abklärung geboten, um erforderlichenfalls eine Lyse-Therapie oder eine Sekundärprophylaxe einzuleiten (Sekundärtherapie mit Thrombozytenaggregationshemmern bzw. mit Antikoagulantien). Wird das **CT mehr als vier Stunden nach Einlieferung des Patienten mit Anzeichen für einen Schlaganfall gefertigt, liegt ein „grober Behandlungsfehler" vor.** Demgegenüber greift eine (zusätzliche) **Beweislastumkehr wegen „unterlassener Befunderhebung"** nicht ein, wenn offenbleibt, ob die unverzügliche Bildgebung durch CT **ein reaktionspflichtiges Ergebnis gehabt und die hieran anknüpfende Therapie den weiteren Kausalverlauf zugunsten des Patienten verändert hätte** (OLG Koblenz, Urt. v. 25. 8. 2011 – 5 U 670/10, VersR 2013, 111, 112; vgl. hierzu Rz. U 82a bis U 82h; zum *medizinischen Hintergrund* vgl. Rz. G 383c, D 25f, D 22e). **D 53a**

Tritt bei einem Patienten ein plötzlich einsetzender, heftiger Kopfschmerz auf (nur dokumentiert: plötzlich aufgetretene, stechende Kopfschmerzen), so liegt nur ein **einfacher Befunderhebungsfehler** vor, wenn er notfallmäßig in einem Krankenhaus aufgenommen wird und dort auf der Basis einer nicht ausreichenden Anamnese (keine Abklärung, ob Kopfschmerzen bereits früher aufgetreten sind) u. a. **kein CT angefertigt** wird. Wird eine CT-Angiographie bzw. ein MRT, das eine frühere Blutung nachweist, erst mehrere Tage später gefertigt, ist es (i. d. R.) auch „hinreichend wahrscheinlich", dass das CT bzw. MRT die SAB oder jedenfalls deren Vorstufen (lokale Blutung bzw. moderate Blutung) bereits am Tag der Einlieferung gezeigt hätte. Wenn die CT-Angiographie unauffällig gewesen wäre, so wäre leitliniengerecht zwingend eine Liquoruntersuchung **D 54** nach Lumbalpunktion erforderlich gewesen und die SAB mit hinreichender Wahrscheinlichkeit nachgewiesen worden. Die Verkennung eines solchen Befundes wäre auch grob fehlerhaft gewesen, ebenso die Nichtreaktion durch umgehende Operation (OLG Hamm, Urt. v. 9. 11. 2012 – I-26 U 142/09, juris, Nr. 33, 36, 39, 51, 53, 61, 62, 63: das OLG Hamm konnte hier offen lassen, ob ein „grober Behandlungsfehler" vorliegt).

D 54a **Medizinischer Hintergrund:** Zum *medizinischen Hintergrund bei einer SAB bzw. Hirnblutung* vgl. Rz. D 25f, D 22e und D 111a. Zum *medizinischen Hintergrund bei einem Schlaganfall* vgl. Rz. G 383c.

III. Als einfache Behandlungsfehler bewertete Diagnosefehler

D 55 Im Bereich der Diagnose kann ein schuldhafter Behandlungsfehler des Arztes erst dann bejaht werden, wenn das diagnostisch gewonnene Ergebnis für einen gewissenhaften Arzt des entsprechenden Fachbereichs **nicht mehr vertretbar erscheint** (vgl. die Nachweise in Rz. D 10, D 11; etwa OLG Koblenz, Beschl. v. 18. 10. 2010 – 5 U 1000/10, GesR 2011, 100, 102; OLG Brandenburg, Urt. v. 21. 7. 2011 – 12 U 9/11, GesR 2012, 83, 84; OLG Brandenburg, Urt. v. 21. 7. 2011 – 12 U 9/11, juris, Nr. 25 = GesR 2012, 83, 84; OLG München, Urt. v. 8. 8. 2013 – 1 U 4549/12, juris, Nr. 56, 58; OLG München, Urt. v. 30. 6. 2011 – 1 U 2414/10, juris, Nr. 41, 42; OLG Naumburg, Urt. v. 17. 12. 2009 – 1 U 41/09, VersR 2010, 1041).

D 56 Einstweilen frei.

D 57 In folgenden Fällen wurde ein einfacher Behandlungsfehler in Form eines vorwerfbaren Diagnoseirrtums (nicht mehr vertretbare Diagnose) angenommen (zu Fällen eines „fundamentalen Diagnoseirrtums" vgl. Rz. D 28 ff. und G 350 ff.):

1. Chirurgie, Orthopädie; Röntgenbild, CT und MRT fehlerhaft ausgewertet

(1) Fehlerhafte Auswertung bzw. unterlassene Anfertigung eines Röntgenbildes oder CT's

D 58 Ein Arzt, der infolge fehlerhafter Auswertung eines Röntgenbildes eine Kantenabsprengung am Kahnbein nicht bemerkt und deshalb die angezeigte Ruhigstellung des Fußgelenks versäumt, hat für ein später eintretendes Sudeck'sches Syndrom (jetzt: „CRPS": chronische neurologische Erkrankung, die nach einer Weichteil- oder Nervenverletzung, häufig im Zusammenhang mit der Fraktur einer Extremität bei etwa 1–2 % der Patienten mit meist brennenden Schmerzen und Bewegungseinschränkungen auftritt) nicht aus dem Gesichtspunkt eines groben Behandlungsfehlers einzustehen, wenn wegen bestehender anderweitiger Sudeck-Risiken **Zweifel an der Ursächlichkeit dieses (einfachen) Behandlungsfehlers** für den Körperschaden nicht ausgeräumt werden können. Die Fehlinterpretation eines Röntgenbildes, dessen **Auswertung den Einsatz einer Lupe nahe legt**, ist nicht als fundamentaler Diagnoseirrtum zu beurteilen (OLG Saarbrücken, NJW-RR 1999, 176; auch OLG Koblenz, Urt. v. 31. 8. 2005 – 5 U 588/05,

VersR 2006, 1547: m. abl. Anm. Jaeger: Fehlstellung von Gelenkflächen verkannt).

Hat ein Unfallchirurg oder Orthopäde Röntgenaufnahmen der Hand bzw. Handwurzel in insgesamt vier Ebenen durchgeführt und auf den Bildern nicht erkannt, dass im Bereich von Mondbein/Kahnbein eine „**Verkippung**" der **Handwurzelknochen** vorliegt bzw. **Verdachtsanzeichen** für einen **Bandschaden** im Bereich des Kahnbeins/Mondbeins **übersehen** und lediglich eine Distorsion (Verstauchung) diagnostiziert, liegt nur ein **einfacher, kein „fundamentaler Diagnoseirrtum"** vor. Das gilt selbst dann, wenn auf den Röntgenbildern eine deutliche Horizontalisierung des Kahnbeins mit einem scapholunären Winkel von nahezu 80 Grad, eine leichte Verkippung des Mondbeins nach beugeseitig sowie eine Verbreiterung des Spalts zwischen Mondbein und Kahnbein objektiv erkennbar sind und der vom Gericht beauftragte Sachverständige das Vorliegen eines „schwerwiegenden Fehlers" verneint und die **Diagnose** als „**schwierig**" bezeichnet, weil die Handwurzelknochen miteinander artikulierten und für die Beurteilung des Röntgenbildes erhebliche Spezialkenntnisse (aus der Handchirurgie) erforderlich wären (OLG München, Urt. v. 12. 4. 2007 – 1 U 2267/04, juris, Nr. 84, 100, 101, 102, 114, 130, 131). **D 59**

Ein Behandlungsfehler durch das **Unterlassen der Anfertigung einer weiteren Röntgenaufnahme (hier: des linken Mittel- und Vorderfußes der Patientin)** liegt nicht vor, wenn die Patientin angegeben hat, sie sei mit dem Fuß umgeknickt und hängengeblieben und hätte ein „Krachen" vernommen, wenn der Orthopäde daraufhin das Sprunggelenk und die Basis der Metatarsale V „o. B." geröntgt und eine Bandverletzung im Sprunggelenk diagnostiziert, eine (tatsächlich vorliegende) Mittelfußfraktur in Ermangelung einer weiteren Röntgenaufnahme dabei aber nicht festgestellt hat, wenn der Sachverständige ausführt, der beklagte Orthopäde durfte anhand der Angaben der Patientin, der Klinik und den gefertigten Röntgenaufnahmen von den **typischen Anzeichen für eine Bandverletzung des oberen Sprunggelenks** ausgehen, wobei ein von der Patientin geschildertes „Krachen" sowohl mit einer Fraktur als auch mit einer Bänderverletzung vereinbar sei (OLG München, Urt. v. 22. 3. 2012 – 1 U 1244/11, juris, Nr. 2, 35, 36, 38). **D 60**

Diagnostiziert eine Unfallchirurgin in einer Notfallsituation fälschlicherweise eine „nicht dislozierte distale Radiusfraktur des rechten Handgelenks" obwohl tatsächlich eine **dislozierte Fraktur mit der Gefahr einer Fehlstellung bei unterbliebener Behandlung** vorliegt, liegt im Hinblick auf die **Notfallsituation** noch kein Behandlungsfehler vor. Wird das Röntgenbild am Folgetag durch den Radiologen (bzw. den Chefarzt) jedoch zutreffend als „**dislozierte Radiusfraktur**" interpretiert, **muss der Patient hiervon in Kenntnis gesetzt werden** (nachträgliche therapeutische Aufklärung, hier allenfalls einfacher Behandlungsfehler), um weitere medizinische Maßnahmen, etwa einen operativen Eingriff, zu ermöglichen (OLG Dresden, Urt. v. 19. 7. 2001 – 4 U 819/01, AHRS III, 1815/307). **D 61**

Kann der vom Gericht beauftragte Sachverständige nicht feststellen, dass der niedergelassene Unfallchirurg eine bestehende **Gelenkverrenkung (Fehlstellung in den Gelenkflächen)** und die hieraus entspringende Operationsindikation nach der ihm vorliegenden Röntgenaufnahme nicht nur eindeutig, sondern darüber hinaus auch in einer Weise zwingend hätte erkennen müssen, dass **alles an-** **D 62** dere für den entsprechenden Facharzt schlichtweg nicht mehr verständlich gewesen wäre, liegt nur ein als **einfacher Behandlungsfehler zu bewertender Diagnoseirrtum** vor (OLG Koblenz, Urt. v. 31. 8. 2006 – 5 U 588/06, VersR 2006, 1547, 1548 = NJW-RR 2006, 1612, 1613; a. A. Jaeger, VersR 2006, 1549: fundamentaler Diagnoseirrtum, da der Chirurg eine Fraktur übersehen hätte, die ohne weiteres erkennbar gewesen wäre).

D 63   Auch einem Orthopäden, der **diskrete Hinweise** auf einen **äußerst seltenen Riesenzelltumor** in den Röntgenbildern eines Kniegelenks nicht erkennt und den Patienten wegen eines tatsächlich vorliegenden Meniskusschadens behandelt, ist **kein fundamentaler Diagnosefehler** vorzuwerfen (OLG Düsseldorf, VersR 1989, 478).

D 64   Wird bei der Auswertung von Röntgenaufnahmen eine im Randbereich abgebildete und deshalb **nur schwer erkennbare Fraktur des 12. BWK nicht erkannt** und fehlerhaft eine LWS-Prellung diagnostiziert, liegt keine unterlassene Befunderhebung, sondern ein einfacher Behandlungsfehler (in der Form des vorwerfbaren Diagnoseirrtums bei nicht mehr vertretbarer Diagnose) vor. **Die Anfertigung eines CT ist** (als logische Konsequenz des einfachen Diagnoseirrtums) **erst nach dem Erkennen der Wirbelkörperverletzung geboten** (OLG Schleswig, Urt. v. 21. 7. 2006 – 4 U 130/05 mit NZB BGH v. 25. 9. 2007 – VI ZR 138/06, AHRS III, 6590/347 und AHRS III, 1876/322).

D 65   Zeigt die Röntgenaufnahme von der **Wirbelsäule** des Patienten eine **geringfügige Höhenminderung bzw. eine Teilwirbelbildung** eines Wirbelkörpers, die nicht sofort ins Auge springt, jedoch bei sorgfältiger und aufmerksamer Prüfung der Röntgenbilder für einen Fachmann erkennbar ist, liegt ein **einfacher Behandlungsfehler in Form eines vorwerfbaren Diagnoseirrtums** vor. Nicht jedes Übersehen an Besonderheiten auf einem Röntgenbild, CT oder MRT, die bei sorgfältiger fachlicher Prüfung erkennbar wären, ist als grob fehlerhaft (fundamentaler Diagnoseirrtum) zu bewerten. Die **Abgrenzung** zwischen objektivem Irrtum (noch vertretbare Diagnose), einfachem Behandlungsfehler (vorwerfbarer Diagnoseirrtum, unvertretbare Diagnose) und grobem Behandlungsfehler (fundamentaler Diagnoseirrtum) erfordert vielmehr eine Gesamtbeurteilung. Zu berücksichtigen sind insbesondere der Grad der Auffälligkeit und die sonstige Klinik des Patienten. **Ist die objektiv vorhandene Höhenminderung nicht ausgeprägt und auf dem Röntgenbild nur dezent sichtbar und hat der Patient Schmerzen in einem anderen Bereich angegeben, liegt nur ein einfacher Behandlungsfehler vor** (OLG München, Urt. v. 10. 2. 2011 – 1 U 5066/09, juris, Nr. 47, 49).

D 65a   Befundet der Chef- oder Oberarzt bei seiner Nachbefundung das vom Assistenzarzt (wg. vorhandener Zeichen einer Fraktur unzutreffend) „o. B." ausgewertete Röntgenbild nach, stellt er jedoch weder sicher, dass der Arzt von seiner **Nachbefundung Kenntnis erlangt,** noch, dass **eine Mitteilung des korrigierten Befundes gegenüber dem Patienten erfolgt**, stellt dieses Versäumnis keinen groben, sondern nur einen einfachen Behandlungsfehler dar. Gegen einen „groben Behandlungsfehler" spricht es, wenn nur eine **geringe Höhenminderung, die als Frakturzeichen bewertet werden könnte,** vorlag, der nachbefundende Arzt die konkrete Klinik des Patienten nicht kannte und der Vermerk zur korrekten Nachbefundung auf der Rückseite des fraglichen Blattes erfolgte und deshalb vom Assistenzarzt leicht übersehen werden konnte (OLG München, Urt. v. 10. 2. 2011 – 1 U 5066/09, juris, Nr. 48, 49; vgl. Rz. D 22c, D 22d, D 105 ff.; u. E. liegt hier in der „Gesamtschau" ein grober Behandlungsfehler als Organisationsverschulden des Klinikträgers vor).

Im Hinblick auf den **„Vorrang des einfachen Diagnoseirrtums"** greift eine   D 65b
Beweislastumkehr wegen „unterlassener Befunderhebung" in einem solchen
Fall nicht ein (vgl. hierzu oben Rz. D 20 ff.). Eine Beweislastumkehr würde im
vorliegenden Fall auch deshalb ausscheiden, wenn zwar **bei zutreffender Beurteilung des Röntgenbildes eine Fraktur** (hier: Sinterungsfraktur im Bereich des 12.
BWK) diagnostiziert worden wäre, aber auch dann **keine Indikation für eine sofortige Operation bestanden hätte** und die fachgerechte Therapie auch dann in
der Anordnung bzw. Fortführung einer konservativen Behandlung (Schmerzmedikation, Schonung, Abwarten) mit Verlaufskontrolle bestanden hätte (OLG
München, Urt. v. 10. 2. 2011 – 1 U 5066/09, juris, Nr. 53, 55; vgl. aber BGH,
Urt. v. 7. 6. 2011 – VI ZR 87/10, MedR 2012, 249, Nr. 8 m. w. N. und
Rz. U 82a ff.: in der „dritten Stufe" der Beweislastumkehr wegen „unterlassener
Befunderhebung" reicht es aus, wenn sich die Nichtreaktion auf den Befund,
hier die Fraktur, **oder** dessen bloße Verkennung als grob fehlerhaft darstellen
würde!).

Ein **als einfacher Behandlungsfehler vorwerfbarer Diagnoseirrtum** führt danach   D 65c
also nicht zur Haftung des Arztes, wenn die zutreffende Diagnosestellung den
eingetretenen Gesundheitsschaden deshalb nicht verhindert hätte, weil die
vom Arzt gleichwohl durchgeführte **konservative Behandlung auch dann die
Therapie der Wahl gewesen wäre** (OLG Oldenburg, Urt. v. 28. 7. 2004 – 5 U
112/02, AHRS III, 2440/326: Fortsetzung der konservativen Behandlung mit der
Erwartung einer Spontankorrektur bei einer Varusdeformität und einer Hyperextension nach Oberarmfraktur eines Kindes; vgl aber aber BGH, Urt. v.
7. 6. 2011 – VI ZR 87/10, MedR 2012, 249, Nr. 8 m. w. N., und Rz. U 82a ff.).

Erkennt der Arzt einen Leitbefund nicht, weil andere Fakten die tatsächlich vor-   D 65d
liegende Erkrankung wenig wahrscheinlich machen (hier: Schmerzen im rechten Knie, tatsächlich lag eine Zerstörung des Gelenkknorpels der rechten Hüfte
vor), und gelangt er daher zu einer unrichtigen Diagnose, liegt hierin **kein haftungsbegründendes Fehlverhalten, wenn er die von ihm veranlasste weitere Befunderhebung (hier: zunächst Röntgenaufnahme, dann Knochenszintigraphie)
als ausreichend ansehen durfte,** diese kein richtungsweisendes Ergebnis aufwies
und auch keine weitere Sachaufklärung gebot. Stellt sich nachfolgend heraus,
dass aus ex-post-Sicht der richtige Befund (hier: Morbus perthes, d. h. Knochenmarknekrose im Hüftkopf) **bereits auf der ersten Röntgenaufnahme sichtbar**
war, jedoch aus der maßgeblichen ex-ante-Sicht vom behandelnden Arzt falsch
gedeutet wurde, was vom Sachverständigen im Hinblick auf die **Seltenheit der
Erkrankung als nachvollziehbar** bewertet wird, kann dem Arzt weder ein fundamentaler Diagnoseirrtum noch eine unterlassene Befunderhebung zur Last gelegt werden (OLG Koblenz, Urt. v. 20. 1. 2011 – 5 U 828/10, GesR 2011, 539, 540).

Sind die Hinweise auf eine (ebenfalls) vorliegende BWS-Verletzung auf dem ini-   D 65e
tial gefertigten Röntgenbild aus der maßgeblichen ex-ante-Betrachtung anlässlich der klinischen Untersuchung eines nach einem Motorradunfall Mehrfach-

verletzten nicht sicher erkennbar und klagt der Patient erst nach zwei Tagen auch über Beschwerden an der HWS-BWS, liegt **weder ein als Behandlungsfehler zu qualifizierender Diagnoseirrtum noch eine unterlassene bzw. verzögerte Befunderhebung** vor (OLG Naumburg, Urt. v. 31. 5. 2012 – 1 U 97/11, GesR 2013, 149).

(2) Röntgenbefund nach Sturz nicht sorgfältig geprüft

D 66 Bei einer durch einen Sturz aus größerer Höhe entstandenen Fußverletzung hat der behandelnde Arzt i. d. R. gezielt zu prüfen, ob es **an typischer Stelle zu einer knöchernen Verletzung gekommen** ist. Eine Haftung des auf Schadensersatz in Anspruch genommenen Krankenhausträgers wegen **unsorgfältiger Prüfung des Röntgenbefundes** zur Erkennung eines Trümmerbruchs scheidet aus, wenn sich die durch den Diagnoseirrtum (einfacher Behandlungsfehler) verursachte zeitliche Verzögerung der gebotenen Behandlung auf den eingetretenen Gesundheitsschaden nicht ausgewirkt hat, etwa weil die dann tatsächlich durchgeführte Therapie der einzuleitenden Bruchtherapie entsprach (OLG Düsseldorf, NJW 1986, 2375; vgl. hierzu auch Rz. D 64–D 65b, D 65e).

(3) Fehlplatzierung eines eingebrachten Spans nicht erkannt

D 67 Ein grober Behandlungsfehler in der Form eines „fundamentalen Diagnoseirrtums" liegt nicht vor, wenn ein Orthopäde die **Fehlplatzierung eines bei der Wirbelkörperverblockung eingebrachten Spans nicht sofort entdeckt**, weil er zunächst übersieht, dass die postoperativ gefertigte **Röntgenaufnahme interpretierbar** ist und daher weitere Untersuchungen mit bildgebenden Verfahren (CT, MRT) erfordert, wobei der Arzt aufgrund des vorhandenen (einfachen) Diagnoseirrtums von der Fertigung von CT- oder MRT-Bildern absieht (OLG Koblenz, Urt. v. 13. 7. 2006 – 5 U 17/06, VersR 2007, 1001 = OLGR 2007, 93, 95).

(4) Falschbefundung eines CT oder MRT

D 68 Auch die in Folge der **Fehlinterpretation einer CT-Aufnahme** objektiv falsche ärztliche Befundauswertung (hier: gestellte Diagnose „chronische Siebbeinentzündung, kein Nachweis von Knochendestruktionen", objektiv zutreffend jedoch: Tumor/Neuroplastom bei eindeutig vorliegenden knöchernen Destruktionen) ist **nicht als fundamentaler Diagnoseirrtum** (grober Behandlungsfehler), sondern als bloßes Diagnoseversehen (hier: einfacher Behandlungsfehler) zu bewerten, wenn es sich nach den Ausführungen des Sachverständigen um einen „sehr speziellen Fall", eine **sehr spezielle Erkrankung** handelt, die zudem an der festgestellten Lokalisation **sehr selten vorkommt**, woraus sich ergebe, dass die **richtige Befundung schwierig** war. Der dem Patienten obliegende Kausalitätsnachweis (§ 286 I ZPO) ist nicht geführt, wenn der Sachverständige ausführt, dass bei zutreffender Auswertung des CT ein radikalchirurgisches Vorgehen bereits mehrere Monate früher hätte durchgeführt werden müssen, es aber auch dann wahrscheinlich zu einem vollständigen Verlust des Geruchssinnes und einer Einschränkung des Geschmackssinns gekommen wäre, es sei auch spekulativ, ob ein zweiter Eingriff dann hätte vermieden werden können und ob die weitere Behandlung und deren Folgen dann weniger einschneidend gewesen wären

(OLG Koblenz, Urt. v. 30. 11. 2006 – 5 U 209/06, AHRS III, 6560/315 = VersR 2007, 1565, 1566).

Unterbleibt eine medizinisch gebotene Befunderhebung (Anfertigung eines wei-   **D 69**
teren CT oder MRT o. a.), weil im Rahmen eines differential-diagnostischen Prozesses aufgrund einer Fehlinterpretation von Befunden (hier: eines CT) an eine
bestimmte Erkrankung gar nicht gedacht wird und deren weitere Abklärung deshalb unterbleibt, liegt regelmäßig **kein Fall der „unterlassenen Befunderhebung"**
vor (OLG Koblenz, Urt. v. 30. 11. 2006 – 5 U 209/06, VersR 2007, 1565, 1566).

(5) Mehrfragmentfraktur auf CT nicht vollständig erkannt

Erkennen die behandelnden Unfallchirurgen das **Ausmaß einer Mehrfachfraktur**   **D 70**
(hier: Vierfragmentbruch, Kalottenfragment deutlich nach vorn subluxiert, Dislozierung des Tuberculum majus und des Tuberculum minus sowie Abbruch
des vorderen Pfannenrandes) anhand der CT-Aufnahmen nicht in vollem Umfang, liegt jedenfalls **kein fundamentaler Diagnoseirrtum** vor, wenn die wesentlichen Frakturen, soweit erkannt, umgehend behandelt werden. Wird aufgrund einer übersehenen Fraktur sechs Wochen später eine Revisionsoperation erforderlich, scheidet ein Schadensersatzanspruch aus, wenn der Patient nicht
nachweisen kann, dass sich bei vollständig korrekter Auswertung der CT-Aufnahmen und entsprechend früherer operativer Revision ein signifikant besseres
Heilungsergebnis eingestellt hätte (OLG Köln, Urt. v. 4. 6. 2003 – 5 U 160/00,
AHRS III, 1876/310).

**(6) Nichterkennen der Durchtrennung eines Nervs, unterlassene Röntgenunter-
suchung**

Das Nichterkennen der **Durchtrennung des Nervus ulnaris nach einer Glassplit-**   **D 71**
terverletzung an der Hand ist nicht fehlerhaft (kein vorwerfbarer Diagnoseirrtum), wenn der Arzt eine Sensibilitätsprüfung der Finger durchgeführt hat, bei
der der Patient mit dem Daumen alle Finger berühren und einen Faustschluss
vornehmen konnte. In jedem Falle liegt kein „fundamentaler Diagnoseirrtum"
vor. Nach einer Glassplitterverletzung ist jedoch eine **Röntgenuntersuchung ge-**
boten. Hätte man dabei einen verbliebenen Splitter mit hinreichender Wahrscheinlichkeit erkannt, wäre die Nichtreaktion hierauf – durch chirurgische Entfernung des Splitters – grob fehlerhaft (OLG Koblenz, Urt. v. 20. 10. 2005 – 5 U
1330/04, AHRS III 1876/319).

2. Chirurgie, Allgemeinmedizin; Hodentorsion verkannt

(1) Hodentorsion durch Assistenzarzt oder Allgemeinmediziner übersehen

Verkennt ein in einem Krankenhaus tätiger und am Anfang seiner Berufsausbil-   **D 72**
dung stehender **Assistenzarzt** nach einer schweren Hodenprellung des Patienten
die Möglichkeit einer **Hodentorsion** mit der weiteren Folge einer erforderlich
werdenden Exzision des Hodens, kann diesem kein fundamentaler Diagnosefehler vorgeworfen werden. Er haftet bei ungeklärtem Kausalverlauf auch nicht unter dem Gesichtspunkt eines Übernahmeverschuldens bei der Diagnosefindung,

wenn später festgestellt wird, dass der von ihm hinzugezogene **Chef- oder Oberarzt ebenfalls nicht die richtige Diagnose gestellt** hätte (OLG Düsseldorf, VersR 1986, 659).

D 73 Stellt sich ein Patient **mit erheblichen Schmerzen im Unterbauch und Erbrechen beim ärztlichen Notfalldienst (hier: Allgemeinmediziner)** vor, ist es fehlerhaft, die Diagnose „abdominale Kolik mit Erbrechen" und die Differenzialdiagnose „akute Blinddarmentzündung" zu stellen, ohne **Hodenregion und den Hoden selbst in die Untersuchung einbezogen oder eine umgehende Überweisung an ein Krankenhaus oder einen Facharzt veranlasst** zu haben. Stellt der vom Gericht hinzugezogene Sachverständige fest, es bestünde eine **erhebliche Unsicherheit**, ob man durch die ergänzenden Untersuchungen zu diesem Zeitpunkt eine Verletzung des Hodens festgestellt hätte, scheidet eine Beweislastumkehr wegen unterlassener Befunderhebung aber aus (OLG Karlsruhe, Urt. v. 10. 5. 2006 – 7 U 187/04, AHRS III, 6590/346: einfacher Behandlungsfehler, positives Befundergebnis nicht „hinreichend wahrscheinlich").

3. Gynäkologie und Radiologie; Brustkrebs u. a. verkannt

(weitere Einzelheiten zur Verkennung von Brustkrebs bei Rz. D 22a, D 22g, D 24e, G 390ff., G 484, G 569ff., G 577bff.)

(1) Anzeichen für Brustkrebs vom Gynäkologen verkannt

D 74 Ein Diagnosefehler des **Gynäkologen**, der zur Abklärung der von der Patientin geklagten Brustschmerzen Mammografien beider Brüste veranlasst und die abgebildeten Einlagerungen fälschlich als nicht suspekte Makrokalzifikationen beurteilt, ist **nicht als fundamental** zu werten, wenn die **Einordnung** aus radiologischer Sicht **wegen des dichten Drüsenkörpers als sehr schwierig** anzusehen war. Ende 1992 entsprach es auch nicht dem medizinischen Standard, in den Fällen sehr schwieriger Einordnung von Einlagerungen im Brustgewebe mittels Ultraschallaufnahmen zusätzliche Hinweise zur Abklärung von Veränderungen des Brustdrüsenkörpers zu suchen oder die Einlagerungen stets histologisch abzuklären (OLG München, VersR 1998, 588; allerdings hat sich die bildgebende Diagnostik zwischenzeitlich verbessert!).

D 75 Die Haftung des Gynäkologen wegen verspäteter Erkennung eines Mammakarzinoms scheidet aus, wenn die aufgrund seines Behandlungsfehlers **um zwei Jahre verzögerte chirurgische Behandlung**, die Entfernung von Lymphknoten, die Bestrahlung sowie die Folgen der Bestrahlungsmaßnahmen für die Patientin bei rechtzeitig gestellter Diagnose nicht günstiger ausgefallen wären und **die bloße Verzögerung der Diagnosestellung** keinen messbaren (vgl. § 287 ZPO: mit überwiegender Wahrscheinlichkeit hierauf zurückzuführenden) Körper- oder Gesundheitsschaden herbeigeführt hat. Allein **die Verschlechterung der Prognose führt nicht zu einem Anspruch** gegen den behandelnden Arzt, wenn nicht festgestellt werden kann, dass hieraus ein konkreter Körper- oder Gesundheitsschaden resultiert bzw. künftig resultieren wird (OLG Düsseldorf, Urt. v. 22. 3. 2007 – I-8 U 124/05 mit NZB BGH v. 6. 11. 2007 – VI ZR 112/07, AHRS III, 1942/320).

(2) Brustkrebs vom Radiologen verkannt

Nur ein einfacher Behandlungsfehler in der Form eines vorwerfbaren Diagnoseirr- D 76
tums, **kein grober Behandlungsfehler** (fundamentaler Diagnoseirrtum) liegt vor,
wenn ein **Radiologe** auf den von ihm gefertigten Mammografieaufnahmen nur eine
„Strukturverdichtung im Sinne einer Mastopathie" diagnostiziert und das Vorliegen eines Mammakarzinoms wegen vorhandener, als „Architekturstörungen" der
Brust bezeichneter **herdförmiger Veränderungen mit unscharfer Begrenzung und bestehender Narben nach früherer Operation** eines Muttermals verkennt. Auch wenn
diese Veränderungen nach Feststellung des vom Gericht hinzugezogenen Sachverständigen wegen ihrer Ungleichmäßigkeit eher nicht auf eine Mastopathie hindeuten, handelt es sich nicht um eine Fehldiagnose, die „gänzlich unverständlich und
nicht mehr vertretbar" bzw. „schlechthin unvertretbar" ist (OLG Jena, Urt. v.
15. 10. 2008 – 4 U 990/06, juris, Nr. 52, 53, 57, 60 = OLGR 2009, 242, 245 f.).

Es liegt **kein Behandlungsfehler eines Radiologen** (hier: Diagnose noch vertret- D 77
bar) vor, wenn ihm eine 50-jährige, erblich vorbelastete Patientin vom Gynäkologen mit dem Hinweis auf eine „abklärungsbedürftige, unklare Verdichtung"
nach getastetem Knoten in der Brust zur Durchführung einer Mammographie
und Mammasonographie überwiesen wird, er nach Durchführung der Untersuchungen die Diagnose nach BI-RADS III stellt und im Befundbericht ausführt,
es lägen „unklare Strukturen", eine „unscharfe Begrenzung" als Anzeichen für
eine vorhandene Zyste vor, eine Wiedervorstellung innerhalb von sechs Monaten werde empfohlen. Sind sich der Radiologe und aufgrund dessen Befund
auch der überweisende Gynäkologe, der von der fachlichen Richtigkeit der Diagnose ausgehen darf, **(subjektiv) sicher, dass kein malignes Geschehen vorliegt,
kommt eine Beweislastumkehr wegen unterlassener Befunderhebung (unterlassene Überweisung zur Durchführung einer Biopsie) nicht in Betracht.** Eine Biopsie ist in einem solchen Fall nicht geboten, wenn sie aus der maßgeblichen ex-
ante-Sicht lediglich der Bestätigung einer im Großen und Ganzen bereits geklärten Diagnose dienen würde (OLG Koblenz, Beschl. v. 21. 11. 2011 – 5 U 688/11,
GesR 2012, 346, 348).

Ist sich der Arzt bei (zunächst) vollständig erhobenem Befund **seiner Diagnose sicher, kann ihm die unterlassene Einholung einer Zweitmeinung auch nicht als
unterlassene Befunderhebung vorgeworfen werden** (OLG Koblenz, GesR 2012,
346, 349 im Anschluss an BGH, NJW-RR 2007, 744).

(3) Probeexcision bei Brustkrebsverdacht unterlassen bzw. unzureichend

Wird nach einer Verdachtsdiagnose auf ein Mammakarzinom die Durchführung D 78
einer **Probeexcision unterlassen,** so liegt ein (einfacher) Behandlungsfehler vor
(OLG Stuttgart, VersR 1989, 295). Gleiches gilt, wenn bei der Verdachtsdiagnose
„Mammakarzinom" bzw. „Mastopathie" (grobknotige Veränderungen des Brust-
gewebes, i. d. R. mit erhöhtem Mammakarzinomrisiko) zwar eine Probeexcision
wegen „Gruppenkalk" durchgeführt, die Identität von entnommenem und ge-
suchtem Gewebe jedoch nicht gesichert wird (OLG Düsseldorf, VersR 1986, 64).

Das Nichterkennen eines Mammakarzinoms durch Unterlassen gebotener, wei- D 79
terer Diagnostik, insbesondere die **Empfehlung zur Fertigung einer Stanzbiopsie,**

stellt einen einfachen, jedoch **keinen groben Behandlungsfehler eines Radiologen** dar, wenn der Radiologe nach Hinweis der Patientin auf eine Verhärtung im rechten Brustbereich zwei Mammographien fertigt und die tumorverdächtigen Verdichtungen als „kleinknotige Fibroadenose ohne sicheren Anhalt für einen malignen Mammatumor" befundet, obwohl ein **unterlassener oder fehlerhaft durchgeführter Vergleich mit früheren Mammographien** Anlass zur weiteren Abklärung gegeben hätte.

D 80 Ein „grober Behandlungsfehler" liegt in einem derartigen Fall aber nicht vor, wenn zwei vom Gericht beauftragte Sachverständige die sichtbaren Verdichtungen konträr beurteilen, nämlich zum einen dahingehend, ein Vergleich mit den Voraufnahmen und den aktuellen Befunden hätte **die Annahme einer Befundkonstanz gerechtfertigt**, zum anderen, es hätte sich in dem entsprechenden Zeitraum eine deutliche Vergrößerung ergeben, wobei der beklagte Radiologe aber vorsorglich eine zusätzliche Ultraschalluntersuchung „o.B." durchgeführt hat (OLG Bamberg, Urt. v. 18. 4. 2005 – 4 U 64/03 mit NZB BGH v. 28. 3. 2006 – VI ZR 142/05, AHRS III, 2110/305).

(4) Gebärmutterkrebs verkannt, Sonografie und Biopsie unterlassen

D 81 Es liegt kein Behandlungsfehler in der Form des vorwerfbaren Diagnoseirrtums oder der unterlassenen Befunderhebung vor, wenn der behandelnde Gynäkologe bei einer **Patientin, die unter Eierstockzysten und intermittierend auftretenden Periodenschmerzen leidet**, die vaginalsonografisch abgeklärt worden sind, nach mehreren Monaten keine weitere Sonografie veranlasst, wenn die Beschwerden in vertretbarer Weise auf die vorliegende Grunderkrankung zurückgeführt werden konnten. Im Übrigen wäre (im entschiedenen Fall) auch ein reaktionspflichtiger Befund einer **Sonografie und ggf. einer nachfolgenden Biopsie nicht hinreichend wahrscheinlich** gewesen, wenn die Patientin an einem extrem seltenen, vom Tumorwachstum und der Metastasierungsdynamik her gesehen äußerst aggressiven Tumor leidet und der Sachverständige ausführt, er halte es für möglich, dass der Tumor nach Berechnung der Tumorverdoppelungszeit bei (fiktiver) Fertigung einer Sonografie und Durchführung einer Biopsie noch nicht hätte entdeckt werden können (OLG München, Urt. v. 29. 3. 2012 – 1 U 3611/11, juris, Nr. 49–53).

4. Innere- und Allgemeinmedizin; Chirurgie; Infektion, Thrombose, Gefäßverschluss, Tumor im Spinalkanal bzw. Ursache der verzögerten Wundheilung verkannt

(1) Phlegmone (diffuse Entzündung von Bindegewebe durch Staphylokokken, Streptokokken o. a.) von niedergelassener Ärztin nicht erkannt

D 82 Klagt der Patient nach Schilderung des bisherigen Krankheitsverlaufs über zwei Tage anhaltende Schmerzempfindungen im Bereich der Einstichstelle einer **zuvor verabreichten Spritze** und wird dort eine oberflächliche **Verhärtung der Haut** festgestellt, muss auch eine niedergelassene Ärztin die **Verdachtsdiagnose einer Phlegmone** in Betracht ziehen und den Patienten in ein Krankenhaus einweisen. Die Schwelle, von der ab ein Diagnoseirrtum als mit einer Beweislastumkehr verbundener schwerer Verstoß gegen die Regeln der ärztlichen Kunst zu beurteilen ist, ist jedoch hoch anzusetzen und in einem derartigen Fall noch nicht erreicht (BGH, NJW 1981, 2360).

(2) Thrombose verkannt

Wird die Symptomatik einer **tiefen Beinvenenthrombose** in ihrem Frühstadium von derjenigen einer **Ischialgie überlagert**, so liegt kein fundamentaler Diagnoseirrtum vor, wenn die Thrombose deshalb nicht erkannt wird (OLG Saarbrücken, VersR 1989, 750). Dagegen kann das Unterlassen einer Phlebographie bei bestehendem Thromboseverdacht in anderen Fallkonstellationen einen groben Behandlungsfehler begründen (OLG Oldenburg, VersR 1994, 1241; OLG Hamm, VersR 1990, 660; VersR 1990, 1120, vgl. Rz. D 115, D 116).   D 83

Zum **Ausschluss einer tiefen Beinvenenthrombose** genügt (hier: Behandlung im Jahr 2002) bei entsprechenden Befunden eine klinische Untersuchung, ein D-Dimere-Test ohne Befund und eine farbcodierte Duplex-Ultraschalluntersuchung (KUS) ohne Befund. Eine zusätzliche Phlebographie (deutlich invasivere, den Patienten belastendere und risikobehaftete Diagnosemaßnahme, die bis ca. 1995 Methode der Wahl war) ist nach Durchführung dieser **Untersuchungen „o. B."** weder geboten noch gerechtfertigt (OLG Naumburg, Urt. v. 13. 3. 2008 – 1 U 83/07, AHRS III, 2002/331: D-Dimere-Test hat eine Sensivität von 95–100 %, Phlebographie kommt nur noch bei nicht anders abklärbaren Zweifelsfällen in Betracht).   D 83a

Medizinischer Hintergrund: Bei einer **Thrombose** handelt es sich um den vollständigen oder partiellen Verschluss von Arterien, Venen oder Herzhöhlen durch intravasale Blutgerinnung mit Bildung von Blutkoageln aus Thrombozytenaggregaten und Fibrin. Die drei wesentlichen Faktoren sind ein Gefäßwandschaden, eine herabgesetzte Blutströmungsgeschwindigkeit und die veränderte Blutzusammensetzung. Thrombosen bilden sich meist im Bereich der unteren Extremitäten (Beinvenenthrombose, seltener sind Beckenvenenthrombosen).

Symptome sind Fieber, ein BSG-Anstieg, eine Leukozytose, Tachykardie, Überwärmung, Schwellung des Beins, Umfangsdifferenzen von mehr als 1,5 cm, ggf. eine livide Verfärbung des betroffenen Beins, oberflächliche Kollateralvenen, ein Druckschmerz im Bereich des Adduktorenkanals (im Oberschenkel oberhalb der Knie), Wadenschmerzen (Meyer-Druckpunkte in der Wade), ein Kniekehlenschmerz bzw. Zerreißungsschmerz in der Wade. Die Diagnose erfolgt über die entsprechende Schmerzanamnese, die klinische Untersuchung einschließlich der Druckschmerzpunkte, den Nachweis von D-Dimeren (Blutuntersuchung), eine Ultraschalldiagnostik (KUS) und bei nicht eindeutigem sonografischem Befund durch Phlebographie (Pschyrembel, 263. Aufl. 2012, S. 2082/2083 = 264. Aufl. 2013, S. 2085/2086). Die **Therapie** besteht im Einsatz antiphlogistisch-analgetisch wirkender Pharmaka wie z.B. ASS, Aspirin, ggf. Diclofenac, bei schwerem Verlauf mit Heparinen bzw. niedermolekularem Heparin, etwa Clexane, Nadroparin, Revparin, o.a. (Pschyrembel, Therapie, 4. Aufl., S. 1035/1036).

(3) Verkennung eines spinalen Tumors bei schlüssiger, anderweitiger Diagnose

D 84 Die Diagnose einer **undifferenzierten Spondylarthropathie** (entzündlich-rheumatische Erkrankung mit Veränderungen, vorwiegend der Wirbelsäule) als Frühform des Morbus Bechterew (chronisch entzündlich-rheumatische Erkrankung des Achsenskeletts, insbesondere der Wirbelsäule, der Iliosakralgelenke, der Schambeinfugen und kleiner Wirbelgelenke, der Extremitätengelenke und Sehnenansätze) kann ohne **radiologische Zusatzuntersuchungen (CT, MRT)** allein aufgrund der für die Erkrankung typischen Symptome gestellt werden, also insbesondere einer festgestellten Veränderung der sogenannten Kreuz-Darmbeingelenke, typischen, nächtlich betonten Rückenschmerzen, Vorliegen des Zelloberflächenmarkers HLA-B-27 (positiv), einer periphären Arthritis, insbesondere mit zeitweiser Schwellung des Handgelenks.

Nach einer solchen, auch anhand einer durchgeführten Skelettszintigraphie durch den **Internisten** (hier: Rheumatologe und Endokrinologe) gestellten Diagnose kann nur eine erhebliche Veränderung der Schmerzsymptomatik Anlass zu neuen differential-diagnostischen Erwägungen und zu weiterführenden Untersuchungen mittels CT und MRT sein. Ist sich der behandelnde Facharzt seiner Diagnose, hier einer **undifferenzierten Spondylatropathie,** sicher, stellt es keinen Behandlungsfehler, etwa in Form der „unterlassenen Befunderhebung" dar, wenn die im Verlauf der Behandlung auftretende **Schmerzsymptomatik** die gestellte Diagnose sogar **stützt,** dieser jedenfalls nicht entgegensteht und die weiterhin in sich stimmige Diagnostik keinen medizinisch gerechtfertigten Grund ergibt, differential-diagnostisch dem **Verdacht auf eine Spinalkanalstenose** nachzugehen, selbst wenn ein **tatsächlich vorliegender intraspinaler Tumor**, der den gesamten Spinalkanal ausfüllt, bei Veranlassung eines CT oder MRT mit hinreichender Wahrscheinlichkeit erkannt worden wäre (Letzteres wurde vom OLG Düsseldorf, Urt. v. 11. 3. 2004 – I-8 U 102/02, AHRS III, 2020/300, S. 6 offengelassen; u. E. allenfalls einfacher Behandlungsfehler).

(4) Ursache einer verzögerten Wundheilung, Ureterschädigung verkannt

D 85 Verbleibt nach einer Operation ein **Instrumententeil in der Wunde**, wird das Schließen der Wunde von den Ärzten unter Verkennung dieses Befundes fehlinterpretiert und deshalb weiter **konservativ mittels antibiotischer Behandlung anstatt einer Revisionsoperation therapiert**, so liegt kein fundamentaler Diagnoseirrtum vor. Der Patient, der eine Verzögerung der Wundheilung geltend macht, muss dann beweisen, dass bei einer früheren Revisionsoperation keine Verzögerung der Wundheilung eingetreten wäre (OLG Hamm, VersR 2000, 352).

D 86 – D 87 Einstweilen frei.

5. Innere- und Allgemeinmedizin; Rektumkarzinom, Ureterschädigung verkannt

(1) Rektumkarzinom verkannt

D 88 Ein einfacher, für sich nicht zur Beweislastumkehr führender Diagnosefehler liegt vor, wenn bei deutlichen Symptomen einer Wirbelsäulenerkrankung **keine**

weiterführende Darmdiagnostik durchgeführt und so ein Rektumkarzinom nicht erkannt wird (OLG Nürnberg, VersR 1993, 104).

(2) Rektoskopie/Koloskopie unterlassen, Rektumkarzinom verkannt

Beschreibt ein Patient **Symptome**, die sowohl für ein **Hämorrhoidenleiden** als auch für eine **Krebserkrankung** (hier: Darmkrebs/Rektumtumor) typisch sind, so hat der Internist die erforderlichen Maßnahmen zu veranlassen oder durchzuführen, um die potentiell bösartigere Erkrankung auszuschließen. Die **Symptome bei einem Hämorrhoidalleiden und einer bösartigen Erkrankung im Darmbereich sind ähnlich.** Deshalb kann eine Analblutung sowohl den Hämorrhoiden, aber auch einem Mastdarmkarzinom zuzuordnen sein. Dies verpflichtet den Arzt, eine digitale Untersuchung oder eine Rektoskopie zum Ausschluss eines Rektumkarzinoms durchzuführen. Dies gilt insbesondere dann, wenn der Patient auch über Druck beim Stuhlgang klagt und eine Blutung auch nach der vorgenommenen Injektion zur Behandlung der Hämorrhoiden persistiert.

D 89

Kann nicht festgestellt werden, dass sich bei **umgehender Durchführung einer Rektoskopie** am weiteren Verlauf Wesentliches geändert und der Patient überlebt hätte, greift eine Haftung des Arztes wegen dieses einfachen Behandlungsfehlers nicht ein (OLG Hamm, Urt. v. 28. 2. 2001 – 3 U 113/00, AHRS III, 2002/308).

D 90

(3) Ureterschädigung nach Operation verkannt

Liegt keine spezifische Richtsymptomatik für die **tatsächlich vorhandene Ureterschädigung** (Schädigung des Harnleiters) nach einer Operation vor, kann dem behandelnden Gynäkologen die – **objektiv unzutreffende** – **Differenzialdiagnose** „Verwachsungen, Ischialgie, Karzinom oder urologische Dysfunktion" nicht als Behandlungsfehler vorgeworfen werden (OLG Koblenz, Urt. v. 10. 4. 2008 – 5 U 1440/06, OLGR 2009, 314, 316/317). Ohne konkreten Verdacht besteht auch keine Verpflichtung, die vom Urlaubsvertreter veranlassten entsprechenden Befunderhebungen und Diagnosen nach Urlaubsrückkehr auf Plausibilität und Vollständigkeit zu überprüfen, wenn dem Arzt hinsichtlich des Urlaubsvertreters kein Auswahlverschulden zur Last fällt (OLG Koblenz a.a.O.)

D 91

6. Allgemeinmedizin; Herzinfarkt verkannt

(vgl. zur Verkennung von Herzinfarkten auch Rz. D 24 ff., D 45 ff., G 462a ff.; vgl. zum medizinischen Hintergrund Rz. G 462a)

(1) Allgemeinmediziner; Belastungs-EKG bzw. Krankenhauseinweisung unterlassen, Herzinfarkt verkannt

Leidet ein Patient seit Jahren an ausgeprägten Wirbelsäulenbeschwerden, so stellt es **keinen groben Behandlungsfehler** dar, wenn ein Allgemeinmediziner bei akut auftretenden starken Schmerzen des Patienten in der linken Schulter, die bis in den linken Arm und in das linke Handgelenk ausstrahlen und ohne

D 92

vorherige körperliche Belastung auftreten, zunächst ein Schulter-Arm-Syndrom diagnostiziert und eine entsprechende Behandlung mit Reizstrom beginnt, ohne der – objektiv gegebenen – Verdachtsdiagnose auf einen Vorderwandinfarkt mit Anfertigung eines Belastungs-EKG nachzugehen, wenn das angefertigte **Ruhe-EKG keinen sicheren pathologischen Befund** ergibt (OLG Braunschweig, Urt. v. 16. 8. 2001 – 1 U 59/00, AHRS III, 1820/306).

D 92a   Diagnostiziert ein Arzt **fehlerhaft, aber noch vertretbar** bei einem Patienten, der aufgrund seines Übergewichts, des Nikotinkonsums und einer Hypercholesterinanämie für eine koronare Herzerkrankung prädisponiert war, **aufgrund angegebener Schmerzen im Schulter- und Armbereich eine neurologische bzw. orthopädische Erkrankung und unterlässt er es deshalb, den Patienten in ein Krankenhaus bzw. zu einem Kardiologen zu überweisen, ist ihm kein Befunderhebungsversäumnis vorzuwerfen.** Ein Diagnoseirrtum (hier: noch vertretbare Diagnose) wird nicht dadurch zu einem Befunderhebungsfehler, dass Befunde unterbleiben, die erst bei einer Falsifizierung der Diagnose zu erheben gewesen wären (OLG Koblenz, Beschl. v. 26. 9. 2012 – 5 U 783/12, juris, Nr. 10, 11).

D 93   Ein Allgemeinmediziner darf sich grundsätzlich auf die Richtigkeit der Diagnosen der personell und apparativ besser ausgestatteten Krankenhäuser verlassen. Ihm obliegt nur eine Plausibilitätskontrolle. Liegen jedoch **greifbare Anhaltspunkte dafür vor, dass die im Krankenhaus gestellte Diagnose unrichtig ist, so hat er eine ergänzende Untersuchung und ggf. eine erneute Krankenhauseinweisung** mit entsprechenden Hinweisen zu veranlassen.

Klagt der Patient über ungewöhnlich starke Schmerzen im Brustbereich, wobei er in der Nacht zwei Mal erbrochen hatte, und hat er während der gesamten vorangegangenen Nacht über mehrere Stunden wiederholt ärztlichen Rat in einem Krankenhaus eingeholt und hatten die von dort verordneten Maßnahmen zu keiner Verbesserung der Schmerzsituation geführt, ist die vom Allgemeinmediziner gestellte **Diagnose „HWS-Blockierung mit Cervicobrachialgie und HWS-Myogelosen" anstatt „Herzinfarkt" nicht mehr vertretbar** (hier: Vorliegen eines einfachen Behandlungsfehlers). Ein Hausarzt als Erstanlaufstelle für Patienten mit akuten Herzinfarkten als einer der häufigsten Erkrankungen der Bevölkerung muss besonders auf die Differentialdiagnose „Herzinfarkt" achten (OLG Hamm, Urt. v. 5. 11. 2003 – 4 U 52/03, AHRS III, 1820/315; vgl. aber nachfolgend Rz. D 95). In dem vom OLG entschiedenen Fall dürften auch die Voraussetzungen einer Beweislastumkehr wegen „unterlassener Befunderhebung" vorgelegen haben (in den Entscheidungsgründen nicht mitgeteilt).

D 94   Stellt sich ein Patient **mit erheblichen Oberbauchschmerzen und deutlichen Risikofaktoren für einen Herzinfarkt** (hier: hoher Blutdruck, erhöhter Cholesterinwert) bei einem Facharzt für Allgemeinmedizin vor, kann es vertretbar sein, wenn zunächst die Erstdiagnose „Gallenblasenkolik" gestellt wird. Ein **Behandlungsfehler in Form der unterlassenen Einweisung in ein Krankenhaus** liegt in einem solchem Fall aber deshalb vor, weil die Beschwerden bei Gallenblasenerkrankungen und Herzinfarkten ähnliche bzw. gemeinsame Symptome aufweisen und einem Hausarzt die eindeutige Zuordnung mit rein klinischen Mitteln – ohne Labordiagnostik, Belastungs-EKG u. a. – nicht möglich ist. Bei schwerwiegenden Risiken – wie bei einem differenzialdiagnostisch möglichen, jedenfalls nicht auszuschließenden Herzinfarkt – muss der behandelnde Arzt auch subjektiv für unwahrscheinlich gehaltene Gefährdungsmomente ausschließen und den Patienten in eine Klinik zur differential-diagnostischen Abklärung seines Erstbefundes überweisen (OLG Jena, Urt. v. 18. 2. 2009 – 4 U 1066/04, OLGR 2009, 419, 421). Führt der vom Gericht beauftragte Sachverständige aus, bei klinischer Abklärung sei mit hinreichender Wahrscheinlichkeit oder gar mit an Sicherheit grenzender Wahrscheinlichkeit ein positiver Befund auf das Vorliegen eines akuten Koronarsyndroms festgestellt worden, wäre es grob fehlerhaft, nicht unverzüglich weiter gehende Behandlungsmaßnahmen (hier: Beseitigung der Stenosierung) einzuleiten (OLG Jena, OLGR 2009, 419, 421).

(2) Herzinfarkt bei jungem, sportlichen Patienten verkannt

(vgl. zum Herzinfarkt Rz. D 24ff., D 24d, D 45ff., G 462aff., G 467, G 539, G 652, G 941)

Bei einem 34 Jahre alten Mann, der unter **bewegungsabhängigen Thoraxschmer-**   D 95
zen, Schwindel, Durchfall und Erbrechen leidet, ist die von einem **Allgemeinme-**
diziner im ärztlichen Notdienst gestellte Diagnose „grippaler Infekt, Diarrhoe,
Darminfekt, Interkostalneuralgie (Wirbelsäulenschaden/Wirbelsäulenschmerzen), auch dann vertretbar (kein Behandlungsfehler), wenn die **Mutter des Patienten im Alter von mehr als 60 Jahren einen Herzinfarkt erlitten** hatte. Drängt
sich hierbei die **Differenzialdiagnose „Herzinfarkt"** (Leitsymptom: mehr als
15–20 Minuten anhaltender thorakaler drückender Schmerz hinter dem Brustbein, oft mit Ausstrahlung in den Hals und in den linken Arm unabhängig von
Atmung oder Lage und Bewegung der Arme und des Körpers) nicht auf, ist ein
Allgemeinmediziner auch nicht gehalten, aus Sicherheitsgründen auf die Durchführung weiterer Untersuchungen (EKG, Enzymuntersuchung) in einer Klinik
zu drängen. Wenn der 34 Jahre alte Patient bewegungsunabhängige Schmerzen
und akuten Durchfall ohne entsprechende Vorgeschichte, z.B. einer Angina
pectoris, angibt, so ist der Allgemeinmediziner auch unter dem Gesichtspunkt
der „therapeutischen Aufklärung" (Sicherheitsaufklärung) nicht verpflichtet,
den Patienten unter Hinweis auf die Gefahr eines Herzinfarkts aufzufordern,
sich zur Durchführung einer **Ausschlussdiagnostik (EKG, Enzymuntersuchung)**
in ein Krankenhaus zu begeben.

Dass bei dem Verdacht eines Herzinfarkts eine Krankenhauseinweisung und
weitergehende Untersuchungen hätten erfolgen müssen, ist selbstverständlich,
kann aber keinen vorwerfbaren Fehler des Allgemeinmediziners begründen,
wenn er diesen Verdacht gerade nicht hatte. Die Aufgabe des ärztlichen Notdienstes kann auch nicht darin bestehen, bei anhaltenden Beschwerden die fast
immer mögliche Differenzialdiagnose „Herzinfarkt" über alle anderen Diagnosen zu stellen und in derartigen, dann zahlreichen Fällen stets eine Klinikeinweisung zu erwirken (OLG München, Urt. v. 19. 10. 2006 – 1 U 2149/06 mit
NZB BGH v. 16. 10. 2007 – VI ZR 229/06, AHRS III, 3110/319 = OLGR 2007,
303, 305 = juris, Nr. 66, 70, 74, 80, 81: im entschiedenen Fall lagen fünf Gutachten vor, die teilweise zu unterschiedlichen Ergebnissen gelangten; vgl. auch
Ramm, RiOLG München, GesR 2011, 513, 517/518).

Steht nach den Ausführungen des gerichtlich bestellten Sachverständigen nicht mit der für das praktische Leben erforderlichen Gewissheit fest, dass bei einer sofortigen Krankenhauseinweisung der längere Atemstillstand und der hierauf beruhende Hirnschaden vermieden worden wäre, **fehlt es im Übrigen auch an der Kausalität** eines Behandlungsfehlers (in der Form des vorwerfbaren Diagnoseirrtums) für den eingetretenen Gesundheitsschaden (Atem- und Kreislaufstillstand nach Herzinfarkt, hypoxischer Hirnschaden mit bleibenden Beeinträchtigungen; OLG München, Urt. v. 19. 10. 2006 – 1 U 2149/06, juris, Nr. 112, 113).

7. Notfallmedizin; unterlassene Wiederbelebungsversuche, Hirngefäßverschluss verkannt

(1) Unterlassene Wiederbelebungsversuche

D 96 Es ist nicht schlechthin unverständlich im Sinne eines fundamentalen Diagnoseirrtums bzw. eines groben Behandlungsfehlers, wenn der zufällig am Unfallort anwesende Arzt (**hier: Gynäkologe; für einen Notfallmediziner gelten andere Grundsätze**) einem scheinbar Ertrunkenen erste Hilfe leistet und von Wiederbelebungsversuchen nach den sog. „ABC-Regeln" (Freimachen der Atemwege, Mund-zu-Mund-Beatmung, Herzdruckmassage) bis zum Eintreffen des Notarztes absieht, wenn er aus den ihm mitgeteilten Fakten den – falschen – Rückschluss gezogen hat, das Opfer habe bereits so lange (hier: 10 Minuten bei ca. 8 Grad) im kalten Wasser gelegen, dass es nicht mehr reanimierbar ist (OLG München, Urt. v. 6. 4. 2006 – 1 U 4142/05, NJW 2006, 1883, 1885 f. = GesR 2006, 266, 269; zustimmend Roth, NJW 2006, 2814, 2816).

D 97 Nach Auffassung des OLG Düsseldorf (Urt. v. 13. 12. 2007 – 8 U 27/07, NJW-RR 2008, 1474, NZB zurückgewiesen von BGH, Beschl. v. 1. 7. 2008 – VI ZR 4/08, BeckRS 2008, 13309) sind die Grundsätze der Beweislastumkehr beim Vorliegen eines groben Behandlungsfehlers bzw. fundamentalen Diagnoseirrtums zu Lasten eines **zufälligen ärztlichen Nothelfers** gar nicht anwendbar, d. h. es kommt in diesen Fallgestaltungen nur ein einfacher Behandlungsfehler in Betracht.

(2) Komplettverschluss des Sinus sagittalis superior nicht erkannt und Klinikeinweisung verzögert

D 98 Wird bei einer Patientin mit unklarer Muskelschwäche vom **Notarzt** neben einer psychovegetativen Ursache auch ein cerebrales Geschehen erwogen, so hat der Arzt auch eine von ihr beklagte Beinschwäche zur Abklärung von Lähmungserscheinungen zu untersuchen. Dies kann etwa durch einen Gehversuch der Patientin geschehen, verbunden mit der Beobachtung, ob sie wegknickt. Wird durch Unterlassen dieser Untersuchung ein Komplettverschluss des Sinus sagittalis superior nicht erkannt und die **Klinikeinweisung um zwei bis drei Stunden verzögert**, liegt ein einfacher, aber kein grober Behandlungsfehler vor (OLG Köln, VersR 1999, 366).

8. Pathologie; Malignität eines Tumors verkannt

Ist sich ein Pathologe seiner auch auf subjektiven Einschätzungen und Erfahrun-   D 99
gen beruhenden Diagnose, es liege ein gutartiger Tumor vor, sicher, kann aus
seiner zusätzlichen Aussage, es bestehe kein Anhaltspunkt für ein invasives malignes Melanom sowie für eine andersartige Krebserkrankung, kein selbständiger
fundamentaler Diagnosefehler (grober Behandlungsfehler) hergeleitet werden.
Ein (einfacher) Diagnosefehler wird nicht bereits deshalb zum Befunderhebungsfehler, weil der Arzt es unterlassen hat, die schwierige Beurteilung des von ihm
erhobenen Befundes durch die **Einholung einer zweiten Meinung** (ggf. in einem
Referenzzentrum) zu überprüfen (BGH, Urt. v. 9. 1. 2007 – VI ZR 59/06, VersR
2007, 541, 542/543 = GesR 2007, 233, 234).

Einstweilen frei.   D 100 – D 103

IV. Nicht als Behandlungsfehler bewerteter Diagnoseirrtum

In den folgenden Fällen wurde das Vorliegen eines Behandlungsfehlers verneint,   D 104
weil das diagnostische Vorgehen des Arztes als **noch vertretbar** und seine **Inter-**
pretation der Befunde nicht als unverständlich zu bewerten war (vgl. die Nachweise bei Rz. D 11).

1. Chirurgie, Orthopädie, Radiologie; Fraktur, Bandscheibenvorfall, Hirnblu-
tung, Schlaganfall, Sepsis, Infektion, Kompartmentsyndrom, Nervendurch-
trennung bzw. Knochen-TB verkannt

(1) Verkannte Frakturen

(Kausaler Behandlungsfehler verneint: Rz. D 14, D 22c, D 22d, D 25e, D 58 ff.,
D 64, D 65b, D 65e; zu groben Behandlungsfehlern Rz. D 32 ff., G 362 ff.)

Wenn die Röntgenaufnahmen nach einem Sturz auf die Hand mit hyperexten-   D 105
diertem Handgelenk eine **(tatsächlich vorhandene) Kahnbeinfraktur** nicht erkennen lassen, nach dem klinischen Befund und dem Unfallhergang (klassischer
Sturz auf die Hand) der Verdacht auf eine Kahnbeinfraktur besteht, ist eine **Kon-**
trolluntersuchung nach ca. vierzehn Tagen geboten. Auch wenn sich auf dem
anlässlich der Kontrolluntersuchung gefertigten Röntgenbild nach zehn bis vierzehn Tagen eine Kahnbeinfraktur, nicht jedoch eine Kahnbeinpseudoarthrose erkennen lässt, stellt ein **konservativer Therapieversuch** mit Ruhigstellung im
Unterarmgips und Daumeneinschluss **keinen Behandlungsfehler** dar, ein operativer Eingriff ist in einem solchen Fall noch nicht indiziert (OLG Oldenburg,
Urt. v. 4. 4. 2000 – 5 U 217/99, AHRS III, 1876/300).

Das **Nichterkennen einer Kalottenfraktur** (hier: nach einem Pferdetritt gegen   D 105a
den Helm, der dabei zerbrach) ist nicht fehlerhaft, wenn sich auf den angefertigten Röntgenbildern eine knöcherne Verletzung nicht erkennen lässt und deshalb

eine CT-Untersuchung nicht veranlasst wird (OLG Düsseldorf, Urt. v. 22. 2. 2007 – I-8 U 66/06, AHRS III, 1876/325).

D 105b   Ein als Behandlungsfehler vorwerfbarer, unvertretbarer Diagnoseirrtum liegt ebenfalls nicht vor, wenn ein Orthopäde oder Unfallchirurg nach einem Umknicken der Patientin beim Treppensteigen das Sprunggelenk und die Basis der Metatarsale V röntgt, sich dort keine Fraktur zeigt, das von der Patientin geschilderte Krachen beim Sturz auch mit einer Bänderverletzung vereinbar ist und der Arzt **aufgrund schlüssiger Diagnose einer Bandverletzung im Sprunggelenk keine weitere Röntgenaufnahme des Mittelfußes anfertigt und sich später herausstellt, dass die Patientin tatsächlich eine Mittelfußfraktur erlitten hat**, die nachfolgend in Fehlstellung verheilt ist (OLG München, Urt. v. 22. 3. 2012 – 1 U 1244/11, juris, Nr. 2, 35, 36, 39).

D 105c   Hat ein Arzt auf von ihm gefertigten Röntgenbildern eine Kahnbeinfraktur nicht erkannt, so kann ihm dies nicht als Diagnoseirrtum zur Last gelegt werden, wenn auch **der spätere Sachverständige die Fraktur auf den Röntgenbildern zunächst nicht erkennen kann** (OLG München, Urt. v. 5. 5. 2011 – 1 U 4306/10, juris, Nr. 44).

(2) Fehldeutung eines Kompartmentsyndroms als Beinvenenthrombose

D 106   Stützen Hämoglobinwert und Hämatokrit die (objektiv falsche) Diagnose einer Beinvenenthrombose und verdichtet sich dieser Verdacht im weiteren Verlauf dadurch, dass die insoweit eingeleitete Therapie (hier: Hochlagerung des Beins, Gabe von gerinnungsaktiven Blutpräparaten) scheinbar greift, liegt **kein Behandlungsfehler in Form eines vorwerfbaren Diagnoseirrtums oder einer unterlassenen Befunderhebung** vor, wenn der Arzt ein (tatsächlich vorliegendes) **Kompartmentsyndrom** (z. B. Faszienloge) **nicht sofort in Erwägung zieht**. Im Bereich der Diagnose kann ein schuldhafter Behandlungsfehler des Arztes erst dann bejaht werden, dann das diagnostisch gewonnene Ergebnis für einen gewissenhaften Arzt **nicht mehr vertretbar** erscheint (OLG Koblenz, Beschl. v. 18. 10. 2010 – 5 U 1000/10, GesR 2011, 100, 102).

Eine Beweislastumkehr aus dem Gesichtspunkt der „unterlassenen Befunderhebung" scheidet in einem solchen Fall aus, wenn die Ärzte eines Krankenhauses nach einer anderweitigen Operation des Patienten nach Schmerzäußerung im Unterschenkel bei bestehender Umfangsdifferenz der Unterschenkel und dortiger Schmerzsymptomatik (objektiv unzutreffend) eine Beinvenenthrombose diagnostizieren, Hämoglobinwert und Hämatokrit die Fehldiagnose stützen und deshalb eine **radiologische Untersuchung zur weiteren Erhärtung oder Überprüfung der Diagnose unterlassen** und deshalb die Verdachtsdiagnose eines Kompartmentsyndroms zunächst nicht stellen. In einem derartigen Fall ist es **nicht vorwerfbar, znächst auf die (objektiv intendierte) Abklärung durch bildgebende Verfahren zu verzichten**. Zudem war es im entschiedenen Fall auch nicht „hinreichend wahrscheinlich", dass eine weitergehende Untersuchung (Röntgenbild, MRT, Sonographie) zur Diagnose eines Kompartmentsyndroms geführt hätte. Denn die Konsequenz hätte allein darin bestanden, dass eine Beinvenenthrombose auszuschließen gewesen wäre. Der Schluss auf ein Kompartmentsyndrom hätte sich auch nach Erhebung dieser Befunde nicht mit „hinreichender Wahrscheinlichkeit" aufgedrängt (OLG Koblenz, Beschl. v. 18. 10. 2010 – 5 U 1000/10, GesR 2011, 100, 102; zur Thrombose vgl. Rz. D 83a).

(3) Durchtrennung eines Nervs nicht erkannt

Ergibt die sensorische und motorische Prüfung der Hand nach einer Glassplitter-   D 107
verletzung keine Auffälligkeit, kann ein vorwerfbarer Diagnoseirrtum des Unfallchirurgen nicht darin gesehen werden, dass er eine **ungewöhnliche Durchtrennung des Nervus ulnaris** nicht erkennt (OLG Koblenz, Urt. v. 20. 10. 2005 – 5 U
1330/04, NJW-RR 2006, 393 = VersR 2006, 704). Unterlässt er allerdings nach einer Schnittverletzung die Erstellung einer **gebotenen Röntgenaufnahme**, wodurch die Entfernung eines Glassplitters um sieben Wochen verzögert wird, steht
dem Patienten ein Schmerzensgeld i. H. v. 1000 Euro zu, wenn er nicht beweist,
dass der Kausalverlauf sich auch im Übrigen günstiger gestaltet hätte (OLG Koblenz, Urt. v. 20. 10. 2005 – 5 U 1330/04, NJW-RR 2006, 393 = VersR 2006, 704).

(4) Bandscheibenvorfall übersehen

Die vor einer Bandscheibenoperation (hier: L4/5 und L5/S1) vorgenommene prä-   D 108
operative Diagnostik ist nicht im Sinn einer unterlassenen Befunderhebung zu
beanstanden, wenn ein CT und ein MRT der Lendenwirbelsäule durchgeführt
worden sind. Stellt sich später heraus, dass neben der erkannten Bandscheibenprotrusion bei L4/5 und dem Bandscheibenvorfall L5/S1 (rechts) bei L5/S1 (links)
ein weiterer Bandscheibenvorfall vorlag, der auf den gefertigten CT- und MRT-
Aufnahmen nicht eindeutig erkennbar war, liegt **kein Behandlungsfehler** vor
(in der Form eines vorwerfbaren Diagnoseirrtums OLG Saarbrücken, Urt. v.
14. 1. 2004 – 1 U 44/02–12, AHRS III, 2090/311).

Einstweilen frei.   D 109

(5) Knochentuberkulose nicht erkannt

Es stellt keinen vorwerfbaren Diagnoseirrtum dar, wenn ein Orthopäde während   D 110
einer kurzen Behandlung des verstauchten Sprunggelenks nicht an die Möglichkeit einer Knochentuberkulose denkt (OLG Düsseldorf, Urt. v. 31. 1. 1985 – 8 U
13/84).

**(6) Regelrechte Behandlung bei unrichtiger Arbeitshypothese; Hirnblutung ver-
kannt**

Werden die gebotenen Befunde, etwa ein CT, ein MRT, eine Röntgenaufnahme   D 111
o. a. erhoben und in jedenfalls nicht unvertretbarer Weise ausgewertet (vorliegend: „**kein Nachweis einer sicheren Hirnblutung**" im angefertigten CT), so ist
das Vorliegen eines Behandlungsfehlers zu verneinen, wenn die behandelnden
Ärzte aufgrund einer objektiven Fehlinterpretation des Befundes von einer **unrichtigen Arbeitshypothese** ausgehen und konsequenterweise die sich aus dieser
Hypothese ergebenden, erforderlichen therapeutischen Maßnahmen veranlassen. Entsprechen die eingeleiteten therapeutischen Maßnahmen der objektiven
Sachlage bei (fiktiv) korrekter Auswertung des Befundes, fehlt es zudem an der

Kausalität zwischen dem Diagnoseirrtum (nicht vorwerfbarer Diagnoseirrtum bzw. einfacher Behandlungsfehler) und dem Gesundheitsschaden des Patienten (OLG Hamm, Urt. v. 30. 8. 2000 – 3 U 165/99, AHRS III, 1815/302).

D 111a Klagt eine Patientin, die fünf Tage zuvor anlässlich einer Entbindung eine PDA erhalten hatte, über **erhebliche Kopf- und Nackenschmerzen**, liegt kein als Behandlungsfehler vorwerfbarer Diagnoseirrtum vor, wenn die behandelnden Ärzte die Diagnose „postspinale Kopfschmerzen" und „Liquorverlustsyndrom" stellen und eine tatsächlich schon zu diesem Zeitpunkt vorliegende **Hirnblutung erst am Folgetag nach Verschlechterung des Zustandes der Patientin und dann erfolgter Durchführung einer CT-Untersuchung erkannt** wird (OLG Koblenz, Urt. v. 12. 1. 2006 – 5 U 1509/04 mit NZB BGH v. 31. 10. 2006 – VI-ZR 26/06, AHRS III, 2060/309).

(7) Hirnblutung nach Sturz nicht diagnostiziert

D 111b Es liegt **kein Behandlungsfehler in der Form einer unterlassenen Befunderhebung oder eines vorwerfbaren Diagnoseirrtums** vor, wenn bei einer Patientin, die bei einem Spaziergang einen Schwächeanfall erlitten hatte und auf die rechte Körperhälfte und den Kopf gestürzt war, **kein CT angefertigt** wird, nachdem nur eine Prellung der rechten Schulter, ein beginnendes Monokelhämatom, eine Prellung des Jochbogens rechts und eine retrograde Amnesie diagnostiziert worden sind, **Röntgenaufnahmen keinen Frakturnachweis** ergaben und die klinische Untersuchung (Bewusstsein klar, Pupillen und Reaktionen o.B.) unauffällig war. Es ist im Übrigen auch nicht „hinreichend wahrscheinlich", dass ein wenige Stunden nach dem Sturz angefertigtes CT Anhaltspunkte für das **Vorliegen einer Hirnblutung bzw. eines subduralen Hämatoms** ergeben hätte (OLG Hamm, Urt. v. 19. 1. 2009 – I-3 U 13/08 mit NZB BGH v. 15. 6. 2010 – VI ZR 133/09, AHRS III, 1870/307; zur Verkennung einer Hirnblutung vgl. Rz. D 22e, D 24f, D 132).

Medizinischer Hintergrund: Eine **Hirnblutung**, ggf. mit **Bildung eines intrazerebralen Hämatoms**, kann regelmäßig nur durch craniales CT (nativ oder mit Kontrastmittel), CT-Angiografie bzw. MRT-Angiografie nachgewiesen werden, wobei sich ein Hämatom oftmals erst nach mehreren Stunden zeigt (Pschyrembel, 262. Aufl., S. 293 = 264. Aufl., S. 301; Pschyrembel, Therapie, 4. Aufl., S. 159f).

D 111c Wird ein Patient nach einem **Sturz auf den Kopf** notfallmäßig in ein Krankenhaus der Grundversorgung eingeliefert (hier: gegen 0.20 Uhr mit körperlicher, neurologischer und röntgenologischer Untersuchung) und führt die dort nach einer Röntgenaufnahme mit dem Nachweis einer rechtsseitigen Schädelfraktur (hier: 0.52 Uhr) eintretende, weitere Verschlechterung zu einer Verlegung in ein Krankenhaus der Maximalversorgung zur Erstellung eines CT und Abklärung einer Hirnblutung (hier: Abfahrt um 2.20 Uhr, Ankunft um 3.05 Uhr), so kann die **Verzögerung der Verlegung** (hier: ca. 2 Stunden) **nicht als „grober Behandlungsfehler" bewertet werden**, wenn mehrere Sachverständige sich in der Einschätzung der medizinischen Gegebenheiten widersprechen (OLG Koblenz, Beschl. v. 8. 3. 2011 – 5 U 153/11, GesR 2013, 157, 159: auch die Voraussetzungen einer

„unterlassenen Befunderhebung" konnten nicht festgestellt werden, da Uneinigkeit bestand, ob ein früher angefertigter CT-Befund mit einer Wahrscheinlichkeit von mehr als 50 % ein positives Befundergebnis im Sinne eines Hämatoms
mit Mittelhirnverlagerung und Hirnstammkompression erbracht hätte).

(8) Fehlinterpretation von Symptomen eines Schlaganfalls

Erleidet ein erheblich vorgeschädigter Patient **während der Implantation einer**   D 111d
Hüftgelenkprothese einen leichten Schlaganfall, liegt kein zur Umkehr der Beweislast führender Befunderhebungsmangel (unterlassene Befunderhebung) und
auch kein fundamentaler Diagnoseirrtum (grober Behandlungsfehler) vor, wenn
die Ärzte die postoperativen Auffälligkeiten **vertretbar als normale Folgewirkungen der erheblich traumatisierenden Operation** des vorgeschädigten Patienten
deuten konnten. Sind die Symptome **mehrdeutig und** die hierauf beruhende
Diagnose und Therapie **noch vertretbar**, kann jedenfalls nicht von einem fundamentalen Diagnoseirrtum ausgegangen werden.

Kommt nach der Entdeckung des leichten Schlaganfalls eine gerinnselauflösende **Lysetherapie nicht (mehr) in Betracht (Zeitfenster derzeit max. 4,5 Stunden)**, so ist es nicht fehlerhaft, die nach einem akuten Schlaganfall erforderliche
Basistherapie durchzuführen. Hierzu gehören die Senkung des Blutzuckers, die
Einstellung des Blutdruckes und die Überwachung der Herzfrequenz, der Temperatur sowie des Flüssigkeits- und Elektrolythaushalts (OLG Koblenz, Urt. v.
7. 5. 2009 – 5 U 748/09, VersR 2010, 1184 = MedR 2010, 196, 197; vgl. zum
Schlaganfall D 54, G 383c, G 478 ff.).

(9) Bakterielle Infektion nach Injektion nicht erkannt

Aus der Zunahme der klinischen Symptome wie Schwellung, Rötung und   D 112
Schmerzen muss nicht zwingend auf eine bakterielle Infektion nach Verabreichung einer kortisonhaltigen Injektion geschlossen werden, wenn der **Schmerzzustand des Patienten anderweitig erklärbar** ist, etwa durch eine Nervenreizung.
Der Arzt darf es dabei jedoch nicht unterlassen, die aufgetretenen Symptome differentialdiagnostisch abzuklären (OLG Hamm, Urt. v. 28. 2. 2001 – 3 U 17/00,
OLGR 2002, 271).

(10) Sepsis nach Operation verkannt

Es liegt kein als Behandlungsfehler vorwerfbarer Diagnoseirrtum vor, wenn **eine**   D 112a
sich zur Peritonitis entwickelnde Sepsis mehrere Tage lang nicht erkannt wird,
weil die typischen Merkmale einer Peritonitis (Bauchfellentzündung) wie eine
Leukozytose (Leukozytenwert mehr als 11 000), der Temperaturanstieg (jedenfalls mehr als 38 Grad Celsius) und abdominelle Zeichen (geblähter Bauch mit
harter Bauchdecke) **zunächst nicht feststellbar** waren bzw. eine Erhöhung der
Leukozyten und ein Temperaturanstieg vertretbar als postoperative Folge gedeutet werden konnten (OLG Köln, Urt. v. 21. 1. 2004 – 5 U 99/03, AHRS III,
1815/316).

Verstirbt ein Patient nach der Implantation einer Hüfttotalendoprothese wegen   D 112b
Multiorganversagens als Folge einer Infektion, kann den behandelnden Ärzten

777

weder ein Befunderhebungs- noch ein Diagnosefehler zur Last gelegt werden, wenn **rückläufige CRP-Werte und das Verschließen der Wunde gegen einen manifesten Gelenkinfekt sprachen und deshalb eine mikrobiologische Laboruntersuchung eines Punktats durch einen niedergelassenen Arzt jedenfalls nicht zwingend geboten** war (OLG München, Urt. v. 19. 7. 2012 – 1 U 4791/11, juris, Nr. 61, 63, 65).

In niedergelassenen Arztpraxen ist die Entnahme von Punktaten zur labormäßigen Untersuchung (hier: CRP, Leukozyten, BSG) **nur bei Verdacht auf eine Infektion üblich und erforderlich.** Sind die CRP-Werte nach einer Operation noch erhöht, aber deutlich rückläufig (hier: von 289 mg/l auf 59 mg/l und nachfolgend auf 34 mg/l), ohne dass Antibiotika verabreicht worden waren, kann hieraus – insbesondere nach dokumentiertem Husten mit Auswurf – nicht darauf geschlossen werden, dass beim Patienten eine Infektion vorliegt, selbst wenn der Patient im Operationsbereich noch über starke Schmerzen klagt und dort ein Hämatom festgestellt wird. Der behandelnde Chirurg bzw. Orthopäde ist in einem solchen Fall nicht gehalten, eine mikrobiologische Laboruntersuchung zur Abklärung einer bakteriellen Infektion zu veranlassen (OLG München a. a. O.). Selbst wenn eine Laboruntersuchung zu fordern gewesen wäre, kommt eine Beweislastumkehr wegen „unterlassener Befunderhebung" nicht in Betracht, wenn der Sachverständige ausführt, es **sei völlig offen, ob dort zum fraglichen Zeitpunkt bereits Keime aus dem punktierten Bereich festgestellt worden wären** (OLG München, Urt. v. 19. 7. 2012 – 1 U 4791/11, juris, Nr. 66, 67).

2. Innere Medizin; HIT II/Thrombose, Encephalitis, Anämie, Schilddrüsenerkrankung verkannt, Blutverdünnung unterlassen

(1) Entferntere differential-diagnostische Möglichkeit übersehen; HIT II verkannt

D 113   Es liegt kein vorwerfbarer Diagnoseirrtum vor, wenn der Arzt über eine nahe liegende, durch eine Reihe schlüssig ineinander greifender Umstände **scheinbar abgesicherte Diagnose** eine weit entferntere differentialdiagnostische Möglichkeit übersieht (OLG Frankfurt, NJW-RR 1994, 21; OLG Düsseldorf, Urt. v. 11. 3. 2004 – I-8 U 102/02, AHRS III, 2020/300: Fehldiagnose einer entzündlichrheumatischen Erkrankung im Verlauf der Behandlung gestützt, Spinalkanalstenose verkannt; LG Magdeburg, Urt. v. 20. 6. 2007 – 9 O 1393/05, NJW-RR 2008, 536, 537: Morbus Crohn verkannt; Symptome sprachen für eine Blinddarmentzündung). Dies gilt insbesondere hinsichtlich einer **sehr seltenen Differentialdiagnose**, wenn andere Symptome im Vordergrund stehen (OLG Celle, VersR 1993, 483). Eine unrichtige Diagnose ist auch nicht als Behandlungsfehler anzusehen, wenn die Symptome auch eine andere Diagnose abdecken und die Beschwerden für das tatsächliche Krankheitsbild unspezifisch sind (OLG Naumburg, MedR 2002, 515, 516).

D 114   Eine objektiv fehlerhafte Diagnose ist nicht im Sinne eines (groben oder einfachen) Behandlungsfehlers vorwerfbar, wenn es sich um eine in der gegebenen Situation **vertretbare Deutung** der Befunde handelt. So ist die Fehldiagnose einer tumorbedingten Thrombozytopenie (tumorbedingte Verminderung der Blutblättchenzahl) kein Behandlungsfehler, wenn die objektiv zutreffende Diagnose „heparininduzierte Thrombozytopenie" (Verminderung der Blutblättchenzahl aufgrund der Verabreichung von Heparin) nicht die naheliegendste Ursache war (OLG Stuttgart, Urt. v. 22. 2. 2001 – 14 U 62/00, OLGR 2002, 251, 255). Eine einmal vorgenommene Deutung von Befunden wird dann zu einem Behandlungsfehler, wenn Krankheitserscheinungen auftreten, die für die zunächst angenommene Erkrankung untypisch sind oder auch für eine andere Erkrankung sprechen können oder wenn die Überprüfung der gestellten Diagnose ergibt, dass sie fehlerhaft ist und der Arzt weiteren möglichen Differentialdiagnosen nicht nachgeht. Auch wenn die Diagnose einer heparininduzierten Thrombozytopenie (HIT II) objektiv verspätet gestellt wird und bei einer optimalen Medizin hätte früher in Erwägung gezogen werden können, liegt kein dem Arzt (Internist) vorwerfbarer Diagnosefehler vor, wenn die zunächst gestellte Diagnose einer tumorindizierten Thrombozytopenie – wenngleich in anderer Richtung – weiter abgeklärt wird und **die den Regeln der Medizin entsprechenden Untersuchungen vorgenommen** werden (OLG Stuttgart, Urt. v. 22. 2. 2001 – 14 U 62/00, OLGR 2002, 251, 256).

(2) Thrombose verkannt (vgl. hierzu auch Rz. D 83, D 83a, D 106, D 128, G 451, G 460, G 537, G 751 ff., G 771 ff.)

Eine Phlebographie oder eine Doppler-Ultraschallsonografie ist erst und nur dann vorzunehmen, wenn sich im konkreten Einzelfall Symptome einstellen, die auf den Beginn einer **Beinvenenthrombose** schließen lassen. Solche Symptome sind etwa eine blassblaue bzw. livide Verfärbung des betroffenen Beins, eine teigige Anschwellung mit einer Einschränkung der Beweglichkeit des Beins o. a. Auch bei länger anhaltenden Spannungsgefühlen in der Wade kann sich ein hinreichender Thromboseverdacht ergeben (OLG Saarbrücken, Urt. v. 29. 11. 2000 – 1 U 69/00–15, AHRS III, 1873/307).

D 115

Stellt ein Allgemeinarzt beim Patienten **lediglich schwache, allenfalls auf eine oberflächliche Thrombose deutende Krankheitszeichen** fest, etwa einen roten, druckschmerzhaften Fleck an der Innenseite eines Oberschenkels ohne Verhärtung und Schwellung, so liegt **kein Behandlungsfehler**, jedenfalls kein grober Behandlungsfehler vor, wenn der Arzt nachfolgend keine weiteren differential-diagnostischen Maßnahmen (z.B. Dopplersonografie, Phlebographie) vornimmt bzw. veranlasst, selbst wenn ein sehr sorgfältig arbeitender Arzt auch bei dem klinischen Verdacht auf eine oberflächliche Thrombophlebitis die Beteiligung des tiefen Venensystems in Erwägung gezogen und eine weitere Diagnostik veranlasst hätte. Selbst wenn man von einem Allgemeinmediziner in dieser Situation verlangen müsste, zumindest eine **Ultraschallabklärung** des entdeckten roten Flecks vorzunehmen bzw. vornehmen zu lassen, kommt dem Patienten **keine Beweislastumkehr** aus dem Gesichtspunkt der **„unterlassenen Befunderhebung"** zugute, wenn der vom Gericht beauftragte Sachverständige später ausführt, es sei völlig offen, welches Ergebnis eine Sonographie zu diesem Zeitpunkt erbracht hätte, weil die akuten Beschwerden des Patienten erst mehrere Tage später aufgetreten wären (OLG München, Urt. v. 11. 1. 2001 – 1 U 5787/97, AHRS III, 1820/303).

D 116

(3) Medikamentöse Blutverdünnung unterlassen

D 117 Hat ein niedergelassener Internist die Blutgerinnungswerte eines Patienten, der sich Jahre zuvor mit Hinweisen auf einen thrombotischen Prozess und aktuell mit **Atemwegsproblemen und Herzstechen** vorgestellt hat, ausreichend und engmaschig bestimmen lassen, dabei auch ein Krankenhaus in die Untersuchung einbezogen und hernach vertretbar **von einer dauerhaften medikamentösen Therapie zur Blutverdünnung (hier: mit Marcumar) abgesehen**, so haftet er trotz mehrerer Vorschädigungen (zwei frühere Bein-Venen-Thrombosen, Venenthrombose im linken Oberarm) nicht für eine spätere Lungenembolie des Patienten, wenn dem Behandlungskonzept eine sachgemäße Einschätzung der konkreten Risiken einer dauerhaften Reduzierung der Blutgerinnung zugrunde lag und der vom Gericht bestellte Sachverständige die Auffassung vertritt, dass es in der Lage des Patienten keine allgemein gültige, verpflichtende Therapieempfehlung gegeben hat. Stellt sich nach dem Auftreten der Lungenembolie heraus, dass die Diagnose des Arztes unzutreffend war (Fehleinschätzung anhand der Vorerkrankungen und eines kritischen Protein-C-Wertes) und weitergehend hätte überprüft werden können, begründet dies keinen als Behandlungsfehler zu wertenden Diagnoseirrtum. Ein haftungsrechtlich relevanter **Diagnoseirrtum (einfacher Behandlungsfehler)** liegt erst dann vor, wenn das diagnostisch gewonnene Ergebnis für einen gewissenhaften Arzt **aus ex-ante-Sicht nicht mehr vertretbar** erscheint. Diese Voraussetzung liegt nicht vor, wenn die – nicht offensichtlich unzutreffende – Diagnose des Arztes von den Ärzten eines in die Behandlung einbezogenen Krankenhauses bestätigt wurde (OLG Koblenz, Urt. v. 21. 12. 2006 – 5 U 1072/06, OLGR 2008, 100, 102).

(4) Encephalitis (Gehirnentzündung) nicht erkannt

D 118 Die objektiv vorliegende **Fehldiagnose einer „Schlafsucht"** ist nicht im Sinne eines Behandlungsfehlers vorwerfbar, wenn die verwirrt wirkende Patientin keine typischen Symptome wie Fieber, starke Schläfrigkeit, Hinweis auf entzündliche Erkrankungen nach Durchführung einer Blutuntersuchung, neurologische Herdstörungen wie Lähmungen, Sprach- oder Sehstörungen aufweist (OLG Bamberg, VersR 1992, 831). Jedenfalls kann das etwaige Verkennen dieser ohnehin **seltenen Krankheit bei einem derart untypischen Verlauf** keinesfalls als zur Beweislastumkehr führender fundamentaler Diagnosefehler gewertet werden (OLG Bamberg, VersR 1992, 831, 832).

(5) Seltene Anämie verkannt

D 118a Wird ein Kleinkind mit hohem Fieber nach einem cerebralen Krampfanfall in einem Schockzustand in ein Krankenhaus auf der Abteilung für Innere Medizin behandelt, besteht das richtige Vorgehen darin, sofort einen zentralen Zugang zu legen, den Hb-Wert zu bestimmen und dem Schockzustand entgegenzuwirken. Erkennen die **Internisten bei der Notfallbehandlung eine schwere Anämie nicht** (hier: Sichelzellenanämie, Blutarmut, Vorkommen fast ausschließlich bei Afrikanern und Afroamerikanern, vgl. Pschyrembel, 263. Aufl. 2012, S. 1932) und nehmen sie deshalb nur eine symptomatische Behandlung vor, kann ihnen die **objektiv falsche Arbeitshypthese „Schockzustand nach fieberhafter Erkran-**

kung" **nicht als Behandlungsfehler** im Sinne eines vorwerfbaren Diagnoseirrtums oder einer unterlassenen Befunderhebung angelastet werden, weil die Deutung der Befunde in der gegebenen Situation vertretbar war. Das Unterlassen einer Hb-Wert-Bestimmung ist vor diesem Hintergrund dieser nicht als Behandlungsfehler vorwerfbaren Fehleinschätzung folgerichtig, wenn auch aus
ex-post-Betrachtung falsch und folgenschwer (OLG Stuttgart, Urt. v.
11. 10. 2005 – 1 U 94/04 mit NZB BGH v. 12. 12. 2006 – VI ZR 220/05, AHRS
III, 2002/325).

(6) Schilddrüsenerkrankung verkannt (vgl. hierzu auch Rz. G 732)

Wird bei einer Patientin eine Schilddrüsenvergrößerung festgestellt, so ist eine   D 118b
diagnostische Abklärung zum Ausschluss einer Funktionsstörung der Schilddrüse geboten. Da eine Schilddrüsenvergrößerung bei 50 % der Bevölkerung festzustellen ist und nicht zwangsläufig zu einer Hyperthyreose führt, besteht aber
kein dringender, sofortiger Handlungsbedarf, wenn die Patientin subjektiv über
keine sicheren Hyperthyreosebeschwerden geklagt hat (OLG Saarbrücken, Urt.
v. 18. 6. 2003 – 1 U 724/02–174, AHRS III, 1820/313: Behandlungsfehler im entschiedenen Fall verneint).

**3. Innere- und Allgemeinmedizin; Morbus Crohn, Pankreatitis, Lungenentzün-
dung, Blinddarmentzündung verkannt bzw. fälschlicherweise diagnostiziert**

(1) Morbus Crohn verkannt, Blinddarmoperation durchgeführt

Die Verkennung einer entzündlichen Darmkrankheit (Morbus Crohn) ist nicht   D 119
vorwerfbar fehlerhaft, wenn zwar eine solche Darmerkrankung differential-diagnostisch nicht ausgeschlossen werden kann, aber die vorliegenden **Symptome
zunächst für eine Appendizitis** sprechen und deshalb eine Blinddarmoperation
durchgeführt wird (LG Magdeburg, Urt. v. 20. 6. 2007 – 9 O 1393/05, NJW-RR
2008, 536, 537).

(2) Fälschlicherweise Blinddarmentzündung diagnostiziert

Die Indikationsstellung zur Operation einer **akuten Appendizitis (Blinddarm-**   D 120
zündung) muss, auch wenn es sich objektiv um eine Fehldiagnose handelt, nicht
fehlerhaft sein. Ausschlaggebend ist vielmehr der **klinische Gesamteindruck.**
Schon die Feststellung eines auf eine akute Appendizitis hinweisenden Druckschmerzes kann genügen, um alle anderen Kriterien zurücktreten zu lassen und
die Appendektomie durchzuführen, selbst wenn sich der Verdacht auf eine
akute Appendizitis intraoperativ und histologisch nicht bestätigt (OLG Hamm,
VersR 2000, 101).

(3) Blinddarmentzündung nicht diagnostiziert (kein Behandlungsfehler bzw.
einfacher Behandlungsfehler bejaht, vgl. auch Rz. G 454ff., G 540)

Eine **akute Blinddarmentzündung** ist auch für einen erfahrenen Arzt (hier: All-   D 121
gemeinmediziner) nicht ohne weiteres zu diagnostizieren und in erster Linie anhand der klinischen Symptome festzustellen, insbesondere bei unspezifischen

Unterbauchbeschwerden, bei denen ein Klopf- bzw. Loslassschmerz (Druckschmerz über Mc Burney) sowie eine Abwehrspannung im rechten Unterbauch, ggf. Schmerzen beim Strecken des rechten Beins sowie ein Anstieg der Körpertemperatur und/oder eine Erhöhung der Leukozytenzahl vorliegen. Der Arzt hat keine Veranlassung, die Möglichkeit einer Appendizitis in Erwägung zu ziehen und diesbezüglich weitere Untersuchungen einzuleiten, wenn die beschriebenen **typischen Zeichen einer Blinddarmentzündung** ganz bzw. im Wesentlichen fehlen. Eine weiche Bauchdecke mit diskretem, diffusem Schmerz ohne Druck- oder Klopfschmerz über dem sogenannten Mc Burney-Punkt reichen für eine zwingende Diagnose nicht aus. Die vom Allgemeinarzt gestellte **Diagnose "Gastroenteritis"** (Schleimhautentzündung von Magen und Darm) stellt sich unter diesen Voraussetzungen **nicht als Behandlungsfehler** in Form eines (einfachen oder gar groben) Diagnoseirrtums dar (OLG Düsseldorf, Urt. v. 11. 1. 2001 – 8 U 72/00, AHRS III, 1820/302).

D 121a   *Medizinischer Hintergrund:* Diagnose- und Operationsindikation einer **Appendizitis** sind rein klinisch zu stellen, typische Palpationsbefunde sind Schmerzen am Mc Burney-Punkt, am Lanz-Punkt, ein „Loslassschmerz" (Blumberg-Zeichen) und Schmerzen bei obligater, rektaler Untersuchung. Die indizierte abdominale Sonographie ermöglicht oft nur den Ausschluss anderer Abdominalerkrankungen **differential-diagnostisch** kommen ein akutes Abdomen anderer Ursache, eine akute Entzündung im Bereich der oberen Atemwege, ein stenosierendes Rektosigmoidkarzinom, eine Gastroenteritis, eine Lymphadenitis, eine Prostatitis, ein Harnwegsinfekt, eine basale Pneumonie u.a. in Betracht (vgl. Pschyrembel, 264. Aufl. 2013, S. 139/140; Pschyrembel, Therapie, 4. Aufl., S. 90/91).

D 121b   Hat der Arzt (hier: Allgemeinmediziner) den Patienten sorgfältig untersucht, ergänzend alle nach den seinerzeit bestehenden Erkenntnismöglichkeiten gebotenen weiteren diagnostischen Maßnahmen veranlasst und deren Ergebnis zeitnah ausgewertet sowie **vertretbar gedeutet**, scheidet die Haftung wegen eines Diagnoseirrtums aus, etwa wenn eine tatsächlich bestehende **Appendizitis (Blinddarmentzündung) nicht erkannt** wird (OLG Koblenz, Urt. v. 29. 6. 2006 – 5 U 1494/05, OLGR 2006, 911 = BeckRS 2006, 8315). Dies ist etwa dann der Fall, wenn das **Beschwerdebild des Patienten primär an eine Gastroenteritis** denken lässt und zunächst weder der klinische Befund eines nicht angespannten, druckschmerzfreien Abdomens noch das Ergebnis der Sonographie auf eine Appendizitis hindeuten (OLG Koblenz, Urt. v. 29. 6. 2006 – 5 U 1494/05, OLGR 2006, 911, 912). Es ist auch nicht unvertretbar, wenn der Arzt (hier: Allgemeinmediziner) anlässlich einer weiteren Vorstellung des Patienten **aufgrund der angegebenen Klopfschmerzen im Nierenbereich einen Harnwegsinfekt diagnostiziert**, wenn das klinische Bild und eine durchgeführte Ultraschalluntersuchung nicht für das Vorliegen eines Appendizitis sprechen (OLG Koblenz, a.a.O.). Selbst wenn man in einem solchen Fall das Vorliegen eines (einfachen) Behandlungsfehlers in der Form eines Diagnoseirrtums annehmen würde, scheidet eine Haftung des Arztes aus, wenn nicht mit der erforderlichen Sicherheit (vgl. § 286 ZPO) festgestellt werden kann, dass die Behandlung des Patienten insgesamt anders verlaufen und die nachfolgenden Beschwernisse einschließlich zweier Revisionsoperationen mit entsprechender Narbenbildung vermieden worden wären, wenn die Krankenhauseinweisung nach der zweiten Vorstellung des Patienten drei bis vier Tage früher durchgeführt worden wäre (OLG Koblenz, Urt. v. 29. 6. 2006 – 5 U 1494/05, OLGR 2006, 911, 913).

Stellt ein Arzt bei einem Patienten ein weiches Abdomen und einen Druck-   D 121c
schmerz im Epigastrum fest, ist aber **der Unterbauch nicht druckempfindlich,** bedarf es keiner gesonderten Suche nach dem sogenannten Blumbergzeichen zur Auslösung des bei einer Appendizitis typischen „Loslassschmerzes" sowie einer rektalen Untersuchung. Erbringt auch eine im Hinblick auf eingetretenes Erbrechen erfolgte **Magenspiegelung keinen auffälligen Befund** und keinen Hinweis auf die Ursache der andauernden Beschwerden, ist der behandelnde Arzt (hier: Internist), wenn er Blut abnimmt und eine diesbezügliche Laborunter-suchung in die Wege leitet, **nicht verpflichtet, weitere Diagnosemaßnahmen (Sonographie, MRT o. a.) durchzuführen** (OLG Düsseldorf, Urt. v. 7. 12. 2006 – I-8 U 138/05, AHRS III, 2002, 328: Blinddarmentzündung verkannt).

Fehlen bei einem Kind klare Anzeichen für eine Appendizitis (z. B. Druck- und   D 121d
Loslassschmerz), **so ist die Diagnose einer Gastroenteritis (Magen-Darm-Infekt) vertretbar.** Es muss dann nicht spekulativ operiert werden. Deuten weder das Ergebnis einer bei fortbestehenden Beschwerden drei Tage später durchgeführten Sonographie noch die dann abgenommenen Laborwerte (insbesondere Leukozy-ten und CRP-Wert) auf eine Appendizitis hin, liegt jedenfalls **kein fundamentaler Diagnoseirrtum** vor, wenn sich acht Tage nach der Erstuntersuchung eine manifeste Blinddarmentzündung herausstellt. **Kotet das Kind allerdings ein, ist ein Chirurg zu Rate zu ziehen.** Kann nicht festgestellt werden, dass die gebotene, frühere Hinzuziehung eines Chirurgen zu einem für den Patienten günstigeren Verlauf geführt hätte, haftet der Arzt nicht (OLG Koblenz, Urt. v. 3. 11. 2004 – 5 U 1506/04, AHRS III, 2030/317 und AHRS III, 2400/302).

Ein **Behandlungsfehler liegt nicht vor**, wenn der Patient von seinem Hausarzt mit   D 121e
dem **Verdacht auf das Vorliegen einer akuten Appendizitis in ein Krankenhaus eingewiesen** wird, er dort untersucht und die gebotenen Notfalluntersuchungen durchgeführt werden, wobei der chemische Untersuchungsbefund als unspezi-fisch bewertet wird, die Temperatur nicht erhöht, die axilläre/rektale Temperatur-differenz nicht signifikant verändert ist, nur eine geringgradige Leukozytose vor-liegt und auch die Bauchsymptomatik („Druckschmerz/Loslassschmerz") keinen eindeutigen Hinweis auf das Vorliegen einer Appendizitis geben. Es ist dann **vertretbar, von weiteren Untersuchungen zunächst abzusehen** und dem Patienten zu empfehlen, sich bei gleichbleibender oder sich verstärkender Beschwerdesymp-tomatik am nächsten Morgen wieder beim Hausarzt oder in der Klinik vorzustel-len (OLG München, Urt. v. 9. 9. 2004 – 23 U 436/01, AHRS III, 1864/301).

Es liegt auch **kein als Behandlungsfehler zu wertender Diagnoseirrtum** eines In-   D 122
ternisten oder Allgemeinmediziners bei Verkennung einer Blinddarmentzün-dung vor, wenn sich der **Patient mit anhaltenden Magen-Darm-Problemen, Miktionsbeschwerden und vorbestehenden gesicherten kleineren Geschwüren im Magen- und Darmbereich** vorstellt und sich bei der klinischen Untersuchung durch den Arzt eine weiche Bauchdecke, ein nur mäßiger Meteorismus (d. h. nur geringfügige Luft- bzw. Gasansammlung im Darm oder in der freien Bauch-

783

höhle) mit nur gering ausgeprägter Schmerzsymptomatik finden, wobei eine leichte Erhöhung der Blutsenkungsgeschwindigkeit ohne weiteres mit den gastroskopisch gesicherten kleineren **Geschwüren im Magen- und Darmbereich oder mit einer vermuteten Prostatitis** (unspezifische Entzündung der Prostata) zu vereinbaren, die vom Patienten angegebenen Krämpfe und wiederholter Durchfall unspezifisch sind und auch auf die angegebene Unverträglichkeit gegenüber Milch und Milchprodukten zurückgeführt werden konnten (OLG Düsseldorf, Urt. v. 13. 1. 2000 – 8 U 225/98, AHRS III, 2002/300).

D 123 Es liegt jedenfalls **kein fundamentaler Diagnoseirrtum** vor, wenn sich die Beschwerden auch nach neun Tagen nicht gebessert haben, der Patient weiterbestehende Bauchschmerzen und Krämpfe bei der Miktion angibt, der Arzt eine im Wesentlichen **unauffällige umfassende Sonographie** sämtlicher Bauchorgane durchführt und die **Diagnose einer Prostatitis** stellt. In einem solchen Fall ist allenfalls ein einfacher Behandlungsfehler gegeben, wenn die erhobenen Befunde in ihrer Gesamtheit zwar nicht geeignet sind, das Vorliegen einer Prostatitis zu beweisen, jedoch neben der Druckdolenz dieses Organs die Miktionsprobleme des Patienten. Fieber und Schmerzen im Bereich der Hoden im Vordergrund stehen und sich anlässlich einer Tage später durchgeführten Operation herausstellt, dass der **perforierte Wurmfortsatz in atypischer Weise durch eine zusammengefaltete Dünndarmschlinge abgedeckt** war (OLG Düsseldorf, Urt. v. 13. 1. 2000 – 8 U 225/98, AHRS III, 2002/300).

D 124 Es ist jedoch **behandlungsfehlerhaft**, wenn trotz der zunächst vertretbaren Diagnose einer Gastroenteritis dem Verdacht einer Appendizitis nicht durch eine **erneute rektale Untersuchung** nachgegangen wird. Dies ist dann der Fall, wenn der Patient mit starken Schmerzen im Unterbauch, Durchfall, Schüttelfrost und Erbrechen im Krankenhaus eingeliefert und zunächst eine **Gastroenteritis diagnostiziert** wird, die Schmerzen ca. 20–22 Stunden später trotz entsprechender Medikation unerträglich und die bei der Aufnahmeuntersuchung vorgenommenen Untersuchungen, insbesondere die rektale Untersuchung nicht wiederholt werden. Wird eine derartige Untersuchung im Untersuchungsbefund nicht erwähnt, begründet dies zugunsten des Patienten die Vermutung, dass die Maßnahme unterblieben ist. Wird die erforderliche Untersuchung dann ca. sieben Stunden später und die zwingend indizierte Blinddarmoperation nach rascher Zunahme freier Flüssigkeit im Bauchraum ca. weitere zwölf Stunden später durchgeführt, wobei sich eine **perforierte Blinddarmentzündung mit eitriger Bauchfellentzündung (Peritonitis)** zeigt, kann es aber am Kausalzusammenhang zwischen der unterlassenen Untersuchung und einem Körper- oder Gesundheitsschaden fehlen (OLG Karlsruhe, Urt. v. 12. 12. 2001 – 7 U 97/99, AHRS III, 1864/300).

Ein **grober Behandlungsfehler ist in einem derartigen Fall zu verneinen**, wenn die zunächst im Krankenhaus durchgeführten Untersuchungen (Röntgen, Sonographie, zusätzliche Untersuchung durch einen konsiliarisch hinzugezogenen Chirurgen) **zunächst keinen eindeutigen Befund** ergaben (OLG Karlsruhe, a. a. O.; zu „groben Behandlungsfehlern" vgl. Rz. G 452, G 454 ff.).

D 125 Ein **grober Behandlungsfehler** liegt jedoch vor, wenn nach der zunächst gestellten Diagnose „Gastroenteritis" eine **Appendizitis nicht auszuschließen** ist, dem Patienten aber nicht der zwingende Hinweis erteilt wird, sich innerhalb von 24 Stunden – im Fall der Verschlechterung des Beschwerdebildes auch früher – umgehend wieder vorzustellen (OLG Düsseldorf, Urt. v. 22. 11. 2001 – 8 U 192/00, AHRS III, 1820/309 und 6579/301).

(4) Pankreatitis verkannt

Die von einem Arzt (hier: internistische Abteilung eines Krankenhauses) zu betreibende Diagnostik muss nicht darauf hinauslaufen, alles um jeden Preis abzuklären. Liegen lediglich eine leicht gespannte Bauchdecke und ein diffuser Druckschmerz, nicht aber eine abdominelle Abwehrspannung und auch keine akut auftretenden Schmerzen vor, muss ein Internist (hier: in einem Krankenhaus) **kein akutes Abdomen in Betracht ziehen** und ist nicht gehalten, eine dies abklärende Diagnostik zu betreiben. Der Verdacht auf eine Pankreatitis (Bauchspeicheldrüsenentzündung) muss sich erst dann aufdrängen, wenn der Patient über akute Bauchschmerzen klagt (akut auftretende Schmerzen, Veränderung der Darmperistaltik, abdominelle Abwehrspannung, Verschlechterung des Allgemeinzustandes) und/oder wenn die Amylase- und Lipasewerte um mehr als das Dreifache erhöht sind (OLG Hamm, Urt. v. 28. 2. 2001 – 3 U 103/00, AHRS III, 1815/304).

D 126

(5) Bauchspeicheldrüsenkrebs verkannt

Hat ein Internist bei **Oberbauchbeschwerden** ohne Vorliegen bestimmter, die tatsächlich vorliegende **Bauchspeicheldrüsenkrebserkrankung** kennzeichnenden Symptome (z.B. Gewichtsverlust, Nachtschweiß) eine **Gastritis diagnostiziert**, keine weitere Sonografie und kein CT gefertigt, liegt lediglich ein dem Arzt **nicht als Behandlungsfehler vorwerfbarer, vertretbarer Diagnoseirrtum vor** (OLG Frankfurt, Urt. v. 9. 4. 2013 – 8 U 12/12, juris, Nr. 12, 13, 17, 18: Im Übrigen hätte die Sonografie bzw. das CT im entschiedenen Fall nicht mit hinreichender Wahrscheinlichkeit einen reaktionspflichtigen Befund erbracht, weil der Tumor möglicherweise noch gar nicht zu entdecken war).

D 126a

(6) Röntgenaufnahme unterlassen, Lungenentzündung verkannt, Patient nicht wiederbestellt

Ein Internist begeht keinen Behandlungsfehler, wenn er bei einem langjährig in seiner Behandlung stehenden älteren Patienten mit nach einer Operation wegen einer Lungen-TB eingeschränkter Atemfunktion aufgrund klinischer Untersuchung **Rinobronchitis diagnostiziert** und behandelt und deshalb **keine Röntgenaufnahme zum Ausschluss einer Pneumonie (Lungenentzündung) veranlasst** und den Patienten auch nicht ausdrücklich zur routinemäßigen Therapieerfolgskontrolle wiederbestellt, sondern sich darauf verlässt, dass sich der Patient bei eintretenden Verschlechterungen wieder meldet (OLG Köln, OLGR 1992, 229). Auch ein als grober Behandlungsfehler zu wertender fundamentaler Diagnoseirrtum liegt hier wegen **Fehlens eindeutiger Symptome** einer Lungenentzündung nicht vor. Das Unterlassen der Anfertigung einer Röntgenaufnahme ist nämlich nicht „elementar fehlerhaft", wenn der Rachen des Patienten frei, ein Blutdruckwert von 140/70 mmHg gemessen worden war und weitergehende Befunde

D 127

wie etwa hohes Fieber und Atemnot bei der Untersuchung nicht festgestellt werden konnten. Eine Kontrolle des erhobenen Befundes und der gestellten Diagnose „Rinobronchitis" wäre nur dann zwingend notwendig gewesen, wenn sich entweder bei der Untersuchung schwerwiegende Symptome im Sinne eines Verdachts auf eine beginnende oder drohende Pneumonie ergeben oder sich eine Verbesserung nicht eingestellt hätte. Der Arzt kann – zumal bei einem ihm bekannten Patienten – davon ausgehen, dass dieser sich beim Ausbleiben einer Besserung aus eigenem Antrieb wieder melden werde (OLG Köln, OLGR 1992, 229, 231).

(7) Lungenentzündung verkannt, unterlassene Thromboseprophylaxe

D 128 Das Stellen der Diagnose einer Lungenentzündung ist – wenn auch nicht zutreffend – zumindest **vertretbar**, wenn das Röntgenbild einen für eine Lungenentzündung typischen Befund zeigt und bildgebende Verfahren (Röntgenbilder) keinen Anhaltspunkt für eine Lungenembolie ergeben hatten. Eine Verpflichtung zu weiterer Diagnostik (z. B. CT) besteht nur dann, wenn ungeklärte klinische oder bildliche Anzeichen vorliegen, welche den Verdacht auf eine Thrombose begründen oder zumindest nicht ausschließen. Da allein die ex-ante-Sicht entscheidend ist, von der aus eine Thromboseprophylaxe nicht zwingend erforderlich war, fällt den Ärzten auch im Hinblick auf die unterlassene Thromboseprophylaxe kein Behandlungsfehler zur Last (OLG München, Urt. v. 12. 3. 2009 – 1 U 1561/07 bei L/K § 158, S. 63).

4. Allgemeinmedizin; Borreliose, SAB, Sepsis, Bronchialkarzinom, Herzinfarkt verkannt, fälschlicherweise Morbus Parkinson, Arthritis diagnostiziert

(1) Mehrmonatige Antibiotikabehandlung bei erhöhtem CRP-Wert

D 129 Einem Allgemeinmediziner ist kein Diagnosefehler vorzuwerfen, wenn er aufgrund eines erhöhten CRP-Wertes (hier: 11,6 ml/l, Norm bis 5,0) in noch vertretbarer Weise vom Vorliegen einer Infektion bzw. einer Arthritis ausgeht und eine mehrmonatige Antibiotikagabe einleitet. Lassen die erhobenen Befunde auf eine reaktive Arthritis schließen, ist die angeordnete antibiotische Behandlung (hier: mit Doxycyclin) nicht zu beanstanden (OLG Köln, Urt. v. 25. 4. 2001 – 5 U 12/01, AHRS III, 1820/304).

(2) Allgemeinmediziner; Verdachtsdiagnose eines Parkinson-Syndroms

D 130 Die von einem Facharzt für Allgemeinmedizin gestellte Verdachtsdiagnose auf ein Parkinson-Syndrom ist nicht zu beanstanden, wenn ausweislich der Behandlungsdokumentation und eines im Rahmen der Behandlung überreichten „Webstertests" **zwei der insgesamt vier Kardinalsymptome** (Hypokinese, Rigor, Tremor und Störung von Körperhaltung und Haltungsreflexen) **vorliegen**. Ein Facharzt für Allgemeinmedizin ist auch nicht verpflichtet, bei Verdacht auf eine Parkinson-Erkrankung den Patienten vor dem Medikamenteneinsatz zu diagnostischen Zwecken an einen Neurologen zur klinischen Untersuchung zu überweisen. Die Behandlung von Parkinson-Patienten fällt auch in den Zuständigkeitsbereich von Allgemeinmedizinern und stellt insoweit keinesfalls eine ungewöhnliche Erkrankung dar. Ein Facharzt für Allgemeinmedizin ist berechtigt, in der Frühphase der Erkrankung etwa die Medikamente L-Dopa (Madopar 62,5) bzw. Amantadin einzusetzen (OLG Schleswig, Urt. v. 13. 2. 2004 – 4 U 54/02, GesR 2004, 178, 179).

(3) Vorliegen einer Borreliose verkannt

Zwar ist bei Verdacht auf eine Neuroborreliose eine Liquoruntersuchung durch- D 131
zuführen, da in diesem Fall eine intravenöse Antibiotikatherapie einer oralen
Therapie (mit Antibiotika) vorzuziehen ist. Deuten die vom Patienten geschilderten Symptome jedoch nicht eindeutig auf eine neurologische Beteiligung
hin, stellt es **keinen Behandlungsfehler dar, keine Liquorpunktion** zu veranlassen. Die positive Diagnose der Borreliose muss sich auf entsprechende Ergebnisse der klinischen Untersuchung, auf reproduzierbare serologische Ergebnisse
und auf einen positiven Befund des Liquors stützen können (OLG Stuttgart,
Urt. v. 4. 2. 2003 – 1 U 85/02, AHRS III, 2002/315).

(4) Verkennung einer SAB durch Allgemeinmediziner

Schwindelanfälle und über mehrere Monate hin bestehende Kopfschmerzen sind D 132
nicht typisch für Aneurysmen und auch keine typischen Vorboten einer Subarachnoidalblutung (SAB-Hirnblutung). Vielmehr sind Patienten mit nicht rupturierten Aneurysmen regelmäßig beschwerdefrei. Bei derartigen Anzeichen **besteht keine Indikation des Hausarztes zur Veranlassung eines MRT**, eines CT
mit Kontrastmitteln (**Nativ-CT**) oder einer **digitalen Subtraktionsangiographie
(Gefäßdarstellung der Hirngefäße, DAS)**. Ein einfaches CT ohne Kontrastmittel
ist zur Auffindung eines Aneurysmas ungeeignet und deshalb nicht als gebotene
Befunderhebung indiziert (OLG Zweibrücken, Urt. v. 21. 8. 2001 – 5 U 9/01,
AHRS III 1820/307; zur Verkennung einer Hirnblutung vgl. Rz. D 22e, D 25f.,
D 53, G 482, G 549).

(5) Herzinfarkt verkannt (vgl. hierzu Rz. D 24ff., D 24d, D 45ff., D 92ff.,
    G 462aff., G 539)

Berichtet ein Patient bei stabiler Angina-Pectoris (Brustenge, Herzenge, Vorlie- D 133
gen bei großer Belastung) seinem Arzt telefonisch, dass er am Vortag kurzzeitig
bewusstlos gewesen sei, ist es nicht fehlerhaft, jedenfalls **vertretbar**, wenn der
Arzt dies als Synkope (Ohnmacht, kurzzeitige Bewusstlosigkeit) deutet und die
kurzzeitige Bewusstlosigkeit auf eine Herzrhythmusstörung anstatt auf eine
Herzinsuffizienz bzw. einen Herzinfarkt zurückführt und nicht auf einer sofortigen Krankenhausaufnahme des Patienten zur Durchführung einer Herzkatheteruntersuchung besteht. Es ist sogar **vertretbar**, die Herzkatheteruntersuchung
erst 1–2 Tage nach der Krankenhausaufnahme durchzuführen bzw. durchführen
zu lassen, wenn dem Patienten bei stabiler Angina-Pectoris das verordnete Nitrospray bislang geholfen hatte, Puls und Blutdruck nicht besorgniserregend waren, nachdem andere Untersuchungen im Hinblick auf mögliche Kreislaufstörungen, einer Lungenproblematik bei einem starken Raucher sowie etwaige
Durchblutungsstörungen erfolgt sind (OLG Köln, Urt. v. 8. 9. 2004 – 5 U 59/03,
AHRS III, 2002/323).

(6) Sepsis verkannt, Rachenentzündung diagnostiziert

D 134 Sucht der Hausarzt den Patienten wegen eines **grippalen Infekts** zuhause auf, diagnostiziert er dort eine **Rachenentzündung** und verordnet er dem Patienten ein hierfür wirksames Antibiotikum, ist diese **Diagnose noch vertretbar**, wenn sich herausstellt, dass sich statt oder neben der Rachenentzündung eine Sepsis aufgrund einer infizierten Wunde entwickelt hat, die vom Arzt einen Monat zuvor mittels Nekroseabtragung u.a. behandelt worden war. Die angegebenen Beschwerden wie Fieber, Gliederschmerzen, Kopfschmerzen und Frösteln können sowohl bei einer drohenden Sepsis als auch bei einer Halsentzündung vorkommen (OLG München, Urt. v. 30. 6. 2011 – 1 U 2414/10, juris, Nr. 41–43).

(7) Bronchialkarzinom auf Röntgenbild verkannt

D 135 Das Übersehen eines Bronchialkarzinoms auf einem Röntgenbild, das von einem Lungenfacharzt oder von einem Radiologen erkannt worden wäre, durch einen Allgemeinmediziner ist jedenfalls **nicht grob fehlerhaft**, wenn sich der Verdacht auf das Vorhandensein eines Karzinoms nicht ohne Weiteres aufdrängt (OLG Schleswig, Urt. v. 24. 6. 2005 – 4 U 10/04, mit NZB BGH v. 16. 5. 2006 – VI ZR 145/05, AHRS III, 1820/317). Dies deckt sich mit der Rechtsprechung des BGH (Urt. v. 21. 12. 2010 – VI ZR 284/09, VersR 2011, 400, Nr. 13, 20), wonach jedenfalls kein fundamentaler Diagnoseirrtum eines Anästhesisten vorliegt, der auf einem für seine Zwecke angefertigten Röntgenbild einen ca. 2 × 2 cm großen Lungenrundherd als Hinweis auf ein Karzinom nicht entdeckt, auch wenn ein Facharzt für Radiologie einen solchen Befund ohne Weiteres beschrieben hätte.

D 136 – D 147 Einstweilen frei.

5. Gynäkologie, Radiologie; Schwangerschaft, Brustkrebs verkannt, Biopsie bzw. Einbestellung zur Kontrolle unterlassen

(1) Fehlende Einbestellung der Patientin bei Ovarialzyste

D 148 Wegen der extrem schnellen Wachstumstendenz von Ovarialkarzinomen entspricht es bei Feststellung einer Zyste oder unklarem Befund dem gynäkologischen Standard, die Patientin nach vier bis sechs Wochen zu einer Kontrolluntersuchung einzubestellen. Ein Gynäkologe ist jedoch nicht verpflichtet, die Patientin **nach Ablauf dieses Einbestellungszeitraums zur Wahrnehmung des Nachuntersuchungstermins aufzufordern**, wenn die Nachuntersuchung zwar zur Abklärung eines von einem anderen Facharzt (hier: Internist) geäußerten Verdachts auf das Vorliegen einer Ovarialzyste geboten war, die eigene Erstbefundung des Gynäkologen diesen Verdacht jedoch zunächst nicht bestätigt hat (OLG München, Urt. v. 13. 4. 2000 – 24 U 167/99, AHRS III, 1942/300).

(2) Gynäkologe; Nichterkennen einer Schwangerschaft

D 149 Das Nichterkennen einer Schwangerschaft ist einem Frauenarzt nicht als Behandlungsfehler vorzuwerfen, wenn seine minderjährige Patientin ihn **nur wegen anderer Beschwerden aufsucht** und dabei weder vom Ausbleiben der Regelblutung noch von der Aufnahme sexueller Aktivitäten berichtet (OLG Düsseldorf, NJW 1995, 1620).

(3) Übersehen einer extrem seltenen Chromosomenaberration

Das Übersehen einer extrem seltenen Chromosomenaberration (hier: Deletion am langen Arm des 5. Chromosoms) ist nicht stets im Sinne eines einfachen Behandlungsfehlers vorwerfbar. Dies gilt insbesondere dann, wenn fünf von sechs der mit dem Vorwurf nicht vertrauten Untersucher im Rahmen der Erstellung eines vom Gericht in Auftrag gegebenen Sachverständigengutachtens sie nicht erkennen, obwohl die Deletion auf dem Karyogramm objektiv sichtbar ist (OLG München, Urt. v. 28. 10. 2004 – 1 U 1841/04, OLGR 2006, 52). **D 150**

(4) Verkennung eines Mammakarzinoms

(zur Verkennung einer Brustkrebserkrankung vgl. Rz. D 22a, D 22g, D 24e, D 74ff., G 390ff., U 222, U 225) **D 151**

(5) Radiologe unterlässt Biopsie (vgl. auch Rz. D 21f, D 22g, D 22h, D 77, D 80)

Schmerzen in der weiblichen Brust sind ein typisches Zeichen für eine Mastopathie, hingegen ganz untypisch für ein Karzinom. Weisen alle angewendeten Diagnosemethoden **(Tastbefund, Mammographie, Sonographie) auf eine gutartige Mastopathie hin und ergeben sie keinen Verdacht auf ein Karzinom**, so ist es nicht erforderlich, eine Gewebeuntersuchung (Biopsie) vorzunehmen oder zu veranlassen (OLG Zweibrücken, Urt. v. 7. 12. 1989 – 5 U 7/87, L/K § 154 Nr. 50 = VersR 1991, 427; ähnlich auch OLG Düsseldorf, VersR 1988, 1297 – Behandlungsfehler jeweils verneint). **D 152**

Der Radiologe, an den eine Patientin zur Fertigung von Mammographien überwiesen wird, handelt, sofern **die regelrecht erstellten Mammographien keinen Anlass hierfür geben, einen Tumorverdacht zu äußern, nicht fehlerhaft**, wenn er von weiteren diagnostischen Maßnahmen (Biopsie, Ultraschalluntersuchung) ohne entsprechenden Überweisungsauftrag absieht (OLG Hamm, Urt. v. 14. 6. 2000 – 3 U 202/99, VersR 2002, 98). **D 152a**

Ein Diagnoseirrtum eines Radiologen liegt nicht vor, wenn ihm eine 50-jährige, erblich vorbelastete Patientin mit dem Hinweis auf eine „abklärungsbedürftige, unklare Verdichtung" nach **getastetem Knoten in der Brust** von einem Gynäkologen zur Durchführung einer Mammographie und Mammasonographie überwiesen wird, der nach Durchführung der Untersuchungen die Diagnose nach BI-RADS III stellt und im Befundbericht ausführt, es lägen **„unklare Strukturen", eine „unscharfe Begrenzung" als Anzeichen für eine vorhandene Zyste** vor, eine Wiedervorstellung innerhalb von 6 Monaten werde empfohlen. **D 152b**

Sind sich der Radiologe und aufgrund dessen Befundung auch der überweisende Gynäkologe, der von der fachlichen Richtigkeit von dessen Diagnose ausgehen darf, sicher, dass kein malignes Geschehen vorliegt, kommt eine Beweislastumkehr wegen **unterlassener Befunderhebung** (unterlassene Überweisung zur

Durchführung einer Biopsie) nicht in Betracht. Eine Biopsie ist in einem solchen Fall nicht geboten, wenn sie aus der maßgeblichen ex-ante-Sicht lediglich der Bestätigung einer im Großen und Ganzen bereits geklärten Diagnose dienen würde. **Ist sich ein Arzt bei (zunächst) vollständig erhobenem Befund seiner Diagnose sicher, kann ihm auch die unterlassene Einholung einer Zweitmeinung nicht als unterlassene Befunderhebung vorgeworfen werden** (OLG Koblenz, Beschl. v. 21. 11. 2011 – 5 U 688/11, GesR 2012, 346, 348/349 im Anschluss an BGH, NJW-RR 2007, 744, 745).

6. Kinderheilkunde; Retinoblastom, Bindehautentzündung, Stenose der Harnwege bzw. Hyperbilirubinanämie verkannt

(1) Retinoblastom verkannt

D 153 Im Rahmen einer kinderärztlichen Vorsorgeuntersuchung (hier: U 6) kann ein Retinoblastom (bösartiger Netzhauttumor) vom Kinderarzt nicht mit Sicherheit erkannt werden. Ein von den Eltern angegebenes „Glänzen" eines Auges ist kein typisches Symptom für ein Retinoblastom und kann auch bei einer fiebrigen Erkrankung durch vermehrte Sekretbildung auftreten. Wird von den Eltern nur ein solches „Glänzen" im Rahmen eines noch bestehenden zeitlichen Zusammenhangs mit einer fiebrigen Erkrankung, nicht jedoch ein „weißes Pupillenleuchten", ein „weißlicher Reflex" oder ein „grauer Schimmer" angegeben, ist es **nicht behandlungsfehlerhaft**, das Kind **nicht** umgehend an einen **Augenarzt zu überweisen** (LG Nürnberg-Fürth, Urt. v. 27. 1. 2000 – 4 O 864/98, AHRS III, 2030/302; vgl. auch Rz. G 262, G 631, G 896c, G 919).

(2) Bindehautentzündung statt Herpes zoster diagnostiziert

D 154 Diagnostiziert ein Augenarzt eine **Bindehautentzündung, obwohl ein Herpes zoster opthanicus im Frühstadium vorliegt**, so lässt dies nicht ohne weiteres auf einen Diagnosefehler des Augenarztes schließen. Denn für eine Viruserkrankung (Herpes zoster) ist eine progrediente Symptomatik (Hautveränderung bzw. Hautrötung größeren Ausmaßes und/oder Bläschenbildungen) typisch und zu erwarten. Aufgrund einer nur geringen Hautrötung muss die Diagnose nicht zwingend gestellt werden (LG Regensburg, Urt. v. 15. 12. 2000 – 4 O 1668/99, bestätigt von OLG Nürnberg; Urt. v. 7. 5. 2001 – 5 U 560/01, AHRS III, 1840/300).

(3) Stenose der Harnwege verkannt, Ultraschalluntersuchung unterlassen

D 155 Das Unterlassen einer Ultraschalluntersuchung, die mit hoher Wahrscheinlichkeit zu der richtigen Diagnose geführt hätte, ist angesichts der unklaren Symptome anlässlich dreier Untersuchungstermine eines Kleinkindes, nämlich dem Auftreten schwarzer Stühle, einem Meteorismus (Blähsucht, Luft- bzw. Gasansammlung im Darm oder in der freien Bauchhöhle) sowie Erbrechen **nicht fehlerhaft**. Wird auch eine Urinuntersuchung unterlassen, liegt ein einfacher, **kein grober Behandlungsfehler** vor (OLG Köln, Urt. v. 20. 11. 2002 – 5 U 37/01, AHRS III, 2030/312).

(4) Hyperbilirubinämie (Vermehrter Gehalt des Blutes an gelbbraunem Gallenfarbstoff nicht erkannt)

Ein als Behandlungsfehler vorwerfbarer Diagnoseirrtum liegt nicht vor, wenn   D 156
eine niedergelassene Kinderärztin im Rahmen der Vorsorgeuntersuchung U 2
des Kleinkindes eine von ihr festgestellte Gelbfärbung des Kindes – objektiv
falsch – als nur „physiologisch bedingt" qualifiziert und dabei eine Hyperbilirubinämie infolge der Blutgruppenunverträglichkeit zwischen Mutter und Kind
verkennt (BGH, NJW 1992, 2942, 2943).

Einstweilen frei.   D 157 – D 158

7. Augenarzt; Netzhautablösung verkannt

Spricht kein erkennbares Beschwerdebild für die Diagnose „Netzhautablösung",   D 159
so ist eine unterlassene Augenspiegelung nicht als Diagnosefehler des Augenarztes anzusehen (KG, MedR 1999, 226, 227).

8. Psychatrie, Unfallchirurgie; Suizidalität bzw. Delirium eines Patienten verkannt

Der Beweis eines Diagnosefehlers in Gestalt einer unvertretbaren Fehlinterpre- D 160
tation setzt eine **gesicherte Rekonstruktion der Befundlage zur Zeit der Diagnosestellung** durch den behandelnden Arzt voraus. Eine unvertretbare Fehlinterpretation erhobener Befunde liegt nicht bereits dann vor, wenn ein Patient bei
bekannter Alkohol- und Nikotinabhängigkeit mit einer Blinddarmentzündung
auf eine **offene chirurgische Station des Krankenhauses verlegt** und bei auftretenden, **wiederholten Unruhezuständen, Bettflüchtigkeit, unruhigem Umherlaufen** im Korridor des Krankenhauses zur Vermeidung einer potentiellen Eigengefährdung des Patienten durch einen (dann erfolgten) Sprung aus dem Fenster
keine vorsorgliche Fixierung und/oder eine Rund-um-die-Uhr-Bewachung angeordnet wird, wenn keine vegetativen Symptome für ein Volldelir vorliegen bzw.
dokumentiert sind (Zittern, Schwitzen, Blutdruckerhöhung, verstärkte Suggestivität). In einem solchen Fall reicht es aus, wenn eine medikamentöse Behandlung der Alkoholentzugsproblematik eingeleitet und auch für die Nacht angeordnet wird, den Patienten gut zu beobachten. Das Auftreten von innerer Unruhe, Bettflüchtigkeit und Schlaflosigkeit ohne vegetative Ausfälle rechtfertigt
eine vorsorgliche Fixierung des Patienten regelmäßig nicht (OLG Naumburg,
Urt. v. 17. 12. 2009 – 1 U 41/09, VersR 2010, 1041 = GesR 2010, 139, 140 = juris,
Nr. 39, 42, 45, 50, 55; vgl. hierzu auch Rz. G 479c, S 630ff., S 644ff.).

9. Diagnoseirrtum eines Zahnarztes; Entzündungsherd verkannt

Werden **keine Anzeichen einer Entzündung**, etwa in Form einer zunehmenden D 161
Aufbiss- oder Perkussionsempfindlichkeit, sondern pauschal Schmerzen im Bereich eines bestimmten Zahns geschildert, liegt ein Diagnoseirrtum (hier: noch
vertretbare Diagnose, unterhalb eines Behandlungsfehlers) und keine „unterlassene Befunderhebung" vor, wenn das vom Zahnarzt angenommene generalisierte Schmerzsymptom nach den Erkenntnismöglichkeiten zum Behandlungs-

zeitpunkt gegenüber einem konkreten Entzündungsherd näher liegt. Ist die **Diagnose eines komplexen Schmerzsyndroms noch vertretbar**, ist dem Zahnarzt das Unterlassen weiterer diagnostischer Maßnahmen, insbesondere die Anfertigung von Röntgenaufnahmen, nicht als Behandlungsfehler in Form der „unterlassenen Befunderhebung" vorwerfbar (OLG Koblenz, Beschl. v. 4. 10. 2011 – 5 U 1078/11, GesR 2012, 19, 20; vgl. zur Haftung des Zahnarztes auch Rz. G 676 ff., G 995 ff., T 200 ff.).

D 162 – D 200   Einstweilen frei.

Dokumentationspflicht

Vgl. auch → *Grobe Behandlungsfehler*, Rz. G 101 ff.; → *Unterlassene Befunderhebung*, Rz. U 1 ff., U 50 ff.; → *Beweislastumkehr*, *Beweisvereitelung* Rz. B 471 ff.; → *Einsicht in Krankenunterlagen*, Rz. E 1 ff.

I. Zweck, Inhalt und Umfang der Dokumentationspflicht

1. Übersicht

D 201   Schon nach bislang einhelliger Ansicht bestimmen sich Art, Inhalt und Umfang der ärztlichen Dokumentationspflicht nach dem Zweck der Dokumentation. Die Dokumentationspflicht dient primär bzw. ausschließlich dem **therapeutischen Interesse des Patienten** (OLG Koblenz, Urt. v. 15. 1. 2004 – 5 U 1145/03, VersR 2004, 1323, 1324 = NJW-RR 2004, 410, 411 = GesR 2004, 100, 101; OLG Köln, Beschl. v. 2. 5. 2011 – 5 U 10/11, juris, Nr. 7: „mit Blick auf eine evtl. erforderliche spätere Behandlung"; OLG München, Urt. v. 10. 2. 2011 – 1 U 2382/10, juris, Nr. 22: Dokumentation dient der Sicherstellung der ordnungsgemäßen Behandlung; Hausch, VersR 2006, 612, 614 m.w.N.; Muschner, VersR 2006, 621, 623 f.; R/L-Kern, 1. Aufl. 2013, § 6 Rz. 11, 12, 18; F/N/W, 5. Aufl. 2013, Rz. 145, 152) und der **Sicherstellung einer ordnungsgemäßen Behandlung bzw. Behandlungsfortführung** hinsichtlich der Diagnose und Therapie (OLG Jena, Urt. v. 18. 5. 2005 – 4 U 641/04, GesR 2005, 556, 558; OLG München, Urt. v. 18. 9. 2008 – 1 U 4837/07, juris, Nr. 32; OLG Oldenburg, NJW-RR 2000, 240: „ausschließlich" hierzu; OLG Oldenburg, Beschl. v. 29. 11. 2011 – 5 U 80/11 bei Bergmann/Wever, MedR 2012, 179: es kommt maßgeblich auf den therapeutischen Nutzen der Aufzeichnung an; Spickhoff-Greiner, § 823 BGB Rz. 123, 124, 167; Wenzel-Hennings, Kap. 2 Rz. 89, 90 zu § 10 MBO; L/K-Laufs/Kern, § 111 Rz. 7–16; L/K/L-Lipp, Rz. III 34; L/K/L-Katzenmeier, Rz. XI 47–53; B/P/S-Glanzmann, § 287 ZPO Rz. 49, 50; F/N/W, 5. Aufl., Rz. 145, 152: **Dokumentation dient vor allem therapeutischen Belangen, nicht aber einer evtl. späteren Rechtsverfolgung**; S/Pa, 12. Aufl., Rz. 540, 598, 690: Dokumentationspflicht zielt nicht auf die Beweissicherung für den Haftungsprozess; R/L-Kern, § 6 Rz. 11, 12, 14, 18: **Dokumentation dient nicht dem vollständigen lückenlosen Festhalten ärztlichen Handelns und auch nicht dazu, Beweise für einen Haftpflichtprozess gegen den Arzt zu sichern**).

2. Patientenrechtegesetz und MBO-Ärzte

Damit korrespondierend begründet § 10 I der Musterberufsordnung der Ärzte (MBO-Ä 2011) die Verpflichtung der Ärzte, über die in Ausübung ihres Berufes gemachten Feststellungen und getroffenen Maßnahmen die erforderlichen Aufzeichnungen zu erstellen (§ 10 I 1 MBO-Ä 2011). Die Dokumentation dient auch dem Interesse der Patienten (§ 10 I 2 MBO-Ä 2011). § 10 II MBO-Ä 2011 regelt spiegelbildlich den Anspruch der Patienten auf Einsicht und Herausgabe der Behandlungsdokumentation gegen Kostenerstattung (vgl. etwa Wenzel-Hennings, Kap. 2 Rz. 90, 91; Wenzel-Wenzel, Kap. 2 Rz. 3627 ff., 3647). **D 201a**

Das **Patientenrechtegesetz** (vgl. hierzu Rz. P 56 ff., P 87) statuiert in § 630f I BGB eine Verpflichtung des Arztes, in unmittelbarem zeitlichem Zusammenhang mit der Behandlung eine Patientenakte in Papierform oder elektronisch zu führen (§ 630f I 1 BGB). **Berichtigungen und Änderungen von Eintragungen in der Patientenakte sind** (abweichend von der bisherigen Rechtslage) **nur** (noch) **zulässig, wenn der ursprüngliche Inhalt erkennbar bleibt** (§ 630f I 2 BGB). **D 201b**

Der Arzt ist nach § 630f II BGB auch verpflichtet, in der Patientenakte **sämtliche aus fachlicher Sicht für die derzeitige und künftige Behandlung wesentliche Maßnahmen und deren Ergebnisse aufzuzeichnen**, insbesondere die Anamnese, Diagnosen, Untersuchungen, Untersuchungsergergebnisse, Befunde, Therapien und ihre Wirkungen, Eingriffe und ihre Wirkungen, Einwilligungen und Aufklärungen (§ 630f II 1 BGB). Auch Arztbriefe sind in die Patientenakte aufzunehmen (§ 630f II 2 BGB). Die Aufbewahrungsfrist für die reine Patientenakte beträgt 10 Jahre (§ 630f III BGB). Das Einsichtsrecht des Patienten ist in § 630g BGB geregelt. **D 201c**

D 201d   Soweit § 630f II 1 BGB auch die Aufzeichnung von „Einwilligungen und Aufklärungen" nennt, ist auch insoweit nicht davon auszugehen, dass der Gesetzgeber
über die intendierte Kodifizierung der Rechtsprechung zu den Beweiserleichterungen (vgl. BT-Drs. 17/10488, S. 27, 30) eine Verschlechterung der Rechtslage
zu Lasten der Behandlungsseite beabsichtigte. Denn die **Erteilung der Einwilligung und die Aufklärung sind für die Weiterbehandlung des Patienten belanglos und gehören somit nicht zu den aufzeichnungspflichtigen „medizinisch gebotenen wesentlichen Maßnahmen"** (vgl. § 630h III BGB; Wenzel-Müller, Kap. 2
Rz. 1630; Hassner, VersR 2013, 23, 32/33; a.A. L/K/L-Katzenmeier, Rz. IX 51:
auch die therapeutische Aufklärung und die Selbstbestimmungsaufklärung sind
zu dokumentieren). Jedenfalls **bezieht sich die Beweisregelung des § 630h II, III
BGB nicht auf die Aufklärungsdokumentation** (F/N/W, 5. Aufl. 2013, Rz. 145,
228; Rehborn, GesR 2013, 257, 267: obwohl zunächst eine Zweckmäßigkeit
hierzu gesehen wurde; R/L-Kern, § 6 Rz. 14, 18: auch nach § 630f BGB soll eine
Beweissicherung lediglich in dem Umfang erfolgen, den der **therapeutische
Zweck der Dokumentation** vorgibt, andere Zwecke dürfen den Umfang der Dokumentation nicht bestimmen).

3. Indizwirkung einer ordnungsgemäßen Dokumentation

D 202   Grundsätzlich kann das Gericht einer **ordnungsgemäßen Dokumentation**, die
keinen Anhalt für Veränderungen (vgl. hierzu nunmehr § 630f I 2 BGB!,
Rz. P 71 ff.), Verfälschungen oder Widersprüchlichkeiten bietet, Glauben schenken. Einer **ordnungsgemäßen Dokumentation kommt zugunsten der Behandlungsseite Indizwirkung zu** (OLG München, Urt. v. 15. 7. 2011 – 1 U 5092/10,
juris, Nr. 27: wenn **kein Anhalt für Veränderungen, Verfälschungen oder Widersprüchlichkeiten** vorliegt; OLG München, Beschl. v. 7. 11. 2011 – 1 U 2405/11,
juris, Nr. 16, 17: **Patient muss die Vermutung der Richtigkeit der ärztlichen Dokumentation, aus der sich keine Anhaltspunkte für eine Manipulation oder Unrichtigkeit ergeben, erschüttern**; KG, Urt. v. 10. 1. 2013 – 20 U 225/10, GesR
2013, 608: **Indizwirkung bei zeitnah erstellter Dokumentation**; OLG Naumburg,
Urt. v. 15. 11. 2011 – 1 U 31/11, GesR 2012, 310, 311 = MedR 2012, 529, 530 und
OLG Naumburg, Urt. v. 26. 1. 2012 – 1 U 45/11, GesR 2012, 762, 763: **einer formell und materiell ordnungsgemäßen Dokumentation kann bis zum Beweis des
Gegenteils Glauben geschenkt werden**; ebenso: OLG Düsseldorf, Urt. v.
17. 3. 2005 – 8 U 56/04, GesR 2005, 464; OLG Oldenburg, Urt. v. 28. 2. 2007 –
5 U 147/05, juris, Nr. 43 = VersR 2007, 1567; OLG Köln, Beschl. v. 3. 9. 2008 –
5 U 51/08, GesR 2009 385, 386; Wenzel-Köllner, Kap. 2 Rz. 1131; Wenzel-Wenzel, Kap. 2 Rz. 3630; B/P/S-Glanzmann, § 287 ZPO Rz. 53; R/L-Kern, § 6 Rz. 63;
F/N/W, 5. Aufl., Rz. 145, 152; kritisch Spickhoff, NJW 2013, 1714, 1720).

Sind die Angaben des behandelnden Arztes zur Durchführung der Behandlung
des Patienten **plausibel**, werden sie von der Dokumentation gestützt und sind
**keine Anhaltspunkte für eine Manipulation oder Unrichtigkeit der Dokumenta-
tion ersichtlich, so bleibt der Patient für seine der Dokumentation widersprechende Behauptung regelmäßig beweisfällig** (OLG München, Beschl. v.
7. 11. 2011 – 1 U 2401/11, juris, Nr. 16, 17; OLG München, Urt. v. 15. 7. 2011
– 1 U 5092/10, juris, Nr. 27; OLG Düsseldorf, Urt. v. 17. 3. 2005 – 8 U 56/04,

GesR 2005, 464; OLG Oldenburg, Urt. v. 23. 7. 2008 – 5 U 28/08, MedR 2011, 163, 165: z. B. **nachträgliche Änderungen im OP-Bericht bzw. in der EDV-Dokumentation**, kein voller Beweiswert; KG, Urt. v. 10. 1. 2013 – 20 U 225/10, GesR 2013, 608, 609 und OLG Zweibrücken, Urt. v. 12. 1. 1999 – 5 U 30/96, NJW-RR 2000, 27, 28: z. B. **OP-Bericht erst nach 18 bzw. 12 Monaten erstellt, kein voller Beweiswert**; OLG Naumburg, Urt. v. 15. 11. 2011 – 1 U 31/11, GesR 2012, 310, 311: Erstellung des **OP-Berichts erst einen Monat nach dem Eingriff aber unschädlich**; Wenzel-Wenzel, Kap. 2 Rz. 3630, 3631: „solange nicht das Gegenteil bewiesen ist"; Wenzel-Müller, Kap. 2 Rz. 1624 mit Hinweis auf BGH, NJW 1978, 1681; B/P/S-Glanzmann, § 287 ZPO Rz. 53, 57: bis zum Beweis der Unrichtigkeit kann der Dokumentation geglaubt werden, nicht jedoch bei verfälschten oder nicht zeitnah erstellten Unterlagen).

Dies gilt nach Ansicht des OLG Oldenburg (Urt. v. 28. 2. 2007 – 5 U 147/05, juris, Nr. 43 = VersR 2007, 1567; auch F/N/W, 5. Aufl., Rz. 152: Darlegung der Vertrauenswürdigkeit kann vom Behandler ohne erkennbaren Anhaltspunkt nicht verlangt werden), wenn sich die Aufzeichnungen des Arztes in nebensächlichen und für die Entscheidung des Rechtsstreits unerheblichen Punkten als nachlässig erweisen bzw. wenn der Arzt eingeräumt hat, vereinzelt ärztliche Maßnahmen geringerer Bedeutung nicht in den Unterlagen vermerkt zu haben.

Die Indizwirkung einer ausreichenden Dokumentation wird nach Auffassung des OLG Zweibrücken auch grundsätzlich nicht dadurch erschüttert, dass **Anhaltspunkte für eine nachträgliche handschriftliche Ergänzung** vorliegen (OLG Zweibrücken, Urt. v. 27. 7. 2004 – 5 U 15/02, OLGR 2004, 598, 600; ebenso Muschner, VersR 2006, 621, 627).

Um die **Indizwirkung bzw. Vollständigkeit der Dokumentation zu erschüttern, müssen konkrete Anhaltspunkte vorliegen. Die Echtheits- bzw. Vollständigkeitsvermutung gilt nicht mehr, wenn an den Eintragungen nachträglich Änderungen vorgenommen worden sind, ohne diese kenntlich zu machen** (OLG Naumburg, Urt. v. 26. 1. 2012 – 1 U 45/11, GesR 2012, 762, 763; OLG Naumburg, Urt. v. 15. 11. 2011 – 1 U 31/11, McdR 2012, 529, 530; OLG Oldenburg, Urt. v. 23. 7. 2008 – 5 U 28/08, MedR 2011, 163, 165; F/N/W, 5. Aufl., Rz. 152; Wenzel-Müller, Kap. 2, Rz. 1624, 1627), wenn **nicht mehr vorhandene Originalunterlagen nachträglich „ins Reine geschrieben" worden sind** (BGH, VersR 1978, 1022; F/N/W, 5. Aufl., Rz. 152), **an den Unterlagen äußerlich erkennbar manipuliert wurde**, z. B. Radierungen, Eintragungen mit andersfarbigen Stiften (OLG Frankfurt mit NA-Beschl. BGH, VersR 1992, 578; R/L-Kern, § 6 Rz. 63, 72; S/Pa, 12. Aufl. 2013, Rz. 692; Wenzel-Köllner, Kap. 2 Rz. 1131; L/K-Laufs/Kern, § 111 Rz. 14: Beweislastumkehr, wenn Unterlagen gezielt nachträglich manipuliert werden) oder **wenn der Bericht mit langem zeitlichen Abstand gefertigt wurde** (OLG Naumburg, MedR 2012, 529, 530: **Abstand von einem Monat zwischen OP und Dokumentation aber unproblematisch**; OLG Zweibrücken, Urt. v. 12. 1. 1999 – 5 U 30/96, NJW-RR 2000, 27, 28: Abstand von einem Jahr erschüttert den Anscheinsbeweis; KG, GesR 2013, 608, 609: 18 Monate, keine Indizwirkung; B/P/S-Glanzmann, § 287 ZPO, Rz. 53, 57: **keine Indizwirkung bei verfälschten oder nicht zeitnah erstellten Unterlagen**; F/N/W a. a. O.).

D 203

795

D 203a   Die Indizwirkung ist auch dann widerlegt, wenn **die EDV-Dokumentation nach-träglich geändert worden ist, ohne dies kenntlich zu machen** (OLG Oldenburg, Urt. v. 23. 7. 2008 – 5 U 28/08, MedR 2011, 163, 165 zur Rechtslage bis 26. 2. 2013; vgl. jetzt § 630f I 2 BGB, Rz. P 71 ff.).

D 203b   Die teilweise vertretene These, dass nur eine **Orginal-Dokumentation** beweis-kräftig ist, findet weder im Gesetz noch in der Rechtsprechung eine Stütze. Viel-mehr **obliegt die Entscheidung, ob und inwieweit auch eine Fotokopie aussage-kräftig ist, der richterlichen Beweiswürdigung. Wenn keine Anhaltspunkte für eine Fälschung bzw. Manipulation bestehen, kommt die Indizwirkung auch ei-ner Kopie der Behandlungsunterlagen zu** (OLG München, Beschl. v. 28. 5. 2013 – 1 U 844/13, juris, Nr. 16).

D 203c   Radierungen oder Veränderungen können – wie eine fehlende Dokumentation – sogar die **Vermutung begründen, dass die aus medizinischen Gründen erforderli-chen Maßnahmen unterblieben sind** (Wenzel-Müller, Kap. 2 Rz. 1624, 1627 mit Hinweis auf BGH, VersR 1992, 578 und BGH, NJW 1978, 1681). Nachträgliche Eintragungen oder Ergänzungen sind zwar grundsätzlich zulässig, allerdings sind sie **als solche kenntlich zu machen,** um die Echtheitsvermutung der Doku-mentation nicht zu erschüttern (vgl. Wenzel-Köllner, Kap. 2 Rz. 1131; vgl. jetzt § 630f I 2 BGB: der ursprüngliche Inhalt muss erkennbar bleiben; vgl. Rz. P 71 ff.).

D 203d   Ist nachgewiesen oder unstreitig, dass der Arzt die **Dokumentation nachträglich ergänzt** hat (hier: Wiedervorstellung bei Schmerzpersistenz empfohlen), ist dies unschädlich, wenn es sich bei der nachträglich vermerkten Maßnahmen nicht um eine **aus medizinischen Gründen erforderliche Dokumentation** handelt (OLG München, Urt. v. 5. 5. 2011 – 1 U 4306/10, juris, Nr. 57 – Vermerk „WV bei Schmerzpersistenz" aus medizinischen Gründen nicht dokumentations-pflichtig).

D 203e   Der Behandlungsseite steht aber stets der (Voll-)**Beweis offen, dass der nicht do-kumentierte Befund erhoben, die dokumentationspflichtige, aber nicht doku-mentierte Maßnahme vorgenommen** oder die Therapieaufklärung (Sicherungs-aufklärung) erteilt worden ist (OLG Karlsruhe, Urt. v. 30. 9. 2005 – 7 U 96/04, AHRS III, 6450/323; OLG München, Urt. v. 2. 2. 2012 – 1 U 5333/10, juris, Nr. 57: glaubhafte Angabendes Operateurs bei nicht dokumentierten Einzelhei-ten einer Kropfoperation; OLG München, VersR 1993, 362; KG, GesR 2013, 608: Beweis nicht erbracht; OLG Brandenburg, Urt. v. 15. 7. 2010 – 12 U 232/09, juris, Nr. 21 = VersR 2011, 267: Mängel und Unvollständigkeiten im OP-Bericht; Spickhoff-Greiner, § 823 BGB Rz. 130; Wenzel-Wenzel, Kap. 2 Rz. 3647).

D 203f   So bleibt es dem Operateur unbenommen, etwaige Mängel und Unvollständig-keiten der Dokumentation **im Rahmen der persönlichen Anhörung in der münd-lichen Verhandlung zu vervollständigen oder zu ergänzen** (OLG Brandenburg, Urt. v. 15. 7. 2010 – 12 U 232/09, juris, Nr. 21 = VersR 2011, 267; zustimmend B/P/S-Glanzmann, § 287 ZPO Rz. 53, 59).

4. Medizinisch erforderliche Dokumentation

Die Dokumentationspflicht erstreckt sich aber nur auf Umstände, die für die Di-   D 204
agnose und Therapie nach medizinischem Standard wesentlich sind und deren
Aufzeichnung und Aufbewahrung für die weitere Behandlung des Patienten **medizinisch erforderlich** ist. **Umstände** und **Tatsachen**, deren Aufzeichnung und
Aufbewahrung **für die weitere Behandlung des Patienten medizinisch nicht
erforderlich** sind, sind **auch aus Rechtsgründen nicht geboten,** so dass aus dem
Unterbleiben derartiger Aufzeichnungen **keine beweisrechtlichen Folgerungen**
gezogen werden dürfen (BGH, NJW 1999, 3408, 3409; NJW 1993, 2375, 2376 =
VersR 1993, 836, 837; OLG Brandenburg, Urt. v. 5. 4. 2005 – 1 U 34/04, OLGR
2005, 489, 491; OLG Hamm, Urt. v. 19. 11. 2007 – 3 U 83/07, juris, Nr. 30, 33,
34; OLG Hamm, Urt. v. 23. 6. 2003 – 3 U 204/02, GesR 2003, 273; OLG Köln,
Beschl. v. 2. 5. 2011 – 5 U 10/11, juris, Nr. 7; OLG München, Urt. v. 10. 2. 2011
– 1 U 2382/10, juris, Nr. 72; OLG München, Urt. v. 5. 5. 2011 – 1 U 4306/10,
juris, Nr. 52; OLG München, Urt. v. 19. 9. 2013 – 1 U 2071/12, juris, Nr. 27;
OLG München, Urt. v. 18. 9. 2008 – 1 U 4837/07, juris, Nr. 32; OLG München,
Urt. v. 20. 9. 2012 – 1 U 902/12, juris, Nr. 81, 84 und OLG Naumburg, Urt. v.
12. 6. 2012 – 1 U 119/11, NJW-RR 2012, 1375, 1376: **nur diejenigen Ergebnisse
und Erkenntnisse zu dokumentieren, die für einen Nachbehandler von Bedeutung sein können**; OLG Oldenburg, Beschl. v. 29. 11. 2011 – 5 U 80/11 bei Berg-
mann/Wever, MedR 2012, 179: **es kommt maßgeblich auf den therapeutischen
Nutzen der Aufzeichnung an**; OLG Oldenburg, Urt. v. 30. 1. 2008 – 5 U 92/06,
NJW-RR 2009, 32, 34; OLG Stuttgart, MedR 2002, 198, 200; OLG Zweibrücken,
NJW-RR 2000, 235, 236; G/G, 6. Aufl., Rz. B 203; F/N/W, 5. Aufl., Rz. 145, 149;
Hausch, VersR 2006, 612, 614 und 621; Hausch, Diss. 2007, S. 124, 129; D/S,
6. Aufl., Kap. XI, Rz. 524; Muschner, VersR 2006, 621, 624: **Gleiches gilt für die
Pflegedokumentation**; Wenzel-Müller, Kap. 2 Rz. 1626, 1627; L/K-Laufs/Kern,
§ 111 Rz. 7, 10; S/Pa, 12. Aufl., Rz. 540; Spickhoff-Greiner, § 823 BGB Rz. 124;
B/P/S-Glanzmann, § 287 ZPO Rz. 49, 51; R/L-Kern, § 6 Rz. 11, 12, 18, 68).

Die in Verlust geratene Dokumentation ist dabei der unterlassenen Dokumenta-   D 205
tion gleichzustellen (OLG Oldenburg, Urt. v. 25. 10. 2006 – 5 U 29/06, GesR
2007, 66, 67; OLG München, Urt. v. 17. 3. 2011 – 1 U 5245/10, juris, Nr. 30,
39: Dokumentation trotz mehrfacher Aufforderung nicht vorgelegt; grds. auch
OLG Köln, Urt. v. 29. 1. 2007 – 5 U 85/06, MedR 2007, 599; B/P/S-Glanzmann,
§ 287 ZPO Rz. 55, 56, 61).

Allerdings greift eine Beweiserleichterung auch in diesem Fall nicht ein, **wenn
der vom Gericht bestellte Sachverständige die Beweisfragen anhand der übrigen
Dokumentation beantworten kann** (OLG Köln, a. a. O.; OLG Düsseldorf, Urt. v.
26. 7. 2007 – I - 8 U 70/06, AHRS III, 6445/303) oder wenn er ausführt, die er-
reichte Stabilisierung des Kreislaufs sei Ausdruck dafür, dass die erforderlichen
Maßnahmen **standardgemäß und erfolgreich durchgeführt** worden sind (OLG
Düsseldorf, Urt. v. 26. 7. 2007 – I 8 U 32/06 mit NZB BGH v. 4. 3. 2008 – VI
ZR 214/07, AHRS III, 6450/334).

Die **Dokumentation dient nicht dazu, dem Patienten Beweise für Schadens-**   D 206
ersatzansprüche in einem späteren Arzthaftungsprozess zu verschaffen (BGH,

NJW 1993, 2375, 2376; OLG Jena, Urt. v. 18. 5. 2005 – 4 U 641/04, GesR 2005, 556, 558; OLG München, Urt. v. 18. 9. 2008 – 1 U 4837/07, juris, Nr. 32; OLG München, Urt. v. 5. 5. 2011 – 1 U 4306/10, juris, Nr. 52, 59; OLG Oldenburg, Beschl. v. 29. 11. 2011 – 5 U 80/11 bei Bergmann/Wever, MedR 2012, 179; OLG Oldenburg, NJW-RR 2000, 240; OLG Zweibrücken, NJW-RR 2000, 235, 236; Hausch, VersR 2006, 612, 614/618; Muschner, VersR 2006, 621, 624; F/N/W, 5. Aufl., Rz. 145; B/P/S-Glanzmann, § 287 ZPO Rz. 49, 50; Spickhoff-Greiner, § 823 BGB Rz. 124, 130, 167; Martis/Winkhart, MDR 2011, 709, 713; S/Pa, 12. Aufl., Rz. 540: **zielt nicht auf Beweissicherung für den Haftungsprozess des Patienten;** ebenso R/L-Kern, § 6 Rz. 14, 18).

D 206a   Auch wenn die Gesetzesbegründung zu § 630f BGB neben der Therapiesicherung und der Rechenschaftslegung auch eine „faktische Beweissicherung" nennt (vgl. Katzenmeier, NJW 2013, 817, 820 und Walter, GesR 2013, 129, 132 mit Hinweis auf BT-Drs. 17/10488, S. 25/26), besteht Einigkeit, dass **die Dokumentation nach wie vor nicht dazu dienen soll, dem Patienten Beweise für Schadensersatzansprüche in einem späteren Arzthaftungsprozess zu verschaffen** (F/N/W, 5. Aufl. 2013, Rz. 145, 152; Walter, GesR 2013, 129, 123; Rehborn, MDR 2013, 565, 566; Katzenmeier, NJW 2013, 817, 820/821; Reuter/Hahn, VuR 2012, 247, 254; S/Pa, 12. Aufl. 2013, Rz. 540, 541; R/L-Kern, § 6 Rz. 14, 18: Beweissicherung soll auch nach § 630f BGB lediglich in dem Umfang erfolgen, den der therapeutische Zweck der Dokumentation vorgibt, andere Zwecke dürfen den Umfang der Dokumentation nicht bestimmen).

5. Kein Auskunftsanspruch

D 207   Der behandelnde Arzt ist im vorprozessualen Stadium außerhalb der Dokumentation grundsätzlich auch nicht verpflichtet, **Auskunftsbegehren des Patienten** zu entsprechen – etwa einen „Fragenkatalog" zu beantworten – die einen Arzthaftungsprozess vorbereiten sollen (OLG Koblenz, Urt. v. 15. 1. 2004 – 5 U 1145/03, VersR 2004, 1323, 1324 = NJW-RR 2004, 410, 411 = GesR 2004, 100, 101).

D 208   Ein möglicher Schadensersatzanspruch gegen den Anästhesisten gibt dem Patienten auch **keinen Auskunftsanspruch gegenüber dem Operateur** (hier: Zahnarzt) zu den an der Behandlung beteiligten Hilfspersonen und deren Qualifikation (OLG Koblenz a. a. O.). Allerdings muss ein Klinikträger auf entsprechende Anforderung Auskunft über die bei ihm beschäftigten bzw. in der Klinik eingesetzten, den Patienten behandelnden Ärzte erteilen (OLG Koblenz, Urt. v. 15. 1. 2004 – 5 U 1145/03, VersR 2004, 1323, 1324 = NJW-RR 2004, 410, 411; OLG Düsseldorf, VersR 1994, 586; Spickhoff-Greiner, § 823 BGB Rz. 295).

6. Inhalt der Dokumentation

D 209   Die ärztliche Dokumentationspflicht bezieht sich auf die **Anamnese, Diagnose und Therapie** (OLG Brandenburg, Urt. v. 5. 4. 2005 – 1 U 34/04, OLGR 2005, 489, 491) einschließlich erforderlicher Nachsorgemaßnahmen. Aufzeichnungspflichtig sind die **aus medizinischen Gründen** für die ärztliche Diagnose und Therapie **wesentlichen medizinischen Fakten** (vgl. hierzu nachfolgend Rz. D 215 ff.) in einer für den Fachmann hinreichend klaren Form (Spickhoff-Greiner, § 823 BGB, Rz. 125 m. w. N.; L/K/L-Katzenmeier, Rz. XI 51 mit weitergehendem Anforderungskatalog; Wenzel-Müller, Kap. 2 Rz. 1630: Untersuchungsbefunde, Befunderhebung vor einer OP, Diagnostik, Labor, Funktionsbefunde, Medikation, ärztliche Anweisungen, Operationsberichte, Anfängerkontrolle, Narkoseprotokoll, Abweichung von einer Standardbehandlung mit Angabe der Gründe, anatomische Abweichungen, Komplikationen, besondere Pflegemaßnahmen etwa gegen Dekubitus, Behandlungsverweigerung des Patienten; D/S, 6. Aufl., Kap. XI, Rz. 523, 524; R/L-Kern, § 6 Rz. 16, 19).

Gemäß **§ 630f II BGB** sind *„sämtliche aus fachlicher Sicht für die derzeitige und künftige Behandlung wesentlichen Maßnahmen und deren Ergebnisse aufzuzeichnen, insbesondere die Anamnese, Diagnosen, Untersuchungen, Untersuchungsergebnisse, Befunde, Therapien und ihre Wirkungen, Eingriffe und ihre Wirkungen, Einwilligungen und Aufklärungen"*.   **D 209a**

Der Gesetzgeber differenziert dabei nicht zwischen der „therapeutischen Aufklärung" und der „Eingriffs- bzw. Risikoaufklärung". Nach einhelliger Meinung ist im Einzelfall zwar eine erforderliche **Sicherungsaufklärung dokumentationspflichtig**, weil sie therapeutischen Zwecken bzw. der Sicherung des Heilerfolges dient, während dies bei der **Risikoaufklärung** nicht der Fall ist und letztere deshalb nicht der Dokumentationspflicht unterliegt. Eine Risiko- bzw. Eingriffsaufklärung ist für die weitere Behandlung des Patienten **aus medizinischen Gründen nicht erforderlich** (Wenzel-Müller, VPräsBGH a. D., Kap. 2 Rz. 1625, 1630; auch Spickhoff-Greiner, RiBGH a. D. § 823 BGB Rz. 125, 127 und OLG München, Beschl. v. 18. 4. 2007 – 1 U 5826/06, juris, Nr. 3; **a. A.** aber L/K/L-Katzenmeier, Rz. IX 51: Dokumentation muss auch „die wesentlichen Hinweise im Rahmen der therapeutischen Aufklärung wie der Selbstbestimmungsauflärung" enthalten).   **D 209b**

Jaeger (1. Aufl. 2013, Rz. 301, 402, 426, 427) geht deshalb in der Tat davon aus, es sei – widerleglich – zu vermuten, dass der Patient seine Einwilligung in den Eingriff nicht erteilt hat, wenn der Arzt die „Einwilligung und Aufklärung" nicht dokumentiert hat. Nach h. M. wollte der Gesetzgeber uber die intendierte Kodifizierung der Rechtsprechung zu den Beweiserleichterungen hinaus (vgl. BT-Drs. 17/10488, S. 27, 30) die Rechtslage zu Lasten der Behandlungsseite nicht verschlechtern. Die Erteilung der **Einwilligung und die Aufklärung sind für die Weiterbehandlung des Patienten belanglos und gehören grundsätzlich nicht zu den aufklärungspflichtigen** „medizinisch gebotenen wesentlichen Maßnahmen", von einzelnen Umständen im Rahmen der therapeutischen Aufklärung abgesehen (vgl. § 630h III BGB; Wenzel-Müller, Kap. 2, Rz. 1630; Spickhoff-Greiner, § 823 BGB Rz. 124, 125, 127; Hassner, VersR 2013, 23, 32/33; S/Pa, 12. Aufl., Rz. 540, 541: **Beibehaltung der Rechtslage auch nach Inkrafttreten des Patientenrechtegesetzes**; R/L-Kern, § 6 Rz. 14, 18, 19: Beweissicherung soll lediglich in dem Umfang erfolgen, den der therapeutische Zweck der Dokumentation vorgibt, **andere Zwecke dürfen den Umfang der Dokumentation nicht bestimmen**; F/N/W, 5. Aufl., Rz. 145, 228: **Beweisregelung des § 630h III BGB bezieht sich nicht auf die Aufklärungsdokumentation**; auch Rehborn, GesR 2013, 257, 267: obwohl zunächst eine Zweckmäßigkeit hierzu gesehen wurde).   **D 209c**

D 210   Die wesentlichen medizinischen Fakten sind in einer für den Fachmann – nicht unbedingt den Patienten – hinreichend klaren Form darzustellen. Dies kann auch durch Kürzel und Symbole erfolgen (BGH, MDR 1989, 626 = NJW 1989, 2330 = VersR 1989, 512; MDR 1984, 658 = NJW 1984, 1403; OLG München, Urt. v. 20. 9. 2001 – 1 U 4502/00, AHRS III, 6450/306 = OLGR 2003, 7, 8; OLG Hamm, Beschl. v. 5. 1. 2011 – I-3 U 64/10, Nr. 5: Dokumentation muss **nur für den Fachmann verständlich** sein; OLG Naumburg, Urt. v. 15. 11. 2011 – 1 U 31/11, GesR 2012, 310, 311: **stichwortartige Beschreibung** genügt; OLG Koblenz, Beschl. v. 21. 11. 2011 – 5 U 688/11, GesR 2012, 346, 350: **Dokumentation muss nicht aus sich heraus für jeden beliebigen Dritten verständlich sein;** OLG Koblenz, Beschl. v. 27. 9. 2011 – 5 U 273/11, MedR 2012, 330: auch „recht knapper" OP-Bericht kann genügen; S/Pa, 12. Aufl., Rz. 542, 543: grundsätzlich genügt Aufzeichnung in Stichworten; R/L-Kern, § 6 Rz. 16, 29: **stichwortartige Beschreibungen genügen, wenn der wesentliche Inhalt für den Fachmann klar ist;** F/N/W, 5. Aufl., Rz. 145 a.E.; Spickhoff-Greiner, § 823 BGB Rz. 125 m.w.N.; Wenzel-Müller, Kap. 2 Rz. 1630; L/K/L-Katzenmeier, Rz. IX 51, 52: sofern die Kürzel für die mit- oder nachbehandelnden Ärzte verständlich sind).

D 210a   Die Dokumentation muss **nicht aus sich heraus für jeden beliebigen Dritten verständlich und nachvollziehbar** sein (OLG Koblenz, Beschl. v. 21. 11. 2011 – 5 U 688/11, GesR 2012, 346, 350), es genügt vielmehr, wenn die wesentlichen medizinischen Fakten, ggf. stichwortartig, in einer **für den Fachmann hinreichend klaren Form aufgezeichnet** werden (BGH, VersR 1989, 512, 513 = NJW 1989, 2330; R/L-Kern, § 6 Rz. 16, 29). **Details sind allerdings anzugeben, wenn anders die Angaben für den Fachmann nicht hinreichend klar sind bzw. wenn der Verlauf Besonderheiten aufweist** (S/Pa, 12. Aufl., Rz. 543).

D 210b   Ausreichend ist es auch, dass ein Arzt lediglich einen „Knoten" in der Brust seiner Patientin dokumentiert, wenn er im Rahmen eines nachfolgenden Rechtsstreits glaubwürdig und schlüssig darlegt, dass er einen „kleinen" Knoten dokumentiere, wenn dessen Durchmesser unter 1 cm liegt, während ein Knoten mit einem Durchmesser von über 2 cm als „großer" Knoten dokumentiert werde und die Dokumentation eines Knotens ohne Zusatz bedeute, dass der Durchmesser zwischen ein und zwei Zentimeter betragen habe (OLG München, Urt. v. 20. 9. 2001 – 1 U 4502/00, OLGR 2003, 7, 8; Rehborn, MDR 2004, 371, 375).

D 211   Auf Nachfrage muss der Arzt aber in der Lage sein, den Inhalt der Dokumentation den nachbehandelnden Ärzten zugänglich zu machen, sofern diese **aus medizinischen Gründen für die Nachbehandlung von Belang** sein kann. Außerdem ist im Streitfall die schlüssige Darlegung des Inhalts der Dokumentation gegenüber dem Gericht, ggf. durch **„Leseabschrift"** erforderlich (OLG München; Urt. v. 20. 9. 2001 – 1 U 4502/00, AHRS III, 6450/306 = OLGR 2003, 7, 8; vgl. auch R/L-Kern, § 6 Rz. 29).

D 211a   Der Umfang der ärztlichen Dokumentationspflicht bestimmt sich stets danach, **welche Informationen aus medizinischer Sicht für einen** (fiktiven) **Nachbehandler erforderlich sind bzw. von Bedeutung sein können** (OLG Naumburg, Urt. v. 12. 6. 2012 – 1 U 119/11, NJW-RR 2012, 1375, 1376; OLG München, Urt. v. 20. 9. 2012 – 1 U 902/12, juris, Nr. 81, 84; OLG München, Urt. v. 16. 2. 2012 – 1 U 3749/11, juris, Nr. 68; R/L-Kern, § 6 Rz. 12, 18; vgl. Rz. D 204).

II. Einzelne dokumentationspflichtige Maßnahmen

Die Dokumentationspflicht erstreckt sich auf die **wichtigsten diagnostischen**   D 212
und therapeutischen Maßnahmen sowie auf die **wesentlichen Verlaufsdaten**
und im Einzelfall auch auf die erteilte, erforderliche Sicherheitsaufklärung (s. o.
Rz. D 209; zur Eingriffs- bzw. Risikoaufklärung vgl. Rz. D 209a–D 209c, D 392
und P 71 ff., P 84).

Einstweilen frei.   D 213 – D 214

Die Pflicht, eine getroffene Maßnahme zu **dokumentieren**, wurde im Einzelnen   D 215
insbesondere in folgenden Fällen (1–59) **bejaht:**

(1) **Empfehlung, eine möglicherweise komplizierte Geburt in einer anderen Kli-**
nik (z. B. Perinatalzentrum, Universitätsklinik) **anstatt des aufgesuchten Be-**
legkrankenhauses vornehmen zu lassen (BGH, Urt. v. 7. 12. 2004 – VI ZR
212/03, NJW 2005, 888, 890 f.).

(2) **Dokumentation einer Schulterentwicklung, wenn es bei der Geburt zu ei-**   D 216
ner Schulterdystokie (SD) kommt.

Bei der **SD** handelt es sich um einen gestörten Geburtsverlauf, bei dem nach
Geburt des kindlichen Kopfes die vordere Schulter über der Symphyse
(Schambeinfuge) hängen bleibt. Risikofaktoren sind hierfür insbesondere
die erwartete Geburt eines „Riesenkindes" (vgl. hierzu Rz. A 1382 ff.,
A 1392 und Pschyrembel, 264. Aufl., S. 1889, 1297/1298).

Zu dokumentieren ist insbesondere, worin die Schwierigkeit der Schulter-
entwicklung bestand und welche Maßnahmen (z. B. Dammschnitt, Kristellern, Manöver nach McRobert, Martius, Gaskin, Rubin, Wood, Jaquemier,
Zavanelli) **zu ihrer Beseitigung getroffen wurden** (OLG Braunschweig, Urt.
v. 1. 3. 2007 – 1 U 51/06, AHRS III, 2500/355: Manöver nach Mc Robert,
Wood und Martius zu dokumentieren; OLG Bremen, VersR 1979, 1060: Art
und Grad der schwierigen Entwicklung des rechten Arms, Versuch der Hebamme, einen Arzt hinzuzurufen zu dokumentieren; OLG Düsseldorf, Urt. v.
7. 12. 2006 – I-8 U 83/05, AHRS III, 2500/354: durchgeführte Manöver nach
McRobert und Wood sowie Dammschnitt zu dokumentieren; OLG Karlsruhe, Urt. v. 30. 9. 2005 – 7 U 96/04, AHRS III, 6450/323: Durchführung
der Manöver, Lösung des hinteren Armes, Dehnung der Scheide zu dokumentieren, Überzeugungsbildung durch glaubhafte Angabe des Arztes möglich; OLG Karlsruhe, Urt. v. 21. 3. 2007 – 7 U 198/04, AHRS III, 2500/357:
Bei Vakuumextraktion muss auch beschrieben werden, wie die Glocke angelegt und welcher Druck aufgebaut war; OLG Karlsruhe, Urt. v. 15. 8. 2001
– 7 U 129/99, AHRS III, 6450/304: nähere Beschreibung der Art und Weise
der Entwicklung des Kindes; OLG Koblenz, Urt. v. 17. 4. 2002 – 7 U 893/98,
OLGR 2002, 303, 304: **Schwierigkeit der Schulterentwicklung** und **eingelei-**
tete Maßnahmen zu dokumentieren; OLG München, Urt. v. 8. 7. 2010 – 1
U 4550/08, juris, Nr. 38, 39: **wesentliche Vorkommnisse und eingeleitete**
Maßnahmen zu dokumentieren; OLG Oldenburg, Urt. v. 25. 10. 2006 – 5
U 29/06, GesR 2007, 66 = AHRS III, 6450/328: Einleitung des McRoberts-
Manövers, Ausübung eines suprasymphysären Drucks u. a., OLG Saarbrü-

cken, VersR 1988, 916: **tatsächliches Vorgehen zur Lösung der SD in groben Zügen, gewählte Methode zu dokumentieren**; vgl. auch OLG Köln, VersR 1994, 1424, 1425 und OLG Zweibrücken, VersR 1997, 1103; Martis/Winkhart, MDR 2011, 709, 713; kritisch Hausch, VersR 2006, 612, 615/618 und Diss. 2007, S. 128–132).

D 216a   Nach dem Eintritt der Schulterdystokie (SD) ist es geboten, als **erste Maßnahme das Manöver nach McRobert** (beide Beine der Mutter werden ausgestreckt und in dieser Streckung bauchwärts geführt, dadurch kommt es zu einer leichten Anhebung der Symphysenachse, s. u.) durchzuführen, obwohl dieses Vorgehen in schwierigen Situationen das am wenigsten effiziente Manöver ist. **Werden die einzelnen Manöver nicht dokumentiert, ist zugunsten der Patienten davon auszugehen, dass das jeweilige Manöver nicht durchgeführt worden ist** (OLG Düsseldorf, Urt. v. 7. 12. 2006 – I-8 U 83/05, AHRS III, 2500/354).

Führt das Mc Robert-Manöver nicht zum Erfolg, muss versucht werden, die Entwicklung vaginal zu erleichtern. Hierfür kann insbesondere bei Erstgebärenden eine **Episiotomie (Dammschnitt) erforderlich** sein. Das genaue Ausmaß der Episiotomie oder die Gründe für eine unterlassene Erweiterung eines solchen Dammschnitts müssen aber nicht dokumentiert werden. Um die Entwicklung vaginal zu erleichtern, muss der Geburtshelfer auch versuchen, **mit der Hand vaginal einzugehen**; insofern begründet das Schweigen der Dokumentation aber **nicht die Vermutung**, dass eine vaginale Manipulation nicht versucht worden ist (OLG Düsseldorf, Urt. v. 7. 12. 2006 – I-8 U 83/05, AHRS III, 2500/354).

D 216b   Zur Lösung einer SD durch **Anwendung des McRobert-Manövers** bedarf es bei einer Entbindung auf einem Geburtshocker dreier Hilfspersonen, um die Gebärende in eine liegende Position zu bringen, die der Umlagerung in ein Kreißbett entspricht. Bei Vorliegen einer weiteren, tiefen Schulterverkeilung ist das **Manöver nach Martius** durchzuführen. Dabei handelt es sich um einen Handgriff durch Überdrehung/Rückdrehung des Köpfchens, bei dem die Schultern aus ihrer Verkeilung gebracht werden sollen. Die Durchführung auch dieses Manövers muss dokumentiert werden. Ist die Rückdrehung nicht beschrieben und gilt sie damit als nicht vorgenommen, stellte dies jedoch **keinen Behandlungsfehler** dar, wenn kein Anhaltspunkt dafür vorliegt, dass zu diesem Zeitpunkt eine weitere, tiefe Schulterverkeilung vorgelegen hat (OLG Braunschweig, Urt. v. 1. 3. 2007 – 1 U 51/06, AHRS III, 2500/355).

D 216c   Insbesondere bei einer hohen SD ist die Durchführung des **zu dokumentierenden McRobert-Manövers** indiziert. Bei einem tiefen Schulterquerstand ist dieses Manöver zwar nicht zielführend, da es nicht die schnellstmögliche Methode zur Entwicklung des Kindes darstellt. Vielmehr ist in diesem Fall wegen der gebotenen Eile sofort mittels des **Wood-Manövers oder des Manövers nach Rubin** die Schulter in den geraden Durchmesser zu drehen. Beide Methoden sind gleichwertig und mit massiven Eingriffen verbunden, die **auch bei fachgerechtem Vorgehen zu einer Armplexusverletzung** führen können. Ist die Durchführung des **McRobert-Manövers bei einem tiefen Schulterquerstand nicht indiziert und somit fehlerhaft**, scheidet eine Haftung des Arztes aber aus, wenn eine beim Kind aufgetretene Schädigung des Plexus brachialis nach den Ausführungen des Sachverständigen aufgrund dieses Manövers nicht möglich ist **(fehlender Kausalzusammenhang)**, weil die kindlichen Schultern den Bereich, in dem der Druck oberhalb der Symphyse ausgeübt wird, bereits verlassen haben und beim Kind auch keine hypoxische Schädigung aufgetreten ist (OLG Karlsruhe, Urt. v. 21. 3. 2007 – 7 U 198/04, AHRS III, 2500/357).

Die bloßen **Hinweise auf eine „erschwerte Schulterentwicklung"** (OLG Karlsruhe, Urt. v. 15. 8. 2001 – 7 U 129/99, AHRS III, 6450/304), eine **„etwas schwierige Schulterentwicklung" oder „sehr schwere Schulterentwicklung"** (OLG Saarbrücken, VersR 1988, 916; OLG Koblenz, Urt. v. 17. 4. 2002 – 7 U 893/98, OLGR 2002, 303; OLG Stuttgart, VersR 1999, 582; OLG Köln, VersR 1994, 1424, 1425) bzw. **„schwere Schulterentwicklung" oder „Entwicklung insbesondere der rechten Schulter erschwert"** (OLG München, Urt. v. 8. 7. 2010 – 1 U 4550/08, juris, Nr. 38, 39) **genügen grundsätzlich nicht.**

D 216d

Die fehlende oder unvollständige Dokumentation begründet die **Vermutung, dass die aus medizinischen Gründen erforderliche Maßnahme** (etwa Anwendung des McRobert-Manövers, des Wood-Manövers, Ausübung eines suprasymphysären Druckes o.a.) **unterblieben ist, soweit dem Arzt nicht der Beweis des Gegenteils gelingt** (OLG Düsseldorf, Urt. v. 7. 12. 2006 – I-8 U 83/05, AHRS III, 2500/354; OLG Karlsruhe, Urt. v. 21. 3. 2007 – 7 U 198/04, AHRS III, 2500/357: Unzureichende Dokumentation, Schädigung des Kindes nach den Ausführungen des Sachverständigen durch Vornahme bzw. Unterlassung des Manövers aber nicht möglich bzw. wahrscheinlich; OLG Karlsruhe, Urt. v. 30. 9. 2005 – 7 U 96/04, AHRS III, 6540/323: **mangels Dukumentation zu vermuten, dass der Geburtshelfer erfolglos versuchte, bei einer SD den hinteren Arm des Kindes zu lösen;** im entschiedenen Fall aber glaubhafte Parteivernehmung des Arztes bei bestehenden Anhaltspunkten für die Durchführung des nicht dokumentierten Manövers; OLG München, Urt. v. 8. 7. 2010 – 1 U 4550/08, juris, Nr. 38, 39: Gegenbeweis durch Zeugen- oder Parteivernehmung möglich, im entschiedenen Fall aber nicht gelungen; OLG Oldenburg, Urt. v. 25. 10. 2006 – 5 U 29/06, AHRS III, 6450/328: aber Zeugenbeweis und/oder Parteivernehmung des Arztes möglich, Auftreten einer Plexusparese indiziert keinen Behandlungsfehler).

D 216e

Sind die zum Einsatz gebrachten Manöver (hier: nach McRobert, Ausübung eines suprasymphysären Druckes o.a.) nicht oder nur unzureichend dokumentiert, ist **zu Lasten des geburtsleitenden Arztes nach Ansicht des OLG München zudem davon auszugehen, dass keine der gebotenen spezifischen und schonenden Maßnahmen zur Behebung der SD zum Einsatz gekommen sind, sondern zu einem Zeitpunkt, als das Kind bereits mit der Schulter hängengeblieben war, nicht fachgerecht reagiert wurde, etwa noch kristellert und/oder versucht wurde, mittels zu starkem Zug an dem feststeckenden kindlichen Körper die SD zu überwinden** (OLG München, Urt. v. 8. 7. 2010 – 1 U 4550/08, juris, Nr. 32, 38, 39; vgl. aber D 217a).

D 216f

Führt der vom Gericht beauftragte Sachverständige aus, aus dem Geburtsprotokoll ergäben sich Anhaltspunkte dafür, dass eine dokumentationspflichtige

D 216g

Maßnahme durchgeführt worden ist und legt der als Partei vernommene, **behandelnde Arzt glaubhaft dar, die Maßnahme durchgeführt zu haben,** so hat die Behandlungsseite den erforderlichen Beweis für die Durchführung der Maßnahme (hier: Lösung des hinteren Arms, Dehnung der Scheide) geführt (OLG Karlsruhe, Urt. v. 30. 9. 2005 – 7 U 96/04, AHRS III, 6450/323).

D 217 **Der Kausalzusammenhang zwischem dem Unterlassen eines gebotenen, nicht dokumentierten Manövers und dem Eintritt einer Plexusschädigung o. a. ist aber von dem durch die Eltern vertretenen Kind zu beweisen,** soweit im Einzelfall nicht die Voraussetzunghen einer Beweislastumkehr wegen eines „groben Behandlungsfehlers" oder einer „unterlassenen Befunderhebung" vorliegen.

D 217a So führt eine **fehlende oder unzureichende Dokumentation nicht zur Beweislastumkehr bzw. zur Haftung des Arztes, wenn eine Schädigung durch die nicht dokumentierte, aber dokumentationspflichtige Maßnahme nach den Ausführungen des Sachverständigen mit hoher bzw. an Sicherheit grenzender Wahrscheinlichkeit nicht möglich ist** (OLG Karlsruhe, Urt. v. 21. 3. 2007 – 7 U 198/04, AHRS III, 2500/357), wenn der Sachverständige ausführt, aus dem Geburtsprotokoll würden sich **Anhaltspunkte dafür ergeben, dass die dokumentationspflichtige Maßnahme tatsächlich durchgeführt worden ist und dies vom beklagten Arzt im Rahmen der Parteivernehmung auch glaubhaft dargelegt wird** (OLG Karlsruhe, Urt. v. 30. 9. 2005 – 7 U 96/04, AHRS III, 6450/323) oder wenn zwar ein Behandlungsfehler vorliegt, weil die Nichtdurchführung der dokumentationspflichtigen Maßnahme (hier: Manöver nach McRobert) vermutet wird, vorliegt, aber **der Kausalzusammenhang zwischen dem Unterlassen des Manövers und dem Eintritt einer Plexusschädigung fraglich ist. Auf den Kausalzusammenhang erstreckt sich die Beweiserleichterung bei Dokumentationslücken nicht** (OLG Düsseldorf, Urt. v. 7. 12. 2006 – I-8 U 83/05, AHRS III, 2500/354; OLG Oldenburg, Urt. v. 25. 10. 2006 – 5 U 29/06, AHRS III, 6450/328: aus dem Auftreten einer Plexusparese kann nicht auf einen Behandlungsfehler geschlossen werden; OLG Braunschweig, Urt. v. 1. 3. 2007 – 1 U 51/06 mit NZB BGH v. 22. 1. 2008 – VI ZR 102/07, AHRS III, 6510/303 und AHRS III, 2500/355: auch kein Anscheinsbeweis zwischen unterlassenem Manöver und Eintritt einer Armplexusparese; a. A. jedoch OLG München, Urt. v. 8. 7. 2010 – 1 U 4550/08, juris, Nr. 39, 40, 41, Rz. D 216f, D 216g).

D 217b Wurde die Durchführung des behaupteten **McRobert-Manövers nicht dokumentiert,** können hieraus **keine Beweiserleichterungen** zugunsten der Patienten folgen, wenn feststeht, dass die Lösung der vorderen Schulter von der Symphyse gelungen und die Parese erst zu einem späteren Zeitpunkt eingetreten ist (OLG Karlsruhe, Urt. v. 30. 9. 2005 – 7 U 96/04, AHRS III, 6450/323).

D 217c Bei einem großen Kind und einem massiven Feststecken ist regelmäßig nicht anzunehmen, dass das nicht dokumentierte Manöver nach McRoberts zum Erfolg geführt hätte. Eine **Beweislastumkehr greift hinsichtlich des Kausalzusammenhangs in derartigen Fällen nicht ein**, denn angesichts der geringen Effizienz in schwierigen Situationen bei großem Kind und massivem Feststecken liegt **in dem Unterlassen des Manövers kein völlig unver-**

ständliches Fehlverhalten des Arztes (OLG Düsseldorf, Urt. v. 7. 12. 2006 – I-8 U 83/05, AHRS III, 2500/354: kein grober Behandlungsfehler).

Kann sich das Gericht nicht von der Richtigkeit der Schilderungen des an der Geburt beteiligten Personals überzeugen bzw. verbleiben insoweit Widersprüche, hat nach e. E. zu weitgehender, einem Anscheinsbeweis gleichkommender Auffassung das OLG München (Urt. v. 8. 7. 2010 – 1 U 4550/08, juris, Nr. 39–41) der Arzt **zu beweisen, dass die bei dem Kind eingetretene Nervschädigung nicht aus dem (mangels Dokumentation vermutet) fehlerhaften Vorgehen** bei Lösung der SD beruht. Nach dieser Ansicht ist der Kausalzusammenhang zwischen dem (vermuteten) Behandlungsfehler (Unterlassung des gebotenen Manövers, hier nach Mc Robert) und dem eingetretenen Gesundheitsschaden (hier: Armplexusparese) sogar nachgewiesen, wenn aufgrund der mangelhaften Dokumentation jedenfalls nach dem schlüssigen Vortrag der Patientenseite oder aufgrund der Angaben des Sachverständigen davon ausgegangen werden kann, dass versucht wurde, das Kind **mit zu starkem Kraftaufwand** (Ziehen oder Schieben) gegen den durch die SD verursachten Widerstand zu entwickeln (OLG München a. a. O., Nr. 40). | D 217d

Allerdings **kann sich aus einer Dokumentationslücke unmittelbar eine Beweislastumkehr zugunsten des Patienten ergeben, wenn die Dokumentationslücke einen groben Behandlungsfehler indiziert** (OLG Karlsruhe, Urt. v. 21. 3. 2007 – 7 U 198/04, AHRS III, 2500/357: McRoberts-Manöver nicht dokumentiert, Beweislastumkehr aber verneint; grundsätzlich BGH, NJW 1999, 3408, 3409 und OLG Oldenburg, NJW-RR 2009, 32, 34, vgl. Rz. D 417, D 418). | D 217e

Ein **grober Behandlungsfehler liegt aber nicht schon dann vor**, wenn das primär anzuwendende Mc Robert-Manöver nicht ordnungsgemäß ausgeführt worden ist und das indizierte Manöver nach Martius nicht bzw. nicht ordnungsgemäß durchgeführt wurde, wenn sich der Geburtshelfer **in einer Notsituation grundsätzlich für die richtigen Maßnahmen entschieden, diese aber nicht in vollem Umfang korrekt ausgeführt hat** (OLG Braunschweig, Urt. v. 1. 3. 2007 – 1 U 51/06, AHRS III, 2500/355). | D 217f

Ein **grober Behandlungsfehler ist auch zu verneinen**, wenn das Manöver nach Mc Robert nicht zielführend und unverzüglich nach Manöver nach Wood bzw. nach Rubin durchzuführen gewesen wäre, der Sachverständige aber ausführt, eine Schädigung des Kindes durch die Vornahme bzw. Unterlassung eines nicht dokumentierten Manövers sei nicht möglich (OLG Karlsruhe, Urt. v. 21. 3. 2007 – 7 U 198/04, AHRS III, 2500/357). | D 217g

Ein **grober Behandlungsfehler wäre aber etwa dann anzunehmen**, wenn weder die konkrete Schulterdystokie noch irgendeine anerkannte Maßnahme als Reaktion auf den Geburtsstillstand protokolliert wird (OLG Braunschweig, Urt. v. 1. 3. 2007 – 1 U 51/06, AHRS III, 2500/355 mit Hinweis auf OLG Saarbrücken, VersR 1988, 916, 917) oder wenn der Arzt bzw. das Krankenhaus **keine organisatorischen Vorkehrungen dafür getroffen haben, dass in Fällen einer SD umgehend ein Facharzt hinzugezogen wird**, bei der Geburt ein gebotener Dammschnitt unterbleibt und zudem von der Hebamme unkontrolliert körperlicher Druck von oben ausgeübt wird (OLG Braunschweig a. a. O. mit Hinweis auf OLG Stuttgart, VersR 1994, 1114) oder wenn der handelnde As- | D 217h sistenzarzt **trotz zweier vorangegangener Fehlversuche einer erfahrenen Hebamme zur Geburtsentwicklung nochmals am Kind gezogen hat**, ohne zuvor durch vaginale Untersuchungen die Ursache abzuklären und den hohen Schultergradstand zu diagnostizieren (OLG Braunschweig a. a. O. mit Hinweis auf OLG Jena, Urt. v. 12. 6. 2002 – 4 U 701/99).

D 218   (3)   **Regelmäßige und sorgfältige Überwachung der Herztöne des Kindes bei der Geburtsleitung, bei Versagen des CTG die Vornahme akustischer Kontrollen** (OLG Koblenz, MDR 1993, 324; OLG Düsseldorf, Urt. v. 14. 12. 2000 – 8 U 13/00, OLGR 2002, 291, 292: Wenn die Registrierung der kindlichen Herztöne über das CTG beeinträchtigt wird, kann die fetale Frequenz über eine Kopfschwartenelektrode abgeleitet werden; OLG Saarbrücken, Urt. v. 8. 11. 2006 – I U 582/05 – 203, AHRS III, 6450/329: medizinisch gebotene Überwachung der Herzfrequenz in der 34. SSW bei vorzeitigem Blasensprung).

D 218a   Die fehlende Dokumentation der medizinisch gebotenen Überwachung der Herzfrequenz eines ungeborenen Kindes (hier: 34. SSW, vorzeitiger Blasensprung) indiziert, dass die Herzfrequenz nicht überwacht worden ist. Allerdings steht der Behandlungsseite der Beweis offen, dass eine aus medizinischen Gründen dokumentationspflichtige Maßnahme trotz fehlender Dokumentation ergriffen worden ist. Hierfür kann die glaubhafte Aussage einer als Zeugin vernommenen Hebamme ausreichen; ein entsprechender Vortrag erst in zweiter Instanz ist jedoch gemäß § 531 II Nr. 3 ZPO verspätet (OLG Saarbrücken a. a. O.)

D 218b   Das Fehlen von CTG-Aufzeichnungen führt auch dann nicht zu Beweiserleichterungen wegen lückenhafter Dokumentation, wenn lediglich davon ausgegangen werden kann, dass gefertigte **CTG-Aufzeichnungen Anlass zu einer Sectio** gegeben hätten, der Arzt die Entscheidung hierfür aber ohnehin sofort getroffen und die Schnittentbindung unverzüglich durchgeführt hat (OLG Karlsruhe, Urt. v. 20. 12. 2000 – 7 U 222/98 mit NZB BGH v. 16. 10. 2001 – VI ZR 54/01, AHRS III, 6450/300).

D 219   (4)   **Wehentätigkeit und fetale Herztöne bei Geburt aus Risikositus** (OLG Zweibrücken, NJWE-VHR 1996, 63; G/G, 6. Aufl., Rz. B 206).

D 220   (5)   **Art und Ablauf einer Reanimation nach Atemstillstand des Kindes kurz nach der Geburt** (OLG Köln, Urt. v. 14. 11. 2001 – 5 U 232/99, OLGR 2002, 113: Die unverzügliche Einleitung von Wiederbelebungsmaßnahmen kann aber durch Zeugenaussagen bewiesen werden).

D 221   (6)   **Nach Blasensprung und einer Spontangeburt sowie fötide riechendem Fruchtwasser vom hinzugerufenen Neuropädiater getroffene Maßnahmen**, insbesondere Beschreibung der Pulshöhe und Pulsqualität, der gemessenen Körpertemperatur, Bewegungen und reflektorischen Erregbarkeit des Kindes, Durchführung und Erfolg einer Intubation, bei der Intubation auftretende Schwierigkeiten, nach einem Fehlschlag der Intubation getroffene Maßnahmen, insbesondere getroffene Ersatzmaßnahmen zur Sicherung bzw. Aufrechterhaltung der Atemfunktionen und Vitalfunktionen des Kindes, Beatmungsparameter nach erfolgreicher Intubation (OLG Nürnberg, Urt. v. 30. 11. 2001 – 5 U 1239/98, AHRS III, 2030/308).

(7) **Schriftliche Bestätigung des vom Arzt gegebenen Hinweises auf eine Ver-**   D 222
sagerquote bei einer Sterilisation aus Gründen der Familienplanung (OLG
Braunschweig, NJW-RR 2000, 235, 236: Beweisanzeichen für die Nichterfüllung einer Nebenpflicht; OLG Oldenburg, NJW-RR 2000, 240, 241: Beweislast für unterlassene Sicherheitsaufklärung liegt jedoch beim Patienten;
OLG Hamm, Urt. v. 27. 9. 2004 – 3 U 113/04, AHRS III, 6450/319: Fertigung
eines OP-Berichtes und Dokumentation des Desinfektionsverfahrens bei
Vasektomie aber nicht erforderlich).

(8) **Rektale Untersuchung bei Verdacht auf Appendizitis** (OLG Karlsruhe, Urt.   D 222a
v. 12. 12. 2001 – 7 U 97/99, AHRS III, 1864/300).

Es ist behandlungsfehlerhaft, wenn trotz der zunächst vertretbaren Diagnose einer Gastroenteritis dem Verdacht einer Appendizitis nicht durch
eine **erneute rektale Untersuchung** nachgegangen wird. Dies ist dann der
Fall, wenn der Patient mit starken Schmerzen im Unterbauch, Durchfall,
Schüttelfrost und Erbrechen im KKH eingeliefert, dort zunächst eine Gastroenteritis diagnostiziert wird, die Schmerzen nach ca. 20–22 Stunden später trotz entsprechender Medikation unerträglich und die bei der Aufnahmeuntersuchung vorgenommenen Untersuchungen, insbesondere eine rektale
Untersuchung, nicht wiederholt werden. Wird eine **rektale Untersuchung
im Untersuchungsbefund nicht erwähnt**, begründet dies zugunsten des Patienten die Vermutung, dass die Maßnahme unterblieben ist (OLG Karlsruhe a. a. O.).

(9) **Komplikationen bei HNO-Operation** (OLG Düsseldorf, Urt. v. 22. 2. 2007 –   D 222b
I 8 U 81/06, AHRS III, 6450/330).

Beim Eintritt einer Komplikation während eines Eingriffs ist es erforderlich,
nachvollziehbar darzustellen und zu beschreiben, welche Schritte dem Auftreten der Komplikation vorausgegangen waren und wie sich die Situation
beim Auftreten des Behandlungszwischenfalls darstellte. Wenn etwa bei
der Einlegung einer Paukendrainage das Paukenröhrchen in das Mittelohr
abrutscht und dort nicht entfernt werden kann, kommt eine **Umkehr der
Beweislast** zugunsten des Patienten in Betracht, wenn das ärztliche Vorgehen nicht bzw. nicht näher dokumentiert ist. Die Behandlungsseite hat
dann zu beweisen, dass eine eingetretene Dislokation trotz Beachtung der
gebotenen Sorgfalt nicht zu vermeiden war (OLG Düsseldorf a. a. O.; u. E.
zu weitgehend, da die unterlassene Dokumentation keinen groben Behandlungsfehler indiziert (vgl. hierzu Rz. D 394 ff., D 417).

(10) **Einblutungen auf der Retina nach Quadranten zu unterteilen**   D 222c
(OLG Koblenz, Urt. v. 11. 12. 2008 – 5 U 685/08 mit NZB BGH v.
20. 4. 2010 – VI ZR 13/09, AHRS III, 1840/308).

Werden von einem Augenarzt Einblutungen auf der Retina (Netzhaut des
Auges) nicht nach Quadranten unterteilt dokumentiert, ist dies fehlerhaft,
jedoch nicht grob fehlerhaft, weil dadurch eine Verlaufskontrolle für die Zukunft erschwert wird (OLG Koblenz a. a. O.).

(11) **Umfang der berichteten Flüssigkeitsaufnahme nach zweitägigem Brech-**   D 222d
durchfall eines Kleinkindes (OLG Köln, Urt. v. 22. 9. 2010 – 5 U 211/08, juris, Nr. 36, 38, 47, 48 = GesR 2011, 229, 232).

Ein grober Behandlungsfehler liegt vor, wenn ein Kinderarzt einen acht Monate alten Säugling nach erfolgtem Hinweis auf einen **zwei Tage lang andauernden, täglich 3–4 mal wässrigen Durchfall nebst Erbrechen** bei deshalb drohenden, irreversiblen neurologischen Schädigungen das Kind nicht umgehend zur **intravenösen Flüssigkeitszufuhr in einen Klinik einweist,** sofern nicht (im entschiedenen Fall nicht dokumentierte) Blutgas- und Blutelektrolytuntersuchungen unauffällige Werte ergeben und zudem nach dem Ergebnis der ärztlichen Untersuchung eine ausreichende Flüssigkeitsaufnahme bislang erfolgt und auch künftig gewährleistet ist (OLG Köln a. a. O.: erfolgte Flüssigkeitsaufnahme nicht dokumentiert, daher Unterlassung vermutet).

D 223 **(12) Hinweis, dass wegen des Verdachts einer tumorösen (Brust-)Erkrankung die Durchführung einer Mammografie bzw. Biopsie dringend erforderlich ist** (OLG Düsseldorf, Urt. v. 6. 3. 2003 – 8 U 22/02, VersR 2003, 1310, 1311 = NJW-RR 2003, 1333, 1335).

D 224 **(13) Anwendung ungewöhnlicher Behandlungsmaßnahmen und nachträgliche Korrekturen eingeleiteter Behandlungsmethoden** (F/N/W, 5. Aufl., Rz. 146).

D 225 **(14)** Plastisch-chirurgische Maßnahmen für einen spannungsfreien Verschluss einer pfenniggroßen Wunde am Gelenk eines Fingers (OLG Oldenburg, VersR 1990, 1399).

D 226 **(15) Durchführung differential-diagnostischer Maßnahmen zur Klärung der Möglichkeit eines Gefäßverschlusses mit nachfolgender Beinamputation** (BGH, VersR 1983, 983).

D 227 **(16) Tatsächliche Durchführung der aus medizinischer Sicht erforderlichen Ruhigstellung eines Beins** (BGH, VersR 1999, 190, 191).

D 228 **(17) Symptome eines Morbus Sudeck** (CRPS; schmerzhafte Erkrankung der Gliedmaßen bei lokalen Durchblutungs- und Stoffwechselstörungen der Knochen und Weichteile) nach ihrem Auftreten, nicht jedoch Kontrolluntersuchungen auf das Vorliegen entsprechender Symptome (BGH, NJW 1993, 2375, 2376; Gaisbauer, VersR 2000, 558, 561).

D 229 **(18) Auftreten einer Sepsis nach Durchführung einer Appendektomie** (Blinddarmoperation; BGH, VersR 1982, 1193).

D 230 – D 231 Einstweilen frei.

D 232 **(19) Einzelheiten einer Laserbehandlung zur Beseitigung einer vorhandenen Weitsichtigkeit** (OLG Düsseldorf, NJW 2001, 900 = VersR 2001, 1516).

D 233 **(20) Therapiehinweise bei möglicher, schwerer Herzerkrankung** (OLG Bamberg, Urt. v. 4. 7. 2005 – 4 U 126/03, VersR 2005, 1292; OLG Köln, VersR 1992, 1231). **Verweigert** ein Patient trotz entsprechender therapeutischer Aufklärung (hier: zur Feststellung, ob er sich in der akuten Gefahr eines unmittelbar bevorstehenden Herzinfarkts befindet) eine **dringend erforderliche Untersuchung,** so ist dies vom Arzt in den Krankenunterlagen zu dokumentieren (OLG Bamberg, Urt. v. 4. 7. 2005 – 4 U 126/03, VersR 2005, 1292; vgl. Rz. D 239).

(21) Zur Druckvermeidung in Harnabflusswegen getroffene Maßnahmen (OLG Köln, VersR 1988, 1274; G/G, 6. Aufl., Rz. B 206).   D 234

(22) Dekubitus-Prophylaxe und Therapie   D 235

Zu dokumentieren sind auch Maßnahmen der Krankenpflege, die nicht die normale „Grundpflege" betreffen, sondern wegen eines aus dem Krankheitszustand des Patienten folgenden spezifischen Pflegebedürfnisses Gegenstand ärztlicher Beurteilung und Anordnung sind, sowie notwendige ärztliche Anordnungen an das Pflegepersonal (BGH, NJW 1986, 2365, 2366; BGH, NJW 1988, 762, 763; R/L II-Kaiser, § 12 Rz. 451).

So sind bei einem Patienten, bei dem die ernste Gefahr eines Durchliegegeschwürs (Dekubitus) besteht, **sowohl die Gefahrenlage als auch die ärztlich angeordneten Vorbeugungsmaßnahmen zu dokumentieren** (BGH, NJW 1986, 2365, 2366; Wenzel-Großkopf, Kap. 2 Rz. 1988).   D 235a

Ist die **Gefahr der Entstehung eines Dekubitus außergewöhnlich groß und die Vermeidung allenfalls mit intensiven Pflegemaßnahmen möglich**, ist es erforderlich, die entsprechende Diagnose mit dem bestehenden Risiko, die ärztliche Anordnung der durchzuführenden besonderen Pflegemaßnahmen und nachfolgend **auch deren Durchführung in den Krankenunterlagen festzuhalten** (BGH, NJW 1986, 2365, 2366: zweimaliges tägliches Waschen und Einreiben mit Franzbranntwein, Auftragen von Fettspray auf die gefährdeten Partien, Anlegen eines Dauerkatheters, Unterlegen von Schaumgummiringen und -kissen, regelmäßige, gründliche Körperpflege, zeitweise Lagerung auf Wasserkissen und, falls eine Dekubitusmatratze nicht zur Verfügung steht, regelmäßige, mehrmalige stundenweise Druckentlastung durch Um- bzw. Seitenlagerung und Austrocknung der gefährdeten Gebiete).

Von einer Dokumentation der angeordneten Pflegemaßnahmen kann nur dann abgesehen werden, wenn im Krankenhaus eine **allgemeine schriftliche Anweisung** dahingehend besteht, welche einzelnen prophylaktischen Maßnahmen in den Fällen des Dekubitus-Risikos unbedingt durchzuführen sind (BGH, NJW 1986, 2365, 2366).   D 235b

Nach Auffassung des OLG Köln (Urt. v. 4. 8. 1999 – 5 U 19/99, bei Wenzel a.a.O.) lässt das **Auftreten eines Dekubitus vierten Grades regelmäßig auch bei Schwerstkranken auf grobe Pflege- oder Lagerungsmängel schließen**. Der pauschale Vortrag der Behandlungsseite, der Patient sei häufiger gepflegt und gewendet worden, als sich dies aus der Dokumentation erschließt, reicht zur Widerlegung der Behandlungsfehlervermutung nicht aus.   D 236

In einer neueren Entscheidung hat das OLG Köln (Beschl. v. 26. 7. 2010 und v. 13. 10. 2010 – 5 U 27/10 bei Bergmann/Wever, MedR 2012, 446) Folgendes ausgeführt: D 236a

Bei Risikopatienten ist es zur Gewährleistung notwendiger **Dekubituspro-phylaxe erforderlich, in den Krankenunterlagen die ärztliche Diagnose, die Tatsache, dass der Patient ein Risikopatient ist, die ergangenen ärztlichen Anordnungen zu den durchzuführenden besonderen Pflegemaßnahmen fest-zuhalten.** Der Krankenhausträger kann sich nicht darauf berufen, dass der gerichtliche Sachverständige derartige Dokumentationen nicht für erforder-lich und üblich gehalten habe, wenn dieser gleichzeitig die Unzulänglich-keit der Dokumentation feststellt (hier: nicht bzw. nicht vollständig doku-mentierte Prophylaxemaßnahmen, Mobilisationen, sorgfältige Hautpflege und Kontrolle, Lagerungswechsel alle zwei bis drei Stunden, Einsatz von Weichlagerungsmatratzen und Kissen bei Hochrisikopatienten). In einem solchen Fall **kann die Nichtdokumentation sogar einen groben Behand-lungs- bzw. Pflegefehler indizieren.**

D 237   Nach zutreffender Ansicht des OLG Braunschweig (Urt. v. 7. 10. 2008 – 1 U 93/07 bei Wenzel a. a. O.) gehört das **Risiko des Auftretens von Druck-geschwüren aber nicht zu einem Bereich**, der von dem Träger eines Pfle-geheims oder Krankenhauses „voll beherrscht" werden kann.

D 238   **(23) Erteilung des Hinweises an den Patienten, dass seine unverzügliche Vorstel-lung bei einem anderen Facharzt (hier: Neurologe) bzw. die sofortige Einwei-sung in eine Fachklinik** (hier: orthopädische, neurologische oder neurochi-rurgische Klinik**) erforderlich** ist (OLG Karlsruhe, Urt. v. 25. 10. 2006 – 7 U 183/05, BeckRS 2007, 2208, S. 4/5 = OLGR 2007, 258, 259).

D 239   **(24) Weigerung des Patienten, eine Untersuchung vornehmen zu lassen, die zur Abklärung einer Verdachtsdiagnose erforderlich ist, sowie der dem Patien-ten erteilte Hinweis auf die Notwendigkeit und Dringlichkeit der Unter-suchung** (BGH, MDR 1997, 940; BGH, NJW 1987, 1482: **Verweigerung einer Röntgenuntersuchung;** OLG Bamberg, Urt. v. 4. 7. 2005 – 4 U 126/03, VersR 2005, 1292, 1293 = NJW-RR 2005, 1266 = MDR 2006, 206: Verweige-rung einer Herzkathederuntersuchung; OLG Düsseldorf, Urt. v. 6. 3. 2003 – 8 U 22/02, VersR 2003, 1310 = NJW-RR 2003, 1333: **Weigerung, eine drin-gend indizierte Mammografie bzw. Biopsie durchführen zu lassen;** OLG Düsseldorf, Urt. v. 21. 7. 2005 – I-8 U 33/05, VersR 2006, 841, 842; OLG Karlsruhe, Urt. v. 25. 10. 2006 – 7 U 183/05, OLGR 2007, 258 = BeckRS 2007, 2208: **Weigerung des Patienten, einen vom Arzt genannten Facharzt bzw. eine Fachklinik aufzusuchen;** OLG Oldenburg, Urt. v. 23. 7. 2008 – 5 U 28/08, MedR 2011, 163, 165: Empfehlung zur Durchfüh-rung einer Darmspiegelung angeblich abgelehnt; OLG Zweibrücken, Urt. v. 20. 8. 2002 – 5 U 25/01, OLGR 2003, 92: **Weigerung, Untersuchungen vornehmen zu lassen bzw. einer hierfür erforderlichen Krankenhauseinwei-sung zu folgen;** weitergehend OLG Schleswig, VersR 2001, 1516, 1517 und F/N/W, 5. Aufl., Rz. 149: Behandlungsverweigerung als Mitverschuldens-einwand stets vom Arzt zu beweisen; einschränkend Schellenberg, VersR 2005, 1620, 1622: nicht jeder Versuch, den Patienten zur Mitwirkung zu be-wegen, ist zu dokumentieren).

D 239a   **Verweigert** ein Patient nach Zunahme einer Lymphknotenschwellung am Hals die **Durchführung einer Operation** (hier: Feingewebsuntersuchung des

Lymphknotens, um einen bestehenden Krebsverdacht bestätigen oder ausräumen zu können, wobei eine bloße Feingewebsbiopsie nicht ausreichend ist), dann ist der behandelnde HNO-Arzt verpflichtet, dem Patienten **die Folgen der Weigerung im Hinblick auf die Gefährlichkeit des Krebs- bzw. Metastasenverdachts eindringlich vor Augen zu führen und zu versuchen, den Patienten von der Notwendigkeit zu überzeugen, ein Krankenhaus aufzusuchen** (OLG Rostock, Urt. v. 10. 7. 2009 – 5 U 48/08 mit NZB BGH v. 15. 6. 2010 – VI ZR 243/09, AHRS III, 3110/331; auch OLG Nürnberg, VersR 1995, 1057). Der Arzt ist in einem solchen Fall gehalten, den Patienten **mit allem Ernst, klar und deutlich auf die dringlich gebotene Untersuchung hinzuweisen, und muss ihn erforderlichenfalls erneut in die Praxis einbestellen, um den notwendigen Hinweis in deutlicher Form zu erteilen. Der Hinweis ist zu dokumentieren.** Wird der Hinweis zwar erteilt, jedoch nicht in der erforderlichen, deutlichen Form, liegt **kein grober Behandlungsfehler** vor. Die Klage ist abzuweisen, wenn der Patient den Nachweis nicht führen kann, dass eine nach entsprechendem, deutlichen Hinweis ca. 4 Monate früher durchgeführte Operation zu einem ihm wesentlich günstigeren Verlauf geführt hätte (OLG Rostock, Urt. v. 10. 7. 2009 – 5 U 48/08 mit NZB BGH v. 15. 6. 2010 – VI ZR 243/09, AHRS III, 3110/331).

Es ist umstritten, ob der dem Patienten (angeblich) erteilte Rat, einen bestimmten Facharzt aufzusuchen, dokumentationspflichtig ist. Dies wird teilweise bejaht (OLG Karlsruhe, Urt. v. 25. 10. 2006 – 7 U 183/05, OLGR 2007, 258 = BeckRS 2007, 2208; OLG Stuttgart, Urt. v. 30. 7. 2002 – 1 U 13/02, OLGR 2003, 289), **von der h. M. jedoch verneint, denn der nachbehandelnde Arzt benötigt diese Information grundsätzlich nicht** (R/L-Kern, § 6 Rz. 22; OLG Zweibrücken, NJW-RR 2008, 537, 538; OLG Braunschweig, VersR 1980, 853, 855; vgl. auch OLG Naumburg, Urt. v. 12. 6. 2012 – 1 U 119/11, NJW-RR 2012, 1375, 1376 und OLG München, Urt. v. 20. 9. 2012 – 1 U 902/12, juris, Nr. 81, 84: **nur diejenigen Erkenntnisse sind zu dokumentieren, die für einen Nachbehandler von Bedeutung sein können**).

D 239b

(25) Hinweis auf die Notwendigkeit von Kontrolluntersuchungen bei der Behandlung eines Muskelfaserrisses in der Wade, um der Gefahr einer Unterschenkelvenenthrombose zu begegnen, wobei das Unterlassen des Hinweises grob fehlerhaft ist (OLG Oldenburg, VersR 1994, 1478; Bergmann/Kienzle, VersR 1999, 282, 283).

D 240

(26) Wichtige Hinweise für den nachbehandelnden Arzt in einem Entlassungsbrief, etwa die Erforderlichkeit der Schonung des operierten Beines unter Benutzung von Unterarmgehstützen für einen bestimmten Zeitraum (OLG Schleswig, Urt. v. 19. 5. 2006 – 4 U 33/05, OLGR 2006, 546 = MedR 2006, 376: Nachbehandler kann sich auf die Richtigkeit und Vollständigkeit des Entlassungsbriefes verlassen).

D 241

(27) Nach einer Osteosynthese mittels Lezius-Nagel erforderliche physiotherapeutische Behandlung und die regelmäßige nächtliche Druckentlastung (OLG Dresden, Urt. v. 27. 6. 2002 – 4 U 3652/99, AHRS III, 6450/304: die Dokumentationspflicht besteht jedenfalls in einem Krankenhaus).

D 242

D 243 **(28)** Die zum Ausschluss eines Bandscheibenvorfalls führenden **neurologischen Untersuchungen vor der Durchführung einer chirotherapeutischen Manipulation** (OLG Hamm, Urt. v. 24. 10. 2001 – 3 U 123/00, VersR 2003, 1132: Durchführung chirotherapeutischer Manipulationen ohne Ausschluss eines Bandscheibenvorfalls ist grob fehlerhaft).

D 244 **(29) Die erfolgreiche Durchführung engmaschiger neurologischer Untersuchungen in zeitlichen Abständen von zwei bis vier Stunden,** insbesondere die neurologische Prüfung des Gefühls und die Prüfung bestimmter Reflexe beim Auftreten von Sensibilitätsstörungen in den Beinen des Patienten nach der Entfernung eines intraspinalen Tumors im Rückenmarkbereich (hier: LWK 3/4), wobei festzuhalten ist, ob postoperativ – ggf. neue – neurologische Defizite oder Ausfälle bei dem Patienten festgestellt worden sind (OLG Hamm, Urt. v. 19. 11. 2007 – 3 U 83/07, juris, Nr. 30, 33, 34).

D 245 **(30) Ausreichende intraoperative Beweglichkeit des Beins im Rahmen einer Kreuzbandplastik** (OLG München, Urt. v. 29. 3. 2007 – 1 U 5265/06, juris, Nr. 32, 34: Nachweis kann aber durch Parteianhörung bzw. Zeugenvernehmung des Operateurs geführt werden).

D 246 **(31) Notwendigkeit einer Röntgenaufnahme zum Ausschluss eines Bruchs** und **Hinweis auf die möglichen Folgen einer Nichtbehandlung eines Bruchs** (KG, Urt. v. 7. 3. 2005 – 20 U 398/01 bei Jorzig, GesR 2005, 251, 252).

D 247 **(32) Verlassen der Klinik entgegen dem Patienten erteilten medizinischen Rat** (BGH, NJW 1987, 2300 = VersR 1987, 1091; OLG Bamberg, Urt. v. 4. 7. 2005 – 4 U 126/03, VersR 2005, 1292, 1293; OLG Düsseldorf, VersR 1997, 1402 bei psychisch auffälligem Patienten).

D 248 **(33) Durchführung von Tests und deren Ergebnisse, die zum Ausschluss einer Meningitis** (Hirnhautentzündung) durchgeführt worden sind (OLG Stuttgart, VersR 1994, 313).

D 249 **(34) Durchführung der korrekten Lagerung des Patienten in sogenannter „Häschenstellung", wobei ein Symbol genügt** (BGH, NJW 1984, 1403); die Durchführung der Kontrolle, ob bei der Operation ein Abduktionswinkel von weniger als 90 Grad gewählt und die Einstellung dieses Winkels durch den Anästhesisten überprüft worden ist, gehört jedoch zu den nicht dokumentationspflichtigen Routinemaßnahmen (BGH, NJW 1995, 1618, 1619; OLG Koblenz, Beschl. v. 27. 9. 2011 – 5 U 273/11, GesR 2012, 49, 50: **bei nicht dokumentierter Lagerung kann der Nachweis durch glaubhafte Angaben der zur Lagerung des Patienten vernommenen Zeugen geführt werden,** keine überspannten Anforderungen an den Nachweis im Hinblick auf derartige Routinevorgänge; OLG Hamm, Beschl. v. 5. 1. 2011 – I-3 U 64/10, Nr. 5: die **schlagwortartige Bezeichnung** „SSL" lässt für den Fachmann erkennen, dass der Patient während der OP in Steinschnittlage gelagert worden ist).

D 249a An die **von der Behandlungsseite zu führenden Nachweise** einer korrekten operativen Lagerung dürfen aber **keine überspannten Anforderungen** gestellt werden, da es sich um Routinevorgänge handelt. Zum Nachweis der richtigen Lagerung bzw. aus medizinischen Gründen dokumentationspflichtiger, aber nicht dokumentierender Maßnahmen können die **glaubhaften Angaben der beteiligten Ärzte und Pflegekräfte ausreichen** (OLG Koblenz, GesR 2012, 49, 50: glaubhafte Angaben der zur Lagerung vernommenen Zeugen; OLG Koblenz, Urt. v. 12. 2. 2009 – 5 U 927/06, VersR 2009, 1077, 1078: glaubhafte Aussagen des OP-Personals zu getroffenen Schutzmaßnahmen bei stark gefährdeten Nerven; OLG Brandenburg, Urt. v. 15. 7. 2010 – 12 U 232/09, VersR 2011, 267, 268: Parteianhörung des beklagten Arztes bei unvollständigem OP-Bericht; OLG Düsseldorf, Urt. v. 8. 3. 2007 – I-8 U 65/06, AHRS III, 6450/331: Parteivernehmung des Arztes bei Fehlen des OP-Berichtes und erfolgreich verlaufenem Eingriff; OLG München, Urt. v. 8. 7. 2010 – 1 U 4550/08, juris, Nr. 39, 40: Vernehmung der Geburtshelfer bei unterlassener Dokumentation des Mc Robert-Manövers, Beweis im entschiedenen Fall aber nicht geführt).

(35) **Freilegung des Nervus accessorius zur Bestimmung seiner Lokalisation im OP-Bericht** (OLG Zweibrücken, Urt. v. 11. 10. 2005 – 5 U 10/05, BeckRS 2005, 13450, S. 8).   D 250

(36) **Angaben zu den getroffenen Maßnahmen zum Schutz gefährdeter Nerven** (OLG Koblenz, Urt. v. 12. 2. 2009 – 5 U 927/06, VersR 2009, 1077, 1078). Sind bei einem ärztlichen Eingriff Vorkehrungen zur Vermeidung einer häufigen und schwerwiegenden Komplikation erforderlich (hier: Verletzung des Nervus peronaeus mit dauerhaft verbleibender Funktionsbeeinträchtigung wie „Steppergang"), muss der OP-Bericht Angaben zu den getroffenen Schutzmaßnahmen enthalten. Die intraoperative Darstellung des **Nervus peronaeus** oder ein Neuromonitoring sind jedoch bei einer Umstellungsosteotomie nicht erforderlich (OLG Koblenz, VersR 2009, 1077, 1079).   D 250a

(37) **Einsatz stumpfer Haken zum Schutz des Nervus peronaeus** (OLG Hamm, Urt. v. 28. 1. 2008 – I 3 U 121/07, AHRS III, 2620/371). Bei einer Hüftoperation muss der **Einsatz der Operationshaken bzw. Operationsspeitel nicht beschrieben** werden, weil es sich um ein Standardvorgchen handelt. Lediglich bei einem **dorsalen Zugang** zum OP-Gebiet bei einer Hüftoperation ist es erforderlich, den Einsatz stumpfer Haken zum Schutz des Nervus peronaeus im Operationsbericht festzuhalten (OLG Hamm a. a. O.).   D 250b

(38) **Darstellung des Nervus recurrens bei einer Schilddrüsenresektion** (OLG Hamm, Urt. v. 27. 4. 2005 – 3 U 288/04 mit NZB BGB v. 28. 3. 2006 – VI ZR 130/05, AHRS III, 6450/320). Die Dokumentationslücke im Rahmen einer Schilddrüsenoperation kann auch hier durch die glaubhaften Angaben des Operateurs geschlossen werden (OLG München, Urt. v. 2. 2. 2012 – 1 U 5333/10, juris, Nr. 57).   D 250c

(39) **Operationsverlauf und dabei zutage getretene Befunde sowie Aufbewahrung des zunächst eingesetzten, aber dann wieder entfernten Prothesenteils bei einer Hüftgelenkerneuerung** mit einer wegen besonderer anatomischer Verhältnisse des Patienten erforderlichen Sonderprothese (OLG Zweibrücken, VersR 1999, 719, 720).   D 251

D 252 **(40) Über den Verlauf einer Operation nur die wesentlichen, für eine spätere ärztliche Beurteilung voraussichtlich unerlässlichen Fakten** wie Narkoseeinleitung, Operationssitus, angewandte Technik mit stichwortartiger Beschreibung der jeweiligen tatsächlichen Eingriffe, Operationszwischenfälle, Wechsel des Operateurs (OLG Oldenburg, Urt. v. 30. 1. 2008 – 5 U 92/06, NJW-RR 2009, 32, 34 = VersR 2008, 691, 692 = GesR 2008, 540: stichwortartige Beschreibung des Eingriffs, der angewandten Technik, nicht jedoch medizinischer Selbstverständlichkeiten; OLG Koblenz, Beschl. v. 27. 9. 2011 – 5 U 273/11, GesR 2012, 49, 50 = MDR 2012, 51: „recht knapper" OP-Bericht bei OP ohne Auffälligkeiten und Zwischenfällen genügt; OLG Koblenz, Urt. v. 27. 7. 2006 – 5 U 212/05, AHRS III, 6580/310: „Zugang in typischer Weise" auch bei schwierigsten Operationen ausreichend) **und Durchführung der erforderlichen postoperativen Kontrollen der Vitalparameter** (OLG München, Urt. v. 24. 2. 2005 – 1 U 4624/03, GesR 2005, 550, 552 f.: im Abstand von 10–20 Minuten bei tachykarder Herzaktion bzw. grenzwertig hohem Blutdruck; OLG Köln, Beschl. v. 9. 11. 2011 – 5 U 89/09, GesR 2012, 168, 169: CO_2-Messung bei intubiertem Patienten) **und andere unerlässliche Maßnahmen, nicht dagegen von Routinemaßnahmen** (s. u. Rz. D 319 ff.; OLG Oldenburg, Urt. v. 30. 1. 2008 – 5 U 92/06, VersR 2008, 691, 692 = NJW-RR 2009, 32, 34; OLG München, Urt. v. 18. 9. 2008 – 1 U 4837/07, juris, Nr. 32; OLG Köln, Urt. v. 27. 4. 2005 – 5 U 254/02, AHRS III, 6450/321: Selbstverständlichkeiten wie die Kühlung des OP-Gebiets oder die Straffung der Haut nicht zu dokumentieren) **und ebenfalls nicht der üblichen Zwischenschritte** (OLG Koblenz, Urt. v. 27. 7. 2006 – 5 U 212/05, OLGR 2007, 163, 164 = AHRS III, 6580/310).

D 252a Ohne konkreten Anhalt für eine Dokumentationslücke bzw. eine nachträgliche Veränderung besagt auch ein vom Sachverständigen als „recht knapp" bezeichneter Operationsbericht in der Regel lediglich, dass es keine nennenswerten Besonderheiten bzw. Zwischenfälle gab (hier: bei Entfernung eines Schlauchrestes im Rahmen der Rückverlegung eines künstlichen Darmausganges; OLG Koblenz, Beschl. v. 27. 9. 2011 – 5 U 273/11, GesR 2012, 49, 50 = MDR 2012, 51). Die Behandlungsseite trägt allerdings die **Beweislast für die technisch richtige Lagerung** des Patienten auf dem OP-Tisch (s. o. Rz. D 249a).

D 252b Sind die **Vornahme einer CO_2-Messung sowie entsprechende Messergebnisse** bei einem intubierten Patienten vor dem Auftreten eines Sauerstoffmangels nicht dokumentiert, ist **zu vermuten, dass die Messungen nicht durchgeführt worden** sind. Das Unterlassen einer derartigen Messung mit entsprechender Verzögerung der Behandlungsschritte bis zu zwei Minuten ist jedoch in einer hektischen Notfallsituation vor dem Hintergrund einzuleitender Wiederbelebungsversuche **nicht grob fehlerhaft** (OLG Köln, Beschl. v. 9. 11. 2011 – 5 U 89/09, GesR 2012, 168, 169/172: auch keine Beweislastumkehr wg. unterlassener Befunderhebung).

D 252c **(41) Art des eingesetzten Tubus** (OLG Hamm, Urt. v. 19. 6. 2006 – 3 U 145/04, AHRS III, 6580/308). Im Rahmen einer Operation muss auch dokumentiert werden, **welcher Tubus** (low volume/high-pressure-cuff-Tubus älterer Bauart oder high-volume/low-pressure-cuff-Tubus neuerer Bauart) **verwendet worden ist und welcher cuff-Druck beim Blocken des cuff gemessen worden ist.** Fehlt eine entsprechende Dokumentation, kann das Gericht bei bestehenden Anhaltspunkten **davon ausgehen, dass ein Tubus älterer Bauart zum Einsatz kam und der cuff-Druck nicht gemessen worden ist.** Zudem ist der Einsatz eines Tubus älterer Bauart und das (mangels Dokumentation) unterstellte mehrfache Blocken und Entblocken des Tubus ohne Druckmessung grob fehlerhaft (OLG Hamm a. a. O.).

(42) Status bei **Wechsel des Operateurs** (OLG Düsseldorf, VersR 1991, 1138).   D 253

(43) Medizinisch richtige und übliche Operationstechniken bei Durchführung   D 254
des Eingriffs durch einen Assistenzarzt oder sonstigen Berufsanfänger (BGH, NJW 1985, 2193; OLG Zweibrücken, MedR 2000, 233, 235; Wenzel-Wenzel, Kap. 2 Rz. 3628; S/Pa, 12. Aufl., Rz. 541).

(44) Angabe der in der Wahl des Operateurs stehenden Operationsmethode bei   D 255
einer Magenresektion nach Billroth II durch die Angabe „Typ. B II Resektion" (OLG Oldenburg, VersR 1999, 319).

(45) Gründe für das Abweichen von einer herkömmlichen Operationsmethode   D 256
(BGH, NJW 1989, 2330; Gehrlein, Rz. B 123; F/N/W, 5. Aufl., Rz. 146).

(46) Auffälligkeiten bezüglich der Marknagelung bei einer Operation mit nach-   D 257
folgender Schaftsprengung (OLG Düsseldorf, VersR 1991, 1176).

(47) Belassen bzw. Verbleiben eines (ggf. abgebrochenen) Drahtfragmentes im   D 258
Körper (OLG Hamm, Urt. v. 9. 7. 2003 – 3 U 264/02, AHRS III, 6450/318).

(48) Anlage einer Blutsperre vor der Entfernung eines in unmittelbarer Nähe ei-   D 259
nes Nerven gelegenen Tumors (OLG Düsseldorf, VersR 1997, 748).

(49) Durchgeführte medizinische Kontrollen nach ambulant durchgeführter,   D 260
nicht ganz unproblematischer Operation bei Unterbringung in einem Tageszimmer sowie bei Auftreten einer Komplikation, etwa einer Nachblutung, auch die Abschlussuntersuchung (OLG Hamburg, Urt. v. 20. 12. 2002 – 1 U 34/02, OLGR 2003, 336, 337: Anlage eines Shunts bei schwierigem Gefäßstatus beider Unterarme des Patienten; OLG München, Urt. v. 24. 2. 2005 – 1 U 4624/03, AHRS III, 1873/315: ärztliche Kontrollen nach dem Eintreten einer Stimmbandlähmung zu dokumentieren; OLG Düsseldorf, Urt. v. 26. 7. 2007 – I-8 U 32/06, mit NZB BGH v. 4. 3. 2008 – VI ZR 214/07, AHRS III, 6450/334: Blutdruckwerte, Herzfrequenz, Puls unmittelbar vor dem Herzstillstand bei Herzoperation).

Tritt nach einer Strumaresektion eine beidseitige Recurrensparese (Stimm-   D 260a
bandlähmung) auf, ist aufgrund des hiermit verbundenen besonderen Risikos für die Atmung des Patienten eine **engmaschige klinische Kontrolle im Abstand von mindestens 30 Minuten** durch einen Arzt sowie zusätzlich von 10–20 Minuten durch eine Krankenschwester sowie eine Monitorüberwachung im Aufwachraum, andernfalls eine Überwachung auf einer Intensiveinheit erforderlich. Die Kontrollen nach dem Eintreten der Stimmband-

lähmung sind zu dokumentieren. Wird jegliche Kontrolle über einen Zeitraum von 90 Minuten unterlassen, liegt ein **grober Behandlungsfehler** vor (OLG München, a. a. O.).

D 260b   Ist die Dokumentation **zu den Blutdruckwerten, zur Herzfrequenz und zum Puls** unmittelbar vor dem Herzstillstand eines frisch am Herzen operierten Patienten lückenhaft bzw. nicht vorhanden, führt ein solches Dokomentationsversäumnis aber nicht zu einer Beweiserleichterung, wenn der Sachverständige ausführt, die erreichte Stabilisierung des Kreislaufs sei Ausdruck dafür, dass die **erforderlichen Maßnahmen standardgemäß und erfolgreich durchgeführt** worden sind (OLG Düsseldorf, Urt. v. 26. 7. 2007 – I-U 32/06, AHRS III, 6450/334).

D 260c   **(50) Diagnostik und Therapie bei Verdacht auf Schlaganfall bzw. SAB** (OLG Karlsruhe, Urt. v. 12. 12. 2012 – 7 U 176/11, juris, Nr. 16, 28, 31, 34, 41; OLG Hamm, Urt. v. 9. 11. 2012 – I-26 U 142/09, juris, Nr. 51, 53, 54).

          Wird ein Patient mit **plötzlich einsetzenden, heftigen Kopfschmerzen** notfallmäßig in einem Krankenhaus eingeliefert, sind **die Ergebnisse der Anamnese und Befundung** (Abklärung, ob die für eine Subarachnoidalblutung/ SAB sprechenden, stechenden Kopfschmerzen schon einmal aufgetreten sind, ggf. Anordnung eines CT oder MRT) **dokumentationspflichtig.** Fehlt eine entsprechende Dokumentation bzw. ist im Aufnahmeprotokoll lediglich verzeichnet „plötzlich aufgetretene, stechende Kopfschmerzen", so ist davon auszugehen, dass **die Anamnese nicht in dem erforderlichen Umfang durchgeführt worden ist** (OLG Hamm, Urt. v. 9. 11. 2012 – I-26 U 142/09, juris, Nr. 51, 53, 54). In einem solchen Fall dürfen sich die Ärzte des Krankenhauses **nicht mit der Diagnose „Spannungskopfschmerz" begnügen,** dem Patienten lediglich ein Schmerzmittel verabreichen und ihn aus der stationären Behandlung entlassen (OLG Hamm, Urt. v. 9. 11. 2012 – I-26 U 142/09, juris, Nr. 2, 39, 41, 61: inzidenter „Schwerpunkt" bei der unterlassenen Befunderhebung angenommen).

D 260d   Wird ein Patient mit dem **Verdacht auf das Vorliegen eines Schlaganfalls** in eine Klinik eingeliefert, so ist die **medizinisch gebotene Vollheparinisierung bzw. Thromboseprophylaxe im Zusammenhang mit der vorgesehenen Durchführung einer Angiographie dokumentationspflichtig** (OLG Karlsruhe, Urt. v. 12. 12. 2012 – 7 U 176/11, juris, Nr. 28, 31, 34, 41; das OLG Karlsruhe hat das Unterbleiben der Vollheparinisierung als groben Behandlungsfehler bewertet).

D 260e   **(51) Erhobene Befunde bei V. a. Beinvenenthrombose; Thromboseprophylaxe**

          Auch im Rahmen einer hausärztlichen Gemeinschaftspraxis ist es **für den Nachbehandler von Relevanz, welche Vorbefunde (hier: bei V. a. Beinvenenthrombose) erhoben und festgestellt worden sind.** Eine Dokumentation derartiger Befunde dient vor allem bei einer Verlaufsbeobachtung dazu, bei der Wiedervorstellung des Patienten ärztliche Schlüsse zu ziehen. Stellt sich der Patient wegen Schmerzen am Unterschenkel in einer hausärztlichen Praxis vor und wird dort vom erstbehandelnden Arzt keine einseitige Beinverdickung und kein eindeutiges Thrombosezeichen beim Abtasten fest-

gestellt, ist dies **zu dokumentieren, damit bei der vereinbarten Wiedervorstellung für den Folgetag weiterführende diagnostische Schritte** (klinische
bzw. apparative Untersuchungen, Duplex-Sonographie bzw. Überweisung
in ein Krankenhaus) veranlasst werden können, insbesondere wenn die **Folgebehandlung bzw. Kontrolluntersuchung von einem anderen Arzt durchgeführt** wird (OLG Hamm, Urt. v. 6. 9. 2006 – 3 U 193/05, AHRS III,
0925/335).

Eine **stark übergewichtige Patientin** muss nach einer Arthroskopie auf die   D 260f
Erforderlichkeit einer Thromboseprophylaxe (hier: mit Clexane) hingewiesen
werden; ein mündlicher, im Arztbrief dokumentierter Hinweis genügt (OLG
München, Urt. v. 19. 9. 2013 – 1 U 2071/12, juris, Nr. 27, 30, 34: Klage abgewiesen).

(52) **Hinweis auf die Möglichkeit der Erhaltung der externen Zeugungsfähigkeit**   D 261
durch Abgabe einer Samenspende vor Beginn einer Chemotherapie bei ei-
nem männlichen Patienten wegen eines Hodentumors (OLG Frankfurt,
Urt. v. 26. 4. 2002 – 25 U 120/01, OLGR 2002, 183, 188; vgl. auch
Rz. D 222).

(53) **Chargennummer eines im Rahmen einer Operation o. a. verabreichten Blut-**   D 262
produkts (BGH, Urt. v. 14. 6. 2005 – VI ZR 179/04, VersR 2005, 1238; OLG
Saarbrücken, Urt. v. 17. 10. 2007 – 1 U 111/07–36 mit NZB BGH v.
27. 5. 2008 – VI ZR 273/07, AHRS III, 6450/335).

(54) **Ausgangsbefund bei zahnärztlicher Behandlung**, insbesondere vor der Über-   D 263
kronung von Zähnen und Anfertigung einer Prothetik (OLG Koblenz, Urt. v.
29. 6. 2006 – 5 U 1591/05, GesR 2007, 18 = BeckRS 2006, 8316).

(55) **Durchführung der funktionellen Befunderhebung** (zielführende Diagnostik   D 264
bei Kiefergelenksproblemen) **vor einer umfangreichen prothetischen Neuversorgung** mit zahlreichen Kronen und Brückengliedern (OLG Köln, Urt.
v. 23. 8. 2006 – 5 U 22/04, MedR 2008, 46, 47: Unterlassen der funktionellen
Befunderhebung, Fehlen einer hinreichenden Diagnostik hinsichtlich geschilderter Kiefergelenksprobleme stellt einen groben Behandlungsfehler
dar). Einschränkend weist das OLG Köln (Beschl. v. 2. 5. 2011 – 5 U 10/11,
juris, Nr. 5, 7) aber auf Folgendes hin: Das Unterlassen einer Funktionsanalyse wird nur in denjenigen Fällen als Behandlungsfehler bewertet, in denen
gravierende CMC-Beschwerden ohne sonstige funktionelle Störungen und
Erkrankungen vorbestanden haben. Ansonsten ist die **Durchführugn von
Funktionsanalysen vor einer zahnmedizinischen Zahnersatzbehandlung
nicht dokumentationspflichtig** (OLG Köln a. a. O.).

(56) **Akute Entzündung eines zu extrahierenden Zahnes** (BGH, NJW 1994, 799;   D 265
auch OLG Oldenburg, NJW-RR 1999, 1329: Totalextraktion sämtlicher Zäh-
ne).

(57) **Röntgenbefunde nach Auswertung angefertigter Röntgenbilder eines Zahn-**   D 266
arztes (OLG München, Urt. v. 22. 2. 2001 – 1 U 4321/00, AHRS III,
2695/306).

D 267   (58) **Röntgenologische Kontrolle des ordnungsgemäßen Sitzes eingefügter Implantate** in Bezug auf die Achsneigung und die ausreichende Tiefe (OLG Köln, NJW-RR 1995, 346).

D 268   (59) **Intraoperative röntgenologische Abklärung, ob anlässlich einer Wurzelbehandlung Füllmaterial in die Kieferhöhle gelangt** bzw. dann entfernt worden ist (OLG Brandenburg, VersR 2001, 1241, 1243).

D 269   Hausch (Diss. 2007, S. 128/129 und in VersR 2006, 612, 617f. „Vom therapierenden zum dokumentierenden Arzt") kritisiert insbesondere die Rechtsprechung der Instanzgerichte und weist darauf hin, es spiele für die Feststellung des Umfanges der Verletzungen und den mit der Dokumentation verfolgten Zweck der Sicherstellung einer ordnungsgemäßen (Weiter-)Behandlung keine Rolle, mit welchen konkreten Maßnahmen oder Manövern der Arzt oder die Hebamme die Schulter des Kindes letztendlich freibekommen, ob der Patient die Klinik gegen ärztlichen Rat verlassen oder die Durchführung der Behandlung verweigert hat oder warum der Operateur von einer herkömmlichen Operationsmethode abgewichen ist.

D 270 – D 317   Einstweilen frei.

III. Routinemaßnahmen, negative Befunde und Anfängereingriffe

1. Routinemaßnahmen

a) Übersicht

D 318   Die Dokumentationspflicht erstreckt sich nur auf **die wichtigsten diagnostischen und therapeutischen Maßnahmen sowie auf die wesentlichen Verlaufsdaten** (OLG Brandenburg, Urt. v. 5. 4. 2005 – 1 U 34/04, OLGR 2005, 489, 491; OLG Düsseldorf, MedR 1996, 79). Sie erfordert jedoch **nicht, jeden einzelnen therapeutischen oder diagnostischen Schritt** festzuhalten, insbesondere dann nicht, wenn es sich um einen technisch notwendigen und aus ärztlicher Sicht **selbstverständlichen Bestandteil einer bestimmten klinischen Methode** handelt (OLG Oldenburg, Urt. v. 30. 1. 2008 – 5 U 92/06, NJW-RR 2009, 32, 34 = GesR 2008, 540 = VersR 2008, 691, 692; OLG Brandenburg, Urt. v. 8. 11. 2007 – 12 U 53/07, juris, Nr. 23, 24; OLG Hamm, Urt. v. 27. 9. 2004 – 3 U 113/04, AHRS III, 6450/310: Dokumentation des **Desinfektionsverfahrens** nicht erforderlich; OLG Koblenz, Beschl. v. 27. 9. 2011 – 5 U 273/11, GesR 2012, 49, 50: **Routinevorgänge bei OP**, etwa bei Entfernung eines Schlauchrestes, nicht dokumentationspflichtig; OLG Köln. Urt. v. 21. 1. 2004 – 5 U 99/03, AHRS III, 1945/303; OLG Köln, Beschl. v. 2. 5. 2011 – 5 U 10/11, juris, Nr. 5, 7: **Funktionsanalyse für Zahnersatzbehandlung** nicht erforderlich, wenn keine funktionellen Störungen und Erkrankungen vorlagen; OLG Köln, Urt. v. 27. 4. 2005 – 5 U 254/02, AHRS III, 6450/321: Kühlung des OP-Gebiets und Straffung der Haut nicht dokumentationspflichtig; OLG München, Beschl. v. 14. 1. 2011 – 1 U 4152/10, juris, LS 1 und Nr. 6: **unterlassene Niederlegung der Uhrzeiten bei Schlaganfallbehandlung nicht behandlungsfehlerhaft**; OLG München, Urt. v. 30. 12. 2004 – 1 U 2357/04 und LG Karlsruhe, Urt. v. 12. 11. 2010 – 9 S 471/09, S. 5: **unver-**

ändertes Beschwerdebild, routinemäßiger Verbandwechsel nach OP nicht dokumentationspflichtig; OLG München, Urt. v. 5. 5. 2011 – 1 U 4306/10, juris,
Nr. 58, 59: **Anraten einer Wiedervorstellung bei andauerndem Schmerz nicht dokumentationspflichtig**; OLG München, Urt. v. 20. 9. 2012 – 1 U 902/12, juris,
Nr. 81, 84: **normaler Befund und Erkenntnisse, die für den Nachbehandler nicht
von Bedeutung sind, nicht zu dokumentieren**; OLG München, Beschl. v.
28. 5. 2013 – 1 U 844/13, juris, Nr. 21: **Gründe für die erteilte Empfehlung, ein
Krankenhaus aufzusuchen, nicht dokumentationspflichtig**; OLG Naumburg,
Urt. v. 12. 6. 2012 – 1 U 119/11, NJW-RR 2012, 1375, 1376: **im Allgemeinen
keine Dokumentationspflicht der üblichen und gebotenen Hygienemaßnahmen**;
OLG Naumburg, Urt. v. 15. 11. 2011 – 1 U 31/11, GesR 2012, 310, 311: medizinische Selbstverständlichkeiten nicht zu dokumentieren).

b) Einzelfälle

**Nicht dokumentiert werden müssen insbesondere Routinemaßnahmen und
standardisierte Zwischenschritte:** D 319

(1) **Übliche, standardisierte Zwischenschritte bei einer Operation** (OLG Ko- D 320
blenz, Urt. v. 27. 7. 2006 – 5 U 212/05, NJW-RR 2007, 405, 406 = MedR
2007, 305, 307), **insbesondere Routinemaßnahmen und medizinische Selbstverständlichkeiten** wie z. B. eine spannungsfreie Verknotung der Anastomosennähte, die Frage, an welcher Stelle die Knoten der Anastomosennaht
platziert worden sind und ob eine Dichtigkeitsprüfung (hier: der Verbindung
Harnröhre-Blase bei einer Prostatektomie) durchgeführt worden ist (OLG
Oldenburg, Urt. v. 30. 1. 2008 – 5 U 92/06, NJW-RR 2009, 32, 34; OLG
Naumburg, Urt. v. 15. 11. 2011 – 1 U 31/11, GesR 2012, 310, 311: medizinische Selbstverständlichkeiten), **Selbstverständlichkeiten wie die Durchführung der Blutstillung, Abdeckung des OP-Bereichs, Vornahme von Desinfektionsmaßnahmen** (OLG Brandenburg, Urt. v. 8. 11. 2007 – 12 U 53/07,
juris, Nr. 22, 24), **die Tubusgröße bei der Intubation eines Kindes** (OLG
München, Urt. v. 18. 9. 2008 – 1 U 4837/07, juris, Nr. 32), **der erfolgte Zugang zum OP-Bereich, auch bei schwierigsten Operationen kann sich der
OP-Bericht dabei auf den Hinweis beschränken, dass der Zugang „in typischer Weise" erfolgte** (OLG Koblenz, Urt. v. 27. 7. 2006 – 5 U 212/05,
AHRS III, 6580/310), **Selbstverständlichkeiten wie die Kühlung eines OP-**
Gebiets oder die Straffung der Haut bei der Operation eines Rhinophyms
(OLG Köln, Urt. v. 27. 4. 2005 – 5 U 254/02, AHRS III, 6450/321), **der Einsatz der Operationshaken bzw. Operationsspeitel bei einer Hüftoperation**
(OLG Hamm, Urt. v. 28. 1. 2008 – I-3 U 121/07, AHRS III, 2620/371: **bei dor-
salem Zugang zum OP-Gebiet bei einer Hüftoperation ist der Einsatz
stumpfer Haken zum Schutz des Nervus peronaeus aber zu dokumentieren**).

(2) **Bei einer Vakuumextraktion sind aber die Größe der Saugglocke, Angaben D 321
zum Aufbau des Vakuums, zur Korrektur des Sitzes der Glocke** und zum
seitlichen Ansatz der Glocke zu dokumentieren (OLG München, Urt. v.
29. 1. 2009 – 1 U 3836/05, juris, Nr. 21, 77).

(3) **Desinfektionsverfahren und Vorgehen bei einer völlig standardisierten Va- D 322
sektomie** (OLG Hamm, Urt. v. 27. 9. 2004 – 3 U 113/04, AHRS III,

6450/319: Fertigung eines OP-Berichts und Dokumentation des Desinfektionsverfahrens bei völlig standardisiertem, nicht mit erheblichen Risiken verbundenen Verfahren nicht erforderlich).

D 323 **(4) Die Art der Lagerung bei einer TEP-Operation ist zwar grundsätzlich zu dokumentieren** (OLG Dresden, Urt. v. 13. 9. 2007 – 4 U 601/06, OLGR 2007, 1033). Wurde die Lagerung des Patienten auf dem OP-Tisch während des Eingriffs sowie in der postoperativen Aufwachphase nicht dokumentiert, **kann der Nachweis durch die glaubhaften Angaben des Operationspersonals geführt werden** (OLG Koblenz, Beschl. v. 27. 9. 2011 – 5 U 273/11, GesR 2012, 49, 50: keine überspannten Anforderungen, da es sich um Routinevorgänge handelt, die nur dann dauerhaft in Erinnerung bleiben, wenn es zu Abweichungen von Gewöhnlichem kommt).

D 324 **(5) Durchführung einer Blutdruck- und Pulsmessung, wenn ein Normalbefund festgestellt wurde** (OLG München, Urt. v. 1. 3. 2007 – 1 U 4028/06, VersR 2007, 652, 653; OLG Frankfurt, Urt. v. 4. 4. 2006 – 8 U 98/05, VersR 2007, 1276, 1377), soweit sich keine Auffälligkeiten eingestellt haben, etwa Übelkeit und Unwohlsein des Patienten (OLG Frankfurt, a. a. O.).

D 325 **(6) Der von einem Krankenhausarzt auf den Anruf des Patienten mit Schilderung starker Schmerzen und Erbrechen erteilte Hinweis, er müsse den Patienten untersuchen,** hierzu könne der Patient das Krankenhaus jederzeit aufsuchen (OLG Zweibrücken, Urt. v. 24. 4. 2007 – 5 U 2/06, NJW-RR 2008, 537 = OLGR 2008, 98, 99).

D 326 **(7) Der Hinweis eines Unfallchirurgen oder Orthopäden, der Patient solle sich beim Auftreten bzw. bei Fortdauer der Beschwerden wieder vorstellen** (OLG München, Urt. v. 12. 4. 2007 – 1 U 2267/04, juris, Nr. 158: Hinweis aus medizinischen Gründen nicht dokumentationspflichtig; OLG München, Urt. v. 5. 5. 2011 – 1 U 4306/10, juris, Nr. 58, 59); diese Empfehlung kommt für den weiteren Behandlungsverlauf keine Bedeutung zu, ein entsprechender Vermerk könnte allenfalls die Position des Arztes im Haftungsprozess verbessern und hätte selbst bei Fortsetzung der Behandlung keine medizinische Relevanz (OLG München, Urt. v. 5. 5. 2011 – 1 U 4306/10, juris, Nr. 58, 59; auch R/L-Kern, § 6 Rz. 11, 18, 19, 22: Der weiterbehandelnde Arzt benötigt diese Information nicht).

D 326a **(8) Die Feststellung eines unveränderten Beschwerdebildes, insbesondere bei einem routinemäßigen Verbandwechsel am Tag nach einer Operation** (LG Karlsruhe, Urt. v. 12. 11. 2010 – 9 S 471/09, S. 5).

D 327 **(9) Der Umstand, dass ein Nerv neben dem Operationsgebiet verläuft und allenfalls mit sensiblen Fasern in das OP-Gebiet einstrahlt** (OLG Naumburg, Urt. v. 18. 7. 2006 – 1 U 29/05, OLGR 2007, 2, 5).

D 328 **(10) Alle Einzelbefunde einer Duplex-Ultraschalluntersuchung** sind nicht dokumentationspflichtig; es genügt, wenn sich aus der Dokumentation die Vorgehensweise bei der und die vom Arzt gewonnenen Erkenntnisse ergeben (OLG Naumburg, Urt. v. 13. 3. 2008 – 1 U 83/07, VersR 2008, 1073).

(11) Die vor jeder Injektion durchgeführte Desinfektion der Haut (OLG Köln,   D 329
NJW 1999, 1790; OLG Hamburg, Urt. v. 22. 2. 2002 – 1 U 35/00, OLGR 2002,
255 = MDR 2002, 1315; zustimmend R/L-Kern, § 6 Rz. 24) **und sonstige Desinfektionsmaßnahmen im Rahmen einer Operation** (OLG Brandenburg, Urt.
v. 8. 11. 2007 – 12 U 53/07, juris, Nr. 22, 24). Im Hinblick auf die notwendige
Hygiene kann eine individuelle Dokumentation derselben nur **in Fällen einer besonderen Immunschwäche des Patienten** (etwa Patienten, die hochgradig infektanfällig sind) oder unter ähnlichen Umständen medizinisch geboten sein. **Im Allgemeinen besteht aber aus medizinischer Sicht keine Dokumentationspflicht der üblichen und gebotenen Hygienemaßnahmen** (OLG
Naumburg, Urt. v. 12. 6. 2012 – 1 U 119/11, NJW-RR 2012, 1375, 1376).

(12) **Routinekontrollen ohne Befund** (BGH, NJW 1993, 2375; OLG München,   D 330
Urt. v. 1. 3. 2007 – 1 U 4028/06, VersR 2007, 652).

(13) **Nicht erhobene Befunde** (OLG Koblenz, Beschl. v. 21. 11. 2011 – 5 U   D 330a
688/11, GesR 2012, 346, 350). Grundsätzlich ist **nicht zu dokumentieren,
welche Befunde nach durchgeführten Untersuchungen nachfolgend nicht
erhoben worden sind.** Auch muss die Dokumentation nicht aus sich heraus
für jeden beliebigen Dritten verständlich und nachvollziehbar sein (OLG
Koblenz a. a. O.).

(14) **Untersuchung des Abdomens „ohne Befund"**, also ohne Feststellung einer   D 331
„harten Bauchdecke" oder anderer Verdachtsmomente für eine Peritonitis
wie z. B. einer Leukozytose (Anstieg der weißen Blutkörperchen) oder eines
Temperaturanstiegs (OLG Köln, Urt. v. 21. 1. 2004 – 5 U 99/03, AHRS III
1945/303).

(15) **Die Einhaltung des üblichen Ausstattungsstandards** (OLG Zweibrücken,   D 332
VersR 1997, 1281; G/G, 6. Aufl., Rz. B 206).

(16) **Die Anlage eines Druckverbandes** (OLG Frankfurt, VersR 1987, 1118).   D 333

(17) Die **Art und Weise einer Untersuchung** der Beweglichkeit von Kopf- und   D 334
Halswirbelsäule (OLG Celle, MDR 2002, 153) und die **Mobilisation der
HWS durch „weiche Techniken"** (OLG Jena, Urt. v. 18. 5. 2005 – 4 U
641/04, GesR 2005, 556, 558: Mobilisierung durch Physiotherapeuten; *Anmerkung:* anders aber bei chiropraktischen Eingriffen, die nur hierfür ausgebildeten Ärzten vorbehalten sind).

(18) **Einzelheiten einer Nachsorgeuntersuchung** nach einer stationären Behand-   D 335
lung wegen eines Spritzenabszesses; entdeckt der Arzt dabei eine subkutane
Blutung, die nach seiner Einschätzung weder eine Verdrängung innerer Organe noch von Muskulatur besorgen lässt, genügt die Dokumentation seines (wertenden) Untersuchungsergebnisses (OLG Naumburg, Urt. v.
2. 12. 2008 – 1 U 27/08, juris, LS 2).

(19) **Anzahl und Lage der bei einer Bauchoperation zur Blutstillung verwandten**   D 336
Clips (OLG München, Urt. v. 18. 5. 2004 – 1 U 4128/03, OLGR 2005, 791).

(20) **Information des Patienten über ein im Körper verbliebenes Drahtfragment**   D 337
(OLG Hamm, Urt. v. 9. 7. 2003 – 3 U 264/02, AHRS III, 6450/318: Verblei-

ben nach OP zu dokumentieren, nicht aber die Tatsache, dass der Patient hierüber informiert wurde).

D 338   **(21) Durchführung der täglichen ärztlichen Visite** (OLG Düsseldorf, Urt. v. 5. 12. 2002 – 8 U 216/01, AHRS III, 6450/316: jedenfalls bei Visiten „o.B."|.

D 339   **(22) Details über die Versorgung eines Scheiden-Damm-Schnitts** (OLG Braunschweig, NJW-RR 2000, 238).

D 340   Über den **Verlauf einer Operation** müssen nur die **wesentlichen, für eine spätere ärztliche Beurteilung voraussichtlich unerlässlichen Fakten** wiedergegeben werden. Zu berichten ist daher regelmäßig über den Operationssitus, die angewandte Technik mit stichwortartiger Beschreibung der jeweiligen tatsächlichen Eingriffe und andere unerlässliche Maßnahmen. Nicht erforderlich ist dagegen die Wiedergabe von **Routinemaßnahmen und medizinischen Selbstverständlichkeiten** wie z.B. einer spannungsfreien Verknotung der Anastomosennähte bei einer Prostatektomie, die Frage, an welcher Stelle die Knoten der Anastomosennaht platziert worden sind und ob eine Dichtigkeitsprüfung der Verbindung Harnröhre-Blase erfolgt ist (OLG Oldenburg, Urt. v. 30. 1. 2008 – 5 U 92/06, NJW-RR 2009, 32, 34 = VersR 2008, 691, 692; OLG Naumburg, Urt. v. 15. 11. 2011 – 1 U 31/11, GesR 2012, 310, 311: Selbstverständlichkeiten).

D 341   Die Dokumentation ist ausreichend, wenn sich einem **Mediziner der jeweiligen Fachrichtung** hinreichend erschließt, wie der Operateur vorgegangen ist und welche Besonderheiten dabei aufgetreten sind. Es ist nicht zu beanstanden, wenn der operierende Arzt sich auf den Hinweis beschränkt, der Zugang sei „in typischer Weise" erfolgt und übliche Zwischenschritte nicht dokumentiert (OLG Koblenz, Urt. v. 27. 7. 2006 – 5 U 212/05, NJW-RR 2007, 405, 406 = AHRS III, 6580/310 = MedR 2007, 305, 307; OLG Koblenz, Beschl. v. 21. 11. 2011 – 5 U 688/11, GesR 2012, 346, 350 und OLG Hamm, Beschl. v. 5. 1. 2011 – I-3 U 64/10, Nr. 5: Dokumentation muss **nur für den Fachmann verständlich** sein; OLG Naumburg, Urt. v. 15. 11. 2011 – 1 U 31/11, GesR 2012, 310, 311 und F/N/W, 5. Aufl., Rz. 145 a.E.: **stichwortartige Beschreibung** genügt).

D 342   Verläuft ein **Nerv neben dem Operationsgebiet** und strahlt er allenfalls mit sensiblen Fasern in das Operationsgebiet ein, so ist dieser Umstand im OP-Bericht nicht zu dokumentieren. Für die Nachbehandlung ist dies aus medizinischen Gründen nicht von Belang (OLG Naumburg, Urt. v. 18. 7. 2006 – 1 U 29/05, OLGR 2007, 2, 5).

D 343   Wird allerdings die **Freilegung des Nervus accessorius** zur Bestimmung seiner Lokalisation im OP-Bericht nicht dokumentiert, so ist zugunsten des Patienten davon auszugehen, dass der Arzt diese Maßnahmen nicht getroffen hat. Die fehlende Darstellung des Nervus accessorius zur Vermeidung seiner Verletzung stellt auch einen Behandlungsfehler dar (OLG Zweibrücken, Urt. v. 11. 10. 2005 – 5 U 10/05, BeckRS 2005, 13450, S. 8).

D 344   Kommt es beim Patienten zu einem **Herzstillstand**, so ist die Dokumentation dessen Dauer aus medizinischen Gründen nicht geboten (OLG Stuttgart, Urt. v. 20. 4. 2004 – 1 U 122/02, AHRS III, 6580/303).

Es stellt auch keinen Dokumentationsmangel dar, wenn **nicht alle Einzelbefunde**   D 345
einer Duplex-Ultraschalluntersuchung durch dauerhafte Bilder aktenkundig
gemacht werden. Es genügt, wenn sich aus der Dokumentation die Vorgehensweise bei der Untersuchung und die vom Arzt gewonnenen Erkenntnisse ergeben
(OLG Naumburg, Urt. v. 13. 3. 2008 – 1 U 83/07, VersR 2008, 1073).

Ist zwischen den Parteien eines Arzthaftungsprozesses streitig, ob der Patient   D 346
beim Einspritzen des Narkosemittels **Schmerzen gehabt und diese auch geäußert**
hat, so kann der Patient keine Beweiserleichterungen wegen eines Dokumenta-
tionsmangels für sich in Anspruch nehmen, weil das Nichtvorliegen eines solchen Vorgangs aus medizinischen Gründen nicht dokumentiert werden muss
(OLG Hamburg, Urt. v. 18. 7. 2003 – 1 U 155/02, OLGR 2005, 123, 124).

Die tatsächliche Durchführung der Kontrolle, ob während einer Operation zur   D 347
Vermeidung von Lagerungsschäden ein **Abduktionswinkel des Infusionsarmes**
von weniger als 90° gewählt und die Einstellung dieses Winkels durch den Anästhesisten überprüft wurde, bedarf als Routinemaßnahme keiner Dokumentation
(BGH, NJW 1995, 1618, 1619).

Auch das bloße **Abrutschen einer Saugglocke** indiziert keinen Behandlungsfeh-   D 348
ler und ist nicht zu dokumentieren (OLG Braunschweig, NJW-RR 2000, 238).

Ein Chirurg muss den der Patientin erteilten Rat, ihn beim Auftreten von Ent-   D 349
zündungen oder Rötungen des operierten bzw. behandelten Beins **bereits vor ei-**
nem vereinbarten Wiedervorstellungstermin aufzusuchen, ebenso wenig wie
eine routinemäßige Wiedereinbestellung dokumentieren (LG Ellwangen, Urt. v.
10. 5. 2002 – 1 S 22/02; auch OLG Köln, VersR 1988, 1299 zur routinemäßigen
Wiedereinbestellung). Der Hinweis etwa eines Unfallchirurgen oder Orthopäden, der Patient solle sich **bei Fortdauer der Beschwerden wieder vorstellen**,
muss aus medizinischen Gründen nicht dokumentiert werden. Ein entsprechender Vermerk würde zwar die Position des Arztes im Haftungsprozess verbessern,
hätte aber medizinisch keine Bedeutung (OLG München, Urt. v. 12. 4. 2007 – 1
U 2267/04, juris, Nr. 158; OLG München, Urt. v. 5. 5. 2011 – 1 U 4306/10, juris,
Nr. 58, 59; ebenso Hausch, Diss. 2007, S. 128/129).

Auch die **Gründe für eine erteilte Empfehlung, ein Krankenhaus aufzusuchen,**   D 349a
sind nicht dokumentationspflichtig (OLG München, Beschl. v. 28. 5. 2013 – 1
U 844/13, juris, Nr. 21).

Der Arzt muss seinen Patienten im Rahmen der therapeutischen Aufklärung   D 350
darüber informieren, dass ein Teil eines **Kirschnerdrahts im Körper zurück-**
geblieben ist. Das Belassen des Drahtfragments ist auch zu dokumentieren,
nicht aber die Tatsache, dass der Patient hierüber informiert worden ist (OLG
Hamm, Urt. v. 9. 7. 2003 – 3 U 264/02, AHRS III, 6450/318: im entschiedenen
Fall hatte der Arzt im Übrigen den Beweis geführt, den Patienten unterrichtet
zu haben).

Ein **Telefonat im ärztlichen Notfalldienst** ist jedenfalls dann nicht dokumentati-   D 351
onspflichtig, wenn der Patient dem Arzt unbekannt ist. Da der Notdienst ha-

823

bende Arzt nicht über die Daten ihm unbekannter Patienten verfügt, macht es weder aus medizinischen noch aus anderen Gründen Sinn, den Inhalt der Anrufe solcher Patienten schriftlich niederzulegen (OLG Hamm, Urt. v. 23. 6. 2003 – 3 U 204/02, GesR 2003, 273, 274).

D 352 Auch der von einem Krankenhausarzt auf den Anruf des Patienten mit Schilderung starker Schmerzen und Erbrechen erteilte **Hinweis, er müsse den Patienten untersuchen,** hierzu könne der Patient das Krankenhaus jederzeit aufsuchen, ist ebenfalls nicht dokumentationspflichtig (OLG Zweibrücken, Urt. v. 24. 4. 2007 – 5 U 2/06, OLGR 2008, 98, 99 = NJW-RR 2008, 537, 538).

D 353 Ein Krankenhausarzt muss nicht die **tägliche ärztliche Visite** (OLG Düsseldorf, Urt. v. 5. 12. 2002 – 8 U 216/01, AHRS III, 6450/316), ein Allgemeinmediziner **bei Hausbesuchen nicht jede einzelne durchgeführte Untersuchung dokumentieren,** sondern nur von der Regel abweichende Untersuchungen und festgestellte krankhafte Befunde aufzeichnen (OLG Bamberg, VersR 1992, 831 zum Hausarzt).

D 354 Eine **Blutdruckmessung** ist jedenfalls nicht dokumentationspflichtig, wenn ein **Normalbefund** festgestellt wurde, selbst wenn der später vom Gericht hinzugezogene Sachverständige es für sinnvoll und wünschenswert gehalten hätte, dass der beklagte Hausarzt den Blutdruck vorsorglich gemessen hätte (OLG München, Urt. v. 1. 3. 2007 – 1 U 4028/06, VersR 2007, 652, 653).

D 355 Haben sich aber **Auffälligkeiten** eingestellt, etwa Übelkeit und Unwohlsein des Patienten, sind die **Ergebnisse einer Blutdruck- und Pulsmessung in einem Krankenhaus zu dokumentieren** (OLG Frankfurt, Urt. v. 4. 4. 2006 – 8 U 98/05, VersR 2007, 1276, 1277: Unterlassung der Untersuchung kann dann grob fehlerhaft sein).

D 356 Das Nichterkennen einer **postoperativ aufgetretenen Sepsis bzw. einer Peritonitis** (hier: nach Perforation des Dünndarms) ist nicht fehlerhaft, wenn die wesentlichen, typischen Symptome einer Peritonitis, nämlich eine Leukozytose (Anstieg der weißen Blutkörperchen, Norm bis 11 000 µl), ein Temperaturanstieg und abdominelle Zeichen (geblähter Bauch mit harter Bauchdecke) zunächst nicht festgestellt werden können. Ein kurzzeitiger und dann wieder rückläufiger Leukozytenanstieg kann vertretbar als übliche postoperative Folge gedeutet werden. Ergibt sich **kein Befund, d. h. keine Abweichung vom regelhaften Zustand,** muss dies nicht dokumentiert werden. Dies gilt auch für die Behauptung der Behandlungsseite, die klinische Untersuchung des Abdomens sei „ohne Befund", also insbesondere ohne Feststellung einer „harten Bauchdecke", durchgeführt worden (OLG Köln, Urt. v. 21. 1. 2004 – 5 U 99/03, AHRS III, 1945/303).

D 357 Das **Fehlen von CTG-Aufzeichnungen** führt nicht zu Beweiserleichterungen wegen lückenhafter ärztlicher Dokumentation, wenn lediglich davon ausgegangen werden kann, dass die gefertigten CTG-Aufzeichnungen Anlass zu einer sectio gegeben hätten, der Arzt die Entscheidung hierfür aber ohnehin sofort getroffen hat (OLG Karlsruhe, Urt. v. 20. 12. 2000 – 7 U 222/98, NA-Beschluss BGH v. 16. 10. 2001 – VI ZR 54/01, AHRS III, 6450/300).

Sind **CT-Aufnahmen o. a. verloren gegangen**, kommt eine Umkehr der Beweis-   D 357a
last unter dem Gesichtspunkt eines Verstoßes gegen die Befundsicherungspflicht nicht in Betracht, wenn der Sachverständige ausführt, zum Zeitpunkt
der CT-Untersuchung hätte lediglich ein **nicht erkennbarer, unverschobener
Haarriss** vorgelegen bzw. vorliegen können, es sei völlig unwahrscheinlich,
dass das CT einen erkennbaren Spalt gezeigt hätte (OLG Düsseldorf, Urt. v.
26. 7. 2007 – I-8 U 70/06, AHRS III, 6445/303).

Es gibt keine zuverlässig wirksame **medikamentöse Schlaganfallbehandlung**, es   D 357b
bestehen aber in speziellen Zentren Behandlungsansätze wie die Durchführung
einer Lysetherapie (innerhalb von max. 3–4,5 Stunden), Heparinisierung, Gabe
von Aspirin intravenöse Behandlung mit rtPA. Die Verletzung der Dokumentationspflicht durch **unterbliebene Niederlegung der Uhrzeiten der erhobenen Befunde** stellt für sich genommen keinen Behandlungsfehler dar. Die fehlenden
Uhrzeiten führen auch nicht dazu, dass das Gericht von den vom Patienten behaupteten Uhrzeiten auszugehen hat. Vielmehr muss das Gericht die Dokumentationslücken im Wege der Beweisaufnahme und freien Beweiswürdigung schließen (OLG München, Beschl. v. 14. 1. 2011 – 1 U 4152/10, LS 1 und Nr. 6).

Es muss auch nicht dokumentiert werden, dass **vor einer sich abzeichnenden,**   D 357c
möglichen Problemgeburt kein übelriechende Fluor vaginalis vorliegt und bei ei-
ner mikroskopischen Untersuchung ein Fehlen von Infektionsanzeichen festgestellt werden konnte. Soweit die **Durchführung von Tests nicht zwingend er-**
forderlich sind bzw. es sich um Normbefunde handelt, kann aus der fehlenden
Dokumentation kein Behandlungsfehlervorwurf hergeleitet werden (OLG München, Urt. v. 20. 9. 2012 – 1 U 902/12, juris, Nr. 81, 84).

Der Arzt ist auch **nicht gehalten, detailgetreu an jeder Stelle festzuhalten, dass**   D 357d
er sämtliche in Betracht kommenden Fehler und Versäumnisse vermieden hat
(OLG Oldenburg, Beschl. v. 29. 11. 2011 – 5 U 80/11 bei Bergmann/Wever,
MedR 2012, 179). Hat ein Gynäkologe aufgrund der in seiner Dokumentation
festgehaltenen unterschiedlichen Kopfdurchmesser von (werdenden) Zwillingen
eine Überweisung in ein Krankenhaus ausgestellt, ist es **nicht erforderlich, in**
der Dokumentation festzuhalten, in welcher Form die Kindesmutter auf die
Dringlichkeit, das Krankenhaus aufzusuchen, hingewiesen wurde. Eine etwaige
Weigerung der Patientin, dem ärztlichen Rat zu folgen, wäre allerdings dokumentationspflichtig (OLG Oldenburg, a. a. O.; vgl. auch OLG München, Beschl.
v. 28. 5. 2013 – 1 U 844/13, juris, Nr. 21: Gründe für die erteilte Empfehlung,
ein Krankenhaus aufzusuchen, nicht dokumentationspflichtig). Es ist auch
nicht zu dokumentieren, welche Befunde nach durchgeführten Untersuchungen
nachfolgend nicht erhoben worden sind (OLG Koblenz, Beschl. v. 21. 11. 2011 –
5 U 688/11, GesR 2012, 346, 349).

Während die **Durchführung einer funktionellen Befunderhebung** (hinreichende   D 358
Diagnostik hinsichtlich geschilderter Zahn- bzw. Kiefergelenksprobleme) **bei gra-**
vierdenden CMD-(Zahn-)Beschwerden oder sonstigen funktionellen Störungen
vor einer umfangreichen restaurativen Therapie (OLG Köln, Urt. v. 23. 8. 2006 –
5 U 22/04, MedR 2008, 46, 47; OLG Köln, Beschl. v. 2. 5. 2011 – 5 U 10/11, juris,
Nr. 5, 7), der **Ausgangsbefund bei einer zahnärztlichen Behandlung**, insbesondere

vor der Durchführung prothetischer Maßnahmen, zu dokumentieren ist (OLG Koblenz, Urt. v. 29. 6. 2006 – 5 U 1591/05, GesR 2007, 18 = BeckRS 2006, 8316) und der Zahnarzt auch gehalten ist, **den Röntgenbefund zusätzlich in der Kartei zu vermerken**, um einen etwaigen Verlust von Röntgenbildern aufzufangen (OLG München, Urt. v. 22. 2. 2001 – 1 U 4321/00, AHRS III, 2695/306), bedarf es **keiner Dokumentation der Durchführung von Funktionsanalysen vor einer zahnmedizinischen Zahnersatzbehandlung, wenn keine gravierenden Beschwerden bzw. sonstige funktionelle Störungen vorlagen** (OLG Köln, Beschl. v. 2. 5. 2011 – 5 U 10/11, juris, Nr. 5, 7) und **keiner Befundsicherung durch Anfertigung eines Röntgenbildes sowie keiner Dokumentation des Ausgangsbefundes, wenn der Zahnarzt oder Chirurg ein luxiertes Kiefergelenk erfolgreich reponiert bzw. einrenkt.** Die fehlende Dokumentation erbringt weder den Nachweis einer erfolglosen Behandlung noch ein unwiderlegliches Beweisanzeichen für das Scheitern der Reponierung (OLG Naumburg, Urt. v. 1. 11. 2007 – 1 U 13/07, NJW-RR 2008, 408, 409 = OLGR 2008, 284 = GesR 2008, 128).

D 359   Auch die **Weigerung des Patienten, entgegen dem ärztlichen Rat einen Aids-Test vornehmen zu lassen**, gehört nicht zu den wichtigsten dokumentationspflichtigen Maßnahmen (OLG Düsseldorf, MedR 1996, 79 = VersR 1995, 339; zust. F/N/W, 5. Aufl., Rz. 149 a. E.). Bei einer Weiterbehandlung der aidsinfizierten Ehefrau durch einen anderen Arzt kann dieser aus der unterbliebenen Dokumentation nämlich nur den – insoweit unschädlichen – Schluss auf eine bislang unterlassene HIV-Diagnostik ziehen (F/N/W, 5. Aufl., Rz. 149 a. E.).

D 360   Es stellt auch keinen Dokumentationsfehler dar, wenn ein Psychotherapeut über einen Patienten, der sich wegen einer psychischen Drucksituation am Arbeitsplatz in seine Behandlung begeben und dabei nach Exploration eine Suizidalität verneint hat, **keinen sog. „Suizidbogen" erstellt** (OLG Braunschweig, Beschl. v. 11. 2. 2008 – 1 U 2/08, GesR 2008, 536).

2. Anfängereingriffe

D 361   Während Routinemaßnahmen üblicherweise nicht aufzuzeichnen sind, hat ein Assistenzarzt oder sonstiger Berufsanfänger den Gang der von ihm selbständig durchgeführten Operation, etwa einer Lymphknotenexstirpation, aber **auch bei Routineeingriffen die wesentlichen Punkte zu dokumentieren** (BGH, NJW 1985, 2193, 2194; OLG Düsseldorf, VersR 1991, 1139; OLG Zweibrücken, MedR 2000, 233, 235; S/Pa, 12. Aufl., Rz. 541; Spickhoff-Greiner, § 823 BGB Rz. 129; Wenzel-Müller, Kap. 2 Rz. 1632; L/K/L-Katzenmeier, Rz. IX 51; F/N/W, 5. Aufl., Rz. 147; R/L-Kern, § 6 Rz. 25). Es ist auch **zu dokumentieren, wenn der Auszubildende bzw. der Assistenzarzt etwa auftretende Komplikationen zuvor noch nicht beobachtet hatte** (BGH, NJW 1985, 2193; Wenzel-Müller, Kap. 2 Rz. 1632).

D 362   Wird eine Operation von einem Assistenzarzt in Facharztausbildung begonnen und wegen auftretender Blutungen von dem ständig anwesenden Oberarzt zu Ende geführt, so haften beide Ärzte als **Gesamtschuldner**, wenn wegen unzureichender Dokumentation **nicht feststellbar ist, bei wessen Tätigkeit es zu einem vorwerfbaren Operationsfehler gekommen ist** (OLG Düsseldorf, VersR 1991,

1138; auch OLG Karlsruhe, Urt. v. 8. 12. 2004 – 7 U 163/03, GesR 2005, 165, 166: gesamtschuldnerische Haftung zwischen Assistenzarzt und bei der Operation assistierender Oberärztin). Allerdings hat ein Assistenzarzt, der von dem ihn ausbildenden Facharzt angewiesen wird, eine bestimmte Behandlungsmethode durchzuführen, dieser Anweisung i. d. R. Folge zu leisten; er darf sich grundsätzlich auf die **Richtigkeit der von dem Facharzt getroffenen Entscheidung verlassen** (OLG Brandenburg, Urt. v. 25. 2. 2010 – 12 U 60/09, juris, Nr. 21 = VersR 2010, 1601, 1602; OLG Düsseldorf, Urt. v. 13. 2. 2003 – 8 U 41/02, VersR 2005, 230; auch OLG Frankfurt, MedR 1995, 328; OLG Hamm, VersR 1998, 104; OLG Köln, VersR 1993, 1157; OLG Zweibrücken, VersR 1997, 833; Katzenmeier, MedR 2004, 34, 39).

Dies gilt nur dann nicht, wenn sich dem Assistenzarzt nach den bei ihm vorauszusetzenden Fähigkeiten und Kenntnissen Bedenken gegen die Sachgemäßheit des von dem Facharzt angeordneten Vorgehen aufdrängen müssen (OLG Düsseldorf, Urt. v. 13. 2. 2003 – 8 U 41/02, VersR 2005, 230; OLG Brandenburg, Urt. v. 25. 2. 2010 – 12 U 60/09, juris, Nr. 21 = VersR 2010, 1601, 1602), wenn der Assistenzarzt pflichtwidrig eine danach gebotene Remonstration unterlässt, er einer ihm erteilten Anweisung der ärztlichen Leitung zuwider handelt oder ihm ein Übernahmeverschulden vorgehalten werden kann (OLG Brandenburg a. a. O.; auch Spickhoff-Greiner, § 823 BGB Rz. 55, 68: Remonstrationspflicht bei erkannten oder offenkundigen Fehlern; vgl. die Einzelheiten bei → *Anfängereingriffe, Anfängeroperationen*, Rz. A 135 ff.). **D 363**

Einstweilen frei. **D 364 – D 387**

3. Negative Befunde

Ist es aus medizinischen Gründen unüblich, Untersuchungen zu dokumentieren, wenn sie ohne positiven Befund geblieben sind, so kann grundsätzlich **nicht bereits aus dem Schweigen der Dokumentation auf das Unterbleiben entsprechender Untersuchungen geschlossen werden** (BGH, Urt. v. 17. 1. 2012 – VI ZR 336/10, NJW 2012, 684, 685, Nr. 16; OLG München, Urt. v. 5. 5. 2011 – 1 U 4306/10, juris, Nr. 52, 59; BGH, NJW 1993, 2375: Kontrolle auf Symptome eines Sudeck-Syndroms). Von einem Arzt kann grundsätzlich auch nicht verlangt werden, nicht vorgenommene Maßnahmen zu dokumentieren, etwa die Tatsache, **dass zu einem bestimmten Zeitpunkt kein CTG der kindlichen Herztöne aufgezeichnet worden ist** (OLG Saarbrücken, OLGR 1999, 460, 462; OLG Koblenz, Beschl. v. 21. 11. 2011 – 5 U 688/11, GesR 2012, 346, 350: nicht zu dokumentieren, welche Befunde nicht erhoben wurden) oder dass dem Patienten **bei andauerndem Schmerz eine Wiedervorstellung empfohlen** worden ist (OLG München, Urt. v. 5. 5. 2011 – 1 U 4306/10, juris, Nr. 52, 58, 59). **D 388**

Ausnahmsweise müssen jedoch auch **negative Befunde dokumentiert** werden, etwa wenn ein konkreter Anlass zur Ausräumung eines bestimmten Verdachts besteht oder es sich um **medizinisch besonders wichtige Befunde** handelt (G/G, 6. Aufl., Rz. B 207; Spickhoff-Greiner, § 823 BGB Rz. 129: wenn Anlass zur Ausräumung eines Verdachts besteht oder bei medizinisch besonders wichtigen Befunden, insbesondere Vitalparametern). **D 389**

D 390   So kann bei **Verdacht auf eine bakterielle Infektion des Kniegelenks nach Durchführung einer Arthroskopie** die Pflicht des behandelnden Arztes bestehen, den lokalen Befund auch dann zu dokumentieren, wenn dieser i. S. d. Vorliegens einer Überwärmung, Rötung, Schwellung, Schmerzempfindlichkeit oder erhöhter Blutkörpersenkungsgeschwindigkeit negativ ist (OLG Stuttgart, VersR 1998, 1550, S/Pa, 12. Aufl., Rz. 541).

D 391   Gleiches gilt bei der **Eingangsuntersuchung einer Schwangeren** unmittelbar vor der Entbindung hinsichtlich des festgestellten Blutdrucks (BGH, NJW 1995, 1611; G/G, 6. Aufl., Rz. B 207). Auch wenn sich Auffälligkeiten eingestellt haben, etwa Übelkeit und Unwohlsein des Patienten, ist die dann durchgeführte **Messung von Blutdruck und Puls mit Normalbefund zu dokumentieren** (OLG Frankfurt, Urt. v. 4. 4. 2006 – 8 U 98/05, VersR 2007, 1276, 1277).

D 391a   Ist die **Dokumentation der Vitalparameter unmittelbar vor dem Herzstillstand eines frisch am Herzen operierten Patienten lückenhaft** bzw. nicht vorhanden, führt ein solches Dokumentationsversäumnis jedoch nicht zu einer Beweiserleichterung, wenn der Sachverständige ausführt, die erreichte Stabilisierung des Kreislaufs sei Ausdruck dafür, dass die erforderlichen Maßnahmen standardgemäß und erfolgreich durchgeführt worden sind (OLG Düsseldorf, Urt. v. 26. 7. 2007 – I-8 U 32/06 mit NZB BGH v. 4. 3. 2008 – VI ZR 214/07, AHRS III, 6450/334).

4. Erteilung der Aufklärung

D 392   Eine Dokumentation, die aus medizinischen Gründen nicht erforderlich ist, ist danach auch aus Rechtsgründen nicht geboten. Aufzuzeichnen sind nur die für die ärztliche Diagnose und Therapie wesentlichen Umstände. Hierzu gehört die vom Patienten erteilte **Einwilligung in den Eingriff** grundsätzlich nicht. **Die Erteilung der Einwilligung ist für die Weiterbehandlung des Patienten belanglos** (Wenzel-Müller, VPräsBGH a. D., Kap. 2 Rz. 1630; Spickhoff-Greiner, § 823 BGB Rz. 124, 125, 127: im Einzelfall nur therapeutische Aufklärung aufklärungspflichtig; a. A. L/K/L-Katzenmeier, Rz. IX 51: „auch therapeutische Aufklärung und Selbstbestimmungsaufklärung") und nach bislang einhelliger Ansicht in der Rspr. **nicht zu dokumentieren** (vgl. bereits Rz. D 209a, D 209b, D 209c, P 66 ff.). Für die Erteilung der Einwilligung ist ohnehin die Behandlungsseite beweispflichtig (vgl. OLG München, Beschl. v. 18. 4. 2007 – 1 U 5826/06, juris, Nr. 3; OLG Koblenz, VersR 2001, 111 zur Aufklärung über die Gefahr einer Darmperforation).

D 393   Auch nach Inkrafttreten des Patientenrechtegesetzes (§§ 630f II 1, 630h II, III BGB) ist davon auszugehen, dass der Gesetzgeber keine Verschlechterung der Rechtslage zu Lasten der Behandlungsseite beabsichtigte und die „**Einwilligungen und Aufklärungen" nicht zu den aufzeichnungspflichtigen „medizinisch gebotenen, wesentlichen Maßnahmen" im Sinne des § 630h III BGB gehören** (vgl. Spickhoff-Greiner, § 823 BGB, Rz. 124, 125, 127; Hassner, VersR 2013, 23, 32/33; F/N/W, 5. Aufl. 2013, Rz. 145, 228; Walter, GesR 2013, 129, 132; a. A. Jaeger, 1. Aufl. 2013, Rz. 311, 402, 426, 427; vgl. hierzu bereits Rz. D 209a bis D 209c, P 66 ff., P 84).

IV. Beweiserleichterungen

1. Vermutung des Unterbleibens der nicht dokumentierten Maßnahme

Das Vorliegen eines Behandlungsfehlers und der Kausalzusammenhang zwi- D 394
schen dem Behandlungsfehler und dem eingetretenen Primärschaden ist grundsätzlich vom Patienten zu beweisen. **Eine unterbliebene, unvollständige oder
auch nur lückenhafte Dokumentation bildet keine eigenständige Anspruchsgrundlage und führt grundsätzlich nicht unmittelbar zu einer Beweislastumkehr
hinsichtlich des Ursachenzusammenhangs zwischen einem Behandlungsfehler
und dem eingetretenen Primärschaden** (BGH, NJW 1999, 3408, 3409 = VersR
1999, 1282, 1283; NJW 1988, 2948, 2950 = VersR 1989, 80, 81; OLG Hamburg,
Urt. v. 18. 7. 2003 – 1 U 155/02, OLGR 2004, 123, 124; OLG Koblenz, Urt. v.
15. 1. 2004 – 5 U 1145/03, VersR 2004, 1323 = NJW-RR 2004, 410, 411 = GesR
2005, 156; OLG München, Urt. v. 18. 9. 2008 – 1 U 4837/07, juris, Nr. 32; OLG
München, Urt. v. 20. 9. 2001 – 1 U 4502/00, OLGR 2003, 7, 8; OLG Oldenburg,
Urt. v. 30. 1. 2008 – 5 U 92/06, NJW-RR 2009, 32, 34 = VersR 2008, 691, 692;
OLG Saarbrücken, Urt. v. 8. 11. 2006 – 1 U 582/05–203, MedR 2007, 486, 487;
OLG Zweibrücken, Urt. v. 10. 3. 2009 – 5 U 19/07, OLGR 2009, 434, 436; Spickhoff-Greiner, § 823 BGB Rz. 128, 167; Wenzel-Müller, Kap. 2 Rz. 1626; S/Pa,
12. Aufl., Rz. 547, 548, 549; L/K-Laufs/Kern, § 111 Rz. 7, 10, 16; B/P/S-Glanz-
mann, § 287 ZPO Rz. 49, 56; G/G, 6. Aufl., Rz. B 211; Hausch, VersR 2006,
612, 614/618; R/L-Kern, § 6 Rz. 60, 65).

Jedoch kann der Tatrichter aus der Tatsache einer **fehlenden, mangelhaften oder** D 395
**unvollständigen Dokumentation einer aus medizinischen Gründen aufzeich-
nungspflichtigen Maßnahme bis zum Beweis des Gegenteils durch die Behandlungsseite darauf schließen, dass diese Maßnahme unterblieben bzw. vom Arzt
nicht getroffen worden ist** (BGH, VersR 1999, 190, 191; VersR 1997, 362, 364;
NJW 1995, 1611, 1612 = VersR 1995, 706, 707; OLG Bamberg, Urt. v. 4. 7. 2005
– 4 U 126/03, VersR 2005, 1292, 1293 = NJW-RR 2005, 1266; OLG Brandenburg,
Urt. v. 15.7. 2010 – 12 U 232/09, juris, Nr. 21 = VersR 2011, 267: **Operateur
kann Unvollständigkeiten des OP-Berichtes aber durch glaubhafte Angaben ergänzen**; OLG Düsseldorf, Urt. v. 6. 3. 2003 – 8 U 22/02, VersR 2003, 1310; OLG
Karlsruhe, Urt. v. 25. 10. 2006 – 7 U 183/05, OLGR 2007, 258, 259; OLG Karlsruhe, Urt. v. 25. 1. 2006 – 7 U 36/05, GesR 2006, 211; KG, Urt. v. 10. 1. 2013 –
20 U 225/10, GesR 2013, 608, 609; OLG Koblenz, Urt. v. 15. 1. 2004 – 5 U
1145/03, VersR 2004, 1323, 1324 = NJW-RR 2004, 410, 411; OLG Köln, Urt. v.
23. 8. 2006 – 5 U 22/04, MedR 2008, 46, 47; OLG München, Urt. v. 10. 2. 2011
– 1 U 2382/10, juris, Nr. 72; OLG München, Urt. v. 17. 3. 2011 – 1 U 5245/10,
juris, Nr. 31, 32; OLG München, Urt. v. 18. 9. 2008 – 1 U 4837/07, juris, Nr. 32;
OLG Oldenburg, Urt. v. 23. 7. 2008 – 5 U 28/08, MedR 2011, 163, 164; OLG
Oldenburg, Urt. v. 30. 1. 2008 – 5 U 92/06, NJW-RR 2009, 32, 34 = VersR 2008,
691, 692; OLG Oldenburg, Urt. v. 25. 10. 2006 – 5 U 29/06, GesR 2007, 66 = juris,
Nr. 14 zur Plexusparese; OLG Saarbrücken, Urt. v. 8. 11. 2006 – 1 U 582/05–203,
OLGR 2007, 91, 92; OLG Schleswig, Urt. v. 19. 5. 2006 – 4 U 33/05, OLGR 2006,
546: **unterlassener Hinweis an Nachbehandler im Entlassungsbrief**; OLG Stutt-
gart, VersR 1994, 313, 314; OLG Stuttgart, VersR 1999, 582 zur Lösung einer
Schulterdystokie; OLG Zweibrücken, Urt. v. 10. 3. 2009 – 5 U 19/07, OLGR

2009, 434, 436; Spickhoff-Greiner, § 823 BGB Rz. 128, 167; S/Pa, 12. Aufl., Rz. 548, 598; G/G, 6. Aufl., Rz. B 206; Wenzel-Müller, Kap. 2 Rz. 1626, 1627; L/K-Laufs/Kern, § 111 Rz. 10, 16; R/L-Kern, § 2 Rz. 85 und § 5 Rz. 64; B/P/S-Glanzmann, § 287 ZPO Rz. 55, 56, 58: auch bei Verlust der Unterlagen; F/N/W, 5. Aufl., Rz. 152; Hausch, VersR 2006, 612, 614/620; Müller, VPräsBGH a.D., MedR 2001, 487, 491; Muschner, VersR 2006, 621, 622; Schellenberg, VersR 2005, 1620, 1622.

Zudem kann das Gericht in dann auch vermuten bzw. unterstellen, dass sich ein nicht dokumentierter, aus medizinischen Gründen dokumentationspflichtiger Umstand so ereignet hat, wie es vom Patienten glaubhaft geschildert wird (BGH, VersR 1986, 788, 789 = NJW 1986, 2365, 2367; OLG Köln, VersR 1997, 748; OLG München, Urt. v. 18. 9. 2008 – 1 U 4837/07, juris, Nr. 32; OLG Zweibrücken, Urt. v. 10. 3. 2009 – 5 U 19/07, OLGR 2009, 434, 436; Muschner, VersR 2006, 621, 622; Martis/Winkhart, MDR 2011, 709, 713).

D 395a   Auch im Arzthaftungsprozess gilt das **Verbot der schuldhaften Beweisvereitelung** mit der Folge, dass der **Beweis für den Patienten als geführt anzusehen ist**, wenn die vom Arzt behaupteten, aus medizinischen Gründen dokumentationspflichtigen Maßnahmen **weder durch eine entsprechende Dokumentation noch anderweitig dargetan und bewiesen werden können** (OLG München, Urt. v. 17. 3. 2011 – 1 U 5245/10, juris, Nr. 32, 33; zur Beweisvereitelung vgl. Baumgärtel/Laumen/Prütting-Katzenmeier, 3. Aufl. 2010, § 823 BGB Anh. II Rz. 58, 59: fahrlässiges Verhalten reicht aus; Zöller/Greger, 30. Aufl., § 286 ZPO Rz. 14a: auch bei unterlassener, rechtlich gebotener Dokumentation, Fahrlässigkeit genügt).

D 396   Die Rechtsprechung hat hierzu im Einzelnen in uneinheitlicher Diktion ausgeführt, die Nichtdurchführung einer aufzeichnungspflichtigen Maßnahme begründe „**die Vermutung**", dass der Arzt sie unterlassen habe (BGH, VersR 1999, 190, 191; VersR 1995, 706, 707 = NJW 1995, 1611, 1612; OLG Karlsruhe, Urt. v. 25. 1. 2006 – 7 U 36/05, GesR 2006, 211; Hausch, VersR 2006, 612, 620; Spickhoff-Greiner, § 823 BGB Rz. 167), dem Patienten komme eine „**Beweiserleichterung**" (BGH, VersR 1995, 706, 707; NJW 1984, 1400 = VersR 1984, 356, 357) bzw. eine „**Umkehr der Beweislast für die Hinweiserteilung**" (OLG Schleswig, Urt. v. 19. 5. 2006 – 4 U 33/05, OLGR 2006, 546: kein Hinweis im Entlassungsbrief) zugute, wobei der Tatrichter „**bis zum Beweis des Gegenteils durch die Behandlungsseite**" darauf schließen könne, dass die **nicht dokumentierte Maßnahme unterblieben** sei (BGH, VersR 1995, 706, 707; Hausch, VersR 2006, 612, 620) wobei es der Behandlungsseite „unbenommen sei, **die fehlenden schriftlichen Angaben nachträglich zu ergänzen**" und den Vortrag zu beweisen (BGH, VersR 1984, 345, 355; s.u.).

D 397   Eine generelle **Beweislastumkehr** – wie sie nach der modifizierten, die Gegebenheiten der Praxis berücksichtigenden Rechtsprechung des BGH (Urt. v. 27. 4. 2004 – VI ZR 34/03, VersR 2004, 909, 911 = NJW 2004, 2011, 2012) beim Vorliegen eines groben Behandlungsfehlers angenommen wird – kommt aber **nur beim Vorliegen weiterer Umstände** (s.u. Rz. D 416ff.) in Betracht (vgl. zuletzt Hausch, VersR 2006, 612, 614/620; R/L-Kern, § 5 Rz. 64 und § 6 Rz. 66, 74).

D 398   Die dogmatisch überzeugendste Begründung stellt eine auf die analoge Anwendung der §§ 427, 444, 446 ZPO zu stützende **Fiktion eines Beweisergebnisses** dar, von der der Richter nach seinem Ermessen Gebrauch machen und die, etwa durch Zeugenaussagen, auch widerlegt werden kann (Hausch, Diss. 2007, S. 135 und, VersR 2006, 612, 620 im Anschluss an Stürner, NJW 1979, 1225, 1229 und Matthies, JZ 1986, 959, 960).

2. Einzelfälle (Weigerung des Patienten, unterlassene Befunderhebungen, Problemgeburt u. a.)

Die **Weigerung des Patienten**, dringend indizierte Diagnosemaßnahmen durchführen zu lassen, ist in der Behandlungsdokumentation zu vermerken (BGH, VersR 1987, 1089, 1090; OLG Bamberg, Urt. v. 4. 7. 2005 – 4 U 126/03, VersR 2005, 1292, 1293; OLG Düsseldorf, Urt. v. 6. 3. 2003 – 8 U 22/02, VersR 2003, 1310; OLG Düsseldorf, Urt. v. 21. 7. 2005 – I-8 U 33/05, VersR 2006, 841, 842; OLG Oldenburg, Urt. v. 23. 7. 2008 – 5 U 28/08, MedR 2011, 163, 164; vgl. Rz. D 239).   D 399

Das Fehlen eines entsprechenden Vermerks, etwa die Ablehnung einer **der Patientin dringend angeratenen Mammografie bzw. Biopsie beim Verdacht einer Brustkrebserkrankung** (OLG Düsseldorf, Urt. v. 6. 3. 2003 – 8 U 22/02, VersR 2003, 1310), die Weigerung, eine **dringend indizierte Koloskopie (Darmspiegelung zur Krebserkennung)** durchführen zu lassen OLG Oldenburg, Urt. v. 23. 7. 2008 – 5 U 28/08, MedR 2011, 163, 165) oder die trotz entsprechender therapeutischer Aufklärung erklärte Ablehnung des Patienten, sich einer **Herzkathederuntersuchung** zu unterziehen (OLG Bamberg, Urt. v. 4. 7. 2005 – 4 U 126/03, VersR 2005, 1292, 1293) rechtfertigt die **Annahme, eine solche Weigerung der Patientin bzw. des Patienten sei nicht erfolgt**.   D 400

Allerdings muss nicht jeder Versuch, den Patienten zur Mitwirkung zu bewegen, schriftlich niedergelegt werden (Schellenberg, VersR 2005, 1620, 1622; OLG München, Urt. v. 12. 4. 2007 – 1 U 2267/04, juris, Nr. 158). So stellt die Empfehlung, **sich bei persistierenden Schmerzen wieder vorzustellen, keinen dokumentationspflichtigen Vorgang** dar (OLG München, Urt. v. 5. 5. 2011 – 1 U 4306/10, juris, Nr. 58, 59); auch die **Gründe für die erteilte Empfehlung, ein Krankenhaus aufzusuchen**, sind nicht dokumentationspflichtig (OLG München, Beschl. v. 28. 5. 2013 – 1 U 844/13, juris, Nr. 14, 21).   D 400a

Wird die **Vornahme regelmäßiger Blutdruckmessungen** bei einer Schwangeren unmittelbar vor der Entbindung nicht dokumentiert, so wird **vermutet, dass die Blutdruckmessungen nicht durchgeführt worden sind** und dadurch die Gefahr drohender eklamptischer Anfälle nicht erkannt werden konnte (BGH, NJW 1995, 1611, 1612). Sind in den Krankenunterlagen für einen Geburtsvorgang ab 16.50 Uhr CTG-Aufzeichnungen dokumentiert, so ist zu vermuten, dass keine vorherigen CTG-Kontrollen erfolgten.   D 401

Behauptet die Patientin dagegen, um 16.30 Uhr sei eine pathologische CTG-Aufzeichnung erhoben worden, kann ihr aber keine Beweiserleichterung zugute kommen. Es obliegt dann ihr, darzulegen und zu beweisen, dass eine tatsächlich nicht dokumentierte CTG-Kontrolle stattgefunden hat (OLG Saarbrücken, OLGR 1999, 460; Gehrlein, Rz. B 125).   D 402

D 403　Die Angabe im Geburtsbericht „etwas schwierige Schulterentwicklung" oder „schwere Schulterentwicklung" ist für die **Dokumentation der Lösung einer Schulterdystokie** nicht ausreichend. In den Krankenunterlagen muss vielmehr dargelegt werden, worin die Schwierigkeit der Schulterentwicklung bestand und welche Maßnahmen zur Beseitigung der Schulterdystokie getroffen wurden (OLG Koblenz, Urt. v. 17. 4. 2002 – 7 U 893/98, OLGR 2002, 303, 304; OLG Oldenburg, Urt. v. 25. 10. 2006 – 5 U 29/06, GesR 2007, 66, 67 = juris, Nr. 14: z.B. Einleitung des McRoberts-Manövers, Ausübung eines suprasymphyseren Drucks u.a.; OLG Karlsruhe, Urt. v. 15. 8. 2001 – 7 U 129/99, AHRS III, 6450/304: nähere Beschreibung von der Art und Weise der Entwicklung des Kindes erforderlich; zu den Einzelheiten vgl. Rz. D 216–217h; kritisch hierzu Hausch, VersR 2006, 612, 615ff.).

D 404　Allerdings ergibt sich aufgrund der **unterbliebenen Dokumentation zur Anwendung einer Kristellerhilfe** zugunsten des nach einer Schulterdystokie mit einer Plexusparese geborenen Kindes keine Beweiserleichterung dahingehend, dass von der Anwendung dieser Maßnahme in (grob) fehlerhafter Weise bereits vor der Drehung der Schulter auszugehen ist, wenn feststeht, dass nach dem Auftreten der Schulterdystokie die erforderlichen Maßnahmen ergriffen wurden und nur ihre **zeitliche Abfolge** (richtigerweise: Manöver nach McRoberts – Nachholung der Drehung der Schulter – vollständige Entwicklung durch moderaten Zug oder Kristellerhilfe) **streitig ist** (OLG Düsseldorf, Urt. v. 15. 7. 2004 – I-8 U 35/03, OLGR 2005, 707, 709).

D 405　Kann das Vorgehen des Geburtshelfers zur Lösung der Schulter – etwa durch Vernehmung der Hebamme, Krankenschwester o.a. – nicht mehr geklärt werden, so wird ein **fehlerhaftes Vorgehen des Geburtshelfers vermutet**, wenn es bei der Geburt mit eingetretener Schulterdystokie zu einer Zerreißung des Halsmarks des Neugeborenen gekommen ist (OLG Koblenz, Urt. v. 17. 4. 2002 – 7 U 893/98, OLGR 2002, 303; OLG Oldenburg, Urt. v. 25. 10. 2006 – 5 U 29/06, GesR 2007, 66, 67 = juris, Nr. 14, 17, 18; auch OLG Stuttgart, VersR 1999, 582; zu den Einzelheiten vgl. oben Rz. D 216–217h).

3. Widerlegung der Vermutung

D 406　Der Arzt kann die **Vermutung** des Unterbleibens der nicht dokumentierten Maßnahme jedoch **widerlegen** (BGH, NJW 1986, 2365; VersR 1984, 354, 355; OLG Brandenburg, Urt. v. 15. 7. 2010 – 12 U 232/09, juris, Nr. 21 = VersR 2011, 267; OLG Karlsruhe, Urt. v. 25. 1. 2006 – 7 U 36/05, GesR 2006, 211; OLG Zweibrücken, VersR 1999, 1546, 1547), insbesondere **durch die Zeugen- oder Parteivernehmung der am Eingriff beteiligten Ärzte und Pfleger.** So bleibt es dem Operateur unbenommen, etwaige Mängel und Unvollständigkeiten der Dokumentation **im Rahmen der persönlichen Anhörung in der mündlichen Verhandlung zu vervollständigen oder zu ergänzen** (OLG Brandenburg, Urt. v. 15. 7. 2010 – 12 U 232/09, juris, Nr. 21 = VersR 2011, 267: **glaubhafte Angaben des Operateurs bei unvollständigem OP-Bericht**; OLG Hamm, Urt. v. 19. 11. 2007 – 3 U 83/07, juris, Nr. 34, 35, 36: im entschiedenen Fall für die Behandlungsseite erfolglose Vernehmung des beteiligten Arztes als Zeugen; KG, Urt. v. 10. 1. 2013 – 20 U 225/10,

GesR 2013, 608: Beweis nicht geführt; OLG Karlsruhe, Urt. v. 30. 9. 2005 – 7 U 96/04, AHRS III, 6450/323: Parteivernehmung des Arztes; OLG Koblenz, Beschl. v. 27. 9. 2011 – 5 U 273/11, GesR 2012, 49, 50 = MDR 2012, 51: **glaubhafte Angaben der zur Lagerung des Patienten vernommenen Zeugen**; OLG Koblenz, Urt. v. 12. 2. 2009 – 5 U 927/06, VersR 2009, 1077, 1079: **glaubhafte Aussagen der bei der Operation beteiligten Ärzte**; OLG Koblenz, Urt. v. 30. 11. 2006 – 5 U 784/06, OLGR 2007, 277, 279: Zeugenaussagen; OLG Köln, Urt. v. 14. 11. 2001 – 5 U 232/99, OLGR 2002, 113, 114: **nicht dokumentierte Reanimation von Hebammen als Zeuginnen bestätigt**; OLG München, Urt. v. 8. 7. 2010 – 1 U 4550/08, juris, Nr. 39–41: Vernehmung der behandelnden Ärzte und Pflegekräfte, aber widersprüchliche Angaben; OLG München, VersR 1991, 190; OLG Oldenburg, Urt. v. 25. 10. 2006 – 5 U 29/06, GesR 2007, 66, 67 = juris, Nr. 17, 18: **glaubwürdige Angaben der beteiligten Ärzte, Hebammen und Krankenschwestern als Partei bzw. als Zeugen**; OLG Zweibrücken, Urt. v. 27. 7. 2004 – 5 U 15/02, OLGR 2004, 598, 600: Zeugen haben behauptete nachträgliche handschriftliche Ergänzung nicht bestätigt; S/Pa, 12. Aufl., Rz. 552, 554; F/N/W, 5. Aufl., Rz. 152; Hausch, VersR 2006, 612, 620: Zeugen bzw. Parteivernehmung).

Dies gilt erst Recht für die **Interpretation einer verkürzten oder unvollständigen Dokumentation** (OLG Karlsruhe, Urt. v. 25. 1. 2006 – 7 U 36/05, GesR 2006, 211).   D 406a

Wurde etwa die Durchführung des behaupteten **McRobert-Manövers bei einer Entbindung nicht dokumentiert**, können hieraus keine Beweiserleichterungen zugunsten des Patienten folgen, wenn der Sachverständige ausführt, aus dem Geburtsprotokoll ergeben sich Anhaltspunkte für die Durchführung der dokumentationspflichtigen Maßnahme und der als Partei vernommene, **geburtsleitende Arzt glaubhaft darlegt, die Maßnahme durchgeführt zu haben** (OLG Karlsruhe, Urt. v. 30. 9. 2005 – 7 U 96/04, AHRS III, 6450/323).   D 407

Liegen weitere Indizien hierfür vor, kann auch die **glaubhafte Aussage einer als Zeugin vernommenen Hebamme** ausreichen, dass sie die Herzfrequenz des ungeborenen Kindes im fraglichen Zeitraum in regelmäßigen Abständen unter Einsatz eines Hörrohres jeweils „o. B." kontrolliert hat (OLG Saarbrücken, Urt. v. 8. 11. 2006 – 1 U 582/05–203, AHRS III, 6450/329).   D 407a

Ist das dokumentationspflichtige Vorgehen des Arztes, etwa zur **Lösung einer Schulterdystokie, nicht dokumentiert** und auch durch die Angaben der beteiligten Geburtshelfer nicht aufklärbar, etwa weil sich die **als Partei bzw. Zeugen vernommenen Ärzte und Pflegekräfte in Widersprüche verwickeln oder keinerlei Erinnerung mehr an den Vorgang haben**, ist (weiterhin) zugunsten des Patienten davon auszugehen, dass die erforderlichen Manöver nicht bzw. nicht rechtzeitig durchgeführt worden sind (OLG München, Urt. v. 8. 7. 2010 – 1 U 4550/08, juris, Nr. 38–41; vgl. hierzu Rz. D 217–D 217h).   D 407b

Der von der Behandlungsseite zu führende Beweis, dass die medizinisch gebotenen, nicht dokumentierten Untersuchungen durchgeführt worden sind, ist ebenfalls **nicht erbracht**, wenn der behandelnde, als Zeuge vernommene Arzt **ohne konkrete Erinnerung** an das seinerzeitige Behandlungsgeschehen ausführt, **er**   D 407c müsse die Patientin wohl mit einem unauffälligen Ergebnis untersucht haben (OLG Hamm, Urt. v. 19. 11. 2007 – 3 U 83/07, juris, Nr. 35, 36). Gleiches gilt natürlich, wenn die Aussagen des als Partei oder Zeugen vernommenen Arztes anhand der Gesamtumstände nicht glaubhaft erscheinen.

D 407d   Die Behandlungsseite trägt auch die **Darlegungs- und Beweislast für die technisch richtige Lagerung des Patienten auf dem OP-Tisch** während des gesamten Eingriffs sowie in der postoperativen Aufwachphase. An den Nachweis dürfen aber **keine überspannten Anforderungen gestellt** werden, da es sich um **Routinevorgänge** handelt, die nur dann dauerhaft in konkreter Erinnerung bleiben, wenn es zu Abweichungen vom Gewöhnlichen kommt. Den **widerspruchsfreien Angaben der zur Lagerung des Patienten vernommenen Zeugen kann in der Regel Glauben geschenkt werden** (OLG Koblenz, Beschl. v. 27. 9. 2011 – 5 U 273/11, GesR 2012, 49, 50; ebenso bereits OLG Koblenz, Urt. v. 22. 10. 2009 – 5 U 662/08, NJW 2010, 1759, 1760; vgl. auch OLG Hamm, Beschl. v. 5. 1. 2011 – I-3 U 64/10, Nr. 5: „SSL" genügt als Dokumentation der Steinschnittlage).

D 407e   Das **Fehlen eines OP-Berichts führt nicht zu Beweiserleichterungen zugunsten des Patienten**, wenn sich unter Berücksichtigung der aus der übrigen Behandlungsdokumentation ersichtlichen Befundlage ergibt, dass der vorgenommene Eingriff indiziert war, und wenn sich **auch ohne Kenntnis der einzelnen Operationsschritte feststellen lässt, dass der Eingriff erfolgreich verlaufen ist.** Die Annahme, es sei intraoperativ zu irgendwelchen Versäumnissen gekommen, ist deshalb mangels diesbezüglicher, sonstiger Hinweis nicht gerechtfertigt (OLG Düsseldorf, Urt. v. 8. 3. 2007 – I-8 U 65/06, AHRS III, 6450/331).

D 408   Es bleibt dem Arzt auch **unbenommen, die unterlassenen Angaben nachträglich zu ergänzen** (OLG Brandenburg, Urt. v. 15. 7. 2010 – 12 U 232/09, VersR 2011, 267, 268 = juris, Nr. 21; vgl. jetzt aber § 630f I 2, I 3 BGB, Rz. P 71 ff.).

Der Umstand, dass ein **Operationsbericht erst einen Monat oder sogar vier Monate nach der Operation erstellt** wurde (OLG Naumburg, Urt. v. 15. 11. 2011 – 1 U 31/11, GesR 2012, 310, 311: Erstellung des OP-Berichts einen Monat nach dem Eingriff unschädlich; OLG Karlsruhe, Urt. v. 7. 12. 2005 – 7 U 87/04, AHRS III, 6450/324: vier Monate danach) führt für sich allein genommen grundsätzlich **nicht zu einer Beweislastumkehr bzw. zu Beweiserleichterungen** zugunsten des Patienten.

Andererseits kommt einem **OP-Bericht, der erst ein Jahr nach dem Eingriff erstellt** worden ist, **kein voller Beweiswert** zu (OLG Zweibrücken, Urt. v. 12. 1. 1999 – 5 U 30/96, NJW-RR 2000, 27, 28; KG, Urt. v. 10. 1. 2013 – 20 U 225/10, GesR 2013, 608, 609: 18 Monate). Der pflegerischen Dokumentationspflicht wird nicht genügt, wenn die erforderlichen **Eintragungen erst sieben Monate später vorgenommen** werden (LG Bonn, Urt. v. 2. 9. 2009 – 5 S 19/09, VersR 2010, 358).

D 408a   In § 630f I BGB ist nunmehr geregelt, dass die **Dokumentation in unmittelbarem zeitlichem Zusammenhang mit der Behandlung** zu erstellen ist und Änderungen **nur zulässig sind, wenn der ursprüngliche Inhalt erkennbar bleibt.** Die Indizwirkung kann danach entfallen, wenn nachträgliche Änderungen und Ergänzungen der EDV-Dokumentation nicht nachvollzogen werden können ("fälschungssichere EDV-Dokumentation"; vgl. hierzu Rz. P 79ff.).

Grundsätzlich kann das Gericht – nach bisherigem Recht – einer ordnungsgemä- D 409
ßen Dokumentation des Arztes, die **keinen Anhalt für Veränderungen, Verfälschungen oder Widersprüchlichkeiten bietet, Glauben schenken** (vgl. Rz. D 202–203d; OLG München, Urt. v. 15. 7. 2011 – 1 U 5092/10, juris, Nr. 27; OLG München, Beschl. v. 7. 11. 2011 – 1 U 2405/11, juris, Nr. 16, 17: wenn keine Anhaltspunkte für eine Manipulation oder Unrichtigkeiten ersichtlich sind; OLG München, Urt. v. 28. 4. 2010 – 1 U 4579/07, Nr. 58, 61, 64: zeitnah erstellte, ordnungsgemäße Dokumentation; OLG Naumburg, Urt. v. 15. 11. 2011 – 1 U 31/11, GesR 2012, 310, 311 = MedR 2012, 529, 530; OLG München, Beschl. v. 28. 5. 2013 – 1 U 844/13, juris, Nr. 16: **dies gilt auch für Fotokopien der Behandlungsunterlagen, wenn keine Anhaltspunkte für eine Fälschung oder Manipulation vorliegen**; OLG Düsseldorf, Urt. v. 17. 3. 2005 – I-8 U 56/04, GesR 2005, 464 = OLGR 2006, 12: **wenn keine konkreten Anhaltspunkte für Zweifel an der Zuverlässigkeit der Dokumentation bestehen**; OLG Oldenburg, Urt. v. 28. 2. 2007 – 5 U 147/05, GesR 2007, 595 = VersR 2007, 1567 = juris, Nr. 43: **einer ärztlichen Dokumentation ist bis zum Beweis der Unrichtigkeit Glauben zu schenken**; kritisch Spickhoff, NJW 2013, 1714, 1720).

Dies gilt nach u. E. zutreffender Ansicht des OLG Oldenburg (Urt. v. 28. 2. 2007 D 410
– 5 U 147/05, juris, Nr. 43 = VersR 2007, 1567; auch F/N/W, 5. Aufl., Rz. 152: Darlegung der Vertrauenswürdigkeit kann vom Behandler ohne erkennbaren Anhaltspunkt nicht verlangt werden) selbst dann, wenn sich die Aufzeichnungen des Arztes in nebensächlichen und **für die Entscheidung des Rechtsstreits unerheblichen Punkten als nachlässig erweisen** bzw. wenn der Arzt eingeräumt hat, vereinzelt ärztliche Maßnahmen geringerer Bedeutung nicht in den Unterlagen vermerkt zu haben.

Nach Inkrafttreten des § 630f I 2, I 3 BGB wird einer ärztlichen Dokumentation D 411
kein bzw. kein voller Beweiswert (mehr) zukommen, wenn sie nicht „fälschungssicher" bzw. „revisionssicher" und möglicherweise nachträglich verändert worden ist (vgl. auch Wienke in: Thieme Compliance, Sondernewsletter zum Patientenrechtegesetz, 2013, S. 8, 11). Kann der Patient greifbare Anhaltspunkte dafür darlegen, dass die Behandlungsdokumentation später zu seinen Lasten geändert worden ist, hat die Behandlungsseite nachzuweisen, dass die Dokumentation zeitnah mit der Behandlung erstellt wurde bzw. zutreffend ist (offen gelassen von Rehborn, GesR 2013, 257, 266; vgl. hierzu Rz. P 79ff.).

4. Verlust der Krankenunterlagen und Dauer der Aufbewahrung

Eine Beweiserleichterung bis hin zur Beweislastumkehr kommt auch in Be- D 412
tracht, wenn **Krankenunterlagen verschwunden sind und die Behandlungsseite ihr Nichtverschulden hieran nicht beweisen kann** (BGH, MDR 1996, 261 = VersR 1996, 330; OLG Oldenburg, Urt. v. 25. 10. 2006 – 5 U 29/06, GesR 2007, 66, 67 = juris, Nr. 14; F/N/W, 5. Aufl., Rz. 145, 151; Spickhoff-Greiner, § 823 BGB Rz. 132, 133; R/L-Kern, § 6 Rz. 65, 73; Wenzel-Müller, Kap. 2 Rz. 1634, 1635; L/K-Schlund, § 55 Rz. 3, 13, S. 692/693 mit Darstellung einzelner Auf-

bewahrungsfristen; vgl. hierzu → *Befundsicherungspflicht*, Rz. U 310ff.). Denn der Arzt oder Krankenhausträger hat dafür zu sorgen, dass **über den Verbleib der Krankenunterlagen jederzeit Klarheit besteht**. Verletzt er diese Pflicht, ist davon auszugehen, dass er die Nichtverfügbarkeit der Unterlagen zu verantworten hat (BGH, MDR 1996, 261 = VersR 1996, 330 = NJW 1996, 779, 780). Werden die Unterlagen an ein anderes Krankenhaus oder einen anderen Arzt o. a. herausgegeben, muss die Weiterleitung dokumentiert werden (Gehrlein, Rz. B 122).

D 413 Die **Vernichtung von Behandlungsunterlagen** bzw. eines Operationsvideos durch den beklagten Arzt rechtfertigt jedenfalls dann keine Beweislastumkehr zugunsten des Patienten, wenn sich der medizinische Sachverständige zur Beantwortung der Beweisfragen anhand des vorliegenden Videoprints der Operationsstelle und des Operationsberichts uneingeschränkt in der Lage gesehen hat (OLG Köln, Urt. v. 29. 1. 2007 – 5 U 85/06, MedR 2008, 599).

D 413a Ist die medizinisch gebotene Dokumentation zwar durchgeführt, aber nicht mehr lesbar, etwa weil das verwendete **Medium (z. B. Papier aus Thermodrucker, „verblasster" CTG-Streifen) nicht ausreichend haltbar ist, kommt eine Verletzung der Befundsicherungspflicht nicht in Betracht** (OLG Frankfurt, Urt. v. 8. 2. 2005 – 8 U 163/04 mit NA-Beschl. BGH v. 8. 11. 2005 – VI ZR 37/05; G/G, 6. Aufl., Rz. B 205, 212 a. E.).

D 414 Die **Dauer der Aufbewahrung für Krankenunterlagen** war im Haftungsrecht bislang nicht geregelt.

In Anlehnung an § 10 III MBO-Ä 2011/MBO-Ä 2006 beträgt die Aufbewahrungsfrist gemäß § 630f III BGB **10 Jahre nach Abschluss der Behandlung**, soweit nicht nach anderen Vorschriften eine längere Aufbewahrungspflicht besteht.

In einzelnen Rechtsvorschriften (§§ 28 IV Nr. 1 RöntgenVO, 43 V StrahlenschutzVO) ist die Aufbewahrung von Aufzeichnungen über Untersuchungen für dreißig Jahre vorgeschrieben. Gem. § 28 V 2 RöntgenVO dürfen Röntgenaufnahmen dann in elektronischer Form aufbewahrt werden, wenn eine dreijährige Wartezeit nach Durchführung der Aufnahme abgelaufen ist. Diese Wartefrist betrifft nur die Röntgenaufnahmen selbst, nicht aber Aufzeichnungen über die Anwendung von Röntgenstrahlen. Die Wartefrist des § 28 V RöntgenVO gilt aber nicht für die neue Technik der digitalen Radiografie (so R/L II-Kaiser, § 12 Rz. 457; F/N/W, 5. Aufl., Rz. 151; L/K-Schlund, § 55 Rz. 13, S. 691–693 mit Darstellung einzelner Aufbewahrungsfristen: 30 Jahre für Blutprodukte: Röntgen-, CT-, MRT-Bilder 30 Jahre).

D 415 Muss der Arzt oder Krankenhausträger danach die Krankenunterlagen, das CTG o. a. nicht länger als zehn Jahre aufzubewahren, darf ihm wegen der Vernichtung, wegen des Verlustes oder ihrer Unvollständigkeit nach diesem Zeitpunkt aber kein Nachteil entstehen (OLG Hamm, Urt. v. 29. 1. 2003 – 3 U 91/02, VersR 2005, 412, 413; zust. R/L-Kern, § 6 Rz. 73; a. A. aber B/P/S-Glanzmann, § 287 ZPO Rz. 61).

5. Beweislastumkehr hinsichtlich des Kausalzusammenhangs

D 416 Gemäß § 630h III BGB in Verbindung mit § 630f BGB wird – entsprechend der einhelligen Rechtsprechung und Literatur (s. o. Rz. D 394, D 395) – vermutet, dass der Arzt eine dokumentationspflichtige Maßnahme nicht getroffen hat, wenn sie in der Patientenakte nicht aufgezeichnet ist oder die Behandlungsunterlagen nicht (gemäß § 630f III BGB für die Dauer von 10 Jahren nach Abschluss der Behandlung) aufbewahrt worden sind.

Eine fehlende, unvollständige oder lückenhafte Dokumentation führt aber nur   D 417
dann unmittelbar zu einer **Beweislastumkehr** auch hinsichtlich des **Kausal-zusammenhangs** zwischen dem Behandlungsfehler, der nachgewiesen oder mangels hinreichender Dokumentation anzunehmen ist (die Unterlassung einer gebotenen, nicht dokumentierten Maßnahme wird vermutet), und dem eingetretenen Primärschaden beim Patienten, wenn die **Dokumentationslücke einen groben Behandlungsfehler indiziert, d.h. wenn das Unterlassen einer bestimmten Maßnahme als grob fehlerhaft zu bewerten wäre** (BGH, NJW 1999, 3408, 3409 = VersR 1999, 1282, 1283; BGH, NJW 1993, 2375, 2376 = VersR 1993, 836, 837; OLG Brandenburg, Urt. v. 5. 4. 2005 – 1 U 34/04, OLGR 2005, 489, 492; OLG Jena, Urt. v. 7. 11. 2001 – 4 U 1230/00, AHRS III, 6450/309; OLG Koblenz, Urt. v. 15. 1. 2004 – 5 U 1145/03, VersR 2004, 1323, 1324 = GesR 2004, 100, 101; OLG Oldenburg, Urt. v. 30. 1. 2008 – 5 U 92/06, NJW-RR 2009, 32, 34; OLG Karlsruhe, Urt. v. 21. 3. 2007 – 7 U 198/04, AHRS III, 2500/357: wenn die **Dokumentationslücke, etwa die nicht beschriebene Ausführung des McRobert-Manövers, einen groben Behandlungsfehler indiziert**; OLG Köln, Urt. v. 23. 8. 2006 – 5 U 22/04, MedR 2008, 46, 47; OLG Köln, Beschl. v. 9. 11. 2011 – 5 U 89/09, GesR 2012, 168, 172: **CO_2-Messung vor dem Auftreten eines Sauerstoffmangels nicht dokumentiert, unterlassene Messung bei Wiederbelebungsversuch in Notfallsituation aber nicht grob fehlerhaft**; OLG Hamm, Urt. v. 19. 6. 2006 – 3 U 145/04, AHRS III, 6580/308: eingesetzter Tubus und Druck nicht dokumentiert, **vermuteter Einsatz eines Tubus ohne Druckmessung ist grob fehlerhaft**; OLG München, Urt. v. 24. 2. 2005 – 1 U 4624/03, AHRS III, 1873/315: **mangels Dokumentation wird vermutet, dass postoperative Kontrolle über 90 Minuten unterlassen wurde, grob fehlerhaft**; Wenzel-Müller, Kap. 2 Rz. 1626, 1627; L/K-Laufs/Kern, § 111 Rz. 10, 13; L/K/L-Katzenmeier, Rz. XI 98; R/L-Kern, § 6 Rz. 74; R/L-Ratzel/Lissel, § 31 Rz. 24; B/P/S-Glanzmann, § 287 ZPO Rz. 56).

Gleiches gilt, wenn die **fehlende, mangelhafte oder unvollständige Dokumenta-   D 418
tion darauf schließen lässt, dass der Arzt bei der Behandlung gegen seine Pflicht verstoßen hat, medizinisch zwingend gebotene Befunde** (Anm.: grober Behandlungsfehler) **zu erheben und/oder zu sichern** (OLG Oldenburg, Urt. v. 30. 1. 2008 – 5 U 92/06, NJW-RR 2009, 32, 34 = VersR 2008, 691, 692: unterlassene Befunderhebung als „grober Behandlungsfehler"; OLG Brandenburg, Urt. v. 5. 4. 2005 – 1 U 34/04, OLGR 2005, 489, 492; Müller, VPräsBGH a. D., MedR 2001, 487, 491) oder wenn aufgrund der fehlenden Dokumentation vermutet werden kann, dass der Arzt **pflichtwidrig eine medizinisch gebotene Maßnahme unterlassen** hat (Anm.: einfacher Behandlungsfehler), bei deren Erhebung bzw. Durchführung ein so **schwerwiegender Befund hinreichend wahrscheinlich** gewesen wäre, dass sich dessen **Verkennung als fundamental dargestellt** hätte (OLG Koblenz, Urt. v. 30. 11. 2006 – 5 U 784/06, MedR 2007, 365 = AHRS III, 6580/311 mit NZB BGH v. 22. 1. 2008 – VI ZR 6/07; OLG Koblenz, Urt. v. 15. 1. 2004 – 5 U 1145/03, VersR 2004, 1323, 1324; OLG Oldenburg, Urt. v. 30. 1. 2008 – 5 U 92/06, NJW-RR 2009, 32, 34 = VersR 2008, 691, 692: Vorliegen der Voraussetzun-

gen einer Beweislastumkehr wegen „unterlassener Befunderhebung", im entschiedenen Fall verneint; vgl. hierzu Rz. U 50ff.; Wenzel-Müller, Kap. 2 Rz. 1626, 1627: etwa bei Fehlen einer Dokumentation über zweifelfrei gebotene Blutdruckmessungen; L/K-Laufs/Kern, § 111 Rz. 10: „Wenn der wegen des Fehlens der gebotenen Aufzeichnung indizierte Behandlungsfehler als grob zu bewerten ist oder sich der Verstoß des Arztes gegen eine besondere Befundsicherungspflicht darstellt"; ebenso B/P/S-Glanzmann, § 287 ZPO Rz. 56: **wenn die Dokumentationslücke die Voraussetzungen einer Beweislastumkehr wegen eines groben Behandlungsfehlers oder einer unterlassenen Befunderhebung indiziert**).

D 419 Eine unterlassene oder unzureichende Dokumentation kann im Einzelfall nach der etwas unklaren und in aktuellen Entscheidungen nicht mehr aufgegriffenen Formulierung des BGH auch dann zu Beweiserleichterungen bis hin zur Beweislastumkehr hinsichtlich der Kausalität führen, wenn dadurch die **Aufklärung eines immerhin wahrscheinlichen Ursachenzusammenhangs** zwischen einem Behandlungsfehler und dem Primärschaden beim Patienten unzumutbar erschwert oder vereitelt wird und die **Befundsicherung gerade wegen des erhöhten Risikos des in Frage stehenden Verlaufs** geschuldet war (BGH NJW 1987, 1482, 1483; L/K-Laufs/Kern, § 11 Rz. 13; R/L-Kern, § 6 Rz. 66, 78; S/Pa, 12. Aufl., Rz. 691: wenn „grobe Behandlungsfehler zwar nicht sicher feststehen, aber doch wahrscheinlich sind"; u.E. zu unbestimmt und unklar).

D 420 Tritt etwa nach einer Strumaresektion bei einem Patienten eine **beidseitige Recurrensparese (Stimmbandlähmung)** auf, ist aufgrund des hiermit verbundenen besonderen Risikos für die Atmung des Patienten eine **engmaschige klinische Kontrolle im Abstand von mindestens 30 Minuten** durch einen Arzt sowie zusätzlich von 10–20 Minuten durch eine Krankenschwester und eine Monitorüberwachung im Aufwachraum, andernfalls die Überwachung auf einer Intensiveinheit erforderlich. Ist eine **Kontrolle nicht dokumentiert und deshalb davon auszugehen, dass sie über einen Zeitraum von 90 Minuten gänzlich unterlassen wurde, liegt ein grober Behandlungsfehler vor** (OLG München, Urt. v. 24. 2. 2005 – 1 U 4624/03, AHRS III, 1873/315).

D 421 Im Rahmen einer Operation muss auch dokumentiert werden, **welcher Tubus** (low-volume/high-pressure-cuff-Tubus älterer Bauart oder high-volume/low-pressure-cuff-Tubus neuerer Bauart) **verwendet und welcher cuff-Druck beim Blocken des cuff gemessen worden ist.** Fehlt eine entsprechende Dokumentation, kann das Gericht bei bestehenden Anhaltspunkten davon ausgehen, dass ein Tubus älterer Bauart zum Einsatz kam und der cuff-Druck nicht gemessen worden ist. Der Einsatz eines Tubus älterer Bauart und das vermutete, mehrfache Blocken und Entblocken des Tubus ohne Druckmessung sind grob fehlerhaft, sodass das **Dokumentationsversäumnis in einem solchen Fall zu einer Beweislastumkehr hinsichtlich der Kausalität für den eingetretenen Primärschaden führt** (OLG Hamm, Urt. v. 19. 5. 2006 – 3 U 145/04, AHRS III, 6580/308).

D 422 Liegt keine oder nur eine lückenhafte Dokumentation der Durchführung einer **funktionellen Diagnostik vor** einer beabsichtigten, umfangreichen **prothetischen Neuversorgung** (hier: zielführende Diagnostik bei Kiefergelenksproblemen, Einsatz von 18 Kronen und 3 Brückengliedern) vor, besteht die Vermutung, dass die vom Arzt nicht dokumentierten Maßnahmen nicht getroffen worden sind. Das – dann vermutete – Fehlen einer funktionellen Befunderhebung stellt einen **groben Behandlungsfehler** dar (OLG Köln, Urt. v. 23. 8. 2006 – 5 U 22/04, MedR 2008, 46, 47). Allerdings ist die Durchführung von **Funktionsanalysen vor einer zahnmedizinischen Zahnersatzbehandlung nicht dokumentationspflichtig**, wenn keine gravierenden Beschwerden und keine sonstigen funktionelle Störungen und Erkrankungen vorliegen (OLG Köln, Beschl. v. 2. 5. 2011 – 5 U 10/11, juris, Nr. 5, 7).

Nach Ansicht des OLG München (Urt. v. 17. 3. 2011 – 5 U 5245/10, juris, Nr. 32, 33; vgl. auch Zöller/Greger, 30. Aufl., § 286 Rz. 14a: fahrlässige Beseitigung von Beweismitteln, Zurückhaltung von Beweisurkunden) ist der Beweis bei schlüssigem Vortrag des Patienten als geführt anzusehen, wenn die vom Arzt behaupteten, **aus medizinischen Gründen dokumentationspflichtigen Maßnahmen weder durch eine entsprechende** (möglicherweise in Verlust geratene) **Dokumentation noch anderweitig dargetan und bewiesen werden können.**   D 423

Dies kann u. E. aber nur dann angenommen werden, wenn der Arzt die aufzubewahrende **Behandlungsdokumentation vorsätzlich oder fahrlässig vernichtet** (vgl. Zöller/Greger, § 286 Rz. 14a), er möglicherweise schadhafte medizinische Gerätschaften nach Misslingen eines Eingriffs beseitigt, ein in Verdacht geratenes Sterilisationsgerät zerstört oder er andere Materialien vernichtet. **Nur wenn bereits vor der Vernichtung des Beweismittels erkennbar ist, dass dieses später einmal Beweisfunktion haben kann, sind die besonderen Folgen der Beweisvereitelung angezeigt** (Baumgärtel/Laumen/Prütting-Katzenmeier, Handbuch der Beweislast, 3. Aufl. 2010, § 823 BGB Anh. II Rz. 58, 59 mit Hinweis auf BGH, NJW 1994, 1594, 1595).   A 424

Es reicht zur Annahme einer **Beweislastumkehr in Bezug auf den Ursachenzusammenhang** aber nicht aus, wenn sich anhand von **Lücken im Operationsbericht** nicht beurteilen lässt, welche konkrete Ursache für den Zustand des Patienten verantwortlich ist. Eine Beweislastumkehr unter dem Gesichtspunkt der **„unterlassenen Befunderhebung" greift nicht ein**, wenn man im Unterlassen einer Dichtigkeitsprüfung der Verbindung Harnröhre-Blase bzw. der Anastomosennähte bei einer Bauchoperation einen einfachen Behandlungsfehler sehen würde, aber es **völlig offen ist, welches Ergebnis sich bei Durchführung der Prüfung mit hinreichender Wahrscheinlichkeit herausgestellt hätte** (OLG Oldenburg, Urt. v. 30. 1. 2008 – 5 U 92/06, NJW-RR 2009, 32, 34 = VersR 2008, 691, 693, das bereits das Vorliegen eines einfachen Behandlungsfehlers verneint).   D 425

Sind die Vornahme einer **CO_2-Messung** sowie entsprechende Messergebnisse bei einem intubierten Patienten vor dem Auftreten eines Sauerstoffmangels **nicht dokumentiert**, ist zu vermuten, dass die Messungen nicht durchgeführt wurden. Das **Unterlassen derartiger Messungen** mit entsprechenden Verzögerungen der Behandlungsschritte bis zu zwei Minuten ist fehlerhaft, jedoch vor dem Hintergrund einzuleitender Wiederbelebungsversuche in einer Notfallsituation **nicht grob fehlerhaft**. Auch eine **Beweislastumkehr wegen unterlassener Befunderhebung greift nicht ein**, wenn **nicht mit hinreichender Wahrscheinlichkeit festgestellt** werden kann, dass die (vermutet) unterlassene CO_2-Messung einen reak-   D 426 tionspflichtigen Befund ergeben und sich hieraus ein anderes als das tatsächlich umgesetzte Behandlungsregime ergeben hätte (OLG Köln, Beschl. v. 9. 11. 2011 – 5 U 89/09, GesR 2012, 168, 172).

D 427   Eine Beweislastumkehr scheidet auch aus, wenn **offen bleibt, ob die Beschwerden des Patienten auf eine vom Arzt zu vertretende Verzögerung von zwei bis drei Tagen oder allein auf die Grunderkrankung zurückzuführen sind** und keine Anhaltspunkte dafür vorliegen, dass die Nichterteilung des (nicht dokumentierten) Hinweises des Arztes an den Patienten, er solle sich unverzüglich bei einem anderen Facharzt bzw. in einer Fachklinik vorstellen, als „grober Behandlungsfehler" zu bewerten ist (OLG Karlsruhe, Urt. v. 25. 10. 2006 – 7 U 183/05, BeckRS 2007, 2208, S. 5 = OLGR 2007, 258, 259).

D 428 – D 430   Einstweilen frei.

6. Zeitpunkt der Dokumentation

D 431   Gemäß § 630f I BGB ist der Arzt verpflichtet, die Dokumentation *in unmittelbarem zeitlichem Zusammenhang mit der Behandlung* vorzunehmen. In jedem Falle sind Operationsberichte **zeitnah zu erstellen** (OLG Koblenz, Urt. v. 27. 7. 2006 – 5 U 212/05, AHRS III, 6580/310 = MedR 2007, 305, 307; OLG Naumburg, Urt. v. 15. 11. 2011 – 1 U 31/11, GesR 2012, 310, 311: Erstellung des **OP-Berichts einen Monat nach dem Eingriff noch ausreichend**; Wenzel-Müller, Kap. 2 Rz. 1633: Dokumentation zeitnah mit dem betreffenden Behandlungsgeschehen vorzunehmen).

D 432   Angesichts der begrenzten menschlichen Gedächtniskapazitäten wird eine **Dokumentation, die nach mehr als sechs oder sieben Monaten erstellt** wird, teilweise bereits als „unbrauchbar" bezeichnet (LG Bonn, Urt. v. 2. 9. 2009 – 5 S 19/09, VersR 2010, 358: sieben Monate bei Pflegedokumentation, Sturzereignis; R/L II-Kaiser, § 12 Rz. 462: sechs Monate). Das OLG Köln (AHRS II, 6450/67, bei R/L II-Kaiser, § 12 Rz. 460) hat einen erst **zwei Jahre nach der Operation verfassten OP-Bericht** wie eine vollständig fehlende Dokumentation behandelt. Mehrere Oberlandesgerichte (OLG Saarbrücken, AHRS II, 6450/105, bei R/L II-Kaiser, § 12 Rz. 461; OLG Zweibrücken, Urt. v. 12. 1. 1999 – 5 U 30/96, NJW-RR 2000, 27, 28) messen einem OP-Bericht, der erst etwa **ein Jahr nach dem Eingriff** erstellt worden ist, keine Indizwirkung mehr bei. Geht dem nachbehandelnden Arzt oder der Patientin der Bericht über eine gynäkologische Operation etwa erst **ein Jahr nach dem Eingriff** zu, so liegt hierin ein genügender Anhaltspunkt, der die **Vermutung der Vollständigkeit und Richtigkeit der Dokumentation erschüttert** (OLG Zweibrücken, NJW-RR 2000, 27, 28; KG, Urt. v. 10. 1. 2013 – 20 U 225/10, GesR 2013, 608: 18 Monate).

D 433   Andererseits führt der Umstand, dass der Operationsbericht **erst vier Monate nach der Operation** erstellt worden ist, nach Auffassung des OLG Karlsruhe (Urt. v. 7. 12. 2005 – 7 U 87/04, AHRS III, 6450/324) für sich allein gesehen grundsätzlich **nicht zu einer Beweislastumkehr** oder zu Beweiserleichterungen zugunsten des Patienten. Einem OP-Bericht, der **einen Monat nach dem Eingriff erstellt** worden ist, kommt jedenfalls der **volle Beweiswert** zu (OLG Naumburg, Urt. v. 15. 11. 2011 – 1 U 31/11, GesR 2012, 310, 311).

Lässt ein verspätet erstellter Operationsbericht die vitale Indikation der vor- D 434
genommenen Operation nicht mehr vermuten, so hat der Arzt die sich hieraus
ergebende Dokumentationslücke, etwa durch Benennung von an dem Eingriff
beteiligten **Ärzten oder Pflegekräften als Zeugen** zu beweisen (BGH, NJW 1989,
2330 = VersR 1989, 512; OLG Karlsruhe, Urt. v. 30. 9. 2005 – 7 U 96/04, AHRS
III, 6450/323: **glaubhafte Angaben des geburtsleitenden Arztes und Anhaltspunkte für die Richtigkeit der Angabe im SV-Gutachten**; OLG Koblenz, Beschl.
v. 27. 9. 2011 – 5 U 273/11, GesR 2012, 49, 50 und Urt. v. 22. 10. 2009 – 5 U
662/08, NJW 2010, 1759, 1760: **glaubhafte Angaben der zur Lagerung des Patienten vernommenen Zeugen**; OLG Koblenz, Urt. v. 12. 2. 2009 – 5 U 927/06,
VersR 2009, 1077, 1079: glaubhafte Aussagen der bei der Operation beteiligten
Ärzte; OLG Koblenz, Urt. v. 30. 11. 2006 – 5 U 784/06, OLGR 2007, 277, 278;
OLG Köln, VersR 1990, 856, 857; OLG München, Urt. v. 8. 7. 2010 – 1 U
4550/08, juris, Nr. 39, 41: glaubhafte Angaben der als Partei oder Zeugen vernommenen Geburtshelfer, im entschiedenen Fall aber widersprüchliche Aussagen; OLG München, Urt. v. 29. 3. 2007 – 1 U 5265/06, juris, Nr. 32, 34; OLG
Oldenburg, Urt. v. 25. 10. 2006 – 5 U 29/06, GesR 2007, 66, 67; OLG Zweibrücken, VersR 1999, 1546, 1547; Hausch, VersR 2006, 612, 620; S/Pa, 12. Aufl.,
Rz. 554, 556; Wenzel, Kap. 2 Rz. 3647; G/G, 6. Aufl., Rz. B 209).

Einstweilen frei. D 435 – D 437

V. EDV-Dokumentation

Nach bislang einhelliger Auffassung kommt einer ärztlichen **EDV-Dokumenta-** D 438
tion der volle Beweiswert auch dann zu, wenn sie nicht gegen nachträgliche Veränderungen gesichert ist, jedenfalls wenn der Arzt nachvollziehbar darlegt, dass
die **Dokumentation nicht nachträglich verändert wurde und die Dokumentation
auch medizinisch plausibel** ist (OLG Oldenburg, Urt. v. 23. 7. 2008 – 5 U 28/08,
MedR 2011, 163, 165 mit Anm. Walter, RiLG: **bei nicht schreibgeschützter EDV-
Dokumentation ist es gerechtfertigt, von der Behandlungsseite Darlegungen zur
Vertrauenswürdigkeit einzufordern**; OLG Hamm, Urt. v. 26. 1. 2005 – 3 U
161/04 mit zust. Anm. Jorzig, GesR 2005, 349, 350 = VersR 2006, 842, 843;
G/G, 6. Aufl., Rz. B 205; F/N/W, 4. Aufl. 2009, Rz. 150; differenzierend jetzt in
der 5. Aufl. 2013, Rz. 150; Spickhoff-Greiner, § 823 BGB Rz. 126; Muschner
VersR 2006, 621, 624/627; Wenzel-Müller, Kap. 2 Rz. 1622: wenn die Dokumentation medizinisch plausibel ist; L/K-Laufs/Kern, § 111 Rz. 4; S/Pa, 12. Aufl.
2013, Rz. 556a, 692; vgl. aber B/P/S-Glanzmann, § 287 ZPO Rz. 54: Beweiswert
der EDV-Dokumentation kann bei Unübersichtlichkeiten bis zur Unverständlichkeit eingeschränkt sein oder einer Nichtvorlage gleichkommen).

In dem vom OLG Hamm (VersR 2006, 842, 843; zustimmend Jorzig, GesR 2005, D 439
349, 350) entschiedenen Fall war der Patient wegen einer **Fraktur des linken
Sprunggelenks** operiert worden. Nach Entlassung aus der stationären Behandlung wurde er vom beklagten Hausarzt ambulant betreut. Dieser wechselte
mehrfach den Gipsverband am operierten Bein. Nach Auftreten anhaltender
Schwellungen wurde der Patient wieder stationär im Krankenhaus aufgenommen, wo ein Morbus-Sudeck-Syndrom („CRPS") festgestellt wurde. Der beklagte

Arzt hatte die in die EDV-Dokumentation aufgenommenen Umstände, dass am operierten Bein ca. vierzehn Tage vor der erneuten stationären Aufnahme „keine lokale Schwellung" und erst unmittelbar zuvor eine „anhaltende Schwellneigung" vorgelegen haben, **plausibel erklärt**. Der vom Gericht beigezogene Sachverständige hat die Dokumentation und die Ausführungen des beklagten Arztes als medizinisch plausibel angesehen.

D 440   Der Umstand, dass nachträgliche Veränderungen bei der **Verwendung nicht schreibgeschützter EDV** leichter möglich sind, konnte dem Arzt danach prozessual nicht zum Nachteil gereichen. Insbesondere musste der Arzt nicht den „Negativbeweis" der Manipulationssicherheit seiner EDV-Dokumentation führen (Muschner, VersR 2006, 621, 627). Dies ist auch vor dem Hintergrund zutreffend, dass die ärztliche Dokumentation in erster Linie **therapeutischen Belangen des Patienten** dient. Denn eine Dokumentation, die medizinisch nicht erforderlich ist, ist auch aus Rechtgründen nicht geboten (s. o. Rz. D 204, D 318; Muschner, VersR 2006, 621, 623/624; Hausch, VersR 2006, 612, 616/618).

D 441   Der mit Verabschiedung des Patientenrechtegesetzes neu eingeführte § 630f I BGB bestimmt, dass *Berichtigungen und Änderungen von Eintragungen in der Patientenakte nur zulässig (sind), wenn der ursprüngliche Inhalt erkennbar bleibt.*

Ziel ist es, nach der Begründung des Gesetzgebers, eine **fälschungssichere Organisation der Dokumentation** in Anlehnung an die Grundsätze ordnungsgemäßer Buchführung, wie sie etwa in § 239 III HGB und § 146 IV, V AO geregelt sind, sicherzustellen. Danach soll die Beweissicherungsfunktion der Patientenakte dadurch gewährleistet werden, dass die Dokumentation nur in der Weise geändert oder berichtigt werden darf, dass der ursprüngliche Inhalt weiterhin erkennbar ist. Daher muss nach dem Willen des Gesetzgebers im Falle einer **elektronisch geführten Patientenakte die eingesetzte Softwarekonstruktion gewährleisten, dass nachträgliche Änderungen erkennbar werden** (S. 32 des Referentenentwurfes des BMJ/BMG, offensichtlich in Anlehnung an Schmidt-Beck, NJW 1991, 2335; kritisch zum bisherigen Recht Walter, RiLG, MedR 2011, 167).

D 442   **Danach wird einer ärztlichen EDV-Dokumentation kein bzw. kein voller Beweiswert (mehr) zukommen, wenn sie nachträglich inhaltlich verändert worden und/oder nicht fälschungssicher ist** (vgl. zum bisherigen Recht OLG Oldenburg, MedR 2011, 163, 165: unterschiedliche Einträge in dem an den Patienten übersandten Ausdruck). U. E. muss der Patient aber **greifbare Anhaltspunkte dafür darlegen, dass die Behandlungsdokumentation später zu seinen Lasten geändert worden ist**. Dann hat die Behandlungsseite nachzuweisen, dass die Dokumentation zeitnah mit der Behandlung erstellt worden bzw. zutreffend ist (offen gelassen von Rehborn, GesR 2013, 257, 266). Hier wird es entscheidend auf die Glaubwürdigkeit des dokumentierenden Arztes bzw. der zum Nachweis der Durchführung der Dokumentationspflichtigen Maßnahme vernommenen Zeugen ankommen. **Ein „non liquet" würde nach der neuen Rechtslage zu Lasten der Behandlungsseite gehen** (vgl. hierzu Rz. P 79 ff.).

Einsicht in Krankenunterlagen

Vgl. auch → *Allgemeine Geschäftsbedingungen*, Rz. A 1 ff., A 73 ff.; → *Dokumentationspflicht*, Rz. D 201 ff.; → *Substantiierung der Klage/Schlüssigkeit*, Rz. S 600 ff.

I. Vorprozessuales Einsichtsrecht; § 630g BGB

Der Patient hatte gegenüber dem Arzt und dem Krankenhaus bereits nach bisheriger Rechtslage vor Inkrafttreten des § 630g BGB auch außerhalb eines Rechtsstreits Anspruch auf Einsicht in die ihn betreffenden Krankenunterlagen, soweit sie **Aufzeichnungen über objektive physische Befunde und Berichte über Behandlungsmaßnahmen (Medikation, Operation usw.) betreffen** (BGH, NJW 1983, 328 = VersR 1983, 264 = MDR 1983, 298; NJW 1983, 330 = VersR 1983, 267 = MDR 1983, 299; OLG Frankfurt, Beschl. v. 19. 5. 2011 – 8 W 20/11, GesR 2011, 672, 673 = juris, Nr. 14 und LG Hagen, Urt. v. 11. 8. 2010 – 2 O 170/10, juris, Nr. 17, 20: **Anspruch auf Übersendung von Kopien gegen Kostenerstattung;** OLG München, Beschl. v. 18. 3. 2011 – 1 U 98/11, GesR 2011, 673: Beifügung einer eindeutigen Original-Vollmacht des Patienten erforderlich; OLG München, Urt. v. 6. 12. 2012 – 1 U 4005/12, Nr. 29–34: **Anspruch auf Übersendung von Kopien gegen Kostenerstattung sowie auf Herausgabe von histologischen Präparaten an RA;** OLG München, Urt. v. 9. 11. 2006 – 1 U 2742/06, OLGR 2007, 158, 159 und OLG München, Urt. v. 9. 10. 2008 – 1 U 2500/08, juris, Nr. 46, 48 = GesR 2009, 86 = MedR 2009, 49, 50: Anspruch der Erben besteht auch nach dem Tod des Patienten; OLG Saarbrücken, Urt. v. 30. 4. 2003 – 1 U 682/02–161, MDR 2003, 1250; LG Bonn, Urt. v. 6. 6. 2005 – 9 O 31/05, GesR 2006, 91, bestätigt von OLG Köln, Beschl. v. 23. 9. 2005 – 7 U 101/05, GesR 2006, 93; LG Düsseldorf, Urt. v. 28. 9. 2006 – 3 O 106/06, GesR 2007, 18: Herausgabe von Kopien; LG Kiel, Urt. v. 30. 4. 2007 – 8 O 59/06, GesR 2007, 318: **Einsicht in Original-Röntgenaufnahmen;** LG München I, Urt. v. 19. 11. 2008 – 9 O 5324/08, GesR 2009, 201; LG Münster, Urt. v. 16. 8. 2007 – 11 S 1/07, NJW-RR 2008, 441; F/N/W, 5. Aufl. 2013, Rz. 153, 154; L/K/L-Katzenmeier, 6. Aufl., Kap. IX. Rz. 54 ff.; S/Pa, 12. Aufl. 2013, Rz. 557, 560; Wenzel-Köllner, Kap. 2 Rz. 1122, 1123; Spickhoff-Scholz, § 10 MBO Rz. 5, 6, S. 996; B/P/S-Alberts/Human, § 810 BGB Rz. 1, 5, 6; L/K-Schlund, § 56 Rz. 2–6: aus § 810 BGB bzw. §§ 259, 260 analog; R/L-Kern, § 6 Rz. 45 ff.; R/L-Ratzel, § 25 Rz. 4 ff.; Baur, GesR 2011, 577, 582; Gehrlein, NJW 2001, 2773; Lux, GesR 2004, 6, 9).

E 1

Der BGH bezog sich zur Begründung dieses Anspruchs zum einen auf eine so genannte **ungeschriebene Nebenpflicht,** zum anderen auf § 242 BGB i. V. m. Art. 1 und 2 I GG. Nach anderer Ansicht folgt(e) der Anspruch aus einer **direkten oder**

E 2

entsprechenden Anwendung des § 810 BGB (OLG Saarbrücken, Urt. v. 30. 4. 2003 – 1 U 682/02–161, MDR 2003, 1250 = OLGR 2003, 252, 253: § 810 BGB und im Prozess aus § 142 ZPO; Hinne, NJW 2005, 2270, 2271: § 810 BGB bzw. §§ 422, 429 ZPO; Bemmann, VersR 2005, 760, 764 f.: §§ 810, 811, 242 BGB; F/N/W, 4. Aufl. 2009, Rz. 153: vertragliche Nebenpflicht, daneben §§ 809, 810 BGB).

E 2a Das am 26. 2. 2013 in Kraft getretene **Patientenrechtegesetz** bestimmt in **§ 630g I BGB**, dass dem Patienten auf Verlangen unverzüglich Einsicht in die vollständige, ihn betreffende Patientenakte zu gewähren ist, soweit der Einsichtnahme nicht erhebliche therapeutische Gründe oder sonstige erhebliche Rechte entgegenstehen. Die Ablehnung der Einsichtnahme ist zu begründen. § 811 BGB ist entsprechend anzuwenden (§ 630g I 3 BGB). Danach hat die Vorlage an dem Ort zu erfolgen, an welchem sich die vorzulegende Sache befindet, also am Ort der Klinik oder der Arztpraxis. Die Gefahr und die Kosten hat derjenige zu tragen, welcher die Vorlegung verlangt (§ 811 II 1 BGB).

Die Vorlage der Unterlagen kann von der Zahlung der Kosten (d. h. Porto- und Kopiekosten) abhängig gemacht werden (§ 630g I 3 i. V. m. § 811 II 2 BGB). Gemäß **§ 630g II BGB** kann der Patient gegen Kostenerstattung auch elektronische Abschriften von der Patientenakte verlangen. Die Ansprüche stehen gemäß **630g III BGB** auch **den Erben des Patienten** zur Wahrnehmung der vermögensrechtlichen Interessen und sonstigen, nächsten Angehörigen zur Geltendmachung immaterieller Interessen zu, soweit der ausdrückliche oder mutmaßliche Wille des Patienten der Einsichtnahme durch Erben bzw. Angehörige nicht entgegensteht.

E 3 Das Bundesverfassungsgericht (Beschl. v. 9. 1. 2006 – 2 BvR 443/02, NJW 2006, 1116, 1118) hat darauf hingewiesen, dass der grundsätzliche Anspruch des Patienten auf Einsicht in die ihn betreffenden Krankenunterlagen seine Grundlage unmittelbar im grundrechtlich gewährleisteten **Selbstbestimmungsrecht des Patienten** hat und nur dann zurücktreten muss, wenn dem Anspruch entsprechend gewichtige Belange entgegenstehen. Es ließ offen, ob die Rspr. des BGH (NJW 1983, 328; NJW 1983, 330; NJW 1989, 764), die den Anspruch des Patienten auf Einsicht in die ihn betreffenden Krankenunterlagen grundsätzlich auf objektive Befunde beschränkt und einen sogenannten **therapeutischen Vorbehalt** anerkannt hat, noch verfassungsgemäß ist, was in der Literatur gerade in letzter Zeit in Zweifel gezogen wurde (vgl. Hinne, NJW 2005, 2270, 2272 f.; Riemer, NJW 2005, Heft 39, S. XX, NJW 2006, Heft 22, XVI f. und in „Psychotherapeut" 2001, S. 353; differenzierend S/Pa, 12. Aufl., Rz. 559, 560).

E 4 Ein rechtliches Interesse an der Gewährung der Akteneinsicht musste der Patient – anders als der Angehörige eines verstorbenen Patienten – auch nach bisheriger Rechtslage nicht darlegen (BGH, MDR 1989, 432; NJW 1983, 2627 = MDR 1984, 132 in Bezug auf nahe Angehörige oder Erben des Patienten; Lux, GesR 2004, 6, 9; F/N/W, 5. Aufl., Rz. 153).

II. Einschränkungen

Subjektive Wertungen des Arztes, seine persönlichen Eindrücke bei Gesprächen   E 5
mit den Patienten, alsbald aufgegebene erste Verdachtsdiagnosen, Bemerkungen
zu einem querulatorischen Verhalten des Patienten werden **vom Einsichtsrecht
nach bislang überwiegender Ansicht nicht erfasst** (BGH, NJW 1983, 328, 329 =
VersR 1983, 264; NJW 1989, 764, 765; LG Frankfurt, Urt. v. 8. 1. 2007 – 2/24
S 127/06, NJW-RR 2007, 999, 1000; LG Duisburg und AG Mühlheim, bei Hinne,
NJW 2005, 2270, 2272; Gehrlein, NJW 2001, 2773; F/N/W, 5. Aufl., Rz. 154; differenzierend jetzt S/Pa, 12. Aufl. 2013, Rz. 559, 560 im Anschluss an BVerfG,
Beschl. v. 9. 12. 2006 – 2 BvR 443/02, NJW 2006, 1116, 1118; weitergehend: Hin-
ne, NJW 2005, 2270, 2271 f.).

Hinsichtlich der Einsichtnahme in die **Unterlagen psychiatrisch oder psychothe-**   E 6
rapeutisch behandelter Patienten hatte der BGH einen „therapeutischen Vor-
behalt" anerkannt (BGH, NJW 1983, 328 = VersR 1983, 264; NJW 1983, 330 =
VersR 1983, 267; NJW 1989, 764 = VersR 1989, 252; a. A. Hinne, a. a. O.; offengelassen von BVerfG, Beschl. v. 9. 1. 2006 – 2 BvR 443/02, NJW 2006, 1116, 1118).

Nach Abschluss einer psychiatrischen oder psychotherapeutischen Behandlung   E 7
steht dem Patienten danach **kein Recht auf Gewährung von Einsicht in die
Krankenunterlagen mit Ausnahme objektiver Befunde** wie der Medikamenta-
tion und dem Ergebnis körperlicher Untersuchungen zu (BGH, NJW 1983, 330;
NJW 1985, 674, 675; NJW 1989, 764; LG Frankfurt, Urt. v. 8. 1. 2007 – 2/24
S 127/06, NJW-RR 2007, 999, 1000).

Vom Einsichtsrecht ausgenommen sind nach bislang h. M. aber lediglich diejeni-   E 8
gen Aufzeichnungen, die ausschließlich **subjektive Eindrücke des Psychothera-**
peuten/Psychiaters wiedergeben (LG Frankfurt, a. a. O.; S/Pa, 12. Aufl., Rz. 559).
Der Grund für diese Beschränkung liegt in der Natur des psychiatrischen Behandlungsvertrages, der jedenfalls in seiner klassischen Form die Zurückhaltung
ärztlicher Aufzeichnungen gegenüber dem Patienten gebietet, und zwar im Interesse des Arztes, des Patienten und dritter Personen, deren Angaben über den Patienten zur Krankheitsgeschichte gehören (BGH, NJW 1985, 674, 675).

Erstrebt der Patient über die Kenntnis objektiver Befunde wie der Medikation   E 9
und dem Ergebnis körperlicher Untersuchungen hinaus **Einsicht in die Kranken-**
unterlagen über seine psychiatrische Behandlung, so sind entgegenstehende the-
rapeutische Gründe vom Arzt nach Art und Richtung näher zu kennzeichnen,
allerdings ohne Verpflichtung, dabei ins Detail zu gehen (BGH, NJW 1989, 764;
auch BVerfG, NJW 1999, 1777; Lux, GesR 2004, 6, 9; F/N/W, 4. Aufl. 2009,
Rz. 154; S/Pa, 12. Aufl., Rz. 560; vgl. aber jetzt § 630g I 1 BGB: der Arzt muss
„erhebliche therapeutische Gründe" darlegen). Die Einschränkungen dürfen
sich aber nur auf die „heiklen" Passagen (z. B. Anamnese, Gesprächsprotokolle),
nicht auf die bewertungsneutralen Aufzeichnungen (z. B. Operationsprotokolle,
Medikation) beziehen (S/Pa, 12. Aufl., Rz. 559; F/N/W a. a. O.).

Nach Ansicht von Steffen und Pauge (12. Aufl. 2013, Rz. 560) kann auch in   E 10
„heikle psychiatrische Krankenunterlagen" die Einsicht nicht verweigert werden, wenn der Arzt in der Abwägung mit dem Persönlichkeitsrecht des Patienten auf Einsicht in die Daten ein stärkeres schutzwürdiges Interesse an ihrer

Vorenthaltung nicht dartun kann. Einschränkungen sind auch nach Auffassung von Katzenmeier (L/K/L, 6. Aufl., Kap. IX Rz. 59: Konsequenz aus BVerfG, Beschl. v. 9. 1. 2006, NJW 2006, 1116) nur zulässig, soweit in die Aufzeichnungen die Persönlichkeit des Arztes ebenso wie dritter Personen umfassener einfließt und spezifische therapeutische Risiken aus einer Rekonstruktion verarbeiteter Problemfelder für den Patienten nicht entstehen können, was der Arzt näher darlegen müsse.

E 11   Frahm und Walter (in: F/N/W, 5. Aufl. 2013, Rz. 154 mit Hinweis auf BT-Drucks. 17/10488, S. 26/27 und BT-Drucks. 17/11710, S. 40; zum bisherigen Recht im Erg. auch Riemer, NJW 2005, Heft 39, XX/XXI und NJW 2006, Heft 22, XV/XVI) weisen darauf hin, dass die bisherige Beschränkung des Einsichtsrechts auf Auszeichnungen über naturwissenschaftlich objektivierbare Befunde sowie Behandlungsfakten durch die Regelung des § 630g BGB obsolet geworden wäre. Anders als bisher sollen – entsprechend der Begründung im Gesetzgebungsverfahren – nun auch Aufzeichnungen mit einer persönlichen Komponente, etwa Niederschriften über persönliche Eindrücke des Arztes beim Patientengespräch, subjektive Wertungen und folgenlos gebliebene Verdachtsdiagnosen offenbarungspflichtig sein. Solche **subjektiven Aspekte können nach der Neuregelung in § 630g I 1 BGB nur dann vom Einsichtsrecht ausgenommen werden, wenn erhebliche therapeutische Gründe oder sonstige erhebliche Rechte Dritter entgegenstehen**, etwa wenn die Gefahr einer erheblichen gesundheitlichen (Selbst-)Schädigung des Patienten bei uneingeschränkter Einsichtnahme in die Dokumentation besteht. **Gemäß § 630g I 2 BGB muss die Ablehnung der Einsichtnahme nunmehr auch begründet werden.** Frahm und Walter (a. a. O.) bezweifeln, ob dies der Behandlungswirklichkeit hinreichend Rechnung trägt. Denn im Rahmen einer nachvollziehbaren Begründung müssten die maßgeblichen, das Einsichtsrecht beschränkende Umstände ja offenbart werden!

E 12   Auch nach Ansicht von Kern (in: Ratzel/Lissel, 1. Aufl. 2013, § 6 Rz. 47) spricht alles dafür, dass das **Einsichtsrecht in Zukunft schrankenlos gewährt** werden wird.

E 13   Nach u.E. zutreffender, „pragmatischer" Ansicht (LG Münster, Urt. v. 16. 8. 2007 – 11 S 1/07, NJW-RR 2008, 441, 442; zustimmend LG Bremen, MedR 2009, 480, 481 und Spickhoff-Scholz, § 10 MBO Rz. 6, S. 996 zum „alten Recht") kann den therapeutischen Bedenken des Arztes bzw. Psychotherapeuten im Einzelfall dadurch Rechnung getragen werden, dass die Einsichtnahme nicht dem Patienten selbst gestattet wird, sondern dass **die Unterlagen an einen anderen Fachbehandler ausgehändigt** werden. Der Nachbehandler entscheidet dann in eigener Verantwortung, ob der Patient entsprechende Informationen über die Behandlung bei dem Vorbehandler erhält. Mit der Herausgabe der Unterlagen an einen nachbehandelnden Facharzt genügt der vorbehandelnde Arzt seiner Verpflichtung aus dem Arzt-Patienten-Verhältnis, dem Patienten bestmögliche Hilfe zu leisten.

E 14   Grundsätzlich wäre auch zu prüfen, ob eine Einsicht von problematischen Unterlagen nach entsprechender **Unkenntlichmachung oder Schwärzung einzelner Informationen** möglich ist (LG Münster, a.a.O.). Danach kann der Arzt auch bei begründetem therapeutischem Vorbehalt verpflichtet sein, die von ihm gefertigten Therapieprotokolle nach entsprechender Schwärzung von Passagen an den Nachbehandler auszuhändigen. Er ist berechtigt, die Aushändigung von der Zahlung entsprechender Kosten (Kopierkosten, Aufwendungsersatz hinsichtlich der durch das Kopieren und die Schwärzung entstandenen Kosten) abhängig zu machen (LG Münster, Urt. v. 16. 8. 2007 – 11 S 1/07, NJW-RR 2008, 441, 442).

Das BVerfG (Beschl. v. 9. 1. 2006 – 2 BvR 443/02, NJW 2006, 1116, 1118) hat es **E 15** offengelassen, ob die Rspr. des BGH angesichts neuerer Entwicklungen und zwischenzeitlich veränderter Anschauungen aus verfassungsrechtlicher Sicht nicht einer Weiterentwicklung in dem Sinne bedarf, dass die Persönlichkeitsrechte des Patienten höher gewichtet werden (so etwa L/K/L-Katzenmeier, Kap. IX Rz. 59; Hinne, NJW 2005, 2270, 2272; Riemer, NJW 2005, Heft 39, XX und NJW 2006, Heft 22, XVI/XVII; R/L-Kern, § 6 Rz. 47, s. o.). Gegenüber einem privatrechtlichen Arzt-Patienten-Verhältnis stünde jedenfalls einem **im Maßregelvollzug** Untergebrachten ein besonders starkes, verfassungsrechtlich **geschütztes Interesse an** der **Einsichtnahme** in seine – gesamten – Krankenakten zu (BVerfG, a. a. O.).

Die hierin enthaltenen subjektiven Beurteilungen des Krankheitsbildes durch **E 15a** die behandelnden Ärzte seien nicht notwendigerweise durchweg von der Art, dass sie Einblick in die Persönlichkeit des Behandelten – im entschiedenen Fall des Untergebrachten – geben und ihre Offenlegung daher dessen Persönlichkeitsrecht berühren könnte. Jedenfalls das Interesse des Untergebrachten, der den Arzt nicht frei wählen kann, kann auch die Persönlichkeitsrechte des Therapeuten überwiegen (BVerfG, NJW 2006, 1116, 1119).

Es besteht **kein Einsichtsrecht des Patienten in Niederschriften nach § 23 IfSG.** **E 15b**

Gemäß § 23 I IfSG sind Leiter von Krankenhäusern verpflichtet, die vom RKI nach § 4 II Nr. 2b IfSG festgelegten nosokomialen Infektionen und das Auftreten von Krankheitserregern mit speziellen Resistenzen und Multiresistenzen fortlaufend in einer gesonderten Niederschrift aufzuzeichnen und zu bewerten. Die Aufzeichnungen sind 10 Jahre lang aufzubewahren.

Das **Einsichtsrecht in diese Unterlagen steht dem Gesundheitsamt, nicht jedoch dem einzelnen Patienten zu,** der geltend macht, durch Hygienemängel im Krankenhaus geschädigt worden zu sein. Denn die Niederschriften nach § 23 I IfSG dienen dem Zweck des IfSG, die Verbreitung von übertragbaren Infektionen zu verhindern und die hierzu erforderliche Zusammenarbeit von Behörden, Krankenhäusern und Ärzten zu ermöglichen, nicht jedoch dem Interesse des einzelnen Patienten. **Ein Anspruch aus §§ 611, 810, 811, 242 BGB bzw. § 23 IfSG analog scheidet daher auf** (OLG Hamm, Urt. v. 5. 4. 2011 – 26 U 192/10, GesR 2011, 671; Baur, GesR 2011, 577, 583; F/N/W, 5. Aufl., Rz. 153; vgl. hierzu P 86, P 96 ff.).

III. Art der Einsichtnahme

Das Recht des Patienten, die Krankenunterlagen einzusehen, umfasst auch die **E 16** Einsichtnahme durch einen beauftragten Rechtsanwalt und die **Überlassung von Fotokopien gegen Kostenerstattung**, was sich nunmehr (seit 26. 2. 2013) auch aus **§ 630g I 3 i. V. m. § 811 II 2 BGB (Kostenvorschuss) ergibt** (OLG München, NJW 2001, 2806; OLG München, Urt. v. 6. 12. 2012 – 1 U 4005/12, juris, Nr. 29, 32, 33: **auch der Erbe hat Anspruch auf Übersendung von Kopien gegen Kostenerstattung**; LG Bonn, Urt. v. 6. 6. 2005 – 9 O 31/05, GesR 2006, 91; LG Dortmund, NJW 2001, 2806; LG Düsseldorf, Urt. v. 28. 9. 2006 – 3 O 106/06, GesR 2007, 18: Herausgabe von Kopien, kein Anspruch auf Bestätigung der Richtigkeit; LG Hagen, Urt. v. 11. 8. 2010 – 2 O 170/10, juris, Nr. 17, 20: **Arzt hat Zurückbehaltungsrecht wegen der Kosten gemäß § 811 II 2 BGB**; LG Karlsruhe, Beschl. v. 7. 12. 1999 – 12 O 53/99, NJW-RR 2001, 236; LG Karlsruhe, Urt. v. 22. 1. 2010 – 9 S 311/09, VersR 2010, 819, 820: **auch Recht zur Einsicht in die Pflegedokumentation gegen Kostenerstattung**; LG Kiel, Urt. v. 4. 4. 2008 – 8 O 50/07, GesR 2008, 540: Einsichtsrecht in Original-Behandlungsunterlagen vor Ort; LG Kiel, Urt. v. 30. 4. 2007 – 8 O 59/06, GesR 2007, 318, 319: **Herausgabe von Röntgenaufnahmen an den Patientenanwalt**; LG Münster, Urt. v. 16. 8. 2007 – 11 S 1/07, NJW-RR 2008, 441, 442: **Kopierkosten, sowie Aufwandsentschädigung hinsichtlich der durch das Kopieren entstandenen Kosten**; LG München I, Urt. v. 19. 11. 2008 – 9 O 5324/08, GesR 2009, 201 und Wenzel-Köllner, Kap. 2 Rz. 1122 Fn. 1666 sowie R/L-Ratzel, § 25 Rz. 2, 3 und R/L-Kern, § 6 Rz. 49 sowie B/P/S-Alberts/Human, § 810 BGB Rz. 6: Die Herausgabe von Kopien kann von einer **Kostenerstattung in Höhe von 0,50 Euro pro Kopie abhängig gemacht werden**, jedenfalls für die ersten 50 Seiten; S/Pa, 12. Aufl., Rz. 557; Lux, GesR 2004, 6, 9 und F/N/W, 5. Aufl., Rz. 153: Kopien auf Kosten des Patienten; L/K-Schlund, § 56 Rz. 6, 11: Kopien gegen Kostenerstattung; Wenzel-Köllner, Kap. 2 Rz. 1122; Spickhoff-Scholz, § 10 MBO Rz. 5, S. 995).

E 17   Gem. § 630g II BGB kann der Patient auch **elektronische Abschriften von der Patientenakte** verlangen. **Ein Anspruch auf Zusendung der Original-Krankenunterlagen besteht jedoch nicht** (OLG München, Urt. v. 6. 12. 2012 – 1 U 4005/12, juris, Nr. 29, 32, 33: Anspruch auf Übersendung von Kopien oder Einsichtsrecht in die Krankenunterlagen vor Ort; OLG Frankfurt, Beschl. v. 9. 5. 2011 – 8 W 20/11, juris, Nr. 14 = GesR 2011, 672, 673; LG Dortmund, NJW 2001, 2806: nur Bereithaltung von Kopien; Gehrlein, NJW 2001, 2773; Lux, GesR 2004, 6, 10; L/K-Schlund, § 56 Rz. 6, 11; Wenzel-Köllner, Kap. 2 Rz. 1122; R/L-Kern, § 6 Rz. 48; R/L-Ratzel, § 25 Rz. 4).

E 18   Nach Auffassung von Gehrlein (NJW 2001, 2773, 2774) kann der Patient bzw. dessen Rechtsvertreter darauf verwiesen werden, sich selbst Kopien über die Krankenunterlagen zu fertigen. Der Arzt könne sich dem Patienten allenfalls vertraglich zur Herstellung von Kopien der Krankenunterlagen verpflichten und dürfe die Vorlegung verweigern, bis ihm der Patient die Kosten – einschließlich der Portokosten – vorgeschossen habe (so jetzt auch § 630g I 3 BGB i. V. m. § 811 II 2 BGB).

E 19   Der Patient hat **keinen Anspruch** auf **Aufschlüsselung der Kürzel** für medizinische Fachausdrücke (LG Dortmund, NJW-RR 1998, 261; B/P/S-Alberts/Human, § 810 BGB Rz. 6, S. 363; L/K-Schlund, § 56 Rz. 6, 11; R/L-Ratzel, § 25 Rz. 7: **aber auf eine Leseabschrift**).

E 20   Nach nunmehr fast einhelliger Ansicht (OLG München, Urt. v. 19. 4. 2001 – 1 U 6107/00, NJW 2001, 2806, 2807; LG Kiel, Urt. v. 30. 4. 2007 – 8 O 59/06, GesR

2007, 318, 319; LG München I, MedR 2001, 524: Kernspinaufnahmen; AG Hagen, NJW-RR 1998, 262, 263; F/N/W, 5. Aufl., Rz. 153; Spickhoff-Scholz, § 10 MBO Rz. 5, S. 995; Wenzel-Köllner, Kap. 2 Rz. 1122; L/K/L-Katzenmeier, Kap. IX. Rz. 57: EEG, EKG, CT, MRT; ablehnend Lux, GesR 2006, 6, 10 und R/L-Kern, § 6 Rz. 48: „schwer nachvollziehbar") **hat der Patient in entsprechender Anwendung des § 811 I 2 BGB** (nunmehr § 630g I 3 i.V.m. § 811 I 2 BGB) **auch das Recht, die Vorlegung der Original-Röntgenaufnahmen zur Einsichtnahme bei seinem Rechtsanwalt** zu verlangen, der die Aufnahme dann seinerseits einem medizinischen Sachkundigen zur Begutachtung weitergeben kann.

Der Arzt oder das Krankenhaus kann sich den Empfang der im Einzelnen aufgeführten und konkret bezeichneten Aufnahmen bestätigen lassen und für sich Sicherungskopien anfertigen. Auf die Herausgabe von Kopien kann der Patient danach nicht verwiesen werden (OLG München, a.a.O.; LG München, a.a.O.; LG Kiel, a.a.O.). Der Arzt kann sich vor Beweisschwierigkeiten schützen, indem er die **Röntgenbilder per Einschreiben mit Rückschein versendet oder sie nur gegen Erteilung einer Quittung übergibt** (LG Kiel, GesR 2007, 318, 319; LG Münster, NJW-RR 2008, 441, 442: Kosten sind vom Patienten zu tragen; R/L-Ratzel, § 25 Rz. 4: Arzt kann Garantieerklärung des Patientenanwalts verlangen). Gem. § 630g I 3 i.V.m. § 811 II 2 BGB könnte der Arzt bzw. Krankenhausträger wegen der Verlustgefahr auch eine **Sicherheitsleistung verlangen**. | E 21

Begehrt ein Patient oder der Erbe einer an einer Tumorerkrankung verstorbenen Patientin die Herausgabe der histologischen bzw. zythologischen Präparate zum Zwecke der Nachbefundung durch einen Sachverständigen zur Überprüfung möglicher Behandlungsfehler, so ist der Arzt bzw. Krankenhausträger **auch zur zeitweiligen Überlassung der Präparate verpflichtet, wenn ihm die Herausgabe zumutbar ist und von einer ordnungsgemäßen Rückgabe ausgegangen werden kann.** Letzteres ist dann der Fall, wenn die Präparate nicht mehr benötigt werden, deren Nachbefundung zur Überprüfung möglicher Behandlungsfehler erforderlich ist und die Überlassung an den Prozessbevollmächtigten des Klägers bzw. des Patienten erfolgen soll, der im Hinblick auf die Stellung als Organ der Rechtspflege eine besondere Zuverlässigkeitsgewähr bietet (hier: Herausgabe an FAin für Medizinrecht; OLG München, Urt. v. 6. 12. 2012 – 1 U 4005/12, juris, Nr. 32, 33, 34). | E 22

Zur Fälligkeit des Herausgabeanspruches von Krankenunterlagen gehört auch eine **ordnungsgemäße und eindeutige Vollmacht.** An Inhalt und Klarheit der Vollmacht sind strengste Anforderungen zu stellen, da die Herausgabe von höchstpersönlichen Daten begehrt wird (OLG München, Beschl. v. 18. 3. 2011 – 1 W 98/11, GesR 2011, 673, 674). Eine dem Krankenhausträger **gesetzte Frist von zwei Wochen** zur Vorlage von Kopien der Patientenunterlagen gegen Kostenerstattung ist **unangemessen kurz. Die Frist beginnt zudem erst mit Vorlage der ordnungsgemäßen Vollmacht zu laufen** (OLG München, Beschl. v. 18. 3. 2011 – 1 W 98/11, GesR 2011, 673, 674; zustimmend R/L-Ratzel, § 256 Rz. 8 m.w.N.; **a.A.** Spickhoff-Scholz, § 10 MBO Rz. 5, S. 995 und AG Hamm bei Ratzel, a.a.O.: Anspruch binnen 14 Tagen zu erfüllen). | E 22a

IV. Kein allgemeiner Auskunftsanspruch des Patienten

E 23   Der **Auskunftsanspruch** des Patienten gegen das Krankenhaus oder den Arzt bezieht sich auch auf die **Person der an der konkreten Behandlung des Patienten beteiligte Ärzte** (OLG Frankfurt, Beschl. v. 23. 9. 2004 – 8 U 67/04, VersR 2006, 81; OLG Düsseldorf, Urt. v. 30. 1. 2003 – 8 U 62/02, GesR 2003, 273 = VersR 2005, 694, 695; OLG München, Beschl. v. 30. 7. 2008 – 1 W 1646/08, juris, Nr. 6, 8; Wenzel-Köllner, Kap. 2 Rz. 1124).

E 24   Ein Anspruch auf **Bekanntgabe von Personalien und ladungsfähiger Anschrift von Ärzten** wird grundsätzlich (nur) dann bejaht, soweit für einen Patienten ohne diese für eine Klinik unschwer zu leistenden Angaben eine Benennung der Person als Zeuge oder eine Klageerhebung wegen möglicher Behandlungsfehler erheblich erschwert oder unmöglich wäre (OLG München, Beschl. v. 30. 7. 2008 – 1 W 1646/08, juris, Nr. 6, 8: bejaht für das OP-Personal; OLG Düsseldorf, NJW 1984, 670; AG Bremen, Urt. v. 10. 1. 2013 – 5 C 219/12, n. v.; R/L-Ratzel, § 25 Rz. 10).

E 25   Der Patient hat gegenüber der Klinik aber **keinen Anspruch auf Auskunft über Namen und Anschrift sämtlicher Ärzte und Pfleger, die ihn während seines Krankenhausaufenthaltes betreut haben**, sofern er nicht darlegt, dass diese als Anspruchsgegner wegen eines Behandlungs- oder Aufklärungsfehlers oder als Zeugen einer Falschbehandlung in Betracht kommen (OLG Frankfurt, Beschl. v. 23. 9. 2004 – 8 U 67/04, VersR 2006, 81; OLG München, Beschl. v. 30. 7. 2008 – 1 W 1646/08, juris, Nr. 8, 9: Auskunftsanspruch bei fehlender Angabe der beweiserheblichen Tatsache verneint; zust. R/L-Ratzel, § 25 Rz. 10). Sind die aufklärenden und behandelnden Ärzte **aus den Krankenunterlagen**, insbesondere aus dem Aufklärungsbogen oder aus dem Operationsprotokoll **ohne weiteres ersichtlich**, ist ein Auskunftsanspruch auf namentliche Nennung der ärztlichen Mitarbeiter jedoch ausgeschlossen (OLG Düsseldorf, Urt. v. 30. 1. 2003 – 8 U 62/02, GesR 2003, 273 = VersR 2005, 694, 695; OLG Hamm, NJW-RR 2001, 236; OLG München, Beschl. v. 30. 7. 2008 – 1 W 1646/08, juris, Nr. 6).

E 26   Der Anspruch, die **Privatadresse** der behandelnden Ärzte oder sonstiger, im Krankenhaus tätiger Hilfspersonen zu erfahren, entfällt auch dann, wenn als ladungsfähige Anschrift der Name des Arztes und die ärztliche Funktion in einer bestimmten medizinischen Abteilung eines bestimmten Krankenhauses angegeben werden kann, solange der **Arzt noch dort tätig ist** (OLG Frankfurt, Beschl. v. 23. 9. 2004 – 8 U 67/04, VersR 2006, 81; Rehborn, MDR 2001, 1148, 1149).

E 27   Ist der behandelnde Arzt, dem nach dem Vortrag des Patienten ein Behandlungs- oder Aufklärungsfehler unterlaufen ist, nicht mehr in der Klinik tätig, besteht auch ein **Anspruch auf Bekanntgabe von dessen zuletzt bekannter Privatanschrift** (OLG Frankfurt, Beschl. v. 23. 9. 2004 – 8 U 67/04, VersR 2006, 81; auch OLG München, Beschl. v. 30. 7. 2008 – 1 W 1646/08, juris, Nr. 6; AG Bremen, Urt. v. 10. 1. 2013 – 5 C 219/12; zust. R/L-Ratzel, § 25 Rz. 10). Dies gilt jedenfalls dann, wenn (auch) gegen diesen Ansprüche wegen eines Behandlungs- oder Aufklärungsfehlers geltend gemacht werden sollen und die Anschrift zuvor nicht **über das Einwohnermeldeamt eruiert werden konnte** (AG Bremen, Urt. v. 10. 1. 2013 – 5 C 219/12: Ärztin war nicht mehr im Klinikum beschäftigt).

Neben der Dokumentationspflicht, dem Recht zur Einsicht in die Kranken-   E 28
unterlagen und der Benennung der konkret an der Behandlung beteiligten Ärzte
besteht **keine allgemeine umfassende Auskunftspflicht** der Behandlungsseite;
eine solche ergibt sich auch nicht aus vorliegenden Dokumentationsmängeln
(OLG Koblenz, Urt. v. 15. 1. 2004 – 5 U 1145/03, NJW-RR 2004, 410 = VersR
2004, 1323 = GesR 2004, 100, 101; Wenzel-Köllner, Kap. 2 Rz. 1124; Spickhoff-
Scholz, § 10 MBO Rz. 5, S. 995/996).

So hat der Patient gegenüber dem Arzt oder Krankenhaus **keinen Anspruch auf**   E 29
Beantwortung zahlreicher Fragen aus einem „Fragenkatalog" (OLG Koblenz,
a. a. O.), auf die **Aufschlüsselung von Kürzeln** (LG Dortmund, NJW-RR 1998,
261; L/K-Schlund, § 56 Rz. 6), **auf Bekanntgabe der Haftpflichtversicherung** sowie der Versicherungsscheinnummer (AG Dorsten, Urt. v. 2. 10. 2002 – 3 C
70/02, NJW-RR 2004, 25 = MedR 2005, 102), **auf eine Bestätigung der Richtigkeit**
und Vollständigkeit der Krankenunterlagen (LG Düsseldorf, Urt. v. 28. 9. 2006 –
3 O 106/06, GesR 2007, 18; Scholz, a. a. O.; R/L-Ratzel, § 25 Rz. 13) oder auf Abgabe einer eidesstattlichen Versicherung, wonach die dem Patienten bzw. dem
Gericht vorgelegten **Behandlungsunterlagen authentisch sowie vollständig** sind
und die dem Patienten vorgelegten Kopien diese vollständig abbilden (OLG
München, Beschl. v. 16. 11. 2006 – 1 W 2713/06, OLGR 2007, 278 = GesR 2007,
115 = NJW-RR 2007, 273 und Ratzel a. a. O).

Die Behandlungsseite ist grundsätzlich auch **nicht verpflichtet, Namen und An-**   E 29a
schriften von Mitpatienten, auf dessen Zeugnis sich der Patient beruft, mitzutei-
len (OLG Karlsruhe, Urt. v. 11. 8. 2006 – 14 U 45/04, VersR 2007, 245 = MedR
2007, 253; F/N/W, 5. Aufl., Rz. 270; R/L-Ratzel § 25 Rz. 10).

Exkurs: Besonderheiten gelten bei der Frage einer **Auskunftspflicht des Arztes**   E 29b
über den Samenspender bei heterologen Inseminationen. Das Interesse des
durch eine Heterologe Insemination gezeugten Kindes, seine **genetische Ab-**
stammung zu erfahren, kann im Rahmen der vorzunehmenden Abwägung höher
zu bewerten sein als die Interessen des beklagten Arztes und der Samenspender
an einer Geheimhaltung der Spenderdaten. Ungeachtet eines Vertrages zwischen
den Eltern und dem behandelnden Arzt, die Anonymität des Samenspenders zu
wahren, **kann das Kind vom behandelnden Arzt deshalb regelmäßig Auskunft**
über seine genetische Abstammung verlangen. Die Auskunftserteilung ist dem
Arzt erst dann unmöglich, wenn er die benötigten Informationen auch nach einer umfassenden Recherche nicht mehr beschaffen kann (OLG Hamm, Urt. v.
6. 2. 2013 – I-14 U 7/12, NJW 2013, 1167, 1169/1170). **Das Kind hat ein Recht**
auf Kenntnis der biologischen Vaterschaft. Es besteht deshalb eine vertragliche
Pflicht (Vertrag mit Drittschutzwirkung) des behandelnden Arztes zumindest
auf Benennung der Herkunftsquelle des Samenmaterials.

Hinzu kommt **ein Anspruch aus § 823 I BGB in Verbindung mit Art. 1 und 2**
GG des Kindes gegenüber dem Arzt bzw. Krankenhaus, ihm den Schaden zu er-
setzen, wenn der biologische Vater, etwa aufgrund der Vernichtung der Unterla-
gen, nicht mehr festgestellt werden kann (Spickhoff, 1. Aufl. 2011, § 1600 BGB
Rz. 19, 20 m. w. N.). Die Einzelheiten sind aber sehr umstritten.

V. Einsichtsrecht nach dem Tod des Patienten

E 30   Nach **§ 630g III BGB** steht das Recht auf Einsichtnahme in die Patientenakte –
und nach überwiegender Ansicht auch in die bildgebende Dokumentation (Röntgenbilder, CT, MRT) – auch den Erben des Patienten zur Wahrnehmung der vermögensrechtlichen Interessen, also der Geltendmachung von Schadensersatzansprüchen, zu. Dies gilt auch für die sonstigen, nächsten Angehörigen des Patienten, soweit sie immaterielle Interessen geltend machen (§ 630g III 2 BGB).
Die Rechte sind ausgeschlossen, soweit der Einsichtnahme der ausdrückliche
oder mutmaßliche Wille des Patienten entgegensteht (§ 630g III 3 BGB).

E 31   Dies entspricht auch der überwiegenden Ansicht zum bisherigen Recht (OLG
München, Urt. v. 6. 12. 2012 – 1 U 4005/12, juris, Nr. 29; OLG München, Beschl.
v. 19. 9. 2011 – 1 W 1320/11, GesR 2011, 674, 675/676 = MDR 2011, 1496; OLG
München, Urt. v. 9. 10. 2008 – 1 U 2500/08, juris, Nr. 37 = GesR 2009, 86, 87 =
MedR 2009, 49, 50 = VersR 2009, 982, 983; Fellner, MDR 2011, 1452, 1453;
B/P/S-Alberts/Human, § 810 BGB Rz. 12; Spickhoff-Scholz, § 10 MBO Rz. 6;
L/K-Schlund, § 56 Rz. 12, 13; L/K/L-Katzenmeier, Kap. IX Rz. 64, 65; S/Pa,
12. Aufl., Rz. 563, 564; F/N/W, 4. Aufl., Rz. 155; D/S, 6. Aufl., Rz. 628; R/L-Kern,
§ 6 Rz. 54 ff.; R/L-Ratzel, § 25 Rz. 11; Spickhoff, NJW 2005, 1982, 1984).

E 32   Danach reicht es zur Geltendmachung von vermögensrechtlichen Ansprüchen
aus, wenn der **Patient bzw. dessen Erbe darlegt, dass er die Einsicht benötigt,
um das Bestehen von Schadensersatzansprüchen wegen möglicher Behandlungs-
oder Aufklärungsfehler überprüfen zu können** (OLG München, Urt. v.
6. 12. 2012 – 1 U 4005/12, juris, Nr. 29; OLG München, Urt. v. 9. 10. 2008 – 1
U 2500/08, juris, Nr. 46, 48 = GesR 2009, 86, 87 = MedR 2009, 49, 50; S/Pa,
12. Aufl., Rz. 563, 564; L/K/L-Katzenmeier, Kap. IX Rz. 65: wenn die Angehörigen nachweisen, dass es „nachwirkenden Persönlichkeitsbelangen" des Verstorbenen dient; Spickhoff, NJW 2005, 1982, 1984: auch wenn Erbkrankheiten abgeklärt werden sollen).

E 33   Der BGH neigte bereits bislang dazu, auch den nächsten Angehörigen des Verstorbenen (§§ 77 II, 194 II 2, 202 II 1 StGB) unabhängig von der Erbenstellung
ein Einsichtsrecht zu geben, wenn sie nachweisen, dass es nachwirkenden Persönlichkeitsbelangen des Verstorbenen dient, etwa der Verwirklichung eines
Strafanspruchs (BGH, NJW 1983, 2627; S/Pa, 12. Aufl., Rz. 564).

E 34   Regelmäßig ist **anzunehmen, dass sich der Verstorbene dem Anliegen, Verfolgung von Behandlungs- oder Aufklärungsfehlern, nicht verschlossen haben
würde** (OLG München, Urt. v. 9. 10. 2008 – 1 U 2500/08, juris, Nr. 46, 49 =
GesR 2009, 86, 87; OLG München, Beschl. v. 19. 9. 2011 – 1 W 1320/11, GesR
2011, 674, 675/676 = MDR 2011, 1496; OLG München, Urt. v. 9. 11. 2006 –
1 U 2742/06, OLGR 2007, 158, 159: mutmaßlicher Wille spricht i. d. R. für
einen Verzicht auf die weitere Geheimhaltung; F/N/W, 5. Aufl. 2013, Rz. 155;
Kern, MedR 2006, 205, 207; Spickhoff, NJW 2005, 1982, 1984; Fellner, MDR
2011, 1452, 1453; auch G/G, 6. Aufl. 2009, Rz. E 31 und L/K-Schlund, § 56
Rz. 12, 13).

Es ist davon auszugehen, dass ein Patient, der durch einen (vermuteten) Behand-   E 34a
lungsfehler gesundheitlich beeinträchtigt worden ist, ein Interesse daran hat,
dass die **auf die Erben oder Sozialversicherungsträger übergegangenen Ansprüche**
ausgeglichen werden und beim Übergang der Ansprüche auf Sozialversicherungsträger nicht zu Lasten der Solidargemeinschaft der Versicherten gehen.
Dem Arzt steht in solchen Fällen auch **kein Zeugnisverweigerungsrecht aus
§ 385 II ZPO** zu (OLG München, Beschl. v. 19. 9. 2011 – 1 W 1320/11, GesR
2011, 674, 675/676; auch BGH, Urt. v. 26. 2. 2013 = VI ZR 359/11, GesR 2013,
343 = MDR 2013, 653, Nr. 8, 12).

Allerdings kann und muss ein Arzt auch nahen Angehörigen die **Kenntnis-**   E 35
nahme von Krankenunterlagen verweigern, soweit er sich bei gewissenhafter
Prüfung seiner gegenüber dem Verstorbenen fortwirkenden Verschwiegenheitspflicht an der Preisgabe gehindert sieht. Der Arzt muss aber darlegen (vgl. jetzt
§ 630g III 3 BGB: „soweit der ausdrückliche oder mutmaßliche Wille entgegensteht"), aus welchen Gründen er sich durch die fortbestehende Schweigepflicht
an der Offenlegung der Unterlagen gehindert sieht; **er muss seine Weigerung
auf konkrete oder mutmaßliche Belange des Verstorbenen stützen** (OLG München, Urt. v. 9. 10. 2008 – 1 U 2500/08, juris, Nr. 46, 48 = GesR 2009, 86, 87 =
MedR 2009, 49, 50; OLG München, Urt. v. 9. 11. 2006 – 1 U 2742/06, OLGR
2007, 158, 159 und Kern, MedR 2006, 205, 206: dem Arzt verbleibt ein Entscheidungsspielraum; Fellner, MDR 2011, 1452, 1453; S/Pa, 12. Aufl., Rz. 563: **entgegenstehender Patientenwille muss in den Grundzügen dargelegt werden**;
L/K-Schlund, § 56 Rz. 12: entgegenstehender Wille vom Arzt nachzuweisen;
F/N/W, 5. Aufl., Rz. 155: gem. § 630 III 3 BGB kann ein entgegenstehender
Wille nur noch in Ausnahmefällen angenommen werden).

Dies bedeutet, dass eine Verweigerung nur dann angenommen werden sollte,   E 36
wenn das **Ansehen des verstorbenen Patienten** durch eine wahrheitsgemäße
Aussage des Arztes bzw. Offenbarung der Behandlungsunterlagen **beschädigt
werden könnte** (Fellner, MDR 2011, 1452, 1453; vgl. auch L/K/L-Katzenmeier,
Kap. IX Rz. 65 und OLG München, Beschl. v. 9. 10. 2011 – 1 W 1320/11, GesR
2011, 674, 676: wenn der Verstorbene die Offenlegung der Unterlagen mutmaßlich missbilligt hätte).

Macht ein Erbe nach dem Tod des Patienten gegen einen Arzt Schadensersatz-   E 36a
ansprüche wegen behaupteter fehlerhafter Behandlung geltend und bietet er
zum Beweis des Gesundheitszustandes des Verstorbenen die Kranken- oder Pfle-
geunterlagen eines Krankenhauses oder Pflegeheims an, so kann das Gericht
nicht allein deswegen die Anordnung der Urkundenvorlage nach § 142 I ZPO ablehnen, weil sich der Träger gegenüber dem Erben auf seine Verschwiegenheitspflicht berufen hat (OLG München, Urt. v. 9. 11. 2006 – 1 U 2742/06, OLGR
2007, 158, 159).

VI. Prozessuales Einsichtsrecht

E 37 Das prozessuale Einsichtsrecht des Patienten ergibt sich im Prozess aus der allgemeinen Pflicht zur Mitwirkung bei der Sachverhaltsaufklärung. Die materiellrechtliche Pflicht zur Vorlage der Krankenunterlagen resultiert daher aus § 422 ZPO. Zudem kann der Patient seinen Anspruch auf Einsichtnahme in die Behandlungsunterlagen aus § 630g BGB gegenüber dem beklagten Arzt oder Krankenhaus auch während des laufenden Prozesses geltend machen.

E 38 Der Grundsatz der „**Waffengleichheit**" und die nunmehr aus § 139 I, II ZPO herrührende, gesteigerte Aufklärungs- und Hinweispflicht verpflichtet das Gericht sogar, die **Krankenunterlagen von Amts wegen beizuziehen** (§§ 142 I, II, 273 Nr. 1, Nr. 2 ZPO), wenn dies – wie regelmäßig – erforderlich ist, um eine möglichst vollständige Aufklärung des Sachverhalts herbeizuführen und ein Sachverständigengutachten einzuholen (BGH, VersR 1980, 533; OLG Düsseldorf, MDR 1984, 1033 = VersR 1985, 458; OLG Hamm, Urt. v. 23. 5. 2005 – 3 U 362/04, AHRS III, 6180/322; OLG Karlsruhe, Urt. v. 2. 8. 2006 – 7 U 10/06, AHRS III, 6180/324; OLG München, Urt. v. 9. 11. 2006 – 1 U 2742/06, OLGR 2007, 158, 159; OLG Saarbrücken, Urt. v. 30. 4. 2003 – 1 U 682/02–161, MDR 2003, 1250; OLG Oldenburg, NJW-RR 1997, 535; OLG Saarbrücken, Urt. v. 9. 6. 2004 – 1 U 500/03–127, AHRS III, 6180/320; OLG Stuttgart, VersR 1991, 229; F/N/W, 5. Aufl., Rz. 270; G/G, 6. Aufl., Rz. E 3, E 4; Schneider, MDR 2004, 1 ff.; Gehrlein, RiBGH, VersR 2004, 1488, 1498; L/K-Schlund, § 56 Rz. 8).

Das Gericht kann auch **den von ihm bestellten Sachverständigen zur Beiziehung der Krankenunterlagen beauftragen** (OLG Köln, VersR 1987, 164; F/N/W a. a. O.; vgl. hierzu auch → *Sachverständigenbeweis*, Rz. S 1 ff.).

E 39 Gem. § 142 I 1 ZPO kann auch die **Vorlage von Urkunden, die sich im Besitz eines Dritten**, etwa eines außerhalb des Rechtsstreits stehenden Arztes oder Krankenhauses, **befinden**, verlangt werden (OLG Saarbrücken, Urt. v. 30. 4. 2003 – 1 U 682/02–161, MDR 2003, 1250 = OLGR 2003, 252, 253; OLG München, Urt. v. 9. 11. 2006 – 1 U 2742/06, OLGR 2007, 158, 159). Voraussetzung einer Anordnung auf Urkundenvorlegung nach § 142 I ZPO ist, dass sich eine **Partei oder ein Streithelfer auf die Urkunde beruft** (Greger, NJW 2002, 3050 und, NJW 2002, 1477; Musielak-Stadler, 10. Aufl., § 142 ZPO Rz. 3, 4; Zöller/Greger, 30. Aufl., § 142 ZPO Rz. 6, 11) und ein **schlüssiger Vortrag zur Prozessrelevanz einer identifizierbaren Urkunde** erfolgt (BGH, NJW 2007, 2989, 2992; Zöller/Greger, 30. Aufl., § 142 ZPO Rz. 6, 7). Die Anordnung steht im **richterlichen Ermessen**, bei dessen Ausübung auch berechtigte Belange des Geheimnis- oder Persönlichkeitsschutzes eines Dritten zu berücksichtigen sind (Zöller/Greger, 30. Aufl., § 142 ZPO Rz. 8: ein Zeugnisverweigerungsrecht Dritter muss in der Anordnung aus § 142 I, II ZPO noch nicht berücksichtigt werden; a. A. insoweit Musielak-Stadler, 10. Aufl. 2013, § 142 ZPO Rz. 7, 8).

E 40 Der Patient **kann sich aber nicht darauf verlassen, dass das Gericht ohne ausdrücklichen Antrag auch die Krankenunterlagen nicht am Prozess beteiligter Dritter beizieht** (OLG Karlsruhe, GesR 2002, 70, 71; G/G, 6. Aufl., Rz. E 4 a. E.).

Das Gericht ist auch nicht verpflichtet, die Krankenunterlagen nach – oder vorbehandelnder Ärzte beizuziehen, wenn sich aus dem Prozessstoff keine Anhaltspunkte dafür ergeben, dass hierin **entscheidungserhebliche Informationen** zu finden sein könnten (OLG Naumburg, Urt. v. 18. 7. 2006 – 1 U 29/05 mit NZB BGH v. 8. 5. 2007 – VI ZR 188/06, AHRS III, 6180/323).

Dritte sind zur Vorlage der Urkunde nicht verpflichtet, soweit sie zur Zeugnisverweigerung gem. §§ 383–385 ZPO berechtigt sind oder ihnen die Vorlage aus anderen Gründen, etwa dem damit verbundenen erheblichen Aufwand, einer massiven Störung der eigenen Geschäftsabläufe, der Verletzung der Privatsphäre, nicht zugemutet werden kann (Musielak-Stadler, 10. Aufl., § 142 ZPO Rz. 8; Schneider, MDR 2004, 1, 2; Zöller/Greger, 30. Aufl., § 142 ZPO Rz. 12, 13). Grundsätzlich kann eine gem. § 142 ZPO als Dritte auf Vorlage von Unterlagen in Anspruch genommene juristische oder natürliche Person die Herausgabe verweigern, wenn ihr dadurch **ein eigener vermögensrechtlicher Schaden entstehen würde** (§ 142 II 1 ZPO i.V.m. § 384 Nr. 1 ZPO). Hierfür genügt es, dass die Durchsetzung von Ansprüchen einer Prozesspartei gegen sie auch nur erleichtert werden könnte (BGH, Beschl. v. 26. 10. 2006 – III ZB 2/06, NJW 2007, 155, 156). **E 41**

Jedoch begründet die Befürchtung, dass die nach § 142 I ZPO vorzulegenden Unterlagen in einem weiteren Verfahren gegen den Vorlegenden verwendet werden können, jedenfalls dann keine Unzumutbarkeit der Vorlage, **wenn der Vorlegende gegenüber der Partei, die sich auf die Vorlage der Unterlagen bezogen hat, materiell-rechtlich zur Gewährung von Einsicht verpflichtet ist** (OLG Stuttgart, Urt. v. 13. 11. 2006 – 6 U 165/06, NJW-RR 2007, 250; Musielak-Stadler, § 142 ZPO Rz. 8 Fn. 61). **E 42**

Nach Auffassung mehrerer Oberlandesgerichte sind **beigezogene Krankenakten regelmäßig nicht im Original an die Prozessbevollmächtigten der Parteien zu versenden; vielmehr bestehe in zumutbarer Weise Gelegenheit, die Krankenunterlagen auf der Geschäftsstelle einzusehen und dort ggf. Kopien zu fertigen** (OLG Hamm, Beschl. v. 9. 10. 2012 – I-1 W 56/12, juris, Nr. 8; OLG Hamm, Beschl. v. 30. 8. 2006 – 3 W 38/06, GesR 2006, 569; OLG Koblenz, Beschl. v. 8. 9. 2011 – 5 U 250/11 bei OLG Hamm, a.a.O.; LG Essen, Beschl. v. 4. 4. 2012 – 1 O 127/09, GesR 2012, 574: Einsichtnahme nur auf der Geschäftsstelle des Gerichts möglich; Spickhoff, NJW 2007, 1628, 1635; L/K/L-Katzenmeier, Kap. IX Rz. 62). Zur Begründung wird aussgeführt, dass von den Parteien oder Dritten (§ 142 I ZPO) eingereichte Unterlagen **nicht Bestandteil der eigentlichen Prozessakte** sind und deshalb der Regelung des § 299 I ZPO nicht unterliegen (OLG Hamm, Beschl. v. 9. 10. 2012 – I- W 56/12, juris, Nr. 8). **E 43**

Nach anderer, u.E. zutreffender Ansicht sind die von den Parteien nach § 134 ZPO oder von Dritten nach § 142 I ZPO eingereichten Original-Urkunden (Behandlungsunterlagen u.a.) zwar nicht Teil der Gerichtsakte. Ein Anspruch auf Akteneinsicht bzw. auf die Erteilung von Abschriften folgt deshalb nicht unmittelbar aus § 299 ZPO. **Bei Urkunden, die vom Gericht unmittelbar gemäß § 142 ZPO bei Dritten angefordert wurden (Behandlungsunterlagen u.a.), ergibt sich** **E 44**

ein Anspruch auf die Anfertigung von Fotokopien aber aus §§ 131, 133 ZPO sowie aus einer analogen Anwendung des § 299 ZPO. Die Versendung der von den
Parteien bzw. von Dritten eingereichten (Behandlungs-)Unterlagen kann an den
Prozessbevollmächtigten der Gegenseite erfolgen, wenn die **Akten entbehrlich
und der Empfänger vertrauenswürdig ist**. Das Gericht muss, bevor es die Unterlagen von Dritten (Behandlungsunterlagen von Nachbehandlern o. a.) an den Prozessbevollmächtigten einer Partei übersendet, bei der Gegenseite anfragen, ob
diese einer Versendung zustimmt (OLG Karlsruhe, Beschl. v. 19. 9. 2012 – 13
W 90/12, GesR 2013, 50, 52; auch Musielak-Huber, 10. Aufl., § 299 ZPO Rz. 6b:
der Vorsitzende sollte von seinem Ermessen großzügig Gebrauch machen; weitergehend L/K-Schlund, § 56 Rz. 9: beigezogene Krankenakten sind **Teil der Prozessakte**; vgl. auch L/K/L-Katzenmeier, Kap. IX Rz. 62: Problem des Art. 103 I
GG).

E 45 Der **Streitwert für den Herausgabeanspruch ist üblicherweise zwischen 10 % und
25 % des Hauptsachestreitwerts anzusetzen** (OLG München, Beschl. v.
2. 3. 2012 – 1 W 357/12, MDR 2012, 869: 10–25 %, im entschiedenen Fall 27,5 %
nicht beanstandet; OLG Saarbrücken, Beschl. v. 8. 1. 2007 – 1 W 301/06, MedR
2007, 164: 25 %; LG Essen, Beschl. v. 19. 6. 2008 – 1 O 74/06 und OLG Hamm,
Beschl. v. 22. 9. 2008 – I-3 W 28/08 bei Cramer, MedR 2009, 602: 20 %; R/L-Rat-
zel, § 25 Rz. 8: 25 %).

VII. Befugnis der Krankenkassen zur Einsichtnahme in Patienten-
unterlagen

E 46 Liegt eine Einwilligung des Heimbewohners oder seines gesetzlichen Betreuers
vor – gleiches würde auch für einen Patienten eines Krankenhauses gelten –
oder ist zumindest von seinem vermuteten Einverständnis aufzugehen, kann
dem **Krankenversicherer aus übergegangenem Recht gemäß § 116 I SGB X in
Verbindung mit §§ 401, 412 BGB analog ein Anspruch auf Herausgabe von Kopien der Pflege- bzw. Behandlungsdokumentation gegen Kostenerstattung zustehen** (BGH, Urt. v. 26. 2. 2013 – VI ZR 359/11, MDR 2013, 653 = GesR 2013, 343
= VersR 2013, 648, Nr. 8, 13; BGH, Urt. v. 23. 3. 2010 – VI ZR 249/08, MDR
2010, 692 = GesR 2010, 315 = VersR 2010, 969, Nr. 15–18; BGH, Urt. v.
23. 3. 2010 – VI ZR 327/08, MDR 2010, 692 = VersR 2010, 971, Nr. 14–18 mit
kritischer Anmerkung Pregartbauer, VersR 2010, 974; B/P/S-Alberts/Human,
§ 810 BGB Rz. 13: Anspruch auf Herausgabe von Kopien der Pflege- bzw. Behandlungsdokumentation gegen Kostenerstattung).

E 47 Es ist auch davon auszugehen, dass ein Patient, der durch (vermutliche) Behandlungsfehler gesundheitlich beeinträchtigt worden ist, ein Interesse daran hat,
dass die auf die Erben oder den Sozialversicherungsträger übergegangenen Ansprüche ausgeglichen werden (OLG München, Beschl. v. 19. 9. 2011 – 1 W
1320/11, MDR 2011, 1496 = GesR 2011, 674, 675/676; auch BGH, Urt. v.
26. 2. 2013 – VI ZR 359/11, GesR 2013, 343, Nr. 12, 13; Fellner, MDR 2011,
1452, 1543; B/P/S-Alberts/Human, § 810 BGB Rz. 13, S. 366).

Auch in der sozialgerichtlichen Rspr. wird ein **Recht der Krankenkassen, die aus**   E 48
übergegangenem Recht Ansprüche geltend machen bzw. gelten machen wollen,
zur Einsichtnahme in die Patientenunterlagen überwiegend bejaht (SG Dortmund, Urt. v. 15. 3. 2001 – S 41 KR 176/99; SG Gelsenkirchen, Urt. v.
30. 9. 1999 – S 17 KR 47/98; SG Speyer, Urt. v. 10. 4. 2000 – S 3 K 181/98; SG
Wiesbaden, Urt. v. 3. 9. 2001 – S 12 KR 1325/00; jeweils bei Meschke/Dahm,
MedR 2002, 346, 347). Der Anspruch der Krankenkassen auf Einsichtnahme
folge aus dem allgemeinen System der Ausgestaltung der Beziehungen zwischen
den Krankenkassen und den Krankenhäusern als Leistungserbringern und werde
durch die §§ 275, 276 SGB V bestätigt (SG Speyer, a. a. O.; bestätigt von LSG
Rheinland-Pfalz, Urt. v. 1. 3. 2001 – L 5 KR 55/00 bei Meschke-Dahm, MedR
2002, 346, 348). Danach darf die Krankenkasse unter Wahrung gesetzlicher, insbesondere datenschutzrechtlicher Bestimmungen Einsicht in die Krankenunterlagen nehmen, um über die Weiterleitung an den MDK zu entscheiden (ebenso
Zeu/Riehm, VersR 2007, 467, 468).

Einstweilen frei.   E 49

Einzelrichter

Problematisch ist, ob die Übertragung eines vor dem Landgericht anhängigen   E 50
Arzthaftungsrechtsstreits dem Einzelrichter übertragen werden kann. Darf die
Entscheidung und Beweiserhebung im Arzthaftungsprozess aufgrund der i. d. R.
besonders schwierigen und verantwortungsvollen Aufgabe der Tatsachenfeststellung, der Beweiswürdigung und der Rechtsanwendung **grundsätzlich nicht**
durch den Einzelrichter erfolgen. Nicht nur bei einer geschäftsverteilungsplan-
mäßigen Zuweisung (§ 348 I Nr. 1e ZPO) an eine Spezialkammer **haben Ent-**
scheidungen in Arzthaftungssachen daher durch das voll besetzte Kollegium
(Kammer bzw. Senat) zu erfolgen (OLG Brandenburg, Urt. v. 17. 7. 2008 – 12 U
221/07, juris, Nr. 10; OLG Karlsruhe, Beschl. v. 24. 6. 2005 – 7 W 28/05,
NJW-RR 2006, 205, 206 = MDR 2006, 332; G/G, 6. Aufl., Rz. E 35: es ist regelmäßig verfehlt, Arzthaftungssachen dem Einzelrichter zu übertragen; S/Pa,
12. Aufl. 2013, Rz. 779, 780: besondere Schwierigkeiten i. d. R. gegeben; F/N/W,
5. Aufl., Rz. 267: Übertragung auf den Einzelrichter in den allermeisten Fällen
nicht sachgerecht; Musielak-Wittschier, 10. Aufl. 2013, § 348a ZPO Rz. 8: besondere Schwierigkeiten i. S. d. § 348 I Nr. 1 ZPO liegen bei Arzthaftungssachen
regelmäßig vor; a. A. Gehrlein, VersR 2002, 935, 936 und ZfS 2002, 53).

Gemäß §§ 512, 557 II ZPO unterliegen Entscheidungen, die nach ZPO unan-   E 51
fechtbar oder nur mit der Beschwerde anfechtbar sind, nicht der Beurteilung
des Berufungs- bzw. Revisionsgerichts. Darüber hinaus bestimmt § 348a III
ZPO, dass auf eine erfolgte oder unterlassene Übertragung, Vorlage oder Rücknahme ein Rechtsmittel nicht gestützt werden kann. Somit **gilt die Unanfecht-**
barkeit von Übertragung, Vorlage und Übernahme auch im Berufungs- und Revi-
sionsverfahren (Musielak-Wittschier, 10. Aufl. 2013, § 348a Rz. 23; auch Müko/

Deubner, § 348 ZPO Rz. 61 ff., a. A. Zöller/Greger, 30. Aufl., § 348 Rz. 23 und § 348a Rz. 12). **Mit der Berufung oder Revision kann nach h. M. insbesondere nicht gerügt werden, dass die Sache der Kammer vorgelegt bzw. von der Kammer hätte übernommen werden müssen** (Wittschier, a. a. O.). Das Berufungs- oder Revisionsgericht darf sich seit dem 1. 1. 2002 auch nicht mehr mit Verstößen gegen § 348a ZPO befassen, wenn die **Zivilkammer entschieden hat, obwohl sie die Sache auf Einzelrichter übertragen hatte, oder wenn der Einzelrichter tätig geworden ist, ohne dass der Rechtsstreit zuvor auf ihn übertragen wurde** (Wittschier, a. a. O.; a. A. Zöller/Greger, a. a. O.). Auch nach Auffassung des Gesetzgebers wird die verfassungsrechtliche Garantie des gesetzlichen Richters durch die Neuregelung ab dem 1. 1. 2002 nicht verletzt, da Art. 101 I 2 GG nur jedermann seinen gesetzlichen Richter sichert, nicht aber verlangt, den Streit darüber in mehreren Instanzen austragen zu können. Eine **Ausnahme gilt danach nur für die seltenen Fälle, in denen die erste Instanz ihre Zuständigkeit in willkürlicher Weise angenommen hat** (Musielak-Wittschier, 13. Aufl. 2010, § 348a Rz. 22 mit Hinweis auf BT-Drs. 14/3750, S. 65/66, 78, 84 und BT-Drucks. 14/4722, S. 94, 106, 113; ebenso Müko-Deubner a. a. O.); a. A. Zöller/Greger, 30. Aufl., § 348 ZPO Rz. 23 und § 348a ZPO Rz. 12).

E 52   Der BGH (Urt. v. 14. 5. 2013 – IV ZR 325/11, GesR 2013, 405, Nr. 14, 15) hat sich der h. M. angeschlossen. Alleine der Umstand, dass nach der Rspr. des BGH Arzthaftungssachen **grundsätzlich vor der Kammer bzw. vom Senat zu verhandeln** sind, reicht bei fehlender Spezialzuständigkeit im Geschäftsverteilungsplan (§ 348 I Nr. 2e ZPO) **für die Annahme eines Verstoßes gegen Art. 101 I 2 GG nicht aus.**

E 53   Etwas anderes gilt aber z. B. dann, wenn der Einzelrichter die **grundsätzliche Bedeutung der Rechtssache bejaht** und dennoch selbst entschieden hatte (BGH a. a. O.: Verstoß gegen Art. 101 I 2 GG).

E 54   Im Berufungsrechtszug ist gem. § 526 I ZPO eine Übertragung der Entscheidung auf den Einzelrichter – auch ohne Zustimmung der Parteien – dann möglich, wenn die Angelegenheit auch im ersten Rechtszug vom Einzelrichter entschieden wurde und wenn sie keine besonderen Schwierigkeiten tatsächlicher oder rechtlicher Art aufweist; diese Voraussetzungen sind in Arzthaftungssachen aber meist nicht erfüllt (S/Pa, 12. Aufl., Rz. 780).

Auch auf die Übertragung der Rechtssache auf den Einzelrichter oder deren Unterlassung kann aber die Revision gem. § 526 III ZPO nicht gestützt werden (Zöller/Heßler, 30. Aufl. 2014, § 526 ZPO Rz. 12). Auch hier gilt eine Ausnahme, wenn das Berufungsgericht den **Rechtsstreit willkürlich auf den Einzelrichter übertragen** hat (Zöller/Heßler, § 526 ZPO Rz. 12; insoweit weitergehend Musielak-Ball, 10. Aufl., § 526 ZPO Rz. 9: wenn das Berufungsgericht nicht in der vorgeschriebenen Besetzung entschieden hat; Musielak-Ball, § 547 ZPO Rz. 3: die Besetzungsrüge kann auch darauf gestützt werden, dass das Berufungsgericht durch den hierzu nicht befugten Einzelrichter entschieden hat).

Feststellungsinteresse

I. Möglichkeit eines Schadenseintritts

Eine Klage auf Feststellung des Bestehens oder Nichtbestehens eines Rechtsver-   F 1
hältnisses ist – bei Vorliegen der übrigen Prozessvoraussetzungen – zulässig,
wenn es dem Kläger nicht möglich oder nicht zumutbar ist, eine Leistungsklage
zu erheben und er ein **rechtliches Interesse an der – alsbaldigen – Feststellung**
hat (vgl. B/L/A/H-Hartmann, 71. Aufl. 2013, § 256 ZPO Rz. 33, 35, 37, 53 ff.,
77; Musielak-Foerste, 10. Aufl. 2013, § 256 ZPO Rz. 8 ff., 14; Zöller/Greger,
30. Aufl., § 256 ZPO Rz. 7, 7a, 8).

Ein **rechtliches Interesse an einer alsbaldigen Feststellung** des Bestehens oder   F 2
Nichtbestehens eines Rechtsverhältnisses ist gegeben, wenn dem Recht oder
der Rechtslage des Klägers eine **gegenwärtige Gefahr oder Unsicherheit droht**
und wenn das erstrebte Feststellungsurteil geeignet ist, diese Gefahr zu beseitigen (BGH, Urt. v. 25. 2. 2010 – VII ZR 187/08, NJW-RR 2010, 750, 751, Nr. 13;
BGH, NJW-RR 2008, 1495, 1496; Zöller/Greger, 30. Aufl., § 256 ZPO Rz. 7).

Wird die Feststellung der Pflicht zum Ersatz künftigen Schadens aus einer bereits   F 3
eingetretenen Rechtsgutverletzung – insbesondere eines Körper- oder Gesundheitsschadens – beantragt, so **reicht für das Feststellungsinteresse die Möglichkeit eines Schadenseintritts aus**, die nur verneint werden darf, wenn aus der Sicht
des Klägers bei verständiger Würdigung kein Grund besteht, **mit dem Eintritt eines Schadens nicht wenigstens zu rechnen** (BGH, Besch. v. 9. 1. 2007 – VI ZR
133/06, NJW-RR 2007, 601, 602 = MDR 2007, 792 = VersR 2007, 708, 709; BGH,
MDR 2001, 448 = NJW 2001, 1431; BGH, Urt. v. 25. 2. 2010 – VII ZR 187/08,
NJW-RR 2010, 750, Nr. 12: offen gelassen, ob die **Möglichkeit eines Schadenseintritts** ausreicht oder eine **gewisse Wahrscheinlichkeit** gegeben sein muss; OLG
Düsseldorf, Urt. v. 21. 7. 2005 – I-8 U 33/05, VersR 2006, 841, 842 = MedR 2006,
537, 540; OLG München, Urt. v. 4. 2. 2010 – 1 U 4650/08, MedR 2010, 645, 648:
**die Möglichkeit eines zukünftigen Schadeneintritts genügt, wenn Folgeschäden
aus der Verletzung eines absoluten Rechtsguts geltend gemacht werden**;
Zöller/Greger, 30. Aufl., § 256 ZPO Rz. 9: auf die Wahrscheinlichkeit weiterer
Schäden kommt es nicht an; Musielak-Foerste, 10. Aufl. 2013, § 256 ZPO Rz. 29:
wenn weitere Schäden wenigstens entfernt möglich sind; B/L/A/H-Hartmann,
71. Aufl., § 256 ZPO Rz. 37: **es genügt, dass spätere Schadensfolgen ernsthaft in
Betracht kommen können**, hohe Wahrscheinlichkeit nicht erforderlich).

Eine solche Feststellungsklage ist jedenfalls dann begründet, wenn die sachli-   F 4
chen und rechtlichen Voraussetzungen des Schadensersatzanspruchs vorliegen,
also insbesondere ein haftungsrechtlich relevanter Eingriff gegeben ist, der zu
den für die Zukunft befürchteten Schäden führen kann; dies ist der Fall, wenn
die **Entstehung** eines materiellen oder immateriellen **Folgeschadens nach der**

Lebenserfahrung wahrscheinlich ist (BGH, NJW-RR 2007, 601, 602 = VersR 2007, 708, 709 = MDR 2007, 792; BGH, Urt. v. 25. 2. 2010 – VII ZR 187/08, NJW-RR 2010, 750, Nr. 12: offen gelassen, ob die **Möglichkeit eines Schadenseintritts** ausreicht oder eine **gewisse Wahrscheinlichkeit** gegeben sein muss).

F 5 Auch wenn es noch nicht zu einer Rechtsgutverletzung gekommen ist, ist das erforderliche **Feststellungsinteresse** bereits dann gegeben, wenn die **Entstehung eines Schadens – sei es auch nur entfernt – möglich, aber noch nicht vollständig gewiss ist und der Schaden daher noch nicht abschließend beziffert werden kann** (BGH, Urt. v. 8. 7. 2003 – VI ZR 304/02, NJW 2003, 2827 = VersR 2003, 1256, 1257; BGH, NJW 1991, 2707, 2708 = VersR 1991, 788, 789; OLG Brandenburg, Urt. v. 8. 4. 2003 – 1 U 26/00, VersR 2004, 1050, 1051 = NJW-RR 2003, 1383, 1384; OLG Düsseldorf, Urt. v. 21. 7. 2005 – I-8 U 33/05, VersR 2006, 841, 842 = MedR 2006, 537, 540; OLG Dresden, Urt. v. 28. 2. 2002 – 4 U 2811/00, VersR 2003, 1257, 1258; OLG Koblenz, Urt. v. 2. 3. 2006 – 5 U 1052/04, VersR 2006, 978, 979; OLG Zweibrücken, Urt. v. 23. 11. 2004 – 5 U 11/03, GesR 2005, 121; Zöller/Greger, 30. Aufl., § 256 ZPO Rz. 7a, 9; Musielak-Foerste, 10. Aufl., § 256 ZPO Rz. 10, 29; B/L/A/H-Hartmann, 71. Aufl., § 256 ZPO Rz. 37, 84: **Übergang zur Leistungsklage nur dann erforderlich, wenn die Schadensentwicklung bereits im ersten Rechtszug vollständig abgeschlossen ist**).

F 6 Dass ein Anspruch teilweise bezifferbar ist oder nach Einreichung der Feststellungsklage wird, macht eine diesen Teil umfassende, insgesamt weitergreifende Feststellungsklage nicht unzulässig. **Eine zulässig erhobene Feststellungsklage wird auch nicht dadurch (teilweise) unzulässig, dass im Laufe des Rechtsstreits eine Teilbezifferung möglich erscheint** (OLG Koblenz, Urt. v. 18. 12. 2008 – 5 U 546/08, MedR 2010, 507, 508 im Anschluss an BGH, NJW 1984, 1552, 1554; Zöller/Greger, 30. Aufl., § 256 ZPO Rz. 7a: wenn sich der Schaden zum Zeitpunkt der Klageerhebung noch in der Fortentwicklung findet; Musielak-Foerste, 10. Aufl. 2013, § 256 ZPO Rz. 29: **wenn Gesamtentwicklung noch unabsehbar ist**; B/L/A/H-Hartmann, 71. Aufl., § 256 ZPO Rz. 37, 84).

F 7 Ist also ein Teil des Schadens bei Klageerhebung schon entstanden, die Entstehung eines weiteren Schadens, etwa des Verdienstausfalls oder des Haushaltführungsschadens, aber mit gewisser, keinesfalls überwiegender Wahrscheinlichkeit noch zu erwarten, ist der **Geschädigte nicht gehalten, seine Klage in eine Leistungs- und Feststellungsklage aufzuspalten** (BGH, Urt. v. 8. 7. 2003 – VI ZR 304/02, NJW 2003, 2827; BGH, NJW 2006, 439, 440; OLG Düsseldorf, Urt. v. 21. 7. 2005 – I-8 U 33/05, VersR 2006, 841, 842; OLG Koblenz, Urt. v. 18. 12. 2008 – 5 U 546/08, MedR 2010, 507, 508).

F 8 Die Möglichkeit einer **Klage auf künftige Leistung gem. §§ 257, 258, 259 ZPO** steht dem Feststellungsinteresse und damit der Zulässigkeit einer Feststellungsklage ebenso wenig entgegen wie die Möglichkeit, von einer zulässigen Feststellungsklage zur Leistungsklage überzugehen, wenn dem Anspruchsteller **im Verlauf des Prozesses die Bezifferung einzelner Schadenspositionen bzw. teilweise fälliger Ansprüche möglich** wäre (BGH, NJW-RR 1990, 1532 zu §§ 257, 259 ZPO; BGH, NJW-RR 2004, 586 und NJW 1986, 2507: **Kläger hat die Wahl zwischen § 259 ZPO und Feststellungsklage**; OLG Brandenburg, Urt. v. 8. 4. 2003 – 1 U 26/00, VersR 2004, 1050, 1051 = NJW-RR 2003, 1383, 1384 und, VersR

2001, 1241, 1242; OLG Dresden, Urt. v. 28. 2. 2002 – 4 U 2811/00, VersR 2003, 1257, 1258; OLG Zweibrücken, Urt. v. 23. 11. 2004 – 5 U 11/03, GesR 2005, 121 zu §§ 257, 258 259 ZPO; Musielak-Foerste, 10. Aufl., § 256 ZPO Rz. 15: Kläger hat grundsätzlich die **Wahl zwischen Feststellungsklage und Leistungsklage nach §§ 257, 258, 259 ZPO**; Zöller/Greger, 30. Aufl., § 256 ZPO Rz. 8 und B/L/A/H-Hartmann, 71. Aufl., § 259 ZPO Rz. 4, 12: Möglichkeit einer **Klage aus § 259 ZPO beseitigt Feststellungsinteresse grundsätzlich nicht**; vgl. aber Zöller/Greger, § 258 ZPO Rz. 2 und B/L/A/H-Hartmann, 71. Aufl., § 258 ZPO Rz. 6: wenn Klage auf wiederkehrende Leistung bei bestimmbarem künftigem Anspruch möglich, ist **§ 258 ZPO vorrangig**, Feststellungsklage kommt aber z. B. bei unklarer Anspruchshöhe in Betracht).

Dies gilt jedenfalls dann, wenn **ein Teil des Schadens schon entstanden** ist und mit der Entstehung eines weiteren Schadens nach dem Vortrag des Anspruchstellers noch zu rechnen ist (BGH, Urt. v. 8. 7. 2003 – VI ZR 304/02, NJW 2003, 2827; NJW 1999, 3774, 3775 = VersR 1999, 1555, 1556).

Besteht die Möglichkeit des Eintritts weiterer Verletzungsfolgen, so kann ein rechtliches Interesse an der Feststellung der Ersatzpflicht für immaterielle Zukunftsschäden auch dann gegeben sein, wenn der **Schmerzensgeldanspruch dem Grunde nach bereits für gerechtfertigt erklärt** worden ist (BGH, NJW 2001, 3414, 3415; OLG Hamm, Urt. v. 15. 3. 2006 – 3 U 131/05, VersR 2007, 1129 = GesR 2006, 517, 518; Musielak-Foerste, 10. Aufl., § 256 ZPO Rz. 29: trotz vorliegendem Grundurteil wegen vorhersehbarer Verletzungsfolgen). Das Bestehen eines Feststellungsinteresses hinsichtlich gegenwärtiger und zukünftiger Schäden ist auch zu bejahen, wenn nach dem Vortrag des klagenden Patienten aufgrund eines Behandlungs- oder Aufklärungsfehlers weiterhin ärztliche Behandlungen oder mögliche stationäre **Krankenhausaufenthalte mit ungewisser Erfolgsprognose** erforderlich werden könnten (OLG Brandenburg, Urt. v. 8. 4. 2003 – 1 U 26/00, VersR 2004, 1050, 1051). | F 9

Hinsichtlich zukünftiger immaterieller Schäden besteht wegen des Grundsatzes der Einheitlichkeit des Schmerzensgeldes allerdings **kein Feststellungsinteresse, wenn der Patient ausschließlich vorhersehbare Schädigungsfolgen geltend macht**, die von der Zubilligung des bezifferten Schmerzensgeldbetrages umfasst sind. Ist nach dem maßgeblichen Vortrag des Patientenvertreters mit dem Eintritt einer vorzeitigen Arthrose mit an Sicherheit grenzender Wahrscheinlichkeit zu rechnen, sodass diese **vorhersehbare Schadensfolge bei der Bemessung des Schmerzensgeldes bis zum Zeitpunkt der letzten mündlichen Verhandlung berücksichtigt werden kann, scheidet ein Feststellungsinteresse insoweit aus** (OLG Brandenburg, Urt. v. 8. 11. 2007 – 12 U 53/07, juris, Nr. 18). | F 10

Der im Erstprozess zusammen mit der **unbegrenzten Schmerzensgeldklage** geltend gemachte Anspruch auf Feststellung der Ersatzpflicht für weitere immaterielle Schäden (Schmerzensgeld) erfasst solche Verletzungsfolgen, die **im Zeitpunkt der letzten mündlichen Verhandlung des Erstprozesses auch für einen Fachmann (Facharzt) nicht vorhersehbar sind bzw. an die ein (fiktiv) beauftragter Sachverständiger zu diesem Zeitpunkt nicht zu denken brauchte, nicht** (OLG Karlsruhe, Beschl. v. 15. 12. 2009 – 7 U 145/08, VersR 2010, 924, 925 im Anschluss an BGH, VersR 2004, 1334, 1335). Der Geschädigte kann ein Teil- | F 11

Schmerzensgeld einklagen und sich die zukünftige Geltendmachung eines weiteren Schmerzensgeldes für die im Zeitpunkt der ersten mündlichen Verhandlung nicht vorhersehbaren Schäden bzw. Verletzungsfolgen vorbehalten (OLG Karlsruhe, a. a. O.; BGH, a. a. O.; vgl. hierzu → *Klage*, Rz. K 80 ff.).

II. Vorrang der Leistungsklage

F 12   Trotz des grundsätzlichen Vorrangs der Leistungsklage ist eine Feststellungsklage zulässig, wenn

- **unklar ist, ob ein Schaden zu erwarten** ist (BGH, NJW 1984, 1552, 1554; B/L/A/H Hartmann, 71. Aufl., § 256 ZPO Rz. 77, 83),

- der **Schaden** noch **in der Entwicklung** begriffen ist oder sich zum Zeitpunkt der Erhebung der Leistungsklage **(noch) nicht beziffern lässt** (BGH, Urt. v. 8. 7. 2003 – VI ZR 304/02, NJW 2003, 2827 = VersR 2003, 1256, 1257; BGH, NJW 1991, 2707, 2708; OLG Brandenburg, Urt. v. 8. 4. 2003 – 1 U 26/00, VersR 2004, 1050, 1051; OLG Dresden, Urt. v. 28. 2. 2002 – 4 U 2811/00, VersR 2003, 1257, 1258; OLG Koblenz, Urt. v. 18. 12. 2008 – 5 U 546/08, MedR 2010, 507, 508; Zöller/Greger, 30. Aufl., § 256 ZPO Rz. 7a),

- der **Anspruch nur teilweise bezifferbar** ist (BGH, Urt. v. 8. 7. 2003 – VI ZR 304/02, NJW 2003, 2827; BGH, NJW 1984, 1552, 1554; auch BGH, Urt. v. 25. 2. 2010 – VII ZR 187/08, NJW-RR 2010, 750, Nr. 15: **Schadenshöhe steht noch nicht fest**; OLG Brandenburg, Urt. v. 8. 4. 2003 – 1 U 26/00, VersR 2004, 1050, 1051; OLG Düsseldorf, Urt. v. 21. 7. 2005 – I-8 U 33/05, VersR 2006, 841, 842; OLG Dresden, Urt. v. 28. 2. 2002 – 4 U 2811/00, VersR 2003, 1257, 1258; OLG Koblenz, Urt. v. 2. 3. 2006 – 5 U 1052/04, VersR 2006, 978: Schäden nur teilweise eingetreten; OLG Zweibrücken, Urt. v. 23. 11. 2004 – 5 U 11/03, GesR 2005, 121; Zöller/Greger, 30. Aufl., § 256 ZPO Rz. 7a, 8; Musielak-Foerste, 10. Aufl. 2013, § 256 ZPO Rz. 14, 29: Feststellungsinteresse insgesamt bejaht), jedenfalls **bei einem erst teilweise bezifferbaren Betrag wegen des restlichen Schadens** (OLG Naumburg, NJW-RR 2001, 304; B/L/A/H-Hartmann, 71. Aufl., § 256 ZPO Rz. 77, 83),

- eine **Klage aus §§ 257, 258, 259 ZPO möglich** ist (s. o. Rz. F 8; für § 258 ZPO streitig),

- zu erwarten ist, dass der **Beklagte** das **Feststellungsurteil respektieren** wird, etwa bei Klagen gegen öffentlich-rechtliche Körperschaften und Anstalten (BGH, NJW 1984, 1118, 1119; Musielak-Foerste § 256 ZPO Rz. 13; Zöller/Greger, § 256 ZPO Rz. 8; B/L/A/H-Hartmann, 71. Aufl. 2013, § 256 ZPO Rz. 78: nur, wenn sich die Sache mit dem Feststellungsurteil endgültig erledigt), Banken (BGH, MDR 1997, 863, 864), Versicherungen (BGH, NJW 1999, 3774, 3775; BGH, VersR 1983, 125; OLG Braunschweig, NJW-RR 1994, 1447; Musielak a. a. O.; Zöller a. a. O.; enger OLG Düsseldorf, GRUR 1995, 1302),

- **eine Feststellungsklage das Verfahren vereinfacht, beschleunigt und verbilligt und annähernd das Gleiche erreicht** (B/L/A/H-Hartmann, 71. Aufl. 2013, § 256 ZPO Rz. 82: wenn das Feststellungsurteil den Streit endgültig beilegen kann) oder wenn die Klärung der Anspruchshöhe zu aufwendig wäre (OLG Stuttgart, WM 1994, 626, 629 f.; Musielak-Foerste, § 256 ZPO Rz. 12 a. E.),

– **die Verjährung eines Anspruchs droht,** denn die unbezifferte Feststellungsklage hemmt die Verjährung (vgl. § 204 Nr. 1 BGB) wegen des ganzen Anspruchs (BGH, Urt. v. 25. 2. 2010 – VII ZR 187/08, NJW-RR 2010, 750, 751, Nr. 13, 18: **drohende Verjährung begründet Feststellungsinteresse;** Zöller/Greger, § 256 ZPO Rz. 9 m. w. N.; Musielak-Foerste, § 256 ZPO Rz. 33; B/L/A/H-Hartmann, 71. Aufl. 2013, § 256 ZPO Rz. 40, 99: zulässig auch bei befristetem, nicht dagegen bei mehrjährigem Verzicht auf die Einrede der Verjährung); eine wiederholende Feststellungsklage ist jedoch nur dann zulässig, wenn sie unerlässlich ist, um den Eintritt der Verjährung zu verhindern, was dann nicht der Fall ist, wenn der Gläubiger eines bereits rechtkräftig festgestellten Anspruchs die Möglichkeit hat, die Hemmung der Verjährung durch andere Maßnahmen i. S. d. §§ 196 ff. BGB zu unterbrechen bzw. zu hemmen (BGH, Urt. v. 7. 5. 2003 – IV ZR 121/02, MDR 2003, 1067).

Inwieweit bei einer **Krankheitskostenversicherung** auf Feststellung der Eintritts- F 13 pflicht des privaten Krankenversicherers für die Kosten einer Behandlung geklagt werden kann, wurde bislang unterschiedlich beurteilt. Der BGH hat die Zulässigkeit von Feststellungsklagen gegen private Krankenversicherer jedenfalls dann bejaht, wenn die Feststellung ein gegenwärtiges Rechtsverhältnis in dem Sinn betrifft, dass die zwischen den Parteien des Rechtsstreits bestehenden Beziehungen schon **zur Zeit der Klageerhebung wenigstens die Grundlage bestimmter Ansprüche** bilden. Das ist dann der Fall, wenn das Begehren des Versicherungsnehmers nicht nur auf künftige, mögliche, sondern auf bereits aktualisierte, ärztlich für notwendig erachtete, **bevorstehende Behandlungen** gerichtet ist und durch ein Feststellungsurteil eine sachgemäße und erschöpfende Lösung des Streits über die Erstattungspflichten zu erwarten ist (BGH, Urt. v. 8. 2. 2006 – IV ZR 131/05, VersR 2006, 535, 536 betreffend die medizinische Notwendigkeit der Heilbehandlung aufgrund eines kieferorthopädischen Heil- und Kostenplans; BGH, Urt. v. 16. 6. 2004 – IV ZR 257/03, VersR 2004, 1037 betreffend die Fortsetzung einer psychotherapeutischen Behandlung; BGH, VersR 1992, 950 betreffend zahnprothetische Behandlung; BGH, VersR 1987, 1107 betreffend weitere Behandlungszyklen einer In-Vitro-Fertilisation).

So wird die Klage auf Feststellung der Leistungspflicht einer privaten Kranken- F 14 versicherung dann für zulässig erachtet, wenn der Patient durch Vorlage des Heil- und Kostenplans darlegt bzw. vorgerichtlich bereits dargelegt hat, dass die darin vorgeschlagene Behandlung aus ärztlicher Sicht erforderlich ist und die **Behandlung** mit der vorangegangenen **ausführlichen Voruntersuchung** bereits **eingeleitet** wurde (BGH, Urt. v. 8. 2. 2006 – IV ZR 131/05, VersR 2006, 535, 536). Einem gesetzlich Versicherten steht ein Anspruch auf Erstattung der Kosten privatärztlicher Behandlung nur dann zu, wenn die gesetzliche Versorgung zur Behandlung des zugefügten Schadens nicht ausreicht oder dem Patienten aus besonderen Gründen nicht zumutbar ist (OLG Hamm, Urt. v. 15. 3. 2006 – 3 U 131/05, VersR 2007, 1129, 1130 im Anschluss an BGH, VersR 2004, 1180).

Wird der Geschädigte aufgrund eines Behandlungsfehlers (hier: fehlerhafte nach- F 15 geburtliche Behandlung) **nicht in eine private Krankenversicherung aufgenom-**

men, so umfasst der vom Schädiger zu leistende Schadensersatz auch die Verpflichtung, dem geschädigten Patienten die Mehrkosten einer privatärztlichen Behandlung zu ersetzen, wenn es i. S. d. § 287 ZPO jedenfalls überwiegend wahrscheinlich ist, dass der Geschädigte bei Vermeidung der fehlerhaften Behandlung privat zusatzversichert worden wäre. Hiervon ist etwa auszugehen, wenn die Eltern des aufgrund fehlerhafter nachgeburtlicher Versorgung geschädigten Kindes im Zeitpunkt der Geburt durchgängig mehrere Jahre lang privat zusatzversichert waren. Wegen dieser zukünftigen, zum Zeitpunkt der letzten mündlichen Verhandlung noch nicht bezifferbaren Mehrkosten besteht auch dann ein Feststellungsinteresse, wenn die **Einstandspflicht** des **Schädigers** für zukünftige materielle Schäden bereits zuvor allgemein **rechtskräftig festgestellt** worden ist (OLG Hamm, VersR 2007, 1129 = GesR 2006, 517, 518).

F 16 – F 19 Einstweilen frei.

III. Negative Feststellungsklage

F 20 „Berühmt" sich eine Partei ernsthaft eines Rechts gegen die andere Partei, etwa einer noch **weiter gehenden als der bislang geltend gemachten Forderung**, wird ein Feststellungsinteresse des Anspruchsgegners zur Erhebung einer **„negativen Feststellungsklage"**, auch als negative Feststellungs-Widerklage, bejaht (BGH, Urt. v. 4. 5. 2006 – IX ZR 189/03, NJW 2006, 2780, 2781 = MDR 2007, 104; BGH, NJW 1993, 2609 = MDR 1993, 1118; NJW 1992, 436, 437; Zöller/Greger, 30. Aufl., § 256 ZPO Rz. 14a, 15a, 18; B/L/A/H-Hartmann, 71. Aufl., § 256 ZPO Rz. 24, 32, 47). Ein „Berühmen" liegt schon vor, wenn der Gegner geltend macht, aus einem bestehenden Rechtsverhältnis könne sich unter bestimmten Voraussetzungen, deren Eintritt noch ungewiss ist, ein Ersatzanspruch ergeben; dagegen reicht die Ankündigung, unter bestimmten Voraussetzungen in eine Prüfung einzutreten, ob ein Anspruch gegen den Betroffenen besteht, nicht aus, ebenso wenig eine bloße Streitverkündung (BGH, NJW 1992, 436, 437 = MDR 1992, 297; Zöller/Greger, § 256 ZPO Rz. 14a und Musielak-Foerste, § 256 ZPO Rz. 10: Streitverkündung reicht nicht aus). Da die negative Feststellungsklage davon abhängt, in welcher Form der Gegner sich „berühmt" hat, ist die **Bezifferung des Antrages (nur) dann erforderlich, wenn auch die „Berühmung" beziffert erfolgt** (Zöller/Greger, § 256 ZPO Rz. 15a m. w. N.).

F 21 Im Rahmen der negativen Feststellungsklage muss derjenige, der sich eines bestimmten Anspruchs „berühmt" hat, Grund und Höhe etwa einer behaupteten Forderung beweisen; bleibt offen bzw. unklar, ob die streitige Forderung besteht, muss der **negativen Feststellungsklage stattgegeben** werden (BGH, NJW 1993, 1716 = MDR 1993, 1118; Zöller/Greger, § 256 ZPO Rz. 18; B/L/A/H-Hartmann, 71. Aufl. 2013, § 256 ZPO Rz. 47, 50).

F 22 Das Feststellungsinteresse muss bis zum Schluss der mündlichen Verhandlung vorliegen. Es **entfällt aber nicht schon durch eine einseitige Erklärung des Prozessgegners, er werde „keine weiteren Ansprüche geltend machen, wenn er mit seiner erhobenen Teilklage rechtskräftig unterliege"** (BGH, Urt. v. 4. 5. 2006 – IX ZR 189/03, NJW 2006, 2780, 2782).

Erhebt der Prozessgegner nach Einreichung der negativen Feststellungsklage je-   F 23
doch (auch) eine Leistungsklage, so entfällt das Feststellungsinteresse für die negative Feststellungsklage, wenn eine Entscheidung über die – zulässige – Leistungsklage gesichert ist und diese vom Prozessgegner nach Antragstellung in der
mündlichen Verhandlung **nicht mehr einseitig zurückgenommen werden kann**
(BGH, Urt. v. 21. 12. 2005 – X ZR 17/03, NJW 2006, 515, 516; BGH, NJW 1987,
2680, 2681 = MDR 1987, 558; die negative Feststellungsklage muss dann für erledigt erklärt werden). Die negative Feststellungsklage bleibt in solchen Fällen nur
dann zulässig, wenn der Feststellungsrechtsstreit entscheidungsreif oder im Wesentlichen zur Entscheidungsreife fortgeschritten ist, die einseitig nicht mehr zu-
rücknehmbare Leistungsklage dagegen noch nicht (BGH, Urt. v. 21. 12. 2005 – X
ZR 17/03, NJW 2006, 515, 516; NJW 1997, 870; NJW 1987, 2680, 2681).

Auch die auf einen Mindestbetrag gerichtete Klage, etwa auf **Zahlung eines**   F 24
Schmerzensgeldes, steht von dem Zeitpunkt an, zu dem sie nicht mehr einseitig
zurückgenommen werden kann, grundsätzlich der Zulässigkeit einer negativen
Feststellungsklage entgegen, mit der eine über den Mindestbetrag hinausgehende Feststellung dahingehend begehrt wird, dass die Forderung nicht besteht. Denn anders als bei einer Teilklage kann bei der auf einen Mindestbetrag
gerichteten Leistungsklage vom Gericht mehr als der Mindestbetrag zuerkannt
werden. Mit der Zuerkennung des Mindestbetrages oder eines übersteigenden
Betrages steht dann zugleich fest, dass dem Prozessgegner kein weiter gehender
Anspruch zusteht (BGH, Urt. v. 21. 12. 2005 – X ZR 17/03, NJW 2006, 515, 517).
Die – rechtshängige – negative Feststellungsklage muss vom Anspruchsgegner
dann zur Vermeidung von Kostennachteilen für erledigt erklärt werden (BGH,
Urt. v. 21. 12. 2005 – X ZR 17/03, NJW 2006, 515, 516; Zöller/Greger, § 256
ZPO Rz. 7d).

Wird auf eine wiederholte Teilklage wegen des auch über die neue Klageforde-   F 25
rung hinausgehenden behaupteten weiteren Anspruchs negative Feststellungs-
widerklage erhoben, **entfällt das Feststellungsinteresse** hierfür auch dann **nicht,**
wenn der Kläger eine materiell-rechtlich bindende **Verzichts- oder Beschrän-**
kungserklärung hinsichtlich seines weitergehenden Anspruchs abgibt.

Die für das Feststellungsinteresse erforderliche Ungewissheit bleibt weiterhin   F 26
bestehen, wenn sich der Kläger eines über die Klageforderung hinausgehenden
Anspruchs berühmt (BGH, Urt. v. 4. 5. 2006 – IX ZR 189/03, MDR 2007, 104).
War die negative Feststellungsklage bei Einreichung bzw. Erweiterung der Leistungsklage des Prozessgegners anhängig (Eingang bei Gericht), jedoch noch nicht
rechtshängig (zugestellt), können dem Prozessgegner gem. § 269 III 3 ZPO die
Kosten auch dann auferlegt werden, wenn er zur Einreichung der negativen Feststellungsklage Veranlassung gegeben hat.

IV. Schriftliches Anerkenntnis

Ein vorprozessuales schriftliches Anerkenntnis lässt das Feststellungsinteresse   F 27
entfallen, wenn es abgegeben wird, um den Geschädigten klaglos zu stellen
(BGH, NJW 1985, 791; Zöller/Greger, § 256 ZPO Rz. 9). Ein deklaratorisches

Anerkenntnis oder ein befristeter Verzicht auf die Verjährungseinrede beseitigt das Feststellungsinteresse nicht (OLG Karlsruhe, MDR 2000, 1014 und VersR 2002, 759; OLG Hamm, OLGR 2000, 290; Zöller/Greger, § 256 ZPO Rz. 8a).

F 28 Fordert der Prozessbevollmächtigte des Geschädigten den Haftpflichtversicherer des Schädigers auf, sich in einem

„selbständigen, vom Haftungsgrund im Übrigen unabhängigen Schuldversprechen gem. § 780 BGB zu verpflichten, dem Geschädigten X seinen etwaigen weiteren materiellen wie auch immateriellen Schaden zu ersetzen",

so **entfällt das Feststellungsinteresse nicht durch die Erklärung des Versicherers**,

„wir werden dem Geschädigten X die anlässlich des Schadensereignisses vom 15. 5. 2006 entstandenen und/oder noch entstehenden Ansprüche auf Ersatz des materiellen und immateriellen Schadens ausgleichen, hinsichtlich der Verjährung wird der Geschädigte so gestellt, als habe er heute ein rechtskräftiges Feststellungsurteil erstritten" (vgl. OLG Karlsruhe, VersR 2002, 729).

Denn der Geschädigte hat (bei Vorliegen der Voraussetzungen) einen **Anspruch auf Abgabe folgender Erklärung:**

„Mit der Wirkung eines rechtskräftigen Feststellungsurteils anerkennen wir unsere Verpflichtung, dem Geschädigten X alle zukünftigen immateriellen und materiellen Schäden zu ersetzen, die ihm aus dem Schadensereignis vom 15. 5. 2006 zukünftig noch entstehen, soweit seine Ansprüche nicht auf Sozialversicherungsträger oder sonstige Dritte übergegangen sind oder übergehen" (vgl. OLG Karlsruhe, VersR 2002, 729, 730).

F 29 – F 40 Einstweilen frei.

Früherkennung, fehlerhafte pränatale Diagnostik

Vgl. → *Genetische Beratung*, Rz. G 61 ff.; → *Nichterkennen einer Schwangerschaft*, Rz. N 1 ff.; → *Schwangerschaftsabbruch, fehlerhafter*, Rz. S 200 ff.; → *Sterilisation, fehlerhafte*, Rz. S 300 ff.

I. Grundlagen, Übersicht

Die unterlassene, falsche oder unvollständige Beratung der Mutter vor und wäh-   F 41
rend einer Schwangerschaft über die Möglichkeiten zur Früherkennung von
Schädigungen der Leibesfrucht, die den Wunsch der Mutter auf Abbruch der
Schwangerschaft gerechtfertigt hätten (vgl. hierzu → *Schwangerschaftsabbruch,
fehlerhafter*, Rz. S 200ff.), kann einen Anspruch der Eltern gegen den Arzt auf
Ersatz von **Unterhaltsaufwendungen für das mit körperlichen oder geistigen Behinderungen geborene Kind** begründen (BGH, Urt. v. 8. 7. 2008 – VI ZR 259/06,
VersR 2008, 1265, 1266 = NJW 2008, 2846 = MedR 2009, 44, 45, Nr. 12, 13;
BGH, Urt. v. 31. 1. 2006 – VI ZR 135/04, NJW 2006, 1660, 1661 = VersR 2006,
702, 703; Urt. v. 15. 7. 2003 – VI ZR 203/02, NJW 2003, 3411 = VersR 2003, 1541,
1542; BGH, Urt. v. 18. 6. 2002 – VI ZR 136/01, NJW 2002, 2636, 2637 = VersR
2002, 1148, 1149; OLG Braunschweig, Urt. v. 26. 6. 2007 – 1 U 11/07, MedR
2008, 372, 374: **unterlassener Schwangerschaftstest, medikamenteninduzierte
Missbildung des Kindes**; OLG Celle, NJW-RR 2002, 314; OLG Düsseldorf, Urt.
v. 10. 1. 2002 – 8 U 79/01, VersR 2003, 1542; Urt. v. 7. 6. 2001 – 8 U 143/00,
VersR 1998, 194: **fehlerhafte Chromosomenanalyse**; OLG Hamm, Beschl. v.
28. 12. 2005 – 3 U 50/05, GesR 2006, 126; OLG Karlsruhe, Urt. v. 20. 6. 2001 –
13 U 70/00, VersR 2002, 1426, 1427; KG, Urt. v. 10. 3. 2008 – 20 U 224/04,
OLGR 2008, 787, 788: **Suizidgefahr rechtfertigt Abbruch** nach § 218a II StGB;
OLG Koblenz, VersR 1992, 359: **Rötelnerkrankung der Mutter**; OLG München,
Urt. v. 28. 10. 2004 – 1 U 1841/04, OLGR 2006, 52: sehr seltene **Chromosomen-
aberration** übersehen; OLG Nürnberg, VersR 1999, 1545: **widersprüchliche HIV-
Tests**; OLG Saarbrücken, Urt. v. 30. 6. 2004 – 1 U 386/02–92, OLGR 2005, 5, 9:
unterlassene Rücklaufkontrolle eines **zytogenetischen Untersuchungsbefundes**;
OLG Stuttgart, Urt. v. 25. 3. 2003 – 1 U 125/02, NJW-RR 2003, 1256; OLG Stutt-
gart, VersR 1991, 229: **unterlassene Fruchtwasseruntersuchung**; OLG Zweibrücken, Urt. v. 15. 12. 1998 – 5 U 10/96, NJW-RR 2000, 235, 237; G/G, 6. Aufl.,
Rz. B 170, 171; F/N/W, 5. Aufl., Rz. 176ff., 183; S/Pa, 12. Aufl., Rz. 331, 332,
338, 339, 347; Spickhoff-Greiner, § 823 BGB Rz. 80, 97, 98, 103; L/K/L-Laufs,
Kap. VII. Rz. 59ff., 70, 71; R/L-Ratzel, § 16 Rz. 7ff., 23).

Allein das Nichterkennen einer Schwangerschaft im Rahmen der alltäglichen,   F 42
allgemeinen Beschwerden nachgehenden, frauenärztlichen Untersuchung ist dagegen **nicht geeignet**, einen **Schadensersatzanspruch** gegen den Arzt für den
durch die planwidrige Geburt eines Kindes ausgelösten Unterhaltsaufwand zu
begründen (BGH, MDR 1994, 556; OLG Naumburg, MDR 1998, 1479).

Nach dem seit dem 1. 10. 1995 geltenden Recht ist ein Schwangerschaftsabbruch   F 43
im Anschluss an eine Not- und Konfliktberatung innerhalb der ersten 12 Wochen
nach der Empfängnis nicht mehr strafbar (§§ 218a I, 219 StGB). Die medizinische
Indikation (§ 218a II StGB) ist unbefristet möglich. Die Notlagenindikation nach
altem Recht (§ 218a II 3 StGB a.F.) ist nur für die vor dem 1. 10. 1995 durchgeführten Schwangerschaftsabbrüche relevant. Ausnahmsweise kann eine Notlage nach altem Recht die Voraussetzungen einer medizinischen Indikation
neuen Rechts erfüllen, wenn die folgenden, engen Voraussetzungen vorliegen
(vgl. BVerfG, NJW 1993, 1751, 1754/1758; BGH, NJW 1995, 1609, 1610; zu den
Einzelheiten vgl. → *Schwangerschaftsabbruch, fehlerhafter*, Rz. S 200ff.).

F 44   Ein **Schwangerschaftsabbruch** aufgrund einer **sozialen oder psychisch-persona-len Notlage** ist **ausnahmsweise** dann i. S. d. § 218a II StGB **rechtmäßig**, wenn eine Belastung der Schwangeren vorliegt, die ein solches Maß an **Aufopferung eigener Lebenswerte** verlangt, dass ihr die Pflicht zum Austragen des Kindes nicht zugemutet werden kann. Diese Voraussetzungen liegen nur dann vor, wenn in ihrer Umschreibung die Schwere des sozialen oder psychisch-persona-len Konflikts so deutlich erkennbar wird, dass – unter dem Gesichtspunkt der Unzumutbarkeit betrachtet – die Kongruenz mit der medizinischen oder krimi-nologischen Indikation nunmehr nach neuem Recht gewahrt bleibt. Das Vorlie-gen der Voraussetzungen muss dabei durch Gerichte oder durch Dritte, denen der Staat kraft ihrer besonderen Pflichtenstellung vertrauen darf und deren Ent-scheidung nicht jeder staatlichen Überprüfung entzogen ist, unter Beachtung des Schutzanspruchs des ungeborenen menschlichen Lebens bewertet und fest-gestellt werden (BGH, NJW 1995, 1609, 1610). So hat der BGH (Urt. v. 18. 6. 2002 – VI ZR 136/01, NJW 2002, 2636, 2637 = VersR 2002, 1148, 1150; **a. A.** KG, Urt. v. 18. 3. 2002 – 20 U 10/01, MedR 2003, 520, 521 – Vorinstanz) den **Abbruch der Schwangerschaft bei schweren Missbildungen des Fötus** (beide Oberarme waren im entschiedenen Fall nicht ausgebildet, der rechte Oberschen-kel war verkürzt, der linke und beide Wadenbeine fehlten), die bei fehlerfreier Behandlung erkennbar gewesen wären, für gerechtfertigt erachtet, wenn dadurch die Gefahr eines Suizidversuchs oder einer schwerwiegenden Beeinträchtigung des seelischen Gesundheitszustandes der Mutter zu befürchten gewesen wäre.

F 45   Im Urt. v. 31. 1. 2006 (VI ZR 135/04, NJW 2006, 1660, 1661 = VersR 2006, 702, 703) hat der BGH nochmals klargestellt, dass die Mutter die Voraussetzungen für einen rechtmäßigen Schwangerschaftsabbruch wegen medizinischer Indika-tion bei fehlerfreier Diagnose und korrekter pränataler Diagnostik des unter-suchenden Arztes darlegen und beweisen muss. Hierzu bedarf es einer nachträg-lichen, auf den Zeitpunkt des denkbaren Abbruchs der Schwangerschaft bezoge-nen – von einem Sachverständigen anzustellenden – Prognose (vgl. BGH, Urt. v. 15. 7. 2003 – VI ZR 203/02, NJW 2003, 3411 = VersR 2003, 1541), ob die Voraus-setzungen für einen rechtmäßigen Schwangerschaftsabbruch vorgelegen hätten.

F 46   Bei dieser Prognose ist darauf abzustellen, ob von einer Gefahr für das Leben oder der Gefahr einer **schwerwiegenden Beeinträchtigung des körperlichen oder seelischen Gesundheitszustandes der Mutter** auszugehen war, aber auch darauf, ob aus damaliger Sicht diese Gefahr nicht auf andere, für die Mutter zumutbare Weise hätte abgewendet werden können. **An diese Prognose dürfen keine über-zogenen Anforderungen gestellt werden** (BGH, Urt. v. 31. 1. 2006 – VI ZR 135/04, NJW 2006, 1660, 1661; Urt. v. 15. 7. 2003 – VI ZR 203/02, NJW 2003, 3411; OLG Hamm, Urt. v. 29. 3. 2004 – 3 U 38/03, AHRS III, 0850/314: eine **posttraumatische Angststörung** und eine wegen der zu erwartenden Behin-derung des Kindes aufgetretene „**Weltuntergangsstimmung**" reichen als Recht-fertigung nach § 218a II StGB nicht aus; OLG Koblenz, Beschl. v. 20. 3. 2006 – 5 U 255/06, NJW-RR 2006, 967, 968 = GesR 2006, 312: **schwerwiegende see-lische Gefahren** bis hin zu Suizidversuchen erforderlich; KG, Urt. v. 10. 3. 2008 – 20 U 224/04, OLGR 2008, 787, 789: pathologisches Geschehen bzw. psycho-tische Störung mit Krankheitswert nicht erforderlich, **ernsthafte Suizidgefahr ge-nügt**; OLG Stuttgart, Beschl. v. 31. 8. 2009 – 1 W 33/09, GesR 2010, 142, 143 =

VersR 2010, 909, 910: bloße Beeinträchtigungen in der Lebensplanung und Lebensführung, eine **zu erwartende schwere Behinderung des Kindes wie die Trisomie 21 und/oder eine ärztlich attestierte „psychische Ausnahmesituation" der Mutter genügen nicht**; großzügiger: OLG Köln, Beschl. v. 26. 1. 2009 – 5 U 179/08, OLGR 2009, 585, 587 = AHRS III, 0850/317: es reicht aber aus, wenn aufgrund der mit der Schwangerschaft einhergehenden psychischen Probleme die **Einweisung in eine psychiatrische Klink droht**; Spickhoff-Knauer/Brose, §§ 218–219 StGB Rz. 22: schwerwiegende Gesundheitsgefahr, die über das gewöhnliche Belastungsmaß bei Schwangerschaften hinausgeht, **konkret zu befürchtende dauerhafte Überlastung und Überforderung kann ausreichen**).

Bei dieser Prognose können die Art und der Grad der zu erwartenden Behinderungen indiziell eine Rolle spielen; eine Abwägung, die an den Grad der zu erwartenden Behinderung des Kindes und dessen Entwicklung nach der Geburt anknüpft, ist im Übrigen jedoch nicht veranlasst (BGH, Urt. v. 31. 6. 2006 – VI ZR 135/04, NJW 2006, 1660, 1662 = VersR 2006, 702, 704).

Mit **der Geburt eines behinderten Kindes** verbundene **Depressionen** mit wochenlangen Weinkrämpfen, Kopfschmerzen und Schlaflosigkeit (OLG Stuttgart, Urt. v. 25. 3. 2003 – 1 U 125/02, OLGR 2003, 380 = GesR 2003, 327 = NJW-RR 2003, 1256), **erhebliche seelische Belastungen** mit Depressionen von Krankheitswert aufgrund pränatal festgestellter bzw. zu erwartender Missbildungen (OLG Hamm, Beschl. v. 28. 12. 2005 – 3 W 50/05, GesR 2006, 126), eine **posttraumatische Angststörung** sowie eine wegen der zu erwartenden Behinderung des Kindes aufgetretene **„Weltuntergangsstimmung"** (OLG Hamm, Urt. v. 29. 3. 2004 – 3 U 38/03, AHRS III, 0850/314), **bloße Beeinträchtigungen in der Lebensplanung und Lebensführung, eine zu erwartende schwere Behinderung des Kindes wie die Trisomie 21 und/oder eine ärztlich attestierte „psychische Ausnahmesituation" der Mutter** (OLG Stuttgart, Beschl. v. 31. 8. 2009 – 1 W 33/09, GesR 2010, 142, 143 = VersR 2010, 909, 910), körperliche und psychische Belastungen im Zusammenhang mit der Geburt und Betreuung eines behinderten Kindes **mit der einmaligen Äußerung suizidaler Gedanken gegenüber einem behandelnden Psychologen** (LG Stuttgart, Urt. v. 19. 7. 2005 – 20 O 669/04; OLG Koblenz, Beschl. v. 20. 3. 2006 – 5 U 255/06, GesR 2006, 312 – NJW RR 2006, 967, 968: *„prognostisch schwerwiegende seelische Gefahren bis hin zu Suizidversuchen"* erforderlich), **zu erwartende Missbildungen wie das Fehlen der Hand und des Unterarms** (OLG Hamm, Urt. v. 5. 9. 2001 – 3 U 229/00, OLGR 2002, 337, 340) **sind noch nicht als so schwerwiegend anzusehen**, dass sie unter Berücksichtigung des Lebensrechts des Kindes der Schwangeren nicht mehr zugemutet werden könnten.

F 47

II. Behandlungsfehler

1. Therapeutische Sicherungsaufklärung

Wenn bestimmte **Risikofaktoren (Alter und/oder Gesundheitszustand** der Schwangeren) vorliegen, so muss ein Gynäkologe die Schwangere auf deren Bitte (BGH, NJW 1987, 2923; OLG Düsseldorf, Urt. v. 7. 6. 2001 – 8 U 143/00, OLGR 2002, 290, 291), aber auch bereits ohne ausdrückliche Nachfrage umfassend über

F 48

die **Risiken der Schwangerschaft** oder die **Möglichkeit einer Fruchtwasserunter-suchung** hinweisen, um ihr zu ermöglichen, bei vorhandenen pränatalen Vor-schäden den Abbruch der Schwangerschaft vornehmen zu lassen (BGH, NJW 1997, 1638 = VersR 1997, 698: Chromosomenanomalie nicht abgeklärt; BGH, NJW 1987, 2923 = VersR 1988, 155 und NJW 1984, 658: kein Hinweis auf mögli-chen Mongolismus; OLG Celle, NJW-RR 2002, 314: unterlassener Hinweis auf **fehlende Aussagekraft einer negativen Chromosomenanalyse**; OLG Düsseldorf, Urt. v. 7. 6. 2001 – 8 U 143/00, OLGR 2002, 290; VersR 1998, 194: Amniozente-se/Fruchtwasseruntersuchung bzw. Chromosomenanalyse fehlerhaft durch-geführt; OLG München, VersR 1988, 523: **kein Hinweis auf Möglichkeit einer Trisomie 21**; OLG Stuttgart, Urt. v. 25. 3. 2003 – 1 U 125/02, GesR 2003, 327: unterlassene Auf- bzw. Abklärung einer Trisomie 21; OLG Stuttgart, VersR 1991, 229: Amniozentese bei Verdacht auf Mongolismus unterlassen; OLG Zweibrücken, Urt. v. 15. 12. 1998 – 5 U 10/96, NJW-RR 2000, 235, 237: unterlas-sene Beratung über mögliche Trisomie 21/Mongolismus; Gehrlein, NJW 2000, 1771, 1772; G/G, 6. Aufl., Rz. B 170, 171; S/Pa, 12. Aufl., Rz. 338, 339; Spick-hoff-Greiner, § 823 BGB Rz. 94, 95: auch die Verzögerung der Diagnostik; vgl. auch → *Aufklärung*, Rz. A 732, A 737 ff.).

Der aufklärende Arzt muss die Frau über die erhöhten schwerwiegenden Risiken der Schwangerschaft sachbezogen unterrichten. Es genügt nicht, wenn er ledig-lich schlagwortartig die Begriffe „Mongolismus" oder „mongoloides Kind" mit-teilt. Er muss ihr vielmehr – ohne Dramatisierung des genetischen Risikos – un-missverständlich klarmachen, dass das **Risiko auch die Entwicklung eines schwerstgeschädigten Kindes beinhaltet** und dass die Geburt eines solchen Kin-des zu unerträglichen Belastungen führen kann, vielfach verbunden mit der Not-wendigkeit lebenslanger Pflege und Betreuung (OLG Düsseldorf, NJW 1989, 1548; auch OLG Hamm, OLGR 2001, 143).

F 49 Bei der Beratung dürfen aber auch die Risiken der **zur Abklärung** eines vorliegen-den **Mongolismus** erforderliche **Fruchtwasseruntersuchung** nicht verschwiegen werden, hierbei muss der Arzt die Akzente richtig setzen (OLG Düsseldorf, NJW 1989, 1548; auch OLG Köln, VersR 1989, 631 und LG Dortmund, MedR 1985, 95). Steht bei der Patientin und ihrem Ehepartner das Sicherheitsbedürfnis im Vordergrund, so können sie sich zu einer **risikobehafteten Amniozentese** (Fruchtwasseruntersuchung – Punktion der Haut um die Leibesfrucht) auch dann entschließen, wenn eine solche Maßnahme aus objektiver Sicht unver-nünftig erscheint; der Arzt hat die Patientin in einem solchen Fall auf Nachfrage über die Möglichkeit und Risiken einer Amniozentese einerseits und die Gefahr einer kindlichen Trisomie 21 aufzuklären und darf den bestehenden Spielraum dann nicht durch eine Überbetonung seiner eigenen, die Amniozentese ableh-nenden Auffassung einschränken (OLG Düsseldorf, Urt. v. 7. 6. 2001 – 8 U 143/00, OLGR 2002, 290, 291).

F 50 Bewertet der Arzt das **Risiko eines Mongolismus** und das einer **Fehlgeburt** durch eine Amniozentese (Fruchtwasseruntersuchung – Punktion der Haut um die Lei-besfrucht) mit etwa 1 % gleich hoch, so ist dies im Kern richtig, auch wenn ein im Rechtsstreit eingeholtes Sachverständigengutachten das Risiko einer Fehl-geburt mit „nur" 0,5 % angibt (OLG Köln, VersR 1989, 631).

Ob die Schwangere die erforderliche Amniozentese nach Erteilung der Hinweise   F 51
über deren Risiken einerseits und das Risiko der Trisomie 21 (Mongoloismus)
andererseits vornehmen lässt und sich bei bestehender Indikation zu einem
Schwangerschaftsabbruch entscheidet, obliegt ihrer eigenen Entscheidungsfreiheit. Es ist dann nicht Aufgabe des Arztes, auf einen – rechtlich möglichen –
Schwangerschaftsabbruch hinzuwirken (OLG Hamm, OLGR 2001, 143 = NJW
2001, 3417; Rehborn, MDR 2001, 1148, 1151).

Hinzuweisen ist jedoch nicht nur auf das Risiko eines möglichen Mongolismus,   F 52
sondern bei Vorliegen entsprechender Anhaltspunkte auch auf **mögliche, pröna-
tale Vorschäden** des Kindes aufgrund einer **Rötelinfektion der Mutter** (BGH, Urt.
v. 21. 12. 2004 – VI ZR 196/03, NJW 2005, 891, 892 = MDR 2005, 687 = GesR
2005, 159, 160: Rötelnerkrankung in der Schwangerschaft; BGH, NJW 1983,
1371; OLG Düsseldorf, VersR 1992, 493; OLG Karlsruhe, Urt. v. 20. 6. 2001 –
13 U 70/00, VersR 2002, 1426, 1427; OLG Koblenz, VersR 1992, 359), das **Bestehen eines „Wasserkopfes"** (BGH, NJW 1997, 1638; OLG Karlsruhe, VersR 1993,
705), einer **Toxoplasmose (Infektionskrankheit**; OLG Düsseldorf, VersR 1992,
494), einer erheblichen **Extremitätenfehlbildung** (BGH, Urt. v. 18. 6. 2002 – VI
ZR 136/01, NJW 2002, 2636 = VersR 2002, 1148; KG, VersR 1996, 332) oder einer
HIV-Infektion nach Durchführung nicht eindeutiger HIV-Tests (OLG Nürnberg,
VersR 1999, 1545).

Zur Abklärung etwaiger Vorschäden und Missbildungen der Leibesfrucht ist der   F 53
Arzt aber nur verpflichtet, wenn hierfür in den „Mutterschafts-Richtlinien" genannte **Anhaltspunkte** vorliegen, etwa das Alter oder bestimmte Vorerkrankungen der Mutter (G/G, 6. Aufl., Rz. B 171 m. w. N.).

2. Therapie- und Organisationsfehler

Verbleibt nach der Durchführung eines medizinischen Tests, etwa eines   F 54
Schwangerschaftstests, eine Ungewissheit, weil dieser für einen bestimmten,
noch nicht in den Test einbeziehbaren Zeitraum kein Ergebnis zeigen kann
(„Toter Winkel"), so gehört es auch zur Sorgfaltspflicht des Arztes, dieser Unsicherheit durch geeignete Maßnahmen nachzugehen (OLG Zweibrücken, Urt. v.
15. 12. 1998 – 5 U 10/96, NJW-RR 2000, 235).

Das medizinisch **nicht gebotene Hinausschieben einer Fruchtwasserpunktion**   F 55
mit der Folge, dass wegen Ablaufs der Frist des des § 218a I Nr. 3 StGB (zwölf
Wochen) ein Schwangerschaftsabbruch nicht mehr durchgeführt werden kann,
stellt sich als Behandlungsfehler dar (BGH, NJW 1989, 1536 zur Rechtslage bis
1995; OLG Düsseldorf, Urt. v. 10. 1. 2002 – 8 U 79/01, VersR 2003, 1542: Fruchtwasseruntersuchung ergab Trisomie 21 in der 23. SSW, schwerwiegende Belastung der Mutter nach § 218a II StGB konnten nicht festgestellt werden).

Das OLG Koblenz (Beschl. v. 20. 3. 2006 – 5 U 255/06, NJW-RR 2006, 967, 968 =   F 56
GesR 2006, 312; im Erg. zustimmend Mörsdorf-Schulte, NJW 2006, 3105, 3107)
weist im Anschluss an die Entscheidungen des BVerfG (Urt. v. 28. 5. 1993 – 2
BvF 2/90, 2 BvF 4/92, 2 BvF 5/92, NJW 1993, 1751, 1758) und des BGH (Urt. v.
19. 2. 2002 – VI ZR 190/01, NJW 2002, 1489, 1490 = MDR 2002, 637) allerdings

zutreffend darauf hin, dass der Arzt nach erforderlicher, aber fehlerhaft unterlassener Diagnostik (Fruchtwasseruntersuchung, Triple-Test) für die vermögensrechtlichen Folgen eines unterbliebenen Schwangerschaftsabbruchs unter Geltung des § 218a StGB nur dann haftet, wenn die **Abtreibung gem. § 218a II StGB oder § 218a III StGB rechtmäßig** gewesen wäre. Danach reicht eine bloße Straflosigkeit nach § 218a I StGB nicht aus. Der Arzt ist jedoch nicht verpflichtet, während der Schwangerschaft gezielt nach etwaigen Missbildungen des Kindes zu suchen, wenn hierfür keine Anhaltspunkte vorliegen (KG, VersR 1996, 332; G/G, 6. Aufl., Rz. B 171).

F 57 Eine unterlassene Befunderhebung eines Gynäkologen beim Verdacht einer Rötelninfektion während einer Schwangerschaft stellt sogar **einen groben Behandlungsfehler** dar, wenn die Befundung aus medizinischen Gründen zweifelsfrei geboten und bereits in Auftrag gegeben worden war, es dann aber zu einer Namensverwechslung auf dem Befundbericht kommt (OLG Karlsruhe, Urt. v. 20. 6. 2001 – 13 U 70/00, VersR 2002, 1426, 1427).

F 58 Der behandelnde Gynäkologe verletzt auch dann seine vertraglichen Pflichten aus dem Behandlungsvertrag, wenn er es unterlässt, bei einem indizierten Schwangerschaftsabbruch einzuhaltende Fristen zu überwachen und keine ausreichenden Maßnahmen ergreift, um einen rechtzeitigen **Rücklauf** des erwarteten, **zytogenetischen Untersuchungsbefundes** zu kontrollieren.

F 59 Liegt der maßgebliche Befund, der eine erhebliche Fehlbildung des Kindes befürchten lässt, im Labor schon vor (im entschiedenen Fall am 18.11.) und unterlässt es der Gynäkologe, innerhalb kurzer Zeit nachzufragen, so dass die werdende Mutter **erst nach dem Verstreichen der Frist des § 218a I StGB (hier: 17.12.) hiervon Kenntnis** erlangt, liegt ein **grober Behandlungsfehler** vor (OLG Saarbrücken, Urt. v. 30. 6. 2004 – 1 U 386/02–92, OLGR 2005, 5, 9; vgl. auch OLG Koblenz, VersR 1994, 353, 354 und OLG Frankfurt, VersR 1996, 101, 102: schnellstmögliche Information über Laborergebnisse erforderlich).

3. Genetische Fehlberatung

F 60 Vgl. → *Genetische Beratung*, Rz. G 61 ff.

4. Nichterkennen einer Schwangerschaft

F 61 Vgl. → *Nichterkennen einer Schwangerschaft*, Rz. N 1 ff.

III. Beweislast

1. Beweislast der Patientin

F 62 Die Patientin hat zu beweisen, dass der Arzt sie nicht, falsch oder unvollständig über Möglichkeiten zur Früherkennung von Schädigungen der Leibesfrucht, die ihren Wunsch auf Abbruch der Schwangerschaft gerechtfertigt hätten, beraten hat (BGH, NJW 1987, 2923; Gehrlein, Rz. B 94), dass ein ordnungsgemäßer Test positiv verlaufen wäre und dann zu einem zulässigen Schwangerschaftsabbruch geführt hätte (BGH, NJW 1987, 2923; S/Pa, Rz. 299, 300).

Ist dem Arzt keine verspätete Aufklärung, sondern ein sonstiger Behandlungs- F 63
fehler unterlaufen, so hat die Patientin auf den entsprechenden Einwand des Arztes zu beweisen, dass eine Fruchtwasseruntersuchung und ein nachfolgender Schwangerschaftsabbruch rechtzeitig und in rechtmäßiger Weise hätten stattfinden können (Gehrlein, Rz. B 94).

2. Beweislast des Arztes

Liegt die Sicherung der – therapeutischen – Aufklärungsmaßnahme für den Arzt F 64
als Vorsichtsmaßnahme sehr nahe, etwa wenn die ordnungsgemäße Beratung Voraussetzung dafür ist, dass der Patient bzw. die Patientin die aus einer bestehenden Unwägbarkeit erwachsenden Folgen überblicken und mögliche Konsequenzen daraus zu ziehen in der Lage ist, kann die unzureichende Dokumentation der Aufklärung oder Beratung indizieren, dass sie nicht erteilt worden ist (OLG Zweibrücken, Urt. v. 15. 12. 1998 – 5 U 10/96, NJW-RR 2000, 235, 236).

So kann es als **Beweisanzeichen für die Nichterfüllung** einer Nebenpflicht die- F 65
nen, wenn sich der Arzt einen Hinweis auf eine **Versagerquote** bei einer Sterilisation **nicht schriftlich bestätigen** lässt (BGH, NJW 1981, 2001, 2004) oder der gebotene Hinweis, dass wegen des Schwangerschaftsalters eine Diagnostik nicht gewünscht wird bzw. ein Hinweis auf die Gefahr eines Mongolismus (OLG Zweibrücken, NJW-RR 2000, 235, 236f.) **nicht dokumentiert** ist (vgl. auch Rz. D 222, D 261).

Ist eine – therapeutische – Aufklärung nicht in der gebotenen Weise durch- F 66
geführt worden, trifft den Arzt auch die Beweislast, dass die **Patientin sich bei ordnungsgemäßer Aufklärung nicht „aufklärungsrichtig" verhalten** hätte (BGH, NJW 1984, 658 = VersR 1984, 186; OLG Hamm, NJW 2002, 307 = VersR 2001, 895; OLG Nürnberg, VersR 1999, 1545; OLG Saarbrücken, Urt. v. 30. 6. 2004 – 1 U 386/02–92, OLGR 2005, 5, 9; OLG Zweibrücken, Urt. v. 15. 12. 1998 – 5 U 10/96, NJW-RR 2000, 235, 237; Spickhoff-Greiner, § 823 BGB Rz. 96).

Er hat dann also nachzuweisen, dass sich die Mutter nicht für den Test, bei un- F 67
günstigem Testergebnis bzw. rechzeitigem Rücklauf eines erwarteten Laborbefundes nicht für den – gem. § 218a II, III StGB zulässigen – Abbruch der Schwangerschaft entschieden hätte (BGH, NJW 1984, 658; OLG Saarbrücken, Urt. v. 30. 6. 2004 – 1 U 386/02–92, OLGR 2005, 5, 9; S/Pa, 12. Aufl., Rz. 346).

Nach anderer Ansicht genügt es bei der genetischen Beratung oder der sonstigen F 67a
therapeutischen Aufklärung im Vorfeld einer Schwangerschaft **zur Begründung der Haftung des Arztes nicht, wenn die Patientin darlegt, dass sie im Falle eines beratungsrichtigen Verhaltens in einen Entscheidungskonflikt geraten wäre**; vielmehr ist die **Patientin** für die behaupteten Folgen eines Beratungsfehlers (therapeutische Aufklärung) in vollem Umfang (§ 286 ZPO) **beweispflichtig** (OLG Brandenburg, Urt. v. 19. 12. 2011 – 12 U 152/11, juris, Nr. 26; vgl. zur Kausalität Rz. A 2140ff.).

IV. Kausalität und Zurechnungszusammenhang

1. Kausalität, Zurechnungszusammenhang

F 68 Das OLG Stuttgart (Beschl. v. 31. 8. 2009 – 1 W 33/09, VersR 2010, 909, 910 = GesR 2010, 142, 142 zur Trisomie 21) und Greiner (G/G, 6. Aufl., Rz. B 174) weisen zutreffend darauf hin, dass die praktische Bedeutung der Behandlungsfehler und den für sie geltenden Beweislasten im Hinblick auf § 218a I, II StGB gering ist. Denn die pränatale Diagnostik – insbesondere durch Fruchtwasseruntersuchung – ist i. d. R. erst nach Ablauf der Frist von zwölf Wochen (§ 218a I StGB) möglich bzw. aussagekräftig. Die – strengen – **Voraussetzungen des § 218a II StGB** liegen aber in den meisten Fällen nicht vor (s. o. Rz. F 44 ff.).

Die **Voraussetzungen des § 218a II StGB wurden in folgenden Fällen verneint:**

F 69 – bei **fehlerhafter Aufklärung über die Möglichkeiten pränataler Diagnostik** bei V. a. Trisomie 21 mit **Depressionen**, wochenlangen Weinkrämpfen, Kopfschmerzen und Schlaflosigkeit ohne Suizidgefahr für die Mutter (OLG Stuttgart, Urt. v. 25. 3. 2003 – 1 U 125/02, GesR 2003, 327 = NJW-RR 2003, 1256),

F 69a – im Falle bloße Beeinträchtigungen in der Lebensplanung und Lebensführung, eine **zu erwartende schwere Behinderung des Kindes wie die Trisomie 21 und/ oder eine ärztlich attestierte „psychische Ausnahmesituation" der Mutter** (OLG Stuttgart, Beschl. v. 31. 8. 2009 – 1 W 33/09, GesR 2010, 142, 143 = VersR 2010, 909, 910),

F 70 – wenn „prognostisch schwerwiegende seelische Gefahren bis hin zu Suizidversuchen" nicht vorliegen (OLG Koblenz, Beschl. v. 20. 3. 2006 – 5 U 255/06, NJW-RR 2006, 967, 968 = GesR 2006, 312),

F 71 – bei einer **posttraumatischen Angststörung** und einer wegen der zu erwartenden Behinderung des Kindes aufgetretenen **„Weltuntergangsstimmung"** (OLG Hamm, Urt. v. 29. 3. 2004 – 3 U 38/03, AHRS III, 0850/314),

F 72 – bei **erheblichen seelische Belastungen** mit Depressionen von Krankheitswert aufgrund pränatal festgestellter bzw. zu erwartender Missbildungen nach **verspäteter, gebotener Diagnostik** (OLG Hamm, Beschl. v. 28. 12. 2005 – 3 W 50/05, GesR 2006, 126),

F 73 – bei körperlichen und psychischen Belastungen im Zusammenhang mit der Geburt und Betreuung eines behinderten Kindes und **einmaliger Äußerung suizidaler Gedanken** gegenüber einem behandelnden Psychologen (LG Stuttgart, Urt. v. 19. 7. 2005 – 20 O 669/04),

F 74 – wenn **Missbildungen des Kindes wie das Fehlen der Hand und des Unterarms zu erwarten sind** (OLG Hamm, Urt. v. 5. 9. 2001 – 3 U 229/00, OLGR 2002, 337, 340: noch **nicht so schwerwiegend**, das es der Schwangeren nicht mehr zugemutet werden könnte).

Dagegen wurden die Voraussetzungen des § 218a II StGB in folgenden Fällen bejaht:

- bei Depressionen mit Krankheitswert und **latenter Selbstmordgefahr** in Zusammenhang mit der Geburt eines schwerbehinderten Kindes (BGH, Urt. v. 18. 6. 2002 – VI ZR 136/01, NJW 2002, 2636 = VersR 2002, 1148 = MedR 2002, 640, 641 im Ergebnis zustimmend Deutsch, NJW 2003, 26, 28),

F 75

- bei **Anhaltspunkten für eine ernsthafte Suizidgefahr der Mutter**, ein pathologisches Geschehen bzw. eine psychotische Störung mit Krankheitswert nicht erforderlich (KG, Urt. v. 10. 3. 2008 – 20 U 224/04, OLGR 2008, 787, 788; zust. Spickhoff, NJW 2009, 1716, 1720).

F 76

- wenn aufgrund der mit der Schwangerschaft einhergehenden psychischen Probleme die **Einweisung in eine psychiatrische Klinik droht** (OLG Köln, Beschl. v. 26. 1. 2009 – 5 U 179/08, OLGR 2009, 585, 587 = AHRS III, 0850/317),

F 77

- bei schwerwiegenden Gesundheitsgefahren, die über das gewöhnliche Belastungsmaß bei Schwangerschaften hinausgehen, wobei eine **konkret zu befürchtende dauerhafte Überlastung und Überforderung ausreichen** kann (Spickhoff-Knauer/Brose, §§ 218–219 StGB Rz. 22).

F 77a

Die mit der Geburt eines durch eine Erkrankung der Mutter an Röteln schwer geschädigten Kindes verbundenen wirtschaftlichen Belastungen sind allerdings nicht allein deshalb Gegenstand des jeweiligen Behandlungsvertrages mit dem Hausarzt oder dessen niedergelassenem Urlaubsvertreter, weil die Mutter diese Ärzte zur Abklärung und Behandlung eines Hautausschlages aufgesucht und im Laufe der Behandlung ihre Schwangerschaft lediglich erwähnt hatte. Denn anders als ein die Schwangerschaft begleitender Frauenarzt wird der **Hausarzt in einem solchen Fall nicht im Hinblick auf die Schwangerschaft und zu deren medizinischer Begleitung eingeschaltet** (BGH, Urt. v. 21. 12. 2004 – VI ZR 196/03, NJW 2005, 891, 892 = GesR 2005, 159, 160; auch OLG Düsseldorf, NJW 1995, 1620).

F 78

Der konkrete Zweck und Anlass des Arztbesuchs bestimmt auch die deliktischen Behandlungspflichten des hinzugezogenen Gynäkologen. Wurde die Patientin einer Klinik zum Zweck der Behandlung von Zyklusstörungen und zur Abklärung der Verdachtsdiagnose eines Klimakteriums zugewiesen und erwähnt sie dabei die Möglichkeit einer Schwangerschaft, kommt allenfalls eine Haftung der Ärzte des Klinikums wegen einer hierauf erteilten falschen Auskunft in Betracht (OLG Karlsruhe, Urt. v. 24. 4. 2002 – 7 U 53/01, GesR 2003, 122).

F 79

2. Schutzbereich des Vertrages (vgl. auch Rz. S 327 ff., S 233 ff.)

Der **Verdienstausfall**, der den Eltern eines Kindes im Zusammenhang mit dessen Betreuung entsteht, kann dem Arzt, der die Geburt eines wegen fehlerhafter vorgeburtlicher Untersuchung schwerstbehindert zur Welt gekommenen Kindes zu verantworten hat, haftungsrechtlich nicht zur Last gelegt werden (BGH, VersR 1997, 698, 700 = NJW 1997, 1638, 1639). Gleiches gilt für die **Beerdigungskosten** des tot zur Welt kommenden oder unmittelbar danach verstorbenen Kindes (OLG Düsseldorf, VersR 1996, 711).

F 80

V. Umfang des Anspruchs

1. Unterhalt, Pflegemehrbedarf

F 81 Ansprüche auf Freistellung von den Unterhaltsbelastungen stehen der Mutter sowie dem in den Schutzzweck des Vertrages insoweit einbezogenen **Vater des Kindes** zu, nicht jedoch dem Kind selbst (BGH, Urt. v. 15. 7. 2003 – VI ZR 203/02, NJW 2003, 3411 = VersR 2003, 1541; NJW 1985, 671 = MDR 1985, 659; VersR 2002, 192; OLG Düsseldorf, VersR 1995, 1498; Gehrlein, Rz. B 84, 89, 95 und, NJW 2002, 870; G/G, 6. Aufl., Rz. B 176; S/Pa, 12. Aufl., Rz. 331, 343; **a. A.** Reinhart, VersR 2001, 1081, 1085 ff. m. w. N.).

F 82 Auch der gegenwärtige **Partner einer nichtehelichen Lebensgemeinschaft** ist in den Schutzbereich eines auf die Schwangerschaftsverhütung gerichteten Vertrages zwischen dem Arzt und der Patientin einbezogen (BGH, Urt. v. 14. 11. 2006 – VI ZR 48/06, NJW 2007, 989, 991 = VersR 2007, 109, 110, aber offengelassen bei ungefestigten kurzfristigen Partnerschaften; OLG Karlsruhe, Urt. v. 1. 2. 2006 – 13 U 134/04, VersR 2006, 936, 938; ebenso: OLG Frankfurt, VersR 1994, 942; Gehrlein, MDR 2002, 638; im Ergebnis zustimmend Mörsdorf-Schulte, NJW 2007, 964, 967).

F 83 Der Anspruch der Eltern erstreckt sich auf den **gesamten Unterhaltsaufwand** für das Kind sowie auf die Belastung mit einem etwaigen, behinderungsbedingten Mehraufwand (BGH, Urt. v. 14. 11. 2006 – VI ZR 48/06, VersR 2007, 109, 110: Barunterhaltsschaden und Betreuungsunterhaltsschaden; BGH, NJW 1999, 2731 = VersR 1999, 1241; BGH, Urt. v. 4. 12. 2001 – VI ZR 213/00, VersR 2002, 233, 234 = MDR 2002, 336; OLG Zweibrücken, Urt. v. 13. 11. 2007 – 5 U 62/06, GesR 2008, 356, 357 und Urt. v. 22. 4. 2008 – 5 U 6/07, OLGR 2008, 721, 723: Betreuungsmehraufwand bei schwerstbehindertem Kind, **10,23 Euro netto pro Stunde**; OLG Zweibrücken, Urt. v. 22. 4. 2008 – 5 U 6/07, OLGR 2008, 721, 723 und Urt. v. 13. 11. 2007 – 5 U 62/06, GesR 2008, 356, 357: Pflegeleistungen für schwerstbehindertes Kind, **10,23 Euro pro Stunde**; OLG Karlsruhe, Urt. v. 22. 12. 2004 – 7 U 4/03, bei Dautert, GesR 2008, 357: 7,20 Euro netto; OLG Stuttgart, Urt. v. 13. 12. 2005 – 1 U 51/05, BeckRS 2006, 10876: Betreuungsmehraufwand bei einem schwerstgeschädigten Kind nach Abzug des „Sowieso-Bedarfs" 9–9,5 Stunden an schulfreien Tagen, im Jahr 2003 **7,83 Euro pro Stunde**; OLG Schleswig, Urt. v. 28. 9. 2007 – 4 U 34/06, OLGR 2007, 859 = GesR 2008, 162: Betreuungsmehraufwand bei einem schwerstgeschädigten Kind nach Abzug des „Sowieso-Bedarfs" an schulfreien Tagen 5–5,5 Stunden, indexiert für das Jahr 2006 **7,50 Euro bis 7,80 Euro pro Stunde**; OLG Schleswig, Urt. v. 17. 9. 2007 – 4 U 105/06, OLGR 2008, 9, 11: Pflegemehraufwand, **durchschnittlich 7,00 Euro** zwischen 1986 und 2004).

F 84 Der infolge einer fehlerhaften Schwangerschaftsverhütung, fehlerhaften Sterilisation, fehlerhaften Beratung über die Sicherheit von empfängnisverhütenden Wirkungen eines vom Arzt verordneten Präparats oder fehlerhaften genetischen Beratung entstehende **Unterhaltsschaden** ist vom Arzt zu demjenigen Teil zu übernehmen, der für die Existenzsicherung des Kindes erforderlich ist. Bis zum Eintritt der Volljährigkeit besteht der zu ersetzende Unterhaltsschaden in Höhe von 270 % des Regelsatzes der jeweiligen Altersstufe der Regelbetrag-Verordnung. Dabei entfallen **jeweils 135 % auf den Barunterhaltsschaden und 135 % auf den Betreuungsunterhaltsschaden**, d.h. den Wert der zusätzlichen Betreuungsleistungen (BGH, Urt. v. 14. 11. 2006 – VI ZR 48/06, NJW 2007, 989, 992 = VersR 2007, 109, 111, OLG Celle, Urt. v. 27. 12. 2006 – 1 U 82/06, NJW 2007, 1000, 1001; OLG Karlsruhe, Urt. v. 1. 2. 2006 – 13 U 134/04, VersR 2006, 936, 938; F/N/W, 5. Aufl., Rz. 181: Berechnung ab 1. 1. 2008 gem. § 1612a BGB, wobei 135 % des Mindestunterhaltsbetrages regelmäßig erreicht werden).

2. Verdienstausfall

Der Verdienstausfall, der den Eltern eines Kindes im Zusammenhang mit dessen   F 85
Betreuung entsteht, kann dem Arzt daneben haftungsrechtlich nicht zusätzlich zur Last gelegt werden (BGH, VersR 1997, 698, 700; G/G, 6. Aufl., Rz. B 186; S/Pa, 12. Aufl., Rz. 312; Müller, VPräsBGH a.D., NJW 2003, 697, 705; R/L-Ratzel, § 16 Rz. 23; ebenso OLG Düsseldorf, VersR 1996, 711 für Beerdigungskosten).

3. Schmerzensgeld

Während der Mutter bei **fehlgeschlagener Sterilisation** (BGH, NJW 1995, 407,   F 86
408 = VersR 1995, 1099; NJW 1984, 2625 = VersR 1984, 864; OLG Düsseldorf, VersR 1993, 883; OLG Hamm, NJW 1999, 1787, 1788; Gehrlein, Rz. B 82; G/G, 6. Aufl., Rz. B 182) ein Schmerzensgeld auch dann zusteht, wenn die Schwangerschaft ohne pathologische Begleitumstände verläuft, kann ihr in den Fällen der fehlerhaften pränatalen Diagnostik und der schuldhaften Nichterkennung einer Schwangerschaft mit der Folge, dass die Frist des § 218a I StGB n. F. abläuft und ein bis dahin möglicher und zulässiger Abbruch nicht mehr nachgeholt werden darf, ein Schmerzensgeld nur dann zugesprochen werden, **wenn und soweit die physische und psychische Belastung diejenigen einer natürlichen, komplikationslosen Geburt übersteigt und einen Krankheitswert erreicht** (BGH, Urt. v. 4. 12. 2001 – VI ZR 213/00, VersR 2002, 233, 234 = NJW 2002, 886, 887; BGH, NJW 1983, 1371, 1373 = MDR 1983, 478; OLG Celle, VersR 1988, 964, 966; OLG Hamm, Beschl. v. 28. 12. 2005 – 3 W 50/05, AHRS III, 0850/315: Depressionen mit Krankheitswert, Schlafstörungen und Probleme mit der Versorgung eines weiteren Kindes reichen nicht aus; OLG Koblenz, Urt. v. 1. 4. 2004 – 5 U 844/03, AHRS III, 0550/311: 10 000 Euro bei monatelanger, schwerer Depression; OLG Köln, Beschl. v. 18. 4. 2011 – 5 U 21/11, GesR 2011, 605 = VersR 2011, 1325: **4 500 Euro bei erheblichen psychischen und physischen Folgen nach Schwangerschaftsabbruch**; OLG Saarbrücken, Urt. v. 30. 6. 2004 – 1 U 386/02–92, OLGR 2005, 5, 11; OLG Zweibrücken, Urt. v. 15. 12. 1998 – 5 U 10/96, NJW-RR 2000, 235, 238; G/G, 6. Aufl., Rz. B 176, 182; S/Pa, 12. Aufl., Rz. 332).

Von der Mutter konkret nachzuweisende Schlafstörungen und Depressionen   F 87
können grundsätzlich solche schwerwiegenden Belastungen mit Krankheitswert darstellen (OLG Zweibrücken, Urt. v. 15. 12. 1998 – 5 U 10/96, NJW-RR 2000, 235, 238). In der Rspr. wurden bei entsprechendem Nachweis von schwerwie-

genden Belastungen mit Krankheitswert Schmerzensgelder in der Größenordnung zwischen 1 500 Euro und 10 000 Euro zugesprochen (vgl. zu den Einzelheiten Rz. S 270, S 271).

Gemeinschaftspraxis

Vgl. auch → *Ambulanz*, Rz. A 80 ff.; → *Arbeitsteilung*, Rz. A 250 ff.; → *Arztvertrag*, Rz. A 401 ff.; → *Krankenhausverträge*, Rz. K 130 ff.

I. Begriff

1. Gemeinschaftspraxis

G 1 Die Gemeinschaftspraxis ist die gemeinsame Ausübung ärztlicher Tätigkeit durch mehrere Ärzte des gleichen oder verwandten Fachgebietes in gemeinsamen Räumen mit gemeinsamer Praxiseinrichtung, einer gemeinsamen Büroorganisation mit Abrechnung und Karteiführung und gemeinsamem Personal, wobei die einzelnen ärztlichen Leistungen für den jeweiligen Patienten während der Behandlung **von dem einen wie auch von dem anderen Partner erbracht werden können** (BGH, Urt. v. 8. 11. 2005 – VI ZR 319/04, NJW 2006, 437, 438 = VersR 2006, 361, 362 = GesR 2006, 117, 118 = MedR 2006, 290, 291; BGH, Urt. v. 16. 5. 2000 – VI ZR 321/98, NJW 2000, 2737, 2738 = MDR 2000, 1130 = VersR 2000, 1146, 1149; G/G, 6. Aufl., Rz. A 15; F/N/W, 5. Aufl., Rz. 14; L/K/L-Lipp, Rz. III 4; Quaas/Zuck, § 14 Rz. 4 m. w. N.; Walter, MedR 2002, 169, 170 und, GesR 2005, 396 f.; Sommer/Dietelmeier, NJW 2011, 1551, 1552; L/K-Schlund, § 18 Rz. 12, 14 und § 115 Rz. 7, 8; Wenzel-Mennemeyer-Hugemann, Kap. 2, Rz. 391, 392, 409; Spickhoff-Ratzel, § 705 BGB Rz. 6, 16 auch zur Teilgemeinschaftspraxis und Berufsausübungsgemeinschaft; R/L-Kern, § 1 Rz. 54; kritisch Wenzel-Möller/Makoski, Kap. 2 Rz. 186, 187).

G 1a Zutreffend wird darauf hingewiesen, dass die Definition des BGH (Urt. v. 8. 11. 2005 – VI ZR 319/04, NJW 2006, 437, 438) den modernen Gegebenheiten nicht gerecht wird und insbesondere die **Existenz von fachübergreifenden Zusammenschlüssen sowie die Formen der Teilberufsausübungsgemeinschaft und der überörtlichen Berufsausübungsgemeinschaft nicht berücksichtigt** (Wenzel-

Möller/Makoski, Kap. 2 Rz. 187, 235 ff., 244 ff., 247 ff.). Fachübergreifende oder fachverbindende Gemeinschaftspraxen oder Praxisgemeinschaften, Berufsausübungsgemeinschaften, Teilgemeinschaftspraxen sind grundsätzlich zulässig, wenn gewährleistet ist, dass die einschlägigen berufsrechtlichen und kassenärztlichen Vorgaben eingehalten werden (vgl. hierzu L/K-Schlund, § 18 Rz. 14, 15 und § 115 Rz. 7 ff.; vgl. zur Teilgemeinschaftspraxis, Berufungsausübungsgemeinschaft, Organisationsgemeinschaft auch Spickhoff-Ratzel, § 705 BGB Rz. 4, 16, 17 und Wenzel-Möller/Makoski, Kap. 2 Rz. 235 ff., 247 ff., 261 ff.).

Das Vorliegen einer Gemeinschaftspraxis ist anzunehmen, wenn sich der Wille G 2 der Ärzte zu gemeinschaftlicher Verpflichtung und austauschbarer Leistungserbringung gegenüber dem Patienten nach außen hin manifestiert, etwa durch ein **gemeinsames Praxisschild, gemeinsame Briefbögen, Rezeptblöcke, Überweisungsscheine und eine gemeinsame Abrechnung** (G/G, 6. Aufl., Rz. A 15; S/Pa, 12. Aufl., Rz. 53, 56; Wenzel-Möller/Makoski, Kap. 2 Rz. 206, 211 und Spickhoff-Ratzel, § 705 BGB Rz. 6, 13: bei Verwendung eines gemeinsamen Praxisschildes, gemeinsamer Briefbögen o. ä. Rechtsscheinhaftung der Schein-Sozietät; Langenkamp/Jaeger, NJW 2005, 3238, 3239 zur Verwendung von Briefpapier, Praxisschildern und Stempeln; Römermann, NJW 2013, 2305, 2308: auf Briefbögen, Praxisschildern und Internetseiten genannte Scheinpartner einer GbR). Stets ist es ausreichend, wenn die zusammengeschlossenen Ärzte durch die tatsächliche Aufnahme der Tätigkeiten **nach außen gegenüber Patienten und Krankenversicherungen auftreten** (OLG Naumburg, Urt. v. 9. 2. 2012 – 1 U 67/11, GesR 2013, 62: die BGB-Gesellschaft wird damit in Vollzug gesetzt).

Ein nur angestellter oder in freier Mitarbeit tätiger Arzt, mit dem kein Sozietäts- G 3 bzw. Gemeinschaftspraxisvertrag besteht, haftet im Außenverhältnis als „**Scheinpartner**" in gleicher Weise, wenn das Anstellungsverhältnis bei der **Verwendung von Briefpapier, Praxisschildern oder Stempeln** nicht kenntlich gemacht wird (BGH, Urt. v. 8. 11. 2005 – VI ZR 319/04, VersR 2006, 361, 362: **Rechtsscheinhaftung, wenn Belegärzte einheitliche Bögen verwenden**; BGH, NJW 1999, 3040, 3041; NJW 1991, 1225 zur Anwaltshaftung; OLG Köln, NJW-RR 2004, 279, 280; OLG Saarbrücken, Urt. v. 22. 12. 2005 – 8 U 92/05, MDR 2006, 1019, 1020 = NJW-RR 2006, 707 zur Anwaltshaftung. **Verwendung von Kanzleibögen ohne Hinweis auf ein Anstellungsverhältnis**; LG Aurich, Urt. v. 6. 10. 2006 – 3 O 27/07, GesR 2007, 256: Verwendung von identischen Logos; Möller, MedR 2004, 69, 70 m. w. N.; S/Pa, 12. Aufl., Rz. 56: Benutzung von Briefbögen, Rezepten, Überweisungsscheinen mit gemeinsamem Kopf; Wenzel-Möller/Makoski, Kap. 2 Rz. 206: **gemeinsames Auftreten auf dem Praxisschild, den Briefbögen, Rezeptblöcken etc.**; Wenzel-Mennemeyer/Hugemann, Kap. 2 Rz. 393, 411; F/N/W, 5. Aufl., Rz. 14; Römermann, NJW 2013, 2305, 2308).

Gleiches gilt im Fall des Ausscheidens eines echten Sozius aus einer Kanzlei G 4 bzw. eines Arztes aus der Gemeinschaftspraxis, wenn sein **Name nicht vom Briefkopf bzw. dem Praxisschild beseitigt** wird (BGH, NJW 1994, 2288; Baldringer/Jordan, AnwBl 2005, 676, 677; Möller, MedR 2004, 69, 70 f. je m. w. N.).

Auch bei Vorliegen einer fachübergreifenden oder fachverbindenden Gemein- G 5 schaftspraxis bzw. Praxisgemeinschaft, einer Berufsausübungsgemeinschaft oder Organisationsgemeinschaft kommt es haftungsrechtlich auf das **Auftreten** im Außenverhältnis bzw. der Eintragung im Partnerschaftsregister an (vgl. L/K-Schlund, § 18 Rz. 14, 15; Spickhoff-Ratzel, § 705 BGB Rz. 12, 13, 16; Wenzel-Möller/Makoski, Kap. 2 Rz. 206, 207, 235).

2. Praxisgemeinschaft

G 6 Bei einer Praxisgemeinschaft schließen sich zwei oder mehrere Ärzte gleicher und/oder verschiedener Fachrichtung zur gemeinsamen Nutzung von Praxisräumen und/oder Praxiseinrichtungen und/oder zur gemeinsamen Inanspruchnahme von Praxispersonal bei sonst selbständiger Praxisführung zusammen.

Im Gegensatz zur Gemeinschaftspraxis hat hier **jeder Arzt seinen eigenen Patientenstamm und seine eigene Karteiführung.** Die an der Praxisgemeinschaft beteiligten Ärzte handeln jeweils selbständig. **Verträge kommen jeweils nur zwischen ihnen und dem Privatpatienten bzw. bei der Behandlung von Kassenpatienten der kassenärztlichen Vereinigung zustande** (F/N/W, 5. Aufl., Rz. 13; Wenzel-Möller/Makoski, Kap. 2 Rz. 284, 295: Zusammenschluss zweier oder mehrerer Ärzte gleicher und/oder verschiedener Fachrichtungen, die gemeinsam Praxisräume und/oder Praxiseinrichtungen nutzen und/oder gemeinsam Personal in Anspruch nehmen, Behandlungsverträge kommen nur mit dem einzelnen Mitglied der Praxisgemeinschaft zustande; Spickhoff-Ratzel, § 705 BGB Rz. 13; L/K-Schlund, § 18 Rz. 11, 12: jeweils eigener Patientenstamm, eigene Patientenkarteiführung, gleiche oder verwandte Fachgebiete; L/K-Laufs/Kern, § 94 Rz. 9, 10; S/Pa, 12. Aufl., Rz. 51, 52; Walter, MedR 2002, 169 und, GesR 2005, 396, 397; vgl. hierzu → *Krankenhausverträge,* Rz. K 132 ff.).

Bei gemeinsamem Auftreten nach außen, etwa auf dem Praxisschild oder den Briefbögen, kommt auch hier eine Haftung des Praxisgemeinschafters als „Scheinsozius" in Betracht (vgl. Rz. G 2, G 3, G 41; Walter, GesR 2005, 396, 397 Fn 5; Spickhoff-Ratzel, § 705 BGB Rz. 13; Wenzel-Möller/Makoski, Kap. 2 Rz. 206, 207, 211; Wenzel-Mennemeyer/Hugemann, Kap. 2 Rz. 394, 411; Baldringer/Jordans, AnwBl 2005, 676, 677 f. zur Anwaltshaftung; OLG Köln, NJW-RR 2004, 279, 280 zur Bürogemeinschaft; OLG Saarbrücken, Urt. v. 22. 12. 2005 – 8 U 92/05, MDR 2006, 1019, 1020 = NJW-RR 2006, 707 zur Rechtsscheinhaftung angestellter Anwälte; LG Aurich, Urt. v. 6. 10. 2006 – 3 O 27/04, GesR 2007, 256: Verwendung identischer Logos).

II. Rechtsform

1. Gemeinschaftspraxis

G 7 Bei den in einer Gemeinschaftspraxis zusammengeschlossenen Ärzten handelt es sich regelmäßig um eine als solche nach außen auftretende **BGB-Gesellschaft** (§§ 705 ff. BGB). Eine Gemeinschaftspraxis liegt vor, wenn mehrere Ärzte sich zu einer auch nach außen gemeinsam geführten Praxis zur Erbringung gleichartiger Leistungen auf einem oder zumindest ähnlichem Fachgebiet verbunden haben (BGH, Urt. v. 8. 11. 2005 – VI ZR 319/04, NJW 2006, 437, 438 = VersR 2006, 361, 362 = GesR 2006, 117, 118; BGH, MedR 1999, 561, 565; Walter, MedR 2002, 169, 170 und, GesR 2005, 396, 397; s. o. Rz. G 1, Rz. G 1a). **Der Arztvertrag kommt zwischen dem Patienten und sämtlichen Ärzten der Ge-**

meinschaftspraxis zustande, die entsprechende Leistung soll von jedem Arzt der Gemeinschaftspraxis erbracht werden können (BGH, Urt. v. 8. 11. 2005 – VI ZR 319/04, VersR 2006, 361, 363 = GesR 2006, 117, 119; OLG Zweibrücken, Urt. v. 23. 11. 2004 – 5 U 11/03, OLGR 2005, 291, 292 als Vorinstanz; Walter, MedR 2002, 169, 170; Schinnenburg, MedR 2000, 311, 312; Sommer/Dietelmeier, NJW 2011, 1551, 1552; L/K-Schlund, § 18 Rz. 14, 15 und § 115 Rz. 7, 12; Spick-hoff-Ratzel, § 705 Rz. 6, 17; Wenzel-Möller/Makoski, Kap. 2 Rz. 185, 189 ff.; Wenzel-Mennemeyer/Hugemann, Kap. 2 Rz. 409, 411).

Wenn die Ärzte einer Praxis bzw. Belegärzte eines Krankenhauses gegenüber Patienten bei deren stationärer Behandlung gemeinschaftlich – als Belegärzte-gemeinschaft – auftreten, so ist der Interessenlage und der Verkehrsauffassung zu entnehmen, dass der Patient **regelmäßig auch zu allen Belegärzten in vertrag-liche Beziehungen treten** will. Dies gilt auch dann, wenn der Patient vor seiner stationären Aufnahme im Rahmen der ambulanten Behandlung nur von einem der Belegärzte bzw. einem Mitglied der Arztpraxis allein in vertraglichen Beziehungen stand (OLG Zweibrücken, Urt. v. 23. 11. 2004 – 5 U 11/03, OLGR 2005, 291; bestätigt von BGH, Urt. v. 8. 11. 2005 – VI ZR 319/04, NJW 2006, 437, 438 = VersR 2006, 361, 362 f.).

Nach inzwischen einhelliger Ansicht (BSG, MedR 1984, 30; Walter, MedR, G 8 2002, 169, 170; L/K-Schlund, § 18 Rz. 14; Spickhoff-Ratzel, § 705 BGB Rz. 16; S/Pa, 12. Aufl., Rz. 53; Wenzel-Möller-Makoski, Kap. 2 Rz. 235 ff., 239 ff., 244 ff.: Teilberufsausübungsgemeinschaften, überörtliche Berufsausübungsgemeinschaf-ten, gemischte Gemeinschaftspraxis) können auch **Ärzte verwandter Fachgebiete so genannte fachübergreifende Gemeinschaftspraxen** bilden, wobei eine Geneh-migung zur gemeinschaftlichen Praxisführung nur unter der Einschränkung er-teilt wird, dass jeder Arzt seine Fachgebietsgrenzen einhält und den Patienten das Recht auf freie Arztwahl gewährleistet bleibt. Fachübergreifenden bzw. fach-verbindenden Gemeinschaftspraxen können Ärzte verschiedener Fachgebiete an-gehören. Bei einer gemischten Gemeinschaftspraxis handelt es sich um die ge-meinsame Tätigkeit von Ärzten mit und ohne Vertragsarztzulassung. § 33 II Ärz-te-ZV legt fest, dass die gemeinsame vertragsärztliche Tätigkeit nur unter (Kassen-)Vertragsärzten zulässig ist, untersagt aber nicht, dass sich der Gesell-schaftszweck auch auf die gemeinsame privatärztliche Tätigkeit erstrecken darf (Wenzel-Möller/Makoski, Kap. 2 Rz. 245).

Auch in einer fachübergreifenden Gemeinschaftspraxis haftet jeder Partner bzw. G 9 **„Scheinsozius" für die Verbindlichkeit der BGB-Gesellschaft und damit auch für Behandlungsfehler des kooperierenden „fachfremden" Arztes** (Walter, GesR 2005, 396, 398 im Anschl. an OLG Koblenz, Urt. v. 17. 2. 2005 – 5 U 349/04, GesR 2005, 260, 262 = MedR 2005, 294, 295 = MDR 2005, 1302, 1303 = VersR 2005, 655, 656 f.; vgl. auch BGH, Urt. v. 10. 5. 2012 – IX ZR 125/10, NJW 2012, 2435, Nr. 69, 71, 74: Haftung des Steuerberaters für einen Fehler des mit ihm in Sozietät verbundenen Rechtsanwalts).

2. Partnerschaftsgesellschaft

Eine Gemeinschaftspraxis kann auch als Partnerschaftsgesellschaft nach dem G 10 PartGG betrieben werden. Die Partnerschaftsgesellschaft kommt durch einen

Partnerschaftsvertrag zustande, für den Schriftform vorgesehen ist (§ 3 I PartGG). **Behandlungsverträge werden nur mit der Partnerschaft als Berufsausübungsgesellschaft geschlossen.** Über § 7 II PartGG findet § 124 HGB auf die im Partnerschaftsregister anzumeldende Partnerschaftsgesellschaft Anwendung, d. h. **die Partnerschaft kann unter ihrem Namen Rechte erwerben und Verbindlichkeiten eingehen sowie vor Gericht klagen und verklagt werden** (Walter, MedR 2002, 169, 170). Gemäß § 8 I 2 PartGG sind die §§ 129, 130 HGB entsprechend anwendbar, so dass auch neu eintretende Partner für Altverbindlichkeiten der Partnerschaft haften (vgl. BGH, Urt. v. 19. 11. 2009 – IX ZR 12/09, MDR 2010, 323 = NJW 2010, 1360, Nr. 15, 16).

G 10a Eine Spezialität im Recht der Partnerschaft stellt **§ 8 II PartGG** dar: Abgesehen von individualvertraglich vereinbarten Haftungsbeschränkungen auf bestimmte Partner **haften für etwaige Verbindlichkeiten der Gesellschaft aufgrund beruflicher Fehler neben der eingetragenen Partnerschaftsgesellschaft nur diejenigen Partner, die mit der Bearbeitung des entsprechenden Auftrages befasst waren.** Auf eine konkrete Pflichtverletzung kommt es dabei nicht an (Sommer/Treptow/Dietelmeier, NJW 2011, 1551, 1552; F/N/W, 5. Aufl., Rz. 15; Müko/Ulmer/ Schäfer, 5. Aufl. 2009, § 8 PartGG Rz. 14 ff., 22; Wenzel-Möller/Makoski, Kap. 2 Rz. 254, 255; Wenzel-Mennemeyer/Hugemann, Kap. 2 Rz. 394).

G 10b **Zur Begründung einer Haftung der Partnerschaftsgesellschaft und des jeweiligen Partners genügt jede eigene Mandatsarbeit bzw. Behandlungstätigkeit des Partners oder auch nur dessen tatsächliche bzw. nach interner Zuständigkeitsverteilung zugewiesene Überwachung der Bearbeitung durch einen angestellten Arzt bzw. Rechtsanwalt** (BGH, WM 2010, 139, 141, Nr. 17 zum RA; Sommer/Treptow/Dietelmeier, NJW 2011, 1551, 1553 zum RA; S/Pa, 12. Aufl., Rz. 57: **die Delegation an einen ärztlichen Mitarbeiter reicht zur Begründung der Haftung des Partners aus**; Wenzel-Möller/Makoski, Kap. 2 Rz. 255, 256).

Ist die Behandlung durch einen angestellten Arzt ausgeführt worden, so **konzentriert sich die Haftung damit regelmäßig auf den Gesellschafter, der diesen Arzt überwacht hat oder hätte überwachen müssen.** Haben die Partner die Zuständigkeit für die Überwachung nicht geregelt oder ist diese – etwa bei der Beschäftigung eines fachfremden Arztes – fachlich nicht möglich, so verbleibt es bei der persönlichen und gesamtschuldnerischen Haftung sämtlicher Partner (Wenzel-Mennemeyer/Hugemann, Kap. 2 Rz. 394 m. w. N.).

G 10c **Sind alle oder ist kein Partner mit der Bearbeitung der Angelegenheit „befasst" oder ist die „Befassung" nur eines bestimmten Partners nicht dokumentiert, entfällt die Haftungskonzentration.** Dann haften alle Partner (Anm.: und Scheinpartner) wieder nach § 8 I PartGG (Römermann, NJW 2013, 2305, 2308 m. w. N.).

G 10d **Gemäß § 8 I 2 PartGG i. V. m. § 130 HGB haftet der neu eintretende Gesellschafter auch für die vor seinem Beitritt begründeten Verbindlichkeiten der Partnerschaftsgesellschaft.** § 130 HGB gilt danach auch für Verbindlichkeiten aus dem Bereich der beruflichen Pflichtverletzungen (BGH, Urt. v. 19. 11. 2009 – IX ZR 12/09, MDR 2010, 323 = NJW 2010, 1360, 1361 = WM 2010, 139, Nr. 15, 16, 17; **a. A.** Müko-Ulmer/Schäfer, 5. Aufl., § 714 BGB Rz. 32 und § 8 PartGG Rz. 6: Haftung nur für Berufsfehler, die während der Mitwirkung des neuen Gesellschafters begonnen wurden; kritisch auch Römermann, NJW 2013, 2305, 2308).

Ist ein Partner mit der Bearbeitung eines Auftrages bzw. Behandlung eines Patienten befasst, kann er danach auch für die vor seinem Eintritt in die Partnerschaft begangenen beruflichen Fehler bzw. Behandlungsfehler eines anderen mit dem Auftrag bzw. der Behandlung befassten Partners haften, selbst **wenn er den Fehler nicht mehr korrigieren kann** (BGH, NJW 2010, 1360, 1362 = MDR 2010, 323, Nr. 16, 17; Wenzel-Möller/Makoski, Kap. 2 Rz. 258; Sommer/Treptow/Dietelmeier, NJW 2011, 1551, 1553; ablehnend Römermann, NJW 2013, 2305, 2308). Im Übrigen kommt sowohl die vertragliche als auch die deliktische Haftung für Berufsfehler nur insoweit in Betracht, als sich der eintretende Gesellschafter an der Bearbeitung des Auftrages bzw. der Behandlung beteiligt (BGH, a. a. O.; Sommer u. a., a. a. O.; Grunewald, NJW 2010, 3551).

Ein vom Geschädigten persönlich in Anspruch genommener Gesellschafter hat **gegen die Partnerschaftsgesellschaft einen Freistellungsanspruch** und – wenn er die Forderung befriedigt hat – einen **Regressanspruch gegen die Partnerschaft** und kann nach § 6 III 2 PartGG i. V. m. § 110 I HGB von der Gesellschaft vollen Ersatz für die Befriedigung einer Gesellschaftsschuld verlangen (Sommer/Treptow/Dietelmeier, NJW 2011, 1551, 1555; Müko-Ulmer/Schäfer, 5. Aufl., § 6 PartGG Rz. 25; Braun, MedR 2009, 272, 273; Wenzel-Möller/Makoski, Kap. 2 Rz. 260).   G 10e

Der aus der Partnerschaftsgesellschaft ausscheidene Partner **haftet für die Dauer von 5 Jahren für Altverbindlichkeiten der Gesellschaft** (§ 8 II PartGG i. V. m. § 160 I HGB). Fristbeginn für die Ausschlussfrist ist der Zeitpunkt der Eintragung des Ausscheidens im Partnerschaftsregister (Wenzel-Möller/Makoski, Kap. 2 Rz. 259).   G 10f

Nach h. M. greifen die Grundsätze der **Rechtsscheinhaftung** (vgl. Rz. G 2, G 3) beim Tätigwerden eines „Scheinpartners" auch hier ein, d. h. auch der angestellte oder freiberuflich tätige Arzt bzw. Rechtsanwalt, der den Patienten bzw. Mandanten ohne Hinweis auf das Anstellungsverhältnis betreut, haftet diesem gegenüber im Außenverhältnis (BGH, Urt. v. 3. 5. 2007 – IX 218/05, NJW 2007, 2490, 2492, Nr. 23–26; OLG München, DB 2001, 809, 811; Langenkamp/Jaeger, NJW 2005, 3238, 3239f.; Müko-Ulmer, 5. Aufl., § 8 PartGG Rz. 10, 21).   G 11

Auch wenn ein „Scheinpartner" mit der Bearbeitung des Auftrages bzw. Behandlung des Patienten befasst war, **können sich die wahren Partner auf § 8 II PartGG berufen**; andernfalls käme es zu einer vom Gesetz nicht intendierten Besserstellung des Geschädigten (Wenzel-Mennemeyer/Hugemann, Kap. 2 Rz. 394 a. E.; differenzierend Langenkamp/Jaeger, NJW 2005, 3238, 3239/3240: der Geschädigte hat ein Wahlrecht, ob er den handelnden Nichtpartner oder die echten Partner als Gesamtschuldner in Anspruch nehmen will). **§ 8 II PartGG ist auch zugunsten des „Scheinpartners"** (z. B. angestellter Arzt, der auf dem Briefbogen oder Rezeptkopf erscheint) **anzuwenden, wenn der Fehler einem anderen („echten") Partner unterläuft** (OLG München, DB 2001, 809, 811; Langenkamp/Jaeger, NJW 2005, 3238, 3239; Grams, AnwBl 2001, 292, 294, 295).   G 11a

Am 19. 7. 2013 ist das Gesetz zur Einführung einer **Partnerschaftsgesellschaft mit beschränkter Berufshaftung** (PartG mbB; BT-Drucks. 17/10487; vgl. hierzu Römermann, NJW 2013, 2305ff., 2308; Uwer/Roeding, AnwBl 2013, 309ff.) in Kraft getreten. Diese Rechtsformvariante erweist sich nach Ansicht von Römer-   G 11b mann (NJW 2012, 2305 und 2310) für Freiberufler im Hinblick auf § 8 IV PartGG (n. F.) als hoch attraktiv. Nach § 8 IV PartGG **haftet den Gläubigern für Verbindlichkeiten der Partnerschaft aus Schäden wegen fehlerhafter Berufsausübung nur das Gesellschaftsvermögen**, wenn die Partnerschaft eine zu diesem Zweck durch Gesetz vorgegebene **Berufshaftpflichtversicherung unterhält**. Der Name der Partnerschaft kann mit „Part" oder „PartG" abgekürzt werden und muss den Zusatz „mit beschränkter Berufshaftung" oder die Abkürzung „mbB" bzw. eine andere allgemein verständliche Abkürzung dieser Bezeichnung enthalten.

G 11c „Durch Gesetz" vorgegeben sind bislang aber im Wesentlichen nur die Berufshaftpflichtversicherungen für Rechtsanwälte, Patentanwälte, Steuerberater und Wirtschaftsprüfer mit jeweils festgesetzten Mindestversicherungssummen, z. B. 2 500 000 Euro für Rechtsanwälte (§ 51a BRAO). Römermann (NJW 2013, 2305, 2309) geht davon aus, dass **andere Berufe bzw. die hierfür zuständigen Gesetzgebungsorgane bald nachziehen** werden.

3. Praxisgemeinschaft

G 12 Bei der **Praxisgemeinschaft wird nur der einzelne Arzt Vertragspartner des Patienten**. Zwischen den an der Praxisgemeinschaft beteiligten Ärzten besteht eine BGB-Gesellschaft als reine Innengesellschaft. Diese tritt nach außen nur hinsichtlich der Anmietung der Praxisräume, der Beschaffung, Einrichtung und Unterhaltung der Gemeinschaftseinrichtungen und/oder hinsichtlich der Einstellung und Entlassung gemeinschaftlichen Personals u. a. hervor (L/K-Schlund, § 18 Rz. 11, 12 und § 115 Rz. 11, 12: jeweils eigener Patientenstamm, eigene privat- und vertragsärztliche Abrechnung, eigene Karteiführung; S/Pa, 12. Aufl., Rz. 51, 52; Wenzel-Möller/Makoski, Kap. 2 Rz. 284, 288: auch Angehörige nichtärztlicher Heilberufe oder ein MVZ können an einer Praxisgemeinschaft beteilig sein). Hier wird die ärztliche Tätigkeit wie in einer Einzelpraxis von jedem Arzt selbständig ausgeübt (Walter, MedR 2002, 169 und GesR 2005, 396, 397).

4. Medizinisches Versorgungszentrum (MVZ)

G 12a Medizinische Versorgungszentren (MVZ) sind gemäß § 95 I 2 SGB V „fachübergreifende ärztlich geleitete Einrichtungen, in denen Ärzte, die in das Arztregister nach § 95 II 3 Nr. 1 eingetragen sind, als Angestellte oder Vertragsärzte tätig sind".

Der Kreis der zugelassenen Leistungserbringer in der ambulanten vertragsärztlichen Versorgung, sowohl Vertragsärzte als auch angestellte Ärzte jeweils verschiedener Fachrichtungen, ist mit der Einführung der MVZs zum 1. 1. 2004 und 1. 1. 2007 in Kraft getretenen Änderungen deutlich erweitert worden (vgl. L/K-Steinhilper, § 31 Rz. 26, 27; Wenzel-Möller/Makoski, Kap. 2 Rz. 833, 834, 850; Spickhoff-Ratzel, § 705 BGB Rz. 20ff.).

So können auch **Ärzte mit unterschiedlichen Facharzt- oder Schwerpunktbezeichnungen Gründer, Träger und Angestellte eines MVZ sein** (L/K-Steinhilper, § 31 Rz. 27; Wenzel-Möller/Makoski, Kap. 2 Rz. 838, 839: Anzahl der Fachgebiete ist irrelevant).

Einem berufsbildüberschreitenden MVZ, bestehend aus Humanmedizinern und Zahnärzten, wurde die Anerkennung teilweise versagt. Nach § 95 I 5 SGB V darf sich ein Zahnarzt aber jedenfalls an einer medizinischen Kooperationsgemeinschaft mit Humanmedizinern beteiligen, **eine gemeiname Anstellung von Vertragsärzten und Vertragszahnärzten in einem MVZ ist zulässig** (Spickhoff-Ratzel, § 705 BGB Rz. 28; ebenso L/K-Steinhilper, § 31 Rz. 27; Wenzel-Möller/Makoski, Kap. 2 Rz. 841, 842).

Ein MVZ kann sich sämtlicher zulässigen Organisationsformen bedienen. In der Praxis werden die meisten **MVZ als GbR oder GmbH** gegründet (vgl. Wenzel-Möller/Makoski, Kap. 2 Rz. 833, 835, 858, 859: ca. 50 % GmbH, ca. 25 % GbR; L/K-Steinhilper, § 31 Rz. 27; R/L-Kern, § 1 Rz. 57). In einzelnen Bundenländern ist die Ausübung ambulanter Heilberufe in der Rechtsform der GmbH jedoch untersagt (vgl. Wenzel-Möller/Makoski, Kap. 2 Rz. 859; Butzer, NZS 2005, 344, 350). Die Anzahl der MVZ in (Mit-)Trägerschaft von Krankenhausträgern nimmt ständig zu (Wenzel, a.a.O., Rz. 833). | G 12b

In einem MVZ wird der Behandlungsvertrag zwischen dem Patienten nicht mit den einzelnen Ärzten, sondern **mit dem Träger des MVZ (in der Regel GmbH oder BGB-Gesellschaft) geschlossen**. Das MVZ haftet im Außenverhältnis (L/K-Steinhilper, § 31 Rz. 35). Auch hier kommt eine Rechtsscheinhaftung in Betracht (vgl. Rz. G 2, G 3), etwa wenn auf die Haftungsbeschränkungen (GmbH) nicht deutlich hingewiesen oder bei einem MVZ in der Rechtsform der GbR ein auf dem Brief- oder Rezeptbogen ohne Hinweis auf das Angestelltenverhältnis genannter Arzt behandelt. | G 12c

Im vertragsärztlichen Bereich **rechnet der MVZ-Träger die erbrachten Leistungen gegenüber der zuständigen KV ab**. Die PKV der Privatpatienten erstattet die Kosten einer MVZ-GmbH regelmäßig dann, wenn diese zur vertragsärztlichen Versorgungstätigkeit zugelassen ist und die Rechnung nach Maßgabe der GOÄ bzw. GOZ erstellt werden (Wenzel-Möller/Makoski, Kap. 2 Rz. 863, 864). Ein **MVZ kann auch belegärztliche Leistungen erbringen**. Inhaber der Belegarztanerkennung ist der MVZ-Träger (Wenzel-Möller/Makoski, Kap. 2 Rz. 865). | G 12d

Die im MVZ tätigen Ärzte haften – wie bei der Praxisgemeinschaft und der Gemeinschaftspraxis – selbst deliktisch. Zudem wird ihr Handeln gemäß § 831 BGB dem MVZ-Träger zugerechnet, wobei sich dieser gemäß § 831 I 2 BGB entlasten kann (Wenzel-Möller, Kap. 2 Rz. 1906). | G 12e

III. Haftung

1. Gemeinschaftspraxis

a) Gesamtschuldnerische Haftung

Grundsätzlich haften alle Ärzte der als BGB-Gesellschaft betriebenen Gemeinschaftspraxis dem Patienten aus dem Arztvertrag **gesamtschuldnerisch** für dessen Erfüllung. Gleiches gilt für einen Scheingesellschafter (Scheingesellschafter s.o. Rz. G 2, G 3). Unterläuft einem der Ärzte ein Behandlungsfehler, trifft die | G 13 vertragliche Haftung aus § 280 I BGB sämtliche Partner der Gemeinschaft nach bislang einhelliger Ansicht jedenfalls dann, wenn es sich um austauschbare Leistungen handelt und der Patient die Praxis auch als solche aufgesucht hat oder wenn die Ärzte den Patienten ohne deutliche Trennung der Zuständigkeiten gemeinsam betreuen (S/Pa, 12. Aufl., Rz. 53, 55). Dass die Person des Arztes für den Patienten gleichgültig ist, wird vom BGH (VersR 1999, 1241; S/Pa, a. a. O.) für die „Austauschbarkeit" der Leistung nicht mehr vorausgesetzt. Die gesamtschuldnerische Haftung greift auch dann ein, wenn nur einer der Ärzte zusätzlich eine Belegstation unterhält und der Patient dort im Rahmen der Behandlung durch den Belegarzt oder dessen Partner bzw. dessen Urlaubsvertreter geschädigt wird (BGH, Urt. v. 8. 11. 2005 – VI ZR 319/04, NJW 2006, 437, 438 = VersR 2006, 361, 363 = GesR 2006, 117, 119; S/Pa, 12. Aufl., Rz. 55).

G 14 Wenn **Belegärzte eines Krankenhauses** gegenüber ihren Patienten etwa auf einem gemeinsamen Briefkopf gemeinschaftlich auftreten, ist es der Interessenlage und der Verkehrsauffassung zu entnehmen, dass eine Patientin regelmäßig zu allen Belegärzten in vertragliche Beziehungen treten will. Erleidet die Patientin aufgrund eines Behandlungsfehlers einer der Ärzte einen Gesundheitsschaden, so haften hierfür auch die anderen, gemeinsam nach außen in Erscheinung tretenden Ärzte und zwar selbst dann, wenn die Patientin vor ihrer stationären Aufnahme im Rahmen der ambulanten Behandlung nur von einem der Belegärzte behandelt worden ist (OLG Zweibrücken, Urt. v. 23. 11. 2004 – 5 U 11/03, OLGR 2005, 291, 292; bestätigt von BGH, Urt. v. 8. 11. 2005 – VI ZR 319/04, VersR 2006, 361, 363 = GesR 2006, 117, 118).

G 15 Die haftungsrechtlichen Folgen einer bestehenden Gemeinschaftspraxis erfahren durch die Aufnahme der Patientin in das Belegkrankenhaus keine Veränderung (BGH, Urt. v. 16. 5. 2000 – VI ZR 321/98, NJW 2000, 2737, 2738 = MDR 2000, 1130 = NJW 2000, 2737, 2741; auch OLG Hamm, Urt. v. 24. 2. 2002 – 3 U 8/01, VersR 2003, 1312, 1313; OLG Celle, VersR 1993, 360 = OLGR 1994, 319).

Bei der ärztlichen Tätigkeit in einem **medizinischen Versorgungszentrum** (MVZ, vgl. § 95 SGB V) ist entscheidend, in welcher Rechtsform (meist BGB-Gesellschaft) dieses betrieben wird. Der Behandlungsvertrag kommt mit dem MVZ und nicht mit den angestellten Ärzten zustande. Auch hier verbleibt es bei einer **deliktischen Eigenhaftung des jeweils behandelnden Arztes**, auch wenn er lediglich angestellt ist (F/N/W, 5. Aufl., Rz. 16; Rehborn, ZMGR 2008, 296, 302; Braun, MedR 2009, 272 ff.; vgl. hierzu Rz. G 12a–G 12e).

b) Entsprechende Anwendung des § 31 BGB

G 16 Bis zur Entscheidung des BGH zur **Rechtsfähigkeit und aktiven sowie passiven Parteifähigkeit einer BGB-Gesellschaft** (BGH, Urt. v. 29. 1. 2001 – II ZR 331/00, NJW 2001, 1056 = MDR 2001, 459; nachfolgend BGH, Urt. v. 24. 2. 2003 – II ZR 385/99, NJW 2003, 1445, 1446 = MDR 2003, 639 = MedR 2003, 632, 633; BGH, Urt. v. 23. 10. 2003 – IX ZR 324/01, MDR 2004, 330) wurde angenommen, dass delikts rechtlich jeder Partner nur für seine eigenen Behandlungs- und Aufklärungsfehler passiv legitimiert ist, da eine Haftungszurechnung aus §§ 831, 31 BGB mangels Weisungsgebundenheit ausscheiden würde (OLG Celle, VersR

2002, 1558, 1560; Gehrlein, Rz. A 15, S/Pa, 10. Aufl., Rz. 45b, 45c, 107d; G/G, 6. Aufl., Rz. A 15).

Da der BGB-Gesellschafter für die Verbindlichkeiten der BGB-Gesellschaft nach   G 17
Ansicht des BGH (Urt. v. 29. 1. 2001 – II ZR 331/00, MDR 2001, 459 = NJW 2001, 1056; zustimmend; Lux, MDR 2003, 757 f.; Karsten Schmidt, NJW 2005, 2801, 2806 ff.; Steffen, MedR 2006, 75, 77 f.; Walter, MedR 2002, 169, 171 und, GesR 2005, 396) **entsprechend den Regelungen für die OHG gem. §§ 128, 129 HGB analog persönlich und akzessorisch haftet, hatte die h. L. § 31 BGB analog auch auf die BGB-Gesellschaft angewandt** und erwartet, dass der BGH auch diesen weiteren Schritt in absehbarer Zukunft vollziehen wird (Habersack, BB 2001, 477, 479; Schmidt, NJW 2001, 993, 1003; Ulmer, ZIP 2001, 585, 597; Walter, MedR 2002, 169, 172).

Im Urt. v. 24. 2. 2003 (II ZR 385/99, NJW 2003, 1445, 1446 f. = MDR 2003, 639 =   G 18
MedR 2003, 632, 633) hat der BGH dann – wie zu erwarten war – entschieden, es gebe keinen überzeugenden Grund, diese **Haftung entsprechend § 31 BGB** – anders als bei der OHG, bei der die Haftung der Gesellschaft auch für ein zum Schadensersatz verpflichtendes Verhalten ihrer Gesellschafter gem. § 31 BGB allgemein anerkannt ist – auf rechtsgeschäftlich begründete Verbindlichkeiten zu beschränken. Für die Ausdehnung auf gesetzliche Verbindlichkeiten spricht insbesondere der Gedanke des Gläubigerschutzes. Denn anders als bei rechtsgeschäftlicher Haftungsbegründung können sich die Gläubiger einer gesetzlichen Verbindlichkeit (etwa aus § 823 I BGB) ihren Schuldner nicht aussuchen; dann aber muss erst recht wie bei vertraglichen Verbindlichkeiten das Privatvermögen der Gesellschafter als Haftungsmasse zur Verfügung stehen.

Danach haften die Gesellschafter einer BGB-Gesellschaft, also auch einer **Ge-**   G 19
meinschaftspraxis einschließlich des „Scheinpartners" (etwa bei tatsächlich bestehender Praxisgemeinschaft oder einem Angestelltenverhältnis), grundsätzlich auch für gesetzlich begründete Verbindlichkeiten ihrer Gesellschaft **persönlich und gesamtschuldnerisch** (BGH, Urt. 24. 4. 2003 – II ZR 385/99, MDR 2003, 639; BGH, Urt. v. 3. 5. 2007 – IX ZR 218/05, NJW 2007, 2490, 2492; vgl. auch BGH, Urt. v. 10. 5. 2012 – IX ZR 125/10, NJW 2012, 2435, 2441, Nr. 69, 71 zu einer Rechtsanwaltssozietät; zustimmend OLG Koblenz, Urt. v. 17. 2. 2005 – 5 U 349/04, MDR 2005, 1302, 1303 = MedR 2005, 294, 295 = GesR 2005, 260, 262 = VersR 2005, 655, 656 f.; Altmeppen, NJW 2004, 1563; Hirte, NJW 2005, 718, 720; Lux, MDR 2003, 757 f.; Möller, MedR 2004, 69, 70 f.; Karsten Schmidt, NJW 2005, 2801, 2806 f.; Steffen, MedR 2006, 75, 77 f.; Thole, AnwBl 2006, 209 f.; Walter, GesR 2005, 396, 397; S/Pa, 12. Aufl., Rz. 53, 54, 56: **auch der erst später eintretende Gesellschafter haftet, die Nutzung eines gemeinsamen Praxisschildes, von Briefbögen, Rezepten, Überweisungsscheinen mit gemeinsamem Kopf reicht zur Haftungsbegründung aus**; L/K-Schlund, § 18 Rz. 14, 15 und § 115 Rz. 7 ff.; Spickhoff-Greiner, § 823 BGB Rz. 297; Wenzel-Möller/Makoski, Kap. 2 Rz. 196, 197, 200, 206, 207; Wenzel-Mennemeyer/Hugemann, Kap. 2 Rz. 391, 392, 410; F/N/W, 5. Aufl., Rz. 14, 15; R/L-Kern, § 1 Rz. 54).

Das OLG Koblenz (Urt. v. 17. 2. 2005 – 5 U 349/04, GesR 2005, 260, 262 = VersR   G 20
2005, 655, 656 f.; zustimmend Walter, GesR 2005, 396 ff.) hat die zur Haftung

einer Grundstücksgesellschaft (BGB-Gesellschaft) ergangene Rspr. des BGH konkret auf ärztliche Gemeinschaftspraxen übertragen und im Anschluss an die Entscheidung des BGH vom 24. 2. 2003 (II ZR 385/99, NJW 2003, 1445, 1446) eine **Haftung der Gesellschafter für deliktisch begründete Gesellschaftsschulden – im entschiedenen Falls einer aus zwei Ärzten bestehenden Gemeinschaftspraxis – bejaht.**

Soweit es sich – wie im entschiedenen Fall – um eine Schadenszufügung handelt, die typischerweise in Ausübung der dem Gesellschafter zustehenden organschaftlichen Verrichtungen begangen wurde, hielt auch das OLG Koblenz die Einstandspflicht des Mitgesellschafters für die vom anderen Gesellschafter begründete Haftung der BGB-Gesellschaft für unproblematisch gegeben. Im entschiedenen Fall war einem der beiden Ärzte ein Behandlungsfehler unterlaufen, der zum Verlust einer Niere des Patienten führte.

G 21 Danach steht fest, dass jeder **Partner einer Gemeinschaftspraxis, auch ein „Scheinpartner"** unabhängig von Rechtsgrund, also dem Bestehen einer vertraglichen oder deliktischen Haftung, summenmäßig unbegrenzt und persönlich haftet (BGH, Urt. v. 3. 5. 2007 – IX ZR 218/05, NJW 2007, 2490, 2492: Haftung der einzelnen Sozien/BGB-Gesellschafter einer Anwaltssozietät für das deliktische Handeln eines Scheinsozius; BGH, Urt. v. 10. 5. 2012 – IX ZR 125/10, NJW 2012, 2435, 2441, Nr. 69, 71: **Haftung sämtlicher Sozien gemäß § 128 HGB analog;** BGH, Urt. v. 17. 11. 2011 – IX ZR 161/09, NJW-RR 2012, 239, 240, Nr. 11: **Rechtsscheinhaftung bei Nennung im Briefkopf;** OLG Koblenz, MDR 2005, 1302, 1303 zur Arztpraxis; Walter, GesR 2005, 396, 397; zur bejahten Haftung des „Scheinpartners", etwa eines angestellten Arztes oder einer Praxisgemeinschaft, die z.B. mit gemeinsamen Kopfbögen, Rezeptbögen o.a. nach Außen auftreten, auch S/Pa, 12. Aufl., Rz. 56; Spickhoff-Greiner, § 823 BGB Rz. 297; Wenzel-Möller/Makoski, Kap. 2 Rz. 200, 206, 208, 210, 211; Wenzel-Mennemeyer/Hugemann, Kap. 2 Rz. 393, 410, 411; F/N/W, 5. Aufl., Rz. 14, 55; vgl. bereits Rz. G 2, G 3).

c) Entsprechende Anwendung der §§ 128, 130 HGB

G 22 Darüber hinaus wurde von der h. L. bereits bislang eine **analoge Anwendung des § 130 BGB auf alle BGB-Gesellschafter** bejaht, so dass der in eine Gemeinschaftspraxis neu eintretende Arzt auch für die zum Beitrittszeitpunkt bereits begründeten Schadensersatz- und Schmerzensgeldansprüche eines Patienten gegen ein anderes Mitglied der Gemeinschaftspraxis wegen fehlerhafter Behandlung haften würde (Walter, MedR 2002, 169, 173; Schmidt, NJW 2001, 993, 999; Habersack, BB 2001, 477, 482). Der in eine freiberufliche BGB-Gesellschaft eintretende Neugesellschafter haftete nach fast einheiliger Ansicht grundsätzlich jedenfalls für **Verbindlichkeiten aus beruflichen Haftungsfällen** (LG Frankenthal, Urt. v. 21. 7. 2004 – 2 S 75/04, NJW 2004, 3190; LG Hamburg, Urt. v. 11. 5. 2004 – 321 O 433/03, NJW 2004, 3492, 3493; Knöfel, AnwBl 2006, 373, 377; Lux, NJW 2003, 2806, 2807 f. und MDR 2003, 758; Möller, MedR 2004, 69, 71; Reiff, VersR 2003, 773, 774; Karsten Schmidt, NJW 2005, 2801, 2807 f. und, NJW 2003, 1897, 1902; Ulmer, ZIP 2003, 1113, 1119; Walter, MedR 2003, 635, 636 und, GesR 2005, 396, 398; **a.A.** Zacharias, AnwBl 2003, 679, 680).

Mit Urt. v. 7. 4. 2003 (II ZR 56/02, NJW 2003, 1803, 1804 = MDR 2003, 756 =   G 23
VersR 2003, 771; BVerfG, Beschl. v. 18. 10. 2012 – 1 BvR 2366/11, NJW 2013,
523, 524: verfassungsrechtlich unbedenklich; zustimmend: Köper, VersR 2003,
1182 f.; Lux, MDR 2003, 757 f.; Möller, MedR 2004, 69; Segna, NJW 2006, 1566,
1568 f. zu §§ 128, 130 HGB) hat der BGH dann entschieden, dass der in eine BGB-
Gesellschaft eintretende Gesellschafter auch für die vor seinem Eintritt begründeten Verbindlichkeiten der Gesellschaft **entsprechend § 130 HGB grundsätzlich
persönlich und gesamtschuldnerisch neben den Altgesellschaftern** einzustehen
hat. Dies gelte auch für Gesellschaften bürgerlichen Rechts, in denen sich Angehörige freier Berufe zu gemeinsamer Berufsausübung zusammengeschlossen haben. Allerdings würden Erwägungen des Vertrauensschutzes es gebieten, den
Grundsatz der persönlichen Haftung (§§ 128, 130 HGB analog) des in eine BGB-
Gesellschaft Eintretenden für Altverbindlichkeiten der Gesellschaft erst auf
künftige Beitrittsfälle anzuwenden. Im Hinblick auf die Sonderbehandlung der
Berufshaftung in § 8 II PartGG und § 51a II BRAO ließ der BGH die Frage offen,
ob es eine gesetzliche Altschuldenhaftung des Neugesellschafters auch für Ver-
bindlichkeiten aus beruflichen Haftungsfällen geben soll (BGH, Urt. v. 7. 4. 2003
– II ZR 56/02, MDR 2003, 756, 757 = NJW 2003, 1803, 1804; Karsten Schmidt,
NJW 2005, 2801, 2806).

In seinem Urt. v. 12. 12. 2005 (II ZR 283/03, NJW 2006, 756, 757 = VersR 2006,   G 24
550, 551; im Ergebnis zustimmend Segna, NJW 2006, 1566, 1569; weitergehend
Knöfel, AnwBl 2006, 373, 377 für generelle Eintrittshaftung aus der Praxis) stellte
der II. ZS des BGH klar, dass der von ihm postulierte **Schutz des Vertrauens des
Neugesellschafters** auf den Fortbestand der vor dem Urt. v. 7. 4. 2003 bestehenden
Rechtslage **nicht von einer Einzelfallprüfung dispensiere**, sondern jeweils eine Abwägung zwischen den Interessen des Neugesellschafters einerseits und des Gläubigers der Gesellschaft andererseits unter Berücksichtigung des Gebots materieller Gerechtigkeit erfordere (vgl. Thole, AnwBl 2006, 209 f.). **Es komme darauf an,
ob der Neugesellschafter die bestehende Altverbindlichkeit der Gesellschaft im
Beitrittszeitpunkt kennt oder bei auch nur geringer Aufmerksamkeit hätte erkennen können** (BGH, Urt. v. 12. 12. 2005 – II ZR 283/03, VersR 2006, 550, 552;
ebenso OLG Koblenz, Urt. v. 21. 10. 2010 – 5 U 653/10, MDR 2012, 124).

So muss jeder Neugesellschafter etwa mit dem Vorhandensein von Lieferverträ-   G 24a
gen über Versorgungsleistungen, etwa Gas-, Strom-, Wasser- und Öllieferungen
rechnen. In dem am 12. 12. 2005 (II ZR 283/03, VersR 2006, 550, 552 = NJW
2006, 765, 767) entschiedenen Fall verurteilte der BGH den Neugesellschafter
dementsprechend zur Zahlung aufgelaufener Altverbindlichkeiten für Gasliefe-
rungen.

Auch in dem vom OLG Koblenz (Urt. v. 21. 10. 2010 – 5 U 653/10, MDR 2012,
124) entschiedenen Fall waren Altverbindlichkeiten vorhanden. Im dortigen
Fall handelte es sich um Familienmitglieder, die den eintretenden Verwandten
nach Auffassung des OLG Koblenz nicht „über irgendeinen für dessen Beitritt
maßgeblichen Umstand im Unklaren ließen".

Im dem Urt. v. 7. 4. 2003 (II ZR 56/02, MDR 2003, 756 = VersR 2003, 771 = NJW   G 25
2003, 1803) zugrunde liegenden Sachverhalt des Eintritts eines Junganwalts in
eine Anwaltssozietät, die einen dem eintretenden Anwalt nicht bekannten An-

spruch auf Rückzahlung eines ohne Rechtsgrund geleisteten Honorarvorschusses ausgesetzt war, hatte der BGH den Interessen des Neugesellschafters gegenüber denjenigen des Mandanten der Sozietät Vorrang eingeräumt und die **Haftung des neu eintretenden Anwalts aus § 130 HGB für die Altverbindlichkeit, deren Bestehen für den Eintretenden nicht erkennbar war, verneint.**

Ist der eintretende Neugesellschafter also vor dem 7. 4. 2003 in die Gesellschaft eingetreten, hat er dabei schutzwürdiges Vertrauen in die Fortführung der früheren Rspr. entfaltet und konnte er das Bestehen von Altverbindlichkeiten nicht erkennen, so trifft ihn keine akzessorische Haftung für die Altverbindlichkeiten gem. § 130 HGB, sondern allein für die nach dem Beitrittszeitpunkt begründenden Verbindlichkeiten entsprechend § 128 HGB.

G 26 **Für alle Beitrittsfälle ab dem 7. 4. 2003 bzw. dem Bekanntwerden dieser Entscheidung gilt dagegen die uneingeschränkte Haftung für Altschulden.** Gleiches gilt, wenn der neu eintretende Gesellschafter bei einem Beitritt vor diesem Zeitpunkt das Bestehen der Verbindlichkeiten gekannt hat oder mühelos hätte erkennen können; im Übrigen bleibt es bei der Haftung für Neuschulden analog § 128 HGB (Thole, AnwBl 2006, 209 f.).

G 27 Mit der vom BGH (Urt. v. 12. 12. 2005 – II ZR 283/03, VersR 2006, 550, 551 f. = NJW 2006, 765, 766) vorgenommenen Differenzierung kann auch die zuvor im Schrifttum aufgeworfene und dort zugunsten des eintretenden Neugesellschafters beantwortete Frage gelöst werden, ob dieser beim Eintritt in eine BGB-Gesellschaft (Gemeinschaftspraxis, auch als „Scheingesellschafter") für **Honorarrückforderungsansprüche** privat krankenversicherter Patienten oder der kassenärztlichen Vereinigung bzw. für **Arzneimittel- und sonstige Regresse der Krankenkassen** haftet. Die **analoge Anwendung des § 130 HGB** wurde von der h. M. insoweit abgelehnt, da die von der Rspr. entwickelten „neuen Haftungsgrundsätze" auf die sozialrechtlich geprägte Rechtsbeziehung zwischen Vertragsärzten und öffentlich-rechtlichen Körperschaften nicht übertragen werden könnten (Möller, MedR 2004, 69, 71 f.; ebenso Walter, GesR 2005, 396, 398 m. w. N.; tendenziell auch Quaas/Zuck, § 14 Rz. 11).

G 28 Diese Literaturauffassung erweist sich im Licht der BGH-Entscheidungen vom 12. 12. 2005 und vom 7. 4. 2003 als zutreffend. Auch bei der von ihm geforderten „nicht nur geringen Aufmerksamkeit" (BGH, Urt. v. 12. 12. 2005 – II ZR 283/03, VersR 2006, 550, 552; zustimmend etwa Wenzel-Möller/Makoski, Kap. 2 Rz. 200 und Wenzel-Mennemeyer/Hugemann, Kap. 2 Rz. 409: „Wenn die Altverbindlichkeiten bekannt waren bzw. hätten bekannt sein müssen") **kann ein neu in die Praxisgemeinschaft eintretender Arzt regelmäßig nicht erkennen, ob und in welchem Umfang derartige Honorarrückforderungsansprüche und Regresse drohen bzw. drohen könnten.**

G 29 Das OLG Saarbrücken (Urt. v. 22. 12. 2005 – 8 U 91/05, NJW 2006, 2862, 2863; auch Urt. v. 23. 12. 2005 – 8 U 92/05, MDR 2006, 1019, 1020; auch Wenzel-Möller/Makoski, Kap. 2 Rz. 209) folgt im Grundsatz den Ausführungen des BGH (hier: Urt. v. 7. 4. 2003 – II ZR 56/02, NJW 2003, 1803 = MDR 2003, 756). Es ist allerdings der Auffassung, ein **„Scheingesellschafter" hafte nicht in analoger Anwendung des § 130 HGB für solche Altverbindlichkeiten der BGB-Gesellschaft,**

die vor der Setzung des Rechtsscheins einer Gesellschafterstellung entstanden sind. Denn der (Neu-)„Scheingesellschafter" habe keine aus dem Eintritt in die Gesellschaft und der Teilhabe auch an dem Gesellschaftsvermögen folgenden Vorteile, die dann auch eine persönliche Mithaftung für Altverbindlichkeiten gerechtfertigt erscheinen ließen, die vor seinem „Schein-Beitritt" entstanden sind (OLG Saarbrücken, Urt. v. 22. 12. 2005 – 8 U 91/05, NJW 2006, 2862, 2864).

Mennemeyer/Hugemann (in: Wenzel, Kap. 2 Rz. 411) stimmen der Entscheidung des OLG Saarbrücken nicht in der Begründung, aber im Ergebnis zu. Der Gläubiger einer Altverbindlichkeit könne zum Zeitpunkt der Begründung seiner Forderung gerade nicht auf eine gesamtschuldnerische Mithaftung des späteren (Schein-)Gesellschafters vertrauen und sei daher nicht schutzbedürftig; zudem fehle es an der notwendigen Kausalität. Es bestehe daher **regelmäßig keine Rechtsscheinhaftung des eintretenden Scheingesellschafters für Altverbindlichkeiten**. G 29a

Auch **berufsfremde Sozien** (hier: Rechtsanwälte/Steuerberater) **haften für berufliche Fehler eines Mitgesellschafters**. Wird ein Anwaltsvertrag mit einer Sozietät geschlossen, der neben Rechtsanwälten auch Steuerberater angehören, so haften für einen Regressanspruch wegen Verletzung anwaltlicher Beratungspflichten auch diejenigen Sozien gemäß §§ 128, 129 HGB analog, die selbst nicht Rechtsanwälte, sondern Steuerberater sind. **Ein Haftungsausschluss in entsprechender Anwendung des § 8 II PartGG kommt in Ermangelung einer Regelungslücke zugunsten der Mitglieder einer GbR nicht in Betracht** (BGH, Urt. v. 10. 5. 2012 – IX ZR 125/10, NJW 2012, 2435, 2442, Nr. 69, 71, 74; zustimmend Deckenbrock, AnwBl, 2012, 723, 725; noch offengelassen von BGH, NJW 2003, 1803). G 29b

Entsprechendes würde danach auch für Ärzte unterschiedlicher Fachrichtungen gelten, die sich zu einer Gemeinschaftspraxis zusammengeschlossen haben bzw. haftungsrechtlich als solche zu behandeln wären, etwa beim Auftreten durch gemeinsames Praxisschild, gemeinsame Briefbögen, Rezeptblöcke, Überweisungsscheine (vgl. hierzu Spickhoff-Greiner, § 823 BGB Rz. 297; S/Pa, 12. Aufl., Rz. 56; Wenzel-Möller/Makoski, Kap. 2 Rz. 206, 207, 211 und Wenzel-Mennemeyer/Hugemann, Kap. 2 Rz. 393, 409, 411; vgl. bereits Rz. G 2, G 3).

d) Entsprechende Anwendung des § 28 HGB

Unverändert bleibt auch die **Haftungssituation** bei der **Sachgründung** einer **Sozietät unter Einbringung einer Einzelkanzlei**, wobei Entsprechendes auch für eine Arztpraxis gelten müsste. Für diese Situation hat der IX. Zivilsenat des BGH eine analoge **Anwendung des § 28 HGB und damit eine persönliche Haftung des Sozius, der in eine Einzelkanzlei eintritt, verneint** (BGH, Urt. v. 22. 1. 2004 – IX ZR 65/01, NJW 2004, 836, 837 = MDR 2004, 570; bestätigt von BGH, Urt. v. 17. 11. 2011 – IX ZR 161/09, NJW-RR 2012, 239, 241, Nr. 20, 22; Thole, AnwBl 2006, 210; **a. A. und für die entsprechende Anwendung der §§ 28, 128 HGB**: OLG Naumburg, Urt. v. 17. 1. 2006 – 9 U 86/05, MDR 2006, 1320: Mietzins; Grunewald, JZ 2004, 683f.; Knöfel, AnwBl 2006, 373, 377; Möller, MedR 2004, 69 und 74; Müko-Ulmer, 5. Aufl., § 784 BGB Rz. 75; Karsten Schmidt, BB 2004, 785ff. und NJW 2005, 2801, 2807f.; Ulmer, ZIP 2003, 1113, 1116). G 30

G 30a   Bei § 28 HGB handle es sich um eine rein handelsrechtliche Bestimmung, die das Vorhandensein einer fortführungsfähigen Firma und die Eintragungsfähigkeit der Firma im Handelsregister voraussetze. Zudem sei das Rechtsverhältnis zwischen einem Rechtsanwalt und seinem Mandanten in erster Linie durch die persönliche und eigenverantwortliche anwaltliche Dienstleistung geprägt. Der Mandant, der gerade keine Sozietät beauftragt, dürfe davon ausgehen, dass der beauftragte Anwalt die ihm aufgrund besonderen Vertrauens übertragene Dienstleistung persönlich und allein erbringe. Es sei auch nicht zwingend, dass die vom II. ZS befürwortete analoge Anwendung des § 130 I HGB die entsprechende Anwendbarkeit des § 28 I 1 HGB zur Folge haben müsse (BGH, Urt. v. 22. 1. 2004 – IX ZR 65/01, NJW 2004, 836, 837 f.; in diesem Sinn auch Koller/Roth/Morck, 6. Aufl. 2005, § 28 HGB Rz. 5; Baumbach/Hopt, 33. Aufl., § 28 HGB Rz. 2, 5). Die Argumentation des IX. ZS ist dabei durchaus **auf den Entritt in eine ärztliche Einzelpraxis übertragbar** (Walter, GesR 2005, 396, 399; F/N/W, 5. Aufl., Rz. 14 a.E.; Wenzel-Möller/Makoski, Kap. 2 Rz. 203: etwas anderes gilt dann, wenn die Forderungen und Verbindlichkeiten der „alten" Gesellschaft auf die „neue" ausdrücklich übergeleitet werden; Wenzel-Mennemeyer/Hugemann, Kap. 2 Rz. 410: keine Haftung des in eine Einzelpraxis eintretenden Arztes für berufshaftungsrechtliche Altverbindlichkeiten).

G 30b   Im Urteil v. 17. 11. 2011 (IX ZR 161/09, NJW-RR 2012, 239, 241, Nr. 20, 22) hat der BGH entschieden, dass die **GbR auch dann nicht für eine im Betrieb der in der bisherigen Einzelanwaltskanzlei, die in die Gesellschaft eingebracht wird, begründete Verbindlichkeit haftet, wenn der vormalige Einzelanwalt im Rechtsverkehr den Anschein einer Sozietät (hier: gemeinsamer Briefkopf) gesetzt hatte**.

So haften angestellte Rechtsanwälte und freie Mitarbeiter wie Sozietätsmitglieder (BGB-Gesellschafter), wenn sie den **zurechenbaren Anschein gesetzt haben, Mitglieder der Sozietät zu sein. Umgekehrt haftet die Sozietät, die den Scheinsozius nach Außen wie einen Sozius handeln lässt, für dessen Fehler bei der Bearbeitung eines Mandats ebenso wie für dessen unerlaubte Handlungen.** Eine bloße Scheinsozietät ist jedoch rechtlich nicht existent und kommt als Anspruchsgegnerin nicht in Betracht. Soweit der Anschein einer Sozietät gesetzt wurde, haften die Scheingesellschafter für die Fehler des Einzelanwalts oder der wirklichen Gesellschafter ebenso wie der Einzelanwalt oder die BGB-Gesellschaft und die wirklichen Gesellschafter für die Fehler von Scheingesellschaftern einzustehen haben. **Dagegen haftet der Rechtsanwalt, der zunächst eine Einzelkanzlei betreibt und diese später in die GbR einbringt, nicht für eine vor dem Eintritt erfolgte Fehlberatung durch einen der bisherigen Gesellschafter** (BGH, NJW-RR 2012, 239, 242, Nr. 22, 23).

G 31   Das OLG Naumburg (Urt. v. 17. 1. 2006 – 9 U 86/05, MDR 2006, 1320 = AnwBl 2006, 416, 417; zustimmend Knöfel AnwBl 2006, 373 ff.) hat zwei zu einer bisherigen Einzelkanzlei – gleiches würde auch für eine Arztpraxis gelten – „hinzutretende" Rechtsanwälte in analoger Anwendung der §§ 28, 128 HGB zur Zahlung von Altschulden (rückständigen Mieten) des ehemaligen Einzelanwalts verurteilt. Es hebt dabei darauf ab, dass eine besondere Behandlung der Sozietäts-Sachgründung aus der Eigenart des Anwaltsberufs nicht gerechtfertigt werden kann, soweit es um nicht berufsspezifische Verbindlichkeiten geht.

Ein Teil der Literatur lehnt die Auffassung des IX. Zivilsenats des BGH ab und G 32
bejaht – im Einklang mit den Ausführungen des II. ZS zu §§ 130, 128 HGB –
eine **entsprechende Anwendung des § 28 HGB** für den Eintritt eines Sozius in
die Kanzlei eines Einzelanwalts (Grunewald, JZ 2004, 683 f.; Knöfel, AnwBl
2006, 373, 377; Müko-Ulmer, 5. Aufl., § 784 BGB Rz. 75; Karsten Schmidt,
NJW 2005, 2801, 2807 f. und, NJW 2003, 1903 sowie BB 2004, 785 ff.; Thole,
AnwBl 2006, 210). Die Höchstpersönlichkeit der Anwaltsleistung besage nichts
gegen die Zuweisung des Vertragsverhältnisses zur Kanzlei, also zu der entstehenden Gesellschaft. Die Gesellschaft könne auch mit einem dem § 28 II HGB
genügenden Haftungsbeschränkungsvermerk in das Partnerschaftsregister eingetragen werden, wobei der Beschränkungsvermerk wegen § 8 II PartGG nicht einmal erforderlich wird. Zudem könne sich der eintretende Gesellschafter durch
die Vereinbarung einer „Rückwärtsdeckung" bei der Haftpflichtversicherung
schützen (Karsten Schmidt, NJW 2005, 2801, 2807 f.).

Mag die Nachhaltigkeit der Rspr. des IX. Senats aufgrund vorgegebener **Wider-** G 33
sprüchlichkeit zur Judikatur des II. ZS. danach bezweifelt werden, bleiben zwei
Konsequenzen: Sollte die Rechtsprechung – wovon u. E. derzeit nicht auszugehen ist (vgl. BGH, Urt. v. 17. 11. 2011 – IX ZR 161/09, NJW-RR 2012, 239, 241,
Nr. 20: der BGH hält an seiner bisherigen Rechtsprechung fest) – künftig eine
analoge Anwendung des § 28 HGB befürworten, wäre den in eine Einzelkanzlei
bzw. Einzelpraxis eintretenden Partnern oder Scheinsozien – entsprechend den
Ausführungen des II. ZS (Urt. v. 7. 4. 2003 – II ZR 56/02, VersR 2003, 771 =
MDR 2003, 756) – Vertrauensschutz bis zum Zeitpunkt der Publizierung einer
solchen Rechtsprechungsänderung zuzubilligen (vgl. aber BVerfG, Beschl. v.
18. 10. 2012 – 1 BvR 2366/11, NJW 2013, 523, 524: soweit eine solche Entwicklung nicht vorhersehbar war). Den Partnern einer Anwaltskanzlei oder Arztpraxis wäre spätestens ab diesem Zeitpunkt dringend **zu empfehlen**, eine **Partner-**
schaftsgesellschaft zu gründen und vorsorglich auf die **Eintragung eines haf-**
tungsbegrenzenden Vermerks analog § 28 II HGB im Partnerschaftsregister zu
drängen (Walter, GesR 2005, 396, 399; auch Knöfel, AnwBl 2006, 373, 375; Müko-Ulmer, § 8 PartGG Rz. 10; Karsten Schmidt, NJW 2005, 2801, 2807 sowie
BB 2004, 785, 791; dagegen aber Thole, AnwBl 2006, 210) bzw. interne **Haftungs-**
ausschlussvereinbarungen durch individuelle Mitteilungen an Altgläubiger analog § 28 II letzter Hs., 2. Var. HGB zu publizieren (Knöfel, AnwBl 2006, 373,
375/377).

Soweit sich die Sozien nicht zur Gründung einer Partnerschaftsgesellschaft bzw. G 34
einer Partnerschaftsgesellschaft mit beschränkter Berufshaftung (vgl. Rz. G 11 b)
entschließen sollten, wäre die **entsprechende Anwendung der Haftungs-**
beschränkung des § 8 II PartGG in Ermangelung einer Regelungslücke u. E. ab-
zulehnen (in diesem Sinne auch BGH, Urt. v. 10. 5. 2012 – IX ZR 125/10, NJW
2012, 2435, 2442, Nr. 69, 71, 74, Rz. G 29 b).

e) Urlaubsvertreter und Mitarbeiter des Arztes

Nach Inkrafttreten des § 253 II BGB zum 1. 8. 2002 kann Schmerzensgeld auch G 35
aufgrund vertraglicher Haftung verlangt werden, sodass die Frage der deliktsrechtlichen Haftung eines BGB-Gesellschafters ohnehin in den Hintergrund

tritt. Hat ein **Mitarbeiter oder ein Urlaubsvertreter** beim Patienten einen Schaden verursacht, haften alle Partner der Gemeinschaftspraxis vertraglich aus § 280 I BGB i. V. m. § 278 BGB und deliktisch aus § 831 BGB mit der – nach Einführung des § 253 II BGB unbedeutend gewordenen – Entlastungsmöglichkeit des § 831 I 2 BGB (G/G, 6. Aufl., Rz. A 16; L/K-Schlund, § 115 Rz. 9, 10; Spickhoff-Greiner, § 823 BGB Rz. 298; F/N/W, 5. Aufl., Rz. 12, 58).

G 36   Bejaht man eine analoge Anwendung des § 31 BGB (siehe oben; vgl. BGH, Urt. v. 3. 5. 2007 – IX ZR 218/05, NJW 2007, 2490, 2492: analoge Anwendung der §§ 31 BGB, 128 HGB; OLG Koblenz, Urt. v. 17. 2. 2005 – 5 U 349/04, MedR 2005, 294, 295 = MDR 2005, 1302, 1303 = GesR 2005, 260, 262 = VersR 2005, 655, 656), **trifft die Mitgesellschafter auch die deliktische Haftung**.

G 36a   Da der Behandlungsvertrag in den Fällen der Urlaubsvertretung mit dem Praxisinhaber geschlossen wird, **ist der Urlaubsvertreter bei ambulanter wie bei stationärer Behandlung durch einen Belegarzt Erfüllungsgehilfe (§ 278 BGB) des urlaubsabwesenden Arztes** (Spickhoff-Greiner, § 823 BGB Rz. 298; BGH, NJW 2000, 2737, 2741 = VersR 2000, 1146, 1148). Der Urlaubsvertreter haftet aber deliktisch selbst für eigene Behandlungs- oder Aufklärungsfehler (Greiner, a. a. O.).

G 37   Ein Belegarzt, der während seines Urlaubs die Fortsetzung der Behandlung im Krankenhaus seinem Urlaubsvertreter überlässt, wird regelmäßig nur dann von seinen Behandlungspflichten und der Haftung hieraus frei, wenn er dies **ausdrücklich mit dem Patienten vereinbart und dieser einen selbständigen Behandlungsvertrag mit dem Urlaubsvertreter abschließt** (BGH, Urt. v. 16. 5. 2000 – VI ZR 321/98, NJW 2000, 2737, 2741 = VersR 2000, 1146, 1148). I. d. R. kann sich auch der Arzt nur dann auf eine Haftungsbeschränkung berufen, wenn diese durch eine individuelle Absprache in den jeweils einschlägigen Vertrag einbezogen wird (BGH, Urt. v. 24. 11. 2004 – XI ZR 113/01, MDR 2005, 460; NJW 1999, 3483, 3485).

G 38   Erfolgt die Vertretung jedoch nicht in der Praxis des abwesenden Praxisinhabers, sondern durch einen im Umkreis ansässigen Praxisvertreter, so haftet dieser dem Patienten selbst § 280 I BGB, wenn er die erbrachten Leistungen gegenüber dem Patienten oder dessen Krankenkasse selbst abrechnet oder in zurechenbarer Weise den Rechtsschein erweckt, Vertragspartner zu sein (Rehborn, MDR 2001, 1148, 1149).

2. Partnerschaftsgesellschaft

G 39   Für Verbindlichkeiten einer Partnerschaftsgesellschaft (siehe oben Rz. G 10–G 11c) haften den Gläubigern gegenüber neben dem Partnerschaftsvermögen die einzelnen Partner als Gesamtschuldner (§ 8 I 1 PartGG). § 8 II PartGG sieht eine **Beschränkung der Haftung auf den jeweils handelnden Partner** – jeweils neben der Partnerschaft – vor, soweit es um dessen fehlerhafte Berufsausübung geht und nur dieser beauftragt worden ist bzw. an der Untersuchung/Behandlung beteiligt war (vgl. F/N/W, 5. Aufl., Rz. 15; Walter, MedR 2002, 169, 171 und GesR 2005, 396, 398; Möller, MedR 2004, 69, 73; L/K-Steinhilper, § 31 Rz. 55, 56; L/K-Schlund, § 115 Rz. 13; Wenzel-Mennemeyer/Hugemann, Kap. 2 Rz. 394, 413; zu den Einzelheiten vgl. bereits Rz. G 10–G 11c).

3. Praxisgemeinschaft

Bei der Praxisgemeinschaft richtet sich die vertragliche Haftung allein gegen den Arzt, der den Behandlungs- oder Aufklärungsfehler verschuldet hat (Gehrlein, Rz. A 14; L/K-Schlund, § 18 Rz. 11, 12 und § 115 Rz. 11, 12; S/Pa, 12. Aufl., Rz. 51). Deliktisch haftet ohnehin nur der jeweils tätig werdende Arzt (L/K-Schlund, a.a.O.).   **G 40**

Eine Rechtsscheinhaftung kann sich jedoch ergeben, wenn mehrere Ärzte einer Praxisgemeinschaft Patienten ohne deutliche Trennung der Zuständigkeiten gemeinsam betreuen oder im Rechtsverkehr mit einem gemeinsamen Praxisschild, gemeinsamen Briefbögen, gemeinsamen Rezeptblöcken auftreten (vgl. bereits Rz. G 2, G 3; Baldringer/Jordans, AnwBl 2005, 676, 677; G/G, 6. Aufl., Rz. A 15; Langenkamp/Jaeger, NJW 2005, 3238, 3239 zur Partnerschaftsgesellschaft; Möller, MedR 2004, 69, 70, 73; S/Pa, 12. Aufl., Rz. 56; Spickhoff-Greiner, § 823 BGB Rz. 297; Wenzel-Möller/Makoski, Kap. 2 Rz. 206, 207, 211; Wenzel-Mennemeyer-Hugemann, Kap. 2 Rz. 393, 411). Verwenden Ärzte bzw. Zahnärzte, die verschiedenen Praxen angehören, aber an einer gemeinsamen Stätte operieren, **identische Logos**, so haften sie alle nach Rechtsscheingrundsätzen für Behandlungsfehler des Arztes einer der Praxen (LG Aurich, Urt. v. 6. 10. 2006 – 3 O 27/06, GesR 2007, 256). Fehler eines Urlaubsvertreters sind dem jeweiligen Praxisinhaber über §§ 278, 831 BGB zuzurechnen (F/N/W, 5. Aufl., Rz. 12, 58; G/G, 6. Aufl., Rz. A 16; S/Pa, 12. Aufl., Rz. 89).   **G 41**

Einstweilen frei.   **G 42 – G 60**

Genetische Beratung

Vgl. auch → *Früherkennung, fehlerhafte pränatale Diagnostik*, Rz. F 41 ff.; → *Nichterkennen einer Schwangerschaft*, Rz. N 1 ff.; → *Schwangerschaftsabbruch, fehlerhafter*, Rz. S 200 ff.; → *Sterilisation, fehlerhafte*, Rz. S 300 ff.

I. Grundlagen

Nach ständiger Rechtsprechung des BGH können die Eltern bei fehlerhafter genetischer Beratung, die zur Geburt eines behinderten Kindes geführt hat, von   **G 61** dem beratenden Arzt im Wege des Schadensersatzes den **vollen Unterhaltsbedarf des Kindes** verlangen, wenn sie **bei richtiger und vollständiger Beratung von der Zeugung des Kindes abgesehen hätten** (BGH, Urt. v. 8. 7. 2008 – VI ZR 259/06, VersR 2008, 1265, 1266 = NJW 2008, 2846, 2847 = GesR 2008, 533, 534, Nr. 12, 13; Urt. v. 21. 12. 2004 – VI ZR 196/03, NJW 2005, 891, 892 = MDR 2005, 687, 688; BGH, Urt. v. 15. 2. 2000 – VI ZR 135/99, NJW 2000, 1782, 1783 = VersR 2000, 634, 635; BGH, NJW 1994, 788; VersR 1997, 698, 699; OLG Düsseldorf, Urt. v. 7. 6. 2001 – 8 U 143/00, OLGR 2002, 290, 291; OLG Hamm, Urt. v. 5. 9. 2001 – 3 U 229/00, OLGR 2002, 337, 338; OLG Stuttgart, Urt. v. 25. 3. 2003 – 1 U 125/02, GesR 2003, 327 = NJW-RR 2003, 1256).

G 62 Das BVerfG hat diese Rechtsprechung zur Arzthaftung bei fehlgeschlagener Sterilisation und fehlerhafter genetischer Beratung vor Zeugung eines Kindes gebilligt und dabei offengelassen, ob seine Auffassung auch für **Verträge über Schwangerschaftsabbrüche** Geltung haben soll (BVerfG, NJW 1998, 519, 522 = MDR 1998, 216, 220 mit Anmerkung Rehborn, MDR 1998, 221; NJW 1999, 841; OLG Hamm, Urt. v. 5. 9. 2001 – 3 U 229/00, OLGR 2002, 337, 339; G/G, 6. Aufl., Rz. B 177; vgl. zu den Einzelheiten → *Schwangerschaftsabbruch, fehlerhafter*, Rz. S 201 ff., S 226).

II. Behandlungsfehler

G 63 Haben die Eltern mit einem Arzt einen entsprechenden Behandlungs- oder Beratungsvertrag abgeschlossen, so ist der Arzt verpflichtet, die Eltern bzw. die Mutter vollständig und richtig darüber zu unterrichten, ob eine genetische Schädigung eines noch nicht gezeugten Kindes zu befürchten ist (Gehrlein, Rz. B 96; S/Pa, 12. Aufl., Rz. 338, 339; vgl. hierzu bereits → *Früherkennung, fehlerhafte pränatale Diagnostik*, Rz. F 48 ff.).

G 64 Der Arzt übernimmt im Rahmen eines solchen **Beratungsvertrages** die Pflicht, die Auskunft entsprechend dem herrschenden Facharzt-Standard klar und unmissverständlich zu erteilen (G/G, 6. Aufl., Rz. B 177). So hat der um Rat ersuchte Gynäkologe die Schwangere bei Hinweisen auf eine mögliche Missbildung des Kindes in geeigneter Form, insbesondere über das Risiko der **Trisomie 21 (Mongolismus)** und die Möglichkeit einer **Fruchtwasseruntersuchung** mit deren Risiken für den Fötus zu informieren, nicht jedoch von sich aus auf einen Schwangerschaftsabbruch hinzuwirken (OLG Hamm, OLGR 2001, 143; auch BGH, NJW 1984, 658 = VersR 2004, 186 und NJW 1987, 2923: **Hinweis auf mögliche Trisomie 21**; OLG Düsseldorf, Urt. v. 10. 1. 2002 – 8 U 79/01, VersR 2003, 1542: **frühzeitige Unterrichtung über die Gefahr einer Chromosomenstörung**; OLG Düsseldorf, Urt. v. 7. 6. 2001 – 8 U 143/00, OLGR 2002, 290: Fruchtwasseruntersuchung nach Fehlgeburt; OLG München, Urt. v. 25. 1. 2001 – 1 U 2200/00, OLGR 2002, 212, 213: **Hinweis auf nicht eindeutigen Chromosomenbefund**; OLG Saarbrücken, Urt. v. 30. 6. 2004 – 1 U 386/02–92, OLGR 2005, 5, 8 ff. und Spickhoff, NJW 2005, 1694, 1700: **verzögerte bzw. unterlassene Bekanntgabe des Untersuchungsergebnisses**; OLG Zweibrücken, NJW-RR 2000, 235, 237 f.: unterlassene Beratung über die Möglichkeit einer Trisomie 21).

Der Arzt ist aber nur dann verpflichtet, während einer Schwangerschaft gezielt   G 65
nach etwaigen Missbildungen des Kindes zu suchen, wenn hierfür **Anhalts-**
punkte vorliegen (KG, VersR 1996, 332; G/G, 6. Aufl., Rz. B 171). Ein Behandlungsfehler im Rahmen der Schwangerschaftsbetreuung und Pränataldiagnostik
bzw. der genetischen Beratung liegt etwa vor, wenn der Arzt trotz des Alters
der Mutter (i. d. R. über 35 Jahre) und/oder einer vorangegangenen Fehlgeburt
und/oder des Gesundheitszustandes der Schwangeren diese nicht auf spezielle
Untersuchungsmöglichkeiten, wie z. B. eine **Fruchtwasseruntersuchung**
(Amniozentese; vgl. OLG Düsseldorf, Urt. v. 10. 1. 2002 – 8 U 79/01, VersR
2003, 1542, 1543; auch OLG Düsseldorf, VersR 1998, 194 und OLG Stuttgart,
VersR 1991, 229 sowie OLG München, VersR 1988, 523), die üblicherweise zwi-
schen der 14. und 16. SSW durchgeführt wird, ggf. einer Chorionzottenaspiration
(CVS), üblicherweise zwischen der 8. und 12. SSW, oder eine Cordozentese
(Punktion, üblicherweise nach der 20. SSW) hinweist.

Ein Down-Syndrom (Trisomie 21) kann bei einer Leibesfrucht pränatal nur   G 66
durch eine Fruchtwasseruntersuchung zuverlässig ausgeschlossen werden. Dabei haben die Patientin und ihr Ehepartner das Recht, den Umfang der genetischen Diagnostik selbst zu bestimmen. Steht bei ihnen das Sicherheitsbedürfnis
im Vordergrund, können sie sich zu einer **risikobehafteten Amniozentese** auch
dann entschließen, wenn eine solche Maßnahme aus objektiver Sicht unvernünftig erscheint. Allerdings hat der behandelnde Frauenarzt bei einer 29-jäh-
rigen werdenden Mutter ohne weitere Risikosituationen keinen Anlass, eine
Fruchtwasseruntersuchung von sich aus zu empfehlen (OLG Düsseldorf, Urt. v.
7. 6. 2001 – 8 U 143/00, OLGR 2002, 290, 291).

Medizinischer Hintergrund: **Das Down-Syndrom (DS) tritt meist als klassische**   G 66a
Trisomie (3-faches Chromosom 21), selten als Translokationstrisomie 21 auf.
Die **Diagnostik** ist schwierig. Der charakteristische Phänotyp weist bereits bei
der Geburt sogenannte Brushfield-Flecken (kleine weiße Flecken der Iris) auf,
die sich allerdings mit zunehmendem Lebensalter verlieren. Pränatal kann die
Diagnose durch Amniozentese (Fruchtwasserpunktion, vor der 15. SSW mit erhöhtem Risiko für einen Abort, vorzeitigem Blasensprung bzw. vaginale Blutungen) oder Chorionbiopsie (auch Chorionzottenbiopsie genannt), transabdomi-
nale Biopsie der Zottenhaut, also der mittleren Eihaut in der 10.–12. SSW mit
einem Abortrisiko von 1–3 %, durch Screening im ersten Schwangerschaftstrimester mit Berechnung der Wahrscheinlichkeit für das DS durch sonographi-
sche Bestimmung der Nackentransparenz, ggf. durch Messung der Konzentration der Beta-Hcg und PAPP-A im mütterlichen Blut (Schwangerschaftsprotein),
zusätzlicher Parameter im zweiten Schwangerschaftstrimester sind Inhibin A,
Estriol und Alpha-Fetoprotein (Pschyrembel, 264. Aufl. 2013, S. 502 sowie
S. 76, 325, 383; Pschyrembel, Gynäkologie und Geburtshilfe, 3. Aufl. 2012,
S. 95).

Liegen entsprechende **Verdachtsmomente** vor und werden vom Arzt pränatale   G 67
Untersuchungen durchgeführt, kommt eine Haftung in Betracht, wenn der gene-
tische Befund in seiner Praxis bzw. seinem Labor falsch ausgewertet wird (OLG
Düsseldorf, VersR 1998, 194).

G 68   Sofern es Gegenstand des **Behandlungsvertrages** ist, durch genetische Untersuchung und Beratung die Geburt eines erbgeschädigten Kindes zu verhindern,
darf der den Eltern übermittelte Befund, dessen Aussagekraft begrenzt ist, nicht
den Eindruck erwecken, dass die Untersuchung zweifelsfrei ergeben hat, die
Eltern würden einen normalen Chromosomensatz aufweisen. Dies gilt auch
dann, wenn Durchführung und Auswertung der Untersuchung dem fachärztlichen Standard entsprechen (OLG München, Urt. v. 25. 1. 2001 – 1 U 2200/00,
OLGR 2002, 212, 213).

G 69   Verzögert sich die **Bekanntgabe** des **Untersuchungsergebnisses** der Fruchtwasseruntersuchung, so dass das – negative – Ergebnis erst nach der Geburt
mitgeteilt wird, so ist der Arzt, wenn ein behindertes Kind geboren wird, verpflichtet, der Kindesmutter den ihr daraus entstehenden materiellen und immateriellen Schaden zu ersetzen, insbesondere den Eltern den gesamten Kindesunterhalt zu erstatten (OLG Saarbrücken, bei Spickhoff, NJW 2005, 1694, 1700;
Spickhoff-Greiner, § 823 BGB Rz. 95). Der Arzt hat auch auf mögliche pränatale
Schäden des Kindes aufgrund einer festgestellten Erkrankung der Mutter hinzuweisen (vgl. zu den Einzelheiten → *Früherkennung, fehlerhafte pränatale Diagnostik*, Rz. F 48 ff.).

III. Beweislast

1. Beweislast der Eltern

G 70   Die Eltern haben nachzuweisen, dass es zum **Abschluss eines Beratungsvertrages** mit dem entsprechenden Arzt kam, diesem ein Beratungsfehler unterlaufen
ist und dass sie das später mit einem von dem Arzt nach Durchführung entsprechender Diagnostik erkennbaren Gen-Defekt zur Welt gekommene Kind bei
vollständiger und zutreffender Beratung nicht gezeugt hätten (Gehrlein,
Rz. B 96). Dabei obliegt es den Eltern darzulegen, wie sie sich bei vollständigem
und zutreffendem Rat verhalten und verhütet hätten (G/G, 6. Aufl., Rz. B 173,
178, 225).

2. Beweislast des Arztes

G 71   Ist die Beratung nicht in der gebotenen Weise geschehen, trifft den Arzt die Beweislast, dass der **Schaden auch bei pflichtgemäßem Verhalten** eingetreten wäre,
also die Eltern sich nicht „aufklärungsrichtig" verhalten hätten (OLG Hamm,
NJW 2002, 307 = VersR 2001, 895; OLG Nürnberg, VersR 1999, 1545; OLG Saarbrücken, Urt. v. 30. 6. 2004 – 1 U 386/02–92, OLGR 2005, 5, 9; OLG Zweibrücken, NJW-RR 2000, 235, 237; G/G, 6. Aufl., Rz. B 173, 225; Spickhoff-Greiner,
§ 823 BGB Rz. 96) bzw. gegen den Schwangerschaftsabbruch entschieden hätten
(S/Pa, 12. Aufl., Rz. 346; BGH, Urt. v. 14. 11. 2006 – VI ZR 48/06, VersR 2007,
109, 110 bei fehlgeschlagenen Verhütungsmaßnahmen).

G 71a So muss der Arzt nachweisen, dass sich die Mutter nicht für einen – ihr fehlerhaft nicht empfohlenen – Test, bei ungünstigem Testergebnis nicht für den indizierten und gem. § 218a II StGB rechtmäßigen Schwangerschaftsabbruch ent-

schieden hätte (BGH, NJW 1984, 659 = VersR 1984, 186; S/Pa, 12. Aufl., Rz. 346).

IV. Kausalität und Zurechnungszusammenhang

1. Schutzzweck des Behandlungsvertrages

Die mit der Geburt eines nicht gewollten bzw. behinderten Kindes für die Eltern G 72 verbundenen wirtschaftlichen Belastungen, insbesondere die Aufwendungen für dessen Unterhalt, sind nur dann als ersatzpflichtiger Schaden auszugleichen, wenn der **Schutz vor solchen Belastungen Gegenstand des jeweiligen Behandlungs- oder Beratungsvertrages** war. Diese am Vertragszweck ausgerichtete Haftung des Arztes oder Krankenhausträgers hat der BGH insbesondere bejaht für Fälle **fehlgeschlagener Sterilisation** aus Gründen der Familienplanung (BGH, Urt. v. 8. 7. 2008 – VI ZR 259/06, VersR 2008, 1265, 1266 = NJW 2008, 2846, 2847, Nr. 12; VersR 1980, 555, 557 = MDR 1980, 744; VersR 1980, 558, 559; VersR 1981, 278 = MDR 1981, 483; VersR 1981, 730 = MDR 1981, 1003; VersR 1984, 864 = MDR 1985, 133; BGH, VersR 1995, 1099, 1101 = MDR 1995, 1015), **bei fehlerhafter Behandlung** mit einem **empfängnisverhütenden Mittel** (BGH, VersR 2008, 1265, 1266 = GesR 2008, 533, 534, Nr. 12; VersR 2007, 109 = MDR 2007, 521), **bei fehlerhafter Beratung** über die **Sicherheit** der empfängnisverhütenden Wirkungen eines vom Arzt verordneten **Hormonpräparats** (BGH, VersR 2008, 1265, 1266, Nr. 12; VersR 1997, 1422, 1423) sowie für die Fälle **fehlerhafter genetischer Beratung** vor der **Zeugung eines genetisch behinderten Kindes** (BGH, VersR 2008, 1265, 1266, Nr. 12; VersR 1994, 425 = MDR 1994, 556).

Auch bei der genetischen Beratung ist der Vertrag mit dem Arzt darauf gerichtet, G 73 eine **Unterhaltsbelastung** der Eltern zu vermeiden. Diese Belastung ist – wenn sie sich gerade wegen der fehlerhaften Vertragserfüllung einstellt – vom Schutzzweck des Behandlungsvertrages her als Vermögensschaden anzusehen (BGH, NJW 1994, 788, 792 = VersR 1994, 425, 427 = MDR 1994, 556; BGH, Urt. v. 8. 7. 2008 – VI ZR 259/06, VersR 2008, 1265, 1266 = MedR 2009, 45, 46, Nr. 12; auch BGH, VersR 1997, 698, 699; OLG Düsseldorf, Urt. v. 7. 6. 2001 – 8 U 143/00, OLGR 2002, 290, 291: Freistellung von den Unterhaltsbelastungen bei unterlassener Fruchtwasseruntersuchung; OLG Hamm, Urt. v. 5. 9. 2001 – 3 U 229/00, OLGR 2002, 337, 339 zur pränatalen Diagnostik; G/G, 6. Aufl., Rz. B 179; S/Pa, 12. Aufl., Rz. 331, 342).

Der **Schutzzweck des Beratungsvertrages** erstreckt sich entsprechend dem Par- G 74 teiwillen durchweg auch auf die Belastung mit dem **finanziellen Aufwand** für ein schwer behindertes Kind, welches die Eltern dem Kind und sich selbst durch ihre Vorsorge ersparen wollten. Dabei lässt sich der Unterhaltsaufwand nicht aufteilen in einen solchen, der für ein hypothetisch gesundes Kind von den Eltern familienrechtlich geschuldet wird, und einen solchen, der durch den Gesundheitsschaden des Kindes zusätzlich bedingt ist (BGH, NJW 1994, 788, 793 = VersR 1994, 425, 427; VersR 2002, 1148 = MedR 2002, 640 = MDR 2002, 336).

G 75   Allerdings sind die mit der Geburt eines durch eine Erkrankung der Mutter an **Röteln bzw.** eines genetischen Defekts schwer geschädigten Kindes verbundenen wirtschaftlichen Belastungen nicht allein deshalb Gegenstand des jeweiligen Behandlungsvertrages mit dem Hausarzt oder dessen Urlaubsvertreter, weil die Mutter diese Ärzte **zur Abklärung und Behandlung eines Hautausschlags** o. a. aufgesucht und im Laufe der Behandlung ihre Schwangerschaft lediglich erwähnt hatte (BGH, Urt. v. 21. 12. 2004 – VI ZR 196/03, NJW 2005, 891, 893 = MDR 2005, 687, 688 = VersR 2005, 411, 412).

G 76   Auch bei der Behandlung durch einen Gynäkologen erweitern Fragen der Patientin zu **außerhalb der Behandlungsaufgabe liegenden Problemen** den Schutzbereich der deliktischen Behandlungspflichten nicht. Wird die Patientin etwa aufgrund einer Überweisung zum Zweck der Behandlung von Zyklusstörungen und zur Abklärung der Verdachtsdiagnose eines Klimakteriums in der „Hormonsprechstunde" einer Klinikambulanz eines Krankenhauses vorstellig, kommt eine deliktische Haftung des Arztes bzw. Krankenhausträgers nur in Betracht, wenn auf eine konkrete Frage im Zusammenhang mit der Schwangerschaft eine falsche Auskunft erteilt wird (OLG Karlsruhe, Urt. v. 24. 4. 2002 – 7 U 53/01, GesR 2003, 122, 123 = OLGR 2003, 62, 64).

2. Rechtmäßigkeit eines Schwangerschaftsabbruchs

G 77   Eine Pflichtverletzung des beratenden bzw. behandelnden Arztes kann nur dann zu einer vertraglichen Haftung des Arztes auf Schadensersatz führen, wenn der **Schwangerschaftsabbruch rechtlich zulässig gewesen** wäre, also der Rechtsordnung entsprochen hätte (BGH, Urt. v. 31. 1. 2006 – VI ZR 135/04, NJW 2006, 1660, 1661 = VersR 2006, 702, 703; OLG Koblenz, Beschl. v. 20. 3. 2006 – 5 U 255/06, NJW-RR 2006, 967, 968 = GesR 2006, 312; KG, Urt. v. 10. 3. 2008 – 20 U 224/04, OLGR 2008, 787, 788; OLG Stuttgart, Urt. v. 25. 3. 2003 – 1 U 125/02, GesR 2003, 327 = NJW-RR 2003, 1256; OLG Nürnberg, Urt. v. 14. 11. 2008 – 5 U 1148/08, VersR 2009, 547, 548).

G 78   Das OLG Koblenz, Beschl. v. 20. 3. 2006 – 5 U 255/06, NJW-RR 2006, 967, 968 = GesR 2006, 312; ebenso OLG Nürnberg, Urt. v. 14. 11. 2008 – 5 U 1148/08, VersR 2009, 547, 548; im Erg. zust. Mörsdorf-Schulte, NJW 2006, 3105, 3107) vertritt im Anschluss an die Entscheidungen des BVerfG v. 28. 5. 1993 (NJW 1993, 1751, 1758) und des BGH v. 19. 2. 2002 (NJW 2002, 1489, 1490) die Auffassung, dass der Arzt für die vermögensrechtlichen Folgen eines indizierten, aber fehlerhaft unterbliebenen Schwangerschaftsabbruchs nur haftet, wenn die Abtreibung **gem. § 218a II StGB oder gem. § 218 III StGB rechtmäßig** gewesen wäre. Eine bloße Straflosigkeit nach § 218a I StGB n. F. reicht danach nicht aus. Das OLG Braunschweig (Urt. v. 26. 6. 2007 – 1 U 11/07, OLGR 2008, 11, 12 = MedR 2008, 372, 374) ist der Auffassung, dass derartige Schwangerschaftsabbrüche nach § 218a I StGB als rechtmäßig anzusehen seien. Greiner (G/G, 6. Aufl., Rz. B 155) weist darauf hin, dass diese Frage vom BGH noch nicht abschließend entschieden worden ist. Es sei derzeit als offen anzusehen, ob eine Haftung des Arztes bei bloßer Straflosigkeit nach § 218a I StGB eingreift.

G 79   Eine Fruchtwasseruntersuchung (vgl. hierzu Rz. G 66a) wird üblicherweise zwischen der 14. und 16. SSW, eine Chorionzottenaspiration (CVS) üblicherweise zwischen der 8. und 12. SSW durchgeführt, so dass ein legaler **Schwangerschafts-abbruch innerhalb von zwölf Wochen (§ 218a I StGB) oftmals ohnehin nicht in Betracht kommt** (OLG Stuttgart, Beschl. v. 31. 8. 2009 – 1 W 33/09, VersR 2010, 909, 910 = GesR 2010, 142, 143; G/G, 6. Aufl., Rz. B 155, 174).

Für die **Annahme eines Rechtfertigungsgrundes** nach § 218a II StGB (vgl.   G 80
Rz. F 68–F 78) werden Depressionen mit wochenlangen **Weinkrämpfen, Schlaf-losigkeit und Kopfschmerzen** in den ersten Wochen nach der Geburt (OLG Stutt-gart, Urt. v. 25. 3. 2003 – 1 U 125/02, NJW-RR 2003, 1256 = GesR 2003, 327), eine **zu erwartende schwere Behinderung des Kindes (hier: Down-Syndrom) und eine ärztlich attestierte „psychische Ausnahmesituation"** der Mutter (OLG Stuttgart, Beschl. v. 31. 8. 2009 – 1 W 33/09, GesR 2010, 142, 143 = VersR 2010, 909, 910), eine **posttraumatische Angststörung** sowie eine wegen der zu erwar-tenden Behinderung des Kindes aufgetretene **„Weltuntergangsstimmung"** (OLG Hamm, Urt. v. 29. 3. 2004 – 3 U 38/03, AHRS III, 0850/314), erhebliche seelische Belastungen mit **Depressionen von Krankheitswert** (OLG Hamm, Beschl. v. 28. 12. 2005 – 3 W 50/05, GesR 2006, 126), zu erwartende **körperliche und psy-chische Belastungen durch die Geburt eines mongoloiden oder sonst schwerbe-hinderten Kindes** (OLG Düsseldorf, Urt. v. 10. 1. 2002 – 8 U 79/01, VersR 2003, 1542, 1543: Trisomie 21; LG Stuttgart, Urt. v. 19. 7. 2005 – 20 O 669/04: „Di-George-Syndrom") oder das zu erwartende Fehlen der Hand oder des Unterarms des Kindes (OLG Hamm, Urt. v. 5. 9. 2001 – 3 U 229/00, OLGR 2002, 337, 340) noch **nicht als so schwerwiegend angesehen, dass sie unter Berücksichtigung des Lebensrechts des Kindes der Schwangeren nicht mehr zugemutet werden kön-nen.**

Vielmehr werden **prognostisch schwerwiegende Gefahren bis hin zu Suizidver-suchen** zur Rechtfertigung nach § 218a II StGB für erforderlich gehalten (OLG Koblenz, Beschl. v. 20. 3. 2006 – 5 U 255/06, NJW-RR 2006, 967, 968 = GesR 2006, 312; OLG Stuttgart, Beschl. v. 31. 8. 2009 – 1 W 33/09, GesR 2010, 142, 143 = VersR 2010, 909, 910; KG, Urt. v. 10. 3. 2008 – 20 U 224/04, OLGR 2008, 787, 788: **ernsthafte Suizidgefahr genügt**, pathologisches Geschehen bzw. psy-chotische Störung mit Krankheitswert aber nicht erforderlich).

Als ausreichend wurde die zu erwartende sehr schwere Behinderung des Kindes   G 81
mit der Gefahr eines Suizidversuchs sowie einer schwerwiegenden Beeinträchti-gung des seelischen Gesundheitszustandes der Mutter angesehen, wobei nach der Geburt tatsächlich **Depressionen mit Krankheitswert sowie eine latente Selbstmordgefahr** auftraten (BGH, Urt. v. 18. 6. 2002 – VI ZR 136/01, NJW 2002, 2636, 2637 = MedR 2002, 640, 641 mit ablehnender Anm. Schmidt-Recla/Schu-mann, Med 2002, 643, 645). Nach Auffassung des OLG Köln (Beschl. v. 26. 1. 2009 – 5 U 179/08, OLGR 2009, 585, 587 = AHRS III, 0850/317) liegen die Voraussetzungen des § 218 II StGB vor, wenn **aufgrund erheblicher psy-chischer Probleme die Einweisung in eine psychatrische Klinik droht.**

3. Mehrlingsgeburt nach Hormonbehandlung

Kommt es nach eine Hormonbehandlung zu einer Geburt von Vierlingen, so   G 82
können die Eltern vom behandelnden Gynäkologen dann keine Unterhaltsauf-

wendungen für drei Kinder verlangen, wenn im Zeitpunkt der Behandlung die Familienplanung der Eltern nicht abgeschlossen war und die Mutter vom Arzt auf die Gefahr einer Mehrlingsschwangerschaft als Folge einer Hormonbehandlung hingewiesen worden ist (OLG Hamm, VersR 1993, 1273 – auch zur → *Früherkennung, fehlerhafte pränatale Diagnostik,* Rz. F 48 ff.).

V. Umfang des Anspruchs

1. Unterhalt

G 83   Ansprüche auf Freistellung von den Unterhaltsbelastungen stehen der Mutter sowie dem in den Schutzbereich des Behandlungsvertrages einbezogenen Vater des Kindes, **nicht jedoch dem Kind** selbst zu (BGH, Urt. v. 18. 6. 2002 – VI ZR 136/01, NJW 2002, 2636, 2638 = MedR 2002, 640, 641; Urt. v. 4. 12. 2001 – VI ZR 213/00, NJW 2002, 886, 887 = MedR 2002, 356, 357 mit Anm. Wolf; BGH, MDR 1985, 659; NJW 1983, 1371, 1373; OLG Düsseldorf, VersR 1995, 1498; Spickhoff-Greiner, § 823 BGB Rz. 85, 97; S/Pa, 12. Aufl., Rz. 331, 343; zustimmend Grub, S. 182 ff., 186 m. w. N.; a. A. Deutsch, JZ 1983, 451; NJW 2003, 26; Reinhart, VersR 2001, 1081, 1085 ff. m. w. N.: eigener Anspruch des Kindes).

G 84   In den Schutzbereich eines auf Schwangerschaftsverhütung gerichteten Vertrages zwischen dem Arzt und der Patientin ist nach h. M. zumindest auch der gegenwärtige **Partner einer nichtehelichen Lebensgemeinschaft einbezogen** (BGH, Urt. v. 14. 11. 2006 – VI ZR 48/06, NJW 2007, 989, 991 = VersR 2007, 109, 110; OLG Karlsruhe, Urt. v. 1. 2. 2006 – 13 U 134/04, VersR 2006, 936, 938; im Ergebnis zustimmend Mörsdorf-Schulte, NJW 2007, 964, 967; R/L-Ratzel, § 16 Rz. 23).

G 85   Der vertragliche Schadensersatzanspruch umfasst den **gesamten Unterhaltsbedarf**, nicht etwa nur den durch die Schädigung des Kindes bedingten Mehrbedarf (BGH, Urt. v. 18. 6. 2002 – VI ZR 136/01, NJW 2002, 2636 = MedR 2002, 640; Urt. v. 14. 11. 2006 – VI ZR 48/06, NJW 2007, 989, 992 = VersR 2007, 109, 111; zur Berechnung nach § 1612a BGB vgl. Rz. F 84, S 255, S 256).

2. Verdienstausfall

G 86   Der **Verdienstausfall**, der den Eltern eines Kindes im Zusammenhang mit dessen **Betreuung** entsteht, kann dem Arzt dagegen haftungsrechtlich nicht zur Last gelegt werden (BGH, VersR 1997, 698, 700; S/Pa, 12. Aufl., Rz. 334). Gleiches gilt hinsichtlich der **Beerdigungskosten**, die entstanden sind, weil der Arzt eine nach der Geburt notwendig zum Tod des Kindes führenden Missbildung nicht erkannt hat (OLG Düsseldorf, VersR 1996, 711; S/Pa, 12. Aufl., Rz. 335).

3. Schmerzensgeld

G 87   Nach herrschender Ansicht (Greiner RiBGH, 6. Aufl., Rz. B 179; Gehrlein, Rz. B 96; auch BGH, Urt. v. 8. 7. 2008 – VI ZR 259/06, VersR 2008, 1265, 1266 = GesR 2008, 533, 534, Nr. 13) ist der Mutter des Kindes wegen der durch die

Schwangerschaft und Geburt des genetisch behinderten Kindes erfolgten Belastung ein **Schmerzensgeld zuzubilligen**, wenn das Kind bei vollständiger und richtiger Beratung nicht gezeugt worden wäre. Zur Höhe des Schmerzensgeldes vgl. Rz. S 270, S 271.

Einstweilen frei.   G 88 – G 100

Grobe Behandlungsfehler

Vgl. auch → *Anscheinsbeweis*, Rz. A 160ff.; → *Beweislastumkehr*, Rz. B 480ff.; → *Beweisvereitelung*, Rz. B 497ff.; → *Diagnosefehler*, Rz. D 1ff.; → *Dokumentationspflicht*, Rz. D 201ff.; → *Kausalität*, Rz. K 1ff.; → *Therapiefehler*, Rz. T 1ff.; → *Unterlassene Befunderhebung*, Rz. U 1ff., U 100ff.

I. Grundlagen und Bedeutung

1. Beweislast des Patienten; haftungsbegründende und haftungsausfüllende Kausalität

Grundsätzlich trägt der Patient die Beweislast für das Vorliegen eines Behand-   G 101
lungsfehlers und die Kausalität, d.h. die ursächliche Verknüpfung zwischen
dem Behandlungsfehler und dem eingetretenen Körper- oder Gesundheitsschaden (F/N/W, 5. Aufl., Rz. 71, 174, 273; L/K/L-Katzenmeier, XI Rz. 50, 53, 60ff.;
L/K-Laufs/Kern, § 110 Rz. 2, 31, 32; Spickhoff-Greiner, § 823 BGB Rz. 113, 114,
122, 140, 153, 183; G/G, 6. Aufl., Rz. B 200, B 216, B 218; S/Pa, 12. Aufl.,
Rz. 626, 628, 676, 677; R/L-Kern, 1. Aufl., § 5 Rz. 1ff., 26ff.; B/P/S-Glanzmann,
Kap. 13, § 287 ZPO Rz. 3, 7ff., 75ff., 92; B/P/S-Burmann/Heß, Kap. 7 Rz. 24,
25; Wenzel-Müller, Kap. 2 Rz. 1411ff. und Wenzel, Kap. 2 Rz. 3560ff. und
→ *Kausalität*, Rz. K 1ff., K 25ff.). Dabei ist zwischen der **haftungsbegründenden**
und der **haftungsausfüllenden Kausalität** zu unterscheiden.

a) Haftungsbegründende Kausalität

Die **haftungsbegründende Kausalität** betrifft die Ursächlichkeit des Behand-   G 102
lungsfehlers für die Rechtsgutverletzung (Körper, Gesundheit) als solche, den

so genannten „**Primärschaden**" (BGH, Urt. v. 2. 7. 2013 – VI ZR 554/12, VersR 2013, 1174 = NJW 2013, 3094, Nr. 12, 15; BGH, Urt. v. 19. 10. 2010 – VI ZR 241/09, GesR 2011, 24 = VersR 2011, 223 = MedR 2011, 244, Nr. 18, 21; BGH, Urt. v. 12. 2. 2008 – VI ZR 221/06, VersR 2008, 644, 645 = GesR 2008, 250, 251;BGH, Urt. v. 15. 3. 2005 – VI ZR 313/03, NJW 2005, 1718, 1719 = VersR 2005, 836, 837; BGH, Urt. v. 16. 11. 2004 – VI ZR 328/03, VersR 2005, 228, 230 = NJW 2005, 427, 429; OLG Karlsruhe, Urt. v. 21. 5. 2008 – 7 U 158/07, VersR 2009, 831, 832; OLG Karlsruhe, Urt. v. 14. 11. 2007 – 7 U 251/06, VersR 2008, 545, 546; OLG München, Urt. v. 5. 11. 2010 – 10 U 2401/10, VersR 2011, 549; OLG München, Urt. v. 21. 4. 2011 – 1 U 2363/10, VersR 2011, 1012, 1013; OLG Stuttgart, Urt. v. 4. 6. 2002 – 14 U 86/01, VersR 2003, 253; F/N/W, 5. Aufl., Rz. 71, 138; Spickhoff-Greiner, § 823 BGB Rz. 114, 122, 140, 153: Primärschaden ist der Schaden in seiner konkreten Ausprägung, nicht die von den Symptomen abstrahierte Schädigung; L/K-Laufs/Kern, § 110 Rz. 31, 32; L/K/L-Katzenmeier, XI Rz. 11 68, 69: unmittelbar durch den Behandlungsfehler verursachte Gesundheitsschädigungen; S/Pa, 12. Aufl., Rz. 626, 629; G/G, 6. Aufl., Rz. B 190, 200, 217, E 5; Wenzel-Müller, Kap. 2 Rz. 1415–1418, 1517; B/P/S-Glanzmann, § 287 ZPO Rz. 12 ff., 16, 92 m. w. N.; von Pentz, RiBGH, MedR 2011, 222/223).

G 103 **Die Beweislastumkehr bei Vorliegen eines „groben Behandlungsfehlers" gilt grundsätzlich nur für den Primärschaden,** d. h. für den Schaden in seiner konkreten Ausprägung bzw. den Schaden, der als sogenannter erster Verletzungserfolg geltend gemacht wird (BGH, Urt. v. 19. 10. 2010 – VI ZR 241/09, VersR 2011, 223 = GesR 2011, 24, Nr. 21; BGH, Urt. v. 12. 2. 2008 – VI ZR 221/06, VersR 2008, 644, 645 = GesR 2008, 250, 251; OLG Jena, Urt. v. 12. 6. 2012 – 4 U 634/10, juris, Nr. 44: **Entfernung des Meniskus bei nicht indizierter Meniskusnaht als Primärschaden, Erforderlichkeit der Nachbehandlung, Kniebeschwerden, mögliche Kniearthrose als Sekundärschaden;** OLG Karlsruhe, Urt. v. 21. 5. 2008 – 7 U 158/07, VersR 2009, 831, 832; OLG Köln, Urt. v. 27. 6. 2012 – 5 U 38/10, juris, Nr. 32–35: chronische Brustentzündung und Fistelbildung nach Verätzung durch Flächendesinfektionsmittel als Sekundärschäden; OLG München, Urt. v. 16. 2. 2012 – 1 U 2798/11, juris, Nr. 38, 40: Radiologe übersieht Gesichtstumor, Schmerzen und Verlust des vom Tumor infiltrierten Gesichtsnervs als Primärschaden; OLG München, Urt. v. 27. 10. 2011 – 1 U 1946/05, juris, Nr. 116–119: **apallisches Syndrom, ausgedehnter Hydrocephalus, Hirnatrophie u. a. als Primärschaden nach fundamental fehlerhafter Auswertung eines CT;** OLG München, Urt. v. 21. 4. 2011 – 1 U 2363/10, VersR 2011, 1012, 1013: **erkannten bösartigen Tumor nicht entfernt, Zweiteingriff als Primärschaden, Nahtinsuffizienz und sich hieraus ergebende Komplikationen sind Sekundärschäden;** OLG Oldenburg, Urt. v. 9. 7. 2008 – 5 U 32/08, OLGR 2009, 14, 15; L/K/L-Katzenmeier, Rz. XI 68, 69, 71; R/L-Kern, § 5 Rz. 26, 61; Spickhoff-Greiner, § 823 BGB Rz. 122, 140, 153, 184 kritisch B/P/S-Glanzmann, § 287 ZPO Rz. 14, 16: Definitionen wie „erster Verletzungserfolg" u. dgl. helfen nicht weiter).

G 104 Das sind etwa in einem Falle, in welchem wegen eines Unterlassens der gebotenen Thromboseprophylaxe bei erkennbar geschwollenem Bein des Patienten eine Therapie erst mit Verzögerung eingeleitet werden kann, diejenigen Schäden, die **durch Verzögerung und die hierdurch verursachten veränderten Um-**

stände bedingt sind. Hierzu zählen als Primärschäden nicht nur die im Bein selbst entstandenen Schäden, sondern auch eine durch die **Thrombose verursachte Lungenembolie** und der in diesem Zusammenhang nach einem Hirninfarkt eingetretene **Hirnschaden** (OLG Hamm, Urt. v. 23. 8. 2000 – 3 U 229/99, VersR 2002, 315, 317).

Auch der nach einem **verspätet eingeleiteten Kaiserschnitt eingetretene Hirn-** G 104a
schaden und dessen Ausprägung in den konkreten Verhaltensstörungen des Kindes werden zum „Primärschaden" gerechnet (BGH, NJW 1998, 3417; B/P/S-Glanzmann, § 287 ZPO Rz. 16).

Zu den **Primärschaden gehören auch ein apallisches Syndrom, ein ausgedehnter** G 104b
Hydrocephalus, ein Hirnatrophie u. a. nach Übersehen einer deutlichen Hirn-
schwellung durch einen Radiologen auf einem CT-Befund, während andere Folgeschäden als Sekundärschäden zu bewerten sind (OLG München, Urt. v. 27. 10. 2011 – 1 U 1946/05, juris, Nr. 116–119, 151 mit Darstellung zahlreicher Folgeschäden nach verspäteter Entlastungs-OP).

Die Rechtsprechung ist jedoch nicht einheitlich. Unterlassen es die Ärzte einer G 105
unfallchirurgischen Abteilung grob fehlerhaft, mittels eines CT zu überprüfen, ob sich der nach einem Unfall mit einem Schädel-Hirn-Trauma eingelieferte Patient den gesamten Katheter herausgezogen hatte und kein Rest mehr im Schädel verblieben war, zählen nach Auffassung des OLG Karlsruhe zu den **Primärschäden auch die Infektion in Form einer Meningitis** mit Liquorabflussstörung sowie eine Hirndruckerhöhung, zumindest als typische, mit dem Primärschaden verbundene Sekundärschäden, während **die neurologischen und psychischen Folgen sowie die Verminderung der intellektuellen Leistungsfähigkeit des Patienten allenfalls Sekundärschäden** darstellen (OLG Karlsruhe, Urt. v. 21. 5. 2008 – 7 U 158/07, VersR 2009, 831, 832/833: Ursächlichkeit des Behandlungsfehlers vorliegend auch nach § 287 ZPO nicht nachweisbar; vgl. auch BGH VersR 2008, 221, 222: hypoxischer Hirnschaden nach grobem Behandlungsfehler mit Herz-Kreislaufstillstand als **Sekundärschaden**).

In Fällen eines **Befunderhebungsfehlers** sind dem Primärschaden alle gesundheit- G 105a
lichen Beeinträchtigungen unter Einschluss der sich hieraus ergebenden Risiken zuzurechnen, die sich aus der unterlassenen oder unzureichenden Befunderhebung ergeben können (BGH, Urt. v. 2. 7. 2013 – VI ZR 554/12, VersR 2013, 1174 = NJW 2013, 3094, Nr. 15, 16: **Klinische Verlaufskontrolle zur Wirkung verabreichter Medikamente unterlassen, Hirnvenenthrombose, Epilepsie und Tod der Patientin als Primärschaden**).

Das Unterbleiben einer Vollheparinisierung eines wegen des Verdachts auf einen G 105b
Schlaganfall eingelieferten Patienten, bei dem eine Angiographie durchgeführt werden soll, ist grob fehlerhaft. Bei **grob fehlerhaft unterlassener Vollheparinisierung stellt die cerebrale Embolie nach dem Auftreten eines Schlaganfalls den Primärschaden dar. Als sekundäre Gesundheitsschaden, die typischerweise mit dem Primärschaden verbunden sind, zählen in einem solchen Fall aber auch eine symptomatische Epilepsie, ein hirnorganisches Psychosyndrom und eine BWK-12 Fraktur** (OLG Karlsruhe, Urt. v. 12. 12. 2012 – 7 U 176/11, juris, Nr. 41, 52, 53; u. E. hinsichtlich der BWK-Fraktur zu weitgehend).

G 106 Um einen „Primärschaden" handelt es sich auch bei dem **Abkippen eines Bruchs und dessen Verheilung in Fehlstellung** nach unterlassener Aufklärung (der BGH nimmt im entschiedenen Fall eine Risikoaufklärung, keine therapeutische Aufklärung an) über die bestehende ernsthafte Alternative einer unblutigen Reposition oder operativen Neueinrichtung des Bruchs statt der Fortführung der konservativen Behandlung. Die Fortsetzung der konservativen Behandlung ohne den Hinweis auf bestehende Alternativen stellt nicht den „ersten Verletzungserfolg" („Primärschaden") dar, der es gestatten würde, die Funktionsbeeinträchtigung am Gelenk als bloße Folgeschäden („Sekundärschäden") anzusehen. **Die Beeinträchtigungen am Gelenk sind vielmehr als Schaden in seiner konkreten Ausprägung und damit als „Primärschaden" anzusehen** (BGH, Urt. v. 15. 3. 2005 – VI ZR 313/03, NJW 2005, 1718, 1719 = VersR 2005, 836, 837; vgl. auch BGH, NJW 1998, 3417, 3418 = VersR 1998, 1153, 1154: Hirnschaden und Verhaltensstörungen bei fehlerhafter Geburtsleitung als Primärschaden).

G 107 Übersieht ein Orthopäde oder Unfallchirurg auf einem Röntgenbild die eindeutig zu erkennende Fraktur eines Zeigefingerglieds, liegt regelmäßig ein grober Behandlungsfehler in Form des fundamentalen Diagnoseirrtums vor. **Als Primärschaden ist die durch die unterbliebene Ruhigstellung und damit unsachgemäße Behandlung der Fraktur eingetretene gesundheitliche Befindlichkeit anzusehen, ein im Rahmen des Heilungsprozesses aufgetretener Morbus Sudeck (CRPS; Schmerzsyndrom) stellt dann regelmäßig einen Sekundärschaden dar**, auf den – unabhängig vom Vorliegen eines „groben Behandlungsfehlers" – das Beweismaß des § 287 ZPO anzuwenden ist (BGH, Urt. v. 12. 2. 2008 – VI ZR 221/06, VersR 2008, 644, 645 = GesR 2008, 250, 251; kritisch B/P/S-Glanzmann, § 287 ZPO Rz. 16: Widerspruch zur o. g. Entscheidung v. 15. 3. 2005, Rz. G 106; Morbus Sudeck sei ebenfalls als Primärschaden anzusehen, vgl. hierzu auch BGH, NJW 2004, 777: Morbus Sudeck als Primärschaden nach Verkehrsunfall).

G 108 Als **Primärschaden** nach einer intraartikulären Injektion ist ein **Gelenkschaden** in seiner konkreten Ausprägung anzusehen, also ein Kniegelenkerguss mit schmerzhafter Bewegungseinschränkung und erhöhten Körpertemperaturen (BGH, Urt. v. 8. 1. 2008 – VI ZR 118/06, VersR 2008, 490, 491, Nr. 15).

G 109 Ein grober Behandlungsfehler liegt vor, wenn bei einer Meniskusläsion ohne Durchführung der erforderlichen Beurteilung des Rissbereichs ohne genaue Kenntnis der Risslage gleich eine Resektion (Entfernung) des Meniskus anstatt einer Meniskusnaht durchgeführt und somit eine gute Heilungschance zur Vermeidung einer frühzeitigen Kniearthrose vereitelt wird. Wird die indizierte Meniskusnaht unterlassen und stattdessen die Meniskusresektion durchgeführt, liegt der **Primärschaden in der Entfernung des Meniskus. Der Sekundärschaden besteht in den nachfolgenden Kniebeschwerden, einer möglichen Kniearthrose und den Kosten einer Nachbehandlung** (OLG Jena, Urt. v. 12. 6. 2012 – 4 U 634/10, juris, Nr. 29, 33, 35, 44).

G 110 Ist eine Kreuzbandersatzplastik fehlerhaft positioniert worden und durch das hieraus folgende Transplantatversagen ein Knorpelschaden aufgetreten, besteht die **Primärschädigung in der Beschädigung des Transplantats**, während die aufgetretenen Knorpelschäden aufgrund Knieinstabilität sekundäre Gesundheitsschäden darstellen (OLG Stuttgart, Urt. v. 4. 6. 2002 – 14 U 86/01, VersR 2003, 253). Da ein Knorpelschaden nicht typischerweise mit dem Versagen eines Kreuzbandimplantats verbunden ist, erstreckt sich die Beweislastumkehr beim Vorliegen eines groben Behandlungsfehlers in einem solchen Fall nicht auf diesen Sekundärschaden (OLG Stuttgart, VersR 2003, 253 = AHRS III, 6690/300).

Wir ein erkannter, bösartiger Tumor (hier: erkannter bzw. ohne Weiteres erkennbarer Darmtumor) nicht entfernt, stellt der deshalb erforderlich gewordene **Zweiteingriff den „Primärschaden"** dar. Die infolge des Primärschadens aufgetretne **Nahtinsuffizienz** und die sich hieraus ergebenden Komplikationen (Anlage eines Anus praeter u. a.) stellen den **„Sekundärschaden"** dar. Wird der bösartige Tumor anlässlich der hierfür angesetzten Operation behandlungsfehlerhaft nicht entfernt, wird deshalb ein Zweiteingriff erforderlich und kommt es dabei zu einer Nahtinsuffizienz mit der weiteren Folge der Anlage eines Anus Praeter, so ist die Haftung des Operateurs nach der „Schutzzwecklehre" auch nicht zu begrenzen, wenn sich bei dem zweiten Eingriff ein durch den Ersteingriff nicht erhöhtes, operationsimmanentes Risiko verwirklicht hat (BGH, Urt. v. 22. 5. 2012 – VI ZR 157/11, VersR 2012, 905 = NJW 2012, 2024, Nr. 15, 16; ebenso die Vorinstanz, OLG München, Urt. v. 21. 4. 2011 – 1 U 2363/10, VersR 2011, 1012, 1013). **G 110a**

Wird eine Peritonitis um zwei Tage verzögert diagnostiziert, kann ein grober Behandlungsfehler vorliegen. Die dann eintretende Umkehr der Beweislast erstreckt sich auf den eingetretenen **Primärschaden, nämlich die Entzündung selbst**, nicht aber auf die **Sekundärschäden wie Verwachsungen, die von der Patientin behauptete Infertilität** durch Verschluss eines im Zeitpunkt der Operation noch durchlässigen Eileiters und die nachfolgende Weigerung von Gynäkologen, wegen der entstandenen Verwachsungen eine künstliche Befruchtung vorzunehmen (OLG Karlsruhe, Urt. v. 24. 5. 2006 – 7 U 242/05, OLGR 2006, 617, 618 = AHRS III, 6555/308; u. E. für die Verwachsungen fraglich!). **G 111**

Verzögert sich die erforderliche augenärztliche Untersuchung aufgrund eines groben Behandlungsfehlers des Kinderarztes, der ein „Schielen" des Kleinkindes dokumentiert hat, um mehrere Wochen umfasst der **Primärschaden** die Erblindung des Patienten auf dem linken, schielenden Auge, die Entfernung des linken Augapfels zur Vermeidung einer Metastasierung, als **weitere Folge aber auch die Minderung der Sehschärfe des auch am anderen Auge aufgetretenen Retinoblastoms** (bösartiger Netzhauttumor). Derartige, eigentliche **Sekundärschäden sind als typische Folge des Primärschadens** anzusehen (OLG Karlsruhe, Urt. v. 14. 11. 2007 – 7 U 251/06, VersR 2008, 545, 546). **G 112**

Unterlässt es der behandelnde Gynäkologe fehlerhaft, den erhobenen und dokumentierten Tastbefund auf die Verdachtsdiagnose eines Mammakarzinoms abzuklären und wird dieses deshalb vier bis fünf Monate zu spät entdeckt, ist der haftungsbegründende materielle Primärschaden nach Auffassung des OLG Hamm (OLG Hamm, Urt. v. 28. 11. 2001 – 3 U 59/01, VersR 2003, 1259, 1260) in dem frühen **Tod der Patientin** zu sehen. **G 113**

Die **fehlerhafte Auswertung von entnommenem Gewebe** durch die Ärzte einer Klinik und die **unterbliebene radiologische Untersuchung** des nach einer Brust- **G 114**

operation entnommenen Nachresektats beinhalten einen groben Behandlungs-
fehler. Zu den **Primärschäden** der Patientin als noch unmittelbare Folge des
Unterlassens gebotener Maßnahmen gehören dabei auch die erforderlichen
**Nachbehandlungen wie Folgeoperationen, Strahlentherapie sowie eine medika-
mentöse Hormontherapie** (OLG Oldenburg, Urt. v. 9. 7. 2008 – 5 U 32/08,
OLGR 2009, 14, 15: selbst bei der Annahme von Sekundärschäden von § 287
ZPO erfasst).

G 115 Einstweilen frei.

G 116 Zum Nachweis des durch den behaupteten (einfachen) Behandlungsfehler entstandenen Primärschaden gilt das Beweismaß des § 286 ZPO. Im Rahmen des
§ 286 ZPO genügt **ein für das praktische Leben brauchbarer Grad von Gewissheit**, d. h. ein für einen vernünftigen, den zur Entscheidung stehenden Lebenssachverhalt klar überblickenden Menschen so hoher Grad an Wahrscheinlichkeit, dass er den Zweifeln Schweigen gebietet. Eine absolute Gewissheit oder
eine „**an Sicherheit grenzende Wahrscheinlichkeit**" ist für die Überzeugungsbildung nach § 286 ZPO **nicht erforderlich** (BGH, Urt. v. 16. 4. 2013 – VI ZR 44/12,
GesR 2013, 346, 347, Nr. 8; BGH, Urt. v. 19. 10. 2010 – VI ZR 241/09, GesR
2011, 24 = VersR 2011, 223, 224, Nr. 21; BGH, Urt. v. 3. 6. 2008 – VI ZR 235/07,
VersR 2008, 1133, Nr. 8; Urt. v. 8. 7. 2008 – VI ZR 274/07, VersR 2008, 1126,
1127, Nr. 7; Urt. v. 8. 7. 2008 – VI ZR 259/06, VersR 2008, 1265, 1266 = MedR
2009, 44, 45, Nr. 22; Urt. v. 4. 11. 2003 – VI ZR 28/03, VersR 2004, 1477, 1478
= NJW 2004, 777, 778; Spickhoff-Greiner, § 823 BGB Rz. 114, 122;
Musielak-Foerste, § 286 ZPO Rz. 18, 19; Zöller/Greger, § 286 ZPO Rz. 19; von
Pentz, RiBGH, MedR 2011, 222/223).

G 117 Steht das Vorliegen eines Behandlungsfehlers durch eine **aktive Handlung** des
Arztes fest, so hat der Patient zu beweisen, dass eine nach dem Facharztstan-
dard, d. h. dem gesicherten Stand der ärztlichen Wissenschaft im Zeitpunkt der
Behandlung lege artis durchgeführte Behandlung den Eintritt des Primärscha-
dens vermieden hätte (G/G, 6. Aufl., Rz. B 200, 218; Spickhoff-Greiner, § 823
Rz. 117, 143).

G 118 Um bei einem **Unterlassen** einen Ursachenzusammenhang zu bejahen, muss die
unterbliebene Behandlung hinzugedacht und im Rahmen des Beweismaßes des
§ 286 ZPO festgestellt werden, dass der Schaden gewiss oder mit an Sicherheit
grenzender Wahrscheinlichkeit dann nicht eingetreten wäre, wobei die bloße
Wahrscheinlichkeit des Nichteintritts nicht ausreicht (OLG Zweibrücken, Urt.
v. 22. 6. 1999 – 5 U 32/98, VersR 2000, 605 und VersR 1998, 590). Der Patient
hat nachzuweisen, dass bei richtiger Diagnose bzw. lege artis erfolgtem Tätigwerden des Arztes nach dem medizinischen Facharztstandard die Primärschädigung gänzlich oder teilweise vermieden worden wäre (Spickhoff-Greiner, § 823
BGB Rz. 117, 143; G/G, 6. Aufl., Rz. B 218; BGH, NJW 1988, 2949, 2950).

G 119 Beim **groben Behandlungsfehler** (zur „unterlassenen Befunderhebung" vgl.
Rz. G 105a) umfasst die in Betracht stehende Umkehr der Beweislast den Beweis
der Ursächlichkeit des Behandlungsfehlers für den **haftungsbegründenden Primärschaden**, der ohne die Beweislastumkehr dem Patienten nach § 286 ZPO
obläge. Auf die **haftungsausfüllende Kausalität**, d. h. den Kausalzusammenhang

zwischen körperlicher oder gesundheitlicher Primärschädigung und weiteren Gesundheitsschäden des Patienten wird die Beweislastumkehr nicht ausgedehnt, es sei denn, der sekundäre Gesundheitsschaden wäre **typisch mit dem Primärschaden verbunden** und die als grob zu bewertende Missachtung der ärztlichen Verhaltensregeln sollte gerade auch solcher Art von Schädigungen vorbeugen (BGH, Urt. v. 12. 2. 2008 – VI ZR 221/06, VersR 2008, 644, 645 = GesR 2008, 250, 251; BGH, Urt. v. 16. 11. 2004 – VI ZR 328/03, VersR 2005, 228, 230 = NJW 2005, 427, 429 = MDR 2005, 572, 573; OLG Karlsruhe, Urt. v. 14. 11. 2007 – 7 U 251/06, VersR 2008, 545, 546; OLG Karlsruhe, Urt. v. 21. 5. 2008 – 7 U 158/07, VersR 2009, 831, 832; OLG Stuttgart, Urt. v. 4. 6. 2002 – 14 U 86/01, VersR 2003, 253; Spickhoff-Greiner, § 823 BGB Rz. 120, 153, 183; B/P/S-Glanzmann, § 287 ZPO Rz. 13, 92; R/L-Kern, § 5 Rz. 26, 61; von Pentz, RiBGH, MedR 2011, 222/223).

b) Haftungsausfüllende Kausalität

Die haftungsausfüllende Kausalität betrifft den Kausalzusammenhang zwischen dem **Primärschaden** (Körper- oder Gesundheitsschaden) und den weiteren Gesundheits- und Vermögensschäden des Patienten („**Sekundärschaden**"), die ihm hieraus entstehen. **Auf die Sekundärschäden erstreckt sich die Beweislastumkehr bei Vorliegen eines groben Behandlungsfehlers bzw. der Voraussetzungen einer „unterlassenen Befunderhebung"** (hierzu Rz. U 1 ff., G 105a) nicht (BGH, Urt. v. 16. 11. 2004 – VI ZR 328/03, VersR 2005, 228, 230 = MDR 2005, 572, 573; BGH, Urt. v. 12. 2. 2008 – VI ZR 221/06, VersR 2008, 644, 645; OLG Jena, Urt. v. 12. 6. 2012 – 4 U 634/10, juris, Nr. 44; OLG Karlsruhe, Urt. v. 14. 11. 2007 – 7 U 251/06, VersR 2008, 545, 546; OLG Karlsruhe, Urt. v. 21. 5. 2008 – 7 U 158/07, VersR 2009, 831, 832/833; OLG Köln, Urt. v. 27. 6. 2012 – 5 U 38/10, juris, Nr. 32–35 = VersR 2013, 113: **chronische Brustentzündung und Fistelbildung nach Verätzung durch Flächendesinfektionsmittel als Sekundärschäden**; OLG München, Urt. v. 16. 2. 2012 – 1 U 2798/11, juris, Nr. 38, 40; OLG München, Urt. v. 27. 10. 2011 – 1 U 1946/05, juris, Nr. 116–119, 151; OLG München, Urt. v. 21. 4. 2011 – 1 U 2363/10, VersR 2011, 2012, 2013; OLG Stuttgart, Urt. v. 4. 6. 2002 – 14 U 86/01, VersR 2003, 253; L/K-Laufs/Kern, § 110 Rz. 31; L/K/L-Katzenmeier, Rz. XI 54, 69, 71; Spickhoff-Greiner, § 823 BGB Rz. 153, 183; B/P/S-Glanzmann, § 287 ZPO Rz. 13, 16, 92; Wenzel-Müller, Kap. 2 Rz. 1417, 1418, 1516, 1517; F/N/W, 5. Aufl., Rz. 71, 138; G/G, 6. Aufl., Rz. B 192, 229, 262; S/Pa, 12. Aufl., Rz. 628, 676).

G 120

Wird ein erkannter bösartiger Tumor nicht entfernt, stellt der deshalb erforderlich gewordene Zweiteingriff den „Primärschaden" dar. Die infolge des Primärschaden aufgetretene **Nahtinsuffizienz und die sich hieraus ergebenden Komplikationen** (Anlage eines Anus Praeter, damit verbundene Schmerzen und Beschwerden u. a.) **stellen den „Sekundärschaden" dar** (OLG München, Urt. v. 21. 4. 2011 – 1 U 2363/10, VersR 2011, 1012, 1013).

G 121

Unterlassen es die Ärzte einer unfallchirurgischen Abteilung grob fehlerhaft, mittels eines CT zu überprüfen, ob sich der nach einem Unfall mit einem Schädel-Hirn-Trauma eingelieferte Patient den gesamten Katheter herausgezogen hatte und kein Rest mehr im Schädel verblieben war, zählen zu den Primärschä-

G 121a

den auch die **Infektion in Form einer Meningitis mit Liquorabflussstörung sowie eine Hirndruckerhöhung, zumindest als typische, mit dem Primärschaden verbundene Sekundärschäden**, während die neurologischen und psychischen Folgen sowie die Verminderung der intellektuellen Leistungsfähigkeit des Patienten allenfalls Sekundärschäden (hier: Ursächlichkeit des Behandlungsfehlers auch nach § 287 ZPO nicht nachweisbar) darstellen (OLG Karlsruhe, Urt. v. 21. 5. 2008 – 7 U 158/07, VersR 2009, 831, 832; vgl. auch Rz. G 105a).

G 121b Andererseits sollen bei grob fehlerhaft unterlassener Vollheparinisierung nicht nur der aufgetretene Schlaganfall zu den **Primärschäden** zählen, sondern **als typischerweise mit dem Primärschaden verbundene, hierzu zu zählende sekundäre Gesundheitsschäden auch eine symptomatische Epilepsie, ein hirnorganisches Psychosyndrom und eine BWK-12 Fraktur** (OLG Karlsruhe, Urt. v. 12. 12. 2012 – 7 U 176/11, juris, Nr. 52, 53; vgl. auch Rz. G 105a).

G 121c Wird nach der Notaufnahme eines schwer hirnverletzten Verkehrsunfallopfers auf der Intensivstation ein CT-Befund, der eine eindeutige Zunahme der Hirnschwellungen anzeigt, grob fehlerhaft falsch ausgewertet und wird infolge dessen die zum Abfluss des Hirnwassers erforderliche **Ventrikeltrainage erst 14 Stunden später gelegt**, erstreckt sich die Beweislastumkehr des groben Behandlungsfehlers (fundamentaler Diagnoseirrtum) auf die beim Geschädigten eingetretenen, **schwersten Behinderungen (kortikale Hirnatrophie, apallisches Syndrom, Tetraparese und hochgradig eingeschränktes Sehvermögen) als Primärschäden**. Hinsichtlich der vom Patienten behaupteten bzw. eingetretenen **Sekundär- bzw. Folgeschäden** (Spreizfußstellung, eingeschränkte Mund- und Zungenmotorik, Antriebsmangel, Einschränkungen im Schluckakt, Leukozytendepression, Narbenepilepsie, Persönlichkeitsveränderung, Inkontinenz) **muss der Beweis nach § 287 ZPO mit überwiegender Wahrscheinlichkeit vom Patienten geführt werden** (OLG München, Urt. v. 27. 10. 2011 – 1 U 1946/05, juris, Rz. 116–119, 151).

G 122 Stellt der infolge eines ärztlichen Behandlungsfehlers eingetretene **Herz- und Kreislaufstillstand den Primärschaden** dar, so ist für die behaupteten Folgen dieses Stillstandes, etwa einen **Hirnschaden, das Beweismaß des § 287 I ZPO maßgebend** (BGH, Beschl. v. 16. 10. 2007 – VI ZR 229/06, AHRS III, 6655/301 und 6555/318).

G 123 Wird von den behandelnden Ärzten aufgrund einer **unterlassenen EKG-Befunderhebung** ein **Herzinfarkt** nicht erkannt, stellt das bei Erhebung des Befundes erkennbare Herzwandaneurysma **den Primärschaden**, ein dadurch verursachter **Folgeinfarkt den Sekundärschaden** dar (OLG Oldenburg, VersR 1999, 317; vgl. aber Rz. G 105a).

G 124 Wird vom behandelnden Arzt eine **Luxation des Radiusköpfchens** (im Ellenbogen) **übersehen**, so handelt es sich bei der entstehenden Fehlstellung des Gelenks um den Primärschaden, bei der nachfolgenden Bewegungseinschränkung des Gelenks um den Sekundärschaden (OLG Oldenburg, VersR 1999, 63). Bei fehlerhafter Positionierung einer Kreuzbandersatzplastik nach vorgefallener Ruptur des vorderen Kreuzbandes besteht der **Primärschaden in der Beschädigung des Transplantats**, während aufgetretene **Knorpelschäden aufgrund der**

Knieinstabilität sekundäre Gesundheitsschäden darstellen. Eine ausnahmsweise mögliche Erstreckung der Beweislastumkehr auch auf die Sekundärschäden scheidet in einem solchen Fall aus, da ein Knorpelschaden nicht typischerweise mit einem Transplantatversagen verbunden ist (OLG Stuttgart, Urt. v. 4. 6. 2002 – 14 U 86/01, VersR 2003, 253).

Übersieht ein Orthopäde oder Unfallchirurg auf einem Röntgenbild den **Bruch eines Fingers**, handelt es sich bei dem nachfolgend aufgetretenen **Morbus Sudeck** um einen **Sekundärschaden**. Dann greift unabhängig davon, ob der Behandlungsfehler des Arztes als „grob" zu bewerten ist, § 287 ZPO ein (BGH, Urt. v. 12. 2. 2008 – VI ZR 221/06, VersR 2008, 644, 645; vgl. auch Rz. G 106, G 107). G 125

Nach dem Auftreten einer **Verätzung** aufgrund der – grob fehlerhaften – Verwechslung eines Wund- und eines Flächendesinfektionsmittels stellt eine **chronische Brustentzündung und Fistelbildung den Sekundärschaden** dar (OLG Köln, Urt. v. 27. 6. 2012 – 5 U 38/10, juris, Nr. 32–35: im entschiedenen Fall nicht überwiegend wahrscheinlich auf den Behandlungsfehler zurückzuführen). G 125a

Dem gegenüber liegt in der **Schädigung des Sehvermögens** aufgrund einer **Netzhautablösung**, die vom konsultierten Arzt nicht erkannt worden ist bzw. die aufgrund einer schuldhaft unterlassenen Sicherungsaufklärung (therapeutische Aufklärung) nicht behandelt werden konnte, der **Primärschaden** (BGH, Urt. v. 16. 11. 2004 – VI ZR 328/03, VersR 2005, 228, 230 = NJW 2005, 427, 429; vgl. auch OLG Karlsruhe, Urt. v. 14. 11. 2007 – 7 U 251/06, VersR 2008, 545, 546; Rz. G 112). G 126

Wird eine **Lungentuberkulose** grob fehlerhaft verspätet erkannt, so ist auch eine durch **TB-Befall des Nebenhodens** verursachte Hodenverkrümmung als typische **Folge des Primärschadens und nicht als Sekundärschaden** anzusehen (BGH, NJW 1988, 2948; Gehrlein, Rz. B 146). Bei verspätetem Erkennen einer Nierenfunktionsstörung ist die deshalb früher erforderliche Dialysebehandlung ebenfalls dem Primärschaden zuzurechnen (BGH, NJW 1988, 2303; Gehrlein, Rz. B 146). G 127

Andererseits ist im Rahmen eines Schadensersatzanspruchs aus § 844 I die Frage des Ursachenzusammenhangs zwischen der dem Schädiger zuzurechnenden Verletzung und dem eingetretenen **Tod des Geschädigten** nach dem Maßstab des § 287 ZPO zu beurteilen (OLG Hamburg, Urt. v. 26. 11. 2004 – 1 U 67/04, OLGR 2005, 101, 102). G 128

Kommt es zur Verwechslung eines Wund- und eines Flächendesinfektionsmittels, erstreckt sich die Beweislastumkehr wegen dieses groben Behandlungsfehlers (grober Organisationsfehler) nur auf die **Primärschäden, d.h. die Verätzung des Gewebes, die erheblichen Schmerzen und Missempfindungen, nicht jedoch auf mögliche Sekundärschäden wie Austritt von Flüssigkeit aus einer Hauteinziehung, der Bildung von Eiter und einer Fistel** (OLG Köln, Urt. v. 27. 6. 2012 – 5 U 38/10, juris, Nr. 33, 34, 35 = VersR 2013, 113). G 128a

Typische Sekundärschäden sind im Übrigen der Erwerbsunfähigkeits- und Verdienstausfallschaden, ein Haushaltsführungsschaden und sonstige materielle Folgeschäden (OLG Schleswig, Urt. v. 24. 6. 2005 – 4 U 10/04 mit NZB BGH v. 16. 5. 2006 – VI ZR 145/05, AHRS III, 6655/300). G 128b

G 129   Zur Feststellung der haftungsausfüllenden Kausalität, des durch den Behandlungsfehler verursachten Sekundärschadens kann gem. § 287 ZPO zur Überzeugungsbildung des Gerichts eine überwiegende Wahrscheinlichkeit ausreichen (BGH,
Urt. v. 19. 10. 2010 – VI ZR 241/09, VersR 2011, 223, 225, Nr. 21: „kann eine
überwiegende Wahrscheinlichkeit genügen"; BGH, Urt. v. 23. 11. 2011 – IV ZR
70/11, NJW 2012, 392, 393, Nr. 16: „überwiegende, auf gesicherter Grundlage beruhende Wahrscheinlichkeit" für § 287 I 1 ZPO und „ein für das praktische Leben
brauchbarer Grad von Gewissheit, der den Zweifeln Schweigen gebietet, ohne sie
völlig auszuschließen" bei § 286 I 1 ZPO; BGH, Urt. v. 12. 2. 2008 – VI ZR
221/06, VersR 2008, 644, 645: eine „überwiegende Wahrscheinlichkeit" für den
Kausalzusammenhang kann genügen; BGH, NJW 2005, 3275, 3277: „deutlich
überwiegende Wahrscheinlichkeit" erforderlich; BGH, Urt. v. 4. 11. 2003 – VI ZR
28/03, NJW 2004, 777, 778; OLG Hamburg, Urt. v. 26. 11. 2004 – 1 U 67/04,
OLGR 2005, 101, 103: „weit überwiegende Wahrscheinlichkeit"; OLG Karlsruhe,
Urt. v. 24. 5. 2006 – 7 U 242/05, OLGR 2006, 617, 619: „überwiegende Wahr-
scheinlichkeit"; OLG München, Urt. v. 27. 10. 2011 – 1 U 1946/05, juris, Rz. 151:
„mit hinreichender Wahrscheinlichkeit", d. h. mehr als 50 %; OLG München,
Urt. v. 5. 11. 2010 – 10 U 2401/10, VersR 2011, 549 im Anschluss an BGH, VersR
2004, 118, 119: deutlich höhere bzw. überwiegende Wahrscheinlichkeit für die
Überzeugungsbildung; OLG München, Urt. v. 20. 5. 2010 – 1 U 3057/09, juris,
Rz. 78/79: überwiegende Wahrscheinlichkeit, mehr als 50 % ausreichend; von
Pentz, RiBGH, MedR 2011, 222, 223 und Wenzel-Müller, Kap. 2 Rz. 1418 im Anschluss an BGH NJW 1992, 3298: deutlich überwiegende, auf gesicherter Grundlage beruhende Wahrscheinlichkeit; S/Pa, 12. Aufl., Rz. 628, 676: „überwiegende
Wahrscheinlichkeit"; F/N/W, 5. Aufl., Rz. 174: deutlich überwiegende Wahrscheinlichkeit; Musielak-Foerste § 287 ZPO Rz. 7: „überwiegende Wahrscheinlichkeit", teils wird „deutlich überwiegende Wahrscheinlichkeit" verlangt).

G 130   Dementsprechend obliegt der Patientin der Beweis der „überwiegenden Wahrscheinlichkeit" aus § 287 ZPO dafür, dass eine (einfach oder grob fehlerhafte)
Perforation des Dünndarms im Rahmen einer Laparoskopie zur Überprüfung
der Durchgängigkeit der Eileiter nicht nur zu einer Peritonitis (Primärschaden),
sondern durch eine verlängerte Entzündungszeit auch zu Verwachsungen und
dem Verschluss des linken, im Zeitpunkt der Operation noch durchlässigen Eileiters mit der weiteren Folge der **Infertilität (Unvermögen, eine Frucht bis zur
Lebensfähigkeit auszutragen) als „Sekundärschaden"** geführt hat (OLG Karlsruhe, Urt. v. 24. 5. 2006 – 7 U 242/05, OLGR 2006, 617, 619).

G 131   Auch nach dem abgeschwächten Beweismaß des § 287 ZPO ist der dem Geschädigten obliegende Beweis für die Kausalität nicht erbracht, wenn der Verlauf einer
bereits vor dem Schadensereignis manifestierten **Grunderkrankung** (hier: depressive psychopathologische Behandlung) nicht sicher beurteilt werden kann, weil
dieser **für eine beschränkte Dauer von einer eigenständigen Erkrankung überlagert**
wird (OLG Saarbrücken, Urt. v. 21. 10. 2008 – 4 U 454/07–154, OLGR 2009, 126).

G 131a   Ein konkreter **Sekundärschaden** (hier: Nachbehandlung, Kniebeschwerden, mögliche Kniearthrose) **liegt (noch) nicht vor**, wenn der Sachverständige ausführt, die
postoperative Nachbehandlung des Patienten sei auch bei einem – grob fehlerhaft
entfernten und danach wieder angenähten – Meniskus nicht kürzer und nicht

weniger beschwerlich gewesen, die aktuellen Kniebeschwerden seien aber auf die Grunderkrankung zurückzuführen (hier: Chondropathia patellae), eine **frühzeitige Kniearthrose drohe**, liege aber noch nicht vor. Insoweit wäre dann der Feststellungsantrag einschlägig (OLG Jena, Urt. v. 12. 6. 2012 – 4 U 634/10, juris, Nr. 44).

Bei den durch den Primärschaden verursachten **Vermögensschäden** („Sekundär-   G 132
schäden") des Patienten kommt auch bei Vorliegen eines **groben Behandlungsfehlers** eine **Beweiserleichterung** außerhalb des § 287 ZPO **grundsätzlich nicht in Betracht** (BGH, Urt. v. 16. 11. 2004 – VI ZR 328/03, VersR 2005, 228, 230 = NJW 2005, 427, 429; Urt. v. 15. 3. 2005 – VI ZR 313/03, NJW 2005, 1718, 1719 = VersR 2005, 836, 837; OLG Karlsruhe, Urt. v. 14. 11. 2007 – 7 U 251/06, VersR 2008, 545, 546; OLG Köln, Urt. v. 23. 8. 2006 – 5 U 22/04, MedR 2008, 46; OLG Köln, Urt. v. 27. 6. 2012 – 5 U 38/10, juris, Nr. 32–35; OLG Stuttgart, Urt. v. 4. 6. 2002 – 14 U 86/01, VersR 2003, 253, 254; Gehrlein, VersR 2004, 1488, 1493; F/N/W, 5. Aufl., Rz. 138, 174; G/G, 6. Aufl., Rz. B 262; S/Pa, 12. Aufl., Rz. 676, 677; Spickhoff-Greiner, § 823 BGB Rz. 183).

2. Generelle Beweislastumkehr bei Vorliegen eines „groben Behandlungsfehlers"

Für die haftungsbegründende, nicht jedoch die haftungsausfüllende Kausalität   G 133
greift grundsätzlich eine Beweislastumkehr für den Kausalzusammenhang ein
(vgl. jetzt § 630h V 1 BGB), **wenn ein grober Behandlungsfehler des behandelnden Arztes festgestellt werden kann** (BGH, Urt. v. 19. 6. 2012 – VI ZR 77/11, NJW 2012, 2653, Nr. 6, 13; BGH, Urt. v. 25. 10. 2011 – VI ZR 139/10, MDR 2012, 150 = VersR 2012, 362 = NJW 2012, 227, 228, Nr. 11; BGH, Urt. v. 20. 9. 2011 – VI ZR 55/09, VersR 2011, 1569 = MDR 2011, 1285 = GesR 2011, 718 = NJW 2011, 3442, Nr. 10, 12; BGH, Urt. v. 7. 6. 2011 – VI ZR 87/10, VersR 2011, 1148 = GesR 2011, 472 = NJW 2011, 2508, Nr. 7; BGH, Urt. v. 15. 3. 2010 – VI ZR 64/09, GesR 2010, 255, 257, Nr. 18; BGH, Urt. v. 6. 10. 2009 – VI ZR 24/09, VersR 2009, 1668 = MedR 2010, 637, Nr. 14; BGH, Urt. v. 16. 6. 2009 – VI ZR 157/08, VersR 2009, 1267 = MedR 2010, 101 = NJW 2009, 2820, Nr. 15; BGH, Urt. v. 29. 9. 2009 – VI ZR 251/08, VersR 2010, 115, Nr. 8; BGH, Urt. v. 8. 1. 2008 – VI ZR 118/06, VersR 2008, 490, 491 = NJW 2008, 1304, Nr. 11, 12; BGH, Urt. v. 27. 3. 2007 – VI ZR 55/05, VersR 2007, 995, 997 = NJW 2007, 2767, 2769, Nr. 25; BGH, Urt. v. 27. 4. 2004 – VI ZR 34/03, NJW 2004, 2011 = MDR 2004, 1055 = VersR 2004, 909, 911 = GesR 2004, 290 = MedR 2004, 561, 562; vom Abdruck umfangreicher Zitate aus der OLG-Rechtsprechung wird an dieser Stelle abgesehen).

Einstweilen frei.   G 134 – G 136

Auch bei einem groben Behandlungsfehler greift eine **Beweislastumkehr nicht**   G 137
ein, soweit es sich um den Eintritt von **Sekundärschäden** im Rahmen der haftungsausfüllenden Kausalität handelt (vgl. Rz. G 120, G 132, G 105a; BGH, Urt. v. 12. 2. 2008 – VI ZR 221/06, VersR 2008, 644, 645; Urt. v. 16. 11. 2004 – VI ZR 328/03, VersR 2005, 228, 230 = NJW 2005, 427, 429 = MDR 2005, 572, 573; Urt. v. 15. 3. 2005 – VI ZR 313/03, NJW 2005, 1718, 1719 = VersR 2005, 836, 837; von Pentz, RiBGH, MedR 2011, 222, 223; Spickhoff-Greiner, § 823 BGB Rz. 183;

Wenzel-Müller, Kap. 2 Rz. 1417, 1418, 1516, 1517, 1525; G/G, 6. Aufl., Rz. B 262; S/Pa, 12. Aufl., Rz. 676, 677; L/K/L-Katzenmeier, Rz. XI 68, 69, 71; F/N/W, 5. Aufl., Rz. 138, 174).

G 138   Dies gilt – als Gegenausnahme – nicht, wenn sich der **Sekundärschaden als typische Folge der Primärverletzung** darstellt (BGH, Urt. v. 16. 11. 2004 – VI ZR 328/03, VersR 2005, 228, 230 = MDR 2005, 572, 573; Urt. v. 12. 2. 2008 – VI ZR 221/06, VersR 2008, 644, 645 = NJW 2008, 1381, 1382, Nr. 9, 13; OLG Karlsruhe, Urt. v. 14. 11. 2007 – 7 U 251/06, VersR 2008, 545, 546; OLG Karlsruhe, Urt. v. 21. 5. 2008 – 7 U 158/07, VersR 2009, 831, 832/833; OLG Stuttgart, Urt. v. 4. 6. 2002 – 14 U 86/01, VersR 2003, 253, 254; L/K/L-Katzenmeier, Rz. XI 69; Spickhoff-Greiner, § 823 BGB Rz. 184; Gehrlein, VersR 2004, 1488, 1493; F/N/W, 5. Aufl., Rz. 138; G/G, 6. Aufl., Rz. B 263; s. o. Rz. G 112, G 121a, G 121b).

3. Dogmatik

G 139   Die von der Rechtsprechung entwickelte Beweislastumkehr zu Lasten der Behandlungsseite bei Vorliegen eines groben Behandlungsfehlers soll einen **Ausgleich** dafür darstellen, dass das **Spektrum** der für die Schädigung des Patienten in Betracht kommenden Ursachen regelmäßig durch den groben Fehler **besonders verbreitert bzw. verschoben** worden ist und so eine Sachlage herbeigeführt wurde, die nicht mehr erkennen lässt, ob das ärztliche Versagen oder eine andere Ursache den schädigenden Erfolg (Primärschaden) herbeigeführt hat. **Die Aufklärung des Behandlungsgeschehens ist dann in besonderer Weise erschwert worden. Der Kausalitätsbeweis ist in einem solchen Fall dem Patienten nicht mehr zuzumuten** (vgl. etwa BGH, Urt. v. 19. 6. 2012 – VI ZR 77/11, MDR 2012, 966 = NJW 2012, 2653, Nr. 13, 15; BGH, Urt. v. 25. 10. 2011 – VI ZR 138/10, MDR 2012, 150 = VersR 2012, 362 = NJW 2012, 227, Nr. 11; BGH, Urt. v. 20. 9. 2011 – VI ZR 55/09, MDR 2011, 1285 = GesR 2011, 718 = VersR 2011, 1569 = NJW 2011, 3442, Nr. 12; BGH, Urt. v. 16. 3. 2010 – VI ZR 64/09, GesR 2010, 255, 257 = VersR 2010, 627, Nr. 18; BGH, Urt. v. 6. 10. 2009 – VI ZR 24/09, GesR 2010, 16 = VersR 2009, 1668, 1670 = MedR 2010, 637, Nr. 14; BGH, Urt. v. 16. 6. 2009 – VI ZR 157/08, GesR 2009, 442, 444: Aufklärung in besonderer Weise erschwert; S/Pa, 12. Aufl., Rz. 629 m. w. N.; L/K-Laufs-Kern, § 110 Rz. 5, 6; Spickhoff-Greiner, § 823 BGB Rz. 168; L/K/L-Katzenmeier, Rz. XI 84, 87 mit Kritik in Rz. XI 79 ff., 90; F/N/W, 5. Aufl., Rz. 131, 132; Gehrlein, Rz. B 137; Hausch, VersR 2005, 600, 603; ausführlich und kritisch Hausch, Diss. 2007, S. 64 ff., 69 ff.; auch D/S, 6. Aufl., VI. Rz. 219 und XI. Rz. 530: der Arzt kann sich nicht beschweren, wenn ihm mögliche Konsequenzen seines elementaren Fehlers auf der Ebene des Beweises zugeschoben werden; R/L-Kern, 1. Aufl., § 2 Rz. 81 und § 5 Rz. 31, 32; von Pentz, RiBGH, MedR 2011, 222, 223).

Auf die **subjektive Vorwerfbarkeit, den Grad des ärztlichen Verschuldens,** – wovon Sachverständige aber oftmals ausgehen – **kommt es dabei nicht an** (BGH, Urt. v. 25. 10. 2011 – VI ZR 139/10, VersR 2012, 362 = NJW 2012, 227, Nr. 11: Sachverständiger hatte offensichtlich auf den Grad der subjektiven Vorwerfbarkeit abgestellt; BGH, Urt. v. 16. 3. 2010 – VI ZR 64/09, VersR 2010, 627 = GesR 2010, 255, 257, Nr. 18; BGH, Urt. v. 20. 9. 2011 – VI ZR 55/09, VersR 2011, 1569

= GesR 2011, 718 = NJW 2011, 3442, Nr. 12: im entschiedenen Fall jedenfalls in der „Gesamtbetrachtung" grober Behandlungsfehler anzunehmen, wenn keine Leitlinien o. a. existieren, die Handlungsanweisungen enthalten).

Der BGH hatte die damals vertretene Beweiserleichterung zunächst mit einer „gerechten Interessenabwägung" bzw. der **„Billigkeit"** begründet (BGH, VersR 1959, 598 und, VersR 1956, 499 bei Hausch, Diss. 2007, S. 65). Später hat der BGH darauf hingewiesen, Beweiserleichterungen bzw. eine Beweislastumkehr seien keine Sanktionen für ein besonders schwerwiegendes Arztverschulden. Stattdessen stellte der BGH dann darauf ab, dass der **Arzt** durch einen groben Fehler die **Unaufklärbarkeit** des **Kausalverlaufs** zu verantworten habe: Wegen des Gewichts des Behandlungsfehlers und seiner Bedeutung für die Behandlung sei die Aufklärung des Behandlungsgeschehens in besonderer Weise erschwert worden, so dass der Arzt nach Treu und Glauben dem Patienten den vollen Kausalitätsbeweis nicht zumuten könne (BGH, VersR 1992, 238, 239 und, VersR 1996, 1535; Einzelheiten bei Hausch, Diss. 2007, S. 65/66, 69). **G 140**

Wohl im Hinblick auf die geäußerte Kritik (vgl. etwa Hausch, Diss. 2007, S. 67–69, 303 ff., 483 ff.; Katzenmeier, S. 460, 464 ff.; L/K/L-Katzenmeier, Rz. XI 79 ff., 90) hat der BGH gerade in letzter Zeit mehrfach darauf hingewiesen, dass eine Beweislastumkehr hinsichtlich der Kausalität erforderlich ist und der Billigkeit entspricht, wenn **das Spektrum der für die Schädigung in Betracht kommenden Ursachen gerade durch den Fehler besonders verbreitert oder verschoben worden ist** (BGH, Urt. v. 19. 6. 2012 – VI ZR 77/11, MDR 2012, 966 = NJW 2012, 2653, Nr. 13, 15; Urt. v. 16. 3. 2010 – VI ZR 64/09, VersR 2010, 627, Nr. 18; Urt. v. 6. 10. 2009 – VI ZR 24/09, VersR 2009, 1668, 1670 = MedR 2010, 637, Nr. 14) bzw. **die Aufklärung des Behandlungsgeschehens wegen des Gewichtes des Behandlungsfehlers und seiner Bedeutung für die Behandlung in besonderer Weise erschwert worden ist** (BGH, Urt. v. 25. 10. 2011 – VI ZR 139/10, VersR 2012, 362 = NJW 2012, 227, Nr. 11; BGH, Urt. v. 20. 9. 2011 – VI ZR 55/09, VersR 2011, 1569 = GesR 2011, 718 = NJW 2011, 3442, Nr. 12; BGH, Urt. v. 16. 3. 2010 – VI ZR 64/09, GesR 2010, 255, 257 = VersR 2010, 627, Nr. 18). **G 141**

Von Pentz (RiBGH, MedR 2011, 222, 223/224) wiederholt die bisherige Begründung des BGH, wonach die Beweislastumkehr einen Ausgleich dafür bieten soll, dass das Spektrum der für die Schädigung in Betracht kommenden Ursachen gerade **wegen der elementaren Bedeutung des groben Fehlers besonders verbreitert oder verschoben worden ist**. Die Beweislastumkehr würde sich **ergänzend auch dadurch rechtfertigen, dass der Arzt den Patienten durch sein grobes ärztliches Fehlverhalten einer – gegenüber den mit der Behandlung normalerweise verbundenen Risiken – deutlich erhöhten Gefahr ausgesetzt hat** (von Pentz a. a. O. mit Hinweis auf Katzenmeier in FS für Laufs 2006, S. 909, 924 und Katzenmeier, JZ 2004, 1030, 1032). **G 142**

Die Begründung der Rechtsprechung stieß und stößt in der Literatur auf teilweise heftige Kritik (zu den Einzelheiten vgl. Hausch, Diss. 2007, S. 67–69, 303 ff., 483 ff.; Katzenmeier, S. 460, 464ff). **G 143**

Hausch postuliert eine **tatbestandliche Konkretisierung des groben Behandlungsfehlers**. Es müsse differenziert werden zwischen Verstößen des Arztes gegen medizinisches Basiswissen und Basiskönnen sowie sonstigen Fehlern der Behandlungsseite, die dann „grob" seien, wenn Umstände vorliegen, die den Schuldvorwurf erschweren (Hausch, Diss. 2007, S. 483). Beim **Basiswissen und Basiskönnen** handle es sich um Behandlungsmaßnahmen, die von den jeweiligen physiologischen Besonderheiten des Patienten unabhängig sind und deren fachgerechte Durchführung unumstritten ist, also i. d. R um **Routinemaßnahmen** wie die Verabreichung von Injektionen, Desinfektions- und Hygienemaßnahmen (Hausch, S. 303 ff., 483). So gehöre es etwa zu den **elementaren Behandlungsregeln**, vor einer Infektion nach der Desinfektion der Einstichstelle eine Mindesteinwirkungszeit von 30 Sekunden abzuwarten (Hausch, S. 303 im Anschluss an OLG Stuttgart, VersR 1990, 385).

Bei den „**sonstigen Fehlern**" seien bei der Bewertung als „grob" die Besonderheiten der medizinischen Tätigkeit zu berücksichtigen, insbesondere die **Erkennbarkeit und die Größe einer Gefahr für den Patienten** (Hausch, S. 358 ff., 376 ff., 434, 484), die **Dauer und Häufigkeit von Sorgfaltsverstößen** (S. 387 ff., 400 ff., 484), insbesondere ein „**eingerissener Schlendrian**" (S. 400, 404), **die Schwierigkeit der Behandlungssituation** (S. 301, 404 ff., 409, 484) und die **Zumutbarkeit eines sorgfältigeren Verhaltens** (S. 301, 413 ff., 484). **Umständen aus der Sphäre des Patienten**, die sowohl die Behandlungsentscheidung des Arztes als auch den Heilverlauf beeinflussen können, sei ein **größeres Gewicht** beizumessen, als die Rechtsprechung dies bisher getan hat (Hausch, S. 293, 441 ff., 484).

Eine Beweislastumkehr kann danach nicht angenommen werden, wenn der Patient **ärztliche Anordnungen zur Therapie** (trotz entsprechendem Dringlichkeitshinweis) nicht befolgt, er bei der **Anamnese falsche Angaben** macht, **relevante Vorerkrankungen verschweigt** bzw. wenn **irreführende Angaben von Angehörigen** vorliegen (S. 442, 443). Entgegen der Rechtsprechung sollte bei der Beurteilung der Schwere des Behandlungsfehlers nicht nur auf objektive Pflichtwidrigkeiten abgestellt, sondern **auch subjektive Verschuldenselemente berücksichtigt** werden. Liegt ein **subjektiv schweres Verschulden** vor, ist regelmäßig von einem „groben Behandlungsfehler" auszugehen. Bei ärztlichen Pflichtwidrigkeiten von erheblichem Gewicht könne die Beweislast dem Patienten nicht mehr zugemutet werden. Im Gegenschluss ist es nach Ansicht von Hausch aber dann gerechtfertigt, ein gesteigertes Verschulden und damit einen „**groben Behandlungsfehler" zu verneinen, wenn subjektive Entschuldigungs- oder Rechtfertigungsgründe vorliegen** (S. 97, 110, 255, 288, 451 ff., 484, 485). Hier seien auch die Befähigung und das Bemühen des Arztes um einen Handlungserfolg zu bewerten (S. 456 ff., 464, 466 ff.). Als zusätzliches objektives Kriterium für eine Entscheidung über eine Beweislastumkehr sollte in verstärktem Maß auch **die Größe der Wahrscheinlichkeit des Ursachenzusammenhanges berücksichtigt** werden (S. 76 ff., 470 ff., 479, 485). Ist der ärztliche Fehler zwar „grob", die Wahrscheinlichkeit des Ursachenzusammenhanges jedoch gering, sollte danach keine Beweislastumkehr eingreifen (Hausch, S. 479, 485).

G 144   Katzenmeier (L/K/L, Rz. XI 79) fasst die Kritik der Literatur an dieser – zwischenzeitlich Gesetz gewordenen (§ 630h V 1 BGB) – Beweislastsonderregel zusammen und schlägt vor, mit Hilfe weiterer Kriterien dem Postulat der Rechtssicherheit Rechnung zu tragen, nämlich der Feststellung einer hohen Verursachungswahrscheinlichkeit, einer Gefahrerhöhung, der generellen Beherrschbarkeit des konkreten Geschehensablaufs, die Enttäuschung des Vertrauens in die Zusage eines bestimmten Standards sowie das Gewicht und die Relation der geschützten Rechtsgüter (L/K/L-Katzenmeier, Rz. XI 89, 90).

Auch Katzenmeier räumt im Ansatz ein, dass die Beweislastumkehr bei Vorliegen eines groben Behandlungsfehlers auch hierdurch letztlich nicht zweifelsfrei dogmatisch restlos überzeugend begründet werden kann. U.E. können die dogmatischen Erwägungen für den Praktiker letzlich dahinstehen, nachdem **der Gesetzgeber die Beweislastsonderregel jetzt in § 630h V 1 BGB gesetzlich legitimiert und in der Gesetzesbegründung auf die Rechtsprechung des BGH Bezug genommen hat.** G 145

Einstweilen frei. G 146 – G 160

II. Vorliegen eines groben Behandlungsfehlers

1. Definition, Übersicht

Ein Behandlungsfehler ist nach der von Steffen/Pauge (12. Aufl., Rz. 634, 640) „nur bedingt tauglich" bezeichneten Definition der Rechtsprechung als „grob" zu beurteilen, wenn der Arzt „**eindeutig gegen bewährte ärztliche Behandlungsregeln oder gesicherte medizinische Erkenntnisse verstoßen und einen Fehler begangen hat, der aus objektiver Sicht nicht mehr verständlich erscheint, weil er einem Arzt des entsprechenden Fachs schlechterdings nicht unterlaufen darf**" (für die gesamte Rspr.: BGH, Urt. v. 25. 10. 2011 – VI ZR 139/10, MDR 2012, 150 = VersR 2012, 362 = NJW 2012, 227, Nr. 8; BGH, Urt. v. 20. 9. 2011 – VI ZR 55/09, MDR 2011, 1285 = NJW 2011, 3442 = VersR 2011, 1569 = GesR 2011, 718, Nr. 10; BGH, Urt. v. 6. 10. 2009 – VI ZR 24/09, VersR 2009, 1668 = GesR 2010, 16 = MedR 2010, 637, Nr. 14; BGH, Urt. v. 29. 9. 2009 – VI ZR 251/08, VersR 2010, 115, 116, Nr. 8; BGH, Beschl. v. 22. 9. 2009 – VI ZR 32/09, VersR 2010, 72 = NJW-RR 2010, 711, Nr. 5, 7; BGH, Urt. v. 16. 6. 2009 – VI ZR 157/08, VersR 2009, 1267 = MedR 2010, 101 = NJW 2009, 2820 = GesR 2009, 442, 444 Nr. 15; BGH, Beschl. v. 9. 6. 2009 – VI ZR 261/08, VersR 2009, 1406, 1408, Nr. 6, 11; BGH, Urt. v. 27. 3. 2007 – VI ZR 55/05, VersR 2007, 995, 997 = NJW 2007, 2767, 2769, Nr. 25; BGH, Urt. v. 9. 1. 2007 – VI ZR 59/06, VersR 2007, 541, 542 = NJW-RR 2007, 744; BGH, Urt. v. 27. 4. 2004 – VI ZR 34/03, NJW 2004, 2011, 2013 = VersR 2004, 909, 911 = MDR 2004, 1055, 1056; von Pentz, RiBGH, MedR 2011, 222, 223; Wenzel-Müller, Kap. 2 Rz. 1531, 1532; Spickhoff-Greiner, § 823 BGB Rz. 169, 170; L/K/L-Katzenmeier, Rz. XI 60 mit Kritik in Rz. 79 ff., 90; L/K-Laufs/Kern, § 110 Rz. 11; F/N/W, 5. Aufl., Rz. 132; G/G, 6. Aufl., Rz. B 252; Hausch, Diss. 2007, S. 234, 235, 297; D/S, 6. Aufl., VI. Rz. 218 und XI. Rz. 529, 531; R/L-Kern, § 2 Rz. 81 und § 5 Rz. 28, 39; vom Abdruck weiterer BGH- sowie der zahlreich vorliegenden OLG- Entscheidungen wird an dieser Stelle abgesehen). G 161

Dies kann etwa der Fall sein, wenn G 162
– **eindeutig bzw. zwingend gebotene Befunde nicht erhoben** werden (BGH, Urt. v. 21. 12. 2010 – VI ZR 284/09, VersR 2011, 400 = NJW 2011, 1672, Nr. 20: im

konkreten Fall verneint; BGH, Beschl. v. 22. 9. 2009 – VI ZR 32/09, VersR 2010, 72, 73: unterlassene Krankenhauseinweisung bei V. a. Herzinfarkt; BGH, Urt. v. 8. 7. 2003 – VI ZR 304/02, VersR 2003, 1256, 1257 = MDR 2003, 1290 = GesR 2003, 352; BGH, Urt. v. 9. 1. 2007 – VI ZR 59/06, VersR 2007, 541, 542; zu den Einzelheiten vgl. Rz. G 299 ff., G 521 ff.).

G 163 – **auf eindeutige Befunde nicht** nach gefestigten und bekannten Regeln der ärztlichen Kunst **reagiert** wird oder sonst **eindeutig gebotene Maßnahmen zur Bekämpfung möglicher, bekannter Risiken unterlassen** werden und besondere Umstände fehlen, die den Vorwurf des groben Behandlungsfehlers mildern können (BGH, Urt. v. 25. 10. 2011 – VI ZR 139/10, VersR 2012, 362 = NJW 2012, 227, Nr. 10, 12: bei erkanntem Myokradinfarkt sofortige Fibrinolyse unterlassen; OLG Brandenburg, Urt. v. 31. 3. 2011 – 12 U 44/10, juris, Nr. 18, 19, 21: verspätete Verlegung in ein Krankenhaus bei lebensbedrohlicher Infektion; OLG Jena, Urt. v. 23. 5. 2007 – 4 U 437/05, OLGR 2007, 988 = VersR 2008, 401: **histologische Abklärung bei verdächtigem Befund unterlassen**; OLG Koblenz, Beschl. v. 20. 9. 2007 – 5 U 899/07, OLGR 2008, 48 = NJW-RR 2008, 541: **Antibiotikatherapie bei aufgetretener Wundheilungsstörung sechs Tage lang unterlassen**; OLG München, Urt. v. 23. 12. 2011 – 1 U 3410/09, juris, Nr. 80, 103, 107, 108, 112, 114, 115: Notsectio im KKH 19 Minuten verspätet; zu den Einzelheiten vgl. Rz. G 721 ff.).

G 164 – **erhobene Befunde nicht oder trotz gegebener Eilbedürftigkeit verzögert ausgewertet werden** (OLG Hamburg, Urt. v. 13. 8. 2004 – 1 U 5/04, OLGR 2004, 543, 545),

G 165 – objektiv gebotene, sich aufdrängende weiter gehende **differentialdiagnostische Maßnahmen unterlassen** werden (OLG München, Urt. v. 3. 6. 2004 – 1 U 5250/03, OLGR 2005, 790, 791; OLG Oldenburg, NJW-RR 2000, 403, 404; OLG Saarbrücken, VersR 2000, 1241, 1243), etwa wenn bei Verdacht auf eine Subarachnoidalblutung (SAB) oder bei Verdacht auf eine komplizierte Gehirnerschütterung mit möglicher Schädelbasisfraktur keine CT-Untersuchung veranlasst wird (BGH, VersR 1999, 231 zur SAB; OLG Oldenburg, VersR 1997, 1405 zur möglichen Schädelbasisfraktur; OLG Koblenz, Urt. v. 25. 8. 2011 – 5 U 670/10, VersR 2013, 111, 112: **bei V. a. Schlaganfall CT erst nach mehr als vier Stunden veranlasst**; OLG Düsseldorf, Urt. v. 17. 11. 2011 – I-8 U 1/08, Nr. 31, 33, 42, 49, 60: CT bzw. MRT bei Verdacht auf TIA bzw. Schlaganfall unterlassen),

G 166 – **dem Arzt ein „fundamentaler Diagnoseirrtum" unterläuft**, d. h. Krankheitserscheinungen in völlig unvertretbarer, der Schulmedizin entgegenstehender Weise gedeutet, elementare Kontrollbefunde nicht erhoben oder eine Überprüfung der ersten Verdachtsdiagnose trotz bestehender Veranlassung im weiteren Behandlungsverlauf unterbleibt (BGH, Urt. v. 21. 12. 2010 – VI ZR 284/09, VersR 2011, 400 = NJW 2011, 1672, Nr. 16, 20: **Schwelle, von der ab ein Diagnoseirrtum als grober Behandlungsfehler zu bewerten ist, ist hoch anzusetzen**; BGH, Urt. v. 12. 2. 2008 – VI ZR 221/06, VersR 2008, 644, 645: Bruch auf Röntgenbild übersehen – grober Fehler im entschiedenen Fall verneint; BGH, Urt. v. 9. 1. 2007 – VI ZR 59/06, VersR 2007, 541: **kein fundamentaler Diagnoseirrtum bei schwieriger Diagnosestellung**; OLG Koblenz,

Beschl. v. 7. 5. 2009 – 5 U 478/09, MedR 2010, 196, 197: fundamentaler Diagnoseirrtum, im entschiedenen Fall verneint; OLG Jena, Urt. v. 15. 10. 2008 – 4 U 990/06, juris, Nr. 51, 52, 60: **„gänzlich unverständliche, nicht mehr vertretbare Fehldiagnose", „Befundung schlechthin unvertretbar"**; OLG München, Urt. v. 27. 10. 2011 – 1 U 1946/05, juris, Nr. 116–119: CT vom Radiologen und Neurochirurgen falsch befundet, dringend erforderlich Ventrikeldrainage um 14 Stunden verspätet gelegt; OLG München, Urt. v. 16. 2. 2012 – 1 U 2798/11, juris, Nr. 2, 34: Radiologe verkennt auf Schäden-MRT deutlich sichtbare Raumforderung; zum „fundamentalen Diagnoseirrtum" vgl. Rz. D 28ff., G 350ff.).

– ein dem Patienten verabreichtes, **nicht zugelassenes Medikament nach Bekanntwerden erheblicher Nebenwirkungen nicht abgesetzt** wird (BGH, Urt. v. 27. 3. 2007 – VI ZR 55/05, VersR 2007, 995, 998, Nr. 20, 21, 29),

G 167

– der Arzt sich ohne vorherige Aufklärung mit dem Patienten **über Methoden der Schulmedizin hinwegsetzt und eine Außenseitermethode zur Anwendung** bringt (OLG Koblenz, NJW 1996, 1600),

G 168

– ein Arzt durch eine **unzutreffende Darstellung des Untersuchungsergebnisses** verhindert, den Ursachenzusammenhang der Erkrankung durch eine Operation zu klären (OLG Oldenburg, VersR 1999, 1284).

G 169

Gelegentlich wird von den Instanzgerichten verkannt, dass gesicherte medizinische Erkenntnisse, deren Missachtung einen Behandlungsfehler als grob erscheinen lassen können, **nicht nur diejenigen Erkenntnisse sind, die Eingang in Leitlinien, Richtlinien oder anderweitige ausdrückliche Handlungsanweisungen gefunden haben.** Hierzu zählen vielmehr auch die **elementaren medizinischen Grundregeln, die im jeweiligen Fachgebiet vorausgesetzt werden** (BGH, Urt. v. 20. 9. 2011 – VI ZR 55/09, MDR 2011, 1285 = NJW 2011, 3442 = VersR 2011, 1569 = GesR 2011, 718, Nr. 11; BGH, Urt. v. 9. 6. 2009 – VI ZR 261/08, VersR 2009, 1406, Rz. 11).

G 170

Bei der Prüfung, ob ein grober Behandlungsfehler vorliegt, hat eine etwaige **Verletzung** der ärztlichen **Aufklärungspflicht außer Betracht** zu bleiben. Selbst im Sprachgebrauch der Rechtsprechung unbekannte „grobe Aufklärungsfehler" führen nicht zu Beweiserleichterungen (BGH, NJW 1987, 2291; OLG Koblenz, Beschl. v. 20. 9. 2007 – 5 U 899/07, OLGR 2008, 48; OLG Hamburg, VersR 2000, 190, 191; F/N/W, 5. Aufl., Rz. 132; G/G, 6. Aufl., Rz. C 130, C 149; Spickhoff-Wellner, § 823 BGB Rz. 282).

G 171

2. Beurteilung eines Behandlungsfehlers als „grob"

Bei der Beurteilung eines Behandlungsfehlers als „grob" handelt es sich um eine juristische Wertung, die dem Tatrichter, beim Landgericht i.d.R. in Kammerbesetzung obliegt (vgl. § 348 I Nr. 2e ZPO; vgl. OLG Karlsruhe, Beschl. v. 24. 6. 2005 – 7 W 28/05, NJW-RR 2006, 205, 206 = GesR 2005, 555 = OLGR 2005, 753: grundsätzlich nicht durch den Einzelrichter).

G 172

a) Keine Wertung ohne Gutachten bzw. entgegen den Ausführungen eines Sachverständigen

G 172a   Die **wertende Entscheidung** muss aber auf ausreichenden tatsächlichen Feststellungen beruhen, die sich auf die medizinische Bewertung des Behandlungsgeschehens durch einen vom Gericht beauftragten, medizinischen Sachverständigen stützen und auf dieser Grundlage die juristische Gewichtung des ärztlichen Vorgehens als grob behandlungsfehlerhaft zu tragen vermögen. Es ist dem **Tatrichter nicht gestattet, ohne entsprechende medizinische Darlegungen des Sachverständigen einen groben Behandlungsfehler aus eigener Wertung zu verneinen oder zu bejahen** (BGH, Urt. v. 7. 6. 2011 – VI ZR 87/10, VersR 2011, 1148 = MDR 2011, 913 = GesR 2011, 472, Nr. 9; vgl. auch BGH, Urt. v. 25. 10. 2011 – VI ZR 139/10, MedR 2012, 454 = VersR 2012, 362 = NJW 2012, 227, Nr. 9; BGH, Beschl. v. 9. 6. 2009 – VI ZR 261/08, VersR 2009, 1406, 1408, Nr. 11, Nr. 6 a. E.; BGH, Urt. v. 16. 6. 2009 – VI ZR 157/08, VersR 2009, 1267 = MedR 2010, 101 = NJW 2009, 2820 = GesR 2009, 442, 444; Nr. 15: **wenn entsprechende Anhaltspunkte vorliegen, darf das Gericht das Vorliegen eines groben Fehlers nicht entgegen der Wertung des SV verneinen**; BGH, Urt. v. 12. 2. 2008 – VI ZR 221/06, VersR 2008, 644, 645/646: Wertung nur auf der Grundlage eines vollständigen und widerspruchsfreien Sachverständigengutachtens; BGH, Urt. v. 9. 1. 2007 – VI ZR 59/06, VersR 2007, 541 = NJW-RR 2007, 744, 745: nicht ohne entsprechende Darlegung des medizinischen Sachverständigen; BGH, Urt. v. 27. 4. 2004 – VI ZR 34/03, NJW 2004, 2011 = GesR 2004, 290; BGH, Urt. v. 25. 11. 2003 – VI ZR 8/03, NJW 2004, 1452, 1453; BGH, Urt. v. 19. 6. 2001 – VI ZR 286/00, MDR 2001, 1113 = NJW 2001, 2794, 2795 = VersR 2001, 1115, 1116; OLG Brandenburg, Urt. v. 31. 3. 2011 – 12 U 44/10, juris, Rz. 18; OLG Jena, Urt. v. 1. 6. 2010 – 4 U 498/07, Rz. 40–42; OLG Jena, Urt. v. 26. 4. 2006 – 4 U 416/05, OLGR 2006, 710, 711; OLG Karlsruhe, Urt. v. 14. 11. 2007 – 7 U 101/06, OLGR 2008, 90, 91; OLG Koblenz, Urt. v. 26. 2. 2009 – 5 U 1212/07, VersR 2010, 1452, 1453; OLG Oldenburg, Urt. v. 6. 2. 2008 – 5 U 30/07, VersR 2008, 924, 925; zusammenfassend und bewertend Hausch, VersR 2002, 671 ff. und Diss. 2007, S. 275–285; G/G, 6. Aufl., Rz. B 255; Wenzel-Müller, Kap. 2 Rz. 1474, 1475; R/L-Kern, § 5 Rz. 37).

G 173   **Erst recht darf der Tatrichter das Vorliegen eines groben Behandlungsfehlers nicht entgegen den fachlichen Ausführungen des medizinischen Sachverständigen annehmen** (BGH, Urt. v. 7. 6. 2011 – VI ZR 87/10, GesR 2011, 472 = VersR 2011, 1148 = NJW 2011, 2508, Nr. 9; BGH, Urt. v. 25. 10. 2011 – VI ZR 139/10, VersR 2012, 362 = NJW 2012, 227, Nr. 9; BGH, Urt. v. 12. 2. 2008 – VI ZR 221/06, VersR 2008, 644, 645; BGH, Urt. v. 9. 1. 2007 – VI ZR 59/06, VersR 2007, 541, 542 = NJW-RR 2007, 744, 745; BGH, Urt. v. 29. 5. 2001 – VI ZR 120/00, NJW 2001, 2792, 2793 = MDR 2001, 1115 = VersR 2001, 1030, 1031; OLG Brandenburg, Urt. v. 31. 3. 2011 – 12 U 44/10, juris, Nr. 18; OLG Koblenz, Urt. v. 26. 2. 2009 – 5 U 1212/07, VersR 2010, 1452, 1453; OLG Jena, Urt. v. 26. 4. 2006 – 4 U 416/05, MedR 2007, 731, 732; OLG Karlsruhe, Urt. v. 14. 11. 2007 – 7 U 101/06, OLGR 2008, 90, 91; OLG Oldenburg, Urt. v. 6. 2. 2008 – 5 U 30/07, VersR 2008, 924, 925).

Der Tatrichter sollte aber im Urteil zum Ausdruck bringen, dass er selbst und nicht der beauftragte Sachverständige die Wertung eines Behandlungsfehlers aufgrund der vorliegenden Fakten als „grob" getroffen hat (F/N/W, 5. Aufl., Rz. 132).

b) Ausnahmen, Beurteilungskriterien

Dies bedeutet aber nicht, dass der Richter die Bewertung dem Sachverständigen überlassen und nur die seltenen Fälle, in denen dieser das ärztliche Verhalten als nicht nachvollziehbar bezeichnet, als grob werten darf. Vielmehr hat der Tatrichter darauf zu achten, ob der Sachverständige in seiner Würdigung einen **Verstoß gegen elementare medizinische Erkenntnisse oder elementare Behandlungsstandards oder lediglich eine Fehlentscheidung in mehr oder weniger schwieriger Lage erkennt** (BGH, Urt. v. 25. 10. 2011 – VI ZR 139/10, MDR 2012, 150 = VersR 2012, 362 = MedR 2012, 454 = NJW 2012, 227, Nr. 9; BGH, Beschl. v. 9. 6. 2009 – VI ZR 261/08, VersR 2009, 1406, 1408, Nr. 6, 11).

G 173a

Distanziert sich der Sachverständige einerseits deutlich von dem Vorgehen des Arztes, etwa als „völlig unverständlich", hält er es aber andererseits noch für nachvollziehbar, so hat der Tatrichter die Äußerungen des Sachverständigen kritisch zu hinterfragen (BGH, Urt. v. 25. 10. 2011 – VI ZR 139/10, VersR 2012, 362 = NJW 2012, 227, Nr. 9: Äußerungen kritisch zu hinterfragen, ggf. erneute Erörterung durchzuführen; BGH, Urt. v. 20. 9. 2011 – VI ZR 55/09, VersR 2011, 1569 = GesR 2011, 718, Nr. 12: vom SV einerseits als „völlig unverständlich", andererseits „in der Gesamtbetrachtung nicht vollkommen unverständlich" dargestellt).

Gelegentlich stellen die Sachverständigen auf den **Grad der subjektiven Vorwerfbarkeit** ab, worauf es aber **bei der Beurteilung eines Behandlungsfehlers als „grob" nicht ankommt** (BGH, Urt. v. 25. 10. 2011 – VI ZR 139/10, NJW 2012, 227, Nr. 11). Hält der Sachverständige die sofortige Durchführung einer Fibrinolyse nach Einlieferung des Patienten mit einem vom Notarzt diagnostizierten Myokardinfarkt und eine Herzkatheteruntersuchung für zwingend indiziert, kann das Gericht die Wertung des Sachverständigen, das eindeutig fehlerhafte Vorgehen sei noch verständlich, nicht ohne Weiteres übernehmen, insbesondere dann, wenn es naheliegt, dass der Sachverständige bei der Bewertung des Gewichts des ärztlichen Verhaltens **maßgeblich auf den Grad der subjektiven Vorwerfbarkeit abgestellt** hat (BGH, NJW 2012, 227 = VersR 2012, 362, Nr. 11).

Keinesfalls selten ist auch die Ansicht medizinischer Sachverständiger, in Ermangelung einer entgegenstehenden Leitlinie, Richtlinie oder anderweitiger, ausdrücklicher Handlungsanweisung könne den Ärzten nicht der Vorwurf gemacht werden, dass ihre Handlungsweise vollkommen unverständlich gewesen sei (BGH, Urt. v. 20. 9. 2011 – VI ZR 55/09, VersR 2011, 1569 = GesR 2011, 718, Nr. 12). **Gesicherte medizinische Erkenntnisse, deren Missachtung einen Behandlungsfehler als grob erscheinen lassen, sind aber auch die elementaren medizinischen Grundregeln, die im jeweiligen Fachgebiet vorausgesetzt werden und nicht in Leitlinien, Richtlinien o. a. niedergelegt worden sind** (BGH, a. a. O.).

G 173b

Das Vorliegen eines „groben Behandlungsfehlers" drängt sich auch ohne entsprechende Bewertung durch den Sachverständigen auf, wenn es im Rahmen

G 173c

eines Geburtsvorganges zur **Hyperventilation eines Säuglings über die Dauer von fünf Stunden** gekommen ist und die Krankenunterlagen keine Eintragungen über getroffene Maßnahmen zur Stabilisierung der Sauerstoffzufuhr über knapp vier Stunden mit Ausnahme einer Blutabnahme zur Vornahme einer Blutgasanalyse enthalten. Es liegt nahe, dass in einem solchen Fall zumindest **in der Gesamtschau ein „grober Behandlungsfehler" vorliegt** (BGH, Beschl. v. 9. 6. 2009 – VI ZR 261/08, VersR 2009, 1406, 1408, Nr. 11, 6 a. E.; vgl. zur grob fehlerhaften Überbeatmung eines Neugeborenen auch BGH, Urt. v. 19. 6. 2012 – VI ZR 77/11, MDR 2012, 966 = VersR 2012, 1176 = NJW 2012, 2653, Nr. 11, 14, 15).

G 173d   Auch wenn der Sachverständige einen Behandlungsfehler nicht ausdrücklich als „grob" oder „nicht mehr verständlich" bezeichnet, können seine Ausführungen die Bewertung des Gerichts als „groben Behandlungsfehler" tragen. Dies etwa dann, wenn der Sachverständige ausführt, es hätte **eindeutig gegen die Regeln der ärztlichen Kunst verstoßen, von einer sofortigen Krankenhauseinweisung eines Säuglings abzusehen, wenn die Gefahr einer hypertonen Dehydration nicht auszuschließen ist** und die Situation nur über eine Elektrolydbestimmung im Serum abzuschätzen sei, wobei es sich hier um ein jederzeit abrufbares Qualitätskriterium pädiatrischer Tätigkeit handeln würde (OLG Köln, Urt. v. 22. 9. 2010 – 5 U 211/08, GesR 2011, 229, 232).

G 173e   Von der Einschätzung des medizinischen Sachverständigen, ein ärztliches Versäumnis sei **nicht als grober Behandlungsfehler zu bewerten,** darf das Gericht nach Ansicht des OLG Koblenz (Urt. v. 20. 6. 2012 – 5 U 1450/11, GesR 2012, 501, 502 = VersR 2012, 1304 = juris, Nr. 24, 25, 28) **abweichen, wenn es hierfür keiner medizinischen Fachkunde bedarf.** Danach kann das Gericht **entgegen der Wertung des Sachverständigen einen „groben Behandlungsfehler" der Anästhesisten eines Klinikums der Maximalversorgung annehmen**, wenn in einer führenden anästhesiologischen **Fachzeitschrift mindestens fünf Monate vor dem Eingriff darauf hingewiesen** wurde, einer bekannten, extremen Überempfindlichkeit gegen die üblichen Narkosemittel – die bei der Patientin dann vorlag – könne durch die Gabe eines weiteren, die Übelkeit mindernden oder gar völlig unterdrückenden Medikaments begegnet werden, wenn die Anästhesisten des Klinikums der Maximalversorgung trotz bekannter Überempfindlichkeit der Patientin hiervon abgesehen haben. Eine längere Karenzzeit wäre jedoch einem niedergelassenen Anästhesisten bzw. einem Anästhesisten in einem Haus der Regelversorgung einzuräumen (OLG Koblenz, Urt. v. 20. 6. 2012 – 5 U 1450/11, GesR 2012, 501, 502 = juris, Nr. 24, 25, 28: 1 000,00 Euro Schmerzensgeld bei dreitägiger, starker Übelkeit mit häufigem Erbrechen).

G 173f   Hat der Sachverständige das Vorliegen eines „groben Behandlungsfehlers" lediglich wegen der fehlenden Klinik verneint und ist er dabei ausschließlich von der Dokumentation des beklagten Arztes ausgegangen, kann das Gericht nach Auffassung des OLG Karlsruhe (Urt. v. 14. 11. 2007 – 7 U 101/06, GesR 2008, 45, 46 = OLGR 2008, 90, 91) dennoch einen **groben Behandlungsfehler aufgrund eigener Wertung bejahen**, wenn der Sachverständige festgestellt hat, dass angesichts der Schwere der Verletzungen des Patienten die dokumentierten **Befunde nicht nachvollziehbar**, der **Befund** sowie der **Verlauf nach der Behandlung** durch den Arzt **sehr ungewöhnlich** für die Verletzung seien und das **Gericht** deshalb **Zweifel an der Richtigkeit der Dokumentation** des beklagten Arztes hat. Unter derartigen Umständen liegt kein Grund dafür vor, das Übersehen einer bei genauem Hinsehen nach Auffassung des Sachverständigen **ohne weiteres erkennbaren Fraktur** auf einem Röntgenbild nicht als groben Behandlungsfehler (in Form des fundamentalen Diagnoseirrtums) zu bewerten (OLG Karlsruhe, GesR 2008, 45, 46/47).

Besteht zwischen den vom Gericht beauftragten Sachverständigen keine Einigkeit in der medizinischen Einschätzung, ob ein Behandlungsfehler als „grob" zu bewerten ist, und scheitert der Versuch einer tragfähigen Klärung, **kann das Gericht aber nicht vom Vorliegen eines groben Fehlers ausgehen** (OLG Koblenz, Beschl. v. 8. 3. 2011 – 5 U 153/11, GesR 2013, 157, 159). U.E. muss das Gericht aber versuchen, eine Klärung, ggf. auch durch Einholung eines weiteren Gutachtens, herbeizuführen. Da die Bewertung des Behandlungsfehlers als „grob" dem Gericht obliegt, kann es sich mit entsprechender Begründung der einen oder der anderen Ansicht anschließen.   G 173g

Unterbleibt die gebotene **Hinzuziehung** eines Sachverständigen – ggf. in Form der mündlichen Erläuterung eines bereits schriftlich erstatteten Gutachtens –, so liegt hierin ein **erheblicher Verfahrensfehler**, der jedenfalls nach § 539 ZPO a.F. zur Aufhebung und Zurückverweisung in die erste Instanz führen konnte (OLG Zweibrücken, MedR 1999, 272; OLG Karlsruhe OLGR 2002, 403; vgl. auch BGH, Beschl. v. 10. 5. 2005 – VI ZR 245/04, VersR 2005, 1555, 1556: auf Antrag einer Partei, der keiner besonderen Begründung bedarf, ist der Sachverständige zur Erläuterung seines schriftlichen Gutachtens zu laden; vgl. hierzu unten → *Sachverständigenbeweis*, Rz. S 43 ff. und → *Berufung*, Rz. B 261, B 262, B 269, B 293, B 413).   G 174

c) Bewertung des Behandlungsfehlers als „grob" nicht gerechtfertigt

Ein **grober Behandlungsfehler kann vom Gericht nicht angenommen werden**, wenn der vom Gericht beauftragte Sachverständige   G 175

– die Diagnose als **„außerordentlich schwierig"** oder sogar mit „das Schwierigste, was es auf dem Fachbereich gibt" bezeichnet (BGH, Urt. v. 9. 1. 2007 – VI ZR 59/06, NJW-RR 2007, 744, 745 = GesR 2007, 233, 234),   G 176

– ausführt, ein Behandlungserfolg wäre auch unter optimalen Bedingungen eine chirurgische Meisterleistung gewesen (BGH, VersR 1988, 495; Hausch, Diss. 2007, S. 279),   G 177

– erklärt, es läge **„keine krasse Fehlentscheidung"** in einer **„Grenzsituation"** vor (BGH, VersR 1997, 315),   G 178

– eine unterlassene Untersuchung zwar als „zwingend geboten" und das Versäumnis als „Kardinalfehler" beschreibt, das Unterlassen aber als **„weder unverzeihlich noch schlechterdings nicht nachzuvollziehen, sondern als knapp unter dieser Schwelle einzuordnen"** beschreibt (BGH, VersR 1999, 231 = NJW 1999, 862; Hausch, Diss. 2007, S. 280),   G 179

– die Entscheidung des Arztes, den Patienten nach eingetretener Infektion eines arthroskopierten Kniegelenks nicht sofort zu operieren, als „zwar nicht ideal und nach seiner persönlichen Auffassung **nicht zu rechtfertigen"** bezeichnet,   G 180 gleichzeitig aber darlegt, dass dies eine **„verbreitete Haltung"** und die getroffene **Entscheidung „nicht grob fahrlässig"** sei (BGH, Urt. v. 29. 5. 2001 – VI ZR 120/00, NJW 2001, 2792, 2793 = VersR 2001, 1030, 1031),

G 181 – eine Therapiewahlentscheidung als **„schwerwiegende Fehlentscheidung"** bezeichnet und ausführt, es gehöre seit Jahren zum medizinischen Standardwissen, bestimmte Medikamente (hier: Kortison/Dexamethason) „ausschleichend" einzunehmen; der Sachverständige ist in einem solchen Fall **ergänzend dazu zu befragen**, welchen Grad der von ihm festgestellte Behandlungsfehler hat (OLG Naumburg, Urt. v. 14. 8. 2008 – 1 U 8/08, GesR 2009, 37, 40/41),

G 182 – die durchgeführte Behandlung als **„undurchdacht und falsch"** und dabei die bloße Weiterführung einer konservativen Behandlung trotz immer wieder auftretender Rötungen und einiger eitriger Sekretionen als **„nicht angängig"** bezeichnet (BGH, Urt. v. 28. 5. 2002 – VI ZR 42/01, NJW 2002, 2944, 2945 = VersR 2002, 1026, 1028 = MDR 2002, 1120; Jorzig, GesR 2004, 225),

G 183 – darlegt, es läge **„zweifellos eine Abweichung vom Standard"** vor, wobei er die Frage nach der „Unverständlichkeit" des ärztlichen Verhaltens nicht beantworten könne (BGH, Urt. v. 28. 5. 2002 – VI ZR 42/01, NJW 2002, 2944, 2945 = VersR 2002, 1026, 1027),

G 184 – ausführt „das Übersehen eines so diskreten Befundes **sollte zwar nicht passieren, es passiert aber immer wieder"** (OLG München, VersR 1998, 588: Auswertung von CT- und Röntgenbildern) oder es läge ein Behandlungsfehler vor, der **„eigentlich nicht passieren darf"** (OLG Naumburg, Urt. v. 26. 4. 2004 – 1 U 2/04, GesR 2004, 225),

G 185 – erklärt, das Zuwarten zur Vornahme einer indizierten Operation sei „zu großzügig" gewesen, **er selbst hätte nicht so lange zugewartet** (OLG Naumburg, Urt. v. 10. 5. 2010 – 1 U 97/09, juris, Nr. 48),

G 186 – die unterlassene Untersuchung als **„klar und selbstverständlich notwendig"** bezeichnet (BGH, VersR 1995, 46; Hausch, VersR 2002, 671, 675),

G 187 – **Zweifel an einem Fehlverhalten des Arztes** äußert (G/G, 6. Aufl., Rz. B 255),

G 188 – formuliert **„dies müsste jeder behandelnde Arzt wissen"** (BGH, Urt. v. 27. 3. 2001 – VI ZR 18/00, NJW 2001, 2791 = VersR 2001, 859; Hausch, VersR 2002, 671, 675; Jorzig, GesR 2004, 225),

G 189 – das negative Ergebnis als **„vermeidbar fehlerhaft"** bezeichnet (BGH, VersR 1996, 1148).

3. Gesamtbetrachtung bzw. „Gesamtschau"

G 190 Die unter Würdigung der Ausführungen des medizinischen Sachverständigen vorzunehmende Beurteilung, ob ein ärztlicher Behandlungsfehler grob ist, erfordert grundsätzlich eine **Gesamtbetrachtung des Behandlungsgeschehens** (BGH, Urt. v. 20. 9. 2011 – VI ZR 55/09, GesR 2011, 718 = VersR 2011, 1569 = NJW 2011, 3442, Nr. 12; BGH, NJW 2001, 2793, 2794; OLG Brandenburg, Urt. v. 31. 3. 2011 – 12 U 44/10, juris, Nr. 18; OLG Köln, Urt. v. 6. 6. 2012 – 5 U 28/10, juris, Nr. 39, 40, 42; OLG München, Urt. v. 10. 2. 2011 – 1 U 5066/09, juris, Nr. 47; Spickhoff-Greiner, § 823 BGB Rz. 173; S/Pa, 12. Aufl., Rz. 642).

a) Übersicht

Auch eine „**Gesamtbetrachtung**" mehrerer „**einfacher**" **Behandlungsfehler** kann dazu führen, dass das ärztliche Vorgehen **zusammen** gesehen als **grob fehlerhaft zu bewerten** ist (BGH, Urt. v. 20. 9. 2011 – VI ZR 55/09, NJW 2011, 3442 = VersR 2011, 1569 = GesR 2011, 718, Nr. 12, 13; BGH, Beschl. v. 9. 6. 2009 – VI ZR 261/08, VersR 2009, 1406, 1408, Nr. 6, 11; BGH, Urt. v. 29. 5. 2001 – VI ZR 120/00, NJW 2001, 2792, 2793 = VersR 2001, 1030, 1031; BGH, Urt. v. 16. 5. 2000 – VI ZR 321/98, NJW 2000, 2741 = VersR 2000, 1146, 1147; OLG Bremen, Urt. v. 13. 1. 2006 – 4 U 23/05, MedR 2007, 660; OLG Celle, Urt. v. 7. 5. 2001 – 1 U 15/00, VersR 2002, 1558, 1562; OLG Koblenz, Urt. v. 11. 12. 2008 – 5 U 685/08, MedR 2011, 46, 47; OLG Koblenz, Urt. v. 29. 10. 2009 – 5 U 55/09, GesR 2010, 199, 203 = VersR 2010, 480, 481; OLG Koblenz, Urt. v. 26. 2. 2009 – 5 U 1212/07, VersR 2010, 1452, 1453; OLG Koblenz, Urt. v. 6. 12. 2007 – 5 U 709/07, GesR 2008, 537, 538: mangelhafte Röntgendiagnostik und fehlerhafte Nachsorge; OLG Köln, Urt. v. 6. 6. 2012 – 5 U 28/10, juris, Nr. 39, 40, 42; OLG München, Urt. v. 18. 9. 2008 – 1 U 4837/07, juris, Nr. 49–56: trotz mehrerer Behandlungsfehler verneint; OLG Oldenburg, Urt. v. 3. 12. 2002 – 5 U 100/00, OLGR 2003, 82, 84 = VersR 2003, 1544, 1545; OLG Stuttgart, Urt. v. 25. 5. 2004 – 1 U 5/04: **fünf einfache Behandlungsfehler bei einer Geburt als ein insgesamt „grober Fehler**"; Hausch, Diss. 2007, S. 255–263 m. w. N.; Gehrlein, VersR 2004, 1488, 1493; Müller, VPräsBGH a. D., MedR 2001, 487, 490; S/Pa, 12. Aufl., Rz. 642; Spickhoff-Greiner, § 823 BGB Rz. 173, 175; F/N/W, 5. Aufl., Rz. 133 a. E.). **G 191**

Es ist dann Sache der Behandlungsseite, darzulegen und zu beweisen, dass die festgestellten, „einfachen" Behandlungsfehler **einzeln oder insgesamt den Primärschaden nicht herbeigeführt** haben (OLG Köln, NJW-RR 1991, 800; OLG Oldenburg, Urt. v. 8. 6. 1993 – 5 U 117/92; OLG Stuttgart, VersR 1990, 858; VersR 1997, 700; VersR 1999, 582, 583). **G 192**

Auch bei der „Gesamtbetrachtung" muss die dem Gericht obliegende juristische Bewertung des Behandlungsfehlers als grob auf tatsächlichen Anhaltspunkten beruhen, die von den Ausführungen des hinzugezogenen medizinischen Sachverständigen gedeckt sind (BGH, VersR 1998, 585, 586; BGH, VersR 1995, 659; Hausch, Diss. 2007, S. 260, 263). **G 193**

Will das Gericht bei verzögerter Behandlung in der „Gesamtschau" einen groben Behandlungsfehler annehmen, können aber **nur diejenigen Fehler maßgeblich sein, die zu der Verzögerung beigetragen haben** (Hausch, Diss. 2007, S. 261 im Anschl. an BGH, Urt. v. 29. 5. 2001 – VI ZR 120/00, VersR 2001, 1030, 1031). **G 194**

b) Grober Behandlungsfehler in der Gesamtschau bejaht

So wurde eine über **mehrere Stunden** dauernde **Geburtsleitung** im Rahmen der angestellten Gesamtwürdigung als insgesamt grob fehlerhaft angesehen, wenn die Hebamme nach vorzeitigem Einsetzen der Wehentätigkeit den behandeln- **G 195** den **Arzt 30 Minuten zu spät** herbeiruft, der Arzt das **CTG keiner Prüfung unterzieht**, die **Schnittentbindung weitere 25 Min.** verspätet beginnt und sich hernach nicht mehr aufklären lässt, ob die bei dem entbundenen Kind eingetretenen **Dauerschäden** (hier: spastische Tetraplegie, Hypotonie und Optikusatrophie) auf die insgesamt eingetretene Zeitverzögerung von knapp einer Stunde zurückzuführen sind (BGH, Urt. v. 16. 5. 2000 – VI ZR 321/98, VersR 2000, 1146, 1147 = NJW 2000, 2737, 2739).

G 196   Ein grober Behandlungsfehler eines Gynäkologen, den sich der Krankenhausträger zurechnen lassen muss, liegt in der „Gesamtschau" vor, wenn eine trotz **pathologischem CTG** erforderliche **Mikroblutanalyse mit einstündiger Verspätung** veranlasst wird, die aufgrund der pathologischen CTG-Werte dringend indizierte **Sectio nicht als Eilmaßnahme** innerhalb von jedenfalls deutlich weniger als einer weiteren Stunde durchgeführt und der **Pädiater** erst **nach der Geburt benachrichtigt** wird (OLG Düsseldorf, Urt. v. 21. 3. 2002 – 8 U 8/01, AHRS III, 6551/312).

G 197   Ein grober Behandlungsfehler der Ärzte einer Geburtsklinik liegt in der „Gesamtschau" auch vor, wenn das CTG über einen längeren Zeitraum hinweg eine **Vielzahl von pathologischen Auffälligkeiten** aufweist, die **Dosierung** eines **wehenfördernden Medikaments** trotz wiederholt auftretender erhöhter Herzfrequenzen **nicht reduziert** wird, **Mikroblutanalysen und die Bestimmung des pH-Werts aus der Nabelschnurarterie unterbleiben** und trotz anhaltender Bradykardien in der Endphase der Pressperiode von einer Beschleunigung der Entbindung durch operatives Eingreifen **(Notsectio) abgesehen** wird (OLG Düsseldorf, Urt. v. 16. 3. 2000 – 8 U 26/99, AHRS III, 6562/302).

G 198   Eine **Beweislastumkehr** kommt dabei nicht nur für ärztliche Behandlungsfehler, sondern **auch für** Fehler der eingesetzten **Hebamme** (BGH, NJW 2000, 2737, 2739: verkennt **pathologisches CTG**; BGH, NJW 1995, 1611, 1612; OLG Koblenz, Urt. v. 5. 2. 2009 – 5 U 854/08, GesR 2009, 198, 201) **und sonstiges Pflegepersonal** in Betracht (OLG Oldenburg, VersR 1997, 749; NJW-RR 2000, 762; OLG München, VersR 1997, 977; OLGR 2000, 34; OLG Koblenz, Urt. v. 30. 10. 2008 – 5 U 576/07, GesR 209, 34: Krankenschwester verkennt Leitsymptom für Meningitis).

G 198a   Ein grober Behandlungsfehler liegt zumindest in der „Gesamtschau" vor, wenn der geburtsleitende Arzt nach dem Abriss der Saugglocke (Scheitern der Vakuumextraktion) weitere Versuche einer vaginal-operativen Entbindung durch Vakuumextraktion oder mittels Geburtszange durchführt und sich **nicht unverzüglich zur Geburtsbeendigung durch eine Sectio entscheidet, nachdem über 20 Minuten lang kein nennenswerter Geburtsfortschritt zu erkennen, die Lage des Kindes unklar und das CTG hoch pathologisch war.** Eine so entstandene, grob fehlerhafte Verzögerung des gebotenen Kaiserschitts um 12 Minuten ist auch generell geeignet, eine schwere Schädigung des Kindes bei zuvor hoch pathologischem CTG herbeizuführen (OLG Koblenz, Urt. v. 26. 2. 2009 – 5 U 1212/07, VersR 2010, 1452, 1453).

G 198b   Das Vorliegen eines groben Behandlungsfehlers zumindest in der „Gesamtschau" drängt sich auch ohne entsprechende Bewertung durch den Sachverständigen auf, wenn es im Rahmen eines Geburtsvorganges **zur Hyperventilation**

eines Säuglings über die Dauer von 5 Stunden gekommen ist und die Krankenunterlagen keinerlei Eintragungen über getroffene Maßnahmen zur Stabilisierung der Sauerstoffzufuhr über knapp 3 Stunden mit Ausnahme einer Blutabnahme zur Vornahme einer Blutgasanalyse enthalten (BGH, Beschl. v.
9. 6. 2009 – VI ZR 261/08, VersR 2009, 1406, 1408, Nr. 6, 11).

Es darf in einer Geburtsklinik auch nicht vorkommen, dass ein zwar nach dem   G 199
äußeren Erscheinungsbild gesund zur Welt gekommenes, aber durch den Ablauf
der Geburt gefährdetes **Kind mit Zeichen dieser Gefährdung**, etwa stöhnender
oder in sonstiger Weise gestörter Atmung, über einen Zeitraum von **mehr als
einer Stunde ohne ärztliche Betreuung** bleibt, etwa weil der Klinikträger keine
oder nur mangelhafte Vorkehrungen für neonatologische Notfälle getroffen und
nicht geregelt hat, wann eine Säuglingsschwester das Kind zu kontrollieren und
welchen **Arzt sie erforderlichenfalls zu verständigen** hat (OLG Stuttgart, VersR
2001, 1560, 1562 f.).

Fehlt eine zur **Sicherung der Verlaufsbeobachtung** und Weiterbehandlung gebotene Dokumentation, so handelt es sich nicht nur um einen Dokumentationsmangel, der dazu führen kann, dass dem Patienten der hierdurch erschwerte Beweis eines einfachen Behandlungsfehlers erleichtert wird, sondern **auch** um
einen **Behandlungsfehler**, der zusammen mit weiteren Versäumnissen, etwa
dem Fehlen einer weiteren diagnostischen Abklärung oder einer an sich gebotenen Entscheidung für einen operativen Eingriff, als grob angesehen werden kann
(OLG Stuttgart, VersR 1997, 700).

Wird anstatt einer indizierten Schnittentbindung bei **Beckenendlage** oder beste-   G 200
henden Hinweisen auf eine Beckenverengung eine Vakuumextraktion durchgeführt, bei der es zu einer **Schulterdystokie** (Ausfall der Spinalnervenwurzeln
im Halsbereich) kommt, liegt zunächst ein einfacher Behandlungsfehler vor
(OLG Stuttgart, VersR 1999, 582; auch BGH, MDR 1989, 437; OLG Düsseldorf,
NJW 1997, 2457; OLG Hamm, VersR 1997, 1403). Kann infolge unterbliebener
Dokumentation nicht mehr festgestellt werden, wie die Schulterdystokie gelöst
worden ist, lässt dies zugunsten des klagenden Kindes die **Vermutung** zu, dass
dabei **nicht lege artis** vorgegangen worden ist (OLG Stuttgart, VersR 1999, 582,
583; auch BGH, VersR 1995, 706; zur Dokumentation vgl. Rz. D 216 ff.).

Wurde bei der Vakuumextraktion daneben noch der bei Eintritt einer **Schulter-**   G 201
dystokie gebotene **Scheidendammschnitt unterlassen**, so ist eine Umkehr der
Beweislast hinsichtlich der Schadensursächlichkeit aus dem Gesichtspunkt der
Gesamtbetrachtung der beschriebenen, einzelnen Fehler gerechtfertigt (OLG
Stuttgart, VersR 1999, 582, 583; OLG Oldenburg, VersR 1993, 1235: Unterlas-
sung des Scheidendammschnitts bereits grob fehlerhaft).

Zutreffend hat das OLG Stuttgart (Urt. v. 25. 5. 2004 – 1 U 5/04 n.v.) auch die   G 202
nachfolgenden jeweils „nur" einfachen Behandlungsfehler in der **Gesamtschau
als grob** beurteilt: Die Schwangere wurde nach der Aufnahme im Kreiskrankenhaus lediglich von einer Hebamme, jedoch **nicht zeitnah durch einen Arzt untersucht**. Im Anschluss an die Aufnahme ist die Durchführung einer **Fetometrie
(intrauterine Messung, meist durch Ultraschall) unterblieben**, obwohl das
voraussichtliche Geburtsgewicht nicht eindeutig bestimmt werden konnte.

Das äußere Überdrehen des kindlichen Kopfes zur Lösung einer eingetretenen Schulterdystokie wurde wiederum von einer Hebamme und nicht der anwesenden Ärztin vorgenommen. Der weitere Versuch, diese zu lösen, wurde **von der Ärztin nicht vollständig korrekt** durchgeführt. Nach dem Eintritt der Schulterdystokie wurde weder für eine Analgesie noch für eine Notfalltokolyse Sorge getragen, wodurch ein effizientes Manöver zur Lösung der Schulterdystokie erschwert worden ist.

G 203　Ein grober Behandlungsfehler liegt in der Gesamtschau auch vor, wenn eine Schwangere vor der 28. SSW bei einem geschätzten **Geburtsgewicht von weniger als 1 000 g nicht in ein Perinatalzentrum verlegt** wird und die Ärzte des Kreiskrankenhauses zudem eine **starke Unterkühlung des Kindes nicht verhindern** und entsprechenden Anzeichen keine Beachtung schenken (OLG Oldenburg, Urt. v. 6. 2. 2008 – 5 U 30/07, VersR 2008, 924, 925).

G 204　Versäumnisse bei einer Geburt rechtfertigen aber weder einzeln noch in der Gesamtschau eine Beweislastumkehr in der Kausalitätsfrage, wenn es nach Lage der Dinge völlig bzw. **äußerst unwahrscheinlich** ist, dass sie schadensursächlich waren (OLG Koblenz, Urt. v. 5. 8. 2004 – 5 U 250/04, OLGR 2005, 44, 46: „mehr als zweifelhaft" bzw. „Unsicherheit, ob der Schaden auf einen groben Behandlungsfehler zurückgeht"; auch OLG Karlsruhe, Urt. v. 23. 4. 2004 – 7 U 1/03, VersR 2005, 1246: wenn es äußerst unwahrscheinlich ist, das sich bei rechtzeitiger Diagnostik ein für den Patienten günstigeres Ergebnis eingestellt hätte; s. u. Rz. G 255 ff.).

G 205　Ist für einen Zeitraum von **mehr als 90 Minuten kein Facharzt in der Ambulanz anwesend**, existieren auch **keine Anweisungen** darüber, wann die Aufnahmeschwester oder eine etwa anwesende Ärztin im Praktikum bzw. Assistenzärztin **einen erfahrenen Arzt herbeirufen** muss und werden dann trotz des objektiven Bestehens einer Notfallsituation eine **erste Blutzuckeruntersuchung** des eingelieferten Kindes, aus der sich alarmierende Werte ergeben, erst **mehr als 90 Minuten** nach der Einlieferung durchgeführt sowie ein **venöser Zugang erst weitere 60 Minuten später gelegt**, liegen in der „Gesamtschau" Behandlungsfehler vor, die aus objektiver ärztlicher Sicht nicht mehr verständlich erscheinen, weil solche Fehler in einer Klinik (hier: der Maximalversorgung) schlechterdings nicht unterlaufen dürfen (OLG Bremen, Urt. v. 13. 6. 2006 – 4 U 23/05, OLGR 2006, 745, 747 = MedR 2007, 660, 661: im entschiedenen Fall hat das OLG Bremen bereits eine Mitursächlichkeit vorhandener einfacher Behandlungsfehler für den Körper- bzw. Gesundheitsschaden des Kindes festgestellt).

G 206　Aus der **Kumulation von Behandlungsfehlern eines HNO-Facharztes** im Rahmen einer Mandeloperation kann sich ebenfalls ein grober Behandlungsfehler ergeben. Dies ist etwa der Fall, wenn elementare **laborchemische Befunde nicht erhoben** werden, eine Standardmaßnahme wie das **Legen eines zentralvenösen Zugangs nicht veranlasst** wird und nach Durchführung der Mandeloperation auch **keine HNO-fachärztliche Kontrolluntersuchung** durchgeführt wird (OLG Celle, Urt. v. 7. 5. 2001 – 1 U 15/00, VersR 2002, 1558, 1562). Dem HNO-Facharzt obliegt dann die Beweislast, dass der beim Patienten eingetretene Herzstillstand (Primärschaden) nach der Aspiration arteriellen Blutes nach dem Auftreten einer starken Nachblutung im Bereich der operierten Stelle nicht durch die festgestell-

ten einfachen Behandlungsfehler einzeln oder insgesamt verursacht worden ist
(OLG Celle, Urt. v. 7. 5. 2001 – 1 U 15/00, VersR 2002, 1558, 1559/1562).

Legt der niedergelassene Urologe in kurzer Folge bei einem Patienten **wiederholt**   G 207
suprapubische Katheder, deren Verwendbarkeit wegen **mehrjähriger Überschrei-**
tung des Verfallsdatums (zwei bzw. drei Jahre) unzulässig war, handelt es sich in
der Gesamtschau um einen „groben Behandlungsfehler" (OLG Köln, Urt. v.
30. 1. 2002 – 5 U 106/01, VersR 2003, 1444).

Werden bei einer dringend indizierten Bandscheibenoperation **Bandscheiben-**   G 207a
teile, die wahrnehmbar in den Spinalkanal eingedrungen sind, **nicht entfernt,**
liegt hierin ein grober Behandlungsfehler. Gleiches gilt für eine außergewöhnliche **Verletzung der Dura an drei Stellen**, die sich über eine Länge von mindestens 3 cm erstreckt. In einem solchen Fall liegt jedenfalls in der „Gesamtschau"
ein grober Behandlungsfehler vor (OLG Koblenz, Urt. v. 29. 10. 2009 – 5 U
55/09, GesR 2010, 199, 203).

Bezeichnet der Sachverständige es für völlig unverständlich, dass der **Wechsel**   G 207b
durch den Anästhesisten auf einen größeren Tubus anlässlich einer größeren
Operation erst 25 Minuten und eine indizierte Bronchoskopie erst nach 45 Minuten erfolgt seien, ist jedenfalls in der „Gesamtbetrachtung" auch dann von
einem groben Behandlungsfehler auszugehen, wenn **keine Leitlinien oder wis-**
senschaftlichen Veröffentlichungen existieren, die Handlungsanweisungen für
einen solchen Sachverhalt enthalten (BGH, Urt. v. 20. 9. 2011 – VI ZR 55/09,
MDR 2011, 1285 = VersR 2011, 1569 = NJW 2011, 3442, Nr. 12).

In der Gesamtschau liegt auch dann ein grober Behandlungsfehler vor, wenn ein   G 207c
herzkranker Patient mit schweren Herzrhythmusstörungen nicht darauf hinge-
wiesen wird, dass nach einer Umstellung der Medikation (hier: von β-Blocker
Bisoprolol auf das Antiarrhythmikum Amiodaron) **eine mindestens einwöchige**
stationäre Überwachung erforderlich ist, weil sich die Herzrhythmusstörungen
durch die Ummedikation entgegen der beabsichtigten Wirkung vermehren oder
verstärken können und die Ärzte es **zudem unterlassen, den beim Patienten im**
plantierten Defibrilator nach einer schweren Tachykardie mit Bewusslosigkeit
abzufragen und umzuprogrammieren (OLG Köln, Urt. v. 6. 6. 2012 – 5 U 28/10,
juris, Nr. 38, 40, 42).

Tritt in einer Klinik eine **Streptokokkeninfektion** auf, ist die Klinikleitung ver-   G 208
pflichtet, dies den Chefärzten mitzuteilen, um ggf. einen **OP-Stopp für alle elek-**
tiven Eingriffe und die unverzügliche Behandlung betroffener Patienten nach
Kenntnis des Erregers zu veranlassen. Versäumt die Klinikleitung die Mitteilung
auch nach erneutem Auftreten von Streptokokken, so stellt jedenfalls dieser
wiederholte Pflichtenverstoß einen „groben Behandlungsfehler" dar (OLG
Oldenburg, Urt. v. 3. 12. 2002 – 5 U 100/00, OLGR 2003, 82, 84 f. = VersR 2003,
1544, 1545).

Ein in der „Gesamtschau" als grob zu wertender Behandlungsfehler liegt auch   G 209
vor, wenn der Arzt ein ursprünglich in vertretbarer Weise angelegtes, konservati-
ves Behandlungskonzept auch dann noch weiterverfolgt, wenn das **Nicht-**
anschlagen der Behandlungsstrategie durch das ständige Fortschreiten einer In-

fektion **deutlich sichtbar**, eine rechtzeitige **Erregerbestimmung unterlassen** und daneben **kein wirksames Antibiotikum verabreicht** sowie verabsäumt wird, **nekrotisches Gewebe** rechtzeitig zu **entfernen** (OLG Hamburg, Urt. v. 19. 5. 2000 – 1 U 63/99, AHRS III, 6551/301).

G 210 Extrahiert ein Zahnarzt einen Weisheitszahn, obwohl die **Röntgenbefunde von mangelhafter technischer Qualität** und nur auf einer Ebene gefertigt worden sind, kann der hierin liegende einfache Behandlungsfehler dennoch zu einer Beweislastumkehr führen, wenn auch die **Nachsorge in mehrfacher Hinsicht derart mangelhaft** war, dass das zahnärztliche Vorgehen in der „Gesamtschau" schlechterdings unverständlich erscheint (OLG Koblenz, Urt. v. 6. 12. 2007 – 5 U 709/07, AHRS III, 6570/339 = GesR 2008, 537, 538).

c) Grober Behandlungsfehler in der Gesamtschau verneint

G 211 Der Gesamtbeurteilung eines ärztlichen Vorgehens als grober Behandlungsfehler kann es jedoch **entgegenstehen**, wenn der medizinische Sachverständige zwar die ärztliche Versorgung in einzelnen Punkten nicht für optimal hält, seine Ausführungen aber erkennen lassen, dass die getroffenen **Maßnahmen „im Großen und Ganzen" sachgerecht** waren und nur mit geringfügiger Verzögerung durchgeführt worden sind (OLG Düsseldorf, VersR 1997, 490). Dies gilt etwa bei der Behandlung einer Knieinfektion, wenn zwar nicht unmittelbar nach der stationären Aufnahme ein wirksames Breitbandantibiotikum verordnet und eine am nächsten Tag gebotene Arthroskopie durchgeführt wird, aber auch eine zeit- und sachgerechte Behandlung ein schwer geschädigtes, schmerzhaftes und auf Dauer zunehmend funktionell unbrauchbares Gelenk hinterlassen hätte, wobei es bei sofortiger Anwendung des Breitbandantibiotikums voraussichtlich zur Entwicklung resistenter Keime oder zu allergischen Reaktionen gekommen wäre und die Operation sowie die Gabe eines gegen den bestimmten Keim wirksamen Medikaments mit einer Verzögerung von einem bzw. zwei Tagen erfolgt sind (OLG Düsseldorf, VersR 1997, 490, 491).

G 212 Die Annahme eines **groben Behandlungsfehlers** bei der operativen Versorgung eines Oberschenkels nach schweren Frakturen und Gefäßzerreißungen im Anschluss an einen Verkehrsunfall **scheidet** bei einer Gesamtbetrachtung des Behandlungsgeschehens trotz mehrerer, einfacher Behandlungsfehler **aus**, wenn es um eine **schwierige Versorgung eines sehr schwer verletzten Patienten** im Rahmen eines Notfalls geht und die schließlich erforderliche Amputation des schwer verletzten Oberschenkels auch unter optimalen Bedingungen kaum hätte verhindert werden können (BGH, NJW 1988, 1511, 1512).

G 213 Tritt bei einem in der 34. SSW mit dreifacher **Nabelschnurumschlingung** und einem **pH-Wert im unteren Normbereich** Neugeborenen nach **7–10 Tagen** bei festgestellten **Sauerstoffabfällen und Krampfanfällen** eine periventrikuläre **Leukomalazie** (Erweichungsherde in der weißen Hirnmasse seitlich der Hirnkammern) auf, liegt auch in der Gesamtschau **kein grober Behandlungsfehler** vor, wenn das Kind **unmittelbar nach der** Geburt mit nicht dramatisch verschlechterten Vitalparametern **ca. 90 Minuten verspätet auf die Intensivstation verlegt, wenige Tage danach um eine Stunde zu spät intubiert** wird und es **dann kurzzei-**

tig zu einer Überbeatmung kommt und der Sachverständige bei sämtlichen festgestellten Behandlungsfehlern nur ein geringfügiges Überschreiten des ärztlichen Ermessensspielraumes erkennen kann (OLG München, Urt. v. 18. 9. 2008 – 1 U 4837/07, juris, Nr. 36, 39, 40, 43, 44, 49, 50, 51, 53, 56, 57: Vorgehen auch „in der Summe nicht schlechterdings unverständlich oder grob falsch").

Ein grober Behandlungsfehler liegt auch in der „Gesamtschau" nicht vor, wenn   G 213a
der Arzt weder eine Sicherung der Atemwege des Neugeborenen (hier: mit einem angeborenen Verschluss beider Nasengänge) mit einem Tubus vorgenommen, noch eine kontinuierliche Überwachung der Sauerstoffversorgung sichergestellt und auch die Verlegung in eine Schwerpunktklinik nicht mit der objektiv gebotenen Eile betrieben hat, wenn **die Sauerstoffwerte noch im unteren Normbereich lagen und aus der gebotenen ex-ante-Betrachtung die „Schreiatmung" des Neugeborenen die Atmung zunächst scheinbar sicherstellte** (OLG Brandenburg, Urt. v. 20. 5. 2010 – 12 U 4/09, bei Bergmann, BADK-Info 2011, 78/84).

Auch in der „Gesamtschau" ist ein grober Behandlungsfehler eines **Augenarztes**   G 213b
nicht zu bejahen, wenn er Einblutungen des Patienten nicht nach Quadranten unterteilt, was vom Sachverständigen als „insuffizient" bezeichnet wird und den Patienten zu einer dringlichen Kontrolluntersuchung statt nach 3 Monaten erst nach 6 Monaten einbestellt, wenn dies vom Sachverständigen als **„noch hinnehmbar"** bezeichnet wird (OLG Koblenz, Urt. v. 11. 12. 2008 – 5 U 685/08, MedR 2011, 46, 47; im Ergebnis zustimmend Gericke, MedR 2011, 49). Es bleibt offen, ob das Verhalten des Patienten, der die erforderliche Kontrolle seinerseits um weitere 6 Monate hinausschiebt, **das Vorliegen eines groben Behandlungsfehlers ausschließt** (in diese Richtung OLG Koblenz, MedR 2011, 46, 48) oder erst auf der Ebene des vom Arzt zu beweisenden **Mitverschuldens** für den Fall der Bejahung eines Behandlungsfehlers zu berücksichtigen ist (so Gericke, MedR 2011, 49).

III. Generelle Eignung, Mitursächlichkeit, Teilkausalität

1. Generelle Eignung zur Herbeiführung des Primärschadens

Liegt ein grober Behandlungsfehler vor, so ist es für die Annahme einer Beweis-   G 214
lastumkehr zwischen dem Behandlungsfehler und dem Eintritt des Primärschadens (Körper- oder Gesundheitsschaden) ausreichend, wenn **der grobe Behandlungsfehler generell geeignet ist, diesen konkreten Gesundheitsschaden hervorzurufen** (vgl. jetzt § 630h V 1 BGB: **grundsätzlich geeignet**). **Nahelegen oder wahrscheinlich machen muss der Fehler den Schaden hingegen nicht** (BGH, Urt. v. 19. 6. 2012 – VI ZR 77/11, MDR 2012, 996 = VersR 2012, 1176 = NJW 2012, 2653, Nr. 11, 14, 15; BGH, Urt. v. 7. 6. 2011 – VI ZR 87/10, VersR 2011, 1148 = GesR 2011, 472 = NJW 2011, 2508, Nr. 8; BGH, Urt. v. 29. 9. 2009 – VI ZR 251/08, VersR 2010, 115, 116 = NJW-RR 2010, 833, 834, Nr. 8, 11; BGH, Urt. v. 8. 1. 2008 – VI ZR 118/06, VersR 2008, 490, 491 = NJW 2008, 1304, Nr. 11, 12; BGH, Urt. v. 27. 3. 2007 – VI ZR 55/05, VersR 2007, 995, 997 = NJW

2007, 2767, 2769, Nr. 25; BGH, Urt. v. 16. 11. 2004 – VI ZR 328/03, NJW 2005, 427, 428 = VersR 2005, 228, 229; BGH, Urt. v. 27. 4. 2004 – VI ZR 34/03, NJW 2004, 2011 = VersR 2004, 909 = GesR 2004, 290; OLG Brandenburg, Urt. v. 31. 3. 2011 – 12 U 44/10, juris, Nr. 19; OLG Jena, Urt. v. 19. 12. 2007 – 4 U 161/06, OLGR 2008, 378, 379; OLG Karlsruhe, Urt. v. 21. 5. 2008 – 7 U 158/07, VersR 2009, 831, 832; F/N/W, 5. Aufl., Rz. 134; Gehrlein, VersR 2004, 1488, 1493; G/G, 6. Aufl., Rz. B 258; Müller, VPräsBGH a. D., MedR 2001, 487, 490, S/Pa, 12. Aufl., Rz. 629; Wenzel-Müller, Kap. 2 Rz. 1533, 1534; Spickhoff-Greiner, § 823 BGB, Rz. 180).

G 215 U. E. ist das **Merkmal der „generellen Eignung" des groben Behandlungsfehlers für den eingetretenen Primärschaden überflüssig!** Ist der Kausalzusammenhang „äußerst unwahrscheinlich" (Rz. G 255 ff.), fehlt es zwangsläufig auch ein der „generellen Eignung", den Schaden herbeizuführen.

G 216 Die generelle Eignung wird nicht durch solche Ursächlichkeitszweifel in Frage gestellt, die sich aus dem konkreten Geschehensablauf herleiten lassen; vielmehr genügt es, dass **nicht von vornherein ausgeschlossen** werden kann, dass der Arztfehler als – nicht unbedingt nahe liegende oder gar typische – Ursache für den Gesundheitsschaden in Frage kommt (OLG Saarbrücken, VersR 2000, 1241, 1243 a. E.; OLG Jena, Urt. v. 19. 12. 2007 – 4 U 161/06, OLGR 2008, 378, 380).

G 216a So ist es grob fehlerhaft, ein neugeborenes Kind nach einem Atemstillstand trotz hoch pathologischer Blutgaswerte bis zum fünften Lebenstag zu stark dosiert zu beatmen. Ist **die Überbeatmung generell geeignet, eine Hypokapnie, d. h. eine zu starke Erhöhung des arteriellen CO_2-Partialdrucks („Kohlendioxidnarkose", Blutgaswerte über 45 mmHg) und dadurch bedingt eine schwere Hirnschädigung auszulösen** (hier: plastische Tetraparese mit schweren Mobilitäts-, Atmungs- und Schluckstörungen, Anfallsleiden, Pflegebedürftigkeit), so kommt **eine Ausnahme von dem Grundsatz der Beweislastumkehr hinsichtlich der Kausalität nicht deshalb in Betracht, weil der eingetretene Gesundheitsschaden als mögliche Folge des groben Behandlungsfehlers zum maßgeblichen Zeitpunkt noch nicht bekannt war** (BGH, Urt. v. 19. 6. 2012 – VI ZR 77/11, MDR 2012, 966 = VersR 2012, 1176, 1178 = NJW 2012, 2653, 2654, Nr. 11, 14, 15).

G 217 Es ist nicht erforderlich, dass der Behandlungsfehler mit einer gewissen Wahrscheinlichkeit zu dem eingetretenen Erfolg (Primärschaden) geführt hat; eine Beweislastumkehr ist aber dann ausgeschlossen, wenn jeglicher haftungsbegründender Ursachenzusammenhang „äußerst unwahrscheinlich" (hierzu Rz. G 255 ff.) ist (BGH, Urt. v. 7. 6. 2011 – VI ZR 87/10, VersR 2011, 1148 = GesR 2011, 472 = MDR 2011, 913, Nr. 8; BGH, Urt. v. 29. 9. 2009 – VI ZR 251/08, VersR 2010, 115 = NJW-RR 2010, 833, Nr. 8). Ein **bloß theoretisch denkbarer Zusammenhang**, der ohnehin fast nie ausgeschlossen werden kann, reicht jedoch nicht aus (BGH, VersR 1982, 1193 = MDR 1983, 219; OLG Karlsruhe, Urt. v. 25. 1. 2006 – 7 U 36/05, OLGR 2006, 339, 340; Urt. v. 12. 5. 2004 – 7 U 204/98, OLGR 2004, 320, 321; F/N/W, 5. Aufl., Rz. 136).

G 218 Das Gericht darf sich nicht damit begnügen, die Geeignetheit eines Behandlungsfehlers für den eingetretenen Schaden zu verneinen, wenn der hierzu angehörte Sachverständige (hier: Gynäkologe) lediglich angegeben hat, ihm sei eine derartige Schadensfolge in seiner mehr als 40-jährigen Praxis **noch nicht begegnet** (OLG Jena, Urt. v. 19. 12. 2007 – 4 U 161/06, OLGR 2008, 378, 380).

So ist das **Unterlassen des – zu dokumentierenden – Hinweises** auf eine inner- G 219 halb von 48 Stunden erforderliche **Netzhautuntersuchung** durch einen Allgemeinarzt zur Abklärung des Verdachts auf eine hintere Glaskörperabhebung grob fehlerhaft (OLG Karlsruhe, Urt. v. 25. 1. 2006 – 7 U 36/05, OLGR 2006, 339, 340 im Anschluss an BGH, Urt. v. 16. 11. 2004 – VI ZR 328/03, VersR 2005, 228, 229). Eine Beweislastumkehr scheidet aber aus, wenn der vom Gericht bestellte Sachverständige ausführt, die durch den falschen oder unterbliebenen Rat des Arztes eingetretene Verzögerung von zwei bis drei Tagen sei für die beim Patienten eingetretene Netzhautablösung „ohne Bedeutung", der grobe Behandlungsfehler damit im konkreten Fall **nicht geeignet** war, den eingetretenen Primärschaden zu verursachen (OLG Karlsruhe, Urt. v. 25. 1. 2006 – 7 U 36/05, OLGR 2006, 339, 341; u. E. auf der Stufe „äußerst unwahrscheinlich" zu lösen, da eine Mitursächlichkeit im entschiedenen Fall wohl nicht auszuschließen war).

Andererseits ist die Eignung für den Primärschaden zu bejahen, wenn das Kind G 220 bei Durchführung der gebotenen, schuldhaft unterlassenen Sectio mit einer **Wahrscheinlichkeit von 50 %** gesund zur Welt gekommen wäre (BGH, NJW 1997, 794; Gehrlein, Rz. B 141) oder sich das Ausmaß der Körper- oder Gesundheitsschäden bei rechtzeitiger Geburtseinleitung deutlich verringert hätte (BGH, Urt. v. 16. 5. 2000 – VI ZR 321/98, VersR 2000, 1146, 1147 = NJW 2000, 2737, 2738).

Dabei unterbricht auch ein **Fehlverhalten Dritter**, etwa eines nachfolgenden G 221 Arztes, den Zurechnungszusammenhang regelmäßig nicht. Selbst grobe Fehler des **Nachbehandlers** sind dem Erstbehandler regelmäßig zuzurechnen. Die Grenze, bis zu welcher der Erstschädiger, sei es ein Unfallverursacher, sei es der fehlerhaft behandelnde Arzt, dem Patienten für die Folge einer späteren fehlerhaften ärztlichen Behandlung einzustehen hat, wird in aller Regel erst dann überschritten, wenn es um die Behandlung einer Krankheit geht, die **mit dem Anlass für die Erstbehandlung in keinem inneren Zusammenhang** steht (BGH, Urt. v. 6. 5. 2003 – VI ZR 259/02, VersR 2003, 1128, 1130 = NJW 2003, 2311, 2314 = GesR 2003, 267, 269 = MedR 2004, 51, 53; OLG München, Urt. v. 27. 3. 2003 – 1 U 4449/02, VersR 2005, 89: nur äußerlicher, gleichsam zufälliger Zusammenhang; OLG Saarbrücken, OLGR 2000, 139, 143), wenn der **die Zweitschädigung herbeiführende Arzt in außergewöhnlich hohem Maß die an ein gewissenhaftes ärztliches Verhalten zu stellenden Anforderungen außer Acht gelassen hat und derart gegen alle ärztlichen Regeln und Erfahrungen verstoßen hat, dass der eingetretene Schaden seinem Handeln haftungsrechtlich-wertend allein zugeordnet werden muss** (BGH, Urt. v. 22. 5. 2012 – VI ZR 157/11, NJW 2012, 2024, Nr. 15: dort verneint; BGH, Urt. v. 6. 5. 2003 – VI ZR 259/02, VersR 2003, 1128, 1130 = NJW 2003, 2311, 2314; BGH, NJW 1989, 767, 768; OLG Köln, Urt. v. 12. 1. 2005 – 5 U 96/03, OLGR 2005, 159, 160; Urt. v. 23. 1. 2002 – 5 U 85/01, VersR 2003, 860, 861; VersR 1994, 987; OLG Oldenburg, VersR 1998, 1110, 1111; OLG Saarbrücken, VersR 2000, 1241, 1244) oder wenn **das Verhalten des nachbehandelnden Arztes nur als völlig ungewöhnlich und unsachgemäß be-**

wertet werden kann (OLG Brandenburg, Urt. v. 8. 4. 2003 – 1 U 26/00, VersR 2004, 1050, 1053; OLG München, Urt. v. 27. 3. 2003 – 1 U 4449/02, VersR 2005, 89: völlig ungewöhnlich oder in außerordentlichem Umfang pflichtwidrig; weitere Einzelheiten bei Rz. A 362–A 369).

G 222   Zur Unterbrechung des Zurechnungszusammenhangs wird also ein Versagen des nachbehandelnden Arztes „im oberen Bereich des groben Behandlungsfehlers" vorausgesetzt (Gehrlein, Rz. B 77, 108; vgl. hierzu → *Arbeitsteilung*, Rz. A 363).

2. Mitursächlichkeit; Teilkausalität

a) Mitursächlichkeit

G 223   Ist der **grobe Behandlungsfehler als solcher geeignet, den eingetretenen Primärschaden zumindest mitursächlich herbeizuführen, bleibt es Sache der Arztseite zu beweisen, dass es an der Kausalität zwischen der Pflichtverletzung und dem Eintritt des Primärschadens fehlt bzw. der Kausalzusammenhang „äußerst unwahrscheinlich" ist** (BGH, Urt. v. 7. 6. 2011 – VI ZR 87/10, VesR 2011, 1148 = GesR 2011, 472, Nr. 8, 10; BGH, Urt. v. 29. 9. 2009 – VI ZR 251/08, VersR 2010, 115 = NJW-RR 2010, 833, Nr. 8, 11; BGH, Urt. v. 8. 1. 2008 – VI ZR 118/06, VersR 2008, 490, 491 = NJW 2008, 1304, Nr. 11, 12, 14; BGH, Urt. v. 16. 11. 2004 – VI ZR 328/03, NJW 2005, 427, 428 = VersR 2005, 228, 229; BGH, Urt. v. 27. 4. 2004 – VI ZR 34/03, VersR 2004, 909, 911 = MedR 2004, 561, 563; OLG Celle, Urt. v. 18. 2. 2002 – 1 U 44/01, NJW-RR 2002, 1603 = MDR 2002, 881, 882; OLG Naumburg, NJW-RR 2002, 312, 314).

G 224   Auch eine **Mitursächlichkeit**, sei es auch nur als „Auslöser" neben erheblichen anderen Umständen bzw. weiteren Faktoren wie einer fortschreitenden Arthrose, der nicht vom Arzt zu vertretenden Verzögerung krankengymnastischer Maßnahmen und einer möglichen fehlerhaften Einstellung der Antetorsion bei einer Hüftgelenksoperation **steht der Alleinursächlichkeit** haftungsrechtlich in vollem Umfang **gleich** (BGH, Urt. v. 16. 3. 2010 – VI ZR 64/09, GesR 2010, 255, 256 = VersR 2010, 627, 628, Nr. 12; BGH, Urt. v. 19. 4. 2005 – VI ZR 175/04, NJW-RR 2005, 897, 898; BGH, VersR 2000, 1282, 1283 = NJW 2000, 3423, 3425: zur fehlerhaften Einstellung der Antetorsion; OLG Celle, Urt. v. 18. 2. 2002 – 1 U 44/01, OLGR 2002, 97, 98 = NJW-RR 2002, 1603: Mitursächlichkeit genügt; OLG Stuttgart, Urt. v. 11. 6. 2002 – 14 U 83/01, VersR 2003, 376: Überbeatmung eines Säuglings nach Sauerstoffmangel während der Geburt; von Pentz, RiBGH, MedR 2011, 222, 223; Wenzel-Müller, Kap. 2 Rz. 1539, 1516; Spickhoff-Greiner, § 823 BGB Rz. 115, 141, 142; F/N/W, 5. Aufl., Rz. 136).

G 225   So genügt etwa die Mitursächlichkeit einer fehlerhaft **verzögerten Geburtseinleitung** für die hierauf beruhende **zeitweise Sauerstoffunterversorgung**, die zu einem hypoxischen Hirnschaden des Kindes führt, wenn dieser Behandlungsfehler feststeht, aber auch eine schicksalhaft bedingte Frühgeburt als Mitursache in Betracht kommt (OLG Schleswig, Urt. v. 10. 9. 2004 – 4 U 31/97, OLGR 2005, 273, 275).

G 226   Auch die neben ein **schicksalhaft bedingtes Tumorrezidiv** tretende Mitursächlichkeit einer behandlungsfehlerhaften Strahlenbehandlung begründet die haf-

tungsrechtliche Einstandspflicht der Behandlungsseite für den Primärschaden –
im entschiedenen Fall den Tod – des Patienten (OLG Hamburg, Urt. v.
26. 11. 2004 – 1 U 67/04, OLGR 2005, 101, 102).

Die volle Haftung der Behandlungsseite ist auch dann zu bejahen, wenn der   G 227
Schaden auf einem Zusammenwirken körperlicher Vorschäden und dem durch
die fehlerhafte Behandlung ausgelösten Primärschaden beruht, ohne dass die
Vorschäden „richtungsgebend verstärkt" – einem Begriff aus dem Sozialrecht –
werden (BGH, Urt. v. 19. 4. 2005 – VI ZR 175/04, NJW-RR 2005, 897, 898).

Ein grober Behandlungsfehler führt also auch dann zur Umkehr der Beweislast   G 227a
für den Ursachenzusammenhang zwischen dem Fehler und dem Eintritt des Primärschadens (für den Sekundärschaden gilt § 287 ZPO!), wenn er die eingetretene Schädigung nur **zusammen mit einer bereits vorhandenen, anderen, dem
Arzt nicht anzulastenden Ursache herbeizuführen geeignet** ist, soweit – was
vom Arzt zu beweisen ist – ein haftungsbegründender Kausalzusammenhang
nicht „äußerst unwahrscheinlich" ist (OLG Koblenz, Beschl. v. 20. 9. 2007 – 5
U 899/07, AHRS III, 6551/325).

b) Teilkausalität

Eine Beweislastumkehr bei grobem Behandlungsfehler kommt nur dann für eine   G 228
bloße Mitursächlichkeit nicht mehr in Betracht, wenn ein Fall **abgrenzbarer
Teilkausalität** vorliegt, also das ärztliche Versagen und ein weiterer, der Behandlungsseite nicht zuzurechnender Umstand **abgrenzbar zu einem Schaden geführt**
haben (BGH, NJW 2000, 2741, 2742 – im entschiedenen Fall verneint; OLG Celle, Urt. v. 18. 2. 2002 – 1 U 44/01, NJW-RR 2002, 1603 = MDR 2002, 881, 882:
auch hier verneint; OLG Karlsruhe, Urt. v. 11. 9. 2002 – 7 U 102/01, VersR 2004,
244, 245; OLG Hamm, Urt. v. 7. 5. 2007 – 3 U 30/05 mit NZB BGH v.
13. 11. 2007 – VI ZR 155/07, AHRS III, 6565/327; OLG Hamm, VersR 1996,
1371; OLG Koblenz, Urt. v. 3. 5. 2007 – 5 U 467/05, AHRS III, 6565/326: Behandlungsseite muss beweisen, dass ein abgrenzbarer Teil der Schäden auf einen vorhandenen, vorgeburtlichen Sauerstoffmangel zurückzuführen ist; Wenzel-Müller, Kap. 2 Rz. 1539, 1540, 1542; Spickhoff-Greiner, § 823 BGB Rz. 181; G/G,
6. Aufl., Rz. B 260; F/N/W, 5. Aufl., Rz. 136 a. E.).

**Ein solcher Fall abgrenzbarer Ursachenzusammenhänge liegt vor, wenn es i. S. d.   G 229
§ 286 I ZPO feststeht, dass ein Teil des eingetretenen Primärschadens nicht auf
den groben Behandlungsfehler zurückzuführen ist** (OLG Hamm, VersR 1996,
1371, 1372; F/N/W, 5. Aufl., Rz. 136; vgl. BGH, Urt. v. 3. 6. 2008 – VI ZR
235/07, VersR 2008, 1133, Nr. 8 und Urt. v. 8. 7. 2008 – VI ZR 274/07, VersR
2008, 1126, 1127, Nr. 7: erforderlich ist bei § 286 I ZPO keine „an Sicherheit
grenzende Wahrscheinlichkeit", sondern „ein für das praktische Leben brauchbarer Grad von Gewissheit, der Zweifeln Schweigen gebietet") **oder wenn jeglicher Ursachenzusammenhang zwischen dem Behandlungsfehler des Arztes und
der eingetretenen Primärschädigung äußerst unwahrscheinlich ist** (OLG Hamm,
Urt. v. 7. 5. 2007 – 3 U 30/05 mit NZB BGH v. 13. 11. 2007 – VI ZR 155/07,
AHRS III, 6565/327 und OLG Koblenz, Beschl. v. 20. 9. 2007 – 5 U 899/07,
AHRS III, 6551/325: **Behandlungsseite muss beim Vorliegen eines groben Behandlungsfehlers die bloße Mitursächlichkeit als „äußerst unwahrscheinlich"**

entkräften; OLG Celle, Urt. v. 18. 2. 2002 – 1 U 44/01, NJW-RR 2002, 1603 = OLGR 2002, 97, 98; OLG Düsseldorf, Urt. v. 10. 4. 2003 – 8 U 38/02, VersR 2005, 117, 118; OLG Schleswig, Urt. v. 10. 9. 2004 – 4 U 31/97, OLGR 2005, 273, 275). So scheidet eine Zurechnung aus, wenn sich bei einem nach einer Herzkatheter-Untersuchung verfrüht aus dem Krankenhaus entlassenen Patienten nicht das damit verbundene Risiko von Komplikationen im Herz-Kreislaufsystem verwirklicht, sondern sich eine Infektion eingestellt hat (BGH, NJW 1981, 2513).

G 230   Ist ein grober Behandlungsfehler zur Herbeiführung eines Gesundheitsschadens **geeignet**, so kommt eine Einschränkung der sich hieraus ergebenden Beweislastumkehr unter dem Gesichtspunkt einer Vorschädigung des Patienten nur dann in Betracht, wenn – was zur Beweislast der Arztseite steht – eine solche **Vorschädigung festgestellt ist und gegenüber einer durch den groben Fehler bewirkten Mehrschädigung abgegrenzt werden kann** (BGH, NJW 2000, 2737; OLG Celle; Urt. v. 18. 2. 2002 – 1 U 44/01, NJW-RR 2002, 1603 = MDR 2002, 881, 882; OLG Karlsruhe, Urt. v. 11. 9. 2002 – 7 U 102/01, VersR 2004, 244, 245; OLG Hamm, Urt. v. 7. 5. 2007 – 3 U 30/05 mit NZB BGH v. 13. 11. 2007 – VI ZR 155/07, AHRS III, 6565/327: **Behandlungsseite muss bereits bestehende Vorschädigung eines Neugeborenen beweisen bzw. die bloße Mitursächlichkeit des Behandlungsfehlers als „äußerst unwahrscheinlich" entkräften**; OLG Koblenz, Urt. v. 3. 5. 2007 – 5 U 467/05, AHRS III, 6565/326: **Behandlungsseite muss beweisen, dass ein abgrenzbarer Teil der Primärschäden eines Neugeborenen auf einen vorhandenen, vorgeburtlichen Sauerstoffmangel zurückzuführen ist**; von Pentz, RiBGH, MedR 2011, 222, 223; Wenzel-Müller, Kap. 2 Rz. 1539, 1540, 1542: Vorschäden müssen feststellbar und abgrenzbar sein, die Behandlungsseite trägt die Beweislast dafür, dass eine Mitursächlichkeit äußerst unwahrscheinlich ist; Spickhoff-Greiner, § 823 BGB Rz. 141, 142, 181; Hausch, Diss. 2007, S. 229).

G 231   Kann also der Arzt beweisen, dass ein von ihm zu verantwortender grober Behandlungsfehler den Primärschaden nur zu allenfalls 10–30 % beeinflusst haben kann, so beschränkt sich seine auf dem groben Behandlungsfehler gründende Haftung auf 30 % des Gesamtschadens, sofern der Patient dann nicht beweist, dass die geltend gemachten Aufwendungen ohne den groben Behandlungsfehler in einem Umfang von weniger als 70 % eingetreten wären (OLG Hamm, VersR 1996, 1371; F/N/W, 5. Aufl., Rz. 136 a. E.; Wenzel-Müller, Kap. 2 Rz. 1540, 1542). Ist eine solche Abgrenzung nicht möglich, verbleibt es beim Vorliegen eines groben Behandlungsfehlers bei der Beweislastumkehr zu Lasten des Arztes für den Primärschaden (OLG Hamm, VersR 1996, 1371; BGH, VersR 2000, 1107, 1108).

c) Mitursächlichkeit zusammen mit anderen Ursachen nicht äußerst unwahrscheinlich

G 232   Ein grober Behandlungsfehler führt auch dann zu einer Beweislastumkehr zu Lasten der Behandlungsseite, wenn zwar eine **alleinige Ursächlichkeit** des Behandlungsfehlers „äußerst unwahrscheinlich" ist, dieser aber **zusammen mit anderen Ursachen** den Gesundheitsschaden (Primärschaden) herbeigeführt haben kann und eine solche **Mitursächlichkeit nicht „äußerst unwahrscheinlich"** ist

938

(s. u.). Jeglicher haftungsbegründender Ursachenzusammenhang des festgestellten (einfachen oder groben) Behandlungsfehlers muss dabei „äußerst unwahrscheinlich" sein (BGH, Urt. v. 27. 4. 2004 – VI ZR 34/03, GesR 2004, 290, 293 = MDR 2004, 1055; BGH, NJW 2000, 3423; OLG Celle, VersR 1999, 486, 488 und Urt. v. 18. 2. 2002 – 1 U 44/01, NJW-RR 2002, 1603 = MDR 2002, 881, 882; OLG Oldenburg, NJW-RR 2000, 403, 404; OLG Koblenz, Beschl. v. 20. 9. 2007 – 5 U 899/07, AHRS III, 6551/325; OLG Schleswig, Urt. v. 10. 9. 2004 – 4 U 31/97, OLGR 2005, 273, 275; auch S/Pa, 12. Aufl., Rz. 637, 354).

So liegt ein grober Behandlungsfehler vor, wenn trotz eines pathologischen CTG   G 233
der über 40-jährigen Kindsmutter und dem vorangehenden Teil des Kindes im Beckeneingang keine intrauterine Reanimation mit nachfolgender Schnittentbindung erfolgt. Selbst wenn es äußerst unwahrscheinlich ist, dass allein die Unterlassung der Schnittentbindung den eingetretenen Gesundheitsschaden des entbundenen Kindes, das schwer asphyktisch (mit Pulsschwäche und Atemdepression, Sauerstoffunterversorgung des Gehirns) zur Welt kommt, herbeigeführt hat, beschränkt sich die Schadensersatzpflicht des geburtsleitenden Arztes nicht auf die durch die Zangenentbindung anstatt der gebotenen Schnittentbindung eingetretenen Entwicklungsstörungen, wenn es **nicht äußerst unwahrscheinlich** ist, dass die nicht rechtzeitige Durchführung der Sectio für den Primärschaden des Kindes, dem infolge ungenügender Sauerstoffzufuhr entstandenen Hirnschaden, mitursächlich geworden ist (BGH, NJW 1997, 796, 798 = VersR 1997, 362, 364).

Ein solcher Fall eines **nicht abgrenzbaren Kausalzusammenhangs** liegt auch vor,   G 234
wenn der bei einem Kleinkind festgestellte irreversible Hirnschaden entweder auf eine primäre Anlagestörung des Gehirns zurückzuführen oder Folge einer unterlassenen bzw. verspäteten Einleitung diagnostischer Schritte des behandelnden Kinder- oder Hausarztes ist, der bei den Vorsorgeuntersuchungen U 6 und U 7 des Kindes einen auffallend großen, von der Norm deutlich abweichenden Kopfumfang festgestellt hat, wenn **ein Zusammenhang zwischen der Unterlassung weiterer diagnostischer Schritte allein oder zusammen mit dem bereits bestehenden Anlageschaden nicht äußerst unwahrscheinlich ist** (OLG Oldenburg, VersR 2000, 403, 404; ebenso OLG Koblenz, Beschl. v. 20. 9. 2007 – 5 U 899/07, AHRS III, 6551/325 und OLG Koblenz, Urt. v. 3. 5. 2007 – 5 U 467/05, AHRS III, 6565/326).

Hält es der vom Gericht hinzugezogene medizinische Sachverständige nicht nur   G 235
für eine bloß entferntere Möglichkeit, dass auch die zeitweilige behandlungsfehlerhafte Sauerstoffversorgungsstörung des Kindes unter der Geburt mitursächlich für den später festgestellten schweren Hirnschaden gewesen ist bzw. sein kann, und stellt sich dieser Fehler aufgrund einer einstündigen Nichtreaktion der behandelnden Ärzte auf ein länger andauerndes hochpathologisches CTG als grob dar, kann sich die Behandlungsseite zu ihrer Entlastung nicht mit Erfolg darauf berufen, dass die schicksalhaft bedingte Frühgeburt als wesentliche Hauptursache des Hirnschadens anzusehen ist und es daneben noch weitere denkbare zusätzliche prä- und postnatale Ursachen für den eingetretenen Hirnschaden geben könnte (OLG Schleswig, Urt. v. 10. 9. 2004 – 4 U 31/97, OLGR 2005, 273, 275).

G 236 Treten bei einem reifen Neugeborenen am ersten Tag Apnoen (Atemstillstand über mindestens 10 Sekunden) und Krampfanfälle mit mehrfachen, massiven Sauerstoffsättigungsabfällen über mehrere Stunden (hier: von 17.00 Uhr bis nach 24.00 Uhr) auf, liegt ein grober Behandlungsfehler der behandelnden Ärzte bzw. des Krankenhausträgers vor, wenn nicht rechtzeitig intubiert wird. Steht fest, dass ein einfacher Behandlungsfehler für den eingetretenen Schaden mitursächlich bzw. beim Vorliegen eines groben Behandlungsfehlers die bloße Mitursächlichkeit von der Behandlungsseite nicht als „äußerst unwahrscheinlich" entkräftet wird, erstreckt sich die Haftung des Arztes bzw. Klinikträgers auf den gesamten Schaden, wenn der **Anteil einer nicht haftungsrelevanten Vorschädigung nicht abgrenzbar sicher festgestellt** werden kann (OLG Hamm, Urt. v. 7. 5. 2007 – 3 U 30/05 mit NZB BGH v. 13. 11. 2007 – VI ZR 155/07, AHRS III, 6565/327; auch OLG Koblenz, Urt. v. 3. 5. 2007 – 5 U 467/05, AHRS III, 6565/326: Behandlungsseite muss beweisen, dass ein Teil der Primärschäden abgrenzbar ist und auf einem vorhandenen, vorgeburtlichen Sauerstoffmangel zurückzuführen ist).

G 237 – G 254 Einstweilen frei.

IV. Ausschluss der Beweislastumkehr

1. Kausalzusammenhang „äußerst unwahrscheinlich"

a) Übersicht

G 255 Unterläuft dem Arzt ein grober Behandlungsfehler, so kommt es hinsichtlich der haftungsbegründenden Kausalität trotz genereller Eignung des Fehlers, den eingetretenen Schaden herbeizuführen, nicht zu einer Beweislastumkehr, wenn der Eintritt des Primärschadens gerade aufgrund des konkreten, groben Behandlungsfehlers **„äußerst unwahrscheinlich" bzw. „gänzlich unwahrscheinlich"** ist (BGH, Urt. v. 7. 6. 2011 – VI ZR 87/10, VersR 2011, 1148 = GesR 2011, 472 = NJW 2011, 2508, Nr. 8; BGH, Urt. v. 29. 9. 2009 – VI ZR 251/08, VersR 2010, 115 = NJW-RR 2010, 833, Nr. 8; BGH, Urt. v. 16. 11. 2004 – VI ZR 328/03, NJW 2005, 427, 428 = VersR 2005, 228, 229; BGH, Urt. v. 27. 4. 2004 – VI ZR 34/03, VersR 2004, 909, 911 = MedR 2004, 561, 563 = MDR 2004, 1055, 1056 = NJW 2004, 2011, 2012: „gänzlich bzw. äußerst unwahrscheinlich"; OLG Brandenburg, Urt. v. 31. 3. 2011 – 12 U 44/10, juris, Nr. 19; OLG Brandenburg, Urt. v. 5. 4. 2005 – 1 U 34/04, OLGR 2005, 489, 492: „nicht ganz unwahrscheinlich"; OLG Brandenburg, Urt. v. 8. 4. 2003 – 1 U 26/00, MedR 2004, 226, 229: „**10 % Erfolgschance nicht ganz unwahrscheinlich**"; OLG Brandenburg, Urt. v. 14. 11. 2001 – 1 U 12/01, VersR 2002, 313, 315 = MedR 2002, 149, 152; OLG Celle, Urt. v. 7. 5. 2001 – 1 U 15/00, VersR 2002, 1558, 1562: „gänzlich unwahrscheinlich"; OLG Celle, Urt. v. 18. 2. 2002 – 1 U 44/01, NJW-RR 2002, 1603: „jeglicher Ursachenzusammenhang zwischen dem Behandlungsfehler und dem Primärschaden muss äußerst unwahrscheinlich sein"; OLG Düsseldorf, Urt. v. 10. 4. 2003 – 8 U 38/02, VersR 2005, 117, 118: „völlig unwahrscheinlich"; OLG Düsseldorf, Urt. v. 30. 1. 2003 – 8 U 49/02, VersR 2005, 654, 655: „gänzlich unwahrscheinlich"; OLG Düsseldorf, Urt. v. 6. 3. 2003 – 8 U 22/02, NJW-RR 2003, 1333 = VersR

2003, 1310, 1312: **Chance von ca. 20 % nicht „in hohem Maß unwahrschein-lich"**; OLG Hamm, Urt. v. 6. 11. 2002 – 3 U 50/02, VersR 2004, 1321, 1322: **10 % Erfolgswahrscheinlichkeit einer fehlerfreien Behandlung nicht „äußerst unwahrscheinlich"**; OLG Hamm, Urt. v. 24. 10. 2001 – 3 U 123/00, VersR 2003, 1132, 1133: „gänzlich oder äußerst unwahrscheinlich"; OLG Jena, Urt. v. 1. 6. 2010 – 4 U 498/07, juris, Nr. 29, 39; OLG Jena, Urt. v. 19. 12. 2007 – 4 U 161/06, OLGR 2008, 378, 379: „gänzlich bzw. äußerst unwahrscheinlich"; OLG Jena, Urt. v. 26. 4. 2006 – 4 U 416/05, MedR 2007, 731, 732: „äußerst unwahr-scheinlich"; OLG Karlsruhe, Urt. v. 23. 4. 2004 – 7 U 1/03, VersR 2005, 1246: „gänzlich" bzw. „äußerst unwahrscheinlich"; OLG Karlsruhe, Urt. v. 26. 11. 2003 – 7 U 63/02, OLGR 2004, 323, 325: „äußerst unwahrscheinlich", wobei der Sachverständige nur von „sehr unwahrscheinlich" gesprochen hatte; OLG Karlsruhe, Urt. v. 24. 5. 2006 – 7 U 242/05, OLGR 2006, 617, 618: **„10 % oder weniger" ist äußerst unwahrscheinlich**; OLG Koblenz, Urt. v. 5. 8. 2004 – 5 U 250/04, MedR 2005, 358 = OLGR 2005, 44, 46: „gänzlich unwahrscheinlich"; OLG Koblenz, Beschl. v. 20. 9. 2007 – 5 U 899/07, OLGR 2008, 48 = NJW-RR 2008, 541; OLG Köln, Urt. v. 18. 2. 2009 – 5 U 101/07, VersR 2010, 117, 118; OLG Oldenburg, Urt. v. 4. 7. 2007 – 5 U 31/05, VersR 2007, 1699: „äußerst un-wahrscheinlich"; OLG Saarbrücken, Urt. v. 8. 11. 2006 – 1 U 582/05–203, AHRS III, 6555/314 = OLGR 2007, 91, 93: „äußerst unwahrscheinlich", im konkreten Fall „sehr unwahrscheinlich" als ausreichend betrachtet; OLG Schleswig, Urt. v. 10. 9. 2004 – 4 U 31/97, OLGR 2005, 273, 275: „äußerst unwahrscheinlich"; OLG Stuttgart, Urt. v. 20. 3. 2001 – 14 U 41/99, OLGR 2002, 142, 145: „äußerst unwahrscheinlich"; OLG Stuttgart, Urt. v. 11. 6. 2002 – 14 U 83/01, VersR 2003, 376, 377: „gänzlich unwahrscheinlich"; F/N/W, 5. Aufl., Rz. 136; G/G, 6. Aufl., Rz. B 259; Spickhoff, NJW 2003, 1701, 1706; S/Pa, 12. Aufl., Rz. 636: Kausal-zusammenhang ganz unwahrscheinlich; R/L-Kern, § 2 Rz. 82 und R/L-Ratzel/ Lissel, § 31, Rz. 18; Hausch, Diss. 2007, S. 189–206).

b) Einzelfälle

Engmaschige Untersuchung unterlassen, Schlaganfall   G 256

So scheidet eine Beweislastumkehr hinsichtlich der Ursächlichkeit von Unter-lassungen für das Auftreten eines **Schlaganfalls** aus, wenn ein zwischen der ers-ten Vorstellung eines Patienten beim Arzt und dem Auftreten des Schlaganfalls liegender, **ganz kurzer zeitlicher Abstand von ca. 40 Minuten** es als äußerst un-wahrscheinlich erscheinen lässt, dass der Schlaganfall durch den Arzt hätte ver-hindert werden können (OLG Düsseldorf, VersR 1997, 575). Es ist jedoch **nicht „äußerst unwahrscheinlich"**, dass bei der Durchführung von engmaschigen neu-rologischen Untersuchungen im Abstand von zwei bis vier Stunden nach dem Auftreten von Sensibilitätsstörungen in den Füßen nach einer Operation im Be-reich des Rückenmarks eine reaktionspflichtige Lähmungssymptomatik er-kannt und erfolgreich reoperiert wird (OLG Hamm, Urt. v. 19. 11. 2007 – 3 U 83/07, juris, Nr. 30, 40, 43).

Verzögerte Krankenhauseinweisung eines Säuglings, Hirnschaden   G 257

Die **Verzögerung der Einweisung eines fünf Wochen alten Säuglings um einen Tag** kann als grober Behandlungsfehler des Kinderarztes zu werten sein, wenn

das Kind einen Kopfumfang von 46 cm und einen Augentiefstand („Sonnenuntergangsphänomen") aufweist, womit Umstände vorliegen, die regelmäßig
die unverzügliche Einweisung zur stationären Beobachtung und Behandlung wegen eines Hydrocephalus erforderlich machen. Die Kausalität dieser Verzögerung für eine Schädigung des kindlichen Gehirns kann aber aufgrund weiter
Umstände äußerst unwahrscheinlich sein (OLG Düsseldorf, Urt. v. 6. 5. 1999 –
8 U 185/97, VersR 2000, 853). Dies ist auch dann der Fall, wenn der vom Gericht
beauftragte Sachverständige feststellt, dass die Erkrankung des Säuglings nicht
auf einer perinatalen hypoxisch/ischämischen Hirnschädigung beruht, es „praktisch ausgeschlossen" bzw. „völlig unwahrscheinlich" ist, dass die fehlerhafte
ärztliche Behandlung diesen Schaden verursacht hat, sondern es sich mit an
Sicherheit grenzender Wahrscheinlichkeit um eine angeborene progrediente
Atrophie handelt (OLG Düsseldorf, Urt. v. 20. 3. 1997 – 8 U 114/96).

G 258 **Versäumnisse bei einer Geburt, CTG unterlassen; Hirnschaden**

Versäumt es die Hebamme bzw. nach der Übernahme der Geburt der Gynäkologe
(hier: Belegarzt), bei einer in der 34. SSW mit Wehentätigkeit und Verdacht auf
vorzeitigen Blasenspruch stationär aufgenommenen Schwangeren über einen
Zeitraum von knapp zehn Stunden eine **Überwachung der Herzfrequenz des Kindes mittels CTG** vorzunehmen, liegt ein grober Behandlungsfehler vor (OLG
Saarbrücken, Urt. v. 8. 11. 2006 – 1 U 582/05–203, MedR 2007, 486, 488 = OLGR
2007, 91, 93). Obwohl der hinzugezogene Sachverständige im entschiedenen Fall
ausgeführt hatte, es sei aus akademisch-theoretischer bzw. logischer Sicht zwar
möglich, dass der Gesundheitsschaden (Hirnschaden) auf einer Sauerstoffmangelsituation unter der Geburt beruht, er dies aber (nur) für „sehr unwahrscheinlich"
halte, hat das OLG Saarbrücken (Urt. v. 8. 11. 2006 – 1 U 582/05–203, MedR
2007, 486, 488 = AHRS III, 6555/314) das Eingreifen einer Beweislastumkehr abgelehnt, da die Verursachung des Gesundheitsschadens durch den (groben) Behandlungsfehler des Gynäkologen „äußerst unwahrscheinlich" sei.

G 259 Schmidt-Recla (MedR 2007, 489, 490) lehnt die Entscheidung des OLG Saarbrücken ab. Bei der Frage, ob es „äußerst unwahrscheinlich" ist, dass der Gesundheitsschaden des Kindes auf dem groben Behandlungsfehler, nämlich der für
knapp zehn Stunden unterlassenen CTG-Überwachung beruht, hätte das OLG
Saarbrücken, die Unwahrscheinlichkeit des vom Patienten behaupteten Kausalverlaufs mit der Wahrscheinlichkeit der Aufdeckung eines reaktionspflichtigen
Befundes verquickt und damit fehlerhaft nicht dem Arzt den Nachweis abverlangt, dass ein anderer als der von der Patientin behauptete Kausalverlauf eingetreten ist. Das OLG Saarbrücken hätte es für die Entlastung des Arztes ausreichen lassen, dass die mögliche perinatale Sauerstoffmangelsituation als Ursache
für den Schaden ebenso in Betracht komme wie beispielsweise eine niedrige
Blutdruckphase der Mutter drei Wochen vor der Geburt (Schmidt-Recla, a. a. O.).

G 260 Versäumnisse bei einer Geburt rechtfertigen weder einzeln noch in der Gesamtschau eine Beweislastumkehr in der Kausalitätsfrage, wenn es nach Lage der
Dinge äußerst unwahrscheinlich ist, dass sie – etwa für einen **zwei Tage nach
der Geburt festgestellten Hirninfarkt** bei einem Neugeborenen mit normalen
Apgar-, Blutgas- und Blutsäurewerten nach der Entbindung – schadensursächlich
geworden sind (OLG Koblenz, Urt. v. 5. 8. 2004 – 5 U 250/04, MedR 2005, 358 =
OLGR 2005, 44).

Impfung, retardierte Entwicklung eines Kindes   G 261

Ein Kausalzusammenhang zwischen einer **Wiederholungsimpfung** und dem **Ge-sundheitsschaden**, einer eingetretenen psychomotorischen Retardierung, moto-risch und sprachlich-kognitiven Entwicklungsstörung wurde vom OLG Stutt-gart (MedR 2000, 35, 37) als „gänzlich unwahrscheinlich" angesehen, wenn kei-nerlei belegbare Hinweise für eine bestehende Ursächlichkeit gefunden werden konnten, die erhobenen Befunde sowie die Art und der Ablauf der Krankheits-symptomatik dabei ganz überwiegend für eine genetisch determinierte Behin-derung sprechen.

CT unterlassen, Verlust der Sehkraft   G 262

Ein grober Behandlungsfehler wie die Unterlassung eines Computertomo-gramms und der Hinzuziehung eines Augenarztes nach dem Sturz eines 3-jäh-rigen Kindes auf den Kopf aus 1,5 m Höhe führt dann nicht zur Beweislastum-kehr, wenn es nach den Feststellungen des hinzugezogenen Sachverständigen **„in hohem Maße unwahrscheinlich"** ist, dass durch eine frühere Erkenntnis des Sehnervenabrisses und dessen Behandlung der **Verlust der Sehkraft** vermie-den worden wäre (OLG Oldenburg, VersR 1997, 1405). Gleiches gilt, wenn es „äußerst unwahrscheinlich" ist, dass die **Sehkraft** auf einem Auge des Patienten bei rechtzeitiger, vom Augenarzt grob fehlerhaft unterlassener Diagnostik zur Entdeckung eines Tumors (hier: Ultraschall bei Vorliegen einer Leukokorie/ eines „Katzenauges" mit sich aufdrängendem V. a. Retinoblastom) noch hätte er-halten werden können (OLG Karlsruhe, Urt. v. 23. 4. 2005 – 7 U 1/03, VersR 2005, 1246).

Die Haftung eines Kinderarztes wegen eines „groben Behandlungsfehlers" ist   G 263
aber nicht ausgeschlossen, wenn der gerichtlich bestellte Sachverständige aus-führt, es sei zwar **unwahrscheinlich, aber nicht unmöglich (bzw. nicht äußerst unwahrscheinlich)**, dass eine Lesefähigkeit des sieben Monate alten Patienten mit einer Sehschärfe von jedenfalls 0,3 hätte erhalten werden können, wenn der Kinderarzt innerhalb einer Woche nach der Feststellung des „Schielens" eines Kindes die Überweisung an einen Augenarzt veranlasst hätte. Stellt der Sachverständige weiter fest, das andere Auge hätte auch bei rechtzeitiger Über-weisung mit an Sicherheit grenzender Wahrscheinlichkeit entfernt werden müs-sen, haftet der Kinderarzt insoweit nicht (OLG Karlsruhe, Urt. v. 14. 11. 2007 – 7 U 251/06, VersR 2008, 545, 546).

Mammografie bzw. Biopsie unterlassen, Brustkrebs verkannt   G 264

Eine Beweislastumkehr scheidet auch aus, wenn **praktisch ausgeschlossen** wer-den kann, dass ein **Tumor im Bereich einer weiblichen Brust** im maßgeblichen Zeitpunkt vom behandelnden Gynäkologen mit Hilfe einer Palpation (Tast-untersuchung) zu diagnostizieren war und bei Vorliegen eines unauffälligen Be-fundes keine Veranlassung bestand, eine Mammografie (Röntgenuntersuchung als Kontrastdarstellung) durchzuführen (OLG Saarbrücken OLGR 2000, 426, 427; vgl. aber OLG Düsseldorf, Urt. v. 6. 3. 2003 – 8 U 22/02, VersR 2003, 1310, 1312: nicht „äußerst unwahrscheinlich", wenn der Sachverständige die Wahr-scheinlichkeit einer brusterhaltenden Operation bei zügig durchgeführter, tat-sächlich grob fehlerhaft unterlassener Biopsie mit ca. 20 % angibt, s. u.).

G 264a **Verdachtsdiagnose einer Querschnittlähmung nicht überprüft**

Schwere motorische Funktionsstörungen in Armen und Beinen und ein veränderter Atmungstyp (starke Bauchatmung) im Anschluss an eine Operation
sind klassische Systemkombinationen einer Rückenmarksschädigung. Wenn
auch im Bereich des Beckens keinerlei Bewegungen mehr möglich sind, ist es
**grob fehlerhaft, dem dann begründeten, dringenden Verdacht einer kompletten
Querschnittlähmung bzw. einer kompletten Rückenmarkschädigung über einen
Zeitraum von mehreren Tagen nicht nachzugehen.** In einem derartigen Fall
kann der Kausalzusammenhang zwischen dem Behandlungsfehler und dem Primärschaden (komplette Rückenmarkschädigung) aber **„gänzlich unwahrscheinlich"** sein. Denn die ärztlichen Möglichkeiten, eine ischämische Rückenmarkschädigung erfolgreich zu behandeln, sind selbst dann sehr ungünstig, wenn die
Schädigung unmittelbar nach ihrer Entstehung erkannt und behandelt wird.
Denn bereits **nach wenigen Minuten sind irreversible Schäden an den neurologischen Strukturen vorhanden.** Wird später festgestellt, dass die Schädigung bereits am ersten postoperativen Tag bereits voll ausgeprägt war, ist es „gänzlich
unwahrscheinlich", dass ein umgehendes Eingreifen bei unverzüglicher Diagnose unmittelbar nach dem Aufwachen des Patienten den Verlauf hinsichtlich
der Lähmung positiv beeinflusst hätte (OLG Hamm, Urt. v. 19. 6. 2006 – 3 U
145/04, AHRS III, 1875/301).

G 264b **Zervixkarzinom verkannt, zwingend gebotene Befunde unterlassen**

Der Kausalzusammenhang zwischen einem groben Behandlungsfehler (hier:
Zervixkarzinom verkannt, zwingend gebotene Befunde unterlassen) und dem
Gesundheitsschaden der anschließend erfolgreich therapierten Patientin (Opera-
tionen, Strahlenbehandlung u. a.) ist äußerst unwahrscheinlich, wenn der vom
Gericht hinzugezogene Sachverständige ausführt, **die operative Therapie und
die Strahlenbehandlung hätten mit äußerster Wahrscheinlichkeit auch bei
rechtzeitiger Erkennung der Krebserkrankung durchgeführt werden müssen**
(OLG Köln, Urt. v. 18. 2. 2009 – 5 U 101/07, VersR 2010, 117, 118).

G 264c **Melanom verkannt, Überleben äußerst unwahrscheinlich**

Regelmäßig ist es „äußerst unwahrscheinlich", dass das Leben des Patienten bei
zwei bis drei Monate früher gestellter Diagnose eines fortgeschrittenen malignen Melanoms gerettet worden wäre (OLG Hamm, Urt. v. 28. 6. 2006 – 3 U
215/05, AHRS III, 6555/310).

Medizinischer Hintergrund: Bei **malignen Melanomen** im Stadium IV (mit Me-
tastasen in der Haut, ggf. der Lunge und anderen Organen) liegt die durchschnittliche Zehnjahres-Überlebenszeit nur zwischen 3 und 16 % (vgl. Schölmerich,
Medizinische Therapie, 3. Aufl., S. 1624/1625 und Pschyrembel, Therapie,
4. Aufl., S. 658/659).

G 264d **Magenkarzinom nicht vollständig entfernt, kein Zurechnungszusammenhang**

Ist beim Vorliegen eines großen, bösartigen Magenkarzinoms ein Maximaleingriff
mit Entfernung des Tumors im Gesunden einschließlich betroffener Teile des
Zwerchfells indiziert, kann es grob fehlerhaft sein, nur **eine auf den Restmagen be-**

grenzte Operation ohne Resektion betroffener Teile des Zwerchfells durchzuführen. Die Beweislastumkehr greift jedoch nicht ein, wenn der vom Gericht bestellte Sachverständige ausführt, der Tod der Patientin resultiere aus den **mehrfachen, nicht nachweisbar auf Behandlungsfehlern beruhenden Anastomoseninsuffizienzen (Nahtundichtigkeiten, nicht stets vermeidbar)**. Wäre das Zwerchfell bzw. dessen verbackener Teil mit entfernt worden, wäre mit hoher Wahrscheinlichkeit kein anderer postoperativer Verlauf zu erwarten gewesen, sodass sich **nicht dasjenige Risiko verwirklicht habe, dessen Nichtbeachtung den Behandlungsfehler als grob erscheinen lässt** (OLG Jena, Urt. v. 1. 6. 2010 – 4 U 498/07, Rz. 3, 42, 49).

Palladiumhaltiges Zahnmaterial, internistische und HNO-Symptomatik   G 265

Es ist auch als „**äußerst unwahrscheinlich**" anzusehen, dass die unter einer **Palladium-Allgerie** leidende Patientin trotz baldiger Entfernung der eingesetzten Brücken mit den Palladium-Anteilen aufgrund eines groben Behandlungsfehlers des Zahnarztes eine **Refluxösophagitis**, eine bakterielle **Urozystitis** mit Nephropathie, einen viralen, grippalen Infekt, ein **Karpaltunnelsyndrom** (CTS), eine bakterielle Konjunktivitis, eine **Bandscheibenprotrusion**, ein **Gallenleiden**, eine **Angina pectoris-Symptomatik**, Sodbrennen, Schmerzen im ganzen Körper, Ohrenschmerzen, einen **Tinnitus**, Juckreiz, Ödeme im Bereich der **Augen und Sehstörungen** erlitten hat. Gegen einen kausalen Zusammenhang spricht auch die Persistenz der behaupteten Beschwerden trotz baldiger Entfernung des palladiumhaltigen Zahnmaterials (OLG Oldenburg, Urt. v. 4. 7. 2007 – 5 U 31/05, VersR 2007, 1699 = OLGR 2007, 766, 767).

Jeglicher Kausalzusammenhang bei mehreren Behandlungsfehlern äußerst un-   G 265a
wahrscheinlich

Ein grober Behandlungsfehler eines Zahnarztes liegt in der „Gesamtschau" vor, wenn der Zahnarzt präoperativ kein für die Durchblutung der risikobehafteten Operation geeignetes Röntgenbild und nach dem Eingriff kein MRT gefertigt hat, um eine mögliche Osteomyelitis (Knochenmarkentzündung, meist mit Knochenentzündung, vgl. Pschyrembel, 264. Aufl., S. 1531) und zudem bei der Nachsorge unnötig lange zugewartet hat. Eine Beweislastumkehr ist in einem solchen Fall aber dann ausgeschlossen, wenn **jeglicher haftungsbegründender Ursachenzusammenhang zwischen den einzelnen Behandlungsfehlern und dem Primärschaden** (hier: irreversible Nervenschädigung im Lippenbereich) **äußerst unwahrscheinlich** ist (OLG Koblenz, Urt. v. 6. 12. 2007 – 4 U 709/07, AHRS III, 6570/339: Extraktion eines Weisheitszahns).

c) Erfolgschancen von 10–20 % nicht „äußerst unwahrscheinlich"

Der von der Arztseite zu führende Beweis ist jedoch nicht schon dann geführt,   G 266
wenn der Kausalzusammenhang aus wissenschaftlicher Sicht „**eher unwahrscheinlich**" oder „**äußerst gering**" ist, sondern erst dann, wenn er ausgeschlossen oder als „ganz unwahrscheinlich" bzw. „äußerst unwahrscheinlich" anzusehen ist (OLG Hamm, VersR 1999, 488, 489: „eher unwahrscheinlich" genügt nicht; OLG Brandenburg, Urt. v. 8. 4. 2003 – 1 U 26/00, MedR 2004, 226, 230: „äußerst geringe Wahrscheinlichkeit des Behandlungserfolges" entlastet den Arzt bei grobem Behandlungsfehler nicht; a. A. Hausch, VersR 2002, 671, 677).

G 267 Eine bei Hinwegdenken des groben Behandlungsfehlers bestehende **Heilungs- bzw. Erfolgschance von 25 %** (OLG Stuttgart, VersR 1991, 821: 25 %), **20 %** (OLG Düsseldorf, Urt. v. 6. 3. 2003 – 8 U 22/02, NJW-RR 2003, 1333, 1335 = VersR 2003, 1310, 1312: etwa 20 %) oder gar von **„nur" 10 %** (OLG Hamm, Urt. v. 6. 11. 2002 – 3 U 50/02, VersR 2004, 1321, 1322: 10 %; OLG Hamm, VersR 1999, 622: 10 %–20 %; OLG Brandenburg, Urt. v. 8. 4. 2003 – 1 U 26/00, MedR 2004, 226, 230 = VersR 2004, 1050, 1052: etwa 10 %; **a. A.** OLG Karlsruhe, Urt. v. 24. 5. 2006 – 7 U 242/05, AHRS III, 6555/308: **„10 % oder weniger" ist als äußerst unwahrscheinlich anzusehen**) rechtfertigt aber **nicht** die Annahme, dass der Kausalzusammenhang zwischen dem Behandlungsfehler und dem Eintritt des Primärschadens im Rechtssinn „gänzlich" oder „äußerst" unwahrscheinlich ist.

So bleibt es bei der Beweislastumkehr wegen eines „groben Behandlungsfehlers", wenn der Sachverständige es zwar als „sehr unwahrscheinlich" bezeichnet, dass die Metastasierung zum Zeitpunkt des Übersehens eines Magenkarzinoms durch den behandelnden Arzt noch nicht erfolgt war, bei rechtzeitigem Eingreifen aber eine **Überlebenschance** von **mindestens 10 %** oder mehr bestanden hätte (OLG Hamm, Urt. v. 24. 2. 1999 – 3 U 73/38, zitiert bei OLG Hamm, Urt. v. 6. 11. 2002 – 3 U 50/02, VersR 2004, 1321, 1322). Hat es der Arzt grob behandlungsfehlerhaft unterlassen, pathologische Leberwerte des dann verstorbenen Patienten auf das Vorliegen einer Hepatitis-B-Infektion näher abzuklären, scheidet eine Beweislastumkehr nicht deshalb aus, weil sich eine Leberzirrhose mit einer Wahrscheinlichkeit von 90 % auch bei rechtzeitiger Abklärung eingestellt hätte. Denn der Patient hätte nach Ansicht des OLG Hamm „genauso gut zu den 10 % der Patienten gehören können", die zum Zeitpunkt des rechtzeitigen Eingreifens noch nicht im Stadium einer Zirrhose waren und bei denen noch eine kausale Therapie möglich gewesen wäre.

G 268 Eine Erfolgschance von **10 % ist danach für den Kausalzusammenhang nicht bereits „äußerst unwahrscheinlich"** (OLG Hamm, Urt. v. 6. 11. 2002 – 3 U 50/02, VersR 2004, 1321, 1322; OLG Brandenburg, Urt. v. 8. 4. 2003 – 1 U 26/00, MedR 2004, 226, 230 = VersR 2004, 1050, 1052; S/Pa, 12. Aufl., Rz. 636; **a. A.** OLG Karlsruhe, Urt. v. 24. 5. 2006 – 7 U 242/05, OLGR 2006, 617, 618 = AHRS III, 6555/308: **„10 % oder weniger"** sind „äußerst unwahrscheinlich").

Steht angesichts der Fehlstellung einer „sehr straffen" Hüfte nach der Geburt eines Kindes aus Beckenendlage der Verdacht einer Hüftfehlbildung im Raum und versäumt es das Krankenhaus, für eine umgehende sonografische Hüftuntersuchung Sorge zu tragen oder die Kindeseltern auf das dringende Erfordernis einer alsbaldigen Vorstellung des Kindes bei einem Orthopäden sowie einer sonografischen Hüftkontrolle nachdrücklich hinzuweisen, liegt hierin ein grober Behandlungsfehler. Eine **Erfolgschance von etwa 10 %** bei rechtzeitigem Hinweis bzw. alsbaldiger Vorstellung des Kindes bei einem Orthopäden rechtfertigt noch nicht die Annahme, dass die Schadenskausalität im Rechtssinn „gänzlich unwahrscheinlich" ist (OLG Brandenburg, Urt. v. 8. 4. 2003 – 1 U 26/00, MedR 2004, 226, 230 = VersR 2004, 1050, 1052; Wenzel-Müller, VPräsBGH a. D., Kap. 2 Rz. 1535: jedenfalls dürften 10 % für die Annahme gänzlicher Unwahrscheinlichkeit nicht ausreichen).

Es ist auch als grobes Versäumnis anzusehen, wenn eine Frauenärztin ihre G 269
Patientin über den konkreten Verdacht einer Brustkrebserkrankung und die
dringende Notwendigkeit einer entsprechenden diagnostischen Abklärung
(Mammografie, Biopsie) nicht aufklärt. Stellt der vom Gericht beauftragte Sachverständige fest, die **Erfolgswahrscheinlichkeit einer brusterhaltenden Operation**
bei rechtzeitiger therapeutischer Aufklärung (Sicherungsaufklärung) sei mit
etwa 20 % anzusetzen, verbleibt es auch hier bei der mit der Feststellung eines
groben Behandlungsfehlers verbundenen Beweislastumkehr zugunsten der Patientin (OLG Düsseldorf, Urt. v. 6. 3. 2003 – 8 U 22/02, NJW-RR 2003, 1333,
1335 = VersR 2003, 1310, 1312).

Hätte der dann verstorbene Patient bei zeitlich adäquater Einleitung einer geeig- G 270
neten Chemo-Strahlentherapie die Chance gehabt, mit einer **Überlebensrate von
10 % bis 20 %** im ersten Jahr sowohl eine Lebensverlängerung als auch eine Verbesserung seiner Situation zu erreichen, verbleibt es bei festgestelltem fundamentalem Diagnoseirrtum im Sinn einer völlig unvertretbaren diagnostischen
Fehlleistung des Radiologen, der die auf der Hand liegende Arbeitshypothese eines Bronchialkarzinoms nicht gestellt hat, bei der Beweislastumkehr zu dessen
Lasten (OLG Hamm, Urt. v. 2. 4. 2001 – 3 U 160/00, OLGR 2002, 217, 219 =
VersR 2002, 578, 579).

Ein grober Behandlungsfehler liegt auch vor, wenn bei einer Heparin-Infusion G 271
die Gerinnungsparameter nicht regelmäßig kontrolliert und eintretende Sehfunktionsstörungen des Patienten nicht unverzüglich abgeklärt werden. Eine
Chance von 10–20 %, dass sich der Sehnerv bei frühestmöglicher Operation zumindest geringgradig wieder erholt hätte, ist nicht als so gering anzusehen, dass
der Ursachenzusammenhang zwischen dem groben Behandlungsfehler und dem
eingetretenen Schaden als äußerst bzw. gänzlich unwahrscheinlich anzusehen
wäre (OLG Hamm, VersR 1999, 622, 623; OLG Düsseldorf, Urt. v. 6. 3. 2003 –
8 U 22/02, NJW-RR 2003, 1333 = VersR 2003, 1310, 1312: „Chance von **ca.
20 % nicht in hohem Maße unwahrscheinlich**").

Besteht im Bereich der Schläfe länger als vier Wochen eine Weichteilschwel- G 272
lung, so muss deren Ursache durch eine Kernspintomographie abgeklärt werden.
Wäre durch eine solche Kontrolle ein Fibrosarkom (bösartiger Tumor) ca. zweieinhalb Monate früher entdeckt worden und wäre der Heilungsverlauf dann
möglicherweise günstiger gewesen, kehrt sich die Beweislast, dass der im Unterlassen der Erhebung gebotener Befunde liegende Behandlungsfehler zum Eintritt
des im Verlust eines Auges liegenden Gesundheitszustandes geführt hat, zugunsten des Patienten um. Die Feststellung des gerichtlich bestellten Sachverständigen, wonach es „eher wahrscheinlich" sei, dass das vom Tumor betroffene
Auge auch bei sofortiger Operation nicht mehr hätte gerettet werden können,
führt nicht zu einer Ausnahme von der Kausalitätsvermutung zugunsten des Patienten (OLG Stuttgart, VersR 2000, 1545, 1546). Hierfür wäre die Feststellung
erforderlich gewesen, dass ein möglicherweise günstigerer Verlauf „äußerst unwahrscheinlich" gewesen wäre (OLG Stuttgart, Urt. v. 27. 7. 1999 – 14 U 3/99,
VersR 2000, 1545, 1546).

Greiner (Richter am BGH a.D., bei R/S II S. 47; aber keine Angabe bei G/G, G 273
6. Aufl., Rz. B 259) hat die **Grenze** im Rahmen eines Vortrages **bei ca. 5 %** gezo-

gen. Hausch (VersR 2002, 671, 677) befürwortet eine Entlastung der Behandlungsseite bereits mit dem Nachweis, dass eine Kausalität **eher unwahrscheinlich als wahrscheinlich** ist.

Das OLG Karlsruhe (Urt. v. 24. 5. 2006 – 7 U 242/05, OLGR 2006, 617, 618 = AHRS III, 6555/308) hat im Fall einer Laparoskopie, in deren Rahmen es aufgrund eines groben Behandlungsfehlers des Operateurs (hier: Gynäkologe) zur Perforation des Dünndarms und nachfolgend zu einer ausgedehnten Peritonitis (Bauchfellentzündung) kam, ausgeführt, die Wahrscheinlichkeit für eine Ursächlichkeit der Peritonitis für die Undurchlässigkeit eines (verbliebenen) Eileiters und damit die Infertilität der Patientin **„mit 10 % oder weniger sei als äußerst oder in hohem Maß unwahrscheinlich" zu werten.** Allerdings stellt im entschiedenen Fall nur die Peritonitis den „Primärschaden" nach der Perforation des Dünndarms und die Infertilität der Patientin den „Sekundärschaden" dar. Den Beweis, dass ein Behandlungsfehler mit überwiegender Wahrscheinlichkeit zu einem solchen, weiter gehenden Schaden geführt hat, hat die Patientin aber auch bei Vorliegen eines „groben Behandlungsfehlers" stets **nach § 287 ZPO zu führen** (so auch OLG Karlsruhe, Urt. v. 24. 5. 2006 – 7 U 242/05, OLGR 2006, 617, 619 und oben Rz. G 120 ff.; die Ausführungen zur Frage eines „äußerst unwahrscheinlichen" Kausalzusammenhangs waren somit an sich überflüssig).

G 274 Will das Berufungsgericht bei Vorliegen eines groben Behandlungsfehlers eine Beweislastumkehr verneinen, weil der Ursachenzusammenhang zwischen dem Behandlungsfehler und dem eingetretenen Gesundheitsschaden „äußerst unwahrscheinlich" sei, so darf es sich hierfür nicht allein auf das Gutachten des zweitinstanzlich hinzugezogenen Sachverständigen stützen, sondern muss sich auch mit dem zuvor erstatteten Gutachten aus erster Instanz auseinander setzen und auf die Aufklärung von Widersprüchen – auch innerhalb des zweitinstanzlichen Gutachtens – hinwirken (BGH, VersR 1996, 1535; vgl. hierzu → *Sachverständigenbeweis*, Rz. S 64 ff., S 70 ff.).

2. Behandlungsvereitelung durch den Patienten

G 275 Ist durch das **Verhalten des Patienten** eine selbständige Komponente für den **Heilungserfolg vereitelt** worden und hat der Patient dadurch in gleicher Weise wie ein grober Behandlungsfehler des Arztes dazu beigetragen, dass der Verlauf des Behandlungsgeschehens und insbesondere die Ursache der Schädigung nicht mehr aufgeklärt werden können, so kann die gesetzliche Beweislastregelung ohne Beweiserleichterungen für den Patienten zur Anwendung kommen (BGH, Urt. v. 16. 11. 2004 – VI ZR 328/03, VersR 2005, 228, 229 = NJW 2005, 427, 428 = MDR 2005, 572, 573; Urt. v. 27. 4. 2004 – VI ZR 34/03, VersR 2004, 909, 911 = MDR 2004, 1055, 1056 = NJW 2004, 2011, 2012; OLG Braunschweig, VersR 1998, 459 = OLGR 1998, 80; OLG Jena, Urt. v. 26. 4. 2006 – 4 U 416/05, OLGR 2006, 710, 712 = MedR 2007, 731, 732; OLG Karlsruhe, Urt. v. 20. 12. 2000 – 7 U 123/98, AHRS III, 1862/301; OLG Karlsruhe, Urt. v. 25. 1. 2006 – 7 U 36/05 mit NZB BGH v. 26. 9. 2006 – VI ZR 32/06, AHRS III, 1840/310; OLG Koblenz, Urt. v. 11. 12. 2008 – 5 U 685/08, MedR 2011, 46, 47; KG, Urt. v. 7. 3. 2005 – 20 U 398/01, GesR 2005, 251 = OLGR 2006, 12, 13; KG, Urt. v. 27. 11. 2000 – 20 U 7753/98, OLGR 2002, 129, 131: Weigerung, die Behandlung oder Untersuchung durchführen zu lassen; KG, VersR 1991, 928 mit NA-Beschluss des BGH; OLG München, Urt. v. 23. 9. 2004 – 1 U 5198/03, OLGR 2006, 90 = MedR 2006, 174, 175; LG Dresden, Urt. v. 30. 11. 2007 – 6 O 266/06, MedR 2008, 223, 225: **Patient täuscht** den behandelnden **Facharzt** für Chirurgie über wesentliche Tatsachen wie z. B. **Blutzuckerwerte** und **Alkoholabusus**).

So scheidet eine Beweislastumkehr zu Lasten der Behandlungsseite aus, wenn die sachgerechte Behandlung einer Erkrankung die Beachtung mehrerer grundsätzlich etwa gleichrangiger Komponenten (Grundpfeiler) erfordert, die rein chirurgische Versorgung, die antibiotische Therapie und die Ruhigstellung, etwa durch eine Unterarmschiene unter Einschluss der versorgten Hand, und der Patient den ärztlichen Behandlungsbemühungen selbst durch schuldhafte Vereitelung einer dieser Komponenten, etwa der ihm dringend angeratenen **Ruhigstellung zuwiderhandelt** (KG, VersR 1991, 928, 929).

G 276

Gleiches gilt, wenn der Patient den **eindringlichen Rat des Arztes nicht befolgt, sich bzw. das vorgestellte Kind einer dringend indizierten Impfung zu unterziehen** (KG, Urt. v. 27. 11. 2000 – 20 U 7753/98, OLGR 2002, 129, 131: Weigerung ist jedoch zu dokumentieren; ebenso OLG Düsseldorf, Urt. v. 21. 7. 2005 – I-8 U 33/05, GesR 2006, 70, 71 und OLG München, Urt. v. 23. 9. 2004 – 1 U 5198/03, OLGR 2006, 90 = MedR 2006, 174, 175), **innerhalb von 48 Stunden zur dringend indizierten Durchführung einer Netzhautuntersuchung mit Weitstellung der Pupillen zu erscheinen** (OLG Karlsruhe, Urt. v. 25. 1. 2006 – 7 U 36/05 mit NZB BGH v. 26. 9. 2006 – VI ZR 32/06, AHRS III, 1840/310), **nach 3 Monaten zu einer Kontolluntersuchung zu erscheinen** (OLG Koblenz, Urt. v. 11. 12. 2008 – 5 U 685/08, MedR 2011, 46, 47 mit Anmerkung Gericke, MedR 2011, 49; ebenso Schmidt-Recla, MedR 2010, 105: vom Arzt zu beweisendes Mitverschulden), **sofort ein Krankenhaus aufzusuchen** (OLG Braunschweig, VersR 1998, 459, 461 = OLGR 1998, 80; KG, Urt. v. 7. 3. 2005 – 20 U 398/01, GesR 2005, 251 = OLGR 2006, 12, 13) bzw. **wenn der Patient dieses entgegen dem ärztlichen Rat verlässt** (BGH, NJW 1981, 2513; KG; Urt. v. 7. 3. 2005 – 20 U 398/01, OLGR 2006, 12, 13 = GesR 2005, 251) **oder wenn die dringend gebotene Sectio durch die über die Risiken (nachweislich) informierte Schwangere verzögert wird** (BGH, NJW 1997, 798).

Klagt ein Patient gegenüber einem Augenarzt darüber, dass er seit einiger Zeit „Blitze" in einem Auge sehe, begründet dies den Verdacht auf eine akute hintere Glaskörperabhebung, die in etwa 10 % der Fälle in der weiteren Folge zu einer Netzhautablösung führen kann. Dies erfordert jedoch keine sofortige Durchführung einer Netzhautuntersuchung mit Weitstellung der Pupillen (Mydriasis). Eine solche Untersuchung muss dann aber spätestens innerhalb von 48 Stunden erfolgen. Wir der Patient hierauf hingewiesen, **erscheint er zu der Untersuchung jedoch nicht**, greift eine Haftung des Augenarztes nicht ein (OLG Karlsruhe, Urt. v. 25. 1. 2006 – 7 U 36/05 mit NZB BGH v. 26. 9. 2006 – VI ZR 32/06, AHRS III, 1840/310).

G 276a

Ein grober Behandlungsfehler eines Augenarztes liegt auch in der Gesamtschau unter Berücksichtigung des Verhaltens des Patienten nicht vor, wenn er Einblutungen des Patienten nicht nach Quadranten unterteilt, was vom Sachverständi-

G 276b

gen als „insuffizient" bezeichnet wird, und den Patienten zu einer zwingend erforderlichen Kontrolluntersuchung statt nach drei Monaten erst nach sechs Monaten einbestellt (OLG Koblenz, Urt. v. 11. 12. 2008 – 5 U 685/08, MedR 2011, 46, 47; im Ergebnis zustimmend Gericke, MedR 2011, 49; zur Wiedervorstellung bzw. Einbestellung von Patienten vgl. auch Rz. G 213b, G 388, G 395, G 452, G 581, G 812, G 859, G 911, G 1034). Es bleibt offen, ob das Verhalten des **Patienten, der die erforderliche Kontrolle seinerseits um weitere sechs Monate hinausgeschoben** hat, das Vorliegen eines groben Behandlungsfehlers ausschließt (in diese Richtung OLG Koblenz, MedR 2011, 46, 48) oder erst auf der Ebene des vom Arzt zu beweisenden **Mitverschuldens** für den Fall der Bejahung eines groben Behandlungsfehlers zu berücksichtigen ist (so Gericke, MedR 2011, 49; ebenso Schmidt-Recla, MedR 2010, 103, 105).

Gerda Müller (VPräsBGH a.D., bei Wenzel, 1. Aufl. 2012, Kap. 2 Rz. 1538; auch Wenzel, Kap. 2 Rz. 3623) vertritt – u.E. völlig zutreffend – die Ansicht, es sei nicht erforderlich, dass das Verhalten des Patienten, das die Aufklärung der Ursache für seinen Gesundheitsschaden vereitelt oder erschwert hat, bereits als Mitverschulden im Sinne des § 254 I, II BGB zu bewerten ist. Vielmehr kann unter dem diese Beweiserleichterung prägenden Aspekt der Billigkeit (hierzu oben Rz. G 139, G 141) die **bloße Mitverursachung durch den Patienten ausreichen, um eine Haftung des Arztes wegen eines groben Behandlungsfehlers entfallen zu lassen** (so ausdrücklich Wenzel-Müller, Kap. 2 Rz. 1538).

G 277   Eine **Behandlungsvereitelung** durch den Patienten durch eigenes, unverständliches Verhalten liegt auch vor, wenn der Patient dem aufgesuchten Nachbehandler weder das ihm ausgehändigte **Röntgenbild** noch die ihm ausgestellte **Verordnung zur Krankenhauspflege**, auf der die vorgeschlagene Therapie des Vorbehandlers eingetragen ist, **vorlegt** und sich im Rahmen der Anamnese damit begnügt, auf die Fertigung von Röntgenaufnahmen durch den Vorbehandler hinzuweisen. Der grobe Behandlungsfehler des aufgesuchten Nachbehandlers (Unfallchirurg), der bei diagnostizierter Wundheilungsstörung nach vorangegangener, ihm mitgeteilter Operation lediglich eine antibiotische Therapie empfiehlt, jedoch weder selbst ein Röntgenbild des operierten Sprunggelenks anfertigt noch die Röntgenbilder oder deren Befundung durch den Vorbehandler anfordert und deshalb einen **Knochendefekt mit infizierter Osteosynthese nicht erkennt**, führt in einem solchen Fall nicht zur Beweislastumkehr (OLG Karlsruhe, Urt. v. 20. 12. 2000 – 7 U 123/98, AHRS III, 1862/301 = OLGR 2001, 412, 415).

G 278   Bestellt der Arzt den Patienten aber nicht von sich aus für einige Tage nach der Erstbehandlung wieder ein, sondern überlässt er dem Patienten **ohne Hinweis auf diagnostische Notwendigkeiten** die Entscheidung, ob er bei anhaltenden Beschwerden wieder erscheint, so kann **dem Patienten nicht entgegengehalten werden**, er habe die Heilungschancen verschlechtert, die Aufklärung des Behandlungsgeschehens vereitelt oder eine eigenübliche Sorgfalt im Rahmen eines Mitverschuldens bzw. überwiegenden Mitverschuldens verletzt (KG, Urt. v. 7. 3. 2005 – 20 U 398/01, OLGR 2006, 90 = GesR 2005, 251: Entsprechende Hinweise sind zu dokumentieren).

G 278a   Zu beachten ist jedoch, dass dem Patienten die Nichtbefolgung ärztlicher Anweisungen oder Empfehlungen (therapeutische Aufklärung) mit Rücksicht auf den Wissens- und Informationsvorsprung des Arztes gegenüber dem medizinischen Laien **nur dann als Obliegenheitsverletzung oder Mitverschulden angelastet werden kann, wenn er über das Risiko der Behandlungsverweigerung bzw. Nichtbehandlung ausreichend aufgeklärt worden ist und er die Anweisungen bzw. Empfehlungen auch verstanden hat** (BGH, Urt. v. 16. 6. 2009 – VI ZR 157/08, MedR 2010, 101 = VersR 2009, 1267, Nr. 13–15). U. E. muss der Arzt jedenfalls die berechtigte Erwartung haben, dass der Patient die erteilten Hinweise verstanden hat (hierzu die Nachweise zum mangelndem Verschulden bei Rz. A 2209 ff.).

So muss dem Patienten **klar und unmissverständlich mitgeteilt werden, dass bei einem noch unklaren Verdacht (hier: auf das Bestehen einer Gelenkinfektion) weiterer Klärungsbedarf besteht und eine engmaschige Kontrolle erforderlich ist.** Übliche Floskeln dahingehend, der Patient solle ggf. wiederkommen oder einen anderen Arzt aufsuchen, wenn sich der Zustand verschlechtern sollte, reichen hierfür nicht aus (OLG München, Urt. v. 23. 9. 2004 – 1 U 5198/03, OLGR 2006, 90 = MedR 2006, 174, 175).   G 279

3. Überwiegende Mitverursachung durch den Patienten

Soweit nicht ohnehin die Fallgruppe „Behandlungsvereitelung" einschlägig ist, kommen Beweiserleichterungen bei einem groben Behandlungsfehler, insbesondere bei grob fehlerhaftem Unterlassen einer Befunderhebung gleichfalls nicht in Betracht, wenn die Erschwernisse bei der Aufklärung des Ursachenzusammenhangs durch von dem Patienten selbst geschaffene **Umstände und Unklarheiten wesentlich mit verursacht** wurden, weil es dann an der die Beweiserleichterungen zugunsten des Patienten rechtfertigenden Voraussetzung fehlt, dass der ärztliche Fehler die Aufklärung des Ursachenzusammenhangs besonders erschwert hat (OLG Karlsruhe, Urt. v. 20. 12. 2000 – 7 U 123/98, AHRS III, 1862/301 = OLGR 2001, 412; auch OLG München, Urt. v. 23. 9. 2004 – 1 U 5198/03, OLGR 2006, 90; OLG Koblenz, Urt. v. 11. 12. 2008 – 5 U 685/08, MedR 2011, 46, 47; im Ergebnis zustimmend Gericke, MedR 2011, 49; OLG Karlsruhe, Urt. v. 25. 1. 2006 – 7 U 36/05 mit NZB BGH v. 26. 9. 2006 – VI ZR 32/06, AHRS III, 1840/310: Patient erscheint nicht zum vereinbarten Kontrolltermin bzw. zur vereinbarten Untersuchung). Eine solche **wesentliche Mitverursachung** liegt etwa vor, wenn der Patient dem Arzt die ihm bekannten, für die Behandlung relevanten **Untersuchungsergebnisse eines vorbehandelnden Arztes und die durch diesen erfolgte Überweisung sowie die Verordnung von Krankenhauspflege verschweigt** und bereits angefertigte, ihm überlassene Röntgenaufnahmen nicht vorlegt (OLG Karlsruhe, OLGR 2001, 412, 415, s. o. Rz. G 277).   G 280

Unterlässt es der Arzt, die nach den geschilderten Beschwerden des Patienten dringend **gebotenen Röntgenaufnahmen** fertigen zu lassen oder sich nach etwa vorliegenden Aufnahmen zu erkundigen, liegt hierin zwar ein grober Behandlungsfehler, der unter den gegebenen Umständen jedoch keine Beweiserleichterung zugunsten des Patienten rechtfertigt (OLG Karlsruhe, a. a. O.).

Hat der Patient eine massive Verbrennung des linken Fußes erlitten und verschlechtert sich der Gesundheitszustand bei bekannter **diabetischer Mikroangiopathie (Gefäßkrankheit)** mit Auflösung des Knochengewebes, muss der Arzt den   G 281

Patienten (nochmals) eindringlich auf die stationäre Behandlungsbedürftigkeit hinweisen. Die Unterlassung eines solchen Hinweises stellt einen groben Behandlungsfehler dar. Eine Beweislastumkehr greift in einem solchen Fall jedoch nicht ein, wenn der Patient, selbst Arzt oder Zahnarzt, **den behandelnden Facharzt** für Chirurgie über wesentliche Tatsachen, etwa die nicht im Normbereich liegenden Blutzuckerwerte, **täuscht oder maßgebliche Tatsachen ungefragt verschweigt**, einen langjährigen Alkoholabusus mit der Folge einer Alkoholentzugssymptomatik (LG Dresden, Urt. v. 30. 11. 2007 – 6 O 266/06, MedR 2008, 223, 225).

G 282 Hat der **Patient** den **Gesundheitsschaden** – wenn auch nur möglicherweise – **mitverursacht**, besteht sowohl die Möglichkeit, den Fehler nicht als „grob" zu bewerten oder das Eingreifen einer **Beweislastumkehr** trotz der „Grobheit" des Fehlers **abzulehnen**. Im Einzelfall kann das Verhalten des Patienten aber auch beim Haftungsumfang, also im Rahmen des § 254 BGB bei der Höhe des Ersatzanspruchs berücksichtigt werden (BGH, VersR 1989, 701: im konkreten Fall wegen Unzumutbarkeit verneint; OLG Köln, VersR 1997, 1102: Mitverschulden des Patienten für die Amputation einiger Zehen wegen starken Rauchens; Hausch, Diss. 2007, S. 220–226).

G 283 Nach Auffassung von Hausch (Diss. 2007, S. 227; tendenziell auch Wenzel-Müller, VPräsBGH a.D., Kap. 2 Rz. 1538 sowie Wenzel, Kap. 2 Rz. 3623) reicht es für die Ablehnung einer Beweislastumkehr wegen eines groben Behandlungsfehlers aus, wenn **der Patient in vorwerfbarer Weise durch Missachtung ärztlicher Anordnungen oder Empfehlungen einen mögliche Mitursache für den bei ihm eingetretenen Gesundheitsschaden gesetzt hat.**

G 283a Schmidt-Recla (MedR 2010, 103, 105) erinnert daran, dass es erst dann auf das Mitverschulden des Patienten ankommen kann, wenn der Kausalitätsnachweis geführt ist. Beim festgestellten groben Behandlungsfehler hat danach zunächst **der Arzt die Nichtursächlichkeit (,,äußerst unwahrscheinlicher Kausalzusammenhang") des Behandlungsfehlers für den Primärschaden bzw. ein etwaiges Mitverschulden des Patienten sowie die (Mit-)Ursächlichkeit seines Verhaltens für den Schaden zu beweisen**. Erst wenn ihm dies gelingt, ist im Anschluss der dem Grunde nach bestehende Schadensersatzanspruch entsprechend zu kürzen.

4. Risikospektrum für den Patienten nicht verändert

G 284 Eine Beweislastumkehr für eine kausale Verknüpfung eines groben Behandlungsfehlers mit dem Primärschaden des Patienten kommt auch dann nicht in Betracht, wenn sich **das Risiko, das der Beurteilung des Behandlungsfehlers als grob zugrunde liegt, nicht verwirklicht hat** (BGH, Urt. v. 19. 6. 2012 – VI ZR 77/11, MDR 2012, 966 = NJW 2012, 2653, Nr. 13, 15: Ausnahme im entschiedenen Fall aber verneint; BGH, Urt. v. 16. 11. 2004 – VI ZR 328/03, NJW 2005, 427, 428 = VersR 2005, 228, 229 = MDR 2005, 572, 573; Urt. v. 27. 4. 2004 – VI ZR 34/03, VersR 2004, 909, 911 = MedR 2004, 561, 562 = MDR 2004, 1055, 1056 = NJW 2004, 2011; OLG Karlsruhe, Urt. v. 12. 5. 2004 – 7 U 204/98, OLGR 2004, 320; S/Pa, 12. Aufl., Rz. 674; G/G, 6. Aufl., Rz. B 257; Spickhoff-Greiner, § 823 BGB Rz. 185; im Erg. auch OLG Zweibrücken, Urt. v. 21. 8. 2001 – 5 U 9/01, OLGR 2002, 470, 473 mit NA-Beschl. BGH v. 28. 5. 2002 – VI ZR 327/01, s.u.:

fehlender Rechtswidrigkeitszusammenhang zwischen dem groben Behandlungsfehler bzw. der unterlassenen Befunderhebung und dem Schaden) bzw. **wenn es feststeht, dass sich durch den groben Behandlungsfehler des Arztes das Risikospektrum für den Patienten nicht verändert hat** (OLG Hamm, Urt. v. 2. 4. 2001 – 3 U 160/00, VersR 2002, 578, 579; Wenzel-Müller, Kap. 2 Rz. 1539, 1542).

Allerdings darf in diesen Fällen auch das Risiko, das sich dann tatsächlich verwirklicht hat, nicht den Vorwurf eines groben Behandlungsfehlers rechtfertigen (OLG Karlsruhe, Urt. v. 12. 5. 2004 – 7 U 204/98, OLGR 2004, 320). Es bleibt auch trotz eines groben ärztlichen Versäumnisses vollumfänglich bei der Beweislast des Patienten, wenn zum Zeitpunkt der Erstbehandlung ein inoperabler Tumor und eine Lebermetastasierung vorliegen und durch den zeitlichen, dem Arzt anzulastenden Verzug bis zur richtigen Diagnosestellung **keinerlei Heilungschancen und keine Chance auf eine Verbesserung der konkreten Situation vergeben wurden** (OLG Hamm, Urt. v. 2. 4. 2001 – 3 U 160/00, VersR 2002, 578, 579). U. E. lässt sich dieser Fall bereits unter die Ausnahme des „äußerst unwahrscheinlichen" Kausalzusammenhangs subsumieren.   G 285

Haben es die behandelnden Ärzte über einen Zeitraum von ca. sechzig Minuten pflichtwidrig unterlassen, eine das Kind gefährdende Sauerstoffmangelsituation durch die beschleunigte Beendigung der Geburt mittels eines **Kaiserschnitts** (Sectio) abzuwenden, liegt hierin ein grober Behandlungsfehler. Kann jedoch nicht festgestellt werden, dass eine mehrere Stunden später festgestellte Cerebralparese bei normalen Apgar-Werten von 8/9/10 unmittelbar nach der Geburt auf eine hypoxische Schädigung durch die gefährdende Sauerstoffmangelsituation herbeigeführt worden ist, **hat sich nicht das Risiko verwirklicht, das der Beurteilung des Behandlungsfehlers als grob zugrunde zu legen wäre** (OLG Karlsruhe, Urt. v. 12. 5. 2004 – 7 U 204/98, OLGR 2004, 320, 322).   G 286

War ein grober Behandlungsfehler **grundsätzlich geeignet, einen oder mehrere Gesundheitsschäden zu verursachen** (hier: trotz hochpathologischer Blutgaswerte tagelang zu stark dosierte Beatmung eines Neugeborenen mit der Folge einer Hyperkapnie, d. h. zu starken Erhöhung des arteriellen CO_2-Partialdruckes, „Kohlendioxodnarkose" und dadurch bedingter schwerer Hirnschädigung), kommt eine **Ausnahme von dem Grundsatz der Beweislastumkehr aber nicht deshalb in Betracht, weil der eingetretene Gesundheitsschaden als mögliche Folge des groben Behandlungsfehlers zum maßgeblichen Zeitpunkt noch nicht bekannt war** (BGH, Urt. v. 19. 6. 2012 – VI ZR 77/11, MDR 2012, 966 = NJW 2012, 2653, Nr. 11, 14, 15).   G 286a

5. Fehlender Schutzzweck- oder Rechtswidrigkeitszusammenhang; personelle Reichweite der Beweislastumkehr

a) Rechtswidrigkeits- oder Schutzzweckzusammenhang

Die Beweislastumkehr für eine kausale Verknüpfung eines groben Behandlungsfehlers mit einem Schaden kommt auch dann **nicht in Betracht, wenn sich das Risiko, das der Beurteilung des Behandlungsfehlers als „grob" zugrunde liegt, nicht realisiert und dasjenige Risiko, das sich verwirklicht hat, den Vorwurf eines groben Behandlungsfehlers nicht rechtfertigt** (OLG Karlsruhe, Urt. v.   G 287

12. 5. 2004 – 7 U 204/98, OLGR 2004, 320; Spickhoff-Greiner, § 823 BGB Rz. 185, 181; auch OLG Celle, VersR 1984, 444 und OLG Stuttgart, VersR 1991, 821 sowie G/G, 6. Aufl., Rz. B 257).

G 288   Die Beweislastumkehr aus dem Gesichtspunkt der unterlassenen Befunderhebung – und gleiches hat auch für einer groben Behandlungsfehler zu gelten – entfällt auch dann, wenn der **Rechtswidrigkeits- oder Schutzzweckzusammenhang** zwischen dem (groben) Behandlungsfehler und dem eingetretenen Körper- oder Gesundheitsschaden fehlt (OLG Zweibrücken, Urt. v. 21. 8. 2001 – 5 U 9/01, OLGR 2002, 470, 473 mit NA-Beschl. BGH v. 28. 5. 2002 – VI ZR 327/01; Hausch, Diss. 2007, S. 207/208). Dies ist etwa dann der Fall, wenn sich das Auffinden eines Aneurysmas nach unterstellter, vom behandelnden Arzt (grob) fehlerhaft unterlassener, weitergehender, ggf. mehrstufiger Diagnostik mittels eines einfachen CT bzw. eines Nativ-Schädel-CT als reiner Zufallsbefund dargestellt hätte (OLG Zweibrücken, a. a. O.).

G 289   Auch der BGH hatte in einem Urt. v. 16. 6. 1981 (VI ZR 38/80, VersR 1981, 945 = NJW 1981, 2513; Hausch, Diss. 2007, S. 207, 208) ausgeführt, für Beweiserleichterungen bzw. eine Beweislastumkehr aufgrund von Billigkeitserwägungen bleibt dann kein Raum, wenn feststeht, dass nicht die dem Arzt zum groben Fehler gereichende Verkennung eines Risikos schadensursächlich geworden sein kann, sondern allenfalls ein in derselben Behandlungsentscheidung zum Ausdruck gekommener, aber nicht schwerwiegender Verstoß gegen weitere ärztliche Sorgfaltspflichten. Der BGH hat in dieser Entscheidung somit den **Schutzbereich** der Beweisregel – und damit die Kausalitätsvermutung – **auf die Folgen beschränkt, deren Eintritt** den ärztlichen **Fehler als grob erscheinen lassen** (Hausch, Diss. 2007, S. 208).

G 289a Wird allerdings ein bösartiger Tumor anlässlich einer hierfür angesetzten Operation grob behandlungsfehlerhaft nicht entfernt und deshalb ein Zweiteingriff erforderlich und kommt es dabei zu einer Nahtinsuffizienz mit der weiteren Folge der Anlage eines Anus-Praeter, so ist die **Haftung des Operateurs nach der „Schutzzwecklehre" nicht zu begrenzen, wenn sich bei dem zweiten Eingriff ein durch den Ersteingriff nicht erhöhtes, operationsimmanentes Risiko verwirklicht hat.** Jedenfalls dann, wenn keine konkreten Anhaltspunkte dafür vorliegen, dass die Komplikationen auch bei einer ordnungsgemäßen Erstoperation aufgetreten wären, ist **keine Grundlage für eine Unterbrechung des Zurechnungszusammenhangs ersichtlich,** und zwar auch dann nicht, wenn das statistische Risiko der eingetretenen Komplikation durch die Revisionsoperation nicht erhöht worden ist (OLG München, Urt. v. 21. 4. 2011 – 1 U 2363/10, VersR 2011, 1012, 1013, insoweit bestätigt von BGH, Urt. v. 22. 5. 2012 – VI ZR 157/11, VersR 2012, 905 = NJW 2012, 2024, Nr. 15, 16; vgl. zur Zurechnung eines Behandlungsfehlers des nachbehandelnden Arztes Rz. A 362 ff.).

b) Personelle Reichweite der Beweislastumkehr

G 290   Hausch (VersR 2005, 600, 605 f. und Diss. 2007, S. 209 – 218) und ihm zustimmend Laufs/Kern (L/K, § 110 Rz. 7; ebenso R/L-Kern, § 5 Rz. 33) befürworten im Anschluss an eine vereinzelt gebliebene, in diese Richtung tendierende Entscheidung des OLG Köln vom 14. 7. 1988 (VersR 1989, 294) eine Einschränkung

954

der personellen Reichweite der zugunsten des in Beweisnot befindlichen Patienten entwickelten Beweisregeln im Arzthaftungsprozess. Danach können sich **nur der geschädigte Patient** bzw. dessen Erben auf die Beweislastumkehr wegen eines festgestellten groben Behandlungsfehlers berufen, – gleiches würde auch in der Fallgruppe der „unterlassenen Befunderhebung gelten, – **nicht jedoch dessen Krankenversicherer oder ein sonstiger Sozialversicherungsträger**, auf den die Ansprüche des Patienten (z. B. gem. § 116 SGB X) übergegangen sind. Denn Sinn und Zweck der Beweislastregeln sei es, (nur) dem Patienten die Durchsetzung seiner Schadensersatzansprüche gegen die behandelnden Ärzte zu erleichtern. Dagegen sollen Ärzte und Krankenhausträger durch diese Beweisregeln gegenüber anderen potentiellen Schädigern nicht schlechter gestellt werden (Hausch, VersR 2005, 600, 605/606; zustimmend L/K-Laufs/Kern, § 110 Rz. 7 und R/L-Kern, § 5 Rz. 33).

Anhand eines vom OLG Stuttgart (Urt. v. 18. 4. 2006 – 1 U 127/04, NZB BGH v. 10. 7. 2007 – VI ZR 94/06) rechtskräftig entschiedenen, in seinem Aufsatz modifizierten Falles zeigt Hausch (VersR 2005, 600, 605 und Diss. 2007, S. 213/214; auch Hausch, VersR 2003, 1489, 1493 ff. zur unterlassenen Befunderhebung) die mangelnde dogmatische Abstimmung der Fallgruppen einer Beweislastumkehr im Arzthaftungsrecht mit anderen Rechtsinstituten auf. Erleidet der Patient im Straßenverkehr durch grob fahrlässiges Verhalten eines anderen Verkehrsteilnehmers schwere Verletzungen, u. a. einen Schädelbasisbruch, der als feiner Haarriss auf dem Röntgenbild vom behandelnden Unfallchirurgen im Krankenhaus nicht erkannt wird, verzögert das Krankenhaus anschließend die weitere Abklärung durch ein CT bzw. MRT um einen Tag und verstirbt der Patient, haftet auch der Krankenhausträger neben dem Unfallverursacher für den materiellen und immateriellen Schaden der Angehörigen. Das OLG Stuttgart (Urt. v. 18. 4. 2006 – 1 U 127/04 mit NZB BGH v. 10. 7. 2007 – VI ZR 94/06; offengelassen von BGH, Urt. v. 6. 10. 2009 – VI ZR 24/09, MedR 2010, 637 = VersR 2009, 1668, 1669, Nr. 12, 13 m. w. N.; auch OLG Stuttgart, Urt. v. 19. 10. 2004 – 1 U 87/03 mit NZB BGH v. 31. 5. 2005 – VI ZR 300/04: nach § 116 SGB X übergegangene Ansprüche) hat im konkreten Fall eine **Beweislastumkehr** wegen unterlassener Befunderhebung **zugunsten der regressierenden Haftpflichtversicherung** des Unfallverursachers, die von den Erben des Patienten und dessen Krankenversicherung in Anspruch genommen wurde, und im Ergebnis eine Haftungsverteilung von 25 % (Krankenhausträger) zu 75 % (Unfallverursacher) **bejaht**.

G 291

Greiner (G/G, 6. Aufl., Rz. B 256 und Spickhoff-Greiner, § 823 Rz. 178; auch OLG Hamm, GesR 2005, 70) hält es im Grundsatz für „zweifelhaft", ob die Beweislastumkehr bei Vorliegen eines groben Behandlungsfehlers nur dem konkret geschädigten Patienten zugute kommen soll. Die Beweislastumkehr kommt jedenfalls dem Zessionar des Anspruchs, etwa einer Krankenkasse im Regressprozess nach § 116 I SGB X oder einem anderen Schädiger im Rahmen des Gesamtschuldnerausgleichs nach § 426 II 1 BGB zugute. Sie muss nach Ansicht von Greiner auch dem außerhalb des Behandlungsverhältnisses stehenden Schädiger (Gesamtschuldner) zugute kommen müssen, wenn und soweit dieser beim Gesamtschuldnerausgleich einen Anspruch aus übergegangenem Recht des Geschädigten geltend macht (so auch OLG Hamm, GesR 2005, 70; für § 426 I BGB; offengelassen von BGH, VersR 2009, 1669 = MedR 2010, 637, Nr. 12, 13).

G 292

G 292a Teilweise handelt es sich aber um ein **„Scheinproblem"**. Denn bei den auf Sozialversicherungsträger übergegangenen Ansprüchen handelt es sich regelmäßig um **„Sekundärschäden"**, hier greift – sowohl bei Vorliegen eines einfachen wie auch eines groben Behandlungsfehlers – **ohnehin § 287 ZPO** ein (vgl. Rz. G 119, G 120, G 137). Im Übrigen kann es für das Eingreifen einer Beweislastumkehr wegen eines „groben Behandlungsfehlers" nicht darauf ankommen, ob der Anspruch originär beim Patienten entsteht oder kraft Gesetzes hier sofort mit der Entstehung oder erst nach erfolgter Leistung etwa auf eine gesetzliche oder aber eine private Krankenversicherung übergeht. **Es ist dogmatisch nicht begründbar und leuchtet auch nicht ein, dass der in der Person des Patienten zunächst entstandene Anspruch dann „um die Beweislastumkehr gekürzt" auf den Leistungsträger übergeht!**

6. Schwerwiegendes Versäumnis ist entschuldigt

G 293 Ergibt eine CT-Untersuchung den Verdacht auf einen Substanzdefekt oder ein arteriovenöses Angiom, ist die weitere **Abklärung mittels eines Angio-MRT** geboten. Unterlässt der Behandler diese Untersuchung, liegt regelmäßig ein „grober Behandlungsfehler" vor. Zweifel, ob der später tatsächlich festgestellte Befund eines arteriovenösen Angioms gesichert worden wäre, gehen dann zu seinen Lasten (OLG Köln, Urt. v. 20. 12. 2000 – 5 U 234/98, OLGR 2002, 42, 44).

G 294 Darf der Arzt nach den Umständen des Falls jedoch berechtigterweise davon ausgehen, dass der Patient über die unsichere Befundlage und die Notwendigkeit weiterer Diagnostik **durch den vor- oder nachbehandelnden Arzt kompetent informiert** worden ist, etwa weil er nachweislich zweimal nachgefragt hat, ob der Patient über die radiologischen Untersuchungen und die weitere Abklärungsbedürftigkeit der Befunde unterrichtet worden ist, stellt sich das ihm insoweit anzulastende, nach den Umständen noch verständlich erscheinende bzw. „entschuldigte", an sich grobe Versäumnis nur als „einfacher Behandlungsfehler" dar (OLG Köln, Urt. v. 20. 12. 2000 – 5 U 234/98, OLGR 2002, 42, 45).

G 295 U. E. handelt es sich hier nicht um einen Fehler, der „aus objektiver Sicht nicht mehr verständlich erscheint", so dass es bereits an den rechtlichen Voraussetzungen eines „groben Behandlungsfehlers" fehlt. Der vom OLG Köln entschiedene Fall würde sich im Übrigen auch der Fallgruppe „Behandlungsvereitelung durch den Patienten" zuordnen lassen. Denn auch hier hat der Patient „durch sein Verhalten eine selbständige Komponente für den Heilungserfolg vereitelt" (vgl. BGH, Urt. v. 16. 11. 2004 – VI ZR 328/03, VersR 2005, 228, 229 = NJW 2005, 427, 428; Urt. v. 27. 4. 2004 – VI ZR 34/03, VersR 2004, 909, 911 = NJW 2004, 2011, 2013; KG, Urt. v. 7. 3. 2005 – 20 U 398/01, OLGR 2006, 12, 13; OLG München, Urt. v. 23. 9. 2004 – 1 U 5198/03, OLGR 2006, 90).

7. Keine Beweislastumkehr bei „erster Hilfe"

G 296 Die Beweislastregeln des Arzthaftungsrechts sind nach Auffassung des OLG Düsseldorf (Urt. v. 13. 12. 2007 – 8 U 27/07, OLGR 2009, 106, 107 = GesR 2008, 107, 109 = NJW-RR 2008, 1474; NZB zurückgewiesen, BGH, Beschl. v. 1. 7. 2008 – VI ZR 4/08, BeckRS 2008, 13309) nicht anwendbar, wenn ein Arzt, der nicht speziell für Notfalleinsätze ausgebildet ist, einem auf der Straße kollabierten Patienten erste Hilfe leistet. Allein die Tatsache, dass der **zufällig am Unfallort anwesende ärztliche Nothelfer** (hier: Fachärztin für Allgemeinmedizin) einmal eine medizinische Ausbildung genossen hat, rechtfertigt es nicht, ihn gegenüber einem ebenfalls zur Hilfeleistung verpflichteten beliebigen Dritten haftungsmäßig schlechter zu stellen. Erleidet ein Passant auf der Straße einen Herzinfarkt und sieht die zufällig hinzukommende Fachärztin für Allgemeinmedizin nach einer kurzen Untersuchung von der Einleitung objektiv zwingend gebotener Reanimationsmaßnahmen ab, weil sie den Patienten für tot hält, **findet die Beweislastregel des „groben Behandlungsfehlers" keine Anwendung** (OLG Düsseldorf, Urt. v. 13. 12. 2007 – 8 U 27/07, OLGR 2009, 106, 107 = GesR 2008, 107, 109 = NJW-RR 2008, 1474, 1475 mit NZB BGH v. 1. 7. 2008 – VI ZR 4/08; im entschiedenen Fall war es u. E. auch „äußerst unwahrscheinlich", dass weitere, sofortige Hilfsmaßnahmen den Verlauf geändert bzw. günstig beeinflusst hätten).

Nach anderer Ansicht kann es in derartigen Fällen bereits an einem groben Behandlungsfehler in Form des „fundamentalen Diagnoseirrtums" fehlen bzw. die **Haftungsbeschränkung des § 680 BGB auf Vorsatz und grobe Fahrlässigkeit eingreifen** (OLG München, Urt. v. 6. 4. 2006 – 1 U 4142/05, NJW 2006, 1883, 1886; G/G, 6. Aufl., Rz. B 27 a. E.; F/N/W, 5. Aufl., Rz. 37, 38). Gegenüber **Notärzten und Rettungssanitätern im Einsatz** findet die Haftungsbeschränkung des § 680 BGB bzw. die o.. g. Ausnahmeregelung bei Vorliegen eines groben Behandlungsfehlers **keine Anwendung** (OLG Köln, Urt. v. 22. 8. 2007 – 5 U 267/06, AHRS III, 6551/324).

G 296a

Auch Frahm und Walter (F/N/W, 5. Aufl. 2013, Rz. 37, 38) sind der Ansicht, bei einer zufälligen ärztlichen Nothilfe greife eine Beweislastumkehr wegen eines etwaigen „groben Behandlungsfehlers" nicht ein. Denn hier gerate der Arzt – anders als im Regelfall – aufgrund der allgemeinen Pflicht zur Hilfeleistung **unvorbereitet und ggf. „fachfremd" in eine Behandlungssituation**. Im Übrigen sollte die Privilegierung des § 680 BGB dem zufällig am Unfallort anwesenden und erste Hilfe leistenden Arzt aus diesem Grunde nicht verwehrt bleiben. Anreize, Notfälle „zu übersehen", müssten auch vermieden werden.

G 296b

V. Fallgruppen des „groben Behandlungsfehlers"

Folgende, unter VI. bis X. im Einzelnen dargestellte Fallgruppen, in denen ein „grober Behandlungsfehler" angenommen wird, haben sich herausgebildet:

G 297

1. Fundamentaler Diagnoseirrtum

Irrtümer bei der Diagnosestellung, die in der Praxis nicht selten vorkommen, sind oft nicht Folge eines vorwerfbaren Versehens des Arztes. Die Symptome einer Erkrankung sind nämlich nicht immer eindeutig, sondern können auf die verschiedensten Ursachen hinweisen. Auch kann jeder Patient wegen der Unterschiedlichkeiten des menschlichen Organismus die Anzeichen ein und derselben Krankheit in anderer Ausprägung aufweisen. **Diagnoseirrtümer**, die objektiv

G 298

auf eine Fehlinterpretation der Befunde zurückzuführen sind, können deshalb **nur mit Zurückhaltung als Behandlungsfehler gewertet** werden (BGH, Urt. v. 21. 12. 2010 – VI ZR 284/09, VersR 2011, 400, 401, Nr. 13, 15, 20; BGH, Urt. v. 12. 2. 2008 – VI ZR 221/06, VersR 2008, 644 = GesR 2008, 250: **Übersehen einer auf dem Röntgenbild nur schwer erkennbaren Fraktur**; BGH, Urt. v. 9. 1. 2007 – VI ZR 59/06, VersR 2007, 541 = NJW-RR 2007, 744: einfacher Diagnoseirrtum eines Pathologen; BGH, Urt. v. 8. 7. 2003 – VI ZR 304/02, VersR 2003, 1256, 1257 = MDR 2003, 1290; OLG München, Urt. v. 30. 6. 2011 – 1 U 2411/10, juris, Rz. 42: vorwerfbare Fehlinterpretation erhobener Befunde erforderlich; weitere Nachweise s. u. Rz. G 350 ff. und Rz. D 1, D 28 ff.).

Wegen der bei Stellung einer Diagnose nicht seltenen Unsicherheiten **muss die Schwelle, von der ab ein Diagnoseirrtum als „grober Behandlungsfehler" zu beurteilen ist, hoch angesetzt werden** (BGH, Urt. v. 21. 12. 2010 – VI ZR 284/09, VersR 2011, 400, 401, Nr. 20).

2. Nichterhebung von Diagnose- und Kontrollbefunden

G 299   Die unterlassene Erhebung von Befunden kann sich **bei „zweifelsfrei gebotener" Befunderhebung als grober Behandlungsfehler darstellen** (BGH, Urt. v. 19. 6. 2012 – VI ZR 77/11, NJW 2012, 2653, Nr. 13; BGH, Urt. v. 25. 10. 2011 – VI ZR 139/10, MDR 2012, 150 = NJW 2012, 227, Nr. 8; BGH, Urt. v. 20. 9. 2011 – VI ZR 55/09, VersR 2011, 1569 = GesR 2011, 718, Nr. 6, 12; BGH; Beschl. v. 22. 9. 2009 – VI ZR 32/09, VersR 2010, 72 = NJW-RR 2010, 711, Nr. 5, 7; weitere Nachweise s. u., Rz. G 521 ff. und Rz. U 2 ff.).

G 300   Die Nichterhebung von Befunden und die dadurch bedingte Unterlassung oder Einleitung einer ungezielten Therapie stellt einen **groben Behandlungsfehler** dar, wenn ganz offensichtlich gebotene und der Art nach auf der Hand liegende Kontrollerhebungen unterlassen und darüber die nach einhelliger medizinischer Auffassung gebotenen Therapiemaßnahmen versäumt wurde (BGH, NJW 1989, 2332; NJW 1995, 778, 779; OLG Saarbrücken, MedR 1999, 181, 183; G/G, Rz. B 266 ff., 296 f.; Gehrlein, Rz. B 18, 21).

G 301   Der BGH – und ihm folgend die Instanzgerichte – hat folgenden Grundsatz formuliert:

Ein Verstoß des Arztes gegen die Pflicht zur **Erhebung und Sicherung medizinisch gebotener Befunde** lässt im Wege der Beweiserleichterung zugunsten des Patienten zunächst nur auf ein **reaktionspflichtiges positives Befundergebnis** schließen, wenn ein solches **hinreichend wahrscheinlich** war. Ein solcher Verstoß kann aber darüber hinaus auch für die Kausalitätsfrage im Sinne einer – nach neuester Rechtsprechung des BGH dann stets eingreifender – **Beweislastumkehr** Bedeutung gewinnen, nämlich dann, wenn im Einzelfall **zugleich auf einen groben Behandlungsfehler zu schließen** ist, weil sich bei der unterlassenen Abklärung mit hinreichender Wahrscheinlichkeit ein **so deutlicher und gravierender Befund** ergeben hätte, dass sich **dessen Verkennung als fundamental fehlerhaft darstellen** müsste (BGH, Urt. v. 13. 9. 2011 – VI ZR 144/10, MDR 2011, 1286 = VersR 2011, 1400, Nr. 8, 9; BGH, Urt. v. 7. 6. 2011 – VI ZR 87/10, MDR 2011, 913 = VersR 2011, 1148 = MedR 2012, 249, Nr. 7, 8; BGH, Urt. v. 9. 1. 2007 – VI ZR 59/06, VersR

2007, 541, 542 = GesR 2007, 233, 234 = NJW-RR 2007, 744, 746; Urt. v. 27. 4. 2004
– VI ZR 34/03, NJW 2004, 2011, 2012 = VersR 2004, 909, 911; Urt. v. 16. 11. 2004 –
VI ZR 328/03, NJW 2005, 427, 429 = VersR 2005, 228, 229; weitere Nachweise bei
Rz. U 53 ff.).

Insoweit handelt es sich um keine spezifische Fallgruppe des „groben Behand-   G 302
lungsfehlers", sondern eine an sich eigenständige Fallgruppe der Beweislastumkehr zur Frage des Kausalzusammenhangs zwischen einem festgestellten, „einfachen" Behandlungsfehler und dem Eintritt des Primärschadens (vgl. hierzu
→ *Unterlassene Befunderhebung*, Rz. U 1 ff., U 50 ff.).

Einstweilen frei.   G 303

3. Grobe Therapiefehler

Im Therapiebereich kommen vor allem solche Behandlungsfehler als „grob" in   G 304
Betracht, in denen der Arzt auf eindeutige, **zweifelsfreie Befunde nicht reagiert**
hat, grundlos eine **Standardmethode** zur Bekämpfung bekannter Risiken **nicht
angewendet** oder eindeutig und gravierend gegen anerkannte und gesicherte medizinische **Soll-Standards verstoßen** hat (G/G, 6. Aufl., Rz. B 272–284; Einzelheiten vgl. Rz. G 721 ff.; R/L-Kern, § 5 Rz. 51 ff.).

4. Grobe Organisationsfehler

Auch schwere Organisationsmängel und ein grob fehlerhaftes Verhalten des   G 305
nichtärztlichen Personals können einen groben Behandlungsfehler darstellen
(OLG Bremen, Urt. v. 13. 1. 2006 – 4 U 23/05, MedR 2007, 660; OLG Karlsruhe,
VersR 2002, 1426, 1427; OLG Köln, Urt. v. 27. 6. 2012 – 5 U 38/10, juris, Nr. 24:
Verwechslung von Wund- und Flächendesinfektionsmittel, Hautverätzungen;
OLG München, Urt. v. 15. 12. 2011 – 1 U 1913/10, juris, Nr. 31, 34: kein qualifi-
ziertes Personal für Notfall vorgehalten; OLG Stuttgart, VersR 2000, 1108, 1109;
G/G, 6. Aufl., Rz. B 253, 291; Einzelheiten vgl. Rz. G 1019 ff.).

5. Unterlassene oder fehlerhafte Sicherungsaufklärung (therapeutische Auf-
klärung)

Ebenso kann die Verletzung der Pflicht des behandelnden Arztes zur therapeuti-   G 306
schen Aufklärung (Sicherungsaufklärung) als grober Behandlungsfehler zu werten sein und führt auch dann regelmäßig zur Umkehr der objektiven Beweislast
für den ursächlichen Zusammenhang zwischen dem (dann groben) Behandlungsfehler und dem Gesundheitsschaden des Patienten, wenn der Behandlungsfehler
geeignet ist, den eingetretenen Schaden zu verursachen (BGH, Urt. v.
16. 11. 2004 – VI ZR 328/03, VersR 2005, 228, 229 = NJW 2005, 427, 428 =
MDR 2005, 572, 573; OLG Düsseldorf, Urt. v. 6. 3. 2003 – 8 U 22/02, VersR
2003, 1310, 1311 f.; OLG Karlsruhe, Urt. v. 25. 1. 2006 – 7 U 36/05, OLGR 2006,
339 f.; OLG Köln, Urt. v. 6. 6. 2012 – 5 U 28/10, juris, Nr. 26, 31, 40: **unterlassener Hinweis auf Erforderlichkeit einer mehrtägigen stationären Überwachung
auch wegen des erhöhten Risikos von Herzrhythmusstörungen nach Ummedikation**; OLG Köln, Urt. v. 22. 9. 2010 – 5 U 211/08, BeckRS 2010, 29872: Rat zur

Aufnahme in einem Krankenhaus unterlassen; G/G, 6. Aufl., Rz. B 95, B 285–290; Einzelheiten vgl. Rz. A 600 ff., G 1035 ff.).

G 307 – G 349   Einstweilen frei.

VI. Fundamentaler Diagnoseirrtum

1. Grundlagen; Übersicht

G 350   Ein **Diagnosefehler** wird **nur** dann als **grober Behandlungsfehler** bewertet, wenn es sich um einen **fundamentalen Irrtum** handelt (BGH, Urt. v. 21. 12. 2010 – VI ZR 284/09, NJW 2011, 1672 = VersR 2011, 400, Nr. 13, 15: Schwelle für fundamentalen Diagnoseirrtum „hoch anzusetzen"; BGH, Urt. v. 25. 10. 2011 – VI ZR 139/10, MDR 2012, 150 = VersR 2012, 362 = NJW 2012, 227, Nr. 10, 12: bei V. a. Myokardinfarkt sofortige Fibrinolyse unterlassen; BGH, Urt. v. 12. 2. 2008 – VI ZR 221/06, VersR 2008, 644 = GesR 2008, 250: **Übersehen** einer auf dem Röntgenbild nur **schwer erkennbaren Fraktur** – einfacher Diagnoseirrtum; OLG Bamberg, Urt. v. 4. 7. 2005 = 4 U 126/03, AHRS III 6562/342: trotz eindeutiger Hinweise **Herzinfarkt verkannt** – grob fehlerhaft; OLG Braunschweig, Urt. v. 16. 8. 2001 – 1 U 59/00, AHRS III, 1820/306: **Herzinfarkt verkannt** – hier nur einfacher Diagnoseirrtum; OLG Düsseldorf, Urt. v. 17. 11. 2011 – I-8 U 1/08, Nr. 31, 33, 42, 59, 60: **Neurologe verkennt klassische Symptome eines Schlaganfalls**; OLG Düsseldorf, Urt. v. 3. 8. 2007 – I-8 U 114/05 mit NZB BGH v. 16. 9. 2008 – VI ZR 94/07, AHRS III, 2030/318: **Kinderarzt verkennt Sepsis bzw. Meningitis, kein grober Behandlungsfehler**; OLG Düsseldorf, Urt. v. 22. 11. 2001 – 8 U 192/00, AHRS III, 1820/309: Verkennung einer Appendizitis; OLG Hamm, Urt. v. 2. 4. 2001 – 3 U 160/00, VersR 2002, 578, 579; OLG Hamm, Urt. v. 23. 8. 2000 – 3 U 229/99, VersR 2002, 316; OLG Jena, Urt. v. 15. 10. 2008 – 4 U 990/06, juris, Nr. 51, 52, 60: **Brustkrebs vom Radiologen verkannt, nicht schlechthin unvertretbar**; OLG Karlsruhe, Urt. v. 14. 11. 2007 – 7 U 101/06, GesR 2008, 45 = OLGR 2008, 90, 91: **ohne weiteres erkennbare Fraktur übersehen** – grober Behandlungsfehler; OLG Koblenz, Beschl. v. 18. 10. 2010 – 5 U 1000/10, GesR 2011, 100, 102: **Fehldeutung eines Kompartmentsyndroms als Beinvenenthrombose**, kein fundamentaler Diagnoseirrtum; OLG Koblenz, Urt. v. 20. 1. 2011 – 5 U 828/10, GesR 2011, 539, 540: **Knochenmarknekrose im Hüftkopf als Schmerzen im Knie interpretiert**, kein fundamentaler Diagnoseirrtum; OLG Koblenz, Beschl. v. 7. 5. 2009 – 5 U 478/09, MedR 2010, 196, 197 = VersR 2010, 1184: **Schlaganfall nach Hüftgelenks-OP verkannt**, kein fundamentaler Diagnoseirrtum; OLG Koblenz, Urt. v. 30. 11. 2006 – 5 U 209/06, OLGR 2007, 234 = VersR 2007, 1565: **Falschbefundung eines CT bei sehr seltener Erkrankung** – einfacher Diagnoseirrtum; OLG Köln, Urt. v. 4. 6. 2003 – 5 U 160/00, AHRS III, 1876/310: **Mehrfragmentfraktur nicht vollständig erkannt** – kein fundamentaler Diagnoseirrtum; OLG München, Urt. v. 16. 2. 2012 – 1 U 2798/11, juris, Nr. 2, 34, 38: **Radiologe verkennt Hirntumor mit erheblicher Raumforderung**, grob fehlerhaft; OLG München, Urt. v. 27. 10. 2011 – 1 U 1946/05, juris, Nr. 116–119: **CT von Radiologen und Neurochirurgen in völlig unvertretbear Weise falsch ausgewertet**; OLG München, Urt. v. 5. 5. 2011 – 1 U 4306/10, juris, Rz. 44: **schwer erkennbare Kahnbeinfraktur auf Röntgenbild verkannt**, kein Behandlungsfehler; OLG München, Urt. v. 12. 4. 2007 – 1 U 2267/04, juris, Nr. 84, 100, 101, 102, 107, 114, 130, 131: **Verkippung von Handwurzelknochen nicht erkannt** – einfacher Diagnosefehler; OLG München, Urt. v. 10. 2. 2011 – 1 U 5066/09, juris, Nr. 47: **Höhenminderung bzw. Keilwirbelbildung der Wirbelsäule verkannt**, kein grober Behandlungsfehler; OLG München, Urt. v. 30. 6. 2011 – 1 U 2414/10, juris, Rz. 42: **einfacher Diagnosefehler setzt neben objektiv unzutreffender Diagnose eine vorwerfbare Fehlinterpretation der Befunde voraus**; OLG München, Urt. v. 6. 10. 2011 – 1 U 5220/10, juris, Nr. 36, 39, 43: **Allgmeinmediziner** diagnostiziert Lumboischialgie und **verkennt jahrelang arterielle Verschlusskrankheit**, kein fundamentaler Diagnoseirrtum, aber unterlassene Befunderhebung; OLG München, Urt. v. 19. 10. 2006 – 1 U 2149/06, juris, Nr. 65 = OLGR 2007, 303: **Differenzialdiagnose „Herzinfarkt" verkannt**, kein grober Behandlungsfehler; OLG Naumburg, Urt. v. 17. 12. 2009 – 1 U 41/09, VersR 2010, 1041, 1042 = GesR 2010, 139, 140 = juris, Nr. 39: **Delirium des Patienten vor Sprung aus dem Fenster nicht erkannt**, kein vorwerfbarer Diagnoseirrtum; OLG Schleswig, Urt. v. 24. 6. 2005 – 4 U 10/04 mit NZB BGH v. 16. 5. 2006 – VI ZR 145/05, AHRS III, 1820/317: **Allgemeinmediziner übersieht Bronchialkarzinom auf einem Röntgenbild**, kein fundamentaler Diagnoseirrtum; OLG Schleswig, Urt. v. 21. 7. 2006 – 4 U 130/05 mit NZB BGH v. 25. 9. 2007 – VI ZR 183/06, AHRS III, 1876/322: **BWK-Fraktur verkannt, nur im Randbereich abgebildet**, nur einfacher Behandlungsfehler; OLG Stuttgart, Urt. v. 22. 2. 2001 – 14 U 62/00, OLGR 2002, 251, 255; LG Magdeburg, Urt. v. 20. 6. 2007 – 9 O 1393/05, NJW-RR 2008, 536: **Morbus Crohn bei Symptomen für eine Appendizitis verkannt** – einfacher Diagnoseirrtum; Hausch Diss. 2007, S. 99 – 101, 361 – 372; G/G, 6. Aufl., Rz. B 265–272b; Spickhoff-Greiner, § 823 BGB Rz. 187, 42; Wenzel-Müller, Kap. 2 Rz. 1553, 1554; Müller, VPräsBGH a.D., GesR 2004, 257, 259; S/Pa, 12. Aufl., Rz. 185, 644; F/N/W, 5. Aufl., Rz. 132).

Wegen der bei Stellung einer Diagnose nicht seltenen Unsicherheiten muss **die Schwelle, von der ab ein Diagnoseirrtum als „grober Behandlungsfehler" zu beurteilen ist, hoch angesetzt werden** (BGH, Urt. v. 21. 12. 2010 – VI ZR 284/09, VersR 2011, 400, 401, Nr. 20).   G 351

Grundsätzlich kann ein Diagnoseirrtum dem Arzt nur dann als haftungsbegründender (einfacher, im Einzelfall grober) Behandlungsfehler vorgeworfen werden, wenn (vgl. Rz. D 2 ff., D 28 ff.)   G 352

– **sich seine Diagnose als völlig unvertretbare Fehlleistung (grober Behandlungsfehler) darstellt** (vgl. die Nachweise bei Rz. D 2 ff., D 11; OLG Frankfurt, VersR 1997, 1358; OLG Frankfurt, Urt. v. 23. 12. 2008 – 8 U 146/06, GesR 2009, 270, 271: Diagnose nicht mehr vertretbar; grober Behandlungsfehler aber verneint; OLG Hamm, Urt. v. 2. 4. 2001 – 3 U 160/00, OLGR 2002, 217, 218 = VersR 2002, 857, 858: im entschiedenen Fall bejaht; OLG Hamm, Urt. v. 23. 8. 2000 – 3 U 229/99, VersR 2002, 316: fundamentaler Diagnoseirrtum; OLG Jena, Urt. v. 15. 10. 2008 – 4 U 990/06, OLGR 2009, 242, 245/246: grober Behandlungsfehler, wenn Befundung/Diagnose **gänzlich unverständlich und nicht mehr vertretbar** bzw. schlechthin unvertretbar ist; OLG Köln, VersR 1991, 1288; VersR 1989, 631; OLG München, Urt. v. 27. 10. 2011 – 1 U 1946/05, juris, Nr. 116 – 119: **CT durch Radiologen in völlig unvertretbarer Weise falsch ausgewertet**; OLG München, Urt. v. 16. 2. 2012 – 1 U 2798/11,   G 353 juris, Nr. 2, 34, 38: Radiologe verkennt deutlich sichtbare Raumforderung auf Schädel-MRT; OLG München, Urt. v. 10. 2. 2011 – 1 U 5066/09, juris, Nr. 47, 48: **Fehlinterpretation eines Röntgenbildes, nur einfacher Diagnoseirrtum;** OLG München, Urt. v. 6. 4. 2006 – 1 U 4142/05, NJW 2006, 1883, 1886 und Urt. v. 3. 6. 2004 – 1 U 5250/03, VersR 2005, 657: völlig unvertretbares diagnostisches Vorgehen; OLG Schleswig, Urt. v. 13. 2. 2004 – 4 U 54/02, GesR 2004, 178, 179: Krankheitserscheinung in völlig unvertretbarer, der Schulmedizin entgegenstehender Weise gedeutet) oder

G 354 – **der Diagnoseirrtum auf der Unterlassung elementarer Befunderhebungen beruht** (BGH, Urt. v. 8. 7. 2003 – VI ZR 304/02, VersR 2003, 1256, 1257: grober Fehler in der Befunderhebung; OLG Düsseldorf, Urt. v. 17. 11. 2011 – I-8 U 1/08, Nr. 31, 33, 42, 59, 60: **Neurologe verkennt Schlaganfall, zwingend erforderliche, weitere diagnostische Maßnahmen wie Angio-CT bzw. Angio-MRT unterlassen;** OLG Frankfurt, VersR 1997, 1358; OLG Hamm, Urt. v. 30. 8. 2000 – 3 U 165/99, OLGR 2002, 236, 238: elementare Kontrollbefunde nicht erhoben; OLG Köln, VersR 1991, 1288; VersR 1989, 631; OLG Naumburg, Urt. v. 13. 3. 2001 – 1 U 76/00, MedR 2002, 515, 516: Diagnoseirrtum neben unterlassener Befunderhebung; OLG Schleswig, Urt. v. 13. 2. 2004 – 4 U 54/02, GesR 2004, 178, 179: elementare Kontrollbefunde nicht erhoben) oder

G 355 – **die Überprüfung einer ersten Arbeitsdiagnose im weiteren Behandlungsverlauf fehlerhaft versäumt wurde** (i. d. R. nur einfacher Behandlungsfehler, vgl. OLG Frankfurt, VersR 1997, 1358; OLG Hamm, Urt. v. 30. 8. 2000 – 3 U 165/99, OLGR 2002, 236, 238; VersR 2000, 325 a. E.; OLG Köln, VersR 1991, 1288; VersR 1989, 631; VersR 1988, 1299; OLG Schleswig, Urt. v. 13. 2. 2004 – 4 U 54/02, GesR 2004, 178, 179; OLG Koblenz, Urt. v. 30. 11. 2006 – 5 U 209/06, VersR 2007, 1565, 1566: Falschbefundung eines CT – weitere Abklärung deshalb unterblieben; OLG Düsseldorf, Urt. v. 16. 11. 2000 – 8 U 63/00, AHRS III, 6560/303: Festhalten an Erstdiagnose trotz erheblicher Beschwerden; vgl. hierzu Rz. D 6, D 7).

G 356 Gelingt dem Patienten zwar der Beweis eines (einfachen) Behandlungsfehlers in der Form eines Diagnosefehlers oder aber eines (einfachen) Fehlers in der Befunderhebung, nicht aber der Nachweis der Ursächlichkeit dieses Fehlers für den geltend gemachten Gesundheitsschaden, greift eine Beweislastumkehr nur dann ein, wenn der Diagnosefehler entweder als grob zu werten ist („**fundamentaler Diagnoseirrtum**"), ein **grober Fehler in der Befunderhebung** vorliegt oder wenn bei einem einfachen Fehler bei der Befunderhebung- oder Befundsicherung die weiteren Voraussetzungen der Fallgruppe einer **unterlassenen Befunderhebung** gegeben sind (BGH, Urt. v. 8. 7. 2003 – VI ZR 304/02, VersR 2003, 1256, 1257 = NJW 2003, 2827, 2828; vgl. hierzu unten → *Unterlassene Befunderhebung*, Rz. U 2 ff., U 54 ff.). Ein Diagnoseirrtum wird aber **nicht dadurch zu einem Befunderhebungsfehler** (mit der Folge einer Beweislastumkehr hinsichtlich der Kausalität), **dass der Arzt bei objektiv zutreffender Diagnosestellung noch weitere Befunde hätte erheben müssen** (BGH, Urt. v. 21. 12. 2010 – VI ZR 284/09, VersR 2011, 400, 401, Nr. 13).

G 357 – G 361 Einstweilen frei.

2. Chirurgie/Orthopädie

a) Fundamentaler Diagnoseirrtum bejaht

Übersehene Frakturen (vgl. auch Rz. D 22c, D 22d, D 22e, D 32, D 58 ff., D 70,   G 362
D 105, G 372 ff., G 732c ff., G 738)

Übersieht ein Unfallchirurg oder Orthopäde die auf einem Röntgenbild *eindeutig erkennbare Fraktur*, **liegt regelmäßig ein grober Behandlungsfehler in Form des fundamentalen Diagnoseirrtums vor** (BGH, Urt. v. 12. 2. 2008 – VI ZR 221/06, GesR 2008, 250, 252 = VersR 2008, 644, 645 – zur Aufklärung an die Vorinstanz zurückverwiesen; OLG Celle, VersR 1998, 54: **Fehlstellung nach einer Luxationsfraktur des OSG übersehen**; OLG Karlsruhe, Urt. v. 14. 11. 2007 – 7 U 101/06, OLGR 2008, 90, 91 = GesR 2008, 45: **bei genauer Betrachtung des Röntgenbildes ohne weiteres erkennbare Fraktur verkannt**; OLG Köln, Urt. v. 5. 6. 2002 – 5 U 226/01, AHRS III, 1876/307: **Fersenbeinfraktur erkennbar**; OLG Koblenz, Urt. v. 31. 8. 2006 – 5 U 588/06, VersR 2006, 1547 = NJW-RR 2006, 1612: Fehlstellung in den Gelenkflächen verkannt – kein grober Behandlungsfehler; OLG Koblenz, Urt. v. 20. 1. 2011 – 5 U 828/10, GesR 2011, 539, 540: Absterben eines Hüftkopfes verkannt, kein fundamentaler Diagnoseirrtum; OLG München, Urt. v. 12. 4. 2007 – 1 U 2267/04, juris, Nr. 84, 100, 101, 102, 114, 126, 127, 130, 131: **Verkippung von Handwurzelknochen nicht erkannt – aber kein fundamentaler Diagnoseirrtum**; OLG München, Urt. v. 10. 2. 2011 – 1 U 5066/09, juris, Nr. 47, 48: **Höhenminderung bzw. Keilwirbelbildung im Röntgenbild verkannt, aber kein grober Behandlungsfehler**; OLG München, Urt. v. 5. 5. 2011 – 1 U 4306/10, juris, Nr. 44: **Kahnbeinfraktur verkannt, kein Behandlungsfehler**).

Ein fundamentaler Diagnoseirrtum eines Unfallchirurgen liegt etwa vor, wenn er nach einem Sturz des Patienten und der Fertigung von Röntgenaufnahmen lediglich eine Sprunggelenkdistorsion diagnostiziert und der später vom Gericht hinzugezogene Sachverständige ausführt, es sei einem Facharzt für Unfallchirurgie **ohne besondere Schwierigkeit möglich gewesen, eine tatsächlich vorhandene Fersenbeinfraktur auf den angefertigten Röntgenbildern zu erkennen** (OLG Köln, Urt. v. 5. 6. 2002 – 5 U 226/01, AHRS III, 1876/307). Bei einer Handverletzung nach einem Sturz ist es grob fehlerhaft, keine **Röntgendiagnostik zur Abklärung einer etwaigen Kahnbeinfraktur** durchzuführen (KG, Urt. v. 7. 3. 2995 – 20 U 398/01, AHRS III, 6562/337).

Ein vorwerfbarer Diagnoseirrtum liegt vor, wenn ein Facharzt für Chirurgie zum   G 363
Ausschluss einer Fraktur ein Röntgenbild angefertigt hat, dieses aber nicht genau ansieht und das Vorliegen eines Bruchs verkennt, der nach Auffassung des Sachverständigen **bei genauerer Betrachtung des Röntgenbildes ohne Lupe ohne weiteres erkennbar gewesen wäre** (OLG Karlsruhe, Urt. v. 14. 11. 2007 – 7 U 101/06, OLGR 2008, 90, 91 = GesR 2008, 45). Nach Ansicht des OLG Karlsruhe (a. a. O.) kann das Gericht in einem solchen Fall einen „groben Behandlungsfehler" aufgrund eigener Wertung bejahen, wenn der Sachverständige festgestellt hat, dass angesichts der Schwere der Verletzungen des Patienten die dokumentierten Befunde nicht nachvollziehbar, der Befund sowie der Verlauf nach der Behandlung durch den Beklagten sehr ungewöhnlich für die Verletzung sind und

das Gericht deshalb Zweifel an der Richtigkeit der Dokumentation des beklagten Arztes hat.

G 364 Diagnostiziert ein Unfallchirurg in einer Notfallsituation fälschlicherweise eine „nicht dislozierte distale Radiusfraktur des rechten Handgelenks", obwohl tatsächlich eine dislozierte Fraktur mit der Gefahr einer Fehlstellung bei unterbliebener Behandlung vorliegt, liegt im Hinblick auf die Notfallsituation noch kein Behandlungsfehler vor. Wird das Röntgenbild am Folgetag durch den Radiologen (bzw. den Chefarzt) zutreffend als **„dislozierte Radiusfraktur"** interpretiert, **muss der Patient aber hiervon in Kenntnis gesetzt werden** (nachträgliche therapeutische Aufklärung), um weitere medizinische Maßnahmen, etwa einen operativen Eingriff, zu ermöglichen (OLG Dresden, Urt. v. 19. 7. 2001 – 4 U 819/01, AHRS III, 1815/307; vgl. auch OLG München, Urt. v. 10. 2. 2011 – 1 U 5066/09, juris, Nr. 48, 49, 55: unterlassene Unterrichtung des nachträglich erkannten Befundes nur einfacher Behandlungsfehler).

G 365 Wird auf einem Röntgenbild eine **eindeutig nachweisbare Schenkelhalsfraktur** (LG Bielefeld, VersR 1999, 1245) oder eine **Fehlstellung nach einer Luxationsfraktur** des oberen Sprunggelenks übersehen (OLG Celle, VersR 1998, 54; ebenso Jaeger, VersR 2006, 1549: Verschiebung der Gelenkflächen eines Fingers) und deshalb keine adäquate Therapie eingeleitet, so stellt die Fehldiagnose jeweils einen groben Behandlungsfehler dar.

Übersieht ein Orthopäde bei der Auswertung des Röntgenbildes eine **Fersenbeinfraktur, die bei sorgfältiger Betrachtung erkennbar ist**, liegt nach Auffassung des OLG Köln nicht unbedingt ein fundamentaler Diagnoseirrtum vor. Jenseits eines solchen groben Behandlungsfehlers soll nach Auffassung des OLG Köln aber dennoch Raum für eine Haftung des Arztes wegen eines „einfachen Diagnosefehlers" bleiben, wenn die von ihm erhobenen Befunde nicht zweifelhaft sind, sondern bei Anwendung der gebotenen Sorgfalt nur den Schluss auf eine bestimmte Diagnose zulassen würden (OLG Köln, Urt. v. 5. 6. 2002 – 5 U 226/01, VersR 2004, 794). Im entschiedenen Fall hatte der Sachverständige ausgeführt, dass der Schaden des Patienten „im Wesentlichen auf dem vom Arzt nicht erkannten Fersenbeinbruch zurückzuführen" sei.

G 366 **Orthopäde verkennt Knochenzyste bzw. Tumor**

Ein grober Behandlungsfehler liegt in der „**Gesamtschau**" vor, wenn ein Orthopäde bei bereits monatelang andauernden Schmerzen des Patienten im Bereich der HWS in Kenntnis der sechswöchigen, erfolglosen Behandlung des vorbehandelnden Facharztes (hier: manuelle Deblockierungen, kein Röntgenbild angefertigt) nur **zwei qualitativ minderwertige Röntgenaufnahmen** (Elemente der HWS nicht ausreichend abgebildet) fertigt, ohne anschließend neue, bessere Bilder zu erstellen, auf den Röntgenbildern einen gleichwohl **ohne weiteres erkennbaren raumgreifenden Prozess bei HWK 4** (hier: als Zeichen einer Knochenzyste) nicht feststellt und dem Patienten deshalb Krankengymnastik verordnet. Der Befunderhebungsfehler und der vorwerfbare Diagnoseirrtum sind in der „Gesamtschau" als grober Fehler zu bewerten (OLG Schleswig, Urt. v. 4. 4. 2008 – 4 U 172/07, OLGR 2009, 126, 130/131: Pflichtverletzung „im unteren Bereich" des groben Behandlungsfehlers angenommen).

Orthopäde verkennt „Hüftkopfgleiten"   G 367

Es stellt einen groben Behandlungsfehler dar, wenn ein Orthopäde bei einem
14-jährigen Jungen mit Schmerzen in der Hüft- und Leistenregion die richtige
Diagnose „Epephysiolysis capitis femoris" (Hüftkopfgleiten) wegen unzureichender diagnostischer Methoden nicht bzw. nicht rechtzeitig stellt (OLG
Schleswig, Urt. v. 11. 4. 2003 – 4 U 160/01, OLGR 2003, 430).

Coxitis (Hüftgelenkentzündung) verkannt   G 368

Ein fundamentaler Diagnosefehler liegt vor, wenn ein Chirurg oder Orthopäde
trotz beklagter Beschwerden im Hüftgelenk einen **„Muskelriss" diagnostiziert,
die Verdachtsdiagnose „Abszess in Bereich des Hüftgelenks" nicht stellt** bzw.
sogar verwirft und die Patientin ohne weiterführende diagnostische oder therapeutische Maßnahmen entlässt (OLG München, Urt. v. 23. 9. 2004 – 1 U
5198/03, MedR 2006, 174, 175).

Festhalten an einer Diagnose, Fremdkörper nicht erkannt   G 369

Das Festhalten an einer ersten Diagnose bei einer zwölf Tage später durchgeführten erneuten Sonographie kann grob fehlerhaft sein. So ist die Vermutung,
es handle sich bei einer diffusen Schwellung an der Bauchwand im Unterbauch-
und Leistenbereich um ein etwa 5 × 3 cm großes Hämatom und nicht um einen
bei der vorangegangenen Operation **verbliebenen Fremdkörper** beim Vorliegen
folgender Umstände nicht mehr vertretbar und unverständlich: Ein Bluterguss
hätte sich gegenüber dem Vorbefund vor 12–14 Tagen normalerweise zurückgebildet. Angesichts der Gleichheit der auffälligen Strukturen hätte man nunmehr an einem nach dem Unfall bzw. nach der Operation im Gewebe verbliebenen Fremdkörper denken müssen. Eine solche Schlussfolgerung liegt in einem
derartigen Fall auch deshalb nahe, wenn die Leukozytenzahl erheblich angestiegen war (OLG Düsseldorf, Urt. v. 16. 11. 2000 – 8 U 63/00, AHRS III, 6560/303;
Klage wurde jedoch abgewiesen; vgl. hierzu Rz. G 384, G 768, G 1046).

Nahtinsuffizienz verspätet diagnostiziert   G 370

Wird nach einer Darmresektion trotz Vorliegens entsprechender klinischer Anzeichen (Ansteigen der Körpertemperatur des Patienten auf 39°C bei Schüttelfrost und einer Pulsfrequenz von 120/min) die **Verdachtsdiagnose einer Nahtinsuffizienz zwei Tage verspätet gestellt**, liegt ein grober Behandlungsfehler vor.
Bei derartigen klinischen Anzeichen muss sofort diagnostisch oder sogar operativ reagiert werden, und zwar entweder mit einer Röntgenuntersuchung (Gastro-
graphie) oder der Anfertigung eines CT; auch eine sofortige notfallmäßige Relaparotomie muss unverzüglich in Betracht gezogen werden (KG, Urt. v.
17. 1. 2000 – 20 U 4275/97, AHRS III, 1873/300). Kommt es nach einer Magen-
oder Darmoperation zu einer Anastomoseninsuffizienz (hier: Undichtigkeit an
den vernähten Darmenden), ist es grob fehlerhaft, bei Temperaturen bis 40°C
und auftretendem Schüttelfrost die zwingend erforderliche **Notfalloperation
erst zwei Tage nach dem Auftreten dieser Symptome** durchzuführen (LG Bremen, Urt. v. 10. 10. 2001 – 4 O 699/00, bestätigt von OLG Bremen, 3 U 102/01,
AHRS III, 6565/308).

G 371   **Freilegung des Hodens bei Verdacht auf Hodentorsion unterlassen**

Haben mehrere vorbehandelnde Ärzte die Verdachtsdiagnose „Hodentorsion"
gestellt oder diese Diagnose zumindest nicht ausräumen können und liegen **eindeutige Symptome vor, die auf eine frische Hodentorsion hindeuten** (hier: Übelkeit, Erbrechen, deutliche Vergrößerung des rechten Skrotalfachs, erkennbare
Schwellung am rechten Hoden, Druckschmerzen im Bereich des Hodens sowie
im Verlauf des Samenstrangs), liegt ein grober Behandlungsfehler vor, wenn der
Unfallchirurg in einem Krankenhaus von einer **umgehenden operativen Freilegung des Hodens** absieht und auf diese Weise die Chance auf Erhaltung des Hodens vergibt. In einem solchen Fall liegt der ärztliche Fehler aber nicht im Bereich der Diagnose, sondern im Unterlassen einer erforderlichen ärztlichen Behandlung (OLG Brandenburg, Urt. v. 14. 11. 2001 – 1 U 12/01, AHRS III,
1876/303; vgl. auch Rz. G 747, G 899, D 25a, D 50).

b) Fundamentaler Diagnoseirrtum verneint

G 372   **Übersehene Frakturen und Verkippungen, Fehldeutung von Röntgenbildern** (vgl.
auch Rz. D 22c ff., D 32, D 58 ff., D 70, D 105, G 362 ff., G 732c ff.)

Wegen der bei der Stellung der Diagnose nicht seltenen Unsicherheiten muss die
Schwelle, von der ab ein Diagnoseirrtum grundsätzlich als fundamental (grober
Behandlungsfehler) zu beurteilen ist, **hoch angesetzt** werden (BGH, Urt. v.
21. 12. 2010 – VI ZR 284/09, VersR 2011, 400, 401, Nr. 13).

Ein fundamentaler Diagnoseirrtum liegt nicht vor, wenn der **Bruch eines Fingers
auf einem Röntgenbild nur schwer zu erkennen** ist (BGH, Urt. v. 12. 2. 2008 – VI
ZR 221/06, VersR 2008, 644, 645 = GesR 2008, 250, 251). Erkennen die behandelnden Unfallchirurgen das **Ausmaß einer Mehrfachfraktur** (hier: Vierfragmentbruch, Kalottenfragment deutlich nach vorn subluxiert, Dislozierung des Tuberculum majus und des Tuberculum minus sowie Abbruch des vorderen Pfannenrandes) anhand der CT-Aufnahmen nicht in vollem Umfang, liegt jedenfalls kein
fundamentaler Diagnoseirrtum vor, wenn die Frakturen, soweit erkannt, umgehend behandelt werden. Wird aufgrund einer **übersehenen Fraktur sechs Wochen
später eine Revisionsoperation** erforderlich, scheidet ein Schadensersatzanspruch gegen die behandelnden Ärzte aus, wenn der Patient nicht nachweisen
kann, dass sich bei einer früheren operativen Revision in signifikant besseres
Heilungsergebnis eingestellt hätte (OLG Köln, Urt. v. 4. 6. 2003 – 5 U 160/00,
AHRS III, 1876/310).

G 372a   Zeigt die Röntgenaufnahme der Wirbelsäule des Patienten eine **geringfügige Höhenminderung bzw. eine Keilwirbelbildung eines Wirbelkörpers,** die nicht sofort
ins Auge springt, jedoch bei sorgfältiger und aufmerksamer Prüfung der Röntgenbilder für einen Fachmann erkennbar ist, kann das Übersehen der Höhenminderung einerseits nicht als bloße objektive Fehlinterpretation im Sinne eines
noch vertretbaren Diagnoseirrtums qualifiziert werden, sondern ist vorwerfbar
fehlerhaft. Andererseits **stellt nicht jedes Übersehen einer Besonderheit auf
einem Röntgenbild, CT oder MRT, die bei sorgsamer fachlicher Prüfung erkennbar ist, einen fundamentalen Diagnoseirrtum dar.** Die Abgrenzung zwischen objektivem Irrtum (*Anm.: kein Behandlungsfehler*), nicht mehr vertretbarem Diag-

noseirrtum (*Anm.: einfachem Behandlungsfehler*) und fundamentalem Diagnoseirrtum (*Anm.: grobem Behandlungsfehler*) erfordert vielmehr **eine Gesamtbeurteilung, insbesondere nach dem Grad der Auffälligkeit und der sonstigen Klinik des Patienten.** Ist die Höhenminderung bzw. Keilwirbelbildung eines Wirbelkörpers des Patienten **nicht ausgeprägt und auf dem Röntgenbild nur dezent sichtbar** und hat der Patient bei der Untersuchung Schmerzen in einem anderen Bereich angegeben, steht das Übersehen der Höhenminderung einen als **einfachen Behandlungsfehler vorwerfbaren Diagnoseirrtum** dar, der jedoch nicht derart gravierend und unverständlich ist, dass er als grob zu bewerten wäre (OLG München, Urt. v. 10. 2. 2011 – 1 U 5066/09, juris, Nr. 47, 49).

Holt der Chefarzt bei der Nachbefundung zeitnah die zutreffende Auswertung der Röntgenbilder nach, stellt er jedoch weder sicher, dass der Arzt von seiner abweichenden Beurteilung Kenntnis erlangt, noch dass eine **Mitteilung des korrigierten Befundes gegenüber dem Patienten** erfolgt, stellt auch dieses Versäumnis keinen groben, sondern nur einen einfachen ärztlichen Fehler (Organisationsfehler) dar (OLG München, Urt. v. 10. 2. 2011 – 1 U 5066/09, juris, Nr. 48, 49, 55: auch in der Gesamtschau kein grober Behandlungsfehler, Kausalzusammenhang im Übrigen „äußerst unwahrscheinlich").

Ein fundamentaler Diagnoseirrtum liegt vor, wenn eine bildgebende Dokumentation (hier: Röntgenaufnahmen der LWS und der BWS) einen derart gravierenden Befund ergeben, dass dessen **Verkennung unverständlich und nicht mehr nachvollziehbar** wäre. Danach liegt ein grober Behandlungsfehler aber nicht bereits dann vor, wenn bei exakter Auswertung der angefertigten Röntgenaufnahmen eine **im Randbereich abgebildete Fraktur eines Brustwirbelkörpers hätte erkannt werden können** (OLG Schleswig, Urt. v. 21. 7. 2006 – 4 U 130/05 mit NZB BGH v. 25. 9. 2007 – VI ZR 183/06, AHRS III, 1876/322). — G 372b

Ein fundamentaler Diagnoseirrtum liegt auch vor, wenn das diagnostische Ergebnis (hier: Auswertung von Röntgenbildern) für einen gewissenhaften Arzt **unvertretbar ist und nicht mehr verständlich** erscheint. Dies ist aber nicht bereits dann der Fall, wenn ein Unfallchirurg auf einem Röntgenbild, das für eine sachgerechte Diagnostik genügte, die **objektiv vorhandene Gelenkfehlstellung eines Fingers (hier: Subluxation des Mittelgliedes eines Ringfingers) verkennt** und deshalb eine Fingerschiene anlegt sowie Krankengymnastik verordnet, anstatt eine Operation zur Korrektur der objektiv vorliegenden Fehlstellung in den Gelenkflächen durchzuführen bzw. zu empfehlen (OLG Koblenz, Urt. v. 21. 8. 2006 – 5 U 588/06, AHRS III, 1876/323). — G 372c

Auch hier gilt, dass der Diagnoseirrtum (einfacher Behandlungsfehler) nicht dadurch zu einem Befunderhebungsfehler mutiert, wenn der Arzt bei objektiv zutreffender Diagnosestellung noch weitere Befunde hätte erheben müssen (BGH, Urt. v. 21. 12. 2010 – VI ZR 284/09, VersR 2011, 400, 401, Nr. 13).

Das Nichterkennen einer Kalottenfraktur (hier nach einem Pferdetritt gegen den Helm, der dabei zerbrach) ist nicht fehlerhaft, wenn sich **auf den angefertigten Röntgenbildern eine knöcherne Verletzung nicht erkennen lässt und deshalb auch eine CT-Untersuchung nicht veranlasst wird** (OLG Düsseldorf, Urt. v. 22. 2. 2007 – I 8 U 66/06, AHRS III, 1876/325). Dies gilt erst recht, wenn auch — G 372d der später beauftragte Sachverständige auf den Röntgenbildern keine Fraktur erkennen kann (OLG München, Urt. v. 5. 5. 2011 – 1 U 4306/10, juris, Nr. 44).

G 372e Die infolge der **Fehlinterpretation einer CT-Aufnahme** objektiv falsche ärztliche Befundauswertung (hier: gestellte Diagnose „chronische Siebbeinentzündung, kein Nachweis von Knochendestruktionen"; objektiv zutreffend jedoch: Tumor, Neuroblastom bei eindeutig vorliegenden knöchernen Destruktionen) ist **nicht als fundamentaler Diagnoseirrtum**, sondern als bloßes Diagnoseversehen (hier: vorwerfbarer Diagnoseirrtum, einfacher Behandlungsfehler) zu bewerten, wenn es sich um eine sehr spezielle Erkrankung handelt, die zudem an der festgestellten Lokalisation sehr selten vorkommt.

Der dann dem Patienten obliegende **Kausalitätsnachweis (§ 286 I ZPO) ist nicht geführt,** wenn der Sachverständige ausführt, dass bei zutreffender Auswertung des CT ein radikalchirurgisches Vorgehen bereits mehrere Monate früher hätte durchgeführt werden müssen, es aber auch dann wahrscheinlich zu einem vollständigen Verlust des Geruchssinns und einer Einschränkung des Geschmackssinns gekommen wäre und es **spekulativ sei, ob ein zweiter Eingriff bei früherer Diagnose vermeidbar und die weitere Behandlung sowie deren Folgen dann weniger einschneidend gewesen wäre** (OLG Koblenz, Urt. v. 30. 11. 2006 – 5 U 209/06, AHRS III, 6560/315).

G 373 Wenn die Röntgenaufnahmen nach einem Sturz auf die Hand mit hyperextendiertem Handgelenk keine (tatsächlich aber vorhandene) Fraktur erkennen lassen, nach dem klinischen Befund und dem Unfallhergang (klassischer Sturz auf die Hand) der Verdacht auf eine Kahnbeinfraktur besteht, ist eine **Kontrolluntersuchung nach ca. vierzehn Tagen** geboten. Auch wenn sich auf die im anlässlich der Kontrolluntersuchung gefertigten Röntgenbild nach zehn bis vierzehn Tagen eine Kahnbeinfraktur, nicht jedoch eine Kahnbeinpseudoarthrose erkennen lässt, stellt ein **konservativer Therapieversuch** mit Ruhigstellung im Unterarmgips und Daumeneinschluss keinen Behandlungsfehler dar, ein operativer Eingriff ist in einem solchen Fall noch nicht indiziert (OLG Oldenburg, Urt. v. 4. 4. 2000 – 5 U 217/99, AHRS III, 1876/300).

G 374 Hat ein Unfallchirurg Röntgenaufnahmen der Hand bzw. Handwurzel in insgesamt vier Ebenen durchgeführt und auf den Bildern nicht erkannt, dass im Bereich von Mondbein/Kahnbein eine **„Verkippung" der Handwurzelknochen** vorliegt bzw. Verdachtsanzeichen für einen Bandschaden im Bereich des Kahnbeins/Mondbeins übersehen und lediglich eine **Distorsion (Verstauchung) diagnostiziert,** liegt nur ein **einfacher Diagnosefehler,** kein „fundamentaler Diagnoseirrtum" vor, wenn sich aus den Aufnahmen kein siche-rer Hinweis auf eine Dislokation (Lageveränderung von Bruchenden) bzw. eine Luxation ergibt, auch der nachbehandelnde Arzt die Handverletzung auf den Röntgenbildern nicht erkennt und der vom Gericht beauftragte Sachverständige es bei seiner Anhörung zwar einerseits als „dicken Hund" bezeichnet, dass der behandelnde Arzt die Verdachtsanzeichen auf dem Röntgenbild nicht erkannt habe, andernfalls aber ausführt, die Diagnose sei deshalb sehr schwierig gewesen, weil die Handwurzelknochen miteinander artikulierten und für die **korrekte Beurteilung erhebliche Spezialkenntnisse** erforderlich seien (OLG München, Urt. v. 12. 4. 2007 – 1 U 2267/04, juris, Nr. 84, 100, 101, 102, 107, 114, 126, 127, 130, 131).

Ein Arzt, der infolge fehlerhafter Auswertung eines Röntgenbildes eine **Kanten-** G 375
absprengung am Kahnbein nicht bemerkt und deshalb die angezeigte **Ruhigstel-**
lung des Fußgelenks versäumt, hat für ein später eintretendes Sudeck'sches Syndrom (CRPS) nicht einzustehen, wenn wegen bestehender anderweitiger Sudeck-
Risiken Zweifel an der Ursächlichkeit dieses (einfachen) Behandlungsfehlers für
den Körperschaden nicht ausgeräumt werden können. **Die Fehlinterpretation**
eines Röntgenbildes, dessen Auswertung den Einsatz einer Lupe nahe legt, ist
nicht als fundamentaler Diagnoseirrtum zu beurteilen (OLG Saarbrücken,
NJW-RR 1999, 176 = MedR 1999, 181; auch OLG Koblenz, Urt. v. 31. 8. 2005 –
5 U 588/05, VersR 2006, 1547).

Auch einem Orthopäden, der **diskrete Hinweise auf einen äußerst seltenen Rie-** G 376
senzelltumor auf den Röntgenbildern eines Kniegelenks nicht erkennt und den
Patienten auf einen tatsächlich vorliegenden Meniskusschaden (hier: Meniskusoperation) behandelt, ist kein fundamentaler Diagnosefehler vorzuwerfen (OLG
Düsseldorf, VersR 1989, 478).

Fehlplatzierung eines eingebrachten Spans G 377

Ein grober Behandlungsfehler in der Form des „fundamentaler Diagnoseirrtums"
liegt nicht vor, wenn ein Orthopäde die **Fehlplatzierung eines bei der Wirbelkör-**
perverblockung eingebrachten Spans nicht sofort erkennt, weil er zunächst übersieht, dass die postoperativ gefertigte **Röntgenaufnahme interpretierbar** ist und
daher objektiv weitere Befunderhebungen mit bildgebenden Verfahren (CT,
MRT) erfordert, wobei der Arzt aufgrund seines **(einfachen) Diagnoseirrtums**
von der Fertigung von CT- oder MRT-Bildern absieht (OLG Koblenz, Urt. v.
13. 7. 2006 – 5 U 17/06, VersR 2007, 1001 = OLGR 2007, 93, 95).

Bandscheibenvorfall übersehen G 378

Die vor einer Bandscheibenoperation (hier: L4/L5 und L5/S1) vorgenommene
präoperative Diagnostik ist nicht im Sinne einer unterlassenen Befunderhebung
zu beanstanden, wenn ein CT oder MRT der Lendenwirbelsäule durchgeführt
worden ist. Stellt sich später heraus, dass neben der erkannten Bandscheibenprotrusion bei L4/5 und dem Bandscheibenvorfall L5/S1 (rechts) auch bei L5/S1
(links) ein weiterer Bandscheibenvorfall vorlag, der auf den gefertigten CT- und
MRT-Aufnahmen **nicht eindeutig erkennbar** war, liegt kein Behandlungsfehler
in der Form eines vorwerfbaren Diagnoseirrtums vor (OLG Saarbrücken, Urt. v.
14. 1. 2004 – 1 U 44/02–12, AHRS III, 2090/311).

Einstweilen frei. G 379

Fälschlicherweise Blinddarmentzündung diagnostiziert G 380

Die Indikationsstellung zur Operation einer akuten Appendizitis muss, auch
wenn es sich objektiv um eine Fehldiagnose handelt, nicht fehlerhaft sein. Ausschlaggebend ist vielmehr der klinische Gesamteindruck. Schon die Feststellung
eines auf eine akute Appendizitis hinweisenden Druckschmerzes kann genügen,
um alle anderen Kriterien zurücktreten zu lassen und die Appendektomie durchzuführen, selbst wenn sich der **Verdacht auf eine akute Appendizitis intraopera-**
tiv und histologisch nicht bestätigt (OLG Hamm, VersR 2000, 101).

G 381   **Morbus Crohn verkannt, Blinddarmoperation durchgeführt**

Die Verkennung einer entzündlichen Darmkrankheit (hier: Morbus Crohn) ist nicht vorwerfbar fehlerhaft, wenn zwar eine solche Darmerkrankung differentialdiagnostisch nicht ausgeschlossen werden kann, die vorliegenden **Symptome zunächst jedoch für eine Appendizitis sprechen** und deshalb eine Blinddarmoperation durchgeführt wird (LG Magdeburg, Urt. v. 20. 6. 2007 – 9 O 1393/05, NJW-RR 2008, 536, 537).

G 382   **Ungewöhnliche Nervverletzung nicht erkannt**

Ergibt die sensorische und motorische Prüfung der Hand nach einer Glassplitterverletzung keine Auffälligkeit, kann ein vorwerfbarer Diagnoseirrtum des Unfallchirurgen nicht darin gesehen werden, dass er eine in dieser Form ungewöhnliche **Durchtrennung des Nervus ulnaris nicht erkennt** (OLG Koblenz, Urt. v. 20. 10. 2005 – 5 U 1330/04, NJW-RR 2006, 393).

G 383   **Orthopäde verkennt Infektion**

Aus der Zunahme der klinischen Symptome wie Schwellung, Rötung und Schmerzen muss nicht zwingend auf eine bakterielle Infektion geschlossen werden, wenn der **Schmerzzustand des Patienten anderweitig erklärbar** ist, etwa durch eine Nervenreizung. Dabei darf es der Arzt (Chirurg bzw. Orthopäde) jedoch nicht unterlassen, diese Symptome differentialdiagnostisch abzuklären (OLG Hamm, Urt. v. 28. 2. 2001 – 3 U 17/00, OLGR 2002, 271, 272).

G 383a   **Absterben eines Hüftkopfes (Knochenmarknekrose) verkannt**

Erkennt der Arzt einen Leitbefund nicht, weil **andere Fakten die tatsächlich vorliegende Erkrankung wenig wahrscheinlich machen** (hier: Schmerzen im rechten Knie, tatsächlich lag eine Zerstörung des Gelenkknorpels der rechten Hüfte vor), und gelangt er daher zu einer unrichtigen Diagnose, liegt hierin kein haftungsbegründendes Fehlverhalten, wenn **er auch die von ihm veranlasste weitere Befunderhebung (zunächst Röntgenaufnahme, dann Knochenszintigraphie) als ausreichend ansehen dürfte**, diese kein richtungsweisendes Ergebnis aufwies und auch keine weitere Sachaufklärung gebot. Stellt sich nachfolgend heraus, dass aus ex-post-Sicht der richtige Befund (Morbus perthes, d. h. Knochenmarknekrose im Hüftkopf) bereits auf der ersten Röntgenaufnahme sichtbar war, jedoch **aus der maßgeblichen ex-ante-Sicht vom behandelnden Arzt falsch gedeutet** wurde, was vom Sachverständigen im Hinblick auf die **Seltenheit der Erkrankung** als nachvollziehbar bewertet wird, kann dem Arzt weder ein fundamentaler Diagnoseirrtum noch eine unterlassene Befunderhebung zur Last gelegt werden (OLG Koblenz, Urt. v. 20. 1. 2011 – 5 U 282/10, GesR 2011, 539, 540).

G 383b   **Sepsis nach Operation verkannt**

Die Schwelle zum haftungsrechtlich relevanten Vorwurf (nicht mehr vertretbarer Diagnoseirrtum, einfacher Behandlungsfehler) ist nur dann überschritten, wenn ein klares Krankheitsbild verkannt wird, das diagnostische Vorgehen für einen gewissenhaften Arzt aus der maßgeblichen ex-ante-Sicht **nicht vertretbar erscheint oder die Fehlinterpretation in erster Linie auf nicht erhobenen, ele-**

mentaren Kontrollbefunden beruht. Nach diesen Grundsätzen liegt kein als Behandlungsfehler vorwerfbarer Diagnoseirrtum vor, wenn eine sich zur Peritonitis entwickelnde Sepsis mehrere Tage lang nicht erkannt wird, weil die typischen Merkmale einer Peritonitis (Bauchfellentzündung) wie eine Leukozytose (Leukozytenwerte über 11 000 ul), der Temperaturanstieg und abdominelle Zeichen (geblähter Bauch mit harter Bauchdecke) zunächst nicht feststellbar waren bzw. **eine Erhöhung der Leukozyten und ein Temperaturanstieg vertretbar als postoperative Folge gedeutet worden sind** (OLG Köln, Urt. v. 21. 1. 2004 – 5 U 99/03, AHRS III, 1815/316).

Schlaganfall nach Hüftgelenksoperation verkannt G 383c

Erleidet ein vorgeschädigter Patient während der Implantation einer Hüftgelenkprothese einen **leichten Schlaganfall**, liegt kein zur Umkehr der Beweislast führender Befunderhebungsmangel und auch kein fundamentaler Diagnoseirrtum (grober Behandlungsfehler) vor, wenn die **postoperativen Auffälligkeiten vertretbar auch als normale Folgewirkungen der erheblich traumatisierenden Operation** des vorgeschädigten Patienten gedeutet werden konnten. Kommt nach der Entdeckung des leichten Schlaganfalls eine gerinnselauflösende Lysetherapie nicht (mehr) in Betracht, so ist es nicht fehlerhaft, wenn **nach dem akuten Schlaganfall die Basistherapie durchgeführt wird**. Hierzu gehören die Senkung des Blutzuckers, die Einstellung des Blutdrucks und die Überwachung der Herzfrequenz, der Temperatur sowie des Flüssigkcits- und Elektrolythaushalts (OLG Koblenz, Beschl. v. 7. 5. 2009 – 5 U 478/09, MedR 2010, 196, 197 = VersR 2010, 1184).

Medizinischer Hintergrund: Nach einem **Schlaganfall** (akute cerebrale Ischämie bzw. apoplektischer Insult) besteht eine symptomatische Therapie in einer Fibrinolyse (tPA-Aktilyse) innerhalb von maximal 4,5 Stunden nach Beginn der Symptome ausschließlich in entsprechend ausgestatteten Schlaganfallstationen (Stroke-Units). Zuvor muss eine cerebrale Blutung ausgeschlossen werden. Bei einem **Hirnödem** erfolgt die Behandlung mit Mannitol (z.B. Osmofundin 15 % N), initial 100 g unter Hochlagerung des Oberkörpers, danach alle 4 Stunden mit 50 g (vgl. Pschyrembel, Therapie, 4. Aufl., S. 500/501; vgl. auch Siewert/ Stein, Chirurgie, 9. Aufl. 2012, Seite 261/262: **Zeitfenster für Lysetherapie derzeit maximal 45 Stunden**, bei intercerebralen Blutungen kontraindiziert; Dauermedikation mit Thrombozytenaggregationshemmern, frühreitige Kraniektomie bei malignen Infarkten mit erheblicher Raumforderung). Zu beachten ist, dass eine Dopplersonografie der Gefäße nebst CT die Unterscheidung erlauben, ob dem Schlaganfall eine Hirnblutung oder ein Gefäßverschluß zugrunde liegt. **Als Standard gilt heute ein MRT mit Diffusions- und Perfusionswichtung, weil sich die Hirninfarkte im CT oftmals nicht sogleich oder nur als Frühzeichen darstellen lassen** (Siewert/Stein, Chirurgie, 9. Aufl. 2012, S. 260).

Fehldeutung eines Kompartmentsyndroms als Beinvenenthrombose G 383d

Stützen Hämoglobin- und Hämatokritwert die – **objektiv unzutreffende – Diagnose einer Beinvenenthrombose** und verdichtet sich dieser Verdacht im weiteren Verlauf dadurch, dass die insoweit eingeleitete Therapie (hier: Gabe von gerinnungsaktiven Blutpräparaten) scheinbar greift, liegt kein als Behandlungsfehler vorwerfbarer Diagnoseirrtum des Arztes vor, wenn er ein **(tatsächlich vorliegendes) Kompartmentsyndrom** (Funktionsstörung im geschlossenen anatomischen Kompartiment bzw. Zellraum) nicht sofort in Erwägung zieht.

Im Bereich der Diagnose kann ein schuldhafter Behandlungsfehler des Arztes erst dann bejaht werden, wenn **das diagnostisch gewonnene Ergebnis für einen gewissenhaften Arzt nicht mehr vertretbar erscheint** (OLG Koblenz, Beschl. v. 18. 10. 2010 – 5 U 1000/10, GesR 2011, 100, 102). Eine Beweislastumkehr aus dem Gesichtspunkt der „unterlassenen Befunderhebung" scheidet aus, wenn die erhobenen Hämoglobin- und Hämatokritwerte die – objektiv unzutreffende – Diagnose einer Beinventhrombose nach Feststellung einer Umfangsdifferenz der Unterschenkel stützen und es nach Auffassung des gerichtlich bestellten Sachverständigen deshalb **vertretbar war, auf eine zunächst intendierte radiologische Abklärung zu verzichten.**

Hätte ein dennoch angefertigtes CT oder MRT lediglich zu der Erkenntnis geführt, dass eine zunächst diagnostizierte Beinvenenthrombose auszuschließen war, aber nicht mit hinreichender Wahrscheinlichkeit ein reaktionspflichtiges, positives Ergebnis i. S. d. Vorliegens eines Kompartmentsyndroms erbracht, weil noch andere Ursachen für die Beschwerden des Patienten in Betracht kamen, greift eine Beweislastumkehr auch aus diesem Grunde – soweit die Voraussetzungen einer Beweislastumkehr wegen „unterlassener Befunderhebung" überhaupt zu prüfen wären – nicht ein (OLG Koblenz, GesR 2010, 100, 102).

G 384 **Fremdkörper nicht erkannt**

Verbleibt nach einer Operation ein **Instrumententeil (kleines Metallstück) in der Wunde** und wird das Schließen der Wunde von den Ärzten unter Verkennung dieses Befundes fehlinterpretiert und deshalb weiter konservativ mittels antibiotischer Behandlung anstatt einer Revisionsoperation therapiert, liegt **kein fundamentaler Diagnoseirrtum** vor (OLG Hamm, VersR 2000, 352; vgl. aber Rz. G 369). Da es bei erheblichen Verletzungen nach einem Unfall postoperativ häufig zur Ausbildung von Blutergüssen kommt, liegt **kein als Behandlungsfehler zu bewertender Diagnoseirrtum** vor, wenn eine sonografisch auffällige Struktur als Hämatom (hier: 5,4 × 2 cm) interpretiert und beim Fehlen lokaler Entzündungszeichen nicht daran gedacht wird, es könne sich noch ein **Fremdkörper in der Wunde** befinden (OLG Düsseldorf, Urt. v. 16. 11. 2000 – 8 U 63/00, AHRS III, 1873/306; ebenso OLG München, Urt. v. 22. 8. 2013 – 1 U 3971/12, GesR 2013, 620, 622: Zurücklassen eines Bauchtuchs von 45 × 45 cm **bei Verwachsungen, großem Wundgebiet und Zählkontrollen nur einfacher Behandlungsfehler**).

G 385 Das **Festhalten an der ersten Diagnose** bei einer zwölf Tage später durchgeführten erneuten Sonographie kann aber **grob fehlerhaft** sein. So ist die Vermutung, es handle sich bei einer diffusen Schwellung der Bauchwand im Unterbauch- und Leistenbereich um ein etwa 5 × 3 cm großes Hämatom und nicht um einen bei der vorangegangenen Operation verbliebenen Fremdkörper bei Vorliegen folgender Umstände **nicht mehr vertretbar und unverständlich:** Ein Bluterguss hätte sich gegenüber dem Vorbefund vor 12–14 Tagen normalerweise zurückgebildet. Angesichts der Gleichheit der auffälligen Strukturen hätte man nunmehr an einen nach dem Unfall bzw. nach der Operation im Gewebe verbliebenen Fremdkörper denken müssen. Eine solche Schlussfolgerung liegt in einem solchen Fall auch nahe, wenn die Leukozytenzahl erheblich angestiegen ist (OLG Düsseldorf, a. a. O.: Klage wurde jedoch abgewiesen; vgl. auch Rz. G 369, G 729).

Orthopäde verkennt Herzinfarkt   G 385a

Werden **Leitsymptome eines Herzinfarkts** (hier: außergewöhnlich starke Schmerzen der linken Körperseite) eines 36-jährigen Patienten von einem Orthopäden **unzutreffend als orthopädische Erkrankung diagnostiziert** (hier: Wirbelblockade und Muskelverspannung), liegt in der versäumten internistischen bzw. kardiologischen Abklärung jedenfalls dann **kein grober Behandlungsfehler**, wenn der Patient anlässlich der Anamnese darauf hinweist, die Schmerzen würden wohl – wie bereits vor einigen Monaten – auf der Einklemmung eines Nervs im Bereich der Halswirbelsäule beruhen, was internistisch bereits abgeklärt worden sei (OLG Koblenz, Beschl. v. 30. 1. 2012 – 5 U 857/11, VersR 2012, 1041, 1043: im entschiedenen Fall lagen aber die Voraussetzungen einer Beweislastumkehr wegen „unterlassener Befunderhebung" vor).

3. Gynäkologie und Neonatologie

a) Fundamentaler Diagnoseirrtum bejaht

Gebärmutterentfernung nach fehlerhafter Diagnose eines objektiv nicht vorlie-   G 386
genden Myoms

Die fehlerhafte Diagnose eines Uterus myomatosus (Myom in der Gebärmutter) mit der Folge der – objektiv nicht indizierten – Entfernung der Gebärmutter ist grob fehlerhaft, wenn einer solchen Diagnose durch eine vorangegangene Laparoskopie, bei der kein Myom beschrieben wird, der Boden entzogen worden ist (OLG Köln, Urt. v. 19. 3. 2003 – 5 U 159/02, AHRS III, 1942/309).

Fehlerhafte Errechnung des Geburtstermins, verfrühte Geburtseinleitung   G 387

Die fehlerhafte Annahme eines um **sechs Wochen früheren Geburtstermins** sowie die hierauf beruhende, **zwei Monate verfrühte Geburtseinleitung** stellt einen groben Behandlungsfehler dar. Grob fehlerhaft ist auch, allein aufgrund einer mäßig gradigen Dystrophie, die einer Raucheranamnese der Mutter, ihrem Untergewicht und ihrer geringen Körpergröße zugerechnet werden kann, die Diagnose einer Plazentainsuffizienz nebst einer Wachstumsretardierung des Kindes zu stellen und deshalb die Geburt einzuleiten, wenn kein Fruchtwassermangel und keine fortschreitende Abnahme des kindlichen Wachstums zwischen den Untersuchungsintervallen vorliegt und keine sorgfältige sonografische Detailuntersuchung vorgenommen wird (OLG Saarbrücken, Urt. v. 21. 3. 2001 – 1 U 653/99–119, AHRS III, 1955/307).

Eileiterschwangerschaft verkannt, nachfolgende Harnleiterverletzung   G 387a

Es stellt einen groben Behandlungsfehler dar, wenn bei **zwingenden Hinweisen auf eine extrauterine Schwangerschaft** lediglich eine Ausschabung der Gebärmutter vorgenommen wird und weder einer Bauchspiegelung noch eine **regelmäßige Kontrolle der Beta-HCG-Werte** erfolgt. Zu einer Beweislastumkehr hinsichtlich der Kausalität zwischen der grob fehlerhaften unterlassenen Diagnose und der Behandlung der extrauterinen Schwangerschaft sowie der anlässlich der verzögerten operativen Sanierung erfolgten Verletzung des Harnleiters kommt es jedoch nicht, wenn es **äußerst unwahrscheinlich** ist, dass die Verzögerung auf die Operationsverhältnisse Einfluss genommen hat (OLG Köln, Urt. v. 20. 7. 2011 – 5 U 206/07, VersR 2012, 109, 110).

G 387b **Unterlassene Feststellung des Beta-HCG-Wertes, Eileiterschwangerschaft verkannt**

Andererseits liegt nur ein einfacher Behandlungsfehler vor, wenn die zunächst gestellte Diagnose einer „gestörten intrauterinen Schwangerschaft" durch eine Frauenärztin zunächst vertretbar gewesen ist, die Ärztin es aber unterlässt, den **Beta-HCG-Wert festzustellen bzw. zu überprüfen, wenn klassische Symptome einer extrauterinen Gravidität (Eileiterschwangerschaft)** wie etwa ein positiver Schwangerschaftstest, eine irreguläre vaginale Schmierblutung und Unterbauchschmerzen vorliegen (OLG Brandenburg, Urt. v. 18. 6. 2009 – 12 U 213/08, OLGR 2009, 694, 695: nicht mehr vertretbarer Diagnoseirrtum).

In einem solchen Fall kommt der Patientin jedoch eine **Beweislastumkehr aus dem Gesichtspunkt der „unterlassenen Befunderhebung"** zugute, wenn medizinisch zweifelsfrei gebotene Befunde (hier: Feststellung des Beta-HCG-Wertes) nicht bzw. nicht rechtzeitig erhoben worden sind, der rechtzeitig erhobene Befund mit hinreichender Wahrscheinlichkeit ein medizinisch positives und deshalb aus medizinischer Sicht reaktionspflichtiges Ergebnis gehabt hätte, die rechtzeitig erhobenen Werte also mit einer Wahrscheinlichkeit von mehr als 50 % eindeutig gewesen wären und eine Nichtreaktion auf einen solchen Befund in Form einer Abortkyrettage (Ausschabung der Gebärmutter) ohne Entfernung des Eileiters dann als grober Behandlungsfehler zu bewerten wäre (OLG Brandenburg, Urt. v. 18. 6. 2009 – 12 U 213/08, juris, Nr. 4–6).

G 387c **Überbeatmung einer Neugeborenen**

Es ist grob fehlerhaft, ein neugeborenes Kind nach einem Atemstillstand **trotz hochpathologischer Blutgaswerte bis zum fünften Lebenstag zu stark dosiert zu beatmen.** Ist die Überbeatmung **generell geeignet, eine Hypokapnie,** d. h. eine zu starke Erhöhung des arteriellen CO_2-Partialdrucks („Kohlendioxidnarkose", Blutgaswerte über 45 mmHg) und dadurch bedingt eine schwere Hirnschädigung auszulösen (hier: plastische Tetraparese mit schweren Mobiliäts-, Atmungs- und Schluckstörungen, Anfallsleiden, Pflegefall), so kommt eine Ausnahme von dem Grundsatz der Beweislastumkehr hinsichtlich der Kausalität nicht deshalb in Betracht, weil der eingetretene Gesundheitsschaden als mögliche Folge des groben Behandlungsfehlers zum maßgeblichen Zeitpunkt noch nicht bekannt war (BGH, Urt. v. 19. 6. 2012 – VI ZR 77/11, MDR 2012, 966 = NJW 2012, 2653 = VersR 2012, 1176, Nr. 11, 14, 15).

b) **Fundamentaler Diagnoseirrtum verneint**

G 388 **Fehlende Einbestellung der Patientin** (vgl. auch Rz. G 276b, G 388, G 452, G 581, G 858, G 859, G 923a, G 1034)

Wegen der **extrem schnellen Wachstumstendenz von Ovarialkarzinomen** entspricht es bei Feststellung einer Zyste oder unklarem Befund dem gynäkologischen Standard, die Patientin **nach vier bis sechs Wochen zu einer Kontroll-untersuchung einzubestellen.** Ein Gynäkologe ist jedoch nicht verpflichtet, die Patientin nach Ablauf dieses Einbestellungszeitraums zur Wahrnehmung des Nachuntersuchungstermins aufzufordern, wenn die Nachuntersuchung zwar zur Abklärung eines von einem anderen Facharzt (hier: Internist) geäußerten Verdachts auf das Vorliegen einer Ovarialzyste geboten war, die eigene Erst-befundung des Gynäkologen diesen Verdacht jedoch zunächst nicht bestätigt hat (OLG München, Urt. v. 13. 4. 2000 – 27 U 167/99, AHRS III, 1942/3009).

Brustkrebs bei dichtem Drüsenkörper nicht erkannt   G 389

Der Diagnosefehler eines Gynäkologen, der zur Abklärung der von der Patientin beklagten Druckschmerzen Mammografien beider Brüste veranlasst und die ab-gebildeten Einlagerungen fälschlich als nicht suspekte Makrokalzifikationen (mit bloßem Auge erkennbare Kalkablagerungen im Brustgewebe) beurteilt, ist nicht als fundamental zu werten, wenn die Einordnung aus radiologischer Sicht **wegen des dichten Drüsenkörpers sehr schwierig** war (OLG München, VersR 1998, 588). Jedenfalls Ende 1992 entsprach es auch nicht dem medizinischen Standard, in den Fällen sehr schwieriger Einordnung von Einlagerungen im Brustgewebe mittels Ultraschallaufnahmen zusätzliche Hinweise zur Abklärung von Veränderungen des Brustdrüsenkörpers zu suchen oder die Einlagerungen stets histologisch abzuklären (OLG München, VersR 1989, 588; allerdings hat sich die bildgebende Diagnostik zwischenzeitlich deutlich verbessert!).

Brustkrebs verkannt, fehlender Kausalzusammenhang   G 390

Die Haftung eines Frauenarztes wegen zu später Erkennung eines Mammakarzi-noms scheidet aus, wenn die aufgrund seines Behandlungsfehlers **um zwei Jahre verzögerte chirurgische Behandlung, die Entfernung der Lymphknoten, die Be-strahlung sowie die Folgen der Bestrahlungsmaßnahmen** für die Patientin bei rechtzeitig gestellter Diagnose nicht günstiger ausgefallen wären und die bloße Verzögerung der Diagnosestellung keinen messbaren (vgl. § 287 I ZPO: mit überwiegender Wahrscheinlichkeit festzustellenden) Körper- oder Gesundheits-schaden herbeigeführt hat. Allein die **Verschlechterung der Prognose führt nicht zu einem Anspruch gegen den Arzt**, wenn nicht festgestellt werden kann, dass hieraus ein konkreter Körper- oder Gesundheitsschaden resultiert bzw. künftig resultieren wird (OLG Düsseldorf, Urt. v. 22. 3. 2007 – I 8 U 124/05 mit NZB BGH v. 6. 11. 2007 – VI ZR 112/07, AHRS III, 1942/320).

Probeexzision unterlassen   G 390a

Ein Diagnosefehler liegt vor, wenn die anfängliche Arbeitsdiagnose „Masto-pathie" nach Auftreten der Beschwerden nicht überprüft und **keine Probeexzi-sion** zur Abklärung des Vorliegens eines Mammakarzinoms vorgenommen wird (OLG Stuttgart, VersR 1989, 295). Das Unterlassen einer Probeexzision nach der Arbeitsdiagnose „Mastopathie" trotz vorhandener Schmerzen in der Brust ist je-doch nicht stets als (einfacher oder gar grober) Diagnosefehler zu werten, jeden-falls wenn sich nach dem Vorliegen einer Mammografie und eines Tastbefundes keine Anhaltspunkte für eine Brustkrebserkrankung ergeben (OLG Zweibrü-cken, VersR 1991, 427; auch OLG Düsseldorf, VersR 1988, 1297 und OLG Mün-chen, VersR 1998, 588 sowie OLG München, Urt. v. 20. 9. 2001 – 1 U 4502/00,

OLGR 2003, 7, 8 und OLG Düsseldorf, Urt. v. 6. 3. 2003 – 8 U 22/02, NJW-RR 2003, 1333; vgl. zur unterlassenen Biopsie bzw. Exzision Rz. G 473, G 577b-Leitlinie, G 578aff., G 643, G 658, G 812ff., G 1041).

G 390b **Verzögerte Diagnose eine Mammakarzinoms, Biopsie unterlassen**

Für eine Beweislastumkehr hinsichtlich des Ursachenzusammenhangs zwischen einem Behandlungsfehler und dem Gesundheitsschaden der Patientin reicht es aus, wenn die Unterlassung einer aus medizinischer Sicht gebotenen Befunderhebung per se einen groben Behandlungsfehler darstellt oder ein fundamentaler Diagnoseirrtum vorliegt (BGH, Urt. v. 29. 9. 2009 – VI ZR 251/08, VersR 2010, 115, 116).

So liegt ein **grober Behandlungsfehler vor, wenn ein klares Behandlungsbild oder eindeutige Befunde verkannt werden** (OLG Köln, Urt. v. 26. 5. 2008 – 5 U 175/07, VersR 2009, 1543). Dies ist nicht der Fall, wenn ein **Sonographiebefund** bei einer Patientin mit dem **Verdacht auf das Vorliegen eines Mammakarzinoms** zwar für die linke Seite sieben Herde ergeben hatte, es sich dabei um einen kleinknotigen Strang und ein fluktuierendes Geschehen handelte und der Gynäkologe es **nicht für erforderlich hält, eine Stanzbiopsie zu veranlassen.**

G 390c In einem solchen Fall greift auch eine Beweislastumkehr unter dem Gesichtspunkt der **unterlassenen Befunderhebung** nicht ein, wenn es der behandelnde Frauenarzt (hier: im Krankenhaus) unterlässt, beim Verdacht auf das Bestehen eines Mammakarzinoms eine Stanzbiopsie durchzuführen (hier: einfacher Behandlungsfehler), der vom Gericht beauftragte Sachverständige aber feststellt, es bestehe **keine Wahrscheinlichkeit von mehr als 50 % oder es sei sogar spekulativ, ob sich dann ein positiver Befund im Sinne eines Mammakarzinoms ergeben hätte** (OLG Köln, Urt. v. 26. 5. 2008 – 5 U 175/07, VersR 2009, 1543: Wahrscheinlichkeit von mehr als 50 % erforderlich).

G 390d Der Schaden, den eine Patientin dadurch erleidet, dass sie sich nach einem (behaupteten) Behandlungsfehler (hier: um ca. sieben Wochen verzögerte Diagnose eines Mammakarzinoms an der linken Brust) zur Vorbeugung einer etwaigen negativen Krankheitsentwicklung vorsorglich einer **medizinisch nicht indizierten Amputation (auch) der nicht befallenen rechten Brust** unterzieht, ist der Verletzungshandlung des Arztes haftungsrechtlich nicht zuzurechen. Die Patientin dürfte sich zu einer solchen, nicht indizierten Operation nicht „herausgefordert" fühlen (OLG Köln, Urt. v. 26. 5. 2008 – 5 U 175/07, VersR 2009, 1543).

G 391 **Falsche Auswertung eines Abstrichs bei Krebsverdacht**

Hat der behandelnde Gynäkologe die in der konkreten Situation erforderlichen Befunde erhoben und einen **Abstrich** genommen, diesen aber (einfach-) **fehlerhaft ausgewertet** (hier: PAP II statt PAP III), liegt (nur) ein **einfacher Diagnosefehler** und kein Befunderhebungsmangel vor. Wird deshalb – aus der Sicht des Gynäkologen folgerichtig – eine objektiv nach drei Monaten erforderliche Kontrolluntersuchung nicht bzw. verspätet durchgeführt, kann hierin kein Anknüpfungspunkt für eine Beweislastumkehr aus dem Gesichtspunkt der unterlassenen Befunderhebung liegen, wenn der Diagnoseirrtum nicht seinerseits als grober Behandlungsfehler (fundamentaler Diagnoseirrtum) zu qualifizieren ist

(OLG Köln, Urt. v. 20. 7. 2005 – 5 U 200/04, VersR 2005, 1740, 1741 = NJW 2006, 69, 70).

Gynäkologe bzw. Nicht-Notfallmediziner hält Patienten für tot   G 392

Ein seit über 20 Jahren als Gynäkologe tätiger Arzt ohne besondere Erfahrungen und Kenntnisse im Bereich der Notfallmedizin, der zufällig an der Rettung eines bewusstlosen, stark unterkühlten Kindes beteiligt ist, das offensichtlich mehr als zehn Minuten im Wasser lag, lichtstarre Pupillen, aber keine Atmung und keinen tastbaren Puls mehr aufweist und sich wie eine „Wachspuppe" anfühlt, handelt nicht grob fehlerhaft, wenn er das Kind für tot hält und von Wiederbelebungsmaßnahmen (ABC-Regel: Freimachen der Atemwege, Mund-zu-Mund Beatmung, Herzdruckmassage) absieht (OLG München, Urt. v. 6. 4. 2006 – 1 U 4142/05, NJW 2006, 1883, 1886 = GesR 2006, 266, 268 f.).

Darmverletzung nach Operation nicht erkannt   G 392a

Das Nichtbemerken der **bei einem laparoskopischen Eingriff erfolgten Darmverletzung** (hier: ca. 1,5 cm lange Darmläsion) ist dem Operateur haftungsrechtlich nicht vorzuwerfen, wenn er das Operationsfeld bei der Beendigung des Eingriffs mit ausreichender Sorgfalt überprüft hat. Für eine entsprechende Nachschau kann der im OP-Bericht enthaltene Hinweis auf eine „Bluttrockenheit" sprechen, weil er Ausdruck der **Feststellung eines unauffälligen Befundes** ist (OLG Düsseldorf, Urt. v. 8. 5. 2008 – I-8 U 38/07, OLGR 2009, 199, 200). Wird die Patientin nach einem laparoskopischen Eingriff (hier: Sterilisation) nach Hause entlassen und schildert sie dem Operateur **wenige Stunden nach dem Eingriff heftige Schmerzen** (hier: wegen einer objektiv vorliegenden Darmläsion), ist es jedenfalls nicht grob fehlerhaft, die Patientin nicht unverzüglich zu einer eigenen ärztlichen Untersuchung einzubestellen oder für die Überweisung in ein Krankenhaus zu sorgen und ihr lediglich mitzuteilen, sie solle sich bei einer Fortdauer der Beschwerden trotz entsprechender, rezeptierter Schmerzmedikation erneut bei ihm melden. Denn in den meisten Fällen haben derartige Schmerzen kurz nach dem Eingriff einen harmlosen Hintergrund (OLG Düsseldorf a. a. O.).

Hellp-Syndrom   G 392b

Tritt das Krankheitsbild eines Hellp-Syndroms erst nach der Entbindung auf, ist über eine blutdrucksenkende Medikation (hier: mit Nepresol) keine weitere Behandlung indiziert. Bei nach wie vor erhöhten Blutdruckwerten ist schon unmittelbar nach Beendigung einer Sectio mit der Gabe der blutdrucksenkenden Medikation fortzufahren. **Die Unterlassung der Gabe einer blutdrucksenkenden Medikation bei erhöhten Blutdruckwerten nach einer Sectio ist aber nicht stets grob fehlerhaft, da bei einer Patientin mit schwangerschaftsbedingtem Bluthochdruck die Entbindung als solche schon das optimale blutdrucksenkende Mittel darstellt und verabreichtes Magnesium sowie sedierendes Valium sich potentiell antihypertensiv auswirken** (OLG München, Urt. v. 23. 4. 2009 – 1 U 4456/08 mit NZB BGH v. 20. 4. 2010 – VI ZR 163/09, AHRS III, 2715/348).

4. Kinderheilkunde

a) Fundamentaler Diagnoseirrtum bejaht

G 393 **Kinderarzt übersieht Spannungspneumothorax bei Neugeborenem**

Ein fundamentaler Diagnosefehler liegt auch vor, wenn ein pädiatrischer Facharzt sich objektiv aufdrängende **hochcharakteristische und hochverdächtige Symptome** für einen Spannungspneumothorax bei einem Neugeborenen übersieht und es unterlässt, zeitnah diagnostische bzw. therapeutische Maßnahmen – etwa eine Probepunktion und anschließend eine beidseitige Pleurapunktion – durchzuführen (OLG Schleswig, Urt. v. 28. 2. 2003 – 4 U 10/01, OLGR 2003, 264).

G 394 **Kinderarzt bzw. Krankenhaus verkennt Enzephalitis**

Kann der **Verdacht auf eine Enzephalitis (Entzündung von Hirngewebe) nicht ausgeräumt** werden, sondern bieten die Ergebnisse der Anfangsuntersuchungen insoweit Veranlassung zu weiteren diagnostischen Maßnahmen, so ist entweder der Verdachtdiagnose unverzüglich nachzugehen oder aufgrund der Verdachtsdiagnose entsprechend zu therapieren. Bei den von einer Enzephalitis bekanntermaßen ausgehenden schweren Gefahren für Leben und Gesundheit des Erkrankten müssen unverzüglich alle Versuche unternommen werden, ein Höchstmaß an Klarheit zu gewinnen, um eine wirksame Therapie einleiten zu können. Dabei kommen eine Lumbalpunktion, die Erstellung eines EEG und/oder eines Computertomogramms in Betracht. Werden solche **wesentlichen diagnostischen Maßnahmen nicht unverzüglich ergriffen** und kommt es deshalb zur verspäteten Medikamentation, ist ein grober Behandlungsfehler zu bejahen (OLG Köln, VersR 1991, 186, 188). Grob fehlerhaft ist auch die unterlassene Krankenhauseinweisung zur **Vornahme einer Lumbalpunktion** bzw. anderer diagnostischer Maßnahmen zur Abklärung einer etwa vorliegenden **Meningitis (Hirnhautentzündung)** bei einem unter starkem Fieber und Gleichgewichtsstörungen leidenden Kleinkind (OLG Oldenburg, NJW-RR 1997, 1117).

G 394a Das Vorliegen eines groben Behandlungsfehlers ist auch zu bejahen, wenn ein Kinderarzt es **gänzlich unterlässt, bei einem zweijährigen Kind mit Anzeichen einer Infektion Untersuchungen auf das Vorliegen spezifischer Symptome einer Meningitis (insbesondere Nackensteifigkeit, Zeichen nach Kerning und Brudzinski) vorzunehmen** (OLG Stuttgart, NJW-RR 1997, 1114; OLG Düsseldorf, Urt. v. 3. 8. 2007 – I-8 U 114/05 mit NZB BGH v. 16. 9. 2008 – VI ZR 94/07, AHRS III, 2030/318) **oder wenn der Kinderarzt beim Vorliegen eindeutiger Infektzeichen die typischen Symptome einer Meningitis (Nackensteifigkeit, Kopfschmerzen, Lichtscheu) nicht erkennt** (OLG Oldenburg, NJW-RR 1997, 1117; OLG Düsseldorf, a. a. O.).

b) Fundamentaler Diagnoseirrtum verneint

G 395 **Sepsis bzw. Meningitis verkannt, Krankenhauseinweisung unterlassen**

Wird ein knapp drei Wochen altes Kleinkind von den Eltern in der Praxis eines Kinderarztes vorgestellt mit dem Hinweis, das Kind habe wenig getrunken, sich sehr stark nach hinten verbogen, beim Anheben sogleich zu schreien begonnen, komisch und außergewöhnliche Bewegungen durchgeführt, wobei zwei Tage zuvor Fieber mit 39,7 C gemessen und die in einer Klinik durchgeführte Urinuntersuchung einen positiven Befund ergeben hätte, so muss sich dem Kinderarzt der **Verdacht auf das Vorliegen einer schweren Infektion (hier: Sepsis oder Meningitis) aufdrängen.** In einem solchen Fall **ist es fehlerhaft, die Diagnose „Urosepsis/ Harnwegsinfektion" zu stellen und eine Wiedervorstellung für den Folgetag zu vereinbaren, anstatt das Kind umgehend in eine Klinik einzuweisen, um dem Verdach einer Sepsis nachzugehen.** Ein grober Behandlungsfehler (hier: in der Form der unterlassene Klinikeinweisung) **liegt jedoch nicht vor, wenn der Kinderarzt das Kind gründlich untersucht, Sonografien der Nieren und der ableitenden Harnwege durchführt, ein Blutbild erstellt sowie eine weitere Blutprobe und den entnommenen Urin an ein auswertiges Labor weiterleitet und dabei keine eindeutigen Hinweise für eine Sepsis oder Meningitis erkennt, die sich nicht mit einem bloßen Harnweginfekt vereinbaren ließen,** jedenfalls wenn die klassischen Zeichen einer Meningitis wie Nackensteife, Kopfschmerzen oder Lichtscheu (noch) nicht feststellbar waren (OLG Düsseldorf, Urt. v. 3. 8. 2007 – I-8 U 114/05 mit NZB BGH v. 16. 9. 2008 – VI ZR 94/07, AHRS III, 2030/318).

Ein grober Behandlungsfehler liegt insbesondere dann nicht vor, wenn vom Arzt **keinerlei typische Symptome einer Enzephalitis** festgestellt werden können, etwa starkes Fieber, Schläfrigkeit, Meningismus oder neurologische Herdstörungen wie zum Beispiel Lähmungen (OLG Bamberg, VersR 1992, 831, 832) bzw. Nackensteife, Kopfschmerzen oder Lichtscheu (OLG Düsseldorf, a. a. O.). **G 395a**

Kinderärztin übersieht mögliche Hirnblutung **G 396**

Eine Fehldiagnose ist dem Arzt bzw. der Ärztin etwa bei unterbliebener Überprüfung einer Diagnose nicht anzulasten, wenn **bei einem zu Krämpfen neigenden Kind,** das **bewusstlos war,** sich erbrochen und **„die Augen verdreht" hatte,** eine vom Radiologen des Krankenhauses nach Anfertigung eines CT gestellte Diagnose „Schütteltrauma, kein Nachweis einer sicheren Hirnblutung" nicht weiter hinterfragt wird und in der Abteilung Kinderheilkunde alle erforderlichen Maßnahmen ergriffen werden, die auf dieser Grundlage zu ergreifen waren. Hier handelt der Arzt bzw. die Ärztin nicht behandlungsfehlerhaft, selbst wenn er/sie von einer unrichtigen Arbeitshypothese ausgeht. Jedenfalls fehlt es in einem solchen Fall an der erforderlichen Kausalität zwischen einem (einfachen) Diagnosefehler und der Schädigung (OLG Hamm, Urt. v. 30. 8. 2000 – 3 U 165/99, OLGR 2002, 236, 238).

Retinoblastom (maligner Netzhauttumor) verkannt (vgl. auch Rz. G 262, **G 396a** G 276b, G 548, G 631, G 645 ff., G 896b, G 896c)

Im Rahmen einer kinderärztlichen Vorsorgeunteruntersuchung (hier: U 6) kann ein Retinoblastom vom Kinderarzt nicht mit Sicherheit erkannt werden. Ein von den Eltern angegebenes „Glänzen" eines Auges ist kein typisches Symptom für ein Retionblastom und kann auch bei einer fiebrigen Erkrankung durch vermehrte Sekretbildung auftreten. Wird von den Eltern nur ein solches „Glänzen" im Rahmen eines noch bestehenden zeitlichen Zusammenhangs mit einer fiebrigen Erkrankung, nicht jedoch ein „weißes Pupillenleuchten", ein „weißlicher Reflex" oder ein „grauer Schimmer" angegeben, ist es **nicht behandlungsfehler-**

haft, das Kind nicht umgehend an einen Augenarzt zu überweisen (LG Nürnberg-Fürth, Urt. v. 27. 1. 2000 – 4 O 864/98, AHRS III, 2030/302).

5. Innere Medizin und Urologie

a) Fundamentaler Diagnoseirrtum bejaht

G 397   **Bei Verdacht auf Myokardinfarkt sofortige Fibrinolyse unterlassen**

Ein grober Behandlungsfehler liegt vor, wenn der Notarzt einen Patienten nach Durchführung eines EKG mit dem Verdacht auf das Vorliegen eines Myokardinfarkts **in ein Krankenhaus einliefert, wenn die Diagnose „V. a. Myokardinfarkt" nach Auswertung eines weiteren EKG bestätigt, aber die sofortige Durchführung einer Fibrinolyse (Neutralisierung der kontinuierlich ablaufenden Blutgerinnung, Lösung von Firbrin aus den Thromben) unterlassen und statt dessen eine anderweitige medikamentöse Behandlung und erst nach mehr als sechs Stunden eine Herzkatheteruntersuchung für den nächsten Morgen angeordnet wird** (BGH, Urt. v. 25. 10. 2011 – VI ZR 139/10, VersR 2012, 362 = NJW 2012, 227, Nr. 10, 12).

G 397a   **Verkennung einer bakteriell bedingten Pneumonie (Lungenentzündung)**

Auch unter Beachtung des einem Arzt bei der Diagnose zustehenden Beurteilungsspielraums liegt ein Behandlungsfehler in Form eines Diagnosefehlers vor, wenn das diagnostische Vorgehen und die Bewertung der durch diagnostische Hilfsmittel gewonnenen Ergebnisse für einen gewissenhaften Arzt **nicht mehr vertretbar** erscheinen (OLG Hamm, Urt. v. 4. 3. 2002 – 3 U 147/01, AHRS III, 2002/312). In diesem Sinn ist es **nicht mehr vertretbar**, von einer Pilzinfektion der Speiseröhre o. a. auszugehen, wenn der Nachweis von Candida-Pilzen im Bronchialsekret nicht geführt werden kann und beim Patienten eine extreme Leukozytose von 29 000 µ/l und eine deutliche Erhöhung der Blutsenkungsgeschwindigkeit als Zeichen einer ausgeprägten Entzündung vorliegen. Die **Verkennung einer bakteriell bedingten Lungenentzündung**, die dann erst am dritten stationären Tag nach verspäteter Röntgenuntersuchung festgestellt wird, ist unter diesen Umständen **grob fehlerhaft** (OLG Hamm, Urt. v. 4. 3. 2002 – 3 U 147/01, AHRS III, 2002/312).

G 398   **Kompartementsyndrom nicht abgeklärt, Konsiliararzt nicht beigezogen**

Bei einer **Fußheberschwäche** muss unter Berücksichtigung des Umstandes, dass das wahre Krankheitsbild wegen der Möglichkeit einer Polyneuropathie verschleiert sein kann, differentialdiagnostisch unbedingt an das Vorliegen eines Kompartmentsyndroms (Funktionsstörung in einem geschlossenen Muskelkompartment, insbesondere am Unterarm und am Unterschenkel, selten am Fuß) gedacht werden. Die **Unterlassung der sofortigen Beiziehung eines Chirurgen** (Konsiliararzt im Krankenhaus) zur Abklärung dieses Krankheitsbildes ist grob fehlerhaft (OLG Karlsruhe, Urt. v. 27. 6. 2001 – 7 U 40/99, AHRS III, 6562/319 und 7010/323).

G 398a   **Schlaganfall verkannt, CT nicht angefertigt**

Deutet der Aufnahmebefund des Patienten auf einen **Schlaganfall** hin, ist eine **unverzügliche Bildgebung – zumindest ein CT, nicht lediglich ein EEG – zur**

weiteren diagnostischen Abklärung geboten, um erforderlichenfalls eine Lyse-Therapie (Zeitfenster: 3–4,5 Stunden) oder eine Sekundärprophylaxe (mit Thrombozytenaggregationshemmern bzw. mit Antikoagulantien) einzuleiten. Wird das **CT mehr als vier Stunden nach der Einlieferung des Patienten mit Anzeichen für einen Schlaganfall gefertigt, liegt ein „grober Behandlungsfehler"** vor. Demgegenüber greift eine (zusätzliche) Beweislastumkehr wegen „unterlassener Befunderhebung" nicht ein, wenn offenbleibt, ob die unverzügliche Bildgebung durch CT ein reaktionspflichtiges Ergebnis gehabt und die hieran anknüpfende Therapie den weiteren Kausalverlauf zugunsten des Patienten verändert hätte (OLG Koblenz, Urt. v. 25. 8. 2011 – 5 U 670/10, VersR 2013, 111, 112; zum *medizinischen Hintergrund* beim Schlaganfall vgl. Rz. G 383c, D 25f).

Anmerkung: Zu einer Beweislastumkehr wegen „unterlassener Befunderhebung" kommt es auch dann, wenn allein die Verkennung des sich mit hinreichender Wahrscheinlichkeit ergebenden Befundes grob fehlerhaft gewesen wäre (vgl. hierzu Rz. U 82 ff.).

b) Fundamentaler Diagnoseirrtum verneint

Verkennung eines spinalen Tumors bei schlüssiger, anderweitiger Diagnose   G 399

Ist sich der behandelnde Facharzt seiner Diagnose, hier einer undifferenzierten Spondylarthropathie (entzündlich-rheumatische Erkrankung mit Veränderungen der Wirbelsäule o.a.) als Frühform des Morbus Bechterew (chronisch entzündlich-rheumatische Erkrankung des Achsenskeletts, insbesondere der Wirbelsäule, der Iliosakralgelenke, der Schambeinfugen und kleiner Wirbelgelenke, der Extremitätengelenke und Sehnenansätze) sicher, stellt es keinen Behandlungsfehler, auch nicht in der Form der „unterlassenen Befunderhebung" dar, wenn die im Verlauf der Behandlung auftretende Schmerzsymptomatik die gestellte Diagnose sogar stützt, dieser jedenfalls nicht entgegensteht und die weiterhin in sich stimmige Diagnostik keinen medizinisch gerechtfertigten Grund ergab, differential-diagnostisch dem **Verdacht auf eine Spinalkanalstenose nachzugehen, selbst wenn ein tatsächlich vorliegender intraspinaler Tumor, der den gesamten Spinalkanal ausfüllte, bei Veranlassung eines CT oder MRT mit hinreichender Wahrscheinlichkeit erkannt worden wäre** (OLG Düsseldorf, Urt. v. 11. 3. 2004 – I-8 U 102/02, AHRS III, 2020/300: kein vorwerfbarer, einfacher oder gar fundamentaler Diagnoseirrtum und kein Befunderhebungsfehler).

Morbus Crohn verkannt   G 400

Die Verkennung einer entzündlichen Darmkrankheit (Morbus Crohn) ist nicht vorwerfbar fehlerhaft, wenn zwar eine solche Darmerkrankung differential-diagnostisch nicht ausgeschlossen werden kann, aber die vorliegende **Symptome zunächst für eine Appendizitis sprechen** und deshalb eine Blinddarmoperation durchgeführt wird (LG Magdeburg, Urt. v. 20. 6. 2007 – 9 O 1393/05, NJW-RR 2008, 536, 537).

Appendizitis nicht erkannt (vgl. hierzu Rz. D 121 f., G 454 ff.)   G 401

Pankreatitis nicht erkannt   G 402

Die von einem Arzt zu betreibende Diagnostik muss nicht darauf hinauslaufen, alles um jeden Preis abzuklären. Liegen lediglich eine leicht gespannte Bauchdecke und ein diffuser Druckschmerz, nicht aber eine abdominelle Abwehrspannung und auch kein akut auftretender Schmerz vor, muss ein Internist (hier: in einem Krankenhaus) kein akutes Abdomen in Betracht ziehen und ist nicht gehalten, eine dies abklärende Diagnostik zu betreiben. **Der Verdacht auf eine Pakreatitis (Entzündung der Bauchspeicheldrüse) muss sich erst dann aufdrängen, wenn der Patient über akute Bauchschmerzen klagt** (akut auftretende Schmerzen, Veränderung der Darmperistaltik, abdominelle Abwehrspannung, Verschlechterung des Allgemeinzustandes) **und/oder wenn die Amylase- und Lipasewerte um mehr als das Dreifache erhöht sind** (OLG Hamm, Urt. v. 28. 2. 2001 – 3 U 103/00, AHRS III, 1815/304; vgl. Pschyrembel, 264. Aufl., S. 1558: meist akuter, heftiger, häufig gürtelförmiger Oberbauchschmerz, Übelkeit und Erbrechen, Meteorismus, labordiagnostisch erhöhte Lipase, Amylase und Elastase, erhöhtes CRP, ggf. Leukozytose).

G 403 **Medikamentöse Blutverdünnung unterlassen**

Hat ein niedergelassener Internist die Blutgerinnungswerte seines Patienten, der sich Jahre zuvor mit Hinweisen auf einen thrombotischen Prozess und aktuell mit Atemwegsproblemen sowie Herzstechen vorgestellt hat, ausreichend und engmaschig bestimmen lassen, dabei auch ein Krankenhaus in die Untersuchungen einbezogen und hiernach vertretbar von einer dauerhaften **medikamentösen Therapie zur Blutverdünnung (z. B. mit Marcumar) abgesehen**, so haftet er nicht für eine spätere Lungenembolie des Patienten, wenn dem Behandlungskonzept eine sachgemäße Einschätzung der konkreten Risiken einer dauerhaften Reduzierung der Blutgerinnung zugrunde lag und der vom Gericht bestellte Sachverständige die Auffassung vertritt, dass es in der Lage des Patienten keine allgemein gültige, verpflichtende Therapieempfehlung gegeben hat. Stellt sich nach dem Auftreten der Lungenembolie heraus, dass die Diagnose des Arztes unzutreffend war (Fehleinschätzung anhand der Vorerkrankungen und eines kritischen Protein-C-Wertes) und weitergehend hätte überprüft werden können, begründet dies keinen als Behandlungsfehler zu wertenden Diagnoseirrtum. Ein haftungsrechtlich relevanter Diagnoseirrtum (einfacher Behandlungsfehler) liegt erst dann vor, wenn das diagnostisch gewonnene Ergebnis für einen gewissenhaften Arzt **aus ex-ante-Sicht nicht mehr vertretbar** erscheint. Diese Voraussetzung **liegt nicht vor, wenn die nicht offensichtlich unzutreffende Diagnose des Arztes von den Ärzten eines in die Behandlung einbezogenen Krankenhauses bestätigt wird** (OLG Koblenz, Urt. v. 21. 12. 2006 – 5 U 1072/06, OLGR 2008, 100, 102).

G 404 **Lungentzündung verkannt, Bronchitis diagnostiziert**

Einem Internisten unterläuft nicht einmal ein einfacher Behandlungsfehler, wenn er bei einem langjährig in seiner Behandlung stehenden älteren Patienten mit nach einer Operation wegen einer Lungen-TB eingeschränkter Atemfunktion aufgrund klinischer Untersuchung eine **Rhinobronchitis diagnostiziert** und behandelt, er deshalb **keine Röntgenaufnahme** zum **Ausschluss** einer **Pneumonie** (Lungenentzündung) veranlasst und den Patienten nicht ausdrücklich zur routinemäßigen Therapieerfolgskontrolle wiederbestellt (OLG Köln OLGR 1992, 229).

Zur verkannten Thrombose vgl. Rz. G 460, G 480, G 537, G 751 ff., G 756 ff., G 771 ff., U 24, U 113, U 129, U 267 ff.

Lungenembolie verkannt, Lungenentzündung diagnostiziert G 405

Die Diagnose „Lungenentzündung" ist zumindest vertretbar, wenn das Röntgenbild einen für eine Lungenentzündung typischen Befund zeigt und bildgebende Verfahren keinen Anhaltspunkt für eine Lungenembolie ergeben hatten. Die Verpflichtung zu weiterer Diagnostik (hier: CT/MRT) besteht nur dann, wenn ungeklärte klinische oder bildliche Anzeichen vorliegen, welche den Verdacht auf eine Thrombose begründen oder zumindest nicht ausschließen. Musste sich der Verdacht auf eine Lungenembolie auch differentialdiagnostisch nicht aufdrängen, ist es in einem solchen Fall auch nicht fehlerhaft, wenn eine Thromboseprophylaxe unterlassen wird (OLG München, Urt. v. 12. 3. 2009 – 1 U 1561/07 bei Laufs-Kern, § 158, S. 63).

Einstweilen frei. G 406 – G 447

6. Allgemeinmedizin

a) Fundamentaler Diagnoseirrtum bejaht

Allgemeinarzt verkennt Leistenbruch G 448

Die Kombination von anhaltendem Erbrechen mit einer spontan auftretenden Weichteilschwellung im Bereich der typischen Bruchpforte für Eingeweidebrüche muss zur **Diagnose einer Brucheinklemmung** führen oder zumindest einen starken dahingehenden Verdacht aufkommen lassen. Wird infolge der unterlassenen oder grob fehlerhaften Diagnose der eingeklemmte Leistenbruch nicht erkannt und unterbleibt deshalb eine sofortige Einweisung in ein Krankennhaus, so hat der Arzt zu beweisen, dass dieser grobe Behandlungsfehler nicht ursächlich geworden ist für den im Zusammenhang mit dem dann nach verspätet erfolgter Operation eingetretenen Tod der Patientin; dies gilt auch dann, wenn weitere Behandlungsfehler der nachfolgenden Ärzte hinzukommen (OLG Frankfurt, VersR 2000, 853, 855).

Verkennung des mitgeteilten Befundes durch Allgemeinmediziner, nicht G 449
erkannte Endokarditis

Von einem Arzt für Allgemeinmedizin muss erwartet werden, dass er die Ergebnisse einer von ihm angeordneten Laboruntersuchung, so zum Ausschluss des Verdachts auf eine Mononukleose (akute fieberhafte Systemerkrankung des lymphatischen Gewebes durch das Epstein-Barr-Virus) zutreffend beurteilen kann. Verkennt er den **ausdrücklich mitgeteilten**, diese vermutete Erkrankung ausschließenden **Befund**, liegt ein fundamentaler Diagnoseirrtum vor mit der Folge, dass ihm der Beweis obliegt, eine infolge des Diagnosefehlers nicht erkannte Endokarditis (Entzündung der Herzinnenhaut, meist der Herzklappen) hätte auch nach der gebotenen Diagnostik, etwa durch Anlegung von Blutkulturen, Röntgenaufnahmen und der Anfertigung eines Echokardiogramms, mit keinem besseren Heilungserfolg therapiert werden können (OLG Saarbrücken, VersR 2000, 1241, 1242).

Allgemeinarzt bzw. Notarzt verkennt Meningitis G 450

(vgl. auch Rz. G 394a, G 395, G 565, G 851b, G 931, U 193)

Unterlässt es ein Notarzt, trotz der auf Meningitis (Hirnhautentzündung) hindeutenden Symptome eine diagnostische Abklärung zweifelsfrei gebotener Befunde zu erheben, etwa das Hochheben des Kopfes bis zum Brustbein bei gleichzeitigem Hochziehen der Beine, eine Untersuchung von Hautblutungen und/oder die Überprüfung der Nackensteifigkeit, und geht er deshalb als Arbeitsdiagnose von einer Mandelentzündung aus, so ist sowohl wegen der unterlassenen Befunderhebung (s. u. Rz. U 193) als auch wegen des fundamentalen Diagnoseirrtums eine Beweislastumkehr für die Kausalität gerechtfertigt (OLG Stuttgart, VersR 1994, 313). Jede **akute, fieberhafte und schwere Erkrankung eines Kindes** ist solange als Meningitis anzusehen, bis das Gegenteil bewiesen ist. Dieses Wissen ist auch von einem Allgemeinarzt im Sonntagsdienst zu erwarten. Das Nichterkennen der für eine Meningitis sprechenden Symptome bei einem Kleinkind stellt einen groben Behandlungsfehler dar (OLG Stuttgart, NJW-RR 1997, 1114, 1115; ebenso OLG Oldenburg, NJW-RR 1997, 1117).

G 451 **Allgemeinarzt/Unfallchirurg verkennt Venenthrombose**

Klagt ein Patient einige Tage nach einer Fußverletzung über **Spannungsschmerzen in der Wade**, so liegt der Verdacht einer Venenthrombose nahe und muss durch eine Phlebographie abgeklärt werden. Bei diesem Beschwerdebild ist die **Diagnose „Muskelkater" schlechthin unvertretbar**, so dass der Diagnoseirrtum einen groben Behandlungsfehler darstellt (OLG Köln, VersR, 1993, 190). Bei einem Thromboseverdacht gehört es nach bislang vertretener Ansicht zu den elementaren Behandlungsregeln, eine Phlebographie durchzuführen (OLG Oldenburg, MDR 1994, 995).

G 452 **Unterlassener Hinweis auf erforderliche Wiedervorstellung bei Verdacht auf Appendizitis**

Diagnostiziert ein Facharzt für Allgemeinmedizin bei dem Patienten eine Gastroenteritis (Magen-Darm-Katarrh; Schleimhautentzündung von Magen und Dünndarm), ist aber aufgrund der bestehenden Schmerzsymptomatik (hier: mit Übelkeit verbundene akute Schmerzen im Bereich des Bauchnabels und des Oberbauchs, ggf. Druckschmerz an der Bauchdecke, Anstieg der Körpertemperatur) eine **Appendizitis nicht auszuschließen**, so kann sich der Arzt nicht damit begnügen, dem Patienten zu empfehlen, er solle sich bei Anhalten oder Verschlimmerung der Beschwerden wieder vorstellen, sondern muss ihm den Hinweis erteilen, sich innerhalb von 24 Stunden – im Fall der Verschlechterung des Beschwerdebildes auch früher – bei ihm bzw. in einem Krankenhaus vorzustellen. Die Nichterteilung eines solchen Hinweises bei nicht auszuschließender Blinddarmentzündung ist grob fehlerhaft (OLG Düsseldorf, Urt. v. 22. 11. 2001 – 8 U 192/00, AHRS III, 1820/309 und 6579/301; vgl. auch Rz. D 121 ff., G 454 ff.).

G 453 **Diabetes mellitus verkannt**

Nimmt ein Patient in großem Umfang süße Getränke zu sich und ist bei ihm ein auffallender Mundgeruch festzustellen, so liegen deutliche Anzeichen für eine bestehende Zuckerkrankheit vor. Werden dem Allgemeinmediziner dieser Umstände bekannt, so ist es grob fehlerhaft, weitere Untersuchungen, insbesondere die **Bestimmung des Blutzuckerwertes zu unterlassen** (LG Coburg, Urt. v.

30. 5. 2001 – 21 O 505/99, bestätigt von OLB Bamberg, Urt. v. 10. 12. 2001 – 4 U 132/01, AHRS III, 1820/305).

Zum **Herzinfarkt** vgl. Rz. D 24 ff., D 45 ff., D 92 ff., G 462 ff., G 539, G 652 ff., **G 453a** G 941.

b) Fundamentaler Diagnoseirrtum verneint

Blinddarmentzündung (Appendizitis) nicht oder unzutreffend diagnostiziert   **G 454**

Die Indikationsstellung zur Operation einer akuten Appendizitis muss, auch wenn es sich objektiv um eine Fehldiagnose handelt, nicht fehlerhaft sein. Ausschlaggebend ist vielmehr der klinische Gesamteindruck. Schon die Feststellung eines **auf eine akute Blinddarmentzündung hinweisenden Druckschmerzes** kann einerseits genügen, um alle anderen Kriterien zurücktreten zu lassen und entsprechend operativ einzugreifen (OLG Hamm, VersR 2000, 101).

Medizinischer Hintergrund: Die **Appendizitis** (Entzündung des Wurmfortsatzes)   **G 454a** ist die häufigste chirurgische Adominalerkrankung. Das Perforationsrisiko wird mit 6–27 % angegeben (Pschyrembel, Therapie, 4. Aufl., S. 90/91). Klinische Zeichen sind Übelkeit, Erbrechen, kolikartige Bauchschmerzen, Fieber, wobei auch symptomfreie Intervalle möglich sind (Pschyrembel, 262. Aufl. 2011, S. 136 = 264. Aufl., S. 139; Siewert/Stein, Chirurgie, 9. Aufl., S. 687/688 und 1052/1053: Unwohlsein, Übelkeit, initiales, meist nur einmaliges Erbrechen, dumpfer, ggf. wandernder Schmerz, Abwehrspannung im rechten Unterbauch, Fieber, Meteorismus).

Die Diagnose erfolgt klinisch bei Schmerzen im rechten Unterbauch bei Erschütterung (insbesondere Klopfschmerz) und Palpation mit Überprüfung des Druck- und Loslassschmerzes an typischen Punkten. **Typische Palpationsbefunde sind Schmerzen am Mc Burney-Punkt (rechter Unterbauch), Schmerzen am Lanz-Punkt (Unterbauch rechts/mitte unterhalb des Blinddarms), Loslassschmerz (Blumberg-Zeichen, linker Unterbauch) und Schmerzen bei rektaler Untersuchung** (Pschyrembel, 264. Aufl., S. 139/140; Siewert/Stein, Chirurgie, 9. Aufl. 2012, S. 1052/1053: Klinik, etwa die rektale Untersuchung, bei Kindern ungeeignet). Diagnostisch hilfreich ist die Bestimmung des CRP-Wertes und des **Verlaufs der Leukozyten**. Jedenfalls wenn eine verdickte Appendix und ein perizökales Ödem nachgewiesen werden, ist eine **Sonografie** erforderlich (Siewert/Stein, Chirurgie, 9. Aufl. 2012, S. 688 und 1052/1053).

Lässt sich die Appendizitis nicht sicher ausschließen, muss operiert werden (Pschyrembel, Therapie, 4. Aufl., S. 90/91). Die laparoskopische Appendektomie kommt insbesondere bei adipösen Patienten, chronisch-rezidivierender Appendizitis oder bei diagnostisch unklarer Situation in Betracht, weil dabei nahezu die gesamte Bauchhöhle einsehbar ist (Pschyrembel, a. a. O.). Die konventionelle Appendektomie (Laparatomie) durch schrägen Unterbauchschnitt ist bei unklaren Situationen, insbesondere bei Verwachsungen und Lagevarianten, indiziert (Pschyrembel, Therapie, 4. Aufl., S. 90).

Differentialdiagnostisch kommen insbesondere ein **akutes Adomen**, eine Pseudoappendizitis (akute Entzündung im Bereich der oberen Atemwege), eine **Lym-**

phadenitis (Anschwellungen der Mesenteriallymphknoten, paketartige Lymph-knotenanschwellungen bei reizlosem Appendix), eine **Enteritis regionalis** (Darmentzündung bzw. Entzündung der Dünndarmschleimhaut, auch Morbus Crohn), eine stenosierendes Rektosigmoidkarzinom bei älteren Patienten, eine **Gastroenteritis** (Magen-Darm-Katarrh, Darmgrippe, infektiöse Schleimhautent-zündung von Magen und Dünndarm, häufige Fehldiagnose), eine **Harnwegs-infektion**, eine basale Pneumonie rechts (Lungenentzündung), **prämenstruelle Beschwerden** und eine Extrauteringravidität („Bauchhöhlenschwangerschaft", sehr selten) in Betracht (vgl. Pschyrembel, 264. Aufl., S. 139; Siewert/Stein, Chi-rurgie, 9. Aufl., S. 1052/1053: insbesondere Gastritis, basale Pleuritis, Erkran-kungen der inneren Genitalorgane und des Harntraktes). Ein wichtiger Hinweis ist die **Progredienz der Beschwerden** (Fieber, Abwehrspannung, vermehrte Darm-tätigkeit) bei der Appendizitis im Gegensatz zur **Symptomresistenz bzw. Sym-tomabnahme bei der Gastroenteritis** (Siewert/Stein, Chirurgie, 9. Aufl., S. 1052). Bessern sich die Symptome nicht innerhalb von 24–48 Stunden, muss operiert werden (Siewert/Stein, Chirurgie, 9. Aufl., S. 689).

G 455   Klagt andererseits ein 9-jähriges Kind über **diffuse Magenbeschwerden**, die sich innerhalb von zwei Tagen verschlimmert hatten, und legt die Gesamtsituation primär den **Verdacht auf eine dann behandelte Gastroenteritis** nahe, liegt in der Verkennung bzw. der verzögerten Diagnose einer Appendizitis kein grober Be-funderhebungs- oder Diagnosefehler. Verbleibt im nachfolgenden Rechtsstreit eine erhebliche Ungewissheit, ob eine weiter gehende diagnostische Vorgehens-weise zu weiteren Erkenntnissen geführt hätte, kommt auch eine Beweislast-umkehr aus dem Gesichtspunkt der unterlassenen Befunderhebung (vgl. Rz. U 50 ff., U 257) nicht in Betracht. Bei (einfach) fehlerhafter, unterlassener oder verzögerter Befunderhebung bzw. Diagnosestellung haftet der behandelnde Arzt nur dann, wenn der Patient nachweist, dass die zunächst unterlassenen Maßnahmen alsbald zur richtigen Diagnose und einem günstigeren Behand-lungsverlauf geführt hätten (OLG Koblenz, Urt. v. 3. 11. 2005 – 5 U 1560/04, bei Jorzig, GesR 2006, 16, 17 = AHRS III, 2030/317).

Hat der Arzt (hier: FA für Allgemeinmedizin) den Patienten **sorgfältig unter-sucht**, ergänzend alle nach den seinerzeit bestehenden Erkenntnismöglichkeiten gebotenen weiteren diagnostischen Maßnahmen (hier: Sonographie, Blutunter-suchung) veranlasst und deren Ergebnis zeitnah ausgewertet sowie **vertretbar ge-deutet, etwa als Gastroenteritis** (Magenschleimhautentzündung), scheidet eine Haftung wegen eines Diagnoseirrtums aus, wenn die tatsächlich bestehende Appendizitis nicht erkannt wird (OLG Koblenz, Urt. v. 29. 6. 2006 – 5 U 1494/05, OLGR 2006, 911, 912). Dies gilt selbst dann, wenn sich die im Rahmen der ersten Vorstellung der Patientin gestellte Diagnose einer „Gastroenteritis" im Rahmen einer weiteren, drei Tage später erfolgten Vorstellung nicht auf-rechterhalten lässt und sich nunmehr Hinweise auf ein entzündliches Gesche-hen ergeben, **aufgrund bestehender Klopfschmerzen im Nierenbereich aber ein „Harnwegsinfekt" diagnostiziert** und entsprechend therapiert wird (OLG Ko-blenz, Urt. v. 29. 6. 2006 – 5 U 1494/05, OLGR 2006, 911, 913: jedenfalls kein fundamentaler Diagnosefehler).

G 456   Eine **akute Blinddarmentzündung** ist auch für einen erfahrenen Arzt (hier: Allgemeinmediziner) nicht ohne weiteres zu diagnostizieren und in erster Linie

anhand der klinischen Symptome festzustellen, insbesondere ob bei unspezifischen Unterbauchbeschwerden ein Klopf- bzw. Loslassschmerz sowie eine Abwehrspannung im rechten Unterbauch, ggf. Schmerzen beim Strecken des rechten Beins sowie ein Anstieg der Körpertemperatur und/oder eine Erhöhung der Leukozytenzahl vorliegen oder nicht. Der Arzt hat keine Veranlassung, die Möglichkeit einer Appendizitis in Erwägung zu ziehen und diesbezüglich weitere Untersuchungen einzuleiten, wenn die beschriebenen typischen Zeichen einer Blinddarmentzündung ganz bzw. im Wesentlichen fehlen. Eine weiche Bauchdecke mit diskretem, diffusem Druckschmerz ohne Druck- oder Klopfschmerzen über den sogenannten McBurney-Punkt reichen für eine eindeutige und zwingende Diagnose nicht aus. Die vom Allgemeinarzt gestellte **Diagnose „Gastroenteritis"** (Magen-Darm-Katarrh, Schleimhautentzündung von Magen und Dünndarm) stellt sich unter diesen Voraussetzungen nicht als Behandlungsfehler in Form eines (einfachen oder gar groben) Diagnoseirrtums dar (OLG Düsseldorf, Urt. v. 11. 1. 2001 – 8 U 72/00, AHRS III, 1820/302).

Ein **einfacher Behandlungsfehler in Form eines Diagnoseirrtums** liegt vor, wenn die Ärzte eines Krankenhauses trotz der zunächst vertretbaren Diagnose einer **Gastroenteritis** dem **Verdacht einer Appendizitis** nicht durch erneute Untersuchungen nachgehen, wenn der Patient knapp 24 Stunden nach der stationären Aufnahme und eingeleiteter Medikation über zugenommene starke Schmerzen im Unterbauch mit Durchfall, Schüttelfrost und Erbrechen klagt. Ein grober Behandlungsfehler ist zu verneinen, wenn die 24 Stunden nach der stationären Aufnahme durchgeführten Untersuchungen (Röntgen, Sonographie, zusätzliche Untersuchung durch einen konsiliarisch hinzugezogenen Chirurgen) zunächst keinen eindeutigen Befund ergeben (OLG Karlsruhe, Urt. v. 12. 12. 2001 – 7 U 97/99, AHRS III, 1864/300).

G 457

Ein als Behandlungsfehler zu wertender Diagnoseirrtum eines Internisten oder Allgemeinmediziners ist auch zu verneinen, wenn sich der Patient mit anhaltenden Magen-Darm-Problemen, Miktionsbeschwerden und vorbestehenden, gesicherten kleineren Geschwüren im Magen- und Darmbereich vorstellt und sich bei der klinischen Untersuchung durch den Internisten oder Allgemeinmediziner eine weiche Bauchdecke, ein nur mäßiger Meteorismus (d. h. nur geringfügige Luft- bzw. Gasansammlung im Darm oder in der freien Bauchhöhle) mit nur gering ausgeprägter Schmerzsymptomatik finden, wobei eine leichte Erhöhung der Blutsenkungsgeschwindigkeit ohne weiteres mit gastroskopisch gesicherten kleineren Geschwüren im Magen- und Darm-bereich oder mit einer vermuteten Prostatitis (Entzündung der Prostata) zu vereinbaren sind, die vom Patienten angegebenen Krämpfe und wiederholter Durchfall unspezifisch bleiben und auch auf eine angegebene Unverträglichkeit gegenüber Milch und Milchprodukten zurückgeführt werden konnten. Es liegt jedenfalls **kein fundamentaler Diagnoseirrtum** vor, wenn sich die Beschwerden auch nach neun Tagen nicht gebessert haben, der Patient weiter bestehende Bauchschmerzen und Krämpfe bei der Miktion angibt und der Arzt eine im Wesentlichen unauffällige, umfassende Sonographie sämtlicher Bauchorgane durchführt sowie die Diagnose einer Prostatitis stellt. In einem solchen Fall liegt allenfalls ein einfacher Behandlungsfehler vor, wenn die erhobenen Befunde in ihrer Gesamtheit zwar nicht geeignet sind, das Vorliegen einer Prostatitis zu beweisen, jedoch neben

G 458

der Druckdolenz dieses Organs die Miktionsprobleme des Patienten, **bestehendes Fieber und Schmerzen im Bereich der Hoden im Vordergrund stehen** und sich dann anlässlich einer Tage später durchgeführten Operation herausstellt, dass der **perforierte Wurmfortsatz in atypischer Weise durch eine zusammengefaltete Dünndarmschlinge abgedeckt** war (OLG Düsseldorf, Urt. v. 13. 1. 2000 – 8 U 225/98, AHRS III, 2002/300).

G 459   **Verkennung einer SAB** (vgl. hierzu auch Rz. G 549, G 482)

Schwindelanfälle und über mehrere Monate hin bestehende Kopfschmerzen sind nicht typisch für Aneurysmen und auch keine typischen Vorboten einer Subarachnoidalblutung (SAB). Vielmehr sind Patienten mit nicht rupturierten Aneurysmen regelmäßig beschwerdefrei. Bei derartigen Anzeichen besteht **keine Indikation des Hausarztes zur Veranlassung eines MRT, eines CT mit Kontrastmitteln oder einer digitalen Subtraktionsangiographie (Gefäßdarstellung der Hirngefäße, DAS).** Eine einfache Computertomografie ohne Kontrastmittel ist zur Auffindung eines Aneurysmas ungeeignet und deshalb nicht als gebotene Befunderhebung indiziert (OLG Zweibrücken, Urt. v. 21. 8. 2001 – 5 U 9/01, AHRS III, 1820/307).

G 460   **Thrombose verkannt** (vgl. auch Rz. G 460, G 480, G 537, G 751 ff., G 756 ff., G 771 ff., U 24, U 129, U 267 ff.)

Stellt ein Allgemeinarzt beim Patienten lediglich schwache, allenfalls auf eine oberflächliche Thrombose deutende Krankheitszeichen fest, etwa einen **roten, druckschmerzhaften Fleck** an der Innenseite eines Oberschenkels ohne Verhärtung und Schwellung, so liegt kein Behandlungsfehler, jedenfalls kein grober Behandlungsfehler vor, wenn der Arzt nachfolgend keine weiteren differential-diagnostischen Maßnahmen (z. B. Doppler-Sonographie, Phlebographie) vornimmt bzw. veranlasst, selbst wenn ein sehr sorgfältig arbeitender Arzt auch bei dem klinischen Verdacht auf eine oberflächliche Thrombophlebitis die Beteiligung des tiefen Venensystems in Erwägung gezogen und eine weitere Diagnostik veranlasst hätte. Selbst wenn man von einem Allgemeinmediziner in dieser Situation verlangen müsste, zumindest eine **Ultraschallabklärung** des entdeckten roten Flecks vorzunehmen bzw. vornehmen zu lassen, kommt dem Patienten **keine Beweislastumkehr aus dem Gesichtspunkt der unterlassenen Befunderhebung** zugute, wenn der vom Gericht beauftragte Sachverständige später ausführt, es sei völlig offen, welches Ergebnis eine Sonographie zu diesem Zeitpunkt erbracht hätte, weil die akuten Beschwerden des Patienten erst mehrere Tage später aufgetreten sind (OLG München, Urt. v. 11. 1. 2001 – 1 U 5787/97, AHRS III, 1820/303).

G 461   Wird die Symptomatik einer tiefen Beinvenenthrombose in ihrem Frühstadium von derjenigen einer **Ischialgie überlagert**, so liegt kein fundamentaler Diagnoseirrtum vor, wenn die Thrombose deshalb nicht erkannt wird (OLG Saarbrücken, VersR 1989, 750).

G 462   **Herzinfarkt verkannt** (vgl. hierzu Rz. D 24 ff., D 45 ff., D 92 ff., G 539, G 652 ff., G 941, U 21 ff., U 39 f., U 160 ff.)

G 462a   *Medizinischer Hintergrund:* Das **Leitsymptom des akuten Herzinfarkts ist der plötzliche, meist aus der Ruhe heraus einsetzende heftige Thoraxschmerz**, ggf.

mit ausstrahlenden Schmerzen in die linke Schulter und den linken Arm. Häufig ist er mit Todesangst verbunden und von einer vegetativen Symptomatik (Übelkeit, Erbrechen, Schweißausbrüche, arterielle Hypotonie) begleitet. Der Thoraxschmerz kann allerdings auch gänzlich fehlen (stumme Myokardischämie, z. B. bei Diabetikern). Als **Erstmaßnahme erforderlich ist ein EKG, die sofortige Defibrillation bei Kammerflimmern, bei Herz-Kreislauf-Stillstand die kardiopulmonale Reanimation.** Neben dem EKG erfolgt die laborchemische Diagnose; **Troponin als hochspezifischer Frühmarker ist im Serum i. d. R. erhöht.** Bei **ST-Hebungs-Infarkten (STEMI)** ist eine invasive Therapie innerhalb von max. 120 Min. erforderlich, insbesondere mit interventioneller Revaskularisierung, frühklinische notfallmäßige Herzkatheteruntersuchung mittels perkutaner, transluminaler Koronarangioplastie (PTCA) und in der Regel einer Stent-Implantation unter intensiver antithrombotischer Pharmakotherapie, bei Patienten im kardiogenen Schock ggf. das ergänzende Legen einer intraaortalen Ballongegenpulsation. Falls invasive Therapie nicht innerhalb von max. 120 Min. erfolgen kann, ist Durchführung einer Fibrinolysetherapie zwingend indiziert.

Bei **Nicht-ST-Hebungs-Infarkten (NSTEMI)** ist die invasive Untersuchung und Therapie innerhalb von 72 Stunden nach Schmerzbeginn möglich und erforderlich. Die pharmakologische Begleittherapie erfolgt mit Beta-Rezeptoren-Blocker (insbesondere bei Tachykardie oder arterieller Hypertonie ohne Herzinsuffizienz), ACE-Hemmern (bei Bradykardie und AV-Blocker), ggf. organische Nitrate (soweit keine arterielle Hypotonie vorliegt) bei schwerer Linksherzinsuffizienz Gabe von Nitroglycerol, ASS zur antithrombotischen Therapie, ggf. Heparin zur Gerinnungshemmung (Pschyrembel, Therapie, 4. Aufl., S. 384/385; Pschyrembel, 262. Aufl., S. 859–861 = 264. Aufl., S. 875–877; Schölmerich, Medizinische Therapie, 3. Aufl., S. 1227, 1272/1273: Fibrinolyse bei akutem Myokardinfarkt nur bei Patienten mit ST-Hebung).

Allgemeinmediziner im Notfalldienst verkennt Herzinfarkt bei jüngerem Patienten G 463

Bei einem 34 Jahre alte Mann, der unter **bewegungsabhängigen Thoraxschmerzen, Schwindel, Durchfall und Erbrechen** leidet, ist die von einem Allgemeinmediziner im ärztlichen Notdienst gestellte Diagnose „grippaler Infekt, Diarrhoe, Interkostalneuralgie (d. h. Wirbelsäulenschaden/Wirbelsäulenschmerzen)" vertretbar (kein einfacher und kein grober Behandlungsfehler). Gibt der Patient auch keine entsprechende Vorgeschichte, z. B. eine Angina Pectoris o. a., an und **drängt sich die Differenzialdiagnose „Herzinfarkt"** (Leitsymptom: mehr als 15–20 Minuten anhaltender thorakaler, drückender Schmerz hinter dem Brustbein, oft mit Ausstrahlung in den Hals und in den linken Arm unabhängig von der Atmung oder der Lage und Bewegung von Armen und Körper) **nicht auf,** ist ein Allgemeinmediziner unter dem Gesichtspunkt der „therapeutischen Aufklärung" auch **nicht verpflichtet,** aus Sicherheitsgründen auf die Durchführung weiterer Untersuchungen **(EKG, Enzymuntersuchung) in einer Klinik** zu drängen. Dass bei dem Verdacht eines Herzinfarktes eine Krankenhauseinweisung und weitergehende Untersuchungen hätten erfolgen müssen, ist selbstverständlich, kann aber keine vorwerfbaren Fehler des Allgemeinmediziners begründen, wenn er diesen Verdacht gerade nicht hatte. Denn andernfalls müsste ein Arzt im Ergebnis für fast jeden (nicht fundamentalen) Diagnoseirrtum einstehen, da sich eine andere Verdachtsdiagnose regelmäßig auch eine andere anschließt (OLG München, Urt. v. 19. 10. 2006 – 1 U 2149/06, juris, Nr. 66, 70, 74, 80, 81 = OLGR 2007, 303, 305). Wenn jedermann mit Brust- oder Bauchschmerzen, hinter denen sich ebenfalls unterschiedliche bedrohliche akute Erkrankungen (etwa eine Blinddarmentzündung, eine Eileiterschwangerschaft, eine akute Divertikulitis u.a.) verbergen können, mit dem Notarzt in ein Krankenhaus eingeliefert werden müsste, um dort eine umfassende Ausschlussdiagnostik durchzuführen, wäre das bestehende Gesundheitssystem hierauf auch nicht eingerichtet (OLG München, Urt. v. 19. 10. 2006 – 1 U 2149/06, juris, Nr. 100 = OLGR 2007, 303, 305; vgl. aber OLG Jena, Rz. G 465).

Steht nach den Ausführungen des gerichtlich bestellten Sachverständigen nicht mit der für das praktische Leben erforderlichen Gewissheit (§ 286 ZPO) fest, dass es auch bei einer sofortigen Krankenhauseinweisung zu einem längeren Atemstillstand und einem darauf beruhenden Hirnschaden gekommen wäre, **fehlt es an der Kausalität** eines (einfachen) Behandlungsfehlers (hier: in der Form des vorwerfbaren Diagnoseirrtums) für den eingetretenen **Gesundheitsschaden (Atem- und Kreislaufstillstand nach Herzinfarkt, hypoxischer Hirnschaden mit bleibenden Beeinträchtigungen)**. Hieran ändert auch die Feststellung des Sachverständigen nichts, dass die Chance der Vermeidung einer Sauerstoffunterversorgung des Gehirns bei früherer Klinikeinweisung deutlich höher gewesen wäre (OLG München, Urt. v. 19. 10. 2006 – 1 U 2149/06, juris, Nr. 112, 113 = OLGR 2007, 303, 305).

G 464   **Allgemeinmediziner verkennt Herzinfarkt wegen überlagernder Symptome**

Leidet ein Patient seit Jahren an **ausgeprägten Wirbelsäulenbeschwerden**, so stellt es keinen groben Behandlungsfehler dar, wenn ein Allgemeinmediziner bei akut auftretenden starken Schmerzen des Patienten in der linken Schulter, die bis in den linken Arm und in das linke Handgelenk ausstrahlen und ohne vorherige körperliche Belastung auftreten, zunächst ein **Schulter-Arm-Syndrom diagnostiziert** und eine entsprechende Behandlung mit Reizstrom u.a. beginnt, **ohne der – objektiv gegebenen – Verdachtsdiagnose auf einen Vorderwandinfarkt mit Anfertigung eines Belastungs-EKG nachzugehen**, wenn das angefertigte Ruhe-EKG keinen sicheren pathologischen Befund ergibt (OLG Braunschweig, Urt. v. 16. 8. 2001 – 1 U 59/00, AHRS III, 1820/306).

G 464a   Verkennt ein Allgemeinmediziner als Notarzt einen drohenden Herzinfarkt, weil der Patient daneben an einer **akuten Gastroenterkolitis** (Entzündung des Dünn- und Dickdarms) leidet und deren Symptome im Vordergrund stehen, ist seine den drohenden Herzinfarkt nicht erfassende Diagnose nicht, jedenfalls nicht grob fehlerhaft (OLG Zweibrücken, VersR 2000, 605).

G 465   **Myokardinfarkt verkannt, Gallenblasenkolik diagnostiziert**

Stellt sich ein Patient mit erheblichen Oberbauchschmerzen und erheblichen Risikofaktoren für einen Herzinfarkt (hier: hoher Blutdruck, erhöhter Cholesterinwert) bei einem Facharzt für Allgemeinmedizin vor, kann es **vertretbar** sein, wenn zunächst die Erstdiagnose „**Gallenblasenkolik**" gestellt wird. Ein **Behandlungsfehler in der Form der unterlassenen Einweisung in ein Krankenhaus** liegt in einem solchen Fall aber deshalb vor, weil die Beschwerden bei Gallenblasen-erkrankungen und Herzinfarkten ähnliche bzw. gemeinsame Symptome aufwei-sen und **einem Hausarzt die eindeutige Zuordnung mit rein klinischen Mitteln – ohne Labordiagnostik, Belastungs-EKG, ggf. CT oder MRT – nicht möglich ist.** Bei schwerwiegenden Risiken – wie bei einem differenzialdiagnostisch mögli-chen, jedenfalls nicht auszuschließenden Herzinfarkt – muss der behandelnde Arzt auch subjektiv für unwahrscheinlich gehaltene Gefährdungsmomente aus-schließen und den Patienten in eine Klinik zur Überprüfung bzw. weiteren Ab-klärung seines Erstbefundes überweisen. Bei Berücksichtigung dieses strengen Sorgfaltsmaßstabes darf der Arzt dem Patienten nicht die weitere Entscheidung darüber überlassen, ob sich dieser einer notwendigen klinischen Untersuchung zur Abklärung des Erstbefundes (hier: zunächst vertretbar diagnostizierte Gal-lenblasenkolik) in einem Krankenhaus stellt (OLG Jena, Urt. v. 18. 2. 2009 – 4 U 1066/04, OLGR 2009, 419, 421; vgl. aber OLG München, Rz. G 463).

HWS-Blockierung statt Herzinfarkt diagnostiziert, vorangegangene Krankenhausbehandlung   G 466

Klagt der Patient über ungewöhnlich **starke Schmerzen im Brustbereich**, wobei er in der Nacht **zwei Mal erbrochen** hatte, und hat der Patient während der ge-samten vorangegangenen Nacht über mehrere Stunden wiederholt ärztlichen Rat in einem Krankenhaus eingeholt und hatten die dort verordneten Maßnah-men zu keiner Verbesserung der Schmerzsituation geführt, ist die vom Allgemeinmediziner gestellte Diagnose **„HWS-Blockierung mit Cervicobrachi-algie und HWS-Myogelosen"** anstatt **„Herzinfarkt" nicht mehr vertretbar** (hier: Vorliegen eines einfachen Behandlungsfehlers). Ein **Hausarzt als Erstanlaufstelle** für Patienten mit akuten Herzinfarkten als einer der häufigsten Erkrankungen der Bevölkerung muss **besonders auf die Differentialdiagnose „Herzinfarkt" ach-ten** (OLG Hamm, Urt. v. 5. 11. 2003 – 3 U 52/03, AHRS III, 1820/315; vgl. auch OLG Koblenz, Beschl. v. 30. 1. 2012 – 5 U 857/11, VersR 2012, 1041, 1043: **Or-thopäde verkennt eindeutige Symptome eines Herzinfarkts**, Beweislastumkehr wg. unterlassener Befunderhebung bejaht).

Anmerkung: Das OLG Hamm hatte nur einen „einfachen Behandlungsfehler" (vorwerfbarer Diagnoseirrtum) angenommen. Im dort entschiedenen Fall dürften aber auch die **Voraussetzungen einer Beweislastumkehr wegen „unterlassener Befunderhebung"** vorgelegen haben. Bei sofortiger Krankenhauseinweisung und Fertigung eines EKG wäre die Entdeckung eines bereits am Vorabend und vor der Behandlung durch den Allgemeinmediziner abgelaufenen, schweren Vorder-wandinfarkts wohl „hinreichend wahrscheinlich" gewesen. Die Verkennung dieses Befundes und/oder die Unterlassung einer entsprechenden Behandlung wäre dann sicher „grob fehlerhaft" gewesen!

Herzinfarkt trotz eindeutiger Hinweise verkannt   G 467

Wenn **trotz eindeutiger Hinweise auf die Gefahr eines bevorstehenden Herz-infarktes vom Arzt keine sofortige Herzkathederuntersuchung bzw. Kranken-hauseinweisung veranlasst wird, liegt i.d.R. ein grober Behandlungsfehler vor** (OLG Bamberg, Urt. v. 4. 7. 2005 – 4 U 126/03, AHRS III, 6562/342; vgl. aber OLG Koblenz, Beschl. v. 30. 1. 2012 – 5 U 857/11, VersR 2012, 1041, 1043: **Or-thopäde verkennt eindeutige Symptome eines Herzinfarkts**, kein grober Behandlungsfehler, Beweislastumkehr wg. unterlassener Befunderhebung bejaht, Rz. G 539). Solche „eindeutigen Hinweise" liegen etwa vor bei pathologischem Ruhe- oder Belastungs-EKG, retrosternalem Druckgefühl mit intensiven und i. d. R. länger als 20 Minuten andauerndem thorakalem Schmerz und ausstrahlenden Schmerzen in den linken Arm (vgl. Pschyrembel, 264. Aufl., S. 875–877 = 262. Aufl., S. 859–861).

G 468   **Behandlung einer Darmerkrankung mit „chinesischer Medizin"**

Kommen nach Durchführung einer Koloskopie **differenzialdiagnostisch sowohl eine infektiöse Colitis ulcerosa als auch eine chronisch-entzündliche Darmerkrankung oder eine akute bakterielle Entzündung** auf dem Boden einer solchen chronischen Darmerkrankung in Betracht, ist eine **Stuhluntersuchung auf pathologische Keime** und ggf. (hier: nach Ablauf von zwei Monaten) eine **weitere Laborkontrolle erforderlich**, um die konkrete Diagnose zu sichern bzw. die Verdachtsdiagnose Colitis ulcerosa auszuschließen. Die alleinige Behandlung mit Steroiden ist in einem solchen Fall vor der endgültigen Abklärung nicht indiziert, weil die Therapie mit Cortison unter Umständen das Immunsystem schwächen kann, was im Falle einer bakteriellen Infektion zu deren Verstärkung führen kann. Möglich und **sinnvoll ist in einem solchen Fall eine Antibiotika-Steroid-Therapie.** Behandelt der Internist bzw. Allgemeinmediziner den Patienten ausschließlich **nach klassischen Rezpten aus der chinesischen Medizin** mit Kräutermixturen und Akupunktur, liegt hierin ein einfacher, kein grober Behandlungsfehler. Denn die angewandte Kräutermixtur nach chinesischer Medizin hat sowohl entzündungshemmende als auch antiphlogistische Wirkung sowie eine den bestehenden Durchfall stoppende Funktion und wirkt zudem auch krampflösend. Die Anwendung einer solchen **Kräuter-Therapie ist deshalb nicht völlig unverständlich.**

Kommt es im weiteren Verlauf **zunächst zu einer Besserung der Beschwerden**, liegt ein grober Behandlungsfehler auch nicht deshalb vor, wenn die begonnene Behandlung mit Kräutermixturen und Akupunktur fortgesetzt und die Stuhluntersuchung auf pathologische Keime weiterhin unterlassen wird, zumal lediglich eine positive Stuhlprobe aussagekräftig ist, ein negativer Keimnachweis eine bakterielle Ursache nicht ausschließt. Führt der vom Gericht bestellte Sachverständige aus, dass eine von vornherein eingeschlagene, richtige Behandlung der Darmerkrankung mit Cortison und Salofalk (o. a.) mit einer Wahrscheinlichkeit von 70 bis 80 % (nicht: 90–100 %) zu einer Verbesserung der Grunderkrankung geführt hätte, scheidet die Haftung des Arztes wegen des einfachen Behandlungsfehlers aus (OLG Düsseldorf, Urt. v. 7. 7. 2005 – I-8 U 69/02, AHRS III, 6570/330).

G 469   **Borreliose nicht erkannt**

Zwar ist bei Verdacht auf eine Neuroborreliose eine Liquoruntersuchung durchzuführen, da in diesem Fall eine intravenöse Antibiotikatherapie einer oralen Therapie vorzuziehen ist. Deuten die Symptome, die der Patient dem Arzt schildert, jedoch nicht eindeutig auf eine neurologische Beteiligung hin, stellt es keinen Behandlungsfehler dar, **keine Liquorpunktion zu veranlassen.** Die positive Diagnose einer Borreliose muss sich auf entsprechende Ergebnisse der klinischen Untersuchung, auf reproduzierbare serologische Ergebnisse und auf einen positiven Befund des Liquors stützen können (OLG Stuttgart, Urt. v. 4. 2. 2003 – 1 U 85/02, AHRS III, 2002/315).

Mehrmonatige Antibiotikabehandlung bei Verdacht auf Infektion   G 470

Einem Allgemeinmediziner ist kein Diagnoseirrtum vorzuwerfen, wenn er aufgrund eines erhöhten CRP-Werts (hier: 11,6 ml/l) in noch vertretbarer Weise vom Vorliegen einer Chlamydien-Infektion (kokkoide, bakterienähnliche Mikroben) ausgeht und eine **mehrmonatige Antibiotikabehandlung** einleitet. Lassen die erhobenen Befunde auf eine reaktive Arthritis schließen, ist die angeordnete antibiotische Behandlung mit Doxycyclin nicht zu beanstanden (OLG Köln, Urt. v. 25. 4. 2001 – 5 U 12/01, AHRS III, 1820/304).

Enzephalitis nicht diagnostiziert (vgl. auch Rz. G 394ff., G 450, G 931, D 118)   G 471

Das Nichterkennen einer Enzephalitis (Entzündung von Hirngewebe) stellt keinen fundamentalen Diagnoseirrtum dar, wenn das dem Allgemeinarzt erkennbare Krankheitsbild **keine typischen Symptome einer Enzephalitis** aufweist; die Schwelle, von der ab ein Diagnoseirrtum als schwerer Verstoß gegen die ärztliche Kunst zu gelten hat, liegt hoch (OLG Bamberg, VersR 1992, 831; auch BGH, VersR 2011, 400, 401, Nr. 20).

Fehlerhafte Diagnose eines Parkinson-Syndroms, Verabreichung von Parkinson-Medikamenten   G 472

Die von einem Facharzt für Allgemeinmedizin gestellte Verdachtsdiagnose auf ein Parkinson-Syndrom ist nicht zu beanstanden, wenn ausweislich der Behandlungsdokumentation und eines im Rahmen der Behandlung durchgeführten Tests **zwei von insgesamt vier Kardinalsymptomen** (Hypokinese, Rigor, Tremor und Störung von Körperhaltung und Haltungsreflexen) vorliegen. Ein Facharzt für Allgemeinmedizin ist auch nicht verpflichtet, bei Verdacht auf eine Parkinson-Erkrankung den Patienten vor dem Medikamenteneinsatz zu diagnostischen Zwecken an einen Neurologen zur klinischen Untersuchung zu überweisen. **Die Behandlung von Parkinson-Patienten fällt (auch) in den Zuständigkeitsbereich von Allgemeinmedizinern**, die auch berechtigt sind, in der Frühphase der Erkrankung etwa die Medikamente L-Dopa/Madopar bzw. Amantadin einzusetzen. Es liegt dann **keine völlig unvertretbare Fehlleistung** des Facharztes für allgemeine Medizin vor, welche die Annahme eines (einfachen oder groben) Behandlungsfehlers rechtfertigen würde (OLG Schleswig, Urt. v. 13. 2. 2004 – 4 U 54/02, GesR 2004, 178, 179).

Gefäßverschlusskrankheit verkannt, Lumboischialgie diagnostiziert   G 472a

Einem Facharzt für Allgemeinmedizin fällt **nach dem „Schwerpunkt" der Vorwerfbarkeit des Versäumnisses ein Befunderhebungsfehler** zur Last, wenn er einen Patienten, der ihn wegen Schmerzen beim Gehen aufsucht, eine ausgeprägte Lumboischialgie mit typischem lateralem Schmerzband am Bein diagnostiziert und entsprechend jahrelang erfolglos behandelt, ohne zumindest **differentialdiagnostisch auch eine Gefäßerkrankung in Betracht zu ziehen** und durch Überweisung zu einem Facharzt abklären zu lassen. Da die periphere Verschlusskrankheit oft übersehen wird, liegt trotz jahrelanger Fehlbehandlung kein „grober Behandlungsfehler" vor. Die Voraussetzungen einer Beweislastumkehr wegen „unterlassener Befunderhebung" waren jedoch (im entschiedenen Fall) gegeben (OLG München, Urt. v. 6. 10. 2011 – 1 U 5220/10, juris, Nr. 3, 34–47: Dem Patienten musste das rechte Bein im Kniegelenk amputiert werden).

G 472b **Bronchialkarzinom auf Röntgenbild verkannt**

Das **Übersehen eines Bronchialkarzinoms auf einem Röntgenbild**, das von einem Lungenfacharzt oder von einem Radiologen erkannt worden wäre, **durch einen Allgemeinmediziner ist nicht grob fehlerhaft**, wenn sich der Verdacht auf das Vorhandensein eines Karzinoms nicht ohne Weiteres aufdrängt (OLG Schleswig, Urt. v. 24. 6. 2005 – 4 U 10/04 mit NZB BGH v. 16. 5. 2006 – VI ZR 145/05, AHRS III, 1820/317 und III, 6560/313; ebenso BGH, Urt. v. 21. 12. 2010 – VI ZR 284/09, VersR 2011, 400: **Anästhesist verkennt Lungenrundherd von 21 x 26 mm Größe, nur einfacher Behandlungsfehler**; vgl. aber OLG München, Urt. v. 27. 10. 2011 – 1 U 1946/05, juris, Nr. 116–119: **Radiologe verkennt CT-Befund, fundamentaler Diagnoseirrtum**; OLG München, Urt. v. 16. 2. 2012 – 1 U 2798/11, juris, Nr. 2, 34, 38: **Radiologe verkennt Raumforderung auf Schädel-MRT, fundamentaler Diagnoseirrtum**).

G 473 **Probeexzision zur Abklärung eines Karzinoms vom Allgemeinmediziner nicht angeordnet**

Klagt die Patientin über Schmerzen in der Brust, stellt die unterlassene Überweisung der Patientin zur Vornahme einer Probeexzision auf der Grundlage einer **Arbeitsdiagnose „Mastopathie"** (gutartige Gewebswucherungen in der weiblichen Brust, die häufig Zysten bilden) keinen Behandlungsfehler dar, wenn sich weder aufgrund des Tastbefundes noch nach Durchführung einer Mammografie noch aufgrund sonstiger Umstände Hinweise auf ein Mammakarzinom (Brustkrebs) ergeben (OLG Zweibrücken, VersR 1991, 427; ebenso OLG Düsseldorf, VersR 1988, 1297: Behandlungsfehler verneint; vgl. auch OLG Stuttgart, VersR 1989, 295: Behandlungsfehler im dortigen Fall bejaht). Direkte Untersuchungsverfahren, also etwa eine Punktion oder Probeexzision, sollten grundsätzlich dann angewandt werden, wenn vorausgegangene palpatorische Untersuchungen und/oder Mammografien verdächtige, nicht sicher zu interpretierende Befunde ergeben haben (OLG Düsseldorf, VersR 1988, 1297; vgl. zur Verkennung von Brustkrebserkrankungen auch Rz. D 74 ff., D 151, G 389 ff., G 484, G 570, G 574 ff., G 812, U 216 ff.).

G 474 Die **unterlassene Nachbefundung** durch Entnahme und Untersuchung einer Gewebeprobe in der weiblichen Brust und die Beschränkung auf die Auswertung darin gruppierter Mikrokalzifikationen stellt einen Behandlungsfehler, aber keinen groben Behandlungsfehler dar (OLG Brandenburg, NJW-RR 1999, 967). In solchen Fällen scheidet auch eine Beweislastumkehr aufgrund unterlassener Befunderhebung (siehe → *Unterlassene Befunderhebung*, Rz. U 216 ff.) aus, wenn nach dem Ergebnis der Mammografie und einer MRT-Untersuchung weder eine Kontroll-Befunderhebung durch eine Probeexcision „zweifelsfrei" geboten ist und es auch nicht als wahrscheinlich angesehen werden kann, dass eine Gewebeuntersuchung einen Tumor ergeben hätte (OLG Brandenburg, NJW-RR 1999, 967).

Sehr seltene Differentialdiagnose bzw. sehr seltenes Krankheitsbild   G 475

Bezieht ein Arzt eine sehr seltene Differentialdiagnose nicht in seine Überlegungen ein, weil es sich um eine **äußerst selten vorkommende Erkrankung** handelt (OLG Stuttgart, Urt. v. 12. 3. 2002 – 14 U 18/01, OLGR 2002, 405: Allgemeinarzt übersieht nekrotisierende Fasciitis nach Streptokokkeninfektion; OLG München, Urt. v. 28. 10. 2004 – 1 U 1841/04, OLGR 2006, 52: Arzt übersieht sehr seltene Chromosomenaberration), es **andere im Vordergrund stehende Symptome** gibt (OLG Celle, VersR 1993, 483; OLG Zweibrücken, Urt. v. 22. 6. 1999 – 5 U 32/98), die Symptome seine (objektiv falsche) Diagnose abdecken und **für das (tatsächliche) Krankheitsbild des Patienten unspezifisch** sind (OLG Naumburg, MedR 2002, 515) oder übersieht er über einer nahe liegenden, durch eine Reihe flüssig ineinander greifender Umstände scheinbar abgesicherte Diagnose eine weit entferntere differentialdiagnostische Möglichkeit (OLG Frankfurt, NJW-RR 1994, 21), so ist der Diagnoseirrtum nicht fundamental. So ist das Übersehen einer **extrem seltenen Chromosomenaberration** (hier: Deletion am langen Arm des 5. Chromosoms) bei der Auswertung von Karyogrammen nicht als (einfacher oder grober) Diagnosefehler vorwerfbar (OLG München, Urt. v. 28. 10. 2004 – 1 U 1841/04, OLGR 2006, 52).

Krankhafter Befund oft übersehen   G 476

Der Umstand, dass ein Arzt einen **krankhaften Befund, der oft übersehen wird**, nicht feststellt, stellt ein Indiz dafür dar, dass kein grober Behandlungsfehler vorliegt (OLG Hamm, VersR 1990, 975; OLG Stuttgart, Urt. v. 12. 3. 2002 – 14 U 18/01, OLGR 2002, 405, 406 zu einer sehr selten vorkommenden Erkrankung; OLG München, Urt. v. 6. 10. 2011 – 1 U 5220/10, juris, Nr. 34, 36, 39: periphere Verschlusskrankheit wird generell recht häufig übersehen, Diagnose eine Lumboischialgie kein grober Behandlungsfehler).

Mitteilung einer unzutreffenden Diagnose   G 477

Dem Arzt obliegt die Pflicht, den Patienten durch die Art und den Inhalt der Diagnosemitteilung **nicht „in Angst und Schrecken"** zu versetzen und ihn nicht unnötig zu belasten. Diese Pflicht ist dann verletzt, wenn (kumulativ) **die eröffnete Diagnose objektiv falsch ist, hierfür keine hinreichende Grundlage besteht, sie den Laien auf eine schwere, u.U. lebensbedrohliche Krankheit schließen lässt und die Art und Weise der Mitteilung unter den gegebenen Umständen geeignet ist, den Patienten in psychischer Hinsicht schwer zu belasten**, insbesondere bei ihm Überreaktionen auszulösen (OLG Bamberg, Urt. v. 24. 3. 2003 – 4 U 172/02, VersR 2004, 198 = OLGR 2003, 215, 216; auch OLG Braunschweig, VersR 1990, 57; OLG Celle, VersR 1981, 1184; OLG Köln, VersR 1998, 139; VersR 1988, 385; LG Cottbus, Urt. v. 1. 10. 2003 – 3 O 115/03, MedR 2004, 231, 232). So rechtfertigt die objektiv falsche, ohne hinreichende Grundlage mitgeteilte Diagnose „Hodenkrebs", aufgrund derer der Patient einen Monat in Todesangst lebt, ein Schmerzensgeld i. H. v. 2 500 Euro (OLG Bamberg, Urt. v. 24. 3. 2003 – 4 U 172/02, VersR 2004, 198).

7. Neurologie und Psychiatrie

a) Fundamentaler Diagnoseirrtum bejaht

G 478 **Neurologe übersieht eindeutige Zeichen eines Schlaganfalls bzw. einer TIA; weitergehende Befunderhebungen unterlassen**

Erleidet ein Patient einen **Schlaganfall**, so handelt ein Facharzt für Neurologie und Psychiatrie, der eine **komplizierte Migräne** („klassische Migräne") befundet, grob fehlerhaft, wenn er nicht **wenigstens der Verdachtsdiagnose einer transitorischen ischämischen Attacke** (TIA – regionale Durchblutungsstörung des Gehirns, Schlaganfall, der sich i.d.R. innerhalb von 24 Stunden zurückbildet, vgl. Pschyrembel, 261. Aufl., S. 907, 936) nachgeht. Dabei ist es völlig unvertretbar, trotz der Angaben des Patienten, dass er vor einigen Stunden erstmals unter **Sprachstörungen und einem Taubheitsgefühl in der rechten Hand gelitten** hätte, an der Diagnose „Migräne" und der nach Alter und Aussehen des Patienten gezogenen Schlussfolgerung, es liege ein unterdurchschnittliches Gefäßrisiko vor, festzuhalten (OLG München, Urt. v. 3. 6. 2004 – 1 U 5250/03, VersR 2005, 657; zum *medizinischen Hintergrund* vgl. Rz. G 383c, D 54).

G 479 Deuten alle einem Neurologen bekannten Krankheitssymptome, insbesondere die Störung des Faustschlusses im Zusammenhang mit den flukturierenden Symptomen in der linken Gesichtshälfte, **eindeutig auf ein zentral-nervales Geschehen, eine Störung in der rechten Großhirnhälfte des Patienten** hin, so ist die gestellte **Diagnose eines Engpass-Syndroms** keine erschöpfende Erklärung der bekannten Befunde, in sich unstimmig und die Verkennung einer transitorisch-ischämischen Attacke (TIA) im Sinne eines fundamentalen Diagnoseirrtums **grob fehlerhaft** (OLG Karlsruhe, Urt. v. 20. 12. 2000 – 7 U 7/99, AHRS III, 6560/304).

G 479a Ein grober Behandlungsfehler liegt auch vor, wenn ein Facharzt für Neurologie die **typischen Symptome rezidivierender Durchblutungsstörungen – schlagartiges Auftreten von Taubheitsgefühlen im linken Arm und Bein, kurze Dauer sowie variable Ausprägungen der Symptome, seit Tagen bestehende dumpfe Kopfschmerzen – als Hinweise für eine transitorisch-ischämische Attacke** (TIA-regionale Durchblutungsstörung des Gehirns, „kleiner Schlaganfall", die sich i.d.R. innerhalb von 24 Stunden zurückbildet) **verkennt**, eine „entzündliche Erkrankung des zentralen Nervensystems/ZNS" diagnostiziert und zwingend erforderliche, weitere diagnostische Maßnahmen unterlässt. In einem derartigen Fall muss zunächst eine **Doppleruntersuchung** stattfinden, wenn diese keine hinreichenden Befunde ergibt, ist **ein Angio-CT bzw. ein Angio-MRT, andernfalls eine konventionelle Angiografie erforderlich** (OLG Düsseldorf, Urt. v. 17. 11. 2011 – I-8 U 1/08, Nr. 31, 33, 42, 59, 60; zum *medizinischen Hintergrund* vgl. Rz. G 383c).

Es handelt sich hier um einen **völlig unverständlichen Befunderhebungsfehler**, zudem ist die Diagnose „entzündliche Erkrankung des ZNS" beim Vorliegen klassischer Symptome eines Schlaganfalls **völlig unvertretbar** (OLG Düsseldorf, Urt. v. 17. 11. 2011 – I-8 U 1/08, juris, Nr. 31, 58, 60: jeder Medizinstudent hätte an dieses Krankheitsbild denken müssen).

Anmerkung: Das OLG Düsseldorf hat im Ergebnis sowohl einen „fundamentalen Diagnoseirrtum" als auch einen „groben Befunderhebungsfehler" und schließlich auch die Voraussetzungen einer Beweislastumkehr wegen „unterlassener Befunderhebung" bejaht (vgl. Nr. 31, 33, 42, 56–62). Bei einem derartigen Krankheitsbild dürfte sich der konsiliarisch hinzugezogene Neurologe nicht auf einen begrenzten Leistungsauftrag verlassen.

Hirninfarkt verkannt, hypokaliämische Lähmung diagnostiziert   G 479b

Klagt die Patientin über starke Kopf- und Nackenschmerzen, Übelkeit, abdominelle Krämpfe und Kribbelparästhesien in allen Extremitäten und kommt es nachfolgend zu einem Harnverhalt sowie einer Kraftminderung des rechten Arms und des rechten Beins (Kraftgrad III) bei einem festgestellten Leukozytenanstieg auf 23 000 nl (Norm bis 11 000 nl), ist es grob fehlerhaft, wenn ein neurologischer Konsiliararzt die angesichts der asymetrischen Lähmungserscheinungen **fernliegende Diagnose einer „hypokaliämischen Lähmung"** stellt und auf die Abklärung mehrerer weiterer **Verdachtsdiagnosen (hier: Hirninfarkt, metastatische Herdenzephalitis, Sinusvenenthrombose**, jeweils mit der Folge einer Halbseitenlähmung) mittels eines in derartigen Fällen **zweifelsfrei gebotenen CT** verzichtet. Auf jedes dieser differentialdiagnostisch in Betracht kommenden Krankheitsbilder **muss mit unterschiedlichen Maßnahmen reagiert werden**, etwa bei einem Hirninfarkt mit einer Hirnödemtherapie bzw. (innerhalb von max. 4,5 Stunden nach erstmaligem Auftreten) mit einer Lysetherapie, bei einer Sinusvenenthrombose unter Umständen mit einer Heparinisierung und bei einer Herdenzephalitis bei einer Antibiotikatherapie. In einem derartigen Fall liegt der **„Schwerpunkt der Vorwerfbarkeit"** bei der **„unterlassenen Befunderhebung"** (OLG Düsseldorf, Urt. v. 1. 12. 2005 – I-8 U 5/03, AHRS III, 6562/347; zum Schlaganfall vgl. Rz. G 383c, D 54).

b) Fundamentaler Diagnoseirrtum verneint

Suizidalität des Patienten verkannt (Suizidversuch im Krankenhaus)   G 479c

Der Beweis eines Diagnosefehlers in Gestalt einer unvertretbaren Fehlinterpretation setzt eine **gesicherte Rekonstruktion der Befundlage zur Zeit der Diagnosestellung durch den behandelnden Arzt voraus**. Misslingt der Nachweis solcher für den Arzt erkennbarer Symptome, aus denen er aus ex-ante-Sicht des Arztes auf die Herausbildung eines Volldelirs und eine potentielle Eigengefährdung durch einen Sprung aus dem Fenster des Patientenzimmers geschlossen werden kann, bleibt der Patient beweisfällig. Eine **Entzugssymptomatik**, die sich in innerer Unruhe, Bettflüchtigkeit und Schlaflosigkeit zeigt, nicht jedoch in vegetativen Ausfällen, **rechtfertigt eine vorsorgliche Fixierung des Patienten regelmäßig nicht** (OLG Naumburg, Urt. v. 17. 12. 2009 – 1 U 41/09, VersR 2010, 1041 = GesR 2010, 139, 140 = juris, Nr. 39).

Hebephrenie statt Reifungskrise diagnostiziert; Überdosierung von Neuroleptika G 479d

Da es äußerst schwierig ist, die **jugendliche Schizophrenie (Hebephrenie) von einer Reifungskrise zu unterscheiden**, begründet die objektiv falsche Diagnose „Hebephrenie" keinen Behandlungsfehlervorwurf, selbst wenn die Verhaltensauffälligkeiten des Patienten (mittelmäßige bis gute Schulnoten, insbesondere bei Benotung der Aufmerksamkeit, Fleiß und Betragen) gegen eine Erkrankung aus dem schizophrenen Formenkreis sprechen, der Psychiater aufgrund der sonstigen Erhebungen aber durchaus der aus ex-ante-Sicht noch vertretbaren Meinung sein konnte, es liege eine Psychose vor. Behandlungsfehlerhaft kann jedoch die **Überdosierung von Neuroleptika** sein, die auch bei unterstellter, noch vertretbarer Diagnose „Hebephrenie" in der (im entschiedenen Fall vorgenommenen) Form nicht erfolgen durfte (OLG Frankfurt, Urt. v. 23. 12. 2008 – 8 U 146/06, OLGR 2009, 686, 687/688).

8. Radiologie

a) Fundamentaler Diagnoseirrtum bejaht

G 480 **Radiologe verkennt Venenthrombose**

Klagt der Patient nach längerem Liegen über ein **ständig geschwollenes, rechtes Bein**, stellt es einen Verstoß gegen den fachradiologischen Standard dar, wenn der hinzugezogene Radiologe die Darstellung des Beckenvenenbereichs als ungünstige Strömungsverhältnisse interpretiert und ein **thrombotisches Geschehen in diesem Bereich verkennt**. Ist die Fehlinterpretation eines an sich eindeutigen Befundes einer Venenthrombose nicht nur **unvertretbar, sondern darüber hinaus als unverständlich** zu werten, rechtfertigt dies die Annahme eines groben Behandlungsfehlers (OLG Hamm, Urt. v. 23. 8. 2000 – 3 U 229/99, VersR 2002, 315, 316). Ist sich der befundende Radiologe **in der Diagnose unsicher**, so hat er eine weitere Befunderhebung in Form einer erneuten Phlebographie oder CT durchzuführen. Hätte diese weitere Befunderhebung mit mehr als hinreichender Wahrscheinlichkeit das Vorliegen des thrombotischen Geschehens gezeigt, so ist auch eine Beweislastumkehr aus dem Gesichtspunkt der „unterlassenen Befunderhebung" zu bejahen (OLG Hamm, Urt. v. 23. 8. 2000 – 3 U 229/99, VersR 2002, 315, 317).

G 481 **Radiologe übersieht Bronchialkarzinom**

Für einen gewissenhaften Radiologen ist es nicht mehr vertretbar, trotz deutlichem Befund ein Bronchialkarzinom faktisch auszuschließen. Die Fehlinterpretation eines für einen Radiologen eindeutigen Befundes ist nicht nur **unvertretbar, sondern darüber hinaus als unverständlich** und damit als grober Behandlungsfehler zu werten (OLG Hamm, Urt. v. 2. 4. 2001 – 3 U 160/00, VersR 2002, 578, 579). Das Vorliegen eines fundamentalen Diagnoseirrtums eines Radiologen ist zu bejahen, wenn auf dem von ihm angefertigten CT eine **weichteildichte Raumforderung zu erkennen** ist und die vorhandene Rippendestruktion auf eine Metastasierung hinweist, weshalb die Diagnose „Lungentumor" gestellt werden müsste, der Radiologe jedoch ausführt „sehr wahrscheinlich handelt es sich um ein pleuropneumonisches Restinfiltrat mit Ausbildung einer Rundatelektase, ich schlage zunächst eine Kontrolle in sechs Wochen vor" (OLG Hamm, Urt. v. 2. 4. 2001 – 3 U 160/00, AHRS III, 1815/306 = VersR 2002, 578, 579; vgl. aber BGH, Urt. v. 21. 12. 2010 – VI ZR 284/09, VersR 2011, 400 = NJW 2011, 1672, Nr. 13, 16, 20: **nur einfacher Behandlungsfehler, wenn ein Anästhesist auf einem Röntgenbild einen Lungenrundherd von 21 x 26 mm übersieht**; OLG Schleswig, Urt. v. 24. 6. 2005 – 4 U 10/04 mit NZB BGH v. 16. 5. 2006 – VI ZR 145/05, AHRS III, 1820/317 und III, 6560/313: nur einfacher

Behandlungsfehler, wenn ein Allgemeinmediziner das für einen Radiologen deutlich erkennbare Bronchialkarzinom auf einem Röntgenbild verkennt).

Radiologe verkennt Hirntumor   G 481a

Ein grober Behandlungsfehler (fundamentaler Diagnoseirrtum) liegt auch vor, wenn ein Radiologe auf einem Schädel-MRT eine dort **sichtbare Raumforderung mit einer Ausdehnung von ca. 22 x 13 x 18 mm übersieht und das MRT als unauffällig**, ohne Nachweis als Raumforderung befundet. Eine Beweislastumkehr wegen dieses groben Behandlungsfehlers ist nicht ausgeschlossen, wenn der Sachverständige ausführt, er halte es zwar für wahrscheinlich, das der Gesichtsnerv bereits zum Zeitpunkt der Untersuchung durch den Radiologen infiltriert und damit auch bei einer zeitnahen Operation (hier: 18 Monate früher) nicht mehr zu retten gewesen wäre, er könne es andererseits aber nicht auschließen, dass der Gesichtsnerv bei zutreffender Diagnose in einer anschließenden Operation noch hätte erhalten werden können (OLG München, Urt. v. 16. 2. 2012 – 1 U 2798/11, juris, Nr. 2, 34, 38; Anm.: Kein „äußerst unwahrscheinlicher Kausalzusammenhang").

Radiologe und Neurochirurg verkennen deutlichen Schädel-CT-Befund   G 481b

Wird nach der Notaufnahme eines schwer hirnverletzten Verkehrsunfallopfers auf der Intensivstation ein **CT-Befund, der eine eindeutige Zunahme der Hirnschwellungen anzeigt** und unter Berücksichtigung der klinischen Befunde ein unverzügliches Eingreifen im Sinne einer sofortigen Liquordrainage erfordert, in **völlig unvertretbarer Weise falsch ausgewertet** (hier: im Vergleich mit dem Vor-CT hätte eine deutliche Zunahme der Schwellung auffallen müssen, wenn sich der Radiologe und anschließend der Neurochirurg die Hirnräume gezielt angesehen hätten) und wird die zum Abfluss des Hirnwassers **dringend erforderliche Ventrikeldrainage erst 14 Stunden später gelegt**, liegt ein „grober Behandlungsfehler" in Form eines „fundamentalen Diagnoseirrtums" vor. Ein solcher fundamentaler Diagnoseirrtum ist auch generell geeignet, schwerste gesundheitliche Beeinträchtigungen des Patienten (hier: apallisches Syndrom, ausgedehnter Hydrocephalus, Hirnatrophie u. a.) herbeizuführen (OLG München, Urt. v. 27. 10. 2011 – 1 U 1946/05, juris, Nr. 116–119, 151, auch zu Primär- und Sekundärschäden).

b) Fundamentaler Diagnoseirrtum verneint

Unrichtige Arbeitshypothese, CT falsch ausgewertet, Hirnblutung verkannt   G 482

Werden die gebotenen Befunde, etwa ein CT, ein MRT, eine Röntgenaufnahme o. a. erhoben und in jedenfalls nicht unvertretbarer Weise ausgewertet (vorliegend: „kein Nachweis einer sicheren Hirnblutung" im angefertigten CT), so ist das Vorliegen eines Behandlungsfehlers zu verneinen, wenn **die behandelnden Ärzte aufgrund einer objektiven Fehlinterpretation des Befundes** *(Anm.: in noch vertretbarer Weise)* **von einer unrichtiges Arbeitshypothese ausgehen** und die sich aus dieser Hypothese ergebenden, erforderlichen therapeutischen Maßnahmen veranlassen. Entsprechen die eingeleiteten therapeutischen Maßnahmen der objektiven Sachlage bei korrekter Auswertung des Befundes, **fehlt es zudem an der Kausalität zwischen einem** *(Anm.: wenn die Diagnose noch vertret-*

bar war, unterstellten) **Behandlungsfehler und dem Gesundheitsschaden des Patienten** (OLG Hamm, Urt. v. 30. 8. 2000 – 3 U 165/99, AHRS III, 1815/302).

G 483 **Falschbefundung eines CT, Knochendestruktionen verkannt**

Unterbleibt eine medizinisch gebotene Untersuchung, weil im Rahmen eines differential-diagnostischen Prozesses aufgrund einer **Fehlinterpretation von Befunden** (hier: CT) an eine bestimmte Erkrankung gar nicht gedacht wird und deren weitere Abklärung deshalb unterbleibt, liegt regelmäßig kein nach den Grundsätzen der Beweislastumkehr wegen „unterlassener Befunderhebung" zu bewertender Sachverhalt, sondern – je nach den tatsächlichen Gegebenheiten – ein Fall des „einfachen" oder „fundamentalen" Diagnoseirrtums vor (OLG Koblenz, Urt. v. 30. 11. 2006 – 5 U 209/06, OLGR 2007, 234, 235/236 = VersR 2007, 1565, 1566).

Die **Bewertung eines CT**, aus dem sich bei gründlicher Überprüfung ein **bösartiger Befund hätte feststellen lassen**, als „harmlos, ohne Nachweis von Knochendestruktionen", ist grundsätzlich fehlerhaft. Ein „grober Behandlungsfehler" in Form des „fundamentalen Diagnoseirrtums" liegt jedoch nicht vor, wenn der gerichtlich bestellte Sachverständige den Fehlbefund einerseits zwar als „nicht entschuldbar" wertet, andererseits aber darauf hinweist, es handle sich um einen **„sehr speziellen Fall" und eine sehr seltene Erkrankung**, vier der acht von ihm befragten radiologischen Kollegen hätten die Knochendestruktionen auf den Bildern ebenfalls nicht erkannt und dementsprechend eine objektiv unzutreffende Diagnose gestellt, woraus sich ergebe, dass die **richtige Beurteilung schwierig** war (OLG Koblenz, Urt. v. 30. 11. 2006 – 5 U 209/06, OLGR 2007, 234, 235 = VersR 2007, 1565, 1566).

G 484 **Mammakarzinom verkannt**

(weitere Einzelheiten zur Verkennung von Brustkrebs bei Rz. D 74 ff., D 151, G 389, G 390, G 484, G 570 ff., G 574 ff., G 812, G 858)

Die von einem Radiologen nach Auswertung der von ihm gefertigten Röntgen- und Sonografiebildern „Mammografie beidseits in zwei Ebenen. Bds. Strukturverdichtungen i. S. einer Mastopathie. Malignomsuspekte Verschattungen sind nicht objektivierbar. Keine indirekten Malignitätszeichen. Kontrolle in zwei Jahren" und „Sonographisch im oberen äußeren Quadranten der rechten Mamma in einer Breite von 26 mm leicht inhomogene Echogenität, ansonsten bds. regelrechte Echogenität"gestellte **Diagnose „Mastopathie ohne Malignitätszeichen"** ist nicht als „gänzlich unverständlich und nicht mehr vertretbar" (OLG Jena, Urt. v. 15. 10. 2008 – 4 U 990/06, juris, Nr. 60 = OLGR 2009, 242, 246) bzw. „schlechthin unvertretbar" (OLG Jena, a. a. O., Nr. 52) und damit nicht als fundamentaler Diagnoseirrtum (grober Behandlungsfehler), sondern nur als **vorwerfbarer Diagnoseirrtum (einfacher Behandlungsfehler)** zu bewerten, wenn der vom Gericht beauftragte Sachverständige feststellt, die erkennbaren Veränderungen würden entgegen der Annahme des beklagten Radiologen nicht auf eine Mastopathie hinweisen, aufgrund bei der Patientin vorhandenen **„Architekturstörungen" in der Form von Strukturverdichtungen** (herdförmige Veränderungen mit unscharfer Begrenzung der Strukturen) sei die **Diagnose eines großen multifokalen Mammakarzinoms aber schwierig** gewesen. Ein grober Behandlungsfehler liegt auch nicht deshalb vor, wenn ein besonders sorgfältiger und vorsichtiger Radiologe den jedenfalls nicht zweifelsfrei unauffälligen Befund weiter hinterfragt bzw. an die behandelnde Gynäkologin eine engmaschigere Kontrollempfehlung erteilt hätte (Nr. 60). Auch eine Beweislastumkehr aus dem Gesichtspunkt der „**unterlassenen Befunderhebung**" (Nr. 53) greift in einen solchen Fall nicht ein, wenn sich eine (objektiv gebotene) weiterführende Diagnostik (ggf. Biopsie) nur für den Fall einer nicht als gutartig erfolgten Bewertung der Mammografie- oder Sonographiebefunde hätte anschließen müssen (OLG Jena, Urt. v. 15. 10. 2008 – 4 U 990/06, juris, Nr. 50, 52, 53, 56, 57, 60, 61 = OLGR 2009, 242, 245/246).

9. Pathologie

a) Fundamentaler Diagnoseirrtum bejaht

Fälschlicherweise Adenokarzinom diagnostiziert   G 485

Kommt bei einem Patienten mit einem erhöhten PSA-Wert von 5,2 bzw. 5,8 ng/ml (Norm bis 4,0 ng/ml) differentialdiagnostisch auch eine chronische Prostatitis (Entzündung der Prostata) oder eine atypische kleindrüsige Polypheration (ASAP) in Betracht, ist die vom Pathologen gestellte Diagnose „hellzeiliges Adenokarzinom der Prostata" ohne Hinweis auf differential-diagnostisch in Betracht kommende Krankheitsbilder und ohne **Einholung einer Kontrollbefundung eines Referenzzentrums** nicht mehr vertretbar und damit behandlungsfehlerhaft. Gerade weil Veränderungen in der Prostata außerordentlich schwer zu beurteilen und hier häufig Fehlinterpretationen möglich sind, muss sich ein gewissenhafter Pathologe beim Vorliegen eines dem Krankheitsbild „Adenokarzinom" entsprechenden Befundes an ein Referenzzentrum wenden, um den Krebsverdacht überprüfen zu lassen oder aber – wenn ein derartiger Kontrollbefund nicht eingeholt wird – **den Patienten auf die mit der Diagnose verbundene Unsicherheit hinweisen**. Wird aufgrund der Falschbefundung des Pathologen eine radikale Prostatektomie (Entfernung der Prostata) durchgeführt, haftet der Pathologe für den hiermit verbundenen materiellen und immateriellen Schaden des Patienten (OLG Celle, Urt. v. 9. 7. 2001 – 1 U 64/00, AHRS III, 2093/301).

b) Fundamentaler Diagnoseirrtum verneint

Pathologe übersieht Bronchialkarzinom   G 486

Ein Diagnoseirrtum ist nur dann als „grob" zu qualifizieren, wenn es sich um einen „fundamentalen Diagnoseirrtum" handelt. Ein solcher liegt regelmäßig nicht vor, wenn der vom Gericht beauftragte Sachverständige die Diagnose als „außerordentlich schwierig" oder sogar „mit das Schwierigste, was es auf dem Fachbereich gibt" bezeichnet. Ist sich ein Pathologe (gleiches würde u.E. auch für einen Radiologen, Neurologen u.a. gelten) seiner auch auf subjektiven Einschätzungen und Erfahrungen beruhenden Diagnose, es liege ein gutartiger Tumor vor, sicher, kann aus seiner **zusätzlichen Aussage**, es bestehe kein Anhaltspunkt für ein invasives malignes Melanom sowie für eine andersartige Krebserkrankung, **kein selbständiger fundamentaler Diagnosefehler** hergeleitet werden. Ein (einfacher) Diagnosefehler (hier: eines Pathologen) wird nicht bereits deshalb zum Befunderhebungsfehler, weil der Arzt es unterlassen hat, die schwierige Beurteilung des von ihm erhobenen Befundes durch die Einholung einer zweiten Meinung (etwa in einem Referenzzentrum) zu überprüfen (BGH, Urt. v. 9. 1. 2007 – VI ZR 59/06, VersR 2007, 541, 542/543 = NJW-RR 2007, 744, 746). **Wegen der bei der Stellung der Diagnose nicht seltenen Unsicherheiten muss die Schwelle, von der ab ein Diagnoseirrtum grundsätzlich als fundamental (grober Behandlungsfehler) zu beurteilen ist, hoch angesetzt werden** (BGH, Urt. v. 21. 12. 2010 – VI ZR 284/09, VersR 2011, 400, 401, Nr. 13; BGH, Urt. v. 12. 2. 2008 – VI ZR 221/06, VersR 2008, 644, 645).

10. Notarzt

Fundamentaler Diagnoseirrtum verneint

G 487 **Notarzt übersieht Pankreatitis (Entzündung der Bauchspeicheldrüse)**

Ein fundamentaler Diagnoseirrtum des zweimal herbeigerufenen Notarztes liegt nicht vor, wenn er eine **Entzündung der Bauchspeicheldrüse** trotz der vom Patienten beklagten Schmerzen in beiden Nierenlagern nicht erkannt hat und auch nicht differentialdiagnostisch in Betracht zieht, wenn die auf eine Pankreatitis bezogenen Beschwerden unspezifisch und aus Sicht des Arztes **mit verschiedenen anderen Verdachtsdiagnosen erklärbar** sind.

Hier wäre ein vorwerfbarer Diagnoseirrtum des Arztes nur zu bejahen, wenn er aus seiner Sicht zum Zeitpunkt der Diagnosestellung entweder Anlass zu Zweifeln an der Richtigkeit der gestellten Diagnose hatte oder aber solche Zweifel gehabt und diese nicht beachtet hat (OLG Naumburg, Urt. v. 13. 3. 2001 – 1 U 76/00, OLGR 2002, 39, 40 = MedR 2002, 515, 517). Die Beweislastumkehr aus dem Gesichtspunkt des Vorliegens eines „groben Behandlungsfehlers" oder der „unterlassenen Befunderhebung" kann aber in der **Unterlassung** der zwingend gebotenen **unverzüglichen Einweisung** des Patienten in ein Krankenhaus zur Erhebung der erforderlichen Befunde für eine weitere Diagnostik, etwa eine Ultraschalluntersuchung, liegen, wenn die starken Schmerzen in beiden Nierenlagern beim zweiten Besuch des Notarztes bzw. Allgemeinarztes noch zugenommen und sich auf den Bereich des Oberbauchs ausgedehnt hatten (OLG Naumburg, Urt. v. 13. 3. 2001 – 1 U 76/00, OLGR 2002, 39, 42 = MedR 2002, 515, 517f.).

11. Anästhesie

G 488 **Fundamentaler Diagnoseirrtum verneint**

Anästhesist übersieht klassischen Lungenrundherd

Ein Befunderhebungsfehler liegt vor, wenn die Erhebung medizinisch gebotener Befunde unterlassen wird. Demgegenüber liegt ein Diagnoseirrtum vor, wenn der Arzt erhobene oder sonst vorliegende Befunde falsch interpretiert und deshalb nicht die aus berufsfachlicher Sicht seines Fachbereichs gebotenen, therapeutischen oder diagnostischen Maßnahmen ergreift. **Ein Diagnoseirrtum wird aber nicht dadurch zu einem Befunderhebungsfehler, wenn der Arzt bei objektiv zutreffender Diagnosestellung noch weitere Befunde hätte erheben müssen**

(BGH, Urt. v. 21. 12. 2010 – VI ZR 284/09, VersR 2011, 400, 401 = NJW 2011, 1672, 1673, Nr. 13).

So liegt **kein Befunderhebungsfehler, sondern ein (nicht fundamentaler) Diagnoseirrtum** vor, wenn ein Anästhesist auf einer von ihm zur Überprüfung der Narkosefähigkeit des adipösen Patienten veranlassten Röntgenbilds einen mit der beabsichtigten Operation (hier: Knieoperation) nicht im Zusammenhang stehenden **Zufallsbefund, einem klassischen Lungenrundherd** mit einer Größe von 21 x 26 mm nicht durch CT bzw. Entnahme einer Gewebeprobe abklären lässt. Hat der Anästhesist die Röntgenaufnahmen angesehen und hierbei in nicht völlig unvertretbarer Weise keine Auffälligkeiten festgestellt, ist er nicht gehalten, eine weitere Befundung der Aufnahme durch einen Radiologen zur Feststellung etwaiger Zufallsbefunde, die für den Anästhesisten nicht von Relevanz sind, zu veranlasssen. Wegen der bei Stellung einer Diagnose nicht seltenen Unsicherheiten muss **die Schwelle, von der ab ein Diagnoseirrtum als „grober Behandlungsfehler" (fundamentaler Diagnoseirrtum) zu beurteilen ist, hoch angesetzt werden** (BGH, Urt. v. 21. 12. 2010 – VI ZR 284/09, VersR 2011, 400, 401, Nr. 12–16).

Einstweilen frei.   G 489 – G 520

VII. Nichterhebung von Diagnose- und Kontrollbefunden

1. Grundlagen; Übersicht

Eine **Beweislastumkehr** für den Kausalitätsnachweis zwischen dem Behand- G 521
lungsfehler und dem beim Patienten eingetretenen Primärschaden kommt auch
dann in Betracht, wenn der Arzt dadurch eindeutig gegen bewährte ärztliche Behandlungsregeln oder gesicherte medizinische Erkenntnisse verstößt und einen
aus objektiver Sicht nicht mehr verständlichen Fehler begeht, in dem er **„in erheblichem Ausmaß" Diagnose- und Kontrollbefunde zum Behandlungsgeschehen nicht erhoben hat bzw. er es schuldhaft unterlässt, medizinisch zwingend
bzw. zweifelsfrei gebotene Befunde zu erheben oder zu sichern** (BGH, Urt. v.
13. 9. 2011 – VI ZR 144/10, VersR 2011, 1400 = NJW 2011, 3441, Nr. 8, 9: **EKG
bzw. KKH-Einweisung zur Abklärung eines Herzinfarkts von Allgemeinmediziner unterlassen**; BGH, Beschl. v. 22. 9. 2009 – VI ZR 32/09, VersR 2010, 72, 73:
**Patient mit Risikofaktoren und entsprechender Schmerzsymptomatik nebst
Veränderungen im EKG nicht sofort im KKH eingewiesen**, grober Behandlungsfehler; BGH, Urt. v. 23. 2. 2004 – VI ZR 428/02, NJW 2004, 1878 = VersR 2004,
790 = MDR 2004, 1056: „fehlerhafte Unterlassung der medizinisch gebotenen
Befunderhebung" bei verspätetem Austausch eines Herzschrittmachers; BGH,
Urt. v. 27. 4. 2004 – VI ZR 34/03, NJW 2004, 2011, 2013 = VersR 2004, 909,
911: **„unterlassene Fertigung einer Röntgenaufnahme schlechthin unverständlich"**; OLG Bamberg, Urt. v. 25. 4. 2005 – 4 U 61/04, VersR 2005, 1244, 1245: **unterlassene Befundübertragung**, im entschiedenen Fall kein grober Behandlungsfehler; OLG Bamberg, Urt. v. 4. 7. 2005 – 4 U 126/03, VersR 2005, 1292, 1293:
Herzkatheteruntersuchung unterlassen; OLG Bamberg, Urt. v. 25. 8. 2008 – 4 U
33/08, GesR 2008, 583, 584: **unterlassene, unverzügliche Augenuntersuchung**

bei fehlender Therapieoption nicht grob fehlerhaft; OLG Brandenburg, Urt. v. 8. 4. 2003 – 1 U 26/00, VersR 2004, 1050, 1052: **unterlassene sonografische Hüftkontrolle** eines Neugeborenen; OLG Düsseldorf, Urt. v. 21. 7. 2005 – 8 U 33/05, BeckRS 2006, 618 = VersR 2006, 841: FA für Neurologie unterlässt neurologische Diagnostik bei progredienter Gangstörung; OLG Düsseldorf, Urt. v. 21. 3. 2002 – 8 U 8/01, AHRS III, 1955/314: **unterlassene CTG-Fertigung und verspätete Mikroblutanalyse**; OLG Düsseldorf, Urt. v. 10. 4. 2003 – 8 U 38/02, VersR 2005, 117: grob fehlerhaft unterlassene diagnostische Abklärung einer entzündlichen Erkrankung der Brustwirbelkörper; OLG Hamm, Urt. v. 31. 8. 2005 – 3 U 277/04, MedR 2006, 111, 113 = GesR 2006, 31, 33: **unterlassene Mammografie**; OLG Hamm, Urt. v. 6. 11. 2002 – 3 U 50/02, VersR 2004, 1321, 1322: **unterlassene Überweisung zur zweifelsfrei gebotenen Leberpunktion**; OLG Hamm, Urt. v. 17. 11. 2004 – 3 U 277/03, GesR 2005, 70, 71: **unterlassene Erhebung von CRP-Werten bei Entzündung im Gelenk**; OLG Hamm, Urt. v. 19. 11. 2007 – 3 U 83/07, juris, Nr. 26, 30, 36, 40: neurologische Kontrolluntersuchung nach Tumoroperation unterlassen; OLG Hamm, Urt. v. 6. 2. 2002 – 3 U 238/00, VersR 2003, 116: „**zwingend gebotene Kontrollsonografie" unterlassen**; OLG Jena, Urt. v. 23. 5. 2007 – 4 U 437/05, OLGR 2007, 988 = VersR 2008, 401: **Überweisung zur Biopsie bei verdächtigem Gewebe unterlassen**; OLG Jena, Urt. v. 18. 2. 2009 – 4 U 1066/04, OLGR 2009, 419, 420: **Unterlassene Krankenhauseinweisung, wenn ein Herzinfarkt differenzial-diagnostisch in Betracht kommt**; OLG Karlsruhe, Beschl. v. 24. 6. 2005 – 7 W 28/05, NJW-RR 2006, 205, 206 = GesR 2005, 555, 556 „zwingend notwendige" **Untersuchung der Bauchdecke bei V. a. Anastomoseninsuffizienz** unterlassen; OLG Karlsruhe, Urt. v. 23. 4. 2004 – 7 U 1/03, VersR 2005, 1246: **unterlassene Ultraschalluntersuchung des Auges** zur Feststellung eines Retinoblastoms; OLG Karlsruhe, Urt. v. 14. 11. 2007 – 7 U 251/06, VersR 2008, 545: Überweisung eines Kindes an den Augenarzt unterlassen; KG, Urt. v. 7. 3. 2005 – 20 U 398/01, OLGR 2006, 12: **unterlassene Röntgendiagnostik bei möglichem Bruch des Handgelenks grob fehlerhaft**; OLG Koblenz, Urt. v. 26. 8. 2003 – 3 U 1840/00, NJW-RR 2004, 106, 107: **unterlassene Überweisung zur Myelographie bzw. zum MRT** zur Feststellung eines Rückenmarkangioms als „äußerst schwerer Verstoß gegen gesicherte und bewährte medizinische Erkenntnisse und Erfahrungen"; OLG Koblenz, Urt. v. 30. 11. 2006 – 5 U 784/06, OLGR 2007, 277: **unterlassene Mikroblutuntersuchung** und für 24 Minuten fehlendes CTG; OLG Koblenz, Urt. v. 5. 7. 2004 – 12 U 572/97, NJW 2005, 1200, 1202 = VersR 2005, 1738, 1739: **Unterlassung der medizinisch gebotenen Blutzuckerkontrolle bei mangelgeborenem Kind** eindeutig fehlerhaft; OLG Koblenz, Beschl. v. 30. 1. 2012 – 5 U 857/11, VersR 2012, 1041, 1043: **Orthopäde verkennt eindeutige Symptome eines Herzinfarkts**, Beweislastumkehr wg. unterlassener Befunderhebung; OLG Köln, Urt. v. 13. 2. 2002 – 5 U 95/01, NJW-RR 2003, 458 = VersR 2004, 1459: **unterlassenes Anlegen eines EKG bei V. a. Herzinfarkt** und einer nachfolgend erforderlichen Defibrillation „schlechthin unverständlich"; OLG Köln, Urt. v. 26. 5. 2008 – 5 U 175/07, VersR 2009, 1543: **Gynäkologe unterlässt Überweisung zur Stanzbiopsie**, Diagnose eines Mammakarzinoms um sieben Wochen verzögert, kein grober Behandlungsfehler; OLG Köln, Urt. v. 23. 8. 2006 – 5 U 22/04, MedR 2008, 46: fehlende funktionelle Befunderhebung eines Zahnarztes; OLG München, Urt. v. 10. 2. 2011 – 1 U 5066/09, juris, Nr. 47–49: **korrigierter Befund einer gering-**

fügigen **Höhenminderung nicht zeitnah weitergeleitet**, nur einfacher Fehler; OLG München, Urt. v. 6. 10. 2011 – 1 U 5220/10, juris, Nr. 34, 36, 39: **Allgemeinmediziner unterlässt Überweisung zum Facharzt zur Abklärung einer arteriellen Verschlusskrankheit**; OLG München, Urt. v. 24. 2. 2005 – 1 U 4624/03, NJW-RR 2006, 33, 35: Überwachung einer **frisch operierten Patientin in Intervallen von 10–20 Minuten** unterlassen; OLG München, Urt. v. 23. 9. 2004 – 1 U 5198/03, MedR 2006, 174, 176: **grob fehlerhaft sofortige Punktion bei Gelenkinfektion unterlassen**; OLG Oldenburg, Urt. v. 28. 5. 2008 – 5 U 28/06, juris, Nr. 22, 23: **Mikroblutuntersuchung unterlassen**; OLG Saarbrücken, Urt. v. 21. 1. 2001 – 1 U 617/99, AHRS III, 1955/305: **Hinzuziehung eines Orthopäden und MRT bei Verdacht auf Gelenkentzündung unterlassen**; OLG Saarbrücken, Urt. v. 8. 11. 2006 – 1 U 582/05–203, MedR 2007, 486 = OLGR 2007, 91: CTG-Überwachung unterlassen; OLG Schleswig, Urt. v. 28. 03. 2008 – 4 U 34/07, OLGR 2009, 296, 297: Unterlassene Fiebermessung bei deutlich erhöhter Körpertemperatur; OLG Stuttgart, Urt. v. 12. 8. 2003 – 1 U 45/03, n. v.: „**unterlassene Röntgenaufnahme zur Abklärung einer Lungenentzündung** schlechthin unverständlich"; OLG Stuttgart, Urt. v. 20. 3. 2001 – 14 U 41/99, OLGR 2002, 142, 145: grober Behandlungsfehler bei unterlassener Anfertigung eines MRT und eines Röntgenbildes; OLG Stuttgart, Urt. v. 27. 6. 2000 – 14 U 8/00, OLGR 2002, 116, 119: **unterlassene Angiographie** und der notwendigen antiepileptischen Therapie; Ramm, RiOLG, GesR 2011, 513 ff.; Feifel, GesR 2006, 308, 309; Wenzel-Müller, Kap. 2 Rz. 1544, 1550; Spickhoff-Greiner, § 823 BGB Rz. 188; S/Pa, 12. Aufl., Rz. 646–655 zur unterlassenen Befunderhebung; L/K-Laufs-Kern, § 110 Rz. 17, 18; F/N/W, 5. Aufl., Rz. 132, 141, 142; G/G, 6. Aufl., Rz. B 266–272b.; zu den Einzelheiten vgl. Rz. G 523 ff., U 2 ff., U 100 ff.).

Zwischen der schuldhaft unterlassenen Erhebung zweifelsfrei gebotener Befunde, dem dadurch meist verursachten Nichteingreifen in den Krankheitsverlauf und dem späteren Gesundheitsschaden muss ein **zumindest nicht unwahrscheinlicher Kausalzusammenhang** bestehen (vgl. Rz. G 255 ff.). Die schuldhaft unterlassene Befunderhebung muss **generell geeignet** (s. o. Rz. G 214 ff.) sein, den eingetretenen Primärschaden zu verursachen. Hierfür genügt es, dass **nicht von vornherein ausgeschlossen** werden kann, dass der Arztfehler als nicht unbedingt nahe liegende oder gar typische Ursache für den Gesundheitsschaden in Frage kommt (BGH, Urt. v. 13. 9. 2011 – VI ZR 144/10, NJW 2011, 3441 = VersR 2011, 1400, Nr. 8, 9; BGH, Urt. v. 7. 6. 2011 – VI ZR 87/10, VersR 2011, 1148 = GesR 2011, 472, Nr. 7, 8; BGH, Urt. v. 29. 9. 2009 – VI ZR 251/08, NJW-RR 2010, 833, Nr. 8, 11; BGH, Urt. v. 8. 1. 2008 – VI ZR 118/06, VersR 2008, 490, 491, Nr. 11, 12; BGH, Urt. v. 27. 3. 2007 – VI ZR 55/05, VersR 2007, 995 = GesR 2007, 311, Nr. 25).

G 522

Ist das Unterlassen der Erhebung von (weiteren) Befunden im Einzelfall nicht als grober, sondern nur als einfacher Behandlungsfehler zu bewerten, kommt dennoch eine Beweislastumkehr in Betracht, wenn die weiteren Voraussetzungen (hinreichende Wahrscheinlichkeit eines positiven Befundergebnisses, Verkennung bzw. Nichtreaktion hierauf wäre grob fehlerhaft gewesen, Kausalzusammenhang darf auch hier nicht „äußerst unwahrscheinlich sein") vorliegen (vgl. BGH, Urt. v. 13. 9. 2011 – VI ZR 144/10, VersR 2011, 1400 = NJW 2011, 3441, Nr. 8, 9; BGH, Urt. v. 7. 6. 2011 – VI ZR 87/10, MDR 2011, 913 = VersR 2011,

G 522a

1148 = GesR 2011, 472, Nr. 7, 8; zu den Einzelheiten vgl. Rz. U 1 ff., U 50 ff., U 100 ff., G 105a).

2. Chirurgie und Orthopädie

a) Grober Behandlungsfehler bejaht

G 523 **Unterlassen einer schnellen bakteriologischen Untersuchung oder einer antibiotischen Therapie**

Das **Unterlassen einer schnellen bakteriologischen Untersuchung** eines **trüben**, aus dem Kniegelenk gewonnenen **Punktats** stellt einen groben Behandlungsfehler dar. In diesem Falle haftet der Arzt für eine spätere Gelenkversteifung des Patienten auch dann, wenn dieser nicht beweisen kann, dass die Gelenkversteifung bei regelrechter Soforterkennung nicht sicher vermieden worden wäre (OLG Köln, VersR 1992, 1003; ähnlich OLG Celle, VersR 1985, 1047). Grob fehlerhaft ist auch das Unterlassen der bakteriologischen Untersuchung einer trüben Gelenkflüssigkeit trotz Schmerzen im Kniegelenk und erhöhter Blutkörpersenkungsgeschwindigkeit (OLG Celle, VersR 1985, 1047). Treten nach einer **Schnittverletzung** Schmerzen auf und zeigt das Wundbild einen **Entzündungsprozess** an, so muss möglichst früh eine antibiotische Therapie mit einem Medikament einsetzen, das gegen Staphylokokken wirksam ist. Das Unterbleiben dieser Behandlung stellt einen groben Behandlungsfehler dar (KG, VersR 1991, 928).

G 524 Auch das Unterlassen der Gabe eines Breitbandantibiotikums bei der Behandlung einer **postoperativen Infektion** am großen Zeh (u. a.) ist grob fehlerhaft, während sich die unterlassene oder verzögerte Erregerbestimmung nur als einfacher Behandlungsfehler darstellt (OLG München, Urt. v. 30. 12. 2004 – 1 U 2357/04, OLGR 2005, 880). Dagegen ist eine Antibiotikaprophylaxe bei der mikrochirurgischen **Entfernung eines Bandscheibensequesters** nicht erforderlich (OLG München, Urt. v. 25. 3. 2004 – 1 U 3703/03, OLGR 2006, 13, 14).

G 525 **Unterlassene Wundkontrolle und Wundrevision**

Bei verspäteter und deshalb **erhöht infektionsgefährdeter operativer Einrichtung eines luxierten Mittelfingers** ist die tägliche Wundkontrolle beim Verbandwechsel von einem Arzt vorzunehmen. Treten nach der Operation in der Hand Schmerzen auf, ist vor der Gabe von Analgetika zu kontrollieren, ob die Wunde infiziert ist und deshalb stärker schmerzt. Vor der Entlassung aus dem Krankenhaus ist das Operationsgebiet unter Abnahme des Verbandes nochmals zu kontrollieren. Verstöße gegen diese elementaren Gebote stellen einen groben Behandlungsfehler dar. Der Behandlungsseite obliegt dann der Beweis, dass eine nachfolgend erforderlich werdende Amputation des Fingers wegen nicht beherrschbarer **Infektion** vermeidbar bzw. auch bei Beachtung der genannten Gebote unabwendbar gewesen wäre (OLG Köln, VersR 1997, 366).

G 526 Ein grober Behandlungsfehler liegt auch vor, wenn trotz **zunehmender Schwellung** und erheblicher Schmerzklagen des Patienten eine operativ versorgte Unterarmfraktur mit Durchspießungswunde nicht rundum inspiziert und **keine Wundrevision durchgeführt** wird, sondern die Wunde nur durch den Längsspalt des Wundgipses besichtigt und später der Gips etwas aufgeweitet wird. Geboten ist hier vielmehr die stündliche Kontrolle des Patienten und eine Faszienspaltung beim Auftreten der Anzeichen eines Kompartment-Syndroms, auch um die Entstehung eines Gasbrandes zu vermeiden (OLG Stuttgart, VersR 1989, 199).

Unterlassene Erhebung von CRP-Werten   G 527

Vor einer intraartikulären Injektion in ein Sprunggelenk hat ein Orthopäde den Patienten nicht nur über das Risiko einer **Gelenkinfektion**, sondern auch über eine hieraus möglicherweise resultierende Gelenkversteifung aufzuklären. Meldet sich der Patient nach einer solchen Injektion mit Beschwerden, die auf eine Entzündung des Gelenks hindeuten könnten, ist eine zeitnahe **Erhebung von CRP-Werten** erforderlich. Die Unterlassung einer solchen zeitnahen Diagnostik stellt einen groben Behandlungsfehler dar (OLG Hamm, Urt. v. 17. 11. 2004 – 3 U 277/03, GesR 2005, 70). Ein dann – verspätet erhobener – CRP-Wert von 262 mg/l (Normalwert: bis 5 mg/l) indiziert die Erhebung weiterer Befunde, nämlich sonografischer und MRT-Untersuchungen, unter Umständen auch eines Ganzkörper-CTs, um zu ermitteln, ob sich im Gelenk Flüssigkeit befindet. Wird dies bejaht, ist eine Gelenkpunktion geboten. Hätte sich bei der Gelenkpunktion mit hinreichender Wahrscheinlichkeit ein auf eine Infektion hindeutendes Punktat ergeben, so würde sich die Nichtreaktion auf diesen Befund – die operative Intervention zur Vermeidung einer Gelenkversteifung – als grob fehlerhaft darstellen (OLG Hamm, Urt. v. 17. 11. 2004 – 3 U 277/03, GesR 2005, 70, 71 f.).

Computer- oder kernspintomographische Untersuchung unterlassen;   G 528
Lähmungserscheinungen, Rückenbeschwerden, Hirnhautentzündung, Handverletzung

Bei vorhandenen, **starken Lähmungserscheinungen**, die den Verdacht auf eine Rückenmarkerkrankung nahe legen, ist das Unterlassen einer kernspintomographischen Untersuchung grob fehlerhaft. Lässt sich nicht sicher feststellen, dass die eingetretenen Lähmungen und ihre Folgen ausgeblieben oder vermindert worden wären, wenn es nach Durchführung einer Kernspin-Untersuchung ca. vier Monate früher zu einer Operation gekommen wäre, so trägt die Behandlungsseite die Beweislast für den Einwand der hypothetischen Kausalität (BGH, MDR 1998, 655 = NJW 1998, 1782, 1783).

Wird ein Patient mit **starken Rückenbeschwerden** an einen Facharzt für Neuro-   G 529
logie und Psychatrie überwiesen, darf dieser bei eindeutigen Anzeichen einer spinalen Schädigung ohne ausreichende, weitere Diagnostik wie z. B. der **Messung der somato-sensorisch evozierten Potenziale (SEP)** und/oder des motorisch (magnetisch) evozierten Potenzials sowie der Durchführung einer **Kernspintomographie (MRT)** zum Ausschluss einer neurologischen Erkrankung (hier: AV-Fistel in Höhe TH 7) nicht lediglich eine Psychotherapie beginnen und trotz Fortbestehen der Beschwerden über einen Zeitraum von mehreren Monaten fortführen (OLG Düsseldorf, Urt. v. 21. 7. 2005 – I-8 U 33/05, VersR 2006, 841, 842: offengelassen, ob ein „grober Behandlungsfehler" vorliegt, da die Voraussetzungen einer Beweislastumkehr wegen „unterlassener Befunderhebung" vorlagen). Bei den von einer **Enzephalitis (Hirngewebsentzündung)** ausgehenden schweren

Gefahren für Leben und Gesundheit des Erkrankten müssen unverzüglich alle Versuche unternommen werden, ein Höchstmaß an Klarheit zu gewinnen, um eine wirksame Therapie einleiten zu können. Eine beginnende oder bereits vorhandene Veränderung im Gehirn des Erkrankten als Folge einer Enzephalitis ist durch eine computertomographische Untersuchung (CT) oder (damals; heute ggf. MRT) die Anfertigung eines EEG zu überprüfen (OLG Köln, VersR 1991, 186, 188; auch OLG Hamm, Urt. v. 26. 1. 2000 – 3 U 166/96, AHRS III, 2060/302: unterlassene CT-Untersuchung bei tagelangen starken Kopfschmerzen, SAB verkannt; zum Schlaganfall vgl. G 383c, D 54).

G 530 Auch die Unterlassung einer weiteren diagnostischen Abklärung mittels **Lumbalpunktion oder Schädel-CT** bei Anhaltspunkten für den Verdacht auf **Meningitis** (Hirnhautentzündung) stellt einen groben Behandlungsfehler dar (OLG Stuttgart, VersR 1996, 1414). Klagt der Patient nach einer Hydrocephalus („Wasserkopf")-Operation über „Gespenstersehen", so hat der Arzt unverzüglich ein CT anfertigen zu lassen (BGH, MDR 1999, 675 = VersR 1999, 716).

G 531 Auch bei Verdacht auf eine **komplizierte Gehirnerschütterung** mit möglicher Schädelbasisfraktur aufgrund von Gesichtsverletzungen einschließlich eines Brillenhämatoms begründet das Unterlassen der Anfertigung eines CT und die unterbliebene Hinzuziehung eines Augenarztes den Vorwurf eines groben Behandlungsfehlers (OLG Oldenburg, VersR 1997, 1405).

G 532 Bei einer **Lymphadenitis (entzündliche Lymphknotenschwellung)** ist beim Ausbleiben einer Befundverbesserung wegen der Gefahr der Weiterentwicklung zu einer Mediastinitis (Entzündung des Bindegewebes im Brustkorbraum zwischen beiden Brustfellhöhlen) eine engmaschige klinische Verlaufskontrolle erforderlich. Bei einer weiterhin ausbleibenden Besserung – im entschiedenen Fall nach vier Tagen – muss ein CT verlanlasst werden, das in der Lage ist, einen etwa in der Tiefe bestehenden Abszess aufzuzeigen (OLG Stuttgart, Urt. v. 30. 5. 2000 – 14 U 71/99, VersR 2001, 766, 768).

G 533 Behandelt ein Unfallchirurg die Schnittverletzung eines Fingers operativ und erkennt er dabei, dass die Verletzung tief ist, ist es unverständlich und nicht mehr nachvollziehbar, wenn er anlässlich einer Nachkontrolle „Verklebungen" sowie fortbestehende Beschwerden des Patienten feststellt, jedoch davon absieht, ein **Kernspintomogramm** anzufordern oder den Patienten **zu einem Handchirurgen zu überweisen** bzw. die Revisionsoperation sogleich selbst durchzuführen (OLG Stuttgart, Urt. v. 9. 4. 2002 – 14 U 84/01, AHRS III, 1876/306).

G 534 **Unterlassene Röntgendiagnostik**

Klagt ein Patient, der bei einem Verkehrsunfall schwere Verletzungen erlitten hat, auch über starke Schmerzen im Schultergelenk, so muss sich dem behandelnden Klinikarzt zumindest der Verdacht aufdrängen, dass eine **Eckgelenkssprengung** vorliegen könnte. Halten die Schmerzzustände im Schultergelenk noch nach Tagen an, so hat der Arzt dem durch eine „**gehaltene Röntgenaufnahme**" nachzugehen. Das Unterlassen einer solchen Kontrolle stellt einen groben Behandlungsfehler dar (BGH, NJW 1989, 2332 – Behandlung im Jahr 1982).

Gleiches gilt, wenn die Röntgendiagnostik zur Abklärung eines **etwaigen Kahnbeinknochenbruchs** nach einer Handverletzung unterbleibt. Der Patient ist einige Tage nach der Erstversorgung auch wieder einzubestellen, um dann ggf. erneut zu prüfen, ob jedenfalls dann eine Röntgenaufnahme gefertigt werden soll (KG, Urt. v. 7. 3. 2005 – 20 U 398/01, OLGR 2006, 12, 13). Bei einer zunächst mit einem Gipsverband behandelten Ellenbogenfraktur eines zwei Jahre alten Kindes stellt die **unterlassene Weiterverweisung an einen Kinderchirurgen** bzw. die **unterlassene Anordnung von Röntgenkontrollen** am fünften und zehnten Tag nach dem Unfall einen groben Behandlungsfehler dar (LG Karlsruhe, Urt. v. 20. 2. 2009 – 6 O 115/07, juris, Nr. 25, 28, 32, 41).

Das Unterlassen einer Röntgenuntersuchung der Wirbelsäule ist grob fehlerhaft, wenn der Patient in stark alkoholisiertem Zustand aufgefunden wird, sich nach der Aufnahme im Krankenhaus nicht mehr an den Sturz erinnern kann, aber über **massive diffuse Schmerzen ohne genauere Lokalisation** klagt und sich aus der Halbseitenlage nicht bewegen kann und anlässlich einer Arztvisite am zweiten Tag nach der Einlieferung festgestellt wird, die „**Wirbelsäule ist klopfschmerzhaft**". Bei einem solchen unklaren Trauma im Rückenbereich mit massiven Schmerzen ist das Unterlassen einer **Röntgen- oder CT-Untersuchung** spätestens drei Tage nach dem Unfall und zwei Tage nach der Krankenhauseinweisung nicht mehr verständlich (OLG Hamm, Urt. v. 5. 5. 2004 – 3 U 111/03, AHRS III, 1876/314).   G 535

Unterlässt ein Unfallchirurg nach einer **Schnittverletzung an der Hand die Anfertigung eines Röntgenbildes** und verzögert sich so die Entfernung eines Glassplitters um acht Tage, so rechtfertigen die hierauf zurückzuführenden, sieben Wochen anhaltenden Schmerzen und Beschwerden ein Schmerzensgeld von 1 000 Euro, wenn der Patient nicht beweist, dass der Kausalverlauf auch im Übrigen günstiger gewesen wäre (OLG Koblenz, Urt. v. 20. 10. 2005 – 5 U 1330/04, NJW-RR 2006, 393, 394).   G 536

Unterlassene Phlebographie (Röntgendarstellung venöser Gefäße)   G 537

Bei einem **Thromboseverdacht** gehört es zu den elementaren Behandlungsregeln, eine Phlebographie (Röntgendarstellung venöser Gefäße) oder eine Sonographie (Ultraschalldiagnostik, bildgebendes Verfahren) durchzuführen (OLG Hamm, VersR 1990, 190; VersR 1990, 660; OLG Köln, NJW-RR 1992, 728; OLG Oldenburg, MDR 1994, 994; VersR 1999, 318; OLG Stuttgart, OLGR 2000, 3). Bei anhaltenden Wadenschmerzen bei einer Fußverletzung liegt der **Verdacht einer Venenthrombose** nahe und muss durch eine Phlebographie abgeklärt werden. Bei diesem Beschwerdebild ist die Diagnose „Muskelkater" schlechthin unvertretbar (OLG Köln, NJW-RR 1992, 728).

Bei klinischen Anzeichen, die beim behandelnden Arzt nach einem Muskelfaserriss im Unterschenkel den **Verdacht auf ein Kompartmentsyndrom** (Störungen der Blutzufuhr z.B. nach Knochenbrüchen) lenken, ist eine Thrombose in Erwägung zu ziehen und durch eine Sonographie oder Phlebographie diagnostisch abzuklären. Die Unterlassung begründet einen groben Behandlungsfehler (OLG Stuttgart, Urt. v. 24. 8. 1999 – 14 U 11/99, VersR 2001, 190 = OLGR 2000, 3, 4). Gleiches gilt, wenn später ein Facharzt für Orthopädie die seit mindestens **zwei Wochen andauernden Schmerzen in der Wade** und im Oberschenkel auf eine Druckschmerzverhärtung der Abduktoren zurückführt und eine kurzfris-   G 538 tige Einbestellung mit dann zwingend gebotener Abklärung der gegebenen Anzeichen für eine Thrombose versäumt (OLG Stuttgart, OLGR 2000, 3, 4).

G 539 **Orthopäde verkennt Herzinfarkt; unterlassene Befunderhebung** (vgl. zum Herzinfarkt Rz. D 24 ff., D 45 ff., D 92 ff., G 462 ff., G 539, G 652 ff., G 941)

Werden **Leitsymtome eines Herzinfarkts** (hier: außergewöhnllich starke Schmerzen der linken Körperseite) eines 36-jährigen Patienten von einem Orthopäden unzutreffend **als orthöpädische Erkrankung diagnostiziert** (hier: Wirbelblockade und Muskelverspannung), liegt in der unterlassenen internistischen bzw. kardiologischen Abklärung jedenfalls dann **kein grober Behandlungsfehler**, wenn der Patient bei der Anamnese darauf hinweist, die Schmerzen würden wohl wie bereits vor einigen Monaten auf der **Einklemmung eines Nervs im Bereich der Halswirbelsäule beruhen**, was internistisch bereits abgeklärt sei. In einem derartigen Fall **liegen jedoch die Voraussetzungen einer unterlassenen Befunderhebung vor**. Eine akute, starke Schmerzsymptomatik der linken Körperseite erfordert die ärztliche Feststellung, wann die Schmerzen erstmals aufgetreten sind und wie sie sich im Einzelnen entwickelt haben. Ein scheinbar ähnliches, jedoch mehrere Monate zurückliegendes Ereignis, aus dem der Patient irrige Schlüsse zieht, darf einen Orthopäden bei Fehlen jedweder Brückensymptome nicht zu der Annahme verleiten, eine internistische bzw. kardiologische Erkrankung sei ausgeschlossen (OLG Koblenz, Beschl. v. 30. 1. 2012 – 5 U 857/11, VersR 2012, 1041, 1043).

Kann der Arzt die erforderlichen, weitergehenden **Untersuchungen (EKG, Labor, Troponinwerte)** nicht selbst durchführen, ist eine **umgehende Krankenhauseinweisung erforderlich**. Es ist auch „hinreichend wahrscheinlich", dass der Herzinfarkt dort festgestellt worden wäre, wenn der Patient zwei Stunden später nach einem anderweitig veranlassten Notarzttransport hieran verstirbt (OLG Koblenz, Beschl. v. 30. 1. 2012 – 5 U 857/11, VersR 2012, 1041, 1043; vgl. auch OLG Jena, Urt. v. 18. 2. 2009 – 4 U 1066/04, OLGR 2009, 419, 421, Rz. G 652d).

G 540 **Sonographie oder Angiographie unterlassen; Blinddarmentzündung verkannt** (vgl. auch Rz. D 121 ff., G 452, G 454 ff.; zum *medizinischen Hintergrund* der Appendizitis Rz. G 454a)

Ein grober Behandlungsfehler liegt auch in dem Unterlassen der Ärzte einer psychiatrischen Klinik, bei einem Patienten trotz deutlicher **Anzeichen für einen Gefäßverschluss** unverzüglich eine diagnostische Abklärung durch einen Gefäßchirurgen oder jedenfalls eine Sonographie (Ultraschalldiagnostik, s. o.) bzw. Angiographie (Gefäßdarstellung durch Injektion eines Röntgenkontrastmittels) zu veranlassen (OLG Celle, VersR 1994, 1237).

G 541 Wird bei einer (jugendlichen) Patientin neben Symptomen wie **Erbrechen und Leukozytose** ein rechtsbetonter, in der Region des **Blinddarms** lokalisierter Prozess mit **deutlicher Abwehrspannung** festgestellt, so muss die Indikation zur sofortigen Appendektomie (operative Blinddarmentfernung) auch nach undeutlichen Untersuchungsbefunden gestellt, mindestens aber eine zusätzliche Sonographie veranlasst werden; weiteres Abwarten stellt einen groben Behandlungsfehler dar (OLG Hamm, Urt. v. 14. 1. 1987 – 3 U 90/86).

G 542 Wird der seit über **zwei Tagen unter Schmerzen im Unterbauch,** Fieber und wiederholtem Erbrechen leidende Patient mit der vom Notarzt gestellten Verdachtsdiagnose „Blinddarmentzündung" in ein Krankenhaus eingeliefert, so ist es grob fehlerhaft, wenn die dortigen Ärzte diese Anfangsdiagnose nach Feststellung einer Wandverdickung des Sigmas (Teil des Dickdarms, S-förmige Schleife) nicht wenigstens als Differentialdiagnose aufrechterhalten, den Patienten auf eine Gastroenteritis (Darmgrippe) mit Reizung des Blinddarms behandeln und weder eine Ultraschalluntersuchung oder eine Laparotomie (Eröffnung der Bauchhöhle) noch eine Dickdarmspiegelung durchführen. Kommt es danach zu einem **Blinddarmdurchbruch**, so hat die Behandlungsseite zu beweisen, dass die eingetretenen Primärschäden wie die Notwendigkeit der Verkürzung des Darms, der Eintritt eines Darmverschlusses, Infektionen, mehrere Folgeoperationen u. a. nicht auf den Behandlungsfehler zurückzuführen sind (OLG Zweibrücken, OLGR 2000, 459, 461 ff. mit der Tendenz, daneben auch einen fundamentalen Diagnosefehler anzunehmen).

Klagt andererseits ein 9-jähriges Kind über **diffuse Magenbeschwerden**, die sich innerhalb von zwei Tagen verschlimmert hatten, und legt die Gesamtsituation primär den Verdacht auf eine dann behandelte Gastroenteritis nahe, liegt in der Verkennung bzw. verzögerten Diagnose einer Appendizitis durch einen Allgemeinmediziner oder Kinderarzt kein grober Befunderhebungs- oder Diagnosefehler (OLG Koblenz, Urt. v. 3. 11. 2005 – 5 U 1560/04, bei Jorzig, GesR 2006, 16, 17 und Urt. v. 29. 6. 2006 – 5 U 1494/05, OLGR 2006, 911, 912: nach sorgfältiger Untersuchung Gastroenteritis bzw. Harnwegsinfekt diagnostiziert). Verbleibt eine erhebliche Ungewissheit, ob eine weitergehende diagnostische Vorgehensweise zu weiteren Erkenntnissen geführt hätte, kommt auch eine Beweislastumkehr aus dem Gesichtspunkt der → *unterlassenen Befunderhebung* (vgl. Rz. U 1 ff., U 50 ff.) nicht in Betracht. Bei (einfach-)fehlerhafter, unterlassener oder verzögerter Befunderhebung bzw. Diagnosestellung haftet der behandelnde Arzt im Übrigen nur dann, wenn der Patient nachweist, dass die zunächst unterlassenen Maßnahmen alsbald zur richtigen Diagnose und zu einem günstigeren Behandlungsverlauf geführt hätten (OLG Koblenz, Urt. v. 3. 11. 2005 – 5 U 1560/04, bei Jorzig, GesR 2006, 16, 17).

G 543

Unterlassene Untersuchung der Bauchdecke bei starken Schmerzen nach Darmoperation

G 544

Klagt der Patient nach einer Darmoperation über stärkste **Schmerzen im Magen-Darmbereich**, so ist das Unterlassen der dann zwingend gebotenen **Untersuchung der Bauchdecke** des Patienten und ggf. der **weiter gehenden bildgebenden Diagnostik** zur Feststellung einer Anastomoseninsuffizienz als grob fehlerhaft zu bewerten. Wäre diese bei Durchführung der gebotenen Untersuchung – wie regelmäßig – mit hinreichender Wahrscheinlichkeit entdeckt worden, kommt dem Patienten auch eine Beweislastumkehr wegen „unterlassener Befunderhebung" zugute (OLG Karlsruhe, Beschl. v. 24. 6. 2005 – 7 W 28/05, NJW-RR 2006, 205, 206 = GesR 2005, 555, 556 = OLGR 2005, 753).

Unterlassene Kontrolle der Hodenlage

G 545

Die Strangulation eines zum Hoden führenden Samenstranges im Zusammenhang mit der operativen Beseitigung eines Leistenbruchs stellt ein nicht seltenes Operationsrisiko dar. Die unterlassene Kontrolle der Hodenlage nach dem chirurgischen Eingriff ist daher als grober Behandlungsfehler zu werten (BGH, VersR 1982, 1141).

G 546   **Keine Kontrolle auf Nervverletzungen**

Bei einer vier cm langen **Schnittwunde an der Beugeseite des Handgelenks** mit Durchtrennung des Ligamentum carpi radiale bzw. ulnare (Band im Bereich des Handgelenks) stellt es einen groben Behandlungsfehler dar, wenn keine Kontrolle auf Verletzung des Nervus ulnaris und des Nervus medianus durchgeführt wird (OLG Frankfurt, VersR 1999, 659).

G 547   **Neurologische Kontrolluntersuchung nach Tumorentfernung unterlassen**

Werden neurologische Kontrolluntersuchungen (neurologische Prüfung des Gefühls etwa durch Streichen über die Haut, Prüfung bestimmter Reflexe und der Motorik, z. B. durch Anheben und Absenken der Beine und Füße) bei **aufgetretenen Sensibilitätsstörungen** an den Füßen nach der operativen Entfernung eines Tumors im Bereich des Rückenmarks (hier: Laminektomie LWK 3 und LWK 4) in zeitlichen **Abständen von zwei bis vier Stunden unterlassen,** liegt ein grober Behandlungsfehler vor (OLG Hamm, Urt. v. 19. 11. 2007 – 3 U 83/07, juris, Nr. 26, 30, 36, 40).

Neurologische Untersuchungsversäumnisse nach dem Auftreten von Sensibilitätsstörungen im Zusammenhang mit einer Tumoroperation im Rückenmarksbereich sind auch **generell geeignet,** einen erheblichen Gesundheitsschaden der Patientin in Form eines Cauda-Syndroms (Paraparese beider Beine, Blasen- und Stuhlinkontinenz, perianale Fistel, spastische Störungen durch dauerndes Sitzen und Wundheilungsstörungen) herbeizuführen (OLG Hamm, Urt. v. 19. 11. 2007 – 3 U 83/07, juris, Nr. 38, 43, 45). Es ist auch **nicht „äußerst unwahrscheinlich",** dass bei der Durchführung von engmaschigen neurologischen Untersuchungen im Abstand von zwei bis vier Stunden nach dem Auftreten von Sensibilitätsstörungen in den Füßen eine reaktionspflichtige Lähmungssymptomatik erkannt und erfolgreich reoperiert wird (OLG Hamm, a. a. O., Nr. 30, 40, 43).

G 548   **Hinzuziehung eines Augenarztes bei auftretenden Sehstörungen unterlassen**

Für die Beweislastumkehr hinsichtlich des Ursachenzusammenhangs zwischen einem Behandlungsfehler und dem Gesundheitsschaden des Patienten reicht es aus, dass die Unterlassung einer aus medizinischer Sicht zwingend gebotenen Befunderhebung (hier: Hinzuziehung eines Augenarztes bei auftretenden Sehstörungen nach einer Bypass-Operation) einen groben Behandlungsfehler darstellt. Das Unterlassen der dann gebotenen Therapie (hier: Verabreichung von ASS in höherer Konzentration bzw. anderweitige Medikation) ist im Falle der Nichterhebung medizinisch gebotener Befunde nicht Voraussetzung für die Annahme eines groben Behandlungsfehlers. Es genügt, dass der Behandlungsfehler generell geeignet ist, den eingetretenen Schaden zu verursachen (BGH, Urt. v. 29. 9. 2009 – VI ZR 251/08, VersR 2010, 115, 116, Nr. 8).

b) Grober Behandlungsfehler verneint

G 549   **Unterlassene computertomographische Untersuchung (CT) bei Subarachnoidalblutung (SAB)**

Leidet der Patient unter **Geschwüren** im Bereich der **Speiseröhre** und des Zwölffingerdarms sowie anhaltenden, vom Nacken in den Kopf ausstrahlenden Schmerzen nach einem Sturz, ist neben einer EEG-Untersuchung die Anfertigung eines CT zwingend geboten, das Unterlassen einer solchen Untersuchung aber weder unverzeihlich noch schlechterdings nicht nachvollziehbar, sondern knapp unter dieser Schwelle einzuordnen (BGH, VersR 1999, 231, 232 – Behandlung im Jahr 1992!). Es gilt jedoch der weitere Grundsatz, dass auch für die Frage der Kausalität zwischen der unterlassenen Befunderhebung und dem Eintritt des Primärschadens, hier einer SAB, Krampfanfällen und nachfolgenden, schwergradigen Orientierungsstörungen eine Beweislastumkehr einsetzt, wenn sich bei Durchführung der versäumten Untersuchung, hier der Anfertigung des CT, mit hinreichender Wahrscheinlichkeit ein so deutlicher und gravierender Befund ergeben hätte, dass sich die Verkennung dieses Befundes als fundamental oder die Nichtreaktion hierauf als grob fehlerhaft darstellen musste (BGH, VersR 1999, 231, 232; s.u. → *Unterlassene Befunderhebung*, Rz. U 108 ff.).

Keine weiteren Röntgenaufnahmen bei Schultereckgelenkverletzung G 550

Werden nach dem **Einrenken der HWS** nach unzutreffendem Verdacht auf Verspannungen keine weiteren Röntgenaufnahmen gefertigt und wird so die Ruptur der Supraspinatussehne bzw. eine Schultereckgelenkverletzung nicht erkannt, liegt ein einfacher, jedoch kein grober Behandlungsfehler vor (OLG Frankfurt, VersR 1997, 1358).

Mangelhafte postoperative Überwachung G 551

Nach Durchführung einer mit Komplikationen verbundenen Kropfoperation muss eine Patientin postoperativ überwacht werden. Liegt (noch) kein Stridor (pfeifendes Atemgeräusch) vor und ist der Anschluss an einen Überwachungsmonitor erfolgt, stellt die **Nachschau im Abstand von 30 Minuten bei sinkenden Blutdruckwerten** keinen groben, jedoch einen einfachen Behandlungsfehler dar. Zugunsten der Patientin bzw. deren Erben greift jedoch eine **Beweislastumkehr aus dem Gesichtspunkt der unterlassenen Befunderhebung** ein, wenn sich bei der gebotenen, dauernden Überwachung im Abstand von zehn bzw. längstens zwanzig Minuten mit hinreichender Wahrscheinlichkeit vor dem Eintritt eines Herzkammerflimmerns ein reaktionspflichtiger positiver Befund im Sinne der Feststellung einer Sauerstoffmangelversorgung ergeben hätte. Dies liegt etwa beim Auftreten eines Stridors oder bei einem sonst sichtbaren Ringen nach Luft oder einer Blauverfärbung der Patientin auf der Hand. Bei Erkennen einer bedrohlichen Einschränkung der Atmung wäre es grob fehlerhaft, wenn nicht sofort intubiert werden würde (OLG München, Urt. v. 24. 2. 2005 – 1 U 4624/03, NJW-RR 2006, 33, 35 = OLGR 2006, 51 f.; vgl. zur Strumaoperation auch Rz. G 732 f., U 168).

Magengeschwür verkannt, unterlassene Hinzuziehung eines Viszeralchirurgen G 552

Treten nach einer Herzoperation über fünf bis sechs Tage **starke Bauchschmerzen** (hier: aufgrund eines durchgebrochenen, bislang unbekannten Magengeschwürs) auf, deren Ursache unklar ist, so ist die **unterlassene Hinzuziehung eines Viszeralchirurgen** bzw. spezialisierten Bauchchirurgen als Konsiliarius fehlerhaft, jedoch nicht grob fehlerhaft. Ist es hinreichend wahrscheinlich, dass ein rechtzeitig hinzugezogener Bauchchirurg das Magengeschwür diagnostiziert hätte, würde sich die Nichtreaktion hierauf in der Form einer unverzüglichen Operation als grober Behandlungsfehler darstellen, so dass die **Voraussetzungen** einer Beweislastumkehr wegen „unterlassener Befunderhebung" vorliegen (OLG Koblenz, Beschl. v. 10. 1. 2008 – 5 U 1508/07, OLGR 2008, 225, 226).

3. Gynäkologie und Neonatologie

a) Grober Behandlungsfehler bejaht

G 553 **CTG unterlassen (Cardiotokographie – gleichzeitige Registrierung der Herztöne des Feten und der Wehentätigkeit zur Beurteilung des Kreislaufs der Leibesfrucht)**

Das Unterlassen der Erstellung eines CTG ist grob fehlerhaft, wenn sich bei der Mutter ein **vorzeitiger Blasensprung** (OLG Frankfurt, VersR 1991, 929) oder ein **protrahierter Geburtsverlauf** einstellt (OLG Oldenburg, VersR 1988, 64) oder es nach längerer Liegezeit zu einem **vorzeitigen Fruchtwasserabgang** kommt (OLG Oldenburg, VersR 1991, 1177). Bei hochpathologischem CTG ist die Vornahme einer **Schnittentbindung dringend indiziert**, deren Unterlassen stellt einen (weiteren) groben Behandlungsfehler dar (BGH, NJW 1997, 794, 796; OLG Frankfurt, VersR 1996, 584; OLG Schleswig, VersR 1994, 311). Das Unterlassen einer CTG-Überwachung ist insbesondere dann grob fehlerhaft, wenn bei einer akustischen Kontrolle **keine Herztöne mehr feststellbar** sind. Eine Beweislastumkehr unter dem Gesichtspunkt der „unterlassenen Befunderhebung" greift in derartigen Fällen ein, wenn die gebotene, kontinuierliche CTG-Überwachung unterlassen wird (hier: bei akustischer Kontrolle keine Herztöne mehr feststellbar), sich bei Durchführung der CTG-Untersuchung mit einer Wahrscheinlichkeit von mindestens 50 % ein pathologischer Befund im Sinne einer einsetzenden Acidose ergeben hätte und es nach den Ausführungen des hinzugezogenen Sachverständigen grob fehlerhaft gewesen wäre, hierauf nicht mit einer sofortigen Geburtsbeendigung durch Sectio oder ggf. durch Vakuumextraktion zu reagieren (OLG Köln, Urt. v. 31. 1. 2005 – 5 U 130/01, AHRS III, 6562/336).

G 554 Versäumt es die Hebamme bzw. nach der Übernahme der Geburt der Gynäkologe (hier: Belegarzt), bei einer in der 34. SSW mit Wehentätigkeit und Verdacht auf vorzeitigen Blasensprung stationär aufgenommenen Schwangeren über einen **Zeitraum von knapp zehn Stunden eine Überwachung der Herzfrequenz des Kindes mittels CTG** vorzunehmen, liegt ein grober Behandlungsfehler vor (OLG Saarbrücken, Urt. v. 8. 11. 2006 – 1 U 582/05–203, MedR 2007, 486, 488 = OLGR 2007, 91, 93). Allerdings greift eine Beweislastumkehr wegen dieses „groben Behandlungsfehlers" nicht ein, wenn es **äußerst unwahrscheinlich** ist, dass der Gesundheitsschaden des Kindes auf einer Sauerstoffunterversorgung kurz vor der Geburt beruht (OLG Saarbrücken, Urt. v. 8. 11. 2006 – 1 U 582/05–203, OLGR 2007, 91, 93: der Sachverständige hatte den Kausalzusammenhang als „sehr unwahrscheinlich" bezeichnet).

G 555 In der **unterlassenen Anordnung einer CTG-Schreibung** liegt ein grober Behandlungsfehler, wenn die Geburt eines Kindes in der 34. SSW wegen der Gefährdung durch die Unreife lückenlos beobachtet werden muss und aufgrund vorgemessener **Herzfrequenzen von 170–180 Schlägen** pro Minute zusätzlicher Anlass zur Fortsetzung der Kontrolle besteht (OLG Stuttgart, Urt. v. 25. 1. 2000 – 14 U 78/98, AHRS III, 1955/300).

Unterlassene CTG-Fertigung und verspätete bzw. unterlassene Mikroblutana- G 556
lyse; Ausfall eines Messgerätes

Bei suspektem und **zeitweise pathologischem Aufzeichnungsverlauf** ist das Unterlassen einer erforderlichen internen Ableitung der Herztöne des Kindes spätestens zehn Minuten nach Vorliegen der ersten Aufzeichnung grob fehlerhaft.
Bei einem suspekten CTG-Verlauf (hier: mittelschwere bis schwere variable Dezellerationen) besteht die **Indikation zur unmittelbaren Durchführung einer Mikroblutanalyse** (OLG Düsseldorf, Urt. v. 21. 3. 2002 – 8 U 8/01, AHRS III,
1955/314; auch OLG Karlsruhe, Urt. v. 15. 8. 2001 – 7 U 129/99, AHRS III,
1955/310; OLG Düsseldorf, Urt. v. 16. 3. 2000 – 8 U 26/99, AHRS III, 1955/301:
Abfall der Herztonfrequenz auf 90 Schläge pro Minute).

Es ist grob fehlerhaft, die Mikroblutuntersuchung erst durchzuführen, wenn es G 557
über einen Zeitraum von mehr als einer Stunde zu etwa **24 mittelschweren bis
schweren variablen Dezellerationen** mit ungünstigen Zusatzkriterien gekommen ist (OLG Düsseldorf, Urt. v. 21. 3. 2002 – 8 U 8/01, AHRS III, 1955/314).

Zeigt das CTG über zwei Stunden **mehrmals kritische Abfälle der Herzfrequenz** G 558
des Kindes (hier: ab 19.00 Uhr mit kritischer Zunahme ab 21.00 Uhr) und versäumt der geburtsleitende Assistenzarzt eine **Blutgasanalyse**, die dann erst
nach der Geburt erfolgt, sowie die rasche Einleitung der Geburt (hier: um
22.35 Uhr durch den erst um 22.00 Uhr herbeigerufenen Oberarzt), liegt ein grober Behandlungsfehler vor (OLG Koblenz, Urt. v. 3. 5. 2007 – 5 U 567/05, OLGR
2008, 6, 7 = VersR 2008, 222). Der **Ausfall eines Messgeräts** (hier: pH-Meter)
führt – entsprechend der Rechtslage bei Dokumentationsmängeln – zu Beweiserleichterungen zugunsten des Patienten. Bis zum Beweis des Gegenteils ist deshalb von der schlüssigen Behauptung des Patienten auszugehen, dass sich bei einer durchgeführten Messung eine pränatale **Sauerstoffunterversorgung als reaktionspflichtiges Ergebnis** eingestellt hätte (OLG Koblenz, Urt. v. 3. 5. 2007 – 5
U 567/05, GesR 2007, 591, 593 = VersR 2008, 222, 223).

Unterlassene Messung des Sauerstoffpartialdrucks G 559

Ein grober Behandlungsfehler liegt vor, wenn die Ärzte der Neugeborenen-Inten-
sivstation einer Kinderklinik in den ersten Tagen nach der Geburt die Erhebung
von Kontrollbefunden eines in der 26. Schwangerschaftswoche Geborenen (hier:
Messung des arteriellen Sauerstoffpartialdrucks und Regelung der Sauerstoffzufuhr) unterlassen. Die Beweislast hinsichtlich des Ursachenzusammenhangs
zwischen der fehlerhaften Behandlung und dem verwirklichten Risiko in Form
einer **Frühgeborenenretinopathie (nichtentzündliche Netzhauterkrankung) mit
Erblindung** kehrt sich deshalb auch dann zu Lasten der Behandlungsseite um,
wenn die Möglichkeit besteht, dass es auch ohne das ärztliche Fehlverhalten zu
der Schädigung hätte kommen können (OLG Karlsruhe, Urt. v. 11. 3. 1998 – 7 U
214/96, VersR 2000, 229).

Einstweilen frei. G 560

Spekulumuntersuchung und Lackmustest unterlassen G 561

Nimmt der Frauenarzt trotz der auf einen **vorzeitigen Blasensprung** hindeutenden Angaben der Schwangeren **keine ausreichenden Untersuchungen** (Lackmus-

test zur pH-Wertbestimmung von Scheideninhalt und Vorlage, Spekulumuntersuchung von Portio und Vagina) vor, weist er die Schwangere auch nicht sogleich in ein Krankenhaus ein und fordert er sie nicht einmal zu einer kurzfristigen Kontrolluntersuchung auf, so kommen dem geburtsgeschädigten Kind hinsichtlich der Kausalität dieses Fehlverhaltens für den bei ihm eingetretenen
Gesundheitsschaden Beweiserleichterungen (jetzt: eine Beweislastumkehr) sowohl wegen unterlassener Befunderhebung und Befundsicherung als auch aus
dem Gesichtspunkt eines groben Behandlungsfehlers zugute (OLG Stuttgart,
Urt. v. 2. 2. 1999 – 14 U 4/98, VersR 2000, 362, 364).

G 562 **Unterlassene Ultraschalldiagnostik** (vgl. auch Rz. U 183, U 237 f., U 253)

Das Unterlassen einer Ultraschalldiagnostik nach der 31. SSW (OLG Braun-
schweig, Urt. v. 1. 3. 2001 – 1 U 24/00) und/oder bei Aufnahme der Mutter zur
Entbindung ist grob fehlerhaft (BGH, NJW 1991, 2350; OLG Hamm, VersR 1989,
255). Eine Ultraschalluntersuchung ist insbesondere zum Ausschluss eines
Missverhältnisses zwischen Kopf und Rumpf zwingend geboten (OLG Hamm,
VersR 1989, 255).

G 563 **Unterlassene Blutuntersuchung bei Verdacht einer Rötelninfektion**

Eine unterlassene Befunderhebung durch einen Gynäkologen beim Verdacht
einer Rötelninfektion während einer Schwangerschaft kann einen groben Behandlungsfehler darstellen. Hiervon ist insbesondere auszugehen, wenn zur Abklärung des Rötelninfektionsrisikos einer Schwangeren insgesamt vier Blutproben entnommen und labordiagnostisch untersucht werden, bei der vierten, für
sich gesehen unauffälligen Blutprobe aber nicht auf die **unklaren Ergebnisse der
vorangegangenen Laborbefunde** Bezug genommen wird, etwa weil der Name der
Patientin auf dem begleitenden Anforderungsschreiben ungenau angegeben
wurde (OLG Karlsruhe, Urt. v. 20. 6. 2001 – 13 U 70/00, VersR 2002, 1426,
1427).

G 564 **Unterlassener Hinweis auf erforderliche Hüftuntersuchung**

Steht angesichts der Feststellung „sehr straffe Hüften" nach der Geburt des Kindes aus Beckenendlage der Verdacht auf eine Hüftfehlbildung im Raum und versäumt es das Krankenhaus, für eine umgehende sonografische Hüftuntersuchung Sorge zu tragen oder die Kindeseltern auf das dringende Erfordernis
einer alsbaldigen Vorstellung des Kindes bei einem Orthopäden sowie einer **sonografischen Hüftkontrolle nachdrücklich hinzuweisen**, so kann hierin ein grober Behandlungsfehler liegen. Hätte die bei rechtzeitiger Vorstellung eingeleitete
Behandlung eine **Erfolgschance von etwa 10 %** gehabt, rechtfertigt dies noch
nicht die Annahme, dass die Schadenskausalität zwischen dem (hier groben) Behandlungsfehler und dem Eintritt des Primärschadens im Rechtssinn „ganz unwahrscheinlich" bzw. „äußerst unwahrscheinlich" ist (OLG Brandenburg, Urt.
v. 8. 4. 2003 – 1 U 26/00, VersR 2004, 1050, 1052 f.).

G 565 **Unterlassene Hinzuziehung eines Pädiaters, Intubation durch Kinderarzt unterlassen**

Stellt die Krankenschwester einer Neugeborenenstation eine auffällige Unruhe
und Schreckhaftigkeit (hier: als **Leitsymptom für eine Meningitis**) des knapp 40

Stunden alten Säuglings fest, muss sie **unverzüglich einen Arzt hinzuziehen**. Hätte sich daraufhin mit Wahrscheinlichkeit ein reaktionspflichtiger Befund ergeben, nämlich ein Infektionssymptom bzw. der Verdacht auf eine sich entwickelnde Meningitis, wäre es grob fehlerhaft, von einer sofortigen Verlegung in eine Kinderklinik bzw. eine neonatologische Intensivstation abzusehen (OLG Koblenz, Urt. v. 30. 10. 2008 – 5 U 576/07, GesR 2009, 34, 36). Zeigt das 40 Stunden alte Kind ein **signifikantes Leitsymptom für eine schwere Infektion**, etwa eine auffällige Unruhe und Schreckhaftigkeit und/oder ein „Sonnenuntergangsphänomen" und beabsichtigt die Ober- oder Assistenzärztin eine sofortige Verlegung in eine Kinderklinik, ist es **grob fehlerhaft, wenn ein anderer Arzt (hier: Chefarzt) anordnet, das Kind „zur Beruhigung" der Mutter anzulegen**, wodurch die geplante Verlegung in die Kinderklinik um ca. 45 Min. verzögert wird (OLG Koblenz, Urt. v. 30. 10. 2008 – 5 U 576/07, GesR 2009, 34, 36/37).

Wenn nach der Geburt ein erhöhtes Risiko hinsichtlich einer Neugeboreneninfektion besteht, etwa weil es zu einer leicht stöhnenden Atmung des Kindes gekommen ist, ist innerhalb der ersten 48 Stunden eine engmaschige klinische Kontrolle des Neugeborenen mit Überwachung der **Atemfrequenz** und des **Pulses im Abstand von 15 bis maximal 30 Minuten** durch eine kompetente Fachkraft erforderlich. Dauert der auffällige Zustand, das **Stöhnen, mehr als fünf Minuten** an, muss ein **Pädiater gerufen** werden, damit dieser die Ursache der gestörten Atmung klären und ggf. erforderliche ärztliche Maßnahmen ergreifen kann. Wird bei einem solchen auffälligen Befund die **regelmäßige klinische Kontrolle und die Hinzuziehung eines Pädiaters unterlassen**, liegt ein grober Behandlungsfehler vor (OLG Stuttgart, Urt. v. 4. 1. 2000 – 14 U 31/98, AHRS III, 1958/300). Daneben liegt auch ein **grober Behandlungsfehler des Pädiaters**, der zu dem apathischen Neugeborenen mit schlaffem Muskeltonus hinzugerufen wird, und dessen Herztöne tachykard sind, vor, wenn er **die sofortige Intubation des Kindes unterlässt**, um diese einem erst noch herbeizurufenden (Kinder-)Notarzt zu überlassen; denn in einem derartigen Fall muss an erster Stelle der möglichen Differenzial-Diagnosen an eine **Neugeborenensepsis** mit Lungenbeteiligung gedacht und die Sauerstoffzufuhr unverzüglich hergestellt werden (OLG Stuttgart, Urt. v. 4. 1. 2000 – 14 U 31/98, AHRS III, 2030/300 und 1958/300).

Unterlassene Lungenreifebehandlung   G 566

Das Unterlassen einer gebotenen **Lungenreifebehandlung ab der vollendeten 28. SSW ist grob fehlerhaft**. Die hieraus folgende Beweislastumkehr greift sowohl für die fehlende Lungenreife des Kindes und ein hierauf beruhendes Atemnotsyndrom als Primärschaden wie auch für die Hirnblutung und den Hydrocephalus („Wasserkopf" als typische Folge) ein (OLG Zweibrücken, Urt. v. 2. 12. 2003 – 5 U 30/01, AHRS III, 6565/317).

Unterlassene Wachstumsüberprüfung bei Wachstumsrückstand   G 567

Erfordert die Schwangerschaftsbetreuung durch den Frauenarzt im Hinblick auf vorliegende Besonderheiten, etwa wenn die werdende Mutter Raucherin ist und auch während der Schwangerschaft raucht, ein verstärktes Risiko-Management, stellt die **Unterlassung einer adäquaten Überprüfung des kindlichen Wachstums** bei bekanntem, mehrwöchigem Wachstumsrückstand des Feten und die dadurch angezeigte Gefahrenlage für die Leibesfrucht einen groben Behandlungsfehler dar (OLG München, Urt. v. 25. 1. 2001 – 24 U 170/98, AHRS III, 6562/310).

G 568   **Unterlassene Blutzuckerkontrolle bei mangelgeborenem Kind**

Bei mangelgeborenen Kindern, insbesondere bei Zwillingen und erst recht bei einem erheblichen Minderwachstum des diskordanten dystrophen Zwillings, ist das Risiko einer kritischen Unterzuckerung (Hypoglykämie) erhöht und letzterenfalls mit etwa 50 % anzusetzen. Neugeborene dieser Gefährdungsstufe müssen grundsätzlich umgehend nach der Geburt **in fachgerechte neonatologische Betreuung** übergeben werden. Wird solch ein mangelgeborenes Kind in der geburtshilflichen Abteilung belassen, so muss dessen ordnungsgemäße Behandlung dort organisatorisch und fachlich sichergestellt sein. Insbesondere muss gewährleistet sein, dass die **erforderlichen Blutzuckerkontrollen** erfolgen und Glukosegaben bereitstehen, um eine Blutunterzuckerung rechtzeitig erkennen und umgehend behandeln zu können. Fehlt es hieran, dann begründet schon dies einen groben Behandlungsfehler (OLG Koblenz, Urt. v. 5. 7. 2004 – 12 U 572/97, NJW 2005, 1200, 1202 = VersR 2005, 1738, 1739).

Daneben greift auch eine Beweislastumkehr aus dem Gesichtspunkt der „**unterlassenen Befunderhebung**" ein, wenn die bei einem mangelgeborenen Kind gebotene Blutzuckerkontrolle mit großer oder jedenfalls hinreichender Wahrscheinlichkeit ein reaktionspflichtiges positives Ergebnis gezeigt hätte, nämlich die sofortige Glukosegabe, ggf. eine Intubierung und Beatmung des Kindes. Eine „hinreichende Wahrscheinlichkeit" liegt vor, wenn ein positiver Befund nach den Umständen mit einer Wahrscheinlichkeit von mindestens 50 % zu erwarten gewesen wäre (OLG Koblenz, Urt. v. 5. 7. 2004 – 12 U 572/97, NJW 2005, 1200, 1202 = VersR 2005, 1738, 1739; auch OLG Dresden, Urt. v. 6. 6. 2002 – 4 U 3112/01, VersR 2004, 648 = MedR 2003 628 und OLG Köln, VersR 2004, 274: „hinreichende Wahrscheinlichkeit" bei mehr als 50 %). Die Verkennung einer deutlichen Unterzuckerung würde sich als fundamental, die Nichtreaktion hierauf als grob fehlerhaft darstellen (OLG Koblenz, Urt. v. 5. 7. 2004 – 12 U 572/97, NJW 2005, 1200).

G 569   **Unterlassene Abklärung eines suspekten Tastbefundes**

Es ist seitens eines Gynäkologen grob fehlerhaft, einen **suspekten Tastbefund** (hier: Knoten in der rechten Brust und weiterer Knoten in der rechten Achselhöhle) nicht auf die **Verdachtsdiagnose eines Mammakarzinoms abzuklären** und sich damit zu begnügen, lediglich eine Ultraschalluntersuchung durchzuführen und die Diagnose zu stellen, dass es sich bei dem vorgefundenen Knoten um Zysten handle. Es muss **nicht äußerst unwahrscheinlich** sein, dass der Tod der Patientin bei rechtzeitiger, zutreffender Diagnose eines Mammakarzinoms und einer sechs bis sieben Wochen früher durchgeführten Operation vermieden worden wäre (OLG Hamm, Urt. v. 28. 11. 2001 – 3 U 59/01, AHRS III, 1942/305; Anmerkung: In verschiedenen Fällen hatten die Sachverständigen bei Mammakarzinomen, Prostatakarzinomen u. a. es für „äußerst unwahrscheinlich" gehalten, dass eine um 6–12 Wochen früher durchgeführte Untersuchung und Therapie Wesentliches geändert bzw. den Tod der Patientin bzw. des Patienten verhindert hätte).

Überweisung zur Biopsie unterlassen (vgl. zur Biopsie auch Rz. G 390, G 473,   G 570
G 577b, G 578a ff., G 643, G 658, G 812 ff., G 857 ff.)

Wird innerhalb kurzer Zeit eine stark wachsende, unscharf begrenzte, verhärtete
Struktur in einer weiblichen Brust festgestellt (hier: Wachstum von 7 mm auf 13
mm innerhalb von ca. vier Monaten), haben eine Mammografie sowie eine
Mammasonografie **keinen eindeutigen Befund** ergeben und der Radiologe darauf
hingewiesen, „eine weitere Abklärung wäre durch eine Stanzbiopsie unter Sicht
oder aber durch Entnahme der beiden Knoten möglich", ist eine **histologische
Abklärung des Gewebes durch Stanz- oder Feinnadelbiopsie zwingend geboten**.
Ihr Unterlassen bzw. die Verzögerung dieser Untersuchung um ca. zwanzig Monate stellt einen groben Behandlungsfehler in Gestalt der Unterlassung einer
notwendigen Befunderhebung dar. Für diesen groben Behandlungsfehler haften
sowohl der behandelnde Frauenarzt als auch der konsiliarisch hinzugezogene
Onkologe (hier: onkologisch tätiger Gynäkologe), dem die Vorbefunde bekannt
sind, gesamtschuldnerisch (OLG Jena, Urt. v. 23. 5. 2007 – 4 U 437/05, VersR
2008, 401, 403 = OLGR 2008, 988, 989/992 = GesR 2008, 49, 50 ff.). Der **behandelnde Gynäkologe** kann sich nicht damit entlasten, dass er wegen der besseren
Fachkenntnisse eines auf dem Gebiet der Onkologie tätigen Gynäkologen auf
den von diesem erhobenen Befund einer weiteren Mammasonografie mit dem
Ergebnis „offensichtlich Fibroadenome" vertrauen dürfe. Grundsätzlich kann
der überweisende Arzt zwar darauf vertrauen, dass die vom Konsiliararzt erhobenen Befunde richtig sind. Liegt aber bei einer jungen Patientin (hier: 25 Jahre) ein
nicht ausgeräumtes, hohes Risiko (hier: einer Brustkrebserkrankung) vor, muss
der behandelnde Gynäkologe die Befunde des hinzugezogenen Arztes (hier: onkologisch tätiger Gynäkologe) einer Plausibilitätskontrolle unterziehen. Dem
überweisenden und dann weiterbehandelnden Gynäkologen müssen sich Zweifel an der Diagnose des konsiliarisch hinzugezogenen Onkologen, es lägen „offensichtlich Fibroadenome" (nicht bösartiger, begrenzter Knoten von derb-elastischer Konsistenz) vor, aufdrängen, wenn sich wenige Wochen zuvor ein diffuser
radiologischer Befund mit dem Hinweis auf „unscharf begrenzte und vom übrigen Drüsenkörper kaum abgrenzbare" mögliche, große Mastopathieherde bei
einem Größenwachstum von fast 100 % (von 7 auf 13 mm) in vier Monaten ergeben und der Radiologe auf die „mögliche weitere Abklärung durch eine Stanzbiopsie unter Sicht oder aber durch Entnahme der beiden Knoten" hingewiesen
hat (OLG Jena, Urt. v. 23. 5. 2007 – 4 U 437/05, GesR 2008, 49, 52 = juris, Nr. 65,
66).

Für den groben Behandlungsfehler des behandelnden und überweisenden Gynä-   G 571
kologen hat auch der **konsiliarisch hinzugezogene Onkologe bzw. onkologisch
tätige Gynäkologe** einzustehen, wenn er vom überweisenden Arzt darüber unterrichtet wurde, dass bei der in der Brust der Patientin festgestellten Verhärtung
ein Größenwachstum von 7 auf 13 mm innerhalb von nur vier Monaten festgestellt wurde und eine Mammografie nebst Mammasonografie kein eindeutiges
Ergebnis erbracht hat, er daraufhin lediglich eine weitere, eigene Sonographie anfertigt und diese trotz des suspekten Herdbefundes dahingehend beurteilt, es lägen offensichtlich Fibroadenome vor, aber auf die **Notwendigkeit der histologischen Abklärung nicht hinweist** (OLG Jena, Urt. v. 23. 5. 2007 – 4 U 437/05,
GesR 2008, 49, 52/53 = OLGR 2007, 988, 989/992 = VersR 2008, 401, 403). Es

ist **nicht „äußerst unwahrscheinlich"**, dass sich bei rechtzeitiger Stellung der Diagnose „Brustkrebs" gegenüber einer grob fehlerhafter Weise um **zwanzig Monate verspäteten Diagnosestellung** noch keine, später aber festgestellte Lebermetastasierung eingestellt hätte und der Tod der Patientin dann vermieden worden wäre, wenn in demjenigen Zeitpunkt, in dem die Diagnose „Brustkrebs" hätte gestellt werden können und müssen, eine Sonographie einen unauffälligen Befund des Oberbauchs einschließlich der Leber ergeben hätte (OLG Jena, OLGR 2007, 988, 992 = GesR 2008, 49, 52 = VersR 2008, 401, 404).

G 572 Auch bei erkennbarer monatelanger Persistenz einer oberflächlich geröteten, blutenden Mamille ist es seitens des behandelnden Gynäkologen grob fehlerhaft, die Patientin lediglich zur Durchführung einer Mammografie anstatt einer in solchen Fällen **dringend gebotenen Biopsie** zu überweisen bzw. die Patientin auf die dringende Notwendigkeit einer solchen Biopsie wegen des auffälligen Befundes hinzuweisen. Gibt der vom Gericht beauftragte Sachverständige die Wahrscheinlichkeit einer brusterhaltenden Operation bei zügig durchgeführter Biopsie mit ca. **20 %** an, so ist der Kausalzusammenhang zwischen dem Behandlungsfehler und dem Primärschaden der Patientin (Brustamputation) **nicht „äußerst unwahrscheinlich"** (OLG Düsseldorf, Urt. v. 6. 3. 2003 – 8 U 22/02, AHRS III, 6562/328 und AHRS III, 1942/308).

G 573 **Fehlerhafte Auswertung und unterbliebene radiologische Untersuchung von Gewebeteilen**

Wird eine Patientin zur operativen Entfernung von Entfernung von Kalkherden in der Brust (hier: ca. 15 Mikrokalzifikationen) in der gynäkologischen Abteilung eines Krankenhauses aufgenommen, ist es grob fehlerhaft, die entnommenen **Gewebeteile nicht unverzüglich radiologisch zu untersuchen** und/oder eine Radiographie, die tatsächlich lediglich zwei der ca. 15 Partikel zeigt, **nicht sorgfältig auszuwerten** bzw. auswerten zu lassen. Die Behandlungsseite hat dann zu beweisen, dass bei umgehender, sorfgfältiger Kontrolle des Resektats eine zweite Operation sowie die nachfolgend erforderliche Entfernung von Lymphknoten vermieden worden wäre (OLG Oldenburg, Urt. v. 9. 7. 2008 – 5 U 32/08, OLGR 2009, 14, 15).

b) Grober Behandlungsfehler verneint

G 574 **Mammografie unterlassen**

(weitere Einzelheiten zur Verkennung von Brustkrebs bei Rz. D 74 ff., G 389, G 484, G 570 ff., G 812, G 857 ff., U 76 ff., U 216 ff.)

Eine **Mammografie** zur Krebsvorsorgeuntersuchung war jedenfalls nach dem Erkenntnisstand in den Jahren 1999/2000 (OLG Hamm, Urt. v. 31. 8. 2005 – 3 U 277/04, GesR 2006, 31, 32 = MedR 2006, 111, 112 für 2002; OLG Hamburg, Urt. v. 14. 11. 2003 – 1 U 71/03, OLGR 2004, 328, 329 für 1999; OLG Saarbrücken, Urt. v. 12. 7. 2000 – 1 U 1013/99–247, OLGR 2001, 426 für 1995) bei einer Patientin im Alter von unter 50 Jahren ohne eindeutige Symtome nur veranlasst, wenn **einschlägige Risikofaktoren** bestanden. Das Vorliegen eines Magen- und eines Uteruskarzinoms in der Familienanamnese stellte – anders als ein Mamma- oder Ovarialkarzinom – keinen signifikanten Risikofaktor dar. Die Nichtverordnung bzw. das Nichtanraten einer Mammografie stellt sich nach zutreffender Auffassung des OLG Hamburg jedenfalls **nicht als grober Behandlungsfehler** dar, wenn derartige oder andere Risikofaktoren, etwa eine deutliche zystische bzw. fibröse Mastopathie, nicht vorliegen (OLG Hamburg, Urt. v. 14. 11. 2003 – 1 U 71/03, OLGR 2004, 328, 329: im Jahr 1999 43-jährige Patientin).

Nach Ansicht des OLG Hamm (Urt. v. 31. 8. 2005 – 3 U 277/04, GesR 2006, 31, 32 = MedR 2006, 111, 112) handelt ein niedergelassener Gynäkologe, der bei einer 57-jährigen **Frau ohne besondere Risikofaktoren** im Jahr 2000 keine Mammografie zur Krebsvorsorgeuntersuchung im zweijährigen Intervall veranlasst hat, **(noch) nicht fehlerhaft.** Allein das Vorliegen neuerer wissenschaftlicher Erkenntnisse (im Jahr 2000) führte danach noch nicht zwangsläufig dazu, eine bestimmte Behandlungsmethode als überholt und im Sinne eines groben oder einfachen Behandlungsfehlers nicht mehr vertretbar anzusehen (OLG Hamm, Urt. v. 31. 8. 2005 – 3 U 277/04, GesR 2006, 31, 32, das sich über die gegenteilige Ansicht des dortigen Sachverständigen hinwegsetzt). Ist eine **Mammografie eindeutig indiziert**, so ist die Nichterhebung dieses medizinisch gebotenen Befundes **nicht ohne weiteres als grober Behandlungsfehler** anzusehen. Die Unterlassung stellt keinen Verstoß gegen ein elementares Gebot oder gegen elementare Erkenntnisse und Erfahrungen der Medizin dar. Bleibt ein Karzinom aufgrund eines (dann nur einfachen) Behandlungsfehlers acht Monate therapeutisch unbehandelt, steht dem Patienten ein Schadensersatzanspruch auch nur dann zu, wenn festgestellt werden kann, dass infolge des verzögerten Eingriffs **ein zusätzlicher Gesundheitsschaden** eingetreten ist (OLG Stuttgart, VersR 1994, 1306; ebenso LG Stuttgart, Urt. v. 15. 6. 2004 – 20 O 506/00, rechtskräftig).

G 575

Empfiehlt der Radiologe eine weitere Mammografie in etwa neun Monaten, so ist der behandelnde Gynäkologe **bei negativer Mammografie, zuvor unverdächtigem Tastbefund und Fehlen sonstiger Anzeichen eines vorhandenen Knotens für Malignität nicht verpflichtet, die Patientin zu einem früheren Termin, etwa nach zwei bis drei Monaten, zu einer Kontrolluntersuchung einzubestellen** (OLG München, Urt. v. 20. 9. 2001 – 1 U 4502/00, OLGR 2003, 7, 8).

G 576

Anders ist es jedoch, wenn der Radiologe bei einer sogenannten „**high-risk**" **Patientin** mit fibrozystischer Mastopathie (vorhandene 1–2 cm große Zysten und bislang festgestelltem gutartigem Befund) eine engmaschige Untersuchung empfohlen hat und sich die Patientin vor dem eigentlichen Untersuchungstermin mit dem Hinweis auf einen schmerzhaften Knoten in der Brust beim Gynäkologen vorstellt. Kann der Gynäkologe – im entschiedenen Fall ein Allgemeinarzt mit gynäkologischer Zusatzausbildung – palpatorisch keine Veränderung feststellen, so hat er die Patientin zur **weiteren Abklärung innerhalb von vier bis sechs Wochen kurzfristig wieder einzubestellen** und spätestens dann – sollten sich die Beschwerden nicht gebessert haben – einer **Probeexcision** zuzuführen. Das **Unterlassen einer solchen weiteren Abklärung** stellt jedoch nur einen **einfachen Behandlungsfehler** dar (LG Stuttgart, Urt. v. 15. 6. 2004 – 20 O 506/00, S. 15/16; vgl. auch OLG Hamm, Urt. v. 31. 8. 2005 – 3 U 277/04, GesR 2006, 31, 33, s. o. Rz. G 575).

G 577

Medizinischer Hintergrund: Zur Früherkennung ist die Sonografie und die Mammografie jedenfalls dann indiziert, wenn sich **aus der Anamnese Risikofak-**

G 577a

toren (z. B. familiäre Disposition, Veränderungen der Brustdrüse) oder wenn die **klinische Untersuchung** im Vergleich beider Mammae auf Konsistenz, Verhärtungen, Größe, Form, Abgrenzbarkeit, Verschiebbarkeit, Schmerzhaftigkeit von Knoten bzw. sich beim Abtasten der Lymphknoten **Auffälligkeiten** zeigen. Die Palpation der Brust durch die Patientin selbst ergibt meist erst bei einer Größe von mehr als zwei Zentimetern einen positiven Befund. Die Treffsicherheit der Mammografie in zwei Ebenen liegt bei mehr als 85 %. Tumore ab 5 mm Größe sind i. d. R. erkennbar. Bei gruppierten Mikroverkalkungen (insbesondere bei intraduktalen Karzinomen) liegt die Treffsicherheit bei 95 % (vgl. Haag/Hanhart/ Müller, 6. Aul. 2012, Seite 96/97; Pschyrembel, Therapie, 4. Aufl. 2009, Seite 640).

G 577b Die „**Interdisziplinäre S 3-Leitlinie für die Diagnostik, Therapie und Nachsorge des Mammakarzinoms**", Stand Juli 2012, Kurzversion (!), 104 Seiten (AWMF-Reg. Nr. 032–045 OL) **sieht zur Diagnostik im Wesentlichen Folgendes vor:**

(1) Die Palpation (klinische Brustuntersuchung) sollte Frauen ab 30 Jahren jährlich angeboten werden (3.2., S. 23).

(2) Als notwendige Basisuntersuchungen bei **Patientinnen mit auffälligen bzw. suspekten Befunden der Mamma** gelten grundsätzlich (4.2.1, Seite 28)

   (a) die klinische Untersuchung, Inspektion, Palpation der Brust und der Lymphabflussgebiete,

   (b) die Mammographie,

   (c) eine Ultraschalluntersuchung.

(3) Ergibt die **klinische Brustuntersuchung einen auffälligen Befund**, soll die Diagnostik durch **bildgebende Verfahren** (Sonographie, Mammografie, MRT) und ggf. eine **histologische Untersuchung** komplettiert werden (4.2.1., Seite 28).

   (a) Bei symptomatischen Befunden soll bei Frauen unter 40 Jahren die Sonographie als bildgebende Methode der ersten Wahl durchgeführt werden (4.2.1, Seite 28).

   (b) Bei klinisch auffälligem Befund soll bei Frauen ab 40 Lebensjahren die Mammografie erfolgen (4.2.2., Seite 29).

   (c) Bei hoher mammografischer Dichte (ACR III und IV) soll eine ergänzende Sonografie durchgeführt werden (4.2.2., Seite 29).

   (d) Die Sonografie soll als Zusatzuntersuchung auch bei Frauen über 40 insbesondere zur Abklärung klinisch nicht tastbarer, mammografischer Befunde BI-RADS 0, III, IV und V erfolgen (4.2.2., Seite 29).

   (e) Ein Kontrast-MRT soll nicht routinemäßig zur prätherapeutischen Diagnostik durchgeführt werden (4.2.2., Seite 30). Ein KM-MRT ist nur bei Frauen mit erhöhtem Brustkrebsrisiko (nachfolgend 4.) und für das lokale Staging beim lobulären Mammakarzinom indiziert (3.3., Seite 27).

   (f) Die histologische Diagnostik suspekter, abklärungsbedürftiger Befunde soll durch Stanzbiopsie, Vakuumbiopsie oder offene Exzisionsbiopsie erfolgen (4.2.3., Seite 30).

(g) Die Feinnadelaspiration soll nicht als Standardmethode zur Diagnose-sicherung von Mammatumoren eingesetzt werden (4.2.3., Seite 31). Bei Vorliegen von Mikrokalk ohne begleitenden Herdbefund soll die stereo-taktisch gesteuerte Vakuumbiopsie erfolgen (4.2.3., Seite 31). Die pri-märe, offene Exzisionsbiopsie sollte nur in Ausnahmefällen durch-geführt werden (4.2.3., Seite 32).

(4) Frauen mit **erhöhtem Brustkrebsrisiko** sollen **alle 6 Monate** ab dem 25. Le-bensjahr oder 5 Jahre vor dem frühesten Erkrankungsalter in der Familie **so-wohl einer Tastuntersuchung durch den Arzt als auch einer Sonographie der Brust, alle 12 Monate ab dem 30. Lebensjahr** bei hoher Brustdrüsendichte (ACR IV) **einer Mammografie** und **alle 12 Monate ab dem 25. Lebensjahr, in-soweit i. d. R. bis zum 55. Lebensjahr einem MRT der Brust** unterzogen wer-den (3.3., Seite 27). **Ein erhöhtes Risiko** (3.3. S. 26/27) liegt dabei vor

(a) insbesondere wenn in einer Linie der Familie **mindestens zwei Frauen an Brustkrebs erkrankt sind**, davon eine vor dem 51. Lebensjahr oder wenn mindestens eine Frau mit 35 Jahren an Brustkrebs oder eine Frau mit 50 Jah-ren bzw. jeweils jünger an bilateralem Brustkrebs erkrankt sind und/oder

(b) bei verbleibendem Erkrankungsrisiko von 30 % und mehr und/oder

(c) bei nachgewiesener BRCA-1 oder BRCA-2 Mutation, wobei **Frauen mit einer derartigen Mutation eine bilaterale prophylaktische Mastektomie an-geboten werden sollte**.

Variationsbreite des Tumorwachstums; Kausalität   G 578

Lassen sich angesichts der erheblichen Variationsbreite des Tumorwachstums keine bzw. **keine verlässlichen Angaben** dazu machen, wann ein bösartiger Tu-mor in der Brust radiologisch zu entdecken und ein **positiver Befund damit zu-mindest hinreichend wahrscheinlich** (vgl. hierzu → *Unterlassene Befunderhe-bung,* Rz. U 76ff., U 216ff.) gewesen wäre, so fehlt es an dem Nachweis der Kau-salität zwischen dem Unterlassen der Mammografie und dem unerkannt gebliebenen Fortschreiten der Erkrankung, so dass auch bei Vorliegen eines ein-fachen Behandlungsfehlers (Befunderhebungsfehler) keine Beweislastumkehr aus dem Gesichtspunkt der „unterlassenen Befunderhebung" eingreift (OLG Hamburg, Urt. v. 14. 11. 2003 – 1 U 71/03, OLGR 2004, 328, 329; vgl. auch OLG Düsseldorf, Urt. v. 16. 12. 1999 – 8 U 60/99, OLGR 2000, 670, 671 und die Nachweise bei Rz. G 578a).

So scheidet eine Beweislastumkehr aus dem Gesichtspunkt der „**unterlassenen**   G 578a
Befunderhebung" dann aus, wenn **völlig offen** ist, ob sich bei Durchführung der Punktion bzw. Biopsie **mit hinreichender Wahrscheinlichkeit eine signifikante Vergrößerung vorbestehender Zysten bzw. der Verdacht auf das Vorliegen eines bösartigen Knotens ergeben hätte** (OLG Hamm, Urt. v. 31. 8. 2005 – 3 U 277/04, GesR 2006, 31, 33 und OLG München, Urt. v. 20. 9. 2001 – 1 U 4502/00, OLGR 2003, 7, 8: signifikante Vergrößerung eines Tumors bzw. Knotens nicht hinreichend wahrscheinlich; OLG Köln, Urt. v. 26. 5. 2008 – 5 U 175/07, VersR 2009, 1543; OLG Koblenz, Urt. v. 24. 6. 2010 – 5 U 186/10, GesR 2010, 546, 547 = juris, Nr. 22, 23, 34; LG Stuttgart, Urt. v. 15. 6. 2004 – 20 O 506/00, S. 15/16).

G 578b So ist gerade bei jüngeren Patientinnen und bestimmten Krebsarten die Entwicklungsgeschwindigkeit (Tumorverdoppelungszeit) statistisch sehr hoch. So ist es möglich, dass in solchen Fällen eine fiktive Rückrechnung nach Entdeckung des Mammakarzinoms zum Ergebnis führt, dass der zum späteren Zeitpunkt ohne Weiteres tastbare Tumor 17 Monate zuvor noch keine repräsentative Größe erreicht hatte und somit **zu diesem früheren Zeitpunkt nicht mit hinreichender Wahrscheinlichkeit hätte entdeckt werden müssen.** Allein die bestehende Möglichkeit, dass zu diesem frühen Zeitpunkt bereits ein Karzinom von mindestens 1 cm Größe vorgelegen haben muss und auch der zu diesem früheren Zeitpunkt erhobene radiologische Befund für einen Entzündungsprozess sprach, aber einen „soliden tumorösen Prozess" nicht ausschloss, reichen für das Bestehen einer hinreichenden Wahrscheinlichkeit nicht aus (OLG Koblenz, Urt. v. 24. 6. 2010 – 5 U 186/10, GesR 2010, 546, 547 = juris, Nr. 22, 23, 33, 34).

G 579 **Unterlassene Probeexcision** (vgl. auch Rz. G 390, G 473, G 658, G 812 ff., G 857 ff., U 76 ff., U 217 ff.)

Die **unterlassene Nachbefunderhebung** durch Entnahme sowie Untersuchung einer Gewebeprobe gruppierter Mikrokalzifikationen aus der weiblichen Brust und die Beschränkung auf die bloße Auswertung stellt jedenfalls keinen groben Behandlungsfehler dar (OLG Brandenburg, NJW-RR 1999, 967).

G 579a Ein „grober Behandlungsfehler" liegt ebenfalls nicht vor, wenn ein Sonographiebefund bei einer Patientin mit dem Verdacht auf das Vorliegen eines Mammakarzinoms zwar **für die linke Seite sieben Herde** ergeben hatte, es sich dabei aber um einen kleinknotigen Strang und ein fluktuierendes Geschehen handelte und der behandelnde Gynäkologe es deshalb **nicht für erforderlich hält, eine Stanzbiopsie zu veranlassen** (OLG Köln, Urt. v. 26. 5. 2008 – 5 U 175/07, VersR 2009, 1543).

G 579b Eine Beweislastumkehr aus dem Gesichtspunkt der „unterlassenen Befunderhebung" scheidet ebenfalls aus, wenn nach dem Ergebnis der Mammografie und der MRT-Untersuchung **weder eine Kontroll-Befunderhebung durch eine Probeexcision „zweifelsfrei" geboten gewesen wäre noch es als hinreichend wahrscheinlich angesehen werden kann, dass eine Gewebeuntersuchung einen Tumor ergeben hätte** (OLG Brandenburg, NJW-RR 1999, 967; auch OLG Hamburg, Urt. v. 14. 11. 2003 – 1 U 71/03, OLGR 2004, 328, 329: positiver Befund einer Mammografie bzw. einer palpatorischen Untersuchung nicht „hinreichend wahrscheinlich"; OLG Hamm, Urt. v. 31. 8. 2005 – 3 U 277/04, GesR 2006, 31, 33: Unklarheit über das Tumorwachstum, positives Befundergebnis nur „vorstellbar"; OLG München, Urt. v. 20. 9. 2001 – 1 U 4502/00, OLGR 2003, 7, 8: „einschlägiger signifikanter Tastbefund nach zwei bis drei anstatt behandlungsfehlerhafterweise vereinbarter neun Monate nicht hinreichend wahrscheinlich"; LG Stuttgart, Urt. v. 15. 6. 2004 – 20 O 506/00, 14/15: es ist „nicht hinreichend wahrscheinlich, dass bei einer offenen Biopsie das Karzinom erkannt worden oder es verfehlt und lediglich benignes Gewebe entnommen worden wäre"; OLG Köln, Urt. v. 26. 5. 2008 – 5 U 175/07, VersR 2009, 1543: Keine Wahrscheinlichkeit von mehr als 50 % bzw. spekulativ, ob sich bei Durchführung einer Stanzbiopsie ein positiver Befund im Sinne eines Mammakarzinoms ergeben hätte).

Eine **Probeexcision** ist nur dann angezeigt, wenn sich aufgrund des mit einer   G 580
Mammografie erhobenen Befundes und der Tastuntersuchung oder sonstiger
Umstände ein **Verdacht auf ein Karzinom** ergibt (OLG Zweibrücken, VersR
1991, 427). Eine Punktion oder Probeexcision sollte (auch) dann angewandt werden, wenn vorausgegangene palpatorische Untersuchungen und/oder Mammografien verdächtige, nicht sicher zu interpretierende Befunde ergeben haben
(OLG Düsseldorf, VersR 1988, 1297; LG Stuttgart, Urt. v. 15. 6. 2004 – 20 O
506/00; s. o. Rz. G 577b zur S 3 Leitlinie).

Unterlässt es der Gynäkologe, bei einem pathologischen Befund der Vulva mit   G 580a
ödematös geröteten Stellen und eingetretenen Hautveränderungen unverzüglich
eine **Probeexzision** durchführen zu lassen, liegt hierin noch kein grober Behandlungsfehler. Ist völlig offen und die **Wahrscheinlichkeit mit 50 % oder weniger**
anzusetzen, dass bei unverzüglich angeordneter Probeexzision eine Paget-Er-
krankung mit Entwicklung eines Adenokarzinoms erkannt worden wäre,
kommt der Patientin auch keine Beweislastumkehr aus dem Gesichtspunkt der
„unterlassenen Befunderhebung" zugute (OLG Dresden, Urt. v. 6. 6. 2002 – 4 U
3112/01, VersR 2004, 648; auch OLG Köln, Urt. v. 28. 5. 2003 – 5 U 77/01, VersR
2004, 31, 33: hinreichende Wahrscheinlichkeit bei mehr als 50 %; zum – dort
verneinten – Zurechnungszusammenhang, wenn sich die Patientin auch die
nicht befallene Brust amputieren lässt, vgl. OLG Köln, Urt. v. 26. 5. 2008 – 5 U
175/07, VersR 2009, 1543, Rz. K 56 ff.).

Wiedervorstellungstermin; i.d.R. keine Erinnerung erforderlich (vgl. auch   G 581
Rz. G 276b, G 388, G 452, G 812, G 858 f., G 923a, U 125)

Wenn der Arzt die Patientin nach Feststellung eines abklärungsbedürftigen Befundes (hier: der linken Brust) auf die **Notwendigkeit einer erneuten Vorsorgeuntersuchung** hinweist und ihr dafür einen Zeitkorridor (hier: empfohlene Wiedervorstellung in 4–6 Wochen) nennt, ist er aus Rechtsgründen **grundsätzlich nicht dazu
verpflichtet, die Patientin an die Terminswahrnehmung zu erinnern** (OLG Koblenz, Urt. v. 24. 6. 2010 – 5 U 186/10, GesR 2010, 546, 547 = juris, Nr. 26, 31, 34).

Abweichende Fallgestaltungen können sich jedoch dann ergeben, wenn der Arzt
die **Notwendigkeit einer Sicherungsaufklärung nicht gesehen** hat (OLG Koblenz,
Urt. v. 24. 6. 2010 – 5 U 186/10, juris, Nr. 33; OLG Köln, NJW-RR 2001, 92 =
VersR 2001, 66, 67), wenn die **Beurteilung des weiteren Geschehens der Patientin überlassen** wird (OLG Koblenz, a. a. O.; OLG Düsseldorf, NJW-RR 2003,
1333) oder sich etwa aus einer **Laboruntersuchung nachträglich weitere Erkenntnisse ergeben** und der Arzt die Patientin hiervon nicht informiert (OLG Koblenz,
Urt. v. 24. 6. 2010 – 5 U 186/10, juris, Nr. 33).

Unterlassener Scheidenabstrich   G 582

Vor dem Einlegen eines Cerclagepessars (Einbringen eines Metall-, Gummi- oder
Kunststoffringes in die Scheide oder Uterushöhle) muss ein **Scheidenabstrich
vorgenommen** und auf vorhandene Keime untersucht werden. In dem Unterlassen der gebotenen mikroskopischen Untersuchung des Scheidenabstrichs liegt
aber nur ein einfacher Behandlungsfehler. Hielt der Arzt die mikroskopische Untersuchung nur bei klinischen Anzeichen einer Infektion für geboten, so wiegt
der Behandlungsfehler nicht deshalb schwerer, weil auch bei einer späteren Kon-

trolluntersuchung kein Abstrich genommen und untersucht worden ist (OLG Braunschweig, VersR 2000, 454).

G 583 **Unterlassene Mikroblutuntersuchung und für 24 Minuten fehlendes CTG**

Die Überschreitung des errechneten Geburtstermins um neun Tage und der Wunsch der Schwangeren nach einer zunächst nicht indizierten Sectio, die erst später erforderlich, dann aber mit 90-minütiger Verspätung durchgeführt wird, rechtfertigen weder einzeln noch in der Gesamtschau den Vorwurf eines „groben Behandlungsfehlers", wenn jeder greifbare Anhaltspunkt dafür fehlt, dass die Schädigung des Kindes unmittelbar vor oder unter der Geburt eingetreten ist. Eine **unterlassene Befunderhebung** (hier: zum einen Durchführung einer Mikroblutuntersuchung, um eine Übersäuerung ausschließen zu können, zum anderen Fortführung des CTG für tatsächlich fehlende 24 Minuten) führt nur dann zur Beweislastumkehr hinsichtlich der Kausalität zwischen einem hierin liegenden Behandlungsfehler und dem Eintritt eines Körper- oder Gesundheitsschadens bei der Patientin bzw. dem Patienten, wenn ein **so schwerwiegender Befund (hier: Mangelversorgung des zu gebärenden Kindes) hinreichend wahrscheinlich** gewesen wäre, dass sich dessen Verkennung als fundamental und seine Negierung als grob fehlerhaft darstellen würde (OLG Koblenz, Urt. v. 30. 11. 2006 – 5 U 784/06, VersR 2007, 396, 397 = OLGR 2007, 277, 278).

G 584 U. E. vermengt das OLG Koblenz hier die Voraussetzungen eines „groben Behandlungsfehlers" mit der Frage, ob der Kausalzusammenhang zwischen dem (u. E. wohl groben) Behandlungsfehler und dem Gesundheitsschaden möglicherweise „äußerst unwahrscheinlich" ist. Der vom Gericht beauftragte Sachverständige hielt eine perinatale Beeinträchtigung für „unwahrscheinlich", nicht jedoch für „äußerst unwahrscheinlich" und hat das beim Kind vorhandene Schadensbild vorrangig mit möglichen genetischen Ursachen bzw. einer Notfallsituation aus einer früheren Schwangerschaft in Verbindung gebracht. Eine perinatale Gehirnschädigung müsste mit klinischen Zeichen einer Enzephalopathie des Neugeborenen unmittelbar nach der Geburt einhergehen, Zeichen hierfür wären eine vermehrte Irritabilität und Trinkschwäche, eine Apathie, cerebrale Krämpfe oder allgemein cerebrale Funktionsstörungen bis hin zur Beatmungsbedürftigkeit. Derartige Zeichen lagen im entschiedenen Fall aber nicht vor. CTG-Befunde und APGAR-Werte waren unauffällig (OLG Koblenz, Urt. v. 3. 11. 2006 – 5 U 784/06, MedR 2007, 365, 366 = VersR 2007, 396, 397). Es spricht deshalb vieles dafür, dass ein „**äußerst unwahrscheinlicher Kausalzusammenhang**" vorlag.

G 585 **Ultraschalluntersuchung und Urinuntersuchung nach Hysterektomie unterlassen**

Es ist nicht grob fehlerhaft, nach einer **Hysterektomie eine Ultraschalluntersuchung und/oder eine Urinuntersuchung zu unterlassen**, wenn die auf eine Entzündung (vorliegend nach Beschädigung des Harnleiters bei der OP) hindeutenden Werte am Entlassungstag gegenüber dem Vortag rückläufig sind. Es ist auch keinesfalls sicher, dass ein Harnleiterdefekt durch eine Ultraschalluntersuchung oder eine Urinuntersuchung aufgedeckt wird. Die Durchführung eines intravenösen Ausscheidungsurogramms als objektiv gebotene Diagnostik ist bei fehlenden klinischen Anhaltspunkten für eine Harnleiterproblematik nicht veranlasst (OLG Frankfurt, Urt. v. 30. 8. 2005 – 8 U 13/04, AHRS III, 6562/343).

Darmverletzung; Überweisung in ein Krankenhaus unterlassen   G 586

Das Nichtbemerken der bei einem laparoskopischen Eingriff erfolgten Darmverletzung (hier: ca. 1,5 cm Darmläsion) ist dem Operateur haftungsrechtlich nicht vorzuwerfen, wenn er das Operationsfeld bei der Beendigung des Eingriffs mit ausreichender Sorgfalt überprüft hat. Für eine entsprechende Nachschau kann der im OP-Bericht enthaltene Hinweis auf eine „Bluttrockenheit" sprechen. Wird die Patientin nach einem laparoskopischen Eingriff (hier: Sterilisation) nach Hause entlassen und schildert sie dem Operateur wenige Stunden nach dem Eingriff heftige Schmerzen (hier: wegen einer objektiv vorliegenden Darmläsion), ist es jedenfalls **nicht grob fehlerhaft**, die Patientin nicht unverzüglich für die Durchführung einer ärztlichen Untersuchung ein zu bestellen oder für die Überweisung in ein Krankenhaus zu sorgen und ihr lediglich mitzuteilen, sie solle sich bei einer Fortdauer der Beschwerden trotz entsprechender, rezeptierter Schmerzmedikation erneut bei ihm melden. Denn in den meisten Fällen haben derartige Schmerzen kurz nach dem Eingriff einen harmlosen Hintergrund (OLG Düsseldorf, Urt. v. 8. 5. 2008 – I - 8 U 38/07, OLGR 2009, 199, 200).

Einstweilen frei.   G 587 – G 630

4. Kinderheilkunde (vgl. auch Rz. D 153 ff., G 393 ff., G 891 ff., U 194 ff.)

a) Grober Behandlungsfehler bejaht

Unverzügliche Überweisung eines Kindes an den Augenarzt unterlassen   G 631

Stellt ein Kinderarzt anlässlich der Vorsorgeuntersuchung U 5 ein **„Schielen"** **des Kindes** fest, ist es grob fehlerhaft, das Kind nicht allerspätestens im Verlauf einer Woche einer **augenärztlichen Untersuchung** zuzuführen. Denn es gehört zum Grundwissen eines jeden Kinderarztes, dass das Schielen eines Kleinkindes im Alter von drei bis sieben Monaten stets behandlungsbedürftig ist, weil es ein Symptom für verschiedene ernst zunehmende Augenerkrankungen, insbesondere ein Leitsymptom für ein – im entschiedenen Fall vorliegendes – Retinoblastom (meist beidseitiger, bösartiger Netzhauttumor) sein kann. Die Haftung des Kinderarztes wegen dieses „groben Behandlungsfehlers" ist nicht ausgeschlossen, wenn der gerichtlich bestellte Sachverständige ausführt, es sei zwar unwahrscheinlich, aber nicht unmöglich (bzw. äußerst unwahrscheinlich), dass eine Lesefähigkeit des sieben Monate alten Kindes mit einer Sehschärfe von jedenfalls 0,3 hätte erhalten werden können, wenn der Kinderarzt innerhalb einer Woche nach der Feststellung des „Schielens" die Überweisung an einen Augenarzt veranlasst hätte (OLG Karlsruhe, Urt. v. 14. 11. 2007 – 7 U 251/06, VersR 2008, 545, 546).

Abklärung eines Kleinhirntumors unterlassen   G 632

Berichten die Eltern eines Kleinkindes, dieses hätte sich mehrmals erbrochen, würde sich laufend verschlucken und durch den Mund atmen, so ist die **Unterlassung einer weiteren diagnostischen Abklärung durch den Kinderarzt** zur Fest-

stellung eines Hirnstamm- oder Kleinhirntumors grob fehlerhaft (OLG Oldenburg, Urt. v. 27. 3. 2001 – 5 U 161/00, AHRS III, 2030/307).

G 632a **Sepsis bzw. Meningitis verkannt, Krankenhauseinweisung unterlassen**

(vgl. Rz. G 383b, G 394 ff., G 450, G 565, G 650, G 758b, G 851b, G 904, U 134,
U 189, U 193)

b) Grober Behandlungsfehler verneint

G 633 **Stenose der Harnwege bzw. Klappenfehler in der Harnröhre verkannt**

Das **Unterlassen einer Ultraschalluntersuchung,** die mit hoher Wahrscheinlichkeit zur richtigen Diagnose geführt hätte, ist angesichts der unklaren Symptome
anlässlich dreier Untersuchungstermine eines Kleinkindes, nämlich dem Auftreten schwarzer Stühle, einem Meteorismus (Blähsucht, Luft- bzw. Gasansammlung im Darm oder in der freien Bauchhöhle) und Erbrechen nicht fehlerhaft,
die **Unterlassung einer Urinuntersuchung fehlerhaft, jedoch nicht grob fehlerhaft.** Ist ungewiss, ob sich nach Durchführung der Urinuntersuchung ein auf
eine Nieren- oder Harnleitererkrankung hinweisender Befund ergeben hätte,
kommt eine Beweislastumkehr unter dem Gesichtspunkt der „unterlassenen Befunderhebung" ebenfalls nicht in Betracht (OLG Köln, Urt. v. 20. 11. 2002 – 5 U
37/01, AHRS III 2030/312). Überweist der Arzt den Patienten an einen **Kollegen
mit höherer bzw. speziellerer Qualifikation und/oder besserer apparativer Ausstattung,** so darf er sich normalerweise darauf verlassen, dass dieser die gebotenen Untersuchungen, etwa eine Urinuntersuchung sowie eine Sonographie des
Unterbauchs bei Hinweisen auf eine Stenose der ableitenden Harnwege selbst
vornimmt (OLG Köln, Urt. v. 20. 11. 2002 – 5 U 37/01, AHRS III, 2030/312).

5. Innere Medizin und Urologie

a) Grober Behandlungsfehler bejaht

G 634 **Unterlassene Bronchoskopie**

Wird bei einem krebsverdächtigen Patienten trotz verschatteter Restlunge nach
einer Lungenteilresektion und sich einstellender Temperaturen keine Bronchoskopie (instrumentelle Betrachtung der Lichtung der Luftröhre und des Bronchi-
alraumes mit dem Bronchoskop) veranlasst, liegt ein grober Behandlungsfehler
vor (OLG Hamm, VersR 1996, 892).

G 635 **Unterlassene Koloskopie**

Auch das Unterlassen einer Koloskopie (Dickdarmspiegelung mit durch den Af-
ter eingeführtem Endoskop) bei Verdacht auf ein Rektumkarzinom ist grob fehlerhaft (OLG Karlsruhe, Urt. v. 7. 8. 1996 – 7 U 251/93; S/Pa, 12. Aufl., Rz. 647).

G 636 **Unterlassene Defibrillation (Beseitigung von Kammerflimmern durch Elektro-
schock oder Verabreichung entsprechender Antiarrhytmika)**

Unterlässt es der Behandler – im entschiedenen Fall ein Internist im Rahmen der
Durchführung einer Koloskopie – den Patienten **im Zuge einer Reanimation zu
defibrillieren,** weil er im Zweifel ist, ob **Kammerflimmern** oder eine Asystolie

des Herzens vorliegt, handelt er grob fehlerhaft. Zudem kommt dem Patienten in einem solchen Fall auch eine Beweislastumkehr aus dem Gesichtspunkt der „unterlassenen Befunderhebung" zugute. Denn die Unklarheit, ob ein Kammer-flimmern oder eine Asystolie des Herzens vorliegt, kann i.d.R. durch Anlegen und Schreiben eines EKG ausgeräumt werden, bei entsprechender Erhebung des EKG-Befundes ist ein positives Befundergebnis i.S. eines Kammerflimmerns hinreichend wahrscheinlich. Zugunsten des Patienten ist darüber hinaus zu ver-muten, dass die unterlassene Defibrillation erfolgreich gewesen wäre, weil das Unterlassen einer Defibrillation bei Kammerflimmern als grober Behandlungs-fehler zu bewerten ist (OLG Köln, Urt. v. 13. 2. 2002 – 5 U 95/01, NJW-RR 2003, 458, 459 = OLGR 2003, 82, 83).

Unterlassene Überweisung zur Durchführung einer Myelographie bzw. einer MRT   G 637

Unterlässt es ein Internist – Entsprechendes würde in dieser Fallkonstellation auch für einen Urologen, Allgemeinmediziner o.a. gelten – den über **starke Rückenschmerzen** klagenden und unter Unruhe- und Verwirrtheitszuständen leidenden Patienten zur Durchführung einer Myelographie oder eine Magnetre-sonanzaufnahme an einen Radiologen zu überweisen, wobei ein vorhandenes **Rückenmarksangiom** erkannt worden wäre, liegt ein „äußerst schwerer Verstoß gegen gesicherte und bewährte medizinische Erkenntnisse und Erfahrungen" vor (OLG Koblenz, Urt. v. 26. 8. 2003 – 3 U 1840/00, NJW-RR 2004, 106, 108).

Daneben greift auch eine Beweislastumkehr aus dem Gesichtspunkt der unter-   G 638
lassenen Befunderhebung ein. Denn bei Anfertigung eines MRT oder einer Mye-lographie wäre es – im entschiedenen Fall – sehr wahrscheinlich gewesen, dass im Rückenmarkbereich ein Angiom nachgewiesen worden wäre. Es wäre auch grob fehlerhaft gewesen, wenn dann nicht unverzüglich therapeutische Maßnah-men zur Entfernung dieser Missbildung eingeleitet worden wären (OLG Koblenz, Urt. v. 26. 8. 2003 – 3 U 1840/00, NJW-RR 2004, 106, 107).

Unterlassene Diagnostik (CT, MRT) bei Fußheberschwäche   G 639

Wenn bei einer Fußheberschwäche eine konservative Therapie am Ende der ers-ten Behandlungswoche nicht wirkt, ist die Unterlassung einer **weiterführenden bildgebenden Diagnostik (CT, MRT)** grob fehlerhaft. Bei einer Fußheberschwä-che muss unter Berücksichtigung des Umstandes, dass das wahre Krankheitsbild wegen der Möglichkeit einer Polyneuropathie (Erkrankung peripherer Nerven mit Reiz- und Ausfallerscheinungen) verschleiert sein kann, differential-diag-nostisch unbedingt an das Vorliegen eines Kompartmentsyndroms (Funktions-störung in einem geschlossenen Muskelkompartement durch erhöhten Druck infolge einer Flüssigkeitsansammlung o.a., insbesondere am Unterarm und am Unterschenkel) gedacht werden. Die **Unterlassung der sofortigen Beiziehung einer Chirurgen** (hier: Konsiliararzt im Krankenhaus) zur Abklärung dieses Krankheitsbildes ist grob fehlerhaft (OLG Karlsruhe, Urt. v. 27. 6. 2001 – 7 U 40/99, AHRS III, 6562/319 und 7010/323).

Unterlasse Überweisung an Gefäßchirurgen bei livide verfärbten Zehen   G 640

Klagt die Patientin bei ihrem Hausarzt oder Internisten über **krampfartige Schmerzen im Fuß- und Beinbereich** und stellt der Arzt bei der Untersuchung zudem **weißlich und livide verfärbte Zehen** fest, ist eine sofortige Vorstellung bei einem Gefäßspezialisten zur Durchführung weitergehender, gefäßspezifischer Diagnostik (Sonographie, Angiographie) erforderlich. Es ist grob fehlerhaft, die Patientin mit einem solchen Befund ohne speziellen gefäßchirurgischen Auftrag pauschal in eine chirurgische Klinik „zur röntgenologischen Abklärung knöcherner Verletzungen" ohne Hinweis auf die Erforderlichkeit des gefäßspezifischer Diagnostik zu überweisen (OLG Düsseldorf, Urt. v. 16. 11. 2000 – 8 U 98/99, AHRS III, 6575/304 und 2002/303).

G 641 **Unterlassung weiterführender Diagnostik bei Verdacht auf Nierenkolik**

Verschlechtert sich der klinische Zustand einer mit **Verdacht auf Harnabflussstörung** eingelieferten Patientin erheblich, etwa weil massive Schwellungen an Händen, Armen und im Gesicht auftreten, die Patientin blass und fahl wirkt, so ist das Unterlassen weiterführender labortechnischer und röntgenologischer bzw. sonografischer Diagnostik auch dann grob fehlerhaft, wenn sich die Patientin nach medikamentöser Behandlung im Übrigen kreislaufstabil und im Wesentlichen schmerz- und fieberfrei zeigt. Die Beweislast, dass es auch bei sofort eingeleiteter Diagnostik zum Verlust einer Niere gekommen wäre, trägt dann die Behandlungsseite (OLG Köln, VersR 1999, 491).

G 642 **Unterlassene Rektoskopie**

Es ist grob fehlerhaft, den Patienten monatelang auf Hämorrhoiden zu behandeln, ohne eine **Rektoskopie zur Erkennung eines Rektumkarzinoms** zu veranlassen (OLG Düsseldorf, VersR 1979, 723; S/Pa, 12. Aufl., Rz. 647).

G 642a **Schlaganfall verkannt, CT nicht angefertigt**

Deutet der Aufnahmebefund des Patienten auf einen **Schlaganfall** hin, ist eine **unverzügliche Bildgebung – zumindest ein CT, nicht lediglich ein EEG – zur weiteren diagnostischen Abklärung geboten**, um erforderlichenfalls eine Lyse-Therapie (Zeitfenster: 3 – max. 4,5 Stunden) oder eine Sekundärprophylaxe einzuleiten (Sekundärtherapie mit Thrombozytenaggregationshemmern bzw. mit Antikoagulantien). Wird das **CT mehr als vier Stunden nach der Einlieferung des Patienten mit Anzeichen für einen Schlaganfall gefertigt, liegt ein „grober Behandlungsfehler" vor.** Demgegenüber greift eine (zusätzliche) Beweislastumkehr wegen „unterlassener Befunderhebung" nicht ein, wenn offenbleibt, ob die unverzügliche Bildgebung durch CT ein reaktionspflichtiges Ergebnis gehabt und die hieran anknüpfende Therapie den weiteren Kausalverlauf zugunsten des Patienten verändert hätte (OLG Koblenz, Urt. v. 25. 8. 2011 – 5 U 670/10, VersR 2013, 111, 112).

G 642b **Unterlassene Vollheparinisierung als grober Behandlungsfehler**

Das **Unterbleiben einer Vollheparinisierung eines wegen Verdachts auf das Vorliegen eines Schlaganfalls** eingelieferten Patienten, bei dem eine Angiographie durchgeführt werden soll, ist **grob fehlerhaft. Als Akuttherapie bei Verdacht auf Schlaganfall ist eine sofortige Heparinisierung unverzichtbar.** Auch eine Angiographie darf keinesfalls ohne Gewährleistung der Vollheparinisierung vorgenommen werden (OLG Karlsruhe, Urt. v. 12. 12. 2012 – 7 U 176/11, juris, Nr. 41, 45, 46). Der **Kausalzusammenhang** zwischen dem groben Behandlungsfehler (unterlassene Vollheparinisierung) und dem Auftreten eines Schlaganfalls ist **nicht** „**äußerst unwahrscheinlich**", wenn der Sachverständige ausführt, eine eindeutige Ursache für den Schlaganfall könne wissenschaftlich nicht belegt, der für den Schlaganfall wahrscheinlichste Geschehensablauf könne nur vermutet werden, es sei aber nicht ausgeschlossen, dass der Schlaganfall durch die unterlassene Gabe von Heparin verursacht worden ist (OLG Karlsruhe, Urt. v. 12. 12. 2012 – 5 U 87/09, juris, Nr. 50, 51; vgl. zum *medizinischen Hintergrund beim Schlaganfall* Rz G 383c, auch Rz. D 25f., D 53f.).

Verzögerte Abklärung einer Hirnblutung; kein grober Behandlungsfehler bei   G 642c
sich widersprechenden Sachverständigengutachten

Wird ein Patient nach einem **Sturz auf den Kopf** notfallmäßig in ein Krankenhaus der Grundversorgung eingeliefert (hier: gegen 0.20 Uhr mit körperlicher, neurologischer und röntgenologischer Untersuchung) und führt die dort nach einer Röntgenaufnahme mit dem Nachweis einer Schädelfraktur (hier: 0.52 Uhr) eintreffende weitere Verschlechterung zu einer Verlegung in ein Krankenhaus der Maximalversorgung zur Erstellung eines CT und Abklärung einer Hirnblutung (hier: Abfahrt um 2.20 Uhr, Ankunft dort um 3.05 Uhr), so kann **die Verzögerung dieser Maßnahme** (hier: ca. 2 Stunden) **nicht als „grober Behandlungsfehler" bewertet werden, wenn mehrere Sachverständige sich in der Einschätzung der medizinischen Gegebenheiten widersprechen**, so dass nicht von einem völlig unverständlichen Fehler auszugehen ist, der einem Facharzt (hier: nachts in einer Notfallsituation) schlechterdings nicht unterlaufen darf. Auch eine Beweislastumkehr aus dem Gesichtspunkt der „unterlassenen Befunderhebung" kommt nicht in Betracht, wenn die Gutachter zwar einheitlich von einem **zwingend gebotenen Befund (hier: Fertigung eines CT)** ausgehen, jedoch Uneinigkeit besteht, ob der CT-Befund mit einer **Wahrscheinlichkeit von mehr als 50 % ein positives Befundergebnis** im Sinne eines Hämatoms mit Mittelhirnverlagerung und Hirnstammkompression bereits bei entsprechend früherer Anfertigung gezeigt hätte (OLG Koblenz, Beschl. v. 8. 3. 2011 – 5 U 153/11, GesR 2013, 157, 159).

b) Grober Behandlungsfehler verneint

Unterlassene Sonographie nach Prostatastanzbiopsie   G 643

Wird bei einem 54-jährigen Patienten bei einem PSA-Wert von 19,2 ng/ml (Norm: bis 4,0 ng/ml) eine Prostatastanzbiopsie (Entnahme von Prostatagewebe) mit negativem Befund durchgeführt, so stellt die **Unterlassung einer Sonographie** und die Wiederbestellung des Patienten erst nach drei Monaten jedenfalls keinen groben Behandlungsfehler dar (OLG Köln, VersR 1999, 96; vgl auch Rz. U 154, U 264).

Unterlassene Herzkatheter-Untersuchung   G 644

Wurden weder eine Belastungsdyspnoe noch Angina-Pectoris-Beschwerden seitens des Patienten geäußert, bestand jedenfalls nach den für den vorliegenden Behandlungszeitraum bis 2004 maßgeblichen Leitlinien keine Indikation zur Durchführung einer invasiven Koronarangiographie oder einer Herzinfarkt-Prophylaxe-Therapie (OLG Hamm, Beschl. v. 17. 7. 2006 – 3 U 199/05, GesR 2006, 495).

6. Augenheilkunde

Grober Behandlungsfehler bejaht

G 645 **Unterlassene Untersuchung auf Netzhautablösung**

Bei einem in der 27. Schwangerschaftswoche geborenen Säugling stellt das Unterlassen einer rechtzeitigen Augenhintergrunduntersuchung auf Netzhautablösung einen groben Behandlungsfehler dar (OLG Hamm, VersR 1996, 756; G/G, 6. Aufl., Rz. B 268).

G 646 **Überwachung eines Frühgeborenen**

Ein Augenarzt, der es übernommen hat, ein frühgeborenes Kind im Hinblick auf die Gefahr einer **Frühgeborenen-Retinopathie (Netzhauterkrankung)** zu überwachen, hat entsprechende Kontrolluntersuchungen durchzuführen und dabei jeweils dafür zu sorgen, dass er den Augenhintergrund immer ausreichend einsehen kann. Andernfalls muss er zumindest für eine zeitnahe anderweitige fachärztliche Untersuchung Sorge tragen (OLG Nürnberg, Urt. v. 24. 6. 2005 – 5 U 1046/04, MedR 2006, 178 f.).

G 647 **Rechtzeitige augenärztliche Untersuchung eines Frühgeborenen unterlassen**

Die erste augenärztliche Überprüfung der Netzhäute eines Frühgeborenen ist vom Kinderarzt in der fünften bis sechsten Lebenswoche zu veranlassen. Wird der Neugeborene beatmet, muss die Erstuntersuchung kurzfristig nach der Entwöhnung vom Respirator stattfinden. **Das Unterlassen einer rechtzeitigen augenärztlichen Untersuchung eines Frühgeborenen kann einen groben Behandlungsfehler darstellen.** Dies ist dann der Fall, wenn die Kontrolluntersuchung durch den Augenarzt von der Kinderklinik **erst im Alter von drei Monaten veranlasst** wird, wobei die Untersuchung nach der sechsten bis achten Lebenswoche hätte durchgeführt werden können (OLG Düsseldorf, Urt. v. 22. 2. 2007 – I-8 U 17/05 mit NZB BGH v. 8. 1. 2008 – VI ZR 88/07, AHRS III, 2590/310).

G 648 **Unterlassene Diagnostik zur Abklärung eines Tumorverdachts**

Die Unterlassung weiterführender Diagnostik zur **Abklärung eines Tumors bzw. eines Retinoblastoms** ist als grober ärztlicher Fehler zu beurteilen, wenn die Mutter eines Kleinkindes bei diesem mehrfach ein „weißliches Aufleuchten der Pupille", eine sogenannte „Leukokorie" bzw. „Katzenauge" bemerkt und dies dem Augenarzt berichtet hat. Der Arzt kann sich dann nicht auf die bloße Untersuchung des Augenhintergrundes beschränken. Es kann allerdings „äußerst unwahrscheinlich" sein, dass das Auge bei rechtzeitiger Diagnostik (Ultraschall o. a.) noch hätte gerettet werden können (OLG Karlsruhe, Urt. v. 23. 4. 2004 – 7 U 1/03, VersR 2005, 1246).

7. HNO

Grober Behandlungsfehler bejaht

G 649 **Unterlassene Computertomographie**

Wird ein Patient mit **starken Halsschmerzen und ausgeprägter Lymphadenitis** (entzündliche Lymphknotenschwellung) an einen HNO-Facharzt überwiesen, so hat dieser wegen der Gefahr der Weiterentwicklung zu einer Mediastinitis (Entzündung des Bindegewebes im Brustkorbraum zwischen beiden Brustfell-höhlen) bei ausbleibender Besserung – im entschiedenen Fall nach vier Tagen – die Anfertigung einer Computertomographie zur Abklärung eines u.U. in die Tiefe gehenden Abszesses zu veranlassen (OLG Stuttgart, Urt. v. 30. 5. 2000 – 14 U 71/99, VersR 2001, 766, 768).

Sicherheitsbiopsie zum Ausschluss eines Tumorrezidivs unterlassen G 649a

Stellt sich der Patient, bei dem weniger als fünf Jahre zuvor ein Tumor in der lin-ken Nasenhöhle entfernt und anschließend eine Strahlenbehandlung mit Che-motherapie eingeleitet werden musste, mit einem Druckschmerz im Nasen-abgang beim HNO-Arzt vor, ist es auch bei einer – daneben – bestehenden Sinu-sitis **grob fehlerhaft, nicht spätestens nach Ablauf von vier bis sechs Tagen eine Sicherheitsbiopsie zu veranlassen, wenn ein zum Ausschluss des Rezidivs gefer-tigtes CT ein solches gerade nicht ausschließen konnte.**

Verzögert sich die erforderliche Operation um vier bis fünf Monate, hat der be-handelnde HNO-Arzt zu beweisen, dass der Primärschaden (Operation eines 3,5 x 3,5 cm messenden Tumors, Entfernung der linken Hälfte der Nase) auch bei rechtzeitiger Biopsie eingetreten wäre (OLG Köln, Urt. v. 23. 1. 2002 – 5 U 121/01, AHRS III, 1980/304; u. E. liegen in diesem Fall auch die Voraussetzugnen einer Beweislastumkehr wegen „unterlassener Befunderhebung" vor, denn es war „hinreichend wahrscheinlich", dass eine sofort angeordnete Biopsie ein po-sitives Ergebnis i. S. d. Bestehens eines Tumorrezidivs erbracht hätte).

Unterlassene Fiebermessung trotz erhöhter Körpertemperatur G 650

Sieht ein HNO-Arzt nach einer Tonsillektomie (Mandeloperation) bei vorhande-nen **Entzündungszeichen (erhöhte Temperatur)** des Patienten davon ab, weitere Befunde (Fiebermessung, nachfolgend Erstellung eines Blutbildes) zu erheben oder erheben zu lassen, so dass bei dem Patienten zu einer Sepsis kommt, liegt ein grober Behandlungsfehler vor. Daneben greift auch eine Beweislastumkehr wegen „unterlassener Befunderhebung" ein, wenn es hinreichend wahrschein-lich ist, dass sich bei einer Fiebermessung eine Temperatur von ca. 40 Grad Cel-sius ergeben hätte. In einem solchen Fall wäre es grob fehlerhaft, von der unver-züglichen Erstellung eines Blutbildes und anschließend einer sofortigen inten-sivmedizinischen Behandlung abzusehen (OLG Schleswig, Urt. v. 28. 3. 2008 – 4 U 34/07, OLGR 2009, 296, 297/298: „grober Behandlungsfehler" und „unter-lassene Befunderhebung" bejaht).

8. Allgemeinmedizin

a) Grober Behandlungsfehler bejaht

Unterlassene Phlebographie G 651

Das Unterlassen einer **Sonographie oder Phlebographie bei Schwellungen bzw. Schmerzen in der Wade** (Thromboseverdacht) ist grob fehlerhaft (OLG Hamm, VersR 1990, 660; VersR 1990, 1120; OLG Köln, VersR 1993, 190; OLG Olden-burg, MDR 1994, 995; VersR 1999, 318; OLG Stuttgart, Urt. v. 24. 8. 1999 – 14 U 11/99, OLGR 2000, 3). Kann der Allgemeinmediziner die gebotenen Untersuchungen nicht selbst durchführen, muss er den Patienten an einen Facharzt bzw. ein Krankenhaus überweisen.

G 652   **Herzinfarkt verkannt; Krankenhauseinweisung unterlassen** (vgl. auch Rz. D 24ff., D 45ff., D 92ff., G 462ff., G 539, G 941, U 21ff., U 39f., U 160ff.)

Weisen **Veränderungen im EKG** sowie die vom Patienten geschilderte Beschwerdesymtomatik (plötzlich einsetzender, anhaltender Thoraxschmerz, Druck- oder Engegefühl, zum Teil in die linke Schulter-Arm-Hand-Region ausstrahlend, meist in Kombination mit Angst- und Vernichtungsgefühl, vgl. Pschyrembel, 262. Aufl., S. 94 zur Angina Pectoris und S. 859/860 zum Herzinfarkt) auf die Gefahr eines **unmittelbar bevorstehenden Herzinfarktes** hin, so ist es grob fehlerhaft, wenn der Arzt den Patienten nicht **unverzüglich in eine Klinik zur Durchführung einer Herzkatheteruntersuchung und weiterer Therapie einweist** (OLG Bamberg, Urt. v. 4. 7. 2005 – 4 U 126/03, VersR 2005, 1292; vgl. auch BGH, Urt. v. 13. 9. 2011 – VI ZR 144/10, VersR 2011, 1400 = NJW 2011, 3441, Nr. 2, 8, 9, Rz. G 652b).

G 652a   *Medizinischer Hintergrund* (vgl. auch G 462a): Eindeutige Hinweise auf einen bevorstehenden Herzinfarkt liegen etwa vor bei pathologischem Ruhe- oder Belastungs-EKG, retrosternalem Druckgefühl mit intensivem und in der Regel länger als 20 Min. andauerndem thorakalem Schmerz und ausstrahlenden Schmerzen in den linken Arm (vgl. Pschyrembel, 264. Aufl. 2013, S. 875–877 und Pschyrembel, Therapie, 4. Aufl., S. 384; vgl. auch Rz. G 462ff.).

G 652b   Unterlässt es ein niedergelassener Arzt (Allgemeinmediziner bzw. Internist), einen **Patienten mit erheblichen Risikofaktoren, entsprechender Schmerzsymptomatik und pathologischem EKG unverzüglich in das nächstgelegene Krankenhaus einzuweisen, so liegt ein Fall der „unterlassenen Befunderhebung"** (hier: unterlassene Durchführung der gebotenen Anschlussdiagnostik, serielles EKG, Blutabnahme, Troponin-Test, Feststellung von Herzrhythmusstörungen etc.) **und kein Diagnoseirrtum vor.** Für die (zutreffende) Bewertung dieses Behandlungsfehlers als „grob" ist es unerheblich, wenn der auf dem EKG erkennbare Infarkt mehr als 12 Stunden zurückliegt und eine Behandlung des Gefäßverschlusses deshalb möglicherweise nicht mehr mit Erfolg durchgeführt werden kann (BGH, Beschl. v. 22. 9. 2009 – VI ZR 32/09, VersR 2010, 72, 73 = NJW-RR 2010, 711, 712, Nr. 5, 7). **Anm.:** Derartige Erwägungen werden erst bei der Frage relevant, ob ein „äußerst unwahrscheinlicher" Kausalzusammenhang vorliegt, was für den vorliegenden Fall zu verneinen wwar. Im Übrigen lagen hier auch die Voraussetzungen einer Beweislastumkehr wegen unterlassener Befunderhebung vor (vgl. hierzu Rz. U 21ff., U 39f., U 160ff.).

G 652c   Die Voraussetzungen einer Beweislastumkehr wegen „unterlassener Befunderhebung" liegen vor, wenn ein Notarzt trotz des **Hinweises auf eine familiäre Vorbelastung und starken „Herz- und Magenschmerzen"** des Patienten die Diagnose „Verdacht auf Virusinfekt und auf Angina Pectoris", also eine Vorstufe des Herzinfarkts, stellt und eine **sofortige EKG-Untersuchung in einem Krankenhaus bzw. im Notarztwagen unterlässt**, der tatsächlich vorliegende Herzinfarkt dann erst vier Stunden später diagnostiziert und nach Misslingen einer Lysetherapie durch eine Bypassoperation therapiert werden kann (BGH, Urt. v. 13. 9. 2011 – VI ZR 144/10, VersR 2011, 1400 = NJW 2011, 3441, Nr. 2, 3, 9).

Stellt sich ein Patient mit erheblichen Oberbauchschmerzen und **deutlichen**   G 652d
Risikofaktoren für einen Herzinfarkt (hier: hoher Blutdruck, erhöhter Cholesterinwert) bei einem Facharzt für Allgemeinmedizin vor, kann es vertretbar sein,
wenn zunächst die Erstdiagnose „Gallenblasenkolik" gestellt wird. Ein Behandlungsfehler in Form der **unterlassenen Einweisung in ein Krankenhaus** liegt in
einem solchen Fall aber deshalb vor, weil die Beschwerden bei Gallenblasenerkrankungen und Herzinfarkten ähnliche bzw. gemeinsame Symptome aufweisen und einem Hausarzt die eindeutige Zuordnung mit rein klinischen Mitteln –
ohne Labordiagnostik, Belastungs-EKG, ggf. CT oder MRT – nicht möglich ist.
Bei schwerwiegenden Risiken – wie bei einem differenzial-diagnostisch möglichen, jedenfalls nicht auszuschließenden Herzinfarkt – **muss der behandelnde**
Arzt auch subjektiv für unwahrscheinlich gehaltene Gefährdungsmomente aus-
schließen und den Patienten in eine Klinik zur Abklärung seines Erstbefundes
überweisen (OLG Jena, Urt. v. 18. 2. 2009 – 4 U 1066/04, OLGR 2009, 419, 421;
vgl. auch OLG Koblenz, Beschl. v. 30. 1. 2012 – 5 U 857/11, VersR 2012, 1041,
1043: **Orthopäde verkennt eindeutige Symptome eines Herzinfarkts**, kein grober
Behandlungsfehler, aber Beweislastumkehr wg. unterlassener Befunderhebung,
Rz. G 539).

Röntgenaufnahmen bei Bluthusten unterlassen   G 653

Werden bei einem **Bluthusten des Patienten** keine Röntgenaufnahmen oder die
Überweisung an einen Lungenfacharzt veranlasst, liegt ein grober Behandlungsfehler vor. Die Beweislast, dass der Primärschaden des Patienten auch bei rechtzeitiger Überweisung und Feststellung eines Bronchialkarzinoms eingetreten
wäre, trägt dann der behandelnde Arzt (OLG München, VersR 1994, 1240).

Leberpunktion bei pathologischen Leberwerten unterlassen   G 653a

Hat ein Allgemeinmediziner – und dies gilt erst recht für einen Internisten – bereits zu Beginn der Behandlung des Patienten **pathologische Leberwerte** festgestellt, so hat er eine weitere Abklärung durch Veranlassung einer Leberpunktion oder aber – als Vorstufe – durch **serologische Untersuchungen** vorzunehmen. Unterlässt er es, diese bei einem Patienten, der aus einem Land stammt,
in dem die Hepatitis B verbreitet ist, medizinisch zweifelsfrei gebotenen Befunde
zu erheben und überweist er den Patienten auch nicht alternativ zur näheren differential-diagnostischen Abklärung an einen Spezialisten, so liegt ein „grober
Behandlungsfehler" vor. Legt der vom Gericht bestellte Sachverständige dar,
dass der Monate später verstorbene Patient bei rechtzeitiger Abklärung und
Überweisung an einen Spezialisten eine **Überlebenschance von 10 %** gehabt hätte, ist der Kausalzusammenhang zwischen dem Behandlungsfehler und dem Eintritt des Primärschadens – hier dem Tod des Patienten nach einer Leberzirrhose
– nicht gänzlich bzw. äußerst unwahrscheinlich (OLG Hamm, Urt. v.
6. 11. 2002 – 3 U 50/05, VersR 2004, 1321, 1322).

Unterlassene Überweisung an Gefäßchirurgen bei livide verfärbten Zehen (vgl.   G 654
Rz. G 640)

Arterielle Verschlusskrankheit verkannt, Lumboischialgie diagnostiziert   G 654a

Einem Facharzt für Allgemeinmedizin fällt ein Befunderhebungsfehler und kein
bloßer Diagnoseirrtum zur Last, wenn er bei einer Patientin, die ihn wegen

Schmerzen beim Gehen aufsucht, eine ausgeprägte Lumboischialgie mit typischem lateralem Schmerzband am Bein diagnostiziert, die Patientin jahrelang entsprechend mit schmerzlindernden Injektionen u. a. behandelt und an der zunächst vertretbaren Diagnose festhält, obwohl ein **CT kein relevantes Ergebnis in Richtung auf eine degenerative Veränderung des Bewegungsapparates erbracht** hat, ohne spätestens zu diesem Zeitpunkt den Verdacht einer arteriellen Verschlusskrankheit (hier: Verschluss der Arteria iliaca communis) zumindest differenzial-diagnostisch nachzugehen und eine Überweisung an einen Facharzt zu veranlassen. Der „Schwerpunkt des Versäumnisses" liegt in einem solchen Fall nicht in einem Festhalten an der zunächst noch vertretbaren Diagnose einer orthopädischen Erkrankung, sondern in der zumindest differenzial-diagnostisch erforderlichen, **unterlassenen Abklärung einer möglichen Gefäßerkrankung** (OLG München, Urt. v. 6. 10. 2011 – 1 U 5220/10, juris, Nr. 3, 35, 36, 40–50: Vorliegen eines „groben Behandlungsfehlers" im Ergebnis aber verneint).

Es ist jedoch **„hinreichend wahrscheinlich"**, dass eine spätestens nach Vorliegen des nicht aussagekräftigen CT durchgeführte Angiografie zur Feststellung des Verschlusses der Arteria iliaca communis geführt hätte, wenn sich anlässlich der – aufgrund der vom Allgemeinmediziner gestellten Diagnose um Jahre verspäteten – Operation ergibt, dass sich bereits ein Umgehungskreislauf gebildet hatte und ältere, hochgradig arteriosklerotische Veränderungen beschrieben werden. Die Nichtreaktion auf einen derartig schwerwiegenden Befund im Rahmen der Angiografie bzw. dessen Verkennung würde sich auch als „grober Behandlungsfehler" darstellen. Da es nicht „äußerst unwahrscheinlich" ist, dass bei früherer angiografischer Abklärung ein kompletter Verschluss der Arterie mit nachfolgend erforderlicher Amputation des Beins vermieden worden wäre, liegen die Voraussetzungen einer Beweislastumkehr wegen „unterlassener Befunderhebung" vor (OLG München, Urt. v. 6. 10. 2011 – 1 U 5220/10, juris, Nr. 41–50).

G 655 **Bestimmung des Blutzuckergehalts bei Diabetes mellitus unterlassen**

Nimmt ein Patient in großem Umfang süße Getränke zu sich und ist bei ihm ein auffallender Mundgeruch festzustellen, so liegen deutliche Anzeichen für eine bestehende Zuckerkrankheit vor. Werden dem Allgemeinmediziner diese Umstände bekannt, so ist es grob fehlerhaft, weitere Untersuchungen, insbesondere eine **Bestimmung des Blutzuckergehalts zu unterlassen** (LG Coburg, Urt. v. 30. 5. 2001 – 21 O 505/99, bestätigt von OLG Bamberg, Urt. v. 10. 12. 2001 – 4 U 132/01, AHRS III, 1820/305).

b) Grober Behandlungsfehler verneint

G 656 **Keine sofortige EKG-Auswertung**

Wird ein ohne akuten Befund angefertigtes Routine-EKG nicht sofort ausgewertet und verstirbt der Patient Stunden später an einem Herzinfarkt, liegt jedenfalls kein grober Behandlungsfehler vor (OLG München, VersR 1995, 417; G/G, 6. Aufl., Rz. B 267).

G 657 **Bronchialkarzinom auf Röntgenbild verkannt**

Das **Übersehen eines Bronchialkarzinoms auf einem Röntgenbild**, das von einem Lungenfacharzt oder von einem Radiologen erkannt worden wäre, **durch** einen **Allgemeinmediziner** ist nicht grob fehlerhaft, wenn sich der Verdacht auf das Vorhandensein eines Karzinoms nicht ohne Weiteres aufdrängt (OLG Schleswig, Urt. v. 24. 6. 2005 – 4 U 10/04 mit NZB BGH v. 16. 5. 2006 – VI ZR 145/05, AHRS III, 1820/317). Dies gilt **auch für einen Anästhesisten** (vgl. BGH, Urt. v. 21. 12. 2010 – VI ZR 284/09, VersR 2011, 400 = NJW 2011, 1672, Nr. 13, 16, 20).

Verschlusskrankheit verkannt, Lumboischialgie diagnostiziert   G 657a

Einem Facharzt für Allgemeinmedizin fällt ein einfacher, jedoch kein grober Befunderhebungsfehler zur Last, wenn er bei einem Patienten, der ihn wegen Schmerzen beim Gehen aufsucht, eine **ausgeprägte Lumboischialgie am Bein diagnostiziert**, ihn entsprechend jahrelang erfolglos behandelt und den Verdacht auf das **Vorliegen einer arteriellen Verschlusskrankheit** auch nach Fertigung eines die Beschwerden nicht erklärenden CT von der Überweisung an einen Gefäßspezialisten (Internist bzw. Gefäßchirurg) absieht.

Allerdings greift eine **Beweislastumkehr wegen unterlassener Befunderhebung** ein, wenn es (wie im entschiedenen Fall) hinreichend wahrscheinlich ist, dass eine angiologische Untersuchung (Tasten und Auskultieren der peripheren Pulse) und eine nachfolgende Angiographie das Vorliegen einer Gefäßerkrankung (hier: Verschluss der Arteria Iliaca Communis) bestätigt, wobei es grob fehlerhaft gewesen wäre, diesen Befund zu verkennen oder nicht umgehend operativ zu behandeln. Es ist auch nicht „äußerst unwahrscheinlich", dass die Amputation des Beins unterhalb des Kniegelenks bei früherer Diagnose (hier: um mehrere Jahre) vermieden worden wäre (OLG München, Urt. v. 6. 10. 2011 – 1 U 5220/10, juris, Nr. 3, 34–47).

Keine Probeexcision veranlasst (vgl. auch Rz. G 390, G 473, G 577b, G 578aff.,   G 658
G 643, G 812ff., G 857ff.)

Die unterlassene Überweisung zur Vornahme einer Probeexcision ist nicht, jedenfalls nicht grob fehlerhaft, wenn die Patientin über **Schmerzen in der Brust** klagt, aber weder der Tastbefund noch eine vom Radiologen durchgeführte Mammografie Anhaltspunkte auf ein Mammakarzinom zu Tage fördern (OLG Zweibrücken, VersR 1991, 427; auch OLG Düsseldorf, VersR 1988, 1297; s. o. Rz. G 577b zur S 3 Leitlinie)

**Hinzuziehung eines Orthopäden und Fertigung eines MRT bei Verdacht auf Ge-   G 659
lenkentzündung unterlassen**

Beim Verdacht auf das Vorliegen einer Sakroilitis (infektiöses Geschehen im Bereich des Iliosakralgelenks) ist regelmäßig die Hinzuziehung eines Orthopäden erforderlich, der ggf. ein MRT zu veranlassen hat. Wird die **Hinzuziehung eines Orthopäden und die Anfertigung einer Kernspinthomografie unterlassen**, kommt eine Beweislastumkehr aus dem Gesichtspunkt der „unterlassenen Befunderhebung" jedoch nicht in Betracht, wenn der vom Gericht beauftragte Sachverständige es später als „offen" bezeichnet, ob sich die damals vorhandene Iliosakralarthritis sicher hätte verifizieren lassen. Bei der bloßen Verdachtsdiagnose einer Iliosakralarthritis ist es fehlerhaft, aber nicht grob fehlerhaft, von der Hinzuziehung eines Orthopäden, der Anfertigung eines MRT und der sofortigen Antibiose abzusehen bzw. eine solche nicht weiterzuführen (OLG Saarbrücken, Urt. v. 21. 2. 2001 – 1 U 617/99–152, AHRS III, 1955/305).

G 660 **Unterlassene Abklärung einer TIA (Schlaganfall)**

Ein Nicht-Facharzt, der wegen einer beim Patienten eingetretenen **Sehstörung** einen Augenarzt hinzuzieht, muss dessen differential-diagnostischen Hinweis auf eine möglicherweise vorliegende transitorische ischämische Attacke (TIA) und eine Embolisierung ernst nehmen und ggf. eine spezieller ausgebildeten Arzt (Neurologen, ggf. Radiologen) hinzuziehen. Erholt sich die Sehschärfe des Patienten während der augenärztlichen Untersuchung kurzfristig, stellt die **unterlassene Abklärung einer TIA durch den Nicht-Facharzt** (Allgemeinmediziner bzw. im entschiedenen Fall Kieferchirurg) aber keinen groben Behandlungsfehler dar (OLG Bremen, Urt. v. 22. 8. 2000 – 3 U 110/99, AHRS III, 1869/300; zum *medizinischen Hintergrund* vgl. Rz. G 383c und Rz. D 54, D 25f.).

G 661 **Unterlassener Hinweis auf die Notwendigkeit weiterer diagnostischer Maßnahmen**

Ergibt das craniale CT den **Verdacht auf einen Substanzdefekt oder ein arteriovenöses Angiom**, ist die weitere Abklärung mittels eines Angio-MRT geboten. Unterlässt der Behandler die Zuweisung des Patienten zu dieser Untersuchung, gehen Zweifel, ob der – später tatsächlich festgestellte – Befund eines arteriovenösen Angioms gesichert worden wäre, zu seinen Lasten. Denn es stellt einen groben ärztlichen Behandlungsfehler dar, wenn der Patient über einen bedrohlichen Befund, der Anlass zu umgehenden und umfassenden ärztlichen Maßnahmen gibt, nicht informiert bzw. nicht **zu den entsprechenden Fachärzten weitergeleitet** wird (OLG Köln, Urt. v. 20. 12. 2000 – 5 U 234/98, OLGR 2002, 42, 43).

Darf der Behandler – ein Internist oder Allgemeinarzt – nach den Umständen des Falles aber berechtigterweise davon ausgehen, dass der Patient bzw. dessen gesetzlicher Vertreter über die **unsichere Befundlage und die Notwendigkeit weiterer Diagnostik anderweitig kompetent informiert** worden ist, hat sich der Arzt zweimal beim Patienten bzw. dessen gesetzlichem Vertreter erkundigt und nachgefragt, ob er bzw. der verantwortliche Vertreter über die radiologischen Untersuchungen und die weitere Abklärungsbedürftigkeit der Befunde unterrichtet worden seien, stellt sich das ihn insoweit anzulastende Versäumnis jedoch nur als einfacher Behandlungsfehler dar (OLG Köln, Urt. v. 20. 12. 2000 – 5 U 234/98, OLGR 2002, 42, 44f.).

9. Radiologie

Grober Behandlungsfehler verneint

G 662 **Brustkrebs verkannt** (weitere Einzelheiten zur Verkennung von Brustkrebs bei Rz. D 74ff., G 389, G 570ff., G 574ff., G 812, G 858, U 61a, U 217, U 220)

Klagt die Patientin nach einer Selbstuntersuchung ihrer Brüste über eine **schmerzhafte Veränderung in einer Brust** und nimmt der von ihr konsultierte Facharzt für Radiologie eine **Sonographie** der linken Brust, eine **Mammografie** und zusätzlich eine **Magnetresonanztomographie (MRT)** beider Brüste vor, wobei sich in der rechten Brust gruppierte Mikrokalzifikationen zeigen, so ist eine Nachbefunderhebung durch eine Probegewebeuntersuchung (Punktion) jedenfalls **nicht „zweifelsfrei"** geboten (OLG Brandenburg, NJW-RR 1999, 967). Bei einer derartigen Befundlage kann es auch nicht als wahrscheinlich angesehen werden, dass eine Gewebeuntersuchung einen Tumor ergeben hätte. Die fehlende Nachbefunderhebung durch Entnahme und Untersuchung einer Gewebeprobe stellt sich deshalb selbst dann **nicht als grob fehlerhaft** dar, wenn sie „zweifelsfrei" geboten gewesen wäre (OLG Brandenburg, NJW-RR 1999, 967).

10. Neurologie

Grober Behandlungsfehler bejaht

Hinweis auf erforderliche Angiographie unterlassen

G 663

Zum **Ausschluss einer Sinusvenenthrombose** (Thrombose eines venösen Hirnblutleiters) ist bei einer unauffälligen Kernspintomographie auch eine **Angiographie** (Gefäßdarstellung durch Injektion eines Röntgenkontrastmittels) notwendig. Auch ein nur konsiliarisch zugezogener Neurologe muss sicherstellen, dass ihm in einem solchen Fall das Ergebnis der Kernspintomographie mitgeteilt wird. Die Unterlassung einer radiologischen Abklärung durch eine Angiographie nach Durchführung einer Kernspintomographie, die im Wesentlichen ohne Befund bleibt, ist bei Vorliegen entsprechender Beschwerden wie Kopfschmerzen und Zuckungen im linken Arm und Bein mit Herabsetzung der groben Kraft im linken Arm und im Bein **grob fehlerhaft** (OLG Stuttgart, Urt. v. 27. 6. 2000 – 14 U 8/00, OLGR 2002, 116, 119).

Hinweis auf erforderliche CT-Untersuchung unterlassen

G 664

Ein grober Behandlungsfehler eines Neurologen liegt vor, wenn er bei **tagelangen starken Kopfschmerzen** des zuvor schmerzfreien Patienten selbst bei Fehlen des weiteren Leitsymptoms „Nackensteifigkeit" lediglich ein EEG und eine Röntgenaufnahme sowie ein Medianus-SEP zum Ausschluss einer zentralen Halsmarkläsion, nicht jedoch die **Anfertigung eines CT bzw. eines MRT zur Abklärung einer (tatsächlich vorliegenden) Subarachnoidalblutung (SAB)** veranlasst und wenn eine nachvollziehbare Erklärung der starken akuten Kopfschmerzen sich nicht aus einem vorangegangenen Sturzereignis, dem vorliegenden HNO-Befund oder früheren Kopfschmerzen des Patienten herleiten lässt (OLG Hamm, Urt. v. 26. 1. 2000 – 3 U 166/96, AHRS III, 6590/302 und AHRS III 2060/302).

CT bei Verdacht auf Halbseitenlähmung unterlassen

G 664a

Klagt die Patientin über starke Kopf- und Nackenschmerzen, Übelkeit, abdominelle Krämpfe und Kribbelparästhesien in allen Extremitäten und kommt es nachfolgend zu einem Harnverhalt sowie einer Kraftminderung des rechten Arm und des rechten Beins (Kraftgrad III) bei einem festgestellten Leukozytenanstieg auf 23 000 nl (Norm bis 11 000 nl), ist es **grob fehlerhaft**, wenn ein neurologischer Konsiliararzt die **angesichts der asymetrischen Lähmungserscheinungen fernliegende Diagnose einer „hypokaliämischen Lähmung"** stellt und auf die Abklärung weiterer Verdachtsdiagnosen (hier: Hirninfarkt, metastatische Herdenzephalitis, Sinusvenenthrombose, jeweils mit der Folge einer Halbseitenlähmung) mittels eines in derartigen Fällen **zweifelsfrei gebotenen CT's verzichtet**. Auf jedes dieser Krankheitsbilder **muss mit unterschiedlichen Maßnahmen reagiert werden**, etwa bei einem Hirninfarkt mit einer Hirnödemtherapie bzw.

Lyse (innerhalb von 4,5 Stunden nach dem ersten Auftreten der Symptome, vgl. Rz. G 383c), bei einer Sinusvenenthrombose unter Umständen mit einer Heparinisierung, bei einer Herdenzephalitis mit einer Antibiotikatherapie. In einem derartigen Fall liegt der **Schwerpunkt der Vorwerfbarkeit bei der unterlassenen Befunderhebung** und nicht bei einem Diagnoseirrtum (OLG Düsseldorf, Urt. v. 1. 12. 2005 – I 8 U 5/03, AHRS III, 6562/347).

G 664b **Hirnblutung verkannt, CT bzw. MRT-Untersuchung unterlassen**

Klagt ein Patient über schlagartig aufgetretene, erhebliche und unerträgliche Kopfschmerzen, etwa „eine Explosion im Kopf, als hätte man einen Nackenschuss bekommen", wobei sich die Schmerzen bei Kopfbewegungen, beim Bücken u. a. verstärken, ist es **grob fehlerhaft, wenn ein niedergelassener Neurologe lediglich eine CT-Untersuchung des Schädels ohne Kontrastmittel, das keinen pathologischen Befund ergibt, nicht jedoch nachfolgend eine Aneurysmadiagnostik, etwa durch Kontrastmittel-CT bzw. Angio-MRT** oder (im Jahr 2003) eine DS-Angiographie zur möglichen Feststellung einer Hirnblutung (hier: Subarachnoidalblutung, SAB) veranlasst und mit der Patientin lediglich einen Wiedervorstellungstermin in vier Tagen vereinbart (OLG Düsseldorf, Urt. v. 8. 11. 2007 – I-8 U 38/07, AHRS III, 2060/311; zur Hirnblutung vgl. auch Rz. D 111a, D 22e, D 25f, G 482 und G 549).

G 664c **TIA verkannt, Doppler- und CT-Untersuchung unterlassen**

Ein grober Behandlungsfehler liegt auch vor, wenn ein Facharzt für Neurologie die **typischen Symptome rezidivierender Durchblutungsstörungen** – schlagartiges Auftreten von Taubheitsgefühlen im linken Arm und Beinen von kurze Dauer, variable Ausprägungen der Symptome, seit Tagen bestehende dumpfe Kopfschmerzen – als **Hinweise für eine transitorisch-ischämische Attacke** (TIA-regionale Durchblutungsstörung des Gehirns, d. h. Schlaganfall, der sich in der Regel innerhalb von 24 Stunden zurückbildet) **verkennt, eine „entzündliche Erkrankung des zentralen Nervensystems" diagnostiziert und zwingend erforderliche, weitere diagnostische Maßnahmen unterlässt.** In einem derartigen Fall muss zunächst eine Doppler-Untersuchung stattfinden, wenn diese keine hinreichenden Befunde ergibt, ist ein Angio-CT bzw. Angio-MRT, andernfalls eine konventionelle Angiographie erforderlich (OLG Düsseldorf, Urt. v. 17. 11. 2011 – I-8 U 1/08, Nr. 31, 33, 42, 49, 60).

Es handelt sich hier um einen **völlig unverständlichen Befunderhebungsfehler**, zudem ist die Diagnose „entzündliche Erkrankung des ZMS" beim Vorliegen klassischer Symptome eines Schlaganfalls **völlig unvertretbar** (fundamentaler Diagnoseirrtum; vgl. OLG Düsseldorf a. a. O., Nr. 31: schon jeder Medizinstudent hätte an dieses Krankheitsbild denken müssen).

Im Übrigen liegen in einem solchen Fall die Voraussetzungen einer Beweiserleichterung wegen **unterlassener Befunderhebung** vor. Wäre bei Vornahme der gebotenen Befunderhebung (Doppler-Untersuchung, Angio-CT bzw. Angio-MRT) eine vorliegende TIA mit hinreichender Wahrscheinlichkeit erkannt worden, wäre es auch grob fehlerhaft, diese zu verkennen bzw. hierauf nicht mit einer Lyse-Therapie innerhalb von 4,5 Stunden nach Beginn der Symptome, andernfalls etwa bei drohendem Hydrocephalus mit der Anlage eines externen ventrikulären Shunts bzw. einer operativen Dekompression, zu reagieren (vgl. hierzu Pschyrembel, Therapie, 4. Aufl., S. 500, 501). Es ist auch **nicht „äußerst unwahrscheinlich"**, **dass ein dann Wochen später aufgetretener atypischer Hirninfarkt bei rechtzeitiger Diagnostik vermieden worden wäre** (OLG Düsseldorf, Urt. v. 17. 11. 2011 – I-8 U 1/08, Nr. 33, 42, 56, 59, 62: im Ergebnis offengelassen, ob ein „fundamentaler Diagnoseirrtum" oder eine „grob fehlerhaft unterlassene Befunderhebung" vorliegt).

Schlaganfall verkannt, CT-Untersuchung unterlassen   G 664d

Deutet der Aufnahmebefund des Patienten in einem Krankenhaus auf einen Schlaganfall hin, ist eine **unverzügliche Bildgebung, zumindest ein CT, nicht lediglich ein EEG** zur weiteren diagnostischen Abklärung geboten, um erforderlichenfalls eine Lyse-Therapie oder eine Sekundärprophylaxe, ggf. mit Thrombozytenaggregationshemmern bzw. mit Antikoagulantien einzuleiten. **Wird das CT mehr als vier Stunden nach der Einlieferung des Patienten mit Anzeichen für einen Schlaganfall gefertigt, liegt ein „grober Behandlungsfehler" vor** (OLG Koblenz, Urt. v. 25. 8. 2011 – 5 U 670/10, VersR 2013, 111, 112; auch OLG Karlsruhe, Urt. v. 12. 12. 2012 – 7 U 176/11, juris, Nr. 41, 45, 46: das Unterbleiben der Vollheparinisierung eines wegen V. a. Schlaganfall eingelieferten Patienten, bei dem eine Angiographie durchgeführt werden soll, ist grob fehlerhaft; vgl. zum Schlaganfall auch Rz. G 383c, D 25f., D 54).

Weitergehende neurologische Diagnostik bei Gangstörung unterlassen   G 665

Wird ein Patient wegen einer progredienten Gangstörung und **Sensibilitätsstörung** der Beine vom Orthopäden zu einem Facharzt für Neurologie, Psychiatrie und Psychotherapie überwiesen, so ist die Verordnung **einer konfliktzentrierten Kurz-Psychotherapie** anstatt einer weitergehenden neurologischen Diagnostik (Messung der somato-sensorisch evozierten Potentiale/SEP und/oder der motorisch evozierten Potentiale/MEP und/oder einer Kernspintomografie/MRT) fehlerhaft, die bloße Fortsetzung der Psychotherapie trotz verstärkter Beschwerden **grob fehlerhaft**. Daneben greift in einem solchen Fall eine Beweislastumkehr wegen „unterlassener Befunderhebung" ein, wenn die Diagnose einer für die Beschwerden ursächlichen thorakalen oder lumbalen Rückenmarkschädigung bei der Anfertigung eines MRT, SEP und/oder MEP mit hinreichender Wahrscheinlichkeit hätte gestellt werden können. Die Nichtreaktion auf den sich dann ergebenden Befund einer **Rückenmarkschädigung bzw. einer diese verursachenden arteriovenösen Fistel** (AV-Fistel) im Bereich eines Wirbelkörpers hätte sich als völlig unverständlich und damit als grob fehlerhaft dargestellt (OLG Düsseldorf, Urt. v. 21. 7. 2005 – 8 U 33/05, BeckRS 2006, 618, S. 6 = VersR 2006, 841).

11. Pathologie

Grober Behandlungsfehler verneint

Unterlassene Einholung einer zweiten Meinung   G 666

Ist sich ein Pathologe (bzw. Radiologe u. a.) seiner auch auf subjektiven Einschätzungen und Erfahrungen beruhenden **Diagnose, es liege ein gutartiger Tumor vor, sicher**, kann aus seiner zusätzlichen Aussage, es bestehe kein Anhaltspunkt für ein invasives malignes Melanom sowie eine andersartige Krebserkrankung, kein selbständiger fundamentaler Diagnosefehler (grober Behandlungsfehler) hergeleitet werden. Zwar kann auch unterhalb der Schwelle zum groben Behandlungsfehler bei der Unterlassung der Erhebung und/oder Sicherung medizinisch gebotener Befunde für den Patienten eine Beweislastumkehr eingreifen, wenn der Patient zunächst beweist, dass die gebotene Befunderhebung mit hinreichender Wahrscheinlichkeit ein positives und deshalb aus medizinischer Sicht reaktionspflichtiges Ergebnis erbracht hätte und das Unterlassen der Reaktion hierauf als grober Behandlungsfehler zu bewerten wäre.

G 667   **Ein (einfacher) Diagnosefehler (hier: eines Pathologen) wird nicht bereits deshalb zum groben Fehler, weil der Arzt es unterlassen hat, die (äußerst schwierige) Beurteilung des von ihm erhobenen Befundes durch Einholung eines Sachverständigengutachtens einer zweiten Meinung zu überprüfen** (BGH, Urt. v. 9. 1. 2007 – VI ZR 59/06, NJW-RR 2007, 744, 746 = VersR 2007, 541, 542 = GesR 2007, 233, 234; vgl. auch BGH, Urt. v. 21. 12. 2010 – VI ZR 284/09, VersR 2011, 400 = NJW 2011, 1672, Nr. 13, 16, 20, Rz. G 668).

12. Anästhesie

G 668   **Grober Behandlungsfehler verneint**

Lässt ein **Anästhesist** für die Narkose vor einer Knieoperation des Patienten ein Röntgenbild fertigen, auf dem er keine der Anästhesie entgegenstehenden Umstände feststellt, aber **einen klassischen Rundherd im Umfang von 21 x 26 mm übersieht**, liegt ein als einfacher Behandlungsfehler zu bewertender Diagnoseirrtum, kein grober Behandlungsfehler (fundamentaler Diagnoseirrtum) vor. Denn wegen der bei Stellung einer Diagnose nicht seltenen Unsicherheiten muss die Schwelle, von der ab ein Diagnoseirrtum als „grober Behandlungsfehler" zu beurteilen ist, hoch angesetzt werden (BGH, Urt. v. 21. 12. 2010 – VI ZR 284/09, VersR 2011, 400 = NJW 2011, 1672, Nr. 13, 16, 20).

G 669   **Überwachung des intubierten Patienten, Selbstextubation des Patienten**

Die **Intubation und das Versetzen des Patienten in ein künstliches Koma sind jeweils medizinisch (relativ) indiziert**, wenn bei abnehmender Kooperationsfähigkeit, steigendem Blutdruck, zunehmender Desorientiertheit, Dyspnoe und Tachypnoe für den Behandler ein klinisches Bild vorliegt, das den Eintritt eines Atemstillstandes jedenfalls in den nächsten zwei Stunden befürchten lässt.

Kommt es zur **Selbstextubation eines Patienten**, stellt dies eine typische intensivmedizinische Komplikation und kein Indiz für eine behandlungsfehlerhafte bzw. unzureichende Intubation dar. Es ist ohne Vorliegen besonderer Umstände nicht fehlerhaft, wenn sich die Fixierung eines intubationspflichtigen Patienten auf die Arme beschränkt. Ein absoluter Schutz vor einer Selbstextubation muss nicht gewährleistet sein. Auch die **lückenlose Überwachung eines intubierten Patienten durch eine im Raum ständig anwesende Pflegekraft ist nicht geboten**, wenn eine Überwachung durch Monitore gewährleistet ist, die im Fall einer Selbstextubation Alarm auslösen. Es ist auch nicht fehlerhaft, das Angebot von Angehörigen eines Patienten in der Intensivtherapie abzulehnen, den Patienten selbst zu überwachen (OLG Köln, Beschl. v. 9. 11. 2011 – 5 U 89/09, GesR 2012,

168, 170/171). Sind die Vornahme einer **CO$_2$-Messung sowie entsprechende Messergebnisse** bei einem intubierten Patienten vor dem Auftreten eines Sauerstoffmangels **nicht dokumentiert, so ist zu vermuten, dass die Messungen nicht durchgeführt wurden**.

Das Unterlassen einer derartigen Messung mit entsprechender Verzögerung der Behandlungsschritte bis zu zwei Minuten ist fehlerhaft, jedoch **nicht grob fehlerhaft, jedenfalls wenn es sich um eine vor dem Hintergrund einzuleitender Wiederbelebungsversuche äußerst hektische Notfallsituation handelt** (OLG Köln, GesR 2012, 168, 172).

Auch eine Beweislastumkehr wegen **unterlassener Befunderhebung greift nicht ein**, wenn bei einem intubierten Patienten eine zwingend gebotene CO$_2$-Messung nicht erfolgt, aber **nicht mit hinreichender Wahrscheinlichkeit festgestellt werden kann, ob die CO$_2$-Messung einen reaktionspflichtigen Befund ergeben hätte**, der zwingend ein anderes als das tatsächlich umgesetzte Behandlungsregime geboten hätte (OLG Köln, GesR 2012, 168, 172).

Ständige Überwachung der pulsoxymetrischen Werte auch beim Transport   G 670

Auch bei einem Transport über eine Strecke von nur fünf bis sechs Metern zwischen dem Operations- und dem Aufwachraum müssen zumindest bei einem intubierten und nicht ansprechbaren Patienten die pulsoxymetrischen Werte ständig überwacht werden („Monitoring"). Ein grober Behandlungsfehler liegt aber nur dann vor, wenn **größere Distanzen von mehr als zwanzig Metern für den Transport und das entsprechende Monitoring durchgeführt werden**. Eine Haftung er beklagten Ärzte scheidet aber aus, wenn der Sachverständige es als spekulativ, jedenfalls nicht überwiegend wahrscheinlich bezeichnet, dass der eingetretene hypoxische Hirnschaden bei ständiger Überwachung der Werte im Rahmen des Transports über eine Strecke von fünf bis sechs Metern bzw. einen möglichen Zeitgewinn von bis zu 60 Sekunden vermieden worden wäre (OLG Hamm, Urt. v. 20. 12. 2004 – 3 U 142/04 mit NZB BGH v. 31. 1. 2006 – VI ZR 15/05, AHRS III, 1980/306).

Einstweilen frei.   G 671 – G 675

13. Zahnmedizin

Grober Behandlungsfehler bejaht

Unterlassene Röntgenkontrolle der Passgenauigkeit   G 676

Zu Lasten des Zahnarztes greift eine Beweislastumkehr ein, wenn er es in erheblichem Umfang unterlässt, Diagnose- und Kontrollbefunde zum Behandlungsgeschehen zu erheben. Dies gilt etwa dann, wenn er sich nach dem Einsatz von Implantaten nicht durch eine Röntgenkontrolle über deren Passgenauigkeit vergewissert (OLG Saarbrücken, MDR 1998, 469).

Fehlen einer funktionellen Befunderhebung vor einer prothetischen Neuversorgung.   G 677

Das **Fehlen einer funktionellen Befunderhebung** (hier: keine hinreichende Diagnostik hinsichtlich geschilderter Kiefergelenksprobleme) für die beabsichtigte restaurative Therapie (hier: umfangreiche prothetische Neuversorgung mit dem Einsatz von 18 Kronen und 3 Brückengliedern) stellt einen groben Behandlungsfehler dar. Ohne eine vorausgehende Diagnostik fehlt der durchgeführten Therapie eine medizinisch verantwortbare Grundlage. Ein Zahnarzt hat die **Durchführung der funktionellen Befunderhebung** (zielführende Diagnostik bei Kiefergelenksproblemen) **vor einer prothetischen Versorgung zu dokumentieren.** Liegt keine oder eine nur lückenhafte Dokumentation vor, besteht die Vermutung, dass die nicht dokumentierten Maßnahmen nicht getroffen worden sind (OLG Köln, Urt. v. 23. 8. 2006 – 5 U 22/04, MedR 2008, 46, 47).

G 678 – G 720   Einstweilen frei.

VIII. Grobe Therapiefehler

G 721   Im Therapiebereich kommen als „grober Behandlungsfehler" vor allem Fälle in Betracht, in denen auf erhobene, eindeutige Befunde nicht oder verspätet reagiert, eine Standardmethode zur Bekämpfung bekannter oder erkennbarer Risiken nicht angewendet oder die therapeutische Wirkung auf die Krankheit ohne Kontrolle gelassen wird (OLG Saarbrücken, OLGR 2000, 139, 141; G/G, 6. Aufl., Rz. B 273–284; S/Pa, 12. Aufl., Rz. 656 ff.; Spickhoff-Greiner, § 823 BGB Rz. 189; R/L-Kern, § 5 Rz. 51 ff.).

1. Chirurgie und Orthopädie

a) Grober Behandlungsfehler bejaht

(vgl. zu einfachen Behandlungsfehlern Rz. T 8 ff., T 40 ff.)

G 722   **Missachtung der Anweisungen des Operateurs**

Missachtet der für die Nachbehandlung eines an der Wirbelsäule operierten Patienten zuständige Arzt eine **eindeutige Anweisung des Operateurs**, etwa die Anordnung der Fixation mit einem Becken-Bein-Gips wegen der Instabilität der Wirbelsäule, so stellt dies einen groben Behandlungsfehler dar, weil in diesem Fall allein der Operateur die postoperative Situation beurteilen kann (OLG München, VersR 1991, 1288).

G 723   **Bauchoperationen (Magen, Darm, Galle)**

Zeigt sich bei einer minimal-invasiven Laparoskopie nach der Eröffnung des Bauchraumes eine **offensichtlich unklare anatomische Situation**, etwa das Vorhandensein **erheblicher Verwachsungen** oder anatomischer Anomalien, so lag nach der bisherigen Rechtsprechung ein grober Behandlungsfehler vor, wenn vor der Entfernung der Gallenblase der Versuch einer **intraoperativen röntgendiagnostischen Abklärung der Gallenwege durch eine Cholangiographie** (Röntgenkontrastdarstellung der Gallengänge) unterbleibt und es bei Fortführung des Eingriffs zu einer Läsion des Hauptgallenganges kommt (OLG Brandenburg, Urt. v. 10. 3. 1999 – 1 U 54/98, VersR 2000, 489, 490 = NJW-RR 2000, 24, 26; auch OLG Düsseldorf, Urt. v. 17. 12. 1998 – 8 U 139/97, VersR 2000, 456 und OLG Hamm, VersR 2001, 65 = OLGR 2000, 322 sowie LG Nürnberg-Fürth,

VersR 2000, 456 und Bergmann/Müller, MedR 2005, 650, 651: Darstellung des Ductus cysticus, bei verbleibenden Zweifeln Cholangiagraphie erforderlich). Sind bei einer endoskopischen Gallenblasenentfernung (Entfernung der Gallenblase im Wege der Bauchspiegelung) die vorhandenen organischen **Strukturen infolge von Verwachsungen nicht sicher voneinander zu unterscheiden**, so musste der Operateur auch nach Auffassung des OLG Düsseldorf **zur laparotomischen Methode (offener Bauchschnitt) übergehen**, um den Gallengang mit der notwendigen Zuverlässigkeit identifizieren zu können (OLG Düsseldorf, Urt. v. 17. 12. 1998 – 8 U 139/97, VersR 2000, 456; zur → *Aufklärung* vgl. Rz. A 1374, A 1544).

Nach früherer Ansicht des OLG Hamm (OLG Hamm, Urt. v. 6. 2. 2002 – 3 U 64/01, OLGR 2002, 305, 307 = AHRS III, 2365/315) stellte die **Durchtrennung des Ductus choledochus** (Hauptgallengang) bei einer endoskopischen Cholezystektomie (Gallenblasenentfernung im Wege des minimal-invasiven Verfahrens) grundsätzlich zumindest einen einfachen Behandlungsfehler dar. Um dies zu vermeiden, musste auch nach dessen Ansicht entweder der **Hauptgallengang gallenblasennah und klar präpariert** oder aber – sofern dies nicht möglich ist – **auf eine Laparotomie umgestiegen** werden (OLG Hamm, Urt. v. 6. 2. 2002 – 3 U 64/01, OLGR 2002, 305, 307: Feststellung eines „groben Behandlungsfehlers" war im entschiedenen Fall nicht erforderlich, da der Sachverständige den Kausalzusammenhang bejaht hat; OLG Hamm, Urt. v. 15. 3. 2000 – 3 U 9/99, OLGR 2000, 322 = VersR 2001, 65: Durchtrennung des Hauptgallengangs kann bei genügender Präparation vermieden werden; Bergmann/Müller, MedR 2005, 650, 651: exakte Präparation des Ductus cysticus, ggf. durch Cholangiographie, andernfalls Umsteigen auf Laparotomie erforderlich; anders jetzt OLG Hamm, Urt. v. 28. 11. 2008 – 26 U 28/08, GesR 2009, 247 = AHRS III, 2365/336).

G 724

Nach Auffassung des OLG Hamburg (Urt. v. 19. 11. 2004 – 1 U 84/03, OLGR 2005, 195, 196 = AHRS III, 2365/324) entsprach es auch in früheren Jahren, in denen die intraoperative direkte Cholangiographie teilweise für obligat gehalten wurde, nicht dem ärztlichen Standard, bei der Durchführung einer laparoskopischen Cholezystektomie **routinemäßig eine intraoperative Cholangiographie** vorzunehmen. Denn durch eine solche Maßnahme wird in gesunde Strukturen eingegriffen und der Ductus cysticus (Gallenblasengang/Hauptgallengang) aufgeschnitten, weil nur so die röntgenologische Darstellung möglich ist. Hierdurch kanne eine Entzündung der Gallenwege ausgelöst werden, auch eine Verletzung von Gallenwegstrukturen ist dabei nicht ausgeschlossen.

G 725

Danach ist auch die **Darstellung der Einmündung des Cystikus in den Choledochus vor der Durchführung des Eingriffs nicht zu fordern.** Allerdings muss auch nach Ansicht des OLG Hamburg der Raum zwischen dem Ductus cysticus und dem Unterrand der Leber (sogenanntes „Calot'sches Dreieck") soweit **frei präpariert** werden, **dass der Ductus cysticus und die Arteria cystica hinreichend deutlich sichtbar bleiben.** Dabei lassen sich auch durch die Freipräparierung Gallenwegsverletzungen nicht vollständig vermeiden. **Das Auftreten einer Gallenwegverletzung ist dem Operateur nicht als Behandlungsfehler vorzuwerfen, wenn nach den Umständen davon ausgegangen werden kann, dass bei der Durchführung der Operation im obigen Sinn korrekt vorgegangen worden ist.**

Auch wenn im OP-Bericht das Calot'sche Dreieck nicht ausdrücklich erwähnt wird, ist von einem schulmäßigen Vorgehen auszugehen, wenn das Hochziehen der Gallenblase mit der Fasszange, die Darstellung des Infundibulums, das Wechseln von der Hakenelektrode auf den Stieltupfer im OP-Bericht erwähnt werden und aus dem Bericht der Schluss auf eine vorsichtige Präparation gerechtfertigt ist. Auch bei vermuteter Gallengangverletzung infolge einer laparoskopischen Cholezystektomie ist es bei einer Revisionsoperation nicht erforderlich, eine präoperative Abklärung der Durchblutungsverhältnisse im Bereich des Ligamentum hepatoduodenale durchzuführen. Eine solche Maßnahme kann auch intraoperativ durch den Operateur erfolgen. Kommt es zu einer Durchtrennung des Hauptgallengangs, kann **der Schluss auf einen „groben Behandlungsfehler" auch bei erfolgter, völliger Freipräparation nicht gezogen werden** (OLG Hamburg, Urt. v. 19. 11. 2004 – 1 U 84/03, OLGR 2005, 195, 196 = AHRS III, 2365/324).

G 725a In diesem Sinn – Verneinung eines groben Behandlungsfehlers – hat auch das OLG Oldenburg (Urt. v. 21. 6. 2006 – 5 U 86/04, bei Jorzig, GesR 2006, 408, 409) entschieden. Danach ist es bei einer laparoskopischen Cholezystektomie zur Entfernung eines Gallenblasensteins erforderlich, entweder **die Einmündungsstelle des Ductus zysticus in den Ductus choledochus durch genügende Freipräparation darzustellen oder aber eine intraoperative röntgenologische Darstellung der Gallenwege (Cholangiographie) vorzunehmen.** Kommt es trotz ausreichender Freipräparation zur Einengung eines Gallenhauptganges durch die Fehlplatzierung eines Clips, stellt dies **keinen Behandlungsfehler** dar, sondern ist als schicksalhaft zu qualifizieren (OLG Oldenburg, a.a.O.; tendenziell anders noch OLG Hamm, Urt. v. 15. 3. 2000 – 3 U 1/99, VersR 2001, 65, 66).

G 725b Fachmännisch beraten, geht auch das OLG Hamm (Urt. v. 28. 11. 2008 – 26 U 28/08, GesR 2009, 247) nunmehr davon aus, dass die Durchtrennung des Hauptgallengangs bei der Entfernung der Gallenblase **keinen Behandlungsfehler** darstellt. Danach ist der Operateur nach dem aktuellen medizinischen Standard auch **nicht verpflichtet, den Gallenblasengang bis zur Einmündung freizupräparieren.** Das OLG Hamm führt aus, von der gegenteiligen, früher vertretenen medizinischen Lehrmeinung sei die Wissenschaft wieder abgerückt. Denn die Freipräparation kann zu weiteren Komplikationen führen, da die Durchblutung gestört werden kann. Dies wiederum kann zu Narbenfibrosen und Wundheilungsstörungen führen. Grundsätzlich reicht es deshalb aus, bei Gallenoperationen den Ductus zysticus zu präparieren. Auch eine **intraoperative Röntgenuntersuchung ist grundsätzlich nicht (mehr) erforderlich** (OLG Hamm, a.a.O. = AHRS III, 2365/336).

G 725c Das OLG Schleswig (Urt. v. 29. 5. 2009 – 4 U 38/08, OLGR 2009, 594, 596/596) hat sich dieser Auffassung in ausdrücklicher Abweichung von der früheren Rechtsprechung (s.o. Rz. G 723) angeschlossen. Danach ist die **operative (röntgenologische) Darstellung** des Ductus cysticus (auch) im Bereich der Mündungsstelle in den Ductus choledochus **nicht erforderlich.** Der Operateur ist aber gehalten, bei auftretenden Schwierigkeiten von der laparoskopischen auf die laparotomische Methode (offener Bauchschnitt) zu wechseln. Hierauf ist der Patient auch vor dem Eingriff hinzuweisen (OLG Schleswig, a.a.O.: der Hinweis war im entschiedenen Fall erteilt worden; ebenso auch OLG Düsseldorf, VersR 2000, 456, 457: Aufklärung über möglichen Wechsel der OP-Methode erforderlich).

(zur → *Aufklärung* vgl. Rz. A 1374f., A 1544)

Medizinischer Hintergrund: 90 % bis 95 % derartiger Operationen können in minimal-invasiver Technik durchgeführt werden. Die früher obligate intraoperative, **direkte Cholangiografie wird heute nur noch bei unklarem präoperativem Befund und bei dringendem Verdacht auf das Vorliegen von Gallensteinen oder einer Papillenstenose** (Einengung der Mündungen der Gallengänge) **durchgeführt**. Bei Gallengangkongrementen bzw. Ausfüllung des Gallengangs mit Steinen wird eine Choledochotomie, d. h. eine Endoskopie der größeren Gallenwege mit einem flexiblen Endoskop durchgeführt bzw. empfohlen. Bei intraoperativen Komplikationen muss jedoch zur konventionellen Technik (Laparotomie) gewechselt werden (Pschyrembel, Therapie, 4. Aufl., S. 193/194).

G 725d

Ist bei einem Patienten ein **Abfluss von Gallenflüssigkeit aufgrund des Verschlusses durch einen Gallenstein nicht mehr möglich, dann muss der Operateur bei der vor der Durchführung einer laparoskopischen Cholezystektomie vorgenommenen Präparierung nicht zwingend darauf aufmerksam werden, dass er in Wirklichkeit anstelle des Gallengangs den Ductus choledochus (Hauptgallengang) durchtrennt hat.** Kann der Operateur davon überzeugt sein, die vorhandenen Strukturen erkannt zu haben, besteht für ihn kein Anlass, auf eine **Laparotomie (offener Eingriff)** umzusteigen. Stellt sich nach einer laparoskopischen Cholezystektomie heraus, dass der Gallengang intraoperativ durchtrennt wurde, so ist es auch nicht fehlerhaft, wenn sich der Operateur bei der Revisionsoperation dafür entscheidet, **die abgetrennten Enden des Hauptgallengangs zu vernähen** (OLG Hamm, Urt. v. 14. 9. 2005 – 3 U 86/05, AHRS III, 2365/325).

G 725e

Es ist aber **grob fehlerhaft**, bei einem **erheblich verwachsenen Unterbauchsitus** anstelle einer gebotenen und später auch durchgeführten Laparatomie zur Beseitigung odcr Lindcrung thcrapicrcsistenter Unterbauchschmerzen eine **nicht indizierte Laparoskopie (Bauchspiegelung mit Endoskop)** durchzuführen. Die Beweislast, dass es auch bei sofortiger Durchführung der Laparatomie zu einer Darmperforation mit der Folge des Verlustes eines Teils des Dickdarms gekommen bzw. dies nicht auszuschließen gewesen wäre, trägt dann die Behandlungsseite (OLG Köln, VersR 1997, 59, 60; ebenso LG Nürnberg-Fürth, VersR 2002, 100, 101). Die Wahl der **laparoskopischen Behandlungsmethode** ist nach Auffassung des LG Nürnberg-Fürth (VersR 2002, 100 für das Jahr 1992) sogar **kontraindiziert**, wenn im Bauchraum mit einer eitrigen Komplikation mit nahezu völliger Sicherheit ein **ausgedehnter „Verwachsungsbauch"** zu erwarten war.

G 726

Anastomoseninsuffizienz nach Darmoperation nicht erkannt

G 727

Klagt der Patient wenige Tage nach einer Darmoperation (hier: Resektion eines Teils des Darms wegen einer Sigmadivertikulitis) über **stärkste Bauchschmerzen** und ist zudem eine „drastische Verschlechterung" gegenüber dem Vortag dokumentiert, so haben die behandelnden Ärzte (hier: chirurgische Abteilung eines

Krankenhauses) abzuklären, ob eine **Anastomoseninsuffizienz (Undichtigkeit der Verbindung im Darm)** vorliegt (Kontrastmittel-CT o. a.). Die unterlassene Abklärung ist als grober Behandlungsfehler anzusehen (OLG Karlsruhe, Beschl. v. 24. 6. 2005 – 7 W 28/05, OLGR 2005, 753, 754 = BeckRS 2005, 10645, 4).
Wird nach einer Darmresektion trotz Vorliegens entsprechender klinischer Anzeichen (Ansteigen der Körpertemperatur des Patienten auf 39° C bei Schüttelfrost und einer Pulsfrequenz von 120/min) die **Verdachtsdiagnose einer Nahtinsuffizienz zwei Tage verspätet gestellt,** liegt ein grober Behandlungsfehler vor. Da eine Nahtinsuffizienz bei einer Darmresektion diejenige Komplikation ist, an die der Arzt zuerst denken muss, muss bei derartigen klinischen Anzeichen sofort diagnostisch oder sogar operativ reagiert werden, und zwar entweder durch eine Röntgenuntersuchung (Gastrografie) oder die Anfertigung eines CT (Kontrastmittel-CT), auch eine sofortige notfallmäßige Relaparotomie muss unverzüglich in Betracht gezogen werden (KG, Urt. v. 17. 1. 2000 – 20 U 4275/97, AHRS III, 1873/300).

G 728   Kommt es **nach einer Magen- oder Darmoperation zu einer Anastomoseninsuffizienz** (hier: Undichtigkeit an den vernähten Darmenden), ist es grob fehlerhaft, bei Temperaturen bis 40°C und auftretendem Schüttelfrost die zwingend erforderliche **Notfalloperation erst zwei Tage nach dem Auftreten dieser Symptome** durchzuführen (LG Bremen, Urt. v. 10. 10. 2001 – 4 O 699/00, bestätigt von OLG Bremen – 3 U 102/01, AHRS III, 6565/308).

G 728a   **Inkomplette Magenoperation**

Ist beim Vorliegen eines großen, bösartigen Magenkarzinoms ein Maximaleingriff mit Entfernung des Tumors im Gesunden einschließlich betroffener Teile des Zwerchfells indiziert, kann es grob fehlerhaft sein, **nur eine auf den Restmagen begrenzte Operation ohne Resektion betroffener Teile des Zwerchfells durchzuführen** (OLG Jena, Urt. v. 1. 6. 2010 – 4 U 498/07, juris, Nr. 3, 41, 42). Eine Beweislastumkehr greift jedoch nicht ein, wenn der vom Gericht bestellte Sachverständige ausführt, der Tod der Patientin resultiere aus den mehrfachen, nicht nachweisbar auf Behandlungsfehlern beruhenden Anastomoseninsuffizienzen und **mit hoher Wahrscheinlichkeit kein anderer postoperativer Verlauf zu erwarten gewesen wäre,** wenn das Zwerchfell bzw. dessen verbackener Teil sogleich mitentfernt worden wären. Danach hat sich hier nicht dasjenige Risiko verwirklicht, dessen Nichtbeachtung den Behandlungsfehler als grob erscheinen lässt (OLG Jena, Urt. v. 1. 6. 2010 – 4 U 498/07, Nr. 3, 42, 49; *Anmerkung:* Das OLG Jena lässt hier die „hohe Wahrscheinlichkeit" eines im Wesentlichen identischen postoperativen Verlaufs anstatt der „äußerst unwahrscheinlichen" Kausalität ausreichen).

G 728b   **Darmtumor nicht vollständig entfernt, Zweitoperation erforderlich**

Unterlässt der Arzt bei einer ersten Rektumresektion die **Entfernung eines bereits diagnostizierten bösartigen Tumors,** ist dies als grober Behandlungsfehler zu bewerten, da es schlichtweg unverständlich ist, dass sich der Operateur vor der Durchführung des Eingriffs nicht vergewissert hat, welche Darmteile zu entfernen sind. Ist zur Entfernung des Tumors eine **zweite Rektumresektion erforderlich**, stellt diese Operation den **Primärschaden** (auf den sich die Beweislastumkehr erstreckt) dar. Die infolge des Primärschadens aufgetretene Nahtinsuffizienz und die sich hieraus ergebenden Komplikationen sind als **Sekundärschäden** (im Sinne des § 287 I ZPO: Nachweis der überwiegenden Wahrscheinlichkeit durch den Patienten erforderlich) zu bewerten.

Beruht die bei dem Patienten eingetretene Nahtinsuffizienz, Fistelbildung und die misslungene Stomarückverlagerung auf den zweiten Eingriff bzw. auf den im Rahmen des Zweiteingriffs entstandenen Komplikationen, so ist dies **dem Behandlungsfehler des Erstoperateurs noch zuzurechnen** (OLG München, Urt. v. 21. 4. 2011 – 1 U 2363/10, juris, Nr. 51, 52, 57, 58, 61 = VersR 2011, 1012, 1013, bestätigt vom BGH, Urt. v. 22. 5. 2012 – VI ZR 157/11, VersR 2012, 905 = NJW 2012, 2024, Nr. 15, 16).

Zurücklassen von Fremdkörpern im Operationsgebiet (vgl. auch Rz. G 369, G 384, G 749, G 768, G 1046, V 340, V 341) G 729

Ob den Ärzten beim Zurücklassen eines Fremdkörpers im Operationsgebiet der Vorwurf eines groben Behandlungsfehlers gemacht werden kann, hängt von den Besonderheiten des Einzelfalls ab (vgl. OLG Koblenz, VersR 1999, 1420; LG Braunschweig, Urt. v. 3. 3. 2004 – 4 O 2339/02, NJW-RR 2005, 28). Das **Zurücklassen eines etwa 13 cm langen Tuchbandes** ist zwar kein Fehler, der schlechterdings nicht vorkommen darf und deshalb als „grob" zu bewerten ist. Stellt der vom Gericht beigezogene Sachverständige jedoch fest, dass ein solches bei einer Operation vergessenes Tuchband viele Jahre lang ursächlich für die Bauch- und Unterleibsschmerzen des Patienten ist, rechtfertigt dies auch ohne Feststellung eines „groben Behandlungsfehlers" die Zubilligung eines Schmerzensgeldes in Höhe von 8 000 Euro (LG Braunschweig, Urt. v. 3. 3. 2004 – 4 O 2339/02, NJW-RR 2005, 28; auch OLG München, Urt. v. 22. 8. 2013 – 1 U 3971/12, GesR 2013, 620, 622: Zurücklassen eines Bauchtuchs bei Verwachsungen, großem Wundgebiet und Zählkontrollen nur einfacher Behandlungsfehler, 8 500 Euro Schmerzensgeld).

Bei einer Operation in der Wunde verbleibende Mullreste G 730

Wenn bei einer Operation 2–3 cm lange **Faserreste (Mullreste) in die Wunde eindringen**, weil Mullbinden vor dem Tupfen zerrissen oder „aufgebröselt" wurden oder mit den Kanten der Mullbinden getupft wurde, liegt ein grober Behandlungsfehler vor. Es ist nicht „äußerst unwahrscheinlich", dass das Verbleiben der Mullreste in der Wunde zu einer Infektion und letztlich zu einer chronisch-rezidivierenden Knochenentzündung mit daraus resultierenden weiteren zahlreichen Revisionseingriffen und der **Amputation von Zehen** geführt hat (OLG Hamm, Urt. v. 29. 11. 2003 – 3 U 186/01, AHRS III, 6580/314; NA-Beschluss BGH v. 23. 3. 2003 – VI ZR 80/03).

Fehlintubation in die Speiseröhre nicht bemerkt G 731

Eine Fehlintubation in die Speiseröhre stellt in einer äußerst zugespitzten Situation noch keinen groben Behandlungsfehler dar. Ein solcher liegt jedoch vor, wenn der Arzt die **Fehlintubation nicht innerhalb von wenigen Sekunden bemerkt und korrigiert** oder wenn ein Arzt im Krankenhaus bei einem Patienten, der in hochzyanotischem Zustand in die Rettungsstation des Krankenhauses verbracht wird, eine unverzügliche Sauerstoffversorgung durch Maskenbeatmung o. a. unterlässt und stattdessen eine Krankenschwester anweist, einen Anästhesisten herbeizurufen, sodass bis zum Beginn der Sauerstoffversorgung mehrere Minuten vergehen (OLG Brandenburg, Urt. v. 13. 12. 2000 – 1 U 69/98, AHRS III, 6570/302).

G 731a **Schluckbeschwerden nach Eingriff im Bereich der Speiseröhre**

Klagt der Patient nach einem Eingriff im Bereich der Speiseröhre über **starke Schmerzen im Brustraum sowie Schluckbeschwerden**, die trotz des Einsatzes eines starken Schmerzmittels nicht nachlassen, ist es **grob fehlerhaft**, ihn bei einer möglichrweise vorliegenden **lebensbedrohlichen Infektion** nicht unverzüglich in ein (ggf. anderes) Krankenhaus zu verlegen (OLG Brandenburg, Urt. v. 31. 3. 2011 – 12 U 44/10, juris, Nr. 21).

G 732 **Verspätete Bandscheibenoperation**

Deutet das klinische Bild (schwere neurologische Ausfälle, Fußheberschwäche) auf einen massiven, bei **konservativem Vorgehen möglicherweise irreversiblen Schaden**, ist die Operation eines Bandscheibenvorfalls dringend indiziert. Hierüber ist der Patient aufzuklären. Unterbleibt die Aufklärung, ist davon auszugehen, dass sich der Patient **beratungsgemäß verhalten** hätte. Wird die **dringend indizierte Bandscheibenoperation erst acht Tage später ausgeführt**, liegt ein „grober Behandlungsfehler" vor (OLG Koblenz, Urt. v. 29. 10. 2009 – 5 U 55/09, VersR 2010, 480, 481 = GesR 2010, 199, 203). Werden Bandscheibenanteile, die wahrnehmbar in den Spinalkanal eingedrungen sind, nicht entfernt, liegt auch hierin ein grober Behandlungsfehler. Gleiches gilt für die Verletzung der Dura an drei Stellen, die einem erfahrenen Operateur schlechterdings nicht unterlaufen darf (OLG Koblenz, VersR 2010, 480, 481 = GesR 2010, 199, 203).

G 732a **Perkutane Nukleotomie statt Fusionsoperation bei Querschnittssyndrom durchgeführt**

Stellt der gerichtlich bestellte Sachverständige fest, dass bei dem an einem inkompletten Querschnittsyndrom leidenden Patienten anstelle der durchgeführten insuffizienten perkutanen Nukleotomie eine **Fusionsoperation hätte durchgeführt werden müssen**, so fällt dem behandelnden Arzt ein grober Behandlungsfehler zur Last. Werden bei dem Patienten nur eine geringe Halbseitenschwäche links nebst Parästhesien und Sensibilitätsstörungen der unteren Extremitäten ohne einschneidenden gesundheitlichen Dauerschaden festgestellt, so ist ein Schmerzensgeld in Höhe von 5 000,00 Euro angemessen (OLG München, Urt. v. 3. 3. 2011 – 1 U 2842/09, juris, Nr. 8, 12, 21, 22). Im Übrigen kommt dem Patienten auch die **Vermutung des aufklärungsrichtigen Verhaltens** zugute, soweit es um die Frage geht, ob er einer Empfehlung zur Durchführung der Fusionsoperation nachgekommen wäre (OLG München, Urt. v. 3. 3. 2011 – 1 U 2842/09, juris, Nr. 16).

Medizinischer Hintergrund: Bei einer **perkutanen Nukleotomie** handelt es sich um die Entfernung von degeneriertem Bandscheibenmaterial mit endoskopischer Saug-Stanz-Kanüle bzw. Elektro- oder Laserkoagulation, die **nur bei einem unkomplizierten Bandscheibenvorfall indiziert** und nicht geeignet ist, eine bestehende Raumforderung mit Beeinträchtigung der Blutversorgung des Rückenmarks zu beheben (vgl. Pschyrembel, 264. Aufl., S. 1492 und Pschyrembel, Therapie, 4. Aufl., S. 132).

Querschnittlähmung nach OP verkannt, Kausalzusammenhang äußerst unwahrscheinlich   G 732b

Schwere motorische Funktionsstörungen in Armen und Beinen und ein veränderter Atmungstyp (hier: starke Bauchatmung) im Anschluss an eine Operation sind klassische Systemkombinationen einer Rückenmarkschädigung. Wenn auch im Bereich des Beckens keinerlei Bewegungen mehr möglich sind, ist es **grob fehlerhaft**, dem dann begründeten **dringenden Verdacht einer kompletten Querschnittlähmung** bzw. einer kompletten Rückenmarkschädigung über einen Zeitraum von mehreren Tagen nicht nachzugehen. In einem derartigen Fall kann der **Kausalzusammenhang** zwischen dem Behandlungsfehler und dem Primärschaden aber „äußerst unwahrscheinlich" sein. Denn die ärztlichen Möglichkeiten, eine ischämische Rückenmarkschädigung erfolgreich zu behandeln, sind selbst dann sehr ungünstig, wenn die Schädigung unmittelbar nach ihrer Entstehung erkannt und behandelt wird. Denn bereits **nach wenigen Minuten sind irreversible Schäden an den neurologischen Strukturen vorhanden**. Wird später festgestellt, dass die Schädigung bereits am ersten postoperativen Tag voll ausgeprägt war, ist es „gänzlich unwahrscheinlich", dass ein umgehendes Eingreifen bei unverzüglicher Diagnose unmittelbar nach dem Aufwachen des Patienten den Verlauf hinsichtlich der Lähmung positiv beeinflusst hätte (OLG Hamm, Urt. v. 19. 6. 2006 – 3 U 145/04, AHRS III, 1875/301).

Unzureichende Fixierung einer Fraktur   G 732c

Stellt sich heraus, dass die erste Operation einer Halswirbelfraktur nicht erfolgreich gewesen ist, ist es **grob fehlerhaft, nur eine Repositions-OP mit Entfernung der Schrauben, aber keine Retentions-OP durchzuführen und korrekt sitzende Schrauben nicht für mindestens drei Monate bis zur knöchernen Konsolidierung der Fragmente zu belassen**. Es ist schlechterdings unverständlich, nur zu reponieren und dabei die Schrauben zu entfernen, die Fraktur aber nicht erneut zu stabilisieren (OLG Jena, Urt. v. 11. 1. 2006 4 U 827/05 mit NZB BGH v. 26. 9. 2006 – VI ZR 15/06, AHRS III, 6565/321).

Instabile Versorgung einer Ellenbogentrümmerfraktur   G 732d

Es ist grob behandlungsfehlerhaft, bei der Versorgung einer **Ellenbogentrümmerfraktur keine übungsstabile Osteosynthese durchzuführen**, sodass die Versorgung mittels Kirschnerdrähten und der Platte nach den grundlegenden Regeln der Biomechanik nicht zu der erforderlichen Stabilität der Fraktur führen kann (OLG München, Urt. v. 16. 2. 2012 – 1 U 1030/11, juris, Nr. 54, 56).

Meniskusresktion statt Meniskusnaht durchgeführt   G 732e

Bei einer Meniskusläsion eines Kindes ist das **Nähen des gerissenen Meniskus** einer Resektion (Entfernung) selbst dann vorzuziehen, wenn die Naht nur wenige Jahre hält, da wenigstens für diesen Zeitraum die Arthrosegefahr hinausgeschoben wird. Ein **grober Behandlungsfehler** liegt vor, wenn bei einer Meniskusläsion ohne Durchführung der erforderlichen Beurteilung des Rissbereichs bzw. ohne genaue Kenntnis der Risslage sogleich eine **Resektion (Entfernung)** des Meniskus anstatt einer Meniskusnaht durchgeführt und somit eine gute Heilungschance zur Vermeidung einer frühzeitigen Kniearthrose vereitelt wird (OLG Jena, Urt. v. 12. 6. 2012 – 4 U 634/10, juris, Nr. 29, 33, 35).

G 732f **Engmaschige Kontrolle nach Recurrensparese unterlassen**

(vgl. zu Schilddrüsenoperationen auch Rz. G 732f., G 780, A 1124ff., A 1336ff.)

Tritt nach einer Strumaresektion beim Patienten eine beidseitige Recurrensparese (Stimmbandlähmung) auf, ist aufgrund des hiermit verbundenen besonderen Risikos für die Atmung des Patienten eine engmaschige klinische Kontrolle im Abstand von mindestens 30 Minuten durch einen Arzt sowie zusätzlich von 10–20 Minuten durch eine Krankenschwester sowie eine Monitorüberwachung im Aufwachraum, andernfalls eine Überwachung auf einer Intensiveinheit erforderlich. **Wird nach Feststellung der beidseitigen Recurrensparese jegliche Kontrolle über einen Zeitraum von 90 Minuten gänzlich unterlassen, liegt ein grober Behandlungsfehler vor.** Die Durchführung der ärztlichen Kontrollen nach dem Eintreten einer Stimmbandlähmung bei einem Patienten ist zu dokumentieren. Die Nichtdokumentation indiziert ihr Unterlassen (OLG München, Urt. v. 24. 2. 2005 – 1 U 4624/03, AHRS III, 1873/315).

G 733 **Unterlassene Vitalparameterüberwachung nach Herzoperation**

Wird einem Patienten unter Einsatz einer Herz-Lungen-Maschine eine **künstliche Herzklappe eingesetzt**, ist eine ausreichende Überwachung der Vitalparameter erforderlich. Steht dem Krankenhaus, in dem eine solche Operation durchgeführt wird, keine technische Ausrüstung zur dauernden Online-Messung und Registrierung der Parameter zur Verfügung, müssen die Werte für den Blutdruck und den Blutfluss in Abständen von 5 Minuten gemessen und von Hand in einer Tabelle eingetragen werden. **Erfolgen die Kontrollen der Vitalparameter nach einer Herzoperation nur stichprobenweise (hier: Abstände von 5, 15, 23 und 32 Minuten), liegt ein grober Behandlungsfehler vor.** Die Behandlungsseite muss dann beweisen, dass die beim Patienten eingetretene Hirnschädigung nach Sauerstoffunterversorgung nicht auf die unterlassene engmaschige Kontrolle der Sauerstoffstättigung zurückzuführen ist, sondern etwa auf einen zu niedrigen Blutdruck des Patienten, einen Luftembolie oder eine schicksalhafte Minderversorgung des Blutes (OLG Düsseldorf, Urt. v. 15. 12. 2005 – I-8 U 24/04, AHRS III, 2390/305).

G 734 **Entlassung ohne Abschlussuntersuchung**

Die von einem Arzt im Praktikum vorgenommene **Entlassung eines Anus-Praeter-Patienten mit zweitägiger Stuhlverhaltung** aus stationärer Behandlung ohne ausführliche Abschlussuntersuchung ist grob fehlerhaft. Dies führt zu Beweiserleichterungen (jetzt: Beweislastumkehr) für den Patienten hinsichtlich der Ursächlichkeit der Entlassung für den Umfang einer wegen der Entlassung verspätet ausgeführten Darmverschlussoperation (OLG Schleswig, NJW 1997, 3098).

G 735 **Eingriff trotz Entzündung oder Reizung**

Ein Arzt verstößt gegen elementare medizinische Behandlungsregeln und unterlässt zugleich die Erhebung medizinisch zweifelsfrei gebotener Befunde, wenn er trotz eindeutiger Hinweise in einem Gebiet **operiert**, ohne vorher abzuklären, dass dort kein **bakterieller Entzündungsprozess** abläuft (OLG Oldenburg, VersR 1992, 184). Der trotz eines bestehenden Ödems durchgeführte chirurgische Eingriff ist dann medizinisch **vertretbar**, wenn der Patient unter **schweren Schmerzen** leidet und deshalb, etwa bei einem Oberschenkelbruch, nicht zufriedenstellend gelagert werden kann (OLG Düsseldorf, VersR 1998, 55).

Falsche Kopfseite operiert   G 736

Eröffnet ein Chirurg zur Entfernung eines Blutschwamms zunächst **versehentlich die linke anstatt die rechte Kopfseite**, so kommt dem Patienten wegen des hierin liegenden groben Behandlungsfehlers eine Beweislastumkehr zugute, wenn sich nicht mehr klären lässt, ob der beim Patienten eingetretene Primärschaden auf dem falschen oder auf dem anschließend an der rechten Kopfseite durchgeführten richtigen Eingriff beruht. Eine erst längere Zeit nach der Operation aufgetretene Thrombose ist i. d. R. jedoch keine Primärverletzung, sondern allenfalls ein Folgeschaden, auf die sich die Beweislastumkehr nicht erstreckt (OLG München, OLGR 1993, 36: § 287 ZPO). Bei der Frage, ob wegen eines typischen Folgeschadens eine Beweiserleichterung in Betracht kommt, ist zu prüfen, ob der konkrete Primärschaden, vorliegend die Verletzung des Schädels und des Hirngewebes auf der linken Kopfseite, typischerweise den eingetretenen Folgeschaden, vorliegend eine tiefe Beinvenenthrombose bewirkt (OLG München, OLGR 1993, 36).

Invasiver Eingriff statt Chemotherapie durchgeführt   G 737

Ein grober Behandlungsfehler eines Chirurgen liegt vor, wenn bei Verdacht auf ein Hodkin-Lymphom der cervikale Lymphknoten nicht entfernt und eine Chemotherapie bzw. Chemo/Strahlentherapie eingeleitet, stattdessen aber eine **maximal aggressive Tumorextirpation** (hier: radikale Thorakotomie mit Resektion von Nerven, des Herzbeutels sowie eines Lungenoberlappens) ohne weitere Aufbreitungsdiagnostik und ohne Konsultation eines in der Behandlung dieser Erkrankung versierten Spezialisten durchgeführt wird (OLG Naumburg, Urt. v. 29. 4. 2008 – 1 U 19/07, OLGR 2008, 649, 651). Der Chirurg muss vor einem solchen Eingriff prüfen, ob die von ihm erbetene Leistung ärztlich sinnvoll, vom überweisenden Arzt richtig gestellt ist und dem Krankheitsbild entspricht. (OLG Naumburg, Urt. v. 29. 4. 2008 – 1 U 19/07, OLGR 2008, 649, 650).

Übersehene Frakturen (vgl. auch Rz. D 22cff., D 32, D 58ff., D 105ff., G 362ff.,   G 738
G 372ff., G 732c)

Wird auf einem Röntgenbild eine **eindeutig nachweisbare Schenkelhalsfraktur** übersehen und deshalb keine adäquate Therapie durchgeführt, stellt die Fehldiagnose einen groben Behandlungsfehler dar (LG Bielefeld, VersR 1999, 1245). Erkennt der Arzt bei der Nachschau nach der operativen Behandlung einer Luxationsfraktur des oberen Sprunggelenks auf der Röntgenaufnahme eine **nicht tolerable Fehlstellung** in der Sprunggelenkgabel und unterlässt er eine gebotene operative Reposition, so ist dies grob fehlerhaft (OLG Celle, VersR 1998, 54).

Wird der Patient mit Brüchen mehrerer Rippen, einem Lendenwirbelkörper und   G 739
des Schulterblatts in der unfallchirurgischen Abteilung eines Krankenhauses

aufgenommen, dort wegen dieser Verletzungen behandelt und mobilisiert, so ist es schlechthin unverständlich und grob fehlerhaft, keine Abklärung der vom Patienten nach Beginn der Mobilisierung geklagten Schmerzen im bis dato nicht betroffenen Beckenbereich durch eine Röntgenaufnahme durchzuführen, wodurch eine zunächst übersehene **Beckenringfraktur nicht erkannt** wird (BGH, Urt. v. 27. 4. 2004 – VI ZR 34/03, NJW 2004, 2011, 2012 = VersR 2004, 909, 911).

G 740 **Übersehene bzw. nicht behandelte Sehnenverletzung**

Behandelt ein Unfallchirurg die Schnittverletzung eines Fingers operativ und erkennt er dabei, dass die Verletzung tief ist, ist es unverständlich und nicht mehr nachvollziehbar, wenn er anlässlich einer Nachkontrolle „**Verklebungen**" sowie **fortbestehende Beschwerden des Patienten** feststellt, jedoch davon absieht, ein MRT anzufordern oder den Patienten zu einem Handchirurgen zu überweisen bzw. die Revisionsoperation sogleich selbst durchzuführen (OLG Stuttgart, Urt. v. 9. 4. 2002 – 14 U 84/01, AHRS III, 1876/306).

G 741 **Nichterkennen eines Hüftkopfgleitens**

Es stellt einen groben Behandlungsfehler dar, wenn eine Orthopäde bei einem 14-jährigen Jungen mit Schmerzen in der Hüft- und Leistenregion die richtige Diagnose „Hüftkopfgleiten" wegen unzureichender diagnostischer Methoden nicht rechtzeitig erkennt (OLG Schleswig, Urt. v. 11. 4. 2003 – 4 U 160/01, OLGR 2003, 430).

G 742 **Verspätete Operation bei Schenkelhalsfraktur**

Eine **dislozierte mediale Schenkelhalsfraktur** stellt i. d. R. einen chirurgischen Notfall dar, der ein umgehendes **operatives Einschreiten zumindest in den sechs Stunden** nach dem Frakturgeschehen erfordert. Wird die Operation grundlos um mehr als zwölf Stunden verzögert, ist dies grob fehlerhaft (OLG München, Urt. v. 31. 5. 2001 – 1 U 5146/00, OLGR 2003, 31).

G 743 **Gefäßverschluss nicht erkannt**

Es ist grob fehlerhaft, wenn ein Facharzt für Orthopädie einen akuten embolischen Gefäßverschluss im Unterschenkel nicht erkennt und den Patienten auf eine Venenentzündung behandelt (OLG Hamm, VersR 1989, 292). Ein grober Behandlungsfehler liegt auch vor, wenn bei einem **Arterienverschluss** – im entschiedenen Fall aufgrund einer Heparinunverträglichkeit (HIT II) – nicht umgehend ein **Gefäßspezialist hinzugezogen** wird. Dies hat zur Folge, dass der Behandlungsseite der Nachweis obliegt, dass auch bei früherem Hinzuziehen von Gefäßspezialisten – bei einem Arterienverschluss führt eine Zeitverzögerung von maximal 48 Stunden zu einem Extremitätenverlust – derselbe Primärschaden eingetreten wäre bzw. der Kausalzusammenhang „äußerst unwahrscheinlich ist" (OLG Celle, Urt. v. 28. 5. 2001 – 1 U 22/00, VersR 2002, 854; Bergmann/Müller, MedR 2005, 650, 656; vgl. auch OLG Stuttgart OLGR 2002, 251, 254 = MedR 2002,650, 652, s. u. Rz. U 271, U 272).

G 744 **Anlegen eines Gipsverbandes, Druckschmerzen**

Klagt der Patient nach einer Operation über starke, offensichtlich **druckbedingte Schmerzen** und wird dennoch **24 Stunden** lang zugewartet, bevor ein neuer ent-

lastender Gipsverband angelegt wird, so ist dies grob fehlerhaft. Gleiches gilt, wenn die Wunde trotz beklagter Druckschmerzen beim Anlegen des neuen Gipses am dritten postoperativen Tag nicht vorsorglich erneut freigelegt und inspiziert wird, selbst wenn sie beim Verbandswechsel am zweiten postoperativen Tag reizlos war (OLG Koblenz, MedR 1990, 40).

Kompressionsschäden am Fuß   G 744a

Grob behandlungsfehlerhaft ist es auch, den eingegipsten, nach unten hängenden, **blau verfärbten und geschwollenen Fuß** des über starke Schmerzen klagenden Patienten nicht unverzüglich auf **Kompressionsschäden** zu untersuchen, und es im Zusammenhang damit zu einer „Sudeck'schen Dystrophie" (als Primärschaden) kommt (OLG Frankfurt, Urt. v. 8. 2. 1994 – 8 U 18/93).

Anlegen eines geschlossenen Gipsverbandes bei offenem Bohrkanal   G 744b

Eine **Bohrloch-Osteomyelitis (Entzündung des Knochenmarks)** nach Entfernung eines Fixateurs-Externe als Folge des Eindringens von auf der Hautoberfläche siedelnden Keimen in die offen stehenden Bohrkanäle stellt eine nicht seltene Komplikation dar. Das die Revision der Wundkanäle und das Abfließen von Wundsekret verhindernde **Anlegen eines geschlossenen Gipsverbandes ist deshalb grob fehlerhaft** (OLG Düsseldorf, VersR 1985, 291).

Fehlerhafte Ruhigstellung eines Fingers   G 745

Die Ruhigstellung der Finger in Streckstellung nach einer Fraktur des fünften Mittelhandknochens ist behandlungsfehlerhaft. Es stellt einen groben Behandlungsfehler dar, wenn der Chefarzt die **fehlerhafte Ruhigstellung** nach der postoperativen Visite **nicht sogleich korrigieren** lässt (OLG Oldenburg, MDR 1995, 160).

Chirotherapeutische Behandlung bei fehlendem vorherigem Ausschluss eines   G 746
Bandscheibenvorfalls

Die Durchführung einer chirotherapeutischen Manipulation ist nach Auffassung des OLG Hamm als **grober Behandlungsfehler** zu werten, wenn zuvor ein in Betracht zu ziehender **Bandscheibenvorfall nicht ausgeschlossen** worden ist. Dass die zum Ausschluss führenden Untersuchungen erfolgt sind, ist – aus medizinischen Gründen – zu dokumentieren (OLG Hamm, Urt. v. 24. 10. 2001 – 3 U 123/00, VersR 2003, 1132). Nach Ansicht des OLG Düsseldorf (Urt. v. 1. 3. 2001 – 8 U 118/00, AHRS III, 2335/300) ist eine chirotherapeutische Behandlung auch bei Vorliegen eines Bandscheibenvorfalls (hier: C4/C5) **nicht zwingend kontraindiziert**. Denn auch im Fall eines symptomatischen Bandscheibenvorfalls der HWS kann die vorgenommene Deblockierung eine sinnvolle Therapiemöglichkeit sein.

Leistenbruchoperation, Hodentorsion, Freilegung des Hodens (vgl. zur Hodentor-   G 747
sion auch Rz. T 20, G 371, G 899, D 25a, D 50, D 72; zum Leistenbruch Rz. A 1144, A 1351, A 1659, A 2078, D 41, G 448, G 545, U 125)

Die Strangulation eines zum Hoden führenden Samenstranges im Zusammenhang mit der operativen Beseitigung einer Leistenhernie stellt ein nicht seltenes Operationsrisiko dar. Die unterlassene **Kontrolle der Hodenlage** nach dem chirurgischen Eingriff ist daher als grober Behandlungsfehler zu werten, zumal dann, wenn der Patient Beschwerden äußert (BGH, NJW 1983, 2307). Wird bei der Leistenbruchoperation eines Säuglings ohne triftige Gründe davon abgesehen, einen gleichzeitig bestehenden **Hodenhochstand ebenfalls operativ zu korrigieren**, stellt auch dies einen groben Behandlungsfehler dar (OLG München, NJW-RR 1997, 600). Ein grob fehlerhaftes ärztliches Verhalten kann auch vorliegen, wenn beim Verdacht auf eine Hodentorsion die **Freilegung des Hodens unterlassen** wird (OLG Oldenburg, VersR 1999, 1284).

G 748 Insbesondere dann, wenn mehrere vorbehandelnde Ärzte die Verdachtsdiagnose „Hodentorsion" stellen oder eine Hodentorsion nicht ausschließen können und eindeutige Symptome vorliegen, die auf eine frische Hodentorsion hindeuten, liegt ein grober Behandlungsfehler vor, wenn der behandelnde Arzt (Chirurg) von einer **umgehenden operativen Freilegung** absieht (OLG Brandenburg, Urt. v. 14. 11. 2001 – 1 U 12/01, VersR 2002, 313 = MDR 2002, 171). Der Fehler ist jedoch dann nicht als schwerwiegend einzustufen, wenn der Arzt einen **untypischen Befund** vorfindet und eine eindeutige Diagnose nicht möglich ist (OLG Oldenburg, VersR 1999, 1284, 1285). Ein bis zwei Stunden nach der Entlassung aus dem Krankenhaus erkennbar gewordene Symptome einer Hodentorsion erlauben allein nicht den Schluss auf vorangegangene Behandlungsversäumnisse (OLG Oldenburg, NJW-RR 2000, 241).

G 749 **Verzögerte Entfernung eines Knochenstücks aus der Lunge**

Ein grober Behandlungsfehler ist typischerweise anzunehmen, wenn auf eindeutige Befunde nicht oder so verzögerlich reagiert wird, dass hierdurch die Risiken für den Patienten erhöht werden. Wird eine Patientin mit einem verschluckten, **in die Atemwege eingezogenen Knochenstück** in ein Krankenhaus eingeliefert und scheitern dort die am selben und am darauf folgenden Tag unternommenen Versuche, den Fremdkörper mit einem flexiblen Bronchoskop zu entfernen, so sind die Ärzte nach offensichtlicher Erschöpfung ihrer eigenen therapeutischen Möglichkeiten gehalten, die Patientin **als Notfall umgehend in eine Spezialklinik transportieren** zu lassen. Eine Verlegung erst am dritten Tag nach der Einlieferung ist auf jeden Fall verspätet (OLG Saarbrücken OLGR 2000, 139, 141). Ein Arzt, der wegen eigener begrenzter Fähigkeiten keine ordnungsgemäße Behandlung durchführen kann, muss den Patienten **an einen Facharzt überweisen** (OLG Oldenburg, Urt. v. 8. 8. 2000 – 5 U 26/97).

G 750 Einstweilen frei.

G 751 **Thrombosen, unterlassene Thromboseprophylaxe, unterlassene Phlebographie, Heparinunverträglichkeit** (zur Thrombose siehe auch Rz. A 950, A 1538, D 83, D 106, D 115 ff., D 128, G 383d, G 451, G 460, G 480, G 537, G 771 ff.)

Die unterbliebene **diagnostische Abklärung einer nicht auszuschließenden tief liegenden Beinvenenthrombose** begründet regelmäßig den Vorwurf eines groben Behandlungsfehlers (OLG Oldenburg, VersR 1999, 318; OLG Oldenburg, MDR 1994, 995 = NJW-RR 1994, 1053; OLG Stuttgart OLGR 2000, 3; OLG Hamm, VersR 1990, 1120). Liegen klinische Anzeichen vor, die an ein **Kompartmentsyndrom** (Störungen der örtlichen Blutzufuhr nach Knochenbrüchen, Sehnenscheidenentzündungen o. a.) denken lassen, ist zwingend zumindest eine weitere **Ab-**

klärung durch eine Sonographie (Ultraschalldiagnostik) oder Phlebographie (Röntgendarstellung venöser Gefäße) geboten, auch weil die Anzeichen auf eine mögliche (Bein-)Venenthrombose hindeuten können (OLG Stuttgart, Urt. v. 24. 8. 1999 – 14 U 11/99, VersR 2001, 190 = OLGR 2000, 3). Bei bestehenden Anzeichen für einen **Gefäßverschluss** (hier: noch einige Tage nach einer Fußverletzung vorhandene Wadenschmerzen) gehört es zu den elementaren Behandlungsregeln, eine **Phlebographie** durchzuführen (OLG Oldenburg, MDR 1994, 995; OLG Köln, NJW-RR 1992, 728; OLG Celle, VersR 1994, 1237 zum Gefäßverschluss).

Als grob fehlerhaft ist es auch zu werten, wenn bei **Heparininfusionen** zur Behandlung oder Vermeidung von Thrombosen die **Gerinnungsparameter nicht regelmäßig kontrolliert** und eintretende Sehfunktionsstörungen oder starke Kopfschmerzen des Patienten nicht unverzüglich abgeklärt werden. Nach Auftreten geklagter Sehfunktionsstörungen muss die Heparinzufuhr unverzüglich abgesetzt werden (OLG Hamm, VersR 1999, 622, 623).   G 752

Ein grober Behandlungsfehler liegt auch vor, wenn im Rahmen einer Operation (hier: Fettabsaugung bei erheblicher Fettschürzenbildung) bei einer Raucherin mit einem BMI von über 32 auf die Gabe von Heparin verzichtet und nach dem Auftreten einer Infektion bei Wirkungslosigkeit des zunächst verschriebenen Antibiotikums Ciprobay auf ein Antibiotikum aus der gleichen „Familie" (hier: Tavanic) umgestiegen wird, anstatt ein anderes, **wirksames Antibiotikum** zu verabreichen (LG Dortmund, Urt. v. 23. 1. 2008 – 4 O 77/05, GesR 2008, 324, 326).   G 753

Beim Verschluss einer (Bein-)Arterie ist unverzüglich ein Gefäßspezialist oder ein Neurologe hinzuzuziehen. Wird der Patientin Heparin verabreicht und die bei ihr bestehende **Heparinunverträglichkeit**, die zu einem Verschluss einer Beinarterie geführt hat, trotz sich steigernder Beinbeschwerden nicht erkannt und ein **Gefäßspezialist** bzw. ein erfahrener Neurologe erst sieben Tage nach dem Zeitpunkt, in dem die sich steigernden Beinbeschwerden erstmals diagnostiziert und dokumentiert worden sind, hinzugezogen, so hat die Behandlerseite zu beweisen, dass die Amputation des Unterschenkels bei einem früheren Hinzuziehen von Spezialisten und einem früheren Erkennen der Thrombose vermieden worden wäre (OLG Celle, Urt. v. 28. 5. 2001 – 1 U 22/00, VersR 2002, 854, 855; zustimmend Bergmann/Müller, MedR 2005, 650, 656).   G 754

Auch die **vollkommen unterlassene Thromboseprophylaxe** – unter Kontrolle der Gerinnungsparameter – in der Extremitätenchirurgie stellt einen groben Behandlungsfehler dar (OLG Düsseldorf, VersR 1995, 785; G/G, 6. Aufl., Rz. B 277). Es ist auch äußerst unverständlich und damit grob fehlerhaft, bei einer offenen Unterschenkelfraktur mit Weichteilschaden von der üblichen **Mindestgabe von 3 × 5000 Einheiten Heparin** abzusehen. Noch weniger nachvollziehbar ist es, nicht spätestens nach den Repositionsversuchen und der damit einhergehenden weiteren Traumatisierung bei einer offenen Unterschenkelfraktur diese gebotenen Heparineinheiten zu verabreichen (OLG Hamm, Urt. v. 6. 5. 2002 – 3 U 31/01, OLGR 2003, 222, 224 = VersR 2004, 516, 517).   G 755

Liegt beim Patienten ein hohes oder mittleres Thromboserisiko vor, stellt sich das **Unterbleiben einer Thromboseprophylaxe** bei einer die Muskelpumpe aus-   G 756 schaltenden, **zweiwöchigen Ruhigstellung des Unterschenkels durch einen Gipsverband** als grober Behandlungsfehler dar (OLG Düsseldorf, Urt. v. 21. 2. 2008 – I-8 U 82/06, OLGR 2009, 134; ebenso OLG Stuttgart, Urt. v. 2. 11. 2010 – 1 U 27/10, S. 6)

G 756a Bei durchgeführter medikamentöser Prophylaxe ist die **unzureichende physikalische Thromboseprophylaxe jedoch nicht grob fehlerhaft** (OLG Stuttgart, OLGR 2001, 302, 303). Wird dem Patienten bei Vorliegen eines infizierten Hämatoms mit eindrückbaren großflächigen Ödemen am linken Oberschenkel nach fünf Tagen – und drei Tage nach der operativen Ausräumung des infizierten Hämatoms – lediglich ein Antithrombosestrumpf (physikalische Thromboseprophylaxe) für das gesunde, nicht operierte Bein verabreicht, so stellt sich die Unterlassung einer medikamentösen Thromboseprophylaxe als **einfacher bzw. „mittlerer" Behandlungsfehler**, nicht jedoch als „grober Behandlungsfehler" dar. Dies gilt jedenfalls dann, wenn postoperativ am operierten Bein mit der Wickelung faktisch eine **physikalische Thromboseprophylaxe durchgeführt** wird und der Patient die Möglichkeit hat, das gesunde Bein zu bewegen, er daher nicht gänzlich immobilisiert ist (OLG Stuttgart, Urt. v. 1. 3. 2005 – 1 U 13/04, S. 9/10).

G 756b Die **Nichtfortführung der Thromboseprophylaxe während der ambulanten Behandlungsphase** nach einer Operation stellt nach zutreffender Auffassung des OLG Saarbrücken (Urt. v. 29. 11. 2000 – 1 U 69/00–15, AHRS III, 2415/309) **keinen Behandlungsfehler** dar, wenn der **Patient nicht zu einer Risikogruppe** gehört. Ein thrombospezifisches Risiko besteht bei Patienten mit Lungenembolien, Krampfadern, sonstigen einschlägigen Vorerkrankungen, erheblichem Übergewicht, bei nicht mobilisierten Patienten sowie bei solchen mit einer Immobilisation einer oder beider unterer Extremitäten durch Gips- oder Kunststoffverbände, **nicht dagegen, wenn der Patient ohne derartige Verbände in der Lage ist, sich im Krankenzimmer mit Gehhilfen fortzubewegen** (OLG Saarbrücken, a. a. O.).

G 757 **Insterile Handschuhe, Mundschutz, Verstoß gegen Hygienebestimmungen** (vgl. auch Rz. V 386 ff.)

Vor einer Injektion sind folgende Desinfektionsmaßnahmen erforderlich, aber auch ausreichend: Hautdesinfektion mit Kodan (o. a.), anschließendes Abreiben der Flüssigkeit im Bereich der vorgesehenen Einstichstellen, nochmalige Desinfektion durch Besprühen der vorgesehenen Areale mit Kodan (o. a.) und nach eigener Händedesinfektion Aufziehen einer Ampulle des zu verabreichenden Medikaments unter Verwendung einer sterilen Einmalspritze und einer sterilen Einmalkanüle aus einer neu eröffneten Verpackung, anschließend Verabreichung der Injektion nach Abwarten einer Einwirkungszeit von mindestens 30 Sekunden (OLG Düsseldorf, Urt. v. 13. 12. 2007 – I 8 U 5/07 mit NZB BGH v. 17. 6. 2008 – VI ZR 5/08, AHRS III, 2790/320; OLG Naumburg, Urt. v. 20. 8. 2009 – 1 U 86/08, GesR 2010, 73, 75: Einwirkzeit mindestens 30 Sekunden).

G 757a Vor einer Injektion im Hals-Schulter-Bereich ist die betroffene Hautstelle **auch beim notärztlichen Einsatz im häuslichen Umfeld gründlich zu desinfizieren**. Bei Verwendung eines Desinfektionssprays muss die entsprechende Stelle besprüht, anschließend abgewischt und erneut besprüht werden, wobei eine mindestens 30 Sekunden dauernde Einwirkzeit abzuwarten ist. **Das völlige Unterlassen derartiger Desinfektionsmaßnahmen ist schlechterdings nicht nachvollziehbar und grob fehlerhaft** (OLG Naumburg, Urt. v. 20. 8. 2009 – 1 U 86/08, GesR 2010, 73, 75).

Kommt es im Verlauf einer Kniepunktion (o. a.) bei liegender Kanüle zu einem Spritzenwechsel, so hat der Arzt hierbei **sterile Handschuhe** zu tragen; ein Verstoß gegen die Hygienebestimmung ist nach Auffassung des OLG Düsseldorf (NJW-RR 2001, 389; OLG Düsseldorf, VersR 1991, 1136: Handreinigung mit Satinasept reicht nicht aus) regelmäßig als grobes Versäumnis zu werten (OLG Düsseldorf, NJW-RR 2001, 389).   G 757b

Nach Ansicht des OLG Hamm (Urt. v. 20. 8. 2007 – 3 U 274/06, AHRS III, 2790/317) ist es fehlerhaft, jedoch **nicht grob fehlerhaft, bei Gelenkpunktionen oder während einer wirbelsäulennahen Injektionsbehandlung keinen Mundschutz zu tragen.** Das OLG Hamm hat es offengelassen, ob ein grober Behandlungsfehler „in der Gesamtschau" vorliegt, wenn der Arzt daneben auch keine sterilen Handschuhe getragen hat.   G 757c

Demgegenüber liegt – auch in der „Gesamtschau" – nur ein einfacher Behandlungsfehler vor, wenn der Chirurg bei der operativen Entfernung eines Lipoms zwar Handschuhe, aber **keinen sterilen Kittel** und die assistierende Krankenschwester bzw. Arzthelferin **weder eine Kopfbedeckung noch einen Mundschutz** tragen (OLG Hamm, Urt. v. 11. 10. 2004 – 3 U 93/04, GesR 2006, 30).   G 757d

Steht fest, dass in dem fraglichen Krankenhaus hygienische Zustände herrschten, die von Missständen und Versäumnissen gekennzeichnet sind, kommt zugunsten des infizierten Patienten eine **Umkehr der Beweislast in Betracht** (OLG Oldenburg, Urt. v. 20. 12. 2006 – 5 U 107/05 mit NZB BGH v. 15. 4. 2008 – VI ZR 21/07, AHRS III, 6578/305: Missstände und Versäumnisse konnten aber vom Patienten nicht bewiesen werden).   G 757e

Infektion verkannt, Krankenhauseinweisung unterlassen   G 757f

Klagt der Patient nach einem Eingriff im Bereich der Speiseröhre über starke Schmerzen im Brustraum sowie über Schluckbeschwerden, die trotz Einsatzes eines starken Schmerzmittels nicht nachlassen, ist es **grob fehlerhaft, ihn bei einer möglicherweise vorliegenden, lebensbedrohlichen Infektion nicht unverzüglich auf die entsprechende Abteilung oder ggf. in ein anderes Krankenhaus zu verlegen** (OLG Brandenburg, Urt. v. 31. 3. 2011 – 12 U 44/10, juris, Nr. 21).

Antibiose, Wundrevision oder Punktion unterlassen bzw. verspätet durchgeführt, bakterielle Infektion verkannt (zu Infektionen vgl. auch Rz. G 523 ff., D 112, U 124 ff., U 193, G 383, G 524 ff., G 775 ff., G 902, G 982a, G 1013 ff., G 1030, G 527, G 775 ff.)   G 758

Eine um ca. drei Monate verzögerte Heilung eines komplizierten Oberschenkelbruchs infolge einer **Verzögerung der dringend gebotenen antibiotischen Medikation** und der operativen Wundrevision **um ca. zwei Wochen** stellt einen groben Behandlungsfehler dar (OLG Düsseldorf, VersR 1998, 55, 56). Gleiches gilt, wenn die nach dem Auftreten einer Infektion erforderliche Antibiose nur für **fünf anstatt zehn bis vierzehn Tagen** verabreicht wird (OLG Koblenz, Urt. v. 25. 7. 2003 – 8 U 1275/02, OLGR 2003, 447).

G 758a Für die **Verordnung von Antibiotika** gelten folgende allgemeingültige Kriterien: Erhöhung der Körpertemperatur auf mehr als 38,5 Grad Celsius, CRP-Wert über 50 mg/l (Norm: bis 5 mg/l), Leukozytenzahl höher als 10/nl (Normbereich: bis 10/nl) sowie Vorliegen einer gravierenden Begleiterkrankung (OLG Stuttgart, Urt. v. 12. 3. 2002 – 14 U 18/01, AHRS III, 2705/302).

G 758b *Medizinischer Hintergrund:* **Antibiotika** werden für die Behandlung von schweren Infektionen (insbesondere Sepsis) und bei Infektionen immunsupprimierter Patienten verordnet. Breitspektrum-Antibiotika werden zur kalkulierten Therapie bei unklarem Erreger bzw. Resistenzsituation eingesetzt, Schmal-Spektrum-Antibiotika zur gezielten Therapie aufgrund einer Sensibilitätsprüfung (Antibiogramm des isolierten Erregers). Bei der prophylaktischen Gabe vor bzw. nach schwereren bzw. mittleren Eingriffen hat sich die **Kurzzeitprophylaxe (Single-Dose mit Narkoseeinleitung)** durchgesetzt (vgl. Pschyrembel, Therapie, 4. Aufl., S. 71).

G 758c Wird nach einer Operation (hier: Osteosynthese nach dislozierter Weber-B-Außenknöchelfraktur) beim Patienten eine Temperaturerhöhung auf **38,6 Grad Celsius mit Spannungsblasen** registriert, ist es grob fehlerhaft, ihm kein Antibiotikum zu verabreichen (OLG Hamm, Urt. v. 4. 4. 2001 – 3 U 155/00, AHRS III, 2705/301).

G 758d Treten nach einer Schnittverletzung nicht abklingende Schmerzen auf und zeigt das Wundbild einen **Entzündungsprozess** an, so muss möglichst **frühzeitig eine antibiotische Therapie** mit einem Medikament erfolgen, das gegen Staphylokokken wirksam ist. Das Unterbleiben dieser Behandlung stellt einen groben Behandlungsfehler dar (KG, VersR 1991, 928). Grob fehlerhaft ist es, bei der Behandlung einer postoperativen **Infektion am großen Zeh** nach Emmert-Plastik **kein Breitbandantibiotikum** zu verabreichen, solange der konkrete Erreger nicht bestimmt ist. Das Unterlassen der Erregerbestimmung stellt dabei zumindest einen weiteren, insoweit einfachen Behandlungsfehler dar (OLG München, Urt. v. 30. 12. 2004 – 1 U 2357/04, OLGR 2005, 880). Andererseits ist eine Antibiotikaprophylaxe bei der mikrochirurgischen **Entfernung eines Bandscheibensequesters** nicht erforderlich (OLG München, Urt. v. 25. 3. 2004 – 1 U 3703/03, OLGR 2006, 13, 14).

G 759 **Infektionen im Kniegelenk o. a.**

Ein trübes Punktat, das mittels einer **Kniegelenkspunktion** gewonnen wurde, muss zügig **bakteriologisch untersucht** werden. Geschieht dies nicht, so haftet der Arzt für eine spätere Gelenkversteifung, wenn er nicht beweisen kann, dass diese bei regelrechter Soforterkennung und unverzüglich eingeleiteter Therapie nicht sicher vermieden worden wäre (OLG Köln, VersR 1992, 1003).

G 759a Bei **Verdacht auf eine Gelenkinfektion** ist es in der Regel grob fehlerhaft, keine **sofortige Punktion** und eine mikrobiologische sowie histologische Untersuchung des Punktats vorzunehmen (OLG München, Urt. v. 23. 9. 2004 – 1 U 5198/03, OLGR 2006, 90).

Bemerkt ein Arzt bei einem Patienten verschiedene Symptome, die auf eine **bak-** G 759b
terielle Infektion im Kniegelenk schließen lassen, dann ist der Patient stationär
aufzunehmen, um die weitere Entwicklung ständig beobachten zu können. Dabei ist eine unverzügliche Kontrolle des klinischen Beschwerdebildes angebracht. Bei feststehender bakterieller Infektion ist **unverzüglich eine Arthrosko-**
pie vorzunehmen. Das Unterlassen stellt einen groben Behandlungsfehler dar
(OLG Düsseldorf, Urt. v. 15. 6. 2000 – 8 U 99/99, AHRS III, 2090/301; ebenso
OLG Hamm, Urt. v. 9. 4. 2008 – 3 U 181/07, AHRS III, 2626/377).

Bei einem Kniegelenksempyem (eitrige Gelenkentzündung) ist das **Unterlassen** G 759c
einer arthroskopischen Spülung mit Anlage einer Spül-Saug-Drainage, um die
im Gelenk vorhandenen Infektionskeime auszuspülen (chirurgische Versorgung)
grob fehlerhaft. Das Verabreichen eines Breitbandantibiotikums und die Vornahme einer Wundspreizung durch den behandelnden Chirurgen reichen nicht
aus (OLG Nürnberg, Urt. v. 23. 7. 2001 – 5 U 989/01, AHRS III, 6565/307).

Tritt bei einer Patientin nach einer intraartikulären Injektion in das Kniegelenk G 759d
eine Kniegelenksinfektion auf, ist es auch grob fehlerhaft, bei Verschlechterung
des klinischen Bildes nach Eingang des ungünstigen mikrobiologischen Befundes mit der dann **dringend indizierten arthroskopischen Spülung des Kniege-**
lenks noch **mehrere Tage (hier: 5 Tage) zuzuwarten** (OLG Hamm, Urt. v.
9. 4. 2008 – 3 U 181/07, AHRS III, 2620/377).

Unterlassene Wundinspektion bzw. Wundrevision G 760

Ein grober Behandlungsfehler liegt auch vor, wenn eine operativ versorgte **Frak-**
tur mit Durchspießungswunde **nicht rundum inspiziert** und wenn **keine Wun-**
drevision durchgeführt wird, sondern die Wunde nur durch den Längsspalt des
Rundgipses besichtigt und später der Gips etwas aufgeweitet wird (OLG Stuttgart, VersR 1989, 199). Im Hinblick auf die Gefahr der Entstehung eines Gasbrandes, ist in solchen Fällen die stündliche Kontrolle des Patienten und eine
Faszien-Spaltung bei Auftreten der **Anzeichen eines Kompartment-Syndroms**
angezeigt (OLG Stuttgart, VersR 1989, 199).

Bei verspäteter und deshalb **erhöht infektionsgefährdeter operativer Einrichtung** G 761
eines luxierten Mittelfingers ist die **tägliche Wundkontrolle** beim Verbandwechsel von einem Arzt vorzunehmen. Treten nach der Operation an der Hand
Schmerzen auf, ist vor der Gabe von Analgetika zu kontrollieren, ob die Wunde
infiziert ist und deshalb stärker schmerzt. Vor der Entlassung aus dem Krankenhaus ist der Operationsbereich unter Abnahme des Verbands nochmals zu kontrollieren. Verstöße gegen diese Gebote stellen sich insgesamt als grob behandlungsfehlerhaft dar. Wird nachfolgend die Amputation des Fingers wegen einer
nicht beherrschbaren Staphylokokkeninfektion erforderlich, so trägt die Behandlungsseite die Beweislast für die Behauptung, auch ohne diese Verstöße wäre die
Amputation nicht vermeidbar gewesen (OLG Köln, VersR 1997, 366).

Liegen nach Entnahme eines übel riechenden Wundsekrets alle **Symptome eines** G 762
Gasbrandes vor, so ist es grob fehlerhaft, ohne weitere stichhaltige Gründe für

die Annahme einer Gefäßverletzung anstatt der sofortigen operativen Intervention nach Auftreten von sichtbaren Zeichen eines Kreislaufverfalls zunächst eine **Angiographie** der betroffenen Region durchzuführen (OLG Hamm, VersR, 1998, 104).

G 763 **Verschluss einer pfenniggroßen Wunde**

Das Unterbleiben einer ausreichenden plastisch-chirurgischen Maßnahme für einen **spannungsfreien Verschluss** einer pfenniggroßen Wunde am Finger mit der Folge der Versteifung eines Fingers ist als grober Behandlungsfehler zu bewerten. Eine spannungsfreie Deckung kann in einem solchen Fall nicht mehr durch Zusammenziehen und Vernähen der Hautränder hergestellt werden (OLG Oldenburg, VersR 1990, 1399).

G 764 **Fettabsaugung bei erheblicher Fettleibigkeit contraindiziert; unterlassene Heparingabe**

Eine Fettabsaugung (Liposuktion) ist **bei erheblicher Fettleibigkeit (hier: BMI 32) contraindiziert.** In einem solchen Fall muss der Patientin zunächst geraten werden, das Gewicht zu reduzieren. Will die Patientin dennoch bzw. anschließend einen weiteren Eingriff vornehmen lassen, bietet sich als richtige Operationsmethode allenfalls eine umfassende Abdominalplastik (Bauchdeckenstraffung) an. Auch eine **bekannte Depression** stellt bei einer reinen Schönheitsoperation eine Kontraindikation dar und bedarf im Rahmen der Aufklärung zum Eingriff einer Abklärung der psychischen Situation durch einen Psychiater. Es ist auch grob fehlerhaft, im Rahmen einer Operation (hier: Fettabsaugung bei erheblicher Fettschürzenbildung) bei einer Raucherin mit einem BMI von über 32 auf die **Gabe von Heparin** zu verzichten und nach dem Auftreten einer Infektion bei Wirkungslosigkeit des zunächst verschriebenen Antibiotikums Ciprobay auf ein Antibiotikum der gleichen „Familie" (hier: Tavanic) umzusteigen, anstatt ein anderes, wirksames Antibiotikum zu verabreichen (LG Dortmund, Urt. v. 23. 1. 2008 – 4 O 77/05, GesR 2008, 324, 326).

G 765 – G 766 Einstweilen frei.

b) Grober Behandlungsfehler verneint (vgl. zu einfachen Behandlungsfehlern Rz. T 16ff., T 40ff.)

G 767 **Myomoperation bei Anämie**

Es ist nicht als grob zu werten, bei einer Patientin, die an Anämie (Blutarmut) leidet, eine **Myomoperation (Entfernung eines gutartigen Tumors)** durchzuführen, ohne zunächst zu versuchen, die Anämie medikamentös zu behandeln, und der Patientin nach bereits während der Operation erfolgter Infundierung von 500 ml Blut postoperativ nach Feststellung eines Hb-Wertes von 8,9g % (Normwert: über 13,0) eine weitere Blutkonserve mit 500 ml zu verabreichen (KG, VersR 1992, 316).

G 768 **Zurücklassen von Fremdkörpern im Operationsgebiet** (vgl. hierzu Rz. G 369, G 384, G 729, G 730, G 749, G 1046, V 340, V 341)

Ob den operierenden Ärzten der Vorwurf eines groben Behandlungsfehlers daraus gemacht werden kann, dass sie im Operationsgebiet einen Fremdkörper zurückgelassen haben, hängt von den Umständen des Einzelfalls ab. Der versehentliche **Verlust eines Tupfers** und dessen Zurücklassen im Operationsgebiet bei einer vaginalen Gebärmutterentfernung (OLG Koblenz, VersR 1999, 1420, 1421) oder im Bauchraum (Gehrlein, Rz. B 148 und OLG Saarbrücken, OLGR 1998, 345: jedenfalls wenn Sicherungsvorkehrungen durch röntgenologische Kennzeichnung zur Erleichterung des späteren Auffindens getroffen werden) oder das keine gesundheitlichen Schäden befürchten lassende **Verbleiben eines Metallclips** (LG Heidelberg, MedR 1998, 175) bzw. eines **Nadelrestes im Bauchraum** (OLG Oldenburg, VersR 1995, 1353) rechtfertigen die Einstufung als „grob" regelmäßig nicht.

Nach Ansicht des LG Braunschweig (Urt. v. 3. 3. 2004 – 4 O 2339/02, NJW-RR 2005, 28; vgl. auch OLG München, GesR 2013, 620 bei Rz. G 384, G 729) stellt das **Zurücklassen eines immerhin 13 cm langen Tuchbandes** keinen Fehler dar, der schlechterdings nicht vorkommen darf und der ganz gravierend ist. Denn Fremdkörper wie Bänder oder Tücher können durch Sekrete und das Blut im Bauchraum so in ihrem Äußeren verändert werden, dass sie nicht ohne weiteres zu identifizieren sind und leicht übersehen werden können. Im entschiedenen Fall wurde die Kausalität des festgestellten, einfachen Behandlungsfehlers für den Eintritt des Primärschadens bejaht.   G 769

Durchtrennung des Hauptgallengangs bei laparoskopischer Gallenblasenentfernung   G 770

Nach neuerer Rechtsprechung stellt die **Durchtrennung des Hauptgallengangs** (Ductus choledochus) bei der Entfernung der Gallenblase **keinen Behandlungsfehler** dar. Der Operateur ist nach dem medizinischen Standard auch nicht verpflichtet, den Gallenblasengang bis zur Einmündung frei zu präparieren. Von der gegenteiligen, früher vertretenen medizinischen Lehrmeinung ist die Wissenschaft wieder abgerückt. Denn die Freipräparation kann zu weiteren Komplikationen führen, da die Durchblutung gestört werden kann. Dies wiederrum kann zu Narbenfibrosen und Wundheilungsstörungen führen. Grundsätzlich reicht es deshalb aus, bei Gallenoperationen **den Ductus zysticus zu präparieren**. Auch eine intraoperative Röntgenuntersuchung ist grundsätzlich nicht erforderlich (so jetzt OLG Hamm, Urt. v. 28. 11. 2008 – 26 U 28/08, mit NZB BGH v. 22. 9. 2009 – VI ZR 20/09, AHRS III, 2365/336; GesR 2009, 247; ebenso OLG Schleswig, Urt. v. 29. 5. 2009 – 4 U 38/08, OLGR 2009, 594, 596; auch OLG Oldenburg, Urt. v. 21. 06. 2006 – 5 U 86/04, GesR 2006, 408: Fehlplatzierung eines Clips ohne vorherige, sorgfältige Präparation kein Behandlungsfehler; OLG Hamburg, Urt. v. 19. 11. 2004 – 1 U 84/03, OLGR 2005, 195, 196 = AHRS III, 2365/324: Röntgendarstellung der Gallenwege und Darstellung der Einmündung des Zysticus in den Choledochus bei Durchführung einer laparoskopischen Cholezystektomie nicht erforderlich, Calot'sches Dreieck jedoch freizupräparieren, so dass der Ductus Cysticus und die arteria Cystica sichtbar verbleiben; zu den Einzelheiten vgl. Rz. G 723–725c; zum *medizinischen Hintergrund* Rz. G 725d; zur → *Aufklärung* Rz. A 1374, A 1544).

Thrombosen, Heparinbehandlung (vgl. hierzu auch Rz. G 751 ff., G 936 m. w. N.)   G 771

Ergibt sich eine erschwerte Erkennbarkeit einer tiefen Beinvenenthrombose in ihrem Frühstadium dadurch, dass ihre Symptomatik von derjenigen einer Ischialgie (Wurzelreizsyndrom mit Spontan- und Dehnungsschmerzen, meist angekündigt durch „Hexenschuss") überlagert wird, so liegt kein grober Behandlungsfehler vor, wenn die Thrombose nicht frühzeitig diagnostiziert wird (OLG Saarbrücken, VersR 1989, 751). Eine thrombolytische Behandlung einer **beginnenden Beinvenenthrombose** ist nicht in jedem Fall geboten; auch eine **Heparinbehandlung ist vertretbar.** Eine zu niedrige Dosierung von Heparin stellt noch keinen groben Behandlungsfehler dar. Auch eine ausreichende Heparinisierung vermindert die Thrombosegefahr nur auf 33–50 % (OLG München, VersR 1993, 362).

G 772 Nach anderer Ansicht ist es äußerst unverständlich und damit grob fehlerhaft, bei einer offenen Unterschenkelfraktur mit Weichteilschaden nicht die Mindestgabe von 3 × 5 000 Einheiten Heparin täglich (OLG Hamm, Urt. v. 6. 5. 2002 – 3 U 31/01, VersR 2004, 516; s. o. Rz. G 755) oder bei hohem bis mittlerem Thromboserisiko überhaupt kein Heparin zu verabreichen (OLG Stuttgart, Urt. v. 2. 11. 2010 – 1 U 27/10, S. 6).

G 772a Lediglich ein „einfacher" oder „mittlerer" Behandlungsfehler liegt vor, wenn dem Patienten mit einem **infizierten Hämatom und großflächigen eindrückbaren Ödemen am Oberschenkel** keine medikamentöse Thromboseprophylaxe verabreicht und ihm erst nach sieben Tagen – drei Tage nach der operativen Ausräumung des infizierten Hämatoms – ein Antithrombosestrumpf für das nicht operierte Bein verabreicht und postoperativ am operierten Bein mit der Wickelung eine faktische physikalische Thromboseprophylaxe durchgeführt wird (OLG Stuttgart, Urt. v. 1. 3. 2005 – 1 U 13/04, S. 9/10).

G 773 Wird nach einer Kalottenfraktur, einem Thoraxtrauma mit Lungenkontusion sowie einer Fraktur eines Brustwirbelkörpers die **medikamentöse Thromboseprophylaxe** (i. d. R. mit Heparin) regelrecht durchgeführt, so ist es nicht grob fehlerhaft, wenn die daneben angeordnete **physikalische Thromboseprophylaxe nicht bzw. nur unzureichend durchgeführt** wird. Dies gilt jedenfalls dann, wenn die zeitliche Verzögerung einer krankengymnastischen Behandlung wegen der zunächst vorrangigen Röntgenkontrolle der Wirbelsäule und dem eingeschränkten Dienst im Krankenhaus am Wochenende noch nachvollziehbar erscheint und Versäumnisse bei der Anlegung von Antithrombosestrümpfen wegen der geringen Schadensneigung vom Sachverständigen als nicht gravierend angesehen werden (OLG Stuttgart, Urt. v. 29. 2. 2000 – 14 U 4/99, AHRS III, 6565/301; vgl. auch OLG Saarbrücken, Urt. v. 29. 11. 2000 – 1 U 69/00–15, AHRS III, 2415/309, Rz. G 756b).

G 774 **Thrombozytenkontrolle nach Heparingabe unterlassen**

Für das Vorliegen eines (einfachen) Behandlungsfehlers kommt es nicht darauf an, ob eine medizinisch zur Abwendung eines erheblichen Gesundheitsrisikos für erforderlich gehaltene Behandlungsmaßnahme in der Praxis allgemein durchgeführt wird, sondern nur darauf, ob von dem behandelnden Arzt die Kenntnis der gesundheitlichen Gefahren und der dagegen nach gesichertem Wissen möglichen ärztlichen Maßnahmen verlangt werden kann und die Möglichkeit besteht, mit vorhandenen technischen Mitteln diese Behandlung durchzuführen (BGH, NJW 1983, 2080; OLG Stuttgart OLGR 2002, 235 und Urt. v. 22. 2. 2001 = 14 U 62/00, OLGR 2002, 251, 254). Ein Indiz dafür, dass eine unterlassene Maßnahme, etwa das **Unterlassen der Thrombozytenkontrolle zur Vermeidung**

einer HIT II (heparininduzierte Thrombozytopenie – erhebliche Verminderung der Blutblättchenzahl, etwa durch die Gabe von Heparin) keinen Behandlungsfehler darstellt, der einem Arzt schlechterdings nicht unterlaufen darf, ist es, wenn in den meisten Kliniken diese Maßnahme nicht durchgeführt wird (BGH, NJW 1983, 2080; OLG Stuttgart, Urt. v. 22. 2. 2001 – 14 U 62/00, OLGR 2002, 251, 252). So gehörte die Thrombozytenkontrolle im Jahr 1998 noch nicht zu den elementaren Standards. Dass sie auch in den Leitlinien der Deutschen Gesellschaft für Chirurgie empfohlen war, führt nicht dazu, dass ihr Unterlassen als schwerer, nicht mehr verständlicher Behandlungsfehler zu werten ist (OLG Stuttgart, a. a. O.).

Klagt die Patientin nach laufender Verabreichung von Heparin zur Thromboseprophylaxe über sich steigernde Beinbeschwerden, so stellt die **Nichterkennung einer Heparinunverträglichkeit** einen groben Behandlungsfehler dar, wenn die Hinzuziehung eines erfahrenen Neurologen oder eines Gefäßspezialisten erst nach mehreren Tagen erfolgt. Die Beweislast, dass bei einem früheren Hinzuziehen von Spezialisten die Amputation des Unterschenkels gleichfalls nicht hätte vermieden werden können, trägt dann die Behandlerseite (OLG Celle, Urt. v. 28. 5. 2001 – 1 U 22/00, VersR 2002, 854, 855).   G 774a

Infektion, antibiotische Behandlung (zu Infektionen vgl. auch die Nachweise bei Rz. G 758)   G 775

Eine **zeitliche Verzögerung der Keimbestimmung** und einer antibiotischen Behandlung um etwa **drei Wochen** stellt i. d. R. einen Behandlungsfehler dar. Dieser ist jedoch nicht als grob zu bewerten, wenn eine beim Patienten diagnostizierte chronische Diszitis (Entzündung von Zwischenwirbel oder Bandscheiben) keine sonderliche Eile und keine akute Abklärung erfordert, wenn nicht festgestellt werden kann, dass die Beschwerden beim Patienten bei einer früher einsetzenden Antibiotikabehandlung schneller nachgelassen hätten (OLG Hamm, Urt. v. 27. 4. 1998 – 3 U 164/97). Wird es nach einer Operation **unterlassen, spezifische Laborwerte zu erheben**, so die Bestimmung der Blutsenkungsgeschwindigkeit, die Erhebung eines Blutbildes o. a., stellt dies jedenfalls dann keinen groben Behandlungsfehler dar, wenn die behandelnden Ärzte den nach der Operation ständig über Schmerzen klagenden Patienten untersucht haben, um die Ursachen für die Schmerzen aufzuspüren und dabei keine Anhaltspunkte für eine Entzündung entdecken konnten. Auch für einen Anscheinsbeweis ist dann mangels eines typischen Geschehensablaufs kein Raum (OLG Oldenburg, Urt. v. 12. 3. 1996 – 5 U 155/95).

Haben die behandelnden Ärzte das Schließen einer Wunde zwar fehlinterpretiert und deshalb weiter **konservativ mittels antibiotischer Behandlung therapiert, anstatt eine Revisionsoperation durchzuführen**, liegt kein grober Behandlungsfehler vor. Bei der Bewertung des Behandlungsfehlers als „grob" ist dabei auch zu berücksichtigen, dass die behandelnden Ärzte sich auch deshalb für die Fortsetzung der konservativen Therapie in Form der antibiotischen Behandlung entschieden haben, um einem über 60-jährigen Patienten eine weitere Operation zu ersparen (OLG Düsseldorf, Urt. v. 19. 11. 1998 – 8 U 66/98). **Eine lokale Wunde ohne systemische Entzündungszeichen muss überhaupt nicht antibiotisch behandelt werden** (OLG Stuttgart, Urt. v. 14. 8. 2001 – 14 U 3/01, OLGR 2002,   G 776

207). Auch bei der **mikrochirurgischen Entfernung eines Bandscheibensequesters ist eine Antibiotikaprophylaxe nicht erforderlich** (OLG München, Urt. v. 25. 3. 2004 – 1 U 3703/03, OLGR 2006, 13, 14).

G 777   **Unterlassener Mundschutz; Infektion nach Injektion** (vgl. auch Rz. G 757 ff., V 380 ff. und die Nachweise bei Rz. G 758)

Die **unterlassene Anwendung eines Mundschutzes** bei der Durchführung einer Injektionsbehandlung (hier: Einführung einer offenen Kanüle in den Körper, wodurch die Infektionsgefahr erhöht wird) stellt einen einfachen, jedoch keinen groben Behandlungsfehler dar. Kann nicht festgestellt werden, dass die Infektionsquelle aus einer Sphäre kam, die der „vollen Beherrschbarkeit" des Arztes bzw. Krankenhauses unterlag, greift zugunsten des Patienten auch keine Beweiserleichterung aus dem Gesichtspunkt des „voll beherrschbaren Risikos" ein. Das Infektionsrisiko kann auch bei Einhaltung aller Hygienevorschriften, insbesondere auch dem Tragen eines Mundschutzes, nie vollständig ausgeschlossen werden (OLG Hamm, Urt. v. 20. 8. 2007 – 3 U 274/06, MedR 2008, 217, 219 = AHRS III, 2790/317: offengelassen, ob ein grober Behandlungsfehler „in der Gesamtschau" vorliegt, wenn der Arzt daneben auch keine sterilen Handschuhe trägt; zustimmend Cramer, MedR 2008, 219).

G 777a   Trägt ein Arzt bei einer einfachen Operation (hier: Lipomentfernung) **keinen sterilen Kittel** und eine weitere anwesende Person **weder einen Mund- noch einen Haarschutz,** so liegt **auch in der „Gesamtschau" kein grober Behandlungsfehler vor** (OLG Hamm, Urt. v. 11. 10. 2005 – 3 U 93/04, AHRS III, 6578/303). Das **völlige Unterlassen von Desinfektionsmaßnahmen ist allerdings grob fehlerhaft** (OLG Naumburg, Urt. v. 20. 8. 2009 – 1 U 86/08, GesR 2010, 73, 75; s. o. Rz. G 757, G 1013).

G 777b   Steht fest, dass in dem fraglichen Krankenhaus **hygienische Zustände herrschten, die von Missständen und Versäumnissen gekennzeichnet sind,** kann zugunsten des infizierten Patienten eine Umkehr der Beweislast in Betracht kommen (OLG Oldenburg, Urt. v. 20. 12. 2006 – 5 U 108/05 mit NZB BGH v. 15. 4. 2008 – VI ZR 21/07, AHRS III, 6578/305: Missstände und Versäumnisse konnten aber nicht festgestellt werden).

G 778   **Unterlassene präoperative Diagnostik vor Implantation einer Knieendoprothese**

Vor der Implantation einer Knieendoprothese ist eine **präoperative Diagnostik** (Röntgenschichtaufnahmen, CT bzw. **Leukozytenszinigrafie)** im Hinblick auf eine mögliche Infektion des Kniegelenks erforderlich. Hält der vom Gericht beauftragte Sachverständige es jedoch für möglich, dass die nach dem Eingriff aufgetretene Kniegelenksinfekion auch durch eine intensivere präoperative Diagnostik nicht hätte verhindert werden können, ist der Behandlungsfehler des Orthopäden bzw. Unfallchirurgen für den eingetretenen Gesundheitsschaden des Patienten **nicht kausal** geworden (OLG Oldenburg, Urt. v. 21. 8. 2001 – 5 U 82/00, AHRS III, 2090/305).

G 779   **Leistenbruchoperation**

Wird bei einer Leistenbruchoperation auf die Anlage einer Saugdrainage zur Vermeidung der Gefahr von Wundheilungsstörungen verzichtet, so stellt dies jeden-

falls keinen groben Behandlungsfehler dar (KG, VersR 1995, 966; vgl. zur Leistenbruchoperation Rz. G 747, G 448, A 1144, A 1351, A 1582a, A 1649, A 2078).

Schilddrüsenoperation (vgl. auch Rz. A 1336 ff., G 732 f., G 780)   G 780

Die **unterbliebene Darstellung des Nervus recurrens** bei einer Schilddrüsenresektion ist nicht grob fehlerhaft, wenn zunächst nur eine subtotale Resektion –
also eine schrittweise Präparierung – durchgeführt werden soll (OLG Brandenburg, Urt. v. 11. 3. 2003 – 1 U 11/02, AHRS III, 6570/318) oder wenn es sich um
eine Strumaoperation mit einem geringen Schwierigkeitsgrad und einem begrenzten Eingriffsfeld handelt (OLG Düsseldorf, Urt. v. 13. 2. 2003 – 8 U 229/01,
AHRS III, 6570/317).

Behandlungsverzögerung einer Bauchfellentzündung von fünf Stunden   G 781

Bleibt ein Patient bei hohem Letalitätsrisiko (hier: 40 % bei einer Bauchfellentzündung) bis zur Durchführung der erforderlichen Operation **fünf Stunden lang
unbehandelt**, liegt hierin ein einfacher, aber kein grober Behandlungsfehler. Es
gibt keine gesicherten medizinischen Erkenntnisse, dass eine Zeitverzögerung
von vier bis fünf Stunden beim Auftreten einer Bauchfellentzündung als grob
fehlerhaft anzusehen wäre (LG Wiesbaden, Urt. v. 26. 4. 2007 – 2 O 195/01,
VersR 2007, 1567, 1569).

Materialermüdung, Plattenbruch   G 782

Die **Verwendung des falschen Schraubentyps** (Kortikalis- statt Spongiosaschrau-
be) und das Nichterkennen eines Haarrisses der am Oberschenkel eingebrachten
Platte stellen keine groben Behandlungsfehler dar. Über das äußerst seltene
Risiko (1:5000) der Materialermüdung muss jedenfalls bei der notfallmäßigen
Erstversorgung nicht aufgeklärt werden (OLG Hamm, NJW-RR 2001, 666).

Transplantatversagen nach Fehlpositionierung der Kreuzbandplastik   G 783

Die **fehlerhafte Positionierung einer Kreuzbandplastik** nach Ruptur des vorderen
Kreuzbandes, die für ein Transplantatversagen mitursächlich ist, ist i. d. R. nicht
als grober Behandlungsfehler zu bewerten. Auch bei Bejahung eines groben Behandlungsfehlers würde sich die Beweiserleichterung nur auf die Ursächlichkeit
der Fehlpositionierung für den haftungsbegründenden Primärschaden, nämlich
das Transplantatversagen, nicht jedoch auf den weiteren Gesundheitsschaden
(Sekundärschaden), einen eingetretenen Knorpelschaden, erstrecken (OLG Stuttgart, VersR 2003, 253).

Verfrühte Teilbelastung   G 784

Die **Teilbelastung eines Beins** durch vorsichtiges Gehen mit Unterarmstützen
bereits vier Wochen nach der operativen Versorgung einer Unterschenkelfraktur
ist auch bei gutem Sitz des Osteosynthesematerials und guter Stellung der Frak-
turfragmente riskant, aber noch kein grober Behandlungsfehler (OLG Nürnberg,
VersR 1989, 256).

Falsche Lage des Bohrkanals bei Kreuzbandersatzplastik   G 785

Bei der **Insertion eines Kreuzbandersatzes** stellt nicht schon jede Abweichung
des Bohrkanals von der Ideallage einen Behandlungsfehler dar. Auf einen (ein-

fachen) Fehler ist aber zu schließen wenn sich der Bohrkanal außerhalb eines Bereiches befindet, in dem Abweichungen von der Ideallage auch erfahrenen Operateuren widerfahren. Ideal ist ein Bohrloch im vierten Quadranten. In 15 % aller Fälle liegen die Bohrkanäle nach statistischen Untersuchungen im dritten Quadranten. Die Grenze zum (einfachen) Behandlungsfehler ist überschritten, wenn der **Bohrkanal ventral des dritten Quadranten** nach der Einteilung von Harner liegt (OLG Stuttgart, Urt. v. 4. 6. 2002 – 14 U 86/01, OLGR 2003, 40, 41). Hierdurch kann ein **Transplantatversagen als Primärschaden** zumindest mit verursacht werden. Ein grober Behandlungsfehler liegt hierin jedoch nicht. Auf weiter eingetretene **Knorpelschäden als Sekundärschaden** würde sich eine Beweislastumkehr auch nicht erstrecken (OLG Stuttgart, a. a. O.).

G 786 – G 808   Einstweilen frei.

2. Gynäkologie und Neonatologie

a) Grober Behandlungsfehler bejaht (vgl. zu einfachen Behandlungsfehlern Rz. T 85 ff., T 103 ff.)

G 809   **Fehlposition eines Nabelvenenkatheters**

Im Unterlassen der zwingend gebotenen **Lagekontrolle einer Nabelvenenkatheterspitze** liegt ein schweres ärztliches Versäumnis, das aus objektiver ärztlicher Sicht nicht mehr verständlich erscheint. Kommt es wegen einer möglicherweise undichten Stelle am Katheter nach zwei Tagen zu einer schweren Hypertension mit Ösophagusbildung (blutende Varizen in der Speiseröhre) als Primärschaden, erstreckt sich die Beweiserleichterung auch auf eine mehrere Jahre später auftretende Pfortaderthrombose (Blutpfropfen im venösen Blutkreislauf von Magen, Darm, Milz und Pankreas) als Sekundärschaden (OLG Hamm, Urt. v. 6. 12. 1999 – 3 U 86/99, VersR 2001, 593, 594).

G 810   **Strahlenschäden**

Spätestens seit dem Jahr 1992, als es zum strahlenbiologischen Grundwissen geworden war, dass die Einzeldosis einer kurativen Bestrahlung ohne Gefährdung des therapeutischen Nutzens auf 2,0 Gy reduziert werden konnte und sich die Erkenntnis durchgesetzt hatte, dass Körperbereiche mit einem im Hinblick auf Spätfolgeschäden besonders empfindlichen Gewebe wie etwa die Supraklavikularregion nur mit Einzeldosen bis zu einer **Obergrenze von 2,0 Gy** zu bestrahlen sind, ist es als eine grob fehlerhafte ärztliche Vorgehensweise zu werten, wenn von einer – insbesondere spezialisierten – Klinik im Supraklavikularbereich standardisiert mit Einzeldosen von 3,0 Gy bestrahlt worden ist. Dem gemäß hat die auf Schadensersatz in Anspruch genommene Klinik den Nachweis zu führen, dass ein bei der Patientin aufgetretenes Armlymphödem trotz der Schadensgeneigtheit der zu hoch dosierten Strahlenbehandlung nicht auf die Strahlentherapie zurückzuführen ist (OLG Hamburg, Urt. v. 26. 3. 2004 – 1 U 19/02, OLGR 2004, 487).

G 811   **Infektionsherd nach Sectio vier Tage lang nicht lokalisiert**

Ein grober Behandlungsfehler liegt vor, wenn nach einer Sectio deutliche Zeichen einer Infektion vorliegen, die von der hierfür nach dem Eingriff besonders anfälligen Gebärmutter herrühren, es den Ärzten **vier Tage lang nicht gelingt, diese zu lokalisieren** und an dem eingeschlagenen Therapiekonzept mit **unzureichender Antibiose** festgehalten wird (OLG München, Urt. v. 12. 3. 2009 – 1 U 2709/07, GesR 2009, 324, 328).

Unterlassene Kontrolluntersuchung bzw. Abklärung mittels Biopsie bei auffälligem klinischem Befund der Brust (vgl. Rz. G 390ff., G 570, G 577ff., G 580a, G 649a, G 857ff.; zum *medizinischen Hintergrund* Rz. G 577a)

G 812

Besteht bei einer Patientin ein **auffälliger klinischer Befund, etwa eine gerötete, blutende Mamille** in der rechten Brust, bei dem der Verdacht einer tumorösen nicht ausgeschlossen werden kann, ist es fehlerhaft, wenn der behandelnde Frauenarzt eine Wiedervorstellung der Patientin zur Kontrolluntersuchung nur für den Fall vorsieht, dass es zu keiner Befundverbesserung kommt. Im Fall des begründeten **Verdachts einer Brustkrebserkrankung** bedarf es in jedem Fall einer **Biopsie** mit einer sich anschließenden Gewebeuntersuchung. Die Durchführung einer Mammografie genügt in einem solchen Fall nicht. Es ist als grobes Versäumnis anzusehen, wenn ein Frauenarzt seine Patientin über den konkreten Verdacht einer Brustkrebserkrankung und die dringende Notwendigkeit einer entsprechenden diagnostischen Abklärung – durch Mammografie und erforderlichenfalls einer Biopsie – nicht aufklärt (therapeutische Aufklärung; OLG Düsseldorf, Urt. v. 6. 3. 2003 – 8 U 22/02, NJW-RR 2003, 1333 = VersR 2003, 1310).

Ertastet die untersuchende Gynäkologin bei der Patientin einen Knoten in der rechten Brust und einen weiteren Knoten in der rechten Achselhöhle und ergibt eine nachfolgende Ultraschalluntersuchung vorhandene **Knoten und Zysten**, ist es grob fehlerhaft, den erhobenen Befund nicht auf die Verdachtsdiagnose eines Mamma-Karzinoms abzuklären und die Patientin nicht innerhalb von ein bis zwei Monaten zu einer **Kontrolluntersuchung – ggf. mit nachfolgender Biopsie** – einzubestellen, sondern der Patientin lediglich mitzuteilen, dass es sich bei den Knoten „um gutartige und nicht besorgniserregende Verkapselungen handelt" (OLG Hamm, Urt. v. 28. 11. 2001 – 3 U 59/01, OLGR 2003, 74, 75; zur Einbestellung von Patienten vgl. auch Rz. G 276b, G 388, G 452, G 581, G 858, G 923a, G 1034).

G 813

Daneben kommt eine Beweislastumkehr aus dem Gesichtspunkt der „**unterlassenen Befunderhebung**" in Betracht, wenn festgestellt wird, dass eine Biopsie mit hinreichender Wahrscheinlichkeit das Vorliegen eines Tumors ergeben hätte. Kann ein vom Gericht hinzugezogener Sachverständiger allerdings gerade **bei rasch wachsenden Tumoren** keine präzisen Aussagen dazu machen, ob und wann ein solcher Tumor radiologisch bzw. im Rahmen einer Biopsie zu entdecken gewesen wäre, ist ein positives Befundergebnis **nicht „hinreichend wahrscheinlich"** und eine Beweislastumkehr scheidet dann aus (OLG Hamburg, Urt. v. 14. 11. 2003 – 1 U 71/03, OLGR 2004, 328, 329 zur Mammografie; OLG Koblenz, Urt. v. 24. 6. 2010 – 5 U 186/10, GesR 2010, 546, 547 zur unterlassenen Biopsie; OLG München, Urt. v. 20. 9. 2001 – 1 U 4502/00; OLGR 2003, 7, 8 zur Erhebung eines weiteren Tastbefundes nach etwa zwei bis drei Monaten; auch OLG Düsseldorf, Urt. v. 16. 12. 1999 – 8 U 60/99, OLGR 2000, 470 und OLG Stuttgart, VersR 1994, 1306 vgl. hierzu Rz. G 570, G 577ff., G 857ff., U 60, U 61a, U 76, U 76b, U 216ff.).

G 814

G 815   Wird innerhalb kurzer Zeit eine stark wachsende, unscharf begrenzte, verhärtete
Struktur in einer weiblichen Brust festgestellt (hier: Wachstum von 7 mm auf 13
mm innerhalb von ca. vier Monaten), haben eine **Mammografie sowie eine Mam-
ma-Sonographie keinen eindeutigen Befund** ergeben und ein Radiologe darauf
hingewiesen, „eine weitere Abklärung wäre durch eine Stanzbiopsie unter Sicht
oder aber durch Entnahme der beiden Knoten möglich", so ist eine **histologische
Abklärung des Gewebes durch eine Stanz- oder Feinnadelbiopsie zwingend geboten.** Das Unterlassen bzw. die **Verzögerung dieser Untersuchung um ca. zwanzig
Monate** stellen einen groben Behandlungsfehler dar, für den sowohl der behandelnde Frauenarzt als auch der konsiliarisch hinzugezogene Onkologe (bzw. onkologisch tätige Gynäkologe), dem die Vorbefunde bekannt sind, gesamtschuldnerisch haften. Es ist **nicht „äußerst unwahrscheinlich"**, dass sich bei rechtzeitiger Stellung der Diagnose „Brustkrebs" gegenüber einer grob fehlerhafter Weise
um zwanzig Monate verspäteten Diagnosestellung noch keine, dann später festgestellte Lebermetastasierung eingestellt hätte und der Tod der Patientin dann
vermieden worden wäre, wenn in demjenigen Zeitpunkt, in dem die Diagnose
„Brustkrebs" hätte gestellt werden können und müssen, eine Sonographie einen
unauffälligen Befund des Oberbauchs einschließlich der Leber ergeben hätte
(OLG Jena, Urt. v. 23. 5. 2007 – 4 U 437/05, OLGR 2007, 988, 989/992 = VersR
2008, 401, 403 = GesR 2008, 49, 51/53 = juris, Nr. 49, 50, 51, 52, 73, 74, 78).

(Zum – dort verneinten – Zurechnungszusammenhang, wenn sich die Patientin
auch die nicht befallene Brust amputieren lässt, vgl. OLG Köln, Urt. v.
26. 5. 2008 – 5 U 175/07, OLGR 2009, 798; Rz. K 59).

G 816   **Fehlerhafte Auswertung und unterbliebene radiologische Untersuchung von Gewebeteilen**

Wird eine Patientin zur operativen Entfernung von Entfernung von Kalkherden
in der Brust (hier: ca. 15 Mikrokalzifikationen) in der gynäkologischen Abteilung
eines Krankenhauses aufgenommen, ist es grob fehlerhaft, die entnommenen
Gewebeteile nicht unverzüglich radiologisch zu untersuchen und/oder eine Radiographie, die tatsächlich lediglich zwei der ca. 15 Partikel zeigt, **nicht sorgfältig auszuwerten** bzw. auswerten zu lassen. Die Behandlungsseite hat dann zu beweisen, dass bei umgehender, sorfgfältiger Kontrolle des Resektats eine zweite
Operation sowie die nachfolgend erforderliche Entfernung von Lymphknoten
vermieden worden wäre (OLG Oldenburg, Urt. v. 9. 7. 2008 – 5 U 32/08, OLGR
2009, 14, 15).

G 817   **Nichterkennung der Mangelernährung**

Die Verkennung der Gefahr einer **Mangelernährung eines Feten aufgrund unrichtiger Messungen** stellt einen groben Behandlungsfehler dar. Denn bei Einsatz eines beim behandelnden Arzt vorhandenen Ultraschallgeräts darf ein derartiges Versäumnis nicht unterlaufen (OLG Düsseldorf, Urt. v. 31. 3. 1999 – 8
U 124/97).

G 818   **Unterlassene Überwachung der Fristen bei einem Schwangerschaftsabbruch;
Rücklaufkontrolle eines auffälligen Laborbefundes**

Einem behandelnden Gynäkologen fällt ein grober Behandlungsfehler zur Last,
wenn er es unterlässt, die bei einem indizierten Schwangerschaftsabbruch ein-

zuhaltenden Fristen nach § 218a II Nr. 1 StGB a. F. bzw. § 218a I StGB n. F. (12 Wochen) zu überwachen und er keine ausreichenden Maßnahmen ergreift, um den rechtzeitigen Rücklauf eines erwarteten, eilbedürftigen Laborbefundes, der für die weitere Lebensplanung der Patientin von ausschlaggebender Bedeutung ist, etwa einer **Fruchtwasseruntersuchung, die einen auffälligen Chromosomensatz ergeben hat**, zu kontrollieren. Im Einzelfall muss der Gynäkologe die Patientin zur Wahrung der Fristen telefonisch informieren bzw. einen den entscheidenden Hinweis enthaltenden Arztbrief per Einschreiben versenden (OLG Saarbrücken, Urt. v. 30. 6. 2004 – 1 U 386/02–92, OLGR 2005, 5, 8 f.: Information wurde erst nach der Geburt des behinderten Kindes weitergeleitet).

Unterlassene oder verspätete Lungenreifebehandlung   G 819

Eine Kortikosteroidgabe entsprach bereits im Jahr 1984 dem ärztlichen Standard bei der Behandlung von Schwangeren mit vorzeitiger Wehentätigkeit zur Lungenreifebeschleunigung bei drohender Frühgeburt ab der vollendeten 28. SSW. Das Unterlassen einer dahingehenden **Lungenreifebehandlung** stellt sich als grober Behandlungsfehler dar mit der Folge einer Beweislastumkehr hinsichtlich des Nachweises der hierdurch bedingten Primärschäden. Die Beweislastumkehr gilt sowohl für die fehlende Lungenreife des Kindes und das darauf beruhende Atemnotsyndrom als Primärschaden wie auch für die Hirnblutung und den Hydrocephalus als typische Folge dieses Primärschadens (OLG Zweibrücken, Urt. v. 2. 12. 2003 – 5 U 30/01, OLGR 2004, 123 = MedR 2004, 262).

Eileiterschwangerschaft übersehen, Beta-HCG-Kontrolle unterlassen   G 820

Es ist grob fehlerhaft, wenn bei zwingenden Hinweisen auf eine extrauterine Schwangerschaft lediglich eine Ausschabung der Gebärmutter vorgenommen wird und weder eine **Bauchspiegelung noch eine regelmäßige Beta-HCG-Kontrolle** erfolgt. Der Verdacht auf eine extrauterine Schwangerschaft muss sich bei einem Beta-HCG-Wert um 5000 E/ml einer faktisch leeren Gebärmutterhöhle, einer tastbaren, schmerzhaften Raumforderung im linken Adnexbereich, fehlender vaginaler Blutung bei bestehenden Unterbauchschmerzen aufdrängen, auch wenn differential-diagnostisch auch an eine nicht intakte intrauterine Schwangerschaft gedacht werden könnte.

Die Beweislastumkehr wegen des groben Behandlungsfehlers greift hinsichtlich der dann erst später therapierten Unterbauchschmerzen (u. a.) ein, nicht jedoch hinsichtlich einer anlässlich der verzögerten operative Sanierung erfolgten Verletzung des Harnleitern, wenn der Sachverständige ausführt, es sei **äußerst unwahrscheinlich, dass die Verzögerung auf die Operationsverhältnisse Einfluss genommen hat** (OLG Köln, Urt. v. 20. 7. 2011 – 5 U 206/07, GesR 2011, 724, 725 = VersR 2012, 109, 110).

Unterlassene Klinikeinweisung, falsche Medikamentation   G 821

Bestellt der in einer Gemeinschaftspraxis tätige Arzt, der selbst keine gynäkologischen Untersuchungen vornimmt, eine schwangere Patientin, die ihm telefonisch Symptome einer **drohenden Frühgeburt** geschildert hat, in die Praxis ein, anstatt sie in ein Krankenhaus zu schicken, und verordnet er ihr sodann dort ein Abführmittel (!), so stellt das einen groben Behandlungsfehler dar, der die Beweislastumkehr für die Ursächlichkeit der Frühgeburt für einen bei dem Kind eingetretenen Hirnschaden rechtfertigt (OLG Karlsruhe, VersR 1996, 463).

G 822   **Nichtverlegung einer Schwangeren in ein Perinatalzentrum**

Die Nichtverlegung einer Schwangeren von einem Kreiskrankenhaus in ein Zentrum der Maximalversorgung (Perinatalzentrum) ist grob fehlerhaft, wenn **mit der Geburt eines Kindes vor der 28. SSW und/oder mit einem Geburtsgewicht von weniger als 1 000 g** gerechnet werden muss (OLG Oldenburg, Urt. v. 6. 2. 2008 – 5 U 30/07, VersR 2008, 924, 925 = OLGR 2008, 602, 604/605). Dies gilt insbesondere, wenn bis zur Geburt des Kindes eine fortdauernde, lange Wehentätigkeit vorliegt und es schon zuvor bei der Schwangeren zu einer Frühgeburt mit Zerreißung der Cervix gekommen ist (OLG Oldenburg, a. a. O.).

G 822a   **Blutdruckkontrolle unterlassen**

Begründet ein „verdächtiges CTG" den **Verdacht einer EPH-Gestose** (schwangerschaftsbedingte hypertensive Erkrankung nach der 20. Schwangerschaftswoche mit Bluthochdruck mit fließendem Übergang zu tonisch-chronischen Krämpfen, gefolgt von Bewusstlosigkeit) und liegt daneben eine **Wachstumsretardierung des Kindes** und eine massive Proteinurie (Ausscheidung vorwiegend niedermolekularer Proteine im Urin) der Mutter vor, ist es grob fehlerhaft, wenn der die Schwangerschaft betreuende Gynäkologe kurz vor dem errechneten Geburtstermin **nicht einmal Blutdruckkontrollen** vornimmt (OLG Köln, VersR 1993, 1529).

G 823   **Medikation; Überhöhte Dosis von Natriumkarbonat**

Die Verabreichung einer **überhöhten Dosis von Natriumcarbonat** zur Bekämpfung eines kindlichen Herztonabfalls und einer Sauerstoffunterversorgung kann einen groben Behandlungsfehler darstellen. Dies ist dann der Fall, wenn die Injektion von 20 ml des üblicherweise verdünnt und langsam zu verabreichenden Mittels innerhalb eines Zeitraums von nur 5 oder 15 Minuten erfolgt (OLG Düsseldorf, Urt. v. 16. 2. 1995 – 8 U 46/93).

G 824   Bei regelmäßigen Wehen ist die **Gabe von Syntocinon**, das in unkalkulierbarer Weise die Wehentätigkeit verstärkt, durch eine Hebamme **grob fehlerhaft**. Dem steht die Einschätzung des Sachverständigen, die Gabe durch einen Gynäkologen sei „grenzwertig", nicht entgegen, weil ein Facharzt für Gynäkologie einer Entgleisung durch eine Notsectio begegnen kann (OLG Koblenz, Urt. v. 5. 2. 2009 – 5 U 854/08, GesR 2009, 198, 200/201= OLGR 2009, 401, 403). **Für Fehler einer Hebamme muss der in Rufbereitschaft wartende Belegarzt erst mit dem Zeitpunkt der Übernahme der Geburt einstehen.** Erteilt der Belegarzt der Hebamme Stunden zuvor den **telefonischen Rat**, ein engmaschiges CTG zu erstellen, wird er hierdurch **noch nicht zum verantwortlichen Geburtsleiter** (OLG Koblenz, a. a. O.).

G 825   **Verabreichung einer Wochenpille an Patientin mit starken Regelblutungen**

Die Verordnung eines **hoch dosierten Östrogenpräparats („Wochenpille")** an eine 42-jährige Patientin mit starken Regelblutungen (Hypermenorrhoe) ist grob fehlerhaft. Der grobe Behandlungsfehler führt auch dann zu einer Beweislastumkehr zu Lasten des Arztes, wenn der Fehler nur geeignet ist, eine Schaden, wie er tatsächlich eingetreten ist, herbeizuführen (hier: migräneartige Kopfschmerzen, Wadenkrämpfe, Übelkeit, Haarausfall, Bauchschmerzen, Darmerkrankung). Nahelegen oder wahrscheinlich machen muss der Fehler den eingetretenen Schaden nicht (OLG Jena, Urt. v. 19. 12. 2007 – 4 U 161/06, OLGR 2008, 378, 379).

Unterlassen eines Scheiden-Damm-Schnittes G 826

Das Unterlassen eines Scheiden-Damm-Schnittes bei einer **schwierigen Entwicklung des Rumpfes** aufgrund eines übergroßen Schultergürtels stellt einen schweren Behandlungsfehler dar, wenn ein nachvollziehbarer Grund für dieses Unterlassen nicht ersichtlich ist. Es obliegt dann der Behandlungsseite, darzulegen und zu beweisen, dass auch bei regelgerechter Geburtshilfe eine eingetretene Armlähmung unterblieben wäre (OLG Oldenburg, NJW-RR 1993, 155; auch OLG Bremen, VersR 1979, 1061: Anscheinsbeweis).

Fehlerhafte Errechnung des Geburtstermins G 827

Die fehlerhafte **Annahme eines um sechs Wochen früheren Geburtstermins** sowie die hierauf beruhende **zwei Monate verfrühte Geburtseinleitung** stellt einen groben Behandlungsfehler dar. Grob fehlerhaft ist es auch, allein aufgrund einer mäßiggradigen Dystrophie, die der Rauchereigenschaft der Mutter, ihrem Untergewicht und ihrer geringen Körpergröße zugerechnet werden kann, die Diagnose einer Plazentainsuffizienz nebst einer Wachstumsretardierung des Kindes zu stellen und deshalb die Geburt einzuleiten, wenn kein Fruchtwassermangel und keine fortschreitende Abnahme des kindlichen Wachstums zwischen den Untersuchungsintervallen vorliegt und vor der Diagnose **keine sorgfältige sonografische Detailuntersuchung** vorgenommen wird (OLG Saarbrücken, Urt. v. 21. 3. 2001 – 1 U 653/99–119, AHRS III, 1955/307).

Unterlassene Auskultation nach Blasensprung G 828

Die unterlassene oder nicht ordnungsgemäß durchgeführte Auskultation (Abhorchen der im Körper entstehenden Geräusche und Töne, hier der Herztöne des Feten) nach vorangegangenem Blasensprung und Nabelschnurvorfall durch den betreuenden Arzt oder die Hebamme stellt einen groben Behandlungsfehler dar (OLG Zweibrücken, Urt. v. 30. 3. 2001 – 5 U 31/98, AHRS III, 6562/314).

Vorzeitiger Blasensprung, unterlassene Befunderhebung G 829

Nimmt der Gynäkologe trotz der auf einen **vorzeitigen Blasensprung** hindeutenden Angaben der Schwangeren und des **nicht sicher ausgeschlossenen Fruchtwasserabgangs keine ausreichenden Untersuchungen** (Lackmustest, Spekulumuntersuchung) zur Abklärung eines möglichen Blasensprungs vor, weist er die Schwangere auch nicht sogleich in ein Krankenhaus ein und fordert er sie auch nicht zu einer kurzfristigen Kontrolluntersuchung auf, so kommen dem aufgrund der schlechten Durchblutungssituation mit schweren Hirnschäden zur Welt gekommenen Kind hinsichtlich der Kausalität dieses Fehlverhaltens für den bei ihm eingetretenen Gesundheitsschaden Beweiserleichterungen (jetzt: eine Beweislastumkehr) sowohl wegen mangelhafter Befunderhebung und Befundsicherung als auch aus dem Gesichtspunkt eines groben Behandlungsfehlers zugute (OLG Stuttgart, Urt. v. 2. 2. 1999 – 14 U 4/98, VersR 2000, 362, 364f.). Spätestens bei einem spontan eingetretenen Blasensprung mit abgehendem **grün gefärbten Fruchtwasser**, einem jeder Hebamme bekannten Alarmsignal für einen möglichen Sauerstoffmangel des Feten, muss die Hebamme **unverzüglich den Facharzt rufen.** Hier stellt ein **Zuwarten von zehn Minuten und mehr bereits einen groben Behandlungsfehler der Hebamme** dar (OLG Stuttgart, Urt. v. 19. 9. 2000 – 14 U 65/99, VersR 2002, 235, 237).

G 829a **Unterlassene Behandlung einer Infektion, vorzeitiger Blasensprung**

Die Nichtbehandlung einer Infektion der Vagina Candida Albicans ist grob fehlerhaft. Der Befall mit Candida Albicans ist generell geeignet, bei einer Schwangeren einen **vorzeitigen Blasensprung** auszulösen (OLG Hamm, Urt. v. 4. 11. 2006 – 3 U 64/06, AHRS III, 6555/313).

G 830 **Vorzeitige Sprengung der Fruchtblase und verzögerte Reaktion auf pathologisches CTG**

Sowohl die **frühzeitige Sprengung der Fruchtblase** bei einer Frühgeburt (hier: 29. SSW) nach unklarem Tastbefund als auch die **einstündige Nichtreaktion der behandelnden Ärzte** auf ein ca. dreißig Minuten andauerndes hochpathologisches CTG stellen jeweils grobe Behandlungsfehler dar (OLG Schleswig, Urt. v. 10. 9. 2004 – 4 U 31/97, OLGR 2005, 273). Bereits eine **Verzögerung von mehr als zwanzig Minuten** reicht für die Einordnung als „grober Behandlungsfehler" aus (OLG Schleswig, VersR 1994, 310 sowie OLG Hamm, Urt. v. 17. 8. 1998 – 3 U 199/97; s. o.).

G 831 **Länger andauernde Sauerstoffunterversorgung**

Eine **länger andauernde Sauerstoffunterversorgung während der Geburt** ist generell geeignet, einen Hirnschaden des Neugeborenen zu verursachen. Auch wenn die schicksalhaft bedingte Frühgeburt als wesentliche Hauptursache des Hirnschadens angesehen werden kann, muss sich die Behandlungsseite wegen der fehlenden Abgrenzbarkeit verschiedener, für den Hirnschaden in Betracht kommender Ursachen wegen der bei einem groben Behandlungsfehler eingreifenden Beweislastumkehr den Gesamtschaden zurechnen lassen (OLG Schleswig, Urt. v. 10. 9. 2004 – 4 U 31/97, OLGR 2005, 273, 275). Die Verlagerung der Beweislast auf die Behandlerseite ist bei mehreren in Betracht kommenden Ursachen nur dann ausgeschlossen, wenn jeglicher Ursachenzusammenhang zwischen dem festgestellten Behandlungsfehler und dem Primärschaden (hier: dem Hirnschaden) äußerst unwahrscheinlich ist (OLG Schleswig, Urt. v. 10. 9. 2004 – 4 U 31/97, OLGR 2005, 273, 275; ebenso OLG Celle, Urt. v. 18. 2. 2002 – 1 U 44/01, OLGR 2002, 97, 98 = NJW-RR 2002, 1603, 1604).

G 832 **Pathologisches CTG und unterlassene CTG-Überwachung**

Ist der für die Geburt eines Kindes errechnete **Termin** deutlich **überschritten** (im entschiedenen Fall elf Tage), so stellt es einen groben Behandlungsfehler des für die Geburtshilfe verantwortlichen Arztes dar, wenn er nicht für eine **andauernde und lückenlose CTG-Überwachung** bei Einleitung und während der Geburt sorgt. Die Unterlassung der Kontrollen führt deshalb hinsichtlich der Kausalität zu einer Hirnschädigung, die das Kind bei der Geburt infolge einer Sauerstoffunterversorgung erleidet, zur Beweislastumkehr (OLG Frankfurt, OLGR 1992, 138). Nach Feststellung eines **anfänglich pathologischen CTG** müssen **weitere Befunde** erhoben werden, um sich in angemessenen zeitlichen Abständen von 30 Minuten, maximal aber einer Stunde über den Zustand des Kindes

Gewissheit zu verschaffen, um bei Weiterbestehen der pathologischen CTG-Befunde die Geburt unverzüglich durch Kaiserschnitt zu beenden (OLG Oldenburg, VersR 1997, 1236, 1237; OLG Schleswig, Urt. v. 10. 9. 2004 – 4 U 31/97, OLGR 2005, 273, 274: einstündige Nichtreaktion auf pathologisches CTG grob fehlerhaft). In der Regel ist bei **nicht nur ganz kurzfristig pathologischem CTG,** insbesondere bei einem Risikositus, unverzüglich eine **Schnittentbindung einzuleiten** (OLG Frankfurt, VersR 1996, 584: Risikositus; OLG München, VersR 1996, 63: suspektes CTG und Risikositus; BGH, NJW 1997, 794 und OLG Schleswig, VersR 1994, 311: verspätete Sectio; OLG Oldenburg, VersR 1992, 453: Sectio nach längerem, pathologischem CTG verspätet; OLG München, VersR 1991, 586: verspätete Sectio bei Normalsitus; G/G, 6. Aufl., Rz. B 278 m. w. N.).

War bei stark pathologischem CTG statt des Einsatzes wehenfördernder Mittel   G 833
die **Gabe wehenhemmender Medikamente** und nachfolgend eine Sectio anstatt einer Zangenentbindung vom Beckenboden angezeigt, liegt ein grober Behandlungsfehler vor (BGH, NJW 1997, 796). Gleiches gilt, wenn der Gynäkologe bei einer Vorderhauptlage des Kindes die **Überwachung der Risikogeburt allein der Hebamme** mit der Folge überlässt, dass es zu einer sogar um mehrere Stunden verspäteten Geburtseinleitung kommt (OLG Oldenburg, VersR 1992, 453).

Keine CTG-Überwachung über mehrere Stunden   G 833a

Versäumt es die Hebamme bzw. nach der Übernahme der Geburt der Gynäkologe (hier: Belegarzt) bei einer in der 34. SSW mit Wehentätigkeit und Verdacht auf vorzeitigen Blasensprung stationär aufgenommenen Schwangeren über einen Zeitraum von knapp **zehn Stunden** eine **Überwachung der Herzfrequenz** des Kindes mittels CTG vorzunehmen, liegt ein grober Behandlungsfehler vor (OLG Saarbrücken, Urt. v. 8. 11. 2006 – 1 U 582/05–203, MedR 2007, 486, 488 = OLGR 2007, 91, 93).

Das **Unterlassen der Überwachung der Herzfrequenz (CTG) nach dem Einsetzen**   G 833b
starker bzw. mehr als nur moderater Wehentätigkeiten in einem Krankenhaus ist zwar grob fehlerhaft. Es ist in der Regel jedoch „äußerst unwahrscheinlich", dass der Gesundheitsschaden eines Neugeborenen auf einer Sauerstoffunterversorgung kurz vor der Geburt beruht, wenn bei mehr als nur moderater Wehentätigkeit über mehrere Stunden kein CTG geschrieben wird, sich aus den **CTG-Aufzeichnungen unmittelbar vor der Geburt völlig normale Herzfrequenzen ergeben** und keine sonstigen Anhaltspunkte dafür vorliegen, dass es während der Überwachungslücke zu einer Sauerstoffminderversorgung des Kindes gekommen ist (OLG Saarbrücken, Urt. v. 8. 11. 2006 – 1 U 582/05–203, AHRS III, 6555/314).

Auch eine Beweislastumkehr wegen „unterlassener Befunderhebung" scheidet in einem solchen Fall aus, wenn es nach Angaben des Sachverständigen nicht hinreichend wahrscheinlich ist, dass ein CTG in der fraglichen Zeit einen reaktionspflichtigen Befund ergeben hätte, weil keine Anhaltspunkte dafür vorliegen, dass die Herzfrequenz gerade im fraglichen Zeitraum abnahm und sich dann in dem nachfolgend wieder dokumentierten CTG vor der Geburt normalisierte (OLG Saarbrücken, a. a. O.).

G 833c Ein grober Behandlungsfehler liegt auch vor, wenn der Arzt die Hebamme oder die Krankenschwester **nur telefonisch anweist, dass wehenfördernde Mittel eingesetzt werden sollen**, ohne dass die Überwachung durch ein CTG-Gerät möglich ist (OLG Frankfurt, NJW-RR 1991, 1973).

G 834 **Grobe Behandlungsfehler einer Hebamme im Zusammenhang mit dem Geburtsvorgang**

Auch **grobe Fehler einer Hebamme** können eine Beweislastumkehr rechtfertigen (OLG Celle, VersR 1999, 486; OLG Stuttgart, MedR 2001, 311, 313; OLG Koblenz, Urt. v. 5. 2. 2009 – 5 U 854/08, OLGR 2009, 401, 402; OLG Karlsruhe, Urt. v. 26. 10. 2005 – 7 U 159/04, AHRS III, 3210/311: Hebamme führt die Behandlung einer Schulterdystokie selbständig durch, anstatt den Gynäkologen zu rufen; OLG Düsseldorf, Urt. v. 26. 4. 2007 – I-8 U 37/05, AHRS III, 3210/313 und OLG Hamm, Urt. v. 16. 1. 2006 – 3 U 207/02: Remonstrationspflicht der Hebamme bei vollkommen regelwidrigen und unverständlichen Maßnahmen des geburtleitenden Arztes).

G 834a **Hebamme verkennt hochpathologisches CTG**

Verstößt eine Beleghebamme gegen elementare Grundsätze in der Geburtshilfe, etwa durch **Verkennung eines hochpathologischen CTG** (OLG Celle, VersR 1999, 486) oder versäumt sie es, die Registrierung kindlicher Herztöne mindestens während und insbesondere nach jeder Wehe mittels Schallkopf des CTG-Geräts sorgfältig auszukultieren, um aus der Herztonfrequenz Aufschlüsse über eine mögliche Asphyxie (Pulslosigkeit, Pulsschwäche) des Kindes mit der Gefahr hieraus folgender, schwerwiegender, unbehebbarer Schäden zu erhalten, so liegt ein grober Behandlungsfehler vor (OLG Düsseldorf, Urt. v. 11. 9. 1995 – 8 U 30/94).

G 834b **Unterlassene bzw. verspätete Hinzuziehung eines Arztes**

Die Entscheidung darüber, was angesichts eines pathologischen CTG zu veranlassen ist, gehört nicht in den Aufgabenbereich einer Hebamme. **Bei pathologischem CTG ist sofort der Arzt hinzuzuziehen** (OLG Oldenburg, VersR 1997, 1236, 1237).

Wenn eine **Hebamme** nach dem erstmaligen Abfall kindlicher Herztöne nach einem Fruchtblasensprung eine spontane Erholung erwartet und deshalb noch keinen Anlass zur geburtshilflichen Maßnahme sieht, liegt noch **kein grober Behandlungsfehler** vor. Nach einem **Fruchtblasensprung** und dem anschließenden Abfall der kindlichen Herztöne anstatt der erwarteten spontanen Erholung muss jedoch zwingend ein Arzt hinzugezogen werden (OLG Koblenz, Urt. v. 5. 8. 2004 – 5 U 250/04, AHRS III, 3210/307). Das Unterlassen der sofortigen Hinzuziehung eines Facharztes bei spontan eingetretenem Blasensprung ist regelmäßig grob fehlerhaft (OLG Stuttgart, Urt. v. 19. 9. 2000 – 14 U 65/99, VersR 2002, 235, 237; s.o.)

G 834c **Einsatz der Saugglocke nur durch Arzt**

Eine **Geburtsbeendigung mittels Saugglocke oder Zange ist zwingend von einem Arzt durchzuführen** (OLG Oldenburg, Urt. v. 19. 5. 2004 – 5 U 138/00, AHRS III, 3210/306).

Arzt bei Risikoschwangerschaft hinzuzuziehen   G 834d

Liegt bei einem ersten, die spätere Aufnahme in das Krankenhaus vorbereitenden Gespräch der Befund einer monochorial-monoamniotischen Zwilling-
schwangerschaft (Entwicklung beider Zwillinge in einer Fruchtblase) als **besondere Risikoschwangerschaft** vor und spricht die Schwangere **die Frage einer
Sectio** an, so ist es grob fehlerhaft, wenn die das Gespräch führende **Hebamme**
daraufhin nichts veranlasst und auch keinen Arzt zur Entbindung hinzuzieht
und auch keine regelmäßigen (Sonographie-)Untersuchungen in einem Krankenhaus veranlasst (OLG Naumburg, Urt. v. 11. 3. 2010 – 1 U 36/09, GesR 2010,
373, 374; vgl. Pschyrembel, 264. Aufl., S. 2303: ca. 269. aller Zwillingsschwangerschaften).

Geburtsleitung durch Hebamme   G 835

Die Kompetenz einer Hebamme **endet beim Auftreten einer Schulterdystokie
(SD), also wenn der Kopf des Kindes „stecken bleibt". Die Geburtsleitung muss
spätestens dann vom anwesenden Gynäkologen übernommen bzw. dieser hinzugezogen werden.** Führt die Hebamme die Behandlung der SD trotzdem selbständig weiter, wobei sie den Arzt bittet, die Entwicklung durch Kristellern zu unterstützen und vorsorglich den Chefarzt zu rufen, liegt ein grober Behandlungsfehler
der Hebamme vor, den sich auch der geburtsleitende Arzt zurechnen lassen muss
(OLG Karlsruhe, Urt. v. 26. 10. 2005 – 7 U 159/04, AHRS III, 3210/311).

Wird die **Geburt allerdings von einer Ärztin mit vierjähriger Berufserfahrung ge-   G 835a
leitet** und befindet sich die Hebamme im Rahmen der Geburt in einer unterge-
ordneten Rolle, so ist ihr Verhalten – Fortführung der Geburt ohne Beanstandung der Ärztin – nicht als grob fehlerhaft zu bewerten (OLG Koblenz, Urt. v.
3. 5. 2007 – 5 U 567/05, AHRS III, 3210/314).

Mikroblutanalyse bei suspektem CTG unterlassen   G 836

Bei einem suspekten CTG-Verlauf (hier: mittelschwere bis schwere variable
Dezelerationen) besteht die Indikation zur **unmittelbaren Durchführung** einer
Mikroblutanalyse. Es ist grob fehlerhaft, diese Untersuchung erst durchzuführen, wenn es über einen Zeitraum von mehr als einer Stunde zu etwa 24 mittelschweren bis schweren variablen Dezelerationen mit ungünstigen Zusatzkriterien gekommen ist (OLG Düsseldorf, Urt. v. 21. 3. 2002 – 8 U 8/01, AHRS III,
1955/314).

Es stellt jedoch nicht automatisch einen Behandlungsfehler dar, wenn der ge-   G 836a
burtsleitende Arzt im Anschluss an eine, wegen bestehender Dezellerationen
veranlasste Notfalltokolyse eine **Mikroblutuntersuchung unterlässt, wenn keine
schwere Pathologie im CTG vorlag** und mit einer unmittelbaren Gefährdung des
Kindes zunächst nicht zu rechnen war (OLG Köln, Urt. v. 6. 7. 2011 – 5 U 8/07,
GesR 2012, 18).

Auffälliges CTG, fehlende Mikroblutanalyse und pH-Wert-Bestimmung   G 837

Ein grober Behandlungsfehler der Ärzte einer Geburtsklinik liegt in der „Gesamtschau" vor, wenn das CTG über einen längeren Zeitraum hinweg eine Vielzahl von pathologischen Auffälligkeiten aufweist, die Dosierung eines wehen-

fördernden Medikaments trotz wiederholt aufgetretener Tachysystolien nicht reduziert wird, Mikroblutanalysen und die Bestimmung des pH-Wertes aus der Nabelschnurarterie unterbleiben und trotz anhaltender Bradykardien in der Endphase der Pressperiode von einer Beschleunigung der Entbindung durch operatives Eingreifen abgesehen wird (OLG Düsseldorf, Urt. v. 16. 3. 2000 – 8 U 26/99, AHRS III, 6562/302).

G 838 **Unterlassene oder verspätete Schnittentbindung (Sectio); Auftreten einer Schulterdystokie** (zur → *Aufklärung* vgl. Rz. A 1382 ff., A 1420 ff.)

In der verzögerten Einleitung einer Schnittentbindung wird im Regelfall ein grober Behandlungsfehler gesehen, da während der Geburt eine Sauerstoffmangelversorgung schnellstmöglichst bekämpft werden muss, um Hirnschädigungen zu vermeiden (OLG Koblenz, Urt. v. 26. 2. 2009 – 5 U 1212/07, VersR 2010, 1452, 1453; OLG Koblenz, Urt. v. 3. 5. 2007 – 5 U 567/05, AHRS III, 6565/326 = VersR 2008, 222; OLG Celle, Urt. v. 27. 2. 2006 – 1 U 68/05, VersR 2007, 543 = MedR 2007, 42; OLG Frankfurt, VersR 1996, 584; OLG München, VersR 1991, 586; OLG München, Urt. v. 23. 12. 2011 – 1 U 3410/09, juris, Nr. 5, 80, 103, 107, 108, 112, 114, 115: **Notsectio um 19 Minuten verspätet, grob fehlerhaft**; OLG Köln, Urt. v. 6. 7. 2011 – 5 U 8/07, GesR 2012, 18: **Verzögerung einer vaginal-operativen Entbindung bei hochpathologischem CTG über 15 Minuten noch nicht grob fehlerhaft**; OLG Oldenburg, VersR 1992, 453; OLG Schleswig, Urt. v. 10. 9. 2004 – 4 U 31/97, OLGR 2005, 273, 274; OLG Schleswig, VersR 1994, 310; OLG Stuttgart, Urt. v. 13. 4. 1999 – 14 U 17/98, VersR 2000, 1108, 1110; zum Schmerzensgeldanspruch i. H. v. 50 000 – 75 000 Euro bei Schädigung des Plexus brachialis nach einer behandlungsfehlerhaft verursachten Schulterdystokie: OLG Köln, Beschl. v. 5. 9. 2008 – 5 W 44/08, OLGR 2009, 78).

G 839 Bei einem durch Mikroblutanalyse ermittelten **pH-Wert des Kindes** von weniger als **7,20** stellt es – schon Mitte der 90er Jahre – einen groben Behandlungsfehler dar, wenn die Geburt nicht unverzüglich durch Sectio beendet, sondern zunächst weiterhin eine vaginale Entwicklung angestrebt und der Kaiserschnitt dann erst knapp **eine Stunde** nach Feststellung des pathologischen Werts eingeleitet wird (OLG Celle, Urt. v. 27. 6. 2006 – 1 U 68/05, MedR 2007, 42 = VersR 2007, 543, 544). Zeigt das vorgeburtliche CTG über zwei Stunden mehrmals **kritische Abfälle der Herzfrequenz** des Kindes und versäumt der Arzt eine **Blutgasanalyse** sowie die **rasche Einleitung** der Geburt, ggf. per Not-Sectio, liegt hierin ein grober Behandlungsfehler. Unterbleibt eine medizinisch gebotene Blutgasanalyse zunächst, weil der pH-Meter mit Kreißsaal defekt ist, und wird die Messung dann erst über eine Stunde später durchgeführt, ist es gerechtfertigt, bis zum Beweis des Gegenteils durch die Behandlungsseite von der Richtigkeit einer schlüssigen Sachverhaltsdarstellung der Patientin auszugehen (OLG Koblenz, Urt. v. 3. 5. 2007 – 5 U 567/07, OLGR 2007, 6, 8 = VersR 2008, 222). Weisen die Analysenwerte einer Blutgasanalyse auf eine schwere Azidose (Abfall der arteriellen pH-Werts unter 7,36) hin, muss der Patientin innerhalb von wenigen Minuten nach dem Bekanntwerden der Analysenwerte **Natriumbikarbonat** verabreicht werden. Eine um **27 Minuten verspätete Gabe** des Medikaments stellt einen groben Behandlungsfehler dar (OLG Hamm, Urt. v. 15. 1. 2003 – 3 U 98/02, AHRS III, 6565/314 und 2715/317).

Die Verzögerung der ärztlichen Entscheidung für die Vornahme einer Sectio   G 840
wird als grober Behandlungsfehler gewertet, wenn aus objektiver Sicht nicht
mehr nachvollziehbar ist, weshalb trotz bereits **feststellbarer Sauerstoffminderversorgung und des eingetretenen Geburtsstillstands** eine Schnittentbindung
nicht eingeleitet wird. Bei der Gesamtbetrachtung eines Behandlungsverlaufs
ist auch die Summierung vermeidbarer Zeitverluste bis zum Beginn der erforderlichen Operation zu berücksichtigen, wobei auch geringfügige Verzögerungen
von Bedeutung sein können (OLG Schleswig, VersR 1994, 310). Allerdings erfordert allein der **Stillstand der Geburt** noch keinen sofortigen Kaiserschnitt, wenn
die kindlichen Herzfrequenzen wehensynchron und **ohne pathologische Zeichen**
sind (OLG Koblenz, Urt. v. 5. 8. 2004 – 5 U 250/04, MedR 2005, 358).

Ein grober Behandlungsfehler wurde aber angenommen bei einer – schuldhaften   G 841
– **Verzögerung von 20–25 Minuten** (OLG Schleswig, VersR 1994, 310), **20 Minuten** (OLG Hamm, Urt. v. 17. 8. 1998 – 3 U 199/97), **19 Minuten nach dem Nabelschnurvorfall und der Indikation zu einer möglichst schnellen** Geburtsbeendigung (OLG München, Urt. v. 23. 12. 2011 – 1 U 3410/09, juris, Nr. 107, 108,
114: schwerste Schäden drohen bereits bei einer Sauerstoffunterversorgung von
10–15 Minuten), **7–8 Minuten** (OLG Stuttgart, Urt. v. 13. 4. 1999 – 14 U 17/98,
VersR 2000, 1108, 1110: Schlüssel zum OP-Saal nicht aufzufinden; OLG München, VersR 1991, 586), **erst recht bei einer Verzögerung von mehr als 40 Minuten** (OLG Köln, NJW-RR 1992, 474) **oder gar einer Stunde** (BGH, VersR 2000,
1146, 1147; OLG Schleswig, Urt. v. 10. 9. 2004 – 4 U 31/97, OLGR 2005, 273,
274: **Einstündige Nichtreaktion auf ein länger andauerndes, über dreißig Minuten hochpathologisches CTG**; OLG Celle, Urt. v. 27. 2. 2006 – 1 U 68/05, VersR
2007, 543, 544: **eine Stunde nach Feststellung des pathologischen pH-Wertes von
weniger als 7,20**).

Wurde die Schwangere nach Überschreitung des errechneten Entbindungster-   G 841a
mins stationär in eine Frauenklinik aufgenommen und nach einsetzenden Ge-
burtsbestrebungen in den Kreißsaal verlegt, stellt es einen groben Behandlungsfehler dar, wenn bei angehängtem Wehentropf **erst 19 Minuten nach dem Abfall
der Herztöne auf 80 Schläge/min und dem Vorfall der Nabelschnur mit geburts-
beendenden Maßnahmen begonnen wird** (hier: unterlassener Versuch einer Vakuumextraktion bzw. Geburtbeendigung mittels Zangenentbindung – vorliegend war die vaginal-operative Entbindung indiziert). Bei einem Notfall muss
die schnellstmögliche Methode zur Geburtbeendigung (hier: vaginaloperative
Methode) gewählt werden, denn bereits bei einer **Sauerstoffunterversorgung von
mehr als zehn Minuten können schwerwiegende Schäden beim Kind eintreten**
(OLG München, Urt. v. 23. 12. 2011 – 1 U 3410/09, juris, Nr. 5, 80, 103, 107,
108, 112, 114, 115).

Hiervon zu unterscheiden ist die „EE-Zeit". Hier genügt ein Zeitraum von 25   G 842
Minuten (für 1986) bzw. von **20 Minuten** (seit 1996) zwischen der Entscheidung
über die Durchführung und der Vollendung einer Notsectio („EE-Zeit") dem medizinischen Behandlungsstandard einer Entbindungsklinik (OLG Saarbrücken,
OLGR 1999, 460, 463; vgl. Haag/Hamhart/Müller, S. 201: Entscheidungs- und
Entwicklungszeit max. 20 Minuten, eigentliche OP-Zeit ab Beginn der Narkose
max. 5 Minuten). Eine **geringfügige Überschreitung** der unter optimalen Abläu-

fen möglichen EE-Zeit von **18–20 Minuten** stellt jedenfalls dann keinen groben Behandlungsfehler dar, wenn die Sectio nach einer häuslichen Uterusruptur **notfallmäßig durchgeführt** werden muss (OLG Koblenz, Urt. v. 24. 5. 2007 – 5 U 1735/06, OLGR 2007, 696 = VersR 2008, 355). In der bloßen **Überschreitung** der in den Leitlinien der geburtshilflichen Fachgesellschaften vorgegebenen Entschluss-Entwicklungszeit **(EE-Zeit) von 20 Minuten** bei einer Notsectio um acht Minuten liegt nicht ohne Weiteres ein Behandlungsfehler. Die EE-Zeit von 20 Minuten wird von einer erheblichen Zahl insbesondere kleinerer Krankenhäuser und Belegkliniken nicht erreicht und kann deshalb insbesondere bei nächtlichen Notfällen nicht als unumstößlicher Standard gelten. Eine Belegklinik muss aber die Anwesenheit einer Beleghebamme, die Abrufbarkeit eines Belegarztes sowie eines Operationsteams und das Vorhandensein der geburtsrelevanten Ausstattung sicherstellen (OLG Koblenz, Urt. v. 5. 2. 2009 – 5 U 854/08, GesR 2009, 198, 200 = OLGR 2009, 401, 402).

G 843   Eine Sectio ist insbesondere dann indiziert, wenn der **Kopf des Kindes noch im Beckeneingang** steht, Hinweise auf eine Beckenverengung bestehen und die Mutter ohnehin eine Vollnarkose erhält. Eine stattdessen vorgenommene Vakuumextraktion, bei der es zu einer Schulterdystokie (Ausfallerscheinungen der Spinalnervenwurzeln des Halsbereichs) kommt, ist ein Behandlungsfehler. Kann infolge **unterbliebener Dokumentation** nicht mehr festgestellt werden, wie die **Schulterdystokie** gelöst worden ist, so lässt dies zugunsten des klagenden Kindes die Vermutung zu, dass dabei nicht lege artis vorgegangen wurde (OLG Stuttgart, VersR 1999, 382; auch OLG Oldenburg, VersR 1993, 1235: grober Behandlungsfehler). Allerdings ergibt sich aufgrund einer unterbliebenen Dokumentation zur Anwendung der Kristellerhilfe keine Beweiserleichterung dahingehend, dass von der Anwendung dieser Maßnahme bereits vor der Drehung der Schulter des Kindes im Mutterleib und damit von einem groben Behandlungsfehler auszugehen ist, wenn die Einlassung der Behandlungsseite nicht zu widerlegen ist, dass die bei einer Schulterdystokie erforderlichen Maßnahmen ergriffen wurden und nur ihre zeitliche Abfolge umstritten bleibt (OLG Düsseldorf, Urt. v. 15. 7. 2004 – I - 8 U 35/03, OLGR 2005, 707, 709).

G 843a   Bei mehrfachen **kritischen Abfällen der kindlichen Herzfrequenz über mehr als zwei Stunden** mit bedenklicher Zunahme der Dezelerationen besteht dringender Handlungsbedarf, den Chef- oder Oberarzt herbeizurufen, **eine Sectio vorzunehmen oder zumindest eine Mikroblutuntersuchung** zu veranlassen, um sich Klarheit über die nach den Dezelerationen zu vermutende Sauerstoffmangelversorgung des Kindes zu verschaffen. **Wird der Oberarzt erst eine Stunde nach der bedenklichen Zunahme der Dezelerationen hinzugezogen, liegt ein grober Behandlungsfehler vor** (OLG Koblenz, Urt. v. 3. 5. 2007 – 5 U 567/05, AHRS III, 5656/326 = VersR 2008, 222). Wurden dabei aus medizinischen Gründen **dokumentationspflichtige Umstände nicht in den Behandlungsunterlagen vermerkt**, ist es gerechtfertigt, bis zum Beweis des Gegenteils durch die Behandlungsseite **von der Richtigkeit der Sachverhaltsdarstellung des Patienten auszugehen** (OLG Koblenz, a. a. O.).

G 843b   Ein grober Behandlungsfehler liegt zumindest in der **Gesamtschau** vor, wenn der geburtsleitende Arzt nach dem Abriss der Saugglocke (Scheitern der Vakuum-

extraktion) weitere Versuche einer vaginal-operativen Entbindung durch Vakuumextraktion oder mittels Geburtszange durchführt und sich nicht unverzüglich zur **Geburtsbeendigung durch eine Sectio** entscheidet, nachdem **über 20 Minuten kein nennenswerter Geburtsfortschritt zu erkennen**, die Lage des Kindes
unklar und **das CTG hoch pathologisch** war. Eine so entstandene, grob fehlerhafte Verzögerung des gebotenen Kaiserschnitts um 12 Minuten ist auch generell geeignet, eine schwere Schädigung des Kindes bei zuvor hoch pathologischem CTG herbeizuführen (OLG Koblenz, Urt. v. 26. 2. 2009 – 5 U 1212/07,
VersR 2010, 1452, 1453: 350 000,00 Euro Schmerzensgeld bei Geburtsschaden
mit Hirnschädigung).

Das Vorliegen eines groben Behandlungsfehlers drängt sich auch ohne entsprechende Bewertung durch den Sachverständigen auf, wenn es im Rahmen eines
Geburtsvorgangs **zur Hyperventilation eines Säuglings über die Dauer von fünf
Stunden** gekommen ist und die Krankenunterlagen keine Eintragungen über getroffene Maßnahmen zur **Stabilisierung der Sauerstoffzufuhr über knapp drei
Stunden** mit Ausnahme der Blutabnahme zur Blutgasanalyse enthalten. Es liegt
nahe, dass in einem solchen Fall zumindest in der „Gesamtschau" ein grober Behandlungsfehler zu bejahen ist (BGH, Beschl. v. 9. 6. 2009 – VI ZR 261/08, VersR
2009, 1406, 1408, Nr. 6, 11).

G 843c

Der Krankenhausträger haftet auch, wenn der die Mutter behandelnde Arzt
nicht die Notwendigkeit einer Sectio in Erwägung gezogen hat, etwa weil die **angegebenen Beckenmaße Anlass zu einer eingehenden Untersuchung der Mutter
hätten geben müssen, wenn eine Beckenendlage vorliegt oder ein übergroßes
Kind zu erwarten ist** und es infolge mangelnder Vorsorge zu einer Notsituation
kommt, in der ein zufällig die Geburt übernehmender Arzt **mangels ausreichender Information eine Vakuumextraktion anstatt eines Kaiserschnitts vornimmt**
(OLG Hamm, Urt. v. 19. 1. 2000 – 3 U 14/99, VersR 2001, 189). Den die Entbindung durchführenden, uninformierten Arzt trifft dabei jedenfalls kein grobes
Verschulden. Waren die eine Sectio indizierenden Umstände für ihn nicht erkennbar, scheidet seine Haftung – nicht jedoch diejenige des Krankenhausträgers wegen eines **Organisationsverschuldens** – aus (OLG Hamm, Urt. v.
19. 1. 2000 – 3 U 14/99, VersR 2001, 189, 190).

G 844

Bereits im Jahr 1994 war durch zahlreiche Veröffentlichungen in den maßgebenden Fachzeitschriften bekannt, dass bei einer plötzlichen **Schulterdystokie** zunächst die Wehentätigkeit medikamentös zu unterbinden und eine großzügige
Episiotomie anzulegen ist; anschließend muss der Versuch unternommen werden, die im Becken verkeilte kindliche Schulter durch mehrfaches Beugen und
Strecken der mütterlichen Beine, durch Druck oberhalb der Symphyse oder
durch eine intravaginale Rotation zu lösen (OLG Düsseldorf, Urt. v. 10. 1. 2002
– 8 U 49/01, VersR 2003, 114; auch OLG Düsseldorf, Urt. v. 25. 11. 1999 – 8 U
126/98, VersR 2001, 460 = OLGR 2000, 449, 450).

G 845

Begnügt sich der ärztliche Geburtshelfer bei einer **Schulterdystokie** damit, ein
wehenförderndes Medikament zu verabreichen und die Entbindung durch einen
massiven Einsatz des **Kristeller-Handgriffs** zu beschleunigen, ist sein Vorgehen
auch unter Berücksichtigung der Bedrohlichkeit der Situation und der fehlenden

G 846

Kooperation der Schwangeren als **grob fehlerhaft** einzustufen (OLG Düsseldorf, Urt. v. 10. 1. 2002 – 8 U 49/01, VersR 2003, 114). Die Beschleunigung des Geburtsvorgangs durch den **Kristeller-Handgriff** vor dem Lösen der verkeilten Schulter und der dadurch erzeugte Druck auf den Oberbauch ist **bei Auftreten einer Schulterdystokie (SD) sogar kontraindiziert** und grob fehlerhaft, da er zu einer weiteren Verkeilung der kindlichen Schultern führt (OLG Düsseldorf, Urt. v. 30. 1. 2003 – 8 U 49/02, VersR 2005, 654; auch OLG Düsseldorf, Urt. v. 15. 7. 2004 – I-8 – U 35/03, OLGR 2005, 707, 708 f.; Urt. v. 10. 1. 2002 – 8 U 49/01, VersR 2003, 114; Urt. v. 25. 11. 1999 – 8 U 126/98, VersR 2001, 460 = OLGR 2000, 449, 450; OLG Jena, Urt. v. 7. 11. 2003 – 4 U 1230/00, AHRS III, 6565/311; OLG Karlsruhe, Urt. v. 26. 10. 2005 – 7 U 159/04, AHRS III, 6570/331; vgl. zur → *Aufklärung* Rz. A 1382 ff., A 1420 ff.; vgl. Psychrembel, 264. Aufl., S. 1142 und Haag/Hanhart/Müller, Seite 199: „Kristellern" nur bei Beckenendlage, wenn sectio und äußere Wendung nicht möglich bzw. erfolglos).

Denn regelmäßig kommt bei einer Schulterdystokie zunächst das Manöver nach McRoberts in Betracht, bei dem die Beine der Mutter maximal im Hüftgelenk gebeugt werden, um auf diese Weise durch ein Kippen der Symphse eine Lösung der kindlichen Schulter herbeizuführen; dabei wird als weitere Maßnahme die gleichzeitige äußere Überdrehung des Kopfes empfohlen. Als alternative Möglichkeit wird ein mit der Hand in der Vagina ausgeübter Druck auf die suprasymphysär verkeilte Schulter beschrieben, um damit die Drehung nachzuholen. In jedem Fall ist es aber erforderlich, zunächst die Drehung der Schulter durchzuführen und erst dann die vollständige Entwicklung durch einen moderaten Zug oder die Kristellerhilfe zu bewirken. **Grob fehlerhaft** ist es, vor der erforderlichen Drehung der Schulter zu **kristellern oder forciert am Kopf zu ziehen** (OLG Düsseldorf, Urt. v. 15. 7. 2004 – I-8 U 35/03, OLGR 2005, 707, 708; auch Urt. v. 30. 1. 2003 – 8 U 49/02, VersR 2005, 654 f.). Insbesondere, wenn sich der kindliche **Kopf bereits in der Beckenmitte** befindet, stellt die Anwendung des **Kristeller-Handgriffs** einen groben Behandlungsfehler dar (OLG Hamm, Urt. v. 21. 5. 2003 – 3 U 122/02, VersR 2004, 386, 387; OLG Karlsruhe, Urt. v. 26. 10. 2005 – 7 U 159/04, AHRS III, 6570/331: Kristeller-Handgriff bei hoher SD grob fehlerhaft).

G 847   **Mehrere einfache Behandlungsfehler im Rahmen einer Geburt, „Gesamtschau"**

Auch mehrere, jeweils für sich genommen nicht grobe Einzelfehler können in der **erforderlichen Gesamtwürdigung** einen groben Behandlungsfehler begründen. Dies ist etwa dann der Fall, wenn die Kindsmutter im Rahmen der Aufnahme im Krankenhaus nicht von einem Arzt, sondern lediglich durch eine Hebamme untersucht wird, die in den Krankenunterlagen vermerkt, dass mit der Geburt eines „großen Kindes" zu rechnen ist, im Anschluss an die Aufnahme eine Fetometrie bei fehlenden orientierenden Gewichtsangaben unterbleibt, das äußere Überdrehen des kindlichen Kopfes zur Lösung einer spontan eingetretenen **Schulterdystokie** durch eine Hebamme mit lediglich zwei Monaten Berufserfahrung vorgenommen und nachfolgend der innere Lösungsversuch der Schulterdystokie nach Wood durch die Ärztin nicht vollständig bzw. nicht korrekt durchgeführt und nach dem Eintritt der Schulterdystokie weder für eine Analgesie noch für eine Notfalltokolyse Sorge getragen wird (OLG Stuttgart, Urt. v. 25. 5. 2004 – 1 U 5/04, S. 10–13).

Ein grober Behandlungsfehler der Ärzte einer Geburtsklinik liegt in der G 847a
„Gesamtschau" vor, wenn das **CTG über einen längeren Zeitraum hinweg eine Vielzahl von pathologischen Auffälligkeiten aufweist, die Dosierung eines wehenfördernden Medikaments trotz wiederholt auftretender Tachysystolien nicht reduziert wird, Mikroblutanalysen und die Bestimmung des pH-Werts unterbleiben** und trotz anhaltender Bradykardien in der Endphase der Pressperiode von einer Beschleunigung der Entbindung durch operatives Eingreifen abgesehen wird (OLG Düsseldorf, Urt. v. 16. 3. 2000 – 8 U 26/99, AHRS III, 6565/302).

Ein grober Behandlungsfehler eines Gynäkologen, den sich der Krankenhausträ- G 847b
ger zurechnen lassen muss, ist in der „Gesamtschau" auch zu bejahen, wenn eine **trotz pathologischen CTGs erforderliche Mikroblutanalyse mit einstündiger Verspätung veranlasst wird, die aufgrund der pathologischen CTG-Werte dringend indizierte Sectio nicht als Eilmaßnahme innerhalb von jedenfalls weniger als einer weiteren Stunde durchgeführt und der Pädiater erst nach der Geburt benachrichtigt wird** (OLG Düsseldorf, Urt. v. 21. 3. 2002 – 8 U 8/01, AHRS III, 6551/312).

Ein grober Behandlungsfehler in der „Gesamtschau" liegt auch vor, wenn bei G 847c
einer Hyperventilation eines Säuglings im Rahmen eines Geburtsvorgangs **über knapp 3 Stunden keine Maßnahmen zur Stabilisierung der Sauerstoffzufuhr getroffen** werden (BGH, Beschl. v. 9. 6. 2009 – VI ZR 261/08, VersR 2009, 1406, 1408, Nr. 6, 11; s. o. Rz. G 843c) oder wenn nach dem Scheitern der Vakuumextraktion anstatt einer sofortigen Sectio weitere Versuche einer vaginal-operativen Entbindung durchgeführt werden, **über 20 Minuten kein nennenswerter Geburtsfortschritt zu verzeichnen und das CTG hoch pathologisch ist** (OLG Koblenz, Urt. v. 26. 2. 2009 – 5 U 1212/07, VersR 2010, 1452, 1453; s. o. Rz. G 843b).

Überbeatmung eines asphyktischen Neugeborenen G 848

Die extreme – über eine Stunde andauernde – **Überbeatmung eines asphyktischen Neugeborenen** ist generell geeignet, eine hypoxisch-ischämische Enzephalopathie hervorzurufen und stellt einen groben Behandlungsfehler dar. Der Kausalzusammenhang zwischen der Überbeatmung und dem Primärschaden ist nicht ausgeschlossen – und erst recht nicht „äußerst unwahrscheinlich" –, wenn der Sauerstoffmangel unter der Geburt den Schaden mitverursacht hat (OLG Stuttgart, Urt. v. 11. 6. 2002 – 14 U 83/01, OLGR 2002, 443, 445 = GesR 2003, 123, 124).

Es ist grob fehlerhaft, ein neugeborenes Kind nach Atemstillstand **trotz hoch-** G 848a
pathologischer Blutgaswerte bis zum fünften Lebenstag zu stark dosiert zu beatmen. Ist die Überbeatmung generell geeignet, eine Hyperkapnie, d.h. eine zu starke Erhöhung des arteriellen CO_2-Partialdruckes („Kohlendioxodnarkose") und dadurch bedingt eine schwere Hirnschädigung auszulösen, so kommt eine **Ausnahme von dem Grundsatz der Beweislastumkehr nicht deshalb in Betracht, weil der eingetretene Gesundheitsschaden als mögliche Folge des groben Behandlungsfehlers zum maßgeblichen Zeitpunkt noch nicht bekannt war** (BGH, Urt. v. 19. 6. 2012 – VI ZR 77/11, MDR 2012, 966 = VersR 2012, 1176, 1178 = NJW 2012, 2653, Nr. 11, 14, 15).

G 849   **Verzögerte Vakuumextraktion**

Dasselbe gilt grundsätzlich auch bei einer verzögerten Vakuumextraktion, sofern nicht eine Sectio dringend indiziert ist. Die Verzögerung einer indizierten Vakuumextraktion um eine Stunde ist in jedem Falle grob fehlerhaft (OLG Oldenburg, VersR 1993, 753).

G 850   **Unzureichende Überwachung des Geburtsfortschritts**

Eine vollständige Beweislastumkehr zu Lasten der Behandlungsseite ist angezeigt, wenn bei einer **Zwillingsgeburt aus einer Beckenend-Querlage** in der 31. Schwangerschaftswoche eine unzureichende Überwachung des Geburtsfortschritts und eine Vielzahl zum Teil schwerwiegender Dokumentations- und Befunderhebungsversäumnisse bei der sich anschließenden Versorgung und mehrwöchigen Behandlung in der Kinderklinik festzustellen sind. Dies gilt insbesondere, wenn **keine Gewichts-, Blutdruck- und transkutanen Sauerstoffmessungen** bei wiederholt auftretenden Zyanosen und Bradykardieanfällen vorgenommen wurden (OLG Köln, VersR 1998, 244).

G 851   **Überwachung des Kindes nach der Geburt**

Es stellt einen groben Behandlungsfehler dar, wenn die **Temperatur eines frühgeborenen Kindes nicht ausreichend überwacht** wird und es deshalb zu einer andauernden Unterkühlung kommt, die möglicherweise zu einer Hirnblutung geführt hat und hierfür generell geeignet war (OLG Hamm, VersR 1995, 341). Ein grobes Fehlverhalten liegt auch vor, wenn das Pflegepersonal eines Belegkrankenhauses bei einer mehrere Stunden nach der Geburt eintretenden **bläulichen Verfärbung von Gesicht und Händen** eines Neugeborenen nicht unverzüglich einen Arzt hinzuzieht. Für Fehler des Klinikpersonals im Rahmen der allgemeinen Pflege des Kindes haftet der Krankenhausträger, nicht der Beleggynäkologe (OLG München, VersR 1997, 977).

G 851a   Ein grober Behandungsfehler liegt insbesondere vor, wenn die **künstliche Beatmung** eines Frühgeborenen mehrere Stunden lang mit einem Atemzugsvolumen von 20–24 ml **ohne regelmäßige arterielle Blutgasanalyse durchgeführt** wird (OLG Brandenburg, Urt. v. 25. 2. 2010 – 12 U 60/09, juris, Nr. 23).

G 851b   **Verspätete Verlegung in Kinderklinik bei schwerer Infektion**

Zeigt ein ca. 40 Stunden altes Kind ein **signifikantes Leitsymptom für eine schwere Infektion** (hier: Meningitis), etwa eine auffällige Unruhe und Schreckhaftigkeit und/oder ein „Sonnenuntergangsphänomen" und beabsichtigt die Ober- oder Assistenzärztin eine **sofortige Verlegung in eine Kinderklinik**, ist es grob fehlerhaft, wenn ein anderer Arzt (hier: Chefarzt) anordnet, das Kind „zur Beruhigung" der Mutter anzulegen, wodurch die **geplante Verlegung um ca. 45 Minuten verzögert** wird (OLG Koblenz, Urt. v. 30. 10. 2008 – 5 U 576/07, GesR 2009, 34, 36 f.).

G 852   **Überwachung des Wachstums des Kindes**

Lässt sich etwa **ab der 33. SSW kein wesentliches Wachstum** des Kindes im Mutterleib feststellen, erfordert die Schwangerschaftsbetreuung durch den Frauenarzt ein verstärktes Risiko-Management, insbesondere **zusätzliche Untersuchungen**, so z. B. Messungen des Schädel- und des Thoraxdurchmessers, Kardiotokogramme unter Wehenbelastung und häufigere Ultraschallmessungen. Vor allem bei Nikotin- und Alkoholmissbrauch der Schwangeren muss der Frauenarzt das Wachstum des Kindes ständig im Auge behalten. Bei erkennbaren Entwicklungsstörungen muss er ggf. **Spezialisten hinzuziehen oder die Schwangere in ein Perinatalzentrum einweisen.** Das Unterlassen derartiger Maßnahmen stellt in solchen Fällen regelmäßig einen groben Behandlungsfehler dar, bei dem ein später festgestellter kindlicher Hirnschaden hinsichtlich des Kausalzusammenhangs eine Beweislastumkehr zum Nachteil des Gynäkologen zur Folge hat (OLG München OLGR 2001, 109).

Haftung der Hebamme neben dem geburtsleitenden Arzt; Remonstrationspflicht   G 853

Eine Hebamme ist von dem Moment an, in dem der Arzt bei der Geburt hinzutritt („Übernahme der Geburt"), lediglich dessen Gehilfin und hat seinen Anweisungen Folge zu leisten. Die Hebamme haftet – neben dem Arzt – jedoch aus dem Gesichtspunkt der **unterlassenen Remonstration** dann selbst, wenn sie aufgrund ihrer eigenen geburtshilflichen Ausbildung **erkennen muss, dass das Vorgehen des Arztes vollkommen regelwidrig und unverständlich** ist (OLG Düsseldorf, Urt. v. 26. 4. 2007 – I-8 U 37/05, VersR 2008, 534, 536 = GesR 2008, 19, 20; ebenso bereits BGH, Urt. v. 7. 12. 2004 – VI ZR 212/03, GesR 2005, 161, 163 und OLG Hamm, Urt. v. 16. 1. 2001 – 3 U 207/02 mit NZB BGH v. 11. 6. 2006 – VI ZR 43/06, AHRS III, 3210/312 = VersR 2006, 512, 514). Wird dies vom Arzt unterlassen, so hat die Hebamme notfalls selbst lautstark und vehement die Mutter zu veranlassen, bei Gefährdung des Feten einer ärztlich erteilten Anordnung nachzukommen, etwa die Geburtswanne sofort zu verlassen (OLG Düsseldorf, a. a. O.).

Wird die Geburt – zulässigerweise – von einem Assistenzarzt mit vierjähriger Berufserfahrung geleitet, können dessen grob fehlerhafte Versäumnisse der an der Geburt beteiligten Hebamme jedoch **nicht zugerechnet** werden, wenn sich das Vorgehen des Arztes der Hebamme **nicht als schlechterdings unvertretbar** und mit dem erkennbaren Erfordernis sofortiger Intervention darstellte (OLG Koblenz, Urt. v. 3. 5. 2007 – 5 U 567/05, GesR 2007, 591, 593).   G 854

b) Grober Behandlungsfehler verneint (vgl. zu einfachen Behandlungsfehlern Rz. T 85 ff., T 103 ff.)

Verlegung statt Herzmassage während einer Operation   G 855

Die Verlegung einer Patientin, bei der es während der Operation zu einem **plötzlichen Herzstillstand** gekommen ist, zur Vornahme der Reanimation auf die nahe gelegene Intensivstation anstatt der Fortsetzung der Herzmassage auf dem Operationstisch, stellt jedenfalls keinen groben Behandlungsfehler dar. Die Patientin hat in diesem Fall zu beweisen, dass sich eine ausreichende Sauerstoffversorgung des Gehirns rechtzeitig, d. h. vor dem Eintritt einer ischämischen Schädigung hätte wiederherstellen lassen, wenn die Reanimation mit den hierzu benötigten Geräten im Operationssaal fortgesetzt worden wäre (OLG Düsseldorf, Urt. v. 10. 1. 1994 – 8 U 61/91).

G 856 **Unterlassener Scheidenabstrich**

Das **zweimalige Unterlassen eines gebotenen Scheidenabstrichs** mit mikroskopischer Untersuchung stellt zwar einen einfachen, jedoch keinen groben Behandlungsfehler dar. Hielt der Arzt eine mikroskopische Untersuchung nur bei klinischen Anzeichen einer Infektion für geboten, so wiegt der Behandlungsfehler nicht deswegen schwerer, weil auch bei einer späteren Kontrolluntersuchung kein Abstrich genommen und mikroskopisch untersucht worden ist (OLG Braunschweig, Urt. v. 25. 3. 1999 – 1 U 61/98, VersR 2000, 454, 455). Beweiserleichterungen ergeben sich in diesem Fall auch nicht aus dem Gesichtspunkt der „unterlassenen Befunderhebung" bei Vorliegen eines einfachen Behandlungsfehlers. Ist die Erhebung gebotener Befunde versäumt worden, ergibt sich eine Vermutung für die Kausalität von unterlassener Befunderhebung und dem Eintritt eines Gesundheitsschadens nämlich nur dann, wenn es hinreichend wahrscheinlich wäre, dass die unterlassene Untersuchung zu einem reaktionspflichtigen positiven Befundergebnis geführt hätte. Dies ist nicht der Fall, wenn **völlig offen** ist, ob die mikroskopische Untersuchung eines Scheidenabstrichs die **Entwicklung und Vermehrung pathologischer Keime** hätte erkennen lassen oder ob die Untersuchung kein erkennbares Ergebnis erbracht hätte (OLG Braunschweig, Urt. v. 25. 3. 1999 – 1 U 61/98, VersR 2000, 454, 456).

G 857 **Mammografie bzw. Probebiopsie unterlassen** (vgl. bereits oben Rz. G 390 ff., G 570, G 577 ff., G 580a, G 649a, G 812 ff. m. w. N.; zum *medizinischen Hintergrund* Rz. G 577a/b)

Eine Mammografie zur Krebsvorsorgeuntersuchung war nach dem Erkenntnisstand im Jahr 1999 bei einer Patientin im **Alter von 43 Jahren** nur veranlasst, wenn **einschlägige Risikofaktoren**, etwa ein Mamma- oder Ovarialkarzinom in der Verwandtschaft vorgelegen habe. Das Vorliegen eines Magen- und eines Uteruskarzinoms in der Familienanamnese stellt keinen solchen signifikanten Risikofaktor dar (OLG Hamburg, Urt. v. 14. 11. 2003 – 1 U 71/03, OLGR 2004, 328). Auch bei einer Risikopatientin ist bei **negativer Mammografie, unverdächtigem Tastbefund** und Fehlen sonstiger Anzeichen für Malignität **keine weitere Diagnostik** erforderlich (OLG München, Urt. v. 20. 9. 2001 – 1 U 4502/00, OLGR 2003, 7, 8 für das Jahr 1992). Ob die Beurteilbarkeit der Mammografie ausreicht oder durch zusätzliche Maßnahmen – etwa eine **Probebiopsie** – verbessert werden muss, ist nicht vom behandelnden Gynäkologen bzw. Hausarzt, sondern vom Radiologen als zuständigem Facharzt zu entscheiden (OLG München, Urt. v. 20. 9. 2001 – 1 U 4502/00, OLGR 2003, 7).

G 858 Besteht bei einer Patientin jedoch ein **auffälliger klinischer Befund** (im entschiedenen Fall eine gerötete blutende Mamille der rechten Brust), bei dem der Verdacht einer tumorösen Erkrankung nicht ausgeschlossen werden kann, ist es fehlerhaft, wenn der behandelnde Gynäkologe eine Wiedervorstellung der Patientin zur Kontrolluntersuchung nur für den Fall vorsieht, dass es zu keiner Befundbesserung kommt. Im Fall des begründeten Verdachts einer Brustkrebserkrankung bedarf es in jedem Fall einer **Biopsie mit einer sich anschließenden Gewebeuntersuchung**. Die Durchführung einer Mammografie genügt in solchen Fällen nicht. Ein grober Behandlungsfehler liegt vor, wenn der Frauenarzt seine Patientin nicht über den konkreten Verdacht einer Brustkrebserkrankung und die dringende Notwendigkeit einer entsprechenden diagnostischen Abklärung aufklärt (OLG Düsseldorf, Urt. v. 6. 3. 2003 – 8 U 22/02, NJW-RR 2003, 1333 = VersR 2003, 1310).

Bei einer „**High risk**"-**Patientin**, bei deren Mutter zwischen dem 40. und 50. Le-   G 859
bensjahr Mammakarzinome rechts und links aufgetreten sind und die ständig unter einer fibrozystischen Mastopathie mit bis zu 1 cm großen Zysten leidet, ist es zwar fehlerhaft, jedoch nicht grob fehlerhaft, wenn der behandelnde Gynäkologe bzw. gynäkologisch tätige Hausarzt beim Auftreten eines **schmerzhaften groben Knotens** in der rechten Brust die Überweisung an einen Radiologen zur Durchführung einer Mammografie veranlasst, die Patientin nach **negativer Mammografie** bei fortbestehenden Schmerzen aber nicht zur weiteren Abklärung kurzfristig, spätestens **innerhalb von vier bis acht Wochen wieder einbestellt. Es ist nicht völlig unverständlich, wenn der Gynäkologe bzw. Hausarzt die erneuten Schmerzen der Patientin in der Brust nach der Abklärung durch bildgebende Verfahren und Abtasten beider Brüste wie bereits in früheren Fällen auf Zysten zurückführt** (LG Stuttgart, Urt. v. 15. 6. 2004 – 20 O 506/00, S. 15/16, rechtskräftig). Zudem können insbesondere bei rasch wachsenden Tumoren keine präzisen Aussagen dazu gemacht werden, wann ein solcher Tumor radiologisch zu entdecken gewesen wäre (OLG Hamburg, Urt. v. 14. 11. 2003 – 1 U 71/03, OLGR 2004, 328, 329; OLG Düsseldorf, OLG-Report 2000, 470; OLG Stuttgart, VersR 1994, 1306, 1307). Bei rasch wachsenden Tumoren kann es auch **äußerst unwahrscheinlich** sein, dass sich bei rechtzeitiger Entdeckung – etwa durch eine zwei bis vier Monate früher durchgeführte Biopsie – ein für die Patientin günstiger Verlauf ergeben hätte (LG Stuttgart, Urt. v. 15. 6. 2004 – 20 O 506/00, S. 17).

Fehlender Hinweis einer Hebamme auf frühere Schulterdystokie   G 860

Unterlässt eine Hebamme die erforderliche **Übernahme einer Eintragung, etwa einer Schulterdystokie** bei einer vorangegangenen Geburt der Mutter, vom Mutterpass in das Geburtsjournal, so ist ihre Behauptung, die behandelnden Ärzte hätten die Mutter trotz dieser Eintragung nicht **über die Alternative einer Sectio aufgeklärt**, als Bestreiten der Kausalität ihres Fehlers für die bei der Vaginalgeburt aufgetretenen Komplikationen zu würdigen. Die Beweislast dafür, dass die Ärzte die Eintragung im Geburtsjournal zum Anlass für ein Aufklärungsgespräch über die Alternative einer Sectio genommen hätten, trägt deshalb nicht die Hebamme, sondern das – durch die Eltern vertretene – Kind. Ein solcher Fehler der Hebamme ist nicht als grob einzustufen, da es durchaus vorkommen kann, dass die Hebamme es in der Routine des Tages durch (einfache) Unachtsamkeit vergessen hat, den Übertrag aus dem Mutterpass in das Krankenblatt vorzunehmen. Es handelt sich um einen Verstoß gegen die gebotene Sorgfalt, der im Tagesablauf einer Klinik immer wieder einmal vorkommen kann und deshalb nur als einfacher Fehler zu qualifizieren ist. Auch eine Beweislastumkehr aus dem Gesichtspunkt der „unterlassenen Befunderhebung", dem eine „unterlassene Befundübertragung" wertungsmäßig gleichzustellen ist, kommt nicht in Betracht, wenn es bei rechtzeitiger Übertragung des Vermerks in das Geburtsjournal nicht „hinreichend wahrscheinlich" gewesen wäre, dass sich am weiteren Verlauf etwas geändert hätte oder es nicht als grob fehlerhaft zu bewerten gewesen wäre, wenn die die Geburt begleitenden Ärzte die **Eintragung**

der Schulterdystokie auf dem Aufnahmebogen aus objektiver Sicht nicht zum Anlass für ein erneutes **Aufklärungsgespräch über die Möglichkeit einer Sectio** genommen hätten (OLG Bamberg, Urt. v. 25. 4. 2005 – 4 U 61/04, OLGR 2005, 457, 459 = VersR 2005, 1244, 1245; a. A. aber Baxhenrich, VersR 2006, 80: Unterlassen der Hebamme verletzt das Selbstbestimmungsrecht der Patientin; bei einer Verletzung der Aufklärungspflicht trägt aber die Behandlungsseite die Beweislast, dass der Schaden auch bei erteilter Aufklärung eingetreten wäre).

G 861 **Sectio unterlassen bzw. verspätet durchgeführt** (vgl. bereits Rz. G 838 ff. m. w. N.)

Ein grober Behandlungsfehler liegt nicht bereits deshalb vor, wenn sich der geburtsleitende Arzt bei einer Erstgebärenden in der 33. Schwangerschaftswoche bei **Beckenendlage** des Kindes entschließt, zunächst den **Versuch einer vaginalen Geburt** zu unternehmen und nicht sofort eine Kaiserschnittentbindung einleitet (BGH, VersR 1996, 1148). Dies gilt jedenfalls dann, wenn der Zeitgewinn, zu dem eine sogleich durchgeführte Sectio geführt hätte, bei etwa 30 Minuten liegt (BGH, VersR 1996, 1148). Auch wenn die Sectio nach Auftreten unregelmäßiger Wehen in der 28. Schwangerschaftswoche zu früh eingeleitet wird, liegt kein grober Behandlungsfehler vor, wenn der Kaiserschnitt mit großer Wahrscheinlichkeit nur um eine Woche hätte hinausgezögert werden können (BGH, NJW 1997, 798; MedR 1998, 554).

G 862 Eine Beweiserleichterung für eine kausale Verknüpfung eines groben Behandlungsfehlers mit dem Primärschaden kommt auch dann nicht in Betracht, wenn sich das Risiko, das der Beurteilung des Behandlungsfehlers als grob zugrunde liegt, nicht verwirklicht hat und **das Risiko, das sich verwirklicht hat, den Vorwurf eines groben Behandlungsfehlers nicht rechtfertigt** (OLG Karlsruhe, Urt. v. 12. 5. 2004 – 7 U 204/98, OLGR 2004, 320).

G 863 Stellt der vom Gericht hinzugezogene Sachverständige fest, dass Ursache der **Atemschwierigkeiten** des neugeborenen Kindes eine primäre Lungenerkrankung, das Atemnotsyndrom demnach Folge der **Lungenentzündung** des Kindes ist, und lässt sich die bei dem Kind vorhandene Schädigung vollständig als Folge dieser Lungenerkrankung erklären, ohne dass zusätzliche Anzeichen eines – auch nur mitwirkenden – hypoxischen Schädigungsmusters erkennbar oder zur vollständigen Erklärung ergänzend heranzuziehen sind, so hat sich das Risiko einer das Kind gefährdenden Sauerstoffmangelsituation vor der Geburt nicht realisiert. Zwar stellt es einen „groben Behandlungsfehler" dar, wenn die Behandlungsseite auf ein – pathologisches – CTG, das eine das Kind gefährdende Sauerstoffmangelsituation erkennen lässt, nicht reagiert und erst **eine Stunde** nach dem gehäuften Auftreten wehensynchroner **Herztonverlangsamungen** im CTG eine **Zangengeburt** einleitet; allerdings verwirklicht sich das durch unverzügliche Sectio abzuwendende Risiko einer das Kind gefährdenden Sauerstoffmangelsituation nicht, wenn es unmittelbar nach der Geburt normal atmet, „rosig" ist, der Apgar-Wert 8/9/10 beträgt, eine Blutentnahme aus der Nabelschnur völlig unauffällige Werte ergibt und andere Anhaltspunkte für eine schädigende Sauerstoffmangelsituation unter der Geburt fehlen (OLG Karlsruhe, Urt. v. 12. 5. 2004 – 7 U 204/98, OLGR 2004, 320, 322). In einem solchen Fall ist es **„in hohem Maß unwahrscheinlich"**, dass der in der Unterlassung einer sofortigen Sectio bestehende grobe Behandlungsfehler für den Eintritt des Primärschadens bei dem neugeborenen Kind (hier: Krampfanfälle, Cerebralparese und spastische Hemiparese links) kausal geworden ist (OLG Karlsruhe, Urt. v. 12. 5. 2004 – 7 U 204/98, OLGR 2004, 320, 321).

Es ist auch **äußerst unwahrscheinlich**, dass der Gesundheitsschaden eines Neugeborenen auf einer **Sauerstoffunterversorgung kurz vor der Geburt** beruht, wenn bei mehr als nur moderater Wehentätigkeit über mehrere Stunden **kein CTG geschrieben** wird, sich aus dem CTG-Aufzeichnungen unmittelbar vor der Geburt aber völlig normale Herzfrequenzen ergeben und keine sonstigen Anhaltspunkte dafür vorliegen, dass es während der Überwachungslücke zu einer Sauerstoffminderversorgung des Kindes gekommen ist (OLG Saarbrücken, Urt. v. 8. 11. 2006 – 1 U 582/05–203, AHRS III, 6555/314). | G 864

Schadensersatzansprüche der Mutter nach einer Totgeburt bestehen wegen angeblich fehlerhafter Geburtsleitung jedenfalls dann nicht, wenn eine **Schnittentbindung nicht nachweislich indiziert** war, das Kardiotokogramm keine Auffälligkeiten ergeben hatte und eine seit längerem bestehende intrauterine Minderversorgung in Betracht kommt. In **einer Verzögerung der Schnittentbindung um ca. 10 Minuten liegt jedenfalls kein grober Behandlungsfehler** (OLG Braunschweig, Urt. v. 30. 11. 2000 – 1 U 22/00; OLG Koblenz, Urt. v. 5. 2. 2009 – 5 U 854/08, OLGR 2009, 401, 402: EE-Zeit um 8 Minuten überschritten; vgl. aber oben Rz. G 840 ff.). Sind die kindlichen Herzfrequenzen wehensynchron und ohne pathologische Zeichen, erfordert allein der Stillstand der Geburt noch keinen sofortigen Kaiserschnitt (OLG Koblenz, Urt. v. 5. 8. 2004 – 5 U 250/04, OLGR 2005, 44, 45 = MedR 2005, 358). | G 865

Vaginal-operative Entbindung um 15 Minuten verspätet | G 866

Das Unterlassen bzw. die **Verzögerung einer vaginal-operativen Entbindung bei hochpathologischen CTG über einen Zeitraum von 10–15 Minuten** ist nicht grob fehlerhaft, wenn eine **bis dahin unbekannte Anomalie vorliegt** (hier: hintere Hinterhauptlage), ex-ante mit einer raschen Beendigung der Geburt auf natürlichem Weg und nicht mit einer schweren Schädigung des Kindes gerechnet werden konnte. Ein grober Behandlungsfehler liegt auch nicht schon dann vor, wenn der geburtsleitende Arzt im Anschluss an eine wegen bestehender Dezellerationen veranlasste Notfalltokolyse eine **Mikroblutuntersuchung unterlässt, wenn keine schwere Pathologie im CTG vorlag** und mit einer unmittelbaren Gefährdung des Kindes nicht zu rechnen war (OLG Köln, Urt. v. 6. 7. 2011 – 5 U 8/07, GesR 2012, 18; vgl. Rz. G 840 ff.).

Versäumnisse im Rahmen des Geburtsvorgangs | G 867

Allein das äußere **Überdrehen des kindlichen Kopfes zur Lösung einer Schulterdystokie** durch eine Hebamme mit lediglich zwei Monaten Berufserfahrung und die inkomplette Durchführung des inneren Lösungsversuchs der Schulterdystokie nach Wood durch die herbeigerufene Ärztin stellen noch keinen groben Behandlungsfehler dar (OLG Stuttgart, Urt. v. 25. 5. 2004 – 1 U 5/04, 10/11; das OLG Stuttgart hat allerdings in der „Gesamtschau" einen groben Behandlungsfehler bejaht; vgl. oben Rz. G 202). Versäumnisse bei einer Geburt, etwa die verzögerte Hinzuziehung eines Facharztes in einer Krisensituation, rechtfertigen

weder einzeln noch in der Gesamtschau eine Beweislastumkehr in der Kausalitätsfrage, wenn es nach Lage der Dinge völlig unwahrscheinlich ist, dass sie
schadensursächlich waren. So ist es „**äußerst unwahrscheinlich**", dass ein zwei
Tage nach der Geburt festgestellter Hirninfarkt bei einem Neugeborenen mit
normalen Apgar-, Blutgas- und Blutsäurewerten nach der Entbindung auf die
pflichtwidrige Verabreichung eines Schmerzmittels und die verspätete Hinzuziehung eines Facharztes unmittelbar vor der Geburt zurückzuführen sind (OLG Koblenz, Urt. v. 5. 8. 2004 – 5 U 250/04, OLGR 2005, 44, 46 = MedR 2005, 358, 359).

G 868   **Fehlerhafte Verabreichung wehenfördernder Mittel**

Das **Verabreichen wehenfördernder Mittel** statt der Einleitung von Maßnahmen
einer intrauterinen Reanimation sowie der Durchführung einer Notsectio bei
anhaltender Dezeleration erweist sich jedenfalls dann nicht als behandlungsfehlerhaft, wenn es tatsächlich innerhalb kurzer Zeit zu einer Spontangeburt des
Kindes kommt (OLG Zweibrücken, Urt. v. 8. 4. 2003 – 5 U 26/01, OLGR 2003,
337; vgl. aber Rz. G 824).

G 869   **Überwachung durch Hebamme**

Die Überwachung und **Leitung einer Geburt durch eine erfahrene Hebamme** ist
jedenfalls dann kein schwerer Fehler, wenn es sich um keine Risikogeburt handelt (OLG Stuttgart, VersR 1987, 1252; a. A., OLG Oldenburg, VersR 1992, 453
bei Risikogeburt und OLG Oldenburg, VersR 1997, 1236 bei pathologischem
CTG).

G 870   **Krankenhauseinweisung nach Darmverletzung unterlassen**

Das Nichtbemerken der bei einem laparoskopischen Eingriff erfolgten **Darmverletzung (hier: ca. 1,5 cm lange Darmläsion)** ist dem Operateur haftungsrechtlich
nicht vorzuwerfen, wenn er das Operationsfeld bei Beendigung des Eingriffs **mit
ausreichender Sorgfalt überprüft** hat. Für eine entsprechende Nachschau kann
der im OP- Bericht enthaltene Hinweis auf eine „Bluttrockenheit" sprechen,
weil er Ausdruck eines unauffälligen Befundes ist (OLG Düsseldorf, Urt. v.
8. 5. 2008 – I-8 U 38/07, OLGR 2009, 199). Wird die Patientin nach einem lapa-
rosokopischen Eingriff (hier: Sterilisation) nach Hause entlassen und schildert
sie dem Operateur wenige Stunden nach dem Eingriff heftige Schmerzen (hier:
wegen einer objektiv vorliegenden Darmläsion), ist es jedenfalls **nicht grob fehlerhaft, die Patientin nicht unverzüglich in ein Krankenhaus zu überweisen**
bzw. sie für eine eigene Untersuchung einzubestellen, sondern ihr lediglich mitzuteilen, sie solle sich bei Fortdauer der Beschwerden wieder melden. Denn in
den meisten Fällen haben derartige Schmerzen kurz nach dem Eingriff einen
harmlosen Hintergrund (OLG Düsseldorf, a. a. O.).

G 871   **Unterlassene Verlegung des Neugeborenen in Schwerpunktklinik**

Ein grober Behandlungsfehler liegt auch in der „Gesamtschau" nicht vor, wenn
der Arzt **weder eine Sicherung der Atemwege** des Neugeborenen (hier: mit
einem angeborenen Verschluss beider Nasengänge) mit einem Tubus vorgenommen **noch eine kontinuierliche Überwachung der Sauerstoffversorgung**
sichergestellt und auch **die Verlegung in eine Schwerpunktklinik nicht mit der
objektiv gebotenen Eile betrieben** hat, wenn die Atemwerte noch im unteren

Normbereich lagen und aus der gebotenen ex-ante-Betrachtung die „Schrei-atmung" des Neugeborenen die Atmung zunächst scheinbar sicherstellte (OLG Brandenburg, Urt. v. 20. 5. 2010 – 12 U 4/09, bei Bergmann, BADK-Info 2011, 78, 84).

Wiedervorstellung bei Beschwerdepersistenz   G 872

Wird ein Gynäkologe aufgrund einer Überweisung des primär behandelnden Hausarztes tätig, so ist er grundsätzlich **nur zur Abklärung im Rahmen seines Fachgebiets verpflichtet.** Wird der Gynäkologe auf Überweisung tätig, ist er selbst Primärbehandler und deshalb zur umfassenden ärztlichen Betreuung, ggf. durch Überweisungen an Ärzte anderer Fachrichtungen (hier: wegen Unterleib-schmerzen an einen Urologen, tatsächlich litt die Patientin aber an einer Darm-krebserkrankung). Insoweit genügt der Gynäkologe seiner Verpflichtung, wenn er **die Patientin zur Kontrolle nach der Durchführung der anderweitigen Unter-suchung wieder einbestellt. Ohne Anhaltspunkte für das Vorliegen einer gravie-renden Erkrankung ist er nicht verpflichtet, weitergehend auf die Patientin ein-zuwirken bzw. von sich aus aktiv zu werden, wenn diese bei dem überweisen-den Gynäkologen nicht mehr erscheint. Der überweisende Arzt kann auf eine dem Inhalt des Arztbriefes** (hier: des Urologen, der zu einer Darmabklärung gera-ten hatte) **entsprechende mündliche Information der Patientin durch den Uro-logen vertrauen** (OLG Hamm, Urt. v. 21. 5. 2013 – I-26 U 140/12, juris, Nr. 2, 35, 37, 44, 48).

Deutet die vom Gynäkologen dokumentierte Erhöhung der CRP-Werte lediglich auf eine Entzündung hin, der anamnestisch angegebene Durchfall ggf. auf eine Divertikulitis und stellt sich die Patientin nach erfolgter Überweisung an einen Urologen zur Abklärung gleichzeitig angegebener Unterleibsschmerzen, der dann eine Darmabklärung empfiehlt, nicht mehr vor, **darf der Arzt davon aus-gehen, dass die Patientin der Empfehlung des Urologen zur Vorstellung bei ei-nem Internisten gefolgt ist und sich die Beschwerden gebessert haben** (OLG Hamm, Urt. v. 21. 5. 2013 – I-26 U 140/12, juris, Nr. 37, 48; vgl. auch OLG Mün-chen, Beschl. v. 28. 5. 2013 – 1 U 844/13, juris, Nr. 14: Beweislast für den nicht bzw. nicht hinreichend deutlich erteilten Hinweis liegt beim Patienten; **zur Frage der Einbestellung bzw. Wiedervorstellung** vgl. auch Rz. A 632 ff., A 658 ff., G 276b, G 388, G 452, G 581, G 812, G 858, G 923a, G 1034).

Einstweilen frei.   G 873 – G 890

3. Kinderheilkunde

(zu weiteren Fällen vgl. Rz. G 631, T 114, U 194 ff.)

a) Grober Behandlungsfehler bejaht

Verzögerte Krankenhauseinweisung bei Augentiefstand   G 891

Die **Verzögerung der Krankenhauseinweisung** eines fünf Wochen alten Säug-lings **um einen Tag** kann als grober Behandlungsfehler des Kinderarztes zu wer-ten sein, wenn das Kind einen **Kopfumfang von 46 cm und einen Augentiefstand**

(Sonnenuntergangsphänomen) aufweist, die i.d.R. die unverzügliche Einweisung zur stationären Beobachtung und Behandlung wegen eines Hydrozephalus („Wasserkopf", pathologische Erweiterung der Liquorräume) dringend erforderlich machen (OLG Oldenburg, VersR 2000, 853: Kausalität aber im konkreten Fall verneint).

G 891a   **Unterlassene Diagnostik bei „Wasserkopf"**

Ein Allgemeinarzt handelt grob fehlerhaft, wenn er bei den Vorsorgeuntersuchungen U 6 und U 7 eines Kleinkindes einen **auffallend großen Kopfumfang** feststellt und es unterlässt, weitere diagnostische Schritte einzuleiten. Ihm obliegt dann der Beweis, dass diese fehlerhafte Behandlung den Gesundheitsschaden des Kindes, den chronischen Hydrozephalus („Wasserkopf") und den irreversiblen Hirnschaden nicht herbeigeführt hat (OLG Oldenburg, VersR 1999, 1423). Die Beweiserleichterung ergibt sich in diesem Fall auch aus dem Verstoß des Arztes gegen seine Pflicht zur Erhebung medizinisch zweifelsfrei gebotener Befunde, hier zur Veranlassung weiterer diagnostischer Schritte. Da die unterlassene **Abklärung** der **Ursachen** des großen **Kopfumfangs** des Kindes mit hoher Wahrscheinlichkeit einen gravierenden Befund ergeben hätte und es fundamental fehlerhaft gewesen wäre, diesen Befund zu verkennen oder darauf nicht zu reagieren, muss sich der Arzt auch aus diesem Grund hinsichtlich der Kausalität entlasten (OLG Oldenburg, VersR 1999, 1423, 1424; vgl. → *Unterlassene Befunderhebung*, Rz. U 198).

G 892   **Intubation bzw. Überbeatmung eines Kleinstkindes**

Ein nach der Geburt hinzugezogener Kinderarzt darf sich, wenn er für eine ausreichende **Intubation des Neugeborenen** keine ausreichenden Kenntnisse und Erfahrungen besitzt, nicht mit einer Maskenbeatmung begnügen, sondern muss dafür Sorge tragen, dass ein **kompetenter Krankenhausarzt herbeigerufen** wird. In der unterlassenen oder – im entschiedenen Fall bis zu dessen Erscheinen um 40 Minuten – verzögerten Hinzuziehung eines kompetenten Arztes zur Sicherstellung der vitalen Funktionen ist ein grober Behandlungsfehler zu erblicken (OLG Stuttgart, Urt. v. 4. 1. 2000 – 14 U 31/98, AHRS III, 1958/300 = VersR 2001, 1560, 1563).

G 892a   Treten bei einem reifen Neugeborenen am ersten Tag Apnoen (Atemstillstand über mindestens 10 Sekunden) und Krampfanfälle mit **mehrfachen, massiven, im Wesentlichen unbehandelten Sauerstoffsättigungsabfällen über mehrere Stunden** (hier: 17.00 Uhr bis nach 01.00 Uhr) auf, liegt ein grober Behandlungsfehler vor. Steht fest, dass der Behandlungsfehler für den eingetretenen Schaden mitursächlich ist bzw. beim Vorliegen eines groben Behandlungsfehlers die bloße Mitursächlichkeit nicht als „äußerst unwahrscheinlich" entkräftet ist, erstreckt sich die Haftung des Arztes bzw. Klinikträgers auf den gesamten Schaden, wenn der **Anteil einer nicht haftungsrelevanten Vorschädigung nicht abgrenzbar sicher festgestellt werden kann** (OLG Hamm, Urt. v. 7. 5. 2007 – 3 U 30/05 mit NZB BGH v. 13. 11. 2007 – VI ZR 155/07, AHRS III, 6565/327).

G 893   Es ist grob fehlerhaft, ein neugeborenes Kind nach Atemstillstand **trotz hochpathologischer Blutgaswerte bis zum fünften Lebenstag zu stark dosiert zu beatmen**. Ist die Überbeatmung generell geeignet, eine Hyperkapnie, d.h. eine zu starke Erhöhung des arteriellen CO_2-Partialdruckes ("Kohlendioxodnarkose") und dadurch bedingt eine schwere Hirnschädigung auszulösen, so kommt eine **Ausnahme von dem Grundsatz der Beweislastumkehr nicht deshalb in Betracht, weil der eingetretene Gesundheitsschaden als mögliche Folge des groben Behandlungsfehlers zum maßgeblichen Zeitpunkt noch nicht bekannt war** (BGH, Urt. v. 19. 6. 2012 – VI ZR 77/11, MDR 2012, 966 = VersR 2012, 1176 = NJW 2012, 2653, Nr. 11, 14, 15).

Schädelfraktur nach Zangengeburt verkannt

G 894

Es ist grob fehlerhaft, wenn auf der neuropädiatrischen Station nach einer durchgeführten Zangengeburt trotz vorhandener Schwellungen bis in den Gesichtsschädel, auf 2,92 bzw. 10,5 absinkende Erytrozyten- und HB-Werten sowie dem Auftreten von Krampfanfällen eine im Rahmen der Zangengeburt verursachte **Schädelfraktur verspätet erkannt wird und tagelang unbehandelt bleibt.** Die Behandlungsseite hat dann zu beweisen, dass die festgestellte schwere Hirnschädigung des Kindes nicht auf die verspätete fehlerhafte Behandlung zurückzuführen ist (OLG Düsseldorf, Urt. v. 21. 11. 2002 – 8 U 155/00, AHRS III, 2030/313).

Spannungspneumothorax übersehen

G 895

Es stellt einen groben Behandlungsfehler dar, wenn ein pädiatrischer Facharzt einer Kinderklinik sich objektiv aufdrängende, hochcharakteristische und **verdächtige Symptome für einen Spannungspneumothorax bei einem Neugeborenen übersieht** und es unterlässt, zeitnah indizierte diagnostische bzw. therapeutische Maßnahmen (hier: Probepunktion und anschließende beidseitige Pleurapunktion) durchzuführen (OLG Schleswig, Urt. v. 28. 2. 2003 – 4 U 10/01, OLGR 2003, 264).

Unterlassene sonografische Hüftuntersuchung

G 896

Steht angesichts der Feststellung einer "sehr straffen" Hüfte bereits im Zusammenhang mit der U-2-Untersuchung nach der Geburt des Kindes aus Beckenendlage der **Verdacht einer Hüftfehlbildung** im Raum und versäumt es das Krankenhaus bzw. der betreuende Neonatologe, für eine umgehende **sonografische Hüftuntersuchung** Sorge zu tragen oder die Kindeseltern auf das dringende Erfordernis einer alsbaldigen Vorstellung des Kindes bei einem Orthopäden sowie einer sonografischen Hüftkontrolle nachdrücklich hinzuweisen, liegt hierin ein grober Behandlungsfehler (OLG Brandenburg, Urt. v. 8. 4. 2003 – 1 U 26/00, MedR 2004, 226, 229 = VersR 2004, 1050, 1053).

Klinikeinweisung bei anhaltendem Brechdurchfall unterlassen

G 896a

Ein grober Behandlungsfehler liegt vor, wenn ein Kinderarzt einen acht Monate alten Säugling nach erfolgtem Hinweis auf einen zwei Tage lang andauernden, **täglich drei- bis viermaligen wässrigen Durchfall nebst Erbrechen bei deshalb drohender Dehydration sowie irreversiblen neurologischen Schädigungen nicht umgehend zur intravenösen Flüssigkeitszufuhr in eine Klinik einweist,** sofern nicht eine (im entschiedenen Fall nicht durchgeführte) Blutgas- und Blutelektrolytuntersuchung unauffällige Werte ergeben und nach dem Ergebnis der ärztlichen Untersuchung nicht festgestellt werden kann, dass eine ausreichende Flüssigkeitsaufnahme bislang erfolgt und auch künftig gewährleistet ist (OLG

Köln, Urt. v. 22. 9. 2010 – 5 U 211/08, juris, Nr. 36, 47, 48, 50, 55 = GesR 2011, 229, 232/233). Dabei ist der Umfang der berichteten Flüssigkeitsaufnahme bei einem zweitägigen Brechdurchfall des Kleinkindes **dokumentationspflichtig** (OLG Köln, a. a. O., Nr. 38).

G 896b **Unterlassene Überweisung an Augenarzt**

Die erste augenärztliche Überprüfung der Netzhäute eines Frühgeborenen ist vom Kinderarzt in der fünften bis sechsten Lebenswoche zu veranlassen. Erfolgt eine Beatmung des Neugeborenen, muss die erste Untersuchung kurzfristig nach der Entwöhnung vom Respirator stattfinden. Ein grober Behandlungsfehler des Kinderarztes liegt vor, wenn er der Mutter eines **Hochrisikokindes, das mit einem Geburtsgewicht von weniger als 1 000 g zur Welt kam, anstatt kurzfristiger Kontrollen in zweiwöchigen Abständen lediglich eine augenärztliche Kontrolle in ca. 6 Wochen empfiehlt** (OLG Düsseldorf, Urt. v. 22. 2. 2007 – I-8 U 17/05, AHRS III, 2590/310).

G 896c **Überweisung an Augenarzt bei V. a. Retinoblastom unterlassen**

Wenn ein Kinderarzt bei der Vorsorgeuntersuchung U5 die Verdachtsdiagnose „Schielen?" stellt und nicht **spätestens innerhalb einer Woche eine augenärztliche Untersuchung** veranlasst, liegt ein grober Behandlungsfehler vor. Denn es gehört zum Grundwissen eines Kinderarztes, dass ein Schielen bei einem Kindesalter von 3–4 Monaten stets behandlungsbedürftig ist, weil es ein Symptom für verschiedene ernst zu nehmende Augenerkrankungen und ein **Leitsymptom für ein – vorliegend verspätet festgestelltes – Retinoblastom** ist. In einem derartigen Fall greift auch eine Beweislastumkehr wegen „unterlassener Befunderhebung" ein, wenn der Sachverständige feststellt, bei einer augenärztlichen Untersuchung wäre mit hoher oder hinreichender Wahrscheinlichkeit Tumorinseln festgestellt worden, es wäre dann schlechthin unverständlich gewesen, das Kind daraufhin nicht unverzüglich in eine entsprechende Fachabteilung einer augenärztlichen Klinik zu überweisen (OLG Karlsruhe, Urt. v. 24. 11. 2007 – 7 U 251/06, AHRS III, 6560/319).

b) Grober Behandlungsfehler verneint

G 897 **Nachgeburtliche Versäumnisse**

Tritt bei einem in der 34. SSW mit dreifacher Nabelschnurumschlingung, einem pH-Wert im unteren Normbereich Neugeborenen nach 7–10 Tagen bei festgestellten Sauerstoffabfällen und Krampfanfällen eine periventrikuläre Leukomalazie (Erweichungsherde in der weißen Hirnmasse seitlich der Hirnkammern) auf, liegt weder in der Einzel- noch in der Gesamtbetrachtung ein grober Behandlungsfehler vor, wenn das Kind unmittelbar nach der Geburt mit nicht dramatisch verschlechterten Vitalparametern ca. 90 Minuten verspätet auf die Intensivstation verlegt, wenige Tage danach um eine Stunde zu spät intubiert wird und es dann kurzzeitig zu einer Überbeatmung kommt und der Sachverständige bei sämtlichen festgestellten Behandlungsfehlern nur ein **geringfügiges Überschreiten des ärztlichen Ermessensspielraumes** erkennen kann (OLG München, Urt. v. 18. 9. 2008 – 1 U 4837/07, juris, Nr. 36, 39, 40, 43, 44, 49, 50, 51, 53, 56,

57: Vorgehen auch „in der Summe nicht schlechterdings unverständlich oder grob falsch").

4. Innere Medizin und Urologie

(zu einfachen Behandlungsfehlern vgl. Rz. T 130 ff.)

a) Grober Behandlungsfehler bejaht

Auftreten von Druckgeschwüren   G 898

Das Auftreten eines erheblichen Druckgeschwürs, etwa eines **Dekubitus vierten Grades** lässt regelmäßig auch bei einem Schwerstkranken auf grobe Pflege- und/ oder Lagerungsmängel schließen (OLG Köln, VersR 2000, 767 = MDR 2000, 643: 12 600 Euro Schmerzensgeld; ebenso OLG Oldenburg, NJW-RR 2000, 762: keine Prophylaxe, Dekubitus dritten Grades).

Hodentorsion (vgl. auch Rz. G 371, G 747, D 25a, D 50)   G 899

Ein grob fehlerhaftes ärztliches Verhalten kann vorliegen, wenn beim Verdacht auf eine Hodentorsion (meist mehrfache Stildrehung eines Hodens einschließ- lich des Samenstrangs um seine Längsachse) die **unverzügliche Freilegung des Hodens unterlassen** wird. (OLG Oldenburg, VersR 1995, 96; VersR 1999, 1284, 1286; OLG Brandenburg, Urt. v. 14. 11. 2001 – 1 U 12/01, VersR 2002, 313: um- gehende operative Freilegung beim Vorliegen eindeutiger Symptome erforder- lich). Dies gilt jedoch nicht, wenn der Arzt einen untypischen Befund vorfindet, etwa eine seit Tagen andauernde Hodenschwellung (OLG Oldenburg, VersR 1999, 1284).

Verwendung von Kathedern mit abgelaufenem Verfallsdatum   G 900

Legt der niedergelassene Urologe in kurzer Folge bei einem Patienten wiederholt suprapubische Katheder, deren Verwendbarkeit wegen **Überschreitung des Ver- fallsdatums um zwei bzw. drei Jahre** unzulässig war, liegt zumindest in der Ge- samtschau ein grober Behandlungsfehler vor (OLG Köln, Urt. v. 30. 1. 2002 – 5 U 106/01, VersR 2003, 1444).

Unterlassene Zwangsernährung bei Bulimie   G 901

Für die Erhaltung der vitalen Lebensfunktionen einer in der internistischen Ab- teilung untergebrachten, an **Bulimie (Magersucht)** leidenden Patientin liegt die Verantwortung bei den behandelnden Internisten und nicht bei dem konsilia- risch hinzugezogenen Arzt einer anderen Fachrichtung, der eine Zwangsernäh- rung nicht befürwortet. Liegt bei einer solchen Patientin ein **lebensbedrohlicher Zustand** vor, muss – sofern die Eltern nicht zustimmen – ärztlicherseits ver- sucht werden, eine vormundschaftsgerichtliche Genehmigung für eine parente- rale (unter Umgehung des Verdauungstraktes) Ernährung zu erhalten und für eine optimale Überwachung der Patientin auf der Intensivstation zu sorgen. Das Unterlassen stellt einen groben Behandlungsfehler dar. Die Behandlungs- seite hat daher zu beweisen, dass das Vormundschaftsgericht eine entsprechende Genehmigung versagt hätte oder das nachfolgend aufgetretene apallische Syn- drom auch bei rechtzeitiger Antragstellung zum Erhalt der Genehmigung eingetreten wäre (OLG München, Urt. v. 8. 7. 2004 – 1 U 3882/03, OLGR 2006, 184, 185; ebenso bereits die Vorinstanz LG München I, Urt. v. 18. 6. 2003 – 9 O 5933/94, GesR 2003, 355).

G 902 **Mindesteinwirkungszeit bei Injektionen, Verstoß gegen Hygienebestimmungen** (vgl. auch Rz. V 386 ff.)

Die **Nichteinhaltung aseptischer Vorkehrungen** stellt ein leichtfertiges Verhalten des Arztes dar, das regelmäßig als grober Behandlungsfehler zu werten ist (OLG Karlsruhe, VersR 1989, 195; OLG Düsseldorf, NJW 1988, 2307). Vor einer Injektion sind **folgende Desinfektionsmaßnahmen erforderlich**, aber auch ausreichend:

Hautdesinfektion mit Kodan, anschließendes Abreiben der Flüssigkeit im Bereich der vorgesehenen Einstichstellen, nochmalige Desinfektion durch Besprühen der vorgesehenen Areale mit Kodan und nach eigener Händedesinfektion Aufziehen einer Ampulle des zu verabreichenden Medikaments unter Verwendung einer sterilen Einmalspritze und einer sterilen Einmalkanüle aus einer neu eröffneten Verpackung (OLG Düsseldorf, Urt. v. 13. 12. 2007 – I-8 U 5/07 mit NZB BGH v. 17. 6. 2008 – VI ZR 5/08, AHRS III, 2790/320).

G 902a Eine wirksame Desinfektion vor einer Injektion setzt zudem die Einhaltung einer **Mindesteinwirkzeit des Desinfektionsmittels von 30 Sekunden** voraus (OLG Naumburg, Urt. v. 20. 8. 2009 – 1 U 86/08, GesR 2010, 73, 75: vor einer Injektion im Hals-Schulter-Bereich durch einen Notarzt; OLG Stuttgart, VersR 1990, 385). Ein Verstoß gegen diese elementare Regel ist ein grober Behandlungsfehler, der zur Folge hat, dass sich die Beweislast für die Nichtursächlichkeit des Behandlungsfehlers umkehrt, wenn bei einem Patienten, dessen Abwehr geschwächt ist, von der Einstichstelle eine Infektion ausgeht (OLG Stuttgart, VersR 1990, 385). Kommt es im Verlauf einer Kniepunktion bei liegender Kanüle zu einem Spritzenwechsel, so hat der Arzt dabei **sterile Handschuhe zu tragen**; ein Verstoß gegen diese Hygienebestimmung ist nach einer Auffassung regelmäßig als grobes Versäumnis zu werten (OLG Düsseldorf, NJW-RR 2001, 389).

G 902b Nach anderer Ansicht (OLG Hamm, Urt. v. 20. 8. 2007 – 3 U 274/06, AHRS III, 2790/317) ist es fehlerhaft, jedoch **nicht grob fehlerhaft, bei Gelenkpunktionen oder während einer wirbelsäulennahen Injektionsbehandlung keinen Mundschutz** zu tragen oder bei einer einfachen Operation (hier: Lipomentfernung) **keinen sterilen Kittel** zu tragen, wenn zudem eine weitere, anwesende Person weder einen Mund- noch einen Haarschutz trägt; hier liegt auch in der Gesamtschau kein grober Behandlungsfehler vor (OLG Hamm, Urt. v. 11. 10. 2004 – 3 U 93/04, AHRS III, 6578/303).

G 903 **Lysetherapie bei Wadenschmerzen** (vgl. auch Rz. D 53a, D 111d, G 383c)

Bestätigt die Dopplersonografie sowie eine Phlebographie (Röntgendarstellung von Venen) bei einem Patienten, der mit starken Schmerzen in einer Wade in ein Krankenhaus eingeliefert worden ist, den **Verdacht auf eine Beinvenenthrombose** nicht, so ist eine Lysetherapie (Auflösung von Zellen) als Streptokinase (Aktivator mit Eiweiß aus Streptokokken) oder Urokinase (Aktivator, isoliert aus dem Urin) contraindiziert (OLG München, VersR 1992, 1266).

Meningitis nach Schädelbruch   G 904

Ein grober Behandlungsfehler eines Internisten, der nach einem Schädelbruch
eine später aufgetretene **Pneumokokkenmeningitis** (eitrige Hirnhautentzündung) zunächst erfolgreich antibiotisch behandelt, liegt vor, wenn er deren in einer **offenen Schädel-Hirn-Verletzung liegende Ursache**, die sich der Patient bei
einem dem Arzt bekannten schweren Verkehrsunfall zugezogen hatte, **nicht abgeklärt hat**. Der Arzt kann für spätere Komplikationen, etwa der Bildung von
Abszessen in der Stirnhöhle, einem Hirnprolaps u. a., und die notwendig gewordenen neurochirurgischen Eingriffe auch dann haftungsrechtlich zur Verantwortung gezogen werden, wenn sich nicht klären lässt, ob die wegen mangelhafter
Befunderhebung ggf. unterbliebenen ihrerseits sehr risikoreichen medizinischen
Maßnahmen der zuvor tätigen chirurgischen Abteilung, nämlich der operativen
Schließung des Schädeldefekts, erfolgreich gewesen wären (OLG München, NJW
1992, 2369).

Neurolues nicht erkannt   G 905

Als grober Behandlungsfehler ist es zu werten, dass während einer mehr als
2 ½-jährigen stationären Krankenhausbehandlung auf der Inneren Abteilung
eine Neurolues bzw. die Entzündung von Rückenmarkswurzeln als Krankheitsursache von schwersten Krankheitssymptomen, u. a. Lähmungen, Reflexverlus-
te, ständiges Erbrechen und Darmbeschwerden, nicht erkannt wird (OLG Köln,
VersR 1994, 1238).

Nierenschaden nach erkennbar erhöhtem Creatininwert   G 906

Bei einem ausgewiesenen Creatininwert von 4 mg/ % (bzw. mehr als 2,4 mg/ %,
Normwert bis 1,2 mg/ %) und der nahe liegenden Progredienz einer Nieren-
erkrankung des Patienten muss der behandelnde Urologe oder der Internist der
drohenden **Gefahr eines Nierenversagens** mit geeigneten Maßnahmen begegnen.
Hat er den Patienten bereits weiter überwiesen, muss er den nachbehandelnden
Arzt unverzüglich über den erhaltenen Wert informieren. Eine Zuleitung der
Werte erst nach einigen Tagen auf dem Postweg genügt nicht. Die Beweislast,
dass es auch bei rechtzeitiger Reaktion, hierauf durchgeführter Nierenbiopsie
und sich anschließender aggressiver immunsuppressiver Therapie zu einem irreparablen Nierenschaden des Patienten gekommen wäre, trägt die Behandlungsseite (OLG Frankfurt, VersR 1995, 785).

Unterlassene Weiterleitung der Untersuchungsbefunde an ein Transplantations-   G 907
zentrum

Es stellt einen groben Behandlungsfehler dar, wenn der Arzt es über einen längeren Zeitraum hinweg versäumt, die für die Vornahme einer Nierentransplanta-
tion erforderlichen **Untersuchungsbefunde** an das zuständige **Transplantations-
zentrum weiterzuleiten** und sein auf eine Nierenspende wartender dialyse-
abhängiger Patient dort deshalb irrtümlich in einer Dringlichkeitsstufe
minderen Grades geführt wird (OLG Stuttgart, MedR 1992, 221).

Unterlassene Klinikeinweisung zu einer Herzkathederuntersuchung   G 908

(zum verkannten Herzinfarkt vgl. auch Rz. D 24 ff., D 45 ff., D 92 ff., G 385a,
G 462a ff., G 652 ff., G 941, G 1030, U 21 ff., U 160 ff.)

Weisen **Veränderungen im EKG** sowie die vom Patienten geschilderte **Beschwerdesymptomatik** („enormer Druck in der Brust", „kann kaum eine Treppe hochsteigen") auf die Gefahr eines unmittelbar bevorstehenden Herzinfarkts hin, so stellt es einen groben Behandlungsfehler dar, wenn es der Arzt (Internist bzw. Facharzt für Allgemeinmedizin) unterlässt, den Patienten unverzüglich zu einer **Herzkathederuntersuchung** in eine Klinik einzuweisen (OLG Bamberg, Urt. v. 4. 7. 2005 – 4 U 126/03, VersR 2005, 1292, 1293; vgl. auch BGH, Urt. v. 25. 10. 2011 – VI ZR 139/10, NJW 2012, 227, Nr. 11, 12: dringend gebotene, sofortige Fibrinolyse bei V. a. Myokardinfarkt im Krankenhaus unterlassen; BGH, Urt. v. 13. 9. 2011 – VI ZR 144/10, VersR 2011, 1400, Nr. 10: Notärztin unterlässt bei V. a. Vorderwandinfarkt sofortige Krankenhauseinweisung, Beweislastumkehr wegen „unterlassener Befunderhebung"; OLG Koblenz, Beschl. v. 30. 1. 2012 – 5 U 857/11, VersR 2012, 1041, 1043: **Orthopäde verkennt eindeutige Symptome eines Herzinfarkts**, kein grober Behandlungsfehler, aber Beweislastumkehr wg. unterlassener Befunderhebung). Verweigert der Patient trotz entsprechender therapeutischer Aufklärung eine zur Feststellung, ob er sich in der akuten Gefahr eines unmittelbar bevorstehenden Herzinfarktes befindet, dringend erforderliche Untersuchung, so ist dies vom Behandler in den Krankenunterlagen **zu dokumentieren** (OLG Bamberg, Urt. v. 4. 7. 2005 – 4 U 126/03, VersR 2005, 1292).

G 909 Dekubitusprophylaxe, unzureichende Dokumentation

Bei Risikopatienten ist es zur **Gewährleistung der notwendigen Dekubitusprophylaxe** erforderlich, in den Krankenunterlagen die ärztliche Diagnose, die Tatsache, dass der Patient ein Risikopatient ist und die ergangenen ärztlichen Anordnungen zu den durchzuführenden besonderen Pflegemaßnahmen festzuhalten. Der Krankenhausträger kann sich nicht darauf berufen, dass der gerichtliche Sachverständige derartige Dokumentationen nicht für erforderlich und üblich gehalten habe, wenn dieser gleichzeitig die **Unzulänglichkeit der Dokumentation feststellt** (hier: nicht bzw. nicht vollständig dokumentierte Prophylaxemaßnahmen, Mobilisation, sorgfältige Hautpflege und Kontrolle, Lagerungswechsel alle 2 bis 3 Stunden, Einsatz von Weichlagerungsmatratzen und Kissen bei Hochrisikopatienten). In einem solchen Fall **kann die Nichtdokumentation sogar einen groben Behandlungs- bzw. Pflegefehler indizieren** (OLG Köln, Beschl. v. 26. 7. 2010 und v. 13. 10. 2010 – 5 U 27/10 bei Bergmann/Wever, MedR 2012, 446 mit Hinweis auf BGH, MDR 1987, 1017 und BGH, VersR 1986, 788 zur Dokumentationspflicht bei Risikopatienten).

G 909a Unterlassener Hinweis auf mögliches Verschlechterungsrisiko nach einer Ummedikation

Es ist zumindest in der „Gesamtschau" grob fehlerhaft, wenn ein herzkranker Patient nach der Umstellung der Medikation (hier: von dem Betablocker Bisoprolol, geeignet bei koronarer Herzkrankheit und stabiler Angina Pectoris, um die Beschwerden zu lindern, auf Antiarrhythmika wie Amiodaron, geeignet zur zeitlich begrenzten Behandlung schwerwiegender Herzrhythmusstörungen) **nicht darauf hingewiesen wird, dass es erneut zu erheblichen Herzrhythmusstörungen mit Konsequenzen bis hin zum Tod kommen kann**, die Wirkweise der neuverordneten Medikation noch ungewiss und es möglich ist, dass sich die

Herzrhythmusstörungen zunächst noch verstärken können und deshalb eine stationäre Überwachung von mindestens sieben Tagen erforderlich wäre und zudem nach dem Auftreten einer Tachykardie eine **Kontrolle und Umprogrammierung des Defibrillators unterbleibt** (OLG Köln, Urt. v. 6. 6. 2012 – 5 U 28/10, juris, Nr. 25, 26, 30, 31, 40, 42).

Anmerkung: Amiodaron ist nur mit Einschränkungen zur längerfristigen Behandlung bei Herzrhythmusstörungen geeignet, es können schwerwiegende, lebensbedrohliche Störwirkungen auftreten (vgl. Handbuch der Medikamente, 9. Aufl. 2013, S. 847, 854).

b) Grober Behandlungsfehler verneint

(zu einfachen Behandlungsfehlern vgl. Rz. T 129 ff.).

Keine sofortige EKG-Auswertung   G 910

Unterlässt es ein Internist, das bei einem Patienten mit Brustbeschwerden **vorsorglich und routinemäßig erstellte EKG** sofort auszuwerten, so liegt jedenfalls kein grober Behandlungsfehler vor. Es ist (im entschiedenen Fall) nicht wahrscheinlich, dass der Patient einen bei sofortiger Auswertung erkennbaren Herzinfarkt bei sogleich veranlasster klinischer Behandlung überlebt hätte (OLG München, VersR 1995, 417).

Keine Erkundigungspflicht nach Abschluss der Behandlung   G 911

Es stellt jedenfalls keinen groben Behandlungsfehler dar, wenn sich der Urologe nicht von sich aus beim Hausarzt **nach dem Fortgang der Untersuchungen erkundigt**, wenn er mit dem Arztbrief an den Kollegen seine Behandlung erkennbar abgeschlossen hat. Er muss den Patienten nicht von sich aus nach dem Fortgang der Untersuchung einer von ihm festgestellten Nierenfunktionseinschränkung unklarer Genese befragen (OLG Celle, VersR 1998, 1419, 1420; zur Einbestellung bzw. Wiedervorstellung von Patienten vgl. auch Rz. G 276b, G 388, G 452, G 581, G 858, G 872, G 923a, G 1034).

Hat der Arzt die Patientin wegen **Unterbauchschmerzen zu einem (anderen)**   G 911a
Facharzt (hier: zum Urologen) überwiesen, so kann er sich auf eine dem Inhalt des dortigen Arztbriefes entsprechende mündliche Information der Patientin durch den Facharzt verlassen. Ohne Anhaltspunkte für das Vorliegen von gravierenden Erkrankungen ist er **nicht verpflichtet, weitergehend auf die Patientin einzuwirken bzw. diese an eine Terminwahrnehmung zu erinnern, wenn diese nicht wieder erscheint** (OLG Hamm, Urt. v. 21. 5. 2013 – I-26 U 140/12, juris, Nr. 2, 37, 44, 48). Gleiches gilt, wenn der Arzt die Patientin nach Feststellung eines abklärungsbedürftigen Befundes auf die **Notwendigkeit einer erneuten Vorsorgeuntersuchung** hinweist und ihr dafür einen Zeitkorridor (hier: WV in 4–6 Wochen) nennt (OLG Koblenz, Urt. v. 24. 6. 2010 – 5 U 186/10, GesR 2010, 546, 547 = juris, Nr. 26, 31, 34). **Abweichende Fallgestaltungen** können sich dann ergeben, wenn der Arzt die Notwendigkeit einer Sicherungsaufklärung nicht gesehen, er die Beurteilung des weiteren Geschehens der Patientin überlassen hat oder sich etwa aus einer Laboruntersuchung nachträglich weitere Erkenntnisse ergeben (OLG Koblenz, Urt. v. 24. 6. 2010 – 5 U 186/10, juris, Nr. 33; ebenso Baur, GesR 2011, 577, 578).

G 912   **Koloskopie bei einfacher Divertikulitis und/oder hochdosierter Cortisontherapie**

Auch wenn der dreimal durchgeführte „Hämoccult-Test" kein okkultes Blut im Stuhl zeigt, die behandelnden Ärzte aufgrund der Beschwerden des Patienten im Unterbauch, erniedrigten Erythrozytenzahlen und niedrigem Hämatokrit (prozentualer Anteil zellulärer Bestandteile am gesamten Blutvolumen) aber in vertretbarer Weise innere Blutungen in Erwägung ziehen, ist die Durchführung einer **Koloskopie** (Untersuchung des Colons, d. h. des Hauptanteils des Dickdarms, „Darmspiegelung") **angezeigt** und trotz hochdosierter Kortison-Therapie sowie einer einfacher Divertikulitis nicht kontraindiziert. Nur eine fulminant florierende Divertikulitis stellt eine Kontraindikation dar (OLG Hamm, Urt. v. 17. 7. 2003 – 3 U 14/02, AHRS III, 2240/307 und 5150/309). Vor einer Koloskopie ist der Patient über das Risiko einer Darmperforation und einer Peritonitis aufzuklären (OLG Hamm, a. a. O.; vgl. hierzu Rz. A 2090, A 657).

G 912a   **Durchführung einer Darmspiegelung nicht kontrolliert**

Wenn nach einem positiven Haemoccult-Test nicht auf die **Notwendigkeit einer Darmspiegelung** hingewiesen wird, kann ein grober Behandlungsfehler vorliegen. Kontrolliert der überweisende Arzt die Durchführung der von ihm empfohlenen Darmspiegelung nicht und besteht auch kein Anlass zu einer Überprüfung, etwa bei einem alarmierenden Befund, liegt jedenfalls **kein grober Behandlungsfehler** vor (OLG Bremen, Urt. v. 19. 8. 2005 – 4 U 16/05 mit NZB BGH v. 20. 6. 2006 – VI ZR 195/05, AHRS III, 6564/301; vgl. auch Rz. G 911a).

G 913   **Unterlassene Wiederbestellung bei erhöhtem PSA-Wert; Kausalzusammenhang „äußerst unwahrscheinlich"**

Wird bei einem 54-jährigen Patienten bei einem **PSA-Wert** (prostata-spezifisches Antigen, Tumormarker für die Diagnostik und Verlaufskontrolle des Prostatakarzinoms) **von 19,2 ng/ml (Norm: bis 4,0)** eine transperinale Prostatastanzbiopsie (Entnahme von Prostatagewebe) mit negativem Befund durchgeführt, so ist die **Unterlassung** einer **Sonographie** und die Wiederbestellung des Patienten erst nach drei Monaten jedenfalls nicht als grober Behandlungsfehler zu werten (OLG Köln, VersR 1996, 98).

Ein mit 19,2 ng/ml deutlich erhöhter PSA-Wert stellt kein zwingendes Indiz für das Bestehen eines **Prostatakarzinoms** dar. Zu einem solchen Wert kommt es auch, wenn eine Prostataentzündung vorliegt. Stellt der behandelnde Arzt bei einem solchen Wert die **Differentialdiagnose „Prostatitis"** und behandelt er den Patienten mit entsprechenden Medikamenten, wird 6 Wochen danach nur noch ein PSA-Wert von 7,6 ng/ml festgestellt, so bestätigt dies, dass die Diagnose nicht falsch war (OLG Köln, Urt. v. 12. 5. 2005 – 5 U 186/99, AHRS III, 2130/301; ebenso OLG Stuttgart, Urt. v. 28. 6. 2011 – 1 U 179/10, S. 11–15 mit NZB BGH: keine Aussagekraft des PSA-Wertes bei vorangegangener Prostatitis).

Der behandelnde Arzt muss allerdings in einem solchen Fall auch an die Möglichkeit eines Prostatakarzinoms denken und eine **Stanzbiopsie vornehmen bzw. veranlassen.** Demgegenüber deutet ein akuter Harnverhalt nicht auf das Vorhandensein seines Prostatakarzinoms hin, sondern ist ein typisches Symptom einer benignen Prostatahyperplasie (BPH). Ein Prostatakarzinom wächst nur sehr langsam, sodass eine verzögerte Diagnose von wenigen Monaten keinerlei Nachteile mit sich bringt (OLG Köln, Urt. v. 12. 1. 2005 – 5 U 186/99: Diagnoseverzögerung von fünf Monaten nicht kausal; OLG Stuttgart, Urt. v. 28. 6. 2011 – 1 U 179/10, S. 11–15: Kausalzusammenhang für die Verzögerung der Diagnose um vier Monate bei Gleason Score von 7 oder mehr äußerst unwahrscheinlich).

Liegt der PSA-Wert bei einem Patienten in einem Zeitraum von ca. 15 Monaten stets **unter 0,5 ng/ml**, so ist es nahezu ausgeschlossen, dass in diesem Zeitraum ein Prostatakarzinom vorgelegen hat (OLG Köln, Urt. v. 12. 1. 2005 – 5 U 186/99, AHRS III, 2130/301).

Demgegenüber besteht bei einem **PSA-Wert von mehr als 10 ng/ml** – soweit keine Anhaltspunkte für eine vorangegangene Prostatitis o. a. vorliegen bzw. dies differentialdiagnostisch ausgeschlossen werden kann – eine Karzinomwahrscheinlichkeit von 30–50 % (OLG Zweibrücken, Urt. v. 20. 11. 2007 – 5 U 16/05, AHRS III, 2130/303).

Die Indikation für eine Biopsie kann nicht auf den Anstieg des PSA-Wertes von 5,6 auf 7,5 ng/ml über 4–5 Monate hergeleitet werden, wenn sich der PSA-Wert über knapp zwei Jahre nicht kontinuierlich ansteigend entwickelt, sondern nach stattgehabter Prostatitis Schwankungen zwischen 3,6 und 27,5 ng/ml aufweist. Nach dem Abklingen einer Prostatitis kommt es erfahrungsgemäß über einen längeren Zeitraum zu erhöhten PSA-Werten (OLG Stuttgart, Urt. v. 28. 6. 2011 – 1 U 179/10, S. 11–15).

Die Ursächlichkeit eines (unterstellten) Behandlungsfehlers für den Tod des Patienten lässt sich nicht feststellen, wenn die Operation sechs Monate nach der Erstbehandlung einen sehr aggressiven und rasch metastasierenden Krebs ergibt (OLG Köln, VersR 1996, 98) oder wenn der Sachverständige ausführt, selbst bei einer um vier Monate früher erfolgten Diagnose sei es „äußerst unwahrscheinlich", dass sich bei früher veranlasster Biopsie ein für den Patienten günsterer Verlauf ergeben hätte (OLG Stuttgart, a. a. O.).

Falsche Medikation bei Borreliose-Verdacht   G 914

Bei der Feststellung eines handtellergroßen Erythems an einer Zeckenbissstelle ist (im Jahr 2003) das Antibiotikum „**Doxycyclin" das Medikament der ersten Wahl**. Verordnet der Internist (oder Allgemeinmediziner) stattdessen Tarivid, liegt hierin zwar ein Fehler, aber kein grober Behandlungsfehler, insbesondere dann, wenn die Patientin eine Empfindlichkeit gegen Penicillin angegeben hat (OLG Stuttgart, Urt. v. 4. 2. 2003 – 1 U 85/02, OLGR 2003, 510, 512).

Dauerhafte Kortisonbehandlung   G 915

Eine **Dauertherapie mit Glukokortikosteroiden bzw. Kortison** (hier: Dexamethason) ist trotz der damit verbundenen Risiken erheblicher Nebenwirkungen, etwa der Reduktion der Immunabwehr und dem Auftreten eines „Vollmondgesichtes", einer Stammfettsucht, Muskelschwäche u. a. nicht behandlungsfehlerhaft, wenn andere Medikamente von der Patientin nicht vertragen werden oder wenn mögliche Behandlungsalternativen vom Patienten trotz eingehender Aufklärung über die Risiken der dauerhaften Kortisonbehandlung einerseits und derjenigen einer Nichtbehandlung andererseits abgelehnt werden (OLG Naumburg, Urt. v. 14. 8. 2008 – 1 U 8/08, GesR 2009, 37, 40).

G 916 Unterlassene ERCP-Untersuchung zur Abklärung des Verdachts auf einen Gallenstein

Bei einer akuten Pankreatitis (Entzündung der Bauchspeicheldrüse) stellt es im Regelfall wegen der Gefahr der Exazerpation (Verschlimmerung) keinen Behandlungsfehler dar, auf eine endoskopische retrograde Cholangio-Pankreatographie (ECRP) zur Abklärung des Verdachts auf einen Gallenstein zu verzichten (OLG Koblenz, Urt. v. 6. 12. 2002 – 10 U 1790/01, OLGR 2003, 259).

5. Augenheilkunde

(zu einfachen Behandlungsfehlern vgl. auch Rz. T 141, T 142)

a) Grober Behandlungsfehler bejaht

G 917 Medikation, Kontrolle des Sehvermögens; Unkontrollierte Verordnung von Augentropfen

Die unkontrollierte Verordnung kortikoider Augentropfen stellt einen groben Behandlungsfehler dar (OLG Hamm, VersR 1991, 585). Wird ein in Deutschland noch nicht zugelassenes Medikament trotz zuvor erteilter Hinweise des Herstellers bzw. des Bundesinstituts für Arzneimittel und Medizinprodukte, Langzeitauswirkungen des Medikaments auf das Sehvermögen beim Menschen seien noch nicht untersucht worden, weshalb periodische, etwa **monatliche Kontrollen (hier: des Sehvermögens) angezeigt** seien, nach einer unkontrollierten Anwendung über sechs Monate trotz eines nunmehr von einer Universitätsklinik geäußerten Verdachts auf die ernstzunehmende Möglichkeit eines medikamenteninduzierten Eintritts irreparabler Schäden für das Sehvermögen beim Auftreten von Sehstörungen nicht zumindest vorläufig und unverzüglich bis zum Vorliegen weiterer Untersuchungsergebnisse abgesetzt, liegt ein „grober Behandlungsfehler" vor (BGH, Urt. v. 27. 3. 2007 – VI ZR 55/05, VersR 2007, 995, 998 = NJW 2007, 2767, 2769/2770, Nr. 20, 21, 29; die Entscheidung ist auch auf die Gabe von Medikamenten im gynäkologischen Bereich übertragbar).

G 918 Vorenthalten von Informationen über bedrohlichen Befund

Es stellt einen groben Behandlungsfehler dar, wenn der Patient über einen **bedrohlichen Befund**, der Anlass zu umgehenden und umfassenden ärztlichen Maßnahmen gibt, etwa das Vorliegen eines **Retikulum-Zellsarkoms**, nicht informiert und ihm die erforderliche ärztliche Beratung versagt wird. Die therapeutische Aufklärung naher Angehöriger, soweit sie überhaupt ohne Einwilligung des Patienten zulässig ist, kann in aller Regel nicht das direkte Gespräch zwischen dem Arzt und dem Patienten ersetzen (BGH, NJW 1989, 2318). Muss dem Patienten nach dem zutreffenden, ihm nicht mitgeteilten Befund ein **Auge entfernt** werden, so trifft den Arzt die Beweislast, dass das Auge auch bei den in 6–8-wöchigem Turnus gebotenen Kontrollen nicht zu retten gewesen wäre (BGH, NJW 1989, 2318, 2319).

Unterlassung weiterführender Diagnostik bei Verdacht auf Retinoblastom   G 919

Schildert der Patient bzw. die Mutter des minderjährigen Patienten eine mehrfach aufgetretene „Leukokorie", ein **sogenanntes „Katzenauge"**, so ist es grob
fehlerhaft, lediglich eine Untersuchung des Augenhintergrundes durchzuführen
und eine **weiter gehende Ultraschall-Diagnostik des Auges zu unterlassen**. Stellt
der vom Gericht beauftragte Sachverständige jedoch fest, es sei „äußerst unwahrscheinlich" bzw. „gänzlich unwahrscheinlich", dass die Sehkraft des Auges
bei rechtzeitiger Diagnostik durch Ultraschall o. a. noch hätte gerettet werden
können, so scheidet ein Schadensersatzanspruch des Patienten aus (OLG Karlsruhe, Urt. v. 23. 4. 2004 – 7 U 1/03, VersR 2005, 1246).

Unzureichende Netzhautkontrolle   G 920

Grob behandlungsfehlerhaft ist auch die **unzureichende Kontrolle der Netzhaut
eines frühgeborenen Kindes** (OLG Hamm, VersR 1996, 756; OLG Nürnberg,
Urt. v. 24. 6. 2005 – 5 U 1046/04, MedR 2006, 178: Augenhintergrund muss immer ausreichend eingesehen werden; vgl. auch Rz. G 647) oder die unterlassene
Augeninnendruckmessung bei älteren Patienten zur Früherkennung eines Glau-
koms (OLG Hamm, VersR 1979, 826).

Wiederholter Einsatz einer experimentellen Methode   G 921

Es ist grob fehlerhaft, wenn der Augenarzt bei der Behandlung einer starken
Weitsichtigkeit erneut und sogleich an beiden Augen ein Verfahren anwendet,
das sich im experimentellen Stadium befindet und die Weitsichtigkeit des Patienten bei einem vorangegangenen Versuch nur vorübergehend gebessert hat.
Eine **kontraindizierte Behandlung** darf auch nicht auf ausdrücklichen Wunsch
des Patienten vorgenommen werden (OLG Karlsruhe, Urt. v. 11. 9. 2002 – 7 U
102/01, MedR 2002, 104, 105).

LASIK-Operation kontraindiziert   G 922

Bei einer Hornhautschwäche in Form eines Keratokonus ist eine **LASIK-Operation** zur Beseitigung der daneben bestehenden Kurzsichtigkeit **kontraindiziert**.
Nach Auffassung des OLG Koblenz (Urt. v. 2. 3. 2006 – 5 U 1052/04, VersR
2006, 978), das insoweit eine weitere Fallgruppe der Beweislastumkehr zugunsten des Patienten kreiert, wirkt sich die Ungewissheit des Kausalverlaufs zu Lasten des Arztes aus, wenn es keine überwiegende Wahrscheinlichkeit dafür gibt,
dass die Sehtüchtigkeit des Patienten bei Unterlassung der LASIK-Operation
ebenso herabgesetzt wäre. U. E. liegt bei einer Kontraindikation regelmäßig
auch ein grober Behandlungsfehler vor (s. o. Rz. G 846; zur Aufklärung vgl.
A 1011, A 1011a).

b) Grober Behandlungsfehler verneint

Vitrektomie und intraokulare Gabe von Antibiotika unterlassen   G 923

Nach Feststellung einer Augeninfektion bei einer Patientin, die sich zuvor einer
beidseitigen Kataraktoperation unterzogen hatte, ist die Vornahme einer **Vitrektomie (Teilentfernung des Glaskörpers) und/oder eine intraokulare Antibiotikagabe** nach entsprechender Keimbestimmung erforderlich, um die Erblindung

auf einem bzw. beiden Augen zu vermeiden. Der Behandlungsfehler ist jedoch nicht als grob zu bewerten, wenn der Augenarzt einen weiteren Eingriff am mehrfach voroperierten Auge vermeiden wollte, die von ihm eingeleitete, unzureichende konservative Behandlung mit oral verabreichten Antibiotika **nicht als schlechterdings unvertretbar** angesehen werden kann und es in der Augenvorderkammer – bei allerdings fehlender Einsehbarkeit des hinteren Augenabschnitts – zu einer Besserung des Reizzustandes gekommen war (OLG Zweibrücken, Urt. v. 30. 9. 2003 – 5 U 18/02, OLGR 2004, 56, 57).

G 923a **Kontrolluntersuchung nach Einblutungen** (vgl. zur Einbestellung von Patienten auch Rz. G 276b, G 388, G 452, G 581, G 858, G 872, G 911a)

Ein grober Behandlungsfehler eines Augenarztes liegt auch in der Gesamtschau nicht vor, wenn er **Einblutungen des Patienten nicht nach Quadranten unterteilt**, was vom Sachverständigen als „insuffizient" bezeichnet wird und er den Patienten erst nach sechs Monaten zu der innerhalb von drei Monaten durchzuführenden Kontrolluntersuchung einbestellt, wenn dies vom Sachverständigen als „noch hinnehmbar" bezeichnet wird (OLG Koblenz, Urt. v. 11. 12. 2008 – 5 U 685/08, MedR 2011, 46, 47; im Ergebnis zustimmend Gericke, MedR 2011, 49).

Es bleibt offen, ob das Verhalten des Patienten, der die erforderliche Kontrolle seinerseits um weitere sechs Monate hinausschiebt, das Vorliegen eines groben Behandlungsfehlers ausschließt (in diese Richtung OLG Koblenz, MedR 2011, 46, 48) oder erst auf der Ebene des vom Arzt zu beweisenden Mitverschuldens für den Fall der Bejahung eines Behandlungsfehlers zu berücksichtigen ist (so Gericke, MedR 2011, 49).

G 923b **Verspätete Durchführung einer Netzhautuntersuchung**

Klagt ein Patient gegenüber einem Augenarzt darüber, dass er seit einiger Zeit „**Blitze**" in einem Auge sehe, begründet dies den Verdacht auf eine akute hintere Glaskörperabhebung, die in etwa 10 % der Fälle in der weiteren Folge zu einer Netzhautablösung führt bzw. führen kann. Dies erfordert jedoch keine sofortige **Durchführung einer Netzhautuntersuchung mit Weitstellung der Pupillen** (Mydriasis). Eine solche **Untersuchung muss dann aber spätestens innerhalb von 48 Stunden erfolgen**. Wird der Patient hierauf hingewiesen, erscheint er jedoch zu der Untersuchung nicht, greift eine Haftung des Augenarztes nicht ein (OLG Karlsruhe, Urt. v. 25. 1. 2006 – 7 U 36/05 mit NZB BGH v. 26. 9. 2006 – VI ZR 32/06, AHRS III, 1840/310).

6. HNO-Arzt

(zu einfachen Behandlungsfehlern vgl. Rz. T 139 ff.)

a) Grober Behandlungsfehler bejaht

G 924 **Nachblutung nach einer Mandeloperation**

Beim Eintritt ernsthafter Komplikationen wie **Nachblutungen nach einer Mandeloperation** ist das Unterlassen der Unterrichtung des zuständigen Arztes durch das nichtärztliche Personal, etwa einer Krankenschwester oder Arzthelferin, als grober Behandlungsfehler zu werten (OLG Oldenburg, VersR 1997, 749). Die Kumulation der nachfolgenden, jeweils für sich betrachtet einfachen Behandlungsfehler nach Durchführung einer Tonsillektomie (Entfernung der Mandeln) ist **in der. Gesamtschau als grober Behandlungsfehler** zu werten: Entlassung des Patienten trotz aufgetretener Nachblutungen, die zunächst eine Umstechungsligatur erforderlich gemacht hatten, unterlassene Kontrolle des Hämoglobinwertes, der Gerinnungsparameter und des Legens eines zentralvenösen Zugangs bei der erneuten stationären Aufnahme nach dem Eintritt von Nachblutungen und keine HNO-fachärztliche Untersuchung des Patienten bei der Wiederaufnahme im (Beleg-)Krankenhaus (OLG Celle, Urt. v. 7. 5. 2001 – 1 U 15/00, VersR 2002, 1558, 1560).

b) Grober Behandlungsfehler verneint

Verfrühte Entlassung nach Tonsillektomie G 925

Die **vorzeitige Entlassung nach Durchführung einer Tonsillektomie** am fünften anstatt dem siebten postoperativen Tag verstößt nicht eindeutig und fundamental gegen bewährte Behandlungsregeln oder gesicherte medizinische Erkenntnisse. Der Arzt kann von der empfohlenen Verweildauer im Rahmen des ihm obliegenden pflichtgemäßen Ermessens abweichen. Erleidet der Patient zwei Tage nach seiner Entlassung – also am siebten postoperativen Tag – erhebliche Nachblutungen mit einem Blutverlust von ca. zwei Litern im Bereich der OP-Wunde und verschiedene Folgeschäden, kommt ihm eine Beweislastumkehr damit nicht zugute (LG Zwickau, Urt. v. 16. 3. 2005 – 1 O 827/03, MedR 2005, 410).

Verletzung der Rhinobasis bei Operation, Tod des Patienten G 926

Verletzt ein HNO-Arzt bei einer Operation (hier: der linken Kieferhöhle und des linken Siebbeins) die Rhinobasis, was zu einer **Blutung in den Subarachnoidalraum (Hirneinblutung)** führt, kann sich ein typisches, trotz aller Sorgfalt nicht stets vermeidbares Risiko verwirklicht haben. Erkennt der Arzt die Verletzung nicht und versäumt er deshalb eine sofortige Intervention, handelt es sich nicht zwingend um einen groben Behandlungsfehler. Stellt der vom Gericht beauftragte Sachverständige fest, auch eine sofortige – vom Arzt verzögerte – Abdeckung hätte die Einblutung nicht mehr stoppen können, führt dieser einfache Behandlungsfehler nicht zur Haftung (OLG Koblenz, Urt. v. 22. 11. 2007 – 5 U 465/05, OLGR 2008, 838, 839).

7. Allgemeinmedizin

a) Grober Behandlungsfehler bejaht

(zu einfachen Behandlungsfehlern vgl. Rz. T 145 ff.)

Anamneseerhebung unterlassen G 927

Für den **in der Primärversorgung tätigen Hausarzt** gehört die Anamneseerhebung zu den elementaren und unverzichtbaren Grundregeln der Medizin. Klagt ein Patient über **Blähungen**, so ist der Arzt gehalten, sich nach deren Dauer und deren möglichen Ursachen sowie nach den Stuhlgewohnheiten des Patienten zu erkundigen. Unterlässt der Hausarzt dies, trägt der Arzt die Beweislast dafür, dass es auch bei rechtzeitiger Anamneseerhebung zu einer nicht mehr aufzuhaltenden **Krebserkrankung bzw. Verkürzung der Lebenszeit** des Patienten gekommen wäre. Kann dem Arzt nach den Feststellungen des Sachverständigen weder die Krebserkrankung selbst noch die dadurch bedingte Verkürzung der Lebenszeit des Patienten angelastet werden, kann dennoch ein Schmerzensgeld (vorliegend: 5 113,00 Euro) gerechtfertigt sein, wenn durch die Verzögerung der Behandlung eines Dickdarmkarzinoms der Tumor nicht vollständig entfernt werden kann und dies im Endstadium zu schmerzhaften Beschwerden des Patienten führt (OLG Düsseldorf, VersR 1998, 1155).

G 928 **Nicht rechtzeitige Krankenhauseinweisung bei Komplikationen**

Das Unterlassen einer rechtzeitigen **Einweisung in das Krankenhaus nach Auftreten bedrohlicher Komplikationen**, deren Genese der Allgemeinarzt nicht kennt, ist als schwerer Behandlungsfehler anzusehen (OLG Celle, VersR 1981, 684; OLG München, Urt. v. 3. 6. 2004 – 1 U 5250/03, OLGR 2005, 790, 791; auch OLG Naumburg, MedR 2002, 515). So ist der Hausarzt verpflichtet, den Patienten unverzüglich zur stationären Behandlung in ein Krankenhaus einzuweisen, wenn der Patient **zwei Tage lang über zuletzt kolikartige Schmerzen** zunächst am Rücken, dann auch in beiden Nierenlagern und im Unterbauch klagt (OLG Naumburg, MedR 2002, 515, 517).

G 929 Klagt der Patient über **seit langer Zeit anhaltende Kopfschmerzen, Schwindel u. a.**, ist es völlig unvertretbar, auf einer derart dünnen Tatsachenbasis eine komplizierte Migräne zu diagnostizieren und einem möglichen ablaufenden ischämischen Prozess nicht nachzugehen. Hat der Arzt aufgrund der Schilderung erheblicher und längerer Beschwerden des Patienten sogar an eine akute cerebrale Zirkulationsstörung gedacht, ist die **sofortige Einweisung in eine Fachklinik** erforderlich (OLG München, Urt. v. 3. 6. 2004 – 1 U 5250/03, OLGR 2005, 790, 791).

G 930 **Verzögerte Einweisung zu einer Herzkathederuntersuchung** (zum „Herzinfarkt" vgl. auch Rz. D 24 ff., D 45 ff., D 92 ff., G 539, G 462 ff., G 652 ff., U 21 ff., U 160 ff.; zum medizinischen Hintergrund G 462a)

Schildert der seit vielen **Jahren an einer koronaren Herzerkrankung** leidende Patient seinem ihm behandelnden Hausarzt einen „**enormen Druck in der Brust**", daneben erhebliche Probleme beim Treppensteigen mit dem Hinweis, dass er wegen derselben Problematik sieben Jahre zuvor in eine Universitätsklinik eingewiesen worden wäre, so ist es grob fehlerhaft, wenn der Allgemeinmediziner dem Patienten zwar zu einer Herzkathederuntersuchung rät, ihn jedoch nicht **sofort**, spätestens aber vier Tage später nach einer Kontrolluntersuchung, bei der der Patient trotz zwischenzeitlich erfolgter Einnahme von blutdrucksenkenden und gefäßerweiternden Medikamenten über dieselben, nicht gebesserten Beschwerden klagt, **notfallmäßig** in eine hierfür **geeignete Klinik** zur Durchführung einer Herzkathederuntersuchung überweist, sondern dort erst einen Termin nach vierzehn bis sechzehn Tagen vereinbart (OLG Bamberg, Urt. v. 4. 7. 2005 – 4 U 126/03, VersR 2005, 1292, 1293; vgl. auch BGH, Urt. v. 25. 10. 2011 – VI ZR 139/10, NJW 2012, 227, Nr. 11, 12: bei V. a. Myokardinfarkt dringend gebotene Fibrinolyse durch Internist im Krankenhaus unterlassen). Verweigert der Patient trotz entsprechender **therapeutischer Aufklärung** eine zur Feststellung, ob er sich in der akuten Gefahr eines unmittelbar bevorstehenden Herzinfarkts befindet, dringend erforderliche (Herzkatheder-)Untersuchung, so hat der Arzt dies **in den Kranken-unterlagen zu dokumentieren**. Ansonsten greift zugunsten des Patienten die Vermutung, dass diese nicht dokumentierte Maßnahme vom Arzt auch nicht getroffen worden ist (OLG Bamberg, Urt. v. 4. 7. 2005 – 4 U 126/03, VersR 2005, 1292).

Marcumarbehandlung nach Vorderwandinfarkt unterlassen   G 930a

Wird bei einem Patient, der vier Jahre zuvor einen Vorderwandinfarkt erlitten hatte, nach Feststellung von Herzrhythmusstörungen eine **dringend indizierte, vom mitbehandelnden Kardiologen empfohlene orale Marcumarbehandlung,** die das Schlaganfallrisiko um ca. 68 % senken würde, unterlassen oder um mehrere Monate verzögert, liegt ein grober Behandlungsfehler des Hausarztes (Allgemeinmediziner bzw. im vorliegenden Fall Internist) vor (OLG Hamm, Urt. v. 31. 10. 2007 – 3 U 47/07, AHRS III, 2715/340).

Maßnahmen bei Meningitis- und Enzephalitisverdacht (zur Meningitis auch   G 931
G 394, G 394a, G 450, G 565, G 851b, G 904; zur Sepsis Rz. G 383b, G 395,
G 650, G 758b, U 134)

Bei einschlägigen **Symptomen einer Meningitis** (Hirnhautentzündung) wie fehlendem Gleichgewicht im Sitzen und Stehen, Ataxie, „Torkeligkeit", Erbrechen ist eine **umgehende Krankenhauseinweisung** geboten. Das Unterlassen einer Krankenhauseinweisung lässt auf einen fundamentalen Diagnoseirrtum und groben Behandlungsfehler schließen (OLG Oldenburg, NJW-RR 1997, 1117). Eine akute, fieberhafte und schwere Erkrankung eines Kindes mit hohem Fieber über mehr als 30 Stunden, Erbrechen und Schlappheit legt stets den Verdacht einer Meningitis nahe, der zur **sofortigen Einweisung in eine Klinik** zwingt (OLG Stuttgart, NJW-RR 1997, 1114). Kann ein **Enzephalitisverdacht** (Gehirnentzündung) nicht ausgeräumt werden, sondern bieten die Ergebnisse der Anfangsuntersuchung insoweit Veranlassung zu weiteren diagnostischen Maßnahmen, so ist entweder der Verdachtsdiagnose unverzüglich nachzugehen oder aufgrund der Verdachtsdiagnose entsprechend zu therapieren. Werden wesentliche diagnostische Maßnahmen nicht unverzüglich ergriffen, liegt ein grober Behandlungsfehler vor (OLG Köln, VersR 1991, 186).

Außenseitermethode   G 932

Der schulmedizinisch ausgebildete Arzt ist verpflichtet, den Patienten darüber aufzuklären, dass die von ihm vorgeschlagene und zur Behandlung angewendete **Außenseitermethode von der Schulmedizin abgelehnt** wird. Dies gilt etwa für die so genannte „Bioelektronische Funktions-Diagnostik", wenn beim Patienten die klassischen Symptome eines Uterus-Karzinoms auftreten. Die Nichtaufklärung und das Hinwegsetzen über die Diagnosemethoden der Schulmedizin stellen einen groben Behandlungsfehler dar (OLG Koblenz, NJW 1996, 1600).

Nichtaufklärung über bedrohlichen Befund   G 933

Ein grober Behandlungsfehler liegt auch vor, wenn der Patient über einen **bedrohlichen Befund,** der Anlass zu umgehenden und umfassenden ärztlichen Maßnahmen geben würde, nicht informiert und ihm die erforderliche ärztliche

Beratung nicht erteilt wird (BGH, MDR 1989, 805; vgl. hierzu „Therapeutische Aufklärung", Rz. A 624, A 654, A 656).

G 934 **Mögliche Entartung eines Ulcus**

Bei einem **über Monate nicht heilenden Geschwür** besteht stets die Tendenz zu einer bösartigen Entartung. Auf eine möglicherweise beginnende **Entartung eines Unterschenkelgeschwürs** am vernarbten Gewebe der Wade sowie die deswegen notwendige Gewebeentnahme und deren Untersuchung muss der Patient vom behandelnden Allgemeinmediziner hingewiesen werden. Der Arzt muss dem Patienten eindringlich klarmachen, dass die über viele Monate erfolglos mit Verbänden, Salben oder Schmerzmitteln behandelte **Wunde operativ saniert** werden muss, um der Gefahr einer Krebserkrankung zu begegnen und dass ohne eine operative Versorgung Lebensgefahr bestehen könnte. Unterlässt der behandelnde Allgemeinmediziner derartige, zwingend erforderliche Hinweise und behandelt er das Unterschenkelgeschwür ohne nennenswerte Erfolge über mehr als zwei Jahre mit Verbänden, Salben und Schmerzmitteln, liegt ein grober Behandlungsfehler vor (OLG München, Urt. v. 5. 10. 2000 – 1 U 2842/99, AHRS III, 3110/301).

G 935 **Unterlassene Beobachtung nach Injektion**

Äußert der Patient während einer **intravenösen Reparil-Injektion** in die Ellenbeuge **starke Schmerzempfindungen**, so stellt es einen groben Behandlungsfehler dar, wenn der Arzt nach Abbruch der Injektion eine nachfolgende Beobachtung des Patienten unterlässt und auch nicht sicherstellt, dass eine Beobachtung durch andere Ärzte erfolgt. Er hat dann nachzuweisen, dass die nachfolgende Schädigung des Nervus ulnaris, des Nervus medianus sowie Kopfbeschwerden nach einer Hirnblutung und Beugekontrakturen der Finger des entsprechenden Arms auch bei ordnungsgemäßer ärztlicher Beobachtung eingetreten wären (KG, Urt. v. 31. 1. 1985 – 20 U 6205/82).

G 936 **Phlebographie unterlassen** (vgl. zur Thrombose Rz. G 383d, G 451, G 460, G 480, G 537, G 651, G 751 ff., G 756b, G 771 ff., D 83, D 115 ff., D 128)

Bei einem Thromboseverdacht gehört es zu den elementaren Behandlungsregeln, eine Phlebographie durchzuführen (OLG Oldenburg, MDR 1994, 995; VersR 1999, 318; OLG Köln, NJW-RR 1992, 728; OLG Hamm, VersR 1990, 1120; OLG Stuttgart, OLGR 2000, 3).

Treten bei einer Frau im Alter von 27 Jahren, insbesondere nach einer Geburt und bei vorhandenem Übergewicht neben den zunächst zutreffend diagnostizierten Rückenschmerzen **Beinödeme** auf, so ist es grob fehlerhaft, wenn der behandelnde Facharzt für Allgemeinmedizin seine zunächst gestellte Diagnose „Lumbalgie bzw. LWS-Symptomatik" nicht in Frage stellt und es nach dem Auftreten der Beinödeme unterlässt, die Patientin in eine Klinik oder eine radiologische Praxis zur Durchführung eines **MRT, CT oder einer Phlebographie** zu überweisen, anstatt bei fortbestehender Diagnose lediglich ein Entwässerungsmittel o. a. zu verschreiben. In einem derartigen Fall handelt es sich nicht um einen Diagnoseirrtum, sondern **im Schwerpunkt um eine unterlassene Befunderhebung** zur Überprüfung einer nicht mehr tragfähigen Verdachtsdiagnose, wobei die mangelnde Erhebung von engen, gebotenen Kontrollbefunden bereits für sich einen groben Behandlungsfehler darstellt.

Daneben liegen auch die Voraussetzungen einer Beweislastumkehr wegen „unterlassener Befunderhebung" vor. Bei Durchführung eines MRT bzw. eine Phlebographie wäre die Entdeckung einer erst drei Tage später diagnostizierten tiefen, 5-Etagen-Venenthrombose mit Ausdehnung bis zu den Lebervenenzuflüssen „hinreichend wahrscheinlich" gewesen. Führt der Sachverständige aus, bei einer um drei Tage früher erfolgten Krankenhauseinweisung hätte der Patientin „die Chance auf ein besseres Resultat" gehabt, ist es nicht „gänzlich unwahrscheinlich", dass die Patientin bei früherer Diagnostik letztlich nicht in ein Wachkoma nach aufgetretener Lungenembolie verfallen wäre (OLG Hamm, Urt. v. 24. 9. 2003 – 3 U 236/02, AHRS III, 1820/314).

Verspätete Therapieeinleitung   G 937

Ist wegen eines groben Behandlungsfehlers des Allgemeinarztes eine medizinisch **gebotene Therapie bei einer Nierenfunktionsstörung verspätet eingeleitet** worden mit der Folge, dass der Patient sich möglicherweise früher als sonst erforderlich einer Dialysebehandlung unterziehen muss, so kommen dem Patienten Beweiserleichterungen (jetzt: eine Beweislastumkehr) hinsichtlich des Kausalverlaufs zugute, auch wenn die genaue Diagnose der Nierenfunktionsstörung selbst bei richtigem Vorgehen nicht gestellt worden wäre. Dies rechtfertigt sich deshalb, weil der Arzt eine sofortige Therapie verhin-dert und die Aufklärung des hypothetischen weiteren Kausalverlaufs, der für den Patienten erheblich günstiger hätte sein können, dadurch erschwert (BGH, NJW 1988, 2303). Gleiches gilt, wenn der Arzt durch eine **unzutreffende Darstellung des Untersuchungsergebnisses** verhindert, den Ursachenzusammenhang einer Erkrankung durch eine Operation zu klären (OLG Oldenburg, VersR 1999, 1284).

b) Grober Behandlungsfehler verneint

(zu einfachen Behandlungsfehlern vgl. auch Rz. T 145 ff.)

Bandscheibenvorfall   G 938

Einem Allgemeinarzt fällt kein grober Behandlungsfehler zur Last, wenn er beim Patienten nach **Verdacht auf einen Bandscheibenvorfall** eine Untersuchung nach Lasegue, also eine passive Beugung des gestreckten Beins im Hüftgelenk sowie eine Kontrolle der Fußheber- und Fußsenkerfunktion durchgeführt hat und mit „Lasegue 45 rechts, 75 links, Fußheber o.B." dokumentiert (OLG Frankfurt, Urt. v. 25. 7. 1996 – 15 U 183/95).

Einschaltung von Fachärzten erfolgt   G 939

Der gegenüber einer Ärztin für Allgemeinmedizin erhobene Vorwurf einer unzureichenden Diagnostik und Befunderhebung und damit eines groben Behandlungsfehlers ist unbegründet, wenn sie die dafür gebotene Einschaltung von Fachärzten durch entsprechende Überweisung veranlasst hat (OLG Oldenburg, VersR 1999, 101).

G 940   **Frühere Krankenhauseinweisung**

Einem Arzt für Allgemeinmedizin fällt kein grober Behandlungsfehler zur Last, wenn das von ihm untersuchte **Bein** des Patienten **blass und kalt**, aber nicht livid verfärbt ist, er deshalb noch nicht auf einen totalen Verschluss der Blutzufuhr schließen muss und eine Krankenhauseinweisung deshalb erst drei Tage später erfolgt. Eine Beweislastumkehr dergestalt, dass der Arzt nachweisen muss, eine Amputation des Beins hätte bei entsprechend früherer Einweisung verhindert werden können, greift in diesem Fall nicht ein (OLG Hamburg, Urt. v. 8. 9. 1989 – 1 U 171/88).

G 941   **Herzinfarkt verkannt** (vgl. auch Rz. D 24 ff., D 45 ff., D 92 ff., G 652 ff., U 21 ff., U 160 ff.)

Verkennt ein Allgemeinarzt als Notarzt einen **drohenden Herzinfarkt**, weil der Patient daneben an einer **akuten Gastroenterokolitis** (Entzündung des Dünn- und Dickdarms) leidet und deren **Symptome im Vordergrund stehen**, so muss seine die Verdachtsmomente für den Herzinfarkt nicht umfassende Diagnose nicht grob fehlerhaft sein. Eine Beweislastumkehr dergestalt, dass der Arzt zu beweisen hätte, der Patient sei auch bei sofortiger Diagnose des Herzinfarkts und unverzüglicher Einweisung in ein Krankenhaus verstorben, findet im Hinblick auf die tatsächlich neben der Herzerkrankung bestehende Symptomatik des Verdauungstraktes des ihm unbekannten Patienten nicht statt (OLG Zweibrücken, Urt. v. 22. 6. 1999 – 5 U 32/98, VersR 2000, 605, 606).

Leidet ein Patient **seit Jahren an ausgeprägten Wirbelsäulenbeschwerden**, so stellt es keinen groben Behandlungsfehler dar, wenn ein Allgemeinmediziner bei akut auftretenden starken Schmerzen des Patienten in der linken Schulter, die bis in den linken Arm und in das linke Handgelenk ausstrahlen und ohne vorherige körperliche Belastung auftreten, zunächst ein Schulter-Arm-Syndrom diagnostiziert und eine entsprechende Behandlung mit Reizstrom u. a. beginnt, ohne der – objektiv gegebenen – Verdachtsdiagnose auf einen Vorderwandinfarkt mit Anfertigung eines Belastungs-EKG nachzugehen, wenn das angefertigte **Ruhe-EKG keinen sicheren pathologischen Befund** ergibt (OLG Braunschweig, Urt. v. 16. 8. 2001 – 1 U 59/00, AHRS III, 1820/306).

G 942   **Unterlassene Sicherungsaufklärung; AIDS-Erkrankung** (vgl. zu HIV/AIDS Rz. A 665, A 2323 ff.)

Kein Aufklärungsmangel, sondern ein grober Behandlungsfehler liegt vor, wenn dem Patienten aus der Unterlassung eindeutig erforderlicher therapeutischer Beratung erhebliche gesundheitliche Nachteile drohen (OLG Köln, VersR 2002, 1285; G/G, 6. Aufl., Rz. B 285, 286, B 95, 99). Stellt ein Arzt bei einem Patienten eine **AIDS-Erkrankung** fest und verbietet der Patient ihm, seine Lebensgefährtin zu informieren, so steht die ärztliche Schweigepflicht der Information der Lebensgefährtin dann nicht entgegen, wenn diese gleichfalls Patientin des Arztes ist. Der Lebensgefährtin als Patientin obliegt jedoch die Verpflichtung, die **Kausalität des ärztlichen Fehlverhaltens**, also der fehlenden Aufklärung über die AIDS-Erkrankung, für die von ihr dargelegten primären Gesundheitsschäden zu beweisen. Wenn der Arzt seine ärztliche Schweigepflicht besonders ernst genommen hat und nur aufgrund einer unzureichenden Abwägung der von ihm zu wahrenden Interessen beider Parteien zu einer Fehlentscheidung gelangt ist, kann nicht von einem „groben Behandlungsfehler" in Sinne der Unterlassung einer eindeutig erforderlichen therapeutischen Beratung (Sicherungsaufklärung) gesprochen werden (OLG Frankfurt, Urt. v. 8. 7. 1999 – 8 U 67/99, VersR 2000, 320, 321).

Übersehen eines Bronchialkarzinoms auf dem Röntgenbild   G 943

Das **Übersehen eines Bronchialkarzinoms auf dem Röntgenbild** eines Patienten ist ein Behandlungsfehler, der im Einzelfall **bei einem Allgemeinmediziner (Hausarzt) mit eigener Röntgendiagnostik als einfacher, bei einem in einem Krankenhaus beschäftigten Facharzt (Internist) aber als grober Behandlungsfehler zu bewerten** sein kann (OLG Schleswig, Urt. v. 24. 6. 2005 – 4 U 10/04, AHRS III, 6560/313).

Dies liegt auf der Linie der Rechtsprechung des BGH. Danach liegt nur ein einfacher, kein fundamentaler **Diagnoseirrtum eines Anästhesisten** vor, der auf einem zu Narkosezwecken gefertigten Röntgenbild vor einer Knieoperation einen ca. 2 x 2 cm umfassenden Rundherd als Hinweis auf ein tumoröses Geschehen übersieht bzw. fehlinterpretiert (BGH, Urt. v. 21. 12. 2010 – VI ZR 284/09, VersR 2011, 400 = NJW 2011, 1672, Nr. 13, 16, 20).

Einstweilen frei.   G 944 – G 980

8. Notarzt

a) Grober Behandlungsfehler bejaht

Unterlassung der zwingend gebotenen Einweisung in ein Krankenhaus   G 981

Wird ein Notarzt zu einem Patienten gerufen, der an **starken, klopfartigen Schmerzen in beiden Nierenlagern** leidet, die seit dem Vortag trotz medikamentöser Behandlung erheblich zugenommen und sich auf den Bereich des Oberbauchs ausgedehnt haben und gibt der Patient an, er hätte wiederholt erbrochen, ist es grob fehlerhaft, den Patienten nicht unverzüglich in ein Krankenhaus zur Erhebung der erforderlichen Befunde, insbesondere einer **Ultraschalluntersuchung**, für eine weiter gehende Diagnostik einzuweisen bzw. zu verbringen (OLG Naumburg, Urt. v. 13. 3. 2001 – 1 U 76/00, OLGR 2002, 39, 42).

Herzinfarkt verkannt (vgl. die Nachweise bei Rz. G 941)   G 982

Lässt ein Arzt – vorliegend ein Arzt im Bereitschaftsdienst – die elementare Regel außer Acht, dass jede erstmalige Herzsymptomatik mit entsprechender Herz-Kreislauf-Reaktion wie z. B. Schmerzen im Brustbereich, Schweißausbrüche und Atemnot bis zum Beweis des Gegenteils ein Herzinfarkt sein kann und veranlasst er nicht zur weiteren Abklärung die **unverzügliche Einweisung in ein Krankenhaus**, so begeht er einen groben Behandlungsfehler (LG München I, Urt. v. 28. 5. 2003 – 9 O 14993/99, NJW-RR 2003, 1179, 1180 = VersR 2004, 649).

Vollständig unterlassene Desinfektion   G 982a

Vor einer Injektion im Hals-Schulter-Bereich ist die betroffene Hautstelle des Patienten gründlich zu desinfizieren. Bei Verwendung eines Desinfektionssprays geschieht dies durch Besprühen der Hautstelle, anschließendem Wischen und erneutem Sprühen mit einer Einwirkzeit von mindestens 30 Sekunden. Dies gilt auch bei einem notärztlichen Einsatz im häuslichen Umfeld. Insbesondere bei einem „Quaddeln" (Injektion einer Flüssigkeit zu diagnostischen oder therapeutischen Zwecken, vorliegend drei Injektionen im Schulter-Nacken-Bereich bei gravierenden Nackenschmerzen) ist eine **vorherige Desinfektion der Hände des behandelnden Arztes mit entsprechender Einwirkzeit oder das Anlegen von Einweg-Handschuhen erforderlich** (OLG Naumburg, Urt. v. 20. 8. 2009 – 1 U 86/08, GesR 2010, 73, 74). Das **vollständige Unterlassen von Desinfektionsmaßnahmen** (Besprühen, anschließendes Wischen und erneutes Sprühen, Einwirkzeit mindestens 30 Sekunden sowie Verwendung steriler Handschuhe bzw. vorherige Handdesinfektion) vor einer Injektion im Hals-Schulter-Bereich stellt einen groben Behandlungsfehler dar (OLG Naumburg, GesR 2010, 73, 74).

b) Grober Behandlungsfehler verneint

G 983   **Verzögerte Klinikeinweisung nach unklarer Muskelschwäche**

Wird bei einer Patientin mit **unklarer Muskelschwäche** vom Notarzt neben psychovegetativer Ursache auch ein cerebrales Geschehen erwogen, so hat der Arzt sie auf einseitig betonte Beinschwäche (Lähmungen) zu untersuchen. Dies kann durch einen Gehversuch der Patientin geschehen, verbunden mit der Beobachtung, ob sie wegknickt. Wird durch Unterlassen dieser Untersuchung ein Komplettverschluss einer Beinvene nicht erkannt und die **Klinikeinweisung um 2–3 Stunden verzögert**, so liegt zwar ein einfacher, aber kein grober Behandlungsfehler vor (OLG Köln, VersR 1999, 366).

G 984   **Wiederbelebungsmaßnahmen unterlassen**

Ein zu einem Notfallpatienten gerufener Arzt verstößt gegen die **Leitlinien** für Wiederbelebung und Notfallversorgung, wenn er nach einem Vorderwandinfarkt oder einem **Herz-Kreislauf-Stillstand** des Patienten nicht für eine von Helfern begonnene **Wiederaufnahme der Reanimation bis zum Eintreffen des Notarztes** sorgt, weil er den Patienten irrtümlich für tot hält. Ein grober Behandlungsfehler liegt jedoch nicht vor, wenn der Patient tatsächlich bereits klinisch tot war und gewisse, wenn auch nicht hinlänglich sichere Anhaltspunkte dafür vorhanden waren, dass dieser Zustand über etwa ¼ Stunde angehalten hatte und durch eine Basisreanimation nicht günstiger beeinflusst werden konnte (OLG Hamm, Urt. v. 11. 1. 1999 – 3 U 131/98, VersR 2000, 1373, 1374 = NJW-RR 2000, 401, 402).

G 985   Gleiches gilt, wenn ein Nicht-Notfallmediziner (hier: Gynäkologe) ein bewusstlos aus dem Wasser gezogenes stark unterkühltes Kind mit weiten, lichtstarren Pupillen ohne tastbaren Puls und ohne Atmung für tot hält und keine Wiederbelebungsversuche einleitet. In derartigen Fällen scheidet die Annahme eines groben Behandlungsfehlers bzw. eines fundamentalen Diagnoseirrtums aus (OLG München, Urt. v. 6. 4. 2006 – 1 U 4142/05, NJW 2006, 1883, 1886 = GesR 2006, 266, 268 f.).

9. Radiologie

(zu einfachen Behandlungsfehlern vgl. Rz. T 170 ff.)

Grober Behandlungsfehler bejaht

Unvertretbare Fehlinterpretation eines Phlebographiebefundes   G 986

Interpretiert der Radiologe die Darstellung des Beckenvenenbereichs als „ungünstige Strömungsverhältnisse" und **verkennt ein thrombotisches Geschehen** in diesem Bereich, obwohl dies für einen Radiologen ohne weiteres erkennbar gewesen wäre, so liegt in einer solchen unvertretbaren und unverständlichen Fehlinterpretation ein grober Behandlungsfehler (OLG Hamm, Urt. v. 23. 8. 2000 – 3 U 229/99, VersR 2002, 315, 316).

Einstweilen frei.   G 987

10. Anästhesie

(zu einfachen Behandlungsfehlern vgl. Rz. T 174 ff.)

a) Grober Behandlungsfehler bejaht

Patient vor Behebung einer Atemstörung verlassen   G 988

Tritt bei einem Patienten nach der Operation eine Atemstörung auf, so liegt ein grober Behandlungsfehler vor, wenn der zuständige Anästhesist den Patienten verlässt, **bevor die Atemstörung behoben** oder die Verantwortung von einem ebenso kompetenten Arzt übernommen worden ist (OLG Düsseldorf, NJW 1986, 1548).

Inhalationsnarkose unter Assistenz einer Schwester   G 989

Die Durchführung einer laparoskopischen Tubensterilisation in Inhalationsnarkose unter Assistenz einer Schwester anstatt eines Anästhesisten ist grob fehlerhaft (OLG Hamm, Urt. v. 6. 2. 1995 – 3 U 133/94).

Erfolgloser Intubationsversuch   G 990

Eine Anästhesistin, die unmittelbar vor Ablegung ihrer Facharztprufung steht, begeht einen groben Behandlungsfehler, wenn sie nach zwei eigenen **fehlgeschlagenen Intubationsversuchen** statt der Dienst habenden Oberärztin einen weiteren Assistenzarzt in der Hoffnung herbeiruft, diesem werde die Intubation gelingen (OLG Köln, VersR 1989, 372).

Verspätete Entfernung eines verlegten Beatmungstubus   G 990a

Dem Krankenhausträger fällt ein **grober Organisationsmangel** zur Last, wenn dessen leitende Ärzte keine organisatorische Vorsorge getroffen haben, um Notfälle bei der künstlichen Beatmung von Patienten auf der Intensivstation zeitgerecht durch hinreichend qualifizierte Ärzte behandeln zu können. Dies ist etwa dann der Fall, wenn **auf der Intensivstation im Beatmungsmanagement unkundiges Personal (hier: zwei Ärzte im Praktikum, kein Facharzt)** anwesend sind, die nicht in der Lage sind, einen verlegten und unverzüglich zu entfernenden Beatmungstubus zu ziehen, sodass es **mindestens acht Minuten dauert, bis die erforderlichen Maßnahmen getroffen werden können**. Denn das Gehirn beginnt bereits nach 3–5

Minuten, abzusterben (OLG München, Urt. v. 15. 12. 2011 – 1 U 1913/10, juris, Nr. 31, 34, 37: grober Organisationsmangel als grober Behandlungsfehler).

G 990b **Verspäteter Wechsel auf größeren Tubus**

Gerät der Tubus anlässlich einer Operation in die Speiseröhre des Patienten, was zu einem Abfall der Sauerstoffsättigung, der Herzschlagfrequenz und des Blutdrucks führt, misslingt ein weiterer Intubationsversuch und wird danach eine Koniotomie erforderlich (Notfalleingriff zum schnellen Beheben einer Erstickungsgefahr bei Verlegung der oberen Atemwege mit Durchtrennung des Ligamentum Conicum, vgl. Pschyrembel, 264. Aufl., S. 1117), so ist es grob fehlerhaft, in dieser für den Patienten lebenbedrohlichen Situation den **Wechsel auf einen größeren Tubus** (hier: 8,0-Tubus statt 6,0-Tubus) zur Entfernung von Blutkoageln in den Atemwegen **erst 25 Minuten nach der Koniotomie durchzuführen**, wenn dies vom Sachverständigen als „völlig unverständlich" bezeichnet wird (BGH, Urt. v. 20. 9. 2011 – VI ZR 55/09, NJW 2011, 3442 = GesR 2011, 718 = VersR 2011, 1569, Nr. 12).

G 991 **Verabreichung großer Mengen von Schmerz- und Beruhigungsmitteln; Überdosierung bei Reanimationsmaßnahmen**

Die Nichterhebung von Kontrollbefunden bei einem Patienten auf der Intensivstation durch den Anästhesisten und die Verabreichung größerer Mengen von Schmerz- und Beruhigungsmitteln ohne Abklärung der Beschwerdeursachen ist grob fehlerhaft (OLG Oldenburg, Urt. v. 18. 12. 1990 – 5 U 146/89).

b) Grober Behandlungsfehler verneint

G 992 **Bekannte Blutungsneigung des Patienten**

Der Hinweis eines Patienten vor einer Operation auf eine **frühere Blutungsneigung** muss sowohl dem Operateur als auch dem Anästhesisten Anlass zu eingehender Anamnese mit hämorrhagischer Diathese (Erforschung der Blutungsneigung) sowie zu weiteren Vorsichtsmaßnahmen geben. Die normale präoperative Routinediagnostik, bestehend aus der Bestimmung der Thrombozytenzahl und Vornahme der globalen Gerinnungstests wie Quickwert, PTT und Fibrinogen genügt in diesem Fall nicht. Bei klinischem Verdacht auf eine Blutungsneigung ist zusätzlich die **Bestimmung der Blutungszeit** anzuzeigen. Wurden diese Maßnahmen ergriffen, so scheidet eine Umkehr der Beweislast für die beim Patienten nach dem Eintreten lebensbedrohlicher Blutungen aufgetretenen Gesundheitsschäden (Taubheit, Lähmungserscheinungen, Blasen- und Darmstörungen) aus (OLG München, Urt. v. 27. 6. 1996 – 1 U 6442/94).

G 993 **Anästhesie bei „vollem Magen" in Notfallsituation**

Besteht in einer Notfallsituation die Möglichkeit eines „vollen Magens", so ist die Schnelleinleitung der Anästhesie nicht behandlungsfehlerhaft. Ein dann auftretendes Atemnotsyndrom (ARDS) muss nicht zwingend durch eine mögliche Magensaftaspiration verursacht sein (OLG Hamm, Urt. v. 22. 8. 2001 – 3 U 212/00, AHRS III, 2320/302).

G 994 Einstweilen frei.

11. Zahnmedizin

(zu einfachen Behandlungsfehlern vgl. Rz. T 200 ff., T 234 ff.)

a) Grober Behandlungsfehler bejaht

Fehlerhaftes Abschleifen der Vorderzähne   G 995

Die **Höhe der unteren Frontzähne** gilt in der zahnärztlichen Funktionslehre grundsätzlich als **unantastbar**. Sie dürfen allenfalls in begründeten Ausnahmefällen eingeschliffen werden. Ein solcher Ausnahmefall ist im Übrigen zu dokumentieren; das Unterlassen der Dokumentation dieses aufzeichnungspflichtigen Tatbestands indiziert, dass die Voraussetzungen eines Ausnahmefalls nicht vorlagen (OLG Oldenburg, NJW-RR 1999, 1328).

Nimmt ein Zahnarzt Einschleifmaßnahmen zur Einpassung von Zahnersatz vor,   G 996
die zur Folge haben, dass eine **korrekte Okklusion nicht erreicht** und die Kosmetik durch das Beschleifen bis auf die Keramikgrundmasse beeinträchtigt wird und es dabei zugleich zu Beschädigungen von Keramikverblendungen kommt, liegt zumindest ein **einfacher, für die genannten Schäden kausal werdender Behandlungsfehler** vor, der (im Jahr 2001) ein Schmerzensgeld in Höhe von 3000 DM rechtfertigt (OLG Oldenburg, Urt. v. 14. 8. 2001 – 5 U 36/01, OLGR 2002, 31).

Verankerung von Kunststofffüllungen mit parapulpären Stiften   G 997

Das Einbringen von **parapulpären Stiften** zur Verankerung von Kunststofffüllungen war auch im Jahr 1998 schon als grob behandlungsfehlerhaft zu qualifizieren. Gleiches gilt auch für die Verwendung von **Toxavit** im Zuge der Devitalisierung der Pulpa (OLG Köln, Urt. v. 12. 1. 2005 – 5 U 96/03, OLGR 2005, 159).

Eingliederung einer Brücke bei Schmerzpatientin   G 998

Es ist grob fehlerhaft, bei einer **Schmerzpatientin**, der einige Tage zuvor eine **Zahnbrücke herausgefallen** war und die ihren Urlaub wegen andauernder, mit Medikamenten nicht zu beherrschender Schmerzen im Bereich der provisorisch versorgten Zähne vorzeitig abbrechen musste, bereits am ersten Behandlungstag eine Brücke einzuzementieren (OLG Stuttgart, Urt. v. 9. 1. 1998 – 14 U 15/97, bei Oehler, S. 138).

Einsatz von Brücken mit Palladium-Anteilen bei bekannter Allergie   G 999

Ist einem Zahnarzt bekannt, dass eine Patientin unter einer **Palladium-Allergie** leidet und setzt er gleichwohl Brücken mit einer Legierung ein, die 36,4 % Palladium enthält, so liegt ein grober Behandlungsfehler vor. Es ist jedoch als **„äußerst unwahrscheinlich"** anzusehen, dass die unter einer Palladium-Allergie leidende Patientin trotz baldiger Entfernung der eingesetzten Brücken mit den Palladium-Anteilen aufgrund des groben Behandlungsfehlers eine Refluxoesophagitis, eine bakterielle Urozystitis mit Nephropathie, einen viralen grippalen Infekt, ein Karpaltunnelsyndrom (CTS), eine bakterielle Konjunktivitis, eine Bandscheibenprotrusion, ein Gallenleiden, eine Angina-pectoris-Symptomatik, Sodbrennen, Schmerzen im ganzen Körper, Ohrenschmerzen, einen Tinnitus, Juckreiz, Ödeme im Bereich der Augen und Sehstörungen erlitten hat. Gegen einen kausalen Zusammenhang spricht auch die (angebliche) Persistenz der Beschwerden trotz baldiger Entfernung des palladiumhaltigen Zahnmaterials (OLG Oldenburg, Urt. v. 4. 7. 2007 – 5 U 31/05, juris, Nr. 35, 36 = VersR 2007, 1699 = OLGR 2007, 766, 767).

G 1000 **Eingliederung von Zahnersatz über einem wurzelbehandelten Zahn; unterdimensionierter Zahn als Stützpfeiler**

Die **feste Eingliederung eines Zahnersatzes** (hier: Brücke 34–37) über einen noch nicht abschließend wurzelbehandelten und nicht mit einer definitiven Wurzelfüllung versehenen Zahn (hier: Zahn 37) stellt einen groben Behandlungsfehler dar. Ein (nur) einfacher Behandlungsfehler liegt vor, wenn ein **abschließend wurzelbehandelter**, statisch jedoch unterdimensionierter Zahn (hier: Zahn 44) als Stützpfeiler für eine größere Brückenkonstruktion (hier: Zähne 44–47) verwendet wird. Muss dieser Zahn (hier: Zahn 44) anschließend extrahiert werden, sind die Nachbehandlungskosten (hier: Neuanfertigung des Zahnersatzes 44–47) auf den Behandlungsfehler zurückzuführen (OLG Düsseldorf, Urt. v. 14. 12. 2000 – 8 U 42/00, AHRS III, 2695/304).

G 1001 **Fehlen einer funktionellen Befunderhebung für die beabsichtigte Therapie; Rückerstattung des Honorars** (vgl. zur → *Rückerstattung* Rz. R 9 ff., R 35 ff.)

Das **Fehlen einer funktionellen Befunderhebung** (hier: keine hinreichende Diagnostik hinsichtlich geschilderter Kiefergelenkprobleme) **für die beabsichtigte restaurative Therapie** (hier: umfangreiche prothetische Neuversorgung mit dem Einsatz von 18 Kronen und 3 Brückengliedern) **stellt einen groben Behandlungsfehler dar**. Ohne vorausgehende Diagnostik fehlt der durchgeführten, irreversiblen Therapie eine medizinisch verantwortbare Grundlage. Ein Zahnarzt hat die Durchführung der funktionellen (zielführende Diagnostik bei Kiefergelenkproblemen) vor der Durchführung einer prothetischen Neuversorgung zu dokumentieren. Liegt keine oder nur eine lückenhafte Dokumentation vor, besteht die Vermutung, dass die vom Arzt nicht dokumentierten Maßnahmen tatsächlich nicht getroffen worden sind (OLG Köln, Urt. v. 23. 8. 2006 – 5 U 22/04, MedR 2008, 46, 47). Steht einem Patienten wegen fehlerhafter Behandlung durch den Zahnarzt ein Schadensersatzanspruch zu, kann er entweder das **Honorar zurückfordern oder** die Kosten einer **Nachbehandlung als Schadensersatz** geltend machen. Beides nebeneinander kann er nicht beanspruchen, weil dies auf eine dann insgesamt kostenfreie Behandlung hinauslaufen würde (OLG Köln, MedR 2008, 46, 47; vgl. hierzu Rz. R 9 ff.).

G 1002 **Eingliedern einer Prothese**

Das Eingliedern einer Prothese ist grob fehlerhaft, wenn die zu deren Verankerung eingebrachten Implantate wegen fortgeschrittenen Knochenabbaus des Kiefers **keinen genügenden Halt** bieten (OLG Köln, NJW-RR 1999, 388 = VersR 1998, 1511, 1512).

G 1003 **Abdruck für bleibenden Zahnersatz unmittelbar nach parodontalchirurgischer Behandlung**

Es wird als grob fehlerhaft angesehen, wenn im Anschluss an eine ausgedehnte parodontalchirurgische Behandlung der **Abdruck für den bleibenden Zahnersatz** genommen wird. Denn es können sich im Zuge der Abheilung Veränderungen einstellen, die den zuvor hergestellten Abdruck und demzufolge auch den danach gefertigten Zahnersatz unbrauchbar machen (OLG Düsseldorf, Urt. v. 8. 2. 1996 – 8 U 82/95, bei Oehler, S. 112).

Einstweilen frei. G 1004

Freilegen beschliffener Zahnsubstanz G 1005

Bei der Überkronung von Zähnen muss die **beschliffene Zahnsubstanz von der künstlichen Krone wieder abgedeckt** werden. Das Freiliegen beschliffener Zahnsubstanz muss vermieden werden, weil sonst pulpitische Beschwerden auftreten können und die Gefahr besteht, dass sich in der Lücke Karies bildet. Die Nichtbeachtung dieser Grundsätze stellt einen groben Behandlungsfehler dar (OLG Stuttgart, VersR 1999, 1017).

Unterlassene oder unzureichende Röntgendiagnostik; mangelnde Nachsorge G 1006

Das Unterlassen einer begleitenden **Röntgendiagnostik bei einer Wurzelkanalbehandlung** ist grob behandlungsfehlerhaft. Denn es entspricht zahnärztlichem Standard, eine Röntgenmessaufnahme und eine Kontrollaufnahme anzufertigen (OLG Hamm, Urt. v. 29. 5. 1995 – 3 U 254/94, bei Oehler, S. 153). Ein grober Behandlungsfehler liegt **auch** vor, wenn der Zahnarzt aufgrund einer völlig **unzureichenden Röntgendiagnostik** die Lage eines zu extrahierenden Eckzahns nicht richtig einschätzt und ihm deshalb nur eine partielle Entfernung des Zahns gelingt und zudem eine arterielle Blutung des Patienten von ihm nicht gestillt wird (OLG Hamm, Urt. v. 16. 12. 1996 – 3 U 108/96, bei Oehler, S. 98).

Extrahiert ein Zahnarzt einen Weisheitszahn, obwohl die **Röntgenbefunde von** G 1007
mangelhafter technischer Qualität und nur auf einer Ebene gefertigt worden sind, kann der hierin liegende einfache Behandlungsfehler dennoch zu einer Beweislastumkehr führen, wenn auch die **Nachsorge in mehrfacher Hinsicht derart mangelhaft** war, dass das zahnärztliche Vorgehen **in der „Gesamtschau"
schlechterdings unverständlich** erscheint (OLG Koblenz, Urt. v. 6. 12. 2007 – 5 U 709/07, GesR 2008, 537, 538 = OLGR 2008, 922, 923).

Unterlassene Röntgenkontrolle nach Weisheitszahnextraktion G 1008

Bei persistierenden Schmerzen nach der Extraktion eines Weisheitszahns darf der Zahnarzt zunächst davon absehen, **Kontrollröntgenaufnahmen** anzufertigen. Halten die Schmerzen jedoch über mehr als drei Wochen an, so stellt das Unterlassen einer Röntgenaufnahme einen groben Behandlungsfehler dar (OLG Braunschweig, Urt. v. 24. 4. 1997 – 1 U 56/96, bei Oehler, S. 104).

Unterlassene Nachschau G 1009

Ein grober Behandlungsfehler ist gegeben, wenn der Zahnarzt nach der **Extraktion verschiedener Zähne** im Bereich des Oberkiefers **keine Nachschau** mehr vornimmt und diese seinen Helferinnen überlässt. Er trägt dann die Beweislast dafür, dass eine entstandene sequestrierende Osteomyelitis auch durch genaue und zeitgerechte Kontrolle der durch die Zahnziehung entstandenen Wunden nicht hätte verhindert werden können (OLG Karlsruhe, Urt. v. 21. 2. 1968 – 1 U 128/66, bei Oehler, S. 99).

G 1010 **Fehlerhafte Medikation**

Die **Behandlung mit Kortison** ohne vorherige Abklärung, ob eine mögliche Infektion vorliegt, ist grob fehlerhaft. Eine Kortisonbehandlung setzt daher zwingend voraus, dass vorher eine **Infektion ausgeschlossen** wurde (OLG Hamm, Urt. v. 30. 10. 1996 – 3 U 11/96, bei Oehler, S. 160). Auch die Verschreibung eines zum konkreten therapeutischen Zweck **gänzlich ungeeigneten Medikaments**, dazu noch ohne die gebotene anamnestische und therapeutische Beratung, stellt einen groben Behandlungsfehler dar (OLG Köln, Urt. v. 17. 6. 1998 – 5 U 25/98, bei Oehler, S. 161). Gleiches gilt, wenn der Arzt oder Zahnarzt die Behandlung mit einem Medikament fortsetzt, obwohl vom Hersteller genannte mögliche **Nebenwirkungen** beim Patienten bereits in nicht unerheblichem Umfang **aufgetreten** sind (OLG Zweibrücken, Urt. v. 28. 4. 1982 – 7 U 25/78, bei Oehler, S. 159/160).

b) Grober Behandlungsfehler verneint (vgl. zu Extraktionen Rz. T 222 ff., A 1112 ff., A 1445)

G 1011 **Verblockung von Kronen und Brücken**

Die Verblockung von Kronen und Brücken im Front- und Seitenzahnbereich erschwert die Mundhygiene; sie stellt einen **(nur) einfachen Behandlungsfehler** des Zahnarztes dar, den der Patient nicht hinzunehmen braucht, wenn diese Gestaltung nicht erforderlich gewesen ist (OLG Köln, VersR 1993, 1400).

G 1012 **Kieferbruch nach Zahnextraktion**

Bei einer **Weisheitszahnextraktion** kann sich das **Risiko eines Kieferbruchs** sowohl schon bei der Extraktion des Zahns als auch erst danach verwirklichen, **ohne** dass hierauf auf einen Behandlungsfehler bzw. sogar groben Behandlungsfehler geschlossen werden kann (OLG Braunschweig, Urt. v. 24. 4. 1997 – 1 U 56/96, bei Oehler, S. 104; a. A. OLG Frankfurt, Urt. v. 5. 10. 1989 – 1 U 211/88, bei Oehler, S. 103: Kieferbruch indiziert groben Behandlungsfehler).

G 1012a **Unterlassene Antibiose, Überschleifen gesunder Zähne**

Wenn Zähne aufgrund des vom Zahnarzt festgestellten klinischen Zustandes nicht erhaltungswürdig sind, kann eine **Extraktion** auch dann indiziert sein, wenn ein OPG (Röntgenaufnahme aller in Betracht kommenden Zähne) hierzu keine eindeutige Indikation ergibt. Bei einer einfachen Extraktion ist im Übrigen nicht in jedem Fall eine Naht erforderlich. Nachblutungen und Schmerzen sind typische Komplikationen einer Extraktion; dieser Umstand ist in der Bevölkerung auch bekannt. Eine **präventive Behandlung mit Antibiotika vor einer Zahnextraktion** ist nicht zwingend notwendig und kann sogar fehlerhaft sein. Auch bei antibiotischer Abdeckung kann es im Übrigen zu einer Infektion kommen. Das **Überschleifen gesunder Zähne** kann im Einzelfall erforderlich sein, etwa zur Vorbereitung einer Präparierung, um zur zusätzlichen Stabilisierung eines Brückenverbandes beizutragen (OLG Karlsruhe, Urt. v. 2. 8. 2006 – 7 U 14/06, AHRS III, 2695/329).

G 1012b **Unterlassene Funktionsanalyse**

Auch bei umfangreichen bzw. umfassenden Zahnersatzbehandlungen ist eine **Funktionsanalyse im Regelfall nicht zu verlangen.** Das Unterlassen einer Funktionsanalyse ist allenfalls bei Bestehen funktioneller Störungen und Erkrankungen wie insbesondere bei einer CMD-Problematik fehlerhaft (OLG Köln, Beschl. v. 6. 6. 2011 – 5 U 10/11, GesR 2011, 662; ebenso OLG Köln, Urt. v. 23. 8. 2006 – 5 U 22/04, MedR 2008, 46).

12. Fehlende und mangelhafte Desinfektion

a) Grober Behandlungsfehler bejaht

Desinfektion der Hände, sterile Handschuhe (vgl. auch Rz. V 380 ff., G 757 ff., G 777 ff.)   G 1013

Führt der Arzt beim Patienten eine Injektion durch, ohne sich zuvor ausreichend **die Hände zu desinfizieren,** so stellt dies einen groben Behandlungsfehler dar (OLG Düsseldorf, NJW 1988, 2307; a. A. OLG Hamm, Urt. v. 25. 10. 1989 – 3 U 327/89 für das Jahr 1982 und OLG Bamberg, Urt. v. 98. 9. 1997 – 4 U 253/96 zur Frage des Händewaschens vor der Verabreichung einer Spritze). Generell sind vor einer Injektion folgende **Desinfektionsmaßnahmen erforderlich, aber auch ausreichend:**

Hautdesinfektion mit Kodan (o. a.), anschließendes Abreiben der Flüssigkeit im Bereich der vorgesehenen Einstichstellen, nochmalige Desinfektion durch Besprühen der vorgesehenen Areale mit Kodan (o. a.) und nach eigener Händedesinfektion Aufziehen einer Ampulle des zu verabreichenden Medikaments unter Verwendung einer sterilen Einmalspritze und einer sterilen Einmalkanüle aus einer neu eröffneten Packung (OLG Düsseldorf, Urt. v. 13. 12. 2007 – I 8 U 5/07 mit NZB BGH v. 17. 6. 2008 – VI ZR 5/08, AHRS III, 2790/320). **Zudem ist das Abwarten einer Einwirkzeit von mindestens 30 Sekunden erforderlich** (OLG Naumburg, Urt. v. 20. 8. 2009 – 1 U 86/08, GesR 2010, 73, 75; OLG Stuttgart, VersR 1990, 385).

Das **völlige Unterlassen derartiger Desinfektionsmaßnahmen ist schlechterdings nicht nachvollziehbar und grob fehlerhaft** (OLG Naumburg, GesR 2010, 73, 75).

Eine **Kniegelenkpunktion ist hochsteril durchzuführen.** Hierzu ist nicht nur die Durchführung einer hygienischen, sondern die Durchführung einer chirurgischen Handdesinfektion erforderlich, die generell etwa 5 Minuten dauert, wenn keine völlig sterilen Handschuhe zur Anwendung kommen (OLG Schleswig, VersR 1990, 1121). Kommt es im Verlauf einer Kniepunktion bei liegender Kanüle zu einem **Spritzenwechsel,** so hat der Arzt stets **sterile Handschuhe** zu tragen. Ein Verstoß gegen diese Hygienebestimmung der Deutschen Gesellschaft für Orthopädie und Traumatologie stellt nach Ansicht des OLG Düsseldorf (NJW-RR 2001, 389) regelmäßig ein grobes Versäumnis dar. Ist ein solcher grober Behandlungsfehler in Form eines Hygienefehlers festgestellt, muss der Arzt beweisen, dass die Schädigung des Patienten nicht auf dem Behandlungsfehler beruht, sondern etwa durch eine allergische Entzündungsreaktion (o. a.) verursacht worden ist (BGH, Urt. v. 8. 1. 2008 – VI ZR 118/06, VersR 2008, 490).

Unverzügliche Sanierung des Infektionsherdes (zu Infektionen vgl. auch Rz. G 383 ff., G 395, G 524 ff., G 757 ff., G 775 ff., G 851b, G 902, U 189)   G 1014

Deuten die klinischen Symptome eindeutig darauf hin, dass ein Patient unter einem **Kniegelenkempyem (Eiteransammlung im Kniegelenk)** leidet, so ist eine unverzügliche chirurgische Sanierung des Infektionsherdes erforderlich. Eine **Verzögerung dieser Maßnahme – im entschiedenen Fall von zwei Tagen** – kann wegen des raschen Keimwachstums zu erheblichen gesundheitlichen Beeinträchtigungen führen und stellt einen groben Behandlungsfehler dar. Dabei reicht es aus, wenn durch die Missachtung dieser Bestimmungen das Risiko einer bakteriellen Infektion signifikant erhöht wird; verbleibende Zweifel gehen zu Lasten der Arztseite (OLG Düsseldorf, Urt. v. 15. 6. 2000 – 8 U 99/99, VersR 2000, 1019, 1021).

G 1015 Injektionen, Einwirkzeit

Die Nichteinhaltung aseptischer Vorkehrungen stellt ein leichtfertiges Verhalten des Arztes dar, das als grober Behandlungsfehler zu werten ist (OLG Karlsruhe, VersR 1989, 195). Eine wirksame Desinfektion vor einer Injektion setzt die Einhaltung einer **Mindesteinwirkzeit des Desinfektionsmittels von mindestens 30 Sekunden** voraus. Ein Verstoß gegen die elementaren und eindeutigen Regeln der Injektionstechnik führt zur Umkehr der Beweislast für die Nichtursächlichkeit dieses Behandlungsfehlers für einen eingetretenen Gesundheitsschaden, wenn die Infektion bei dem Patienten, dessen Abwehr geschwächt ist, von der Einstichstelle ausgeht (OLG Stuttgart, VersR 1990, 385; OLG Naumburg, GesR 2010, 73, 75: Einwirkzeit mindestens 30 Sekunden; a. A. OLG Hamm, NJW-RR 1992, 1504 bei einem Notfall, s. u.). Auch das Ausführen von **intramuskulären und subkutanen Injektionen unter Verwendung derselben Spritze** bei Auswechslung nur der Nadel, wodurch der Patient einem erheblichen Infektionsrisiko ausgesetzt wird, ist grob fehlerhaft. Dabei ist es bereits als schmerzensgeldauslösend zu betrachten, dass die psychische Verfassung des Patienten durch das Wissen um die eingetretene Infektion eingetreten ist, auch wenn die Erkrankung, eine Hepatitis-C-Infektion, bisher noch nicht zum Ausbruch kam (OLG Frankfurt, NJW-RR 2001, 90).

b) Grober Behandlungsfehler verneint

G 1016 Unterlassene Hautdesinfektion

Unterlässt es der Arzt, vor einer Injektion die **Haut im Bereich der Einstichstelle zu desinfizieren**, so begeht er einen Behandlungsfehler. Dieser Fehler ist allerdings dann nicht als grob zu bewerten, wenn es sich bei dem Patienten um einen **eiligen Notfall** handelt, der vom Arzt schnelle Entscheidungen und unverzügliches Eingreifen unter erschwerten Verhältnissen verlangt (OLG Hamm, NJW-RR 1992, 1504).

G 1017 Unterlassener Mundschutz

Die **unterlassene Anwendung eines Mundschutzes bei der Durchführung einer Injektionsbehandlung** (hier: Einführung einer offenen Kanüle in den Körper, wodurch die Infektionsgefahr erhöht wird) **stellt einen einfachen, jedoch keinen groben Behandlungsfehler dar** (OLG Hamm, Urt. v. 20. 8. 2007 – 3 U 274/06, MedR 2008, 217). Da das Infektionsrisiko auch bei der Einhaltung aller Hygienevorschriften – insbesondere auch dem Tragen eines Mundschutzes – nie vollständig ausgeschlossen werden kann, greift in solchen Fällen auch eine Beweiserleichterung unter dem Gesichtspunkt des „voll beherrschbaren Risikos" nicht ein (OLG Hamm, a. a. O.; zustimmend Cramer, MedR 2008, 219). Ist einer Hebamme die mit dem Herpes labialis eines Angehörigen zusammenhängende akute Bedrohung eines Neugeborenen nicht bekannt und sieht sie deshalb von der Verordnung eines **Mundschutzes** ab, so liegt kein grober Behandlungsfehler der Hebamme vor (OLG Düsseldorf, VersR 1998, 1377).

Fehlende Sterilität des Operationskittels und fehlende Kopfbedeckung　　　G 1018

Ein Chirurg, der bei der operativen Entfernung eines Lipoms o. a. **keinen sterilen Kittel** und dessen im Operationsraum anwesende Helferin **weder Kopfbedeckung noch Mundschutz** trägt, handelt fehlerhaft. Trotz der Verletzung des Hygienestandards liegt in diesem Fall nur ein einfacher Behandlungsfehler vor. Die Beweislast für die Kausalität der Verletzung der Hygienevorschriften für eine durch Streptokokken hervorgerufene Infektion trägt daher der Patient (OLG Hamm, Urt. v. 11. 10. 2004 – 3 U 93/04, GesR 2006, 30 = AHRS III, 6578/303).

IX. Grobe Organisationsfehler

(vgl. auch → *Suizidgefährdete Patienten*, Rz. S 630 ff.; → *Sturz im Pflegeheim und im Krankenhaus*, Rz. S 500 ff.)

Auch Organisationsfehler können als grobe Behandlungsfehler zu werten sein 　G 1019
(vgl. BGH, Urt. v. 7. 12. 2004 – VI ZR 212/03, NJW 2005, 888, 891; NJW 1996, 2429 = VersR 1996, 976: **CTG-Überwachung durch nicht bzw. mangelhaft ausgebildeten Pfleger**; BGH, VersR 1996, 976: Überwachung und Kontrolle von CTGs durch Krankenschwestern, kein Einschreiten des Krankenhausträgers; BGH, NJW 1994, 1594 = VersR 1994, 562: Anschaffungsdatum der Wärmeflaschen für Inkubatoren in einer Kinderklinik werden nicht festgehalten – kein grober Fehler; OLG Brandenburg, VersR 1999, 191: **kein einsatzfähiges Operationsteam vorgehalten**; OLG Bremen, Urt. v. 13. 1. 2006 – 4 U 23/05, MedR 2008, 660: **Erstuntersuchung eines in problematischem Zustand eingelieferten Kleinkindes erst nach 90 Minuten**; OLG Frankfurt, NJW-RR 2001, 90: in einem Krankenhaus werden nur die Nadeln, nicht dagegen die Spritzen selbst gewechselt – Hepatitisinfektion des Patienten; OLG Frankfurt, Urt. v. 11. 12. 2002 – 13 U 199/98, GesR 2003, 159; OLG Hamm, VersR 1994, 729: **Suizidversuch in völlig unzureichend besetzter Station einer psychiatrischen Klinik**; OLG Hamm, Urt. v. 16. 1. 2006 – 3 U 207/02, OLGR 2006, 236, 238 = GesR 2006, 236, 238; OLG Hamm, Urt. v. 30. 5. 2005 – 3 U 297/04, GesR 2005, 462; VersR 1997, 1403: **Geburtsleitung durch unerfahrenen Assistenzarzt**; OLG Karlsruhe, Urt. v. 20. 6. 2001 – 13 U 70/00, VersR 2002, 1426, 1427; OLG Köln, VersR 1996, 856: Kein Hinweis an die Eltern entlassener frühgeborener Zwillinge auf die **Erforderlichkeit einer augenärztlichen Kontrolle**; OLG Köln, VersR 1997, 1404: **ungeeignetes bzw. nicht ausgebildetes Pflegepersonal**; OLG Köln, Urt. v. 27. 6. 2012 – 5 U 38/10, juris, Nr. 24: Verwechslung von Wund- und Flächendesinfektionsmittel führt zu Hautverätzungen; OLG München, Urt. v. 15. 12. 2011 – 1 U 1913/10, juris, Nr. 34: **unqualifiziertes Personal auf der Intensivstation**, verlegter

Tubus kann erst nach 8 Minuten gezogen werden; OLG Oldenburg, Urt. v. 3. 12. 2002 – 5 U 100/00, VersR 2003, 1544, 1545; OLG Stuttgart, VersR 2002, 1560, 1562 und VersR 2000, 1108, 1109 m.w.N.; S/Pa, 12. Aufl., Rz. 672; R/L-Kern, § 5 Rz. 55; Wenzel-Mennemeyer, Kap. 2 Rz. 1860, 1864, 1867, 1874, 1881; Spickhoff-Greiner, § 823 BGB Rz. 191; L/K-Laufs/Kern, § 110 Rz. 26; Hausch, Dis. 2007, S. 160–166, 378/379; vgl. auch → *Voll beherrschbare Risiken*, Rz. V 200 ff.):

G 1020 **Überprüfung des Kenntnisstandes eines Assistenzarztes; Gewährleistung des Facharzt-Standards**

Vor dem Einsatz eines in der Weiterbildung zum Facharzt für Chirurgie befindlichen Assistenzarztes hat sich der diesem assistierende Chef- oder Oberarzt zu vergewissern, dass der Operateur über die **notwendige Kenntnis der Operationstechnik, die Risiken des Eingriffs** und der zur Vermeidung von Komplikationen, etwa einer Nervverletzung zu beachtenden Regeln verfügt (OLG Düsseldorf, VersR 1994, 352; auch BGH, VersR 1993, 1231 und, VersR 1985, 1043: Krankenhaus muss FA-Standard gewährleisten; vgl. hierzu → *Arbeitsteilung*, Rz. A 371 ff.).

G 1021 **Unterlassener Hinweis auf mangelnde Notsectio-Fähigkeit**

Erweckt ein Arzt fälschlicherweise den Eindruck, in seiner Praxis im Rahmen einer Geburt auch eine Notsectio vornehmen zu können, so haftet er für Behinderungen des Kindes, die darauf zurückzuführen sein können, dass eine solche Sectio trotz medizinischer Gebotenheit nicht möglich war, weil kein Anästhesist zur Verfügung stand. Denn das Unterlassen eines Hinweises an die Eltern, dass eine solche **Notsectio in der Praxis nicht möglich** ist, stellt einen groben Organisationsfehler mit der Folge einer Beweislastumkehr zugunsten des Kindes dar (OLG Hamm, Urt. v. 30. 5. 2005 – 3 U 297/04, GesR 2005, 462).

G 1022 **Haftung des Belegkrankenhauses bei völlig unsachgemäßem Verhalten des Belegarztes; Remonstrationspflicht der Hebamme**

Auch wenn eine geburtshilflich tätige Hebamme ab der Übernahme der Behandlung durch den Belegarzt dessen Weisungen unterworfen und insoweit grundsätzlich von einer eigenen Verantwortung befreit ist (BGH, Urt. v. 7. 12. 2004 – VI ZR 212/03, VersR 2005, 408, 410 = NJW 2005, 888, 890; vgl. auch BGH, NJW 2000, 2737 = VersR 2000, 1146, 1147; OLG Koblenz, Urt. v. 26. 7. 2000 – 1 U 1606/98, VersR 2001, 897, 898; vgl. hierzu → *Arbeitsteilung*, Rz. A 380 ff.), kann die **Hebamme eine „Remonstrationspflicht"** treffen, wenn der gynäkologische Belegarzt nach der Übernahme eines Geburtsvorgangs derart unsachgemäß vorgeht, dass sein Verhalten später vom gerichtlich bestellten Sachverständigen als „Reißen eines Verrückten über 65 Minuten" bezeichnet wird. Das **Belegkrankenhaus, Betreiber eines Geburtshauses**, muss organisatorisch für einen fachgerechten Ablauf der Geburtshilfe und insbesondere dafür sorgen, dass erkennbar problematische Geburten, die die Kompetenz des Facharztes oder die Ausstattung des Krankenhauses übersteigen, **rechtzeitig verlegt** werden und angestellte Hebammen bei der **Klinikleitung remonstrieren**, wenn die beabsichtigte Behandlung durch den Belegarzt grob fehlerhaft und die damit einhergehenden Gefahren vermeidbar und gravierend sind (BGH, Urt. v. 7. 12. 2004 – VI ZR

212/03, NJW 2005, 888, 891 und nachfolgend OLG Hamm, Urt. v. 16. 1. 2006 – 3 U 207/02, VersR 2006, 512, 514: Hebamme war Mitglied der Geschäftsleitung des Belegkrankenhauses). Im Rahmen eines Behandlungsvertrages zwischen der Kindesmutter und einer Belegklinik, die in ihrem Werbeprospekt mit einer umfassenden Betreuung durch schnell verfügbare Gynäkologen und Kinderärzte wirbt, muss sich Letztere das **völlig unsachgemäße, erkennbar grob fehlerhafte Verhalten eines Belegarztes** zurechnen lassen (OLG Hamm, Urt. v. 16. 1. 2006 – 3 U 207/02, VersR 2006, 512, 514 im Anschluss an BGH, Urt. v. 7. 12. 2004 – VI ZR 212/03, NJW 2005, 888, 891).

Verkennung eines pathologischen CTG; unterlassene Zuziehung eines Arztes   G 1023

Ein Belegkrankenhaus muss für die Fehler des von ihm gestellten Personals, etwa die Unterlassung der sofortigen Herbeirufung des Arztes, einstehen, solange die Fehler des Personals nicht wegen einer besonderen ärztlichen Weisungskompetenz oder der tatsächlichen Übernahme der Geburtsleitung ausschließlich dem Belegarzt zugerechnet werden können (BGH, Urt. v. 16. 5. 2000 – VI ZR 321/98, NJW 2000, 2737, 2738 = VersR 2000, 1146, 1147; zuletzt BGH, Urt. v. 7. 12. 2004 – VI ZR 212/03, NJW 2005, 888, 890; OLG Oldenburg, Urt. v. 8. 11. 2010 – 5 U 89/10, GesR 2011, 158: Entscheidung über die Aufnahme der Kindesmutter in einem bestimmten Krankenhaus oder über die Notwendigkeit ihrer Verlegung fällt in den alleinigen Pflichtenkreis des Belegarztes; vgl. hierzu → *Arbeitsteilung*, Rz. A 380ff.).

Der Träger des Belegkrankenhauses muss organisatorische Vorsorge dafür treffen, dass stets eine **zeitnahe fachärztliche Eingangsuntersuchung eines frisch aufgenommenen Patienten bzw. einer unmittelbar vor der Geburt stehenden werdenden Mutter** erfolgt. Unterbleibt dies, liegt regelmäßig ein grober Behandlungsfehler in Form des groben Organisationsfehlers vor (OLG Frankfurt, Urt. v. 11. 12. 2002 – 13 U 199/98, GesR 2003, 159).

Auch die **Verkennung eines eindeutig pathologischen CTG** und die Unterlassung der sofortigen Herbeirufung des Arztes stellt einen **groben Behandlungsfehler der Hebamme** bzw. der Krankenschwester dar, den sich die Belegklinik als groben Organisationsfehler zurechnen lassen muss (BGH, Urt. v. 16. 5. 2000 – VI ZR 321/98, NJW 2000, 2737, 2738 = VersR 2000, 1146, 1147; OLG Celle, VersR 1999, 486: pathologisches CTG von Hebamme verkannt; BGH, NJW 1995, 1611: Blutdruckmessung durch Hebamme unterlassen; OLG Oldenburg, VersR 1997, 749 und OLG München, OLGR 2000, 34: Krankenschwester verständigt den Arzt nicht; OLG München, VersR 1997, 977: Notfallverlegung durch Krankenschwester ohne Hinzuziehung des Arztes).   G 1024

Überwachung des CTG durch Pflegedienst   G 1025

Wird das CTG durch den hierfür nicht ausgebildeten und nicht exakt unterwiesenen Pflegedienst und nicht durch einen **Arzt oder eine qualifizierte Hebamme** überwacht, liegt gleichfalls ein grober Organisationsfehler vor (BGH, NJW 1996, 2429; VersR 2000, 1146, 1147).

Verzögerte Einleitung einer Schnittentbindung   G 1026

Versäumt es eine geburtshilfliche Belegklinik, den ärztlichen Mitgliedern eines Operationsteams zuverlässig mitzuteilen, wo für den Bedarfsfall ein **Schlüssel**

für den OP-Saal aufbewahrt wird und kommt es deshalb zu einer Verzögerung einer dringend indizierten Sectio von mindestens 6–7 Minuten, so liegt ein grober Organisationsfehler vor (OLG Stuttgart, Urt. v. 13. 4. 1999 – 14 U 17/98, VersR 2000, 1108). Dieser Bewertung entspricht, dass in der verzögerten Einleitung einer Schnittentbindung regelmäßig ein grober Behandlungsfehler gesehen wird, da während der Geburt eine Sauerstoffmangelversorgung schnellstmöglich bekämpft werden muss, um Hirnschädigungen zu vermeiden (OLG Stuttgart, VersR 2000, 1108, 1110; OLG Frankfurt, VersR 1996, 584; OLG Hamm, VersR 1994, 730; OLG München, VersR 1991, 586: Zeitverlust von acht Minuten).

G 1027 **Kein Hinweis auf notwendige Kontrolluntersuchung**

Ein grober Organisationsfehler des Krankenhausträgers liegt auch vor, wenn in seiner Frühgeborenenabteilung nicht dafür Sorge getragen wird, dass Eltern von zu entlassenden frühgeborenen Zwillingen **schriftlich darauf hingewiesen** werden, dass bei einem der Kinder **unverzüglich eine augenärztliche Kontrolle** stattfinden muss (OLG Köln, VersR 1996, 856). Einer erst wenige Monate auf der Station tätigen Ärztin in der Weiterbildung kann diese Unterlassung jedoch persönlich nicht als schwerer Behandlungsfehler angelastet werden (OLG Köln, VersR 1996, 856).

G 1028 **Vorkehrungen für Notfälle; Hinzuziehung eines kompetenten Arztes**

Der Klinikträger muss für einen **neonatologischen Notfall** innerhalb kürzester Zeit ausreichende organisatorische Vorkehrungen treffen, insbesondere sicherstellen, dass beim Auftreten von **Atemnot eines Neugeborenen** ein kompetenter Arzt hinzugezogen wird, der die Ursache der gestörten Atmung klären und die erforderliche Intubation durchführen kann. Er hat auch zu regeln, wann eine Säuglingsschwester oder eine Hebamme ein neugeborenes Kind zu kontrollieren und welchen Arzt das nichtärztliche Personal beim Auftreten eines Notfalls zu verständigen hat. Organisatorische Versäumnisse in diesen Bereichen rechtfertigen in einer „Gesamtbetrachtung" den Schluss auf einen groben Behandlungsfehler (OLG Stuttgart, VersR 2001, 1560, 1562 f.). Auch ein vom Klinikträger herbeigerufener, niedergelassener Kinderarzt darf sich, wenn er für eine **ausreichende Intubation des Neugeborenen** keine ausreichenden Kenntnisse und Erfahrungen besitzt, nicht mit einer Maskenbeatmung begnügen, sondern muss – ebenfalls – dafür Sorge tragen, dass ein kompetenter Krankenhausarzt herbeigerufen wird (OLG Stuttgart, VersR 2001, 1560, 1563).

G 1029 **Um 90 Minuten verzögerte Erstuntersuchung eines Kindes**

Liegt bei einem Neugeborenen der **Blutzuckerwert zwei Stunden nach der Geburt unter der Normgrenze**, ist es grob fehlerhaft, keinen Pädiater hinzuzuziehen und die Mutter nicht auf die Notwendigkeit der Kontrolle des Blutzuckerspiegels hinzuweisen. Ein solcher Fehler ist „generell geeignet", einen Herz-Atem-Stillstand anlässlich einer dort nicht rechtzeitig durchgeführten Behandlung im Krankenhaus am übernächsten Tag herbeizuführen. Ein grober Organisationsfehler liegt vor, wenn in der Ambulanz bzw. Aufnahme einer Kinderklinik der Maximalversorgung nicht sichergestellt ist, dass die Beurteilung des Zustandes eines neugeborenen Kindes, das „wie tot aussehend" ohne Einlieferungsschein in die Klinik gebracht wird, im angemessenen **zeitlichen Rahmen von maximal**

30–45 Minuten durch einen erfahrenen Arzt vorgenommen wird. Wird das Kind von den Eltern gegen 8.30 Uhr vorgestellt, ist es grob fehlerhaft, eine erste Untersuchung mit dann alarmierenden Blut- bzw. Blutzuckerwerten erst gegen 10.25 Uhr durchzuführen (OLG Bremen, Urt. v. 13. 1. 2006 – 4 U 23/05, MedR 2007, 660, 662 = OLGR 2006, 745, 747).

Unqualifiziertes Anästhesiepersonal   G 1029a

Dem Krankenhausträger ist ein grober Organisationsmangel anzulasten, wenn leitende Ärzte keine organisatorischen Maßnahmen getroffen haben, um Notfälle bei der künstlichen Beatmung von Patienten auf der Intensivstation zeitgerecht durch hinreichend qualifizierte Ärzte behandeln zu können. Dies ist etwa der Fall, wenn **auf der Intensivstation im Beatmungsmanagement unkundiges Personal (hier: zwei Ärzte im Praktikum, Krankenpfleger) nicht in der Lage ist, einen verlegten, unverzüglich zu entfernenden Beatmungstubus zu ziehen**, sodass es mindestens acht Minuten dauert, bis die erforderlichen Maßnahmen getroffen werden können. Der Klinikträger hat dann zu beweisen, dass ein appallisches Wachkoma mit dauernder Pflegebedürftigkeit bei Meidung des groben Behandlungsfehlers vermieden worden wäre (OLG München, Urt. v. 15. 12. 2011 – 1 U 1913/10, juris, Nr. 34, 37, 39).

Unterlassene Information der Chefärzte über das wiederholte Auftreten von   G 1030
Streptokokkeninfektionen

Tritt in einer Klinik eine **Streptokokkeninfektion** auf, ist die Klinikleitung verpflichtet, dies den Chefärzten der Klinik mitzuteilen. Versäumt die Klinikleitung dies auch nach erneutem Auftreten von Streptokokken, so stellt jedenfalls dieser **wiederholte Pflichtenverstoß** in der Gesamtbetrachtung einen groben Behandlungsfehler in Form des groben Organisationsfehlers dar. Es ist davon auszugehen, dass bei rechtzeitiger Mitteilung und Einleitung einer intensiven Ursachenforschung ein OP-Stopp für alle elektiven Eingriffe verfügt und gewährleistet worden wäre, dass schon geringsten Anzeichen einer Streptokokkeninfektion mit einer Antibiotikatherapie begegnet worden wäre (OLG Oldenburg, Urt. v. 3. 12. 2002 – 5 U 100/00, VersR 2003, 1544, 1545 = OLGR 2003, 82, 84 f.).

Grundsätzlich besteht für den Klinikträger auch Veranlassung zu besonderen organisatorischen Maßnahmen, wenn eine **auffallend hohe Infektionsrate mit Staphylokokken** festgestellt wird (OLG Zweibrücken, Urt. v. 27. 7. 2004 – 5 U 15/02, NJW-RR 2004, 1607, 1608; R/L-Kern, § 5 Rz. 55: im Einzelfall kann ein grober Organisationsfehler vorliegen). Das OLG Zweibrücken (a.a.O.; vgl. Rz. V 389) hat die Klage des Patienten jedoch abgewiesen, da nicht festgestellt werden konnte, dass der Krankenhausträger bzw. die tätig werdenden Ärzte oder Pflegekräfte pflichtwidrige Maßnahmen unterlassen hätten, die geeignet gewesen wären, eine beim Patienten aufgetretene Infektion zu vermeiden (zu weiteren Einzelheiten vgl. Rz. V 385–V 391).   G 1030a

Sicherungspflicht bei Suizidgefahr   G 1031

Der Klinikträger haftet aus dem Gesichtspunkt des groben Organisationsverschuldens auch dafür, dass die Station einer nervenärztlichen Klinik mit 30–35 Patienten abends nur mit einer Pflegekraft und damit völlig unzureichend besetzt ist und es zu einem **Suizidversuch eines Patienten** durch einen Sprung aus dem Fenster kommt (OLG Hamm, Urt. v. 16. 9. 1992 – 3 U 283/91; vgl. hierzu → *Suizidgefährdete Patienten*, Rz. S 630 ff. und → *Sturz im Pflegeheim und im Krankenhaus*, Rz. S 500 ff.). Konkrete Maßnahmen zum Schutz des Patienten durch Überwachung und Sicherung sind auch in einer psychiatrischen Klinik (nur) bei vorhandenen Anhaltspunkten für eine erhöhte, akute oder konkrete Selbstmordgefahr erforderlich. Eine ständige Überwachung der Patienten, bei denen wegen einer depressiven Erkrankung das Risiko einer suizidalen Erkrankung besteht, ist weder möglich noch geschuldet (OLG Stuttgart, Urt. v. 4. 4. 2000 – 14 U 63/99, MedR 2002, 198, 199; ebenso OLG Stuttgart, NJW-RR 1995, 662; VersR 1994, 731; OLG Oldenburg, VersR 1997, 117; OLG Köln, VersR 1993, 1156; vgl. hierzu → *Suizidgefährdete Patienten*, Rz. S 630 ff.; zum → *Sturz im Pflegeheim* vgl. Rz. S 500 ff.)

G 1032   **Postoperative Überwachung; stark sedierter Patient**

Auch das Unterlassen des Krankenhausträgers, für die Übernahme und postoperative Überwachung frisch operierter Patienten nur qualifiziertes Pflegepersonal einzuteilen, wodurch die **rechtzeitige Beatmung nach einem Atemstillstand versäumt** wird, ist aus objektiver ärztlicher Sicht nicht mehr verständlich und als „grob" zu werten (OLG Köln, VersR 1997, 1404). Dagegen stellt es **kein grobes Versäumnis** dar, in einer Intensivstation den Patienten, dessen Zustand (wieder) unauffällig ist und dessen Vitalparameter (Blutdruck, Herzfrequenz, Sauerstoffsättigung des Blutes) über Sensoren und Monitore überwacht werden, über einen gewissen Zeitraum (hier: **15–20 Minuten) unbeobachtet** zu lassen (OLG Düsseldorf, Urt. v. 11. 9. 2003 – I-8 U 17/03, OLGR 2004, 362: Patient stürzte aus dem Bett und erlitt dabei eine Schädelfraktur).

G 1033   Wird ein Patient bei einer ambulanten Behandlung, etwa einer Magen- oder Darmspiegelung, so **stark sediert**, dass seine Tauglichkeit für den Straßenverkehr für einen längeren Zeitraum erheblich eingeschränkt ist, kann dies für den behandelnden Arzt die organisatorische Verpflichtung begründen, durch geeignete Maßnahmen wie etwa die **Beobachtung in einem Überwachungsraum sicherzustellen**, dass sich der Patient nach der durchgeführten Behandlung nicht unbemerkt entfernt (BGH, Urt. v. 8. 4. 2003 – I ZR 265/02, NJW 2003, 2309 = GesR 2003, 233 unter Aufhebung von OLG Frankfurt, Urt. v. 12. 6. 2002 – 13 U 132/97, OLGR 2002, 237 ff.).

G 1034   **Arzt muss Patientin nicht an Termin erinnern** (zur Einbestellung von Patienten vgl. auch Rz. G 276b, G 388, G 452, G 581, G 812, G 858, G 872, G 911a, G 923a)

Grundsätzlich ist der Arzt nicht verpflichtet, den Patienten an die Wahrnehmung eines Termins für eine (Krebs-) Voruntersuchung zu erinnern, wenn der Patient auf die Notwendigkeit einer erneuten Vorsorgeuntersuchung hingewiesen und hierfür **ein Zeitkorridor genannt wurde**. Etwas anderes kann jedoch gelten, wenn mit hinreichender Wahrscheinlichkeit von einem bösartigen Befund ausgegangen werden muss (OLG Koblenz, Urt. v. 24. 6. 2010 – 5 U 186/10, juris, = GesR 2010, 546; zustimmend Baur, VRiOLG a.D., GesR 2011, 577, 578; vgl. hierzu auch Plarre/Cramer/Henkel, MedR 2010, 776 ff.).

Wiedervorstellung nach Überweisung an einen Facharzt G 1034a

Überweist ein Gynäkologe eine Patientin zur Abklärung bestehender Unterleibsschmerzen (tatsächlich lag ein Adenokarzinom vor), an einen Urologen, so kann er auf eine dem Inhalt des Arztbriefes entsprechende mündliche Information der Patientin, sich beim Hausarzt bzw. einem Internisten zur weiteren Darmabklärung vorzustellen, vertrauen. Ohne Anhaltspunkte für das Vorliegen einer gravierenden Erkrankung ist er nicht verpflichtet, weitergehend auf die Patientin einzuwirken, wenn er der Patientin eine Wiedervorstellung nach Durchführung der Kontrolluntersuchung durch den Urologen empfohlen hatte (OLG Hamm, Urt. v. 21. 5. 2013 – I-26 U 140/12, juris, Nr. 2, 37, 44, 48).

Verwechslung von Wund- und Flächendesinfektionsmittel G 1034b

Die **Verwechslung eines Wunddesinfektionsmittels** und eines auf den Wagen mit Verbandsmaterial geratenen Flächendesinfektionsmittels ist völlig unverständlich und wäre durch die Kontrolle der Etiketten leicht zu vermeiden (OLG Köln, Urt. v. 27. 6. 2012 – 5 U 38/10, juris, Nr. 24: Hautverätzungen des Patienten als Primärschäden).

X. Unterlassene therapeutische Aufklärung (Sicherungsaufklärung)

1. Übersicht (vgl. Rz. A 580 ff.)

Versäumnisse im Bereich der therapeutischen Aufklärung (Sicherungsaufklärung) G 1035
sind keine Aufklärungs-, sondern **Behandlungsfehler** mit den für diese geltenden beweisrechtlichen Folgen, also der grundsätzlich bestehenden **Beweislast** des **Patienten** (BGH, Urt. v. 16. 11. 2004 – VI ZR 328/03, NJW 2005, 427, 428 = VersR 2005, 228, 229 = MDR 2005, 572, 573; Urt. v. 15. 3. 2005 – VI ZR 289/03, NJW 2005, 1716 = VersR 2005, 834; Urt. v. 15. 3. 2005 – VI ZR 313/03, NJW 2005, 1718 = VersR 2005, 836; NJW 1987, 705 = VersR 1986, 1121: unterlassener **Hinweis auf Dringlichkeit einer OP**; OLG Braunschweig, VersR 1998, 459: kein Hinweis auf die Notwendigkeit einer stationären Behandlung; OLG Düsseldorf, VersR 2003, 1310; OLG Frankfurt, VersR 1990, 659: **unterlassener Hinweis auf die Erforderlichkeit der neurologischen Abklärung**; OLG Koblenz, Urt. v. 29. 10. 2009 – 5 U 55/09, GesR 2010, 199, 201: Hinweis auf Erforderlichkeit einer Bandscheibenoperation; OLG Köln, Urt. v. 6. 6. 2012 – 5 U 28/10, juris, Nr. 26, 31, 40, 42: unterlassener Hinweis auf **Erforderlichkeit einer mehrtägigen stationären Überwachung wegen erhöhtem Risiko von Herzrythmusstörungen nach Ummedikation**; OLG Köln, Urt. v. 22. 9. 2010 – 5 U 211/08, GesR 2011, 229, 232 = VersR 2011, 760, 762: **dringende Empfehlung zur Krankenhauseinweisung bei einem dehydrierten Säugling**; OLG Köln, VersR 2002, 1285: **unterlassener Hinweis auf erforderliche MRT-Untersuchung**, im entschiedenen Fall aber nicht grob fehlerhaft; OLG Köln, NJW-RR 2001, 92 = VersR 2001, 66: kein Hinweis auf die Notwendigkeit einer histologischen Abklärung; OLG Oldenburg, VersR 1994, 1478: **unterlassener Hinweis auf die Notwendigkeit von Kontrolluntersuchungen**; R/L-Kern, § 5 Rz. 56, 57; G/G, 6. Aufl., Rz. B 95, B 285–290; Wenzel-Simmler, Kap. 2 Rz. 1666; Spickhoff-Greiner, § 823 BGB Rz. 49, 51, 201; Einzelheiten bei → *Aufklärung*, Rz. A 580 ff.).

Die Warnung vor Gefahren, die durch unterbliebene ärztliche Behandlungen G 1036
oder diagnostische Maßnahmen entstehen, gehört ebenso zur therapeutischen

Beratung wie der **Hinweis auf schädliche Folgen ärztlicher Eingriffe oder Neben-bzw. Wechselwirkungen von Medikamenten** (BGH, Urt. v. 17. 4. 2007 – VI ZR 108/06, VersR 2007, 999, 1000 = NJW 2007, 2771, 2772, Nr. 8, 9; Urt. v. 27. 3. 2007 – VI ZR 55/05, VersR 2007, 995, 998 = NJW 2007, 2767, 2770, Nr. 31; BGH, Urt. v. 15. 3. 2005 – VI ZR 289/03, NJW 2005, 1716 = VersR 2005, 834: Aufklärungspflicht über die Nebenwirkungen von Medikamenten, hier als Eingriffs- oder Risikoaufklärung; OLG Köln, Urt. v. 6. 6. 2012 – 5 U 28/10, juris, Nr. 26, 31, 40, 42: unterlassener Hinweis auf Erforderlichkeit einer mehrtägigen stationären Überwachung auch wegen des erhöhten Risikos von Herzrythmusstörungen nach Ummedikation).

G 1037 Im Einzelfall kann sich die unterlassene oder fehlerhafte therapeutische Aufklärung (Sicherheitsaufklärung) als **grober Behandlungsfehler** darstellen (vgl. etwa BGH, Urt. v. 16. 6. 2009 – VI ZR 157/08, GesR 2009, 442, 444 = VersR 2009, 1267, 1268, Nr. 15: **Unterlassener deutlicher Hinweis auf Gefahren einer „Austrocknung" kann grob fehlerhaft sein;** BGH, Urt. v. 16. 11. 2004 – VI ZR 328/03, NJW 2005, 427, 428 = VersR 2005, 228, 229 = MDR 2005, 572, 573; OLG Düsseldorf, Urt. v. 6. 3. 2003 – 8 U 22/02, VersR 2003, 1310, 1311 = NJW-RR 2003, 1333, 1335; OLG Koblenz, Urt. v. 29. 10. 2009 – 5 U 55/09, GesR 2010, 199, 201/202: **Hinweis auf dringend erforderliche Bandscheibenoperation;** OLG Köln, Urt. v. 22. 9. 2010 – 5 U 211/08, GesR 2011, 229, 232 = VersR 2011, 760, 762: **Hinweis auf dringend erforderliche Krankenhauseinweisung bei dehydriertem Säugling;** OLG Köln, Urt. v. 6. 6. 2012 – 5 U 28/10, juris, Nr. 26, 31, 40, 42: **unterlassener Hinweis auf Erforderlichkeit einer mehrtägigen stationären Überwachung auch wegen des erhöhten Risikos von Herzrythmusstörungen nach Ummedikation;** OLG Nürnberg, Urt. v. 27. 5. 2002 – 5 U 4225/00, VersR 2003, 1444, 1445).

2. Einzelfälle

G 1038 **Unterlassener Hinweis auf erforderliche Kontrolluntersuchungen**

Im Rahmen der therapeutischen Aufklärungspflicht ist der Patient vom Augenarzt darauf hinzuweisen, er müsse bei fortschreitenden Symptomen einer **beginnenden Glaskörperabhebung als Vorstufe einer Netzhautablösung** sofort einen Augenarzt einschalten und im Übrigen auch ohne Zunahme der Symptome den **Befund überprüfen lassen,** um bestehende mögliche Heilungschancen noch wahrnehmen zu können. Nimmt der wegen aufgetretener „Lichtblitze" im Auge aufgesuchte Augenarzt – im Bereitschaftsdienst – lediglich Gesichtsfeldmessungen und Messungen des Augeninnendrucks vor, ohne dem Patienten eine baldige Kontrolluntersuchung anzuraten, liegt ein grober Behandlungsfehler vor (BGH, Urt. v. 16. 11. 2004 – VI ZR 328/03, VersR 2005, 228, 229 = NJW 2005, 427, 428 = MDR 2005, 572, 573).

G 1039 Zur ordnungsgemäßen Behandlung eines **Muskelfaserrisses** in der Wade gehört neben der Ausgabe von Verhaltensmaßregeln unbedingt auch der Hinweis auf die **Notwendigkeit von Kontrolluntersuchungen.** Die Erteilung dieses Hinweises ist zu dokumentieren, die Unterlassung grob fehlerhaft (OLG Oldenburg, NJW-RR 1994, 1054 = VersR 1994, 1478; vgl. auch OLG Braunschweig, VersR 1998, 459: kein Hinweis auf die Erforderlichkeit einer stationären Aufnahme;

OLG Köln, VersR 2002, 1285, 1286 zum unterlassenen Hinweis auf eine erforderliche Kernspin-Untersuchung; VersR 2001, 66: unterlassener Hinweis auf notwendige histologische Abklärung; OLG Köln, VersR 1996, 856: kein Hinweis auf erforderliche Nachsorge bei Frühgeborenen).

Eine vier cm lange **Schnittwunde an der Beugeseite des Handgelenks** mit Durchtrennung des Ligamentum carpi palmare (stabilisierendes Band im Bereich des Handgelenks) legt die Möglichkeit einer Verletzung des Nervus ulnaris oder des Nervus medianus nahe. Hieraus ergibt sich für den erstbehandelnden Arzt die dringende **Notwendigkeit einer Kontrolluntersuchung**, wenn er bei der Erstuntersuchung Nervenverletzungen nicht feststellen kann. Er muss die Kontrolluntersuchungen entweder selbst veranlassen oder den Patienten über deren Notwendigkeit belehren. Unterlässt er dies, liegt ein grober Behandlungsfehler vor (OLG Frankfurt, VersR 1990, 659).

G 1040

Unterlassener Hinweis auf dringende Notwendigkeit weiterer Diagnosemaßnahmen

G 1041

Als völlig unverständlich und grob fehlerhaft ist es zu bewerten, wenn ein Gynäkologe bzw. gynäkologisch tätiger Hausarzt seine Patientin nicht über die dringliche **Notwendigkeit weiterer Diagnosemaßnahmen nach festgestelltem auffälligen Befund** aufklärt. Besteht ein solcher auffälliger Befund, etwa eine **gerötete blutende Mamille** in einer Brust, bei dem der Verdacht einer tumorösen Erkrankung nicht ausgeschlossen werden kann, reicht es nicht aus, wenn der Frauenarzt eine Wiedervorstellung der Patientin zur Kontrolluntersuchung nur für den Fall vorsieht, dass es zu keiner Befundbesserung kommt. Auch die bloße Durchführung einer Mammografie genügt nicht, vielmehr bedarf es in einem solchen Fall einer **Biopsie** mit einer sich anschließenden Gewebeuntersuchung. Die – vom Arzt später behauptete – **Weigerung der Patientin**, eine dringend indizierte Diagnosemaßnahme wie etwa eine Biopsie durchführen zu lassen, ist **in den Behandlungsunterlagen zu dokumentieren**; das Fehlen eines entsprechenden Vermerks kann die Annahme rechtfertigen, eine solche Weigerung der Patientin sei nicht erfolgt (OLG Düsseldorf, Urt. v. 6. 3. 2003 – 8 U 22/02, VersR 2003, 1310, 1311 = NJW-RR 2003, 1333, 1335).

Der Arzt verletzt seine therapeutische Aufklärungspflicht auch, wenn er seinen wegen **Bandscheibenbeschwerden** behandelten Patienten nach einer Injektion nicht sofort zu einer **neurologischen Abklärung** der danach neu auftretenden Beschwerden, plötzlichen Druckschmerzen und einem anschließenden Taubheitsgefühl im Bereich der Injektionsstelle rät und stattdessen die eigene Behandlung fortsetzt. Die Beweislast, dass das beim Patienten eingetretene Taubheitsgefühl im Gesäß- und Skrotumbereich sowie Potenzstörungen auch bei sofortiger neurologischer Abklärung aufgetreten wären, obliegt wegen des groben Verstoßes dann dem Arzt (OLG Stuttgart, MedR 1999, 417).

G 1042

Hinweis auf dringend erforderliche Bandscheibenoperation

G 1043

Deutet das klinische Bild auf einen massiven, bei konservativem Vorgehen möglicherweise irreversiblen Schaden (hier: akute operationsbedürftige Lähmung durch bandscheibenbedingte Nervenwurzelkompression mit bislang erfolgloser konservativer Behandlung), ist die **Operation eines Bandscheibenvorfalls drin-**

gend indiziert. Hierüber ist der Patient aufzuklären. Unterbleibt ein Hinweis auf die Dringlichkeit der Operation, ist davon auszugehen, dass sich der Patient bei entsprechender Aufklärung **beratungsgemäß verhalten** hätte (OLG Koblenz, Urt. v. 29. 10. 2009 – 5 U 55/09, GesR 2010, 199, 201: „grober Behandlungsfehler" in der Gesamtschau mit Verletzung der Dura an 3 Stellen und Belassung von Bandscheibenteilen bejaht).

G 1044 **Weigerung der Patientin; „gutes Zureden" genügt nicht**

Die Weigerung einer Patientin, ärztlichen Anordnungen zur Vornahme einer dringend erforderlichen Untersuchung oder Therapiemaßnahme nachzukommen, ist zugunsten der Behandlungsseite rechtlich nur dann beachtlich, wenn der Arzt die Patientin mit allem Ernst auf die **medizinische Notwendigkeit** dieser Maßnahme, die Folgen eines Verzichts hierauf sowie auf die **Entstehung möglicher Schäden und deren Folgen hingewiesen** hat (OLG Düsseldorf, Urt. v. 26. 4. 2007 – I-8 U 37/05, VersR 2008, 534, 536 = GesR 2008, 19, 20; BGH, Urt. v. 16. 6. 2009 – VI ZR 157/08, VersR 2009, 1267, 1268, Nr. 14, 15: ggf. grober Behandlungsfehler nicht ausgeschlossen, wenn der Patient nicht ausreichend aufgeklärt wurde). Ist etwa eine **akute Gefährdung des Feten unter der Geburt zu befürchten,** darf sich der Arzt nicht auf „gutes Zureden" beschränken, wenn sich die Mutter unter der Geburt weigert, erforderliche Mitwirkungshandlungen vorzunehmen. In einem solchen Fall trifft den Arzt die Pflicht, die Risiken der Nichtbehandlung bzw. der fehlenden Mitwirkung sehr deutlich zu machen und **offensiv „bis hin zum Eklat" auf die Patientin einzuwirken** (OLG Düsseldorf, VersR 2008, 534, 536).

G 1045 **Unterlassener Hinweis auf ernsthafte Behandlungsalternativen**

Die für die Eingriffs- und Risikoaufklärung entwickelten Grundsätze zur Aufklärungspflicht beim Bestehen einer ernsthaften Behandlungsalternative (vgl. hierzu Rz. A 1220 ff., A 1501 ff.) gelten sinngemäß auch im Rahmen der therapeutischen Aufklärung (Sicherungsaufklärung). Unterlässt es der Arzt, den Patienten über in der einschlägigen Literatur veröffentlichte **Heilungsmöglichkeiten aufzuklären** und kommt es deshalb nicht zur gebotenen Heilbehandlung, sondern zur Fortdauer oder Verschlimmerung der Gesundheitsschäden, macht sich der Arzt gegenüber dem Patienten schadensersatzpflichtig. Bei einem groben Verstoß gegen die therapeutische Aufklärungspflicht trifft den Arzt die Beweislast, dass der Körper- bzw. Gesundheitsschaden auch bei rechtzeitiger therapeutischer Aufklärung eingetreten wäre bzw. sich verschlimmert hätte. Ein solcher grober Behandlungsfehler in der Form der **unterlassenen therapeutischen Aufklärung** liegt vor, wenn der Arzt den an der seltenen Krankheit „FHL" (familiäre hämophagozytische Lymphozytose) erkrankten Patienten nicht darauf hinweist, dass statt einer palliativen medikamentösen Therapie auch eine, wenngleich risikoreiche Knochenmarktransplantation (KMT) als **kurative Heilungschance** in Betracht kommt (OLG Nürnberg, Urt. v. 27. 5. 2002 – 5 U 4225/00, VersR 2003, 1444, 1445).

G 1046 **Aufklärung über verbliebenen Fremdkörper** (vgl. hierzu Rz. G 369, G 384, G 729, G 749, G 768, V 340, V 341)

Regelmäßig liegt zwar kein Behandlungsfehler vor, wenn bei der Operation einer Fraktur ein abgebrochenes Metallstück einer Bohrerspitze im Knochen (hier:

Tibia) verbleibt. Der Patient ist jedoch zwingend **über den Verbleib des Fremd-körpers aufzuklären** (OLG München, Urt. v. 10. 1. 2002 – 1 U 2372/01, VersR 2002, 985; OLG Stuttgart, VersR 1989, 632: unterlassene Aufklärung stellt einen groben Behandlungsfehler dar).

Hinweis auf erforderliche Folgeoperation   G 1047

Die behandelnden Ärzte sind verpflichtet, den Patienten beim Verlassen der Klinik therapeutisch dahingehend zu beraten, dass eine etwa **erforderlich werdende Operation bzw. Folgeoperation**, um Erfolg haben zu können, innerhalb einer **Frist von zehn bis zwölf Wochen** erfolgen muss und dem Patienten deshalb gesundheitliche Gefahren bei der Unterlassung der fristgebundenen Operation drohen können. Der unterlassene Hinweis begründet keinen Aufklärungsmangel, sondern einen groben Behandlungsfehler (BGH, NJW 1987, 705, 706; G/G, 6. Aufl., Rz. B 288, 290).

Sicherungsaufklärung über HIV-Infektion nach Bluttransfusion   G 1048

Ist eine präoperative Aufklärung des Patienten über die Gefahren der Verabreichung von Blutprodukten und eine mögliche HIV-Infektion wegen der Notfallbehandlung oder der Unansprechbarkeit nicht möglich, so wandelt sich die Aufklärungsverpflichtung des Arztes zur alsbaldigen **nachträglichen Sicherungsaufklärung**. Besteht das Risiko einer HIV-Infektion mit verabreichten Blutprodukten, so ist dem Patienten auch unverzüglich zu einem HIV-Test zu raten (BGH, Urt. v. 14. 6. 2005 – VI ZR 179/04, VersR 2005, 1238 = GesR 2005, 403). Ob auch insoweit ein „grober Behandlungsfehler" in Betracht kommt, hat der BGH offengelassen. Im entschiedenen Fall ließ er den Beweis des ersten Anscheins eingreifen, da die Kontaminierung des verwendeten Blutprodukts feststand und keine weiteren Ursachen außerhalb des Verantwortungsbereichs der Behandlungsseite für die der Kontaminierung entsprechende Erkrankung ersichtlich waren und der Patient nicht zu einer HIV-gefährdeten Risikogruppe gehörte bzw. einer gesteigerten Infektionsgefahr ausgesetzt war (BGH, Urt. v. 14. 6. 2005 – VI ZR 179/04, GesR 2005, 403, 404).

Unterlassener Hinweis auf zwingend gebotene Krankenhauseinweisung bei   G 1049
dehydriertem Säugling

Auch wenn der **Sachverständige einen Behandlungsfehler nicht ausdrücklich als „grob" oder den Fehler als „nicht mehr verständlich" bezeichnet**, können seine Ausführungen die Bewertung des Gerichts als „groben Behandlungsfehler" tragen. Dies ist etwa dann der Fall, wenn der Sachverständige ausführt, es hätte eindeutig gegen die Regeln der ärztlichen Kunst verstoßen, von der **sofortigen Krankenhauseinweisung eines Säuglings abzusehen, wenn die Gefahr eine hypertonen Dehydration nicht auszuschließen ist** und die Situation nur über eine Elektrolytbestimmung im Serum abzuschätzen sei, wobei es sich hier um ein jederzeit abrufbares Qualitätskriterium pädiatrischer Tätigkeit handeln würde (OLG Köln, Urt. v. 22. 9. 2010 – 5 U 211/08, GesR 2011, 229, 232 = VersR 2011, 760, 762 = juris, Nr. 36, 47, 48, 50, 55).

Die **gebotene Sicherungsaufklärung (hier: hinsichtlich der Notwendigkeit und Dringlichkeit einer Krankehauseinweisung) muss in verständlicher Art und**

Weise erfolgen. Der bloße Hinweis an die medizinisch nicht vorgebildete Mutter eines an Brechdurchfall erkrankten Säuglings, es könne „eine Verschiebung der Salze eintreten, die mit dem Leben nicht vereinbar" ist, erfüllt diese Anforderungen nicht (OLG Köln, GesR 2011, 229, 233 = VersR 2011, 760, 762).

Für die Befolgung des Rates durch den Patienten bzw. vorliegend die Mutter des Patienten spricht eine **tatsächliche Vermutung**, die nicht durch die Behauptung des Arztes erschüttert wird, die Mutter sei einer Krankenhauseinweisung ablehnend gegenüber gestanden. Von einer **Erschütterung der tatsächlichen Vermutung** kann in einem solchen Fall lediglich dann ausgegangen werden, wenn sich die Mutter des Kindes bereits in anderem Zusammenhang in nicht nachvollziehbarer Weise über ihr erteilte ärztliche Ratschläge hinweggesetzt hätte (OLG Köln, GesR 2011, 229, 231). Lehnt ein Patient eine ihm angeratene Behandlung, insbesondere eine Krankenhauseinweisung, ab, so hat ihn der Arzt über die Notwendigkeit und Dringlichkeit der Behandlung, insbesondere **über die möglichen, gravierenden Folgen der Unterlassung, aufzuklären** (OLG Köln, Urt. v. 22. 9. 2010 – 5 U 211/08, GesR 2011, 229, 233 = juris, Nr. 59, 66).

G 1050   **Unterlassener Hinweis auf gesteigertes Risiko von Herzrythmusstörungen nach Ummedikation**

Jedenfalls in der Gesamtschau liegt ein grober Behandlungsfehler vor, wenn ein **herzkranker Patient mit schweren Herzrhythmusstörungen nicht darauf hingewiesen wird, dass nach einer Umstellung der Medikation** (hier: von β-Blocker Bisoprolol auf das Antiarrhythmikum Amiodaron) **eine mindestens einwöchige stationäre Überwachung erforderlich ist**, weil sich die Herzrhythmusstörungen durch die Ummedikation entgegen der beabsichtigten Wirkung vermehren oder verstärken können und die Ärzte es **zudem unterlassen, den beim Patienten implantierten Defibrilator nach einer schweren Tachykardie** mit Bewusslosigkeit abzufragen und umzuprogrammieren. Der Hinweis auf die Notwendigkeit einer stationären Überwachung, weil der eingesetzte Defibrillator weitere Herzrythmusstörungen nicht sicher vermeiden und der Patient dann versterben könne, genügt nicht, wenn das möglicherweise gesteigerte Risiko nach der Ummedikation nicht genannt wird (OLG Köln, Urt. v. 6. 6. 2012 – 5 U 28/10, juris, Nr. 26, 30, 31, 40, 42).

G 1051   **Zur Beweislast**

Soweit kein „grober Behandlungsfehler" festgestellt wird, liegt **die Beweislast für den nicht oder nicht hinreichend eindringlichen Hinweis auf eine sofortige Krankenhauseinweisung bzw. Facharztbehandlung** durch den behandelnden Arzt beim Patienten, selbst wenn es nicht sehr wahrscheinlich ist, dass der Patient dem entsprechenden Rat nicht gefolgt wäre (OLG München, Beschl. v. 28. 5. 2013 – 1 U 844/13, juris, Nr. 14, 21: im entschiedenen Fall lag nur eine Kopie der Behandlungsunterlagen mit dem Hinweis auf eine KKH-Einweisung vor; vgl. auch OLG München, Urt. v. 5. 5. 2011 – 1 U 4306/10, juris, Nr. 52, 59: Empfehlung, sich bei persistierenden Schmerzen wieder vorzustellen, ist nicht dokumentationspflichtig; zu weiteren Einzelheiten vgl. **A 600 ff.**, **A 604 f.**, **A 633**).

Kausalität

Vgl. auch → *Arbeitsteilung*, Rz. A 362 ff.; → *Beweislastumkehr*, Rz. B 477 ff.; → *Grobe Behandlungsfehler*, Rz. G 101 ff.; → *Voll beherrschbare Risiken*, Rz. V 301 ff.

I. Grundsatz; Beweislast

Im Arzthaftungsprozess muss der Patient nicht nur das Vorliegen eines ärzt- K 1 lichen Behandlungsfehlers durch positives Tun oder Unterlassen, sondern grundsätzlich auch dessen für die Gesundheit nachteilige Wirkung, den **Kausalzusammenhang zwischen dem Behandlungsfehler und dem eingetretenen Gesundheitsschaden nachweisen** (BGH, Urt. v. 22. 5. 2012 – VI ZR 157/11, NJW 2012, 2024 und BGH, Urt. v. 19. 10. 2010 – VI ZR 241/09, GesR 2011, 23 = VersR 2011, 223 = MedR 2011, 244, Nr. 18, 21: **haftungsbegründende Kausalität vom Patienten nach § 286 ZPO, haftungsausfüllende Kausalität nach § 287 ZPO zu beweisen;** BGH, Urt. v. 7. 2. 2012 – VI ZR 63/11, NJW 2012, 850 = MedR 2012, 456, Nr. 10, 11: Patient hat auch zu beweisen, dass die mangels vollständiger Aufklärung **rechtswidrige Behandlung für den geltend gemachten Schaden ursächlich** geworden ist; BGH, Urt. v. 8. 7. 2008 – VI ZR 259/06, VersR 2008, 1265, 1266 = NJW 2008, 2846, 2848: Nachweis des Behandlungsfehlers gem. § 286 I ZPO vom Patienten zu führen; BGH, Urt. v. 27. 5. 2008 – VI ZR 69/07, NJW 2008, 2344, 2345, Nr. 18: rechtswidriger oder fehlerhafter Eingriff muss zu einem Gesundheitsschaden geführt haben; BGH, Urt. v. 5. 4. 2005 – VI ZR 216/03, NJW 2005, 2072, 2073 = VersR 2005, 942; OLG Hamm, Urt. v. 16. 12. 2010 – 21 U 38/10, NJW-RR 2011, 601: bei mehreren, gleichzeitig wirkenden Umständen genügt die **Feststellung der Mitursächlichkeit;** OLG Köln, Urt. v. 18. 4. 2012 – 5 U 172/11, MedR 2013, 47, 50 und OLG Köln, Urt. v. 20. 7. 2011 – 5 U 83/09, MedR 2012, 405, 408: **bei einem rechtswidrigen Eingriff haftet der Arzt nur dann, wenn der Patient einen hierdurch verursachten Schaden nachweist;** OLG Köln, Hinweisbeschl. v. 3. 8. 2011 und Beschl. v. 20. 9. 2011 – 5 U 81/11, MedR 2012, 466, 467 = VersR 2012, 1178: **Nachweis des Kausalzusammenhangs zwischen rechtswidriger Impfung und behaupteten neurologischen Auffälligkeiten gemäß § 286 ZPO erforderlich;** OLG Oldenburg, Urt. v. 30. 3. 2005 – 5 U 66/03, VersR 2006, 517; Gehrlein, VersR 2004, 1488, 1497; 200, 217, 218; Spickhoff-Greiner, § 823 BGB Rz. 113 ff., 122, 140, 153, 183; G/G, 6. Aufl., Rz. B 188 ff., 192 ff., 200, 217, 218, 229, 259, 262; L/K-Laufs/Kern, § 110 Rz. 31, 32 und § 103 Rz. 9, 13, 14 sowie § 106 Rz. 2, 5; R/L-Kern, § 5 Rz. 2 ff., 17 ff., 61;

L/K/L-Katzenmeier, Kap. XI Rz. 68, 69; S/Pa, 12. Aufl., Rz. 626, 627, 628, 703; Wenzel-Müller, Kap. 2 Rz. 1415–1418, 1517; B/P/S-Glanzmann, § 287 ZPO Rz. 12 ff., 16, 92 m. w. N.; F/N/W, 5. Aufl., Rz. 71, 136, 174, 273; zu den Einzelheiten vgl. Rz. G 101 ff. und Rz. A 2113 ff.).

K 2   Liegt ein Behandlungsfehler durch **positives Tun** vor, so hat der Patient nachzuweisen, dass die nach dem Facharzt-Standard gebotene, richtige Behandlung den Eintritt des Primärschadens verhindert hätte. Liegt ein Behandlungsfehler durch **Unterlassen** vor, muss der Patient nachweisen, dass der Eintritt des Primärschadens bei rechtzeitiger Behandlung, etwa bei richtiger Diagnosestellung oder rechtzeitiger Erhebung unterlassener Befunde, nach dem medizinischen Soll-Standard **ganz oder teilweise vermieden worden wäre** (G/G, 6. Aufl., Rz. B 190, 218 m. w. N.).

K 3   Kann der Patient den Kausalitätsnachweis führen oder ist er des Nachweises etwa in den Fallgruppen eines „groben Behandlungsfehlers" (vgl. Rz. G 101 ff.) bzw. einer „unterlassenen Befunderhebung" (vgl. Rz. U 1 ff., U 50 ff.) enthoben, so kann sich der Arzt seiner Haftung nur entziehen, wenn er **beweist, dass bei dem Patienten ohne den Behandlungsfehler dieselben Schäden oder Beschwerden eingetreten wären bzw. sich der Behandlungsfehler mit an Sicherheit grenzender Wahrscheinlichkeit** (beim groben Behandlungsfehler: „äußerst unwahrscheinlicher Kausalzusammenhang") **nicht auf den Primärschaden ausgewirkt hat** (BGH, Urt. v. 7. 2. 2012 – VI ZR 63/11, NJW 2012, 850 = MedR 2012, 456, Nr. 10, 14: Beweislast für den Einwand des hypothetischen Kausalverlaufes bei rechtmäßigem Alternativverhalten liegt beim Arzt; BGH, Urt. v. 22. 5. 2012 – VI ZR 157/11, GesR 2012, 419 = VersR 2012, 905 = NJW 2012, 2024, Nr. 12: **Arzt muss beweisen, dass der Patient den gleichen, vom Patienten nachgewiesenen Schaden auch bei rechtmäßigem bzw. fehlerfreiem ärztlichen Handen erlitten hätte**; BGH, Urt. v. 7. 5. 2004 – V ZR 77/03, NJW 2004, 2526: Schaden wäre ohnehin eingetreten; OLG Köln, Urt. v. 18. 4. 2012 – 5 U 172/11, MedR 2013, 47, 50: für den vom Arzt zu beweisenden Einwand der hypothetischen Kausalität bei rechtmäßigem Alternativverhalten erst dann Raum, wenn der Patient einen durch den rechtswidrigen Eingriff verursachten Schaden nachweist).

II. Haftungsbegründende und haftungsausfüllende Kausalität

1. Haftungsbegründende Kausalität

(vgl. auch → *Grobe Behandlungsfehler*, Rz. G 101 ff.)

K 4   Die haftungsbegründende Kausalität, d. h. der Zusammenhang zwischen dem Behandlungsfehler durch positives Tun oder Unterlassen des Arztes und dem ersten Verletzungserfolg, dem Eintritt des **„Primärschadens", hat der Patient sowohl für den vertraglichen als auch den deliktischen Schadensersatzanspruch nach § 286 ZPO zu beweisen** (BGH, Urt. v. 7. 2. 2012 – VI ZR 63/11, NJW 2012, 850 = MedR 2012, 456, Nr. 10, 11 mit Anm. Baur, MedR 2012, 459; BGH, Urt. v. 22. 5. 2012 – VI ZR 157/11, GesR 2012, 419 = VersR 2012, 905, Nr. 10, 11; BGH, Urt. v. 4. 11. 2003 – VI ZR 28/03, NJW 2004, 777, 778 = VersR 2004, 118, 119;

OLG Köln, Urt. v. 20. 7. 2011 – 5 U 83/09, MedR 2012, 405, 408; OLG Köln, Hinweisbeschl. v. 3. 8. 2011 und Beschl. v. 20. 9. 2011 – 5 U 81/11, MedR 2012, 466, 467 = VersR 2012, 1178: Nachweis des Kausalzusammenhangs zwischen rechtswidriger Impfung und behaupteten neurologischen Auffälligkeiten gemäß § 286 ZPO erforderlich). **Beweiserleichterungen gem. § 287 ZPO kommen ihm dabei (für den Primärschaden) nicht zu Hilfe** (BGH a. a. O.; OLG Karlsruhe, Urt. v. 12. 10. 2005 – 7 U 132/04, NJW-RR 2006, 458: auch keine Beweislastumkehr nach § 280 I 2 BGB; OLG Karlsruhe, Urt. v. 24. 5. 2006 – 7 U 242/05, OLGR 2006, 617, 618/619; Baur, VRiOLG a. D., MedR 2012, 460).

Im Rahmen des § 286 ZPO genügt ein für das praktische Leben brauchbarer K 5 Grad an Gewissheit, d. h. ein für einen vernünftigen, die Lebensverhältnisse klar überschauenden Menschen **so hoher Grad von Wahrscheinlichkeit, dass er den Zweifeln Schweigen gebietet, ohne sie völlig auszuschließen** BGH, Urt. v. 19. 10. 2010 – VI ZR 241/09, GesR 2011, 24 = VersR 2011, 223 = MedR 2011, 244, Nr. 21; BGH, Urt. v. 8. 7. 2008 – VI ZR 259/06, VersR 2008, 1265, 1266 = NJW 2008, 2846, 2848 = MedR 2009, 44, 45, Nr. 22; BGH, Urt. v. 8. 7. 2008 – VI ZR 274/07, NJW 2008, 2845 = VersR 2008, 1477, 1478; BGH, Urt. v. 4. 11. 2003 – VI ZR 28/03, NJW 2004, 777, 778 = VersR 2004, 118, 119 = MDR 2004, 509; BGH, Urt. v. 28. 1. 2003 – VI ZR 139/02, NJW 2003, 1116, 1117 = VersR 2003, 474, 475; Musielak-Foerste, 10. Aufl. 2013, § 286 ZPO Rz. 18, 19; Zöller/Greger, 30. Aufl., § 286 ZPO Rz. 19.

Eine mathematische, jede Möglichkeit eines abweichenden Geschehensablaufs K 6 auszuschließende, von niemand anzweifelbare Gewissheit bzw. die Feststellung einer „mit an Sicherheit grenzender Wahrscheinlichkeit" ist jedoch weder im Rahmen des § 286 I noch des § 287 ZPO erforderlich (BGH, Urt. v. 8. 7. 2008 – VI ZR 259/06, VersR 2008, 1265, 1266 = NJW 2008, 2846, 2848, Nr. 22; Urt. v. 8. 7. 2008 – VI ZR 274/07, VersR 2008, 1126, 1127 = NJW 2008, 2845). Dem entspricht aber eine (vom BGH, VersR 2008, 1265, 1266, Nr. 22 nicht für notwendig gehaltene) „an Sicherheit grenzende Wahrscheinlichkeit", falls sie dem Richter persönliche Gewissheit verschafft; so ist die Kausalität auch dann beweisbar, wenn die Wirkungsweise der schädigenden Handlung naturwissenschaftlich nicht zu klären ist (BGH, NJW 1995, 2930, 2932; Musielak-Foerste, 10. Aufl. 2013, § 286 ZPO Rz. 19).

Es bedarf jedoch nur für den haftungsbegründenden Primärschaden dieses stren- K 7 gen Nachweises nach § 286 ZPO; die **haftungsausfüllende Kausalität** zwischen dem Primärschaden und den weiteren Gesundheits- und Vermögensschäden des Patienten unterliegt den **geringeren Beweisanforderungen des § 287 ZPO.** Für den **Nachweis der haftungsausfüllenden Kausalität nach § 287 ZPO kann eine überwiegende Wahrscheinlichkeit** ausreichen (BGH, Urt. v. 19. 10. 2010 – VI ZR 241/09, GesR 2011, 24 = VersR 2011, 223 = NJW 2011, 375, Nr. 21; OLG München, Urt. v. 8. 2. 2002 – 10 U 3448/99, VersR 2004, 124, 125 und OLG Karlsruhe, Urt. v. 24. 5. 2006 – 7 U 242/05, OLGR 2006, 617, 619: § 287 ZPO findet Anwendung, wenn die Primärverletzung feststeht und es nur noch um die Frage der Kausalität geltend gemachter Folgeschäden geht; KG, Urt. v. 1. 7. 2002 – 12 U 8427/00, VersR 2004, 350: Ursachenzusammenhang zwischen einer feststehenden Verletzung des Körpers oder der Gesundheit und der Weiterentwicklung oder dem Umfang der Schädigung ist nach § 287 ZPO zu beurteilen; S/Pa, 12. Aufl., Rz. 351, 628; G/G, 6. Aufl., Rz. B 192, 229, 262; Spickhoff-Greiner, § 823 BGB, Rz. 120, 153, 183; F/N/W, 5. Aufl., Rz. 138, 174, 273; Zöller/Greger, § 287 ZPO Rz. 2, 3; Einzelheiten bei Rz. G 102 ff., G 120 ff.).

K 8   **Primärschäden sind die Schäden, die als so genannter erster Verletzungserfolg geltend gemacht werden** (BGH, Urt. v. 22. 5. 2012 – VI ZR 157/11, NJW 2012, 2024, Nr. 11; BGH, Urt. v. 2. 7. 2013 – VI ZR 554/12, VersR 2013, 1174 = NJW 2013, 3094, Nr. 15, 16; OLG Hamm, Urt. v. 23. 8. 2000 – 3 U 229/99, VersR 2002, 315, 317; zu den Einzelheiten vgl. Rz. G 103 ff.).

K 9   Um einen „**Primärschaden**" handelt es sich etwa bei dem **Abkippen eines Bruchs und dessen Verheilung in Fehlstellung nach unterlassener Aufklärung** (der BGH ist im entschiedenen Fall von einer Risikoaufklärung ausgegangen) **über die bestehende ernsthafte Alternative einer unblutigen Reposition oder operativen Neueinrichtung des Bruchs statt der Fortführung der konservativen Behandlung.** Die Fortsetzung der konservativen Behandlung ohne den Hinweis auf bestehende Alternativen stellt nicht den „ersten Verletzungserfolg" (Primärschaden) dar, der es gestatten würde, die Funktionsbeeinträchtigung am Gelenk als bloße Folgeschäden („Sekundärschäden") anzusehen. Vielmehr sind die **Primärschäden nach Ansicht des BGH in den Beeinträchtigungen am Gelenk zu erblicken** (BGH, Urt. v. 15. 3. 2005 – VI ZR 313/03, NJW 2005, 1718, 1719 = VersR 2005, 836, 837).

K 10   Entfernt ein Chirurg anlässlich einer Rektumresektion einen bereits festgestellten, tiefer gelegenen Tumor nicht und wird deshalb eine Folgeoperation erforderlich, fallen **unter den Primärschaden auch die unmittelbar mit dem Zweiteingriff verbundenen gesundheitlichen Belastungen** (insbesondere Bauchschnitt, Darmresektion, Legen weiterer Anastomosen), während die **nachfolgend aufgetretenen Komplikationen** (Nahtinsuffizienz, Fistelbildung, misslungene Stomarückverlagerung) **der haftungsausfüllenden Kausalität** zuzuordnen sind (BGH, Urt. v. 22. 5. 2012 – VI ZR 157/11, NJW 2012 2024 =VesrR 2012, 905 = GesR 2012, 419, N. 10, 11; zur weiteren Fallgestaltung vgl. Rz. G 103 ff.).

K 11   Um bei einem **Unterlassen** einen **Ursachenzusammenhang** zu bejahen, muss die verspätete bzw. unterbliebene Behandlung hinzugedacht und im Rahmen des Beweismaßes des § 286 ZPO festgestellt werden, dass der Schaden gewiss oder mit an Sicherheit grenzender Wahrscheinlichkeit dann nicht eingetreten wäre, wobei **die bloße Wahrscheinlichkeit oder eine „gewisse Wahrscheinlichkeit" des Nichteintritts nicht ausreicht** (BGH, Urt. v. 7. 2. 2012 – VI ZR 63/11, NJW 2012, 850 = MedR 2012, 456, Nr. 10, 11: „gewisse Wahrscheinlichkeit" reicht nicht aus; OLG Zweibrücken, Urt. v. 22. 6. 1999 – 5 U 32/98, VersR 2000, 605 und VersR 1998, 590; Spickhoff-Greiner, § 823 BGB Rz. 117, 143: die bloße Wahrscheinlichkeit des Nichteintritts der Primärschädigung reicht nicht aus; Baur, MedR 2012, 459/460: **rechtswidriger Eingriff stellt den Primärschaden i. S. d. § 286 ZPO dar, hieraus resultierende Schäden sind vom Patienten gem. § 287 ZPO mit „überwiegender Wahrscheinlichkeit" zu beweisen**).

K 12   Die Haftung eines Gynäkologen wegen zu später Erkennung eines Mammakarzinoms scheidet etwa aus, wenn die aufgrund seines Behandlungsfehlers um

2 Jahre verzögerte chirugische Behandlung, die Entfernung von Lypmphknoten, die Bestrahlung sowie die Folgen der Bestrahlungsmaßnahmen für die Patientin bei rechtzeitig gestellter Diagnose **nicht günstiger ausgefallen wären und die bloße Verzögerung bzw. Unterlassung der Diagnosestellung keinen messbaren Körper- oder Gesundheitsschaden herbeigeführt hat.** Allein die Verschlechterung der Prognose führt nicht zu einem Anspruch gegen den Arzt, wenn nicht festgestellt werden kann, dass hieraus ein konkreter Körper- oder Gesundheitsschaden resultiert bzw. zukünftig resultieren wird (OLG Düsseldorf, Urt. v. 22. 3. 2007 – I-8 U 124/05 mit NZB BGH v. 6. 11. 2007 – VI ZR 112/07, AHRS III, 1942/320).

Ist der Eintritt eines Primärschadens nach dem Stand der wissenschaftlichen Erkenntnisse **lediglich möglich oder sehr wahrscheinlich, schließen die verbleibenden Zweifel eine Haftung des Arztes aus** (BGH, Urt. v. 7. 2. 2012 – VI ZR 63/11, NJW 2012, 850, Nr. 10, 11; BGH, NJW 1987, 2940). Werden etwa medizinisch gebotene **Laboruntersuchungen** unterlassen, hätten diese nach entsprechender Erhebung jedoch die von einem Anästhesisten gewählte Anästhesiemethode nicht in Zweifel gezogen, so ist der Fehler des Arztes für den Eintritt eines bei Durchführung dieser Methode eingetretenen Gesundheitsschadens nicht kausal geworden (BGH, NJW 1987, 2293). **K 13**

In den Fällen eines **Befunderhebungsfehlers sind dem Primärschaden alle gesundheitlichen Beeinträchtigungen** des Patienten unter Einschluss der sich hieraus ergebenden Risiken, die sich aus der unterlassenen oder unzureichenden Befunderhebung ergeben, **zuzuordnen** (BGH, Urt. v. 2. 7. 2013 – VI ZR 554/12, VersR 2013, 1174 = NJW 2013, 3094, Nr. 12, 16: klinische Verlaufskontrolle nach Medikamentengabe/Aspirinmittel unterlassen. Auftreten einer **Hirnvenenthrombose und nachfolgend eine Epilepsie mit tödlichen Folgen**; sämtlich als Primärschäden bewertet). **K 14**

Da es bei der Durchführung einer gebotenen, vom Arzt fehlerhaft unterlassenen **Thromboseprophylaxe** ebenfalls, wenngleich mit geringerer Wahrscheinlichkeit, zu Thrombosen und nachfolgend zu tödlichen Embolien kommen kann, kann sich die Behandlungsseite in derartigen Fällen auf den fehlenden Kausalzusammenhang berufen (OLG München, Urt. v. 9. 11. 2006 – 1 U 2742/06, OLGR 2007, 158 = BeckRS 2006, 13311, S. 4). **K 15**

Bei einem **„Morbus Sudeck"** (CRPS) besteht eine erhebliche **Variationsbreite,** auch bezüglich der Dauer und Entwicklung. So kann ein Patient die betroffene Stelle – i. d. R. den Fuß oder die Hand – durchaus als „glühend heiß" empfinden, ohne dass dies nach außen festzustellen ist. Die Erkrankung kann sich auch später als zwei bis drei Wochen nach der Operation entwickeln. Selbst wenn alle medizinischen Möglichkeiten ausgeschöpft werden, ist es möglich, dass ein Behandlungserfolg auch bei sofortiger Erkennung (hier: unmittelbar nach der Gipsabnahme bei einer Fußverletzung, vom Arzt versäumt) ausbleibt (OLG Hamm, Urt. v. 26. 1. 2005 – 3 U 161/04, VersR 2006, 842 = OLGR 2006, 351). **K 16**

Kann der Schaden des Patienten sowohl durch den von der Einwilligung gedeckten und behandlungsfehlerfrei durchgeführten Teil des Eingriffs als auch durch den von der Einwilligung nicht mehr gedeckten und daher nicht rechtmäßigen **K 17**

Teil verursacht worden sein, haftet der Arzt nur dann, wenn der Patient beweist, dass der **Schaden durch den nicht rechtmäßigen Teil des Eingriffs verursacht** worden ist (OLG Karlsruhe, Beschl. v. 17. 2. 2003 – 7 U 156/02, GesR 2003, 239; OLG Koblenz, Urt. v. 7. 8. 2003 – 5 U 1284/02, MedR 2004, 690 = NJW-RR 2003, 1607; OLG Naumburg, Urt. v. 10. 6. 2003 – 1 U 4/02, NJW-RR 2004, 315, 316; zu den Einzelheiten vgl. Rz. A 2113 ff., A 2136 ff.).

K 18   Allerdings genügt zur Begründung der Haftung des Arztes bereits die Feststellung der Mitursächlichkeit des Behandlungsfehlers für einen Körper- oder Gesundheitsschaden. Der behandelnde Arzt muss sich dann **den gesamten Schaden** zurechnen lassen, wenn nicht feststeht, dass der Behandlungsfehler nur zu einem **abgrenzbaren Teil des Schadens** geführt hat (OLG Düsseldorf, Urt. v. 21. 7. 2005 – 8 U 33/05, BeckRS 2006, 618, S. 6 im Anschluss an BGH, NJW 200, 2741; OLG Hamm, Urt. v. 16. 12. 2010 – 21 U 38/10, NJW-RR 2010, 601 und OLG Koblenz, Urt. v. 14. 4. 2005 – 5 U 1610, 04, VersR 2006, 123 und S/Pa, 12. Aufl., Rz. 354, 355: Mitursächlichkeit genügt).

K 19 – K 24   Einstweilen frei.

2. Haftungsausfüllende Kausalität

(vgl. auch → *Grobe Behandlungsfehler*, Rz. G 120 ff.)

K 25   Für die Feststellung der haftungsausfüllenden Kausalität, d. h. den **Kausalzusammenhang** zwischen dem eingetretenen **Primärschaden** und den **weiteren Gesundheits- und Vermögensschäden** des Patienten, die ihm hieraus entstehen, gilt das **Beweismaß des § 287 ZPO** (BGH, Urt. v. 19. 10. 2010 – VI ZR 241/09, GesR 2011, 24 = VersR 2011, 223 = NJW 2011, 375, Nr. 21; BGH, Urt. v. 12. 2. 2008 – VI ZR 221/06, VersR 2008, 644, 645; BGH, Urt. v. 4. 11. 2003 – VI ZR 28/03, NJW 2004, 777, 778 = VersR 2004, 118, 119 = MDR 2004, 509; Düsseldorf, Urt. v. 28. 1. 2003 – VI ZR 139/02, NJW 2003, 1116, 1117 = VersR 2003, 474, 475; OLG Karlsruhe, Urt. v. 24. 5. 2006 – 7 U 242/05, OLGR 2006, 617, 619; KG, Urt. v. 1. 7. 2002 – 12 U 8427/00, VersR 2004, 350; KG, Urt. v. 28. 8. 2003 – 12 U 88/02, NZV 2004, 252 zur HWS-Verletzung; OLG München, Urt. v. 8. 2. 2002 – 10 U 3448/99, VersR 2004, 124, 125 zu psychischen Folgeschäden; Musielak-Foerste, 10. Aufl. 2013, § 287 ZPO Rz. 5, 7; G/G, 6. Aufl., Rz. B 192, 229, 262; S/Pa, 12. Aufl., Rz. 351, 628; Spickhoff-Greiner, § 823 BGB, Rz. 120, 153, 183; F/N/W, 5. Aufl., Rz. 138, 174, 273; R/L-Kern, § 5 Rz. 3, 26). Für den Nachweis der haftungsausfüllenden Kausalität nach § 287 ZPO kann eine **überwiegende Wahrscheinlichkeit** ausreichen (BGH, Urt. v. 19. 10. 2010 – VI ZR 241/09, GesR 2011, 24 = VersR 2011, 223 = NJW 2011, 375, Nr. 21; OLG Saarbrücken, Urt. v. 28. 2. 2013 – 4 U 587/10, NJW-RR 2013, 1112, 1113: über 50 %; Baur, MedR 2012, 459/460).

K 26   **§ 287 ZPO gilt grundsätzlich nicht** – auch nicht entsprechend – für die Feststellung des Haftungsgrundes, also **weder für das tatbestandliche Verhalten** noch für die **haftungsbegründende Kausalität** (BGH, Urt. v. 4. 11. 2003 – VI ZR 28/03, NJW 2004, 777, 778 = VersR 2004, 118, 119 = MDR 2004, 509; OLG Karlsruhe, Urt. v. 12. 10. 2005 – 7 U 132/04, NJW-RR 2006, 458; KG, Urt. v. 1. 7. 2002 –

12 U 8427/00, VersR 2004, 350; Musielak-Foerste, § 287 ZPO Rz. 4; S/Pa, 12. Aufl., Rz. 628; Baur, MedR 2012, 459/460).

Bei der Feststellung von Kausalbziehungen ist das Gericht nach § 287 ZPO inso- **K 27** fern freier gestellt, als es in einem der jeweiligen Sachlage angemessenen Umfang andere, weniger wahrscheinliche Verlaufsmöglichkeiten nicht mit der sonst erforderlichen, an Sicherheit grenzenden Wahrscheinlichkeit ausschließen muss (BGH, Urt. v. 19. 10. 2010 – VI ZR 241/09, GesR 2011, 24 = VersR 2011, 223 = NJW 2011, 375, Nr. 21: **die Feststellung einer „überwiegenden Wahrscheinlichkeit"** kann ausreichen; BGH, Urt. v. 4. 1. 2003 – VI ZR 28/03, NJW 2004, 777, 778 = VersR 2004, 118, 119; BGH, Urt. v. 28. 1. 2003 – VI ZR 139/02, NJW 2003, 1116, 1117 = VersR 2003, 474, 476).

Übersieht ein Orthopäde oder Unfallchirurg auf dem Röntgenbild den **Bruch ei- K 28 nes Fingers**, handelt es sich bei dem nachfolgend aufgetretenen Morbus Sudeck (CRPS) um einen **Sekundärschaden**. Dann greift unabhängig davon, ob der Behandlungsfehler des Arztes als „grob" zu bewerten ist, § 287 ZPO ein (BGH, Urt. v. 12. 2. 2008 – VI ZR 221/06, VersR 2008, 644, 645).

Der dem Geschädigten nach dem abgeschwächten Beweismaß des § 287 ZPO **K 29** obliegende Beweis nicht erbracht, wenn der Verlauf einer bereits vor dem Schadensereignis manifestierten Grunderkrankung (hier: depressive psychopathologische Behandlung) nicht sicher beurteilt werden kann, weil dieser für eine beschränkte Dauer in Gestalt einer schadensursächlichen Anpassungsstörung von einer **eigenständigen Erkrankung überlagert** wird (OLG Saarbrücken, Urt. v. 21. 10. 2008 – 4 U 454/07–154, OLGR 2009, 126).

Nur bei der haftungsbegründenden Kausalität (§ 286 ZPO), nicht bei der haf- **K 30** tungsausfüllenden Kausalität (§ 287 ZPO) greift ausnahmsweise zugunsten des Patienten eine **Beweislastumkehr** ein, wenn ein **„grober Behandlungsfehler"** festgestellt ist (BGH, Urt. v. 12. 2. 2008 – VI ZR 221/06, VersR 2008, 644, 645 = GesR 2008, 250; BGH, Urt. v. 16. 1. 2004 – VZ ZR 328/03, NJW 2005, 427, 429 = VersR 2005, 228, 230; BGH, Urt. v. 15. 3. 2005 – VI ZR 313/03, NJW 2005, 1718, 1719 = VersR 2005, 836, 837; Gehrlein, VersR 2004, 1488, 1493; G/G, 6. Aufl., Rz. B 257, 262; Spickhoff-Greiner, § 823 BGB Rz. 183; S/Pa, 12. Aufl., Rz. 627, 628; vgl. hierzu Rz. G 101 ff., G 119, G 132).

Ausnahmsweise erstreckt sich die Beweislastumkehr bei Vorliegen eines „gro- **K 31** ben Behandlungsfehlers" bzw. einer „unterlassenen Befunderhebung" auch auf die „haftungsausfüllende Kausalität" bzw. den „Sekundärschaden", wenn sich Letzterer als **typische Folge der Primärverletzung** darstellt (BGH, Urt. v. 16. 11. 2004 – VI ZR 328/03, VersR 2005, 228, 230 = MDR 2005, 572, 573; OLG Stuttgart, Urt. v. 4. 6. 2002 – 14 U 86/01, VersR 2003, 253, 254; Gehrlein, VersR 2004, 1488, 1493; zu den Einzelheiten vgl. Rz. G 105, G 110, G 112, G 121a, G 127; vgl. auch Rz. K 14 zur unterlassenen Befunderhebung).

III. Zurechnungszusammenhang

1. Mitursächlichkeit

K 32   Es kommt nicht darauf an, ob ein Behandlungsfehler die **„ausschließliche"** oder **„alleinige"** Ursache einer gesundheitlichen Beeinträchtigung ist. Auch eine **Mitursächlichkeit**, sei es auch nur als „Auslöser" neben erheblichen anderen Umständen, steht der Alleinursächlichkeit haftungsrechtlich in vollem Umfang gleich (BGH, Urt. v. 19. 4. 2005 – VI ZR 175/04, VersR 2005, 945, 946 = NJW-RR 2005, 897, 898; Urt. v. 5. 4. 2005 – VI ZR 216/03, VersR 2005, 942, 943 = NJW 2005, 2072, 2073; BGH, Urt. v. 20. 11. 2001 – VI ZR 77/00, VersR 2002, 200, 201; OLG Hamm, Urt. v. 16. 12. 2010 – 21 U 38/10, NJW-RR 2011, 601; S/Pa, 12. Aufl., Rz. 354, 637; Spickhoff-Greiner, § 823 BGB Rz. 115, 142; F/N/W, 5. Aufl., Rz. 72; vgl. Rz. G 223 ff., G 232 ff.).

K 33   Die Mitursächlichkeit eines schuldhaften Behandlungsfehlers führt zur Zurechnung des gesamten Schadens, wenn nicht feststeht, dass er nur einen **abgrenzbaren Teil des Schadens** verursacht hat (BGH, Urt. v. 5. 4. 2005 – VI ZR 216/03, NJW 2005, 2072, 2073 = VersR 2005, 942, 943; BGH, NJW 1997, 796 = VersR 1997, 362, 363; OLG Celle, Urt. v. 18. 2. 2002 – 1 U 44/01, NJW-RR 2002, 1603 = MDR 2002, 881, 882, OLG Düsseldorf, Urt. v. 21. 7. 2005 – 8 U 33/05, BeckRS 2006, 618, S. 6: Der **Arzt** muss **beweisen**, dass der Behandlungsfehler nur zu einem **abgrenzbaren Teil des Schadens** geführt hat). Für die haftungsrechtliche Bedeutung eines ärztlichen Behandlungsfehlers ist es ausreichend, wenn er **Mitursache** neben anderen krankheitsbedingten Faktoren gewesen ist. Insofern begründet die neben ein vorhandenes Tumorrezidiv tretende Mitursächlichkeit einer behandlungsfehlerhaften Strahlenbehandlung die haftungsrechtliche Einstandspflicht für den Tod eines Patienten (OLG Hamburg, Urt. v. 26. 11. 2004 – 1 U 67/04, OLGR 2005, 101, 102); vgl. auch OLG Hamm, Urt. v. 16. 12. 2010 – 21 U 38/10, NJW-RR 2011, 601: Mitursächlichkeit genügt, wenn der Schaden durch **verschiedene, ggf. gleichzeitig wirkende Umstände** verursacht worden ist).

K 34   Eine „Teilkausalität" im Sinne eines abgrenzbaren Schadens (vgl. BGH, Urt. v. 5. 4. 2005 – VI ZR 216/03, NJW 2005, 2072, 2073) ist dabei nicht schon dann zu bejahen, wenn eine höhere Wahrscheinlichkeit für die alleinige Ursache des **Tumorrezidivs** spricht (OLG Hamburg a. a. O.; zu weiteren Einzelheiten vgl. Rz. G 223 ff., G 228).

2. Verursachungsvermutung (§ 830 I 2 BGB)

K 35   Die Regelung des § 830 I 2 BGB ermöglicht es dem Geschädigten auch im Arzthaftungsrecht, Beweisschwierigkeiten zwischen den verletzungstauglichen rechtswidrigen Gefährdungshandlungen mehrerer potentieller Schädiger und seinem Schaden zu überwinden, wenn **nicht zu ermitteln ist, wer von ihnen der Urheber des Schadens war**. Der Schädiger kann die Verursachungsvermutung widerlegen (OLG Bremen, Beschl. v. 27. 5. 2005 – 1 W 18/05, MDR 2006, 92; OLG Koblenz, Beschl. v. 14. 4. 2005 – 5 U 1610/04, OLGR 2005, 710, 711 = NJW-RR 2005, 1111, 1112 = GesR 2005, 407, 408; Bamberger/Roth-Spindler,

3. Aufl. 2012, § 830 BGB Rz. 24, 25; Palandt-Sprau, 72. Aufl. 2013, § 830 BGB Rz. 7–13 m. w. N.; F/N/W, 5. Aufl., Rz. 74).

So kommt bei mehreren, zeitlich aufeinanderfolgenden Gefährdungshandlungen mehrerer Ärzte, die untereinander und mit der alternativ verursachten Schädigung einen tatsächlich zusammenhängenden einheitlichen Vorgang bilden, eine Haftung aller beteiligten Ärzte in Betracht, wenn jede Handlung den Schaden verursacht haben kann. Dies gilt etwa dann, wenn **unklar bleibt, welcher von zwei den Patienten behandelnden Ärzten beim Legen bzw. fünf Tage später erfolgten Wechseln eines suprapubischen Blasenkatheders behandlungsfehlerhaft den Darm perforiert hat** (OLG Koblenz, Beschl. v. 14. 4. 2005 – 5 U 1610/04, OLGR 2005, 710, 711 = NJW-RR 2006, 1111, 1112 f.; vgl. auch OLG Düsseldorf, MDR 1985, 234 und Palandt-Sprau, 72. Aufl. 2013, § 830 BGB Rz. 12 a. E.: Nach mehreren in engem und zeitlichem sowie sachlichem Zusammenhang stehenden Operationen erleidet der Patient einen Gesundheitsschaden, wobei nicht mehr festgestellt werden kann, welcher Operateur den Schaden verursacht hat). **K 36**

Steht jedoch einer der Beteiligten als Verantwortlicher für den ganzen, durch die unterlaubte Handlung verursachten Schaden fest, so haften die anderen, die den Schaden nur möglicherweise mitverursacht haben, nicht nach § 830 I 2 BGB (BGH, NJW 1996, 3205, 3207; BGH, NJW 1999, 2895; Palandt-Sprau, 72. Aufl. 2013, § 830 BGB Rz. 8). Entlasten kann sich ein Beteiligter durch den Beweis, dass sein Verhalten den Schaden bei alternativer oder kumulativer Kausalität nicht oder nur zu einem bestimmten Teil nicht verursacht haben kann (BGH, MDR 199, 805; Palandt-Sprau, § 830 BGB Rz. 11). **K 37**

3. Vorschäden; Reserveursache

Verletzt der Arzt durch positives Tun oder Unterlassen einen schon **geschwächten Patienten**, kann er nicht verlangen, so gestellt zu werden, als wenn der Betroffene zum Zeitpunkt der Realisierung des Behandlungsfehlers im Körper- oder Gesundheitsschaden des Patienten gesund gewesen wäre. **Er haftet auch dann, wenn der Schaden auf einem Zusammenwirken körperlicher Vorschäden und der durch den Behandlungsfehler bedingten Schädigung beruht** (BGH, NJW 1996, 2425 = MDR 1996, 886; BGH, MDR 1998, 157; OLG Saarbrücken, Urt. v. 25. 1. 2005 – 4 U 72/04–15/05, OLGR 2005, 489, 490; KG, Urt. v. 22. 4. 2002 – 12 U 7385/00, VersR 2004, 257; G/G, 6. Aufl., Rz. B 190, 217; Müko-Oetker, 5. Aufl., § 249 BGB Rz. 134, 135; Palandt-Grüneberg, 72. Aufl., vor § 249 BGB Rz. 35, 36 m. w. N.; Spickhoff-Greiner, § 823 BGB Rz. 116, 117). **K 38**

Einigkeit besteht darüber, dass im Rahmen der „hypothetischen Kausalität" solche Reserveursachen beachtlich sind, die als Schadensanlage schon bei Eintritt der Körper- bzw. Gesundheitsverletzung vorgelegen haben. Der Kausalzusammenhang zwischen einem Behandlungsfehler und dem beim Patienten eingetretenen Primärschaden scheidet aber nur dann aus, wenn **mit an Sicherheit grenzender Wahrscheinlichkeit** (i. S. d. § 286 ZPO) **feststeht, dass die Reserveursache bzw. die Anlage zu demselben Schaden geführt hätte** (OLG Schleswig, Urt. v. 18. 6. 2004 – 4 U 117/03, NJW 2005, 439, 441; auch OLG Köln, VersR 1992, 1231, 1232; G/G, 6. Aufl., Rz. B 217, 230; Müko-Oetker, § 249 BGB Rz. 206, **K 39**

217), also der Körper- oder Gesundheitsschaden des Patienten auf einer anderen Ursache, etwa dessen **Grundleiden** beruht (OLG Schleswig, Urt. v. 18. 6. 2004 – 4 U 117/03, NJW 2005, 439, 441; G/G, 6. Aufl., Rz. B 195; Spickhoff-Greiner, § 823 BGB Rz. 117, 143: der Nachweis einer gewissen Wahrscheinlichkeit genügt nicht; Palandt-Grüneberg, 72. Aufl., vor § 249 BGB Rz. 57, 58, 59 m.w.N.: „Anlagefälle", Eingreifen eines Dritten).

K 40 Der Arzt kann sich der Haftung in derartigen „Anlagefällen" also nur entziehen, wenn er beweist, **dass dieselben Körper- oder Gesundheitsschäden auch ohne den Behandlungsfehler eingetreten wären** (BGH, Urt. v. 5. 4. 2005 – VI ZR 216/03, NJW 2005, 2072, 2073 = VersR 2005, 942, 943; auch BGH, Urt. v. 22. 5. 2012 – VI ZR 157/11, NJW 2012, 2024 = VersR 2012, 905 = GesR 2012, 419, Nr. 12; OLG Schleswig, Urt. v. 18. 6. 2004 – 4 U 117/03, NJW 2005, 439, 441; Müko-Oetker, § 249 BGB Rz. 217).

4. Rechtmäßiges Alternativverhalten

K 41 Steht fest, dass ein Arzt den Patienten durch fehlerhaftes oder rechtswidriges Handeln einen Schaden zugefügt hat, so **muss der Arzt beweisen (§ 286 ZPO!), dass der Patient den gleichen Schaden auch bei rechtmäßigem und/oder fehlerfreiem ärztlichen Handeln erlitten hätte** Die bloße Möglichkeit, dass es auch ohne den festgestellten Behandlungs- oder Aufklärungsfehler zur Schadensverursachung gekommen wäre, genügt nicht (BGH, Urt. v. 22. 5. 2012 – VI ZR 157/11, GesR 2012, 419 = VersR 2012, 905 = NJW 2012, 2024, Nr. 12; BGH, Urt. v. 5. 4. 2005 – VI ZR 216/03, GesR 2005, 359 = VersR 2005, 942, 943; OLG Köln, Urt. v. 18. 4. 2012 – 5 U 172/11, MedR 2013, 47, 50; OLG Oldenburg, Urt. v. 7. 9. 2011 – 5 U 60/11, GesR 2011, 677, 678; Spickhoff-Greiner, § 823 BGB Rz. 117; G/G, 6. Aufl., Rz. B 230, C 137; vgl. zur Aufklärung Rz. A 2136 ff., A 2140).

K 42 So haftet etwa ein Zahnarzt, der einem Patienten rechtswidrig einen Zahn extrahiert, nicht, wenn feststeht, dass wenig später derselbe Erfolg eingetreten wäre, indem der **Hauszahnarzt denselben Rat zur Extraktion des Zahns erteilt** und der von ihm umfassend informierte Patient ihn befolgt hätte. Der alternative Kausalverlauf ist in einem derartigen Fall nach Auffassung des OLG Koblenz (Urt. v. 21. 6. 2001 – 5 U 1788/00, VersR 2003, 253; u.E. nicht zutreffend!) zu berücksichtigen, ohne dass der beklagte Arzt sich hierauf berufen muss.

K 43 Hat ein Behandlungsfehler eines Arztes zur Folge, dass beim Patienten eine Hüft-Totalendoprothese (TEP) eingesetzt werden muss bzw. ist der Eingriff mangels wirksamer Einwilligung des Patienten rechtswidrig, kommt eine Haftung des Arztes dennoch nicht in Betracht, wenn der vom Gericht hinzugezogene Sachverständigen feststellt, dass der Einsatz der TEP innerhalb von zwei Jahren **ohnehin erforderlich** gewesen wäre (OLG München, Beschl. v. 5. 9. 2006 – 1 U 3851/06, BeckRS 2006, 13014 und Beschl. v. 2. 11. 2006 – 1 U 3851/06, BeckRS 2006, 13015).

K 44 Bestehen an einer zahnprothetischen Versorgung (hier: Brücke im Unterkiefer) **konstruktive Mängel**, die deren angegebene Haltbarkeit und Funktion für zehn bis fünfzehn Jahre in Frage stellen, muss aber die **Brücke aus anderen Gründen** (hier: wegen einer Zahnwurzelerkrankung des einbezogenen Pfeilerzahnes) **bereits nach drei Jahren entfernt werden**, so fehlt es regelmäßig an einem dem Behandlungsfehler zuzurechnenden Schaden. Der Patient – und nicht der Zahnarzt – trägt in einem solchen Fall die Beweislast dafür, dass die entfernte Brücke bei fiktiv zutreffender Konstruktion nach Abschluss der Behandlung des Pfeilerzahnes wiederverwendbar gewesen wäre (OLG Naumburg, Urt. v. 4. 9. 2008 – 1 U 1/08, OLGR 2009, 122).

Wird dagegen eine – von der Aufklärung gedeckte – **rechtmäßige Teilresektion**   K 45
der Schilddrüse intraoperativ auf eine nicht mehr von der Aufklärung gedeckte Totalresektion ausgeweitet, bleibt die Behandlungsseite für den **Einwand des hypothetischen Kausalverlaufs bzw. des rechtmäßigen Alternativverhaltens beweisfällig**, wenn der Sachverständige ausführt, die Stimmbandlähmung wäre möglicherweise auch schon bei der (rechtmäßigen) Teilresektion eingetreten, sicher sei dies aber nicht (OLG Oldenburg, Urt. v. 7. 9. 2011 – 5 U 60/11, GesR 2011, 677, 678: die bloße Möglichkeit, dass es bei rechtmäßigem Eingriff zu einem vergleichbaren Schaden gekommen wäre, genügt nicht).

Besteht die Pflichtverletzung des Arztes dagegen in einer Unterlassung (hier: un-   K 46
terlassener Hinweis der Kindesmutter auf die Behandlungsalternative einer Cerclage nach dem Abklingen einer Infektion), so ist diese für den Schaden nur dann im Sinne des § 286 I ZPO kausal, wenn **das pflichtgemäße Handeln den Eintritt des Schadens verhindert hätte**. Eine vom Sachverständigen genannte „gewisse Wahrscheinlichkeit" genügt für den vom Patienten zu führenden Nachweis hierfür nicht. Das geschädigte Kind hat also **zu beweisen, dass es bei pflichtgemäßer (therapeutischer) Aufklärung seiner Mutter über die Möglichkeit einer Cerclage als ernsthafter Behandlungsalternative anstatt der Fortsetzung der konservativen Behandlung keinen Schaden erlitten hätte**, bei Durchführung der Cerclage somit die extreme Frühgeburt und die damit verbundenen gravierenden Gesundheitsschäden vermieden worden wären (BGH, Urt. v. 7. 2. 2012 – VI ZR 63/11, NJW 2012, 850 = MedR 2012, 456, Nr. 10–13; nunmehr auch OLG Köln, Urt. v. 18. 4. 2012 – 5 U 172/11, MedR 2013, 47, 50).

Der Behandlungsseite fällt **die Beweislast für den Einwand des hypothetischen Kauslverlaufs bei rechtmäßigem Alternativverhalten also erst dann zu, wenn die Ursächlichkeit zwischen der Pflichtwidrigkeit (hier: der rechtswidrigen Behandlung) für den behaupteten Schaden festgestellt wird** (BGH, NJW 2012, 850, Nr. 13, 14; OLG Köln, Urt. v. 18. 4. 2012 – 5 U 172/11, MedR 2013, 47, 50).

5. Fehler des vor- und nachbehandelnden Arztes

Der erstbehandelnde Arzt hat grundsätzlich für alle Schadensfolgen aufzukom-   K 47
men, die mit dem von ihm aufgrund eines Behandlungsfehlers zu verantwortenden schlechten Zustand des Patienten in **adäquatem Kausalzusammenhang** stehen (BGH, Urt. v. 6. 5. 2003 – VI ZR 259/02, NJW 2003, 2311, 2314 = VersR 2003, 1128, 1130 = MDR 2003, 989, 990; BGH, Urt. v. 22. 5. 2012 – VI ZR 157/11, NJW 2012, 2024 = VersR 2012, 905 = GesR 2012, 419, Nr. 12, 15; OLG Brandenburg, Urt. v. 8. 4. 2003 – 1 U 26/00, VersR 2004, 1050, 1053; OLG Köln, Urt. v. 12. 1. 2005 – 5 U 96/03, OLGR 2005, 159, 160; OLG München, Urt. v. 27. 3. 2003 – 1 U 4449/02, VersR 2005, 89; OLG Oldenburg, VersR 1998, 1110,

1111; S/Pa, 12. Aufl., Rz. 354, 355, 627; Spickhoff-Greiner, § 823 BGB Rz. 113, 114, 140).

Hierzu zählt insbesondere auch eine von ihm veranlasste Belastung des Patienten mit einer Nachbehandlung und die mit dieser verbundenen Gefahr von Fehlern des nachbehandelnden Arztes (OLG Oldenburg, VersR 1998, 1110, 1111).

K 48   Der **Zurechnungszusammenhang entfällt nur dann**, wenn

– das **Schadensrisiko der Erstbehandlung im Zeitpunkt der Weiterbehandlung schon gänzlich abgeklungen** war, sich der **Behandlungsfehler des Erstbehandlers auf den weiteren Krankheitsverlauf nicht mehr ausgewirkt** hat oder

– es um die **Behandlung einer Krankheit geht, die mit dem Anlass für die Erstbehandlung in keiner Beziehung steht** bzw.

– die Nachbehandlung einer Krankheit oder Komplikation **in keinem inneren Zusammenhang mit therapeutischen oder diagnostischen Maßnahmen des Erstbehandlers steht** oder

– der die Zweitschädigung herbeiführende Arzt **in außergewöhnlich hohem Maß** die an ein gewissenhaftes ärztliches Verhalten zu stellenden **Anforderungen außer Acht gelassen** und derart gegen alle ärztlichen Regeln und Erfahrungen verstoßen hat, dass der eingetretene Schaden seinem Handeln haftungsrechtlich-wertend allein zugerechnet werden muss

(BGH, Urt. v. 22. 5. 2012 – VI ZR 157/11, NJW 2012, 2024 = VersR 2012, 905 = GesR 2012, 419, Nr. 15; BGH, Urt. v. 6. 5. 2003 – VI ZR 259/02, NJW 2003, 2311, 2314 = VersR 2003, 1128, 1130 = MDR 2003, 989; OLG Brandenburg, Urt. v. 8. 4. 2003 – 1 U 26/00, VersR 2004, 1050, 1053 und OLG Hamm, VersR 1992, 610, 611: **völlig ungewöhnliches, unsachgemäßes Verhalten**; OLG Bremen, Urt. v. 13. 6. 2006 – 4 U 23/05, MedR 2007, 660, 662: Arzt hat **in außergewöhnlichem Maß gegen alle Regeln und ärztlichen Erfahrungen verstoßen**; OLG Hamm, Urt. v. 24. 9. 2003 – 3 U 236/02, AHRS III, 0812/303: allein die Feststellung eines „groben Behandlungsfehlers" genügt nicht, um den Zurechnungszusammenhang zum Fehler des Erstbehandlers auszuschließen; OLG Jena, Urt. v. 15. 2. 2006 – 4 U 579/05, AHRS III, 0812/303: **Fehlverhalten muss über einen „groben Behandlungsfehler" hinausgehen**; OLG Koblenz, Urt. v. 24. 4. 2008 – 5 U 1236/07, VersR 2008, 1071; OLG Köln, Urt. v. 12. 1. 2005 – 5 U 95/03, OLGR 2005, 159, 160 = AHRS III, 0812/304 und Urt. v. 23. 1. 2002 – 5 U 85/01, VersR 2003, 860, 861; OLG Oldenburg, VersR 1998, 1110, 1111: keinerlei innerer Zusammenhang; OLG Saarbrücken, Beschl. v. 19. 8. 2011 – 8 W 182/11, NJW 2012, 324: wenn ein **Dritter in völlig ungewöhnlicher und unsachgemäßer Weise in den Fortgang eingegriffen hat**; OLG Saarbrücken, VersR 2000, 1241, 1244; OLG Schleswig, Urt. v. 11. 4. 2003 – 4 U 160/01, AHRS III, 0812/301; G/G, 6. Aufl., Rz. B 191; S/Pa, 12. Aufl., Rz. 355: Zurechnung auch grober Behandlungsfehler; F/N/W, 5. Aufl., Rz. 73; L/K-Laufs-Kern, § 106 Rz. 8 und § 103 Rz. 13; Gehrlein, Rz. B 77, 108: Versagen des Nachbehandlers **im oberen Bereich des groben Behandlungsfehlers** erforderlich; vgl. Rz. A 362 ff.).

K 49   Danach können dem Erstbehandler **auch** unter dieser Schwelle liegende **grobe Behandlungsfehler des Zweitbehandlers** zugerechnet werden (OLG Jena, Urt. v.

15. 2. 2006 – 4 U 579/05, AHRS III, 0812/303: **Fehlverhalten muss über einen**
„groben Behandlungsfehler" hinausgehen; OLG Hamm, Urt. v. 24. 9. 2003 –
3 U 236/02, AHRS III, 0812/303: allein die Feststellung eines „groben Behandlungsfehlers" genügt nicht, um den Zurechnungszusammenhang zum Fehler
des Erstbehandlers auszuschließen; OLG Hamm, VersR 1992, 610, 612; OLG
Köln, VersR 1994, 987; OLG Oldenburg, VersR 1998, 1110, 1111; G/G, 6. Aufl.,
Rz. B 191; S/Pa, 12. Aufl., Rz. 355; weitere Einzelheiten bei Arbeitsteilung,
Rz. A 362–A 369).

Dies gilt erst recht, wenn ein **grober Behandlungsfehler des nachbehandelnden**   K 50
Arztes nicht zwingend festgestellt werden kann (OLG Koblenz, Urt. v.
24. 4. 2008, VersR 2008, 1071, 1072 = OLGR 2008, 585, 586, auch BGH, Urt. v.
22. 5. 2012 – VI ZR 157/11, VersR 2012, 905 = GesR 2012, 419, Nr. 15). So stellt
es keine den Zurechnungszusammenhang unterbrechende Fehlleistung des
zweitbehandelnden Arztes dar, wenn dieser eine Niere des Patienten ohne Erhebung der erforderlichen Kontrolluntersuchungen entfernt und es der Erstbehandler nach der Diagnostizierung eines Harnleitersteins und einer dadurch bedingten **„stummen Niere"** unterlässt, den Patienten auf dessen lebensbedrohlichen
Gesundheitszustand hinzuweisen und mit dem gebotenen Nachdruck dafür zu
sorgen, dass er sich unverzüglich in eine urologische Klinik begibt, um die dringend erforderliche Entlastung der Niere durchzuführen (OLG Oldenburg, VersR
1998, 1110).

Wird aufgrund eines Behandlungsfehlers eine zweite (hier: Bauch-) Operation er-   K 51
forderlich und kommt es dabei zu Komplikationen (hier: Nahtinsuffizienz, Fis-
telbildung, misslungene Stomarückverlagerung), so hat der erstbehandelnde
Arzt gemäß § 286 ZPO **zu beweisen, dass diese Komplikationen auch bei recht-**
mäßigem Alternativverhalten, also bei Meidung des Behandlungsfehlers und
Entfernung des Gesamttumors bereits bei der Erstoperation, aufgetreten wären
(BGH, Urt. v. 22. 5. 2012 – VI ZR 157/11, VersR 2012, 905 = GesR 2012, 419 =
NJW 2012, 2024, Nr. 12).

Ist dem behandelnden Arzt ein Behandlungsfehler unterlaufen (hier: Operateur
entfernt diagnostizierten Tumor nicht vollständig) und muss sich der Patient
deshalb einem Zweiteingriff unterziehen, kann es an dem erforderlichen Zurechnungszusammenhang zwischen dem Behandlungsfehler und dem Eintritt
des Folgeschadens fehlen, wenn **das Schadensrisiko der Erstbehandlung im Zeit-**
punkt der Weiterbehandlung schon gänzlich abgeklungen war, sich der Behandlungsfehler des Erstbehandlers auf den weiteren Krankheitsverlauf also gar nicht
mehr ausgewirkt hat oder **wenn es um die Behandlung einer Krankheit geht, die**
mit dem Anlass für die Erstbehandlung in keiner Beziehung steht, oder **wenn der**
die Zweitschädigung herbeiführende Arzt in außergewöhnlich hohem Maß die
an ein gewissenhaftes ärztliches Verhalten zu stellenden Anforderungen außer
Acht gelassen und der Arzt gegen alle ärztlichen Regeln und Erfahrungen versto-
ßen hat, dass der eingetretene Schaden seinem Handeln haftungsrechtlich-wer-
tend allein zugerechnet werden muss (BGH, Urt. v. 22. 5. 2012 – VI ZR 157/11,
VersR 2012, 905 = GesR 2012, 419, Nr. 15). Danach wird der **Zurechnungs-**
zusammenhang nicht unterbrochen, wenn der dem Erstbehandler unterlaufene
Behandlungsfehler den weiteren Krankheitsverlauf sogar entscheidend geprägt
hat (BGH, VersR 2012, 905 = NJW 2012, 2024, Nr. 16).

K 52 Selbst wenn die ohne Erhebung erforderlicher Kontrollbefunde durchgeführte Entfernung der Niere durch den Zweitbehandler sich als fehlerhaft bzw. grob fehlerhaft darstellen würde, wäre der hierdurch verursachte Schaden dem Erstbehandler noch zuzurechnen (OLG Oldenburg, VersR 1998, 1110, 1111).

K 53 Überlässt ein **Durchgangsarzt** die Behandlung der Fraktur zweier Finger des Patienten in wesentlichen Teilen einem Assistenzarzt und wird die Fraktur dabei nicht genügend stabilisiert und keine korrekte Achsenstellung erreicht, umfasst die Einstandspflicht des D-Arztes auch die Schadensfolgen, die dadurch entstehen, dass der Patient anschließend eine Korrekturoperation durchführen lassen muss, in deren Rahmen es zur versehentlichen Durchtrennung der Beugesehnen kommt (BGH, NJW 1989, 767 = VersR 1988, 1273).

K 54 Wird aufgrund des Behandlungsfehlers des erstbehandelnden Gynäkologen ein weiterer Eingriff erforderlich, bei dem der Patientin (auch) der **Uterus entfernt** wird, so hat der Erstbehandler hierfür auch dann einzustehen, wenn die Uterusentfernung der Patientin vom Nachbehandler **fehlerhaft angeraten** worden ist oder ihm im Rahmen der Folgeoperation ein Behandlungsfehler unterläuft (BGH, Urt. v. 6. 5. 2003 – VI ZR 259/02, VersR 2003, 1128, 1130).

K 55 Besteht allerdings bei zwei voneinander unabhängigen Verletzungen der Beitrag des Erstschädigers zum endgültigen Schadensbild nur darin, dass eine anlagebedingte Neigung des Geschädigten zu **psychischer Fehlverarbeitung** geringfügig verstärkt wird, so reicht dies nicht aus, um eine Haftung des Erstschädigers für die Folgen der Zweitverletzung zu begründen (BGH, Urt. v. 16. 3. 2004 – VI ZR 138/03, VersR 2004, 874 = NJW 2004, 1945, 1946: psychische Fehlverarbeitung einer HWS-Verletzung; vgl. auch OLG Stuttgart, Beschl. v. 7. 8. 2012 – 13 U 78/12, NJW-RR 2013, 539, 540).

6. Herausforderungs-Fälle

K 56 Eine Ersatzpflicht kommt auch dann in Betracht, wenn der Schaden durch eine Handlung verursacht wird, die auf einem Willensentschluss des Verletzten beruht (so genannte **psychische vermittelnde Kausalität**). Voraussetzung ist, dass der Schaden nach Art und Entstehung nicht außerhalb der Wahrscheinlichkeit liegt und in den Schutzbereich der jeweiligen Norm fällt. Diese Voraussetzungen werden bejaht, **wenn die Handlungen des Verletzten durch das haftungsbegründende Ereignis „herausgefordert" worden sind und eine nicht ungewöhnliche Reaktion hierauf darstellt** (vgl. Palandt-Heinrichs, 72. Aufl. 2013, vor § 249 Rz. 41, 43; L/K-Laufs-Kern, § 106 Rz. 10; BGH, NJW 2012, 1951: Verfolgerfälle; BGH, NJW 2001, 512 = MDR 2001, 499; BGH, NJW 1995, 451; BGH, NJW 1990, 2885; OLG Stuttgart, Beschl. v. 7. 8. 2012 – 13 U 78/12, NJW-RR 2013, 539, 540: Verfolgungsfälle, Schlaganfall bzw. Bandscheibenvorfall nach Verkehrsunfall).

K 57 Ein Arzt, der schuldhaft die **einzige Niere eines Kindes entfernt**, haftet danach für den Schaden, den die Mutter infolge einer Nierenspende erleidet (BGH, NJW 1987, 2925). Der Kausalzusammenhang wird hier nicht dadurch unterbrochen, dass die Nierenspende auf dem freiwilligen Entschluss der Mutter beruht. Denn die Mutter durfte sich zu der Nierenspende „herausgefordert" fühlen, ihre

Selbstgefährdung steht in einem angemessenen Verhältnis zu dem möglichen Rettungserfolg (BGH, NJW 1987, 2925, 2927).

Im Rahmen der zivilrechtlichen Schadenskausalität unterbricht der Willensent- **K 58** schluss einer Patientin, etwa zum Schwangerschaftsabbruch, den Zurechnungszusammenhang nicht, wenn er nicht frei getroffen, sondern durch das Verhalten des Arztes (hier: durch unterlassene verursachte, **kontraindizierte Medikamentengabe) herausgefordert** oder wesentlich mitgestimmt worden ist. Die Beweislast für eine Herausforderung oder Mitbestimmung ihres Willensentschlusses liegt jedoch bei der Patientin (OLG Braunschweig, Urt. v. 26. 6. 2007 – 1 U 11/07, MedR 2008, 372 = OLGR 2008, 11, 12).

Der Schaden, den eine Patientin dadurch erleidet, dass sie sich nach einem (be- **K 59** haupteten) Behandlungsfehler eines Gynäkologen bzw. Radiologen, der **verspätet gestellten Diagnose eines Mammakarzinoms links,** zur Vorbeugung einer etwaigen schädlichen Krankheitsentwicklung vorsorglich einer medizinisch **nicht indizierten Amputation (auch) der nicht befallenen, rechten Brust** unterzieht, ist der Verletzungshandlung nicht zuzurechnen (OLG Köln, Urt. v. 26. 5. 2008 – 5 U 175/07, OLGR 2009, 798, 799).

Einstweilen frei. **K 60 – K 79**

Klage (Muster)

An das Landgericht Stuttgart **K 80**
Urbanstraße 20
70182 Stuttgart   15. 5. 2013

Klage

der Frau P.   – Klägerin –

Prozessbevollmächtigter: Rechtsanwalt R.

gegen

1. Herrn Oberarzt Dr. A., Universitätsklinikum U.,

     – Beklagter Ziff. 1 –

2. Herrn Chefarzt Prof. Dr. B., Universitätsklinikum U.,

     – Beklagter Ziff. 2 –

3. Universitätsklinikum U., Anstalt des öffentlichen Rechts, vertreten durch den Vorstand Prof. Dr. Y

     – Beklagte Ziff. 3 –

(zur Passivlegitimation vgl. → *Krankenhausverträge*, Rz. K 136 ff.; zum Verantwortungsbereich während einer Operation vgl. → *Arbeitsteilung*, Rz. A 340 ff.)

wegen: Arzthaftung

Streitwert: Klageantrag Ziff. 1:   20 000,00 Euro
                Klageantrag Ziff. 2:   26 924,77 Euro
                Klageantrag Ziff. 3:   5 000,00 Euro
                Insgesamt   51 924,77 Euro

Namens und in Vollmacht der Klägerin erhebe ich Klage und kündige die Stellung folgender

Anträge

an:

K 81   1. Die Beklagten werden als Gesamtschuldner verurteilt, an die Klägerin ein angemessenes Schmerzensgeld zu bezahlen, welches in das Ermessen des Gerichts gestellt wird, mindestens jedoch in Höhe von 20 000,00 Euro nebst Zinsen in Höhe von 5 Prozentpunkten über dem Basiszinssatz seit dem 15. 4. 2013.

(Nach BGH, Urt. v. 20. 1. 2004 – VI ZR 70/03, NJW 2004, 1243, 1244 = VersR 2004, 1334, 1335 und OLG Hamm, Urt. v. 29. 3. 2006 – 3 U 263/05, VersR 2006, 1511 sowie OLG Saarbrücken, NJW 2011, 3169 und OLG Karlsruhe, Urt. v. 12. 12. 2012 – 7 U 176/11, juris, Nr. 6; dem zustimmend Hacks/Wellner/Häcker, ADAC-Schmerzensgeldtabelle, 31. Aufl. 2013, S. 26; vgl. hierzu Palandt-Grüneberg, 72. Aufl. 2013, § 253 Rz. 24, 25 und B/L/A/H, 71. Aufl. 2013, § 253 ZPO Rz. 56, 58, 87) ebenfalls **mögliche Anträge auf Zahlung eines Teil-Schmerzensgeldes:**

a) „Die Beklagten werden als Gesamtschuldner verurteilt, an die Klägerin 20 000,00 Euro nebst Zinsen in Höhe von 5 Prozentpunkten hieraus über dem Basiszinssatz seit dem 15. 4. 2013 als Teilbetrag eines Schmerzensgeldes unter Berücksichtigung der Körper- und Gesundheitsschäden, die bis zum Zeitpunkt der letzten mündlichen Verhandlung eingetreten sind, zu zahlen"oder

b) „Die Beklagten werden als Gesamtschuldner verurteilt, an die Klägerin ein angemessenes Schmerzensgeld zu zahlen, welches in das Ermessen des Gerichts gestellt wird und diejenigen Körper- und Gesundheitsschäden berücksichtigt, die im Zeitpunkt der letzten mündlichen Verhandlung eingetreten sind, mindestens jedoch 20 000,00 Euro nebst Zinsen in Höhe von 5 Prozentpunkten hieraus über dem Basiszinssatz seit dem 15. 4. 2013").

K 82   2. Die Beklagten werden als Gesamtschuldner verurteilt, an die Klägerin 26 924,77 Euro nebst Zinsen in Höhe von fünf Prozentpunkten über dem Basiszinssatz seit dem 15. 4. 2013 zu bezahlen.

(zum Basiszinssatz vgl. §§ 288 I, 291, 247 BGB und www.bundesbank.de/ statistik/statistik_zeitreihen.php; ab 1. 1. 2002 7,57 % p.a., ab 1. 7. 2002 7,47 % p.a., ab. 1. 1. 2003 6,97 % p.a., ab 1. 7. 2003 6,22 % p.a., ab 1. 1. 2004 6,14 % p.a., ab 1. 7. 2004 6,13 % p.a., ab 1. 1. 2005 6,21 % p.a., ab 1. 7. 2005 6,17 % p.a., ab 1. 1. 2006 6,37 % p.a., ab 1. 7. 2006 6,95 % p.a.; ab 1. 1. 2007 7,70 % p.a.; ab 1. 7. 2007 8,19 % p.a.; ab 1. 1. 2008 8,32 % p.a.; ab 1. 7. 2008 8,19 % p.a.; ab 1. 1. 2009 6,62 % p.a.; ab 1. 7. 2009 5,12 % p.a.; ab 1.7. 2011 5,32 % p.a.; ab 1. 1. 2012 5,12 % p.a.; ab 1. 1. 2013 4,87 % p.a.; ab 1. 7. 2013 4,62 % p.a.; Zinsrechner für Verzugszinsen: www.basiszinssatz.info/zins rechner/index.php).

3. Es wird festgestellt, dass die Beklagten als Gesamtschuldner verpflichtet sind, der Klägerin sämtliche weiteren zukünftigen materiellen und im Zeitpunkt der letzten mündlichen Verhandlung nicht vorhersehbaren immateriellen Schäden *(im Falle einer Schmerzensgeld-Teilklage: sämtliche weiteren zukünftigen materiellen und immateriellen Schäden)* zu ersetzen, welche dieser aus der fehlerhaften *(ggf.: und/oder rechtswidrigen)* Behandlung in der Zeit vom 29. 6. 2009 bis 9. 7. 2009 im Universitätsklinikum U. entstanden sind und noch entstehen werden, soweit die Ansprüche nicht auf Sozialversicherungsträger oder sonstige Dritte übergegangen sind oder übergehen werden. K 83

(zum → *Feststellungsinteresse* vgl. Rz. F 1 ff.)

4. Die Beklagten werden als Gesamtschuldner verurteilt, an den Kläger 2 429,27 Euro vorgerichtliche Rechtsanwaltskosten nebst Zinsen in Höhe von 5 % über dem Basiszins hieraus seit dem 15. 4. 2013 zu bezahlen. K 83a

5. Ferner **beantrage** ich ein schriftliches Vorverfahren (§ 276 I ZPO) anzuordnen. Zeigen die Beklagten nicht rechtzeitig an, sich gegen die Klage verteidigen zu wollen, **beantrage** ich den Erlass eines Versäumnisurteils gem. § 331 III ZPO. Von der Anberaumung eines Gütetermins bitte ich abzusehen. Eine Güteverhandlung erscheint erkennbar aussichtslos (§ 278 II 1 ZPO). Es wird **gebeten** gem. § 279 I ZPO Termin zur mündlichen Verhandlung, ggf. im unmittelbaren Anschluss an eine vom Gericht für notwendig erachtete Güteverhandlung zu bestimmen. K 84

Begründung

Die Klägerin nimmt die Beklagten als Gesamtschuldner auf Zahlung von Schadensersatz aus einer ohne ordnungsgemäße Aufklärung und darüber hinaus nicht lege artis durchgeführten medizinischen Behandlung in Anspruch. K 85

I. Sachverhalt

(vgl. hierzu: *OLG Brandenburg, Urt. v. 10. 3. 1999 – 1 U 54/98, NJW-RR 2000, 24; OLG Düsseldorf, Urt. v. 17. 12. 1998 8 U 139/97, VersR 2000, 456; OLG Hamburg, Urt. v. 19. 11. 2004 – 1 U 84/03, OLGR 2005, 195; OLG Hamm, Urt. v. 28. 11. 2008 – 26 U 28/08, GesR 2009, 247; OLG Hamm, Urt. v. 6. 2. 2002 – 3 U 64/01, OLGR 2002, 305; OLG Hamm, Urt. v. 15. 3. 2000 – 3 U 1/99, VersR 2001, 65; OLG Oldenburg, Urt. v. 21. 6. 2006 – 5 U 86/04, GesR 2006, 408; OLG Schleswig, Urt. v. 29. 5. 2009 – 4 U 38/08, OLGR 2009, 594).*

1. Diagnose, Aufnahme und Aufklärung der Klägerin

Die am 7. 2. 1965 geborene Klägerin litt etwa seit Anfang 2009 unter Beschwerden im rechten Oberbauch, insbesondere nach der Einnahme von Mahlzeiten. Bei einer am 7. 4. 2009 durchgeführten Oberbauchsonografie wurde eine Cholecystolethiasis (Gallenblasensteinleiden) festgestellt. Die Klägerin wurde daraufhin im Juni zum Zwecke der operativen Entfernung der Gallenblase in das Haus der Beklagten Ziff. 3 überwiesen. Dort wurde sie am 29. 6. 2009 stationär aufgenommen. K 86

Bei einer Voruntersuchung der Klägerin im Klinikum der Beklagten Ziff. 3 wurden außer einer minimalen Amylasämie keine Besonderheiten festgestellt. Die Beklagten Ziff. 1 und 2 im Haus der Beklagten Ziff. 3 rieten der Klägerin zur Durchführung einer laparoskopischen Cholecystektomie (Entfernung der Gallenblase im Wege der Bauchspiegelung).

Am 29. 6. 2009 unterzeichnete die Klägerin einen Aufklärungsbogen, in welchem Folgendes festgehalten war:

„Mögliche Komplikationen: Ähnlich wie bei der Operation durch Bauchschnitt ist die Verletzung benachbarter Organe, wie z.B. der großen Gallengänge, von Dünn- und Dickdarm, Leber oder Magen sowie von großen Blutgefäßen durch die Instrumente, durch elektronischen Strom oder Hitze nicht mit absoluter Sicherheit auszuschließen. In sehr seltenen Fällen, in denen der Verschluss von Gallengängen oder Blutgefäßen nicht dicht bleibt, kann es zu Nachblutungen sowie zum Austritt von Galle in den Bauchraum und im weiteren Verlauf zu einer Fistel (Verbindung von Gallenwegen zur Darm- oder Bauchwand) oder auch zu einer Peritonitis (Infektion des Bauchraums) kommen".

Die Klägerin unterzeichnete am Ende des Aufklärungsbogens eine Einwilligungserklärung folgenden Inhalts:

„Ich willige hiermit in den vorgeschlagenen Eingriff einschließlich der Schmerzbetäubung sowie der erforderlichen Untersuchungen und Nebeneingriffe ein. Ich bin mit Änderungen und Erweiterungen des Eingriffs einverstanden, die sich während der Operation als erforderlich erweisen."

2. Operativer Eingriff vom 30. 6. 2009

K 87   Am 30. 6. 2009 wurde die Klägerin zwischen 12.00 Uhr und 14.55 Uhr von den Beklagten Ziff. 1 und 2 operiert. Dabei wurde zunächst die laparoskopische Methode (Bauchspiegelung mit Endoskop bzw. Laparoskop) angewandt. Bei der endoskopischen Inspektion des Bauchraums zeigten sich massive spinnwebenartige Verwachsungen im Bereich der Oberbauchmitte und eine embryonale Fehlbildung der Leber, die vergrößert und vielfach verlappt war und bis in den rechten Unterbauch reichte. Zudem war der Magen weit nach rechts gezogen.

Wegen dieser anatomischen Anomalien im Bauchraum und atypisch verlaufender Gefäße konnte endoskopisch die exakte Lage der Gallenblase nicht eindeutig bestimmt werden. Deshalb entschlossen sich die Operateure gegen 13.00 Uhr zu einer Umstellung der Operationsmethode auf die Laparotomie (Eröffnung der Bauchhöhle, hier durch Bauchdeckenschnitt) im Wege eines rechtsseitigen Rippenbogenrandschnittes. Die Exstirpation der Gallenblase war gem. Operationsbericht vom 30. 6. 2009

Beweis: Anlage K 1

wegen nicht eindeutig identifizierter anatomischer Verhältnisse, Anomalien und Verwachsungen mit erheblichen Schwierigkeiten verbunden. Bei der anschließenden Inspektion des Bauchraumes wurden kleinere Blutungen im Bereich des Leberbettes durch Klemmchen und Einzelligaturen gestillt und eine Zieldrainage gelegt. Nachdem weitere Kontrollen des Bauchraumes auf Blutungen oder Gallesekretion negativ verlaufen waren, schlossen die Operateure die Bauchdecke wieder. Postoperativ wurde die Klägerin in der intensivmedizinischen Abteilung mit Infusionen und Analgetika versorgt. Zunächst ergaben sich keine Komplikationen.

3. Zustand nach der Operation

Am Tag ihrer vorgesehenen Entlassung, dem 7. 7. 2009, verschlechterte sich der Zustand der Klägerin. Diese klagte über Beschwerden und erhebliche Schmerzen. Sie litt unter Fieber und Ikterus (Gelbsucht bzw. gelbliche Verfärbung der Haut), konnte nichts essen und kaum etwas trinken. Anlässlich der daraufhin durchgeführten Untersuchung stellte sich eine deutliche Verschlechterung der Leberwerte sowie der Bilirubinwerte (Blutfarbstoff) heraus.   K 88

Nach Auftreten erheblicher Gallenabsonderung vermuteten die Beklagten Ziff. 1 und 2 eine Läsion des Gallenganges. Eine hierauf am Montag, den 9. 7. 2009, durchgeführte ERCP-Untersuchung (Röntgenkontrastdarstellung der Gallenblase bzw. der Gallengänge) ergab die Feststellung einer Durchtrennung des Ductus choledochus (Hauptgallengang) anlässlich des Eingriffs vom 30. 6. 2009.

Die Klägerin wurde daraufhin am 9.7. 2009 unter Einsatz eines Hubschraubers in die Universitätsklinik X. verlegt und dort am 10. 7. 2009 erneut operiert. Wie dem Operationsbericht vom selben Tag zu entnehmen ist, wurden erhebliche Mengen von Gallenflüssigkeit im Bauchraum, Verwachsungen im Bereich des rechten Oberbauches und eine persistierende Gallenfistel festgestellt. Die Operateure entdeckten zahlreiche Ligaturen (Unterbindung von Gefäßen, u. a. nach Durchtrennung) im Bereich des Leberhilus (Leberpforte) und die vollständige Durchtrennung des Hepatocholedochus (galleableitender Kanal) im Bereich des Leberhilus. Der in der Leberpforte eintretende Hepatocholedochus zeigte sich weit offen, so dass sich permanent Galle in den Bauchraum entleerte.

Der Hepatocholedochus wurde operativ an den Leberhilus angebunden, Verwachsungen im Bereich des Mittelbauches wurden entfernt, die Bauchhöhle wurde ausgiebig gespült und es wurden mehrere Drainagen gelegt. Der stationäre Aufenthalt der Klägerin endete am 14. 8. 2009. Die Klägerin war seitdem bis März 2010 arbeitsunfähig krank. Mitte Oktober des Jahres 2009 stellten sich, wiederum bedingt durch die fehlerhafte Behandlung bei der Beklagten Ziff. 3, starke Gelbverfärbungen der Haut und der Augen ein. Im Universitätsklinikum X wurde eine Gelbsucht (Ikterus) diagnostiziert, die einen dortigen stationären Aufenthalt vom 2. 11.–13. 11. 2009 notwendig machten.

In der Zeit vom 7. 12.–12. 12. 2009 befand sich die Klägerin erneut im Universitätsklinikum X in stationärer Behandlung, anlässlich derer eine Endoprothese in den Hauptgallengang gelegt wurde; gleichwohl verschlechterte sich der Zustand der Klägerin im Folgenden weiter. Es kam zu einem mehrmaligen Wechsel der Endoprothese. Schließlich wurde auch eine auf die fehlerhafte Behandlung durch die Beklagten zurückzuführende bakterielle Infektion festgestellt, die die Klägerin zu einem erneuten stationären Aufenthalt im Kreiskrankenhaus Y in der Zeit vom 15. 2.–20. 2. 2010 und zur laufenden Einnahme von Antibiotika über fünf Monate zwangen.

Beweis für den gesamten vorstehenden Vortrag:

1. Beiziehung der Krankenunterlagen der Bekl. Ziff. 3 sowie der Krankenakten des Universitätsklinikums X., des Kreiskrankenhauses Y. und der nachbehandelnden Ärzte Dr. Z. und Dr. W.

2. Einholung eines Sachverständigengutachtens

4. Entbindung von der Schweigepflicht

K 89 Die Beklagten wurden bereits vorprozessual von ihrer ärztlichen Schweigepflicht entbunden. Die Entbindung wird mit beigefügter Erklärung der Klägerin ausdrücklich auch auf das Gericht, die sonstigen Prozessbeteiligten, die Ärzte des Universitätsklinikums X, des Kreiskrankenhauses Y, ihres Hausarztes Dr. Z., des Facharztes Dr. W. und alle weiteren, behandelnden Ärzte erstreckt.

II. Rechtliche Würdigung

1. Behandlungsfehler

K 90 a) Die Beklagten Ziff. 1 und 2 haben am 30. 6. 2009 anlässlich der Durchführung der Laparoskopie in behandlungsfehlerhafter Weise den Ductus choledochus (Hauptgallengang) infolge der Verwechslung mit dem Ductus cysticus (Gallenblasengang) geclipt und durchtrennt.

Sie hatten es versäumt, zuvor eine genügend sorgfältige Präparation vorzunehmen. Darin liegt ein Verstoß gegen die chirurgische Regel, dass erst dann durchtrennt werden darf, wenn der Organsitus genau analysiert und Organe differenziert werden können. Bei sorgfältiger Präparation hätte diese Durchtrennung vermieden werden können (vgl. OLG Hamm, VersR 2001, 65f; Bergmann/Müller, MedR 2005, 650, 651).

Beweis: Einholung eines Sachverständigengutachtens

Bereits der Wechsel von der laparoskopischen Methode zur Laparotomie war bedenklich. Jedenfalls war es behandlungsfehlerhaft, die Operation weiterzuführen, ohne nach Eröffnung des Bauchraumes und Entdeckung der Verwachsungen und anatomischen Anomalien den Versuch einer intraoperativen röntgendiagnostischen Abklärung der Gallenwege durch eine Cholangiographie (Röntgenkontrastdarstellung der Gallengänge) zu unternehmen.

Die intraoperative Cholangiographie wäre hier geboten gewesen, um Aufschluss über Lage und Verlauf der Gallenwege zu gewinnen, als nach Eröffnung des Bauchraumes offenbar wurde, dass in erheblichem Umfang Verwachsungen und anatomische Anomalien vorhanden waren. Aufgrund dieser Verwachsungen und Anomalien bestand ein deutlich erhöhtes Risiko dafür, dass bei der operativen Entfernung der Gallenblase wichtige Organe und Gefäße nicht oder nicht sicher erkannt und infolgedessen verletzt werden könnten. Daher hätten die Beklagten Ziff. 1 und 2 über eine intraoperative Cholangiographie den Versuch unternehmen müssen, sich einen Überblick über die anatomischen Verhältnisse zu verschaffen (vgl. OLG Brandenburg, NJW-RR 2000, 24, 26 = VersR 2000, 489, 490; OLG Hamm, VersR 2001, 65 und OLG Hamm, AHRS III, 2365/315 = VersR 2003, 374; Bergmann/Müller, MedR 2005, 650, 651).

Beweis: Einholung eines Sachverständigengutachtens

Bei dieser röntgendiagnostischen Abklärung handelt es sich unter anatomischen Verhältnissen, wie sie hier vorlagen, um medizinischen Standard. Danach sind die Beklagten durch Unterlassen dieser dringend gebotenen Untersuchung bei der Entfernung der Gallenblase „sehenden Auges", eine sich aufdrängende Möglichkeit der Sichtbarmachung der Gefäßverläufe nicht nutzend, ein unnötiges, vermeidbares Risiko einer erheblichen Schädigung der Patientin eingegangen.

b) Hierin liegt ein grober Behandlungsfehler der Bekl. Ziff. 1 und 2. Ein Behandlungsfehler ist immer dann als grob zu bewerten, wenn ein medizinisches Fehlverhalten vorliegt, das aus objektiver ärztlicher Sicht nicht mehr verständlich erscheint, weil ein solcher Fehler dem Arzt „schlechterdings nicht unterlaufen darf" (BGH, NJW 2007, 2767, 2769, Nr. 25; BGH, NJW-RR 2007, 744; NJW 2004, 2011, 2013 = VersR 2004, 909, 911; NJW 2002, 2944, 2945 = VersR 2002, 1026, 1027). Dies ergibt sich nunmehr auch aus § 630h V 1 BGB.   K 91

(vgl. hierzu → *Grobe Behandlungsfehler*, Rz. G 101 ff., G 161, G 723 ff.)

Ein solcher, grober Behandlungsfehler ist den Beklagten Ziff. 1 und 2 im vorliegenden Fall unterlaufen (vgl. OLG Brandenburg, NJW-RR 2000, 24, 26; auch OLG Düsseldorf, VersR 2000, 456).

Gerade dann, wenn sich bei einer Laparoskopie nach der Eröffnung des Bauchraumes eine offensichtlich unklare anatomische Situation ergibt, etwa beim Vorhandensein erheblicher Verwachsungen oder anatomischer Anomalien, liegt ein grober Behandlungsfehler vor, wenn vor der Entfernung der Gallenblase der Versuch einer intraoperativen röntgendiagnostischen Abklärung der Gallenwege durch eine Cholangiographie (Röntgenkontrastdarstellung der Gallengänge) unterbleibt und es bei Fortführung des Eingriffs zu einer Läsion des Hauptgallenganges kommt (OLG Brandenburg, NJW-RR 2000, 24, 26; auch OLG Düsseldorf, VersR 2000, 456 und OLG Hamm, VersR 2001, 65 sowie Bergmann/Müller, MedR 2005, 650, 651).

2. Aufklärungsfehler

a) Der Patient muss nach der Rspr. des BGH zum Zweck der Wahrung seines Selbstbestimmungsrechts über die mit der ordnungsgemäßen Operation verbundenen spezifischen Risiken im Großen und Ganzen aufgeklärt werden. Die gebotene „Grundaufklärung" hat dem Patienten einen zutreffenden allgemeinen Eindruck von der Schwere des Eingriffs und der Art der Belastungen zu vermitteln, die für seine körperliche Integrität und seine Lebensweise zu befürchten sind   K 92

(BGH, NJW 1984, 2629, 2630; NJW 1991, 2346, 2347; NJW 1996, 777, 779; OLG Brandenburg, NJW-RR 200, 24, 25). Die bereits im Jahr 2009 geltende Rechtsprechung wurde vom Gesetzgeber jetzt in §§ 630d I 1, 630e I BGB kodifiziert.

(vgl. hierzu → *Aufklärung*, Rz. A 834 ff.)

Eine Aufklärung ist insbesondere dann erforderlich, wenn bestehende Behandlungsalternativen zu jeweils wesentlich unterschiedlichen Belastungen des Patienten führen oder wesentlich unterschiedliche Risiken und Erfolgschancen bieten. Im vorliegenden Falle wäre eine Aufklärung der Klägerin über die unterschiedlichen Vorgehensweisen (Laparoskopie und Laparotomie) erforderlich gewesen. Insbesondere aber hätte die Klägerin darüber aufgeklärt werden müssen, dass unter Umständen, insbesondere im Fall ungünstiger anatomischer Verhältnisse, während der Operation ein Wechsel der Operationsmethode von der Laparoskopie zur Laparotomie erforderlich werden könnte (OLG Brandenburg, NJW-RR 2000, 24; OLG Düsseldorf, VersR 2000, 456).

(vgl. hierzu → *Aufklärung*, Rz. A 1374, A 1544, A 1545 und nunmehr § 630e I 3 zur Aufklärung über Behandlungsalternativen)

So muss der Patient vor der Durchführung der Laparoskopie zur Entfernung der Gallenblase (OLG Düsseldorf, VersR 2000, 456) wie auch vor einer Magenresektion (OLG Karlsruhe, VersR 1998, 718) darüber aufgeklärt werden, dass es dabei zu einer Durchtrennung des Hauptgallenganges mit nachfolgender Entzündung der Gallenwege und des gesamten Bauchraumes u. a. kommen kann. Der danach erforderliche Hinweis ist nicht erfolgt. Wäre die Klägerin über die Behandlungsalternativen korrekt aufgeklärt worden, hätte sie sich primär für eine Laparotomie entschieden, zumindest hätte sie vorher noch eine zweite Meinung bei einer anderen Universitätsklinik eingeholt und sich damit in einem ernsthaften Entscheidungskonflikt darüber befunden, sich für eine der beiden Methoden zu entscheiden.

Beweis für den gesamten vorstehenden Vortrag:

1. Parteivernehmung der Klägerin

2. Einholung eines Sachverständigengutachtens

(zum ernsthaften Entscheidungskonflikt vgl. → *Aufklärung*, Rz. A 1900 ff.).

K 93 **b)** Darüber hinaus ist die Klägerin nicht rechtzeitig aufgeklärt worden. Die Bedeutung des Selbstbestimmungsrechts des Patienten verlangt jedoch eine Rechtzeitigkeit der Einwilligung zur Klärung und damit auch eine Aufklärung, die eine Überlegungsfreiheit ohne vermeidbaren Zeitdruck gewährleistet (BGH, NJW 2003, 2102 = VersR 2003, 1441; NJW 1998, 2734 = MDR 1998, 716; OLG Koblenz, OLG-Report 2006, 193, 194). Bei zeitlich und sachlich nicht dringlichen Wahleingriffen, die mit erheblichen Belastungen und Risiken verbunden sind, hat die Aufklärung so rechtzeitig zu erfolgen, dass das Selbstbestimmungsrecht des Patienten gewährleistet ist, am besten schon bei der Vereinbarung eines Termins für die stationäre Aufnahme zur Operation, um die Entscheidungs- und Dispositionsfreiheit des Patienten zu gewährleisten. Eine Aufklärung erst am Vorabend der Operation ist bei derartigen Eingriffen wie auch dem vorliegenden zu spät (vgl. BGH, VersR 2003, 1441, 1443; NJW 1998, 2734; NJW 1992, 2351, 2353; OLG Bamberg, VersR 1998, 1025, 1026; OLG Bremen, VersR 2001, 340, 341; OLG Frankfurt, GesR 2006, 127; OLG Köln, MedR 1996, 270).

(vgl. hierzu → *Aufklärung*, Rz. A 1634 ff.; vgl. nunmehr auch § 630e II 1 Nr. 2 BGB, Rz. P 38 ff.).

Zu beachten ist, dass die eigenständige Entscheidung des Patienten für oder gegen die Operation in Ruhe und ohne psychischen Druck möglich bleibt. Dies ist immer dann nicht mehr gewährleistet, wenn dieser während der Aufklärung mit einer nahtlos anschließenden Durchführung des Eingriffs rechnen muss und deshalb unter dem Eindruck steht, sich nicht mehr aus dem Geschehen lösen zu können (BGH, MDR 1998, 654; NJW 1994, 3009, 3011). Im vorliegenden Fall erfolgte die Aufklärung der Klägerin erst am Tag vor dem schweren, risikoreichen Eingriff und damit nicht „rechtzeitig".

3. Kausalität

Sowohl die oben dargestellten Behandlungsfehler als auch der mangels wirksamer Einwilligung (Aufklärungsfehler) rechtswidrige operative Eingriff bei der Klägerin wurden für den Eintritt eines Körper- und Gesundheitsschadens bei der Klägerin kausal. **K 94**

a) Die Darlegungs- und Beweislast für eine Pflichtverletzung des Arztes und deren Auffälligkeit für den eingetretenen Körper- bzw. Gesundheitsschaden trägt zwar grundsätzlich der Geschädigte. Liegt – wie im vorliegenden Fall – ein „grober Behandlungsfehler" vor, der generell geeignet ist, einen Schaden der tatsächlich eingetretenen Art herbeizuführen, tritt grundsätzlich eine Umkehr der objektiven Beweislast für den ursächlichen Zusammenhang zwischen dem Behandlungsfehler und dem Gesundheitsschaden der Patientin ein; nahe legen oder wahrscheinlich machen muss der grobe Behandlungsfehler den Schaden dabei nicht (BGH, NJW 2012, 2653, Tz. 6, 13; NJW 2012, 227, Tz. 11; NJW 2004, 2011, 2013 = VersR 2004, 909, 911; NJW 2005, 427, 428 = VersR 2005, 228, 229).

Es ist dann Sache des Arztes oder Krankenhausträgers nachzuweisen, dass es an der Kausalität zwischen der Pflichtverletzung und dem Eintritt des Primärschadens fehlt.

(vgl. hierzu → *Grobe Behandlungsfehler*, Rz. G 101 ff., G 133, G 161).

Den Beklagten obliegt es danach, zu beweisen, dass es auch bei ausreichender Präparation bzw. auch bei Durchführung der intraoperativen Cholangiographie zur Durchtrennung des Hauptgallenganges gekommen wäre. Diesen Beweis können die Beklagten nicht führen.

b) Auch der Aufklärungsfehler wurde für den Eintritt des unten im Einzelnen dargestellten Schadens der Klägerin ursächlich. **K 95**

Der Eingriff vom 30. 6. 2009 war mangels rechtzeitiger Aufklärung rechtswidrig und stellt den Primärschaden dar. Bei rechtzeitiger Aufklärung hätte die Klägerin im Übrigen zunächst eine „zweite Meinung" eingeholt und dem Eingriff zu diesem Zeitpunkt durch die Beklagten nicht zugestimmt (s. o.).

4. Haftung der Beklagten

K 96 Im vorliegenden Falle liegt ein so genannter „totaler Krankenhausvertrag" vor. Vertragspartner ist hier allein der Krankenhausträger, und zwar einheitlich für sämtliche Leistungen der stationären Krankenhausbetreuung im ärztlichen wie pflegerischen Bereich (BGH, VersR 2006, 409, 410; VersR 2006, 791, 792; OLG Brandenburg, NJW-RR 200, 24, 25). Die behandelnden Ärzte sind nicht selbst Vertragspartner, sondern Erfüllungsgehilfen und Verrichtungsgehilfen bzw. Organe des Krankenhausträgers.

K 97 Die Beklagte Ziff. 3 haftet deliktisch für die Behandlungs- und Aufklärungsfehler des Beklagten Ziff. 2 gemäß §§ 823 I, 31, 89 i. V. m. §§ 249 I, 251 I, 252, 253 II BGB, für diejenigen des Beklagten Ziff. 1 gemäß § 831 I i. V. m. §§ 249 I, 251 I, 252, 253 II BGB und vertraglich aus §§ 280 I, 278 i. V. m. §§ 249 I, 251 I, 252, 253 II BGB.

(vgl. hierzu → *Krankenhausverträge*, Rz. K 136 ff., K 160 ff.).

Die Beklagten Ziff. 1 und 2 haften selbst gem. §§ 823 I, 823 II BGB i. V. m. §§ 223 bzw. 229 StGB. Die Beklagten Ziff. 1–3 haften der Klägerin gem. §§ 840 I, 421 BGB als Gesamtschuldner.

5. Feststellungsantrag

K 98 Der Feststellungsantrag ist zulässig. Das Feststellungsinteresse ist gem. § 256 I ZPO bereits dann zu bejahen, wenn die Entstehung des Schadens – sei es auch nur entfernt – „möglich", aber noch nicht vollständig gewiss ist und der Schaden daher noch nicht abschließend beziffert werden kann, weil er sich noch in der Entwicklung befindet (BGH, NJW-RR 2007, 601 = MDR 2007, 792; NJW 1991, 2707; NJW 1991, 2707, 2708; NJW 2003, 2827; OLG Düsseldorf, VersR 2006, 978, 979; Zöller/Greger 30. Aufl. 2014, § 256 ZPO Rz. 7a; Baumbach/Lauterbach/Albers/Hartmann, 71. Aufl. 2013, § 256 ZPO Rz. 17, 37, 43, 84, 92).

(vgl. hierzu → *Feststellungsinteresse*, Rz. F 1 ff.).

Dies ist hier sowohl hinsichtlich des materiellen als auch des immateriellen Schadens der Fall.

Die Klägerin befindet sich, bedingt durch die fehlerhafte Behandlung der Beklagten Ziff. 1–3, nach wie vor in medizinischer Behandlung. Sie kann ihrer beruflichen Tätigkeit nur mit starken Einschränkungen und höchstens vier bis fünf Stunden täglich nachgehen.

Beweis für den gesamten vorstehenden Vortrag:

1. Beiziehung der Krankenunterlagen der Beklagten Ziff. 3, des Universitätsklinikums X, des Kreiskrankenhauses Y. sowie der Ärzte Dr. Z. und Dr. W.

2. Einholung eines Sachverständigengutachtens

3. Parteivernehmung der Klägerin

6. Keine Verjährung

Vorgerichtlich hat der Haftpflichtversicherer der Beklagten Ziff. 1–3 die Einrede der Verjährung erhoben und behauptet, Kenntnis von Schaden und Schädiger bzw. grob fahrlässige Unkenntnis im Sinne der §§ 195, 199 I, II BGB hätte bei der Klägerin bzw. deren damaligen Prozessbevollmächtigten bereits vor dem 1. 1. 2010 vorgelegen. Dies trifft jedoch nicht zu.

Die für den Beginn der Verjährung erforderliche positive Kenntnis bzw. grob fahrlässige Unkenntnis vom Vorliegen eines Behandlungsfehlers kann nicht schon dann bejaht werden, wenn dem Patienten lediglich der negative Ausgang der ärztlichen Behandlung bekannt ist. Vielmehr gehört zur Kenntnis der den Anspruch begründenden Tatsachen das Wissen, dass sich in dem Misslingen der ärztlichen Tätigkeit das Behandlungs- und nicht das Krankheitsrisiko verwirklicht hat (BGH, VersR 2010, 214 = NJW-RR 2010, 681, Tz. 6; BGH, NJW 2012, 1789, Tz. 19). Allein der negative Ausgang einer Behandlung – hier der Operation vom 30. 6. 2009 – begründet ohne weitere, sich aufdrängende Anhaltspunkte für ein behandlungsfehlerhaftes Geschehen auch keine „grob fahrlässige Unkenntnis" des Patienten (BGH, VersR 2010, 214 = NJW-RR 2010, 681, Tz. Nr. 16, 17; BGH, NJW 2012, 1789, Tz. 19).

Gerade im vorliegenden Fall konnte die behandlungsfehlerhaft erfolgte Durchtrennung des Hauptgallenganges aus Sicht der Klägerin auch schicksalhaft sein und gab einer verständigen Patienten nicht ohne Weiteres Veranlassung, wegen eines möglichen Behandlungsfehlers nachzuforschen (so etwa BGH, VersR 2010, 214, Tz. 18, 20 zu einem behandlungsfehlerhaft verursachten Dammriss). Erst nach anwaltlicher Beratung und Einholung eines MDK-Gutachtens, das der Klägerin im Februar 2010 zugestellt worden ist, ergaben sich Anhaltspunkte für das Vorliegen eines Behandlungs- oder Aufklärungsfehlers. Gemäß §§ 195, 199 II, III BGB begann die Verjährung der Einsprüche der Klägerin somit frühestens am 1. 1. 2011 zu laufen.

(*Hinweis: Für die Klägerseite sollte die Verjährung nur dann problematisiert werden, wenn mit hoher Wahrscheinlichkeit damit zu rechnen ist, dass sich die Behandlungsseite in der Klageerwiderung auf die Einrede der Verjährung berufen wird!*)

Zudem war die Verjährung von Ansprüchen der Klägerin gemäß § 203 BGB bis zur Erklärung des Haftpflichtversicherers, wonach sämtliche Ansprüche zurückgewiesen werden würden, gehemmt. Hierzu genügt bekanntlich jeder Meinungsaustausch über den Schadensfall, sofern nicht sofort eindeutig jeder Ersatz abgelehnt wird (BGH, NJW 2007, 587, 588; BGH, VersR 2004, 656, 657). Auf das Anschreiben des Unterzeichners hat die Haftpflichtversicherung die Beklagten noch am 20. 12. 2012 mitgeteilt, sie könne die Ansprüche „zumindest bisher nicht anerkennen". Hierdurch wurden die Ansprüche der Klägerin bis zum Eingang der endgültigen Ablehnungserklärung gemäß § 203 BGB gehemmt!

III. Schadenshöhe

1. Schmerzensgeld

K 99   Bedingt durch die Behandlungs- und Aufklärungsfehler der Beklagten Ziff. 1–3 musste sich die Klägerin als Folge der Durchtrennung des Hauptgallenganges an bislang insgesamt 57 Tagen mehreren zusätzlichen, stationären Behandlungen vom 9. 7.–14. 8. 2009, vom 2. 11.–13. 11. 2009, vom 7. 12.–12. 12. 2009 sowie vom 15. 2.–20. 2. 2010 unterziehen.

Während des stationären Krankenhausaufenthaltes im Universitätsklinikum X vom 7.12.–12. 12. 2009 wurde ihr eine Endoprothese (Ersatzstück aus Fremdmaterial) in den Hauptgallengang gelegt, gleichwohl verschlechterte sich ihr Zustand weiter. Die Endoprothese muss seit März 2010 alle drei Monate gewechselt werden. Im November 2010 wurde eine bakterielle Infektion im Bereich des Dickdarms festgestellt; die Klägerin war seitdem gezwungen, über einen Zeitraum von fünf Monaten täglich Antibiotika einzunehmen.

  Beweis: wie vorstehend

Daneben befindet sie sich seit dem 15. 8. 2009 in ambulanter Behandlung bei den Ärzten Dr. Z. und Dr. W. Angefallen sind dort bislang mehr als 80 Behandlungstermine.

  Beweis: Beiziehung der Krankenakten Dr. Z. und Dr. W.

Sie leidet seit August 2009 unter erheblichen Schlafstörungen, depressiven Verstimmungen, einer Gewichtsabnahme von ursprünglich 62 kg auf zwischenzeitlich nur 45 kg, laufenden Entzündungen der Gallenwege, Hautjucken und dauernder Mattigkeit und laborierte insgesamt über zwölf Wochen an einer Gelbsucht. Augen und Haut der Klägerin wiesen während dieser Zeit starke Gelbverfärbungen auf. Die Leberwerte waren über Wochen pathologisch.

  Beweis:

  1. Beiziehung der Krankenunterlagen der Universitätsklinik X., des Krankenhauses Y. und der Ärzte Dr. Z. und Dr. W.

  2. Arztbericht Dr. W., Anlage K 2

  3. Einholung eines Sachverständigengutachtens

Die Klägerin war vom 30. 6. 2009–2. 1. 2010 zu 100 % arbeitsunfähig. Seit dem 4. 1. 2010 konnte sie ihrer Arbeit als Kindergärtnerin in eingeschränktem Umfang, durchschnittlich maximal fünf anstatt acht Stunden täglich, unterbrochen durch die o. g. weiteren stationären Klinikaufenthalte und die Zeiten der erneuten Krankschreibung vom 15. 2.–20. 2. 2010 nachkommen.

  Beweis:

  1. Bescheinigung des Arbeitgebers, Anlage K 3;

  2. Mitteilung der Krankenversicherung, Anlage K 4

Ihren Hobbys wie Joggen, Wandern und Tanzen kann die Klägerin physisch und psychisch bedingt nicht mehr oder nur noch in sehr eingeschränktem Umfang nachgehen. Anstatt acht bis zehn Stunden wöchentlich kann sie sportliche Aktivitäten maximal vier Stunden wöchentlich ausüben.

Beweis:

1. Arztbericht Dr. Z., Anlage K 5;

2. Zeugnis des Herrn P., zu laden über die Klägerin

Sämtliche oben dargestellten, immateriellen und materiellen Schäden (primäre und sekundäre Schäden) sind auf die fehlerhafte Behandlung und/oder die zur Rechtswidrigkeit des Eingriffs führende unzureichende Aufklärung durch die Beklagten Ziff. 1 – 3 zurückzuführen.

Beweis (unter Verwahrung gegen die Beweislast):

1. Beiziehung der Krankenunterlagen der Beklagten Ziff. 3, des Universitätsklinikums X., des Kreiskrankenhauses Y. sowie der behandelnden Ärzte Dr. Z. und Dr. W.

2. Einholung eines Sachverständigengutachtens

Die genannten Umstände rechtfertigen die Zubilligung eines Schmerzensgeldes K 100 von mindestens 20 000,00 Euro. Ich verweise auf die ADAC-Schmerzensgeldtabelle von Hacks/Wellner/Häcker, 31. Aufl., Nr. 1370 = Hacks/Ring/Böhm, 24. Aufl. 2006, Nr. 2079). In dem dort abgedruckten, im Jahr 1996 vom OLG Köln entschiedenen Fall geht es ebenfalls um die Durchtrennung des Hauptgallenganges. Die dortige Klägerin musste mehrere stationäre Behandlungen zur Behandlung einer Stenose über sich ergehen lassen und erhielt ein Schmerzensgeld in Höhe von 30 000,00 DM zugesprochen.

Vorliegend geht es um noch schwerwiegendere Beeinträchtigungen der Klägerin als derjenigen im Fall des OLG Köln. Der im Jahr 1996 ausgeurteilte, entsprechend den gravierenderen Beschwerden der hiesigen Klägerin zu erhöhende Betrag ist entsprechend zu indexieren, so dass mindestens ein Betrag von 20 000,00 Euro (39 117 DM) angemessen ist.

(Das OLG Brandenburg, NJW-RR 2000, 24, 27 = VersR 2000, 489 = Hacks/Wellner/Häcker, 31. Aufl. 2013, Nr. 1369 hat der Klägerin im entschiedenen Fall unter Bezugnahme auf die Entscheidung des OLG Köln 30 000 DM zugesprochen. Soweit der Kläger auf das Schmerzensgeld gem. Ziff. 1a./b. nur einen Teilbetrag auf das Schmerzensgeld geltend macht, ist Folgendes zu beachten:

Der BGH hat im Urt. v. 20. 1. 2004 (VI ZR 70/03, NJW 2004, 1243, 1244 = VersR 2004, 1334, 1335; zustimmend OLG Saarbrücken, Urt. v. 7. 6. 2011 – 4 U 451/10, NJW 2011, 3169, 3170; OLG Karlsruhe, Urt. v. 12. 12. 2012 – 7 U 176/11, juris, Nr. 6; Palandt-Grüneberg, 72. Aufl., § 253 BGB Rz. 23, 24; Hacks/Wellner/Häcker, ADAC-Schmerzensgeldtabelle, 31. Aufl., S. 26; Diederichsen, VersR 2005, 433, 440; Jaeger, BGH-Report 2004, 683, 686; kritisch: Wenzel-Maß, Kap. 2 Rz. 3465, 3466, 3475) entschieden, dass es einem Geschädigten freisteht, nur einen so gekennzeichneten Teilbetrag des Schmerzensgeldes geltend zu machen und bei der Bemessung der Anspruchshöhe nur die **Berücksichtigung der Verletzungsfolgen** *zu verlangen,* **die bis zum Zeitpunkt der letzten mündlichen Verhandlung eingetreten sind.** *Gegen die Zulässigkeit einer solchen Klage bestehen also keine Bedenken. Hinsichtlich des überschießenden immateriellen Schadens besteht ein Feststellungsinteresse für den entsprechend abzufassenden Klagantrag Ziff. 3 hinsichtlich sämtlicher künftigen immateriellen Schäden ohne die Einschränkung der Unvorhersehbarkeit zum Zeitpunkt der letzten mündlichen Verhandlung (vgl. BGH, NJW 2004, 1243, 1244; Diederichsen, VersR 2005, 433, 440; Hacks/Wellner/Häcker, 31. Aufl., S. 26; Wenzel-Maß, Kap. 2 Rz. 3467, 3475).*

2. Verdienstausfall

K 101   Ohne den Aufklärungs- und Behandlungsfehler wäre die Klägerin am 7. 7. 2009 aus dem Universitätsklinikum entlassen worden. Nach einer Krankschreibung von allenfalls vier Wochen hätte sie spätestens ab dem 2. 8. 2009 zu 100 % weiter ganztägig als Kindergärtnerin bei der Stadt S. tätig sein können.

Beweis:

1. Zeugnis des Ehemannes der Klägerin

2. Einholung eines Sachverständigengutachtens

Bedingt durch den Behandlungs- und/oder den Aufklärungsfehler im Hause der Bekl. Ziff. 3 konnte die Klägerin ihre Tätigkeit erst am 4. 1. 2010 wieder aufnehmen. Aufgrund der oben beschriebenen Folgen des behandlungsfehlerhaften Eingriffs war es ihr jedoch nur möglich, in eingeschränktem Umfang, durchschnittlich maximal fünf anstatt acht Stunden täglich, zu arbeiten.

Beweis:

1. Bescheinigung des Arbeitgebers, Anlage K 3

2. Arztbericht Dr. W., Anlage K 2

3. Arztbericht Dr. Z., Anlage K 5

Bis zum heutigen Tag ist es ihr nicht möglich, mehr als durchschnittlich fünf Stunden täglich zu arbeiten. Der Verdienstausfall-Schaden beziffert sich somit wie folgt:

(zur Berechnung des Erwerbsschadens nach der modifizierten Nettolohnmethode, verbunden mit einem Feststellungsantrag hinsichtlich der anfallenden Steuern und Sozialversicherungsbeiträge vgl. Langenick, NZV 2009, 257 ff. und NZV 2009, 318 ff., 319, 321 mit Hinweis auf den Gehaltsrechner bei www.nettolohn.de; zum Verdienstausfall vgl. auch Wenzel-Jahnke, Kap. 2 Rz. 2974 ff., 3164 ff. und Wenzel-Zoll, Kap. 2 Rz. 2150 ff., 2177 ff., 2202 ff. sowie Küppersbusch/Höher, 11. Aufl., Rz. 42, 95 ff., 126 ff. und R/L-Greiff, 1. Aufl., § 11 Rz. 19 ff., 67 ff.).

a) **Nettolohn der Klägerin ohne den Eintritt des Schadensereignisses:**

Nettolohn der Klägerin vom 2. 8. 2009–31. 12. 2009,
900,00 € × 5 Monate   4 500,00 €

Ab dem 1. 1. 2010 hätte der Nettolohn nach durch den
Arbeitgeber gewährter Lohnerhöhung bei gleich bleibenden
Bedingungen 920,00 Euro monatlich betragen.

Beweis: Bescheinigung des Arbeitgebers, Anlage K 3

Nettolohn der Klägerin vom 1. 1. 2010–31. 12. 2012
920,00 € × 36 Monate   33 120,00 €

Ab 1. 1. 2013 hätte der Nettolohn monatlich 940,00 Euro
betragen.

Beweis: Bescheinigung des Arbeitgebers, Anlage K 3

Nettolohn der Klägerin vom 1. 1. 2013–30. 4. 2013
940,00 € × 4 Monate   3 760,00 €

Beweis: Bescheinigung des Arbeitgebers, Anlage K 3

Summe vom 2. 8. 2009–30. 4. 2013   **41 380,00 €**

b) **Anrechenbare Einkünfte der Klägerin in der fraglichen Zeit:**

In der Zeit vom 2. 8. 2009–3. 1. 2010 sowie vom 15. 2.–20. 2. 2010
hat die Klägerin an Krankengeld erhalten   3 400,00 €

Beweis: Bescheinigung der Krankenkasse, Anlage K 6

(Es empfiehlt sich vorsorglich, die Zahlungen für die einzelnen
Zeiträume anzugeben und im Bestreitensfalle zu belegen)

Vom Arbeitgeber in der Zeit vom 2. 8. 2009–30. 4. 2013
bezahlte Nettovergütung   22 000,00 €

Beweis: Bescheinigung des Arbeitgebers, Anlage K 7

Erhaltene Zahlungen (Nettolohn einschl.
Lohnfortzahlung und Krankengeld)   25 400,00 €

c) **Somit ergibt sich bis zum 30. 4. 2013 ein Verdienstausfall**
in Höhe von   41 380,00 €

abzgl. Erhaltener   25 400,00 €

Summe zu 2.:   **15 980,00 €**

3. Haushaltsführungsschaden

Die Klägerin hat einen Zwei-Personen-Haushalt zu bewirtschaften. Der Ehe-   K 102
mann ist berufstätig. Die Eheleute P. bewohnen eine Mietwohnung mit 120 m
Wohnfläche nebst Gartenanteil von 12 qm.

(Hier wären u. U. noch weitere Ausführungen erforderlich, vgl. die Tabelle von
Schulz-Borck/Pardey, 7. Aufl.; Pardey, Berechnung von Personenschäden,

4. Aufl. 2010, S. 429 ff. mit Tabellen S. 447 f., 454, 463–471, 475 f., 479, 489 f.,
494, Stundensätze bis 10 Euro auf S. 482 f., Vergütungssätze nach BAT und
TVöD S. 657 ff., Tabelle Zeitbedarf im Haushalt S. 661 ff.; zum Haushaltsfüh-
rungsschaden auch Küppersbusch/Höher, 11. Aufl., Rz. 180–211 und Hess/Bur-
mann, NZV 2010, 8–12 m. w. N. sowie Wenzel-Zoll, Kap. 2 Rz. 2213 ff. Der
BGH, Urt. v. 3. 2. 2009 – VI ZR 183/08, NZV 2009, 278 = VersR 2009, 515, nach-
folgend OLG Brandenburg, VersR 2010, 1046 hat die Schätzung des Haushalts-
führungsschadens nach der Tabelle von Schulz-Borck/Hofmann gebilligt.)

Der Arbeitszeitbedarf eines reduzierten Zwei-Personen-Haushalts der Anspruch-
stufe 3 beträgt nach der Tabelle von Schulz-Borck/Hofmann, 6. Aufl. 2001, 31,6
Stunden. Bedingt durch den Behandlungsfehler bestand und besteht eine konkrete Behinderung der Klägerin in den Tätigkeitsbereichen der Hausarbeit von
durchschnittlich mindestens 25 %.

Beweis:

1. Einholung eines Sachverständigengutachtens;

2. Arztbericht Dr. W., Anlage K 2

Die Stundenvergütung beträgt nach dem anzuwendenden TVöD, Entgeltgruppe
3 (vgl. Pardey, Berechnung von Personenschäden, 4. Aufl. 2010, Seite 658) durchschnittlich mindestens 10,00 Euro.

K 102a *(**Hinweise zur Bezifferung des Haushaltsführungsschadens:** Folgende Netto-*
Stundensätze werden bzw. wurden in der Rechtsprechung vertreten:

6,26 Euro (OLG Frankfurt, Beschl. v. 29. 10. 2008 – 22 W 64/08, MDR 2009, 449
= Schaden-Praxis 2009, 13 im Jahr 2006); 6,77 Euro (OLG Dresden, NZV 2009,
289 im Jahr 2007); 7,33 Euro – 7,67 Euro (KG, DAR 2008, 25; OLG Oldenburg,
Schaden-Praxis 2001, 196; OLG Köln, Schaden-Praxis 2000, 336; OLG München,
DAR 1999, 407); 8,00 Euro (OLG Celle, Urt. v. 14. 4. 2010 – 14 U 38/09, DAR
2011, 136, 137 m. w. N. im Jahr 2007; OLG Celle, NJW-RR 2004, 1673; OLG
Hamm, NZV 2008, 564); 8,12 Euro (OLG Brandenburg, Urt. v. 25. 2. 2010 – 12
U 60/09, juris, Nr. 43 – 48: ab dem 1. 7. 2007 bis Ende 2008); 8,50 Euro (OLG
München, Urt. v. 21. 4. 2011 – 1 U 2363/10, VersR 2011, 1012, 1014 = juris,
Nr. 70 und Urt. v. 4. 10. 2012 – 1 U 2363/10, juris, Nr. 27–34; 9,00 Euro (OLG
Düsseldorf, Urt. v. 5. 10. 2010 – 1 U 244/09, NJW 2011, 1152, 1154); 9,16 Euro
(BGH, VersR 2009, 515); 9,54 Euro–10,00 Euro (KG, DAR 2007, 587: 9,81 Euro;
LG Frankfurt/Oder, DAR 2008, 29: 10,00 Euro; OLG Saarbrücken, Urt. v.
28. 2. 2013 – 4 U 587/10, NJW-RR 2013, 1112, 1118: 9,61 Euro).

Der BGH (Urt. v. 22. 5. 2012 – VI ZR 157/11, NJW 2012, 2024 = VersR 2012,
905 = GesR 2012, 419, Nr. 23, 24) weist darauf hin, dass der Tatrichter die tat-
sächlichen Grundlagen der Schätzung darlegen muss. Die pauschale Schätzung
eines Netto-Stundensatzes von 8,50 Euro sei deshalb unzulässig. Das OLG
München hat dies im Urteil vom 4. 10. 2012 (1 U 2363/10, juris, Nr. 29–34)
berücksichtigt und ist bei seiner angegriffenen Schätzung i. H. v. 8,50 Euro für
2005 bis 2007 geblieben.

Der Haushaltsführungsschaden beziffert sich danach wie folgt: K 102b

- Krankenhausaufenthalt vom 9. 7.–14. 8. 2009,
  5 Wochen × 31,6 Stunden × 10,00 € × 100 % 1 580,00 €
- Vom 15. 8.–2. 11. 2009,
  11,14 Wochen × 31,6 Stunden × 10,00 € × 25 % 880, 06 €

  (hier wäre noch im Einzelnen darzulegen, welche Haushalts-
  tätigkeiten aufgrund des durch den Behandlungsfehler erlitte-
  nen Gesundheitsschadens nicht oder nur mit Einschränkungen
  ausgeübt werden konnten)

- Krankenhausaufenthalt vom 2. 11.–13. 11. 2009,
  1,71 Wochen × 31,6 Stunden 10,00 € × 100 % 540,36 €
- Vom 14. 11.–6. 2. 2009,
  3 Wochen × 31,6 Stunden × 10,00 € × 25 % 237,00 €
- Vom 7. 12.–12. 12. 2009,
  0,71 Wochen × 31,6 Stunden × 10,00 € × 100 % 224,36 €
- Vom 13. 12. 2009–14. 2. 2010,
  8,71 Wochen × 31,6 Stunden × 10,00 € × 25 % 688,09 €
- Vom 15. 2.–20. 2. 2010,
  0,71 Wochen × 31,6 Stunden × 10,00 € × 100 % 224,36 €
- Vom 21. 2. 2010– (zunächst) 30. 4. 2013,
  166 Wochen × 31,6 Stunden × 10,00 € × 10 % 5 245,60 €

  (auch hier müsste noch im Einzelnen dargelegt werden, in wel-
  chem Umfang sich der Behandlungsfehler noch auf die Haus-
  haltsführungstätigkeiten ausgewirkt hat und welche Tätigkei-
  ten nicht bzw. nur eingeschränkt ausgeführt werden konnten)

Summe zu 3 (bislang bezifferbarer Haushaltsführungsschaden) **9 619,77 €**

4. Arztkosten (Eigenanteile), Fahrtkosten und Auslagen

Bedingt durch den Aufklärungs- und Behandlungsfehler im Hause 1 200,00 € K 103
der Beklagten Ziff. 3 musste die Klägerin Eigenanteile an Arztkosten tragen in Höhe von

    Beweis: Anlage K 8

(hier müsste ggf. dargelegt werden, aus welchen Gründen die Arztkosten ange-
fallen sind und medizinisch notwendig waren und welche Zahlungen des Kran-
kenversicherers hierauf erfolgt sind)

An Fahrtkosten zu den Ärzten Dr. W., Dr. Z., in die
Universitätsklinik X. und das Kreiskrankenhaus Y.
fielen in der Zeit vom 15. 8. 2009 bis (zunächst)
30. 4. 2013, 400 km × 0,25 € pro Kilometer an 100,00 €

Beweis: Aufstellung der Klägerin, Anlage K 9

Die Klägerin macht sich den Inhalt der in zweifacher
Ausfertigung beigefügten Anlagen K 1 bis K 10 als Vortrag
in der Klageschrift zu eigen. Hierauf wird verwiesen.
Sollte das Gericht einen gesonderten schriftsätzlichen Vortrag
(Zitate aus den Anlagen) für erforderlich halten, wird um
einen Hinweis gebeten (§ 139 I, II ZPO)

*(eine konkrete Bezugnahme auf eine bestimmte Anlage,
die aus sich heraus verständlich ist und keine unzumutbare
Sucharbeit erfordert, ist zulässig, wenn die Anlagen sämtlichen
Prozessparteien vorgelegt werden, vgl. BGH, MDR 2004, 406 =
NJW-RR 2004, 639, 640; auch BVerfG, NJW 1994, 2683 und
Geipel/Prechtel, MDR 2011, 336, 337)*

Die pauschalen Auslagen der Klägerin beziffern sich auf	25,00 €
Summe zu 4	**1 325,00 €**
Summe zu Ziff. III.2–4 somit	**26 924,77 €**

5. Feststellungsantrag

K 104 Die Entstehung eines weiteren Schadens ist möglich. Der materielle Schaden sowie der zukünftige, im Zeitpunkt der letzten mündlichen Verhandlung auch für
Fachkreise nicht vorhersehbare immaterielle Schaden kann daher noch nicht abschließend beziffert werden, so dass ein Feststellungsinteresse besteht (vgl.
BGH, VersR 2007, 708, 709; BGH, NJW 2003, 2827; BGH, NJW 1991, 2707,
2708). Der Streitwert wird insoweit (vorläufig) mit 5 000 Euro angegeben.

6. Zinsen

K 105 Die Beklagten befinden sich mit der Zahlung und der Anerkennung des Feststel-
lungsanspruchs nach Zugang des Ablehnungsschreibens ihres Haftpflichtversicherers seit dem 15. 4. 2013 in Verzug. Der Zinsanspruch ergibt sich aus
§ 288 I 2 BGB n. F., nach dem Eintritt der Rechtshängigkeit jedenfalls aus § 291
S. 2 i. V. m. § 288 I 2 BGB.

7. Vorgerichtliche Rechtsanwaltskosten

K 106 Daneben sind die Beklagten Ziff. 1–3 als Gesamtschuldner verpflichtet, der
Klägerin vorgerichtliche Rechtsanwaltskosten in Höhe einer 1,8-Geschäfts-
gebühr (VV-Nr. 2300) zu erstatten. Der Gegenstandswert beziffert sich mit
(20 000,00 Euro + 15 980,00 Euro + 9 619,77 Euro + 1 325,00 Euro + 5 000,00 Euro
=) **51 924,77 Euro**

Mit der vorgerichtlichen Bearbeitung des Schadensfalles war ein weit überdurchschnittlicher Aufwand verbunden. Zudem hat die Klägerin ein erhebliches Interesse an der Geltendmachung der Forderung. Der Ansatz einer 1,8-Geschäfts-
gebühr aus dem Gegenstandswert von 51 924,77 Euro i. H. v. netto 2 041,40 Euro,
brutto 2 429,27 Euro ist deshalb angemessen und erforderlich.

IV. Vorgerichtliche Korrespondenz

Die Klägerin hat im Vorfeld bereits mit der Haftpflichtversicherung der Beklag-   K 107
ten Ziff. 1–3 korrespondiert. Diese wurde unter Fristsetzung auf 15. 4. 2013 (eingehend) zur Regulierung der mit vorliegender Klage geltendgemachten Schadensersatzansprüche aufgefordert.

> Beweis: Anlage K 9

Die Haftpflichtversicherung hat das Vorliegen von Behandlungsfehlern verneint,
die erfolgte Aufklärung für ausreichend erachtet, die Einrede der Verjährung erhoben und die geltend gemachten Ansprüche mit Schreiben vom 15. 4. 2013 zurückgewiesen.

> Beweis: Anlage K 10

Es ist daher Klage geboten. Die Klägerin entbindet sämtliche mit ihrer Behandlung einschließlich der Vor- und Nachbehandlung betrauten Ärzte von der ärztlichen Schweigepflicht. Vorsorglich fügen wir die entsprechende Erklärung der
Klägerin als

> Anlage K 11

bei.

In der Anlage überreiche ich aus dem Gegenstandswert von 51 924,77 Euro einen
Verrechnungsscheck für die Gerichtskosten.

Rechtsanwalt R.

Anlagen: K 1–K 11

Ergänzende Hinweise zu häufig verkannten schadensrechtlichen Problemen:

1. Zur Brutto- und Nettolohnmethode: BGH, NJW 1995, 389f., NJW 1999, 3711;   K 108
Langenick, NZV 2009, 257ff., 318ff. mit einem Berechnungsbeispiel; Küppers-
busch/Höher, 11. Aufl., Rz. 95–103, 121–135; Pardey, Berechnung von Per-
sonenschäden, 4. Aufl. 2010, Seite 332ff. mit Tabellen Seite 338, 348, 353ff.,
358, 369, 371, 373, 383ff., 390ff., 405ff.; R/L-Greiff, § 11 Rz. 67ff.; Wenzel-Zoll,
Kap. 2 Rz. 2150ff.; OLG München, Urt. v. 6. 8. 2004 – 10 U 2004/04, VersR
2005, 1150 mit NA-Beschluss BGH vom 12. 7. 2005 – VI ZR 228/04: Wird der
Erwerbsschaden auf der Grundlage der modifizierten Nettolohnmethode be-
rechnet, so sind die hierauf anfallenden Steuern und Sozialversicherungsbei-
träge ohne entsprechenden Vorbehalt, etwa im Wege der Feststellungsklage,
nicht mehr gesondert zu erstatten.

2. Zum Abzug ersparter und berufsbedingter Aufwendungen i.H.v. 5–10 % des   K 108a
Nettoeinkommens: 10 % (OLG Stuttgart, NJW 1985, 310 und Urt. OLG Stutt-
gart v. 2. 11. 2010 – 1 U 27/10, S. 6; OLG Naumburg, Schaden-Praxis 1999,
90); 5 % (OLG Düsseldorf, Urt. v. 5. 10. 2010 – 1 U 244/09, NJW 2011, 1152,
1153; OLG Celle, Urt. v. 29. 11. 2005 – 14 U 58/05, OLGR 2006, 196 = Schaden-
Praxis 2006, 96; OLG Schleswig, Urt. v. 7. 5. 2009 – 7 U 26/08, OLGR 2009, 509;

OLG Koblenz, NJW-RR 2008, 1097); 5–10 % (Pardey, 4. Aufl., Rz. 715, 2241; Wenzel-Zoll, 1. Aufl., Kap. 2 Rz. 2156; R/L-Greiff, § 11 Rz. 62).

*Das OLG Düsseldorf (Urt. v. 5. 10. 2010 – 1 U 244/09, NJW 2011, 1152, 1153) nimmt bei der Schätzung des zukünftigen Verdienstausfallschadens einen pau-schalen **Abschlag von 15 %** und zusätzlich einen **weiteren Abschlag für er-sparte berufsbedingte Aufwendungen von 5 % des Nettoeinkommens** vor.*

K 108b **3. Zur bejahten Begrenzung der Verdienstausfallrente** *aller nicht selbständig Tätigen auf den Zeitpunkt der Vollendung des 65. bzw. 67. Lebensjahres: BGH, Urt. v. 5. 11. 2002 – VI ZR 256/01, GesR 2003, 84, 85.*

K 108c **4. Zur Begrenzung des Haushaltsführungsschadens auf das 75. Lebensjahr:** *Die (ältere) Rechtsprechung begrenzt die Ersatzpflicht beim Haushaltsführungs-schaden auf die **Vollendung des 75.** Lebensjahres (BGH, VersR 1973, 84; VersR 1973, 939, 941; OLG Hamm, NJW-RR 1995, 599; ebenso Pardey, 4. Aufl. 2010, Rz. 1296, 1297; ablehnend Wenzel-Zoll, RiBGH, Kap. 2 Rz. 2231: „kann kein allgemein gültiges Höchstalter zugrunde gelegt werden").*

Diese Rechtsprechung ist zwischenzeitlich überholt (vgl. OLG Düsseldorf, Beschl. v. 18. 9. 2006 – 1 W 53/06, juris, Nr. 4: Einzelfall entscheidend; OLG Celle, Urt. v. 30. 11. 2011 – 14 U 182/10, juris, Nr. 106; OLG Brandenburg, Urt. v. 20. 5. 2010 – 12 U 113/09, juris, Nr. 47, 48). So hat das OLG Celle (a. a. O.) seine frühere Rspr. (OLG Celle, ZfS 1983, 291) ausdrücklich aufgege-ben. Die Haushaltsarbeit nehme im Alter zwar i. d. R. ab; sie unterbleibe aber ab einem bestimmten Alter (Anm.: durchschnittliche Lebenserwartung bei Frauen derzeit 83 Jahre!) nicht vollständig. Einigkeit besteht nunmehr jeden-falls darin, dass zumindest ab dem 75. Lebensjahr geprüft werden muss, ob der/die Verletzte den Haushalt alleine versorgen konnte (OLG Frankfurt, Urt. v. 13. 8. 2002 – 8 U 84/02, juris, Nr. 37; auch OLG Düsseldorf a. a. O.: keine Be-grenzung bei rüstiger Person ohne ersichtliche Einschränkungen).

K 108d **5. Zur Berechnung des Unterhaltsschadens** *nach dem Tod einer unterhaltsver-pflichteten Person (Ehepartner, Vater, Mutter): Schmitz-Herscheidt, VersR 2003, 33 ff.; Küppersbusch/Höher, 11. Aufl., Rz. 319–438; Wenzel-Zoll, 1. Aufl. 2012, Kap. 2 Rz. 2264 f., 2279 ff.; Pardey, 4. Aufl. 2010, Seite 531 ff., 544 ff.*

*Eine Schadensersatzrente, die den durch den Tod des Ehegatten eingetreten materiellen Unterhaltsschaden ausgleicht, **unterliegt nicht der Einkommens-steuerpflicht** nach § 22 Nr. 1 EStG, BFH, Urt. v. 26. 11. 2008 – X R 31/07, NJW 2009, 1229).*

K 108e **6. Zum Abfindungsvergleich und zur Abzinsung** *mit nach wie vor 5 %: Lang, VersR 2005, 894 ff.; zu den Problemen beim Abfindungsvergleich ausführlich Wenzel-Jahnke, Kap. 2 Rz. 2937 ff., 3108 ff.) **Zur Passivlegitimation eines Uni-versitätsklinikums bzw. Bundeslandes** vgl. OLG München, Urt. v. 12. 3. 2009 – 1 U 2709/07, GesR 2009, 324 = OLGR 2009, 497:*

Bezeichnet die Klagepartei in der Klageschrift eine nicht rechtsfähige Klinik als Beklagten, ergibt sich jedoch aus der Klagebegründung, dass Ansprüche wegen ärztlicher Behandlungsfehler im Zusammenhang mit dem stationären Aufent-halt in der Klinik geltend gemacht werden, richtet sich die Klage im Zweifel ge-

gen den **hinter der Klinik stehenden wahren Rechtsträger**. *Wird im Verlauf des Verfahrens auf Antrag der Klagepartei anstelle der Klinik deren Rechtsträger als Beklagter geführt, handelt es sich um eine zulässige Rubrumsberichtigung und* **nicht um einen Parteiwechsel**. *Überträgt ein Bundesland (hier: Bayern) als Rechtsträger der Klinik während des Rechtsstreits durch Gesetz Teile seiner bisherigen Rechte und Pflichten auf eine neu gebildete Anstalt des öffentlichen Rechts (AÖR, hier: Universitätsklinik, in anderen Bundesländern die Universität), berührt dies weder seine prozessuale Stellung als Beklagter, noch seine Passivlegitimation, sofern die Klagepartei der Übernahme des Verfahrens durch den neuen Rechtsträger (AÖR) nicht zustimmt.*

7. Zur Übernahme der Kosten der privatärztlichen Behandlung eines Kassenpatienten vgl. Rz. A 418–A 423b   K 108f

8. Zum Ersatz fiktiver Heilbehandlungskosten (Kostenvorschuss) *vgl. Rz. A 420–A 422*

9. Zur regelmäßig fehlenden Erstattungsfähigkeit der Anwaltsgebühren für die Einholung einer Deckungszusage des Rechtsschutzversicherers: *BGH, Urt. v. 9. 3. 2011 – VIII ZR 132/10, VersR 2012, 1188, 1190 = NJW 2011, 1222, 1224 und BGH, Urt. v. 13. 12. 2011 – VI ZR 274/10, VersR 2012, 331 = ZfS 2012, 223 sowie Bauer, VersR 2012, 1205–1208.*   K 108g

Neben dem Anspruch auf Erstattung vorgerichtlicher Rechtsanwaltskosten kommt ein Anspruch auf Zahlung für die Einholung einer Deckungszusage des Rechtsschutzversicherers nur in Ausnahmefällen in Betracht, etwa wenn sich der Rechtsschutzversicherer aufgrund eines Schreibens des Klägers mit der Erteilung der Deckungszusage in Verzug befindet, der Geschädigte in erheblichem Maße geschäftlich ungewandt und/oder der deutschen Sprache nicht mächtig ist oder wenn die RSV schon vor Beauftragung des Rechtsanwalts Deckungseinwendungen geltend gemacht hat (Bauer, VersR 2012, 1205, 1207 mit Hinweis auf BGH, NJW 2011, 1222, 1224 und BGH, VersR 2012, 331, 333).

10. Zur Erteilung der Vollmacht für den Prozessbvollmächtigten des beklagten Arztes bzw. Krankenhausträgers: *Ein Haftpflichtversicherer gilt gemäß § 5 Nr. 6 AHB als bevollmächtigt, alle zur Beilegung oder Abwehr des Anspruches ihm zweckmäßig erscheinenden Erklärungen im Namen des Versicherungsnehmers (VN) abzugeben. Der Versicherer ist auch berechtigt, namens und in Vollmacht des gerichtlich auf Schadensersatz in Anspruch genommenen VN einen Rechtsanwalt mit der Prozessführung zu beauftragen. Wenn der VN dem Rechtsanwalt* **keine Vollmacht erteilt, ist dies nach § 88 II ZPO unerheblich** *(OLG Koblenz, Beschl. v. 20. 3. 2012 – 5 U 76/12, GesR 2012, 350, 351).*   K 108h

11. Zur Anordnung des persönlichen Erscheinens in der Hauptverhandlung: *In der Praxis ist festzustellen, dass insbesondere beklagte Ärzte einer Ladung des Gerichts mit der Anordnung des persönlichen Erscheinens zum Termin nicht nachkommen. Der BGH (Beschl. v. 22. 6. 2011 – I ZB 77/10, MDR 2011, 1315) hat hierzu Folgendes entschieden:*   K 108i

Für die Frage, ob das Fernbleiben einer Partei, deren persönliches Erscheinen im Termin nach § 141 ZPO angeordnet worden ist, genügend entschuldigt ist, *kommt es **nicht auf ein Verschulden ihres Prozessbevollmächtigten an.** Die Vorschrift des § 85 II ZPO findet insoweit keine Anwendung, die Partei muss sich das Verschulden ihres Prozessbevollmächtigten also nicht zurechnen lassen (z. B. unterlassene Weiterleitung gerichtlicher Verfügungen). Da ein Ordnungsgeld nur festgesetzt werden kann, wenn das unentschuldigte Ausbleiben einer Partei die Sachaufklärung erschwert und dadurch den Prozess verzögert, scheidet dessen Verhängung nach §§ 141 III 1, 381 ZPO aus, **wenn eine gütliche Beilegung des Rechtsstreits scheitert und eine Beweisaufnahme in einem gesonderten Termin erforderlich wird.** Ist das persönliche Erscheinen des gesetzlichen Vertreters einer juristischen Person angeordnet, kann bei seinem unentschuldigten Ausbleiben **ein Ordnungsgeld nur gegen die Partei, nicht aber gegen den gesetzlichen Vertreter** persönlich festgesetzt werden (OLG Hamm, Beschl. v. 10. 12. 2012 – I-18 W 42/12, MDR 2013, 487 = NJW-RR 2013, 575; OLG Dresden, Beschl. v. 2. 11. 2011 – 5 W 1069/11, MDR 2012, 543; OLG Frankfurt, Beschl. v. 8. 4. 2005 – 19 W 16/05, MDR 2006, 170; **a. A.** Zöller/Greger, 30. Aufl. 2014, § 141 ZPO Rz. 2, 14).*

K 108k **12. Zur Bezugnahme auf Anlagen in Schriftsätzen:** *In der Praxis ist zu beobachten, dass in den Schriftsätzen oft seitenlang aus Operations- oder Arztberichten bzw. eingeholten Gutachten zitiert wird. Grundsätzlich wäre **eine konkrete Bezugnahme auf eine bestimmte Anlage, die aus sich heraus verständlich ist, keine unzumutbare Sucharbeit erfordert und sämtlichen Prozessparteien (Gericht, Gegenseite) vorliegt, zulässig** (BGH, NJW-RR 2004, 639, 640 = MDR 2004, 406; vgl. auch BVerfG NJW 1994, 2683, 2684; Geipel/Prechtel, MDR 2011, 336, 337: Anlagen sollten aber konkret bezeichnet und durchnummeriert werden).*

K 108l **13. Wirksame Klagezustellung trotz fehlender Anlagen:** *Eine Klagezustellung ist im Übrigen nicht deswegen unwirksam, weil die **Klageschrift ohne die in Bezug genommenen Anlagen zugestellt** wird (BGH, Urt. v. 12. 12. 2012 – VIII ZR 307/11, NJW 2013, 387, 389, Nr. 30, 31; ebenso Gärtner/Mark, MDR 2009, 421, 422; differenzierend Zöller/Greger, 30. Aufl. 2014, § 253 ZPO Rz. 26; **a. A.** noch BGH, Beschl. v. 21. 12. 2006, NJW 2007, 775, 776, Nr. 13, 14).*

K 108m **14. Zur Formulierung eines Abfindungsvergleichs:** *Bei der Abfassung der Klageschrift bzw. eines Vergleichs sollte bedacht werden, dass der im Prozess zusammen mit einer unbegrenzten Schmerzensgeldklage geltend gemachte Anspruch auf Feststellung der Ersatzpflicht für weitere immaterielle Schäden **solche Verletzungsfolgen nicht erfasst, die im Zeitpunkt der letzten mündlichen Verhandlung des (Erst-)Prozesses auch für einen Fachmann (Facharzt) nicht vorhersehbar sind bzw. an die ein (fiktiv) beauftragter Sachverständiger zu diesem Zeitpunkt nicht zu denken brauchte** (OLG Karlsruhe, Beschl. v. 15. 12. 2009 – 7 U 145/08, VersR 2010, 924, 925 im Anschluss an BGH, VersR 2004, 1334, 1335 und OLG Koblenz, OLGR 2005, 120, 121). Den Prozessbevollmächtigten der Behandlungsseite wird deshalb empfohlen, im Falle eines Vergleichsabschlusses auf folgender Erledigungsklausel zu bestehen:*

„Damit sind sämtliche Ansprüche der Klägerin gegenüber den Beklagten sowie dem ärztlichem und nichtärztlichem Personal des Krankenhauses X/der Arztpraxis Y aus der Behandlung im Zeitraum Z erledigt. Dies gilt auch hinsichtlich etwaiger künftiger sowie derzeit nicht vorhersehbarer Schäden."

Den Patientenvertretern muss natürlich empfohlen werden, den Mandanten/ Patienten auf die Tragweite eines solchen Vergleichsabschlusses hinzuweisen.

15. Formell unwirksamer Vergleich nach § 278 VI ZPO: *Ein nach § 278 VI ZPO protokollierter Vergleich ist* **prozessual unwirksam,** *wenn die Partei bzw. ihr Prozessbevollmächtigter auf einen im Termin zu Protokoll genommenen gerichtlichen Vergleichsvorschlag hin sofort die Annahme zu Protokoll erklärt. Denn die Annahme des gerichtlichen Vergleichsvorschlages hat* **durch bestimmenden Schriftsatz zu erfolgen** *(OLG Hamm, Urt. v. 13. 1. 2012 – 9 U 45/11, NJW-RR 2012, 882; ebenso Nungeßer, NZA 2005, 1027, 1031; B/L/A/H, 71. Aufl., § 794 ZPO Rz. 48; Musielak-Foerste, 10. Aufl., § 278 ZPO Rz. 17; Zöller/Greger, 30. Aufl., § 278 ZPO Rz. 30, 31).*

K 109

*Es genügt auch nicht die Einreichung einer außergerichtlichen Einigung durch eine Partei, selbst wenn sich die andere Partei den Wortlaut durch Hinzufügung seiner Unterschrift zu eigen macht (OLG Karlsruhe, NJW-RR 2011, 7, 9; Zöller/ Greger a. a. O.; **a. A.** Musielak-Foerste, 10. Aufl., § 278 ZPO Rz. 17). Allerdings kann der* **prozessual unwirksame Vergleich materiell-rechtlich wirksam sein, wenn eine Partei den Vergleichsvorschlag des Gerichts noch im Termin annimmt und die andere Partei dem Vorschlag innerhalb der vom Gericht – auch konkludent – gesetzten Frist zustimmt** *(OLG Hamm, NJW-RR 2012, 882, 884: auch § 144 II BGB ist nicht anwendbar, ggf. aber § 242 BGB).*

Klageerwiderung (Muster)

Landgericht		K 110
Stuttgart		
Urbanstraße 20		
70182 Stuttgart	Schwäbisch Gmünd, 20. 6. 2013	

In Sachen

der Frau P.	gegen	1. Herrn Dr. A.
		2. Herrn Prof. Dr. B.
		3. Universitätsklinikum U.

15 O 333/13

zeigen wir die Vertretung der Beklagten Ziff. 1–Ziff. 3 an. Wir werden **beantragen,**

die Klage abzuweisen.

Von der Anberaumung eines Gütetermins bitten wir abzusehen. Eine Güteverhandlung erscheint aussichtslos (§ 278 II 1 ZPO).

Begründung:

I. Sachverhalt

1. Aufnahme und Aufklärung der Klägerin

K 111 Es trifft zu, dass die Klägerin am 29. 6. 2009 von der Beklagten Ziff. 3 stationär aufgenommen worden ist. Nach eingehender Untersuchung empfahl der Beklagte Ziff. 2 der Klägerin die operative Entfernung der Gallenblase im Wege der Bauchspiegelung. Dabei wurde die Klägerin vom Beklagten Ziff. 1 gegen 16.00 Uhr des Aufnahmetages ausdrücklich darüber aufgeklärt, dass es bei diesem Eingriff zu einer Verletzung benachbarter Organe, insbesondere des Hauptgallengangs, des Dünn- und Dickdarms, der Leber, des Magens sowie von großen Blutgefäßen, weiterhin, dass es in seltenen Fällen zum Austritt von Galle in den Bauchraum und im weiteren Verlauf zu einer Fistel (Verbindung von Gallenwegen zur Darm- oder Bauchwand) oder einer Peritonitis (Infektion des Bauchraumes) kommen kann.

Beweis:

1. Parteivernehmung des Beklagten Ziff. 1

2. Aufklärungsbogen v. 29. 6. 2009 in den Behandlungsunterlagen

Der Beklagte Ziff. 1 wies die Klägerin auch darauf hin, dass als Behandlungsalternative eine Laparotomie in Frage kommen könnte. Er führte jedoch auch aus, dass die Laparoskopie gegenüber der Laparotomie ein deutlich geringeres Letalitäts- und Morbiditätsrisiko aufweist und in Bezug auf mögliche Gallenwegsverletzungen kein höheres, sondern ein allenfalls gleich großes Risiko enthält.

Beweis:

1. Parteivernehmung des Beklagten Ziff. 1

2. Zeugnis des Krankenpflegers K. P.

Gerade im Hinblick auf das deutlich geringere Letalitäts- und Morbiditätsrisiko empfahl der Beklagte Ziff. 1 die Durchführung der Laparoskopie, womit die Klägerin ausdrücklich einverstanden war.

Beweis: Wie vor

2. Durchführung des Eingriffs

Der Eingriff wurde dann von den Beklagten Ziff. 1 und Ziff. 2 am 30. 6. 2009 vorgenommen. Nachdem sich überraschend Verwachsungen und Anomalien herausgestellt hatten, entschlossen sich die Beklagten Ziff. 1 und Ziff. 2 zum Wechsel der Operationsmethode von der Laparoskopie zur Laparotomie. Bei der Klägerin kam es zu Kreislaufinstabilitäten, weshalb die Laparotomie nach Entdeckung der Verwachsungen ohne Aufschub durchgeführt wurde und durchgeführt werden musste. Die unterlassene Abklärung der Gallenwege durch eine Cholangiographie war unter diesen Umständen nicht behandlungsfehlerhaft.

Gegenbeweislich:

1. Einholung eines Sachverständigengutachtens

2. Beiziehung der Behandlungsunterlagen

Unglücklicherweise wurde im weiteren Verlauf der Hauptgallengang durchtrennt. Auf dieses dem Eingriff immanente Risiko war die Klägerin jedoch zuvor hingewiesen worden. Die Gallenblase konnte dann planmäßig entfernt, der Bauchraum nach negativ verlaufender Kontrolle auf Blutungen oder Gallensekretionen wieder lege artis verschlossen werden.

3. Folgen und weiterer Verlauf

Auch ohne Durchtrennung des Hauptgallengangs wäre die Klägerin aufgrund des behandelten Grundleidens mindestens bis Ende August 2009 arbeitsunfähig gewesen.

Beweis: Einholung eines Sachverständigengutachtens

Die Behandlung vom 7. 12.–12. 12. 2009 im Universitätsklinikum X wäre unabhängig von der Durchtrennung des Hauptgallengangs erforderlich geworden, jedenfalls ist dies nicht auszuschließen.

Beweis: Einholung eines Sachverständigengutachtens

II. Rechtslage

1. Behandlungsfehler

Die Durchtrennung des Hauptgallenganges stellt sich unter Berücksichtigung der anatomischen Anomalien und erheblichen Verwachsungen als nicht sicher vermeidbares, typisches Operationsrisiko und nicht als Behandlungsfehler dar. Vorliegend war sich der Operateur subjektiv sicher, anhand der intraoperativ vorgefundenen, teilweise verbackenen Strukturen nicht den Hauptgallengang zu durchtrennen. Zeigen sich derartige Strukturen, kann es im Übrigen bereits beim Freipräparieren zur Durchtrennung des Hauptgallenganges kommen. Als sich Verwachsungen und Anomalien herausgestellt hatten, ist weder der indizierte Wechsel der Operationsmethode hin zur Laparotomie noch der zeitliche Ablauf zu beanstanden.

Nachdem erhebliche Kreislaufinstabilitäten auftraten, liegt in der Unterlassung einer intraoperativen röntgendiagnostischen Abklärung der Gallenwege vor bzw. nach Eröffnung des Bauchraumes und Entdeckung der Verwachsungen und Anomalien kein Verstoß gegen die ärztliche Sorgfaltspflicht, insbesondere kein grober Behandlungsfehler. Das OLG Hamm (Urt. v. 28. 11. 2008 – 26 U 28/08, GesR 2009, 247, 248) hat eine Abkehr von der bisherigen Rechtsprechung etwa des OLG Hamm (3. ZS.), des OLG Brandenburg und des OLG Düsseldorf vollzogen. Danach **stellt die Durchtrennung des Hauptgallenganges (Ductus choledochus) bei der Entfernung der Gallenblase im Falle vorhandener Verwachsungen keinen Behandlungsfehler dar.** Der Operateur ist nach dem medizi-

K 112

nischen Standard auch nicht verpflichtet, den Gallengang bis zur Einmündung freizupräparieren. Dies sei zwar nach den Ausführungen des vom OLG Hamm (26. ZS.) beauftragten Sachverständigen die frühere Lehrmeinung gewesen. In der Bauchchirurgie sei man von dieser Meinung jedoch wieder abgerückt. Denn die Präparation könne zu weiteren Komplikationen führen, da die Durchblutung gestört werden kann. Dies wiederrum kann zu Narbenfibrosen und Wundheilungsstörungen führen. Es reicht also – wie vorliegend – aus, den Ductus zysticus zu präparieren, eine intraoperative Röntgenuntersuchung ist nicht zwingend erforderlich (OLG Hamm, Urt. v. 28. 11. 2008 – 26 U 28/08, GesR 2009, 247, 248; zustimmend OLG Schleswig, Urt. v. 29. 5. 2009 – 4 U 38/08, OLGR 2009, 594, 596; ebenso OLG Oldenburg, 21. 6. 2006 – 5 U 86/04, GesR 2006, 408, 409 bei der Fehlplatzierung eines Clips im Rahmen einer Cholezystektomie).

K 112a *(**Anm.**: Zu weiteren Einzelheiten vgl. Rz. G 723–G 725e, G 770; zur Aufklärung Rz. A 1374, A 1375, A 1544–A 1546). Jorzig (GesR 2009, 248) **empfiehlt der Patientenseite**, Besonderheiten im Einzelfall darzustellen, die die Verhältnisse im OP-Gebiet anatomisch außergewöhnlich und unübersichtlich erscheinen ließen, so dass aus diesem Grunde Anlass zu einer weiteren Präparation oder zum Umsteigen auf ein offenes Verfahren bestand und **der Behandlungsseite** (Jorzig, GesR 2006, 409) den Vortrag, dass keine schwierigen und unübersichtlichen intraoperativen Bedingungen vorlagen bzw. eine genügende Freipräparation stattgefunden hat und eine Verletzung des Gallengangs nicht stets vermieden werden kann.*

2. Aufklärungsfehler

K 113 a) Der Beklagte Ziff. 1 hat die Klägerin über sämtlich in Betracht kommenden Risiken des Eingriffs und eine theoretisch denkbare Behandlungsalternative aufgeklärt. Er hat der Klägerin insbesondere dargelegt, dass es bei einem Eingriff der vorliegenden Art zu einer Verletzung der großen Gallengänge, zu Nachblutungen, Austritt von Galle in den Bauchraum und zu einer Infektion des Bauchraumes kommen kann. Er hat die Klägerin auch über eine mögliche Behandlungsalternative, die sofortige Laparotomie ausreichend informiert und sie auf die Möglichkeit des Wechsels der Operationsmethode während der Operation hingewiesen. Bei diesem Gespräch war der Krankenpfleger K. P. zeitweise anwesend. Er kann daher den wesentlichen Inhalt des Gesprächs bestätigen.

> Beweis:
>
> 1. Parteivernehmung des Beklagten Ziff. 1
> 2. Zeugnis des Krankenpflegers K. P.
> 3. Von der Klägerin unterzeichneter Aufklärungsbogen
>   in den Behandlungsunterlagen

Bekanntlich sind an den vom Arzt zu führenden Nachweis einer ordnungsgemäßen Aufklärung im Hinblick auf die „Waffengleichheit" im Arzthaftungsprozess keine unbilligen oder übertriebenen Anforderungen zu stellen (BGH, MDR 1985, 923 = NJW 1985, 1399; OLG Hamm, VersR 2011, 625, 626; OLG Karlsruhe, GesR 2010, 367, 368; OLG München, GesR 2011, 235, 236). Regelmäßig ist den Angaben des Arztes über eine erfolgte Risikoaufklärung Glauben zu schenken, wenn seine Darstellung in sich schlüssig und zumindest ansatzweise dokumentiert ist (BGH, NJW 1985, 1399; OLG Frankfurt, GesR 2009, 83, 84; OLG München, Urt. v. 3. 11. 2011 – 1 U 984/11, juris, Nr. 37; OLG München, Urt. v. 23. 2. 2012 – 1 U 2781/11, juris, Nr. 31, 32, 33).

(vgl. hierzu → *Aufklärung*, Rz. A 2270 ff., A 2299 ff.)

b) Lediglich vorsorglich ist für den – unwahrscheinlichen – Fall, dass das Gericht   K 113a
die Aufklärung nicht oder nicht in besagtem Umfang für nachgewiesen erachten
sollte, auf Folgendes hinzuweisen:

Die Aufklärungspflicht des Arztes erstreckt sich grundsätzlich nur auf die spezifischen Risiken der Operation. Auf mögliche Behandlungsalternativen muss nur dann hingewiesen werden, wenn im konkreten Fall mehrere gleichermaßen medizinisch indizierte und übliche Behandlungsmethoden in Betracht kommen, die über einigermaßen gleiche Erfolgschancen verfügen und unterschiedliche Vorteile und Risiken aufweisen, so dass für den Patienten eine echte Wahlmöglichkeit besteht. Im Übrigen bleibt die Wahl der Behandlungsmethode, ohne dass hierüber aufgeklärt werden müsste, allein Sache des Arztes (BGH, NJW 1988, 763, 764; OLG Brandenburg, VersR 2011, 267, 268; OLG Koblenz, VersR 2012, 1304; OLG Köln, VersR 2012, 1305, 1306; OLG München, NJW-RR 2011, 749, 750).

Über einzelne Behandlungstechniken oder Behandlungsschritte muss der Arzt grundsätzlich nicht aufklären (OLG Bamberg, OLGR 2003, 300: Übergang von der Laparoskopie zur Laparotomie; OLG München, OLGR 2002, 419, 420: verschiedene Methoden des Zugangs zum Operationsgebiet; OLG München, NJW-RR 2011, 749, 750: Variationen von Operationstechniken).

(vgl. hierzu → *Aufklärung*, Rz. A 1220 ff., A 1582 ff.)

Im vorliegenden Fall stellte sich eine sofortige Laparotomie nicht als echte, ernsthafte Behandlungsalternative dar. Denn sie wies gegenüber der Laparoskopie ein deutlich höheres Letalitäts- und Morbiditätsrisiko auf. Die Laparoskopie ist eindeutig als risikoärmere Methode anerkannt (vgl. OLG Düsseldorf, VersR 2000, 456).

Gegenbeweislich: Einholung eines Sachverständigengutachtens

*(**Anm.:** Das OLG Düsseldorf hat allerdings weiter ausgeführt, der Arzt habe den Patienten im Rahmen der präoperativen Aufklärung darauf hinzuweisen, dass im Fall ungünstiger anatomischer Verhältnisse, etwa bei massiven Verwachsungen, ein Wechsel zur konventionellen Laparotomie erforderlich werden kann, vgl. OLG Düsseldorf, Urt. v. 17. 12. 1998 – 8 U 139/97, VersR 2000, 456 und Bergmann/Müller, MedR 2005, 650, 651 zum chirurgischen Vorgehen.)*

Ohne weitere Nachfrage muss der Arzt den Patienten nicht über die Variationen von möglichen Operationstechniken hinweisen (OLG München, NJW-RR 2011, 749, 740 = GesR 2011, 235, 236).

c) Selbst wenn die Klägerin – wie jedoch tatsächlich geschehen – nicht über eine   K 113b
solche „Behandlungsalternative" informiert worden wäre, wäre ein Entscheidungskonflikt im Hinblick auf das ungleich höhere Risiko einer sofortigen Lapa-

rotomie nicht plausibel. Deshalb wäre selbst bei – tatsächlich nicht – fehlender oder unvollständiger Aufklärung von einer hypothetischen Einwilligung der Klägerin in den Eingriff vom 30. 6. 2009 auszugehen. Die Klägerin hätte auch bei – tatsächlich jedoch erfolgter – vollständiger Aufklärung in den medizinisch indizierten Eingriff eingewilligt.

(Anm.: Wie sich nunmehr auch aus § 630h II 2 BGB ergibt, hat die Behandlungsseite die „hypothetische Einwilligung" vorzutragen und zu beweisen. Erst dann muss der Patient einen „ernsthaften Entscheidungskonflikt" glaubhaft machen. Der Vertreter des Arztes sollte also stets prüfen, ob er sogleich die Problematik des „ernsthaften Entscheidungskonflikts"ansprechen sollte; dies empfiehlt sich etwa dann, wenn der Patient „professionell" vertreten ist oder wenn der hierzu erforderliche Vortrag durch den Terminsvertreter der Behandlungsseite bei der Anhörung des Patienten auf eine entsprechende Aufklärungsrüge oder den in diesen Fällen oftmals erteilten Hinweis des Gerichts nicht gesichert ist; vgl. hierzu Rz. A 1884ff., A 1900ff.)

K 113c **d)** Die Aufklärung am 29. 6. 2009 gegen 16.00 Uhr, einen Tag vor dem Eingriff, ist auch rechtzeitig erfolgt. Bei stationär durchgeführten, aus der maßgeblichen ex-ante Sicht einfachen Eingriffen bleibt einem Patienten im Allgemeinen am Tag vor der Operation genügend Zeit, um Nutzen und Risiken des Eingriffs abzuwägen, so dass die Aufklärung in solchen Fällen am Vortag der Operation ausreichend ist (vgl. BGH, VersR 2003, 1441, 1443 = NJW 2003, 2012, 2013; BGH, VersR 1998, 766, 767; OLG Brandenburg, Urt. v. 8. 11. 2007 – 12 U 53/07, juris, Nr. 28: Aufklärung am Vortag einer Leistenoperation; OLG Brandenburg, Urt. v. 17. 7. 2008 – 12 U 221/07, juris, Nr. 8: Aufklärung am Vortag einer Schilddrüsenoperation).

Dies gilt insbesondere im vorliegenden Fall, in dem die Klägerin dem Beklagten Ziff. 1 gegenüber nach Durchführung des ausführlichen Aufklärungsgesprächs den Wunsch geäußert hat, bereits am nächsten Tag operiert zu werden (vgl. hierzu OLG Düsseldorf, NJW-RR 1996, 347).

Beweis: Parteivernehmung des Beklagten Ziff. 1

(Im entschiedenen Fall ist das OLG Brandenburg, Urt. v. 13. 9. 1999 – 1 U 54/98, VersR 2000, 489, 490 = NJW-RR 2000, 24, 25 ohne weiteres von der Rechtzeitigkeit der Aufklärung am Tag vor der Operation ausgegangen, obwohl es sich um einen schwierigen und keinesfalls risikolosen Eingriff handelte. Bei einer Aufklärung am Vorabend der Operation wird der Patient regelmäßig mit der Verarbeitung der ihm mitgeteilten Fakten und der von ihm zu treffenden Entscheidungen überfordert, wenn dabei – für ihn überraschend – erstmals von gravierenden Risiken erfährt, die seine künftige Lebensführung entscheidend beeinflussen können, so etwa BGH, VersR 2003, 1441, 1443 und VersR 1998, 766, 767 und OLG Koblenz, OLGR 2006, 193, 194; vgl. hierzu Rz. A 1634ff., A 1656ff.).

K 113d **e)** Im Übrigen hätte die Klägerin ihre Einwilligung zu der dann durchgeführten Operation auch bei früher durchgeführter Aufklärung erteilt. Sie kann jedenfalls nicht schlüssig darlegen, weshalb ein späterer Zeitpunkt der Aufklärung ihr

Entscheidungsrecht verkürzt haben könnte (vgl. OLG Hamm, VersR 2011, 625, 627).

(vgl. hierzu Rz. A 1658, A 1884, A 1908, A 1909a, A 1925a)

3. Kausalität

Die klägerseits vorgebrachten und in den Arztberichten beschriebenen Gesund- K 114
heitsschäden, insbesondere die bakterielle Infektion im Bereich des Dickdarms, die Schlafstörungen, depressiven Verstimmungen, die Gewichtsabnahme, die dauernde Mattigkeit, das Hautjucken und die zwischendurch vorhandene Gelbsucht-Erkrankung mit Gelbverfärbungen der Haut sind größtenteils nicht auf einen – behaupteten – Behandlungsfehler der Beklagten Ziff. 1–Ziff. 3 zurückzuführen. Es besteht auch kein Zurechnungszusammenhang mit dem – angeblichen – Aufklärungsversäumnis. Die Klägerin wäre auch ohne den – behaupteten – Behandlungsfehler nach erfolgreich durchgeführter Operation zunächst bis Ende August 2009 arbeitsunfähig gewesen. Die bis zum 1. 1. 2010 eingetretene vollständige Arbeitsunfähigkeit und die hernach bestehende eingeschränkte Arbeitsfähigkeit der Klägerin ist als schicksalhaft anzusehen, jedenfalls keine Folge eines Behandlungs- oder Aufklärungsfehlers vom 29./30. 6. 2009.

Gegenbeweislich: Einholung eines Sachverständigengutachtens

Ein „grober Behandlungsfehler" liegt – wie ausgeführt – nicht vor, so dass der Kausalitätsnachweis vollumfänglich durch die Klägerin zu führen wäre.

4. Haftung der Beklagten

Der Beklagte Ziff. 2 ist als beamteter Chefarzt bei der Beklagten Ziff. 3 tätig. K 115

Beweis: Ernennungsurkunde, Anlage B 1

Er kann sich deshalb auf die vorrangige – nach dem Vortrag der Klägerin gegebene – Haftung der Beklagten Ziff. 3 berufen (§ 839 I 2 BGB).

(vgl. hierzu → *Krankenhausverträge*, Rz. K 147, K 170, K 174)

5. Feststellungsantrag

Der Schmerzensgeldanspruch kann abschließend beziffert werden. Der Feststel- K 116
lungsantrag hinsichtlich zukünftiger, immaterieller Schäden ist deshalb unzulässig (OLG Hamm, NJW-RR 2000, 1623 = VersR 2001, 1386; OLG Düsseldorf, NJW-RR 2001, 890, 892; OLG Stuttgart, OLG-Report 2003, 311, 312; OLG Oldenburg, NJW-RR 1988, 615).

(vgl. hierzu → *Feststellungsinteresse*, Rz. F 1 ff.)

III. Zur Schadenshöhe

Lediglich vorsorglich ist zum Umfang des geltend gemachten Schadens wie folgt K 117
Stellung zu nehmen:

1. Schmerzensgeld

Es wird bestritten, dass insbesondere die stationären Behandlungen nach dem 14. 8. 2009, die Schlafstörungen, die depressiven Verstimmungen, die Gewichtsabnahme, das Hautjucken und die Gelbsuchterkrankung auf eine fehlerhafte Behandlung oder einen Aufklärungsfehler der Beklagten Ziff. 1–Ziff. 3 zurückzuführen sind. Ein Schmerzensgeld in Höhe von 20 000 Euro wäre auch weit übersetzt

*(**Anm.**: Hier wäre es grundsätzlich sinnvoll, vergleichbare Entscheidungen aus der ADAC-Schmerzensgeldtabelle von Hacks/Wellner/Häcker, 31. Aufl. 2013 oder der Beck'schen Schmerzensgeldtabelle von Slizyk, derzeit 9. Aufl. 2013 oder der Schmerzensgeldtabelle von Jaeger/Luckey, derzeit 6. Aufl. 2014, zu zitieren).*

2. Verdienstausfall

K 118 Es wird bestritten, dass die Klägerin adäquat-kausal bedingt durch eine rechtswidrige oder fehlerhafte Behandlung durch die Beklagten Ziff. 1–Ziff. 3 vom 7. 7. 2009–3. 1. 2010 zu 100 % arbeitsunfähig gewesen wäre und sie deshalb ab dem 4. 1. 2010 ihrer Arbeit als Kindergärtnerin nur noch in eingeschränktem Umfang nachgehen konnte und kann. Es handelt sich vielmehr um einen schicksalhaften Verlauf, der sich auch bei einem „Hinwegdenken" der behaupteten Behandlungs- und Aufklärungsfehler so eingestellt hätte; jedenfalls ist dies nicht auszuschließen.

Gegenbeweislich: Einholung eines Sachverständigengutachtens

Vorsorglich wird auch die Höhe des geltend gemachten Verdienstausfallschadens bestritten, insbesondere die angeblichen Lohnerhöhungen auf 920,00 Euro netto monatlich ab dem 1. 1. 2010 und auf 940,00 Euro netto monatlich ab dem 1. 1. 2013. Im Übrigen wäre wegen der Ersparnis berufsbedingter Aufwendungen ein Abzug in Höhe von 10 % vorzunehmen (vgl. OLG Stuttgart, NJW 1985, 310; OLG Stuttgart, Urt. v. 2. 11. 2010 – 1 U 27/10, S. 6 in einer Arzthaftungssache; OLG Naumburg, Schaden-Praxis 1999, 90; Wussow/Küppersbusch, 9. Aufl., Rz. 79, Fn. 138).

3. Haushaltsführungsschaden

K 119 Zunächst wird der behauptete Arbeitszeitbedarf der Klägerin von 31,6 Stunden zur Haushaltsführung neben ihrer Vollzeitbeschäftigung als Kindergärtnerin, wofür ein Verdienstausfallschaden geltend gemacht wird, bestritten.

Wenn und soweit sie durch den Eingriff vom 30. 9. 2009 bedingt überhaupt in ihrer Haushaltsführung beschränkt gewesen wäre, was bestritten wird, könnte der Arbeitszeitbedarf eines reduzierten Zwei-Personen-Haushalts allenfalls aus Anspruchsstufe 1 der Tabelle von Schulz-Borck/Hofmann mit 18,8 Wochenstunden entnommen werden. Bestritten wird auch, dass in der Zeit ab dem 15. 8. 2009 ein konkreter Behinderungsgrad von 25 % vorgelegen hätte bzw. vorliegen würde.

Anhand der vorliegenden Arztberichte und Atteste kann allenfalls von einer Minderung der Erwerbsfähigkeit (MdE) von 10–20 % ausgegangen werden.

Gegenbeweislich: Einholung eines Sachverständigengutachtens

Eine MdE von bis zu 20 % kann ein Geschädigter aber grundsätzlich durch eigenes Verhalten kompensieren, so dass insoweit kein Ersatzanspruch besteht (KG, VersR 2006, 661 = NZV 2006, 305: bis zu 20 %; KG, OLG-Report 2005, 495 = VersR 2005, 237: 20 %; OLG Hamm, Schaden-Praxis 2001, 376: bis 20 %; OLG München, ZfS 1994, 48: bis 20 %; LG Aachen, NZV 2003, 173: 20 %; OLG Saarbrücken, Urt. v. 28. 2. 2013 – 4 U 587/10, NJW-RR 2013, 1112, 1116 und OLG Düsseldorf, Urt. 5. 10. 2010 – 1 U 244/09, NJW 2011, 1152, 1153: MdE von 20 % auch im Rahmen des Verdienstausfalls kompensierbar).

*(**Anm.:** Nach Auffassung des OLG Oldenburg, Urt. v. 20. 6. 2008 – 11 U 3/08, OLGR 2009, 295, liegt bei einem stationären Aufenthalt einer alleinstehenden Person kein 100%iger Haushaltführungsschaden vor, wenn mit der Führung des Haushalts keine Unterhaltsverpflichtungen gegenüber anderen erfüllt werden müssen; der Haushaltführungsschaden wird vom OLG Oldenburg in einem solchen Fall auf 15 % des vom Geschädigten für die Haushaltsführung aufgewendeten Zeitaufwandes geschätzt).*

Auch der Stundensatz ist übersetzt. Überwiegend wird der Haushaltsführungsschaden mit 8,00 Euro pro Stunde beziffert (OLG Celle, Urt. v. 14. 4. 2010 – 14 U 38/09, DAR 2011, 136, 137; OLG Hamm, NZV 2008, 564).

*(**Anm.:** In der Rechtsprechung werden Stundensätze zwischen 6,26 Euro und 10,00 Euro vertreten: OLG Frankfurt, Beschl. v. 29. 10. 2008 – 22 W 64/08, MDR 2009, 449: **6,26 Euro** netto pro Stunde im Jahr 2006; OLG Dresden, NZV 2009, 298: **6,64 Euro** im Jahr 2006 und **6,77 Euro** im Jahr 2007; OLG München, Urt. v. 4. 10. 2012 – 1 U 2363/10, juris, Nr. 27–34: **8,50 Euro** für 2005–2007; OLG Düsseldorf, Urt. v. 5. 10. 2010 – 1 U 244/09, NJW 2011, 1152, 1154: **9,00 Euro** im Zeitraum August 2004–September 2009; OLG Saarbrücken, Urt. v. 28. 2. 2013 – 4 U 587/10, NJW-RR 2013, 1112, 1118: 9,61 Euro im Jahr 2005; KG, DAR 2008, 25. **9,81 Euro**).*   K 120

4. Arztkosten und Fahrtkosten

Es wird bestritten, dass der Anfall der geltend gemachten Arztkosten eine adäquat-kausale Folge eines Behandlungs- oder Aufklärungsfehlers der Beklagten Ziff. 1–Ziff. 3 ist. Die Zuzahlungen hätten auch ohne die – behaupteten – Behandlungs- und Aufklärungsfehler erfolgen müssen, jedenfalls ist dies nicht auszuschließen.   K 121

Gegenbeweislich: Einholung eines Sachverständigengutachtens

Insbesondere wird der Anfall folgender Kosten bestritten (....).

(Hinweis: substantiiertes Bestreiten von Einzelpositionen erforderlich!).

4. Vorgerichtliche Rechtsanwaltskosten

K 122 Es wird bestritten, dass die Klägerin an die Beklagte für deren vorgerichtliches Tätigwerden Rechtsanwaltskosten, noch dazu in Höhe einer 1,8-fachen Gebühr, bezahlt hätte. Es ist davon auszugehen, dass die Klägerin rechtsschutzversichert ist. Ein Anspruch auf Erstattung vorgerichtlicher Rechtsanwaltskosten wäre deshalb auf den Rechtsschutzversicherer übergegangen (vgl. § 86 VVG).

Im Übrigen wäre der Ansatz einer 1,8-Geschäftsgebühr nach VV-Nr. 2300 auch übersetzt. Die Mittelgebühr liegt bei 1,3 (vgl. etwa BGH, MDR 2012, 1127 = NZV 2012, 538). Es wird bestritten, dass mit der vorgerichtlichen Bearbeitung der vorliegenden Angelegenheit ein überdurchschnittlicher Aufwand verbunden gewesen wäre bzw. andere Kriterien vorliegen würden, die eine Überschreitung der Mittelgebühr rechtfertigen würden.

*(**Anm.:** Dem Patientenvertreter wäre zu empfehlen, eine Abtretungserklärung des Rechtsschutzversicherers vorzulegen. Dort ist die Problematik i. d. R. bekannt. Andernfalls müsste die Klage auf Freistellung von den vorgerichtlich angefallenen Rechtsanwaltskosten umgestellt werden. Es handelt sich um eine zulässige Klageänderung nach § 264 Nr. 2, Nr. 3 ZPO. Der mit der vorgerichtlichen Bearbeitung der Angelegenheit angefallene, überdurchschnittliche Aufwand sollte im Einzelnen dargelegt und unter Beweis gestellt werden. Eine Erhöhung der Geschäftsgebühr über die Regelgebühr von 1,3 hinaus kann nur gefordert werden, wenn die Tätigkeit des Rechtsanwalts umfangreich oder schwierig war; sie ist deshalb **nicht unter dem Gesichtspunkt der Toleranzrechtsprechung bis zu einer Überschreitung von 20 % der gerichtlichen Überprüfung entzogen** (BGH, Urt. v. 11. 7. 2012 – VIII ZR 323/11, MDR 2012, 1127 = NZV 2012, 538; ebenso OLG Celle, ZfS 2012, 20; **a. A.** noch BGH, Urt. v. 8. 5. 2012 – VI ZR 273/11, MDR 2012, 810 = NJW-RR 2012, 887 und BGH, Urt. v. 13. 1. 2011 – XI ZR 110/10, MDR 2011, 454 = NJW 2011, 1603). Der VI. und der IX. Zivilsenat des BGH haben mitgeteilt, dass sie sich (nunmehr) der Ansicht des VIII. Zivilsenats anschließen werden (vgl. Figgener, NZV 2012, 539).*

K 123 – K 129 Einstweilen frei.

Krankenhausverträge

Vgl. auch → *Allgemeine Geschäftsbedingungen*, Rz. A 1 ff.; → *Arztvertrag*, Rz. A 401 ff.; → *Ambulanz*, Rz. A 80 ff.; → *Gemeinschaftspraxis/Praxisgemeinschaft*, Rz. G 1 ff.; → *Arbeitsteilung*, Rz. A 250 ff.

Bei den **stationären Behandlungsverhältnissen** finden sich gegenüber der ambu- K 130
lanten Krankenversorgung in der **Chefarztambulanz**, der **Institutsambulanz** (vgl.
Rz. A 80 ff.; BGH, Urt. v. 31. 1. 2006 – VI ZR 66/05, NJW-RR 2006, 811, 812 =
VersR 2006, 791, 792 = GesR 2006, 269, 270; BGH, Urt. v. 20. 12. 2005 – VI ZR
180/04, NJW 2006, 767, 768 = VersR 2006, 409, 411 = GesR 2006, 178, 180),
den **Einzelpraxen, Praxisgemeinschaften und Gemeinschaftspraxen** (vgl.
Rz. G 1 ff.; Wenzel-Mennemeyer/Hugemann, Kap. 2 Rz. 723 ff., 731 ff., 743 ff.;
Wenzel-Köllner, Kap. 2 Rz. 1055 ff., 1064 ff.; Spickhoff, § 611 BGB Rz. 11–15;
Spickhoff-Greiner, § 823 BGB Rz. 336–350; S/Pa, 12. Aufl., Rz. 27–49, 91–95,
115–129; L/K-Kern, § 40 Rz. 17 ff.; L/K-Genzel/Degener-Hencke, § 89 Rz. 8 ff.;
L/K-Schlund, § 115 Rz. 32–56) wesentliche komplexere Vertragsgestaltungen.

Zu unterscheiden sind drei typische Gestaltungsformen, nämlich der einheitli- K 131
che (sog. totale) Krankenhausvertrag, der einheitliche (totale) Krankenhausvertrag mit Arztzusatzvertrag und der „gespaltene" Krankenhausvertrag.

I. Totaler (einheitlicher) Krankenhausvertrag

1. Begriff; vertragliche Beziehungen

Beim totalen Krankenhausvertrag verpflichtet sich der Krankenhausträger, **alle** K 132
für die stationäre Behandlung **erforderlichen Leistungen** einschließlich der gesamten ärztlichen Versorgung **zu erbringen** (OLG Brandenburg, Urt. v. 8. 4. 2003
– 1 U 26/00, NJW-RR 2003, 1383, 1384 = VersR 2004, 1050, 1051; OLG Brandenburg, NJW-RR 200, 24, 25 = MedR 200, 85, 86; OLG Koblenz, Urt. v. 29. 11. 2001
– 5 U 1382/00, VersR 2003, 1313, 1314; Gehrlein, VersR 2004, 1488, 1490; G/G,
6. Aufl., Rz. A 26, 27, 66; F/N/W, 5. Aufl., Rz. 24, 60; S/Pa, 12. Aufl., Rz. 27, 65,
72; Wenzel-Köllner, Kap. 2 Rz. 1054; L/K-Genzel/Degener-Hencke, § 89 Rz. 9,
10; R/L-Ratzel/Lissel, § 31 Rz. 3–6).

Teilweise wurde angenommen, dass das Behandlungsverhältnis auf einem Ver- K 132a
trag zugunsten Dritter beruht, den die Krankenkasse in Erfüllung ihrer öffentlich-rechtlichen Pflichten aus dem Mitgliedschaftsverhältnis ihres Versicherungsnehmers durch Abgabe der Kostenübernahmeerklärung mit dem Krankenhausträger schließt (vgl. BSG, Urt. v. 21. 11. 1991 – 3 RK 32/89, BSGE 70, 20, 23).

Überwiegend wird aber davon ausgegangen, dass **auch der „totale Krankenhausvertrag" zwischen dem Krankenhausträger und dem Patienten zustandekommt**. Eine Kostenübernahmeerklärung ist danach nicht Voraussetzung für das Behandlungsverhältnis (S/Pa, 12. Aufl., Rz. 66; Wenzel-Mennemeyer/Hugemann, Kap. 2 Rz. 725: **Kostenzusage dient lediglich der beweismäßigen Bestätigung der versorgungsvertraglichen Zahlungspflicht**; L/K-Genzel/Degener-Hencke, § 89 Rz. 9, 10; auch BGH, VersR 1984, 264 = NJW 1984, 1820; BGH, VersR 1986, 465 = NJW 1986, 1542).

K 132b   Hier tritt der **Patient allein** zum **Krankenhausträger**, nicht zum Chefarzt, den behandelnden Ärzten oder dem vom Krankenhaus hinzugezogenen Konsiliararzt **in vertragliche Beziehungen**. Der Krankenhausträger, für kommunale Einrichtungen die Stadt oder der Landkreis, für Landeskrankenhäuser das Bundesland, für Universitätskliniken regelmäßig die Universität schuldet dem Patienten sämtliche Leistungen der stationären Krankenbetreuung sowohl im ärztlichen als auch im pflegerischen Bereich. Der Chefarzt erwirbt dementsprechend auch keinen eigenen Honoraranspruch gegen den Patienten.

K 132c   In **Bayern** haftete das Land für die Universitätskliniken. Mit Gesetz v. 23. 5. 2006 wurden die Universitätskliniken – wie die Universitäten in den meisten Bundesländern – zur rechtsfähigen Anstalt des öffentlichen Rechts (AÖR) gemacht. Dies berührt jedoch weder die prozessuale Stellung des bis dahin beklagten Landes Bayern, noch die Passivlegitimation, sofern die Klagepartei der Übernahme des Verfahrens durch den neuen Rechtsträger (AÖR) nicht zugestimmt hat (OLG München, Urt. v. 12. 3. 2009 – 1 U 2709/07, GesR 2009, 324, 325 = OLGR 2009 497, 498).

K 132d   **Will ein Patient** abweichend von den Grundsätzen des totalen Krankenhausaufnahmevertrages **seine Einwilligung in einen ärztlichen Eingriff auf einen bestimmten Arzt beschränken, muss er den entsprechenden Willen eindeutig zum Ausdruck bringen**. Der vom Patienten geäußerte Wunsch oder seine subjektive Erwartung, von einem bestimmten Arzt operiert zu werden, reicht für die Annahme einer auf eine bestimmte Person beschränkten Einwilligung nicht aus (BGH, Urt. v. 11. 5. 2010 – VI ZR 252/08, MDR 2010, 863 = GesR 2010, 407 = VersR 2010, 1038, Nr. 9, 10).

Dies gilt auch dann, wenn ein Krankenhausarzt auf die Bitte des Patienten in einem Vorgespräch erklärt, er **werde die Operation, sofern möglich, selbst durchführen**. Eine solche Erklärung bringt zum Ausdruck, dass die persönliche Übernahme des Eingriffs nicht gänzlich zugesagt werden soll. Es würde den Interessen der behandelnden Ärzte und der Krankenhausträger nicht gerecht, wenn bereits eine solche, nicht verbindliche Erklärung eines Arztes die erteilte Einwilligung auf seine Person beschränken und dazu führen würde, dass ein von einem anderen Krankenhausarzt durchgeführter Eingriff wegen der fehlenden Einwilligung rechtswidrig wäre (BGH, MDR 2010, 863, Nr. 10; ebenso OLG München, Urt. v. 18. 11. 2010 – 1 U 5334/09, GesR 2011, 235).

K 132e   Beim **totalen Krankenhausaufnahmevertrag als Regelform der stationären Krankenhausbehandlung hat der Patient grundsätzlich keinen Anspruch darauf, von einem bestimmten Arzt behandelt und operiert zu werden**. Zur Erfüllung der

Verpflichtungen aus einem solchen Behandlungsvertrag kann sich der Krankenhausträger vielmehr grundsätzlich seines gesamten angestellten Personals bedienen (BGH, MDR 2010, 863 = GesR 2010, 407, Nr. 5; OLG München, Urt. v.
9. 3. 2006 – 1 U 4297/05, juris, Nr. 13).

Ist jedoch **ein Eingriff durch einen bestimmten Arzt, regelmäßig den Chefarzt,
konkret vereinbart oder zugesagt, muss der Patient rechtzeitig aufgeklärt werden, wenn ein anderer Arzt an seine Stelle treten soll.** Sofern die Einwilligung
nicht eindeutig auf die Behandlung durch einen bestimmten Arzt beschränkt
ist, erstreckt sie sich grundsätzlich auch auf die Behandlung durch alle Ärzte
(BGH, MDR 2010, 863 = GesR 2010, 407, Nr. 6; OLG Oldenburg, MedR 2008,
295).

**Die stationäre Behandlung von Kassenpatienten basiert insoweit auf einer Drei-   K 133
erbeziehung:** Kassenpatient und Krankenkasse stehen in einem öffentlich-rechtlichen Versicherungsverhältnis (§§ 2, 5ff., 107ff. SGB V), die Krankenkassen
sind mit den zugelassenen Krankenhäusern durch öffentlich-rechtliche Versor-
gungsverträge verbunden (§§ 82ff., 108, 109, 111 SGB V), zwischen dem Krankenhausträger und dem Patienten werden privatrechtliche Beziehungen im Rahmen eines Dienstvertrages mit Elementen eines Beherbergungs-, Miet-, Kauf-
und Werkvertrages begründet (Gehrlein, Rz. A 21, 21a, 22: **Dreier-Beziehung;**
G/G, 6. Aufl., Rz. A 11, 23: **Dreier-Beziehung** bei stationärer Aufnahme, Vierer-
Beziehung bei ambulanter Versorgung; S/Pa, 12. Aufl., Rz. 65: „Die stationäre
und teilstationäre Krankenhausbehandlung des Kassenpatienten ist **auf dem
Weg zur rechtlichen Vierer-Beziehung** der vertragsärztlichen Versorgung, hat
sie aber noch nicht erreicht; L/K-Genzel/Degener-Hencke, § 89 Rz. 10: **Drei-
ecks-Beziehung** zwischen Kassenpatient und Krankenkasse gemäß §§ 2, 5ff.,
27, 39 SGB V, zwischen Krankenkassen und den zur Krankenhausbehandlung
zugelassenen Krankenhäusern gemäß §§ 108, 109 SGB V und privatrechtliche
Verpflichtungen zwischen dem Patienten und dem Krankenhaus durch den Auf-
nahmevertrag).

Die **Honorarforderung** des Krankenhausträgers richtet sich bei bestehender Mit-   K 134
gliedschaft des Patienten in einer gesetzlichen Krankenkasse gegen diese und ist
vor den Sozialgerichten zu verfolgen (BGH, NJW 200, 3429; NJW 1999, 858;
G/G, 6. Aufl., Rz. A 24; S/Pa, 12. Aufl., Rz. 61, 65). Deren **Leistungspflicht** setzt
neben dem Bestehen der Mitgliedschaft eine behandlungsbedürftige und **behand-
lungsfähige Krankheit** voraus (BGH, VersR 200, 999) sowie die Anwendung einer
vom Bundesausschuss der Ärzte und Krankenkassen anerkannten oder nachweisbar wirksamen Untersuchungs- oder Behandlungsmethode (BSG, NJW 1999,
1805; G/G, 6. Aufl., Rz. A 24).

Verbleibt der **Patient** im Krankenhaus, obwohl er über das Ende der Kostenüber-   K 135
nahme seitens der Krankenkasse unterrichtet oder auf den Wegfall der Behandlungsbedürftigkeit hingewiesen wurde, so schließt er durch sein Verbleiben einen **konkludenten Vertrag** über die weitere stationäre Aufnahme und Betreuung
zum üblichen Pflegesatz ab (BGH, VersR 200, 999; G/G, 6. Aufl., Rz. A 24).

2. Haftung

a) Haftung des Krankenhausträgers

K 136 Beim „totalen Krankenhausvertrag" sind die behandelnden **Ärzte** nicht selbst Vertragspartner, sondern hinsichtlich der vertraglichen Ansprüche **Erfüllungsgehilfen** gem. § 278 BGB und hinsichtlich der deliktischen Ansprüche Organe (Chefärzte) bzw. Verrichtungsgehilfen (sonstige Ärzte, Pflegepersonal) gem. §§ 31, 89, 831 BGB (OLG Brandenburg, Urt. v. 8. 4. 2003 – 1 U 26/00, NJW-RR 2003, 1383, 1384 = VersR 2004, 1050, 1051; NJW-RR 2000, 24, 25 = MedR 2000, 85, 86; NJW-RR 2000, 398, 399; OLG Koblenz, Urt. v. 29. 11. 2001 – 5 U 1382/00, VersR 2003, 1313, 1314; F/N/W, 5. Aufl., Rz. 24, 60; Gehrlein, VersR 2004, 1488, 1490; S/Pa, 12. Aufl., Rz. 91, 94; Spickhoff-Greiner, § 823 BGB Rz. 334, 337).

K 137 **Chefärzte**, die eigenverantwortlich und weitgehend weisungsfrei die ihnen unterstellte Abteilung in einem Krankenhaus leiten, sind dabei als verfassungsmäßig berufene Organe anzusehen mit der Folge, dass der öffentlich-rechtlich organisierte Krankenhausträger für diese deliktsrechtlich nach § 89 BGB, der privatrechtlich Organisierte nach § 31 BGB ohne Möglichkeit der Exkulpation gem. § 831 BGB für deren Verschulden einzustehen hat (OLG Brandenburg, Urt. v. 8. 4. 2003 – 1 U 26/00, NJW-RR 2003, 1383, 1384; VersR 2002, 313, 314; OLG Brandenburg, VersR 2000, 1283, 1284; VersR 2000, 489, 491; Spickhoff-Greiner, § 823 BGB Rz. 331, 332, 334: Haftung des Krankenhausträgers für leitende Krankenhausärzte auch der klinikeigenen Ambulanzen, §§ 823 I, 839, 31, 89 BGB).

Gleiches gilt für den **Vertreter des Chefarztes** (BGH, NJW 1987, 2925) und für alle anderen, im medizinischen Bereich weisungsfrei tätig werdenden leitenden Krankenhausärzte (F/N/W, 5. Aufl., Rz. 52, 53; BGH, VersR 1985, 1043). Auch die Leiter der einzelnen Fachbereiche werden als Organe i. S. d. §§ 31, 89 BGB angesehen. Es obliegt dann dem Krankenhausträger, darzulegen und zu beweisen, dass diese nicht eigenverantwortlich und im medizinischen Bereich weitgehend weisungsfrei bzw. nicht in Ausführung des ihnen zugewiesenen Funktionsbereichs tätig geworden sind (F/N/W, 5. Aufl., Rz. 53, 54).

K 138 Für die übrigen angestellten Ärzte und das sonstige Pflegepersonal haftet der Krankenhausträger deliktsrechtlich nur nach **§ 831 BGB**, so dass dem Krankenhausträger hier der Entlastungsbeweis zusteht (OLG Brandenburg, Urt. v. 8. 4. 2003 – 1 U 26/00, NJW-RR 2003, 1383, 1384 = VersR 2004, 1050, 1051; VersR 2002, 313, 314; VersR 2000, 489, 491; VersR 2000, 1283, 1284; Gehrlein, VersR 2004, 1488, 1490; Spickhoff-Greiner, § 823 BGB Rz. 331, 334, 336).

K 139 Nachdem gem. § 253 II BGB bei Schädigungen ab dem 1. 8. 2002 künftig auch außerhalb des Deliktsrechts ein Ersatz immaterieller Schäden, etwa aus §§ 280 I 1, 278 BGB, möglich ist (vgl. hierzu von Mayenburg, VersR 2002, 278, 282; Wagner, NJW 2002, 2049, 2055 f.), ist eine **Unterscheidung** zwischen **§ 278 BGB** einerseits und **§ 831 BGB** andererseits weithin **obsolet** geworden.

K 140 Schaltet der **Krankenhausträger** frei praktizierende, niedergelassene Ärzte – die mit der Krankenkasse des Patienten selbst abrechnen – ein, so werden zwischen diesen und dem Patienten selbständige Arztverträge begründet, ohne dass eine Haftungszurechnung zum Nachteil des Klinikträgers gem. § 278 BGB erfolgt (BGH, NJW 1992, 2962; R/L-Kern, § 1 Rz. 50; R/L-Ratzel/Lissel, § 31 Rz. 9).

Beauftragt das behandelnde Krankenhaus oder ein niedergelassener Arzt einen **externen (selbstliquidierenden) ärztlichen Kollegen, etwa einen Pathologen oder Laborarzt** – ohne den Patienten zu einer konsiliarischen Untersuchung dorthin weiter zu überweisen – wird dieser **nicht Erfüllungs- oder Verrichtungsgehilfe des Arztes oder Krankenhauses.** Selbst dann, wenn der Patient (zunächst) keine Kenntnis davon erlangt, dass eine bestimmte ärztliche Leistung nicht vom aufgesuchten Krankenhaus erbracht wird, sondern Dritte um Hilfe bemüht werden müssen, geht der BGH **vom Zustandekommen eines weiteren Behandlungsvertrages durch Vermittlung des behandelnden Arztes aus** (BGH, NJW 1989, 3009, 3010; BGH, NJW 1999, 2731; BGH, Urt. v. 14. 1. 2010 – III ZR 188/09, GesR 2010, 191, 192, Nr. 10, 11; BGH, Urt. v. 14. 1. 2010 – III ZR 173/09, GesR 2010, 195, 196, Nr. 6; Spickhoff-Greiner, § 823 BGB Rz. 64, 307); Gleiches müsste auch bei Vermittlung durch den Krankenhausträger gelten. | K 140a

Beauftragt das Krankenhaus bzw. ein niedergelassener Arzt ein pathologisches Institut mit der histologischen Untersuchung von Gewebeproben, so bedient sich das Krankenhaus bzw. der niedergelassene Arzt des Pathologen nicht zur Erfüllung seiner gegenüber dem Patienten bestehenden ärztlichen Pflichten und ist deshalb auch **nicht gemäß § 278 BGB für dessen Verschulden verantwortlich** (BGH, NJW 1999, 2731; BGH, Urt. v. 14. 1. 2010 – III ZR 188/09, GesR 2010, 191, 192). | K 140b

So wird etwa bei der Inanspruchnahme eines **externen Laborarztes oder externen Pathologen** der behandelnden Arzt als Stellvertreter des Patienten tätig. Übersendet er Unteruchungsmaterial des Patienten an den Laborarzt o.a., erteilt er den damit verbundenen Auftrag grundsätzlich im Namen des Patienten. **Der behandelnde Arzt bzw. das Krankenhaus wird im Namen des Patienten und nicht im eigenen Namen tätig** (vgl. BGH, GesR 2010, 191, Nr. 10, 11; BGH, GesR 2010, 195, Nr. 6; BGH, NJW 1999, 2731 = MDR 1999, 1198). | K 140c

Auch nach dieser Klarstellung durch den BGH kann es im Einzelfall problematisch sein, ob der Krankenhausträger für den hinzugezogenen Konsiliararzt haftet. Zieht ein Krankenhausträger bzw. ein niedergelassener Arzt im ausdrücklichen oder stillschweigenden Einverständnis des Patienten einen Konsiliararzt hinzu (s.o. Rz. K 140a – K140c), so kommt zwischen diesen und dem Patienten regelmäßig ein **weiterer selbständiger Arztvertrag** zustande mit der Folge, dass der **Konsiliararzt für Behandlungs- und Aufklärungsfehler selbst haftet** (R/L-Kern, § 1 Rz. 50; R/L-Ratzel/Lissel, § 31 Rz. 8, 9; Wenzel-Köllner, Kap. 2 Rz. 1063). | K 140d

Kann der (auch konkludente) Abschluss eines solchen Vertrages durch Vermittlung des Krankenhausträgers bzw. des behandelnden Arztes im Einzelfall nicht festgestellt werden, so **haftet der überweisende Krankenhausträger bzw. niedergelassene Arzt für den Konsiliararzt nach § 278 BGB** (R/L-Kern, § 1 Rz. 50; R/L-Ratzel/Lissel, § 31 Rz. 8, 9: aber nicht nach § 831 BGB; Wenzel-Ratzel, Kap. 2, Rz. 3421).

Verfügt das Krankenhaus etwa über keine eigene Kardiologie und wird der Patient zu einem niedergelassenen Kardiologen geschickt, um dort die Belastungsfähigkeit für einen größeren operativen Eingriff (EKG u. a.) zu prüfen, wobei dem Kardiologen ein Behandlungsfehler unterläuft, haftet der Krankenhausträger hierfür gemäß § 278 BGB, wenn **das Zustandekommen eines weiteren Behandlungsvertrages durch Vermittlung des Krankenhausträgers nicht festgestellt werden kann** (R/L-Kern, § 1 Rz. 50; R/L-Ratzel/Lissel, § 31 Rz. 8, 9; Wenzel-Ratzel, Kap. 2 Rz. 3421). **Es kommt auch hier darauf an, ob der hinzugezogene (Konsiliar-) Arzt gegenüber dem Krankenhausträger** (Indiz für die Haftung nach § 278 BGB) **oder direkt gegenüber dem Patienten bzw. aufgrund einer Überweisung gegenüber dessen Krankenversicherung** (Regelfall beim hinzugezogenen externen Pathologen und Labor, dann nur eigene Haftung) **abrechnet** (vgl. auch OLG Stuttgart, VersR 1992, 55; S/Pa, 12. Aufl., Rz. 111; F/N/W, 5. Aufl., Rz. 70). Allerdings haftet der Chefarzt des Krankenhauses nicht für Fehler des hinzugezogenen, externen Konsiliararztes; dieser ist nur Erfüllungsgehilfe des Krankenhausträgers (BGH, NJW 1999, 2731; R/L-Ratzel/Lissel, § 31 Rz. 9).

K 141   Unterläuft einem **niedergelassenen (ggü. dem KKH liquidierenden) Arzt, den das Krankenhaus als Konsiliararzt zur Erfüllung eigener Behandlungspflichten beizieht**, ein Behandlungsfehler, der zu einem Körperschaden des Patienten führt, so haftet der Krankenhausträger dem Patienten danach aus schuldhafter Verletzung des totalen Krankenhausaufnahmevertrages i. V. m. § 278 BGB auf Ersatz des materiellen (OLG Stuttgart, VersR 1992, 55) und gem. §§ 253 II, 280 I, 278 BGB auch auf Ersatz des immateriellen Schadens. Hingegen besteht grundsätzlich keine Verpflichtung des Krankenhausträgers, den immateriellen Schaden auch gem. §§ 831, 253 II BGB (vormals § 847 BGB) zu ersetzen, weil der selbständige **niedergelassene Arzt auch als Konsiliararzt** zur Erfüllung eigener vertraglicher Behandlungspflichten des Krankenhauses **nicht weisungsabhängig** ist, also nicht als Verrichtungsgehilfe i. S. d. § 831 BGB tätig wird (OLG Stuttgart, VersR 1992, 55; OLG Jena, Urt. v. 23. 5. 2007 – 4 U 437/05, VersR 2008, 401; Spickhoff-Greiner, § 823 BGB Rz. 307, 337; S/Pa, 12. Aufl., Rz. 111; F/N/W, 5. Aufl., Rz. 70; R/L-Ratzel/Lissel, § 31 Rz. 9).

K 142   Wenngleich die Problematik seit der Einführung des § 253 II BGB insoweit praktisch nicht mehr relevant wird, hat der Klinikträger nach Auffassung des OLG Brandenburg (Urt. v. 8. 4. 2003 – 1 U 26/00, NJW-RR 2003, 1383, 1385 = VersR 2004, 1050, 1051; zustimmend Gehrlein, VersR 2004, 1488, 1490; a. A. Spickhoff-Greiner, § 823 BGB Rz. 337) für den – in seiner Berufsausübung nicht weisungsgebundenen – Konsiliararzt dann **nach § 831 BGB** auch deliktisch einzustehen, wenn dieser „anstelle eines sonst hauptberuflich anzustellenden eigenen Krankenhausarztes (...) fortlaufend **mit festen Aufgaben in den Dienstbetrieb des Krankenhauses integriert**" ist. Denn andernfalls „hätte das Krankenhaus die Möglichkeit, sich durch die fortlaufende regelmäßige Übertragung wesentlicher Behandlungsaufgaben auf hinzugezogene, selbständige niedergelassene Ärzte der deliktsrechtlichen Haftung nach § 831 BGB zu entziehen, was nicht gebilligt werden könnte" (OLG Brandenburg, Urt. v. 8. 4. 2003 – 1 U 26/00, NJW-RR 2003, 1383, 1385). Im entschiedenen Fall wurde eine niedergelassene, frei praktizierende Kinderärztin regelmäßig mit den Abschlussuntersuchungen neugeborener Kinder betraut.

Nach Ansicht von Gehrlein (VersR 2004, 1488, 1490) ist der Einschätzung des OLG Brandenburg zu folgen, ohne dass es auf das **Erfordernis** einer **dauernden Zusammenarbeit** ankommt. Denn bei der Einschaltung eines Arztes als Verrichtungsgehilfen könne im Rahmen der §§ 831, 253 II BGB auf das Merkmal der „Weisungsgebundenheit" verzichtet werden (Gehrlein, VersR 2004, 1488, 1490 mit Hinweis auf OLG Saarbrücken, Urt. v. 21. 3. 2001 – 1 U 653/98–119, OLGR 2001, 241; hiergegen jedoch OLG Hamm, Urt. v. 16. 1. 2006 – 3 U 207/02, GesR 2006, 120, 125: kein Verzicht auf das Merkmal der „Weisungsgebundenheit").

Soweit Krankenhausärzte oder hinzugezogene Konsiliarärzte aber vom selbstliquidierenden Chefarzt zur Erfüllung der von ihm übernommenen ärztlichen Wahlleistungen eingesetzt werden, sind diese als dessen Erfüllungs- und Verrichtungsgehilfen i.S.d. §§ 278, 831 BGB anzusehen (OLG Koblenz, Urt. v. 29. 11. 2001 – 5 U 1382/00, VersR 2003, 1313, 1314; Gehrlein, VersR 2004, 1488, 1490; F/N/W, 5. Aufl., Rz. 70). K 143

b) Haftung des behandelnden Arztes

Die **bloße Stellung als Chefarzt** einer Abteilung **begründet** allein **keine Haftungsverantwortung** (OLG Oldenburg, VersR 1998, 1285). Für die in Ausnahmefällen bestehen bleibende deliktische Resthaftung des leitenden Klinikarztes im Rahmen eines totalen Krankenhausvertrages hat der Anspruchsteller zumindest die Möglichkeit von Leitungsmängeln vorzutragen (OLG Oldenburg, MedR 1991, 205). K 144

Aufgrund seiner **Garantenstellung** haftet der jeweils tätig werdende Chefarzt, Oberarzt, Assistenzarzt oder Stationsarzt im Übrigen nur für die eigenen Fehler deliktisch (S/Pa, 12. Aufl., Rz. 106; Spickhoff-Greiner, § 823 BGB Rz. 330). Dies schließt eine deliktische Haftung des leitenden Klinikarztes für fehlerhafte Ausübung der eigenen Leitungsfunktionen in Bezug auf ärztliche und ggf. auch nichtärztliche Assistenz nicht aus (S/Pa, 12. Aufl., Rz. 122; BGH, NJW 1994, 1594 = VersR 1994, 825). Bei der so genannten vertikalen Arbeitsteilung (vgl. Rz. A 370 ff.) ist der nachgeordnete Arzt an die Anweisungen des leitenden Arztes gebunden. K 145

Der nachgeordnete Oberarzt oder Assistenzarzt haftet daher nur bei einem allein von ihm zu verantwortenden Verhalten selbst aus § 823 I BGB, etwa, weil ihm eine Behandlung zur selbständigen Ausführung überlassen wird, wenn er durch voreiliges Handeln einer ihm erteilten **Anweisung der ärztlichen Leitung zuwider handelt oder er pflichtwidrig eine gebotene Remonstration unterlässt** (BGH, Urt. v. 7. 12. 2004 – VI ZR 212/03, VersR 2005, 408, 410/411 = GesR 2005, 161, 163 und nachfolgend OLG Hamm, Urt. v. 16. 1. 2006 – 3 U 207/02, GesR 2006, 120, 124 zur „Remonstrationspflicht" einer Hebamme; OLG Zweibrücken, NJW-RR 1999, 611, 612). **Danach haftet eine Stationsärztin, wenn sie ihren gynäkologischen Chefarzt bei der Leitung einer Geburt lediglich begleitend assistiert, nicht für eine bei der Geburt eingetretene Schädigung des Kindes** (OLG Zweibrücken, NJW-RR 1999, 611; zu weiteren Einzelheiten vgl. → *Arbeitsteilung*, Rz. A 372 ff. und → *Anfängereingriffe*, Rz. A 134 ff.). K 146

c) Haftung des beamteten Arztes

K 147   Ein beamteter, leitender Krankenhausarzt kann den Patienten aufgrund des **Verweisungsprivilegs in § 839 I 2 BGB** bei eigenem Verschulden, auch einem Überwachungsverschulden hinsichtlich der gegen ihn erhobenen deliktischen Ansprüche auf die vorrangige Haftung des Klinikträgers verweisen (OLG Köln, Urt. v. 23. 10. 2002 – 5 U 4/02, VersR 2004, 1181, 1182; G/G, 6. Aufl., Rz. A 75, 76; F/N/W, 5. Aufl., Rz. 45 ff.; S/Pa, 12. Aufl., Rz. 130–134; Spickhoff-Greiner, Rz. 345–356; Wenzel-Mennemeyer/Hugemann, Kap. 2, Rz. 781–783; L/K-Laufs/Kern, § 105 Rz. 8–12 und L/K-Schlund, § 115 Rz. 64). Auch ein dem **Klinikträger** vorzuwerfender **Organisationsmangel** beseitigt als anderweitige Ersatzmöglichkeit die Haftung des leitenden Arztes (Gehrlein, Rz. A 53). Der beamtete, leitende Krankenhausarzt kann sich nach § 839 I 2 BGB auch auf eine danach vorrangige, deliktische Haftung des nachgeordneten, nicht beamteten Personals wegen dessen Eigenverschulden aus § 823 BGB berufen (G/G, 6. Aufl., Rz. A 76).

K 148   Die **vertragliche Haftung des beamteten Arztes im Rahmen der Chefarztambulanz** bzw. bei Vereinbarung von Wahlleistungen im Rahmen eines Arztzusatzvertrages wird durch das Verweisungsprivileg jedoch nicht berührt (BGH, VersR 1993, 357; S/Pa, 12. Aufl., Rz. 132; Wenzel-Mennemeyer/Hugemann, Kap. 2 Rz. 783; L/K-Laufs/Kern, § 105 Rz. 9).

K 149   Nach Auffassung des OLG Köln (Urt. v. 23. 10. 2002 – 5 U 4/02, VersR 2004, 1181, 1182; zustimmend S/Pa, 12. Aufl., Rz. 133 und Wenzel-Mennemeyer/Hugemann, Kap. 2 Rz. 782 a. E.) **verbleibt es auch dann bei dem Verweisungsprivileg zugunsten des Chefarztes**, wenn dieser den Patienten **im Rahmen der Eingangsuntersuchung** zur Abklärung der Operationsindikation in seinen Ambulanzräumen (vgl. hierzu → *Ambulanz*, Rz. A 80 ff.) nicht oder **nur unzureichend über die Risiken des vorgeschlagenen Eingriffs aufklärt** und es im Rahmen der lege artis durchgeführten Operation bzw. stationären Behandlung zum Eintritt eines Körper- bzw. Gesundheitsschadens beim Patienten kommt, wobei sich ggf. ein aufklärungspflichtiges Risiko verwirklicht. Das **OLG Köln** differenziert wie folgt:

Wenn eine **zeitlich gestreckte Behandlung teilweise ambulant** und **teilweise stationär** durchgeführt wird, hängt die Frage, ob die beamtenrechtliche Dienststellung des Behandlers mit dem Verweisungsprivileg des beamteten Arztes nach § 839 I 2 BGB betroffen oder die Behandlung dem nicht – hoheitlichen Tätigkeitsbereich des Behandlers zuzuordnen ist, davon ab, ob die Behandlung als Einheit anzusehen ist und – falls dies zu bejahen wäre – wo der sachliche Schwerpunkt der Behandlung liegt. Ist die Behandlung bei natürlicher Betrachtung dagegen ohne weiteres in selbständige Abschnitte aufzuspalten, richtet sich die haftungsrechtliche Zuordnung danach, in Wahrnehmung welcher Tätigkeit der Behandler fehlerhaft gehandelt hat.

In dem entschiedenen Fall hat das OLG Köln die Behandlung des (Privat-)Patienten, einerseits die Eingangsuntersuchung im Rahmen der Chefarztambulanz mit der Indikationsstellung für die Operation bei unzureichender Risikoaufklärung, andererseits den nachfolgend lege artis durchgeführten Eingriff und den stationären Krankenhausaufenthalt als einheitlich im Sinne einer stationären Behandlung angesehen. Hier hätte das Schwergewicht in zeitlicher, medizinischer und wirtschaftlicher Hinsicht auf dem stationären Teil der Behandlung gelegen. Der Eingangsuntersuchung würde demgegenüber keine eigenständige Bedeutung zukommen. Demnach kann der beamtete Chefarzt im Hinblick auf das festgestellte Aufklärungsversäumnis gem. § 839 I 2 BGB auf die Inanspruchnahme des Krankenhausträges verweisen (OLG Köln, Urt. v. 23. 10. 2002 – 5 U 4/02, VersR 2004, 1181, 1182; zustimmend S/Pa, 12. Aufl., Rz. 133 und Wenzel-Mennemeyer/Hugemann, Kap. 2 Rz. 782; **a. A.** Baxhenrich, VersR 2004, 1565, 1566).

Soweit **dem Krankenhausträger gem. §§ 115a, 115b, 117, 118, 119 SGB V die Be-** K 150 **handlungsaufgabe zuwächst (Klinikambulanz bzw. Institutsambulanz, ambulantes Operieren, vor- und nachstationäre Pflege),** wird der Chefarzt im Rahmen seiner Dienstaufgabe als Beamter tätig und kann sich auf das Verweisungsprivileg des § 839 I 2 BGB (vorrangige Haftung des Klinikträgers) berufen (BGH, NJW 1993, 784, 786; Spickhoff-Greiner, § 823 BGB Rz. 345, 348, 350, 354; L/K-Laufs/ Kern, § 105 Rz. 8, 9; F/N/W, 5. Aufl., Rz. 48; G/G, 6. Aufl., Rz. A 18, 20, 35, 84; S/Pa, 12. Aufl., Rz. 130, 133).

Bei über diesen Bereich hinausgehenden ambulanten Maßnahmen, insbesondere im Rahmen der **„Chefarzt-Ambulanz"** (vgl. hierzu Rz. A 81 ff.) wird der Chefarzt dagegen nicht als Beamter im haftungsrechtlichen Sinn tätig. Hier und bei Vereinbarung eines Krankenhausvertrages mit Arztzusatzvertrag (Wahlleistungsvereinbarung) haftet er – bzw. sein Vertreter – deliktisch selbst aus § 823 BGB; § 839 I 2 BGB ist hier nicht einschlägig (BGH, VersR 1993, 357 = NJW 1993, 784; F/N/W a. a. O.; G/G, 6. Aufl., Rz. 83; S/Pa, 12. Aufl., Rz. 95, 120, 127, 132; Spickhoff-Greiner, § 823 BGB Rz. 332, 333, 343, 347, 349, 350: **anders dagegen bei Tätigkeit des Chefarztes in der Klinikambulanz**).

In den privatärztlich oder von „beteiligten" bzw. „ermächtigten" Krankenhaus- K 151 ärzten geleiteten **Chefarztambulanzen** trifft die Haftung für etwaige Behandlungs- und Aufklärungsfehler ausschließlich den die Ambulanz leitenden Chefarzt bzw. dessen Vertreter (BGH, NJW 1987, 2289, 2290 = VersR 1987, 990, 991; BGH, NJW 1989, 769, 771; Spickhoff-Greiner, § 823 BGB Rz. 343; S/Pa, 12. Aufl., Rz. 127; L/K-Laufs/Kern, § 105 Rz. 8, 9). **Der beamtete Chefarzt kann sich hier nicht auf das Verweisungsprivileg nach § 839 I 2 BGB berufen** (BGH, NJW 1993, 784, 785). Den weiteren, nachgeordneten beamteten Ärzten der Chefarztambulanz ist die Verweisungsmöglichkeit aber eröffnet (BGH, NJW 2003, 2310, 2311; Spickhoff-Greiner, § 823 Rz. 349).

Darf allerdings der gesetzlich versicherte Patient aufgrund der §§ 115b, 116 K 152 SGB V **davon ausgehen, dass es einen sozialrechtlich befugten Behandler für die Durchführung einer ambulanten Operation gibt,** nämlich entweder das Krankenhaus („Krankenhausambulanz/Institutsambulanz") oder einen ermächtigten Krankenhausarzt („Chefarztambulanz"), so darf eine Unklarheit darüber, ob er vertragsärztliche Leistungen oder Krankenhausleistungen in Anspruch genommen hat, haftungsrechtlich nicht zu seinen Lasten gehen. **Kann nicht festgestellt werden, dass ausschließlich ein ermächtigter Krankenhausarzt („Chefarztambulanz" o. a.) tätig geworden ist, haftet der Krankenhausträger gem. § 823 I BGB jedenfalls wegen eines Organisationsverschuldens** (BGH, Urt. v.

20. 12. 2005 – VI ZR 180/04, NJW 2006, 767, 768 = VersR 2006, 409, 410 = GesR 2006, 178, 180).

K 153 Der Einstandpflicht nachgeordneter, beamteter Ärzte geht das eigene Verschulden des Klinikträgers, etwa für Organisationsmängel, für fremdes Verschulden des leitenden Krankenhausarztes aus §§ 278, 31, 89 BGB, dessen Verschulden für Fehler des anderen, ärztlichen und nichtärztlichen Personals aus §§ 278, 831 BGB und das Verschulden des nachgeordneten, nicht beamteten Personals vor (Gehrlein, Rz. A 54; G/G, 6. Aufl., Rz. A 76, 77; Spickhoff-Greiner, § 823 BGB Rz. 350).

K 154 Keine Verweisungsmöglichkeit besteht dagegen im Verhältnis zwischen dem leitenden, beamteten und den nachgeordneten, beamteten Ärzten in vertikaler und horizontaler Ebene untereinander (G/G, 6. Aufl., Rz. A 76, 77).

II. Totaler Krankenhausvertrag mit Arztzusatzvertrag

1. Begriff; vertragliche Beziehungen

a) Krankenhausvertrag mit Arztzusatzvertrag

K 155 Auch beim totalen Krankenhausvertrag mit Arztzusatzvertrag verpflichtet sich das Krankenhaus zur Erbringung der ärztlichen Behandlung wie auch der übrigen Krankenhausversorgung. Insoweit gelten die vorstehenden Ausführungen zum totalen Krankenhausvertrag entsprechend. Daneben schließt der Patient i.d.R. mit dem Chefarzt oder einem sonstigen liquidationsberechtigten Arzt des Krankenhauses **einen zusätzlichen Arztvertrag** ab, der den Arzt zur **persönlichen Behandlung** des Patienten verpflichtet und zur **Eigenliquidation** nach der **GOÄ** bzw. **GOZ** berechtigt, wodurch sich der Patient für dessen ärztliche Leistungen einen **zusätzlichen Schuldner** verschafft (BGH, Urt. v. 31. 1. 2006 – VI ZR 66/05, NJW-RR 2006, 811, 812 = VersR 2006, 791, 792 = GesR 2006, 269, 270; BGH, Urt. v. 11. 5. 2010 – VI ZR 252/08, GesR 2010, 407 = MDR 2010, 863 Nr. 7; auch OLG Brandenburg, Urt. v. 8. 4. 2003 – 1 U 26/00, NJW-RR 2003, 1383, 1384; G/G, 6. Aufl., Rz. A 49, 53, 71; S/Pa, 12. Aufl., Rz. 27, 30, 33; L/K-Kern, § 40 Rz. 20, 21; L/K-Genzel/Degener-Hencke, § 89 Rz. 14, 15; L/K-Schlund, § 115 Rz. 52, 54; Spickhoff-Greiner, § 823 BGB Rz. 307, 320, 341, 348; Wenzel-Mennemeyer/Hugemann, Kap. 2 Rz. 743 ff; Wenzel-Köllner, Kap. 2 Rz. 1059).

K 156 Der Vertrag mit dem liquidationsberechtigten Arzt über Wahlleistungen ist jedoch nur wirksam, wenn der Patient vor Vertragsabschluss über die Entgelte der Wahlleistungen unterrichtet wurde und diese **schriftlich vereinbart** werden, § 22 BPflV bzw. nunmehr §§ 7, 17 KHEntgG (BGH, Urt. v. 27. 11. 2003 – III ZR 37/03, NJW 2004, 684, 686 = VersR 2004, 1005, 1007; BGH, Urt. v. 8. 1. 2004 – III ZR 375/02, NJW 2004, 686, 687 = VersR 2004, 1007, 1008; BGH, Urt. v. 22. 7. 2004 – III ZR 355/03, VersR 2005, 120 = NJW-RR 2004, 1428; BGH, Urt. v. 4. 11. 2004 – III ZR 201/04, NJW-RR 2005, 419, 420 = VersR 2005, 121, 122; vgl. hierzu → *Allgemeine Geschäftsbedingungen*, Rz. A 24 ff.).

K 157 Der Arztzusatzvertrag enthält sowohl die Verpflichtung des Krankenhausträgers als auch des liquidationsberechtigten Arztes, ihm die ärztlichen Leistungen zu gewähren (BGH, NJW 1985, 2189 = VersR 1985, 1043 und L/K-Kern, § 40 Rz. 21: totaler Krankenhausvertrag mit Arztzusatzvertrag als Regelmodel; L/K-Genzel/ Degener-Hencke, § 89 Rz. 14, 15; G/G, 6. Aufl., Rz. A 49). Wählt dem gemäß ein Patient die private persönliche Behandlung und Beratung durch den Chefarzt einer Klinik, wird dadurch der **Krankenhausträger** im Regelfall **nicht aus der Haftung** entlassen, sondern **lediglich** ein **Arztzusatzvertrag** abgeschlossen und dem Patienten damit ein zusätzlicher Schuldner für diese Leistungen verschafft (BGH, Urt. v. 31. 1. 2006 – VI ZR 66/05, VersR 2006, 791, 792 = NJW-RR 2006, 811, 812). Wenn zwischen den Vertragsparteien abweichend vom Regelfall des „totalen Krankenhausvertrages mit Arztzusatzvertrag" etwas anderes verabredet werden soll, muss dies im Krankenhausaufnahmevertrag klar zum Ausdruck kommen (BGH, NJW 1985, 2189 = VersR 1985, 1043; BGH, NJW 1993, 779, 780; zur Wirksamkeit von Haftungsausschlussklauseln vgl. Rz. A 24 ff.).

Beim **totalen Krankenhausaufnahmevertrag mit Arztzusatzvertrag**, bei dem der   K 157a Patient die sogenannte Chefarztbehandlung in Anspruch nimmt, **muss etwa der als Wahlarzt verpflichtete Chirurg, Gynäkologe o. a. die geschuldete Operation grundsätzlich selbst durchführen, sofern er mit dem Patienten nicht eine Ausführung seiner Kernleistungen durch einen Stellvertreter wirksam vereinbart hat** (BGH, Urt. v. 11. 5. 2010 – VI ZR 252/08, GesR 2010, 407 = MDR 2010, 863, Nr. 7; BGH, Urt. v. 20. 12. 2007 – III ZR 144/07, MDR 2008, 437, Nr. 7 ff.; OLG München, Urt. v. 18. 11. 2010 – 1 U 5334/09, GesR 2011, 235).

Schließt der Patient dagegen „nur" einen **totalen Krankenhausaufnahmevertrag**   K 157b **(regelmäßig bei Kassenpatienten)** und will er seine Einwilligung in einen ärztlichen Eingriff auf einen bestimmten Arzt beschränken, muss er seinen entsprechenden Willen eindeutig zum Ausdruck bringen. Wurde keine Wahlleistungsvereinbarung (Arztzusatzvertrag) geschlossen, hat der Patient grundsätzlich **keinen Anspruch darauf, von einem bestimmten Arzt behandelt und operiert zu werden** (BGH, Urt. v. 11. 5. 2010 – VI ZR 252/08, MDR 2010, 863 = GesR 2010, 407, Nr. 5, 6).

Zur Erfüllung der Verpflichtung aus dem Wahlarztvertrag (Arztzusatzvertrag) ist   K 157c es erforderlich, dass der **Chefarzt der wahlärztlichen Behandlung durch sein eigenes Tätigwerden sein persönliches Gepräge gibt**. Dadurch, dass der Chefarzt etwa einer psychiatrischen Klinik in täglichen Teamsitzungen die **Behandlung supervidiert**, werden die eigenverantwortlich durch Dritte durchgeführten Behandlungsmaßnahmen nicht zu eigenen Leistungen des Chefarztes (OLG Oldenburg, Urt. v. 14. 12. 2011 – 5 U 183/11, MDR 2012, 205, 206 = VersR 2012, 764, 765; ebenso OLG Köln, Urt. v. 25. 8. 2008 – 5 U 243/07, NJW-RR 2009, 102, 103 = VersR 2009, 102; a. A. OLG Hamm, NJW 1995, 2420, 2421: CA der Psychiatrie erfüllt seine persönliche Leistungsverpflichtung bereits dann, wenn er das Therapieprogramm entwickelt oder vor Behandlungsbeginn persönlich überprüft; ebenso R/L II-Clausen, § 17 Rz. 20).

Zwar unterfallen dem Begriff der „ärztlichen Wahlleistungen" (§§ 17 III   K 157d KHEntgG, § 4 II 1 GOÄ) auch einzelne, unselbständige Behandlungsmaßnahmen des medizinischen und pflegerischen Fachpersonals, das der Aufsicht und Weisung des Wahlarztes untersteht (L/K-Genzel/Degener-Hencke, § 82 Rz. 131

und § 87 Rz. 12, 13). Die **prägende Kernleistung muss der Wahlarzt aber persönlich und eigenhändig erbringen** (L/K-Genzel/Degener-Hencke, § 82 Rz. 131 und § 87 Rz. 17; OLG Oldenburg a. a. O.; OLG Köln a. a. O.)

Eine **bloße Überwachung ist bei der Kernleistung** – anders als bei der Delegation von begleitenden Maßnahmen – **nicht ausreichend**, zumindest dann nicht, wenn sich die besondere Qualifikation des gewählten Arztes gerade in der persönlichen Durchführung der Behandlung manifestiert (L/K-Genzel/Degener-Hencke, § 82 Rz. 131 und § 87 Rz. 17).

So kann der Chefarzt nach § 4 II GOÄ nur dann Gebühren abrechnen, wenn ärztliche Leistungen unter **seiner Aufsicht nach fachlicher Weisung erbracht** werden. Eine derartige **Aufsicht setzt aber – wenn schon nicht die Anwesenheit – dann jedenfalls die Möglichkeit, unverzüglich persönlich einwirken zu können, voraus** (OLG Oldenburg, Urt. v. 14. 12. 2011 – 5 U 183/11, MDR 2012, 205, 206 = VersR 2012, 764, 765; auch OLG Frankfurt, Urt. v. 4. 8. 2011 – 8 U 226/10, GesR 2011, 680, 681 = MedR 2012, 396, 397).

K 157e   Nach Ansicht des OLG Frankfurt (Beschl. v. 4. 8. 2011 – 8 U 226/10, MedR 2012, 396, 397 im Anschluss an BGH, VersR 1988, 1270) darf der Arzt **in der Chefarztambulanz nach § 4 II 1 GOÄ nur eigene Leistungen berechnen**. Als eigene Leistungen gelten nur solche, die der Arzt selbst erbracht hat oder die unter seiner Aufsicht nach fachlicher Weisung erbracht worden sind. Hierfür ist es erforderlich, dass der Arzt erreichbar und in der Lage ist, unverzüglich **persönlich einwirken zu können**, falls dies notwendig wird. Allein die sorgfältige Auswahl des für ihn tätig werdenden behandelnden, qualifizierten Oberarztes begründet kein Liquidationsrecht. Vielmehr ist zu fordern, dass der liquidierende Arzt **eigenverantwortlich an der Leistungserbringung mitwirkt** (OLG Frankfurt a. a. O. im Anschluss an Uleer/Mibach/Patt, 3. Aufl., § 4 GOÄ Rz. 39, 43; **a. A.** Clausen, MedR 2012, 399).

K 157f   Nach der Gegenauffassung (Clausen, MedR 2012, 399, 400) ist gemäß §§ 4 II 3, 4 II 4, 5, 4 V GOÄ eine Vertretung durch den ständigen ärztlichen Vertreter möglich, wenn der Patient hierauf vor Unterzeichnung der Wahlleistungsvereinbarung hingewiesen wird. **Gründe, warum in der Chefarztambulanz ein Kernbereich der ärztlichen Leistungen bestehen sollte, die vom Chefarzt selbst erbracht werden müssen, um abgerechnet werden zu können, seien nicht erkennbar.**

b) Chefarztambulanz (vgl. bereits Rz. A 80 ff.)

K 158   Demgegenüber tritt der Kassen- oder Privatpatient bei einer **ambulanten Behandlung** durch einen **liquidationsberechtigten (Chef-)Arzt** nur mit diesem in vertragliche Beziehungen. Dies gilt selbst dann, wenn die Überweisung des Hausarztes des Kassenpatienten auf das Krankenhaus lautet und die Behandlung in der Krankenhausambulanz von einem nachgeordneten Krankenhausarzt durchgeführt wird (BGH, Urt. v. 20. 12. 2005 – VI ZR 180/04, NJW 2006, 767 = VersR 2006, 409, 410; BGH, NJW 1987, 2289, 2290 = VersR 1987, 990, 991; G/G, 6. Aufl., Rz. A 18, 19, 72; S/Pa, 12. Aufl., Rz. 50, 95, 120, 127, 132; Spick-

hoff-Greiner, § 823 BGB Rz. 300, 302, 343, 349; L/K-Laufs/Kern, § 94 Rz. 17, 18
und L/K-Kern, § 40 Rz. 26; Wenzel/Mennemeyer/Hugemann, Kap. 2 Rz. 752,
753, 775; Wenzel-Köllner, Kap. 2 Rz. 1065, 1066; vgl. hierzu → *Ambulanz;*
Rz. A 80 ff.).

Von der Chefarztambulanz zu unterscheiden sind die Fälle, in denen das **Kran-**   K 158a
kenhaus selbst als Institution ("Institutsambulanz") die ambulante Krankenbehandlung übernimmt, etwa wenn es um einen Notfall, eine vor- oder nachstationäre Behandlung (§ 115a SGB V) oder ambulante Operationen auf der Grundlage
des Katalogs in § 115b SGB V oder sonstige Fälle, etwa der Hochschulambulanz
(§ 117 SGB V), der psychiatrischen Institutsambulanz (§ 119 SGB V – Sozialpä-
diatrische Centren) oder um die Fälle der gesetzlich zugelassenen ambulanten
Behandlung durch Krankenhäuser bei Unterversorgung (§ 116a SGB V), bei Teilnahme an strukturierten Behandlungsprogrammen (§§ 116b I, 137g SGB V) oder
um hochspezialisierte Leistungen, seltene Erkrankungen bzw. Erkrankungen
mit besonderen Krankheitsverläufen (§ 116b II, III, IV SGB V) geht (Wenzel-Men-
nemeyer/Hugemann, Kap. 2 Rz. 755; vgl. auch Spickhoff-Greiner, § 823 BGB
Rz. 300, 303, 349).

In den Fällen der Institutsambulanz tritt der Patient ausschließlich mit dem
Krankenhaus, bei der Chefarztambulanz nur mit dem Chefarzt in vertragliche
Beziehungen (Mennemeyer/Hugemann a. a. O.; L/K-Laufs/Kern, § 94 Rz. 18, 19).

Auch der Umstand, dass der Krankenhausträger eine **unzulässige Praxis der Be-**   K 159
handlung von überwiesenen Kassenpatienten durch nachgeordnete Ärzte des
Krankenhauses organisatorisch ermöglicht und geduldet hat, führt nicht zur vertraglichen Mithaftung des Krankenhausträgers aus dem Behandlungsvertrag zwischen dem beteiligten Chefarzt und dem in seine Ambulanz überwiesenen Kassenpatienten (BGH, Urt. v. 20. 12. 2005 – VI ZR 180/04, NJW 2006, 767 = VersR
2006, 409, 410). Etwas anderes gilt allerdings, wenn der Kassenpatient in eine
vom Krankenhaus getragene „Institutsambulanz" überwiesen worden ist oder
wenn das Krankenhaus den Anschein erweckt hat, von Gesetzes wegen (§§ 115b,
116 SGB V) grundsätzlich zur Durchführung ambulanter Operationen zugelasse-
ner Leistungsträger berechtigt zu sein und keine anderen sozialrechtlich als befugt
anzusehenden Ärzte zu ermitteln sind. Im letzten Fall **haftet der Krankenhausträ-**
ger wegen eines Organisationsverschuldens nach § 823 I BGB insbesondere dann,
wenn er es zulässt, dass ambulante Operationen durch nicht oder nicht mehr nach
§ 116 SGB V ermächtigte Krankenhausärzte durchgeführt werden (BGH, Urt. v.
20. 12. 2005 – VI ZR 180/04, NJW 2006, 767, 768 = VersR 2006, 409, 410 f.).

2. Haftung

a) Haftung des Krankenhausträgers

Beim totalen Krankenhausvertrag mit Arztzusatzvertrag haftet der Kranken-   K 160
hausträger für die nachgeordneten Ärzte als Verrichtungs- bzw. Erfüllungsgehil-
fen (§§ 278, 831) und neben dem liquidationsberechtigten, leitenden Kranken-
hausarzt für diesen vertraglich nach § 278 und deliktisch aus §§ 30, 31, 89 (BGH,
NJW 1983, 1374; auch BGH, Urt. v. 31. 1. 2006 – VI ZR 66/05, VersR 2006, 791,

792: zusätzlicher Schuldner; BGH, NJW 1985, 2189, 2190: **liquidationsberechtiger CA als zusätzlicher Haftungsschuldner**; OLG Brandenburg, Urt. v. 8. 4. 2003 – 1 U 26/00, NJW-RR 2003, 1383, 1384 = VersR 2004, 1050, 1051; OLG Koblenz, Urt. v. 29. 11. 2001 – 5 U 1382/00, VersR 2003, 1313, 1314 zu § 831 BGB; OLG Köln, Urt. v. 23. 10. 2002 – 5 U 4/02, VersR 2004, 1181, 1182 f.; F/N/W, 5. Aufl., Rz. 30, 66, 67; G/G, 6. Aufl., Rz. A 52, 53, 71; S/Pa, 12. Aufl., Rz. 33, 35, 91, 115, 116; Spickhoff-Greiner, § 823 BGB Rz. 306, 321: zusätzliche vertragliche Haftung des selbstliquidierenden Arztes beim Arztzusatzvertrag; Wenzel-Mennemeyer/Hugemann, Kap. 2 Rz. 744, 745: selbstliquidierender Arzt ist in seinem vertraglichen Leistungsbereich **zusätzlicher Haftungsschuldner auch für Ober- und Assistenzärzte sowie Pflegepersonal**).

K 161   **Die Doppelhaftung kann vom Krankenhausträger in AGB wirksam ausgeschlossen werden.** Soll der selbst liquidierende Arzt allein verpflichtet werden, so muss der Patient hierauf bei Vertragsabschluss **klar und nachdrücklich hingewiesen** werden (BGH, NJW 1993, 779, 780; BGH, VersR 1985, 1043, 1045 = NJW 1985, 2189, 2190; OLG Koblenz, NJW 1998, 3425, 3426; OLG München, Urt. v. 12. 3. 2009 – 1 U 2709/07, GesR 2009, 324, 325; S/Pa, 12. Aufl., Rz. 26, 35; Wenzel-Mennemeyer/Hugemann, Kap. 2 Rz. 746; Spickhoff-Greiner, § 823 BGB Rz. 321, 323, 324; weitere Einzelheiten vgl. Rz. A 67 ff.).

Ergibt sich aus dem **Vertragstext nicht deutlich**, dass der **Krankenhausträger** bei Fehlern des liquidationsberechtigten Arztes **nicht haften** will, so ist die Klausel gem. §§ 305c, 307 I BGB unwirksam. Dies ist etwa dann der Fall, wenn sich der Begriff „**Haftungsausschluss**" unter dem Titel „Gewährleistung von Wahlleistungen" verbirgt und die unter „Wahlleistung" aufgelisteten Wahlmöglichkeiten wie „Einbett- oder Zweibettzimmer und Begleitperson-Zuschlag" beim Leser eher den Eindruck erwecken, es gehe lediglich um die Wahl vorteilhafter Zusatzleistungen gegen entsprechenden Aufpreis (OLG München, Urt. v. 12. 3. 2009 – 1 U 2709/07, GesR 2009, 324, 327/328: „große Bedenken" gegen die Wirksamkeit der Klausel).

K 162   Auch beim Krankenhausaufnahmevertrag mit Arztzusatzvertrag (Wahlleistungsvereinbarung) bleibt es bei der **vollen Haftung des Klinikträgers** auch für den Bereich des liquidationsberechtigten (Chef-)Arztes, **wenn der Patient auf den Haftungsausschluss formularmäßig nicht deutlich hingewiesen worden ist** (BGH, NJW 1993, 779; OLG Koblenz, NJW 1998, 3425, 3456; Spickhoff-Greiner, § 823 BGB Rz. 323, 324; weitergehend D/S, 6. Aufl., Kap. IV Rz. 93 und Kramer, NJW 1996, 2398 ff: Spaltungsklausel grundsätzlich unwirksam; vgl. → *Allgemeine Geschäftsbedingungen*, Rz. A 67, A 70, A 70a) oder wenn der **Arztzusatzvertrag etwa wegen Nichteinhaltung der Schriftform der Wahlleistungsvereinbarung unwirksam** ist (vgl. §§ 17 II 1 KHEntgG, §§ 125, 126 II 1 BGB; BGH, NJW 2002, 3772; BGH, NJW 1998, 1778, 1780; Greiner a. a. O.; Wenzel-Mennemeyer/Hugemann, Kap. 2 Rz. 748, 749). Gleiches gilt, wenn die Haftungsfreistellung des Krankenhausträgers auch für die vom selbst liquidierenden Arzt veranlassten Leistungen nachgeordneter Ärzte des Krankenhauses eingreifen soll (OLG Bamberg, VersR 1994, 813; S/Pa, 12. Aufl., Rz. 26, 35 und Spickhoff-Greiner, § 823 BGB Rz. 324: sofern der Vertrag keinen deutlichen Hinweis auf den Haftungsausschluss enthält).

b) Haftung des liquidationsberechtigten Arztes

Der liquidationsberechtigte Arzt haftet dem Patienten für eigene Fehler und Feh-   K 163
ler der nachgeordneten Ärzte sowie des nichtärztlichen Behandlungspersonals,
die auf seine Anweisungen bzw. Anweisungsversäumnisse zurückgehen, selbst
(BGH, NJW 1984, 1400; auch Urt. v. 31. 1. 2006 – VI ZR 66/05, VersR 2006,
791, 792: zusätzlicher Schuldner; S/Pa, 12. Aufl., Rz. 33, 35, 37, 92, 126; Spickhoff-Greiner, § 823 BGB Rz. 321, 341, 348). Er hat in der stationären Krankenhausbehandlung **auch für die nachgeordneten Ärzte einzustehen**, die ihm bei
der Operation assistieren oder auf die er seine Aufgaben delegiert (BGH, NJW
1983, 1347; G/G, 6. Aufl., Rz. A 38, 39).

Soweit sich keine Anweisungs- oder Kontrollversäumnisse ausgewirkt haben,   K 164
haftet jedoch ausschließlich der Krankenhausträger für Fehler der Grund- und
Funktionspflege des nichtärztlichen Dienstes (S/Pa, 12. Aufl., Rz. 94, 126;
Spickhoff-Greiner, § 823 BGB Rz. 341, 348; F/N/W, 5. Aufl., Rz. 66, 67). Der
nichtärztliche Pflegedienst ist im Bereich der Grund- und Funktionspflege nicht
die Hilfe (§§ 278, 831 BGB) des liquidationsberechtigten (Chef-) Arztes, sondern
des Krankenhausträgers (BGH, VersR 1984, 356; S/Pa, 12. Aufl., Rz. 94, 126).

So **hat der Krankenhausträger für Fehler einer bei ihm angestellten Hebamme
einzustehen**, solange diese nicht wegen einer besonderen ärztlichen Weisungskompetenz oder der **Übernahme der Geburtsleitung durch den selbst liquidierenden Arzt** diesem zugerechnet werden kann (BGH, Urt. v. 16. 5. 2000 – VI ZR
321/98, NJW 2000, 2737; OLG Koblenz, VersR 2001, 897, 898 a.E. zur Übernahme der Geburt; zu weiteren Einzelheiten vgl. Rz. A 380 ff., A 385 ff. und
Rz. G 554, G 824, G 853, G 1022).

Wird der (Privat-)Patient vom liquidationsberechtigten (Chef-)Arzt in Chefarzt-   K 165
ambulanz behandelt, erfolgt die Haftungszuordnung für diesen und das in der
Chefarztambulanz tätige nachgeordnete ärztliche und nichtärztliche Personal
(§§ 278, 831 BGB) nur beim „beteiligten" bzw. „ermächtigten" Arzt, nicht
beim Klinikträger (Spickhoff-Greiner, § 823 BGB Rz. 302, 343, 349; BGH, NJW
1987, 2289, 2290; BGH, NJW 1989, 769; vgl. bereits Rz. K 158, K 158a).

Vom **Grundsatz der alleinigen Haftung des Chefarztes** bei ambulanter Behand-   K 166
lung von Selbstzahlern (Privatpatienten) bzw. in die Ambulanz überwiesener
Kassenpatienten ist nach Auffassung des OLG Stuttgart (OLGR 2000, 132, 135;
ebenso OLG Köln, Urt. v. 23. 10. 2002 – 5 U 4/02, VersR 2004, 1181, 1182,
wenn die Behandlung als Einheit anzusehen ist; zust. Rehborn, MDR 2000,
1101, 1102) eine **Ausnahme** für den Fall zu machen, dass die ambulante Behandlung der **Vorbereitung** einer **stationären Aufnahme** dient und dabei eine Entscheidung zugunsten einer stationären Aufnahme fällt, zu der es später auch
kommt. In einem solchen Fall stellt sich auch die Aufklärung sachlich als Teil
der stationären Behandlung dar und ist haftungsrechtlich wie diese zu beurteilen
(OLG Stuttgart OLGR 2000, 132, 135 und VersR 1994, 1476; auch OLG Köln,
Urt. v. 23. 10. 2002 – 5 U 4/02, VersR 2004, 1181, 1182: wenn die Behandlung
als Einheit anzusehen ist; Rehborn, MDR 2000, 1101, 1102; abl. zu OLG Köln:
Baxhenrich, VersR 2004, 1566).

K 167 Den Krankenhausträger trifft bei etwaigen Aufklärungs- oder Behandlungsfehlern auch dann eine eigene Haftung, wenn der Patient zur Weiterbehandlung in die dortige „**Institutsambulanz**" (Krankenhausambulanz) überwiesen worden ist oder der Krankenhausträger es zulässt, dass ambulante Operationen durch nicht oder nicht mehr nach § 116 SGB V ermächtigte Krankenhausärzte durchgeführt werden (BGH, Urt. v. 20. 12. 2005 – VI ZR 180/04, NJW 2006, 767, 768 = VersR 2006, 409, 411 = GesR 2006, 178, 180). Denn der gesetzlich versicherte Patient kann aufgrund der §§ 115b, 116 SGB V davon ausgehen, dass es einen sozialrechtlich befugten Behandler für die Durchführung der ambulanten Operationen gibt, nämlich entweder das Krankenhaus oder einen sozialrechtlich ermächtigten Krankenhausarzt. Können keine anderen sozialrechtlich als befugt anzusehende Ärzte ermittelt werden, haftet der Krankenhausträger jedenfalls wegen eines Organisationsverschuldens selbst aus § 823 I BGB (BGH a.a.O.; Spickhoff-Greiner, § 823 BGB Rz. 303, 304, 350; Wenzel-Mennemeyer/Hugemann, Kap. 2 Rz. 755, 760).

K 168 – K 169 Einstweilen frei.

c) Haftung des beamteten Arztes

K 170 Der beamtete, selbst liquidierende Arzt kann auch im Rahmen des totalen Krankenhausvertrages mit Arztzusatzvertrag seine **deliktische** – nicht die vertragliche – **Haftung** auf den Klinikträger (§§ 839, 31, 89 BGB) **abwälzen** (Gehrlein, Rz. A 57; G/G, 6. Aufl., Rz. A 82; L/K-Laufs/Kern, § 105 Rz. 8–10; Wenzel-Mennemeyer/Hugemann, Kap. 2 Rz. 781–783; S/Pa, 12. Aufl., Rz. 130, 131; Spickhoff-Greiner, § 823 BGB Rz. 343, 347, 349, 354). Er kann sich auch dann auf § 839 I 2 BGB berufen, wenn sein Patient die Schädigung, für die es einzustehen gilt, nach Verlegung aus der Abteilung des Arztes in einer anderen Abteilung des Krankenhauses erleidet (BGH, NJW 1984, 1400 = VersR 1984, 355; F/N/W, 5. Aufl., Rz. 46; s.o. Rz. K 147ff.).

K 171 Nach Auffassung des OLG Köln (Urt. v. 23. 10. 2002 – 5 U 4/02, VersR 2004, 1181, 1182 mit ablehnender Anm. Baxhenrich, VersR 2004, 1565) scheidet eine Aufspaltung der Behandlung in einen ambulanten Teil mit der Folge der alleinigen Haftung des die Ambulanz betreibenden Chefarztes und einen stationären Teil mit der Konsequenz einer Verweisungsbefugnis des operierenden beamteten Chefarztes auf den Klinikträger als alleinigem Haftungsschuldner aus, wenn das gesamte Behandlungsgeschehen unter medizinischen Gesichtspunkten als Einheit anzusehen ist (s.o. Rz. K 148, K 149).

K 172 Berufen sich die gemeinsamen Prozessbevollmächtigten des beamteten Chefarztes und des Universitätsklinikums zunächst auf das Beamtenprivileg aus § 839 I 2 BGB, nimmt der Patientenvertreter daraufhin die Klage gegen den beamteten Arzt zurück und wenden die Beklagtenvertreter nunmehr einen **im Arztzusatzvertrag vereinbarten Haftungsausschluss des Klinikträgers** ein, ist ein solches Verhalten **treuwidrig (§ 242 BGB)**. In einem solchen Fall kann sich der Chefarzt nicht auf das Beamtenprivileg berufen. Dem klagenden Patienten ist es jedoch nicht zumutbar, die Klage gegen den Klinikträger mit entsprechender Kostentragung zurückzunehmen und den beamteten Chefarzt, der sich dann möglicherweise auf die Einrede der Verjährung berufen kann, erneut in Anspruch zu nehmen. In dieser Konstellation bleibt es bei der Passivlegitimation des Klinikträgers (OLG München, Urt. v. 12. 3. 2009 – 1 U 2709/07, GesR 2009, 324, 328).

Auch die nachgeordneten, beamteten Ärzte können hinsichtlich ihrer Eigenhaftung auf die vorrangige Inanspruchnahme des Klinikträgers verweisen (G/G, 6. Aufl., Rz. A 82; Gehrlein, Rz. A 57). Die Ausführungen zum einheitlichen Krankenhausaufnahmevertrag gelten im Übrigen für den einheitlichen Krankenhausaufnahmevertrag mit Arztzusatzvertrag entsprechend (vgl. G/G, 6. Aufl. 2009, Rz. A 76, 82). **K 173**

Ein **beamteter, leitender Krankenhausarzt** oder der für diesen tätig werdende Vertreter haftet für Schäden aus Versäumnissen anlässlich einer **ambulanten Behandlung seiner Privatpatienten und der in die Chefarztambulanz** (s. o.) **überwiesenen Kassenpatienten nicht aus § 839 BGB, sondern nach § 823 BGB ohne die Verweisungsmöglichkeit des § 839 I 2** (BGH, Urt. v. 8. 4. 2003 – VI ZR 265/02, NJW 2003, 2309, 2310 = VersR 2003, 1126, 1127; BGH, NJW 1993, 784, 785 = VersR 1993, 357; Baxhenrich, VersR 2004, 1565; G/G, 6. Aufl., Rz. A 83; S/Pa, 12. Aufl., Rz. 132 und Spickhoff-Greiner, § 823 BGB Rz. 349: dasselbe gilt für den als Vertreter tätigen Oberarzt; Wenzel-Mennemeyer/Hugemann, Kap. 2 Rz. 782: CA wird in der Chefarztambulanz nicht aus seiner Dienststellung tätig). Die weiteren, nachgeordneten beamteten Ärzte können sich dagegen auf § 839 I 2 berufen (BGH, NJW 1993, 784, 785; Gehrlein, Rz. A 58; G/G, 6. Aufl., Rz. A 83), soweit sie nicht als Vertreter des Chefarztes in der Chefarztambulanz tätig geworden sind (vgl. Spickhoff-Greiner, § 823 BGB Rz. 349, 350; S/Pa, 12. Aufl., Rz. 132; L/K-Laufs/Kern, § 105 Rz. 9). **K 174**

Handelt es sich dagegen um eine nicht vom Chefarzt, sondern der **Klinik selbst eingerichtete Ambulanz** („Institutsambulanz", „Krankenhausambulanz"), **bleibt dem selbst liquidationsberechtigten Cherarzt und den nachgeordneten Ärzten das Verweisungsprivileg aus § 839 I 2 BGB erhalten** (BGH, NJW 1993, 784 = VersR 1993, 357; G/G, 6. Aufl., Rz. A 84; Gehrlein, Rz. A 58; F/N/W, 5. Aufl., Rz. 48, 49; S/Pa, 12. Aufl., Rz. 132, 133; L/K-Laufs/Kern, § 105 Rz. 9, 10; Spickhoff-Greiner, § 823 BGB Rz. 349, 350). **K 175**

Gleiches gilt, wenn der Krankenhausträger wegen eines Organisationsverschuldens aus § 823 I BGB haftet, weil er es **zulässt, dass ambulante Operationen durch nicht oder nicht mehr nach § 116 SGB V ermächtigte angestellte Krankenhausärzte durchgeführt werden** (BGH, Urt. v. 20. 12. 2005 – V ZR 180/04, NJW 2006, 767, 768 = VersR 2006, 409, 411). **K 176**

III. Gespaltener Krankenhausvertrag; Belegarztvertrag

1. Begriff; vertragliche Beziehungen

Beim gespaltenen Krankenhausvertrag **schuldet der Krankenhausträger** dem Patienten die Krankenhausversorgung, also die Unterbringung, Verpflegung, die Bereitstellung der erforderlichen technisch-apparativen Einrichtungen und die Organisation, deren Benutzung, den Einsatz des nichtärztlichen Hilfspersonals, die organisatorische Sicherstellung ausreichender Anweisungen an den Pflege- **K 177**

dienst und des Einsatzes nachgeordneter Ärzte im Krankenhaus sowie die Weiterbehandlung des Patienten durch Ärzte außerhalb des Fachbereichs des Belegarztes bzw. selbst liquidierenden Arztes (F/N/W, 5. Aufl., Rz. 25, 26, 61, 62;
G/G, 6. Aufl., Rz. A 31, 35, 41, 68; S/Pa, 12. Aufl., Rz. 44, 47, 96, 97 ff.; Spickhoff-Greiner, § 823 BGB Rz. 308 ff.; Wenzel-Mennemeyer/Hugemann, Kap. 2
Rz. 731 ff.; Wenzel-Köllner, Kap. 2 Rz. 1056, 1057; L/K-Genzel/Degener-Hencke,
§ 89 Rz. 12, 13; L/K-Schlund, § 115 Rz. 42 ff.; R/L-Kern, § 1 Rz. 59).

K 178   Zu den vom Krankenhausträger geschuldeten Leistungen gehört hier also auch
die ärztliche Versorgung, die nicht persönlich vom Belegarzt bzw. selbst liquidierenden Arzt in dessen Fachbereich erbracht werden kann, etwa durch die **Stellung** des **Anästhesisten** bei der Durchführung der Operation durch den Belegchirurgen oder die konsiliarische Betreuung durch einen nicht im Fachgebiet des
Belegarztes tätig werdenden, beim Krankenhausträger angestellten HNO-Arztes.
**Für Fehlleistungen des Anästhesisten oder des konsiliarisch mitbehandelnden
HNO-Arztes haftet daher ausschließlich der Krankenhausträger, soweit die
Ärzte beim Krankenhausträger angestellt oder auf dem Gebiet der Regelleistun-
gen des Krankenhauses tätig geworden sind** (Spickhoff-Greiner, § 823 BGB
Rz. 314; OLG Düsseldorf, NJW-RR 1993, 484; OLG Düsseldorf, VersR 1986,
1245; OLG Koblenz, NJW 1990, 1535; Wenzel-Mennemeyer/Hugemann, Kap. 2
Rz. 735: sofern diese Ärzte nicht durch eigene Fehler des Belegarztes in der Koor-
dination, Kommunikation oder Information gesetzt worden sind; G/G, 6. Aufl.,
Rz. A 41; Gehrlein, Rz. A 26, 27).

K 179   Die Organisationspflicht des Belegkrankenhauses umfasst auch die **Planung und
Kontrolle**, generell keine Eingriffe durchzuführen bzw. durch den Belegarzt
durchführen zu lassen, für den die personelle oder apparative Ausstattung nicht
vorhanden ist (BGH, Urt. v. 7. 12. 2004 – VI ZR 212/03, NJW 2005, 888, 890 =
VersR 2005, 408, 410 und nach Zurückverweisung OLG Hamm, Urt. v.
16. 1. 2006 – 3 U 207/02, GesR 2006, 120, 124; G/G, 6. Aufl., Rz. A 35). So **trifft
die Hebamme etwa bei gravierenden Fehlern im Rahmen einer Geburt eine Remonstrationspflicht** zur Weiterverlegung der Patientin in eine besser geeignete
Klinik (BGH a. a. O.; OLG Hamm a. a. O.: fehlerhafte und als völlig unsinnig erkannte Anordnungen des Belagarztes; zur Haftung des Belegarztes bzw. des Belegkrankenhauses für Fehler einer Beleghebamme vgl. Rz. A 380 ff., A 385 ff.).

K 180   **Die eigentlichen, ärztlichen Hauptleistungen werden beim gespaltenen Krankenhausaufnahmevertrag vom selbst liquidierenden Arzt, regelmäßig einem Belegarzt, im Einzelfall aber auch dem selbst liquidationsberechtigten Chefarzt der
Abteilung erbracht** (vgl. F/N/W, 5. Aufl., Rz. 61, 62). Ob die **Ausstattung eines
Belegkrankenhauses** ausreicht, um die nach der Eingangsdiagnose zu erwartende
ärztliche Behandlungsaufgabe bewältigen zu können, ist eine dem **Aufgabenkreis des Belegarztes** zuzurechnende Entscheidung, für die der Träger des Belegkrankenhauses in der Regel nicht haftet (OLG Karlsruhe, Urt. v. 13. 10. 2004 – 7
U 122/03, OLGR 2005, 40, 41 = VersR 2005, 1587, 1588; vgl. aber OLG Koblenz,
Urt. v. 5. 2. 2009 – 5 U 854/08, OLGR 2009, 401: Belegklinik haftet für Mängel
der geburtsrelevanten Ausstattung).

K 180a   Zu beachten ist, dass nicht die Fachgebietsbezeichnung maßgeblich ist, sondern
ob die vom nachgeordneten Arzt konkret wahrgenommene Tätigkeit ihrer Funk-

tion nach dem Fachgebiet des Belegarztes zuzurechnen ist. Dementsprechend **haftet nicht der Klinikträger, sondern der chirurgische Belegarzt für Fehler des von ihm als Operationsassistenten zu einem Eingriff hinzugezogenen, nachgeordneten Arztes der vom Klinikträger geführten HNO-Abteilung** (Spickhoff-Greiner, § 823 Rz. 312; OLG Koblenz, NJW 1990, 1535; OLG Köln, VersR 1990, 1243).

a) Belegarztvertrag (vgl. auch Rz. A 380 ff., A 385 ff.)

Hauptanwendungsfall des „gespaltenen Krankenhausvertrages" ist der Vertrag mit einem Belegarzt. Dieser wird – ohne dort angestellt zu sein – aus dem mit dem Krankenhausträger geschlossenen Belegarztvertrag berechtigt, Patienten im Krankenhaus des Trägers unter Inanspruchnahme der von diesem bereitgestellten Dienste, Einrichtungen und Mittel stationär oder teilstationär zu behandeln, ohne hierfür vom Klinikträger eine Vergütung zu erhalten (BGH, Urt. v. 8. 11. 2005 – VI ZR 319/04, GesR 2006, 117; G/G Rz. A 31; F/N/W, 5. Aufl., Rz. 61, 62; Gehrlein, Rz. A 24; Spickhoff-Greiner, § 823 BGB Rz. 312, 313, 315; Wenzel-Mennemeyer/Hugemann, Kap. 2 Rz. 731 ff., 739; L/K-Schlund, § 115, Rz. 42 ff.; B/P/S-Ible, § 18 KHEntgG, Rz. 1, Seite 455; B/P/S-Bergmann, § 145 BGB Rz. 15). Regelmäßig setzt der Belegarzt die in seiner Praxis ambulant begonnene Behandlung stationär im Krankenhaus fort (F/N/W a. a. O.). **K 181**

Gemäß § 18 I 2 KHEntgG **schuldet der Belegarzt** seine persönlichen ärztlichen Leistungen, den ärztlichen Bereitschaftsdienst für Belegpatienten, die von ihm veranlassten Leistungen nachgeordneter Ärzte in seinem Fachgebiet sowie die von ihm in Auftrag gegebenen Leistungen von Ärzten von Einrichtungen außerhalb des Krankenhauses (vgl. Wenzel-Mennemeyer/Hugemann, Kap. 2 Rz. 733; L/K-Genzel/Degener-Hencke, § 89 Rz. 12, 13; S/Pa, 12. Aufl., Rz. 99) **K 182**

Für Fehler der nachgeordneten Krankenhausärzte, die nicht im Fachgebiet des Belegarztes tätig geworden sind, etwa Fehler des beim KKH angestellten Anästhesisten oder des konsiliarisch mitbehandelnden HNO-Arztes, der vom Krankenhausträger (und nicht vom Belegarzt) hinzugezogen wurde oder auf dem Gebiet der Regelleistungen des KKH tätig wird, **haftet dagegen das Belegkrankenhaus** (Spickhoff-Greiner, § 823 BGB Rz. 312, 314; Wenzel-Mennemeyer/Hugemann, Kap. 2 Rz. 735: sofern die Fehler nicht durch mangelhafte Koordination, Kommunikation oder Information des Belegarztes gesetzt worden sind; G/G, 6. Aufl., Rz. 34, 35, 38, 39, 41: **soweit der Anästhesist bzw. HNO-Arzt beim Krankenhausträger angestellt ist**; u. E. auch, soweit der Anästhesist, HNO-Arzt o. a. vom Krankenhausträger und nicht vom Belegarzt als Konsiliararzt hinzugezogen worden ist; vgl. hierzu auch Rz. K 140a–K 140d).

Schließt eine Patientin mit dem ihre Schwangerschaft betreuenden Gynäkologen als Kassen- oder Privatpatientin einen Behandlungsvertrag, so wird hieraus auch der mit dem Arzt in einer **Gemeinschaftspraxis verbundene Partner** zur Erbringung der ärztlichen Leistung als Gynäkologe verpflichtet. Der mit beiden Ärzten bestehende Behandlungsvertrag besteht fort, wenn sich die Patientin in das Belegkrankenhaus begibt, in dem der Gynäkologe Belegarzt ist und dieser oder dessen Partner dort die Behandlung fortsetzt (BGH, Urt. v. 16. 5. 2000 – VI ZR 321/98, VersR 2000, 1146, 1148 = NJW 2000, 2737, 2741; auch BGH, Urt. v. 8. 11. 2005 – VI ZR 319/04, GesR 2006, 117, 118). **K 183**

K 184   Wenn Belegärzte eines Krankenhauses gegenüber Patienten bei bzw. vor deren stationärer Behandlung gemeinschaftlich als **Belegärztegemeinschaft** auftreten, ist regelmäßig davon auszugehen, dass der Patient zu allen Belegärzten in vertragliche Beziehungen treten will, und zwar auch dann, wenn der Patient vor seiner stationären Aufnahme im Rahmen der ambulanten Behandlung nur zu einem der Belegärzte in vertraglichen Beziehungen stand (OLG Zweibrücken, Urt. v. 23. 11. 2004 – 5 U 11/03, OLGR 2005, 291, bestätigt von BGH, Urt. v. 8. 11. 2005 – VI ZR 319/04, GesR 2006, 117, 118). Besteht zwischen dem Beauftragten und dem auf dessen Weisung im Belegkrankenhaus tätig werdenden Fachkollegen kein Gemeinschaftspraxisverhältnis, so kommt eine **Haftungszurechnung** aus §§ 278, 831 BGB in Betracht (BGH, Urt. v. 16. 5. 2000 – VI ZR 321/98, NJW 2000, 2737, 2741; Rehborn, MDR 2001, 1148, 1149; seit der Einführung der §§ 280, 253 II BGB ist die Unterscheidung zwischen §§ 278 und 831 BGB entbehrlich).

Zur Haftung des Belegkrankenhauses bzw. des Belegarztes für Fehler der eingesetzten Hebamme vgl. Rz. A 380 ff., A 385 ff.

K 185 – K 188   Einstweilen frei.

b) Liquidationsberechtigter Krankenhausarzt

K 189   Ähnlich dem Modell der Chefarztambulanz bei ambulanten Behandlungen (s. o. Rz. A 80 ff.) kann es für die stationäre Behandlung in Einzelfällen grundsätzlich auch zum Abschluss eines „gespaltenen Krankenhausvertrages" zwischen dem Patienten einerseits und dem liquidationsberechtigten (Chef-)Arzt hinsichtlich der ärztlichen Leistungen aus dessen Fachbereich sowie dem Krankenhausträger andererseits kommen. Hier gelten die oben für das Belegarztmodell dargelegten genannten Grundsätze entsprechend (vgl. G/G, 6. Aufl., Rz. A 31 ff., 68, 78 ff., 83; Gehrlein, Rz. A 24 ff. jeweils ohne Differenzierung). **Im Zweifel ist jedoch vom Abschluss eines totalen Krankenhausvertrages mit Arztzusatzvertrag auszugehen, bei dem der Krankenhausträger selbst die ärztlichen Leistungen zu erbringen hat** (F/N/W, 5. Aufl., Rz. 30; Spickhoff-Greiner, § 823 BGB Rz. 306 ff., 320; L/K-Genzel/Degener-Hencke, § 89 Rz. 12, 14, 15; Wenzel/Mennemeyer-Hugemann, Kap. 2, Rz. 743, 744).

2. Haftung

a) Haftung des Krankenhausträgers (vgl. bereits Rz. A 380 ff., A 385 ff.)

K 190   Den Krankenhausträger trifft für Fehler des Belegarztes bzw. des selbst liquidierenden Arztes **weder eine vertragliche** (§ 280 I BGB i. V. m. § 278 BGB) **noch eine deliktische** (§§ 823 I, 831 BGB) **Einstandspflicht** (vgl. OLG Karlsruhe, Urt. v. 13. 10. 2004 – 7 U 122/03, OLGR 2005, 40, 41 f.; OLG Koblenz, VersR 2001, 897, 898 m. w. N.). Er haftet **jedoch** vertraglich aus § 278 BGB bzw. deliktisch aus § 831 BGB:

K 191   – für **Fehler des Klinikpersonals** im Rahmen der allgemeinen Pflege der Patienten und eines dort neugeborenen Kindes (G/G, 6. Aufl., Rz. A 41, 42; F/N/W, 5. Aufl., Rz. 63; S/Pa, 12. Aufl., Rz. 99, 111, 118; Spickhoff-Greiner, § 823

BGB 312, 314), etwa für das Versäumnis, bei einer nach der Geburt eintretenden bläulichen Verfärbung von Gesicht und Händen des Neugeborenen unverzüglich einen Arzt hinzuzuziehen (OLG München, VersR 1997, 977),

– für die **Fehler einer bei ihm angestellten Hebamme bis zur Übernahme der**   K 192
Geburtsleitung durch den Belegarzt mit der Eingangsuntersuchung, etwa für
eine Fehldeutung des CTG und das unterbliebene Herbeirufen des Arztes im
Rahmen der medizinischen Betreuung durch das Belegkrankenhaus (BGH,
Urt. v. 16. 5. 2000 – VI ZR 321/98, MDR 2000, 1130, 1131 = NJW 2000, 2737,
2738: **Fehler vor Übernahme der Geburtsleitung**; BGH, NJW 1995, 1611: **Feh-**
ler nach der Übernahme während einer zeitweiligen Abwesenheit des Beleg-
arztes; BGH, Urt. v. 7. 12. 2004 – VI ZR 212/03, VersR 2005, 408, 410 f. und
im Anschluss hieran OLG Hamm, Urt. v. 16. 1. 2006 – 3 U 207/02, GesR
2006, 120, 124: unterlassene Remonstration der Hebamme bei erkannten,
gröbsten Fehlern des Belegarztes nach Übernahme der Geburt, s. u.; OLG Düsseldorf, VersR 1990, 489: **nicht, d. h. keine Haftung für frei praktizierende**
Hebamme; OLG Koblenz, Urt. v. 26. 7. 2000 – 1 U 1606/98, VersR 2001, 897:
nicht bei Nichterkennen der Überschreitung des Geburtstermins und eines
pathologischen CTG durch die Hebamme; OLG Stuttgart, MedR 2001, 311,
314: **nicht nach Übernahme der Geburt durch den Belegarzt**; vgl. hierzu auch
OLG Celle, VersR 1999, 486, 487 und, VersR 1993, 360; OLG Köln, VersR
1997, 1404; Spickhoff-Greiner, § 823 BGB Rz. 316, 317; S/Pa, 12. Aufl.,
Rz. 45, 102, 103; Wenzel-Mennemeyer/Hugemann, Kap. 2 Rz. 736, 737, 739;
zu weiteren Einzelheiten der Haftung des Belegkrankenhauses bzw. des Belegarztes für Fehler der Hebamme vgl. Rz. A 380 ff., A 385 ff.),

– bei **erneuten Behandlungsfehlern** des Belegarztes nach bereits vorangegange-   K 193
nen, massiven und gehäuften Fehlleistungen des Belegarztes bzw. **lang andau-**
ernder, mangelhafter Organisation (OLG Koblenz, VersR 2001, 897, 898
m. w. N. – im entschiedenen Fall verneint),

– **für nachgeordnete Ärzte, die nicht im Fachgebiet des Belegarztes tätig werden**,   K 194
etwa den bei der Operation durch den Belegchirurgen hinzugezogenen **Anäs-**
thesisten, einen beim Klinikträger beschäftigten oder einen vom Klinikträger
konsiliarisch hinzugezogenen bzw. beauftragten HNO-Arzt (OLG Düsseldorf,
NJW-RR 1993, 483; OLG Düsseldorf, VersR 1986, 1245; OLG Koblenz, VersR
1990, 309, 310; G/G, 6. Aufl., Rz. A 41; Spickhoff-Greiner, § 823 BGB
Rz. 312, 314: **soweit diese Ärzte vom Krankenhausträger angestellt oder auf**
dem Gebiet der Regelleistungen des Krankenhauses tätig sind; Wenzel-Men-
nemeyer/Hugemann, Kap. 2 Rz. 735: alleinige Haftung des KKH, sofern die
Fehlleistungen etwa des Anästhesisten oder des konsiliarisch hinzugezogenen
HNO-Arztes nicht durch eigene Fehler des Belegarztes in der Koordination,
Kommunikation oder Information gesetzt worden sind),

– **für die nachgeordneten, beim Klinikträger angestellten Krankenschwestern**   K 195
und Krankenpfleger für Versäumnisse bei der pflegerischen Versorgung, Bedienung der vom Klinikträger zu stellenden Geräte und Einrichtungen, der richtigen Lagerung des Patienten zur Vermeidung von Dekubiti u. dgl. (OLG Koblenz, VersR 2001, 897, 900: Organisationsverantwortlichkeit für Personal

und Material; G/G, 6. Aufl., Rz. A 35, 41, 42, 68; S/Pa, 12. Aufl., Rz. 43, 44, 97, 99: Mangel der personellen und apparativen Ausstattung, Fehler der Organisation in der pflegerischen Betreuung, Organisations- und Kontrollfehler),

K 196 – für die **organisatorische Sicherstellung ausreichender Anweisung** und Unterweisung des Pflegepersonals sowie die Bereitstellung der vom Belegarzt benötigten Geräte (BGH, NJW 1984, 1400; OLG Koblenz, VersR 2001, 897, 900 und OLG Celle, VersR 1999, 486, 488: schlecht ausgebildetes Personal; OLG Koblenz, Urt. v. 5. 2. 2009 – 5 U 854/08, OLGR 2009, 401: für Mängel der geburtsrelevanten Ausstattung einer Belegklinik/Geburtsklinik),

K 197 – für **Organisations- und Koordinationsfehler**, etwa wenn **für ärztliche Aufgaben Pflegekräfte** eingesetzt werden (OLG München, VersR 1997, 977; G/G, 6. Aufl., Rz. A 42, 43; S/Pa, 12. Aufl., Rz. 43, 44, 97, 98: Mängel der personellen und apparativen Ausstattung, Fehler der Oganisation und Kontrolle, organisatorische Sicherstellung ausreichender Anweisung des Pflegedienstes) bzw. **zur Überwachung eines CTG keine Hebamme, sondern eine Krankenschwester beauftragt** (BGH, NJW 1996, 2429) oder die **Überwachung der Patientin bzw. des Neugeborenen nach Beendigung des Geburtsvorgangs nicht sichergestellt** wird (OLG München, VersR 1997, 977; VersR 1994, 1113; OLG Köln, VersR 1997, 1404; Spickhoff-Greiner, § 823 BGB Rz. 316, 317: Lücken in der Überwachung des Geburtsvorganges),

K 198 – wenn die **werdende Mutter** aufgrund der Angaben des Belegkrankenhauses im Werbeprospekt, wonach „ein Team von erfahrenen Hebammen" vorgehalten und ergänzt wird „durch ortsansässige und schnell verfügbare Gynäkologen, Anästhesisten und Kinderärzte", wobei „unmittelbare Notfälle wie ein Kaiserschnitt, Dammrisse etc. in hauseigenen OP-Räumen behandelt werden" **davon ausgehen kann, der Betreiber des Geburtshauses bzw. der Belegklinik treffe alle im Rahmen einer Geburt erforderlichen organisatorischen Maßnahmen einschließlich der Bereitstellung von Ärzten** (BGH, Urt. v. 7. 12. 2004 – VI ZR 212/03, VersR 2005, 408, 409 und nachfolgend OLG Hamm, Urt. v. 16. 1. 2006 – 3 U 207/02, GesR 2006, 120, 122 f.). Die Belegklinik hat auch postoperativ für eine **ausreichende Grund-, Funktions- und Behandlungspflege** Sorge zu tragen und hierfür im ausreichenden Maß fachkundiges, nichtärztliches Personal zur Verfügung zu stellen. Für Notfälle muss der Krankenhausträger hinsichtlich zu ergreifender Sofortmaßnahmen und dem Herbeiholen ärztlicher Hilfe entsprechende Anordnungen gegenüber dem Pflegepersonal treffen (OLG Schleswig, Urt. v. 28. 3. 2008 – 4 U 34/07, OLGR 2009, 296, 298; auch OLG Köln, VersR 1997, 1404).

K 199 Wirbt das Belegkrankenhaus in solcher (Rz. K 198) oder ähnlicher Weise auch mit ärztlichen Leistungen, muss es sich gem. § 278 BGB (im entschiedenen Fall grobe) Behandlungsfehler des Belegarztes zurechnen lassen.

Daneben haftet das Belegkrankenhaus in einer derartigen Konstellation auch selbst aus § 823 I BGB (Organisationsverschulden), wenn den verantwortlichen Personen (Betreiber, Mitgesellschafter, Geschäftsleitung, Krankenhausdirektor o. a.) die **mangelnde Qualifikation des Belegarztes bekannt ist oder während eines Geburtsvorganges bekannt wird** und die Verantwortlichen hierauf nicht unverzüglich reagieren, die Fortsetzung der Geburt beenden und für eine Verlegung der Mutter Sorge tragen (BGH, Urt. v. 7. 12. 2004 – VI ZR 212/03, VersR 2005, 408, 410 f. und nachfolgend OLG Hamm, Urt. v. 16. 1. 2006 – 3 U 207/02, GesR 2006, 120, 123/124: der gerichtliche Sachverständige hatte die Maßnahmen des Beleg-arztes als „Reißen eines Verrückten über 65 Minuten" bezeichnet, Hebamme war gleichzeitig Mitbetreiberin der Klinik). **Mangels Weisungsgebundenheit des Belegarztes greift die (zusätzliche) deliktische Haftung des Belegkrankenhauses aus § 831 BGB allerdings nicht ein** (OLG Hamm, Urt. v. 16. 1. 2006 – 3 U 207/02, GesR 2006, 120, 125; S/Pa, 12. Aufl., Rz. 97, 99; a.A. Gehrlein, VersR 2004, 1488, 1490).

Außer für Mängel der geburtsrelevanten Ausstattung und Fehler des Klinikpersonals bei der Grundpflege **haftet** ein Krankenhaus **für Versäumnisse von Belegarzt und Beleghebamme** selbst dann **nicht**, wenn die Kindeseltern irrig davon ausgehen, Vertragspartner sei auch der Krankenhausträger (OLG Koblenz, Urt. v. 5. 2. 2009 – 5 U 854/08, OLGR 2009, 401, 403).   K 199a

b) Haftung des Belegarztes

Der Belegarzt bzw. selbst liquidierende Arzt haftet beim gespaltenen Krankenhausvertrag (vgl. G/G, Rz. A 34, A 38, A 39, A 40; Spickhoff-Greiner, § 823 Rz. 311, 312, 313; Wenzel-Mennemeyer/Hugemann, Kap. 2 Rz. 733, 735; vgl. auch Rz. A 380 ff., A 385 ff.):   K 200

– für **eigene Fehlleistungen** innerhalb seines Fachbereichs,

– für die von ihm selbst angestellten ärztlichen und nichtärztlichen Hilfspersonen, den ärztlichen Partner einer Gemeinschaftspraxis (zur Haftung aus § 128 HGB analog BGH, Urt. v. 8. 11. 2005 – VI ZR 319/04, VersR 2006, 361, 363 = GesR 2006, 117, 118; zur Haftung aus § 130 HGB analog BGH, Urt. v. 7. 4. 2003 – II ZR 56/02, MedR 2003, 634) und den eingesetzten Urlaubsvertreter (BGH, Urt. v. 16. 5. 2000 – VI ZR 321/98, MDR 2000, 1130 = NJW 2000, 2737, 2741; OLG Oldenburg, Urt. v. 14. 8. 2001 – 5 U 36/01, VersR 2003, 375: bei angestelltem Praxisvertreter § 831 BGB anzuwenden; F/N/W, 5. Aufl., Rz. 62, 64; G/G, 6. Aufl., Rz. A 38, 39, 68),   K 201

– für Fehler der **von ihm hinzugezogenen Ärzte** des Bereitschaftsdienstes und niedergelassener Ärzte, sofern Letztere nicht in eigene vertragliche Beziehungen mit dem Patienten treten (BGH, NJW 1992, 2962: Gynäkologe zieht Kinderärztin hinzu; BGH, NJW 1989, 2943; G/G, 6. Aufl., Rz. A 40, 69),   K 202

– für Fehler **nachgeordneter Ärzte des Krankenhauses desselben Fachgebietes**, deren er sich bei der Durchführung der ihm obliegenden Behandlung bedient, etwa einem Assistenten bei der Durchführung einer Operation (Spickhoff-Greiner, § 823 BGB Rz. 312, 314; F/N/W a.a.O.; Gehrlein, Rz. A 26; G/G, 6. Aufl., Rz. A 39, 40); allerdings trägt das Belegkrankenhaus die alleinige Haftung für Fehlleistungen der beim Krankenhaus angestellten Ärzte anderer Fachgebiete, etwa des Anästhesisten oder des konsiliarisch mitbehandelnden HNO-Arztes (OLG Düsseldorf, NJW-RR 1993, 484; OLG Düsseldorf, VersR 1986, 1245; Spickhoff-Greiner, § 823 BGB Rz. 312, 314; Wenzel-Mennemeyer/   K 203

Hugemann, Kap. 2 Rz. 735: Haftung des KKH für nachgeordnete Ärzte, die nicht im Fachbereich des Belegarztes tätig werden, sofern kein Fehler des Belegarztes in der Koordination, Kommunikation oder Information vorliegt),

K 204 – für Fehler **nachgeordneter Ärzte des Klinikträgers eines anderen Fachgebiets**, wenn diese durch eigene Fehler in der Koordination, Kommunikation oder Information gesetzt worden sind, für die der Belegarzt mitverantwortlich ist (Wenzel-Mennemeyer/Hugemann, Kap. 2 Rz. 735, 45, 46: ggf. gesamtschuldnerische Haftung),

K 205 – **für Fehler in der Behandlung und Pflege des Patienten, soweit diese auf Anweisungs- oder Organisationsversäumnisse des selbst liquidierenden Arztes zurückgehen** (S/Pa, 12. Aufl., Rz. 126; Wenzel-Mennemeyer/Hugemann, Kap. 2 Rz. 735; G/G, 6. Aufl., Rz. A 39, 42: für erkennbar nicht ausreichende Anweisungen an das Pflegepersonal durch den Belegarzt muss der Klinikträger aber einschreiten), etwa **wenn die Überwachung eines CTG einer Krankenschwester überlassen wird** (BGH, NJW 1996, 2429), wenn die **Anleitung des Pflegepersonals im Umgang mit Frischoperierten unterbleibt oder die Überwachung durch den Belegarzt operierter Patienten nicht organisiert wird** (OLG Köln, VersR 1997, 1404; Gehrlein, Rz. A 26, 27) oder **wenn der Belegarzt erkennen kann, dass die Ausstattung eines Belegkrankenhauses nicht ausreicht**, um die nach der Eingangsdiagnose zu erwartende ärztliche Behandlungsaufgabe bewältigen zu können und die Patientin, etwa bei einer zu erwartenden, schwierigen Geburt, dann nicht an eine andere, **besser ausgestattete Klinik verwiesen** wird (OLG Karlsruhe, Urt. v. 13. 10. 2004 – 7 U 122/03, OLGR 2005, 40, 41 = AHRS III, 0940/302; OLG München, Urt. v. 21. 9. 2006 – I U 2161/06, AHRS III, 0940/303; ebenso OLG Koblenz, VersR 2005, 1578, 1579).

K 206 Einstweilen frei.

K 207 – für Fehler einer beim Krankenhausträger angestellten oder einer freiberuflichen Hebamme ab dem Zeitpunkt der **Übernahme der Geburtsleitung** mit der Eingangsuntersuchung bzw. der Feststellung der Geburtsbereitschaft der Schwangeren (BGH, Urt. v. 16. 5. 2000 – VI ZR 321/98, NJW 2000, 2737, 2738 = MDR 2000, 1130; BGH, NJW 1995, 1611, 1612 = VersR 1995, 706, 708; auch BGH, Urt. v. 7. 12. 2004 – VI ZR 212/03, VersR 2005, 408, 409 f.; OLG Celle, VersR 1993, 360 und, VersR 1999, 486, 487; OLG Hamm, Urt. v. 16. 1. 2006 – 3 U 207/02, GesR 2006, 120, 123/125; OLG Karlsruhe, Urt. v. 13. 10. 2004 – 7 U 122/03, OLGR 2005, 40, 42; OLG Koblenz, VersR 2001, 897, 898; OLG Stuttgart, MedR 2001, 311, 314; F/N/W, 5. Aufl., Rz. 62, 64; G/G, 6. Aufl., Rz. A 41, 43, 47; S/Pa, 12. Aufl., Rz. 102, 103; Wenzel-Mennemeyer/Hugemann, Kap. 2 Rz. 736, 737; zur **Haftung des Belegkrankenhauses bzw. des Belegarztes für angestellte Hebammen** vgl. auch Rz. A 380 ff., A 385 ff.).

K 208 Für ein Fehlverhalten der **im Belegkrankenhaus angestellten Hebamme haftet der Klinikträger dann nicht, wenn der gynäkologische Belegarzt die Geburtsleitung übernommen hat** und die Hebamme im Rahmen der Erfüllung der Pflichten des Belegarztes und damit in dessen Verantwortungsbereich tätig wird (OLG Koblenz, Urt. v. 26. 7. 2000 – 1 U 1606/98, VersR 2001, 897; OLG Karlsruhe, Urt. v. 13. 10. 2004 – 7 U 122/03, OLGR 2005, 40, 41 f.) bzw. nach Übernahme der Behandlung durch den Belegarzt dessen Weisungs- und Direktionsrecht untersteht (OLG Stuttgart, MedR 2001, 311, 314; OLG Karlsruhe a. a. O.; S/Pa, 12. Aufl., Rz. 45, 101, 102: frei praktizierende Beleghebamme haftet selbst, ab Übernahme der Geburt auch der Belegarzt; vgl. Rz. A 382, A 382a, A 389).

In den Aufgaben- und Verantwortungsbereich des Belegarztes fallen nach Ansicht des OLG Koblenz (VersR 2001, 897, 898) das Nichterkennen eines pathologischen CTG nach Übernahme der Geburt, die Verabreichung von wehenfördernden Mitteln nach der Geburtseinleitung und die Überwachung einer etwaigen Überschreitung des errechneten Geburtstermins. **K 209**

Allein der **Belegarzt trägt die Verantwortung dafür, dass die Ausstattung der Belegklinik der wahrzunehmenden ärztlichen Aufgabe genügt** (OLG Koblenz, VersR 2005, 1578; OLG Karlsruhe, NJW-RR 2005, 107; Wenzel-Mennemeyer/ Hugemann, Kap. 2 Rz. 734; Gehrlein, Rz. A 27; differenzierend OLG Koblenz, Urt. v. 5. 2. 2009 – 5 U 854/08, OLGR 2009, 401: KKH kann **auch für Mängel der geburtsrelevanten Ausstattung haften**). Der Belegarzt muss durch geeignete Maßnahmen sicherstellen, dass die **erforderlichen Geräte und Apparaturen vom Klinikträger beschafft und auch bereitgehalten werden** (OLG München, Urt. v. 21. 9. 2006 – 1 U 2161/06, AHRS III, 0940/303). **K 209a**

Allerdings wird das Pflegepersonal bei den regelmäßig im Rahmen der Behandlungspflege zu treffenden Feststellungen (Temperatur und Blutdruckmessung u. a.) und der rechtzeitigen Mitteilung beim Auftreten von Komplikationen (Fieber, schlechter Allgemeinzustand des Patienten o. a.) an den Belegarzt oder ärztliches Personal der Belegklinik **im Pflichtenkreis des Krankenhausträgers** und nicht des Belegarztes tätig (OLG Schleswig, Urt. v. 28. 3. 2008 – 4 U 34/07, OLGR 2009, 296, 298); **K 209b**

c) Gesamtschuldnerische Haftung

Eine gesamtschuldnerische Haftung des Belegarztes und des Krankenhausträgers wird insbesondere bejaht, wenn **K 210**

– der Fehler des Belegarztes ein **Organisations- oder Kontrollversäumnis des Klinikträgers** aufdeckt (BGH, Urt. v. 7. 12. 2004 – VI ZR 212/03, VersR 2005, 408, 410 und nachfolgend OLG Hamm, Urt. v. 16. 1. 2006 – 3 U 207/02, GesR 2006, 120, 124; S/Pa, 12. Aufl., Rz. 44, 97; Gehrlein, Rz. A 27, 28), etwa **wenn der Belegarzt die Übung des Klinikträgers, ein CTG durch das Pflegepersonal überwachen oder bewerten zu lassen, duldet** (BGH, NJW 1996, 2429; BGH, VersR 200, 1146, 1147: Lücken in der ärztlichen Überwachung des Geburtsvorganges waren für das Belegkrankenhaus erkennbar; S/Pa, 12. Aufl., Rz. 97; F/N/W, 5. Aufl, Rz. 64; Wenzel-Mennemeyer/Hugemann, Kap. 2 Rz. 739), er **das Fehlen eines Aufwachraums zur Überwachung des frischoperierten Patienten nicht beanstandet** (OLG Köln, VersR 1997, 1404; Gehrlein, Rz. A 27, 28) oder wenn der Betreiber eines Geburtshauses nach **Kenntnis gravierender Fehlleistungen eines Belegarztes** im Rahmen eines langwierigen Geburtsvorgangs nicht unverzüglich reagiert, die Fortsetzung **K 211**

der Geburt beendet und für die Verlegung der werdenden Mutter Sorge trägt
(OLG Hamm, Urt. v. 16. 1. 2006 – 3 U 207/02, GesR 2006, 120, 124 im
Anschl. an BGH, Urt. v. 7. 12. 2004 – VI ZR 212/03, VersR 2005, 408, 410:
Hebamme betrieb gleichzeitig das Geburtshaus),

K 212   – zum Fehler der Hilfsperson ein eigener Fehler des Belegarztes hinzutritt, etwa
beim Einsatz von Krankenschwestern/Krankenpflegern bei einer **dem Arzt
vorbehaltenen Verabreichung von Medikamenten und Infusionen**, soweit wegen der besonderen Anforderungen spezifisch ärztliche Einweisungen erforderlich sind (F/N/W, 5. Aufl., Rz. 64; zur Delegation ärztlicher Leistungen
auf nichtärztliches Personal vgl. zuletzt Bergmann, MedR 2009, 1–10 und
Rz. A 395 ff.),

K 213   – sowohl der Belegarzt als auch der Klinikträger die Überwachung der dem Pflegepersonal erteilten Anweisungen versäumen (BGH, NJW 1986, 2365; Gehrlein, Rz. A 28; G/G, 6. Aufl., Rz. 46),

K 214   – massive, **gehäufte Fehlleistungen** des Belegarztes bereits vor dem erneuten Behandlungsfehler aufgetreten sind und der Krankenhausträger nicht entsprechend eingeschritten ist (OLG Koblenz, VersR 2001, 897, 898 – im entschiedenen Fall verneint; auch BGH, Urt. v. 7. 12. 2004 – VI ZR 212/03, VersR 2005,
408, 410 f.: „Remonstrationspflicht" der beim Belegkrankenhaus angestellten
Hebamme),

K 215   – es zu Fehlern des Pflegepersonals bei der Behandlung und Versorgung des Patienten im Rahmen einer **konkreten Anweisung** des Belegarztes gekommen
ist (OLG Celle, VersR 1999, 486; G/G, Rz. A 48, 70; Spickhoff-Greiner, § 823
BGB Rz. 319),

K 216   Nach Auffassung von Greiner (G/G, 6. Aufl., Rz. A 47 und Spickhoff-Greiner,
§ 823 Rz. 319; a. A. Gehrlein, Rz. A 26) sollte bei Fehlleistungen des nichtärztlichen Personals im Rahmen einer Operation neben der Haftung des Belegkrankenhauses auch eine gesamtschuldnerische Haftung des Belegarztes treten.

d) Haftung der Beleghebamme (vgl. hierzu bereits Rz. A 380 ff., A 385 ff.)

K 217   Wird die schwangere Patientin von einer **frei praktizierenden Hebamme** betreut,
so haftet Letztere **bis zur Übernahme der Geburtsleitung** durch den Arzt (Belegarzt oder vom Krankenhausträger angestellter Arzt) mit der Eingangsuntersuchung bzw. der Feststellung der Geburtsbereitschaft durch den Arzt alleine
(BGH, Urt. v. 16. 5. 2000 – VI ZR 321/98, NJW 2000, 2737, 2738 = VersR 2000,
1146, 1147; S/Pa, 12. Aufl., Rz. 45, 46, 101, 103; G/G, 6. Aufl., Rz. A 43; Gehrlein, Rz. A 29), sofern dem ärztlichen oder nichtärztlichen Personal des Krankenhausträgers kein Fehlverhalten in der Vorbereitungsphase, etwa aufgrund einer verspäteten Hinzuziehung eines Arztes oder einer verspäteten Verlegung in
den Kreißsaal zur Last fällt. Wird die selbständige Beleghebamme **nach der Übernahme der Geburt** duch diesen als Gehilfin (§§ 278, 831) des Belegarztes tätig,
kommt eine gesamtschuldnerische Haftung von Belegarzt und Hebamme in Betracht (G/G, 6. Aufl., Rz. A 44; Wenzel-Mennemeyer/Hugemann, Kap. 2
Rz. 737).

e) Haftung des beamteten Arztes

Bei Fehlern des beamteten Belegarztes bzw. selbst liquidierenden Arztes, dem K 218
bei ihm selbst beschäftigten ärztlichen und nichtärztlichen Personal, den von
ihm selbst hinzugezogenen Konsiliarärzten scheidet eine Verweisung gem.
§ 839 I 2 BGB auf den Klinikträger aus, da dessen Aufgaben- und Verantwortungsbereich insoweit nicht tangiert wird. Eine **Verweisungsmöglichkeit** auf
die – vorrangige – Haftung des Klinikträgers **besteht jedoch** bei einem nur oder
zumindest **auch vom Klinikträger zu vertretenden Organisations- oder Koordina-
tionsverschulden, bei einem diesem zurechenbaren Verschulden der beim Klinikträger angestellten Ärzte einer anderen Fachrichtung** (G/G, 6. Aufl.,
Rz. A 78, 79; Gehrlein, Rz. A 55; vgl. hierzu BGH, NJW 1993, 784 und, NJW-RR
1991, 779), **beim Einsatz ärztlichen oder nichtärztlichen Personals im pflegerischen und im Wahlleistungsbereich des selbst liquidierenden (Chef-)Arztes
(F/N/W, 5. Aufl., Rz. 49, 63) und in sämtlichen Fällen, in denen ein nichtbeam-
teter, selbstliquidierender Arzt neben dem Krankenhausträger gesamtschuldnerisch haften würde** (s. o. Rz. K 211 ff.). Dem beamteten, nachgeordneten Arzt ist
die Verweisung auf die vorrangige, vertragliche und deliktische Haftung (§§ 839,
831, 278 BGB) des selbstliquidierenden Arztes desselben Fachbereichs und die
vorrangige vertragliche sowie deliktische Haftung des Klinikträgers (§§ 839,
831, 278 BGB) sowohl im eigenen Leistungsbereich des Krankenhausträgers als
auch für dessen Organisationsverschulden möglich (G/G, 6. Aufl., Rz. A 80, 81;
Gehrlein, Rz. A 56; zu weiteren Einzelheiten vgl. Rz. K 147 ff., K 170 ff.).

Mitverschulden des Patienten

I. Mitverschulden bei mangelhafter therapeutischer Beratung

Grundsätzlich kann sich der Arzt gegenüber dem Patienten, der ihn wegen feh- M 1
lerhafter Behandlung und fehlerhafter therapeutischer Beratung auf Schadens-
ersatz in Anspruch nimmt, darauf berufen, dass dieser den Schaden durch sein
– vom Arzt zu beweisendes – **eigenes schuldhaftes Verhalten mitverursacht** hat
(BGH, Urt. v. 16. 6. 2009 – VI ZR 157/08, VersR 2009, 1267 = MedR 2010, 101,
Nr. 13, 14; BGH, NJW 1997, 1635 = MDR 1997, 353 = VersR 1997, 449; BGH,
NJW 1997, 3090 = VersR 1997, 1357; OLG Braunschweig, Urt. v. 6. 11. 2008 – 1
U 48/07, AHRS III, 1400/312; OLG Celle, Urt. v. 27. 12. 2006 – 1 U 82/06, AHRS
III, 1400/310; KG, Urt. v. 7. 3. 2005 – 20 U 398/01, OLGR 2006, 12, 13 = GesR

2005, 251, 252; OLG Köln, Urt. v. 22. 9. 2010 – 5 U 211/08, juris, Nr. 60, 61, 73 = GesR 2011, 229, 232; OLG München, Urt. v. 23. 9. 2004 – 1 U 5198/03, OLGR 2006, 90; OLG Stuttgart, Urt. v. 9. 4. 2002 – 14 U 84/01, AHRS III, 1400/302; Spickhoff-Greiner, § 823 BGB Rz. 367–370; Spickhoff, NJW 2003, 1701, 1706f.; F/N/W, 5. Aufl., Rz. 173, 226; L/K-Laufs/Kern, § 95 Rz. 12, 13; S/Pa, 12. Aufl., Rz. 222; G/G, 6. Aufl., Rz. A 98–101; Schmidt-Recla, MedR 2010, 104; R/L-Kern, § 1 Rz. 87 und § 5 Rz. 25, 59; R/L-Ratzel; § 7 Rz. 2–5; R/L-Greiff, § 17 Rz. 2ff., 22ff.).

1. Nichtbefolgung von Therapie- und Kontrollanweisungen

M 2   Ein Mitverschulden liegt aber nur vor, wenn der Patient diejenige Sorgfalt außer Acht gelassen hat, die ein ordentlicher und verständiger Mensch anzuwenden pflegt. So muss von dem Patienten, der an den Heilungsbemühungen des Arztes mitzuwirken hat, etwa erwartet werden, dass er **dessen Therapie- und Kontrollanweisungen befolgt** (BGH, Urt. v. 16. 6. 2009 – VI ZR 157/08, MedR 2010, 101, Nr. 9, 14: stationäre Aufnahme bzw. Infusionsbehandlung verweigert, Mitverschulden abgelehnt; BGH, NJW 1997, 1635 = MDR 1997, 353 = VersR 1997, 449; BGH, NJW 1992, 2961 = VersR 1992, 1229; KG, Urt. v. 7. 3. 2005 – 20 U 398/01, GesR 2005, 251; OLG München, Urt. v. 23. 9. 2004 – 1 U 5198/03, OLGR 2006, 90; OLG Braunschweig, Urt. v. 6. 11. 2008 – 1 U 48/07, AHRS III, 1400/312: **Patient befolgt dringenden Rat zur sofortigen Beiziehung eines Notarztes nicht**, weit überwiegendes Mitverschulden des Patienten; OLG Düsseldorf, Urt. v. 25. 4. 2003 – I-8 U 53/02, VersR 2004, 515: **Erforderliche zahnprothetische Behandlung trotz deutlichem Hinweis des Zahnarztes abgelehnt**; OLG Celle, Urt. v. 27. 11. 2006 – 1 U 82/06, AHRS III, 1400/310: **fehlende Eignung des Medikaments aus dem Beipackzettel ersichtlich**, Mitverschuldensquote 25 %; OLG Köln, VersR 1997, 1102: 25 % Mitverschulden bei **fortgesetztem Nikotinabusus trotz Hinweis auf Infarktrisiko**; OLG Köln, Urt. v. 22. 9. 2010 – 5 U 211/08, GesR 2011, 229, 232 = VersR 2011, 760, 762: **kein Mitverschulden, wenn Patient die Empfehlung des Arztes nicht verstanden hat**; G/G, 6. Aufl., Rz. 99; Spickhoff-Greiner, § 823 BGB Rz. 367, 368; F/N/W, 5. Aufl., Rz. 173, 226; L/K-Laufs/Kern, § 95 Rz. 13).

M 3   Mit Rücksicht auf den **Wissens- und Informationsvorsprung** des Arztes gegenüber dem medizinischen Laien ist jedoch bei der Bejahung eines Mitverschuldens des Patienten grundsätzlich Zurückhaltung geboten. Insbesondere bei mangelhafter therapeutischer Beratung können an die Mitwirkungspflichten des Patienten keine übertriebenen Anforderungen gestellt werden, hier **kann der Einwand des Mitverschuldens nur ausnahmsweise durchgreifen** (BGH, Urt. v. 16. 6. 2009 – VI ZR 157/08, VersR 2009, 1267, 1268 = MedR 2010, 101, 103, Nr. 14–16: ggf. grober Behandlungsfehler und kein Mitverschulden des Patienten, wenn er **nicht ausreichend aufgeklärt worden** ist; BGH, VersR 1997, 449 = MDR 1997, 353 = NJW 1997, 1635; OLG Karlsruhe, Urt. v. 26. 2. 2003 – 7 U 173/01, MDR 2003, 1233; KG, Urt. v. 7. 3. 2005 – 20 U 398/01, OLGR 2006, 12, 13; OLG Köln, Urt. v. 22. 9. 2010 – 5 U 211/08, GesR 2011, 229, 232 = VersR 2011, 760, 762: **Hinweis auf u.U. erforderliche Klinikeinweisung des Arztes war unverständlich**; OLG München, Urt. v. 23. 9. 2004 – 1 U 5198/03, OLGR 2006, 90; OLG Stuttgart, Urt. v. 9. 4. 2002 – 14 U 84/01, VersR 2002, 1563, 1564;

Schmidt-Recla, MedR 2010, 104f.; S/Pa, 12. Aufl., Rz. 222; G/G, 6. Aufl., Rz. A 99; Spickhoff-Greiner, § 823 BGB Rz. 367, 368; F/N/W, 5. Aufl., Rz. 173: **bei Annahme eines Mitverschuldens ist grundsätzlich Zurückhaltung geboten**; L/K-Laufs/Kern, § 95 Rz. 13: „Mitverschulden des Patienten eher selten zu bejahen"; R/L-Greiff, § 17 Rz. 4, 9, 10, 28).

So kommt ein Mitverschulden wegen **Nichtbefolgung ärztlicher Anweisungen**   M 4
oder Empfehlungen nur dann in Betracht, wenn der Patient über den Inhalt der ärztlichen Anweisung, etwa in einem Arztbrief **vollständig unterrichtet worden ist und die darin enthaltenen Empfehlungen auch verstanden hat** (BGH, Urt. v. 16. 6. 2009 – VI ZR 157/08, GesR 2009, 442 = VersR 2009, 1267 = MedR 2010, 101, Nr. 13, 14; BGH, VersR 1997, 449, 450 = NJW 1997, 1635; BGH, VersR 1997, 1357 = NJW 1997, 3090 zur Untersuchungsverweigerung; KG, Urt. v. 7. 3. 2005 – 20 U 398/01, OLGR 2006, 12, 13; S/Pa, 12. Aufl., Rz. 222; Schmidt-Recla, MedR 2010, 104f.; F/N/W, 5. Aufl., Rz. 173, 226: Annahme eines Mitverschuldens setzt **zutreffende und vollständige Therapieanweisungen** voraus; L/K-Laufs/Kern, § 95 Rz. 15: nur wenn sich die Unvollständigkeit der Beratung aufdrängt).

Einem Patienten, der bei einer Kontrolluntersuchung an Beschwerden leidet,   M 5
diese dem Arzt schildert und von ihm **behandlungsfehlerhaft ohne weitere Veranlassung entlassen** wurde, trifft **kein Mitverschulden, wenn er sich bei fortdauernden Beschwerden nicht sogleich erneut an den Arzt wendet.** Denn einem Patienten, der einem ärztlichen Rat folgt, trifft nur dann ein Mitverschulden, wenn sich die **Unvollständigkeit der Beratung schon jedem medizinischen Laien hätte aufdrängen oder wegen eines weitergehenden persönlichen Wissensvorsprungs hätte klar sein müssen** (OLG Stuttgart, Urt. v. 9. 4. 2002 – 14 U 84/01, AHRS III, 1400/302 = VersR 2002, 1563; ebenso BGH, Urt. v. 16. 6. 2009 – VI ZR 157/08, MedR 2010, 101, Nr. 14; F/N/W, 5. Aufl., Rz. 173; L/K-Laufs/Kern, § 95 Rz. 15). Hiervon kann etwa **bei einer Tierärztin gegenüber einem Facharzt für Chirurgie nicht ausgegangen werden** (OLG Stuttgart a. a. O.).

Ist nach zweitägigem, lang anhaltendem Brechdurchfall eines Kleinkindes **eine**   M 6
Klinikeinweisung zur intravenösen Flüssigkeitszufuhr des Säuglings dringend indiziert, weil eine ausreichende Flüssigkeitszufuhr ansonsten nicht sicher gewährleistet ist, muss der niedergelassene Kinderarzt die mit dem Kind erschienene Mutter auf die **Gefahr schwerwiegender, andauernder Gesundheitsschäden oder sogar des Todes hinweisen**, wenn der ärztliche Rat zur umgehenden Vorstellung im Krankenhaus nicht befolgt wird. **Der Hinweis, „dass eine Verschiebung der Salze eintreten kann, die mit dem Leben nicht vereinbar sei", reicht angesichts der Verständnismöglichkeiten eines durchschnittlichen Patienten bzw. Erziehungsberechtigten aber nicht aus** (OLG Köln, Urt. v. 22. 9. 2010 – 5 U 211/08, juris, Nr. 60, 61, 73 = GesR 2011, 229, 232 = VersR 2011, 760, 762; vgl. auch OLG Düsseldorf, Urt. v. 21. 7. 2005 – I-8 U 33/05, AHRS III, 1400/307: Mitverschulden nur dann, wenn der Arzt den Patienten **auf die Notwendigkeit und Dringlichkeit der Untersuchung deutlich hingewiesen und ihm die möglichen medizinischen Folgen seines Verhaltens vor Augen geführt hat**).

Sofern bei einem noch unklaren **Verdacht, etwa auf eine Gelenkinfektion** u. a.,   M 7
weiterer Klärungsbedarf besteht und eine engmaschige Kontrolle des Patienten erforderlich ist, muss ihm der Arzt dies **klar und unmissverständlich** mitteilen.

Übliche Gemeinsätze dahingehend, ggf. wiederzukommen oder einen anderen Arzt aufzusuchen, wenn sich der Zustand verschlechtern sollte, reichen hierfür nicht aus (OLG München, Urt. v. 23. 9. 2004 – 1 U 5198/03, OLGR 2006, 90).

M 8   Nach einer **Handverletzung** durch einen **schweren Sturz** ist zur Abklärung eines etwaigen **Kahnbeinknochenbruchs** die Anfertigung einer Röntgenaufnahme erforderlich. Wird hiervon abgesehen, muss der Patient über die Notwendigkeit einer baldigen Röntgenaufnahme bei entsprechender Beschwerderesistenz informiert und vor den Gefahren bei Unterlassen der ärztlichen Behandlung gewarnt werden. Geschieht dies nicht, fällt dem Patienten **kein Mitverschulden** zur Last (KG, Urt. v. 7. 3. 2005 – 20 U 398/01, OLGR 2006, 12, 13). Die Beweislast dafür, dass dem Patienten der ärztliche Rat zur standardgemäßen Operation, Behandlung bzw. Nachbehandlung erteilt worden ist, trägt der Arzt (OLG Hamm, Urt. v. 24. 4. 2002 – 3 U 8/01, OLGR 2003, 72; OLG Schleswig, NJW 2002, 227; OLG Düsseldorf, VersR 2002, 611, 612: Mitverschulden bei Behandlungsverweigerung).

M 9   Andererseits tritt die Haftung des Kardiologen hinter dem **weit überwiegenden Mitverschulden des Patienten** dann zurück, wenn er den Patienten nach Hause entlassen, aber darauf hingewiesen hatte, dass es bei dem ihm implantierten Defibrilator **stets lebensbedrohlich ist und die sofortige Beiziehung eines Notarztes erfordert, wenn das Gerät Schockserien abgibt** und der Patient (Anm.: soweit dieser noch bewusstseinsklar ist!) diesen Rat nicht befolgt (OLG Braunschweig, Urt. v. 6. 11. 2008 – 1 U 48/07, AHRS III, 1400/312).

M 10   Wird ein Patient bei einer ambulanten Behandlung, etwa einer Magen- oder Darmspiegelung, so **stark sediert**, dass seine Tauglichkeit für den Straßenverkehr für einen längeren Zeitraum erheblich eingeschränkt ist, kann dies für den behandelnden Arzt die Verpflichtung begründen, durch geeignete Maßnahmen sicherzustellen, dass sich der Patient nach der durchgeführten Behandlung nicht **unbemerkt entfernen und damit im Straßenverkehr zu Schaden kommen** kann (BGH, Urt. v. 8. 4. 2003 – VI ZR 265/02, NJW 2003, 2309 = VersR 2003, 1126). In derartigen Fällen muss der Patient in einem Raum untergebracht werden, in dem er unter ständiger Überwachung steht und ggf. daran erinnert werden, dass er das **Krankenhaus nicht eigenmächtig verlassen** soll.

M 11   Die Unterbringung auf dem Flur der Klinik ohne die Möglichkeit einer ständigen Beobachtung reicht nicht aus, um den Patienten daran zu hindern, sich ggf. unbemerkt zu entfernen (BGH, Urt. v. 8. 4. 2003 – VI ZR 265/02, NJW 2003, 2309, 2311; kritisch Laufs, NJW 2003, 2289: wer soll den beträchtlichen Aufwand tragen?). Nach Auffassung des BGH trifft den Patienten selbst dann kein Mitverschulden, wenn ihm vor Durchführung der Behandlung mitgeteilt würde, er möge sich **nach der Behandlung abholen** lassen und wegen der **sedierenden Wirkung** der verabreichten Medikamente nicht am **Straßenverkehr** teilnehmen. Denn die Verhütung des Schadens obliege in derartigen Fällen allein dem Arzt, der sicherstellen muss, dass der Patient das Krankenhaus nicht unbemerkt verlassen kann (kritisch Laufs, NJW 2003, 2289).

2. Nichtbeachtung der Hinweise des Arzneimittelherstellers im Beipackzettel

Bei möglichen **schwerwiegenden Nebenwirkungen** eines Medikaments, etwa ei- M 12
nes Antikonzeptionsmittels („Pille"), ist neben dem Hinweis in der Gebrauchsinformation des Pharmaherstellers auch die mündliche Aufklärung durch den
das Medikament verordnenden Arzt erforderlich. **Der Arzt muss darauf hinweisen, dass insbesondere für Raucherinnen ein erhöhtes Herzinfarkt- oder Schlaganfallrisiko besteht** (BGH, Urt. v. 15. 3. 2005 – VI ZR 289/03, VersR 2005, 834,
835 = GesR 2005, 257, 258 und Stöhr, RiBGH, GesR 2006, 145, 148: Eingriffs-
oder Risikoaufklärung).

Im Schrifttum wird darauf hingewiesen, dass sich in solchen Fällen, in denen M 13
zwar der Arzt über Nebenwirkungen und Risiken eines Medikaments nicht aufgeklärt hat, sich die entsprechenden Informationen aber aus der Packungsbeilage
ergebe, die Frage eines Mitverschuldens des Patienten bzw. der Patientin stellt.
Der Patient sei verpflichtet, **Hinweise des Arzneimittelherstellers in der Packungsbeilage** (Beipackzettel) eines Medikaments zu beachten und im eigenen
Interesse **zu befolgen** (Kern, NJW 2005, 1716; Koyuncu, GesR 2005, 289, 295;
F/N/W, 5. Aufl., Rz. 226).

Mit Rücksicht auf den Wissens- und **Informationsvorsprung des Arztes** ist die M 14
Rspr. **bei der Bejahung eines Mitverschuldens des Patienten eher zurückhaltend**
(vgl. BGH, Urt. v. 8. 4. 2003 – VI ZR 265/02, NJW 2003, 2309, 2310; BGH, VersR
1997, 1357; G/G, 6. Aufl., Rz. A 98, 99; Stöhr, RiBGH, GesR 2006, 145, 148 f.).
Bei der Information aus Packungsbeilagen sei überdies zu berücksichtigen, dass
diese wegen ihrer Aufmachung (Unübersichtlichkeit, kleine Schrift, Überfrach-
tung) und der zahlreichen in ihr enthaltenen Hinweise für viele Patienten nur
schwer verständlich sind und wegen der in ihr enthaltenen allgemeinen, nicht
patientenbezogenen Aussagen über das Arzneimittel das im Einzelfall bestehende Risiko möglicherweise nicht hinreichend deutlich machen (Stöhr, GesR
2006, 145, 149). Der BGH hatte im entschiedenen Fall in Ermangelung entsprechenden Vortrages keine Veranlassung, ein etwaiges Mitverschulden anzusprechen (so Stöhr, RiBGH, GesR 2006, 145, 149 zu BGH, Urt. v. 15. 3. 2005 – VI
ZR 289/03, VersR 2005, 834, 835).

Eine Patientin kann darauf vertrauen, dass das ihr vom Arzt verschriebene Medi- M 15
kament die von diesem angegebene Wirkung (hier: Empfängnisverhütung) hat.
Verfügt ein vom Arzt verschriebenes Arzneimittel nicht über die von ihm angegebene Wirkung und ist diese Wirkung auch im Beipackzettel des Medikaments
nicht beschrieben (kein empfängnisverhütendes Präparat, sondern ein solches
gegen Beschwerden in den Wechseljahren), ist der Patientin im Falle eines Schadenseintritts **ein Mitverschulden im Umfang von 25 %** anzulasten (OLG Celle,
Urt. v. 27. 12. 2006 – 1 U 82/06, AHRS III, 1400/310; **a.A.** wohl Stöhr, GesR
2006, 145, 149, Rz. M 14).

3. Unterlassene oder unzureichende Nachfrage

Ein Mitverschulden wegen **unterlassener oder unzureichender Nachfrage** liegt M 16
nur vor, **wenn sich die Unvollständigkeit der ärztlichen Information jedem**

Laien geradezu aufdrängen musste oder dem Patienten aufgrund seines besonderen persönlichen Wissens die Unvollständigkeit der Unterrichtung klar sein musste (BGH, NJW 1997, 1635, 1636 = VersR 1997, 449, 450; BGH, Urt. v. 16. 6. 2009 – VI ZR 157/08, GesR 2009, 442 = MedR 2010, 101, Nr. 14; OLG Stuttgart, Urt. v. 9. 4. 2002 – 14 U 84/01, VersR 2002, 1563, 1564; Spickhoff, NJW 2003, 1701, 1706 f.; Schmidt-Recla, MedR 2010, 104; F/N/W, 5. Aufl., Rz. 173; R/L-Greiff, § 17 Rz. 9, 14: Informationsdefizite gehen zu Lasten des Arztes).

M 17 Eine Patientin (hier: Tierärztin), die bei einer Kontrolluntersuchung an Beschwerden, im entschiedenen Fall nach einer Schnittverletzung am Grundgelenk des Mittelfingers der linken Hand leidet, diese dem Facharzt für Chirurgie schildert und von diesem nach oberflächlicher Überprüfung des verletzten Mittelfingers mit dem – falschen – Ergebnis entlassen wird, dass die Funktion der Sehnen intakt sei, trifft **kein Mitverschulden, wenn der Facharzt die Patientin nicht wenigstens zu einer Kontrolluntersuchung kurzfristig wieder einbestellt bzw. der Patientin eine zeitnahe Kontrolle nahe legt** und diese sich bei fortdauernden Beschwerden dann nicht sogleich erneut an den Arzt wendet (OLG Stuttgart, Urt. v. 9. 4. 2002 – 14 U 84/01, VersR 2002, 1563 = AHRS III, 1400/302).

M 18 Ein Mitverschulden des Patienten wegen einer durch eine **zu lange Bestrahlungsdauer** verursachten Schädigung wegen unterlassener Nachfrage o. a. kommt ebenfalls nur ausnahmsweise in Betracht, denn es ist Teil der Behandlungsaufgabe des Arztes, den Patienten vor einer solchen Schädigung zu bewahren und eine übermäßig lange Bestrahlungsdauer zu vermeiden (OLG Karlsruhe, Urt. v. 26. 2. 2003 – 7 U 173/01, MDR 2003, 1233: Mitverschulden abgelehnt).

M 19 Einer an Bulimie erkrankten Patientin, deren Einsichtsfähigkeit in die Behandlungsbedürftigkeit deutlich reduziert ist, kann **kein Mitverschulden** am Eintritt eines hierauf zurückzuführenden apallischen Syndroms entgegengehalten werden (LG München I, Urt. v. 18. 6. 2003 – 9 O 5933/94, GesR 2003, 355).

4. Wunschgemäße Anwendung einer kontraindizierten Therapie

M 20 Wendet der Arzt **auf ausdrücklichen Wunsch** des Patienten eine kontraindizierte Therapie an, so kann dies bei Eintritt eines dadurch bedingten Gesundheitsschadens **kein Mitverschulden** des Patienten begründen, wenn der Arzt nicht nachweist, dass er den Patienten darauf hingewiesen hat, **bereits kleinste Verletzungen durch die auf dessen Wunsch zu verabreichende Spritze könnten zu gefährlichen Blutungen und einem lebensbedrohlichen Zustand führen** (OLG Düsseldorf, Urt. v. 16. 11. 2000 – 8 U 101/99, NA-Beschl. BGH v. 18. 9. 2001 – VI ZR 419/00, VersR 2002, 611, 612; S/Pa, 12. Aufl., Rz. 222; G/G, 6. Aufl., Rz. A 99).

II. Kein grober Behandlungsfehler

M 21 **Verlässt der Patient gegen ärztlichen Rat**, der mit dem Hinweis auf die Notwendigkeit und Dringlichkeit des Eingriffs bzw. der Untersuchung verbunden ist, das Krankenhaus (BGH, VersR 1986, 1121; BGH, MDR 1997, 940 = NJW 1997, 3090, 3091; KG, Urt. v. 7. 3. 2005 – 20 U 398/01, OLGR 2006, 12, 13; vgl. Rz. A 636, A 638 ff.) bzw. begibt er sich trotz **ausdrücklicher Belehrung über die Notwendigkeit und Dringlichkeit** nicht dorthin (OLG Braunschweig, VersR 1998, 459; KG, Urt. v. 7. 3. 2005 – 20 U 398/01, OLG 2006, 12, 13; vgl. Rz. A 638 ff.), **missachtet er eindeutige Pflegeanweisungen** (KG, Urt. v. 7. 3. 2005 – 20 U 398/01, OLGR 2006, 12, 13; KG, VersR 1991, 928) oder wird etwa eine Schnittentbindung wegen einer Angstreaktion der Mutter hinausgezögert (BGH, NJW 1997, 798), **kann die Haftung des Arztes trotz an sich festgestellten „groben Behandlungsfehlers" ausscheiden** (vgl. hierzu → *Grobe Behandlungsfehler,* Rz. G 276 ff.; kritisch Schmidt-Recla, MedR 2010, 103, 105: Kausalitätsnachweis und Verschulden müssen auseinandergehalten werden).

In derartigen Fällen wird durch das Verhalten des Patienten eine selbständige Komponente für den Heilungserfolg vereitelt (vgl. BGH, Urt. v. 16. 11. 2004 – VI ZR 328/03, VersR 2005, 228, 229 = NJW 2005, 427, 428; OLG München, Urt. v. 23. 9. 2004 – 1 U 5198/03, OLGR 2006, 90; KG, Urt. v. 7. 3. 2005 – 20 U 398/01, OLGR 2006, 12, 13; vgl. Rz. G 275 ff.). Die mangelnde Mitwirkung des Patienten an einer medizinisch gebotenen Behandlung schließt das Vorliegen eines groben Behandlungsfehlers aber nicht aus, wenn der Patient über das Risiko der Nichtbehandlung (therapeutisch) **nicht ausreichend und verständlich aufgeklärt** worden ist (BGH, Urt. v. 16. 6. 2009 – VI ZR 157/08, GesR 2009, 442 = VersR 2009, 1267 = MedR 2010, 101, Nr. 14, 15: Gefährlichkeit einer Dehydration/Austrocknung und Erforderlichkeit einer stationären Behandlung nicht bzw. nicht deutlich genug dargestellt; zur Feststellung eines „groben Behandlungsfehlers" an das OLG Frankfurt zurückverwiesen).

Schmidt-Recla (MedR 2010, 103, 105; auch R/L-Greiff, § 17 Rz. 14, 28) weist darauf hin, dass die Haftung des Arztes bei Feststellung eines „groben Behandlungsfehlers" nicht deshalb gänzlich ausscheidet, wenn ein Mitverschulden des Patienten vorliegt. **Kausalitätsnachweis und Verschulden müssten auseinander gehalten werden.** Die Rechtsprechung der Oberlandesgerichte laufe darauf hinaus, das Verschulden in den Tatbestand der Haftungsnorm zu verschieben. Ist dem Patienten ein Mitverschulden vorzuwerfen, sei vielmehr der nach Feststellung des groben Behandlungsfehlers dem Grunde nach bestehende Schadensersatzanspruch entsprechend zu kürzen. M 22

Stets ist zu beachten, dass nur **solche Umstände zu Lasten des Geschädigten anspruchsmindernd berücksichtigt werden können, von denen feststeht, dass sie eingetreten und für die Entstehung des Schadens zumindest mitursächlich geworden sind** (BGH, Urt. v. 20. 2. 2013 – VIII ZR 339/11, MDR 2013, 589; BGH, Urt. v. 20. 3. 2012 – VI ZR 3/11, MDR 2012, 768 = VersR 2012, 865). M 22a

III. Mitverschulden bei ärztlicher Aufklärung

Im Rahmen der dem Arzt obliegenden Eingriffs- und Risikoaufklärung kommt ein Mitverschulden des Patienten dann in Betracht, **wenn er den unzutreffenden Eindruck erweckt, dass ihm die Risiken der Behandlung bekannt oder gleichgül-** M 23 tig sind (G/G, 6. Aufl., Rz. A 100; Spickhoff-Greiner, § 823 BGB Rz. 369 m.w.N.; F/N/W, 5. Aufl., Rz. 226) oder wenn er das Aufklärungsformular unterzeichnet, ohne es gelesen zu haben (F/N/W, 5. Aufl., Rz. 226). In derartigen Fällen ist u.E. regelmäßig bereits das Vorliegen eines Aufklärungsfehlers zu verneinen. Beruft sich der Arzt auf ein Mitverschulden des Patienten, so muss er **die dem Patienten zuvor erteilte therapeutische Aufklärung darlegen und beweisen** (BGH, Urt. v. 16. 11. 2004 – VI ZR 328/03, NJW 2005, 427, 428; R/L-Uphoff/Hindemith, § 4 Rz. 139; auch R/L-Greiff, § 17 Rz. 14, 18).

IV. Verstoß gegen die Schadensminderungspflicht; „Nachbesserungsrecht" des Zahnarztes

M 24 Der geschädigte Patient verstößt gegen seine Schadensminderungspflicht aus § 254 II 1 BGB und muss sich deshalb ggf. eine Kürzung seines Schadensersatzanspruchs gefallen lassen, wenn er es unterlässt, sich einer **zumutbaren Operation** zur Beseitigung oder Verminderung seiner körperlichen Beeinträchtigung zu unterziehen. Zumutbar in diesem Sinne ist eine solche Operation aber nur, wenn sie – was von der Behandlungsseite zu beweisen ist – **einfach und gefahrlos und nicht mit besonderen Schmerzen verbunden ist sowie die sichere Aussicht auf Heilung oder wesentliche Besserung bietet** (BGH, NJW 1994, 1592, 1593 = MDR 1994, 667; BGH, NJW 1989, 2332 = VersR 1989, 701, 702; BGH, VersR 1987, 408; OLG München, VersR 1993, 1529, 1530; G/G, 6. Aufl., Rz A 101; Spickhoff-Greiner, § 823 BGB Rz. 370; F/N/W, 5. Aufl., Rz. 173; L/K-Laufs/ Kern, § 95 Rz. 14, 16; Schellenberg, VersR 2005, 1620, 1622; Heß/Burmann, NJW-Spezial 2011, 137; R/L-Greiff, § 17 Rz. 31, 32).

M 25 Es reicht nicht aus, dass die Operation medizinisch indiziert und dem Verletzten unter Abwägung ihrer Chancen und Risiken von mehreren Ärzten empfohlen worden ist (BGH, NJW 1994, 1592, 1593 = MDR 1994, 667, 668).

M 26 Praktisch relevanter sind in diesem Bereich **„Nachbesserungsfragen" aus dem zahnärztlichen Bereich**. Zahnprothetische Versorgungen „sitzen" oft nicht ohne Nacharbeiten. Wurden die Vorarbeiten unter Beachtung der erforderlichen zahnmedizinischen und zahntechnischen Sorgfalt durchgeführt, so entfällt eine Haftung des Zahnarztes ohne weiteres, wenn der Patient die Nacharbeiten nicht zulässt (Schellenberg, Richter am OLG Frankfurt, VersR 2005, 1620, 1622). Sind dem Zahnarzt Fehler unterlaufen, die im Rahmen von Nacharbeiten korrigiert werden können, so ist der Patient nach einer Ansicht aufgrund seiner Schadensminderungspflicht (§ 254 II BGB) gehalten, diese Nacharbeiten in den Grenzen der Zumutbarkeit zuzulassen (Schellenberg, VersR 2005, 1620, 1622; R/L-Greiff, § 17 Rz. 31; auch OLG Oldenburg, Urt. v. 27. 2. 2008 – 5 U 22/07, MDR 2008, 553: Nachbearbeitungsrecht nach Abschluss der Behandlung im Rahmen der Zumutbarkeit).

M 27 Nach bislang h.M. entfällt ein Schadensersatzanspruch des Patienten, soweit er das **„Nachbesserungsrecht" des Zahnarztes vereitelt** hat (OLG Dresden, Beschl. v. 21. 1. 2008 – 4 W 28/08, NJW-RR 2009, 30, 31; OLG Frankfurt, Urt. v. 22. 4. 2010 – 22 U 153/08, juris, Nr. 35, 37, 39, 44, nicht rechtskräftig: Patient

muss Frist zur Nacherfüllung setzen, § 281 I BGB; OLG Karlsruhe, Urt. v.
28. 2. 2007 – 7 U 224/06, OLGR 2007, 654, 655; OLG Koblenz, Urt. v.
10. 10. 2012 – 5 U 1505/11, juris, Nr. 12–14 und OLG Jena, Urt. v. 29. 5. 2012 –
4 U 549/11, juris, Nr. 21 – 24: aber kein Nachbesserungsrecht nach Abschluss
der Behandlung; OLG Koblenz, Beschl. v. 29. 8. 2011 – 5 U 481/11, GesR 2011,
729, 730: kein Nachbesserungsrecht nach einer Vielzahl misslungener Nachbesserungsversuche; OLG Koblenz, Beschl. v. 18. 6. 2009 – 5 U 319/09, GesR 2009,
555: Patient muss Frist zur Nacherfüllung setzen; OLG Naumburg, Urt. v.
25. 6. 2009 – 1 U 27/09, VersR 2010, 73, 74: aber kein Nachbesserungsrecht,
wenn Mangel nicht behebbar; OLG Naumburg, Urt. v. 13. 12. 2007 – 1 U 10/07,
NJW-RR 2008, 1056, 1058; zu den Einzelheiten vgl. Rz. A 409, A 410 und
R 18 ff.).

Allerdings hatte der BGH (Urt. v. 29. 3. 2011 – VI ZR 133/10, NJW 2011, 1674 =   **M 28**
MedR 2012, 38, Nr. 14–18) entschieden, **auch ein einfacher (zahn-) ärztlicher Behandlungsfehler könne ein vertragswidriges Verhalten** im Sinne des § 628 I 2
Fall 2 BGB mit der Folge des Verlustes des Vergütungsanspruches sein. Nur ein
geringfügiges vertragswidriges Verhalten im Sinne der §§ 323 V 2, 242 BGB lasse
die Pflicht, die bis zur Kündigung erbrachten Dienste zu vergüten, unberührt
(vgl. hierzu Rz. R 18 ff., R 24). Danach **wäre der Patient berechtigt, den Dienstvertrag bereits bei Vorliegen eines einfachen zahnärztlichen Behandlungsfehlers
zu kündigen**, ohne dem Behandler Gelegenheit zur Nachbesserung geben zu
müssen.

Verhindert eine am Rand einer Oberkieferbrücke eingebrachte Kunststoffplatte   **M 29**
die ordnungsgemäße Mundhygiene, was zu Zahnfleischentzündungen führt
und einen Knochenabbau begünstigt, liegt ein Behandlungsfehler vor. Die Patientin, die **über einen Zeitraum von mehr als vier Jahren aber nicht für anderweitige Abhilfe sorgt, trifft jedoch ein erhebliches Mitverschulden** (OLG Koblenz, Urt. v. 10. 10. 2012 – 5 U 1505/11, juris, Nr. 15, 17, 19: deutliche Kürzung
des Schmerzensgeldes wegen der Beschwerden über 4 Jahre auf 2 000,00 Euro).

Erklärt der Zahnarzt dem Patienten ohne nähere Kenntnis der Umstände, der   **M 30**
(private) Krankenversicherer werde die Kosten einer beabsichtigten umfangreicheren Implantatbehandlung vollständig erstatten und **beginnt er die Behandlung vor dem Vorliegen einer Kostenübernahmezusage**, obwohl er weiß, dass
der Heil- und Kostenplan erst zur Prüfung eingereicht worden ist, hat er für den
Schaden einzustehen, wenn die Kosten nach Art der Versicherung nicht gedeckt
sind. Der Patient muss sich aber ein **hälftiges Mitverschulden** anrechnen lassen,
weil es ihm regelmäßig **zuzumuten ist, den Bescheid seines Versicherers abzuwarten** (OLG Köln, Urt. v. 23. 3. 2005 – 5 U 144/04, VersR 2005, 1589).

Dem Geschädigten kann auch die fehlende Durchführung einer Psychotherapie   **M 31**
nicht nach § 254 I 2 BGB als Mitverschulden vorgeworfen werden, wenn er gerade wegen seiner psychischen und intellektuellen Anlage die Notwendigkeit einer Therapie nicht erkennen kann (OLG Hamm, NJW 1997, 804).

Nichterkennen einer Schwangerschaft

Vgl. → *Schwangerschaftsabbruch, fehlerhafter*, Rz. S 200 ff.; → *Sterilisation, fehlerhafte*, Rz. S 300 ff.; → *Früherkennung, fehlerhafte pränatale Diagnostik*, Rz. F 41 ff.; → *Genetische Beratung*, Rz. G 61 ff.

I. Fehlerhafte Verkennung der Schwangerschaft

N 1 Während der Mutter in den Fällen eines fehlerhaften Schwangerschaftsabbruchs, einer fehlerhaften Sterilisation und bei fehlerhafter pränataler Diagnostik grundsätzlich Unterhalts- und Schmerzensgeldansprüche zustehen können (vgl. BGH, Urt. v. 8. 7. 2008 – VI ZR 259/06, VersR 2008, 1265, 1266 = NJW 2008, 2846, 2847, Nr. 12, 13; vgl. hierzu Rz. S 267 ff., S 345 ff.), löst allein das Nichterkennen einer Schwangerschaft im Rahmen der alltäglichen Beschwerden nachgehenden frauenärztlichen Untersuchung keine Schadensersatzansprüche gegen den betreffenden Arzt aus (BGH, Urt. v. 21. 12. 2004 – VI ZR 196/03, VersR 2005, 411, 412 = NJW 2005, 891, 892 = GesR 2005, 159, 160; NJW 1994, 788, 791; OLG Karlsruhe, Urt. v. 24. 4. 2002 – 7 U 53/01, GesR 2003, 122, 123 = OLGR 2003, 62, 64; OLG Naumburg, MDR 1998, 1479).

II. Schutzzweck des Behandlungsvertrages

N 2 Der durch die Geburt des nichtgewollten Kindes hervorgerufene Vermögensschaden fällt dann **nicht in den Schutzzweck des Behandlungsvertrages**, wenn diese lediglich eine **routinemäßige Schwangerschaftsuntersuchung** (OLG Düsseldorf, NJW 1995, 1620), eine **allgemeinen Beschwerden nachgehende frauenärztliche Untersuchung** (OLG Karlsruhe, Urt. v. 24. 4. 2002 – 7 U 53/01, GesR 2003, 122, 123; OLG Naumburg, MDR 1998, 1479), eine auf Überweisung des Hausarztes bzw. niedergelassenen Gynäkologen durchgeführte Untersuchung **zum Zweck der Behandlung von Zyklusstörungen und zur Abklärung der Verdachtsdiagnose** eines Klimakterium praecox in der sogenannten „Hormonsprechstunde" der Klinikambulanz einer Universitätsklinik (OLG Karlsruhe, Urt. v. 24. 4. 2002 – 7 U 53/01, GesR 2003, 122, 123 = OLGR 2003, 62, 64), **eine gynäkologische Untersuchung zur Vorbereitung einer orthopädischen Operation** (BGH, Urt. v. 15. 2. 200 – VI ZR 135/99, NJW 200, 1782, 1784 = MDR 200, 640, 641 = VersR 200, 634, 636) oder die **Beratung und Untersuchung zur Abklärung eines Hautauschlages** beinhaltet, wobei die Patientin im Lauf der Behandlung eine mögliche Schwangerschaft erwähnt (BGH, Urt. v. 21. 12. 2004 – VI ZR 196/03, VersR 2005, 411, 412 = NJW 2005, 891, 892 = GesR 2005, 159, 160).

N 3 Ein vertraglicher Anspruch der Eltern bzw. der Mutter auf Ersatz des Unterhaltsaufwandes für das nichtgewollte Kind besteht beim Nichterkennen einer Schwangerschaft nur dann, wenn der mit dem Arzt ausdrücklich oder konkludent abgeschlossene Vertrag – zumindest **auch** – die **Verhinderung** einer Geburt und die Bewahrung der Eltern vor den damit verbundenen **Unterhaltsaufwendungen** beinhaltet (BGH, Urt. v. 15. 2. 2000 – VI ZR 135/99, NJW 200, 1782, 1784 = MDR 200, 640, 641; ebenso: Urt. v. 21. 12. 2004 – VI ZR 196/03, VersR 2005, 411 = NJW 2005, 891; OLG Karlsruhe, Urt. v. 24. 4. 2002 – 7 U 53/01, OLGR 2003, 62, 64; Spickhoff-Greiner, § 823 BGB Rz. 93; Gehrlein, NJW 200, 1771, 1772; vgl. auch Mörsdorf-Schulte, NJW 2006, 3105, 3106).

Unabhängig von einer Indikationslage besteht dann ein Schmerzensgeld- N 4
anspruch, wenn der Arzt eine Schwangerschaft schuldhaft verspätet erkennt, deshalb die Frist – insbesondere diejenige aus § 218a I StGB – verstrichen ist und damit ein sonst möglicher Abbruch nicht mehr durchgeführt werden darf, sofern nicht etwa die Voraussetzung des § 218a II StGB vorliegt. Voraussetzung ist jedoch auch hier, dass der Behandlungsfehler zu psychischen Belastungen mit Krankheitswert geführt hat (Spickhoff-Greiner, § 823 BGB Rz. 93; BGH, NJW 1995, 2412, 2413; vgl. zu den erforderlichen psychischen Belastungen Rz. S 216, S 229 ff. und S 345 auch zur Höhe des Schmerzensgeldes).

Bezweckt die gynäkologische Untersuchung lediglich den Ausschluss der Ge- N 5
fährdung für das ungeborene Kind oder eine Gefahr für Leib und Leben der Mutter und kommt das Kind anschließend ohne besondere Beeinträchtigungen der Mutter gesund zur Welt, so sind weder der Unterhaltsaufwand für das Kind noch die Schmerzen der Mutter, die über diejenigen einer natürlichen komplikationslosen Geburt nicht hinausgehen, vom Schutzzweck des Behandlungsvertrages umfasst (Gehrlein, NJW 200, 1771, 1772; auch G/G, 6. Aufl., Rz. B 169; Spickhoff-Greiner, § 823 BGB Rz. 93 a. E.; F/N/W, 5. Aufl., Rz. 179).

Patientenrechtegesetz

I. Einführung

1. Gesetzeshistorie

P 1 Nach jahrelanger Diskussion hatte die Bundesregierung am 16. 1. 2012 einen **Referentenentwurf** des Bundesministeriums der Justiz und des Bundesministerium für Gesundheit (im Folgenden: **RefE**; abrufbar unter www.bmj.de/Shareddocs/ Downloads/DE/pdfs/RefE_Gesetz_zur_Verbesserung_der_Rechte_von_Patientin nen_und_Patienten.pdf?_blob=publicationFile) vorgelegt, am 25. 5. 2012 folgte der **Gesetzesentwurf der Bundesregierung** (im Folgenden: RegE; BR-Drucks. 312/12). Die Empfehlung der Ausschlüsse des Bundesrates datiert vom 26. 6. 2012 (BR-Drucks. 312/1/12), hierauf beruht die Stellungnahme des Bundesrates vom 6. 7. 2012 (BR-Drucks. 312/12 (B)).

P 2 Am 15. 8. 2012 hat die Bundesregierung dann den Gesetzesentwurf vorgelegt (BT-Drucks. 17/10488), die Beschlussempfehlung mit Bericht des Ausschusses für Gesundheit folgte am 28. 11. 2012 (BT-Drucks. 17/11710).

P 3 In ihrer Gegenäußerung zur Stellungnahme des Bundesrates (BR-Drucks. 312/12, Anlage 4, dort zu Nr. 1–42 der Stellungnahme des BR) hat die Bundesregierung die Änderungs- und Ergänzungsvorschläge des Bundesrates zu §§ 630a–630h BGB nebst Einführung eines neuen § 630i BGB zu Regelungen individueller Gesundheitsleistungen (IGel) im Wesentlichen abgelehnt. Am 28. 11. 2012 wurde die Beschlussempfehlung mit Bericht des Ausschusses für Gesundheit vorgelegt (BT-Drucks. 17/11710). Der Bundesrat erhob am 1. 2. 2013 keinen Einspruch (BR-Drs. 7/13 (B)), sodass das Patientenrechtegesetzt am 25. 2. 2013 (BGBl. I, S. 277) verkündet wurde und **am 26. 2. 2013 ohne Übergangregelungen in Kraft getreten** ist.

2. Regelungszwecke

P 4 In den Begründungen des Referentenentwurfes (RefE) und des Regierungsentwurfes (RegE) heißt es, lückenhafte Regelungen, auch die Komplexität der Medizin und die Vielfalt von Behandlungsmöglichkeiten verlangten nach einem gesetzlichen Rahmen, der Patienten und Behandelnde „auf Augenhöhe bringt". Das Gesetz ziele auf **mehr Transparenz und Rechtsicherheit** hinsichtlich der bestehenden Rechte, auf eine **bessere Rechtsdurchsetzung und verbesserte Gesundheitsversorgung. Patienten sollen zudem ihre Rechte möglichst selbst im Gesetz nachlesen können** (vgl. hierzu Katzenmeier, MedR 2012, 576, 577 mit Hinweis auf RegE, S. 1, 11). Der medizinische Behandlungsvertrag soll kodifiziert werden. Risikomanagement- und Fehlermeldesysteme sollen im Sinne einer effektiven Qualitätssicherung gestärkt und das Beschwerdemanagement in Krankenhäusern gefördert werden (vgl. Katzenmeier, MedR 2012, 576, 577 mit Hinweis auf RegE, S. 11).

Um eine **Verbesserung der Situation der Patienten** zu erreichen, soll ihnen eine angemessene Beteiligung eingeräumt werden. Die Krankenkassen sollen zur verbesserten Unterstützung der Patienten beitragen. Das bisherige Richterrecht soll in §§ 630a–630h BGB kodifiziert, gleichzeitig damit „Unklarheiten beseitigt werden, die sich aus der bisherigen Rechtsprechung ergeben haben" (RegE, S. 11).

Weitergehende rechtspolitische Forderungen, insbesondere nach der Einführung   P 5
einer Proportionalhaftung, der Bildung eines Entschädigungsfonds, noch weitere Beweiserleichterungen insbesondere für Fälle einfacher Behandlungsfehler sollten ausdrücklich nicht aufgegriffen werden (RegE, S. 11/12).

Angesichts der bislang erfolgten **Absicherung der Patientenrechte durch die**   P 6
Rechtsprechung – beispielsweise die Regeln zur Beweislastumkehr bei „groben Behandlungsfehlern" sowie bei einer „unterlassenen Befunderhebung" und zur ärztlichen Aufklärungspflicht – **wird das Gesetz überwiegend als politisch motiviert und unnötig angesehen** (vgl. Katzenmeier, NJW 2013, 817, 822 mit Hinweis auf Montesquieu: „*Wenn es nicht notwendig ist, ein Gesetz zu erlassen, dann ist es notwendig, kein Gesetz zu erlassen*"; Katzenmeier, MedR 2012, 576, 577 und 582; Walter, RiLG, GesR 2013, 129 und 134; Wagner, VersR 2012, 789, 802; Thurn, VRiOLG, MedR 2013, 153, 155 und 157: „Viel Lärm um Nichts", Das PatRG „schadet nicht, es hilft nicht – es ist ein Placebo"; Hart, MedR 2013, 159, 163: „Rechtsprechungs- und status-quo-Gesetz, teilweise hinter die Rspr. zurückfallend, jedoch ebenso interpretationsfähig wie -bedürftig"; Buchner in: Qualitätsmängel im Arzthaftungsprozess – Brauchen wir ein Patientenrechtegesetz, Schriftenreihe Medizinrecht, 2012, S. 95–101; Ratajczak, die Zahnarzthaftung nach dem Patientenrechtegesetz 2013, S. 21 ff.; kritisch auch Jaeger, 2013, Rz. 6 ff., 456 ff., 473).

Kritisiert wird insbesondere, dass **von mangelnder Rechtssicherheit oder fehlen-**   P 7
der Rechtsklarheit anhand der fein ausdifferenzierten Rechtsprechung nicht die Rede sein konnte. Die Unsicherheit des Ausgangs von Arzthaftungsprozessen liege nicht in einer unkalkulierbaren rechtlichen Beurteilung durch die Gerichte, sondern in der regelmäßigen Ungewissheit des tatsächlichen Geschehens (Katzenmeier, NJW 2013, 817, 823; auch Buchner, S. 95, 99: es ist auch nicht ersichtlich, wie und weshalb ein Patientenrechtegesetz hier Abhilfe schaffen kann; Hassner, VersR 2013, 23, 24: sämtliche Pflichten wurden bereits von der Rspr geregelt; Wagner, VersR 2012, 789, 802: das geltende Richterecht lässt an Rechtssicherheit und Transparenz wenig zu wünschen übrig).

Die etwas naive Vorstellung, Patienten würden sich vor oder nach dem Gang   P 8
zum Arzt anhand der §§ 630a–630h BGB über ihre Rechte im Falle einer Fehlbehandlung informieren oder nach Auftreten von Beschwerden das BGB auf ihre Ansprüche hin befragen, ist eine pure Illusion (Wagner, VersR 2012, 789, 802; auch Jaeger, 2013, Rz. 4, 11, 12; Ratajczak 2013, S. 21: kaum ein Bauherr, Mieter,

Arbeitnehmer u. a. kennt seine Rechte aus den komplexen, gesetzlich geregelten Materien).

Dass Patienten ihre Rechte selbst im Gesetz nachlesen können, ist angesichts der Komplexität der Materie (die in der vorliegenden 4. Auflage nunmehr auf 1644 Seiten abgedruckt ist!) ein frommer Wunsch des Gesetzgebers (Spickhoff, ZRP 2012, 65; Katzenmeier, NJW 2013, 817, 822; auch Wagner, VersR 2012, 789, 798 und 802 sowie Jaeger, 2013, Rz. 4, 11, 12).

P 9   Kritisch wird auch angemerkt, dass die Kodifizierung **die Rechtsfortbildung, etwa die Herausbildung neuer Beweisregeln, erschweren** kann, da Gesetze weniger flexibel sind als Richterrecht (Katzenmeier, NJW 2013, 817, 823; Katzenmeier, MedR 2012, 576, 578: dies gilt es gerade auf dem Gesundheitssektor zu vermeiden; Jaeger, 2013, Rz. 470, 473: Mit dem Gesetz **droht eine Festschreibung auf den Status quo**; allerdings kann der Gesetzgeber ohne große Diskussionen eine Änderung herbeiführen; Wagner, VersR 2012, 789, 802: Keine Entwicklungsoffenheit; a. A. Thole, BMJ, MedR 2013, 145, 149; vgl. aber Rehborn, GesR 2013, 257, 272: **Künftigen Anforderungen kann durch analoge Anwendung einzelner Vorschriften des PatRG oder der gesetzlichen Grundgedanken begegnet werden**). Schließlich wird eine explizite Normierung von Patientenrechten Ärzte kaum zu einer besseren, sondern eher zu einer nur noch formelhafteren Pflichterfüllung anhalten (Buchner, S. 95, 100; vgl. auch Montgomery/Brauer/Hübner/Seebohm, MedR 2013, 149, 151: die knappen zeitlichen Resourcen sollten der Behandlung und nicht der Dokumentation gewidmet werden).

P 10   Letztlich weist der Gesetzgeber selbst darauf hin, dass bereits der Entwurf nur **„rein formale Änderungen der Gesetzesgrundlage ohne eine inhaltliche Änderung (enthält), da diese Pflichten in der alltäglichen Praxis bereits umfangreiche Anwendung finden"** (RegE S. 19). Insbesondere war es gesetzgeberisches Ziel des § 630h BGB zur Regelung der Beweislast bei Behandlungs- und Aufklärungsfehlern, „die von der Rechtsprechung entwickelten Grundsätze zu den Beweiserleichterungen aus dem Arzthaftungsrecht systematisch in einer Vorschrift zusammenzufassen und auf sämtliche medizinischen Behandlungsverträge zu erstrecken" (BT-Drucks. 17/10488, S. 27; vgl. hierzu Ratajczak, 2013, S. 216 ff.).

II. Pflichten beim Behandlungsvertrag (§§ 630a, 630b BGB)

1. Behandlungsvertrag als Dienstvertrag

P 11   Gemäß §§ 630a I, 630b BGB bleibt es, auch für zahnärztliche Leistungen, kosmetische Operationen, dem Sterilisationsvertrag bei der Einordnung des **Behandlungsvertrages als Dienstvertrag**, wobei die Parteien im Einzelfall auch vereinbaren können, dass der Arzt einen bestimmten medizinischen Erfolg schuldet, etwa bei reinen zahnlabortechnischen Arbeiten (RegE, S. 25; vgl. auch Spickhoff, VersR 2013, 267, 269; Wagner, VersR 2012, 789, 790; Ratajczak 2013, S. 29 ff.; Rehborn, MDR 2013, 497).

Kritisiert wird, dass die Möglichkeit der Vereinbarung eines bestimmten (werkvertraglichen) Behandlungserfolges im Gesetzeswortlaut keinen Niederschlag gefunden hat (Wagner, VersR 2012, 789, 790). Der Begriff der **„medizinischen Behandlung"** wird nicht definiert. Hierunter sollen nicht nur die Tätigkeiten von Ärzten fallen, sondern auch diejenigen der Psychotherapeuten, Physiotherapeuten, Ergotherapeuten, Hebammen, Masseure, medizinischen Bademeister und Heilpraktiker, nicht dagegen Dienstleistungen von Veterinärmediziner (vgl. BT-Drucks. 17/10488, S. 18 und RegE, S. 26; Katzenmeier, NJW 2013, 817, 818; Rehborn, MDR 2013, 497 und GesR 2013, 257, 272; Spickhoff, VersR 2013, 267, 269; Jaeger, 2013, Rz. 20, 22, 23, 44: auch frühere „Dentisten" und „Schönheitschirurgen", nicht dagegen Tierärzte, Betreuungsleistungen, kosmetische Behandlungen).

§ 630a II BGB soll die allgemeine Regelung des § 276 II BGB ergänzen (vgl. BT-Drucks. 17/10488, S. 19; Katzenmeier, NJW 2013, 817, 818). Danach hat die Behandlung nach den jeweils geltenden, allgemein anerkannten fachlichen Standards zu erfolgen. **Der Standard wird indes nicht definiert, es wird nicht deutlich, was hierunter zu verstehen ist** (kritisch daher Thurn, MedR 2013, 153, 154; vgl. aber Jaeger, 2013, Rz. 29: „das ist aber in einem Gesetz nichts Besonderes"!; vgl. zum Arztvertrag Rz. A 404 ff.).   P 12

Gemeint sein soll „diejenige Behandlung, die ein durchschnittlich qualifizierter Arzt des jeweiligen Fachgebietes nach dem jeweiligen Stand von medizinischer Wissenschaft und Praxis an Kenntnissen, Wissen, Können und Aufmerksamkeit zu erbringen in der Lage ist" (Rehborn, GesR 2013, 257, 259; vgl. Rz. B 24 ff.).   P 13

Nach § 630a II BGB kann auch **eine vom Standard abweichende Behandlung vereinbart** werden. Dies kann sich etwa auf **Heilversuche, Neulandmethoden** (so der RegE, BT-Drucks. 17/10488, S. 20; Rehborn, MDR 2013, 497, 498; auch Katzenmeier, MedR 2012, 576, 579; offen gelassen von F/N/W, 5. Aufl., Rz. 116), **medizinisch nicht notwendige Behandlungen und die Unterschreitung allgemeingültiger Standards** (Rehborn, MDR 2013, 497 und GesR 2013, 257, 259), **etwa im Rahmen der Zahnprothetik,** beziehen (Rehborn, GesR 2013, 257, 259: z. B. deutschen Standards nicht entsprechendem Zahnersatz aus dem Ausland).   P 14

2. Vergütungspflicht

Durch § 630a I BGB wird klargestellt, dass auch gesetzlich versicherte Patienten einen privatrechtlichen Behandlungsvertrag abschließen, was teilweise noch bestritten wurde (vgl. Spickhoff, VersR 2013, 267, 270; Wagner, VersR 2012, 789, 790; Jaeger, 2013, Rz. 43; a.A. zuletzt noch L/K-Krauskopf/Clemens, § 27 Rz. 6 ff.). Im Verhältnis des Arztes zum Selbstzahler sind die Regelungen der GOÄ/GOZ (§§ 1 I, 2 I GOÄ), für stationäre Behandlungen die des KHG und des KHEntgG zwingend (Rehborn, MDR 2013, 497, 498 und GesR 2013, 257, 259; R/L-Rehborn, 2. Aufl., § 30 Rz. 272).   P 15

III. Informationspflichten, therapeutische Aufklärung (§ 630c BGB)

1. Hauptleistungspflichten

P 16 Zu den **Hauptleistungspflichten** des Behandlungsvertrages aus §§ 630a ff. BGB gehören die Gewährung (Dienstleistung) der medizinischen Behandlung (§ 630a I BGB), die Informationspflichten nach § 630c II 1, II 2 BGB, die Pflicht zur Aufklärung (Selbstbestimmungs- bzw. Eingriffs- oder Risikoaufklärung, §§ 630d I 1, 630e BGB) und die Dokumentation (§ 630f BGB) der Behandlung (Hart, MedR 2013, 159, 160 f.; Spickhoff, VersR 2013, 267, 271; Jaeger, 2013, Rz. 28, 42, 45: insbes. Medizinische Behandlung nach dem Facharztstandard). Von den Informationspflichten ist jedenfalls die Sicherungsaufklärung (therapeutische Aufklärung) Hauptleistungspflicht (Hart a. a. O.).

P 17 Eher als **sekundäre Leistungspflichten** bzw. Nebenleistungspflichten sind dagegen die Pflicht zur Offenbarung eigener oder fremder Behandlungsfehler (§ 630c II 2 BGB), sowie das Recht auf Einsichtnahme in die Patientenakte (§ 630g BGB) anzusehen (Spickhoff, VersR 2013, 267, 271; Hart a. a. O.), nach zutreffender Ansicht auch die Verpflichtung zur wirtschaftlichen Aufklärung (§ 630c III 1 BGB; Hart, MedR 2013, 159, 160: dies entspricht der bisherigen Rechtslage; a. A. Spickhoff a. a. O.: noch als primäre Leistungspflicht anzusehen).

2. Informations- und Aufklärungspflichten (§§ 630c II 1, 630e I 1, I 2 BGB)

P 18 Technisch nicht geglückt und eher irritierend ist, dass in § 630c II 1 BGB einerseits und in § 630e I 1, I 2 BGB andererseits **zwischen Informationspflichten und Aufklärungspflichten differenziert** wird, wobei sich teilweise eine unglückliche Doppelung der Regelung identischer Pflichten ergibt (vgl. Spickhoff, ZRP 2012, 62, 67; ders., VersR 2013, 267, 273; Katzenmeier, MedR 2012, 576, 580; Katzenmeier, NJW 2013, 817, 818; Thurn, MedR 2013, 153, 155; abweichend F/N/W, 5. Aufl., Rz. 117, vgl. Rz. P 19).

P 19 Der Gesetzgeber wollte **in § 630c II 1 BGB (nur) die „therapeutische Aufklärung" (Sicherungsaufklärung)** regeln (Behandlungsfehler, vgl. hierzu im Einzelnen Rz. A 580 ff.). Diese ist von der im Wesentlichen in § 630e I 1, I 2, I 3 BGB erfassten Selbstbestimmungs- bzw. Eingriffs- oder Risikoaufklärung aber zu unterscheiden (vgl. Katzenmeier, NJW 2013, 817, 818; Rehborn, MDR 2013, 497, 499 und GesR 2013, 257, 260; Spickhoff, VersR 2013, 267, 273; F/N/W, 5. Aufl., Rz. 117, 185; Spickhoff, ZRP 2012, 65, 67 und Jaeger, 2013, Rz. 106: § 630c II BGB bezieht sich nur auf Behandlungsfehler, nicht aber auf Aufklärungs- oder sonstige organisatorische Fehler, was nicht ohne weiteres einleuchtet; zu den Einzelheiten Rz. A 535 ff., A 554 ff., A 580 ff.).

Nun erfasst § 630c II 1 BGB aber auch **Hinweispflichten auf Erläuterungen der Diagnose und der Therapie.** Insbesondere die **Aufklärung über ernsthafte therapeutische Alternativen mit unterschiedlichen Risiken ist aber Bestandteil der Selbstbestimmungs- bzw. Eingriffs- oder Risikoaufklärung.** Insoweit sei es zur besagten „unglücklichen Doppelung der Regelung von identischen Pflichten" gekommen (Spickhoff, ZRP 2012, 65, 67; Spickhoff, VersR 2013, 267, 273; Katzenmeier, NJW 2013, 317, 818; Katzenmeier, MedR 2012, 576, 580; Thurn, MedR 2013, 153, 155: hier wird die Rspr. wohl korrigierend eingreifen müssen). Soweit in der Gesetzesbegründung der Eindruck erweckt wird, die Informationspflichten des § 630c II 1 BGB würden inhaltlich den von der Rechtsprechung entwickelten Grundsätzen zur „therapeutischen Aufklärung" (Sicherungsaufklärung) entsprechen, trifft dies also nur teilweise zu (vgl. Spickhoff, VersR 2013, 267, 273 mit Hinweis auf BT-Drucks. 17/10488, S. 21).

Frahm und Walter (F/N/W, 5. Aufl., Rz. 117) gehen u. E. jedoch zutreffend davon aus, dass die kritisierte **„Doppelung" der Informations- und Aufklärungspflichten in der praktischen Anwendung keine Probleme** verursachen wird. Denn die therapeutische Aufklärung (Sicherungsaufklärung) einerseits und die Eingriffs- bzw. Risikoaufklärung andererseits weisen bereits nach bisheriger Rechtslage Schnittmengen auf, etwa bei der Aufklärung über Nebenwirkungen von Medikamenten oder wenn die therapeutische Beratung den Hinweis auf eine den Patienten belastende Behandlung beinhaltet.

Entsprechend der einhelligen Rechtsprechung (vgl. hierzu Rz. A 602 ff.) trifft den Behandelnden gemäß § 630h II 1 BGB die **Beweislast** („nur") für die in §§ 630d I, 630e BGB kodifizierte Selbstbestimmungs- bzw. Risikoaufklärung, während die Beweislast für eine Verletzung der in § 630c II BGB geregelten Informationspflichten (therapeutische Aufklärung, Hinweis auf Behandlungsfehler, wirtschaftliche Aufklärung) nach wie vor beim Patienten liegt (vgl. etwa Rehborn, GesR 2013, 257, 260/269).   P 20

3. Hinweis auf Behandlungsfehler

Neu ist die Verpflichtung des Arztes, den Patienten **über erkennbare eigene Behandlungsfehler sowie Fehler des vorbehandelnden Arztes zu informieren**, wenn er ausdrücklich danach gefragt wird, sowie dann, wenn eine entsprechende Information zur Abwendung gesundheitlicher Gefahren für den Patienten erforderlich ist (§ 630c II 2 BGB; vgl. hierzu RegE, S. 29, 31/32; Ratajczak, 2013, S. 81 ff.; Rehborn, GesR 2013, 257, 261; Spickhoff, VersR 2013, 267, 273; Katzenmeier, MedR 2012, 576, 580; Katzenmeier, NJW 2013, 817, 819; Jaeger, 2013, Rz. 100 ff.; Wagner, VersR 2012, 789, 794 ff.; Thurn, MedR 2013, 153, 155).   P 21

Die ganz überwiegende Ansicht hat bislang eine rechtliche Verpflichtung des Arztes zur Anzeige und Offenbarung ärztlicher Behandlungsfehler abgelehnt (vgl. BGH, NJW 1984, 661, 662; BGH, NJW 1992, 1558; F/N/W, 5. Aufl., Rz. 185; D/S, 6. Aufl., Rz. VI 207; Taupitz, NJW 1992, 713, 715 ff.; Weidinger, MedR 2004, 289, 292; vgl. hierzu Rz. A 826; **a. A.** Terbille/Schmitz-Herscheidt, NJW 2000, 1749, 1755; Bamberger/Roth-Spindler, 3. Aufl., § 823 BGB Rz. 633).

Soweit die Information nach § 630c II 2 BGB durch den behandelnden Arzt erfolgt, dem ein eigener Behandlungsfehler unterlaufen ist, darf sie aber gemäß § 630c II 3 BGB zu **Beweiszwecken in einem gegen ihn geführten Strafverfahren oder in einem Owi-Verfahren nur mit seiner Zustimmung** verwendet bzw. verwertet werden (kritisch: Ratajczak, 2013, S. 81; Schelling/Warntjen, MedR 2012, 506, 509; Katzenmeier, MedR 2012, 576, 580; Montgomery/Brauer/Hübner/See-   P 22 bohm, MedR 2013, 149, 151; Thurn, MedR 2013, 153, 155: **die Normen sind ein Kuriosum**; Jaeger, 2013, Rz. 164, 167, 168: **Umgehung** durch Verwertung der beschlagnahmten Behandlungsdokumentation, Zeugenaussagen und Sachverständigengutachten möglich!).

P 23   Allerdings **erweist sich die Regelung des § 630c II 2 BGB im Ergebnis als sinnlos**. Ist der Patient durch einen nachgewiesenen, kausalen **Fehler des erstbehandelnden Arztes** bereits geschädigt und klärt der Zweitbehandler den Patienten über den von ihm erkannten Behandlungsfehler nicht auf, fehlt es für Haftungsansprüche gegen Letzteren am erforderlichen Kausalzusammenhang, jedenfalls an einem (weitergehenden) Schaden (Wagner, VersR 2012, 789, 795; Spickhoff, VersR 2013, 267, 274; Katzenmeier, NJW 2013, 817, 819; Thurn, MedR 2013, 153, 155: Norm „läuft ins Leere"; insoweit auch Jaeger, 2013, Rz. 109, 154 a. E.).

P 24   Liegt ein **Fehler des Erstbehandlers** vor, der bei fehlendem Kausalitätsnachweis nicht zu dessen Haftung führt, ist auch ein Ersatzanspruch des Nachbehandlers, der den Behandlungsfehler erkannt hat und nicht offenbart, zu verneinen. Denn dem Patienten ist durch die Verletzung der Aufklärungspflicht kein kausaler Schaden entstanden (vgl. Wagner, VersR 2012, 789, 795, Fn. 71). Die Durchsetzbarkeit des Anspruches gegen den ersten Arzt wird durch die Aufklärungspflichtverletzung des zweiten Arztes auch nicht beeinträchtigt (Wagner, VersR 2012, 789, 798).

P 25   Unterläuft dem Arzt ein **eigener Behandlungsfehler** und weist der Patient den Kausalzusammenhang nach (ggf. Beweislastumkehr gemäß § 630h V BGB), führt die unterlassene Aufklärung hierüber zu keinem weitergehenden Anspruch. Denn „die Haftung wird nicht dadurch schärfer, dass er es versäumt hat, den Patienten auf den Behandlungsfehler hinzuweisen" (Wagner, VersR 2012, 789, 796, 798).

Klärt der Arzt dagegen über einen **ihm unterlaufenen, nicht für einen Gesundheitsschaden kausal gewordenen Behandlungsfehler** nicht auf, hilft dem Patienten auch § 630c II 2 BGB zum Nachweis des Kausalzusammenhangs nicht weiter. Dies gilt auch hinsichtlich der Verjährung, da die Verjährungsfrist erst zu laufen beginnt, wenn der Patient von den anspruchsbegründenden Umständen und der Person des Ersatzpflichtigen Kenntnis erlangt oder hätte ohne grobe Fahrlässigkeit erlangen müssen. Es handelt sich bei § 630c II 2 BGB deshalb in der Tat um eine „**ergebnisneutrale und daher sinnlose Verdoppelung der Haftung**" (Wagner, VersR 2012, 789, 795; Katzenmeier, NJW 2013, 817, 819; im Ergebnis auch Spickhoff, VersR 2013, 267, 274 und Thurn, MedR 2013, 153, 155: Norm „läuft ins Leere"; teilweise **a. A.** Jaeger, 2013, Rz. 109, 121, 140, 142, 144, 146, 147: Verzugsschaden, soweit er vom Erstbehandler nicht zu erstatten ist; Rehborn, MDR 2013, 497, 499 und GesR 2013, 257, 261: möglicher Verstoß gegen die berufsrechtliche Generalklausel).

P 26   Im Grundsatz geht auch Jaeger (1. Aufl., Rz. 109, 154) hiervon aus. Er weist jedoch darauf hin, dass sich der Schaden des Patienten durch das pflichtwidrige Unterlassen vergrößern und somit ein weitergehender – vom Patienten zu beweisender – Schaden entstehen kann Im Einzelfall können sich u. E. auch **Aus-**

wirkungen auf die Verjährung ergeben, etwa wenn der Patient die erforderliche Kenntnis von dem eigentlichen Behandlungsfehler bis zum 31.12. eines Jahres erlangt oder infolge grob fahrlässiger Unkenntnis nicht erlangt, hinsichtlich des Unterlassenen Hinweises hierauf (§ 630c II 2 BGB) aber erst im Folgejahr (a.A. aber Rehborn, MDR 2013, 497, 499 und GesR 2013, 257, 261: verjährungsrechtliche Folgen wohl kaum denkbar).

Nach Auffassung von Jaeger (1. Aufl., Rz. 116–122,; a.A. aber Wagner, VersR   P 27
2012, 790, 797) kann sich eine **Haftung auch aus §§ 823 II BGB i.V.m. § 263 StGB ergeben**, etwa wenn der Arzt die konkrete Frage des Patienten nach einem Behandlungsfehler des vorbehandelnden Arztes nicht oder vorsätzlich falsch beantwortet. U.E. fehlt es – sofern die Ansprüche gegen den Erstbehandler nicht verjährt oder aus sonstigen Gründen nicht (mehr) durchsetzbar sind – an einem Vermögensschaden des Patienten (vgl. aber Jaeger, Rz. 121: Verzögerungsschaden). Zudem wird der Patient den Vorsatz des Arztes hinsichtlich der Irrtumserregung, des Eintritts eines Vermögensschadens und der Absicht des Arztes, sich oder einem Dritten einen rechtswidrigen Vermögensvorteil zu verschaffen, i.d.R. nicht nachweisen können.

4. Wirtschaftliche Aufklärung (§ 630c III BGB)

Daneben trifft den Behandelnden die Informationspflicht aus § 630c III 1 BGB (in   P 28
Textform, § 126b BGB!), wenn er **weiß oder sich hierfür hinreichende Anhaltspunkte ergeben**, dass die **Behandlungskosten durch einen Dritten, i.d.R. die gesetzliche Krankenversicherung (GKV), nicht vollständig übernommen werden**. Bereits nach bisherigem Recht musste der Arzt den Patienten beim Bestehen konkreter Anhaltspunkten an der Erstattungsfähigkeit bestimmter Behandlungskosten zumindest auf die **Möglichkeit der fehlenden Kostenübernahme hinweisen** (Rehborn, MDR 2013, 497, 500 und GesR 2013, 257, 261 mit Hinweis auf BGH, MDR 1983, 741 = VersR 1983, 443; KG, Urt. v. 21. 9. 1999 – 6 U 261/98, VersR 2000, 89; OLG Stuttgart, Urt. v. 16. 4. 2002 – 14 U 71/01, VersR 2003, 992, vgl. Rz. A 776ff., A 792ff.).

Üblicherweise kennt der Arzt die für den Leistungskatalog der GKV maßgeb-   P 29
lichen Richtlinien des G-BA (§ 92 SGB V) aus der täglichen Abrechnungspraxis, während der Patient die Übernahmefähigkeit der Behandlungskosten durch die GKV – von Ausnahmefällen abgesehen (z.B. Schönheitsoperation) – nicht beurteilen kann (Katzenmeier, NJW 2013, 817, 819; Katzenmeier, MedR 2012, 576, 581; Wagner, VersR 2012, 789, 794; Jaeger, 2013, Rz. 173, 180: **wenn der Arzt weiß oder wissen muss, dass die GKV die Kosten der geplanten Behandlung nicht übernehmen wird**; vgl. auch Thurn, MedR 2013, 153, 156: diese Regelung ist sinnvoll und sollte weitherzig ausgelegt werden). Die in der Gesetzesbegründung (BT-Drucks. 17/10488, S. 22; RegE, S. 32/33) unterstellte Vermutung des „überlegenen Wissens des Behandelnden" ist jedoch angesichts der sich ständig ändernden Rechtsgrundlagen im Recht der GKV und der entsprechenden Erstattungsfähigkeit durchaus zweifelhaft (Spickhoff, VersR 2013, 267, 274).

Bei privat krankenversicherten (PKV) Patienten liegt es aber weiterhin grund-   P 30
sätzlich im Verantwortungsbereich des Patienten, sich Kenntnisse über den In-

halt und Umfang der Versicherungsleistungen aus seinem Krankenversicherungsvertrag zu verschaffen. Eine Hinweispflicht trifft den Behandelnden bei PKV-Patienten aber dann, wenn er **positiv weiß, dass die PKV oder Beihilfe die Erstattung der Behandlungskosten verweigern oder zumindest Probleme bereiten wird.** Hiervon ist etwa bei „individuellen Gesundheitsleistungen" (IGeL) oder erkennbar zweifelhafter Kostenübernahme durch die PKV, etwa aufgrund einer dem Arzt vorangegangenen Ablehnung, auszugehen (vgl. RegE, S. 33; Ratajczak, 2013, S. 87; Wagner, VersR 2012, 789, 794; Katzenmeier, NJW 2013, 817, 819: der Arzt muss den Patienten ggf. auf die Möglichkeit der Eigenfinanzierung hinweisen; Spickhoff, VersR 2013, 267, 274; Jaeger, 2013, Rz. 178; Einzelheiten zur wirtschaftlichen Aufklärung vgl. Rz. A 770 ff., A 803 ff.).

P 31 Hat der Arzt bzw. Krankenhausträger etwa aus vorangegangener Weigerung von Krankenversicherern, Kosten zu erstatten, Anhaltspunkte dafür, dass die PKV die **Behandlungskosten in einer Privatklinik nur in der Höhe übernimmt, wie sie in einem Plankrankenhaus angefallen wären,** muss er den Patienten hierauf rechtzeitig (nunmehr in Schriftform) hinweisen. Die in den AVB/AGB des Krankenhauses enthaltene pauschale Empfehlung, der Patient soll vor einer Operation bei seinem Krankenversicherer Rücksprache halten, genügt nicht (OLG Stuttgart, Urt. v. 8. 1. 2013 – 1 U 87/12; VersR 2013, 583, 584 = GesR 2013, 311, 313; auch BGH, Beschl. v. 21. 4. 2011 – III ZR 14/10, NZS 2011, 699; Jaeger, 2013, Rz. 174).

P 32 Der Arzt muss den Patienten – soweit eine Verpflichtung hierzu besteht – vor der Behandlung **in Textform (§ 126b BGB) informieren.** Ein Verstoß führt nach Auffassung von Rehborn (MDR 2013, 497, 500 und GesR 2013, 257, 262) zur **Formnichtigkeit des Behandlungsvertrages** (§§ 126b, 125 S. 1 BGB). Der Behandelnde schuldet dann nicht nur den Hinweis, dass die Behandlungskosten nicht übernommen werden, sondern auch **Angaben zur voraussichtlichen Höhe der zu erwartenden Kosten** (Katzenmeier, NJW 2013, 817, 819; Rehborn, MDR 2013, 497, 500 und GesR 2013, 257, 262: ähnlich einem Kostenvoranschlag). Ein nur allgemeiner Hinweis auf die mögliche Nichtübernahme der Kosten durch die GKV/PKV reicht nicht aus (Rehborn, MDR 2013, 497, 500). Weitergehende Formanforderungen aus anderen Vorschriften, z. B. nach § 17 II KHEntgG oder bei gesetzlich Krankenversicherten nach § 3 I und § 18 Nr. 8 BMV-Ä, bleiben unberührt (§ 630c III 2 BGB).

P 33 Im Falle eines pflichtwidrigen Verstoßes des Behandelnden gegen die wirtschaftliche Informationspflicht des § 630c III 1 kann der Patient – entsprechend der bisherigen Rechtsprechung – **dem Honoraranspruch die bei (fiktiv) erfolgtem Hinweis vermeidbaren Mehrkosten entgegenhalten** (vgl. RegE, S. 33; Spickhoff, ZRP 2012, 65, 66; Spickhoff, VersR 2013, 267, 274; Wagner, VersR 2012, 789, 794; Katzenmeier, NJW 2013, 817, 819; vgl. auch Jaeger, 2013, Rz. 174, 175, 178; hierzu Rz. A 778 ff., A 807). Hat der Arzt den Patienten nicht darauf hingewiesen, dass die vorgeschlagene und durchgeführte Behandlung von der Krankenkasse (GKV) nicht erstattet wird, muss er dem Patienten auch die hieraus adäquat kausal entstehenden **Folgekosten einschließlich frustrierter Rechtsverfolgungskosten aus einem Rechtsstreit mit der Krankenkasse** ersetzen (OLG München, Beschl. v. 20. 3. 2012 – 1 U 4547/11, juris, LS).

So kann der Kassenpatient (entsprechendes gilt auch für einen Privatpatienten)   P 34
die Rechnung des Krankenhauses entsprechend kürzen, wenn er nachvollziehbar darlegt, dass er bei erfolgtem Hinweis auf die dort abgerechneten, **nicht in
voller Höhe von der GKV (bzw. PKV) zu übernehmenden Kosten ein anderes
Krankenhaus aufgesucht** hätte, das zu den Kassensätzen (bzw. von der PKV zu
erstattenden Beträgen) abrechnet (Jaeger, 2013, Rz. 173, 174, 175; vgl. auch
OLG Köln, VersR 2009, 405).

Hat der Arzt oder das Krankenhaus die **Notwendigkeit der Behandlung nicht**   P 35
ausreichend dokumentiert, weshalb die GKV/PKV die Kosten nicht bzw. nicht
vollständig übernimmt, kann der Patient seinen Schaden dem Honoraranspruch
des Arztes entgegenhalten (Jaeger, 2013, Rz. 177, 180; vgl. auch KG, NJW-RR
2002, 35 und LG Hanau, NJW 1989, 2335).

Eine weitergehende, über §§ 630c II 2, III BGB hinausgehende wirtschaftliche   P 36
Beratungs- und Aufklärungspflicht des Arztes oder Krankenhausträgers besteht
jedoch nicht (Jaeger, 2013, Rz. 184, 137).

Gemäß § 630c IV BGB ist die **Information entbehrlich, wenn die Behandlung un-**   P 37
aufschiebbar ist oder der Patient auf die Information verzichtet hat. An die Wirksamkeit eines solchen Verzichts sollen strenge Anforderungen gestellt werden
(vgl. Spickhoff, VersR 2013, 267, 274 mit Hinweis auf BT-Drucks. 17/10488,
S. 22; F/N/W, 5. Aufl., Rz. 191). Der Katalog des § 630c IV BGB ist jedoch nicht
abschließend. So **können im Einzelfall auch erhebliche therapeutische Gründe
der Informationspflicht entgegenstehen, ebenso ein vorhandenes Vorwissen** (vgl.
Ratajczak, 2013, S. 89/90; RegE, S. 34: Vorwissen aufgrund ähnlicher Vor-
behandlungen, Eigenschaft als Arzt, erheblichen therapeutischen Gründen).

IV. Einwilligung und Aufklärung (§§ 630d, 630e, 630h II, III BGB)

1. Einwilligung

§ 630d I 1 BGB stellt klar, dass ein nicht von der wirksamen Einwilligung des   P 38
Patienten gedeckter Eingriff rechtswidrig ist. Bei einwilligungsunfähigen Patienten (insbesondere nicht einsichtsfähige Minderjährige, Bewusstlose, demente
Personen) ist die Einwilligung des hierzu Berechtigten, etwa der Eltern, des Vor-
mundes, Betreuers oder des rechtsgeschäftlich Bevollmächtigten einzuholen.
Auch hier ist dem Arzt die Behandlung (Eingriff) aber untersagt, wenn eine wirksame Patientenverfügung (§ 1901a I BGB) der Behandlung (z.B. Einführen einer
Magensonde) entgegensteht (vgl. hierzu RegE S. 35). Durch den Verweis auf
§ 1901a BGB wird dem Arzt der „Durchgriff" auf die Patientenverfügung gestattet, d.h., eine **Betreuerbestellung ist nicht notwendig, wenn die vorzunehmende
oder zu unterlassende Maßnahme dort eindeutig geregelt ist** (Schwedler, MedR
2013, 652, 653 m.w.N.).

Die Frage der **Einwilligungsfähigkeit ist auch in § 630d I BGB nicht geregelt**, ob-   P 39
wohl bezüglich der Reichweite und Grenze der Patientenautonomie **zahlreiche
Fragen offen** sind (vgl. Katzenmeier, NJW 2013, 817, 820; Jaeger, 2013, Rz. 196,
199: § 630d BGB „regelt nur Selbstverständlichkeiten und ist restlos überflüs-

sig"). **Bei Minderjährigen kommt es auf die natürliche Einsichtsfähigkeit an** (Katzenmeier, NJW 2013, 817, 820; Rehborn, MDR 2013, 497, 500 und GesR 2013, 257, 263; Ratajczak 2013, S. 98: i.d.R. bei Minderjährigen ab Vollendung des 14. Lebensjahres gegeben; zu den Einzelheiten vgl. Rz. A 1788ff.).

P 40   Gemäß § 630e V BGB sind daneben auch dem einwilligungsunfähigen Patienten die wesentlichen Umstände (Aufklärung „im Großen und Ganzen") entsprechend seinem Verständnis zu erläutern, soweit dieser in der Lage ist, die Erläuterung aufzunehmen und soweit dies seinem Wohl nicht zuwiderläuft, sofern die Maßnahme nicht unaufschiebbar ist (vgl. zu den Einzelheiten Rz. A 1788ff., A 1801ff.).

2. Aufklärung „im Großen und Ganzen"

P 41   Gemäß §§ 630d II, 630e I 1, I 2, 630h II 1 BGB setzt die Einwilligung neben der Einwilligungsfähigkeit des Patienten eine vorangegangene Aufklärung insbesondere über **Art, Umfang, Durchführung, zu erwartende Folgen und Risiken der Maßnahme sowie ihre Notwendigkeit, Dringlichkeit, Eignung und Erfolgsaussichten im Hinblick auf die Diagnose oder die Therapie** voraus. Die Aufzählung in § 630e I 2 BGB ist nicht abschießend, auch über den **möglichen Verlauf** muss der Patient – wie bisher – aufgeklärt werden (Katzenmeier, NJW 2013, 817, 820; Rehborn, MDR 2013, 497, 501 und GesR 2013, 257, 264; F/N/W, 5. Aufl., Rz. 196, 197; Jaeger, 2013, Rz. 218, 232: Aufklärung „wie bisher im Großen und Ganzen").

P 42   Der Gesetzgeber hat **keine Ausweitung der Aufklärungspflichten beabsichtigt** (Jaeger, 2013, Rz. 218, 232; Katzenmeier a.a.O.). Nach wie vor ist der Patient „im Großen und Ganzen" aufzuklären, ihm ist ein allgemeines Bild von der Schwere und Richtung des Risikospektrums zu verschaffen, die „Stoßrichtung" der Risiken muss verdeutlicht werden (vgl. BGH, Urt. v. 6. 7. 2010 – VI ZR 198/09, GesR 2010, 481 = VersR 2010, 1220, Nr. 11; BGH, Urt. v. 19. 10. 2010 – VI ZR 241/09, GesR 2011, 24 = VersR 2011, 223, Nr. 7; zu den Einzelheiten vgl. Rz. A 834ff.). **§ 630e I BGB gibt die bisherige Rechtslage „weitestgehend wieder"** (Hassner, VersR 2013, 23, 26; Jaeger, 2013, Rz. 218, 232; Bergmann, BADK-Information 1/2013, 14, 17/18: keine Besonderheiten gegenüber der bisherigen Rechtsprechung).

3. Behandlungsalternativen

P 43   In § 630e I 3 BGB hat der Gesetzgeber im Anschluss an die überwiegende Ansicht in der Rechtsprechung klargestellt, dass aufklärungspflichtige Behandlungsalternativen nur dann vorliegen, wenn diese *„zu wesentlich unterschiedlichen Belastungen, Risiken oder Heilungschancen führen können"* (zu den Einzelheiten vgl. Rz. A 1220ff., A 1248; vgl. Hassner, VersR 2013, 23, 26/27; Rehborn, GesR 2013, 257, 263).

4. Mündliche Aufklärung durch kompetente Person

P 44   Gemäß § 630e II 1 Nr. 1 BGB muss die Aufklärung **mündlich durch den Behandelnden selbst oder eine Person erfolgen, die über die zur Durchführung der**

Maßnahme notwendige Ausbildung verfügt. Ergänzend kann auch auf Unterlagen Bezug genommen werden, die der Patient in Textform erhält. Nach dem insoweit ausdrücklich nicht übernommenen Referentenentwurf sollte bei „geringfügigen Eingriffen" die Aufklärung auch vollständig in Textform erfolgen dürfen (vgl. RefE, S. 30; vgl. Hassner, VersR 2013, 23, 29; Spickhoff, VersR 2013, 267, 276; F/N/W, 5. Aufl., Rz. 197). § 630e II 1 Nr. 1 BGB enthält diese Ausnahme für Bagatelleingriffe – und damit eine Verschlechterung der Rechtslage zu Lasten des Patienten – nicht mehr, sondern verlangt **ausnahmslos ein mündliches Aufklärungsgespräch und die Aushändigung der vom Patienten im Zusammenhang mit der Aufklärung oder Einwilligung unterzeichneten Unterlagen** (§§ 630e II 1 Nr. 1, 630e II 2 BGB; vgl. auch Bender, VersR 2013, 962, 965: nur ergänzend kann auf Unterlagen Bezug genommen werden).

Es bleibt jedoch dabei, dass **in einfach gelagerten Fällen eine telefonische Aufklärung ausreichen** kann, wenn der Arzt sich davon überzeugen kann, dass der Patient die Aufklärung verstanden hat (F/N/W, 5. Aufl., Rz. 197 und Rehborn, GesR 2013, 257, 264 mit Hinweis auf BT-Drucks. 17/10488, S. 24; Spickhoff, VersR 2013, 267, 276).   P 45

Andererseits wird die im Referentenentwurf vorgeschlagene Aufklärung durch eine Person, *„die über die zur Durchführung der Maßnahme notwendige Befähigung verfügt"* (RegE, S. 37) nicht mehr verlangt. Die jetzige Formulierung *„notwendige Ausbildung verfügt"* soll klarstellen, dass die **Aufklärung auch durch eine Person erfolgen kann, die die theoretische Befähigung zur Durchführung der vorgesehenen Maßnahme (z. B. Operation) erworben hat**, auch wenn sie noch nicht das Maß an praktischer Erfahrung aufweist, das für die eigenständige Durchführung der Maßnahme selbst unverzichtbar ist. Dabei soll den Bedürfnissen insbesondere des Krankenhausalltages Rechnung getragen werden (Katzenmeier, NJW 2013, 817, 820 und Rehborn, GesR 2013, 257, 264 jeweils mit Hinweis auf BT-Drucks. 17/11710, S. 38/39; Hart, MedR 2013, 159, 162; auch Spickhoff, VersR 2013, 267, 276 und Rehborn, MDR 2013, 497, 501: **bei Eingriffen bzw. Maßnahmen durch einen Arzt hat auch die Aufklärung durch einen Arzt zu erfolgen**; Bender, VersR 2013, 962, 966: aber kein Facharztvorbehalt; Ratajczak, 2013, S. 118, 119; skeptisch Hassner, VersR 2013, 23, 29; zu den Einzelheiten vgl. Rz. A 1750 ff.).   P 46

Die **Aufklärung durch einen Assistenzarzt bzw. fachfremden Arzt bleibt aber zulässig.** Erforderlich und ausreichend ist nach der Gesetzesbegründung eine fachgerechte Aufklärung durch einen **approbierten Arzt, der die Aufklärungsgegenstände des § 630e BGB eingriffsbezogen beherrscht**, sei es aufgrund seiner Facharztanerkennung, seines Weiterbildungsstandes, einer entsprechenden Schulung oder auch nur des medizinischen Selbststudiums (Bender, VersR 2013, 962, 964).   P 47

Zum „alten" Recht hatte zuletzt das OLG Koblenz (Beschl. v. 19. 3. 2012 – 5 U 1260/11, VersR 2013, 462) ausgeführt, die Wirksamkeit der Aufklärung werde nicht dadurch infrage gestellt, dass das **Aufklärungsgespräch von einer jungen Assistenzärztin geführt** wurde (hier: durch innere Narben und Verwachsungen gesteigertes, sich realisierendes Risiko einer Dickdarmläsion bei der Entfernung einer Zyste am Eierstock), weil es **zur Weitergabe der maßgeblichen medizi-**

nischen Sachinformationen keiner praktischen Operationserfahrung bedarf. U.E. werden aber gerade gesteigerte operative Risiken einem Nicht-Facharzt ohne Operationserfahrung eher weniger geläufig sein!

P 48 Ob nach § 630e II 1 Nr. 1 BGB nunmehr auch die **Übertragung der Aufklärung auf kompetentes Pflegepersonal zulässig ist, wobei ein Arzt nur dann heranzuziehen ist, wenn der Patient Fragen stellt, die die Aufklärungsperson nicht beantworten kann** (so Wagner, VersR 2012, 789, 793 und Müko-Wagner, 5. Aufl., § 823 Rz. 795 m.w.N.; Jaeger, 2013, Rz. 256: in einfachen Fällen durch kompetentes Pflegepersonal), ist **mit der ganz überwiegenden Ansicht zu verneinen** (OLG Dresden, Urt. v. 11. 7. 2002 – 4 U 574/02, GesR 2003, 157, 159; OLG Karlsruhe, VersR 1998, 718, 719; OLG Brandenburg, Urt. v. 4. 11. 2010 – 12 U 148/08, juris, Nr. 18; OLG Celle, VersR 1981, 1184 und VersR 1982, 1142; F/N/W, 5. Aufl., Rz. 215: **in jedem Fall durch einen Arzt**; S/Pa, 12. Aufl., Rz. 509; L/K/L-Katzenmeier, Rz. VI 38; aber offen gelassen von Katzenmeier, NJW 2013, 817, 820: bleibt abzuwarten; Rehborn, MDR 2013, 497, 501 und GesR 2013, 257, 264: **keine Aufklärung durch Nichtärzte** jedenfalls für die dem Arzt vorbehaltenen Maßnahmen; Spickhoff, VersR 2013, 267, 276: die Rspr. stellt auch in personeller Hinsicht **erhebliche Anforderungen an die Aufklärung, die durch die neue Norm keineswegs im Niveau abgesenkt werden sollte**; Bender, VersR 2013, 962, 966: nur durch einen Arzt; Hart, MedR 2013, 159, 162: Qualifikationskontrollen erforderlich, Aufklärung nur durch geeignete Ärzte; Achterfeld, MedR 2012, 140, 143 m.w.N.; Wenzel-Simmler, Kap. 2 Rz. 1832; vgl. Rz. A 1762).

P 49 Die Einteilung des „Ausgebildeten" zur Aufklärung setzt nach u.E. zu weitgehender Ansicht von Hart (MedR 2013, 159, 162/163; zu Recht großzügiger Bender, VersR 2013, 962, 964: Anforderungen an die Kontrollpflicht darf nicht überspannt werden) voraus, dass dieser **zur Aufklärung befähigt ist, eine entsprechende Qualifikationskontrolle stattfindet und stichprobenartig kontrollierte Organisationsanweisungen vorliegen.** Auch Rehborn (MDR 2013, 497, 501 und GesR 2013, 257, 264) geht davon aus, dass es entscheidend darauf ankommt, ob der (Assistenz-) Arzt die im Einzelfall erforderlichen Informationen erteilen und hierzu gestellte Fragen sachgerecht beantworten kann. Im Einzelfall *kann* daher die Übertragung der Aufklärung auf einen Nicht-Facharzt fehlerhaft sein.

5. Rechtzeitigkeit der Aufklärung

P 50 Gemäß § 630e II 1 Nr. 2 muss die Aufklärung so rechtzeitig erfolgen, dass der Patient seine Entscheidung über die Einwilligung wohl überlegt treffen kann. Auch diese Formulierung erlaubt es grundsätzlich, auf die bestehende Rechtsprechung zurückzugreifen (Hassner, VersR 2013, 23, 30; zu den Einzelheiten vgl. Rz. A 1634ff., A 1656ff.). Die Entwurfsbegründung weist auf die Einzelfallabhängigkeit der Frage hin, lässt aber **für den Regelfall eine Aufklärung am Vortag eines operativen Eingriffes ausreichen** (vgl. RefE S. 30; RegE S. 37; Hassner, VersR 2013, 23, 30; Rehborn, MDR 2013, 497, 502; Rehborn, GesR 2013, 257, 265). Danach *„wird es bei operativen Eingriffen regelmäßig ausreichen, wenn die Aufklärung am Vortag des Eingriffes erfolgt. Ist der Eingriff hingegen eilig, kann die Bedenkfrist im Einzelfall verkürzt sein, um einen Eingriff noch am* *gleichen Tag zuzulassen"* (vgl. RegE, S. 37; BT-Drucks. 17/10488, S. 24/25; vom Bundesrat nicht kritisiert, vgl. BR-Drucks. 312/1/12, S. 13–15).

6. Verständlichkeit der Aufklärung

Nach § 630e II 1 Nr. 3 BGB **muss die Aufklärung für den Patienten verständlich sein** (vgl. hierzu Rz. A 1817 ff.). Ist ein Patient der deutschen Sprache nicht zureichend mächtig, soll nach der Begründung **„eine sprachkundige Person oder ein Dolmetscher auf Kosten des Patienten"** hinzugezogen werden (RegE, S. 37; BT-Drucks. 17/10488, S. 25; vgl. Rehborn, MDR 2013, 497, 502 und GesR 2013, 257, 265; Spickhoff, ZRP 2012, 62, 68; Jaeger, 2013, Rz. 263, 265). Nach bestehender Rechtslage werden anfallende **Dolmetscherkosten aber weder von der GKV noch von der PKV, der Beihilfe oder sonstigen Dritten übernommen** (vgl. hierzu Spickhoff, ZRP 2012, 62, 68 und VersR 2013, 267, 276 m. w. N.). P 51

Kann der Arzt bzw. die Klinik nicht aus eigenen Reihen eine sprachkundige Person hinzuziehen (vgl. zur Verpflichtung Rz. A 1818 ff.) und der Patient die anfallenden Dolmetscherkosten nicht tragen, **müsste die Behandlung – außerhalb von Notfällen – abgelehnt werden** (so ausdrücklich Spickhoff, ZRP 2012, 62, 68 und VersR 2013, 267, 277 sowie Jaeger, 2013, Rz. 265: ein Aufklärungsverzicht wäre kaum wirksam; zustimmend F/N/W, 5. Aufl., Rz. 213; vgl. auch Rz. A 2209 ff. zum mangelnden Aufklärungsverschulden). P 52

7. Aushändigung von Unterlagen

Gemäß § 630e II 2 BGB sind den Patienten **Abschriften von Unterlagen, die er im Zusammenhang mit der Aufklärung oder Einwilligung unterzeichnet hat, auszuhändigen**. P 53

Erfolgen – wie vor allem im ambulanten Bereich oder bei der Einlieferung von Notfällen – lediglich Notizen in der Behandlungsdokumentation bzw. Hinweise auf ein erfolgtes Aufklärungsgespräch„ ohne dass ein Aufklärungsformular unterzeichnet wird, so ist eine Aushändigung ohne entsprechende Anforderung (vgl. § 630g BGB) jedoch nicht geboten (Bergmann, BADK-Information 1/2013, 14, 17).

Die Rechtsfolgen einer unterlassenen Aushändigung von Kopien bzw. Abschriften des vom Patienten unterzeichneten Aufklärungsbogens (o. a.) sind noch nicht abschließend geklärt. Nach bisheriger Rechtslage ist dem Arzt im Zweifel zu glauben, wenn er vorträgt, der Hinweis auf entsprechende Risiken entspreche seiner ständigen und ausnahmslosen Aufklärungsübung bzw. wenn er sogar noch eine konkrete Erinnerung an ein entsprechendes Aufklärungsgespräch hat und das sich realisierende Risiko konkret bzw. „im Großen und Ganzen" in einem vom Patienten unterzeichneten Aufklärungsbogen genannt ist (vgl. hierzu Rz. A 2270 ff., A 2281 ff.). Die Aushändigung einer Kopie bzw. Durchschrift des unterzeichneten Aufklärungsbogens war bislang nicht üblich und wurde auch nicht verlangt. Üblicherweise verblieb der unterzeichnete Bogen in der Patientenakte. **Behauptete ein Patient etwa, ein handschriftlicher Hinweis auf das betreffende Risiko sei erst nach Unterzeichnung des Bogens angebracht worden, so** P 54 trägt bzw. trug er hierfür nach bisheriger Rechtslage die Beweislast (vgl. die Nachweise bei Rz. A 2266, A 2277, A 2287).

P 55 Wurde dem Patienten eine Kopie bzw. eine Abschrift des Aufklärungsbogens entgegen § 630e II 2 BGB nicht ausgehändigt, **dürfte dies nunmehr zu Beweiserleichterungen zugunsten des Patienten führen.** Jedenfalls hinsichtlich der **handschriftlich in einen vom Patienten unterzeichneten Aufklärungsbogen** eingefügten Passagen (insbesondere Hinweise auf sich realisierende Risiken) könnte sich **die Darlegungs- und Beweislast umkehren**, wenn die Kopie oder Abschrift dem Patienten erst nach der Geltendmachung von Ansprüchen übergeben wird (vgl. auch Rehborn, MDR 2013, 497, 502 und GesR 2013, 257, 265: es ist zu vermuten, dass es zu Beweislastverschiebungen kommen wird; ebenso Wienke in: Sondernewsletter zum Patientenrechtegesetz, Thieme Compliance 2013, S. 8, 12).

P 56 Da das Gesetz ohne Überleitungsfrist am 26. 2. 2013 in Kraft getreten ist, müsste der Behandlungsseite von der Rechtsprechung aber eine angemessene „Übergangsfrist" zugebilligt werden, um sich auf diese für sie neue, überraschende Verpflichtung einstellen zu können.

P 57 Das Gesetz trifft keine Regelung darüber, **wann dem Patienten die Abschriften ausgehändigt werden müssen.** Eine **unverzügliche Übergabe wird in der Gesetzesbegründung nicht verlangt** (vgl. RegE., S. 38; F/N/W, 5. Aufl., Rz. 197 a. E.).

Da die Fertigung von Kopien der unterzeichneten Aufklärungsbögen im unmittelbaren Anschluss an das Aufklärungsgespräch – ggf. noch am Abend vor dem Eingriff – Ärzte und Kliniken unzumutbar belasten würde, halten wir es für vertretbar, wenn **dem Patienten die Kopie bzw. Abschrift zusammen mit dem Entlassbrief übergeben wird.** Seinem Beweissicherungsinteresse ist auch dann genüge getan, denn Anlass zur Manipulationen – die der Gesetzgeber im Auge hatte – bestünde regelmäßig erst nach Eingang eines entsprechenden Einsichtsverlangens (vgl. § 630g BGB) bzw. dem Eingang einer Schadensersatzforderung.

P 58 Nach Ansicht von Wienke (in: Sondernewsletter zum Patientenrechtegesetz, Thieme Compliance 2013, S. 8, 10 mit Hinweis auf ein Rundschreiben der Deutschen Krankenhausgesellschaft) spricht mehr dafür, dass die **Abschriften bzw. Kopien zeitnah bzw. sogar unverzüglich nach der Unterzeichnung auszuhändigen** sind. Denn die Neuregelung soll den Patienten vor etwaigen, späteren Manipulationen der Aufklärungsdokumentation schützen. Eine Aushändigung nach oder bei der Entlassung aus der stationären Versorgung wäre danach verspätet.

P 59 Ein **individuell** – nicht durch AGB (vgl. §§ 308 Nr. 5, 309 Nr. 12b BGB) – **vereinbarter oder vom Patienten von sich aus erklärter Verzicht auf die Aushändigung von Abschriften bzw. Kopien des Aufklärungsbogens** wird als wirksam angesehen, müsste aber von der Behandlungsseite bewiesen werden (vgl. Wienke in: Sondernewsletter zum Patientenrechtegesetz, Thieme Compliance 2013, S. 8, 12).

8. Entbehrlichkeit der Aufklärung

P 60 § 630e III BGB nimmt – ähnlich wie § 630c IV BGB für die Informationspflichten – Aufklärungsausschlussgründe. Die Aufzählung ist nicht abschließend, auch insoweit **sollte die bisherige Rspr abgebildet werden** (vgl. Katzenmeier, NJW 2013, 817, 820). „Entbehrlich" ist die Aufklärung bei Notfall- und anderen unaufschiebbaren Maßnahmen (vgl. hierzu Rz. A 1830ff.). Nach wie vor ist es aber erforderlich, dass der Patient **den Verzicht deutlich, klar und unmissverständlich geäußert und die Erforderlichkeit des Eingriffes sowie dessen Chancen und Risiken zutreffend erkannt haben muss** (vgl. RefE, S. 31; BR-Drucks. 17/10488, S. 25; Hassner, VersR 2013, 23, 28; F/N/W, 5. Aufl., Rz. 191; Rehborn, GesR 2013, 257, 265; zu den Einzelheiten vgl. Rz. A 1837).

Da die **Aufzählung in § 630e III BGB nicht abschließend** ist, kann sich die Be   P 61
handlungsseite – wie bisher – auch auf eine **bestehende Vorkenntnis, eine Voraufklärung etwa durch den Hausarzt, entgegenstehende therapeutische Gründe u. a.** berufen (vgl. F/N/W, 5. Aufl., Rz. 191, 192 und Rz. A 1830ff.). Ein Absehen von der Aufklärung etwa wegen therapeutischer Kontraindikation soll wegen des hohen Stellenwertes des Selbstbestimmungsrechts aber nur **unter sehr engen Voraussetzungen** in Betracht kommen (Katzenmeier, NJW 2013, 817, 820 mit Hinweis auf BT-Drucks. 17/10488, S. 25).

9. Aufklärungsadressat

Bei nicht einwilligungsfähigen Patienten ist gemäß §§ 630e IV, V, 630d I 2 BGB   P 62
der hierzu Berechtigte (Eltern, Vormund, Betreuer, rechtsgeschäftlicher Vertreter) aufzuklären. § 630e V BGB trägt der Rechtsprechung des BVerfG (NJW 2011, 2113, Nr. 59) Rechnung, wonach einwilligungsunfähige Patienten stärker in das Behandlungsgeschehen einzubeziehen sind, indem auch ihnen die wesentlichen Umstände einer bevorstehenden Maßnahme entsprechend ihren Verständnismöglichkeiten erläutert werden (Katzenmeier, NJW 2013, 817, 820; vgl. Rz. P 38).

10. Beweislast für die Durchführung der Aufklärung

Nach § 630h II 1 BGB obliegt die **Beweislast** für die Einholung der Einwilligung   P 63
(§ 630d BGB) und die durchgeführte Patientenaufklärung entsprechend den Anforderungen des § 630e BGB – nach wie vor – **der Behandlungsseite.** Nach Ansicht von Katzenmeier (NJW 2013, 817, 821; a. A. aber Spickhoff, ZRP 2012, 65, 69: tradierte Beweislastverteilung; ebenso Wagner, VersR 2012, 789, 793: § 630h II 1 BGB regelt, was ohnehin selbstverständlich ist) war eine Regelung insoweit erforderlich, da die Einwilligung Vertragspflicht und ihre Nichteinholung eine Pflichtverletzung darstellt, welche nach der Grundregel der Beweislastverteilung grundsätzlich vom Patienten zu beweisen gewesen wäre. Der Gesetzgeber wollte einen Gleichlauf mit dem Deliktsrecht erzielen; dort hat der Arzt zu beweisen, dass er den Patienten ordnungsgemäß aufgeklärt und dieser entsprechend eingewilligt hat.

§ 630h II 2 BGB stellt klar, dass sich der Behandelnde auf die **„hypothetische**   P 64
Einwilligung" berufen kann, wenn die Aufklärung nicht den Anforderungen des § 630e BGB genügt. Ausweislich der Gesetzesbegründung ist auch insoweit keine Änderung der bisherigen Rechtslage beabsichtigt, **der Patient kann sich daraufhin nach wie vor auf das Vorliegen eines „ernsthaften Entscheidungskonflikts" berufen** (Katzenmeier, NJW 2013, 817, 821; Hassner, VersR 2013, 23,

33/34; Rehborn, GesR 2013, 257, 270; F/N/W, 5. Aufl., Rz. 221; Jaeger, 2013, Rz. 408, 410).

P 65 Die **Umkehr der Beweislast des § 630h II 1 BGB erstreckt sich aber nicht auf die Informationspflichten nach § 630c BGB** (therapeutische Aufklärung bzw. Sicherungsaufklärung), soweit diese über diejenigen des § 630e BGB (Selbstbestimmungs- bzw. Eingriffs- oder Risikoaufklärung) hinausgehen (Spickhoff, VersR 2013, 267, 272, 279).

P 66 Möglicherweise aufgrund eines Versehens des Gesetzgebers, der (auch) insoweit nicht zwischen der Selbstbestimmungs- bzw. Eingriffsaufklärung einerseits und der therapeutischen Aufklärung (Sicherungsaufklärung) differenziert, bestimmt § 630f II BGB, dass auch **„Einwilligungen und Aufklärungen" zu dokumentieren** seien. Nach § 630h III BGB *„wird vermutet, dass er diese Maßnahme nicht getroffen hat"*, wenn *„der Behandelnde eine medizinisch gebotene wesentliche Maßnahme und ihr Ergebnis entgegen § 630f I oder II BGB nicht in der Patientenakte aufgezeichnet oder er die Patientenakte entgegen § 630f III BGB nicht aufbewahrt"* hat. Hieraus würde sich eine **Verschlechterung der Beweislage zu Lasten der Behandlungsseite** gegenüber der bisherigen Rechtslage ergeben.

P 67 Jaeger (1. Aufl., Rz. 311, 402, 426, 427) geht deshalb in der Tat davon aus, es sei – widerleglich – **zu vermuten, dass der Patient seine Einwilligung in den Eingriff nicht erteilt hat, wenn der Arzt die „Einwilligung und Aufklärung" nicht dokumentiert hat.**

P 68 Es besteht jedoch Einigkeit, dass die **Dokumentation nach wie vor nicht dazu dienen soll, dem Patienten Beweise für Schadensersatzansprüche in einem späteren Arzthaftungsprozess zu verschaffen** (Walter, GesR 2013, 129, 132: der Regelung lässt sich kein Anhaltspunkt dafür entnehmen, dass lediglich für einen späteren Haftungsprozess zweckmäßige Umstände aufzuzeichnen sind; Katzenmeier, NJW 2013, 820, 821: nach wie vor nur Vermutung, dass die medizinisch gebotene Maßnahme nicht getroffen wurde; in diesem Sinne auch Spickhoff, VersR 2013, 267, 277, 279; F/N/W, 5. Aufl., Rz. 145, 228; S/Pa, 12. Aufl., Rz. 540, 541: Beibehaltung der Rechtslage auch nach Vorliegen des Patientenrechtegesetzes; BT-Drucks. 17/10488, S. 27, 30: die Rspr. des BGH sollte kodifiziert werden).

P 69 Soweit § 630f II 1 BGB auch die Aufzeichnung von „Einwilligungen und Aufklärungen" nennt, ist nicht davon auszugehen, dass der Gesetzgeber über die intendierte Kodifizierung der Rechtsprechung zu den Beweiserleichterungen (vgl. BT-Drucks. 17/10488, S. 27, 30) eine Verschlechterung der Rechtslage zu Lasten der Behandlungsseite beabsichtigte. Denn die Erteilung der **Einwilligung und die Aufklärung sind für die Weiterbehandlung des Patienten belanglos und gehören nicht zu den aufzeichnungspflichtigen „medizinisch gebotenen wesentlichen Maßnahmen"** (vgl. § 630h III BGB; Wenzel-Müller, Kap. 2 Rz. 1630; Spickhoff-Greiner, § 823 BGB Rz. 124, 125, 127; Hassner, VersR 2013, 23, 32/33: Begründung einer Dokumentationspflicht auch für die Aufklärung wäre „für den Arzt fatal"; a. A. L/K/L-Katzenmeier, Rz. IX 51: auch therapeutische Aufklärung und Selbstbestimmungsaufklärung zu dokumentieren). Jedenfalls **bezieht sich die Beweisregelung des § 630h II, III BGB nicht auf die Aufklärungsdokumentation**

(F/N/W, 5. Aufl., Rz. 145, 228; auch Rehborn, GesR 2013, 257, 267: obwohl zunächst eine Zweckmäßigkeit hierzu gesehen wurde).

Somit bleibt es auch hinsichtlich der Beweislastverteilung bei Aufklärungsmän- P 70
geln – mit Ausnahme handschriftlicher Eintragungen in einen dem Patienten
nicht zeitnah in Kopie oder Abschrift ausgehändigten Aufklärungsbogen
(Rz. P 54 ff.) – bei der bisherigen Rechtslage (zu den Einzelheiten vgl.
Rz. A 2240 ff., A 2270 ff., A 2279 ff., A 2299 ff.).

V. Dokumentation der Behandlung (§§ 630f, 630h III BGB)

1. Dokumentation der wesentlichen Maßnahmen

Nach § 630f I 1 BGB ist der Behandelnde Verpflichtet, zum Zweck der Doku- P 71
mentation in unmittelbarem zeitlichem Zusammenhang mit der Behandlung
eine Patientenakte in Papierform oder elektronisch zu führen. Gemäß § 630f II
BGB müssen *„sämtliche aus fachlicher Sicht für die derzeitige und künftige Behandlung wesentlichen Maßnahmen und deren Ergebnisse"* aufgezeichnet werden. Hierunter fallen insbesondere – nicht abschließend *„die Anamnese, Diagnosen, Untersuchungen, Untersuchungsergebnisse, Befunde, Therapien und
ihre Wirkungen, Eingriffe und ihre Wirkungen"* sowie auch *„Einwilligungen
und Aufklärungen"* (vgl. insoweit oben Rz. P 66 ff.). Auch Arztbriefe sind in die
Patientenakte aufzunehmen (§ 630f II 2 BGB). Unterlässt der Behandelnde die
Dokumentation einer medizinisch wesentlichen Information oder Maßnahme,
so greift zu seinem Nachteil die Beweislastregelung des § 630h III BGB ein
(RegE, S. 39; vgl. F/N/W, 5. Aufl., Rz. 152; Rehborn, MDR 2013, 565, 568 und
GesR 2013, 257, 270; Ratzel/Lissel-Kern, § 6 Rz. 19, 66, 74).

Soweit der Gesetzgeber einen **„unmittelbaren zeitlichen Zusammenhang"** der P 72
Dokumentation mit der Behandlung fördert, wird keine Änderung der bisherigen
Rechtslage angestrebt. Es wird daher auch hier an die bisherige Rechtsprechung
anzuknüpfen sein (Walter, GesR 2013, 129, 132; Rehborn, MDR 2013, 565 und
GesR 2013, 257, 266; R/L-Kern, § 6 Rz. 34: „ereignisnah"; vgl. hierzu
Rz. D 431 ff.).

Nach den Gesetzesmaterialien erstreckt sich der Dokumentationszweck nach P 73
wie vor nur auf Umstände, **die für die Diagnose und Therapie nach medizinischem Standard wesentlich sind und deren Aufzeichnung und Aufbewahrung
für die weitere Behandlung des Patienten medizinisch erforderlich ist**. Umstände und Tatsachen, deren Aufzeichnung und Aufbewahrung für die weitere
Behandlung des Patienten **medizinisch nicht erforderlich** sind, sind nach wie
vor **auch aus Rechtsgründen nicht geboten**, sodass aus dem Unterbleiben derartiger Aufzeichnungen keine beweisrechtlichen Folgerungen gezogen werden dürfen (vgl. BGH, NJW 1999, 3408, 3409; BGH, VersR 1993, 836, 837; OLG München, Urt. v. 10. 2. 2011 – 1 U 2382/10, juris, Nr. 72; OLG München, Urt. v.
5. 5. 2011 – 1 U 4306/10, juris, Nr. 52; vgl. auch die Nachweise bei Rz. D 204 ff.).

Als Dokumentationszwecke nennt die Gesetzesbegründung zwar neben der P 73a
Therapiesicherung und der Rechenschaftslegung auch eine „faktische Beweis-

sicherung" (vgl. Katzenmeier, NJW 2013, 817, 820 und Walter, GesR 2013, 129, 132 mit Hinweis auf BT-Drucks. 17/10488, S. 25/26).

P 74 Es besteht jedoch Einigkeit, dass **die Dokumentation nach wie vor nicht dazu dienen soll, dem Patienten Beweise für Schadensersatzansprüche in einem späteren Arzthaftungsprozess zu verschaffen** (F/N/W, 5. Aufl., Rz. 145, 152; Walter, GesR 2013, 129, 123: der Regelung lässt sich kein Anhaltspunkt dafür entnehmen, dass lediglich zu einem späteren Haftungsprozess zweckmäßige Umstände aufzuzeichnen sind; Rehborn, MDR 2013, 565, 566: das Gebot steht unter dem Vorbehalt der Notwendigkeit der Dokumentation aus fachlicher Sicht; Katzenmeier, NJW 2013, 817, 820/821: **nach wie vor nur Vermutung, dass die gebotene Maßnahme nicht getroffen worden** ist; ebenso: Reuter/Hahn, VuR 2012, 247, 254; S/Pa, 12. Aufl., Rz. 540, 541; Ratajczak, 2013, S. 239 mit Hinweis auf BT-Drucks. 17/10488, S. 30, wonach lediglich die Rechtsprechung des BGH kodifiziert werden soll; R/L-Kern, § 6 Rz. 14, 18).

P 75 Auch nach Ansicht von Kern (in: Ratzel/Lissel, 1. Aufl. 2013, § 6 Rz. 14, 18) macht der Gesetzgeber selbst hinreichend deutlich, dass die Rechtsprechung kodifiziert werden und eine Beweissicherung **lediglich in dem Umfang erfolgen soll, den der therapeutische Zweck der Dokumentation vorgibt.** Andere Zwecke dürften den Umfang der Dokumentation keineswegs bestimmen oder auch nur beeinflussen, auch wenn dies aus Sicht des Patienten wünschenswert wäre.

P 76 Auch wenn das Gebot aus § 630f I BGB unter dem Vorbehalt der Notwendigkeit aus fachlicher Sicht steht, wird es nach Auffassung von Rehborn (MDR 2013, 565, 566 und GesR 2013, 257, 267) einer Dokumentation insbesondere dann bedürfen, wenn Aufklärung und Eingriff zeitlich oder hinsichtlich der beteiligten Personen auseinanderfallen.

2. „Fälschungssichere" Dokumentation

P 77 Neu – und für viele niedergelassenen Ärzte belastend – ist die Pflicht nach § 630f I 2 BGB, **nachträgliche Änderungen, Berichtigungen oder Ergänzungen in der Dokumentation kenntlich zu machen.** Ziel des Gesetzes ist es, *„eine fälschungssichere Organisation der Dokumentation in Anlehnung an die Grundsätze ordnungsgemäßer Buchführung, wie sie bereits im Handelsgesetzbuch sowie in der Abgabenordnung geregelt sind, sicherzustellen"*, wobei die Dokumentation einer Operation auch durch ein elektronisch zu speicherndes OP-Video erfolgen kann (BT-Drucks. 17/10488, S. 26; RegE, S. 39; vgl. Ratajczak, 2013, S. 154; F/N/W, 5. Aufl. 2013, Rz. 150; Jaeger, 2013, Rz. 303, 304: eine manipulationssichere Dokumentation wird durch § 630f I 2 BGB aber nicht gewährleistet; kritisch R/L-Kern, § 6 Rz. 30, 32. Übertragung der Grundsätze aus §§ 239 IV HGB, 146 V AO abzulehnen).

Nach h.M. bestehen auch **keine Bedenken gegen eine Mikroverfilmung der schriftlichen Behandlungsunterlagen** (R/L-Kern, § 6 Rz. 33). U.E. könnte der Patient dann aber im Falle der Vernichtung der Unterlagen innerhalb der Aufbewahrungsfrist einwenden, die Patientenkartei bzw. der Aufklärungsbogen sei nachträglich verändert worden, z.B. der Aufklärungsbogen trage nicht seine Unterschrift!

Nach dem Vorbild der §§ 239 III HGB, 146 IV AO soll die Beweissicherungsfunk- P 78
tion der Patientenakte dadurch gewährleistet werden, dass die Dokumentation
nur in der Weise geändert oder berichtet werden darf, dass **der ursprüngliche Inhalt weiterhin erkennbar bleibt, wobei gemäß § 630f I 2 BGB neben dem ursprünglichen Inhalt auch das Datum der Änderung feststellbar sein muss** (Ratajczak, 2013, S. 154; Walter, GesR 2013, 129, 133). Da das Patientenrechtegesetz keine Übergangsvorschriften enthält, kommen auf einzelne Praxen, ggf.
auch in manchen Kliniken, nicht unerhebliche Kosten und Risiken zu!

Soweit die bisherige Rechtsprechung die Auffassung vertreten hatte, der Beweis- P 79
wert einer ärztlichen Behandlungsdokumentation werde nicht dadurch gemindert, dass ein **EDV-Programm verwendet wird, das nicht gegen nachträgliche
Veränderbarkeit gesichert ist**, wenn der beklagte Arzt glaubhaft darlegen könne,
dass seine Eintragung richtig ist (vgl. OLG Hamm, Urt. v. 26. 1. 2005 – 3 U
161/04, VersR 2006, 842, 843; ebenso OLG Oldenburg, Urt. v. 23. 7. 2008 – 5 U
28/08, MedR 2011, 163, 165 mit krit. Anm. Walter; G/G, 6. Aufl., Rz. B 205;
F/N/W, 5. Aufl., Rz. 150; Spickhoff-Greiner, § 823 BGB Rz. 126; Wenzel-Müller,
Kap. 2 Rz. 1622; ebenso noch S/Pa, 12. Aufl. 2013, Rz. 556a, 692; vgl. hierzu
Rz. D 438), wird man hieran **unter Geltung des § 630f I 2, I 3 BGB nicht mehr
festhalten können.**

Danach wird einer ärztlichen EDV-Dokumentation **kein bzw. kein voller Be-** P 80
**weiswert (mehr) zukommen, wenn sie nicht „fälschungssicher" bzw. „revisions-
sicher" und möglicherweise nachträglich verändert worden ist.** U.E. muss der
Patient aber greifbare Anhaltspunkte dafür darlegen, dass die Behandlungsdokumentation später zu seinen Lasten geändert worden ist. Dann hat die Behandlungsseite nachzuweisen, dass die Dokumentation zeitnah mit der Behandlung
erstellt worden bzw. zutreffend ist (offen gelassen z.B. von Rehborn, GesR 2013,
257, 266). Hier wird es entscheidend auf die Glaubwürdigkeit des dokumentierenden Arztes bzw. der zum Nachweis der Durchführung der dokumentationspflichtigen Maßnahme vernommenen Zeugen (vgl. hierzu Rz. D 216e, D 249a,
D 406) ankommen. Ein „non liquet" würde nach der neuen Rechtslage nunmehr
zu Lasten der Behandlungsseite gehen!

Auch hier sollte den Ärzten und Kliniken von der Rechtsprechung eine **ange-** P 80a
messene „Übergangsfrist" zugebilligt werden, um sich auf die neue Situation
mit der Erforderlichkeit von EDV-Umstellungen einstellen zu können. Betroffenen Ärzten ist zu empfehlen, bei Praxissoftware, die diesen Vorgaben nicht entspricht, **alsbald ein entsprechenden Upgrade vorzunehmen oder die Behandlungsdokumentation (zusätzlich) in Papierform zu führen** (vgl. Ratajczak, 2013,
S. 155).

3. Aufbewahrungsfrist

§ 630f III BGB sieht in Übereinstimmung mit § 10 III MBO-Ä bzw. § 12 I 1 P 81
MBO-Z vor, dass die Patientenakte **im Regelfall für die Dauer von 10 Jahre
nach Abschluss der Behandlung aufzubewahren** ist. Soweit andere Vorschriften
eine längere oder kürzere Aufbewahrungsfrist vorsehen, bleiben diese unberührt.
Solche Vorschriften finden sich etwa in § 28 III 1 RöV oder § 42 I der Strahlen-

schutzVO, die eine Aufbewahrungszeit von 30 Jahren vorschreiben (vgl. Ratajczak, 2013, S. 163).

P 82 Soweit etwa § 12 I 2, I 3 MBO-Z eine Aufbewahrungsfrist von 2 Jahren für zahnärztliche Modelle mit dem Hinweis vorsieht, *„soweit nicht nach gesetzlichen oder anderweitigen Vorschriften längere Aufbewahrungsfristen bestehen"*, müssten Modelle gemäß § 630f III BGB ebenfalls 10 Jahre lang aufbewahrt werden. Allerdings ist eher fraglich, ob ein Modell Bestandteil der zahnärztlichen Dokumentation ist, vom Platzbedarf etwa in der Kieferorthopädie abgesehen (Ratajczak, 2013, S. 163).

4. Beweislast

P 83 Gemäß § 630h III BGB wird vermutet, dass der Behandelnde die medizinisch gebotene, wesentliche Maßnahme nicht getroffen hat, wenn die Maßnahme und ihr Ergebnis entgegen § 630f I oder gemäß § 630f II BGB nicht in der Patientenakte aufgezeichnet wurden oder die Patientenakte entgegen § 630f III BGB nicht aufbewahrt worden ist.

P 84 Auch hier soll es bei der bisherigen Rechtslage bleiben, wonach nur diejenigen **Umstände und Tatsachen dokumentationspflichtig sind, die für die weitere Behandlung des Patienten medizinisch erforderlich sind** (vgl. BT-Drucks. 17/10488, S. 29/30; RegE, S. 44/45: *„Führt die Vermutung in § 630f III in Anknüpfung an die bisherige Rechtsprechung dazu, dass die dokumentationspflichtigen Maßnahmen als unterblieben und von dem Behandelnden nicht getroffen anzusehen sind. Allerdings soll der Patient durch diese Vermutung nicht besser stehen, als er im Falle der ordnungsgemäßen Befunderhebung und Befundsicherung stünde. Mithin reicht die Beweiserleichterung in der Regel nur bis zu der Vermutung, dass der Befund ein für den Behandelnden reaktionspflichtiges Ergebnis erbracht hätte.*

Dem Behandelnden verbleibt die Möglichkeit, gegen die Vermutung gemäß § 292 ZPO das Gegenteil zu beweisen."; vgl. auch Walter, GesR 2013, 129, 132; F/N/W, 5. Aufl., Rz. 145, 152; Rehborn, MDR 2013, 565, 566; Ratajczak, S. 166/167; R/L-Kern, § 6 Rz. 11, 12, 14, 18, 66).

VI. Einsichtnahme in die Patientenakte (§ 630g BGB)

1. Einsichtnahme gegen Kostenerstattung

P 85 § 630g I 1, I 3, II 2 BGB in Verbindung mit § 811, I, II BGB bildet die bisherige Rechtslage zum Recht des Patienten auf Einsicht in die angefertigten Unterlagen im Wesentlichen ab. Die Vorlage der Unterlagen **kann von der Zahlung der Kosten (d.h. Porto- und Kopierkosten) abhängig gemacht werden** (§ 630g I 3, II 2 BGB i.V.m. § 811 II 2 BGB). **Gemäß § 630g II BGB kann der Patient gegen Kostenerstattung auch elektronische Abschriften von der Patientenakte verlangen;** zu den Einzelheiten vgl. Rz. E 1 ff.; F/N/W, 5. Aufl., Rz. 153, 154; Rehborn, MDR 2013, 565, 567 und GesR 2013, 257, 267/268; R/L-Kern, § 6 Rz. 48, 49).

Der Anspruch **bezieht sich nur auf die „Patientenakte", nicht aber auf sonstige** P 86
Unterlagen oder die Aufzeichnungen nach § 23 I IfSG (OLG Hamm, Urt. v.
5. 4. 2011 – 26 U 192/10 mit NZB BGH v. 14. 2. 2012 – VI ZR 129/11, GesR
2011, 671; Rehborn, GesR 2013, 257, 267).

2. Einsichtnahmerecht der Erben

Die Ansprüche stehen gemäß § 630g III auch den Erben des Patienten zur Wahr- P 87
nehmung der vermögensrechtlichen Interessen und sonstigen, nächsten Angehörigen zur Geltendmachung immaterieller Interessen zu, soweit der ausdrückliche oder mutmaßliche Wille des Patienten der Einsichtnahme nicht entgegensteht. Letzteres ist vom Behandler darzulegen (vgl. hierzu Rz. E 20 ff.).

Die Entscheidung, ob der Patient (Erblasser) den Arzt mutmaßlich von der P 88
Schweigepflicht entbunden hätte, obliegt zwar dem Arzt (vgl. OLG München,
GesR 2011, 674, 675). **Diese Bereitschaft des Erblasers wird nunmehr vermutet
und kann von der Behandlungsseite wiederlegt werden** (Jaeger, 2013, Rz. 329).
Der Arzt musste bereits nach bisherigem Recht eine **Verweigerung der Einsichtnahme nachvollziehbar begründen** (OLG München, VersR 2009, 982; Jaeger,
2013, Rz. 330).

VII. Beweislast (§ 630h BGB)

Nach der Intention des Gesetzgebers sollte in § 630h BGB **die bisherige Recht-** P 89
sprechung zur Beweislastverteilung im Arzthaftungsprozess (lediglich) **abgebil-**
det werden (vgl. RegE, S. 41, 47; BT-Drucks. 17/10488, S. 27; Ratajczak, 2013,
S. 216; Katzenmeier, NJW 2013, 817, 821; Thurn, MedR 2013, 153, 156: Ein Regelungsbedarf fehlt deshalb auch hier).

Es wird durch die Normierung befürchtet, dass eine weitere Fortentwicklung der P 90
Regeln zur Verteilung der Beweislast im Arzthaftungsprozess und die Entwicklung weiterer, anders gelagerter Beweiserleichterungen methodisch deutlich erschwert, wenn nicht gar unmöglich gemacht wird (Spickhoff, VersR 2013, 267,
278; Wagner, VersR 2012, 789, 801; Katzenmeier, MedR 2012, 576, 578; Hart,
GesR 2012, 385, 388; offen gelassen bei Walter, GesR 2013, 129, 130; a. A. Thole,
BMJ, MedR 2013, 145, 149).

1. Beweislast bei Aufklärungsfehlern

Gemäß § 630h II 1 BGB hat der Behandelnde – nach wie vor – die Durchführung P 91
einer ordnungsgemäßen Aufklärung des Patienten entsprechend den Anforderungen des § 630e BGB nachzuweisen. Ist die Aufklärung unzureichend, kann
er sich auf die „hypothetische Einwilligung" des Patienten berufen (§ 630h II 2
BGB). Der Patient muss – erst – dann einen **ernsthaften Entscheidungskonflikt**
plausibel machen (vgl. F/N/W, 5. Aufl., Rz. 221, 222, 227; Rehborn, MDR 2013,
565, 567 und GesR 2013, 257, 270). Auf die obigen Ausführungen (Einzelheiten
bei Rz. P 54, P 63 ff. und Rz. A 834 ff., A 1220 ff., A 1884 ff., A 2240 ff.) wird verwiesen.

2. Dokumentationsversäumnis

P 92 § 630h III BGB in Verbindung mit § 630f I, II, III BGB betrifft die von der Rechtsprechung entwickelte Beweiserleichterung, wenn der Behandelne eine Maßnahme, die **aus medizinischen, nicht aus juristischen Gründen dokumentationspflichtig** ist, nicht dokumentiert oder die Patientenakte nicht für die Dauer von
10 Jahren nach Abschluss der Behandlung aufbewahrt hat. Das Unterbleiben der
dokumentationspflichtigen Maßnahme wird dann vermutet (zu den Einzelheiten s.o. Rz. P 53 ff., P 71 ff. und Rz. D 204 ff., D 394).

3. Voll beherrschbare Risiken

P 93 § 630h I BGB kodifiziert die Rechtsprechung zu den Beweiserleichterungen bei
„voll beherrschbaren Risiken" (vgl. hierzu ausführlich Rz. V 301 ff.). Danach
muss sich die Behandlungsseite von einer **Verschuldens- oder Fehlervermutung**
entlasten, wenn feststeht, dass der eingetretene Primärschaden aus einem Bereich stammt, dessen Gefahren **ärztlicherseits voll beherrscht werden können
und müssen** (BGH, Beschl. v. 13. 2. 2007 – VI ZR 174/06, VersR 2007, 1416; vgl.
Walter, GesR 2013, 129, 134; Spickhoff, VersR 2013, 267, 279; F/N/W, 5. Aufl.,
Rz. 156; Rehborn, MDR 2013, 565, 568 und und GesR 2013, 257, 270; R/L-Kern,
§ 2 Rz. 74, 75; R/L-Lissel, § 3 Rz. 113, 114; R/L-Kern, § 6 Rz. 14, 18; R/L-Ratzel/
Lissel, § 31 Rz. 22; **zum Lagerungsschaden** zuletzt Baur/Schwenzer, GesR 2013,
272–276; Einzelheiten bei Rz. V 302 ff. mit den einzelnen Fallgruppen).

P 94 Die nach § 292 ZPO durch Führung des Gegenbeweises bestehende **Vermutung
für das Vorliegen eines Behandlungsfehlers und das Verschulden bezieht sich
nach wie vor nicht auf den Kausalzusammenhang** zwischen dem Behandlungsfehler und dem Eintritt des Primärschadens. Änderungen gegenüber dem bisherigen Stand der Rechtsprechung (dargestellt bei Rz. V. 301 ff.) ergeben sich auch
insoweit nicht (Walter, GesR 2013, 129, 134; Spickhoff, VersR 2013, 267, 279;
Thurn, MedR 2013, 153, 156).

P 95 Soweit die Gesetzesbegründung (auch hier) missverständlich den **Hygiene-
bereich** als klassisches Fallbeispiel anführt, sollte auch damit **keine Änderung
der bisherigen Rechtslage** herbeigeführt werden, wonach ein Krankenhausträger
bzw. niedergelassener Arzt aufgrund der Fehler- und Verschuldensvermutung
nur dann für die Folgen einer Infektion einzustehen hat, wenn feststeht, dass
die Infektion aus einem hygienisch voll beherrschbaren Bereich hervorgegangen
sein muss, was nur in seltenen Fällen angenommen wurde (vgl. BGH, NJW 1991,
1541, 1542 = MDR 1991, 730: Identität des Keimträgers konnte nicht ermittelt
werden, Klage abgewiesen; Walter, GesR 2013, 129, 134: in der Praxis wird im
Hygienebereich eher selten ein voll beherrschbares Risiko angenommen; vgl.
F/N/W, 5. Aufl., Rz. 158 a. E.: Gesetzesbegründung missverständlich, keine Änderung der Rechtslage gewollt; Ratajczak, 2013, S. 225, 226: keine Änderung der
Rechtsprechung beabsichtigt).

P 96 Nach Einführung des **Infektionsschutzgesetzes (IfSG)**, das in § 23 I IfSG auf die
Empfehlungen der Kommission für Krankenhaushygiene und Infektionsprävention (KRINKO) Bezug nimmt, werden in der Literatur beim Auftreten von Hy-

gienemängeln teilweise Beweiserleichterungen postuliert (Jaeger, 1. Aufl., Rz. 355 ff., 358, 360, 368, 372, 375, 378, 379; Schultze-Zeu/Riehn, VersR 2012, 1208, 1212/1213; vgl. Rz. V 400 ff.).

Bei einem **Verstoß gegen die KRINKO-Empfehlungen** liege regelmäßig ein Orga-   P 97
nisationsverschulden vor. Anhand von Protokollen, Stellenplänen u. a. ist zu kontrollieren, ob der medizinische Standard eingehalten worden ist (Jaeger, 2013, Rz. 368, 372, 378, 380; Schultze-Zeu, VersR 2012, 1208, 1213; Lorz, NJW 2011, 3397, 3399 ff.).

Nach Auffassung von Jaeger (1. Aufl., Rz. 360; vgl. hierzu Rz. V 400 ff.) dienen   P 98
die Normen des IfSG nicht nur dem Schutz der Gesundheit der Bevölkerung im Allgemeinen, sondern auch dem **Schutz des einzelnen Patienten im Rahmen der konkreten Behandlung**. Dem einzelnen Patienten stünde deshalb auch ein **Einsichtsrecht in die nach dem IfSG zu erstellende Dokumentation** zu (Jaeger, 2013, Rz. 360, 394, 397; **a. A.** die bislang h. M., vgl. OLG Hamm, GesR 2011, 671; Rehborn, GesR 2013, 257, 267: nicht Teil der einzelnen Patientenakte; Lorz, NJW 2011, 3397, 3400; F/N/W, 5. Aufl., Rz. 158, Fn. 426).

Fehlt die fortlaufende Dokumentation oder ist diese unzureichend, insbesondere   P 99
beim Auftreten nosokomialer Infektionen, so ist nach dieser Auffassung zu **vermuten, dass die Aufzeichnung und organisatorische Auswertung unterblieben ist** bzw. ein Verstoß gegen die KRINKO-Empfehlungen vorliegt (Jaeger, 2013, Rz. 358, 378; Schultze-Zeu, VersR 2012, 1208, 1212: Umkehrschluss aus § 23 III 2 IfSG; Anschlag, MedR 2009, 513, 515: Vermutung wird nur schwer zu widerlegen sein; a. A. Lorz, NJW 2011, 3397, 3399 ff.). Soweit im Einzelfall nicht vom Vorliegen eines groben Behandlungsfehlers (grobes Organisationsverschulden) auszugehen ist, hat der Patient aber – nach wie vor – **den Nachweis der Kausalität des Organisationsfehlers für den Gesundheitsschaden** zu führen (Jaeger, 2013, Rz. 373, 380). Eine Aufklärungspflicht über ein etwa erhöhtes Infektionsrisiko in einem Krankenhaus besteht jedoch nicht (Jaeger, 2013, Rz. 383, 384, 390).

Nach zutreffender, herrschender Ansicht (F/N/W, 5. Aufl., Rz. 158, Fn. 426;   P 100
Lorz, NJW 2011, 3397, 3400) verkehrt diese Auffassung (Rz. P 98) die Vermutungswirkung des § 23 III 2 IfSG, wonach die Einhaltung des erforderlichen Standards angenommen wird, wenn die Vorgaben der KRINKO eingehalten wurden, in ihr Gegenteil. **Eine widerlegliche gesetzliche Vermutung zu Lasten der Behandlungsseite ist dieser Vorschrift nicht zu entnehmen.**

4. Anfängereingriff

Gemäß § 630h IV BGB *„wird vermutet, dass die mangelnde Befähigung für den*   P 101
Eintritt der Verletzung des Lebens, des Körpers oder der Gesundheit ursächlich war", wenn *„ein Behandelnder für die von ihm vorgenommene Behandlung* **nicht befähigt"** war.

Während in § 630e II 1 Nr. 1 BGB das Wort „Befähigung" des Aufklärenden   P 102
durch die Eigenschaft der hierfür *„notwendigen Ausbildung"* ersetzt worden ist, ist es im Kontext von § 630h IV BGB im Rahmen des Gesetzgebungsverfahrens bei der *„Befähigung"* geblieben (vgl. RegE vom 25. 5. 2012, S. 5, 37: *„not-*

wendige Befähigung"; Empfehlung des Bundesrates, BR-Drs. 312/1/12, S. 14: *„die gleiche sachliche Befähigung und Qualifikation wie der Behandelnde"*; Beschlussempfehlung vom 28. 11. 2012, BR-Drucks. 17/11710, S. 12: *„Befähigung"* statt *„Ausbildung"*).

P 103   Ausweislich der Begründung bezieht sich die verabschiedete Fassung **(nur) auf den Anfängereingriff, das Erfordernis einer abgeschlossenen fachlichen Ausbildung und die damit verbundene notwendige theoretische Befähigung** zur Durchführung der vorgeschriebenen Maßnahmen entsprechend den Vorgaben der Rechtsprechung und bleibt damit hinter dem Referentenentwurf zurück, der neben der fehlenden Befähigung auch die mangelnde Eignung, etwa im Falle einer Übermüdung des Arztes, zur Grundlage einer Kausalitätsvermutung erklärte (vgl. Walter, GesR 2013, 129, 134; F/N/W, 5. Aufl. 2013, Rz. 163: Klarstellung fehlt jedoch; Spickhoff, VersR 2013, 267, 280; überholter RefE, S. 38: körperliche und/oder geistige Überforderung etwa nach einer 78-Stunden-Schicht; Beschlussempfehlung vom 28. 11. 2012 – BT-Drucks. 17/11710, S. 39: *„Die Regelung entspricht den Anforderungen aus der bisherigen Praxis und trägt insbesondere den Bedürfnissen des Krankenhausalltages Rechnung, um eine gute medizinische Aufklärung und Behandlung von Patientinnen und Patienten mit dem* **vorhandenen ärztlichen Personal** *zu gewährleisten"*; weitergehend aber Hart, MedR 2013, 159, 163).

P 104   Damit wurde eindeutig eine Einschränkung gegenüber dem Referentenentwurf vorgenommen (Olzen/Uzunovic, JR 2012, 447, 450; Rehborn, MDR 2013, 565, 568 und GesR 2013, 257, 271 mit Hinweis auf BT-Drucks. 17/10488, S. 30: Der Gesetzgeber wollte hiermit **nur die „Anfängerfehler" erfassen**; auch Spickhoff, VersR 2013, 267, 280; a. A. Walter, GesR 2013, 129, 134 und F/N/W, 5. Aufl., Rz. 163: eine wünschenswerte Klarstellung fehlt). Damit **verbleibt es nach allgemeiner Auffassung bei von der Rechtsprechung niedergelegten Grundsätzen zu den Anfängereingriffen** (Jaeger, 2013, Rz. 436: Übernahmeverschulden bei Anfängeroperationen; Rehborn, MDR 2013, 565, 568 und GesR 2013, 257, 271; vgl. Rz. A 100 ff.). Nach Ansicht von Rehborn (GesR 2013, 257, 271; ähnlich auch OLG Düsseldorf, NJW 1994, 1598; OLG Karlsruhe, VersR 1991, 1177; OLG Koblenz, NJW 1991, 2967) lässt der Begriff der *Befähigung* darauf schließen, dass es **auf die tatsächliche fachliche Kompetenz und nicht auf die bloße Führung eines Facharzttitels** ankommt.

P 105   Nach – u. E. in Zeiten knapper Resurcen zu weit gehender und aus den Gesetzesmaterialien nicht begründbarer – Auffassung (Hart, MedR 2013, 159, 163) soll die Vermutung des § 630h IV BGB auch dann eingreifen, wenn eine Klinik oder Arztpraxis nicht über die notwendige personelle, fachliche oder sachliche Ausstattung für die Durchführung der konkreten Behandlung verfügt oder wenn deren Organisation des Behandlungsprozesses ungeeignet ist, die Behandlung gefahrlos durchzuführen.

5. Grober Behandlungsfehler

P 106   § 630h V 1 BGB kodifiziert die Rechtsprechung zur Beweislastumkehr hinsichtlich des Kausalzusammenhangs beim Vorliegen eines groben Behandlungsfehlers. Von einer Legaldefinition des groben Behandlungsfehlers in § 630a V 1 BGB hat der – eigentlich auf Transparenz bedachte – Gesetzgeber abgesehen. Die Begriffsbestimmung erfolgt jedoch in der Gesetzesbegründung (vgl. Walter, GesR 2013, 129, 131 mit Hinweis auf BT-Drucks. 17/10488, S. 30; auch Katzenmeier, NJW 2013, 817, 822; vgl. zur Definition Rz. G 161).

Aus der Gesetzesbegründung zu § 630h V 1 BGB ergibt sich auch, dass die von der Rechtsprechung entwickelten Ausnahmeregelungen, wonach eine Beweislastumkehr ausgeschlossen ist, wenn jeglicher haftungsbegründende Kausalzusammenhang zwischen dem (groben) Behandlungsfehler und dem Eintritt des Primärschadens **„gänzlich unwahrscheinlich"** ist, ebenso etwa bei einer Behandlungsvereitelung durch den Patienten, fortgelten sollen (Walter, GesR 2013, 129, 131 und Thurn, MedR 2013, 153, 156 mit Hinweis auf BT-Drs. 17/10488, S. 31; Rehborn, MDR 2013, 565, 569 und GesR 2013, 257, 271; Spickhoff, VersR 2013, 267, 280 zum „äußerst unwahrscheinlichen Kausalzusammenhang"; Ratajczak, 2013, S. 252). **Eine Änderung der Rechtsprechung ist ausweislich der Gesetzesbegründung auch hier nicht beabsichtigt** (vgl. hierzu Thurn, VRiOLG, MedR 2013, 153, 156: Regelungsbedarf fehlt auch hier; Jaeger, 2013, Rz. 437 ff.). P 107

6. Unterlassene Befunderhebung

Nach § 630h V 2 BGB greift die Beweislastumkehr für den Kausalzusammenhang zwischen dem (hier: einfachen) Behandlungsfehler und dem Eintritt des Primärschadens auch dann ein, *„wenn es der Behandelnde unterlassen hat, einen medizinisch gebotenen Befund rechtzeitig zu erheben oder zu sichern, soweit der Befund mit hinreichender Wahrscheinlichkeit ein Ergebnis erbracht hätte, das Anlass zu weiteren Maßnahmen gegeben hätte, und wenn das Unterlassen solcher Maßnahmen grob fehlerhaft gewesen wäre".* Aus dem Wortlaut des § 630h V 2 BGB ergibt sich eine Einschränkung der teilweise als zu weitgehend empfundenen Rechtsfigur der „unterlassenen Befunderhebung" (vgl. hierzu Rz. U 82 ff.). P 108

Denn der BGH hatte in mehreren Urteilen (vgl. BGH, Urt. v. 7. 6. 2011 – VI ZR 87/10, GesR 2011, 472 = VersR 2011, 1148 = NJW 2011, 2508 = MedR 2012, 249, Nr. 7, 8; BGH, Urt. v. 13. 9. 2011 – VI ZR 144/10, VersR 2011, 1400 = NJW 2011, 3441, Nr. 3, 8, 9; BGH; Urt. v. 29. 9. 2009 – VI ZR 251/08, VersR 2010, 115, Nr. 8) ausdrücklich darauf hingewiesen, in der „dritten Stufe" der Rechtsfigur müssten die Voraussetzungen *„Verkennung des hinreichend wahrscheinlichen Befundes als fundamental"* sowie die Bewertung *„Nichtreaktion auf den Befund als grob fehlerhaft"* **nicht kumulativ vorliegen.** P 109

Dies kann im Einzelfall durchaus von praktischer Relevanz werden. So scheidet eine Beweislastumkehr wegen „unterlassener Befunderhebung" nach Ansicht des OLG München (Urt. v. 10. 2. 2011 – 1 U 5066/09, juris, Nr. 48, 49, 53, 55) aus, wenn zwar bei zutreffender Beurteilung eines Röntgenbildes eine Fraktur (hier: im Bereich des 12. BWK) mit hinreichender Wahrscheinlichkeit diagnostiziert worden wäre, aber auch dann keine Indikation für eine sofortige Operation bestanden hätte und die fachgerechte Therapie auch dann – wie tatsächlich durchgeführt – in der Anordnung und Fortführung einer konservativen Behandlung (hier: Schmerzmedikation, Schonung, Abwarten) bestanden hätte. Nach P 109a dem (jetzigen) Wortlaut des § 630 V 2 BGB wäre die Entscheidung richtig bzw. die Begründung des OLG München zutreffend.

P 109b Nach der Rechtsprechung des BGH (s. o. Rz. P 109 und Rz. U 82 ff.) greift die Beweislastumkehr in der „dritten Stufe" aber auch dann ein, wenn **die Verkennung des auch vorliegend hinreichend wahrscheinlichen Röntgenbefundes grob fehlerhaft** gewesen wäre. Dann aber müsste die Behandlungsseite in der „vierten Stufe" einen „äußerst unwahrscheinlichen Kausalzusammenhang" nachweisen, was nur selten gelingt.

P 109c Gleiches würde etwa bei der unterlassenen Fertigung eines MRT bzw. Kontrastmittel-CT bei der Einlieferung eines Patienten mit dem Verdacht auf das Vorliegen eines Schlaganfalls gelten. Wenn der Schlaganfall im MRT bzw. Kontrastmittel-CT mit hinreichender Wahrscheinlichkeit erkannt worden, aber das Zeitfenster für eine Lysebehandlung von 3 bzw. maximal 4,5 Stunden bei Vorlage des (fiktiven) Befundes bereits überschritten gewesen wäre, wäre die Nichtreaktion auf diesen Befund durch Einleitung oder Fortsetzung konservativer Behandlungsmaßnahmen nicht „grob fehlerhaft", anders dagegen die Verkennung eines solchen Befundes. Ein für den Patienten auch nur geringfügig günstigeres Outcome ist in derartigen Fallgestaltungen nur selten „äußerst unwahrscheinlich" (zu weiteren Fällen vgl. Rz. U 82 ff.; vgl. auch OLG München, Urt. v. 11. 7. 2013 – 1 U 3344/11, juris, Nr. 51, 59: äußerst unwahrscheinlich, dass Lysetherapie bei rechtzeitiger KKH-Einweisung innerhalb des Zeitfensters von 3–6 Stunden eingeleitet worden wäre).

P 109d Die Behandlungsseite könnte sich deshalb auf den Wortlaut des § 630 V 2 BGB und eine zu ihren Gunsten erfolgte **Änderung der Rechtslage** berufen. Da der Gesetzgeber „die von der Rechtsprechung entwickelten Grundsätze zu den Beweiserleichterungen aus dem Arzthaftungsrecht systematisch in einer Vorschrift zusammenfassen" wollte (BT-Drs. 17/10488, S. 27) und auf den Einwand des Bundesrates (BR-Drucks. 312/1/12, S. 18; BR-Drucks. 312/12, S. 47) in der Gegenäußerung der Bundesregierung (BR-Drucks. 312/12, Anl. 4, zu Nr. 23) ausdrücklich behauptet wird, § 630h V 2 BGB „*bildet die bisherige Rechtslage einschließlich der aktuellen Rechtsprechung des BGH aus dem Jahr 2011 zutreffend und vollständig ab*", muss wohl eher von einem „Redaktionsversehen" oder einem Flüchtigkeitsfehler des Gesetzgebers ausgegangen werden (im Ergebnis auch Walter, RiLG, GesR 2013, 129, 132; Rehborn, GesR 2013, 257, 271, Fn. 237: Einwand des Bundesrates war berechtigt; nicht problematisiert von Katzenmeier, NJW 2013, 817, 822 und Wagner, VersR 2013, 789, 792, 800).

P 110 Besagte Ungereimtheiten des Wortlauts sind nach Ansicht von Walter (GesR 2013, 129, 132 und in F/N/W, 5. Aufl., Rz. 140) an die aktuellen Grundsätze der Rechtsprechung anzupassen.

7. Anscheinsbeweis

P 111 Der – im Arzthaftungsrecht nur selten eingreifende – Anscheinsbeweis – wird vom Gesetzgeber trotz seiner Bedachtheit auf „Transparenz" nicht geregelt. Auch hier kann auf die bisherigen Grundsätze der Rechtsprechung zurückgegriffen werden (vgl. die Einzelheiten bei Rz. A 160 ff.).

VIII. Änderungen im 5. Buch des Sozialgesetzbuches (SGB V)

Das Patientenrechtegesetz hat über das reine Haftungsrecht hinaus auch zu Än-   P 112
derungen und Ergänzungen im SGB V geführt (vgl. hierzu Hart, MedR 2013, 159,
164).

Gemäß § 13 III a SGB V kann der Patient sich die (zahn-) ärztlichen Leistung   P 113
nach Ablauf von 3 bzw. 5 Wochen sowie einer nachfolgend gesetzten, angemessenen Frist zur Bewilligung dort beantragter Maßnahmen selbst beschaffen und
die GKV zur Erstattung der Kosten heranziehen, soweit die Krankenkasse im
Falle der Einholung eines MDK-Gutachtens unter Darlegung der Gründe hierfür
nicht rechtzeitig mitteilt, dass die Frist nicht eingehalten werden kann.

Nach § 66 SGB V „sollen" (bislang: „können") die Kranken- und Pflegekassen   P 114
ihre Versicherten bei der Durchsetzung von Schadensersatzansprüchen aus Behandlungsfehlern unterstützen, etwa durch Einholung von MDK-Gutachten.

§ 73b III SGB V begründet das Recht des Patienten, seine Erklärung zur Teil-   P 115
nahme an der hausarztzentrierten Versorgung innerhalb von 2 Wochen nach Abgabe der Erklärung zu widerrufen. Weitere Änderungen finden sich in §§ 135a
III, 137 I d, 140a II, 140f II, III 1, 140h II, 217f II-IVa, 219a I 1 Nr. 6, 219d SGB V.
Zudem wurde das Krankenhausfinanzierungsgesetz in § 17b I 5, die Zulassungsverordnung für Vertragsärzte und die Zulassungsverordnung für Vertragszahn-
ärzte geändert bzw. ergänzt.

Rückerstattung des Honorars

Vgl. auch → *Wirtschaftliche Aufklärung*, Rz. A 770 ff.

I. Rückerstattungsanspruch bei Behandlungsfehlern

1. Arztvertrag ist Dienstvertrag

Der Vertrag zwischen Arzt und Patient ist ein **Dienstvertrag** (BGH, NJW 1975,   R 1
305, 306: **soweit es nicht nur um die technische Anfertigung einer Prothese geht**;
BGH, Urt. v. 29. 4. 2011 – VI ZR 133/10, NJW 2011, 1674 = MDR 2011, 724 =

GesR 2011, 414 = MedR 2012, 38, Nr. 7: **zahnärztliche Leistungen**; OLG Bamberg, Beschl. v. 29. 12. 2005 – 1 W 85/05, MDR 2006, 873: **Schönheitsoperation**; OLG Brandenburg, Urt. v. 5. 4. 2005 – 1 U 34/04, OLGR 2005, 489, 492: **zahnprothetische Behandlung**; OLG Frankfurt, Urt. v. 23. 11. 2010 – 8 U 111/10, juris, Nr. 22, 27: **Zahnarztvertrag; für die technische Herstellung des Zahnersatzes gelten §§ 631 ff. BGB**; OLG Frankfurt, Urt. v. 22. 4. 2010 – 22 U 153/08, Nr. 18: zahnprothetische Behandlung; OLG Frankfurt, Urt. v. 6. 1. 2009 – 8 U 31/07, juris, Nr. 24: **zahnärztliche Leistungen**; OLG Frankfurt, Urt. v. 17. 2. 2005 – 26 U 56/04, NJW-RR 2005, 701, 702 = MedR 2005, 604, 605: **Eingliederung von Zahnersatz in Erfüllung des Dienstvertrages**; OLG Hamburg, Beschl. v. 29. 12. 2005 – 1 W 85/05, MDR 2006, 873; OLG Hamm, Beschl. v. 11. 7. 2007 – 3 W 35/07, BeckRS 2008, 2251, S. 2: **Schönheitsoperation**; KG, Beschl. v. 1. 7. 2010 – 20 W 23/10, GesR 2010, 609, 610 = VersR 2011, 402 = MedR 2011, 45, 46: **prothetische Behandlung**; OLG Koblenz, Beschl. v. 21. 11. 2012 – 5 U 623/12, GesR 2013, 466: Zahnarztvertrag; OLG Koblenz, Beschl. v. 1. 9. 2011 – 5 U 862/11, VersR 2012, 728: Zahnarztvertrag; OLG Koblenz, Beschl. v. 29. 8. 2011 – 5 U 481/11, GesR 2011, 729, 730: **Zahnarztvertrag**; OLG Koblenz, Beschl. v. 18. 6. 2009 – 5 U 319/09, GesR 2009, 555: **Zahnarztvertrag**; OLG Koblenz, Urt. v. 26. 2. 2007 – 12 U 1433/04, NJW-RR 2007, 997: **Heilpraktiker**; OLG München, Beschl. v. 25. 9. 2007 – 1 U 3395/07, BeckRS 2007, 18650, S. 3: **Zahnarztvertrag**; OLG Naumburg, Urt. v. 13. 12. 2007 – 1 U 10/07, NJW-RR 2008, 1056, 1057: **zahnprothetische Behandlung**; OLG Nürnberg, Urt. v. 8. 2. 2008 – 5 U 1795/05, MDR 2008, 554; OLG Oldenburg, Urt. v. 27. 2. 2008 – 5 U 22/07, MDR 2008, 553 = GesR 2008, 252: **zahnprothetische Behandlung**; OLG Zweibrücken, Urt. v. 28. 2. 2012 – 5 U 8/08, GesR 2012, 503, 504: **kosmetische Operation, Fettabsaugung u. a.**; OLG Zweibrücken, Urt. v. 20. 11. 2001 – 5 U 20/01, OLGR 2002, 170: zahnprothetische Behandlung; Spickhoff, 1. Aufl. 2011, § 611 BGB Rz. 1, 2, 4; Wenzel-Mennemeyer/Hugemann, Kap. 2 Rz. 337, 338, 376, 457; Spickhoff, NJW 2012, 1773, 1775; **kritisch** Grams, GesR 2012, 513, 519/520: Vertrag sui generis; **a. A. noch** OLG Karlsruhe, Urt. v. 28. 2. 2007 – 7 U 224/06, BeckRS 2007, 14680: §§ 631 ff. BGB auf Mängel der zahnprothetischen Leistungen anzuwenden; OLG Düsseldorf, Urt. v. 2. 2. 1984 – 8 U 71/83, BeckRS 2010, 16942, §§ 631 ff bei Anpassung einer Prothese u. a. anzuwenden; vgl. hierzu auch → *Arztvertrag*, Rz. A 401 ff.).

R 2   Das **Patientenrechtegesetz regelt in § 630a I, 630b BGB die vertragstypischen Pflichten beim Behandlungsvertrag**. Nach der Gesetzesbegründung (Regierungsentwurf S. 25) handelt es sich „bei diesem neuen Vertragstyp und eine spezielle Form des Dienstvertrages", auf den die Vorschriften über das Dienstverhältnis ergänzend anzuwenden sind, soweit in §§ 630c ff BGB nichts anderes bestimmt ist. **Nach der Gesetzesbegründung sollen auch kosmetische Operationen und zahnärztliche Leistungen unter § 630a I BGB fallen, soweit es sich nicht etwa nur um reine zahnlabortechnische Arbeiten handelt, auf die §§ 631 ff. BGB anzuwenden sind** (Regierungsentwurf, S. 25; ebenso bereits BGH, Urt. v. 29. 3. 2011 – VI ZR 133/10, VersR 2011, 883 = GesR 2011, 414, Nr. 7; OLG Frankfurt, Urt. v. 23. 11. 2010 – 8 U 111/10, juris, Nr. 22, 27).

R 3   Beruht die Fehlerhaftigkeit einer eingesetzten Zahnprothese allein auf zahntechnischen Herstellungsmängeln (hier: Lunkerbildung) oder geht es ausschließlich um die **technische Anfertigung des Zahnersatzes, sind die §§ 631 ff BGB** – mit dem **Nacherfüllungsrecht des Zahnarztes und dem Nacherfüllungsanspruch des Patienten aus § 635 BGB** – anzuwenden (BGH a. a. O.; OLG Frankfurt, Urt. v. 23. 11. 2010 – 8 U 111/10, juris, Nr. 22, 27: Lunkerbildung).

Grundsätzlich wird deshalb der **Vergütungsanspruch des Arztes nicht berührt,** R 4 **wenn die Behandlung keine Besserung des Patienten bewirkt** (OLG Koblenz, Beschl. v. 1. 9. 2011 – 5 U 862/11, MDR 2011, 1278; OLG Jena, Urt. v. 29. 5. 2012 – 4 U 549/11, NJW 2012, 2357, 2358; OLG Nürnberg, Urt. v. 8. 2. 2008 – 5 U 1795/05, MDR 2008, 554; Teumer, VersR 2008, 174, 179; F/N/W, 5. Aufl., Rz. 262). Unterläuft dem Arzt jedoch ein Behandlungsfehler, ist **umstritten,** ob der Honoraranspruch des Arztes entfällt.

2. Entfallen des Anspruchs

a) Besonders grobe Pflichtverletzung

Nach einer Ansicht **entfällt der Honoraranspruch nur bei besonders groben** R 5 **Pflichtverletzungen** (OLG Köln, Urt. v. 27. 11. 2002 – 5 U 101/02, GesR 2003, 85: bei besonders groben Pflichtverletzungen oder im Fall einer wertlosen zahn-prothetischen Versorgung, die ersetzt werden muss; OLG Nürnberg, Urt. v. 8. 2. 2008 – 5 U 1795/05, OLGR 2008, 322, 323 = GesR 2008, 363; OLG Hamm, Beschl. v. 11. 7. 2007 – 3 W 35/07, BeckRS 2008, 2251, S. 2: grobe Pflichtverletzung des Arztes, Dienstleistung muss für den Patienten völlig unbrauchbar sein; OLG München, VersR 1996, 233, 234).

Das OLG Nürnberg (Urt. v. 8. 2. 2008 – 5 U 1795/05, MDR 2008, 554 = OLGR R 6 2008, 322, 323) differenziert zwischen Behandlungs- und Aufklärungsfehlern. Ein Behandlungsfehler lässt den Honoraranspruch des Arztes danach grundsätzlich nicht entfallen. Ein Verlust des Honoraranspruchs kommt danach nur bei **besonders groben, i. d. R. vorsätzlichen und strafbaren Pflichtverletzungen** in Betracht. Verletzt der Arzt dagegen eine **Aufklärungspflicht,** entfällt der Honoraranspruch dann, wenn die ärztliche Dienstleistung für den Patienten **völlig unbrauchbar** ist.

Nach Auffassung des OLG Hamm (Beschl. v. 11. 7. 2007 – 3 W 35/07, R 7 BeckRS 2008, 2251, S. 2/3) kommt ein Rückforderungsanspruch des Patienten dann in Betracht, wenn die Dienstleistung des Arztes **aufgrund eines Behandlungsfehlers oder eines Aufklärungsfehlers für den Patienten völlig unbrauchbar und damit wertlos** ist. Hierfür sei aber grundsätzlich eine **grobe Pflichtverletzung des Arztes** erforderlich. Eine solche liegt nicht bereits dann vor, wenn im Rahmen einer Schönheitsoperation Brustimplantate mit 350 ccm anstatt der ursprünglich vereinbarten Größe von ca. 150 ccm eingesetzt worden sind (OLG Hamm a. a. O.).

Wird eine Patientin durch **Täuschung über die Qualifikation des Operateurs** R 8 (hier: Eingriff ausschließlich durch einen Facharzt für plastische Chirurgie vereinbart) zu einer kosmetischen Operation (hier: Brustoperation) bewegt, die fehlerhaft durchgeführt wird und zu einem **unbefriedigendem Operationsergebnis** führt (hier: Verschlechterung der vorbestehenden Situation), steht ihr gegenüber dem Arzt ein Anspruch auf Rückzahlung des Honorars sowie ein angemessenes Schmerzensgeld zu (OLG Nürnberg, Urt. v. 25. 7. 2009 – 5 U 124/08, VersR 2009, 786, 787).

b) Wertlosigkeit der Leistung bzw. Interessenwegfall

R 9 Zutreffend bejaht die **h. M. bei pflichtwidrig unterlassener oder fehlerhafter, für den Patienten** *(streitig: völlig)* **unbrauchbarer** *(bzw. wirtschaftlich nicht verwertbarer)* **Behandlung einen (Gegen-)Anspruch** aus § 628 I 2 BGB analog bzw. § 280 I BGB oder § 242 BGB, der auf **Befreiung** von der **Verbindlichkeit** gerichtet ist (BGH, Urt. v. 29. 3. 2011 – VI ZR 133/10, VersR 2011, 883 = NJW 2011, 1674, Nr. 5: Rückzahlungsanspruch aus § 628 I 3 BGB **auch bei einfachem nicht ganz geringfügigen Behandlungsfehler**; OLG Jena, Urt. v. 29. 5. 2012 – 429. 5. 2012 – 4 U 549/11, NJW 2012, 2357: **aus §§ 280 I, III, 281 BGB**; OLG München, Urt. v. 17. 3. 2011 – 1 U 5245/10, juris, Nr. 30, 36, 39, 40: Rückzahlungsanspruch aus §§ 280 I, 628 I 2 BGB analog bzw. aus § 242 BGB; OLG Zweibrücken, Urt. v. 28. 2. 2012 – 5 U 8/08, GesR 2012, 503, 504: bei vollständigem Interessenwegfall Anspruch aus §§ 628 I 2, 812 I 2. 2. Alt. BGB; vgl. die Nachweise bei Rz. R 11).

R 10 Liegen die Voraussetzungen des § 280 I BGB bzw. des § 628 I 2 BGB vor, ist der Patient berechtigt, die Zahlung der Vergütung zu verweigern oder eine bezahlte Vergütung zurückzuverlangen.

R 10a Der Patient kann bei Vorliegen eines Behandlungsfehlers, wenn die Leistung für ihn unbrauchbar ist, aber **nicht kumulativ die Rückzahlung des Behandlungshonorars und die Zahlung der Kosten eines Nachbehandlers verlangen.** Ausgehend von der Differenzhypothese ist der Patient im Falle eines Behandlungsfehlers vermögensmäßig so zu stellen, wie er ohne den Behandlungsfehler gestanden hätte. In diesem Falle wäre das (zahn-)ärztliche Honorar aber ebenfalls zu zahlen gewesen (OLG Frankfurt, Urt. v. 22. 4. 2010 – 22 U 153/08, juris, Nr. 30; KG, Beschl. v. 1. 7. 2010 – 20 W 23/10, VersR 2011, 402 = MedR 2011, 45, 46; auch OLG Koblenz, Urt. v. 10. 10. 2012 – 5 U 1505/11, juris, Nr. 13 = GesR 2013, 224, 225 und Schütz/Dopheide, VersR 2006, 1440, 1442).

R 10b Wählt der Patient bei völlig unbrauchbarer (bzw. wirtschaftlich nicht verwertbarer) Dienstleistung **die Rückzahlung des bereits gezahlten Honorars, besteht eine Ersatzpflicht des (Zahn-)Arztes nur für die aufgrund des Behandlungsfehlers erforderlich werdenden Mehrkosten des Nachbehandlers.** Verlangt der Patient dagegen die höheren Kosten der aufgrund des Behandlungsfehlers erforderlichen Nachbehandlungen ersetzt, schuldet er dem Arzt das volle Honorar (KG, Beschl. v. 1. 7. 2010 – 20 W 23/10, VersR 2011, 402 = MedR 2011, 45, 46 = GesR 2010, 609, 610: soweit der Zahnersatz für den Patienten aufgrund des Behandlungsfehlers unbrauchbar ist; OLG Köln, Urt. v. 23. 8. 2006 – 5 U 22/04, MedR 2008, 46, 47: kosmetische OP; OLG Nürnberg, Urt. v. 8. 2. 2008 – 5 U 1795/05, MDR 2008, 554; OLG Oldenburg, Urt. v. 27. 2. 2008 – 5 U 23/07, VersR 2008, 781 = GesR 2008, 252; OLG Zweibrücken, Urt. v. 28. 2. 2012 – 5 U 8/08, GesR 2012, 503, 507: andernfalls würde die Patientin die gewünschte Behandlung im Ergebnis kostenlos erhalten).

Auch das OLG Koblenz (Urt. v. 10. 10. 2012 – 5 U 1505/11, juris, Nr. 13 = GesR   R 10c
2013, 224, 225 = VersR 2013, 1176; vgl. Rz. R 14a) weist darauf hin, dass der Patient das Honorar zurückverlangen kann, wenn die Dienstleistung in Folge der
Kündigung kein Interesse mehr für ihn hat. Darüber hinaus kann er Schadensersatz für die Aufwendungen verlangen, die für die Abhilfe durch einen anderen
Zahnarzt erforderlich werden (§ 628 II BGB).

Der Patient kann auch mit einem ihm zustehenden Schmerzensgeld und den   R 10d
aufgrund eines Behandlungsfehlers erforderlich gewordenen Nachbehandlungskosten gegenüber dem Honoraranspruch des Zahnarztes **aufrechnen** (OLG Koblenz, Beschl. v. 1. 9. 2011 – 5 U 862/11 MDR 2011, 1278, 1279).

Der Rückzahlungsanspruch hinsichtlich des zahnärztlichen Honorars steht dem   R 10e
Patienten bei völlig unbrauchbarer Leistung des Zahnarztes auch dann zu, wenn
er den Zahnersatz im Zeitpunkt der letzten mündlichen Verhandlung noch
nicht durch einen Nachbehandler erneuern ließ; entscheidend ist allein, ob
eine **Neuanfertigung wegen des Behandlungsfehlers aus zahnmedizinischen
Gründen erforderlich** ist bzw. wird (KG, Beschl. v. 1. 7. 2010 – 10 W 23/10,
GesR 2010, 609, 610 = MedR 2011, 45, 46: wenn die Nachbehandlungskosten
das bezahlte Honorar überschreiten). Demgegenüber ist eine **Vorschussklage
für die Neuversorgung unzulässig** (KG a. a. O.; OLG Naumburg, Urt. v.
25. 6. 2009 – 1 U 27/09, VersR 2010, 73; OLG Naumburg, Urt. v. 13. 12. 2007 –
1 U 10/07, NJW-RR 2008, 1056, 1058; OLG Köln, Urt. v. 12. 1. 2005 – 5 U 96/03,
GesR 2005, 266 = juris, Nr. 13; OLG Koblenz, Beschl. v. 18. 6. 2009 – 5 U
319/09, VersR 2009, 1542 = GesR 2009, 555: § 637 III BGB nicht entsprechend
anwendbar).

Soweit die Behandlung **teilweise erfolgreich war, hat der Patient den hierauf ent-   R 10f
fallenden Teil des ärztlichen oder zahnärztlichen Honorars zu bezahlen** (LG
Karlsruhe, Urt. v. 28. 4. 2005 – 8 O 362/04, NJW-RR 2005, 1504, 1508; OLG
Nürnberg, Urt. v. 8. 2. 2008 – 5 U 1795/05, OLGR 2008, 322, 323: kein materiel-
ler Schaden, soweit der angestrebte Teilerfolg eingetreten ist; Schellenberg,
RiOLG, VersR 2007, 1343, 1347).

Eine „Pflichtverletzung" des Arztes i. S. d. § 280 I BGB (vgl. hierzu Palandt-Hein-   R 11
richs, § 280 BGB Rz. 12–17) bzw. ein „vertragswidriges Verhalten" i. S. d. § 628 I
2 BGB liegt **nach bislang fast einhelliger Ansicht in der Rspr. aber nur vor, wenn
die Dienstleistung des Arztes aufgrund des Behandlungsfehlers wertlos bzw. für
den Patienten** (völlig) **unbrauchbar ist** (OLG Bamberg, Beschl. v. 29. 12. 2005 – 1
W 85/05, MDR 2006, 873: § 628 I 2 BGB analog bei Interessenwegfall aufgrund
falscher Indikation; OLG Frankfurt, Urt. v. 22. 4. 2010 – 22 U 153/08, juris,
Nr. 23–26, 35, 37: **bei völliger Unbrauchbarkeit, Ablauf einer angemessenen
Frist zur Nacherfüllung bzw. deren Unzumutbarkeit Schadensersatz aus §§ 280,
281 BGB**; OLG Hamburg, Beschl. v. 29. 12. 2005 – 1 W 85/05, MDR 2006, 873:
Rückerstattungsanspruch aus § 628 I 2 BGB analog oder aus § 280 I BGB, wenn
Interesse des Patienten wegen ungeeigneter Behandlungsmethode von vorn-
herein nicht gegeben war; OLG Hamburg, Urt. v. 25. 11. 2005 – 1 U 6/05,
OLGR 2006, 128, 130 bei **unbrauchbarer zahnprothetischer Leistung** § 628 I 2
analog; OLG Hamburg, Beschl. v. 29. 12. 2005 – 1 W 85/05, MDR 2006, 873 =

OLGR 2006, 120, 121: § 280 I 2 oder § 628 I 2 BGB analog; OLG Hamm, Beschl. v. 11. 7. 2007 – 3 W 35/07, BeckRS 2008, 2251: Dienstleistung aufgrund eines Behandlungs- oder Aufklärungsfehlers **völlig unbrauchbar und damit wertlos**; OLG Jena, Urt. v. 29. 5. 2012 – 429. 5. 2012 – 4 U 549/11, NJW 2012, 2357: aus §§ 280 I, III, 281 BGB; KG, Beschl. v. 1. 7. 2010 – 20 W 23/10, VersR 2011, 402 = GesR 2010, 609, 610: **wenn der Zahnersatz aufgrund eines Behandlungsfehlers unbrauchbar ist**; OLG Koblenz, Beschl. v. 1. 9. 2011 – 5 U 862/11, MDR 2012, 1278 = VersR 2012, 728: „**wenn die Leistung derart unbrauchbar ist, dass sie einer Nichtleistung gleichsteht**"; OLG Koblenz, Beschl. v. 29. 8. 2011 – 5 U 481/11, MDR 2011, 1279: „**völlige Unbrauchbarkeit**" zahnärztlicher Leistungen, jedenfalls dann, wenn zahlreiche Nachbesserungsversuche fehlgeschlagen sind; OLG Koblenz, Beschl. v. 18. 6. 2009 – 5 U 319/09, VersR 2009, 1542 = GesR 2009, 555; OLG Koblenz, Beschl. v. 19. 6. 2007 – 5 U 467/07, NJW-RR 2008, 269, 270: Rückerstattungsanspruch des Patienten gemäß § 628 I 2 BGB bzw. §§ 323, 346 BGB **bei irreparabel fehlerhafter prothetischer Leistung eines Zahnarztes**; OLG Koblenz, Urt. v. 26. 2. 2007 – 12 U 1433/04, NJW-RR 2007, 997: Leistung des Arztes oder Heilpraktikers „**völlig unbrauchbar**"; OLG Koblenz, Beschl. v. 19. 6. 2007 – 5 U 467/07, NJW-RR 2008, 269, 270: §§ 323, 346 BGB bzw. 628 I 2 BGB bei **irreparabel fehlerhafter zahnprothetischer Leistung**; OLG Koblenz, Urt. v. 14. 6. 2007 – 5 U 1370/06, VersR 2008, 492: Rückforderungsanspruch, wenn der Patient den Eingriff **bei sachgemäßer Diagnose und Aufklärung nicht hätte vornehmen lassen**; OLG Köln, Urt. v. 27. 11. 2002 – 5 U 101/02, GesR 2003, 85: „**wertlose zahnprothetische Versorgung**, die ersetzt werden muss"; OLG Köln, Urt. v. 9. 12. 1998 – 5 U 147/97, VersR 2000, 361: **Behandlung unbrauchbar**; OLG München, Urt. v. 17. 3. 2011 – 1 U 5245/10, juris, Nr. 30, 36, 39, 40: Rückzahlungsanspruch aus §§ 280 I, 628 I 2 BGB analog bzw. aus § 242 BGB; OLG Naumburg, Urt. v. 13. 12. 2007 – 1 U 10/07, NJW-RR 2008, 1056, 1057: Anspruch aus § 628 I 2 bei **völlig wertloser und unbrauchbarer prothetischer Arbeit**, im entschiedenen Fall verneint; OLG Nürnberg, Urt. v. 16. 7. 2004 – 5 U 2383/03, NJW-RR 2004, 1543, 1544 zur Aufklärung: Dienstleistung wegen unzureichender Bemühung um den Heilerfolg **unbrauchbar, Gegenanspruch aus § 280 I BGB**; OLG Oldenburg, Urt. v. 27. 2. 2008 – 5 U 22/07, MDR 2008, 553 = GesR 2008, 252, 253: Zahnersatz aufgrund eines Behandlungsfehlers **unbrauchbar**; OLG Stuttgart, Urt. v. 17. 4. 2001 – 14 U 74/00, OLGR 2002, 172: gewählte Art der Versorgung des Zahnarztes erweist sich als **unbrauchbar**; OLG Zweibrücken, Urt. v. 28. 2. 2012 – 5 U 8/08, GesR 2012, 503, 504: **kosmetische Operation mit vorliegenden Aufklärungs- und Behandlungsfehlern; bei vollständigem Interessenwegfall Anspruch aus §§ 628 I 2, 812 I 2. 2. Alt. BGB**; OLG Zweibrücken, Urt. v. 20. 11. 2001 – 5 U 20/01, OLGR 2002, 170, 171 = MedR 2002, 201, 202: nicht von Interesse bzw. **wertlos oder unbrauchbar**; LG Berlin, Urt. v. 15. 5. 2008 – 6 O 159/07, MedR 2009, 98: völlig wertlos und unbrauchbar; Wenzel-Mennemeyer/Hugemann, Kap. 2 Rz. 480, 484: Leistungen für den Patienten nicht von Interesse bzw. unbrauchbar).

R 12 Das OLG Zweibrücken (Urt. v. 20. 11. 2001 – 5 U 20/01, OLGR 2002, 170, 171 = MedR 2002, 201, 202) lässt es dabei **offen, ob dieses Ergebnis aus § 242, der Einrede des nichterfüllten Vertrages nach § 320 oder als inhaltlich auf Freistellung gerichteter Schadensersatzanspruch aus § 280 I** herzuleiten ist. Eine **Aufrechnung** gegenüber dem Vergütungsanspruch des Arztes sei jedenfalls **entbehrlich**

(OLG Zweibrücken, Urt. v. 20. 11. 2001 – 5 U 20/01, OLGR 2002, 170, 171 = MedR 2002, 201, 202; ebenso zur Aufrechnung OLG Frankfurt, OLGR 1995, 134; OLG Köln, VersR 1987, 620; LG Karlsruhe, Urt. v. 28. 4. 2005 – 8 O 362/04, NJW-RR 2005, 1507, 1508).

Das OLG Naumburg (Urt. v. 11. 12. 2008 – 1 U 12/08, juris, Nr. 6, 8) weist zu Recht darauf hin, dass eine **Behandlungsmaßnahme** (hier: Sonographie bei Verdacht auf Darmverschluss), **die per se nicht fehlerhaft, aber möglicherweise unvollständig** ist (hier: unterlassene, weitergehende Befunderhebung durch Röntgen, MRT o. a.) **nicht zum Wegfall des hierfür geltend gemachten Honoraranspruchs führt.** Dies entspricht auch der oben (Rz. R 9, R 11) dargestellten, herrschenden Ansicht. Die Behandlungsmaßnahme war im Fall des OLG Naumburg nicht „völlig unbrauchbar" bzw. für den Patienten „völlig wertlos". **R 13**

Nach Auffassung des OLG Koblenz (Beschl. v. 1. 9. 2011 – 5 U 862/11, MDR 2011, 1278) reicht allein die Feststellung eines „groben Behandlungsfehlers" eines Zahnarztes nicht aus, um den Rückerstattungsanspruch zu begründen. Vielmehr müsste festgestellt werden, die Leistung sei **derart unbrauchbar, dass sie einer Nichtleistung gleichsteht**; ebenso bereits OLG Koblenz, Beschl. v. 18. 6. 2009 – 5 U 319/09, GesR 2009, 555). **R 14**

Allerdings hat das OLG Koblenz – im Anschluss an das Urteil des BGH v. 29. 3. 2011 (VI ZR 133/10, VersR 2011, 883, vgl. Rz. R 17) seine Rechtsprechung zwischenzeitlich modifiziert. Im Urteil v. 10. 10. 2012 (5 U 1505/11, juris, Nr. 12–14 = GesR 2013, 224, 225) hat das OLG Koblenz ausgeführt, der **Vergütungsanspruch des Zahnarztes kann bei einer unzureichenden oder pflichtwidrigen Leistung grundsätzlich nicht gekürzt werden oder in Fortfall geraten.** Ebenso wenig haftet der Zahnarzt gemäß §§ 280, 281 BGB auf den Ausgleich der Kosten einer Ersatzvornahme, da ihn **regelmäßig keine Nacherfüllungsverpflichtung trifft** (juris, Nr. 12). Unterläuft dem Zahnarzt während der Behandlung eine **nicht nur geringfügige Fehlleistung und kündigt der Patient den Vertrag vor Abschluss der Behandlung, so entfällt der Vergütungsanspruch des Zahnarztes gemäß §§ 627, 628 I 2 BGB insoweit, als seine bisherigen Arbeiten bzw. Leistungen in Folge der Kündigung kein Interesse mehr für den Patienten haben.** Hat der Patient das danach nicht geschuldete Honorar bereits entrichtet, steht ihm ein **Rückforderungsrecht** zu. Darüber hinaus kann er **Schadensersatz für die Aufwendungen verlangen, die für die Abhilfe durch einen anderen Zahnarzt erforderlich werden bzw. waren**, § 628 II BGB (juris, Nr. 13; auch Staudinger-Preis, 2012, § 628 BGB Rz. 49). Den Aufwendungen für die Ersatzvornahme durch den Nachbehandler ist jedoch **die Honorarersparnis bei der Erstbehandlung entgegenzusetzen, so dass es regelmäßig an einer ausgleichsfähigen finanziellen Belastung fehlen wird** (juris, Nr. 13 = VersR 2013, 1176, 1177). **R 14a**

Ist die beanstandete Dienstleistung vertraglich abgeschlossen (Behandlung beendet), so ist für eine Kündigung nach §§ 627, 628 I BGB kein Raum mehr. **Ein Anspruch aus §§ 280 I, 823 I BGB gegen den Zahnarzt bleibt hiervon jedoch unberührt** (OLG Koblenz, Urt. v. 10. 10. 2012 – 5 U 1505/11, juris, Nr. 14 = GesR 2013, 224, 225 = VersR 2013, 1176, 1177).

Im Beschluss v. 21. 11. 2012 (5 U 623/12, GesR 2013, 466, 467) differenziert das OLG Koblenz zwischen der rein zahnärztlichen Behandlung (Dienstvertrag) und **R 14b** der technischen Anfertigung des Zahnersatzes. Ebenso wie der Patient den Behandlungsvertrag jederzeit auch ohne Kündigungsgrund beenden kann, darf er bei fehlendem Vertrauen in die Fachkunde des (Zahn-)Arztes dessen Nachbesserungsvorschlag ablehnen. Dies gelte sowohl für das laufende wie auch das bereits beendete Behandlungsverhältnis. Soweit **die technische Anfertigung des Zahnersatzes betroffen ist, müsse der Patient das Nachbesserungsangebot des Zahnarztes aber annehmen** (OLG Koblenz, GesR 2013, 466, 467).

R 15   Ein Rückerstattungsanspruch hinsichtlich des Honorars wird überwiegend auch dann bejaht, wenn dem Patienten insbesondere bei zahnärztlichen Behandlungen **die Nacherfüllung nicht (mehr) zuzumuten oder die Nacherfüllung vom Zahnarzt bereits abgelehnt worden ist** (OLG Frankfurt, Urt. v. 22. 4. 2010 – 22 U 153/08, juris, Nr. 35, 37, 39, 44: grundsätzlich Frist zur Nacherfüllung erforderlich, § 281 I; OLG Koblenz, Beschl. v. 29. 8. 2011 – 5 U 481/11, GesR 2011, 729, 730 = MDR 2011, 1279: Weiterbehandlung nach mehreren misslungenen Nachbesserungsversuchen unzumutbar; OLG Koblenz, Beschl. v. 18. 6. 2009 – 5 U 319/09, GesR 2009, 555 = VersR 2009, 1542: wenn ergebnislos eine Frist zur Nacherfüllung gesetzt worden ist; OLG Jena, Urt. v. 29. 5. 2012 – 4 U 549/11, NJW 2012, 2357 und Ballhausen, NJW 2011, 2694, 2696: Nacherfüllung ist gemäß § 281 II 2. Alt. BGB nach mehreren Behandlungsfehlern unzumutbar).

R 16   Das OLG Frankfurt (Urt. v. 22. 4. 2010 – 22 U 153/08, juris, Nr. 18, 23 – 26, 30, 35 – 39) hat ausgeführt, liegt ein (einfacher) Behandlungsfehler vor, muss der Patient dem Zahnarzt **grundsätzlich eine angemessene Frist zur Nacherfüllung setzen** (§§ 280 III, 281 I 1 BGB, OLG Frankfurt, a. a. O. Nr. 35, 37). Im Rahmen der Nacherfüllung sei dem Patienten erforderlichenfalls **auch eine Neuherstellung zumutbar** (OLG Frankfurt a. a. O., Nr. 39; ebenso OLG Dresden, NJW-RR 2009, 31, 32; OLG Naumburg, Urt. v. 13. 12. 2007 – 1 U 10/07, NJW-RR 2008, 1056, 1058). Die Voraussetzungen des §§ 628 I 2 BGB zur Rückerstattung des Honorars würde nur dann vorliegen, wenn die Kündigung des Patienten durch ein vertragswidriges Verhalten des Zahnarztes im Sinne des § 626 I BGB veranlasst worden wäre, also **für die Kündigung ein „wichtiger Grund" bestand** (OLG Frankfurt, a. a. O., Nr. 26).

R 17   Der BGH (Urt. v. 29. 3. 2011 – VI ZR 133/10, VersR 2011, 883 = NJW 2011, 1674 = GesR 2011, 414 = MedR 2012, 38) hat das Urteil des OLG Frankfurt aufgehoben und den Rechtsstreit dorthin zurückverwiesen, um weitere Feststellungen hinsichtlich der geltend gemachten Nachbehandlungskosten der Patientin zu treffen. Auch beim Zahnarztvertrag handelt es sich um einen Dienstvertrag. Nach § 628 I 2 2. Alt. BGB steht dem Zahnarzt, wenn er durch sein vertragswidriges Verhalten die Kündigung des Patienten veranlasst hat, **kein Vergütungsanspruch zu, soweit seine bisherigen Leistungen infolge der Kündigung für den Patienten kein Interesse mehr haben** (BGH, NJW 2011, 1674, Nr. 12).

Entgegen der – vom BGH teilweise zitierten (Nr. 14) h. M. – könne auch **ein einfacher (zahn-)ärztlicher Behandlungsfehler ein vertragswidriges Verhalten im Sinne des § 628 I 2 BGB sein. Der vom Patienten geltend gemachte Rückerstattungsanspruch hinsichtlich des Honorars setze nicht voraus, dass das vertragswidrige Verhalten als schwerwiegend oder als wichtiger Grund im Sinne des § 626 I BGB anzusehen ist** (BGH, NJW 2011, 1674, Nr. 14, 15). Allerdings lasse ein nur geringfügiges vertragswidriges Verhalten in entsprechender Anwendung der §§ 323 V 2, 242 BGB die Pflicht, die bis zur Kündigung erbrachten Dienste zu vergüten, unberührt (BGH, NJW 2011, 1674, Nr. 15, 16).

Das Interesse des Patienten an der Leistung des (Zahn-)Arztes falle allerdings nur weg, **soweit der Patient die Arbeiten nicht mehr wirtschaftlich verwerten kann, sie also für ihn nutzlos geworden sind.** Es genügt nicht, dass die Leistung objektiv wertlos ist, wenn der Patient **die Leistung gleichwohl nutzt oder sie nicht nutzt, obwohl er sie wirtschaftlich verwerten könnte,** etwa wenn ein Nachbehandler auf den Leistungen des (Zahn-)Arztes aufbauen oder durch eine Nachbesserung des gefertigten Zahnersatzes Arbeit gegenüber einer Neuherstellung einsparen kann (BGH, NJW 2011, 1674, Nr. 18).

Ausgangspunkt für die Beurteilung der Frage, ob der Arzt bzw. Zahnarzt durch ein schuldhaftes und nicht nur geringfügiges vertragswidriges Verhalten die Kündigung des Patienten veranlasst hat, ist zudem nur **dasjenige Verhalten, auf das die Kündigung gestützt wurde** (BGH, NJW 2011, 1674, Nr. 16).

Ballhausen (NJW 2011, 2694, 2696/2697) stimmt der Entscheidung des BGH zu. Die im Rahmen des § 281 II 2. Alt. BGB vorzunehmende Interessenabwägung könne bei einem (zahn-)ärztlichen Fehlverhalten im Regelfall allein zugunsten des Patienten ausfallen, d. h. gerade bei Zahnarztbehandlungen sei eine Fristsetzung zur Nacherfüllung regelmäßig entbehrlich, wenn dem Zahnarzt Behandlungsfehler unterlaufen sind. **R 17a**

U. E. ist die **Entscheidung des BGH aus mehreren Gründen abzulehnen.** **R 17b**

Ohne dies zu begründen, setzt sich der BGH über die gefestigte h. M. hinweg, wonach die „freie Kündigung" des Dienstvertrages durch ein vertragswidriges Verhalten des (Zahn-)Arztes im Sinne eines **„wichtigen Grundes"** veranlasst worden sein muss (OLG Frankfurt, a. a. O., Nr. 26; BAG, NJW 2002, 1593; BAG, NZA 2009, 547; OLG Brandenburg, NJW-RR 2001, 137; Palandt-Weidenkaff, 71. Aufl., § 628 Rz. 4, 6; Henssler/Deckenbrock, NJW 2005, 1, 2; Schellenberg, RiOLG, VersR 2007, 1343; Erfurter Kommentar zum Arbeitsrecht-Müller/Glöge, 11. Aufl., 2012, § 628 BGB Rz. 6, 11, 16: der Anwendungsbereich des § 628 II BGB ist allerdings enger als der des § 626 BGB).

Zudem ist nicht einzusehen, aus welchen Gründen lediglich die Bestimmungen des §§ 323 V 2, 242 BGB und nicht auch die §§ 281 I, II, 323 I, II BGB aus dem allgemeinen Schuldrecht herangezogen werden sollten.

Die von der ganz überwiegenden Ansicht befürwortete **Anwendung (auch) der §§ 281 I, II BGB erscheint wesentlich überzeugender.** Ist die (zahn-)ärztliche Leistung irreparabel unbrauchbar, wurde die Nachbesserung vom (Zahn-)Arzt bereits verweigert oder ist sie dem Patienten im Einzelfall aus sonstigen Gründen nicht (mehr) zuzumuten (vgl. § 281 II BGB, hierzu Ballhausen, NJW 2011, 2694, 2696 und OLG Jena, Urt. v. 29. 5. 2012, 4 U 549/11, NJW 2012, 2357, 2358) ist eine (weitere) Aufforderung zur Nacherfüllung stets entbehrlich!

Der BGH verlagert die Problematik in den (vorprogrammierten) Streit um die wirtschaftliche Verwertbarkeit der bisherigen (zahn-)ärztlichen Leistung, wobei die Beweislast für eine derartige Einwendung beim (Zahn-)Arzt liegt!

Letztlich ergibt sich auch ein Wertungswiderspruch. Denn nach gefestigter Rechtsprechung der Sozialgerichte **kann sich der Zahnarzt gegenüber gesetzlichen Krankenkassen auf ein bestehendes Nachbesserungsrecht berufen** (vgl. etwa LSG Bayern, Urt. v. 29. 11. 1995 – L 12 Ka 504/92 und 12 Ka 506/92, juris: dem Zahnarzt muss Gelegenheit zur unentgeltlichen prothetischen Neuanfertigung gegeben werden).

Gem. § 137 IV 3, IV 4 SGB V hat der Zahnarzt die Pflicht – somit auch das Recht –innerhalb von zwei Jahren nach Abschluss der Behandlung Füllungen und Zahnersatz nachzubessern oder zu erneuern (vgl. hierzu B/P/S-Ihle, § 137 SGB V, Rz. 17, Seite 1141; Spickhoff-Vießmann, § 137 SGB V, Rz. 19, 20: Regularium des § 137 erscheint allerdings deplaciert).

Die Entscheidung des BGH hätte zur Konsequenz, dass der Zahnarzt beim Vorliegen eines Behandlungsfehlers und einer hierauf gestützten Kündigung des gesetzlich versicherten Patienten zwar den Eigenanteil zurückerstatten müsste, gegenüber der gesetzlichen Krankenkasse aber nach wie vor einwenden könnte, dass eine Nacherfüllung betreffend eingebrachter Füllungen und Zahnersatz weiterhin möglich und dem Patienten im Einzelfall nicht unzumutbar wäre!

3. Nachbesserungsrecht des Zahnarztes

R 18 Mit der h. M. ist deshalb weiterhin davon auszugehen, dass einem Zahnarzt jedenfalls **bei fortdauerndem Behandlungsverhältnis ein Nachbesserungsrecht** zusteht (OLG Dresden, Beschl. v. 21. 1. 2008 – 4 W 28/08, NJW-RR 2009, 30, 31; OLG Frankfurt, Urt. v. 22. 4. 2010 – 22 U 153/08, juris, Nr. 35, 37, 39, 44; OLG Karlsruhe, Urt. v. 28. 2. 2007 – 7 U 224/06, OLGR 2007, 654, 655; KG, Beschl. v. 1. 7. 2010 – 20 W 23/10, GesR 2010, 609, 610 = MedR 2011, 45, 46: **nicht jedoch, wenn eine Neuanfertigung erfolgen muss**; OLG Koblenz, Beschl. v. 29. 8. 2011 – 5 U 481/11, MDR 2011, 1279: **sofern die Nachbesserung dem Patienten nicht unzumutbar ist**; OLG Koblenz, Beschl. v. 18. 6. 2009 – 5 U 319/09, VersR 2009, 1542 = GesR 2009, 555; OLG München, VersR 1995, 1103, 1104; OLG München, Beschl. v. 25. 9. 2007 – 1 U 3395/07, BeckRS 2007, 18650, S. 3; OLG Naumburg, Urt. v. 13. 12. 2007 – 1 U 10/07, NJW-RR 2008, 1056, 1058 = GesR 2008, 164: **im Einzelfall auch Neuanfertigung**; OLG Naumburg, Urt. v. 25. 6. 2009 – 1 U 27/09, VersR 2010, 73, 74 und OLG Jena, Urt. v. 29. 5. 2012 – 4 U 549/11, NJW 2012, 2357: **aber nicht, wenn der Mangel durch die Nachbesserung nicht behoben werden könnte**; OLG Oldenburg, MDR 1997, 841; Wenzel-Mennemeyer/Hugemann, Kap. 2 Rz. 480, 484; Schellenberg, VersR 2007, 1343, 1344; **a. A.** OLG Koblenz, Urt. v. 10. 10. 2012 – 5 U 1505/11, juris, Nr. 12, 13 = GesR 2013, 224, 225: den Arzt trifft regelmäßig keine Nacherfüllungsverpflichtung; OLG Koblenz, Beschl. v. 21. 11. 2012 – 5 U 623/12, GesR 2013, 466, 467: **Patient muss Nachbesserungsangebot lediglich hinsichtlich der technischen Anfertigung des Zahnersatzes annehmen, nicht bei reinen Dienstleistungen**, vgl. Rz. R 14a, R 14b).

R 19 Danach ist der Patient ist grundsätzlich gehalten, etwa bei weiteren **erforderlichen Eingliederungsmaßnahmen prothetischer Arbeiten mitzuwirken.** Dies umfasst insbesondere die Anzeige von Druckstellen, Lockerungserscheinungen oder Beweglichkeiten und die Wiedervorstellung, um dem Zahnarzt Gelegenheit zur Fortsetzung der Behandlung zu geben (OLG Naumburg, Urt. v. 13. 12. 2007 –

1 U 10/07, NJW-RR 2008, 1056, 1058 = GesR 2008, 164; OLG Oldenburg, MDR 1997, 841 = OLGR 1997, 153, 154; vgl. auch § 137 IV 3, IV 4 SGB V: sozialrechtliche Pflicht des Zahnarztes, innerhalb von zwei Jahren nach Abschluss der Behandlung Füllungen und Zahnersatz nachzubessern).

Zumutbare Nachbesserungsmaßnahmen, zu denen auch die **Neuanfertigung ei** R 20
ner Prothese gehören können, sind von einem Patienten hinzunehmen, da ein Zahnersatz häufig auch bei äußerster Präzision nicht „auf Anhieb" beschwerdefrei sitzt (OLG Dresden, Beschl. v. 21. 1. 2008 – 4 W 28/08, OLGR 2008, 335). Weigert sich ein Patient nach der Eingliederung von Zahnersatz, zumutbare Nachbesserungsmaßnahmen, etwa eine Korrektur der Bisslage oder **bei einer umfangreichen prothetischen Versorgung auch die Neuanfertigung einer Prothese** hinzunehmen, kommen insoweit Ansprüche auf materiellen und immateriellen Schadensersatz nicht in Betracht (OLG Dresden a. a. O.).

Nach anderer Ansicht ist dem Patienten eine **vollständige Neuanfertigung einer** R 21
prothetischen Arbeit regelmäßig nicht zuzumuten (KG, Beschl. v. 1. 7. 2010 – 20 W 23/10, GesR 2010, 609, 610 = VersR 2011, 402).

Eine sofortige Geltendmachung von Schadensersatzansprüchen des Patienten ge R 22
genüber dem Zahnarzt ist nach bislang h. M. nur möglich, wenn die **Nachbesserung für den Patienten ausnahmsweise unzumutbar** ist (OLG Karlsruhe, Urt. v. 28. 2. 2007 – 7 U 224/06, OLGR 2007, 654, 655: „ausnahmsweise unzumutbar"; OLG Jena, Urt. v. 29. 5. 2012 – 4 U 549/11, NJW 2012, 2351 = juris, Nr. 21–24: Unzumutbarkeit gem. § 281 II 2. Alt. BGB **bei mehreren Behandlungsfehlern**; OLG Koblenz, Beschl. v. 29. 8. 2011 – 5 U 481/11, MDR 2011, 1279: **mehrere Nachbesserungsversuche fehlgeschlagen**; OLG Naumburg, Urt. v. 13. 12. 2007 – 1 U 10/07, NJW-RR 2008, 1056, 1058/1059; Wenzel-Mennemeyer/Hugemann, Kap. 2 Rz. 480, 484; Schellenberg, VersR 2007, 1343, 1347 und Teumer, VersR 2008, 174, 178: wenn dem Patienten ein Recht zur fristlosen Kündigung gem. § 626 I BGB zusteht), **der Zahnarzt die Nachbesserung ernsthaft und entgültig verweigert hat** (OLG Naumburg, NJW-RR 2008, 1056, 1058; OLG Koblenz, MDR 2011, 1279: Zahnarzt erklärt, er könne „für den Patienten nichts mehr tun"; OLG Jena, NJW 2012, 2357, 2358: Weiterbehandlung verweigert oder von einer zusätzlichern Zahlung abhängig gemacht; Wenzel a. a. O.), wenn **die Nacherfüllung den bereits eingetretenen materiellen oder immateriellen Schaden nicht beseitigen könnte** (OLG Jena, a. a. O.) oder der Behandlungsfehler bereits darin liegt, dass der **Behandlungsplan des Zahnarztes die erforderliche Extraktion von Zähnen überhaupt nicht vorsieht** und es dadurch zu einer „Mittellinienverschiebung" bzw. asymmetrischen Fehlstellung kommt (OLG Naumburg, Urt. v. 25. 6. 2009 – 1 U 27/09, VersR 2010, 73, 74) **oder wenn das Behandlungsverhältnis bereits beendet ist** (OLG Oldenburg, Urt. v. 27. 2. 2008 – 5 U 22/07, MDR 2008, 553 = GesR 2008, 252, 253: Feststellung eines Behandlungsfehlers ca. zwei Jahre nach Abschluss der Behandlung; OLG Koblenz, Urt. v. 10. 10. 2012 – 5 U 1505/11, juris, Nr. 12, 13 = GesR 2013, 224, 225: Wenn die Behandlung beendet ist oder wenn dem Zahnarzt ein Behandlungsfehler unterläuft; OLG Jena, NJW 2012, 2357, 2358: der Behandlungsabbruch ist als konkludente Kündigung des Behandlungsvertrages aufzufassen; Schellenberg, VersR 2007, 1343, 1345; Teumer, VersR 2008, 174, 178).

R 22a So hat das OLG Jena (Urt. v. 29. 5. 2012 – 4 U 549/11, NJW 2012, 2357) ausgeführt, bei einem Behandlungsvertrag sei es für die Geltendmachung von Nachbehandlungskosten aufgrund eines (zahn-)ärztlichen Behandlungsfehlers **nicht
erforderlich, dass der Patient dem (Zahn-)Arzt ein Nacherfüllungsverlangen
(§ 281 I, II BGB) gestellt hat, falls der Patient das Behandlungsverhältnis auch
durch konkludent mögliche Kündigung (vgl. § 627 I BGB) beendet hat**, wenn
der (Zahn-)Arzt die Nacherfüllung bzw. Weiterbehandlung verweigert oder von
einer zusätzlichen Zahlung abhängig gemacht hat oder wenn besondere Umstände vorliegen, welche die Notwendigkeit eines Nacherfüllungsverlangens
ausschließen (§ 281 II 2. Alt. BGB) ein Behandlungsabbruch seitens des Patienten wegen verlorenen Vertrauens sei im Regelfall als Kündigung des ärztlichen
Behandlungsvertrages anzusehen.

In dem vom OLG Jena entschiedenen Fall hatte der Zahnarzt beim Einsetzen
von Inlays am Zahn 27 Teile einer vorhandenen Kunststofffüllung und darunter
befindliche Sekundärkaries übersehen und belassen, am Zahn 36 wurde noch bestehende Randkaries übersehen. Die Patientin hatte die Behandlung im weiteren
Verlauf abgebrochen und einen anderen Zahnarzt aufgesucht, der die Behandlung übernahm. Das OLG Jena stützt seine Entscheidung letztlich auf eine **Unzumutbarkeit weiterer Behandlungsmaßnahmen**. Dies erscheint beim „bloßen
Übersehen" von geringen Kariesresten aber durchaus problematisch, steht aber
insoweit wohl noch im Einklang mit der Entscheidung des BGH, wonach auch
ein einfacher zahnärztlicher Behandlungsfehler ein vertragswidriges Verhalten
im Sinne des § 628 I 2 2. Alt. BGB darstellen kann. Allerdings reicht auch danach ein nur geringfügiges, vertragswidriges Verhalten nicht aus. Zudem setzt
der **Verlust des Vergütungsanspruches des Zahnarztes** voraus, dass der Patient
seine Kündigung auf das schuldhafte und nicht nur geringfügige vertragswidrige
Verhalten gestützt hat (BGH, NJW 2011, 1674, Nr. 15, 16), wofür eine lediglich
konkludente Kündigung durch den Behandlungsabbruch nicht ausreichen würde!

R 22b Nach nunmehriger Auffassung des OLG Koblenz (Urt. v. 10. 10. 2012 – 5 U
1505/11, juris, Nr. 12–14 = GesR 2013, 224, 225; vgl. Rz. R 14a, R 14b) ist für
eine Kündigung nach §§ 627, 628 I BGB kein Raum mehr, wenn **die Behandlung
bereits beendet ist**. Den Zahnarzt treffe auch bei laufendem Behandlungsverhältnis regelmäßig keine Nacherfüllungsverpflichtung (juris, Nr. 12; anders aber
noch OLG Koblenz, Beschl. v. 21. 11. 2012 – 5 U 623/12, GesR 2013, 466, 467:
Patient muss das Nachbesserungsangebot des Zahnarztes annehmen, soweit die
technische Anfertigung des Zahnersatzes betroffen ist).

R 22c Zu beachten ist jedoch, dass das **Bestreiten von Mängeln im Prozess grundsätzlich keine ernsthafte und endgültige Verweigerung der Nachbesserung** darstellt,
jedenfalls wenn dieses Verhalten nicht den sicheren Rückschluss dahingehend
erlaubt, dass die Mängelbeseitigung schon zuvor ernsthaft und endgültig verweigert worden war (BGH, Urt. v. 20. 1. 2009 – X ZR 45/07, NJW-RR 2009, 667,
Nr. 10, 11, 12 zum Werkvertrag).

R 22d Bei der Frage der „Unzumutbarkeit" kann auf die allgemeinen Grundsätze (vgl.
etwa §§ 440, 281 II BGB) zurückgegriffen werden. Jedenfalls dann, wenn zwei
Nacherfüllungsversuche des Zahnarztes fehlgeschlagen sind, wird man von ei-

ner solchen Unzumutbarkeit auszugehen haben (vgl. OLG Koblenz, Beschl. v. 29. 8. 2011 – 5 U 481/11, MDR 2011, 1279: mehrere misslungene Nachbesserungsversuche).

Regelmäßig liegt in der Weigerung des Patienten, eine Nachbearbeitung bzw. **R 23** Nachbesserung zuzulassen, eine **konkludent erklärte Kündigung des Dienstvertrages** (OLG Jena, NJW 2012, 2357, 2358; Schellenberg, VersR 2007, 1343, 1344 und 1345; Teumer, VersR 2008, 174, 178). In solchen Fällen verliert der Zahnarzt in entsprechender Auslegung der §§ 628 I, 626 I BGB den Vergütungsanspruch nur, **wenn er die Kündigung des Patienten durch ein vertragswidriges Verhalten veranlasst hat** (Schellenberg, RiOLG, VersR 2007, 1343, 1347).

Der BGH (Urt. v. 29. 3. 2011 – VI ZR 133/10, VersR 2011, 883 = NJW 2011, 1674, **R 24** Nr. 15, 16) lässt eine lediglich **konkludente Kündigung ohne Angabe der Gründe für ein schuldhaftes und nicht nur geringfügiges vertragswidriges Verhalten des (Zahn-)Arztes für den Verlust des Vergütungsanspruches nach § 628 I 2 BGB nicht ausreichen.** Zudem muss der Patient im Prozess darlegen und beweisen, dass die bisherigen Leistungen infolge der Kündigung kein Interesse mehr haben (BGH, NJW 2011, 1674, Nr. 12; s. o. Rz. R 17).

Der Honoraranspruch des (Zahn-)Arztes entfällt danach nur dann, wenn ihm **R 25** **während der laufenden Behandlung** (nicht: nach deren Abschluss) ein **nicht nur geringfügiger Behandlungsfehler** unterlaufen ist, **aufgrund dessen der Patient den Vertrag kündigt,** wobei die bereits erbrachten Leistungen für den Patienten **unbrauchbar und ohne Wert** sind. Bleibt der Patient z. B. der weiteren, noch nicht abgeschlossenen Behandlung fern und erlangt er erst später Kenntnis von der Vertragswidrigkeit, **fehlt es an der notwendigen Kausalität zwischen dem Behandlungsfehler und der hierauf beruhenden Kündigung** (Wenzel-Mennemeyer/ Hugemann, Kap. 2 Rz. 463, 456).

Ist dem Zahnarzt ein Behandlungsfehler unterlaufen, kann er für vorübergehend **R 26** im Mund des Patienten verbleibende Teile seiner Leistung (hier: Implantatpfosten, auf die anschließend ein Langzeitprovisorium, nicht jedoch die erforderliche prothetische Neuversorgung befestigt werden konnte) kein Entgelt verlangen (KG, Urt. v. 6. 9. 2010 – 20 U 221/08, juris, LS 2: 1 000,00 Euro Schmerzensgeld für die Unannehmlichkeiten aufgrund einer unbrauchbaren Implantatbehandlung mit der Erforderlichkeit einer Neuherstellung).

Soweit die Behandlung **teilweise erfolgreich** war, hat der Patient also den hierauf **R 27** entfallenden **Teil des ärztlichen oder zahnärztlichen Honorars zu bezahlen** (LG Karlsruhe, Urt. v. 28. 4. 2005 – 8 O 362/04, NJW-RR 2005, 1507, 1508; OLG Nürnberg, Urt. v. 8. 2. 2008 – 5 U 1795/05, OLGR 2008, 322, 323: kein materieller Schaden, soweit der angestrebte Heilerfolg eingetreten ist; Schellenberg, VersR 2007, 1343, 1347).

II. Rückerstattungsanspruch bei Aufklärungsfehlern

Verletzt der Arzt seine ärztliche Aufklärungspflicht, **bleibt sein Vergütungs-** **R 28** **anspruch nach zutreffender, herrschender Ansicht jedenfalls dann bestehen,**

wenn der Eingriff erfolgreich verläuft (OLG Frankfurt, MedR 1995, 364; OLG Köln, Urt. v. 9. 12. 1998 – 5 U 147/97, VersR 200, 361; auch Urt. v. 27. 11. 2002 – 5 U 101/02, GesR 2003, 85: kein Rückzahlungsanspruch; OLG München, VersR 1996, 233, 234; OLG Nürnberg, Urt. v. 16. 7. 2004 – 5 U 2383/03, NJW-RR 2004, 1543, 1544 = GesR 2004, 514: Operation hat tatsächlich zum Erfolg geführt; OLG Nürnberg, Urt. v. 8. 2. 2008 – 5 U 1795/05, OLGR 2008, 322, 323; Teumer, VersR 2008, 174, 177).

R 29   Soweit der angestrebte Heilerfolg eingetreten ist, fehlt es nämlich an einem materiellen Schaden des Patienten. Sein Vermögen wird zwar wegen des Aufklärungsmangels zu Unrecht mit dem Honoraranspruch belastet. Dieser Belastung steht aber der Wert vom Arzt erbrachten Dienstleistung gegenüber, wenn die **Behandlung nicht völlig erfolglos geblieben** ist (OLG Nürnberg, Urt. v. 8. 2. 2008 – 5 U 1795/05, OLGR 2008, 322, 323; OLG Frankfurt, Urt. v. 22. 4. 2010 – 22 U 153/08, juris, Nr. 30; auch Schütz/Dopheide, VersR 2006, 1440, 1442). Etwas anderes gilt jedoch dann, wenn eine **Aufklärungspflichtverletzung** oder die Stellung einer falschen Diagnose gerade die Eingehung der Honorarverpflichtung verursacht hat (OLG Frankfurt a. a. O.). Es werden jedoch auch andere Auffassungen vertreten:

1. Rückerstattung nur bei besonders groben Fehlern

R 30   Nach Ansicht des OLG Köln (Urt. v. 27. 11. 2002 – 5 U 101/02, GesR 2003, 85; auch OLG Köln, Urt. v. 9. 12. 1998 – 5 U 147/99, VersR 200, 361) begründet eine Behandlung ohne wirksame Einwilligung grundsätzlich **keinen Anspruch des Patienten auf Rückzahlung des ärztlichen Honorars.**

R 31   Nach Auffassung des OLG München (VersR 1996, 233, 234; ebenso noch F/N, 2. Aufl., Rz. 235 sowie OLG Nürnberg, MDR 2008, 554 = GesR 2008, 363 zum Behandlungsfehler) entfällt der Honoraranspruch nur bei einem **besonders groben Fehler im Bereich der Eingriffs- und Risikoaufklärung.** Eine sich im normalen Bereich der Fahrlässigkeit bewegende Verkennung des Umfanges der ärztlichen Aufklärungspflicht führt danach nicht zum Wegfall des Vergütungsanspruchs (OLG München a. a. O.).

2. Kein Honoraranspruch bei Rechtswidrigkeit des Eingriffs

R 32   Das OLG Saarbrücken (Urt. v. 21. 4. 1999 – 1 U 615/98–112, OLGR 2000, 401; ebenso Gehrlein, Rz. A 38a) lässt den **Vergütungsanspruch von vornherein entfallen,** wenn der Arzt es versäumt hat, den Patienten aufzuklären. Denn eine als eigenmächtig zu wertende und dem gemäß rechtswidrige Therapie stelle nicht die geschuldete Behandlungsleistung dar und sei deshalb **nicht honorarpflichtig.**

R 33   Das OLG Düsseldorf (Urt. v. 20. 3. 2003 – 8 U 18/02, VersR 2003, 1579 = NJW-RR 2003, 1331 = GesR 2003, 236 und Urt. v. 21. 3. 2002 – 8 U 117/01, VersR 2004, 386) geht davon aus, der behandelnde Arzt **zur Rückerstattung** des bezahlten Behandlungshonorars **verpflichtet** ist, wenn der **Eingriff** mangels hinreichender Aufklärung des Patienten/der Patientin **rechtswidrig ist.** Im Urteil v.

20. 3. 2003 (8 U 18/02, VersR 2003, 1579 = NJW-RR 2003, 1331) ging es um eine kosmetische Operation (Fettabsaugung), vor deren Durchführung die Patientin nicht hinreichend darüber aufgeklärt wurde, dass bei großflächigen Fettabsaugungen mit der Entstehung unregelmäßiger Konturen, die nicht in jedem Fall vollständig beseitigt werden können, zu rechnen ist. Im dortigen Fall hatte die Patientin plausibel vorgetragen, dass sie bei Kenntnis der Tatsache, wonach allein eine Liposuktion (Fettabsaugung) bei ihr nicht geeignet war, eine kosmetische Verbesserung zu erreichen, den Eingriff nicht hätte durchführen lassen.

Gegenstand des Urteils v. 21. 3. 2002 (OLG Düsseldorf, 8 U 117/01, VersR 2004, 386) war eine photorefraktive Keratektomie mittels eines Excimer-Lasers zur Korrektur der Weitsichtigkeit eines Patienten im Jahr 1996. Der Patient war nicht darüber aufgeklärt worden, dass es zum damaligen Zeitpunkt um ein experimentelles, wissenschaftlich noch nicht anerkanntes Verfahren handelte, dessen Erfolgsaussicht als zweifelhaft einzustufen war. Nach der Operation ging die Sehschärfe des Patienten zurück, so dass der Eingriff – worauf das OLG Düsseldorf jedoch nicht explizit abstellt – für dem Patienten **letztlich wertlos bzw. unbrauchbar** war. Die Entscheidung entspricht im Ergebnis auch der herrschenden Meinung zum Honoraranspruch des Arztes bei Vorliegen eines Behandlungsfehlers.   R 34

3. Rückerstattung bei Unbrauchbarkeit oder Erforderlichkeit eines neuerlichen Eingriffs

Nach Auffassung des OLG Koblenz (Urt. v. 14. 6. 2007 – 5 U 1370/06, VersR 2008, 492 = GesR 207, 488; OLG Koblenz, Urt. v. 15. 1. 2009 – 5 U 674/08, VersR 2010, 1040; auch Teumer, VersR 2008, 174, 177: Beweislast beim Patienten) ist der Arzt bereits dann verpflichtet, das erhaltene Honorar zurückzuerstatten, wenn feststeht, dass der Patient bei **sachgemäßer** Diagnose und Aufklärung den **Eingriff nicht hätte vornehmen lassen**.   R 35

Wird etwa der Patient nicht nachdrücklich darauf hingewiesen, dass die **Behandlung** der langfristig bereits sachgemäß versorgten Zähne (etwa mit Implantaten o. a.) **medizinisch nicht notwendig** ist, kann davon ausgegangen werden, dass der Patient bei sachgemäßer Information die Neuversorgung abgelehnt hätte. Dem Zahnarzt steht dann für die überflüssige Zweitbehandlung kein Vergütungsanspruch zu (OLG Koblenz, Urt. v. 15. 1. 2009 – 5 U 674/08, VersR 2010, 1040). Gleiches gilt, wenn eine Aufklärungspflichtverletzung oder **die Stellung einer falschen Diagnose gerade die Eingehung der Honorarverpflichtung verursacht** hat (OLG Frankfurt, Urt. v. 22. 4. 2010 – 22 U 153/08, juris, Nr. 30, 31; auch Schütz/Dopheide, VersR 2006, 1440, 1442).   R 36

Nach ganz herrschender Ansicht **entfällt der Honoraranspruch des Arztes auch bei einer Verletzung der Aufklärungspflicht nur dann, wenn die Dienstleistung wegen unzureichender Bemühung um den Heilerfolg unbrauchbar bzw. für den Patienten wertlos bzw. völlig unbrauchbar ist** (OLG Bamberg, Beschl. v. 29. 12. 2005 – 1 W 85/05, MDR 2006, 873: **Interesse des Patienten an der Behandlung bei zutreffender Aufklärung von vornherein nicht gegeben**; OLG Hamburg, Urt. v. 25. 11. 2005 – 1 U 6/05, MDR 2006, 873 zum Behandlungsfehler bei   R 37 kosmetischer Operation; OLG Hamm, Beschl. v. 11. 7. 2007 – 3 W 35/07, BeckRS 2008, 2251, S. 2: **Dienstleistung aufgrund eines Behandlungs- oder Aufklärungsfehlers für den Patienten völlig unbrauchbar und damit wertlos**; KG, Beschl. v. 1. 7. 2010 – 20 W 23/10, VersR 2011, 402 = MedR 2011, 45, 46: Zahnersatz unbrauchbar; OLG München, Urt. v. 17. 3. 2011 – 1 U 5245/10, juris, Nr. 40: **nicht indizierte und gänzlich wertlose Behandlung**; OLG Nürnberg, Urt. v. 8. 2. 2008 – 5 U 1795/05, MDR 2008, 554: ärztliche Dienstleistung muss „**völlig unbrauchbar**" sein; OLG Nürnberg, Urt. v. 16. 7. 2004 – 5 U 2383/03, NJW-RR 2004, 1543, 1544; OLG Stuttgart, Urt. v. 17. 4. 2001 – 14 U 74/00, VersR 2002, 1286; Teumer, VersR 2008, 174, 177: Leistungen für den Patienten **nicht von Interesse bzw. unbrauchbar**; auch OLG Koblenz, Beschl. v. 1. 9. 2011 – 5 U 862/11, VersR 2012, 728: wenn die **Leistung völlig unbrauchbar** ist).

R 38   Dies gilt etwa dann, wenn eine wegen fehlender oder mangelhafter Aufklärung rechtswidrige **Schönheitsoperation nicht den erstrebten Erfolg oder sogar eine Verschlechterung erbringt** (OLG Düsseldorf, Urt. v. 20. 3. 2003 – 8 U 18/02, VersR 2003, 1579 = NJW-RR 2003, 1331 = GesR 2003, 236; OLG Stuttgart, Urt. v. 17. 4. 2001 – 14 U 74/00, VersR 2002, 1286; OLG Zweibrücken, Urt. v. 28. 2. 2012 – 5 U 8/08, GesR 2012, 503, 506; auch OLG Nürnberg, Urt. v. 25. 7. 2008 – 5 U 124/08, VersR 2009, 786, 787: Täuschung über Facharzteigenschaft und fehlerhafte Durchführung der OP) oder **wenn eine mangels ausreichender Eingriffsaufklärung oder wirtschaftlicher Aufklärung sich für den Patienten als nutzlos erweist** (OLG Zweibrücken, Urt. v. 20. 11. 2001 – 5 U 20/01, OLGR 2002, 170, 171; OLG Koblenz, Urt. v. 15. 1. 2009 – 5 U 674/08, VersR 2010, 1040: fehlerhafte therapeutische Aufklärung, Behandlung nicht indiziert).

R 39   Bei einer fehlenden oder mangelhaften Aufklärung **entfällt der Honoraranspruch des Arztes für eine kosmetische Operation** jedenfalls dann, wenn die Patientin bei Erteilung der gebotenen Aufklärung in den Eingriff **nicht eingewilligt hätte und zur Erzielung eines befriedigenden Ergebnisses ein neuerlicher Eingriff notwendig wird** (OLG Zweibrücken, Urt. v. 28. 2. 2012 – 5 U 8/08, GesR 2012, 503, 506; auch OLG München, NJW-RR 1994, 20 = VersR 1993, 1529).

Der Patient kann das gesamte Honorar für die kosmetische Operation in solchen Fällen zurückverlangen, wenn die **Kosten der aufgrund des Behandlungs- oder Aufklärungsfehlers erforderlichen Nachbehandlung (hier: zwei Nachoperationen) das Honorar übersteigen** (OLG Zweibrücken a. a. O.; vgl. auch OLG Koblenz, Beschl. v. 1. 9. 2011 – 5 U 862/11, MDR 2011, 1278, 1279 = VersR 2012, 728: Aufrechnung mit den Nachbehandlungskosten, die den Honoraranspruch des Arztes überschreiten).

R 40   Wählt der Patient die Rückzahlung des bereits gezahlten Honorars, besteht eine Ersatzpflicht des (Zahn-)Arztes nur für die aufgrund des Behandlungsfehlers erforderlich werdenden **Mehrkosten des Nachbehandlers** (KG, Beschl. v. 1. 7. 2010 – 20 W 23/10, GesR 2010, 609, 610 = VersR 2011, 402; auch OLG Koblenz, a. a. O.). Den Aufwendungen für die Ersatzvornahme durch den Nachbehandler ist die **Honorarersparnis bei der Erstbehandlung entgegenzusetzen**, sodass es regelmäßig an einer ausgleichsfähigen finanziellen Belastung fehlen wird (OLG Koblenz, Urt. v. 10. 10. 2012 – 5 U 1505/11, juris, Nr. 13, 14 = GesR 2013, 224, 225 = VersR 2013, 1176).

Die Kosten einer notwendigen Nachbehandlung wegen eines ärztlichen oder R 41
zahnärztlichen Behandlungsfehlers stellen aber nur dann einen ersatzfähigen
Vermögensschaden dar, wenn der Patient diese **Nachbehandlung bereits hat
durchführen lassen** (OLG Naumburg, Urt. v. 25. 6. 2009 – 1 U 27/09, VersR
2010, 73; OLG Naumburg, Urt. v. 13. 12. 2007 – 1 U 10/07, NJW-RR 2008, 1056,
1058; OLG Köln, Urt. v. 12. 1. 2005 – 5 U 96/03, juris, Nr. 13 = GesR 2005, 266;
OLG Koblenz, Beschl. v. 18. 6. 2009 – 5 U 319/09, VersR 2009, 1542; vgl. hierzu
Rz. A 418 ff.).

Nach Ansicht des Kammergerichts (KG, Beschl. v. 1. 7. 2010 – 20 W 23/10, R 42
VersR 2011, 402 = GesR 2010, 609, 610 = MedR 2011, 45, 46) ist im Rahmen
des materiellen Feststellungsanstrages in den Fällen, in denen der Patient die
Rückzahlung des bereits geleisteten Honorars wählt, eine Einschränkung dahingehend auszusprechen, dass **nur für die *weiteren materiellen Schäden*, d. h. insbesondere die durch die fehlerhafte oder rechtswidrige Behandlung evtl. verursachten *Mehrkosten des Nachbehandlers*** eine Ersatzpflicht besteht.

War eine **prothetische Versorgung** wegen eines Aufklärungsmangels (fehlender R 43
Hinweis auf eine ernsthafte Behandlungsalternative) **nicht von einer wirksamen
Einwilligung in die zahnärztliche Behandlung gedeckt, jedoch handwerklich
fehlerfrei**, kommt eine (anteilige) Honorarerstattung nach Auffassung des OLG
Koblenz (Urt. v. 20. 7. 2006 – 5 U 180/06, VersR 2007, 651, 652 = MedR 2007,
553, 555) nur in Betracht, wenn der Patient beweist, dass eine **abweichende Gestaltung** entsprechend einer bestehenden, ernsthaften Behandlungsalternative,
auf die nicht hingewiesen wurde, zu einer **geringeren finanziellen Belastung geführt hätte**.

Weiß der Arzt, dass eine bestimmte ärztliche Behandlung von der gesetzlichen R 44
Krankenkasse nicht oder nur unter bestimmten, fraglich vorliegenden Voraussetzungen bezahlt wird, hat er den Patienten vor Durchführung der Maßnahme
im Rahmen der wirtschaftlichen Aufklärung auch hierauf hinzuweisen (vgl.
OLG Stuttgart, Urt. v. 9. 4. 2002 – 14 U 90/01, VersR 2003, 462, 463 = OLGR
2002, 350, 351 und Urt. v. 16. 4. 2002 – 14 U 71/01, OLGR 2003, 91, 94 zur
„wirtschaftlichen Aufklärung").

Dies ergibt sich nach Einführung des Patientenrechtegesetzes nunmehr auch aus R 45
§ 630c II BGB (vgl. hierzu Rz. A 770 ff., P 21 ff.).

In diesen Fällen und bei fehlender („wirtschaftlicher") Aufklärung über alterna- R 46
tive kostengünstigere Behandlungsmethoden kann der Patient den sich ergebenden **Differenzbetrag als Gegenanspruch zur Aufrechnung stellen bzw. die Zahlung des Honorars insoweit verweigern** (Gehrlein, Rz. A 38a; OLG Koblenz,
Urt. v. 20. 7. 2006 – 5 U 180/06, OLGR 2007, 125, 127: geringere finanzielle Belastung bei der Wahl der kostengünstigeren, aufklärungspflichtigen Alternative;
vgl. zu den Einzelheiten vgl. Rz. A 814 ff., A 821).

III. Rückerstattungsanspruch bei unwirksamer Honorarvereinbarung

Gemäß § 2 II 2 GOÄ, der auch bei kosmetischen bzw. medizinisch nicht indi- R 47
zierten Eingriffen anzuwenden ist, muss eine **schriftliche Honorarvereinbarung**

neben der Nummer und der Bezeichnung der Leistung den Steigerungssatz und den vereinbarten Betrag enthalten. Zusätzlich ist die Feststellung erforderlich, dass eine Erstattung der Vergütung durch Erstattungsstellen (private Krankenversicherung oder Beihilfe) möglicherweise nicht in vollem Umfang gewährleistet ist. Enthält die Honorarvereinbarung weitere Erklärungen, etwa die Einbeziehung der Einwilligung in die Honorarvereinbarung, die Erklärung über die Inanspruchnahme wahlärztlicher Leistungen im Krankenhaus oder die Vereinbarung über eine Vertretung durch andere Ärzte, so ist diese **gemäß § 2 II 3 GOÄ unwirksam** (OLG Köln, Urt. v. 21. 12. 2009 – 5 U 52/09, MedR 2011, 49, 50 = VersR 2010, 1606, 1607; Spickhoff, 1. Aufl. 2011, § 2 GOÄ Rz. 15, 16).

R 48 Eine formularmäßige Honorarvereinbarung ist darüber hinaus dann gemäß § 307 I, II BGB unwirksam, wenn die vereinbarte Steigerungsrate über dem Gebührenhöchstsatz liegt oder wenn **undifferenziert der gleiche Multiplikator (hier: 3,5-facher Satz) für alle Leistungen angesetzt** wird (BGH, NJW 1992, 746; Spickhoff, § 2 GOÄ Rz. 11 und § 307 BGB Rz. 6).

Leistet der Patient auf eine gemäß § 2 GOÄ unwirksame Honorarvereinbarung (hier: es fehlte die Feststellung, dass eine Erstattung der Vergütung durch Erstattungsstellen möglicherweise nicht in vollem Umfang gewährleistet ist), kann der Patient das geleistete Honorar nach § 812 I 1 1. Alt. BGB zurückfordern. Die fehlende Abrechnung nach der GOÄ führt dazu, dass die Honorarforderung nicht fällig ist und ein Rechtsgrund hierfür nicht besteht. Dem Arzt bleibt es jedoch (innerhalb der laufenden, prozessualen Fristen) unbenommen, eine **Abrechnung nach der GOÄ nachzuholen** (OLG Köln, VersR 2010, 1606 = MedR 2011, 49, 50).

Sachverständigenbeweis

Vgl. auch → *Berufung,* Rz. B 261 f., B 302 ff., B 325, B 341, B 352 ff., B 357 f., B 413, B 419b; → *Beweisverfahren, selbständiges,* Rz. B 552 ff.; → *Substantiierung der Klage/Schlüssigkeit,* Rz. S 600 ff.

I. Einholung eines Sachverständigengutachtens

1. Ermittlung des Sorgfaltsmaßstabes

S 1 Der Arzt muss diejenigen Maßnahmen ergreifen, die von einem gewissenhaften und aufmerksamen Arzt aus berufsfachlicher Sicht seines Fachbereichs vorausgesetzt und erwartet werden. Ob ein Arzt seine berufsspezifische Sorgfaltspflicht verletzt hat, ist deshalb in erster Linie eine Frage, die sich nach medizinischen Maßstäben richtet.

S 2 Demgemäß hat das Gericht den **berufsfachlichen Sorgfaltsmaßstab** mit Hilfe eines medizinischen Sachverständigen zu ermitteln. Es kann den Sorgfaltsmaßstab regelmäßig nicht allein aufgrund eigener Kenntnis oder aus eigener rechtlicher Beurteilung heraus festlegen (OLG Saarbrücken, NJW-RR 2001, 671, 672; OLG Koblenz, Urt. v. 19. 5. 2005 – 5 U 1470/04, GesR 2005, 329 = MedR 2005, 473; OLG Naumburg, Urt. v. 31. 5. 2011 – 4 U 635, juris, Nr. 51, 52; OLG Jena, Urt. v 31. 5. 2011 – 4 U 635/10, juris, Nr. 47, 48: aus dem einschlägigen medizinischen Fachgebiet; Wenzel-Frahm, Kap. 2 Rz. 3761, 3773; B/P/S-Pauge, § 404 ZPO Rz. 2 und § 404a ZPO Rz. 2; Rensen, MDR 2012, 497, 498). Das Gericht darf sich **nicht darauf beschränken, statt eines Sachverständigen sachverständige Zeugen zu hören** (OLG Koblenz, Urt. v. 19. 5. 2005 – 5 U 1470/04, GesR 2005, 329 = MedR 2005, 473; Wenzel-Frahm, Kap. 2 Rz. 3772). Denn **die Vernehmung von sachverständigen Zeugen (vor- bzw. nachbehandelnde Ärzte) ersetzt die Einholung eines Sachverständigengutachtens nicht** (Frahm a. a. O.; Spickhoff, ZPO, Rz. 14).

S 3 Auch aus dem Studium **medizinischer Fachliteratur** oder einer Internetrecherche ergibt sich nicht ohne weiteres eine eigene, hinreichende **Sachkunde des Gerichts** (BGH, NJW-RR 1993, 792; BGH, NJW 1993, 2378; VersR 1994, 984; OLG Naumburg, NJW 2001, 3420 und Beschl. v. 18. 12. 2003 – 1 W 7/03, NJW-RR 2004, 964 = OLGR 2004, 162: Internetrecherche genügt regelmäßig nicht; S/H/A/S, 2. Aufl., Rz. 881, 882, 889; Wenzel-Frahm, Kap. 2 Rz. 3763: eigene Sachkunde wäre im Urteil überprüfbar darzulegen). Ohne die Hinzuziehung eines medizinischen Sachverständigen darf das Gericht medizinische (Vor-)Fragen nur entscheiden, wenn es über eine **eigene Sachkunde verfügt und im Urteil darlegt, worauf diese beruht** (BGH, NJW 1993, 2378; Wenzel-Frahm, Kap. 2 Rz. 3763; Müller, VPräsBGH a. D., MedR 2001, 487, 492). Eine Bezugnahme auf die persönlichen Erfahrungen eines Kammermitglieds etwa aus der Schwangerschaft seiner Ehefrau reicht zur Darlegung der Grundlagen eigener Sachkunde nicht aus (OLG Naumburg, NJW 2001, 3420; OLG Naumburg, Beschl. v. 18. 12. 2003 – 1 W 7/03, NJW-RR 2004, 964, 965: Literaturrecherche kann das Sachverständigengutachten nicht ersetzen).

Im Arzthaftungsprozess ist der notwendige **Sachverständigenbeweis auch ohne**   S 4
Antrag einer Partei von Amts wegen zu erheben (§ 144 ZPO; vgl. R/L-Cramer,
§ 31 Rz. 42; G/G, 6. Aufl., Rz. E 8; F/N/W, 5. Aufl., Rz. 275; Musielak-Stadler,
9. Aufl., § 144 ZPO Rz. 4, 6; Zöller/Greger, 30. Aufl., § 144 ZPO Rz. 2). Hält
das Gericht bei fehlendem Beweisantrag eine Beweiserhebung durch Einholung
eines Sachverständigengutachtens für erforderlich, so muss es die beweisbelastete Partei gem. § 139 I, II ZPO hierauf hinweisen oder den Beweis gem. § 144 I
1 ZPO sogleich von Amts wegen erheben (Musielak-Stadler, § 144 ZPO Rz. 4, 6).
Das Gericht hat auch **von Amts wegen** auf eine umfassende und genaue Aufklärung des medizinischen Sachverhalts hinzuwirken sowie durch Prozessleitung
und Rechtshinweise **die beweiserheblichen medizinischen Fragestellungen he-**
rauszuarbeiten, auch soweit sie von den Parteien nicht dargelegt worden sind
(BGH, VersR 1982, 168; OLG Oldenburg, Beschl. v. 25. 2. 2008 – 5 W 10/08,
MDR 2008, 527 = OLGR 2008, 836: Frage nach sonstigen, für den behaupteten
Schaden ursächliche Behandlungsfehlern; G/G, 6. Aufl., Rz. E 6; F/N/W,
5. Aufl., Rz. 275; vgl. Rz. S 82).

Es muss durch Formulierungshilfen, insbesondere durch möglichst präzise Fas-   S 5
sung der Beweisfragen, darauf hinwirken, dass die Beweisaufnahme auf die medi-
zinisch wesentlichen Umstände ausgerichtet wird. Die dem Gutachten zugrunde
zu legenden **Anknüpfungstatsachen hat das Gericht dabei selbst zu ermitteln**
(S/Pa, 12. Aufl., Rz. 721, 742; B/P/S-Pauge, § 404a ZPO Rz. 2; Gehrlein, Rz. E 13;
S/H/A/S, 2. Aufl., Rz. 300–327 mit einem „Mustergutachtenauftrag"; Wenzel-
Frahm, Kap. 2 Rz. 3782, 3788 mit Hinweisen auf den erforderlichen Inhalt eines
Beweisbeschlusses; Wenzel-Teichmann, Kap. 2 Rz. 3949 ff. zum Aufbau und zur
Struktur eines medizinischen Gutachtens). Die Aufklärung des Sachverhalts
und die Auswahl der an ihn zu stellenden **Fachfragen darf das Gericht nicht**
dem Sachverständigen überlassen (OLG Bremen, VersR 2001, 785 zur Fragestel-
lung; Müller, VPräsBGH a.D., MedR 2001, 487, 492; S/Pa, 12. Aufl., Rz. 742).

2. Auswahl des Sachverständigen aus dem einschlägigen Fachgebiet

Grundsätzlich hat das Gericht einen Sachverständigen aus dem betreffenden   S 6
medizinischen Fachgebiet des beklagten Arztes auszuwählen. Dieser hat dann
erforderlichenfalls auch die Frage zu beantworten, ob die **Hinzuziehung eines**
Gutachters aus einem **anderen medizinischen Fachgebiet erforderlich** ist (BGH,
Beschl. v. 9. 6. 2009 – VI ZR 138/08, VersR 2009, 1405, 1406; BGH, Urt. v.
18. 11. 2008 – VI ZR 198/07, VersR 2009, 257, 258, Nr. 18; OLG Jena, Urt. v.
31. 5. 2011 – 4 U 635/10, juris, Nr. 47, 48, 50 = MedR 2012, 266, 268 m. Anm.
Luckey; OLG Hamm, Urt. v. 26. 1. 2000 = 3 U 100/99, VersR 2001, 249; OLG
Hamm, Urt. v. 28. 2. 2001 – 3 U 17/00, VersR 2002, 613; OLG München, Urt.
v. 30. 6. 2005 – 1 U 1597/05, OLGR 2006, 94; OLG Naumburg, Urt. v.
25. 5. 2005 – 1 U 59/03, OLGR 2005, 900, 901; OLG Naumburg, Beschl. v.
18. 12. 2003 – 1 W 7/03, NJW-RR 2004, 964; OLG Stuttgart, Urt. v. 1. 3. 2005 –
1 U 13/04, S. 9; Müller, VPräsBGH a.D., MedR 2001, 487, 491; G/G, 6. Aufl.,
Rz. E 9; Wenzel-Frahm, Kap. 2 Rz. 3776; Wenzel-Mennemeyer, Kap. 2 Rz. 3901,
3902; B/P/S-Pauge, § 404 ZPO Rz. 2; Rensen, MDR 2012, 497, 498).

Die Anforderungen an die **berufsspezifischen Sorgfaltspflichten** des Arztes rich-   S 6a
ten sich grundsätzlich nach dem **Fachgebiet, in das die vom Arzt konkret vor-**

genommene Behandlung fällt und nicht nach dem Fachgebiet des behandelnden Arztes (OLG Naumburg, Urt. v. 13. 3. 2003 – 1 U 34/02, OLGR 2003, 348; B/P/S-Pauge, § 404 ZPO Rz. 2; Rensen, MDR 2012, 497, 498), so etwa, wenn ein Facharzt für Allgemeinmedizin ohne Weiterüberweisung auf dem Fachgebiet der Gynäkologie tätig wird. Wird der Sachverständige **aus der falschen Fachrichtung gewählt, liegt ein Verfahrensfehler vor, der durch rügeloses Verhandeln im Sinne des § 295 ZPO nicht geheilt wird** (Wenzel-Frahm, Kap. 2 Rz. 3776; Zöller/ Greger, 30. Aufl., § 404 ZPO Rz. 1: es können aber zugleich mehrere Gutachter ernannt werden, z. B. Chef- und Oberarzt).

S 7 So unterliegt die Frage, ob einem **Orthopäden** ein Behandlungsfehler unterlaufen ist, uneingeschränkt der Bewertung durch den orthopädischen Sachverständigen (OLG München, Urt. v. 30. 6. 2005 – 1 U 1597/05, OLGR 2006, 94; OLG Hamm, Urt. v. 28. 2. 2001 – 3 U 17/00, OLGR 2002, 271, 272; OLG Hamm, VersR 1995, 967; OLG Jena, Urt. v. 31. 5. 2011 – 4 U 635/11, juris, Nr. 51, 52 = MedR 2012, 266, 268: Orthopäde oder Unfallchirurg beim Vorwurf einer fehlerhaft behandelten Schulterverletzung). Zu beachten ist, dass es sich bei der „Orthopädie" und der „Unfallchirurgie" nicht mehr um getrennte Fachgebiete handelt, es besteht seit 2010 eine einheitliche Facharztbezeichnung.

S 8 Behauptet der Patient, der ihn behandelnde **Orthopäde** habe eine Schultereckgelenkssprengung (o. dgl.) übersehen und ihn deshalb fehlerhaft behandelt, kann bzw. konnte bei damals getrennten Facharztbezeichnungen die sachverständige Beurteilung von MRT- und Röntgenaufnahmen sowie der Behandlung **auch durch einen Unfallchirurgen** erfolgen (OLG Düsseldorf, Urt. v. 17. 3. 2005 – I-8 U 76/04, OLGR 2006, 112, 113: derartige Verletzungen fallen auch in dessen Fachgebiet; OLG Jena, Urt. v. 31. 5. 2011 – 4 U 635/10, juris, Nr. 47, 48; Rensen, MDR 2012, 497, 499).

S 9 Zur Beurteilung des Ursachenzusammenhangs zwischen einem Behandlungsfehler eines **Orthopäden** und einem **neurologischen Gesundheitsschaden** des Patienten ist i. d. R. die Einholung eines neurologischen Sachverständigengutachtens bzw. neurologischen Zusatzgutachtens erforderlich (OLG München, Urt. v. 30. 6. 2005 – 1 U 1597/05, OLGR 2006, 94).

S 10 Über die Frage, welche Kenntnisse ein **Facharzt für Neurologie** in einem bestimmten Zeitraum über schädliche Nebenwirkungen eines von ihm therapeutisch eingesetzten Medikaments hätte haben müssen, ist ein neurologisch-fachärztliches Sachverständigengutachten einzuholen; eine lediglich auf eine Literaturrecherche des Gerichts gestützte Feststellung reicht nicht aus (OLG Naumburg, Beschl. v. 18. 12. 2003 – 1 W 7/03, NJW-RR 2004, 964, 965).

S 10a Geht es bei der Frage nach einem Behandlungsfehler des **beklagten Orthopäden bzw. Unfallchirurgen** aber nicht in erster Linie um die orthopädisch-chirurgische Vorgehensweise (hier: Einsatz eines Hüftkopfes aus Keramik, Ersatz des gebrochenen Keramikkopfes durch einen Metallkopf aus Chrom und Kobalt), sondern um die Frage, ob dem Arzt ggf. ein fundamentaler Diagnosefehler unterlaufen ist, weil er **Anzeichen für das Vorliegen einer Schwermetallvergiftung nicht erkannt** hat (hier: Gewichtsverlust, Abgeschlagenheit, Müdigkeit, zunehmende Schmerzen im Bereich der rechten Hüfte, ausgeprägte Schwellung über dem

Hüftgelenk, schwarz-grünliche Flüssigkeitsansammlung in einem Schleimhaut-
sack, Feststellung einer „Metallose" in einem pathologischen Bericht), kann ein
Toxikologe danach befragt werden, ob der beklagte Arzt die vorhandenen Symptome fehlerhaft verkannt und eine vorliegende Schwermetallvergiftung vorwerfbar nicht diagnostiziert hat. **Denn es gehört unter Medizinern zum „Allgemein-
gut", dass derartige, beim Patienten festgestellte Symptome zu einer Schwermetallvergiftung passen** (BGH, Beschl. v. 9. 6. 2009 – VI ZR 138/08, VersR
2009, 1405, 1406).

Erklärt ein vom Gericht beauftragter (hier: orthopädischer) Sachverständiger,   S 11
dass auf seinem Fachgebiet keine (durch einen Unfall oder einen Behandlungsfehler bedingte) Beeinträchtigung vorliege, dass er aber nicht sagen könne, inwieweit sich seine **Einschätzung auf ein anderes Fachgebiet (hier: HNO) auswir-
ke**, so muss das Gericht die Stellungnahme bzw. ein **Ergänzungsgutachten eines
Sachverständigen aus diesem anderen Fachgebiet** einholen (BGH, Beschl. v.
12. 12. 2006 – VI ZR 276/05, VersR 2007, 376).

Ist eine **gynäkologische Behandlung**, etwa die Entfernung eines Ovarialkarzi-   S 12
noms, Gegenstand eines Arzthaftungsprozesses, fällt der Behandlungsfehlervorwurf jedoch in eine andere medizinische Fachrichtung, etwa wegen Nichterken-
nens eines weiteren, kolorektalen Karzinoms in das Gebiet der **Gastroenterologie**, so kann die Auswahl des gerichtlichen **Sachverständigen aus einer
interdisziplinären medizinischen Fachrichtung**, im entschiedenen Fall der Visze-
ralchirurgie oder der Onkologie, geboten sein, jedenfalls ist eine solche Auswahl
dann nicht zu beanstanden (OLG Naumburg, Urt. v. 25. 5. 2005 – 1 U 59/03,
OLGR 2005, 900, 901: Auswahl eines Viszeralchirurgen zur Prüfung der Diagnose und Behandlung eines vom Gynäkologen übersehenen Tumors im Bauchraum; zustimmend Rensen, MDR 2012, 497, 498).

Wird eine **DSA** (Digitale Subtraktionsangiografie, d. h. Röntgenkontrastunter-   S 13
suchung von Arterien, Venen und Lymphgefäßen) **von einem Radiologen durchgeführt**, ist die Beauftragung eines **Facharztes für Neurologie und Neurochirurgie**
mit der Erstellung des Gutachtens nicht zu beanstanden. Die DSA gehört zwar
zur radiologischen Diagnostik, ist aber zugleich eine unerlässliche Erkenntnis-
quelle für die neurologische und neurochirurgische Behandlung. Ihre Indikationsstellung, Methodik und Befundbewertung gehören nach der heranzuziehen-
den, einschlägigen Weiterbildungsordnung **auch zur neurologischen Weiterbildung** (BGH, Urt. v. 18. 11. 2008 – VI ZR 198/07, MDR 2009, 281, 282 = VersR
2009, 257, 258, Nr. 18, 19: Patient hatte bei der DSA einen Schlaganfall erlitten).

Auch wenn grundsätzlich ein Sachverständiger aus dem betreffenden medizi-   S 14
nischen Fachgebiet des beklagten Arztes zu beauftragen ist, besteht **keine Notwendigkeit zur Abklärung der Ursache einer kindlichen Schädigung durch einen
Pädiater**, wenn die geburtshilfliche Betreuung durch den beklagten Gynäkologen, der auf dem Gebiet der Geburtshilfe tätig geworden ist, nach Auffassung
des beauftragten **gynäkologischen Sachverständigen in jeder Hinsicht einwandfrei war** (OLG Düsseldorf, Urt. v. 14. 12. 2000 – 8 U 13/00, OLGR 2001, 959,
960; Wenzel-Mennemeyer, Kap. 2 Rz. 3903) oder wenn der gynäkologische Gutachter die Einschaltung eines Pädiaters für **entbehrlich hält** (OLG Hamm, Urt. v.

18. 9. 2000 – 3 U 248/99, AHRS III, 7010/307; Rensen, MDR 2012, 497, 499: **wenn der beauftragte SV die Kausalität einer evtl. fehlerhaften Behandlung für die behaupteten Beschwerden mit hinreichender Sicherheit ausschließen kann**; S/Pa, 12. Aufl., Rz. 750 und OLG Hamm, VersR 1995, 967: gynäkologischer Gutachter hat i. d. R. die Fachkompetenz, auch die Behandlungsunterlagen einer Kinderklinik auszuwerten).

S 14a   Wenn die zu beurteilende Frage (auch) **in ein „benachbartes" medizinisches Fachgebiet** fällt, kann die sachverständige Beurteilung auch von einem – **gleichermaßen sach- und fachkundigen – Facharzt des Nachbargebiets** eingeholt werden, etwa eines Orthopäden oder Neurochirurgen bei der Beurteilung, ob dem beklagten Unfallchirurgen bei der Durchführung einer **Bandscheibenoperation** ein Behandlungsfehler unterlaufen ist (OLG Jena, Urt. v. 31. 5. 2011 – 4 U 635/10, juris, Nr. 47–50; Rensen, MDR 2012, 497, 499).

S 15   Bei Überschreitungen von Fachgebieten bedarf es in der Regel einer **Begutachtung durch Sachverständige sämtlicher in Betracht kommender Fachrichtungen** (B/P/S-Pauge, § 404 ZPO Rz. 2; Rensen, MDR 2012, 497, 498). Schließt jedoch der für die Fachrichtung des beklagten Arzt beauftragte Sachverständige einen Behandlungsfehler aus und kann er sich **mit hinreichender Sicherheit auch zu den Standards der konkurrierenden Fachrichtung äußern** (z. B. Gynäkologe zu den vom geburtsleitenden Arzt verursachten Geburtsschäden), kann unter Umständen auf die Hinzuziehung eines weiteren Sachverständigen verzichtet werden (Rensen, RiOLG, MDR 2012, 497, 498).

S 16   Der klagende Patient hat aber keinen Anspruch auf die Bestellung eines Sachverständigen, der der vom beklagten Arzt favorisierten **wissenschaftlichen Schule** ablehnend gegenüber steht; ebenso wenig hat Letzterer einen Anspruch auf die Beurteilung durch einen Facharzt gerade aus seiner Schule (OLG München, Beschl. v. 19. 8. 2005 – 1 W 2072/05, OLGR 2006, 135).

3. Pflicht zur persönlichen Gutachtenerstellung

S 17   Grundsätzlich hat der Sachverständige das Gutachten **selbst zu erstatten**, er darf den Auftrag also nicht von sich aus an einen anderen Arzt übertragen. Ebenso wenig darf er ohne ergänzende Beauftragung des Gerichts ein **Zusatzgutachten eines anderen Mediziners** in Auftrag geben, vgl. § 407a I 1, II ZPO (Wenzel-Frahm, Kap. 2, 3814; Zöller/Greger, 30. Aufl., § 407a ZPO Rz. 2). Wird das Gutachten von **einem anderen als dem im Beweisbeschluss benannten Sachverständigen** erstattet, so hat das Gericht die Möglichkeit, den tatsächlich tätig gewordenen Facharzt, etwa den vom beauftragten Chefarzt des entsprechenden Fachgebiets eingeschalteten Oberarzt, **zum (Mit-)Sachverständigen zu ernennen** und das Gutachten nach entsprechender Änderung des Beweisbeschlusses zu verwerten (§ 360 Satz 2 ZPO). Die Parteien müssen dabei jedoch die **Gelegenheit zur Stellungnahme** erhalten (BGH, NJW 1985, 1399 = VersR 1985, 361 = MDR 1985, 923; BGH, Beschl. v. 17. 6. 2008 – VI ZR 5/08, juris: **Verwertung nach konkludenter Änderung des Beweisbeschlusses und Anhörung der Parteien**; OLG Jena, Beschl. v. 14. 12. 2005 – 4 W 399/05, MDR 2006, 1011; OLG München, Urt. v. 16. 2. 2012 – 1 U 3749/11, juris, Nr. 56: **konkludente Bestellung möglich**;

OLG München, Urt. v. 19. 10. 2006 – 1 U 2149/06, AHRS III, 7010/365: **Mitverfasser wurde zum weiteren Sachverständigen bestellt und persönlich angehört;** OLG Oldenburg, Beschl. v. 18. 1. 2011 – 5 U 187/10, GesR 2011, 481, 482: **Ernennung des tatsächlichen Erstellers des Gutachtens zum neuen Sachverständigen;** Zöller/Greger, § 404 ZPO Rz. 1a; Musielak-Huber, § 404 ZPO Rz. 3 a.E.; S/Pa, 12. Aufl., Rz. 724; F/N/W, 5. Aufl., Rz. 276 sowie B/P/S-Pauge, § 404 ZPO Rz. 2 und § 407a ZPO Rz. 3: bei fehlendem Widerspruch gegen die Verwertung Heilung gem. § 295 ZPO möglich, etwa wenn der Oberarzt anstatt des beauftragten Chefarztes das Gutachten erstellt oder erläutert; kritisch S/H/A/S, 2. Aufl., Rz. 141, 147).

Voraussetzung ist jedoch, dass der neue Sachverständige die Gewähr für die zur   **S 17a** Erfüllung des Auftrages **erforderliche Sachkunde** bietet und den Parteien rechtliches Gehör gewährt wird (OLG Oldenburg, Beschl. v. 18. 1. 2011 – 5 U 187/10, GesR 2011, 481, 482). Wird in den Beschlussgründen dargelegt, dass die mündliche Erläuterung des auch vom Oberarzt mit unterzeichneten Gutachtens an diesen übertragen wird, weil er das schriftliche Gutachten im Wesentlichen angefertigt hat, liegt hierin die **konkludente Bestellung des Oberarztes als Mitgutachter** (OLG München, Urt. v. 16. 2. 2012 – 1 U 3749/11, juris, Nr. 56; B/P/S-Pauge, § 404 ZPO Rz. 2 und § 407a ZPO Rz. 3 sowie F/N/W, 5. Aufl., Rz. 276: Heilung gem. § 295 ZPO möglich).

Die **Hinzuziehung von Gehilfen** (die nicht zum Sachverständigen bestellt wer-   **S 18** den) ist zulässig, wenn die Gesamtverantwortlichkeit des Sachverständigen nicht in Frage gestellt wird. Die Mitarbeit ist dem Gericht anzuzeigen, der Umfang der Tätigkeiten ist anzugeben, soweit es sich nicht lediglich um Hilfsdienste untergeordneter Bedeutung handelt (KG, Beschl. v. 10. 6. 2010 – 20 W 43/10, GesR 2010, 608; OLG Zweibrücken, NJW-RR 1999, 1368; Wenzel-Frahm, Kap. 2 Rz. 3814, 3816; S/Pa, 12. Aufl., Rz. 725; R/L-Cramer, § 31 Rz. 53, 54).

Entscheidend für die **Verwertbarkeit** des unter Mitwirkung einer Hilfsperson,   **S 19** die anschließend nicht selbst zum (Mit-)Sachverständigen ernannt wird, erstellten Gutachtens ist, ob der bestellte Gutachter weiterhin **die Gesamtverantwortung** trägt und sich den Inhalt **als eigene Ausführungen zu eigen macht** (KG, Beschl. v. 10. 6. 2010 – 20 W 43/10, GesR 2010, 608; OLG Köln, Beschl. v. 20. 7. 2011 – 17 W 129/11, GesR 2011, 726, 727/728 und B/P/S-Pauge, § 407a ZPO Rz. 3: „einverstanden" reicht nicht aus; OLG Frankfurt, Urt. v. 16. 12. 1992 – 13 U 223/89 mit NA-Beschluss BGH, VersR 1994, 610, 611 und OLG Frankfurt, VersR 2004, 1121; Wenzel-Frahm, Kap. 2 Rz. 3816, 3817, 3818; S/H/A/S, 2. Aufl., Rz. 31 ff, 144, 146, 149, 150, 151).

Es wird als ausreichend angesehen, wenn der bestellte Sachverständige das Gut-   **S 20** achten mit **„einverstanden aufgrund eigener Untersuchung und Beurteilung"** unterzeichnet bzw. mitunterzeichnet (OLG Koblenz, VersR 2000, 339 = R + S 2001, 211 und B/P/S-Pauge, § 407a ZPO Rz. 3, S. 1538; OLG Zweibrücken, Urt. v. 22. 6. 1999 – 5 U 32/98, VersR 2000, 605: **ausreichend: „Inhalt nachvollzogen und zu eigen gemacht"**, Bestellung des Gehilfen als Gutachter aber sinnvoller; F/N/W, 5. Aufl., Rz. 276; Wenzel-Frahm, Kap. 2 Rz. 3817). Der bloße Vermerk **„einverstanden" genügt jedoch nicht** (OLG Köln, Beschl. v. 20. 7. 2011 –

17 W 129/11, GesR 2011, 726, 727/728; B/P/S-Pauge, § 407a ZPO Rz. 3; S/H/A/S, 2. Aufl., Rz. 144, 146; Wenzel-Frahm, Kap. 2 Rz. 3817, 3818: **unzureichend auch „mit Befund und Beurteilung einverstanden"**).

S 21 Insbesondere bei **psychiatrischen Gutachten** darf der vom Gericht ernannte Sachverständige seine Mitarbeiter jedoch nicht die persönliche Begegnung mit der zu explorierenden Person allein überlassen, um anschließend lediglich eine Plausibilitätsprüfung vorzunehmen. Ein solches, **vom Oberarzt erstattetes Gutachten mit dem Vermerk „einverstanden" ist unverwertbar** (OLG Köln, Beschl. v. 20. 7. 2011 – 17 W 129/11, GesR 2011, 726, 728; auch OLG Köln, Beschl. v. 24. 2. 2010 – 20 W 3/10, GesR 2010, 370, 371: aber kein Befangenheitsgrund)

S 22 Auch wenn das schriftliche Gutachten im Verhandlungstermin etwa **von einem nicht zum Sachverständigen bestellten Oberarzt mündlich erläutert wird**, dürfen dessen Ausführungen bei der Entscheidung des Gerichts grundsätzlich nicht verwertet werden (KG, Urt. v. 26. 4. 2004 – 20 U 57/03, OLGR 2004, 463; KG, Beschl. v. 10. 6. 2010 – 20 W 43/10, GesR 2010, 608; Wenzel-Frahm, Kap. 2 Rz. 3818).

S 23 Das von einem anderen als dem ursprünglich vom Gericht beauftragten Sachverständigen erstattete Gutachten ist aber dann **als Beweismittel verwertbar, wenn das Gericht den Beweisbeschluss nach Anhörung der Parteien entsprechend abgeändert hat** (§§ 360 S. 2, 404 I 3 ZPO; vgl. BGH NJW 1985, 1399; BGH, Beschl. v. 17. 6. 2008 – VI ZR 5/08, juris; OLG Oldenburg, Beschl. v. 18. 1. 2011 – 5 U 187/10, GesR 2011, 481, 482; G/G, 6. Aufl., Rz. E 24; B/P/S-Pauge, § 407a ZPO Rz. 3; Wenzel-Frahm, Kap. 2 Rz. 3818, 3820; Zöller/Greger, 30. Aufl., § 404 ZPO Rz. 1a, 6) oder wenn die Parteivertreter **nach Vorlage bzw. Erstattung oder Erläuterung des Gutachtens rügelos zur Sache verhandeln; der Verfahrensfehler ist dann gemäß § 295 I ZPO geheilt** (OLG München, Urt. v. 19. 10. 2006 – 1 U 2149/06, juris, Nr. 57, 58; OLG Zweibrücken, NJW-RR 1999, 1368; OLG Frankfurt, ZfS 2002, 133; F/N/W, 5. Aufl., Rz. 276; G/G, 6. Aufl., Rz. E 24; Wenzel-Frahm, Kap. 2 Rz. 3821; R/L-Cramer, § 31 Rz. 54; B/P/S-Pauge, § 407a ZPO Rz. 3; vgl. aber Rensen, RiOLG, MDR 2012, 497, 498: keine Heilung gem. § 295 ZPO, wenn eine nicht sachkundige Person beauftragt wurde).

4. Körperliche Untersuchung des Patienten, Anwesenheitsrechte

S 24 Der klagende Patient muss **einfache körperliche Untersuchungen durch den Sachverständigen** zum Nachweis eines Behandlungsfehlers dulden. Verweigert er ihm zumutbare körperliche Untersuchungen durch den Sachverständigen, erscheint er nicht zum Untersuchungstermin, lehnt er eine vom Sachverständigen vorgelegte schriftliche Bestätigung über eine erfolgte Risikoaufklärung ab oder widerruft er die Zustimmung zur Verwertung der Feststellungen des Sachverständigen und verbleibt es auch nach Ablauf einer gemäß § 356 ZPO vom Gericht gesetzten Frist bei dieser Haltung, so kann das angebotene Beweismittel nicht mehr benutzt, d. h. die körperliche Untersuchung (u. a.) nicht mehr durchgeführt werden. Der **Patient bleibt dann beweisfällig, §§ 230, 356 ZPO** (BGH, MDR 1981, 836 = NJW 1981, 1319; OLG Hamm, Urt. v. 5. 6. 2003 – 27 U 7/03, MDR 2003, 1373, 1374 = NZV 2004, 41; Wenzel-Frahm, Kap. 2 Rz. 3826; F/N/W, 5. Aufl., Rz. 278; Zöller/Greger, 30. Aufl., § 356 ZPO Rz. 2, 3).

In diesem Falle kommt **die Einholung eines Gutachtens ohne körperliche Unter-** S 25
suchung des Patienten aufgrund der in der Akte befindlichen Arztberichte und
medizinischen Unterlagen in Betracht (OLG Hamm, MDR 2003, 1373, 1374 =
NZV 2004, 41; Frahm a. a. O.). Nach Auffassung von Greger (Zöller, 29. Aufl.,
§ 356 Rz. 7) kann die Fristversäumung durch die nachgeholte Beseitigung des
Hindernisses – also **die Gestattung der körperlichen Untersuchung – behoben**
werden, solange hierdurch das Verfahren nicht im Sinne des § 296 I, II ZPO verzögert wird.

Demgegenüber liegt ein Fall der **Beweisvereitelung** (§§ 427, 444 ZPO) vor, wenn S 26
der Patient sich weigert, **vom beklagten Arzt benanntes ärztliches (Hilfs-)Per-**
sonal von der Verschwiegenheitspflicht zu entbinden und hierdurch die Aufklä-
rung des Geschehensablaufes verhindert (B/L/P-Katzenmeier, 3. Aufl. 2010,
§ 823 BGB Anh. II, Rz. 59, 60, S. 178; Wenzel-Frahm, Kap. 2 Rz. 3826 mit Hinweis auf OLG Frankfurt, NJW 1980, 2758; Zöller/Greger, 30. Aufl., § 286 ZPO
Rz. 14a: wenn die Beweisführung unmöglich gemacht oder erschwert wird,
wobei einfache Fahrlässigkeit genügt).

Ob dem beklagten Arzt **bei der Untersuchung des Patienten** durch den gericht- S 26a
lich bestellten Sachverständigen **ein Anwesenheitsrecht** zusteht, ist unter Abwägung beider schützenswerter Rechtsgüter der Privat- oder Intimsphäre des Patienten einerseits und dem Recht auf ein faires Verhalten des Arztes andererseits
zu entscheiden. Sind bei einer **zahnärztlichen Untersuchung** nur in eingeschränktem Umfang Feststellungen in der Mundhöhle des Patienten erforderlich, ist die **Anwesenheit des beklagten Zahnarztes nach Auffassung des OLG**
Frankfurt zulässig (OLG Frankfurt, Beschl. v. 10. 1. 2011 – 22 U 174/07, GesR
2011, 295, 296; vgl. auch § 357 I ZPO: den Parteien ist es gestattet, der Beweisaufnahme beizuwohnen).

Nach h. M. besteht bei der klinischen Untersuchung des Patienten durch den
medizinischen Sachverständigen grundsätzlich kein Teilnahmerecht des beklag-
ten Arztes. Dies wird damit begründet, dass ärztliche Untersuchungen in den In-
timbereich des Patienten eingreifen und grundsätzlich in Abwesenheit dritter
Personen stattzufinden haben (OLG Bremen, Beschl. v. 5. 2. 2013 – 5 W 7/13,
MDR 2013, 618, 619 und OLG München, Beschl. v. 15. 10. 1999 – 1 W 2656/99,
juris: **nur, wenn der Patient einverstanden ist**; OLG München, NJW-RR 1991,
896; OLG Köln, NJW 1992, 1568: kein Anwesenheitsrecht; OLG Hamm, MedR
2004, 60: kein Anwesenheitsrecht; F/N/W, 5. Aufl., Rz. 278 sowie Wenzel-
Frahm, Kap. 2 Rz. 3827 und Zöller/Greger, 30. Aufl., § 357 ZPO Rz. 3: nur
wenn der Patient einverstanden ist).

Bei der klinischen Untersuchung des Patienten durch einen gerichtlich bestell- S 26b
ten Sachverständigen steht es grundsätzlich **in dessen Ermessen, ob er dem**
Wunsch des Patienten entspricht, eine Vertrauensperson bei der Untersuchung
zuzulassen. Er handelt **nicht ermessensfehlerhaft, wenn er die Anwesenheit ei-**
ner dritten Person verweigert, etwa wenn dies mit einem generellen Misstrauen
gegen den Sachverständigen begründet wird (OLG Köln, Beschl. v. 30. 10. 2009 –
5 U 112/08, MedR 2010, 879; OLG München, NJW-RR 1991, 896: kein Teilnahmerecht weiterer Personen; Wenzel-Frahm, Kap. 2 Rz. 3829 für einen fachkundigen Berater).

S 26c Das OLG Bremen (Beschl. v. 5. 2. 2013 – 5 W 7/13, MDR 2013, 618, 619) hat entschieden, dass die Weisung des Gerichts gegenüber dem Sachverständigen, wonach die **Teilnahme des beklagten Zahnarztes an der sachverständigen Untersuchung der klagenden Patientin nur mit deren (im entschiedenen Fall versagter) Einwilligung** erfolgen darf, nicht mit Rechtsmitteln anfechtbar ist. Die Patientin kann nicht gezwungen werden, die Teilnahme des beklagten Arztes an der Begutachtung zu dulden (ebenso bereits OLG Frankfurt, Beschl. v. 10. 1. 2011 – 22 U 174/07, GesR 2011, 295). Verweigert die Patientin im Einzelfall dem beklagten Arzt allerdings zu Unrecht die Teilnahme an der Begutachtung, so kann dies vom Gericht im Rahmen der Beweiswürdigung entsprechend bewertet werden.

S 26d Frahm (in Wenzel, Kap. 2 Rz. 3828, 3829 und in F/N/W, 5. Aufl., Rz. 278) differenziert – u. E. völlig zutreffend – wie folgt: Grundsätzlich wird der Sachverständige im Rahmen seiner Ermessensausübung dem Patienten die Anwesenheit einer nahestehenden Person des Vertrauens (z. B. Ehegatte) eine Untersuchung nicht verwehren können. Die Anwesenheit eines **fachkundigen Beraters (z. B. beratenden Arztes) ist jedoch regelmäßig abzulehnen, weil dies zur Besorgnis der Befangenheit des Sachverständigen führen könnte und auch dem beklagten Arzt die Anwesenheit bei der Untersuchung nicht gestattet ist.**

S 27 Das Gericht und der medizinische Sachverständige können jedoch **keinen körperlichen Eingriff**, insbesondere nicht die Vornahme einer Operation, zum Nachweis eines Behandlungsfehlers anordnen bzw. durchführen oder dies dem Patienten aufgeben (OLG Düsseldorf, Urt. v. 14. 12. 2000 – 8 U 5/00, VersR 2001, 1117 = NJW-RR 2001, 959; OLG Düsseldorf VersR 1985, 457; OLG Stuttgart, MedR 1995, 498; Gehrlein, Rz. E 9; F/N/W, 5. Aufl., Rz. 278; G/G, 6. Aufl., Rz. E 5; S/Pa, 12. Aufl., Rz. 776). Dies gilt **auch dann, wenn die Patientin bzw. der Patient sich freiwillig anbietet, den operativen Eingriff durchzuführen**, etwa um eine – behauptete – fehlerhafte Sterilisation klären zu lassen (OLG Düsseldorf, Urt. v. 14. 12. 2000 – 8 U 5/00, VersR 2001, 1117 = NJW-RR 2001, 959; S/Pa, 12. Aufl., Rz. 776; G/G, 6. Aufl., Rz. E 5; Rehborn, MDR 2002, 1281, 1285). **Allerdings kann der Patient den Eingriff auf eigene Initiative durchführen lassen und hernach dem Gericht das (Beweis-)Ergebnis mitteilen** (OLG Hamm, NJW 1999, 1787; Rehborn, MDR 2002, 1281, 1285).

II. Verwertung bereits vorliegender Gutachten

1. Gutachten aus vorangegangenen Verfahren

S 28 Grundsätzlich kann auch das in einem **strafrechtlichen Ermittlungsverfahren** (BGH, Beschl. v. 6. 5. 2008 – VI ZR 250/07, VersR 2008, 1216, 1217, Nr. 6 = MDR 2008, 915 = GesR 2008, 418, 419; BGH, MDR 1995, 994 = VersR 1995, 481, 482; OLG Naumburg, Urt. v. 12. 1. 2010 – 1 U 77/09, GesR 2010, 318, 320: **GA aus einem staatsanwaltlichen Ermittlungsverfahren;** OLG Naumburg, Urt. v. 31. 5. 2011 – 4 U 635/11, juris, Nr. 43, 45: **GA aus einem gerichtlichen oder staatsanwaltlichen Verfahren;** OLG Zweibrücken, Urt. v. 1. 7. 2010 – 4 U 7/10, NJW-RR 2011, 496: Strafurteil; OLG Oldenburg, VersR 1997, 318) **und das von**

der bei der Ärztekammer eingerichteten Gutachterkommission (BGH, Beschl. v.
6. 5. 2008 – VI ZR 250/07, VersR 2008, 1216, 1217, Nr. 6; BGH, VersR 1987,
1091, 1092; OLG Köln, NJW-RR 1999, 675) eingeholte bzw. erstattete Sachverständigengutachten in einem Arzthaftungsprozess **mit oder ohne Zustimmung
der Parteien verwertet werden**. Es handelt sich dann um einen **Urkundenbeweis**
(BGH, Beschl. v. 6. 5. 2008 – VI ZR 250/07, VersR 2008, 1216, 1217, Nr. 6 =
GesR 2008, 418, 419; KG, Urt. v. 20. 10. 2005 – 12 U 31/03, VersR 2006, 794: Zustimmung des Prozessgegners zur Verwertung des Urkundenbeweises nicht erforderlich; Zöller/Greger, § 402 ZPO Rz. 6d), **der nur bezeugt, dass der Sachverständige ein solches Gutachten erstattet hat** (Zöller/Greger, § 402 ZPO Rz. 6d
und § 411a ZPO Rz. 1; Musielak-Huber, § 402 ZPO Rz. 5 und § 411a ZPO Rz. 5;
Rath/Küppersbusch, VersR 2005, 890, 891; Wenzel-Frahm, Kap. 2 Rz. 3767; kritisch R/L-Cramer, § 31 Rz. 73).

Bei der Ausübung des diesbezüglichen Ermessens des Gerichts ist maßgeblich,   S 28a
ob die **Einholung eines neuen Gutachtens bessere Erkenntnisse** über die Beweisfragen verspricht (OLG Naumburg, Urt. v. 12. 1. 2010 – 1 U 77/09, GesR 2010,
318, 321; OLG Zweibrücken, Urt. v. 1. 7. 2010 – 4 U 7/10, NJW-RR 2011, 496:
kritische Überprüfung erforderlich).

Zudem ist es erforderlich, dass der Verfasser des Gutachtens **dem jeweiligen
Fachgebiet angehört, in dem der behandelnde Arzt tätig geworden ist** (OLG
Naumburg, Urt. v. 31. 5. 2011 – 4 U 635/11, juris, Nr. 43, 45; auch Wenzel-
Frahm, Kap. 2 Rz. 3767: Antrag einer Partei auf Einholung eines neuen Gutach-
tens bei Fehlen der erforderlichen Sachkunde).

Der am 1. 9. 2004 in Kraft getretene **§ 411a ZPO** bestimmt, dass die Verwertung   S 29
von gerichtlichen Sachverständigengutachten aus anderen Verfahren, etwa der
Verwaltungs-, Sozial- oder Strafgerichtsbarkeit grundsätzlich zulässig ist
(vgl. hierzu Rath/Küppersbusch, VersR 2005, 890 ff.; Zöller/Greger, § 402 ZPO
Rz. 6d und § 411a Rz. 1, 2). Bei einer Verwertung gem. § 411a ZPO handelt es
sich um einen **Sachverständigenbeweis**, während es bei dem Antrag einer Partei,
ein verfahrensfremdes gerichtliches Gutachten beizuziehen, grundsätzlich um
das Anbieten eines **Urkundenbeweises** geht (Musielak-Huber, § 411a ZPO
Rz. 5). Allerdings wird ein solcher Beweisantritt i. d. R. als Anregung an das Gericht auszulegen sein, nach § 411a ZPO zu verfahren (Musielak-Huber, § 411a
ZPO Rz. 5).

Nach Auffassung von Greger (Zöller/Greger, 30. Aufl. 2014, § 411a ZPO Rz. 1)   S 30
ist eine daraufhin erfolgende **Anordnung des Gerichts nach § 411a ZPO als Ernennung eines Sachverständigen zu verstehen mit der Maßgabe, dass er kein
neues schriftliches Gutachten zu erstatten hat**. Nur hierdurch würden sich
auch urheberrechtliche Komplikationen betreffend das im anderen Verfahren erstattete Gutachten vermeiden lassen (Zöller/Greger, § 411a ZPO Rz. 1, 5;
ebenso Wenzel-Frahm, Kap. 2 Rz. 3767 a. E.; a. A. Müko-Zimmermann, 3. Aufl.,
§ 411a Rz. 12: kein Widerspruchrecht des SV mangels entsprechender Vorschrift).

Bei einem von der Staatsanwaltschaft im Ermittlungsverfahren gegen den Arzt   S 31
eingeholten Sachverständigengutachten handelt es sich nach u. E. zutreffender

Ansicht aber nicht um ein gleichwertiges Verfahren i. S. d. § 411a ZPO, da die Vorschrift **nur gerichtlich eingeholte Sachverständigengutachten aus einem anderen Verfahren** erfasst (Rath/Küppersbusch, VersR 2005, 890, 891; Zöller/Greger, § 411a Rz. 2, 2a; auch KG, Urt. v. 23. 9. 2004 – 20 U 108/03, OLGR 2006, 129, 130 und R/L-Cramer, § 31 Rz. 73: GA der StA i. d. R. ungeeignet, alle entscheidungserheblichen Fragen zu klären).

Nach anderer Ansicht kann das Gericht nach § 411a ZPO **auch ein im staatsanwaltlichen Ermittlungsverfahren erstelltes Gutachten** verwerten (OLG Naumburg, Urt. v. 31. 5. 2011 – 4 U 635/10, juris, Nr. 43, 45; Wenzel-Frahm, Kap. 2 Rz. 3767); **regelmäßig wird ein solches Gutachten u. E. aber nicht ausreichen, um die im Zivilprozess gestellten Fragen zu beurteilen** (OLG Naumburg, Urt. v. 12. 1. 2010 – 1 U 77/09, GesR 2010, 318, 321; Frahm a. a. O.; Zöller/Greger, 30. Aufl., § 402 ZPO Rz. 6d und § 411a ZPO Rz. 2, 3; R/L-Cramer, § 31 Rz. 73).

Auch die Verwertung eines **vom Strafrichter eingeholten Gutachtens** im nachfolgenden Arzthaftungsprozess begegnet etwa wegen der unterschiedlichen Anforderungen für die Kausalität eines Behandlungsfehlers für den Gesundheitsschaden des Patienten **Bedenken** (Rath/Küppersbusch, VersR 2005, 890, 891 f.). **Die Ausführungen in einem solchen Gutachten reichen i. d. R. nicht aus, alle im Zivilverfahren aufgeworfenen, entscheidungserheblichen Fragen zu klären** (KG, Urt. v. 23. 9. 2004 – 20 U 108/03, OLGR 2006, 129, 130; OLG Naumburg, Urt. v. 12. 1. 2010 – 1 U 77/09, GesR 2010, 318, 320/321: **Einholung eines neuen Gutachtens verspricht i. d. R. bessere Erkenntnisse über die Beweisfragen**; OLG Zweibrücken, Urt. v. 1. 7. 2010 – 4 U 7/10, NJW-RR 2011, 496: kritische Überprüfung erforderlich; Wenzel-Frahm, Kap. 2 Rz. 3767: Gleichwertigkeit i. d. R. nicht gegeben; R/L-Cramer, § 31 Rz. 72, 73; G/G, 6. Aufl., Rz. E 10; auch Zöller/Greger, § 411a ZPO Rz. 2: häufig sind auch die Fragestellungen nicht identisch).

S 32 **Reicht** das – ggf. urkundenbeweislich verwertete – Gutachten **aus einem anderen Verfahren nicht aus,** um die von einer Partei zum Beweisthema angestellten Überlegungen und die in ihrem Vortrag angesprochenen aufklärungsbedürftigen Fragen zu beantworten, so **muss der Tatrichter auf Antrag der Partei einen Sachverständigen hinzuziehen und eine schriftliche oder mündliche Begutachtung anordnen** (BGH, Beschl. v. 6. 5. 2008 – VI ZR 250/07, VersR 2008, 1216, 1217, Nr. 6 = GesR 2008, 418, 419: ggf. auch von Amts wegen; BGH, Urt. v. 6. 6. 2000 – VI ZR 98/99, NJW 200, 3072 = MDR 2000, 1148 = VersR 2001, 121; KG, Urt. v. 24. 11. 2005 – 12 U 188/04, NJW 2006, 1677, 1678; KG, Urt. v. 23. 9. 2004 – 20 U 108/03, OLGR 2006, 129, 130; OLG Frankfurt, Urt. v. 4. 11. 2008 – 8 U 158/08, GesR 2009, 196, 197; OLG Naumburg, Urt. v. 31. 5. 2011 – 4 U 635/11, juris, Nr. 47, 51, 52: **GA eines SV aus anderem Fachgebiet nicht geeignet**).

S 33 Gleiches gilt, wenn die Feststellungen und Erkenntnisse in dem früheren Gutachten **nicht erschöpfend oder lückenhaft** sind, sie auf **unrichtigen oder unvollständigen tatsächlichen Grundlagen** beruhen oder wenn **Zweifel an der Sachkunde** des Verfassers des früheren Gutachtens bestehen (BGH, MDR 1987, 1018 und, VersR 1997, 1158 bei Rüge mangelnder Sachkunde; KG, Urt. v. 16. 10. 2003 – 12 U 58/01, VersR 2004, 1193, 1195 und Urt. v. 1. 7. 2002 – 12 U 8427/00,

VersR 2004, 350, 351: wenn besonders schwierige Fragen zu lösen, grobe Mängel des vorhandenen Gutachtens nicht zu beseitigen sind oder die Sachkunde des früheren Gutachters zweifelhaft ist; OLG Köln, NJW-RR 1999, 675; Wenzel-Frahm, Kap. 2 Rz. 3767; S/H/A/S, 2. Aufl., Rz. 530, 901; G/G, 6. Aufl., Rz. E 10; Rensen, MDR 2012, 497, 498). **Zweifel an der Sachkunde können sich etwa daraus ergeben, dass der Sachverständige auf einem anderen Fachgebiet tätig ist oder sich bereits im Ruhestand befindet** (OLG Naumburg, Urt. v. 31. 5. 2011 – 4 U 635/11, juris, Nr. 47, 51, 52: SV aus anderem Fachgebiet; Gehrlein, Rz. E 12).

Wird seitens des Arztes das Vorbringen des Patienten substantiiert bestritten, darf das Gericht eine Verurteilung **nicht allein auf ein Parteigutachten** (hier: Gutachten des MDK) stützen. Vielmehr muss in einem solchen Fall ein **Sachverständigengutachten durch das Gericht** eingeholt werden (OLG Frankfurt, Urt. v. 4. 11. 2008 – 8 U 158/08, GesR 2009, 196, 197; vgl. auch BGH, Beschl. v. 6. 5. 2008 – VI ZR 250/07, VersR 2008, 1216: MDK-Gutachten beantwortet nicht alle Fragen).   **S 34**

Lehnt der Patient die Begutachtung durch den dann vom Gericht bestellten Sachverständigen ab oder **erscheint er nicht zur dortigen Untersuchung,** so kann das Gericht **auf das in einem anderen Verfahren erstattete Gutachten zurückgreifen** (OLG Koblenz, VersR 1996, 908; Wenzel-Frahm, Kap. 2 Rz. 3811) oder nach fruchtlosem Ablauf einer gem. § 356 ZPO gesetzten Frist die Einholung des **Gutachtens nur aufgrund der in der Akte befindlichen Arztberichte und medizinischen Unterlagen anordnen** bzw. durchführen lassen (s. o. Rz. S 24, S 25; OLG Hamm, Urt. v. 5. 6. 2003 – 27 U 7/03, NZV 2004, 41 = MDR 2003, 1373, 1374).   **S 35**

2. Privatgutachten einer Partei

Bei einem von einer Partei vorgelegten, schriftlichen Sachverständigengutachten handelt es sich um **qualifizierten, urkundlich belegten Parteivortrag** (BGH, Urt. v. 20. 10. 2000 – VI ZR 10/00, VersR 2001, 525, 526 = NJW 2001, 77, 78; KG, Urt. v. 20. 10. 2005 – 12 U 31/03, VersR 2006, 794: Privaturkunde i. S. d. § 416 ZPO; OLG Naumburg, OLGR 2001, 249; Wenzel-Frahm, Kap. 2 Rz. 3768, 3846; Musielak-Huber, 10. Aufl., § 402 ZPO Rz. 5). Die **Verwertung** der von einer Partei eingereichten **Privaturkunde** im Wege des Urkundenbeweises hängt nicht von der Zustimmung des Prozessgegners ab (KG, Urt. v. 20. 10. 2005 – 12 U 31/03, VersR 2006, 794; Musielak/Huber, 10. Aufl. 2012, § 402 ZPO Rz. 5, 6).   **S 36**

Die **Regeln des Sachverständigenbeweises gelten hier nicht.** Der Beweisführer kann also z. B. nicht verlangen, dass „sein" Gutachter zur Erläuterung des Privatgutachtens oder zur Stellungnahme zum Gutachten des gerichtlich bestellten Sachverständigen zum Termin geladen wird (Musielak-Huber, § 402 ZPO Rz. 5; F/N/W, 5. Aufl., Rz. 282; Hattemer/Rensen, MDR 2012, 1384, 1386; R/L-Cramer, § 31 Rz. 69).   **S 37**

Denn ein Privatgutachter ist kein Beweismittel, also weder Gerichtssachverständiger noch sachverständiger Zeuge. Bringt die Partei den Privatgutachter zur mündlichen Verhandlung mit, so **kann das Gericht ihm gestatten, sich fach-**   **S 38** lich zu äußern oder dem Gerichtssachverständigen – im Auftrag der Partei – Fragen zu stellen; eine Verpflichtung des Gerichts besteht hierzu jedoch nicht (BGH, NJW 1993, 2989, 2990 = VersR 1993, 1231; BGH, MDR 2009, 163; F/N/W, 5. Aufl., Rz. 282; großzügiger jetzt BGH, VersR 2009, 69 sowie R/L-Cramer, § 31 Rz. 69 und Wenzel-Frahm, Kap. 2 Rz. 3846).

S 38a Gemäß §§ 402, 397 I ZPO sind die Parteien selbst nur zur „Vorlage" von (ggf. vom Privatgutachter vorformulierten) Fragen berechtigt, die **Befragung hat grundsätzlich durch das Gericht und die Prozessbevollmächtigten zu erfolgen**.

S 38b Hattemer und Rensen (MDR 2012, 1384, 1386) differenzieren im Anschluss an die dort erfasste Rechtsprechung wie folgt: **Das Gericht ist nicht verpflichtet, einem zur mündlichen Verhandlung erschienenen Privatgutachter die unmittelbare Befragung des gerichtlich bestellten Sachverständigen und anderer Prozessbeteiligter zu gestatten** (ebenso BGH, MDR 1993, 955 = NJW 1993, 2989). Um Unterbrechungen zur Ermöglichung der Rücksprache einer Partei mit ihrem Privatgutachter zu vermeiden, ist es aber **zweckmäßig, dem Privatgutachter in gewissem Umfang die unmittelbare Befragung des Gerichtssachverständigen zu gestatten** (in diesem Sinne auch BGH, Beschl. v. 12. 1. 2011 – IV ZR 190/08, VersR 2011, 552 = NJW-RR 2011, 609, Nr. 5: **Sachverständiger und Privatgutachter sind anzuhören**; BGH, VersR 2009, 69, 70 = MedR 2009, 661; R/L-Cramer, § 31 Rz. 69; F/N/W, 5. Aufl., Rz. 282; Wenzel-Frahm, Kap. 2 Rz. 3846).

S 39 Mit **Zustimmung beider Parteien kann ein Privatgutachten jedoch wie ein gerichtlich angefordertes Sachverständigengutachten verwertet werden** (BGH, NJW 1993, 2382; VersR 1987, 1007, 1008; OLG Naumburg, OLGR 2001, 249; Wenzel-Frahm, Kap. 2 Rz. 3768).

S 40 Auch wenn die Gegenpartei nicht mit der Verwertung des Privatgutachtens zu Beweiszwecken einverstanden ist, ist das Gericht verpflichtet, das **Gutachten des gerichtlich bestellten Sachverständigen sorgfältig und kritisch zu würdigen und sich mit einem vorgelegten Privatgutachten auseinander zu setzen, wenn es vom Gutachten des gerichtlich bestellten Sachverständigen abweicht** (s. u. Rz. S 50, S 60a–S 60d; BGH, Urt. v. 16. 4. 2013 – VI ZR 44/12, VersR 2013, 1045, 1047, Nr. 14, 19; BGH, Beschl. v. 12. 1. 2011 – IV ZR 190/08, NJW-RR 2011, 609 = VersR 2011, 552, Nr. 5; BGH, Beschl. v. 9. 6. 2009 – VI ZR 261/08, VersR 2009, 1406, 1407, Nr. 5; BGH, Beschl. v. 21. 1. 2009 – VI ZR 170/08, juris, Nr. 7; BGH, Urt. v. 8. 7. 2008 – VI ZR 259/06, VersR 2008, 1265, 1267 = NJW 2008, 2846, 2848, Nr. 25; Urt. v. 27. 1. 2004 – VI ZR 150/02, VersR 2004, 1579 = MDR 2004, 699; BGH, Urt. v. 23. 3. 2004 – VI ZR 428/02, NJW 2004, 1871 = VersR 2004, 790, 791: Auseinandersetzung mit Privatgutachten erforderlich).

S 40a **Dem Privatgutachten ist dabei grundsätzlich dieselbe Aufmerksamkeit zu schenken** wie den Ausführungen des gerichtlich bestellten Sachverständigen (BGH, Urt. v. 10. 10. 2000 – VI ZR 10/00, NJW 2000, 77, 78 = VersR 200, 525, 526; BGH, Beschl. v. 12. 1. 2011 – IV ZR 190/08, VersR 2011, 552, Nr. 5; OLG Oldenburg, Urt. v. 28. 2. 2007 – 5 U 147/05, juris, Nr. 44; s. u. Rz. S 60a–S 60d).

S 40b Für das Gericht besteht aber grundsätzlich **keine Verpflichtung, den Privatgutachter als sachverständigen Zeugen zu hören oder ein zweites Gutachten ein-

zuholen, wenn sich der vom Gericht bestellte Sachverständige mit der abweichenden Beurteilung eines Privatgutachters auseinandergesetzt und dessen Auffassung nach Ansicht des Gerichts überzeugend widerlegt hat (OLG Saarbrücken, Urt. v. 18. 6. 2003 – 1 U 724/02-174, AHRS III, 7210/305; OLG München, Urt. v. 10. 2. 2011 – 1 U 2382/10, juris, Nr. 76; F/N/W, 5. Aufl., Rz. 282).

3. Exkurs: Erstattungsfähigkeit der Kosten eines Privatgutachtens

Ob und in welchem Umfang die Kosten eines in Auftrag gegebenen Privatgut-   S 41
achtens zu erstatten sind, ist bzw. war umstritten (vgl. Zöller/Herget, 30. Aufl.,
§ 91 ZPO Rz. 13, S. 401/402; Musielak-Lackmann, 9. Aufl. 2012, § 91 ZPO
Rz. 59, 60, 60a, S. 416/417).

Der BGH (Beschl. v. 20. 12. 2011 – VI ZB 17/11, MDR 2012, 464 = NJW 2012,   S 41a
1370, 1372, Nr. 13; ebenso BGH, Beschl. v. 7. 2. 2013 – VII ZB 60/11, MDR 2013,
494, Nr. 24, 25; BGH, Beschl. v. 26. 2. 2013 – VI ZB 59/12, MDR 2013, 559 =
NJW 2013, 1823, Nr. 5, 9; OLG Hamm, Beschl. v. 1. 2. 2013 – I-25 W 350/12,
NZV 2013, 399) **bejaht die Erstattungsfähigkeit der Kosten für die Einholung eines im Verlaufe des Rechtsstreits eingeholten Privatgutachtens dann, wenn die Partei in Folge fehlender Sachkenntnisse ohne die Einholung des Privatgutachtens nicht zu einem sachgerechten Vortrag in der Lage ist oder wenn die Partei ohne Einholung eines Privatgutachtens ein ihr nachteiliges Gerichtssachverständigengutachten voraussichtlich nicht zu erschüttern vermag.**

Daneben können bei der Beurteilung der Erstattungsfähigkeit der Kosten eines Privatgutachtens weitere Gesichtspunkte eine Rolle spielen wie etwa **die voraussichtliche Eignung des Privatgutachtens zur Rechtsverfolgung oder Rechtsverteidigung und deren Erfolgsaussichten**, insbesondere unter Berücksichtigung vorhandener Anknüpfungstatsachen, sowie **die Möglichkeit, den Prozesserfolg mit anderen Darlegungs- und Beweismitteln zu fördern.** Letztlich dürfen im Rahmen der erforderlichen Gesamtbetrachtung aus der maßgeblichen ex-ante-Sicht einer verständigen und wirtschaftlichen vernünftig denkenden Partei **auch die Kosten des Privatgutachtens nicht völlig außer Betracht bleiben** (BGH, Beschl. v. 20. 12. 2011 – VI ZB 17/11, MDR 2012, 464, 465 = NJW 2012, 1370, 1372, Nr. 13; ebenso bereits BGH, Beschl. v. 23. 5. 2006 – VI ZB 7/05, NJW 2006, 2415, Nr. 10; BGH, Beschl. v. 1. 4. 2009 – XII ZB 12/07, MDR 2009, 771 = NJW 2009, 2220, Nr. 11).

**Eine Beeinflussung des Prozesses durch das Privatgutachten ist nicht Vorausset-   S 41b
zung für dessen Erstattungsfähigkeit** (BGH, NJW 2012, 1370, 1372, Nr. 16; OLG
München, Beschl. v. 4. 6. 2013 – 11 W 751/13, NJW-RR 2013, 1106, 1107; ebenso
Zöller/Herget, § 91 ZPO Rz. 13 und Musielak-Lackmann, § 91 ZPO Rz. 60; **a.A.**
OLG Bamberg, Juristisches Büro 1990, 732; OLG Hamm, NJW-RR 1996, 830).

Gleiches gilt für die Kosten eines privaten Sachverständigengutachtens, das   S 41c
während eines selbständigen Beweisverfahrens vom Antragsgegner in Auftrag
gegeben wird (BGH, Beschl. v. 7. 2. 2013 – VII ZB 60/11, MDR 2013, 494, Nr. 24,
25, 27). Die Kosten eines nach Zustellung der Klage eingeholten Privatgutachtens können auch dann erstattungsfähig sein, wenn der Beklagte das Gutachten

weder im Rechtsstreit noch im Kostenfestsetzungsverfahren vorlegt, aber offensichtlich ist, dass die Kosten tatsächlich entstanden sind (BGH, Beschl. v.
26. 2. 2013 – VI ZB 59/12, NJW 2013, 1823 = NZV 2013, 379, Nr. 9–11).

S 41d **Zum Verhältnis des materiell-rechtlichen zum prozessualen Kostenerstattungs-
anspruches** führt der BGH aus, eine prozessuale Kostenerstattung von zuvor auf
materiell-rechtlicher Grundlage erfolglos eingeklagten Kosten eines Privatgutachters scheidet aus, wenn der materiell-rechtliche Kostenerstattungsanspruch
mit der Begründung abgewiesen worden ist, mit der der Anspruch dann im Kostenfestsetzungsverfahren geltend gemacht wird (BGH, Beschl. v. 9. 2. 2012 – VII
ZB 95/09, MDR 2012, 493).

Demgegenüber ist eine **prozessuale Kostenentscheidung grundsätzlich nicht erschöpfend, sondern lässt Raum für die Durchsetzung materiell-rechtlicher Ansprüche auf Kostenerstattung, etwa aus Vertrag, Verzug oder unerlaubter Handlung** (BGH, MDR 2012, 493, Nr. 8; BGH, Urt. v. 16. 2. 2011 – VIII ZR 80/10,
MDR 2011, 442 = NJW 2011, 2368, 2369). Es müssen jedoch zuzusätzliche Umstände hinzukommen, die bei der vorangegangenen prozessualen Kostenentscheidung nicht berücksichtigt werden konnten; **bleibt der Sachverhalt jedoch
unverändert, ist eine gegenläufige Kostenentscheidung unzulässig** (BGH, MDR
2012, 493, Nr. 8; BGH, MDR 2002, 473; a.A. Zöller/Herget, 30. Aufl., vor § 91
ZPO Rz. 13 und Zöller/Greger, § 269 ZPO Rz. 18c).

4. Gutachterliche Äußerungen sachverständiger Zeugen; Vernehmung des Privatgutachters als sachverständigen Zeugen

S 42 Gutachterliche Äußerungen eines Arztes im Prozess können dann als Sachverständigenbeweis gewürdigt werden, wenn der Arzt als sachverständiger Zeuge
geladen war, jedoch als Sachverständiger belehrt worden ist (OLG Celle, VersR
200, 58).

S 42a **Der Privatgutachter ist grundsätzlich nicht als Sachverständiger mündlich anzuhören (§ 411 III ZPO)**; möglich ist jedoch seine Benennung als sachverständiger
Zeuge (vgl. § 414 ZPO) zu seinen Tatsachenfeststellungen, etwa wenn er im
Rahmen der Untersuchung des Patienten (Auftraggebers) **bestimmte Anknüpfungstatsachen festgestellt** hatte (Musielak-Huber, § 402 ZPO Rz. 5; Zöller/Gre-
ger, § 402 ZPO Rz. 2; Wenzel-Frahm, Kap. 2 Rz. 3847; F/N/W, 5. Aufl., Rz. 282).

III. Stellungnahme der Parteien und mündliche Anhörung des Sach-verständigen

1. Antrag auf mündliche Anhörung

S 43 Unabhängig von der nach § 411 III ZPO im pflichtgemäßen Ermessen des Gerichts stehenden Möglichkeit, das Erscheinen des Sachverständigen zum Termin
von Amts wegen anzuordnen, steht jeder Prozesspartei gem. §§ 397, 402 ZPO
das Recht zu, den Sachverständigen zu seinem den Parteien zugestellten schriftlichen Gutachten **mündlich befragen** zu können (BVerfG, Beschl. v. 17. 1. 2012 –

1 BvR 2728/10, NJW 2012, Nr. 14, 15; BGH, Urt. v. 16. 4. 2013 – VI ZR 44/12, VersR 2013, 1045, 1047, Nr. 14, 19; BGH, Beschl. v. 30. 11. 2010 – VI ZR 25/09, GesR 2011, 98 = VersR 2011, 1158, 1159; BGH, Beschl. v. 22. 5. 2007 – VI ZR 233/06, NJW-RR 2007, 1294 = MDR 2007, 1019: auch im selbständigen Beweisverfahren; BGH, Beschl. v. 25. 9. 2007 – VI ZR 157/06, VersR 2007, 1697 = GesR 2008, 192, 193, BGH, Beschl. v. 10. 5. 2005 – VI ZR 245/04, VersR 2005, 1555, 1556; BGH, Urt. v. 27. 1. 2004 – VI ZR 150/02, MDR 2004, 699 = VersR 2004, 1579).

Dementsprechend muss dem von einer Partei rechtzeitig gestellten **Antrag**, den gerichtlichen **Sachverständigen** nach Erstattung des schriftlichen Gutachtens zu dessen **mündlicher Erläuterung zu laden**, auch dann stattgegeben werden, wenn die schriftliche Begutachtung aus der Sicht des Gerichts ausreichend und überzeugend ist und **das Gericht selbst keinen weiteren Erklärungsbedarf sieht** ((BVerfG, Beschl. v. 17. 1. 2012 – 1 BvR 2728/10, NJW 2012, Nr. 14, 15; BGH, Beschl. v. 7. 12. 2010 – VIII ZR 96/10, GesR 2011, 317, 318 = NJW-RR 2011, 704, Nr. 9, 10; BGH, Beschl. v. 22. 5. 2007 – VI ZR 233/06, NJW-RR 2007, 1294 = MDR 2007, 1091; Beschl. v. 25. 9. 2007 – VI ZR 157/06, VersR 2007, 1697 = GesR 2008, 192, 193; BGH, Urt. v. 29. 10. 2002 – VI ZR 353/01, NJW-RR 2003, 208, 209 = MDR 2003, 168, 169; OLG Brandenburg, Beschl. v. 8. 4. 2005 – 1 W 3/05, MDR 2005, 1131: auch dann, wenn das Gericht dies für unzweckmäßig und entbehrlich hält; KG, Urt. v. 6. 6. 2005 – 12 U 55/04, NZV 2005, 521, 522; KG, Urt. v. 14. 6. 2007 – 20 U 5/06, NJW-RR 2008, 371, 372; G/G, 6. Aufl., Rz. E 18; Zöller/Greger, § 4011 ZPO Rz. 5a; Musielak-Huber, § 411 ZPO Rz. 7, 9; R/L-Cramer, § 31 Rz. 69, 82, 84; F/N/W, 5. Aufl., Rz. 279, 280, 281).

Ein Verstoß gegen diese Pflicht verletzt **den Anspruch der Partei auf rechtliches**   S 43a
Gehör (Art. 103 GG) und führt im Rahmen des § 544 VII ZPO zur Aufhebung des Urteils und zur Zurückverweisung des Rechtsstreits an das Berufungsgericht (BGH, Beschl. v. 14. 7. 2009 – VIII ZR 295/08, NJW-RR 2009, 1361; auch BVerfG, Beschl. v. 17. 1. 2012 – 1 BvR 2728/10, NJW 2012, 1346, Nr. 14, 15, 20: Verstoß gegen Art. 103 GG, wenn Antrag auf Erläuterung des GA völlig übergangen wird oder das Gericht ihm allein deshalb nicht nachkommt, weil das Gutachten dem Gericht überzeugend und nicht weiter erörterungsbedürftig erscheint).

Der Antrag der Partei auf Ladung des Sachverständigen bedarf auch dann **keiner**   S 44
besonderen Begründung, wenn der Sachverständige nicht nur ein Erstgutachten, sondern auch ein Ergänzungsgutachten erstattet hat (BGH, Beschl. v. 14. 7. 2009 – VIII ZR 295/08, NJW-RR 2009, 1361, 1362; BGH, Beschl. v. 22. 5. 2007 – VI ZR 233/06, NJW-RR 2007, 1294 = MDR 2007, 1091; Beschl. v. 25. 9. 2007 – VI ZR 157/06, VersR 2007, 1697 = GesR 2008, 192, 193; BGH, Beschl. v. 10. 5. 2005 – VI ZR 245/04, VersR 2005, 1555, 1556 = MDR 2005, 1308, 1309). Es genügt jedenfalls, wenn die den Antrag stellende Partei **allgemein angibt, in welcher Richtung sie durch ihre Fragen eine weitere Aufklärung herbeizuführen wünscht** (BGH a. a. O.; KG, Urt. v. 14. 6. 2007 – 20 U 5/06, NJW-RR 2008, 371, 372; KG, Urt. v. 4. 6. 2009 – 20 U 49/07, MedR 2010, 35, 36; OLG Saarbrücken, Urt. v. 25. 2. 2004 – 1 U 422/03-108, GesR 2004, 235, 237).

Lässt sich den Ausführungen des Parteivertreters **in keiner Weise entnehmen, in**   S 44a
welcher Richtung Klärungsbedarf besteht und wird lediglich pauschal beantragt,

den Sachverständigen zum Termin zu laden, muss **diesem Antrag nicht entsprochen** werden (KG, Urt. v. 4. 6. 2009 – 20 U 49/07, MedR 2010, 35, 36).

S 45 **Beschränkungen des Antragsrechts** ergeben sich in den Fällen der **Verspätung** (zur Fristsetzung siehe unten Rz. S 51 ff.), **der Prozessverschleppung und des Rechtsmissbrauchs** (BVerfG, Beschl. v. 17. 1. 2012 – 1 BvR 2728/10, NJW 2012, Nr. 14; BGH, Beschl. v. 22. 5. 2007 – VI ZR 233/06, NJW-RR 2007, 1294 = MDR 2007, 1091; BGH, Beschl. v. 25. 9. 2007 – VI ZR 157/06, GesR 2008, 192, 193; Beschl. v. 10. 5. 2005 – VI ZR 245/04, VersR 2005, 1555, 1556 = MDR 2005, 1308, 1309 und Urt. v. 29. 10. 2002 – VI ZR 353/01, NJW-RR 2003, 208, 209 = MDR 2003, 168, 169: Rechtsmissbrauch und Prozessverschleppung; OLG Brandenburg, Beschl. v. 8. 4. 2005 – 1 W 3/05, MDR 2005, 1131 und OLG Hamm, MDR 1985, 593: **bei bereits eindeutig geklärten oder beweisunerheblichen Fragen**; OLG Oldenburg, VersR 1998, 636 = OLGR 1998, 17, 18: **bei bereits beantworteten Fragen**; OLG Saarbrücken, Urt. v. 25. 2. 2004 – 1 U 422/03-10, GesR 2004, 235, 237: bei Verspätung, Prozessverschleppung sowie Rechtsmissbrauch; OLG Zweibrücken, NJW-RR 2001, 667, 668 und KG, Urt. v. 14. 6. 2007 – 20 U 5/06, NJW-RR 2008, 371, 372: bei Verspätung oder Rechtsmissbrauch; G/G, 6. Aufl., Rz. E 18; S/Pa, 12. Aufl., Rz. 732; Zöller/Greger, 30. Aufl., § 411 ZPO Rz. 5a).

S 46 Ein solcher „**Rechtsmissbrauch**" kann nach der Rechtsprechung angenommen werden, wenn der Antrag in seiner Begründung die Ankündigung **abwegiger, bereits eindeutig beantworteter oder beweisunerheblicher Fragen** enthält (BGH, Beschl. v. 10. 5. 2005 – VI ZR 245/04, VersR 2005, 1555, 1556; OLG Saarbrücken, Urt. v. 25. 2. 2004 – 1 U 422/03-108, GesR 2004, 235, 237; auch OLG Brandenburg, Beschl. v. 8. 4. 2005 – 1 W 3/05, MDR 2005, 1131; OLG Hamm, MDR 1985, 593; OLG Oldenburg OLGR 1998, 17, 18 = VersR 1998, 636 **bei bereits beantworteten Fragen**; OLG Zweibrücken, NJW-RR 2001, 667, 668; KG, Urt. v. 4. 6. 2009 – 20 U 49/07, MedR 2010, 35, 36: **lediglich pauschaler Antrag auf Ladung des Sachverständigen**; F/N/W, 5. Aufl., Rz. 281; Zöller/Greger, 30. Aufl., § 411 ZPO Rz. 5a: wenn das Gutachten vollständig und überzeugungsfähig ist, der Antrag aber gleichwohl nicht begründet wird).

S 47 Von einem **Rechtsmissbrauch kann jedoch nicht ausgegangen werden**, wenn die Partei – wie in § 411 IV ZPO vorgesehen – zumindest ansatzweise vorträgt, worin sie Unklarheiten und einen Erläuterungsbedarf im Hinblick auf das schriftliche Sachverständigengutachten sieht (BVerfG, Beschl. v. 17. 1. 2012 – 1 BvR 2728/10, juris, Rz. 15, 20; BGH, Beschl. v. 14. 7. 2009 – VIII ZR 295/08, NJW-RR 2009, 1361, 1362; BGH, MDR 1998, 58 = NJW 1998, 162; OLG Zweibrücken, NJW-RR 2001, 667, 668) oder sie jedenfalls **allgemein angegeben hat, in welcher Richtung sie durch ihre Fragen eine weitere Aufklärung herbeizuführen wünscht** (BGH, Beschl. v. 22. 5. 2007 – VI ZR 233/06, NJW-RR 2007, 1294 = MDR 2007, 1091; Beschl. v. 25. 9. 2007 – VI ZR 157/06, GesR 2008, 192, 193; Urt. v. 29. 10. 2002 – VI ZR 353/01, MDR 2003, 168, 169 = NJW-RR 2003, 208, 209; Beschl. v. 10. 5. 2005 – VI ZR 245/04, NZV 2005, 463, 464 = MDR 2005, 1308, 1309 = VersR 2005, 1555, 1556).

S 48 Eine „**Verspätung**" kommt nach der Rechtsprechung des BGH (Urt. v. 22. 5. 2001 – VI ZR 268/00, NJW-RR 2001, 1431 = MDR 2001, 1130; BGH,

MDR 2001, 567; BGH, Beschl. v. 23. 9. 2008 – VI ZR 135/04, NJW 2009, 84) **nur in Ausnahmefällen** in Betracht (vgl. hierzu Rz. S 45, S 53, B 407a, B 413a).

Ein **konkludenter Verzicht** auf die Anhörung des Sachverständigen kann aber da- S 48a
rin liegen, dass bei der Schlussverhandlung (§§ 285, 279 III ZPO) die **unterbliebene Ladung nicht gerügt** wird (KG, Beschl. v. 2. 11. 2010 – 12 U 48/10, VersR
2011, 1199; Zöller/Greger, § 411 ZPO Rz. 5a). Hat das Gericht der beweisbelasteten Partei rechtzeitig vor der mündlichen Verhandlung mitgeteilt, es halte die
Ausführungen des Sachverständigen, der am Erscheinen verhindert ist, nicht
mehr für entscheidungserheblich und verhandelt die Partei dann rügelos zur Sache (vgl. § 295 ZPO), ohne zuvor einen erneuten Antrag auf Ladung des Sachverständigen zu stellen, so liegt hierin ein schlüssiger Verzicht auf dessen Anhörung und die Partei kann im Berufungsverfahren keinen Verfahrensfehler des
Erstgerichts geltend machen (KG, Beschl. v. 2. 11. 2010 – 12 U 48/10, VersR
2011, 1199).

2. Anhörung von Amts wegen; Wiedereröffnung der mündlichen Verhandlung

Bei **Unklarheiten, Unvollständigkeiten oder Widersprüchen** im Gutachten ist S 49
eine ergänzende Anhörung des Sachverständigen auch **von Amts** wegen anzuordnen (BGH, Urt. v. 16. 4. 2013 – VI ZR 44/12, VersR 2013, 1045, 1047, Nr. 14, 19;
BGH, Beschl. v. 9. 6. 2009 – VI ZR 261/08, VersR 2009, 1406, 1407, Nr. 5, 7;
BGH, Beschl. v. 21. 1. 2009 – VI ZR 170/08, juris, Nr. 7 = VersR 2009, 499,
Nr. 7 = GesR 2009, 189; BGH, Urt. v. 8. 7. 2008 – VI ZR 259/06, VersR 2008,
1265, 1267 = NJW 2008, 2846, 2848 = MedR 2009, 44, 46, Nr. 25; BGH, Urt. v.
27. 3. 2001 – VI ZR 18/00, NJW 2001, 2791).

Eine **ergänzende Anhörung** des Sachverständigen zur Erläuterung seines Gutach- S 50
tens ist etwa dann **von Amts wegen durchzuführen, wenn das schriftliche Gutachten unklar oder unvollständig ist** (BGH, Beschl. v. 9. 6. 2009 – VI ZR 261/08,
VersR 2009, 1406, 1407, Nr. 5; BGH, Beschl. v. 16. 10. 2007 – VI ZR 229/06,
VersR 2008, 221, 222: bei Widersprüchen und Auslassungen; BGH, Urt. v.
8. 7. 2008 – VI ZR 259/06, VersR 2008, 1265, 1267 = NJW 2008, 2846, 2848,
Nr. 25: allen Unklarheiten, Zweifeln oder Widersprüchen ist von Amts wegen
nachzugehen, Auseinandersetzung mit Privatgutachten erforderlich), **bei Widersprüchen zwischen dem schriftlichen Gutachten und mündlichen Aussagen des
Sachverständigen** (BGH, Beschl. v. 21. 1. 2009 – VI ZR 170/08, juris, Nr. 7 =
VersR 2009, 499, 500; BGH, Urt. v. 8. 7. 2008 – VI ZR 259/06, VersR 2008, 1265,
1267 = NJW 2008, 2846, 2848, Nr. 25; BGH, NJW 1995, 779; BGH, NJW 1993,
269), bei **Widersprüchen zu anderen Gutachten** (BGH, Beschl. v. 7. 12. 2010 –
VIII ZR 96/10, GesR 2011, 317 = NJW-RR 2011, 704, Nr. 9, 10; BGH, Beschl. v.
21. 1. 2009 – VI ZR 170/08, VersR 2009, 499, 500), **insbesondere einem vorgelegten Privatgutachten** (vgl. Rz. S 60a–S 60d; BGH, Urt. v. 16. 4.2013 – VI ZR
44/12, VersR 2013, 1045, 1047, Nr. 14, 19; BGH, Beschl. v. 12. 1. 2011 – IV ZR
190/08, VersR 2011, 552 = NJW-RR 2011, 609, Nr. 5; BGH, Beschl. v. 9. 6. 2009
– VI ZR 261/08, VersR 2009, 1406, Nr. 5; BGH, Beschl. v. 21. 1. 2009 – VI ZR
170/08, juris, Nr. 7 = GesR 2009, 189) **oder bei einem Missverständnis des Sachverständigen bezüglich der ihm vorgegebenen Anschlusstatsachen** (BGH, NJW
1981, 2009; Zöller/Greger, § 411 ZPO Rz. 5 und § 402 ZPO Rz. 5).

S 50a Gibt der medizinische Sachverständige in seinen mündlichen Ausführungen **neue und ausführlichere Beurteilungen** gegenüber dem bisherigen Gutachten ab, so ist den Parteien Gelegenheit zu geben, hierzu Stellung zu nehmen. Dabei sind auch Ausführungen in einem nicht nachgelassenen Schriftsatz zur Kenntnis zu nehmen und **die mündliche Verhandlung wieder zu eröffnen (§ 156 ZPO)**, sofern die Ausführungen Anlass zu weiterer tatsächlicher Aufklärung geben (BGH, Beschl. v. 30. 11. 2010 – VI ZR 25/09, VersR 2011, 1158 = NJW-RR 2011, 428, Nr. 5, 6, 9; ebenso BGH, Beschl. v. 28. 7. 2011 – VII ZR 184/09, NJW 2011, 3040, Nr. 6; auch BGH, Urt. v. 13. 2. 2001 – VI ZR 272/99, NJW 2001, 2796 = VersR 2001, 722: zugunsten beider Parteien; Wenzel-Frahm, Kap. 2 Rz. 3831; F/N/W, 5. Aufl., Rz. 283).

S 50b Dies ist etwa dann der Fall, wenn der Sachverständige in der mündlichen Verhandlung **erstmals das Vorliegen eines „groben Behandlungsfehlers" bejaht** und der Prozessbevollmächtigte des beklagten Arztes daraufhin in einem nicht nachgelassenen Schriftsatz zu einer hierfür entscheidungserheblichen Tatsache den **individualisierbaren Zeugen „N. N."** (bei der Operation anwesender Anästhesist) benennt (BGH, Beschl. v. 30. 11. 2010 – VI ZR 25/09, VersR 2011, 1158 = NJW-RR 2011, 428 = GesR 2011, 98, Nr. 6, 9). Ist der von einer Partei mit „N. N." angegebene Zeuge individualisierbar, muss das Gericht der Partei (vorliegend: dem beklagten Arzt über dessen Prozessbevollmächtigten) eine **Frist zur Beibringung von Namen und Anschrift setzen und darf erst nach fruchtlosem Fristablauf von einer (weiteren) Beweiserhebung absehen** (BGH, VersR 2011, 1158 = GesR 2011, 98, Nr. 5, 6).

S 50c Der Anspruch auf Gewährung des rechtlichen Gehörs kann im Anschluss an eine Beweisaufnahme die **Vertagung oder die Gewährung einer Schriftsatzfrist bzw. die Wiedereröffnung der mündlichen Verhandlung** gebieten, wenn von einer Partei eine umfassende sofortige Stellungnahme nach einer komplexen Beweisaufnahme oder nach einer umfassenden Erörterung des Gutachtens nicht erwartet werden kann, weil sie entsprechende Zeit benötigt, um **nach Erhalt des Sitzungsprotokolls angemessen vortragen zu können** (BGH, Beschl. v 28. 7. 2011 – VII ZR 184/09, NJW 2011, 3040, Nr. 6; BGH, NJW-RR 2009, 409 mit Anmerkung Frahm/Walter, MedR 2009, 662; Musielak-Foerste, 10. Aufl., § 285 Rz. 2: Vertagung, Schriftsatzrecht oder Wiedereröffnung z. B. bei besonders komplexen Beweisaufnahmen nach umfassender Erörterung von Gutachten oder deren Ergänzungen sowie dann, wenn die Partei auf das erst abzufassende Protokoll einer längeren Vernehmung bzw. auf sachverständige Beratung angewiesen ist; Zöller/Greger, 30. Aufl., § 285 Rz. 2: Schriftsatzrecht auch ohne ausdrücklichen Antrag bzw. Wiedereröffnung der mündlichen Verhandlung, wenn die SV-Vernehmung Fragen aufgeworfen hat, zu denen die Partei sich ohne sachkundige Beratung nicht äußern kann).

3. Fristsetzung zur Stellungnahme der Parteien

S 51 Gem. § 411 IV 2 ZPO kann das Gericht den Parteien eine **Frist setzen**, innerhalb derer Einwendungen gegen das Gutachten, die Begutachtung betreffende Anträge und Ergänzungsfragen mitzuteilen sind. Dabei muss es den Inhalt seiner Verfügung, mit der es die Frist nach §§ 411 IV 2, 296 I ZPO setzt, **klar und ein-**

deutig abfassen, so dass bei der betroffenen Partei von Anfang an vernünftigerweise keine Fehlvorstellungen über die gravierenden Folgen der mit der Nichtbeachtung der Frist verbundenen Rechtsfolgen aufkommen können.

Diesen Voraussetzungen genügt eine – ohnehin nicht von der Kammer, sondern nur vom Vorsitzenden – erlassene Verfügung, in der angeordnet wird, dass den Parteien bis zu einem bestimmten Zeitpunkt Gelegenheit gegeben wird, zum Gutachten Stellung zu nehmen, nicht (BGH, Urt. v. 22. 5. 2001 – VI ZR 268/00, MDR 2001, 1130 = NJW-RR 2001, 1431; KG, Urt. v. 14. 6. 2007 – 20 U 5/06, NJW-RR 2008, 371, 372; Musielak-Huber, § 411 ZPO Rz. 7 und § 296 ZPO Rz. 11). **S 52**

In Kammersachen muss die **Frist grundsätzlich von der Kammer und nicht nur vom Vorsitzenden gesetzt** und auf die (angemessene) Ausschlussfrist hingewiesen werden (KG, Urt. v. 14. 6. 2007 – 20 U 5/06, NJW-RR 2008, 371, 372; zur Ausschlussfrist auch BGH, NJW-RR 2006, 428 und Zöller/Greger, § 411 ZPO Rz. 5e). Der Antrag einer Partei auf **Anhörung eines (hier: radiologischen) Sachverständigen,** der erst nach Ablauf der Frist zur Stellungnahme (§ 411 IV 2 ZPO) zu dessen Gutachten gestellt wird, ist **nicht verspätet,** wenn die Partei erstmals in der mündlichen Verhandlung nach Fristablauf davon Kenntnis erhält, dass der weitere gerichtliche Sachverständige (hier: Orthopäde) sein **Gutachten lediglich auf eine telefonische Erörterung** mit dem ersten Sachverständigen stützt. Ein Telefongespräch ist keine ordnungsgemäße Beweisaufnahme, weil die Partei dabei keine Gelegenheit hat, an den weiteren Sachverständigen Fragen zu richten (BGH, Beschl. v. 14. 10. 2008 – VI ZR 7/08, VersR 2009, 69, 70). **S 53**

Einstweilen frei. **S 54**

Nach Auffassung des OLG Hamm (Urt. v. 21. 5. 2003 – 3 U 122/02, VersR 2004, 386) sollen diese Grundsätze jedoch nicht gelten, wenn der **Privatgutachter** der Partei bei der Anhörung des gerichtlich bestellten Sachverständigen **anwesend** ist und diesem Vorhalte machen kann bzw. könnte. Das Gericht ist auch befugt, bei Säumnis einer Partei im Termin zur mündlichen Verhandlung den hierzu geladenen Sachverständigen mündlich anzuhören und das Ergebnis dieser Beweisaufnahme bei einer Entscheidung nach Lage der Akten (§ 251a I, II ZPO) zu verwerten (BGH, MDR 2002, 288). **S 55**

IV. Aufklärung von Widersprüchen

1. Aufklärungspflicht des Gerichts; Auseinandersetzung mit Privatgutachten

Das Gericht hat von Amts wegen auf die **Aufklärung von Widersprüchen** hinzuwirken, die sich zu **früheren Äußerungen desselben Sachverständigen,** zu den Angaben **eines anderen, gerichtlich bestellten Sachverständigen oder einem von der Patienten- oder Behandlungsseite vorgelegten Privatgutachten** ergeben (BGH, Urt. v. 16. 4. 2013 – VI ZR 44/12, VersR 2013, 1045, Nr. 14, 19: **Widersprüche zu früheren Ausführungen des Sachverständigen oder zwischen dem gerichtlich bestellten Sachverständigen und dem Privatgutachter;** BGH, Beschl. v. **S 56**

12. 1. 2011 – IV ZR 190/08, VersR 2011, 552 = NJW-RR 2011, 609, Nr. 5: **Sachverständiger und Privatgutachter anzuhören**; BGH, Urt. v. 21. 12. 2010 – VI ZR 284/09, VersR 2011, 400, 402, Nr. 17: Widersprüche zwischen den Äußerungen des beauftragten bzw. mehrerer Sachverständiger aufzuklären; BGH, Beschl. v. 9. 6. 2009 – VI ZR 261/08, VersR 2009, 1406, Nr. 5, 7: **Widersprüchen ist nachzugehen, Auseinandersetzung mit Privatgutachten erforderlich**; BGH, Beschl. v. 21. 1. 2009 – VI ZR 170/08, juris, Nr. 7 = VersR 2009, 499, 500, Nr. 7 = GesR 2009, 189; BGH, Urt. v. 8. 7. 2008 – VI ZR 259/06, VersR 2008, 1265, 1267 = NJW 2008, 2846, 2848, Nr. 25: **allen Unklarheiten, Zweifeln oder Widersprüchen** ist nachzugehen, **Auseinandersetzung mit Privatgutachten** erforderlich; BGH, Beschl. v. 16. 10. 2007 – VI ZR 229/06, VersR 2008, 221, 222: **Widersprüche und/oder Auslassungen in einem Sachverständigengutachten**; BGH, Urt. v. 23. 3. 2004 – VI ZR 428/02, NJW 2004, 1871 = VersR 2004, 790: **Auseinandersetzung mit Privatgutachten erforderlich**; BGH, Urt. v. 27. 1. 2004 – VI ZR 150/02, VersR 2004, 1579 = MDR 2004, 699: Auseinandersetzung mit vorgelegtem Privatgutachten; BGH, Urt. v. 6. 5. 2003 – VI ZR 259/02, NJW 2003, 2311, 2312 = VersR 2003, 1128, 1129: Widersprüche sind durch gezielte Nachfrage zu klären, **abweichende Aussagen des Sachverständigen sind zu protokollieren**; BGH, Urt. v. 27. 3. 2001 – VI ZR 18/00, VersR 2001, 859 = NJW 2001, 2791: Zweifel und Unklarheiten durch gezielte Befragung des Gutachters zu klären; BGH, Urt. v. 13. 2. 2001 – VI ZR 272/99, NJW 2001, 2796 = VersR 2001, 722: Auseinandersetzung mit Privatgutachten und **Hinwirkung auf die weitere Aufklärung des Sachverhalts, wenn sich Widersprüche ergeben**; OLG Oldenburg, Urt. v. 28. 2. 2007 – 5 U 147/05, juris, Nr. 44: **einem Privatgutachten ist dieselbe Aufmerksamkeit zu schenken**; Gehrlein, VersR 2004, 1488, 1498; G/G, 6. Aufl., Rz. E 17; S/Pa, 12. Aufl., Rz. 736, 737, 763, 765; F/N/W, 5. Aufl., Rz. 280, 281; vgl. auch Rz. S 60a–S 60d).

S 57   Das Gericht hat **Zweifel und Unklarheiten** aufgrund unterschiedlicher Begründungen des gerichtlichen Sachverständigen im Laufe eines Arzthaftungsprozesses durch eine **gezielte Befragung des Gutachters** zu klären. **Dabei darf es sich nicht mit einer eigenen Interpretation der Ausführungen über Widersprüche hinwegsetzen** (BGH, Beschl. v. 9. 6. 2009 – VI ZR 261/08, VersR 2009, 1406, Nr. 5; BGH, Urt. v. 23. 3. 2004 – VI ZR 428/02, NJW 2004, 1871 = VersR 2004, 790; Urt. v. 28. 5. 2002 – VI ZR 42/01, NJW 2002, 2944, 2945 = VersR 2002, 1026, 1028; BGH, Urt. v. 27. 3. 2001 – VI ZR 18/00, VersR 2001, 859 = NJW 2001, 2791: gezielte Befragung des Gutachters; BGH, Urt. v. 6. 5. 2003 – VI ZR 259/02, NJW 2003, 2311, 2312: Widersprüche sind durch gezielte Nachfrage beim Sachverständigen abzuklären, inhaltlich von früheren Aussagen abweichende Erklärungen zu protokollieren; Gehrlein, VersR 2004, 1488, 1498; S/Pa, 12. Aufl., Rz. 764, 765; Musielak-Huber, § 402 ZPO Rz. 6 und § 411 ZPO Rz. 7).

S 58   **So ist es dem Gericht nicht gestattet, ohne entsprechende medizinische Darlegungen des Sachverständigen einen groben Behandlungsfehler aus eigener Wertung zu bejahen** (BGH, Urt. v. 12. 12. 2008 – VI ZR 221/06, VersR 2008, 644, 645/646; BGH, Urt. v. 9. 1. 2007 – VI ZR 59/06, NJW-RR 2007, 744, 745 = GesR 2007, 233, 234; BGH, NJW 2002, 2944 = VersR 2002, 1026, 1028; NJW 2001, 2795, 2796 = VersR 2001, 1116, 1117; NJW 2001, 2794 = MDR 2001, 1113; NJW 2001, 2792, 2793 = MDR 2001, 1115; S/Pa, 12. Aufl., Rz. 738, 632, 633; vgl.

hierzu → *Grobe Behandlungsfehler*, Rz. G 172 ff.). Äußert sich der Sachverständige auf die Frage des Gerichts nach dem Vorliegen eines groben Behandlungsfehlers nicht eindeutig, so ist das Gericht gehalten, durch eine gezielte Befragung des Gutachters auf die **Beseitigung verbleibender Zweifel und Unklarheiten hinzuwirken** (BGH, Urt. v. 28. 5. 2002 – VI ZR 42/01, VersR 2002, 1026, 1028).

Geht ein Sachverständiger bei der Bewertung der Kausalität im Rahmen der §§ 286, 287 ZPO von einem erforderlichen Überzeugungsgrad aus, der der zivilprozessualen Rechtslage nicht entspricht (hier: bei Sekundärschäden genügt eine überwiegende Wahrscheinlichkeit für die Überzeugungsbildung des Gerichts, im Gutachten wird „mit an Sicherheit grenzender Wahrscheinlichkeit" argumentiert), so hat sich das Gericht im Rahmen der Beweiswürdigung damit auseinander zu setzen, ob bei der Anwendung zutreffender Beweisanforderungen die im Gutachten gezogenen Schlussfolgerungen für die Entscheidung übernommen werden können (OLG München, Urt. v. 5. 11. 2010 – 10 U 2401/10, VersR 2011, 549; auch BGH, VersR 2004, 118, 119). S 58a

Können **Unklarheiten und Widersprüche** nach entsprechender Befragung des Sachverständigen **nicht ausgeräumt** werden oder kann sich der Sachverständige letztlich nicht festlegen, so hat das Gericht im Rahmen seiner Verpflichtung zur Sachaufklärung **erforderlichenfalls ein weiteres Gutachten einzuholen** (BGH, Beschl. v. 12. 1. 2011 – IV ZR 190/08, NJW-RR 2011, 609 = VersR 2011, 552, Nr. 5; BGH, Beschl. v. 21. 1. 2009 – VI ZR 170/08, juris, Nr. 7 = VersR 2009, 499, 500; BGH, Urt. v. 23. 3. 2004 – VI ZR 428/02, NJW 2004, 1871 = VersR 2004, 790 = MDR 2004, 1056; Urt. v. 16. 1. 2001 – VI ZR 408/99, NJW 2001, 2796, 2797 = VersR 2001, 722, 723: ggf. Wiedereröffnung der mündlichen Verhandlung; BGH, Urt. v. 10. 10. 2000 – VI ZR 10/00, NJW 2001, 77 = VersR 2001, 525, 526 = MDR 2001, 750; BGH, Urt. v. 28. 5. 2002 – VI ZR 42/01, NJW 2002, 2944, 2946 = VersR 2002, 1026, 1028). S 59

Geht der gerichtlich bestellte Sachverständige auf eine konkrete Fragestellung des Gerichts oder einer Prozesspartei nicht ein und werden entsprechende Auslassungen im Gutachten auch vom Gericht nicht moniert und geklärt, verletzt das entsprechende Urteil den Anspruch der Partei auf **rechtliches Gehör** (**Art. 103 I GG**; BVerfG, Beschl. v. 17. 1. 2012 – 1 BvR 2728/10, NJW 2012, 1346, 1347, Nr. 14, 15, 20; BGH, Beschl. v. 16. 10. 2007 – VI ZR 229/06, VersR 2008, 221, 222; BGH, Urt. v. 16. 4. 2013 – VI ZR 44/12, VersR 2013, 1045, 1048, Nr. 19). S 60

Ein von einer Partei vorgelegtes **Privatgutachten**, dessen Ergebnisse im Widerspruch zu den Erkenntnissen des gerichtlich bestellten Sachverständigen stehen, darf das Gericht nicht übergehen. Dazu kann es den Sachverständigen zu einer **schriftlichen Ergänzung seines Gutachtens oder dessen Ladung zur mündlichen Anhörung** veranlassen. Ggf. hat das Gericht den Sachverständigen **unter Gegenüberstellung mit dem Privatgutachter anzuhören**, um dann entscheiden zu können, inwieweit es den Ausführungen des gerichtlich bestellten Sachverständigen folgen will. S 60a

Wenn der gerichtlich bestellte Sachverständige weder durch eine schriftliche Ergänzung seines Gutachtens noch im Rahmen seiner Anhörung die sich aus dem Privatgutachten ergebenden Einwendungen auszuräumen vermag, muss das Gericht im Rahmen seiner Verpflichtung zur Sachaufklärung **gemäß § 412 ZPO ein weiteres Gutachten** einholen (BGH, Beschl. v. 12. 1. 2011 – IV ZR 190/08, VersR 2011, 552 = NJW-RR 2011, 609, Nr. 5; auch BGH, Beschl. v. 9. 6. 2009 – VI ZR 261/08, VersR 2009, 1406, 1407, Nr. 5 und Beschl. v. 21. 1. 2009 – VI ZR 170/08, VersR 2009, 499 = GesR 2009, 189, Nr. 7: das Gericht hat sich mit einem von der Partei vorgelegten **Privatgutachten auseinanderzusetzen, wenn sich ein Widerspruch zum Gerichtsgutachten ergibt**).

S 60b   Übergeht das Gericht den auf ein Privatgutachten gestützten Vortrag des Patienten (hier: dass in einem subakuten Infarktstadium die stationäre Behandlung zwingend geboten ist), so wird der Anspruch des Patienten auf **rechtliches Gehör (Art. 103 GG)** in entscheidungserheblicher Weise verletzt (BGH, Beschl. v. 22. 9. 2009 – VI ZR 32/09, VersR 2010, 72; BGH, Beschl. v. 14. 7. 2009 – VIII ZR 295/08, NJW-RR 2009, 1361: führt im Revisionsverfahren gemäß § 544 VII ZPO zur Aufhebung des Urteils und zur Zurückverweisung des Rechtsstreits an das Berufungsgericht; BGH, Urt. v. 16. 4. 2013 – VI ZR 44/12, VersR 2013, 1045, 1048, Nr. 19: **Widersprüchen zwischen der Auffassung des gerichtlichen Sachverständigen und der Beurteilung durch den Privatgutachter ist nachzugehen, zweckmäßigerweise durch Einholung eines Ergänzungsgutachtens und nachfolgende mündliche Anhörung des SV**).

S 60c   Die **Anhörung des Privatsachverständigen ist vom Gesetz nicht vorgesehen** (BGH, Urt. v. 8. 7. 2008 – VI ZR 259/06, VersR 2008, 1265, 1267 = NJW 2008, 2846, 2848, Nr. 26: keine Mitwirkungsrechte des Privatgutachters; OLG Karlsruhe, VersR 2003, 977: es fehlt hierfür an einer Ermächtigungsgrundlage; Wenzel-Frahm, Kap. 2 Rz. 3847). Die durch den Privatsachverständigen beratene Partei kann jedoch **entsprechende Fragen an den gerichtlich bestellten Sachverständigen stellen.** Zur unmittelbaren Befragung oder Anhörung des Privatgutachters ist das Gericht nicht verpflichtet, aber befugt (BGH, VersR 1993, 1231, 1232 = NJW 1993, 2989, 2990; BGH, MDR 2009, 163; vgl. hierzu Rz. S 38a–S 40b). Zur Vermeidung von Unterbrechungen ist es aber **zweckmäßig, dem Privatgutachter in gewissem Umfang eine unmittelbare Befragung des gerichtlich bestellten Sachverständigen zu gestatten** (vgl. Rz. S 38b; Hattemer/Rensen, MDR 2012, 1384, 1386; auch F/N/W, 5. Aufl., Rz. 282 und R/L-Cramer, § 31 Rz. 69; BGH, Beschl. v. 12. 1. 2011 – IV ZR 190/08, VersR 2011, 552, Nr. 5: **Sachverständiger und Privatgutachter anzuhören**; BGH, Beschl. v. 14. 10. 2008 – VI ZR 7/08, VersR 2009, 69).

S 60d   Eine Pflicht zur – in der Praxis regelmäßig durchgeführten – Anhörung des Privatgutachters besteht aber nicht, wenn sich der gerichtliche **Sachverständige mit dessen Ausführungen hinreichend gründlich auseinandergesetzt hat** (OLG Düsseldorf, Urt. v. 1. 6. 2012 – I-22 U 159/11, NJW 2013, 618, 620: Zwei Ergänzungsgutachten zu den Einwänden des Privatgutachters; OLG Oldenburg, Urt. v. 28. 2. 2007 – 5 U 147/05, juris, Nr. 44; OLG Saarbrücken, Urt. v. 18. 6. 2003 – 1 U 724/02 – 174, AHRS III, 7210/305; OLG München, Urt. v. 10. 2. 2011 – 1 U 2382/10, juris, Nr. 76: wenn nach ergänzender Befragung des Sachverständigen **keine Lücken bzw. unauflösliche Widersprüche verbleiben**, auch wenn der Privatgutachter eine andere Ansicht vertritt; Müller, VPräsBGH a. D., MedR 2001, 487, 493; S/Pa, 12. Aufl., Rz. 767; F/N/W, 5. Aufl., Rz. 282).

2. Beauftragung eines weiteren Sachverständigen

Das Gericht darf und muss eine neue Begutachtung anordnen, wenn die nachfol-   S 61
genden, **§ 412 ZPO** entnommenen Voraussetzungen (a)–(g) – alternativ – vorliegen (vgl. BGH, NJW 1999, 1778 = VersR 1999, 716, OLG Hamm, Urt. v.
27. 9. 2012 – I-17 U 170/11, NJW 2013, 545; KG, Beschl. v. 27. 3. 2008 – 12 U
235/07, NZV 2008, 626, 627; Urt. v. 16. 10. 2003 – 12 U 58/01, VersR 2004, 1193,
1194; KG, Urt. v. 1. 7. 2002 – 12 U 8427/00, VersR 2004, 350, 351 = OLGR 2003,
157, 158; OLG München, Beschl. v. 14. 6. 2011 – 1 U 1109/11, juris, Nr. 6, 8, 9;
OLG München, Urt. v. 10. 2. 2011 – 1 U 2382/10, juris, Nr. 76; OLG Saarbrücken, Urt. v. 8. 2. 2011 – 4 U 200/10, BeckRS 2011, 04081 = NJW-Spezial 2011,
169; Musielak-Huber, § 412 ZPO Rz. 1; S/H/A/S, 2. Aufl., Rz. 901; F/N/W,
5. Aufl., Rz. 284, 286; auch Zöller/Greger, § 412 ZPO Rz. 1 und G/G, 6. Aufl.,
Rz. E 25; R/L-Cramer, § 31 Rz. 89, 90, 91):

(a) Das Gericht kann aus einem Gutachten trotz Ergänzung und/oder Anhörung   S 62
des Sachverständigen keine sichere Überzeugung gewinnen oder,

(b) es bestehen ausnahmsweise ungewöhnliche Schwierigkeiten bei der Beweisfrage oder

(c) grobe Mängel des vorhandenen Gutachtens sind nicht anderweitig zu beseitigen oder

(d) die Sachkunde des früheren Gutachters ist zweifelhaft oder

(e) das Gutachten enthält in anderer Weise nicht weiter aufklärbare Widersprüche oder

(f) ein neuer Gutachter verfügt über überlegene Forschungsmittel oder

(g) eine Partei hat Einwendungen, ggf. unter Mithilfe eines Privatgutachters, erhoben, die, etwa durch ergänzende Befragung des ersten Gutachters, (zunächst)
nicht widerlegt bzw. aufgeklärt werden können.

Zweifel an den Feststellungen des beauftragten Sachverständigen können sich   S 62a
insbesondere **aus dem Gutachten oder der Person des Gutachters selbst ergeben,
insbesondere, wenn das Gutachten in sich widersprüchlich oder unvollständig
ist, wenn der Sachverständige erkennbar nicht sachkundig war, sich die Tatsa-
chengrundlage durch zulässigen neuen Sachvortrag geändert hat oder wenn es
neue wissenschaftliche Erkenntnismöglichkeiten zur Beantwortung der Sach-
verständigenfrage gibt** (OLG Hamm, Urt. v. 27. 9. 2012 – I-17 U 170/11, NJW
2013, 545).

Ein weiteres Gutachten muss jedoch **nicht allein deshalb eingeholt** werden,   S 63
wenn es sich bei der Beantwortung der Beweisfrage um einen **medizinisch
schwierigen Sachverhalt** handelt, soweit die schriftlichen und mündlichen Ausführungen des vom Gericht bestellten **Gutachters schlüssig und nachvollziehbar**
sind (OLG Brandenburg, Urt. v. 8. 11. 2007 – 12 U 53/07, juris, Nr. 22; Zöller/
Greger, § 412 ZPO Rz. 2) oder weil ein **zu einem anderen Ergebnis gelangendes
Privatgutachten vorliegt, wenn sich der vom Gericht bestellte Sachverständige**

mit der abweichenden Beurteilung auseinandergesetzt und dessen Auffassung nach Ansicht des Gerichts überzeugend widerlegt hat (OLG Saarbrücken, Urt. v. 18. 6. 2003 – 1 U 724/02-174, AHRS III, 7210/305; OLG München, Urt. v. 10. 2. 2011 – 1 U 2382/10, juris, Nr. 76; F/N/W, 5. Aufl., Rz. 282) **oder weil anzunehmen ist, dass ein weiterer Sachverständiger einer anderen Ansicht zuneigt** (KG, Urt. v. 27. 11. 2000 – 20 U 7753/98, VersR 2002, 438).

S 64   Ist das eingeholte Sachverständigengutachten fachlich fundiert und überzeugend und sind Lücken bzw. unauflösliche Widersprüche nach ergänzender Befragung des Sachverständigen nicht verblieben, liegen die Voraussetzungen für die Einholung eines weiteren Gutachtens (§ 412 ZPO) nicht vor, auch wenn ein vom Patienten beauftragter Privatgutachter zur Frage des Vorliegens eines kausalen Behandlungsfehlers eine andere Ansicht vertritt (OLG München, Urt. v. 10. 2. 2011 – 1 U 2382/10, juris, Nr. 76).

S 65   Es müsste zumindest dargetan werden, **aus welchen Gründen** die vom Sachverständigen vertretenen fachlichen Beurteilungen **konkret fehlerhaft** sein sollen und **in welchen Punkten der Begutachtung andere, unstreitige Anknüpfungstatsachen** hätten zugrunde gelegt werden müssen (OLG München, Beschl. v. 14. 6. 2011 – 1 U 1109/11, juris, Nr. 6, 8, 9).

S 66   Allerdings ist **gegen die Ablehnung der Einholung eines weiteren Gutachtens gemäß § 412 ZPO durch das Berufungsgericht weder im Hauptsacheverfahren noch im selbständigen Beweisverfahren ein selbständiges Rechtsmittel gegeben** (BGH, Beschl. v. 20. 4. 2011 – VII ZB 42/09, MDR 2011, 746 zum selbständigen Beweisverfahren; BGH, Beschl. v. 9. 2. 2010 – VI ZB 59/09, MDR 2010, 767; BGH, MDR 2011, 64, 65, Nr. 31). Auch die etwa unnötige Beauftragung des weiteren Sachverständigen stellt keinen mit der Revision rügefähigen Verfahrensfehler dar (BGHZ 162, 313, 318; Wenzel-Mennemeyer, Kap. 2 Rz. 3908). War die Einholung eines weiteren Gutachtens jedoch gemäß § 412 ZPO – ausnahmsweise – geboten, begründet ein **Verstoß gegen § 412 ZPO einen Verfahrensfehler, der gemäß §§ 513, 529 I, 546, 544 VII ZPO ein Rechtsmittel begründet** (Zöller/Greger, § 412 ZPO Rz. 4; Wenzel-Mennemeyer, Kap. 2 Rz. 3914, 3887).

S 67 – S 69   Einstweilen frei.

3. Prüfungsumfang des Berufungsgerichts; Vervollständigung des Gutachtens in der Berufungsinstanz

S 70   Die fehlerhafte Ermessensausübung des Gerichts, das von einer Partei vorgelegte **Privatsachverständigengutachten nicht zu beachten** und sich mit dessen Ausführungen auseinander zu setzen (BGH, Beschl. v. 12. 1. 2011 – IV ZR 190/08, VersR 2011, 552 = NJW-RR 2011, 609, Nr. 5: **Sachverständiger und Privatgutachter anzuhören**; BGH, Beschl. v. 9. 6. 2009 – VI ZR 261/08, VersR 2009, 1406, Nr. 5, 7: **Widersprüchen ist nachzugehen, Auseinandersetzung mit Privatgutachten erforderlich**; BGH, Urt. v. 23. 3. 2004 – VI ZR 428/02, NJW 2004, 1871 = VersR 2004, 790 m. w. N.; BGH, Urt. v. 27. 1. 2004 – VI ZR 150/02, VersR 2004, 1579; s. o. Rz. S 56, S 60a–S 60d) oder sich bei hierzu bestehender Veranlassung das Sachverständigengutachten nicht wenigstens bezüglich einzelner Zusammenhänge mündlich erläutern zu lassen (OLG Zweibrücken, NJW-RR 2001, 667, 668), kann als **Verfahrensverstoß nicht durch rügelose Einlassung (§§ 411 III, 295 ZPO) geheilt** werden und konnte gem. § 539 ZPO a. F. zur Aufhebung eines hierauf beruhenden Urteils und zur Zurückverweisung der Sache in die erste Instanz führen (OLG Zweibrücken, NJW-RR 2001, 667, 668 und, NJW-RR 1999, 1156; G/G, 6. Aufl., Rz. E 17).

Unter der Geltung des § 538 I ZPO n. F. hat das Berufungsgericht grundsätzlich   S 71
in der Sache selbst zu entscheiden. Eine Zurückverweisung kommt nur noch in den von § 538 II Nr. 1–7 ZPO genannten Fällen in Betracht. Hierzu gehört gem. § 538 II Nr. 1 ZPO ein wesentlicher Verfahrensmangel, der zusätzlich eine umfangreiche und aufwendige, dann in erster Instanz durchzuführende Beweisaufnahme erforderlich machen würde. **Im Arzthaftungsprozess wird i. d. R. das Erfordernis einer umfangreichen und aufwendigen Beweisaufnahme als Grund für die Zurückverweisung nach § 538 II Nr. 1 ZPO anzunehmen sein** (KG, Urt. v. 19. 8. 2006 – 20 U 91/05, OLGR 2007, 776; vgl. auch Musielak/Ball, § 538 ZPO Rz. 11; Zöller/Heßler, § 538 ZPO Rz. 17, 20, 25, 29: auch fehlerhafte Behandlung von Parteivorbringen, unterlassener Hinweis nach § 139 ZPO und mangelhafte Tatsachenfeststellung).

Befasst sich ein vom erstinstanzlichen Gericht eingeholtes Sachverständigen-   S 72
gutachten nicht mit allen entscheidungserheblichen Punkten, so hat das Berufungsgericht auch nach neuem Recht von Amts wegen auf eine Vervollständigung bzw. Ergänzung des Gutachtens hinzuwirken (BGH, Urt. v. 8. 6. 2004 – VI ZR 230/03, NJW 2004, 2828 = NZV 2004, 508 = MDR 2004, 1313; Beschl. v. 10. 5. 2005 – VI ZR 245/04, NZV 2005, 463, 464 = VersR 2005, 1555, 1556 = MDR 2005, 1308, 1309; OLG Oldenburg, Urt. v. 31. 5. 2006 – 8 U 105/05, AHRS III, 7210/309: von Amts wegen auf Vervollständigung hinzuwirken).

Wurden Tatsachenfeststellungen auf der Grundlage eines Sachverständigengut-   S 73
achtens getroffen, kann auch die **Unzulänglichkeit** oder Widersprüchlichkeit **des Gutachtens Zweifel an der Richtigkeit und Vollständigkeit der Feststellungen des Erstgerichts i. S. d. § 529 I Nr. 1 ZPO wecken** (BGH, Urt. v. 8. 6. 2004 – VI ZR 230/03, NJW 2004, 2828, 2829; Beschl. v. 10. 5. 2005 – VI ZR 245/04, NZV 2005, 463, 464 = MDR 2005, 1308, 1309 = VersR 2005, 1555, 1556; BGH, NJW 2003, 3480, 3481; Zöller/Heßler, § 529 ZPO Rz. 9; Musielak/Ball, § 529 ZPO Rz. 18). Solche **Zweifel an der Vollständigkeit der Feststellungen** des erstinstanzlichen Gerichts bestehen dann, wenn es den **Sachverständigen nicht zur mündlichen Erläuterung seines Gutachtens geladen** hat, obwohl eine Partei dies beantragt und zumindest allgemein angegeben hatte, in welcher Richtung sie durch ihre Fragen eine weitere Aufklärung herbeizuführen wünscht (BVerfG, Beschl. v. 17. 1. 2012 – 1 BvR 2728/10, NJW 2012, Nr. 14, 15, 20; BGH, Beschl. v. 22. 5. 2007 – VI ZR 233/06, NJW-RR 2007, 1294; BGH, Beschl. v. 10. 5. 2005 – VI ZR 245/04, VersR 2005, 1555, 1556 = MDR 2005, 1308, 1309; BGH, Urt. v. 23. 3. 2004 – VI ZR 428/02, NJW 2004, 1871 = VersR 2004, 790: **widersprüchliches oder unvollständiges Gutachten kann keine Entscheidungsgrundlage sein**).

Da das Gericht dann von Amts wegen weitere Sachaufklärung betreiben muss,   S 74
ist in einem solchen Fall ein **Antrag der Partei in erster Instanz, den Sachver-**

ständigen zur Anhörung bzw. mündlichen Erläuterung seines Gutachtens zu laden, sogar entbehrlich (BGH, Urt. v. 8. 6. 2004 – VI ZR 230/03, NJW 2004, 2828, 2830 = NZV 2004, 508, 510 = MDR 2004, 1313, 1314; Gehrlein, VersR 2004, 1488, 1498, 1499).

S 75   Hat das Berufungsgericht einen anderen Sachverständigen als das erstinstanzliche Gericht eingeschaltet und beurteilt dieser die Beweisfrage anders als der frühere Gutachter, so hat es zumindest **dem Antrag einer Partei auf Ladung dieses neuen Sachverständigen zur Erläuterung seines schriftlichen Gutachtens zu entsprechen.** Dies gilt auch dann, wenn es das zuletzt eingeholte Gutachten für überzeugend hält und selbst keinen weiteren Erläuterungsbedarf sieht. Ein Verstoß hiergegen verletzt den Anspruch der Partei auf rechtliches Gehör und führt in der Revisionsinstanz gemäß § 544 VII ZPO zur Zurückverweisung an das Berufungsgericht (BGH, Beschl. v. 7. 12. 2010 – VIII ZR 96/10, NJW-RR 2011, 704, Nr. 9, 10).

S 76   Gibt der medizinische Sachverständige **neue und ausführlichere Beurteilungen gegenüber dem bisherigen Gutachten** an, sind auch Ausführungen in einem nicht nachgelassenen Schriftsatz zur Kenntnis zu nehmen und die **mündliche Verhandlung wieder zu eröffnen (§ 156 ZPO)**, sofern die Ausführungen Anlass zu weiterer tatsächlicher Aufklärung geben (BGH, Beschl. v. 30. 11. 2010 – VI ZR 25/09, NJW-RR 2011, 428 = VersR 2011, 1158, Nr. 5, 6, 9).

S 77   **Das Recht der Prozessparteien, die Ladung des gerichtlichen Sachverständigen zur mündlichen Erläuterung seines Gutachtens zu verlangen, bezieht sich aber nicht auf einen früheren, vom Gericht bereits „abgelösten" bzw. entpflichteten Sachverständigen**, dessen Gutachten der Tatrichter nicht für ausreichend erachtet und zum Anlass genommen hatte, einen anderen Sachverständigen zu beauftragen (BGH, Urt. v. 4. 11. 2010 – III ZR 45/10, GesR 2011, 214 = MDR 2011, 64, Rz. 29, 30). **Allerdings ist der frühere Sachverständige zu laden, soweit dies zur weiteren Sachaufklärung, insbesondere zur Behebung von Lücken und Zweifeln, erforderlich ist** (BGH, GesR 2011, 214 = MDR 2011, 64, Rz. 30, 31; Wenzel-Mennemeyer, Kap. 2 Rz. 3914; F/N/W, 5. Aufl., Rz. 286 a. E.).

S 78 – S 79   Einstweilen frei.

V. Äußerungen des Sachverständigen zu nicht vorgetragenen Behandlungsfehlern; Amtsermittlung

S 80   Kommt der Sachverständige zu dem Ergebnis, dass zwar kein vom Patienten geltend gemachter und im Beweisbeschluss enthaltener, aber **ein anderer Behandlungsfehler vorliegt**, muss das Gericht dem – anders als etwa in Bauprozessen o. a. – wegen der im Arzthaftungsprozess gesteigerten **Pflicht zur Sachverhaltsaufklärung** nachgehen (OLG Oldenburg, Beschl. v. 25. 2. 2008 – 5 W 10/08, MDR 2008, 527 = OLGR 2008, 836, 837; F/N/W, 5. Aufl., Rz. 287).

S 81   Es entspricht einem allgemeinen **Grundsatz, dass sich eine Partei die bei einer Beweisaufnahme zutage tretenden Umstände jedenfalls hilfsweise zu eigen**

macht, soweit sie ihre Rechtsposition zu stützen geeignet sind. Das Gericht hat auch diesen Vortrag ohne ausdrückliche Bezugnahme der Partei bei der Beweiswürdigung zu berücksichtigen (BGH, Beschl. v. 30. 11. 2010 – VI ZR 25/09, VersR 2011, 1158 = GesR 2011, 98, 100, Nr. 9; BGH, Urt. v. 20. 11. 2009 – VI ZR 325/08, VersR 2010, 497 = MDR 2010, 227; BGH, VersR 2001, 1174 = MDR 2001, 887).

Das Gericht ist in einem Arzthaftungsprozess nicht an die vom Patienten vorgebrachten Gründe für eine vermutete Fehlerhaftigkeit des ärztlichen Handelns gebunden, sondern **darf den Sachverständigen darüber hinaus auch mit der Prüfung beauftragen, ob sonstige für den behaupteten Körper- bzw. Gesundheitsschaden ursächliche Behandlungsfehler zu erkennen sind** (OLG Oldenburg, Beschl. v. 25. 2. 2008 – 5 W 10/08, MDR 2008, 527 = OLGR 2008, 836; OLG Saarbrücken, Urt. v. 12. 7. 2000 – 1 U 1082/99-263, MDR 200, 1317 = OLGR 200, 436; auch BGH, VersR 1982, 168 und F/N/W, 5. Aufl., Rz. 287). S 82

Damit korrespondiert die Pflicht des gerichtlich bestellten Sachverständigen, das Gericht darauf hinzuweisen, dass eine inkriminierte ärztliche Handlung schon an sich verfehlt oder bedenklich war (S/H/A/S, 2. Aufl., Rz. 922). S 83

VI. Ablehnung des Sachverständigen wegen Befangenheit

1. Grundsatz

Nach § 406 I ZPO kann ein Sachverständiger aus denselben Gründen, die zur Ablehnung eines Richters berechtigen (vgl. § 41 Nr. 1–4 ZPO), abgelehnt werden. Ein **als Zeuge** vernommener Sachverständiger kann jedoch nicht deshalb abgelehnt werden; die Sonderregelung des § 406 I 2 ZPO verdrängt insoweit § 41 Nr. 5 ZPO (vgl. Musielak-Huber, § 406 ZPO Rz. 3). Nach h. M. liegt ein Ablehnungsgrund i. S. d. §§ 41 Nr. 6, 42 II ZPO **nicht deshalb vor, wenn der Sachverständige in der früheren Instanz oder in einem schiedsrichterlichen Verfahren oder in einem Verfahren vor der Schlichtungsstelle bzw. Gutachterkommission als solcher tätig geworden ist** (OLG Frankfurt, Beschl. v. 2. 7. 2010 – 8 W 28/10, juris, = GesR 2010, 545, 546 = MDR 2011, 126, 127; OLG Braunschweig, MDR 1990, 730; OLG Brandenburg, Urt. v. 5. 2. 2009 – 12 U 33/07, juris, Nr. 18; Musielak-Huber, § 406 Rz. 3; Zöller/Greger, § 406 ZPO Rz. 9; B/L/A/H, § 406 ZPO n. F. Rz. 4; **a. A.** Müko-Damrau, § 406 ZPO Rz. 2 und Kahlke, ZZP 94 (1981) 50, 68). S 84

2. Ablehnung wegen Befangenheit bejaht

In folgenden Fällen wurde ein Ablehnungsgrund wegen Befangenheit des Sachverständigen (SV) bejaht: S 85

(1) Privatgutachten

Der SV hat in derselben Angelegenheit bereits **zuvor ein Privatgutachten für eine der Parteien erstellt** (OLG Frankfurt, Beschl. v. 21. 2. 2005 – 2 W 8/05, OLGR 2005, 551: **Privatgutachten in unmittelbarer zeitlicher Nähe**; ebenso: OLG Düs- S 86 seldorf, NJW-RR 1997, 1428; OLG Koblenz, Beschl. v. 24. 6. 2002 – 14 W 363/02, VersR 2004, 130: private Vortätigkeit für eine Partei; OLG Köln, VersR 1992, 517; OLG München, Beschl. v. 23. 1. 2006 – 1 W 2990/05, MDR 2006, 1309 = OLGR 2006, 315: **regelmäßige Geschäftsbeziehung mit Partei bzw. Anwalt;** OLG München, OLGR 1998, 397; LG Köln, Beschl. v. 15. 1. 2004 – 23 T 1/04: **beauftragtes Institut ist ganz überwiegend im Auftrag von Versicherungsgesellschaften tätig;** Musielak-Huber, § 406 ZPO Rz. 7, 10: jedenfalls bei häufigeren Gutachtenaufträgen; Zöller/Greger, § 406 Rz. 8; **a. A.** aber OLG Brandenburg, Beschl. v. 5. 11. 2008 – 12 W 41/08, MDR 2009, 288; vgl. auch Rz. S 125, S 126, S 142).

(2) Wissenschaftliche Zusammenarbeit, persönliche Beziehungen

S 87 **Bloße berufliche Kontakte und ein beruflich bedingter wissenschaftlicher und fachlicher Erfahrungsaustausch** von Experten und Wissenschaftlern können bei der gebotenen vernünftigen Betrachtung die Besorgnis der Befangenheit eines Sachverständigen regelmäßig nicht begründen. Um eine solche Besorgnis rechtfertigen zu können, müssen vielmehr **darüber hinausgehende persönliche oder enge fachliche Beziehungen des Sachverständigen zu einem Berufskollegen bestehen** (OLG Hamm, Beschl. v. 8. 11. 2012 – I-32 W 24/12, MDR 2013, 169, 170: **bei nachhaltiger Zusammenarbeit über ein Jahr im Bereich der Forschung bejaht;** OLG Hamm, Beschl. v. 17. 8. 2011 – 32 W 15/11, MDR 2012, 118; OLG Karlsruhe, Beschl. v. 8. 3. 2012 – 13 W 13/12, GesR 2012, 422, 423; OLG Karlsruhe, Beschl. v. 11. 4. 2012 – 14 W 46/11, VersR 2013, 77).

Der Anschein nicht vollständiger Unvoreingenommenheit des SV kann aber bestehen, wenn er in **näheren Beziehungen zu einer Partei steht, insbesondere bei langjähriger Verbundenheit bzw. gegenwärtigen oder noch nicht lange zurückliegenden Verbindungen mit einer der Prozessparteien** (OLG Karlsruhe, Beschl. v. 8. 3. 2012 – 13 W 13/12, GesR 2012, 422, 423: gegenwärtige bzw. noch nicht lange zurückliegende, ständige Geschäftsverbindung zwischen dem SV als Leiter eines Labors und Firmen aus dem Konzern einer Prozesspartei; OLG Hamm, Beschl. v. 8. 11. 2012 – I-32 W 24/12, MDR 2013, 169, 170: **enge fachliche Zusammenarbeit zwischen dem SV und einer Prozesspartei über ein Jahr, Befangenheit bejaht;** OLG Karlsruhe, Beschl. v. 11. 4. 2012 – 14 W 46/11, VersR 2013, 77: **intensive Geschäftsbeziehungen zwischen dem SV und einer Partei, im konkreten Fall aber verneint;** OLG Düsseldorf, Beschl. v. 24. 2. 2004 – I-8 U 102/02, MedR 2005, 42: **engere wissenschaftliche und insbesondere persönliche Zusammenarbeit zwischen dem SV und dem beklagten Arzt;** OLG Frankfurt, Beschl. v. 28. 12. 2007 – 10 W 63/07, OLGR 2008, 784, 785: als Mitautoren desselben Kapitels in einem wissenschaftlichen Werk und Co-Referenten bei verschiedenen Veranstaltungen; OLG Hamm, Beschl. v. 17. 8. 2011 – 32 W 15/11, juris, Nr. 15: über die bloßen beruflichen Kontakte hinausgehende, **persönliche oder enge fachliche Beziehungen** des SV zum beklagten Arzt bzw. zur beklagten Klinik, etwa wenn deren **Chefarzt enge persönliche oder fachliche Beziehungen zum SV unterhält,** im entschiedenen Fall verneint; OLG Jena, Beschl. v. 3. 9. 2009 – 4 W 373/09, MDR 2010, 170: der SV war **lange Jahre als Arzt in der beklagten Klinik tätig und hatte dies nicht offenbart;** OLG Karlsruhe, Beschl. v. 8. 3. 2012 – 13 W 13/12, GesR 2012, 422, 423: **langjährige Verbundenheit bzw. gegenwär-**

tige oder noch nicht lange zurückliegende Verbindungen mit einer Prozesspartei; OLG Köln, VersR 1993, 72: langjährige wissenschaftliche Zusammenarbeit; OLG Naumburg, Beschl. v. 13. 11. 2009 – 10 W 64/09, GesR 2010, 203, 205 und OLG München, Beschl. v. 27. 10. 2006 – 1 W 2277/06, MedR 2007, 359, 360: **langjährige enge wissenschaftliche Zusammenarbeit oder wirtschaftliche Abhängigkeit**; OLG Oldenburg, Beschl. v. 28. 6. 2007 – 5 W 77/07, GesR 2007, 594, 595: **jahrelange, intensive ärztliche Zusammenarbeit**; Wenzel-Frahm, Kap. 2 Rz. 3798: enge berufliche oder wissenschaftliche Zusammenarbeit; *Befangenheit aber verneint:* OLG Hamm, Beschl. v. 17. 8. 2011 – 32 W 15/11, juris, Nr. 15: bloße berufliche Kontakte und ein beruflich bedingter fachlicher Erfahrungsaustausch kein Ablehnungsgrund; OLG München, Beschl. v. 12. 1. 2012 – 1 W 2183/11, juris, Nr. 6, 9, 15: im Rahmen der Berufsausübung bestehende, **übliche Kontakte mit beklagten Ärzten oder deren Prozessbevollmächtigten** oder die Teilnahme des SV an einem Intensivkurs der später beklagten Klinik genügen nicht; OLG München, Beschl. v. 17. 11. 2004 – 1 W 2593/04, OLGR 2006, 164 und OLG Frankfurt, Beschl. v. 28. 12. 2007 – 10 W 63/07, OLGR 2008, 784, 785: **allein die Mitarbeit an einer größeren wissenschaftlichen Publikation zusammen mit dem beklagten Arzt** stellt keinen Befangenheitsgrund dar; OLG Saarbrücken, Beschl. v. 26. 9. 2007 – 5 W 233/07-87, MDR 2008, 226, 227: **enge berufliche Bekanntschaft** zwischen dem SV und dem Chefarzt des in einen Rechtsstreit verwickelten Oberarztes einer Klinik für Ablehnung nicht ausreichend; OLG Stuttgart, Beschl. v. 19. 10. 2010 – 1 W 57/10, MedR 2010, 500 = VersR 2010, 499: **übliche kollegiale Kontakte etwa im Rahmen einer Kooperation zwischen den Arztpraxen** begründen noch keine Befangenheit, etwa wenn die beklagte Klinik für die Praxis des SV Aufgaben der Patientenversorgung wahrnahm; OLG Stuttgart, Beschl. v. 19. 1. 2010 – 1 W 5/10, MedR 2010, 510: **Zusammenarbeit mit dem beklagten Universitätsklinikum genügt nicht**; LG Berlin, Beschl. v. 28. 11. 2005 – 6 O 58/03, GesR 2006, 115: **Zusammenarbeit in medizinischer Fachgesellschaft und Abstimmung eines dort gehaltenen Vortrages genügt nicht**).

Ein **über die üblichen beruflichen Kontakte hinausgehendes Näheverhältnis** des Sachverständigen zu einer Partei, insbesondere eine langjährige enge wissenschaftliche Zusammenarbeit oder eine wirtschaftliche Abhängigkeit sind **geeignet, die Besorgnis der Befangenheit des gerichtlich bestellten Sachverständigen zu begründen** (OLG Naumburg, Beschl. v. 13. 11. 2009 – 10 W 64/09, GesR 2010, 203, 205; OLG München, Beschl. v. 17. 10. 2006 – 1 W 2277/06, MedR 2007, 359, 360; OLG Oldenburg, Beschl. v. 10. 1. 2008 – 5 W 134/07, MDR 2008, 335; OLG Hamm, Beschl. v. 8. 11. 2012 – I-32 W 24/12, MDR 2013, 169, 170; OLG Karlsruhe, Beschl. v. 8. 3. 2012 – 13 W 13/12, GesR 2012, 422, 423, s.o. Rz. S 87).

S 87a

Ein Misstrauen gegen die Unparteilichkeit des Sachverständigen ist insbesondere dann begründet, wenn der beklagte Arzt dem gerichtlich bestellten Sachverständigen **über viele Jahre hinweg Patienten mit speziellen Erkrankungen zur Operation überwiesen** hat (OLG Oldenburg, Beschl. v. 28. 6. 2007 – 5 W 77/07, GesR 2007, 594, 595).

S 87b

Wenn der Sohn des Beklagten und der Sachverständige **beruflich oder wissenschaftlich eng zusammenarbeiten**, etwa als Mitautoren desselben Kapitels eines

S 87c

Handbuchs sowie als alternierend tätige Referenten über dasselbe Thema, wobei sie sich bei verschiedenen Veranstaltungsreihen gegenseitig eingeführt haben, liegt ein Ablehnungsgrund vor (OLG Frankfurt, Beschl. v. 28. 12. 2007 – 10 W 63/07, OLGR 2008, 784, 785: allein die Mitautorenschaft bei einem juristischen oder medizinischen Werk reicht aber nicht aus; auch OLG Hamm, Beschl. v. 8. 11. 2012 – I-32 W 24/12, MDR 2013, 169, 170, Rz. S 87).

S 87d **Eine langjährige persönliche oder geschäftliche Verbundenheit des SV mit einer der Prozessparteien** kann den Anschein der Voreingenommenheit erwecken. So können **geschäftliche Kontakte zwischen dem SV als Leiter eines Labors und Firmen aus dem Konzern einer Prozesspartei** in der Gesamtheit geeignet sein, Zweifel an der Unvoreingenommenheit des SV zu begründen. Dies ist etwa dann der Fall, wenn der SV Firmen aus dem Konzern beraten, Schulungen und entsprechende Koorperationen mit Firmen aus dem Konzern in noch nicht lange zurückliegender Zeit durchgeführt hat (OLG Karlsruhe, Beschl. v. 8. 3. 2012 – 13 W 13/12, GesR 2012, 422, 424).

S 87e Wenngleich der Anschein nicht vollständiger Unvoreingenommenheit begründet sein kann, wenn der SV in einer wirtschaftlichen Bindung zu einer der Parteien steht, kommt dies nur unter engen Voraussetzungen in Betracht, wenn der **SV einen Gutachtenauftrag eines Dritten annimmt, der seinerseits in einem Beratungsverhältnis zu einer der Parteien steht** (BGH, Beschl. v. 23. 10. 2012 – X ZR 137/09, NJW-RR 2012, 1463: Befangenheit verneint, Beratungsleistung des SV für den Dritten war auch nicht auf Dauer angelegt).

S 88 Besteht zwischen dem SV und der Anwaltskanzlei einer Partei eine **regelmäßige Geschäftsbeziehung** und/oder stellt die Privatgutachtertätigkeit des SV für die Anwaltskanzlei für diesen einen **bedeutsamen wirtschaftlichen Faktor** dar (OLG München, Beschl. v. 23. 1. 2006 – 1 W 2990/05, OLGR 2006, 315: Erstellung von Privatgutachten nur in Einzelfällen genügt dagegen nicht; **a. A.** OLG Brandenburg, Beschl. v. 5. 11. 2008 – 12 W 41/08, MDR 2009, 288, Rz. S 142: bestehende Geschäftsbeziehung unschädlich, sofern sich aus deren Art und Umfang keine Besonderheiten ergeben), ist ein Befangenheitsgrund gegeben.

S 89 Der Umstand, dass ein Klinikum, bei dem der Sachverständige angestellt ist, **in Arzthaftungsprozessen von denselben Prozessbevollmächtigten vertreten wird wie der beklagte Arzt**, ist jedoch **nicht geeignet, aus der Sicht einer verständig urteilenden Partei die Besorgnis der Befangenheit des Sachverständigen zu begründen** (OLG Stuttgart, Beschl. v. 19. 7. 2011 – 1 W 35/11, S. 4). Im Rahmen des Beruflichen bestehende Kontakte des Sachverständigen mit dem Beklagten oder Prozessbevollmächtigten des Beklagten können allein noch nicht die Besorgnis der Befangenheit rechtfertigen, sofern keine darüber hinausgehenden persönlichen oder engen fachlichen Bindungen vorliegen (OLG München, Beschl. v. 12. 1. 2012 – 1 W 2183/11, juris, Nr. 6, 15).

(3) Tätigkeit für die Versicherungswirtschaft

S 90 Eine Ablehnung kann nach teilweise vertretener Auffassung auch begründet sein, wenn der **SV für den Haftpflichtversicherer einer Partei** tätig ist oder war (vgl. OLG Celle, NJW-RR 1996, 1086 und LSG Bremen, NJW 1972, 72: ständige

Geschäftsbeziehung mit Versicherung; OLG München, Beschl. v. 23. 1. 2006 – 1 W 2990/05, OLGR 2006, 315: bei ständiger Geschäftsbeziehung; LG Köln, Beschl. v. 15. 1. 2004 – 23 T 1/04: **Institut für medizinische Begutachtung ist ganz überwiegend im Auftrag von Versicherungsgesellschaften tätig;** auch Musielak-Huber, § 406 ZPO Rz. 10: bei häufigeren Gutachtenaufträgen).

Nach h. M. ist die Tätigkeit eines Sachverständigen als Privatgutachter für die Versicherungswirtschaft nicht geeignet, die Besorgnis der Befangenheit zu begründen. Denn es ist nicht außergewöhnlich, sondern die Regel, dass gerade qualifizierte Sachverständige für Versicherungsunternehmen Privatgutachten erstatten (OLG Celle, Beschl. v. 18. 1. 2002 – 14 W 45/01, VersR 2003, 1593, 1594 = NJW-RR 2003, 135; ebenso OLG Braunschweig, MDR 1990, 730; OLG Karlsruhe, Beschl. v. 11. 4. 2012 – 14 W 46/11, VersR 2013, 77, 78; OLG Koblenz, NJW-RR 1992, 1470; OLG München, MDR 1998, 858; Zöller/Greger, 30. Aufl., § 406 ZPO Rz. 9 a. E.: sofern keine wirtschaftliche Abhängigkeit vorliegt).

S 91

Dies gilt jedenfalls dann, **solange der Sachverständige wirtschaftlich unabhängig** bleibt (OLG München, MDR 1998, 858; Beschl. v. 23. 1. 2006 – 1 W 2990/05, OLGR 2006, 315: Gutachtertätigkeit kein bedeutsamer wirtschaftlicher Faktor für den SV; OLG Köln, OLGZ 1993, 341: Chefarzt einer größeren Klinik; S/H/A/S, 2. Aufl., Rz. 101, 104; Zöller/Greger, 30. Aufl., § 406 ZPO Rz. 9 a. E.). So besteht kein Ablehnungsgrund, wenn es sich um eine **ständige Tätigkeit des SV für fast sämtliche Versicherungsträger** (B/L/A/H, § 406 Rz. 10) oder um einen vom Versicherer **wirtschaftlich unabhängigen Chefarzt** handelt (OLG Frankfurt, NJW-RR 1992, 1470; OLG Köln, VersR 1992, 850; Zöller a. a. O.: selbst bei wiederholter Tätigkeit für die Versicherung; ablehnend Musielak-Huber, 10. Aufl., § 406 ZPO Rz. 10 a. E.).

S 92

So liegt kein Befangenheitsgrund vor, wenn der Sachverständige in einem Jahr **12 von insgesamt 1 600 Aufträgen** vom beklagten Haftpflichtversicherer erhalten hatte (OLG Karlsruhe, Beschl. v. 11. 4. 2012 – 14 W 46/11, VersR 2013, 77, 78).

E 92a

(4) Vorangegangene Tätigkeit im Beweisverfahren

Wenn der SV wurde für eine Partei vor oder nach seiner Gutachtenerstattung **im selbständigen Beweisverfahren tätig** war, liegt ein Befangenheitsgrund vor (Musielak-Huber, 10. Aufl., § 406 Rz. 7).

S 93

(5) Ärztliche Leistungen für den Patienten

Gleiches gilt, wenn sich der SV von einer Partei mit weiteren, vom Inhalt des Beweisbeschlusses nicht umfassten Maßnahmen der Beweissicherung **entgeltlich beauftragen** lässt, auch wenn es sich dabei überwiegend um eine Fotodokumentation handelt, die fast keine gutachterlichen Bewertungen enthält (OLG Düsseldorf, Beschl. v. 8. 9. 2004 – I-5 W 36/04, MDR 2005, 474 = OLGR 2005, 64).

S 94

(6) Beschäftigung in einem Lehrkrankenhaus der beklagten Universitätsklinik

Die eine Ablehnung nach §§ 406 I 1, 42 II ZPO rechtfertigende Besorgnis der Befangenheit eines medizinischen Sachverständigen kann sich im Arzthaftungs-

S 95

prozess aus der Funktion des Sachverständigen als **Chefarzt eines akademischen Lehrkrankenhauses der beklagten Universitätsklinik** ergeben. Es liegt nicht fern, dass aus Sicht des Patienten der Eindruck entstehen kann, als stehe der Sachverständige aufgrund seiner Tätigkeit als Chefarzt einer Klinik (hier: für Orthopädie und Unfallchirurgie), die als „akademisches Lehrkrankenhaus des Universitätsklinikums U." auftritt, dem beklagten Universitätsklinikum näher als dem Patienten, selbst wenn die räumliche Distanz zwischen den Kliniken mehr als 80 km beträgt (OLG Stuttgart, Beschl. v. 22. 10. 2007 – 1 W 51/07, OLGR 2008, 618 = GesR 2008, 424; OLG Naumburg, Beschl. v. 13. 11. 2009 – 10 W 64/09, GesR 2010, 203, 205: SV ist Chefarzt einer Klinik, die der beklagten Universitätsklinik als akademisches Lehrkrankenhaus angeschlossen ist.

S 96   Ein Ablehnungsgrund liegt auch vor, wenn **sowohl der SV als auch der beklagte Arzt Beamte desselben Dienstherrn, etwa eines Bundeslandes** sind (OLG München, Urt. v. 21. 6. 2001 – 1 W 1161/01, MDR 2002, 291; OLG Nürnberg, Beschl. v. 29. 9. 2005 – 5 W 1834/05, MDR 2006, 469; zustimmend Zöller/Greger, § 406 ZPO Rz. 2, 8; **a.A.** Musielak-Huber, 6. Aufl., § 406 ZPO Rz. 11: nur bei weisungsgebundenen Sachverständigen).

So ist die Besorgnis der Befangenheit eines Sachverständigen bereits dann gerechtfertigt, wenn das beklagte Land wegen einer fehlerhaften medizinischen Behandlung in einer von ihm getragenen Universitätsklinik in Anspruch genommen wird und der Gutachter dem medizinischen Fachbereich **einer anderen Universität desselben Landes** als wissenschaftlicher Mitarbeiter angehört (OLG Nürnberg, Beschl. v. 29. 9. 2005 – 5 W 1834/05, MDR 2006, 469 = OLGR 2006, 76 im Anschl. an OLG München; Urt. v. 21. 6. 2001 – 1 W 1161/01, MDR 2002, 291; **a.A.** Musielak-Huber, § 406 ZPO Rz. 11: keine Befangenheit, wenn der Sachverständige nicht an Weisungen des Landes gebunden ist).

S 97   Ein **Ablehnungsgrund ist jedoch nicht gegeben**, wenn sowohl das Krankenhaus, in dem der Sachverständige als Chefarzt tätig ist, als auch das beklagte Klinikum **akademische Lehrkrankenhäuser derselben Universität** sind (OLG Stuttgart, Beschl. v. 19. 12. 2007 – 1 W 60/07, OLGR 2008, 617 = GesR 2008, 424; OLG Stuttgart, Beschl. v. 19. 1. 2010 – 1 W 5/10, VersR 2010, 499; OLG Hamm, Beschl. v. 17. 8. 2011 – 32 W 15/11, juris, Nr. 14; OLG Nürnberg, Beschl. v. 4. 11. 2010 – 5 W 1771/10, BeckRS 2010, 29848).

(7) Verwicklung in Parallelrechtsstreit

S 98   Ist der SV ist mit identischen Parteivertretern **selbst in einen Parallelrechtsstreit als Parteigutachter verwickelt**, so fehlt es an seiner Unbefangenheit (OLG Naumburg, MedR 1999, 183; S/H/A/S, 2. Aufl., Rz. 100). Der Ablehnungsantrag ist jedoch **unbegründet**, wenn der Sachverständige entscheidungserhebliche Fragen in einem parallel gelagerten Rechtsstreit oder in der Vorinstanz ungünstig beurteilt hat (OLG Köln, MDR 1990, 1121; OLG München, VersR 1994, 704; B/L/A/H, § 406 Rz. 9; Zöller/Greger, § 406 ZPO Rz. 9).

(8) Einseitige Veröffentlichungen

S 99   **Frühere wissenschaftliche Veröffentlichungen** des SV begründen die Befangenheit nur, wenn sie **einseitig** sind (Musielak-Huber, § 406 ZPO Rz. 11) oder zu befürchten ist, er werde anderen, vertretbaren Auffassungen gegenüber nicht mehr aufgeschlossen sein und „starr an seiner Ansicht festhalten" (B/L/A/H, § 406 Rz. 16 und § 42 Rz. 23).

(9) Nichtberücksichtigung von Parteivortrag

Befangenheit liegt vor, wenn der SV **substantiierten Parteivortrag unberücksich-**   S 100
tigt lässt (OLG Stuttgart, Beschl. v. 19. 7. 2011 – 1 W 35/11, S. 4: wenn sich der
SV mit Einwendungen der Partei **bewusst nicht auseinandersetzt oder sich die-**
sen verschließt; OLG Bamberg, MedR 1993, 351, 352; Zöller/Greger, § 406 ZPO
Rz. 8; Musielak-Huber, § 406 ZPO Rz. 9; S/H/A/S, 2. Aufl., Rz. 91; a. A. OLG
Celle, Beschl. v. 18. 1. 2002 – 14 W 45/01, NJW-RR 2003, 135 = VersR 2003,
1593, 1594: keine Befangenheit, nur Unzulänglichkeit des Gutachtens, wenn
im Gutachten ausschließlich die Beschreibung des Unfallhergangs einer Partei
zugrundegelegt wird).

Gleiches gilt, wenn der SV eine **streitige Behauptung als bewiesen** würdigt (OLG   S 101
München, NJW 1992, 1569; OLG Saarbrücken, Beschl. v. 11. 3. 2008 – 5 W
42/08, MDR 2008, 112 = NJW-RR 2008, 1087, 1089; Musielak-Huber, § 406
ZPO Rz. 9; Zöller/Greger, § 406 ZPO Rz. 8) oder im Arzthaftungsprozess eine
streitige Aufklärung – weil dokumentiert – **als erfolgt** zugrunde legt und dies
mit der Begründung rechtfertigt, alles andere sei „völlig abwegig"(OLG Celle,
Beschl. v. 5. 5. 2003 – 1 W 9/03, GesR 2003, 353; ebenso OLG Nürnberg, Beschl.
v. 6. 10. 2008 – 5 W 790/08, MedR 2009, 413, 414).

Nimmt der medizinische Gutachter zu Fragen Stellung, die gar **nicht Gegen-**   S 101a
stand des Gutachtenauftrages waren (hier: Bewertung der ärztlichen Aufklärung), kann dies den Eindruck der Voreingenommenheit zu Lasten des beklagten
Arztes jedenfalls dann rechtfertigen, wenn die Diktion des SV **Zweifel an der ge-**
botenen Neutralität aufkommen lässt (OLG Koblenz, Beschl. v. 24. 1. 2013 – 4
W 645/12, GesR 2013, 285).

Dass der Sachverständige bestrittene Behauptungen einer Klägerin teilweise   S 102
nicht unter dem Gliederungspunkt „Klagen/Vorbringen der Patienten", sondern
unter „Vorgeschichte" wiedergibt, ist jedoch **unbedenklich, soweit klar zu er-**
kennen ist, dass es sich um einseitiges Vorbringen einer Partei handelt (OLG
München, Beschl. v. 4. 7. 2005 – 1 W 1010/05, OLGR 2006, 120, 121). Allerdings
können **mehrere Tatsachen**, die für sich betrachtet die Besorgnis der Befangenheit eines Sachverständigen (noch) nicht rechtfertigen, bei der **Gesamtschau An-**
lass geben, an seiner Unvoreingenommenheit zu zweifeln (OLG München,
Beschl. v. 4. 7. 2005 – 1 W 1010/05, OLGR 2006, 120). Dies ist etwa dann der
Fall, wenn der Sachverständige in seinem Gutachten entgegen den Angaben der
Patientin in der „Anamneseerhebung" feststellt, sie sei vor dem Behandlungsbeginn durch den beklagten Arzt glaubhaft völlig schmerzfrei gewesen, daneben
drei vom Arzt bestrittene Behauptungen der Patientin als unstreitig darstellt und
ausführt, der „Leidensweg der Patientin" habe mit der Behandlung durch den Beklagten begonnen, er habe die Patientin laufend „vertröstet", seine Dokumenta-
tionsweise sei „verwunderlich" und er habe „gegen die ärztliche Ethik" verstoßen (OLG München, Beschl. v. 4. 7. 2005 – 1 W 1010/05, OLGR 2006, 120, 121).

S 103   Die Besorgnis der Befangenheit kann sich auch daraus ergeben, wenn der Sachverständige in einem psychosomatischen Gutachten **prägende Erlebnisse und den Lebenslauf des Patienten entweder überhaupt nicht oder unsorgfältig aufgenommen und ausgewertet hat** (OLG Karlsruhe, Beschl. v. 9. 11. 2009 – 11 W 43/09, MDR 2010, 230).

(10) Schlüssigkeitsprüfung durch den Sachverständigen

S 104   Nimmt der SV eine **Prüfung der Schlüssigkeit bzw. Erheblichkeit** des Parteivortrages vor, liegt ein Ablehnungsgrund vor (OLG Köln, NJW-RR 1987, 1199; OLG Frankfurt, Beschl. v. 2. 2. 2006 – 8 W 104/05, AHRS III, 7010/358: SV stellt Vermutungen über bislang nicht vorgetragene, weitere Versäumnisse des Arztes an; Musielak-Huber, § 406 ZPO Rz. 9). Allerdings ist die Besorgnis der **Befangenheit nicht schon dann begründet,** wenn sich der SV in seinem Gutachten aufgrund seiner medizinischen Erfahrung zur **Plausibilität einer Parteibehauptung** über den Behandlungsablauf äußert (OLG München, Beschl. v. 30. 12. 2005 – 1 W 3015/05, OLGR 2006, 315, 316).

(11) Missachtung von Weisungen; eigenmächtige Änderung des Beweisthemas

S 105   Befangenheit ist gegeben, wenn der SV **das Beweisthema ohne Rücksprache mit dem Gericht umformuliert** oder **Weisungen des Gerichts** zur Behandlung des Tatsachenstoffs **missachtet** (Musielak-Huber, § 406 ZPO Rz. 9; OLG Frankfurt, Beschl. v. 2. 2. 2006 – 8 W 104/05, AHRS III, 7010/358 = GesR 2006, 217, 218: SV stellt Vermutungen über nicht vorgetragene, weitere Versäumnisse des Arztes an) oder wenn der **SV mit seinen Feststellungen über den ihm erteilten Gutachtenauftrag hinaus geht**, ohne zuvor auf eine Ergänzung der Beweisfragen hingewirkt zu haben (OLG Celle, Beschl. v. 18. 1. 2002 – 14 W 45/01, NJW-RR 2003, 135 = VersR 2003, 1593, 1594; OLG Jena, Beschl. v. 2. 8. 2007 – 1 WF 203/07, OLGR 2007, 1013; OLG München, Beschl. v. 28. 4. 2008 – 24 W 122/08, GesR 2008, 502 = VersR 2008, 944; OLG Naumburg, Beschl. v. 30. 12. 2011 – 10 W 69/11, MDR 2012, 802: **ungefragte Ausführungen zur Aufklärung und zum Schmerzensgeld**; OLG Oldenburg, Beschl. v. 13. 11. 2007 – 5 W 133/07, MDR 2008, 101 = GesR 2008, 163, 164: SV beantwortet **von seinem Auftrag nicht umfasste Fragen**; OLG Saarbrücken, Beschl. v. 11. 3. 2008 – 5 W 42/08-16, MDR 2008, 1121 = NJW-RR 2008, 1087, 1089; Musielak-Huber, § 406 ZPO Rz. 9; Zöller/Greger, § 406 ZPO Rz. 8).

S 105a   So liegt ein **Ablehnungsgrund** vor, wenn der Sachverständige eigenmächtig über die ihm durch den Beweisbeschluss und den Gutachtenauftrag gezogenen Grenzen hinausgeht, etwa wenn er **von einem falschen oder nicht feststehenden Sachverhalt ausgeht** oder den Eindruck erweckt, er schenke den Angaben des Gegners mehr Glauben bzw. seiner Beurteilung auch nicht vorgegebene Anknüpfungstatsachen zugrunde legt (OLG Saarbrücken, Beschl. v. 11. 3. 2008 – 5 W 42/08, MDR 2008, 1121 = NJW-RR 2008, 1087, 1089).

S 105b   Eine Befangenheit ist zu bejahen, wenn der Sachverständige für sein Gutachten einen bestimmten **Geschehensablauf als praktisch ausgeschlossen behandelt,** obwohl ihm das Gericht aufgegeben hat, auf die entsprechende Sachverhaltsvariante einzugehen (OLG Nürnberg, Beschl. v. 12. 6. 2006 – 5 W 980/06, MDR 2007, 295; OLG Saarbrücken, Beschl. v. 18. 4. 2007 – 5 W 90/07-29, MDR 2007, 1393, 1394).

Ein Ablehnungsgrund liegt auch vor, wenn der Sachverständige **Vermutungen über bislang nicht vorgetragene, weitere Versäumnisse der Behandlungsseite anstellt**, etwa auf ein „zu klärendes Organisationsverschulden" hinweist und mutmaßt, man hätte wohl „die Patientin in Narkose in ein Zimmer geschoben" (OLG Frankfurt, Beschl. v. 2. 2. 2006 – 8 W 104/05, AHRS III, 7010/358 = GesR 2006, 217, 218).   S 105c

Ein Misstrauen in die Unparteilichkeit des Sachverständigen ist insbesondere dann gerechtfertigt, wenn er ohne Rücksprache mit dem Gericht **von den Vorgaben im Beweisbeschluss abweicht** oder bestrittenen Parteivortrag einseitig übernimmt, etwa **eine streitige Aufklärung als „nachweislich erfolgt" bezeichnet** (OLG Nürnberg, Beschl. v. 6. 10. 2008 – 5 W 790/08, MedR 2009, 413, 414 mit zust. Anm. Kroier; OLG Koblenz, Beschl. v. 24. 1. 2013 – 4 W 645/12, GesR 2013, 285: SV nimmt zu Fragen der Aufklärung Stellung, die nicht Gegenstand des Gutachtenauftrages waren).   S 105d

Die Ermittlung von Tatsachen durch den Sachverständigen führt jedoch dann **nicht zur Ablehnung**, wenn die Ermittlung **noch durch den Beweisbeschluss des Gerichts gedeckt** ist (OLG Hamm, Beschl. v. 16. 7. 2003 – 1 W 13/03, MedR 2004, 60; **a. A.** OLG München, OLGR 1997, 10 und Zöller/Greger, § 406 ZPO Rz. 8: Befangenheit bejaht, wenn der Sachverständige den seines Erachtens gebotenen Weg zur Entscheidung weist), wenn der SV das **Beweisthema irrtümlich unzutreffend erfasst**, etwa weil der **Beweisbeschluss unklar bzw. für einen Nichtjuristen missverständlich** ist (OLG Köln, Beschl. v. 23. 11. 2011 – 5 W 40/11, GesR 2012, 172: **kein gesonderter Hinweis**; OLG Karlsruhe, Beschl. v. 14. 9. 2012 – 13 W 93/12, GesR 2012, 682, 684: **Sachverhalt für den SV nicht ausreichend deutlich gemacht**) oder wenn der SV lediglich **das Fehlen der Einverständniserklärung** feststellt, wobei er die Rechtmäßigkeit der Operation unterstellt (OLG München, Beschl. v. 5. 3. 2012 – 1 W 2346/11, juris, Nr. 10, 11, 13)   S 105e

(12) Ungefragte Feststellung von Aufklärungsfehlern

Der SV **überschreitet aber seinen Gutachtenauftrag**, wenn er das Vorliegen eines kausalen Behandlungsfehlers prüfen soll, sich aber daneben mit der Frage auseinandersetzt, ob der Patient **überhaupt hinreichend aufgeklärt worden** ist, er die **äußere Ordnung der Dokumentation detailliert kritisiert** und er sich zudem zur Berechtigung des geltend gemachten Schmerzensgeldes auslässt (OLG Naumburg, Beschl. v. 30. 12. 2011 – 10 W 69/11, MDR 2012, 802: Befangenheit bejaht; OLG Koblenz, Beschl. v. 24. 1. 2013 – 4 W 645/12, GesR 2013, 285: **Bewertung der ausreichenden ärztlichen Aufklärung, die nicht Gegenstand des Gutachtenauftrages war**).   S 105f

Äußert sich ein Sachverständiger im Arzthaftungsprozess mit dem Hinweis, es liege „ein klarer Verstoß gegen die Regeln der ärztlichen Kunst" vor, **zu etwaigen Aufklärungspflichten**, obwohl der Patient seine Klage nicht auf die Verlet-   S 105g zung von Aufklärungspflichten stützt und auch die dem Sachverständigen unterbreiteten Beweisfragen **ausschließlich Behandlungsfehler** betreffen, begründet dies einen Befangenheitsgrund (OLG Oldenburg, Beschl. v. 13. 11. 2007 – 5 W 133/07, MDR 2008, 101 = GesR 2008, 163; OLG Koblenz a. a. O.; OLG Dresden, Beschl. v. 18. 12. 2009 – 4 W 1282/09, GesR 2010, 136, 137: kann einen Befangenheitsgrund darstellen). Gleiches gilt, wenn der Sachverständige in seinem Gutachten oder in einem Schreiben an das Gericht darauf hinweist, aus den ihm übermittelten Behandlungsunterlagen gehe nicht hervor, inwieweit und in welcher Form eine **Aufklärung und Einverständniserklärung** des Patienten stattgefunden hat, ohne dass dies Gegenstand des Gutachtenauftrages war oder seitens des Patienten die Aufklärungsrüge erhoben wurde (OLG München, Beschl. v. 28. 4. 2008 – 24 W 122/08, GesR 2008, 502 = VersR 2008, 944; vgl. aber OLG München, Beschl. v. 5. 3. 2012 – 1 W 2346/11, juris, Nr. 10, 11, 13: **kein Ablehnungsgrund**, wenn der SV ohne entsprechende Aufklärungsrüge einerseits das Fehlen einer Einverständniserklärung für die OP feststellt, andererseits aber von der Rechtmäßigkeit und medizinischen Indikation des Eingriffs ausgeht).

S 105h   Andererseits liegt **kein Befangenheitsgrund** vor, wenn der Patient zunächst keine Aufklärungsrüge erhoben hatte und der nach dem Vorliegen von Behandlungsfehlern befragte Sachverständige zu dem Ergebnis gelangt, es habe sich bei der angewandten Behandlungsmethode nicht um diejenige der Wahl gehandelt, so dass deren Anwendung nur dann nicht fehlerhaft gewesen wäre, wenn der Patient **über das mit der Anwendung der Methode verbundene höhere Risiko aufgeklärt** worden wäre (OLG Oldenburg, Beschl. v. 13. 11. 2007 – 5 W 133/07, GesR 2008, 163, 164; OLG Jena, Beschl. v. 2. 6. 2008 – 4 W 198/08, OLGR 2008, 760, 761 = juris, Nr. 12).

S 105i   Wird die Klage aber sowohl auf einen Behandlungsfehler als auch auf die Verletzung von Aufklärungspflichten gestützt, kann die **Besorgnis der Befangenheit nicht daraus hergeleitet werden**, dass er sich zur **Wirksamkeit einer Aufklärung äußert**, obwohl sich der zugrundeliegende Beweisbeschluss allein auf das Vorliegen von Behandlungsfehlern bezieht (OLG Dresden, Beschl. v. 18. 12. 2009 – 4 W 1282/09, GesR 2010, 136, 137).

S 106   So liegt **kein Befangenheitsgrund** vor, wenn der Sachverständige in seinem Gutachten ausführt, „es erscheint unwahrscheinlich, dass hier nicht korrekt und den Regeln ärztlicher Kunst entsprechend aufgeklärt wurde", wenn zwar im Beweisbeschluss keine entsprechende Frage enthalten ist, die **Frage einer ordnungsgemäßen Aufklärung aber in der Klageschrift aufgeworfen** wurde (OLG München, Beschl. v. 21. 3. 2011 – 1 W 110/11, juris, Nr. 12, 13).

(13) Einseitige Kontaktaufnahme

S 107   Ist der Sachverständige im Beweisbeschluss hierzu nicht ausdrücklich ermächtigt und **beschafft er sich erforderliche Unterlagen**, etwa die Krankenakte und/oder bildgebende Diagnostik bei einer Partei, **ohne die andere hiervon zu verständigen**, so kann hieraus noch **kein Misstrauen** gegen seine Neutralität abgeleitet werden, wenn der Sachverständige sein Verfahren **in seinem Gutachten offenlegt** (OLG Saarbrücken, Beschl. v. 28. 7. 2004 – 5 W 88/04-32, MDR 2005, 233; ebenso OLG Bamberg, Beschl. v. 12. 8. 2008 – 4 W 38/08, VersR 2009, 1427,

1428; OLG Nürnberg, Beschl. v. 13. 3. 2006 – 5 U 3543/04, OLGR 2006, 910; OLG Zweibrücken, OLGR 2001, 119: Beiziehung der Krankenunterlagen; OLG Stuttgart, Beschl. v. 4. 8. 2010 – 13 W 33/10, MDR 2011, 190; auch Zöller/Greger, § 406 ZPO Rz. 9 und § 402 ZPO Rz. 5; **a. A.** Müller, VPräsBGH a. D., MedR 2001, 487, 492: Befangenheitsantrag begründet, wenn der SV ohne Ermächtigung und Verständigung der Gegenseite Kontakt mit einer Prozesspartei aufnimmt, um sich Unterlagen zu beschaffen).

Legt der Sachverständige aber im Verhandlungstermin die ohne Kenntnis des Gerichts und der Gegenseite **bei einer Partei angeforderten Unterlagen von sich aus vor und informiert er das Gericht über die erfolgte Kontaktaufnahme**, ist die Ablehnung nicht gerechtfertigt (OLG Stuttgart, MDR 2011, 190; ebenso OLG Düsseldorf, NJW-RR 1986, 740).   **S 108**

Die **Ablehnung ist aber gerechtfertigt**, wenn der SV im Rahmen der Gutachtenerstellung **telefonischen Kontakt zur Gegenseite** und/oder einen „im Lager" der Gegenseite stehenden Dritten aufnimmt, dabei die Sache im Hinblick auf das zu erstattende Gutachten erörtert und den genauen **Gesprächsinhalt auch nachfolgend nicht offenlegt** (OLG Köln, Beschl. v. 13. 12. 2010 – 11 W 83/10, MDR 2011, 507, 508; auch OLG Stuttgart, Beschl. v. 4. 8. 2010 – 13 W 33/10, MDR 2011, 190).   **S 109**

Verschweigt der Sachverständige der einen Partei, dass er sich für seine Begutachtung **wichtige Elemente von der anderen Partei besorgt** hat und **legt er dies auch im Gutachten nicht offen**, ist der Befangenheitsantrag begründet (OLG Saarbrücken, Beschl. v. 28. 7. 2004 – 5 W 88/04-32, MDR 2005, 233; LG Frankfurt, Beschl. v. 9. 11. 2010 – 2/18 O 475/08, GesR 2011, 483; auch Müller a. a. O.).   **S 109a**

So ist der Befangenheitsantrag begründet, wenn der Sachverständige die für seine Begutachtung wichtigen Elemente **von der anderen Partei beschafft hat und dies im Gutachten nicht offenbart** bzw. im Anschluss an die Untersuchung der Patientin dem beklagten Arzt zur Ermittlung der für die Begutachtung relevanten Anknüpfungstatsachen **anamnestisch relevante Fragen** stellt, ohne dies der Klägerseite mitzuteilen und Gelegenheit zu geben, an der Befragung teilzunehmen (LG Frankfurt, Beschl. v. 9. 11. 2010 – 2/18 O 475/08, GesR 2011, 483).   **S 109b**

Ein Befangenheitsgrund liegt vor, wenn der SV die nach seiner Beauftragung von einer Prozesspartei übergebenen Unterlagen (Schriftverkehr, Arztberichte, Zusatzakte von mehr als 300 Seiten) **verwertet und zum Gegenstand des Gutachtens macht, ohne dies dem Gericht zur Weiterleitung an die Gegenseite unverzüglich vorab zu offenbaren** und damit der anderen Partei die Möglichkeit nimmt, sich mit der Zusatzakte auseinanderzusetzen und bestehende Einwände vor Abschluss des Gutachtens vorzutragen (OLG Koblenz, Beschl. v. 24. 5. 2012 – 2 U 1179/09, MDR 2012, 994).   **S 109c**

Ein Ablehnungsgrund liegt auch vor, wenn der Sachverständige **im Gutachten nicht offen legt**, dass und wie er sich die verwerteten Anknüpfungstatsachen beschafft hat, wenn er zuvor ohne Ermächtigung des Gerichts **informationsbereite Dritte befragt** hat, um sich die erforderlichen Anknüpfungstatsachen zu verschaffen (OLG Nürnberg, Beschl. v. 13. 3. 2006 – 5 U 3543/04, OLGR 2006,   **S 110**

910; ebenso OLG Frankfurt, Beschl. v. 15. 2. 2010 – 8 W 7/10, juris, Nr. 19 = MDR 2010, 652: fehlende Offenlegung).

(14) Erörterungen nur mit einer Partei

S 111   Gleiches gilt, wenn der SV **außerhalb des gerichtlichen Verfahrens inhaltliche Fragen**, z. B. zum Kausalzusammenhang, **nur mit einer Partei erörtert**, ohne das Gericht und die Gegenpartei zu beteiligen (OLG Dresden, Beschl. v. 24. 5. 2006 – 7 W 690/06, VersR 2007, 86; auch OLG Frankfurt, Beschl. v. 15. 2. 2010 – 8 W 7/10, juris, Nr. 13 – 18: Erörterung inhaltlicher Fragen mit dem beklagten Arzt bzw. einem Dritten) oder wenn er **einen Ortstermin nur nach Ladung und in Anwesenheit einer Partei** durchführt (OLG Saarbrücken, Beschl. v. 27. 4. 2007 – 5 W 104/07-34, MDR 2007, 1279; OLG Karlsruhe, Beschl. v. 23. 2. 2010 – 14 W 37/09, MDR 2010, 1148; einschränkend OLG Saarbrücken, Beschl. v. 16. 8. 2011 – 5 W 189/11-81, MDR 2011, 1315: nur dann, wenn das Verhalten des SV auf die Intention schließen lässt, die andere Partei zu benachteiligen; vgl. auch Rz. S 128).

S 112   Ein Befangenheitsantrag ist auch begründet, wenn der Sachverständige bei der Untersuchung des Patienten ohne dessen Einwilligung **die Anwesenheit des beklagten Arztes oder eines in dessen Behandlung eingebundenen anderen Arztes bzw. Zahnarztes** gestattet, sich während des Untersuchungstermins (hier: Überprüfung, ob eine OK-Prothese passgenau hergestellt worden ist) mit dem Arzt bzw. Zahnarzt über den Fall austauscht und im Gutachten **Feststellungen trifft, die sich nicht aus den Behandlungsunterlagen ergeben** und der Patient dies mit einer einseitigen Information des bei der Behandlung anwesenden Arztes bzw. Zahnarztes in Zusammenhang bringen kann (OLG Frankfurt, Beschl. v. 15. 2. 2010 – 8 W 7/10, juris, Nr. 13–18). Eine wirksame Einwilligung des Patienten zur Anwesenheit des beklagten Arztes oder eines Dritten liegt nicht vor, wenn der SV es versäumt hatte, den Prozessbevollmächtigten der Patientin von dem Untersuchungstermin zu benachrichtigen und diese ihre Zustimmung auf den Hinweis des SV erteilt, der bereits anwesende Arzt oder Zahnarzt sei „ohnehin berechtigt, der Begutachtung beizuwohnen" (OLG Frankfurt, a. a. O., juris, Nr. 14, 15).

(15) Inadäquate Äußerungen und Beleidigungen

S 113   Wenn der SV die **Vermutung anstellt, das von der Behandlungsseite vorgelegte Privatgutachten werde „wegen Befangenheit aufgrund wirtschaftlicher Verflechtung abgelehnt werden können"** und zudem auf ein **von der Patientenseite nicht vorgetragenes, seiner Ansicht nach zu klärendes Organisationsverschulden** der Klinik hinweist, da man „die Patientin nicht operationsbereit auf dem Operationstisch" verbracht hätte (OLG Frankfurt, Beschl. v. 2. 2. 2006 – 8 W 104/05, GesR 2006, 217, 218), greift der Ablehnungsantrag durch.

S 114   Ein Befangenheitsgrund ist auch gegeben, wenn sich der SV **zahlreicher inadäquater Kommentierungen** der von einer Partei aufgeworfenen Fragen bedient, z. B. „Schutzbehauptungen", „befremdet", „etwas grotesk", „Scheinargument", „fragwürdige Fragestellungen", „fragwürdige Antworten", „unsinnige Frage", „Pseudofragen", „absolut irrelevant", „keine Diskussion wert" und „Fülle von irrelevanten oder wiederholten Fragen" (LG Nürnberg-Fürth, Beschl. v. 21. 3. 2006 – 4 O 5612/02, GesR 2006, 252).

Gleiches gilt, wenn der SV **eine Prozesspartei** (BGH, NJW 1981, 2009, 2010; OLG S 115 Brandenburg, Beschl. v. 5. 11. 2008 – 12 W 41/08, MDR 2009, 288 = OLGR 2009, 264, 265; OLG Frankfurt, Beschl. v. 12. 1. 2009 – 8 W 78/08, OLGR 2009, 574; OLG Hamm, Beschl. v. 20. 1. 2010 – I-1 W 85/09, MDR 2010, 653 = MedR 2010, 640; OLG Saarbrücken, Beschl. v. 26. 11. 2004 – 5 W 282/04-86, OLGR 2005, 461; Wenzel-Frahm, Kap. 2 Rz. 3798: befremdliche Wortwahl, Beleidigungen) **oder einen von dieser hinzugezogenen Privatgutachter beleidigt** (OLG Saarbrücken, Beschl. v. 11. 3. 2008 – 5 W 42/08, MDR 2008, 1121 = NJW-RR 2008, 1087, 1089 = OLGR 2008, 527, 529; OLG Saarbrücken, Beschl. v. 26. 11. 2004 – 5 W 282/04-86, OLGR 2005, 461), etwa **mit der Frage, ob die Partei ihm intellektuell zu folgen in der Lage sei** (OLG Saarbrücken, OLGR 2005, 461) oder der pauschalen Bezeichnung des von einer Partei angekündigten oder vorgelegten **Privatgutachten als „Gefälligkeitsgutachten"** (OLG Zweibrücken, NJW 1998, 912; Musielak/Huber, § 406 ZPO Rz. 9; Wenzel-Frahm, Kap. 2 Rz. 3798) bzw. **der völlig überzogenen Kritisierung eines Parteigutachtens im Prozess** (OLG Oldenburg, NJW-RR 2000, 1166).

Eine zur Ablehnung des Sachverständigen führende **unsachliche und überzogene** S 116 **Kritik an einem Privatgutachter** liegt insbesondere vor, wenn der gerichtlich bestellte Sachverständige diesen als „leidlichen Kfz-Ingenieur" bezeichnet, der von den streitgegenständlichen „Kunststoffen nicht die geringste Ahnung" habe, ohne dass der Sachverständige von der Partei bzw. von deren Privatgutachter in unsachlicher oder persönlich herabsetzender Weise angegriffen worden wäre (OLG Saarbrücken, Beschl. v. 11. 3. 2008 – 5 W 42/08-16, MDR 2008, 1121 = NJW-RR 2008, 1087, 1089 = OLGR 2008, 527, 529).

Der SV, der in seiner Stellungnahme zu einem (bis dato unbegründeten) Ablehnungsgesuch dessen im Kern zutreffende Begründung, er habe zuvor im Auftrag der anderen Partei mehrere Gutachten erstellt, als **„abstrakte Lüge"** und **„Verleumdung"** bezeichnet, kann wegen Befangenheit abgelehnt werden (OLG Brandenburg, Beschl. v. 5. 11. 2008 – 12 W 41/08, MDR 2009, 288). Ein **berechtigtes Misstrauen in die Unparteilichkeit liegt auch vor**, wenn der Sachverständige zu einem ersten Befangenheitsantrag ausführt, *„offenbar kommt es den Klägern bei fehlender medizinischer Begründbarkeit ihres Antrages auch darauf an, die juristischen (...) Möglichkeiten auszuloten (...). Mir zu unterstellen, ich wolle in die Prozessführung eingreifen (...), ist* **schlichtweg hanebüchen** *(...). Mein Kommentar zu den Äußerungen des (Nachbehandlers) Dr. X. lautet:* ***Postmortale Klugscheißerei"*** (OLG Frankfurt, Beschl. v. 12. 1. 2009 – 8 W 78/08, OLGR 2009, 574 = GesR 2009, 502).

Ein Befangenheitsgrund besteht ferner, wenn sich der medizinische Sachverstän- S 118 dige auf den Vorhalt des Prozessbevollmächtigten einer Partei („Gutachten ohne jeden Beweiswert") **völlig unsachlich äußert** („Unverschämtheit, völlig absurd und inkompetent"). Dabei ist bereits die Verwendung der Formulierung, der Vortrag des Prozessbevollmächtigten der Partei stelle eine **„Unverschämtheit" dar**, für sich genommen ausreichend, die Ablehnung zu begründen (KG, Beschl. v.

6. 9. 2007 – 12 W 52/07, MDR 2008, 528 = OLGR 2008, 481). Soll der Sachverständige in einem Ergänzungsgutachten zu einem sein Hauptgutachten heftig und unsachlich kritisierenden Schriftsatz einer Partei Stellung nehmen und bezeichnet er einzelne kritische Äußerungen in diesem Schriftsatz bei einer Besprechung mit den Parteien als „rüpelhaft" oder „flegelhaft", so begründet er hierdurch das berechtigte Misstrauen der Partei, dass er den Schriftsatz nicht mehr unvoreingenommen in seine erneute Begutachtung einbezieht (OLG Köln, MDR 2002, 53).

S 119 Reagiert ein Sachverständiger persönlich betroffen und verbal aggressiv auf die Stellungnahme einer Partei zu seinem Gutachten und wirken seine Ausführungen bei objektiver Würdigung derart intensiv und nachhaltig, dass der notwendige Sachbezug zurücktritt, begründet dies die Besorgnis der Befangenheit. Dies ist etwa dann der Fall, wenn der Sachverständige auf den Vorhalt des Patientenvertreters, sein Gutachten lasse die Tendenz erkennen, den beklagten Arzt zu entlasten und ärztliches Vorgehen als vertretbar zu bewerten, das eindeutig gegen den Facharztstandard verstößt, ausführt, die Einlassung „stellt einen interessanten Cocktail aus subtiler Faktenverfälschung auf der Basis nachlässiger Lektüre und Verständnisunfähigkeit, geradezu vorsätzlicher Verständnislosigkeit ... im Rahmen einer Strategie der Falschbehauptung durch Faktenverdrehung" dar (OLG Hamm, Beschl. v. 20. 1. 2010 – I-1 W 85/09, MedR 2010, 640 = MDR 2010, 653).

S 120 Allerdings rechtfertigt eine auch überzogene Stellungnahme auf massive Angriffe einer Partei die Besorgnis der Befangenheit nicht, wenn der Sachverständige hierzu provoziert wurde (OLG Stuttgart, Beschl. v. 6. 4. 2006 – 1 W 19/06, Seite 5 f.; OLG Nürnberg, OLGR 2003, 21; OLG Karlsruhe, VersR 2013, 77, 78; OLG Düsseldorf, NJW-RR 1997, 1428; Musielak-Huber, § 406 ZPO Rz. 11 a. E.; Zöller/Greger, § 406 ZPO Rz. 9; Wenzel-Frahm, Kap. 2 Rz. 3799). So ist ein Sachverständiger nicht wegen Befangenheit abzulehnen, wenn er ausführt, „kein seriöser Wirbelsäulenchirurg" vertrete eine bestimmte, etwa vom Privatsachverständigen dargelegte Auffassung (OLG Saarbrücken, Beschl. v. 16. 9. 2004 – 5 W 196/04-67, MDR 2005, 648 = OLGR 2005, 92, 93) oder wenn er nach schriftsätzlich erhobenen ehrenrührigen Angriffen gegen ihn gegenüber dem Prozessbevollmächtigten der Partei eine Strafanzeige wegen Beleidigung ankündigt (OLG Brandenburg, Beschl. v. 8. 7. 2010 – 12 W 17/10, juris; LG Traunstein, Beschl. v. 3. 6. 2002 – 4 T 271/02, NZV 2003, 241). Gleiches gilt, wenn der SV den Privatgutachter der Patientin, einen seit mehr als 10 Jahren emeritierten Universitätsprofessor, als völlig inkompetent bezeichnet und ausführt, der Prozessbevollmächtigte der Klägerin hätte sein Gutachten weder gelesen noch verstanden, nachdem er vom Privatsachverständigen in dessen Stellungnahme beleidigt worden ist („typisches Entlastungsgutachten, einäugig und unobjektiv", „bedingungslose Entlastung der Kollegen" „seltene Arroganz"; OLG Stuttgart, Beschl. v. 6. 4. 2006 – 1 W 19/06, n. v.).

S 120a Ein von einer Partei oder deren Privatgutachter scharf angegriffener Sachverständiger („unlauteres Vorgehen", sollen „ausgespielt werden") darf sich ebenso scharf wehren, etwa mit den Ausführungen, es handele sich um „anwaltliche Fantasie", eine „Mut- und Böswilligkeit", ohne dass dies einen Ablehnungsgrund darstellt (OLG Karlsruhe, Beschl. v. 11. 4. 2012 – 14 W 46/11, VersR 2013, 77, 78).

(16) Erstellung eines Privatkostenplans für den Patienten

Ein Befangenheitsgrund liegt auch vor, wenn der vom Gericht bestellte Sachver-   S 121
ständige nach Vorlage seines schriftlichen Sachverständigengutachtens, jedoch
noch **vor Abschluss des Rechtsstreits auf Bitten der Patientin einen Privatkos-
tenplan für Implantate** „zur Darlegung der Schadenshöhe im anhängigen Rechtsstreit auf der Grundlage des Sachverständigengutachtens" **erstellt.** Es kommt
nicht darauf an, ob die Tätigkeit des Sachverständigen zu diesem Zeitpunkt, jedenfalls vorläufig, abgeschlossen war. Nur dann, wenn eine weitere Tätigkeit
des Sachverständigen im Rechtsstreit ausgeschlossen ist, sind Befangenheitsgründe, die erst nach Abschluss seiner Tätigkeit entstanden sind, unbeachtlich
(OLG München, Beschl. v. 12. 2. 2007 – 1 W 818/07, juris).

(17) Befangenheitsgründe in der „Gesamtschau"

Mehrere Tatsachen, die für sich betrachtet die Besorgnis der Befangenheit (noch)   S 122
nicht rechtfertigen, können bei **Gesamtschau** Anlass geben, an dessen Unvoreingenommenheit zu zweifeln (OLG München, Beschl. v. 4. 7. 2005 – 1 W 1010/05,
VersR 2006, 1709), etwa wenn **mehrere Ungenauigkeiten bei der Sachverhaltsdarstellung** zulasten einer Partei und moralische Wertungen vorliegen. So ist
ein Befangenheitsgrund gegeben, wenn der Sachverständige in seinem Gutachten ausführt, der Patient sei vor der Behandlung durch den beklagten Zahnarzt
„völlig schmerzfrei" gewesen und hätte erstmals während der Behandlung durch
den Beklagten stärker werdende Schmerzen beklagt, der Patient hätte dem Zahnarzt einen bestimmten Hinweis erteilt und der Zahnarzt hätte gegen dessen Willen eine Zahnversorgung einzementiert sowie eine massive Schwellung ignoriert, der „Leidensweg des Patienten" hätte mit der Neuversorgung durch den
Zahnarzt begonnen, wenn die Tatsachenbehauptungen bestritten waren und
sich hierfür auch kein Anhalt in den beigezogenen Behandlungsunterlagen ergab
(OLG München, VersR 2006, 1709, 1710).

(18) Privatgutachter als sachverständiger Zeuge

Ein als sachverständiger Zeuge geladener, **vorgerichtlich als Privatgutachter** täti-   S 123
ger Sachverständiger kann wegen der Besorgnis der Befangenheit abgelehnt werden, soweit er als Sachverständiger bei der Beantwortung der Beweisfragen tätig
wird (OLG Jena, Beschl. v. 28. 11. 2007 – 5 W 573/07, MDR 2008, 587 = OLGR
2008, 253).

3. Ablehnung wegen Befangenheit verneint

In folgenden Fällen wurde der Ablehnungsantrag einer Partei jedoch für **unbe-**   S 124
gründet erachtet:

(1) Berufliche Kontakte zu einem Prozessbevollmächtigten

Der Umstand, dass das Klinikum, bei dem der Sachverständige angestellt ist, **in**   S 125
Arzthaftungsprozessen von denselben Prozessbevollmächtigten vertreten wird

wie der beklagte Arzt, ist ebenfalls nicht geeignet, aus der Sicht einer verständig urteilenden Partei die Besorgnis zu begründen, der Sachverständige sei befangen (OLG Stuttgart, Beschl. v. 19. 7. 2011 – 1 W 35/11, S. 4).

(2) Frühere Gutachtertätigkeit

S 126   Die Tatsache, dass der SV bereits in erster Instanz, einem vorangegangenen Strafverfahren oder in einem Parallelprozess **gegen dieselbe Partei als Gutachter tätig war, begründet keinen Befangenheitsgrund** (OLG München, VersR 1994, 704; Musielak-Huber, § 406 Rz. 11; B/L/A/H, § 406 ZPO Rz. 9). Auch der Umstand, dass der Sachverständige **vor der Schlichtungsstelle bzw. Gutachterkommission für Fragen ärztlicher Haftpflicht bereits ein Gutachten erstellt** hatte, begründet dessen Ablehnung wegen Befangenheit regelmäßig nicht; der Sachverständige muss sich jedoch mit den von den Parteien erhobenen Vorwürfen auseinandersetzen (OLG Brandenburg, Urt. v. 5. 2. 2009 – 12 U 33/07, juris, Nr. 18; OLG Frankfurt, Beschl. v. 2. 7. 2010 – 8 W 28/10, GesR 2010, 545, 546: Vorbefassung in einem Gutachter- oder Schlichtungsverfahren kein Befangenheitsgrund).

(3) Vorangegangene Konflikte mit einer Partei

S 127   Frühere **Konflikte zwischen dem Prozessbevollmächtigten einer Partei und dem Sachverständigen** bilden für sich allein keinen hinreichenden Anhaltspunkt für dessen Befangenheit (OLG München, Urt. v. 28. 6. 2001 – 1 U 1915/01, AHRS III, 7010/324).

(4) Untersuchung ohne Benachrichtigung des beklagten Arztes

S 128   Der Umstand, dass der SV die Untersuchung des klagenden Patienten **ohne Benachrichtigung bzw. in Abwesenheit des beklagten Arztes** durchgeführt hat (OLG Hamm, Beschl. v. 16. 7. 2003 – 1 W 13/03, MedR 2004, 60; OLG München, Beschl. v. 4. 7. 2005 – 1 W 1010/05, OLGR 2006, 120 f.: unterlassene Verständigung des Beklagten bzw. Beklagtenvertreters) **stellt keinen Ablehnungsgrund dar** (OLG München, NJW-RR 1991, 896; OLG Stuttgart, Beschl. v. 19. 12. 2005 – 3 U 28/05, MDR 2006, 889 = OLGR 2006, 162 zur Begutachtung eines Tieres; OLG Stuttgart, VersR 1991, 1305; Zöller/Greger, § 406 ZPO Rz. 9; a. A. bei fehlender Beteiligung einer Partei OLG Oldenburg, BauR 2004, 1817; vgl. Rz. S 111).

(5) Besprechungen mit dem Gericht; Rechtsausführungen

S 129   Wenn der SV in Abwesenheit einer Partei **Besprechungen mit dem Richter über Vergleichsmöglichkeiten** geführt (OLG Stuttgart, NJW-RR 1996, 1469; Musielak-Huber § 406 ZPO Rz. 11) oder in sein Gutachten ohne Auftrag des Gerichts **Rechtsausführungen eingefügt hat** (OLG Karlsruhe, MDR 1994, 725; OLG Nürnberg, MDR 2002, 291; Zöller a. a. O.), stellt dies keinen Ablehnungsgrund dar.

(6) Eigene Ermittlungen des Sachverständigen

S 130   **Eigene Ermittlungen des Sachverständigen** zur Erlangung der für die Gutachtenerstellung erforderlichen Anknüpfungspunkte begründen **nicht in jedem Fall die**

Besorgnis der Befangenheit (BGH, NJW 1992, 1817; OLG Stuttgart, NZV 1996, 323; OLG Saarbrücken, Beschl. v. 30. 1. 2008 – 5 W 318/07-110, OLGR 2008, 435, 437; OLG Nürnberg, Beschl. v. 13. 3. 2006 – 5 U 3543/04, OLGR 2006, 909, 910; OLG Zweibrücken, Beschl. v. 20. 6. 20 – 5 U 24/99, OLGR 2001, 119).

So liegt kein Befangenheitsgrund vor, wenn ein Sachverständiger zur Beweis- S 131 frage **Äußerungen von dritten Personen**, die er hierzu befragt hat, in sein Gutachten aufnimmt, wenn die **tatsächlichen Grundlagen seines Gutachtens erkennbar gemacht** werden und die Parteien Gelegenheit haben, seine Feststellungen ggf. anzugreifen und die hieraus gezogenen Schlussfolgerungen anzuzweifeln (OLG Nürnberg, Beschl. v. 4. 7. 2006 – 4 U 535/05, MDR 2007, 237) oder wenn er davon absieht, den beklagten Arzt bzw. dessen Prozessbevollmächtigten von dem von ihm angesetzten Untersuchungstermin zu verständigen (OLG München, Beschl. v. 4. 7. 2005 – 1 W 1010/05, VersR 2006, 1709).

(7) Eigenmächtige Beschaffung von Behandlungsunterlagen

Der Umstand, dass der SV erst in seinem schriftlichen Gutachten offenlegt, dass S 132 er bestimmte, im Einzelnen dann erläuterte und ausgewertete **Behandlungsunterlagen ohne Kenntnis und Information des Gerichts und des Patientenvertreters bei der Arztseite angefordert hat**, begründet für sich genommen nicht die Besorgnis der Befangenheit (OLG Bamberg, Beschl. v. 12. 8. 2008 – 4 W 38/08, juris, Nr. 5; OLG Stuttgart, Beschl. v. 4. 8. 2010 – 13 W 33/10, MDR 2011, 190; OLG Bamberg, Beschl. v. 12. 8. 2008 – 4 W 38/08, VersR 2009, 1427, 1428).

Legt der Sachverständige spätestens im Verhandlungstermin die nach einem Te- S 132a lefonat mit einer Partei **erhaltenen Unterlagen von sich aus vor und informiert er das Gericht über die erfolgte Kontaktaufnahme, ist die Ablehnung nicht gerechtfertigt** (OLG Stuttgart, MDR 2011, 190; weitergehend OLG München, Beschl. v. 11. 8. 2011 – 1 W 1385/11, juris, Nr. 9: unmittelbare Beiziehung von Behandlungsunterlagen durch den SV ohne vorherige Einschaltung des Gerichts stellt keinen Befangenheitsgrund dar).

Gleiches gilt, wenn der SV **erst in seinem schriftlichen Gutachten offenlegt, dass er bestimmte – in seiner Ausarbeiten im Einzelnen erläuterte und aufgewertete – Behandlungsunterlagen unmittelbar bei der Arztseite angefordert hat, ohne die Patientenseite zu informieren** (OLG Bamberg, Beschl. v. 12. 8. 2008 – 4 W 38/08, VersR 2009, 1427, 1428; weitergehend OLG München a. a. O.).

Ein Befangenheitsgrund liegt aber vor, wenn der SV die nach seiner Beauftragung S 132b von einer Prozesspartei übergebenen Unterlagen (hier: Schriftverkehr, Arztberichte, Zusatzakte von mehr als 300 Seiten) verwertet und zum Gegenstand des Gutachtens macht, ohne dies dem Gericht **unverzüglich vorab zu offenbaren, und damit der gegnerischen Partei die Möglichkeit nimmt, sich mit der Zusatzakte auseinanderzusetzen und bestehende Einwände vor Abschluss des Gutachtens vorzutragen** (OLG Koblenz, Beschl. v. 24. 5. 2012 – 2 U 1179/09, MDR 2012, 994).

(8) Vom Beweisbeschluss noch gedeckte Ermittlungen und Ausführungen

Insbesondere dann, wenn sich der Sachverständige bei der Beantwortung der Be- S 133 weisfragen mit der Anstellung eigener Ermittlungen **noch im Rahmen des ihm** erteilten Gutachtenauftrages bewegt, liegt kein Grund vor, ihn wegen Befangenheit abzulehnen (OLG Saarbrücken, Beschl. v. 17. 10. 2007 – 5 W 255/07-86, OLGR 2008, 240, 242; OLG Saarbrücken, Beschl. v. 30. 1. 2008 – 5 W 318/07-110, OLGR 2008, 435, 437: Ursachenermittlung regelmäßig durch den Beweisbeschluss des Gerichts gedeckt).

S 134 Eine Befangenheit liegt nicht bereits deshalb vor, wenn der SV in seinem Gutachten **im Beweisbeschluss nicht genannte Probleme** anspricht (OLG Frankfurt, Beschl. v. 2. 2. 2006 – 8 W 104/05, GesR 2006, 217, 218) bzw. die im Rahmen der Begutachtung erlangte Kenntnis von weiteren, entscheidungsrelevanten und im Beweisbeschluss nicht genannten Umständen verwertet (OLG Naumburg, Beschl. v. 21. 12. 2005 – 10 W 71/05, OLGR 2006, 591 zu mangelhaften Bauleistungen). Ein **Ablehnungsgrund kann aber vorliegen**, wenn der Sachverständige mit seinen Feststellungen über die durch den Beweisbeschluss vorgegebenen Beweisfragen hinausgeht und **vom Auftrag nicht umfasste Fragen beantwortet** (OLG Oldenburg, Beschl. v. 13. 11. 2007 – 5 W 133/07, MDR 2008, 101; ebenso: OLG Celle, Beschl. v. 18. 1. 2002 – 14 W 45/01, NJW-RR 2003, 135; OLG München, Beschl. v. 28. 4. 2008 – 24 W 122/08, GesR 2008, 502; OLG Naumburg, Beschl. v. 30. 12. 2011 – 10 W 69/11, MDR 2012, 802: SV nimmt ungefragt zur Frage der Aufklärung, der Dokumentation und zum Schmerzensgeld Stellung; Zöller/Greger, § 406 ZPO Rz. 9; s. o. Rz. S 105 ff., S 105g ff.).

S 134a Bei der Frage, ob die Überschreitung eines Gutachtenauftrages durch einen Sachverständigen geeignet ist, die Besorgnis der Befangenheit zu rechtfertigen, ist stets auf den Einzelfall abzustellen und zu prüfen, inwieweit der Gutachtenauftrag überschritten wurde, wobei zu berücksichtigen ist, dass **ärztlicher Gutachter nicht mit allen Details des Arzthaftungsrechts vertraut sind** (OLG München, Beschl. v. 5. 3. 2012 – 1 W 2346/11, juris, Nr. 11, 13: SV hatte die Rechtmäßigkeit der Durchführung einer OP unterstellt, obwohl kein unterzeichneter Aufklärungsbogen vorlag, Befangenheit verneint).

S 134b Wird im Beweisbeschluss lediglich auf „unterschiedliche Sachverhaltsschilderungen der Parteien" hingewiesen und **dem SV nicht ausreichend deutlich gemacht, von welchen Feststellungen er auszugehen** hat, begründet dessen **eigene Beweiswürdigung keine Besorgnis der Befangenheit**, insbesondere wenn er an der Beweisaufnahme teilgenommen hat (OLG Karlsruhe, Beschl. v. 14. 9. 2012 – 13 W 93/12, juris, Nr. 5 = GesR 2012, 682, 684).

S 134c **Erfasst der SV das Beweisthema irrtümlich unzutreffend** und geht er deshalb **ungefragt über die Fragen aus dem Beweisbeschluss**, der keinen gesonderten Hinweis auf die Beschränkung des Beweisthemas enthält, **hinaus**, verstößt er **nicht gegen seine Neutralitätspflicht** (OLG Köln, Beschl. v. 23. 11. 2011 – 5 W 40/11, GesR 2012, 172).

(9) Ungefragte Ausführungen zur Aufklärung

S 135 Hat der Patient **zunächst keine Aufklärungsrüge** erhoben und gelangt der **nur nach dem Vorliegen von Behandlungsfehlern befragte Sachverständige** zu dem Ergebnis, dass es sich bei der angewandten Behandlungsmethode nicht um diejenige der Wahl gehandelt hätte, so dass deren Anwendung nur dann nicht fehlerhaft gewesen wäre, wenn der Patient nach **entsprechender Aufklärung** über das mit der Anwendung der Methode verbundene höhere Risiko eingewilligt hätte, liegt kein Befangenheitsgrund vor (OLG Oldenburg, Beschl. v. 13. 11. 2007 – 5 W 133/07, MDR 2008, 101 = GesR 2008, 163 = OLGR 2008, 502; OLG Jena, Beschl. v. 2. 6. 2008 – 4 W 198/08, OLGR 2008, 760, 761 = juris, Nr. 12; zum Vorliegen eines Befangenheitsgrundes vgl. Rz. S 105f–S 105i).

Macht der SV **ungefragt Ausführungen zur Frage einer korrekten Aufklärung,**   S 135a
liegt jedenfalls dann kein Befangenheitsgrund vor, wenn die Frage einer ordnungsgemäßen Aufklärung zwar **nicht im Beweisbeschluss, aber in der Klageschrift aufgeworfen worden war** (OLG München, Beschl. v. 21. 3. 2011 – 1 W 110/11, juris, Nr. 12, 13; ebenso OLG Dresden, Beschl. v. 18. 12. 2009 – 4 W 1282/09, GesR 2010, 136, 137: wenn die Klage auch auf die Verletzung von Aufklärungspflichten gestützt wird). Gleiches gilt, wenn der SV die vom Gericht ohnehin bereits geäußerte Rechtsauffassung zur Frage der Wirksamkeit oder Unwirksamkeit einer Aufklärung bekräftigt (OLG Dresden, GesR 2010, 136, 137).

(10) Übliche berufliche Kontakte zum beklagten Arzt

Im Rahmen der Berufsausübung bestehende, übliche Kontakte des SV mit dem   S 135b
beklagten Arzt oder dessen Prozessbevollmächtigten (OLG München, Beschl. v. 12. 1. 2012 – 1 W 2183/11, juris, Nr. 6, 9, 15), etwa bei einer **Kooperation zwischen der Praxis des beklagten Arztes einerseits und dem SV andererseits** (OLG Stuttgart, Beschl. v. 19. 1. 2010 – 1 W 57/10, MedR 2010, 50 = VersR 2010, 499: beklagte Klinik nahm für die Praxis des SV Aufgaben der Patientenversorgung wahr; a. A. aber OLG München, MDR 2002, 291), eine **enge berufliche Bekanntschaft** zwischen dem SV und dem Chefarzt des in einen Rechtsstreit verwickelten Oberarztes einer Klinik o. a. sind für sich allein nicht ausreichend, die Besorgnis der Befangenheit des Sachverständigen zu rechtfertigen (OLG Saarbrücken, Beschl. v. 26. 9. 2007 – 5 W 233/07-87, MDR 2008, 226, 227).

Bloße **Kontakte im wissenschaftlichen Bereich**, etwa die **Zusammenarbeit bei einem größeren Forschungsprojekt bzw. Veröffentlichungen und Begegnung auf Kongressen** sind selbstverständlich und deuten nicht ohne Weiteres auf persönliche Kontakte hin, die geeignet wären, die Unparteilichkeit des Gutachters infrage zu stellen (OLG Oldenburg, Beschl. v. 28. 6. 2007 – 5 W 77/07, GesR 2007, 594, 595; OLG München, Beschl. v. 27. 10. 2006 – 1 W 2277/06, NJW-RR 2007, 575; OLG Hamm, Beschl. v. 8. 11. 2012 – I-32 W 24/12, MDR 2013, 169, 170; Musielak/Huber § 406 ZPO Rz. 11: bloße gesellschaftliche Verbindungen reichen nicht aus).

Auch die **Teilnahme des SV an einem Intensivkurs der später beklagten Klinik**   S 135c
o. a. genügt zur Begründung der Befangenheit nicht (OLG München, Beschl. v. 12. 1. 2012 – 1 W 2183/11, juris, Nr. 6, 9, 15).

Ist die **Leiterin einer Fachabteilung des beklagten Klinikums** erst mehrere Jahre   S 135d
nach der streitgegenständlichen Behandlung in ihre Funktion gelangt und damit selbst im Rechtsstreit in keiner Weise dem Vorwurf eines Behandlungsfehlers

ausgesetzt, so vermag auch eine **persönliche oder enge fachliche Beziehung zu dem Sachverständigen grundsätzlich keine Zweifel an dessen Unparteilichkeit** zu begründen. Dies gilt insbesondere dann, wenn die Begutachtung eines Geschehens aus einer anderen Abteilung des Krankenhauses zu erfolgen hat (OLG Hamm, Beschl. v. 17. 8. 2011 – 32 W 15/11, juris, Nr. 15).

S 135e   Auch ein **lange zurückliegendes Arbeitsverhältnis** des SV in der beklagten Klinik, die Jahre später die Behandlung des Patienten übernommen hatte, ist nicht geeignet, die Besorgnis der Befangenheit zu begründen (OLG München, Beschl. v. 11. 8. 2011 – 1 W 1385/11, juris, Nr. 5, 6).

S 135f   Ein Befangenheitsgrund liegt nicht vor, wenn der **SV Präsident einer Vereinigung** (BGH, Beschl. v. 3. 8. 2000 – X ZR 33/97; Zöller/Greger, § 406 ZPO Rz. 9) **oder Mitglied einer Fachgesellschaft** war (OLG Düsseldorf, Beschl. v. 24. 2. 2004 – I-8 U 102/02, MedR 2005, 42; LG Berlin, Beschl. v. 28. 11. 2005 – 6 O 58/03, GesR 2006, 115), **der auch der beklagte Arzt angehört,** bzw. wenn der **SV als Referent auf einer vom beklagten Arzt geleiteten Jahrestagung einer Fachgesellschaft** (oder umgekehrt, einer vom SV geleitetet Veranstaltung) **tätig** war (OLG Düsseldorf, Beschl. v. 24. 2. 2004 – I-8 U 102/02, MedR 2005, 42) oder einen **Vortrag vor einer medizinischen Fachgesellschaft** mit dem beklagten Arzt abgestimmt hat (LG Berlin a. a. O.).

S 135g   Etwas anderes kann nur dann gelten – und die Befangenheit begründen –, wenn das Ergebnis des Gutachtens letztlich **die Person oder auch eigene wirtschaftliche Interessen des mit dem Sachverständigen befreundeten Klinikdirektors bzw. Chefarztes** betreffen (OLG Saarbrücken, Beschl. v. 26. 9. 2007 – 5 W 233/07-87, MDR 2008, 226, 227: verneint) oder wenn über die bloßen beruflichen Kontakte hinausgehende, persönliche oder enge fachliche Beziehungen des SV zum beklagtem Arzt bzw. der beklagten Klinik bestehen, deren **Chefarzt enge persönliche oder fachliche Beziehungen zum SV unterhält** (OLG Hamm, Beschl. v. 17. 8. 2011 – 32 W 15/11, juris, Nr. 15: verneint; auch OLG Oldenburg, Beschl. v. 28. 6. 2007 – 5 W 77/07, GesR 2007, 594, 595: bejaht; OLG Karlsruhe, Beschl. v. 8. 3. 2012 – 13 W 13/12, GesR 2012, 422, 423: langjährige Verbundenheit bzw. intensive geschäftliche Kontakte; OLG München, Beschl. v. 12. 1. 2012 – 1 W 2183/11, juris, Nr. 6, 9, 15: verneint; vgl. hierzu Rz. S 87–S 87d).

S 136   Nach einschränkender Ansicht begründet jedenfalls eine **langjährige enge wissenschaftliche Zusammenarbeit, etwa im Rahmen eines wissenschaftlichen Forschungsprojekts** (OLG Naumburg, Beschl. v. 13. 11. 2009 – 10 W 64/09, GesR 2010, 203, 205; OLG Köln, VersR 1993, 72; OLG Hamm, MDR 2013, 169, 170: enge fachliche Zusammenarbeit bei einem konkreten Projekt über ein Jahr) oder **eine besondere berufliche Nähe des SV zu einer Partei,** die ihren Ausdruck in dem beruflichen Werdegang des SV in der Einrichtung der beklagten Klinik gefunden hat (OLG Jena, Beschl. v. 3. 9. 2009 – 4 W 373/09, MDR 2010, 170: der SV war **lange Jahre als Arzt in der beklagten Klinik tätig** und hatte dies nicht offenbart) die **Besorgnis der Befangenheit** (vgl. auch OLG Frankfurt, OLGR 2008, 784: gemeinsame Vortragstätigkeiten, enge wissenschaftliche Zusammenarbeit; OLG München, MDR 1998, 858: intensive Geschäftsbeziehungen; OLG Karlsruhe, Beschl. v. 8. 3. 2012 – 13 W 13/12, GesR 2012, 422, 423: langjährige Verbundenheit bzw. intensive geschäftliche Kontakte mit Beratungstätigkeit des SV; Zöller/Greger, § 406 ZPO Rz. 9; Wenzel-Frahm, Kap. 2 Rz. 3798: enge berufliche oder wissenschaftliche Zusammenarbeit; vgl. Rz. S 87 ff.)

(11) Gemeinsame wissenschaftliche Tätigkeiten

Es besteht auch kein Grund, an der Unparteilichkeit des SV zu zweifeln, wenn dieser an einer **größeren wissenschaftlichen Publikation** (OLG München, Beschl. v. 17. 11. 2004 – 1 W 2593/04, OLGR 2006, 164; OLG München, Beschl. v. 27. 10. 2006 – 1 W 2277/06, NJW-RR 2007, 575 = MedR 2007, 359; OLG Oldenburg, Beschl. v. 28. 6. 2007 – 5 W 77/07, GesR 2007, 594, 595: Zusammenarbeit bei Forschungsprojekten bzw. Veröffentlichungen; OLG Frankfurt, Beschl. v. 28. 12. 2007 – 10 W 63/07, OLGR 2008, 784, 785: bloße Mitautorenschaft bei einem juristischen oder medizinischen Werk; OLG Düsseldorf, Beschl. v. 24. 2. 2004 – I-8 U 102/02, MedR 2005, 42) **oder an einer klinischen Studie mitgewirkt, an der auch der beklagte Arzt beteiligt war** (OLG Düsseldorf, Beschl. v. 24. 2. 2004 – I-8 U 102/02, MedR 2005, 42; vgl. aber OLG Hamm, MDR 2013, 169, 170 sowie Musielak/Huber, § 406 ZPO Rz. 11 und Riemer MedR 2007, 360 sowie Zöller/Greger, § 406 ZPO Rz. 8: langjährige wissenschaftliche Zusammenarbeit bzw. Zusammenarbeit an Forschungsobjekt kann Befangenheit begründen). S 137

(12) Berufstätigkeit in Akademischen Lehrkrankenhäusern derselben Universität

Die Ablehnung eines medizinischen Sachverständigen ist auch nicht allein deshalb gerechtfertigt, weil sowohl das Krankenhaus, in dem der Sachverständige als Chefarzt tätig ist, als auch das beklagte Klinikum **akademische Lehrkrankenhäuser derselben Universität** sind. Bei der für die Beurteilung maßgeblichen verobjektivierten Betrachtung besteht die Gefahr einer Rufschädigung aller akademischen Lehrkrankenhäuser im Fall des Nachweises eines Behandlungsfehlers in einem dieser Krankenhäuser nicht (OLG Stuttgart, Beschl. v. 19. 12. 2007 – 1 W 60/07, GesR 2008, 424 = OLGR 2008, 617, 618; OLG Hamm, Beschl. v. 17. 8. 2011 – 32 W 15/11, juris, Nr. 14, 15; vgl. aber Rz. S 95 ff.). S 138

Gleiches gilt, wenn ein akademisches Lehrkrankenhaus der betreffenden Universität, in der der Sachverständige tätig ist, mit dem Krankenhaus, in dem die streitgegenständliche Behandlung stattgefunden hat, durch **einen gemeinsamen Klinikträger verbunden** ist (OLG Hamm, Beschl. v. 17. 8. 2011 – 32 W 15/11, juris, Nr. 14; OLG Nürnberg, Beschl. v. 4. 11. 2010 – 5 W 1771/10, BeckRS 2010, 29848 = ArztR 2011, 218). S 139

Allein die Tatsache, dass sowohl der in Anspruch genommene Arzt als auch der Sachverständige **nebenberufliche Lehraufträge in ihrem Fachgebiet an derselben großen Universitätsklinik** wahrnehmen, begründet ebenso wenig die Besorgnis der Befangenheit (OLG Oldenburg, Beschl. v. 10. 1. 2008 – 5 W 134/07, MDR 2008, 335 = VersR 2009, 238, 239). S 140

Gleiches gilt, wenn der SV mit einem **Universitätsklinikum** zusammenarbeitet und die **beklagte Partei akademisches Lehrkrankenhaus dieser Klinik ist** (OLG Stuttgart, Beschl. v. 19. 1. 2010 – 1 W 5/10, VersR 2010, 499) oder wenn der SV S 140a mit dem beklagten Universitätsklinikum zusammenarbeitet und für dieses **Aufgaben der Patientenversorgung** (hier: auf dem Gebiet der Unfall-, Hand- und plastischen Chirurgie) **wahrnimmt** (OLG Stuttgart, Beschl. v. 19. 1. 2010 – 1 W 5/10, MedR 2010, 510; abweichend allerdings OLG München, MDR 2002, 291, s. o. Rz. S 96).

S 140b   Ein Befangenheitsgrund kann sich jedoch **aus der Funktion des SV als Chefarzt einer Klinik ergeben, die der beklagten Universitätsklinik als akademisches Lehrkrankenhaus angeschlossen ist** (OLG Naumburg, Beschl. v. 13. 11. 2009 – 10 W 64/09, GesR 2010, 203, 204; OLG Stuttgart, Beschl. v. 22. 10. 2007 – 1 W 51/07, GesR 2008, 424; vgl. Rz. S 95, S 96).

S 140c   Dieser Einwand **kann aber nicht mehr geltend gemacht werden, wenn ein früher bestellter gerichtlicher Sachverständiger deswegen nicht abgelehnt wurde** (OLG Köln, Beschl. v. 25. 5. 2011 – 5 W 18/11, GesR 2011, 606) oder wenn **sich die Partei in Kenntnis der Umstände auf die Anhörung des SV einlässt ohne die Rüge der Besorgnis der Befangenheit zu erheben** (OLG Köln, Beschl. v. 21. 12. 2008 – 5 W 58/08, VersR 2009, 1287: Ablehnung gemäß § 43 ZPO analog präkludiert; vgl. auch OLG Hamm, Beschl. v. 17. 8. 2011 – 32 W 15/11, juris, Nr. 12: Ablauf der Zwei-Wochen-Frist i. S. d. § 406 II 1 ZPO).

(13) Schnelle Erstellung trotz komplexer Sachlage

S 141   Dass ein medizinischer Sachverständiger sein Gutachten **trotz komplexer Sachlage zügig erstellt**, bildet ebenso wenig einen Ablehnungsgrund wie der Umstand, dass er ebenso wie der Vorgutachter der „**medizinischen Universitätsebene**" angehört (OLG Köln, Beschl. v. 26. 7. 2007 – 2 W 58/07, OLGR 2008, 361).

(14) Tätigkeit als Privatgutachter für Versicherungen

S 142   Allein die Tatsache, dass der SV schon mehrfach **als Privatgutachter für die Versicherungswirtschaft tätig** war, **begründet dessen Befangenheit nicht** (OLG Celle, Beschl. v. 18. 1. 2002 – 14 W 45/01, NJW-RR 2003, 135 = VersR 2003, 1593, 1594; OLG Brandenburg, Beschl. v. 5. 11. 2008 – 12 W 41/08, MDR 2009, 288; OLG Karlsruhe, Beschl. v. 11. 4. 2012 – 14 W 46/11, VersR 2013, 77, 78; OLG Stuttgart, Beschl. v. 19. 7. 2011 – 1 W 35/11, S. 4, n. v.: **SV war wiederholt für den Haftpflichtversicherer des beklagten Arztes tätig**; Wenzel-Frahm, Kap. 2 Rz. 3799; Zöller/Greger, § 406 ZPO Rz. 9 a. E.; differenzierend Musielak-Huber, § 406 ZPO Rz. 10 a. E.; Einzelheiten s. o. Rz. S 91, S 92). So genügt die Erstellung von drei Gutachten in drei Jahren für eine Partei (hier: große Baufirma) nicht für eine Ablehnung wegen Befangenheit (OLG Brandenburg, Beschl. v. 5. 11. 2008 – 12 W 41/08, MDR 2009, 288). Ebenso wenig ist eine wirtschaftliche Abhängigkeit zu befürchten, wenn der Sachverständige **von insgesamt 1 600 Aufträgen im Jahr 12 Aufträge vom beklagten Haftpflichtversicherer erhalten hat** (OLG Karlsruhe, Beschl. v. 11. 4. 2012 – 14 W 46/11, VersR 2013, 77, 78: Befangenheit verneint).

(15) Mangelnde Sachkunde, Fehler im Gutachten

S 143   **Ein (angeblicher) Mangel der Sachkunde des SV** stellt ebenfalls keinen Ablehnungsgrund dar (BGH, Beschl. v. 27. 9. 2011 – X ZR 142/08, MDR 2011, 1373;

OLG Hamm, Beschl. v. 28. 1. 2010 – I-1 W 82/09, GesR 2010, 247; OLG Köln, Beschl. v. 26. 7. 2007 – 2 W 58/07, OLGR 2008, 361, 362; OLG München, Beschl. v. 14. 2. 2011 – 1 W 211/11, MedR 2011, 281; OLG München, Beschl. v. 18. 11. 2011 – 1 W 1768/11, Nr. 9, 15; OLG München, Beschl. v. 12. 1. 2012 – 1 W 2183/11, juris, Nr. 16; OLG München, Beschl. v. 16. 9. 2010 – 1 W 2046/10, juris, Nr. 5; OLG Naumburg, Beschl. v. 10. 10. 2006 – 10 W 72/06, OLGR 2007, 376; OLG Stuttgart, Beschl. v. 19. 7. 2011 – 1 W 35/11, S. 4; OLG Saarbrücken, Beschl. v. 30. 1. 2008 – 5 W 318/07-110, OLGR 2008, 435, 436; OLG Saarbrücken, Beschl. v. 17. 10. 2007 – 5 W 255/07-86, OLGR 2008, 240, 241; Zöller/ Greger, § 406 ZPO Rz. 9 und Musielak-Huber, § 406 ZPO Rz. 11: **Fall der §§ 404, 412 ZPO**).

Inhaltliche Fehler eines Gutachtens sind nur in Extremfällen geeignet, eine Ablehnung wegen Besorgnis der Befangenheit zu rechtfertigen. Dies kann etwa dann der Fall sein, wenn sich der Sachverständige mit Einwendungen der betroffenen Partei bewusst nicht auseinandersetzt oder **sich Einwendungen gegen sein Gutachten von vornherein verschließt** (OLG Stuttgart, Beschl. v. 19. 7. 2011 – 1 W 35/11, S. 4), wenn fachliche Fehler oder Unzulänglichkeiten in der Vorgehensweise des Sachverständigen **nach Art und Häufigkeit der Mängel den Eindruck einer sachwidrigen Voreingenommenheit erwecken** (OLG München, Beschl. v. 18. 11. 2011 – 1 W 1768/11, juris, Nr. 9, 15: im entschiedenen Fall verneint; OLG München, Beschl. v. 16. 9. 2010 – 1 W 2046/10, juris, Nr. 5: verneint; OLG München, Beschl. v. 14. 2. 2011 – 1 W 211/11, MedR 2011, 281: verneint) oder dem Sachverständigen in wichtigen Punkten **gravierende Fehler unterlaufen, die in starkem Maße auf eine mangelnde Sorgfalt hindeuten,** etwa wenn er in einem psychosomatischen Gutachten der Lebenslauf und prägende Erlebnisse des Betroffenen entweder überhaupt nicht oder jedenfalls nicht mit der erforderlichen Sorgfalt aufgenommen und ausgewertet hat, sowie die erfolgte Angabe über Beschwerden nur sehr verkürzt darstellt (OLG Karlsruhe, Beschl. v. 9. 11. 2009 – 11 W 43/09, MDR 2010, 230 = VersR 2010, 498, 499; auch Zöller/ Vollkommer, § 42 ZPO Rz. 24 bei „evident mangelnder Sorgfalt" des Richters). **S 144**

Bloße **inhaltliche Widersprüche und Modifizierungen von Bewertungen** des schriftlichen Gutachtens im Rahmen der mündlichen Anhörung stellen keinen Grund dar, an der Unparteilichkeit der Sachverständigen zu zweifeln (OLG München, Beschl. v. 12. 1. 2012 – 1 W 2183/11, juris, Nr. 16). **S 144a**

Bei Bedenken gegen die Richtigkeit des Gutachtens sieht das Gesetz vielmehr das **Instrumentarium der §§ 411 III, 412 I ZPO** vor (OLG München, Beschl. v. 14. 2. 2011 – 1 W 211/11, MedR 2011, 281; Zöller/Greger, § 406 Rz. 9: §§ 404, 412 ZPO). Danach kann das Gericht eine **neue Begutachtung** durch denselben oder aber einen anderen Gutachter anordnen (vgl. KG, Beschl. v. 27. 3. 2008 – 12 U 235/07, NZV 2008, 626, 627; OLG München, a.a.O.). Den Parteien bleibt es auch unbenommen, den Sachverständigen zur mündlichen Erörterung seines Gutachtens laden zu lassen bzw. **Ergänzungsfragen zu stellen** (OLG Naumburg, Beschl. v. 10. 10. 2006 – 10 W 72/06, OLGR 2007, 376; OLG Saarbrücken, Beschl. v. 17. 10. 2007 – 5 W 255/07-86, OLGR 2008, 240, 241 und Beschl. v. 30. 1. 2008 – 5 W 318/07-110, OLGR 2008, 435, 436; OLG München, a.a.O.; LG Saarbrücken, Beschl. v. 27. 9. 2007 – 2 O 32/05, ZfS 2008, 86, 87). **S 144b**

(16) Überzogene Stellungnahmen

S 145 Ein Ablehnungsgrund liegt nicht bereits dann vor, wenn sich der SV **durch massive Angriffe einer Partei oder deren Privatgutachter zu einer überzogenen Stellungnahme provozieren lässt**. Ein von einer Partei oder dem Privatgutachter scharf angegriffener SV **darf sich ebenso scharf wehren** (OLG Karlsruhe, Beschl. v. 11. 4. 2012 – 14 W 46/11, VersR 2013, 77, 78: etwa mit den Worten, dies entspreche „anwaltlicher Fantasie", die Unterstellungen eines „unlauteren Vorgehens" o. a. seien „mut- und böswillig"; OLG Brandenburg, Beschl. v. 8. 7. 2010 – 12 W 17/10, juris: Befangenheit nur bei unsachlichen, abwertenden Äußerungen, im entschiedenen Fall verneint; OLG Düsseldorf, NJW-RR 1997, 1428; OLG München, Beschl. v. 18. 11. 2011 – 1 W 1768/11, juris, Nr. 11, 13, 14 bei unsachlicher Reaktion auf den Vorwurf mangelnder Fachkompetenz; OLG Nürnberg OLGR 2003, 21; OLG Saarbrücken, Beschl. v. 16. 9. 2004 – 5 W 196/04-67, OLGR 2005, 92 = MDR 2005, 468: „kein seriöser Wirbelsäulenchirurg vertritt diese Auffassung"; OLG Stuttgart, Beschl. v. 6. 6. 2006 – 1 W 19/06, n. v.: vorangegangene, gravierende Beleidigungen des Privatgutachters einer Partei; Musielak-Huber, § 406 ZPO Rz. 10: wenn der SV zu der überzogenen Stellungnahme provoziert wurde; anders bei Beleidigungen, die vom SV ausgehen; Einzelheiten s. o. Rz. S 114–S 119).

S 145a Ein Sachverständiger **darf auf provokante Angriffe oder persönliche Vorwürfe einer Partei mit angemessener Schärfe reagieren**. Er darf auch deutlich aussprechen, wenn er nachdrückliche Behauptungen einer Partei zu Fachfragen aufgrund seiner Fachkenntnis und praktischen Erfahrung für unhaltbar hält (hier: der Gutachter ist erstaunt über die Sicherheit, mit der der Patientenvertreter zu der Feststellung kommt, dass auf eine schwere Blutung bei inkomplettem Abort noch früh genug reagiert werden kann, diese Behauptung zeuge von gravierender medizinischer Unkenntnis), **wenn dem Sachverständigen „mangelnde Fachkompetenz" vorgeworfen wurde**. Auch die Formulierungen „arrogant wirkendes Auflaufenlassen" und „paternalistischer Exzess" als Reaktion auf den Vorwurf mangelnder Fachkompetenz begründet noch nicht die Besorgnis der Befangenheit (OLG München, Beschl. v. 18. 11. 2011 – 1 W 1768/11, juris, Nr. 11, 13, 14).

S 145b Eine unsachliche oder abfällige Äußerung bzw. Bewertung von Parteivortrag liegt auch nicht in der Erstattung einer Anzeige des Sachverständigen gegen den Privatgutachter bei der Ärztekammer (OLG Brandenburg, Beschl. v. 8. 7. 2010 – 12 W 17/10, juris).

S 146 Auch wenn der SV lässt in seinem Ergänzungsgutachten erkennen lässt, dass er **beleidigende Äußerungen einer Partei** in Bezug auf sein Hauptgutachten als beleidigend versteht, liegt noch kein Befangenheitsgrund vor (OLG Frankfurt, Beschl. v. 12. 3. 2008 – 19 W 11/08, OLGR 2008, 996; auch OLG München, Beschl. v. 18. 11. 2011 – 1 W 1768/11, juris, Nr. 11, 13, 14). Die Äußerung des Sachverständigen, wonach sich der klagende Patient **die Ablehnung einer vielversprechenden Krankenhausbehandlung selbst zuzuschreiben** habe, begründet die Besorgnis der Befangenheit ebenfalls nicht. Dies gilt jedenfalls dann, wenn sich bei objektiver Würdigung in der Gesamtschau feststellen lässt, dass der Sachverständige unmissverständlich den Bezug zu den vorliegenden Behand-

lungsunterlagen hergestellt hat (OLG Hamm, Beschl. v. 28. 1. 2010 – I 1 W
82/09, GesR 2010, 247).

(17) Eigenmächtige Hinzuziehung Dritter

Hat der SV den Gutachtenauftrag **entgegen § 407a II ZPO auf einen anderen**
übertragen oder bedient sich der Mithilfe einer anderen Person, ohne diese nam-
haft zu machen, begründet dies per se nicht seine Befangenheit (OLG Jena,
Beschl. v. 14. 12. 2005 – 4 W 399/05, OLGR 2006, 190, 191 = MDR 2006, 1011;
OLG Köln, Beschl. v. 24. 2. 2010 – 20 W 3/10, GesR 2010, 370, 371: **Missachtung**
der Pflichten aus § 407 II ZPO benachteiligt beide Parteien gleichermaßen; KG,
Beschl. v. 10. 6. 2010 – 20 W 43/10, GesR 2010, 608: **verschwiegene Hinzuzie-**
hung eines anderen Gutachters oder Mitarbeiters führt aber zur Unverwertbarkeit des Gutachtens; Wenzel-Frahm, Kap. 2 Rz. 3799; Schikora, MDR 2002,
1033, 1034). **Anders aber dann, wenn in der Person des hinzugezogenen Mit-**
arbeiters ein Befangenheitsgrund vorliegt (OLG Jena a. a. O.). Fehlt das eigenverantwortliche Tätigwerden des ernannten Sachverständigen völlig oder im Wesentlichen, hat das Gericht zu erwägen, ggf. **den tatsächlichen Ersteller des Gut-**
achtens zum Sachverständigen zu ernennen (OLG Jena, Beschl. v. 14. 12. 2005 –
4 W 399/05, OLGR 2006, 190, 191 = MDR 2006, 1011 m. w. N.).

S 147

Grundsätzlich ist die **Ablehnung von Hilfspersonen** (§ 407a ZPO), die der Sachverständige zur Erstellung seines Gutachtens hinzuzieht, **unzulässig** (OLG Düsseldorf, Beschl. v. 11. 6. 2007 – I-21 W 19/07, MDR 2008, 104, 105; KG, Beschl.
v. 10. 6. 2010 – 10 W 43/10, GesR 2010, 608; Zöller/Greger, § 406 ZPO Rz. 2).
Die Ablehnung eines vom beauftragten Sachverständigen hinzugezogenen **Un-**
tersachverständigen eines benachbarten Fachgebiets wegen Besorgnis der Befangenheit kommt aber ausnahmsweise dann in Betracht, wenn der gerichtlich bestellte Sachverständige sich die gutachterlichen Feststellungen des Untersachverständigen nicht zu eigen macht, sondern lediglich an das Gericht
weiterleitet. Der beigezogene Untersachverständige ist dann mangels gerichtlicher Bestellung zum Sachverständigen nicht unmittelbar wegen Besorgnis der
Befangenheit abzulehnen. Seine gutachterlichen Feststellungen dürfen aber
nicht verwertet werden. Ist der gerichtliche Sachverständige nicht in der Lage,
die tatsächlichen Feststellungen des beigezogenen Untersachverständigen selbst
auszuwerten bzw. deren Bewertungen nachzuvollziehen und sich dadurch zu eigen zu machen, ist **der beigezogene Untergutachter nicht mehr lediglich Hilfs-**
person, sondern selbst zum gerichtlichen Sachverständigen zu ernennen (OLG
Düsseldorf, MDR 2008, 104, 105).

S 148

(18) Beitritt nach Streitverkündung

Tritt der SV **tritt dem Rechtsstreit bei, nachdem ihm von einer Partei** (unzulässigerweise) **der Streit verkündet worden ist,** liegt kein Ablehnungsgrund vor (BGH,
Beschl. v. 26. 7. 2007 – VIII ZB 18/06, NJW-RR 2007, 1293 = MDR 2007, 1213;
Urt. v. 12. 1. 2006 – VII ZR 207/04, NJW-RR 2006, 1221, 1222 = MDR 2006,
887; Beschl. v. 28. 7. 2006 – III ZB 146/06, NJW-RR 2006, 1454).

S 149

Die erfolgreiche Ablehnung eines Sachverständigen steht der Verwertbarkeit seiner vor der Ablehnung erstatteten Gutachten nicht entgegen, wenn die Partei,

S 150

sich auf die Befangenheit des Sachverständigen beruft, den **Ablehnungsgrund durch eine unzulässige Streitverkündung** an den Sachverständigen in rechts-missbräuchlicher Weise provoziert hat und kein Anlass zu der Besorgnis besteht, dass die Unvoreingenommenheit des Sachverständigen schon bei der Erstellung seiner bisherigen Gutachten beeinträchtigt war (BGH, Beschl. v. 26. 4. 2007 – VIII ZB 18/06, NJW-RR 2007, 1293, 1294 = MDR 2007, 1213, 1214).

S 151   Der BGH hatte hierzu entschieden, dass die **Streitverkündung gegenüber einem gerichtlichen Sachverständigen** zur Vorbereitung von Haftungsansprüchen ge-gen diesen aus § 839a ZPO aus angeblich fehlerhafter, im selben Rechtsstreit er-brachter Gutachterleistungen **unzulässig** ist (BGH, Beschl. v. 27. 7. 2006 – VII ZB 16/06, NJW 2006, 3214; Beschl. v. 28. 7. 2006 – III ZB 14/06, NJW-RR 2006, 1454 f.; Beschl. v. 26. 4. 2007 – VIII ZB 18/06, NJW-RR 2007, 1293 = MDR 2007, 1213; BGH, Beschl. v. 8. 2. 2011 – VI ZB 31/09, MDR 2011, 504).

S 152   Selbst die **Zustellung einer Streitverkündungsschrift**, die eine generell unzuläs-sige Streitverkündung an den Sachverständigen bewirken soll, ist danach vom Gericht zu verweigern. Denn eine Zustellung der Streitverkündungsschrift würde Gefahren für einen ordnungsgemäßen Fortgang des Rechtsstreits herauf-beschwören (BGH, Beschl. v. 27. 7. 2006 – VII ZB 16/06, NJW 2006, 3214, 3215; ebenso BGH, Beschl. v. 28. 7. 2006 – III ZB 14/06, NJW-RR 2006, 1454 f.; BGH, MDR 2007, 733; Musielak/Weth, 9. Aufl. 2012, § 72 ZPO Rz. 6a; Zöller/Voll-kommer, 30. Aufl. 2014, § 72 ZPO Rz. 1, 7).

S 152a   **§§ 72 II, 73 S. 2 ZPO regeln nun ausdrücklich, dass einem vom Gericht bestell-ten Sachverständigen nicht der Streit verkündet werden kann und ein entspre-chender Schriftsatz dem Sachverständigen auch nicht zugestellt werden darf** (vgl. hierzu Musielak-Weth, 10. Aufl., § 72 ZPO Rz. 6a).

4. Rechtzeitige Stellung des Ablehnungsantrages

S 153   Gem. § 406 II ZPO ist der Ablehnungsantrag spätestens **innerhalb von zwei Wo-chen** nach Verkündung oder Zustellung des Beschlusses über die Ernennung des Sachverständigen zu stellen, soweit die Partei hieran nicht ohne ihr Verschulden gehindert war (§ 406 II 2 ZPO). § 406 II 1 ZPO gilt im Grundsatz sowohl für die Erstattung eines schriftlichen als auch eines mündlichen Gutachtens (Musielak-Huber, § 406 ZPO Rz. 13, 14; Zöller/Greger, § 406 ZPO Rz. 11).

S 154   Umstritten war, ob die Zwei-Wochen-Frist des § 406 II 1 ZPO ab dem Zeitpunkt der Zustellung des Gutachtens auch dann läuft, wenn sich die Besorgnis der Be-fangenheit aus dem Inhalt des schriftlichen Gutachtens ergibt und den Parteien keine oder eine längere Frist zur Stellungnahme nach § 411 IV ZPO gesetzt wur-de. Die h.M. vertrat hierzu die Auffassung, die **Zwei-Wochen-Frist nach § 406 II 1 ZPO sei auch für eine Ablehnung nach § 406 II 2 ZPO maßgeblich**. Diese Frist bilde im Interesse des Prozessgegners die Obergrenze und gelte auch dann, wenn eine längere Frist zur Stellungnahme zu einem Gutachten gesetzt worden sei (OLG Brandenburg, Beschl. v. 14. 11. 2000 – 9 UF 267/0, NJW-RR 2001, 1433: **Eingang nach vier bis fünf Wochen verspätet**; OLG Koblenz, Beschl. v. 13. 7. 1998 – 4 W 407/98, OLGR 1998, 470; OLG Köln, Beschl. v. 16. 11. 2000 – 19 W 44/00,

OLGR 2001, 261; OLGR 1995, 147; OLG München, Beschl. v. 2. 9. 2003 – 13 W 2082/03, MDR 2004, 228 = OLGR 2004, 117; Beschl. v. 14. 3. 2002 – 1 W 831/02, VersR 2003, 1594 = OLGR 2003, 58; Beschl. v. 7. 11. 2000 – 1 W 2532/00, OLGR 2001, 90; OLG Naumburg, Beschl. v. 29. 8. 2001 – 10 W 23/01, NJOZ 2002, 27; auch noch Musielak/Huber, 4. Aufl., § 406 ZPO Rz. 14).

Demgegenüber vertritt bzw. vertrat ein Teil der Rechtsprechung und Literatur eine differenzierte Ansicht. Eine allgemeine Fristbindung sei in diesem Fall nicht sachgerecht; den Parteien sei vielmehr eine von den Umständen des Einzelfalls abhängige Frist einzuräumen und jeweils zu prüfen, welche Zeit konkret erforderlich sei, um den Ablehnungsgrund erkennen und unverzüglich geltend machen zu können. Für die Geltendmachung des Ablehnungsgrundes sei eine sachliche Auseinandersetzung mit dem Inhalt des Gutachtens aber grundsätzlich nicht erforderlich. Danach wurden überwiegend **Fristen zwischen zwei Wochen und einem Monat** für angemessen und ausreichend angesehen (OLG Brandenburg, Beschl. v. 9. 3. 2000 – 12 W 8/00, OLGR 2000, 275; OLG Celle, Beschl. v. 25. 2. 2004 – 16 W 16/04, MDR 2004, 709: i. d. R. über zwei Wochen, **Eingang sieben Wochen nach Zugang des Gutachtens aber verspätet**; OLG Düsseldorf, NJW-RR 1998, 933: **Eingang nach vier bis fünf Wochen verspätet**; OLG Jena, Beschl. v. 22. 11. 1999 – 4 W 694/99, OLGR 2000, 113, 115; OLG Karlsruhe, Beschl. v. 19. 10. 2004 – 13 W 63/04, OLGR 2005, 21, 22: **Frist bis zu einem Monat**; KG, Beschl. v. 10. 2. 2000 – 8 W 4866/00, OLGR 2001, 183; OLG Koblenz, NJW-RR 1999, 72: **fünf Wochen zu spät**; OLG Köln, VersR 1998, 1989: **Ablehnung innerhalb eines Monats noch rechtzeitig**; OLG München, Beschl. v. 14. 3. 2002 – 1 W 831/02, VersR 2003, 1594, 1595: **zwei Wochen im Einzelfall ausreichend**; Beschl. v. 11. 5. 1999 – 5 W 1347/99, VersR 2001, 391: Ablehnungsgesuch nach zwanzig Tagen noch rechtzeitig).

Der BGH (Beschl. v. 15. 3. 2005 – VI ZB 74/04, NJW 2005, 1869 = GesR 2005, 327 = MDR 2005, 107; auch BGH, Beschl. v. 14. 10. 2008 – VI ZR 7/08, VersR 2009, 69, 70) **hat sich nunmehr der Auffassung des OLG Düsseldorf angeschlossen** (OLG Düsseldorf, Beschl. v. 24. 8. 2000 – 12 W 39/00, OLGR 2001, 469; dem BGH zustimmend OLG Saarbrücken, Beschl. v. 11. 3. 2008 – 5 W 43/08, NJW RR 2008, 1087, 1088 = OLGR 2008, 527, 528; Beschl. v. 14. 12. 2006 5 W 276/06-82, MedR 2007, 484; Beschl. v. 8. 11. 2007 – 5 W 287/07-10, OLGR 2008, 269; OLG Bremen, Beschl. v. 17. 9. 2009 – 3 W 19/09, MDR 2010, 48; OLG Nürnberg, Beschl. v. 12. 6. 2006 – 5 W 980/06, OLGR 2006, 80; grundsätzlich auch OLG Bamberg, Beschl. v. 12. 8. 2008 – 4 W 38/08, juris, Nr. 5; a. A. Zöller/Greger, 30. Aufl., § 406 ZPO Rz. 11).

Ergibt sich der **Grund** zur **Ablehnung** des Sachverständigen wegen Besorgnis der Befangenheit **aus dem Inhalt des schriftlichen Gutachtens**, läuft danach die **Frist** zur Ablehnung des Sachverständigen **gleichzeitig** mit der vom Gericht gesetzten Frist zur **Stellungnahme nach** § 411 IV ZPO ab, wenn sich die Partei zur Begründung des Antrages **mit dem Inhalt des Gutachtens auseinandersetzen muss** (OLG Düsseldorf a. a. O.; OLG Bremen, Beschl. v. 17. 9. 2009 – 3 W 19/09, MDR 2010, 48; OLG Köln, Beschl. v. 24. 2. 2010 – 20 W 3/10, GesR 2010, 370, 371). Das OLG Düsseldorf (a. a. O.; zustimmend Christopoulos/Weimann, MDR 2005, 1201, 1203) hatte darauf hingewiesen, eine Partei könne nicht gezwungen

S 155

S 156

werden, vor Ablauf einer vom Gericht gesetzten Stellungnahmefrist eine Vorprüfung des Gutachtens auf Befangenheitsgründe vorzunehmen. **Die Länge der
Frist darf nicht davon abhängig sein, ob lediglich ein Ergänzungsantrag oder
auch ein Ablehnungsantrag oder eine Kombination aus beiden Anträgen eingereicht werden** (OLG Bremen, MDR 2010, 48).

S 157 Der BGH (Beschl. v. 15. 3. 2005 – VI ZB 74/04, NJW 2005, 1869, 1870) hat sich
aber nicht ausdrücklich dafür ausgesprochen, dass grundsätzlich ein Gleichlauf
der Fristen der §§ 406 und 407 ZPO bestehe. Vielmehr folge aus § 406 II 2 ZPO,
dass das Ablehnungsgesuch **unverzüglich und zeitnah** anzubringen ist (BGH,
Beschl. v. 23. 9. 2008 – X ZR 135/04, NJW 2009, 84).

S 158 Ist der das Ablehnungsgesuch anbringenden Partei bekannt, dass die **Gewinnung
des Sachverständigen** wegen der Besonderheiten des Einzelfalles **außergewöhnliche Schwierigkeiten** bereitet, ist sie **ausnahmsweise gehalten, frühzeitig zumutbare Nachforschungen darüber anzustellen, ob ein Ablehnungsgrund in Betracht
kommt** (BGH, Beschl. v. 23. 9. 2008 – X ZR 135/04, NJW 2009, 84 = MDR 2009,
217: aus dem Internet ersichtliche, mögliche Verbindung zur anderen Prozesspartei).

S 159 Den Parteien ist nach wie vor anzuraten, auch das Gutachten unmittelbar nach
Erhalt **auf mögliche Befangenheitsgründe durchzusehen** (so die Empfehlung von
Christopoulos/Weimann, MDR 2005, 1201, 1203; auch OLG Bamberg, Beschl. v.
12. 8. 2008 – 4 W 38/08, juris, Nr. 5; s. u.).

S 160 Ergibt sich der Grund zur Ablehnung des Sachverständigen zwar **aus dem Inhalt
des Gutachtens,** so darf die nach der Rspr. des BGH verlängerte **Frist zur Stellungnahme** nach Auffassung des OLG Bamberg gleichwohl **nicht ausgeschöpft
werden,** wenn es (kumulativ a–c) (a) zur Begründung des Ablehnungsgesuchs
keines Rückgriffs auf die sonstigen, sachbezogenen Inhalte des Gutachtens bedarf, (b) die betroffene Partei schon wenige Tage nach der Übersendung des Gutachtens auf das Vorliegen eines möglichen Ablehnungsgrundes (z. B. enge persönliche Kontakte zwischen dem SV und dem beklagten Arzt bzw. Anforderung
von Behandlungsunterlagen o. a. beim Beklagten ohne Unterrichtung des Ge-
richtes) hingewiesen hat und (c) der ablehnenden Partei die von ihr verlangte
„Auskunft" des SV über derartige Umstände bereits mehrere Wochen vor Ablauf
der bereits verlängerten Frist nach § 411 IV ZPO zugegangen ist (OLG Bamberg,
Beschl. v. 12. 8. 2008 – 4 W 38/08, juris, Nr. 5; auch BGH, MDR 2009, 217: im
Einzelfall sind frühzeitige Nachforschungen zuzumuten, s. o.).

S 160a Andererseits ist ein Ablehnungsgesuch i. S. d. § 406 II 1 ZPO noch fristgerecht
eingereicht, wenn die 2-Wochen-Frist zwar verstrichen ist, aber zur Frage einer
möglichen Befangenheit des Sachverständigen korrespondiert wurde und **das Ablehnungsgesuch dann innerhalb einer vom Gericht gesetzten Frist zur abschließenden Äußerung vorgelegt wird** (OLG Hamm, Beschl. v. 17. 8. 2011 – 32 W
15/11, juris, Nr. 12).

S 161 **Eine Partei verliert bzw. verwirkt ihr Ablehnungsrecht, wenn sie nach Erhalt des
Gutachtens bzw. Kenntnisnahme der mündlichen Ausführung des Sachverständigen rügelos zum Beweisergebnis verhandelt** (OLG Düsseldorf, MDR 1994, 620;

OLG Köln, Beschl. v. 21. 12. 2008 – 5 W 58/08, VersR 2009, 1287; Zöller/Greger, § 406 ZPO Rz. 12; Wenzel-Frahm, Kap. 2 Rz. 3802; B/L/A/H, § 406 ZPO Rz. 23; Zöller/Greger, § 406 ZPO Rz. 12, **a. A.** Müko-Damrau § 406 ZPO Rz. 7; differenzierend Musielak-Huber, § 406 ZPO Rz. 16 a. E.: nur, wenn die Partei zwei Wochen Zeit zur Prüfung der Sachlage hatte; die Wertung des § 406 II 2 ZPO dürfe nicht unterlaufen werden) oder sie sich mit der Gegenseite auf den SV geeinigt hatte und ihr die ein **Ablehnungsrecht aus 406 I ZPO** begründenden Umstände, etwa **die frühere Tätigkeit als Privatgutachter des Gegners, bekannt** waren (Musielak-Huber, § 406 ZPO Rz. 16; Zöller/Greger, § 406 ZPO Rz. 12).

So ist die spätere Ablehnung des Sachverständigen präkludiert, wenn sich eine Partei weiterhin auf die Anhörung des Sachverständigen einlässt, ohne die Rüge der Besorgnis der Befangenheit zu erheben, nachdem der Sachverständige die Partei bzw. deren Prozessbevollmächtigten beleidigt hat (OLG Köln, Beschl. v. 21. 12. 2008 – 5 W 58/08, VersR 2009, 1287).   S 161a

5. Folgen der Ablehnung

Das Gutachten des erfolgreich abgelehnten Sachverständigen darf **nicht mehr** – auch nicht zugunsten der ablehnenden Partei – **verwertet** werden. Das Gericht hat, sofern die Beweisfrage noch erheblich ist, einen neuen Sachverständigen zu beauftragen. Der abgelehnte Sachverständige darf jedoch als sachverständiger Zeuge über sachkundig festgestellte Tatsachen vernommen werden (Zöller/Greger, § 406 ZPO Rz. 15; Musielak-Huber, § 406 ZPO Rz. 18).   S 162

Für den **Vergütungsanspruch des erfolgreich abgelehnten Sachverständigen** gilt Folgendes: S 163

Ein Sachverständiger ist aufgrund der Vorprüfung nach § 407a ZPO verpflichtet, ihm bekannte Umstände zu offenbaren, die Zweifel an seiner Unbefangenheit wecken können, etwa die private Vortätigkeit für einen Beteiligten. Versäumt er diesen Hinweis und wird er deshalb später mit Erfolg wegen Besorgnis der Befangenheit abgelehnt, **verwirkt er seinen Entschädigungsanspruch** selbst dann, wenn ihm nur **einfache Fahrlässigkeit** vorzuwerfen ist (OLG Koblenz, Beschl. v. 24. 6. 2002 – 14 W 363/02, VersR 2004, 130; OLG Rostock, Beschl. v. 16. 7. 2008 – 2 W 31/08, MDR 2009, 295; auch OLG Koblenz, MDR 2002, 1152 und Zöller/Greger, § 413 ZPO Rz. 7: bei Übernahmeverschulden wie bei Entgegennahme des Auftrages unter Verschweigen eines ihm bekannten Ablehnungsgrundes genügt **einfache Fahrlässigkeit, bei später entstandenen Ablehnungsgründen schadet nur Vorsatz oder grobe Fahrlässigkeit**; Musielak-Huber, § 413 ZPO Rz. 2 und § 406 ZPO Rz. 4).

Führt dagegen ein Fehler des Sachverständigen bei der Erstattung seines Gutachtens bzw. **nach der Übernahme** des Gutachtenauftrages zur erfolgreichen Ablehnung wegen Besorgnis der Befangenheit, so verwirkt er den Entschädigungsanspruch nur, wenn ihn der Vorwurf vorsätzlichen oder **grob fahrlässigen Fehlverhaltens** trifft (OLG Jena, Beschl. v. 2. 6. 2008 – 4 W 198/08, OLGR 2008, 760, 761 = juris, Nr. 12; OLG Koblenz, Beschl. v. 17. 2. 2004 – 14 W 119/04, MDR 2004, 831; OLG München, Beschl. v. 20. 12. 2011 – 11 W 2733/10, MDR   S 164

2012, 306: gravierende Verzögerung u.a.; OLG Nürnberg, Beschl. v. 8. 9. 2011 –
8 U 2204/08, MDR 2012, 365: Vorwürfe zur Lebensführung des Patienten; OLG
Rostock, Beschl. v. 16. 7. 2008 – 2 W 31/08, MDR 2009, 295: wenn er **grob fahrlässig die Unverwertbarkeit seiner Leistung herbeiführt**; OLG Köln, Beschl. v
8. 9. 2011 – 5 W 34/11, GesR 2011, 676, 677 = juris, Nr. 6, 8: **entsprechend § 839a
BGB nur bei Vorsatz und grober Fahrlässigkeit**; auch OLG Hamburg, MDR 1987,
333 und Zöller/Greger, § 413 ZPO Rz. 7; Musielak-Huber, § 413 ZPO Rz. 2).

S 165   Eine solche „grobe Fahrlässigkeit" wurde etwa **bejaht**, wenn der Sachverständige

– einen **Ortstermin unter Information nur einer Partei** durchführt (OLG München, NJW-RR 1998, 1687; u.E. zu Recht anderer Ansicht OLG Koblenz,
Beschl. v. 17. 2. 2004 – 14 W 119/04, MDR 2004, 831, 832),

– **sich weigert, sein schriftliches Gutachten mündlich zu erläutern** (OLG Brandenburg, Beschl. v. 8. 4. 2005 – 1 W 3/05, VersR 2006, 1238 = MDR 2005,
1131),

– sich **vorwurfsvoll zur Lebensführung des Patienten äußert**, ohne hierzu Feststellungen getroffen zu haben (OLG Nürnberg, Beschl. v. 8. 9. 2011 – 8 U
2204/08, MDR 2012, 365: „Patient ist Empfehlung zur Gewichtsreduktion
nicht nachgekommen ... dies ist in keinster Weise nachvollziehbar"),

– den Auftrag über ein halbes Jahr lang **nur zögerlich bearbeitet und dann umfangreiche, nicht vom Beweisbeschluss umfasste Arbeiten und somit nicht
nachvollziehbare Kosten in Ansatz bringt** (OLG München, Beschl. v.
20. 12. 2011 – 11 W 2733/10, MDR 2012, 306),

– den **Gutachtenauftrag wegen Fristversäumung oder unberechtigter Gutach-
tenverweigerung nach Entziehung verliert** (Musielak-Huber, § 413 ZPO Rz. 2;
Zöller/Greger, § 413 ZPO Rz. 4, 7: auch bei leichter Fahrlässigkeit),

– die **Ausarbeitung des Gutachtens unzulässigerweise** (vgl. § 407a ZPO) einem
Dritten überlässt (Musielak-Huber, § 413 ZPO Rz. 2 und Zöller/Greger,
§ 413 ZPO Rz. 3: auch bei einfacher Fahrlässigkeit; OLG Koblenz, Beschl. v.
14. 11. 2012 – 14 W 621/12, MDR 2012, 1491),

– **ein wegen sonstiger grob fahrlässig herbeigeführter, sachlicher Mängel unver-
wertbares Gutachten erstellt** (Musielak a.a.O.; Zöller/Greger, § 413 ZPO
Rz. 5: nicht bei leichter Fahrlässigkeit).

S 166   Der Sachverständige handelt aber **nicht bereits dann „grob fahrlässig", wenn
seine als Beleidigungen empfundenen Äußerungen nur verbale Entgleisungen
darstellen oder die letztlich auch vom Gericht beanstandeten Äußerungen möglicherweise im Kern zutreffen.** Äußerungen wie etwa „Laienphantasie, abstruse
Behauptungen oder Darlegungen ohne jeden medizinischen Realitätsbezug,
Scheinargumente, ... hierdurch werden die Kosten in unendliche Höhen getrie-
ben, ... den Angaben der Beklagtenseite ist kein Glauben zu schenken" rechtfertigen zwar die Ablehnung des SV wegen Besorgnis der Befangenheit, nicht aber
die Versagung der Vergütung aus der Staatskasse (OLG Köln, Beschl. v.
8. 9. 2011 – 5 W 34/11, GesR 2011, 767, 677 = juris, Nr. 6, 8).

S 167   Geht der Sachverständige in seinem Gutachten **über die gestellten Beweisfragen
hinaus**, etwa indem er sich nicht nur zum Behandlungsgeschehen, sondern auch

zu der **nicht im Beweisbeschluss angesprochenen Frage der ordnungsgemäßen Aufklärung äußert**, so ist die Frage, ob der Sachverständige dabei „grob fahrlässig" gehandelt hat, sorgfältig zu prüfen. Sie ist zu verneinen, so dass sein Vergütungsanspruch gegen die Staatskasse Bestand hat (und i. Ü. auch kein durchgreifender Ablehnungsgrund vorliegt), wenn es sich bei der vom beklagten Arzt gewählten Behandlungsmethode nach dessen Auffassung nicht um diejenige der (ersten) Wahl handelt und der Sachverständige ausführt, deren **Anwendung sei nur dann nicht zu beanstanden, wenn der Patient über das damit verbundene höhere Risiko aufgeklärt worden wäre** (OLG Jena, Beschl. v. 2. 6. 2008 – 4 W 198/08, OLGR 2008, 760, 761 = juris, Nr. 11, 12).

Hat ein Sachverständiger gegen die Pflicht verstoßen, frühzeitig auf die Entstehung höherer Kosten hinzuweisen, kann dies im Einzelfall eine Kürzung seiner Vergütungsansprüche zur Folge haben. **Eine Kürzung unterbleibt aber, wenn davon ausgegangen werden kann, dass der Umfang des Auftrages auch bei erfolgter Anzeige nicht eingeschränkt bzw. die Fortsetzung der Tätigkeit des SV nicht unterbunden worden wäre** (OLG Naumburg, Beschl. v. 19. 6. 2012 – 1 W 30/12, MDR 2013, 172; ebenso OLG Nürnberg, NJW-RR 2003, 791).   S 167a

VII. Haftung des gerichtlichen Sachverständigen

1. Gesetzliche Neuregelung

Nach § 839a I BGB trifft den vom Gericht ernannten **Sachverständigen** gegenüber dem hierdurch benachteiligten Verfahrensbeteiligten eine **Schadensersatzverpflichtung**, wenn sein **Gutachten unrichtig** ist und dies auf **Vorsatz** oder **grober Fahrlässigkeit** beruht (vgl. hierzu die Darstellungen bei Brückner/Lorenz, Die Haftung des Sachverständigen nach neuem Delikts- und Werkvertragsrecht, MDR 2003, 906–912; Kilian, Die Haftung des gerichtlichen Sachverständigen nach § 839a BGB, VersR 2003, 683–688; Kilian, Zweifelsfragen der deliktsrechtlichen Sachverständigenhaftung nach § 839a BGB, ZGS 204, 220–226; Thole, Die zivilrechtliche Haftung des medizinischen Sachverständigen, GesR 2006, 154–160).   S 168

2. Inhalt der Vorschrift

a) Vorsätzliche oder grob fahrlässige Erstattung eines unrichtigen Gutachtens

Gem. § 839a I BGB n. F. kann die durch das **zumindest grob fahrlässig falsche Gutachten** (vgl. OLG Rostock, Beschl. v. 21. 3. 2006 – 8 U 113/04, OLGR 2006, 803: grob falsch oder offenkundig unrichtig; OLG Hamm, Beschl. v. 2. 11. 2010 – I-6 U 131/10, GesR 2011, 227, 228; Wenzel-Frahm, Kap. 2 Rz. 3920, 3921) beschwerte Prozesspartei den ihr hierdurch entstehenden Vermögensschaden vom SV ersetzt verlangen. **Ein grob fahrlässiges Verhalten liegt generell etwa vor, wenn der Sachverständige** (vgl. Thole, GesR 2006, 154, 157 und OLG Köln, Beschl. v. 29. 8. 2012 – 5 U 104/12, GesR 2013, 346, 350)   S 169

– einen Gutachtenauftrag übernimmt, für den ihm die erforderliche Fachkompetenz fehlt,   S 170

- das Basiswissen missachtet, welches bei jedem Examenskandidaten vorausgesetzt wird,

- auf eine sorgfältige Anamnese verzichtet und/oder sich auf eine Begutachtung nach Aktenlage beschränkt,

- kritische Argumente der Parteien bzw. eines Privatgutachters ignoriert,

- nicht kenntlich macht, dass er maßgebliche Schlussfolgerungen aus lediglich vermuteten Vorgängen zieht,

- die Behandlungsdokumentation einschließlich der maßgeblichen CT,- MRT,- und Röntgenbilder, Sonographien u.a., vorhandene Vorgutachten etc. nicht selbst würdigt (Thole, GesR 2006, 154, 158).

- von einem unzutreffenden Sachverhalt ausgeht oder aus den Befundtatsachen unvertretbar falsche Schlüsse zieht (OLG Rostock a.a.O.).

S 171   An einem groben Fehlverhalten des SV kann es fehlen, wenn etwa das Gericht den Beweisbeschluss unklar abgefasst bzw. die Tätigkeit des SV unzureichend angeleitet hat oder die von ihm gestellte Diagnose nicht fundamental falsch ist (Thole, GesR 2006, 154, 157).

b) Kausalzusammenhang zwischen dem falschen Gutachten und der Entscheidung des Gerichts

S 172   Vorausgesetzt wird weiter, dass der Prozess durch ein **Urteil**, u.U. auch durch einen Kostenbeschluss nach § 91a ZPO, abgeschlossen wird, wobei die Entscheidung maßgeblich auf dem – falschen – Gutachten beruhen muss. Wird das Verfahren etwa durch Klagerücknahme oder Vergleich beendet, so findet § 839a BGB mangels abschließender gerichtlicher Entscheidung keine Anwendung. Dies gilt selbst dann, wenn die Vergleichsbereitschaft oder die Entscheidung zur Klagerücknahme erst durch das fehlerhafte Gutachten geschaffen wurde (OLG Nürnberg, Beschl. v. 7. 3. 2011 – 12 W 456/11, MDR 2011, 750: **nicht bei Abschluss eines Vergleichs**; Wenzel-Frahm, Kap. 2 Rz. 3923; Brückner/Lorenz, MDR 2003, 906, 908; Kilian, VersR 2003, 683, 686; Kilian, ZGS 2004, 220, 224: Urteile und auch ein Beschluss nach § 91a ZPO; Karczewski, VersR 2001, 1070, 1076; Thole, GesR 2006, 154, 158 f.; kritisch Wagner, NJW 2003, 2049, 2062).

S 173   Hält ein Prozessvertreter das Gutachten für falsch, wird man ihm deshalb aus dieser, für die vertretene Prozesspartei im Ergebnis möglicherweise ungünstigeren Warte, empfehlen müssen, **auf dem Erlass eines Urteils zu bestehen** und hiergegen schon wegen § 839a II i.V.m. § 839 III BGB – unter den seit dem 1. 1. 2002 verschärften Anforderungen der §§ 520 II, III, 531 II ZPO – Berufung einzulegen (Brückner/Neumann, MDR 2003, 906, 908: Wahl des „sichersten Weges"; Kilian, VersR 2003, 683, 686 f.; vgl. hierzu → *Berufung*, Rz. B 200 ff.).

c) Nichtgebrauch eines Rechtsmittels, §§ 839a II, 839 III BGB

S 174   Gem. § 839a II i.V.m. § 839 III BGB tritt die Ersatzpflicht nicht ein, wenn die Prozesspartei es zumindest fahrlässig unterlassen hat, den **Schaden durch den Gebrauch eines „Rechtsmittels" abzuwenden**. Hierzu gehören nicht nur die Ausschöpfung des Instanzenzuges, sondern vor allem auch **Einwendungen** sowie

Hinweise, die darauf gerichtet sind, die Richtigkeit des Gutachtens zu überprüfen und die **Stellung eines Antrages auf Ladung des Sachverständigen** zur Erläuterung seines Gutachtens bzw. problematischer Passagen (BGH, Urt. v. 5. 7. 2007 – III ZR 240/06, VersR 2007, 1379, 1380 = MDR 2007, 1210, 1211; OLG Hamm, Beschl. v. 2. 11. 2010 – I-6 U 131/10, GesR 2011, 227, 228: **Antrag auf mündliche Anhörung des Sachverständigen mit dem Ziel, etwaige Mängel des Gutachtens zu beheben**; OLG Celle, Urt. v. 10. 11. 2011 – 13 U 84/11, MDR 2012, 280, 281: **sämtliche zur Korrektur des unrichtigen Sachverständigengutachtens zur Verfügung stehenden Rechtsbehelfe**; OLG Köln, Beschl. v. 29. 8. 2012 – 5 U 104/12, GesR 2013, 349, 350: **Klageerzwingungsverfahren gegen Einstellungsverfügung** der StA wegen fahrlässiger Körperverletzung durch angeblich falsches Gutachten; Thole, GesR 2006, 154, 159f.).

Als Rechtsmittel i. S. d. § 839a II i. V. m. § 839 III BGB ist auch der **Antrag auf Einholung eines neuen (Ober-)Gutachtens (§ 412 ZPO) sowie die Einholung eines Privatgutachtens** zu dem Zwecke anzusehen, die angebliche Fehlerhaftigkeit des Gerichtsgutachtens gegenüber dem erkennenden Gericht aufzuzeigen (OLG Celle, Urt. v. 10. 11. 2011 – 13 U 84/11, MDR 2012, 280, 281; a. A. aber Wenzel-Frahm, VRiOLG, Kap. 2 Rz. 3926). S 175

Der Kausalzusammenhang zwischen dem unterlassenen Antrag, den Sachverständigen zur mündlichen Erläuterung seines Gutachtens zu laden, und dem Schaden der Partei ist zu bejahen, wenn sich der Fehler des Gutachtens im Rahmen der mündlichen Erörterung voraussichtlich herausgestellt hätte (BGH, Urt. v. 5. 7. 2007 – III ZR 240/06, MDR 2007, 1210, 1211). S 176

Der Anspruch ist aber **nicht deshalb ausgeschlossen, wenn die beschwerte Partei bzw. der Parteivertreter bei vorliegenden Anhaltspunkten davon absieht, einen Befangenheitsantrag zu stellen** (Wenzel-Frahm, Kap. 2 Rz. 3926; Zöller/Greger, § 402 ZPO Rz. 10; Thole, GesR 2006, 154, 160; **a. A.** Kilian, VersR 2003, 683, 687f.; Däubler, JuS 2002, 625, 629: bei vorliegenden Anhaltspunkten ist rechtzeitig ein Befangenheitsantrag zu stellen).

Einstweilen frei. S 177 – S 199

Schwangerschaftsabbruch, fehlerhafter

Vgl. auch → *Sterilisation, fehlerhafte,* Rz. S 300ff.; → *Früherkennung, fehlerhafte pränatale Diagnostik,* Rz. F 41ff.; → *Genetische Beratung,* Rz. G 61ff.; → *Nichterkennen einer Schwangerschaft,* Rz. N 1ff.

I. Grundlagen: „Kind als Schaden"; Übersicht

S 200   Nach ständiger Rechtsprechung des BGH sind die mit der Geburt eines nicht ge-
        wollten Kindes für die Eltern verbundenen wirtschaftlichen Belastungen, ins-
        besondere die Aufwendungen für dessen Unterhalt, als ersatzpflichtiger Schaden
        auszugleichen, wenn der Schutz vor solchen Belastungen Gegenstand des Be-
        handlungs- oder Beratungsvertrages war.

S 201   Diese – am Vertragszweck ausgerichtete – Haftung des Arztes hat der VI. ZS. ins-
        besondere bejaht für die Fälle **fehlgeschlagener Sterilisation aus Gründen der Fa-
        milienplanung** (BGH, Urt. v. 8. 7. 2008 – VI ZR 259/06, VersR 2008, 1265, 1266 =
        NJW 2008, 2846, 2847 = GesR 2008, 533, 534, Nr. 12, 13; MDR 1980, 744 =
        VersR 1980, 555, 557; MDR 1981, 483 = VersR 1981, 278; MDR 1981, 1003 =
        VersR 1981, 730; MDR 1985, 133 = VersR 1984, 864; MDR 1995, 1015 = VersR
        1995, 1099, 1101; OLG Saarbrücken, Urt. v. 30. 6. 2004 – 1 U 386/02-92, OLGR
        2005, 5, 11 zum Schmerzensgeldanspruch der Mutter), **bei fehlerhafter Behand-
        lung mit einem empfängnisverhütenden Mittel** (BGH, VersR 2008, 1265, 1266,
        Nr. 12; BGH, Urt. v. 14. 11. 2006 – VI ZR 48/06, MDR 2007, 521 = VersR 2007,
        109; BGH, Urt. v. 14. 11. 2006 – VI ZR 48/06: fehlerhafter Einsatz eines Ver-
        hütungsimplantats), **bei fehlerhafter Beratung über die Sicherheit der empfäng-
        nisverhütenden Wirkungen eines vom Arzt verordneten Hormonpräparats**
        (BGH, VersR 2008, 1265, 1266, Nr. 12; VersR 1997, 1422, 1423) **sowie für Fälle
        fehlerhafter genetischer Beratung von der Zeugung eines genetisch behinderten
        Kindes** (BGH, VersR 2008, 1265, 1266, Nr. 12; BGH, MDR 1994, 556 = VersR
        1994, 425; BGH, Urt. v. 15. 7. 2003 – VI ZR 203/02, NJW 2003, 3411 = VersR
        2003, 1541: medizinische Indikation für einen Schwangerschaftsabbruch bei
        schwerwiegender Behinderung des ungeborenen Kindes).

S 202   Der BGH geht bereits seit 1980 von der Ersatzfähigkeit des Schadens aus, der in
        dem **Unterhaltsbedarf** eines aufgrund der Schlechterfüllung eines ärztlichen Be-
        handlungsvertrages „unerwünscht" geborenen Kindes gesehen wurde (BGH,
        NJW 1980, 1450, 1451; vgl. nachfolgend BGH, Urt. v. 31. 1. 2006 – VI ZR 135/04,
        NJW 2006, 1660, 1661 = VersR 2006, 702, 704: Voraussetzungen eines **medizi-
        nisch indizierten Schwangerschaftsabbruchs**; BGH, Urt. v. 21. 12. 2004 – VI ZR
        196/03, NJW 2005, 891 = GesR 2005, 159, 160: Übersehen einer **Rötelnerkran-
        kung der Mutter in der Schwangerschaft**; BGH, Urt. v. 18. 6. 2002 – VI ZR
        136/01, NJW 2002, 2636, 2637 = VersR 2002, 1148, 1149: Ersatz des Unterhalts-
        aufwandes bei **Nichterkennen von schweren Behinderungen des ungeborenen**

Kindes; OLG Koblenz, Beschl. v. 20. 3. 2006 – 5 U 255/06, NJW-RR 2006, 967, 968 = GesR 2006, 312 zur Rechtfertigung des Abbruchs nach § 218 II StGB; vgl. auch F/N/W, 5. Aufl., Rz. 176 ff., 181; Gehrlein, NJW 2000, 1771 und G/G, 6. Aufl., Rz. B 150 ff., 161 ff., 165 ff., 170 ff., 177 ff.; Grub, S. 8 ff., 37 ff., 46 ff.; Müller, VPräsBGH a. D., NJW 2003, 697, 701 ff. und GesR 2004, 257, 265 ff.; R/L-Ratzel, § 16 Rz. 7 ff., 20, 21; Ratzel, GesR 2005, 49, 51 ff.; Reinhart, VersR 2001, 1081, 1083 ff.; Mörsdorf-Schulte, NJW 2006, 3105, 3107; S/Pa, 12. Aufl. 2013, Rz. 307 ff., 324 ff; L/K/L-Laufs, Kap. VII. Rz. 27 ff., 59 ff.; Spickhoff-Greiner, 1. Aufl. 2011, § 823 BGB Rz. 77 ff., 87 ff., 103; L/K-Laufs/Kern, § 99 Rz. 3 ff., 14 ff.; L/K-Ulsenheimer, § 143 Rz. 14 ff., 31 ff. zur strafrechtlichen Problematik).

Kam es infolge eines Behandlungsfehlers oder versäumter **Aufklärung** über das **Versagerrisiko** der Sterilisation, infolge fehlerhafter genetischer Beratung der Eltern sowie bei indiziertem, aber misslungenem Schwangerschaftsabbruch zur Geburt eines Kindes, hatte der BGH die Belastung der Eltern mit dem dabei entstehenden Unterhaltsaufwand weitgehend bejaht (vgl. BGHZ 86, 240, 244 ff.; BGHZ 89, 95, 102 ff.; BGH, NJW 1987, 2923; Müller, VPräsBGH a. D., NJW 2003, 697, 698 m. w. N.).

Diese Rechtsprechung hat das **BVerfG** (NJW 1993, 1751, 1763 f.) in den – keine S 203
formelle Bindungswirkung nach § 31 I BVerfGG entfaltenden – Entscheidungsgründen seines Urteils zur Regelung des Rechts des Schwangerschaftsabbruchs vom 28. 5. 1993 für überprüfungsbedürftig erklärt und dabei ausgeführt, eine **rechtliche Qualifikation** des Daseins **eines Kindes als Schaden** komme von Verfassungs wegen (Art. 1 I GG) **nicht** in Betracht. Die Verpflichtung aller staatlichen Gewalt, jeden Menschen in seinem Dasein um seiner selbst willen zu achten, verbiete es, die Unterhaltspflicht für ein Kind als Schaden zu begreifen.

Der **BGH unterscheidet** in Abweichung von der früheren Praxis bis 1993 **zwei** S 204
Fallgestaltungen:
Während der BGH bis zur Entscheidung des BVerfG vom 28. 5. 1993 davon ausgegangen ist, dass der Abbruch einer Schwangerschaft zur Abwendung der Gefahr einer Notlage von der Schwangeren nicht nur straffrei, sondern rechtmäßig gewesen ist, wenn er die materiellen Voraussetzungen des § 218 II Nr. 3, III StGB a. F. erfüllte, sich die Schwangere nach § 218d StGB a. F. hatte beraten lassen und die Notlage sowohl von einem zweiten Arzt nach Maßgabe des § 219 I StGB a. F. als auch von dem mit dem Schwangerschaftsabbruch selbst betrauten Arzt festgestellt worden war (vgl. BGH, NJW 1995, 1609, 1610), unterscheidet er nunmehr nach den vom BVerfG entwickelten Grundsätzen danach, ob der etwaige **Schwangerschaftsabbruch rechtmäßig oder rechtswidrig** war. Rechtmäßig war ein Schwangerschaftsabbruch aus embryopathischer oder kriminologischer Indikation nach dem früheren Indikationenmodell des § 218a II Nr. 1, Nr. 2 StGB a. F., nicht hingegen im Regelfall ein Abbruch aus personaler oder sozialer Notlage gem. § 218a II Nr. 3 a. F. (BGH, NJW 1995, 1609, 1610; vgl. zuletzt BGH, Urt. v. 15. 7. 2003 – VI ZR 203/02, NJW 2003, 3411, 3412 = VersR 2003, 1541, 1542; Urt. v. 4. 12. 2001 – VI ZR 213/00, VersR 2002, 233, 234; Urt. v. 19. 2. 2002 – VI ZR 190/01, NJW 2002, 1489, 1490; G/G, 6. Aufl., Rz. 155, 164, 165; Müller, VPräsBGH a. D., NJW 2003, 697, 698, 701). Nur in den **Fällen eines rechtmäßigen Schwangerschaftsabbruchs**, nicht dagegen im Regelfall einer blo-

ßen Notlagenindikation nach § 218a II Nr. 3 StGB a.F. hält der BGH seitdem eine Qualifikation des Unterhaltsaufwandes als Schaden weiterhin für vertretbar (BGH a.a.O.).

S 205   In seinem Urt. v. 16. 11. 1993 (NJW 1994, 788; zustimmend OLG Düsseldorf, NJW 1995, 788; OLG Oldenburg, MDR 1996, 1132; insoweit auch LG Köln, VersR 1999, 968, 970; Deutsch, NJW 1993, 2361 und, NJW 1994, 776; **ablehnend** Roth, NJW 1994, 2402 und, NJW 1995, 2399) hat der BGH an seiner Auffassung festgehalten, dass in den Fällen einer aus ärztlichem Verschulden **misslungenen Sterilisation** sowie eines **verhinderten oder fehlgeschlagenen Schwangerschaftsabbruchs** aus **embryopathischer oder kriminologischer** Indikation der ärztliche Vertragspartner auf **Schadensersatz** wegen der Unterhaltsbelastung der Eltern durch das Kind in Anspruch genommen werden kann. Er weist u.E. zutreffend darauf hin, dass weder die rechtlichen Ordnungen des Schadensrechts oder des Familienrechts noch eine **ungezwungene Gesamtbetrachtung des Lebenssachverhalts** dazu nötigen, bereits das Dasein des Kindes als Schadensfall anzusehen, um zur Bejahung eines Anspruchs gegen den Arzt zu gelangen. Vielmehr stellt **erst die Belastung der Eltern mit dem finanziellen Aufwand** für den Unterhalt den Schaden dar (BGH, NJW 1994, 788, 791; ebenso: BGH, Urt. v. 31. 1. 2006 – VI ZR 135/04, NJW 2006, 1660, 1661 = VersR 2006, 702, 703; NJW 1995, 2407, 2410; zuletzt Urt. v. 14. 11. 2006 – VI ZR 48/06, NJW 2007, 989, 991 = VersR 2007, 109, 110; OLG Düsseldorf, NJW 1995, 788, 789; OLG Oldenburg, NJW 1996, 2432). War der **Vertrag** mit dem Arzt **zumindest auch darauf gerichtet**, eine **Unterhaltsbelastung** der Eltern **zu vermeiden**, so ist diese Belastung – wenn sie sich gerade wegen der fehlerhaften Vertragserfüllung einstellt – sowohl vom Schutzzweck des Vertrages wie auch vom Ausgleichszweck des Schadensersatzes her als Vermögensschaden anzusehen (BGH, NJW 1994, 788, 792).

S 206   So erstreckt sich der **Schutzzweck des Beratungsvertrages** insbesondere auf die Belastung mit dem finanziellen Aufwand für ein schwer behindertes Kind, den die Eltern dem Kind und sich durch ihre Vorsorge ersparen wollten. Dieser Unterhaltsaufwand lasse sich nicht aufteilen in einen solchen, der für ein hypothetisch gesundes Kind von den Eltern familienrechtlich geschuldet wird, und einen solchen, der durch den Gesundheitsschaden des Kindes zusätzlich bedingt ist (BGH, NJW 1994, 788, 791; ebenso: BGH, Urt. v. 18. 6. 2002 – VI ZR 136/01, NJW 2002, 2636, 2639 = VersR 2002, 1148, 1149; kritisch: Stürner, JZ 2003, 155, 156; Schmidt/Recla/Schumann, MedR 2002, 640, 643; Grub, S. 130ff., 133).

S 207   **Auch** im Fall eines – grundsätzlich nicht gem. §§ 134, 138 BGB nichtigen – Behandlungsvertrages über die **genetische Beratung** zur Vermeidung der Zeugung schwerstgeschädigter Kinder hat der BGH (NJW 1995, 2407) die bisherige Rechtsprechung bestätigt.

S 208   Hat der Arzt danach bei der Sterilisation eines Mannes **nicht ausreichend über die Notwendigkeit eines Spermiogramms aufgeklärt**, so kann – wenn es trotz des Eingriffs zur Geburt eines Kindes kommt – dessen Unterhaltsbedarf im Wege des Schadensersatzes und daneben in diesem Fall auch ein Schmerzensgeld für die Mutter verlangt werden. Der Zurechnungszusammenhang zwischen der Pflichtwidrigkeit des Arztes und dem Eintritt der Körperverletzung wird dabei nicht deshalb unterbrochen, weil der Verletzungserfolg beim Verletzten erst durch eine zusätzliche Ursache, nämlich den Geschlechtsverkehr mit dem fehlerhaft behandelten Patienten, eintritt (BGH, NJW 1995, 2407, 2408).

Im Urt. v. 28. 3. 1995 (BGH, NJW 1995, 1609; auch OLG Koblenz, Beschl. v. 20. 3. 2006 – 5 U 255/06, NJW-RR 2006, 967, 968 = GesR 2006, 312 und OLG Nürnberg, Urt. v. 14. 11. 2008 – 5 U 1148/08, VersR 2009, 547: bloße Straflosigkeit nach § 218a I StGB n. F. reicht nicht aus; zustimmend Mörsdorf-Schulte, NJW 2006, 3105, 3107) ist der BGH anhand der vom BVerfG vorgegebenen Kriterien jedoch zu dem Ergebnis gelangt, dass der Unterhaltsaufwand für ein nach einem fehlgeschlagenen Schwangerschaftsabbruch geborenes Kind dann nicht mehr vom Schutzzweck des Arztvertrages umfasst wird, wenn sich der Schwangerschaftsabbruch nach den vom BVerfG entwickelten Kriterien **nicht als rechtmäßig, sondern lediglich als straffrei** darstellt. **S 209**

Die sich aus der Durchführung des damals gesetzlich vorgeschriebenen Beratungsverfahrens ergebende Vermutung, dass eine Notlagenindikation gegeben gewesen sei, reicht für die Feststellung der Rechtmäßigkeit von Schwangerschaftsabbrüchen danach nicht aus (BGH, NJW 1995, 1609 unter Aufgabe von BGH, NJW 1985, 2752). Vielmehr obliegt es den Eltern, **das Vorliegen eines rechtfertigenden Indikationstatbestandes, etwa eines schweren sozialen oder psychisch-personalen Konflikts, substantiiert vorzutragen** (BGH, Urt. v. 31. 1. 2006 – VI ZR 135/04, NJW 2006, 1660, 1661 = VersR 2006, 702, 703; Urt. v. 15. 7. 2003 – VI ZR 203/02, NJW 2003, 3411 = VersR 2003, 1541: Gefahr einer schwerwiegenden Beeinträchtigung des Gesundheitszustandes von der Mutter zu beweisen; OLG Koblenz, Beschl. v. 20. 3. 2006 – 5 U 255/06, NJW-RR 2006, 967, 968 = GesR 2006, 312; OLG Saarbrücken, Urt. v. 30. 6. 2004 – 1 U 386/02-92, OLGR 2005, 5, 11; OLG Schleswig, NJW-RR 2001, 1391). **S 210**

Allerdings kann ein Schwangerschaftsabbruch auch aufgrund einer sozialen oder psychisch-personalen Notlage der Schwangeren ausnahmsweise nicht nur straffrei, sondern auch **rechtmäßig** sein. Voraussetzung hierfür ist jedoch eine Belastung der Schwangeren, die ein solches Maß an Aufopferung eigener Lebenswerte verlangt, dass ihr die Pflicht zum **Austragen des Kindes nicht zugemutet** werden kann. Dies gilt für Notlagen nur dann, wenn in ihrer Umschreibung die Schwere des sozialen oder psychisch-personalen Konflikts so deutlich erkennbar wird, dass – unter dem Gesichtspunkt der Unzumutbarkeit betrachtet – die Kongruenz mit den anderen Indikationsfällen nach § 218a StGB a. F. gewahrt bleibt. Einem solchen Ausnahmetatbestand kann zudem eine rechtfertigende Wirkung nur dann zukommen, wenn das Vorliegen seiner Voraussetzungen durch die Gerichte oder durch Dritte, denen der Staat kraft ihrer besonderen Pflichtenstellung vertrauen darf und deren Entscheidung nicht jeglicher staatlichen Überprüfung entzogen ist, unter Beachtung des Schutzanspruchs des ungeborenen menschlichen Lebens bewertet und festgestellt worden ist (BGH, NJW 1995, 1609, 1610 im Anschluss an BVerfG, NJW 1993, 1758). **S 211**

Daher ist bei den Fallgestaltungen, die nach der bisherigen rechtlichen Regelung der „embryopathischen Indikation" des § 218a II, III StGB unterfielen, nunmehr im Rahmen des § 218a II StGB n. F. zu prüfen, ob sich für die Mutter aus der Geburt eines schwerbehinderten Kindes und der hieraus resultierenden besonderen **S 212**

Lebenssituation Belastungen ergeben, die sie in ihrer Konstitution überfordern und die Gefahr einer schwerwiegenden Beeinträchtigung ihres insbesondere auch seelischen Gesundheitszustandes als so bedrohend erscheinen lassen, dass bei der gebotenen **Güterabwägung das Lebensrecht des Ungeborenen dahinter zurückzutreten** hat (BGH, Urt. v. 31. 1. 2006 – VI ZR 135/04, NJW 2006, 1660, 1661 = VersR 2006, 702, 703; Urt. v. 15. 7. 2003 – VI ZR 203/02, NJW 2003, 3411 = VersR 2003, 1541, 1542 = GesR 2003, 387, 388; Urt. v. 18. 6. 2002 – VI ZR 136/01, NJW 2002, 2636, 2638 = VersR 2002, 1148, 1149; OLG Düsseldorf, Urt. v. 10. 1. 2002 – 8 U 79/01, VersR 2003, 1542 = MedR 2002, 580; OLG Hamm, Beschl. v. 28. 12. 2005 – 3 W 50/05, GesR 2006, 126; VersR 2002, 1153, 1154; OLG Koblenz, Beschl. v. 20. 3. 2006 – 5 U 255/06, NJW-RR 2006, 967, 968 = GesR 2006, 312; OLG Stuttgart, Urt. v. 25. 3. 2003 – 1 U 125/02, OLGR 2003, 380, 381 = GesR 2003, 327, 328 = NJW-RR 2003, 1256, 1257; OLG Stuttgart, Beschl. v. 31. 8. 2009 – 1 W 33/09, VersR 2010, 909, 910 = GesR 2010, 142, 143; LG Köln, Urt. v. 17. 9. 2008 – 25 O 35/08, GesR 2009, 43, 45).

S 213 Im Schadensersatzprozess hat die Mutter darzulegen und zu beweisen, dass die **Voraussetzungen für einen rechtmäßigen Schwangerschaftsabbruch** nach § 218a II bzw. § 218a III StGB vorliegen, im Rahmen des § 218a II StGB also, dass eine **Gefahr für ihr Leben oder eine schwerwiegende Beeinträchtigung ihres körperlichen oder seelischen Gesundheitszustandes** vorlag, die **nicht auf andere, für sie zumutbare Weise als den Schwangerschaftsabbruch abgewendet** werden konnte. Hierzu bedarf es einer nachträglichen, auf den Zeitpunkt des denkbaren Abbruchs der Schwangerschaft bezogenen **Prognose**, wobei regelmäßig die Einholung eines Sachverständigengutachtens erforderlich ist (BGH, Urt. v. 31. 1. 2006 – VI ZR 135/04, NJW 2006, 1660, 1661 = VersR 2006, 702, 704; Urt. v. 15. 7. 2003 – VI ZR 203/02, NJW 2003, 3411 = VersR 2003, 1541, 1542; OLG Koblenz, Beschl. v. 20. 3. 2006 – 5 U 255/06, NJW-RR 2006, 967, 968 = GesR 2006, 312; LG Köln, Urt. v. 17. 9. 2008 – 25 O 35/08, GesR 2009, 43, 45: Schwangerschaftsabbruch muss „ultima ratio" sein).

S 214 Das OLG Koblenz (Beschl. v. 20. 3. 2006 – 5 U 255/06, NJW-RR 2006, 967, 968 = GesR 2006, 312; ebenso OLG Nürnberg, Urt. v. 14. 11. 2008 – 5 U 1148/08, VersR 2009, 547 und Mörsdorf-Schulte, NJW 2006, 3105, 3107 f.) vertritt unter Bezugnahme auf die Entscheidung des BVerfG (Urt. v. 28. 5. 1993 – 2 BvF 2/90, NJW 1993, 1751, 1758) nachdrücklich die Ansicht, dass eine **bloße Straflosigkeit der Schwangeren nach § 218a I StGB nicht ausreicht**. Nur wenn der Abbruch gem. § 218a II oder III StGB gerechtfertigt gewesen wäre, hafte der Arzt für den Unterhaltsschaden.

S 215 Bei der im Rahmen des § 218a II StGB anzustellenden **Prognose** können die **Art und der Grad der zu erwartenden Behinderung indiziell durchaus eine Rolle** spielen; nur dahin ist es zu verstehen, wenn der BGH ausgeführt hat (Urt. v. 15. 7. 2003 – VI ZR 203/02, NJW 2003, 3411 = VersR 2003, 1541; Urt. v. 18. 6. 2002 – VI ZR 136/01, NJW 2002, 2636, 2638 = VersR 2002, 1148, 1149), die **Gefahr einer schwerwiegenden Beeinträchtigung des Gesundheitszustandes** müsse als so drohend erscheinen, dass bei der gebotenen Güterabwägung das Lebensrecht des Ungeborenen dahinter zurückzutreten habe (so wörtlich BGH, Urt. v. 31. 1. 2006 – VI ZR 135/04, NJW 2006, 1660, 1662 = VersR 2006, 702, 704).

Dabei sind ein durch die Geburt des behinderten Kindes ausgelöster **Schock,**   S 216
eine sich hieraus entwickelnde Depression, wochenlange Weinkrämpfe, Kopfschmerzen und Schlaflosigkeit (OLG Stuttgart, Urt. v. 25. 3. 2003 – 1 U 125/02,
GesR 2003, 327 = NJW-RR 2003, 1256, 1257), eine **starke körperliche und psychische Belastung und die einmalige Äußerung suizidaler Gedanken** gegenüber
einem Psychologen (LG Stuttgart, Urt. v. 19. 7. 2005 – 20 O 669/04; vgl. OLG
Koblenz, Beschl. v. 20. 3. 2006 – 5 U 255/06, GesR 2006, 312 = NJW-RR 2006,
967, 968: erforderlich wären vielmehr *„prognostisch schwerwiegende Gefahren
bis hin zu Suizidversuchen"*), **Erschöpfungs- und Angstzustände**, die die Leistungsfähigkeit und Lebensfreude der Mutter erheblich beeinträchtigen (Müller,
VPräsBGH a.D., NJW 2003, 697, 701), erhebliche seelische Belastungen mit **Depressionen von Krankheitswert aufgrund zu erwartenden Missbildungen des
Kindes** (OLG Hamm, Beschl. v. 28. 12. 2005 – 3 W 50/05, GesR 2006, 126), eine
posttraumatische Angststörung sowie eine wegen pränatal festgestellter Behinderungen des Kindes aufgetretene **„Weltuntergangsstimmung"** (OLG Hamm,
Urt. v. 29. 3. 2004 – 3 U 38/03, AHRS III, 0850/314), bloße Beeinträchtigungen
der Lebensplanung und Lebensführung bei einer zu erwartenden **schweren Behinderung des Kindes (hier: Down-Syndrom, Trisomie 21) und einer ärztlich attestierten „psychischen Ausnahmesituation"** (OLG Stuttgart, Beschl. v.
31. 8. 2009 – 1 W 33/09, GesR 2009, GesR 2010, 142, 143 = VersR 2010, 909,
910), das vor der Geburt festgestellte **Fehlen von Teilen von Gliedmaßen wie
etwa einer Hand und des Unterarms** (OLG Hamm, Urt. v. 5. 9. 2001 – 3 U
229/00, OLGR 2002, 337, 340) oder **erhebliche soziale Belastungen einer 15-jäh-
rigen Schwangeren** (LG Köln, Urt. v. 17. 9. 2008 – 25 O 35/08, GesR 2009, 43, 45)
noch **nicht als so schwerwiegend anzusehen, dass sie unter Berücksichtigung
des Lebensrechts des Kindes der Schwangeren nicht mehr zugemutet werden
können**.

Das Vorliegen des Rechtfertigungsgrundes nach § 218a II StGB wurde vom BGH   S 217
jedoch dann bejaht, wenn nach dem Gutachten eines medizinischen Sachverständigen die voraussichtlichen schweren Behinderungen des Kindes sowohl
die ernsthafte **Gefahr eines Suizidversuchs** als auch einer **schwerwiegenden Beeinträchtigung des seelischen Gesundheitszustandes** der Mutter erwarten ließen, wobei die Prognose dadurch gestützt wurde, dass bei der Mutter nach der
Geburt tatsächlich Depressionen mit deutlichem Krankheitswert auftraten und
eine **latente Selbstmordgefahr vorhanden** war (BGH, Urt. v. 18. 6. 2002 – VI ZR
136/01, NJW 2002, 2636, 2639 = VersR 2002, 1148, 1149 = MedR 2002, 640,
641; OLG Düsseldorf, Urt. v. 10. 1. 2002 – 8 U 79/01, VersR 2003, 1542, 1543
und OLG Koblenz, Beschl. v. 20. 3. 2006 – 5 U 255/06, NJW-RR 2006, 967, 968:
wenn **schwerwiegende seelische Gefahren bis hin zu Suizidversuchen zu befürchten** gewesen wären; KG, Urt. v. 10. 3. 2008 – 20 U 224/04, OLGR 2008,
787, 788 = NJW-RR 2008, 1557, 1558: Hinweis auf eine mögliche Suizidalität
der Mutter, **ernsthafte Suizidgefahr genügt, pathologisches Geschehen nicht erforderlich**; OLG Köln, Beschl. v. 26. 1. 2009 – 5 U 179/08, OLGR 2009, 585, 587
= AHRS III, 0850/317: schwerwiegende Beeinträchtigung kann angenommen
werden, wenn aufgrund der mit der Schwangerschaft einhergehenden psychischen Probleme die **Einweisung in eine psychiatrische Klinik droht**; soziale
Unterversorgung, physische und psychische Beeinträchtigungen und Ängste einer 15-jährigen Mutter reichen aber nicht aus).

S 218 Der 1. Senat des **BVerfG** (NJW 1998, 519 = MDR 1998, 216, 220) hat die Rechtsauffassung des BGH jedenfalls für **Verträge über Sterilisationen und genetische Beratungen für verfassungsgemäß erklärt** und dabei jedoch offengelassen, ob seine Auffassung auch für Verträge über Schwangerschaftsabbrüche gelten soll. Das BVerfG weist ausdrücklich darauf hin, dass seine Ausführungen für Verträge über **Schwangerschaftsabbrüche** einerseits und Verträge über **Sterilisationen** und genetische Beratungen andererseits im Hinblick auf die unterschiedliche rechtliche Bewertung der Vertragsgegenstände „**nicht notwendig einheitlich gelten**" müssen (BVerfG, MDR 1998, 216, 220 mit Anmerkung Rehborn, MDR 1998, 221; auch OLG Hamm, VersR 2002, 1153, 1154: Rechtslage verfassungsrechtlich noch nicht abschließend geklärt).

S 219 Deshalb hat sich der 1. Senat auch nicht ausdrücklich von der ablehnenden Haltung des 2. Senats (Beschl. v. 22. 10. 1997, NJW 1998, 523; vgl. hierzu Lamprecht, NJW 1998, 1039 ff.) hinsichtlich der Haftung des Arztes auf Unterhalt bei missglückten Abtreibungen distanziert (vgl. hierzu Schmidt-Recla/Schumann, MedR 2002, 643, 647; Grub, S. 44/45).

S 220 Nach Ansicht des 2. Senats des BVerfG handelt es sich bei seiner Aussage zum Kind als Schaden in der Entscheidung v. 28. 5. 1993 (NJW 1993, 1751, 1763 f.) um eine tragende Rechtsansicht; damit hätte das **Plenum** des BVerfG den Fall des 1. Senats (NJW 1998, 519) entscheiden müssen. Der **Dissens zwischen dem 1. und 2. Senat des BVerfG** ist bei näherem Hinsehen aber gar nicht so gravierend:

S 221 Der 1. Senat hat damit der Aussage des 2. Senats insoweit nur die Bindungswirkung abgesprochen für die Arzthaftung, die nicht unmittelbar im Zusammenhang mit einem Schwangerschaftsabbruch steht (Grub, S. 44). Der auf einen Schwangerschaftsabbruch gerichtete Vertrag mit einem Arzt soll nach Ansicht beider Senate danach zwar wirksam sein, aber im Interesse des staatlichen Lebensschutzkonzepts bei Misslingen nicht dazu führen, dass der abtreibende Arzt den Unterhalt für das Kind als Schadensersatz zu zahlen hat (Wagner, NJW 2002, 3379, 3380; Grub, S. 44). Allerdings ist anzunehmen, dass der 2. Senat auch in der **Fallgruppe der „fehlerhaften Pränataldiagnostik"** davon ausgehen würde, dass das Kind selbst als Schadensquelle nicht in Betracht kommt und das Kind deshalb nicht durch Ersatzansprüche – insbesondere Ersatz des Unterhaltsaufwandes – kompensiert werden kann (Grub, S. 45).

S 222 Demgegenüber würde nach den bisherigen Ausführungen des 1. Senats des BVerfG der direkte Bezug der fehlerhaften Verträge über Pränataldiagnostik zum Schwangerschaftsabbruch fehlen. Anders als beim Abbruch der Schwangerschaft erfolgt die **Pränataldiagnostik im Interesse der Gesundheit von Mutter und Kind**. Würde der Arzt dabei feststellen, dass das Kind wahrscheinlich eine Behinderung haben wird, und unterlässt er die rechtzeitige Aufklärung der Schwangeren, wäre nach den bisherigen Ausführungen des 1. Senats die Statuierung einer Haftung des Arztes für den Unterhaltsschaden nicht verfassungswidrig (vgl. Grub, S. 44/45; auch Wagner, NJW 2002, 3379, 3380).

S 223 Seit dem 1. 10. 1995 ist ein Schwangerschaftsabbruch aus medizinischer Indikation unbefristet möglich (§ 218a II StGB), ein im Anschluss an eine Not- und

1328

Konfliktberatung (§ 219 StGB) von einem Arzt **innerhalb der ersten zwölf Wochen** nach der Empfängnis vorgenommener Abbruch **nicht mehr strafbar (§ 218a I StGB)**.

Unter – allerdings zum Teil unzutreffender (vgl. Mörsdorf-Schulte, NJW 2006, 3105, 3106) – Berufung auf die Entscheidungen des BVerfG vom 28. 5. 2003 (2 BvF 2/90, NJW 1993, 1751, 1758 = MDR 1993, 789) und des BGH vom 19. 2. 2002 (VI ZR 190/01, NJW 2002, 1489, 1490 = MDR 2002, 637) judizierte das OLG Koblenz (Beschl. v. 20. 3. 2006 – 5 U 255/06, NJW-RR 2006, 967, 968 = GesR 2006, 312; auch OLG Nürnberg, Urt. v. 14. 11. 2008 – 5 U 1148/08, VersR 2009, 547; **abl**. G/G, 6. Aufl., Rz. B 155 a.E.: „zu eng"), **der Arzt hafte für die vermögensrechtlichen Folgen eines unterbliebenen Schwangerschaftsabbruchs nur, wenn die Abtreibung gem. § 218a II StGB oder § 218a III StGB rechtmäßig gewesen wäre. Bloße Straflosigkeit nach § 218a I StGB reiche grundsätzlich nicht aus.** S 224

Greiner (RiBGH, G/G, 6. Aufl. 2009, Rz. B 155, Stand Oktober 2008) weist darauf hin, es sei offen und vom BGH noch nicht entschieden, ob Schadensersatzansprüche, insbesondere auf Kindesunterhalt, an einen fehlgeschlagenen Abbruch **innerhalb der ersten zwölf Wochen ab Empfängnis** anzubinden sind und ob auch in solchen Fällen der Anspruch der Mutter auf Schmerzensgeld für die physischen und psychischen Belastungen mit Krankheitswert durch die aufgrund des ärztlichen Verschuldens fortbestehende Schwangerschaft unberührt bleibt. S 225

II. Fehlerhafter Schwangerschaftsabbruch nach medizinischer Indikation und sog. „Notlagenindikation"

Ein Schwangerschaftsabbruch aus medizinischer Indikation ist gem. § 218a II StGB unbefristet möglich. Entsprechende Behandlungsverträge verstoßen nicht gegen §§ 134, 138 BGB und sind deshalb wirksam (vgl. BGH, Urt. v. 31. 1. 2006 – VI ZR 135/04, NJW 2006, 1660, 1661 = VersR 2006, 702, 703; Urt. v. 15. 7. 2003 – VI ZR 203/02, NJW 2003, 3411 = VersR 2003, 1541, 1542; BGH, Urt. v. 18. 6. 2002 – VI ZR 136/01, NJW 2002, 2636, 2638 = VersR 2002, 1148, 1149; Deutsch, NJW 2003, 26, 28; Müller, VPräsBGH a.D., NJW 2003, 697, 701, 703; G/G, 6. Aufl., Rz. 165, 166). In der Neufassung der §§ 218a, 219 StGB wurden die selbständigen Rechtfertigungsgründe der Notlagenindikation (§ 218a II Nr. 3 StGB a.F.) und der embryopathischen Indikation (§ 218a II Nr. 1 StGB a.F.) gestrichen. S 226

Eine Notlage i.S.d. § 218a II Nr. 3 StGB a.F. kann jedoch die Gefahr einer schwerwiegenden Beeinträchtigung des seelischen Gesundheitszustandes der Schwangeren auslösen und damit die Voraussetzungen einer medizinischen Indikation gem. § 218a II StGB erfüllen (Gehrlein, Rz. B 88, 90). Dabei müssen jedoch die vom BVerfG aufgestellten, oben genannten strengen Voraussetzungen vorliegen (BVerfG, NJW 1993, 1751, 1754ff.; BGH, NJW 1995, 1609; S/Pa, 12. Aufl., Rz. 325, 332). S 227

Im Schadensersatzprozess hat die Mutter bzw. Schwangere danach darzulegen und zu beweisen, dass bei fehlerfreier Diagnose des untersuchenden Arztes die S 228

Voraussetzungen für einen rechtmäßigen Schwangerschaftsabbruch vorgelegen hätten. Hierzu bedarf es einer – auf das Gutachten eines medizinischen Sachverständigen gestützten (BGH, Urt. v. 15. 7. 2003 – VI ZR 203/02, NJW 2003, 3411 = VersR 2003, 1541) – nachträglichen, auf den Zeitpunkt des denkbaren Abbruchs der Schwangerschaft bezogenen Prognose.

S 229 Einerseits dürfen an die die Prognose betreffenden Darlegungen keine überzogenen Anforderungen gestellt werden. Die **Art und der Grad der zu erwartenden Behinderung** des zu erwartenden Kindes können **indiziell** durchaus eine Rolle spielen (BGH, Urt. v. 31. 1. 2006 – VI ZR 135/04, NJW 2006, 1660, 1662 = VersR 2006, 702, 704). Insbesondere setzt die medizinisch-soziale Indikation nach § 218a II StGB kein pathologisches Geschehen, keine psychotische Störung mit Krankheitswert voraus (KG, Urt. v. 10. 3. 2008 – 20 U 224/04, OLGR 2008, 787, 788). **Die Voraussetzungen des § 218a II StGB liegen vor, wenn ein konkreter Hinweis auf eine mögliche Suizidalität der Mutter ("präsuizidales Syndrom") besteht** (KG, Urt. v. 10. 3. 2008 – 20 U 224/04, OLGR 2008, 787, 788; OLG Koblenz, Beschl. v. 20. 3. 2006 – 5 U 255/06, GesR 2006, 312 = NJW-RR 2006, 967, 968: *"prognostisch schwerwiegende Gefahren bis hin zu Suizidversuchen"*).

S 230 Andererseits sind **Depressionen mit wochenlangen Weinkrämpfen, Kopfschmerzen und Schlaflosigkeit** (OLG Stuttgart, Urt. v. 25. 3. 2003 – 1 U 125/02, OLGR 2003, 380, 381 = GesR 2003, 327 = NJW-RR 2003, 1256, 1257), **erhebliche seelische Belastungen und eine Depression mit Krankheitswert** (OLG Hamm, Beschl. v. 28. 12. 2005 – 3 W 50/05, GesR 2006, 126), eine **posttraumatische Angststörung** sowie eine wegen pränatal festgestellter Behinderungen des Kindes aufgetretene „Weltuntergangsstimmung" (OLG Hamm, Urt. v. 29. 3. 2004 – 3 U 38/03, AHRS III, 0850/314), bloße Beeinträchtigungen der Lebensplanung und Lebensführung bei einer zu erwartenden **schweren Behinderung des Kindes (hier: Down-Syndrom, Trisomie 21) und einer ärztlich attestierten „psychischen Ausnahmesituation"** (OLG Stuttgart, Beschl. v. 31. 8. 2009 – 1 W 33/09, GesR 2009, GesR 2010, 142, 143 = VersR 2010, 909, 910), **schwere körperliche und psychische Belastungen und gegenüber einem betreuenden Psychologen einmal geäußerte suizidale Gedanken** (LG Stuttgart, Urt. v. 19. 7. 2005 – 20 O 669/04), das vorgeburtlich festgestellte **Fehlen der Hand und des Unterarms** des Kindes (OLG Hamm, Urt. v. 5. 9. 2001 – 3 U 229/00, OLGR 2002, 337, 340), vorhandene „Missbildungsängste" ohne Darlegung schwerwiegender seelischer Gefahren, ggf. bis hin zu Suizidversuchen (OLG Koblenz, Beschl. v. 20. 3. 2006 – 5 U 255/06, NJW-RR 2006, 967, 968 = GesR 2006, 312), **Erschöpfungs- und Angstzustände**, die die Leistungsfähigkeit und Lebensfreude der Mutter erheblich beeinträchtigen (Müller, VPräsBGH a.D., NJW 2003, 697, 701), ein vorliegendes „Überlastungssyndrom" (BGH, NJW 1995, 1609, 1610; OLG Schleswig, NJW-RR 2001, 1391; großzügiger OLG Hamm, VersR 2002, 1153, 1154) oder **erhebliche physische, psychische und soziale Belastungen einer 15-jährigen Schwangeren** (LG Köln, Urt. v. 17. 9. 2008 – 25 O 35/08, GesR 2009, 43, 45, bestätigt von OLG Köln, Beschl. v. 26. 1. 2009 – 5 U 179/08, OLGR 2009, 585, 587) **noch nicht als so schwerwiegend anzusehen**, dass sie unter Berücksichtigung des Lebensrechts des Kindes der Schwangeren nicht mehr zugemutet werden können.

S 231 Der BGH hat eine den Schwangerschaftsabbruch rechtfertigende Gefahr einer **schwerwiegenden Beeinträchtigung insbesondere des seelischen Gesundheits-**

zustandes der werdenden Mutter bei der zu erwartenden Geburt eines Kindes mit schweren körperlichen Fehlbildungen angenommen (BGH, Urt. v. 18. 6. 2002 – VI ZR 136/01, NJW 2002, 2636, 2638 = MedR 2002, 640, 641 = VersR 2002, 1148, 1149; Müller, NJW 2003, 697, 703; im Ergebnis zustimmend Deutsch, NJW 2003, 26, 28; kritisch Stürner, JZ 2003, 155, 156; Schmidt-Recla/ Schumann, MedR 2002, 643, 645 f.; Grub, S. 84, 85). Im entschiedenen Fall hatte der behandelnde Gynäkologe pflichtwidrig nicht erkannt, dass beide Oberarme nicht ausgebildet, der rechte Oberschenkel verkürzt war und der linke Oberschenkel sowie beide Wadenbeine des Fötus fehlten.

Nach Auffassung des BGH war im konkreten Fall eine medizinische Indikation   S 232
zu bejahen, weil nach dem Gutachten des medizinischen Sachverständigen die festgestellte schwere Behinderung des Kindes sowohl die **Gefahr eines Suizidversuchs** als auch einer **schwerwiegenden Beeinträchtigung der seelischen Gesundheit der Mutter** erwarten ließ. Die Prognose des Sachverständigen wurde dadurch gestützt, dass bei der Mutter nach der Geburt tatsächlich Depressionen mit deutlichem Krankheitswert und eine latente Selbstmordgefahr auftraten (BGH, Urt. v. 18. 6. 2002 – VI ZR 136/01, MedR 2002, 640, 641; KG, Urt. v. 10. 3. 2008 – 20 U 224/04, OLGR 2008, 787, 788: Hinweise auf das Vorliegen einer ernsthaften Suizidgefahr; Müller, VPräsBGH a.D., NJW 2003, 697, 703).

Die Voraussetzungen des § 218a II StGB wurden auch bejaht, wenn aufgrund   S 232a
der mit der Schwangerschaft einhergehenden psychischen Probleme die **Einweisung in eine psychiatrische Klinik droht** (OLG Köln, Beschl. v. 26. 1. 2009 – 5 U 179/08, AHRS III, 0850/317), wenn für die Zeit nach der Geburt **eine erhebliche Depression von deutlichem Krankheitswert oder die Gefahr eines Selbstmords zu befürchten ist** (Spickhoff-Greiner, § 823 BGB Rz. 88) oder bei drohenden schwerwiegenden Gesundheitsgefahren, die über das gewöhnliche Belastungsmaß bei Schwangerschaften hinausgehen, wobei eine **konkret zu befürchtende dauerhafte Überlastung und Überforderung ausreichen kann** (Spickhoff-Knauer/ Brose, §§ 218–219 StGB Rz. 22, S. 2159).

III. Schutzzweck des Behandlungsvertrages

1. Notlagenindikation nach § 218a II Nr. 3 StGB a.F.

Nach ständiger Rspr. des BGH sind die mit der Geburt eines nicht gewollten   S 233
Kindes für die Eltern verbundenen wirtschaftlichen Belastungen, insbesondere die Aufwendungen für dessen Unterhalt, nur dann als ersatzpflichtiger Schaden auszugleichen, wenn der **Schutz vor solchen Belastungen Gegenstand des jeweiligen Behandlungs- oder Beratungsvertrages** war (BGH, Urt. v. 15. 7. 2003 – VI ZR 203/02, NJW 2003, 3411 = VersR 2003, 1541: **bei fehlerhafter vorgeburtlicher Diagnostik erfasst der Schutzzweck des Behandlungsvertrages nicht nur die Gesundheit der Mutter, sondern auch den Unterhaltsbedarf des Kindes**; Urt. v. 4. 12. 2001 – VI ZR 213/00, MedR 2002, 356, 357 = NJW 2002, 886, 887: **Unterhaltsaufwendungen für das Kind vom Schutzzweck des Behandlungsvertrages zum Schwangerschaftsabbruch aus medizinischer Indikation nicht erfasst**; BGH, Urt. v. 15. 2. 2000 – VI ZR 135/99, NJW 2000, 1782, 1783 = VersR 2000,

634, 635: Behandlungsvertrag muss zumindest auch auf die Vermeidung der Geburt eines behinderten Kindes gerichtet sein; BGH, NJW 1994, 788, 791 = VersR 1994, 425, 428: **Schutzzweck des Sterilisationsvertrages erfasst den gesamten Unterhaltsschaden**; Gehrlein, NJW 2000, 1771 und, NJW 2002, 870; Mörsdorf-Schulte, NJW 2006, 3105, 3106 f.; Müller, VPräsBGH, NJW 2003, 697, 704; Wolf, MedR 2002, 464, 466: bei der Sterilisation ist die wirtschaftliche Familienplanung in den Schutzbereich einbezogen).

S 234   Liegt dem Abbruch eine **Notlagenindikation nach altem Recht** zugrunde, die anhand der Kriterien des BVerfG (NJW 1993, 1751, 1758; BGH, NJW 1995, 1609, 1610; s. o.) aufgrund der Unzumutbarkeit der Aufopferung eigener Lebenswerte die Voraussetzungen einer medizinischen Indikation nach neuem Recht erfüllt, so hat der Arzt den durch seinen Fehler verursachten Unterhaltsaufwand zu tragen. In diesen Fällen geht der Schutzzweck des Vertrages dahin, durch den Abbruch der Schwangerschaft Vorsorge gegen eine Unterhaltsbelastung der Mutter zu treffen (BGH, Urt. v. 15. 2. 2000 – VI ZR 135/99, NJW 2000, 1782, 1783 = VersR 2000, 634, 635 = MDR 2000, 640, 641; G/G, 6. Aufl., Rz. B 153, 160).

S 235   Im Falle einer Notlagenindikation ist die Unterhaltsbelastung der Eltern durch das Kind dem Arzt jedoch nicht zuzurechnen, wenn und sobald sich die **sozialen und wirtschaftlichen Verhältnisse der Mutter so günstig entwickeln**, dass aus nachträglicher Sicht die Annahme einer schwerwiegenden Notlage nicht gerechtfertigt erscheint (BGH, NJW 1985, 2752, 2755; OLG Schleswig, NJW-RR 2001, 1391 = OLGR 2001, 343; auch LG Köln, Urt. v. 17. 9. 2008 – 25 O 35/08, GesR 2009, 43, 46: Gefahr der Notlage einer 15-jährigen Schwangeren hat sich nicht realisiert, Kind kann von ihren Eltern versorgt werden).

S 236   Wird zur **Vorbereitung einer orthopädischen Zwecken dienenden Operation** von den behandelnden Krankenhausärzten ein niedergelassener Gynäkologe als Konsiliararzt hinzugezogen, um das Bestehen einer Schwangerschaft bei der Patientin abzuklären, so erfasst bei dessen Fehldiagnose eine etwaige Haftung des Krankenhausträgers den Unterhaltsaufwand und den sonstigen, durch die spätere Geburt eines Kindes veranlassten materiellen Schaden der Eltern auch dann nicht, wenn sich diese aufgrund ihrer eigenen körperlichen Behinderungen bei Feststellung einer Schwangerschaft zu deren – nach altem Recht auf der Grundlage einer Notlagenindikation – rechtmäßiger Unterbrechung entschlossen hätten (BGH, Urt. v. 15. 2. 2000 – VI ZR 135/99, NJW 2000, 1782, 1783 = MDR 2000, 640).

S 237   Gleiches gilt, wenn die werdende Mutter ihren Hausarzt oder dessen niedergelassenen Urlaubsvertreter zur **Abklärung und Behandlung eines Hautausschlags** aufsucht und im Laufe der Behandlung ihre bestehende Schwangerschaft erwähnt. Geht es bei der Behandlung nicht um die Abwendung einer Belastung der Patientin durch ein Kind, so darf auch nicht angenommen werden, dass die Bewahrung vor den Unterhaltsaufwendungen infolge der Geburt des Kindes zum Schutzumfang des Behandlungsvertrages gehört. Anders als ein die Schwangerschaft begleitender Frauenarzt wurde der Hausarzt bzw. die Urlaubsvertreterin **nicht im Hinblick auf die Schwangerschaft und nicht zu deren medizinischer Begleitung eingeschaltet** (BGH, Urt. v. 21. 12. 2004 – VI ZR 196/03,

NJW 2005, 891, 892 = VersR 2005, 411 = MDR 2005, 687, 688 = GesR 2005, 159, 160).

Aber auch die deliktischen **Behandlungspflichten eines Gynäkologen** werden **durch Zweck und Anlass des Arztbesuchs bestimmt.** Fragen der Patientin zu außerhalb der Behandlungsaufgabe liegenden Problemen, im entschiedenen Fall der Behandlung von Zyklusstörungen und der Abklärung der Verdachtsdiagnose eines Klimakteriums praecox in der sogenannten „Hormonsprechstunde" der Klinikambulanz einer Universitätsfrauenklinik erweitern den Schutzbereich der deliktischen Behandlungspflichten nicht. Insoweit kommt allenfalls eine Haftung wegen falscher Auskunft in Betracht (OLG Karlsruhe, Urt. v. 24. 4. 2002 – 7 U 53/01, GesR 2003, 122 = OLGR 2003, 62, 63).

S 238

In solchen Fällen kann es offen bleiben, ob ein rechtmäßiger Schwangerschaftsabbruch wegen einer Notlagenindikation bei Anwendung des neuen Rechts ab 1. 10. 1995 für die Schwangere mit einer der medizinischen Indikation vergleichbaren, zur Unzumutbarkeit der Austragung der Schwangerschaft führenden Konfliktlage festgestellt werden kann (BGH, Urt. v. 15. 2. 2000 – VI ZR 135/99, NJW 2000, 1782, 1783 = MDR 2000, 640, 641; Urt. v. 21. 12. 2004 – VI ZR 196/03, NJW 2005, 891, 893 = MDR 2005, 687, 688 = VersR 2005, 411, 412).

S 239

2. Embryopathische Indikation nach § 218a II Nr. 1 StGB a.F.

Gleiches wie zur Notlagenindikation gilt bei Vorliegen einer embryopathischen oder kindlichen Indikation nach altem Recht, soweit der Schwangerschaftsabbruch wegen pränataler Vorschäden des Kindes gem. § 218a II StGB n. F. rechtmäßig gewesen wäre (BGH, Urt. v. 15. 2. 2000 – VI ZR 135/99, NJW 2000, 1782, 1783 = MDR 2000, 640, 641; NJW 1994, 788, 792; Gehrlein, NJW 2000, 1771).

S 240

Eine Freistellung von den gesamten Unterhaltsbelastungen **über das 18. Lebensjahr des Kindes hinaus** und nicht nur für den behinderungsbedingten Mehrbedarf konnte bei der früheren embryopathischen Indikation, soweit sie nunmehr die Voraussetzungen des § 218a II StGB n. F. erfüllen würde, nur für Behinderungen oder Schädigungen des Kindes verlangt werden, die einen Abbruch der Schwangerschaft gestattet hätten (G/G, 6. Aufl., Rz. B 165). Ein Anspruch scheidet in solchen Fällen jedoch aus, wenn bei fehlerfreiem ärztlichem Vorgehen eine Schädigung des Kindes im Mutterleib verhindert worden wäre (BGH, NJW 1984, 658 = VersR 1984, 186: Mongolismus; G/G, 6. Aufl., Rz. B 162).

S 241

3. Medizinische Indikation nach § 218a II StGB

Handelt es sich dagegen um eine medizinische Indikation zum Schutz von Leben und Gesundheit der Mutter (§ 218a II StGB), so ist der Arzt, der den Schwangerschaftsabbruch trotz Indikation und entsprechender vertraglicher Verpflichtung unterlässt oder fehlerhaft durchführt, nicht für die Unterhaltsbelastung haftbar. Der **Schutzweck** des Behandlungsvertrages bezieht sich in diesem Fall nur auf die **Abwendung schwerer Gefahren für die Gesundheit der Schwangeren, nicht jedoch auf die Vermeidung wirtschaftlicher Nachteile, die mit der Geburt des Kindes verbunden sind** (BGH, Urt. v. 15. 7. 2003 – VI ZR 203/02, NJW 2003,

S 242

3411 = VersR 2003, 1541, 1542 = GesR 2003, 387, 388; Urt. v. 4. 12. 2001 – VI ZR 213/00, VersR 2002, 233, 234 = NJW 2002, 886, 887; BGH, Urt. v. 15. 2. 2000 – VI ZR 135/99, NJW 2000, 1782, 1783 = MDR 2000, 640, 641; OLG Düsseldorf, NJW 1995, 1620; KG OLGR 2002, 214; OLG Koblenz, Beschl. v. 20. 3. 2006 – 5 U 255/06, NJW-RR 2006, 967, 968 = GesR 2006, 312; OLG Zweibrücken, MedR 1997, 360, 361; G/G, 6. Aufl., Rz. B 166; S/Pa, 12. Aufl., Rz. 334, 336; Mörsdorf-Schulte, NJW 2006, 3105, 3106 f.).

S 243   Mit Urt. v. 18. 6. 2002 hat der BGH (VI ZR 136/01, NJW 2002, 2636, 2637 = VersR 2002, 1148, 1151; vgl. Rz. G 83, S 206, S 232, S 270) entschieden, dass die **Schadensersatzpflicht** des dem Grunde nach haftenden Arztes **ausnahmsweise auch den Unterhaltsbedarf** des Kindes erfassen kann. Dies sei dann der Fall, wenn die Gefahr einer schwerwiegenden Beeinträchtigung insbesondere auch des seelischen Gesundheitszustandes der Mutter, die bei der gebotenen Güterabwägung das Lebensrecht des Ungeborenen zurücktreten lassen und zur Rechtfertigung des Eingriffs nach § 218a II StGB führen, gerade auch für die Zeit nach der Geburt drohen.

S 244   Denn eine latente Suizidgefahr und eine erhebliche Depression von deutlichem Krankheitswert sei für die Mutter gerade für diesen Zeitraum zu befürchten – und hatte sich hinsichtlich der Beeinträchtigung ihrer seelischen Gesundheit im entschiedenen Fall auch verwirklicht. Sei demgemäß der vertragliche Schutzzweck auch auf Vermeidung dieser Gefahren durch das „Haben" des (erheblich behinderten) Kindes gerichtet, so erstrecke sich die aus der Vertragsverletzung resultierende Ersatzpflicht auch auf den Ausgleich der durch die Unterhaltsbelastung verursachten vermögensrechtlichen Schadenspositionen (BGH, Urt. v. 18. 6. 2002 – VI ZR 136/01, NJW 2002, 2636, 2637 = VersR 2002, 1148, 1151; anders die Vorinstanz, KG, Urt. v. 18. 3. 2002 – 20 U 10/01, MedR 2003, 520, 521 = OLGR 2002, 214).

S 245   Im Urt. v. 15. 7. 2003 hat der BGH (VI ZR 203/02, NJW 2003, 3411 = VersR 2003, 1541, 1542) diese Rspr. bestätigt. Im dortigen Fall hatte der behandelnde Gynäkologe in den ab der 19. SSW durchgeführten Sonografien pflichtwidrig die Fehlbildung des Kindes (Spina bifida – offene Wirbelsäule) nicht erkannt, weshalb eine Abtreibung unterblieb. In einem solchen Fall ist der **vertragliche Schutzzweck zumindest auch auf die Vermeidung der Gefahren gerichtet, die durch das „Haben" des behinderten Kindes entstehen.** Zur Prüfung der Voraussetzungen einer medizinischen Indikation nach § 218a II StGB mit Einholung eines Sachverständigengutachtens wurde der Rechtsstreit an das Kammergericht zurückverwiesen.

4. Exkurs: Fehlerhafte Sterilisation

S 246   Im Fall einer misslungenen Sterilisation des Mannes bzw. der Frau wurde die Haftung des Arztes oder Krankenhausträgers zu dem infolge der Geburt des Kindes entstandenen Unterhaltsschaden wiederum bejaht.

S 247   **Hier ist die vertragliche Verpflichtung auch auf den Vermögensschutz der Eltern ausgerichtet, so dass ein durch die Unterhaltslast bedingter Vermögensschaden**

nach der Geburt eines ungewollten Kindes vom Schutzbereich des Behandlungs-
vertrages erfasst wird (BGH, Urt. v. 8. 7. 2008 – VI ZR 259/06, VersR 2008, 1265,
1266 = MedR 2009, 44, 45f: erfolglose Tubensterilisation mittels Tubenligatur;
Urt. v. 14. 11. 2006 – VI ZR 48/06, VersR 2007, 109, 110 = NJW 2007, 989, 991;
BGH, NJW 1995, 2407, 2409 = VersR 1995, 1099, 1100; Urt. v. 15. 2. 2000 – VI
ZR 135/99, NJW 2000, 1782, 1783 = MDR 2000, 640, 641; OLG Düsseldorf,
VersR 1993, 883; VersR 1992, 317, 318; OLG Schleswig, VersR 2001, 1559;
OLG Zweibrücken, MDR 1997, 549, 550; Gehrlein, NJW 2000, 1771, 1772;
G/G, 6. Aufl., Rz. B 183; S/Pa, 12. Aufl., Rz. 310; Einzelheiten vgl. → *Sterilisati-*
on, fehlerhafte, Rz. S 300ff., S 327ff.).

5. Exkurs: Fehlerhafte genetische Beratung

Der Behandlungsvertrag mit einem Gynäkologen erstreckt sich auch auf die Be-   S 248
ratung der Schwangeren über die Gefahr einer genetischen Schädigung der Leibesfrucht. Er haftet grundsätzlich für unterlassene, falsche oder unvollständige
Auskünfte über die zur Früherkennung von Schädigungen des Kindes im Mutterleib durch angeborene oder pränatal erworbene Beeinträchtigungen gebotenen
Maßnahmen, sofern hierdurch ein gem. § 218a I Nr. 3 StGB a. F. bzw. § 218a I, II
StGB n. F. zulässiger Schwangerschaftsabbruch vereitelt wird.

Damit ist der durch die Geburt eines geschädigten Kindes entstehende Aufwand,   S 249
der **Unterhalt und der Mehrbedarf für ein behindertes Kind**, vom Schutzzweck
des auf eine genetische Beratung gerichteten Vertrages erfasst (BGH, Urt. v.
15. 2. 2000 – VI ZR 135/99, NJW 2000, 1782, 1783 = VersR 2000, 634, 635; NJW
1994, 788, 791 = VersR 1994, 425, 428; OLG Düsseldorf, Urt. v. 7. 6. 2001 – 8 U
143/00, OLGR 2002, 290, 291; OLG Saarbrücken, Urt. v. 30. 6. 2004 – 1 U
386/02-92, OLGR 2005, 5, 7: Laborbefund zu spät mitgeteilt; G/G, 6. Aufl.,
Rz. B 179; S/Pa, 12. Aufl., Rz. 342, 343; Gehrlein, NJW 2000, 1771, 1772; Einzelheiten vgl. → *Genetische Beratung*, Rz. G 72ff., G 83ff. und → *Früherkennung,*
fehlerhafte pränatale Diagnostik, Rz. F 68ff., F 80ff.).

IV. Anspruchsinhaber

Ansprüche auf Freistellung von den Unterhaltsbelastungen stehen sowohl der   S 250
Mutter wie auch dem insoweit in den Schutzbereich des Behandlungsvertrages
einbezogenen **Vater des Kindes, nicht jedoch dem Kind selbst** zu (BGH, Urt. v.
18. 6. 2002 – VI ZR 136/01, NJW 2002, 2636, 2637 = VersR 2002, 1148, 1149 =
MedR 2002, 640, 642; BGH, VersR 2002, 192; NJW 1985, 671; NJW 1983, 1371,
1374; OLG Düsseldorf, VersR 1999, 232, 234; OLG Karlsruhe, Urt. v. 1. 2. 2006
– 13 U 134/04, VersR 2006, 936, 937; OLG Saarbrücken, Urt. v. 30. 6. 2004 – 1
U 386/02-92, OLGR 2005, 5, 7: beide Ehegatten; G/G, 6. Aufl., Rz. B 160, 176;
Müller, VPräsBGH a. D., NJW 2003, 697, 706; S/Pa, 12. Aufl, Rz. 316, 331, 343;
a. A. Reinhart, VersR 2001, 1081, 1086f. m. w. N. und Deutsch, NJW 2003, 26 sowie Spickhoff, NJW 2002, 1758, 1764: eigener Anspruch des Kindes; im Erg. auch
OLG Düsseldorf, VersR 1998, 194).

Die **Eltern** sind jeweils **zu gleichen Teilen** berechtigt, jedoch **keine Gesamtgläu-**   S 251
biger (Gehrlein, Rz. B 85; G/G, 6. Aufl., Rz. B 160, 185). Auch der **nichteheliche**

Vater ist nach zwischenzeitlich herrschender Ansicht in den Schutzbereich des Vertrages einbezogen (BGH, Urt. v. 14. 11. 2006 – VI ZR 48/06, NJW 2007, 989, 991 = VersR 2007, 109, 110: für ungefestigte, kurzfristige Partnerschaften offengelassen; OLG Karlsruhe, Urt. v. 1. 2. 2006 – 13 U 134/04, VersR 2006, 936, 937; F/N/W, 5. Aufl., Rz. 181; Spickhoff-Greiner, § 823 BGB Rz. 109; Gehrlein, MDR 2002, 638; **a. A.** OLG Celle, Urt. v. 23. 4. 2001 – 1 U 41/00 bei fehlerhafter gynäkologischer Beratung; in einem Sonderfall wegen des dortigen, zeitlichen Aspekts verneint von BGH, Urt. v. 19. 2. 2002 – VI ZR 190/01, NJW 2002, 1489, 1491).

S 252 Der Ersatz des Unterhaltsanspruchs der Eltern ist jedoch auf den Unterhalt des Kindes **bis zur Vollendung des 18. Lebensjahres** begrenzt (BGH, NJW 1980, 1452; G/G, 6. Aufl., Rz. B 160, 176; F/N/W, 5. Aufl., Rz. 181). Für die nachfolgende Zeit kann vor der Vollendung des 18. Lebensjahres nur ein Freistellungsanspruch im Rahmen eines Feststellungsantrages geltend gemacht werden (BGH, NJW 1980, 1452, 1456; G/G, 6. Aufl., Rz. B 165, 176; Spickhoff-Greiner, § 823 BGB Rz. 108, 110).

V. Umfang des Unterhaltsanspruchs

1. Medizinische Indikation nach § 218a I Nr. 2 StGB a. F.

S 253 Bei unterlassener oder fehlgeschlagener Abtreibung aus medizinischer Indikation zum Schutz von Leben und Gesundheit der Mutter (§ 218a I Nr. 2 StGB a. F.) fällt bzw. fiel die Freistellung von den Unterhaltsbelastungen regelmäßig nicht in den Schutzbereich des Behandlungsvertrages (BGH, Urt. v. 15. 2. 2000 – VI ZR 135/99, NJW 2000, 1782, 1783 = VersR 2000, 634, 635 = MDR 2000, 640, 641; BGH, NJW 1985, 2749 = MDR 1986, 41, 42; Mörsdorf-Schulte, NJW 2006, 3105, 3106; G/G, 6. Aufl., Rz. B 166; s. o.).

S 254 Der BGH (Urt. v. 18. 6. 2002 – VI ZR 136/01, NJW 2002, 2636, 2638 = VersR 2002, 1148, 1151; Urt. v. 15. 7. 2003 – VI ZR 203/02, NJW 2003, 3411 = VersR 2003, 1541, 1542) hat neuerdings eine Ausnahme zugelassen in einem Fall, in dem die Gefahr einer schwerwiegenden Beeinträchtigung insbesondere des seelischen Gesundheitszustandes der Mutter bestand (siehe oben Rz. S 231, S 232, S 232a, S 243, S 244).

2. Notlagenindikation nach § 218a II StGB

S 255 Bei einer Notlagenindikation nach altem Recht, die beim Vorliegen der vom BVerfG (NJW 1993, 1758; BGH, NJW 1995, 1609, 1610) statuierten, oben genannten Voraussetzungen nunmehr vom Schutzbereich der medizinischen Indikation nach § 218a II StGB erfasst wird, bemisst sich der den Eltern je zur Hälfte zustehende Unterhalt nunmehr nach der Regelbetrags-Verordnung (BGBl. I 666 und BGBl. I 2942; vgl. G/G, 6. Aufl., Rz. B 185; S/Pa, 12. Aufl., Rz. 313, 314: **Orientierung an den Sätzen der Kinderfreibeträge nach § 32 VI 1 EStG**, Kindergeld ist anzurechnen). Nach Außerkrafttreten der Regelbetrags-Verordnung ist der Mindestunterhaltsbetrag gemäß § 1612a BGB zuzüglich eines Zuschlags für den

Wert der pflegerischen Dienstleistungen, die ein Elternteil gegenüber dem Kind erbringt, maßgeblich; dieser Betrag erreicht die bislang maßgeblichen 135 % des Regelsatzes regelmäßig, und zwar auch dann, wenn sich der Betreuungsaufwand für das Kind mit zunehmendem Alter verringert (F/N/W, 5. Aufl., Rz. 181; G/G, 6. Aufl., Rz. B 185 mit Hinweis auf BGBl I, 2942).

Im Urt. v. 14. 11. 2006 (VI ZR 48/06, NJW 2007, 989, 992 = VersR 2007, 109, 111;   **S 256** ebenso OLG Karlsruhe, Urt. v. 1. 2. 2006 – 13 U 134/04, VersR 2006, 936, 938; OLG Celle, Urt. v. 27. 12. 2006 – 1 U 82/06, NJW 2007, 1000, 1001) hat der BGH entschieden, dass der infolge einer fehlerhaften Schwangerschaftsverhütung, fehlerhaften Sterilisation, fehlerhaften Beratung über die Sicherheit von empfängnisverhütenden Wirkungen eines vom Arzt verordneten Präparats oder einer fehlerhaften genetischen Beratung entstehende Unterhaltsschaden vom Arzt zu demjenigen Teil zu übernehmen sei, der für die Existenzsicherung des Kindes erforderlich ist. Bis zum Eintritt der Volljährigkeit besteht der zu ersetzende Unterhaltsschaden in Höhe von 270 % des Regelsatzes der jeweiligen Altersstufe der Regelbetrag-VO. Dabei entfallen bzw. entfielen **jeweils 135 % auf den Barunterhaltsschaden und 135 % auf den Betreuungsunterhaltsschaden**, d.h. den Wert der zusätzlichen Betreuungsleistung (BGH a.a.O.; OLG Celle a.a.O.; OLG Karlsruhe a.a.O.). Der BGH hält daran fest, dass der Zuschlag die Höhe des Barunterhalts nicht erreichen muss, wohl aber erreichen kann (BGH, VersR 2007, 109, 111).

Der Anspruch auf Freistellung von den Unterhaltsbelastungen steht **den Eltern**   **S 257** **zu gleichen Teilen** – nicht als Gesamtgläubiger – zu; der Zahlungs- bzw. Befreiungsanspruch ist auf die Zeit bis zur Vollendung des 18. Lebensjahres des Kindes begrenzt. Für die Zeit danach müsste ein Feststellungsantrag gestellt werden (G/G, 6. Aufl., Rz. B 185; F/N/W, 5. Aufl., Rz. 181; Spickhoff-Greiner, § 823 BGB Rz. 108, 110). **Kindergeld** ist aus dem Gedanken der Vorteilsausgleichung abzuziehen (BGH, NJW 1980, 1452, 1456; G/G, 6. Aufl., Rz. B 185; S/Pa, 12. Aufl., Rz. 314).

Ein **Verdienstausfall**, der den Eltern eines Kindes in Zusammenhang mit dessen   **S 258** Betreuung entsteht, kann dem Arzt dagegen haftungsrechtlich nicht zur Last gelegt werden, zumal dieser Vermögensnachteil von ihm allenfalls mittelbar verursacht worden ist (BGH, VersR 1997, 698, 700; OLG Düsseldorf, VersR 1993, 883; G/G, 6. Aufl., Rz. B 175, 186; S/Pa, 12. Aufl., Rz. 312, 334).

Nach Ansicht von Grub (S. 173/174) muss bei konsequenter Berücksichtigung   **S 259** des Schutzzwecks des § 218a II StGB n. F. die Ersatzfähigkeit des Verdienstausfallschadens der Mutter neu überdacht werden. So sollte in den Fällen, in denen die Mutter ihre frühere Erwerbstätigkeit aufgrund einer eigenen, durch die Geburt eines schwerbehinderten Kindes hervorgerufenen Erkrankung aufgibt, **auch der adäquat-kausal durch den Behandlungs- oder Aufklärungsfehler verursachte Verdienstausfallschaden** (vgl. § 287 ZPO) ersatzfähig sein (so u. E. zutreffend Grub, S. 173/174; a. A. allerdings BGH, VersR 1997, 698, 699 = NJW 1997, 1638 zu § 218a StGB a. F.).

VI. Entfallen bzw. Nichtbestehen eines Anspruchs

1. Notlage weggefallen

S 260 Der Schutzumfang des Behandlungsvertrages wird bei der Notlagenindikation nach altem Recht durch seinen Zweck, im Rahmen des gesetzlich Erlaubten von der Mutter eine schwerwiegende Notlage abzuwenden, gleichzeitig begrenzt. Bewahrheitet sich nach der Geburt des Kindes die ungünstige Prognose nicht, die Grundlage für die Indikationsstellung war, so hat der Arzt für die Unterhaltsaufwendungen nicht einzustehen (BGH, NJW 1992, 1556, 1557; LG Köln, Urt. v. 17. 9. 2008 – 25 O 35/08, GesR 2009, 43, 46, bestätigt von OLG Köln, Beschl. v. 26. 1. 2009 – 5 U 179/08, OLGR 2009, 585, 587: Gefahr erheblicher sozialer Belastungen hat sich nicht realisiert, Kind wird von den Eltern der minderjährigen Mutter versorgt). Gleiches gilt, wenn die die Indikation begründende, untragbare **Belastung später wieder entfällt** (BGH, NJW 1980, 1452, 1454; BGH, NJW 1984, 2625, 2626; OLG Schleswig, NJW-RR 2001, 1391; OLG Braunschweig, VersR 1992, 91; G/G, 6. Aufl., Rz. B 159; S/Pa, 12. Aufl., Rz. 318: z.B. „beim plötzlichen Tod aller schon vorhandenen Kinder"(!) oder einer „entscheidenden Verbesserung der wirtschaftlichen Lage"; Spickhoff-Greiner, § 823 BGB Rz. 103 a.E.: wenn „die Störung der Familienplanung nachträglich weggefallen ist"; Gehrlein, NJW 2002, 870 a.E.). Dabei genügt jedoch nicht bereits **jede günstigere Einkommensentwicklung** (BGH, NJW 1992, 1556, 1558; G/G, 6. Aufl., Rz. B 159 a.E.).

S 261 Der Zurechnungszusammenhang zwischen dem Fehlverhalten des Arztes und der Geburt des Kindes mit den belastenden Unterhaltsaufwendungen soll nach Ansicht des BGH (NJW 1985, 671) weiter dann entfallen, wenn die Mutter nach einem misslungenen Schwangerschaftsabbruch nicht mehr nur von einem solchen Abstand nimmt, sondern das Kind aufgrund eines geänderten Entschlusses während der Schwangerschaft **positiv wünscht,** d.h. das **Kind zu einem „Wunschkind"** wird, etwa weil die Mutter zwischenzeitlich erfahren hat, dass sie aus medizinischen Gründen nach dieser Schwangerschaft keine Kinder mehr bekommen könnte. In dieser Konstellation meint der BGH, dass die Eltern den vom Arzt vertraglich geschuldeten Schutzzweck nicht mehr wollten, sondern den gegenteiligen Erfolg (BGH, NJW 1985, 671; ebenso OLG Schleswig, OLGR 1996, 86; F/N/W, 5. Aufl., Rz. 180).

S 262 Die h.L. hat diese zu § 218a StGB a.F. geäußerte Ansicht des BGH aus u.E. zutreffenden Gründen abgelehnt (vgl. Adomeit, Jura 1981, 196, 198; Backhaus, MedR 1996, 201, 203; Grub, S. 194, 197; Stürner, FamRZ 1985, 753, 759). Die Auffassung des **BGH** führt zu fast unüberwindlichen Schwierigkeiten, die **subjektive Einstellung der Mutter** zum Kind im Rahmen des nachfolgenden Rechtsstreits objektiv festzustellen. Die Frage der Erwünschtheit oder Unerwünschtheit ist auch im Ansatz bereits mit den Grundsätzen des Schadensrechts unvereinbar. Darüber hinaus ist es auch nicht einsichtig, warum der Zurechnungszusammenhang und damit die Haftung des Arztes entfallen sollte, wenn die Mutter von einem späteren Schwangerschaftsabbruch aus humanitären Gründen Abstand und die Geburt des behinderten Kindes lediglich in Kauf nimmt, den hierfür anfallenden Unterhaltsschaden jedoch liquidieren will (Grub, S. 197).

Aufgrund der strengeren Voraussetzungen, die das BVerfG (NJW 1993, 1751, 1758; BGH, NJW 1995, 1609, 1610) an eine vom Schutzbereich der medizinischen Indikation erfasste „Notlagenindikation" nach neuem Recht stellt, dürfte diese Fallgruppe nur in **Ausnahmefällen** zum Tragen kommen.

S 263

2. Erneuter Eingriff

Der aufgrund einer fehlerhaften embryopathischen Indikation alten Rechts entstandene Anspruch geht unter, wenn die **Schädigung des Kindes – nicht nur kosmetisch – behoben werden kann** (S/Pa, 12. Aufl., Rz. 333; Gehrlein, Rz. B 92). Dem Unterhaltsanspruch kann die Einrede aus § 242 BGB entgegenstehen, wenn die Schwangere nach Misslingen des Schwangerschaftsabbruchs bei fortbestehender Indikation die tatsächlich bestehende Möglichkeit eines erneuten, rechtmäßigen Abbruchversuchs nicht wahrnimmt (BGH, NJW 1985, 671; OLG Braunschweig, VersR 1992, 91; F/N/W, 5. Aufl., Rz. 180; Gehrlein, Rz. B 89; G/G, 6. Aufl., Rz. B 159; Spickhoff-Greiner, § 823 BGB Rz. 82; S/Pa, 12. Aufl., Rz. 349, 350: aber nicht, wenn die Frist des § 218a I, II StGB verstrichen ist bzw. sich die Konfliktlage verändert hat).

S 264

3. Adoptionsfreigabe

Der Anspruch wird jedoch nicht wegen Mitverschuldens (§ 254 BGB) beschränkt, wenn die Eltern sich weigern, das „unerwünschte" Kind zur Adoption freizugeben (BGH, NJW 1984, 2526).

S 265

4. Tod der Eltern

Da der Unterhaltsanspruch bis zur Vollendung des 18. Lebensjahres nur den Eltern zusteht, erlischt der Anspruch bei deren Tod (Müller, VPräsBGH a. D., NJW 2003, 697, 706; Spickhoff-Greiner, § 823 BGB Rz. 108, 110).

S 266

VII. Schmerzensgeldanspruch der Mutter

Bei **fehlerhaftem Schwangerschaftsabbruch**, der auf einer medizinischen Indikation, embryopatischen Indikation oder einer Notlagenindikation alten Rechts beruhte bzw. nach § 218a II StGB medizinisch indiziert ist, steht der Mutter ein Schmerzensgeld nur dann zu, wenn und soweit ihre Beschwerden diejenigen **einer natürlichen, komplikationslosen Geburt**, etwa wegen einer Vorschädigung der Mutter oder des Kindes oder wegen ihrer über das Normalmaß hinausgehenden, psychischen Belastung, **übersteigen und die seelische oder körperliche Belastung Krankheitswert erreicht hat** (BGH, NJW 1985, 2749, 2751; NJW 1985, 671, 673 = VersR 1985, 240, 243; MDR 1983, 478; OLG Saarbrücken, Urt. v. 30. 6. 2004 – 1 U 386/02-92, OLGR 2005, 5, 11; OLG Oldenburg, MDR 1996, 1132; OLG Zweibrücken, Urt. v. 15. 12. 1998 – 5 U 10/96, NJW-RR 2000, 235, 238 = OLGR 2000, 8, 13 = MedR 2000, 233, 237; OLG Naumburg, Urt. v. 11. 12. 2008 – 1 U 12/08, juris, Nr. 20; Gehrlein, Rz. B 89, 95; Spickhoff-Greiner, § 823 BGB Rz. 81, 97).

S 267

S 268 Dies gilt auch, wenn es aufgrund **fehlerhafter pränataler Diagnostik**, etwa dem schuldhaft unterlassenen Hinweis auf die Möglichkeit einer Fruchtwasseruntersuchung oder der fehlenden Abklärung eines Rötelinfekts zur Geburt eines behinderten Kindes kommt (BGH, NJW 1983, 1371, 1373 = VersR 1983, 396, 397; OLG Celle, VersR 1988, 965; OLG Zweibrücken, NJW-RR 2000, 235, 238; OLG Saarbrücken, Urt. v. 30. 6. 2004 – 1 U 386/02-92, OLGR 2005, 5, 11 bei unterlassener Rücklaufkontrolle eines zytogenetischen Laborbefundes; Gehrlein, Rz. B 95; vgl. hierzu → *Früherkennung, fehlerhafte pränatale Diagnostik*, Rz. F 86).

S 269 Demgegenüber kann die Mutter bei **fehlerhafter Sterilisation** sowie bei **fehlerhafter genetischer Beratung** ein Schmerzensgeld zum Ausgleich der in der ungewollten Schwangerschaft liegenden Körperverletzung sowie der mit der anschließenden Entbindung verbundenen Unzuträglichkeiten auch dann verlangen, wenn die Schwangerschaft komplikationslos und ohne zusätzliche psychische Belastungen verläuft. Denn bei vollständiger und richtiger Beratung bzw. lege artis durchgeführter Sterilisation wäre das Kind nicht gezeugt worden (BGH, NJW 1995, 2407, 2408 = VersR 1995, 1099, 1100 = MDR 1995, 1015; OLG Hamm, VersR 1999, 1111 = NJW 1999, 1787; OLG Düsseldorf, VersR 1993, 883; F/N/W, 5. Aufl., Rz. 182; Gehrlein, Rz. B 82, 96; Spickhoff-Greiner, § 823 BGB Rz. 81; G/G, 6. Aufl., Rz. B 179, 182; Jaeger, MDR 2004, 1280, 1281 f.).

S 270 Nach **fehlerhafter Sterilisation** der Frau bzw. wenn bei richtiger genetischer Beratung bereits die **Zeugung des Kindes verhindert** worden wäre (vgl. F/N/W, 5. Aufl., Rz. 182), wurden **Schmerzensgelder in der Größenordnung von 1 000 Euro bis 10 000 Euro zuerkannt** (vgl. BGH, VersR 1992, 829 = MDR 1992, 1131: 2 000 DM; BGH, VersR 1985, 1068 = MDR 1986, 41: **3 000 DM**; OLG Köln, VersR 1987, 187: **3 000 DM** nach komplikationsloser, ungewollter Schwangerschaft aufgrund fehlgeschlagener Sterilisation; OLG Bamberg, Urt. v. 18. 2. 2002 – 4 U 126/01, OLGR 2002, 184: **3 000 DM** im Jahr 2002 nach unterlassener Fruchtwasseruntersuchung für die Beeinträchtigung zum Zeitpunkt des möglichen Abbruchs in der 18. SSW bis zur Geburt des Kindes; OLG Köln ZfS 1986, 197: **4 000 DM** nach ungewollter, komplikationsloser Schwangerschaft aufgrund fehlgeschlagener Sterilisation; OLG Düsseldorf, VersR 1993, 883: **4 000 DM** nach fehlgeschlagener Sterilisation; OLG München, VersR 1993, 1413 = OLGR 1992, 68, 69: **6 000 DM** als „obere Grenze des Angemessenen" nach ungewollter, komplizierter Schwangerschaft mit erheblichen Erschwernissen aufgrund fehlgeschlagener Sterilisation des Ehemanns; OLG Frankfurt, VersR 1988, 637: **7 000 DM** nach ungewollter Schwangerschaft mit Geburt eines schwerstbehinderten Kindes nach unterlassenem bzw. fehlgeschlagenem Schwangerschaftsabbruch; OLG Frankfurt, VersR 1996, 101: **8 000 DM** im Jahr 1995; OLG Oldenburg, OLGR 1996, 160: **8 000 DM** nach ungewollter Schwangerschaft bei Hinzutreten offenkundiger psychischer Belastungen; OLG Braunschweig, OLGR 2008, 11: **9 000 DM** im Jahr 2007; OLG Köln, Beschl. v. 18. 4. 2011 – 5 U 21/11, VersR 2011, 1325 = GesR 2011, 605: **4 500 Euro** nach dem Abbruch einer ungewollten Schwangerschaft mit erheblichen psychischen und physischen Folgen auch unter dem Gesichtspunkt eines belastenden Entscheidungskonflikts vor dem Hintergrund starker religiöser Überzeugungen; OLG Hamm, VersR 1999, 1111: **10 000 DM** nach ungewollter, komplikationslos verlaufender Zwillingsschwangerschaft aufgrund fehlgeschlagener Sterilisation; BGH, VersR 1994, 425 = NJW 1994, 788: **10 000 DM** nach fehlerhafter genetischer Beratung, in deren Folge es zur Geburt eines geistig und körperlich behinderten Kindes kam; OLG Oldenburg, VersR 1993, 1357: **10 000 DM als „Obergrenze"** nach fehlgeschlagenem Abbruch einer im Wesentlichen komplikationslos verlaufenden Zwillingsschwangerschaft mit nachfolgender Geburt eines gesundes Sohns; BGH, Urt. v. 18. 6. 2002 – VI ZR 136/01, ZfS 2002, 469: **20 000 DM** bei psychischen Beeinträchtigungen nach unterbliebener Beratung über die Möglichkeit eines rechtmäßigen Schwangerschaftsabbruches und Geburt eines schwerbehinderten Kindes mit teilweise fehlenden Gliedmaßen; OLG Koblenz, Urt. v. 1. 4. 2004 – 5 U 844/03, AHRS III, 0550/311: **10 000 Euro** bei subdepressiver Persönlichkeitsänderung mit schweren Depressionen über mehrere Monate).

Das OLG Saarbrücken (Urt. v. 30. 6. 2004 – 1 U 386/02-92, OLGR 2005, 5, 11; ebenso OLG Celle, VersR 1988, 964: **20 000 DM/10 226 Euro**; OLG Koblenz, Urt. v. 1. 4. 2004 – 5 U 844/03, AHRS III, 0550/311: **10 000 Euro** bei monatelangen, starken Depressionen und Persönlichkeitsänderung) hat den beklagten Gynäkologen, der den Rücklauf des erwarteten, problematischen Laborbefundes über Wochen nicht kontrollierte, sodass ein indizierter Schwangerschaftsabbruch nicht mehr möglich war, zur Zahlung eines Betrages in Höhe von 20 000 DM verurteilt. Die Mutter des mit einem Wirbelsäulendefekt behindert zur Welt gekommenen Kindes erlitt dadurch Depressionen mit deutlichem Krankheitswert („subdepressive Persönlichkeitsänderung mit intermittierenden Phasen stärkergradiger Depressivität"), die sich nachfolgend nicht wesentlich verbesserten. | S 271

Wird durch einen ärztlichen Behandlungsfehler der Abbruch einer ungewollten Schwangerschaft erforderlich, rechtfertigen die damit verbundenen psychischen und physischen Folgen auch unter dem Gesichtspunkt eines massiven und belastenden Entscheidungskonflikts vor dem Hintergrund religiöser Überzeugungen nach Ansicht des OLG Köln allenfalls ein Schmerzensgeld **bis zur Größenordnung von 4 500 Euro** (OLG Köln, Beschl. v. 18. 4. 2011 – 5 U 21/11, VersR 2011, 1325 = GesR 2011, 605). | S 272

Jaeger (VRiOLG a. D., MDR 2006, 1280, 1283) hält bei unerwünschten Schwangerschaft mindestens 12 500 Euro für angemessen. | S 273

Einstweilen frei. | S 274 – S 299

Sterilisation, fehlerhafte

Vgl. → *Schwangerschaftsabbruch, fehlerhafter*, Rz. S 200 ff.; → *Früherkennung, fehlerhafte pränatale Diagnostik*, Rz. F 41 ff.; → *Genetische Beratung*, Rz. G 1 ff.; → *Nichterkennen einer Schwangerschaft*, Rz. N 1 ff.

I. Grundlagen

S 300   Nach ständiger Rechtsprechung des BGH sind die mit der Geburt eines nicht gewollten Kindes für die Eltern verbundenen wirtschaftlichen Belastungen, insbesondere die Aufwendungen für dessen Unterhalt, als ersatzpflichtiger Schaden
auszugleichen, wenn der Schutz vor solchen Belastungen Gegenstand des Be-
handlungs- oder Beratungsvertrages war.

S 301   Diese am Vertragszweck ausgerichtete **Haftung des Arztes** hat der BGH insbesondere **bejaht** für die Fälle fehlgeschlagener Sterilisation aus Gründen der Familienplanung, bei fehlerhafter Behandlung mit einem empfängnisverhütenden
Mittel, bei fehlerhafter Beratung über die Sicherheit der empfängnisverhütenden
Wirkungen eines vom Arzt verordneten Hormonpräparats sowie für die Fälle
fehlerhafter genetischer Beratung vor der Zeugung eines genetisch behinderten
Kindes (BGH, Urt. v. 8. 7. 2008 – VI ZR 259/06, VersR 2008, 1265, 1266 = NJW
2008, 2846, 2847, Nr. 12 m.w.N.; BGH, Urt. v. 14. 11. 2006 – VI ZR 48/06,
NJW 2007, 989, 991 = VersR 2007, 109, 110 und OLG Karlsruhe, Urt. v.
1. 2. 2006 – 7 U 134/04, VersR 2006, 936: **fehlerhafte bzw. fehlende Applikation
eines Verhütungsmittels**; OLG Koblenz, Beschl. v. 20. 3. 2006 – 5 U 255/06,
NJW-RR 2006, 967, 968: **Fruchtwasseruntersuchung und „Triple-Test" unterlassen**; OLG München, Urt. v. 28. 10. 2004 – 1 U 1841/04, OLGR 2006, 52: Übersehen einer seltenen Chromosomenaberration; OLG Saarbrücken, Urt. v.
30. 6. 2004 – 5 U 386/02-92, OLGR 2006, 5, 7: **unzureichende Rücklaufkontrolle
eines zytogenetischen Untersuchungsbefundes**; OLG Stuttgart, Urt. v.
25. 3. 2003 – 1 U 125/02, NJW-RR 2003, 1256: **fehlerhafte pränatale Diagnostik**;
G/G, 6. Aufl., Rz. B 154, 180 ff.; Müller, VPräsBGH a.D., NJW 2003, 697, 702 ff.
und VersR 2005, 1461, 1469; Rehborn, MDR 2002, 1281, 1285; S/Pa, 12. Aufl.,
Rz. 301, 302, 310; L/K/L-Laufs, Kap. VIII Rz. 84, Kap. VII Rz. 55, 56, 61; L/K-Ul-
senheimer, § 126 Rz. 9–12; Spickhoff-Greiner, § 823 BGB Rz. 98, 100 ff.; Spickhoff, NJW 2005, 1694, 1700: verspätete Bekanntgabe des Ergebnisses einer
Fruchtwasseruntersuchung; zur Entwicklung der Rechtsprechung vgl.
→ *Schwangerschaftsabbruch, fehlerhafter*, Rz. S 200 ff.).

S 302   Der 2. Senat des BVerfG (MDR 1998, 216, 220 = NJW 1998, 519 ff.) hat diese
Rechtsprechung des BGH für die Verträge über rechtmäßige Sterilisationen und
genetische Beratungen gebilligt.

S 303   Sowohl der 1. Senat (NJW 1998, 519 ff. = VersR 1998, 190 ff.) als auch der 2. Senat
des BVerfG (NJW 1993, 1751, 1764; NJW 1998, 523 ff.) haben sich zur Frage der
Haftung des Arztes im Rahmen der Pränataldiagnostik, insbesondere beim
Schwangerschaftsbetreuungsvertrag sowie zu einem aus ärztlichem Verschulden
fehlgeschlagenen Schwangerschaftsabbruch nicht ausdrücklich geäußert (vgl.

hierzu oben Rz. S 203, S 220, S 221 und Schmidt-Recla/Schumann, Med 2002, 643, 647).

Die fehlerhafte Beratung der Patientin, sie könne nicht schwanger werden (OLG Karlsruhe, GesR 2003, 122), eine **Fruchtwasseruntersuchung sei nicht erforderlich bzw. habe keinen Verdacht auf das Vorliegen einer Trisomie 21 ergeben** (OLG Düsseldorf, Urt. v. 7. 6. 2001 – 8 U 143/00, OLGR 2002, 290), eine weitergehende Untersuchung wie z.B. eine **Amniozentese (Fruchtwasseruntersuchung), ein „großer Ultraschall" (Degum-Stufe III) oder ein „Triple-Test" müsse nicht durchgeführt werden** (OLG Koblenz, Beschl. v. 20. 3. 2006 – 5 U 255/06, NJW-RR 2006, 967, 968 = GesR 2006, 312: Klage im entschiedenen Fall abgewiesen) bzw. **die Eltern würden einen normalen Chromosomensatz aufweisen** (OLG München, Urt. v. 25. 1. 2001 – 1 U 2200/00, OLGR 2002, 212), kann den Arzt wegen **Verletzung des Behandlungsvertrages** zum Ersatz des gesamten Unterhaltsschadens verpflichten. S 304

Sterilisationsverträge bedürfen nicht der Einwilligung des Ehepartners (BGH, NJW 1980, 1452) und sind auf die Erreichung eines rechtmäßigen Erfolges gerichtet (Gehrlein, Rz. B 78; G/G, 6. Aufl., Rz. B 180). S 305

II. Behandlungsfehler

1. Therapeutische Sicherungsaufklärung

(vgl. hierzu → *Aufklärung*, Rz. A 580 ff., A 710 ff., A 732; A 733a)

Als „Sicherungsaufklärung" oder „therapeutische Aufklärung" wird – oft missverständlich – der Umstand umschrieben, dass der Arzt verpflichtet ist, seinen Patienten bzw. seine Patientin nicht nur zu behandeln, sondern auch über alle Umstände zu informieren, die zur Sicherung des Behandlungserfolges und zu einem therapiegerechten Verhalten erforderlich sind (BGH, Urt. v. 15. 3. 2005 – VI ZR 289/03, NJW 2005, 1716 = VersR 2005, 834, 835; BGH, Urt. v. 14. 9. 2004 – VI ZR 186/03, NJW 2004, 3703, 3704 = VersR 2005, 227, 228). S 306

Versäumnisse im Bereich der **„therapeutischen Aufklärung" sind keine Aufklärungsfehler**, bei denen die Beweislast für die Erteilung der Aufklärung beim Arzt liegt, sondern Behandlungsfehler mit den für diese geltenden beweisrechtlichen Folgen. Der Patient hat also grundsätzlich den Beweis zu führen, dass ein – medizinisch erforderlicher – therapeutischer Hinweis nicht erteilt wurde und es dadurch bei ihm zum Eintritt eines Schadens gekommen ist (BGH, Urt. v. 14. 9. 2004 – VI ZR 186/03, NJW 2004, 3703, 3704 = VersR 2005, 227, 228; vgl. die Nachweise bei Rz. A 600, A 602). S 307

Allerdings kommt eine **Umkehr der Beweislast** in Betracht, wenn die Unterlassung der therapeutischen Aufklärung im Einzelfall als „grober Behandlungsfehler" zu qualifizieren ist (BGH, Urt. v. 16. 11. 2004 – VI ZR 328/03, VersR 2005, 228, 229 = NJW 2005, 427, 428: unterlassener Hinweis auf erforderliche Kontrolluntersuchungen; OLG Düsseldorf, Urt. v. 6. 3. 2002 – 8 U 22/02, VersR 2003, 1310, 1311 = NJW-RR 2003, 1333, 1335: unterlassener Hinweis auf erforderliche Biopsie; OLG Karlsruhe, Urt. v. 20. 6. 2001 – 13 U 70/00, VersR 2002, S 308

1426, 1427: unterlassene Befunderhebung eines Gynäkologen bei V. a. Rötelninfektion OLG Köln, VersR 2002, 1285; G/G, 6. Aufl., Rz. B 285–290) oder die
Erteilung der Sicherungsaufklärung nicht dokumentiert bzw. vom Arzt nicht in
sonstiger Weise belegt werden kann (OLG Hamburg, Urt. v. 20. 12. 2002 – 1 U
34/02, OLGR 2003, 336, 337; OLG Koblenz, Urt. v. 15. 1. 2004 – 5 U 1145/03,
VersR 2004, 1323, 1324; OLG Zweibrücken, Urt. v. 20. 8. 2002 – 5 U 25/01,
OLGR 2003, 92: Ablehnung einer dringend erforderlichen Untersuchung; zu
den dokumentationspflichtigen Maßnahmen vgl. Rz. A 603 ff., A 606, D 212 ff.).

S 309   Der Arzt hat über die verbleibende **Möglichkeit einer Schwangerschaft trotz Sterilisation zu informieren**, weil die Patientin nur dadurch in die Lage versetzt
wird zu beurteilen, ob sie und ihr Partner sich mit der hohen Sicherheitsquote
begnügen oder aus besonderer Vorsicht zusätzliche Verhütungsmaßnahmen anwenden wollen. Dieser vertraglich geschuldeten Beratungspflicht wird er nur
dann gerecht, wenn er dafür sorgt, dass die Information in einer Weise erfolgt,
bei der er nach den Umständen sicher sein kann, dass sich die Patientin des konkreten Versagerrisikos bewusst geworden ist (OLG Karlsruhe, Urt. v. 11. 4. 2002
– 7 U 171/00, OLGR 2002, 394: Beweislast für diese therapeutische Aufklärung
bei der Patientin; Spickhoff-Greiner, § 823 BGB Rz. 100, 106).

S 310   Auch nach einer Sterilisation mittels Durchtrennung der Samenleiter muss der
Patient über die bestehende **Misserfolgsquote und die Notwendigkeit regelmäßiger Nachuntersuchungen** (Anfertigung von Spermiogrammen) aufgeklärt werden, wobei das Unterbleiben einer ordnungsgemäßen Aufklärung bei Fehlschlagen der Sterilisation vom Patienten zu beweisen ist (OLG Oldenburg, NJW-RR
2000, 240, 241 und, MedR 1999, 219; vgl. Rz. A 710 ff.). So schulden die behandelnden Ärzte im Krankenhaus und der nachbehandelnde Gynäkologe nach einem bereits erfolgten Eingriff zum Abbruch einer Zwillingsschwangerschaft der
Patientin den deutlichen Hinweis, dass wegen des Risikos des Fortbestandes der
Schwangerschaft dringend eine **Nachkontrolle erforderlich** ist (OLG Oldenburg,
MDR 1996, 1132). Nach einer Vasoresektion muss über das Risiko einer **Spätrekanalisation und über das Versagerrisiko** informiert werden (OLG Hamm, VersR
1993, 484 und OLG Oldenburg, VersR 2000, 59 sowie VersR 1994, 1384 zur Spätrekanalisation; OLG Düsseldorf, VersR 1992, 317 und OLG Hamm, VersR 2002,
1563: Versagerrisiko; OLG Karlsruhe, Urt. v. 11. 4. 2002 – 7 U 171/00, OLGR
2002, 394: Versagerrisiko 3 % bzw. 13,5 %; G/G, 6. Aufl., Rz. B 104, 181; S/Pa,
12. Aufl., Rz. 301, 302; F/N/W, 5. Aufl., Rz. 121; Spickhoff-Greiner, § 823 BGB
Rz. 100, 106).

Auch bei Durchführung einer **Tubenkoagulation** einer Patientin ist das bestehende Versagerrisiko aufklärungsbedürftig (OLG Koblenz, VersR 1994, 371;
OLG Düsseldorf, VersR 1992, 751; OLG Saarbrücken, VersR 1988, 831). Eine
Kontrolle der Tubenligatur mit Kontrastmitteln ist aber medizinisch nicht erforderlich und folglich auch nicht dokumentationspflichtig (OLG Hamm, VersR
1989, 1298).

S 311   Hat der Operateur auf einer Seite wegen dort vorhandener starker Verwachsungen auf die vorgesehene **Tubenresektion verzichtet**, so hat er die Patientin auf
das verbliebene Risiko einer unerwünschten Schwangerschaft hinzuweisen
(OLG Düsseldorf, MedR 1994, 404).

Es ist auch fehlerhaft, nach einer Sterilisation des Mannes aus familienplaneri- S 312
schen Gründen dem Patienten schon nach einmaliger Aspermie (Fehlen zellulärer Elemente im Samen) mitzuteilen, der Eingriff sei erfolgreich verlaufen (OLG
München, OLGR 1992, 68).

Als Aufklärung über die Sicherheit einer Sterilisationsmethode reicht es nach S 313
überwiegender Ansicht (OLG Hamburg, VersR 1989, 147; auch OLG Köln, NJW
1994, 3016 = VersR 1995, 967 und OLG Saarbrücken, VersR 1988, 831) aus, wenn
der Arzt der Patientin hinreichend deutlich vor Augen führt, dass durch den Eingriff nur eine höchstmögliche, aber **keine absolute Sicherheit** gegen eine erneute
Schwangerschaft erreicht wird.

2. Therapie- und sonstige Behandlungsfehler

Ein Behandlungsfehler des Arztes liegt vor, wenn er beim Sterilisionseingriff das S 314
Mutterband mit dem **Eileiter verwechselt** (OLG Hamm, NJW 1999, 1787; Gehrlein, Rz. B 79) oder er ein Verhütungsimplantat fehlerhaft einsetzt (BGH, Urt. v.
14. 11. 2006 – VI ZR 48/06, NJW 2007, 989, 991 = VersR 2007, 109, 110: langwir-
kendes Verhütungsmittel wurde vom Arzt nicht fachgerecht unter der Haut eingebracht). Der Gynäkologe haftet den Eheleuten auch dann auf den Unterhaltsschaden, wenn er die Elektrokoagulation der Eileiter bei einer Tubensterilisation
nicht vollständig bzw. korrekt durchführt (BGH, Urt. v. 8. 7. 2008 – VI ZR
259/06, VersR 2008, 1265, 1266 = NJW 2008, 2846, 2848 = MedR 2009, 44, 45).

Wegen der Bedeutung des Erfolgs einer Tubensterilisation für die Patientin muss S 315
der Arzt den Erfolg der Operation kontrollieren, sich vom Eintritt der Tubensterilisation durch Anschauung überzeugen und gegenüber der Patientin für die
Koagulation und Durchtrennung beider Eileiter die Garantie übernehmen (OLG
Düsseldorf, VersR 1993, 883 – u. E. wohl zu weitgehend, da der Arzt grundsätzlich keinen Behandlungserfolg schuldet).

Für eine **Histologie des resezierten Samenleiterstücks** neben einem Spermio- S 316
gramm besteht zwar nur in besonderen Fällen Anlass (OLG Düsseldorf, VersR
1992, 317). Ein solcher besteht jedoch bei einem vom Arzt selbst als besonders
schwierig eingestuften vaginalen Eingriff (BGH, NJW 1980, 1450 und 1452;
Gehrlein, Rz. B 79).

Schlägt die Samenleiterdurchtrennung fehl und erlangt der Arzt hiervon Kennt- S 317
nis, so ist er verpflichtet, den Patienten hierüber zu informieren und ihn wieder
einzubestellen (BGH, NJW 1992, 2961; Gehrlein, Rz. B 79).

III. Beweislast

1. Beweislast des Arztes

Der Arzt hat zunächst nachzuweisen, dass er **überhaupt** einen **Sterilisationsein-** S 318
griff vorgenommen hat (OLG Saarbrücken, VersR 1988, 831; S/Pa, 12. Aufl.
Rz. 321; Spickhoff-Greiner, § 823 BGB Rz. 106). Der – angeblich erteilte – **Hin-**

weis auf die Versagerquote bei einer Sterilisation ist vom Arzt zu dokumentieren bzw. in sonstiger Weise vom Arzt nachzuweisen.

S 319   Das Fehlen einer **schriftlichen Bestätigung** stellt nach einer Ansicht ein Beweisanzeichen dafür dar, dass die Erfüllung der aus dem Behandlungsvertrag folgenden Nebenpflicht versäumt worden ist (OLG Zweibrücken, MDR 1997, 549, 550 und, NJW-RR 2000, 235, 236 = OLGR 2000, 8, 13 = MedR 2000, 233, 237). Nach anderer Auffassung genügt es, bei einer komplikationslos verlaufenden Vasektomie den bloßen Umstand der Resektion und des **Verschlusses der Samenleiterenden zu dokumentieren** (OLG Oldenburg, NJW-RR 2000, 240).

2. Beweislast des Patienten

S 320   Der Patient hat zu beweisen, dass der **Eingriff fehlerhaft** war und/oder dass der Arzt **nicht** über das **Versagerrisiko aufgeklärt** hat (OLG Düsseldorf, Urt. v. 14. 2. 2000 – 8 U 5/00, VersR 2001, 1117 = NJW-RR 2001, 959, 960; OLG Hamm, Urt. v. 21. 2. 2001 – 3 U 125/00, VersR 2002, 1562, 1563; OLG Karlsruhe, Urt. v. 11. 4. 2002 – 7 U 171/00, OLGR 2002, 394; OLG Oldenburg, NJW-RR 2000, 240, 241; OLG Saarbrücken, VersR 1988, 831; S/Pa, 12. Aufl., Rz. 321, 322; Spickhoff-Greiner, § 823 BGB Rz. 106; vgl auch Rz. A 602 ff.).

S 321   Ist ein fehlerhafter Eingriff nicht erwiesen, fehlt es aber an der (therapeutischen) Sicherungsaufklärung über das Versagerrisiko, so haben die Eltern des „unerwünscht" zur Welt gekommenen Kindes nachzuweisen, dass sie bei erfolgtem Hinweis zusätzlich **empfängnisverhütende Mittel angewendet** oder sich sonst in einer Weise verhalten hätten, die die erneute Zeugung verhindert hätte (BGH, NJW 1981, 2002 = VersR 1981, 730, 731; BGH, NJW 1981, 630, 632 = VersR 1981, 278, 279; S/Pa, 12. Aufl., Rz. 322). Mit diesem Nachweis ist der **Kausalitätsbeweis geführt**, sofern nicht die Möglichkeit besteht, dass die Schwangerschaft im Zeitpunkt des Eingriffs bereits vorlag (OLG Koblenz, VersR 1984, 371, 372; S/Pa, 12. Aufl., Rz. 322; Spickhoff-Greiner, § 823 BGB Rz. 106).

S 322   Hierfür kann auch der Ehegatte als Zeuge oder der Anspruchsteller als Partei zu vernehmen sein (G/G, 6. Aufl., Rz. B 181 mit Hinweis auf BGH, Urt. v. 25. 1. 2000 – VI ZR 68/99; auch Gehrlein, Rz. B 81).

IV. Zurechnungszusammenhang

S 323   Der Zurechnungszusammenhang zwischen der Pflichtwidrigkeit des Arztes und der Herbeiführung der Schwangerschaft gegen den Willen der betroffenen Frau als tatbestandsmäßiger Körperverletzung wird nicht deshalb unterbrochen, weil der Verletzungserfolg erst durch eine zusätzliche Ursache, nämlich den Geschlechtsverkehr zwischen den Partnern, eintritt. Regelmäßig verzichten Eheleute im Vertrauen auf den Erfolg des Sterilisationseingriffs auf anderweitige Maßnahmen zur Empfängnisverhütung (BGH, NJW 1995, 2407, 2408 = VersR 1995, 1099, 1100 = MDR 1995, 1015).

S 324   In den Schutzbereich eines auf Schwangerschaftsverhütung gerichteten Vertrages zwischen Arzt und Patientin, etwa bei der Verabreichung eines langwirkenden Verhütungsmittels, das vom behandelnden Arzt nicht fachgerecht unter die Haut eingebracht wird o. a., ist nicht nur ein ehelicher, sondern auch **der jeweilige nichteheliche Partner einbezogen**, der vom Fehlschlagen der Verhütung betroffen ist. Dies gilt jedenfalls dann, wenn die nichteheliche Lebensgemeinschaft bzw. Partnerschaft bei der Durchführung der Behandlung durch den Arzt besteht (BGH, Urt. v. 14. 11. 2006 – VI ZR 48/06, NJW 2007, 989, 991 = VersR 2007, 109, 110: offengelassen für ungefestigte, kurzfristige Partnerschaften; kritisch, aber im Ergebnis zustimmend: Mörsdorf-Schulte, NJW 2007, 964, 967; ebenso OLG Karlsruhe, Urt. v. 1. 2. 2006 – 13 U 134/04, VersR 2006, 936, 937).

Der Zurechnungszusammenhang kann in einem solchen Fall nicht mit der Erwägung verneint werden, dass bei einer temporären Verhütungsmaßnahme nicht auszuschließen sei, dass sich später doch noch ein Kinderwunsch einstelle und dieser erfüllt werde. Das möglicherweise später geborene Kind kann nicht, etwa i. S. d. „überholenden Kausalität", mit dem tatsächlich geborenen Kind gleichgesetzt werden. Es ist nicht erforderlich, dass auch die hypothetische Möglichkeit eines späteren Kinderwunsches völlig ausgeschlossen sein muss (BGH, NJW 2007, 989, 990/991 = VersR 2007, 109, 110/111). Eine Mutter, die den Entschluss fasst, auf ein Kind zu verzichten, um beispielsweise ihr berufliches Fortkommen zu sichern, kann also nicht mit Erfolg darauf verwiesen werden, sie müsse die Vereitelung ihrer Lebensplanung entschädigungslos hinnehmen, weil sie sich in Zukunft möglicherweise doch einmal entschlossen haben würde, Kinder zu bekommen. | S 325

Die Haftung des Arztes entfällt in diesen Fällen nur dann, wenn im Einzelfall der innere Grund der haftungsrechtlichen Zurechnung, nämlich die **Störung der Familienplanung, nachträglich weggefallen ist, was der Arzt darzulegen und zu beweisen hat** (BGH, VersR 2007, 109, 110; S/Pa, 12. Aufl., Rz. 318; Spickhoff-Greiner, § 823 BGB Rz. 103 a. E.). | S 326

V. Schutzbereich des Behandlungsvertrages

Im Regelfall ist anzunehmen, dass durch den Behandlungsvertrag zur Sterilisation des Mannes oder der Frau gerade die wirtschaftlichen Belastungen, die mit der Geburt des Kindes einhergehen, vermieden werden sollen (BGH, NJW 1995, 2407, 2409 = VersR 1995, 1099, 1100; G/G, 6. Aufl., Rz. B 183; Spickhoff-Greiner, § 823 BGB Rz. 103). **Der Behandlungsvertrag ist dabei zumindest auch auf den Vermögensschutz der Eltern ausgerichtet** (OLG Schleswig, VersR 2001, 1559; BGH, Urt. v. 14. 11. 2006 – VI ZR 48/06, NJW 2007, 989, 991 = VersR 2007, 109, 110 und OLG Karlsruhe, Urt. v. 1. 2. 2006 – 13 U 134/04, VersR 2006, 936, 937: auch der nichteheliche Erzeuger ist in den Schutzbereich einbezogen; S/Pa, 12. Aufl., Rz. 310). | S 327

Bei misslungener Sterilisation kommen Ersatzansprüche für die Unterhaltsbelastung nach der Rechtsprechung regelmäßig nur bei der Sterilisation aus **sozialer Indikation, ferner aus genetischer Indikation** in Betracht, wenn das Kind geschädigt ist. Die Fallgruppe der medizinischen Indikation ist noch nicht abschließend geklärt (S/Pa, 12. Aufl. 2013, Rz. 310: **Anscheinsbeweis, dass die Eltern ihr Verhalten auf die Unfruchtbarkeit eingerichtet haben, möglich**). | S 328

S 329 Geht es bei einer Sterilisation – dementsprechend auch bei einem Schwangerschaftsabbruch – nicht um die Abwendung einer wirtschaftlichen Notlage, sondern einer **Gefahr für das Leben oder die Gesundheit der Mutter** (medizinische Indikation nach § 218a II StGB), unterfällt die Bewahrung der Eltern vor den belastenden Unterhaltsaufwendungen, die freilich nach einem erfolgreichen ärztlichen Eingriff aus medizinischer Indikation zwangsläufig ebenfalls entfallen wären, **nicht dem Schutzumfang des Arztvertrages** (BGH, Urt. v. 19. 2. 2002 – VI ZR 190/01, VersR 2002, 767, 768 = NJW 2002, 1489, 1491; NJW 2002, 886 = MDR 2002, 336; OLG Hamm, VersR 2002, 1153; OLG Zweibrücken, MDR 1997, 549, 551; zu den Einzelheiten vgl. Rz. S 233 ff., S 243, S 247).

S 330 Voraussetzung einer Haftung wegen einer fehlerhaften Sterilisation zur Vermeidung der mit einer Geburt verbundenen Kosten ist das Vorliegen objektiver Umstände, aus denen geschlossen werden kann, dass **Nebenzweck der auf einer medizinischen Indikation beruhenden Sterilisation auch die Vermeidung des Unterhaltsaufwandes** im Rahmen der weiteren Familienplanung ist (BGH, VersR 1984, 864 = NJW 1984, 2625; vgl. Mörsdorf-Schulte, NJW 2006, 3105, 3106; Spickhoff-Greiner, § 823 BGB Rz. 103). Für das Vorliegen solcher Umstände reicht es schon aus, dass die Betroffenen im Glauben an die vermeintliche Sterilisation ihren **Lebenszuschnitt** erkennbar **hierauf abstellen** (BGH, MDR 1980, 744 = VersR 1980, 555; OLG Karlsruhe, Urt. v. 1. 2. 2006 – 13 U 134/04, VersR 2006, 936; OLG Zweibrücken, MDR 1997, 549, 551). Im Regelfall ist anzunehmen, dass durch die Sterilisation gerade die **wirtschaftlichen Belastungen durch ein Kind vermieden werden sollen** (Spickhoff-Greiner, § 823 BGB Rz. 103; Steffen und Pauge, 12. Aufl. 2013, Rz. 310 nehmen sogar einen hierfür sprechenden Anscheinsbeweis an).

S 331 So liegt eine fehlgeschlagene Familienplanung nach Ansicht des BGH (Urt. v. 14. 11. 2006 – VI ZR 48/06, NJW 2007, 989, 990/991 im Anschl. an OLG Karlsruhe, Urt. v. 1. 2. 2006 – 13 U 134/04, VersR 2006, 936) nicht nur dann vor, wenn diese bereits – im Sinne gewünschter endgültiger Kinderlosigkeit – abgeschlossen ist, sondern ist auch dann denkbar, wenn die **gegenwärtige Planung etwa durch die fehlerhafte oder unterlassene Applikation eines Verhütungsmittels durchkreuzt wird und die zukünftige Planung noch gar nicht absehbar ist**.

S 332 Allein der Umstand, dass Eheleute bereits zwei Kinder haben, genügt für die Annahme solcher Umstände und einen hieraus zu Lasten des Arztes folgenden Anscheinsbeweis nicht. Die Zeugung jedenfalls eines dritten Kindes liegt innerhalb einer zahlenmäßig stabilen Population im üblichen Bereich. Treten keine weiteren Umstände hinzu, liegt es an der Patientin, den Arzt mit ihrer Familienplanung vertraut zu machen (OLG Zweibrücken, MDR 1997, 549, 551 bei drei Kindern; vgl. BGH, MDR 1980, 745 zur Situation bei sechs Kindern).

S 333 Es gibt auch keine grundsätzliche Pflicht des Arztes, bei einem medizinisch indizierten Eingriff von sich aus ohne Aufforderung und ohne erkennbare Hinweise, dass dies von ihm gewünscht wird, familienplanerische Fragen und Risiken anzusprechen (OLG Zweibrücken a. a. O.). Sind Ansprüche von Unterhaltsbelastungen entstanden, stehen diese der Mutter sowie dem in den Schutzbereich des Vertrages insoweit **einbezogenen Vater des Kindes, nicht dem Kind selbst** zu

(BGH, Beschl. v. 6. 11. 2001 – VI ZR 38/01, VersR 2002, 192; Urt. v. 4. 12. 2001 – VI ZR 213/00, NJW 2002, 886, 887 = VersR 2002, 233, 234; MDR 1985, 659; S/Pa, 12. Aufl., Rz. 316).

Ein etwaiger Unterhaltsanspruch kann sich jedoch nur aus dem Behandlungsver- S 334 trag ergeben (§ 280 I BGB), nicht aus §§ 823 I, 831 BGB. Denn die Vermögens- interessen der Eltern fallen nicht unter den Schutzzweck der deliktischen Norm (G/G, 6. Aufl., Rz. B 183; Gehrlein, Rz. B 89).

Einen **Verdienstausfall** können die Eltern neben dem Unterhalt nicht ersetzen S 335 verlangen, weil dieser Anspruch nicht vom Schutzbereich des Behandlungsver- trages erfasst ist (BGH, NJW 1997, 1638; S/Pa, 12. Aufl., Rz. 311, 312; G/G, Rz. B 186).

VI. Umfang des Anspruchs

1. Unterhalt

Den Eltern – nicht dem Kind – steht ein Anspruch auf Freistellung von den Un- S 336 terhaltsleistungen **einschließlich eines etwaigen Mehrbedarfs für ein behindert zur Welt gekommenes Kind** zu (BGH, Urt. v. 4. 12. 2001 – VI ZR 213/00, VersR 2002, 233, 234 = NJW 2002, 886, 887 = MDR 2002, 336; Urt. v. 18. 6. 2002 – VI ZR 136/01, NJW 2002, 2636, 2637 = VersR 2002, 1148, 1149 = MedR 2002, 640, 641: gesamter Unterhaltsbedarf; NJW 1995, 2407, 2409 f.; NJW 1994, 788, 791 f.; OLG Naumburg, VersR 2001, 341, 342; G/G, 6. Aufl., Rz. B 185; Rehborn, MDR 2002, 1281, 1286; S/Pa, 12. Aufl., Rz. 313, 314; **a. A.** Büsken, VersR 1999, 1076, 1078; Deutsch, JZ 1984, 889, 890 und JZ 1983, 451, 452; Reinhart, VersR 2001, 1081, 1085 ff. m. w. N.: Eigener Anspruch des Kindes). Die Eltern sind jeweils zu gleichen Teilen berechtigt, jedoch **keine Gesamtgläubiger** (G/G, 6. Aufl., Rz. B 185; Spickhoff-Greiner, § 823 BGB Rz. 109).

Dies gilt nach h. M. **auch für den nichtehelichen Vater** (BGH, Urt. v. S 337 14. 11. 2006 – VI ZR 48/06, NJW 2007, 989, 991 = VersR 2007, 109, 110: offenge- lassen bei ungefestigten kurzfristigen Partnerschaften; OLG Frankfurt, VersR 1994, 942; OLG Karlsruhe, Urt. v. 1. 2. 2006 – 13 U 134/04, VersR 2006, 936, 938; Spickhoff, NJW 2006, 1630, 1633). Bei einem erst 15-jährigen Vater und in erster Linie nur auf die Verhütung einer künftigen Schwangerschaft gerichteten Behandlungsvertrag hatte der BGH dessen Einbeziehung in den Schutzzweck des Behandlungsvertrages verneint (BGH, Urt. v. 19. 2. 2002 – VI ZR 190/01, NJW 2002, 1489 = VersR 2002, 767; F/N/W, 5. Aufl., Rz. 181).

Der Anspruch ist auf den **Zeitpunkt der Vollendung des 18. Lebensjahres des** S 338 **Kindes begrenzt**; für die nachfolgende Zeit muss Feststellungsklage erhoben werden (BGH, NJW 1980, 1452, 1456 = VersR 1980, 558, 562; F/N/W, 5. Aufl., Rz. 181 a. E.; G/G, 6. Aufl., Rz. B 185; Spickhoff-Greiner, § 823 BGB Rz. 108, 110).

Die **Höhe des Unterhaltsanspruchs** richtete sich bis zum 30. 6. 1998 nach S 339 § 1615f BGB. Seit dem 1. 7. 1998 ist § 1612a I i. V. m. der Regelbetrags-Verordnung vom 6. 4. 1998 (BGBl. I, 668) einschlägig (Gehrlein, Rz. B 84; G/G, 6. Aufl., Rz. 185; Rehborn, MDR 2001, 1148, 1151; S/Pa, 12. Aufl., Rz. 313, 314: **Orientierung an den Sätzen der Kinderfreibeträge** gem. § 32 VI 1 EStG, Kindergeld ist abzuziehen), seit dem 1. 1. 2008 § 1612a BGB (vgl. Rz. S 255, S 256).

S 340   Der infolge einer fehlerhaften Schwangerschaftsverhütung, fehlerhaften Sterilisation, fehlerhaften Beratung über die Sicherheit von empfängnisverhütenden Wirkungen eines vom Arzt verordneten Präparats oder einer fehlerhaften genetischen Beratung entstehende Unterhaltsschaden ist vom Arzt zu übernehmen, soweit er für die Existenzsicherung des Kindes erforderlich ist.

S 341   Bis zum Eintritt der Volljährigkeit besteht der zu ersetzende Unterhaltsschaden in Höhe von 270 % des Regelsatzes der jeweiligen Altersstufe der Regelbetrag-VO. Dabei entfallen **jeweils 135 % auf den Barunterhaltsschaden und 135 % auf den Betreuungsunterhaltsschaden,** d. h. auf den Wert der zusätzlichen Betreuungsleistungen (BGH, Urt. v. 14. 11. 2006 – VI ZR 48/06, NJW 2007, 989, 992 = VersR 2007, 109, 111; OLG Celle, Urt. v. 27. 12. 2006 – 1 U 82/06, NJW 2007, 1000, 1001). Dies gilt im Ergebnis auch nach Außerkrafttreten der RegelbetragVO ab dem 1. 1. 2008 (F/N/W, 4. Aufl. 2009, Rz. 181; vgl. Rz. S 255, S 256).

S 342   Bei guten Einkommensverhältnissen der Eltern ist allerdings eine Begrenzung des Unterhaltsanspruchs möglich (BGH, NJW 1981, 2002). Das Kindergeld ist auf den geschuldeten Unterhaltsbetrag anzurechnen (BGH, NJW 1980, 1452, 1456; S/Pa, 12. Aufl., Rz. 314).

2. Verdienstausfall

S 343   Einen Verdienstausfall für die Zeit der Betreuung des „unerwünscht" zur Welt gekommenen Kindes können die Eltern daneben nicht verlangen, dieser ist als nur mittelbare Folge nicht vom Schutzzweck des Behandlungsvertrages (siehe oben) umfasst (BGH, NJW 1997, 1638, 1640 = MDR 1997, 644; OLG Saarbrücken, OLGR 2000, 438; G/G, Rz. B 186; S/Pa, 12. Aufl., Rz. 312).

3. Beerdigungskosten

S 344   Gleiches gilt hinsichtlich der Beerdigungskosten, die infolge fehlender Lebensfähigkeit des nach fehlgeschlagener Sterilisation ausgetragenen Kindes entstanden sind (OLG Düsseldorf, VersR 1996, 711; S/Pa, 12. Aufl., Rz. 311).

4. Schmerzensgeld

S 345   Während der Mutter ein Schmerzensgeld bei **unterlassenem bzw. misslungenem Schwangerschaftsabbruch** aus medizinischer Indikation, Notlagenindikation sowie embryopathischer Indikation nach altem Recht sowie in den Fällen einer **verspäteten Diagnose und der Nichterkennung einer Schwangerschaft** nur dann zusteht, soweit die physischen und psychischen Belastungen über diejenigen hinausgehen, die bei einer komplikationslosen Geburt und Schwangerschaft ohnehin entstehen (BGH, VersR 1995, 1060 = MDR 1995, 1015; NJW 1983, 1371,

1373 = MDR 1983, 478; MDR 1985, 659; MDR 1986, 41, 42; OLG Celle, VersR 1988, 964, 966; OLG Saarbrücken, Urt. v. 30. 6. 2004 – 1 U 386/02-92, OLGR 2005, 5, 8 f. bei unterlassener Rücklaufkontrolle des eine Fehlbildung beweisenden Laborbefundes; OLG Zweibrücken, Urt. v. 15. 12. 1998 – 5 U 10/96, NJW-RR 2000, 235, 237 = OLGR 2000, 8, 11; Jaeger, MDR 2004, 1280, 1282), rechtfertigt die Belastung mit einer Schwangerschaft, die infolge einer **missglückten Sterilisation** entstanden ist, auch **ohne pathologische Begleitumstände die Zubilligung eines Schmerzensgeldes** (BGH, NJW 1995, 2407, 2408; NJW 1984, 2625, 2626 = VersR 1984, 864, 865; VersR 1980, 558 = NJW 1980, 1452, 1453; Spickhoff-Greiner, § 823 BGB Rz. 102; S/Pa, 12. Aufl., Rz. 305; vgl. zur Höhe des Schmerzensgeldes Rz. S 270, S 271).

Dabei ist es unerheblich, ob es sich um eine „Zeugung aus ehelichem Verkehr" S 346 handelt (so noch OLG München, OLGR 1992, 68) oder nicht (BGH, Urt. v. 14. 11. 2006 – VI ZR 48/06, NJW 2007, 989, 991 = VersR 2007, 109, 110; im Ergebnis zustimmend Mörsdorf-Schulte, NJW 2007, 964, 967; OLG Frankfurt, VersR 1994, 942; Spickhoff, NJW 2006, 1630, 1633). Es spielt auch keine Rolle, ob der Sterilisationseingriff an der Mutter selbst oder an ihrem Ehemann bzw. – nach h. M. – an ihrem Lebenspartner vorgenommen worden ist (OLG München, OLGR 1992, 68, 70: 3 068 Euro Schmerzensgeld).

5. Mitverschulden

Der Unterhaltsanspruch kann gem. § 254 BGB beschränkt werden, wenn der S 347 Ehemann oder Lebenspartner einer **Einbestellung zur Kontrolluntersuchung (Spermiogramm)** sechs Wochen nach dem an ihm vorgenommenen Eingriff keine Folge leistet (BGH, NJW 1992, 2961 = VersR 1992, 1229; OLG Düsseldorf, NJW 1995, 788; S/Pa, 12. Aufl., Rz. 323; Spickhoff-Greiner, § 823 BGB Rz. 107). Ein solcher Umstand müsste auch bei der Bemessung des Schmerzensgeldes für die Mutter Berücksichtigung finden. Ersatzansprüche der Mutter für die Belastung mit der Geburt und dem Unterhalt des Kindes können auch nach § 242 BGB versagt werden, wenn die Mutter sich einer alsbald möglichen, medizinisch zumutbaren und rechtlich erlaubten **Wiederholung des Eingriffs verweigert** (OLG Braunschweig, VersR 1992, 91 und S/Pa, 12. Aufl., Rz. 349 zum Schwangerschaftsabbruch).

Den Eltern ist jedoch **nicht zuzumuten, das „unerwünschte" Kind zur Adoption** S 348 **freizugeben**, um dadurch einen Unterhaltsschaden zu vermeiden (BGH, NJW 1984, 2526; Gehrlein, Rz. B 85). Ebenso wie im Fall des misslungenen Schwangerschaftsabbruchs entfällt der Anspruch auch bei fehlerhafter Sterilisation, wenn sich bei den Betroffenen **nachträglich ein Kinderwunsch einstellt** (BGH, NJW 1985, 671 = MDR 1985, 659; Gehrlein, Rz. B 85; zu den Einzelheiten vgl. → *Schwangerschaftsabbruch, fehlerhafter*, Rz. S 260–S 265).

Einstweilen frei. S 349 – S 499

Sturz im Pflegeheim und im Krankenhaus

Vgl. auch → *Voll beherrschbare Risiken*, Rz. V 301 ff.; → *Suizidgefährdete Patienten*, Rz. S 630 ff.; → *Grobe Behandlungsfehler*, Rz. G 1019 ff. (Organisationsfehler); Rz. B 145 ff. (Verstoß gegten Verkehrssicherungspflichten)

I. Grundlagen

1. Abwägung aller Umstände des Einzelfalles

S 500 Die grundsätzliche Verpflichtung eines Heimbetreibers gegenüber dem Bewohner bzw. Patienten, geeignete Vorkehrungen zu treffen, die ihn vor Verletzungen insbesondere durch Stürze bewahren, kann nach zwischenzeitlich einhelliger Meinung nicht dazu führen, alle nur erdenklichen Sicherheitsvorkehrungen zu ergreifen.

S 501 Der Schutz des Bewohners bzw. Patienten vor eigengefährdenden Situationen, wie sie auch außerhalb eines Pflegeheims bzw. bei ambulanter Pflege entstehen können, erfährt eine Einschränkung durch das zum 1. 1. 2002 in Kraft getretene Heimgesetz in der Fassung vom 5. 11. 2001, dort insbesondere durch das in § 2 I Nr. 1 HeimG statuierte und auf die verfassungsmäßig garantierten Grundrechte aus Art. 1 I und Art. 2 I, II 1, II 2 GG zurückzuführende Gebot, auch bei einer stationären Heimunterbringung die Würde sowie die Interessen und Bedürfnisse der Bewohnerinnen und Bewohner vor Beeinträchtigungen zu schützen. Ihnen soll ungeachtet ihrer gesundheitlichen Einschränkungen ein so **würdevolles und eigenständiges Leben** wie möglich verbleiben.

S 502 So kann nur aufgrund einer sorgfältigen Abwägung sämtlicher Umstände des jeweiligen Einzelfalls entschieden werden, welchen konkreten Inhalt die Verpflichtung hat, **einerseits die Menschenwürde und das Recht auf Fortbewegungsfreiheit** sowie auf freie Entfaltung der Persönlichkeit eines alten und/oder kranken Menschen zu achten und **andererseits sein Leben und seine körperliche Unversehrtheit** insbesondere vor Selbstgefährdungen durch Stürze u. a. zu schützen (BGH, Urt. v. 28. 4. 2005 – III ZR 399/05, NJW 2005, 1937, 1938 = VersR 2005, 984, 985 = GesR 2005, 282: Anspruch nach Sturz im Pflegeheim abgelehnt; BGH, Beschl. v. 27. 6. 2012 – XII ZB 24/12, GesR 2012, 498, 499: **Fixierung und Anbingen von Bettgittern nur mit Genehmigung des Betreuungsgerichts zuläs-**

sig; OLG Bremen, Urt. v. 22. 10. 2009 – 5 U 25/09, MDR 2010, 212, 213 und OLG Köln, Beschl. v. 05. 05. 2010 – 5 W 10/10, MedR 2011, 290 = GesR 2010, 691: Anbringung eines **Bettgitters i. d. R. nur bei uneinsichtigen bzw. „bettflüchtigen" Patienten**; OLG Düsseldorf, Urt. v. 17. 1. 2012 – 24 U 78/11, MDR 2012, 522, 523 = NJW-RR 2012, 716, 717: bei teilweise gelähmter Heimbewohnerin ggf. zweiter Pfleger hinzuziehen).

So ist etwa die obligatorische **Anbringung eines Bettgitters ohne konkrete Hinweise auf eine bestehende Sturzgefahr grundsätzlich weder angebracht noch zulässig** (BGH, Urt. v. 14. 7. 2005 – III ZR 391/04, NJW 2005, 2613, 2614; BGH, Beschl. v. 27. 6. 2012 – XII ZB 24/12, GesR 2012, 498, 499; OLG Bremen, Urt. v. 22. 10. 2009 – 5 U 25/09, MDR 2010, 212, 213 = GesR 2010, 25, 26; OLG Dresden, Urt. v. 17. 1. 2006 – 2 U 753/04, VersR 2006, 843, 844 = GesR 2006, 114, 115; OLG Düsseldorf, Beschl. v. 13. 7. 2010 – I-24 U 16/10, GesR 2010, 689, 691: zur Anbringung von Bettgittern bzw. Fixierung ist die **Genehmigung des Vormundschafts- bzw. Betreuungsgerichts erforderlich**; OLG Jena, Urt. v 5. 6. 2012 – 4 U 488/11, GesR 2012, 500, 501 = NJW-RR 2012, 1419, 1420: **lediglich latent vorhandene Sturzneigung rechtfertigt auch nach vorangegangenem Sturz noch keine allgemeine Fixierung oder lückenlose Überwachung des Patienten**; OLG München, Beschl. v. 29. 7. 2005 – 33 Wx 115/05, GesR 2005, 498; OLG Stuttgart, Urt. v. 2. 11. 1999 – 14 U 43/98, MedR 2002, 153, 154). Gleiches gilt, wenn der **bewusstseinsklare Patient die Anbringung eines Bettgitters ausdrücklich oder konkludent ablehnt** (OLG Koblenz, Urt. v. 28. 5. 2008 – 5 U 280/08, GesR 2009, 85, 86 = OLGR 2009, 132, 133).

S 503

Das Anbringen eines Bettgitters bzw. die Fixierung gegen den Willen des Patienten bedeutet eine erhebliche Einschränkung der persönlichen Freiheit, die nur im Falle einer konkreten, akuten und erheblichen Gesundheitsgefährdung gerechtfertigt sein kann. Derartige Sicherungsmaßnahmen sind nur dann zulässig und erforderlich, wenn es sich **um uneinsichtige bzw. demente Patienten handelt, die eine sogenannte „Bettflüchtigkeit" zeigen** (OLG Köln, Beschl. v. 5. 5. 2010 – 5 W 10/10, MedR 2011, 290, 291 = GesR 2010, 691, 692; ebenso OLG Bremen, Urt. v. 22. 10. 2009 – 5 U 25/09, MDR 2010, 212, 213 = GesR 2010, 25, 26).

S 503a

Zudem sind die Obhutspflichten eines Heimträgers zum Schutz der körperlichen Unersehrtheit der ihm anvertrauten Heimbewohner begrenzt auf die **in Pflegeheimen üblichen Maßnahmen**, die mit einem **vernünftigen finanziellen und personellen Aufwand** realisierbar sind; Maßstab müssen das erforderliche und das für die Heimbewohner und das Pflegepersonal Zumutbare sein, wobei insbesondere auch die Würde und die Selbständigkeit der Bewohner zu wahren sind (BGH, Urt. v. 28. 4. 2005 – III ZR 399/04, NJW 2005, 1937).

S 504

2. Genehmigung des Betreuungsgerichts

Der Sensibilität und der Bedeutung dieser Thematik trägt der Gesetzgeber auch durch die Regelung in § 1906 IV BGB Rechnung, wonach eine **Genehmigung des Betreuungsgerichts** erforderlich ist, wenn der Betroffene nicht in die konkrete Maßnahme einwilligt (Lang, NZV 2005, 124, 125).

S 505

S 505a Das **Anbringen von Bettgittern sowie die Fixierung eines Patienten bzw. Heim-bewohners im Stuhl** mittels eines Beckengurtes stellen freiheitsentziehende Maßnahmen im Sinne des § 1906 IV BGB dar, jedenfalls wenn nicht aus-geschlossen werden kann, dass der Patient zu einer willensgesteuerten Aufent-haltsveränderung in der Lage wäre, an der er durch diese Maßnahmen gehindert wird. Das Selbstbestimmungsrecht des Patienten wird nicht dadurch verletzt, dass die Einwilligung eines von ihm Bevollmächtigten in eine freiheitsentzie-hende Maßnahme der gerichtlichen Genehmigung bedarf. Das Betreuungs-gericht hat zu überprüfen, ob die **Vorsorgevollmacht** an den Betreuer bzw. Ver-treter (vgl. §§ 1897 I, 1901 BGB) rechtswirksam erteilt ist, ob sie die Einwil-ligung in freiheitsentziehende Maßnahmen (Fixierung, Bettgitter o. a.) umfasst und nicht zwischenzeitlich widerrufen worden ist und ob eine Gefährdungslage nach § 1906 I BGB vorliegt. Die **freiheitsentziehende Maßnahme (Fixierung, Bettgitter o. a.) ist gemäß § 1906 V in Verbindung mit § 1906 II, IV BGB nur mit Genehmigung des Betreuungsgerichts zulässig** (BGH, Beschl. v. 27. 6. 2012 – XII ZB 24/12, GesR 2012, 498, 499).

S 505b Selbst bei Vorliegen eines gerichtlichen „Fixierungsbeschlusses" ist eine **stän-dige Fixierung zur Sturzprävention nicht gerechtfertigt.** Von einer Fixierung oder sonstigen freiheitsentziehende Maßnahme ist abzusehen bzw. die Maß-nahme unverzüglich abzubrechen, wenn sie nicht (mehr) erforderlich ist (OLG Düsseldorf, Beschl. v. 13. 7. 2007 – I-24 U 16/10, GesR 2010, 689, 691).

S 505c Ohne **konkreten Anhalt für eine Gefährdung ist ein Alten- oder Pflegeheim nicht verpflichtet, beim Betreuungsgericht die Fixierung oder sonstige freiheits-beschränkende Maßnahmen eines geistig verwirrten und/oder gehbehinderten Heimbewohners zu beantragen.** Maßgeblich sind insoweit die Erkenntnisse, die vor dem tatsächlich eingetretenen Schadensereignis gewonnen werden konnten (OLG Koblenz, Urt. v. 21. 3. 2002 – 5 U 1648/01, MedR 2002, 472 = NJW-RR 2002, 867; ebenso BGH, Urt. v. 28. 4. 2005 – III ZR 399/04, NJW 2005, 1937, 1938 = GesR 2005, 282, 283; 692; OLG Bremen, Urt. v. 22. 10. 2009 – 5 U 25/09, MDR 2010, 212, 213 = GesR 2010, 25, 26; KG, Urt. v. 2. 9. 2004 – 12 U 107/03, GesR 2005, 66, 67; KG, Urt. v. 25. 5. 2004 – 14 U 37/03, OLGR 2005, 45; OLG Köln, Beschl. v. 5. 5. 2010 – 5 W 10/10, MedR 2011, 290, 291 = GesR 2010, 691).

S 506 So besteht ohne Genehmigung des Betreuungsgerichts, die nicht ohne hinrei-chenden Anlass eingeholt und erteilt werden muss, keine Pflicht zur **Fixierung eines Heimbewohners** während der Mittagsruhe oder zum Hochfahren von Bett-gittern. Selbst **drei Stürze** des Heimbewohners innerhalb der letzten sieben Jahre vor dem Unfall **begründen keine Veranlassung, eine solche Genehmigung ein-zuholen**, wenn der Bewohner vor dem streitgegenständlichen Unfall **über drei Jahre sturzfrei** gewesen ist und der mit der Erstellung eines Pflegegutachtens be-auftragte medizinische Sachverständige des MdK weder eine Fixierung für erfor-derlich hielt noch das Hochfahren der Bettgitter empfahl (KG, Urt. v. 2. 9. 2004 – 12 U 107/03, OLGR 2005, 43, 44 = GesR 2005, 66, 67).

S 506a Das rein **prophylaktische nächtliche Aufziehen eines Bettgitters oder eine sons-tige Fixierung** zur Verhinderung einer bis dahin **lediglich latent bestehenden Ge-fahr** lässt sich als freiheitsentziehende Maßnahme im Sinne des § 1906 IV BGB nicht rechtfertigen, wenn der Patient zwar an einem Parkinson-Syndrom und zeitweiliger Verwirrtheit leidet sowie am Vortrag bereits ein Sturz im Zimmer vorangegangen war, andererseits aber für mehrere Tage ärztlich verordnete und komplikationslos verlaufende **Mobilisierungsversuche, Stand- und Bewegungsversuche mit dem Rollator ohne Auffälligkeiten dokumentiert** sind (OLG Jena, Urt. v. 5. 6. 2012 – 4 U 488/11, GesR 2012, 500, 501 = NJW-RR 2012, 1419, 1420).

Zur Vermeidung eines Sturzes ist der Patient eines Krankenhauses oder einer Pflegeeinrichtung **weder ständig zu fixieren noch ununterbrochen zu überwachen**, selbst wenn eine betreuungsgerichtliche Genehmigung wiederkehrender, freiheitsentziehender Maßnahmen („Fixierungsbeschluss") vorliegt. Dies befreit den Betreuer allerdings nicht davon, in jedem Einzelfall nach pflichtgemäßem Ermessen, ggf. nach Rücksprache mit dem behandelnden Arzt oder dem Pflegepersonal zu prüfen, ob eine Fixierung nach Grund und Intensität zum Schutz des Betreuten jeweils geboten ist. Der Betreuer hat von der Anwendung solcher Maßnahmen abzusehen oder sie unverzüglich abzubrechen und die entsprechende Weisung zu erteilen, wenn sie nicht bzw. nicht mehr erforderlich ist (OLG Düsseldorf, Beschl. v. 13. 7. 2010 – I-24 U 16/10, GesR 2010, 689, 691). S 507

Anders als bei einer Betreuung, die gem. § 1896 I BGB auch bei einer bloßen körperlichen Behinderung eingerichtet werden kann (zum Umfang der Betreuung § 1901 BGB), rechtfertigt allein die Hinfälligkeit und Gebrechlichkeit des Bewohners Unterbringungs- oder unterbringungsähnliche Maßnahmen mit freiheitseinschränkendem Charakter wie etwa **Fixierungen oder das Hochfahren von Bettgittern** sowie die Statuierung einer Verpflichtung des Pflegeheimträgers, eine entsprechende betreuungsgerichtliche Genehmigung zur Durchführung dieser Maßnahmen zu beantragen, nach ganz herrschender Auffassung nicht (OLG Naumburg, Urt. v. 26. 4. 2005 – 12 U 170/04, OLGR 2005, 860, 861; auch KG, Urt. v. 2. 9. 2004 – 12 U 107/03, GesR 2005, 66, 67). S 508

Die gegenteilige zugunsten der dort aus übergegangenem Recht klagenden Krankenkasse ergangene Entscheidung des 7. Zivilsenats des OLG Dresden vom 23. 9. 2004 (7 U 753/04, OLGR 2004, 438, 440 – MDR 2005, 449), in der das OLG Dresden den Träger des Pflegeheims für verpflichtet gehalten hatte, nach **drei früheren Stürzen** einer zeitweise verwirrten, hochbetagten Heimbewohnerin beim Betreuungsgericht einen Antrag auf Genehmigung des Hochziehens eines Bettgitters zu stellen, hat der BGH (Urt. v. 14. 7. 2005 – III ZR 391/04, NJW 2005, 2613 = GesR 2006, 44) aufgehoben und die Sache zur neuen Verhandlung und Entscheidung an das OLG Dresden zurückverwiesen. Der 2. Zivilsenat des OLG Dresden (Urt. v. 17. 1. 2006 – 2 U 753/04, VersR 2006, 843, 844 = GesR 2006, 114 = OLGR 2006, 301) hat die Klage der Krankenkasse anschließend rechtskräftig abgewiesen.

3. Beweislastumkehr gem. § 280 I 2 BGB

Während der 7. Zivilsenat des OLG Dresden (Urt. v. 23. 9. 2004 – 7 U 753/04, OLGR 2004, 438, 440 = MDR 2005, 449, 450; in diesem Sinn auch Schultze-Zeu, VersR 2005, 1352, 1355) angenommen hatte, entsprechend § 282 BGB a. F. (jetzt S 509

§ 280 I 2 BGB n. F.) greife auch bei Stürzen von Bewohnern im Pflegeheim eine **Beweislastumkehr unter dem Gesichtspunkt des „voll beherrschbaren Risikos"** ein (vgl. hierzu → *Voll beherrschbare Risiken*, Rz. V 301 ff.), hat der BGH darauf hingewiesen, allein der Umstand, dass ein Heimbewohner im Bereich des Pflegeheims gestürzt ist und sich dabei verletzt hat, indiziere nicht den Schluss auf eine schuldhafte Pflichtverletzung des Pflegepersonals.

S 510 Anders als in den Fällen des **Sturzes von einer defekten Untersuchungsliege** (vgl. OLG Hamm, MedR 2002, 196, 197), des **Sturzes von einer Massageliege** beim Versuch des Patienten, diese im Anschluss an eine Ganzkörpermassage zu verlassen (LG Kassel, NJW-RR 2008, 898), bei der **Lagerung oder Umlagerung eines Patienten auf einem Operationstisch oder einer Untersuchungsliege in Anwesenheit von Ärzten oder Pflegekräften** (BGH, NJW 1984, 1403, 1404: Lagerung des Patienten auf einem Operationstisch; OLG Düsseldorf, Urt. v. 23. 5. 2005 – I-8 U 82/04, OLGR 2006, 390, 391: Überwachung von Gehübungen eines gehbehinderten Patienten; OLG Schleswig, Urt. v. 16. 5. 2003 – 4 U 139/01, OLGR 2003, 389) oder **unzureichenden Bewegungs- oder Transportmaßnahmen** durch **unmittelbar anwesende Pflegekräfte** (BGH, NJW 1991, 1540 f. = MedR 1991, 139: unzureichende Bewegungs- und Transportmaßnahme der betreuenden Krankenschwester) ist es für einen Pflege- oder Altenheimträger bzw. dessen Personal gerade **nicht „voll beherrschbar"**, wenn sich der Patient bzw. Bewohner in seinem Zimmer oder in Gemeinschaftsräumen frei bewegt und dabei zu Fall kommt (OLG Düsseldorf, Urt. v. 17. 1. 2012 – I-24 U 78/11, MDR 2012, 522, 523; OLG Düsseldorf, Beschl. v. 16. 2. 2010 – I-24 U 141/09, MDR 2010, 854; OLG Düsseldorf, Beschl. v. 13. 7. 2010 – I-24 U 16/10, GesR 2010, 689, 691; OLG Köln, Beschl. v. 5. 5. 2010 – 5 W 10/10, GesR 2010, 691, 692 = MedR 2011, 290, 291; OLG Naumburg, Urt. v. 12. 7. 2012 – 1 U 43/12, GesR 2013, 58, 59 = NJW-RR 2013, 537, 538; vgl. Rz. S 519, S 575, V 360).

4. Entscheidungen des BGH vom 28. 4. 2005 (NJW 2005, 1937) und vom 14. 7. 2005 (NJW 2005, 2613)

S 511 In seinem Urt. v. 28. 4. 2005 (III ZR 399/04, NJW 2005, 1937 = VersR 2005, 984 = GesR 2005, 282; ablehnend: Schultze-Zeu/Riehm, VersR 2005, 1352 ff. und Grikschat, VersR 2005, 986 ff. sowie Jäger, GesR 2005, 346 ff.) geht der BGH im Anschluss an die Ausführungen des OLG Koblenz (Urt. v. 21. 3. 2002 – 5 U 1648/01, MedR 2002, 472, 474 = NJW-RR 2002, 867, 868) davon aus, dass aus der Sicht des Pflegepersonals selbst bei einer hochgradig sehbehinderten, gangunsicheren, zeitweise desorientierten und verwirrten Heimbewohnerin der **Pflegestufe III nach zwei vorangegangenen Stürzen** keine besonderen weiter gehenden Maßnahmen ergriffen werden müssen, wenn die Bewohnerin über einen Zeitraum von mehr als drei Jahren sturzfrei geblieben war und der von der Krankenkasse beauftragte MdK-Gutachter nach dem letzten vorangegangenen Sturz der Bewohnerin zwar schwere Einschränkungen des Stütz- und Bewegungsapparates diagnostiziert, aber gleichwohl besondere Sicherungsmaßnahmen beim Liegen im Bett nicht in Erwägung gezogen hatte.

S 512 Zudem seien die Obhutspflichten des Heimträgers zum Schutz der körperlichen Unversehrtheit der ihm anvertrauten Heimbewohner begrenzt auf die in Pflegeheimen üblichen Maßnahmen, die mit einem **vernünftigen finanziellen und personellen Aufwand** realisierbar sind; Maßstab müssen dabei das Erforderliche und das für die Heimbewohner und das Pflegepersonal Zumutbare sein (BGH, Urt. v. 28. 4. 2005 – III ZR 399/04, NJW 2005, 1937, 1938 = VersR 2005, 984, 985; zustimmend OLG Düsseldorf, Urt. v. 2. 3. 2006 – I-8 U 163/04, GesR 2006, 214, 217; OLG Koblenz, Urt. v. 21. 3. 2002 – 5 U 1648/01, NJW-RR 2002, 867, 868; auch OLG München, VersR 2004, 618, 619).

Der Verpflichtung, dafür Sorge zu tragen, dass der Bewohnerin beim Aufstehen aus dem – nicht mit einem hochgezogenen Bettgitter versehenen Bett – Hilfe zuteil werde, um einen Sturz beim oder im Zusammenhang mit dem Verlassen des Betts zu vermeiden, sei der Heimträger im entschiedenen Fall dadurch nachgekommen, dass er in Reichweite der Bewohnerin eine **Klingel bereitgestellt** hätte, mit der die Heimbewohnerin im Bedarfsfall Hilfe hätte herbeirufen können (BGH, Urt. v. 28. 4. 2005 – III ZR 399/04, NJW 2005, 1937, 1939 = VersR 2005, 984, 986; ablehnend zur Entscheidung des BGH vom 28. 4. 2005 etwa Grikschat, VersR 2005, 986, 987 f.; Schultze-Zeu/Riehn, VersR 2005, 1352, 1353 ff.; Jäger, GesR 2005, 346, 348 f.).   S 513

In der weiteren Entscheidung v. 14. 7. 2005 (III ZR 391/04, NJW 2005, 2613 = GesR 2006, 44) bekräftigt der BGH diese Grundsätze. Zwar obliege dem Heimträger aus §§ 11 I, 28 III SGB XI, § 4e HeimG i. V. m. dem abgeschlossenen Heimvertrag die Pflicht, bei der stationären Pflege einer Bewohnerin den Stand der medizinisch-pflegerischen Erkenntnisse einzuhalten und damit auch im zumutbaren Umfang wirkungsvolle Maßnahmen zur Sturzprophylaxe zu ergreifen, wenn eine akute Sturzgefahr besteht. Von einem besonderen Sturzrisiko müsse bei einer (damals) 85-jährigen Patientin der Pflegestufe II nach **drei, wenn auch drei Jahre zurückliegenden Stürzen** ausgegangen werden (BGH, Urt. v. 14. 7. 2005 – III ZR 391/04, NJW 2005, 2613 und im Anschluss hieran OLG Dresden, Urt. v. 17. 1. 2006 – 2 U 753/04, GesR 2006, 114 = VersR 2006, 843, 844).   S 514

Hat die Bewohnerin von der ihr angebotenen **Möglichkeit, bei Bedarf eine Klingel zu betätigen** und einen an ihr Bett gestellten Toilettenstuhl zur Vermeidung längerer Wege ins Bad/WC häufig Gebrauch gemacht, das vom Pflegepersonal unterbreitete Angebot, zu ihrer Sicherheit während der Nacht ein **Bettgitter hochzuziehen, jedoch abgelehnt**, so ist das **Selbstbestimmungsrecht** der nicht offensichtlich geschäftsunfähigen Bewohnerin gegenüber freiheitsentziehenden bzw. freiheitsbeschränkenden Maßnahmen selbst dann **vorrangig**, wenn es ein bis zwei Monate zuvor zunächst zu drei weiteren unspektakulären Stürzen kommt und die Bewohnerin beim nächtlichen Aufstehen aus dem Bett zu Fall gekommen ist und sich dabei schwere Verletzungen zuzieht (BGH, Urt. v. 14. 7. 2005 – III ZR 391/04, NJW 2005, 2613, 2614 = GesR 2006, 44, 45). Dies gilt jedenfalls dann, wenn die Mitarbeiterinnen bzw. Mitarbeiter des Pflegeheims entsprechende **Maßnahmen zur Prophylaxe** wie das Hochziehen eines Bettgitters o. a. mit der Heimbewohnerin **erörtert und dieser angeboten** hatten (OLG Dresden, Urt. v. 17. 1. 2006 – 2 U 753/04, VersR 2006, 843, 844 = GesR 2006, 114 = OLGR 2006, 301 nach Zurückverweisung durch den BGH).   S 515

Einstweilen frei.   S 516 – S 518

II. Einzelfälle

1. Verletzung der Verkehrssicherungspflicht verneint

a) Übersicht; Anspruch verneint

S 519   Eine Beweislastumkehr bzw. Beweiserleichterung greift i. d. R. nicht ein, wenn sich der Sturz eines Patienten oder Heimbewohners **nicht während einer Bewegungs-, Transport- oder sonstigen pflegerischen Maßnahme, an denen das Pflegepersonal unmittelbar beteiligt ist, sondern etwa im Korridor, im privaten Wohnbereich eines Pflegeheims oder in einem Krankenzimmer ereignet** (OLG Bremen, Urt. v. 22. 10. 2009 – 5 U 25/09, MDR 2010, 212, 213 = GesR 2010, 25, 26: **Fixierung oder Bettgitter nur bei erkennbar uneinsichtigen bzw. „bettflüchtigen" Patienten,** auch wenn der Patient blind und herzkrank ist, Beschluss des Betreuungsgerichts erforderlich; OLG Düsseldorf, Beschl. v. 13. 7. 2010 – I-24 U 16/10, GesR 2010, 689, 691: **konkrete Pflegemaßnahme in Anwesenheit einer Pflegeperson voll beherrschbar, Aufstehen am Esstisch dagegen nicht;** OLG Düsseldorf, Beschl. v. 16. 2. 2010 – 24 U 141/09, MDR 2010, 854: nicht voll beherrschbar, wenn der **Patient selbständig mit dem Rollstuhl unterwegs** ist; OLG Düsseldorf, Urt. v. 2. 3. 2006 – I-8 U 163/04, GesR 2006, 214, 216/217: Sturz einer dementen, nicht gehfähigen Patientin **aus dem Rollstuhl beim Kaffeetrinken im Zimmer,** kein Anspruch; OLG Düsseldorf, Urt. v. 14. 10. 2008 – I-24 U 45/07, OLGR 2009, 535, 537: **Pflegeheimbewohner sitzt im Rollstuhl in einer „Raucherecke", es kommt zu einem Brand,** nicht voll beherrschbar; OLG Düsseldorf, Beschl. v. 20. 3. 2008 – I-24 U 166/07, OLGR 2008, 585, 586: Sturz nach dem **Lösen eines Sicherheitsgurtes durch den Patienten,** kein voll beherrschbares Risiko; OLG Düsseldorf, Beschl. v. 20. 3. 2008 – I-24 U 166/07, VersR 2008, 1079, 1080: **Sturz nach ungeklärtem Öffnen des Bauchgurtes** außerhalb einer konkreten Pflegemaßnahme; OLG Jena, Urt. v. 5. 6. 2012 – 4 U 488/11, NJW-RR 2012, 1419 = GesR 2012, 500, 501: **Beobachtungsintervalle von zwei Stunden reichen nach vorangegangenen Stürzen aus, wenn keine erhöhte Gefahrenlage vorliegt;** KG, Urt. v. 25. 5. 2004 – 14 U 37/03, OLGR 2005, 45: **keine Haftung des Heimträgers bei Sturz des nicht fixierten Patienten aus dem Rollstuhl;** OLG Koblenz, Beschl. v. 21. 7. 2010 – 5 U 761/10, VersR 2011, 225: **Sturz aus dem Rollstuhl bei ärztlicher Untersuchung, Patient hat Anweisung missachtet;** OLG Koblenz, Urt. v. 21. 3. 2002 – 5 U 1648/01, MedR 2002, 472, 473 = NJW-RR 2002, 867, 868: Anspruch abgelehnt; OLG Koblenz, Beschl. v. 2. 1. 2013 – 5 U 693/12, GesR 2013, 159, 161: **Sturz von einer Übungsmatte bei Krankengymnastik kein voll beherrschbares Risiko;** OLG Koblenz, Urt. v. 28. 5. 2008 – 5 U 280/08, GesR 2009, 85: **Sturz aus dem Krankenhausbett, informierter Patient hatte Bettgitter konkludent abgelehnt;** OLG Köln, Beschl. v. 5. 5. 2010 – 5 W 10/10, GesR 2010, 691, 692 = MedR 2011, 290, 291: **Sturz im Krankenhaus, Bettgitter war aus ex-ante-Sicht nicht erforderlich,** keine Aufklärungspflicht; OLG Köln, Beschl. v. 25. 8. 2010 – 5 U 73/10, VersR 2011, 1194: **weit überwiegendes Eigenverschulden der Patientin bei Sturz aus dem Bett im Pflegeheim;** OLG Naumburg, Urt. v. 31. 1. 2007 – 6 U 98/06, OLGR 2008, 200, 201: **Zweite Pflegekraft nur bei erhöhter Sturzgefahr hinzuzuziehen;** OLG Naumburg, Urt. v. 26. 4. 2005 – 12 U 170/04, OLGR 2005, 860, 861: **Sturz aus dem Bett im Pflegeheim außerhalb konkreter Pflegemaßnahmen, zwei Stürze**

waren vorausgegangen, keine Haftung; OLG Saarbrücken, Urt. v. 29. 1. 2008 – 4 U 318/07-115, OLGR 2008, 336: **Anspruch nach Sturz im Pflegeheim außerhalb einer konkreten Hilfeleistung abgelehnt**; vgl. auch Jorzig, GesR 2005, 306; Schmid, VersR 2005, 1540; S/Pa, 12. Aufl., Rz. 619–624; F/N/W, 5. Aufl., Rz. 159; L/K-Laufs/Kern, § 109 Rz. 18, 19, 20).

b) Alten- und Pflegeheim

In folgenden Fällen wurde die Verletzung der Verkehrssicherungspflicht eines **Alten- oder Pflegeheims** verneint (vgl. **zum Anbringen eines Bettgitters** Rz. S 503, S 505a, S 522–S 530, S 535, S 574; **zur Fixierung u. dgl.** Rz. S 503a, S 505a–S 507, S 528–S 532, S 546 f.; **zur Erforderlichkeit einer Genehmigung des Betreuungsgerichts** Rz. S 505 ff., S 529, S 533–S 537; **zu Unfällen mit einem Rollstuhl** Rz. S 534, S 538–S 548; **zu Unfällen nach Verlassen des Pflegeheims** Rz. S 549–S 551; **zu Stürzen im Zimmer und beim Toilettengang.** Rz. S 552, S 553, S 577 ff.; **zu Unfällen auf dem Flur, in einer Raucherecke u. a.** Rz. S 557–S 558). S 520

Die Obhutspflichten des Heimträgers zum Schutz der körperlichen Unversehrtheit der ihm anvertrauten Heimbewohner sind begrenzt auf die in Pflegeheimen üblichen Maßnahmen, die mit einem **vernünftigen finanziellen und personellen Aufwand realisierbar** sind; Maßstab muss das Erforderliche und das für die Heimbewohner und das Pflegepersonal Zumutbare sein, wobei insbesondere auch die Würde sowie die Interessen und Bedürfnisse der Bewohner vor Beeinträchtigungen zu schützen und die Selbständigkeit, die Selbstbestimmung sowie die Selbstverantwortung der Bewohner zu wahren sind (BGH, Urt. v. 28. 4. 2005 – III ZR 399/04, NJW 2005, 1937, 1938 = VersR 2005, 984, 985 = GesR 2005, 282, 283 mit ablehnender Anm. Jäger, GesR 2005, 346 ff. sowie Schultze-Zeu/Riehn, VersR 2005, 1352 ff., 1355 und Grikschat, VersR 2005, 986 ff., 988). S 521

Danach haftet das Pflegeheim nicht für den Sturz einer **89-jährigen, hochgradig sehbehinderten, gangunsicheren, zeitweise desorientierten und verwirrten Patientin** aus dem Bett bzw. im Zusammenhang mit dem Verlassen des Betts, wenn in Reichweite des Betts **eine Klingel angebracht** ist und ein MdK-Gutachter nach dem **drei Jahre vorausgegangenen letzten Sturz** zwar schwere Einschränkungen des Stütz- und Bewegungsapparats diagnostiziert, aber gleichwohl besondere Sicherungsmaßnahmen beim Liegen im Bett nicht in Erwägung gezogen hatte. Eine Verletzung der Verkehrssicherungspflicht des Pflegeheims kann im **unterlassenen Aufziehen eines Bettgitters** und in der fehlenden Anordnung des Tragens von Hüftschutzhosen (Protektorhosen) nicht gesehen werden (BGH, Urt. v. 28. 4. 2005 – III ZR 399/04, NJW 2005, 1937, 1938 f. = VersR 2005, 984, 985 = GesR 2005, 282, 283). Die Verwendung von Protektorhosen war im Jahr 2000 unüblich und hätte zudem die **Gefahr des Wundliegens erhöht** (KG, Urt. v. 2. 9. 2004 – 12 U 107/03, GesR 2005, 66, 67; auch OLG Schleswig, Urt. v. 17. 12. 2003 – 9 U 120/02, OLGR 2004, 85, 86 und nunmehr auch BGH, Urt. v. 28. 4. 2005 – III ZR 399/04, NJW 2005, 1937, 1938 = GesR 2005, 282, 283 = VersR 2005, 984, 985). S 522

Das **Anbringen eines Bettgitters gegen den Willen des Patienten** bedeutet eine erhebliche Einschränkung der persönlichen Freiheit, die nur im Falle einer kon- S 523 kreten, akuten underheblichen Gesundheitsgefährdung gerechtfertigt sein kann. Derartige Sicherungsmaßnahmen sind nur dann zulässig, wenn sie zum Wohle des Patienten erforderlich sind und **nicht durch andere pflegerische Maßnahmen verhindert werden** können. **So kommt das Anbringen von Bettgittern grundsätzlich nur bei uneinsichtigen bzw. dementen Patienten, die eine „Bettflüchtigkeit" zeigen** und sich hierdurch selbst erheblich gefährden, in Betracht (OLG Köln, Beschl. v. 5. 5. 2010 – 5 W 10/10, GesR 2010, 691, 692 = MedR 2011, 290, 291; ebenso OLG Bremen, Urt. v. 22. 10. 2009 – 5 U 25/09, MDR 2010, 212, 213 = GesR 2010, 25, 26).

S 524 Dies gilt auch, wenn zuvor eine Sturzneigung des Patienten bestand, die Orientierung und Bewusstseinslage jedoch problemlos war und sich **keine erneute Bettflüchtigkeit zeigte** (OLG Köln, GesR 2010, 691, 692) und selbst dann, **wenn der Patient blind und herzkrank ist** (OLG Bremen, MDR 2010, 212, 213). Denn auch Blinde können sich mit Hilfsmitteln oder Fremdhilfe in einer für sie ungewohnten Umgebung bewegen. Jedenfalls ist es auch einem blinden Patienten zumutbar, mit der am Krankenbett befestigten Klingel eine Pflegekraft herbeizurufen, wenn er beabsichtigt, das Bett zu verlassen (OLG Bremen, MDR 2010, 212, 213).

S 525 Je nach den Umständen des konkreten Einzelfalls können freiheitsentziehende Maßnahmen, die zur Vermeidung von Sturzgefahren für den Betroffenen während der Nacht vorgesehen sind, etwa ein **Bettgurt oder das Hochziehen eines Bettgitters, unverhältnismäßig** und damit nicht genehmigungsfähig sein, wenn der Betroffene auch in einem sogenannten Bettnest (Matratze am Boden, umgeben von zusätzlichen Polstern) schlafen kann (OLG München, Beschl. v. 29. 7. 2005 – 33 WX 115/05, GesR 2005, 498).

S 526 Der Sturz einer altersverwirrten und in ihrer Mobilität stark eingeschränkten Heimbewohnerin im Zimmer (hier: **Abrutschen von der Bettkante, kein Bettgitter o. a. angebracht**) beruht nicht auf einer Pflichtverletzung des Heimträgers, wenn eine ständige Beaufsichtigung nach den maßgeblichen **Einstufungsgutachten nicht geschuldet** war (LG Berlin, Urt. v. 3. 7. 2003 – 10 O 151/03).

S 527 Werden **Maßnahmen zur Sturzprophylaxe (Fixierung, Hochziehen des Bettgitters etc.) seitens des Heimträgers angeboten, von der Bewohnerin jedoch abgelehnt**, so ist deren Selbstbestimmungsrecht zu schützen, so dass der Heimbetreiber bei dennoch erfolgtem Sturz nicht haftbar gemacht werden kann (OLG Dresden, Urt. v. 17. 1. 2006 – 2 U 753/04, VersR 2006, 843, 844 = GesR 2006, 114 im Anschluss an BGH, Urt. v. 14. 7. 2005 – III ZR 391/04, GesR 2006, 44, 45 = NJW 2005, 2613, 2614; OLG Koblenz, Urt. v. 28. 5. 2008 – 5 U 280/08, GesR 2009, 85: Sturz aus dem Krankenhausbett, Anspruch abgelehnt).

S 528 Ein Heimbetreiber ist auch nach Auffassung des OLG Schleswig (Urt. v. 18. 6. 2004 – 1 U 8/04, GesR 2004, 415, 416; auch OLG Düsseldorf, Urt. v. 2. 3. 2006 – I-8 U 163/04, GesR 2006, 214, 215 f.) **nicht ohne weiteres verpflichtet, die Fixierung einer sturzgefährdeten Heimbewohnerin zu veranlassen**, wenn es im Übrigen in deren wohlverstandenem Interesse lag, ihren Alltag möglichst dem üblichen Heimablauf anzugleichen, um ihr einen festen Orientierungsrahmen zu bieten und ihr soziale Kontakte zu ermöglichen. Der Heimbetreiber muss jedenfalls dann nicht auf die Fixierung einer sturzgefährdeten Heimbewohnerin hinwirken, wenn im Rahmen einer vorangegangenen Begutachtung des MdK zwar die **Sturzneigung festgestellt, aber eine Fixierung nicht angeregt worden** ist und auch der für den Aufgabenkreis Gesundheitssorge bestellte **Betreuer in Kenntnis aller Umstände keine Fixierung befürwortet** (OLG Schleswig, Urt. v. 17. 12. 2003 – 9 U 120/02, OLGR 2004, 85; auch Urt. v. 18. 6. 2004 – 1 U 8/04, GesR 2004, 415, 416 = OLGR 2004, 426, 428; OLG Koblenz, Urt. v. 21. 3. 2002 – 5 U 1648/01, MedR 2002, 472, 473 = NJW-RR 2002, 867, 868).

Ohne **Genehmigung des Betreuungsgerichts** (§ 1906 IV) besteht auch keine Pflicht zur **Fixierung eines Heimbewohners während der Mittagsruhe** oder zum Hochfahren der Bettgitter. Ohne hinreichenden Anlass muss die Genehmigung seitens des Heimbetreibers auch nicht eingeholt werden; **drei Stürze vor der Aufnahme in das Pflegeheim** innerhalb der letzten sieben Jahre vor dem Unfall reichen hierfür nicht aus (KG, Urt. v. 2. 9. 2004 – 12 U 107/03, GesR 2005, 66, 67 = OLGR 2005, 43, 44: die Bewohnerin war vor dem Unfall ca. 3,5 Jahre sturzfrei geblieben). Steht nicht fest, ob ein Betreuer tatsächlich eine Fixierung befürwortet und die erforderliche **betreuungsgerichtliche Genehmigung (§ 1906 IV) erhalten** kann bzw. diese erteilt worden wäre, steht dies einer Haftung des Heimbetreibers wegen der möglichen Verletzung einer Verkehrssicherungspflicht durch Unterlassen der Fixierung grundsätzlich entgegen (OLG Schleswig, Urt. v. 18. 6. 2004 – 1 U 8/04, GesR 2004, 415, 416 = OLGR 2004, 426, 428). | S 529

Konkrete **freiheitsentziehende bzw. freiheitsbeschränkende Maßnahmen (Fixierung, Bettgitter o.a.)** sind auch nach Auffassung des OLG Naumburg (Urt. v. 26. 4. 2005 – 12 U 170/04, OLGR 2005, 860, 862) nur dann geboten, wenn aufgrund der Unfähigkeit des Bewohners zur freien Willensbildung eine **ernstliche Gefahr für eine Selbstschädigung** besteht, die sich entweder nach allgemeinen medizinischen Erkenntnissen unmittelbar aus dem Krankheitsbild ergibt oder aber sich bereits in greifbarer Weise manifestiert hat. Dies ist bei einem altersdementen Heimbewohner nicht allein deshalb der Fall, weil es mehrere Monate vor dem schwerwiegenden Sturz bereits zu **zwei weniger gravierenden Stürzen** gekommen ist (OLG Naumburg, Urt. v. 26. 4. 2005 – 12 U 170/04, OLGR 2005, 860, 862: offengelassen ob dies auch dann gilt, wenn der Heimbewohner zuvor dreimal versucht hat, ein hochgezogenes Bettgitter zu übersteigen). | S 530

Auch bei einem Patienten, der **demenzbedingt zum eigenständigen Gehen nicht mehr in der Lage ist** (hier: Pflegestufe III), besteht grundsätzlich **kein Anlass, ihn in einem Krankenhaus oder Pflegeheim ständig – auch im Sitzen – zu fixieren oder zu überwachen** (OLG Düsseldorf, Urt. v. 2. 3. 2006 – I-8 U 163/04, AHRS III, 3500/314). | S 531

Eine lediglich **latent vorhandene Sturzneigung des Patienten rechtfertigt alleine noch keine Fixierung oder ständige Überwachung des Patienten**, sofern sich diese nicht zu einer konkreten Gefahrenlage zuspitzt, aus der eine gesteigerte Obhutspflicht des Heim- bzw. Klinikträgers erwächst. So liegt eine konkrete Gefahrenlage, die Veranlassung zum Anbringen eines Bettgitters, zu einer Fixierung (nach Vorliegen der gesetzlichen Voraussetzungen, § 1906 IV BGB) und/oder lückenlosen Überwachung bieten würde, noch nicht vor, wenn der Patient | S 532

Wochen zuvor schon zwei Mal im Zimmer gestürzt ist, wenn vorherige Anzeichen für einen erneuten Sturz wie z. B. nächtliche Unruhe, Hinweise auf eine Bettflucht o. a. nicht vorliegen und wegen der latenten Sturzgefährdung Beobachtungsintervalle von zwei Stunden dokumentiert sind (OLG Jena, Urt. v. 5. 6. 2012 – 4 U 488/11, GesR 2012, 500, 501 = NJW-RR 2012, 1419, 1420).

S 533 Allein die Hinfälligkeit und Gebrechlichkeit des weitgehend erblindeten und tauben Heimbewohners rechtfertigt Unterbringungs- oder unterbringungsähnliche Maßnahmen mit freiheitseinschränkendem Charakter nicht. In derartigen Fällen besteht deshalb keine Verpflichtung des Pflegeheims, beim Betreuungsgericht bzw. dem Betreuer des Bewohners die **Einholung einer betreuungsgerichtlichen Genehmigung** unterbringungsähnlicher Maßnahmen gem. § 1906 IV BGB anzuregen (OLG Naumburg, Urt. v. 26. 4. 2005 – 12 U 170/04, OLGR 2005, 860, 861; auch OLG Frankfurt, Urt. v. 29. 4. 1993 – 20 W 156/93, OLGR 1993, 185).

S 534 Der Träger eines Alten- und Pflegeheims ist nicht berechtigt, die Bewegungsfreiheit eines Heimbewohners im **Heim und dem zugehörigen Freigelände** nach eigenem Gutdünken durch technische oder administrative Vorkehrungen (Einschließen im Zimmer oder im Wohnbereich, elektronische Sicherungsmaßnahmen, kontrolliertes Verbot, das Haus zu verlassen) zu beschränken. Er kann aber verpflichtet sein, den Betreuer des Bewohners zu veranlassen, einer die Freiheit des Heimbewohners einschränkenden Maßnahme zuzustimmen und die hierzu erforderliche **Genehmigung des Betreuungsgerichts einzuholen.** Solange ein halbseitig gelähmter Heimbewohner, der einen Schlaganfall erlitten hatte und bei dem eine Weglauftendenz besteht, die ihm verbliebene Mobilität nutzen möchte, um sich mit seinem **Rollstuhl im Haus und auch im Freigelände des Heims frei zu bewegen,** und er sich mit solchen Aktivitäten nicht aufgrund einer psychischen Krankheit oder geistigen bzw. seelischen Behinderung der Gefahr der Zuführung eines erheblichen gesundheitlichen Schadens aussetzt, besteht im Licht des Art. 2 II 3 GG nach dem Maßstab des § 1906 I Nr. 1 BGB kein Grund, eine freiheitsentziehende bzw. freiheitsbeschränkende Maßnahme anzuordnen (LG Frankfurt, Urt. v. 12. 11. 2004 – 2/1 S 178/03, NJW 2005, 1952, 1954; vgl. auch OLG Saarbrücken, Urt. v. 29. 1. 2008 – 4 U 318/07-115, OLGR 2008, 336, 339 beim Sturz aus dem Rollstuhl im Außengelände des Pflegeheims).

S 535 Bei einem Patienten, der bereits einmal über ein Bettgitter geklettert ist, ist das nochmalige Anbringen des Bettgitters nicht angezeigt. **Das Festschnallen auf einem Kranken- oder Pflegebett tagsüber und auch nachts ist ohne Anordnung einer Betreuung und ohne betreuungsgerichtliche Genehmigung nicht zulässig** (OLG München, Beschl. v. 6. 6. 2005 – 1 U 2538/05, AHRS III, 3500/312).

S 536 Selbst bei Vorliegen eines gerichtlichen **„Fixierungsbeschlusses"** ist eine **ständige Fixierung zur Sturzprävention nicht gerechtfertigt.** Von einer Fixierung oder sonstigen freiheitsentziehende Maßnahme ist abzusehen bzw. die Maßnahme unverzüglich abzubrechen, sobald sie nicht (mehr) erforderlich ist (OLG Düsseldorf, Beschl. v. 13. 7. 2007 – I-24 U 16/10, GesR 2010, 689, 691). Befindet sich der Patient bzw. Bewohner zum Unfallzeitpunkt dagegen in einer **konkreten, eine besondere Sicherungspflicht des Obhutspflichtigen auslösenden Gefahrenlage** (z. B. bei einer konkreten Pflegemaßnahme in Anwesenheit einer Pflegeperson), hat der Krankenhaus- bzw. Altenheimträger darzulegen und zu beweisen, dass der **Unfall nicht auf einem pflichtwidrigen Verhalten der Ärzte oder des Pflegepersonals beruht** (OLG Düsseldorf, GesR 2010, 689, 690, ebenso OLG Düsseldorf, Urt. v. 17. 1. 2012 – I-24 U 78/11, MDR 2012, 522, 523).

Ist der Heimbewohner in einer der drei Pflegestufen nach § 15 SGB XI eingestuft, hat der Träger des Pflegeheims nach dem Heimvertrag die Pflege auf der Grundlage des Pflegeplans des MdK zu erbringen. Beim **Aufenthalt im eigenen Zimmer** muss eine Heimbewohnerin bei bestehender Altersdemenz, die örtlich nicht immer und zeitlich überhaupt nicht orientiert ist, aber als „gehfähig mit Hilfe" in **Pflegestufe II** eingestuft wurde, **nicht ständig beaufsichtigt** werden. Hier genügt es, ihr eine **Klingel zur Verfügung zu stellen**, um Hilfe anzufordern. Auch wenn es **gelegentlich schon einmal zu Stürzen gekommen** war, ist der Heimträger nicht gehalten, eine Verständigung der Bewohnerin über eine freiwillige Fixierung herbeizuführen oder notfalls eine **betreuungsgerichtliche Genehmigung nach § 1904 IV** (s. o.) hierfür zu beantragen, die in einem solchen Fall voraussichtlich auch nicht erteilt worden wäre. Ebenso wenig kann die Heimbewohnerin gezwungen werden, sich tagsüber ständig in einem überwachten Tagesraum aufzuhalten (OLG Schleswig, Urt. v. 27. 9. 2001 – 11 U 142/00, OLGR 2004, 85, 86).   S 537

Ein Heimbetreiber ist auch nicht zu einer ständigen Beaufsichtigung eines im Rollstuhl sitzenden Heimbewohners verpflichtet, soweit es sich nicht um eine unmittelbare Bewegungs-, Transport- oder sonstige pflegerische Maßnahme in Anwesenheit von Pflegekräften handelt, sodass ein Sturz aus dem Rollstuhl nicht automatisch eine Pflichtverletzung des Heimbetreibers indiziert (KG, Urt. v. 25. 5. 2004 – 14 U 37/03, OLGR 2005, 45; ebenso: OLG Düsseldorf, Beschl. v. 20. 3. 2008 – I-24 U 166/07, VersR 2008, 1079, 1080; OLG Düsseldorf, Urt. v. 2. 3. 2006 – I-8 U 163/04, GesR 2006, 214, 216: **aber Kontrolle im Abstand von 15–30 Minuten bei deutlich erhöhtem Sturzrisiko erforderlich**; OLG Düsseldorf, Beschl. v. 16. 2. 2010 – 24 U 141/09, MDR 2010, 854 = NJW-RR 2010, 1533, 1534: Heimbewohner war mit dem Rollstuhl unterwegs und stürzte eine Treppe hinunter; OLG Koblenz, Beschl. v. 21. 7. 2010 – 5 U 761/10, VersR 2011, 225: Patientin setzt sich beim Arztbesuch unaufgefordert wieder in den Rollstuhl; OLG Naumburg, Urt. v. 31. 1. 2007 – 6 U 98/06, OLGR 2008, 200, 201: **Sturz aus dem Rollstuhl im Bereich des Pflegeheims außerhalb einer konkret geschuldeten Hilfeleistung**).   S 538

Liegt **keine konkrete Gefahrensituation** für einen Heimbewohner vor, etwa eine konkrete Pflege-, Bewegungs- oder Transportmaßnahme, und befindet sich der Heimbewohner in einer alltäglichen und generell ungefährlichen Situation, etwa wenn er **mit dem Rollstuhl unterwegs ist und eine Treppe hinunterstürzt, so ist der Bewohner nicht ständig zu bewachen** (OLG Düsseldorf, Beschl. v. 16. 2. 2010 – 24 U 141/09, MDR 2010, 854 = NJW-RR 2010, 1533, 1534).   S 539

Muss die Patientin zur **Durchführung einer Untersuchung aus dem Rollstuhl auf eine Untersuchungsliege verbracht** werden, darf sie den Umstand, dass der Arzt den Rollstuhl nach der Untersuchung an die Liege schiebt, nicht als Aufforderung verstehen, sich nunmehr **ohne fremde Hilfe wieder in den Rollstuhl zu set-**   S 540 zen (OLG Koblenz, Beschl. v. 21. 7. 2010 – 5 U 761/10, VersR 2011, 225: Klage abgewiesen).

S 541 Hat sich das Pflegepersonal davon überzeugt, dass ein halbseitig gelähmter, nur bedingt steuerungsfähiger, jedoch weder desorientierter noch sonst geistig verwirrter Heimbewohner dazu in der Lage ist, sich im Außengelände einschl. einer leicht abschüssigen Zufahrt **ohne fremde Hilfe aktiv im Rollstuhl zu bewegen, besteht keine Veranlassung für ein Verbot, das Heim mit dem Rollstuhl unbegleitet zu verlassen** oder den Heimbewohner bei oder nach dem Verlassen des Gebäudes ständig zu beobachten (OLG Saarbrücken, Urt. v. 29. 1. 2008 – 4 U 318/07 – 115, OLGR 2008, 336, 339).

S 542 Der Sturz eines altersverwirrten und überwiegend **auf einen Rollstuhl angewiesenen Heimbewohners** bei einer Ausfahrt mit dem Rollstuhl beruht nicht auf einer Pflichtverletzung des Heimträgers, wenn **keine konkreten Anhaltspunkte für eine Selbstgefährdung** beim Verlassen der Pflegeeinrichtung vorhanden waren (OLG Oldenburg, Urt. v. 7. 11. 2003 – 6 U 111/03).

S 543 **Stürzt eine verwirrte, nicht gehfähige Heimbewohnerin** beim Heranfahren an die Tür ihres Zimmers **in Gegenwart der Pflegekraft aus dem Rollstuhl**, kommt ihr bzw. ihrem Krankenversicherer keine Beweiserleichterung hinsichtlich einer Pflichtverletzung und des Verschuldens zugute. Geht es lediglich um die Bewältigung eines normalen, alltäglichen Gefahrenbereichs, der grundsätzlich in der eigenverantwortlichen Risikosphäre des alten und gebrechlichen Heimbewohners verbleibt und liegt **keine konkrete Gefahrensituation, etwa während einer konkreten Pflegemaßnahme**, vor, kann allein aus dem Umstand, dass die Heimbewohnerin im Bereich des Pflegeheims gestürzt ist, nicht auf eine schuldhafte Pflichtverletzung des Heimpersonals geschlossen werden (OLG Naumburg, Urt. v. 31. 1. 2007 – 6 U 98/06, OLGR 2008, 200, 201). Bei Maßnahmen des normalen, alltäglichen Gefahrenbereichs ist auch die Hinzuziehung einer zweiten Pflegekraft nicht erforderlich (OLG Naumburg a. a. O.).

S 544 **Sitzt die Heimbewohnerin im Rollstuhl in der Küche bzw. im Esszimmer eines Pflegeheims** und kommt es in dieser ganz alltäglichen, ungefährlichen Situation **nach einem ungeklärten Öffnen des Bauchgurtes zum Sturz**, kommen Beweiserleichterungen hinsichtlich der Pflichtverletzung und des Verschuldens nicht in Betracht. Solange **keine konkrete Pflegemaßnahme wie etwa eine Bewegungs- oder Transportmaßnahme** durchgeführt wird, befindet sich die Heimbewohnerin **nicht einer konkreten Gefahrensituation**, die gesteigerte Obhutspflichten auslöst und deshalb zu einer Beweislastumkehr führen würde. Ist es in der vorangegangenen Zeit nicht – jedenfalls nicht feststellbar – zu einem unbefugten Lösen des Bauchgurts gekommen, besteht für den Träger des Pflegeheims auch keine Grund, von der Verwendung eines Gurts mit Klettverschluss, der auch von der Heimbewohnerin geöffnet werden kann, abzusehen (OLG Düsseldorf, Beschl. v. 20. 3. 2008 – I-24 U 166/07, VersR 2008, 1079, 1080).

S 545 Ein Heimbetreiber ist auch nicht zu einer ständigen Beaufsichtigung eines **im Rollstuhl sitzenden Heimbewohners** verpflichtet, selbst wenn es innerhalb von fünf Wochen vor dem streitgegenständlichen Unfall bereits zu **drei Stürzen beim Versuch des Bewohners, allein aus dem Rollstuhl aufzustehen**, gekommen ist. Allein hieraus ist nicht auf eine Pflichtverletzung des Heimbetreibers bzw. dessen Angestellten zu schließen (KG, Urt. v. 25. 5. 2004 – 14 U 37/03, OLGR 2005, 45).

Der Heimbetreiber ist auch **nicht von sich aus verpflichtet, eine Fixierung eines Heimbewohners im Rollstuhl vorzunehmen**, sondern kann sich zunächst mit einer Benachrichtigung des Betreuers begnügen und erwarten, dass der Betreuer das Notwendige veranlassen werde. Für die **Genehmigungspflicht einer Fixierung durch das Betreuungsgericht** ist es grundsätzlich ausreichend, dass nicht ausgeschlossen werden kann, der Bewohner sei noch zu einer willkürlichen Fortbewegung in der Lage (KG, Urt. v. 25. 5. 2004 – 14 U 37/03, OLGR 2005, 45, 46; auch BGH, Beschl. v. 27. 6. 2012 – XII ZB 24/12, GesR 2012, 498, 499).   S 546

Auch ein **demenzkranker Patient der Pflegestufe III** muss im Krankenhaus oder im Pflegeheim **nicht ständig fixiert oder beaufsichtigt** werden, selbst wenn er nicht mehr zum eigenständigen Gehen in der Lage und deshalb von einem **erhöhten Sturzrisiko** auszugehen ist (OLG Düsseldorf, Urt. v. 2. 3. 2006 – I-8 U 163/04, GesR 2006, 214, 215). Der Heim- oder Krankenhausträger verletzt weder seine Obhuts- noch seine Verkehrssicherungspflicht, wenn ein solcher keine Anzeichen psychomotorischer Unruhe zeigender Patient zum Kaffeetrinken **ohne besondere Fixierung in einem Rollstuhl** mit angezogenen Bremsen zwischen zwei Stühlen an einen Tisch gesetzt und **im Abstand von 15 bis 30 Minuten vom Pflegepersonal kontrolliert** wird. Allenfalls eine außergewöhnliche Unruhe würde in der konkreten Situation die Notwendigkeit weiter gehender Sicherungsmaßnahmen begründen (OLG Düsseldorf, Urt. v. 2. 3. 2006 – I-8 U 163/04, GesR 2006, 214, 216 mit Hinweis auf OLG Düsseldorf, Urt. v. 19. 11. 2003 – 15 U 31/03).   S 547

Hat sich das Pflegepersonal davon überzeugt, dass ein **halbseitig gelähmter**, nur bedingt steuerungsfähiger, jedoch weder desorientierter noch sonst geistig verwirrter Heimbewohner dazu in der Lage ist, sich im Außengelände einschließlich einer leicht abschüssigen **Zufahrt ohne fremde Hilfe aktiv im Rollstuhl fortzubewegen**, besteht keine Veranlassung für ein Verbot, das Heim mit dem Rollstuhl unbegleitet zu verlassen oder den Heimbewohner beim oder nach dem Verlassen des Gebäudes ständig zu beobachten. Denn im „normalen alltäglichen Gefahrenbereich" kann bei Schadensfällen nicht ohne weiteres auf eine allein aus dem Verantwortungsbereich des Pflegeheimträgers herrührende Schadensursache geschlossen werden, wenn sich der **Heimbewohner nicht in einer konkreten Gefahrensituation befunden** hat, die gesteigerte Obhutspflichten auslöst (OLG Saarbrücken, Urt. v. 29. 1. 2008 – 4 U 318/07-115, OLGR 2008, 336, 339).   S 548

Eine laufende Überwachung durch eine Pflegeperson kann vom Heimträger schon unter finanziellen Gesichtspunkten nicht gefordert werden. So besteht in einem Alten- oder Pflegeheim ohne geschlossene Abteilung im Interesse anderer Heimbewohner und der Besucher **keine Verpflichtung, sämtliche Ein- und Ausgänge bereits nach 19.30 Uhr zu verschließen** und einen Heimbewohner somit am Verlassen des Heim zur Vermeidung eines Sturzes zu hindern. Die Beweislast eines objektiven Pflichtenverstoßes des Heimträgers im Zusammenhang mit dem eigenmächtigen **Verlassen des Heims durch einen Heimbewohner** liegt grundsätzlich bei diesem bzw. dem Sozialversicherungsträger, der aus überge-   S 549

gangenem Recht Ansprüche geltend macht (OLG München, Urt. v. 25. 7. 2003 –
27 U 237/03, VersR 2004, 618).

S 550 Vor dem Hintergrund, dass Pflegeheime auch gehalten sind, auf die Rechte und
Wünsche der Heimbewohner größtmögliche Rücksicht zu nehmen und insbesondere freiheitsentziehende Maßnahmen nur dann vorzunehmen, wenn
diese unbedingt erforderlich sind, kann eine Verletzung der Fürsorge- und Be-
treuungspflicht nicht angenommen werden, wenn ein in Pflegestufe III geführ-
ter, desorientierter, gelegentlich **verwirrter Heimbewohner**, der sich mit Hilfe eines Rollators selbständig und aus eigenem Antrieb fortbewegen konnte, zu Fall
kommt, als er sich **unbemerkt aus dem Pflegeheim entfernt** hatte (OLG Oldenburg, Urt. v. 7. 11. 2003 – 6 U 111/03, bei Lang, NZV 2005, 124, 128).

S 551 Ein objektiver Pflichtenverstoß des Pflegeheims wird auch bei einem 83-jährigen
gehbehinderten Heimbewohner verneint, der immer wieder unter plötzlichen
Schwindelanfällen, Beeinträchtigungen des Seh- und Hörvermögens sowie an
fortgeschrittener Demenz leidet und zu Fall kommt, nachdem er das **Heim in
Begleitung einer Besucherin verlassen** hatte. Der Heimträger ist unter Berücksichtigung des Selbstbestimmungsrechts und der Würde des Heimbewohners
(vgl. § 2 SGB XI) nicht zur ständigen Überwachung und zu Verhinderung von
Spaziergängen verpflichtet (LG Paderborn, Urt. v. 21. 6. 2001 – 3 O 38/01,
ZfS 2002, 61; Lang, NZV 2005, 124, 128).

S 552 Die Betreuungs- und Sorgfaltspflicht der Heimleitung gegenüber den Heimbe-
wohnern, diese vor Schäden zu bewahren, ist begrenzt auf die in Pflegeheimen
üblichen Maßnahmen, die mit einem vernünftigen finanziellen und personellen
Aufwand realisierbar sind, wobei in jedem Einzelfall unter Berücksichtigung des
körperlichen und geistigen Zustandes sowie der Würde des einzelnen Heimbewohners abzuwägen ist, welche seiner Sicherheit dienende Maßnahme als verhältnismäßig angesehen werden kann. Eine Pflichtverletzung ist bei mittel-
schwerer seniler Demenz vom Alzheimer-Typ beim **Sturz im Zimmer auf dem
nächtlichen Weg zur Toilette** zu verneinen (LG Essen, Urt. v. 21. 8. 1998 – 3 O
266/98, VersR 2000, 893 und Lang, NZV 2005, 124, 127; auch OLG Hamm,
VersR 2003, 73, 74).

S 553 Es würde eine erhebliche Überdehnung der Pflichten des Pflegepersonals bedeuten, bei jedem Patienten ständig zugriffsbereit sein zu müssen. Das Maß der Beaufsichtigung beim Toilettengang ist daher immer vom konkreten Hilfsbedürf-
nis des Bewohners abhängig. Eine **Veranlassung zur ständigen Beaufsichtigung
eines gehbehinderten Heimbewohners**, der jedoch weitgehend selbständig und
ohne Hilfe Treppen steigen konnte, **bei einem Toilettengang besteht grundsätzlich nicht** (OLG Hamm, Urt. v. 30. 4. 2002 – 24 U 87/01, VersR 2003, 73, 74;
Lang, NZV 2005, 124, 127).

S 554 Ein objektiver Pflichtenverstoß des Pflegeheims ist auch zu verneinen, wenn
eine **82-jährige Bewohnerin**, die zeitlich und örtlich **nur sehr begrenzt orientiert**,
aber in der Lage ist, mit Hilfe eines Rollators zu gehen, beim **Aufstehen aus einem Stuhl in ihrem Zimmer zu Fall** kommt. Im entschiedenen Fall fehlten konkrete Anhaltspunkte für eine Selbstgefährdung. Im MdK-Gutachten war wenige
Monate zuvor ausgeführt worden, dass nur Hilfsdienste beim Aufstehen/Zubett-

gehen, beim An- und Auskleiden sowie beim Verlassen bzw. Wiederaufsuchen der Wohnung mit einem zeitlichen Umfang von 45 Minuten pro Tag geschuldet seien (OLG Schleswig, Urt. v. 27. 9. 2001 – 11 U 142/00).

Eine Haftung des Heimträgers besteht nicht, wenn ein 72 Jahre alter, in Pfle-   S 555
gestufe II eingestufter, an **Demenz sowie einer gesundheitlichen Einschränkung des** Bewegungsapparates leidender Heimbewohner von seinem altersgerechten **Stuhl in seinem Zimmer aufsteht und stürzt**, selbst wenn es zuvor zu zwei weiteren leichten Stürzen gekommen war. Der Vorsorgeauftrag von Pflegeheimen verlangt grundsätzlich nicht die Rund-um-die-Uhr-Betreuung jedes bewegungsfreudigen Bewohners. Ein Sturz kann allein durch Beobachtung ohnehin nicht verhindert werden (LG Kiel, Urt. v. 11. 8. 2003 – 8 S 49/03, VersR 2004, 619; Lang, NZV 2005, 124, 127).

Stürzt eine hochbetagte, aber körperlich und geistig rüstige, pflegebedürftige Pa-   S 556
tientin bei dem Versuch, das Bett zu verlassen, das zuvor von der Pflegekraft **versehentlich nicht auf die niedrigste Höhe eingestellt** wurde, so kann das **Verschulden der Pflegekraft vollständig hinter dem Eigenverschulden der Patientin, die erfassen konnte, dass das Bett anders eingestellt war als in den Tagen zuvor üblich, zurücktreten** (OLG Köln, Beschl. v. 25. 8. 2010 – 5 U 73/10, VersR 2011, 1194).

Die Haftung des Heimträgers wird auch beim Sturz einer 93-jährigen, schwer   S 557
pflegebedürftigen Bewohnerin, die in Pflegestufe II eingestuft war, sich aber mit Hilfe eines Rollstuhls fortbewegen konnte und aus ungeklärter Ursache zu Boden fiel, als sie **auf dem Flur des Heims in einem dort befindlichen Sessel** saß, verneint, wenn **keine Anhaltspunkte für eine akute Sturzgefahr** bestanden haben. Allein der Umstand, dass eine hoch betagte Heimbewohnerin nicht mehr in der Lage ist, selbständig zu stehen und zu gehen, bedeutet nicht, dass diese – in einem Sessel sitzend – dauernd in einer solchen Weise betreut werden muss, dass jederzeit sofort eine Pflegeperson zugreifen kann, wenn die Bewohnerin versucht, aus dem Sessel aufzustehen (LG Bonn, Urt. v. 15. 4. 1999 – 13 O 521/98, VersR 2001, 521; Lang, NZV 2005, 124, 127).

Befindet sich der nach einem cerebralen Krampfleiden zeitlich, örtlich und si-   S 558
tuativ nicht orientierte, ohne fremde Hilfe **gehunfähige Pflegeheimbewohner im Rollstuhl sitzend, rauchend in der hierfür eingerichteten „Raucherecke"** des Pflegeheims, also in einer alltäglichen, üblichen und allgemein ungefährlichen Situation, haftet der Betreiber des Pflegeheims für entstandene Körper- und Sachschäden des Bewohners, wenn es **trotz regelmäßig durchgeführter Sichtkontrollen** des Pflegepersonals zur **Entzündung der Bekleidung des Bewohners und innerhalb kürzester Zeit zu schweren Verbrennungen kommt** (OLG Düsseldorf, Urt. v. 14. 10. 2008 – I-24 U 45/07, OLGR 2009, 535, 537).

Einstweilen frei.   S 559 – S 569

c) Krankenhaus

Auch in der medizinischen **Praxis eines Krankenhauses** sind entsprechende Si-   S 570
cherungsmaßnahmen gegen das **Herausfallen des Patienten aus dem Bett** grund-

sätzlich nur dann erforderlich, wenn sich der Patient uneinsichtig zeigt und **Anhaltspunkte für eine „Bettflüchtigkeit"** bzw. der Gefahr einer Selbstverletzung bestehen (OLG Schleswig, Urt. v. 6. 6. 2003 – 4 U 70/02, OLGR 2004, 3, 4; OLG Köln, Beschl. v. 5. 5. 2010 – 5 W 10/10, GesR 2010, 691, 692; OLG Bremen, Urt. v. 22. 10. 2009 – 5 U 25/09, MDR 2010, 212, 213 = GesR 2010, 25, 26: **Fixierung und Anbringen eines Bettgitters nur bei uneinsichtigen bzw. „bettflüchtigen" Patienten**; vgl. auch OLG Jena, Urt. v. 5. 6. 2012 – 4 U 488/11, GesR 2012, 500, 501 = NJW-RR 2012, 1419, 1420: nur bei Anzeichen für erhöhte Gefahrenlage, z. B. „Bettflucht" o. a.).

S 571 Der Krankenhaus-Aufnahmevertrag verpflichtet das Klinikpersonal, einen unruhig schlafenden Patienten im Rahmen des Möglichen und Zumutbaren auch vor der Gefahr zu schützen, sich bei einem Sturz aus dem Bett zu verletzen. Gleichwohl ist das **Anbringen eines Bettgitters nur unter besonderen Umständen angezeigt**, weil es das Aufstehen behindern und daher verletzungsträchtig sein kann. Trotz Bestehender Indikation zum Anbringen eines Bettgitters, etwa aufgrund vorangegangener, den Ärzten mitgeteilter Vorfälle im häuslichen Bereich, muss davon abgesehen werden, wenn der über die Risiken informierte, bewusstseinsklare Patient eine derartige **Sicherungsmaßnahme ausdrücklich oder konkludent (hier: ablehnende Hand- bzw. Fingerbewegung) ablehnt** (OLG Koblenz, Urt. v. 28. 5. 2008 – 5 U 280/08, OLGR 2009, 132, 133 = GesR 2009, 85, 86; auch OLG Stuttgart, Urt. v. 2. 11. 1999 – 14 U 43/98, OLGR 2001, 239, 240: Bettgitter können verletzungsträchtig sein).

S 572 Das OLG Schleswig ist der Auffassung, wenn ein – im entschiedenen Fall 82-jähriger – Patient mit kriegsbedingten schweren Kopf- und Hirnverletzungen, die zu gelegentlichen Krampfanfällen geführt hatten, auf einer normalen Station aus dem Krankenbett fällt, handle es sich **nicht um einen Fall des „voll beherrschbaren Risikos"** mit der Folge einer Beweislastumkehr bzw. Beweiserleichterung zu Lasten der Behandlungsseite. In einem solchen Fall kämen nämlich Risikofaktoren in Betracht, die dem unmittelbaren Einwirkungsbereich des ärztlichen und pflegerischen Personals entzogen sind. Ist nicht sicher, dass die Schadensursache aus dem Gefahrenkreis des verantwortlichen Schuldners, etwa dem **unmittelbaren Einwirkungsbereich des Pflegepersonals bei der unmittelbaren Betreuung des Patienten**, hervorgegangen ist und kommt auch eine Ursache aus dem Verantwortungsbereich des Gläubigers in Betracht, greift die Entlastungspflicht aus dem Gesichtspunkt des „voll beherrschbaren Risikos" nicht ein (OLG Schleswig, Urt. v. 6. 6. 2003 – 4 U 70/02, OLGR 2004, 3, 4 im Anschl. an OLG Schleswig, Urt. v. 27. 9. 2001 – 11 U 142/00; ebenso OLG Düsseldorf, Urt. v. 2. 3. 2006 – I-8 U 163/04, GesR 2006, 214, 217).

S 573 Ohne die entsprechende Einwilligung des Patienten und ohne **konkrete Anhaltspunkte für eine Eigen- oder Fremdgefährdung** verbietet sich auch die präventive Anordnung von Sicherungsmaßnahmen wie das **Hochziehen eines Bettgitters, die Fixierung des Patienten oder die Verabreichung von sedierenden Medikamenten** (OLG Schleswig, Urt. v. 6. 6. 2003 – 4 U 20/02, OLGR 2004, 3, 4; OLG Düsseldorf, Urt. v. 7. 6. 2001 – 8 U 153/00, OLGR 2002, 372 zum Hochziehen eines Bettgitters im Krankenhaus; OLG Jena, Urt. v. 5. 6. 2012 – 4 U 488/11, GesR 2012, 500, 501 und OLG Köln, Beschl. v. 5. 5. 2010 – 5 W 10/10, GesR 2010, 691,

692 = MedR 2011, 290, 291: nur bei uneinsichtigen bzw. „bettflüchtigen" Patienten).

Die mögliche Anbringung eines Bettgitters fällt auch nicht unter die aufklä- S 574
rungspflichten, diagnostischen oder therapeutischen Behandlungsmaßnahmen.
Es ist auch **nicht anzunehmen, dass die Patientin einem solchen Vorschlag –
Anbringung eines Bettgitters – zugestimmt hätte, wenn sie laufend einen Drang
dazu verspürte, aufzustehen** und die Patientin bzw. der als Betreuer eingesetzte
Sohn nach erfolgtem Vorschlag die Einwilligung zur Anbringung eines Bettgit-
ters gerade nicht erteilt hatte (OLG Köln, Beschl. v. 5. 5. 2010 – 5 W 10/10,
MedR 2011, 290, 291).

Stürzt ein Patient in einer geriatrischen Abteilung einer Klinik (hier: Reha-Kli- S 574a
nik) beim Verlassen des Bettes, ist durch Einholung eines medizinischen Gutachtens zu klären, **ob der Sturz bei ordnungsgemäßem medizinischen bzw. pflegerischen Verhalten zu verhindern gewesen wäre** (OLG Oldenburg, Beschl. v.
12. 12. 2008 – 5 W 91/08, juris, Nr. 6 = OLGR 2009, 372: bei im PKH-Verfahren
unterstellter, dem Pflegepersonal bekannter „Bettflüchtigkeit").

Ist der mit einer Knieprothese versorgten, orientierten Patientin gesagt worden, S 574b
sie dürfe nicht selbständig aufstehen, darf das Klinikpersonal grundsätzlich darauf vertrauen, dass diese Anweisung beachtet wird. Muss die Patientin zur
Durchführung einer Untersuchung aus dem Rollstuhl **auf eine Untersuchungsliege verbracht werden, darf sie den Umstand, dass der Arzt den Rollstuhl nach
der Untersuchung an die Liege schiebt, nicht als Aufforderung verstehen, sich
nunmehr ohne fremde Hilfe wieder in den Rollstuhl zu setzen** (OLG Koblenz,
Beschl. v. 21. 7. 2010 – 5 U 761/10, VersR 2011, 225).

Bei einem Patienten, der bereits einmal über ein Bettgitter geklettert ist, ist das S 574c
**nochmalige Anbringen eines Bettgitters nicht angezeigt. Das Festschnallen auf
einem Krankenbett** tagsüber und auch nachts ist ohne Anordnung einer Betreuung und **ohne betreuungsgerichtliche Genehmigung** nicht zulässig (OLG München, Beschl. v. 6. 6. 2005 – 1 U 2538/05, AHRS III, 3500/312; auch BGH, Beschl.
v. 27. 6. 2012 – XII ZB 24/12, GesR 2012, 498, 499, Rz. S 505a).

Auch bei einem Patienten, der demenzbedingt zum eigenständigen Gehen nicht S 574d
mehr in der Lage ist (hier: Pflegestufe III), besteht grundsätzlich **kein Anlass, ihn
in einem Krankenhaus ständig zu fixieren oder zu überwachen** (OLG Düsseldorf,
Urt. v. 2. 3. 2006 – I-8 U 163/04, AHRS III, 3500/314).

Eine lediglich **latent vorhandene Sturzneigung** rechtfertigt noch keine all- S 574e
gemeine Fixierung und lückenlose Überwachung des Patienten, selbst wenn es
schon zuvor zu einem Sturz gekommen ist. Entscheidend für die Ergreifung weiterer vorbeugender und sichernder Maßnahmen des Krankenhauses ist, ob **Anzeichen für eine erhöhte Gefahrenlage bzw. für eine konkrete, akute Sturzgefahr**
vorliegen, etwa Anzeichen einer nächtlichen Unruhe des Patienten, einer wil-
lentlichen Bettflucht oder ein sonstiger permanenter Zustand hoher unmittelbar
bevorstehender Selbstgefährdung. Das Krankenhaus (hier: Diabetes-Zentrum)
**verletzt seine Verkehrssicherungspflicht nicht, wenn bei dem Patienten nach ei-
nem vorangegangenen Sturz Beobachtungsintervalle von zwei Stunden angeord-**

net werden, keine konkreten Anzeichen für eine erhöhte Gefahrenlage wie etwa eine nächtliche Unruhe, eine willentliche Bettflucht o.a. bestehen und sich der weitere Sturz dann in der Nachtzeit beim Versuch des Patienten, aus dem **nicht mit einem Bettgitter versehenen Bett** aufzustehen, ereignet (OLG Jena, Urt. v. 5. 6. 2012 – 4 U 488/11, GesR 2012, 500, 501 = NJW-RR 2002, 1419, 1420).

S 574f   Es stellt jedenfalls **kein grobes pflegerisches Versäumnis** dar, einen Patienten, dessen Zustand unauffällig ist und dessen Vitalparameter (Blutdruck, Herzfrequenz, Sauerstoffsättigung des Blutes) über Sensoren und Monitore, die bei unruhigen Bewegungen ein Alarmsignal auslösen, überwacht werden, über einen **Zeitraum von 15–20 Minuten unbeobachtet zu lassen.** Der hierin liegende einfache Behandlungsfehler führt **nicht zur Haftung** des Krankenhausträgers, wenn der Patient nicht den Nachweis führen kann, dass sein Sturz aus dem Krankenbett mit an Sicherheit grenzender Wahrscheinlichkeit (§ 286 ZPO) hätte vermieden werden können, wenn sich die Pflegekraft zu diesem Zeitpunkt im nahegelegenen Dienstzimmer befunden hätte. Denn auf eine nicht vorhersehbare, unglückliche oder heftige Bewegung kann auch bei einer ständigen Beobachtung aus dem Dienstzimmer heraus nicht so schnell reagiert werden, dass ein Sturz aus dem Bett in jedem Falle verhindert werden kann. **Für die Pflegekräfte besteht auch kein Anlass, den Patienten einer unmittelbaren Beobachtung im Bereich des Krankenbettes zu unterziehen, wenn keine Anzeichen für eine bevorstehende Gefährdung vorliegen** (OLG Düsseldorf, Urt. v. 11. 9. 2003 – I-8 U 17/03, AHRS III, 3500/305).

S 574g   Eine **unvertretbare Fehlinterpretation erhobener Befunde liegt nicht bereits dann vor, wenn ein Patient bei bekannter Alkohol- und Nikotinabhängigkeit** nach einer Blinddarmentzündung auf eine offene chirurgische Station des Krankenhauses verlegt und bei auftretenden, **wiederholten Unruhezuständen**, Bettflüchtigkeit, unruhigem Umherlaufen im Korridor des Krankenhauses zur Vermeidung einer potentiellen Eigengefährdung des Patienten durch einen (nachfolgend erfolgten) Sprung aus dem Fenster **keine vorsorgliche Fixierung und/oder eine Rund-um-die-Uhr-Überwachung angeordnet** wird, wenn keine vegetativen Symptome für ein Volldelir vorliegen bzw. dokumentiert sind (Zittern, Schwitzen, Blutdruckerhöhung, verstärkte Suggestivität).

In einem solchen Fall reicht es aus, wenn eine medikamentöse Behandlung der Alkoholentzugsproblematik eingeleitet und **für die Nacht angeordnet wird, den Patienten gut zu beobachten.** Der Patient **muss beweisen, dass er sich vor dem Sprung aus dem Fenster in einem für das Pflegepersonal eindeutig erkennbaren Volldelir befunden hat** (OLG Naumburg, Urt. v. 17. 12. 2009 – 1 U 41/09, juris, Nr. 4, 6, 42, 45, 50, 55 = VersR 2010, 1041 = GesR 2010, 139, 140).

2. Verletzung der Verkehrssicherungspflicht bejaht

a) Übersicht; Anspruch bejaht

S 575   Zur Vermeidung von Stürzen des Patienten bzw. Heimbewohners **während der Durchführung von Bewegungs- und Transport- sowie sonstigen pflegerischen Maßnahmen, an denen das Pflegepersonal unmittelbar beteiligt ist, bestehen gesteigerte Obhutspflichten**, die dem Bereich des „voll beherrschbaren Risikos" zuzuweisen sind. Kommt es während einer konkreten Pflegemaßnahme (o. a.) zum Sturz, ist **regelmäßig von einer Haftung des Klinik- oder Pflegeheimträgers auszugehen**; OLG Bremen, Urt. v. 22. 10. 2009 – 5 U 25/09, MDR 2010, 212, 213 = juris, Nr. 7, 10, 12, 14: wenn der Patient stürzt, während sich die mit seiner Begleitung bzw. Betreuung beschäftigte **Pflegekraft in unmittelbarer Nähe befindet**; OLG Bamberg, Urt. v. 1. 8. 2011 – 4 U 197/09, juris, Nr. 20, 21, 25, 29, 36: Sturz aus dem Bett in einer Nervenklinik, **Bettgitter wurde vom Krankenpfleger wieder entfernt**; OLG Düsseldorf, Urt. v. 17. 1. 2012 – 24 U 78/11, MDR 2012, 522, 523 = NJW-RR 2012, 716, 717: **Sturz im Pflegeheim bei begleitetem Toilettengang, Sturzgefährdung war bekannt**; OLG Düsseldorf, Besch. v. 13. 7. 2010 – I-24 U 16/10, GesR 2010, 689, 691: **Sturz im Rahmen einer konkreten Pflegemaßnahme in Anwesenheit einer Pflegeperson**; OLG Düsseldorf, Urt. v. 2. 3. 2006 – I-8 U 163/04, GesR 2006, 214, 217 und Beschl. v. 20. 3. 2008 – I-24 U 166/07, VersR 2008, 1079, 1080: **Sturz in „gefahrgeneigter" Situation in Anwesenheit einer Pflegekraft**; OLG Düsseldorf, Urt. v. 16. 6. 2005 – I-8 U 124/03, AHRS III, 3500/312: **erkennbar verwirrter Patient stürzt aus dem Fenster**; OLG Hamm, Urt. v. 4. 11. 2011 – I-19 U 86/11, MDR 2012, 153: **Sturz aus dem Sessel bei konkreter Pflegemaßnahme**; OLG Hamm, Urt. v. 18. 10. 2005 – 24 U 13/05, OLGR 2006, 569, 571: **Sturz im Bad/WC unter Aufsicht einer Pflegekraft**; OLG Hamm, Urt. v. 1. 2. 2006 – 3 U 182/05, GesR 2006, 448: **Anstoß eines Patienten beim Einschieben in ein Krankentransportfahrzeug**, voll beherrschbar; KG, Urt. v. 20. 1. 2005 – 20 U 401/01, GesR 2005, 305 = MedR 2006, 182 = VersR 2006, 1366, 1367: **Sturz aus dem zur Sicherung der Patientin nicht geeigneten Rollstuhl**; KG, Beschl. v. 10. 9. 2007 – 12 U 145/06, OLGR 2008, 505, 506 sowie Beschl. v. 11. 1. 2007 – 12 U 63/06, OLGR 2007, 538: **Sturz im KKH im Zusammenhang mit einer konkret geschuldeten Hilfeleistung**; OLG Naumburg, Urt. v. 12. 7. 2012 – 1 U 43/12, GesR 2013, 58, 59: **Patient wird von einer Pflegekraft begleitet, Sturz von der Liege**, Mitverschulden von 50 % bejaht; OLG Schleswig, Urt. v. 13. 4. 2012 – 17 U 28/11, NJW-RR 2013, 31, 32: **von Krankenpflegehelferin begleiteter Toilettengang eines 97 kg schweren Heimbewohners der Pflegestufe II, zweite Pflegekraft erforderlich**; OLG Oldenburg, Beschl. v. 23. 9. 2010 – 5 U 111/10, MDR 2011, 294 im Anschluss an BGH, NJW 2003, 2309, 2311: **Fehlerhafte Überwachung des sedierten Patienten**; OLG Zweibrücken, Urt. v. 1. 6. 2006 – 4 U 68/05, NJW-RR 2006, 1254, 1255: Anspruch bei **Bewohnerin mit maximalem Sturzrisiko am Ende einer Mobilisierungsmaßnahme in Gegenwart der Pflegerin** zuerkannt.

b) Alten- und Pflegeheim

In folgenden Fällen wurde eine Verletzung der Fürsorge- oder Verkehrssicherungspflicht des Heimträgers bejaht und dem Bewohner bzw. dessen Krankenkasse aus übergegangenem Recht **ein Schadenersatzanspruch zugebilligt:** S 576

Kommt es im Zusammenhang mit einer **konkret geschuldeten Hilfeleistung, etwa einer durchgeführten Begleitung bzw. Führung einer Heimbewohnerin durch eine Pflegekraft zum Bad bzw. zur Toilette** zu einem Sturz des Heimbewohners, so hat der Betreiber des Pflegeheims darzulegen und zu beweisen, dass dieser Sturz nicht auf einem Fehlverhalten des Pflegepersonals beruht (OLG Düsseldorf, Urt. v. 17. 1. 2012 – 24 U 78/11, MDR 2012, 522, 523 = S 577

NJW-RR 2012, 716, 717: **begleiteter Toilettengang einer sturzgefährdeten Heimbewohnerin**; OLG Hamm, Urt. v. 4. 11. 2011 – I-19 U 86/11, MDR 2012, 153, 154: Pfleger hat das Zimmer nach Beginn der Pflegemaßnahme kurz verlassen; OLG Dresden, Urt. v. 21. 7. 1999 – 6 U 882/99, VersR 2001, 520: **begleiteter Toilettengang einer unter Fallsucht leidenden Bewohnerin**; KG, Beschl. v. 11. 1. 2007 – 12 U 63/06, MDR 2007, 1258: begleiteter Gang zur Toilette; KG, Beschl. v. 10. 9. 2007 – 12 U 145/06, OLGR 2008, 505 und OLG Schleswig, Urt. v. 13. 4. 2012 – 17 U 28/11, NJW-RR 2013, 31, 32: Begleitung zum Bad bzw. zur Toilette; auch OLG Jena, Urt. v. 5. 6. 2012 – 4 U 488/11, GesR 2012, 500, 501: **gesteigerte Obhutspflicht bei bekannter, latenter Sturzgefahr**).

S 578   Insbesondere dann, wenn eine Heimbewohnerin **bekannte Probleme beim Gehen und Stehen hat oder aus anderen Gründen besonders sturzgefährdet** ist, bestehen gesteigerte Obhutspflichten. Beim Gang zum Bad bzw. zur Toilette oder zum Ankleiden ist deshalb erforderlichenfalls eine **zweite Pflegekraft hinzuzuziehen** (OLG Düsseldorf, Urt. v. 17. 1. 2012 – I-24 U 78/11, MDR 2012, 522, 523/524 = NJW-RR 2012, 716, 717: **Pflegeheimbewohnerin war teilweise gelähmt und rollstuhlpflichtig**; OLG Dresden, Urt. v. 21. 7. 1999 – 6 U 882/99, VersR 2001, 520 = NJW-RR 2000, 761: **ggf. zweite Pflegekraft oder Transport mit dem Rollstuhl erforderlich**).

S 579   Stürzt eine übergewichtige, körperlich und geistig behinderte sowie **unter Fallsucht leidende Heimbewohnerin** bei dem **von einer Pflegefachkraft begleiteten Toilettengang**, hat der Heimträger den Nachweis zu führen, dass der Unfall nicht auf einem Fehlverhalten der begleitenden Pflegefachkraft beruht. Denn hier geht es um Risiken, die vom Heimträger **voll beherrscht** werden können. Ggf. ist in solchen Fällen die **Begleitung durch mehrere Personen, ein Transport mit dem Rollstuhl o.a. erforderlich** (OLG Dresden, Urt. v. 21. 7. 1999 – 6 U 882/99, VersR 2001, 520 = NJW-RR 2000, 761; auch OLG Zweibrücken, Urt. v. 1. 6. 2006 – 4 U 68/05, NJW-RR 2006, 1254, 1255). Gleiches gilt, wenn ein **97 kg schwerer Heimbewohner der Pflegestufe II bei einem von einer Krankenpflegehelferin begleiteten Toilettengang zu Fall kommt** und während des Toilettentransfers kein fester Halt vorhanden war; in einem solchen Fall **wird der Einsatz einer zweiten Pflegekraft für erforderlich gehalten** (OLG Schleswig, Urt. v. 13. 4. 2012 – 17 U 28/11, NJW-RR 2013, 31, 32: Beweiserleichterungen aus dem Gesichtspunkt des „voll beherrschbaren Risikos"; ebenso OLG Düsseldorf, Urt. v. 17. 1. 2012 – I-24 U 78/11, MDR 2012, 522, 523: zweite Pflegekraft bei teilweise gelähmter Pflegeheimbewohnerin notwendig).

S 580   Kommt die Bewohnerin eines Alten- und Pflegeheims, die aufgrund verschiedener Erkrankungen (hier: Morbus Alzheimer, Muskelschwäche, schlechte Balance, Gangstörungen, Multimedikation) ein fast „maximales Sturzrisiko" aufweist, am Ende einer **Mobilisierungsmaßnahme in ihrem Zimmer** (hier: nach der Aufforderung, sich selbst am Waschbecken festzuhalten) **in Gegenwart einer Pflegerin zu Fall**, hat die Pflegerin den Sturz auch dann fahrlässig verursacht, wenn sie die **Bewohnerin nur kurz aus den Augen gelassen** hat (OLG Zweibrücken, Urt. v. 1. 6. 2006 – 4 U 68/05, NJW-RR 2006, 1254, 1255 = OLGR 2006, 677, 678 f.; a.A. OLG Düsseldorf, Urt. v. 23. 5. 2005 – I-8 U 82/04, OLGR 2006, 390, 391 beim Sturz eines gehbehinderten Patienten in Anwesenheit der Physio-

therapeutin im Rahmen einer zuvor mehrfach problemlos durchgeführten Mobi-
lisationsübung am Gehbarren). In einem solchen Fall kann es offen bleiben, ob
gem. §§ 282 BGB a.F., 280 I 2 BGB n.F. hinsichtlich des Verschuldens eine Beweislastumkehr nach den Grundsätzen des „voll beherrschbaren Risikos" eingreift (OLG Zweibrücken a.a.O.: tendenziell aber bejahend; OLG Düsseldorf
a.a.O.: bei physiotherapeutischen Rehabilitationsmaßnahmen tendenziell ablehnend).

Der Träger eines Altenheims haftet auch für den einer Insassin entstandenen   S 581
Schaden, wenn diese nachts das Bett eingenässt hatte und ein Pfleger sie deshalb
vor der üblichen Zeit geweckt und sie veranlasst hat, sich in einen Sessel zu set-
zen, aus dem sie bei dem **Versuch, sich zu erheben, gestürzt war, während der
Pfleger das Zimmer kurz verlassen hatte, um frisches Bettzeug zu holen.** Der
Träger des Pflegeheimes hat dann bestimmte Tatsachen nachzuweisen, die sein
fehlendes Verschulden ergeben (OLG Hamm, Urt. v. 4. 11. 2011 – I-19 U 86/11,
MDR 2012, 153, 154).

Zugunsten einer Bewohnerin des Alten- oder Pflegeheims bzw. deren Kranken-   S 582
versicherer greifen Beweiserleichterungen bis hin zu einer Beweislastumkehr
aus dem Gesichtspunkt des „voll-beherrschbaren Risikos" ein, wenn sich der
Unfall bei einer konkreten Pflege- oder Betreuungsmaßnahme ereignet hat, bei
der die Bewohnerin die Maßnahme ohne eigenverantwortliche Mitwirkungs-
möglichkeit lediglich passiv erdulden muss (OLG Hamm, Urt. v. 18. 10. 2005 –
24 U 13/05, OLGR 2006, 569). In dem vom OLG Hamm entschiedenen Fall
kam die demente Bewohnerin eines Alten- und Pflegeheims, die nicht in der
Lage war, allein aufzustehen und aufgrund ihres Körpergewichts zum Aufstehen
und für den Transfer zum Rollstuhl regelmäßig die Hilfe von zwei Personen benötigte, während eines Pflegevorgangs, bei dem sie vor dem Waschbecken stand,
zu Fall, als sich die **ohne Begleitung einer zweiten Person anwesende Altenpfle-
gehelferin umdrehte, um einen Rollator herbeizuholen** und dabei den für erforderlich gehaltenen Blick- und Körperkontakt zu der Bewohnerin nicht halten
konnte. Das OLG Hamm (Urt. v. 18. 10. 2005 – 24 U 13/05, OLGR 2006, 569,
570; ebenso Urt. v. 25. 6. 2002 – 9 U 36/02, NJW-RR 2003, 30 = MDR 2002, 1370;
auch KG, Beschl. v. 10. 9. 2007 – 12 U 145/06, OLGR 2008, 505 und Beschl. v.
11. 1. 2007 – 12 U 63/06, OLGR 2007, 538 sowie OLG Schleswig, NJW-RR 2013,
31, 32 und OLG Zweibrücken, Urt. v. 1. 6. 2006 – 4 U 68/05, NJW-RR 2006,
1254, 1255) weist erneut darauf hin, entscheidend sei nicht, dass sich der Unfall
im Gefahrenbereich des Pflegeheimträgers ereignet hat, sondern vielmehr, dass
diesen **in einer konkreten Gefahrensituation eine gesteigerte, erfolgsbezogene
Obhutspflicht** trifft.

Wird die betagte Heimbewohnerin in einem MdK-Gutachten als „motorisch   S 583
sehr unruhig", **„umtriebig mit Weglauftendenz"** und „umtriebig trotz Nacht-
medikation" beschrieben, ist der Heimträger verpflichtet, in **Abstimmung mit
dem Betreuungsgericht** die erforderlichen Sicherungsmaßnahmen, etwa das
Hochziehen eines Bettgitters, anzuordnen bzw. genehmigen zu lassen (OLG
Frankfurt, Urt. v. 24. 1. 2002 – 22 U 98/99).

Kann eine **Liege seitlich wegrutschen**, wenn sich der Patient beim Aufstehen   S 584
mit einer Hand auf sie stützt, ist sie entweder nicht richtig arretiert oder nicht

sicher aufgestellt, was eine Haftung begründet. Steht der Patient entgegen der Anweisung der bei der konkreten Pflegemaßnahme anwesenden Pflegekraft alleine auf, begründet dies jedoch **ein Mitverschulden von 50 %** (OLG Naumburg, Urt. v. 12. 7. 2012 – 1 U 43/12, GesR 2013, 58, 59).

c) Krankenhaus

S 585   Bekommt **ein Patient im Krankenhaus bei einer Bewegungs- oder Transportmaßnahme** der ihn betreuenden Krankenschwester aus ungeklärten Gründen das **Übergewicht und stürzt**, so ist es Sache des Krankenhausträgers, darzulegen und zu beweisen, dass der Vorfall **nicht auf einem pflichtwidrigen Verhalten der Pflegekraft beruht** (BGH, NJW 1991, 1540, 1541; auch BGH, Urt. v. 28. 4. 2005 – III ZR 399/04, VersR 2005, 984, 985: im konkreten Fall verneint; KG, Beschl. v. 10. 9. 2007 – 12 U 145/06, OLGR 2008, 505, 506).

S 586   Nach Ansicht des KG (Urt. v. 20. 1. 2005 – 20 U 401/01, VersR 2006, 1366, 1367 = GesR 2005, 305 = MedR 2006, 182) muss ein Krankenhausträger verhindern, dass eine Patientin aus einem **Rollstuhl**, in den sie zur Vorbereitung der Verbringung in eine andere Klinik verbracht wurde, stürzt. Solche Stürze gehören zu den **voll beherrschbaren Risiken**. Der verwendete Rollstuhl muss zur Sicherung einer unruhigen Patientin **technisch geeignet** sein, der Krankenhausträger hat dafür zu sorgen, dass der Patient bei bestehender Unruhe aus der sitzenden Position nicht herausfallen kann. Kommt es in diesem Zusammenhang zu einem **Sturz des Patienten aus dem Rollstuhl**, ist es Sache des Krankenhausträgers, darzulegen und zu beweisen, dass der Sturz nicht auf einem pflichtwidrigen Verhalten der Pflegekräfte bzw. der mangelnden technischen Eignung des Rollstuhls beruht (KG, Urt. v. 20. 1. 2005 – 20 U 401/01, bei Jorzig, GesR 2005, 305, 306 = MedR 2006, 182, 183).

S 587   **Beweiserleichterungen** unter dem Gesichtspunkt des „voll beherrschbaren Risikos" greifen auch ein, wenn der auf einer Liege befindliche Patient beim Einschieben in ein Krankentransportfahrzeug zum Zwecke des Liegendtransports **mit dem Kopf an die Oberkante des Fahrzeuges anstößt** (OLG Hamm, Urt. v. 1. 2. 2006 – 3 U 182/05, GesR 2006, 448, 449), die Patientin nach Beginn der Vorbereitungsmaßnahmen für einen vorgesehenen Eingriff **von der Krankenliege stürzt, während sich der Arzt mithilfe einer Krankenschwester ankleidet** (OLG München, VersR 1997, 1491) oder wenn der Patient im Rahmen einer ambulanten ärztlichen Behandlung in der Praxis eines niedergelassenen Arztes **von einer Untersuchungsliege fällt** (OLG Köln, VersR 1990, 1240; OLG Hamm, Urt. v. 10. 1. 2001 – 3 U 59/00, MedR 2002, 196, 197; a. A. OLG Celle, Urt. v. 19. 11. 2001 – 1 U 30/01, OLGR 2002, 49 beim Sturz des Patienten von einer Untersuchungsliege).

S 588   Gleiches gilt, wenn ein 85 Jahre alter Patient bei dem Versuch, von einer **Massageliege** im Anschluss an eine Ganzkörpermassage herabzusteigen, stürzt. Der Heim- oder Krankenhausträger hat dann darzulegen und zu beweisen, dass der Sturz nicht auf ein **Fehlverhalten des Pflegepersonals bzw. Masseurs** beruht (LG Kassel, Urt. v. 30. 11. 2007 – 5 O 1488/06, VersR 2008, 405 = NJW-RR 2008, 898).

Wenn der Patient von einer Pflegekraft begleitet wird, ist von einem voll be- S 589
herrschbaren Risiko auszugehen, wenn er dabei stürzt. Dagegen gilt eine Situation auch im Krankenhaus nicht als voll beherrschbar, wenn sich der Patient in
seinem Zimmer selbst frei bewegt und dabei zu Fall kommt. Wird er auf einer
Liege behandelt, die seitlich wegrutschen kann, wenn sich der Patient beim Aufstehen mit einer Hand auf sie stützt, ist von einer Haftung auszugehen. Steht er
aber entgegen der Anweisung der Pflegekraft alleine auf, begründet dies ein **Mit-**
verschulden von 50 % (OLG Naumburg, Urt. v. 12. 7. 2012 – 1 U 43/12, GesR
2013, 58, 59).

Kommt es im Zusammenhang mit einer konkret **geschuldeten Hilfeleistung,** S 590
etwa der **Begleitung** einer Patientin durch eine Pflegekraft zum Bad, zum Sturz,
so hat der Krankenhausträger zu beweisen, dass dieser Sturz nicht auf einem
Fehlverhalten des Pflegepersonals beruht (KG, Beschl. v. 10. 9. 2007 – 12 U
145/06, OLGR 2008, 505 zum Krankenhaus; OLG Bremen, Urt. v. 22. 10. 2009
– 5 U 25/09, juris, Nr. 7, 10,12, 14 = MDR 2010, 212, 213; OLG Schleswig,
NJW-RR 2004, 237; OLG Naumburg, GesR 2013, 58, 59, vgl. Rz. S 589).

Wird eine Patientin **in verwirrtem Zustand in eine Nervenklinik** eingeliefert S 591
und erteilen die behandelnden Ärzte die Anweisung, wegen **akuter Sturzgefahr**
ein Bettgitter anzubringen, ist es behandlungsfehlerhaft, wenn ein Krankenpfleger aufgrund eigener Einschätzung, nach entsprechender Medikamentengabe
hätte sich der Gesundheitszustand der Patientin verbessert, das **Bettgitter ohne**
ärztliche Anweisung wieder herunterklappt, er den Raum verlässt und die Pa-
tientin aus dem Bett stürzt (OLG Bamberg, Urt. v. 1. 8. 2011 – 4 U 197/09, juris,
Nr. 20, 21, 25, 29, 36).

Bestehen bei einem Patienten nach einer Herzoperation o. a. **Verwirrtheits-** S 592
zustände mit der Gefahr einer Selbstgefährdung, sind die behandelnden Ärzte
verpflichtet, geeignete Sicherungsmaßnahmen zu treffen, die verhindern, dass
der Patient aus dem Fenster springt. Es kann auch davon ausgegangen werden,
dass **der Sturz des Patienten aus dem Fenster bei Vornahme entsprechender Si-**
cherungsmaßnahmen (Verschließen des Fensters, Verabreichung von sedieren-
den Medikamenten, Verlegung in ein Zimmer im EG oder laufende Beobach-
tung durch das Pflegepersonal) vermieden worden wäre (OLG Düsseldorf, Urt.
v. 16. 6. 2005 – I-8 U 124/03, AHRS III, 3500/312).

Steht ein Patient kurz nach einer Behandlung unter dem **Einfluss sedierender** S 593
Medikamente (hier: Domicum), so ist eine Überwachung zu gewährleisten. Die
provisorische Absperrung einer Liege mit einem Sonographiegerät und einem
Schwingsessel (o. a.) bietet keine Gewähr dafür, dass der Patient dort solange liegen bleibt, bis er sein Bewusstsein und seine Einsichtsfähigkeit in ausreichendem Maß wieder erlangt hat. Die dem Arzt obliegende Fürsorgepflicht erfordert
es, den Patienten **bis zur Wiedererlangung der Einsichtsfähigkeit weiter zu über-**
wachen (OLG Oldenburg, Beschl. v. 23. 9. 2010 – 5 U 111/10, MDR 2011, 294 im
Anschluss an BGH, NJW 2003, 2309, 2311).

Einstweilen frei. S 594 – S 599

Substantiierung der Klage/Schlüssigkeit

Vgl. auch → *Behandlungsfehler*, Rz. B 20 ff.; → *Sachverständigenbeweis*, Rz. S 1 ff.; → *Einsicht in Krankenunterlagen*, Rz. E 1 ff.

I. Substantiierungsanforderungen

S 600   Während im übrigen Zivilrecht der – vermeintlich – Geschädigte im Allgemeinen detailliert darzulegen hat, wann, wie und durch wen die Schädigung erfolgte, ferner, dass diese ursächlich für seine Schäden ist, werden ihm im Arzthaftungsprozess Zugeständnisse gemacht: Die unmittelbar aus der Verfassung (Art. 2 I, 3 I, 20 I, III GG) hergeleiteten Grundsätze der **Waffengleichheit im Prozess** bzw. des Anspruchs auf ein faires, der Rechtsanwendungsgleichheit Rechnung tragendes Verfahren stellen besondere Anforderungen an die Substantiierungspflicht und die Beweislastverteilung (OLG Naumburg, Beschl. v. 6. 6. 2012 – 1 W 25/12, GesR 2013, 56, 57 im Anschluss an BGH, Urt. v. 8. 6. 2004 – VI ZR 199/03, NJW 2004, 2825, 2857; S/Pa, 12. Aufl. 2013, Rz. 714, 715; G/G, 6. Aufl. 2009, Rz. E 2; R/L-Ratzel/Lissel, § 31 Rz. 14; F/N/W, 5. Aufl., Rz. 265).

1. „Maßvolle und verständige Anforderungen" an den Vortrag der Patientenseite

S 601   Im Arzthaftungsprozess sind an die Substantiierungspflicht des klagenden Patienten nur „**maßvolle und verständige Anforderungen**" zu stellen, weil von ihm bzw. dessen Prozessbevollmächtigten regelmäßig **keine genaue Kenntnis der medizinischen Vorgänge erwartet und gefordert werden können** (BGH, Urt. v. 8. 7. 2008 – VI ZR 259/06, VersR 2008, 1265, 1267 = NJW 2008, 2846, 2849, Nr. 27; Urt. v. 8. 6. 2004 – VI ZR 199/03, VersR 2004, 1177, 1179 = NJW 2004, 2825, 2826 = GesR 2004, 374, 376; OLG Brandenburg, Urt. v. 5. 4. 2005 – 1 U 34/04, OLGR 2005, 489; OLG Celle, Urt. v. 9. 2. 2006 – 8 U 159/05, VersR 2007, 204, 205; OLG Düsseldorf, Urt. v. 8. 4. 2004 – I-8 U 96/03, VersR 2005, 1737, 1738; OLG Koblenz, Beschl. v. 17. 8. 2004 – 5 W 482/04, GesR 2005, 15, 16; OLG Naumburg, Beschl. v. 27. 2. 2013 – 1 U 145/12, GesR 2013, 624; OLG Naumburg, Beschl. v. 6. 6. 2012 – 1 W 25/12, GesR 2013, 56, 57; G/G, 6. Aufl., Rz. E 2; S/Pa, 12. Aufl., Rz. 714; Spickhoff, NJW 2002, 1758, 1765).

S 602   Der Patientenseite darf **keine nähere Kenntnis der maßgeblichen medizinischen Vorgänge** abverlangt werden (BGH, Urt. v. 8. 7. 2008 – VI ZR 259/06, VersR 2008, 1265, 1267 = NJW 2008, 2846, 2849, Nr. 27; BGH, Urt. v. 8. 6. 2004 – VI ZR 199/03, VersR 2004, 1177, 1179 = NJW 2004, 2825, 2826; BGH, Urt. v. 9. 2. 2006 – 8 U 159/05, VersR 2007, 204, 205; OLG Koblenz, Beschl. v. 17. 8. 2004 – 5 W 482/04, GesR 2005, 15, 16; OLG Naumburg, Beschl. v.

6. 6. 2012 – 1 W 25/12, GesR 2013, 56, 57; vgl. aber OLG Braunschweig, Urt. v. 7. 10. 2008 – 1 U 93/07, juris, Nr. 6, 8: **anders bei einer vom MdK beratenen Krankenkasse**). Der Patient und sein Prozessbevollmächtigter sind auch **nicht verpflichtet, sich** im Hinblick auf den Haftungsprozess **medizinisches Fachwissen anzueignen** (BGH, Urt. v. 10. 10. 2006 – VI ZR 74/05, NJW 2007, 217, 220 = VersR 2007, 66, 69; OLG Celle, Urt. v. 9. 2. 2006 – 8 U 159/05, VersR 2007, 204, 205; S/Pa, 12. Aufl., Rz. 714).

Lücken im Vortrag des medizinischen Sachverhalts dürfen dem Patienten nicht angelastet werden; sie dürfen insbesondere nicht ohne weiteres im Sinne eines Zugeständnisses i. S. d. § 138 III ZPO gewertet werden (BGH, NJW 1981, 630; OLG Stuttgart, VersR 1991, 229; F/N/W, 5. Aufl., Rz. 265; G/G, 6. Aufl., Rz. E 2; R/S II-Greiner, S. 15; S/Pa, 12. Aufl., Rz. 715).   S 603

Es genügt, wenn der Patient bzw. dessen Prozessbevollmächtigter den **Ablauf der Behandlung in groben Zügen darstellt und angibt, dass sie misslungen ist, worin das Misslingen besteht, und die Verdachtsgründe mitteilt, die eine vorwerfbare Fehlbehandlung wenigstens plausibel erscheinen lassen** (BGH, NJW 1981, 630, 631 = VersR 1981, 752 und OLG Naumburg, Beschl. v. 27. 2. 2013 – 1 U 145/12, GesR 2013, 624; OLG Düsseldorf, Urt. v. 8. 4. 2004 – I-8 U 96/03, VersR 2005, 1737: Vortrag muss zumindest in groben Zügen erkennen lassen, welches ärztliche Verhalten fehlerhaft gewesen und welcher Schaden hieraus entstanden sein soll; OLG Köln, Urt. v. 27. 5. 2002 – 5 U 272/01, OLGR 2003, 8). Die Klärung der Problematik ist anschließend **einem Sachverständigengutachten zu überlassen** (BGH, MDR 1987, 225; OLG Koblenz, Beschl. v. 17. 8. 2004 – 5 W 482/04, GesR 2005, 15, 16).   S 604

Dabei entspricht es einem allgemeinen Grundsatz, dass sich **eine Partei die bei einer Beweisaufnahme zu Tage tretenden Umstände jedenfalls hilfsweise zu eigen macht, soweit sie ihre Rechtsposition zu stützen geeignet sind;** das Gericht hat auch diesen Vortrag der Partei bei der Beweiswürdigung zu berücksichtigen (BGH, Beschl. v. 10. 11. 2009 – VI ZR 325/08, GesR 2011, 98, 100 = NJW-RR 2010, 495, 497, Nr. 9; BGH, Urt. v. 3. 4. 2001 – VI ZR 203/00, VersR 2001, 1174, 1175 = MDR 2001, 887; G/G, 6. Aufl., Rz. E 13; S/Pa, 12. Aufl., Rz. 719).   S 604a

In der Nichtberücksichtigung eines Beweisergebnisses (z. B. Ausführungen eines Sachverständigen oder eines Zeugen), dass sich eine Partei – ausdrücklich oder konkludent – zu eigen macht, kann eine **Verletzung des Anspruchs auf rechtliches Gehör** (Art. 103 GG) liegen (BGH, Beschl. v. 10. 11. 2009 – VI ZR 325/08, GesR 2011, 98, 100, Nr. 9). Gleiches gilt, wenn das Gericht nicht **auf die Konkretisierung eines unbestimmten Feststellungsantrages hinweist** (BGH, Beschl. v. 23. 4. 2009 – IX ZR 95/06, NJW-RR 2010, 70).   S 604b

Es reicht etwa aus, wenn die Patientin in ihrem Klagevortrag erkennen lässt, aus ihrer Sicht bestünden ernstliche Anhaltspunkte dafür, dass ein bestimmtes, im Krankenhaus X anlässlich einer ambulanten Behandlung angewandtes Verfahren zur Tubendiagnostik mittels eines Kontrastmittels und Ultraschall zum Eintritt einer Eileiter- und Bauchfellentzündung, einem hierdurch bedingten Krankenhausaufenthalt und einem bestimmten Dauerschaden geführt hat (OLG Brandenburg, NJW-RR 2001, 1608).   S 604c

S 604d   Auch eine **konkrete Bezugnahme auf eine bestimmte Anlage**, die aus sich heraus verständlich ist, keine unzumutbare Sucharbeit erfordert und **allen Prozessbeteiligten vorliegt**, ist in der Klageschrift und nachfolgenden Schriftsätzen zulässig (BGH, Urt. v. 25. 11. 2003 – VI ZR 418/02, MDR 2004, 406 = NJW-RR 2004, 639, 640; Geipel/Brechtel, MDR 2011, 336, 337).

S 605   Danach erlaubt es die erleichterte Substantiierungspflicht des Patienten im Arzthaftungsprozess zwar, sich auf den Vortrag zu beschränken, der eine Vermutung eines fehlerhaften Arztverhaltens aufgrund der eingetretenen Folgen für den Patienten gestattet. **Der Tatsachenvortrag muss zumindest in groben Zügen erkennen lassen, welches ärztliche Verhalten fehlerhaft gewesen sein soll und welcher Schaden hieraus entstanden ist** (OLG Hamm, Urt. v. 7. 12. 2009 – I-3 U 75/09, MedR 2010, 563, 565; OLG Düsseldorf, Urt. v. 8. 4. 2004 – I-8 U 96/03, VersR 2005, 1737, 1738; OLG Naumburg, GesR 2013, 624).

Es genügt also nicht, allein aus dem Misslingen einer Heilbehandlung einen Verstoß gegen die Regeln der ärztlichen Kunst abzuleiten, vielmehr muss der Patient, wenn er einen Fehler lediglich vermutet, **wenigstens seine Verdachtsgründe darlegen, damit sich die Behandlungsseite oder ein Gutachter damit sachlich befassen kann** (OLG Düsseldorf, Urt. v. 8. 4. 2004 – I-8 U 96/03, VersR 2005, 1737, 1738 und OLG Hamm, Urt. v. 7. 12. 2009 – I-3 U 75/09, MedR 2010, 563, 565; zustimmend S/Pa, 12. Aufl., Rz. 714; F/N/W, 5. Aufl., Rz. 265).

S 606   Liegt bereits ein Sachverständigengutachten vor, trifft den Patienten eine **angepasste Substantiierungspflicht**. Der Patient bzw. sein Prozessbevollmächtigter muss sich dann mit dem Gutachten auseinandersetzen und **konkrete Behandlungsfehler** des Arztes bzw. diesem vorgeworfene Unterlassungen **mindestens im Groben bezeichnen** (OLG Karlsruhe, Urt. v. 27. 3. 2002 – 7 U 93/01, AHRS III, 6060/306; OLG Dresden, Urt. v. 11. 7. 2002 – 4 U 574/02, AHRS III, 6060/308).

S 607   Eine haftungsrechtlich relevante Einbindung in die Versorgung unter Übernahme einer entsprechenden vertrags- oder deliktsrechtlich abgesicherten Garantenstellung ist **mit dem bloßen Hinweis, bei dem (Mit-)Beklagten handle es sich um den Chefarzt bzw. leitenden Oberarzt der Klinik bzw. der Abteilung, nicht dargetan** (OLG Oldenburg, VersR 1999, 848, 849; OLG Hamm, Urt. v. 19. 11. 2007 – 3 U 83/07, juris, Nr. 54). Der Chefarzt einer (hier: chirurgischen) Abteilung haftet nicht bereits deshalb für einen Behandlungsfehler der Ober- oder Assistenzärzte seiner Abteilung, wenn er **selbst in die Behandlung der Patientin nicht einbezogen wurde** und eine vertraglich vereinbarte Chefarzt-(Zusatz-)Behandlung ausweislich der Behandlungsunterlagen bei der **stationär aufgenommenen Kassenpatientin** nicht erfolgt ist (OLG Hamm, Urt. v. 19. 11. 2007 – 3 U 83/07, juris, Nr. 54).

S 608   Mit der bloßen Behauptung, die eingetretene Gefäßverletzung beruhe auf unsachgemäßem operativem Vorgehen, ist ein **Behandlungsfehler nicht schlüssig dargelegt**, wenn sich nach einem vorprozessual eingeholten Sachverständigengutachten in dem eingetretenen Körper- bzw. Gesundheitsschaden ein dem Eingriff typischerweise immanentes Risiko realisiert hat (OLG Köln, Urt. v. 27. 5. 2002 – 5 U 272/01, OLGR 2003, 8).

Beruft sich der klagende Patient zur Begründung seines Antrags auf Einholung   S 609
eines Sachverständigengutachtens im Rahmen eines gem. § 296 I, II bzw. § 531
II ZPO verspäteten Vorbringens fachspezifischen Inhalts selbst darauf, dass der
betreffende Punkt auch nach allgemein zugänglichen Informationsquellen geradezu „auf der Hand gelegen" hätte, kann er **keine spezifischen Erleichterungen
der Vortragslast** zu medizinischen Fachfragen im Arzthaftungsprozess in Anspruch nehmen (OLG Koblenz, Urt. v. 6. 12. 2002 – 10 U 1790/01, VersR 2004,
1458 = OLGR 2004, 259).

Nach Ansicht des OLG Oldenburg (NJW-RR 1999, 1153, 1154) gelten die gerin-   S 610
geren Substantiierungsanforderungen im Arzthaftungsprozess auch nur solange,
wie das typische **Sachkundedefizit auf Patientenseite** besteht. Nach dieser Auffassung muss der Patient Erkenntnisse aus der Nachbehandlung durch einen anderen Arzt in seinen Vortrag aufnehmen. Nach der Gegenansicht (R/S II-RiBGH
Greiner, S. 11/12 und G/G, 6. Aufl., Rz. E 2) ist dies nicht praktikabel, da partielle Informationen des Patienten von unterschiedlicher Qualität sein können
und im Rechtsstreit nur durch Zufall bekannt werden. Selbst bei einem Patienten, der selbst Arzt ist, erscheine es wenig sinnvoll, das Maß der für den Rechtsstreit erforderlichen Substantiierung des Klagevortrages von seinen medizinischen Kenntnissen im Einzelfall abhängig zu machen.

Lücken im Vortrag betreffend den medizinischen Sachverhalt dürfen dem Patien-   S 611
ten bzw. der aus übergegangenem Recht klagenden Krankenkasse jedoch nur
dann nicht angelastet werden, solange das **typische Sachkundedefizit** bei der Erfassung, Beurteilung und Darstellung medizinischer Vorgänge nicht **durch medizinische Aufklärung aufgehoben** oder wenigstens gemindert ist (OLG Braunschweig, Urt. v. 7. 10. 2008 – 1 U 93/07, juris, Nr. 17; OLG Oldenburg, NJW-RR
1999, 1153, 1154 = VersR 1999, 848). Eine solche medizinische Aufklärung bzw.
medizinische Kenntnis ist bei einer **klagenden Krankenkasse**, die der gesamten
Sachverhalt einschließlich der Krankenunterlagen durch ihren medizinischen
Dienst (MdK) vorgerichtlich und erstinstanzlich begleitend gutachterlich ausgewertet hat, **vorhanden** (OLG Braunschweig, Urt. v. 7. 10. 2008 – 1 U 93/07, juris, Nr. 15).

2. Auskunftsanspruch des Patienten

Insoweit stehen dem Patienten **Auskunftsansprüche** jedenfalls zu der Frage zu,   S 612
welche Ärzte in welcher Weise an seiner Behandlung beteiligt waren (vgl. OLG
Frankfurt, Beschl. v. 23. 9. 2004 – 8 U 67/04, VersR 2006, 81; OLG München,
NJW 2001, 2806; Gehrlein, NJW 2001, 2773; **a. A.** OLG Koblenz, GesR 2004, 388,
389 und Spickhoff-Scholz, § 10 MBO Rz. 5, S. 996: kein Auskunftsanspruch über
die an der Behandlung beteiligten Personen; vgl. hierzu Rz. E 1 ff., E 23 ff.). So hat
der Patient Anspruch auf Erteilung der Auskunft über **die vollständigen Namen
und die zuletzt bekannte Anschrift der ihn operierenden Ärzte** (OLG Frankfurt,
Beschl. v. 23. 9. 2004 – 8 U 67/04, VersR 2006, 81; OLG Düsseldorf, Urt. v.
30. 1. 2003 – 8 U 62/02, VersR 2005, 694, 695 = NJW-RR 2003, 1604; **a. A.** OLG
Koblenz, GesR 2004, 388, 389 und Spickhoff-Scholz, § 10 MBO Rz. 5, S. 996).

Allerdings ist ein solcher **Anspruch zu verneinen, wenn dem Patienten die umfassende Behandlungsdokumentation vorliegt und sein Auskunftsbegehren al-

lein der Beschaffung weiterer Beweismittel gegen den in Anspruch genommenen Krankenhausträger dienen soll (OLG Düsseldorf, Urt. v. 30. 1. 2003 – 8
U 62/02, VersR 2005, 694, 695) oder wenn nicht substantiiert vorgetragen wird,
dass ein Behandlungs- oder Aufklärungsfehler gerade desjenigen Arztes vorliegt,
dessen Namen und Anschrift im Rahmen des Auskunftsverlangens begehrt wird
(OLG Frankfurt, Beschl. v. 23. 9. 2004 – 8 U 67/04, VersR 2006, 81).

S 613   Ein Arzt oder Krankenhaus ist aber nicht verpflichtet, dem Patienten gegenüber
eidesstattlich zu versichern, dass die dem Patienten bzw. dem Gericht vorgelegten Original-Behandlungsunterlagen authentisch sowie vollständig sind und die
dem Patient vorgelegten Kopien diese vollständig abbilden (OLG München,
Beschl. v. 16. 11. 2006 – 1 W 2713/06, NJW-RR 2007, 273; LG Düsseldorf, Urt.
v. 28. 9. 2006 – 3 O 106/06, GesR 2007, 18: nur Anspruch auf Herausgabe von
Kopien gegen Kostenerstattung; vgl. hierzu jetzt § 630g II 2, § 630g I 3 i. V. m.
§ 811 II 2 BGB: Kostenerstattung muss erfolgen bzw. angeboten werden).

S 614   Dem Patienten steht auch **kein Anspruch auf Erteilung der Auskunft über die
Identität eines Mitpatienten** zu, den er als Zeugen für eine bestimmte vom
Arzt bestrittene Behauptung benennen will. Denn die Verpflichtung des Arztes
zur Wahrung des Geheimbereichs seiner Patienten hat gegenüber seiner vertraglichen Nebenpflicht, dem Patienten Auskünfte zu erteilen, die für die Durchsetzung von dessen Rechten von Bedeutung sind, Vorrang (OLG Karlsruhe, Urt. v.
11. 8. 2006 – 14 U 45/04, GesR 2006, 471, 472; F/N/W, 5. Aufl., Rz. 270).

II. Amtsermittlung einzelner Elemente

S 615   Um die „Waffengleichheit" zu gewährleisten, ist das Gericht verpflichtet, im
Arzthaftungsprozess **einzelne Elemente von Amts wegen zu ermitteln** (BGH,
Urt. v. 8. 6. 2004 – VI ZR 199/03, VersR 2004, 1177, 1179 = NJW 2004, 2825,
2826 = GesR 2004, 374, 376; VersR 1980, 940, 941; VersR 1982, 168; OLG Brandenburg, Urt. v. 5. 4. 2005 – 1 U 34/04, OLGR 2005, 489; Urt. v. 11. 7. 2001 – 1
U 4/01, OLGR 2002, 17, 19; OLG Oldenburg, Beschl. v. 25. 2. 2008 – 5 W 10/88,
MedR 2008, 618, 619; F/N/W, 5. Aufl., Rz. 270, 275: von Amts wegen gesteigerte
Pflicht zur Sachverhaltsaufklärung, Sachverständigengutachtenvon Amts wegen
einzuholen; Spickhoff, NJW 2002, 1758, 1765: ob de facto vom „Amtsermitt-
lungsgrundsatz" gesprochen werden kann und sollte, ist in dieser Pauschalität
eher zweifelhaft).

S 616   In der Praxis bedeutet dies, dass bei Vorliegen eines **Mindestmaßes an nachvoll-
ziehbarem Vorbringen auch unsubstantiiert erhobenen Vorwürfen eines Behandlungsfehlers nachgegangen werden muss** (BGH, Urt. v. 8. 6. 2004 – VI ZR
199/03, VersR 2004, 1177, 1179 = NJW 2004, 2825, 2826 mit zust. Anm. Winkhart-Martis, BGH-Report 2004, 1380: Vortrag, der die Vermutung eines fehlerhaften Verhaltens des Arztes gestattet; OLG Brandenburg, Urt. v. 5. 4. 2005 – 1
U 34/04, OLGR 2005, 489, 490: „Amtsermittlung"; einschränkend OLG Düsseldorf, Urt. v. 8. 4. 2004 – I-8 U 96/03, VersR 2005, 1737, 1738 und OLG Hamm,
Urt. v. 7. 12. 2009 – I-3 U 75/09, MedR 2010, 563, 565: zumindest die Verdachtsgründe müssen dargelegt werden, damit sich ein Gutachter damit sachlich befas-

sen kann), **die Parteien zu offenkundig fehlenden oder unklaren Tatsachen befragt bzw. zur Klarstellung aufgefordert werden müssen** (Rehborn, MDR 2000, 1320; G/G, 6. Aufl., Rz. E 6; S/Pa, 12. Aufl., Rz. 270) und der Behandlungsseite aufgegeben werden muss (s. u.), **die Behandlungsunterlagen zur Ermittlung des Sachverhalts zur Akte zu reichen** (OLG Oldenburg, NJW-RR 1997, 535; OLG Saarbrücken, MDR 2003, 1250 = GesR 2003, 243; OLG Stuttgart, VersR 1991, 229; F/N/W, 5. Aufl., Rz. 265; G/G, 6. Aufl., Rz. E 3, 4 m. w. N.).

Das Gericht ist dabei in einem Arzthaftungsprozess nicht an die vom Patienten vorgebrachten Gründe für eine vermutete Fehlerhaftigkeit ärztlicher Maßnahmen gebunden, sondern darf einen beauftragten Sachverständigen darüber hinaus **mit der Prüfung beauftragen, ob sonstige für den behaupteten Schaden ursächliche Behandlungsfehler zu erkennen sind** (OLG Oldenburg, Beschl. v. 25. 2. 2008 – 5 W 10/08, MDR 2008, 527). | S 617

III. Vorlage der Behandlungsunterlagen

Während den Prozessgegner im übrigen Zivilrecht regelmäßig nur dann eine „sekundäre Behauptungslast" trifft, wenn ein Sachverhalt substantiiert vorgetragen wurde (vgl. OLG München, MDR 2001, 987 zum Mietrecht; Zöller/Greger, 30. Aufl., § 138 ZPO Rz. 8b und vor § 284 ZPO Rz. 34, 34a, 34c, 34d), erfordert es der **Grundsatz der „Waffengleichheit" im Arzthaftungsprozess**, dass der Arzt dem klagenden Patienten durch Vorlage einer ordnungsgemäßen Dokumentation im Operationsbericht, Krankenblatt und/oder der Patientenkarte Aufschluss über sein Vorgehen gibt (BGH, NJW 1978, 1687; G/G, 6. Aufl., Rz. E 3, 4; F/N/W, 5. Aufl., Rz. 153, 270). Auch außerhalb des Rechtsstreits hat der Patient gegen Arzt und Krankenhaus **Anspruch auf Einsicht in die ihn betreffenden Krankenunterlagen**, soweit sie Aufzeichnungen über objektive physische Befunde und Berichte über Behandlungsmaßnahmen wie Medikation und Operationen betreffen (BVerfG, Beschl. v. 9. 1. 2006 – 2 BvR 443/02, NJW 2006, 1116, 1118; BGH, NJW 1983, 328 = VersR 1983, 264 = MDR 1983, 298; BGH, NJW 1983, 330 = MDR 1983, 299; BGH; NJW 1989, 764; G/G, 6. Aufl., Rz. E 4; S/Pa, 12. Aufl., Rz. 557, 559; Spickhoff-Scholz, § 10 MBO Rz. 5, 6; Lux, GesR 2004, 6, 8 f.; vgl. hierzu Rz. E 1 ff.). Dies ergibt sich nunmehr (auch) aus **§ 630g I, II BGB** (Einsichtnahme in die Patientenakte; vgl. Rz. P 85 ff.; E 23 ff.). | S 618

Der Patient muss die Krankenunterlagen jedoch nicht vorprozessual zur Substantiierung seiner Klage beiziehen oder dem Gericht zur Verfügung stellen (OLG Düsseldorf, MDR 1984, 1033; G/G, 6. Aufl., Rz. E 3, 4). Vielmehr hat das Gericht, um seiner Aufklärungs- und Prozessförderungspflicht nach § 139 I ZPO zu genügen, die **Krankenunterlagen im Original von Amts wegen beizuziehen** (BGH, VersR 1980, 940, 941, VersR 1980, 533; BGH, MedR 1987, 234, 236; OLG Brandenburg, Urt. v. 11. 7. 2001 – 1 U 4/01, OLGR 2002, 17, 19 sowie Urt. v. 5. 4. 2005 – 1 U 34/04, OLGR 2005, 489: **„Amtsermittlung" im Arzthaftungsprozess**; OLG Düsseldorf, VersR 1985, 458; OLG Oldenburg, NJW-RR 1997, 535; OLG Saarbrücken, Urt. v. 30. 4. 2003 – 1 U 682/02-161, MDR 2003, 1250; OLG Stuttgart, VersR 1991, 229; G/G, 6. Aufl., Rz. E 3, 4 mit Hinweis auf § 142 ZPO). Allerdings kann sich der Patient nicht darauf verlassen, dass das Ge- | S 619 richt ohne ausdrücklichen Antrag auch die **Krankenakten von nicht an dem Rechtsstreit beteiligten Ärzten** beiziehen wird (OLG Karlsruhe, GesR 2002, 70; G/G, 6. Aufl., Rz. E 4 a. E.).

IV. Rechtskraft eines Vorprozesses; Hinweispflicht des Gerichts

S 620 Die maßvollen Substantiierungspflichten und die hieraus resultierende Pflicht der Gerichte zur Amtsermittlung in Arzthaftungsverfahren beinhalten im Umkehrschluss, dass die Rechtskraft eines Vorprozesses **sämtliche dem Behandlungsgeschehen möglicherweise anhaftende Behandlungsfehler** ergreift, und zwar unabhängig davon, ob sie vom Patienten im Einzelnen vorgetragen worden sind oder nicht (OLG Saarbrücken, VersR 2002, 193, 195 = MDR 2000, 1317; Rehborn, GesR 2004, 403, 404 ff. zur Rechtskraft bei Behandlungs- und Aufklärungsfehlern; G/G, 6. Aufl., Rz. E 26; F/N/W, 5. Aufl., Rz. 291; vgl. auch BGH, Urt. v. 14. 2. 2006 – VI ZR 322/04, MDR 2006, 987 = VersR 2006, 1090 zur Rechtskraft von Schmerzensgeldurteilen; vgl. hierzu → *Verjährung*, Rz. V 82, V 84).

S 621 Der im Erstprozess zusammen mit der unbegrenzten Schmerzensgeldklage geltend gemachte Anspruch auf Feststellung der Ersatzpflicht für weitere immaterielle Schäden erfasst solche Verletzungsfolgen, die im Zeitpunkt der letzten mündlichen Verhandlung des Erstprozesses **auch für einen Fachmann nicht vorhersehbar sind bzw. an die ein (fiktiv) beauftragter Sachverständiger zu diesem Zeitpunkt nicht zu denken brauchte, nicht** (OLG Karlsruhe, Beschl. v. 15. 12. 2009 – 7 U 145/08, VersR 2010, 924, 925; BGH, VersR 2004, 1334, 1335 = NJW 2004, 1243, 1244; F/N/W, 5. Aufl., Rz. 291; G/G, 6. Aufl., Rz. E 26).

S 622 Der **von der Rechtskraft nach § 322 ZPO erfasste Streitgegenstand** wird durch den Klageantrag und den Lebenssachverhalt bestimmt (vgl. hierzu etwa Zöller/Vollkommer, 30. Aufl., vor § 322 ZPO Rz. 21, 35, 37, 46 und § 322 ZPO Rz. 1, 6, 13). In Arzthaftungsprozessen erschließt sich der zugrunde liegende Lebenssachverhalt aus dem **in Betracht kommenden Behandlungszeitraum** (OLG Hamm, NJW-RR 1999, 1589; Rehborn, GesR 2004, 403 ff., 406).

S 623 Selbst wenn man die komplexe „fehlerhafte Behandlung" und „fehlende bzw. mangelhafte Aufklärung" als verschiedene Streitgegenstände ansehen würde, müssten die entsprechenden **Lebenssachverhalte „Behandlungsfehler" einerseits und „Aufklärungsfehler" andererseits** bis zum Schluss der letzten mündlichen Verhandlung Gegenstand des Rechtsstreits in erster bzw. zweiter Instanz geworden sein (so G/G, 6. Aufl., Rz. E 26, S. 345 im Anschluss an BGH, Urt. v. 8. 1. 2008 – VI ZR 118/06, NJW 2008, 1304, 1305).

Abgesehen von der möglichen Verjährung ist die Berücksichtigung solcher tatsächlicher Umstände gem. §§ 296 I, II, 530 I, 531 II Nr. 3 ZPO ausgeschlossen, die bereits in erster Instanz (des Erstprozesses) nicht vorgebracht worden sind, obwohl sie **vor Schluss der mündlichen Verhandlung in erster Instanz bekannt waren bzw. hätten bekannt sein müssen** (BGH, Urt. v. 18. 11. 2008 – VI ZR 198/07, MDR 2009, 281, 282 = VersR 2009, 257, 258, Nr. 24; BGH, Urt. v.

19. 3. 2004 – V ZR 104/03, NJW 2004, 2152, 2154; zu den Einzelheiten vgl. Rz. B 320ff.)

Das Gericht verletzt allerdings den **Anspruch des Patienten auf rechtliches Ge-** **hör** (Art. 103 I GG), wenn es ohne zuvor einen Hinweis nach § 139 ZPO auf die beabsichtigte Auslegung des Feststellungsantrages zu erteilen, diesen mit der Begründung abweist, er beziehe sich entsprechend seinem Wortlauf nur auf – nicht vorliegende – Behandlungsfehler im engeren Sinn, nicht jedoch auf – tatsächlich vorliegende – Aufklärungsfehler (BGH, Beschl. v. 6. 7. 2010 – VI ZR 177/09, VersR 2010, 1616). Gleiches gilt, wenn das Berufungsgericht nicht auf die **Konkretisierung eines unbestimmten Feststellungsantrages hinwirkt**, nach welchem das erstinstanzliche Gericht erkannt hat (BGH, Beschl. v. 23. 4. 2009 – IX ZR 95/06, NJW-RR 2010, 70, 71).

Einstweilen frei.   S 625 – S 629

S 624

Suizidgefährdete Patienten

Vgl. auch → *Sturz im Pflegeheim*, Rz. S 500ff.; → *Voll beherrschbare Risiken*, Rz. V 301ff.

I. Sicherungspflicht bei akuter Suizidgefahr

Wird ein Patient in eine **psychiatrische bzw. psychotherapeutische Klinik** eingewiesen, sind dort **konkrete Maßnahmen zum Schutz des Patienten durch Überwachung und/oder Sicherung erforderlich**

S 630

– **bei erkennbar erhöhter, akuter oder konkreter Selbstmordgefahr** (OLG Hamburg, Urt. v. 14. 2. 2003 – 1 U 186/00, OLGR 2003, 267; OLG Koblenz, Beschl. v. 3. 3. 2008 – 5 U 1343/07, GesR 2008, 255, 256 = VersR 2008, 1217, 1218: zwei Suizidversuche innerhalb von zwei Monaten; OLG Oldenburg, VersR 1997, 117; OLG Stuttgart, Urt. v. 4. 4. 2000 – 14 U 63/99, MedR 2002, 198, 199; OLG Stuttgart, NJW-RR 2001, 1250; OLG Zweibrücken, Urt. v. 26. 3. 2002 – 5 U 13/00, MedR 2003, 181 im Anschluss an BGH, Urt. v. 20. 6. 2000 – VI ZR 377/99, MDR 2000, 1376, 1377 = MedR 2001, 201, 202; Schiller, GesR 2011, 8, 14/15), die sich etwa in **explizit geäußerten Suizidgedanken, einem Suizidversuch oder auffälligen Verhaltensweisen oder in einer nachhaltigen Verschlechterung bei bestimmten psychatrischen Erkrankungen manifestiert** (Schiller, GesR 2011, 8, 14; auch OLG Koblenz, Beschl. v. 3. 3. 2008 – 5 U 1343/07, GesR 2008, 255 und OLG Stuttgart, Urt. v. 4. 4. 2000 – 14 U 63/99, MedR 2002, 198, 200),

– wenn sonstige **Hinweise auf eine akute Gefährdung** vorliegen, etwa bei der Suche nach schädigenden Gegenständen, der Verweigerung der Einnahme von Medikamenten oder einer Essensverweigerung (OLG Stuttgart, Urt. v. 4. 4. 2000 – 14 U 63/99, MedR 2002, 198, 200; Schiller, GesR 2011, 8, 14),

– **bei Patienten einer bestimmten Risikogruppe**, etwa solchen, die bereits einen **Suizidversuch unternommen** haben (OLG Stuttgart, Urt. v. 4. 4. 2000 – 14 U 63/99, MedR 2002, 198, 200; OLG Naumburg, Urt. v. 8. 2. 2000 – 1 U 140/99, NJW-RR 2001, 1251; Schiller, GesR 2011, 8, 14) oder die an einer **Psychose aus dem schizophrenen Formenkreis** mit starker Suizidgefahr (OLG Köln, R+S 1995, 414; Schiller, GesR 2011, 8, 14/15) bzw. unter **Verfolgungswahn** mit dabei geäußerten Fluchtgedanken leiden (OLG Braunschweig, VersR 1985, 576) oder in deren **näherer Verwandtschaft es zu einem Selbstmordversuch kam** (OLG Stuttgart, Urt. v. 4. 4. 2000 – 14 U 63/99, MedR 2002, 198, 200).

S 631 So ist etwa auch die Frage, ob eine **Zugangstür zu einem Balkon** einer offenen psychiatrischen Station unverschlossen gehalten werden kann, davon abhängig zu machen, ob **besonders gefährdete Patienten auf der Station** behandelt werden. Eine Balkontür muss daher verschlossen sein, wenn sich auf der Station Patienten befinden, die stark erregt sind und bei denen jeden Moment mit Impulsdurchbrüchen zu rechnen ist, bei verwirrten und desorientierten Patienten, solchen mit starker Sehbehinderung und Patienten mit Wahrnehmungsstörungen wie z. B. optischen Halluzinationen. Liegt dagegen bei einem Patienten **eine akute suizidale Gefährdung** vor, reicht es nicht aus, die Balkontür nur zu verschließen. In einem solchen Fall ist eine **besondere Überwachung des Patienten, etwa in einem besonders geschützten Bereich, erforderlich**. Dies gilt sowohl für die Tages- als auch die Nachtzeit (OLG Zweibrücken, Urt. v. 26. 3. 2002 – 5 U 13/00, MedR 2003, 181 im Anschl. an BGH, Urt. v. 20. 6. 2000 – VI ZR 377/99, MDR 2000, 1376, 1377 = MedR 2001, 201).

S 632 In jedem Fall muss im Rahmen der Betreuung eines akut suizidgefährdeten Patienten dafür gesorgt werden, dass die **Stationstüren verschließbar** sind und die **Fenster** auch unter Einsatz von Körperkraft nicht so geöffnet werden können, dass der Patient hinausspringen kann (OLG Hamburg, Urt. v. 14. 2. 2003 – 1 U 186/00, OLGR 2003, 267; Schiller, GesR 2011, 8, 14).

S 633 Wird der Patient nach einem Suizidversuch durch Einnahme von Tabletten in der **geschlossenen Abteilung einer psychiatrischen Klinik** aufgenommen und besteht zunächst ein Verdacht auf einen akute Suizidalität, der sich im weiteren Verlauf aber nicht durch neue Aspekte verstärkt, **verstößt der Klinikträger nicht gegen seine Überwachungs- und Verkehrssicherungspflicht**, wenn der im weiteren Verlauf ruhige Patient in einem Krankenzimmer im dritten Stock aufgenommen wird, in dem ein Fenster mit einem verschließbaren Dreh-Kipp-Beschlag versehen ist, das vom Patienten mittels eines Brötchenmessers geöffnet wird, um sich durch einen Sprung aus dem Fenster das Leben zu nehmen (OLG Zweibrücken, Urt. v. 22. 12. 2009 – 5 U 5/07, NJW-RR 2010, 1246, 1248).

S 634 Solange es sich nicht um eine akute Suizidalität handelt und die **(latente) Suizidgefahr** in ihrem Ausmaß nicht pflichtwidrig verkannt worden ist, ist eine **Unterbringung auf einer geschützten bzw. geschlossenen Station nicht zwingend**. Der bestehenden Gefahr kann in diesen Fällen auch mit anderen therapeutischen

Mitteln, insbesondere einer medikamentösen Therapie und psychotherapeutischen Maßnahmen begegnet werden (OLG Naumburg, Urt. v. 8. 2. 2000 – 1 U 140/99, NJW-RR 2001, 1251; Schiller, GesR 2011, 8, 15: auch durch Abschluss eines „Suizidvertrages").

Die Zwangsbehandlung des in einer geschlossenen Abteilung untergebrachten   S 635
Betreuten ist unter den Voraussetzungen des § 1906 III, III a, V BGB n. F. (in Kraft getreten am 26. 2. 2013) **wieder möglich.** Die vom BVerfG und nachfolgend dem BGH vermisste gesetzliche Grundlage wurde damit geschaffen (vgl. hierzu BVerfG, NJW 2011, 2113, Nr. 72 ff; BVerfG, NJW 2011, 3571, Nr. 38 ff.; BGH, Beschl. v. 20. 6. 2012 – XII ZB 99/12, NJW 2012, 2967, Nr. 26 ff.; BGH, Beschl. v. 8. 8. 2012 – XII ZB 671/11, MDR 2012, 1165, Nr. 12, 13).

Auf einer **offenen Station** müssen ohne Hinzutreten besonderer Umstände   S 636
grundsätzlich nicht sämtliche Fenster und Türen verschließbar sein (BGH, Urt. v. 20. 6. 2000 – VI ZR 377/99, MedR 2001, 201, 202; OLG Naumburg, Urt. v. 17. 12. 2009 – 1 U 41/09, GesR 2010, 139, 140 = VersR 2010, 1041, 1042; Schiller, GesR 2011, 8, 16: anders jedoch, wenn der Patient bereits früher einen Sprung aus einem geöffneten Fenster unternommen hat).

Auch eine **latent vorhandene Selbstmordgefahr** verlangt es nicht, jede Gelegen-   S 637
heit zu einer Selbstschädigung des Patienten auszuschließen (OLG Stuttgart, Urt. v. 4. 4. 2000 – 14 U 63/99, MedR 2002, 198; OLG Frankfurt, Urt. v. 27. 10. 2009 – 8 U 170/07, GesR 2010, 68, 69).

Wird der Patient wegen einer seit 3 Tagen andauernden Schlaflosigkeit, motorischer Unruhe, Verwirrtheit und Agitiertheit mit dem **Verdacht auf eine paradoxe Reaktion auf ein eingenommenes Schlafmittel in der inneren Abteilung im 5. OG eines Krankenhauses aufgenommen** und ergeben sich im Rahmen der durchgeführten körperlichen Untersuchung keine Auffälligkeiten (keine Zeichen von Verwirrtheit, motorischer Unruhe, Desorientierung u. a.), ist es **nicht fehlerhaft, wenn die diensthabende Ärztin (Internistin) den verlangsamten und introvertierten Patienten nicht fixiert, keine unverzügliche Unterbringung auf einer Intensivstation oder in einem gesicherten Krankenzimmer mit abschließbaren Fenstern und Türen veranlasst,** sich aber um eine zügige Verlegung des psychotischen Patienten in eine psychiatrische Klinik bemüht und der Patient einen Selbstmordversuch durch einen Sprung aus dem Fenster unternimmt (OLG Frankfurt, Urt. v. 27. 10. 2009 – 8 U 170/07, GesR 2010, 68, 69).

Eine Fixierung des Patienten (die bei Betreuten unter den Voraussetzungen des   S 638
§ 1906 I, II, III, III a, V BGB n. F. nun wieder möglich ist) darf ohnehin nur als letzte Möglichkeit angeordnet werden. **Liegen keine Anhaltspunkte für eine unmittelbar bevorstehende Fremd- oder eigenaggressive Verhaltensweise des Patienten vor, ist eine Absonderung des Patienten in einen besonderen verschlossenen Raum oder gar eine Fixierung unzulässig** (OLG Naumburg, Urt. v. 12. 1. 2010 – 1 U 77/09, GesR 2010, 318, 320; vgl. auch BGH, Beschl. v. 27. 6. 2012 – XII ZB 24/12, GesR 2012, 498, 499: Fixierung, Bettgitter o. a. nur mit Genehmigung des Betreuungsgerichts zulässig; OLG Jena, Urt. v. 5. 6. 2012 – 4 U 488/11, NJW-RR 2012, 1419, 1420: prophylaktisches Aufziehen von Bettgittern und Fixierung auch bei zeitweiliger Verwirrtheit und vorangegangenem

Sturz nur mit Genehmigung des Betreuungsgerichts zulässig; zu den Einzelheiten vgl. Rz. S 503 ff., S 520 ff.).

S 639 Ein **Behandlungsfehler liegt vor**, wenn einer Patientin, die Kettenraucherin ist, trotz zweier vorangegangener Suizidversuche ein Feuerzeug belassen wird (OLG Koblenz, Beschl. v. 3. 3. 2008 – 5 U 1343/07, GesR 2008, 255, 256 = VersR 2008, 1217, 1218) oder ein latent selbstmordgefährdeter Patient **nicht auf gefahrdrohende Gegenstände durchsucht** wird (OLG Stuttgart, MedR 1999, 374), etwa nach einem Feuerzeug (BGH, NJW 1994, 794), nicht jedoch bei Mitführung eines Plastikbeutels (OLG Frankfurt, VersR 1993, 1271).

S 640 Eine **akute Selbstmordgefahr ergibt sich aber nicht schon daraus**, dass der Patient vorsorglich auf eine geschlossene Station aufgenommen worden ist oder bei ihm **eine „depressive Störung"** festgestellt wird (OLG Stuttgart, Urt. v. 4. 4. 2000 – 14 U 63/99, MedR 2002, 198 = NJW-RR 2001, 1250), er **lediglich latent Suizidgedanken äußert** (OLG Braunschweig OLGR 1994, 67; OLG Naumburg, Urt. v. 8. 2. 2000 – 1 U 140/99, NJW-RR 2001, 1251; Schiller, GesR 2011, 8, 14) oder bei ihm **eine latente Selbsttötungsabsicht besteht** (OLG Düsseldorf, NJW-RR 1995, 1050; OLG Frankfurt, Urt. v. 27. 10. 2009 – 8 U 170/07, GesR 2010, 68, 69; OLG Stuttgart, NJW-RR 1995, 662: Ausgang mit Angehörigen; Schiller, GesR 2011, 8, 14: aus ex ante-Sicht erhöhte, akute bzw. konkrete Suizidgefahr erforderlich).

S 641 **Der Sicherungspflicht sind aber auch bei erkannter und richtig eingeschätzter Suizidneigung in mehrfacher Hinsicht Grenzen gesetzt.** Zum einen sind die **Menschenwürde**, die allgemeine Handlungsfreiheit und das Übermaßverbot zu beachten. Zum anderen ist zu berücksichtigen, dass die Sicherung in eine Behandlung eingebettet ist, wobei auch abzuwägen ist, ob und inwieweit erforderliche **Sicherungsmaßnahmen sich negativ auf den Gesamtzustand des Patienten auswirken** können (OLG Koblenz, MedR 2000, 136 und Beschl. v. 3. 3. 2008 – 5 U 1343/07, GesR 2008, 255, 256 = VersR 2008, 1217, 1218; vgl. hierzu auch: OLG Frankfurt, Urt. v. 27. 10. 2009 – 8 U 170/07, GesR 2010, 68, 69: Verhältnismäßigkeitsgrundsatz zu beachten; OLG München, Urt. v. 9. 9. 2010 – 1 U 3104/08, juris: **Tendenz in psychiatrischen Einrichtungen, die Patientenführung möglichst wenig restriktiv zu gestalten**; OLG Naumburg, Urt. v. 12. 1. 2010 – 1 U 77/09, GesR 2010, 318, 320/321: Sicherungspflicht durch Menschenwürde und Übermaßverbot begrenzt; OLG Oldenburg, Beschl. v. 17. 1. 2011 – 5 U 187/10, MedR 2012, 332: Misstrauen und Dauerüberwachung kann Therapieerfolg in Frage stellen; OLG Zweibrücken, Urt. v. 26. 3. 2002 – 5 U 13/00, MedR 2003, 181 im Anschluss an BGH, Urt. v. 20. 6. 2000 – VI ZR 377/99, MDR 2000, 1376, 1377 = MedR 2001, 201, 202 = VersR 2000, 1240).

S 642 Die moderne Psychiatrie sieht ihre Hauptaufgabe bei Geisteskranken darin, diese nicht nur sicher zu verwahren, sondern zu behandeln bzw. zu heilen. **Dabei gehört es auch zur Therapie suizidgefährdeter Patienten, die Eigenverantwortlichkeit zu stärken und die Patienten nicht durch übertrieben sichernde Maßnahmen in ihrem Selbstbewusstsein einzuengen** (OLG Naumburg, Urt. v. 8. 2. 2000 – 1 U 140/99, NJW-RR 2001, 1251; vgl. auch OLG Naumburg, Urt. v. 12. 1. 2010 – 1 U 77/09, GesR 2010, 318, 320; OLG München, Urt. v. 9. 9. 2010 –

1 U 3104/08, juris; OLG Stuttgart, VersR 1994, 731, 732; OLG Zweibrücken, Urt. v. 26. 3. 2002 – 5 U 13/00, MedR 2003, 181 im Anschluss an BGH, MedR 2001, 201, 202: „Konzept der stationären psychiatrischen Therapie mit offenen Türen"; Schiller, GesR 2011, 8, 14). Im Einzelfall **kann eine allzu strikte, insbesondere für den Kranken deutlich fühlbare Überwachung den Therapieerfolg in Frage stellen** (BGH, Urt. v. 20. 6. 2000 – VI ZR 377/99, MDR 2000, 1376, 1377 = MedR 2001, 201, 202 = VersR 2000, 1240; OLG Naumburg, Urt. v. 12. 1. 2010 – 1 U 77/09, GesR 2010, 318, 320; OLG Oldenburg, Beschl. v. 17. 1. 2011 – 5 U 187/10, MedR 2012, 332, 333).

Der Sicherungspflicht sind danach durch die Menschenwürde und die Freiheits- S 643
rechte des Patienten, das Übermaßverbot bei Zwangsmaßnahmen und die Gefahr negativer Auswirkungen auf den Therapieerfolg und die Gesamtgesundheitssituation des Patienten Grenzen gesetzt (OLG Naumburg, Urt. v. 12. 1. 2010 – 1 U 77/09, GesR 2010, 318, 320; ebenso OLG Oldenburg, Beschl. v. 17. 1. 2011 – 5 U 187/10, MedR 2012, 332, 333; OLG Frankfurt, Urt. v. 27. 10. 2009 – 8 U 170/07, GesR 2010, 68, 69). Die **Fixierung des Patienten darf deshalb nur als letzte Möglichkeit angeordnet werden** (OLG Naumburg a. a. O.). **Auch in einer geschlossenen psychiatrischen Abteilung ist bei einem Toilettengang nicht stets eine Begleitung oder Videoüberwachung erforderlich** (OLG Oldenburg a. a. O.).

Liegen keine Auffälligkeiten (Zeichen von Verwirrtheit, motorische Unruhe, Desorientierung, Äußerung von Suizidgedanken o. a.) vor, ist es nicht fehlerhaft, wenn der in der inneren Abteilung im 5. OG eines Krankenhauses aufgenommene **Patient nicht fixiert und nicht unverzüglich in einem gesicherten Krankenzimmer mit abschließbaren Fenstern und Türen untergebracht** wird (OLG Frankfurt, Urt. v. 27. 10. 2009 = 8 U 170/07, GesR 2010, 68, 69).

II. Entscheidungs- und Ermessensspielraum

Vom **Facharzt** ist eine methodisch **fundierte Befunderhebung** und Diagnosestel- S 644
lung zu verlangen. Nur dieses methodische Vorgehen ist rechtlich überprüfbar. Hinsichtlich der Schlussfolgerung (akute Suizidneigung) verbleibt dem Therapeuten im Einzelfall ein **Entscheidungs- und Ermessensspielraum** (OLG Koblenz, MedR 2000, 136; Schiller, GesR 2011, 8, 14). Auch im Bereich der Psychiatrie liegt ein als Behandlungsfehler **vorwerfbarer Diagnoseirrtum erst dann vor, wenn die diagnostische Bewertung für einen gewissenhaften Facharzt nicht mehr vertretbar erscheint** (OLG Frankfurt, Urt. v. 23. 12. 2008 – 8 U 146/06, GesR 2009, 270, 271; OLG Naumburg, Urt. v. 17. 12. 2009 – 1 U 41/09, VersR 2010, 1041, 1042 = GesR 2010, 139, 140 = juris, Nr. 39).

Eine Haftung des behandelnden Arztes bzw. des Krankenhausträgers kommt S 645
nicht in Betracht, wenn die **akute Suizidgefahr als solche erkannt**, nicht durch Außerachtlassung wesentlicher Umstände unterschätzt und dieser Gefahr im Rahmen der Therapie auf angemessene Art und Weise begegnet wurde (OLG Naumburg, Urt. v. 8. 2. 2000 – 1 U 140/99, NJW-RR 2001, 1251; Schiller, GesR 2011, 8, 14/15).

S 646 Dabei verlangt die auch bei Patienten einer **offenen Station möglicherweise latent vorhandene Selbstmordgefahr nicht, jede Gelegenheit zu einer Selbstschädigung auszuschließen** [BGH, Urt. v. 20. 6. 2000 – VI ZR 377/99, MedR 2001, 201, 202 = MDR 2000, 1376; im Anschl. hieran OLG Zweibrücken, Urt. v. 26. 3. 2002 – 5 U 13/00, MedR 2003, 181; OLG Frankfurt, Urt. v. 27. 10. 2009 – 8 U 170/07, GesR 2010, 68, 69: **latent vorhandene Suizidgefahr verlangt es nicht, jede Gelegenheit zur einer Selbstschädigung auszuschließen bzw. den Patienten unverzüglich in einem gesicherten Krankenzimmer mit abschließbaren Fenstern und Türen unterzubringen**; OLG Stuttgart, Urt. v. 4. 4. 2000 – 14 U 63/99, MedR 2002, 198; OLG Zweibrücken, Urt. v. 22. 12. 2009 – 5 U 5/07, NJW-RR 2010, 1246, 1248: auch geschlossene psychiatrische Stationen sind keine Hochsicherheitstrakte, **verschlossene Fenster müssen nicht gegen Manipulation durch Patienten mit Bröchtenmesser gesichert werden**].

S 647 Ein **Suizid kann während des Aufenthalts in einem psychiatrischen Krankenhaus nie mit absoluter Sicherheit vermieden werden**, gleich, ob die Behandlung auf einer offenen oder auf einer geschlossenen Station unter Beachtung aller realisierbaren Überwachungsmöglichkeiten durchgeführt worden ist [BGH, MDR 1994, 38; OLG Koblenz, Beschl. v. 3. 3. 2008 – 5 U 1343/07, GesR 2008, 255, 256 = VersR 2008, 1217, 1218; OLG München, Urt. v. 9. 9. 2010 – 1 U 3104/08, juris: auf der Basis des modernen, anerkannten Behandlungskonzepts kann ein Suizid des Patienten auch in geschlossenen Abteilungen nie mit Sicherheit verhindert werden; OLG Oldenburg, Beschl. v. 17. 1. 2011 – 5 U 187/10, MedR 2012, 332, 333: **auch in geschlossener Abteilung ist bei einem Toilettengang nicht stets eine Begleitung oder Videoüberwachung erforderlich**; OLG Zweibrücken, Urt. v. 22. 12. 2009 – 5 U 5/07, NJW-RR 2010, 1246, 1248: Manipulationen durch den Patienten an verschließbaren Fenstern, Türen u. a. nie stets vermeidbar; Schiller, GesR 2011, 8, 16: anders jedoch, wenn der Patient bereits früher einen Sprung aus einem geöffneten Fenster unternommen hat].

S 648 Ein **Suizidversuch kann per se nicht als Indiz für eine Pflichtwidrigkeit des Arztes bzw. Krankenhauses gewertet werden** [OLG Koblenz, MedR 2000, 136; OLG Braunschweig, Beschl. v. 11. 2. 2008 – 1 U 2/08, NJW-RR 2008, 1060]. So haftet der behandelnde Arzt bzw. der Klinikträger nicht für die dabei eingetretenen Körper- und Gesundheitsschäden des Patienten, wenn er nach einigen Tagen auf der geschlossenen Abteilung nach vertretbarer Schlussfolgerung des Arztes, es läge keine akute Suizidneigung mehr vor, auf eine **offene Abteilung verlegt** wird und er sich dort aus einem Fenster stürzt [OLG Koblenz, MedR 2000, 136]. Gleiches gilt, wenn dem latent selbstmordgefährdeten Patienten einer offenen Station der **Ausgang mit Angehörigen genehmigt** wird und er dabei einen Suizidversuch unternimmt [OLG Stuttgart, NJW-RR 1995, 662].

S 649 Ist eine **akute Suizidgefahr nicht erkennbar,** muss die Klinik auch **nicht unverzüglich nach einem Patienten fahnden,** der nicht wie vereinbart nach einem unbegleiteten Ausgang auf das Klinikgelände zurückkommt [OLG Stuttgart, Urt. v. 4. 4. 2000 – 14 U 63/99, MedR 2002, 198, 199].

S 650 Der Umstand, dass ein Facharzt für Psychiatrie und Psychotherapie mit einem ihm bis dahin unbekannten Patienten kurzfristig hintereinander zwei Therapiegesprächssitzungen durchführt, in denen er mit dem Patienten einen sogenannten **„Suizidpakt"** schließt, obwohl der Patient jeweils die Frage nach der Suizidalität verneint, lässt keinen Rückschluss darauf zu, dass gleichwohl bei dem Patienten eine erkennbare akute Suizidgefahr bestanden hat. Auch wenn es **aufgrund der Umstände des Einzelfalls medizinisch notwendig sein kann, einen „Suizidbogen" über den Patienten zu erstellen** und dies unterbleibt, so führt der darin liegende Dokumentationsfehler **nicht zu der Vermutung, dass sich bei Erhebung des Befundes ein bestimmtes Ergebnis (Vorliegen einer akuten Suizidgefahr) gezeigt hätte** (OLG Braunschweig, Beschl. v. 11. 2. 2008 – 1 U 2/08, GesR 2008, 536 = NJW-RR 2008, 1060; zustimmend Schiller, GesR 2011, 8, 15; Anm.: mangels „hinreichender Wahrscheinlichkeit" eines positiven Befundergebnisses, i. Ü. auch wegen des „Vorrangs des nicht fundamentalen Diagnoseirrtums" **auch keine Beweislastumkehr wegen „unterlassener Befunderhebung"**).

Therapiefehler

Vgl. auch → *Grobe Behandlungsfehler*, Rz. G 101 ff., S 647 ff.; → *Diagnosefehler*, Rz. D 1 ff., D 55 ff.; → *Kausalität*, Rz. K 1 ff., K 4 ff.; → *Sturz im Pflegeheim und im Krankenhaus*, Rz. S 500 ff.; → *Suizidgefährdete Patienten*, Rz. S 630 ff.

I. Wahl und Durchführung einer konkreten Therapie

Zu den Behandlungsfehlern gehören neben den Diagnosefehlern, Organisationsfehlern, Fehlern der therapeutischen Aufklärung (Sicherungsaufklärung), der unterlassenen Befunderhebung und dem Übernahmeverschulden die Fälle, in de-

T 1

nen die gewählte ärztliche Diagnostik- oder Therapiemethode schon in ihrer Wahl fehlerhaft ist oder in denen getroffene Behandlungsmaßnahmen oder deren Unterlassung **gegen anerkannte und gesicherte medizinische Soll-Standards verstoßen** (G/G, 6. Aufl., Rz. B 34, 75; Spickhoff-Greiner, § 823 BGB Rz. 23 ff., 26 ff., 35 ff., 37 ff., zum Übernahmeverschulden, zu Organisations- und Koordinationsfehlern und konkreten Qualitätsmängeln; L/K-Laufs/Kern, § 97 Rz. 21 ff. und § 98 Rz. 6 ff., 19 ff., § 100 Rz. 17 ff., § 101 Rz. 7 ff.; R/L-Kern, § 2 Rz. 1 ff., 14, 29 ff., 58 ff.).

T 2 **Bei der Wahl der Therapie oder der Diagnostik ist dem Arzt ein weites Beurteilungsermessen** anhand der jeweils vorliegenden Gegebenheiten des konkreten Behandlungsfalles und seiner eigenen Erfahrungen und Geschicklichkeit bei der Anwendung der gewählten Methode **eingeräumt** (OLG Naumburg, Urt. v. 6. 6. 2005 – 1 U 7/05, VersR 2006, 979; S/Pa, 12. Aufl., Rz. 188, 189: der Arzt ist auch nicht stets auf den jeweils sichersten therapeutischen Weg festgelegt). Die ärztliche Entscheidung ist nur dahin zu überprüfen, ob die gewählte Therapie den Stand der naturwissenschaftlichen Erkenntnisse und fachärztlichen Erfahrungen entspricht, ob sie zur Erreichung des Behandlungsziels geeignet und erforderlich ist und regelmäßig auch, ob sie sich in der fachärztlichen Praxis bewährt (OLG Naumburg, Urt. v. 6. 6. 2005 – 1 U 7/05, VersR 2006, 979; auch Rehborn, MDR 2000, 1101, 1102).

T 3 Der Facharzt in der ambulanten sowie in der stationären Krankenbetreuung wird am **objektiven Facharztstandard** gemessen. Krankenhäuser haben grundsätzlich den Facharztstandard vorzuhalten. Dabei kommt es auf die **objektive Sorgfalt** und nicht auf die möglicherweise dahinter zurückbleibenden subjektiven, individuellen Fähigkeiten und Kenntnisse eines Arztes an (OLG Jena, Urt. v. 31. 5. 2011 – 4 U 635/10, MedR 2012, 266, 268 mit Hinweis auf BGH, NJW 1999, 1779, 1780 und BGH, NJW 1998, 2736; vgl. zum Facharztstandard Rz. B 24 ff., B 90 ff.). Der Arzt muss jedenfalls diejenigen Maßnahmen ergreifen, die von einem gewissenhaften Arzt aus berufsfachlicher Sicht seines Fachbereichs vorausgesetzt und erwartet werden können (OLG Koblenz, Urt. v. 20. 7. 2006 – 5 U 47/06, AHRS III, 1220/324; OLG Hamm, Urt. v. 5. 11. 2007 – I 3 U 30/07, AHRS III, 1220/323).

T 4 Ob ein Arzt einen Behandlungsfehler begangen hat, beantwortet sich danach, ob er nach den von ihm zu fordernden medizinischen Kenntnissen und Erfahrungen im konkreten Fall **diagnostisch und therapeutisch vertretbar vorgegangen** ist. Abzustellen ist dabei auf den **Standard zum Zeitpunkt der Behandlung** (OLG Naumburg, Urt. v. 24. 2. 2011 – 1 U 58/10, GesR 2011, 478, 480; OLG Köln, Urt. v. 20. 7. 2011 – 5 U 83/09, MedR 2012, 405, 406). Eine Behandlungsmaßnahme kann aber dann nicht als behandlungsfehlerhaft bewertet werden, wenn sie zwar nicht zum Zeitpunkt der Durchführung der Behandlung, aber im Zeitpunkt der Beurteilung durch den Sachverständigen dem aktuellen Standard entspricht (OLG Köln, a. a. O.).

T 5 Geschuldet wird aber **nicht stets das jeweils neueste Therapiekonzept** mittels einer auf den jeweils neuesten Stand gebrachten apparativen Ausstattung (BGH, NJW 1988, 763 = VersR 1988, 179; BGH, NJW 1987, 2927 = VersR 1988, 1378; G/G, 6. Aufl., Rz. B 6, 9; S/Pa, 12. Aufl., Rz. 189, 195; Spickhoff-Greiner, § 823

BGB Rz. 14, 18, 213). So ist etwa der Einsatz eines älteren Chirurgiegerätes bei der Entfernung eines Polypen an der Darmwand zulässig, wenn es technisch einem moderneren Gerät gleichwertig ist (OLG Frankfurt, VersR 1991, 185). Unter verschiedenen Therapiemethoden, die hinsichtlich der Belastungen für den Patienten und der Erfolgsaussichten **im Wesentlichen gleichwertig** sind, kann der Arzt frei wählen (OLG Naumburg, Urt. v. 6. 6. 2005 – 1 U 7/05, VersR 2006, 979; G/G, 6. Aufl., Rz. B 6, 34 zum Behandlungsfehler und Rz. C 22, C 23).

Ein **höheres Risiko muss aber in den besonderen Sachzwängen des konkreten Falles oder in einer günstigeren Heilungsprognose eine sachliche Berechtigung finden** (BGH, NJW 1987, 2927; OLG Frankfurt, VersR 1998, 1378; G/G, 6. Aufl., Rz. B 35; S/Pa, 12. Aufl., Rz. 189). Dies gilt etwa für die Bündelnagelung eines Torsionsbruchs statt einer Plattenosteosynthese (BGH, NJW 1987, 2927). T 6

Die Diagnostik- oder Therapiemethode entspricht erst dann nicht mehr dem zu fordernden **Qualitätsstandard (Facharztstandard)**, wenn es neue Methoden gibt, die risikoärmer oder für den Patienten weniger belastend sind und/oder bessere Heilungschancen versprechen, in der medizinischen Wissenschaft im Wesentlichen unumstritten sind und in der Praxis, nicht nur an wenigen Universitätskliniken verbreitet Anwendung finden (BGH, NJW 1988, 763; Gehrlein, Rz. B 11 a.E.; G/G, 6. Aufl., Rz. B 6; Spickhoff-Greiner, § 823 Rz. 14, 213). T 7

Zur Wahl einer neuen, gefährlicheren Methode sowie einer Außenseitermethode vgl. Rz. A 1204, A 1346; zum Off-Label-Use vgl. Rz. B 34 ff.

II. Fallgruppen einfacher Behandlungsfehler

Vgl. hierzu auch → *Grobe Behandlungsfehler*, Rz. G 721 ff.

1. Einfache Behandlungsfehler im Bereich Chirurgie/Orthopädie

a) Das Vorliegen eines einfachen Behandlungsfehlers wurde in den folgenden Fällen bejaht (zu → *Groben Behandlungsfehlern* vgl. Rz. G 722 ff.)

Appendizitis (Blinddarmentzündung, vgl. auch Rz. D 119 ff., G 380 f., G 454 ff., G 540 ff., T 46 ff., U 257) T 8

Kann der Verdacht auf eine akute, kompliziert verlaufende Appendizitis nicht mit Sicherheit ausgeschlossen werden, begründet das Hinauszögern einer operativen Intervention einen **Behandlungsfehler** (OLG Oldenburg, VersR 1996, 894). Ergibt sich der **Verdacht auf eine Blinddarmentzündung** vor dem Eingriff und stellt sich dann bei der Operation heraus, dass die Beschwerden durch eine tomatengroße, eitrige Darmausstülpung verursacht worden waren, so ist die sofortige Entfernung dieser Darmausstülpung indiziert. Die Abwägung zwischen dem Selbstbestimmungsinteresse des Patienten einerseits und dessen Gesundheit und mutmaßlichem Willen andererseits spricht dabei gegen einen Abbruch des Eingriffs (OLG Koblenz, NJW-RR 1994, 1370).

Besteht dagegen nur ein „vager Verdacht" auf eine Appendizitis, so ist es **nicht behandlungsfehlerhaft**, einen verständigen Patienten mit dem ausdrücklichen T 9

Hinweis, den Hausarzt zu konsultieren, zu entlassen (OLG Stuttgart, VersR 1994, 180; ebenso OLG Schleswig, VersR 1992, 1097). Der Krankenhausarzt kann sich dabei regelmäßig mit dem **Abtasten** des Bauchs begnügen, wenn er dabei keine Anhaltspunkte für eine Appendizitis findet und den Patienten anschließend an den Hausarzt zurück überweist (OLG Schleswig, VersR 1992, 1097; teilweise abweichend OLG Oldenburg, VersR 1996, 894). Es wurde auch **nicht als Behandlungsfehler** angesehen, wenn im Jahr 1993 bzw. später eine laparoskopische Appendektomie (Blinddarmoperation) vorgenommen wurde, weil die Methode damals schon zu einem Routineverfahren ausgereift war (OLG Saarbrücken, Urt. v. 17. 4. 2002 – 1 U 612/01-139, OLGR 2002, 223; OLG München, Urt. v. 11. 4. 2002 – 24 U 442/99, OLGR 2003, 5).

T 10 – T 14   Einstweilen frei.

T 15   **Magengeschwür, Abdominalchirurg nicht rechtzeitig hinzugezogen**

Klagt er Patient nach einer umfangreichen anderweitigen Operation über Rücken- oder Bauchschmerzen und findet sich **Blut im Stuhl bzw. in der Unterhose** des Patienten, muss bei Persistenz der Beschwerden ein **Abdominalchirurg hinzugezogen** werden. Erfolgt die diagnostische Abklärung des dann durchgebrochenen Magengeschwürs fünf Tage zu spät, liegt ein Behandlungsfehler vor. Die fehlerhaft **unterlassene Befunderhebung** führt zu einer **Umkehr der Beweislast** hinsichtlich der Kausalität des Behandlungsfehlers für den Körper- bzw. Gesundheitsschaden einschließlich dem Tod des Patienten, wenn sich bei rechtzeitiger und genügender Abklärung (hier: Hinzuziehung eines Abdominalchirurgen) mit hinreichender Wahrscheinlichkeit ein reaktionspflichtiges Ergebnis (hier. Entdeckung der verdeckt abgelaufenen ersten Perforation des aufgetretenen Magengeschwürs) gezeigt hätte und sich die Verkennung dieses Befundes als fundamental bzw. die Nichtreaktion hierauf als grob fehlerhaft darstellen würde, was bei einer Nichtbehandlung eines entdeckten oder vermuteten Magengeschwürs zweifellos der Fall ist (OLG Koblenz, Beschl. v. 10. 1. 2008 – 5 U 1508/07, VersR 2008, 923, 924).

T 16   **Versorgung von Brüchen** (vgl. auch Rz. T 52, D 22c ff., D 58 ff. m. w. N.; zum *medizinischen Hintergrund* vgl. Rz. T 53 ff.)

Eine Achsabweichung bei der Nagelung eines Bruchs ist zwar nicht immer vermeidbar, jedoch muss während des Eingriffs oder sofort danach die achsengerechte **Nagelung durch Röntgenkontrolle überprüft** und ggf. bei einer Nachoperation eine sofortige Umnagelung vorgenommen werden (OLG Stuttgart, VersR 1990, 1014). Wird eine **Unterschenkelfraktur** im Rahmen einer Osteosynthese (Vereinigung reponierter Knochenfragmente durch Verschrauben, Nageln, Plattenanlagerung etc.) operativ behandelt, so stellt sich die Anordnung einer **Teilbelastung des Beins bereits vier Wochen nach dem Eingriff** als (einfacher) Behandlungsfehler dar (OLG Nürnberg, VersR 1989, 256; zweifelnd G/G, 6. Aufl., Rz. B 80). Werden im Rahmen einer Notfallversorgung primär nur die eingetretenen Oberschenkelfrakturen versorgt, erst sekundär eingetretene Zerreißungen der Beingefäße, ist ein Behandlungsfehler zu bejahen (BGH, VersR 1988, 495).

T 17   Nach der operativen Versorgung einer **komplizierten Sprunggelenkfraktur** (zum *medizinischen Hintergrund* vgl. Rz. T 53) müssen die verantwortlichen Ärzte durch einen Zugverband oder durch eine mechanische Korrektur unter Narkose sicherstellen, dass der betroffene Fuß eine funktionell günstige rechtwinklige Stellung einnehmen kann. Kommt es infolge eines ärztlichen Fehlverhaltens dabei zur dauerhaften Einsteifung eines Sprunggelenks in einer Spitzfußstellung von 130°, so ist ein Schmerzensgeld von 18 000 Euro angemessen (OLG Düsseldorf, VersR 1999, 450 für 1998).

Erleidet die Patientin bei einem Sturz im Bereich des rechten Handgelenks eine **Radiusfraktur** und steht ca. vier Wochen nach der Anlage einer Gipsschiene fest, dass sich im Bereich der Radiusgelenkfläche eine Stufe von etwa 2 mm sowie eine diskrete Abkippung gebildet haben und die Funktionsfähigkeit der Hand, insbesondere die **Beugefähigkeit durch weitere konservative Behandlungsmaßnahmen voraussichtlich nicht hergestellt** werden kann, ist es fehlerhaft, von einer operativen Versorgung abzusehen und die konservative Behandlung fortzusetzen (OLG Hamm, Urt. v. 19. 3. 2001 – 3 U 193/00, AHRS III, 2380/303; zur erforderlichen Aufklärung über die Möglichkeit einer operativen Behandlung vgl. BGH, Urt. v. 15. 3. 2005 – VI ZR 313/03, VersR 2005, 836, 837 = NJW 2005, 1718, 1719, Rz. A 1330ff.). Der Arzt haftet jedoch nicht, wenn er die Patientin auf die Gefahr einer funktionellen Beeinträchtigung und die Erforderlichkeit einer Operation hingewiesen und diese den Eingriff abgelehnt hat (OLG Hamm a.a.O.).

T 18

Eine primär konservative Versorgung kann auch bei einem **komplizierten Handgelenkbruch (Radiustrümmerfraktur)** die gleichen oder nahezu gleichen Erfolgsaussichten haben wie eine operative Versorgung mittels einer Plattenosteosynthese oder einer Spickdrahtosteosynthese. Dies gilt auch dann, wenn ab der zweiten Woche nach dem Unfalltag erkennbar wird, dass die Trümmerfraktur zunehmend in Fehlstellung verheilt, hieraus aber keine funktionell beeinträchtigenden Bewegungseinschränkungen des rechten Handgelenkes resultieren. Die **operative Behandlungsmethode ist aber dann vorzuziehen**, wenn das Handgelenk instabil wird oder andere funktionelle Beschränkungen auftreten (OLG Naumburg, Urt. v. 6. 6. 2005 – 1 U 7/05, AHRS III, 2440/330; zur Aufklärungsproblematik vgl. Rz. A 1330ff.).

T 19

Auch bei einer frischen **Verletzung des Außenbandapparates** (hier: Außenbandruptur) kommen sowohl eine operative als auch eine konservative Behandlung in Betracht. Soweit im Einzelfall aber neben der frischen Verletzung noch Besonderheiten beim Patienten vorliegen, etwa eine chronische Instabilität des Sprunggelenks oder ein rezidivierendes Umknicktrauma, ist **vorrangig die Operation** in Betracht zu ziehen (OLG Hamm, Urt. v. 13. 4. 2005 – 3 U 219/04, AHRS III 2440/329; zum *medizinischen Hintergrund*, vgl. Rz. T 53ff.).

T 20

Bei einer zunächst mit einem Gipsverband behandelten **Ellenbogenfraktur eines zwei Jahre alten Kindes**, stellt die unterlassene **Weiterverweisung an einen Kinderchirurgen** bzw. die **unterlassene Anordnung von Röntgenkontrollen** am 5. und 10. Tag nach dem Unfall sogar einen groben Behandlungsfehler dar (LG Karlsruhe, Urt. v. 20. 2. 2009 – 6 O 115/07, juris, Nr. 25, 28, 32, 41).

T 21

Hodentorsion (vgl. auch Rz. A 309, D 25a, D 50, D 72, G 371, G 748, G 899)

T 22

Bei der Verdachtsdiagnose „Hodentorsion" ist eine **unverzügliche operative Freilegung des Hodens medizinisch zwingend geboten**. Der Behandlungsseite obliegt die Beweislast für die Behauptung, dass sich ein Patient nach umfassender Beratung nicht der allein indizierten, mit keinen besonderen Risiken verbundenen Operation zur Erhaltung des Hodens unterzogen hätte und dass die Operation wegen zu später Vorstellung beim Arzt erfolglos geblieben wäre (OLG Oldenburg, VersR 1995, 96).

T 23 Hüftoperationen

Wählt der operierende Arzt beim **Einsatz einer Keramik-Hüftgelenkstotalplastik** einen **zu großen Endoprothesenschaft**, sodass es beim Einschlagen des Schafts zu einer Sprengung des Femurschafts kommt, liegt hierin ein Behandlungsfehler. Der Arzt, der die Größenverhältnisse des Femurschaftinneren und des einzubringenden Implantats unrichtig einschätzt, ohne rechtzeitig anhand des Röntgenbildes zu überlegen und zu planen, ob die vorhandene und gewählte Endoprothese in den Femurschaft passt, handelt fehlerhaft (KG, VersR 1989, 915). Ein Behandlungsfehler liegt auch vor, wenn der Arzt ohne nachvollziehbaren Grund eine größere Prothese beim **Einsatz eines Hüftgelenkersatzes** verwendet und damit dem Grundsatz zuwiderhandelt, **möglichst viel an Knochensubstanz zu erhalten** (OLG Köln, VersR 1996, 712). Allerdings gibt es ein Ermessen des Operateurs, bei der Wahl der Größe des Implantats zwischen einer größeren Stabilität durch Wahl eines größeren Implantats und der eventuellen schlechteren Durchblutung abzuwägen (OLG Hamm, VersR 1989, 965 zur Spongiosaplastik zur Beseitigung einer Pseudoarthrose im Unterarm bzw. der Gefahr der Lockerung und des Herausspringens der Prothese).

T 24

Werden intraoperativ **Spongiosaschrauben zu tief eingebracht**, dann ist dem Arzt ein Behandlungsfehler vorzuwerfen, wenn er die Schrauben in dieser Position im Hüftkopf belässt; denn der Operateur hat durch sorgfältige Kontrolle der Lage der Schrauben dafür Sorge zu tragen, dass diese nicht in das Gelenk hineinragen (OLG Hamm, VersR 1997, 1359). Es ist jedoch **nicht auf einen Behandlungsfehler zu schließen, wenn vor der Implantation einer zementfreien Hüft-Totalendoprothese (TEP) keine Operationsskizze angefertigt wird und/oder es anlässlich der Operation zu einer Fraktur am Trochanter Major (außenliegender Rollhügel am Oberschenkelknochen) kommt.** Auch bei sachgemäßer Präparation des Knochens für die Aufnahme der Prothese sind derartige Frakturen nicht sicher zu vermeiden (OLG Düsseldorf, Urt. v. 8. 3. 2007 – I-8 U 69/05, AHRS III, 2620, 364).

T 25 Knieoperationen

Ein einfacher Behandlungsfehler liegt vor, wenn eine **nicht dringende Knieoperation trotz hoher Blutsenkung durchgeführt** wird (OLG München, VersR 1995, 1193). Wird bei der arthroskopischen Entfernung einer Bride (Zügel, Verwachsungsstrang) ausweislich des Operationsberichts ein intaktes vorderes Kreuzband festgestellt, verzeichnet aber der Operationsbericht eines vier Jahre später durchgeführten arthroskopischen Eingriffs das völlige Fehlen des Kreuzbandes, so lässt dies nicht den Schluss zu, dass anlässlich der ersten Operation aufgrund einer Verwechslung anstatt der Bride das Kreuzband entnommen worden ist (OLG Düsseldorf, VersR 2001, 1157).

Muskelfaserriss   T 26

Treten im Anschluss an einen Muskelfaserriss **in der Wade Schwellungen und anhaltende Schmerzen** auf, so muss der Arzt in Betracht ziehen, dass sich eine **Venenthrombose entwickelt** haben kann. In einem solchen Fall muss eine nahe liegende zielgerichtete Diagnostik (Phlebographie), die allein Sicherheit geben kann, ob eine Thrombose vorliegt, in der Praxis des Arztes, andernfalls nach umgehender Überweisung dorthin in einem Krankenhaus durchgeführt werden (OLG Hamm, VersR 1990, 660).

Schnittwunden und Sehnenverletzungen   T 27

Besteht der Verdacht auf Durchtrennung einer Sehne (im entschiedenen Fall der Beugesehne des kleinen Fingers bei einem zehn Jahre alten Kind), muss der erstbehandelnde Arzt umgehend eine **primäre oder spätestens bis zum Ende der zweiten Woche nach der Verletzung eine verspätet primäre Beugesehnennaht** veranlassen (OLG Zweibrücken, NJW-RR 1998, 1325 auch zur Frage der in diesem Fall nicht nachgewiesenen Kausalität). Eine vier Zentimeter lange Schnittwunde an der Beugeseite des Handgelenks mit Durchtrennung des Ligamentum carpi palmare (Band im Bereich des Handgelenks) legt die Möglichkeit einer Verletzung des Nervus ulnaris oder des Nervus medianus nahe. Hieraus ergibt sich für den erstbehandelnden Arzt in einem Krankenhaus die dringende Notwendigkeit einer Kontrolluntersuchung, wenn er bei der Erstuntersuchung **Nervenverletzungen** nicht feststellen kann. Er muss die Kontrolluntersuchungen entweder selbst veranlassen oder den Patienten über deren Notwendigkeit belehren (OLG Frankfurt, VersR 1990, 659). Ein Behandlungsfehler liegt jedoch nicht vor, wenn der behandelnde Arzt in einem Kreiskrankenhaus, das nicht über eine Neurochirurgie verfügt, den nicht als durchtrennt beurteilten Nervus ulnaris nicht unter Anlegung einer Blutsperre darstellt und nicht sofort eine End-zu-End-Naht der Nervenenden vornimmt (OLG Karlsruhe, VersR 1990, 53). Bei länger bestehender Fingerverletzung und äußerlich stark entzündetem Fingerglied ist auch an eine **Infektion des Gelenks** zu denken, die röntgenologisch abzuklären ist (OLG Stuttgart, VersR 1999, 627).

Richtige Operationsmethode bei einem CTS/CRPS (Karpaltunnelsyndrom, vgl.   T 28
zur → *Aufklärung* Rz. A 905, A 1183 ff., A 2376 ff.)

Liegt bei einem Karpaltunnelsyndrom bereits eine erhebliche Läsion des Nervus medianus vor, ist als Operationsmethode eine **offene Karpalbandspaltung indiziert**; ein endoskopisches Vorgehen ermöglicht nicht die erforderliche Dekompression des Nerven und würde sich in einem solchen Fall als fehlerhaft erweisen (OLG Düsseldorf, Urt. v. 24. 7. 2003 – I-8 U 137/02, OLGR 2004, 335, 337: Klage abgewiesen, Operateur hatte von einem endoskopischen Vorgehen abgesehen).

Hygienestandards bei ambulanter Operation (vgl. auch Rz. V 380 ff.)   T 29

Ein Chirurg, der bei einer operativen Entfernung eines Lipoms **keinen sterilen Kittel und dessen im Operationsraum anwesende Helferin weder Kopfbedeckung noch Mundschutz** trägt, handelt fehlerhaft. Trotz der Verletzung des Hygienestandards liegt in einem solchen Fall aber nur ein einfacher Behandlungsfehler vor. Die Beweislast für die Kausalität der Verletzung der Hygienevorschriften für eine durch Streptokokken der Serumgruppe A hervorgerufene Infektion trägt daher der Patient (OLG Hamm, Urt. v. 11. 10. 2004 – 3 U 93/04, GesR 2006, 30).

T 30   **Antibiose oder Wundrevision verspätet durchgeführt**

Wird eine **Antibiose oder Wundrevision verspätet durchgeführt**, liegt regelmäßig sogar ein grober Behandlungsfehler vor (vgl. → *Grobe Behandlungsfehler*, Rz. G 523 ff., G 753, G 758 ff., G 775 ff.). Kommt es nach einer Marknagelung zu einer **eitrigen Infektion**, so muss unverzüglich die **Erregerbestimmung mit Resistenznachweis** veranlasst werden, um antibiotisch sachgerecht behandeln zu können (LG Hannover, VersR 1995, 787). Treten nach einer Schnittverletzung nicht abklingende Schmerzen auf und zeigt das Wundbild einen Entzündungsprozess an, so muss möglichst frühzeitig eine antibiotische Therapie mit einem Medikament erfolgen, das gegen Staphylokokken wirksam ist (KG, VersR 1991, 928). Eine systematische Behandlung des Patienten mit **Antibiotika ist jedoch nicht geboten**, wenn eine Wunde während der gesamten Behandlungsdauer lokal begrenzt bleibt und **allgemeine Infektionsanzeichen nicht vorliegen** (OLG Stuttgart, OLGR 2002, 207, 208). Die Entlastung und Spülung eines **Bauchwandabszesses** ohne die Verabreichung von Antibiotika ist jedenfalls dann ausreichend, wenn eine Blutvergiftung und die Gefahr einer Ausschwemmung von Bakterien in die Blutbahn bei einer **Temperatur von 38,2°** Celsius nicht zu befürchten ist (OLG München, Urt. v. 9. 9. 2004 – 24 U 436/01, AHRS III, 2415/328). Bei länger bestehender Fingerverletzung und äußerlich stark entzündetem Fingerglied muss zumindest die **Verdachtsdiagnose einer Infektion des Gelenks** gestellt werden. Verzögert sich die Revision des Endgelenks um zehn bis zwölf Tage, so ist ein Schmerzensgeld von jedenfalls 1 540,00 Euro angemessen (OLG Stuttgart, VersR 1999, 627). Es ist auch fehlerhaft, wenn nach einer Meniskusoperation bei länger als zehn bis vierzehn Tage anhaltenden Schmerzen das Knie lediglich punktiert wird, ohne den Ursachen der fortdauernden Schmerzen nachzugehen (OLG Hamm, VersR 1989, 293).

T 31   **Verwechslung von Mittel- und Ringfinger bei einer Ringbandspaltung; Indikationsstellung im Rahmen einer Chefarztvisite**

Wird neben einer Karpaltunneloperation die Ringbandspaltung eines Fingers vorgenommen und wird dieser Eingriff nicht, wie zunächst in Aussicht genommen, am Ringfinger, sondern am Mittelfinger durchgeführt, ohne dass hierfür eine Indikationsstellung dokumentiert ist, so ist von einer schuldhaften Verwechslung der Finger auszugehen, wenn sich kurze Zeit später der nicht operierte Ringfinger als operationsbedürftig erweist (OLG Hamburg, Urt. v. 25. 1. 2002 – 1 U 4/01, OLGR 2002, 232). Im Rahmen einer Chefarztvisite kann ohne ärztliche Untersuchung allein aufgrund des optischen Eindrucks keine Indikation für die Operation an einem Finger (hier: Ringbandspaltung) gestellt werden. Eine hierauf vom Patienten erteilte **Einwilligungserklärung ist nicht wirksam** (OLG Hamburg, Urt. v. 25. 1. 2002 – 1 U 4/01, OLGR 2002, 232).

T 32   **Bandscheibenvorfall, dorsaler Zugang; unterlassene Stabilisierung der Wirbelsäule**

Zeigt ein bei einer Patientin gefertigtes MRT lediglich einen **kleinen thorakalen Bandscheibenvorfall**, der gegenüber einer Voraufnahme keine wesentliche Veränderung aufweist, und ist auch weder eine strukturelle Myelopathie (Erkrankung des Rückenmarks) noch eine spinale Einengung zu erkennen, so ist eine dorsale mediale Laminektomie nicht indiziert, wenn noch eine stationäre **konservative Therapie und eine Schmerztherapie als aussichtsreiche Behandlungsalternativen** zur Verfügung stehen. Will der operierende Arzt die Bandscheibe der Patientin inspizieren, ist der **dorsale Zugang hierfür ungeeignet**, da dieser keine Sicht auf die Bandscheibe zulässt, weil das Rückenmark dazwischenliegt und angehoben werden muss, um den Bandscheibenbereich einsehen zu können. Eine solche Anhebung wäre aber fehlerhaft, weil sich hierdurch eine erhöhte Gefahr für eine Rückenmarksverletzung und eine nachfolgende Querschnittlähmung ergibt. Führt der Operateur dennoch eine **nicht indizierte, dorsale mediale Laminektomie** durch und realisiert das mit dem Eingriff verbundene Risiko einer **Querschnittlähmung**, so hat er dem Patienten den hieraus entstehenden materiellen und immateriellen Schaden zu ersetzen (OLG Hamm, Urt. v. 7. 7. 2004 – 3 U 264/03, AHRS III, 2620/314; zur Aufklärung über die Fortsetzung konservativer Behandlungsmaßnahmen vgl. Rz. A 1223 ff., A 1259 ff., A 1534 ff.).

Besteht nach einem massiven operativen Eingriff zur Beseitigung eines Bandscheibenschadens unter Berücksichtigung biomechanischer Grundsätze die **Gefahr der postoperativen Instabilität der Wirbelsäule**, so stellt es einen Behandlungsfehler dar, wenn die Wirbelsäule nicht mittels eines **Fixateurs interne** (o. a.) stabilisiert wird (LG Gera, Urt. v. 22. 12. 2006 – 3 O 2361/04, VersR 2007, 798).   T 33

Konservative Behandlung einer Wirbelkörperfraktur   T 33a

Bei einer Wirbelkörperfraktur ist i. d. R. die **konservative Behandlung die Methode der Wahl.** Hier bestehen mehrere Möglichkeiten, nämlich die Kräftigung der Bauch- und Rückenmuskulatur durch Physiotherapie zur Stabilisierung des Frakturgebiets bis zu Immobilisation in einem Mieder bzw. Korsett. Empfiehlt der Orthopäde bzw. Unfallchirurg neben der Schmerzmedikation **lediglich die konsequente Schonung, liegt nur ein einfacher Behandlungsfehler** vor (OLG Karlsruhe, Urt. v. 21. 5. 2008 – 7 U 166/07, AHRS III, 2620/378).

Medizinischer Hintergrund: Stabile HWS-Verletzungen werden in einer Cervikalstütze zur Schonung des verletzten Bewegungssegments bis zur Schmerzfreiheit ruhiggestellt. Bei instabiler Wirbelfraktur erfolgt regelmäßig eine langwierige Behandlung. Auch bei einer **stabilen BWS- und LWS-Fraktur erfolgt eine konservative Behandlung mit Schmerzmitteln, Mobilisation, Übungsbehandlung, physikalischer Therapie, Physiotherapie und ggf. Anlage eines Korsetts** (Pschyrembel Therapie, 4. Aufl., S. 1117; vgl. auch Siewert/Stein, Chirurgie, 9. Aufl. 2012, S. 995, 999: Ruhigstellung der HWS mit Schanz'scher Krawatte bzw. hartem Kragen, Minerva-Gips, Halo-Fixateur, bei BWS- und LWS-3-Punkte-Korsett oder Gips-Korsett).

Bei **instabiler Wirbelfraktur der HWS** ist die Reposition oder operative Dekompression, das Beheben der Fehlstellung und die stabilie Fixation durch Osteosynthese oder kurzstreckige Fusion der HWS bzw. die spinale und radikuläre Dekompression und Stabilisierung durch kurzstreckige Fusion bei BWS- und LWS-Frakturen erforderlich (Pschyrembel Therapie, 4. Aufl., S. 1117; vgl. auch Siewert/Stein, 9. Aufl., S. 995, 997, 999: Osteosynthese bzw. Plattenosteosynthese bei HWS oder

LWS-Fraktur, Schraubenosteosynthese bzw. ventrale Spondylodese mit Knochen-span und Platte der HWS-Wirbelfraktur, verschiedene OP-Möglichkeiten)

T 34 **Chiropraktische Eingriffe**

Eine chiropraktische Behandlung durch einen Facharzt ist bei **Blockierungen der BWS** grundsätzlich eine Methode der Wahl. Beim Verdacht auf **neurologische Beteiligung** bei degenerativen Erkrankungen der HWS ist sie jedoch **kontraindiziert** (OLG Frankfurt, Urt. v. 22. 11. 2005 – 8 U 32/03, AHRS III 2335/305 mit NZB BGH v. 5. 9. 2006 – VI ZR 264/05). Vor der Durchführung einer chiroprak-tischen Behandlung kann es aber erforderlich sein, einen in der konkreten Situa-tion in Betracht zu ziehenden **Bandscheibenvorfall durch eine gründliche neuro-logische Untersuchung auszuschließen** (OLG Hamm, Urt. v. 24. 10. 2001 – 3 U 123/00, AHRS III, 2335/303). Beim Vorliegen einer Kreuzdarmbeinfugenblockie-rung ist eine chiropraktische Behandlung aber nicht wegen der Verdachtsdiag-nose eines Bandscheibenvorfalls zwingend ausgeschlossen (OLG Saarbrücken, Urt. v. 16. 3. 2005 – 1 U 123/04- 22: dort wurde nur ein „Probezug" vorgenom-men). Zur **Aufklärung** vor einer chiropraktischen Maßnahme vgl. Rz. A 876, A 1181, A 1285, A 1754a, A 1931d.

T 35 **Orthopäde verkennt Herzinfarkt**

Werden **Leitsymptome eines Herzinfarkts** (hier: außergewöhnlich starke Schmerzen der linken Körperseite) eines 36-jährigen Patienten von einem Ortho-päden unzutreffend als orthopädische Erkrankung diagnostiziert (hier: Wirbel-blockade und Muselverspannung), liegt in der versäumten internistischen und kardiologischen Abklärung jedenfalls dann **kein grober Behandlungsfehler**, wenn der Patient anlässlich der Anamnese darauf hinweist, die Schmerzen wür-den wohl wie bereits vor einigen Monaten auf der Einklemmung eines Nervs im Bereich der HWS beruhen, was internistisch bereits abgeklärt worden sei. In ei-nem solchen Fall liegen jedoch die Voraussetzungen einer **Beweislastumkehr wegen „unterlassener Befunderhebung"** vor. Denn eine akute, starke Schmerz-symptomatik der linken Körperseite erfordert die ärztliche Feststellung, wann die Schmerzen erstmals aufgetreten sind und wie sie sich im Einzelnen ent-wickelt haben. Kann der Arzt die erforderlichen, weitergehenden Untersuchun-gen (EKG, Labor) nicht selbst durchführen, ist eine **umgehende Krankenhausein-weisung erforderlich**. Es ist auch „hinreichend wahrscheinlich", dass der Herz-infarkt dort festgestellt worden wäre, wenn der Patient tatsächlich ca. zwei Stunden später nach einem anderweitig veranlassten Notarzttransport verstirbt (OLG Koblenz, Beschl. v. 30. 1. 2012 – 5 U 857/11, VersR 2012, 1041, 1043).

T 36 **Patient zu früh entlassen**

Es ist behandlungsfehlerhaft, einen Patienten trotz **nicht nachlassender Be-schwerdesymptomatik** aus der stationären Behandlung zu entlassen, ohne für die erforderliche Überprüfung der klinischen Auffälligkeiten und Laborwerte (hier: positive Blutkultur mit dem Erreger Staphylokokkus Aureus, erhöhte Blut-senkungsgeschwindigkeit) Sorge zu tragen, selbst wenn sich der CRP-Wert zum Zeitpunkt der Entlassung normalisiert hat (OLG Düsseldorf, Urt. v. 30. 1. 2003 – 8 U 192/01, AHRS III, 2410/306).

T 37 – T 39   Einstweilen frei.

b) Das Vorliegen eines einfachen Behandlungsfehlers wurde in folgenden Fällen verneint

Bandscheibenoperation   T 40

Die Entstehung einer **Diszitis (Entzündung eines Wirbels)** im Zusammenhang mit einer Bandscheibenoperation weist nicht auf einen ärztlichen Behandlungs- oder Hygienefehler hin (OLG Hamm, VersR 1999, 845). Gleiches gilt, wenn es nach einer Bandscheibenoperation zum Eintritt einer Querschnitt- oder Darm- lähmung (OLG Hamm, VersR 1993, 102), einem intraoperativen Prolaps (Vorfall) im HWS-Bereich bei Lagerung in „Häschenstellung" kommt (OLG Düsseldorf, VersR 1992, 1230). Die perkutane Lasertherapie der Bandscheibe (PLLD) stellte 1998 keine Neulandmethode mehr dar (OLG München, Urt. v. 8. 9. 2005 – 1 U 1812/05, OLGR 2006, 134).

Die Durchführung einer endoskopischen Bandscheibenoperation anstelle einer   T 41 offenen Operation ist nicht zu beanstanden, wenn die räumlichen Verhältnisse im Bereich des Operationsgebiets (hier: L4/L5) eine solche Operation zulassen. Auch bei einer offenen Operation wird Druck auf das Gewebe und insbesondere auf die umgebenden Nervenwurzeln ausgeübt. **Ein minimal-invasiver Eingriff stellt gegenüber einer offenen Operation sogar eine eher schonendere Behand- lungsmethode dar.** Über das Risiko der Schädigung der Nervenwurzel L4/L5 muss der Patient vor einer Bandscheibenoperation in diesem Segment aber **auf- geklärt** werden (OLG Jena, Urt. v. 11. 2. 2004 – 4 U 490/03, AHRS III, 2620/338).

Verwendung einer Druckscheibenprothese   T 42

Der Einsatz einer **Druckscheibenprothese**, etwa anstatt der konventionellen Schaftprothese, stellte in Deutschland im Jahr 1999 kein „Neuland" mehr dar. Ihre Verwendung verstößt auch bei älteren Patienten (im entschiedenen Fall: 70 Jahre) nicht gegen den medizinischen Standard (OLG München, Urt. v. 23. 9. 2004 – 1 U 5234/02, OLGR 2005, 839).

Knieendoprothese   T 43

Bei fortgeschrittenen arthrotischen Veränderungen im Kniegelenk ist die **Im- plantierung einer Kniegelenktotalendoprothese** indiziert. Es liegt kein Behand- lungsfehler vor, wenn ein solcher Eingriff trotz eines akuten Reizzustandes des Kniegelenks durchgeführt wird, wenn im Rahmen einer Synovektomie das er- krankte Gewebe entfernt wird (OLG Düsseldorf, Urt. v. 13. 1. 2005 – I-8 U 18/04, AHRS III, 2620/343). Die **Implantation eines künstlichen Kniegelenks im Wege der Endoprothese** ist auch indiziert, wenn sich beim Patienten eine er- hebliche Funktionseinschränkung und Einsteifung des Kniegelenks einstellt, der mit einer konservativen Behandlung nicht mehr sinnvoll begegnet werden kann. Nach einer solchen Operation kann der Patient aus dem Krankenhaus entlassen werden, wenn bei dem operierten Knie wieder eine Bewegungsfreiheit zwischen 60 und 75 besteht (OLG Oldenburg, Oldenburg, Urt. v. 30. 3. 2005 – 5 U 66/03, AHRS III, 2620/0349). Vor der Implantation einer Knieendoprothese ist eine prä- operative Diagnostik (Röntgenschichtaufnahmen, CT bzw. Szintigrafie) im Hin- blick auf eine mündliche Infektion (bei entsprechenden klinischen Anzeichen bzw. erhöhtem CRP) erforderlich. Hält der vom Gericht bestellte Sachverständige es jedoch für möglich, dass die nach dem Eingriff aufgetretene **Kniegelenk-infektion auch durch eine intensivere präoperative Diagnostik nicht hätte verhindert werden können**, ist der Behandlungsfehler des Orthopäden bzw. Unfallchirurgen für den eingetretenen Gesundheitsschaden des Patienten nicht kausal geworden (OLG Oldenburg, Urt. v. 21. 8. 2001 – 5 U 82/00, AHRS III, 2090/305).

T 44   **Gelenkersatz bei Hüftgelenkdysplasie**

Bei einer Hüftgelenkdysplasie schwersten Grades nach der Crowe-Klassifikation IV, bei der die klinische Untersuchung ausgeprägte arthrogene Schmerzen von Seiten des Hüftgelenks sowie massive funktionelle Einschränkungen von Seiten der Rotation und der Seitenführung ergibt, besteht eine klare **elektive Operationsindikation zum endoprothetischen Gelenkersatz des betroffenen Hüftgelenks**. Das Eintreten einer **Fissur im Bereich des Trochanter major** ist eine im Rahmen der operativen Versorgung des schwersten Dysplasie-Typs IV **schicksalhaft auftretende intraoperative Komplikation**, die auch bei größter Sorgfalt nicht immer vermieden werden kann. Eine schicksalhafte Komplikation liegt auch vor, wenn es sekundär unter dem Einfluss des Muskelzuges zu einer Auslösung und Kranialwanderung des Trochanter-major-Fragments kommt (LG Bielefeld, Urt. v. 9. 7. 2003 – 4 O 523/01 und OLG Hamm, Urt. v. 10. 5. 2004 – 3 U 200/03, AHRS III, 2620/335).

T 44a   **Hüft-Totalendoprothese (TEP); Fraktur am Trochanter major, Gefäßverletzung, OP-Skizze, Bildwandlerkontrolle**

Vor der Implantation einer zementfreien Hüft-Totalendoprothese (TEP) ist es **nicht erforderlich, eine OP-Skizze anzufertigen**. Die zu wählende Größe und die genaue Art der Prothese wird intraoperativ aufgrund der vorgefundenen anatomischen Verhältnisse des jeweiligen Patienten bestimmt. Auch bei sachgemäßer Präparation des Knochens für die Aufnahme der Prothese sind **Frakturen am Trochanter major nicht sicher zu vermeiden**. Der Einsatz einer PDS-Kordel zur Fixierung eines Spitzenfragments ist nicht zu beanstanden. Dies gilt jedenfalls dann, wenn ein metallisches Osteosynthesematerial wegen einer bestehenden Chromallergie des Patienten (o. a.) ausscheidet. Gegenüber Titandrähten besitzt eine PDS-Kordel die höhere Reißfestigkeit. Es ist auch möglich, dass sich der Prothesenschaft aufgrund einer Saumbildung oder sonstiger Umstände lockert, ohne dass hierfür ein Behandlungsfehler des Operateurs ursächlich ist. Die **Dislokation der Trochanterspitze erfordert keinen sofortigen Eingriff**, da innerhalb von sechs bis neun Monaten die Besserung des Gangbildes und die Reduktion der Schmerzen zu erwarten sind (OLG Düsseldorf, Urt. v. 8. 3. 2007 – I-8 U 69/05, AHRS III, 2620/365). Hat sich bei einem Patienten die ursprüngliche Konsistenz der Kortikalis des Darmbeins, die bei der Anlage der Schraubenlöcher für eine Implantierung eines neuen Pfannendachs durchbohrt werden muss, verändert und ist eine Aufweichung der Knochenschicht eingetreten, ist auch bei sorgfältigem Vorgehen ein zu tiefes Eindringen mit dem Bohrer nicht immer zu vermeiden. Kommt es **beim Einsatz einer Hüfttotalendoprothese (TEP) zu einer Gefäßverletzung** (hier: Abriss der Vena iliaca externa), ist allein deshalb der Schluss auf einen Behandlungsfehler des Operateurs nicht gerechtfertigt. Der **Einsatz eines Bildwandlers** zur Überprüfung der Bohrungstiefe gehört bei einer Wechseloperation (hier: Implantation einer zementfreien Hüftetotalendoprothese) **nicht zum medizinischen Standard** (OLG Düsseldorf, Urt. v. 22. 7. 2004 – I-8 U 31/03, AHRS III, 2620/342).

Duokopfprothese, Oberschenkelhalsbruch, Beinlängendifferenzen   T 44b

Bei einer **Duokopfprothese** richtet sich der Durchmesser des Prothesenkopfes nach der Pfanne und darf nicht zu klein gewählt werden. Nach der Implantation einer **Hüftprothese zur Versorgung von Oberschenkelhalsbrüchen** liegen **Beinlängendifferenzen von mindestens zwei Zentimetern im Toleranzbereich**, wobei solche Differenzen als typische Komplikationen bei Operationen zur Versorgung von Oberschenkelhalsbrüchen in gleicher Weise wie bei der Osteosynthese wie auch bei der endoprothetischen Operation anzusehen und deshalb hinzunehmen sind. Sie lösen bei den betroffenen Patienten regelmäßig keine Beeinträchtigungen aus und können andernfalls ausgeglichen werden. Eine **Osteosynthese** soll möglichst früh – idealerweise innerhalb von 6 Stunden – nach einer Fraktur vorgenommen werden, weil später das Risiko des Absterbens des Hüftkopfes und damit das Risiko der Notwendigkeit einer zweiten Operation enorm ansteigt. Ist zum Zeitpunkt des Eingriffs eine wesentlich größere Zeitspanne verstrichen, bleibt letztlich nur die **Möglichkeit einer endoprothetischen Versorgung des (Oberschenkelhals-)Bruches** (OLG Köln, Urt. v. 10. 12. 2008 – 5 U 35/08, mit NZB BGH v. 15. 12. 2009 – VI ZR 15/09, AHRS III, 2620/382).

Umstellungsosteotomie   T 44c

Eine **Umstellungsosteotomie** ist indiziert, wenn bei einem Patienten bis zu 60 Jahren über einen längeren Zeitraum (hier: ca. 5 Jahre) therapieresistente Schmerzen bestehen, der radiologische Befund eine beginnende Arthrose bei kongruentem Hüftgelenk zeigt und die klinische Untersuchung, bei der durch Abspreizung nach außen eine Varisation und durch Ausspreizung nach innen eine Valgisation simuliert werden, eine schmerzärmere oder schmerzfreie Richtung ergibt, die als Umstellungsrichtung heranzuziehen ist. Eine **Vorschädigung am Fuß stellt dabei keine Kontraindikation für eine Umstellungsosteotomie dar**. Eine postoperativ festgestellte eingeschränkte Rotation des Hüftgelenks kann sich auch als Folge der Grunderkrankung, einer Coxarthrose, ergeben. Ergibt sich nach einer Umstellungsosteotomie ein Antetorsionswinkel von 17 Grad für die eine und 10 Grad für die andere Seite, so liegt kein Behandlungsfehler vor. Bei einem Erwachsenen beträgt der Antetorsionswinkel üblicherweise 12 Grad, wobei eine **Abweichung des Antetorsionswinkels von bis zu 8 Grad noch in der als physiologisch anzusehenden Varianz liegt** (OLG Köln, Urt. v. 28. 3. 2009 – 5 U 138/06 mit NZB BGH v. 16. 3. 2010 – VI ZR 130/09, AHRS III, 2620/385).

Blutdruckabfall bei TEP-Implantation   T 45

Es ist auch nicht Aufgabe des Operateurs (hier: Orthopäde oder Unfallchirurg bei der Implantation einer TEP), während des Eingriffs auf den Blutdruck des Patienten zu achten und ihn zu überprüfen. Die **Überwachung der Vitalfunktionen obliegt allein dem Anästhesisten**. Seine Aufgabe ist es, einen Blutdruckabfall und einen Volumenmangel zu diagnostizieren und zu behandeln. Auch in der ersten Zeit nach einer Operation liegt die Kontrolle des Blutdrucks und die Behebung eines Volumenmangels in den Händen des Anästhesisten. Fällt der Blutdruck des Patienten während des mehrstündigen Eingriffs kontinuierlich auf Werte um 90/70 und 70/50 mmHg ab und liegt der Hb-Wert auch eine Stunde nach dem Eingriff bei lediglich 8,3g/dl, liegt **kein Behandlungsfehler des Operateurs** vor, wenn eine Gefäßchirurg nicht unverzüglich, ggf. bereits während oder unmittelbar nach dem Eingriff hinzugezogen wird (OLG Düsseldorf, Urt. v. 22. 7. 2004 – I-8 U 31/03, AHRS III, 2620/342: aber ggf. Fehler des Anästhesisten).

T 46 **Blinddarmentzündung** (zum Behandlungsfehler vgl. Rz. T 8ff.; zum → *Groben Behandlungsfehler* vgl. Rz. G 380ff., G 454ff., G 540ff.; zum → *Diagnoseirrtum* Rz. D 119ff.; zur → *Aufklärung* vgl. Rz. A 649, A 655, A 1569)

Wird der Patient von seinem Hausarzt mit dem Verdacht einer Appendizitis zur weiteren Untersuchung in ein Krankenhaus überwiesen, so kann sich der Krankenhausarzt regelmäßig mit dem **Abtasten des Bauchs begnügen**, wenn er dabei keine Anhaltspunkte oder nur einen vagen Verdacht für eine Appendizitis findet und den Patienten zur weiteren **Beobachtung an den Hausarzt zurück überweist** (OLG Schleswig, VersR 1992, 1097; ebenso OLG Stuttgart, VersR 1994, 180). Hat der Arzt (hier: Allgemeinmediziner) den Patienten sorgfältig untersucht, ergänzend alle nach den seinerzeit bestehenden Erkenntnismöglichkeit gebotenen weiteren diagnostischen Maßnahmen veranlasst, etwa eine Sonographie und eine Urinanalyse durchgeführt sowie ein Blutbild erhoben, und deren Ergebnis zeitnah ausgewertet und vertretbar gedeutet, scheidet die Haftung wegen eines Diagnoseirrtums aus, wenn die tatsächlich bestehende **Appendizitis nicht erkannt** wird (OLG Koblenz, Urt. v. 29. 6. 2006 – 5 U 1494/05, OLGR 2006, 911, 912). Auch bei laparoskopisch (minimalinvasiv durch die Baudecke) durchgeführter Blinddarmoperation kann es zu einer Stumpfinsuffizienz (Durchlässigkeit des betreffenden Darmabschnitts) und anschließender Abszessbildung oder zu Durchblutungsstörungen im Bereich des Darms kommen (OLG München, Urt. v. 11. 4. 2002 – 24 U 442/99, OLGR 2003, 5). Ein Hinweis auf die **Behandlungsalternative einer herkömmlichen Operation mit Bauchschnitt ist entbehrlich**, weil die offene Operation belastender ist als die laparoskopische Appendektomie und die Belastungen und Erfolgsaussichten im Übrigen vergleichbar sind (OLG Saarbrücken, Urt. v. 17. 4. 2002 – 1 U 612/01-139, OLGR 2002, 223; auch OLG München, Urt. v. 11. 4. 2002 – 24 U 442/99, OLGR 2003, 5: Methoden gleichwertig, Klage des Patienten aber abgewiesen).

T 47 **Darmspiegelung/Darmperforation**

Wird die Patientin von ihrer Frauenärztin wegen „**Beschwerden unklarer Blutung aus dem Darm**" zu einem Internisten zur Durchführung einer Koloskopie (Darmspiegelung, Untersuchung des Hauptanteils des Dickdarms mit einem Spezialendoskop mit der Möglichkeit zur Biopsie und zur Durchführung kleiner operativer Eingriffe) überwiesen, ist die **Durchführung der Koloskopie indiziert**. Mögliche Verwachsungen sind hierfür kein Hindernis und vor der Untersuchung nicht zwingend abzuklären. Die Patientin muss zuvor jedoch über das **Risiko einer Darmverletzung und Darmperforation aufgeklärt** werden (OLG Hamm, Urt. v. 28. 2. 2001 – 3 U 157/00, AHRS III, 2240/303). Der Eintritt einer **Darmperforation** anlässlich einer Darmspiegelung gehört zu den seltenen, eingriffsimmanenten und nicht stets vermeidbaren Risiken, aus deren Verwirklichung allein der Vorwurf eines ärztlichen Behandlungsfehlers nicht abgeleitet werden kann (OLG Oldenburg, VersR 1994, 54; OLG Hamm, Urt. v. 27. 2. 2002 – 3 U 117/01,

AHRS III, 2240/305 und Urt. v. 28. 2. 2001 – 3 U 157/00, AHRS III, 2240/303). Der Patient ist jedoch hierüber sowie über ein daraus resultierendes – wenngleich extrem seltenes – **tödliches Risiko vor Durchführung des Eingriffs aufzuklären** (OLG Oldenburg, VersR 1994, 54; OLG Stuttgart, VersR 1986, 581, 582; OLG Hamm, Urt. v. 28. 2. 2001 – 3 U 157/00, AHRS III, 2240/303; vgl. → *Aufklärung*, Rz. A 2090, A 2092).

Wird der Patient nicht darauf hingewiesen, dass er am Tag vor der Durchführung einer Koloskopie abzuführen hat, wird ihm auch kein entsprechendes Abführmittel verabreicht und kommt es bei der Durchführung der Koloskopie zu einer Darmperforation, liegt ein einfacher Behandlungsfehler vor. Da auch bei optimaler Vorbereitung einschließlich der Abführung eine **Darmperforation nicht sicher vermeidbar** ist, wird der Patient aber regelmäßig den erforderlichen Kausalitätsnachweis für den Schaden nicht führen können. Ist der Patient nach der Durchführung der Koloskopie – bei objektiv vorliegender Darmperforation – nicht wegen (hier: nicht dokumentierter) ungewöhnlich starker Schmerzen behandlungsbedürftig, so ist es nicht zu beanstanden, wenn er **ohne abschließende ärztliche Untersuchung** aus dem Krankenhaus bzw. aus der internistischen Behandlung **entlassen** wird (OLG Hamm, Urt. v. 27. 2. 2002 – 3 U 117/01, AHRS III, 2240/305). Der **Einsatz eines älteren Chirurgiegerätes bei der Entfernung eines Polypen** an der Darmwand ist zulässig, wenn es technisch einem moderneren Gerät gleichwertig ist bzw. beide in Frage kommenden Geräte sich für den vorgenommenen Eingriff nicht signifikant unterscheiden (OLG Frankfurt, VersR 1991, 185).

Zurücklassen von Fremdkörpern im Operationsgebiet (vgl. hierzu Rz. G 369,   T 48
G 384, G 729, G 749, G 768, G 1045, V 340, V 341)

Ob den operierenden Ärzten der Vorwurf eines groben Behandlungsfehlers daraus gemacht werden kann, dass sie im Operationsgebiet einen Fremdkörper zurückgelassen haben, hängt von den Umständen des Einzelfalls ab. Der versehentliche **Verlust eines Tupfers** und dessen **Verbleiben im Operationsgebiet** bei einer vaginalen Gebärmutterentfernung rechtfertigt nach Ansicht des OLG Koblenz die Einstufung als „einfachen", nicht jedoch als „groben Behandlungsfehler" (OLG Koblenz, VersR 1999, 1420, 1421: einfacher Behandlungsfehler; auch OLG Köln, VersR 2000, 1150 zur Wurzelkanalbehandlung).

Auch das **Zurücklassen einer Drainage** nach einem Scheidendammschnitt in der Operationswunde der Patientin wurde jedenfalls dann als **(einfacher) Behandlungsfehler** bewertet, wenn nicht festgestellt werden kann, dass die Sicherung des Drainagestreifens vor dem Absinken in die Operationswunde veranlasst worden ist (OLG Köln, VersR 1990, 1244). Einer Patientin, bei der ein bei einer Operation vergessenes **Tuchband erst siebzehn Jahre später entdeckt** wurde und die über viele Jahre an Bauch- und Unterleibsschmerzen litt, ist vom LG Braunschweig (Urt. v. 3. 3. 2004 – 4 O 2339/02, NJW-RR 2005, 28) ein Schmerzensgeld in Höhe von 8 000 Euro zugesprochen worden. Im dortigen Fall wurde das Zurücklassen des Tuchbandes nicht als grober, aber als **einfacher Behandlungsfehler** angesehen, der für die Beschwerden der Patientin aber **kausal** wurde. Das **Zurücklassen eines 45 cm × 45 cm großen Bauchtuchs** wurde im Hinblick auf das große Wundgebiet, bestehende Verwachsungen und erfolgte Zählkontrollen auch vom OLG München (Urt. v. 22. 8. 2013 – 1 U 3971/12, GesR 2013, 620,

622: 8 500 Euro Schmerzensgeld, mehrere OP's) **nur als einfacher Behandlungsfehler bewertet.**

T 48a Nicht als einfacher oder gar als grober Behandlungsfehler angesehen wurden das **Belassen eines Fremdkörpers** am Ende einer Operation in einem Weichteil, in dem der Fremdkörper keine Komplikationen verursachen kann (OLG Oldenburg, MDR 1995, 268), eines **Metallclips im Bauchraum** anlässlich einer Gallenblasenoperation (LG Heidelberg, MedR 1998, 175), eines ca. 8–10 cm langen Stücks eines **Venenkatheders in der Lungenarterie** des Patienten nach einer schwierigen Herzoperation (OLG Celle, VersR 1990, 50), **einer abgerissenen Nadel im Bohrkanal** bei einer Kreuzbandersatzplastik (OLG Oldenburg, NJW-RR 1997, 1384; auch OLG München, Urt. v. 10. 1. 2002 – 1 U 2373/01, OLGR 2002, 257), eines **abgebrochenen Metallteils einer Bohrerspitze** im Knochen (hier: Tibia) im Rahmen der Operation einer Fraktur (OLG München, Urt. v. 10. 1. 2002 – 1 U 2373/01, OLGR 2002, 257) und eines abgebrochenen Stücks eines fest im Knochen des Sprunggelenks sitzenden **Kirschner-Drahts** (OLG Hamm, Urt. v. 9. 7. 2003 – 3 U 264/02, AHRS III, 2620/333 und AHRS III, 3130/301).

T 48b Sitzt ein abgebrochenes Stück eines Kirschner-Drahts fest im Knochen (hier: des Sprunggelenks des Patienten) und besteht dadurch keine Schmerzbelastung durch den Patienten, ist es **nicht fehlerhaft**, dieses Stück Draht nicht zu entfernen, wenn **keine Gefährdung für Sehnen, Nerven, Gefäße und Muskeln** besteht (OLG Hamm, Urt. v. 9. 7. 2003 – 3 U 264/02, AHRS III, 2620/333 und AHRS III, 3130/301). Der Patient ist jedoch darüber **aufzuklären** (therapeutische Aufklärung bzw. Sicherungsaufklärung), dass ein Metallteil im Knochen o. a. verblieben ist, um den Zeitraum, innerhalb dessen beim Patienten Beschwerden eintreten können, zu verkürzen (OLG München, Urt. v. 10. 1. 2002 – 1 U 2373/01, OLGR 2002, 257, 258; OLG Hamm, Urt. v. 9. 7. 2003 – 3 U 264/02, AHRS III, 3130/301; auch OLG Stuttgart, Urt. v. 2. 2. 1989, AHRS I, 3110/33). Klärt der Arzt den Patienten nicht darüber auf, dass ein **Fremdkörper im Körper zurückgelassen** wurde, so stellt dies nach Auffassung des OLG Oldenburg (MDR 1995, 268) eine Körperverletzung durch Unterlassen dar, die bei Schmerzen oder psychischen Beeinträchtigungen ein Schmerzensgeld rechtfertigen kann.

T 48c **Unterlassene Clipentfernung kein Behandlungsfehler**

Blutstillende Maßnahmen mittel Hämoclips im Bauchraum, auch in der Nähe des Harnleiters, entsprechen dem üblichen chirurgischen Vorgehen. Angesichts der in aller Regel nicht gegebenen Beeinträchtigung des Patienten und des äußerst hohen Aufwandes der operativen Clipentfernung sowie der damit bedingten Gefährdungsmomente ist es **nicht fehlerhaft, einen Hämoclip im Bauchraum des Patienten zu belassen** (OLG Düsseldorf, Urt. v. 6. 3. 2003 – 8 U 34/01, AHRS III, 2370/308).

T 49 **Bauchoperation, Heparingabe trotz Gerinnungsstörung**

Bei einer Gerinnungsstörung ist zwar die Heparingabe grundsätzlich kontraindiziert. Steht jedoch für einen Intensivmediziner bei laborchemisch nur gering beeinträchtigter Gerinnungsfunktion die Verhinderung einer Thrombose oder Lungenembolie im Vordergrund, ist es **nicht fehlerhaft, dem Patienten Heparin zu verabreichen.** Regelmäßig wird man auch nicht feststellen können, dass der

Krankheitsverlauf durch die Verabreichung von Heparin und dadurch verstärkte Gerinnungsstörungen negativ beeinflusst worden ist (OLG Oldenburg, Urt. v. 24. 3. 2004 – 5 U 121/02, AHRS III, 7460/305).

Nichtverschieben einer OP trotz Einnahme von Aspirin   T 49a

Das Nichtverschieben einer geplanten Operation trotz **Einnahme von Aspirin** stellt keinen Behandlungsfehler dar, jedenfalls wenn die durchgeführten Laboruntersuchungen ergeben haben, dass sämtliche Laborparameter zur Blutgerinnung im Normbereich lagen. In einem solchen Fall ist es auch **nicht erforderlich, eine feste Tamponade in die beiden Nasenhaupthöhlen** des Patienten nach Durchführung einer Nasenpolypen-Operation einzulegen, wenn nach dem Ende der Operation keine Blutung zu beobachten war (OLG Zweibrücken, Urt. v. 10. 3. 2009 – 5 U 19/07, GesR 2009, 405, 406).

Gallenoperation (vgl. hierzu Rz. G 723, G 770, K 80 ff.)   T 50

Es liegt kein schuldhafter Behandlungsfehler vor, wenn der Operateur bei der Entfernung einer entzündlich verwachsenen Gallenblase den Ductus hepaticus (aus der Vereinigung des rechten und linken Lebergallenganges hervorgehender Gallenweg zwischen der Leber und dem Gallenblaseneingang) verletzt, er die Verletzung jedoch ordnungsgemäß abgeclipt hat (OLG Brandenburg, OLG-NL 1998, 32). Bei der Durchführung einer laparoskopischen Cholezystektomie entspricht es nach Ansicht des sachverständig beratenden OLG Hamburg (Urt. v. 19. 11. 2004 – 1 U 84/03, OLGR 2005, 195) **nicht dem ärztlichen Standard, routinemäßig eine intraoperative Cholangiographie vorzunehmen**. Auch die Darstellung der Einmündung des Cysticus in den Choledochus ist vor Durchführung des Eingriffs nicht zu verlangen. Allerdings ist der Raum zwischen dem Ductus cysticus und dem Unterrand der Leber, das sogenannte „Calot'sche Dreieck" soweit frei zu präpaieren, dass der Ductus cysticus und die Arteria cystica deutlich sichtbar verbleiben. Aus dem Ausmaß der Verletzung, etwa der Zerstörung des Ductus choledochus in einem hohen Schweregrad IV a nach Sievert kann nicht auf einen Sorgfaltsverstoß des operierenden Arztes geschlossen werden. Vielmehr kann auch in der Hand eines erfahrenen Operateurs eine solch erhebliche Verletzung wie auch bei einer offenen Cholezystektomie schicksalhaft auftreten (OLG Hamburg, Urt. v. 19. 11. 2004 – 1 U 84/03, OLGR 2005, 195; auch OLG Oldenburg, Urt. v. 21. 6. 2006 – 5 U 86/04, bei Jorzig, GesR 2006, 408, 409 und OLG Hamm, Urt. v. 28. 11. 2008 – 26 U 28/08, GesR 2009, 247; vgl. Rz. G 770 ff.).

Eingriffe am Herzen   T 51

Wird bei der Durchführung einer Ballonvalvuloplastie (Sprengung verengter Herzklappen durch einen transvenös oder transarteriell vorgeschobenen Herzkatheter) bzw. einer Angioplastie (Dehnung von Stenosen der Herzkranzgefäße durch wiederholtes Einbringen von Kathetern mit zunehmendem Durchmesser oder unter Verwendung von Ballonkathetern) der **Herzmuskel durchstoßen mit der Folge eines Kreislaufstillstandes**, so liegt hierin wegen der nicht vollständigen Beherrschbarkeit des Risikos nicht unbedingt ein Behandlungsfehler (OLG Karlsruhe, VersR 1997, 241). Wird ein eingesetzter **Bypass an der großen Diagonalarterie anstatt am Hauptast der Herzkranzarterie angeschlossen**, so ist dies allein nicht behandlungsfehlerhaft (OLG München, VersR 1997, 1281). Das

Vorliegen eines Behandlungsfehlers wurde auch bei der Durchführung einer Herzkathederuntersuchung bei einem Kleinkind, das dabei eine Hirnembolie erlitt, verneint (OLG Celle, VersR 1988, 829). Bleibt nach einer schwierigen Herzoperation von einem ca. 75 cm langen Venenkatheder infolge eines Materialfehlers oder einer Beschädigung bei der Operation ein **8–10 cm langes Stück in der Lungenarterie** des Patienten zurück, so kann hieraus noch nicht auf einen ärztlichen Behandlungsfehler geschlossen werden. Den Ärzten kann es dabei auch nicht zum Vorwurf gemacht werden, dass sie die Fragmentierung des Katheders nicht sogleich nach der Operation festgestellt haben. Ein längere Zeit an derselben Stelle verbliebenes Kathederfragment begründet für den Patienten keine Emboliegefahr (OLG Celle, VersR 1990, 50).

T 52 **Versorgung von Knochenbrüchen (Bruch des Kahnbeins, Handgelenks, Oberschenkelknochens, Unterschenkelknochens, Mittelfußknochens und des Oberarmkopfes)** (vgl. bereits Rz. T 16 ff., D 22 c ff., D 58 ff., A 1266, A 1278 ff., A 1330a ff., A 1515 ff.)

Eine **primär konservative Therapie bei einer Oberarmkopffraktur** ist nicht in jedem Fall behandlungsfehlerhaft. Dies insbesondere dann nicht, wenn der Patient Alkoholiker ist. Denn bei Alkoholikern ist generell damit zu rechnen, dass sie sich nicht an die Regeln zur Ruhigstellung halten. Es **fehlt auch an einem Kausalzusammenhang**, wenn die konservative Therapie auch dann angezeigt gewesen wäre, wenn man bereits bei der Aufnahme des Patienten die zutreffende Diagnose einer **Subluxationsfraktur in der Form einer Vierfragmentfraktur** gestellt hätte (OLG Köln, Urt. v. 4. 6. 2003 – 5 U 160/00 und NA-Beschl. BGH v. 13. 7. 2004 – VI ZR 204/03, AHRS III, 2440/318).

T 52a Zur operativen Behandlung von **Mehrfachfragmentbrüchen des Oberarmkopfes mit zusätzlicher Gelenkverenkung** stehen zwei Behandlungsmethoden zur Verfügung: Zum einen die knochen- und gelenkerhaltende Rekonstruktion und zum anderen der Ersatz der zerstörten Gelenkanteile durch ein Kunstgelenk. Für Patienten unter 50 Jahren ist die primäre knöcherne Rekonstruktion vorzugswürdig und erst im Fall des Ausbleibens des Erfolgs die Implantation eines Kunstgelenks als Sekundäreingriff empfehlenswert. Das Risiko der Lähmung des Nervus axillaris ist bei beiden Operationsverfahren etwa gleich hoch. Über die **Möglichkeit der sofortigen Implantation eines Kunstgelenks muss somit bei einem Patienten unter 50 Jahren nicht aufgeklärt werden** (OLG Frankfurt, Urt. v. 17. 4. 2007 – 14 U 124/06 mit NZB BGH v. 4. 12. 2007 – VI ZR 157/07, AHRS III, 2440/342).

T 52b Die **Versorgung einer Ellenbogenfraktur mit Kirschnerdrähten** wurde erst im Jahr 2009 als **suboptimal beschrieben**, weil das Drahtmaterial leicht brechen kann. Jedoch hat sich erst **nach dem Jahr 2003 die Versorgung von Ellenbogenfrakturen mit einem Fixateur externe, einer offenen Rekonstruktion der Kapselstrukturen und einer anschließenden Überweisung an einen Ellenbogenspezialisten gegenüber der Versorgung mit Kirschnerdrähten als erfolgversprechender erwiesen** (OLG München, Urt. v. 16. 2. 2012 – 1 U 3749/11, juris, Nr. 63, 64).

T 52c Auch nach **völliger Reposition eines Handgelenkbruchs** mit regelgerechter Unterarmgipsversorgung kann nach ein bis zwei Wochen ein Korrekturverlust auftreten. Operative Korrekturen sind wegen der Gefahr des Eintritts von Frakturkrankheiten (z.B. Morbus Sudeck) nicht angezeigt, so dass Fehlstellungen mit einem dorsalen Abkippen des distalen Radiusfragments bis ca. 20 toleriert werden können (LG Heidelberg, VersR 1996, 1113). Auch bei einem **komplizierten Handgelenksbruch** (Radiustrümmerfraktur) ist eine primär durchgeführte konservative Versorgung nicht per se fehlerhaft. Sie kann die gleichen Erfolgschancen wie eine operative Versorgung mittels Plattenosteosynthese oder einer Spickdrahtosteosynthese haben. Dies gilt auch dann, wenn ab der zweiten Woche nach dem Unfalltag erkennbar wird, dass die Trümmerfraktur zunehmend in Fehlstellung verheilt, hieraus aber **keine funktionell beeinträchtigenden Bewegungseinschränkungen** des rechten Handgelenks resultieren. Die **operative Behandlungsmethode ist aber dann vorzuziehen – und die weitere konservative Behandlung damit fehlerhaft – wenn das Handgelenk instabil wird** oder andere funktionelle Beschränkungen auftreten (OLG Naumburg, Urt. v. 6. 6. 2005 – 1 U 7/05, AHRS III, 2440/330; zur Aufklärung über die Möglichkeit einer operativen Versorgung vgl. Rz. A 1280ff., A 1519, A 2081).

Im Anschluss an eine ambulante Notfallbehandlung im Krankenhaus, etwa eines **handgelenksnahen Speichenbruchs**, muss sich der Patient zur Weiterbehandlung an seinen Hausarzt wenden, denn die ambulante Behandlung von Kassenpatienten ist grundsätzlich nicht Aufgabe eines Krankenhauses, sondern in erster Linie den frei praktizierenden Ärzten vorbehalten. Wendet sich der Patient dennoch – jeweils am Wochenende – als „Notfall" an das Krankenhaus, darf dieses die Behandlung auf medizinisch unaufschiebbare Maßnahmen beschränken und ist **nicht verpflichtet, Kontrolluntersuchungen**, etwa die Fertigung von Röntgenaufnahmen zur Überprüfung des Frakturstandes, vorzunehmen (OLG Düsseldorf, VersR 1989, 807). T 52d

Die **Behandlung von Frakturen der Mittelhandknochen mit ausgedehnter Trümmerzone mittels Kirschnerdrähten** zur temporären Stabilisierung der Frakturen, um eine Konsolidierung der Wundverhältnisse zu ermöglichen bzw. als Vorbereitung für eine spätere operative Versteifung entspricht den Regeln der Unfallchirurgie (OLG München, Urt. v. 12. 1. 2012 – 1 U 1387/11, juris, Nr. 48, 49). T 52e

Ist für einen Durchgangsarzt auf den von ihm gefertigten Röntgenbildern eine – tatsächlich vorliegende – **Kahnbeinfraktur nicht zu erkennen** und trägt er deshalb im Durchgangsarztbericht die Worte „keine knöcherne Verletzung" ein, so liegt hierin kein Behandlungsfehler. Ist für ihn auch auf einer fünfzehn Tage später gefertigten Röntgenaufnahme keine Kahnbeinfraktur erkennbar, so kann er die Diagnose „Kahnbeinfraktur" fallen lassen (OLG Stuttgart, VersR 1989, 198). T 52f

Treten beim Patienten nach einer **Fußverletzung mit Knochenabsplitterung** im **linken Mittelfuß** nach der Resektion des Knochensporns **starke Vernarbungen im Operationsgebiet** auf, die mit erheblichen Schmerzen verbunden sind, ist ein **operativer Eingriff** (hier: Arthrodese – Gelenkversteifung in funktionell günstiger Position bei meist fortgeschrittener Gelenkzerstörung) **indiziert**, wenn die **konservativen Behandlungsmöglichkeiten ausgeschöpft** sind, insbesondere eine Neurolyse oder eine Injektionsbehandlung nicht sinnvoll sind, etwa weil der Nerv als Ursache für die andauernden Beschwerden nicht in Betracht kommt. T 52g

Eine Dauertherapie mit Kortison ist in einem solchen Fall gefährlich und daher nicht angezeigt (OLG Hamm, Urt. v. 9. 2. 2005 – 3 U 147/04, AHRS III, 2620/344).

T 52h   Bei einer **Bandruptur des Fußgelenks** ist eine Operation nicht zwingend geboten. Sie wird lediglich bei Sportlern, die auf eine schnelle Heilung angewiesen sind, durchgeführt und setzt zudem voraus, dass der Fuß entzündungsfrei ist. Eine **Talusnekrose** ist eine seltene, aber in ca. 7 % aller Bandläsionen vorkommende Nebenfolge und nicht zwingend Folge der konservativen Behandlung (OLG Brandenburg, Urt. v. 19. 4. 2007 – 12 U 193/06, AHRS III, 2440/343).

T 52i   Liegt eine **Instabilität des Sprunggelenks** mit Peronealsehnenluxation vor, ist eine **Sprunggelenkoperation (OSG-Bandplastik)** indiziert. Kommt es bei der Operation zu einem **Schraubenüberstand von ca. 1 mm** (hier: zu weit in Richtung des Schienbeins), liegt hierin kein Behandlungsfehler. Um eine Stabilisierungswirkung zu erreichen, muss die Schraube etwas aus dem Wadenbein hinausstehen, zudem werden die entsprechenden Schrauben nur in Längendifferenzen von 2 mm angeboten (OLG München, Urt. v. 8. 12. 2011 – 1 U 1288/11, juris, Nr. 39, 42).

T 53   *Medizinischer Hintergrund:*

(1.) Sprunggelenkfraktur (Knöchelfraktur, Malleolarfraktur)

Der S1-Leitlinie (AWMF Nr. 012/003, Stand 06/2008; zu den Leitlinien vgl. Rz. B 42 ff.) ist Folgendes zu entnehmen:

T 53a   Die **operative Therapie dislozierter Sprunggelenkfrakturen ist der konservativen Therapie überlegen.** Bei geschlossenen Sprunggelenkfrakturen und zufriedenstellender Reposition führt die operative Therapie zu besseren funktionellen Ergebnissen als die konservative Therapie. Insbesondere offene Frakturen, Frakturen mit Gefäß- oder Nervenverletzung, instabile, nicht retinierbare Frakturen, Frakturen mit erheblichem Weichteilschaden und dislozierte Spunggelenksfrakturen, sollen danach operativ behandelt werden (Ziff. 6.0 und 6.2 der Leitlinie; auch Siewert/Stein, Chirurgie, 9. Aufl. 2012, S. 982, 984; Pschyrembel, Therapie, 4. Aufl., S. 524/525).

T 53b   Bei **älteren Patienten (in der Regel über 65 Jahre) ist die konservative Therapie gut reponierter Sprunggelenkfrakturen der operativen Therapie überlegen** (Ziff. 6.1 der Leitlinie). Die konservative Behandlung von **Sprunggelenkfrakturen** ist auch bei stabilen, unverschobenen Frakturen angezeigt, etwa bei **Weber-Typ-A Verletzungen bzw. Typ A-Frakturen** mit unverschobener Innenknöchelfraktur sowie **einfachen Typ B-Frakturen**, die nicht oder wenig disloziert sind (Ziff. 6.1 und Siewert/Stein, 9. Aufl. 2012, S. 982).

Hier erfolgt in der Regel die Ruhigstellung bis zur Abschwellung mit einem gespaltenen Unterschenkelliegegips, der anschließend in einen zirkulären Gips, in eine Kunststoffschiene oder eine Spezialorthese (z. B. Vacoped) umgewandelt wird. Die Ruhigstellung erfolgt für 6 Wochen mit 15 kg Teilbelastung, eine suffiziente Thromboseprophylaxe sollte über den gesamten Zeitraum der Immobilisation durchgeführt werden (Siewert/Stein, 9. Aufl., S. 982; auch Ziff. 7.3 der Leitlinie: die frühzeitige Mobilisation unter Belastung führt bei stabilen Frakturen nicht zu schlechteren Ergebnissen als die Immobilisierung). Die funktionelle

Behandlung mittels Orthese, Taping bei **Weber-B-Frakturen mit geringer Dislokation** ist im funktionellen outcome mit der operativen Therapie vergleichbar. Eine Aircastschiene ist bei bestimmten Frakturen der Therapie mit einem Gehgips überlegen (Leitlinie, Ziff. 7.4).

Die exakte operative anatomische Reposition stellt den Regelfall der Behandlung von Sprunggelenkfrakturen dar. Der günstigste Zeitpunkt für eine **primäre operative Versorgung** ist innerhalb von 6–8 Stunden nach Eintritt der Verletzung, wenn sich noch keine maximale Schwellung ausgebildet hat (Siewert/ Stein, 9. Aufl., S. 982). Häufigstes Verfahren ist die stabile Osteosynthese und Rekonstruktion der Bandkapsel am lateralen Malleolus mit Plattenosteosynthese, ggf. Schraubenosteosynthese (Leitlinie, Ziff. 8.3 sowie Pschyrembel, Therapie, 4. Aufl., S. 524). Bei einer nach Osteosynthese existierenden Instabilität der Syndesmosenregion ist das Anbringen einer Stellschraube bzw. von Syndesmosehaken erforderlich (Ziff. 8.3 und Pschyrembel, 4. Aufl., S. 524). Bei **Weber-C-Frakturen**, die weniger als 5 cm proximal über dem Syndesmoseansatz reichen, ist eine Syndesmosenschraube in der Regel nicht notwendig. Bei Frakturen mit offenem oder geschlossenem Weichteilschaden ist zudem eine Weichteilversorgung erforderlich (Ziff. 8.3). Bei **sekundärer operativer Versorgung** muss bei Luxationsfrakturen die exakte Reposition vor der Anlage eines gespaltenen Unterschenkelgipses erfolgen (Pschyrembel, 4. Aufl., S. 525). Bei Verdacht auf eine Sprunggelenkfraktur hat die klinische Untersuchung einen hohen Stellenwert. Der Syndesmosenschmerz und Schmerzen bei der Außenrotation haben 100 % Sensivität für derartige Frakturen und können die notwendigen Röntgenuntersuchungen reduzieren. Erforderlich ist eine Röntgenuntersuchung des Sprunggelenks a.p. (20 Grad Innenrotation) und seitlich. Eine a.p.-Aufnahme mit 0 Grad bzw. Schrägaufnahmen ggf. zur besseren Darstellung des Innenknöchels und der hinteren Tibiakante sowie gehaltene Aufnahmen, ein CT oder MRT sind fakultativ (Leitlinie, Ziff. 4.1/4.2). Ein **CT sollte bei faglichen radiologischen Befunden, bei Talusbegleitverletzungen (z. B. Impräsionsfraktur des Talus) oder zur präoperativen Planung bei komplexen Frakturen durchgeführt werden** (Leitlinie Ziff. 4.2). Ein **MRT ist fakultativ** und nur ggf. zur Weichteil- und Knorpelbeurteilung, zur Frakturdiagnostik bei V. a. Stressfraktur und bei V. a. isolierter Syndesmosenruptur und zur Diagnostik bei V. a. pathologische Fraktur (Knochentumor, Metastase) erforderlich (Ziff. 4.2 der Leitlinie; vgl. auch Siewert/Stein, 9. Aufl., S. 982: Standardröntgenuntersuchung a. p. mit 15 Grad Innenrotation und seitlichem Strahlengang, zusätzlich können 45 Grad-Schrägaufnahmen wertvolle Zusatzinformationen über den Frakturverlauf geben).

T 53c

(2.) Bandverletzungen, insbesondere des Sprunggelenkes

Supinationsverletzungen des oberen Sprunggelenks (OSG) gehören zu den häufigsten Sportverletzungen. Bei chronischer Instabilität ist die Anamnese wegweisend. Bei entsprechendem Verdacht sind Röntgenaufnahmen des OSG in 2 Ebenen sowie eine radiologische Stabilitätsprüfung durch Erfassung von Taluskippung und Talusvorschub (gehaltene Aufnahme) erforderlich. Liegt eine Taluskippung von mehr als 10 Grad im Seitenvergleich vor, muss von einer Bandläsion ausgegangen werden. **Ein MRT ist bei V. a. Knorpelläsionen indiziert.** Isolierte Einbandverletzungen werden funktionell konservativ mit Orthesen behandelt.

T 53d

Die OP ist bei einer Taluskippung um mehr als 25 Grad sowie bei radiologisch erkennbaren chontralen Läsionen, die dann entweder refixiert oder entfernt werden, indiziert. Nach operativer Stabilisierung weisen 90 % der Patienten gute bis sehr gute Ergebnisse auf (Siewert/Stein, 9. Aufl., S. 985/986).

(3.) Schenkelhalsfraktur

T 53e   **Bei einer Schenkelhalsfraktur ist die operative Behandlung durch hüftkopferhaltende Osteosynthese oder endoprothetischen Gelenkersatz das Verfahren der Wahl** (S2e-Leitlinie 012/001, Ziff. 6.2/8.3; Pschyrembel, Therapie, 4. Aufl., S. 914, 915; Siewert/Stein, 9. Aufl., 2012, S. 952, 953). Die Fraktur wird durch Röntgenaufnahmen der Hüfte in 2 Ebenen verifiziert. **Ein CT ist indiziert, wenn sich bei fortgeschrittener Osteoporose und bestehender klinischer Symptomatik die Fraktur nicht eindeutig nachweisen lässt** (Siewert/Stein, 9. Aufl., S. 952; vgl. Pschyrembel, 4. Aufl.: konservative Therapie möglich bei nicht dislozierter stabiler Schenkelhalsfraktur und Patienten ohne Kontraindikation für eine Immobilisation mit ausreichender Compliance).

Die **Indikation zur hüftkopferhaltenden Osteosynthese einerseits und der Endoprothese (Gelenkersatz) andererseits wird lebhaft diskutiert** (S2e-Leitlinie, Ziff. 6.2 und 8.3). Die **Osteosynthese ist primär indiziert** bei biologischem Lebensalter von weniger als 65 Jahren, fehlenden Zeichen einer Coxarthrose und nicht dislozierter Fraktur, wobei die Durchführung innerhalb von sechs Stunden nach dem Trauma erforderlich wird (Pschyrembel, Therapie, 4. Aufl., S. 915). Gemäß Ziff. 6.2/8.3.3 der S2e-Leitlinie ist die **Osteosynthese bei jüngeren und auch bei älteren Patienten im aktiven Lebensalter unabhängig vom Frakturtyp indiziert**, in höherem Lebensalter sprechen für die Osteosynthese die gut erhaltene körperliche und geistige Leistungsfähigkeit, das Vorliegen einer stabilen Fraktur (impaktiert, Pauwels I, Garden I), keine oder eine nur geringe Dislokation (Garden II), eine gut reponierbare Fraktur, keine wesentliche Osteoporose, ein großes Kopf-Hals-Fragment, ein großer Schenkelhalsdurchmesser, das Alter der Fraktur von max. 24 Stunden oder ein erheblich reduzierter Allgemeinzustand des Patienten (Gebrechlichkeit, Altersdemenz).

T 53f   Eine **primäre Indikation zur Endoprothese** besteht bei stark dislozierten Frakturen, nicht ausreichend reponierbaren Frakturen, das Alter der Patienten (über 65 bzw. 70 Jahre), das Vorliegen einer fortgeschrittenen Osteoporose, einer Coxarthrose oder pathologischen Fraktur. Je jünger der Patient, desto mehr überwiegen die Vorteile einer Totalendoprothese (Ziff. 6.2 der Leitlinie). Nach Pschyrembel (Therapie, 4. Aufl.) ist der endoprothetische Gelenkersatz bei dislozierter Schenkelhalsfraktur und biologischem Lebensalter von mehr als 65 Jahren, bei einer Coxarthrose, Osteoporose und Multimorbidität des Patienten vorrangig indiziert; die Operation soll innerhalb von 24 Stunden nach dem Trauma durchgeführt werden.

T 54   **Operation trotz bestehender Schwellung**

Ein chirurgischer **Eingriff trotz eines bestehenden Ödems** ist dann medizinisch vertretbar und stellt keinen Behandlungsfehler dar, wenn der Patient unter **schweren Schmerzen** leidet und deshalb mit einem Oberschenkelbruch nicht zufriedenstellend gelagert werden kann (OLG Düsseldorf, VersR 1998, 55). Die Operation bei vorliegender Weichteilschwellung ist nicht in jedem Falle fehlerhaft (BGH, VersR 1999, 1282: Unterschenkeltrümmerbruch, kein Behandlungsfehler; OLG Hamm, VersR 1988, 807: Sprunggelenksfraktur, Eingriff trotz vorhandener Schwellung als Behandlungsfehler). Der **Verzicht auf eine völlige Ruhigstellung des Beines** eines Patienten, bei dem nach einer unfallbedingten Operation am Mittelfußknochen eine Weichteilinfektion aufgetreten ist, stellt keinen Behandlungsfehler dar, wenn dadurch einer erhöhten Thrombosegefahr entgegengewirkt werden soll (OLG Köln, VersR 1998, 243).

„Altschaden" vor Operation an der Hand nicht erkannt T 55

Es ist auch nicht fehlerhaft, wenn bei einer **frischen, unfallbedingten Verletzung an der Hand** vor der Operation ein „Altschaden" (hier: Hypermobilität im Daumengrundgelenk wegen einer alten Fraktur und Versteifung des linken Daumensattelgelenks) mangels Information durch den Patienten **nicht erkannt** hat (OLG Schleswig, Urt. v. 23. 1. 2004 – 4 U 97/02, AHRS III, 2440/321 = OLGR 2005, 272).

Leistenbruchoperation, bestehende Infektion T 56

Die aufgrund einer klinischen Befunderhebung gestellte **Verdachtsdiagnose auf einen einschnürenden Leistenbruch** rechtfertigt die dringende Empfehlung zu einer sofortigen Operation. Eine **vorherige Sonographie ist nicht unbedingt erforderlich**. Ein verharmlosender Hinweis, dass sich auch etwas weniger schwerwiegendes herausstellen kann, ist zwar sinnvoll, aus medizinischer Sicht jedoch nicht zwingend geboten (OLG Oldenburg, VersR 1998, 57). Ein Behandlungsfehler liegt gleichfalls nicht vor, wenn zum Zeitpunkt der Durchführung einer **Leistenhernieoperation** ein Erythem (entzündliche Hautreaktion) im Bereich der Leistenregion besteht, das **Infektionsgebiet aber nicht in unmittelbarer Nähe zum Operationsgebiet** liegt und die üblichen Desinfektionsmaßnahmen nebst Abdeckung des Operationsbereichs durchgeführt werden. Vor einer Bauch- oder Leistenoperation müssen Routinemaßnahmen wie die Durchführung der Blutstillung, Abdeckung des Operationsbereichs sowie Vornahme der Desinfektionsmaßnahmen nicht dokumentiert werden (OLG Brandenburg, Urt. v. 8. 11. 2007 – 12 U 53/07, juris, Nr. 22, 24). Zur Leistenbruchoperation vgl. auch –› *Grobe Behandlungsfehler*, Rz. G 747, G 779.

Beseitigung einer Pseudoarthrose/Durchführung einer Spongiosaplastik im Unterarm T 57

Das Misslingen einer Operation zur Beseitigung einer **Pseudoarthrose im Unterarm durch Spongiosaplastik** mit Einsatz eines Spans vom Beckenkamm, bei der eine 9-Loch-Platte verwendet wird, lässt nicht den Schluss zu, es sei von vornherein eine zu kleine Platte und ein zu kleiner Knochenspan verwendet worden. Hier besteht ein Ermessen des Operateurs, der zwischen dem Erreichen einer größeren Stabilität durch Wahl eines größeren Implantats und der eventuellen schlechteren Durchblutung abzuwägen hat. Auch **Nervschädigungen** (hier: des Nervus cuteanus femoris lateralis) infolge der Entnahme eines Knochenspans vom Beckenkamm und Schädigungen des Nervus ulnaris infolge der Spongiosaplastik sind auch bei sorgfältigem Operieren **nicht immer zu vermeiden** (OLG Hamm, VersR 1989, 965). Die Schädigung des Nervus ilioinguinalis (versorgt

die Leiste und die Oberschenkelinnenseite) als Folge einer narbigen Einschnü-
rung ist ein typisches und nicht immer vermeidbares Risiko einer Spongiosaplastik, bei der aus dem Beckenkamm Knochenmaterial entnommen wird
(OLG Saarbrücken, VersR 1990, 666).

T 58 **Versorgung einer Schnittwunde**

Der erforderliche ärztliche Standard ist nicht verletzt, wenn bei der Notfallver-
sorgung einer Schnittwunde im Ellenbogenbereich in einem nicht über einen
Neurochirurgen verfügenden Krankenhaus der Nervus ulnaris, der vom behan-
delnden Arzt als nicht durchtrennt beurteilt wird, nicht unter Anlegung einer
Blutsperre dargestellt wird (OLG Karlsruhe, VersR 1990, 53). Auch bei völliger
Durchtrennung des Nervus ulnaris ist kein Behandlungsfehler anzunehmen,
wenn der Arzt nach einer bereits andernorts durchgeführten Erstversorgung der
Wunde nicht sofort eine End-zu-End-Naht der Nervenenden vornimmt (OLG
Karlsruhe, VersR 1990, 53).

T 59 **Unterlassene Antibiotikagabe** (vgl. auch Rz. T 30, G 758 ff., G 775 ff.)

Die **Gabe von Antibiotika** ist bei einer ordnungsgemäß durchgeführten Wundrevision einer glatten Schnittwunde nicht erforderlich (OLG Oldenburg, VersR
1991, 229). Die Entlastung und Spülung des Bauchwandbereiches ist für die erfolgreiche Behandlung eines **Abszesses im Bereich einer Appendektomie-Wunde**
(nach Blinddarmentfernung) regelmäßig ausreichend. Eine Antibiotikagabe kann
weder einen Abszess, der oberflächlich an der Bauchwand liegt, noch einen in-
traabdominellen Abszess erreichen. Die **unterlassene Antibiotikagabe** ist in einem solchen Fall nicht fehlerhaft (OLG München, Urt. v. 9. 9. 2004 – 24 U
436/01 mit NA-Beschl. BGH v. 22. 11. 2005 – VI ZR 15/04, AHRS III, 2705/313).

T 59a **Singleshot-Antibiotikatherapie; unterlassene Keimbestimmung**

Eine „Singleshot-Antibiotikaprophylaxe" vor einer schweren Hüftgelenksoperation mit einer Operationszeit von mehr als zwei Stunden ist **trotz besonderer In-
fektgefährdung** des Patienten (Adipositas, Varicosis, d. h. Krampfaderleiden) nicht
zu beanstanden (OLG Hamm, Urt. v. 19. 6. 2006 – 3 U 92/05, AHRS III, 2705/314).

Es ist **nicht fehlerhaft, bei einer aufgetretenen Wundheilungsstörung** (hier: im
Bereich der Kaiserschnittnarbe bei Fistelbildung) **zunächst eine operative Wundrevision nebst perioperativer Antibiotika-Prophylaxe durchzuführen** (hier: mit
Zinacef 1 500 mg i. V. als Single-Shot) und die Patientin bei reizloser Naht aus
der stationären Behandlung zu entlassen. Erst wenn dieses Vorgehen nicht den
gewünschten Heilungserfolg herbeiführt, ist auch bei einer **Patientin mit hohem
Risiko für Wundheilungsstörungen** die mit einer systematischen Antibiose verbundene offene Wundbehandlung erforderlich. Es ist **auch nicht fehlerhaft, vor
der Gabe eines Breitbandantibiotikums (hier: Zinacef) keinen Abstrich zur
Keimbestimmung zu entnehmen** (OLG Düsseldorf, Urt. v. 11. 10. 2007 – I-8 U
150/06, AHRS III, 2740/316).

T 59b **Verzögerte Antibiotikagabe; Untersuchung von Punktaten**

Eine (hier: um 3–4 Tage) **verzögerte Antibiotikatherapie** zur Behandlung eines
septischen Krankheitsbildes kann den Organismus möglicherweise schwächen

und die Überlebenschance vermindern. Dies ist jedoch nur dann anzunehmen, wenn der Patient innerhalb von 30 Tagen stirbt. Die **Beendigung einer Antibiotikatherapie nach 14 Tagen** bei einer schweren Haut- und Weichteilinfektion stellt keinen Behandlungsfehler dar, wenn die Therapie angeschlagen hat, die Entzündungsparameter zurückgehen und der Patient extubiert werden konnte (OLG München, Urt. v. 28. 7. 2011 – 1 U 522/11, juris, Nr. 9, 46, 47, 49). Auch bei korrekter Behandlung mit **sofortiger Antibiotikagabe weist eine Endokarditis eine Mortalitätsrate von 18–27 %, bei chronisch kranken Patienten eine solche von bis zu 50 % auf.** Eine um drei Tage verspätete Diagnose einer Endokarditis ist damit regelmäßig nicht für den einen Monat später auftretenden Tod des Patienten kausal (OLG München, Urt. v. 28. 7. 2011 – 1 U 522/11, juris Nr. 49). Eine **Untersuchung von Punktaten**, die nicht eitrig/trüb sind, ist nicht erforderlich (OLG Hamm, Urt. v. 25. 2. 2002 – 3 U 130/01, AHRS III, 1945/301).

Postoperative Wundbehandlung   T 60

Im Rahmen der postoperativen Wundbehandlung kann es sachgerecht sein, die Wundöffnung zunächst begrenzt zu halten und die Wunde im Verlauf der Behandlung weiter zu öffnen und offen zu halten. Es steht im **Ermessen des Arztes, ob und wann er ein Debridement (Wundrevision, erneuter Eingriff) durchführt.** Es ist nicht unbedingt fehlerhaft, die Wundversorgung in Form der Wasserbehandlung durch Abduschen der Wunde dem Pflegepersonal oder auch dem Patienten selbst zu überlassen (OLG Hamm, Urt. v. 5. 11. 2003 – 3 U 240/02, AHRS III, 2420/306).

Das Auftreten einer **Infektion der Wunde** indiziert nicht die Missachtung von   T 60a
Hygienevorschriften, wenn es aufgrund der starken Verschmutzung der Wunde wesentlich wahrscheinlicher erscheint, dass die Infektion aufgrund der Verletzung entstanden ist (OLG München, Urt. v. 12. 1. 2012 – 1 U 1387/11, juris, Nr. 56).

Behandlung eines Tennisarms   T 61

Eine Epicondylitis („Tennisarm") wird durch **Injektionen mit kortisonhaltigen Medikamenten in den Ellenbogenbereich sachgerecht** behandelt. Die mehrfache Verabreichung von Injektionen mit 10 mg des kortisonhaltigen Medikaments, einer Kristallsuspension, ist jedenfalls in Abständen von sechs Wochen medizinisch korrekt, nicht jedoch eine Dosierung von 40 mg im Rahmen einer einzigen Injektion (OLG Düsseldorf, VersR 2001, 1515).

Tumoroperationen   T 62

Kann der Verdacht auf einen bösartigen Tumor weder präoperativ noch intraoperativ ausgeräumt werden, so ist die **operative Entfernung des Tumors nebst anhängendem Nervenfasergewebe indiziert** (OLG Hamm, VersR 2001, 723). Die Indikation zur Thorakotomie (Öffnung der Brusthöhle) zur Sicherung einer computertomographisch und röntgenologisch gestützten Diagnose eines krebsverdächtigen Rundherds setzt keine weiteren präoperativen Kontrollbefunde voraus. Allerdings ist vor der Entfernung eines Lungenlappens bei noch nicht vorliegender histologischer Sicherung eines krebsartigen Prozesses eine **Schnellschnittuntersuchung** geboten (OLG Oldenburg, VersR 1997, 317). Besteht nach lege artis durchgeführter präoperativer Diagnostik der Verdacht auf das Vorliegen eines Schilddrüsenkarzinoms, so ist die **vollständige Entfernung des ver-dächtigen Gewebes indiziert**. Einer intraoperativen **Schnellschnittdiagnostik** bedarf es dabei nicht (OLG Köln, NJW-RR 1999, 675). Kommt es bei operativer Entfernung eines zystisch veränderten und knotigen Teils eines Schilddrüsen-lappens zu einer Schädigung des Nervus vagus, die eine Stimmbandlähmung zur Folge hat, so liegt hierin die Verwirklichung eines außergewöhnlichen Risi-kos, die allein keinen Behandlungsfehler des Chirurgen indiziert (OLG Düssel-dorf, VersR 1989, 291).

T 62a **Entfernung des Hodens bei Lymphknotenbefall**

Bei einer mikroskopisch ungeklärten Dignität kann zwar eine intraoperative Schnellschnittdiagnostik vorgenommen werden. Da diese allerdings den Ver-dacht eines Hodentumors nicht vollständig ausschließen kann, kann es bei **gleichzeitigem Lymphknotenbefall medizinisch indiziert sein, auch den Hoden zu entfernen** (OLG Karlsruhe, Urt. v. 13. 9. 2006 – 7 U 184/05, AHRS III, 2680/316). Andererseits ist es auch **nicht fehlerhaft, bei einer nur geringen Wahr-scheinlichkeit eines Lymphknotenbefalls auf eine Lymphknotenausräumung (Lymphadenektomie) zu verzichen** (OLG Düsseldorf, Urt. v. 12. 1. 2006 – I-8 U 90/05, AHRS III, 2680/315: Adenokarzinom der Prostata).

T 63 **Behandlung von Notfallpatienten; Anfrage bei anderen Krankenhäusern**

Zwar ist ein **Notfallpatient unverzüglich zu verlegen**, wenn das zunächst angegan-gene Krankenhaus zur standardgerechten Versorgung nicht in der Lage ist. Aller-dings entspricht es geübter und rechtlich nicht zu beanstandender Praxis, dass das zuweisende Krankenhaus sich bei dem nächstgelegenen geeigneten Kranken-haus nach dessen Aufnahmebereitschaft erkundigt, dessen Entscheidung abwar-tet, um im Ablehnungsfall das nächste Krankenhaus zu kontaktieren. **Eine gleich-zeitige Anfrage bei mehreren Krankenhäusern ist aus organisatorischen Gründen nicht angezeigt.** Aus dieser Praxis resultierende Nachteile muss der Patient hin-nehmen (OLG Köln, Urt. v. 4. 12. 2002 – 5 U 84/01, NJW-RR 2003, 1032).

Der um eine Verlegung nachfragende Arzt darf auch darauf vertrauen, dass ein angefragtes Krankenhaus sich selbst meldet, wenn es zu unabsehbaren Verzöge-rungen bei der Abklärung der Anfrage kommt. Der Zeitraum für die notwendi-gen Untersuchungen des Patienten im zunächst aufnehmenden Krankenhaus ist mit 30–40 Minuten zu veranschlagen, der Zeitraum, der unter normalen Um-ständen für die Anfrage bei einem Krankenhaus, die Abklärung der Möglichkei-ten einschließlich der Rückfragen bei den diensthabenden Ärzten sowie deren Rückruf auf ca. 15–20 Minuten pro angefragtem Krankenhaus. **Bei drei Anfragen ist ein Gesamtzeitraum von (30 + 20 + 20 + 20 =) 90 Minuten nicht zu beanstan-den**, wobei selbst eine gewisse Überschreitung dieses „normalen Zeitraumes" nicht vorwerfbar wäre (OLG Köln, Urt. v. 4. 12. 2002 – 5 U 84/01, AHRS III, 0920/321, in NJW-RR 2003, 1032 teilweise nicht abgedruckt).

T 64 **Morbus Sudeck/CRPS**

Werden bei einem Patienten nach einem operativen Eingriff zur Behebung einer dupuytrenschen Kontraktur **Anzeichen einer Sudeck'schen Dystrophie (CRPS)** festgestellt, muss der Arzt eine **täglich vorzunehmende Physiotherapie anordnen**

und den Erfolg dieser Behandlung innerhalb einer Woche engmaschig kontrollieren sowie bei ungenügendem Rückgang der Schwellung und der Bewegungsbeeinträchtigung der Hand eine begleitende Behandlung mit schmerz- und entzündungshemmenden Medikamenten einleiten, andernfalls eine stationäre Einweisung veranlassen. Kann der Sachverständige jedoch nicht feststellen, dass eine solche korrekt durchgeführte Therapie zu einem für den Patienten günstigeren Ergebnis geführt hätte, fehlt es am erforderlichen **Kausalzusammenhang.** Hat sich der Arzt darauf beschränkt, 10 KG-Behandlungen zu verordnen und den Patienten nach einer Woche erneut einzubestellen, liegt jedenfalls **kein grober Behandlungsfehler** vor (OLG Düsseldorf, Urt. v. 5. 8. 2004 – 8 U 57/03, AHRS III, 2710/308).

Angesichts der unklaren Erkrankungsursachen und der letztlich in ihrem Erfolg wissenschaftlich nicht abschließend geklärten, vielfältigen Behandlungsansätze besteht nach wie vor **kein anerkannter Katalog von Behandlungsmaßnahmen, mit dem ein Chirurg einem aufgetretenem Morbus Sudeck (CRPS) therapeutisch zu begegnen hätte.** Lediglich die konsequente Führung des Patienten und die Verordnung einer schmerzadaptierten Krankengymnastik sind als therapeutischer Minimalkonsens der Behandlung der Erkrankung anerkannt (OLG Hamm, Urt. v. 5. 12. 2007 – I-3 U 112/07, AHRS III, 2440/344).

Das CRPS kann bei allen Operationen und auch unabhängig hiervon auftreten, sodass dem Patienten oftmals **der Nachweis nicht gelingen kann, dass die Schmerzen z.B. durch eine leicht überstehende Schraube verursacht** werden bzw. wurden (OLG München, Urt. v. 8. 12. 2011 – 1 U 1288/11, juris, Nr. 39, 42).

Keine Haftung für psychosomatische Ursachen der Beschwerden   T 65

Grundsätzlich kann bei einem orthopädischen Leiden, Ausfällen und Beschwerden der äußere Befund das weitere ärztliche Handeln bestimmen. Daher ist eine **mit geringem Risiko verbundene konservative Therapie solange vertretbar, wie das klinische Bild die Erwartung rechtfertigt, den Patienten ohne (risikoreichere) Operation Heilung, zumindest aber Linderung seiner Beschwerden zu beschaffen.** So haftet ein Orthopäde nicht, wenn sich ihm nicht zwingend erschließen musste, dass beim Patienten **kein orthopädisches Leiden, sondern eine psychosomatische Störung** vorlag (OLG Koblenz, Urt. v. 13. 11. 2008 – 5 U 429/08, GesR 2009, 640).

Phlebographie bei unauffälliger Sonographie unterlassen   T 66

Klinisch zu diagnostizieren ist das Fortschreiten einer Phlebitis vom Unterschenkel auf den Oberschenkel im Bereich der subkutanen Gefäße, nicht aber, ob die Phlebitis Anschluss an das tiefe Beinvenensystem gewinnen konnte. Hierzu ist ein bildgebendes Verfahren (Dublexsonographie, Phlebographie) erforderlich. Ist das **tiefe Beinvenensystem in der duplexsonographischen Darstellung unauffällig, bedarf es keiner zusätzlichen Phlebographie** (OLG Hamm, Urt. v. 22. 4. 2002 – 3 U 11/02, AHRS III, 1990/302).

Behandlungsmethoden bei Schulterschmerzen   T 67

Klagt ein Patient über Schmerzen in den Schultern (hier: festgestellte Arthritis, degenerativ entzündlicher Vorgang), ist die **Infiltrationsbehandlung** (hier: mit

Kortison und Schmerzmitteln) **die Therapie der Wahl**. Physikalische Maßnahmen (KG) sind nur als zeitaufwendige Behandlungsserien geeignet, degenerativ entzündliche Vorgänge zu beruhigen (OLG Oldenburg, Urt. v. 15. 10. 2008 – 5 U 32/07 mit NZB BGH v. 13. 10. 2009 – VI ZR 285/08, AHRS III, 2745/349).

T 68 – T 84   Einstweilen frei.

2. Einfache Behandlungsfehler im Bereich Gynäkologie, vor- und nachgeburtliche Betreuung

a) Das Vorliegen eines einfachen Behandlungsfehlers wurde in folgenden Fällen bejaht

(zu groben Behandlungsfehlern vgl. Rz. G 386 ff., G 553 ff., G 809 ff.)

T 85 **Pathologisches CTG und unterlassene CTG-Überwachung** (vgl. hierzu Rz. G 195 ff., G 258, G 553 ff., G 830 ff., G 1023 ff.)

I.d.R. ist bei nicht nur ganz kurzfristig pathologischem CTG, insbesondere bei einem Risikositus (Beckenendlage o. a.) **unverzüglich eine Schnittentbindung (Sectio) einzuleiten** (OLG Frankfurt, VersR 1996, 584: Risikositus; OLG München, VersR 1996, 63: suspektes CTG; OLG Schleswig, VersR 1994, 311: verspätete Sectio; OLG Oldenburg, VersR, 1992, 453 und, VersR 1997, 1236: verspätete Sectio nach pathologischem CTG; vgl. hierzu Rz. G 198a, G 832, G 838 ff.).

T 86 Nach einem Eingriff zum Abbruch einer Zwillingsschwangerschaft schulden sowohl der Krankenhausträger als auch der nachbehandelnde Gynäkologe der Patientin den deutlichen Hinweis, dass wegen des Risikos des Fortbestands der Schwangerschaft eine Nachkontrolle dringend erforderlich ist (OLG Oldenburg, VersR 1997, 193). Behandlungsfehlerhaft ist es, ein tatsächlich vorhandenes CTG-Gerät bei einer Geburt nicht einzusetzen (BGH, NJW 1988, 2949).

T 87 **Kein grober Behandlungsfehler bei unterlassener Mikroblutuntersuchung und um 15 Minuten verzögerter Entbindung**

Das Unterlassen bzw. die Verzögerung einer vaginal-operativen Entbindung bei hoch pathologischem CTG über einen Zeitraum von 10–15 Minuten stellt einen einfachen, jedoch keinen „groben Behandlungsfehler" dar, wenn eine bis dahin unbekannte Einstellungsanomalie vorliegt (hier: hintere Hinterhauptlage), mit einer raschen Beendigung der Geburt auf natürlichem Weg gerechnet werden darf und die dazu notwendigen Schritte ergriffen werden. Es ist auch nicht fehlerhaft, wenn der geburtsleitende Arzt im Anschluss an eine, wegen bestehender Dezellerationen veranlasste Notfalltokolyse eine **Mikroblutuntersuchung unterlässt, wenn keine schwere Pathologie im CTG vorlag** und mit einer unmittelbaren Gefährdung des Kindes zunächst nicht zu rechnen war (OLG Köln, Urt. v. 6. 7. 2011 – 5 U 8/07, GesR 2012, 18).

T 88 **Unterlassene Fruchtwasseruntersuchung, Hinausschieben der Fruchtwasserpunktion** (vgl. hierzu Rz. A 739 ff., G 64 ff., G 553, G 818, G 829, U 178, U 196).

Die falsche oder unvollständige Beratung der Mutter während der Frühschwangerschaft über Möglichkeiten zur Früherkennung von Schädigungen der Leibesfrucht, die den Wunsch der Mutter auf Abbruch der Schwangerschaft gerechtfertigt hätten, kann einen Anspruch der Eltern gegen den Arzt auf Ersatz von Unterhaltsaufwendungen für das mit körperlichen oder geistigen Behinderungen geborene Kind begründen (BGH, NJW 1984, 658; BGH, NJW 1987, 2923; OLG Stuttgart, VersR 1991, 229; OLG Zweibrücken, NJW-RR 2000, 235, 237).

Die Aufklärung einer Schwangeren über eine humangenetische Schädigung des ungeborenen Kindes (Mongoloismus) ist – soweit die Schwangere nicht ausdrücklich nachfragt, nur beim Vorliegen spezifischer Risikofaktoren, etwa bei einem Alter von über 35 Jahren zu Beginn der Schwangerschaft, angezeigt (OLG Düsseldorf, Urt. v. 15. 6. 2000 – 8 U 152/99, AHRS III, 3120/300). Eine schwangere Frau, die den Arzt um Rat fragt, ob eine **Fruchtwasseruntersuchung** auf etwaige körperliche Missbildungen des werdenden Kindes angezeigt ist, ist auch über die **Gefahr einer Trisomie 21 (Mongolismus)** zu informieren (BGH, NJW 1987, 2923 = VersR 1988, 155; vgl. hierzu auch OLG Hamm, NJW 2001, 3417; OLG München, VersR 2000, 890; OLG Zweibrücken, NJW-RR 2000, 235, 237 f.).   T 89

Der aufklärende Arzt muss die Patientin (im Rahmen der „therapeutischen Aufklärung") über die erhöhten schwerwiegenden Risiken der Schwangerschaft sachbezogen unterrichten. Es genügt nicht, wenn er lediglich schlagwortartig die Begriffe „Mongolismus" oder „mongoloides Kind" mitteilt; er muss vielmehr – ohne Dramatisierung des genetischen Risikos – unmissverständlich klarmachen, dass **das Risiko auch die Entwicklung eines schwerstgeschädigten Kindes beinhaltet** und dass die Geburt eines solchen Kindes zu unerträglichen Belastungen führen kann, vielfach verbunden mit der Notwendigkeit lebenslanger Pflege und Betreuung (OLG Düsseldorf, NJW 1989, 1548).   T 90

Äußert die über 35-jährige Patientin gegenüber dem Arzt den **Wunsch zur Vornahme einer Fruchtwasseruntersuchung**, obliegt ihm die Pflicht zu einer verständlichen Beratung, inwieweit und aufgrund welcher Umstände die Gefahr besteht, ein mongoloides Kind zu gebären. Eine Haftung des Arztes, der eine solche Beratung unterlassen hat, scheidet jedoch aus, wenn die **Patientin bereits entsprechend vorinformiert** ist. Hiervon ist auszugehen, wenn die Patientin in dem Gespräch mit dem Arzt selbst darauf hingewiesen hat, ihr sei eine unter 35-jährige Mutter bekannt, die keine Fruchtwasseruntersuchung durchführen ließ und ein mongoloides Kind bekommen hätte (OLG Düsseldorf, Urt. v. 15. 6. 2000 – 8 U 152/99, AHRS III, 3120/300).   T 91

Das **Hinausschieben der Fruchtwasserpunktion** mit der Folge, dass wegen Ablaufs der Frist des § 218a III StGB a. F. ein Schwangerschaftsabbruch nicht mehr durchgeführt werden kann, stellt sich als Behandlungsfehler dar. Die Eltern des geschädigten Kindes können den gesamten Unterhaltsbedarf des Kindes als Schaden geltend machen (BGH, NJW 1989, 1536; OLG Saarbrücken, NJW-RR 2001, 671, vgl. zu weiteren Einzelheiten Rz. G 64 ff., G 69).   T 92

Vaginale Hysterektomie (operative Entfernung der Gebärmutter; vgl. zur Aufklärung Rz. A 836a, A 909, A 1133 ff., A 1612, A 2354 ff.)   T 93

Vor Durchführung einer vaginalen Hysterektomie ist die Ursache vorliegender Blutungsstörungen im gebotenen Umfang, etwa durch eine Hysteroskopie (Inspektion der Gebärmutterhöhle mit einem Hysteroskop) oder durch eine Abrasio (Ausschabung) abzuklären. Eine sofortige vaginale Hysterektomie kann allenfalls dann vorgenommen werden, wenn die Patientin eingehend über diese Verfahrensweise und den Verzicht auf eine Abrasio aufgeklärt worden ist (OLG Hamm, VersR 2001, 461).

T 94 **Bei der vaginalen Hysterektomie sind Verletzungen des Harnleiters bei Anwendung der gebotenen Sorgfalt grundsätzlich vermeidbar.** Entschuldbar ist das Miterfassen des Harnleiters in einer Ligatur allenfalls dann, wenn es intraoperativ zu unvorhergesehenen, die Übersicht erschwerenden Zwischenfällen kommt oder wenn anatomische Abweichungen oder Verwachsungen bzw. entzündliche Veränderungen vorliegen (OLG Düsseldorf, Urt. v. 19. 9. 1985 – 8 U 125/83). Dagegen ist die **Perforation des Dünndarms** im Zuge einer vaginalen **Hysterektomie** auch bei fachgerechtem Vorgehen **nicht stets vermeidbar.** Auch das Nichterkennen einer (deshalb) postoperativ aufgetretenen Sepsis bzw. einer Peritonitis ist nicht fehlerhaft, wenn die wesentlichen typischen Symptome einer Peritonitis, nämlich eine Leukozytose (erheblicher Anstieg der weißen Blutkörperchen), ein Temperaturanstieg und abdominelle Zeichen (geblähter Bauch mit harter Bauchdecke) zunächst nicht festgestellt werden können (OLG Köln, Urt. v. 21. 1. 2004 – 5 U 99/03, AHRS III, 1945/303).

T 95 Der gynäkologische Befund einer **Gebärmuttersenkung und einer Zystozele** (Einstülpung der Harnblase in die vordere Scheidenwand) rechtfertigt nur dann einen operativen Eingriff (Hysterektomie), wenn zugleich eine Beschwerdesymptomatik vorliegt, die auf diesen Befund zurückzuführen ist. Bestehen bei der Patientin urologische Probleme, etwa Schmerzen und Brennen beim Wasserlassen und eine Nierenbeckenentzündung, ist es zwingend notwendig, **vor der gynäkologischen Operation eine urologische Diagnostik vorzunehmen**, um das Krankheitsbild, die Indikation für den Eingriff sowie dessen spezielle Art abzuklären (OLG Düsseldorf, VersR 2002, 856). Unterbleiben diese urologischen Untersuchungen, obliegt es der Behandlerseite, zu beweisen, dass die unterlassene Diagnostik dasselbe operationspflichtige Ergebnis erbracht hätte (OLG Düsseldorf, VersR 2002, 856).

T 96 **Überwachung Neugeborener bei Vorliegen eines erhöhten Infektionsrisikos**

Ein zwar nach dem äußeren Erscheinungsbild gesund zur Welt gekommenes, aber durch den Ablauf der Geburt, etwa wegen eines erhöhten Infektionsrisikos erkennbar gefährdetes Kind darf nicht für einen Zeitraum von **einer Stunde ohne ärztliche Betreuung** bleiben. Die unterlassene Hinzuziehung eines kompetenten Arztes nach Hinweisen auf die gestörte Atmung eines Neugeborenen und/oder der verspätete Transport des Kindes in eine Kinderklinik ohne ärztliche Betreuung und Beatmung sind sogar grob fehlerhaft (OLG Stuttgart, VersR 2001, 1560, 1562; OLG München, VersR 1997, 977).

T 97 **Unterlassene oder verspätete Schnittbindung** (vgl. hierzu Rz. A 1382 ff., A 1420 ff., G 839 ff., G 861)

In der **verzögerten Einleitung einer Schnittbindung (Sectio)** wird im Regelfall sogar ein **grober Behandlungsfehler** gesehen, da während der Geburt eine Sauerstoffmangelversorgung schnellstmöglichst bekämpft werden muss, um Hirnschädigungen zu vermeiden (OLG Frankfurt, VersR 1996, 584; OLG Köln,

NJW-RR 1992, 474; OLG Oldenburg, VersR 1992, 453; OLG Schleswig, VersR 1994, 310; OLG Stuttgart, VersR 2000, 1108, 1110; vgl. Rz. G 839 ff., G 861). So wurde ein grober Fehler bei einer **Verzögerung von einer Stunde** (BGH, VersR 2000, 1146, 1147), **mehr als vierzig Minuten** (OLG Köln, NJW-RR 1992, 474), **20–25 Minuten** (OLG Schleswig, VersR 1994, 310; OLG Hamm, Urt. v. 17. 8. 1998 – 3 U 199/97) und **7–8 Minuten** (OLG Stuttgart, VersR 2000, 1108, 1110; OLG Köln, VersR 1991, 586) angenommen.

Umfang einer Brustoperation bei Verdacht auf ein Mammakarzinom (vgl. hierzu   T 98
Rz. D 74 ff., G 390, G 484, G 574 ff., G 814 ff., G 858 ff.; zum medizinischen Hintergrund vgl. Rz. G 577b)

Bei einer diagnostischen Maßnahme unter dem Verdacht der Bösartigkeit eines Tumors muss nach Möglichkeit die Komplettexzirpation angestrebt werden; eine **Inzision in den Tumor wäre bei einer dringenden Verdachtsdiagnose eines Mammakarzinoms kontraindiziert.** Dabei darf die Tumoroperation nicht unnötig weit ausgedehnt werden. Es reicht aus, dass der Operateur nach dem Tastbefund im gesunden Gewebe operiert (OLG Düsseldorf, Urt. v. 10. 10. 2002 – 8 U 13/02, VersR 2004, 912).

Zur Schulterdystokie („Hängenbleiben" der Schulter des Kindes über der Scham-   T 99
beinfuge mit der häufigen Folge von Schädigungen der Nerven des Hals- und/ oder Armbereichs) vgl. Rz. G 839 ff., G 847, G 860; zur → *Aufklärung*, Rz. A 1382 ff., A 1420 ff.

Einstweilen frei.   T 100 – T 102

b) Das Vorliegen eines einfachen Behandlungsfehlers wurde in folgenden Fällen verneint

Mammografie unterlassen (vgl. hierzu die Nachweise bei Rz. T 98)   T 103

Bei einer 41- bis 42-jährigen Frau, bei der **keine Risikofaktoren** vorliegen, ist im Rahmen der Früherkennung die **Mammografie nicht indiziert.** Ihr Unterlassen ist nicht als Behandlungsfehler anzusehen (OLG Hamm, MedR 1994, 281 und Urt. v. 31. 8. 2005 – 3 U 277/04, OLGR 2006, 386). Ein Gynäkologe, der bei unter 50-jährigen, im entschiedenen Fall selbst bei einer 57-jährigen **Patientin ohne besondere Risikofaktoren** im Jahr 2000 keine Mammografie zur Krebsvorsorge im zweijährigen Intervall veranlasst hat, handelte nicht fehlerhaft (OLG Hamm, Urt. v. 31. 8. 2005 – 3 U 277/04, OLGR 2006, 386; ebenso: OLG Hamburg, Urt. v. 14. 11. 2003 – 1 U 71/03, OLGR 2004, 328 für 1999; OLG Koblenz, OLGR 2000, 426 für 1995; OLG Saarbrücken, Urt. v. 12. 7. 2000 – 1 U 1013/99 – 247, OLGR 2000, 426 für 1995; OLG Stuttgart, VersR 1994, 1306 jeweils bei Frauen unter 50 Jahren).

Ist eine **Mammografie eindeutig indiziert**, etwa weil der Gynäkologe einen Knoten in der Brust ertastet hat (OLG Jena, VersR 2000, 637) oder die Patientin über Schmerzen in der Brust geklagt hat (OLG Zweibrücken, VersR 1991, 427), so ist das Unterlassen einer Mammografie als einfacher, nicht jedoch ohne weiteres als grober Behandlungsfehler anzusehen.

T 103a **Brustkrebs verkannt, fehlender Kausalzusammenhang**

Die Haftung eines Gynäkologen wegen zu später Erkennung eines Mammakarzinoms scheidet aus, wenn die aufgrund eines nachgewiesenen Behandlungsfehlers **um zwei Jahre verzögerte chirurgische Behandlung**, die Entfernung von Lymphknoten, die Bestrahlung sowie die Folgen der Bestrahlungsmaßnahmen für die Patientin **bei rechtzeitig gestellter Diagnose nicht günstiger ausgefallenen wären** und die bloße Verzögerung der Diagnosestellung keinen messbaren Körper- oder Gesundheitsschaden (vgl. § 287 ZPO herbeigeführt hat. Allein die Verschlechterung der Prognose führt nicht zu einem Anspruch gegen den behandelnden Arzt, wenn nicht festgestellt werden kann, dass hieraus ein konkreter Körper- oder Gesundheitsschaden resultiert bzw. zukünftig resultieren wird (OLG Düsseldorf, Urt. v. 22. 3. 2007 – I-8 U 124/05 mit NZB BGH v. 6. 11. 2007 – VI ZR 112/07, AHRS III, 1942/320).

T 103b Bleibt ein Karzinom aufgrund eines Behandlungsfehlers acht Monate therapeutisch unbehandelt, so steht der Patientin ein Schadensersatzanspruch nur dann zu, wenn festgestellt werden kann, dass **infolge des verzögerten Eingriffs ein zusätzlicher Gesundheitsschaden eingetreten** ist (OLG Stuttgart, VersR 1994, 1306).

T 104 **Unterlassene Gewebeuntersuchung; unterlassene Sonographie** (vgl. auch Rz. G 390a, G 570, G 579ff., G 814ff.)

Schmerzen in der weiblichen Brust sind ein typisches Zeichen für eine Mastopathie (knotige Veränderungen in der Brust), dagegen ganz untypisch für ein Karzinom. Weisen alle angewendeten Diagnosemethoden einschließlich einer Mammografie auf eine gutartige Mastopathie hin und ergeben sie keinen Verdacht auf ein Karzinom, dann ist es **nicht erforderlich, eine Gewebeuntersuchung vorzunehmen oder zu veranlassen** (OLG Zweibrücken, VersR 1991, 427). Es stellt auch keine Verletzung der ärztlichen Sorgfaltspflicht dar, wenn der Gynäkologe bei Tastung eines Knotens in der Brust zunächst nur die **Durchführung einer Mammografie empfiehlt** und weiter gehende Maßnahmen mit histologischer Untersuchung oder einer zusätzlichen Sonographie durch einen Radiologen zurückstellt und die Patientin auffordert, sich nach Abschluss einer ersten diagnostischen Maßnahme wieder bei ihm zu melden, um sodann die weiteren Schritte zu besprechen (OLG Jena, Urt. v. 24. 2. 1999 – 4 U 1245/99, VersR 2000, 637). Eine **Punktion oder Probeexcision** sollte aber dann angewandt werden, wenn vorausgegangene palpatorische Untersuchungen und/oder Mammografien verdächtige, nicht sicher zu interpretierende Befunde ergeben haben (OLG Düsseldorf, VersR 1988, 1297). Sprechen klinische Verdachtsanzeichen für die Diagnose „Krebs", während die Mammografie diesen Verdacht nicht bestätigt, so hat der Arzt die Patientin (im Rahmen der „therapeutischen Aufklärung") auf die **Möglichkeit einer Biopsie** (Entnahme einer Gewebeprobe zur feingeweblichen Untersuchung) **hinzuweisen** (OLG München, VersR 1995, 1499).

T 105 **Subkutane Mastektomie (Operative Entfernung des Brustdrüsenkörpers)**

Ergibt die histologische Untersuchung einer entnommenen Gewebeprobe Anteile eines **Mammakarzinoms mit einem ungünstigen Malignitätsgrad** und besteht zudem die Gefahr eines multizentrischen Wachstums, so kommt eine brusterhaltende Resektion des Tumors grundsätzlich nicht in Betracht, vielmehr ist dann aus medizinischer Sicht eine **subkutane Mastektomie unumgänglich** und stellt keinen Behandlungsfehler dar (OLG Düsseldorf, VersR 1999, 1152).

Laparoskopie und Laparotomie, Hysterektomie, Verwachsungen, Darmverletzung T 106

Wenn sich eine Laparoskopie wegen vorhandener **Verwachsungen im Bauchraum** als nicht durchführbar erweist, kann der **Wechsel zu einer Laparotomie (offener Bauchschnitt)** indiziert sein. Eine nach der Laparotomie aufgetretene **Darmverletzung** mit einer an der Grenze von jejunum und ileum dem Mastdarm zugewandten Perforation ist **nicht ohne weiteres erkennbar.** Das Unterlassen einer Untersuchung auf mögliche Darmverletzungen ist nur dann behandlungsfehlerhaft, wenn der Operateur **von der Möglichkeit einer Darmverletzung ausgehen muss.** Dies kann etwa der Fall sein, wenn das zur Vornahme der Laparoskopie verwendete Instrumentarium **tief in den verwachsenen Bauchraum geführt** worden wäre (OLG Düsseldorf, Urt. v. 17. 10. 2004 – I-8 U 120/03, AHRS III, 2485/327).

Die **Perforation des Dünndarms** im Zuge einer vaginalen Hysterektomie ist ein T 106a
seltenes, auch bei fachgerechtem Vorgehen nicht stets vermeidbares Ereignis. Das **Nichterkennen einer postoperativ aufgetretenen Sepsis bzw. einer Peritonitis** (hier: nach Perforation des Dünndarms) ist nicht fehlerhaft, wenn die wesentlichen, **typischen Symptome einer Peritonitis,** nämlich eine Leukozytose (Anstieg der weißen Blutkörperchen), ein Temperaturanstieg und abdominelle Zeichen (geblähter Bauch mit harter Bauchdecke) zunächst **nicht festgestellt** werden können. Ein kurzzeitiger und dann wieder rückläufiger Leukozytenanstieg kann vertretbar als postoperative Folge gedeutet werden. Ergibt sich kein Befund, d. h. keine Abweichung vom regelhaften Zustand, muss dies **nicht dokumentiert** werden. Dies gilt auch für die Behauptung der Behandlungsweise, die klinische Untersuchung des Abdomens sei „ohne Befund", also ohne Feststellung einer „harten Bauchdecke" durchgeführt worden. Die behandelnden Ärzte sind auch nicht verpflichtet, nach einer Bauchoperation gezielt einen Peritonitisverdacht durch Kontrolle des CRP-Wertes, Sonografie und Röntgen des Bauchraumes nachzugehen, wenn sich anhand der Labordaten (Leukozyten im Normbereich) und der klinischen Befindlichkeit (kein geblähter Bauch mit harter Bauchdecke) **kein Hinweis für einen entzündlichen Prozess im Bauchraum** ergeben hat. Dies gilt auch dann, wenn sich ein einmaliger **Leukozytenanstieg am nächsten Morgen wieder normalisiert** hat und der mit 105 Schlägen pro Minute durchweg grenzwertig erhöhte Puls mit den bereits präoperativ auffälligen Kardialbefunden schlüssig erklärt werden kann (OLG Köln, Urt. v. 21. 1. 2004 – 5 U 99/03, AHRS III, 1945/303).

Sterilisation, Kontrolluntersuchungen T 107

Die Methode der Elektrokoagulation ist zur Durchführung einer Sterilisation geeignet. Eine Eileiterkoagulation auf der Seite, auf der vor mehreren Jahren der Eierstock und die Eileiter entfernt worden sind, ist nicht erforderlich (OLG Düsseldorf, Urt. v. 25. 10. 2001 – 8 U 13/01, AHRS III, 2495/300). Das **Unterlassen von Kontrolluntersuchungen nach einer laparoskopischen Tubensterilisation ist kein ärztlicher Behandlungsfehler** (OLG Saarbrücken, Urt. v. 25. 9. 2002 – 1 U 559/01-129, AHRS III, 2495/301).

T 108 **Kein Dringlichkeitshinweis gegenüber dem Labor bei Verdacht auf Vaginalinfektion**

Bei einem Abstrich wegen des Verdachts einer Vaginalinfektion einer Schwangeren mit Beta-Streptokokken ist ein **besonderer Dringlichkeitshinweis gegenüber dem Untersuchungslabor** bzw. die Einholung einer telefonischen Auskunft über den Befund nur dann nicht erforderlich, wenn ein **Befundergebnis rechtzeitig vor dem errechneten Geburtstermin zu erwarten** ist, selbst wenn eine wenige Monate zurückliegende Laboruntersuchung ein geringes Wachstum von Beta-Streptokokken ergeben hatte (OLG Celle, Urt. v. 28. 5. 2001 – 1 U 49/00, AHRS III, 1942/303).

T 109 Einstweilen frei.

T 110 **Zuwarten trotz fehlenden Geburtsfortschritts**

Besteht kein Anlass, am Wohlbefinden des Kindes zu zweifeln, so ist ein **Zuwarten während zweier Stunden ohne deutlichen Geburtsfortschritt** trotz Verabreichung wehenfördernder Mittel nicht als Behandlungsfehler zu werten. Eine Schädigung des Kindes in der Geburt, etwa eine Armfraktur, ein Hornersyndrom und eine Armplexuslähmung, gestattet ohne Hinzukommen weiterer Umstände nicht den Schluss auf einen Behandlungsfehler bei der Auswahl oder der Durchführung der geburtshilflichen Methode (OLG Schleswig, VersR 1997, 831). Eine **Sectio** ist nicht bereits bei einem momentanen, sondern erst bei einem **dauernden Abfall der Herztonfrequenz des Kindes unter 100 Schläge** angezeigt (OLG Saarbrücken, OLGR 2000, 403; Gehrlein, Rz. B 15).

T 111 **Vertretbar nicht sofort eingeleitete Schnittentbindung**

Ein Behandlungsfehler wegen angeblich fehlerhafter Geburtsleitung liegt jedenfalls dann nicht vor, wenn eine sectio nicht zwingend indiziert war, das CTG keine Auffälligkeiten ergeben hatte und eine seit längerem bestehende intrauterine Minderversorgung in Betracht kommt. Ein zeitlicher Abstand von **21 Minuten zwischen dem Abschnallen des CTG und dem Eintreffen des Arztes** ist zwar nicht besonders schnell, aber noch vertretbar (OLG Braunschweig, VersR 2002, 982, 983). Muss eine **planmäßige, nicht notfallmäßige sectio** erwogen werden, ohne dass bereits eine Indikation für eine notfallmäßige sectio besteht, ist es nicht fehlerhaft zuzuwarten, um weitere Befunde (weiteres CTG, Ultraschalluntersuchung) zu erheben. Kommt eine planmäßige, nicht notfallmäßige sectio als Alternative zur bislang geplanten vaginalen Geburt in Betracht, muss dies mit der werdenden Mutter besprochen werden (vgl. hierzu Rz. A 1382 ff., A 1420 ff.). Ist anzunehmen, dass sich die Mutter dann zu einer Schnittentbindung entschlossen hätte, **fehlt es jedoch an der Kausalität** zwischen der unterlassenen sectio und einem Körper- bzw. Gesundheitsschaden des Kindes, wenn die zuvor geplante, nicht notfallmäßige sectio nicht vor der Erhebung weiterer Befunde (weiteres CTG, Sonographie) und möglicherweise nicht vor einer aufgrund nachfolgender, plötzlicher Verschlechterung vorgenommenen Notsectio durchgeführt worden wäre (OLG Frankfurt, Urt. v. 8. 2. 2005 – 8 U 163/04, AHRS III, 2500/345).

T 111a **Kein grober Behandlungsfehler bei unterlassener Mikroblutuntersuchung und verzögerter Entbindung** (vgl. auch Rz. G 557, G 583, G 843)

Das Unterlassen bzw. die Verzögerung einer vaginal-operativen Entbindung bei hoch pathologischem CTG über einen Zeitraum von **10–15 Minuten** stellt jedenfalls keinen „groben Behandlungsfehler" dar, wenn eine bis dahin **unbekannte Einstellungsanomalie vorliegt (hier: hintere Hinterhauptlage)**, mit einer raschen Beendigung der Geburt auf natürlichem Wege gerechnet werden durfte und die dazu notwendigen Schritte ergriffen worden sind. Es ist auch nicht grundsätzlich fehlerhaft, wenn der geburtsleitende Arzt im Anschluss an eine, wegen bestehender Dezellerationen veranlasste Notfalltokolyse eine **Mikroblutuntersuchung unterlässt**, wenn keine schwere Pathologie im CTG vorlag und mit einer unmittelbaren Gefährdung des Kindes zunächst nicht zu rechnen war (OLG Köln, Urt. v. 6. 7. 2011 – 5 U 8/07, GesR 2012, 18).

Änderung des besprochenen Entbindungskonzepts   T 111b

Wurde mit einer schwangeren Patientin im Rahmen der vorgeburtlichen Aufklärung bei bestehender, **relativer Indikation für einen Kaiserschnitt** besprochen, zunächst primär eine Vaginalgeburt anzustreben, ist es der Patientin unbenommen, das festgelegte Entbindungskonzept zu ändern und die Vornahme einer Sectio zu verlangen. Zur Änderung des festgelegten Entbindungskonzepts durch die Patientin ist jedoch eine **ausdrückliche und eindeutige Distanzierung von dem ursprünglich vereinbarten Konzept** erforderlich, aus der für die Behandlerseite deutlich wird, dass die zunächst erklärte Einwilligung für eine Vaginalgeburt nicht mehr besteht (OLG Hamm, Beschl. v. 9. 5. 2011 – I-3 U 75/10, GesR 2011, 474; Baur, GesR 2011, 577, 580).

Mutterschaftsrichtlinien müssen nicht überschritten werden   T 111c

Die Mutterschaftsrichtilinien spiegeln den ärztlichen Standard wieder und müssen ohne Anlass **nicht überschritten** werden. Es besteht daher keine Verpflichtung des Arztes zur vorsorglichen Untersuchung der Schwangeren im Hinblick auf den Toxoplasmose-Imunstatus oder zu einem Hinweis auf die Möglichkeit der Durchführung entsprechender Tests auf eigene Kosten der Schwangeren. Eine **nach den Mutterschaftsrichtlinien nicht vorgesehene, freiwillige und der Selbstzahlungspflicht unterliegende Toxoplasmoseuntersuchung ist auch nicht unter dem Gesichtspunkt der „echten Behandlungsalternative" aufklärungspflichtig.** Ohne medizinischen Anlass muss die Patientin nicht darauf hingewiesen werden, welche weiteren Behandlungs- oder Untersuchungsmethoden theoretisch in Betracht kommen und verfügbar sind (OLG Köln, Urt. v. 21. 9. 2011 – 5 U 11/11, GesR 2012, 165, 167).

Anm.: Bei der Toxoplasmose handelt es sich um eine bakterielle Infektion, insbesondere nach der Aufnahme von rohem oder ungenügend gekochtem Fleisch und beim Umgang mit Katzen.

Verabreichen wehenfördernder Mittel und Durchführung einer Notsectio   T 112

Das Verabreichen wehenfördernder Mittel anstatt der Veranlassung einer intrauterienen Reanimation sowie die Durchführung einer Notsectio bei anhaltender Dezelleration erweist sich jedenfalls dann nicht als behandlungsfehlerhaft, wenn es tatsächlich innerhalb kurzer Zeit zu einer Spontangeburt des Kindes kommt (OLG Zweibrücken, Urt. v. 8. 4. 2003 – 5 U 26/01, OLGR 2003, 337).

Geburtsbedingte Hirnschäden   T 113

Allein ein pathologisches CTG und eine intrapartale Hypoxie (herabgesetzter Sauerstoffpartialdruck im arteriellen Blut) erlauben noch nicht den Schluss auf einen geburtsbedingten Hirnschaden. Nach neueren wissenschaftlichen Erkenntnissen sind für die Annahme einer intrapartalen Hirnschädigung drei Voraussetzungen zu fordern, nämlich Hinweise auf eine vitale Mangelversorgung, wie z. B. Anomalien im fetalen CTG oder mekoniumhaltiges Fruchtwasser, eine Depression der vitalen Parameter unmittelbar nach der Geburt, d. h. niedrige APGAR-Werte (Schema mit je zwei Punkten für Atmung, Puls, Grundtonus, Aussehen, Reflexe; kritischer Wert: unter 7,0) sowie ein offenkundiges neurologisches Durchgangssyndrom in der Neugeborenenperiode während der ersten Lebensstunden und Lebenstage (OLG Köln, VersR 1998, 767; von Harder/Ratzel, Frauenarzt 1999, 51, 52).

T 114 Überwachung eines Neugeborenen

Während nach Auffassung des OLG Koblenz (VersR 1992, 612) ein neugeborenes Kind in den ersten zwanzig Minuten nach der Geburt überwacht werden muss, insbesondere wenn das Kind nach der Geburt mit Mekonium („Kindspech") verschmiert ist, muss ein **„lebensfrisch" geborenes Kind in der zweiten Stunde nach der Geburt nicht ständig, sondern nur in Zeitabständen von 10–15 Minuten überprüft werden** (OLG Köln, VersR 1997, 748). Bei stabilem Zustand des Neugeborenen ist es auch nach Auffassung des OLG München (NJW 1995, 1622) nicht ohne weiteres geboten, das Kind ununterbrochen zu überwachen oder in eine Kinderklinik zu verbringen. **Eine Verpflichtung zur routinemäßigen dauernden apparativen Kontrolle von gesunden oder nur geringfügig erkrankten Neugeborenen besteht grundsätzlich nicht.** Auch ein gelegentliches Spucken und Schleimen des Neugeborenen erfordert grundsätzlich keine intensive Überwachung. Entfernt sich eine Kinderkrankenschwester in einer solchen Situation für **15 bis 20 Minuten** aus dem Neugeborenenzimmer, um Säuglinge zu ihren Müttern zu bringen und sie zu versorgen, so ist dies nicht behandlungsfehlerhaft (OLG München, Urt. v. 11. 10. 2001 – 1 U 5651/00, OLGR 2003, 300 = AHRS III, 2030/310).

T 115 Keine Antibiose veranlasst (vgl. auch T 30, G 758 ff., G 775 ff.)

Lautet das Ergebnis eines Cervixabstriches „Erreger: reichlich Gardnerella vaginalis, mäßig viel Lactobacillus, vereinzelt Enterokokken", sind die Leukozytenwerte mit 14,4 im ersten Drittel einer Schwangerschaft leicht erhöht (Normbereich bis 11), kann aber keine erhöhte Temperatur bei der Patientin festgestellt werden, dann besteht **kein Anzeichen für eine Infektion und die Notwendigkeit einer antibiotischen Behandlung.** Denn der Keim Lactobacillus-Spezies muss in der Scheidenflora vorhanden sein, der Keim Enterekokkus kommt regelmäßig dort vor und auch der Keim Gardnerella vaginalis wird in 60 % der Fälle auch bei gesunden Frauen festgestellt (OLG München, Urt. v. 24. 11. 2011 – 1 U 1594/11, juris, Nr. 8–11, 57, 65).

T 116 Untersuchung von Punktaten

Eine Untersuchung von Punktaten, die nicht eitrig-trüb sind, ist nicht erforderlich (OLG Hamm, Urt. v. 25. 2. 2002 – 3 U 130/01, AHRS III, 1945/301).

T 117 Behandlung eines HELLP-Syndroms

Die kausale Therapie eines ausgebildeten Hellp-Syndroms besteht in der **Beendigung der Schwangerschaft.** Tritt das Krankheitsbild erst nach der Entbindung auf, ist über eine blutdrucksenkende Medikation (hier: mit Nepressol) hinaus keine weitere Behandlung indiziert. Bei nach wie vor erhöhten Blutdruckwerten der Patientin ist schon unmittelbar nach Beendigung einer Sectio mit der blutdrucksenkenden Medikation fortzufahren. Die **Unterlassung der blutdrucksenkenden Medikation ist aber nicht grundsätzlich grob fehlerhaft**, da bei einer Patientin schwangerschaftsbedingtem Bluthochdruck die Entbindung als solche schon das optimale blutdrucksenkende Mittel darstellt. Außerdem wirkt sich verabreichtes Magnesium potentiell antihypertensiv aus. Auch die Gabe von Valium sowie von Lasix haben günstige Auswirkungen auf den Blutdruck. Eine **Gehirnblutung tritt bei einem Hellp-Syndrom in 5–10 % der Fälle schicksalhaft auf** (OLG München, Urt. v. 23. 4. 2009 – I U 4456/06 mit NZB BGH v. 20. 4. 2010 – VI ZR 163/09, AHRS III, 2715/348).

Medizinischer Hintergrund: Bei einem **HELLP-Syndrom** handelt es sich um   T 118
eine Schwangerschaftserkrankung mit erhöhten Blutdruckwerten und akut auftretendem Haptoglobinabfall, pathologisch erhöhten Transaminasinwerten (GOT, GPT) und niedriger Thrombozytenkonzentration (weniger als 10000/µl). Die Diagnose erfolgt klinisch bei Schmerzen im rechten Oberbauch, intrauteriner Wachstumsretardierung, gelegentlich Proteinurie und Ödemen, selten Krampfanfällen oder gastrointestinalen Blutungen. **Die Behandlung besteht in der Stabilisierung unter therapeutischer Volumenexpansion bei optimalem Monitoring von Mutter und Kind, Prolongation der Schwangerschaft**, bei Auftreten eines Hellp-Syndroms vor der 32. bzw. 34. SSW möglichst bis zur Lungenreifung bzw. einer sofortigen Entbindung bei Eklampsie, Abruptio placentae, bei Multiorganversagen, fetaler Hypoxie, therapieresistenter Niereninsuffizienz oder bei einem Lungenödem (Pschyrembel, Therapie, 4. Aufl., S. 375, 376; vgl. auch Pschyrembel, 264. Aufl., S. 855; vgl. auch Haag/Hanhart/Müller, 6. Aufl., S. 144: nach erster Stabilisierung des mütterlichen Zustandes und zu erwartendem reifem Neugeborenem ab der 34. SSW ist die sofortige vaginale Entbindung anzustreben; bei Vorliegen erheblicher Frühgeburtlichkeit und stabilisiertem Zustand der Mutter ist ein Abwarten des intensivmedizinischen Vorgehen unter kontinuierlichem Monitoring und Gabe von Dexamethason bis zur 34. SSW möglich, für eine Notfallsectio sollte die Thrombozytenzahl über 5000/µl liegen). **Differentialdiagnostisch** kommt etwa eine Gastroenteritis, Appendizitis, ein Ulcus-Ventriculi oder Ulucus-Duodeni, eine Peritonitis, Sepsis, eine Leberfunktionsstörung, eine akute Schwangerschaftsfettleber, eine akute fulminante Hepatitis, eine Gerinnungsstörung und eine Nierenfunktionsstörung in Betracht (Haag/Hanhart/Müller, 6. Aufl., S. 144/145; Pschyrembel, 264. Aufl., S. 855).

Einstweilen frei.   T 119 – T 128

3. Einfache Behandlungsfehler im Bereich Innere Medizin/Urologie

Das Vorliegen eines einfachen Behandlungsfehlers wurde in folgenden Fällen verneint

(zu → *Groben Behandlungsfehlern* vgl. Rz. G 397 ff., G 634 ff., G 898 ff.)

Vorsorgliche Hodenfixierung   T 129

Wird im Anschluss an eine Operation wegen einer Hodentorsion rechts auch der **linke Hoden vorsorglich fixiert**, so ist dieser Eingriff nicht ohne weiteres fehlerhaft, wenn einerseits ein höheres Infektionsrisiko als bei einem um Wochen verschobenen Zweiteingriff besteht, andererseits aber einer Torquierung (Achsendrehung, meist um die Längsachse) auch des linken Hodens vorgebeugt werden kann und es sich um ein **neugeborenes Kind mit erhöhtem Narkoserisiko** handelt. Dies gilt auch dann, wenn das operative Vorgehen in einem solchen Fall nicht einheitlich gehandhabt wird. Tritt nach dem vorsorglich vorgenommenen Eingriff eine Hodenatropie (Rückbildung, Schwund des Hodens) ein, so lässt sich (nach dem medizinischen Kenntnisstand im Jahr 1996) nicht beurteilen, ob diese Komplikation Folge der Fixierung eines regelrechten oder eines so genannten Pendelhodens (Wanderhoden, der sich jederzeit in seine normale Lage zurückbringen lässt) gewesen sein kann (OLG München, VersR 1997, 831).

T 130 **Injektion in die Arteria radialis**

Injiziert ein Arzt Valium anstatt in die Vene in die atypisch verlaufende Arteria radialis (Speichenader), so trifft ihn **kein Verschulden, wenn die Schmerzäußerung des Patienten nicht deutlich und ungewöhnlich ist,** sondern nur dem entspricht, was bei ordnungsgemäßer intravenöser Valiumgabe ohnehin zu erwarten ist (OLG München, VersR 1990, 312).

T 131 **Einsatz einer Lysetherapie in der Schlaganfallbehandlung**

Im Rahmen der nach einer **transurethralen Prostataresektion** erforderlich werdenden Schlaganfallbehandlung ist die Vornahme einer rekanalisierenden **Lysetherapie wegen der nach der Prostataoperation stark erhöhten Blutungsgefahr im Bereich der Wundhöhle nicht indiziert,** weshalb ihr Unterbleiben den behandelnden Ärzten nicht als Behandlungsfehler vorgeworfen werden kann (OLG Düsseldorf, Urt. v. 12. 1. 2006 – I-8 U 25/05, OLGR 2006, 469).

T 132 **Schlaganfall, Lysetherapie**

Bei einem sogenannten „weichen Befund" im CT oder MRT im Sinne einer **transitorisch-ischämischen Attacke (TIA) ist eine Lysebehandlung nicht indiziert.** Das es auf die erforderliche ex-ante-Betrachtung ankommt, ändert die spätere Feststellung nach Durchführung der Behandlung, eine linkshirnige Ischämie im Bereich des Hirnstamms bzw. ein Hirnstamminsult hätten nicht ausgeschlossen werden können, hieran nichts. Auch bei einer akuten linkshirnigen Ischämie im Bereich des Hirnstamms besteht **keine Indikation für eine Lysetherapie, da diese lebensgefährliche Blutungen auslösen kann, jedenfalls wenn das Zeitfenster von drei Stunden zum Zeitpunkt der frühest möglichen Vornahme einer Lysetherapie überschritten ist** (OLG München, Urt. v. 8. 1. 2009 – 1 U 3505/08 mit NZB BGH v. 1. 12. 2009 – VI ZR 41/09, AHRS III, 2740/317: Zeitfenster von drei Stunden, Schwindel und Doppelbilder waren bereits am Vorabend der Einlieferung ins KKH aufgetreten; auch OLG Düsseldorf, Urt. v. 22. 2. 2007 – I-8 U 20/06, AHRS III, 2740/314: drei Stunden, in speziellen Stroke-Unit-Centren bis zu sechs Stunden; OLG München, Urt. v. 3. 5. 2007 – I U 4284/06 mit NZB BGH v. 27. 5. 2008 – VI ZR 141/07, AHRS III, 2740/315: innerhab von drei Stunden; Pschyrembel, Therapie, 4. Aufl., S. 500, 501: bis 4,5 Stunden; Pschyrembel, 264. Aufl., S. 1876: innerhalb von 3–4,5 Stunden).

Eine cerebrale Blutung bzw. ein unklarer Bewusstseinszustand des Patienten stellt jedoch eine **Kontraindiaktion für eine Katheterlyse** dar (OLG Düsseldorf,

Urt. v. 22. 2. 2007 – I-8 U 20/06, AHRS III, 2740/314: unklarer Bewusstseinszustand: Pschyrembel, Therapie, 4. Aufl., S. 500/501: cerebrale Blutung o. Ä.
muss ausgeschlossen werden).

Es liegt auch **kein Übernahmeverschulden** darin, dass eine Klinik, die über keine   T 132a
Schlaganfallstation (Stroke-Unit) verfügt, einen mit Verdacht auf das Bestehen
eines Schlaganfalls eingelieferten Notfallpatienten aufnimmt, eine Schädel-CT-
Untersuchung veranlasst, den Patienten nach Auftreten einer Verschlechterung
des Zustandes im Sinne eines cerebral-ischämischen Insults mit Hemiparese
linksseitig in die eigene Intensivstation verbringt und dort weiter behandelt, anstatt den Patienten sogleich in einer Klinik mit Stroke-Unit zu verlegen, wenn
die dort zusätzlich bestehenden Möglichkeiten insbesondere einer unter opti-
malsten Bedingungen durchzuführenden Lyse im konkreten Fall nicht durchführbar bzw. erforderlich sind, etwa **weil das Zeitfenster von drei Stunden bei
Feststellung der Schwere des Schlaganfalls bereits überschritten ist** (OLG München, Urt. v. 3. 5. 2007 – I U 4284/06 mit NZB BGH v. 27. 5. 2008 – VI ZR
141/07, AHRS III, 3400/304).

Anm.: In ausgewählten Centren wurde das **Zeitfenster für die Lyse** für eine   T 132b
hochselektive Gruppe von Schlaganfallpatienten **auf sechs Stunden ausgedehnt**
(OLG München, Urt. v. 3. 5. 2007 – 1 U 4284/06, AHRS III 2740/315 und OLG
Düsseldorf, Urt. v. 22. 2. 2007 – I-8 U 20/06, AHRS III, 2740/314; Pschyrembel,
Therapie, 4. Aufl., S. 500/501). Die Diagnose wird durch Kontrastmittel-CT
oder craniales MRT gestellt (Pschyrembel, Therapie, 4. Aufl., S. 500/501; Pschyrembel, 264. Aufl., S. 1876). Im Einzelfall kann deshalb eine **unterlassene Befunderhebung** vorliegen, wenn ein Kontrastmittel-CT oder ein craniales MRT
bei nicht ausgeräumtem V. a. Schlaganfall oder nach Auftreten einer Verschlechterung des Zustandes nicht durchgeführt werden (vgl. hierzu Rz. U 111, U 278).

Schädigung des Schließmuskels der Harnröhre   T 133

Eine Schädigung des Schließmuskels der Harnröhre im Rahmen der **Durchführung einer transurethalen Elektroresektion (TURP)** indiziert nicht das Vorliegen
eines Behandlungsfehlers. Eine verlängerte Operationszeit ist allein noch kein
ausreichender Hinweis für eine vorgenommene Venenöffnung (OLG Hamm,
Urt. v. 15. 5. 2000 – 3 U 77/99, AHRS III, 2680/301).

Rekanalisation nach Vasektomie   T 134

Wurde im Rahmen einer Sterilisation (hier: Vasektomie) ausweislich des Operationsberichts ein Teilstück des Samenleiters von etwa 1 cm Länge entfernt und
erfolgte eine doppelte Unterbindung des Samenleiters nach proximal und anschließend auch nach distal, liegt kein Behandlungsfehler vor. Werden später le-
bende Spermien vorgefunden, kann hieraus nicht auf eine fehlerhafte Durchführung der Sterilisationsmaßnahme geschlossen werden. Trotz sachgerechter
Durchführung der Vasektomie kann es **in Einzelfällen zu einer spontanen Rekanalisation** i. S. einer sogenannten Früh- oder Spätrekanalisation kommen. Dieses
Faktum begründet die Notwendigkeit der Kontrolle des operativen Erfolgs durch
Fertigung von Spermiogrammen (OLG Hamm, Urt. v. 21. 2. 2001 – 3 U 125/00
mit NA-Beschl. BGH v. 18. 12. 2001 – VI ZR 152/01, AHRS III, 2680/304).

T 135 **Kardiologie; Eingriffe am Herzen**

Wird bei der Durchführung einer Ballonvalvuloplastie (Sprengung verengter Herzklappen durch einen transvenös oder transarteriell vorgeschobenen Herzkatheter) bzw. einer Angioplastie (Dehnung von Stenosen der Herzkranzgefäße durch wiederholtes Einbringen von Kathetern mit zunehmendem Durchmesser oder unter Verwendung von Ballonkathetern) der **Herzmuskel durchstoßen mit der Folge eines Kreislaufstillstandes**, so liegt hierin wegen der nicht vollständigen Beherrschbarkeit des Risikos nicht unbedingt ein Behandlungsfehler (OLG Karlsruhe, VersR 1997, 241). Wird ein eingesetzter Bypass an der großen Diagonalarterie anstatt am Hauptast der Herzkranzarterie angeschlossen, so ist dies allein nicht behandlungsfehlerhaft (OLG München, VersR 1997, 1281). Das Vorliegen eines Behandlungsfehlers wurde auch bei der Durchführung einer Herzkatheteruntersuchung bei einem Kleinkind, das dabei eine Hirnembolie erlitt, verneint (OLG Celle, VersR 1988, 829).

T 136 **Stentimplantation, Dissektion eines Herzkranzgefäßes**

Es ist nicht fehlerhaft, wenn ein Kardiologe beim Auftreten einer Verengung eines implantierten Stents nach Kontrastmitteluntersuchungen versucht, durch einen **weiteren Stent bessere Druckverhältnisse im Herzen** herzustellen (OLG Frankfurt, Urt. v. 3. 11. 2009 – 8 U 71/09 mit NZB BGH v. 13. 7. 2010 – VI ZR 329/09, AHRS III, 2555/301). Den Kardiologen bleibt es überlassen, wie er bei der Implantation eines Stents die korrekte Führungsdrahtlage überprüft. Der Vorgang der Stentimplantation ist aber **filmisch zu dokumentieren** (OLG Hamm, Urt. v. 23. 11. 2009 – I-3 U 41/09, AHRS III, 2555/302).

T 137 **Verzögerte Antibiotikatherapie**

Eine (hier: um 4 Tage) verzögerte Antibiotikatherapie zur Behandlung eines septischen Krankheitsbildes kann den Organismus möglicherweise schwächen und die Überlebenschance vermindern. Dies ist jedoch nur anzunehmen, wenn **der Patient innerhalb von 30 Tagen** nach dem Zeitpunkt der fehlerhaft unterlassenen Antibiotikagabe verstirbt. Die **Beendigung einer Antibiotikatherapie nach 14 Tagen** bei einer schweren Haut- und Weichteilinfektion stellt **keinen Behandlungsfehler dar, wenn die Therapie angeschlagen hat**, die Entzündungsparameter zurückgehen und der Patient extubiert werden konnte (OLG München, Urt. v. 28. 7. 2011 – 1 U 522/11, juris, Nr. 9, 46, 47, 49).

Auch bei korrekter Behandlung mit sofortiger Antibiotikagabe weist eine **Endokarditis eine Mortalitätsrate von 18–27 %, bei chronisch kranken Patienten eine solche von bis zu 50 % auf. Eine um 3 Tage verspätete Diagnose einer Endokarditis ist somit regelmäßig nicht für den Tod des Patienten nach einem Monat ursächlich** (OLG München, Urt. v. 28. 7. 2011 – 1 U 522/11, juris, Nr. 49).

T 138 **Darmspiegelung, Darmperforation** (s. o. Rz. T 47, A 2090, A 2092)

4. Einfache Behandlungsfehler im Bereich HNO/Augenheilkunde

a) Das Vorliegen eines einfachen Behandlungsfehlers wurde in folgenden Fällen bejaht

(zu → *Groben Behandlungsfehlern* vgl. Rz. G 649, G 924, G 925)

Unterlassene antibiotische Therapie T 139

Nach einer **Tonsillektomie (Ausschälen der Gaumenmandeln)** muss der operierende HNO-Arzt immer mit einer latenten Besiedlung des Wundgebiets mit pathogenen Erregern rechnen, so dass sich ihm bei steigenden Fiebertemperaturen und erhöhter Herzfrequenz der Verdacht eines septischen Geschehens aufdrängen muss. Unterlässt er die gebotene **Einleitung einer antibiotischen Therapie**, so entlastet es ihn nicht, wenn er – anstatt selbst zu therapieren – einen Internisten hinzuzieht (OLG Köln, VersR 1990, 1242).

Erforderliche Diagnose- und Therapiemaßnahmen bei länger andauernden Oh- T 140
renschmerzen

Der Befund einer **Vorwölbung des linken druckschmerzhaften Trommelfells verbunden mit einer äußeren Ohrenentzündung** erfordert auch dann, wenn sich keine eindeutigen Hinweise auf eine Mittelohrbeteiligung ergeben, eine **engmaschige HNO-ärztliche Überwachung**. Der Arzt kann sich dabei nicht darauf verlassen, dass ein erwachsener Patient sich ohne ärztliche Anweisung bei Fortbestehen der Beschwerden von allein wieder vorstellt. Bei einem längeren Andauern der Beschwerdesymptomatik bedarf es weiter gehender diagnostischer Maßnahmen zur Überprüfung einer Beteiligung des Mittelohrs. Eine Folgeuntersuchung muss etwa zwei Tage nach der Erstuntersuchung durchgeführt werden, beim Ausbleiben einer nachhaltigen Befundbesserung in einem Zeitraum von bis zu zehn Tagen sind weiter gehende Maßnahmen zur Beurteilung des Mittelohrs (Fertigung eines Audiogramms) erforderlich (OLG Düsseldorf, Urt. v. 2. 11. 2000 – 8 U 125/99, VersR 2001, 647).

Unterlassener Hinweis, das Reiben des Augapfels zu vermeiden T 141

Ein Patient, dem nach einer Augenoperation Fäden gezogen werden, ist darauf hinzuweisen, dass er jede Beeinträchtigung des Auges, etwa auch durch Reiben des Augapfels, vermeiden muss (OLG Stuttgart, VersR 1996, 979).

Unterlassene Augenhintergrundspiegelung T 142

Klagt ein **stark kurzsichtiger Patient beim Augenarzt über Sehstörungen**, so hat dieser zum Ausschluss einer Netzhautablösung unter Weitstellung der Pupillen eine **Augenhintergrundspiegelung** durchzuführen. Dies gilt auch dann, wenn der Patient Beschwerden schildert, die nicht auf eine Netzhautablösung hinweisen (OLG Oldenburg, MDR 1990, 1011).

b) Das Vorliegen eines einfachen Behandlungsfehlers wurde in folgenden Fällen verneint

Nachblutung nach Mandeloperation T 143

Tritt bei einem Patienten nach einer Adenotomie und Tonsillektomie (**Entfernung der Rachenmandeln**) im Nasen- und Rachenraum eine massive Nachblutung auf, ist es vertretbar, wenn der Arzt **zunächst abwartet**, suprareninhaltige Tamponade zur Blutstillung einlegt und erst nach ca. 50 bis 55 Minuten die Entscheidung für eine Zweitoperation trifft, auch wenn der Wert der Sauerstoffsättigung kurzzeitig auf 74 % absinkt (OLG Hamm, Urt. v. 20. 12. 2004 – 3 U 142/04, NA Beschluss BGH v. 31. 1. 2006 – VI ZR 15/05, AHRS III, 2520/304).

T 144 **Nachblutung bei Nasenpolypenoperation**

Bei der Operation von Nasenpolypen ist es nicht fehlerhaft, wenn trotz der gelegentlichen Einnahme von Aspirin und einer präoperativ festgestellten **Blutungszeit des Patienten von ca. fünf Minuten bei ansonsten normalen Gerinnungsparametern** der Eingriff nicht verschoben wird. Ist es bis zum Ende der Operation nicht zu einer Nachblutung gekommen, so ist es nicht fehlerhaft, auf die Einlage einer festen, straffen Tamponade in die Nasenhaupthöhlen zu verzichten. Dies gilt auch dann, wenn der Patient während der Operation einen relativ hohen Blutverlust erlitten hatte und drei Liter Infusionsflüssigkeit zugeführt worden sind (OLG Zweibrücken, Urt. v. 10. 3. 2009 – 5 U 19/07, OLGR 2009, 434, 435).

T 144a **Nichtverschieben einer OP trotz Einnahme von Aspirin**

Das Nichtverschieben einer geplanten Operation trotz Einnahme von Aspirin stellt keinen Behandlungsfehler dar, jedenfalls wenn die durchgeführten Laboruntersuchungen ergeben haben, dass **sämtliche Laborparameter zur Blutgerinnung im Normbereich lagen**. In einem solchen Fall ist es auch nicht erforderlich, eine feste Tamponade in die beiden Nasenhaupthöhlen des Patienten nach Durchführung eines Nasenpolypen-Operation einzulegen, wenn nach dem Ende der OP keine Blutung zu beobachten war (OLG Zweibrücken, Urt. v. 10. 3. 2009 – 5 U 19/07, GesR 2009, 405, 406).

T 144b **Notfallbehandlung nach Hörsturz**

Im Rahmen einer Notfallbehandlung muss ein HNO-Arzt bei einem Patienten **keine Hörprüfungen** wiederholen und muss ihn auch, wenn er bei ihm aufgrund seiner klinischen Untersuchungen keine schwerwiegende Erkrankung des Hörorgans festgestellt hat, **nicht zur stationären Behandlung aufnehmen bzw. einweisen**, sondern kann ihm ein Medikament verordnen und ihn bitten, sich am nächsten Wochentag bei dem behandelnden HNO-Arzt vorzustellen (OLG Düsseldorf, Urt. v. 19. 2. 2004 – I-8 U 90/03, AHRS III, 2610/301).

5. Einfache Behandlungsfehler im Bereich Allgemeinmedizin

(zu → *Groben Behandlungsfehlern* vgl. Rz. G 448 ff., G 651 ff., G 927 ff.)

a) Das Vorliegen eines einfachen Behandlungsfehlers wurde in folgenden Fällen bejaht

T 145 **Beratung über die Notwendigkeit der sofortigen Abklärung einer schwerwiegenden Verdachtsdiagnose**

Ergibt sich für den Hausarzt eine schwerwiegende Verdachtsdiagnose, so hat er den Patienten über die Notwendigkeit einer sofortigen Abklärung und Untersuchung zu beraten (BGH, NJW 1997, 3090).

Maßnahmen bei Enzephalitisverdacht (Gehirnentzündung)   T 146

Kann ein **Enzephalitisverdacht nicht ausgeräumt** werden, sondern bieten die Ergebnisse der Anfangsuntersuchungen insoweit Anlass zu weiteren diagnostischen Maßnahmen, so ist entweder der Verdachtsdiagnose unverzüglich nachzugehen oder aufgrund der Verdachtsdiagnose entsprechend zu therapieren. Werden dennoch wesentliche diagnostische Maßnahmen nicht unverzüglich
ergriffen, liegt sogar ein grober Behandlungsfehler vor (OLG Köln, VersR 1991,
186).

Verdacht auf kompletten Gefäßverschluss   T 147

Es ist behandlungsfehlerhaft, wenn ein Hausarzt die Durchführung eines Haus-
besuchs ablehnt, obwohl die vom Patienten geschilderten Symptome im Zusammenhang mit der dem Arzt bekannten Vorgeschichte den Verdacht auf einen
kompletten Gefäßverschluss dringend nahe legen (BGH, NJW 1986, 2367; Gehrlein, Rz. B 13). Zu den Sorgfaltspflichten eines Arztes für Allgemeinmedizin bei
der Diagnose und Behandlung eines länger andauernden Gefäßleidens gehört
auch die **rechtzeitige Einweisung in ein Krankenhaus** bei Anzeichen eines inkompletten Verschlusses (OLG Hamburg, VersR 1990, 1119).

KKH-Einweisung bei erheblichen Risikofaktoren für Herzinfarkt unterlassen   T 148
(zum Herzinfarkt vgl. bereits Rz. D 92 ff., G 462 ff., G 539 ff., G 652 ff., G 930 ff.)

Unterlässt es ein niedergelassener Arzt (Allgemeinmediziner bzw. Internist), einen **Patienten mit erheblichen Risikofaktoren, entsprechender Schmerzsymptomatik und pathologischem EKG** nicht unverzüglich in das nächstgelegene Krankenhaus einzuweisen, so liegt ein Fall der „unterlassenen Befunderhebung"
(hier: unterlassene Durchführung der gebotenen Anschlussdiagnostik, serilles
EKG, Blutabnahme, Troponin-Test, Feststellung des Vorliegens von Herzrythmusstörungen etc.) und kein Diagnoseirrtum vor. Es handelt sich sogar um einen „groben Behandlungsfehler", wenn der Allgemeinmediziner den Patienten
mit einschlägiger Schmerzsymptomatik (ziehende Schmerzen auf der linken
Brustseite), Nikotinabusus, Bluthochdruck, familiärer Vorbelastung, Adipositas
und Blutzuckererhöhung nicht sofort mit dem Notarztwagen in ein Krankenhaus verbringen lässt (BGH, Beschl. v. 22. 9. 2009 – VI ZR 32/09, VersR 2010,
72, 73).

Verschreibung von Medikamenten mit Abhängigkeitspotenzial   T 149

Verordnet ein Hausarzt wegen Menstruationsbeschwerden wiederholt ein
Schmerzmittel (hier: Tramadol), so ist dies nicht zu beanstanden, wenn er davon
ausgehen darf, dass der Befund gynäkologisch abgeklärt wurde mit dem Ergebnis, dass es sich um ein bloßes Schmerzproblem handelt. Sind die verordneten
Mengen unter der Prämisse, dass sie gezielt nur an den Menstruationstagen wegen starker Schmerzen eingenommen werden, nicht überhöht, kann eine **Warnung vor dem Suchtpotenzial des Medikaments** ausreichen, solange für den
Arzt kein Anhalt für einen Missbrauch besteht. Verlangt die Patientin unter
dem Hinweis auf einen längeren Auslandsaufenthalt die **Verordnung einer für
mehr als sechs Monate ausreichenden Menge**, muss der Arzt dem dadurch auf-
keimenden Abhängigkeitsverdacht nachgehen und in geeignete Weise sicher-

stellen, dass es nicht zu einem **Medikamentenmissbrauch** kommt. Ein „grober Behandlungsfehler" liegt aber nicht schon dann vor, wenn der Hausarzt das Medikament mit Abhängigkeitspotenzial trotz Suchtverdachts weiter verordnet (OLG Koblenz, Urt. v. 18. 10. 2007 – 5 U 1523/06, VersR 2008, 404 = MedR 2008, 86).

T 150 Zum Vorliegen eines „groben Behandlungsfehlers" bei **Injektionen** vgl. Rz. G 902 ff., G 1015 ff.

T 151 – T 164 Einstweilen frei.

b) Das Vorliegen eines einfachen Behandlungsfehlers wurde in folgenden Fällen verneint

T 165 **Überweisung an Fachärzte**

Ein Allgemeinmediziner genügt seinen Sorgfaltspflichten, wenn er einen Patienten mit starken Rückenschmerzen, deren Ursache für ihn nicht festzustellen ist, **Fachärzten (Radiologen bzw. Orthopäden) vorstellt**, die zur Abklärung des Beschwerdebildes in der Lage sind (OLG Düsseldorf, NJW-RR 1996, 669).

T 166 Der gegenüber einem Arzt für Allgemeinmedizin erhobene Vorwurf einer unzureichenden Diagnostik und Befunderhebung ist deshalb unbegründet, wenn er die hierfür gebotene **Einschaltung von Fachärzten durch entsprechende Überweisungen veranlasst** hat (OLG Oldenburg, MDR 1998, 1351). Hat der Allgemeinmediziner seinen über Oberbauchschmerzen klagenden Patienten an mehrere Fachärzte einschlägiger Fachrichtungen (Internist, Radiologe, Krankenhaus) überwiesen, deren Untersuchungen für eine chronische Pyelonephritis (bakterielle Entzündung des Nierenbeckens) sprechen, so muss er nicht noch eine weitere Diagnostik zum Ausschluss einer Nierenarterienstenose (Einengung bzw. Abknickung einer Nierenhauptarterie) veranlassen (OLG Hamm, VersR 1998, 323).

T 167 **Unterlassene Probeexcision bei Verdacht auf Mammakarzinom** (vgl. hierzu Rz. G 390a, G 570, G 579 ff., G 814 ff., G 858 ff.)

Es stellt keine Verletzung der ärztlichen Sorgfaltspflicht dar, wenn der Arzt bei Tastung eines Knotens in der Brust zunächst nur die Durchführung einer Mammografie empfiehlt (OLG Jena, Urt. v. 24. 2. 1999 – 4 U 1245/98, VersR 2000, 637; OLG Zweibrücken, VersR 1991, 427).

T 168 **Sturz im Behandlungszimmer** (vgl. zum → *Sturz im Krankenhaus* Rz. S 520 ff., S 585 ff.)

Es liegt kein Behandlungsfehler des niedergelassenen Arztes (Allgemeinmediziner, Chirurg o. a.) vor, wenn er die Patientin zunächst auf einer Liege im Behandlungszimmer zum Ziehen der Fäden einer zuvor erfolgten Operation behandelt, bei auftretenden Schweißausbrüchen eine Hochlage der Beine veranlasst und den **Blutdruck mit Normalwerten (120/70 mmHg)** messen lässt, sich mit der Arzthelferin nach **ca. 15 Minuten entfernt** und die Patientin während der kurzfristigen Abwesenheit des Arztes und der Arzthelferin auf den Boden stürzt. Der Arzt kann sich darauf verlassen, dass eine bewusstseinsklare, ca. 50 Jahre alte Patientin den ihr gegebenen Hinweis, weiterhin liegen zu bleiben, befolgt (OLG Düsseldorf, Urt. v. 14. 2. 2002 – 8 U 208/00, AHRS III, 3500/302). Auch ein niedergelassener Arzt ist ohne äußeren Anlass nicht verpflichtet, die **in seinem Behandlungszimmer wartenden Patienten** zu überwachen und Vorkehrungen zur Vermeidung eigenmächtiger, gefahrgeneigter Handlung der Patienten (hier: Ablegen auf der Behandlungsliege) zu treffen (OLG Naumburg, Urt. v. 4. 12. 2008 – 1 U 51/08, OLGR 2009, 327, 328; **zur postoperativen Überwachung eines sedierten Patienten** vgl. Rz. G 1032, G 1033).

Beinvenenthrombose, Phlebographie bzw. Sonographie (zur Thrombose siehe   T 169
auch Rz. A 689 ff., A 950, A 1538 ff., D 115 ff., G 451, G 460 ff., G 537, G 663, G 751 ff., G 771, U 24, U 37, U 81b)

Eine Phlebographie oder eine Ultraschallsonografie ist erst und nur dann vorzunehmen bzw. zu veranlassen, wenn sich im konkreten Fall Symptome einstellen, die auf den Beginn einer **Beinvenenthrombose** schließen lassen. Solche Symptome sind etwa eine blassblaue bzw. livide **Verfärbung** des betroffenen Beins, eine teigige **Anschwellung** mit einer Einschränkung der Beweglichkeit des Beins o.a. Auch bei länger anhaltenden Spannungsgefühlen in der Wade kann sich ein hinreichender Thromboseverdacht ergeben (OLG Saarbrücken, Urt. v. 29. 11. 2000 – 1 U 69/00-15, AHRS III, 1873/307).

6. Einfache Behandlungsfehler im Bereich Radiologie

a) Das Vorliegen eines einfachen Behandlungsfehlers wurde in folgendem Fall bejaht

(zu → *Groben Behandlungsfehlern* vgl. Rz. G 480 ff., G 662, G 986)

Untersuchung durch Arzthelferin   T 170

Es stellt einen Behandlungsfehler dar, wenn ein Radiologe bei der Röntgenkontrastuntersuchung das Darmrohr des verwendeten Ballonkatheders **ohne Beaufsichtigung von einer Arzthelferin einführen** lässt und anschließend eine beträchtliche Menge des Kontrastmittels zuführt, ohne den Austritt einer größeren Menge in die Umgebung des Dickdarms zu bemerken (OLG Köln, VersR 1991, 311).

b) Das Vorliegen eines einfachen Behandlungsfehlers wurde in folgenden Fällen verneint

Delegation intravenöser Injektionen (vgl. zur Delegation ärztlicher Maßnahmen   T 171
an nichtärztliches Personal vgl. Rz. A 393 ff.)

Es ist nicht zu beanstanden, wenn einer erfahrenen und **fachgerecht ausgebildeten MTA für Radiologie intravenöse Injektionen** zur Vorbereitung von Diagnosemaßnahmen (Kontrastmittel-CT, Schilddrüsenszintigramm o.a.) übertragen werden, sofern für eine regelmäßige Kontrolle und Überwachung durch den Arzt Sorge getragen wird. Allerdings ist der Patient vor einer intravenösen Injektion in die Ellenbogenbeuge über das Risiko von Nervenirritationen aufzuklären (OLG Dresden, Urt. v. 24. 7. 2008 – 4 U 1857/07, OLGR 2008, 818, 820).

T 172 **Beschränkung auf die Durchführung der erbetenen Untersuchung** (vgl. hierzu → *Arbeitsteilung*, Rz. A 254, A 260, A 287, A 293 ff., A 298 ff.)

Grundsätzlich darf der übernehmende Arzt darauf vertrauen, dass der überweisende Arzt die Indikation für die Durchführung der erbetenen Untersuchung geprüft hat (OLG Stuttgart, VersR 1991, 1060; OLG Stuttgart, NJW-RR 2001, 960, 961; OLG Düsseldorf, VersR 1984, 643). Dies gilt auch für die Frage, welcher Stellenwert der erbetenen Untersuchung, der Anfertigung eines CT im Kopfbereich, im Rahmen der ärztlichen Überlegungen zukommt. Zwar muss der übernehmende Facharzt prüfen, ob der Auftrag richtig gestellt ist und dem angegebenen Krankheitsbild entspricht. Etwaigen **Zweifeln an der Richtigkeit der ihm übermittelten Diagnose hat er ebenso nachzugehen wie etwaigen Bedenken zum Stellenwert der von ihm erbetenen Untersuchung.** Ein Radiologe, dem ein Patient vom Hausarzt zur Anfertigung eines CT des Kopfes mit der Angabe „z. B. Intracranieller Prozess" überwiesen wird, ist nicht verpflichtet, statt eines nativen CT ein Kontrastmittel-CT zu fertigen, wenn das gefertigte native CT keinen ungewöhnlichen Befund ergibt (OLG Stuttgart, NJW-RR 2001, 960). Allein aufgrund der Angaben des Patienten „Schwindel und Ohrgeräusche" ist der Radiologe nicht gehalten, eine Kontrastmitteluntersuchung vorzunehmen oder anzuregen. Stellt sich später heraus, dass der Patient an einem Acusticus-Neurinom (Kleinhirnbrückenwinkeltumor) litt, kann der Radiologe für den hierdurch verursachten kompletten Hörverlust nicht verantwortlich gemacht werden (OLG Stuttgart, NJW-RR 2001, 960, 961; vgl. auch → *Arbeitsteilung*, Rz. A 260, A 287, A 293 ff., A 298 ff.).

T 173 **Keine Haftung des Radiologen für einen Diagnoseirrtum eines Orthopäden**

Wurde seitens der radiologischen Praxis in den Räumen eines Krankenhauses ein qualitativ einwandfreies CT oder MRT gefertigt, außerhalb der Sprechstundenzeiten der Radiologen aber von einem Arzt des kooperierenden Belegkrankenhauses falsch ausgewertet (hier: fundamentaler Diagnoseirrtum, beim Krankenhaus angestellter Orthopäde übersieht eindeutig erkennbaren Bandscheibenvorfall), verbleibt es bei der ausschließlichen Haftung des den Befund veranlassenden Krankenhausarztes bzw. des Krankenhausträgers (OLG Düsseldorf, Beschl. v. 18. 11. 2009 und vom 22. 10. 2009 – I-8 U 81/09, MedR 2010, 506, 507).

7. Einfache Behandlungsfehler im Bereich Anästhesie

a) Das Vorliegen eines einfachen Behandlungsfehlers wurde in folgenden Fällen bejaht

(zu → *Groben Behandlungsfehlern* vgl. Rz. G 488 ff., G 667, G 988 ff.)

T 174 **Zuständigkeit bei horizontaler Arbeitsteilung** (vgl. → *Arbeitsteilung*, Rz. A 340 ff.)

Die **Beurteilung der Narkosefähigkeit** eines Patienten vor einer OP ist **Aufgabe des Anästhesisten** (OLG Köln, VersR 1990, 1242; OLG Düsseldorf, Urt. v. 1. 4. 1993 – 8 U 260/91; LG Saarbrücken, MedR 1988, 193). Liegen z. B. Anhaltspunkte für einen entgleisten Zuckerstoffwechsel vor, so muss dies von ihm vor der Freigabe zur Operation geklärt werden (LG Saarbrücken, MedR 1988, 193).

Der operierende Arzt (hier: HNO-Arzt) muss allerdings auch Befunde beachten, die aus seiner Sicht zu einer Verneinung der Narkosefähigkeit führen (OLG Düsseldorf a. a. O.). Prä- und intraoperativ gehört es allein zur **Aufgabe des Anästhesisten, die vitalen Funktionen des Patienten aufrecht zu erhalten und zu überwachen.** Hierzu gehört auch die Medikation. In der postoperativen Phase kommt es auf die konkrete Aufgabenverteilung an (BGH, NJW 1991, 1539, 1540; vgl. hierzu Rz. A 340 ff., A 348 ff.). Der Operateur (Chirurg bzw. HNO-Facharzt) haftet nicht für die unterlassene Gabe von Medikamenten, die der Patient etwa aufgrund einer Vorerkrankung benötigt, um den Eingriff unbeschadet überstehen zu können. Für den Ausgleich eines aus den Behandlungsunterlagen ersichtlichen **Corticoidmangels des Patienten** mit einem Cortisol-Präparat (hier: Ultracorten) ist prä- und intraoperativ der Anästhesist verantwortlich. Dieser ordnet i. d. R. auch an, welche Medikamente der Patient im Anschluss an die Operation erhalten soll (BGH, VersR 1991, 694, 695 = NJW 1991, 1539, 1540). Selbst wenn der Patient nach einer Operation in der Behandlung des Operateurs (hier: des Urologen) bleibt, **ist der Anästhesist in der postoperativen Phase für die von ihm gesetzten Infusionsschläuche bis zur Wiedererlangung der Schutzreflexe des Patienten und dessen Verlegung auf die „Normalstation" verantwortlich. Löst sich der von ihm gesetzte Infusionsschlauch** aus der Verweilkanüle **mit der Folge eines Herzstillstands** nach einem Entblutungsschock und nachfolgender schwerer Gehirnschädigung des Patienten, liegt ein Behandlungsfehler des Anästhesisten vor (BGH, NJW 1984, 1400). Er ist aber grundsätzlich nicht für die diagnostischen und therapeutischen Maßnahmen verantwortlich, die über seinen eigenen Aufgabenbereich hinausgehen, etwa die unterlassene Abklärung der Ursachen einer erhöhten Blutsenkungsgeschwindigkeit, eine unterlassene Antibiotikaprophylaxe und die Unterlassung einer Befunderhebung durch den operierenden Arzt (OLG Karlsruhe, Urt. v. 1. 2. 1995 – 13 U 4/94).

Gewährleistung des Facharztstandards   T 175

Es stellt ein haftungsbegründendes **Organisationsverschulden des Krankenhausträgers** dar, wenn der zu fordernde Facharztstandard der anästhesiologischen Leistungen auch bei ärztlicher Unterversorgung der Anästhesie nicht durch klare Anweisungen an die Ärzte gewährleistet ist. So muss klargestellt werden, dass und welche Operationen zurückzustellen sind, vor allem aber, welche noch in der Ausbildung befindlichen Ärzte oder welches Pflegepersonal bei der Anästhesie eingesetzt werden darf und in welcher Weise es dann wirksam angeleitet und überwacht werden kann (BGH, VersR 1985, 1043, 1045). Die Übertragung einer selbständig durchzuführenden Narkose auf einen hierfür **nicht ausreichend qualifizierten Arzt** stellt einen Behandlungsfehler im Sinne eines Organisationsfehlers dar (BGH, VersR 1993, 1231, 1232; VersR 1988, 723, 724). Der Krankenhausträger hat in solchen Fällen die Vermutung der Kausalität der Unerfahrenheit des eingesetzten Arztes für den Eintritt des Körper- bzw. Gesundheitsschadens beim Patienten zu entkräften (BGH, VersR 1993, 1231, 1233).

Fortsetzung der Infusion in die Arterie   T 176

Dem Anästhesisten, der in einer Notsituation, etwa bei Eintritt eines hämorrhagischen Schocks statt der vena subclavia die arteria vertrebralis trifft, kann kein ärztliches Fehlverhalten vorgeworfen werden. Ein Behandlungsfehler liegt jedoch in der **Fortsetzung der Infusion**, nachdem der Anästhesist erkennt, dass möglicherweise die Arterie getroffen sein könnte (BGH, NJW 1985, 227).

T 177   Parallelnarkose mehrerer Patienten

Soll eine Parallelnarkose durchgeführt werden, erfordert dies grundsätzlich Blick- oder zumindest Rufkontakt zu dem Fachanästhesisten am benachbarten Operationstisch, damit dieser bei einem Zwischenfall jederzeit intervenieren kann. Ein Rufkontakt reicht jedoch dann nicht aus, wenn die Narkosedurchführung nicht ungefährlich ist (BGH, NJW 1983, 1374). Verfügt ein in der Weiterbildung zum Facharzt für Anästhesie stehender Assistenzarzt noch nicht über ausreichende Erfahrungen über etwaige Risiken, die sich für eine Intubationsnarkose aus der intraoperativ notwendigen **Umlagerung des Patienten** von der sitzenden Position in die Rückenlage ergeben können, so darf er während dieser Operationsphase die Narkose nicht ohne unmittelbare Aufsicht eines Facharztes führen; das Bestehen eines **bloßen Rufkontakts** sowie eines eingeschränkten Sichtkontakts **genügt auch in einem solchen Fall nicht** (BGH, NJW 1993, 2989 = VersR 1993, 1231, 1233; vgl. hierzu auch → *Anfängereingriffe/Anfängeroperationen* Rz. A 120, A 140).

T 178   Überprüfung der Lage des Tubus (vgl. auch Rz. V 333)

Beim Auftreten unerwarteter Probleme, etwa eines Herz-Kreislauf-Stillstandes, im Zusammenhang mit einer Intubationsnarkose gehört die unverzügliche Überprüfung der Lage des Tubus zu den unverzichtbaren Maßnahmen eines Anästhesisten. Wird dies unterlassen und/oder bei den anschließenden Reanimationsmaßnahmen ein Medikament deutlich überdosiert eingesetzt, so liegt ein Behandlungsfehler vor (OLG Oldenburg, VersR 1991, 1139).

b) Das Vorliegen eines einfachen Behandlungsfehlers wurde in folgenden Fällen verneint

T 179   Blutdruckabfall während der Narkose

Ein Blutdruckabfall während der Narkose ist kein Indiz für einen Behandlungsfehler des Anästhesisten. Er kommt relativ häufig und bedingt durch die gefäßerweiternde Wirkung der verabreichten Narkosemittel vor. Bleibt der Blutdruckabfall in einem gewissen Rahmen, ergeben sich auch keinerlei negative Auswirkungen auf die Durchblutung, insbesondere des Gehirns (OLG Karlsruhe, VersR 1988, 93).

T 180   Spinalanästhesie bei Kniespiegelung

Bei einer Spiegelung des Kniegelenks ist eine Spinalanästhesie grundsätzlich indiziert. Ein dauernder Verlust von Rückenmarksflüssigkeit als Folge einer Spinalanästhesie kann in aller Regel ausgeschlossen werden (OLG Oldenburg, Urt. v. 11. 2. 1997 – 5 U 58/96: aber Aufklärung über Möglichkeit der Intubationsnarkose als ernsthafte Alternative).

T 181   Einstweilen frei.

Unbeaufsichtigter Gang in die Toilette   T 182

Es stellt kein pflegerisches Versäumnis dar, eine Patientin nach vollständigem Abklingen einer leichten, ca. 20 Minuten andauernden Vollnarkose bei regelrechtem Blutdruck und sonst unauffälligem Verhalten alleine auf der Toilette zu belassen, wenn sie in der Lage war, die Toilette in Begleitung selbst aufzusuchen (OLG Düsseldorf, NJW-RR 2001, 667).

Maßnahmen bei Atemnot, Koniotomie und Tracheotomie   T 183

Tritt bei einem Patienten nach einer OP eine **plötzliche Atemnot** mit rascher zyanotischer Verfärbung ein, sind sofortige Maßnahmen zur Sauerstoffversorgung und Kreislaufstabilisierung erforderlich. Zur Sicherstellung der Sauerstoffversorgung muss nach dem Fehlschlagen einer Intubation umgehend bebeutelt werden. Das **Unterlassen der Beutelbeatmung ist nicht grob fehlerhaft**, wenn Gründe für die Aufgabe des Beatmungsversuches vorliegen, etwa eine situationsbedingte Behinderung des Operateurs in der Enge des Raumes. Es genügt, wenn die Gründe aus der maßgeblichen ex-ante-Sicht nicht gänzlich unverständlich erscheinen, selbst wenn sie sich aus ex-post-Betrachtung als nicht tragfähig erweisen. Bei einer vollständigen Blockierung der supraglottischen Atemwege ist **der Koniotomie grundsätzlich der Vorzug gegenüber der Tracheotomie zu geben**. Entscheidet sich der Anästhesist **in einer Notfallsituation für die Tracheotomie**, um dem Patienten alsbald wieder Sauerstoff zuführen zu können, liegt hierin **kein Behandlungsfehler**. Der Patient wird auch **den Kausalitätsnachweis nicht erbringen können, dass die Wahl der Tracheotomie anstatt einer Koniotomie für ein nachfolgend aufgetretenes appalisches Syndrom ursächlich geworden ist**, da es auch bei einer Koniotomie zu gravierenden Komplikationen kommen kann. Es ist auch **nicht fehlerhaft**, wenn es bei einer notfallbedingten, extremen Herzmassage zur Herstellung eines suffizienten Minimalkreislaufs zu einer **Rippenfraktur** kommt (OLG Stuttgart, Urt. v. 20. 4. 2004 – 1 U 122/02 mit NZB BGH v. 19. 10. 2004 – VI ZR 148/04, AHRS III, 2320/310).

Beschädigung von Zähnen und Stimmbändern   T 184

Eine Beschädigung des Gebisses und der Stimmbänder stellt kein zwingendes Indiz für das Vorliegen eines Behandlungsfehlers des Anästhesisten bei der Intubation dar (OLG Hamm, Urt. v. 26. 11. 2003 – 3 U 265/02, AHRS III, 2320/309).

Einstweilen frei.   T 185 – T 199

8. Einfache Behandlungsfehler im Bereich Zahnmedizin

a) Das Vorliegen eines einfachen Behandlungsfehlers wurde in folgenden Fällen bejaht (vgl. zu → *Groben Behandlungsfehlern* Rz. G 995 ff.)

Verblockung von Kronen und Brücken, Abrasionen der Frontzähne   T 200

Ein Behandlungsfehler eines Zahnarztes liegt vor, wenn er bei einem Patienten mit starken **Abrasionen der Unterkieferfrontzähne** mit der Erforderlichkeit einer Anhebung der Bisslage von einer temporären Vorbehandlung mit Aufbissschiene und Langzeitprovisorien absieht, lediglich kurzfristig eine Aufbissschiene einsetzt, ohne diese und den Befund anschließend regelmäßig zu kontrollieren und die neu gefertigten Kronen und Brücken im Unter- und Oberkiefer danach alsbald einsetzt (OLG Düsseldorf, Urt. v. 11. 5. 2000 – 8 U 133/99, AHRS III, 2695/303). Bei einem nur geringen altersentsprechenden horizontalen Knochenabbau sind **Verblockungen aus zahnmedizinischer Sicht nicht indiziert.** Weist die prothetische Versorgung aufgrund dieser Umstände gravierende Mängel auf, kann die **Neuherstellung des Zahnersatzes unumgänglich** sein. In einem solchen Fall ist der Zahnarzt zur **Rückerstattung des zahnärztlichen Honorars** verpflichtet (OLG Düsseldorf, Urt. v. 11. 5. 2000 – 8 U 133/99, AHRS III, 2695/303; zur **Rückerstattung des Honorars** vgl. auch Rz. R 1 ff., R 35 ff.).

T 201 Die **Verblockung von Kronen und Brücken** im Front- und Seitenzahnbereich erhöht das Risiko des Auftretens einer Parodontose (OLG Frankfurt, Urt. v. 26. 5. 1995 – 24 U 371/93, bei Oehler, S. 118: bei Vollverblockung), erschwert die Mundhygiene und stellt einen Behandlungsfehler dar. Liegt kein Dauerschaden vor, ist für die damit einhergehenden Beeinträchtigungen, Behinderungen und Schmerzen ein Schmerzensgeld in Höhe von 1 800,00 Euro angemessen (OLG Köln, VersR 1993, 1400).

T 202 Die **Verblockung aller „Pfeilerzähne"** zu einer 14-gliedrigen Brücke im Ober- und Unterkiefer beim Fehlen von nur zwei bzw. drei Zähnen entsprach bereits 1992 nicht dem Stand der Wissenschaft. Es sollten – wenn überhaupt notwendig – kleine Einheiten von zwei bis drei Zähnen verblockt werden. Der Nachteil ist eine totale Inaktivierung der Zähne. Wünscht der Patient eine solche oder umfangreichere Gesamtverblockung, so hat ihn der Zahnarzt eindringlich auf die damit verbundenen Gefahren hinzuweisen (OLG Köln, Urt. v. 17. 6. 1992 – 27 U 161/91, bei Oehler, S. 117).

T 203 Nach Ansicht des OLG Düsseldorf (Urt. v. 27. 6. 1996 – 8 U 103/95, bei Oehler, S. 118) ist die **primäre Verblockung oberer Frontzähne** (hier Zähne 12–23) für die Befestigung herausnehmbaren Zahnersatzes jedoch sachgerecht. Der Weg der primären Verblockung darf aber nur gewählt werden, wenn die Reinigung der Interdentalräume gewährleistet ist; andernfalls ist eine Schädigung und Lockerung der Frontzähne abzusehen. Grundsätzlich dürfen **Interdentalräume** nicht so eng gestaltet werden, dass Reinigungsmaßnahmen unmöglich sind (OLG Hamm, Urt. v. 26. 6. 1991 – 3 U 279/90, bei Oehler, S. 115).

T 204 **Überkronung von Zähnen, fehlerhafte Kronenversorgung**

Bei der Überkronung von Zähnen gilt allgemein der Grundsatz, dass die beschliffene Zahnsubstanz von der künstlichen Krone wieder abgedeckt werden muss, die Krone muss an allen Stellen die Präparationsgrenze erreichen. Das **Freilegen beschliffener Zahnsubstanz muss vermieden werden**, weil andernfalls pulpitische Beschwerden auftreten können und die Gefahr besteht, dass sich in der Lücke Karies bildet. Die Nichtbeachtung dieses Grundsatzes stellt sogar einen groben Behandlungsfehler dar (OLG Stuttgart, VersR 1999, 1017). Eine **behandlungsfehlerhafte Kronenversorgung** liegt vor, wenn die vom Zahnarzt vorgenommene Stufenpräparation für die Aufnahme der Vollkeramik-Kronen ungeeignet ist, weil die **Stufen an mehreren Zähnen zu schmal und unregelmäßig** sind. Gleiches gilt, wenn bei der Mehrzahl der Interdentalräume der Verlauf der Papillen nicht regelrecht berücksichtigt ist und einzelne **Zähne nicht genügend**

stark beschliffen sind, sodass für die Vollkeramik-Kronenwände nicht genügend Platz vorhanden ist (OLG Hamm, Urt. v. 22. 9. 2004 – 3 U 60/04, AHRS III, 2695/320).

Einstweilen frei.   T 205 – T 206

Wahl einer riskanten Brückenkonstruktion   T 207

Im Zuge prothetischer zahnärztlicher Behandlungsplanung ist die Wahl einer nach der gegebenen Lage unnötig riskanten Brückenkonstruktion ein Behandlungsfehler. Als Schadensersatz kann der betroffene Patient dann – zumindest – das beglichene Zahnarzthonorar zurückverlangen (OLG Frankfurt, VersR 1996, 1150; OLG Köln, Urt. v. 23. 8. 2006 – 5 U 22/04, MedR 2008, 46, 47: oder aber alternativ, nicht kumulativ die Kosten der Nachbehandlung als Schadensersatz geltend machen; vgl. Rückerstattung des Honorars, Rz. R 11 ff., R 28 ff.).

Versorgungsalternativen (implantatgetragene Brücke, Teleskopprothese, im- T 208
plantatgetragene Brücke u. a.)

Der Zahnarzt hat den Patienten auf die **Versorgungsalternative einer implantatgetragenen Brücke** hinzuweisen, wenn diese Konstruktion zumindest gleichwertige Chancen und vergleichbare Risiken gegenüber der herkömmlichen Brückenkonstruktion oder Teleskopprothese darstellt (OLG Hamm, Urt. v. 11. 1. 1995 – 3 U 84/94, AHRS II, 4800/15; OLG Karlsruhe, Urt. v. 6. 12. 1995 – 13 U 209/94, AHRS II, 4800/20; Zach, MDR 2007, 931, 933/934). Hier kann aber folgender Hinweis ausreichen: „Besprechung der Implantat-Möglichkeiten Regio 44/34, 2 x Bonefit, Aufklärung über OP-Vorgehen, Risiken Nerv/Nachbarzahn/Abstoßung" (Zach, MDR 2007, 391, 394).

Wenn die **Verstärkung einer Kieferartrophie** droht, ist eine Beratung hin zur In- T 209
sertion von Zahnimplantaten anstatt einer teleskopgetragenen Modellgussprothese als herausnehmbarer Prothetik geboten, weil die Einbringung von Implantaten der weiteren Atrophierung entgegenwirken kann und die **Versorgung mit festsitzendem Zahnersatz grundsätzlich eher geeignet** ist, langfristig die Kau- und Sprechfunktion zu sichern (LG Stuttgart, Urt. v. 15. 7. 2002 – 27 O 304/01, bei Zach, MDR 2007, 931, 934).

Eingliederung des Zahnersatzes über einen nicht wurzelbehandelten Zahn; un- T 210
terdimensionierter Zahn als Stützpfeiler

Die feste Eingliederung eines Zahnersatzes (hier: Brücke 34–37) über einen noch **nicht abschließend wurzelbehandelten und nicht mit einer definitiven Wurzelfüllung versehenen Zahn** (hier: Zahn 37) stellt einen **groben Behandlungsfehler** dar. Ein **einfacher Behandlungsfehler** liegt vor, wenn ein abschließend wurzelbehandelter, statisch jedoch unterdimensionierter Zahn (hier: Zahn 44) als **Stützpfeiler für eine größere Brückenkonstruktion** (hier: Zähne 44–47) verwendet wird. Muss dieser Zahn (hier: 44) anschließend extrahiert werden, sind die Nachbehandlungskosten (hier: Neuanfertigung des Zahnersatzes 44–47) auf den Behandlungsfehler zurückzuführen (OLG Düsseldorf, Urt. v. 14. 12. 2000 – 8 U 42/00, AHRS III, 2695/304).

T 211   **Endgültige Eingliederung von Zahnersatz trotz bestehenden Knochenabbaus u. a.**

Das Eingliedern einer Prothese ist **grob fehlerhaft**, wenn die zu deren Verankerung eingebrachten Implantate wegen forgeschrittenen Knochenabbaus des Kiefers keinen genügenden Halt bieten (OLG Köln, VersR 1998, 1511, 1512 = NJW-RR 1999, 388). Es ist auch behandlungsfehlerhaft, wenn ein Zahnarzt im Rahmen einer umfangreichen Gebisssanierung den aus Kronen und Brücken bestehenden Zahnersatz **bereits beim Einpassen unter Narkose endgültig einzementiert, ohne sich die Möglichkeit einer nachträglichen Korrektur offen zu halten** (LG Mönchengladbach, MedR 1995, 79, 80).

T 212   **Zahnwurzelbehandlung vor Überkronung der Zähne, Einbringung von Inlays kontraindiziert**

Überschreitet die bucco-palatinale Ausdehnung der Füllung 50 % der Kauflächenbreite, so ist die **Einbringung eines Inlays kontraindiziert** und die Versorgung mit einer Krone, ggf. auch einem Implantat erforderlich (OLG Düsseldorf, Urt. v. 13. 4. 2000 – 8 U 104/99, AHRS III, 2693/302).

T 213   Bei tiefen kariösen Defekten (hier: Zähne, 12, 13, 22, 23) muss vor der Überkronung der Zähne **zwingend eine Zahnwurzelbehandlung** vorgenommen werden. Gleiches gilt vor der Einpassung eines Inlays (hier: Zahn 16). Kann wegen der Ausdehnung der Karies eine langfristige Vitalerhaltung nicht er-wartet werden, ist ein **Stiftaufbau kontraindiziert**, weil er den Zahn einem unnötigen Frakturrisiko aussetzt (OLG Düsseldorf, Urt. v. 13. 4. 2000 – 8 U 104/99, AHRS III, 2695/300).

T 214   **Vorrang der Wurzelbehandlung bzw. Wurzelspitzenresektion (WSR)**

Grundsätzlich ist eine Zahnextraktion nur als letzte Behandlungsmöglichkeit indiziert, wenn konservative Behandlungsalternativen zu keiner Besserung geführt haben (OLG Düsseldorf, Urt. v. 10. 3. 1988 – 8 U 45/87, bei Oehler, S. 93, 142; Urt. v. 30. 6. 1988 – 8 U 213/86, bei Oehler, S. 93, 142/143; OLG Düsseldorf, Urt. v. 19. 1. 1989 – 8 U 158/87, bei Oehler, S. 93, 142; LG Dortmund, Urt. v. 11. 5. 1987 – 17 O 39/86, bei Oehler, S. 93, 142). So kommt eine Extraktion erst dann in Betracht, wenn konservierende Maßnahmen wie z. B. eine Wurzelbehandlung aussichtslos erscheinen oder bereits gescheitert sind (OLG Jena, Urt. v. 14. 5. 1997 – 4 U 1271/96, bei Oehler, S. 93, 144; OLG Stuttgart, Urt. v. 12. 9. 1996 – 14 U 1/96, bei Oehler, S. 93, 143). Daran ändert auch die Gefahr einer Ausschwemmung von Bakterien in den Blutkreislauf nichts, da hiervon die Entscheidung zwischen Extraktion und Wurzelkanalbehandlung nicht abhängt. Denn die Gefahr einer Ausschwemmung besteht in beiden Fällen in gleichem Maß (OLG Stuttgart a. a. O.). Vor der eigentlichen Wurzelkanalaufbereitung muss der Zahnarzt die jeweilige Arbeitslänge bestimmen, um Überfüllungen zu vermeiden. Zudem muss der Erfolg der durchgeführten Wurzelbehandlung anschließend durch eine **Röntgenkontrolle abgeklärt** werden. Es ist davon auszugehen, dass es bei Beachtung dieser Maßnahmen nicht zu einer Überfüllung des Wurzelkanals kommt bzw. eine **Überstopfung umgehend beseitigt** werden kann (OLG Oldenburg, Urt. v. 1. 2. 2000 – 5 U 118/99, AHRS III, 2693/300).

Weiterer Wurzelkanal vor Wurzelspitzenresektion übersehen; unterlassene Kon-   T 215
trolle und Entfernung des überstopften Füllmaterials

Ist auf der vom Zahnarzt gefertigten Röntgenaufnahme ein zweiter Wurzelkanal
eines Zahns (hier: Zahn 25, Entsprechendes gilt auch für die Zähne 15, 35, 45
u. a.) zu erkennen, so ist es nicht behandlungsfehlerhaft, von der Anfertigung einer weiteren Röntgenaufnahme vor bzw. nach Durchführung der Wurzelspitzenresektion (WSR) an diesem Zahn abzusehen. Ein grober Behandlungsfehler des
Zahnarztes liegt nicht schon darin, dass es bei der Wurzelfüllung (WSR) überhaupt zu einer bis in die Kieferhöhle eindringenden **Überstopfung des verfüllten
Wurzelkanals** gekommen ist. Denn eine derartige Überfüllung ist wegen der
Nähe des Zahns 25 zu der darüber liegenden Begrenzung der Kieferhöhle nicht
immer vermeidbar und daher – anders als etwa bei einer Wurzelbehandlung an
den Zähnen 12, 13, 14, 22, 23, 24 – als **unvermeidbares Begleitrisiko** anzusehen.
Muss der Zahnarzt jedoch nach Auswertung des im Anschluss an die WSR angefertigten, verdächtigen Röntgenbildes ein **Eindringen von Füllmaterial in die
Kieferhöhle** ernstlich in Betracht ziehen, so ist das Unterlassen einer – **zu dokumentierenden** – **umgehenden Kontrolle auf eine etwaige Überfüllung** behandlungsfehlerhaft. Den Nachweis eingetretener Sekundärschäden (§ 287 ZPO) hat
jedoch der Patient zu führen (OLG Brandenburg, Urt. v. 8. 11. 2000 – 1 U 6/99,
AHRS III, 2150/300 und AHRS III, 7500/300).

Abbruch der Spitze eines Wurzelkanalaufbereitungsinstruments   T 216

EinZahnarzt ist verpflichtet, die **Vollständigkeit und Unversehrtheit seiner Instrumente nach der Behandlung seines Patienten zu kontrollieren**, um sicherzustellen, dass keine Teile im Körper des Patienten zurückgeblieben sind. Dies
gilt insbesondere bei einer Behandlung mit einem Wurzelkanalaufbereitungs-
instrument, denn ein Bruch dieses Instruments im Wurzelkanal, der auch bei
sachgemäßer Handhabung nicht auszuschließen ist und deshalb für sich betrachtet keinen Behandlungsfehler darstellt, bedarf zumindest der Beobachtung
und macht ggf. sogar die Extraktion des Zahnes erforderlich (OLG Köln, Urt. v.
16. 6. 1999 – 5 U 160/97, NJW-RR 2001, 91, 92).

Bei **ordnungsgemäßer Überprüfung** der Vollständigkeit und Unversehrtheit der   T 217
Instrumente wird eine abgebrochene, **5–7 mm lange Spitze** eines Wurzelkanal-
aufbereitungsinstrumentes **regelmäßig bemerkt**, so dass die Extraktion des Zahnes dann regelmäßig vermieden werden kann (OLG Köln, NJW-RR 2001, 91, 92:
767,00 Euro Schmerzensgeld).

Dass bei einer Wurzelbehandlung ein **3–4 mm großes Stück der Instrumenten-**   T 218
spitze abbricht und im Zahn verbleibt, stellt für sich keinen Behandlungsfehler
dar. Gleiches gilt nach Auffassung des KG (Urt. v. 17. 12. 1992 – 20 U 713/92,
bei Oehler, S. 147) für einen sich hieraus entwickelnden krankhaften Prozess
an der Wurzelspitze und für eine parallel laufende kariöse Entwicklung zwischen Krone und Zahnstumpf. Der Verbleib des Instruments hat zur Folge, dass
in dem Wurzelkanal i. d. R. nur eine unvollständige Wurzelfüllung eingebracht
werden kann, so dass sich hieraus ein krankhafter Prozess an der Wurzelspitze
entwickelt. Hierauf muss der Patient jedoch **hingewiesen** werden (KG, Urt. v.
17. 12. 1992 – 20 U 713/92).

T 219   **Verbleib einer Zahnkeilspitze**

Der Zahnarzt ist verpflichtet, nach der Versorgung eines Zahns (hier: Kariesbe-handlung an den Zähnen 26 und 27) den entsprechenden **Approximalraum mit einer zahnärztlichen Sonde abzutasten und zu kontrollieren**, wobei bei einer sol-chen Überprüfung auch etwa überstehende Füllungsränder überprüft werden, um ggf. eine Nachbehandlung vorzunehmen. Auch dabei ist das Erkennen des Zurückbleibens eines Teils einer Zahnkeilspitze bzw. eines Zahnkeils unter Umständen schwierig. Das **Nichterkennen der Unvollständigkeit eines entfern-ten Zahnkeils** bzw. einer Zahnkeilspitze stellt daher lediglich einen einfachen Behandlungsfehler dar (OLG Köln, Urt. v. 12. 7. 2000 – 5 U 5/00, AHRS III, 2693/304).

T 220   **Röntgen bei Extraktionen**

Nicht einheitlich wird die Frage beantwortet, ob im Rahmen von Zahnextraktio-nen **Röntgenkontrollen erforderlich** sind. Nach Ansicht mehrerer Instanzge-richte ist es **behandlungsfehlerhaft, nach einer Zahnextraktion keine Röntgen-kontrolle durchzuführen** (OLG Oldenburg, Urt. v. 9. 12. 1983 – 6 U 2/83, bei Oehler, S. 176; LG Heidelberg, Urt. v. 15. 8. 1990 – 3 O 323/88, bei Oehler, S. 177: bei Verdacht auf eine Kieferfraktur; LG Offenburg, Urt. v. 2. 7. 1985 – 2 O 255/84, bei Oehler, S. 176: Kontrolle auf Vollständigkeit). Teilweise wird sogar ein **grober Behandlungsfehler** bejaht, etwa wenn der Zahnarzt aufgrund einer völlig unzureichenden Röntgendiagnostik die Lage des zu extrahierenden Eck-zahns nicht richtig einschätzt und ihm deshalb nur eine partielle Entfernung des Zahns gelingt (OLG Hamm, Urt. v. 16. 12. 1996 – 3 U 108/96, bei Oehler, S. 177) oder wenn die Schmerzen nach der Extraktion eines Weisheitszahns mehr als drei Wochen anhalten (OLG Braunschweig, Urt. v. 24. 4. 1997 – 1 U 56/96, bei Oehler, S. 177: unmittelbar nach der Extraktion kann zunächst jedoch davon abgesehen werden). Nach anderer Ansicht ist eine Röntgenkontrolle vor der Zahnextraktion etwa nach einer Zentralluxation nicht erforderlich (LG Ber-lin, Urt. v. 4. 12. 1975 – 7 O 169/74, bei Oehler, S. 176; LG Hamburg, Urt. v. 28. 1. 1976 – 14 O 4/73, bei Oehler, S. 176).

T 221   Eine **postoperative Röntgenkontrolle** muss jedoch stets dann erfolgen, wenn der Patient auch zwei Wochen nach einer Wurzelbehandlung über anhaltende Schmerzen im Bereich der behandelten Zähne klagt (OLG Köln, Urt. v. 1. 3. 2006 – 5 U 148/04, AHRS III, 2693/309) oder wenn der Operateur **konkrete Anhaltspunkte für ein Zurückbleiben von Zahnresten** o.a. in der Wunde hat (OLG Hamm, Urt. v. 19. 9. 1994 – 3 U 285/93, bei Oehler, S. 177; auch OLG Braunschweig, Urt. v. 24. 4. 1997 – 1 U 56/96). Bei einer Notfallbehandlung ist die Anfertigung einer Röntgenaufnahme nur dann erforderlich, wenn die Diag-nostik nicht eindeutig ist (OLG Köln, Urt. v. 16. 6. 1999 – 5 U 160/97, bei Oeh-ler, S. 154).

T 222   **Zahnextraktionen, Anscheinsbeweis** (vgl. auch Rz. A 186, A 188, A 230 zum Anscheinsbeweis)

Bei der Indikation von Zahnextraktionen ist zwischen der Erhaltungsfähigkeit und der Erhaltungswürdigkeit zu differenzieren. Eine Zahnextraktion ist dann indiziert, wenn der **Zahn nicht erhaltungsfähig bzw. erhaltungswürdig** ist. Wird die Erhaltungswürdigkeit von tatsächlich erhaltungsfähigen Zähnen schon bei der ersten Behandlung eines jugendlichen Patienten ausgeschlossen, so entspricht dies nicht dem fachärztlichen Standard. Für die **nicht indizierte Entfernung von sechs Zähnen im Oberkiefer und zwei Zähnen im Unterkiefer** ist unter besonderer Berücksichtigung des jugendlichen Alters des Patienten ein Schmerzensgeld in Höhe von 15 340 Euro angemessen (OLG Hamm, MDR 2001, 871). Eine Reihen- oder Totalextraktion, im entschiedenen Fall sämtlicher **vierzehn noch vorhandenen Zähne des Oberkiefers und vier Zähnen des Unterkiefers** einer 17-jährigen Patientin, darf erst nach vorheriger Erhaltungsdiagnostik und Erhaltungstherapieversuchen mit entsprechender Aufklärung vorgenommen werden (OLG Oldenburg, MDR 1999, 676).

Wird der Nervus lingualis bei der Extraktion eines Weisheitszahns primär durch ein rotierendes Instrument (Rosenbohrer bzw. Lindemann-Fräse) geschädigt, so spricht ein **Anscheinsbeweis** für ein Verschulden des Zahnarztes (OLG Stuttgart, VersR 1999, 1018). Zerstört der Zahnarzt beim wiederholten Versuch der Extraktion mittels eines Hebelinstruments, bei dem ein erheblicher knöcherner Widerstand zu erwarten war, den Nachbarzahn, so spricht dies **prima facie für eine zu große und damit fehlerhafte Kraftentfaltung** des Zahnarztes. Unter Berücksichtigung der anatomischen Verhältnisse am unteren Weisheitszahn ist bei der Anwendung des Hebelinstruments nur ein vorsichtiger Versuch zu unternehmen. Führt der Extraktionsversuch entgegen der Erwartung des Zahnarztes in kurzer Zeit nicht zum Ziel, müssen weitere Bemühungen zur Vermeidung schädlicher Folgewirkungen unterlassen und der Weg der operativen Zahnentfernung eingeschlagen werden (OLG Köln, Urt. v. 9. 3. 1992 – 27 U 144/91, bei Oehler, S. 103/104). | T 223

Nach Auffassung des OLG Karlsruhe (Urt. v. 26. 8. 1986 – 14 U 180/85, bei Oehler, S. 97) ist es behandlungsfehlerhaft, einen – **übersehenen – Wurzelrest nach Extraktion ohne Röntgenkontrolle zu belassen**. Dies entspreche grundsätzlich nicht den anerkannten Regeln der Zahnmedizin (ebenso OLG Düsseldorf, Urt. v. 10. 3. 1988 – 8 U 45/87, bei Oehler, S. 97; OLG Hamm, Urt. v. 19. 9. 1994 – 3 U 285/93, bei Oehler, S. 97). Andererseits ist es nicht als fehlerhaft angesehen worden, den nach der Extraktion eines Zahns im Kiefer verbliebenen Wurzelrest dort **zu belassen, wenn er keine Beschwerden verursacht** (OLG Düsseldorf, Urt. v. 4. 2. 1993 – 8 U 289/91, bei Oehler, S. 97). U. E muss der **Patient aber darauf hingewiesen werden, dass ein Wurzelrest im Kiefer verblieben ist und er bei etwaigen Beschwerden den Zahnarzt aufsuchen soll.** | T 224

Röntgenkontrolle nach Wurzelbehandlung unterlassen | T 225

Klagt der Patient nach einer Wurzelbehandlung über anhaltende Schmerzen im Bereich der behandelten Zähne, ist jedenfalls **nach Ablauf von zwei Wochen eine Röntgenkontrolle zum Ausschluss einer Wurzelkanalentzündung veranlasst** (OLG Köln, Urt. v. 1. 3. 2006 – 5 U 148/04, AHRS III, 2693/309).

Kieferbruch bei Zahnextraktion | T 226

Der **Bruch des Kiefers bei der Extraktion eines tief liegenden, nach vertikal verlagerten Weisheitszahns** beruht auf einem Behandlungsfehler, wenn der Zahn ohne vorherige Separierung oder Ausfräsung des Kieferknochens nur mit einem

Hebel gelockert und dann mit einer Zange herausgelöst wurde (OLG Oldenburg, VersR 1998, 1381). Wird bei einer Zahnextraktion ein Kiefer gebrochen, liegt nach Ansicht des OLG Frankfurt (Urt. v. 5. 10. 1989 – 1 U 211/88) sogar ein grober Behandlungsfehler vor.

T 227 Nach Auffassung des OLG Braunschweig (Urt. v. 24. 4. 1997 – 1 U 56/96, bei Oehler, S. 104) kann aber nicht bereits deshalb auf einen Behandlungsfehler geschlossen werden, wenn sich bei einer Weisheitszahnextraktion das Risiko des Kieferbruchs realisiert. Vor der operativen Entfernung von Weisheitszähnen ist der Patient aber über das **Risiko eines Kieferbruches aufzuklären** (OLG München, Urt. v. 30. 3. 1995 – 1 U 3458/94, bei L/K § 162 Nr. 65).

Zur **Aufklärung über die Gefahr des Kieferbruchs und der Nervverletzung** vgl. → *Aufklärung,* Rz. A 1112 ff.

T 228 **Parodontosebehandlung; Eingliederung einer Zahnprothese**

Fehler bei der Passform einer Zahnprothese, der Abstandshaltung des Unterkiefers zum Oberkiefer und der Form des okklusalen Kontakts sind nach Dienstvertragsrecht zu beurteilen. Wird eine **Ober- und Unterkieferteleskopprothese fehlerhaft hergestellt** und wird anschließend eine völlig neue prothetische Versorgung erforderlich, ist ein Schmerzensgeld in Höhe von 2045 Euro angemessen (OLG Oldenburg, VersR 1997, 60 – für September 1995). Die **endgültige Eingliederung** einer Zahnprothese in den zahnlosen Oberkiefer einer Patientin ist **grob fehlerhaft**, wenn die zur Verankerung eingebrachten Implantate in dem etwa **durch Knochenabbau o. a. geschädigten Kiefer keinen genügenden Halt** finden (OLG Köln, Urt. v. 25. 2. 1998 – 5 U 157/97, NJW-RR 1999, 388 = VersR 1998, 1511). Für den durch diesen Behandlungsfehler verursachten Schwund des Kieferknochens und einer hierauf beruhenden irreversiblen Protheseninstabilität mit dadurch ausgelösten körperlichen und psychischen Beeinträchtigungen ist ein Schmerzensgeld in Höhe von 12 800,00 Euro angemessen (OLG Köln, NJW-RR 1999, 388 im Jahr 1998).

T 229 Vor der endgültigen Eingliederung des Zahnersatzes hat der Zahnarzt eine beim Patienten bestehende **Parodontose zu behandeln und vorhandenen Karies an (mit-)betroffenen Zähnen zu entfernen.** Hiervon ist er auch nicht durch die Weigerung des Patienten gegen eine weiter gehende Behandlung befreit, wenn er nicht nachweist, dass er den Patienten eindringlich **auf die Notwendigkeit der Parodontosebehandlung hingewiesen** hat (OLG Köln, VersR 1993, 361; ebenso: OLG Düsseldorf, Urt. v. 15. 1. 1998 – 8 U 57/97, bei Oehler, S. 113: erst bei **gesunden parodontalen Verhältnissen**, ggf. nach systematischer Parodontalbehandlung, Vorbehandlung und Nachsorge darf mit einer prothetischen Rehabilitation begonnen werden; OLG Düsseldorf, Urt. v. 4. 12. 1997 – 8 U 175/96, bei Oehler, S. 113: vor der prothetischen Versorgung hat eine systematische **Parodontaltherapie über einen längeren Zeitraum von ca. sechs Monaten** zu erfolgen; OLG Düsseldorf, Urt. v. 18. 10. 1993 – 8 U 202/91, bei Oehler, S. 111: vor der Eingliederung von Zahnersatz ist eine **Parodontosebehandlung** durchzuführen, die nicht mehr erhaltungswürdigen Zähne sind zu entfernen; OLG Düsseldorf, Urt. v. 6. 12. 2001 – 8 U 178/00, AHRS III, 2695/309: es ist **fehlerhaft, die endgültige Eingliederung eines Zahnersatzes vor dem Abschluss der Behandlung einer Paro-**

dontose vorzunehmen, zudem sind Präparationsgrenzen der Ränder von Primärkronen, hier bei den Zähnen 17, 15, 14, 12, 27 mit jeweils mehr als 0,5 mm völlig unzureichend; OLG Düsseldorf, Urt. v. 24. 10. 1996 – 8 U 179/95, bei Oehler, S. 112: vor Eingliederung des Zahnersatzes hat die **Prüfung des Ausmaßes der kariösen Defekte** und die Feststellung der nicht erhaltungswürdigen Zähne zu erfolgen; OLG Hamm, Urt. v. 12. 10. 1994 – 3 U 26/94 und Urt. v. 26. 6. 1991 – 3 U 279/90, bei Oehler, S. 111: **festsitzender Zahnersatz darf erst nach erfolgreicher Parodontosebehandlung eingesetzt werden**; OLG Hamm, Urt. v. 27. 10. 1997 – 3 U 7/97, bei Oehler, S. 120: bei parodontaler Vorschädigung ist ggf. eine kombinierte festsitzende und herausnehmbare Prothetik geboten, der **Einbau festsitzenden Zahnersatzes ist dann fehlerhaft**; OLG Hamm, Urt. v. 26. 6. 1996 – 3 U 171/95, bei Oehler, S. 125: **Kariesbehandlung vor dem endgültigen Eingliedern einer Zahnprothese erforderlich**; OLG Karlsruhe, Urt. v. 14. 12. 1988 – 7 U 29/88: Prothesenversorgung ohne Behandlung des parodontalen Zustandes ist fehlerhaft; OLG Köln, Urt. v. 11. 12. 1991 – 27 U 84/91: festes Eingliedern des Zahnersatzes nicht vertretbar, wenn **Parodontose nicht vollständig abgeklungen** ist; OLG Köln, VersR 1998, 1511 = NJW-RR 1999, 388: **das Eingliedern einer Prothese ist sogar grob fehlerhaft, wenn die Implantate wegen des fortgeschrittenen Knochenabbaus keinen genügenden Halt haben**; OLG Oldenburg, Urt. v. 20. 4. 1993 – 5 U 140/92: prothetische Maßnahmen dürfen erst erfolgen, wenn zuvor eine erfolgreiche **Kariesbehandlung** sichergestellt ist).

Eine Haftung des Zahnarztes wegen (einfach-fehlerhaften) Unterlassens einer medizinisch gebotenen, systematischen Parodontalbehandlung kommt bei einer **schlechten Prognose** hinsichtlich der Entwicklung der Erkrankung (stark ausgeprägter horizontaler Knochenabbau, aggressiver Verlauf der Parodontitis, Parodontalbehandlung durch den nachbehandelnden Zahnarzt erfolglos) mangels Kausalität nicht in Betracht (OLG Düsseldorf, Urt. v. 7. 7. 2005 – I-8 U 6/05, AHRS III 2693/308).   T 230

Die erforderliche **Erhebung des parodontalen Zustandes** der Zähne vor einer zahnprothetischen Behandlung und dem Einsetzen des Zahnersatzes ist **zu dokumentieren** (OLG Karlsruhe, Urt. v. 14. 12. 1988 – 7 U 29/88, bei Oehler, S. 110).   T 231

Nach einer Karies- oder Parodontalbehandlung darf die Brücke zunächst nur provisorisch eingesetzt werden. Ergeben sich über einen längeren Zeitraum hin keine Schwierigkeiten im dentalen Bereich – sondern nur eine gesondert behandelbare und behandelte Parodontalentzündung – darf die Brücke auch eingefügt werden (OLG Hamm, Urt. v. 26. 6. 1996 – 3 U 171/95, bei Oehler, S. 125). Generell ist das Vorliegen eines **Behandlungsfehlers regelmäßig zu bejahen**, wenn ein Zahnarzt im Rahmen einer umfangreichen Gebisssanierung den aus Kronen und Brücken bestehenden Zahnersatz bereits beim Einpassen unter Narkose **endgültig einzementiert, ohne sich die Möglichkeit einer nachträglichen Korrektur offen zu halten** (LG Mönchengladbach, MedR 1995, 79; ebenso: LG Osnabrück, Urt. v. 18. 12. 1995 – 2 O 88/94, bei Oehler, S. 145: auch nach einer Wurzelfüllung darf eine Brücke erst provisorisch befestigt werden; OLG Stuttgart, Urt. v. 9. 1. 1998 – 14 U 15/97, bei Oehler, S. 138: einer Schmerzpatientin darf nicht bereits am ersten Behandlungstag eine Brücke einzementiert werden). So muss   T 232 etwa eine neu angefertigte UK- oder OK-Brücke zunächst **für eine gewisse Zeit provisorisch eingegliedert** werden, um bestehende Okklusionsstörungen auf einfache und schonende Weise beseitigen zu können. Eine solche **Übergangsphase ist jedenfalls bei größeren Restaurationen dringend geboten** (OLG Düsseldorf, Urt. v. 17. 6. 1993 – 8 U 316/91, bei Oehler, S. 124).

T 233 Auch ein schmerzender, **wurzelgefüllter Zahn als „Brückenpfeiler"** stellt ein erhebliches Risiko dar. Hier besteht die Gefahr, dass zukünftig bei diesem Zahn eine Wurzelspitzenresektion durchgeführt werden muss und der Zahn dann als Brückenpfeiler ungeeignet ist (OLG Bamberg, Urt. v. 3. 3. 1997 – 4 U 167/96, bei Oehler, S. 113). Allerdings ist die **Überkronung eines Zahns trotz parodontaler Beeinträchtigung** (hier: Zahn mit Wurzelkanalfüllung) und das Belassen zu kurzer Wurzelfüllungen nach **Erteilung eines Hinweises** auf die damit verbundenen Risiken (Revision der Wurzelfüllungen, Zahnverlust) **vertretbar.** Die entsprechende therapeutische Aufklärung des Zahnarztes muss aus medizinischen Gründen **nicht dokumentiert** werden (OLG Düsseldorf, Urt. v. 20. 10. 2005 – I-8 U 109/03, AHRS III, 2695/325). Ein (einfacher) Behandlungsfehler liegt auch vor, wenn ein abschließend **wurzelbehandelter, statisch jedoch unterdimensionierter Zahn** (hier: Zahn 44) **als Stützpfeiler für eine größere Brückenkonstruktion** (hier: Zähne 44–47) verwendet wird. Muss dieser Zahn (hier: 44) anschließend extrahiert werden, sind die Nachbehandlungskosten (hier: Neuanfertigung des Zahnersatzes 44–47) i.d.R. auf den Behandlungsfehler zurückzuführen (OLG Düsseldorf, Urt. v. 14. 12. 2000 – 8 U 42/00, AHRS III, 2695/304).

T 233a **Beratungspflicht eines Zahnarztes bei Wunsch nach medizinisch nicht erforderlicher Zahnprothetik**

Wünscht der Patient eine zahnmedizinisch nicht erforderliche Neuversorgung einer erst 19 Monate zuvor eingebrachten Zahnprothetik, muss der Zahnarzt **deutlich und nachdrücklich darauf hinweisen, dass die Behandlung der langfristig sachgemäß versorgten Zähne medizinisch nicht notwendig ist.** Es ist nicht davon auszugehen, dass eine Neuversorgung medizinisch erforderlich ist, wenn der Zahnarzt **keine entsprechende Dokumentation** gefertigt hat. Unterbleibt in derartigen Fällen eine (therapeutische) Aufklärung, kann davon ausgegangen werden, dass der Patient **bei sachgemäßer Information die Neuversorgung abgelehnt hätte.** Dem Zahnarzt steht dann für die überflüssige Zweitbehandlung kein Vergütungsanspruch zu (OLG Koblenz, Urt. v. 15. 1. 2009 – 5 U 674/08, VersR 2010, 1040).

b) Das Vorliegen eines einfachen Behandlungsfehlers bzw. ein Schadensersatzanspruch wurde in folgenden Fällen verneint

T 234 **Notfallbehandlung einer akuten Pulpitis**

Bei einer Notfallbehandlung einer akuten Pulpitis ist es **nicht indiziert, eine sofortige Abfüllung aller Wurzelkanäle durchzuführen.** Denn die Notfallbehandlung verfolgt lediglich das Ziel, eine Schmerzfreiheit des Patienten herbeizuführen. Sie umfasst deshalb grundsätzlich nur die Trepanation des schmerzhaften Zahns, die Entfernung des entzündeten oder gangränösen Pulpengewebes, die

Spülung der Wurzelkanäle mit einem geeigneten Desinfektionsmittel und die Installation eines geeigneten Medikaments auf einem Wattepellet o. a. Erst bei den nachfolgenden Behandlungsterminen ist es angezeigt, die Wurzelkanäle gründlich aufzubereiten und anschließend abzufüllen. Das Nichtabfüllen der Wurzelkanäle im Rahmen einer Notfallbehandlung stellt sich aber nur dann nicht als fehlerhaft dar, wenn der Notfallzahnarzt den Patienten darauf aufmerksam macht, dass eine **Nachbehandlung** – sei es durch ihn, sei es durch den Hauszahnarzt – **erforderlich** ist (OLG Köln, Urt. v. 16. 6. 1999 – 5 U 160/97, bei Oehler, S. 154).

Herausfallen einer Füllung   T 235

Das Herausfallen einer Füllung aus einem Schneidezahn kurz nach deren Einsetzen lässt noch keinen sicheren Schluss auf einen Behandlungsfehler zu (OLG Köln, MedR 1997, 171).

Nichtbeseitigung von Okklusionsstörungen, Durchführung einer Schienen- therapie   T 236

Zur **Beseitigung einer NON-Okklusion** stehen verschiedene Möglichkeiten zur Verfügung. Der Zahnarzt kann vor der – späteren – Eingliederung der neuen Prothetik zunächst eine Schienentherapie vornehmen. Er kann jedoch auch versuchen, die Okklusion sofort durch eine neue Prothetik herzustellen. Die Schienentherapie kompensiert eine NON-Okklusion durch die Schließung der vom Patienten beklagten Lücke im Biss. Dieselbe Annäherung des Bisses kann auch durch die Anfertigung neuer Kronen vorgenommen werden, die allerdings zunächst nur provisorisch angepasst werden dürfen, um eine Änderung zu ermöglichen, bis die vom Patienten tolerierte Okklusion erreicht wird. Gelingt die Herstellung einer befriedigenden Okklusion mit dem Konzept einer prothetischen Neuversorgung nicht, ist es sachgerecht, nachträglich eine Schienentherapie einzuleiten. Es ist allein **Sache des Zahnarztes zu entscheiden, welche der beiden Wege er beschreiten will.** Eine zwingende Notwendigkeit zur **Durchführung einer Schienentherapie** vor der Eingliederung einer Prothetik besteht nur in den Fällen, in denen die Okklusion vollständig „zusammengebrochen" ist oder in denen schwerwiegende funktionelle Störungen im Bereich der Kiefergelenke vorliegen (OLG Düsseldorf, Urt. v. 18. 6. 2001 – 8 U 97/00, AHRS III, 2695, 308).

Funktionsanalytische Diagnostik der Kiefergelenke vor einer definitiven Versor- gung   T 237

Der zahnmedizinische Standard gebietet es nicht, **vor jeder restaurativen Behandlung eine funktionsanalytische Diagnostik der Kiefergelenke** vorzunehmen. Eine solche ist im Allgemeinen nur dann erforderlich, wenn röntgenologische oder klinische Befunde Anlass zu der Annahme geben, dass eine **Dysfunktion der Kiefergelenke** vorliegt, die entweder schon wegen des Ausmaßes einer krankhaften Veränderung des Gelenks oder aber aufgrund einer beim Patienten bestehenden Beschwerdesymptomatik behandlungsbedürftig ist. Dies ist nicht bereits dann der Fall, wenn das angefertigte OPG (Orthopantomogramm), d. h. eine überlagerungsfreie Panoramaaufnahme des gesamten Kieferbereichs (Röntgenbild) mit den aufsteigenden Kieferästen und Kiefergelenken, auf der linken Seite des Kiefers eine diskrete Formabweichung des Kiefergelenks in Form einer geringfügigen Abflachung des Kiefergelenkkopfes zeigt. Soll bei Patienten ein schon vorhandener Zahnersatz im Oberkiefer vollkommen ausgetauscht werden, ist ein bestimmtes Vorgehen erforderlich:Um einen völligen Kontaktverlust zwischen Ober- und Unterkiefer (OK/UK) und die damit einhergehende Gefahr auch eines „Verlusts" des bisherigen Bisses zu vermeiden, darf nicht sogleich die gesamte – ursprüngliche – Prothetik aufgelöst werden; vielmehr müssen bereits vor der Anfertigung des Modells fraktionierte Teil-Bissnahmen erfolgen, bei denen jeweils ein Stück der vorherigen Restauration zur Abstützung und zur Festlegung der vorherigen Bisshöhe als „Platzhalter" bestehen bleibt. In diesem Zusammenhang liegt ein Behandlungsfehler nicht bereits deshalb vor, wenn eine zuvor vorhandene **Brücke im Zusammenhang mit der Bissnahme vollständig entfernt** wird, soweit im OK noch die hinteren Seitenzähne als Stützpfeiler zur Verfügung stehen (OLG Düsseldorf, Urt. v. 20. 12. 2001 – 8 U 147/00, AHRS III, 2150/303).

T 237a   Vor einer prothetischen Behandlung ist eine **funktionsanalytische Diagnostik nur erforderlich, wenn röntgenologische oder klinische Befunde Anlass zu der Annahme geben, dass eine Dysfunktion der Kiefergelenke vorliegt**, die entweder schon wegen des Ausmaßes einer krankhaften Veränderung des Gelenks oder aber aufgrund einer bei dem Patienten bestehenden Beschwerdesymptomatik behandlungsbedürftig ist (OLG Köln, Beschl. v. 6. 6. 2011 – 5 U 10/11, juris, Nr. 5 = GesR 2011, 662 im Anschluss an OLG Düsseldorf, AHRS III, 2150/303; ebenso OLG Köln, Urt. v. 23. 8. 2006 – 5 U 22/04, MedR 2008, 46 und OLG München, Urt. v. 20. 3. 2008 – 1 U 5689/06). Liegt eine **gravierende CMD-Problematik** vor (OLG Köln, Beschl. v. 2. 5. 2011 – 5 U 10/11, juris, Nr. 5) **oder wurden von der Patientin erhebliche Kiefergelenksprobleme geschildert, stellt das Unterlassen einer funktionellen Befunderhebung für die beabsichtigte restaurative Therapie im Einzelfall sogar einen groben Behandlungsfehler dar** (OLG Köln, Urt. v. 23. 8. 2006 – 5 U 22/04).

T 237b   Die Durchführung von Funktionsanalysen vor einer zahnmedizinischen Zahnersatzbehandlung ist grundsätzlich **nicht dokumentationspflichtig** (OLG Köln, Beschl. v. 2. 5. 2011 – 5 U 10/11, juris, Nr. 7 = GesR 2011, 662). Weist die Behandlungsdokumentation Maßnahmen zu einer vorgenommenen Bissregistrierung aus, ist davon auszugehen, dass eine etwa erforderliche funktionsanalytische Diagnostik durchgeführt worden ist (OLG Köln, Beschl. v. 6. 6. 2011 – 5 U 10/11, juris, Nr. 5, 6).

T 238   **Keramikverblendungen, Verklebung der Aufbaufüllungen, Diagnostik vor einer Zahnüberkronung**

Die Verwendung von Keramikverblendungen ist bei einem Bruxismus („Zähneknirschen") nicht fehlerhaft. Das Porzellan ist regelmäßig so fest, dass es selbst außergewöhnlichen Belastungen standhält. Auch die adhäsive Verklebung der Aufbaufüllungen überkronter Zähne ohne Verankerung mit Stiften oder Schrauben ist **nicht fehlerhaft** (OLG Bremen, Urt. v. 18. 2. 2002 – 3 U 47/01, AHRS III, 2695/311). Ein Behandlungsfehler wegen **unterlassener Wurzelbehandlung** vor einer Zahnüberkronung liegt nicht vor, wenn sich auf der OPG-Röntgenaufnahme trotz bestehender Unschärfen **kein Anhalt dafür ergibt, dass füllungsbedürftige Teilkanäle oder Entzündungszeichen vorhanden** sind und der vom

Gericht hinzugezogene Sachverständige darlegt, es sei fraglich, ob eine etwa gefertigte Zusatzaufnahme zu einer anderen Beurteilung geführt hätte. Selbst wenn eine solche zusätzliche Röntgenaufnahme geboten gewesen wäre, greift eine Beweislastumkehr aus dem Gesichtspunkt der „unterlassenen Befunderhebung" nicht ein, wenn nach den Ausführungen des Sachverständigen nicht feststeht, dass eine solche zusätzliche Aufnahme zu einem reaktionspflichtigen Verhalten des Zahnarztes hätte führen müssen (OLG Bremen, Urt. v. 18. 2. 2002 – 3 U 47/01, AHRS III, 2695/311 und 2150/304).

Psychosomatische Ursache von Beschwerden verkannt   T 239

Kommen bei der Behandlung einer Patientin **Passungenauigkeiten der prothetischen Versorgung** als Ursache für die von ihr beklagten Beschwerden in Betracht, liegt kein Behandlungsfehler vor, wenn der Zahnarzt die weitere Anpassung bzw. Nachbesserung der prothetischen Versorgung fortsetzt und nicht die – jedenfalls für ihn als Zahnarzt – schwierige Diagnose einer **psychosomatischen Erkrankung** als Beschwerdeursache stellt (OLG Karlsruhe, Urt. v. 15. 5. 2002 – 7 U 101/01, AHRS III, 2150/305 und 1220/313).

Verwendung von Amalgam   T 240

Eine Beweiserleichterung für den vom Patienten zu erbringenden Beweis der Ursächlichkeit von eingebrachtem Amalgam für multiple Sklerose, Unfruchtbarkeit o.a. kommt nicht in Betracht, da **nicht nachgewiesen ist, dass die Verwendung von Amalgam im menschlichen Körper nach dem Stand der Wissenschaft generell mit erheblicher Wahrscheinlichkeit zur Entstehung von multipler Sklerose, Unfruchtbarkeit o.a. führt** (OLG Frankfurt, Urt. v. 10. 4. 2003 – 3 U 30/00, VersR 2004, 209 = GesR 2003, 392; ebenso OLG München, Beschl. v. 3. 6. 2005 – 1 W 1482/04, AHRS III, 2693/307: über die Gesundheitsschädlichkeit von Amalgam liegen keine hinreichenden Erkenntnisse vor).

Kein Kofferdamschutz bei der Entfernung von Amalgamfüllungen   T 241

Bei der Entfernung von Amalgamfüllungen ist die Verwendung eines Kofferdamschutzes nicht geboten, da eine Quecksilberkonzentration bei der Entfernung dieser Füllungen nicht im toxischen Bereich liegt und die Exposition nur kurzfristig erfolgt (OLG München, Urt. v. 9. 3. 2000 – 1 U 5132/99, AHRS III, 2693/301 und OLG Saarbrücken, Urt. v. 11. 4. 2001 – 1 U 434/00-100, AHRS III, 2693/306). Dies gilt auch dann, wenn eine Amalgamüberempfindlichkeit des Patienten in dessen Allergiepass vermerkt bzw. dem Zahnarzt bekannt ist (OLG Saarbrücken a.a.O.).

Festsitzender Zahnersatz statt herausnehmbarer Prothese   T 242

Ein fester Zahnersatz mit Freiendbrücken stellt zwar eine etwas eingeschränkte, aber gegenüber einer herausnehmbaren Prothese eine für den Patienten komfortablere Lösung dar. Es liegt **weder ein Aufklärungsfehler noch ein Behandlungsfehler in Form der unterlassenen therapeutischen Aufklärung** vor, wenn auf Wunsch des Patienten anstatt der im Heil- und Kostenplan zur Sanierung des Unterkiefers vorgesehenen herausnehmbaren Prothese ein fester Zahnersatz mit Freiendbrücken eingebracht wird und der Patient zuvor **darauf hingewiesen** wurde, dass ein festsitzender Zahnersatz keine optimale Bissfunktion herstellt und damit das Risiko von Beschwerden einhergehen kann (OLG Düsseldorf, Urt. v. 27. 4. 2000 – 8 U 149/99, AHRS III, 2695/301 und 4800/301).

T 243   **Auftreten von galvanischen Störungen geringster Stärke; keine Bioverträglichkeitsprüfung bzw. Allergietestung**

Bei einer implantatgestützten Zahnersatzkonstruktion müssen regelmäßig **unterschiedliche Metalle** verwendet werden, weil auch unterschiedliche Anforderungen an die einzelnen Teile der Konstruktion gestellt werden. Dies führt im Mund zwar zu unterschiedlichen Spannungsreihen und galvanischen Strömungen geringster Stärke. Damit sind jedoch medizinisch relevante Auswirkungen auf den Körper des Patienten nicht verbunden. Der Einsatz von Konstruktionen unter Verwendung unterschiedlicher Metalle stellt deshalb regelmäßig keinen Behandlungsfehler dar. Liegen keine konkreten Anhaltspunkte für etwaige Unverträglichkeiten vor, so besteht für den Zahnarzt **keine Verpflichtung zur Durchführung von Allergietests vor dem Einbringen von Zahnersatz, bei dem unterschiedliche Metalle verwendet werden** (OLG Oldenburg, Urt. v. 28. 2. 2007 – 5 U 147/05, juris, Nr. 39, 40; ebenso bereits OLG Stuttgart, Urt. v. 2. 1. 1997 – 14 U 10/96, AHRS II, 2695/137 sowie OLG Karlsruhe, Urt. v. 2. 8. 2006 – 7 U 14/06, AHRS III, 2695/329: vor der Eingliederung eines Langzeitprovisoriums ist nicht generell ein Allergietest vorzunehmen). Vor dem Einsatz von Brücken und Kronen aus Hochgoldlegierungen, die nur 7,8 % Paladium enthalten, ist eine Austestung auf eine **Palladiumunverträglichkeit des Patienten** auch dann nicht erforderlich, wenn dieser an einer Allergie gegenüber Nickelsulfat und Kobaltsulfat leidet (OLG Köln, Urt. v. 31. 7. 2002 – 5 U 25/02, AHRS III, 2150/307). Ein Zahnarzt muss dem Patienten in Ermangelung jeglichen wissenschaftlich begründeten Verdachts toxischer Wirkungen von Kupfer-Palladium-Legierungen nicht von sich aus auf eine **Bioverträglichkeitsprüfung** hinweisen bzw. diese durchführen (OLG Hamm, NJW 1999, 3421). Als Füllmaterial kann auch Amalgam eingesetzt werden (OLG Koblenz, VersR 1999, 759; OLG München, Beschl. v. 3. 6. 2005 – 1 W 1482/04, AHRS III, 2693/307).

T 244   **Zur misslungenen prothetische Zahnversorgung und zum Nachbesserungsrecht des Zahnarztes** vgl. Rz. A 408 ff., R 18 ff.; zur → *Rückerstattung des Honorars* vgl. Rz. R 1 ff., R 28 ff.

T 245   **Nervenverletzungen bei Leitungsanästhesie**

Die Extraktion eines Weisheitszahns ist mit dem Risiko verbunden, dass die in der Nähe verlaufenden Nerven (Nervus lingualis, Nervus mandibularis, Nervus alveolaris) durch den Eingriff selbst oder durch das Injizieren des Betäubungsmittels in Mitleidenschaft gezogen werden können. **Die Schädigung eines Nervs kann auch bei größtmöglicher Sorgfalt nicht stets vermieden werden** (OLG Düsseldorf, Urt. v. 23. 2. 1990 – 8 U 169/88, bei Oehler, S. 83; OLG Hamburg, Urt. v. 27. 2. 1998 – 1 U 131/97, bei Oehler, S. 63, 84; OLG Hamm, Urt. v. 12. 2. 1996 – 3 U 110/95, bei Oehler, S. 84; zu der nach **h. M.** bestehenden Aufklärungspflicht vgl. Rz. A 1112 ff.).

Konstruktive Mängel einer Brücke; fehlender Zurechnungszusammenhang   T 246

Bestehen an einer zahnprothetischen Versorgung (hier: Brücke im Unterkiefer) **konstruktive Mängel**, die deren angegebene Haltbarkeit und Funktion für zehn bis fünfzehn Jahre in Frage stellen, muss aber die **Brücke aus anderen Gründen** (hier: wegen einer Zahnwurzelerkrankung des einbezogenen Pfeilerzahnes) **bereits nach drei Jahren entfernt werden**, so fehlt es regelmäßig an einem dem Behandlungsfehler zuzurechnenden Schaden. Der Patient – und nicht der Zahnarzt – trägt in einem solchen Fall die **Beweislast** dafür, dass die entfernte Brücke bei fiktiv zutreffender Konstruktion nach Abschluss der Behandlung des Pfeilerzahnes wiederverwendbar gewesen wäre (OLG Naumburg, Urt. v. 4. 9. 2008 – 1 U 1/08, OLGR 2009, 122). Eine Haftung des Zahnarztes wegen Unterlassenes einer medizinischen gebotenen, systematischen Parodontalbehandlung kommt bei einer schlechten Prognose hinsichtlich der Entwicklung der Erkrankung (stark ausgeprägter, horizontaler Knochenabbau, aggressiver Verlauf der Parodontitis, Parodontalbehandlung durch den nachbehandelnden Zahnarzt erfolglos) mangels Kausalität nicht in Betracht (OLG Düsseldorf, Urt. v. 7. 7. 2005 – I-8 U 6/05, AHRS III, 2693/308).

Unterlassene systematische Parodontalbehandlung   T 247

Eine Haftung des Zahnarztes wegen Unterlassens einer medizinisch gebotenen, systematischen Parodontalbehandlung kommt bei einer **schlechten Prognose hinsichtlich der Entwicklung der Erkrankung** (stark ausgeprägter horizontaler Knochenabbau, aggressiver Verlauf der Parodontitis, Parodontalbehandlung durch den nachbehandelnden Zahnarzt erfolglos) nicht in Betracht (OLG Düsseldorf, Urt. v. 7. 7. 2005 – I-8 U 6/05, AHRS III, 2693/308).

Überkronung eines parodontalbeeinträchtigten Zahns   T 248

Die Überkronung eines Zahns trotz parodontaler Beeinträchtigung (hier: Zahn mit Wurzelkanalfüllung) und das Belassen zu kurzer Wurzelfüllungen ist bei einem Hinweis auf die damit verbundenen Risiken (Revision der Wurzelfüllungen, Zahnverlust) vertretbar. Die entsprechende **therapeutische Aufklärung des Zahnarztes ist nicht aus medizinischen Gründen zu dokumentieren.** Bei der Ausgestaltung von Zahnkronen begründet nicht jede Abweichung von der Idealvorstellung einer Kaufläche einen Behandlungsfehler (OLG Düsseldorf, Urt. v. 20. 10. 2005 – I-8 U 109/03, AHRS III, 2695/325).

Unverträglichkeitstests   T 249

Solange keine konkreten Hinweise für Unverträglichkeiten vorhanden sind, ist ein **Unverträglichkeitstest vor der Eingliederung einer Zahnprothese nicht erforderlich** (OLG Oldenburg, Urt. v. 28. 2. 2007 – 5 U 147/05, AHRS III, 2695/331; ebenso OLG Karlsruhe, Urt. v. 2. 8. 2006 – 7 U 14/06, AHRS III, 2695/329: vor der Eingliederung eines Langzeitprovisoriums ist nicht generell ein Allergietest vorzunehmen).

Eröffnung der Kieferhöhle bei Zahnextraktion   T 250

Die Eröffnung der Kieferhöhle bei einer Zahnextraktion (Mund-Antrum-Verbindung, MAV) begründet für sich allein noch keinen Behandlungsfehler. Ein solcher liegt jedoch vor, wenn die Verbindung zwischen Mund- und Kieferhöhle übersehen wird. Deshalb ist nach einer Zahnextraktion bei Verdacht auf ein MAV zwingend ein **Nasenblasversuch und eine Röntgenkontrolle durchzuführen** (OLG Karlsruhe, Urt. v. 26. 8. 1988 – 14 U 180/85, n. v.)

T 251 **Entstehung einer „Via falsa"**

Soweit es bei einer Wurzelbehandlung zu einer **„Via falsa"** gekommen ist, stellt dies eine nicht immer vermeidbare Komplikation dar. Ein Rückschluss auf einen Behandlungsfehler kann hieraus nicht gezogen werden (LG Dortmund, Urt. v. 31. 1. 2008 – 4 O 126/07, n. v.).

Unterlassene Befunderhebung

Vgl. auch → *Befundsicherungspflicht*, Rz. B 1 ff.; → *Dokumentationspflicht*, Rz. D 201 ff.; → *Grobe Behandlungsfehler*, Rz. G 101 ff.

I. Nichterhebung von Diagnose- und Kontrollbefunden als grober Behandlungsfehler

U 1   Bei der haftungsbegründenden Kausalität greift für den Patienten eine **Beweis-lastumkehr für den Kausalzusammenhang zwischen dem Behandlungsfehler und dem eingetretenen Primärschaden immer dann ein, wenn der Behandlungs-fehler als „grob" zu bewerten ist** (vgl. → *Grobe Behandlungsfehler,* Rz. G 161 ff., G 521 ff.; BGH, Urt. v. 19. 6. 2012 – VI ZR 77/11, NJW 2012, 2653, Nr. 13; BGH, Urt. v. 25. 10. 2011 – VI ZR 139/10, MDR 2012, 150 = NJW 2012, 227, Nr. 8; BGH, Urt. v. 20. 9. 2011 – VI ZR 55/09, VersR 2011, 1569 = GesR 2011, 718, Nr. 6, 12; BGH, Beschl. v. 22. 9. 2009 – VI ZR 32/09, VersR 2010, 72, 73 = NJW-RR 2010, 711, Nr. 5, 7; BGH, Urt. v. 23. 3. 2004 – VI ZR 428/02, NJW 2004, 1871, 1872 = GesR 2004, 293, 295 = VersR 2004, 790, 791 = MedR 2004, 559, 560; BGH, Urt. v. 16. 11. 2004 – VI ZR 328/03, VersR 2005, 228, 229: Verletzung der Pflicht zur **therapeutischen Aufklärung** als grober Behandlungsfehler; BGH, Urt. v. 9. 1. 2007 – VI ZR 59/06, VersR 2007, 541, 542: unterlassene Einholung einer zweiten Meinung durch Pathologen nicht grob fehlerhaft).

U 2   **Das Nichterheben von Diagnose- und/oder Kontrollbefunden wurde dann als grob fehlerhaft bewertet, wenn der Arzt „medizinisch zweifelsfrei"** (OLG Bran-denburg, NJW-RR 1999, 967; OLG Karlsruhe, OLGR 2001, 412, 414; OLG Zwei-brücken, MedR 1999, 272, 274) **bzw. „elementar gebotene"** (OLG Köln, VersR 1999, 491, 492; OLG Hamburg, Urt. v. 19. 5. 2000 – 1 U 63/99, AHRS III, 1873/303: Wundabstrich dringend geboten; OLG München, Urt. v. 12. 4. 2007 – 1 U 2267/04, juris, Nr. 106, 107: eindeutig geboten) **oder „zwingende, im Sach-verständigengutachten als unablässig"** (OLG Karlsruhe OLGR 2001, 412, 414; OLG Karlsruhe, Beschl. v. 24. 6. 2005 – 7 W 28/05, GesR 2005, 555, 556; OLG Je-na, Urt. v. 23. 5. 2007 – 4 U 437/05, GesR 2008, 49, 51/53 = OLGR 2007, 988, 989: Befunderhebung durch Biopsie zwingend erforderlich) **bzw. als „unbedingt erforderlich" bezeichnete** (OLG Karlsruhe, Urt. v. 23. 4. 2004 – 7 U 1/03, VersR 2005, 1246) **Befunde nicht erhoben hat.**

U 3   Als „grober Fehler" wurde es etwa angesehen, wenn der vom Gericht beauftragte Sachverständige **das Unterbleiben einer näheren Abklärung oder Überprüfung als „schlicht nicht nachvollziehbar"** (OLG Hamm, Urt. v. 6. 11. 2002 – 3 U 50/02, VersR 2004, 1321, 1322: „nicht nachvollziehbar"; OLG Karlsruhe, Urt. v. 20. 6. 2001 – 13 U 70/00, VersR 2002, 1426, 1427: „schlicht nicht nachvoll-ziehbar"; OLG Köln, Urt. v. 13. 2. 2002 – 5 U 95/01, NJW-RR 2003, 458: „schlechterdings nicht nachvollziehbar"; OLG München, Urt. v. 3. 6. 2004 – 1 U 5250/03, OLGR 2005, 790, 791: „völlig unvertretbar", bei V. a. akute cerebrale Zirkulationsstörung von einer sofortigen Krankenhauseinweisung abzusehen) **bzw. die unterlassene Durchführung einer „grundlegenden diagnostischen Maß-nahme als eindeutig fehlerhaft"** (OLG Koblenz, Urt. v. 5. 7. 2004 – 12 U 572/97, NJW 2005, 1200, 1202) **bezeichnet hat.**

U4   So wurde die Nichterhebung von Diagnose- oder Kontollbefunden etwa in fol-genden Fällen als **grob fehlerhaft** (zu weiteren Fällen vgl. Rz. G 521–G 677) be-wertet:

- Unterlassene Krankenhauseinweisung bei **Verdacht auf das Vorliegen eines Herzinfarkts** (BGH, Urt. v. 25. 10. 2011 – VI ZR 139/10, NJW 2012, 227, 228, Nr. 11, 12).

- Unterlassene Anfertigung eines EKG bzw. **unterlassene Krankenhauseinweisung** durch Notarzt bei differentialdiagnostisch möglichem **Herzinfarkt** (BGH, Urt. v. 13. 9. 2011 – VI ZR 144/10, VersR 2011, 1400 = NJW 2011, 3441, Nr. 8, 10).

- **Hinzuziehung eines Augenarztes bei auftretenden Sehstörungen** nach einer Bypass-Operation unterlassen (BGH, Urt. v. 29. 9. 2009 – VI ZR 251/08, VersR 2010, 115, Nr. 8).

- CT bei einem mit **schwerem Schädel-Hirn-Trauma eingelieferten Patienten unterlassen** (OLG Karlsruhe, Urt. v. 21. 5. 2008 – 7 U 158/07, VersR 2009, 831, 832).

- **Doppler-Untersuchung bzw. Angio-CT vom Neurologen bei schlagartigem Auftreten von Taubheitsgefühlen in Armen und Beinen unterlassen, TIA verkannt** (OLG Düsseldorf, Urt. v. 17. 11. 2011 – I-8 U 1/08, Nr. 31, 33, 42, 59, 60: völlig unverständlicher Befunderhebungsfehler, gestellte Diagnose „entzündliche Erkrankung des ZNS" völlig unvertretbar).

- **Kontrastmittel-CT bzw. Angio-MRT bei schlagartig aufgetretenen, unerträglichen Kopfschmerzen durch Neurologen unterlassen**, bloße CT-Untersuchung ohne Kontrastmittel nicht ausreichend (OLG Düsseldorf, Urt. v. 8. 11. 2007 – I-8 U 38/07, AHRS III, 2060/311: Hirnblutung/SAB verkannt).

- **CT unterlassen bzw. erst mehr als vier Stunden nach Einlieferung des Patienten mit Anzeichen für einen Schlaganfall gefertigt** (OLG Koblenz, Urt. v. 25. 8. 2011 – 5 U 670/10, VersR 2013, 111, 112; vgl. zum *medizinischen Hintergrund* Rz. G 383c, D 25f, D 22e).

- **Bereitschaftsarzt unterlässt Krankenhauseinweisung eines Kleinkindes nach Hinweis auf Sturz und torkelnden Gang, Schlaganfall verspätet diagnostiziert** (OLG München, Urt. v. 11. 7. 2013 – 1 U 3344/11, juris, Nr. 43, 45, 49 ff.: im entschiedenen Fall aber äußerst unwahrscheinlicher Kausalzusammenhang, Zeitfenster für Lysetherapie wäre auch bei rechtzeitiger Einweisung verstrichen).

- **Klinische Verlaufskontrolle zur Wirkung verabreichter Medikamente unterlassen**, Tod der Patientin nach aufgetretener Epilepsie und Hirnvenenthrombose (BGH, Urt. v. 2. 7. 2013 – VI ZR 554/12, juris, Nr. 6, 11, 16: in den Fällen der unterlassenen Befunderhebung sind **dem Primärschaden alle allgemeinen gesundheitlichen Beeinträchtigungen unter Einschluss der sich hieraus ergebenden, möglichen Risiken zuzuordnen**).

- Bei Hinweisen auf extrauterine Schwangerschaft **(Eileiterschwangerschaft) Beta-HCG-Wert nicht erhoben** sowie Bauchspiegelung unterlassen (OLG Köln, Urt. v. 20. 7. 2011 – 5 U 206/07, GesR 2011, 724, 725 = VersR 2012, 109, 110: grober Behandlungsfehler; OLG Brandenburg, Urt. v. 18. 6. 2009 – 12 U 213/08, OLGR 2009, 694, 695: Voraussetzungen der „unterlassenen Befunderhebung" bejaht).

- Klinikeinweisung bei **anhaltendem Brechdurchfall eines Kleinkindes** unterlassen (OLG Köln, Urt. v. 22. 9. 2010 – 5 U 211/08, juris, Nr. 36, 47, 48, 50, 55).

- **CT bei Patienten mit Verdacht auf cerebralen Prozess unterlassen**, statt Hirnblutung HWS-Syndrom diagnostiziert (KG, Urt. v. 24. 4. 2011 – 20 U 67/09, GesR 2012, 44, 45: Kausalzusammenhang im entschiedenen Fall allerdings „äußerst unwahrscheinlich").

- Nach einer Darmresektion wird es versäumt, **stärksten Schmerzen und einer drastischen Verschlechterung des Gesundheitszustandes** des Patienten zur Abklärung einer Anastomoseninsuffizienz (hier: Undichtigkeit der Naht der zusammengefügten Darmenden) nachzugehen (OLG Karlsruhe, Beschl. v. 24. 6. 2005 – 7 W 28/05, GesR 2005, 555, 556).

U 5 Stellt sich die Verletzung der Befunderhebungspflicht bereits aus diesen Gründen als grob fehlerhaftes Vorgehen dar, so kommen die Grundsätze zur **Beweislastumkehr in der Kausalitätsfrage** (siehe → *Grobe Behandlungsfehler*, Rz. G 161 ff., G 521 ff.) zum Tragen.

U 6 Einstweilen frei.

II. Nichterhebung von Diagnose- und Kontrollbefunden als einfacher Behandlungsfehler

U 7 Nach der bisherigen Rechtsprechung des BGH und der Oberlandesgerichte konnten dem Patienten „Beweiserleichterungen bis zur Beweislastumkehr" im Fall der Nichterhebung von Befunden auch bei Vorliegen eines **nur „einfachen" Behandlungsfehlers"** zugute kommen, wobei in der Praxis bereits vor Erlass der Entscheidungen des BGH vom 27. 4. 2004 und 16. 11. 2004 (BGH, Urt. v. 27. 4. 2004 – VI ZR 34/03; NJW 2004, 2011 = VersR 2004, 909 = MedR 2004, 561 = MDR 2004, 1055; BGH, Urt. v. 16. 11. 2004 – VI ZR 328/03, NJW 2005, 427 = VersR 2005, 228 = MDR 2005, 572) ebenso wie beim Vorliegen eines „groben Behandlungsfehlers" regelmäßig eine Beweislastumkehr angenommen wurde.

U 8 In der Entscheidung vom 23. 3. 2004 (BGH, Urt. v. 23. 3. 2004 – VI ZR 428/02, NJW 2004, 1871 = VersR 2004, 790 = MDR 2004, 1056 = GesR 2004, 1056 = MedR 2004, 559) hat der BGH nochmals ausdrücklich klargestellt, dass eine, auch **einfach-fehlerhafte Unterlassung der medizinisch gebotenen Befunderhebung grundsätzlich zur Umkehr der Beweislast** hinsichtlich der Kausalität des Behandlungsfehlers für den eingetretenen Schaden führt, wenn die weiteren Voraussetzungen der Rechtsfigur der „unterlassenen Befunderhebung" vorliegen.

U 9 Danach greift auch **in der Kausalitätsfrage eine Beweislastumkehr** zugunsten des Patienten ein, wenn sich – ggf. unter Würdigung zusätzlicher medizinischer Anhaltspunkte – bei **Durchführung** der fehlerhaft versäumten **Untersuchung** mit hinreichender Wahrscheinlichkeit ein so deutlicher und gravierender **Befund** ergeben hätte, dass sich die **Verkennung** dieses Befundes als **fundamental oder** die **Nichtreaktion** auf ihn als **grob fehlerhaft** darstellen müsste (vgl. aktuell

BGH, Urt. v. 2. 7. 2013 – VI ZR 554/12, VersR 2013, 1174 = NJW 2013, 3094, Nr. 11; BGH, Urt. v. 13. 9. 2011 – VI ZR 144/10, VersR 2011, 1400 = MDR 2011, 1286 = NJW 2011, 3441, Nr. 8, 9; BGH, Urt. v. 7. 6. 2011 – VI ZR 87/10, VersR 2011, 1148 = MDR 2011, 913 = NJW 2011, 2508, Nr. 7, 9; BGH, Urt. v. 21. 12. 2010 – VI ZR 284/09, VersR 2011, 400 = NJW 2011, 1672, Nr. 13, 20 und die Nachweise bei Rz. U 54).

Das BVerfG (BVerfG, Beschl. v. 15. 3. 2004 – 1 BvR 1591/03, NJW 2004, 2079; **U 10** **a. A.** Hausch, VersR 2003, 1489, 1495 f. und Hausch, Diss. 2007, S. 148, 152, 154 – 159, 373 mit weiteren Argumenten) billigt diese neuere Rechtsprechung des BGH und der Instanzgerichte. Eine das **Gebot der Waffengleichheit** verletzende Verteilung der Beweislast ergibt sich danach nicht aus der Annahme, dass nicht nur grobe Behandlungsfehler, sondern auch eine fehlerhaft unterlassene Befunderhebung zu Beweiserleichterungen führen kann.

Im Patientenrechtegesetz ist die Beweislastumkehr bei unterlassener Befund- **U 10a** erhebung nunmehr in § 630h V 2 BGB geregelt. Danach wird vermutet, dass ein Behandlungsfehler für den Eintritt des Schadens ursächlich war, *wenn es der Behandelnde unterlassen hat, einen medizinisch gebotenen Befund rechtzeitig zu erheben oder zu sichern, soweit der Befund mit hinreichender Wahrscheinlichkeit ein Ergebnis erbracht hätte, das Anlass zu weiteren Maßnahmen gegeben hätte, und wenn das Unterlassen solcher Maßnahmen grob fehlerhaft gewesen wäre.*

Nach der Gesetzesbegründung sollte hierbei die Rechtsprechung des BGH fortgeführt werden (zur Kritik vgl. Rz. U 45a ff., P 108 ff.).

Eine Beweislastumkehr kommt neben den Fallgruppen des „groben Behand- **U 11** lungsfehlers" und der „unterlassenen Befunderhebung" (vgl. Rz. U 50 ff., U 100 ff.) auch bei der **verspäteten Umsetzung erhobener Befunde** (vgl. Rz. U 320 ff.) und der **unterlassenen bzw. fehlerhaften Übertragung von Befunden** (vgl. Rz. U 322) und der **unterlassenen Befundsicherung** (vgl. Rz. U 310 ff.) **in Betracht** (vgl. hierzu BGH, VersR 1996, 779, 780 und OLG Düsseldorf, Urt. v. 30. 1. 2003 – 8 U 159/01, VersR 2004, 792, 794 zur unterlassenen Befundsicherung; OLG Hamburg, Urt. v. 13. 8. 2004 – 1 U 5/04, OLGR 2004, 543 zur verspäteten Umsetzung erhobener Befunde; OLG Bamberg, Urt. v. 25. 4. 2005 – 4 U 61/04, VersR 2005, 1244 mit abl. Anm. Baxhenrich, VersR 2006, 80 zur unterlassenen bzw. fehlerhaften Befundübertragung; Spickhoff-Greiner, § 823 BGB Rz. 197, 199: bei unvollständiger und fehlerhafter Befunderhebung sowie bei Verletzung der Pflicht zur Befundsicherung; Wenzel-Müller, Kap. 2 Rz. 1545: unterlassene Befundsicherung).

Ebenso wie beim Vorliegen eines → *groben Behandlungsfehlers* (vgl. hierzu **U 12** Rz. G 161 ff., G 255 ff.) ist eine **Umkehr der Beweislast** zu Lasten der Behandlungsseite ausnahmsweise dann **ausgeschlossen**, wenn ein haftungsbegründender Ursachenzusammenhang zwischen dem (hier einfachen) Behandlungsfehler in der Form der „unterlassenen Befunderhebung" und dem Eintritt des Körper- bzw. Gesundheitsschadens beim Patienten **„äußerst" oder „gänzlich unwahrscheinlich" ist** (BGH, Urt. v. 13. 9. 2011 – VI ZR 144/10, VersR 2011, 1400 = NJW 2011, 3441, Nr. 8; BGH, Urt. v. 7. 6. 2011 – VI ZR 87/10, VersR 2011,

1148 = NJW 2011, 2508 = MedR 2012, 249, Nr. 7, 8; BGH, Urt. v. 2. 7. 2013 –
VI ZR 554/12, VersR 2013, 1174, Nr. 11 und die Nachweise bei Rz. U 87 ff.,
G 255 ff.).

U 13   Eine **Erfolgschance von etwa 10 %** rechtfertigt aber noch nicht die Annahme,
dass die Schadenskausalität im Rechtssinn **„ganz" oder „äußerst unwahrscheinlich"** ist. Liegen die obigen Voraussetzungen der „unterlassenen Befunderhebung" vor – Entsprechendes gilt auch bei Feststellung eines „groben Behandlungsfehlers" – verbleibt es selbst in solchen Fällen, in denen der Gesundheitsschaden (Primärschaden) auch bei Erhebung der erforderlichen Befunde **mit
einer Wahrscheinlichkeit von 90 %** eingetreten wäre, bei der Beweislastumkehr
zugunsten des Patienten (OLG Brandenburg, Urt. v. 8. 4. 2003 – 1 U 26/00,
VersR 2004, 1050, 1052: 10 % beim „groben Behandlungsfehler"; OLG Düsseldorf, Urt. v. 6. 3. 2003 – 8 U 22/02, NJW-RR 2003, 1333, 1335 = VersR 2003,
1310, 1312: 10 % beim „groben Behandlungsfehler"; OLG Hamm, Urt. v.
6. 11. 2002 – 3 U 50/02, VersR 2004, 1321, 1322: 10 % beim „groben Behandlungsfehler" und der „unterlassene Befunderhebung"; OLG Hamm, VersR 1999,
622: 10 % bis 20 % beim „groben Behandlungsfehler"; Wenzel-Müller, Kap. 2
Rz. 1535: 10 % reichen für die Annahme gänzlicher Unwahrscheinlichkeit
noch nicht aus; L/K-Laufs/Kern, § 110 Rz. 19: Kein Ausschluss der Beweislastumkehr, wenn der Primärschaden mit 90%iger Wahrscheinlichkeit auch bei
Vornahme der gebotenen Behandlung eingetreten wäre).

III. Abgrenzung zum Diagnoseirrtum

1. Grundlagen

U 14   Die Mitte der 90er Jahre vom BGH kreierte Rechtsfigur der „unterlassenen Be-
funderhebung" **unterläuft oftmals den weniger strengen Haftungsmaßstab des
BGH bei Diagnoseirrtümern** (vgl. hierzu zuletzt BGH, Urt. v. 21. 12. 2010 – VI
ZR 284/09, VersR 2011, 400 = NJW 2011, 1672, Nr. 13, 20; OLG Brandenburg,
Urt. v. 21. 7. 2011 – 12 U 9/11, GesR 2012, 83, 84; OLG München, Urt. v.
22. 3. 2012 – 1 U 1244/11, juris, Nr. 40 und die Nachweise bei Rz. U 17, U 17a).

U 15   Von der Rechtsprechung wird ein **Irrtum des Arztes bei der Stellung einer Diag-
nose nur mit Zurückhaltung als Behandlungsfehler gewertet** (vgl. etwa BGH,
Urt. v. 8. 7. 2003 – VI ZR 304/02, NJW 2003, 2827, 2828 = VersR 2003, 1256 =
GesR 2003, 352; BGH, Urt. v. 21. 12. 2010 – VI ZR 284/09, VersR 2011, 400 =
NJW 2011, 1672, Nr. 20; OLG Brandenburg, Urt. v. 21. 7. 2011 – 12 U 9/11,
GesR 2012, 83, 84; OLG Koblenz, Beschl. v. 4. 10. 2011 – 5 U 1078/11, GesR
2012, 19, 20 und die Nachweise bei Rz. D 2 ff., D 18 ff.).

U 15a   Eine **Beweislastumkehr** hinsichtlich der Kausalität des ärztlichen Fehlers für
den Schaden des Patienten kommt hier **nur bei einem krassen, fundamentalen
Diagnosefehler** (grobem Behandlungsfehler) in Betracht (vgl. BGH, Urt. v.
21. 12. 2010 – VI ZR 284/09, VersR 2011, 400 = NJW 2011, 1672, Nr. 20; BGH,
Urt. v. 12. 8. 2008 – VI ZR 221/06, VersR 2008, 644, 645; BGH, Urt. v. 9. 1. 2007
– VI ZR 59/06, VersR 2007, 541, 542 = NJW-RR 2007, 744, 745; OLG Hamm,

Beschl. v. 2. 3. 2011 – I-3 U 92/10, VersR 2012, 493; Spickhoff-Greiner, § 823 BGB Rz. 187; Hausch, VersR 2003, 1489, 1493 und die Nachweise bei Rz. D 28 ff., G 350 ff.).

Hierzu hat der BGH (Urt. v. 21. 12. 2010 – VI ZR 284/09, VersR 2011, 400, 401 = NJW 2011, 1672, 1673, Nr. 13, 20) ausdrücklich darauf hingewiesen, dass ein (im entschiedenen Fall als Behandlungsfehler vorwerfbarer) **Diagnoseirrtum nicht dadurch zu einem Befunderhebungsfehler mutiert, wenn der Arzt bei objektiv zutreffender Diagnosestellung** (die tatsächlich unterblieben ist) **noch weitere Befunde hätte erheben müssen.** Wegen der bei Stellung einer Diagnose nicht seltenen Unsicherheiten muss **die Schwelle, von der ab ein Diagnoseirrtum als schwerer Verstoß gegen die Regeln der ärztlichen Kunst** (fundamentaler Diagnoseirrtum) zu beurteilen ist, **hoch angesetzt werden** (BGH, VersR 2011, 400, 401, Nr. 20; auch BGH, Urt. v. 9. 1. 2007 – VI ZR 59/06, VersR 2007, 541, 542, Nr. 10; ebenso: OLG Hamm, Beschl. v. 2. 3. 2011 – I-3 U 92/10, VersR 2012, 493 = MedR 2012, 599; OLG Koblenz, Beschl. v. 30. 1. 2012 – 5 U 857/11, MDR 2012, 770, 771; OLG München, Urt. v. 22. 3. 2012 – 1 U 1244/11, juris, Nr. 38, 40).

U 15b

Ein **Befunderhebungsfehler** liegt dagegen vor, wenn die **Erhebung medizinisch gebotener Befunde unterlassen** wird (BGH, VersR 2011, 400, 401 = NJW 2011, 1672, 1673, Nr. 13; OLG Hamm, Beschl. v. 2. 3. 2011 – I-3 U 92/10, VersR 2012, 493; OLG München, Urt. v. 6. 10. 2011 – 1 U 5220/10, GesR 2012, 149, 150 = juris, Nr. 34, 35, 36; Baur, GesR 2011, 577, 578; Ramm, GesR 2011, 513, 516/517; B/P/S-Glanzmann, § 287 ZPO Rz. 107, 115).

U 15c

Liegt der Fehler des Arztes also darin, dass er es **unterlassen hat, die (ggf. weiter) erforderlichen Untersuchungen vorzunehmen** und die gebotenen Befunde zu erheben, handelt es sich also nicht um einen Diagnoseirrtum, sondern um einen – zumindest einfachen – **Behandlungsfehler** (BGH, Urt. v. 13. 9. 2011 – VI ZR 144/10, VersR 2011, 1400 = NJW 2011, 3441, Nr. 8, 9; BGH, Urt. v. 7. 6. 2011 – VI ZR 87/10, VersR 2011, 1148 = NJW 2011, 2508 = MedR 2012, 249, Nr. 7, 9; OLG Brandenburg, Urt. v. 18. 6. 2009 – 12 U 213/08, juris, Nr. 4–6; OLG Hamm, Beschl. v. 2. 3. 2011 – I-3 U 92/10, VersR 2012, 493; OLG München, Urt. v. 10. 2. 2011 – 1 U 5066/09, juris, Nr. 47, 49; OLG Koblenz, Beschl. v. 30. 1. 2012 5 U 857/11, MDR 2012, 770, 771; OLG München, Urt. v. 22. 3. 2012 – 1 U 1244/11, juris, Nr. 38, 40; OLG München, Urt. v. 6. 10. 2011 – 1 U 5220/10, GesR 2012, 149, 150 = juris, Nr. 34, 35, 36; OLG Oldenburg, Urt. v. 23. 7. 2008 – 5 U 28/08, MedR 2011, 163, 166; vgl. die Nachweise in Rz. U 19 ff., U 100 ff.).

U 15d

Die – von der obergerichtlichen Rechtsprechung und Literatur im Sinne einer „Sperrwirkung des Diagnoseirrtums" gelöste – Abgrenzungsproblematik stellt sich insbesondere dann, wenn das Unterlassen des Erhebens von (weiteren) Befunden darauf beruht, dass der Arzt eine (noch) **vertretbare Diagnose stellt oder ihm ein nicht als grober Behandlungsfehler zu qualifizierender, damit nicht „fundamentaler" Diagnoseirrtum unterläuft und er sich der von ihm gestellten Diagnose so sicher war, dass er eine weitere Befunderhebung unterlässt** (vgl. zuletzt BGH, Urt. v. 21. 12. 2010 – VI ZR 284/09, VersR 2011, 400 = NJW 2011, 1672, Nr. 13, 20; BGH, Urt. v. 9. 1. 2007 – VI ZR 59/06, VersR 2007, 541, 542 = GesR 2007, 233; OLG Brandenburg, Urt. v. 21. 7. 2011 – 12 U 9/11, GesR 2012,

U 16

83, 84; OLG Brandenburg, Urt. v. 18. 6. 2009 – 12 U 213/08, OLGR 2009, 694, 696 = juris, Nr. 4–6; OLG Hamm, Beschl. v. 2. 3. 2011 – I-3 U 92/10, VersR 2012, 493; OLG Jena, Urt. v. 18. 2. 2009 – 4 U 1066/04, OLGR 2009, 419, 421; OLG Koblenz, Beschl. v. 30. 1. 2012 – 5 U 857/11, MDR 2012, 770, 771; OLG Koblenz, Beschl. v. 4. 10. 2011 – 5 U 1078/11, GesR 2012, 19, 20; OLG Koblenz, Beschl. v. 18. 10. 2010 – 5 U 1000/10, GesR 2011, 100, 102; OLG Koblenz, Urt. v. 20. 1. 2011 – 5 U 828/10, GesR 2011, 539, 540; OLG Koblenz, Urt. v. 13. 7. 2006 – 5 U 17/06, VersR 2007, 1001, 1002; OLG Köln, Urt. v. 20. 7. 2005 – 5 U 200/04, VersR 2005, 1740, 1741 = NJW 2006, 69, 70; OLG München, Urt. v. 22. 3. 2012 – 1 U 1244/11, juris, Nr. 40; OLG München, Urt. v. 30. 6. 2011 – 1 U 2414/10, juris, Nr. 41, 42; OLG München, Urt. v. 10. 2. 2011 – 1 U 5066/09, juris, Nr. 47, 49; OLG München, Urt. v. 6. 10. 2011 – 1 U 5220/10, juris, Nr. 34, 35, 36; OLG München, Urt. v. 5. 11. 2009 – 1 U 3028/09, juris, Nr. 2, 28; OLG München, Urt. v. 12. 4. 2007 – 1 U 2267/04, juris, Nr. 100, 101, 102, 106, 107, 130, 131; OLG München, Urt. v. 19. 10. 2006 – 1 U 2149/06 mit NZB BGH v. 16. 10. 2007 – VI ZR 229/06, juris, Nr. 65, 66, 70, 74, 80, 81; Hausch, MedR 2012, 231, 235 ff. und VersR 2003, 1489, 1493 sowie Diss. 2007, S. 151 ff., 373; Ramm, RiOLG, GesR 2011, 513, 516/517; Baur, VRiOLG a.D., GesR 2011, 577, 578; B/P/S-Glanzmann, VRiOLG a.D., § 287 ZPO Rz. 107, 115; L/K-Laufs/Kern, § 110 Rz. 17, 18; G/G, 6. Aufl. 2009, Rz. B 64, C 24; Martis/Winkhart, MDR 2011, 709, 711 und MDR 2013, 634, 636).

U 16a Sehr instruktiv ist der vom OLG Hamm (Beschl. v. 2. 3. 2011 – I-3 U 92/10, VersR 2012, 493 = MedR 2012, 599) entschiedene Fall:

Geht ein Radiologe bei der Beurteilung einer Röntgen-Kontrollaufnahme einer Patientin (unzutreffend) von einem **„Rundherd ohne Größenprogredienz"** aus, obwohl auf dem Röntgenbild objektiv eine **geringe, abklärungsbedürftige Größenzunahme feststellbar** gewesen wäre, und unterlässt es der Arzt deshalb, – ggf. nach Rücksprache mit dem Überweiser –, ein CT oder MRT zu fertigen, liegt kein Fall der unterlassenen Befunderhebung, sondern ein **(als einfacher Behandlungsfehler) vorwerfbarer Diagnoseirrtum** vor. Ein **Fall der unterlassenen Befunderhebung** ist jedoch gegeben, wenn der Radiologe auf einem angefertigten **CT einen Ausläufer eines Lungenrundherdes entdeckt, es aber unterlässt, eine sofortige histologische Abklärung zu veranlassen.** Hätte sich dabei mit hinreichender Wahrscheinlichkeit der reaktionspflichtige Nachweis einer Tumorerkrankung (hier: Lungenkrebs) mit dem Ergebnis einer unmittelbar anzuschließenden Behandlung ergeben, wobei eine Heilung der Patientin nicht „äußerst unwahrscheinlich" gewesen wäre, greift die Beweislastumkehr aus dem Gesichtspunkt der „unterlassenen Befunderhebung" ein (OLG Hamm, VersR 2012, 493), obwohl auch hier das Übersehen des Ausläufers allenfalls als einfacher Behandlungsfehler (vorwerfbarer Diagnoseirrtum) zu bewerten gewesen wäre!

2. Schwerpunkttheorie

U 17 Nach h. M. erfolgt die Abgrenzung, ob der Fehler des Arztes als Diagnoseirrtum oder aber als unterlassene Befunderhebung zu bewerten ist, nach dem **„Schwerpunkt der ärztlichen Pflichtverletzung"**.

Danach ist **keine Beweislastumkehr wegen unterlassener Befunderhebung anzunehmen** – wobei die Voraussetzungen (vgl. Rz. U 50 ff.) nicht mehr zu prüfen wären – wenn sich das **Unterlassen weiterer Befunderhebungen nur als logische Konsequenz eines** (nicht fundamentalen) **Diagnoseirrtums** darstellt.

Liegt der – durch Befragung des Sachverständigen zu ermittelnde – „**Schwerpunkt" des vorwerfbaren ärztlichen Verhaltens** dagegen bei der **Unterlassung gebotener, ggf. weiterer Befunde, entfaltet die Rechtsfigur des Diagnoseirrtums keine (faktische) „Sperrwirkung"; die Voraussetzungen einer Beweislastumkehr wegen „unterlassener Befunderhebung" wären in diesem Fall zu prüfen** (so zuletzt Ramm, RiOLG, GesR 2011, 513, 517/518; Martis/Winkhart, MDR 2011, 709, 711 und MDR 2013, 634, 636; auch L/K-Laufs/Kern, 4. Aufl. 2010, § 110 Rz. 17; vgl. auch Hausch, MedR 2012, 231, 236 f.: kein Befunderhebungsfehler, wenn der Arzt im Hinblick auf eine von ihm gestellte Diagnose von weiteren Befunderhebungen abgesehen hat; OLG Brandenburg, Urt. v. 18. 6. 2009 – 12 U 213/08, juris, Nr. 4; OLG Brandenburg, Urt. v. 14. 11. 2001 – 1 U 12/01, MedR 2002, 149, 150: „Schwerpunkt"; OLG Brandenburg, Urt. v. 21. 7. 2011 – 12 U 9/11, GesR 2012, 83, 84: entscheidend ist in derartigen Fällen, ob **bestimmte Symptome differential-diagnostisch eine bestimmte Diagnose nahelegen** und diese deshalb durch weitere Untersuchungen abgeklärt werden muss; OLG Düsseldorf, Urt. v. 1. 12. 2005 – I-8 U 5/03, AHRS III, 6562/347: **Schwerpunkt der Vorwerfbarkeit bei der Abklärung der Verdachtsdiagnose eines Hirninfarkts**; OLG Hamm, Urt. v. 24. 9. 2003 – 3 U 236/02, AHRS III, 1820/314: Schwerpunkt bei der unterlassenen Befunderhebung zur Überprüfung einer nicht mehr tragfähigen Verdachtsdiagnose, Venenthrombose verkannt; im Erg. auch OLG Hamm, Beschl. v. 2. 3. 2011 – I-3 U 92/10, VersR 2012, 493: **Radiologe verkennt geringe Größenprogredienz eines Lungenrundherdes und sieht von MRT bzw. CT ab**; OLG Jena, Urt. v. 18. 2. 2009 – 4 U 1066/04, OLGR 2009, 419, 421 und OLG Frankfurt, Urt. v 3. 8. 2006 – 15 U 160/00 mit NZB BGH v. 23. 9. 2007 – VI ZR 25/07, AHRS III, 6455/304: **Schwerpunkt bei der unterlassenen Abklärung eines differential-diagnostisch möglichen Herzinfarkts**; OLG Koblenz, Beschl. v. 4. 10. 2011 – 5 U 1078/11, GesR 2011, 19, 20 und OLG Koblenz, Beschl. v. 7. 5. 2009 – 5 U 478/09, VersR 2010, 1184 sowie OLG Koblenz, Beschl. v. 18. 10. 2010 – 5 U 1000/10, GesR 2011, 100, 102: **kein Rückgriff auf „unterlassene Befunderhebung", wenn** vertretbare Diagnose gestellt; OLG Koblenz, Beschl. v. 21. 11. 2011 – 5 U 688/11, GesR 2012, 346, 348: **Radiologe diagnostiziert vertretbar Zyste statt Tumor und unterlässt Biopsie, kein Befunderhebungsfehler**; OLG Koblenz, Beschl. v. 26. 9. 2012 – 5 U 783/12, juris, Nr. 10, 11: **bei Schulterschmerzen orthopädische Erkrankung statt Herzinfarkt diagnostiziert, kein Befunderhebungsfehler**; OLG München, Urt. v. 8. 8. 2013 – 1 U 4549/12, juris, Nr. 7, 16, 55, 58, 59 ff.: **Pathologe diagnostiziert bösartigen Tumor anstatt gutartigem Myom und unterlässt Einholung einer Zweitmeinung**; vertretbarer Diagnoseirrtum, kein Befunderhebungsfehler; OLG München, Urt. v. 22. 3. 2012 – 1 U 1244/11, juris, Nr. 40: „**aus den folgerichtigen Konsequenzen eines Diagnoseirrtums kann sich keine verschuldensunabhängige Befunderhebungshaftung ergeben**"; weitere Röntgenaufnahmen nach noch vertretbarer Diagnose „Bandverletzung im Sprunggelenk" unterlassen, Mittelfußfraktur verkannt, kein Behandlungsfehler; OLG München, Urt. v. 29. 3. 2012 – 1 U 3611/11, juris, Nr. 49, 51: **kein Befunderhebungsfehler, wenn ex-ante kein An-**

lass zu weiteren Untersuchungen bestand; OLG München, Urt. v. 10. 2. 2011 – 1 U 5066/09, juris, Nr. 47–49: Gesamtbeurteilung erforderlich; OLG München, Urt. v. 6. 10. 2011 – 1 U 5220/10, GesR 2012, 149, 150 = juris, Nr. 36: **Schwerpunkt des Versäumnisses lag nicht im Festhalten an der Diagnose einer orthopädischen Erkrankung, sondern in der unterlassenen Veranlassung weiterer Befunde**; OLG München, Urt. v. 3. 6. 2004 – 1 U 5250/03, OLGR 2006, 790, 791: dem Arzt fällt „weniger ein Diagnosefehler als das **Unterlassen einer sofortigen Einweisung in eine Fachklinik**" zur Last, wenn er bei akuten cerebralen Durchblutungsstörungen keine weitergehende Diagnostik bzw. Überweisung veranlasst; OLG Schleswig, Urt. v. 28. 3. 2008 – 4 U 34/07, OLGR 2009, 296, 297: **Schwerpunkt des vorwerfbaren Verhaltens entscheidend**).

U 17a Damit wäre **sowohl der nicht als Behandlungsfehler vorwerfbare als auch der als einfacher Behandlungsfehler zu qualifizierende Diagnoseirrtum gegenüber einer Beweislastumkehr wegen einer „unterlassenen Befunderhebung" privilegiert** (so im Ergebnis BGH, Urt. v. 21. 12. 2010 – VI ZR 284/09, VersR 2011, 400 = NJW 2011, 1672 = GesR 2011, 153, Nr. 12, 13, 20: Anästhesist verkennt 21 × 26 mm großen, karzinomverdächtigen Lungenrundherd, nur einfacher Behandlungsfehler im Sinne einer nicht mehr vertretbaren Diagnose, keine unterlassene Befunderhebung; OLG München, Urt. v. 12.4. 2007 – 1 U 2267/04, juris, Nr. 84, 100, 101, 102, 106, 107, 114, 130, 131 mit NZB BGH v. 19.2. 2008 – VI ZR 138/07, AHRS III, 1876/326; OLG München, Urt. v. 6. 10. 2011 – 1 U 5220/10, GesR 2012, 149, 150 = juris, Nr. 34, 35, 36; OLG München, Urt. v. 22. 3. 2012 – 1 U 1244/11, juris, Nr. 38, 40: **aus den folgerichtigen Konsequenzen eines Diagnoseirrtums kann sich keine Befunderhebungshaftung ergeben**; OLG Koblenz, Beschl. v. 18.10. 2010 – 5 U 1000/10, GesR 2011, 100, 102 und VersR 2007, 1565, 1566 sowie Beschl. v. 7. 5. 2009 – 5 U 478/09, VersR 2010, 1184 = MedR 2010, 196, 197 jeweils bei noch vertretbarer Diagnose; OLG Köln, NJW 2006, 69, 70; Ramm, RiOLG; GesR 2011, 513, 516/517; Martis/Winkhart, MDR 2011, 709, 711 und MDR 2013, 634, 636; im Ergebnis auch L/K-Laufs/Kern, § 110 Rz. 17: **wegen der Schwierigkeiten der richtigen Diagnosestellung sollte die Haftungsprivilegierung nicht unterlaufen werden**; Hausch, MedR 2012, 231, 237: **kein Rückgriff auf Befunderhebungsfehler, wenn der Arzt im Hinblick auf eine von ihm gestellte Diagnose von weiteren Befunderhebungen abgesehen hat**).

3. „Schwerpunkt" bei der unterlassenen Befunderhebung

U 18 In folgenden Fällen wurde – ausdrücklich, stillschweigend oder jedenfalls im Ergebnis – auf einen bei der „unterlassenen Befunderhebung bzw. Befundsicherung" liegenden Schwerpunkt abgestellt (vgl. bereits Rz. D 25–D 25h):

a) Freilegung des Hodens bei Verdacht auf Hodentorsion unterlassen

U 19 So sah das OLG Brandenburg (Urt. v. 14. 11. 2001 – 1 U 12/01, MedR 2002, 149, 150 = VersR 2002, 313, 314) bei der unterbliebenen Freilegung des Hodens bei Verdacht auf Hodentorsion den **Schwerpunkt** nicht auf einem bloßen, einfachen – und keinen Behandlungsfehler darstellenden – Diagnoseirrtum, sondern als **„echten Behandlungsfehler" in Form der unterlassenen Befunderhebung**. Im entschiedenen Fall konnten bereits die vorbehandelnden Ärzte die Verdachtsdiagnose „Hodentorsion" jedenfalls nicht ausschließen, es lagen auch eindeutige Symptome vor, die auf eine frische Hodentorsion hindeuteten.

b) Fiebermessung unterlassen, Allergie diagnostiziert

Das OLG Schleswig (Urt. v. 28. 3. 2008 – 4 U 34/07, OLGR 2009, 296, 297) hat   U 20
Folgendes ausgeführt: Sieht ein Arzt, der eine unzutreffende Diagnose gestellt hat, von weiteren Befunderhebungen ab, so kommt es für die Abgrenzung zwischen einem Befunderhebungs- und einem Diagnosefehler darauf an, ob der **Schwerpunkt des vorwerfbaren Verhaltens** in der fehlerhaften Diagnose oder aber in der unterlassenen Erhebung weiterer Befunde zur Absicherung der Diagnose liegt. In dem vom OLG Schleswig entschiedenen Fall hatte der HNO-Arzt nach einer Mandeloperation (Tonsillektomie) die vorhandenen **Entzündungszeichen der Patientin verkannt**, die unzutreffende Diagnose „Novaminsulfonallergie" gestellt und **weitere Befunderhebungen unterlassen**. Das OLG Schleswig sah den „Schwerpunkt" des vorwerfbaren Verhaltens zutreffend in der unterlassenen Fiebermessung (ca. 40 Celsius). Bei Durchführung einer Fiebermessung wäre nachfolgend im Rahmen eines Blutbildes (CRP, Leukozyten) mit hinreichender Wahrscheinlichkeit die Entzündung erkannt und ein späterer septischer Schock vermieden worden (OLG Schleswig, Urt. v. 28. 3. 2008 – 4 U 34/07, OLGR 2009, 296, 298; Anm.: Die Nichtreaktion durch unterlassene Verabreichung von Antibiotika u. a. wäre bei Feststellung deutlicher Entzündungswerte natürlich auch grob fehlerhaft).

c) Herzinfarkt verkannt, Krankenhauseinweisung unterlassen

Stellt sich ein Patient **mit erheblichen Oberbauchschmerzen und Risikofaktoren**   U 21
für einen Herzinfarkt (hier: hoher Blutdruck, erhöhter Cholesterinwert) bei einem Facharzt für Allgemeinmedizin (oder einem Internisten) vor, kann es vertretbar sein, wenn zunächst die Erstdiagnose „Gallenblasenkolik" gestellt wird. Ein Behandlungsfehler in Form der **unterlassenen Einweisung in ein Krankenhaus** liegt in einem solchen Fall aber dann vor, wenn die Beschwerden bei Gallenblasenerkrankungen und Herzinfarkten ähnliche bzw. gemeinsame Symptome aufweisen und **dem Allgemeinmediziner die eindeutige Zuordnung mit rein klinischen Mitteln – ohne Labordiagnostik, Belastungs-EKG, ggf. CT – nicht möglich ist**. Bei schwerwiegenden Risiken, etwa einem zumindest **differential-diagnostisch in Betracht kommenden Herzinfarkt** muss der behandelnde Arzt auch subjektiv für unwahrscheinlich gehaltene Gefährdungsmomente ausschließen und den Patienten in eine Klinik zur Abklärung seines Erstbefundes überweisen. Führt der Sachverständige dann aus, bei klinischer Abklärung sei mit hinreichender Wahrscheinlichkeit oder gar mit an Sicherheit grenzender Wahrscheinlichkeit ein positiver Befund für das Vorliegen eines akuten Koronarsyndroms festgestellt worden, wäre es **grob fehlerhaft** gewesen, unverzüglich weitergehende Behandlungsmaßnahmen (hier: Beseitigung der Stenosierung) zu unterlassen (OLG Jena, Urt. v. 18.2. 2009 – 4 U 1066/04, OLGR 2009, 419, 421: inzidenter auf den „Schwerpunkt" der Vorwerfbarkeit abgestellt; auch OLG Koblenz, Beschl. v. 30. 1. 2012 – 5 U 857/11, MDR 2012, 770, 771: **Orthopäde verkennt Leitsymptome eines Herzinfarkts und unterlässt kardiologische Abklärung**; vgl. aber OLG München, Urt. v. 19.10. 2006 – 1 U 2149/06 mit NZB BGH

v. 16.10. 2007 – VI ZR 229/06, AHRS III, 3110/319 bei Rz. U 40: kein Befunderhebungsfehler, wenn Arzt im Notfalldienst bei 34-jährigem, sportlichen Patienten die Diagnose „Darminfekt, Interkostalneuralgie" statt „V. a. Myokardinfarkt" stellt und EKG bzw. Krankenhauseinweisung unterlässt).

U 21a   Ist ein Herzinfarkt aufgrund des dem Arzt geschilderten Beschwerdebildes (hier: Atemnot, Schweißausbrüche, Schilderung von Todesangst) nicht auszuschließen, stellt **das Unterlassen der sofortigen Einweisung des Patienten in ein Krankenhaus durch den Allgemeinmediziner einen Befunderhebungsfehler und keinen Diagnoseirrtum dar** (OLG Frankfurt, Urt. v. 3. 8. 2006 – 15 U 160/00 mit NZB BGH v. 23. 9. 2007 – VI ZR 25/07, AHRS III, 6455/304: Klage aber abgewiesen, Patient konnte die Schilderung der Beschwerden nicht beweisen; ebenso OLG Koblenz, Beschl. v. 30. 1. 2012 – 5 U 857/11, MDR 2012, 770, 771: **Orthopäde verkennt Leitsymptome eines Herzinfarkts**, diagnostiziert Wirbelblockade sowie Muskelverspannung und unterlässt kardiologische Abklärung im KKH, unterlassene Befunderhebung bejaht).

U 21b   Klagt der Patient über **ungewöhnlich starke Schmerzen im Brustbereich**, wobei er in der Nacht zwei Mal erbrochen hatte, und hat der Patient während der gesamten vorangegangenen Nacht über mehrere Stunden wiederholt ärztlichen Rat in einem Krankenhaus eingeholt und hatten die dort verordneten **Maßnahmen zu keiner Verbesserung der Schmerzsituation geführt**, ist die vom **Allgemeinmediziner** nachfolgend gestellte Diagnose „HWS-Blockierung mit Cervicobrachialgie und HWS-Myogelosen" (Muskelhartspann im Bereich der HWS, Schmerzen im Bereich der Arme und des Nackens) anstatt „Herzinfarkt" **nicht mehr vertretbar** (hier: Vorliegen eines einfachen Behandlungsfehlers). Ein Hausarzt als Erstanlaufstelle für Patienten mit akuten Herzinfarkten als einer der häufigsten Erkrankungen der Bevölkerung muss besonders auf die DifferentialDiagnose „Herzinfarkt" achten (OLG Hamm, Urt. v. 5. 11. 2003 – 3 U 52/03, AHRS III, 1820/315).

In dem vom OLG Hamm entschiedenen Fall **durfte sich der Allgemeinmediziner nicht auf die Richtigkeit der Diagnosen im Krankenhaus verlassen, da greifbare Anhaltspunkte für die Unrichtigkeit der dort gestellten Diagnose vorlagen** (OLG Hamm, a. a. O.).

Der „Schwerpunkt" lag hier bei der unterlassenen Erhebung weiterer Befunde. Bei sofortiger Krankenhauseinweisung und Fertigung eines EKG wäre die Entdeckung des bereits am Vorabend und vor der Behandlung durch den Allgemeinmediziner abgelaufenen, schweren Vorderwandinfarktes des Patienten sicher „hinreichend wahrscheinlich" gewesen (soweit abgedruckt, wurde die Problematik vom OLG Hamm aber nicht erörtert).

U 21c   Der BGH (Urt. v. 13. 9. 2011 – VI ZR 144/10, VersR 2011, 1400 = MDR 2011, 1286, Nr. 8, 9) weist darauf hin, dass die **unterlassene Einweisung des Patienten zur Anfertigung eines EKG durch den Notarzt bei gravierenden Herz- und Magenschmerzen** (einfacher Behandlungsfehler) zu einer Umkehr der Beweislast hinsichtlich der Kausalität des Behandlungsfehlers für den eingetretenen Gesundheitsschaden (Primärschaden) führt, wenn sich bei der gebotenen Abklärung mit hinreichender Wahrscheinlichkeit ein reaktionspflichtiges, positives

Ergebnis gezeigt hätte (im entschiedenen Fall etwa ein akuter Vorderwandinfarkt bei Durchführung eines EKG) und sich die Verkennung dieses Befundes als fundamental **oder** die Nichtreaktion auf diesen Befund als grob fehlerhaft darstellen würde (BGH a. a. O.).

Es liegt sogar ein **grober Behandlungsfehler** vor, wenn der niedergelassene Internist oder Allgemeinmediziner einen **Patienten mit erheblichen Risikofaktoren** (hier: Nikotinabusus, Bluthochdruck, familiäre Vorbelastung, Adipositas und Blutzuckererhöhung), **vorliegender Schmerzsymptomatik** (in den Arm ziehende Brustschmerzen) und **Veränderungen im angefertigten EKG** nicht sofort **mit dem Notarztwagen in ein Krankenhaus einweist bzw. verlegt** (BGH, VersR 2010, 72 = NJW-RR 2010, 711, 712) oder wenn auf der internistischen Abteilung eines Krankenhauses nach Anfertigung eines EKG ein **Myokardinfarkt diagnostiziert wird und die dringend gebotene Fibrinolyse (medikamentöse Auflösung von Blutgerinnseln) nicht umgehend durchgeführt wird** (BGH, Urt. v. 25. 10. 2011 – VI ZR 139/10, NJW 2012, 227, Nr. 8, 11, 12; vgl. aber OLG Koblenz, Beschl. v. 30. 1. 2012 – 5 U 857/11, MDR 2012, 770, 771 = VersR 2012, 1041, 1043: kein grober Fehler bei Verkennung eines Herzinfarkts, wenn der Patient den Orthopäden auf Monate zuvor aufgetretene orthopädische Beschwerden hinweist und dieser dann eine Wirbelblockade diagnostiziert). U 21d

d) Beta-HCG-Wert bei Verdacht auf Eileiterschwangerschaft nicht erhoben

Kein (ggf. privilegierender) Diagnoseirrtum, sondern (im Schwerpunkt) **ein Behandlungsfehler in Form der unterlassenen Befunderhebung** liegt vor, wenn sich der Arzt darauf beschränkt, lediglich die vorliegenden Befunde auszuwerten, obwohl er aus medizinischer Sicht weitere Befunde hätte erheben müssen, um den immerhin bestehenden **Verdacht auf das Vorliegen einer schwerwiegenden Erkrankung** mit den hierfür üblichen Befunderhebungen entweder zu erhärten oder auszuräumen. U 22

Stellt ein Gynäkologe zunächst die vertretbare Diagnose des Vorliegens einer „gestörten intrauterinen Schwangerschaft" liegen aber gleichzeitig **klassische Symptome einer extrauterinen Gravidität (Eileiterschwangerschaft)**, etwa ein positiver Schwangerschaftstest, eine irreguläre vaginale Schmierblutung und ein Unterbauchschmerz vor, muss eine weitergehende Abklärung durch Bestimmung des Beta-HCG-Wertes erfolgen. **Das Unterlassen der Feststellungen des Beta-HCG-Wertes stellt einen Behandlungsfehler in Form einer „unterlassenen Befunderhebung" dar**. Ist es „hinreichend wahrscheinlich", dass bei der Bestimmung des Beta-HCG-Wertes der Verdacht auf das Vorliegen einer Eileiterschwangerschaft bestätigt bzw. erhärtet worden wäre, wäre es auch grob fehlerhaft, eine weitere Kontrolle und nachfolgend eine Abortkyrretage zu unterlassen (OLG Brandenburg, Urt. v. 18. 6. 2009 – 12 U 213/08, OLGR 2009, 694, 696 = juris, Nr. 4–6).

Es ist sogar **grob fehlerhaft**, wenn bei zwingenden Hinweisen auf das Bestehen einer extrauterinen Schwangerschaft lediglich eine Ausschabung der Gebärmutter vorgenommen wird und weder eine Bauchspiegelung noch eine Beta-HCG-Kontrolle erfolgt (OLG Köln, Urt. v. 20. 7. 2011 – 5 U 206/07, VersR 2012, 109, 110). U 22a

e) Angiographie bei möglicher Verschlusskrankheit unterlassen, Lumboischialgie diagnostiziert

U 23 Einem Facharzt für Allgemein- und Sportmedizin fällt **ein Befunderhebungsfehler** zur Last, wenn er bei einem Patienten, der ihn wegen Schmerzen beim Gehen aufsucht, eine **ausgeprägte Lumboischialgie** (schmerzhafte Wurzelreizung, meist aufgrund einer Bandscheibenproblematik) mit typischem lateralem Schmerzband am Bein diagnostiziert und den Patienten **jahrelang (hier: 4 Jahre) erfolglos behandelt, ohne dem Verdacht auf eine periphere arterielle Verschlusskrankheit (pAVK) nachzugehen.**

Klagt der Patient über rechtsseitige Schmerzen beim Gehen, ist die Diagnose einer Erkrankung des Bewegungsapparates zunächst vertretbar. Ergibt ein CT nach jahrelanger Krankengeschichte aber keinen wesentlichen Befund in Richtung auf die angenommene orthopädische Ursache der Beschwerden, ist auch ein Allgemeinmediziner gehalten, zumindest differential-diagnostisch auch eine Gefäßerkrankung abzuklären bzw. durch Überweisung zu einem Facharzt zur Vornahme einer Angiographie abklären zu lassen.

Der „**Schwerpunkt des Versäumnisses**" des Arztes liegt in einem solchen Fall nicht im Festhalten an der Diagnose einer orthopädischen Erkrankung (hier: nicht mehr vertretbare Diagnose), sondern **in der unterlassenen Veranlassung weiterer Befunde** (OLG München, Urt. v. 6. 10. 2011 – 1 U 5220/10, GesR 2012, 149, 150 = juris, Nr. 34, 35, 36).

Wäre es nach Durchführung eines orthopädische Ursachen faktisch ausschließenden CT hinreichend wahrscheinlich (vorliegend bejaht), dass sich bei Durchführung einer Angiographie Anhaltspunkte für eine pAVK ergeben hätten, wäre es grob fehlerhaft, diesen Befund zu verkennen bzw. hierauf nicht durch eine operative Intervention (hier: mit Iliaca-TEA bzw. Dilatation der entsprechenden Arterien) bzw. Durchführung von Embolektomien zu reagieren (OLG München, Urt. v. 6. 10. 2011 – 1 U 5220/10, GesR 2012, 149, 150 = juris, Nr. 41, 47, 48, 50: Haftung für erforderliche Amputation des Beins, Kausalzusammenhang nicht „äußerst unwahrscheinlich").

f) Thrombose verkannt

U 24 Treten bei einer Frau im Alter von 27 Jahren, vorwiegend nach einer Geburt und bei vorhandenem Übergewicht neben den zunächst zutreffend diagnostizierten Rückenschmerzen **Beinödeme** auf, so es es sogar **grob fehlerhaft**, wenn der behandelnde Facharzt für Allgemeinmedizin seine zunächst gestellte Diagnose „Lumbalgie bzw. LWS-Symptomatik" nicht in Frage stellt und es nach dem Auftreten der Beinödeme unterlässt, die Patientin **in eine Klinik oder eine radiologische Praxis zur Durchführung eines MRT, CT oder einer Phlebographie** zu überweisen, anstatt bei fortbestehender Diagnose lediglich ein Entwässerungsmittel zu verschreiben. In einem derartigen Fall handelt es sich **nicht um einen Diagnoseirrtum, sondern im Schwerpunkt um eine unterlassene Befunderhebung** zur Überprüfung einer nicht mehr tragfähigen Verdachtsdiagnose, wobei die mangelnde Erhebung der dringend gebotenen Befunde bereits für sich einen **groben Behandlungsfehler** darstellt.

Daneben liegen auch die Voraussetzungen einer Beweislastumkehr wegen **unterlassener Befunderhebung** vor. Bei Durchführung eines MRT bzw. einer Phlebographie wäre die Entdeckung einer dann erst drei Tage später diagnostizierten tiefen, Fünf-Etagen-Venenthrombose mit Ausdehnung bis zu den Lebervenenzuflüssen „hinreichend wahrscheinlich" gewesen. Führt der Sachverständige aus, bei einer **um 3 Tage früher erfolgten Krankenhauseinweisung** hätte die Patientin „die Chance auf ein besseres Resultat gehabt", ist es „ **nicht gänzlich unwahrscheinlich**", dass die Patientin bei früherer Diagnostik letztlich nicht in ein Wachkoma nach aufgetretener Lungenembolie verfallen wäre (OLG Hamm, Urt. v. 24.9. 2003 – 3 U 236/02, AHRS III, 1820/314; vgl. auch OLG Hamm., Urt. v. 6.9. 2006 – 3 U 193/05, AHRS III, 6590/349: **Phlebographie unterlassen, tiefe Beinvenenthrombose verkannt, Beweislastumkehr;** OLG Hamm, Urt. v. 16.2. 2004 – 3 U 190/03, NZB BGH. v. 12. 10. 2004 – VI ZR 103/04, AHRS III, 1873/313: Phlebographie o. a. jedoch nicht geboten, wenn sich nach einer Farbdublexsonographie kein Thromboseverdacht ergibt).

g) Hirnblutung bzw. Schlaganfall verkannt

Tritt bei einem Patienten ein plötzlich einsetzender, heftiger Kopfschmerz auf,   U 24a
so liegt ein **einfacher Befunderhebungsfehler** vor, wenn er notfallmäßig in einem Krankenhaus aufgenommen wird und dort nach entsprechender Anamnese **kein CT angefertigt** wird. Wird eine **CT-Angiographie bzw. ein MRT, das eine frühere Blutung nachweist, erst mehrere Tage später gefertigt**, ist es „hinreichend wahrscheinlich, dass die früher gefertigte CT-Angiographie die Subarachnoidalblutung (SAB) oder jedenfalls deren Vorstufen (lokale Blutung bzw. moderate Blutung) bereits am Tag der Einlieferung gezeigt hätte. Wenn die CT-Angiographie unauffällig gewesen wäre, so wäre leitliniengerecht zwingend eine Liquoruntersuchung nach Lumbalpunktion erforderlich gewesen und die SAB mit hinreichender Wahrscheinlichkeit nachgewiesen worden. **Die Verkennung eines solchen Befundes (SAB bzw. lokale Blutung) wäre auch grob fehlerhaft gewesen.** In einem solchen Fall dürfen sich die Ärzte des KKH nicht mit der Diagnose „Spannungskopfschmerz" begnügen, dem Patienten Schmerzmittel verabreichen, um ihn danach aus der stationären Behandlung entlassen (OLG Hamm, Urt. v. 9. 11. 2012 – I-26 U 142/09, juris, Nr. 2, 33, 36, 39, 51, 53, 61, 62, 63: inzidenter „Schwerpunkt" bei der unterlassenen Befunderhebung angenommen; zum *medizinischen Hintergrund* vgl. Rz. D 25f und G 383c).

Klagt ein Patient über schlagartig aufgetretene, erhebliche und unerträgliche   U 24b
Kopfschmerzen, wobei sich die Schmerzen bei Kopfbewegungen, beim Bücken u. a. verstärken, ist es sogar **grob fehlerhaft, wenn ein (niedergelassener) Neurologe lediglich eine CT-Untersuchung des Schädels ohne Kontrastmittel**, das keinen pathologischen Befund ergibt, nicht jedoch eine Aneurysmadiagnostik **durch Kontrastmittel-CT bzw. Angio-MRT** oder (im Jahr 2003) eine DS-Angiographie zur möglichen Feststellung einer Hirnblutung (hier: SAB) veranlasst und mit dem Patienten lediglich einen Wiedervorstellungstermin in vier Tagen vereinbart (OLG Düsseldorf, Urt. v. 8. 11. 2007 – I-8 U 38/07, AHRS III, 2060/311).

Deutet der Aufnahmebefund des Patienten auf einen **Schlaganfall** hin, ist eine   U 24c
unverzügliche Bildgebung – zumeist ein CT, nicht lediglich ein EEG – zur wei-

teren diagnostischen Abklärung geboten, um erforderlichenfalls eine Lyse-Therapie oder eine Sekundärprophylaxe einzuleiten (Sekundärtherapie mit Thrombozytenaggregationshemmern bzw. mit Antikoagulantien). Wird das **CT mehr als vier Stunden nach Einlieferung des Patienten mit Anzeichen für einen Schlaganfall gefertigt, liegt ein „grober Behandlungsfehler" vor.** Die Voraussetzungen einer Beweislastumkehr wegen „unterlassener Befunderhebung" sind in einem solchen Fall aber nicht gegeben, wenn offenbleibt, ob die unverzügliche Bildgebung durch CT bzw. MRT ein reaktionspflichtiges Ergebnis gehabt hätte (OLG Koblenz, Urt. v. 25. 8. 2011 – 5 U 670/10, VersR 2013, 111, 112; vgl. hierzu auch Rz. U 82a–U 82h; zum *medizinischen Hintergrund* vgl. Rz. G 383c, D 25f).

U 24d   Versäumt es ein Bereitschaftsarzt, nachdem er telefonisch über den **Sturz eines Kleinkindes sowie über dessen torkelnden Gang informiert** wurde, den Eltern des Kindes zu raten, bei anhaltender Symptomatik eine Klinik aufzusuchen, so dass ein **Schlaganfall des Kindes erst einen Tag später diagnostiziert** werden kann, liegt sogar ein grober Behandlungsfehler vor. Es ist jedoch „**äußerst unwahrscheinlich**", dass der Gesundheitsschaden bei fachgerechter Reaktion des Arztes und umgehender Krankenhauseinweisung des Kindes vermieden worden wäre, wenn die **Symptome des Schlaganfalls so unspezifisch** gewesen wären, dass die Diagnose nach Erstellung eines CT im Krankenhaus lege artis erst **nach dem Verstreichen des Zeitfensters für eine Lysetherapie** (hier: 3–6 Stunden) gestellt worden wäre (OLG München, Urt. v. 11. 7. 2013 – 1 U 3344/11, juris, Nr. 43, 45, 49 ff.).

4. Schwerpunkt beim Diagnoseirrtum (vgl. bereits D 24–D 24h)

U 25   Liegt der „Schwerpunkt" der ärztlichen Pflichtverletzung in der fehlerhaften Diagnose, enfaltet diese eine „**Sperrwirkung", jedenfalls soweit kein „fundamentaler Diagnoseirrtum" vorliegt** (Ramm, GesR 2011, 513, 517; Martis/Winkhart, MDR 2011, 709, 711 und MDR 2013, 634, 636; auch L/K-Laufs/Kern, § 110 Rz. 17: Haftungsprivilegierung bei der Diagnosestellung soll nicht unterlaufen werden; auch Hausch, MedR 2012, 231, 236 f.: „Sperrwirkung" greift ein, wenn es sich bei dem Unterlassen der weiteren Befunderhebung um eine bewusste Behandlungsentscheidung gehandelt hat; B/P/S-Glanzmann, § 287 ZPO Rz. 107: nur Diagnoseirrtum, wenn die erhobenen Befunde bereits eine Diagnose erlaubten).

Ohne auf die „Schwerpunkttheorie" einzugehen oder die Begriffe der „Sperrwirkung" bzw. des „Vorrangs des Diagnoseirrtums" zu erwähnen, hat sich auch der BGH (Urt. v. 21.12. 2010 – VI ZR 284/09, VersR 2011, 400 = NJW 2011, 1672 = GesR 2011, 153, Nr. 13, 20) dieser Auffassung angeschlossen.

Im dortigen Fall (vgl. U 17b, U 26) unterlief einem Anästhesisten bei der Verkennung eines klassischen Lungenrundherds auf einem Röntgenbild **ein einfacher Behandlungsfehler.** Die Vorinstanz (OLG Brandenburg, Urt. v. 27.8. 2009 – 12 U 233/08, juris, Nr. 20–25) hatte die Voraussetzungen einer Beweislastumkehr wegen „unterlassener Befunderhebung" bejaht. Der BGH hat das Urteil aufgehoben (vgl. nachfolgend).

a) Anästhesist verkennt Lungenrundherd auf Röntgenbild

Danach liegt **kein Befunderhebungsfehler**, sondern ein **(nicht fundamentaler) Di-** U 26
agnoseirrtum vor, wenn ein Anästhesist auf einer von ihm zur Überprüfung der
Narkosefähigkeit des adipösen Patienten veranlassten Röntgenaufnahme einen
mit der beabsichtigten Operation (hier: Knieoperation) nicht im Zusammenhang
stehenden Zufallsbefund, einen **klassischen Lungenrundherd als Hinweis auf
ein Adenokarzinom mit einer Größe von 21–26 mm nicht durch CT bzw. Entnahme einer Gewebeprobe abklären lässt.**

Hat der Anästhesist die Röntgenaufnahmen angesehen und hierbei in nicht völlig unvertretbarer Weise keine Auffälligkeiten festgestellt, so ist er nicht gehalten, eine weitere Befundung der Aufnahme durch einen Radiologen zur Feststellung etwaiger Zufallsbefunde, die für den Anästhesisten nicht von Relevanz
sind, zu veranlassen. Der vorliegende (nicht fundamentale) **Diagnosefehler wird
nicht dadurch zu einem Befunderhebungsfehler, dass bei objektiv zutreffender
Diagnosestellung noch weitere Befunde zu erheben gewesen wären.**

Wegen der bei Stellung einer Diagnose nicht seltenen Unsicherheiten muss die
**Schwelle, von der ab ein Diagnoseirrtum als „grober Behandlungsfehler" (fun-
damentaler Diagnoseirrtum) zu beurteilen ist, hoch angesetzt** werden (BGH,
VersR 2011, 400, 401 = NJW 2011, 1672, 1673 = GesR 2011, 153, 154, Nr. 13, 20).

Auch das **Übersehen eines Bronchialkarzinoms auf einem Röntgenbild**, das von U 27
einem Lungenfacharzt oder von einem Radiologen erkannt worden wäre, durch
einen **Allgemeinmediziner** ist nicht, jedenfalls nicht grob fehlerhaft, wenn sich
der Verdacht auf das Vorhandensein eines Karzinoms nicht ohne Weiteres aufdrängt (OLG Schleswig, Urt. v. 24. 6. 2005 – 4 U 10/04 mit NZB BGH v.
16.5. 2006 – VI ZR 145/05, AHRS III, 1820/317 und AHRS III, 6560/313).

b) Radiologe verkennt geringe Größenprogredienz eines Lungenrundherds bzw. unterlässt Abklärung eines Lungenrundherdes

Geht ein Radiologe bei der Beurteilung einer Röntgen-Kontrollaufnahme einer U 28
Patientin von einem „**Rundherd ohne Größenprogredienz**" aus, obwohl auf
dem Röntgenbild objektiv eine **geringe, abklärungsbedürftige Größenprogredienz
feststellbar** gewesen wäre, und unterlässt es der Arzt deshalb, – ggf. nach Rücksprache mit dem Überweiser –, ein CT oder MRT zu fertigen, liegt kein Fall der
unterlassenen Befunderhebung, sondern ein **(als einfacher Behandlungsfehler)
vorwerfbarer Diagnoseirrtum** vor. Ein **Fall der unterlassenen Befunderhebung**
ist jedoch gegeben, wenn der Radiologe auf einem angefertigten **CT einen Ausläufer eines Lungenrundherdes entdeckt, es aber unterlässt, eine sofortige histologische Abklärung zu veranlassen.** Hätte sich dabei mit hinreichender Wahrscheinlichkeit der reaktionspflichtige Nachweis einer Tumorerkrankung (hier:
Lungenkrebs) mit dem Ergebnis einer unmittelbar anzuschließenden Behandlung ergeben, wobei eine Heilung der Patientin nicht „äußerst unwahrscheinlich" gewesen wäre, greift die Beweislastumkehr aus dem Gesichtspunkt der
„unterlassenen Befunderhebung" ein (OLG Hamm, VersR 2012, 493), obwohl
auch hier das Übersehen des Ausläufers allenfalls als einfacher Behandlungsfeh-

ler (vorwerfbarer Diagnoseirrtum) zu bewerten gewesen wäre (OLG Hamm, Beschl. v. 2. 3. 2011 – I-3 U 92/10, VersR 2012, 493 = MedR 2012, 599, 601).

c) Pathologe unterlässt Einholung einer Zweitmeinung

U 29   Bereits in seinem Urt. v. 9. 1. 2007 (VI ZR 59/06, VersR 2007, 541, 542 = GesR 2007, 233, 234 = NJW-RR 2007, 744, 746) hatte der BGH ausgeführt, ein als einfacher Behandlungsfehler vorwerfbarer Diagnoseirrtum – im entschiedenen Fall eines Pathologen – werde nicht bereits deshalb zum Befunderhebungsfehler, weil der Arzt es unterlassen hat, die (im entschiedenen Fall äußerst schwierige) Beurteilung des von ihm erhobenen Befundes durch **Einholung einer zweiten Meinung** (hier: in einem Referenzzentrum für Pathologie o. a., in der Pathologie zur Abklärung in zweifelhaften Fällen üblich) zu überprüfen.

d) Verkennung von Frakturen, Luxationen u. a.

U 30   Geradezu typisch tritt das Abgrenzungsproblem bei den Fällen **nicht erkannter – und deshalb nicht behandelter – Frakturen** auf. So kommt es in der Praxis nicht selten vor, dass klinische Symptome (z. B. Schmerzen oder Bewegungseinschränkungen) von den Ärzten nicht als Anzeichen für eine vorhandene Fraktur erkannt oder auf angefertigten Röntgenaufnahmen Hinweise auf das Vorliegen einer Fraktur übersehen werden. Es handelt sich hierbei regelmäßig nicht um grobe Behandlungsfehler („fundamentale Diagnoseirrtümer"), so dass der Patient grundsätzlich den Nachweis führen muss, bei erkannter und behandelter Fraktur wären die ihm verbliebenen Gesundheitsbeeinträchtigungen nicht aufgetreten (vgl. Hausch, VersR 2003, 1489, 1494 und Diss. 2007, S. 154–159, 373).

Jedoch wird bei (möglichen) Frakturen ebenso regelmäßig die **Möglichkeit bestehen, weitere Befunde, z. B. Röntgen-Schichtaufnahmen oder Funktionsaufnahmen bzw. ein CT zu erheben, um das Vorliegen einer Fraktur zu überprüfen** (vgl. OLG München, Urt. v. 5. 11. 2009 – 1 U 3028/09, juris, Nr. 2, 28: CT unterlassen, Mittelfußfraktur verkannt, OP war aber nicht erforderlich; OLG München, Urt. v. 22. 3. 2012 – 1 U 1244/11, juris, Nr. 35, 36, 38 = GesR 2012, 149, 150: nach Fertigung einer Röntgenaufnahme des Vorfußes **vertretbar Bandverletzung im Sprunggelenk diagnostiziert, weitere Röntgenaufnahmen unterlassen, Mittelfußfraktur verkannt;** OLG München, Urt. v. 10. 2. 2011 – 1 U 5066/09, juris, Nr. 47–49: **geringfügige Höhenminderung eines Wirbelkörpers verkannt, nur einfacher Diagnoseirrtum;** OLG München, Urt. v. 12. 4. 2007 – 1 U 2267/04 mit NZB BGH v. 19. 2. 2008 – VI ZR 138/07, AHRS III, 1876/326 = juris, Nr. 106, 107: **akute Bandverletzung auf Röntgenbild verkannt, nur einfacher Diagnoseirrtum;** OLG Naumburg, Urt. v. 31. 5. 2012 – 1 U 97/11, GesR 2013, 149: **BWK-Fraktur bei Mehrfachverletztem verkannt, CT unterlassen, kein Diagnose- oder Befunderhebungsfehler;** OLG Koblenz, Urt. v. 20. 1. 2011 – 5 U 828/10, GesR 2011, 539, 540: **Knochenmarknekrose im Hüftkopf auf Röntgenbild verkannt, allenfalls einfacher Diagnoseirrtum**).

U 31   So hat das OLG Karlsruhe (13. Zivilsenat in Freiburg, Urt. v. 18. 6. 2003 – 13 U 51/01) in einer unveröffentlichten Entscheidung bei ähnlicher Konstellation schon frühzeitig einen **nicht vorwerfbaren Diagnoseirrtum und keinen Fall der unterlassenen Befunderhebung angenommen.**

Im entschiedenen Fall hatte sich der Kläger bei einem Handballspiel eine Verletzung im Bereich des linken Kniegelenks zugezogen. Im Aufnahmebefund des beklagten Krankenhauses wurde eine „Schwellung im Bereich des proximalen Unterschenkels und Kniegelenks mit Deformierung ohne Gelenkerguss" beschrieben. Röntgenologisch hatte der ebenfalls beklagte Chirurg (Oberarzt) eine einfache dislozierte laterale Tibiakopffraktur links im Bereich der Tibiagelenkfläche festgestellt. Eine **Arthroskopie oder eine Kernspintomographie wurden nicht durchgeführt.** Der Chirurg reponierte die Fraktur in einem **minimal-invasiven Eingriff** und nahm eine Verschraubung vor. Intraoperativ waren jedenfalls unter Bildwandlerkontrolle nach Fertigstellung der Osteosynthese weder ein verbliebener Frakturspalt noch eine Stufe im Gelenk erkennbar. Der zum Zeitpunkt der Notfalloperation nicht anwesende Radiologe des Krankenhauses stellte nach Auswertung der präoperativ gefertigten Röntgenbilder jedoch eine deutliche **Stufenbildung** im Bereich der **lateralen Tibiagelenkfläche** fest. Tatsächlich war auch der **Außenmeniskus** gerissen und in den Frakturspalt im Tibiakopf **eingeklemmt** worden.

Sachverständig beraten, führte das OLG Karlsruhe aus, die **Auswertung des gefertigten Röntgenbildes durch den Operateur, wonach sich der Bruch lediglich als Spalt und nicht als Stufenbildung dargestellt hätte, sei noch vertretbar** gewesen und stelle keinen – dem Arzt als Behandlungsfehler vorwerfbaren – Diagnoseirrtum, insbesondere keinen „fundamentalen Diagnoseirrtum" dar. Auch die hieraus folgende – aus ex-post-Sicht fehlerhafte – Therapiewahl und die – objektiv ebenfalls fehlerhafte – unterlassene weitergehende präoperative Befunderhebung sei dann nicht vorwerfbar, sondern die **konsequente Folge des haftungsrechtlich irrelevanten Diagnoseirrtums.** Der Ansicht des vom Kläger hinzugezogenen Privatgutachters, wonach sich die Erfassung des Frakturtyps in den Röntgenbildern als äußerst schwierig und nicht eindeutig dargestellt hätte, weshalb aus seiner Sicht eine weitergehende Diagnostik (Röntgen-Schichtaufnahmen, CT, MRT) hätte betrieben werden müssen, folgte das Gericht nicht.

U 31a

Das OLG München (Urt. v. 12. 4. 2007 – 1 U 2267/04 mit NZB BGH v. 19. 2. 2008 – VI ZR 138/07, AHRS III, 1876/326 = juris, Nr. 106, 107) hat im Falle der **Verkennung einer Bandverletzung** auf einem Röntgenbild Folgendes ausgeführt:

U 32

Hat der Arzt **eindeutig gebotene Befunde nicht erhoben** und kommt es deshalb zu einem Diagnosefehler, richtet sich die Haftung nach den von der Rechtsprechung entwickelten Regeln zum „Befunderhebungsfehler". Ist dem Arzt dagegen ein (Anm.: **jedenfalls nicht fundamentaler) Diagnoseirrtum unterlaufen** und hat er deshalb bestimmte Befunde nicht erhoben, so kann ihm die aufgrund der unrichtigen Diagnose dann **unterlassene Befunderhebung nicht zur Last gelegt** (OLG München, Urt. v. 12. 4. 2007 – 1 U 2267/04, juris, Nr. 106, 107).

Der beklagte Unfallchirurg hatte **Röntgenaufnahmen der Hand bzw. Handwurzel in insgesamt vier Ebenen durchgeführt** und auf den Bildern **nicht erkannt,** dass im Bereich von Mondbein/Kahnbein eine „**Verkippung" der Handwurzelknochen** vorlag bzw. Verdachtsanzeichen für einen Bandschaden im Bereich des Kahnbeins/Mondbeins übersehen und lediglich eine Distorsion (Verstauchung)

U 32a

diagnostiziert. Obwohl auf den Röntgenbildern eine deutliche Horizontalisierung des Kahnbeins mit einem scapholunären Winkel von nahezu 80°, eine
leichte Verkippung des Mondbeins nach beugeseitig sowie eine Verbreiterung
des Spalts zwischen Mondbein und Kahnbein objektiv erkennbar war, hat das
Gericht **das Vorliegen eines fundamentalen Diagnoseirrtums** verneint. Der Sachverständige hatte die Diagnose als „schwierig" bezeichnet, weil die Handwurzelknochen miteinander artikulierten und für die Beurteilung des Röntgenbildes
erhebliche Spezialkenntnisse erforderlich waren (OLG München, Urt. v.
12. 4. 2007 – 1 U 2267/04, juris, Nr. 84, 100, 101, 102, 114, 130, 131 = AHRS III
1876/326). Der Sachverständige hatte auch die Frage nach einer **eindeutig gebotenen** (weitergehenden) **Befunderhebung** verneint (OLG München a. a. O., juris
Nr. 142, 143, 148).

U 32b   Zum erforderlichen **Kausalitätsnachweis nach § 286 ZPO** hat das OLG München (AHRS III, 1876/326) ausgeführt, für den nach § 286 ZPO zu führenden
Vollbeweis reicht es nicht aus, wenn der Sachverständige darlegt, bei rechtzeitiger Intervention nach zutreffender Beurteilung der Röntgenbilder könnte man **in
rund 80 % aller Fälle** wieder einen stabilen Zustand herstellen.

U 33   In einem weiteren Fall der **Diagnose einer Bandverletzung im Sprunggelenk bei
Verkennung einer Mittelfußfraktur** hat das OLG München (Urt. v. 22. 3. 2012
– 1 U 1244/11, juris, Nr. 2, 35, 36, 38, 40) wie folgt judiziert:

Unterläuft dem Arzt ein **nicht als Behandlungsfehler vorwerfbarer (vertretbarer
bzw. noch vertretbarer) Diagnoseirrtum**, so ist der haftungsrechtliche Rückgriff
auf eine hierauf beruhende, unterlassene Befunderhebung unzulässig (Nr. 40).
Ein Behandlungsfehler durch Unterlassen der Anfertigung weiterer Röntgenaufnahmen (hier: des linken Mittel- und Vorderfußes der Patientin) liegt nicht vor,
wenn die Patientin angegeben hat, sie sei mit dem Fuß umgeknickt und hängengeblieben und hätte ein „Krachen" vernommen, woraufhin der Orthopäde das
Sprunggelenk und die Basis der Metatarsale V „o. B." geröntgt und eine **Bandverletzung im Sprunggelenk diagnostiziert hat, eine Mittelfußfraktur in Ermangelung einer weiteren Röntgenaufnahme aber nicht feststellt**, wenn der Sachverständige ausführt, der beklagte Orthopäde durfte anhand der Angaben der Patientin, der Klinik und der gefertigten Röntgenbilder von den typischen Anzeichen
einer Bandverletzung des oberen Sprunggelenkes ausgehen, wobei ein von der
Patientin geschildertes „Krachen" sowohl mit einer Fraktur als auch mit einer
Bänderverletzung vereinbar sei (Nr. 35, 36, 38).

U 34   Auch das OLG Koblenz (Urt. v. 30. 11. 2006 – 5 U 209/06, OLGR 2007, 234, 235
= NJW-RR 2007, 532, 533 = VersR 2007, 1565, 1566) befürwortet eine einschrän-
kende Handhabung der Beweislastumkehr wegen „unterlassener Befunderhebung". Unterbleibt eine medizinisch gebotene Befunderhebung, weil im Rahmen eines differential-diagnostischen Prozesses aufgrund einer Fehlinterpretation von Befunden (hier: CT) an eine bestimmte Erkrankung gar nicht gedacht
wird, weshalb die weitere Abklärung unterbleibt, liegt regelmäßig kein nach
den Grundsätzen der Beweislastumkehr wegen „unterlassener Befunderhebung"
zu bewertender Sachverhalt, sondern ein **Fall des „einfachen oder fundamentalen" Diagnoseirrtums** vor (OLG Koblenz, Urt. v. 30. 11. 2006 – 5 U 209/06,

OLGR 2007, 234, 235/236 = VersR 2007, 1565, 1566; ähnlich auch OLG Koblenz, Urt. v. 13. 7. 2006 – 5 U 17/06, OLGR 2007, 93, 95 = VersR 2007, 1001, 1002).

Ein haftungsrechtlich relevantes Verschulden ist im Rahmen der Diagnosestellung erst dann gegeben, wenn das diagnostisch gewonnene Ergebnis **für einen gewissenhaften Arzt nicht mehr vertretbar erscheint. Ein Diagnoseirrtum wird nicht dadurch zu einem Befunderhebungsfehler, wenn die Erhebung von Befunden unterbleibt, die erst bei einer Falsifizierung der Diagnose zu erheben gewesen wären** (OLG Koblenz, Beschl. v. 26. 9. 2012 – 5 U 783/12, juris, Nr. 10, 11; ebenso OLG München, Urt. v. 8. 8. 2013 – 1 U 4549/12, juris, Nr. 58, 59; OLG München, Urt. v. 22. 3. 2012 – 1 U 1244/11, juris, Nr. 38, 40: aus den folgerichtigen Konsequenzen des Diagnoseirrtums kann sich keine Befunderhebungshaftung ergeben).

U 35

So ist **die Bewertung eines CT**, aus dem sich bei gründlicher Überprüfung ein bösartiger Befund hätte feststellen lassen, als harmlos „ohne Nachweis von Knochendestruktionen" grundsätzlich fehlerhaft. Ein „grober Behandlungsfehler" in Form des **„fundamentalen Diagnoseirrtums"** liegt jedoch nicht vor, wenn der gerichtlich bestellte Sachverständige den Fehlbefund einerseits zwar als „nicht entschuldbar" wertet, andererseits aber darauf hinweist, es handele sich um einen „sehr speziellen Fall" und eine **„sehr seltene Erkrankung"**, vier der acht von ihm befragten radiologischen Kollegen hätten die Knochendestruktionen auf den Bildern ebenfalls nicht erkannt und dementsprechend eine objektiv unzutreffende Diagnose gestellt (OLG Koblenz, OLGR 2007, 234, 235/236).

U 35a

e) Höhenminderung im Röntgenbild verkannt

Zeigt die Röntgenaufnahme von der Wirbelsäule des Patienten eine geringfügige Höhenminderung bzw. Keilwirbelbildung eines Wirbelkörpers, die nicht sofort ins Auge springt, jedoch bei sorgfältiger und aufmerksamer Prüfung der Röntgenbilder für einen Fachmann (hier: Unfallchirurg/Orthopäde) erkennbar ist, liegt ein **einfacher Behandlungsfehler in Form eines vorwerfbaren Diagnoseirrtums** vor (OLG München, Urt. v. 10.2. 2011 – 1 U 5066/09, juris, Nr. 47, 79).

U 36

Nicht jedes Übersehen einer Besonderheit auf einem Röntgenbild, CT oder MRT, die bei sorgfältiger fachlicher Prüfung erkennbar ist, ist als grob fehlerhaft (fundamentaler Diagnoseirrtum) zu bewerten. Die Abgrenzung zwischen objektivem Irrtum (noch vertretbare Diagnose), einfachem Behandlungsfehler (vorwerfbarer Diagnoseirrtum, Diagnose unvertretbar) und grobem Behandlungsfehler (fundamentaler Diagnoseirrtum) erfordert vielmehr eine **Gesamtbeurteilung**. Zu berücksichtigen sind insbesondere der Grad der Auffälligkeit und die sonstige Klinik des Patienten. Ist die **objektiv vorhandene Höhenminderung nicht ausgeprägt sowie auf dem Röntgenbild nur dezent sichtbar und hat der Patient Schmerzen nur in einem anderen Bereich angegeben, liegt nur ein einfacher Behandlungsfehler** vor (OLG München, Urt. v. 10. 2. 2011 – 1 U 5066/09, juris, Nr. 47, 79).

Der **Schwerpunkt** liegt in einem solchen Fall nicht bei der Unterlassung der Fertigung eines weiteren Röntgenbildes bzw. CT, sondern bei der Diagnose. Im entschiedenen Fall schied eine **Beweislastumkehr wegen unterlassener Befunderhe-**

bung auch deshalb aus, weil zwar bei zutreffender Beurteilung des Röntgenbildes eine Fraktur (hier: Sinterungsfraktur im Bereich des 12. BWK) diagnostiziert worden wäre (positives Befundergebnis also „hinreichend wahrscheinlich"), aber auch dann keine Indikation für eine sofortige Operation bestanden hätte und **die fachgerechte Therapie auch dann in der Anordnung bzw. Fortführung einer konservativen Behandlung** (Schmerzmedikation, Schonung, Abwarten) mit Verlaufskontrolle bestanden hätte. Die Nichtreaktion auf den hinreichend wahrscheinlichen Befund in Form der sofortigen Durchführung einer Operation wäre danach **nicht „grob fehlerhaft"** gewesen (OLG München, Urt. v. 10. 2. 2011 – 1 U 5066/09, juris, Nr. 53, 55; ebenso OLG München, Urt. v. 5. 11. 2009 – 1 U 3028/09, juris, Nr. 2, 28: CT/MRT unterlassen, dann mit hinreichender Wahrscheinlichkeit erkannte Mittelfußfraktur wäre aber gleichfalls konservativ therapiert worden; vgl. aber Rz. U 82a–U 82h und BGH, Urt. v. 7. 6. 2011 – VI ZR 87/10, VersR 2011, 1148 = MedR 2012, 249, Nr. 7, 8: in der „dritten Stufe" der Beweislastumkehr wegen unterlassener Befunderhebung reicht es aus, dass sich **entweder** die Nichtreaktion auf den hinreichend wahrscheinlichen Befund **oder** dessen **bloße Verkennung als grob fehlerhaft dargestellt hätte**).

f) Fehldeutung eines Kompartmentsyndroms als Beinvenenthrombose

U 37 Eine Beweislastumkehr wegen „unterlassener Befunderhebung" greift ebenfalls nicht ein, wenn die Ärzte eines Krankenhauses nach einer anderweitigen Operation der Patientin nach entsprechenden **Schmerzäußerungen im Unterschenkel** (objektiv unzutreffend) eine Beinvenenthrombose diagnostizieren, die Blutwerte für Hämoglobin und Hämatokrit diese Fehldiagnose stützen und die insoweit eingeleitete Therapie (Hochlagerung des Beins, Verabreichung von Schmerzmitteln) scheinbar greift und deshalb eine **radiologische Untersuchung zur weiteren Erhärtung der Diagnose unterlassen** und die Verdachtsdiagnose eine Kompartmentsyndroms (Operation erforderlich!) zunächst nicht gestellt wird. Im entschiedenen Fall war das diagnostisch gewonnene Ergebnis **für einen gewissenhaften Arzt (noch) vertretbar**, sodass weder ein fundamentaler noch ein (als Behandlungsfehler zu bewertender) einfacher Diagnoseirrtum vorlag (OLG Koblenz, Beschl. v. 18.10. 2010 – 5 U 1000/10, GesR 2011, 100, 102).

Da der **„Schwerpunkt" im Bereich der (hier: vertretbaren) Diagnose** lag, waren die weiteren Voraussetzungen einer „unterlassenen Befunderhebung" nicht zu prüfen. Zudem war es im entschiedenen Fall **auch nicht „hinreichend wahrscheinlich"**, dass eine weitergehende Untersuchung (Röntgenbild, MRT, Sonographie) zur Diagnose eines Kompartmentsyndroms geführt hätte. Denn die Konsequenz hätte allein darin bestanden, dass eine Beinvenenthrombose auszuschließen gewesen wäre. Der Schluss auf ein Kompartmentsyndrom hätte sich jedenfalls nicht mit hinreichender Wahrscheinlichkeit (Wahrscheinlichkeit von mehr als 50 %) aufgedrängt (OLG Koblenz, GesR 2011, 100, 102).

g) Abstrich falsch ausgewertet, Kontrolluntersuchung unterlassen

U 38 In diesem Sinne einer **folgerichtigen Konsequenz** aus der jedenfalls **nicht als fundamental fehlerhaft vorwerfbaren Fehlinterpretation eines Befundes** argumentiert auch das OLG Köln in seinem Urteil vom 20. 7. 2005 (OLG Köln, 5 U

200/04, VersR 2005, 1740, 1741 = NJW 2006, 69, 70 mit zust Anm. Feifel, GesR 2006, 308 f.; zustimmend auch G/G, 6. Aufl., Rz. B 64).

Der dort beklagte Gynäkologe hatte bei der Patientin am 12. 5. 1998 eine Krebsvorsorgeuntersuchung durchgeführt und einen Abstrich vorgenommen, den er – objektiv falsch – mit der niedrigeren Tumorindikation „PAP II" anstatt „PAP III" befundet hat. Bei richtiger Befundung und Diagnose mit „PAP III" hätte eine **Kontrolluntersuchung** der Patientin **nach drei Monaten**, also am 12. 8. 1998, erfolgen müssen, die aufgrund des später vom Sachverständigen so bewerteten „einfachen Diagnosefehlers" unterblieb. Der gerichtlich bestellte Sachverständige hielt es für durchaus möglich, dass eine tatsächlich am 12. 8. durchgeführte Untersuchung wiederum den Befund „PAP III" mit der Notwendigkeit einer Kontrolluntersuchung nach weiteren drei Monaten, also Mitte November, erbracht hätte. Im November wurde bei der Patientin andernorts ein Plattenepithelkarzinom mit metastatischem Tumorbefall eines Lymphknotens diagnostiziert. Die Patientin musste sich einer Operation (Hysterektomie) und einer Chemotherapie mit sechs Therapiezyklen unterziehen. Sie hat vorgetragen, bei richtiger Diagnose wären weitere Befunde erhoben und das Karzinom mindestens drei Monate früher erkannt worden. Ein entsprechend früher durchgeführter Eingriff hätte weniger gravierende Folgen gehabt, es wäre dann auch nicht zu einer Metastasierung gekommen. Zweifel gingen zu Lasten des Arztes, da ein Fall der „unterlassenen Befunderhebung" vorliege.

Das OLG Köln hat die klageabweisende Entscheidung des LG Aachen bestätigt. U 38a Die **falsche Auswertung** des – erhobenen – Befundes stelle sich **nur als einfacher Behandlungsfehler (vorwerfbarer Diagnoseirrtum)** dar. Die Unterlassung weiterer Befunderhebungen, insbesondere die Mitte August nicht erfolgte Statussicherung bzw. Statusüberprüfung sei nur die **folgerichtige Konsequenz aus der Fehlinterpretation des Befundes** vom 12. 5. Für die Frage, ob einem Arzt ausnahmsweise die Beweislast für die Nichtursächlichkeit zwischen einem Behandlungsfehler und einem vom Patienten erlittenen Gesundheitsschaden auferlegt werden kann, muss Anknüpfungspunkt stets der dem Arzt zur Last gelegte Behandlungsfehler sein. Ist dieser nicht als „grob" zu bewerten und hat der Arzt die medizinisch gebotenen Befunde erhoben, könne eine objektiv gebotene, aber wegen eines „einfachen Behandlungsfehlers" in der Form eines **Diagnoseirrtums folgerichtig unterlassene Befunderhebung nicht Anknüpfungspunkt für eine Beweislastumkehr** oder Beweiserleichterung sein. Andernfalls würden sich **Wertungswidersprüche mit der Rechtsfigur des „Diagnoseirrtums"** ergeben, die nach der Rechtsprechung nur mit Zurückhaltung als (einfache) Behandlungsfehler zu bewerten seien (OLG Köln, Urt. v. 20. 7. 2005 – 5 U 200/04, VersR 2005, 1740, 1741 = NJW 2006, 69, 70; ebenso OLG München, Urt. v. 12. 4. 2007 – 1 U 2267/04, juris, Nr. 106, 107; OLG Koblenz, Urt. v. 30. 11. 2006 – 5 U 209/06, OLGR 2007, 234, 235/236 = VersR 2007, 1565, 1566; Karmasin, VRiBayObLG a.D., VersR 2009, 1200, 1202).

U. E. hätte die Klage der Patientin auch bei – fiktiver – Annahme der ersten Stufe U 38b (s. u. Rz. U 54) einer „unterlassenen Befunderhebung" abgewiesen werden müssen. Denn nach den Ausführungen des Sachverständigen wäre bei entsprechender Erhebung des Befundes, nämlich der Durchführung der dann gebotenen Kontrolluntersuchung am 12. 8., ein positives Befundergebnis im Sinne einer Indikation für eine Hysterektomie und die anschließende Chemotherapie keinesfalls „hinreichend wahrscheinlich" gewesen (zweite Stufe, s. u. Rz. U 56). Der Befund wäre wohl auch nicht so gravierend gewesen, dass sich dessen Verkennung als fundamental oder die Nichtreaktion hierauf als grob fehlerhaft dargestellt hätte (dritte Stufe, s. u. Rz. U 82), da die – fiktive – Untersuchung vom 12. 8. möglicherweise wieder nur den Status „PAP II" ergeben hätte.

h) Herzinfarkt verkannt, grippalen Infekt diagnostiziert (vgl. hierzu bereits oben Rz. U 21–U 21d, U 160 ff.)

U 39　In seinem Urt. v. 19. 10. 2006 (1 U 2149/06, OLGR 2007, 303 = juris, Nr. 65 = AHRS III, 3110/319 und 2070/308) wiederholt das OLG München zunächst den Grundsatz, dass Diagnoseirrtümer, die objektiv auf eine Fehlinterpretation der Befunde zurückzuführen sind, nur **mit Zurückhaltung als Behandlungsfehler gewertet** werden können. So ist es bei einem 34 Jahre alten, sportlichen Mann, der unter bewegungsabhängigen Thoraxschmerzen, Schwindel, Durchfall und Erbrechen leidet, vertretbar, wenn der Allgemeinmediziner im ärztlichen Notdienst die Diagnose „grippaler Infekt, Diarrhoe, Interkostalneuralgie" (Durchfall, Wirbelsäulenschmerzen)" stellt.

U 40　Drängt sich hierbei die **Differentialdiagnose „Herzinfarkt"** (Leitsymptom: mehr als 15–20 Minuten anhaltender thorakaler, drückender Schmerz hinter dem Brustbein, oft mit Ausstrahlung in den Hals und den linken Arm unabhängig von Atmung oder Lage und Bewegung von Armen oder Körper, vgl. zum medizinischen Hintergrund Rz. G 462a) nicht auf, ist ein Allgemeinmediziner nicht gehalten, aus Sicherheitsgründen auf die Durchführung weiterer Untersuchungen (EKG, Enzymuntersuchung) in einer Klinik zu drängen oder den Patienten aufzufordern, sich zur Durchführung der entsprechenden Diagnostik in ein Krankenhaus zu begeben. Dass bei dem **Verdacht eines Herzinfarkts** eine Krankenhauseinweisung und weitergehende Untersuchungen hätten erfolgen müssen, ist selbstverständlich, kann aber **keinen vorwerfbaren Fehler des Allgemeinmediziners begründen, wenn er diesen Verdacht gerade nicht hatte.** Denn andernfalls müsste ein Arzt im Ergebnis für fast jeden – nicht nur fundamentalen – Diagnoseirrtum einstehen, da sich an eine andere Verdachtsdiagnose regelmäßig auch eine andere Befunderhebung anschließt (OLG München, Urt. v. 19. 10. 2006 – 1 U 2149/06, juris, Nr. 66, 70, 74, 80, 81 = AHRS III, 3110/319; vgl. aber OLG Koblenz, Beschl. v. 30.1. 2012 – 5 U 857/11, MDR 2012, 770, 771; Rz. U 21a–U 21d).

Gerade in den Fällen verkannter Frakturen bzw. fehlgedeuteter Zeichen eines Herzinfarkts ist eine Gesamtbeurteilung (vgl. OLG München, Urt. v. 10.2. 2011 – 1 U 5066/09, juris, Nr. 47, 49) mit Feststellung des Schwerpunktes der ärztlichen Pflichtverletzung erforderlich und wichtig (hierzu die Beispielsfälle bei Ramm, RiOLG, GesR 2011, 513, 517/518, nachfolgend).

Liegt ein Herzinfarkt bei dem Patienten eher fern (jung, negative Familienanamnese, Nichtraucher, schlank, sportlich o. a.) und **drängt sich in der Gesamtschau eine Herzinfarktausschlussdiagnostik nicht auf, liegt der Schwerpunkt bei der (fehlerhaften) Diagnose.** Ergibt sich jedoch ein greifbarer Verdacht auf das Vorliegen eines Herzinfarkts (z. B. älter, neg. Anamnese, Raucher, adipös, ziehende Arm- oder Brustschmerzen), liegt der Schwerpunkt bei der unterlassenen Befunderhebung (Ramm, GesR 2011, 513, 518; vgl. Rz. U 21a–U 21d, U 160ff.).

i) Hautarzt verkennt Melanom

Stellt sich eine hinsichtlich etwaiger Hauterkrankungen bis dahin unauffällige U 41
Patientin mit einem dunkelbraun gefärbten, leicht erhabenen, in der Oberflächenstruktur „schrumpeligen", etwa fingernagelgroßen Muttermal beim Hautarzt vor und stellt dieser nach Inspektion und optischer Befundung mit einer Speziallupe die Diagnose „Naevus, dermatoskopisch o. B." (gutartiges Muttermal), und kann der Sachverständige später **nicht mehr angeben, dass eine solche Diagnose zum fraglichen Zeitpunkt unvertretbar** gewesen ist, kann dem Arzt kein Behandlungsfehler unter dem Gesichtspunkt einer „unterlassenen Befunderhebung" angelastet werden, wenn er es unterlässt, eine Gewebeprobe zu entnehmen und diese histologisch untersuchen zu lassen, um das Vorliegen eines bösartigen Hauttumors (Melanom) auzuschließen.

In einem solchen Fall fällt dem Hautarzt ein **(nicht fundamentaler) Diagnoseirrtum** aufgrund fehlerhafter Bewertung des aus ex-ante-Sicht vollständig erhobenen Befundes und **keine „unterlassene Befunderhebung"** zur Last (OLG Brandenburg, Urt. v. 21. 7. 2011 – 12 U 9/11, GesR 2012, 83, 84 = juris, Nr. 15, 18, 20). Entscheidend ist in derartigen Fällen, **ob bestimmte Symptome differentialdiagnostisch eine bestimmte Diagnose nahelegen und diese deshalb durch weitere Untersuchungen ausgeschlossen werden müssen** (OLG Brandenburg, GesR 2012, 83, 84; BGH, Urt. v. 16.10. 2007 – VI ZR 229/06, GesR 2008, 79 = NJW-RR 2008, 263, 264).

Der Patientin kommt auch keine Beweiserleichterung zugute, wenn der Hautarzt das suspekte Muttermal nach optischer Befundung mit einer Speziallupe als gutartig einstuft und im Folgetermin **abgelasert hat, anstatt es mit dem Skalpell zu entfernen,** wodurch die histologische Untersuchung zur Feststellung eines Melanoms vereitelt worden ist. Denn das Gebot, ein Muttermal kunstgerecht (mittels Skalpell) zu entfernen, um es anschließend untersuchen zu können, dient – vergleichbar mit der Aufgabe ärztlicher Behandlungsdokumentation – **nicht dem Beweissicherungsinteresse des Patienten** (OLG Brandenburg, Urt. v. 21.7. 2011 – 12 U 9/11, GesR 2012, 83, 84 = juris, Nr. 17, 18, 20).

Im entschiedenen Fall war ein reaktionspflichtiges Ergebnis im Sinne der Feststellung eines Melanoms auch **nicht „hinreichend wahrscheinlich",** nachdem der Hautarzt das suspekte Muttermal abgelasert und somit eine histologische Untersuchung – ohne dass dies vorwerfbar gewesen wäre – unmöglich gemacht hatte (OLG Brandenburg, GesR 2012, 83, 84: „Ablasern" statt Entfernung mit dem Skalpell nur einfacher Behandlungsfehler).

j) Brustkrebs vom Radiologen verkannt

Ein Diagnoseirrtum eines Radiologen liegt nicht vor, wenn ihm eine 50-jährige, U 42
erblich vorbelastete Patientin mit dem Hinweis auf eine „abklärungsbedürftige, unklare Verdichtung" nach **getastetem Knoten in der Brust von einem Gynäkologen zur Durchführung einer Mammographie und Mammasonographie über-**

1477

wiesen wird, wenn er nach Durchführung der Untersuchungen die Diagnose nach BI-RADS III stellt und im Befundbericht ausführt, es lägen „unklare Strukturen", eine „unscharfe Begrenzung als Anzeichen für eine vorhandene Zyste" vor, eine Wiedervorstellung innerhalb von sechs Monaten werde empfohlen.

Sind sich der Radiologe und aufgrund von dessen Befundergebnis auch der überweisende Gynäkologe, der von der fachlichen Richtigkeit dieser Diagnose ausgehen darf, sicher, dass kein malignes Geschehen vorliegt, kommt eine **Beweislastumkehr wegen unterlassener Befunderhebung** (unterlassene Überweisung zur Durchführung einer Biopsie) **nicht in Betracht.** Eine Biopsie ist in einem solchen Fall nicht geboten, wenn sie aus der maßgeblichen ex-ante-Sicht lediglich der Bestätigung einer im Großen und Ganzen bereits geklärten Diagnose dienen würde. **Ist sich ein Arzt bei (zunächst) vollständig erhobenem Befund seiner Diagnose sicher, kann ihm auch die unterlassene Einholung einer Zweitmeinung nicht als unterlassene Befunderhebung vorgeworfen werden** (OLG Koblenz, Beschl. v. 21. 11. 2011 – 5 U 688/11, GesR 2012, 346, 348/349 im Anschluss an BGH, NJW-RR 2007, 744, 745, Rz. U 29; ebenso OLG München, Urt. v. 8. 8. 2013 – 1 U 4549/12, juris, Nr. 59, 67).

k) Diagnoseirrtum eines Zahnarztes, Röntgenaufnahme unterlassen

U 43 Werden keine Anzeichen einer Entzündung, etwa in Form einer zunehmenden Aufbiss- oder Perkussionsempfindlichkeit, sondern pauschal Schmerzen im Bereich eines bestimmten Zahns geschildert, liegt ein **nicht vorwerfbarer Diagnoseirrtum** (kein Behandlungsfehler) **und keine „unterlassene Befunderhebung"** vor, wenn das vom Zahnarzt angenommene generalisierte Schmerzsyndrom nach den Erkenntnismöglichkeiten zum Behandlungszeitpunkt gegenüber einem konkreten Entzündungsherd näherliegt. Ist die Diagnose eines komplexen Schmerzsyndroms **noch vertretbar**, ist dem Zahnarzt das Unterlassen weiterer diagnostischer Maßnahmen, insbesondere die Anfertigung von Röntgenaufnahmen, nicht als Behandlungsfehler in Form der „unterlassenen Befunderhebung" vorzuwerfen (OLG Koblenz, Beschl. v. 4. 10. 2011 – 5 U 1078/11, GesR 2012, 19, 20: u. E. gehört es bei Angaben von Schmerzen zur Routine eines Zahnarztes, ein OPG bzw. zumindest ein Röntgenbild der möglicherweise betroffenen Zähne anzufertigen).

5. Bewertung

U 44 Folgt man dieser obergerichtlichen Rechtsprechung, wäre sowohl der nicht als Behandlungsfehler vorwerfbare als auch der als einfacher Behandlungsfehler zu qualifizierende **Diagnoseirrtum** gegenüber einer **Beweislastumkehr wegen „unterlassener Befunderhebung" privilegiert** (vgl. die obigen Nachweise Rz. D 20, D 21 und U 17, U 17a; zuletzt Hausch, MedR 2012, 231, 236 f.; Ramm, RiOLG, GesR 2011, 513, 516, 517; Martis/Winkhart, MDR 2011, 709, 711 und MDR 2013, 634, 636; L/K-Laufs/Kern, § 110 Rz. 17; Karmasin, VRiBayObLG a. D., VersR 2009, 1200, 1202).

Nach Ansicht von Greiner (vgl. G/G, 6. Aufl. 2009, Rz. B 64; auch Schultze-Zeu, VersR 2008, 898, 901 f.) entfalten sowohl der „fundamentale Diagnoseirrtum" (grober Behandlungsfehler) als auch der sonst vorwerfbare Diagnoseirrtum (einfacher Behandlungsfehler) keine derartige „Sperrwirkung":

„Ein Behandlungsfehler, der sich folgerichtig aus einem nicht vorwerfbaren Diagnoseirrtum ergibt, ist nicht gesondert vorwerfbar, solange nicht weitere Umstände wie fehlerhaft unterlassene Erhebung von Kontrollbefunden einen zurechenbaren Haftungsgrund ergeben. Ist dagegen der Diagnosefehler vorwerfbar, ist er haftungsbegründend und kann durch zwar folgerichtige, aber ebenso zurechenbare weitere Fehler nicht zu einer Entlastung des Arztes führen. Insbesondere sind in einem solchen Fall die allgemeinen Regeln über Beweiserleichterungen nach fehlerhaft unterlassener Befunderhebung anwendbar, denn das Folgeverhalten ist infolge des vorwerfbaren Diagnosefehlers ebenfalls zurechenbar. Andernfalls bliebe die Summierung von Fehlern ohne haftungsrechtliche Konsequenz" (G/G, 6. Aufl., Rz. B 64).

Diese Fallgestaltungen zeigen Folgendes überdeutlich: U 45

Wenngleich für verfassungsrechtlich unbedenklich gehalten (vgl. BVerfG, Beschl. v. 15. 3. 2004 – 1 BVR 1591/03, NJW 2004, 2079) und zwischenzeitlich gesetztlich verankert (§ 630h V 2 BGB n.F., vgl. Rz. P 108 ff.), sprechen gegen die vom BGH entwickelte Beweislastregel der „unterlassenen Befunderhebung" grundsätzliche dogmatische Bedenken. Die Subsumierung des jeweiligen Sachverhalts unter einen noch vertretbaren „Diagnoseirrtum" oder die Fallgruppe der „unterlassenen Befunderhebung" ist – je nach der persönlichen Einstellung des vom Gericht hinzugezogenen Sachverständigen und der subjektiven Einschätzung des Gerichts – oftmals willkürlich.

Die – in anderer personeller Zusammensetzung begründete – Rechtsprechung   U 45a des BGH zum Diagnoseirrtum, der nur mit Zurückhaltung als Behandlungsfehler bewertet werden darf (vgl. etwa BGH, Urt. v. 8. 7. 2003 – VI ZR 304/02, NJW 2003, 2827, 2828 und die Nachweise bei Rz. D 1, D 24 ff.) wird bei großzügiger Annahme der Voraussetzungen einer „unterlassenen Befunderhebung" konterkariert (Karmasin, VersR 2009, 1200, 1202; Hausch, MedR 2012, 231, 235 f.; Ramm, GesR 2011, 513, 516/517; L/K-Laufs/Kern, § 110 Rz. 17: Haftungsprivilegierung würde unterlaufen).

Für das Vorliegen eines fiktiven positiven Befunds muss in der „zweiten Stufe"   U 45b der „unterlassenen Befunderhebung" nicht der Vollbeweis nach § 286 ZPO erbracht werden, sondern es genügt eine „hinreichende Wahrscheinlichkeit" in der Größenordnung von mindestens 50 %, was als problematisch empfunden wird (vgl. Hausch, MedR 2012, 231, Fn. 4 und VersR 2003, 1489, 1496 sowie Diss. 2007, S. 158).

Derjenige Arzt, der im Sinne eines nicht als Behandlungsfehler vorwerfbaren   U 45c bzw. eines „einfachen Diagnoseirrtums" (vgl. Rz. D 22 ff.) eine fehlerhafte Diagnose stellt und deshalb keine weitergehenden Befunde erhebt, wird haftungsrechtlich besser gestellt als derjenige, der zwar – trotz bestehender Schwierigkeit des Falles – die richtige Diagnose stellt, annimmt, über das richtige Behandlungskonzept zu verfügen und es unterlässt, weitergehende Befunde zu erheben. Dies zeigt etwa der vom OLG Hamm (Beschl. v. 2. 3. 2012 – I-3 U 92/10, VersR 2012, 493, Rz. U 28) entschiedene Fall auf.

U.E. ist eine Beweislastumkehr – vergleichbar einem fundamentalen Diagno   U 45d seirrtum des Arztes, an dessen Vorliegen strenge Anforderungen zu stellen sind

(BGH, VersR 2011, 400, Nr. 15: „Schwelle hoch anzusetzen") – mit den Argumenten des BGH zur „Spektrumverschiebung", „Waffengleichheit", letztlich der materiellen Gerechtigkeit, auch in der „dritten Stufe" der Rechtsfigur der unterlassenen Befunderhebung nicht zu rechtfertigen (vgl. hierzu z.B. OLG München, Urt. v. 10. 2. 2011 – 1 U 5066/09, juris, Nr. 53, 55 und OLG München, Urt. v. 5. 11. 2009 – 1 U 3028/09, juris, Nr. 2, 28, Rz. U 82aff., U 82d).

Hat ein Unfallchirurg etwa vorwerfbar ein aufgrund suspekter Röntgenaufnahme o.a. indiziertes CT/MRT unterlassen, das mit hinreichender Wahrscheinlichkeit eine Mittelfußfraktur gezeigt hätte, wäre diese aber gleichfalls konservativ therapiert worden, greift nach der Rspr. des BGH (Urt. v. 7. 6. 2011 – VI ZR 87/10, VersR 2011, 1148 = MedR 2012, 249, Nr. 7, 8) die Beweislastumkehr ein, weil es in der „dritten Stufe" ausreicht, dass sich **entweder die Nichtreaktion auf den hinreichend wahrscheinlichen Befund oder dessen bloße Verkennung als grob fehlerhaft dargestellt hätte**!

Gleiches gilt etwa, wenn ein Krankenhaus es versäumt, bei einem mit Verdacht auf einen Schlaganfall eingelieferten Patienten ein MRT zu fertigen, der Sachverständige aber ausführt, an der Weiterbehandlung hätte sich zu 90 % auch dann nichts geändert, weil das Zeitfenster für die Lysetherapie (3–4,5 Stunden) bei umgehender Durchführung des MRT bereits überschritten gewesen wäre.

Soweit kein „äußerst unwahrscheinlicher Kausalzusammenhang" (vierte Stufe; vgl. Rz. G 255ff., G 268: 10 % nicht „äußerst unwahrscheinlich") vorliegt, greift die Beweislastumkehr in beiden Fällen ein, obwohl der jeweils einfache Behandlungsfehler wertungsmäßig („unvertretbar, völlig unverständlich, Spektrum verschoben") die Ebene eines groben Behandlungsfehlers nicht erreicht. Dies wäre u.E. nur dann der Fall, wenn sich die Nichtreaktion auf den unterlassenen (MRT-)Befund als grob fehlerhaft dargestellt hätte.

U 46   Hausch (Diss. 2007, S. 152, 159, 373) weist darauf hin, dass dem Arzt gerade bei der – oftmals äußerst schwierigen – Diagnosestellung und der Entscheidung über die zu erhebenden Befunde ein Ermessens- und Beurteilungsspielraum eingeräumt werden muss. Er dürfe nicht durch das Haftungsrisiko zu einer defensiven Medizin mit laufenden, weiteren Untersuchungen gedrängt werden, die ihrerseits mit Belastungen und Risiken für den Patienten verbunden sein können und im Übrigen erhebliche Kosten verursachen. Hat er eine danach (noch) vertretbare Diagnose gestellt, soll er aus haftungsrechtlichen Gründen nicht gehalten sein, diese erneut zu überprüfen (in diesem Sinn jetzt auch BGH, Urt. v. 21. 12. 2010 – VI ZR 284/09, VersR 2011, 400 = NJW 2011, 1672 = GesR 2011, 153, Nr. 13, 20 und BGH, Urt. v. 9. 1. 2007 – VI ZR 59/06, VersR 2007, 541, 542 = NJW-RR 2007, 744, 746; Ramm, RiOLG, GesR 2011, 513, 516/517; Karmasin, VRiBayObLG a.D., VersR 2009, 1200, 1202 und die obigen Nachweise bei Rz. U 16ff.).

U 46a   Hausch (VersR 2003, 1489, 1496 und Diss. 2007, S. 159, 373) hat zur Abgrenzung des Diagnoseirrtums zur unterlassenen Befunderhebung zunächst vorgeschlagen, bei der Nichterhebung von medizinisch gebotenen Befunden sollte eine beweisrechtliche Sanktion davon abhängig gemacht werden, aus welchen Gründen diese Befunderhebung unterblieben ist. Um Wertungswidersprüche (s.o.) zu vermeiden, sollten dem Patienten Beweiserleichterungen nur dann zugute kommen, wenn ein „fundamentaler Diagnoseirrtum" des Arztes vorliege oder die Nichterhebung der Befunde „grob fehlerhaft" sei. U. E. wäre die Rechtsfigur der „unterlassenen Befunderhebung" dann aber obsolet. Denn die Beweislastumkehr würde dann bereits wegen des „groben Behandlungsfehlers" in der Form des fundamentalen Diagnoseirrtums eingreifen.

Sein weiterer Ansatz geht nun dahin, ggf. durch Befragung des Arztes zu klären,   U 46b
„ob es sich beim Unterlassen der weiteren Befunderhebung um eine bewusste Behandlungsentscheidung des Arztes gehandelt hatte oder nicht – d. h. ob dieser gerade im Hinblick auf eine von ihm gestellte (Verdachts-)Diagnose von der Erhebung weiterer Befunde abgesehen hatte" (Hausch, MedR 2012, 231, 237). Er erkennt aber selbst die damit verbundene Gefahr einer „Aushebelung" der Rechtfigur der „unterlassenen Befunderhebung" (MedR 2012, 231, 238). Denn der schlüssige Vortrag des – anwaltlich beratenen – Arztes, er hätte eine solche, bewusste Behandlungsentscheidung getroffen, wird im Zweifel ebenso wenig zu widerlegen sein wie etwa die Behauptung eines Patienten auf den Einwand der hypothetischen Einwilligung, er hätte sich in einem „ernsthaften Entscheidungskonflikt" befunden (worauf Hausch aber abstellt).

Glanzmann (VRiOLG a. D. in Bergmann/Pauge/Steinmeyer, § 287 ZPO Rz. 107)   U 47
schlägt folgende Abgrenzung vor:

Eine falsche Beurteilung ist als **Diagnoseirrtum** zu bewerten, wenn **der erhobene Befund nach dem maßgeblichen Facharztstandard die Diagnose erlaubt** hat. Demgegenüber liegt ein **Befunderhebungsfehler** vor, wenn nach den bislang vorliegenden die **Erhebung weiterer, ergänzender Befunde (differentialdiagnostische Maßnahmen) erforderlich gewesen** wäre. Dass alle aus ex-ante-Sicht medizinisch erforderlichen Befunde erhoben worden sind, wird von Vertretern der „Schwerpunkttheorie" für die ebenfalls vom Sachverständigen zu beantwortende Frage, wo der Schwerpunkt der Vorwerfbarkeit liegt, aber bereits vorausgesetzt (Ramm, RiOLG, GesR 2011, 513, 516; vgl. auch Rz. U 42).

Schultze-Zeu (VersR 2008, 898, 901 f.; hiergegen zutreffend Karmasin, VRiBay-   U 48
ObLG a. D., VersR 2009, 1200, 1202) erkennt zwar die Problematik der Schlechterstellung desjenigen Arztes, der bei schwierigen Verhältnissen die richtige Diagnose stellt, dann aber die gebotenen diagnostischen Anschlussbefunde nicht erhebt, gegenüber demjenigen Behandler, der bereits eine falsche Eingangsdiagnose stellt. Sie ist jedoch der Ansicht, ein Befunderhebungsfehler liege auch dann vor, wenn er durch eine falsche Diagnose ausgelöst wird. Sie postuliert damit den Wegfall des Haftungsprivilegs beim (nicht fundamentalen) Diagnoseirrtum und gelangt so zu einer „Gleichbehandlung" beider Ärzte (vgl. Rz. U 45c) im negativen Sinn!

Eine logisch zwingende bzw. dogmatisch sauber durchstrukturierte Lösung kann   U 49
allerdings auch von den Verfassern nicht angeboten werden. U. E. bietet die bereits von zahlreichen Oberlandesgerichten und seit 2007 von den Verfassern vertretene **„Schwerpunkttheorie"** (vgl. oben Rz. U 17 ff.) unter Einbeziehung sämtlicher medizinischer Fakten und Meidung subjektiver Elemente nach entsprechender Befragung des Sachverständigen den brauchbarsten Lösungsansatz! Im

Ergebnis entspricht die „Schwerpunkttheorie" auch den Ausführungen des BGH (Urt. v. 21. 12. 2010 – VI ZR 284/09, VersR 2011, 400 = NJW 2011, 1672 = GesR 2011, 153, Nr. 13, 20; vgl. hierzu Rz. U 26).

Der Gesetzgeber hat das Problem ausweislich der Gesetzesmaterialien nicht gesehen und folgerichtig mit der Einführung des § 630h V 2 BGB auch nicht gelöst (vgl. hierzu § 630h V 2 BGB Rz. U 82b ff. und Rz. P 108 ff.).

IV. Voraussetzungen der Beweislastumkehr in der Fallgruppe der „unterlassenen Befunderhebung"

U 50 Bis zu seinem Urt. v. 27. 4. 2004 (BGH, Urt. v. 27. 4. 2004 – VI ZR 34/03, NJW 2004, 2011 = VersR 2004, 909 = MDR 2004, 1055 = MedR 2004, 561; nachfolgend etwa BGH, Urt. v. 16. 11. 2004 – VI ZR 328/03, NJW 2005, 427 = VersR 2005, 228 = MDR 2005, 572) hat der BGH die Formulierung verwendet, dass ein grober Behandlungsfehler – und Gleiches gilt auch für die Fallgruppe der „unterlassenen Befunderhebung" –, der geeignet sei, einen Schaden der tatsächlich eingetretenen Art herbeizuführen, für den Patienten „zu Beweiserleichterungen bis hin zur Beweislastumkehr" führen könne (vgl. etwa BGH, VersR 1989, 701, 702; VersR 1997, 362, 363).

U 51 Der BGH und die Instanzgerichte gingen in der Praxis aber regelmäßig von einer „Beweislastumkehr" aus. Der BGH hat in der Entscheidung vom 27. 4. 2004 – und den hieran anknüpfenden Folgeentscheidungen – nunmehr klargestellt, dass ein **grober Behandlungsfehler**, der geeignet ist, einen Schaden der tatsächlich eingetretenen Art herbeizuführen, **grundsätzlich zu einer Umkehr der objektiven Beweislast für den ursächlichen Zusammenhang zwischen dem Behandlungsfehler und dem Gesundheitsschaden (Primärschaden) führt**.

U 52 Hierfür reicht es aus, dass der „grobe Behandlungsfehler" **generell geeignet** ist, den eingetretenen Schaden zu verursachen; nahe legen oder wahrscheinlich machen muss der Fehler den Schaden nicht (BGH, Urt. v. 19. 6. 2012 – VI ZR 77/11, NJW 2012, 2653, Nr. 6; BGH, Urt. v. 7. 6. 2011 – VI ZR 87/10, VersR 2011, 1148 = MedR 2012, 249, Nr. 7; BGH, Urt. v. 27. 4. 2004 – VI ZR 34/03, VersR 2004, 909 = NJW 2004, 2100 = MedR 2004, 561; BGH, Urt. v. 8. 1. 2008 – VI ZR 118/06, VersR 2008, 490, 491 = NJW 2008, 1304, 1305, Nr. 11, 12; Urt. v. 27. 3. 2007 – VI ZR 55/05, VersR 2007, 995, 997 = NJW 2007, 2767, 2769, Nr. 25; weitere Nachweise bei Rz. G 214 ff.).

U 53 Diese Grundsätze gelten entsprechend für den Nachweis des Kausalzusammenhangs bei einem **einfachen Befunderhebungsfehler**, wenn zugleich auf einen groben Behandlungsfehler zu schließen ist, weil sich bei Erhebung der Befunde mit hinreichender Wahrscheinlichkeit ein so deutlicher und gravierender Befund ergeben hätte, dass sich dessen Verkennung als fundamental oder die Nichtreaktion auf ihn als grob fehlerhaft darstellen würde (BGH, Urt. v. 2. 7. 2013 – VI ZR 554/12, VersR 2013, 1174 = NJW 2013, 3094, Nr. 11; BGH, Urt. v. 13. 9. 2011 – VI ZR 144/10, MDR 2011, 1286 = VersR 2011, 1400, Nr. 8, 9; BGH, Urt. v. 7. 6. 2011 – VI ZR 87/10, MDR 2011, 913 = VersR 2011, 1148 = MedR 2012, 249

= NJW 2011, 2508, Nr. 7, 8; BGH, Urt. v. 21. 12. 2010 – VI ZR 284/09, VersR 2011, 400 = NJW 2011, 1672, Nr. 12, 13). **Danach setzt das Eingreifen einer Beweislastumkehr in der Fallgruppe der „unterlassenen Befunderhebung" kumulativ Folgendes voraus:**

(1) **Unterlassung der Erhebung oder der Sicherung medizinisch zweifelsfrei gebotener Diagnose- oder Kontrollbefunde** (nachfolgend 1., Rz. U 54–55) **und**

(2) **bei entsprechender Erhebung wäre ein positives Befundergebnis hinreichend wahrscheinlich (Wahrscheinlichkeit von mehr als 50 %) gewesen** (nachfolgend 2., Rz. U 56–81b) **und**

(3) **es hätte sich ein so deutlicher und gravierender Befund ergeben, dass sich dessen Verkennung als fundamental *oder* die Nichtreaktion auf den Befund als grob fehlerhaft darstellen müsste** (nachfolgend 3., Rz. U 82–85), **wobei**

(4) **der Kausalzusammenhang nicht „äußerst unwahrscheinlich" sein darf, was zur Beweislast der Behandlungsseite steht** (nachfolgend 4., Rz. U 87–96).

Diese Voraussetzungen ergeben sich nunmehr aus § 630h V 2 BGB n. F. (zu einer möglichen Abweichung von der bisherigen Rechtsprechung vgl. Rz. P 108 ff.).

1. Unterlassung der Erhebung oder der Sicherung medizinisch zweifelsfrei gebotener Diagnose- oder Kontrollbefunde

a) Übersicht

Auf der „ersten Stufe" der Rechtsfigur muss festgestellt werden, dass der Arzt es **U 54** **unterlassen hat, medizinisch gebotene bzw. zweifelsfrei gebotene Befunde zu erheben** (BGH, Urt. v. 2. 7. 2013 – VI ZR 554/12, VersR 2013, 1174 = NJW 2013, 3094, Nr. 6, 16: **Verlaufskontrolle zur Wirkung verabreichter Medikamente unterlassen**, Epilepsie und Hirnvenenthrombose als **Primärschaden**; BGH, Urt. v. 13. 9. 2011 – VI ZR 144/10, MDR 2011, 1286 = VersR 2011, 1400 = NJW 2011, 3441, Nr. 3, 8, 9: **sofortige EKG-Untersuchng bei V. a. Vorderwandinfarkt unterlassen**; BGH, Urt. v. 7. 6. 2011 – VI ZR 87/10, MDR 2011, 913 = VersR 2011, 1148 = NJW 2011, 2508, Nr. 7, 8: **MRT-Untersuchung bei V. a. Schlaganfall unterlassen**; BGH, Urt. v. 29.9. 2009 – VI ZR 251/08, VersR 2010, 115, Nr. 8: **unterlassene Hinzuziehung eines Augenarztes bei aufgetretenen Sehstörungen** nach einer Bypass-Operation; BGH, Beschl. v. 9. 6. 2009 – VI ZR 138/08, VersR 2009, 1404, 1406: **toxikologische Blutuntersuchung bei V. a. Metallvergiftung unterlassen**; BGH, Urt. v. 9. 1. 2007 – VI ZR 59/06, VersR 2007, 541 = GesR 2007, 233, 234 und Urt. v. 27. 4. 2004 – VI ZR 34/03, VersR 2004, 909, 911 sowie BGH Urt. v. 23. 3. 2004 – VI ZR 428/02, GesR 2004, 293, 295 = MDR 2004, 1056, 1057 = VersR 2004, 790, 791: Beweislastumkehr bei Unterlassung der Erhebung und/oder Sicherung **medizinisch gebotener Befunde**; OLG Bamberg, Urt. v. 25. 8. 2008 – 4 U 33/08, GesR 2008, 583, 584: unverzügliche **augenärztliche Untersuchung unterlassen**, effiziente Therapie wäre aber nicht möglich gewesen; OLG Brandenburg, Urt. v. 21. 7. 2011 – 12 U 9/11, GesR 2012, 83, 84: vertretbar Naevus diagnostiziert, **Melanom verkannt**; OLG Brandenburg, Urt. v. 18. 6. 2009 – 12 U 213/08, juris, Nr. 4 und OLG Köln, Urt. v. 20. 7. 2011 – 5 U

206/07, VersR 2012, 109, 110: **unterlassene Beta-HCG-Bestimmung, Eileiterschwangerschaft übersehen**; OLG Düsseldorf, Urt. v. 25. 1. 2007 – I 8 U 150/05, AHRS III, 6590/353: trotz andauernder **starker Kopfschmerzen nach Siebbein- und Kieferhöhlenoperation CT unterlassen**; OLG Düsseldorf, Urt. v. 1. 12. 2005 – I-8 U 5/03, AHRS III, 6562/347: **CT bei V. a. Halbseitenlähmung/Hirninfarkt unterlassen**; OLG Frankfurt, Urt. v. 4. 4. 2006 – 8 U 98/05, VersR 2007, 1276: **unterlassene Blutdruck- und Pulsmessung durch Krankenpfleger**, unterlassene Durchführung einer Sonographie bei Anzeichen für eine TIA; OLG Hamm, Urt. v. 9. 11. 2012 – I-26 U 142/09, juris, Nr. 33, 36, 39, 51, 53, 61, 63: **Angio-CT bzw. MRT bei plötzlichem, stechendem Kopfschmerz unterlassen, SAB verkannt**; OLG Hamm, Beschl. v. 2. 3. 2011 – I-3 U 92/10, VersR 2012, 493: **Radiologe verkennt geringe Größenprogredienz eines Lungenrundherdes** und sieht von MRT bzw. CT ab; OLG Jena, Urt. v. 23. 5. 2007 – 4 U 437/05, OLGR 2007, 988 = VersR 2008, 401: **zwingend gebotene Biopsie bei Brustkrebsverdacht unterlassen**, auch grober Behandlungsfehler; OLG Jena, Urt. v. 18. 2. 2009 – 4 U 1066/04, OLGR 2009, 419, 421: **Unterlassene Klinikeinweisung bei differenzial-diagnostisch in Betracht kommendem Herzinfarkt**; OLG Karlsruhe, Beschl. v. 24. 6. 2005 – 7 W 28/05, GesR 2005, 555, 556 = BeckRS 2005, 10645, S. 4: **Kontrastmittel-CT als zwingend notwendige Befunderhebung unterlassen**; OLG Karlsruhe, Urt. v. 14. 11. 2007 – 7 U 251/06, VersR 2008, 545, 546: **Überweisung eines Kindes an den Augenarzt unterlassen**; Urt. v. 10. 3. 2008 – 10 U 224/04, NJW-RR 2008, 1557, 1558: **unterlassener psychatrischer Dialog**, Suizidalität einer Schwangeren verkannt; KG, Urt. v 24.10. 2011 – 20 U 67/09, GesR 2012, 44, 45: **CT bei cerebralem Prozess, Kopfschmerzen, Nackensteife und Übelkeit unterlassen**; OLG Koblenz, Beschl. v. 4. 10. 2011 – 5 U 1078/11, GesR 2011, 19, 20; OLG Koblenz, Beschl. v. 30. 1. 2012 – 5 U 857/11, MDR 2012, 770, 771 = VersR 2012, 1041, 1043: **Orthopäde unterlässt sofortige KKH-Einweisung bei vorliegenden Leitsymptomen für einen Herzinfarkt**; OLG Koblenz, Beschl. v. 7. 5. 2009 – 5 U 478/09, VersR 2010, 1184: **Schlaganfall verkannt, kein MRT veranlasst**; OLG Koblenz, Beschl. v. 18.10. 2010 – 5 U 1000/10, GesR 2011, 100, 102: **Kompartmentsyndrom statt Beinvenenthrombose diagnostiziert, Sonografie und MRT unterlassen**; OLG Koblenz, Urt. v. 24. 6. 2010 – 5 U 186/10, GesR 2010, 546, 547: **radiologische Kontrolluntersuchung, ggf. mit nachfolgender Biopsie bei unklarem Mammabefund unterlassen**; OLG Koblenz, Urt. v. 8. 1. 2009 – 5 U 1057/08, GesR 2010, 71, 73: **Blutuntersuchung mit CRP und Anfertigung eines CT-MRT bei anhaltenden Schmerzen nach einer Leistenoperation unterlassen**; OLG Koblenz, Urt. v. 30. 10. 2008 – 5 U 576/07, GesR 2009, 34, 36: Krankenschwester einer Neugeborenenstation **unterlässt unverzügliche Hinzuziehung eines Arztes bei Meningitisverdacht**; OLG Koblenz, Beschl. v. 10. 1. 2008 – 5 U 1508/07, VersR 2008, 923: **unterlassene Hinzuziehung eines Abdominalchirurgen** zur Abklärung eines Magengeschwürs; OLG Koblenz, Urt. v. 30. 11. 2006 – 5 U 784/06, VersR 2007, 396: **unterlassene Mikroblutuntersuchung**; OLG Koblenz, Urt. v. 3. 5. 2007 – 5 U 567/05, VersR 2008, 222: unterlassene Blutgasanalyse; OLG München, Urt. v. 6. 10. 2011 – 1 U 5220/10, GesR 2012, 149, 150 = juris, Nr. 34, 35, 41: **Angiographie bei V. a. auf eine periphere arterielle Verschlusskrankheit unterlassen**; OLG München, Urt. v. 1. 3. 2007 – 1 U 4028/06, VersR 2007, 652: **unterlassene Blutdruckmessung durch Hausarzt**; OLG München, Urt. v. 22. 3. 2012 – 1 U 1244/11, juris, Nr. 40: **weitere Röntgenaufnahmen** nach noch

vertretbarer Diagnose „Bandverletzung im Sprunggelenk" **unterlassen**, Mittelfußfraktur verkannt; OLG München, Urt. v. 29. 3. 2012 – 1 U 3611/11, juris,
Nr. 49, 51: **kein Befunderhebungsfehler, wenn bei bekannter Grunderkrankung
ex-ante kein Anlass zu weiteren Untersuchungen bestand**; OLG München, Urt.
v. 19. 7. 2012 – 1 U 4791/11, juris, Nr. 61, 63, 65: **kein Befunderhebungsfehler
durch Unterlassen einer mikrobiologischen Untersuchung**, wenn rückläufige
CRP-Werte und das Verschließen der Wunde nach einer TEP-OP gegen einen
Gelenkinfekt sprechen; OLG München, Urt. v. 3. 6. 2004 – 1 U 5250/03, OLGR
2006, 790, 791: **Unterlassene Einweisung in Fachklinik bei V. a. akute cerebrale
Durchblutungsstörungen**; OLG Oldenburg, Urt. v. 23.7. 2008 – 5 U 28/08 MedR
2011, 163, 166: **Empfehlung zur Koloskopie** bei festgestelltem Blut im Stuhl unterlassen; OLG Oldenburg, Urt. v. 30. 1. 2008 – 5 U 92/06, NJW-RR 2009, 32, 33
= VersR 2008, 691, 693: **unterlassene Dichtigkeitsprüfung der Anastomosennähte**; OLG Oldenburg, Urt. v. 28. 5. 2008 – 5 U 28/06, juris, Nr. 22, 23: **medizinisch gebotene Mikroblutuntersuchung unterlassen**; OLG Rostock, Urt. v.
21. 12. 2012 – 5 U 170/11, VersR 2013, 465: **Nierenbeckenentzündung bzw. Sepsis verkannt, Urinuntersuchung unterlassen, Befunderhebungsfehler neben Diagnoseirrtum bejaht**; OLG Saarbrücken, Urt. v. 8. 11. 2006 – 1 U 582/05-203,
MedR 2007, 486, 488: **CTG-Überwachung unterlassen**; OLG Schleswig, Urt. v.
28. 3. 2008 – 4 U 34/07, OLGR 2009, 296, 298: zwingend gebotene **Fiebermessung unterlassen**, deshalb Fehldiagnose gestellt; OLG Schleswig, Urt. v.
4. 4. 2008 – 4 U 172/07, OLGR 2009, 126, 128: trotz wochenlang persistierender
Beschwerden **Röntgenaufnahme unterlassen**; OLG Stuttgart, Urt. v. 29. 5. 2007
– 1 U 28/07, VersR 2007, 1417: **unterlassene Ultraschalluntersuchung bei vorzeitigem Blasensprung**; OLG Stuttgart, Urt. v. 11.10. 2005 – 1 U 94/04 mit NZB
BGH v. 12.12. 2006 – VI ZR 220/05, AHRS III/2002/325: **Hb-Wert nicht erhoben,
seltene Sichelzellanämie nicht erkannt**; OLG Zweibrücken, Urt. v. 20. 11. 2007
– 5 U 16/05, NJW-RR 2008, 539, 540: **Stanzbiopsie der Prostata und Bestimmung
des PSA-Wertes unterlassen**; OLG Zweibrücken, Urt. v. 24. 4. 2007 – 5 U 2/06,
VersR 2008, 537: verspätete Vorlage eines CRP-Wertes steht „unterlassener Be-
funderhebung" gleich; G/G, 6. Aufl., Rz. B 296; F/N/W, 5. Aufl., Rz. 140, 141;
D/S, 6. Aufl., XI. Rz. 526; Spickhoff-Greiner, § 823 BGB Rz. 192–199; L/K-Laufs/
Kern, § 110 Rz. 17–21; S/Pa, 12. Aufl., Rz. 681–685; Wenzel-Müller, Kap. 2
Rz. 1544–1552 und Wenzel, Kap. 2 Rz. 3619; L/K/L-Katzenmeier, Rz. XI 99–104;
Baur, VRiOLG a.D., GesR 2011, 577, 578; Hausch, MedR 2012, 231, 235 ff.;
Ramm, RiOLG, GesR 2011, 513, 514; B/P/S-Glanzmann, § 287 ZPO Rz. 107,
115; R/L-Ratzel/Lissel, § 31 Rz. 20, 21; R/L-Kern, § 5 Rz. 45, 46; Karmasin,
VersR 2009, 1200, 1201; Martis/Winkhart, MDR 2011, 709, 711/712 und MDR
2013, 634, 636).

b) Verspätete und unvollständige Befunderhebung

Eine unvollständige, fehlerhafte (vgl. Spickhoff-Greiner, § 823 BGB Rz. 197) **so-**   U 55
**wie eine verspätete Befunderhebung stehen einer unterlassenen Befunderhebung
dabei gleich** (vgl. BGH VersR 1996, 330, 331: unterlassene Befundsicherung;
OLG Zweibrücken, Urt. v. 24. 4. 2007 – 5 U 2/06, OLGR 2008, 98, 100 = VersR
2008, 537, 539: verspätete Vorlage eines CRP-Wertes nach rechtzeitiger Blutentnahme; OLG Koblenz, Beschl. v. 10. 1. 2008 – 5 U 1508/07, VersR 2008, 923 =

OLGR 2008, 225, 226: diagnostische Abklärung eines dann durchgebrochenen Magengeschwürs fünf Tage zu spät; vgl. Rz. U 148, U 278, U 279).

2. Bei entsprechender Erhebung wäre ein positives Befundergebnis hinreichend wahrscheinlich gewesen

a) Übersicht

U 56 In der „zweiten Stufe" der Rechtsfigur der „unterlassenen Befunderhebung" muss – mit Hilfe des Sachverständigen – eruiert werden, ob ein positives Befundergebnis **im Falle der (fiktiven) Erhebung des Befundes „hinreichend wahrscheinlich" gewesen** wäre (BGH, Urt. v. 13.9. 2011 – VI ZR 144/10, MDR 2011, 1286 = VersR 2011, 1400 = NJW 2011, 3441, Nr. 8; BGH, Urt. v. 7. 6. 2011 – VI ZR 87/10, MDR 2011, 913 = VersR 2011, 1148 = NJW 2011, 2508, Nr. 7; BGH, Urt. v. 9. 1. 2007 – VI ZR 59/06, VersR 2007, 541, 542; OLG Bamberg, Urt. v. 25. 8. 2008 – 4 U 33/08, GesR 2008, 583, 584: **drohende Erblindung wäre bei unverzüglicher augenärztlicher Untersuchung erkannt worden,** effiziente Therapie wäre aber nicht möglich gewesen; OLG Brandenburg, Urt. v. 21. 7. 2011 – 12 U 9/11, GesR 2012, 83, 84: **Diagnose „Melanom"** bei feingeweblicher Untersuchung eines als Muttermal befundeten, dann vernichteten Gewebestückes **nicht hinreichend wahrscheinlich;** OLG Düsseldorf, Urt. v. 22.3. 2007 – I-8 U 30/06, AHRS III, 6562/356 und AHRS III, 6590/354: keine hinreichende Wahrscheinlichkeit, dass eine **antivirale Therapie bei Hepatitis-C-Infektion** erfolgreich gewesen wäre; OLG Düsseldorf, Urt. v. 17. 3. 2005 – I-8 U 124/02, AHRS III, 6590/331: **unterlassene Fetometrie,** Vermeidung eines Hirnschadens mit höchstens 50 % aber nicht hinreichend wahrscheinlich; OLG Frankfurt, Urt. v. 4. 4. 2006 – 8 U 98/05, VersR 2007, 1276, 1277: **positives Befundergebnis bei Messung von Blutdruck und Puls nicht hinreichend wahrscheinlich;** OLG Hamm, Urt. v. 7. 3. 2005 – 3 U 204/04, AHRS III, 6555/306: Ergebnis einer **unverzüglichen mikrobiologischen Blutuntersuchung zur Vermeidung eines TSS** wäre offen gewesen; OLG Hamm, Urt. v. 10. 12. 2007 – 3 U 216/06 mit NZB BGH v. 18.11. 2008 – VI ZR 49/08, AHRS III, 2500/362 und OLG München, GesR 2007, 108: **Verdacht auf übergroßes Kind bzw. Auftreten einer Schulterdystokie bei Durchführung der gebotenen Sonographie nicht hinreichend wahrscheinlich;** OLG Jena, Urt. v. 18. 2. 2009 – 4 U 1066/04, OLGR 2009, 419, 421: **Herzinfarkt wäre bei rechtzeitiger Klinikeinweisung mit hinreichender Wahrscheinlichkeit erkannt worden;** OLG Karlsruhe, Beschl. v. 24. 6. 2005 – 7 W 28/05, GesR 2005, 555, 556 = NJW-RR 2006, 205, 206: **Kontrastmittel-CT hätte mit hinreichender Wahrscheinlichkeit auf eine Anastomoseninsuffizienz hingewiesen;** OLG Karlsruhe, Urt. v. 15. 8. 2001 – 7 U 129/99, AHRS III, 6750/300 und AHRS III, 2500/317 sowie OLG Oldenburg, Urt. v. 28. 5. 2008 – 5 U 28/06, juris, Nr. 22, 23: **pathologischer pH-Wert unter 7,2 bei Durchführung der medizinisch gebotenen Mikroblutuntersuchung hinreichend wahrscheinlich;** KG, Urt. v. 24. 10. 2011 – 20 U 67/09, GesR 2012, 44, 45: Entdeckung einer Hirnblutung/ Ventrikelblutung auf CT/MRT bei V.a. cerebralen Prozess hinreichend wahrscheinlich; OLG Koblenz, Beschl. v. 18. 10. 2010 – 5 U 1000/10, GesR 2011, 100, 102: im entschiedenen Fall **nicht hinreichend wahrscheinlich, dass ein MRT bzw. eine Sonographie zur Diagnose eines Kompartmentsyndroms geführt hätte;** OLG Koblenz, Urt. v. 8. 1. 2009 – 5 U 1057/08, GesR 2010, 71, 73: Infektion verkannt, deutlich erhöhte CRP- und Leukozytenwerte bei durchgeführter, tatsächlich aber unterlassener Blutuntersuchung hinreichend wahrscheinlich; OLG Koblenz, Urt. v. 24.6. 2010 – 5 U 186/10, GesR 2010, 546, 547 und OLG Bamberg, Urt. v. 18. 4. 2005 – 4 U 64/03 mit NZB BGH v. 28.3. 2006 – VI ZR 142/05, AHRS III, 2110/305 sowie OLG Köln, Urt. v 26.5. 2008 – 5 U 175/07, VersR 2009, 1543: **spekulativ, ob Biopsie/histologischer Befund einen bösartigen Tumor nachgewiesen hätte;** OLG Koblenz, Beschl. v. 8. 3. 2011 – 5 U 153/11, GesR 2013, 157, 159: **CT nach Sturz auf den Kopf ca. zwei Stunden verspätet durchgeführt, frühere Entdeckung eines Hämatoms mit Mittelhirnverlagerung aber nicht hinreichend wahrscheinlich;** OLG Koblenz, Urt. v. 25. 8. 2011 – 5 U 670/10, VersR 2013, 111, 112: **Bei V.a. Schlaganfall CT mit vierstündiger Verspätung gefertigt, Entdeckung bei sofortiger Erstellung aber nicht hinreichend wahrscheinlich,** aber grober Behandlungsfehler bejaht; OLG Koblenz, Beschl. v. 30. 1. 2012 – 5 U 857/11, VersR 2012, 1041, 1043: **Leitsymptome eines Herzinfarkts verkannt, kardiologische Abklärung unterlassen, pathologisches EKG/ Labor wäre hinreichend wahrscheinlich gewesen;** OLG Koblenz, Urt. v. 30. 11. 2006 – 5 U 784/06, VersR 2007, 396, 397: **Mangelversorgung des Kindes bei Durchführung der Mikroblutuntersuchung hinreichend wahrscheinlich;** OLG Koblenz, Urt. v. 30. 10. 2008 – 5 U 576/07, GesR 2009, 34, 36: **Meningitis bzw. Infektionssyndrom wäre bei sofortiger Hinzuziehung eines Arztes durch Krankenschwester einer Neugeborenenstation erkannt worden;** OLG Koblenz, Beschl. v. 2. 4. 2008 – 5 U 1412/07, VersR 2008, 1493, 1494: **Sonographie o. a. unterlassen, aber offen, ob Bypassverschluss entdeckt worden wäre;** OLG Köln, Urt. v. 26. 5. 2008 – 5 U 175/07, OLGR 2009, 798: **pathologischer Befund war mit mindestens 50 % zu erwarten;** OLG München, Beschl. v. 7. 5. 2012 – 1 U 343/12, juris, Nr. 7, 8 und Beschl. v. 4. 4. 2012 – 1 U 343/12, juris, Nr. 10, 11: **spekulativ, ob eine unterlassene Untersuchung (CRP, Röntgen, CT) nach entsprechenden Schmerzäußerungen** des Patienten einen Anhalt für einen Infekt bzw. eine Lockerung des eingebrachten Knieimplantats erbracht hätte; OLG München, Urt. v. 6. 10. 2011 – 1 U 5220/10, GesR 2012, 149, 150 = juris, Nr. 34, 35, 41: **Feststellung eines Gefäßverschlusses** bei medizinisch gebotener Angiographie hinreichend wahrscheinlich; OLG München, Urt. v. 10. 2. 2011 – 1 U 5066/09, juris, Nr. 53–57: **Entdeckung der Fraktur auf CT/MRT hinreichend wahrscheinlich,** Kausalzusammenhang aber gänzlich unwahrscheinlich; OLG München, Urt. v. 10. 8. 2006 – 1 U 2438/06, OLGR 2007, 305, 308: **"zumindest überwiegende Wahrscheinlichkeit von mehr als 50 % erforderlich";** OLG Oldenburg, MedR 2011, 163, 166: Entdeckung eines malignen Tumors bzw. entsprechenden Darmpolypen bei **unterlassener Koloskopie hinreichend wahrscheinlich;** OLG Oldenburg, Urt. v. 30. 1. 2008 – 5 U 92/06, NJW-RR 2009, 32, 34 = VersR 2008, 691, 693: **Entdeckung einer Anastomoseninsuffizienz nicht hinreichend wahrscheinlich;** OLG Schleswig, Urt. v. 28. 3. 2008 – 4 U 34/07, OLGR 2009, 296, 298: **Sepsis wäre bei Fiebermessung und nachfolgender Erstellung eines Blutbildes mit hinreichender Wahrscheinlichkeit erkannt worden;** OLG Schleswig, Urt. v. 4. 4. 2008 – 4 U 172/07, OLGR 2009, 126, 128: **mehr als 50 %;** OLG Stuttgart, Urt. v. 27. 11. 2001 – 14 U 62/01, AHRS III, 6590/313: **Entdeckung eines Basalioms nach Durchführung einer Biopsie nicht hinreichend wahrscheinlich;** OLG Zweibrücken, Urt. v. 20. 11. 2007 – 5 U 16/05, NJW-RR 2008, 539, 540: **"ausreichend, wenn die Erfolgsquote an 50 % hinreicht";** OLG Zweibrücken,

Urt. v. 24. 4. 2007 – 5 U 2/06, VersR 2008, 537, 539: **überhöhter CRP-Wert hinreichend wahrscheinlich**; G/G, 6. Aufl., Rz. B 296; Hausch, Diss. 2007, S. 148–159; D/S, 6. Aufl. XI. Rz. 526; S/Pa, 12. Aufl., Rz. 685: Wahrscheinlichkeit höher als 50 %; F/N/W, 5. Aufl., Rz. 140, 141: mehr als 50 %; L/K-Laufs/ Kern, § 110 Rz. 19: mehr als 50 %; Wenzel-Müller, Kap. 2 Rz. 1551: Faustregel über 50 %; L/K/L-Katzenmeier, Rz. XI 103, 104; Spickhoff-Greiner, § 823 BGB Rz. 193).

b) Hinreichende Wahrscheinlichkeit

U 57   Das Merkmal der „**hinreichenden Wahrscheinlichkeit**" wurde in der neueren Rechtsprechung dahingehend konkretisiert, dass ein positiver Befund nur dann zu vermuten ist, wenn er im Fall der Erhebung mit einer **Wahrscheinlichkeit von mehr als 50 %** zu erwarten gewesen wäre (OLG Celle, Urt. v. 22. 10. 2007 – 1 U 24/06 mit NZB BGH v. 15. 8. 2008 – VI ZR 280/07, AHRS III, 6590/359; OLG Celle, Urt. v. 26. 3. 2007 – 1 U 51/04 mit NZB BGH v. 3. 6. 2008 VI ZR 113/07, AHRS III, 6590/355; OLG Dresden, Urt. v. 6. 6. 2002 – 4 U 3112/01, OLGR 2003, 208 = VersR 2004, 648; OLG Düsseldorf, Urt. v. 17. 3. 2005 – I-8 U 124/02, AHRS III, 6590/331; OLG Hamm, Urt. v. 31. 8. 2005 – 3 U 277/04, MedR 2006, 111, 113 = GesR 2006, 31, 33; OLG Koblenz, Beschl. v. 8. 3 2011 – 5 U 153/11, GesR 2013, 157, 159; OLG Koblenz, Urt. v. 5. 7. 2004 – 12 U 572/97, NJW 2005, 1200, 1202; OLG Köln, Urt. v. 26. 5. 2008 – 5 U 175/07, OLGR 2009, 798; Urt. v. 31. 1. 2005 – 5 U 130/01, AHRS III, 6562/336; Urt. v. 28. 5. 2003 – 5 U 77/01, VersR 2004, 247; OLG München, Urt. v. 10. 8. 2006 – 1 U 2438/06, OLGR 2007, 305, 308; OLG Oldenburg, Urt. v. 28. 5. 2008 – 5 U 28/06, juris, Nr. 22, 23; OLG Schleswig, Urt. v. 4. 4. 2008 – 4 U 172/07, OLGR 2009, 126, 128; Wenzel-Müller, Kap. 2 Rz. 1551; L/K-Laufs/Kern, § 110 Rz. 19; S/Pa, 12. Aufl., Rz. 685; Gehrlein, VersR 2004, 1488, 1494; F/N/W, 5. Aufl., Rz. 141).

U 58   Besteht eine **Unsicherheit**, ob eine weitergehende diagnostische Vorgehensweise zu anderen Erkenntnissen geführt hätte oder bezeichnete der Sachverständige dies als „**spekulativ**", verbleibt es dabei, dass der Patient den Kausalzusammenhang zwischen einem (einfachen) Behandlungsfehler und dem Eintritt des Primärschadens beweisen muss (OLG Koblenz, Urt. v. 3. 11. 2005 – 5 U 1560/04 bei Jorzig, GesR 2006, 16, 17; OLG Koblenz, Beschl. v. 8. 3 2011 – 5 U 153/11, GesR 2013, 157, 159; OLG Düsseldorf, Urt. v. 26.07. 2007 – I-8 U 70/06, AHRS III, 6590/357).

U 58a   Eine Beweislastumkehr scheidet aus, wenn der Sachverständige ausführt, die Wahrscheinlichkeit, dass eine Dislokaktion erst nach Durchführung der (unterlassenen, aus medizinischen Gründen aber anzufertigenden) Röntgenaufnahme entstanden ist, sei etwa ebenso groß wie diejenige, dass die craniale Verschiebung zu diesem Zeitpunkt bereits aufgetreten war und dann entdeckt worden wäre (OLG Düsseldorf a. a. O.).

U 59   Versäumt es der Arzt bei einem bestehenden **Amnioninfektionssyndrom** (Entzündung der Eihäute), das auf einem bakteriellen Befall der Scheide (Vaginose) beruht, einen Scheidenabstrich zu nehmen, dessen Ergebnis vom Sachverständigen später **als „ungewiss" bezeichnet** wird, scheidet eine Beweislastumkehr aus dem Gesichtspunkt der „unterlassenen Befunderhebung" somit aus (OLG Köln, Urt. v. 28. 5. 2003 – 5 U 77/01, VersR 2004, 247).

Hat der behandelnde Frauenarzt es (nicht grob) fehlerhaft unterlassen, bei geäu- U 60
ßerten erheblichen vulvären Beschwerden der Patientin und vorhandenen Hautveränderungen eine Biopsie zu veranlassen, kann von einer „hinreichenden
Wahrscheinlichkeit" eines positiven Befundergebnisses der Biopsie nicht gesprochen werden, wenn das **mutmaßliche Ergebnis des erhobenen Befundes völlig offen und die Wahrscheinlichkeit nicht höher als mit 50 % anzusetzen** ist (OLG
Dresden, Urt. v. 6. 6. 2002 – 4 U 3112/01, VersR 2004, 648).

Ist ein positives Befundergebnis einer fehlerhaft **unterlassenen Mammografie** zur U 61
Feststellung einer Brustkrebserkrankung nach Auffassung des Sachverständigen
„durchaus vorstellbar", kann die „hinreichende Wahrscheinlichkeit" angesichts
bestehender Unklarheiten über das Tumorwachstum **gerade nicht festgestellt**
werden (OLG Hamm, Urt. v. 31. 8. 2005 – 3 U 277/04, GesR 2006, 31, 33 =
OLGR 2006, 386, 388 = MedR 2006, 111, 113).

Liegt bei einer Patientin ein abklärungsbedürftiger Befund vor (hier: getasteter U 61a
Knoten in der linken Brust) und ist nach Durchführung der Mammographie ein
tumoröser Prozess nicht auszuschließen, hat der behandelnde Gynäkologe die
Durchführung einer (im entschiedenen Fall vom Radiologen sogar empfohlenen)
Punktion (Gewebeentnahme) zu veranlassen.

Eine Beweislastumkehr wegen „unterlassener Befunderhebung" scheidet in derartigen Fällen jedoch aus, wenn der vom Gericht bestellte Sachverständige ausführt, es **stehe nicht fest oder sei offen, ob ein histologischer Befund im fraglichen Zeitpunkt einen bösartigen Tumor hätte nachweisen können, weil die Entwicklungsgeschwindigkeit (Tumorverdoppelungszeit) von Mammakarzinomen
sehr schnell und das Ergebnis einer fiktiven Rückrechnung offen ist** (OLG Koblenz, Urt. v. 24.6. 2010 – 5 U 186/10, GesR 2010, 546, 547 = juris, Nr. 22, 23,
43; auch OLG Köln, Urt. v. 26.5. 2008 – 5 U 175/07, VersR 2009, 1543: „spekulativ, ob sich nach Durchführung einer Stanzbiopsie ein positiver Befund im Sinne
eines Mammakarzinoms ergeben hätte"; vgl. Rz. U 76ff.).

Allein die bestehende Möglichkeit, dass zum fraglichen Zeitpunkt bereits ein
Karzinom von mindestens 1 cm Größe vorgelegen hat und der zu diesem früheren Zeitpunkt erhobene radiologische Befund, der für einen Entzündungsprozess
sprach, einen „soliden tumorösen Prozess" nicht ausschloss, reichen für die Annahme einer „hinreichenden Wahrscheinlichkeit" nicht aus (OLG Koblenz,
GesR 2010, 546, 547).

Gehört es zum Mindeststandard, bei mangelgeborenen Kindern, namentlich bei U 62
Neugeborenen mit erheblichem Minderwachstum, zur Vermeidung des erheblichen Risikos der Blutunterzuckerung (Hypoglykämie) mit seinen negativen Folgen wie etwa einer Mangelentwicklung, Austrocknung und Krampfanfällen
Blutzuckerkontrollen anzuordnen, und hätte sich bei entsprechender Erhebung
ein Blutzuckerwert von 46 mg % herausgestellt, reicht dies für die Feststellung
einer hinreichenden Wahrscheinlichkeit von mindestens 50 % in jedem Fall
aus.

U 63   Es handelt sich hier auch um einen so deutlichen und gravierenden Befund, dass die Nichtreaktion hierauf einen groben Behandlungsfehler indizieren würde (OLG Koblenz, Urt. v. 5. 7. 2004 – 12 U 572/97, NJW 2005, 1200, 1202 = VersR 2005, 1738, 1740).

U 64   Führt der vom Gericht beauftragte Sachverständige aus, bei (fiktiver) Durchführung einer **medizinisch gebotenen Mikroblutuntersuchung** sei ein pathologischer pH-Wert unter 7,2 **hinreichend wahrscheinlich gewesen**, wäre die Unterlassung einer sofortigen Beendigung der Geburt als grob fehlerhaft zu bewerten (OLG Oldenburg, Urt. v. 28. 5. 2008 – 5 U 28/06, juris, Nr. 23, 24; auch OLG Karlsruhe, Urt. v. 15. 8. 2001 – 7 U 129/99, AHRS III, 6750/300 und AHRS III, 2500/317).

U 65   Eine Beweislastumkehr greift ein, wenn die medizinisch gebotene, kontinuierliche **CTG-Überwachung unterlassen** wird (hier: bei akustischer Kontrolle keine Herztöne mehr feststellbar), sich bei Durchführung der CTG-Untersuchung **mit einer Wahrscheinlichkeit von mindestens 50 % ein pathologischer Befund** im Sinne einer einsetzenden Azidose ergeben hätte und es nach den Ausführungen des hinzugezogenen Sachverständigen grob fehlerhaft gewesen wäre, hierauf nicht mit einer **sofortigen Geburtsbeendigung durch Sectio oder ggf. durch Vakuumextraktion** zu reagieren (OLG Köln, Urt. v. 31. 1. 2005 – 5 U 130/01, AHRS III 6562/336; auch OLG Celle, Urt. v. 26. 3. 2007 – 1 U 51/04 mit NZB BGH v. 3. 6. 2008 – VI ZR 113/07, AHRS III, 6590/355: CTG-Streifen abhanden gekommen, reaktionspflichtiges Ergebnis in Form einer Sauerstoffunterversorgung bzw. Bradykardie zugunsten des Patienten zu vermuten).

U 66   Ist es **nicht „hinreichend wahrscheinlich", dass eine CTG-Überwachung zu einem reaktionspflichtigen Befund geführt hätte**, weil es keine ausreichenden Anhaltspunkte dafür gibt, dass gerade im fraglichen Zeitraum der unterlassenen Überwachung die Herzfrequenz des Kindes deutlich abnahm, kommt eine Beweislastumkehr wegen „unterlassener Befunderhebung" nicht in Betracht. Versäumt es die Hebamme bzw. der die Geburt leitende Arzt, bei einer in der 34. SSW mit vorzeitigem Blasensprung stationär aufgenommenen Schwangeren über einen Zeitraum von knapp zehn Stunden eine Überwachung der Herzfrequenz des Kindes mittels CTG vorzunehmen, liegt aber ein **grober Behandlungsfehler** vor (OLG Saarbrücken, Urt. v. 8. 11. 2006 – 1 U 582/05-203, MedR 2007, 486, 488: Kausalzusammenhang im entschiedenen Fall aber „äußerst unwahrscheinlich"; ablehnend Recla, MedR 2007, 490).

U 67   Wenn die Patientin eine regelmäßige Blutung angibt, muss der Frauenarzt nicht routinemäßig nach dem Datum der vorletzten Periodenblutung fragen oder von sich aus auf die Durchführung eines Schwangerschaftstests bzw. einer transvaginalen Sonographie hinwirken, um ggf. eine Eileiterschwangerschaft frühzeitig zu entdecken.

U 68   Gibt die Patientin das Vorliegen einer irregulären Blutung an, ist die Durchführung eines Schwangerschaftstests geboten. In einem Frühstadium lässt sich aber nicht mit der erforderlichen, **überwiegenden Wahrscheinlichkeit von mehr als 50 %** sagen, dass die Frage an die Patientin nach der vorletzten Regelblutung eine verdächtige Verkürzung des Zeitraums zwischen den Blutungen oder ein

durchgeführter Schwangerschaftstest ein positives Resultat ergeben hätten
(OLG München, Urt. v. 10. 8. 2006 – 1 U 2438/06, OLGR 2007, 305, 308 =
MedR 2007, 361, 363).

Die Unterlassung einer bei bestehenden Auffälligkeiten wie etwa Übelkeit und   U 69
Unwohlsein gebotenen Blutdruck- und Pulsmessung durch einen Pfleger oder
Arzt führt nicht zu einer Beweislastumkehr unter dem Gesichtspunkt der „unterlassenen Befunderhebung", wenn der vom Gericht beauftragte Sachverständige feststellt, dass auch unmittelbar nach einer **transitorisch-ischämischen Attacke (TIA)**, die beim Patienten tatsächlich eingetreten war, Blutdruck und Puls
völlig normal sein können, so dass ein „**positives Befundergebnis" auch bei
Durchführung der Blutdruck- und Pulsuntersuchungen nicht hinreichend wahrscheinlich** gewesen wäre und damit auch nicht zwingend ein Zustand vorgelegen hätte, der eine sofortige Reaktion in Gestalt weiterer diagnostischer Maßnahmen (Sonographie, CT, MRT) unumgänglich gemacht hätte (OLG Frankfurt,
Urt. v. 4. 4. 2006 – 8 U 48/05, VersR 2007, 1276, 1277).

Wird ein Patient von einem Notarzt mit der **Differentialdiagnose „cerebraler**   U 69a
Prozess" (hier: Kopfschmerzen, Nackensteife, Übelkeit) in ein Krankenhaus eingewiesen, ist der dortige Arzt in der Notaufnahme gehalten, eine derartige, gravierende **Verdachtsdiagnose durch Fertigung eines CT auszuschließen**, bevor er
die unklaren Symptome einer Bagatellerkrankung (hier: HWS-Syndrom mit Gastritis) zuordnet. Zeigt ein verspätet erstelltes CT eine stattgehabte Ventrikelblutung, ist es „**hinreichend wahrscheinlich"**, dass Entsprechendes auch auf einem
unmittelbar nach Einlieferung des Patienten gefertigen CT ersichtlich gewesen
wäre (KG, Urt. v. 24.10. 2011 – 20 U 67/09, GesR 2012, 44, 45; Kausalzusammenhang im entschiedenen Fall jedoch „äußerst unwahrscheinlich").

Auch in einem vom OLG Hamm (Urt. v. 9. 11. 2012 – I-26 U 142/09, dort,   U 69b
Nr. 33, 36, 39, 51, 53, 61, 62, 63) entschiedenen Fall war es „hinreichend wahrscheinlich", dass ein (fiktiv) unverzüglich erstelltes, tatsächlich erst mehrere
Tage später durchgeführtes CT bei einem **im KKH mit plötzlich einsetzenden,
stechenden Kopfschmerzen eingelieferten Patienten eine Subarachnoidalblutung
(SAB)** oder jedenfalls deren Vorstufen (lokale Blutung bzw. moderate Blutung)
gezeigt hätte, wobei die Verkennung eines solchen Befundes natürlich auch
grob fehlerhaft gewesen wäre. Selbst wenn das CT unauffällig gewesen wäre,
hätte im entschiedenen Fall leitliniengerecht eine Liquoruntersuchung durchgeführt werden und die SAB dann mit hinreichender Wahrscheinlichkeit nachgewiesen werden können.

Demgegenüber bestand zwischen den Sachverständigen in dem vom OLG Ko-   U 69c
blenz (Beschl. v. 8. 3. 2011 – 5 U 153/11, GesR 2013, 157, 159) entschiedenen
Fall keine Einigkeit darüber, ob ein **ca. 2–3 Stunden früher gefertigter CT-Befund
mit einer Wahrscheinlichkeit von mehr als 50 % ein positives Befundergebnis
im Sinne eines Hämatoms mit Mittelhirnverlagerung und Hirnstammkompression** des nach einem Sturz auf den Kopf notfallmäßig in ein Krankenhaus eingelieferten Patienten ergeben hätte. Die Verzögerung von ca. zwei Stunden wurde
auch nicht als grob fehlerhaft bewertet.

Eine Beweislastumkehr wegen „unterlassener Befunderhebung" greift ebenfalls   U 69d
nicht ein, wenn **offenbleibt, ob die unverzügliche Bildgebung durch CT bei ei-**

nem mit Verdacht auf das Vorliegen eines Schlaganfalls eingelieferten Patienten **ein reaktionspflichtiges Ergebnis gehabt** und die hieran anknüpfende Therapie den weiteren Kausalverlauf zugunsten des Patienten geändert hätte. Wird das zwingend gebotene CT aber erst mehr als vier Stunden nach der Einlieferung des Patienten in das KKH gefertigt, liegt ein **„grober Behandlungsfehler"** vor (OLG Koblenz, Urt. v. 25. 8. 2011 – 5 U 670/10, VersR 2013, 111, 112; vgl. hierzu auch Rz. U 82a–U 82h; zum *medizinischen Hintergrund* vgl. Rz. G 383c, D 25f).

U 70   Leidet ein Patient unter **zunehmenden Miktionsbeschwerden bei deutlich erhöh-ten PSA-Werten** von 8,16 bis 10,70 (Norm: bis 4,0 ng/ml), ist es behandlungsfeh-lerhaft, eine Teiladenomektomie (Teiladenomresektion) der Prostata ohne vorhe-rige weiterführende Diagnose (Stanzbiopsie der Prostata, Bestimmung des freien PSA-Wertes) durchzuführen bzw. zu veranlassen.

U 71   Hätte die unterlassene, weiterführende Diagnostik mit hinreichender Wahr-scheinlichkeit zu einem reaktionspflichtigen Ergebnis, nämlich der **Erforderlich-keit der Bestrahlung oder einer Totalresektion der Prostata**, geführt, wäre das Unterlassen einer Reaktion auf den positiven Befund – nämlich in Form der Bei-behaltung der ursprünglich vorgesehenen Behandlungsart (Teilresektion) an-stelle des Wechsels der Behandlungsart (Bestrahlung oder Totalresektion) – nicht anders als durch einen groben Behandlungsfehler zu erklären. Denn bei positi-vem Nachweis eines Prostatakarzinoms ist eine gleichwohl durchgeführte Teil-resektion völlig unverständlich (OLG Zweibrücken, Urt. v. 20. 11. 2007 – 5 U 16/05, NJW-RR 2008, 539, 540). Eine sich bei sofortiger Durchführung der wei-terführenden Diagnostik ergebende **Heilungschance von 34 % stellt nach An-sicht des OLG Zweibrücken keine „äußerst unwahrscheinliche" Heilungsaus-sicht dar** (OLG Zweibrücken, Urt. v. 20. 11. 2007 – 5 U 16/05, NJW-RR 2008, 539, 540).

U 72   Ohne sich mit der faktisch einhelligen Auffassung der anderen Instanzgerichte auseinander zu setzen, die für eine (fiktive) „hinreichende Wahrscheinlichkeit" eine Erfolgsquote von mehr als 50 % verlangen, ist das OLG Zweibrücken (a. a. O.) der Auffassung, es sei **„ausreichend, wenn die Erfolgsquote an 50 % hin-reicht"; es sei nicht erforderlich, dass sie „dieses Maß (50 %) erreicht oder sogar übertrifft"**.

c) Hinreichende Wahrscheinlichkeit unabhängig von der Kausalitätsfrage zu beurteilen

U 73   Die hinreichende Wahrscheinlichkeit eines reaktionspflichtigen Befundergeb-nisses ist **unabhängig von der Kausalitätsfrage zu beurteilen**. Sie darf insbeson-dere nicht mit der Begründung verneint werden, der Gesundheitsschaden könne im Ergebnis auch infolge eines völlig anderen Kausalverlaufs eingetreten sein (BGH, Urt. v. 7. 6. 2011 – VI ZR 87/10, VersR 2011, 1148 = MedR 2012, 249 = NJW 2011, 2508, Nr. 7, 8; BGH, Urt. v. 23. 3. 2004 – VI ZR 428/02, NJW 2004, 1871, 1872 = GesR 2004, 293, 295 = MDR 2004, 1056, 1057 = VersR 2004, 790, 792 = MedR 2004, 559, 561; OLG München, Urt. v. 24. 2. 2005 – 1 U 4624/03, NJW-RR 2006, 33, 35 = GesR 2005, 550, 554).

In den Fällen, in denen der Arzt gegen seine Pflicht zur Befunderhebung versto- U 74
ßen hat, kommen nämlich wegen des Fehlens der sonst als Beweismittel zur
Verfügung stehenden Untersuchungsergebnisse typischerweise verschiedene
Schadensursachen in Betracht. Von welcher dieser möglichen Ursachen auszugehen ist, ist Gegenstand des Kausalitätsbeweises, der bei Vorliegen der Voraussetzungen bei der Fallgruppe der „unterlassenen Befunderhebung" der Behandlungsseite auferlegt wird (BGH a. a. O.; OLG München a. a. O.).

d) Weitere Einzelfälle

Unzuverlässigkeit eines Herzschrittmachers U 75

Unterlässt es der behandelnde Arzt eines kardiologischen Zentrums, dem Patienten zu einem sofortigen Austauschtermin eines Herzschrittmachers zu raten
oder jedenfalls eine Schrittmacherkontrolle vorzunehmen, um den Zustand des
Aggregats festzustellen, muss das Gericht prüfen, ob der Umstand, dass die Indikation zum Austausch des Herzschrittmachers seit unbekannter Zeit gegeben
war, bei sofortiger Kontrolle **mit hinreichender Wahrscheinlichkeit eine Unzuverlässigkeit des Schrittmachers** ergeben hätte, deshalb ein sofortiger Austausch
dringend angezeigt gewesen wäre und sich eine unterbliebene Reaktion auf diesen Umstand nach dem Stand der medizinischen Wissenschaft als grob fehlerhaft dargestellt hätte (BGH, Urt. v. 23. 3. 2004 – VI ZR 428/02, NJW 2004, 1871,
1872 = VersR 2004, 790, 792).

Rasch wachsender Tumor U 76

Lassen sich angesichts einer erheblichen Variationsbreite bei rasch wachsenden
Tumoren **keine präzisen Aussagen** dazu machen, wann ein solcher Tumor radiologisch zu entdecken gewesen wäre, kommt eine Beweislastumkehr wegen **Unterlassung einer Mammografie bzw. Probebiopsie** – selbst wenn deren Erhebung
zweifelsfrei geboten gewesen wäre – nicht in Betracht (OLG Hamburg, Urt. v.
14. 11. 2003 – 1 U 71/03, OLGR 2004, 328, 329 f.; OLG Hamm, Urt. v.
31. 8. 2005 – 3 U 277/04, GesR 2006, 31, 33 = MedR 2006, 111, 113; OLG Koblenz, Urt. v. 24.6. 2010 – 5 U 186/10, GesR 2010, 546, 547 = juris, Nr. 22, 23,
34; OLG Köln, Urt. v. 26. 5. 2008 – 5 U 175/07, VersR 2009, 1543; auch OLG
Stuttgart, VersR 1994, 1306 f. und LG Stuttgart, Urt. v. 15. 6. 2004 – 20 O
506/00).

Kann der behandelnde Gynäkologe aufgrund der erhobenen Befunde – negative
Mammografie und keine sonstigen Anzeichen für Malignität – davon ausgehen,
dass ein in der Brust der Patientin fixierter Knoten nicht bösartig ist und hat der
Radiologe eine weitere Mammografie in etwa neun Monaten vorgeschlagen,
stellt es keinen Behandlungsfehler in der Form der unterlassenen Befunderhebung dar, die Patientin nicht zu einem früheren Termin, etwa nach zwei bis
drei Monaten, wieder einzubestellen. Selbst wenn man den Gynäkologen in einem solchen Fall für verpflichtet halten würde, die **Kontrolluntersuchung zu einem früheren Zeitpunkt** durchzuführen, kommt eine Beweislastumkehr aus
dem Gesichtspunkt der „unterlassenen Befunderhebung" nicht zum Tragen,
wenn der im Rechtsstreit beauftragte Sachverständige keine zuverlässigen Angaben über die individuelle Wachstumsgeschwindigkeit des Tumors machen kann

und es deshalb **spekulativ, jedenfalls nicht hinreichend wahrscheinlich** ist, dass bei einer früheren Kontrolluntersuchung eine signifikante Vergrößerung des Tumors feststellbar gewesen wäre (OLG München, Urt. v. 20. 9. 2001 – 1 U 4502/00, OLGR 2003, 7, 8; ebenso LG Stuttgart, Urt. v. 15. 6. 2004 – 20 O 506/00: frühere Kontrolluntersuchung nach zwei bis drei anstatt nach sechs Monaten hätte möglicherweise keinen reaktionspflichtigen Befund erbracht). In einem derartigen Fall kommt auch **kein „grober Befunderhebungsfehler"** in Betracht, wenn der vom Gericht hinzugezogene Sachverständige ausführt, dass bei negativer Mammografie, unverdächtigem Tastbefund und Fehlen sonstiger Anzeichen für eine Malignität innerhalb der nächsten sechs bis neun Monate keine weitere Diagnostik – etwa eine Punktion oder Biopsie – erforderlich war (OLG München, Urt. v. 20. 9. 2001 – 1 U 4502/00, OLGR 2003, 7, 8; auch OLG Hamm, Urt. v. 31. 8. 2005 – 3 U 277/04, MedR 2006, 111, 113 = GesR 2006, 31, 33 bei unterlassener Mammografie im Jahr 2000; zu weiteren Einzelheiten „Brustkrebs verkannt" vgl. Rz. G 389 ff., G 484 ff., G 570 ff., G 574, G 812 ff., G 858, U 42, U 216 ff., D 74 ff.).

U 76a   Liegt bei einer Patientin ein **abklärungsbedürftiger Befund** vor (hier: nach ertastetem, möglichem Knoten in der linken Brust) und ist nach Durchführung der Mammographie ein tumoröser Prozess nicht auszuschließen, hat der behandelnde Gynäkologe die Durchführung einer **Punktion (Gewebeentnahme) zu veranlassen.**

Eine Beweislastumkehr scheidet in derartigen Fällen jedoch aus, wenn der vom Gericht bestellte Sachverständige ausführt, es stehe nicht fest, oder sei **offen, ob ein histologischer Befund im fraglichen Zeitraum einen bösartigen Tumor hätte nachweisen können,** weil die Entwicklungsgeschwindigkeit (Tumorverdoppelungszeit) gerade bei jüngeren Patientinnen rein statistisch sehr hoch ist. So ist es möglich, dass eine fiktive Rückrechnung nach Entdeckung eines Mammakarzinoms zum Ergebnis führt, dass der zu diesem Zeitpunkt ohne weiteres tastbare Tumor 17 Monate zuvor noch keine repräsentative Größe erreicht hatte und somit zu diesem früheren Zeitpunkt nicht mit hinreichender Wahrscheinlichkeit hätte entdeckt werden können bzw. müssen. Allein die bestehende Möglichkeit, dass zu diesem früheren Zeitpunkt bereits ein Karzinom von mindestens 1 cm Größe vorgelegen hat und der zu diesem früheren Zeitpunkt erhobene radiologische Befund, der für einen Entzündungsprozess sprach, einen „soliden tumorösen Prozess" nicht ausschloss, reicht für die Annahme einer solchen hinreichenden Wahrscheinlichkeit nicht aus (OLG Koblenz, Urt. v. 24. 6. 2010 – 5 U 186/10, GesR 2010, 546, 547 = juris, Nr. 22, 23, 43).

U 76b   Es liegt nur ein einfacher, kein grober Behandlungsfehler vor, wenn ein Sonographiebefund bei einer Patientin mit dem Verdacht auf das Vorliegen eines Mammakarzinoms zwar für die linke Seite sieben Herde ergeben hatte, es sich dabei aber um einen kleinknotigen Strang und ein fluktuierendes Geschehen handelte und der behandelnde Gynäkologe es nicht für erforderlich hält, eine **Stanzbiopsie** zu veranlassen. Führt der Sachverständige aus, es sei **offen bzw. spekulativ, ob sich bei Durchführung einer (ggf. weiteren) Mammographie und einer anschließenden Gewebeentnahme ein positiver Befund im Sinne eines Mammakarzinoms ergeben hätte, scheidet eine Beweislastumkehr aus** (OLG Köln, Urt. v. 26.05. 2008 – 5 U 175/07, VersR 2009, 1543).

Makrosomie (großes Kind) möglicherweise auch bei Erhebung der gebotenen Befunde nicht diagnostiziert   U 77

Bleibt etwa mangels der gebotenen Vornahme einer Sonographie die Makrosomie (Übergewichtigkeit) eines Kindes unentdeckt, kommt eine Umkehr der Beweislast in Betracht, wenn in Kenntnis der Makrosomie das Versäumnis einer Schnittentbindung als grob fehlerhaft zu bewerten wäre (Gehrlein, VersR 2004, 1488, 1494). Dagegen scheidet eine Beweislastumkehr aus, wenn mit Hilfe einer Sonographie die Makrosomie angesichts der eingeschränkten Erkenntnismöglichkeiten zum Behandlungszeitpunkt (hier: im Jahr 1990) möglicherweise nicht diagnostiziert worden wäre. In dieser Konstellation hätte der erhobene Befund nämlich nicht mit „hinreichender Wahrscheinlichkeit" ein reaktionspflichtiges Ergebnis erbracht (BGH, Urt. v. 25. 11. 2003 – VI ZR 8/03, VersR 2004, 645, 647 = NJW 2004, 1452, 1453; Gehrlein, VersR 2004, 1488, 1494).

Es ist auch nicht „hinreichend wahrscheinlich", dass ein reaktionspflichtiger   U 77a
Befund (Verdacht auf übergroßes Kind, mehr als 4 500 g bzw. Auftreten einer Schulterdystokie) zu erwarten ist, wenn bereits Wehentätigkeiten eingesetzt haben und das Kind nach unten verlagert wurde. Eine – **medizinisch gebotene** – **Sonographie** wäre im Hinblick auf eine Schätzung des Geburtsgewichts in einem solchen Fall voraussichtlich **nicht zielführend** (gewesen), da sie unter der Geburt mit erheblichen Ungenauigkeiten verbunden ist (OLG Hamm, Urt. v. 10.12. 2007 – 3 U 216/06 mit NZB BGH v. 18.11. 2008 – VI ZR 49/08, AHRS III, 2500/362; auch OLG München, GesR 2007, 108: Ultraschalluntersuchung unter der Geburt mit erheblichen Ungenauigkeiten verbunden; im Übrigen kein Befunderhebungsfehler, wenn Gewichtsschätzung wenige Woche vor der Geburt erfolgt ist).

Gebotene Fetometrien unterlassen; Hirnschaden des Kindes   U 78

Unterlässt ein Gynäkologe es fehlerhaft (hier: einfacher Behandlungsfehler), während der Schwangerschaft der Mutter **gebotene Fetometrien** (Bestimmung definierter, fetaler Körpermaße, z.B. BIP und Femurlänge) vorzunehmen, kommen dem mit einem Hirnschaden geborenen Patienten Beweiserleichterungen nicht zugute, wenn der Sachverständige die Wahrscheinlichkeit, dass sich bei fiktiver Durchführung der Untersuchungen ein reaktionspflichtiges Ergebnis (hier: Sectio zur Vermeidung einer Sauerstoffunterversorgung) herausgestellt hätte, mit „**nicht höher als 50 %**" einschätzt (OLG Düsseldorf, Urt. v. 17. 3. 2005 – I-8 U 124/02, AHRS III, 6590/331).

Entdeckung eines Aneurysmas bei Erhebung der gebotenen Befunde unsicher   U 79

Würde sich das Auffinden eines Aneurysmas nach vom Patienten beklagten Schwindelsymptomen, Kreislaufstörungen, Beschwerden an der Halswirbelsäule und wegen Kopfschmerzen nach unterstellter, weitergehender Diagnostik **als reiner Zufallsbefund darstellen, fehlt** es nach Auffassung des OLG Zweibrücken (Urt. v. 21. 8. 2001 – 5 U 9/01, OLGR 2002, 470, 473) an einem **inneren Zusammenhang** zwischen unterstellter Pflichtverletzung wegen unterlassener Befunderhebung und eingetretenem Schaden. Für den erforderlichen **Rechtswidrigkeitszusammenhang** zwischen der unterlassenen Befunderhebung und dem eingetretenen Primärschaden genügt es nach Ansicht des OLG Zweibrücken (a.a.O.)

nämlich nicht, dass zwischen dem Schaden und der durch den Schädiger ge-
schaffenen Gefahrenlage eine bloß zufällige äußere Verbindung bestehe; auch
im Bereich der „unterlassenen Befunderhebung" müsse ein innerer Zusammenhang gegeben sein.

U 80   U.E. ist auch dieser Fall auf **der ersten bzw. zweiten Stufe** der „unterlassenen Befunderhebung" (vgl. Rz. U 54, U 56) zu lösen. So waren im Fall des OLG Zweibrücken weitergehende MRT- bzw. CT-Untersuchungen, insbesondere die Anfertigung einer MRT-Angiographie sowie eine Computertomographie unter Verwendung eines Kontrastmittels (Nativ-CT) oder eine Subtraktionsangiographie
(Gefäßdarstellung der Hirngefäße, DAS) bei fehlendem Hinweis auf ein Aneurysma „normalerweise nicht indiziert".

U 81   Bei Durchführung einer einfachen Computertomographie ohne Kontrastmittel
bestand nur eine sehr geringe Wahrscheinlichkeit, damit ein Hirngefäßaneurysma nachzuweisen. Ist danach unsicher, ob zur weiteren Abklärung einer
möglichen Tumorerkrankung eine bildgebende Diagnostik in Form eines CT
oder MRT überhaupt veranlasst war und weiterhin unklar, ob das Aneurysma
bei entsprechender Erhebung dieser Befunde aus einer ex-ante-Betrachtung überhaupt entdeckt worden wäre, scheidet eine Beweislastumkehr bereits unabhängig von den vom OLG Zweibrücken angestellten „Schutzzweckerwägungen"
aus.

U 81a   **Röntgenaufnahme unterlassen, Nachweis einer dislozierten Fraktur nicht hinreichend wahrscheinlich**

Ist vor dem Abschluss der Behandlung die Durchführung einer weiteren **Röntgenuntersuchung fehlerhaft unterblieben**, kommt eine Beweislastumkehr wegen
„unterlassener Befunderhebung" nicht in Betracht, wenn nicht hinreichend
wahrscheinlich ist, dass die Röntgenaufnahme den Nachweis einer dislozierten
Fraktur erbracht hätte. Dies ist etwa dann der Fall, wenn der vom Gericht beauftragte Sachverständige ausführt, die Wahrscheinlichkeit, dass die Dislokation
erst nach Durchführung der (fiktiven, medizinisch gebotenen) Röntgenaufnahme entstanden ist, sei **etwa ebenso groß**, wie diejenige, dass die craniale Verschiebung zu diesem Zeitpunkt bereits aufgetreten und erkennbar war (OLG
Düsseldorf, Urt. v. 26. 7. 2007 – I-8 U 70/06, AHRS III, 6590/357).

U 81b   **Fehldeutung eines Kompartmentsyndroms als Beinvenenthrombose**

Eine Beweislastumkehr wegen „unterlassener Befunderhebung" greift nicht ein,
wenn die Ärzte eines Krankenhauses nach einer anderweitigen Operation der
Patientin nach Schmerzäußerungen im Unterschenkel bei bestehender Umfangsdifferenz der Unterschenkel, allerdings ohne Verhärtung (objektiv unzutreffend) eine **Beinvenenthrombose** diagnostizieren, Hämoglobinwert und Hämatokrit diese Fehldiagnose stützen und die insoweit **eingeleitete Therapie** (Hochlagerung des Beins, Verabreichung von Schmerzmitteln) **scheinbar greift** und
deshalb eine (medizinisch gebotene) radiologische Untersuchung zur weiteren
Erhärtung der Diagnose unterlassen und somit die Verdachtsdiagnose eines
Kompartmentsyndroms zunächst nicht gestellt wäre. Auch hier gilt der „Vorrang des nicht fundamentalen Diagnoseirrtums" (s.o. Rz. U 17ff.).

Zudem wäre es im entschiedenen Fall auch nicht „hinreichend wahrscheinlich", dass eine weitergehende Untersuchung (Röntgenbild, MRT, Sonographie) zur Diagnose eines Kompartmentsyndroms geführt hätte. Denn die **Konsequenz hätte allein darin bestanden, dass eine Beinvenenthrombose auszuschließen** gewesen wäre. Der Schluss auf ein Kompartmentsyndrom hätte sich auch dann nicht mit hinreichender Wahrscheinlichkeit aufgedrängt (OLG Koblenz, Beschl. v. 18. 10. 2010 – 5 U 1000/10, GesR 2011, 100, 102).

3. Es hätte sich ein so deutlicher und gravierender Befund ergeben, dass sich dessen Verkennung als fundamental oder die Nichtreaktion auf den Befund als grob fehlerhaft darstellen müsste

a) Übersicht

Auf der „dritten Stufe" der Rechtsfigur muss festgestellt werden, ob der bei erfolgter Erhebung hinreichend wahrscheinliche Befund (fiktiv) **so deutlich und/ oder gravierend gewesen wäre, dass sich dessen Verkennung als fundamental (fundamentaler Diagnoseirrtum)** *oder* **die Nichtreaktion auf den Befund (z.B. Unterlassung einer Operation oder einer Krankenhauseinweisung) als grob fehlerhaft darstellen musste** (für alle: BGH, Urt. v. 2. 7. 2013 – VI ZR 554/12, VersR 2013, 1174 = NJW 2013, 3094, Nr. 11; BGH, Urt. v. 7. 6. 2011 – VI ZR 87/10, VersR 2011, 1158 = GesR 2011, 472 = NJW 2011, 2508, Nr. 7, 8; BGH, Urt. v. 13.9. 2011 – VI ZR 144/10, VersR 2011, 1400 = NJW 2011, 3441, Nr. 8, 9; BGH, Urt. v. 9. 1. 2007 – VI ZR 59/06, VersR 2007, 541, 542 = NJW-RR 2007, 744, 746; Urt. v. 27. 4. 2004 – VI ZR 34/03, VersR 2004, 909, 911 = NJW 2004, 2011, 2012; Urt. v. 23. 3. 2004 – VI ZR 428/02, NJW 2004, 1871, 1872 = VersR 2004, 790, 791 f. = MDR 2004, 1056, 1057 und die Nachweise bei Rz. U 54).

b) Zwei Alternativen („oder")

Der BGH hat im Urt. v. 7. 6. 2011 (VI ZR 87/10, MDR 2011, 913 = GesR 2011, 472 = VersR 2011, 1148 = NJW 2011, 2508 = MedR 2012, 249, Nr. 7, 8) ausdrücklich darauf hingewiesen, in der „dritten Stufe" der Rechtsfigur müssten die Voraussetzungen „Verkennung des hinreichend wahrscheinlichen Befundes als fundamental" sowie die Bewertung der „Nichtreaktion auf den Befund als grob fehlerhaft" **nicht kumulativ** vorliegen, was sich aus der (bisherigen) Formulierung „Verkennung als fundamental **oder** die Nichtreaktion hierauf als grob fehlerhaft" ergebe (vgl. jetzt § 630h V 2 BGB; zur Kritik vgl. Rz. U 45d, U 108 ff.).

In dem vom OLG Hamm entschiedenen Fall hatten die Ärzte ein wegen der Schluck- und Sprachstörungen des Patienten **medizinisch gebotenes MRT nicht gefertigt**. Bei rechtzeitiger Befunderhebung wäre mit hinreichender Wahrscheinlichkeit ein Schlaganfall erkannt worden. Nach den Ausführungen des hinzugezogenen Sachverständigen wäre die **Nichtreaktion auf einen solchen Befund aber nicht als grob fehlerhaft zu bewerten gewesen** (vgl. hierzu OLG Hamm, Urt. v. 5. 3. 2010 – 26 U 147/08, BeckRS 2010, 05833 und Baur, VRiOLG Hamm a. D., GesR 2011, 577, 578). Tatsächlich war auf dem verspätet erhobenen MRT-Befund der vorliegende Schlaganfall von dem Neurologen bzw. Neuroradiologen nicht erkannt worden.

U 82

U 82a

Der BGH (Urt. v. 7. 6. 2011 – VI ZR 87/10, NJW 2011, 2508, Nr. 7, 8, 10) hat das Urteil des OLG Hamm aufgehoben und wegen noch zu treffenden Feststellungen dorthin zurückverwiesen. Denn in der „dritten Stufe" der unterlassenen Befunderhebung reicht es für das Eingreifen der Beweislastumkehr aus, wenn sich **bereits die Verkennung des Befundes als grob fehlerhaft darstellen** würde, was vorliegend bei entsprechendem (fiktivem) MRT zu bejahen gewesen wäre. Die Parteien haben sich nach Mitteilung des OLG Hamm anschließend verglichen.

U 82b Der Gesetzgeber hat § 630h V 2 BGB nun im Sinne des vom BGH aufgehobenen Urteils des OLG Hamm formuliert.

Danach kommt es zur Beweislastumkehr bei unterlassener, rechtzeitiger Erhebung oder Sicherung eines medizinisch gebotenen Befundes, *soweit der Befund mit hinreichender Wahrscheinlichkeit ein Ergebnis erbracht hätte, das Anlass zu weiteren Maßnahmen gegeben hätte, und wenn das Unterlassen solcher Maßnahmen grob fehlerhaft gewesen wäre.*

U 82c Die Rechtsprechung des BGH (Urt. v. 7. 6. 2011 – VI ZR 87/10, VersR 2011, 1148 = NJW 2011, 2508 = MedR 2012, 249; Urt. v. 13.9. 2011 – VI ZR 144/10, VersR 2011, 1400 = NJW 2011, 3441), wonach es in der „dritten Stufe" der Rechtsfigur ausreicht, dass sich die Verkennung des hinreichend wahrscheinlichen Befundes als fundamental darstellen würde, ist bzw. war ausgesprochen problematisch (zur Kritik vgl. Rz. U 45dff.). Denn es ist in der Praxis (entgegen Baur, GesR 2011, 577, 578) keinesfalls selten, dass auch ein rechtzeitig erhobener Befund – nach den Grundsätzen zum „Diagnoseirrtum" in noch vertretbarer Weise bzw. nicht grob fehlerhaft – verkannt worden wäre. Der BGH weist darauf hin, dass sich die Behandlungsseite nur durch den Nachweis einer „äußerst unwahrscheinlichen Kausalität" entlasten kann, was regelmäßig erhebliche Schwierigkeiten bereitet. Denn ohne die Problematik zu erkennen bzw. zu erörtern, hatten – neben dem OLG Hamm – zahlreiche Oberlandesgerichte (hierzu nachfolgend Rz. U 82d–U 82g) eine Beweislastumkehr in der „dritten Stufe" verneint.

U 82d **Fehlerhafte Auswertung eines Röntgenbildes, Fraktur verkannt**

So scheidet eine Beweislastumkehr wegen „unterlassener Befunderhebung" nach Ansicht dies OLG München (Urt. v. 10. 2. 2011 – 1 U 5066/09, juris, Nr. 48, 49, 53, 55) aus, wenn zwar bei zutreffender Beurteilung eines Röntgenbildes eine Fraktur (hier: Sinterungsfraktur im Bereich des 12. BWK) mit hinreichender Wahrscheinlichkeit diagnostiziert worden wäre, aber **auch dann keine Indikation für eine sofortige Operation bestanden hätte** und die fachgerechte Therapie auch dann in der Anordnung bzw. Fortführung einer konservativen Behandlung (hier: Schmerzmedikation, Schonung, Abwarten) mit Verlaufskontrolle bestanden hätte. Dies liegt auf der Linie des vom BGH aufgehobenen Urteils des OLG Hamm v. 5. 3. 2010 (26 U 147/08, BeckRS 2010, 05833; hierzu Baur, VRiOLG Hamm a.D., GesR 2011, 577, 578; vgl. Rz. U 45d, U 82a, U 82b).

U 82e **CT und MRT bei Fußverletzung unterlassen**

Im Urteil v. 5. 11. 2009 (1 U 3028/09, juris, Nr. 2, 28) hatte das OLG München ausgeführt, eine Beweislastumkehr unter dem Gesichtspunkt der „unterlassenen Befunderhebung" komme nicht in Betracht, wenn es der behandelnde Unfallchirurg bzw. Orthopäde unterlässt, nach einem Sturz des Patienten lediglich Röntgenbilder zu fertigen, auf denen zunächst keine Fraktur erkannt werden kann, es im weiteren Verlauf aber unterlässt, ein CT oder MRT anzufertigen, auf dem die stattgehabte Fraktur mit hinreichender Wahrscheinlichkeit erkannt, aber **gleichfalls mit der bereits eingeleiteten konservativen Therapie reagiert worden wäre** (vgl. hierzu Rz. U 82a–U 82c).

Auch das OLG Karlsruhe (Urt. v. 21.5. 2008 – 7 U 166/07, AHRS III, 2090/316) hat judiziert, die Beweislastumkehr greife nicht ein, wenn die Anfertigung eines medizinisch gebotenen CT (anstatt oder zusätzlich zu einer Röntgenaufnahme) zum gleichen Ergebnis, nämlich der Durchführung einer konservativen Therapie geführt hätte. **U 82f**

Das OLG Düsseldorf (Urt. v. 22.3. 2007 – I-8 U 30/06, AHRS III, 6590/354 und AHRS III, 6562/356) hat ausgeführt, auch wenn bei sofortiger Abklärung erhöhter Gamma-GT-Werte mit hinreichender Wahrscheinlichkeit von mehr als 50 % eine Hepatitiserkrankung feststellt worden wäre, komme eine Beweislastumkehr wegen unterlassener Befunderhebung nicht in Betracht, wenn das Unterlassen der antiviralen Therapie nach Feststellung der Hepatitiserkrankung nicht grob fehlerhaft gewesen wäre. **U 82g**

Folgt man der bisherigen Rechtsprechung des BGH, hätte die Behandlungsseite wohl in diesen Fällen eine „äußerst unwahrscheinliche Kausalität" nachweisen müssen. **U 82h**

c) Weitere Einzelfälle

Unterlassene CT-Diagnostik **U 83**

Wird eine CT-Diagnostik schuldhaft versäumt, bei deren Einsatz sehr wahrscheinlich ein Tumor entdeckt worden wäre, kommt dem Patienten eine Beweislastumkehr zustatten, weil die **Nichtbehandlung des Tumors als grob fehlerhaft einzustufen** wäre (OLG Köln, Urt. v. 16. 12. 2002 – 5 U 166/01, NJW-RR 2003, 1031; Gehrlein, VersR 2004, 1488, 1494).

Unterlassene Sonographie **U 84**

Ebenso verhält es sich bei der Versäumung einer Kontroll-Sonographie, die mit hoher Wahrscheinlichkeit eine sich anbahnende Subluxation gezeigt hätte, deren Nichtbehandlung als grob fehlerhaft zu erachten ist (OLG Hamm, Urt. v. 6. 2. 2002 – 3 U 238/00, VersR 2003, 116; Gehrlein, VersR 2004, 1488, 1494).

Unterlassene Augenhintergrunduntersuchung **U 85**

Hätte sich bei einer frühzeitigeren, tatsächlich unterlassenen Diagnostik mit hinreichender Wahrscheinlichkeit ein reaktionspflichtiger Befund (hier: drohende Erblindung) ergeben, würde sich das Unterlassen einer Reaktion hierauf jedoch dann **nicht als grober Fehler** darstellen, wenn es zum fraglichen Zeitpunkt keine effiziente Therapie dieser Erkrankung gab (OLG Bamberg, Urt. v. 25. 8. 2008 – 4 U 33/08, GesR 2008, 583, 584).

Einstweilen frei. **U 86**

4. Kausalzusammenhang nicht „äußerst unwahrscheinlich"

a) Übersicht

U 87 Liegen die obigen Voraussetzungen (Ziff. 1 bis 3, Rz. U 54, U 56, U 82) vor, ist die Annahme einer **Beweislastumkehr aber dennoch ausgeschlossen**, wenn der **Kausalzusammenhang zwischen einem Behandlungsfehler in der Form der Unterlassung der Erhebung oder Sicherung medizinisch gebotener Diagnose- oder Kontrollbefunde und dem beim Patienten eingetretenen Körper- oder Gesundheitsschaden (Primärschaden) „äußerst unwahrscheinlich" ist** (BGH, Urt. v. 2. 7. 2013 – VI ZR 554/12, VersR 2013, 1174 = NJW 2013, 3094, Nr. 11; BGH, Urt. v. 13. 9. 2011 – VI ZR 144/10, VersR 2011, 1400 = NJW 2011, 3441, Nr. 8; BGH, Urt. v. 7. 6. 2011 – VI ZR 87/10, VersR 2011, 1148 = NJW 2011, 2508 = MedR 2012, 249, Nr. 7; BGH, Urt. v. 27. 4. 2004 – VI ZR 34/03, NJW 2004, 2011, 2013 = VersR 2004, 909, 911; BGH, Urt. v. 25. 11. 2003 – VI ZR 8/03, NJW 2004, 1452, 1453 f. = VersR 2004, 645, 647; OLG Brandenburg, Urt. v. 8. 4. 2003 – 1 U 26/00, VersR 2004, 1050, 1052: **ganz unwahrscheinlich" bzw. „äußerst geringe Wahrscheinlichkeit";** OLG Hamm, Urt. v. 6. 11. 2002 – 3 U 50/02, VersR 2004, 1321, 1322: „Kausalzusammenhang **gänzlich oder äußerst unwahrscheinlich";** OLG Hamm, Urt. v. 7. 3. 2005 – 3 U 204/04, AHRS III, 6555/306: äußerst unwahrscheinlich, dass Superinfektion bei früherer Abnahme von Blutkulturen vermieden worden wäre; OLG Jena, Urt. v. 23. 5. 2007 – 4 U 437/05, GesR 2008, 49, 53 = VersR 2008, 401, 403: es ist **nicht „äußerst unwahrscheinlich", dass eine fünfzehn bis zwanzig Monate früher durchgeführte Stanzbiopsie eine Metastasierung und den Tod der Patientin verhindert hätte;** OLG Karlsruhe, Urt. v. 23. 4. 2004 – 7 U 1/03, VersR 2005, 1246, 1247: „Erfolg der Therapie äußerst unwahrscheinlich"; OLG Koblenz, Urt. v. 8. 1. 2009 – 5 U 1057/08, GesR 2010, 71, 73; OLG Koblenz, Urt. v. 5. 8. 2004 – 5 U 250/04, GesR 2004, 496 = MedR 2005, 358: „nach Lage der Dinge völlig unwahrscheinlich"; OLG München, Urt. v. 6. 10. 2011 – 1 U 5220/10, GesR 2012, 149, 150 = juris, Nr. 47, 48; OLG München, Urt. v. 24. 2. 2005 – 1 U 4624/03, NJW-RR 2006, 33, 35: allein die „Möglichkeit, dass bei einem früheren Eingreifen der Primärschaden nicht verhindert worden wäre", genügt nicht; OLG Saarbrücken, Urt. v. 8. 11. 2006 – 1 U 582/05-203, MedR 2007, 486, 488: **„äußerst unwahrscheinlich", dass der Gesundheitsschaden des Kindes auf einer Sauerstoffunterversorgung kurz vor der Geburt bei fehlerhafter CTG-Überwachung beruht;** OLG Schleswig, Urt. v. 4. 4. 2008 – 4 U 172/07, OLGR 2009, 126, 128: **zwei OPs wären „möglicherweise" auch bei Fertigung der gebotenen Röntgenaufnahme notwendig gewesen – nicht „äußerst unwahrscheinlich";** OLG Stuttgart, Urt. v. 18. 4. 2006 – 1 U 127/04, S. 20/22: „äußerst" bzw. „gänzlich unwahrscheinlich"; Urt. v. 12. 8. 2003 – 1 U 45/03, S. 5: **„äußerst unwahrscheinlich, dass der um Stunden verzögerte Einsatz von Antibiotika für das Fehlschlagen der Behandlung von Einfluss gewesen ist";** OLG Zweibrücken, Urt. v. 20. 11. 2007 – 5 U 16/05, NJW-RR 2008, 539, 540: eine sich bei sofortiger Durchführung der weiterführenden Diagnostik ergebende Heilungschance von 34 % stellt keine „äußerst unwahrscheinliche" Heilungsaussicht dar; F/N/W, 5. Aufl., Rz. 142; Wenzel-Müller, Kap. 2 Rz. 1551; Spickhoff-Greiner, § 823 BGB Rz. 198; Spickhoff, NJW 2004, 2345, 2346; L/K-Laufs/Kern, § 110 Rz. 18; weitere Nachweise bei Rz. G 255).

b) Einzelfälle

Chance von 10 % nicht „äußerst unwahrscheinlich"; unterlassene Röntgenaufnahme nach Unfalltrauma   U 88

Haben die behandelnden Ärzte in der chirurgischen Abteilung eines Krankenhauses **keine Röntgenaufnahme des Beckens angefertigt** bzw. anfertigen lassen, obwohl der Patient nach einem schweren Unfall im Anschluss an die Mobilisierung über Schmerzen geklagt hat, und wäre die Beckenringfraktur bei der Röntgenuntersuchung mit hinreichender Wahrscheinlichkeit erkannt worden, hätte sich die Fehlreaktion der behandelnden Ärzte auf diesen Befund – insbesondere eine Fortsetzung der Mobilisierung ohne gleichzeitige Entlastung durch Unterarmgehstützen – als schlechthin unverständlich und grob fehlerhaft dargestellt. Hat der vom Gericht beauftragte Sachverständige einen **Wahrscheinlichkeitsgrad von bis zu 90 %** dafür genannt, dass sich am Heilungsverlauf auch bei rechtzeitiger Anfertigung der Röntgenaufnahmen nichts verändert habe, ist der Ursachenzusammenhang zwischen dem Behandlungsfehler in Form der unterlassenen Befunderhebung und dem eingetretenen Körperschaden **(noch) nicht „äußerst unwahrscheinlich"** (BGH, Urt. v. 27. 4. 2004 – VI ZR 34/03, NJW 2004, 2011, 2013 = VersR 2004, 909, 911; auch OLG Brandenburg, Urt. v. 8. 4. 2003 – 1 U 26/00, VersR 2004, 1050, 1052: Erfolgschance von ca. 10 % noch nicht „äußerst" oder „ganz" unwahrscheinlich"; OLG Hamm, Urt. v. 6. 11. 2002 – 3 U 50/02, VersR 2004, 1321, 1322: 10 % nicht „äußerst unwahrscheinlich").

Schenkelhalsbruch übersehen; Erhalt des Hüftkopfes „äußerst unwahrscheinlich"   U 89

Wird nach dem Sturz eines Patienten die Diagnose „Bandscheibenvorfall" gestellt und eine konservative Therapie durchgeführt, ist es fehlerhaft von einer Röntgenuntersuchung der Hüfte (Beckenübersicht) abzusehen, wenn der Patient mehr als drei Wochen lang über sehr starke Schmerzen klagt und er sich trotz verschiedener Mobilisierungsversuche auch mit Gehhilfen nur eingeschränkt selbständig bewegen kann. Hätte die aufgrund des Beschwerdebildes **gebotene Beckenübersicht mit hinreichender Wahrscheinlichkeit den Nachweis eines Schenkelhalsbruchs erbracht**, wäre das Unterbleiben einer umgehenden Versorgung dieses Bruchs grob fehlerhaft gewesen. Das Übersehen des Schenkelhalsbruchs führt jedoch nicht zu einer Beweislastumkehr, wenn es **gänzlich unwahrscheinlich** ist, dass bei rechtzeitigem Erkennen der Fraktur der Hüftkopf erhalten und der Einsatz einer Endoprothese vermieden worden wäre. Wird der Patient nämlich mehr als sechs Stunden nach dem Unfall in das Fachkrankenhaus eingeliefert, ist regelmäßig davon auszugehen, dass durch den Bruch die den Knochen versorgenden Blutgefäße unterbrochen wurden und der Knochen daher nicht mehr ausreichend ernährt worden war. **Nach Ablauf von sechs Stunden tritt regelmäßig ein nicht mehr reparabler Schaden ein.** Ein Erhaltungsversuch des Hüftkopfes ist in einem solchen Fall nicht erfolgversprechend, der (nach verspäteter Feststellung der Fraktur tatsächlich erfolgte) Einsatz einer Endoprothese als Mittel der Wahl erforderlich (OLG Hamm, Urt. v. 29. 6. 2005 – 3 U 294/04, AHRS III, 6590/335).

U 90 **Geringer Behandlungserfolg von 10 % nicht „äußerst unwahrscheinlich"; sonografische Hüftuntersuchung unterlassen**

Steht angesichts der Feststellung „sehr straffer" Hüften nach Geburt eines Kindes aus Beckenendlage der **Verdacht auf eine Hüftfehlbildung** im Raum und versäumt es das Krankenhaus bzw. der Kinderarzt, für eine umgehende sonografische Hüftuntersuchung Sorge zu tragen oder die Kindeseltern auf das dringende Erfordernis einer alsbaldigen Vorstellung des Kindes bei einem Orthopäden sowie einer sonografischen Hüftkontrolle nachdrücklich hinzuweisen, liegt hierin ein **„grober Behandlungsfehler"** in Form der „unterlassenen Befunderhebung". Die geringe Wahrscheinlichkeit eines Behandlungserfolgs der konservativen Therapie nach rechtzeitiger Entdeckung der Hüftfehlbildung von etwa 10 % rechtfertigt nicht die Annahme, dass die Kausalität im Rechtssinn „ganz" oder „äußerst unwahrscheinlich" ist (OLG Brandenburg, Urt. v. 8. 4. 2003 – 1 U 26/00, VersR 2004, 1050, 1052 f.).

U 91 **Erfolgschance von 10 % nicht „äußerst unwahrscheinlich"; Leberpunktion unterlassen**

Ist infolge des – im entschiedenen Fall groben – Versäumnisses nicht mehr zu klären, ob im Zeitpunkt der Fehlbehandlung, der unterlassenen Abklärung des Verdachts auf eine Hepatitis-B-Infektion bei vorhandenen pathologischen Leberwerten durch eine **Leberpunktion** o. a. eine Leberzirrhose vorlag und die kausale Behandlung etwa mit Alpha-Interferon nach den späteren Feststellungen des Sachverständigen eine Erfolgschance in der Größenordnung von **10 %** gehabt hätte, so ist der Kausalzusammenhang zwischen dem Nichterheben zweifelsfrei gebotener Befunde und dem Tod des Patienten aufgrund einer Leberzirrhose **nicht als „gänzlich oder äußerst unwahrscheinlich" anzusehen** (OLG Hamm, Urt. v. 6. 11. 2002 – 3 U 50/02, VersR 2004, 1321, 1322).

U 92 **Ultraschalluntersuchung des Auges unterlassen**

Unterlässt es der behandelnde Augenarzt trotz des festgestellten „weißlichen Aufleuchtens der Pupille" (Leukokorie oder Katzenauge), eine **Ultraschalluntersuchung des Auges bzw. eine Untersuchung der Netzhaut** in Narkose durchzuführen, hätte diese Diagnose bei entsprechender Erhebung der Befunde ohne weiteres gestellt werden können, scheidet eine Beweislastumkehr dennoch aus, wenn der Tumor (Retinoblastom) zum Zeitpunkt der – dann fiktiven – Durchführung der Diagnostik bereits eine Größe erreicht hatte, bei der ein **Erfolg einer Therapie vom Sachverständigen als „äußerst unwahrscheinlich" bezeichnet** wird (OLG Karlsruhe, Urt. v. 23. 4. 2004 – 7 U 1/03, VersR 2005, 1246, 1247).

U 93 **Versäumnisse bei der Geburt**

Versäumnisse bei einer Geburt rechtfertigen weder einzeln noch in der Gesamtschau eine Beweislastumkehr in der Kausalitätsfrage, wenn es nach Lage der Dinge „völlig unwahrscheinlich" ist, dass sie schadensursächlich waren, so etwa bei einem **zwei Tage nach der Geburt festgestellten Hirninfarkt bei einem Neugeborenen mit völlig normalen Apgar-, Blutgas- und Blutsäurewerten nach der Entbindung** (OLG Koblenz, Urt. v. 5. 8. 2004 – 5 U 250/04, GesR 2004, 496).

Frühere Operation bei rechtzeitiger CT- bzw. MRT-Diagnostik   U 94

Unterlässt es ein Krankenhaus, trotz deutlicher Anzeichen einer Hirnblutung bzw. eines Schlaganfalls, etwa unkontrolliertem Gang, Schwindelgefühlen, lallender Sprache, Erbrechen und Kopfschmerzen, rechtzeitig ein CT bzw. MRT zu fertigen und wäre die erforderliche Operation bei rechtzeitiger CT-Diagnostik drei bis vier Stunden früher durchgeführt worden, kommt nach Auffassung des OLG Oldenburg (Urt. v. 12. 1. 2001 – 5 U 185/00, OLGR 2002, 16, 19) eine Beweislastumkehr hinsichtlich des Kausalzusammenhang dennoch nicht zum Zuge, wenn „ein Großteil der Gesundheitsschäden der Patientin, wenn nicht sogar alle, bereits mit dem Auftreten der Blutung, also bereits vor der Einlieferung der Patientin in das Krankenhaus, entstanden sind" und der vom Gericht beauftragte Sachverständige den Ursachenzusammenhang insoweit als „außerordentlich unwahrscheinlich" bezeichnet, selbst wenn er einen Kausalzusammenhang hinsichtlich eines geringen, nicht mehr näher abgrenzbaren Teils der Schäden für möglich hält. Die Entscheidung des OLG Oldenburg ist u. E. abzulehnen. Denn eine Beweislastumkehr kommt – wie bei „groben Behandlungsfehlern" – nur dann nicht mehr in Betracht, wenn ein Fall **„abgrenzbarer Teilkausalität"** vorliegt, also das ärztliche Versagen und ein weiterer, der Behandlungsseite nicht zuzurechnender Umstand abgrenzbar zu einem Schaden geführt haben (BGH, NJW 2000, 2741, 2742; OLG Celle, MDR 2002, 881, 882; OLG Hamm, VersR 1996, 1371; s. o. Rz. G 228 ff., G 232, G 236).

Früher verabreichte Antibiose bei rechtzeitiger Röntgendiagnostik   U 95

Wird es im Krankenhaus versäumt, eine **Röntgen-Thorax-Aufnahme** zu veranlassen, um die auffallende Atmung des Patienten und die erhöhten Entzündungsparameter sowie die im Verlauf des Tages ansteigende Körpertemperatur abzuklären und wäre die tatsächlich vorhandene Lungenentzündung mit diesen diagnostischen Maßnahmen aller Wahrscheinlichkeit nach erkannt worden, greift eine Beweislastumkehr nicht ein, wenn die Behandlungsseite – durch entsprechende Befragung des Sachverständigen – den Beweis führen kann, dass es als **äußerst unwahrscheinlich** anzusehen ist, dass der aufgrund des Behandlungsfehlers **um Stunden verzögerte Einsatz von Antibiotika** für das Fehlschlagen der Behandlung des Patienten und dessen Tod von Einfluss gewesen ist (OLG Stuttgart, Urt. v. 12. 8. 2003 – 1 U 45/03, S. 5).

CT bei cerebralem Prozess unterlassen, Kausalität „äußerst unwahrscheinlich"   U 96

Wird ein Patient von einem Notarzt mit der Differentialdiagnose **„cerebraler Prozess" (hier: Kopfschmerzen, Nackensteife, Übelkeit)** in ein Krankenhaus eingewiesen, ist der dortige Arzt in der Notaufnahme gehalten, eine solche, gravierende Verdachtsdiagnose **durch Fertigung eines CT auszuschließen,** bevor er die unklaren Symptome einer Bagatellerkrankung (hier: HWS-Syndrom mit Gastritis) zuordnet.

Zeigt ein verspätet erstelltes CT eine bereits stattgehabte, abgelaufene Ventrikelblutung (Hirnblutung) ist es (im entschiedenen Fall, aber nicht stets!) „hinreichend wahrscheinlich", dass Entsprechendes auch auf einem unmittelbar nach Einlieferung des Patienten gefertigten CT ersichtlich gewesen wäre. Bei einem solchen Befund wäre es natürlich grob fehlerhaft, ihn zu verkennen oder keine weitergehende Diagnostik der festgestellten Blutung einzuleiten.

Der Kausalzusammenhang zwischen dem (hier: groben) Behandlungsfehler, der zu einer verspäteten CT-Erstellung geführt hat, und dem nachfolgend aufgetretenen Vasospasmus (Gefäßkrampf) ist (im vorliegenden Fall) jedoch „äußerst unwahrscheinlich".

Anders als bei Subarachnoidalblutungen (SAB, Blutungen in die Hohlräume des Gehirns) besteht bei Ventrikelblutungen nach medizinischer Erfahrung keine hohe Wahrscheinlichkeit dafür, dass Vasospasmen eintreten. Angesichts der Seltenheit von Vasospasmen nach Ventrikelblutungen wird – auch bei früherer Entdeckung der Blutung – standardgemäß keine prophylaktische Medikamententherapie mit Nimodipin, das zur Behandlung von Ventrikelblutungen ohnehin nur im Off-Label-Use eingesetzt werden könnte, eingeleitet. Angesichts der nicht ungefährlichen Nebenwirkungen dieses Medikaments (Blutdruckabfall, worauf blutdruckerhöhende Mittel eingesetzt werden müssen, was zu weiteren Blutungen führen kann) beinhaltet eine Ventrikelblutung keine derartige Vasospasmusprophylaxe, **sodass der Patient auch bei früherer Erstellung des CT den Gefäßkrampf erlitten hätte** (KG, Urt. v. 24.10. 2011 – 20 U 67/09, GesR 2012, 44, 45/46).

U 97 **Krankenhauseinweisung bei V. a. Schlaganfall unterlassen, Zeitfenster für Lyse war ohnehin verstrichen**

Versäumt es ein Bereitschaftsarzt, nachdem er telefonisch über den **Sturz eines Kleinkindes sowie über dessen torkelnden Gang informiert** wurde, den Eltern des Kindes zu raten, bei anhaltender Symptomatik zur weiteren Diagnostik eine Klinik aufzusuchen, so dass ein **Schlaganfall des Kindes erst einen Tag später diagnostiziert** werden kann, liegt ein grober Behandlungsfehler vor. Es ist jedoch „äußerst unwahrscheinlich", dass der Gesundheitsschaden bei fachgerechter Reaktion des Arztes und umgehender Krankenhauseinweisung des Kindes vermieden worden wäre, wenn die **Symptome des Schlaganfalls so unspezifisch** gewesen wären, dass die Diagnose nach Erstellung eines CT im Krankenhaus erst **nach dem Verstreichen des Zeitfensters für eine Lysetherapie** (hier: 3–6 Stunden) gestellt worden wäre (OLG München, Urt. v. 11. 7. 2013 – 1 U 3344/11, juris, Nr. 43, 45, 49 ff.).

U 98 – U 99 Einstweilen frei.

V. Fallgruppen

– Unterlassene Ultraschalluntersuchung eines Auges;
Kausalität „äußerst un-
wahrscheinlich" . . . . . . U 297

**n) Zahnarzt; Röntgenbild unter-
lassen, Entzündung verkannt** U 300
– Schmerzsyndrom diagnostiziert, Entzündungsherd verkannt . . . . U 300

1. Beweislastumkehr bejaht

a) Chirurgie u. a.; Frakturen, Fissuren

Unterlassene Röntgenaufnahme zur Abklärung von Knochenbrüchen   U 100

(zur übersehenen Bruchkonstellationen vgl. auch Rz. U 30 ff., D 22c–e, D 58 ff.)

Klagt der nach einem Verkehrsunfall mit dort erkannten Rippenbrüchen und dem Bruch eines Lendenwirbelkörpers in die chirurgische Abteilung eines Krankenhauses eingelieferte Patient zwei Tage später nach dem Beginn der Mobilisierung über **erhebliche Schmerzen beim Gehen**, so ist die **Anfertigung einer (weiteren) Röntgenaufnahme geboten**. Wäre bei dieser Untersuchung ein weiterer Bruch, nämlich eine Beckenringfraktur erkannt worden, so wäre eine Fortsetzung der Mobilisierung des Patienten ohne gleichzeitige (Teil-)Entlastung durch Unterarmgehstützen schlechthin unverständlich und grob fehlerhaft. Es obliegt dann der Behandlungsseite darzulegen und zu beweisen, dass eine beim Patienten aufgetretene Pseudoarthrose sowie ständige Schmerzen in der rechten Leiste, der rechten Gesäßhälfte u. a. bei rechtzeitiger Fertigung des Röntgenbildes ebenfalls aufgetreten wären (BGH, Urt. v. 27. 4. 2004 – VI ZR 34/03, NJW 2004, 2011, 2012 f. = VersR 2004, 909, 911: Röntgenaufnahme drei Wochen zu spät erfolgt; vgl. auch Rz. U 89, D 22c–D 22e).

Unterlassene Röntgenaufnahme zur Abklärung eines Tumors bzw. einer Kno-   U 101
chenzyste (zu übersehenen Tumoren vgl. auch Rz. U 16a, U 26 ff., U 42, D 22a, D 22b, D 22g, D 24c, D 74 ff.)

Stellt sich der Patient mit bereits länger andauernden **Schmerzen im Bereich der HWS** bei einem Orthopäden vor, ist die **Anfertigung einer Röntgenaufnahme** spätestens dann geboten, wenn sich nach einer **sechswöchigen, konservativen Behandlung mit manuellen Deblockierungen** keine Besserung einstellt. Führt der Sachverständige aus, auf einer Röntgenaufnahme wäre mit einer Wahrscheinlichkeit von mehr als 50 % ein raumgreifender Prozess bei HWK 4 festgestellt worden, wäre die Nichtreaktion auf einen solchen Befund, nämlich die Einweisung in ein auf die Behandlung von Knochenzysten spezialisiertes Zentrum, grob fehlerhaft. (OLG Schleswig, Urt. v. 4. 4. 2008 – 4 U 172/07, OLGR 2009, 126, 128/129). Die Haftung des Arztes entfällt nicht deshalb, weil **auch dem nachbehandelnden Orthopäden in der Gesamtschau ein „grober Behandlungsfehler" unterläuft** (hier: in Kenntnis der Vorbefunde nur zwei qualitativ minderwertige Röntgenaufnahmen gefertigt, hierauf ohne weiteres erkennbare Raumforderung übersehen, Krankengymnastik verordnet), wenn diese Pflichtverletzung **nicht „im oberen Bereich" des groben Behandlungsfehlers** liegt (OLG Schleswig, Urt. v. 4. 4. 2008 – 4 U 172/07, OLGR 2009, 126, 130/131: Pflichtverletzung „im unteren Bereich" des groben Behandlungsfehlers angenommen).

U 102 **Unterlassene Überprüfung der Röntgenbilder durch nachbehandelnden Arzt**

Bei bloßer zeitlicher Nachfolge von Ärzten des gleichen Fachs hat der Nachbehandler die Diagnose und Therapiewahl des Vorbehandlers eigenverantwortlich zu überprüfen. Hat der erstbehandelnde Unfallchirurg oder Orthopäde nach einem Reitunfall die – objektiv unzutreffende – Diagnose „HWS-Stauchung" gestellt und leidet der Patient auch nach mehr als sechs Wochen unter erheblichen Rückenbeschwerden, hat der nachbehandelnde Arzt desselben Fachgebietes die gestellte Diagnose anhand der bereits vorliegenden Röntgenbilder zu überprüfen und ggf. weitere Untersuchungen einzuleiten. **Die Feststellung eines Wirbel- oder sonstigen Knochenbruchs ist (spätestens) dann hinreichend wahrscheinlich.**

Die (weitere) Unterlassung der richtigen Behandlung, hier der Ruhigstellung von Hals und Kopf mittels eines Fixateurs bzw. operativ durch Verschraubung des Bruches, wäre in einer solchen Situation grob fehlerhaft (KG, Urt. v. 13. 11. 2003 – 20 U 111/02, OLGR 2004, 261, 262).

U 103 **HWS-Beschwerden, Röntgenaufnahme unterlassen**

Bei einem jungen Menschen (hier: 17 Jahre) kommen als Ursache für HWS-Beschwerden neben einer manuell behandelbaren Verspannung (funktionelle Beeinträchtigung) in erster Linie ein Tumor (strukturelle Veränderung) und auch das Vorliegen einer psychischen Erkrankung in Betracht, während Verschleißerscheinungen als Ursache regelmäßig auszuschließen sind. Bei einem **unspezifischen Nackenschmerz eines jungen Menschen mit Bewegungsstörungen** ohne Hinweis für das Vorliegen von Nervenwurzelerscheinungen ist der behandelnde Chirurg bzw. Orthopäde, wenn die Beschwerden über 6 Wochen anhalten, verpflichtet, **Röntgenaufnahmen anzufertigen**, um seine Eingangsdiagnose einer „funktionellen Beeinträchtigung" abzusichern und von einer strukturellen Veränderung (Tumor) an der HWS sicher abzugrenzen. Wären die dann erst mehrere Monate später festgestellten zystischen Raumforderungen (hier: Knochenzyste mit paravertebraler Tumorausdehnung und Ummauerung der Arteria vertebralis) dabei mit hinreichender Wahrscheinlichkeit entdeckt worden, wäre es grob fehlerhaft gewesen, dies zu verkennen bzw. die zwingend indizierte Operation (Ausräumen des Halswirbelkörpers u.a.) nicht unverzüglich durchzuführen (OLG Schleswig, Urt. v. 4. 4. 2008 – 4 U 172/07, AHRS III, 2090/315).

U 104 **CT nach Siebbein- und Kieferhöhlenoperation unterlassen**

Klagt ein Patient nach einer endonasalen Siebbein- und Kieferhöhlenoperation über andauernde starke Kopfschmerzen, ist es erforderlich, **ein Nasensekret zu entnehmen und ein CT zu fertigen**. Wäre bei Vornahme dieser gebotenen Befunderhebungen mit hinreichender Wahrscheinlichkeit ein Duradefekt festgestellt worden, kommt zugunsten des Patienten, der nachfolgend an Meningitis erkrankte, hinsichtlich des Ursachenzusammenhangs eine Beweislastumkehr wegen des Befunderhebungsfehlers in Betracht (OLG Düsseldorf, Urt. v. 25. 1. 2007 – I-8 U 150/05, AHRS III, 6590/353).

1510

Unterlassene Vorlage eines Röntgenbildes zur Beurteilung durch den Chef- oder U 105
Oberarzt; Schädelbasisfraktur verkannt

Nach Auffassung des OLG Stuttgart (Urt. v. 18. 4. 2006 – 1 U 127/04, S. 18/19
mit NZB BGH v. 10. 7. 2007 – VI ZR 94/06, in AHRS III, 6551/321 nur teilweise
abgedruckt) muss ein in Facharztausbildung befindlicher Assistenzarzt, der einen verunfallten Patienten mit äußerlichen Kopfverletzungen und einem „Monokelhämatom" in der chirurgischen Abteilung eines kleineren Krankenhauses
ohne radiologische Abteilung aufnimmt, das angefertigte und zunächst von
ihm als unauffällig bewertete **Röntgenbild des Schädels umgehend dem in der
Röntgendiagnostik weitergebildeten und erfahrenen Chef- oder Oberarzt vorlegen.** Die Nichtvorlage des Röntgenbildes stehe einer unterlassenen Befunderhebung gleich; das Erkennen einer feinen Linie bei vorhandenem Monokelhämatom, die mit einer Schädelfraktur vereinbar sein könnte, sei noch der Befunderhebung zuzurechnen. Das Erkennen einer Schädelbasisfraktur, die sich
auf einem der Bilder als feiner Haarriss abzeichnet, sei auch dann als „hinreichend wahrscheinlich" anzusehen, wenn der später vom Gericht hinzugezogene
Sachverständige ausführt, auch ein unfallchirurgischer Facharzt seiner Universitätsklinik hätte die Fraktur möglicherweise übersehen. Wäre die Fraktur erkannt worden, wäre das Unterlassen einer unverzüglich einzuleitenden Antibiose grob fehlerhaft gewesen. Es ist **nicht „äußerst unwahrscheinlich",** dass
das Leben des zwei bzw. drei Tage später verstorbenen Patienten bei frühzeitiger
Antibiotikagabe gerettet worden wäre.

Unterlassene Hinzuziehung eines Neurologen bzw. unterlassene CT- oder MRT- U 106
Untersuchung; Schädelbasisfraktur verkannt

Zeigt ein nach einem Verkehrsunfall u. a. mit Kopfverletzungen und einem Monokelhämatom in der chirurgischen Abteilung eines kleineren Krankenhauses
aufgenommener Patient – bei tatsächlich vorhandener Schädelbasisfraktur –
nach zunächst scheinbar unauffälliger Röntgendiagnostik zwei Tage später **neurologische Symtome** wie z. B. ständiges Kopfwackeln und ein Zittern am linken
Arm, ist es geboten, ein **CT oder MRT/NMR des Schädels zu veranlassen,** sei es
direkt über die Hinzuziehung eines (ggf. niedergelassenen) Neurologen oder
durch Überweisung in eine Spezialklinik. Wäre auf dem anzufertigenden CT
oder NMR die sich als Haarriss zeigende Schädelbasisfraktur mit **hinreichender
Wahrscheinlichkeit** erkannt worden bzw. hätte man die vollgelaufenen Neben-
höhlen gesehen, so wäre das Unterlassen der unverzüglichen Einleitung einer
Antibiose grob fehlerhaft gewesen. Das Überleben des dann zwei Tage später
verstorbenen Patienten ist **nicht als „gänzlich unwahrscheinlich"** einzuschätzen
(OLG Stuttgart, Urt. v. 18. 4. 2006 – 1 U 127/04, S. 21, 22).

Nativ-Röntgendiagnostik bei Schädel-Hirn-Trauma unterlassen U 107

Bei einem Patienten mit **durchgeblutetem Kopfverband und einem zunehmenden Kopfschwartenhämatom** nach einem Sturz erfordert die adäquate ärztliche
Betreuung des Patienten eine **Röntgen-Nativ-Diagnostik oder die Anfertigung eines CT.** Eine einfache Schädel-Röntgen-Aufnahme reicht in einem solchen Fall
nicht aus. Wäre nach Durchführung einer solchen Nativ-Röntgen-Aufnahme
bzw. eines CT die vorhandene Schädelfraktur mit hinreichender Wahrscheinlichkeit (im vorliegenden Fall: mit an Sicherheit grenzender Wahrscheinlichkeit)

aufgedeckt worden, hätte sich die Verkennung des Befundes als fundamental und die Nichtreaktion hierauf durch rasches diagnostisches und therapeutisches Handeln als grob fehlerhaft dargestellt (OLG Zweibrücken, Urt. v. 18. 3. 2003 – 5 U 22/02, AHRS III, 6590/320 und AHRS III, 2002/317).

b) Neurologie, Allgemeinmedizin; Schlaganfall, Hirnblutung, Hirntumor, Aneurysma u. a.

U 108 **Unterlassene CT-Untersuchung durch Neurologen; Subarachnoidalblutung (SAB) verkannt**

Ein **grober Behandlungsfehler** eines Neurologen liegt vor, wenn er bei **tagelangen starken Kopfschmerzen** des zuvor schmerzfreien Patienten selbst bei Fehlen des weiteren Leitsymptoms „Nackensteifigkeit" lediglich ein EEG und eine Röntgenaufnahme sowie ein Medianus-SEP zum Ausschluss einer zentralen Halsmarkläsion, nicht jedoch die **Anfertigung eines CT (bzw. MRT) zur Abklärung einer (tatsächlich vorliegenden) Subarachnoidalblutung** (SAB – lebensbedrohliche Hirnblutung) veranlasst, wenn eine nachvollziehbare Erklärung der starken, akuten Kopfschmerzen sich nicht aus einem vorangegangenen Sturzereignis oder dem vorliegenden HNO-Befund bzw. früheren Kopfschmerzen des Patienten herleiten lässt (OLG Hamm, Urt. v. 26. 1. 2000 – 3 U 166/96, AHRS III, 2060/302).

U 109 **Unterlassene CT-Untersuchung durch KKH; SAB verkannt**

Leidet der nach einem Sturz auf das Gesäß ins Krankenhaus eingelieferte Patient unter **starken Kopfschmerzen und teilweise bluntermischtem Erbrechen,** so stellt das Unterlassen einer computertomographischen Untersuchung (CT) zur Abklärung einer möglichen SAB bzw. Entdeckung eines Aneurysmas (krankhafte Wandausbuchtung eines vorgeschädigten arteriellen Blutgefäßes) einen zumindest einfachen Behandlungsfehler dar, wenn eine röntgenologische sowie eine EEG-Untersuchung zuvor keinen Hinweis auf eine Schädelverletzung ergeben hatten (BGH, NJW 1999, 862, 863). Bei Abklärung durch ein CT hätte sich (im entschiedenen Fall) mit hinreichender Wahrscheinlichkeit ein so deutlicher Hinweis auf ein bereits entwickeltes Aneurysma ergeben, dass sich die Verkennung dieses CT-Befundes als fundamental und/oder die Nichtreaktion auf diesen Befund durch Veranlassung einer neurochirurgischen Intervention als grob fehlerhaft dargestellt hätten (BGH, NJW 1999, 862, 863 = VersR 1999, 231, 232).

U 109a **SAB verkannt, CT/MRT unterlassen, Spannungskopfschmerz diagnostiziert**

Tritt bei einem Patienten ein plötzlich einsetzender, heftiger Kopfschmerz auf (dokumentiert: plötzlich aufgetretene, stechende Kopfschmerzen), **so liegt ein Befunderhebungsfehler vor, wenn der Patient notfallmäßig in einem Krankenhaus aufgenommen wird und dort auf der Basis einer ausreichenden Anamnese (Abklärung, ob Kopfschmerzen bereits früher aufgetreten sind u.a.) kein CT angefertigt wird.** Wird eine **CT-Angiographie bzw. ein MRT erst mehrere Tage später gefertigt,** wobei eine frühere, nicht frische Blutung nachgewiesen wird, ist es auch „hinreichend wahrscheinlich", dass die CT-Angiographie die dann verspätet erkannte Subarachnoidalblutung (SAB) oder jedenfalls deren Vorstufen (lokale Blutung bzw. moderate Blutung) bereits am Tag der Einlieferung gezeigt hätte. Wenn die CT-Angiographie unauffällig gewesen wäre, so wäre leitliniengerecht zwingend eine Liquoruntersuchung nach Lumbalpunktion erforderlich und die SAB auch dann mit hinreichender Wahrscheinlichkeit nachgewiesen worden. Die Verkennung eines solchen Befundes (SAB bzw. lokale Blutung) wäre auch grob fehlerhaft gewesen. In einem solchen Fall **dürfen sich die Ärzte des KKH nicht mit der Diagnose „Spannungskopfschmerz" begnügen**, dem Patienten lediglich ein Schmerzmittel verabreichen, um ihn danach aus der stationären Behandlung zu entlassen (OLG Hamm, Urt. v. 9. 11. 2012 – I-26 U 142/09, juris, Nr. 33, 36, 39, 51, 53, 61, 62, 63; zum *medizinischen Hintergrund* vgl. Rz. D 25f zu SAB).

Neurologe bzw. KKH verkennt Hirnblutung U 109b

Klagt ein Patient über **schlagartig aufgetretene, erhebliche und unerträgliche Kopfschmerzen**, wobei sich die Schmerzen bei Kopfbewegungen, beim Bücken u. a. verstärken, ist es sogar **grob fehlerhaft, wenn ein niedergelassener Neurologe lediglich eine CT-Untersuchung des Schädels ohne Kontrastmittel**, das keinen pathologischen Befund ergibt, nicht jedoch nachfolgend eine **Aneurysmadiagnostik, etwa durch Kontrastmittel-CT bzw. Angio-MRT zur möglichen Feststellung einer Hirnblutung (hier: SAB) veranlasst** und mit dem Patienten lediglich ein Wiedervorstellungstermin in 4 Tagen vereinbart (OLG Düsseldorf, Urt. v. 8. 11. 2007 – I-8 U 38/07, AHRS III, 2060/311); vgl. hierzu auch Rz. U 24c, U 69c, G 459, G 549, G 664, G 664a).

CT bei cerebralem Prozess unterlassen U 110

Wird ein Patient von einem Notarzt mit der Differentialdiagnose „**cerebraler Prozess" (hier: Kopfschmerzen, Nackensteife, Übelkeit)** in ein Krankenhaus eingewiesen, ist der dortige Arzt in der Notaufnahme gehalten, eine solche, gravierende Verdachtsdiagnose durch Fertigung eines CT auszuschließen, bevor er die unklaren Symptome einer Bagatellerkrankung (hier: HWS-Syndrom mit Gastritis) zuordnet. Zeigt ein verspätet erstelltes CT eine stattgehabte, **abgelaufende Ventrikelblutung (Hirnblutung)**, ist es „hinreichend wahrscheinlich", das Entsprechendes auf einem unmittelbar nach Einlieferung des Patienten gefertigten CT ersichtlich gewesen wäre. Es wäre grob fehlerhaft, einen derartigen Befund zu verkennen oder keine weitergehende Dignostik der festgestellten Ventrikelblutung einzuleiten (KG, Urt. v. 24.10. 2011 – 20 U 67/09, GesR 2012, 44, 45/46: Der Kausalzusammenhang zwischen dem Behandlungsfehler und dem Primärschaden des Patienten war im entschiedenen Fall jedoch „äußerst unwahrscheinlich", vgl. Rz. U 96).

CT bei Verdacht auf Halbseitenlähmung unterlassen U 111

Klagt die Patientin über starke Kopf- und Nackenschmerzen, Übelkeit, abdominelle Krämpfe und Kribbelparästhesien in allen Extremitäten und kommt es nachfolgend zu einem Harnverhalt sowie zu einer Kraftminderung des rechten Arms und des rechten Beins (Kraftgrad III) bei einem festgestellten Leukozytenanstieg auf 23 000 nl (Norm bis 11 000 nl), ist es **grob fehlerhaft**, wenn ein neurologischer Konsiliararzt die angesichts der asymetrischen Lähmungserscheinungen fernliegende Diagnose einer „Hypokaliämischen Lähmung" stellt und auf die Abklärung weiterer Verdachtsdiagnosen (hier: Hirninfarkt, Herdencephalitis,

Sinusvenenthrombose, jweils mit der Folge einer Halbseitenlähmung) mittels eines in derartigen Fällen **zweifelsfrei gebotenen CTs verzichtet**.

Auf jedes dieser Krankheitsbilder muss mit unterschiedlichen Maßnahmen reagiert werden, etwa bei einem Hirninfarkt mit einer Hirnödemtherapie bzw. einer Lyse (Zeitfenster 3–4,5 Stunden), bei einer Sinusvenenthrombose unter Umständen mit einer Heparinisierung und bei einer Herdencephalitis mit einer Antibiotikatherapie. In einem derartigen Fall liegt der **Schwerpunkt der Vorwerfbarkeit nicht bei der Diagnosestellung, sondern bei der „unterlassenen Befunderhebung"** (OLG Düsseldorf, Urt. v. 1. 12. 2005 – I-8 U 5/03, AHRS III, 6562/347).

U 112 **CT-Abklärung und Duplex-Sonographie durch Neurologen unterlassen; Media-Infarkt verkannt**

Seitens des vom Hausarzt hinzugezogenen Neurologen ist es **grob fehlerhaft**, von der Fertigung bzw. Anordnung eines **CT sowie einer dopplersonografischen Abklärung mit einem Duplex-Verfahren** abzusehen und sich im Rahmen der Untersuchung des Patienten auf die Anfertigung einer Doppler-Sonographie zu beschränken, wenn der Patient eine Taubheit des linken Arms und des linken Fußes, insbesondere eine vorliegende Schwäche der linken Hand beim Faustschluss und eine Lähmung des Mundwinkels angibt und ein eingetretener **Media-Infarkt deshalb verspätet diagnostiziert** wird (OLG Karlsruhe, Urt. v. 20. 12. 2000 – 7 U 7/99, AHRS III, 2060/304 und 2002/305).

U 113 **Unterlassene Anfertigung einer Angiographie; Sinusvenenthrombose verkannt** (vgl. zur Thrombose auch Rz. D 83, D 83a, D 106, D 115 ff., D 128, G 383d, G 460 ff., G 480, G 537 f., G 751 ff., G 771 ff., U 37, U 81b, U 128 f., U 267 ff.)

Beklagte die Patientin immer wieder Kopfschmerzen und Zuckungen im linken Arm und Bein, ist zum Ausschluss einer **Sinusvenenthrombose** (Thrombose eines venösen Hirnblutleiters) bei einer zuvor durchgeführten, unauffälligen Kernspintomographie die Anfertigung einer Angiographie (Gefäßdarstellung durch Injektion eines Röntgenkontrastmittels) notwendig. Der konsiliarisch zugezogene Neurologe muss sicherstellen, dass ihm in einem solchen Fall das Ergebnis der Kernspintomographie mitgeteilt wird; seine Behandlung ist nicht mit der Anordnung der Kernspintomographie beendet. Bei Feststellung einer Sinusvenenthrombose ist die Vollheparinisierung der Patientin dann zwingend geboten. Die Unterlassung dieser Therapie würde sich als grober Behandlungsfehler darstellen, hier in der Form, dass grundlos eine Standardmethode zur Bekämpfung bekannter Risiken nicht angewendet wird (OLG Stuttgart, Urt. v. 27. 6. 2000 – 14 U 8/00, OLGR 2002, 116, 119; zum *medizinischen Hintergrund* vgl. Rz. D 83a, D 25f).

U 114 **Unterlassene CT-Untersuchung nach aufgetretenen Krampfanfällen zur Abklärung eines Hirntumors**

Der mit der **Arbeitsdiagnose commotio cerebri** (Gehirnerschütterung) zur Abklärung eines unklaren Beschwerdebildes konsiliarisch hinzugezogene Neurologe hat kraft eigener Fachkompetenz sämtliche nötigen Befunderhebungen zu veranlassen, mindestens aber die Anfertigung eines CT vorzuschlagen, wenn nach den bisher erhobenen Befunden, im entschiedenen Fall eines EEG, die Ursache der beim Patienten nach kurzer Bewusstlosigkeit aufgetretenen Krampfanfälle nicht geklärt ist. Neben dem Konsiliarius haftet auch der **behandelnde Unfallchirurg** für die Folgen dieser unterlassenen Befunderhebung, da die Abklärung der Ursachen durch CT sowohl Sache des behandelnden Chirurgen als auch des Neurologen ist. Der „Vertrauensgrundsatz" (vgl. hierzu → *Arbeitsteilung,* Rz. A 250 ff., A 287 ff., A 318) kann den behandelnden Chirurgen nicht entlasten, wenn der hinzugezogene Konsiliararzt keine eindeutige Diagnose treffen kann (OLG Köln, Urt. v. 16. 12. 2002 – 5 U 166/01, OLGR 2003, 334, 335). Im entschiedenen Fall wäre bei Anfertigung des CT mit hinreichender Wahrscheinlichkeit ein gutartiger Gehirntumor festgestellt worden, der dann ca. zwei Jahre früher operativ entfernt worden wäre.

Hinweis zum medizinischen Hintergrund: Methode der Wahl **zur Abklärung eines Hirntumors** ist das MRT, da im CT nur größere Tumoren/Metastasen erkannt werden können und nur mit MRT Anzahl von Tumoren/Metastasen und Verdachtsdiagnosen, z.B. auch auf ein Lymphom, präzisiert werden können (Pschyrembel, Therapie, 4. Aufl., S. 399). In Betracht kommt auch ein Angio-CT (CT mit Kontrastmittel), tumoröses Gewebe nimmt im Gegensatz zu einem Areal nach Schlaganfall Kontrastmittel auf (vgl. Pschyrembel, 262. Aufl., S. 421, 1855 = 264. Aufl. 2013, S. 429, 1876). MRT und Angio-CT machen die invasive (digitale) Angiographie meist überflüssig (Pschyrembel, Therapie, 4. Aufl., S. 399; *zum medizinischen Hintergund* beim Schlaganfall vgl. Rz. G 383c und bei der Hirnblutung vgl. Rz. D 25f, D 22e).

Unterlassene Kernspinuntersuchung zur Abklärung des Vorliegens eines Tumors und der Tumorart U 115

Schon im Jahr 1990 entsprach die Durchführung einer Kernspinuntersuchung wie auch einer Angiographie zur Erlangung diffential-diagnostischer Erkenntnisse zur Tumorart (hier: Glioblastom oder Meningiom) dem Standard der Neurochirurgie an Universitätskliniken und anderen Häusern der Maximalversorgung. Ohne sichere Artdifferenzierung darf eine Schädel- bzw. Hirnoperation nicht erfolgen. Wäre bei Durchführung einer Kernspinuntersuchung oder einer Angiographie erkannt worden, dass sich der Tumor beim Patienten nicht auf der linken, sondern auf der rechten Seite befindet, so hätte sich die Verkennung dieses Befundes und die Nichtreaktion hierauf – nämlich ein Verzicht auf die linksseitige Öffnung auf der vergeblichen Suche nach einem **linkshirnigen Tumor des Patienten** – als grob fehlerhaft dargestellt (OLG Stuttgart, Urt. v. 18. 3. 2003 – 1 U 81/02, OLGR 2003, 420, 421; zum medizinischen Hintergrund vgl. Rz. U 114).

Dabei kann sich die Behandlungsseite nicht darauf berufen, dass der Einsatz eines MRT- oder eines bestimmten Sonographiegerätes noch nicht zum allgemeinen Standard gehört hat. Denn ein **Arzt** – vorliegend ein **Klinikum** der **Maximalversorgung** – der eine bessere und modernere Ausstattung zur Behandlung des Patienten vorhält, ist ebenso wie derjenige, der über Spezialkenntnisse verfügt, **verpflichtet**, die **Geräte und Fähigkeiten einzusetzen**, wenn dadurch die Heilungschancen verbessert und unerwünschte Nebenwirkungen erkannt und abgewendet werden können (BGH, NJW 1988, 2949 = MDR 1988, 1045; NJW 1989, 851 = MDR 1989, 983).

U 116 **CT oder MRT bei langanhaltender Weichteilschwellung im Bereich der Schläfe unterlassen**

Besteht im Bereich der **Schläfe** länger als vier Wochen eine **Weichteilschwellung**, so muss deren Ursache durch eine **Kernspin- oder Computertomographie** abgeklärt werden. Das Unterlassen einer solchen Befunderhebung stellt – zumindest – einen einfachen Behandlungsfehler dar. Wäre durch eine solche Kontrolle ein Fibrosarkom (bösartiger Tumor) zweieinhalb Monate früher entdeckt worden und wäre der Heilungsverlauf dann möglicherweise günstiger gewesen, so liegt es an der Behandlungsseite, zu beweisen, dass dieser Behandlungsfehler für den Eintritt des Primärschadens, dem Weiterwachsen des **Tumors durch die Orbitawand (Augenhöhle)** und dem Verlust eines Auges, nicht kausal geworden ist. Denn das Unterlassen der nach Vornahme einer Probeexcision und ihr folgend einer früheren Operation bestehenden Reaktion wäre bei dem dabei zu erwartenden Befund grob fehlerhaft gewesen (OLG Stuttgart, Urt. v. 27. 7. 1999 – 14 U 3/99, VersR 2000, 1545, 1547: offengelassen, ob „grob" fehlerhaft). Ein solchermaßen günstigerer Verlauf wäre im entschiedenen Fall auch nicht äußerst unwahrscheinlich gewesen (OLG Stuttgart a. a. O.).

U 117 **Unterlassene Sonographie bei hochgradiger Stenose, Schlaganfall des Patienten**

Beim Vorliegen eines dringenden Verdachts auf eine **hochgradige Stenose der Arteria carotis interna** sowie einer hochgradigen Interna-Abgangsstenose ist die Anfertigung einer **Doppler-Sonographie zwingend indiziert**. Bei Anfertigung einer solchen Sonographie kann eine hochgradige Stenose mit hoher Wahrscheinlichkeit festgestellt werden. Die Nichtreaktion auf einen solchen Befund – nämlich die umgehende Durchführung einer Operation – wäre grob fehlerhaft. Es ist nicht äußerst unwahrscheinlich, sondern eher wahrscheinlich, dass ein Schlaganfall des Patienten dann vermieden werden kann (OLG Karlsruhe, Urt. v. 24. 10. 2001 – 7 U 176/99, AHRS III, 6565/310 und 2002/309).

U 118 **Unterlassene Abklärung eines arteriovenösen Angioms durch Angio-MRT**

Ergibt das kraniale CT den Verdacht auf einen **Substanzdefekt** oder ein **arteriovenöses Angiom**, ist die weitere Abklärung mittels Angio-MRT (Angio-Magnet-Resonanz-Tomographie) geboten. Unterlässt der Behandler diese Untersuchung, gehen Zweifel, ob der später tatsächlich festgestellte Befund eines arteriovenösen Angioms gesichert worden wäre, zu seinen Lasten (OLG Köln, Urt. v. 20. 12. 2000 – 5 U 234/98, VersR 2002, 1285 = OLGR 2002, 42, 44).

U 119 – U 123 Einstweilen frei.

c) Chirurgie, Allgemeinmedizin; Infektion, Abszess, Thrombose, Gefäßverschluss u. a.

U 124 **MRT-Untersuchung und Gelenkpunktion zur Abklärung einer Infektion am Sprunggelenk unterlassen**

Bei einer sich ausbreitenden Entzündung im Fußgelenk und festgestelltem CRP-Wert von 262 mg/l (Normwert: bis 5 mg/l) muss der Gefahr einer irreversiblen Zerstörung des Sprunggelenks aktiv begegnet werden. In einem derartigen Fall sind sonografische und MRT-Untersuchungen, unter Umständen auch ein

Ganzkörper-CT erforderlich, um zu ermitteln, ob Flüssigkeit im Gelenk ist. Bei entsprechender Feststellung ist anschließend eine Gelenkpunktion geboten. Hätte sich im Anschluss an diese Untersuchungen – spätestens aus dem **Punktat** – ergeben, dass das **Gelenk** in die **Infektion einbezogen** war, muss der erforderliche chirurgische Eingriff (Debridement) unverzüglich durchgeführt werden (OLG Hamm, Urt. v. 17. 11. 2004 – 3 U 277/03, GesR 2005, 70, 71). Die Unterlassung der zeitnahen Diagnostik einer Gelenkversteifung durch regelmäßige Erhebung von CRP-Werten und nachfolgend den genannten Untersuchungen stellt im Übrigen auch einen groben Behandlungsfehler dar (OLG Hamm, Urt. v. 17. 11. 2004 – 3 U 277/03, GesR 2005, 70).

CT unterlassen, Infektion verkannt   U 125

Halten die Schmerzen des Patienten nach einer vorangegangenen Leistenbruchoperation nach der Entlassung aus der stationären Behandlung an, liegt ein Behandlungsfehler in Form der unterlassenen Befunderhebung vor, wenn er nicht zur Durchführung einer **Blutuntersuchung (Leukozyten, CRP) und nachfolgend zur Anfertigung eines CT bzw. einer Sonographie wieder einbestellt** wird. Wäre bei Durchführung der gebotenen Untersuchungen mit hinreichender Wahrscheinlichkeit eine **Infektion im vormaligen Operationsgebiet** festgestellt worden, wäre es grob fehlerhaft, den Patienten nicht einer sofortigen Revisionsoperation zu unterziehen. In einem solchen Fall hat der behandelnde Arzt bzw. Krankenhausträger für alle **Primärschäden** aufzukommen, die der Patient deshalb erlitten hat, weil er **zwei Tage verspätet operiert** worden ist, sofern die Behandlungsseite nicht beweist, dass der Ursachenzusammenhang „äußerst unwahrscheinlich" ist (OLG Koblenz, Urt. v. 8. 1. 2009 – 5 U 1057/08, GesR 2010, 71, 73).

Unterlassene Knie- bzw. Hüftgelenkspunktion nach Infektion   U 126

Beim Unterlassen einer **medizinisch gebotenen, operativen Überprüfung des Kniegelenks auf das Vorliegen einer Infektion** bei Vorliegen entsprechender Anzeichen (Überwärmung, erhöhter CRP-Wert, erhöhte Thrombozytenwerte) greift zugunsten des Patienten hinsichtlich der Kausalität eine Beweislastumkehr ein, wenn die Überprüfung als **zwingende Folge die Durchführung einer Kniegelenkoperation** ergeben hätte. Ein Ursachenzusammenhang zwischen der unterlassenen operativen Überprüfung und dem Eintritt einer Kniegelenkversteifung, der Kniescheibenentfernung, einer Beinverkürzung und der Verlängerung der ärztlichen Behandlung ist in derartigen Fällen nicht „äußerst unwahrscheinlich" (OLG Dresden, Urt. v. 19. 12. 2002 – 4 U 1057/02, AHRS III, 6590/319). Bei Verdacht auf eine Gelenkinfektion ist es in der Regel sogar **grob fehlerhaft**, nicht die gebotene Diagnostik in Form einer **sofortigen Punktion** und der nachfolgenden mikrobiologischen sowie histologischen Untersuchung des Punktats vorzunehmen. Auch bei Annahme eines (nur) einfachen Behandlungsfehlers wäre ein positives Befundergebnis bei vorliegender **Gelenkinfektion (etwa im Bereich der Hüfte oder des Knies)** hinreichend wahrscheinlich und die Nichtreaktion in Form einer unverzüglichen Operation grob fehlerhaft (OLG München, Urt. v. 23. 9. 2004 – 1 U 5198/03, MedR 2006, 174, 176).

War insbesondere nach einer Arthroskopie des Kniegelenks eine **Punktion des**   U 127
Knies zweifelsfrei geboten und hätte diese nach den klinischen Befunden, der

Überwärmung, Rötung, Schwellung und Schmerzempfindlichkeit des Knies sowie einer stark erhöhten Blutkörpersenkungsgeschwindigkeit, mit hinreichender Wahrscheinlichkeit zu einem reaktionspflichtigen positiven Befund geführt,
(hier: dem Vorliegen einer Staphylokokkeninfektion), so kommt zu Lasten der
Behandlungsseite eine Beweislastumkehr für den Ursachenzusammenhang zwischen der unterlassenen Befunderhebung durch die Punktion und dem Gesundheitsschaden in Form einer erheblichen Bewegungseinschränkung des Gelenks
in Betracht, wenn ein Untätigbleiben auf den Keimbefund **grob fehlerhaft** gewesen wäre (OLG Stuttgart, VersR 1998, 1550, 1552).

Dies ist bei einem nach Durchführung der Punktion erhaltenen **positiven Keimbefund** der Fall. Die auf den positiven Keimbefund gebotene Reaktion besteht in
der unverzüglichen Revisionsoperation des Knies, insbesondere der Spülung und
Entfernung des entzündlich veränderten und abgestorbenen Gewebes. Eine Behandlungsverzögerung von 2–3 Tagen kann für den Ausgang der Infektion von
ausschlaggebender Bedeutung sein (OLG Stuttgart, VersR 1998, 1550, 1553;
a. A. OLG Düsseldorf, VersR 1997, 490, wenn kein erheblicher Zeitgewinn erzielt werden kann; vgl. zu **Infektionen** bzw. zur Sepsis auch Rz. G 383, G 383b,
G 394a, G 395, G 524ff., G 731a, G 757ff., G 775ff., G 851b, U 124ff., U 193,
U 211). Die Behandlungsseite hat dann zu beweisen, dass es auch nach Durchführung der Punktion und hierauf veranlasstem unverzüglichem Revisionseingriff zum Eintritt des Primärschadens beim Patienten, einem deutlichen Bewe-
gungsdefizit am Knie, gekommen wäre. Gelingt dieser Beweis nicht, ist ein
Schmerzensgeld von 30 000 DM gerechtfertigt (OLG Stuttgart, VersR 1998,
1550, 1553).

U 128 **Unterlassen einer erneuten Phlebographie oder einer CT-Untersuchung bei
Beinschwellung** (vgl. zur Thrombose auch die Nachweise bei Rz. U 113; zum
medizinischen Hintergrund Rz. D 83a)

Entwickelt sich bei einem Patienten im Rahmen eines Krankenhausaufenthalts
eine dauernde Schwellung am Bein, liegt zumindest ein Diagnosefehler in der
Form des „einfachen Behandlungsfehlers" vor, wenn die Darstellung des Beckenvenenbereichs nach Durchführung einer ersten Phlebographie vom Radiologen als „ungünstige Strömungsverhältnisse" interpretiert und ein **throboti-
sches Geschehen** in diesem Bereich **verkannt** wird. Ist sich der befundene Radiologe in der Diagnose unsicher, hat er eine weitere Befunderhebung in Form
einer erneuten Phlebographie oder ein CT durchzuführen. Hätte eine solche erneute Phlebographie oder ein CT mit hinreichender Wahrscheinlichkeit das Vorliegen eines thrombotischen Geschehens gezeigt, wäre die Nichtreaktion des
Radiologen hierauf als grobes Versäumnis zu werten (OLG Hamm, Urt. v.
23. 8. 2000 – 3 U 229/99, VersR 2002, 315, 317). Allerdings ist die **Phlebographie**
nach der Verbesserung der Erkenntnismöglichkeiten der Sonographie durch die
sehr viel nebenwirkungsärmere **KUS (Kompressions-Sonographie bzw. Kompressions-Ultraschalluntersuchung) als Methode der Wahl spätestens seit 2002 verdrängt** worden und kommt nur noch bei anders nicht abklärbaren Zweifelsfällen
in Betracht (OLG Naumburg, Urt. v. 13. 3. 2008 – 1 U 83/07, VersR 2008, 1073,
1074: Phlebographie bis etwa 1995 Methode der Wahl). Allerdings ist etwa nach
einer Varizen-Operation eine weitere Befunderhebung (Phlebographie o. a.) medi-

zinisch nicht geboten, wenn sich bei einer Farbduplexsonographie kein Thromboseverdacht ergibt und einer möglichen Thrombose durch Heparingabe (hier: Clexane) und der Anlage eines Kompressionsstrumpfes vorgebeugt wird (OLG Hamm, Urt. v. 16.2. 2004 – 3 U 190/03 mit NZB BGH v. 12.10. 2004 – VI ZR 103/04, AHRS III, 1873/313).

Thrombose verkannt, MRT bzw. Phlebographie unterlassen U 129

Treten bei einer Frau im Alter von 27 Jahren, insbesondere nach einer Geburt und bei vorhandenem Übergewicht neben den zunächst zutreffend diagnostizierten Rückenschmerzen Beinödeme auf, so ist es **grob fehlerhaft**, wenn der behandelnde Facharzt für Allgemeinmedizin seine zunächst gestellte Diagnose „Lumbalgie bzw. LWS-Symptomatik" nicht in Frage stellt und es nach dem Auftreten der Beinödeme unterlässt, die Patientin in eine Klinik oder eine radiologische Praxis zur Durchführung eines MRT oder einer Phlebographie zu überweisen, anstatt bei fortbestehender Diagnose lediglich ein Entwässerungsmittel zu verschreiben.

In einem solchen Fall handelt es sich nicht um einen Diagnoseirrtum, sondern **im Schwerpunkt um eine unterlassene Befunderhebung** zur Überprüfung einer nicht mehr tragfähigen Verdachtsdiagnose. Daneben liegen auch die Voraussetzungen einer Beweislastumkehr wegen „unterlassener Befunderhebung" vor. Bei Durchführung eines MRT bzw. einer Phlebographie wäre die Entdeckung einer dann erst 3 Tage später diagnostizierten, **tiefen, 5-Etagen-Venenthrombose** mit Ausdehnung bis zu den Lebervenenzuflüssen „hinreichend wahrscheinlich" gewesen. Führt der Sachverständige aus, bei einer um 3 Tage früher erfolgten Krankenhauseinweisung hätte die Patientin „die Chance auf ein besseres Resultat gehabt", ist es **nicht „gänzlich unwahrscheinlich"**, dass die Patientin bei früherer Diagnostik letztlich nicht in ein Wachkoma nach aufgetretener Lungenembolie verfallen wäre (OLG Hamm, Urt. v. 24. 9. 2003 – 3 U 236/02, AHRS III, 1820/314).

Wenn die Durchführung einer medizinisch gebotenen, aber **unterlassenen Phle- U 130 bographie bzw. Kompressions-Sonographie** mit hinreichender Wahrscheinlichkeit den Nachweis einer tiefen Beinvenenthrombose erbracht hätte, auf diesen Befund mit einer Heparinisierung und Kompressionsbehandlung des Beins hätte reagiert werden müssen, wobei dessen Verkennung bzw. eine Nichtreaktion auf einen solchen Befund fundamental fehlerhaft gewesen wäre, hat die Behandlungsseite den Beweis dafür zu erbringen, dass die auch nur möglicherweise vermeidbaren Gesundheitsschäden des Patienten bei fachgerechter Befunderhebung nicht eingetreten wären (OLG Hamm, Urt. v. 6. 9. 2006 – 3 U 193/05, AHRS III, 6590/349; *Anmerkung:* Es müsste nach den Primär- und Sekundärschäden differenziert werden. Hinsichtlich der eingetretenen Primärschäden muss die Behandlungsseite den Nachweis der „äußerst unwahrscheinlichen Kausalität" führen, hinsichtlich der Sekundärschäden hat der Patient gemäß § 287 ZPO stets die „überwiegende Wahrscheinlichkeit" des Behandlungsfehlers für den eingetretenen Sekundärschaden zu beweisen).

Angiographie unterlassen, pAVK (Verschlusskrankheit) verkannt U 131

Einem Facharzt für Allgemeinmedizin fällt ein Befunderhebungsfehler zur Last, wenn er bei einem Patienten, der ihn wegen **Schmerzen beim Gehen** aufsucht, eine **ausgeprägte Lumboischialgie** (schmerzhafte Wurzelreizung, meist aufgrund einer Bandscheibenproblematik) mit typischem lateralem Schmerzband am Bein diagnostiziert und den Patienten jahrelang (hier: 4 Jahre) erfolglos behandelt, ohne dem **Verdacht auf eine periphere arterielle Verschlusskrankheit (pAVK) nachzugehen.**

Jedenfalls wenn ein CT nach jahrelanger Krankengeschichte keinen wesentlichen Befund in Richtung auf die angenommene orthopädische Ursache ergibt, ist der Allgemeinmediziner gehalten, zumindest differential-diagnostisch auch eine Gefäßerkrankung abzuklären bzw. durch Überweisung zu einem Facharzt zur **Vornahme einer Angiographie** abklären zu lassen. Der **„Schwerpunkt des Versäumnisses"** liegt in einem derartigen Fall nicht am Festhalten an der Diagnose, sondern **in der unterlassenen Veranlassung weiterer Befunde** (OLG München, Urt. v. 6. 10. 2011 – 1 U 5220/10, GesR 2012, 149, 150 = juris, Nr. 34, 35, 36).

Wäre es nach Durchführung eines orthopädische Ursachen faktisch ausschließenden CT hinreichend wahrscheinlich (vorliegend bejaht), dass sich bei Durchführung einer Angiographie Anhaltspunkte für eine pAVK ergeben hätte, wäre es grob fehlerhaft, diesen Befund zu verkennen bzw. hierauf nicht durch eine operative Intervention (hier: mit Iliaca TEA bzw. Dilatation der entsprechenden Arterien) bzw. Durchführung von Embolektomien zu reagieren. Ist es – wie im entschiedenen Fall – nicht „äußerst unwahrscheinlich", dass sich bei rechtzeitiger Überweisung zur Durchführung einer Angiographie ein für den Patienten günstigerer Verlauf ergeben bzw. die umgehend durchgeführte Dilatation keinen Erfolg gehabt hätte, hat der Arzt zu beweisen, dass es auch bei rechtzeitiger Überweisung nicht zu den dann mehrfach aufgetretenen Gefäßverschlüssen und der Amputation des rechten Beins im Kniegelenk gekommen wäre (OLG München, Urt. v. 6. 10. 2011 – 1 U 5220/10, GesR 2012, 149, 150 = juris, Nr. 41, 47, 48, 50).

U 132 **Unterlassene CT-Untersuchung bei nicht zurückgehender Lymphadenitis, Abszess verkannt**

Bei einer Lymphadenitis (Lymphknotenentzündung; hier: verbunden mit starken Halsschmerzen) ist beim **Ausbleiben** einer **Befundverbesserung** wegen der Gefahr einer Weiterentwicklung zu einer Mediastinitis (Entzündung des Bindegewebes im Hals-Brustbereich) die **Verabreichung eines Antibiotikums und eine engmaschige klinische Verlaufskontrolle erforderlich.** Stellt sich auch nach vier Tagen nach Beginn der antibiotischen Behandlung und täglich durchgeführten Kontrollen mit zuletzt festgestellter Leukozytose von 27 200 ul (Norm: unter 11 000 ul) keine Besserung ein, muss zwingend ein **CT veranlasst** werden. Wären auf diesem CT mit hinreichender Wahrscheinlichkeit sowohl eine großflächige Phlegmone als auch ein in die Tiefe gehender Abszess erkennbar gewesen, so wäre zwingend eine breite chirurgische Halsöffnung angezeigt und deren Unterlassung grob fehlerhaft gewesen (OLG Stuttgart, Urt. v. 30. 5. 2000 – 14 U 71/99, AHRS III, 1980/301 = VersR 2001, 766, 768).

U 133 **Unterlassener Wundabstrich bei Entzündungen**

Wird nach Durchführung einer Operation bei einer Patientin eine **ausgeprägte Ostitis (Entzündung von Knochengewebe) am linken Unterschenkel** festgestellt, so stellt die unterlassene Vornahme eines Wundabstrichs zumindest einen einfachen Behandlungsfehler dar (BGH, NJW 1999, 3408 = MDR 1999, 1265). Hätte sich bei Durchführung des Wundabstrichs mit hinreichender Wahrscheinlichkeit ein so deutlicher, auf eine Infektion hindeutender Befund ergeben, so dass sich dessen Verkennung als fundamental oder die Nichtreaktion in Form einer unverzüglichen Wundrevision als grob fehlerhaft darstellt (vom BGH zur Vornahme weiterer Feststellungen zurückverwiesen), so hat die Behandlungsseite zu beweisen, dass es auch bei rechtzeitiger Vornahme des Wundabstrichs zu denselben Primärschäden, nämlich erheblichen Schmerzen und einer Beinverkürzung der Patientin, gekommen wäre (BGH, NJW 1999, 3408, 3409 = MDR 1999, 1265, 1266 = VersR 1999, 1282, 1284).

Angesichts eines **heftigen Infektionsgeschehens am ersten postoperativen Tag** mit erhöhter Temperatur, Schmerzen und einer Lymphangitis des Fußrückens nach der Entfernung eines Großzehennagels ist es wegen der bestehenden Sepsisgefahr dringend geboten, einen **Wundabstrich** zur Feststellung der Infektionserreger und deren Resistenzen vorzunehmen. Nur hierdurch kann gewährleistet werden, dass sofort ein wirksames Antibiotikum für den Fall bereit steht, dass sich ein Breitband-Antibiotikum als unwirksam erweist (OLG Hamburg, Urt. v. 19. 5. 2000 – 1 U 63/99, AHRS III, 1873/303; zu Infektionen vgl. auch die Nachweise bei Rz. U 127). U 134

Einstweilen frei. U 135 – U 139

d) Orthopädie; WS-Beschwerden, CT/MRT unterlassen, Tumor verkannt

Unterlassene CT-Untersuchung bei BWS-Beschwerden U 140

Das Unterlassen medizinisch erforderlicher diagnostischer Untersuchungsmaßnahmen, die Aufschluss über die Art der Krankheit geben und dann Grundlage für die weiter einzuschlagende Therapie sind, etwa die Anfertigung eines **CT bei anhaltend starken Schmerzen im Bereich der Brustwirbelsäule (BWS) zur Abklärung einer entzündlichen Erkrankung**, stellt zumindest einen einfachen Behandlungsfehler dar. Der Arzt darf sich nicht mit einer möglicherweise nahe liegenden Erklärung für bestimmte Beschwerden des Patienten – etwa einer differential-diagnostisch möglichen chronischen Bronchitis oder einer Pneumonie – begnügen; können Symptome auf mehrere verschiedene Krankheiten hindeuten, so ist, wenn die Therapierung eine sichere Festlegung erfordert, durch weitere differential-diagnostische Untersuchungsmaßnahmen Aufschluss über die konkret vorliegende Erkrankung zu suchen. Auch wenn der Arzt dann in vertretbarer Weise eine bestimmte Diagnose getroffen hat, muss er sie im weiteren Behandlungsverlauf überprüfen, wenn die etwa begonnene Therapie keine Wirkung zeigt (OLG Düsseldorf, Urt. v. 10. 4. 2003 – 8 U 38/02, VersR 2005, 117, 118: offengelassen, ob die Voraussetzungen einer „unterlassenen Befunderhebung" oder eines „fundamentalen Diagnosefehlers" vorliegen).

Unterlassenes MRT bzw. Myelographie zur Abklärung eines Tumors im Rückenmarkbereich U 141

Sucht der Patient, bei dem wegen vorhandener **Rückenschmerzen** ca. zehn Tage zuvor von anderen Ärzten eine Ischialgie diagnostiziert worden ist, wegen aufgetretener **Unruhe- und Verwirrtheitszuständen** einen **Internisten** auf, dem er auch von den bestehenden Rückenschmerzen und der ihm gestellten Diagnose berichtet, so hat dieser nach Feststellung der Rückenschmerzen, einer Gangunsicherheit und der eingetretenen Nackensteife des Patienten dem Verdacht auf eine neurogene Erkrankung unverzüglich nachzugehen und den Patienten zur Durchführung einer Kernspinuntersuchung oder der Anfertigung einer Myelographie an einen anderen Facharzt (Neurologe, Radiologe) zu überweisen. Hätte die Untersuchung durch den Facharzt des anderen Fachgebiets **mit hinreichender Wahrscheinlichkeit zur Entdeckung eines schwerwiegenden Rückenleidens, etwa eines Rückenmarksangioms** geführt, so wäre es grob fehlerhaft, wenn dem Patienten daraufhin nicht unverzüglich therapeutische Maßnahmen zur Entfernung dieser Missbildung angeboten worden wären. Es kann nicht davon ausgegangen werden, dass der Erfolg der dann rechtzeitig eingeleiteten operativen Maßnahmen äußerst unwahrscheinlich gewesen wäre (OLG Koblenz, Urt. v. 26. 8. 2003 – 3 U 1840/00, NJW-RR 2004, 106, 107 = OLGR 2004, 79, 81).

U 142   **Unterlassene neurologische Abklärung starker Rückenschmerzen**

Wird ein unter starken **Rückenschmerzen** leidender Patient vom Orthopäden zu einem Facharzt für Neurologie und Psychiatrie überwiesen, darf dieser bei vorliegenden **Anzeichen einer spinalen Schädigung** nicht lediglich eine Psychotherapie beginnen und über einen längeren Zeitraum fortführen. Vielmehr muss dann, wenn der Patient eine progrediente Gangstörung, eine Sensibilitätsstörung der Beine sowie eine Blasen-Mastdarm-Störung geschildert hat, schon im Zeitpunkt der Erstuntersuchung eine weitergehende neurologische Diagnostik veranlasst werden, etwa eine spinale Leitungsdiagnostik (SEP bzw. MEP) sowie eine Kernspintomographie (MRT). Hätte danach mit hoher Wahrscheinlichkeit die Diagnose einer **thorakalen oder lumbalen Rückenmarksschädigung** gestellt werden können, wäre es völlig unverständlich und damit grob fehlerhaft gewesen, den Patienten allein psychotherapeutisch und nicht operativ, ggf. medikamentös zu behandeln (OLG Düsseldorf, Urt. v. 21. 7. 2005 – I-8 U 33/05, VersR 2006, 841, 842 = MedR 2006, 537, 539).

U 143 – U 147   Einstweilen frei.

e) Innere Medizin; Erkrankungen von Magen, Darm, Leber, Niere, Prostata, Lunge

U 148   **Verspätete CRP-Bestimmung; Morbus Crohn zu spät diagnostiziert**

Stellt sich ein unter Morbus Crohn (entzündliche Darmerkrankung) leidender Patient mit ständigen Bauchschmerzen auf Überweisung des Hausarztes im Krankenhaus vor, muss sichergestellt werden, dass das Ergebnis der **CRP-Bestimmung nach einer Blutentnahme innerhalb einer Frist von 24 Stunden vorliegt**, auch wenn die Ärzte nicht vom Vorliegen eines Notfalls ausgehen müssen. Der CRP-Wert weist eine enge Korrelation zum Auftreten eines Rezidivs bei Morbus Crohn auf. **Die verspätete Erhebung oder verspätete Vorlage des CRP-Wertes kann rechtlich nicht anders beurteilt werden als das Unterlassen einer entsprechenden Befunderhebung.** Bei entsprechender Erhebung und rechtzeitiger Vorlage ist ein positives Befundergebnis ohne weiteres hinreichend wahrscheinlich, wenn der CRP-Wert **mit 211 mg/l** deutlich überhöht ist (Norm: bis 0,5). Die Verkennung eines so deutlichen und gravierenden Befundes oder die Nichtreaktion hierauf durch umgehende weiterführende Diagnostik (Ultraschalluntersuchung, ggf. CT oder MRT) und anschließende Therapie (hier: OP) würde sich als grob fehlerhaft darstellen. Ein derart erhöhter CRP-Wert muss bei bestehendem Morbus Crohn als Hinweis auf eine außergewöhnliche Situation bzw. eine sich anbahnende **dramatische Verschlechterung** entweder der bestehenden **Grunderkrankung** oder einer sonstigen Erkrankung, etwa einer Lungenentzündung oder schweren Blutvergiftung, beurteilt werden (OLG Zweibrücken, Urt. v. 24. 4. 2007 – 5 U 2/06, OLGR 2008, 98, 100 = VersR 2008, 537, 539).

Wenngleich für die Bejahung der Voraussetzungen einer „unterlassenen Befunderhebung" letztlich nicht erforderlich, stellt das OLG Zweibrücken (VersR 2008, 537, 539 = OLGR 2008, 98, 100) daneben fest, nach den Ausführungen des vom Gericht beauftragten Sachverständigen hätte man bei den gebotenen diagnostischen Maßnahmen (Sonographie, CT bzw. MRT) mit hinreichender Wahrscheinlichkeit Entzündungszeichen, wohl auch freie Flüssigkeit in der Bauchhöhle des Patienten, feststellen können. Es sei auch hinreichend wahrscheinlich, dass bei einer daraufhin frühzeitig vorgenommenen Operation die **Perforation des Darms**, die drei Tage später aufgetreten war, hätte übernäht werden können. Der septische Schock und der nach der Notfalloperation eingetretene Darmverlust sowie das Legen eines künstlichen Darmausgangs hätten dann verhindert werden können.

Anastomoseninsuffizienz nach Darmoperation nicht erkannt   U 149

Klagt der Patient wenige Tage nach einer Darmoperation (hier: Resektion eines Teils des Darms wegen einer Sigmadivertikulitis) über **stärkste Bauchschmerzen** und ist zudem eine „drastische Verschlechterung" gegenüber dem Vortag dokumentiert, so haben die behandelnden Ärzte (hier: chirurgische Abteilung eines Krankenhauses) abzuklären, ob eine Anastomoseninsuffizienz (Undichtigkeit der Verbindung im Darm) vorliegt (Kontrastmittel-CT o.a.). Die Unterlassung einer solchen **zwingend notwendigen Befunderhebung ist als grober Behandlungsfehler anzusehen**. Daneben greift in einem solchen Fall eine Beweislastumkehr aus dem Gesichtspunkt der „unterlassenen Befunderhebung" ein, da die erhobenen Befunde (im entschiedenen Fall: Kontrastmittel-CT) mit hinreichender Wahrscheinlichkeit auf das Vorliegen einer sofort behandlungsbedürftigen Anastomoseninsuffizienz hingewiesen hätten und das Unterlassen der sofortigen Operation in einem solchen Fall grob fehlerhaft wäre (OLG Karlsruhe, Beschl. v. 24. 6. 2005 – 7 W 28/05, BeckRS 2005, 10645, S. 4).

Koloskopie bei positiver Stuhlprobe unterlassen   U 150

Kommt es bei **einer von drei Stuhlproben zur Feststellung vorhandenen Blutes im Stuhl**, muss der Arzt (Hausarzt bzw. Internist) den Patienten zur **Durchführung eines Koloskopie (Darmspiegelung)** raten. Dabei steht es einem Befunderhebungsfehler gleich, wenn der Befund deshalb nicht erhoben wird, weil der Arzt den Patienten **nicht auf die Notwendigkeit der diagnostischen Maßnahme bei einem Facharzt bzw. in einem Krankenhaus aufmerksam gemacht hat** (OLG Oldenburg, Urt. v. 23.7. 2008 – 5 U 28/08, MedR 2011, 163, 166).

Lehnt der Patient die medizinisch gebotene Maßnahme ab, ist der Arzt im Übrigen verpflichtet, ihm eindringlich und mit allem Ernst die Bedeutung der Untersuchung darzustellen und dem Patienten klar zu machen, welche Folgen mit dem Unterbleiben der Untersuchung verbunden sein können.

Es ist auch „hinreichend wahrscheinlich", dass sich (im entschiedenen Fall) bei Durchführung einer Koloskopie der Verdacht auf das Vorliegen eines Adenokarzinoms bzw. einer Vorstufe hierzu (nach histologischer Untersuchung des Polypen) ergeben hätte, wenn sich anlässlich einer ein Jahr später durchgeführten Koloskopie ein **mäßiggradig differenziertes Adenokarzinom** findet, das bereits zu Metastasierungen geführt hat. Denn kolorektale Karzinome entwickeln sich langsam, die zunächst nur leichtgradig veränderte Darmschleimhaut entwickelt sich nach dem Durchlaufen mehrerer Zwischenzustände erst über Jahre hinweg in das Vollbild eines Karzinoms. Die Nichtreaktion auf einen solchen Befund bzw. dessen Verkennung wäre als grob fehlerhaft zu bewerten (OLG Oldenburg, Urt. v. 23. 7. 2008 – 5 U 28/08, MedR 2011, 163, 166).

U 151 **Ferritinbestimmung unterlassen, Darmtumor verkannt**

Ein bei einem Patienten festgestellter erhöhter Leukozytenwert gibt einem Facharzt für Allgemeinmedizin noch keine Veranlassung, den Patienten an Fachärzte zur Durchführung einer Tumordiagnostik zu überweisen, wenn die erhöhten Leukozytenwerte noch mit den jeweils akut bestehenden Atemwegsinfekten erklärt werden können. Stellt der Allgemeinmediziner aber neben der bekannten Leukozytose auch einen **auffällig erniedrigten Eisenwert** fest, ist es fehlerhaft, diesen Befund nicht jedenfalls durch die **Bestimmung von Ferritin und Transferrin** abzuklären bzw. abklären zu lassen, um festzustellen, ob eine möglicherweise entzündliche Erkrankung oder eine bösartige Grunderkrankung vorliegt.

Stellt der vom Gericht hinzugezogene Sachverständige fest, dass zu diesem Zeitpunkt ein **fortgeschrittener Darmtumor mit Lebermetastasen** vorlag, bei dem eine Heilung des Patienten nicht mehr möglich und eine Lebensverlängerung bei rechtzeitiger Diagnose spekulativ war, fehlt es nach Auffassung des OLG Düsseldorf (Urt. v. 19.2. 2004 – 8 U 115/02, AHRS III, 1820/316) am Kausalzusammenhang (§ 286 ZPO) zwischen dem Behandlungsfehler in der Form der unterlassenen Befunderhebung und dem Tod des Patienten.

U. E. spricht Einiges dafür, dass im entschiedenen Fall die Voraussetzungen einer Beweislastumkehr wegen „unterlassener Befunderhebung" vorlagen (Sachverhalt wurde nicht vollständig mitgeteilt). Ein auffällig erniedrigter Eisenwert ist ein **Anzeichen für das Vorliegen einer chronischen Entzündung** oder eines malignen Tumors (vgl. Dormann/Luley/Heer, Laborwerte, 5. Aufl., S. 54, 148). Ein reaktionspflichtiges positives Befundergebnis wäre also „hinreichend wahrscheinlich" gewesen. Die Verkennung eines bereits fortgeschrittenen Darmtumors wäre wohl auch „grob fehlerhaft" gewesen (Folgediagnostik mit Blutwerten CA 19/9, CEA, Koloskopie u. a.).

Ob ein „äußerst unwahrscheinlicher" Kausalzusammenhang zwischen dem Behandlungsfehler und dem Eintritt des Primärschadens beim Patienten (letztlich auch dessen Tod) vorlag, ist nach dem mitgeteilten Sachverhalt offen. Dass eine „Lebensverlängerung bei rechtzeitiger Diagnose spekulativ war" (so das OLG Düsseldorf), reicht hierfür nicht aus!

Unterlassene Überprüfung der Urin- und Blutwerte bei Nierenprellung

U 152

Bei Schmerzen im Nieren- und Thoraxbereich und der Diagnose eines **stumpfen Bauchtraumas** nebst Nierenprellung muss eine **engmaschige Überprüfung der Urin- und Blutwerte** im Abstand von einer Woche erfolgen und insbesondere der Kreatininwert beobachtet werden, um einer Niereninsuffizienz vorzubeugen (BGH, NJW 1999, 860 = VersR 1999, 60 = MDR 1999, 36). Hätte eine Überprüfung des Kreatininwertes mit hinreichender Wahrscheinlichkeit einen deutlich höheren als den Normwert von bis zu 1,2 mg/dl ergeben, so hätte sich dessen Verkennung als fundamental und/oder die Nichtreaktion hierauf durch **Veranlassung einer umgehenden Biopsie** (Entnahme einer Gewebeprobe zur feingeweblichen Untersuchung), wodurch sich die Heilungschancen des Patienten nach Einleitung einer entsprechenden Therapie wesentlich erhöht hätten, als grob fehlerhaft dargestellt (BGH, VersR 1999, 60, 61: zur Beurteilung an das Berufungsgericht zurückverwiesen).

Unterlassene Leberpunktion bei pathologischen Leberwerten

U 153

Hat der behandelnde Arzt (Internist oder Allgemeinmediziner) bei der Behandlung des Patienten **pathologische Leberwerte** festgestellt, müssen diese jedenfalls vor dem Hintergrund, dass der Patient aus einem Land stammt, in dem die Hepatitis-B-Infektion verbreitet ist (hier: Türkei), **durch eine Leberpunktion näher abgeklärt** werden. Unterlässt der Arzt die Erhebung eines solchen, dann medizinisch zweifelsfrei gebotenen Befundes und überweist er den Patienten auch nicht zur näheren differential-diagnostischen Abklärung an einen Spezialisten, kommt eine Beweislastumkehr zur Frage der Kausalität zwischen diesem Behandlungsfehler und dem beim Patienten eingetretenen Leberversagen nach einer **Leberzirrhose bzw. einem Leberzellkarzinom** zum Tragen, wenn die Hepatits-B-Infektion bei zeitnaher Durchführung der Leberpunktion mit hoher, zumindest hinreichender Wahrscheinlichkeit erkannt worden wäre und die Nichtreaktion auf einen derartigen Befund – etwa durch Einleitung einer kausalen Behandlung mit Alpha-Interferon o. a. – oder dessen bloße Verkennung grob fehlerhaft gewesen wäre. Es entlastet die Behandlungsseite nicht, wenn der vom Gericht beauftragte Sachverständige die Wahrscheinlichkeit des Vorliegens einer Leberzirrhose zum Zeitpunkt des nach Durchführung der Leberpunktion frühestmöglichen Beginns der Behandlung mit etwa 90 % bewertet hat. Denn der Kausalzusammenhang zwischen dem Behandlungsfehler in Form der „unterlassenen Befunderhebung" und dem Eintritt des Körper- oder Gesundheitsschadens (Primärschadens) beim Patienten ist **nicht als gänzlich oder äußerst unwahrscheinlich anzusehen**, wenn die kausale Behandlung bei Erhebung der gebotenen Befunde mit einer verbleibenden **Wahrscheinlichkeit von 10 %** erfolgreich hätte durchgeführt werden können (OLG Hamm, Urt. v. 6. 11. 2002 – 3 U 50/02, VersR 2004, 1321, 1322: der Patient war im entschiedenen Fall an einer Leberzirrhose verstorben; der BGH hat die Nichtzulassungsbeschwerde des Arztes nicht zur Entscheidung angenommen).

U 154 **Stanzbiopsie der Prostata zum Ausschluss eines Prostatakarzinoms unterlassen**

Leidet ein Patient unter zunehmenden Miktionsbeschwerden bei deutlich **erhöhten PSA-Werten von 8,16 bis 10,70** (Normwert maximal 4,00 µ g/l) ist es behandlungsfehlerhaft, eine Teiladenomektomie (Teiladenomresektion) der Prostata ohne vorherige weiterführende Diagnose (Stanzbiopsie der Prostata, Bestimmung des freien PSA-Wertes) durchzuführen bzw. zu veranlassen. Da bei einem isoliert betrachteten PSA-Wert von über 10 µ g/l die Karzinomwahrscheinlichkeit bei 30–50 % liegt, ist es in einem solchen Fall geboten, eine **Stanzbiopsie (Mehrfachbiopsie) der Prostata und die Bestimmung des Wertes des freien PSA durchführen.** Hätte die unterlassene weiterführende Diagnostik mit hinreichender Wahrscheinlichkeit zur Feststellung eines Prostatakarzinoms (hier: Stadium pT III b) und damit zu einem reaktionspflichtigen Ergebnis, nämlich der Erforderlichkeit der Bestrahlung oder einer Totalresektion der Prostata, geführt, wäre das Unterlassen einer Reaktion auf den positiven Befund – nämlich in Form der Beibehaltung der ursprünglich vorgesehenen Behandlungsart (Teilresektion) anstelle des Wechsels der Behandlungsart (Bestrahlung oder Totalresektion) – nicht anders als durch einen groben Behandlungsfehler zu erklären. Denn bei einem positiven Nachweis eines Prostatakarzinoms ist eine gleichwohl durchgeführte Teilresektion völlig unverständlich (OLG Zweibrücken, Urt. v. 20. 11. 2007 – 5 U 16/05, NJW-RR 2008, 539, 540). Das OLG Zweibrücken (NJW-RR 2008, 539, 540) ist dabei der Auffassung, zur Bejahung einer „hinreichenden Wahrscheinlichkeit" genüge es, „wenn die **Erfolgsquote an 50 % hinreicht**"; es sei nicht erforderlich, dass sie dieses Maß (50 %) erreicht oder sogar übertrifft.

U 155 **Nierenbeckenentzündung bzw. Sepsis verkannt, Urinuntersuchung unterlassen**

Wird der Patient mit Schmerzen im Bauchraum in ein Krankenhaus eingeliefert und fehlen zwar typische Zeichen einer **Nierenbeckenentzündung** wie Fieber, Nierenlagerklopfschmerz und Beschwerden beim Wasserlassen, hätte anhand der Anamnese des Patienten mit Hinweisen auf einen zuvor abgelaufenen Harnwegsinfekt, aktuelle und massive Bauchschmerzen, vom Rücken ausstrahlende Schmerzen in den Bauch sowie auf den Laborbefund (erhöhte Leukozyten– bzw. CRP-Werte sowie Blut im Urin) **differential-diagnostisch an eine akute Nierenbeckenentzündung bzw. Sepsis gedacht werden müssen, liegt in der am Folgetag gestellten Diagnose „Ulcus im Darm" ein als Behandlungsfehler vorwerfbarer Diagnoseirrtum.** Da diese Anamnese Anlass für differentialdiagnostische Maßnahmen, nämlich zumindest **eine weiterführende Untersuchung** gibt, stellt deren Unterlassen **gleichzeitig einen Befunderhebungsfehler dar** (OLG Rostock, Urt. v. 21. 12. 2012 – 5 U 170/11, VersR 2013, 465: das OLG Rostock nimmt sowohl einen vorwerfbaren Diagnoseirrtum als auch eine unterlassene Befunderhebung und für den Folgetag bei Verkennung einer Stauungsniere zudem einen fundamentalen Diagnoseirrtum/groben Behandlungsfehler an).

Anmerkung zum medizinischen Hintergrund: Bei der **Nierendiagnostik**, insbesondere der Beurteilung des Nierenparenchyms, der Nierengefäße und der ableitenden Harnwege kommen eine Sonografie, ggf. ein Kontrastmittel-CT/MRT, eine Ausscheidungsurografie und zuvor eine Urinuntersuchung in Betracht (vgl. Pschyrembel, 264. Aufl. 2013, S. 1468).

U 156 – U 159 Einstweilen frei.

f) Innere Medizin; Herzinfarkt verkannt, Herzschrittmacher

Fehlerhafte Auswertung bzw. Verlust eines Original-EKG; Herzinfarkt verkannt   U 160

(zum „Herzinfarkt" vgl. auch Rz. D 24 ff., D 25g, D 45 ff., D 92 ff., G 462 ff., G 652 ff., G 908, G 941, U 21 ff.; zum **medizinischen Hintergrund** vgl. Rz. G 462a)

Ein Verstoß gegen die Pflicht zur Erhebung und ordnungsgemäßen Aufbewahrung eines Original-EKG lässt im Wege der Beweiserleichterung für den Patienten zwar auf einen reaktionspflichtigen Befund (hier: einen vom Patienten erlittenen **Herzinfarkt**) schließen, wenn ein solches Befundergebnis hinreichend wahrscheinlich ist, regelmäßig jedoch nicht auch auf eine Ursächlichkeit der unterlassenen Befundauswertung für einen vom Patienten erlittenen Gesundheitsschaden (BGH, NJW 1996, 1589 = VersR 1996, 633; BGH, VersR 2011, 1400, Nr. 8, 9 = MDR 2011, 1286). Für die Kausalitätsfrage führt der Verstoß gegen die Pflicht zur Erhebung und Sicherung des Befundes aber dann zu Beweiserleichterungen (jetzt: Beweislastumkehr), wenn sich bei Vorlage und fehlerfreier Auswertung des EKG ein so deutlicher, auf einen bevorstehenden Herzinfarkt hinweisender Befund ergeben hätte, dass sich dessen Verkennung als fundamental fehlerhaft hätte darstellen müssen (BGH, NJW 1996, 1589, 1590; BGH, VersR 2011, 1400, Nr. 8, 9 = MDR 2011, 1286). Zweifel daran, ob der Patient bei Vorlage und fehlerfreier Auswertung des EKG die danach veranlasste sofortige Einweisung in eine Klinik überlebt hätte, gehen dann zu Lasten des behandelnden Arztes, im entschiedenen Fall eines Internisten (BGH, NJW 1996, 1589; ebenso OLG Frankfurt, Urt. v. 3. 8. 2006 – 15 U 160/00 mit NZB BGH v. 23. 9. 2007 – VI ZR 25/07, AHRS III, 6455/304: Schilderung der Beschwerden vom Patienten aber nicht bewiesen).

Anfertigung eines EKG bei Verdacht auf Herzinfarkt bzw. Krankenhauseinweisung unterlassen; besseres outcome nicht „äußerst unwahrscheinlich"   U 161

Ein Arzt im vertragsärztlichen Bereitschaftsdienst ist bei differential-diagnostischen Anzeichen für einen akuten Herzinfarkt, insbesondere Schwindel, Atemnot, Schmerzen im Brustbereich bei einem Patienten mit bekanntem Bluthochdruck zur **entsprechenden Ausschlussdiagnostik und damit zur Einweisung des Patienten in ein Krankenhaus verpflichtet.** Bringt der Arzt vor, dieselben Folgen wären beim Patienten auch bei umgehender zutreffender Diagnose eingetreten, trägt er hierfür die Beweislast (BGH, Beschl. v. 16. 10. 2007 – VI ZR 229/06, VersR 2008, 221).

Begibt sich ein Patient mit erheblichen Oberbauchschmerzen sowie **deutlichen Risikofaktoren für einen Herzinfarkt** (hier: hoher Blutdruck, erhöhter Cholesterinwert) zu einem Facharzt für Allgemeinmedizin in Behandlung, kann es vertretbar sein, wenn dieser zunächst die Erstdiagnose „Gallenblasenkolik" stellt. Ein **Behandlungsfehler in Form der unterlassenen Krankenhauseinweisung** liegt in einem solchen Fall aber dann vor, weil die Beschwerden bei Gallenblasenerkrankungen und Herzinfarkten ähnliche bzw. teilweise gemeinsame Symptome aufweisen und einem Hausarzt die **eindeutige Zuordnung mit rein klinischen Mitteln** – ohne Labordiagnostik, Belastungs-EKG, ggf. CT oder MRT – **nicht möglich** ist. Bei schwerwiegenden Risiken – wie bei einem differenzial-diagnostisch möglichen, jedenfalls nicht auszuschließenden Herzinfarkt – muss   U 162 der behandelnde Arzt **auch subjektiv für unwahrscheinlich gehaltene Gefähr-dungsmomente ausschließen und den Patienten in eine Klinik zur differenzialdiagnostischen Abklärung bzw. Überprüfung seines Erstbefundes überweisen.** Führt der vom Gericht beauftragte Sachverständige aus, bei klinischer Abklärung sei mit hinreichender Wahrscheinlichkeit oder gar mit an Sicherheit grenzender Wahrscheinlichkeit ein positiver Befund auf das Vorliegen eines akuten Koronarsyndroms festgestellt worden, wäre es grob fehlerhaft, **unverzüglich weitergehende Behandlungsmaßnahmen (hier: Beseitigung der Stenosierung)** zu unterlassen (OLG Jena, Urt. v. 18. 2. 2009 – 4 U 1066/04, OLGR 2009, 419, 421; vgl. aber OLG München, Urt. v. 19. 10. 2006 – 1 U 2149/06 mit NZB BGH v. 16. 10. 2007 – VI ZR 229/06, AHRS III, 3110/319 und 2070/308 bei Rz. U 40: nicht jede Angabe von Thoraxschmerzen fordert die Abklärung der Verdachtsdiagnose „Herzinfarkt").

U 163 Werden **Leitsymptome eines Herzinfarkts** (hier: außergewöhnlich starke Schmerzen der linken Körperseite) eines 36-Jährigen von einem Orthopäden unzutreffend als „Querwirbelblockade mit Muskelverspannung" diagnostiziert, liegt ein Befunderhebungsfehler und nicht (nur) ein Diagnoseirrtum des Arztes vor. Der Hinweis des Patienten auf eine viele Monate zurückliegende Einklemmung eines Nerven im Bereich der HWS darf den Arzt bei **differentialdiagnostisch immerhin möglicher kardiologischer Ursache** nicht dazu veranlassen, von einer weiteren Anamnese (hier: starke Schmerzen bestanden erst eine Stunde lang, ein EKG lag Monate zurück) und der Veranlassung einer umgehenden internistischen Abklärung (EKG, Labor) abzusehen. Ist es **„hinreichend wahrscheinlich"** (hier: Patient verstarb zwei Stunden später an einem Herzinfarkt nach vollständigem Verschluss der rechten Herzkranzarterie), dass sich im Rahmen einer internistischen Abklärung (hier: bereits ein EKG wäre aussagekräftig gewesen) ein reaktionspflichtiger Befund ergeben hätte, wäre deren **Verkennung bzw. die Nichtreaktion auf das pathologische EKG ohne Weiteres grob fehlerhaft** gewesen (OLG Koblenz, Beschl. v. 30.1. 2012 – 5 U 857/11, MDR 2012, 770, 771 = VersR 2012, 1041, 1043).

U 164 Es liegt sogar ein **grober Behandlungsfehler** vor, wenn der niedergelassene Internist oder Allgemeinmediziner einen Patienten **mit erheblichen Risikofaktoren** (hier: Nikotinabusus, Bluthochdruck, familiäre Vorbelastung, Adipositas und Blutzuckererhöhung), vorliegender Schmerzsymptomatik (in den Arm ziehende Brustschmerzen) und Veränderungen im angefertigten EKG nicht sofort mit dem Notarztwagen in ein Krankenhaus einweist bzw. verlegt (BGH, Urt. v. 25. 10. 2011 – VI ZR 139/10, VersR 2010, 72 = NJW-RR 2010, 711, 712, Nr. 11, 12: zur weiteren Aufklärung an das Berufungsgericht zurückverwiesen).

U 165 Stellt sich ein Patient mit Schmerzen im linken Arm und im Thoraxbereich bei einem Arzt oder in einem Krankenhaus vor, so ist die **Anfertigung eines EKG und die Bestimmung der Infarktblutwerte** sowie die Wiederholung dieser Untersuchungen nach vier Stunden unabhängig vom Alter des Patienten (hier: 30 Jahre) geboten. Hätten sich bei korrekter Diagnostik nach Auswertung des zweiten EKG und der zweiten Blutanalyse **mit hinreichender Wahrscheinlichkeit Infarktanzeichen** ergeben, so ist die sofortige Therapie zur Auflösung des die Arterie verstopfenden Blutgerinnsels zwingend geboten, um den Eintritt eines Herzinfarkts zu vermeiden. Die Behandlungsseite hat dann zu beweisen, dass der bis dahin vorliegende „leichte Infarkt" mit bislang nur geringer Herzwandschädigung zu denselben Gesundheitsschäden beim Patienten, etwa einer Einschränkung der Pumpfunktion mit starker Leistungseinschränkung geführt hätte (LG Berlin, Urt. v. 4. 12. 2000 – 6 O 358/99, AHRS III, 2070/301).

Klagt der Patient über **ungewöhnlich starke Schmerzen im Brustbereich**, wobei er in der Nacht zweimal erbrochen hatte, und hatte er während der gesamten vorangegangenen Nacht über mehrere Stunden wiederholt ärztlichen Rat in einem Krankenhaus eingeholt, und hatten die dort verordneten Medikamente zu keiner Verbesserung der Schmerzsituation geführt, ist die **vom Allgemeinmediziner gestellte Diagnose „HWS-Blockierung mit Cervicobrachialgie und HWS-Myogelosen" (schmerzhafte Verspannungen der Wirbelsäule) anstatt „Herzinfarkt" nicht mehr vertretbar** (hier: Vorliegen eines einfachen Behandlungsfehlers). Ein Hausarzt als Erstanlaufstelle für Patienten mit akuten Herzinfarkten als einer der häufigsten Erkrankungen der Bevölkerung muss besonders auf die Differential-Diagnose „Herzinfarkt" achten (OLG Hamm, Urt. v. 5. 11. 2003 – 3 U 52/03, AHRS III, 1820/315; vgl. aber OLG München, Rz. U 40). | U 166

Hätte ein beim Vorliegen entsprechender Infarktanzeichen **medizinisch gebotenes EKG** mit hinreichender Wahrscheinlichkeit den Nachweis auf einen ausgedehnten Vorderwandinfarkt ergeben, wäre die Nichtreaktion auf diesen Befund grob fehlerhaft. Auch wenn das Rettungsintervall von maximal zwölf Stunden, innerhalb dessen bei sofortiger Behandlung des Patienten ein stabiler Zustand zu erreichen und größere Teile des Herzmuskels zu retten sowie ein geringeres Sterblichkeitsrisiko herbeizuführen waren, bei unverzüglicher Durchführung des EKG und Einleitung der Rettungsmaßnahmen um weniger als eine Stunde überschritten worden wäre, ist es in solchen Fällen **nicht „äußerst unwahrscheinlich"**, dass eine Verbesserung der gesundheitlichen Situation des Patienten erreicht worden wäre, wenn der Sachverständige darlegt, dass auch nach Ablauf dieser zwölf Stunden durch eine Maximalbehandlung die Chance zur Verbesserung der Prognose bestanden hätte (OLG Hamm, Urt. v. 5. 11. 2003 – 3 U 52/03, AHRS III, 6590/322 und AHRS III, 1820/315).

Medizinischer Hintergrund (vgl. auch Rz. G 462a): Auf einen **Herzinfarkt (Myokardinfarkt)** hindeutende Symptome sind (vgl. Pschyrembel, 264. Aufl. 2013, S. 875/876) als Leitsymptom ein retrosternales Druckgefühl mit thorakalem Schmerz und ausstrahlenden Schmerzen im Bereich der linken Schulter und in den linken Arm, regelmäßig intensiver und länger als zwanzig Minuten andauernd, meist in Kombination mit Angst und Vernichtungsgefühl, häufig niedriger Blutdruck, kleiner frequenter Puls, Blässe und kalter Schweiß, vagale Reaktion mit symptomatischer Bradykardie (Abfall der Herzfrequenz unter 60 Schläge pro Minute), Übelkeit, seltener Erbrechen. | U 167

Unterlassene Kontrolle einer frisch operierten Patientin; Herzkammerflimmern verkannt | U 168

Nach einer **Strumaresektion** (Kropfoperation) mit beidseitiger Rekurrensparese (Eintritt einer Stimmbandlähmung) – bzw. einem anderen Eingriff mit entsprechenden Komplikationen – und anhaltend tachykarder Herzaktion (hier: Puls zwischen 118 und 121) nebst grenzwertig hohem Blutdruck (hier: zuletzt 170/80) ist eine postoperative intensivmedizinische Überwachung der Patientin in engem zeitlichen Abstand von **10 bis 20 Minuten dringend geboten** (OLG München, Urt. v. 24. 2. 2005 – 1 U 4624/03, NJW-RR 2006, 33, 35 = OLGR 2006, 51 f. = GesR 2005, 550, 553). Die Nichtdokumentation der aus medizinischen Gründen in den Behandlungsunterlagen festzuhaltenden Vitalparameter indiziert dabei deren Unterlassen. Bei der gebotenen, dauernden **Überwachung der Patientin im Abstand von 10 bis 20 Minuten und Erhebung der Vitalparameter (Puls, Blutdruck)** hätte sich mit hinreichender Wahrscheinlichkeit vor dem – dann erfolgten – Eintritt eines **Herzkammerflimmerns** ein positiver Befund (hoher Puls, hoher Blutdruck) ergeben; eine Sauerstoffmangelversorgung bzw. kritische Verschlechterung des Zustandes der Patientin kann bei intensivmedizinischer Überwachung mit überwiegender Wahrscheinlichkeit auch aufgrund der verminderten Atmung und/oder einer Blauverfärbung erkannt werden. Bei Erkennen der bedrohlichen Einschränkung der Atmung würde sich das **Unterlassen einer dann zwingend gebotenen Intubierung als grob fehlerhaft** darstellen. Dass der bei der Patientin eingetretene Hirnschaden möglicherweise auch dann nicht vermieden worden wäre, schließt eine Beweislastumkehr zu Lasten der Behandlungsseite nicht aus (OLG München, Urt. v. 24. 2. 2005 – 1 U 4624/03, NJW-RR 2006, 33, 35 = OLGR 2006, 51 f.).

U 169   **Unterlassene Kontrolle eines Herzschrittmachers**

Ist die **nominelle Laufzeit eines Herzschrittmachers** von ca. sechs Jahren deutlich – im vorliegenden Fall knapp ein Jahr – **überschritten**, stellt die unterlassene **Kontrolle bzw. der unterlassene Austausch** einen Behandlungsfehler dar. Hätte sich bei sofortiger Kontrolle mit hinreichender Wahrscheinlichkeit eine Unzuverlässigkeit des Schrittmachers (etwa fehlende Batteriekapazität) ergeben, so hätte sich ein dann unterbliebener sofortiger Austausch als grob fehlerhaft dargestellt. In einem solchen Fall ist von der Behandlungsseite zu beweisen, dass der zwei Tage nach dem Behandlungstermin beim Internisten bzw. beim Hausarzt erfolgte Zusammenbruch des Patienten auf ein unabhängig vom Zustand des Herzschrittmachers entstandenes Kammerflimmern zurückzuführen ist (BGH, Urt. v. 23. 3. 2004 – VI ZR 428/02, NJW 2004, 1871, 1872 = GesR 2004, 293, 294 = MDR 2004, 1056, 1057 = VersR 2004, 790, 791 = MedR 2004, 559, 560: vom BGH zur ergänzenden Sachaufklärung an das OLG Bamberg zurückverwiesen).

U 170   **Unterlassene Defibrillation**

Unterlässt es der Behandler – im entschiedenen Fall ein Internist bei Durchführung einer Koloskopie – die Patientin im Zug einer Reanimation zu defibrillieren, weil er im Zweifel ist, ob Kammerflimmern oder eine Asystolie des Herzens vorliegt, und legt er auch kein EKG an, ist ein reaktionspflichtiges Verhalten – nämlich die Durchführung der Defibrillation – zu vermuten, wenn die **Unklarheit durch Anlegen und Schreiben eines EKG mit hinreichender Wahrscheinlichkeit zu beheben gewesen** wäre. Zugunsten der Patientin ist auch zu vermuten, dass die Defibrillation erfolgreich gewesen wäre, weil das Unterlassen einer Defibrillation bei Kammerflimmern als grober Fehler zu bewerten ist (OLG Köln, Urt. v. 13. 2. 2002 – 5 U 95/01, VersR 2004, 1459 = OLGR 2003, 82, 83).

Versäumen es die vom zunächst behandelnden Internisten eines Krankenhauses hinzugezogenen Intensivmediziner, das in der internistischen Abteilung zur Verfügung stehende EKG wie auch den Defibrillator unverzüglich einzusetzen und entsteht durch die Verlegung der Patientin in die im Haus befindliche Intensivstation eine **Zeitverzögerung von ca. fünf Minuten**, liegt ein bereits per se zur Beweislastumkehr führender **grober Behandlungsfehler** vor (OLG Köln, Urt. v. 13. 2. 2002 – 5 U 95/01, VersR 2004, 1459, 1460).

Einstweilen frei.   U 171 – U 174

g) Gynäkologie; Eileiterschwangerschaft, Sonographie, CTG, Blutgasanalyse, Lackmustest, Blut-, Fruchtwasser- und Laboruntersuchungen

Unterlassene HCG-Bestimmung; Eileiterschwangerschaft übersehen   U 175

Stellt sich eine Patientin in gebärfähigem Alter mit **Unterbauchschmerzen** bei einem Gynäkologen vor und führt dieser eine Ultraschalluntersuchung durch, da er zumindest differential-diagnostisch von einer Schwangerschaft der Patientin ausgeht, ist es fehlerhaft, sich mit dem Befund „Uterus leer" zu begnügen. In einem solchen Fall muss noch am gleichen Tag, spätestens **nach einer Woche der HCG-Wert (Bestimmung der Testosteron-Konzentration) bestimmt** und, soweit der Uterus weiterhin leer ist, ein **Schwangerschaftstest durchgeführt** werden. Eine erst in zwei Wochen vorgesehene Kontrolle ist verspätet. Hätte sich bei rechtzeitiger Bestimmung des HCG-Wertes mit großer, zumindest hinreichender Wahrscheinlichkeit ein positiver Wert ergeben, ist die Einweisung in ein Krankenhaus oder die Vereinbarung eines kurzfristigen weiteren Kontrolltermins zwingend erforderlich. Soweit keine Krankenhauseinweisung, sondern ein kurzfristiger Wiedervorstellungstermin vereinbart worden wäre, bei dem sich wieder ein leerer Uterus ergeben hätte, wäre spätestens dann die **Einweisung in ein Krankenhaus zwingend erforderlich**. Dort wäre bei einem solchen Sachverhalt dann die Diagnose einer „Eileiterschwangerschaft" mit hinreichender Wahrscheinlichkeit gestellt worden. Eine Nichtreaktion auf eine „fiktiv" festgestellte Eileiterschwangerschaft anlässlich des Wiedervorstellungstermins bzw. nach Überweisung in ein Krankenhaus wäre schlechterdings unverständlich und damit grob fehlerhaft (LG Nürnberg-Fürth, Urt. v. 8. 1. 2008 – 11 O 8426/05, GesR 2008, 297; vgl. auch OLG Brandenburg, Urt. v. 18. 6. 2009 – 12 U 216/08, juris, Nr. 4–6 sowie OLG Köln, Urt. v. 20.7. 2011 – 5 U 206/07, VersR 2012, 109, 110).

Kein (ggf. privilegierender) Diagnoseirrtum, sondern ein Behandlungsfehler in   U 176
Form der unterlassenen Befunderhebung liegt vor, wenn ein Gynäkologe zunächst die vertretbare Diagnose des Vorliegens einer „gestörten intrauterinen Schwangerschaft" stellt, wenn gleichzeitig **klassische Symptome einer extrauterinen Gravidität (Eileiterschwangerschaft)**, vorliegen, etwa ein positiver Schwangerschaftstest, eine irreguläre vaginale Schmierblutung und ein Unterbauchschmerz. Dann muss eine weitergehende Abklärung durch Bestimmung des Beta-HCG-Wertes erfolgen. Ist es „hinreichend wahrscheinlich", dass bei der Bestimmung des Beta-HCG-Wertes der **Verdacht auf das Vorliegen einer Eileiterschwangerschaft** bestätigt bzw. erhärtet worden wäre, wäre es auch grob fehlerhaft, eine weitere Kontrolle und nachfolgend eine Abortkurettage zu unterlas-

sen (OLG Brandenburg, Urt. v. 18.6. 2009 – 12 U 213/08, OLGR 2009, 694, 696 = juris, Nr. 4–6: Als Schmerzensgeld für die verspätete Enferntung des Eileiters 4000 Euro ausgeurteilt).

U 177 Es stellt sogar einen **„groben Behandlungsfehler"** dar, wenn bei zwingenden Hinweisen auf das Bestehen einer extrauterinen Schwangerschaft lediglich eine Ausschabung der Gebärmutter vorgenommen wird und weder eine Bauchspiegelung noch eine regelmäßige Beta-HCG-Kontrolle erfolgt. Es ist jedoch **„äußerst unwahrscheinlich"**, dass die **Schädigung des Harnleiters** der Patientin im Rahmen einer durchgeführten Laparoskopie mit Ablösung von Verwachsungen zwischen Beckenrand und dem rechten Eierstock auf einen vorangegangenen groben Behandlungsfehler in Form der Unterlassung regelmäßiger Beta-HCG-Kontrollen mit der Folge einer Verzögerung des vorgenommenen Eingriffs zurückzuführen ist, wenn die Verwachsungen mit hoher Wahrscheinlichkeit auf die bei der Patientin anamnestisch bekannte Endometriose bzw. durchgemachte Eierstockentzündungen zurückzuführen sind (OLG Köln, Urt. v. 20. 7. 2011 – 5 U 206/07, VersR 2012, 109, 110).

U 178 **Unterlassene Fruchtwasseruntersuchung** (vgl. hierzu → *Früherkennung, fehlerhafte pränatale Diagnostik*, Rz. F 41 ff.)

Unterlässt es der behandelnde Gynäkologe, bei einer schwangeren, bisher kinderlosen 46-jährigen Patientin eine Fruchtwasseruntersuchung durchzuführen bzw. durchführen zu lassen, liegt (zumindest) ein einfacher Behandlungsfehler vor. Bei Durchführung der **Fruchtwasseruntersuchung in der 24. Schwangerschaftswoche** hätte sich mit hinreichender Wahrscheinlichkeit ein deutlicher Hinweis auf eine „Trisomie 21" (Vorhandensein überzähliger Chromosomen – Zeichen eines vorliegenden Mongolismus) ergeben, so dass sich dessen Verkennung als fundamental und/oder die Nichtreaktion durch Empfehlung einer (bei vorliegenden Voraussetzungen, vgl. Rz. F 68 ff., G 77 ff., S 204 ff.) zulässigen Abtreibung als grob fehlerhaft dargestellt hätte (BGH, VersR 1999, 1241, 1244 = NJW 1999, 2731, 2733). Kann der Arzt nicht beweisen, dass es auch bei Durchführung der Fruchtwasseruntersuchung zur Geburt eines mongoloiden Kindes gekommen wäre, so hat er den hierdurch veranlassten, vollen Unterhaltsschaden zu tragen (BGH, VersR 1984, 186; G/G, 6. Aufl., Rz. B 169, 175).

U 179 **Unterlassene Blutuntersuchung beim Verdacht einer Rötelninfektion während der Schwangerschaft**

Versäumt es der Gynäkologe, zur Abklärung eines Rötelninfektionsrisikos einer Schwangeren die erforderlichen (im vorliegenden Fall vier) Blutproben zu entnehmen und labordiagnostisch auf **Röteln-Antikörper** untersuchen zu lassen oder kommt es aufgrund eines Organisationsfehlers in der Praxis des Gynäkologen zur **Verwechslung einer abgegebenen (im entschiedenen Fall dritten) Blutprobe**, liegt hierin bereits ein grober Behandlungsfehler (OLG Karlsruhe, Urt. v. 20. 6. 2001 – 13 U 70/00, VersR 2002, 1426, 1427). Wäre bei rechtzeitig entnommener Blutprobe die vorliegende Rötelninfektion mit hinreichender Wahrscheinlichkeit erkannt worden, so hätte sich die Nichtreaktion – Verabreichung einer Antibiose bzw. Abbruch der Schwangerschaft – als grob fehlerhaft dargestellt (OLG Karlsruhe a.a.O.). Allerdings ist in derartigen Fällen zu beachten,

dass der Rechtswidrigkeitszusammenhang entfällt, wenn ein Schwangerschaftsabbruch nach § 218a I, II StGB nach Ablauf der 12-Wochen-Frist bzw. bei fehlender Unzumutbarkeit für die Mutter nicht rechtmäßig wäre (vgl. hierzu → *Früherkennung, fehlerhafte pränatale Diagnostik,* Rz. F 41 ff.).

Mikroblutuntersuchung und daraufhin gebotene Sectio unterlassen (vgl. auch   U 180
Rz. U 64, U 239)

Schreibt das CTG tachykarde (Herzrhythmusstörungen mit über 100 Schlägen
pro Minute) und nur eingeschränkt vitale Herztöne und wird der Abgang von
grünem Schleim festgestellt, ist die unverzügliche **Durchführung einer Mikroblutuntersuchung** medizinisch geboten. Ist es hinreichend wahrscheinlich, dass
sich dabei ein pathologischer pH-Wert (weniger als 7,20) ergeben hätte, wäre es
grob fehlerhaft, hierauf nicht mit der Durchführung einer noch möglichen Sectio
nach entsprechender Aufklärung der Mutter zu reagieren (OLG Karlsruhe, Urt.
v. 15. 8. 2001 – 7 U 129/99, AHRS III, 6750/300 und 2500/317: weniger als 7,37;
auch OLG Oldenburg, Urt. v. 28. 5. 2008 – 5 U 28/06, juris, Nr. 23, 24: medizinisch gebotene Mikroblutuntersuchung hätte mit hinreichender Wahrscheinlichkeit pH-Wert von weniger als 7,20 erbracht).

Unterlassene Blutgasanalyse, verzögerte Einleitung der Geburt nach CTG-Ab-   U 181
fall, Ausfall eines Messgerätes

Zeigt das CTG über zwei Stunden mehrmals **kritische Abfälle der Herzfrequenz**
des Kindes (hier: ab 19.00 Uhr mit kritischer Zunahme ab 21.00 Uhr) und versäumt der geburtsleitende Assistenzarzt eine **Blutgasanalyse,** die dann erst nach
der Geburt erfolgt, sowie die rasche Einleitung der Geburt (hier: erst um
22.35 Uhr durch den um 22.00 Uhr herbeigerufenen Oberarzt), liegt ein **grober**
Behandlungsfehler vor (OLG Koblenz, Urt. v. 3. 5. 2007 – 5 U 567/05, GesR 2007,
591). Der **Ausfall eines Messgeräts** (hier: zur Messung des pH-Wertes) kann dem
Arzt nicht zugerechnet werden, solange kein Anhalt besteht, dass der Schaden
absehbar oder erkennbar war. Der Ausfall des Geräts führt aber entsprechend
der Rechtslage bei Dokumentationsmängeln zu Beweiserleichterungen zugunsten des Patienten. Bis zum Beweis des Gegenteils ist deshalb von der schlüssigen
Behauptung des Patienten auszugehen, dass sich bei einer **durchgeführten Mes-**
sung eine pränatale Sauerstoffunterversorgung als reaktionspflichtiges Ergebnis
herausgestellt hätte (OLG Koblenz, Urt. v. 3. 5. 2007 – 5 U 567/05, GesR 2007,
591, 593).

CTG-Streifen fehlt; Untätigkeit bei der Geburt über mehr als 5 Minuten   U 182

Dem mit schweren Behinderungen geborenen Kind kommt eine Beweislastumkehr hinsichtlich der Kausalität zwischen dem (aufgrund fehlender Dokumentation anzunehmenden) Behandlungsfehler und dem eingetretenen Gesundheitsschaden zugute, wenn ein während der Entbindung gefertigter **CTG-Streifen ab-**
handen gekommen ist und dieser mit mindestens 50%iger Wahrscheinlichkeit
ein reaktionspflichtiges Ergebnis gezeigt hätte (hier: Sauerstoffunterversorgung
bzw. Bradykardie).

Eine (aufgrund des Fehlens des CTG-Streifens zu unterstellende) Untätigkeit
über einen Zeitraum von mehr als 5 Minuten nach (fiktiver) Entdeckung der Bra-

dykardie bzw. des Sauerstoffmangels anstatt der sofortigen Einleitung bei „stecken gebliebener" Geburt bzw. der sofortigen Sectio bei noch nicht eingeleiteter, vaginaler Geburt wäre nicht anders als durch einen groben Behandlungsfehler zu erklären (OLG Celle, Urt. v. 26.3. 2007 – 1 U 51/04 mit NZB BGH v. 3. 6. 2008 – VI ZR 113/07, AHRS III, 6590/355).

U 183 **Unterlassene Sonographie bei einer Risikoschwangerschaft**

Bei einer **Risikoschwangerschaft** liegen die Voraussetzungen einer Beweislastumkehr aus dem Gesichtspunkt der unterlassenen Befunderhebung vor, wenn der behandelnde Gynäkologe nach der in der 31. SSW erfolgten Ultraschalluntersuchung in den folgenden acht Wochen keine sonografischen Untersuchungen vornimmt und auch keine weiteren diagnostischen Maßnahmen veranlasst und wenn eine nach Feststellung eines niedrigen BIP-Wertes und eines Entwicklungsrückstandes gebotene Sonographie nach zwei Wochen, spätestens aber nach vier Wochen mit Wahrscheinlichkeit deutliche Hinweise auf eine Unterversorgung und Entwicklungsstörung des Feten gegeben und man bei einer Klinikeinweisung die drohende Schädigung erkannt hätte (OLG Braunschweig, Urt. v. 1. 3. 2001 – 2 U 24/00).

U 184 **Lackmustest und Spekulumuntersuchung bei vorzeitigem Blasensprung unterlassen**

Nimmt ein Gynäkologe trotz der auf einen **vorzeitigen Blasensprung** hindeutenden Angaben der Schwangeren **keine ausreichenden Untersuchungen, etwa einen Lackmustest und/oder eine Spekulumuntersuchung** vor, fordert er die Schwangere nicht einmal zu einer kurzfristigen Kontrolluntersuchung auf, so kommen dem mit cerebralen Krampfanfällen und geistigen Behinderungen zur Welt gekommenen Kind hinsichtlich der Kausalität dieses Fehlverhaltens für den bei ihm eingetretenen Gesundheitsschaden Beweiserleichterungen (jetzt: eine Beweislastumkehr) sowohl wegen mangelhafter Befunderhebung und Befundsicherung als auch aus dem Gesichtspunkt eines groben Behandlungsfehlers zugute (OLG Stuttgart, Urt. v. 2. 2. 1999 – 14 U 4/98, VersR 2000, 362). In der unterlassenen Krankenhauseinweisung trotz nicht sicher ausgeschlossenen Fruchtwasserabgangs liegt ein grober Behandlungsfehler (OLG Stuttgart, VersR 2000, 362, 365).

U 185 – U 187 Einstweilen frei.

h) **Neonatologie; Meningitis, Labor- und Blutzuckerkontrollen, Hinzuziehung eines Facharztes, Pädiaters, Augenarztes unterlassen**

U 188 **Unterlassene engmaschige Beobachtung eines Neugeborenen und unterlassene Hinzuziehung eines Pädiaters**

Wenn nach der Geburt ein erhöhtes Risiko hinsichtlich einer Neugeboreneninfektion besteht, und zwar weil es zu einer leicht stöhnenden Atmung des Kindes gekommen ist, ist innerhalb der ersten 48 Stunden eine engmaschige klinische Kontrolle des Neugeborenen mit **Überwachung** der **Atemfrequenz** und des **Pulses** im Abstand von **15 bis maximal 30 Minuten** durch eine kompetente Fachkraft erforderlich. Dauert der auffällige Zustand, das Stöhnen, mehr als fünf Minuten, muss ein Pädiater gerufen werden, damit dieser die Ursache der gestörten Atmung klären und ggf. erforderliche ärztliche Maßnahmen ergreifen kann. Wird bei einem solchen auffälligen Befund die **regelmäßige klinische Kontrolle und die Hinzuziehung eines Pädiaters unterlassen, liegt ein grober Behandlungsfehler vor** (OLG Stuttgart, Urt. v. 4. 1. 2000 – 14 U 31/98, AHRS III, 1958/300).

Laboruntersuchungen bei Verdacht auf Sepsis unterlassen   U 189

Werden bei einem Neugeborenen trotz gegebener Symptome, insbesondere bei Fieber, die auf eine beginnende Sepsis hindeuten, geeignete Untersuchungen (Laboruntersuchungen, Blutbild, CRP-Wert, Leukozyten) unterlassen, greift eine Beweislastumkehr ein, wenn der Sachverständige ausführt, bei einer um 24 Stunden früher durchgeführten Laboruntersuchung hätten sich mit einer Wahrscheinlichkeit von mehr als 50 % Entzündungsparameter gezeigt, die eine sofortige Antibiotika-Behandlung medizinisch zwingend erforderlich gemacht hätten (OLG Köln, Urt. v. 18.1. 2006 – 5 U 178/04, AHRS III, 6562/349).

Unterlassene Blutzuckerkontrollen bei mangelgeborenem Kind   U 190

Bei mangelgeborenen Kindern, namentlich bei **Zwillingen** und erst recht bei einem erheblichen Minderwachstum des diskordanten dystrophen Zwillings, ist das Risiko einer **kritischen Unterzuckerung** (Hypoglykämie) erhöht und mit etwa 50 % anzusetzen.

Wird ein solches Kind nach der Geburt **nicht in fachgerechte neonatologische**   U 191
Betreuung übergeben und in der geburtshilflichen Abteilung belassen, so muss dessen ordnungsgemäße Behandlung dort organisatorisch und fachlich sichergestellt sein. Insbesondere muss gewährleistet werden, dass die **erforderlichen Blutzuckerkontrollen erfolgen und Glukosegaben bereitstehen**, um eine Blutunterzuckerung rechtzeitig erkennen und umgehend behandeln zu können. Fehlt es hieran, begründet schon dies einen groben Behandlungsfehler (OLG Koblenz, Urt. v. 5. 7. 2004 – 12 U 572/97, NJW 2005, 1200 = VersR 2005, 1738, 1739).

In einem derartigen Fall kommt es daneben zu einer **Umkehr der Beweislast** zu-   U 192
gunsten des Kindes aus dem Gesichtspunkt der „unterlassenen Befunderhebung", wenn die in solchen Fällen **gebotene Blutzuckerkontrolle mit mehr als 50%iger Wahrscheinlichkeit ein reaktionspflichtiges positives Ergebnis** – vorliegend einen Blutzuckerwert von weniger als 50 mg % – gezeigt hätte und wenn sich die Verkennung des Bundes – was für den vorliegenden Fall bejaht wurde – als fundamental oder die Nichtreaktion hierauf als grob fehlerhaft darstellen würde (OLG Koblenz, Urt. v. 5. 7. 2004 – 12 U 572/97, NJW 2005, 1200, 1202 = VersR 2005, 1738, 1740). Im entschiedenen Fall hat das OLG Koblenz sowohl wegen des „groben Behandlungsfehlers" als auch der „unterlassenen Befunderhebung" eine Beweislastumkehr für die Frage des Kausalzusammenhangs zwischen dem festgestellten (sogar groben) Behandlungsfehler und dem Eintritt des Gesundheitsschadens bei dem Kind in Form einer Dystrophie (Mangelentwicklung) und neurologischen Auffälligkeiten mit nachfolgender schwerer Hirnschädigung und einer Halbseitenblindheit bejaht.

U 193 **Leitsymptom für Meningitis von Krankenschwester verkannt, Arzt nicht informiert; Verlegung in Kinderklinik unterlassen**

Stellt die Krankenschwester einer Neugeborenenstation eine **auffällige Unruhe und Schreckhaftigkeit** (hier: als Leitsymptom für eine Infektion bzw. Meningitis) des knapp 40 Stunden alten Säuglings fest, muss sie **unverzüglich einen Arzt hinzuziehen.** Hätte sich daraufhin mit hinreichender Wahrscheinlichkeit ein reaktionspflichtiger Befund ergeben, nämlich ein **Infektionssyndrom bzw. der Verdacht auf eine sich entwickelnde Meningitis**, wäre es grob fehlerhaft, von einer sofortigen Verlegung in eine Kinderklinik bzw. eine neonatologische Intensivstation abzusehen (OLG Koblenz, Urt. v. 30. 10. 2008 – 5 U 576/07, OLGR 2009, 97, 99 f. = GesR 2009, 34, 36). Zeigt ein ca. 40 Stunden altes Kind ein signifikantes **Leitsymptom für eine schwere Infektion**, etwa eine auffällige Unruhe und Schreckhaftigkeit und/oder ein „Sonnenuntergangsphänomen" und beabsichtigt die diensthabende Ober- oder Assistenzärztin eine **sofortige Verlegung in eine Kinderklinik**, ist es zudem grob fehlerhaft, wenn ein anderer Arzt (hier: Chefarzt) anordnet, das Kind „zur Beruhigung" der Mutter anzulegen, wodurch die geplante Verlegung um ca. 45 Minuten verzögert wird (OLG Koblenz, Urt. v. 30. 10. 2008 – 5 U 576/07, GesR 2009, 34, 36/37).

U 194 **Unverzügliche Überweisung eines Kindes an den Augenarzt unterlassen**

Stellt ein Kinderarzt anlässlich der **Vorsorgeuntersuchung U 5 ein „Schielen" des Kindes** fest, ist es grob fehlerhaft, das Kind nicht allerspätestens im Verlauf einer Woche einer augenärztlichen Untersuchung zuzuführen. Denn es gehört zum Grundwissen eines jeden Kinderarztes, dass **das Schielen eines Kleinkindes im Alter von drei bis sieben Monaten stets behandlungsbedürftig** ist, weil es ein Symptom für verschiedene ernstzunehmende Augenerkrankungen, insbesondere ein Leitsymptom für ein – im entschiedenen Fall vorliegendes – Retinoblastom (meist beidseitiger, bösartiger Netzhauttumor) sein kann. Führt der vom Gericht beauftragte Sachverständige aus, die umgehende Überweisung an den Augenarzt sei medizinisch geboten gewesen, ein Augenarzt hätte mit Sicherheit ein Schielen festgestellt und deshalb den Augenhintergrund untersucht, wobei ihm die in beiden Augen befindlichen „Tumorinseln" (als Zeichen eines Retinoblastoms an beiden Augen) nicht verborgen geblieben wären, wäre es schlechterdings unverständlich gewesen, den Patienten daraufhin nicht innerhalb eines Tages zur Operation an eine entsprechende augenärztliche Klinik weiter zu überweisen (OLG Karlsruhe, Urt. v. 14. 11. 2007 – 7 U 251/06, VersR 2008, 545, 546, das auch einen „groben Behandlungsfehler" annimmt).

U 195 **Unterlassene Untersuchung des Augenhintergrundes bei Neugeborenem** (zur unterlassenen Erhebung augenärztlicher Befunde siehe auch unten Rz. U 212, U 297)

Ein hinzugezogener Augenarzt hat bei jeder Kontrolluntersuchung eines Neugeborenen im Hinblick auf die Gefahr einer **Frühgeborenen-Retinopathie** dafür zu sorgen, dass er den Augenhintergrund immer ausreichend einsehen kann. Ist ihm dies nicht möglich, hat er dafür zu sogen, dass innerhalb von 14 Tagen andernorts eine **detaillierte Beurteilung der äußeren Netzhaut** durchgeführt wird. Bei pflichtgemäßer Abklärung hätte sich im entschiedenen Fall mit hinreichender Wahrscheinlichkeit ein reaktionspflichtiger Befund in der Form einer behandlungsbedürftigen Retinopathie gezeigt. Die Unterlassung einer solchen Behandlung wäre grob fehlerhaft (OLG Nürnberg, Urt. v. 24. 6. 2005 – 5 U 1046/04, OLGR 2006, 10, 11 = MedR 2006, 178, 180 f.).

Sauerstoffunterversorgung des Kindes bei suspektem Fruchtwasser   U 196

Der nach einer Spontangeburt nach **Blasensprung und fötide riechendem Fruchtwasser** hinzugezogene Neuropädiater hat die von ihm getroffenen Maßnahmen **zu dokumentieren**, insbesondere Beschreibung der Pulshöhe und Pulsqualität, der gemessenen Körpertemperatur, Bewegungen und reflektorische Erregbarkeit des Kindes, Durchführung und Erfolg einer Intubation, die Beatmungsparameter nach erfolgreicher Intubation, bei der Intubation auftretende Schwierigkeiten, die nach einem Fehlschlag der Intubation getroffenen Maßnahmen, insbesondere getroffene Ersatzmaßnahmen zur Sicherung bzw. Aufrechterhaltung der Atemfunktionen sowie die Vitalfunktionen des Kindes im Zeitraum der Durchführung dieser Maßnahmen.

Sind diese Maßnahmen und Umstände **nicht dokumentiert** und können sie später im Prozess auch von den als Zeugen vernommenen Krankenschwestern und Pflegern nicht bestätigt werden, wird vermutet, dass sie vom Pädiater nicht getroffen worden sind. Es ist dann davon auszugehen, dass der Kinderarzt es schuldhaft unterlassen hat, die medizinisch gebotenen Befunde zu erheben. Bezeichnet es der vom Gericht hinzugezogene Sachverständige als **hinreichend wahrscheinlich** (hier: „mit hoher Wahrscheinlichkeit"), dass sich bei der Erhebung gebotener Befunde eine **Sauerstoffunterversorgung des Kindes** herausgestellt hätte, stellt sich die Unterlassung der dann erforderlichen Maßnahmen zur Behebung der Mangelversorgung als grob fehlerhaft dar (OLG Nürnberg, Urt. v. 30. 4. 2001 – 5 U 1239/98, AHRS III, 2030/308).

Unterlassene Kontrollsonografie der Hüfte eines Kleinkindes   U 197

Wird die **linke Hüfte** eines Kleinkindes nach der Geburt als „grenzwertig" eingestuft und ergeben die nachfolgenden Messungen des Winkels Alpha problematische Werte, ist die **Durchführung von Kontrollsonografien** zwingend geboten. In der Hüftsonografie bei einem Kleinkind müssen dabei alle drei Punkte, die sogenannten Landmarken des Labrum acetabulare, dargestellt werden. Hätte sich bei korrekter Durchführung einer solchen Hüftsonografie die sich anbahnende Subluxation mit hinreichender (hier: mit an Sicherheit grenzender) Wahrscheinlichkeit gezeigt und hätte sich durch ein sogenanntes **verstärktes Breitwickeln** mit einer festen Schaumstoffeinlage voraussichtlich sogar eine Restitutio ad integrum erreichen lassen, wobei sich das Unterlassen eines solchen „Breitwickelns" als grob fehlerhaft dargestellt hätte, kommt dem Kind eine Beweislastumkehr hinsichtlich des Kausalzusammenhangs zwischen dem Unterlassen einer korrekten Sonographie und dem Gesundheitsschaden zugute (OLG Hamm, Urt. v. 6. 2. 2002 – 3 U 238/00, VersR 2003, 116).

Unterlassene Diagnostik bei „Wasserkopf"   U 198

Ein Kinderarzt begeht einen – sogar groben – Behandlungsfehler, wenn er bei den **Vorsorgeuntersuchungen U 6 und U 7 eines Kleinkindes einen auffallend großen Kopfumfang** feststellt und es unterlässt, weitere diagnostische Schritte einzulei-

ten. Hätte die von ihm unterlassene Abklärung der Ursachen des großen Kopf-
umfanges des Kindes mit hoher Wahrscheinlichkeit einen gravierenden Befund
– das Vorliegen eines Hydrocephalus („Wasserkopf") – ergeben und wäre es daraufhin fundamental fehlerhaft gewesen, diesen Befund zu verkennen oder nicht
hierauf zu reagieren, so muss sich der Arzt hinsichtlich der Kausalität seines Behandlungsfehlers für den Eintritt eines irreversiblen Hirnschadens entlasten
(OLG Oldenburg, VersR 1999, 1423, 1424).

i) Zahnmedizin; unterlassene Röntgenaufnahme, Zahnverlust

U 199   Wenn ein Patient nach einer Wurzelkanalbehandlung über **anhaltende Schmerzen im Bereich der behandelten Zähne** (hier: 36 und 46) klagt, ist es spätestens
nach Ablauf von ca. zwei Wochen geboten, eine **Röntgenkontrolle** zum Ausschluss einer Wurzelkanalentzündung durchzuführen. Ist es nach den Ausführungen des Sachverständigen „hinreichend wahrscheinlich" (hier: Wahrscheinlichkeit von ca. 90 %), dass sich dabei eine Entzündung gezeigt hätte, wäre es
grob fehlerhaft, hierauf nicht mit einer Reinigung der Wurzelkanäle und ggf.
mit einer Wurzelspitzenresektion zu reagieren.

Der Zahnarzt hat dann zu beweisen, dass die beiden Zähne auch bei Durchführung der Röntgenuntersuchung nicht erhalten worden wären bzw. dass deren **Erhalt „äußerst unwahrscheinlich"** gewesen wäre. Dieser Beweis ist nicht geführt,
wenn die Wahrscheinlichkeit der Zahnerhaltung dann sogar bei ca. 65 % gelegen hätte (OLG Köln, Urt. v. 1. 3. 2006 – 5 U 148/04, AHRS III, 6590/342).

U 200   Einstweilen frei.

2. Beweislastumkehr verneint

a) Chirurgie, Radiologie; Verkennung von Befunden, Röntgen, CT/MRT, Hinzuziehung eines Orthopäden unterlassen

U 201   **Diagnoseirrtum und unterlassene Befunderhebung; Fehlinterpretation eines
Röntgenbildes, „Verkippung" von Handwurzelknochen nicht erkannt** (zur ver-
kannten Fraktur vgl. auch Rz. D 22c ff., D 58 ff., G 362 ff., G 372 ff., U 30 ff.,
U 100 ff.)

Hat ein Unfallchirurg Röntgenaufnahmen der Hand bzw. Handwurzel in insgesamt vier Ebenen durchgeführt und auf den Bildern nicht erkannt, dass im
Bereich von Mondbein/Kahnbein eine „Verkippung" der Handwurzelknochen
vorlag bzw. Verdachtsanzeichen für einen Bandschaden im Bereich des Kahn-
beins/Mondbeins übersehen und lediglich eine Distorsion (Verstauchung) diagnostiziert, liegt nur ein **einfacher Diagnosefehler, kein „fundamentaler Diagnoseirrtum"** vor, selbst wenn auf den Röntgenbildern eine deutliche Horizontalisierung des Kahnbeins mit einem scapholunären Winkel von nahezu 80°, eine
leichte Verkippung des Mondbeins nach beugeseitig sowie eine Verbreiterung
des Spalts zwischen Mondbein und Kahnbein objektiv erkennbar ist, der vom
Gericht beauftragte Sachverständige das Vorliegen eines „schwerwiegenden Fehlers" verneint und die Diagnose als „schwierig" bezeichnet, weil die Handwurzelknochen miteinander artikulierten und für die Beurteilung des Röntgenbildes

erhebliche Spezialkenntnisse erforderlich sind (OLG München, Urt. v. 12. 4. 2007 – 1 U 2267/04 mit NZB BGH v. 19. 2. 2008 – VI ZR 138/07, AHRS III, 1876/326 = juris, Nr. 84, 100, 101, 102, 114, 130, 131). Hat der Arzt **lediglich eine falsche Diagnose gestellt** (hier: einfacher, vorwerfbarer Diagnoseirrtum) und deshalb bestimmte Befunde nicht erhoben, kann ihm die aufgrund der unrichtigen Diagnose unterlassene Befunderhebung nicht zur Last gelegt werden (OLG München a. a. O., juris, Nr. 106, 107). Eine Beweislastumkehr unter dem Gesichtspunkt einer „unterlassenen Befunderhebung" scheidet auch deshalb aus, wenn der gerichtlich bestellte Sachverständige ausführt, dass sich die **Anfertigung vergleichender Röntgenaufnahmen** beim zweiten Behandlungstermin angeboten hätte, er die Frage nach einer „**eindeutig gebotenen Befunderhebung**" jedoch verneint (OLG München, Urt. v. 12. 4. 2007 – 1 U 2267/04, juris, Nr. 142, 143, 148 = AHRS III, 1876/326; Anm.: ein grober Behandlungsfehler hätte dagegen bejaht werden müssen, wenn der Sachverständige entweder die Fehlinterpretation des Röntgenbildes als „fundamentalen Diagnoseirrtum" bewertet oder die Anfertigung weiterer Röntgenaufnahmen bzw. eines CT als zwingend bzw. eindeutig geboten bezeichnet hätte).

Führt der Sachverständige aus, bei rechtzeitiger, zutreffender Diagnose wäre ein besseres Ergebnis und die Vermeidung des eingetretenen „Morbus Sudeck (CRPS)" nur in einem mehr oder minder hohen Grad wahrscheinlich gewesen, falls man das Band noch hätte nähen können, man könnte „bei einem Nähen der Bänder in rd. **80 % aller Fälle** wieder einen stabilen Zustand herstellen", ist der vom Patienten gem. § 286 ZPO zu führende Beweis nicht erbracht. Denn bei Bandverletzungen kann es trotz sofortiger Operation bei kunstgerechtem Vorgehen zu unbefriedigenden Verläufen kommen (OLG München, Urt. v. 12. 4. 2007 – 1 U 2267/04, juris, Nr. 124).

BWK-Fraktur bei Mehrfachverletztem verkannt, CT unterlassen   U 201a

Bei fehlenden Anhaltspunkten anlässlich der klinischen Untersuchung eines nach einem Motorradunfall Mehrfachverletzten (hier: retrograde Amnesie, hirnorganisches Psychosyndrom, unspezifische Schmerzen außerhalb der BWS/HWS) stellt das **Übersehen einer Brustwirbelkörperfraktur auf einem Röntgenbild**, das primär der Abklärung der inneren Organe dienen soll, einen nicht als Behandlungsfehler (im Sinne eines vorwerfbaren Diagnoseirrtums bzw. einer unterlassenen Befunderhebung) zu qualifizierenden, **einfachen Diagnoseirrtum** dar (hier: Hinweise auf eine BWS-Verletzung waren auf dem Röntgenbild aus ex-ante-Betrachtung nicht sicher erkennbar; OLG Naumburg, Urt. v. 31. 5. 2012 – 1 U 97/11, GesR 2013, 149; vgl. zu verkannten Frakturen auch Rz. D 22c ff., D 24h, U 206).

Spondylarthropathie diagnostiziert, CT unterlassen, Spinalkanalstenose ver-   U 202
kannt; keine unterlassene Befunderhebung bei vermeintlich gesicherter Diag-
nose

Die **Diagnose einer undifferenzierten Spondylarthropathie** (entzündlich-rheumatische Erkrankung mit Veränderungen, vorliegend der Wirbelsäule) als Frühform des Morbus Bechterew (chronisch entzündlich-rheumatische Erkrankung des Achsenskeletts, insbesondere der Wirbelsäule, der Iliosakralgelenke, der Schambeinfugen und kleiner Wirbelgelenke, der Extremitätengelenke und Sehnenansätze) ist ohne radiologische Zusatzuntersuchungen (CT, MRT) allein aufgrund der für die Erkrankung typischen Symptome zu stellen, also insbesondere einer festgestellten Veränderung der sogenannten Kreuz-Darmbeingelenke, typischen, nächtlich betonten Rückenschmerzen, Vorliegen des Zelloberflächenmarkers HLA-B-27 (positiv) und einer periphären Arthritis (entzündliche Gelenkerkrankung). Nach einer solchen, auch anhand einer durchgeführten Skelettszintigraphie durch den Internisten gestellten Diagnose kann nur eine erhebliche Veränderung der Schmerzsymptomatik Anlass zu neuen differentialdiagnostischen Erwägungen und zu **weiterführenden Untersuchungen mittels CT und MRT** sein (OLG Düsseldorf, Urt. v. 11. 3. 2004 – I-8 U 102/02, AHRS III, 2020/300).

Ist sich der behandelnde Facharzt (hier: Internist und Rheumatologe) seiner **Diagnose, einer undifferenzierten Spondylarthropathie sicher, stellt es keinen Behandlungsfehler, etwa in Form der „unterlassenen Befunderhebung"** dar, wenn die im Verlauf der Behandlung auftretende Schmerzsymptomatik die gestellte Diagnose sogar stützt, dieser jedenfalls nichts entgegensteht und die weiterhin in sich stimmige Diagnostik keinen medizinisch gerechtfertigten Grund ergibt, differential-diagnostisch dem **Verdacht auf eine Spinalkanalstenose** nachzugehen, selbst wenn ein tatsächlich vorliegender intraspinaler Tumor, der den gesamten Spinalkanal ausfüllt, bei Veranlassung eines CT oder MRT **mit hinreichender Wahrscheinlichkeit erkannt** worden wäre (vom OLG Düsseldorf, Urt. v. 11. 3. 2004 – I-8 U 102/02, AHRS III, 2020/300, S. 6, offengelassen).

U 203 **Unterlassene CT-Aufnahme nach Schwächeanfall; Hirnblutung verkannt**

Es liegt **kein Behandlungsfehler** in der Form einer unterlassenen Befunderhebung vor, wenn bei einer Patientin, die bei einem Spaziergang einen Schwächeanfall erlitten hatte und **auf die rechte Körperhälfte und den Kopf gestürzt war, kein CT angefertigt** wird, nachdem nur eine Prellung der rechten Schulter, ein beginnendes Monokelhämatom, eine Prellung des Jochbogens rechts und eine retrograde Amnesie diagnostiziert worden ist, Röntgenaufnahmen keinen Frakturnachweis ergaben und die klinische Untersuchung unauffällig, insbesondere das Bewußtsein klar, Pupillen und Reakionen ohne Befund waren.

Im Übrigen ist es **nicht „hinreichend wahrscheinlich"**, dass ein wenige Stunden nach dem Sturz angefertigtes CT Anhaltspunkte für das Vorliegen einer Hirnblutung bzw. eines subduralen Hämatoms ergibt bzw. im vorliegenden Fall ergeben hätte (OLG Hamm, Urt. v. 19.1. 2009 – I-3 U 13/08 mit NZB BGH v. 15. 6. 2010 – VI ZR 133/09, AHRS III, 1870/307).

Medizinischer Hintergrund: Eine **Hirnblutung**, ggf. mit Bildung eines intracerebralen Hämatoms, kann regelmäßig nur durch kraniales CT (nativ bzw. mit Kontrastmittel), CT-oder MRT-Angiografie nachgewiesen werden, wobei sich das Hämatom oftmals erst nach mehreren Stunden zeigt (Pschyrembel, 261. Aufl., S. 268 = 264. Aufl., S. 301; vgl. auch Rz. D 25 f. zur SAB).

Unterlassenes MRT, das keinen weiteren Befund erbracht hätte   U 204

Ein Behandlungsfehler liegt vor, wenn der behandelnde Chefarzt der chirurgischen Abteilung eines Krankenhauses nicht durch eine **Röntgenaufnahme oder
eine Kernspintomographie** abklären lässt, ob es über eine Weichteilinfektion
des Patienten durch Streptokokken und Staphylokokken hinaus zu einer **Beteiligung des Knochens** gekommen ist. Eine Beweislastumkehr für die Frage der
Kausalität zwischen diesem einfachen Behandlungsfehler und dem Eintritt des
Primärschadens beim Patienten in der Form einer später ausgebildeten Osteomyelitis (durch Keimeinschleppung entstandene Entzündung des Knochenmarks) scheidet jedoch aus, wenn sich eine solche reaktionspflichtige Osteomyelitis nach Durchführung einer Röntgen- oder Kernspintomographie **nicht als
wahrscheinliches Ergebnis** herausgestellt hätte, sondern – im Gegenteil – die
Histologie nach einer knapp ein Jahr später erforderlich gewordenen Amputation
des betroffenen Unterschenkels keinen Nachweis für eine Osteomyelitis ergibt
(OLG Stuttgart, Urt. v. 20. 3. 2001 – 14 U 41/99, OLGR 2002, 142, 145).

Unterlassene bzw. verzögerte Röntgen-Thorax-Aufnahme zur Feststellung einer   U 205
Lungenentzündung; Kausalität „äußerst unwahrscheinlich"

Wird ein geistig behinderter Patient mit schweren Symptomen, insbesondere einer **auffallenden Atmung, Verschleimung und erhöhten Entzündungsparame-
tern** in ein Krankenhaus eingeliefert, ist es geboten, umgehend eine **Röntgen-
Thorax-Aufnahme** zu veranlassen. Eine tatsächlich vorhandene Lungenentzündung ist mit diesen diagnostischen Maßnahmen aller Wahrscheinlichkeit nach
zu erkennen. Hierauf muss mit einer Antibiotikabehandlung, etwa mit der
Gabe von Augmentan reagiert werden. Das **Unterlassen einer solchen Antibiotikatherapie** wäre grob fehlerhaft. Stellt der vom Gericht beauftragte Sachverständige fest, dass die **Antibiotikagabe um drei bis vier Stunden verspätet** erfolgt ist,
aber es bei rechtzeitiger Gabe dennoch zu einer Verschlechterung der Erkrankung gekommen wäre, obwohl die Wirkung des Antibiotikums dann hätte einsetzen müssen, ist der Kausalzusammenhang zwischen der verzögerten bzw. unterlassenen Befunderhebung und dem wenige Stunden später einsetzenden Tod
des Patienten „äußerst unwahrscheinlich" (OLG Stuttgart, Urt. v. 12. 8. 2003 –
1 U 45/03, unveröffentlicht).

Bandverletzung im Sprunggelenk diagnostiziert, Mittelfußfraktur verkannt   U 206

Unterläuft dem Arzt ein **nicht als Behandlungsfehler vorwerfbarer (vertretbarer)
Diagnoseirrtum**, so ist der haftungsrechtliche Rückgriff auf eine hierauf beruhende, unterlassene Befunderhebung unzulässig (OLG München, Urt. v.
22. 3. 2012 – 1 U 1244/11, juris, Nr. 40; vgl. auch Rz. D 22c ff.).

Ein Behandlungsfehler durch **Unterlassen der Anfertigung weiterer Röntgenaufnahmen** (hier: des linken Mittel- und Vorderfußes der Patientin) liegt nicht vor,
wenn die Patientin angegeben hat, sie sei mit dem Fuß umgeknickt und hängengeblieben und hätte ein „Krachen" vernommen, woraufhin der Orthopäde das
Sprunggelenk und die Basis der Metatarsale V „o.B." geröntgt und eine **Bandverletzung im Sprunggelenk diagnostiziert, eine Mittelfußfraktur in Ermangelung
einer weiteren Röntgenaufnahme aber nicht festgestellt hat**, wenn der Sachverständige ausführt, der beklagte Orthopäde durfte anhand der Angaben der Patien-

tin, der Klinik und der gefertigten Röntgenbilder von den typischen Anzeichen einer Bandverletzung des oberen Sprunggelenkes ausgehen, wobei ein von der Patientin geschildertes „Krachen" sowohl mit einer Fraktur als auch mit einer Bänderverletzung vereinbar sei (OLG München, Urt. v. 22.3. 2012 – 1 U 1244/11, juris, Nr. 2, 35, 36, 38, 40).

U 207 **Konservative Behandlung bei einer Mittelfußfraktur, CT/MRT unterlassen**

Erleidet der Patient bei einem Sturz eine **Mittelfußfraktur** (Bruch des inneren Würfelbeines), so liegt kein Behandlungsfehler in Form eines vorwerfbaren Diagnoseirrtums oder einer unterlassenen Befunderhebung vor, wenn er mit einem Gipsschuh und Unterarmgehstützen versorgt und eine schmerzabhängige Teilmobilisation mit Hilfe von Unterarmgehstützen empfohlen und zunächst kein CT oder MRT angefertigt wird. Eine Beweislastumkehr wegen „unterlassener Befunderhebung" scheidet aus, wenn der behandelnde Unfallchirurg oder Orthopäde **nach einem Sturz des Patienten lediglich Röntgenbilder fertigt, auf denen zunächst keine Fraktur erkannt werden kann**, es im weiteren Verlauf aber **unterlässt, ein CT oder MRT zu erstellen**, auf dem die stattgehabte Mittelfußfraktur zwar mit hinreichender Wahrscheinlichkeit erkannt, aber dann gleichfalls mit der bereits eingeleiteten konservativen Therapie behandelt worden wäre (OLG München, Urt. v. 5. 11. 2009 – 1 U 3028/09, juris, Nr. 2, 28, vgl. aber Rz. U 82c–g).

Hinweis: Nach der Rechtsprechung des BGH (Urt. v. 7. 6. 2011 – VI ZR 87/10, VersR 2011, 1148 = NJW 2011, 2508 = MedR 2012, 249; Urt. v. 13.9. 2011 – VI ZR 144/10, VersR 2011, 1400 = NJW 2011, 3441), reicht es in der „dritten Stufe" der Rechtsfigur aus, dass sich **bereits die Verkennung** des hinreichend wahrscheinlichen Befundes als fundamental darstellen würde!

U 208 **Fehlerhafte Auswertung eines Röntgenbildes, Fraktur verkannt**

Eine Beweislastumkehr wegen „unterlassener Befunderhebung" scheidet aus, wenn zwar bei zutreffender Beurteilung eines Röntgenbildes eine Fraktur (hier: Sinterungsfraktur im Bereich des 12. BWK) diagnostiziert worden wäre, aber **auch dann keine Indikation für eine sofortige Operation** bestanden hätte und die fachgerechte Therapie auch dann in der Anordnung bzw. Fortführung einer konservativen Behandlung (hier: Schmerzmedikation, Schonung, Abwarten) mit Verlaufskontrolle bestanden hätte (OLG München, Urt. v. 10. 2. 2011 – 1 U 5066/09, juris, Nr. 53, 55; vgl. aber oben Rz. U 207, U 82c–g).

Eine Beweislastumkehr greift in einem solchen Fall auch deshalb nicht ein, wenn es **gänzlich unwahrscheinlich** gewesen wäre, dass sich der Zustand des Patienten bei früherer Erkennung der Fraktur (geringe Höhenminderung als Frakturzeichen mit nachfolgender CT-Untersuchung) anders entwickelt hätte, als es tatsächlich der Fall war, weil auch bei früherer Entdeckung eine konservative Behandlung (Schmerzmedikation, Schonung, zunächst Abwarten) mit Verlaufskontrolle erfolgt wäre (OLG München, Urt. v. 10.2. 2011 – 1 U 5066/09, juris, Nr. 54, 55, 57).

U 209 **CT bei Wirbelsäulenbeschwerden unterlassen**

Eine Beweislastumkehr wegen „unterlassener Befunderhebung greift nicht ein, wenn die Anfertigung eines CT anstatt einer Röntgenaufnahme bzw. eines

MRT bei persistierenden Wirbelsäulenbeschwerden zum gleichen Ergebnis, nämlich zur Durchführung einer konservativen Therapie, geführt hätte (OLG Karlsruhe, Urt. v. 21.5. 2008 – 7 U 166/07, AHRS III, 2090/316; vgl. aber Rz. U 82d–e, U 270).

Hinzuziehung eines Orthopäden und Fertigung eines MRT bei Verdacht auf Ge- U 210
lenkentzündung unterlassen

Beim Verdacht auf das Vorliegen einer Sakroilitis (infektiöses Geschehen im Bereich des Iliosakralgelenks) ist regelmäßig die Einschaltung eines Orthopäden erforderlich, der ggf. ein MRT zu veranlassen hat. Wird die **Hinzuziehung des Orthopäden und die Anfertigung einer Kernspintomographie unterlassen**, kommt eine Beweislastumkehr aus dem Gesichtspunkt der „unterlassenen Befunderhebung" jedoch nicht in Betracht, wenn der vom Gericht beauftragte Sachverständige es später als „**offen**" bezeichnet, ob sich die damals vorhandene Iliosakralarthritis sicher hätte verifizieren lassen. Bei der bloßen Verdachtsdiagnose einer Iliosakralarthritis ist es fehlerhaft, aber **nicht grob fehlerhaft**, von der Hinzuziehung eines Orthopäden, der Anfertigung eines MRT und einer sofortigen Antibiose abzusehen bzw. eine solche nicht weiterzuführen (OLG Saarbrücken, Urt. v. 21. 2. 2001 – 1 U 617/99-152, AHRS III, 1955/305).

Mikrobiologische Untersuchung bei starken Schmerzen unterlassen U 211

Sieht der behandelnde Chirurg oder Orthopäde (hier: in einer Reha-Klinik) von der **Entnahme eines Punktats zur mikrobiologischen Untersuchung** ab, liegt **weder ein Befunderhebungs- noch ein Diagnosefehler** vor, wenn nach der vorangegangenen Implantation einer Hüfttotalendoprothese **rückläufige CRP-Werte** (hier: von 289 mg/l auf 59 mg/l, Normwert bis 5 mg/l) und das **Verschließen der Wunde gegen einen manifesten Gelenkinfekt** sprechen und beklagte, starke Schmerzen des Patienten noch als Folge des Eingriffs und eines vorhandenen, nicht überwärmten Hämatoms gedeutet werden konnten. **Labormäßige Untersuchungen** sind zwar auch in einem derartigen Fall in Universitätskliniken üblich, in Arztpraxen (und vorliegend in einer Reha-Klinik) aber **nur bei Verdacht auf das Vorliegen einer Infektion** erforderlich (OLG München, Urt. v. 19.7. 2012 – 1 U 4791/11, juris, Nr. 61, 63, 65). Eine Beweislastumkehr wegen unterlassener Befunderhebung scheidet auch dann aus, wenn der Sachverständige ausführt, es sei **offen, ob die Untersuchung eines Punktats aus dem Hämatom das Vorliegen einer bakteriellen Infektion ergeben hätte** (OLG München, Urt. v. 19.7. 2012 – 1 U 4791/11, juris, Nr. 66, 68).

Einstweilen frei. U 212 – U 215

b) Gynäkologie, Radiologie; Mammografie, Biopsie unterlassen u. a.

Mammografie oder Probeexcision bei Krebsvorsorgeuntersuchung unterlassen U 216
(zur Mammographie bzw. Probeexcision vgl. auch Rz. D 77, D 151 f., G 390 ff., G 484 ff., G 570 ff., G 577 ff., G 812 ff., G 857 ff.; zur S3-Leitlinie G 577b)

Eine **Mammografie** zur Krebsvorsorgeuntersuchung war – nach dem Erkenntnisstand im Jahr 1999 – für Patientinnen zwischen dem 40. und 49. Lebensjahr – nur veranlasst, wenn **einschlägige Risikofaktoren** wie z.B. ein Mamma- oder

Ovarialkarzinom der Mutter oder Großmutter vorgelegen haben. Das Vorliegen eines Magen- und eines Uteruskarzinoms in der Familienanamnese, eine Adipositas, ein Nikotinabusus und/oder ein besonders großer Brustdrüsenkörper der Patientin stellen keinen signifikanten Risikofaktor dar (OLG Hamburg, Urt. v. 14. 11. 2003 – 1 U 71/03, OLGR 2004, 328, 329; in diesem Sinn auch OLG Saarbrücken, Urt. v. 12. 7. 2000 – 1 U 1013/99-247, OLG-Report 2000, 426, 427; OLG Hamm, Urt. v. 31. 8. 2005 – 3 U 277/04, GesR 2006, 31, 33 = MedR 2006, 111, 113 für das Jahr 2000 und, MedR 1994, 231). Ist die Fertigung einer **Mammografie – bzw. nachfolgend einer Probeexcision** – bei Vorliegen einschlägiger Risikofaktoren, einem auffälligen Tastbefund o. a. **medizinisch geboten**, greift eine Beweislastumkehr für die Frage des Kausalzusammenhangs zwischen der unterlassenen Befunderhebung und dem Auftreten einer Krebserkrankung **jedoch nicht ein**, wenn sich angesichts der **erheblichen Variationsbreite des Tumorwachstums keine konkreten Angaben dazu machen lassen, wann ein später bei der Patientin festgestellter Tumor (Brustkrebs) radiologisch zu entdecken gewesen wäre** (OLG Hamburg, Urt. v. 14. 11. 2003 – 1 U 71/03, OLGR 2004, 328, 329; OLG Koblenz, Urt. v. 24.6. 2010 – 5 U 186/10, GesR 2010, 546, 547 = juris, Nr. 22, 23, 34; OLG Köln, Urt. v. 26. 5. 2008 – 5 U 175/07, VersR 2009, 1543; auch OLG Düsseldorf OLGR 2000, 470, 471; OLG Hamm, MedR 1994, 281 und Urt. v. 31. 8. 2005 – 3 U 277/04, GesR 2006, 31, 33 = MedR 2006, 111, 113).

Zur Ausfüllung des Merkmals der „hinreichenden Wahrscheinlichkeit" reicht es insbesondere nicht aus, wenn der vom Gericht beauftragte Sachverständige ausführt, es sei „**durchaus vorstellbar**", dass eine – nicht durchgeführte – Mammografie zur Feststellung einer Brustkrebserkrankung geführt hätte (OLG Hamm, Urt. v. 31. 8. 2005 – 3 U 277/04, GesR 2006, 31, 33 = MedR 2006, 111, 113).

U 217 Gerade bei jüngeren Patientinnen ist die Entwicklungsgeschwindigkeit (Tumorverdoppelungszeit) von Mammakarzinomen rein statistisch sehr hoch. So ist es möglich, dass eine fiktive Rückrechnung (hier: von April 2004) nach Entdeckung eines Mammakarzinoms zum Ergebnis führt, dass der zu diesem Zeitpunkt ohne Weiteres tastbare Tumor **17 Monate zuvor noch keine repräsentative Größe** erreicht hätte und somit zu diesem früheren, entscheidenden Zeitpunkt, zu dem die Mammographie bzw. Biopsie medizinisch geboten war, **nicht mit hinreichender Wahrscheinlichkeit** hätte entdeckt werden müssen. Allein die bestehende Möglichkeit, dass zu diesem früheren Zeitpunkt bereits ein Karzinom von mindestens einem cm Größe vorgelegen hat und der zu diesem Zeitpunkt erhobene radiologische Befund, der für einen Entzündungsprozess sprach, aber einen „soliden tumorösen Prozess" nicht ausschloss, reichen hierfür nicht aus (OLG Koblenz, Urt. v. 24. 6. 2010 – 5 U 186/10, GesR 2010, 546, 547 = juris, Nr. 22, 23, 34).

U 218 Bleibt offen, ob ein bei späterer Entdeckung ca. 6 cm messender Tumor zum Zeitpunkt der Untersuchung durch den Gynäkologen ca. 16 Monate zuvor palpatorisch oder radiologisch hätte festgestellt werden können, greift eine Beweislastumkehr aus dem Gesichtspunkt der „unterlassenen Befunderhebung" nicht ein. Liegen keine Anhaltspunkte im obigen Sinn vor, kann das Verhalten des untersuchenden Gynäkologen und der unterlassene Hinweis auf die Möglichkeit der Vornahme einer Mammografie – ggf. auf eigene Kosten der Patientin – auch nicht als „grob fehlerhaft" bewertet werden (OLG Hamburg, Urt. v. 14. 11. 2003 – 1 U 71/03, OLGR 2004, 328, 329).

Eine Beweislastumkehr scheidet aus, wenn es der behandelnde Frauenarzt **un-** **U 219**
terlässt, bei Verdacht auf das Bestehen eines Mammakarzinoms eine Stanzbiop-
sie zu veranlassen, der vom Gericht beauftragte Sachverständige aber feststellt,
es bestehe keine Wahrscheinlichkeit von mehr als 50 % oder sei sogar **spekula-**
tiv, ob sich bei früherer Biopsie ein positiver Befund im Sinne eines Mammakar-
zinoms ergeben hätte. Es liegt auch kein „grober Behandlungsfehler" vor, wenn
ein Sonographiebefund bei der Patientin mit dem Verdacht auf das Vorliegen eines Mammakarzinoms zwar für die linke Seite sieben Herde ergeben hatte, es
sich dabei aber um einen kleinknotigen Strang und ein fluktuierendes Geschehen handelte und der behandelnde Gynäkologe es deshalb nicht für erforderlich
hielt, eine Stanzbiopsie zu veranlassen (OLG Köln, Urt. v. 26.5. 2008 – 5 U
175/07, VersR 2009, 1543; *Anmerkung:* Führt der Sachverständige jedoch aus,
die Stanzbiopsie sei zum früheren Zeitpunkt medizinisch zwingend geboten gewesen, die Nichtanfertigung sei unverständlich und dürfe einem Gynäkologen
nicht unterlaufen, liegt ein „grober Behandlungsfehler" vor).

Ist eine Mammographie eindeutig indiziert, ist die Nichterhebung dieses medizi- **U 220**
nisch gebotenen Befundes nicht ohne Weiteres als grober Behandlungsfehler zu
bewerten, wenn die angegebenen **Schmerzen in der Brust als Begleitsymptome**
einer Mastopathie angesehen werden konnten, was für eine Brustkrebserkran-
kung eher untypisch ist.

Stellt die unterlassene Befunderhebung (Durchführung einer Mammographie
bzw. einer Biopsie) danach keinen groben Behandlungsfehler dar und liegen die
Voraussetzungen einer Beweislastumkehr wegen „unterlassener Befunderhebung" nicht vor, steht der Patientin ein Schadensersatzanspruch nur dann zu,
wenn festgestellt werden kann, dass infolge des dann verzögerten Eingriffs (hier:
brusterhaltende Therapie mit Befall von Lymphknoten, Verzögerung von 8 Monaten) ein zusätzlicher Gesundheitsschaden eingetreten ist (OLG Stuttgart,
VersR 1994, 1306, 1308/1309: kein Schmerzensgeld wegen der Angst vor Metas-
tasen und vertaner Chance).

Ein „grober Behandlungsfehler" liegt ebenfalls nicht vor, wenn der Radio- **U 221**
loge nach dem Hinweis der an ihn überwiesenen Patientin auf eine Verhärtung
im rechten Brustbereich zwei Mammographien fertigt und die **tumorverdächti-**
gen Verdichtungen als „kleinknotige Fibroadenose ohne sicheren Anhalt für
einen malignen Mammatumor" befundet, obwohl ein unterlassener bzw.
fehlerhaft durchgeführter Vergleich mit früheren Mammographien Anlass zur
weiteren Abklärung gegeben hätte, zwei Sachverständige im Prozess die sichtbaren Verdichtungen nach Auswertung der früheren Röntgenaufnahmen konträr
beurteilen. Eine Beweislastumkehr wegen „unterlassener Befunderhebung"
greift ebenfalls nicht ein, wenn der vom Gericht bestellte Sachverständige
dann ausführt, auch die ergänzende Auswertung der früheren Mammographien
hätte nicht notwendig eine Bestätigung der Verdachtsdiagnose nahelegen
müssen, die Annahme einer Befundkonstanz wäre auch bei Auswertung der

früheren Röntgenaufnahmen vertretbar gewesen (OLG Bamberg, Urt. v. 18. 4. 2005 – 4 U 64/03 mit NZB BGH v. 28.3. 2006 – VI ZR 142/05, AHRS III, 2110/305).

Anmerkung: Das Urteil ist problematisch. Wenn tatsächlich „Anlass zur weiteren Abklärung" bestanden hat, kommt es darauf an, ob ein positives Befundergebnis im Sinne eines Mammakarzinoms nach Durchführung der Biopsie „hinreichend wahrscheinlich" gewesen wäre. Dies ist nach dem mitgeteilten Sachverhalt offen, aber wohl eher zu verneinen.

U 222   Wird nach dem Vorliegen entsprechender Anhaltspunkte eine Mammografie durchgeführt und schlägt der Radiologe eine Weitere in etwa neun Monaten vor, **darf der behandelnde Gynäkologe aufgrund der erhobenen Befunde, einer negativen Mammografie und dem Fehlen sonstiger Anzeichen für Malignität, davon ausgehen, dass ein festgestellter Knoten nicht bösartig ist, sondern schlüssig als mastopathisch interpretiert werden konnte** (OLG München, Urt. v. 20. 9. 2001 – 1 U 4502/00, OLGR 2003, 7, 8). In einem derartigen Fall kann dem Gynäkologen bereits nicht vorgeworfen werden, medizinisch gebotene bzw. dringend gebotene Befunde nicht erhoben zu haben. Eine Beweislastumkehr aus dem Gesichtspunkt der „unterlassenen Befunderhebung" würde auch bei der Annahme eines Behandlungsfehlers in Form der „unterlassenen Befunderhebung" ausscheiden, da es **nicht hinreichend wahrscheinlich** ist, dass bei einer Kontrolluntersuchung nach zwei bis drei Monaten eine signifikante Vergrößerung des Tumors feststellbar gewesen wäre (OLG München, Urt. v. 20. 9. 2001 – 1 U 4502/00, OLGR 2003, 7, 8).

U 223   Es liegt **kein Behandlungsfehler eines Radiologen** vor, wenn ihm eine 50-jährige, erblich vorbelastete Patientin vom Gynäkologen mit dem Hinweis auf eine „abklärungsbedürftige, unklare Verdichtung" nach ertastetem Knoten in der Brust zur Durchführung einer Mammographie und Mammasonographie überwiesen wird, der Radiologe nach Durchführung der Untersuchungen die Diagnose nach BI-RADS III stellt und im Befundbericht ausführt, es lägen „unklare Strukturen", eine „unscharfe Begrenzung" als Anzeichen für eine vorhandene Zyste vor, eine Wiedervorstellung innerhalb von sechs Monaten werde empfohlen. Sind sich der Radiologe und aufgrund von dessen Befund auch der **überweisende Gynäkologe, der von der fachlichen Richtigkeit der Diagnose ausgehen darf, (subjektiv) sicher, dass kein malignes Geschehen vorliegt, kommt eine Beweislastumkehr wegen unterlassener Befunderhebung (unterlassene Überweisung zur Durchführung einer Biopsie) nicht in Betracht.** Ist sich der Arzt bei zunächst vollständig erhobenem Befund seiner Diagnose sicher, kann ihm **die unterlassene Einholung einer Zweitmeinung auch nicht als unterlassene Befunderhebung vorgeworfen** werden (OLG Koblenz, Beschl. v. 21. 11. 2011 – 5 U 688/11, GesR 2012, 346, 348/349; ebenso OLG München, Urt. v. 8. 8. 2013 – 1 U 4549/12, juris, Nr. 59, 66, 67).

U 224   **Unterlassene Probeexcision bei Mikrokalzifikationen in der Brust**

Die **unterlassene Nachbefunderhebung** durch Entnahme nebst Befundung einer Gewebeprobe und die bloße Beschränkung auf die Auswertung der Mikrokalzifikate aus der weiblichen Brust ist nicht grob fehlerhaft. Auch eine Beweislastumkehr nach den Grundsätzen der unterlassenen Befunderhebung kommt nicht in Betracht, wenn nach dem Ergebnis der Mammografie und der MRT-Untersuchung weder eine Kontroll-Befunderhebung durch eine Probeexcision als „zweifelsfrei" geboten noch es als hinreichend wahrscheinlich angesehen werden kann, dass eine Gewebeuntersuchung einen Tumor ergeben hätte (OLG Brandenburg, NJW-RR 1999, 967).

Unterlassene Probeexcision zur Entdeckung eines Paget- bzw. Adenokarzinoms   U 225

Eine objektiv falsche Diagnose ist nicht geeignet, einen Behandlungsfehlervorwurf gegen den Arzt zu begründen, wenn es sich um eine in der gegebenen Situation **vertretbare Deutung erhobener Befunde** handelt. Es liegt jedoch **kein Diagnosefehler, sondern ein Fall der „unterlassenen Befunderhebung"** vor, wenn die behandelnde Gynäkologin nach Feststellung eines pathologischen Befundes in der Vulva (hier: 3 × 2 cm große ödematöse, gerötete Stelle mit weißlichen Belägen links und ähnliche Veränderung mit 1 × 1 cm Größe rechts, zuvor laufend juckende Entzündung der Vulva) ohne Konzept und ohne weitere Ursachenforschung Salben verschreibt, es aber unterlässt, eine **histologische Untersuchung durch ein Labor oder Krankenhaus** zu veranlassen. Eine Beweislastumkehr unter dem Gesichtspunkt der „unterlassenen Befunderhebung" greift jedoch nicht ein, wenn der vom Gericht beauftragte Sachverständige darlegt, mangels irgendwie gearteter objektivierbarer Daten sei es **nicht möglich, einen höheren als einen 50 %-igen Grad an Wahrscheinlichkeit** dafür anzugeben, dass sich bei der erforderlichen histologischen Abklärung eine Krebserkrankung der Patientin (hier: Paget-Karzinom) herausgestellt hätte, die dann erst vier Monate später erkannt worden ist (OLG Dresden, Urt. v. 6. 6. 2002 – 4 U 3112/01, VersR 2004, 648 = AHRS III, 1942/307: Wahrscheinlichkeit von mehr als 50 % erforderlich).

Einstweilen frei.   U 226 – U 229

c) Gynäkologie; Sonographie, Sectio, Gewichtsschätzung, Fetometrie, CTG, Mikroblutuntersuchung unterlassen

Unterlassung der sonografischen Gewichtsschätzung bei der Aufnahmeuntersuchung einer Schwangeren   U 230

Die **Unterlassung einer sonografischen Gewichtsschätzung** bei der Aufnahme in einer Geburtsklinik stellt jedenfalls dann keinen Behandlungsfehler dar, wenn eine ca. vier Wochen alte Schätzung (hier: 3 800 g bis 4 000 g) des betreuenden Gynäkologen vorliegt (OLG München, Urt. v. 29. 6. 2006 – 1 U 2132/05, GesR 2007, 108) oder wenn drei Tage zuvor eine entsprechende Untersuchung im Rahmen der Ermittlung des Symphysen-Fundus-Abstands durchgeführt wurde und sich hieraus kein Verdacht auf das Vorliegen einer Makrosomie (hier: Geburtsgewicht von mehr als 4 500 g) ergab (OLG Stuttgart, Urt. v. 29. 5. 2007 – 1 U 28/07, VersR 2007, 1417, 1418). Wegen der normalen Schwankungsbreite einer sonografischen Messung zur Ermittlung des zu erwartenden Geburtsgewichts von ca. 10 % bis 20 % und einer insbesondere bei Schätzgewichten über 4 000 g sehr groben Ungenauigkeit kann aus der Tatsache, dass das Kind bei geschätzten 3 900 g tatsächlich mit einem Gewicht von 5 470 g zur Welt kommt, nicht auf ein fehlerhaftes Vorgehen der behandelnden Ärzte bei der vorgenommenen Ultraschalluntersuchung geschlossen werden (OLG Stuttgart, VersR 2007, 1417, 1418).

U 231   Eine Sonographie ist außerhalb des Routinescreenings nur indiziert, wenn bestimmte Risikofaktoren oder Verdachtsdiagnosen, etwa der Verdacht auf vorzeitige Plazentaablösung oder auf das Vorliegen einer Cervixinsuffizienz vorliegen oder wenn Kindsbewegungen fehlen bzw. zu erwartende Wehen ausbleiben. Eine vorangegangene Schulterdystokie (SD) bei einem vorgeborenen Kind **indiziert trotz Rezidivgefahr keine Sonographie**, da hierdurch kein Aufschluss über eine erneut bevorstehende SD zu gewinnen ist. Auch die im Mutterpass vermerkten Schwankungen der Gewichtsschätzungen (3 680 g, 1 Woche später aber nur 3 400 g) machen eine **erneute Sonographie nicht erforderlich**. Derartige Diskrepanzen sind nicht ungewöhnlich, da jede Gewichtsmessung mit einer gewissen Unsicherheit von bis zu 20 % belastet ist.

Es ist auch **nicht „hinreichend wahrscheinlich"**, dass ein reaktionspflichtiger Befund (Verdacht auf ein übergroßes Kind bzw. Auftreten einer SD) zu erwarten ist, wenn bereits Wehentätigkeiten eingesetzt haben und das Kind nach unten verlagert wurde. Eine **Sonographie** wäre im Hinblick auf eine Schätzung des Geburtsgewichtes in einem solchen Fall **voraussichtlich nicht zielführend** gewesen, da sie unter der Geburt mit erheblichen Ungenauigkeiten verbunden ist (OLG Hamm, Urt. v. 10.12. 2007 – 3 U 216/06 mit NZB BGH v. 18.11. 2008 – VI ZR 49/08, AHRS III, 2500/362; auch OLG München, GesR 2007, 108: Ultraschalluntersuchung unter der Geburt mit erheblichen Ungenauigkeiten verbunden; im Übrigen kein Befunderhebungsfehler, wenn Gewichtsschätzung wenige Wochen vor der Geburt erfolgt ist).

U 232 – U 235   Einstweilen frei.

U 236   **Unterlassene Durchführung einer Eingangsuntersuchung im Belegkrankenhaus**

Die Durchführung einer Eingangsuntersuchung gehört grundsätzlich auch zu den Organisationspflichten eines Belegkrankenhauses. Deren Unterlassung stellt einen Behandlungsfehler in Form eines Organisationsfehlers dar. Eine Beweislastumkehr aus dem Gesichtspunkt der „unterlassenen Befunderhebung" greift jedoch in einem solchen Fall nicht ein, wenn eine Makrosomie (großes Kind) auch bei ordnungsgemäßer Durchführung der Eingangsuntersuchung einschließlich einer Sonographie **möglicherweise nicht entdeckt** worden wäre (BGH, Urt. v. 25. 11. 2003 – VI ZR 8/03, NJW 2004, 1452, 1453 = VersR 2004, 645, 647; zur Sectio vgl. Rz. A 1382 ff., A 1420 ff.).

U 237   **Unterlassene Ultraschalluntersuchung bei vorzeitigem Blasensprung**

Bei einem vorzeitigen Blasensprung ist das **Unterlassen einer Ultraschalluntersuchung** jedenfalls dann nicht fehlerhaft, wenn bei der Mutter des Kindes schon im Aufnahme-CTG Wehentätigkeiten nachweisbar sind und die Wehen dann innerhalb weniger Stunden einsetzen. Denn das besondere geburtliche Gefährdungspotenzial für Mutter und Kind, dem mit der Ultraschalluntersuchung begegnet werden soll, besteht dann, wenn eine Verlängerung der Schwangerschaft angestrebt wird oder wenn Wehen noch völlig fehlen und eine zügige Geburt deshalb nicht zu erwarten ist, nicht jedoch deshalb, wenn innerhalb von einigen Stunden nach dem Sprengen der Fruchtblase Wehen einsetzen (OLG Stuttgart,

Urt. v. 29. 5. 2007 – 1 U 28/07, VersR 2007, 1417, 1418; zur unterlassenen Fetometrie vgl. Rz. U 78).

Unterlassene weitere Ultraschalluntersuchung zur Vermeidung eines Geburts-   U 238
schadens

Ist dem Arzt (Gynäkologen) aus sachverständiger Sicht vor Einleitung weiterer
Behandlungsmaßnahmen der in der 30. SSW mit Unterleibsschmerzen aufgenommenen Patientin eine Wartefrist wegen eines möglichen Erfolgs bereits
vorgenommener Behandlungsmaßnahmen, hier einer vier Stunden vor der Geburt durchgeführten Ultraschalluntersuchung im Rahmen der Aufnahmeuntersuchung, zuzubilligen, kann ihm wegen der unterlassenen weiteren Maßnahmen – einer **unterlassenen weiteren Ultraschalluntersuchung** zur Abklärung einer eventuellen Plazentaablösung – kein Behandlungsfehler in Form der
„unterlassenen Befunderhebung" angelastet werden (OLG Bremen, Urt. v.
28. 11. 2000 – 3 U 118/99, OLGR 2002, 293).

Verzögerte Sectio, unterlassene Mikroblutuntersuchung und für 24 Minuten   U 239
fehlendes CTG; kritisches Untersuchungsergebnis nicht „hinreichend wahr-
scheinlich"

Eine unterlassene Befunderhebung (hier: zum einen **Durchführung einer Mikro-**
blutuntersuchung, um eine Übersäuerung ausschließen zu können, zum anderen **Fortführung des CTG** für tatsächlich fehlende 24 Minuten) führt nur dann
zur Beweislastumkehr hinsichtlich der Kausalität zwischen einem hierin liegenden Behandlungsfehler und dem Eintritt eines Körper- oder Gesundheitsschadens bei der Patientin bzw. dem Patienten, wenn ein so schwerwiegender Befund
(hier: Mangelversorgung des Kindes) **hinreichend wahrscheinlich** gewesen wäre,
dass sich dessen Verkennung als fundamental und seine Negierung als grob fehlerhaft darstellen würden (OLG Koblenz, Urt. v. 30. 11. 2006 – 5 U 784/06,
VersR 2007, 396, 397 = OLGR 2007, 277: im entschiedenen Fall verneint).

CTG-Überwachung unterlassen; Kausalität „äußerst unwahrscheinlich"   U 240

Ist es **nicht „hinreichend wahrscheinlich"**, dass eine CTG-Überwachung zu einem reaktionspflichtigen Befund geführt hätte, weil es keine hinreichenden Anhaltspunkte dafür gibt, dass gerade im fraglichen Zeitraum der unterlassenen
Überwachung die Herzfrequenz deutlich abnahm, kommt eine Beweislastumkehr wegen „unterlassener Befunderhebung" nicht in Betracht. Versäumt es die
Hebamme bzw. der die Geburt leitende Arzt, bei einer in der 34. SSW mit vorzeitigem Blasensprung stationär aufgenommenen Schwangeren über einen Zeitraum von knapp zehn Stunden eine Überwachung der Herzfrequenz des Kindes
mittels CTG vorzunehmen, liegt ein **grober Behandlungsfehler** vor. Eine Beweislastumkehr wegen eines „groben Behandlungsfehlers" oder einer „unterlassenen
Befunderhebung" greift jedoch nicht ein, wenn es nach den Ausführungen des
hinzugezogenen Sachverständigen **„äußerst unwahrscheinlich"** ist, dass der Gesundheitsschaden des Kindes auf einer Sauerstoffunterversorgung kurz vor der
Geburt beruht (OLG Saarbrücken, Urt. v. 8. 11. 2006 – 1 U 582/05-203, MedR
2007, 486, 488).

Recla (Med 2007, 490) kritisiert die Entscheidung des OLG Saarbrücken. Hinsichtlich der zweiten Stufe der „unterlassenen Befunderhebung" hatte der Senat

die Wahrscheinlichkeit der Befundaufdeckung unzulässig mit der Kausalitätsfrage verknüpft. Der Senat hätte es für die Entlastung der Behandlungsseite
auch ausreichen lassen, dass die mögliche perinatale Sauerstoffmangelsituation
als Ursache für den Schaden ebenso in Betracht komme wie beispielsweise eine
niedrige Blutdruckphase der Mutter drei Wochen vor der Geburt. Dies wäre aber
nicht „äußerst unwahrscheinlich".

U 241 – U 244 Einstweilen frei.

d) Gynäkologie; Scheidenabstrich, Ultraschall- und Urinuntersuchung unterlassen

U 245 **Scheidenabstrich vor Einlage eines Cerclagepesars unterlassen**

Es gehörte bereits im Jahr 1994 zum ärztlichen Standard des eine Schwangere behandelnden Gynäkologen, vor dem Einlegen eines **Cerclagepesars** einen **Scheidenabstrich** vorzunehmen und ihn mikroskopisch auf vorhandene Keime zu untersuchen (OLG Braunschweig, VersR 2000, 454). In dem Unterlassen der gebotenen mikroskopischen Untersuchung liegt ein einfacher, aber kein grober
Behandlungsfehler.

Hielt der Arzt eine mikroskopische Untersuchung nur bei klinischen Anzeichen
einer Infektion für geboten, so wiegt der Behandlungsfehler nicht deshalb schwerer, weil auch bei einer späteren Kontrolluntersuchung kein Abstrich genommen
und mikroskopisch untersucht worden ist. Eine Vermutung für die Kausalität
dieses einfachen Behandlungsfehlers und dem eingetretenen Primärschaden
würde sich nur dann ergeben, wenn es **hinreichend wahrscheinlich** wäre, dass
das Unterlassen der Vornahme eines Scheidenabstrichs zu einem reaktionspflichtigen positiven Befundergebnis geführt hätte. Dies ist dann nicht der Fall, wenn
der Sachverständige es als **offen** bezeichnet, ob die mikroskopische Untersuchung eines Scheidenabstrichs die Entwicklung und Vermehrung pathologischer Keime hätte erkennen lassen oder ob die Untersuchung kein derartiges Ergebnis erbracht hätte (OLG Braunschweig, Urt. v. 25. 3. 1999 – 1 U 61/98, VersR
2000, 454, 456; auch OLG Köln, Urt. v. 28. 5. 2003 – 5 U 77/01, VersR 2004, 247).

U 246 **Scheidenabstrich unterlassen; Amnioninfektionssyndrom nicht deshalb hinreichend wahrscheinlich**

Wird die **Durchführung eines Scheidenabstrichs und dessen mikroskopische Untersuchung** (Nativ-Untersuchung) behandlungsfehlerhaft unterlassen, greift eine
Beweislastumkehr zugunsten der Patientin nicht ein, wenn der vom Gericht beauftragte Sachverständige die **Wahrscheinlichkeit**, dass ein Amnioninfektionssyndrom (Entzündung der Eihäute) vorliegt, das auf einem bakteriellen Befall
der Scheide (Vaginose) beruht, mit „**jedenfalls weniger als 50 %**" bezeichnet, da
sich eine akute Infektion auch später innerhalb von zwei Tagen hätte entwickeln können (OLG Köln, Urt. v. 28. 5. 2003 – 5 U 77/01, VersR 2004, 247).

U 247 **Ultraschall- und Urinuntersuchung nach Hysterektomie unterlassen**

Es ist jedenfalls nicht grob fehlerhaft, nach einer **Hysterektomie** eine Ultraschalluntersuchung und/oder eine Urinuntersuchung zu unterlassen, wenn die

auf eine Entzündung (vorliegend: nach objektiv vorliegender Beschädigung des Harnleiters bei einer OP) hindeutenden Werte am Entlassungstag gegenüber dem Vortrag rückläufig sind. Im entschiedenen Fall war es auch nicht „hinreichend wahrscheinlich", dass ein **Harnleiterdefekt** durch die Ultraschalluntersuchung oder eine Urinuntersuchung aufgedeckt worden wäre. Auch die Durchführung eines intravenösen Ausscheidungsurogramms ist bei fehlenden klinischen Anhaltspunkten für eine Harnleiterproblematik nicht geboten (OLG Frankfurt, Urt. v. 30. 8. 2005 – 8 U 13/04, AHRS III 6562/343).

Eileiterschwangerschaft verkannt; keine hinreichende Wahrscheinlichkeit   U 248

Wenn die Patientin eine regelmäßige Blutung angibt, muss der Frauenarzt nicht routinemäßig nach dem Datum der vorletzten Periodenblutung fragen oder von sich auf die **Durchführung eines Schwangerschaftstests bzw. einer transvaginalen Sonographie** hinwirken, um ggf. eine Eileiterschwangerschaft frühzeitig zu entdecken. Gibt die Patientin das Vorliegen einer irregulären Blutung an, ist die Durchführung eines Schwangerschaftstests jedoch geboten. In einem Frühstadium lässt sich aber nicht mit hinreichender Wahrscheinlichkeit, also einer **Wahrscheinlichkeit von mehr als 50 %** sagen, dass die Frage an die Patientin nach der vorletzten Regelblutung eine verdächtige Verkürzung des Zeitraums zwischen den Blutungen oder ein durchgeführter Schwangerschaftstest ein positives Resultat ergeben hätten (OLG München, Urt. v. 10. 8. 2006 – 1 U 2438/06, OLGR 2007, 305, 308 = MedR 2007, 361, 363).

Einstweilen frei.   U 249 – U 252

e) Neonatologie; Sonographie unterlassen

**Stenose der Harnwege bzw. Klappenwege in der Harnröhre verkannt, Ultra-   U 253
schalluntersuchung unterlassen**

Das **Unterlassen einer Ultraschalluntersuchung**, die mit hoher Wahrscheinlichkeit zur richtigen Diagnose geführt hätte, ist angesichts unklarer Symptome anlässlich dreier **Untersuchungstermine eines Kleinkindes**, nämlich dem Auftreten schwarzer Stühle, einem Meteorismus (Blähsucht, Luft- bzw. Gasansammlung im Darm oder der freien Bauchhöhle) und Erbrechen nicht fehlerhaft. Eine Beweislastumkehr unter dem Gesichtspunkt der „unterlassenen Befunderhebung" kommt in solchen Fällen nicht in Betracht, selbst wenn die Durchführung der unterlassenen Ultraschalluntersuchung mit hinreichender Wahrscheinlichkeit Anhaltspunkte für eine Nieren- und Harnleitererkrankung (hier: Stenose der ableitenden Harnwege bzw. Klappenfehler in der Harnröhre mit der Folge einer Harnstauungsniere) erbracht hätte. Bei derartigen Symptomen ist die **Unterlassung einer Urinuntersuchung fehlerhaft, jedoch nicht grob fehlerhaft**. Ist ungewiss, ob sich nach Durchführung der Urinuntersuchung ein auf eine Nieren- oder Harnleitererkrankung hinweisender Befund ergeben hätte, kommt eine Beweislastumkehr unter dem Gesichtspunkt der unterlassenen Befunderhebung auch insoweit nicht in Betracht (OLG Köln, Urt. v. 20. 11. 2002 – 5 U 37/01, AHRS III, 2030/312).

f) Innere Medizin, Allgemeinmedizin; Endokarditis verkannt, Messung von Blutdruck, Ferritin, Transferin unterlassen

U 254 **Unterlassene diagnostische und therapeutische Maßnahmen bei Vorliegen einer Endokarditis (Entzündung der Herz-Innenwand)**

Für einen Arzt besteht kein Anlass für weitere diagnostische Maßnahmen (Anfertigung eines EKG, eines CT, eines MRT o. a.), wenn die vom Patienten angegebenen bzw. in den Krankenunterlagen festgehaltenen Beschwerden (Gastroenteritis, LWS-Syndrom, Mitralklappeninsuffizienz, Sarkoidose mit Gelenkbeteiligung) sowie die Laborbefunde (Leukozytose) **nicht richtungsweisend für eine Endokarditis** sind. Denn die Abgrenzung der infektiösen Endokarditis gegenüber Differentialdiagnosen zahlreicher anderer Krankheiten ist schwierig. Deshalb sind für einen derartigen Fall Diagnosekriterien, hier die sogenannten „**Duke-Kriterien**" entwickelt worden. Diese setzen sich aus zwei Hauptkriterien, nämlich positiven Blutkulturen und einem typischen echokardiographischen Befund sowie Nebenkriterien wie bestehender Herzerkrankung, Fieber über 38° C, Gefäßveränderungen wie etwa arterielle Embolien, zusammen.

Die Diagnose „Endokarditis" gilt bei der Erfüllung beider Hauptkriterien oder einem Haupt- und dreier Nebenkriterien als sicher bzw. hochwahrscheinlich. Bestehen **keine Anhaltspunkte für die Erfüllung der Hauptkriterien** und kann als Nebenkriterium nur der früher diagnostizierte Herzfehler (Mitralklappeninsuffizienz) als gesichert gelten, bietet allein letzterer keine Veranlassung, Untersuchungen im Hinblick auf die beiden Hauptkriterien einzuleiten bzw. der Verdachtsdiagnose einer „Endokarditis" nachzugehen (OLG Bremen, Urt. v. 16. 7. 2002 – 3 U 86/01, OLGR 2003, 224, 225 f.).

Litt der Patient nach den späteren Feststellungen des vom Gericht beigezogenen Sachverständigen unter einer **fulminant verlaufenden Endokarditis**, die sich rasch ereignet und in kürzester Zeit zu Auflagerungen auf den Herzklappen führt, kann im Übrigen auch nicht davon ausgegangen werden, dass bei entsprechender Erhebung weitere Befunde (CT, MRT, Sonographie) ein positives Befundergebnis i. S. d. Vorliegens einer Endokarditis **hinreichend wahrscheinlich** gewesen wäre (OLG Bremen, Urt. v. 16. 7. 2002 – 3 U 86/01, OLGR 2003, 224, 226).

U 255 **Abnahme von Blutkulturen unterlassen; reaktionspflichtiges Ergebnis für TSS aber nicht hinreichend wahrscheinlich**

Eine Beweislastumkehr unter dem Gesichtspunkt der „unterlassenen Befunderhebung" kommt nicht in Betracht, wenn es **nicht hinreichend wahrscheinlich** gewesen wäre, dass bei einer frühzeitigeren **Abnahme von Blutkulturen deren mikrobiologische Untersuchung ein reaktionspflichtiges positives Ergebnis erbracht** hätte und die hierauf gebotene Reaktion (gezielte Verabreichung eines Antibiotikums) ein „Toxic-Shock-Syndrom" (TSS) verhindert hätte. Dies gilt erst recht, wenn der Sachverständige ausführt, es sei „**äußerst unwahrscheinlich**", dass das TSS bei einer früheren mikrobiologischen Untersuchung vermieden worden wäre (OLG Hamm, Urt. v. 7. 3. 2005 – 3 U 204/04, AHRS III, 6555/306).

Unterlassene Blutdruckmessung durch Hausarzt; Bandscheibenvorfall verkannt   U 256

Ein praktischer Arzt/Facharzt für Allgemeinmedizin ist nicht verpflichtet, ungeachtet der geklagten Beschwerden (hier: Rückenschmerzen und Taubheitsgefühl
im kleinen Finger der linken Hand) und der persönlichen Konstitution eines Patienten (hier: 95 kg bei 1,81 m Körpergröße, starker Raucher) zu Beginn oder im
Verlauf einer Behandlung stets **vorsorglich den Blutdruck zu messen**, um den
Gefahren einer Hypertonie vorzubeugen, wenn eine solche Untersuchung nicht
zur Abklärung der vom Patienten genannten Beschwerden dienen kann. Wird
als Ursache der vom Patienten genannten Beschwerden nachfolgend ein **Bandscheibenvorfall** und die Läsion eines Nerven im Unterarm festgestellt, steht fest,
dass eine Blutdruckmessung zu dieser Diagnose nichts beitragen konnte, ein positives Befundergebnis also nicht „hinreichend wahrscheinlich" gewesen wäre
(OLG München, Urt. v. 1. 3. 2007 – 1 U 4028/06, VersR 2007, 652).

Verzögerte Befunderhebung bzw. Befunddeutung; Appendizitis verkannt (zum   U 257
med. Hintergrund Rz. D 121a, G 454a)

Klagt ein neunjähriger Patient über **diffuse Magenbeschwerden**, führt eine unvollständige oder um vier bis sechs Tage **verzögerte Befunderhebung** zur Feststellung einer Appendizitis (Blinddarmentzündung) nur dann zur Haftung des
Arztes, wenn der Patient nachweist, dass die von ihm vermissten bzw. verspätet
ergriffenen Maßnahmen alsbald zur richtigen Diagnose und einem günstigeren
Behandlungsverlauf geführt hätten. Eine Beweislastumkehr wegen unterlassener
Befunderhebung scheidet in einem solchen Fall aus, wenn ungewiss ist, ob eine
zügigere oder weitergehende diagnostische Vorgehensweise zu anderen Erkenntnissen, hier der Diagnose „Appendizitis" anstatt einer „Gastroenteritis", geführt
hätte (OLG Koblenz, Urt. v. 3. 11. 2005 – 5 U 1560/04 bei Jorzig, GesR 2006, 16,
17; vgl. zur Appendizitis Rz. D 120ff., G 454ff.).

Unterlassene Bestimmung des Ferritin- und Transferrinwertes   U 258

Das Unterlassen der Bestimmung von Ferritin und Transferrin ist nicht grob fehlerhaft, wenn keine weiteren Anzeichen für einen Tumor des Patienten vorliegen, etwa Blut im Stuhl oder eine Gelbsucht o.a. Eine Beweislastumkehr wegen
„unterlassener Befunderhebung" greift nicht ein, wenn sich **nicht feststellen
lässt, dass im Fall der Bestimmung von Ferritin und Transferrin ein so deutlicher und gravierender Befund festgestellt worden wäre**, aufgrund dessen ein weiteres Untätigbleiben, etwa die Unterlassung einer endoskopischen Untersuchung des Magen-Darm-Traktes wegen des Verdachts auf eine dortige Blu-
tungsstelle, als grober Behandlungsfehler angesehen werden müsste (OLG
Düsseldorf, Urt. v. 19. 2. 2004 – I-8 U 115/02, AHRS III, 6562/333).

Einstweilen frei.   U 259 – U 263

g) Innere Medizin, Urologie; PSA-Wert, Prostatabiopsie

PSA-Wertbestimmung, Biopsie unterlassen   U 264

Ein mit 16 mg/ml erhöhter PSA-Wert (Normwert: bis 4,0 mg/ml) stellt kein
zwingendes Indiz für das Bestehen eines Prostatakarzinoms dar. Zu einem solchen Wert kommt es auch, wenn eine Prostataentzündung vorliegt. Stellt der be-

handelnde Arzt bei einem solchen Wert die Differentialdiagnose „Prostatitis" und behandelt er den Patienten mit entsprechenden Medikamenten und wird 6 Wochen danach noch ein PSA-Wert von 7,6 mg/ml festgestellt, so bestätigt dies, dass die Diagnose nicht falsch, in jedem Falle vertretbar war (OLG Köln, Urt. v. 12.5. 2005 – 5 U 186/99, AHRS III, 2130/301 und juris; auch OLG Stuttgart, Urt. v. 28.6. 2011 – 1 U 179/10, S. 11–15: Keine Aussagekraft des PSA-Wertes bei vorangegangener Prostatitis). Der behandelnde Arzt muss allerdings in einem solchen Fall auch an die Möglichkeit eines Prostatakarzinoms denken und eine **Stanzbiopsie** vornehmen bzw. veranlassen. Demgegenüber deutet ein akuter Harnverhalt nicht auf das Vorhandensein eines Prostatakarzinoms hin, sondern ist ein typisches Symptom einer benignen Prostatahyperplasie (BPH).

Liegt der PSA-Wert bei einem Patienten in einem Zeitraum von ca. 15 Monaten **stets unter 0,5 mg/ml**, ist es nahezu ausgeschlossen, dass in diesem Zeitraum ein Prostatakarzinom vorgelegen hat (OLG Köln, Urt. v. 12. 1. 2005 – 5 U 186/99, AHRS III, 2130/301 und juris).

Demgegenüber besteht bei einem **PSA-Wert von mehr als 10 mg/ml** ohne eine vorangegangene Prostatitis o. a. eine Karzinomwahrscheinlichkeit von 30–50 % (OLG Zweibrücken, Urt. v. 20.11. 2007 – 5 U 16/05, AHRS III, 2130/303). In einem solchen Fall ist eine **Biopsie indiziert**. Die Indikation für eine Biopsie kann aber nicht auf den Anstieg eines PSA-Wertes von 5,6 auf 7,5 mg/ml über 4–5 Monate hergeleitet werden, wenn sich der PSA-Wert über knapp 2 Jahre nicht kontinuierlich ansteigend entwickelt, sondern nach stattgehabter Prostatitis Schwankungen zwischen 3,6 und 27,5 mg/ml aufweist. Nach dem Abklingen einer Prostatitis kommt es erfahrungsgemäß über einen längeren Zeitraum zu erhöhten PSA-Werten. Vor einer erneuten Kontrollbiopsie ist der PSA-Wert wiederum zu kontrollieren, was zwangsläufig ebenfalls einige Wochen Zeit benötigt (OLG Stuttgart, Urt. v. 28.6. 2011 – 1 U 179/10, S. 11, 12, 15).

Ein Prostatakarzinom wächst nur sehr langsam, sodass eine verzögerte Diagnose von wenigen Monaten keinerlei Nachteile mit sich bringt. Es ist **äußerst unwahrscheinlich**, dass sich bei einem Prostatakarzinom mit einem gleason-score von 7 oder 9 bei einer um vier Monate früher durchgeführten Biopsie ein für den Patienten günstigerer Verlauf ergeben hätte (OLG Stuttgart, Urt. v. 28. 6. 2011 – 1 U 179/10, S. 11, 12, 15: 4 Monate; OLG Köln, Urt. v. 12.1. 2005 – 5 U 186/99, AHRS III, 2130/301: Bei Diagnoseverzögerung von 5 Monaten).

U 265 – U 266   Einstweilen frei.

h) Innere Medizin u. a.; Thrombose, Durchblutungsstörungen, Phlebografie unterlassen

U 267   **Sonographie, Phlebographie unterlassen, Thrombose verkannt** (zur Thrombose vgl. auch Rz. D 83, D 83a, D 106, D 115 ff., D 128, G 383d, G 460 ff., G 480, G 537 ff., G 751 ff., G 771 ff., U 37, U 81b, U 128 f.)

Stellt ein Allgemeinmediziner beim Patienten lediglich schwache, allenfalls auf eine oberflächliche Thrombose deutende Krankheitszeichen fest, etwa einen roten, druckschmerzhaften Fleck an der Innenseite eines Oberschenkels ohne Verhärtung und ohne Schwellung, so liegt kein Behandlungsfehler, jedenfalls **kein grober Behandlungsfehler** vor, wenn der Arzt nachfolgend keine weiteren **differential-diagnostischen Maßnahmen (z. B. Dopplersonogaphie, Phlebographie)** vornimmt bzw. veranlasst, selbst wenn ein sehr sorgfältig arbeitender Arzt auch bei dem **klinischen Verdacht auf eine oberflächliche Thrombophlebitis** die Beteiligung des tiefen Venensystems in Erwägung gezogen und eine weitere Diagnostik veranlasst hätte.

Selbst wenn man von einem Allgemeinmediziner in dieser Situation verlangen müsste, zumindest eine **Ultraschallabklärung des entdeckten roten Flecks** vorzunehmen bzw. vornehmen zu lassen, kommt dem Patienten keine Beweislastumkehr aus dem Gesichtspunkt der „unterlassenen Befunderhebung" zugute, wenn der vom Gericht beauftragte Sachverständige später ausführt, es sei **völlig offen, welches Ergebnis eine Sonographie zu diesem Zeitpunkt erbracht hätte**, weil die akuten Beschwerden des Patienten erst mehrere Tage später aufgetreten sind (OLG München, Urt. v. 11. 1. 2001 – 1 U 5787/87, AHRS III, 1820/303).

Unterlassene Phlebographie zur Abklärung eines Thromboseverdachts U 268

Eine Phlebographie oder eine Sonographie (Ultraschall) ist erst und nur dann vorzunehmen, wenn sich im konkreten Einzelfall Symptome einstellen, die auf den **Beginn einer Beinvenenthrombose schließen lassen.** Solche Leitsymptome sind insbesondere eine blassblaue bzw. livide Verfärbung (Zyanose) des betroffenen Beins oder eine teigige Anschwellung mit einer Einschränkung der Beweglichkeit. Allerdings besteht dann für einen lege artis vorgehenden Arzt **ein hinreichender Thromboseverdacht mit entsprechendem Anhalt zu sofortiger apparativer Diagnostik, wenn „unsichere klinische Zeichen" wie Wadenschmerz und länger anhaltende Spannungsgefühle in der Wade vorliegen** (OLG Saarbrücken, Urt. v. 29. 11. 2000 – 1 U 69/00-15, AHRS III, 1873/307; ebenso: OLG Hamm, Urt. v. 6. 9. 2006 – 3 U 193/05, AHRS III, 1820/321 und OLG München, Urt. v. 29. 7. 1999 – 1 U 5472/98, AHRS II, 6562/184 sowie OLG Stuttgart, Urt. v. 24. 8. 1999 – 14 U 11/89, AHRS II, 6562/185: Phlebographie bei Thromboseverdacht erforderlich; vgl. aber OLG Naumburg, Urt. v. 13. 3. 2008 – 1 U 83/07, VersR 2008, 1073, 1074: Phlebographie seit 1995 durch Kompressions-Ultraschalluntersuchung verdrängt, vgl. Rz. U 270).

Heparingabe nach Varizen-Operation U 269

Nach einer Varizen-Operation ist eine weitere Befunderhebung (Phlebographie o. a.) medizinisch nicht geboten, wenn sich bei einer Farbdublexsonographie kein Thromboseverdacht ergibt und einer möglichen Thrombose durch Heparingabe (hier: Clexane) und die Anlage eines Kompressionsstrumpfes vorgebeugt wird (OLG Hamm, Urt. v. 16.2. 2004 – 3 U 190/03 mit NZB BGH v. 12.10. 2004 – VI ZR 103/04, AHRS III, 1873/313).

Bei starken Schmerzen im angeschwollenen Unterschenkel Phlebographie unterlassen; Kompressionssonografie als Methode der Wahl U 270

Klagt die Patientin über **starke Schmerzen im angeschwollenen Unterschenkel**, genügt zum Ausschluss des Vorliegens einer tiefen Beinvenenthrombose (hier: im Jahr 2002) eine klinische Untersuchung, ein D-Dimere-Test ohne Befund und eine **farbcodierte Duplex-Ultraschalluntersuchung** (Kompressions-Ultraschalluntersuchung, KUS) ohne Befund. Nach der Verbesserung der Erkenntnismöglichkeiten der Sonographie durch die sehr viel nebenwirkungsärmere KUS hat diese die Phlebographie als Methode der Wahl seit etwa 1995 verdrängt und kommt nur noch bei nicht anders abklärbaren Zweifelsfällen in Betracht. Eine zusätzliche Phlebographie ist nicht schon dann geboten, wenn die Qualität der Schwarz-Weiß-Ausdrucke der KUS nicht optimal erscheint, die Bilder aber jeweils eine deutlichen Blutfluss und keine partielle Verlegung der Venen durch Blutgerinnsel zeigen. Es stellt auch keinen Dokumentationsmangel dar, wenn nicht alle Einzelbefunde einer Duplex-Ultraschalluntersuchung (KUS) durch dauerhafte Bilder aktenkundig gemacht werden. Es genügt, wenn sich aus der Dokumentation die Vorgehensweise bei der Untersuchung und die vom Arzt gewonnenen Erkenntnisse ergeben (OLG Naumburg, Urt. v. 13. 3. 2008 – 1 U 83/07, VersR 2008, 1073, 1074).

U 271 **Durchblutungsstörungen, Bypassverschluss verkannt, Erkennbarkeit offen**

Versäumen es die behandelnden Ärzte bei einem Patienten, dem wegen Durchblutungsstörungen am rechten Bein bereits ein Bypass gelegt worden ist, **Befunde (Sonographie o. a.) zur Entdeckung eines objektiv vorhandenen Bypassverschlusses zu erheben**, greift die Beweislastumkehr nicht ein, wenn es nach den Ausführungen des vom Gericht beauftragten Sachverständigen offen ist, ob die versäumte weitere Befunderhebung im fraglichen Zeitraum einen Bypassverschluss ergeben hätte (OLG Koblenz, Beschl. v. 2. 4. 2008 – 5 U 1412/07, VersR 2008, 1493, 1494).

U 272 **Unterlassene Thrombozytenkontrolle zum Ausschluss einer heparininduzierten Thrombozytopenie (HIT II)**

Nach dem anerkannten und gesicherten Stand der ärztlichen Wissenschaft war jedenfalls seit 1995 die **Thrombozytenzahl nach Beginn einer Heparingabe zu kontrollieren** (so OLG Stuttgart, Urt. v. 22. 2. 2001 – 14 U 62/00, OLGR 2002, 251, 254 f.; a. A. OLG Hamm, Urt. v. 19. 5. 2003 – 3 U 177/02, OLGR 2003, 266, 267: bis 1999 kein verbindlicher Standard).

Zu diesem Zeitpunkt war bekannt, dass die Gabe von Heparin zu einer Thrombozytopenie (Verminderung der Blutplättchenzahl) und in der Folge zu Thrombosen mit schwerwiegenden Folgen (Sinusvenenthrombose, Verschluss der Arteria carotis, Subarachnoidalblutung) führen konnte. Dabei kommt es nicht darauf an, ob diese medizinisch zur Abwendung eines erheblichen Gesundheitsrisikos in der Wissenschaft für erforderlich gehaltene Untersuchung in der Praxis nur von 5 % der behandelnden Ärzte durchgeführt wird, sondern nur darauf, ob ihre Durchführung bei Kenntnis der Gefahren für den Patienten verlangt werden kann und die Möglichkeit besteht, diese Behandlung mit vorhandenen technischen Mitteln durchzuführen (OLG Stuttgart, Urt. v. 22. 2. 2001 – 14 U 62/00, OLGR 2002, 251, 254 f.). Nach Auffassung des – ebenfalls sachverständig beratenen – OLG Hamm (Urt. v. 19. 5. 2003 – 3 U 177/02, OLGR 2003, 266, 267) wurden engmaschige Kontrollen der Thrombozytenzahlen nach der Gabe von Heparin selbst im Jahr 1999 nur als „sinnvoll" bezeichnet; sie wären aber selbst in dieser Zeit noch kein verbindlicher Standard gewesen.

Eine Beweislastumkehr greift jedoch nicht ein, wenn es nach Auffassung der Sachverständigen **offen** ist, ob sich bei Durchführung der Thrombozytenkontrolle mit **hinreichender Wahrscheinlichkeit** ein gravierender Befund in Form eines deutlichen Abfalls der Thrombozytenzahl ergeben hätte mit der Folge, dass hierauf mit dem sofortigen Absetzen des Heparins hätte reagiert werden müssen (OLG Stuttgart, Urt. v. 22. 2. 2001 – 14 U 62/00, OLGR 2002, 251, 254; im Ergebnis auch OLG Hamm, Urt. v. 19. 5. 2003 – 3 U 177/02, OLGR 2003, 266, 267).

Im Übrigen ist es medizinisch auch nicht geboten, einen Patienten über die unterschiedlichen Risiken von unfraktioniertem Heparin einerseits und niedermolekularem Heparin andererseits aufzuklären (OLG Hamm, Urt. v. 19. 5. 2003 – 3 U 177/02, OLGR 2003, 266, 267).

Einstweilen frei.   U 273 – U 276

i) Neurologie u. a.; Hirnblutung, TIA, Schlaganfall, Aneurysma; CT, MRT, Sonografie, Angiografie unterlassen

Unterlassene Anfertigung eines CT oder MRT zum Nachweis eines Hirngefäß-aneurysmas   U 277

Leidet der Patient über mehrere Monate an Kopfschmerzen und Schwindelanfällen, kann die Anfertigung eines CT oder MRT grundsätzlich geboten sein.

Medizinischer Hintergrund: Bei einem **Aneurysma** handelt es sich um eine umschriebene **Ausweitung eines arteriellen Blutgefäßes** infolge angeborener oder erworbener Gefäßwandveränderung. Häufigste Lokalisation ist das Aortenaneurysma mit bestehender Operationsindikation bei einer Ausweitung von mehr als 5 cm. Aber auch Arterien, seltener Venen im Gehirn können betroffen sein. Die Diagnose erfolgt dort durch Angio-CT (mit Kontrastmittel) bzw. Angio-MRT, bei Aortenaneurysmen durch Ultraschalldiagnostik und nachfolgend CT bzw. MRT (vgl. Pschyrembel, 264. Aufl., S. 93/94 und Pschyrembel, Therapie, 4. Aufl., S. 58; zum Schlaganfall/Hirninfarkt vgl. Rz. G 383c, D 25f, D 22e).

In Betracht kommen zum Nachweis nicht gebluteter Aneurysmen insbesondere die Anfertigung einer **MRT-Angiographie** sowie eine **Computertomographie** unter Verwendung eines Kontrastmittels (Nativ-CT/Angio-CT, vgl. hierzu Pschyrembel, 264. Aufl., S. 94 und Pschyrembel, Therapie, 4. Aufl., S. 58). Solche Untersuchungen sind jedoch bei fehlendem Hinweis auf ein Aneurysma normalerweise nicht indiziert. Gleiches gilt für eine **digitale Subtraktionsangiographie** (Gefäßdarstellung der Hirngefäße, DAS).

Auch eine einfache Computertomographie ohne Kontrastmittel, die etwa zur Abklärung einer Tumorerkrankung indiziert ist, ist zum Auffinden eines Hirngefäßaneurysmas grundsätzlich geeignet (s. o.). Besteht nur eine geringe Wahrscheinlichkeit oder ist es nach den Ausführungen des Sachverständigen **völlig unsicher**, dass ein später gezeigtes Gebilde bei Durchführung dieser Untersuchungen als Hirngefäßaneurysma identifiziert und diagnostiziert worden wäre, greift zugunsten des Patienten keine Beweislastumkehr ein (OLG Zweibrücken, Urt. v. 21. 8. 2001 – 5 U 9/01, OLGR 2002, 470, 472f.).

Nach Auffassung des OLG Zweibrücken entfällt in derartigen Fällen eine Haftung wegen unterbliebener Befunderhebung auch dann, wenn ein Schutzzweckzusammenhang bzw. **Rechtswidrigkeitszusammenhang** zwischen der unterlassenen Befunderhebung und dem eingetretenen Schaden **fehlt**. Dies ist etwa dann der Fall, wenn sich das Auffinden eines Aneurysmas nach unterstellter weitergehender Diagnostik als **reiner Zufallsbefund** dargestellt hätte (OLG Zweibrücken, Urt. v. 21. 8. 2001 – 5 U 9/01, OLGR 2002, 470, 473; vgl. hierzu Rz. U 80, U 81). U.E. müsste nach **den Kriterien des BGH** (vgl. etwa Urt. v. 7. 6. 2010 – VI ZR 87/10, VersR 2011, 1148 = GesR 2011, 472, Nr. 7, 8) zunächst festgestellt werden, ob das Aneurysma bei Durchführung der gebotenen Untersuchung (Angio-MRT, Angio-CT) mit einer Wahrscheinlichkeit von mehr als 50 % entdeckt worden wäre. Anschließend wäre zu prüfen, ob es grob fehlerhaft gewesen wäre, einen solchen Befund zu verkennen oder hierauf nicht therapeutisch zu reagieren.

U 278 **Unterlassene bzw. verspätete CT-Untersuchung zur Abklärung einer Hirnblutung; Kausalität „äußerst unwahrscheinlich"**

Bei einer Patientin, die bei notfallmäßiger Aufnahme in einem Krankenhaus über den plötzlichen **Verlust der Beweglichkeit, Schwindelgefühle, Erbrechen und Kopfschmerzen** klagt, nur unkontrolliert gehen kann und lallend spricht, ist zur Abklärung eines cerebralen Geschehens, insbesondere auch einer Hirnblutung die Anfertigung eines **CT dringend geboten**. Wäre bei rechtzeitiger Anfertigung eines CT ein gravierender Befund in Form einer Hirnblutung bzw. eines Schlaganfalls hinreichend wahrscheinlich gewesen, würde sich die Nichtreaktion auf diesen Befund – die Durchführung einer Operation, ggf. einer Lysebehandlung – als grob fehlerhaft darstellen (OLG Oldenburg, Urt. v. 12. 6. 2001 – 5 U 185/00, OLGR 2002, 16, 19). Stellt der vom Gericht hinzugezogene Sachverständige fest, dass ein Großteil der Gesundheitsschäden, möglicherweise sogar sämtliche Beeinträchtigungen bereits mit dem Auftreten der Blutung und vor der Einlieferung in das Krankenhaus entstanden sind und die gebotene CT-Diagnostik „nur" um ca. drei bis vier Stunden verspätet durchgeführt wurde, so ist ein Kausalzusammenhang zwischen der unterlassenen bzw. verspäteten Befunderhebung einerseits und den erlittenen Gesundheitsschäden der Patientin **äußerst unwahrscheinlich** (OLG Oldenburg, Urt. v. 12. 6. 2001 – 5 U 185/00, OLGR 2002, 16, 19).

U 279 **CT bei cerebralem Prozess unterlassen, Kausalität „äußerst unwahrscheinlich"**

Wird ein Patient von einem Notarzt mit der **Differentialdiagnose „cerebraler Prozess"** (hier: Kopfschmerzen, Nackensteife, Übelkeit) in ein Krankenhaus eingewiesen, so ist der dortige Arzt in der Notaufnahme gehalten, eine solche gravierende Verdachtsdiagnose bzw. gefährliche Erkrankung durch **Fertigung eines CT auszuschließen**, bevor er die unklaren Symptome einer Bagatellerkrankung (hier: HWS-Syndrom mit Gastritis) zuordnet. Zeigt ein verspätet erstelltes CT eine geraume Zeit stattgehabte, abgelaufene Ventrikelblutung, so ist es „hinreichend wahrscheinlich", dass Entsprechendes auch auf einem unmittelbar nach Einlieferung des Patienten gefertigten CT ersichtlich gewesen wäre. Bei einem solchen Befund wäre es grob fehlerhaft, ihn zu verkennen oder keine weitergehende Diagnostik einzuleiten.

Der Kausalzusammenhang zwischen dem (groben) Behandlungsfehler, der zu einer verspäteten CT-Erstellung geführt hat, und dem nachfolgend aufgetretenen Vasospasmus (Gefäßkrampf) ist jedoch (im entschiedenen Fall) **„äußerst unwahrscheinlich".**

Anders als bei Subarachnoidalblutungen (SAB; vgl. hierzu Rz. D 25f., D 53) besteht bei Ventrikelblutungen nach medizinischer Erfahrung keine hohe Wahrscheinlichkeit dafür, dass Vasospasmen eintreten. Angesichts der Seltenheit von Vasospasmen nach Ventrikelblutungen wird – **auch bei früherer Entdeckung der Blutung – standardgemäß keine prophylaktische Medikamententherapie** mit Nimodipin, das zur Behandlung von Ventrikelblutungen ohnehin nur im Off-Label-Use eingesetzt werden könnte, eingeleitet. Angesichts der nicht ungefährlichen Nebenwirkungen dieses Medikaments (Blutdruckabfall, worauf blutdruckerhöhende Mittel eingesetzt werden müssen, was zu weiteren Blutungen führen kann), beinhaltet eine Ventrikelblutung keine derartige Vasospasmusprophylaxe, sodass der Patient auch bei früherer Erstellung des CT den Gefäßkrampf erlitten hätte (KG, Urt. v. 24. 10. 2011 – 20 U 67/09, GesR 2012, 44, 45/46; vgl. auch Rz. D 25f).

Fehlinterpretation von Symptomen eines Schlaganfalls   U 280

Erleidet ein erheblich vorgeschädigter Patient während der Implantation einer Hüftgelenkprothese (o. a.) einen leichten **Schlaganfall**, liegt kein zur Umkehr der Beweislast führender Befunderhebungsmangel und auch kein fundamentaler Diagnoseirrtum vor, wenn die Ärzte **die postoperativen Symptome vertretbar als Folgen des orthopädischen Eingriffs deuten bzw. deuten können** (OLG Koblenz, Beschl. v. 7. 5. 2009 – 5 U 478/09, MedR 2010, 196, 197 = VersR 2010, 1184; vgl. hierzu Rz. D 53a, D 54, U 117).

Dopplersonografie bzw. Angiographie bei Verletzung der Halsschlagader unterlassen; Kausalität „äußerst unwahrscheinlich"   U 281

Wird bei einem Unfall die Halsschlagader verletzt bzw. bestehen sonstige Anhaltspunkte für eine verminderte Sauerstoffzufuhr durch dieses Gefäß, ist die **Anfertigung einer Dopplersonografie** und, falls deren Ergebnis nicht eindeutig ist, einer **Angiographie** geboten. Ist die Feststellung eines Gefäßverschlusses bzw. der Einengung der Halsschlagader nach Durchführung dieser Untersuchung **hinreichend wahrscheinlich**, wäre es grob fehlerhaft, nicht sofort nach Erkennen der Einengung Heparin in hohen Dosen zu verabreichen und nachfolgend ggf. operativ vorzugehen. Durch das Heparin wird mit hoher Wahrscheinlichkeit verhindert, dass ein Blutgerinnsel weiterwächst und das Risiko, dass sich aus dem Gerinnsel Teile lösen und in den Blutstrom gelangen, verringert wird (OLG Bremen, Urt. v. 22. 8. 2000 – 3 U 110/99, AHRS III, 6590/306).

Eine Beweislastumkehr aus dem Gesichtspunkt der „unterlassenen Befunderhebung" oder des „groben Behandlungsfehlers" in Form der Unterlassung einer zwingend gebotenen Befunderhebung greift jedoch nicht ein, wenn der durch die Untersuchung zu vermeidende **Hirninfarkt mit an Sicherheit grenzender Wahrscheinlichkeit schon zu einem Zeitpunkt eingetreten ist, in dem die Befunderhebung im Fall ihrer Durchführung noch nicht abgeschlossen gewesen wäre** (OLG Bremen a. a. O.; Anm.: es ist im entschiedenen Fall jedenfalls „äußerst unwahrscheinlich", dass die frühestens gegen 19.00 Uhr bis 19.30 Uhr abgeschlossene Dopplersonografie und Angiographie einen auf diesen Zeitpunkt datierten Hirninfarkt bei nachfolgender Heparingabe bzw. bei einem operativen Eingriff verhindert hätte).

U 282 **Unterlassene Einholung einer zweiten Meinung; Vertrauen eines Internisten auf die Diagnosen eines Neurologen und eines Orthopäden, Hirninfarkt verkannt**

Der Hausarzt und Internist eines Patienten kann auf die Ergebnisse und Diagnosen, die ein von ihm zugezogener Neurologe sowie ein Orthopäde mitgeteilt haben, vertrauen, wenn diese plausibel erscheinen und **offenbare Versehen oder ins Auge springende Unrichtigkeiten nicht erkennbar** sind. So ist der **Internist, gleichzeitig Hausarzt des Patienten**, nicht gehalten, eine „zweite Meinung" eines Neurologen einzuholen bzw. **von sich aus ein MRT in Auftrag zu geben**, wenn ihm der Patient im Rahmen der Anamnese berichtet, dass ihm in den Monaten zuvor Hände und Füße eingeschlafen seien, er eine Taubheit des linken Arms, des linken Fußes und des linken Ohrs verspürt habe, sein Gesicht „verzogen gewesen" sei und er zwei Monate später ergänzt, es seien kurzfristige Gleichgewichtsstörungen aufgetreten, der fünfte Finger der linken Hand könne nicht mehr gestreckt werden und der Internist zunächst umgehend ein neurologisches und nachfolgend ein orthopädisches Konsil veranlasst, wobei der Neurologe eine abgelaufene TIA (transitorisch-ischämische Attacke) für möglich hält, im Übrigen zunächst nichts Auffälliges sowie in einer späteren Untersuchung ein „Engpass-Syndrom" am linken Arm diagnostiziert und der Orthopäde die Diagnose eines HWS-Schulter-Arm-Syndroms links sowie eines CTS (Karpaltunnelsyndrom) links stellt, wobei zuletzt auch ein CT des Schädels, des Gehirns und der HWS angefertigt wird. **Verkennt der Neurologe anlässlich der erfolgten Überweisung des Patienten einen ausgedehnten rechtsseitigen Media-Infarkt bei Verschluss der rechtsseitigen Carotis interna mit einer mäßigen, rein motorischen Hemiparese, kann dies zwar zur Haftung des Neurologen unter dem Gesichtspunkt eines groben Behandlungsfehlers bzw. einer unterlassenen Befunderhebung (MRT unterlassen)**, nicht jedoch zur Haftung des überweisenden Internisten/Hausarztes führen. Selbst wenn man in der **unterlassenen Einholung einer zweiten Meinung bei einem anderen Neurologen einen einfachen Behandlungsfehler** sehen würde, scheidet eine Haftung des Internisten aus, wenn der vom Gericht beauftragte Sachverständige darlegt, dass eine bereits nach der ersten Vorstellung eingeleitete, sofortige medikamentöse und/oder gefäßchirurgische Intervention das Eintreten des Hirninfarktes möglicherweise nicht vermieden hätte (OLG Karlsruhe, Urt. v. 20. 12. 2000 – 7 U 7/99, AHRS III, 2002/305).

U 283 **Unterlassene Blutdruck- und Pulsmessung und unterlassene Durchführung einer Sonographie bei Anzeichen für eine TIA; positives Befundergebnis nicht hinreichend wahrscheinlich**

Ist die Messung von Blutdruck und Puls **nicht dokumentiert**, so ist davon auszugehen, dass diese Maßnahmen unterblieben sind. Die unterbliebene Untersuchung von Blutdruck und Puls ist aber nur dann **grob fehlerhaft, wenn sich Auffälligkeiten eingestellt haben, etwa Übelkeit und Unwohlsein des Patienten** (OLG Frankfurt, Urt. v. 4. 4. 2006 – 8 U 98/05, VersR 2007, 1276, 1277).

Die Unterlassung einer bei bestehenden Auffälligkeiten wie etwa Übelkeit und Unwohlsein **gebotenen Blutdruck- und Pulsmessung** durch den Pfleger oder Arzt führt nicht zu einer Beweislastumkehr unter dem Gesichtspunkt der „unterlassenen Befunderhebung", wenn der vom Gericht beauftragte Sachverständige feststellt, dass auch unmittelbar nach einer transitorisch-ischämischen Attacke (TIA), die beim Patienten tatsächlich eingetreten war, Blutdruck und Puls völlig normal sein können, so dass ein **„positives Befundergebnis" auch bei Durchführung dieser Untersuchungen (Blutdruck- und Pulsmessung) nicht hinreichend wahrscheinlich** wäre und damit auch nicht zwingend ein Zustand vorgelegen hätte, der eine sofortige Reaktion in Gestalt weiterer diagnostischer Maßnahmen (Sonographie, CT, MRT) unumgänglich gemacht hätte (OLG Frankfurt, Urt. v. 4. 4. 2006 – 8 U 98/05, VersR 2007, 1276, 1277).

Werden bei einem unter Bluthochdruck und insulinpflichtiger Diabetes leidenden Patienten deutliche Strömungsgeräusche über der linken Halsschlagader (Arteria carotis interna) festgestellt, ist es nicht fehlerhaft (unterlassene bzw. verspätete Befunderhebung), die **Durchführung einer Sonographie erst für den übernächsten Tag anzuordnen**, wenn keine klinisch fassbaren Symptome einer cerebralen arteriellen Mangeldurchblutung vorliegen und der Patient auch aus anderen Gründen (hier: zur Abklärung einer Harninkontinenz sowie einer röntgenologisch dargestellten Senkniere) in der betreffenden Klinik aufgenommen wird (OLG Frankfurt a. a. O.).

Einstweilen frei. U 284 – U 287

k) Hautarzt, Allgemeinmedizin; Biopsie unterlassen; Hautkrebs verkannt

Unterlassene Probebiopsie, die keinen zwingenden Tumornachweis (Hautkrebs) erbracht hätte U 288

Der Patient kann sich nicht auf eine Beweiserleichterung wegen unterlassener Befunderhebung berufen, wenn das Ergebnis der unterlassenen Befunderhebung wahrscheinlich der vom Arzt ohne die Befunderhebung gestellten Diagnose entsprochen hätte und **zur gleichen Behandlung** hätte führen müssen. Dies ist etwa dann der Fall, wenn der beklagte Arzt es zwar unterlässt, eine **Probebiopsie** (Entnahme einer Gewebeprobe zur feingeweblichen Untersuchung) zur Abklärung des Verdachts auf einen Hauttumor vorzunehmen, der gerichtlich bestellte Sachverständige es später jedoch als eher wahrscheinlich ansieht, dass bei durchgeführter Entnahme kein Hauttumor, sondern eine aktinische Kertose (Verhornungsstörungen auf Altershaut) befundet worden wäre (OLG Stuttgart, Urt. v. 27. 11. 2001 – 14 U 62/01, OLGR 2002, 156, 157).

Melanom verkannt, kein fundamentaler Diagnoseirrtum U 289

Die unterbliebene fotographische Dokumentation einer untersuchten Hautstelle, die vom Hautarzt (unzutreffend) als **„gesicherter Naevus, dermatologisch o. B."** (**Muttermal**, es bestehen zahlreiche gutartige Formen, vgl. Pschyrembel, 264. Aufl., S. 1415–1418) anstatt zutreffend mit **„V. a. Melanom"** (bösartiger Hauttumor, zahlreiche Formen, vgl. Pschyrembel, 264. Aufl., S. 1308–1310) befundet worden ist, führt nicht zu einer Beweiserleichterung zugunsten des Patienten, weil es (hier: sowohl im Jahr 2004 als auch im Jahr 2011) nicht allgemein geforderter Standard ist, derartige „o. B." befundete Hautstellen zu fotografieren.

Unterläuft dem Hautarzt ein (hier: jedenfalls nicht fundamentaler) Diagnoseirrtum, indem er ein später als solches diagnostiziertes Melanom als „Muttermal o. B." diagnostiziert, das von den Parteien übereinstimmend als „schrumpelige Rosine" beschrieben worden ist, ist ihm daneben **kein zur Beweislastumkehr führender Befunderhebungsfehler anzulasten**, wenn es sich um eine in der gegebenen Situation noch vertretbare Deutung der Befunde handelt und die Fehleinschätzung eine weitere Befunderhebung nicht geboten erscheinen lässt, das Unterlasssen der Erhebung weiterer Befunde (hier: Gewebeuntersuchung) somit Folge des (nicht fundamentalen) Diagnoseirrtums ist (OLG Brandenburg, Urt. v. 21.7. 2011 – 12 U 9/11, GesR 2012, 83, 84 = juris, Nr. 15, 18, 20).

Auch **ein „grober Behandlungsfehler" scheidet aus**, wenn der Hautarzt **das blutende Muttermal (hier: tatsächlich Melanom) ablasert**, anstatt die gebotene Gewebeuntersuchung zu veranlassen, die Laserbehandlung aber ohne negative Auswirkung auf das tatsächlich vorliegende Tumorgeschehen bleibt und die erforderliche histologische Diagnostik erst 5 Tage später eingeleitet wird. Es ist auch „äußerst unwahrscheinlich", dass sich der Kausalverlauf bei Meidung der Verzögerung von gerade 5 Tagen zugunsten der Patientin geändert hätte (OLG Brandenburg, GesR 2012, 83, 85: „ohne haftungsrechtliche Konsequenz").

U 290 – U 292 Einstweilen frei.

l) Pathologie; Krebserkrankung verkannt

U 293 **Pathologe, unterlassene Einholung einer zweiten Meinung**

Zwar kann auch unterhalb der Schwelle zum groben Behandlungsfehler bei der Unterlassung der Erhebung und/oder der Sicherung medizinisch gebotener Befunde für den Patienten eine Beweislastumkehr eingreifen, wenn der Patient zunächst beweist, dass die gebotene Befunderhebung mit hinreichender Wahrscheinlichkeit ein positives und deshalb aus medizinischer Sicht reaktionspflichtiges Ergebnis erbracht hätte und das Unterlassen der Reaktion hierauf als grober Fehler, sei es als fundamentaler Diagnoseirrtum, sei es als grober Behandlungsfehler, zu bewerten wäre. Dabei bedarf es keiner Unterscheidung zwischen dem Unterlassen der Befunderhebung an sich und dem Unterlassen einer einzelnen Maßnahme, weil in beiden Fällen die aus medizinischer Sicht gebotene (ordnungsgemäße) Befunderhebung unterblieben ist. Ein **(einfacher) Diagnosefehler** (hier: eines Pathologen) wird aber nicht deshalb zum Befunderhebungsfehler, weil der Arzt es unterlassen hat, die **schwierige Beurteilung des von ihm erhobenen Befundes durch die Einholung einer zweiten Meinung** (in der Pathologie ggf. bei einem Referenzzentrum) **zu überprüfen** (BGH, Urt. v. 9. 1. 2007 – VI ZR 59/06, VersR 2007, 541, 542 = NJW-RR 2007, 744, 746; ebenso BGH, Urt. v. 21.12. 2010 – VI ZR 284/09, VersR 2011, 400 = NJW 2011, 1672, Nr. 13, 20: Anästhesist wertet Röntgenbild fehlerhaft aus, kein fundamentaler Diagnoseirrtum, kein Befunderhebungsfehler, vgl. Rz. U 26).

U 294 – U 295 Einstweilen frei.

m) Augenarzt; Ultraschalluntersuchung, Sehkraftprüfung unterlassen; Tumor, Netzhautablösung verkannt

Unterlassene Sehkraftprüfung   U 296

Die Unterlassung einer aus medizinischer Sicht gebotenen Sehkraftprüfung nach einer diagnostizierten Bindehautentzündung stellt einen einfachen Behandlungsfehler dar und führt nicht zur Umkehr der Beweislast, wenn es nicht hinreichend wahrscheinlich ist, dass sich bei Durchführung der Sehkraftprüfung ein so deutlicher, für eine Netzhautablösung sprechender Befund ergeben hätte, dass sich dessen Verkennung als fundamental oder die Nichtreaktion hierauf als grob fehlerhaft darstellen müsste (BGH, NJW 1998, 1780, 1781 = VersR 1998, 457, 458: zur Feststellung eines möglichen groben Behandlungsfehlers und der Frage, ob ein Ursachenzusammenhang zwischen einem groben Behandlungsfehler und dem Primärschaden „gänzlich unwahrscheinlich" ist, zurückverwiesen).

Unterlassene Ultraschalluntersuchung eines Auges; Kausalität „äußerst un-   U 297
wahrscheinlich"

Beobachtet die Mutter bei ihrem zweijährigen Kind mehrfach ein „Aufleuchten der Pupille", ein sogenanntes **„Katzenauge" (Leukokorie)** und teilt sie dies dem behandelnden Augenarzt mit, hat dieser nach einer ohne Befund gebliebenen Augenhintergrunduntersuchung eine Ultraschalluntersuchung durchzuführen bzw. anzuraten. Bleibt auch diese ohne Befund, also ohne Feststellung eines Tumors, ist eine Untersuchung der Netzhaut (bei einem Kind in Narkose) zwingend geboten. Bei Erhebung dieser Befunde ist die Entdeckung eines **Retinoblastoms (Tumor im Auge) hinreichend wahrscheinlich.** Die Nichtreaktion auf einen solchen Befund – durch operative, bulbuserhaltende Therapie – wäre auch grob fehlerhaft (OLG Karlsruhe, Urt. v. 23. 4. 2004 – 7 U 1/03, VersR 2005, 1246; zur unterlassenen augenärztlichen Befunderhebung vgl. auch OLG Nürnberg, Urt. v. 24. 6. 2005 – 5 U 1046/04, OLGR 2006, 10, 11 = AHRS III, 1840/307). Hatte der Tumor zum Zeitpunkt der Untersuchung und Unterlassung weiter gehender Befunde jedoch eine bestimmte Größe erreicht (hier 25 mm × 17 mm × 14 mm), so ist es „gänzlich" bzw. **„äußerst unwahrscheinlich",** dass das Auge bei rechtzeitiger Diagnostik (bulbuserhaltende Therapie) noch hätte gerettet werden können (so OLG Karlsruhe, Urt. v. 23. 4. 2004 – 7 U 1/03, VersR 2005, 1246, 1247).

Einstweilen frei.   U 298 – U 299

n) Zahnarzt; Röntgenbild unterlassen, Entzündung verkannt

Schmerzsyndrom diagnostiziert, Entzündungsherd verkannt   U 300

Werden keine Anzeichen einer Entzündung, etwa in Form einer zunehmenden Aufbiss- oder Perkussionsempfindlichkeit, sondern vom Patienten nur pauschal Schmerzen im Bereich eines bestimmten Zahns geschildert, liegt ein Diagnoseirrtum (hier: unterhalb des vorwerfbaren Behandlungsfehlers) und keine „unterlassene Befunderhebung" vor, wenn das vom Zahnarzt angenommene generalisierte Schmerzsyndrom nach den Erkenntnismöglichkeiten zum Behandlungszeitpunkt gegenüber **einem konkreten Entzündungsherd** näherliegt. Ist die

Diagnose eines komplexen Schmerzsyndroms noch vertretbar, so ist dem Zahnarzt das Unterlassen weiterer diagnostischer Maßnahmen, insbesondere die Anfertigung von Röntgenaufnahmen, nicht als Behandlungsfehler in Form der „unterlassenen Befunderhebung" vorwerfbar (OLG Koblenz, Beschl. v. 4. 10. 2011 – 5 U 1078/11, GesR 2012, 19, 20; vgl. aber OLG Köln, Urt. v. 1. 3. 2006 – 5 U 148/04, AHRS III, 6590/342: Werden anhaltende Schmerzen im Bereich bereits behandelter Zähne beklagt, muss eine Röntgenkontrolle durchgeführt werden).

U 301 – U 309   Einstweilen frei.

VI. Unterlassene Befundsicherung

(vgl. auch Rz. B 1 ff., B 497 ff., D 18, D 412 ff., P 84)

U 310   Eine Beweislastumkehr greift nicht nur bei Vorliegen der Voraussetzungen der „unterlassenen Befunderhebung", sondern auch dann ein, wenn einzelne, aus medizinischer Sicht gebotene und tatsächlich auch erhobene **Befunde nicht gesichert bzw. nicht gegen Verlust geschützt** worden sind. Denn sowohl die Sicherung als auch die Aufbewahrung der Befunde i. d. R. für mindestens fünf bzw. zehn Jahre ist Aufgabe des Arztes (BGH, VersR 1996, 330, 331: Befundsicherungspflicht; OLG Zweibrücken, NJW-RR 2001, 667, 669; OLG Düsseldorf, Urt. v. 30. 1. 2003 – 8 U 159/01, VersR 2004, 792, 793: „Aufbewahrungszeit mindestens fünf, besser zehn Jahre"; OLG Hamm, Urt. v. 12. 12. 2001 – 3 U 119/00, NJW-RR 2003, 807, 808 = OLGR 2003, 93, 95 zur Lagerung von Gewebeproben; Muschner, VersR 2006, 621, 625: zehn Jahre gem. § 10 III MBO-Ä, **30 Jahre gem. §§ 28 IV Nr. 1 RöVO, 43 V StrahlenschutzVO bei Röntgenbildern, CT und MRT**, fünf Jahre bei Geschlechtskrankheiten).

Aufbewahrung ärztlicher Unterlagen, etwa erstellter Röntgen- oder Kernspinaufnahmen oder eines gefertigten EKG, sollen der Beweisnot des Patienten abhelfen, die ihm aus einem nicht von ihm zu vertretenden Grund in einem vom Klinikträger voll beherrschbaren Bereich durch den **Verlust oder die Vorenthaltung** der Beweismittel entsteht (OLG Hamm, Urt. v. 12. 12. 2001 – 3 U 119/00, OLGR 2003, 93, 96 = NJW-RR 2003, 807, 808: Lagerung von Gewebeproben „voll beherrschbar"; BGH, VersR 1996, 330, 331 = MDR 1996, 261 und S/Pa, 12. Aufl., Rz. 682 sowie Wenzel-Müller, Kap. 2 Rz. 1545: Unterlassene Befundsicherung steht unterlassener Befunderhebung gleich; L/K-Laufs-Kern, § 110 Rz. 17, 18; L/K-Schlund, § 55 Rz. 13, S. 692, 693, 700 mit Auflistung der durch § 630f III BGB z. T. überholten Aufbewahrungsfristen; Spickhoff-Greiner, § 823 BGB Rz. 192, 199; F/N/W, 5. Aufl., Rz. 140, 143; zur Beweisvereitelung vgl. Rz. B 497 ff.).

U 311   Schlund (bei Laufs/Kern, 4. Aufl. 2010, § 55 Rz. 13 und § 56 Rz. 17, S. 692, 693, 700) stellt die einzelenen Aufbewahrungsfristen dar. Gemäß § 10 III MBO-Ä 2011 sind ärztliche Aufzeichnungen für die Dauer von 10 Jahren nach Abschluss der Behandlung aufzubewahren, soweit nicht nach gesetzlichen Vorschriften eine längere Aufbewahrungspflicht besteht.

Das neue Patientenrechtegesetz sieht in § 630f III BGB ebenfalls eine Aufbewahrungsfrist „von 10 Jahren nach Abschluss der Behandlung, soweit nicht nach an-

deren Vorschriften eine längere Aufbewahrungsfrist besteht" vor. Röntgen- CT-
und MRT-Bilder u. a. sind gemäß § 28 IV der Röntgenverordnung 10 Jahre nach
der letzten Untersuchung und 30 Jahre nach der letzten Behandlung aufzubewahren.

Die 10-jährige Aufbewahrungsfrist gilt insbesondere für die Behandlungsunterlagen, Untersuchungsbefunde, Arztbriefe, EEG-Streifen, EKG-Streifen, Laborbü-
cher, Laborbefunde, Sonographieaufzeichnungen nebst Fotos und Prints
(Schlund a. a. O.).

Können tatsächlich erhobene Befunde oder Befundträger, etwa Gewebeproben,
Präparate u. a. innerhalb der (damals) üblichen **Aufbewahrungszeit von fünf Jahren** (so das OLG Düsseldorf, Urt. v. 30. 1. 2003 – 8 U 159/01, VersR 2004, 792,
793 bei Metaphasen und anderen Präparaten) bzw. **zehn Jahren** (so das OLG
Hamm, Urt. v. 12. 12. 2001 – 3 U 119/00, OLGR 2003, 93, 95 bei Gewebeproben;
Muschner, VersR 2006, 621, 625, s. o.) nicht mehr vorgelegt werden, so muss die
Behandlungsseite darlegen und beweisen, dass sie diesen Umstand nicht ver-
schuldet hat; ist **der Verbleib von Befundträgern – und Gleiches hat für eine Behandlungsdokumentation zu gelten – ungeklärt, so geht dies grundsätzlich zu
Lasten des Arztes** (OLG Hamm, Urt. v. 12. 12. 2001 – 3 U 119/00, OLGR 2003,
93 = NJW-RR 2003, 807, 808; ebenso bereits BGH, VersR 1996, 330, 331). | U 312

Die Beweislast dafür, dass die Gut- oder Bösartigkeit von Gewebeproben nicht
mehr geklärt werden kann, trägt der verantwortliche Arzt darüber hinaus auch
deshalb, weil ein Verstoß gegen die Befundsicherungspflicht jedenfalls dann
„**grob fehlerhaft**" ist, wenn die Gewebeproben etwa in Plastiksäcken gelagert
wurden (OLG Hamm, Urt. v. 12. 12. 2001 – 3 U 119/00, OLGR 2003, 93, 97 =
NJW-RR 2003, 807, 809). | U 313

Auch bei korrekter Lagerung hat ein Arzt über die ihm obliegende Pflicht zur Sicherung von Befunden hinaus Präparate, die zur Beurteilung der Kausalität eines
Behandlungsfehlers erforderlich sein können, etwa bei einem Umzug seiner Praxis in geeigneter Weise **gegen Verlust zu schützen**. Verstößt er gegen diese Verpflichtung, kann nach Verlust des Präparats eine Umkehr der Beweislast für
den Ursachenzusammenhang zwischen dem Befunderhebungs- bzw. Befundsi-
cherungsfehler und dem Schaden des Patienten zu Lasten des Arztes wegen fahrlässiger Beweisvereitelung in Betracht kommen (OLG Düsseldorf, Urt. v.
30. 1. 2003 – 8 U 159/01, VersR 2004, 792, 794: „voll beherrschbares Risiko").

Im Übrigen begründet ein **Verstoß gegen die Befundsicherungspflicht** nach bisheriger Rechtsprechung eine Beweiserleichterung (vgl. BGH, NJW 1996, 779;
NJW 1996, 1589; NJW 1987, 1482; OLG Hamm, Urt. v. 12. 12. 2001 – 3 U
119/00, NJW-RR 2003, 807, 808 = OLGR 2003, 93, 96), nach der geänderten Rspr.
des BGH zu den Fallgruppen des „groben Behandlungsfehlers" und der „unterlassenen Befunderhebung" grundsätzlich eine **Beweislastumkehr** (Spickhoff-
Greiner, § 823 BGB Rz. 199; S/Pa, 12. Aufl., Rz. 682; F/N/W, 5. Aufl., Rz. 143:
Verbleib der Unterlagen für den Arzt auch „voll beherrschbar") **für die Frage der
Kausalität**, wenn er die Aufklärung eines immerhin wahrscheinlichen Ursachenzusammenhanges zwischen einem – nachgewiesenen – ärztlichen Behand-
lungsfehler und dem Eintritt des Gesundheitsschadens beim Patienten er- | U 314

schwert (BGH, NJW 1994, 1596, 1597; OLG Zweibrücken, VersR 1999, 719, 721; OLG Düsseldorf, Urt. v. 30. 1. 2003 – 8 U 159/01, VersR 2004, 792, 793).

U 315   Ist z. B. eine Röntgenaufnahme oder eine EKG-Aufzeichnung nicht mehr auffindbar und kann die Behandlungsseite nicht beweisen, dass sie hieran kein Verschulden trifft (vgl. BGH, VersR 1996, 330, 331; F/N/W, 5. Aufl., Rz. 140, 143; G/G, 6. Aufl., Rz. B 212), so kann hieraus die Schlussfolgerung gezogen werden, dass der **Befundträger mit hinreichender Wahrscheinlichkeit ein reaktionspflichtiges Ergebnis** aufwies, wenn **ein solches Ergebnis hinreichend wahrscheinlich** war. Würde sich bei einem solchen – unterstellten – Ergebnis dessen Verkennung als fundamental und die Nichtreaktion hierauf in bestimmter Weise als grob fehlerhaft darstellen, kommt eine Beweislastumkehr für den Kausalzusammenhang eines festgestellten (einfachen) Behandlungsfehlers und dem eingetretenen Primärschaden in Betracht (BGH, NJW 1996, 1589 = VersR 1996, 633; Gehrlein, Rz. B 159, 146).

U 316   Dies ist etwa der Fall, wenn der Patient nach einem vermeintlichen Schwächeanfall von seinem Hausarzt nicht sofort notfallmäßig in ein Krankenhaus überstellt worden ist und das in seinem Verantwortungsbereich **verloren gegangene EKG mit hinreichender Wahrscheinlichkeit einen früheren Herzinfarkt** des Patienten gezeigt hätte (vgl. Gehrlein, Rz. B 159 a. E.).

U 317   Im Urteil vom 21. 11. 1995 (BGH, VersR 1996, 330, 331 = MDR 1996, 261 = NJW 1996, 779, 780 = juris Nr. 10) hatte der BGH – simpler – ausgeführt, wenn der Krankenhausträger über den (nicht dokumentierten) Verbleib von Röntgenaufnahmen keine Auskunft erteilen kann, sei der Patient **des Beweises der Tatsache enthoben**, dass ein bestimmter Umstand (hier: Reststein) auf den während der Operation gefertigten Röntgenaufnahmen erkennbar gewesen ist.

U 318   Voraussetzung einer Beweislastumkehr wegen unterlassener Befundsicherung bzw. unterlassener Aufbewahrung eines Befundes ist jedoch stets, dass für denjenigen, der einen Gegenstand – vorsätzlich oder fahrlässig – vernichtet oder vernichten lässt, der später als Beweismittel in Betracht kommt, bereits vor der Vernichtung erkennbar ist, dass dieser einmal eine Beweisfunktion haben könnte. Dem Patienten kommen deshalb **keine Beweiserleichterungen** unter dem Gesichtspunkt einer unterlassenen Befundsicherung zugute, wenn bei der Reoperation das resezierte Darmstück nicht aufbewahrt wird (OLG Stuttgart, OLGR 2001, 324, 327; vgl. zu den Einzelheiten Rz. B 497–B 499b).

U 319   Eine Beweislastumkehr kommt auch in Bereichen, in denen sich das Erheben und Sichern von Befunden lediglich auf medizinisches Gerät und selbst dort nur auf das Festhalten von dessen Alter und Gebrauchsdauer bezieht, nicht in Betracht (BGH, MDR 1994, 451 = NJW 1994, 1594; F/N/W, 5. Aufl., Rz. 143).

VII. Unterlassene Befundumsetzung

U 320   Wird eine gebotene Befunderhebung zwar angeordnet und in die Wege geleitet, deren reaktionspflichtiges Ergebnis aber vom behandelnden Arzt erst nach mehreren Tagen – im entschiedenen Fall erst nach drei Tagen – ausgewertet und damit für die Behandlung des Patienten **verspätet umgesetzt**, so liegt eine der „unterlassenen Befunderhebung" vergleichbare und gleich zu behandelnde Fallgruppe vor, bei der dem Patienten im Licht der neueren Rspr. des BGH eine Beweislastumkehr zugute kommt, wenn das Unterbleiben einer umgehenden Reaktion auf den zeitnah ausgewerteten Befund als grober Behandlungsfehler einzustufen wäre (so OLG Hamburg, Urt. v. 13. 8. 2004 – 1 U 5/04, OLGR 2004, 543, 545: dort ist noch von „Beweiserleichterungen" die Rede).

Ist etwa bei der Gabe eines Medikaments (hier: Leponex) nach den Herstellerrichtlinien beim Abfall der Leukozytenzahl wegen der hohen Gefahr einer Agranulozytose eine engmaschige Blutbildkontrolle erforderlich, so gehört es zu einer ordnungsgemäßen Befunderhebung und Befundauswertung, dass sie dem Arzt eine umgehende Reaktion auf den Befund ermöglicht (OLG Hamburg, Urt. v. 13. 8. 2004 – 1 U 5/04, OLGR 2004, 543).

Eine der Fallgruppe der „unterlassenen Befunderhebung" oder „unterlassenen Befundsicherung" vergleichbare Beweiserleichterung – nach der neueren Rspr. des BGH wohl auch in dieser Fallgruppe der **Beweislastumkehr** – hinsichtlich der Kausalität greift auch dann ein, wenn tatsächlich erhobene **Befunde falsch übertragen** werden (vgl. OLG Hamm, Urt. v. 25. 4. 2005 – 4 U 61/04, VersR 2005, 1244; auch OLG Karlsruhe, Urt. v. 20. 6. 2001 – 13 U 70/00, VersR 2002, 1426, 1427 zur Namensverwechslung auf einem Befundbericht). **U 321**

Unterlässt etwa eine Hebamme die erforderliche **Übernahme einer Eintragung, im entschiedenen Fall einer Schulterdystokie bei einer vorangegangenen Geburt vom Mutterpass in das Geburtsjournal**, so ist ihre Behauptung, die behandelnden Ärzte hätten die Mutter trotz dieser Eintragung nicht über die Alternative einer Schnittentbindung aufgeklärt, nicht als Berufung auf ein rechtmäßiges Alternativverhalten, sondern als Bestreiten der Kausalität ihres Fehlers für die bei der Vaginalgeburt aufgetretenen Komplikationen zu würdigen. Die Beweislast dafür, dass die Ärzte die Eintragung im Geburtsjournal zum Anlass für ein Aufklärungsgespräch über die Alternative einer Sectio genommen hätten, trägt allerdings das von den Eltern vertretene Kind. Ist der Fehler der Hebamme in diesem Fall nicht als grob einzustufen, kommt dem Kind eine der Fallgruppe der unterlassenen Befunderhebung bzw. Befundsicherung vergleichbare Beweiserleichterung hinsichtlich der Kausalität für diesen Fall der unterlassenen Befundübertragung nur zugute, wenn sich die Verkennung dieses Befundes als fundamental und die Nichtreaktion hierauf als grob fehlerhaft darstellen würde (OLG Bamberg, Urt. v. 25. 4. 2005 – 4 U 61/04, VersR 2005, 1244, 1245). **U 322**

Baxhenrich (VersR 2006, 80, 81) lehnt die Entscheidung des OLG Bamberg mit folgenden, u. E. zutreffenden Erwägungen ab: **U 323**

Das Unterlassen des Hinweises auf die ernsthaft in Betracht kommende Alternative einer Schnittentbindung (vgl. hierzu Rz. A 1382 ff., A 1420 ff.) stellt ein Aufklärungsversäumnis dar, für das sich die **Behandlungsseite zu entlasten** hat. Beruft sich die Hebamme bzw. der Krankenhausträger darauf, dass auch bei entsprechender Eintragung im Geburtsjournal seitens der Ärzte kein Hinweis auf die bestehende, ernsthafte Alternative erteilt worden wäre, bestreitet sich die Behandlungsseite die Ursächlichkeit der unterlassenen Aufklärung für den eingetretenen Schaden und ist natürlich auch hierfür beweisbelastet. Die Rechtsfigur der „unterlassenen Befunderhebung" sei im Übrigen im entschiedenen Fall gar nicht einschlägig, da die Nichtübertragung eines aus der vorausgegangenen Geburt resultierenden Befundes (hier: Schulterdystokie) mit dem Unterlassen einer gebotenen Untersuchungsmaßnahme **nicht gleichgestellt** werden könnte. Näher liegend sei vielmehr eine Paralelle zum Dokumentationsversäumnis.

Zur **Beweisvereitelung** vgl. Rz. B 497 ff. Zum Verlust der Krankenunterlagen und zur Aufbewahrungsdauer vgl. Rz. D 412 ff.

Verjährung

I. Übersicht

1. Regelverjährung drei Jahre

Das am 1. 1. 2002 in Kraft getretene Gesetz zur Modernisierung des Schuld- V 1
rechts (SMG) veränderte auch das Verjährungsrecht grundlegend. Die bis dahin
insbesondere für vertragliche Ansprüche des Patienten aus p.V.V. geltende
30-jährige Regelverjährung des § 195 BGB a.F. wurde grundsätzlich auf drei
Jahre gekürzt.

Der für deliktische Ansprüche geltende § 852 BGB a.F. wurde aufgehoben. Die V 2
neue Regelverjährung des **§ 195 BGB gilt sowohl für vertragliche Ansprüche
aus „Pflichtverletzung" (§ 280 I BGB) als auch für deliktische Ansprüche aus
unerlaubter Handlung (§§ 823 ff. BGB)** und die Ansprüche z.B. aus §§ 839 I,
839a, 812 ff., 677, 683, 670 BGB (G. o. A.). Die bisherigen zwei-, drei- und vierjährigen Fristen der §§ 196, 197, 852 BGB a.F. entfallen und gehen in § 195 BGB auf
(vgl. Mansel, NJW 2002, 89, 90; Mansel/Budzikiewicz, NJW 2005, 321 ff.; Palandt-Ellenberger, 72. Aufl. 2013, vor § 194 BGB Rz. 2, 3, 13, 14; Ott, MDR 2002,
1 ff.).

2. Verjährung und Verwirkung von Arztrechnungen

Bei Rechnung von Werk- und Dienstleistern ist der Anspruch grundsätzlich fäl- V 3
lig und entstanden, wenn der Gläubiger die Rechnung hätte erteilen können (vgl.
Palandt-Ellenberger, 72. Aufl., § 199 BGB Rz. 6). In einigen Sonderregelungen ist
bestimmt, dass die Fälligkeit erst mit Zugang einer Rechnung eingeht, so nach
§ 16 Nr. 3 VOB/B bei Werkleistungen unter Vereinbarung der VOB/B, nach § 8
HOAI beim Architektenhonorar und gem. § 12 II GOÄ beim Arzthonorar und
gemäß § 10 II GOZ beim Zahnarzthonorar (vgl. LG München I, Urt. v.
18. 11. 2002 – 9 S 12869/01, VersR 2004, 1009, 1010; Spickhoff, § 12 GOÄ Rz. 2,
3 und Spickhoff-Pannke, § 10 GOZ Rz. 2, 3). Wird keine Rechnung erteilt, wären die unter die Sonderregelungen fallenden Forderungen praktisch unverjähr-
bar. So tritt die **Fälligkeit der Forderung des Arztes mit der Erteilung einer prüf-
baren Honorarrechnung ein, und zwar nicht erst dann, wenn sich die Forderung
als berechtigt erweist** (BGH, Urt. v. 21. 12. 2006 – III ZR 117/06, NJW-RR 2007,
494 = VersR 2007, 499; G/G, 6. Aufl., Rz. A 2: § 12 II-IV GOÄ), selbst wenn die
Behandlung zum Zeitpunkt des Zugangs der Rechnung schon zwei Jahre zurückliegt (LG München I, Urt. v. 18. 11. 2002 – 9 S 12869/01, VersR 2004, 1009).

Nach Ansicht des LG München I kann der Patient **einen früheren Beginn der** V 4
Verjährung dadurch erreichen, indem er dem Arzt eine angemessene **Frist zur
Rechnungstellung** setzt. Wird die Honorarrechnung bis zum Ablauf der Frist
nicht erteilt, muss er sich so behandeln lassen, als sei die Rechnung innerhalb

der gesetzten angemessenen Frist erteilt worden (BGH, NJW-RR 1986, 1279 für § 8 HOAI; LG München I, VersR 2004, 1009, 1010 für Arztrechnungen).

V 5 Der Honoraranspruch eines Arztes oder Zahnarztes ist nach ganz herrschender Ansicht **jedenfalls dann verwirkt**, wenn dieser mit der Stellung seiner Honorarrechnung **mehr als drei Jahre nach Abschluss der Behandlung zuwartet** und seit dem Zeitpunkt der letzten Behandlung knapp sieben Jahre vergangen sind. Dies gilt jedenfalls dann, wenn der Patient die Behandlung unter Berufung auf die angebliche Fehlerhaftigkeit abgebrochen und den Arzt dazu aufgefordert hat, keine Rechnung zu stellen (OLG Nürnberg, Beschl. v. 9. 1. 2008 – 5 W 2508/07, MDR 2008, 377, 378; Palandt-Grüneberg, 72. Aufl. 2013, § 242 BGB Rz. 107; Spickhoff-Pannke, § 10 GOZ Rz. 3). Gerade weil der Beginn der Verjährung ärztlicher Honorarforderungen voraussetzt, dass eine Honorarrechnung erteilt wird, **muss der Arzt die Rechnung innerhalb angemessener Frist erstellen, um sich nicht dem Einwand der Verwirkung auszusetzen** (OLG Nürnberg, MDR 2008, 377, 378; OLG Düsseldorf, VersR 1993, 970; Pannke a. a. O.).

3. Sonderregelungen

V 6 Sonderregelungen bei Vorliegen von Sach- und Rechtsmängeln finden sich beim **Kaufrecht in § 438 BGB (2, 5 und 30 Jahre), beim Werkvertragsrecht in § 634a BGB (2, 3 und 5 Jahre) und beim Reiserecht in § 651g II BGB (2 Jahre)**. Bei Rechten an einem Grundstück gilt gem. § 196 BGB n. F. eine 10-jährige, für Herausgabeansprüche aus Eigentum, anderen dinglichen Rechten, rechtskräftig festgestellten Ansprüchen sowie Ansprüchen aus vollstreckbaren Vergleichen und vollstreckbaren Urkunden gem. § 197 I Nr. 1, Nr. 3 und 5 BGB n. F. eine 30-jährige Verjährungsfrist. Zu den rechtskräftig festgestellten Ansprüchen zählen auch der Schiedsspruch nach § 1055 ZPO und der Schiedsvergleich gem. § 1053 ZPO, zu den Ansprüchen aus vollstreckbaren Vergleichen die gem. § 794 I Nr. 1 ZPO, die vor einer Gütestelle gem. § 797a ZPO, die im PKH-Verfahren gem. § 118 I 3 ZPO und die im selbständigen Beweisverfahren abgeschlossenen Vergleiche.

V 6a Zu beachten ist, dass die **3-jährige Verjährungsfrist des § 195 BGB nur für das Stammrecht**, nicht dagegen für die aus dem Stammrecht fließenden weiteren Ansprüche auf wiederkehrende Leistungen gilt (z. B. Unterhalt, Waisengeld, Pflegegeld etc.). Für diesen Anspruch ist § 197 BGB a. F., nunmehr § 197 II BGB n. F. anzuwenden. Die ausschließliche Anwendbarkeit des § 197 BGB gilt auch hinsichtlich des Beginns der Verjährungsfrist. **Deshalb können Ansprüche auf wiederkehrende Leistungen bereits vor Kenntniserlangung verjährt sein** (BGH, Urt. v. 10. 1. 2012 – XI ZR 96/11, VersR 2012, 372, 374 = GesR 2012, 155, Nr. 16, 18).

V 7 Allerdings ist – auch gerade in Arzthaftungssachen – zu beachten, dass rechtskräftig festgestellte oder in vollstreckbaren Vergleichen geregelte **Ansprüche, die künftig fällig werdende, regelmäßig wiederkehrende Leistungen, etwa Rentenzahlungen gem. §§ 843 I, 844 II BGB zum Inhalt haben, gem. § 197 II BGB innerhalb von drei Jahren ab ihrer Entstehung verjähren**. Die bis zur Rechtskraft eines Urteils oder bestandskräftigen Vergleichs aufgelaufenen Leistungen (Zinsen, Unterhaltsraten und andere regelmäßig wiederkehrende Leistungen) verjähren gemäß § 197 I BGB in 30 Jahren, die nach Rechtskraft fällig werdenden Leistungen unterliegen gemäß § 197 II BGB der Regelverjährung. Für den Verjährungsbeginn gilt insoweit § 199 BGB einschließlich der Ultimo-Regel des § 199 I 1 BGB (Palandt-Ellenberger, § 197 BGB Rz. 10). Es empfiehlt sich also, eine **außergerichtliche Abfindungs- bzw. Feststellungserklärung mit dem Zusatz zu versehen „mit der Wirkung eines rechtskräftigen Feststellungsurteils"** oder zumindest festzuhalten „alle in dieser Vereinbarung geregelten Ansprüche unterliegen einer 30-jährigen Verjährungsfrist".

4. Beginn der Verjährung

Die **Verjährung beginnt** gem. § 199 I BGB anders als § 198 BGB a.F. nicht mehr mit der Entstehung des Erfüllungsanspruchs, sondern mit dem **Schluss des Jahres**, in dem der **Anspruch entstanden** ist und der Gläubiger von dem den Anspruch begründenden Umstand und der Person des Schuldners Kenntnis erlangt hat oder bis zum 31.12., 24.00 Uhr des jeweiligen Jahres ohne grobe Fahrlässigkeit hätte erlangen müssen. Anders als nach bisherigem Recht schadet dem Patienten also ab dem 1. 1. 2002 grobe Fahrlässigkeit, etwa wenn er es unterlässt, die Behandlungsunterlagen, aus denen sich ein Behandlungsfehler auch für einen Laien erschließen lässt (selten!), einzusehen bzw. durch einen von ihm beauftragten Rechtsanwalt gegen Erstattung der Kopiekosten zusenden zu lassen. **V 8**

Lag die **Kenntnis am 31. 12. 2001, 24.00 Uhr** bereits vor oder hätte sich der Patient (Gläubiger) die Kenntnis von Schaden und Schädiger bis dahin ohne weiteres verschaffen können (grob fahrlässige Unkenntnis, § 199 I Nr. 2 BGB), so trat die Verjährung seiner vertraglichen und deliktischen Ansprüche mit Ablauf des 31. 12. 2004 ein (BGH, Urt. v. 23. 1. 2007 – XI ZR 44/06, NJW 2007, 1584, 1586 = VersR 2007, 1090, 1093; Urt. v. 25. 10. 2007 – VI ZR 205/06, NJW-RR 2008, 258; OLG Braunschweig, Urt. v. 30. 11. 2005 – 3 U 21/03, ZGS 2006, 79, 80 = ZIP 2006, 180, 183; OLG Bamberg, Beschl. v. 6. 10. 2005 – 4 U 148/05, NJW 2006, 304; OLG Düsseldorf, Beschl. v. 27. 4. 2006 – I-24 U 171/05, ZGS 2006, 435, 436; OLG Stuttgart, ZIP 2005, 2152, 2156; vgl. auch Fellner, MDR 2009, 670, 672). **V 9**

5. Überleitungsvorschriften

Gem. Art. 229 § 6 I 1 EGBGB finden §§ 199 BGB ff. n.F. auf alle am 1. 1. 2002 bestehenden und bis dahin nicht verjährten Forderungen Anwendung, wobei sich gem. Art. 229 § 6 III EGBGB insbesondere die zweijährigen Fristen des § 196 I Nr. 1–17 BGB a.F. sowie die Jahres- und Halbjahresfristen der §§ 477, 638 BGB a.F. für kauf- und werkvertragliche Ansprüche aus §§ 459, 463 S. 1, 634 I, 635 BGB a.F., deren Verjährungslauf vor dem 1. 1. 2002 begann, durch die Einführung des § 199 I BGB nicht verlängern, sondern im Jahr 2002 (§§ 477, 638 BGB n.F.) bzw. spätestens im Jahr 2003 (§ 196 BGB a.F.) abgelaufen sind (vgl. Bereska, ZAP 2001, 1513, 1522; AnwBl. 2001, 404, 408; Palandt-Ellenberger, 72. Aufl. 2013, Art. 229, § 6 EGBGB Rz. 1–6). **V 10**

Soweit die Verjährungsfrist der §§ 195, 199 BGB kürzer ist als diejenige aus §§ 195, 852 BGB a.F., etwa für vor dem 1. 1. 2002 entstandene Ansprüche des **V 11**

Patienten gegen einen Arzt auf Ersatz seines materiellen Schadens aus p. V. v. (ab 1. 1. 2002: § 280 I BGB) wegen eines Behandlungs- oder Aufklärungsfehlers, beginnt gem. Art. 229 § 6 IV 1 EGBGB die **kürzere Frist der §§ 195, 199 I BGB am 1. 1. 2002, 00.00 Uhr zu laufen, wenn die gem. § 199 I Nr. 1 und Nr. 2 BGB erforderliche Kenntnis bzw. grob fahrlässige Unkenntnis zu diesem Zeitpunkt beim Gläubiger vorlag** (BGH, Urt. v. 23. 1. 2007 – VI ZR 44/06, NJW 2007, 1584, 1586 = VersR 2007, 1090, 1093; BGH, Urt. v. 19. 3. 2008 – III ZR 220/07, NJW-RR 2008, 1237, 1238, Nr. 7; Urt. v. 25. 10. 2007 – VII ZR 205/06, NJW-RR 2008, 258; BGH, Urt. v. 6. 3. 2008 – XI ZR 319/06, NJW 2008, 2576, 2578, Nr. 23 und NJW 2008, 506, 507, Nr. 8).

V 12   **Die Höchstfristen des § 199 II, III, IV BGB** begannen in jedem Fall am 1. 1. 2002 zu laufen und enden – wegen § 193 BGB – am 2. 1. 2012 (der 31. 12. 2011 ist ein Samstag) bzw. am 31. 12. 2031. Die „Ultimoregel" des § 199 I 1 BGB gilt hier nicht (Stenzel ZGS 2006, 130, 135; Palandt-Ellenberger, 72. Aufl. 2013, Art. 229, § 6 EGBGB Rz. 1–6).

Hat also ein Patient aufgrund eines ärztlichen **Behandlungsfehlers** vom **29. 10. 2001**, der sich auch einem Laien bei genauer Durchsicht der Behandlungsunterlagen bzw. nach Einsicht in Ermittlungsakten, ein medizinisches Gutachten o. a. erschließen würde, einen unmittelbar nach der Behandlung offenbar werdenden und ab dem 15. 11. 2001 zu einem Verdienstausfall führenden Gesundheitsschaden erlitten, **beginnt die dreijährige Verjährung** seines deliktischen Anspruchs auf Schmerzensgeld (§§ 823 I, 847, 852 BGB a. F.) **mangels positiver Kenntnis** des haftungsbegründenden Geschehens **vor dem 1. 1. 2002 nicht zu laufen**. Die 30-jährige Verjährung seines vertraglichen Anspruchs auf Ersatz des Verdienstausfalls (p. V. v., § 195 BGB a. F.) setzt ab dem 15. 11. 2001 für die jeweils entstandenen materiellen Schäden einschließlich vorhersehbarer Spätfolgen ein, würde also erst am 15. 11. 2031 enden, sofern nicht bereits § 197 BGB eingreift.

V 13   Gem. Art. 229 § 6 IV 1 EGBGB beginnt jedoch sowohl für die vertraglichen (jetzt § 280 I BGB) als auch die deliktischen Ansprüche am 1. 1. 2002 die dreijährige Verjährung des § 195 i. V. m. § 199 I BGB zu laufen, da der Anspruch bis zu diesem Zeitpunkt entstanden ist und dem Patienten das den nicht angeforderten Behandlungsunterlagen zu entnehmende Vorliegen eines Behandlungsfehlers infolge grober Fahrlässigkeit unbekannt geblieben ist. Nach § 187 II BGB ist der 1. 1. 2002 bei der Fristberechnung einzubeziehen, so dass die **Ansprüche des Patienten mit Ablauf des 31. 12. 2004 verjährten.**

V 14 – V 17   Einstweilen frei.

II. Beginn der Verjährung

1. Kenntnis und grob fahrlässige Unkenntnis

a) Kenntnis

V 18   Für den **Beginn der Verjährungsfrist des § 852 I BGB a. F. wie auch der §§ 195, 199 I BGB** ist es nicht erforderlich, dass der Geschädigte alle Einzelumstände des Schadensverlaufs kennt und sich ein genaues Schadensbild macht; grundsätzlich genügt die **Kenntnis des haftungsbegründenden Geschehens und die Beteiligung des Schädigers hieran**, um die Verjährung einheitlich auch für den erst in der Zukunft entstehenden Schaden beginnen zu lassen, soweit er **für Fachkreise (z. B. entsprechende Fachärzte) vorhersehbar** ist (BGH, Urt. v. 14. 2. 2006 – VI ZR 322/04, NZV 2006, 408 = MDR 2006, 987; Urt. v. 16. 11. 1999 – VI ZR 37/99, NJW 2000, 861, 862 = MDR 2000, 270, 271; NJW 1997, 2448, 2449; OLG Brandenburg, Urt. v. 29. 11. 2006 – 7 U 3/06, ZfS 2007, 621, 622: Schädigung für Fachkreise, d. h. entsprechende Fachärzte als mögliche Folgen vorhersehbar; OLG Jena, Urt. v. 5. 6. 2012 – 4 U 159/11, GesR 2013, 29, 30; R/L-Ratzel, § 29 Rz. 2, 6; Palandt-Ellenberger, § 199 BGB Rz. 34; vgl. Rz. V 78 ff.).

Entscheidend ist danach, ob der Verletzte aufgrund der ihm bekannten Tatsachen gegen eine bestimmte Person eine Schadenersatzklage, sei es auch nur eine **Feststellungsklage, erheben kann, die bei verständiger Würdigung so viel Erfolgsaussicht hat, dass sie ihm zuzumuten ist** (BGH, Urt. v. 10. 11. 2009 – VI ZR 247/08, MedR 2010, 258 = VersR 2010, 214, Nr. 14, 18, 20; BGH, Urt. v. 23. 9. 2008 – XI ZR 253/07, NJW-RR 2009, 544, 546, Nr. 32; Urt. v. 6. 3. 2008 – XI ZR 319/06, NJW 2008, 2576, 2578, Nr. 27; NJW 2008, 506, 508 = WM 2008, 89, 91, Nr. 15; Urt. v. 3. 3. 2005 – III ZR 353/04, VersR 2006, 373; Urt. v. 22. 1. 2004 – III ZR 99/03, NJW-RR 2004, 1069, 1070 = VersR 2005, 1695, 1696; Urt. v. 6. 2. 2003 – III ZR 223/02, VersR 2003, 873, 874; NJW 2001, 885 = VersR 2001, 108, 109). Der Geschädigte muss aber **keineswegs bereits hinreichend sichere Beweismittel in der Hand haben**, um einen Rechtsstreit, sei es auch nur in Form der Feststellungsklage, im Wesentlichen risikolos führen zu können (BGH, Urt. v. 6. 3. 2008 – XI ZR 319/06, NJW 2008, 2576, 2579, Nr. 28).

V 19

Erforderlich und genügend ist im Allgemeinen die **Kenntnis der tatsächlichen Umstände**; nicht vorausgesetzt wird die zutreffende rechtliche Würdigung des bekannten Sachverhalts. **Daher kommt es grundsätzlich nicht darauf an, ob der Geschädigte die Rechtswidrigkeit des Geschehens, das Verschulden des Schädigers und den in Betracht kommenden Kausalverlauf richtig einschätzt** (BGH, Urt. v. 6. 3. 2008 – XI ZR 319/06, NJW 2008, 2576, 2578, Nr. 27; Urt. v. 3. 3. 2005 – III ZR 353/04, VersR 2006, 373, 374; VersR 2002, 848, 851; VersR 1999, 981, 982 = NJW 1999, 2041, 2042; BGH, Urt. v. 26. 2. 2013 – XI ZR 498/11, NJW 2013, 1801, 1802, Nr. 27, 28).

b) Grob fahrlässige Unkenntnis

Seit dem 1. 1. 2002 ist der positiven Kenntnis des Geschädigten die grob fahrlässige Unkenntnis gleichgestellt, § 199 I Nr. 2 BGB. **Grob fahrlässig handelt der Gläubiger, der die im Verkehr erforderliche Sorgfalt nach den gesamten Umständen in ungewöhnlich hohem bzw. grobem Maß verletzt und unbeachtet lässt, was jedem Angehörigen der jeweiligen Verkehrskreise in der jeweiligen Situation hätte einleuchten müssen** (BGH, Urt. v. 17. 4. 2012 – VI ZR 108/11, MDR 2012, 766 = VersR 2012, 1005 = NJW 2012, 2644, Nr. 18; BGH, Urt. v. 28. 2. 2012 – VI ZR 9/11, MDR 2012, 769 = VersR 2012, 738 = NJW 2012, 1789, Nr. 17; BGH, Urt. v. 10. 11. 2009 – VI ZR 247/08, NJW-RR 2010, 681 = VersR 2010, 214, Nr. 13, 15; BGH, Urt. v. 22. 9. 2011 – III ZR 186/10, NJW-RR 2012, 111, 112,

V 20

Nr. 8: **das Unterlassen von Ermittlungen muss nach Lage des Falles als geradezu unverständlich erscheinen**; BGH, Urt. v. 27. 9. 2011 – VI ZR 135/10, VersR 2011, 1575, Nr. 10; BGH, Urt. v. 23. 9. 2008 – XI ZR 253/07, NJW-RR 2009, 544, 546, Nr. 32, 33; vgl. hierzu Rz. V 44 ff.).

c) Jahresschluss

V 21   Für den Beginn der Verjährung ist der **Schluss des Jahres, in dem der Anspruch entstanden ist**, maßgeblich. Sind dem Gläubiger die Voraussetzungen des Ersatzanspruchs grundsätzlich bekannt oder infolge grober Fahrlässigkeit unbekannt, beginnt die Verjährung auch für die erst in der Zukunft entstehenden Schäden mit **dem Schluss des Jahres zu laufen**, in dem zumindest der erste Teilbetrag des Schadens fällig geworden ist bzw. geworden wäre (Palandt-Ellenberger, § 199 BGB Rz. 3, 16, 36; auch OLG Hamm, NJW-RR 1999, 252) bzw. sich der erste von mehreren Schadensposten verwirklicht hat (Mansel, NJW 2002, 89, 91). Dies gilt jedoch nicht für solche Schadensfolgen, die auch aus der Sicht (medizinischer) Fachkreise zum Zeitpunkt der allgemeinen Kenntnis des Patienten **nicht vorhersehbar** gewesen sind (BGH, Urt. v. 14. 2. 2006 – VI ZR 322/04, NZV 2006, 408, 409 = MDR 2006, 987; MDR 2000, 270; OLG Brandenburg, Urt. v. 29. 11. 2006 – 7 U 3/06, ZfS 2007, 621, 622; Palandt-Ellenberger, 71. Aufl. 2013, § 199 BGB Rz. 14, 34; R/L-Ratzel, § 29 Rz. 2, 6; zu den Einzelheiten vgl. unten Rz. V 78 ff.).

2. Behandlungsfehler

a) Übersicht

V 22   Die für den Beginn der Verjährung des **§ 852 BGB a. F.** wie auch der **§§ 195, 199 I BGB** erforderliche **positive Kenntnis** vom Vorliegen eines Behandlungsfehlers kann nicht schon dann bejaht werden, wenn dem Patienten lediglich der negative Ausgang der ärztlichen Behandlung bekannt ist. Vielmehr gehört zur Kenntnis der den Anspruch begründenden Tatsachen **das Wissen, dass sich in dem Misslingen der ärztlichen Tätigkeit das Behandlungs- und nicht das Krankheitsrisiko verwirklicht hat** (BGH, Urt. v. 10. 11. 2009 – VI ZR 247/08, VersR 2010, 214 = NJW-RR 2010, 681 = MedR 2010, 258, Nr. 6; BGH, Urt. v. 28. 2. 2012 – VI ZR 9/11, MDR 2012, 769 = VersR 2012, 738 = MedR 2013, 31 = NJW 2012, 1789, Nr. 19; BGH, Urt. v. 31. 10. 2000 – VI ZR 198/99, NJW 2001, 885 = VersR 2001, 108; OLG Frankfurt, VersR 2001, 1572, 1573: „**Schluss auf bestimmten Kausalzusammenhang muss naheliegend erscheinen**"; OLG Naumburg, Urt. v. 14. 8. 2001 – 1 U 106/00, OLGR 2002, 16: **Kenntnis der Abweichung vom medizinischen Standard erforderlich**; OLG Zweibrücken, NJW-RR 2001, 667, 670: **muss „nahe liegen"**; OLG München, Urt. v. 23. 12. 2011 – 1 U 3410/09, juris, Nr. 126, 128; OLG Jena, Urt. v. 5. 6. 2012 – 4 U 159/11, juris, Nr. 40, 42).

V 23   Hierzu muss der Patient nicht nur **die wesentlichen Umstände des Behandlungsverlaufs**, insbesondere die gewählte Therapie kennen (bzw. infolge grober Fahrlässigkeit nicht kennen), sondern auch **Kenntnis (bzw. grob fahrlässige Unkenntnis) von solchen Tatsachen erlangen, aus denen sich für ihn als medizinischen Laien ergibt, dass der behandelnde Arzt von dem üblichen medizinischen Vorgehen abgewichen ist oder Maßnahmen nicht getroffen hat, die nach dem ärzt-**

lichen Standard zur Vermeidung oder Beherrschung von Komplikationen erforderlich waren (BGH, Urt. v. 10. 11. 2009 – VI ZR 247/08, MDR 2010, 81, 82 = VersR 2010, 214, 215 = NJW-RR 2010, 681, 682, Nr. 6; BGH, Urt. v. 19. 3. 2008 – III ZR 220/07, NJW-RR 2008, 1237, 1238, Nr. 7; Urt. v. 30. 10. 2000 – VI ZR 198/99, NJW 2001, 885, 886 = VersR 2001, 108, 109; BGH, NJW 1999, 2734, 2735; OLG Düsseldorf, VersR 1986, 1193: Kenntnis der behandlungsimmanenten Komplikation und eingetretener Dauerfolgen bei Strahlenschäden ausreichend; OLG Frankfurt, VersR 1993, 579: **Kenntnis der versehentlichen Durchtrennung des Gallenganges durch konkreten Arzt ausreichend**; OLG Jena, Urt. v. 5. 6. 2012 – 4 U 159/11, juris, Nr. 40, 42: **keine Kenntnis bzw. grob fahrlässige Unkenntnis, wenn Gutachterkommission/Schlichtungskommission einen Behandlungsfehler verneint hat**; OLG Karlsruhe, Urt. v. 9. 5. 2012 – 7 U 44/11, juris, Nr. 19, 22: keine Kenntnis bzw. grob fahrlässige Unkenntnis der Mitarbeiter der Regressabteilung einer Versicherung bzw. eines Sozialversicherungsträgers; OLG Koblenz, Urt. v. 25. 3. 2010 – 5 U 1514/07, VersR 2011, 403: **keine Kenntnis bzw. grob fahrlässige Unkenntnis, wenn Patient zunächst davon ausgehen konnte, dass eine Harninkontinenz schicksalhafte Folge einer sachgemäß durchgeführten OP war**; OLG Koblenz, Urt. v. 29. 6. 2006 – 5 U 1591/05, OLGR 2006, 951, 953: Patient muss als medizinischer Laie erkennen bzw. erkennen können, dass der aufgetretene Gesundheits- bzw. Körperschaden auf einem fehlerhaften Verhalten des Arztes beruht; OLG Koblenz, Urt. v. 14. 7. 2011 – 5 U 223/11, MedR 2012, 400: **kein Verjährungsbeginn bei gegenläufigen medizinischen Meinungen**; OLG München, Urt. v. 23. 12. 2011 – 1 U 3410/09, juris, Nr. 126, 129, 137: **keine Kenntnis bzw. grob fahrlässige Unkenntnis, wenn ein MDK-Gutachten einen Behandlungsfehler zunächst verneint hat**; OLG München, VersR 1996, 63: Kenntnis fehlerhafter Geburtsleitung ausreichend; OLG München, VersR 1992, 1407: **Kenntnis der Nichtbehandlung einer Trümmerfraktur ausreichend**; OLG Oldenburg, NJW-RR 1998, 1245; VersR 1992, 453: **Verdacht, dass Hirnschädigung auf Behandlungsfehler bei der Geburt zurückzuführen ist, nicht ausreichend**; OLG Zweibrücken, NJW-RR 2001, 667, 670 und, VersR 1998, 1286, 1287; LG Duisburg, Urt. v. 25. 1. 2006 – 3 O 167/05, MedR 2006, 433, 434: Kenntnis vom Nichterkennen eines vorzeitigen Blasensprungs, wodurch es zur Frühgeburt eines behinderten Kindes kam, ausreichend, zutreffende medizinische Bewertung nicht erforderlich; vgl. G/G, 6. Aufl., Rz. D 4, 6, 8; F/N/W, 5. Aufl., Rz. 240–243; R/L-Ratzel, § 29 Rz. 2, 3, 6; vgl. auch Jaeger, MedR 2012, 402 und MedR 2012, 675).

Die Kenntnis vom Misserfolg oder einer Behandlungskomplikation reicht also alleine noch nicht aus, um die Kenntnis oder grob fahrlässige Unkenntnis eines haftungsrelevanten Behandlungsfehlers zu begründen. Dem Patienten müssen vielmehr **diejenigen Behandlungstatsachen positiv bekannt geworden sein bzw. aufgrund grober Fahrlässigkeit nicht zur Kenntnis genommen worden sein, die – im Hinblick auf einen Behandlungsfehler – ein ärztliches Fehlverhalten und – im Hinblick auf die Kausalität – eine ursächliche Verknüpfung der Schadensfolge mit dem Behandlungsfehler nahelegen** (OLG Jena, Urt. v. 5. 6. 2012 – 4 U 159/11 bei Greiff, GesR 2013, 29, 30). **V 24**

Sind mehrere aufeinanderfolgende und nebeneinanderstehende (zahn-)ärztliche Pflichtverletzungen mit jeweils unterschiedlichen Beeinträchtigungen Gegenstand der Klage, müssen die den Verjährungsbeginn herbeiführenden Voraussetzungen des § 199 I Nr. 2 BGB im Hinblick **auf jede einzelne Pflichtverletzung getrennt geprüft werden** (OLG Koblenz, Urt. v. 14. 7. 2011 – 5 U 223/11, MedR 2012, 400 mit krit. Anm. Jaeger, MedR 2012, 402). Die für den Beginn der Verjährung erforderliche Kenntnis des Geschädigten kann fehlen, wenn dieser **in Folge einer durch die Verletzung erlittenen retrograden Amnesie keine Erinnerung an das Geschehen hat** (BGH, Urt. v. 4. 12. 2012 – VI ZR 217/11, VersR 2013, 246).

b) Kenntnis der Abweichung vom ärztlichen Standard

V 25   Von einem Patienten kann zur Bejahung der „positiven Kenntnis" (zur „grob fahrlässigen Unkenntnis" s. u. Rz. V 44 ff.) daher grundsätzlich **nicht erwartet werden, dass er die Krankenunterlagen auf ärztliche Behandlungsfehler hin überprüft** (OLG Zweibrücken, NJW-RR 2001, 667, 670 zum alten Recht) **oder eine polizeiliche Ermittlungsakte nicht umgehend zur Einsichtnahme anfordert bzw. anfordern lässt** (OLG Jena, Urt. v. 29. 11. 2000 – 4 U 1677/99, OLGR 2002, 381). Wird zum Beispiel bei der Aufnahme einer Schwangeren eine Ultraschalluntersuchung unterlassen, so wird die Verjährungsfrist erst in Gang gesetzt, wenn der Patientin, im Falle der Minderjährigkeit ihren Eltern als gesetzlichen Vertretern bekannt wird, dass die Ärzte mit diesem Versäumnis von dem üblichen ärztlichen Vorgehen abgewichen sind (BGH, NJW 1991, 2350; Gehrlein, Rz. D 4).

V 26   Eine Patientin ist auch nicht gehalten, allein aus der **eingetretenen erheblichen Schadensfolge** (hier: Dammriss bei einer Entbindung) auf das Vorliegen eines Behandlungsfehlers zu schließen oder deshalb besondere Recherchen hinsichtlich der Schadensursache anzustellen (BGH, Urt. v. 10. 11. 2009 – VI ZR 247/08, VersR 2010, 214 = NJW-RR 2010, 681, Nr. 7).

V 26a   Gleiches gilt, wenn der Patient davon ausgehen kann, dass eine **Harninkontinenz nach einer Prostataresektion schicksalhafte Folge einer sachgemäß durchgeführten Operation** ist (OLG Koblenz, Urt. v. 25. 3. 2010 – 5 U 1514/07, VersR 2011, 403).

V 26b   Aus einer **kritischen fachärztlichen Meinungsäußerung des Nachbehandlers** kann die für den Verjährungsbeginn maßgebliche Kenntnis des Patienten nicht hergeleitet werden, wenn sich **ein dritter Facharzt gegenläufig geäußert** hat. So reicht allein ein Hinweis des nachbehandelnden Zahnarztes darauf, dass es im Oberkiefer der Patientin zu einer Fehlstellung gekommen ist, nicht aus, um eine Kenntnis bzw. grob fahrlässige Unkenntnis hinsichtlich eines Behandlungsfehlers des vorbehandelnden Zahnarztes zu begründen (OLG Koblenz, Urt. v. 14. 7. 2011 – 5 U 223/11, MedR 2012, 400, 401 mit insoweit zustimmender Anm. Jaeger, MedR 2012, 402).

V 27   Auch des für die Erhebung zumindest einer Feststellungsklage bedeutsamen Zusammenhangs zwischen der aufgetretenen Schädigung in Form einer Funktionsstörung an der linken Hand und der ärztlichen Fehlleistung, der Späterkennung der Fraktur des zweiten Mittelhandknochens, kann sich der Patient erst dann bewusst werden, wenn er durch ärztliche Begutachtung **zuverlässig von der**

Schädigung erfährt (LG Koblenz, Urt. v. 18. 12. 1986 – 1 O 112/86; ebenso OLG Koblenz, Urt. v. 20. 4. 1988 – 1 U 139/87). An der notwendigen Kenntnis des Patienten fehlt es auch, wenn ihm nicht verdeutlicht wird, dass ein **Abweichen vom medizinischen Standard Ursache einer erforderlich werdenden Folgeoperation** ist (BGH, NJW 1988, 1516 = VersR 1988, 495; OLG Naumburg, Urt. v. 14. 8. 2001 – 1 U 106/00, OLGR 2002, 16; Gehrlein, Rz. D 4).

Dagegen reicht das für die Patientin **erkennbare Vorliegen einer Uterusperforation** auch nach altem Recht aus, um in deren **Laiensphäre auf das Vorliegen** eines **Behandlungsfehlers schließen zu können**; die Erhebung zumindest einer Feststellungsklage ist dann bereits mit Kenntnis der Perforation zumutbar (OLG Celle, Urt. v. 11. 1. 1999 – 1 U 10/98 bei G/G, 6. Aufl., Rz. D 7 a. E., 13). Die Patientin **hat die erforderliche positive Kenntnis** vom Vorliegen eines Behandlungsfehlers, wenn sie **gegenüber der Gutachterkommission für Fragen ärztlicher Haftpflicht vortragen lässt, der behandelnde Arzt hätte einen vorzeitigen Blasensprung nicht erkannt, wodurch es zur Frühgeburt eines behinderten Kindes gekommen wäre**. Dass die Gutachterkommission anschließend das Vorliegen eines Behandlungsfehlers verneint hat, steht der Kenntnis (und seit dem 1. 1. 2002 der grob fahrlässigen Unkenntnis) nicht entgegen. Denn die Kenntnis (bzw. grob fahrlässige Unkenntnis) der zutreffenden medizinischen oder rechtlichen Einordnung ist grundsätzlich unerheblich (LG Duisburg, Urt. v. 25. 1. 2006 – 3 O 167/05, MedR 2006, 433, 435; vgl. auch Rz. V 31). **V 28**

Die erforderliche Kenntnis von der Person des Ersatzpflichtigen und des Schadens liegt auch vor, wenn der Patient einige Monate nach dem Eingriff von einem die Folgeoperation durchführenden Arzt erfährt, dass bei der ersten, der Einsetzung einer Totalendoprothese dienenden Operation der **Nervus femoralis durchtrennt und dadurch die Gebrauchsfähigkeit des rechten Beins erheblich beeinträchtigt** worden war und ihm **die Person des Operateurs dabei genannt** wird. Die zusätzliche Erklärung des nachfolgenden Operateurs, die Erstoperation sei seiner Ansicht nach nicht fehlerhaft durchgeführt worden, vielmehr habe sich bei ihr ein schicksalhaftes Operationsrisiko verwirklicht, führt dabei zu keiner anderen, dem Patienten günstigeren rechtlichen Beurteilung (BGH, NJW 1984, 661). **V 29**

Kennt der Patient die wesentlichen Umstände des Behandlungsverlaufs, etwa dass eine **Untersuchung des Rückens trotz beklagter Rückenschmerzen nicht durchgeführt** worden war und weiß bzw. **erfährt er, welche Behandlungsmaßnahmen richtigerweise hätten ergriffen werden müssen** oder welche zusätzlichen Untersuchungen notwendig gewesen wären, so verfügt er über die Kenntnis der Umstände, aus denen sich die Abweichung vom ärztlichen Standard ergibt, auch wenn er die exakte medizinische Bezeichnung dieser Maßnahmen nicht kennt (OLG Karlsruhe, OLGR 2002, 169). **V 30**

Ergibt sich aus einem **Antrag des Patienten an die Schlichtungsstelle** für Arzthaftpflichtfragen, dass ihm bzw. seinem **Rechtsanwalt als Wissensvertreter** der Verlauf der ärztlichen Behandlung und die sich hieraus ergebende Abweichung vom ärztlichen Standard im Wesentlichen bekannt war, so beginnt die Verjährungsfrist des § 852 BGB a. F. bzw. des § 195 BGB (zum Jahresende) mit dem Zeitpunkt dieses Antrags (OLG Oldenburg, VersR 1994, 179; LG Duisburg, Urt. **V 31**

v. 25. 1. 2006 – 3 O 167/05, MedR 2006, 433, 435; auch OLG Jena, Urt. v. 5. 6. 2012 – 4 U 159/11, juris, Nr. 41, 42; zust. F/N/W, 5. Aufl., Rz. 244).

V 32 Entsprechendes gilt für den Zeitpunkt der Abfassung eines Schriftsatzes des für den Patienten tätigen Rechtsanwalts an den Klinikträger, in dem dieser darauf hinweist, als Ursache für die bei seinem Mandanten festgestellte Infektion und die dadurch ausgelöste Verschlimmerung komme vor allem die ERCP mit der Untersuchung insbesondere des Gallengangs in Betracht, wenn diese endoskopische Untersuchung tatsächlich für die Infektion oder deren Verschlimmerung ursächlich gewesen ist (BGH, Urt. v. 31. 10. 2000 – VI ZR 198/99, VersR 2001, 108, 109 = NJW 2001, 885, 886).

c) Kenntnis von der Person des Schädigers

V 33 **Kenntnis von der Person des Ersatzpflichtigen hat der Verletzte, wenn ihm dessen Name und dessen ladungsfähige Anschrift bekannt sind** (BGH, Urt. v. 23. 9. 2004 – IX ZR 421/00, MDR 2005, 211: **aus einer Anklageschrift oder den Ermittlungsakten**; BGH, Urt. v. 8. 10. 2002 – VI ZR 182/01, NJW 2003, 288, 289; BGH, Urt. v. 8. 10. 2002 – VI ZR 182/01, VersR 2003, 75, 76 = NJW 2003, 288, 289; Urt. v. 6. 3. 2001 – VI ZR 30/00, NJW 2001, 1721 = VersR 2001, 866, 867 = MDR 2001, 810, 811; Urt. v. 31. 10. 2000 – VI ZR 198/99, NJW 2001, 885, 886 = MDR 2001, 164 = VersR 2001, 108, 109; KG, Urt. v. 29. 11. 2004 – 8 U 110/04, OLGR 2005, 122 **aus den Behandlungsunterlagen**; OLG Schleswig, Urt. v. 10. 10. 2002 – 7 U 82/01, OLGR 2003, 108: Kenntnis von strafrechtlicher Verurteilung), **wobei die Angabe der betreffenden Klinik für eine Ladung ausreicht** (BGH, Urt. v. 31. 10. 2000 – VI ZR 198/99, NJW 2001, 885 = MDR 2001, 164: Name und ärztliche Funktion) und er **Kenntnis von Tatsachen hat (bzw. aufgrund grober Fahrlässigkeit nicht hat), die auf ein schuldhaftes Verhalten des Schädigers hinweisen**, das den Schaden verursacht haben kann, wobei jedoch die Kenntnis von Einzelheiten des schädigenden Verhaltens nicht erforderlich ist (Palandt-Ellenberger, § 199 Rz. 24, 35, 36). **Die Kenntnis muss jedoch (nur) soweit gehen, dass der Geschädigte in der Lage ist, eine Schadensersatzklage, zumindest als Feststellungsklage Erfolg versprechend, wenn auch nicht risikolos zu begründen** (BGH, Urt. v. 10. 11. 2009 – VI ZR 247/08, VersR 2010, 214, 216 = NJW-RR 2010, 681, 683, Nr. 14, 18, 20; BGH, Urt. v. 23. 9. 2008 – XI ZR 253/07, NJW-RR 2009, 544, 546, Nr. 32; Urt. v. 6. 3. 2008 – XI ZR 319/06, NJW 2008, 2576, 2578, Nr. 27, 28; BGH, Urt. v. 3. 3. 2005 – III ZR 353/04, VersR 2006, 373, 374; Urt. v. 22. 1. 2004 – III ZR 99/03, NJW-RR 2004, 1069, 1070 = VersR 2005, 1695, 1696; Urt. v. 6. 2. 2003 – III ZR 223/02, VersR 2003, 873, 874).

V 34 Ein Patient hat beispielsweise dann Kenntnis von der Person des operierenden Arztes, wenn sich am Morgen vor der Operation zwei Ärzte bei der Visite mit Namen vorstellen und erklären „Wir sehen uns ja nachher". Diese Kenntnis wird dann auch nicht dadurch gehindert, dass die Operation in Vollnarkose durchgeführt wird (OLG Koblenz, NJW 1996, 1603).

V 35 Die Kenntnis von der Person des Erfüllungs- bzw. Verrichtungsgehilfen, etwa des angestellten Assistenz- oder Oberarztes, dessen Verschulden gem. § 278 bzw. § 831 I BGB dem Krankenhausträger zugerechnet wird, ist weder i. S. d.

§ 852 BGB a. F. noch des § 199 I Nr. 2 BGB erforderlich. Bei **Inanspruchnahme des Krankenhausträgers** reicht es aus, wenn der Patient, von den Tatsachen, die auf ein Vertretenmüssen des Angestellten o. a. hinweisen und davon Kenntnis hat (bzw. infolge grober Fahrlässigkeit nicht hat), dass sich der Schuldner eines anderen zur Erfüllung seiner Verbindlichkeit bedient (Palandt-Ellenberger, § 199 BGB Rz. 36: werden Ansprüche sowohl aus § 823 als auch aus § 831 BGB hergeleitet, beginnt die Verjährung einheitlich).

Kommen für die Folgen eines Behandlungsfehlers **mehrere Ersatzpflichtige** in Betracht, so beginnt die Verjährung erst mit dem Zeitpunkt, in dem begründete Zweifel über die Person des Ersatzpflichtigen nicht mehr bestehen, so dass die **Verjährung bei mehreren Schuldnern nicht einheitlich beginnen** muss (BGH, Urt. v. 8. 5. 2001 – VI ZR 208/00, NJW-RR 2001, 1168, 1169 = VersR 2001, 1255, 1256; Urt. v. 12. 12. 2000 – VI ZR 345/99, NJW 2001, 964 = VersR 2001, 381, 382; MDR 1999, 1198). Die Kenntnis von der Person eines bestimmten anderen Beteiligten tritt auch dann ein, wenn der Geschädigte irrtümlich einen dritten Beteiligten für den eigentlichen Verantwortlichen hält (BGH, NJW-RR 1990, 222). V 36

Einstweilen frei. V 37

d) Keine Informationspflicht; Nutzung auf der Hand liegender Erkenntnismöglichkeiten

Im Rahmen des § 852 I BGB a. F. wie auch des § 199 I Nr. 1 BGB trifft den Patienten – jedenfalls bei Behandlungsfehlern (zu Aufklärungsfehlern vgl. Rz. V 65 ff.) – im Rahmen der „positiven Kenntnis" **keine Informationspflicht. Von ihm kann daher grundsätzlich nicht erwartet werden, dass er Krankenhausunterlagen auf ärztliche Behandlungsfehler hin überprüft** (BGH, NJW 1994, 3092; OLG Zweibrücken, NJW-RR 2001, 667, 670 und, VersR 1998, 1286, 1287), er **sich im Hinblick auf einen Haftungsprozess medizinisches Fachwissen aneignet** (BGH, Urt. v. 10. 10. 2006 – VI ZR 74/05, NJW 2007, 217, 220 = VersR 2007, 66, 69), **Wissenslücken durch lange und zeitraubende Telefonate schließt** (BGH, NJW 1996, 2933, 2934 = VersR 1996, 1258, 1259), **umfangreiche Erkundigungen einzieht**, um den Namen des Schädigers in Erfahrung zu bringen (BGH, MDR 2000, 582 = VersR 2000, 503) **oder er einen Rechtsanwalt zur weiteren Aufklärung, insbesondere zur Überprüfung von Krankenunterlagen auf ärztliche Behandlungsfehler einschaltet** (BGH, MDR 1995, 482 = VersR 1995, 659). V 38

Ein **bloßes Kennenmüssen schadete** dem Geschädigten – von den Fällen des Rechtsmissbrauchs abgesehen – vor dem 1. 1. 2002 auch dann **nicht**, wenn es auf grober Fahrlässigkeit beruhte (BGH, MDR 1999, 1198 = VersR 1999, 585; Urt. v. 18. 1. 2000 – VI ZR 375/98, VersR 2000, 503, 504 = NJW 2000, 953, 954 = MDR 2000, 582; MDR 2001, 810, 811 = VersR 2000, 503; NJW 1996, 2933, 2934). Erforderlich war nach dem bis zum 31. 12. 2001 geltenden Recht grundsätzlich die positive Kenntnis. Der für den Beginn der Verjährung erforderlichen positiven Kenntnis des Geschädigten vom Schaden einschließlich des Schadenshergangs und des Schädigers bedurfte es auch nach § 852 BGB a. F. nur dann nicht, wenn der Geschädigte es versäumt hatte, eine **gleichsam auf der Hand liegende Erkenntnismöglichkeit wahrzunehmen** und deshalb letztlich das Sich-Berufen auf Unkenntnis als reine Förmelei erscheint, **weil jeder andere in der Lage** V 39

**des Geschädigten unter denselben konkreten Umständen die Kenntnis gehabt
hätte** (BGH; Urt. v. 10. 11. 2009 – VI ZR 247/08, VersR 2010, 214 = NJW-RR
2010, 681, Nr. 7; BGH, Urt. v. 8. 10. 2002 – VI ZR 182/01, NJW 2003, 288, 289
= VersR 2003, 75, 76; Urt. v. 5. 3. 2002 – VI ZR 442/00, VersR 2002, 869, 870 =
NJW 2002, 1877, 1878; Urt. v. 18. 1. 2000 – VI ZR 375/98, VersR 2000, 503, 504
= NJW 2000, 953, 954 = MDR 2000, 582).

V 40   Der Patient musste sich aber nach den **Rechtsgedanken der §§ 162, 242 BGB** so
behandeln lassen, als habe er die daraus zu gewinnende Kenntnis gehabt, wenn
z. B. nur eine einfache Anfrage oder ein Telefonat erforderlich gewesen wäre,
um das Wissen um ein bestimmtes Detail, etwa Namen oder Anschrift des Schädigers, zu erfahren (BGH, Urt. v. 18. 1. 2000 – VI ZR 375/98, VersR 2000, 503,
504 = MDR 2000, 582, 583; OLG Frankfurt, VersR 2001, 1572) oder sich der
Name des Operateurs, soweit dieser selbst in Anspruch genommen werden soll,
ohne weiteres und ohne umfangreiche Erkundigungen feststellen lässt (BGH,
NJW 1989, 2323).

V 41   Erhält der Geschädigte Kenntnis davon, dass der Schädiger in einem Strafverfahren – wenngleich nicht rechtskräftig – verurteilt (BGH, NJW 2004, 510; OLG
Schleswig, Urt. v. 10. 10. 2002 – 7 U 82/01, OLGR 2003, 108) oder gegen den
Schädiger wegen der Straftat zum Nachteil des Geschädigten Anklage erhoben
worden ist (BGH, Urt. v. 23. 9. 2004 – IX ZR 421/00, MDR 2005, 211: jedoch
nicht bei außergewöhnlichen Schwierigkeiten der Sachverhaltsfeststellung), besteht hinreichender Tatverdacht in einem Umfang, dass der Geschädigte in der
Lage ist, eine erfolgversprechende, wenn auch nicht risikolose Schadensersatzklage einzureichen.

V 42   Der Kenntnis einzelner für die Geltendmachung eines Anspruchs notwendiger
Tatsachen i. S. d. § 852 BGB a. F. stand es auch gleich, wenn der Geschädigte die
notwendige Information **ohne weiteres aus den angeforderten Ermittlungsakten
ziehen konnte** (OLG Celle, Urt. v. 1. 10. 2003 – 9 U 95/03, MDR 2004, 632 im
Anschl. an BGH, NJW 1996, 2932, 2934; OLG Jena, Urt. v. 5. 6. 2012 – 4 U
159/11, juris, Nr. 41, 42, 48: RA hatte nach Erhalt der Behandlungsunterlagen
ausreichende Kenntnis zur Erhebung einer Feststellungsklage).

Die Gleichstellung der grob fahrlässigen Unkenntnis mit der für § 852 BGB a. F.
erforderlichen Kenntnis wurde schließlich auch bejaht, wenn der Geschädigte
darauf verzichtet hatte, das gegen den Schädiger anhängige Strafverfahren und
dessen Ausgang zu verfolgen (BGH, WM 1990, 642; WM 1991, 2135. Allerdings
war der Geschädigte nicht gehalten, sich durch Nachfrage bei der Polizei oder
bei der Staatsanwaltschaft um nähere Informationen zum Schadenshergang zu
bemühen (BGH, Urt. v. 8. 10. 2002 – VI ZR 182/01, VersR 2003, 75, 76 = NJW
2003, 288, 289).

V 43   Obige Fallgestaltungen (Rz. V 39–V 42) werden jetzt von § 199 I Nr. 2 BGB (grob
fahrlässige Unkenntnis, hierzu nachfolgend) erfasst.

e) Grob fahrlässige Unkenntnis

V 44   **Grob fahrlässig handelt der Gläubiger, der die im Verkehr erforderliche Sorgfalt
nach den gesamten Umständen in ungewöhnlich hohem bzw. grobem Maß ver-**

letzt und unbeachtet lässt, was jedem Angehörigen der jeweiligen Verkehrs-kreise in der jeweiligen Situation hätte einleuchten müssen (BGH, Urt. v. 17. 4. 2012 – VI ZR 108/11, MDR 2012, 766 = VersR 2012, 1005 = NJW 2012, 2644, Nr. 18; BGH, Urt. v. 28. 2. 2012 – VI ZR 9/11, MDR 2012, 769 = VersR 2012, 738 = NJW 2012, 1789, Nr. 17; BGH, Urt. v. 10. 11. 2009 – VI ZR 247/08, NJW-RR 2010, 681 = VersR 2010, 214 = MedR 2010, 258, Nr. 13, 15; BGH, Urt. v. 22. 9. 2011 – III ZR 186/10, NJW-RR 2012, 111, 112, Nr. 8: **das Unterlassen von Ermittlungen muss nach Lage des Falles als geradezu unverständlich er-scheinen**; BGH, Urt. v. 27. 9. 2011 – VI ZR 135/10, VersR 2011, 1575, Nr. 10; BGH, Urt. v. 23. 9. 2008 – XI ZR 253/07, NJW-RR 2009, 544, 546, Nr. 32, 33, 34; OLG Karlsruhe, Urt. v. 9. 5. 2012 – 7 U 44/11, juris, Nr. 22; OLG München, Urt. v. 23. 12. 2011 – 1 U 2410/09, juris, Nr. 135).

Dem Gläubiger muß ein **schwerer Pflichtenverstoß in eigenen Angelegenheiten** vorgeworfen werden können, weil sich ihm die den Anspruch begründenden Umstände **förmlich aufgedrängt** haben, er davor aber die Augen verschlossen hat (BGH, Urt. v. 17. 4. 2012 – VI ZR 108/11, MDR 2012, 766 = VersR 2012, 1005 = NJW 2012, 2644, Nr. 18, 20; BGH, Urt. v. 28. 2. 2012 – VI ZR 9/11, MDR 2012, 769 = VersR 2012, 738 = MedR 2013, 31 = NJW 2012, 1789, Nr. 17; BGH, Urt. v. 22. 9. 2011 – III ZR 186/10, NJW-RR 2012, 111, 112, Nr. 8: objektiv schwerwiegender und subjektiv nicht entschuldbarer Verstoß gegen Sorgfalts-pflichten; OLG Schleswig, Urt. v. 15. 12. 2012 – 11 U 127/10, NJW-RR 2012, 658, 659 = NZV 2012, 388, 389).

Dabei bezieht sich die **grob fahrlässige Unkenntnis ebenso wie die Kenntnis** auf Tatsachen, auf alle Merkmale der Anspruchsgrundlage und bei der Verschul-denshaftung auch auf das Vertretenmüssen des Schuldners, wobei es **eine zutref-fende rechtliche Würdigung nicht ankommt**. Ausreichend ist, wenn dem Gläu-biger aufgrund der ihm grob fahrlässig unbekannt gebliebenen Tatsachen zuge-mutet werden kann, zur Durchsetzung seiner Ansprüche gegen eine bestimmte Person aussichtsreich, wenn auch **nicht risikolos eine Feststellungsklage zu er-heben** (BGH, VersR 2010, 214, 215 = NJW-RR 2010, 681, 683, Nr. 14). **V 44a**

Das **Unterlassen einer Nachfrage** ist nur dann als grob fahrlässig einzustufen, wenn weitere Umstände hinzutreten, die das Unterlassen aus der Sicht eines verständigen und auf seine Interessen bedachten Geschädigten als unverständ-lich erscheinen lassen. Für einen Patienten müssen dabei **konkrete Anhalts-punkte für das Bestehen eines Anspruch gegen einen Arzt bzw. ein Krankenhaus ersichtlich** sein und sich ihm der **Verdacht einer möglichen Schädigung auf-grund eines Behandlungsfehlers aufdrängen**. Es besteht für den Gläubiger keine generelle Obliegenheit, die Initiative zur Klärung von Schadenshergang oder der Person des Schädigers zu entfalten (BGH, VersR 2010, 214 = MedR 2010, 258, Nr. 16; OLG München, Urt. v. 23. 12. 2011 – 1 U 3410/09, juris, Nr. 135). **V 44b**

Allein der negative Ausgang einer Behandlung ohne weitere, sich aufdrängende Anhaltspunkte für ein behandlungsfehlerhaftes Geschehen führt nicht dazu, dass der Patient zur Vermeidung der Verjährung seiner Ansprüche eine Initiative zur Aufklärung des Behandlungsgeschehens entfalten müsste. Denn das Aus-bleiben des Erfolges ärztlicher Maßnahmen muss nicht in der Unzulänglichkeit **V 44c**

ärztlicher Bemühungen seinen Grund haben, sondern kann **schicksalhaft und auf die Eigenart der Erkrankung zurückzuführen sein** (BGH, VersR 2010, 214 = NJW-RR 2010, 681 = MedR 2010, 258, Nr. 16, 17; BGH, Urt. v. 28. 2. 2012 – VI ZR 9/11, MDR 2012, 769 = VersR 2012, 738 = NJW 2012, 1789, Nr. 19).

V 44d   Eine „grob fahrlässige Unkenntnis" der Patientin, bei der es im Rahmen einer Entbindung unter Einsatz einer Geburtszange zu einem **Dammriss** sowie zu einem Riss des unteres bis mittleren Vaginaldrittels gekommen ist und die seitdem unter erheblichen Beschwerden leidet, liegt nicht schon dann vor, wenn sie die operative Beseitigungsmöglichkeit mit anderen Ärzten bespricht und es dabei unterlässt, Fragen über die möglichen Ursachen zu stellen. Denn eine **schmerzhafte Narbenbildung kann ebenso wie ein bei der Entbindung eingetretener Dammriss schicksalhaft sein** und gibt einem verständigen Patienten nicht ohne Weiteres Veranlassung, wegen eines möglichen Behandlungsfehlers nachzuforschen (BGH, VersR 2010, 214 = NJW-RR 2010, 681 = MedR 2010, 258, Nr. 18, 20: im entschiedenen Fall war es zudem offen, ob Nachforschungen der Patientin über die Ursachen der Beschwerden ihr die Möglichkeit gegeben hätten, eine, wenn auch nicht risikolose, Leistungs- oder Feststellungsklage zu erheben).

V 44e   Etwas anderes würde jedoch dann gelten, wenn die Patientin nach der Geburt durch ein Gespräch mit einer nachbehandelnden Ärztin einen Hinweis darauf erhalten hätte, dass eine falsch gesetzte Naht Ursache der Beschwerden sein kann (vgl. Bergmann/Wever, MedR 2010, 261; auch OLG Jena, Urt. v. 5. 6. 2012 – 4 U 159/11, juris, Nr. 41, 42, 48: Patient wurde vom Arzt nach der Operation darüber unterrichtet, es sei „etwas schief gelaufen").

V 44f   Darf der Patient davon ausgehen, dass eine Harninkontinenz nach einer Prostataresektion **schicksalhafte Folge einer sachgemäß durchgeführten Operation** ist, erlangt er die für den Verjährungsbeginn maßgebliche Kenntnis erst dann, wenn ihm **ein Arzt Jahre später mitteilt, dass ein Behandlungsfehler als Ursache für die Beschwerden in Betracht kommt**. Dem Patienten muss nämlich bekannt sein oder infolge grober Fahrlässigkeit unbekannt bleiben, dass der behandelnde Arzt von dem üblichen medizinischen Vorgehen abgewichen ist oder Maßnahmen nicht getroffen hat, die nach dem ärztlichen Standard zur Vermeidung oder Beherrschung von Komplikationen erforderlich waren (OLG Koblenz, Urt. v. 25. 3. 2010 – 5 U 1514/07, VersR 2011, 403).

V 44g   Grob fahrlässige Unkenntnis ist nicht schon dann gegeben, wenn sich ein Patient im Hinblick auf eine bestehende Vermutung eines vorliegenden Behandlungsfehlers aktiv an der Aufklärung des Sachverhalts beteiligt und seine Krankenkasse zur Einholung eines **MDK-Gutachtens veranlasst, worin das Vorliegen eines Behandlungsfehlers verneint wird** (OLG München, Urt. v. 23. 12. 2011 – 1 U 3410/09, juris, Nr. 135, 137).

V 44h   Auch aus einer **kritischen fachärztlichen Meinungsäußerung** kann die für den Verjährungsbeginn maßgebliche Kenntnis bzw. grob fahrlässige Unkenntnis des Patienten nicht hergeleitet werden, wenn sich **ein dritter Facharzt gegenläufig geäußert** hat (OLG Koblenz, Urt. v. 14. 7. 2011 – 5 U 223/11, MedR 2012, 400, 401 mit insoweit zustimmender Anm. Jaeger).

Grundsätzlich muss der Patient keine Informationen suchen, er muss die vor- V 45
handenen Fakten aber auswerten (G/G, 6. Aufl. 2009, Rz. D 8 a.E.). **Kennt er
aber die Tatsachen**, die ausreichen, um den Schluss auf ein schuldhaftes Fehlverhalten des Arztes oder Krankenhauses und die Ursache dieses Fehlers für den
Schaden als naheliegend erscheinen zu lassen und **fehlen ihm lediglich die Fachkenntnisse für deren *zutreffende rechtliche Würdigung***, ist es nach zutreffender
Ansicht von Greiner (RiBGH a.D., G/G, 6. Aufl. 2009, Rz. D 8 a.E. zum Behandlungsfehler und Rz. D 14 zur Aufklärung) **grob fahrlässig, wenn er die Beschaffung dieser Fachkenntnisse durch Einholung von *Rechtsrat* versäumt**; denn der
Geschädigte hat die Pflicht, sich über seine Rechte und die Rechtslage zu informieren (so ausdrücklich G/G, 6. Aufl., Rz. D 8 a.E.: Patient muss sich danach
rechtliches Fachwissen verschaffen; BGH, Urt. v. 10. 10. 2006 – VI ZR 74/05,
NJW 2007, 217, 220: bei Kenntnis der anspruchsbegründenden Tatsachen **muss
der Geschädigte sich rechtskundig machen**; OLG Hamm, Urt. v. 7. 12. 2009 – I
3 U 75/09, MedR 2010, 563: bei möglichen Aufklärungsfehlern muss der Patient
den Misserfolg einer Behandlung kritisch hinterfragen).

Der Patient und sein Prozessbevollmächtigter sind aber grundsätzlich **nicht verpflichtet, sich im Hinblick auf einen Haftungsprozess *medizinisches Fachwissen* anzueignen** (BGH, Urt. v. 10. 10. 2006 – VI ZR 74/05, NJW 2007, 217, 220 =
VersR 2007, 66, 68).

Die **Einholung eines anwaltlichen Rates** im Rahmen einer Erstberatung (Kosten: V 46
derzeit 190 Euro zzgl. Mwst.) ist dem Geschädigten zumutbar (Rohlfing, MDR
2006, 721, 723; im Erg. Auch G/G, 6. Aufl. 2009, Rz. D 8; anderer Ansicht aber
Bäune/Dahm, MedR 2004, 645, 653: die **generelle Beauftragung eines Rechtsanwalts** wird man aber nach wie vor nicht verlangen können).

Auch **einfache Nachfragen** nach dem Namen des behandelnden Krankenhaus- V 47
arztes (Mansel, NJW 2002, 89, 92), der Bedeutung medizinischer Begriffe und
die Nebenwirkungen eines verabreichten, „verdächtigen" Medikaments bei seinem Hausarzt bzw. einer Apotheke sind dem Patienten wohl zuzumuten. Der
BGH (Urt. v. 8. 10. 2002 – VI ZR 182/01, VersR 2003, 75, 76 = NJW 2003, 288,
289; Urt. v. 5. 3. 2002 – VI ZR 442/00, VersR 2002, 869, 870 = NJW 2002, 1877,
1878; auch OLG Frankfurt, VersR 2001, 1572) hatte zu § 852 BGB a.F. mehrfach
darauf hingewiesen, dass die für § 852 BGB a.F. erforderliche „positive Kenntnis" dann angenommen werden kann, wenn der Geschädigte es versäumt, eine
gleichsam auf der Hand liegende Erkenntnismöglichkeit wahrzunehmen (vgl.
hierzu Rz. V 39–V 42).

Die für den Beginn der Verjährung **ausreichende grob fahrlässige Unkenntnis** V 48
(vorliegend sogar die **positive Kenntnis) vom Vorliegen eines Behandlungsfehlers
ist auch zu bejahen, wenn der Kläger selbst vorträgt, unmittelbar nach der Operation hätte ein Assistenzarzt erklärt, es „sei etwas schief gelaufen,** die gesamte
Klinik sei in Aufregung und er, der Assistenzarzt hoffe, dass der Patient sein
Bein überhaupt wieder bewegen kann, der Patient solle zwingend den Verlauf
der Operation überprüfen lassen". Die Verjährungsfrist beginnt (zum Jahresende)
jedenfalls dann zu laufen, wenn der Prozessbevollmächtigte des Klägers die Behandlungsunterlagen anfordert und daraus entnimmt bzw. entnehmen kann,

dass dem Operateur eine intraoperative Durchtrennung des Nervus Femoralis unterlaufen ist und somit das vorhandene Behandlungsgrundwissen komplettiert (OLG Jena, Urt. v. 5. 6. 2012 – 4 U 159/11, juris, Nr. 41, 42).

V 48a Eine **grob fahrlässige Unkenntnis** der anspruchsbegründenden Tatsachen liegt vor, wenn die Patientin von einem Nachbehandler nach Durchführung einer Biopsie erfährt, dass ein ca. 2,2 cm großes invasives Karzinom in der linken Brust vorliegt und ihr zu diesem Zeitpunkt auch **bekannt ist, dass der vorbehandelnde, dann beklagte Gynäkologe von dem üblichen ärztlichen Vorgehen abgewichen ist oder Maßnahmen nicht getroffen hatte, die nach dem ärztlichen Standard zur Vermeidung einer falschen oder verspäteten Krebsdiagnose erforderlich waren.** Dies ist dann der Fall, wenn die Patientin weiß bzw. vom nachbehandelnden Arzt erfährt, dass zur korrekten Diagnosestellung des beklagten Gynäkologen neben einer Tast- und Sonographieuntersuchung **bei unklarem Befund eine Mammographie und nachfolgend eine Biopsie erforderlich sind bzw. sein können, wie sie vom nachbehandelnden Gynäkologen auch durchgeführt worden waren**, wodurch die Brustkrebserkrankung diagnostiziert werden konnte. **Die Kenntnis von der Existenz, Anwendbarkeit und Zuverlässigkeit weitergehender Untersuchungsmethoden (hier: Mammographie und nachfolgend Biopsie) zusammen mit der Kenntnis des sich hieraus ergebenden Befundes (bösartiger Tumor) sind ausreichend, um auch bei laienhafter Würdigung den Schluss zu ziehen, dass der Tumor bei deren Anwendung eher hätte festgestellt werden können.** Darüber hinausgehende Kenntnisse, insbesondere die wertende Kenntnis der Art und des Ausmaßes der Abweichung vom ärztlichen Standard sowie zutreffende medizinische Schlussfolgerungen sind unerheblich (OLG Brandenburg, Urt. v. 28. 10. 2010 – 12 U 30/10 mit NZB BGH v. 13. 12. 2011 – VI ZR 300/10, MedR 2012, 673, 674 mit ablehnender Anm. Jaeger, MedR 2012, 676).

V 48b Nach u. E. zutreffender Ansicht von Jaeger (MedR 2012, 675, 676) waren die Ansprüche der Patientin in dem vom OLG Brandenburg entschiedenen Fall **nicht verjährt.** Die Patientin musste nach Kenntniserlangung ihrer Brustkrebserkrankung **nicht den Schluss ziehen, dass die vom nachbehandelnden Gynäkologen veranlasste Diagnostik (Mammographie und Biopsie) bereits anlässlich der Behandlung durch den beklagten Gynäkologen etwa ein Jahr zuvor dem medizinischen Standard entsprochen hätte und dass die Tast- und Sonographieuntersuchungen unzureichend waren**, zumal der beklagte Arzt bestritten hatte, dass der von ihm erhobene Tast- und Sonographiebefund jedenfalls damals zu weiterer Diagnostik Anlass gegeben hätte, er vielmehr die zum Zeitpunkt der Untersuchung erforderlichen Befunde erhoben hätte. Allein aus dem Vorbringen des Prozessbevollmächtigten der Patientin, wonach – rückwirkend betrachtet – ein Behandlungsfehler vorgelegen hätte, um die Klage überhaupt schlüssig zu machen, kann nicht gefolgert werden, dass der Patientin bereits zum Zeitpunkt der Kenntnis ihrer Brustkrebserkrankung nach Durchführung der Mammographie sowie der Biopsie bekannt bzw. in Folge grober Fahrlässigkeit unbekannt war, dass sich **nicht das Krankheitsrisiko, sondern ein Behandlungsfehler verwirklicht hatte** (Jaeger, MedR 2012, 675, 676).

V 49 Unterlässt es ein an sich unzuständiger Sachbearbeiter, etwa der **Leistungsabteilung einer Krankenkasse, einer öffentlich-rechtlichen Körperschaft, einer Ver-**

sicherung o.a., sein verjährungsrechtlich relevantes Wissen der zuständigen **Regressabteilung** mitzuteilen, begann die Verjährung nach bislang herrschender Meinung zu diesem Zeitpunkt – gemäß § 199 I 1 BGB zum Jahresschluss – zu laufen (Krämer, ZGS 2003, 379, 381; Mansel, NJW 2002, 89, 92; Schmid, ZGS 2002, 180, 181; Heß, NZV 2002, 65, 66; Müko-Grothe, 6. Aufl., § 199 BGB Rz. 33, 35; Staudinger-Peters/Jacoby, 2009, § 199 BGB Rz. 59; Ermann/Schmidt-Räntsch, 13. Aufl., § 199 BGB Rz. 14; Voraufl., Rz. V 50, 51).

In mehreren Entscheidungen hat der BGH nunmehr ausgeführt, **bei Behörden,** V 50 **Sozialversicherungsträgern, Krankenkassen, Pflegekassen, Krankenversicherungen** beginnt die Verjährungsfrist für zivilrechtliche Schadensersatzansprüche nach § 199 I BGB nur dann zu laufen, wenn der **zuständige Bedienstete der verfügungsberechtigten Behörde bzw. der Regressabteilung eines Sozialversicherungsträgers (Krankenkasse, Pflegekasse o.a.) Kenntnis von dem Schaden und der Person des Ersatzpflichtigen erlangt bzw. infolge grober Fahrlässigkeit nicht erlangt** (BGH, Urt. v. 28. 2. 2012 – VI ZR 9/11, MDR 2012, 769, 770 = GesR 2012, 296, 297 = MedR 2013, 31 = NJW 2012, 1789, Nr. 13, 14: Kenntnis der Mitarbeiter der Regressabteilung einer Behörde bzw. Körperschaft maßgeblich, **selbst wenn die Leistungsabteilung die entsprechenden Informationen nicht weitergeleitet hat**; BGH, Urt. v. 17. 4. 2012 – VI ZR 108/11, MDR 2012, 766 = VersR 2012, 1005 = NJW 2012, 2644, Nr. 14, 20, 21: **Kenntnis bzw. grob fahrlässige Unkenntnis der Regressabteilung eines Sozialversicherungsträgers maßgeblich**; BGH, Urt. v. 20. 10. 2011 – III ZR 252/10, NJW 2012, 447 = VersR 2012, 587, Nr. 17, 21: **Kenntnis der Beschäftigten der Regressabteilung** und nicht der Leistungsabteilung eines Sozialversicherungsträgers maßgeblich; BGH, Urt. v. 15. 3. 2011 – VI ZR 162/10, MDR 2011, 596 = VersR 2011, 662, 663, Nr. 11, 14: Kenntnisstand der **Bediensteten der Regressabteilung** bei Behörden und öffentlichen Körperschaften maßgebend; BGH, Urt. v. 12. 5. 2009 – VI ZR 294/08, VersR 2009, 989, 990, Nr. 12, 17: Behörden und öffentlich-rechtliche Körperschaften; OLG Karlsruhe, Urt. v. 9. 5. 2012 – 7 U 44/11, juris, Nr. 19, 22, 23: Kenntnis der Mitarbeiter der Regressabteilung der Behörde maßgeblich; Peters, NJW 2011, 3195, 3196).

Ob die fehlende Kenntnis bzw. **fahrlässige Unkenntnis der Mitarbeiter der Re-** V 51 **gressabteilung darauf beruht, dass sie seitens der Leistungsabteilung nicht die entsprechenden Informationen erhalten hat, ist grundsätzlich unerheblich** (BGH, Urt. v. 28. 2. 2012 – VI ZR 9/11, MDR 2012, 769 = VersR 2012, 738 = NJW 2012, 1789, Nr. 14) und zwar auch dann, wenn die Mitarbeiter der Leistungsabteilung aufgrund einer internen Anordnung gehalten sind, die Schaden- bzw. Unfallakte **an die Regressabteilung weiterzuleiten**, sofern sich im Zuge der Sachbearbeitung Anhaltspunkte für eine Haftung Dritter ergeben (BGH, Urt. v. 15. 3. 2011 – VI ZR 162/10, MDR 2011, 596 = NJW 2011, 1799 = GesR 2011, 354, Nr. 11; kritisch Püster, MedR 2013, 34, 38).

Eine Wissenzurechnung setzt danach grundsätzlich voraus, dass derjenige, auf dessen Kenntnisse (allein oder im Zusammenwirken mit dem Wissenstand anderer) abgestellt werden soll, in den **betreffenden Aufgabenkreis** (Regressabteilung) **eingebunden war** (BGH, MDR 2011, 596 = NJW 2011, 1799, Nr. 14; BGH; Urt. v. 28. 2. 2012 – VI ZR 9/11, MDR 2012, 769 = VersR 2012, 738 = NJW 2012,

1789, Nr. 13, 14: **analoge Anwendung des § 166 BGB**; OLG Karlsruhe, Urt. v. 9. 5. 2012 – 7 U 44/11, juris, Nr. 19, 22).

V 52   Allerdings kann eine dem Sozialversicherungsträger, einer Krankenversicherung, Behörde o. a. zuzurechnende **grob fahrlässige Unkenntnis vorliegen**, wenn die für den Regress **zuständige Organisationseinheit ohne Weiteres hätte erkennen können, dass ein Regress in Betracht kommt** und der entsprechende Mitarbeiter die Frage des Rückgriffs auf sich beruhen lässt, ohne die gebotene Klärung der für den Rückgriff erforderlichen Umstände zu veranlassen. Eine grob fahrlässige Unkenntnis kommt ferner in Betracht, wenn die **Organisationseinheit (Regressabteilung) nicht in geeigneter Weise sicherstellt, dass sie frühzeitig von Umständen Kenntnis erhält, die einen Regress begründen können** (BGH, Urt. v. 17. 4. 2012 – VI ZR 108/11, MDR 2012, 766 = VersR 2012, 1005 = NJW 2012, 2644, Nr. 20, 21, 22; OLG Schleswig, Urt. v. 15. 12. 2012 – 11 U 127/10, NJW-RR 2012, 658, 659 = NZV 2012, 388, 389; zustimmend Püster, MedR 2013, 34, 38 und Peters, NJW 2011, 3195, 3196).

Dies ist etwa dann der Fall – und die Verjährung beginnt zu laufen – wenn **das Mitglied der Krankenkasse bzw. der Versicherungsnehmer in der Schadenmeldung oder Unfallschilderung auf eine Fremdverursachung oder die Geltendmachung eigener Schadensersatzansprüche hingewiesen hat** (BGH a. a. O.: Mitarbeiter der Regressabteilung; OLG Schleswig a. a. O.). So handelt die Mitarbeiterin einer Krankenkasse **grob fahrlässig, wenn sie es unterlässt, ergänzende Nachfragen an das geschädigte Mitglied**, das auf eine Fremdverursachung des Unfalls bzw. Gesundheitsschadens und die Beauftragung eines Rechtsanwalts hingewiesen hat, **zu richten bzw. die Ermittlungsakte bei dem in der Schadenmeldung angegebenen Polizeirevier anzufordern** (OLG Schleswig, Urt. v. 15. 12. 2012 – 11 U 127/10, NJW-RR 2012, 658, 659 = NZV 2012, 388, 389).

V 52a   Die Begründung des BGH, der in entsprechender Anwendung des § 166 BGB ausschließlich auf die Kenntnis, grob fahrlässige Unkenntnis der Mitarbeiter einer Regressabteilung abstellt (BGH, Urt. v. 15. 3. 2011 – VI ZR 162/10, VersR 2011, 662, Nr. 14; Urt. v. 28. 2. 2012 – VI ZR 9/11, NJW 2012, 1789, Nr. 13, 14; Urt. v. 17. 4. 2012 – VI ZR 108/11, NJW 2012, 2644, Nr. 14, 17), um dann im Einzelfall ein Organisationsverschulden der Mitarbeiter der Regressabteilung, die für eine derartige Gesamtorganisation gar nicht zuständig sein dürften, zu begründen, ist umständlich und überzeugt nicht! Vielmehr liegt ein **Organisationsverschulden der Behörde bzw. des Sozialversicherungsträgers vor, wenn der Informationsfluss nicht so organisiert wird, dass jedenfalls deutliche Hinweise des Beamten, Mitglieds oder Versicherungsnehmers auf einen fremdverschuldeten Körper- oder Gesundheitsschaden von der Leistungsabteilung nicht an die Regressabteilung weitergeleitet werden.** Die Überprüfung obliegt dann letzterer. Die vom BGH befürwortete analoge Anwendung des § 166 BGB muss sich keinesfalls zwangsläufig nur auf Mitarbeiter der Regressabteilung beziehen!

V 52b   Auch nach Ansicht von Püster (MedR 2013, 34, 38; ebenso Peters, NJW 2011, 3195, 3196) muss zumindest in den Fällen, in denen innerhalb eines Unternehmens, einer Behörde oder einer öffentlich-rechtlichen Körperschaft **keinerlei Weiterleitung verjährungserheblicher Tatsachen erfolgt, weil die mit der Sach-**

bearbeitung befassten Mitarbeiter der unterschiedlichen Abteilungen ihren innerbetrieblichen Pflichten nicht nachkommen, der Beginn der Verjährungsfrist wegen grober Fahrlässigkeit angenommen werden; Gleiches gilt, sofern bereits keine ausreichende interne Organisation gewährleistet ist.

Bei der Frage, ob eine Kenntnis oder grob fahrlässige Unkenntnis im vorgenann-   V 52c
ten Sinne gegeben ist, sind **die Grundsätze der sekundären Darlegungslast** anzuwenden (BGH, Urt. v. 17. 4. 2012 – VI ZR 108/11, MDR 2012, 766 = VersR 2012, 1005 = NJW 2012, 2644, Nr. 21).

Hinzuweisen ist darauf, dass der in § 116 I SGB X normierte Anspruchsübergang   V 52d
bei Sozialleistungen, die aufgrund eines Sozialversicherungsverhältnisses erbracht werden, in aller Regel bereits im Zeitpunkt des schädigenden Ereignisses stattfindet, sofern zu diesem Zeitpunkt ein Versicherungsverhältnis besteht. Bei Sozialleistungen, die nicht aufgrund eines Sozialversicherungsverhältnisses erbracht werden, ist **für den Zeitpunkt des Rechtsüberganges maßgebend, dass nach den konkreten Umständen des jeweiligen Einzelfalls eine Leistungspflicht ernsthaft in Betracht zu ziehen ist** (BGH, Urt. v. 24. 4. 2012 – VI ZR 329/10, NJW 2012, 3639 = NZV 2012, 577, Nr. 11, 16, 17: im entschiedenen Fall frühestens mit dem Eintritt des Geschädigten in die gesetzliche Rentenversicherung mehrere Jahre nach einem Unfall). Der **Anspruchsübergang auf einen Sozialhilfeträger oder auch die Bundesagentur für Arbeit** erfolgt erst zu dem Zeitpunkt, in dem aufgrund konkreter Anhaltspunkte erkennbar ist, dass der Geschädigte in Folge des schädigenden Ereignisses mit Leistungen des SHT bzw. der BfA ernsthaft zu rechnen hat (R/L-Ratzel, § 29 Rz. 5; OLG Hamm, Urt. v. 17. 8. 2009 – I-13 U 109/08, VersR 2010, 1058 im Anschluss an BGH, VersR 1996, 1126).

Geht der Anspruch nicht bereits zum Zeitpunkt der Schädigung, sondern erst   V 53
später über, muss sich der Sozialversicherungsträger, private Kranken- oder Pflegeversicherer bzw. eine sonstige, regressierende Versicherung (vgl. § 86 IV VVG) die bis zum Forderungsübergang erworbene Kenntnis bzw. grob fahrlässige Unkenntnis des Rechtsvorgängers anrechnen lassen (BGH, NJW 1983, 1912; Palandt-Ellenberger, § 199 BGB Rz. 26; Übersicht zum kongruenten Leistungsspektrum und zum Forderungsübergang bei Jahnke, MDR 2004, 380, 384).

f) Zutreffende rechtliche oder medizinische Würdigung unerheblich

Erforderlich für den Verjährungsbeginn ist die Kenntnis von den Umständen des   V 54
Behandlungsverlaufs und die Kenntnis bzw. grob fahrlässige Unkenntnis des Abweichens von dem medizinischen Standard (BGH, Urt. v. 19. 3. 2008 – III ZR 220/07, NJW-RR 2008, 1237, 1238, Nr. 7; BGH, Urt. v. 10. 11. 2009 – VI ZR 247/08, VersR 2010, 214 Nr. 6, 13–18; BGH, Urt. v. 26. 2. 2013 – XI ZR 498/11, NJW 2013, 1801, Nr. 27, 28 zur Anlageberatung; G/G, 6. Aufl., Rz. D 4, 6). Es kommt dabei nicht darauf an, ob der Patient selbst zu einer solchen Beurteilung der ihm bekannten Tatsachen in der Lage ist, auch nicht, dass er subjektiv zu der Erkenntnis, Überzeugung oder auch nur dem Verdacht gekommen ist, der Arzt habe fehlerhaft gehandelt.

§ 852 BGB a. F. und § 199 I BGB stellen für den Beginn der Verjährungsfrist **nur**   V 55
auf die Kenntnis des tatsächlichen Verlaufs und der anspruchsbegründenden

Tatsachen, nicht auf deren zutreffende rechtliche Würdigung und erst recht nicht darauf ab, ob der Geschädigte aus den ihm bekannten Tatsachen zutreffende Schlüsse auf den in Betracht kommenden naturwissenschaftlich zu erkennenden Kausalverlauf zieht; **fehlen ihm die dazu erforderlichen Kenntnisse, muss er sich sach- bzw. rechtskundig machen** (BGH, Urt. v. 23. 9. 2008 – XI ZR 253/07, NJW-RR 2009, 544, 546, Nr. 33: es ist nicht erforderlich, dass der Geschädigte aus den ihm bekannten Tatsachen die zutreffenden rechtlichen Schlüsse zieht; BGH, Urt. v. 10. 10. 2006 – VI ZR 74/05, NJW 2007, 217, 220 und G/G, 6. Aufl., Rz. D 8: **bei Kenntnis der anspruchsbegründenden Tatsachen muss der Geschädigte sich rechtskundig machen**; BGH, Urt. v. 6. 3. 2008 – XI ZR 319/06, NJW 2008, 2576, 2578, Nr. 27, 28 und Urt. v. 19. 3. 2008 – III ZR 220/07, NJW-RR 2008, 1237, 1238, Nr. 7: **zutreffende rechtliche Würdigung bekannter bzw. grob fahrlässig unbekannter Tatsachen unerheblich**; BGH, Urt. v. 3. 3. 2005 – III ZR 353/04, VersR 2006, 373, 374: zutreffende rechtliche Würdigung, richtige Einschätzung der Kausalität, der Rechtswidrigkeit und des Verschuldens unerheblich).

V 56 Ist die **Rechtslage dagegen unübersichtlich oder zweifelhaft**, so dass sie selbst ein rechtskundiger Dritter nicht zuverlässig einzuschätzen vermag, kann der **Verjährungsbeginn ausnahmsweise auch wegen Rechtsunkenntnis hinausgeschoben** sein (BGH, Urt. v. 23. 9. 2008 – XI ZR 262/07, NJW-RR 2009, 547, 548, Nr. 19 zur Bankenhaftung; BGH, Urt. v. 3. 3. 2005 – III ZR 353/04, VersR 2006, 373, 374 zur Notarhaftung; BGH, Urt. v. 23. 9. 2004 – IX ZR 421/00, MDR 2005, 211 bei außergewöhnlichen Schwierigkeiten der Sachverhaltsfeststellung; BGH, Urt. v. 19. 3. 2008 – III ZR 220/07, NJW-RR 2008, 1237, 1238, Nr. 7: keine unübersichtliche Rechtslage bei Ansprüchen aus §§ 812, 134 BGB i. V. m. § 1 RBerG; BGH, Urt. v. 23. 9. 2008 – XI ZR 253/07, NJW-RR 2009, 544, 548, Nr. 19). **An der Zumutbarkeit der Klageerhebung fehlt es etwa bei unsicherer und zweifelhafter Rechtslage bis zu deren objektiver Klärung** (BGH, NJW-RR 2009, 547, 548, Nr. 19).

V 57 Es ist aber stets zu verlangen, dass der Patient aus seiner **Sicht als medizinischer Laie** erkennt – bzw. bei Anwendung der §§ 195, 199 I BGB grob fahrlässig nicht erkennt –, dass der **aufgetretene Schaden auf einem fehlerhaften Verhalten auf der Behandlungsseite beruht** (BGH, Urt. v. 10. 10. 2006 – VI ZR 74/05, NJW 2007, 217, 220; BGH, Urt. v. 10. 11. 2009 – VI ZR 247/08, VersR 2010, 214 = NJW-RR 2010, 681 = MedR 2010, 258, Nr. 6, 7; OLG Jena, Urt. v. 5. 6. 2012 – 4 U 159/11, juris, Nr. 40, 42; OLG Koblenz, Urt. v. 29. 6. 2006 – 5 U 1591/05, OLGR 2006, 951, 953; OLG München, VersR 1992, 1407).

So haben die Eltern – ausnahmsweise – **bereits mit der Einsicht in die Krankenunterlagen ausreichende Kenntnis** i. S. d. § 852 I BGB a. F. bzw. § 199 I Nr. 1 BGB erlangt, wenn sich aus diesen Krankenunterlagen ergibt, dass der für die Geburt ihres Kindes errechnete Termin mit elf Tagen deutlich überschritten ist und ihnen mit den Krankenunterlagen das entscheidende CTG zur Kenntnis gebracht worden ist, aus dem sich insbesondere der Abfall der Herztöne und der Zustandsbericht des Kindes unmittelbar nach der Geburt ergibt, soweit den Eltern bewusst ist, dass die schweren Dauerschäden des Kindes bleiben würden und auf den Geburtsvorgang zurückzuführen sind (OLG Frankfurt, OLGR 1992,

138, 140). Allein die Übersendung der CTGs reicht jedoch zur Erlangung der positiven Kenntnis nicht aus, wenn nur aus den Krankenunterlagen Hinweise darauf ersichtlich sind, dass eine sichere Übertragung des Kindes – hier um elf Tage – vorlag (OLG Frankfurt a. a. O.).

Die 3-jährige Verjährungsfrist beginnt mit dem Jahresschluss auch zu laufen, sobald den Eltern des bei der Geburt schwer geschädigten Kindes **bekannt ist, dass trotz einer Beckenendlage des Kindes eine natürliche Geburt durchgeführt wurde, dabei eine schwerwiegende Komplikation auftrat, weswegen der kindliche Kopf mit einer Zange entwickelt werden musste und am darauf folgenden Tag eine Gehirnblutung des Kindes festgestellt wurde.** Dass die Folge dieser Gehirnblutung, eine Sprach- und Gehörstörung, erst später bekannt wurde, ist dabei unerheblich, da eine solche Folge aufgrund der eingetretenen Gehirnblutung nicht ungewöhnlich und durchaus vorhersehbar ist (OLG Koblenz, OLGR 1998, 81, 85). V 58

Gleiches gilt, wenn der Mutter **bekannt ist, dass der behandelnde Gynäkologe einen vorzeitigen Blasensprung nicht erkannt hat, wodurch es in der 32. SSW zur Frühgeburt eines behinderten Kindes gekommen ist.** Es ist nicht entscheidend, ob die Mutter, deren Prozessbevollmächtigter oder die Gutachterkommission für Fragen ärztlicher Haftpflicht die richtige medizinische oder rechtliche Wertung des bekannten Sachverhalts vorgenommen haben (LG Duisburg, Urt. v. 25. 1. 2006 – 3 O 167/05, MedR 2006, 433, 435).

Dagegen reicht es für die erforderliche positive Kenntnis vom Vorliegen eines Behandlungsfehlers nicht aus, wenn der Arzt gegenüber der aufgrund eines Behandlungsfehlers in Lebensgefahr schwebenden Patientin Andeutungen über die Ursache der Komplikationen macht (OLG Naumburg, Urt. v. 14. 8. 2001 – 1 U 106/00, OLGR 2002, 16). Ebenso wenig reicht es aus, wenn es bei einer Entbindung zu einem Dammriss sowie einem Riss des unteren bis mittleren Vaginaldrittels mit der Folge von Vernarbungen und ständigen Schmerzen gekommen ist, da solche Folgen **auch schicksalhaft eintreten können** (BGH, Urt. v. 10. 11. 2009 – VI ZR 247/08, VersR 2010, 214 = MedR 2010, 258, Nr. 17, 18). V 59

g) Wissensvertreter

Ist der **Geschädigte geschäftsunfähig** oder beschränkt geschäftsfähig, kommt es für den maßgeblichen Wissensstand auf die **Kenntnis des gesetzlichen Vertreters** an (BGH, Urt. v. 23. 1. 2007 – XI ZR 44/06, NJW 2007, 1584, 1587 = VersR 2007, 1090, 1093 zur positiven Kenntnis; BGH, Urt. v. 23. 9. 2004 – IX ZR 421/00, MDR 2005, 211; BGH NJW-RR 2001, 1168, 1169; NJW 1998, 2819; NJW 1995, 776, 777 = VersR 1995, 659, 660; OLG Zweibrücken, VersR 1998, 1286, 1287; Palandt-Ellenberger, 72. Aufl., § 199 BGB Rz. 24; G/G, 6. Aufl., Rz. D 9; F/N/W, 5. Aufl., Rz. 243, 244). Die **Kenntnis nur eines Elternteils genügt** (BGH, NJW 1989, 2323 = VersR 1989, 914; OLG Frankfurt, VersR 2001, 1572, 1573). V 60

Hat der Patient einen **Rechtsanwalt** mit der Wahrnehmung seiner Interessen beauftragt, so muss er sich auch dessen im Rahmen der Durchführung des Auftrags **erlangtes Wissen gem. § 166 I BGB zurechnen lassen** (BGH, NJW 1989, 2323, 2324 = VersR 1989, 914, 915; NJW 1997, 2049, 2025; Gehrlein, Rz. D 6; G/G, V 61

6. Aufl., Rz. D 9: nur für die vertragliche, nicht aber die deliktische Haftung; vom BGH, Urt. v. 23. 1. 2007 – XI ZR 44/06, NJW 2007, 1584, 1587 wurde offen gelassen, ob die bisherige Rechtsprechung zu § 852 BGB a. F., § 166 BGB auch bei grob fahrlässiger Unkenntnis des Vertreters anzuwenden ist).

V 61a Das Wissen eines Rechtsanwalts kann dem Mandanten aber nur in den Grenzen des erteilten Mandats und erst ab dem Zeitpunkt der Beauftragung zugerechnet werden (BGH, BKR 2009, 372, Nr. 26; Palandt-Ellenberger, 72. Aufl., § 199 BGB Rz. 24).

V 62 Auf den eingeschalteten Rechtsanwalt sind auch die obigen Grundsätze (s. o. Rz. V 44 ff.) der vorwerfbaren Unkenntnis anzuwenden, d. h. der Patient wird als „wissend" behandelt, wenn der Rechtsanwalt die angeforderten Behandlungsunterlagen nicht durchsieht und hieraus ohne weiteres mögliche Sachverhaltsfeststellungen, die den Schluss auf eine ärztliches Fehlverhalten nahe legen, nicht trifft (Gehrlein, Rz. D 6; BGH, NJW 1989, 2323, 2324 = MDR 1989, 901). So beginnt die Verjährungsfrist zu laufen, wenn dem vom Patienten beauftragten Rechtsanwalt die staatsanwaltlichen **Ermittlungsakten oder die Behandlungsunterlagen**, aus denen **alle erforderlichen Einzelheiten ersichtlich** sind, zur Einsichtnahme zur Verfügung gestellt worden sind; ob der Rechtsanwalt die Akten tatsächlich einsieht, ist dann unerheblich, denn der Patient ist dann so zu behandeln, als hätte er tatsächlich Kenntnis genommen (OLG Düsseldorf, VersR 1999, 833).

V 63 Der Kenntnis einzelner für die Geltendmachung eines Anspruchs notwendiger Tatsachen i. S. d. §§ 852 BGB a. F., 199 I BGB steht es bereits nach bisherigem Recht gleich, wenn der beauftragte Rechtsanwalt **den Ermittlungsakten oder den Krankenunterlagen das Vorliegen eines Behandlungsfehlers entnehmen kann** (OLG Celle, Urt. v. 1. 10. 2003 – 9 U 95/03, MDR 2004, 632: Ermittlungsakten; KG, Urt. v. 29. 11. 2004 – 8 U 110/04, OLGR 2005, 122, 123: Krankenunterlagen).

V 64 Es muss sich dabei jedoch um Feststellungen handeln, die sich ohne weiteres treffen lassen; das bloße **Unterlassen**, die **Behandlungsunterlagen** beim Klinikträger **einzusehen** bzw. anzufordern, **reicht für die Fiktion** der positiven Kenntnis i. S. d. §§ 852 I BGB a. F., 199 I BGB n. F. **nicht aus** (BGH, NJW 1989, 2323, 2324 = MDR 1989, 901; OLG Jena, Urt. v. 29. 11. 2000 – 4 U 1677/99, OLGR 2002, 381: **unterlassene Anforderung der Ermittlungsunterlagen genügt nicht**).

V 64a Das **Unterlassen einer Nachfrage** kann im Bereich der Arzthaftung nur dann als grob fahrlässig bewertet werden, wenn sich der **Verdacht einer Schädigung durch den Arzt bzw. ein Krankenhaus gerade aufgrund eines Behandlungsfehlers aufdrängen musste.** Im Bereich des Behandlungsfehlers besteht für den Gläubiger keine generelle Obliegenheit, die Initiative zur Klärung von Schadenshergang oder der Person des Schädigers zu entfalten (BGH, Urt. v. 10. 11. 2009 – VI ZR 247/08, VersR 2010, 214 = NJW-RR 2010, 681, Nr. 16, 17; vgl. BGH, Urt. v. 8. 10. 2002 – VI ZR 182/01, NJW 2003, 288, 289: auf der Hand liegende Erkenntnismöglichkeiten sind jedoch wahrzunehmen).

V 64b Der BGH (Urt. v. 23. 1. 2007 – XI ZR 44/06, NJW 2007, 1584, 1587 = VersR 2007, 1090, 1093) hat es offengelassen, ob die bisherige Rechtsprechung zu § 852 BGB

a. F., wonach sich der Gläubiger die **positive Kenntnis eines „Wissensvertreters"** zurechnen lassen muss, auch bei **grob fahrlässiger Unkenntnis des Vertreters** anzuwenden ist.

3. Aufklärungsfehler

a) Kenntnis von der Notwendigkeit der Aufklärung

Bei Schadensersatzansprüchen wegen Aufklärungsmängeln beginnt die Verjährung i. d. R. nicht schon dann, sobald der nicht bzw. unzureichend aufgeklärte Patient einen Schaden aufgrund der medizinischen Behandlung feststellt. **Hinzutreten** muss vielmehr auch die **Kenntnis** bzw. (ab dem 1. 1. 2002) die **grob fahrlässige Unkenntnis**, dass der Schaden nicht auf einem Behandlungsfehler beruht, sondern eine **spezifische Komplikation der medizinischen Behandlung** ist, über die der Patient – was dem behandelnden Arzt bekannt sein musste – hätte **aufgeklärt werden müssen** (BGH, Urt. v. 10. 10. 2006 – VI ZR 74/05, NJW 2007, 217, 220 = VersR 2007, 66, 69; OLG Karlsruhe, Urt. v. 9. 5. 2012 – 7 U 44/11, juris, Nr. 23; OLG Oldenburg, MDR 1998, 565 und, VersR 1999, 367 sowie Rehborn, MDR 2000, 1101, 1107: **Wissen, dass die eingetretene Komplikation ein dem Eingriff eigentümliches Risiko und nicht nur ein unvorhersehbarer unglücklicher Zufall war**; G/G, 6. Aufl. 2009, Rz. D 14: Kenntnis bzw. grob fahrlässige Unkenntnis, dass das verwirklichte Risiko dem Arzt als behandlungsfehlerunabhängige Komplikation bekannt gewesen ist oder bekannt sein musste und deshalb hätte aufgeklärt werden müssen).

V 65

Die Aufklärungspflicht des Arztes kann sich dabei aber nur auf diejenigen Risiken erstrecken, die den beteiligten Fachkreisen **im Zeitpunkt des Eingriffs bekannt** waren bzw. hätten bekannt sein müssen (F/N/W, 5. Aufl., Rz. 240).

V 66

Steht jedoch fest, dass ein – im entschiedenen Fall chirurgischer – **Eingriff zu gesundheitlichen Beeinträchtigungen geführt** hat, und ist **dem Patienten darüber hinaus bewusst, dass vor der Operation nicht über mögliche Komplikationen gesprochen wurde**, so beginnt die Verjährungsfrist für eine auf das Aufklärungsversäumnis gestützte Forderung nach altem wie nach neuem Recht nicht erst in dem Zeitpunkt, in dem das Vorliegen eines zunächst vermuteten ärztlichen Behandlungsfehlers oder einer schicksalhaften Komplikation widerlegt ist, sondern bereits mit der Kenntnis vom Eintritt des Schadens zumindest dem Grunde nach und der **Kenntnis (bzw. grob fahrlässigen Unkenntnis) derjenigen Tatsachen, aus denen sich die Aufklärungspflicht über die Risiken, die sich realisiert haben, ergibt** (OLG Düsseldorf, NJW-RR 1999, 823 zur Durchführung einer operativen Rhinoplastik; auch OLG Hamm, VersR 1987, 106 und OLG Köln 1987, 188 zur Durchführung einer Myelographie; OLG Jena, Urt. v. 5. 6. 2012 – 4 U 159/11, juris, Nr. 47, 48: **Beginn der Verjährung bei gänzlich fehlender Aufklärung mit Kenntnis der Realisierung eines Operationsrisikos**; OLG Hamm, Urt. v. 7. 12. 2009 – I-3 U 75/09, MedR 2010, 563: **Patient musste Misserfolg einer Behandlung hinsichtlich ärztlicher Aufklärungsversäumnisse kritisch hinterfragen**; OLG Karlsruhe, Urt. v. 9. 5. 2012 – 7 U 44/11, juris, Nr. 23, 24: **aber keine Erkundigungspflicht hinsichtlich medizinischer Fragen, wenn die Aufklärung nur Lücken aufweist**; G/G, 6. Aufl., Rz. D 14; F/N/W, 5. Aufl., Rz. 240).

V 67

b) Erkundigungspflicht zum Umfang der Aufklärungsbedürftigkeit

V 68 Anders als beim Behandlungsfehler wird beim Aufklärungsfehler eine **Pflicht des Patienten bejaht, sein Wissen um die Rechtsfolgen des tatsächlichen Geschehens durch einfache, zumutbare Maßnahmen zu vervollständigen** (OLG München, Urt. v. 30. 9. 2004 – 1 U 3940/03, VersR 2006, 705 = OLGR 2006, 343 = GesR 2006, 119, 120; OLG Karlsruhe, Urt. v. 9. 5. 2012 – 7 U 44/11, juris, Nr. 24: **wenn überhaupt keine Aufklärung erfolgt ist**; OLG Hamm, Urt. v. 7. 12. 2009 – I-3 U 75/09, MedR 2010, 563: **Patient muss den Misserfolg einer Behandlung kritisch hinterfragen**; OLG Jena, Urt. v. 5. 6. 2012 – 4 U 159/11, juris, Nr. 47, 48; F/N/W, 5. Aufl., Rz. 240; G/G, 6. Aufl., Rz. D 14).

V 69 Bei Aufklärungsmängeln besteht sowohl nach § 852 BGB a. F. als auch nach § 199 I BGB also eine **Erkundigungspflicht zum Umfang der Aufklärungsbedürftigkeit** (OLG München, Urt. v. 30. 9. 2004 – 1 U 3940/03, VersR 2006, 705 = OLGR 2006, 343; OLG Jena, Urt. v. 5. 6. 2012 – 4 U 159/11, juris, Nr. 47, 48; OLG Hamm, Urt. v. 7. 12. 2009 – I-3 U 75/09, MedR 2010, 563: **Patient muss den Misserfolg einer Behandlung jedenfalls insoweit kritisch hinterfragen**; OLG Düsseldorf, NJW 1986, 2377 = VersR 1986, 1193; NJW-RR 1999, 823; OLG Hamm, VersR 1987, 106 und OLG Köln, VersR 1987, 188: Beginn der Verjährung mit Kenntnis der eingetretenen Lähmungen, der bestehenden Aufklärungspflicht und des Aufklärungsmangels nach einer Myelographie; vgl. aber Rz. V 73).

V 70 Wird der Patient z. B. vor der Durchführung einer Röntgenbestrahlung nicht oder nur unzureichend aufgeklärt und treten bei ihm in unmittelbarem Zusammenhang mit der Behandlungsmaßnahme **dauerhafte Hautschäden im Gesicht** auf, so wird ihm zugemutet, sich **bei einem Facharzt nach der Aufklärungsbedürftigkeit derartiger Risiken zu erkundigen**. Versäumt er dies, so beginnt die Verjährungsfrist nach dem Auftreten des Dauerschadens zu laufen (OLG Düsseldorf, NJW 1986, 2377; Gehrlein, Rz. D 9).

V 71 Erleidet eine Patientin etwa im Rahmen einer Operation einen Körper- bzw. Gesundheitsschaden und erfährt sie in den Tagen danach, dass es bei dem Eingriff zu lebensgefährlichen Komplikationen mit dem hernach bestehenden Risiko des „Platzens" eines Blutergusses gekommen ist, so hat sie jedenfalls dann entsprechende **Nachfragen über die Aufklärungsbedürftigkeit der eingetretenen Risiken bzw. Schäden** zu halten, wenn sie hierüber vor dem Eingriff **nicht oder nur unzureichend aufgeklärt worden** ist (OLG München, Urt. v. 30. 9. 2004 – 1 U 3940/03, VersR 2006, 705, 706 = OLGR 2006, 343, 344).

V 72 Hat nach eigenem Vortrag des Klägers eine **Risikoaufklärung** (hier: Schädigung des Nervus Femoralis nach OP) **nicht stattgefunden** und hat der Eingriff zu einer **erheblichen Nervschädigung** geführt, dass dem Kläger bzw. dessen Prozessbevollmächtigtem **nach Erhalt und Lektüre des OP-Berichts bekannt ist bzw. im Falle einer Lektüre bekannt sein musste**, weil der OP-Bericht einen entsprechenden Hinweis enthält (hier: „Durchtrennung des Nervus femoralis konnte trotz aller Sorgfalt nicht vermieden werden") und liegt es auf der Hand, dass dem Operateur dieses Operationsrisiko vor dem Eingriff bekannt war bzw. zumindest hätte bekannt sein müssen, beginnt die Verjährung mit Übersendung der Behandlungsunterlagen zu laufen (OLG Jena, Urt. v. 5. 6. 2012 – 4 U 159/11, juris, Nr. 47, 49).

Ist eine **Aufklärung** grundsätzlich erfolgt, weist diese bei späterer Beurteilung je-   V 73
doch **erhebliche Lücken** auf, trifft den Patienten bzw. dessen Krankenversicherung oder einen Sozialversicherungträger **keine Erkundigungspflicht** hinsichtlich der fachspezifisch-medizinischen Frage, inwieweit eine weitergehende Aufklärung zu erfolgen hatte. Auch insoweit gilt, dass der Patient bzw. der SVT
(Krankenkasse u. a.) nicht verpflichtet ist, sich im Hinblick auf einen Haftungsprozess medizinisches Fachwissen anzueignen (OLG Karlsruhe, Urt. v.
9. 5. 2012 – 7 U 44/11, juris, Nr. 24 im Anschluss an BGH, Urt. v. 10. 10. 2006
– VI ZR 74/05, NJW 2007, 217, 220 = juris, Nr. 24; vgl. auch F/N/W, 5. Aufl.
2013, Rz. 240: **notwendig ist stets ein hinreichender subjektiver Erkenntnisstand darüber, dass ein bestimmtes Risiko der Behandlungsseite als Aufklärungsbedürftig bekannt gewesen sei bzw. habe sein müssen).**

In dem vom OLG Karlsruhe (a. a. O.) entschiedenen Fall war der Patient auf das
Risiko der Verletzung von Interkostalnerven mit der Gefahr einer Bauchwandparese nicht aufgeklärt worden, ein unterzeichnetes Aufklärungsformular mit dem
Hinweis auf verschiedene andere Risiken befand sich jedoch in den Behandlungsunterlagen.

Allein **der negative Ausgang einer Behandlung** ohne weitere Anhaltspunkte für   V 74
das Vorliegen eines Behandlungsfehlers oder aber eines Aufklärungsfehlers führt
auch insoweit **nicht dazu, dass der Patient zur Vermeidung der Verjährung seine
Ansprüche Erkundigungen einholen muss** (BGH, Urt. v. 10. 11. 2009 – VI ZR
247/08, NJW-RR 2010, 681 = MedR 2010, 258 = VersR 2010, 214, Nr. 16, 17
und BGH, Urt. v. 28. 2. 2012 – VI ZR 9/11, MDR 2012, 769 = VersR 2012, 738 =
NJW 2012, 1789, 1791 Nr. 19 zum Behandlungsfehler; a. A. sehr weitgehend
OLG Hamm, Urt. v. 7. 12. 2009 – I 3 U 75/09, MedR 2010, 563: der Patient darf
sich möglichen Erkenntnissen nicht gänzlich verschließen, sondern **muss den
Misserfolg einer Behandlung kritisch hinterfragen).**

III. Kenntnis des Schadens; Schadenseinheit

1. Schadenseinheit

Die Kenntnis vom eingetretenen Schaden ist nicht gleichbedeutend mit der   V 75
Kenntnis vom Umfang und der Höhe des Schadens (Palandt-Ellenberger,
72. Aufl., § 199 BGB Rz. 14, 34). Bei der für den Verjährungsbeginn gem. § 852 I
BGB a. F., § 199 I Nr. 1 BGB maßgeblichen Kenntnis – Entsprechendes gilt auch
für die nach § 199 I Nr. 2 BGB erforderliche grob fahrlässige Unkenntnis – des
Verletzten von dem Schaden ist Letzterer als „Schadenseinheit" zu verstehen.

Bereits **die allgemeine Kenntnis des Patienten vom Eintritt eines Primärscha-**   V 76
dens genügt, um die Verjährungsfrist in Lauf zu setzen; wird sie erlangt, so gelten auch solche Folgezustände als bekannt, die im Zeitpunkt der Erlangung jener
Kenntnis überhaupt nur als möglich voraussehbar waren (OLG Hamm, NJW-RR
1999, 252; Gerlach, VersR 2000, 525, 529 m. w. N.; Palandt-Ellenberger,
72. Aufl., § 199 BGB Rz. 14, 34; F/N/W, 5. Aufl., Rz. 238, 239; S/Pa, 12. Aufl.,
Rz. 575 ff.).

Eine weiter gehende Kenntnis vom Umfang und den Einzelheiten der Schadens-   V 77
verwirklichung sowie von der Entwicklung des weiteren Schadensverlaufs ist

bei Kenntnis des Eintritts eines Primärschadens nicht erforderlich (G/G, 6. Aufl., Rz. D 10; Gehrlein, Rz. D 7). Die Hoffnung auf bzw. eine beginnende Heilung steht der Kenntnis des Schadens nicht entgegen (OLG Köln, VersR 1993, 580; G/G, 6. Aufl., Rz. D 10).

2. Spätfolgen

a) Sicht medizinischer Fachkreise entscheidend

V 78 **Hinsichtlich der Vorhersehbarkeit von Spätfolgen ist auf die Sicht der medizinischen Fachkreise abzustellen** (BGH, Urt. v. 14. 2. 2006 – VI ZR 322/04, NZV 2006, 408 = MDR 2006, 987; Urt. v. 16. 11. 1999 – VI ZR 37/99, NJW 2000, 861 = MDR 2000, 270 = VersR 2000, 331; NJW 1997, 2448 = MDR 1997, 837 = VersR 1997, 1111; OLG Brandenburg, Urt. v. 29. 11. 2006 – 7 U 3/06, ZfS 2007, 621, 622; OLG Hamm, NJW-RR 1999, 252; OLG Oldenburg, Urt. v. 28. 2. 2003 – 6 U 231/01, VersR 2004, 64, 65).

Der Verjährungseintritt nach § 852 BGB a. F., §§ 195, 199 BGB erstreckt sich danach auch auf Spätfolgen, die aus medizinischer Sicht aufgrund des Heilungsverlaufs zwar unwahrscheinlich, aber aus objektiver Sicht (eines Facharztes) durchaus **als möglich in Betracht zu ziehen** waren (BGH, Urt. v. 14. 2. 2006 – VI ZR 322/04, NZV 2006, 408 = MDR 2006, 987; OLG Hamm, NJW-RR 1999, 252). **Darauf, ob der erstbehandelnde Arzt den Eintritt möglicher Spätfolgen fehlerhaft nicht erkannt** (G/G, 6. Aufl., Rz. D 10) **oder die Parteien bzw. das Gericht die Verletzungsfolgen etwa bei Abschluss eines Vergleichs unzutreffend gewürdigt haben, kommt es nicht an** (BGH, NJW 1988, 2300, 2301; OLG Oldenburg, Urt. v. 28. 2. 2003 – 6 U 231/01, VersR 2004, 64, 65).

V 79 Ist eine Schadensfolge auch **für Fachleute, bei Körperschäden also für Fachärzte, im Zeitpunkt der allgemeinen Kenntnis des Patienten vom Eintritt des Primärschadens nicht vorhersehbar**, wächst die Kenntnis dieser Schadensfolge jedoch in den beteiligten Fachkreisen **in der Folgezeit** heran, dann kommt es für den Beginn der Verjährung nicht darauf an, in welchem Zeitpunkt sich diese Kenntnis in den beteiligten Fachkreisen durchgesetzt hat, vielmehr ist dann der **Zeitpunkt entscheidend, in dem der Verletzte selbst von der Schadensfolge Kenntnis erlangt** (BGH, NJW 1997, 2448 = MDR 1997, 837; auch BGH, Urt. v. 14. 2. 2006 – VI ZR 322/04, NZV 2006, 408, 409 = MDR 2006, 987, 988; OLG Brandenburg, Urt. v. 29. 11. 2006 – 7 U 3/06, ZfS 2007, 621, 622: ab dem Zeitpunkt der Kenntnis bzw. grob fahrlässigen Unkenntnis unfallbedingter Spätschäden in der Person des Verletzten selbst).

b) Zeitlich auseinanderfallende Spätfolgen

V 80 Bei **mehreren, zeitlich auseinanderfallenden Spätfolgen** kommt es auch hinsichtlich der zuletzt eingetretenen Spätfolge selbst dann auf die positive Kenntnis (bzw. grob fahrlässige Unkenntnis unter Geltung des § 199 I BGB) des Geschädigten von der Möglichkeit des konkreten Schadenseintritts und des Ursachenzusammenhangs mit der primären Ausgangsschädigung an, wenn die zuletzt eingetretene Spätfolge für Fachkreise aufgrund eines vorausgegangenen

Spätschadens voraussehbar gewesen wäre und insoweit **außerhalb der „Schadenseinheit"** liegen würde (BGH, Urt. v. 16. 11. 1999 – VI ZR 37/99, NJW 2000,
861 = MDR 2000, 270 = VersR 2000, 331).

In dem vom BGH entschiedenen Fall hatte der Geschädigte im Jahr 1984 einen
Unterschenkeltrümmerbruch und einen Oberschenkelschaftbruch erlitten. Im
Jahr 1990 trat bei dem Geschädigten eine Gonarthrose im rechten Kniegelenk
auf. Diese erste Spätfolge war nach Feststellung eines nachbehandelnden Arztes
als mögliche Folge des Unfallereignisses in Betracht zu ziehen. Eine im Jahr
1997 durchgeführte Arthroskopie ergab das Vorliegen einer sekundären Arthrose
im rechten oberen Sprunggelenk. Der behandelnde Facharzt bejahte aus der
Sicht des Jahres 1997 auch insoweit einen Zusammenhang mit dem Unfallereignis aus dem Jahr 1984. Aus der maßgeblichen ex-ante-Betrachtung des Jahres
1984 war der sekundäre Folgeschaden, die Arthrose im rechten oberen Sprunggelenk, für Fachärzte jedoch noch nicht vorhersehbar. Nach Auffassung des
BGH ist bei einer solchen Konstellation auch hinsichtlich des sekundären Folgeschadens (1997) auf die positive Kenntnis des Geschädigten von der Möglichkeit
dieses konkreten Schadenseintritts und des Ursachenzusammenhangs nicht nur
mit dem primären Folgeschaden (1990), sondern auch mit der Ausgangsschädigung (1984) abzustellen (BGH, NJW 2000, 861, 862 = MDR 2000, 270, 271).

Dass der eingetretene, sekundäre Folgeschaden in Form der Arthrose am Sprung-   V 81
gelenk im Zeitpunkt des Eintritts des primären Folgeschadens, der Arthrose am
Knie im Jahr 1990, **aus medizinischer Sicht durchaus als möglich in Betracht zu
ziehen** war, ist dabei unschädlich. Eine „sekundäre Schadenseinheit" mit der
Verlagerung des Beginns der Verjährungsfrist auf den Zeitpunkt des Eintritts
des primären Folgeschadens im Jahr 1990 wird vom BGH abgelehnt (BGH, NJW
2000, 861, 862 = MDR 2000, 270, 271).

Der Einwand der Rechtskraft hindert eine Schmerzensgeldnachforderung für zu-   V 82
nächst nicht berücksichtigte Folgen jedoch grundsätzlich dann, wenn die Verletzungsfolgen bei der früheren Bemessung entweder **bereits eingetreten oder objektiv erkennbar** waren oder ihr Eintritt vorhergesehen und bei der Entscheidung
berücksichtigt werden konnte (BGH, NJW 1988, 2300, 2301; NJW 1995, 1614;
OLG Stuttgart, NJW-RR 1999, 1590, 1591).

Andererseits umfasst eine Verurteilung zur Zahlung eines Schmerzensgeldes un-   V 83
ter Abweisung des weiter gehenden Antrages auf Feststellung der Verpflichtung
zum Ersatz weiterer immaterieller Schäden nicht später geltend gemachte, im
Zeitpunkt der Entscheidung des Vorprozesses **auch von medizinischen Fachkreisen nicht vorhersehbare Folgeschäden** (BGH, Urt. v. 14. 2. 2006 – VI ZR 322/04,
NZV 2006, 408, 409 = MDR 2006, 987, 988). Auch nach Vorlage eines rechtskräftigen Urteils kann geltend gemacht werden, der in dem Vorprozess als nach dem
damaligen Sachstand nicht begründet abgewiesene Anspruch sei inzwischen begründet geworden, der maßgebliche Umstand sei zum damaligen Zeitpunkt von
Fachkreisen nicht vorhersehbar gewesen (BGH a. a. O.).

c) Nicht erkannte, in Fachkreisen vorhersehbare existenzbedrohende Spätfolgen

Auch bei **von medizinischen Fachkreisen vorhersehbaren Spätfolgen** kann die   V 84
Berufung des Schädigers auf den Eintritt der Verjährung ausnahmsweise dann ge-

gen Treu und Glauben verstoßen, wenn zunächst alle Beteiligten einschließlich der Ärzte nur von vorübergehenden Verletzungsfolgen ausgegangen sind und sich zunächst hierauf einstellen durften und eingestellt haben, die später eingetretene Gesundheitsschädigung demgegenüber **außergewöhnlich und existenzbedrohend** ist, etwa bei einer Querschnittslähmung (OLG Hamm, MDR 1999, 38 = NJW-RR 1999, 252; auch: OLG Nürnberg, VersR 2001, 982 und OLG Oldenburg, Urt. v. 28. 2. 2003 – 6 U 231/01, VersR 2004, 64, 65: außergewöhnliche und unzumutbare Härte; OLG Schleswig, VersR 2001, 983). In solchen Fällen steht auch die Rechtskraft eines Urteils, das für ein unfallbedingtes Leiden Schmerzensgeld zugesprochen hat, einer Schmerzensgeldnachforderung wegen einer Verschlechterung des Leidens nicht entgegen, wenn zur Zeit des für die Entscheidung im Vorprozess maßgebenden Zeitpunkts die Wahrscheinlichkeit eine Verschlechterung des Leides zumindest genauso groß gewesen ist wie die einer Besserung (OLG Stuttgart, NJW-RR 1999, 1590).

V 85 So kann einem Abfindungsvergleich der Einwand der unzulässigen Rechtsausübung § 242 BGB) entgegenstehen, wenn sich nach dem Auftreten unvorhergesehener Spätfolgen, die auch für **Fachleute nicht voraussehbar** waren, **ein krasses Missverhältnis** zwischen der Vergleichssumme und dem Schaden ergibt (OLG Hamm, VersR 1998, 631; OLG Köln, NJW-RR 1988, 424; OLG Nürnberg, VersR 2001, 982; OLG Oldenburg, VersR 2004, 64, 65 zum Abfindungsvergleich; OLG Schleswig, VersR 2001, 983; Jaeger, ZGS 2003, 329, 331/332). Ein solches krasses Missverhältnis liegt etwa vor, wenn die Körper- und Gesundheitsschäden unter Einbeziehung der Spätfolgen ein Schmerzensgeld in der Größenordnung von rund **255 000 Euro** rechtfertigen würden, der Verletzte aufgrund des Abfindungsvergleichs aber (indexiert) lediglich ca. **50 000 Euro** erhalten hat (OLG Schleswig, VersR 2001, 983, 984) oder wenn der Zukunftsschaden bei der Festlegung der Abfindungssumme nur eine untergeordnete Rolle, etwa in der üblichen Größenordnungen von 500 Euro bis 2 000 Euro bei HWS- und ähnlichen Verletzungen, gespielt hat (OLG Köln, NJW–RR 1988, 924; Jaeger, ZGS 2003, 329, 331), nicht jedoch bei einer **Diskrepanz von 150 000 Euro zu (indexierten) 50 000 Euro** (OLG Nürnberg, VersR 2001, 982; vgl. auch OLG Hamm, VersR 1998, 631 und Müller, VPräsBGH, VersR 1998, 129, 138).

V 86 Der Einwand der unzulässigen Rechtsausübung kann nach Ansicht des OLG Oldenburg (Urt. v. 28. 2. 2003 – 6 U 231/01, VersR 2004, 64, 65) aber auch gegenüber einem Abfindungsvergleich erhoben werden, wenn sich der Geschädigte die Geltendmachung eines Anspruchs auf „Ersatz des künftigen immateriellen Schadens unter Zugrundelegung der Rechtsprechung des BGH" vorbehalten hatte, mögliche Spätfolgen zum Zeitpunkt des Abschlusses des Abfindungsvergleichs **nicht erkannt worden sind, aber in Fachkreisen objektiv vorhersehbar** waren, aber sich aufgrund der von den Parteien nicht vorgesehenen Spätfolgen zwischen dem Schaden und der vereinbarten Vergleichssumme ein so krasses Missverhältnis ergibt, dass es für den Geschädigten eine **außergewöhnliche und unzumutbare Härte** bedeuten würde, wenn ihm Nachforderungsansprüche versagt bleiben würden.

V 87 In dem vom OLG Oldenburg (Urt. v. 28. 2. 2003 – 6 U 231/01, VersR 2004, 64, 65) entschiedenen Fall hatte der Geschädigte zunächst einen Oberschenkelhalsbruch rechts, einen Nasenbruch sowie ein Schädel-Hirn-Trauma ersten Grades erlitten. Es kam im Juli 1999 zum Abschluss eines außergerichtlichen Vergleichs, wobei ein Abfindungsbetrag i. H. v. 20 690 DM/10 578,63 Euro und ein immaterieller Vorbehalt „unter Zugrundelegung der Rechtsprechung des BGH (VersR 1980, 975)" vereinbart wurde. Nach den Feststellungen eines zwei Jahre später im Nachforderungsprozess beauftragten medizinischen Sachverständigen waren die Entstehung einer Hüftkopfnekrose (Absterben des Knochens des Hüftkopfes) und die damit verbundenen Folgen, nämlich die Implantation eines künstlichen Hüftgelenks und eine dauernde enorme Schmerzsymptomatik zum Zeitpunkt des Abschlusses des Abfindungsvergleichs **für einen Fachmann (hier: FA für Orthopädie oder Unfallchirurgie) objektiv voraussehbar**. Hierfür ist unerheblich, ob der damals behandelnde Arzt dies nicht oder nicht vollständig erkannt hat oder ob die Verletzungsfolgen von den Parteien zutreffend gewürdigt wurden. Das OLG Oldenburg sprach dem Geschädigten wegen des bestehenden **krassen Missverhältnisses** zwischen dem Vergleichsbetrag und den gravierenden Spätfolgen (§ 242 BGB) ein weiteres Schmerzensgeld in Höhe von 25 000 Euro zu.

IV. Höchstfristen (§ 199 II, III BGB)

1. § 199 II BGB

§ 199 II BGB bestimmt, dass Schadensersatzansprüche, z. B. aus § 280 I BGB (vormals p.V.v.), §§ 823 I, II, 831 I, 839 I BGB sowie aus Gefährdungshaftung, die auf der Verletzung des Lebens, des Körpers, der Gesundheit oder Freiheit beruhen, ohne Rücksicht auf die Entstehung eines Schadens und ohne Rücksicht auf die Kenntnis bzw. grob fahrlässige Unkenntnis i. S. d. § 199 I Nr. 2 BGB in **spätestens 30 Jahren seit der Begehung der tatbestandlichen Handlung** i. S. d. § 823 I BGB, der Vornahme der Pflichtverletzung i. S. d. § 280 I BGB und bei einer Unterlassung ab dem Zeitpunkt, in dem die Handlung geboten gewesen wäre, verjähren (vgl. Palandt-Ellenberger, § 199 BGB Rz. 43–46). So kann ein Anspruch aus einer behandlungsfehlerhaft durchgeführten Röntgenreihenuntersuchung 30 Jahre nach deren Durchführung verjähren, selbst wenn eine Krebserkrankung als dadurch verursachter Gesundheitsschaden und damit der Anspruch i. S. d. §§ 823 I, 280 I, 199 I BGB noch gar nicht entstanden ist (Palandt-Ellenberger, § 199 BGB Rz. 42, 45 und Art. 229 § 6 EGBGB Rz. 2–5). V 88

Der Gesetzgeber hat die Einbeziehung von vorsätzlich oder grob fahrlässig verursachten Vermögensschäden in § **199 II BGB** ausdrücklich abgelehnt und dessen **Katalog** als **abschließend** bezeichnet. Die Höchstfristen des § 199 II, III BGB gelten aber nur, solange die Voraussetzungen des § 199 I BGB nicht vorliegen. V 89

Mit der Entstehung des Anspruchs und der Kenntnis bzw. grob fahrlässigen Unkenntnis von den Umständen (vgl. Rz. V 25 ff., V 44 ff.) beginnt die kürzere Frist des § 195 BGB zu laufen. Ist dies jedoch erst vor Ablauf der Frist des § 199 II, des § 199 III bzw. des § 199 IV BGB der Fall, so ist der – frühere – Verjährungseintritt nach § 199 II, III oder IV BGB maßgebend (Palandt-Ellenberger, 72. Aufl., § 199 BGB Rz. 42, 45, 47). V 90

2. § 199 III BGB

V 91   Schadensersatzansprüche wegen Verletzung sonstiger Rechtsgüter (Eigentum, Vermögen u.a.) verjähren gem. § 199 III 1 Nr. 1 BGB entweder in **zehn Jahren ab ihrer Entstehung** oder – wie die in § 199 II BGB genannten Ansprüche – gem. § 199 III 1 Nr. 2 BGB in **30 Jahren ab der Begehung der Handlung**, der Pflichtverletzung oder dem sonstigen schadensbegründenden Ereignis. Maßgebend ist hier nach § 199 III 2 BGB die früher endende Frist.

V 92   Sobald die Voraussetzungen des § 199 I BGB vorliegen (Anspruch entstanden, sowie Kenntnis bzw. grob fahrlässige Unkenntnis), beginnt zum Jahresschluss jedoch die Frist des § 195 BGB zu laufen.

3. Beginn der Verjährung von festgestellten Ansprüchen (§ 201 BGB)

V 93   Die dreißigjährige Verjährung von rechtskräftig festgestellten Ansprüchen beginnt mit der **formellen Rechtskraft** der Entscheidung (§§ 201, 197 I Nr. 3 BGB), die dreißigjährige Verjährung der Ansprüche aus vollstreckbaren Vergleichen oder vollstreckbaren Unkunden mit der Errichtung des vollstreckbaren Titels (§§ 201, 197 I Nr. 4 BGB). Die Verjährung kann gem. § 201 S. 1 letzter Hs. BGB jedoch nicht vor der Entstehung des Anspruchs, etwa bei Verurteilung zur Erbringung künftig fällig werdender Leistungen (§§ 257, 259 ZPO) beginnen.

V 94   Droht bei einer titulierten Forderung der Ablauf der Verjährungsfrist, ist zur Sicherung des Anspruchs eine (erneute) Feststellungsklage zulässig, wobei in Feststellungsinteresse nur gegeben ist, wenn andere Möglichkeiten zur Hemmung der Verjährung fehlen (BGH, NJW-RR 2003, 1076; Palandt-Ellenberger, 72. Aufl., § 201 BGB Rz. 2; vgl. hierzu Rz. F 1 ff.).

4. Beginn anderer Verjährungsfristen (§ 200 BGB)

V 95   Soweit der Verjährungsbeginn nicht in §§ 199, 201 BGB geregelt ist, beginnt die Verjährung von Ansprüchen gem. § 200 BGB mit deren Entstehung zu laufen. So findet § 200 BGB für die Verjährungsfristen der §§ 196, 197 I Nr. 1, 197 I Nr. 2 BGB Anwendung (Palandt-Ellenberger, 72. Aufl., § 200 BGB Rz. 1).

V. Neubeginn und Hemmung der Verjährung

1. Unterbrechung und Neubeginn

V 96   Eine Verjährungsunterbrechung (§§ 208–217 BGB a.F.) kennt das neue Verjährungsrecht nicht. Die alten Unterbrechungstatbestände sind überwiegend in Hemmungstatbestände (§§ 203 ff. BGB) umgewandelt. Zu einem der früheren Unterbrechung entsprechenden Neubeginn der Verjährung, wonach die entsprechende Verjährungsfrist z.B. aus §§ 195, 199 I, II BGB in voller Länge erneut zu laufen beginnt, führen gem. § 212 I Nr. 1 u. 2 BGB nur noch das Anerkenntnis des Schuldners und die Beantragung oder Vornahme einer gerichtlichen bzw.

behördlichen Vollstreckungshandlung (vgl. hierzu Fellner, MDR 2009, 670, 672 ff.).

2. Überleitungsrecht

Nach der Überleitungsvorschrift des Art. 229 § 6 I 2 EGBGB richten sich Beginn, Hemmung und Neubeginn der Verjährung für Ansprüche, die bis zum 31. 12. 2001 entstanden sind, nach dem alten Recht. Verjährungsunterbrechungen nach altem Recht entfallen gem. Art 229 § 6 I 3 EGBGB, wenn sie bei Fortgeltung des alten Rechts entfallen wären, z.B. bei Rücknahme der Klage gem. § 212 I BGB a.F.   V 97

Eine **nach altem Recht begonnene Verjährungsunterbrechung wandelt sich** gem. Art. 229 § 6 II EGBGB **in eine Hemmung um,** sofern der bisherige Unterbrechungstatbestand ab dem 1. 1. 2002 nur noch eine Hemmung vorsieht. Dies gilt etwa für die Klageerhebung (§§ 209 I BGB a.F., 204 I Nr. 1 BGB), die Zustellung eines Mahnbescheids (§§ 209 II Nr. 1, 213 BGB a.F., 204 I Nr. 3 BGB), die Aufrechnung im Prozess (§§ 209 II Nr. 3 BGB a.F., 204 I Nr. 5 BGB) und die Streitverkündung (§§ 209 II Nr. 4 BGB a.F., 204 I Nr. 6 BGB). Eine Unterbrechung der Verjährung, die – etwa durch Zustellung einer Streitverkündung (vgl. § 209 II Nr. 4 BGB a.F.) – vor dem 1. 1. 2002 eingetreten ist, setzt sich mit dem Inkrafttreten der §§ 195 ff BGB n.F. nicht gem. Art. 229 § 6 II EGBGB als Hemmung der Verjährung fort, wenn sie aufgrund eines nach Ablauf des 31. 12. 2001 eingetretenen Umstandes aufgrund des bis zum 31. 12. 2001 geltenden Rechts als nicht erfolgt gilt.   V 98

Einstweilen frei.   V 99

3. Hemmung durch Rechtsverfolgung (§ 204 BGB)

Wie beim bisherigen Recht wird der Zeitraum, während dessen die Verjährung gehemmt ist, nicht in die Verjährungsfrist eingerechnet (§ 209). Die Verjährungsfrist wird faktisch um den Zeitraum der Hemmung verlängert.   V 100

a) Hemmungstatbestände (§ 204 I BGB)

Die wichtigsten Hemmungstatbestände sind die Erhebung einer **Klage** des Berechtigten (§ 204 I Nr. 1) und die **Zustellung eines Mahnbescheids** (§ 204 I Nr. 3), wobei die Wirkung der Hemmung gem. §§ 270 III, § 691 II ZPO (ab 1. 7. 2002: § 167 ZPO) bereits mit Einreichung der Klage eintritt, wenn sie „demnächst" zugestellt wird (s. u.), die **Aufrechnung im Prozess** (§ 204 I Nr. 5 BGB), die **Zustellung einer Streitverkündungsschrift** (§ 204 I Nr. 6 BGB), die zuvor im Arzthaftungsprozess keine Hemmung herbeiführende **Zustellung eines Antrags auf Durchführung eines selbständigen Beweisverfahrens** (§ 204 I Nr. 7 BGB) und die **Veranlassung der Bekanntgabe eines PKH-Antrages** (§ 204 I Nr. 14 BGB), wobei auch hier die Hemmungswirkung mit der Einreichung des Antrages beginnt, wenn die Bekanntgabe dann „demnächst" veranlasst wird.   V 101

Anders als nach dem bisherigen Richterrecht ist eine ordnungsgemäße Begründung des PKH-Antrages und die Beifügung sämtlicher erforderlicher Belege   V 102 für den Eintritt der Hemmung nicht erforderlich. Als **„Mindestanforderungen"** werden die **individualisierbare Benennung der Parteien** und die ausreichende **Darstellung des Streitverhältnisses** zur Identifizierbarkeit der von der Verjährungshemmung erfassten Ansprüche genannt (Palandt-Ellenberger, 72. Aufl., § 204 BGB Rz. 30, 31, 32 m. w. N.). Gelegentlich wird verkannt, dass die **Einleitung eines polizeilichen Ermittlungsverfahrens keine Hemmung der Verjährung** zivilrechtlicher Ansprüche bewirkt. **Patientenvertretern ist es nicht zu empfehlen, den – für den Patienten regelmäßig negativen – Ausgang eines Strafverfahrens abzuwarten, ohne zuvor eine Verjährungsverzichtserklärung aller in Betracht kommenden Ärzte bzw. deren Haftpflichtversicherer eingeholt zu haben!**

V 103   Die Hemmungswirkung einer Leistungs- oder Feststellungsklage als wichtigsten Fall einer verjährungshemmenden Maßnahme beschränkt sich auf den jeweiligen Streitgegenstand und erstreckt sich **nicht auf andere, nicht eingeklagte Schadensfolgen** (BGH, Urt. v. 9. 1. 2008 – XII ZR 33/06, MDR 2008, 509; BGH, NJW 1998, 1303; OLG Köln, MDR 2000, 1151; OLG Oldenburg, NJW-RR 2000, 903; Fellner, MDR 2009, 670, 672).

V 104   So bewirkt eine Leistungsklage auf Schadensersatz nicht die Unterbrechung der Verjährung nach altem Recht (§§ 209 I, 211 I, 212 I, 217 BGB a. F.) bzw. die Hemmung der Verjährung nach neuem Recht wegen eines Anspruchs auf Feststellung der Ersatzpflicht von Zukunftsschäden (OLG Oldenburg, NJW-RR 2000, 903; OLG Köln, MDR 2000, 1151). Beantragt der Geschädigte jedoch die Feststellung der Verpflichtung des Schädigers, ihm den in Zukunft aus dem Schadensereignis entstehenden Schaden zu ersetzen, so folgt aus den Grundsätzen der Antragsauslegung, dass damit die **ab Klageeinreichung** und nicht erst die ab dem Zeitpunkt der letzten mündlichen Verhandlung entstehenden Schadensersatzansprüche erfasst werden sollen (BGH, NJW 2000, 2387).

V 105   **Die Feststellungsklage bleibt zulässig, auch wenn im Laufe des Prozesses eine Leistungsklage zulässig bzw. dem Geschädigten möglich wird** (BGH, Urt. v. 8. 7. 2003 – VI ZR 304/02, NJW 2003, 2827 = VersR 2003, 1256; OLG Brandenburg, Urt. v. 8. 4. 2003 – 1 U 26/00, VersR 2004, 1050, 1051 = NJW-RR 2003, 1383, 1384; OLG Dresden, Urt. v. 28. 2. 2002 – 4 U 2811/00, VersR 2003, 1257, 1258; zu den weiteren Einzelheiten vgl. → *Feststellungsinteresse*, Rz. F 4 ff.).

V 106   Grundsätzlich muss die Klage dem in Anspruch genommenen Schädiger spätestens am letzten Tag der Verjährungsfrist zugestellt werden. Die Zustellung wirkt jedoch auf den Zeitpunkt der Klageeinreichung zurück, sofern sie „demnächst" bzw. bei Zustellung eines Mahnbescheids „alsbald" erfolgt (vgl. § 167 ZPO n. F., §§ 270 III, 693 III ZPO a. F.).

V 107   Die Zustellung ist jedenfalls dann noch „demnächst" bzw. „alsbald" erfolgt, wenn die durch den Kläger zu vertretende Verzögerung, etwa die verspätete Einzahlung eines Gerichtskostenvorschusses, den **Zeitraum von vierzehn Tagen nicht überschreitet** (BGH, NJW 2005, 291, 292; NJW 2000, 2282 = MDR 2000, 897; NJW 1999, 3125 = MDR 1999, 1016; auch BGH, Beschl. v. 28. 2. 2008 – III ZB 76/07, MDR 2008, 641, 642; OLG Koblenz, Beschl. v. 19. 7. 2010 – 5 U 354/10, VersR 2011, 1327).

Für die Zustellung eines Mahnbescheids hat der BGH (Urt. v. 27. 4. 2006 – I ZR   **V 108**
237/03, NJW-RR 2006, 1436, 1437; auch Urt. v. 21. 3. 2002 – VII ZR 230/01,
MDR 2002, 1085 = NJW 2002, 2794; ebenso OLG Frankfurt, MDR 2001, 892)
entschieden, dessen Zustellung sei dann nicht mehr „demnächst" i. S. d. § 167
ZPO erfolgt, wenn der Antragsteller es unterlassen hat, beim Mahngericht nach
Ablauf einer je nach den Umständen des Einzelfalls zu bemessenden Frist nachzufragen, ob die Zustellung bereits veranlasst worden ist und dieses Unterlassen
nachweislich zu einer **Verzögerung der Zustellung um mehr als einen Monat** geführt hat. Denn die Parteien dürfen nicht unbegrenzt lange untätig bleiben, sondern müssen **bei ausbleibender Vorschussanforderung beim Gericht nachfragen
und so auf eine größtmögliche Beschleunigung der Zustellung hinwirken** (BGH,
Urt. v. 22. 9. 2009 – XI ZR 230/08, VersR 2010, 959, Nr. 16; BGH, Urt. v.
18. 12. 2008 – III ZR 132/08, WM 2009, 566, Nr. 18).

Die zeitliche Grenze für dem Antragsteller/Kläger zurechenbare geringfügige   **V 109**
Verzögerungen kann jedoch bei Abgabe der Streitsache an das Prozessgericht
nach Erhebung des Widerspruchs gegen einen Mahnbescheid nicht anhand der
Regelung des **§ 691 II ZPO (Monatsfrist)** bestimmt werden. Die weiteren Gerichtsgebühren sind in einem solchen Falle innerhalb von **zwei Wochen nach
Zustellung des Widerspruchs zusammen mit der Zahlungsaufforderung ein-
zuzahlen** (BGH, Beschl. v. 28. 2. 2008 – III ZB 76/07, MDR 2008, 641, 642).

Andererseits hat der IV. Zivilsenat des BGH (Urt. v. 12. 7. 2006 – IV ZR 23/05,   **V 110**
NJW 2006, 3206) ausgeführt, bei der Frage, ob eine Klagezustellung noch „demnächst" i. S. d. § 167 ZPO erfolgt ist, seien **Verzögerungen im Zustellungsverfah-
ren**, die durch eine fehlerhafte Sachbehandlung des Gerichts verursacht worden
sind, **dem Kläger grundsätzlich nicht zuzurechnen.**

Hat der Kläger danach alle von ihm geforderten Mitwirkungshandlungen für   **V 111**
eine ordnungsgemäße Klagezustellung erbracht, insbesondere die richtige Anschrift der beklagten Partei mitgeteilt und den angeforderten Gerichtskostenvorschuss eingezahlt, so sind er und sein Prozessbevollmächtigter im Weiteren
nicht mehr gehalten, das gerichtliche Vorgehen zu kontrollieren und durch
Nachfragen auf die beschleunigte Zustellung hinzuwirken. Dies gilt auch dann,
wenn es zu **mehrmonatigen, nicht vom Kläger oder dessen Prozessbevollmächtigtem zu vertretenden Verzögerungen** kommt (BGH, NJW 2006, 3206, 3207;
NJW 2003, 2830; BGH, NJW-RR 2003, 599; a. A. OLG Hamm, NJW-RR 1998,
1104: Nachfrageobliegenheit nach drei bis vier Wochen).

Für die Einzahlung der Gerichtskosten steht dem Kläger nach Eingang der Auf-   **V 112**
forderung eine Frist von zwei Wochen zu (BGH, NJW-RR 1992, 471; BGH, NJW
2011, 1227, Nr. 8: 14 Tage oder weniger; BGH, NJW 2005, 291, 292; BGH, NJW
2000, 2282 = MDR 2000, 897; auch BGH, Beschl. v. 28. 2. 2008 – III ZB 76/07,
MDR 2008, 641, 642; Palandt-Ellenberger, 72. Aufl., § 204 Rz. 7: **drei Wochen
nicht mehr „demnächst"**; der BGH, Urt. v. 12. 7. 2006 – IV ZR 23/05, NJW 2006,
3206 hat die Einzahlung innerhalb von **zwanzig Tagen konkludent als „demnächst" angesehen**).

Unterbleibt die von der Geschäftsstelle des Gerichts zugesagte Anforderung des   **V 113**
Gerichtskostenvorschusses, ist die Zustellung als „demnächst" i. S. d. § 167

ZPO anzusehen, wenn der Klägervertreter den Gerichtskostenvorschuss ca. sieben Wochen nach Einreichung der Klage einbezahlt und die Klage dann nach Ablauf von weiteren vier Wochen zugestellt wird (OLG München, Urt. v. 4. 12. 2007 – 5 U 3524/07, NJW-RR 2008, 947).

V 114 Als **ladungsfähige Anschrift** reicht auch die Bezeichnung der beklagten Krankenhausärzte mit Namen und ärztlicher Funktion in einer bestimmten medizinischen Abteilung des Krankenhauses aus (BGH, NJW 2001, 885, 886 = MDR 2001, 164, 165: „Chefarzt X, Abt. Innere Medizin II, Klinikum Z"). Wurde in der Klageschrift eine falsche Anschrift der Beklagten angegeben oder der angeforderte Prozesskostenvorschuss nicht rechtzeitig einbezahlt, so hat sich der **Kläger den Fehler seines Prozessbevollmächtigten zurechnen zu lassen** (BGH, Urt. v. 22. 9. 2009 – XI ZR 230/08, VersR 2010, Nr. 15, 16).

V 115 Die Verjährung des Vergütungsanspruches des Auftragnehmers wird gemäß § 204 I Nr. 7 BGB gehemmt, wenn der Auftragnehmer zur Aufklärung von Mängeln der Werkleistung ein **selbständiges Beweisverfahren** einleitet, um die Abnahmereife der Werkleistungen und die tatsächlichen Voraussetzungen für die Fälligkeit des Vergütungsanspruches nachweisen zu können (BGH, Beschl. v. 9. 2. 2012 – VIII ZR 135/11, MDR 2012, 458, Nr. 6, 7).

Die Verjährung wird auch dann gemäß § 204 I Nr. 7 BGB in Verbindung mit § 189 ZPO gehemmt, wenn der Antragsgegner den **Antrag auf Durchführung eines selbständigen Beweisverfahrens lediglich aufgrund einer formlosen Übersendung durch das Gericht erhalten** hat. Auf den fehlenden Willen des Gerichts, eine förmliche Zustellung vorzunehmen, kommt es nicht an (BGH, Urt. v. 27. 1. 2011 – VII ZR 186/09, NJW 2011, 1965, 1969 = VersR 2011, 1278, 1280, Nr. 46, 47, 48 mit Nachweisen der Gegenansicht in Nr. 28, 32).

b) Ende der Hemmung (§ 204 II BGB)

V 116 Gem. § 204 II 1 BGB endet die Hemmung nach § 204 I Nr. 1–14 sechs Monate nach der rechtskräftigen Entscheidung oder anderweitigen Beendigung des eingeleiteten Verfahrens, so **beim selbständigen Beweisverfahren die Vorlage des Sachverständigengutachtens, andernfalls dessen Erläuterung durch den Sachverständigen.** Um eine Hemmung der Verjährung gem. § 204 I Nr. 7 zu erreichen, muss der Antrag des Anspruchsberechtigten beim (später) in Anspruch genommenen Schuldner eingereicht und i. S. d. § 167 ZPO n. F. „demnächst" zugestellt werden (BGH, Urt. v. 27. 1. 2011 – VII ZR 186/09, NJW 2011, 1965, Nr. 46 ff.; Palandt-Ellenberger, 72. Aufl., § 204 BGB Rz. 7, 22). Die Hemmung tritt aber nur ein, wenn die zum Gegenstand des Verfahrens gemachte Tatsachenbehauptung, unter Umständen nur als Indiz, für die Entscheidung über den Anspruch von Bedeutung sein kann. Die Hemmung tritt in diesen Fällen aber auch dann ein, wenn das Beweismittel den Vortrag des Gläubigers im Ergebnis nicht bestätigt (BGH, NJW-RR 1998, 1475; Palandt a. a. O.).

V 117 Die **Nichteinzahlung des vom Gericht angeforderten Kostenvorschusses steht einer „Beendigung" des selbständigen Beweisverfahrens** – nämlich der Übersendung des Gutachtens an die Parteien mit Fristsetzung gem. § 411 IV 2 ZPO durch das Gericht, der Mitteilung von Ergänzungsfragen innerhalb angemessener Frist bzw. Anhörung des Sachverständigen im Termin – **nicht gleich** (OLG Frankfurt, Beschl. v. 23. 7. 2004 – 1 W 48/04, ZGS 2004, 398; Einzelheiten vgl. → *Beweisverfahren, selbständiges*, Rz. B 534 ff.).

Jedenfalls dann, wenn in zeitlich überschaubarem Zusammenhang nach Ablauf der Fristsetzung für den Eingang des Vorschusses die **Zahlung noch erfolgt**, steht es dem Zweck des selbständigen Beweisverfahrens nicht entgegen, diesem – verjährungshemmend – Fortgang zu geben (OLG Frankfurt, Beschl. v. 23. 7. 2004 – 1 W 48/04, ZGS 2004, 398: **Fristüberschreitung von einem Monat unschädlich**). Wichtig ist die Beendigung der Hemmung z.B. für die Rücknahme bzw. die Abweisung der Klage oder für die nach Abschluss des Vorprozesses gegen den Streitverkündenden einzureichende Klage. Im Falle des Obsiegens oder des Vergleichsabschlusses gilt für die titulierten Ansprüche die 30-jährige Frist des § 197 I Nr. 3, Nr. 4 BGB.

Bei einem **Verfahrensstillstand wird die Sechsmonatsfrist des § 204 II 1 ab dem Ende der letzten Verfahrenshandlung** berechnet. Ein Ende der Hemmung wegen eines Verfahrensstillstandes gem. § 204 II 2, etwa nach Anordnung des Ruhens des Verfahrens gem. §§ 251 I, 251a ZPO, unterlassener Einreichung der Anspruchsbegründung nach vorangegangenem Mahnverfahren und entsprechender Aufforderung des Gerichts (OLG Düsseldorf, NJW-RR 1988, 703), Nichteinzahlung des vom Gericht angeforderten Kostenvorschusses (OLG Frankfurt, Beschl. v. 23. 7. 2004 – 1 W 48/04, ZGS 2004, 398), unterlassener Mitteilung der Anschrift des Gegners (BGH, NJW 2004, 3418) oder bei sonstigem faktischem Stillstand, setzt jedoch eine **Verfahrensuntätigkeit beider Parteien, die ursächlich für den Verfahrensstillstand sein muss**, voraus (Palandt-Ellenberger, 72. Aufl., § 204 BGB Rz. 47, 49). | V 118

Der eingetretene **Verfahrensstillstand** darf also **nicht** auf die **Untätigkeit des Gerichts** zurückzuführen sein, sofern es von Amts wegen tätig sein müsste (BGH, Urt. v. 12. 7. 2006 – IV ZR 23/05, NJW 2006, 3206, 3207), z.B. eine Partei zur Erfüllung gerichtlicher Auflagen anzuhalten (BGH, NJW-RR 1994, 889; OLG Hamm, NJW-RR 1999, 575), etwa die Anschrift eines Zeugen mitzuteilen (Palandt a.a.O.). | V 119

Die Hemmung endet auch nicht, wenn die Partei einen **triftigen Grund** für ihre Untätigkeit hat (BGH, NJW 2000, 132: Partei wartet Ausgang eines Strafverfahrens ab; u.E. fraglich; OLG Karlsruhe, VersR 2005, 213: im Deckungsprozess wird der Ausgang des Haftungsprozesses abgewartet; BGH, NJW 2004, 3418: das Gericht ermöglicht einer Partei die Ermittlung einer Anschrift; BGH, NJW 2009, 1598, Nr. 28: kein triftiger Grund ist die Führung außergerichtlicher Vergleichsverhandlungen). **Auch bei einem Stillstand des Verfahrens endet die Hemmung erst sechs Monate nach der letzten Verfahrenshandlung** (Erman/Schmidt-Räntsch, § 204 BGB Rz. 56; Köper, ZGS 2005, 60, 61; differenzierend Staudinger-Peters, 2004, § 204 BGB Rz. 124, 128). | V 120

Das **Weiterbetreiben** des Verfahrens innerhalb der 6-Monats-Frist begründet nach § 204 II 3 BGB erneut die Hemmung der Verjährung. Es **genügt jede Prozesshandlung** einer Partei, die bestimmt und dazu geeignet ist, den Prozess wieder in Gang zu setzen, auch wenn die Handlung im Ergebnis erfolglos bleibt (Pa- | V 121 landt-Heinrichs, § 204 BGB Rz. 50), etwa ein **PKH-Antrag, ein Antrag auf Terminierung bzw. Fortführung des ruhenden Verfahrens** (BGH, NJW-RR 1988, 279; Palandt a. a. O.), nicht dagegen die Bitte, der Rechtsstreit solle fortgeführt werden (OLG Nürnberg, NJW-RR 1995, 1091; Palandt a. a. O.).

4. Hemmung durch Verhandlungen (§ 203 BGB)

V 122 Schweben zwischen dem Gläubiger und dem Schuldner – bzw. dessen Haftpflichtversicherung (OLG Düsseldorf, VersR 2000, 457; OLG Köln, VersR 1996, 253) – Verhandlungen über den geltend gemachten Anspruch oder die den Anspruch begründenden Umstände, so ist die Verjährung gem. § 203 S. 1 gehemmt, bis eine der Parteien **die Fortsetzung der Verhandlungen verweigert.** Der Begriff des „Verhandelns" ist weit zu verstehen (BGH, Urt. v. 26. 10. 2006 – VI ZR 194/05, NJW 2007, 587, 588; BGH, WM 2009, 1597, Nr. 16; OLG Naumburg, Beschl. v. 5. 10. 2007 – 1 W 14/07, OLGR 2008, 139; Fellner, MDR 2009, 670, 672).

a) Führung von Verhandlungen

V 123 Gem. § 203 BGB ist die Verjährung von Ansprüchen entsprechend der Rechtslage zu § 852 II BGB a. F., wenn zwischen dem Ersatzberechtigten und dem Ersatzverpflichteten Verhandlungen über den zu leistenden Schadensersatz schweben, solange gehemmt, bis der eine oder andere Teil die Fortsetzung der Verhandlungen verweigert; **es genügt insoweit jeder Meinungsaustausch über den Schadensfall, sofern nicht sofort eindeutig jeder Ersatz abgelehnt wird** (BGH, Urt. v. 26. 10. 2006 – VII ZR 194/05, NJW 2007, 587, 588; Urt. v. 17. 2. 2004 – VI ZR 429/02, NJW 2004, 1654 = VersR 2004, 656, 657; Urt. v. 12. 5. 2004 – XII ZR 223/01, MDR 2004, 1050; Urt. v. 8. 5. 2001 – VI ZR 208/00, VersR 2001, 1255, 1256 = NJW-RR 2001, 1168, 1169; Urt. v. 20. 2. 2001 – VI ZR 179/00, VersR 2001, 1167 = NJW 2001, 1723; BGH, Urt. v. 31. 10. 2000 – VI ZR 198/99, VersR 2001, 108, 110 = NJW 2001, 885, 886 = MDR 2001, 164, 165).

V 124 Verhandlungen schweben schon dann, wenn der in Anspruch genommene Erklärungen abgibt, die dem Geschädigten **die Annahme gestatten, der Verpflichtete lasse sich jedenfalls auf Erörterungen über die Berechtigung von Schadensersatzansprüchen ein** (BGH, Urt. v. 26. 10. 2006 – VII ZR 194/05, NJW 2007, 587, 588; Urt. v. 20. 2. 2001 – VI ZR 179/00, NJW 2001, 1723 = MDR 2001, 688, 689; Urt. v. 8. 5. 2001 – VI ZR 208/00, NJW-RR 2001, 1168, 1169 = MDR 2001, 936, 937). **Nicht erforderlich ist, dass der Schädiger bzw. dessen Haftpflichtversicherung eine Vergleichsbereitschaft oder eine sonstige Bereitschaft zum Entgegenkommen signalisiert** (BGH, Urt. v. 17. 2. 2004 – VI ZR 429/02, NJW 2004, 1654 = VersR 2004, 656, 657; Urt. v. 20. 2. 2001 – VI ZR 179/00, NJW 2001, 1723 = MDR 2001, 688; OLG Düsseldorf, Urt. v. 14. 10. 2003 – 23 U 222/02, ZGS 2004, 118).

V 125 Die angezeigte Bereitschaft, die Angelegenheit, verbunden mit der Ablehnung von Schadensersatzansprüchen, **nochmals zu prüfen,** unterfällt dem Begriff der „Verhandlung" und lässt keinen Abbruch der Verhandlungen erkennen (BGH, NJW 1998, 2819; OLG Hamm, NJW-RR 1998, 101; Gehrlein, Rz. D 10).

Die Rechtsprechung hat auch in der bloßen **Anfrage des Schuldners, „ob Ansprüche geltend gemacht" werden** (BGH, Urt. v. 20. 2. 2001 – VI ZR 179/00, NJW 2001, 1723 = MDR 2001, 688), einer **Erklärung des Haftpflichtversicherers** des Schuldners, bei Substantiierung der Ansprüche durch den Gläubiger **zur Aufklärung beizutragen** (BGH, Urt. v. 8. 5. 2001 – VI ZR 208/00, NJW-RR 2001, 1168 = MDR 2001, 936) auf die Angelegenheit **nach Abschluss eines Strafverfahrens nochmals zurückzukommen** (BGH, VersR 1975, 440; VersR 1997, 440; Mankowski/Höpker, MDR 2004, 721, 723), die **Ansprüche „zumindest bisher"** nicht **anzuerkennen** und pauschale Vorwürfe zurückzuweisen (BGH, Urt. v. 8. 5. 2001 – VI ZR 208/00, NJW 2001, 1168, 1169 = MDR 2001, 936), in der Empfehlung, der Geschädigte möge eine Überprüfung durch einen Sachverständigen veranlassen (BGH, NJW 2007, 587, 588) oder in der Mitteilung, die Rechtsauffassung, wonach der Anspruch verjährt ist, **könne in einer Sammelbesprechung erläutert werden** (BGH, NJW 1997, 3447, 3449 = MDR 1997, 829) den **Beginn bzw. die Fortsetzung von „Verhandlungen"** gesehen.

Nimmt der **Geschädigte (in Unfallsachen)** die Haftpflichtversicherung des Schädigers direkt in Anspruch, so ist die Verjährung gemäß § 115 II 3 VVG von der Anmeldung bis zum Eingang einer schriftlichen Entscheidung, d. h. bis zur Ablehnung des Ersatzanspruches nach Grund und Höhe gehemmt (Palandt-Ellenberger, 72. Aufl., § 203 BGB Rz. 6). **V 125a**

Allerdings eröffnet nicht jedes Schreiben, mit dem sich der Geschädigte an den Schädiger bzw. dessen Haftpflichtversicherung wendet, Verhandlungen i. S. d. § 203 BGB. Eine **Hemmung tritt insbesondere dann nicht ein, wenn die Verhandlungen bereits geraume Zeit abgeschlossen worden waren und der Geschädigte keine berechtigte Aussicht auf eine Wiederaufnahme der Verhandlungen haben kann.** Nach dem Sinn des § 203 BGB soll eine Hemmung der Verjährungsfrist nur eintreten, solange sich der Geschädigte noch Hoffnungen auf eine einvernehmliche Regelung machen kann (OLG Naumburg, Beschl. v. 5. 10. 2007 – 1 W 14/07, OLGR 2008, 139). **V 126**

Der Lauf der Verjährungsfrist wird sowohl gegenüber dem Krankenhausträger als auch gegenüber dem verantwortlichen Arzt gehemmt, wenn nach den gesamten Umständen davon auszugehen ist, dass ein **für alle Beteiligten eintrittspflichtiger Haftpflichtversicherer** bei den Regulierungsverhandlungen mit dem Patienten für beide Versicherten tätig wird (OLG Oldenburg, Urt. v. 23. 8. 2006 – 5 U 31/06, VersR 2007, 1277, 1278 = MDR 2008, 311 mit NA-Beschl. BGH v. 27. 3. 2007 – VI ZR 197/06; OLG Düsseldorf, VersR 2000, 457 und OLG Frankfurt, VersR 1998, 1282: Verhandlungen mit dem Haftpflichtversicherer hemmen die Verjährung gegenüber allen mitversicherten Ärzten). Verhandelt der Patient mit dem Haftpflichtversicherer des Praxisinhabers, so wird auch die Verjährung von Ansprüchen gegen dessen angestellte Ärztin, die den Patienten behandelte, gehemmt (OLG Frankfurt, VersR 1998, 1282). **V 127**

Verhandlungen des Patienten **mit dem Krankenhausträger** führen aber grundsätzlich **nicht zu einer Hemmung** der Verjährung von Schadensersatzansprüchen gegen den behandelnden Arzt, wenn der Krankenhausträger nicht den Anschein erweckt, die Verhandlungen auch für diesen zu führen (OLG Oldenburg, Urt. v. 23. 8. 2006 – 5 U 31/06, MDR 2008, 311). **V 128**

V 128a Verhandelt der Patient über die Haftungsfrage **mit dem Belegkrankenhaus bzw. dessen Haftpflichtversicherung anstatt mit dem Belegarzt**, der dort die Behandlung durchgeführt hat, erstreckt sich die Verjährungshemmung gegenüber dem Krankenhaus nicht auf den Belegarzt, soweit dieser nicht ausnahmsweise als Erfüllungs- oder Verrichtungsgehilfe tätig geworden ist (OLG Koblenz, Beschl. v. 8. 11. 2010 – 5 U 601/10, VersR 2011, 759, 760).

V 128b Verhandlungen des Patienten mit dem Krankenhausträger oder dessen Haftpflichtversicherung hemmen die Verjährung von Ansprüchen gegen den behandelnden Arzt auch im Übrigen nur dann, wenn nach den gesamten Umständen zweifelsfrei und eindeutig davon auszugehen ist, dass der **Haftpflichtversicherer** bei den Regulierungsverhandlungen nicht nur für den Versicherungsnehmer (hier: Krankenhausträger), sondern auch **für den Arzt als (möglicherweise) mitversicherte Person tätig** wird. Hiervon kann nicht ausgegangen werden, wenn der Haftpflichtversicherer in seinem Schreiben lediglich Bezug auf „unseren Versicherungsnehmer" bzw. „Klinikum X" genommen hat (OLG Jena, Urt. v. 5. 6. 2012 – 4 U 159/11, juris, Nr. 51, 52; OLG Düsseldorf, VersR 2000, 457; OLG Oldenburg, Urt. v. 23. 8. 2006 – 5 U 31/06, MDR 2008, 311).

V 129 Greiner (RiBGH a.D., G/G, 6. Aufl., Rz. D 11) empfiehlt dringend, **Verhandlungen** mit dem **Haftpflichtversicherer** stets **ausdrücklich** (auch) im Hinblick auf einen **mitversicherten, i.d.R. angestellten Arzt zu führen**.

V 130 – V 134 Einstweilen frei.

b) Wirkung der Hemmung

V 135 Die Hemmung wirkt auf den **Zeitpunkt der ersten Geltendmachung** der Ansprüche durch den Berechtigten (vgl. Rabe, NJW 2006, 3089, 3091) zurück (BGH, NJW-RR 2005, 1044, 1046; OLG Hamm, NJW-RR 1998, 101; Mankowski/Höpker, MDR 2004, 721, 724). Die Verjährung kommt mit Eintritt des Hemmungsgrundes zum Stillstand und läuft erst nach dessen Wegfall weiter (§§ 202 I, 205 BGB a.F.), d.h. die Zeit der Hemmung wird aus der Frist der §§ 852 I BGB a.F., 195 BGB n.F. **„herausgerechnet"**, diese Frist wird für die Zeit der eingetretenen Hemmung praktisch verlängert (vgl. nunmehr § 209 BGB).

V 136 Die Hemmung wegen etwaiger Spätfolgen wird **durch den Abschluss einer Abfindungsvereinbarung und die Annahme des Abfindungsbetrages beendet** (OLG Karlsruhe, NJW-RR 1997, 1318; OLG Hamm, MDR 1999, 38; OLG Koblenz, Urt. v. 30. 1. 2012 – 12 U 1178/10, NZV 2012, 233, 234; zum Einwand unzulässiger Rechtsausübung s.o.).

V 136a Mit dem Abschluss eines Abfindungsvergleichs **endet die Hemmung der Verjährung auch hinsichtlich vorbehaltener Ansprüche**. Soweit sich aus dem Vergleich nicht ergibt, dass dieser für bestimmte Ansprüche **„die Wirkung eines rechtskräftigen Feststellungsurteils"** haben oder die Verjährung weiterhin unterbrechen oder hemmen soll, beginnt die dreijährige Verjährungsfrist am Jahresende nach Abschluss der Vereinbarung neu zu laufen (OLG Koblenz, Urt. v. 30. 1. 2012 – 12 U 1178/10, NZV 2012, 233, 234).

Beschränkt sich die Erhebung von Ansprüchen gegen den Versicherer allein auf   V 137
den Haushaltsführungsschaden, so wirkt eine Hemmung der Verjährung nur
für diesen Bereich (OLG Frankfurt, VersR 2000, 853). Gleiches gilt natürlich
auch bei der Anmeldung lediglich eines Schmerzensgeldanspruchs hinsichtlich
des materiellen Schadens. Bei Anmeldung des Schadensersatzanspruchs sind dabei inhaltlich jedoch nur geringe Anforderungen zu stellen (BGH, NJW-RR 1987,
916).

c) Ende der Hemmung

aa) Verweigerung der Fortsetzung der Verhandlung

Die Hemmung der Verjährungsfrist endet durch **Verweigerung der Fortsetzung**   V 138
der Verhandlungen. Dies muss jedoch durch ein **klares und eindeutiges Verhal-**
ten einer der Parteien zum Ausdruck kommen (BGH, Urt. v. 17. 2. 2004 – VI
ZR 429/02, NJW 2004, 1654, 1655 = VersR 2004, 656, 657; NJW-RR 2005, 1044;
Urt. v. 12. 5. 2004 – XII ZR 223/01, MDR 2004, 1050; NJW 1998, 2189 = MDR
1998, 1101; OLG Oldenburg, Urt. v. 23. 8. 2006 – 5 U 31/06, VersR 2007, 1277,
1278 = MDR 2008, 311, 312). Für die Beendigung von Verhandlungen **reicht es**
nicht aus, dass **der Schuldner** bzw. dessen Haftpflichtversicherer (derzeit) seine
Einstandspflicht verneint, wenn er nicht zugleich **klar und eindeutig den Ab-**
bruch der Verhandlungen zum Ausdruck bringt (BGH, Urt. v. 17. 2. 2004 – VI
ZR 429/02, NJW 2004, 1654, 1655 = VersR 2004, 656, 657; NJW 1998, 2819,
2820).

So reicht etwa die Mitteilung des Haftpflichtversicherers des Schuldners, „dass   V 139
die geltend gemachten Schadensersatzansprüche nicht anerkannt werden können", wobei diese Auffassung anschließend näher begründet wird, nicht aus,
wenn die **Verweigerung der Fortsetzung von weiteren Verhandlungen dabei**
nicht eindeutig zum Ausdruck kommt (OLG Oldenburg, Urt. v. 23. 8. 2007 – 5
U 31/06, VersR 2007, 1277, 1278 = MDR 2008, 311, 312).

Haben die Parteien eine **Verhandlungspause** vereinbart, um die Schadensent-   V 140
wicklung abzuwarten, ist es grundsätzlich Sache des Schuldners, die Initiative
zur Wiederaufnahme der Verhandlungen zu ergreifen, wenn er ein Ende der
Hemmung erreichen will (BGH, NJW 1986, 1337; Palandt-Ellenberger, 72. Aufl.,
§ 203 BGB Rz. 4). Die durch die Einreichung eines **Antrages bei der Gutachter-**
kommission bzw. der Schlichtungsstelle der Ärztekammern bewirkte Hemmung der Verjährung endet mit der Bekanntmachung des Bescheids der Kommission (OLG Zweibrücken, NJW-RR 2001, 667, 670).

Die Hemmung endet insbesondere dann, wenn der Haftpflichtversicherer die   V 141
Regulierungssumme festsetzt und der Geschädigte konkludent zu erkennen
gibt, dass er diese Regulierung für ausreichend hält (OLG Köln, NJW 1997, 1157),
wenn der Haftpflichtversicherer mitteilt, es würde **keine (weitere) Verjährungs-**
verzichtserklärung abgegeben, die Angelegenheit sei ausgeschrieben (OLG
Oldenburg, MDR 2008, 311, 312) oder wenn der Verletzte die Verhandlungen
einschlafen lässt, etwa durch **Schweigen auf das Anerbieten**, die **Verhandlungen**
abzuschließen (OLG Düsseldorf, VersR 1999, 68; BGH, FamRZ 1990, 599).

bb) „Einschlafen" der Verhandlungen

V 142 Probleme bereitet beim Merkmal des „Verweigerns" von weiteren Verhandlungen vor allem das schlichte **„Einschlafen" der Verhandlung**, wenn also keine eindeutige Erklärung eines Beteiligten über das Ende seiner Verhandlungsbereitschaft vorliegt. Bei der Festlegung des Endes von Verhandlungen bei einem „Einschlafen" der Gespräche ohne eindeutige Erklärung der Beteiligten kommen **auch nach jetzigem Verjährungsrecht** (§§ 195, 199 I Nr. 2, 204 I Nr. 1 BGB) die Grundsätze des § 852 a.F. zur Anwendung (BGH, Urt. v. 6. 11. 2008 – IX ZR 158/07, NJW 2009, 1806, 1807, Nr. 11, 14 = MDR 2009, 275; OLG Dresden, Urt. v. 23. 2. 2010 – 9 U 2043/08, VersR 2011, 894, 896; Mankowski/Höpker, MDR 2004, 721, 726).

V 143 Es besteht Einigkeit, dass § 203 BGB n. F. an der bisherigen Rspr. zum „Einschlafen" der Verhandlungsgespräche nichts ändern soll (BGH, a. a. O.). Die Hemmung endet danach in dem Zeitpunkt, in welchem **der nächste Verhandlungsschritt nach Treu und Glauben zu erwarten gewesen wäre**, falls die Regulierungsverhandlungen mit verjährungshemmender Wirkung hätten fortgesetzt werden sollen (OLG Dresden, Urt. v. 23. 2. 2010 – 9 U 2043/08, VersR 2011, 894, 896; BGH, NJW 1986, 1337, 1338; OLG Bremen, Urt. v. 16. 8. 2007 – 2 U 29/07, ZGS 2008, 118, 119; OLG Düsseldorf, NJW 2001, 2265; VersR 1999, 68; OLG Hamm, VersR 1999, 739).

V 144 Teilt der in Anspruch genommene Schädiger mit, er habe seinen Haftpflichtversicherer mit der Prüfung des Sachverhalts beauftragt, er werde in Kürze auf die Sache zurückkommen, und fragt der Verletzte einen Monat später dringend nach, wie weit die Angelegenheit gediehen ist, so ist dessen nächster Schritt zur Verfolgung der vermeintlichen Ansprüche nach Ansicht des OLG Düsseldorf (VersR 1999, 68) spätestens **bis zum Ende des nächsten Monats** zu erwarten, so dass danach ein „Einschlafen" der Verhandlungen anzunehmen ist. In einer weiteren Entscheidung geht das OLG Düsseldorf (NJW 2001, 2265) von einem **„Einschlafen" nach 5 ½ Wochen** aus.

V 145 Auch das OLG Dresden (Urt. v. 23. 2. 2010 – 9 U 2043/08, VersR 2011, 894, 896) nimmt an, dass man **für den Regelfall nach einmonatiger Untätigkeit, gleichgültig von welcher Seite, von einem Ende der Verhandlungen ausgehen muss**.

V 146 Das OLG Hamm (VersR 1999, 739) nimmt ein **„Einschlafen lassen" spätestens nach zwei Monaten** an. Im dort entschiedenen Fall hatte der für den Patienten tätige Anwalt gegenüber dem Haftpflichtversicherer des in Anspruch genommenen Arztes erklärt, er werde auf die Sache nach Einsichtnahme in die Ermittlungsakten zurückkommen.

V 147 Der BGH (VersR 1990, 755, 756) hat offengelassen, ob ein „Einschlafen lassen" nach zwei oder spätestens nach drei Monaten anzunehmen ist. Er hat ausgeführt, die Verhandlungen seien jedenfalls dann „eingeschlafen", wenn der Geschädigte über einen Zeitraum von **drei Monaten und zehn Tagen** auf das letzte Schreiben des Haftpflichtversicherers des Geschädigten nicht mehr reagiert.

V 148 Ist – regelmäßig nach einmonatiger Untätigkeit – von einem Ende der Verhandlungen auszugehen, läuft die verbleibende Verjährungsfrist (im entschiedenen

Fall: 2 Monate) weiter. Die Verjährung endet **gemäß § 203 S. 2 BGB aber frühestens 3 Monate nach dem Ende der Hemmung**. Diese Frist (drei Monate) wird aber zur verbleibenden Verjährungsfrist (hier: zwei Monate) **nicht addiert** (OLG Dresden, Urt. v. 23. 2. 2010 – 9 U 2043/08, VersR 2011, 894, 896; ebenso OLG Saarbrücken, NJW-RR 2006, 163: sind bei Ende der Hemmung noch vier Monate der Verjährungsfrist offen, läuft § 203 S. 2 BGB leer; Palandt-Ellenberger, 72. Aufl., § 203 BGB Rz. 5). Nach anderer Ansicht (Mankowski/Höpker, MDR 2004, 721, 726) hat der Gläubiger nach dem Ende der Verhandlungen, beim „Einschlafenlassen", also spätestens ein bis zwei Monate nach dem Ende der Verhandlungen noch weitere 3 Monate Zeit, andere Maßnahmen zur Verhinderung des Verjährungseintritts zu ergreifen.

Den Patientenvertretern ist bei drohender Verjährung deshalb **dringend zu empfehlen, spätestens 3 Monate nach Eingang des letzten Schreibens der Gegenseite auf die Angelegenheit zurückzukommen bzw. Klage einzureichen!**

5. Weitere Hemmungstatbestände

Weitere Hemmungstatbestände sind in §§ 205–208, 210, 211 BGB geregelt.   V 149

VI. Verlängerung und Verkürzung der Verjährung

Aus § 202 II BGB folgt, dass nunmehr rechtsgeschäftliche Verlängerungen der   V 150
Verjährung bis zu 30 Jahren generell zulässig sind (vgl. Mansel, NJW 2002, 89, 96; Heß, NZV 2002, 65, 68; Palandt-Ellenberger, 72. Aufl., § 202 BGB Rz. 9). Ein Rückgriff auf § 242 BGB – wie unter der Geltung des § 225 S. 1 BGB a. F. – ist nicht mehr erforderlich. Einschränkungen ergeben sich bei einer Haftung wegen Vorsatzes für die Verlängerung aus § 202 I, für die Verkürzung der Verjährung beim Verbrauchsgüterkauf aus §§ 475 II, 13, 14 BGB und bei der Verkürzung der Verjährungsfristen durch AGB wegen Sachmängeln aus §§ 309 Nr. 8b ee, 8b ff., 307 II BGB.

VII. Rechtsfolgen der Verjährung

Gem. § 214 I BGB ist der Schuldner nach Eintritt der Verjährung, die nicht von   V 151
Amts wegen zu beachten ist, berechtigt, **die Leistung zu verweigern**. Eine Rückforderung des trotz Verjährungseintritts Geleisteten ist gem. § 214 II ausgeschlossen. § 215 stellt im Anschluss an die Rechtsprechung zu § 390 S. 2 BGB a. F. klar, dass die Verjährung die Aufrechnung und die Geltendmachung eines Zurückbehaltungsrechts, etwa aus §§ 273, 320 nicht ausschließt, wenn der Anspruch in dem Zeitpunkt noch nicht verjährt war, in dem erstmals aufgerechnet oder die Leistung verweigert werden konnte (Palandt-Ellenberger, 72. Aufl., § 215 BGB Rz. 1, 2; Mansel, NJW 2002, 89, 99).

VIII. Verjährung des Ausgleichsanspruches eines Gesamtschuldners

V 152 Der Ausgleichsanspruch unter Gesamtschuldnern unterliegt unabhängig von seiner Ausprägung als Mitwirkungs-, Befreiungs- oder Zahlungsanspruch einer einheitlichen Verjährung. Der **Ausgleichsanspruch aus § 426 I BGB entsteht be**reits mit der Begründung der Gesamtschuld und ist von der Verjährung des **nach § 426 II BGB übergeleiteten Anspruchs des Gläubigers** gegen den Ausgleichspflichtigen unabhängig (BGH, Urt. v. 9. 7. 2009 – VII ZR 109/08, NJW 2010, 62, 63 = VersR 2010, 396, Nr. 11, 21, 22; BGH, Urt. v. 18. 6. 2009 – VII ZR 167/08, MDR 2009, 1276 = NJW 2010, 60, 61 = VersR 2010, 394, 395, Nr. 12, 13).

V 153 Für eine **Kenntnis bzw. grob fahrlässige Unkenntnis aller Umstände**, die einen Ausgleichsanspruch nach § 426 I BGB begründen, und damit den Beginn der Verjährung der Rückgriffsansprüche ist es erforderlich, dass der Ausgleichsberechtigte **Kenntnis von folgenden Umständen erlangt bzw. infolge grober Fahrlässigkeit nicht erlangt hat** (BGH, Urt. v. 18. 6. 2009 – VII ZR 167/08, MDR 2009, 1276 = NJW 2010, 60, 61, Nr. 12, 13; BGH; Urt. v. 9. 7. 2009 – VII ZR 109/08, NJW 2010, 62, 63 = VersR 2010, 396, Nr. 11, 21, 22):

(1) Tatsachen, die einen Anspruch des Gläubigers (im Arzthaftungsrecht: Patient) gegen den Ausgleichsverpflichteten (im Arzthaftungsrecht: anderes Krankenhaus bzw. anderer Arzt) begründen sowie

(2) Tatsachen, die einen Anspruch des Gläubigers (Patienten) gegen ihn, den Ausgleichsberechtigten (beklagtes Krankenhaus bzw. beklagter Arzt) selbst begründen sowie

(3) Umstände, die das Gesamtschuldverhältnis (z.B. Haftung zweier Ärzte aus Vertrag oder aus Delikt, etwa als Vor- und Nachbehandler) begründen sowie

(4) Umstände, die im Innenverhältnis eine Ausgleichpflicht begründen.

Nur wenn **sämtliche der genannten vier Umstände kumulativ vorliegen**, beginnt die Verjährung in der Person des Ausgleichsberechtigten (z.B. beklagter Arzt, beklagtes Krankenhaus) zu laufen! Die Verjährung beginnt nach §§ 195, 199 I, II BGB am Schluss des Jahres, in dem sämtliche genannten Umstände vorliegen, zu laufen (BGH, NJW 2010, 60 = VersR 2010, 394, Nr. 12, 13).

V 154 Ein auf Ausgleich nach § 426 I 1 BGB in Anspruch genommener Gesamtschuldner kann dem Ausgleichsberechtigten **nicht entgegenhalten, dieser hätte mit Erfolg die Einrede der Verjährung gegenüber dem Gläubiger erheben können** (BGH, Urt. v. 25. 11. 2009 – IV ZR 70/05, VersR 2010, 397 = MDR 2010, 310).

V 155 Der Gesamtschuldner haftet aber nur für die Kosten der gegen ihn gerichteten Rechtsverfolgung (BGH, NJW 1990, 910; BGH NJW 2003, 2980). Insbesondere sind **Prozesskosten aus dem vorangegangenen Rechtsstreit eines Gesamtschuldners mit dem Gläubiger nicht ausgleichspflichtig** (BGH; NJW 1974, 693; Palandt-Grüneberg, 72. Aufl., § 426 BGB Rz. 6 und § 421 BGB Rz. 12).

V 156 – V 300 Einstweilen frei.

Voll beherrschbare Risiken

Vgl. auch → *Beweislastumkehr, Beweisvereitelung*, Rz. B 471 ff.; → *Anscheinsbeweis*, Rz. A 160 ff.; → *Kausalität*, Rz. K 1 ff.; → *Sturz im Pflegeheim und im Krankenhaus*, Rz. S 500 ff.; → *Anfängereingriffe, Anfängeroperationen*, Rz. A 100 ff.; → *Suizidgefährdete Patienten*, Rz. S 630 ff.

I. Begriff, Beweislastumkehr

Grundsätzlich hat der Patient das Vorliegen eines Behandlungsfehlers, das Verschulden der Behandlungsseite und den Kausalzusammenhang zwischen dem Behandlungsfehler und dem bei ihm eingetretenen Primärschaden zu beweisen (vgl. S/Pa, 12. Aufl., Rz. 603, 626, 627, 676; R/L-Kern, § 5 Rz. 26, 69, 70; R/L-Ratzel-Lissel, § 31 Rz. 17, 22; G/G, 6. Aufl., Rz. B 200, 217; Spickhoff-Greiner, § 823 BGB Rz. 114, 122, 162; F/N/W, 5. Aufl., Rz. 127, 128, 156 – vgl. → *Kausalität*, Rz. K 1 ff.).   V 301

1. Voll beherrschbarer Gefahrenbereich; Übersicht

Ausnahmsweise hat jedoch die Behandlungsseite die Vermutung der objektiven Pflichtwidrigkeit bzw. des Verschuldens zu widerlegen, wenn feststeht, dass die **Primärschädigung aus einem Bereich stammt, dessen Gefahren von deren Seite voll beherrscht bzw. ausgeschlossen** werden können und müssen (*aktuell zu Infektionen und Injektionen:* BGH, Urt. v. 20. 3. 2007 – VI ZR 158/06, VersR 2007, 847, 848 = NJW 2007, 1682, 1683 und OLG Koblenz, Urt. v. 22. 6. 2006 – 5 U 1711/05, OLGR 2006, 913, 914: gravierende Hygienemängel in einer Arztpraxis, **Anspruch bejaht**; OLG Dresden, Urt. v. 24. 7. 2008 – 4 U 1857/07, OLGR 2008, 818, 820: Fehlinjektion **nicht voll beherrschbar**; OLG Hamm, Urt. v. 16. 6. 2008 – 3 U 148/07, OLGR 2009, 78, 81: MRSA-Infektion im KKH, **nicht voll beherrschbar**; OLG Hamm, Urt. v. 13. 12. 2004 – 3 U 135/04, GesR 2005, 164, 165: Infektion aus **hygienisch beherrschbarem Bereich**; OLG Hamm, Urt. v. 20. 8. 2007 – 3 U 274/06, MedR 2008, 217, 219: unterlassener Mundschutz, kein voll beherrschbares Risiko, **Anspruch verneint**; OLG Köln, Beschl. v. 8. 12. 2010 – 5 U 88/10, GesR 2011, 600, 601: Hygienemängel eines Krankenhauses, **nicht voll beherrschbar**; OLG Köln, Beschl. v. 10. 10. 2012 – 5 U 69/12, GesR 2013, 413, 414 = juris, Nr. 4: **Infektion im KKH nicht „voll beherrschbar",** **Nachweis vom Patienten zu führen**; OLG München, Urt. v. 6. 6. 2013 – 1 U 319/13, juris, Nr. 33, 34, 38 = GesR 2013, 618, 620: **MRSA-Infektion evtl. durch Mitpatienten als bislang unbekanntem Keimträger, nicht voll beherrschbar**;   V 302

OLG Naumburg, Urt. v. 12. 6. 2012 – 1 U 119/11, NJW-RR 2012, 1375, 1376: **MRSA-Infektion im KKH, kein Indiz für Behandlungsfehler, keine Aufklärung über allgemeines Infektionsrisiko**; OLG München, Urt. v. 25. 3. 2011 – 1 U 4594/08, VersR 2011, 885, 887: **Infektionen, nicht voll beherrschbar**; OLG München, Urt. v. 18. 9. 2008 – 1 U 4837/07, juris, Nr. 33: **Infektion eines Neugeborenen nicht voll beherrschbar**; OLG München, Urt. v. 30. 6. 2011 – 1 U 2414/10, juris, Nr. 41: keine sterilen Handschuhe, Infektion **nicht voll beherrschbar**; OLG Zweibrücken, Urt. v. 27. 7. 2004 – 5 U 15/02, NJW-RR 2004, 1607 = GesR 2004, 468: Infektion im hygienisch beherrschbaren Bereich, **Anspruch aber verneint**; *Lagerungsschäden:* BGH, NJW 1995, 1618, 1619: **Anspruch wg. Anomalie verneint**; OLG Brandenburg, Urt. v. 25. 10. 2007 – 12 U 79/06, AHRS III, 2620/269; OLG Hamm, Beschl. v. 5. 1. 2011 – I 3 U 64/10, juris, Nr. 3, 5, 6: **Lagerungsschäden, nicht immer voll beherrschbar**; OLG Hamm, Urt. v. 20. 5. 2011 – I-26 U 23/10, Nr. 68, 69 = GesR 2011, 475, 476: **Fehler bei der Lagerung nicht feststellbar**; OLG Jena, Urt. v. 28. 3. 2007 – 4 U 1030/04, OLGR 2007, 677; OLG Koblenz, Urt. v. 22. 10. 2009 – 5 U 662/09, MedR 2010, 416, 417 = GesR 2010, 70, 71 und OLG München, Urt. v. 15. 3. 2012 – 1 U 3064/11, juris, Nr. 34, 39, 43: **Beweis für korrekte Lagerung durch Zeugenaussagen geführt, Anspruch verneint**; OLG Schleswig, Urt. v. 16. 5. 2003 – 4 U 139/01, OLGR 2003, 389, 390 und OLG Stuttgart, Urt. v. 24. 1. 2006 – 1 U 7/05, AHRS III, 6595/301 sowie OLG Stuttgart, Urt. v. 23. 8.2011 – 1 U 51/11, S. 6: **Anspruch jeweils verneint**; *medizinische Geräte und Materialien:* BGH, NJW 1999, 1779, 1780: Instrumente, Koordinationsfehler, **Anspruch bejaht**; OLG Jena, Urt. v. 12. 7. 2006 – 4 U 705/05, OLGR 2006, 799, 801 = VersR 2007, 69, bestätigt von BGH, Beschl. v. 13. 2. 2007 – VI ZR 174/06, VersR 2007, 1416: Bestrahlung mit einer **überhöhten Röntgendosis**; OLG Karlsruhe, Urt. v. 26. 2. 2003 – 7 U 173/01, GesR 2003, 238 = OLGR 2003, 310, 311: Durchführung einer Infrarot-Bestrahlung, **Anspruch bejaht**; OLG Zweibrücken, Urt. v. 16. 1. 2007 – 5 U 48/06, OLGR 2007, 447: **Verabreichung eines Klistiers bzw. Darmeinlaufs, Anspruch bejaht**; OLG Zweibrücken, Urt. v. 16. 9. 2008 – 5 U 3/07, GesR 2009, 88, 89 = NJW-RR 2009, 1110, 1111: Zurücklassen eines 15 cm langen Kirschnerdrahtes im Körper des Patienten, **voll beherrschbar**; *zum Sturz im Krankenhaus und im Pflegeheim:* OLG Bamberg, Urt. v. 1. 8. 2011 – 4 U 197/09, juris, Nr. 20, 21, 25, 29, 36: Sturz aus dem Bett in Nervenklinik, Bettgitter wieder entfernt, **Anspruch bejaht**; OLG Düsseldorf, Urt. v. 17. 1. 2012 – 24 U 78/11, MDR 2012, 522, 523 = NJW-RR 2012, 716, 717: **Sturz im Pflegeheim bei begleitetem Toilettengang, Anspruch bejaht**; OLG Hamm, Urt. v. 18. 10. 2005 – 24 U 13/05, OLGR 2006, 569, 571: Sturz im Pflegeheim bei konkreter Pflege- oder Betreuungsmaßnahme, **voll beherrschbar**; OLG Hamm, Urt. v. 1. 2. 2006 – 3 U 182/05, GesR 2006, 448: **Anstoß eines Patienten beim Einschieben in ein Krankentransportfahrzeug, voll beherrschbar**; OLG Jena, Urt. v. 5. 6. 2012 – 4 U 488/11, GesR 2012, 500, 501: **zweiter Sturz im KKH, Anspruch verneint**; KG, Urt. v. 20. 1. 2005 – 20 U 401/01, OLGR 2005, 903 = GesR 2005, 305 = MedR 2006, 182: Sturz aus dem zur Sicherung der Patientin nicht geeigneten Rollstuhl, **Anspruch bejaht**; KG, Urt. v. 25. 5. 2004 – 14 U 37/03, OLGR 2005, 45: **keine Haftung des Heimträgers bei Sturz des nicht fixierten Patienten aus dem Rollstuhl**; KG, Beschl. v. 10. 9. 2007 – 12 U 145/06, OLGR 2008, 505: **Sturz im KKH bei konkret geschuldeter Hilfeleistung, voll beherrschbar**; OLG Köln, Beschl. v. 5. 5. 2010 – 5 W

10/10, GesR 2010, 691, 692 = MedR 2011, 290, 291: **Sturz im Krankenhaus, Bett-gitter war ex-ante nicht erforderlich, Anspruch verneint;** OLG Koblenz, Beschl. v. 2. 1. 2013 – 5 U 693/12, GesR 2013, 159, 161: **Sturz von einer Übungsmatte bei Krankengymnastik kein voll beherrschbares Risiko;** OLG Naumburg, Urt. v. 12. 7. 2012 – 1 U 43/12, GesR 2013, 58, 59: **Patient wird von einer Pflegekraft begleitet, Sturz von der Liege, Mitverschulden von 50 % bejaht;** OLG Schleswig, Urt. v. 13. 4. 2012 – 17 U 28/11, NJW-RR 2013, 31, 32: **von Krankenpflegehelfe-rin begleiteter Toilettengang eines 97 kg schweren Heimbewohners der Pfle-gestufe II, zweite Pflegekraft erforderlich, Haftung bejaht;** OLG Zweibrücken, Urt. v. 1. 6. 2006 – 4 U 68/05, OLGR 2006, 677, 679: Sturz einer Pflegeheimbe-wohnerin in Gegenwart der Pflegerin, **Anspruch bejaht;** LG Kassel, Urt. v. 30. 11. 2007 – 5 O 1488/06, NJW-RR 2008, 898: Sturz von der Massageliege; *zu Liegegeschwüren:* OLG Braunschweig, Urt. v. 7. 10. 2008 – 1 U 93/07, juris, Nr. 6, 8 = OLGR 2009, 293, 294: **Risiko von Druckgeschwüren nicht voll be-herrschbar;** *Sonstiges:* OLG Hamm, Urt. v. 12. 12. 2001 – 3 U 119/00, NJW-RR 2003, 802, 808 = OLGR 2003, 93, 96: **Lagerung von Gewebeproben;** *Literatur:* L/K/L-Katzenmeier, Rz. XI 108, 109; S/Pa, 12. Aufl., Rz. 603–625; Spickhoff-Greiner, § 823 BGB Rz. 161–166; L/K-Laufs/Kern, § 109 Rz. 3, 22; Wenzel-Mül-ler, Kap. 2 Rz. 1498, 1500, 1514; Wenzel-Wenzel, Kap. 2 Rz. 3566, 3567; R/L-Kern, § 2 Rz. 74 und § 5 Rz. 69, 70; R/L-Ratzel-Lissel, § 31 Rz. 22; Baur/ Schwenzer, GesR 2013, 272–276 zu Lagerungsschäden; B/P/S-Glanzmann, § 287 ZPO Rz. 31, 32, 37; Feifel, GesR 2005, 196, 200 f.; F/N/W, 5. Aufl. 2013, Rz. 156–162; Martis/Winkhart, MDR 2011, 709, 714).

In § 630h I BGB wird – so die Gesetzesbegründung (Regierungsentwurf) – die bis-herige Rechtsprechung zur Beweislastverteilung gesetzlich geregelt. Danach wird *ein Fehler des Behandelnden vermutet, wenn sich ein allgemeines Be-handlungsrisiko verwirklicht hat, das für den Behandelnden voll beherrschbar war und das zur Verletzung des Körpers, der Gesundheit, der Freiheit, der sexu-ellen Selbstbestimmung oder eines sonstigen Rechts des Patienten geführt hat* (§ 630h I BGB; vgl. Rz. P 93 ff.).

V 302a

Wenngleich die Beweisregel des § 282 BGB a. F. (ab 1. 1. 2002 ersetzt durch § 280 I 2 BGB n. F.) im Bereich des ärztlichen Handelns keine generelle Anwen-dung fand, muss sich der **Arzt bzw. der Krankenhausträger in Umkehr der Be-weislast analog § 280 I 2 BGB** entlasten, wenn sich der **Gesundheitsschaden** des Patienten in einem Bereich ereignet hat, dessen Gefahren von seinem Per-sonal **voll beherrscht werden konnten** (BGH, Urt. v. 20. 3. 2007 – VI ZR 158/06, VersR 2007, 847, 848 = GesR 2007, 254; NJW 1995, 1618, 1619; VersR 1984, 386, 387; OLG Düsseldorf, Urt. v. 17. 1. 2012 – I-24 U 78/11, MDR 2012, 522, 523; OLG Hamm, Urt. v. 12. 12. 2001 – 3 U 119/00, NJW-RR 2003, 807, 808; OLG Je-na, Urt. v. 28. 3. 2007 – 4 U 1030/04, OLGR 2008, 677; OLG Karlsruhe, Urt. v. 26. 2. 2003 – 7 U 173/01, GesR 2003, 283; KG, Urt. v. 20. 1. 2005 – 20 U 401/01, bei Jorzig, GesR 2005, 305, 306; OLG Stuttgart, OLGR 2002, 324, 326; OLG Zweibrücken, Urt. v. 27. 7. 2004 – 5 U 15/02, bei Jorzig, GesR 2004, 468, 469; OLG Zweibrücken, Urt. v. 1. 6. 2006 – 4 U 68/05, OLGR 2006, 677, 678 zu § 280 I 2 BGB; OLG Zweibrücken, Urt. v. 16. 9. 2008 – 5 U 3/07, GesR 2009, 88, 89; F/N/W, 5. Aufl., Rz. 156; Spindler/Rieckers JuS 2004, 272, 273 f.; Weidin-ger, VersR 2004, 35, 36 f.; Wenzel-Müller, Kap. 2 Rz. 1498, 1499; Wenzel-Menne-

V 303

meyer, Kap. 2 Rz. 1877; Wenzel-Wenzel, Kap. 2 Rz. 3565; L/K-Laufs/Kern, § 109 Rz. 1: keine Änderungen im Hinblick auf § 282 BGB a. F.; auch Spickhoff-Greiner, § 823 BGB Rz. 162, 163; abweichend L/K/L-Katzenmeier, Rz. XI 123 ff.).

Nach Ansicht von Katzenmeier (L/K/L, Rz. XI 123, 125, 126) ist die in § 280 I 2 BGB angeordnete Beweislastumkehr bei einer sorgfältigen Differenzierung zwischen der grundsätzlich vom Patienten zu beweisenden Pflichtverletzung einerseits und dem in den Fällen des voll beherrschbaren Risikos vermuteten Verschuldens andererseits auch im Rahmen des medizinischen Behandlungsvertrages angemessen. In der Praxis wurde und wird der Theorienstreit (hierzu L/K/L-Katzenmeier, Rz XI 120, 121, 123, 125, 126) regelmäßig nicht relevant.

V 304   Die Beweiserleichterungen für die Patientenseite betreffen in den Bereichen, die vom Träger einer Klinik, dem Träger eines Altenheims, dem Arzt und dem Pflegepersonal „voll beherrscht" werden können, die **Ebene des Beweises der objektiven Fehlerverrichtung und des Verschuldens. Die Behandlungsseite hat dann die Vermutung der objektiven Pflichtverletzung und des Verschuldens zu widerlegen** (BGH, Beschl. v. 13. 2. 2007 – VI ZR 174/06, VersR 2007, 1416, Vorinstanz OLG Jena, Urt. v. 12. 7. 2006 – 4 U 705/05, VersR 2007, 69: Behandlungsseite hat sich beim Eintritt eines Schadens im voll beherrschbaren Bereich **für die Fehler- und Verschuldensvermutung zu entlasten**; OLG Braunschweig, Urt. v. 7. 10. 2008 – 1 U 93/07, juris, Nr. 10: Beweislastumkehr für den Nachweis des Behandlungsfehlers; OLG Hamm, Beschl. v. 5. 1. 2011 – I-3 U 64/10, juris, Nr. 6 = MedR 2011, 240, 241: **aber keine Beweiserleichterungen für die Kausalität**; OLG Hamm, Urt. v. 18. 10. 2005 – 24 U 13/05, OLGR 2006, 569, 570: Nichtvorliegen einer Obhutpflichtverletzung von der Behandlungsseite zu beweisen; KG, Beschl. v. 10. 9. 2007 – 12 U 145/06, OLGR 2008, 505; OLG München, Urt. v. 25. 3. 2011 – 1 U 4594/08, VersR 2011, 885, 887: **Behandlerseite hat die Vermutung der objektiven Pflichtwidrigkeit bzw. des Verschuldens zu widerlegen, wenn feststeht, dass die Primärschädigung aus einem voll beherrschbaren Bereich stammt**; OLG München, Urt. v. 30. 6. 2011 – 1 U 2414/10, juris, Nr. 48: Beweiserleichterungen nach den Grundsätzen des voll beherrschbaren Risikos betreffen den Bereich des **Nachweises des Verschuldens**; OLG Naumburg, Urt. v. 31. 1. 2007 – 6 U 98/06, OLGR 2008, 200, 201; OLG Zweibrücken, Urt. v. 16. 1. 2007 – 5 U 48/06, OLGR 2007, 447: **Behandlungsseite muss sich dann sowohl hinsichtlich der Behandlungsfehlervermutung als auch des Verschuldens exkulpieren**; F/N/W, 5. Aufl., Rz. 156).

V 305   Greiner (RiBGH a. D., bei Spickhoff, § 823 BGB Rz. 162), Steffen/Pauge (RiBGH, 12. Aufl., Rz. 603) und Katzenmeier (L/K/L, Rz. XI 108) führen aus, die Beweiserleichterungen beträfen die **Ebene des Beweises der objektiven Fehlerverrichtung (Fehlervermutung) und des Verschuldens** (entsprechend § 280 I 2 BGB). Voraussetzung ist jedoch stets die Feststellung, dass es sich um einen objektiv voll beherrschbaren Bereich handelt.

Müller (VPräsBGH a. D. bei Wenzel, Kap. 2 Rz. 1500, 1514) differenziert wie folgt: Die Beweisregel greift grundsätzlich erst ein, wenn feststeht, dass der Schuldner objektiv gegen seine Verpflichtungen verstoßen hat und dadurch der Schaden entstanden ist und bezieht sich damit **in erster Linie auf das Verschulden**. Sie kann aber nach ihrem Sinn **auch den Nachweis eines objektiven Pflich-**

tenverstoßes umfassen, wenn der Patient im Herrschafts- und Organisations-
bereich der Behandlungsseite zu Schaden gekommen ist und deren Vertragspflichten auch dahin gingen, den Patienten vor einem solchen Schaden zu bewahren. In einem derartigen Fall kann also **auch eine Vermutung hinsichtlich
des Fehlers Platz greifen.**

2. Beweislastverteilung; Verschulden, Anwendung des § 280 I 2 BGB

Die seit dem 1. 1. 2002 einheitlich geltende Regelung des **§ 280 I 2 BGB** – Be-   V 306
weislast des Schuldners dafür, dass er die Pflichtverletzung (vormals p. V. v.)
nicht zu vertreten hat – beruht auf einer Verallgemeinerung der zuvor in §§ 282,
285 BGB a. F. für die Fälle der Unmöglichkeit der Leistung und des Verzugs geltenden Beweislastanordnung (Zimmer, NJW 2002, 1, 7; auch Spindler/Rieckers
JuS 2004, 272, 274). Es bestand – und besteht – im Wesentlichen Einigkeit darüber, dass die **Beweisregel des § 282 BGB a. F. (jetzt: § 280 I 2 BGB n. F.) im Bereich der Arzthaftung nur ausnahmsweise Anwendung findet**, da der Arzt keinen Heilerfolg schuldet, sondern lediglich das sorgfältige Bemühen um Hilfe
und Heilung (OLG Jena, Urt. v. 12. 7. 2006 – 4 U 705/05, VersR 2007, 69, bestätigt von BGH, VersR 2007, 1416). **Die Schuldrechtskommission wollte an der
überkommenen Verteilung der Darlegungs- und Beweislast grundsätzlich auch
nichts ändern** (Spindler/Rieckers JuS 2004, 272, 274; auch Müller, VPräsBGH
a. D., MedR 2001, 487, 494: „Richterrecht als Garantie des derzeitigen Rechts-
zustandes" vor dem 1. 1. 2002; Wenzel-Müller, Kap. 2 Rz. 1498; Wenzel-Wenzel, Kap. 2 Rz. 3565; Spickhoff-Greiner, § 823 BGB Rz. 162; F/N/W, 5. Aufl.,
Rz. 156; abweichend L/K/L-Katzenmeier, Rz. XI 123, 125, 126, s. o. Rz. V 303;
zu weiteren Einzelheiten vgl. Rz. B 472 ff.).

Danach haftet der Arzt (erst), wenn das **Unterschreiten des Qualitätsstandards**   V 307
**und dessen Ursächlichkeit für den beim Patienten eingetretenen Gesundheits-
schaden feststehen**, wobei die Verletzung der äußeren Sorgfalt, der Verstoß gegen
den objektivierten Fahrlässigkeitsmaßstab – wie bisher – die **Verletzung der inneren Sorgfalt und damit das Verschulden indiziert** (Weidinger, VersR 2004, 35,
37; auch Deutsch JZ 2002, 588, 592; Katzenmeier, VersR 2002, 1066, 1069;
L/K/L-Katzenmeier, Rz. XI 123, 124, 125, 126, 128; Spickhoff-Greiner, § 823
BGB Rz. 135, 136, 137, 162; Spindler/Rieckers JuS 2004, 272, 274; Spickhoff,
NJW 2003, 1701, 1705 und, NJW 2002, 2530, 2533).

Im Ergebnis besteht Einigkeit, dass sich die **Verschuldensvermutung des § 280 I**   V 308
2 BGB im Hinblick auf den objektivierten Fahrlässigkeitsbegriff des § 276 II 2
BGB in der Regel **bereits aus der Verletzung der objektiv geschuldeten (äußeren)
Sorgfalt ergibt, aber mit dieser nicht gleichzusetzen ist** (BGH, NJW 1994, 2233;
Spickhoff-Greiner, § 823 BGB Rz. 136; Spickhoff, NJW 2002, 2535; Wenzel-Müller, Kap. 2 Rz. 1435: Das Vorliegen eines Behandlungsfehlers indiziert nicht nur
die Rechtswidrigkeit, sondern auch das Verschulden; F/N/W, 5. Aufl., Rz. 77,
129, 156; L/K-Laufs/Kern, § 93 Rz. 23 und § 109 Rz. 1, 22; Katzenmeier a. a. O.).
Der **Arzt muss sich also exkulpieren**, wenn er sich auf einen Rechtsirrtum oder
die schuldlose Verkennung des medizinischen Standards beruft (Spickhoff, NJW
2003, 1701, 1705; Wenzel-Müller, Kap. 2 Rz. 1435, 1442; Spickhoff-Greiner,
§ 823 BGB Rz. 136, 137, 162; B/P/S-Glanzmann, § 287 ZPO Rz. 31, 32).

V 309 Der Patient muss somit – wie nunmehr **auch in § 630h I BGB statuiert** – **dartun**
und erforderlichenfalls **beweisen** (§ 286 ZPO), dass es sich bei der Durchführung
der **Operation** bzw. der **Behandlungsmaßnahme** um einen „**voll beherrschbaren
Risikobereich**" der Tätigkeit des Arztes bzw. dessen Hilfspersonen gehandelt
hat (OLG Bremen, Urt. v. 22. 10. 2009 – 5 U 25/09, GesR 2010, 25, 26 = juris,
Nr. 7, 10, 12, 14 und OLG Düsseldorf, Urt. v. 17. 1. 2012 – 24 U 78/11, MDR
2012, 522, 523 = NJW-RR 2012, 716, 717 sowie OLG Düsseldorf, Beschl. v.
13. 7. 2010 – I-24 U 16/10, GesR 2010, 689, 691: **Sturz eines Patienten in Anwesenheit einer Pflegekraft**; OLG Hamm, Urt. v. 13. 12. 2004 – 3 U 135/04, GesR
2005, 164, 165; OLG Hamm, Urt. v. 18. 10. 2005 – 24 U 13/05, OLGR 2006,
569, 570; OLG Hamm, Urt. v. 20. 8. 2007 – 3 U 274/06, MedR 2008, 217, 219:
Infektion nach Injektion; OLG Hamm, Beschl. v. 5. 1. 2011 – I-3 U 64/10,
MedR 2011, 240, 241 = juris, Nr. 3, 5, 6 und Baur/Schwenzer, GesR 2013, 272,
275: **Lagerungsschäden, nicht immer voll beherrschbar**; OLG Hamm, Urt. v.
20. 5. 2011- I-26 U 23/10, GesR 2011, 475, 476 und OLG München, Urt. v.
15. 3. 2012 – 1 U 3064/11, juris, Nr. 34, 39, 43 sowie OLG Brandenburg, Urt. v.
25. 10. 2007 – 12 U 79/06, AHRS III, 2620/369: **Lagerungsschaden muss im Rahmen der OP entstanden sein**, Beweis ist gem. § 286 ZPO vom Patienten zu führen; OLG Karlsruhe, Urt. v. 12. 10. 2005 – 7 U 132/04, NJW-RR 2006, 458, 459;
KG, Urt. v. 2. 9. 2004 – 12 U 107/03, GesR 2005, 66, 67 zum Sturz im Pflegeheim; OLG Köln, Beschl. v. 10. 10. 2012 – 5 U 69/12, GesR 2013, 413 und
OLG München, Urt. v. 6. 6. 2013 – 1 U 319/13, juris, Nr. 33, 34 sowie OLG
Naumburg, Urt. v. 12. 6. 2012 – 1 U 119/11, NJW-RR 2012, 1375: **zur Infektion
im KKH, Anspruch jeweils verneint**; OLG München, Urt. v. 30. 6. 2011 – 1 U
2414/10, juris, Nr. 48, 50; OLG Naumburg, Urt. v. 26. 4. 2005 – 12 U 170/04,
OLGR 2005, 860, 861 und Urt. v. 31. 1. 2007 – 6 U 98/06, OLGR 2008, 200, 201
zum Sturz im Pflegeheim; OLG Schleswig, Urt. v. 6. 6. 2003 – 4 U 70/02,
NJW-RR 2004, 237; Spickhoff-Greiner, § 823 BGB Rz. 162, 163).

V 310 **Ist nicht sicher, dass die Schadensursache aus dem Gefahrenkreis des verantwortlichen Krankenhausträgers oder Arztes hervorgegangen ist und kommt
auch der Verantwortungsbereich des Patienten oder eines Dritten in Betracht,
greift die Entlastungspflicht aus dem Gesichtspunkt des „voll beherrschbaren
Risikos" nicht ein** (OLG Düsseldorf, Beschl. v. 16. 2. 2010 – 24 U 141/09,
NJW-RR 2010, 1533, 1534: **Sturz eines Heimbewohners in alltäglicher Situation**;
zum Lagerungsschaden: OLG Hamm, Urt. v. 20. 5. 2011- I -26 U 23/10, GesR
2011, 475, 476 und OLG Stuttgart, Urt. v. 23. 8. 2011 – 1 U 51/11, S. 6: **Nervschädigung möglicherweise vor oder nach der OP entstanden**; OLG Jena, Urt. v.
28. 3. 2007 – 4 U 1030/04, OLGR 2007, 677, 679: **körperliche Anomalie des Patienten**; OLG Koblenz, Urt. v. 22. 10. 2009 – 5 U 662/09, MedR 2010, 416, 417
= GesR 2010, 70, 71: **unbekannte Prädisposition des Patienten**; OLG Schleswig,
Urt. v. 6. 6. 2003 – 4 U 70/02, OLGR 2004, 3, 4 = NJW-RR 2004, 237; OLG Zweibrücken, Urt. v. 16. 1. 2007 – 5 U 48/06, OLGR 2007, 447: **Anomalie aber von
der Behandlungsseite zu beweisen**; zur Infektion im KKH: OLG München, Urt.
v. 6. 6. 2013 – 1 U 319/13, juris, Nr. 33, 34, 38 = GesR 2013, 618: **Patient hat
MRSA-Keim möglicherweise schon zuvor oder von einem als Keimträger bis
dato unbekannten Mitpatienten erworben**; OLG Naumburg, Urt. v. 12. 6. 2012
– 1 U 119/11, NJW-RR 2012, 1375: **Separierung nur bei hochgradig infektanfäl-
ligen Patienten erforderlich, Dokumentation der Einhaltung der Hygienevor-**

schriften nicht erforderlich; OLG Köln, Beschl. v. 10. 10. 2012 – 5 U 69/12, juris, Nr. 4 = GesR 2013, 413 = VersR 2013, 463: **Vortrag des Patienten, die Infektion hätte zuvor nicht vorgelegen, genügt nicht**).

Kann bei längerer Verweildauer der Patientin der Klinik nicht mehr konkret festgestellt werden, wann und bei welcher Gelegenheit der Schaden (hier: Kompartment-Syndrom) gesetzt worden ist, kommt eine Beweiserleichterung nicht in Betracht. Die nicht weiter belegte Möglichkeit, der Schaden könne durch ein **unvorsichtiges Ablegen oder die unsachgemäße Lagerung auf dem Operationstisch** entstanden sein, genügt für den erforderlichen Vollbeweis, wonach sich der Schaden in einem „voll beherrschbaren" Bereich ereignet hat, nicht (OLG Köln, Urt. v. 4. 8. 2008 – 5 U 228/07, OLGR 2009, 796, 797; auch Baur/Schwenzer, GesR 2013, 272, 275). **V 311**

Erst dann, wenn **der Patient nachgewiesen hat, dass eine aufgetretene Nervschädigung auf die Lagerung während der OP zurückzuführen** ist, hat der Klinikträger den Beweis zu führen, dass den Ärzten während des Eingriffs kein schuldhafter Behandlungsfehler unterlaufen ist (OLG Hamm, Urt. v. 20. 5. 2011 – I-26 U 23/10, Nr, 69 = GesR 2011, 475, 476; auch OLG Hamm, Beschl. v. 5. 1. 2011 – I-3 U 64/10, juris Nr. 6 = MedR 2011, 240, 241: Kausalitätsnachweis auch bei aufgetretenen Lagerungsschäden vom Patienten zu führen). **V 311a**

Ist unstreitig oder vom Patienten bewiesen, dass die **Schädigung aus dem Gefahrenkreis des Arztes oder Krankenhausträgers** stammt, **obliegt es der Behandlungsseite auch, den Beweis zu führen**, dass nicht in ihrem Risikobereich liegende, bei der Operations- oder Behandlungsplanung **nicht erkennbare Umstände** vorlagen, die mit einer gewissen Wahrscheinlichkeit gleichfalls zum Eintritt des Primärschadens geführt haben könnten, etwa eine extrem seltene körperliche Anomalie, die den Patienten für den eingetretenen Schaden anfällig gemacht hat (BGH, NJW 1995, 1618; OLG Jena, Urt. v. 28. 3. 2007 – 4 U 1030/04, OLGR 2007, 677, 679; OLG Koblenz, Urt. v. 22. 10. 2009 – 5 U 662/09, MedR 2010, 416, 417: **vorhandene Vorschädigung aufgrund eines früheren Unfalls**). Dem Arzt oder Krankenhausträger bleibt es daneben unbenommen, darzulegen und zu beweisen, dass ein nach den Maßstäben des § 280 I 2 BGB verschuldeter Behandlungsfehler nicht vorliegt. **V 312**

Können tatsächlich erhobene Befunde oder Befundträger, etwa **Gewebeproben** innerhalb der Aufbewahrungsfrist von zehn Jahren, nicht mehr vorgelegt werden, so muss die Behandlungsseite darlegen und beweisen, dass sie diesen aus ihrem voll beherrschbaren Bereich stammenden Umstand **nicht verschuldet** hat (OLG Hamm, Urt. v. 12. 12. 2001 – 3 U 119/00, NJW-RR 2003, 807, 808 = OLGR 2003, 93, 96). **V 313**

3. Kausalität

Auch beim Vorliegen eines „voll beherrschbaren Risikobereichs" erstreckt sich die Beweiserleichterung **nicht auf den Nachweis der Kausalität zwischen dem schuldhaft verursachten Behandlungsfehler und dem Eintritt des Primärschadens** (BGH, NJW 1994, 1594 = VersR 1994, 562; OLG Braunschweig, Urt. v. 7. 10. 2008 – 1 U 93/07, OLGR 2009, 293, 294 = juris, Nr. 10; OLG Hamm, **V 314**

Beschl. v. 5. 1. 2011 – I-3 U 64/10, juris, Nr. 4; auch OLG Köln, Urt. v. 4. 8. 2008 – 5 U 228/07, OLGR 2009, 796, 797: **Vollbeweis, dass ein Schaden im voll beherrschbaren Risikobereich verursacht wurde, vom Patienten zu führen**; Spickhoff-Greiner, § 823 BGB Rz. 163; Wenzel-Müller, Kap. 2 Rz. 1503, 1504, 1513, 1515; L/K-Laufs-Kern, § 109 Rz. 4; F/N/W, 5. Aufl., Rz. 156; L/K/L-Katzenmeier, Rz. XI 109).

V 315 Insoweit kann jedoch eine **Beweislastumkehr bei groben Behandlungs- und Organisationsfehlern** (Wenzel-Müller, Kap. 2 Rz. 1504, 1505, 1513; Spickhoff-Greiner, § 823 BGB Rz. 163; Katzenmeier a.a.O.; G/G, 6. Aufl., Rz. B 251, 257 ff., 291; siehe → *Grobe Behandlungsfehler*, Rz. G 101 ff.) und bei **Nichterhebung gebotener Befunde** (G/G, 6. Aufl., Rz. 296, 297; Gehrlein, Rz. B 156, 157; siehe → *Unterlassene Befunderhebung*, Rz. U 50 ff., U 100 ff.) **eingreifen**.

Bei einfachen Organisationsfehlern hat die Behandlungsseite die Vermutung des Verschuldens und – bei feststehendem Fehler – der objektiven Pflichtverletzung zu widerlegen. Die Beweiserleichterung bezieht sich dabei **nicht auf die Kausalität**, vielmehr geht die Unaufklärbarkeit des Ursachenzusammenhangs zwischen dem Fehler und dem Primärschaden zu Lasten des Patienten, soweit der Fehler nicht als „grob" zu qualifizieren ist (L/K-Laufs/Kern, § 109 Rz. 4 mit Hinweis auf BGH, NJW 1994, 1594, 1595).

V 316 – V 319 Einstweilen frei.

II. Fallgruppen

1. Medizinische Geräte und Materialien

V 320 Der Krankenhausträger haftet für die Mangelfreiheit und Funktionstüchtigkeit von ihm eingesetzter Geräte und deren korrekter Bedienung durch das Personal, wobei stets zu prüfen ist, ob das konkrete Risiko **objektiv voll beherrschbar** war (Wenzel-Müller, Kap. 2 Rz. 1506; L/K-Laufs/Kern, § 109 Rz. 7, 8).

Allerdings haftet die Behandlungsseite **nicht für einen nicht erkennbaren Konstruktionsfehler. Hierfür hat der Hersteller des Gerätes nach deliksrechtlichen Grundsätzen einzustehen** (L/K/L-Katzenmeier, Rz. XI 111; vgl. zur Haftung für fehlerhafte Medizinprodukte und Arzneimittel Wenzel-Rehmann, Kap. 2 Rz. 1989 ff.; Deutsch/Spickhoff, 6. Aufl., Rz. 1659 ff. zu Medizinprodukten und Rz. 1714 ff. zu Blutprodukten).

Ist medizinisch-naturwissenschaftlich nicht erklärbar, wie es zu einer Schädigung gekommen ist, scheidet auch bei Annahme eines voll beherrschbaren Risikos eine Haftung aus, wenn die **Behandlungsseite beweisen kann, dass sich das eingesetzte Gerät in einem ordnungsgemäßen Zustand befand, dieses ordnungsgemäß bedient und der Patient korrekt behandelt wurde** (BGH, Beschl. v. 13. 2. 2007 – VI ZR 174/06, AHRS III, 6595/306 = VersR 2007, 1416; Spickhoff-Greiner, § 823 BGB Rz. 166).

V 321 **Infrarot-Bestrahlung**

Immer dann, wenn es allein um den Einsatz eines medizinischen Geräts, das von der Behandlungsseite **uneingeschränkt gesteuert und damit voll beherrscht** werden kann, zur Erreichung eines bestimmten Behandlungserfolges geht, ist es gerechtfertigt, der Behandlungsseite den **Entlastungsbeweis** dafür aufzubürden, dass eine Schädigung des Patienten beim Einsatz und im Zusammenhang des medizinischen Geräts **nicht auf einem eigenen organisatorischen Fehlverhalten oder einem Fehlverhalten des Personals beruht** (OLG Karlsruhe, Urt. v. 26. 2. 2003 – 7 U 173/01, GesR 2003, 238 mit Hinweis auf BGH, MDR 1984, 389; OLG Jena, Urt. v. 12. 7. 2006 – 4 U 705/05, VersR 2007, 69, bestätigt von BGH, Beschl. v. 13. 2. 2007 – VI ZR 174/06, VersR 2007, 1416: Funktionsfähigkeit von Infusionssystem, Narkosegerät und Röntgengerät voll beherrschbar).

So stellt sich auch die **Durchführung einer Infrarot-Bestrahlung** als vom Arzt voll beherrschbar dar. Kommt es bei einer übermäßig langen Verweildauer der Patientin zwischen vier und zehn Minuten zu Verbrennungen oder Hautschäden, ist davon auszugehen, dass dies auf einer **unzureichenden Belehrung des Patienten** über die Funktionsweise des Geräts oder ein **Fehlverhalten des eingesetzten Personals** zurückzuführen ist. Der Umstand, dass der Arzt den Bestrahlungsvorgang so organisiert, dass sich der Patient nach einer Einweisung in die Bedienung des Geräts unbeaufsichtigt in den Behandlungsraum einschließt, ändert hieran nichts. Ein Mitverschulden des Patienten kommt in einem solchen Fall nicht in Betracht, da es gerade Bestandteil der Behandlungsaufgabe ist, den Patienten auch vor Schädigungen durch übermäßige Bestrahlung zu schützen (OLG Karlsruhe, Urt. v. 26. 2. 2003 – 7 U 173/01, OLGR 2003, 310, 311). **V 322**

Röntgengerät, Infusionssystem u. a. **V 323**

Dasselbe gilt für die unbemerkt gebliebene **Entkoppelung eines Infusionssystems** (BGH, NJW 1984, 1400 = VersR 1984, 356; OLG Jena, Urt. v. 12. 7. 2006 – 4 U 705/05, OLGR 2006, 799, 800 = VersR 2007, 69) oder **hinsichtlich der Funktionsfähigkeit eines eingesetzten Röntgengeräts** (OLG Hamm, VersR 1980, 585; OLG Jena a. a. O.). So darf es nicht vorkommen, dass einem Patienten aus nicht zu klärenden Gründen eine überhöhte Röntgendosis verabreicht wird. Die Behandlungsseite hat zu gewährleisten, dass die Bestrahlung mit einer überhöhten Röntgendosis ausgeschlossen ist (OLG Jena, Urt. v. 12. 7. 2006 – 4 U 705/05, OLGR 2006, 799, 800/801 = VersR 2007, 69, 70). Ist ein Bestrahlungsgerät so konstruiert, dass es **bei Fehleinstellungen zu Fehlermeldungen kommt** und es dann keine Strahlung mehr abgibt, so ist das Bedienungspersonal aber nicht zu einer visuellen Kontrolle der ordnungsgemäßen Funktion bzw. der Filterwahl verpflichtet, wenn **keine Anhaltspunkte für eine Unzuverlässigkeit der eingebauten Fehlerkontrolle bestehen und bei Inbetriebnahme des Gerätes die gebotene Überprüfung stattgefunden hat. Es ist aber erforderlich, bei der Bestrahlungsvorbereitung die korrekt verwendeten Zubehörteile, z. B. den Tubus, visuell zu überprüfen** (BGH, Beschl. v. 13. 2. 2007 – VI ZR 174/06, AHRS III, 3080/303 und 6595/306 = VersR 2007, 1416).

Funktionierendes Narkosegerät **V 324**

Der Arzt kann regelmäßig nur kunstgerechtes Bemühen, nicht aber den Heilerfolg zusagen. Dieser Grundsatz kann jedoch auf die Erfüllung voll beherrschbarer Nebenpflichten, insbesondere die Gewährleistung technischer Voraussetzungen für eine sachgemäße und gefahrlose Behandlung, keine Anwendung finden (BGH, NJW 1978, 584).

V 325 Demzufolge hat der Krankenhausträger zu beweisen, dass ihn bzw. dessen Erfüllungsgehilfen an der **Funktionsuntüchtigkeit eines zum Einsatz kommenden Narkosegerätes kein Verschulden** trifft (BGH, NJW 1978, 584; OLG Jena, Urt. v. 12. 7. 2006 – 4 U 705/05, OLGR 2006, 799, 800 = VersR 2007, 69, bestätigt von BGH, VersR 2007, 1416; OLG Düsseldorf, VersR 1985, 744, 745; S/Pa, 12. Aufl., Rz. 604; L/K-Laufs/Kern, § 109 Rz. 7, 8).

V 326 **Einsatz eines Elektrokauters; Verbrennungen während einer Operation**

Nach h. M. kommen **Beweiserleichterungen** aus dem Gesichtspunkt des „voll beherrschbaren Risikos" oder eines „Anscheinsbeweises" bei der Anwendung von **Hochfrequenz-Chirurgiegeräten nicht in Betracht.** Denn auch bei Anwendung aller Sicherheitsvorkehrungen (trockene Lagerung des Patienten auf dem OP-Tisch, Anlage der Elektrode in der Nähe des Operationsfeldes u. a.) ist es nicht stets vermeidbar, dass es während der OP zu Flüssigkeitsansammlungen, etwa bedingt durch Urinabgang oder vermehrte Schweißabsonderung, kommen kann. Im Rahmen des Eingriffs ist es meist nicht mehr möglich, den steril abgedeckten Patienten auf solche Flüssigkeitsansammlungen hin zu kontrollieren und Verbrennungen des Patienten durch Kriechströme zu vermeiden (LG Hof, Urt. v. 26. 9. 2006 – 15 O 2/06, Seite 6/7; LG Bonn, Urt. v. 30. 10. 2007 – 8 S 130/07, S. 6, 7 = GesR 2008, 248, 249: Patient hatte bei Knieoperation Verbrennungen im Gesäßbereich erlitten; LG Ansbach, Urt. v. 21. 12. 2007 – 2 O 1492/06, S. 4, 5; jeweils rechtskräftig). Nach anderer Ansicht kommt ein **Anscheinsbeweis** zur Anwendung. Denn es sei heute nahezu ausgeschlossen, dass bei ordnungsgemäßer Anwendung eines monopolaren oder bipolaren Eletrokauters bei Beachtung der bestehenden Vorschriften Verbrennungen auftreten. Andernfalls bestünde zumindest eine **Aufklärungspflicht hinsichtlich der erhöhten Risiken** der monopolaren im Vergleich zur bipolaren Technik (Riedel, MedR 2009, 83, 85; auch OLG Saarbrücken, VersR 1991, 1289, 1290: **Anscheinsbeweis bei Vorliegen einer Verbrennung, die auf den Einsatz eines Hochfrequenz-Chirurgiegerätes zurückzuführen ist**; OLG Hamm, VersR 1999, 1111, 1112: Defekt eines Elektrokauters).

V 327 **Defekte Filtrationsanlage**

Kommt es im Rahmen der Blutwäsche bei einer Niereninsuffizienz aus ungeklärten Gründen zu einer Trennung der Schraubverbindung zwischen dem arteriell liegenden Katheder und der Infiltrationspatrone und als deren Folge zu einem letztlich zum Tod des Patienten führenden Entblutungsschock, streitet die Verschuldensvermutung zu Gunsten des Patienten. Diese **Verschuldenvermutung ist dann von der Behandlungsseite zu entkräften** (OLG Köln, Urt. v. 28. 4. 1999 – 5 U 15/99, VersR 2000, 974).

V 328 **Durchführung einer Ballonvalvuloplastie**

Wird bei der Durchführung einer Ballonvalvuloplastie der Herzmuskel durchstoßen mit der Folge eines Kreislaufstillstands, so liegt hierin wegen der **nicht vollständigen Beherrschbarkeit** des Risikos nicht unbedingt ein Behandlungsfehler (OLG Karlsruhe, VersR 1997, 241).

Unverträglichkeit der angesetzten Instrumente bei der horizontalen Arbeitstei- V 329
lung

Beim Zusammenwirken mehrerer Ärzte im Rahmen der horizontalen Arbeitsteilung, etwa eines Anästhesisten und eines Augenarztes bei der Vornahme einer Schieloperation, bedarf es zum Schutz des Patienten einer Koordination der
beabsichtigten Maßnahmen, um Risiken auszuschließen, die sich aus der Unverträglichkeit der von beiden Fachrichtungen vorgesehenen Methoden oder Instrumente ergeben könnten (BGH, NJW 1999, 1779).

Die Gefahr einer Brandentstehung beim Zusammentreffen einer Ketaneast-Nar- V 330
kose, wobei dem Patienten über einen am Kinn befestigten Schlauch reiner Sauerstoff in hoher Konzentration zugeführt wird, und einem Thermokauter, mit
dem verletzte Gefäße durch Erhitzung verschlossen werden, gehört zum **voll be-**
herrschbaren Risikobereich des Krankenhausträgers (BGH, NJW 1999, 1779,
1780).

Verabreichung eines Klysmas V 331

Die **Verabreichung eines Klysmas (Klistier, Darmeinlauf)** unterliegt grundsätzlich dem Bereich des „voll beherrschbaren Behandlungsgeschehens". Bei einer
dabei erfolgten Verletzung der Darmwand ist deshalb nicht der Patient gehalten,
einen Behandlungsfehler nachzuweisen; vielmehr **obliegt es dann der Behand-**
lungsseite, sich hinsichtlich der Behandlungsfehlervermutung und des Ver-
schuldens zu entlasten.

Dies gilt ausnahmsweise dann nicht, wenn der Patient infolge einer Prädisposi- V 332
tion einen Risikofaktor in ein Behandlungsgeschehen einbringt, der den betreffenden Gefahrenbereich vom Arzt bzw. vom Pflegepersonal nicht mehr uneingeschränkt beherrschbar macht. **Liegt eine solche mit vertretbarem Aufwand nicht**
vorab feststellbare Anomalie vor, ist für eine Beweislastumkehr zulasten der Be-
handlungsseite kein Raum. Die Beweislast für einen solchen Ausnahmefall liegt
bei der Behandlungsseite (OLG Zweibrücken, Urt. v. 16. 1. 2007 – 5 U 48/06,
OLGR 2007, 447 = AHRS III, 6330/309).

Lage eines Tubus V 333

Kommt es nach einer Operation unter Intubationsnarkose zu einem Herz-Kreislauf-Stillstand beim Patienten, so gehört es zu den wichtigsten Maßnahmen des
Anästhesisten, die richtige **Lage des Tubus zu kontrollieren.** Unterbleibt diese
Kontrolle, so ist der Anästhesist für den Tod des Patienten verantwortlich,
wenn er die ordnungsgemäße Lage des Tubus nicht beweisen kann (OLG Oldenburg, NJW-RR 1990, 1362). Der Klinikträger hat für die einwandfreie Beschaffenheit des eingesetzten Tubus einzustehen (BGH, NJW 1991, 1540; F/N/W,
5. Aufl., Rz. 157).

Stellt der vom Gericht beauftragte Sachverständige fest, dass ein technischer
Fehler bzw. ein Mangel eines Röntgengerätes für die Behandlungsseite nicht vorhersehbar bzw. erkennbar war, weil die gebotenen Überprüfungen des Gerätes
vor dem Einsatz stattgefunden haben, durch den Ausdruck des Ergebnispro-
tokolls eine Fehlbedienung durch das Personal auszuschließen und die Röntgen-
assistentin den richtigen Tubus gewählt hatte, scheidet eine Haftung des Arztes

bzw. Krankenhauses aus (OLG Jena, Urt. v. 12. 7. 2006 – 12 U 705/05, VersR 2007, 69, 70 = AHRS III, 2670/302 mit NZB BGH v. 13. 2. 2007 – VI ZR 174/06, VersR 2007, 1416 = AHRS III, 3080/303).

V 334 **Schädigung nicht im Zusammenhang mit dem technisch-operativen Bereich entstanden**

Eine Verschuldensvermutung nach den Grundsätzen der durch die Behandlungsseite voll zu beherrschenden Risiken kommt jedoch **nicht in Betracht**, wenn nicht feststellbar ist, dass die Schädigung gerade im **Zusammenhang mit dem technisch-operativen Bereich** steht oder stehen muss (OLG Oldenburg, NJW-RR 2000, 903; LG Bonn, Urt. v. 30. 10. 2007 – 8 S 130/07, GesR 2008, 248; L/K/L-Katzenmeier, Rz. XI 111: Keine verschuldensunabhängige Haftung beim Einsatz medizinisch-technischer Apparate; vgl. Rz. V 320). Der Krankenhausträger haftet zwar für die Funktionsfähigkeit eingesetzter Geräte wie etwa eines Klammernahtapparates. Beweiserleichterungen kommen dem Patienten jedoch nicht zugute, wenn für den Eintritt des Primärschadens **andere Ursachen als eine Fehlfunktion** des eingesetzten Gerätes in Betracht kommen (OLG Stuttgart, OLGR 2001, 324, 326; auch OLG Stuttgart, Urt. v. 23. 8. 2011 – 1 U 51/11, S. 6: wenn nicht auszuschließen ist, dass der Primärschaden außerhalb des voll beherrschbaren Bereichs verursacht worden ist).

V 335 **Auftreten von Druckgeschwüren**

Auch das Risiko des Auftretens von **Druckgeschwüren** gehört nicht zu einem Bereich, der von einem Krankenhaus oder Pflegeheim voll beherrscht werden können (OLG Braunschweig, Urt. v. 7. 10. 2008 – 1 U 93/07, juris, Nr. 6, 8; BGH, NJW 1988, 763; Wenzel-Großkopf, Kap. 2 Rz. 1977, 1988, S. 879, 887, 893 m. w. N.; OLG Hamm, Urt. v. 21. 4. 2009 – 26 U 151/08 und OLG Düsseldorf, Urt. v. 16. 6. 2004 – I-15 U 160/03, bei Großkopf a. a. O.; **a. A.** OLG Köln, Urt. v. 4. 8. 1999 – 5 U 19/99, bei Großkopf, S. 887: **Auftreten eines Dekubitus IV. Grades indiziert grobe Pflege- oder Lagerungsmängel**).

V 336 Einstweilen frei.

V 337 **Sorgfaltspflichten bei Aushändigung von Gehhilfen**

Ist der Patient nach einer Unfallverletzung auf Unterarmgehhilfen angewiesen, muss das Krankenhaus sich vergewissern, dass er mit deren Benutzung vertraut ist bzw. wird. Bei erstmaliger Ausstattung des Patienten mit Unterarmgehhilfen ist das Pflegepersonal eines Krankenhauses verpflichtet, sich zu **vergewissern, ob der Patient die Hilfsmittel ohne weiteres beherrscht** oder ob er einer Unterweisung bedarf (OLG Koblenz, Urt. v. 12. 2. 2004 – 5 U 235/03, NJW-RR 2004, 828, 829 = VersR 2005, 943, 944; a. A. aber OLG München, NJW 1994, 1599 = OLGR 1994, 2: Ein 33-jähriger Patient muss nicht darin unterwiesen werden, wie man mit Unterarmgehhilfen Treppen steigt).

V 338 Eine Haftung des Krankenhauses wegen eines Versäumnisses in diesem Bereich kommt aber nur in Betracht, wenn es bei pflichtgemäßem Handeln nicht zum Schaden, dem Abrutschen des Patienten mit einer Krücke beim Laufen mit den Unterarmgehhilfen mit der Folge einer Retraumatisierung der Frakturstelle gekommen wäre (OLG Koblenz, Urt. v. 12. 2. 2004 – 5 U 235/03, VersR 2005, 943, 944).

Zurückgelassener Tupfer (oder anderer Fremdkörper)   V 339

Das unbemerkte Zurücklassen eines Fremdkörpers im OP-Gebiet wird ebenfalls dem voll beherrschbaren Bereich des Arztes bzw. der Klinik zugerechnet (BGH, VersR 1991, 310: Tupfer; OLG München, Urt. v. 22. 8. 2013 – 1 U 3971/12, GesR 2013, 620, 621: 45 cm × 45 cm großes Bauchtuch, nur einfacher Behandlungsfehler). Der Klinikträger hat dann zu beweisen, alle Sicherheitsvorkehrungen ergriffen zu haben.

Hierzu gehört bei textilen Hilfsmitteln eine Kennzeichnung, eine Markierung   V 340
bzw. das Zählen der verwendeten Tupfer und Bauchtücher (BGH, NJW 1991, 983; BGH, VersR 1981, 462; OLG München a. a. O.; Wenzel-Müller, Kap. 2 Rz. 1507, 1508: **Anscheinsbeweis bei zurückgelassenem Bauchtuch, einer Arterienklemme, Tamponresten oder einer Mullkompresse**). Etwas anderes gilt jedoch beim Zurückbleiben eines Stücks eines Venenkatheders in der Lungenarterie nach einer schwierigen Herzoperation (OLG Celle, VersR 1990, 50; S/Pa, 12. Aufl., Rz. 609).

Zurückgelassener Kirschnerdraht   V 341

Tritt – längere Zeit – nach einer **Knieoperation** ein dabei verwendeter (hier: 15 cm langer) **Kirschnerdraht aus dem Rücken des Patienten** und steht fest, dass sich der Patient zwischenzeitlich keinen weiteren Operationen unterzogen hat, kommt auch dann eine Haftung des operierenden Arztes und des Krankenhausträgers nach den Grundsätzen des „voll beherrschbaren Risikos" in Betracht, wenn der Kirschnerdraht nicht im Operationsbereich (hier: im Bereich des Knies) zurückgelassen wurde.

Denn das Treffen von Sicherheitsvorkehrungen zum Ausschluss des **Zurücklas-**   V 342
sens von bei der Operation benutzter Hilfsmittel im Körper des Patienten ist einem Bereich zuzuordnen, der **von der Behandlungsseite voll beherrscht** werden muss (OLG Zweibrücken, Urt. v. 16. 9. 2008 – 5 U 3/07, GesR 2009, 88, 89; a. A. OLG Celle, VersR 1990, 50 und S/Pa, 12. Aufl., Rz. 609: beim Zurückbleiben eines Stücks eines Venenkatheders in der Lungenarterie nach einer schwierigen Herzoperation).

Sicherung von Gewebeproben in Plastiksäcken   V 343

Können tatsächlich erhobene Befunde oder Befundträger nicht mehr vorgelegt werden, so muss die Behandlungsseite beweisen, dass sie diesen Umstand nicht verschuldet hat. Bei der Lagerung von Gewebeproben innerhalb der **Aufbewahrungsfrist von zehn Jahren** handelt es sich um ein voll beherrschbares Risiko. Zudem stellt eine solche Sicherung von Befunden einen groben Behandlungsfehler dar (OLG Hamm, Urt. v. 12. 12. 2001 – 3 U 119/00, NJW-RR 2003, 807, 808 f.).

Einstweilen frei.   V 344 – V 349

2. Lagerungsschäden

Auch die **technisch richtige Lagerung des Patienten auf dem Operationstisch**,   V 350
die Beachtung der dabei zum Schutz des Patienten vor etwaigen Lagerungsschä-

den einzuhaltenden Regeln, die Kontrolle der Lagerung durch die operierenden Ärzte sind Maßnahmen, die dem „voll beherrschbaren Risikobereich" der Behandlungsseite zuzuordnen sind (F/N/W, 5. Aufl., Rz. 161; OLG Koblenz, Urt. v. 22. 10. 2009 – 5 U 662/09, GesR 2010, 70, 71 = MedR 2010, 416, 417 und OLG Hamm, Urt. v. 20. 5. 2011 – I-26 U 23/10, GesR 2011, 475, 476).

So tragen der Krankenhausträger und die behandelnden Ärzte grundsätzlich die Beweislast dafür, dass der Patient zur Vermeidung von Lagerungsschäden sorgfältig und richtig auf dem Operationstisch gelagert wurde und dass die Operateure dies auch kontrolliert haben (BGH, NJW 1984, 1403, 1404 = VersR 1984, 386; NJW 1995, 1618; OLG Brandenburg, Urt. v. 25. 10. 2007 – 12 U 79/06, AHRS III, 2620/369; OLG Koblenz, Urt. v. 22. 10. 2009 – 5 U 662/09, MedR 2010, 416, 417 = VersR 2010, 629; OLG Hamm, Beschl. v. 5. 1. 2011 – I-3 U 64/10, MedR 2011, 240, 241 = juris, Nr. 3; OLG Hamm, Urt. v. 20. 5. 2011 – I-26 U 23/10, Nr. 68, 69 = GesR 2011, 475, 476; OLG Jena, Urt. v. 28. 3. 2007 – 4 U 1030/04, OLGR 2007, 677; OLG Köln, VersR 1991, 695; OLG München, Urt. v. 15. 3. 2012 – 1 U 3064/11, juris, Nr. 34, 39, 43; OLG Schleswig, Urt. v. 16. 5. 2003 – 4 U 139/01, OLGR 2003, 389, 390; S/Pa, 12. Aufl., Rz. 618; F/N/W, 5. Aufl., Rz. 161, 162; Wenzel-Müller, Kap. 2 Rz. 1509; L/K/L-Katzenmeier, Rz. XI 114; L/K-Laufs/Kern, § 109 Rz. 12; G/G, 6. Aufl., Rz. B 244; Baur/Schwenzer, GesR 2013, 272, 275; B/P/S-Glanzmann, § 287 ZPO Rz. 31, 32, 37; Martis/Winkhart, MDR 2011, 709, 714).

Dies gilt auch für die **Beibehaltung einer für den Patienten schadlosen Lagerung** während der Operation, wobei gem. der Aufgabenteilung zwischen dem Chirurgen und dem Anästhesisten Letzterer zuständig ist (OLG Köln, VersR 1991, 695, 696; vgl. → *Arbeitsteilung*, Rz. A 340 ff.).

V 351   Grund der Beweislastumkehr bei Vorliegen eines Lagerungsschadens ist, dass die technisch richtige Lagerung des Patienten auf dem Operationstisch, die Beachtung der dabei zum Schutz des Patienten einzuhaltenden Regeln und die Kontrolle der Lagerung durch die operierenden Ärzte Maßnahmen sind, die von den Ärzten bzw. vom Pflegepersonal „voll beherrschbar" sind (OLG Schleswig, Urt. v. 16. 5. 2003 – 4 U 139/01, OLGR 2003, 389, 390; auch OLG Jena, Urt. v. 28. 3. 2007 – 4 U 1030/04, OLGR 2007, 677, 679; F/N/W, 5. Aufl., Rz. 161).

V 352   Die technisch richtige Lagerung des Patienten auf dem Operationstisch und die Beachtung der dabei zum Schutze des Patienten vor etwaigen Lagerungsschäden, etwa einer **Schädigung des „Nervus ulnaris"** (OLG Köln, VersR 1991, 695) bzw. einer **Plexusschädigung** (OLG Hamm, VersR 1998, 1243; OLG Jena, Urt. v. 28. 3. 2007 – 4 U 1030/04, OLGR 2007, 677, 678: Plexusschädigung bei Rückenlagerung) einzuhaltenden ärztlichen Regeln sind danach Maßnahmen, die dem Gefahrenbereich des Krankenhauses und der Behandlungsseite zuzuordnen sind. Sie sind vom Pflegepersonal und den behandelnden Ärzten **im Regelfall „voll beherrschbar"**. Diese sind, anders als der Patient, in der Lage, den Sachverhalt in dieser Hinsicht aufzuklären (OLG Köln, VersR 1991, 695, 696; L/K-Laufs/Kern, § 109 Rz. 12).

Dabei macht es keinen Unterschied, ob es sich um eine Operation in einer außergewöhnlichen Operationshaltung wie der so genannten „Häschenstellung"

(BGH, NJW 1984, 1403; NJW 1985, 2192) oder in der unter anderem für abdominelle Eingriffe üblichen Rückenlage unter Auslagerung der Arme handelt (OLG Köln, VersR 1991, 695, 696). Wird ein grundsätzlich geeignetes Lagerungsverfahren gewählt, so muss der Arm sachgerecht und in einem Abduktionswinkel weniger als 90 ausgelagert werden (OLG Hamm, VersR 1998, 1243: Plexusschädigung; OLG Köln, VersR 1991, 695, 696: Schädigung des Nervus ulnaris; auch BGH, NJW 1995, 1618, 1619).

Baur und Schwenzer (GesR 2013, 272, 275) weisen darauf hin, dass zum Zeitpunkt der Verkündung der Entscheidung des BGH v. 24. 1. 1984 (VI ZR 203/82, VersR 1984, 386 = NJW 1984, 1403) keine verschriftlichten Lagerungsstandards existierten. In den meisten Krankenhäusern sind zwischenzeitlich **feste Lagerungsstandards in Form von „Standard Operation Procedures" (SOPs) definiert, die das Auftreten lagerungsbedingter Komplikationen vermeiden sollen.** Zudem hat sich zwischenzeitlich in weiten Teilen die Technik des laparoskopischen Operierens bei zuvor ausgedehnten, langandauernden Eingriffen etabliert. Die Häufigkeit lagerungsbedingter Nervschäden bzw. eines postoperativen Kompartmentsyndroms ist mit 0,2 % (Lagerungsschäden bei urologischen Operationen) bis zu 1,5 % (Lagerungsschäden der unteren Extremität im Rahmen von Operationen mit Steinschnittlagerung) deutlich zurückgegangen. **Der Existenz dieser SOPs kommt zu Gunsten der Behandlungsseite ein gewisser Beweiswert zu, wenn die Einhaltung der schriftlichen Lagerungsstandards organisatorisch sichergestellt ist.** Allerdings bejahen Baur und Schwenzer (GesR 2013, 272, 276) eine **Pflicht der Behandlungsseite zur Aufklärung über bestehende Alternativen**, wenn das Risiko des Auftretens eines Lagerungsschadens durch die gewählte Operationsmethode **signifikant erhöht wird, soweit eine andere, risikoärmere Alternative zur Verfügung steht.**

V 352a

Der Grundsatz, dass sich der Krankenhausträger bei einem Lagerungsschaden, etwa einer Armplexusparese, von einer Fehlervermutung entlasten muss, gilt jedoch nicht, wenn bei dem Patienten eine ärztlicherseits **nicht im Voraus erkennbare, extrem seltene körperliche Anomalie** wie ein „thoracic-outlet-Syndrom" (Engpass-Syndrom, Kompression im Bereich des oberen Thorax) o. a. vorliegt, die den Patienten für eine **Plexusparese** als eingetretenen Schaden **auch bei einer fehlerfreien Ablagerung des Arms anfällig** gemacht hat (BGH, NJW 1995, 1618, 1619; OLG Jena, Urt. v. 28. 3. 2007 – 4 U 1030/04, GesR 2007, 404, 405 = OLGR 2007, 677, 678: Plexusschädigung bei OP in Rückenlagerung, HWS-Anomalie; OLG Koblenz, Urt. v. 22. 10. 2009 – 5 U 662/09, MedR 2010, 416, 417 = GesR 2010, 70, 71: Vorschädigung des betroffenen Arms aufgrund eines früheren Unfalls; OLG Stuttgart, Urt. v. 24. 1. 2006 – 1 U 7/05, AHRS III, 6595/301: Nervschädigung kann auch andere Ursachen haben; Wenzel-Müller, Kap. 2 Rz. 1510).

V 353

Auch das plötzliche Auftreten eines Massenprolaps (Vorfall) im Bereich der Halswirbelsäule während einer Operation an der Lendenwirbelsäule in der so genannten „Häschenstellung" lässt jedenfalls dann nicht zwingend auf eine fehlerhafte Lagerung des Patienten während der Operation schließen, wenn eine **den Massenprolaps begünstigende Vorschädigung der HWS vorhanden** war (OLG Düsseldorf, VersR 1992, 1230; OLG Schleswig, Urt. v. 16. 5. 2003 – 4 U 139/01,

V 353a

OLGR 2003, 389; OLG Jena, Urt. v. 28. 3. 2007 – 4 U 1030/04, OLGR 2007, 677, 678 = GesR 2007, 404, 405; zust. Baur/Schwenzer, GesR 2013, 272, 274).

V 353b **Vorschädigungen im Halswirbelsäulenbereich** schließen bei einem möglichen Lagerungsschaden, der auch bei geringerer Neigung bzw. anderem korrektem Winkel möglich gewesen wäre, in diesem Bereich eine Beweislastumkehr zugunsten des Patienten aus. Die Kontrolle der Lagerung durch die operierenden Ärzte bzw. den Anästhesisten ist in derartigen Fällen **nicht mehr „voll beherrschbar"** (OLG Schleswig, Urt. v. 16. 5. 2003 – 4 U 139/01, OLGR 2003, 389, 390; OLG Koblenz, GesR 2010, 70, 71: Vorschädigung des betroffenen Arms).

V 353c Liegt beim Patienten eine **anatomische Besonderheit** in Form einer nichtbekannten Anomalie des Querfortsatzes des 7. Halswirbels (beidseitig hypertropher Querfortsatz des 7. Halswirbels) vor, die für die behandelnden Ärzte aufgrund der bisherigen Krankengeschichte und Symptomfreiheit des Patienten nicht ohne weiteres erkennbar war, hat der **Patient nachzuweisen**, dass eine fehlerhafte Lagerung für einen Körper- bzw. Gesundheitsschaden ursächlich geworden ist. Auch wegen angeblich mangelhafter **Dokumentation** kommt dem Patienten eine Beweiserleichterung nicht zugute, wenn die Lagerung schlagwortartig mit dem **Begriff „Rückenlagerung"** beschrieben wird. Hierdurch ist für den Fachmann erkennbar, nach welcher Methode der Patient gelagert worden ist; ein detaillierter Bericht ist nicht erforderlich (OLG Jena, Urt. v. 28. 3. 2007 – 4 U 1030/04, OLGR 2007, 677, 679 = GesR 2007, 404, 406).

Wird der Patient während der Operation **standardgemäß in Rückenlage gelagert**, reicht auch eine **allgemeine Aufklärung** im Zusammenhang über die Narkose und deren Risiken dahingehend aus, „dass in Zusammenarbeit mit dem Operateur laufend die Lagerung auf dem Operationstisch überprüft wird, um Nervenschäden, Gefühlsstörungen und Lähmungen durch Druck oder Zerrung möglichst zu vermeiden" (OLG Jena, Urt. v. 28. 3. 2007 – 4 U 1030/04, OLGR 2007, 677, 679: Aufklärung ausreichend, wenn die vorliegende Anomalie nicht erkennbar ist).

V 353d Schließlich rechtfertigt ein Lagerungsschaden (Drucknekrose) eine Umkehr der Beweislast dann nicht, wenn es sich **nicht um eine vollständig beherrschbare Komplikation** handelt, deren Entstehung zwingend auf einen Behandlungsfehler hinweist (OLG Oldenburg, VersR 1995, 1194; OLG Brandenburg, Urt. v. 25. 10. 2007 – 12 U 79/06, AHRS III, 2620/369; OLG Hamm, Urt. v. 20. 5. 2011 – I-26 U 23/10, GesR 2011, 475, 476). Diese Fallgestaltung liegt z. B. vor, wenn die Lagerung des Patienten auf dem Operationstisch bei der Durchführung einer Leistenbruchoperation **dem medizinischen Standard entspricht und sich im Zusammenhang mit der Operation eine Drucknekrose an der Ferse einstellt** (OLG Oldenburg a. a. O.; S/Pa, 12. Aufl., Rz. 618).

V 354 Es gehört auch nicht zu dem von der Behandlerseite beherrschbaren Gefahrenbereich, zu gewährleisten, dass es während der Operation nicht zu **minimalen, nicht vermeidbaren Verlagerungen** etwa der Beine und dadurch zu Druckstellen kommt. Diese Sicherheit wäre auch durch den Einsatz eines OP-Lagerungspflegers nicht zu erreichen (OLG Hamm, Urt. v. 20. 5. 2011 – I-26 U 23/10, Nr. 68, 69 = GesR 2011, 475, 476).

Haben die behandelnden Ärzte die Lagerung des Patienten im Operationsbericht   V 355
schlagwortartig als „SSL" (Steinschnittlage) beschrieben, so ist auch hiermit für
einen Fachmann erkennbar, nach welcher Methode der Patient während des Eingriffs gelagert wurde. Damit wird den Anforderungen an eine **ordnungsgemäße
Dokumentation** der Lagerung genüge getan. Eine andere Bewertung ist auch
dann nicht geboten, wenn sich der später festgestellte Lagerungsschaden auf die
unmittelbar anschließende postoperative Lagerung im Aufwachraum zurück-
führen ließe (OLG Hamm, Beschl. v. 5. 1. 2011 – I-3 U 64/10, juris, Nr. 3, 4 =
MedR 2011, 240, 241).

Eine **Beweislastumkehr** aus dem Gesichtspunkt des „voll beherrschbaren Risi-   V 356
kos" **greift nicht ein,** wenn die **Lagerung auf dem Operationstisch dem medizinischen Standard entsprach** bzw. hiervon mangels gegenteiliger Ausführungen des hierzu befragten Sachverständigen auszugehen ist (OLG Hamm,
Beschl. v. 5. 1. 2011 – I-3 U 64/10, juris, Nr. 3 = MedR 2011, 240, 241; auch
OLG München, Urt. v. 15. 3. 2012 – 1 U 3064/11, juris, Nr. 34, 39, 43), wenn
nicht auszuschließen ist, dass eine Nervschädigung (hier: Schädigung des nervus
radialis) intraoperativ, etwa als Folge einer Bruch- oder Zugschädigung o. a. und
gerade **nicht im Zusammenhang mit der Lagerung des Patienten aufgetreten** ist
(OLG Stuttgart, Urt. v. 23. 8. 2011 – 1 U 51/11, S. 6) oder wenn eine eingetretene
Nervschädigung **sowohl auf einer falschen intraoperativen Lagerung als auch auf
einer Schulteramyotrophie** (Schulter-Gürtel-Syndrom, meist einseitig auftretende Nervenentzündung mit Schmerzen im Schulter- und Oberarmbereich)
beruhen kann (OLG Stuttgart, Urt. v. 24. 1. 2006 – 1 U 7/05, AHRS III,
6595/301).

Gleiches gilt (keine Haftung), wenn aus anderen Gründen **nicht feststeht, dass**   V 356a
**die Nervschädigung als Lagerungsschaden in einem voll beherrschbaren Bereich
des Arztes bzw. Krankenhauses entstanden ist** (OLG Brandenburg, Urt. v.
25. 10. 2007 – 12 U 79/06, AHRS III, 2620/369: Nervschädigung möglicherweise
auf die verwendete Blutsperre zurückzuführen; OLG Hamm, Beschl. v.
5. 1. 2011 – I-3 U 64/10, juris, Nr. 3, 5, 6 = MedR 2011, 240, 241: **Lähmungserscheinungen nicht unmittelbar nach der OP aufgetreten;** OLG Düsseldorf,
Urt. v. 20. 9. 2007 – I-8 U 10/07, AHRS III, 6595/308: Ursachenzusammenhang
zwischen der Lagerung und Nervläsionen wegen der Art der neurologischen Beeinträchtigung **sehr unwahrscheinlich;** OLG Koblenz, Urt. v. 22. 10. 2009 – 5 U
662/09, MedR 2010, 416, 417 = GesR 2010, 70, 71: **Vorschädigung des betroffenen Arms;** OLG München, Urt. v. 15. 3. 2012 – 1 U 3064/11, juris, Nr. 34, 39,
43: falsche Lagerung nach Angaben des SV **nur als „nicht auszuschließen" bezeichnet).**

Allein der Umstand, dass es zu **Druckstellen und hierauf beruhenden Nervschä-**   V 356b
digungen während einer OP gekommen ist (OLG Hamm, Urt. v. 20. 5. 2011 –
I-26 U 23/10, Nr. 68, 69 = GesR 2011, 475, 476: kein Anscheinsbeweis für nicht
fachgerechte Lagerung) oder die bloße Möglichkeit, dass der Schaden durch ein
unvorsichtiges Ablegen oder die **unsachgemäße Lagerung auf dem Operationstisch *entstanden sein kann,*** genügt für den erforderlichen Vollbeweis, wonach
sich der Schaden in einem „voll beherrschbaren" Bereich ereignet hat, nicht
(OLG Köln, Urt. v. 4. 8. 2008 – 5 U 228/07, OLGR 2009, 796, 797).

V 356c Kann der Sachverständige bei einer nach neunstündiger Operation aufgetretenen Lähmung eines Oberschenkelmuskels zwar eine **falsche Lagerung als Ursache der Nervschädigung nicht ausschließen**, jedoch keinen konkreten, ursächlichen Lagerungsfehler benennen und verweist er darauf, dass ein derartiger Lagerungsschaden in der Literatur nicht beschrieben ist, so kommt eine Haftung des Klinikträgers bzw. des Anästhesisten nicht in Betracht, wenn (hier: durch Parteianhörung und Zeugenaussagen) **nachgewiesen ist, dass der Patient dem Standard entsprechend ordnungsgemäß in Rückenlage gelagert, die Lagerung intraoperativ regelmäßig kontrolliert wurde**, eine willkürliche Änderung der Lage aufgrund der Narkotisierung ausgeschlossen war und die **Möglichkeit einer Schädigung durch eine Kompression, etwa durch den OP-Tisch, ausscheidet** (OLG München, Urt. v. 15. 3. 2012 – 1 U 3064/11, juris, Nr. 34, 39, 43).

V 357 **Der Nachweis (vgl. § 286 ZPO), dass die Nervschädigung als Lagerungsschaden in einem voll beherrschbaren Bereich des Arztes bzw. Krankenhauses entstanden ist, obliegt dem Patienten** (OLG Brandenburg, Urt. v. 25. 10. 2007 – 12 U 79/06, AHRS III, 2620/369; OLG Hamm, Urt. v. 20. 5. 2011 – I-26 U 23/10, Nr. 68, 69 = GesR 2011, 475, 476; OLG Hamm, Beschl. v. 5. 1. 2011 – I-3 U 64/10, juris, Nr. 3, 5, 6 = MedR 2011, 240, 241: auch der Kausalität; OLG Stuttgart, Urt. v. 23. 8. 2011 – 1 U 51/11, S. 6).

V 357a Steht aber fest, dass die Nervschädigung als Lagerungsschaden in einem voll beherrscharen Bereich entstanden ist, sind an den von der Behandlungsseite zu führenden Nachweis für die technisch richtige Lagerung des Patienten während der Operation **nur maßvolle, den Klinikalltag berücksichtigende Anforderungen zu stellen.** Gerade bei standardisierten Abläufen wie der ordnungsgemäßen Lagerung des Patienten kann es ausreichen, wenn die an der Operation beteiligten Ärzte, Pfleger und/oder Krankenschwestern ihre **ständige und ausnahmslose Übung bestimmter Lagerungen** beschreiben und kein Anhaltspunkt dafür besteht, dass vom Üblichen abgewichen wurde oder es signifikante Besonderheiten gab (OLG Koblenz, Urt. v. 22. 10. 2009 – 5 U 662/09, MedR 2010, 416, 417 = GesR 2010, 70, 71 = VersR 2010, 629; vgl. auch OLG München, Urt. v. 15. 3. 2012 – 1 U 3064/11, juris, Nr. 34, 39, 43: Parteianhörung der Ärzte, Zeugenaussagen der Pflegekräfte; strenger noch OLG Köln, VersR 1991, 695).

V 358 So ist der **Nachweis der korrekten Lagerung als erbracht anzusehen**, wenn die als Zeugin vernommene Anästhesistin erklärt, sie könne sich zwar an die Operation nicht mehr erinnern und zu den **konkreten Umständen keine Aussage** machen, sei sich jedoch **sicher**, dass die üblichen **Routinemaßnahmen** bei der Lagerung einschließlich der notwendigen Kontrollen der richtigen Lagerung zu Beginn und während der Operation **vorgenommen worden** sind und etwaige Besonderheiten oder Auffälligkeiten während der Operation in die routinemäßig geführten Protokolle aufgenommen worden seien (OLG Oldenburg, VersR 1995, 1194, 1195). Derartige **Routinemaßnahmen**, zu denen auch die Wahl eines Abduktionswinkels unter 90 gehört, bedürfen **keiner Dokumentation** (BGH, NJW 1995, 1618, 1619; VersR 1984, 386, 387).

V 359 Geht der Sachverständige aufgrund des Vortrages der Behandlerseite in seinem Gutachten davon aus, dass bestimmte Beschwerden (hier: Lähmungserscheinun-

gen, die auf einen möglichen Lagerungsschaden zurückgeführt werden könnten)
erst am Tag nach der Operation aufgetreten sind, so hat der Patient spätestens
innerhalb der gemäß § 411 IV ZPO zum Sachverständigengutachten eingeräum-
ten Stellungnahmefrist vorzutragen und unter Beweis zu stellen, **die Beschwerden seien bereits unmittelbar nach der Operation aufgetreten** und den Ärzten
mitgeteilt worden. Ein erst in zweiter Instanz vorgetragener Sachverhalt mit entsprechendem Beweisantritt ist gemäß § 531 II 1 Nr. 3 ZPO verspätet und unbeachtlich (OLG Hamm, Beschl. v. 5. 1. 2011 – I-3 U 64/10, juris, Nr. 4 = MedR
2011, 240, 241).

3. Pflegedienste, Sturz des Patienten (Anspruch bejaht, Rz. V 360 ff.; Anspruch
verneint, Rz. V 372 ff.; zu weiteren Einzelheiten vgl. Rz. S 500 ff.)

Zur Vermeidung von Stürzen des Patienten bzw. Heimbewohners **während der
Durchführung von Bewegungs- und Transport- sowie sonstigen pflegerischen
Maßnahmen, an denen das Pflegepersonal unmittelbar beteiligt ist, bestehen gesteigerte Obhutspflichten, die dem Bereich des „voll beherrschbaren Risikos"
zuzuweisen sind. Kommt es während einer konkreten Pflegemaßnahme zum
Sturz, ist regelmäßig von einer Haftung des Klinik- oder Pflegeheimträgers auszugehen** (OLG Bamberg, Urt. v. 1. 8. 2011 – 4 U 197/09, juris, Nr. 20, 21, 25,
29, 36: Sturz aus dem Bett in Nervenklinik, Bettgitter wieder entfernt, **Anspruch
bejaht**; OLG Bremen, Urt. v. 22. 10. 2009 – 5 U 25/09, GesR 2010, 25, 26 = juris,
Nr. 7, 10, 12, 14: bei konkreter Pflegemaßnahme bzw. Sturz in Begleitung einer
Pflegekraft Situation **„voll beherrschbar"**; OLG Düsseldorf, Beschl. v.
13. 7. 2010 – I-24 U 16/10, GesR 2010, 689, 691: Sturz im Rahmen einer konkreten Pflegemaßnahme in Anwesenheit einer Pflegeperson, **voll beherrschbar**;
OLG Düsseldorf, Urt. v. 17. 1. 2012 – 24 U 78/11, MDR 2012, 522, 523 =
NJW-RR 2012, 716, 717: Sturz im Pflegeheim bei begleitetem Toilettengang, **Anspruch bejaht**; OLG Hamm, Urt. v. 18. 10. 2005 – 24 U 13/05, OLGR 2006, 569,
571: Sturz im Pflegeheim bei konkreter Pflege- oder Betreuungsmaßnahme, **voll
beherrschbar**, Nichtvorliegen einer Obhutspflichtverletzung von der Behandlungsseite zu beweisen; OLG Hamm, Urt. v. 1. 2. 2006 – 3 U 182/05, GesR 2006,
448: **Anstoß eines Patienten beim Einschieben in ein Krankentransportfahrzeug,
voll beherrschbar**; OLG Hamm, Urt. v. 4. 11. 2011 – I-19 U 86/11, MDR 2012,
153: Sturz aus dem Sessel bei konkreter Pflegemaßnahme; **Anspruch bejaht**;
KG, Urt. v. 20. 1. 2005 – 20 U 401/01, OLGR 2005, 903 = GesR 2005, 305 =
MedR 2006, 182: **Sturz aus dem zur Sicherung der Patientin nicht geeigneten
Rollstuhl, Anspruch bejaht**; KG, Beschl. v. 10. 9. 2007 – 12 U 145/06, OLGR
2008, 505: Sturz im KKH bei konkret geschuldeter Hilfeleistung, **voll beherrschbar**; KG, Beschl. v. 11. 1. 2007 – 12 U 63/06, OLGR 2007, 538 zum Sturz im KKH
bzw. im Pflegeheim im Zusammenhang mit einer konkret geschuldeten Hilfeleistung, **Anspruch bejaht**; OLG Naumburg, Urt. v. 12. 7. 2012 – 1 U 43/12,
GesR 2013, 58, 59 = NJW-RR 2013, 537, 538: **Patient wird von einer Pflegekraft
begleitet, Sturz von der Liege, Mitverschulden von 50 % bejaht**; OLG Schleswig,
Urt. v. 13. 4. 2012 – 17 U 28/11, NJW-RR 2013, 31, 32: **Sturz bei von Krankenpflegehelferin begleitetem Toilettengang eines 97 kg schweren Heimbewohners
der Pflegestufe II, zweite Pflegekraft erforderlich**; OLG Oldenburg, Beschl. v.
23. 9. 2010 – 5 U 111/10, MDR 2011, 294: **fehlerhafte Überwachung eines sedierten Patienten, Anspruch bejaht**; OLG Zweibrücken, Urt. v. 1. 6. 2006 – 4 U

V 360

68/05, NJW-RR 2006, 1254, 1255 = OLGR 2006, 677, 678: Sturz einer dementen Pflegeheimbewohnerin mit fast maximalen Sturzrisiken am Ende einer **Mobilisierungsmaßnahme in Anwesenheit der Pflegerin, Anspruch bejaht**; LG Kassel, Urt. v. 30. 11. 2007 – 5 O 1488/06, NJW-RR 2008, 898: Sturz von der Massageliege, **Anspruch bejaht**; Jorzig, GesR 2005, 306; Schmid, VersR 2005, 1540; Martis/ Winkhart, MDR 2011, 709, 714; vgl. auch Rz. S 519 ff.).

V 361 Bekommt ein **Patient im Krankenhaus** bei einer Bewegungs- oder **Transportmaßnahme** der ihn betreuenden Krankenschwester oder in Anwesenheit einer sonstigen Pflegeperson aus ungeklärten Gründen das **Übergewicht und stürzt**, so ist es Sache des **Krankenhausträgers, darzulegen und nachzuweisen**, dass der Vorfall **nicht auf einem pflichtwidrigen Verhalten der Pflegekraft beruht** (BGH, NJW 1991, 1540 = MDR 1991, 846; auch BGH, Urt. v. 28. 4. 2005 – III ZR 399/04, NJW 2005, 1937, 1938 = VersR 2005, 984, 985 = GesR 2005, 282: im konkreten Fall aber verneint; KG, Beschl. v. 10. 9. 2007- 12 U 145/06, OLGR 2008, 505, 506; KG, Beschl. v. 11. 1. 2007 – 12 U 63/06, OLGR 2007, 538).

V 362 So muss ein Krankenhausträger verhindern, dass eine Patientin aus einem Rollstuhl, in den sie zur Vorbereitung der Verbringung in eine andere Klinik verbracht wurde, stürzt. Bei der Frage der **Geeignetheit eines Rollstuhls für die Unterbindung von selbständigen Gehversuchen** eines nicht selbständig gehfähigen Patienten geht es um Risiken aus dem Krankenhausbetrieb, die von dem Träger der Klinik und dem Personal voll beherrscht werden können (KG, Urt. v. 20. 1. 2005 – 20 U 401/01, MedR 2006, 182, 183 = VersR 2006, 1366 = GesR 2005, 305 bei Jorzig).

V 363 Wird die Patientin im Krankenhaus **von einem Pfleger zur Toilette** (KG, Beschl. v. 10. 9. 2007 – 12 U 145/06, OLGR 2008, 505) oder eine Heimbewohnerin **von einer Pflegerin zum Bad begleitet** (KG, Beschl. v. 11. 1. 2007 – 12 U 63/06, OLGR 2007, 538; OLG Düsseldorf, Urt. v. 17. 1. 2012 – I-24 U 78/11, MDR 2012, 522, 523 f. = NJW-RR 2012, 716, 717: gesteigerte, erfolgsbezogene Obhutspflicht; auch OLG Jena, Urt. v. 5. 6. 2012 – 4 U 488/11, GesR 2012, 500, 501: **gesteigerte Obhutspflicht bei bekannter, latenter Sturzgefahr**) und kommt es im Zusammenhang mit dieser konkret geschuldeten Hilfeleistung zum Sturz, so hat der Betreiber der Klinik bzw. des Pflegeheims **darzulegen und zu beweisen, dass der Sturz nicht auf einem Fehlverhalten des Pflegepersonals beruht** (KG a. a. O.; OLG Düsseldorf, Beschl. v. 20. 3. 2008 – I-24 U 166/07, VersR 2008, 1079, 1080 = OLGR 2008, 585, 586; OLG Düsseldorf, Urt. v. 17. 1. 2012 – I-24 U 78/11, MDR 2012, 522, 523 f. = NJW-RR 2012, 716, 717; OLG Saarbrücken, Urt. v. 29. 1. 2008 – 4 U 318/07-115, OLGR 2008, 336, 339).

V 364 Insbesondere dann, wenn eine Heimbewohnerin bekannte **Probleme beim Gehen und Stehen hat oder aus anderen Gründen besonders sturzgefährdet** ist, bestehen gesteigerte Obhutspflichten. Beim Gang zum Bad bzw. zur Toilette oder zum Ankleiden ist deshalb erforderlichenfalls eine **zweite Pflegekraft hinzuzuziehen** (OLG Düsseldorf, Urt. v. 17. 1. 2012 – I-24 U 78/11, MDR 2012, 522, 523 f. = NJW-RR 2012, 716, 717: Pflegeheimbewohnerin war teilweise gelähmt und rollstuhlpflichtig).

V 364a Gleiches gilt, wenn ein **97 kg schwerer Heimbewohner der Pflegestufe II bei dem von einer Krankenpflegehelferin begleiteten Toilettengang zu Fall kommt** und während des Toilettentransfers kein fester Halt vorhanden war; auch in einem solchen Fall **wird der Einsatz einer zweiten Pflegekraft für erforderlich gehalten** (OLG Schleswig, Urt. v. 13. 4. 2012 – 17 U 28/11, NJW-RR 2013, 31, 32: Beweiserleichterungen aus dem Gesichtspunkt des „voll beherrschbaren Risikos").

Der Träger eines Altenheims haftet auch für den einer Heimbewohnerin entstandenen Schaden, wenn diese nachts das Bett einnässt o. a. und ein Pfleger sie deshalb vor der üblichen Zeit geweckt und sie veranlasst hat, sich **in einen Sessel zu setzen, aus dem sie sich bei dem Versuch, sich zu erheben, stürzt**, während der Pfleger das Zimmer kurz verlassen hat (OLG Hamm, Urt. v. 4. 11. 2011 – I-19 U 86/11, MDR 2012, 153).   **V 365**

Wird eine Patientin in einem verwirrten Zustand in eine Nervenklinik eingeliefert und erteilen die behandelnden Ärzte die Anweisung, **wegen akut bestehender Sturzgefahr ein Bettgitter anzubringen**, ist es behandlungsfehlerhaft, wenn ein Krankenpfleger aufgrund eigener Einschätzung, nach entsprechender Medikamentengabe hätte sich der Gesundheitszustand der Patientin verbessert, das **Bettgitter wieder herunterklappt**, den Raum verlässt und die Patientin dann aus dem Bett stürzt (OLG Bamberg, Urt. v. 1. 8. 2011 – 4 U 197/09, juris, Nr. 20, 21, 25, 29, 36).   **V 366**

Ein Heimträger muss auch damit rechnen, dass schwerbehinderte Patienten **beim Umsetzen mittels eines „Patientenlifts"** unvorhersehbare plötzliche Bewegungen machen. Deshalb sind geeignete Sicherungsmaßnahmen, etwa das Umlegen eines zusätzlichen Gurtes in Brusthöhe, zu ergreifen. Der Heimbewohner hat jedoch keinen Anspruch darauf, nur unter Verwendung von Tragegurten oder Hebetüchern umgesetzt zu werden (LG Berlin, Urt. v. 22. 3. 2007 – 52 S 159/06, GesR 2007, 407).   **V 367**

Beweiserleichterungen unter dem Gesichtspunkt des „voll beherrschbaren Risikos" greifen auch ein, wenn der auf einer Liege befindliche Patient beim Einschieben in ein Krankentransportfahrzeug zum Zweck des Liegendtransports **mit dem Kopf an die Oberkante des Fahrzeugs anstößt** (OLG Hamm, Urt. v. 1. 2. 2006 – 3 U 182/05, GesR 2006, 448, 449), die Patientin nach Beginn der Vorbereitungsmaßnahmen für einen vorgesehenen Eingriff **von der Krankenliege stürzt, während sich der Arzt mit Hilfe einer Krankenschwester ankleidet** (OLG München, VersR 1997, 1491) oder der Patient im Rahmen einer ambulanten ärztlichen Behandlung in der Praxis eines niedergelassenen Arztes **von einer Untersuchungsliege fällt** (OLG Köln, VersR 1990, 1240; OLG Hamm, Urt. v. 10. 1. 2001 – 3 U 59/00, MedR 2002, 196, 197; a. A. OLG Celle, Urt. v. 19. 11. 2001 – 1 U 30/01, OLGR 2002, 49 beim Sturz des Patienten auf einer Untersuchungsliege).   **V 368**

Gleiches gilt, wenn ein 85 Jahre alter Patient bei dem Versuch, von einer **Massageliege** im Anschluss an eine Ganzkörpermassage herabzusteigen, **stürzt**. Der Heim- oder Krankenhausträger hat dann darzulegen und zu beweisen, dass der Sturz nicht auf einem Fehlverhalten des Pflegepersonals bzw. Masseurs beruht (LG Kassel, Urt. v. 30. 11. 2007 – O 1488/06, VersR 2008, 405 = NJW-RR 2008, 898).   **V 369**

V 370   Das OLG Celle (Urt. v. 19. 11. 2001 – 1 U 30/01, OLGR 2002, 49) hat jedoch eine schuldhafte Verletzung der Obhuts- und Verkehrssicherungspflicht eines niedergelassenen Arztes **verneint**, wenn nichts darauf hindeutet, dass der für einen kürzeren Zeitraum auf einer **Untersuchungsliege liegende Patient** zu Fall kommt und zuvor **keine** Umstände vorlagen, die eine **besondere Vorsicht** oder Aufsicht beim Umgang mit dem Patienten **begründet hätten**.

V 370a Auch ein Sturz des Patienten von einer Übungsmatte bei Durchführung von Krankengymnastik stellt **kein voll beherrschbares Risiko** dar (OLG Koblenz, Beschl. v. 2. 1. 2013 – 5 U 693/12, GesR 2013, 159, 161).

V 371   Steht ein Patient nach einer Behandlung unter dem **Einfluss sedierender Medikamente** (hier: Dormicum), so ist eine Überwachung zu gewährleisten. Die **provisorische Absperrung einer Liege** mit einem Sonographiegerät und einem Schwingsessel (o. a.) bietet keine Gewähr dafür, dass der Patient dort solange liegen bleibt, bis er sein Bewusstsein und seine Einsichtsfähigkeit in ausreichendem Maß wieder erlangt hat. Die dem Arzt obliegende Fürsorgepflicht erfordert es, den Patienten **bis zur Wiedererlangung der Einsichtsfähigkeit weiter zu überwachen** (OLG Oldenburg, Beschl. v. 23. 9. 2010 – 5 U 111/10, MDR 2011, 294 im Anschluss an BGH, NJW 2003, 2309, 2311).

V 372   Eine **Beweislastumkehr bzw. Beweiserleichterung greift i. d. R. nicht ein**, wenn sich der Sturz eines Patienten oder Heimbewohners **nicht während einer Bewegungs-, Transport- oder sonstigen pflegerischen Maßnahme, an denen das Pflegepersonal unmittelbar beteiligt ist, sondern im Korridor, im privaten Wohnbereich eines Pflegeheims oder in einem Krankenzimmer ereignet** (OLG Düsseldorf, Urt. v. 2. 3. 2006 – I-8 U 163/04, GesR 2006, 214, 216 f.: Sturz einer dementen, nicht gehfähigen Patientin aus dem Rollstuhl beim Kaffeetrinken im Zimmer, **kein Anspruch**; OLG Düsseldorf, Beschl. v. 20. 3. 2008 – I-24 U 166/07, OLGR 2008, 585, 586: Sturz nach Lösen eines Sicherheitsgurtes, **kein voll beherrschbares Risiko**; OLG Düsseldorf, Beschl. v. 16. 2. 2010 – 24 U 141/09, MDR 2010, 854: **nicht voll beherrschbar**, wenn der Patient selbständig mit dem Rollstuhl unterwegs ist; OLG Düsseldorf, Beschl. v. 13. 7. 2010 – I-24 U 16/10, GesR 2010, 689, 691: konkrete Pflegemaßnahme in Anwesenheit einer Pflegeperson voll beherrschbar, **Aufstehen am Esstisch dagegen nicht**; OLG Düsseldorf, Urt. v. 14. 10. 2008 – I-24 U 45/07, OLGR 2009, 535, 537: Pflegeheimbewohner sitzt im Rollstuhl in einer „Raucherecke", es kommt zu einem Brand, **nicht voll beherrschbar**; OLG Düsseldorf, Beschl. v. 20. 3. 2008 – I-24 U 166/07, VersR 2008, 1079: Heimbewohnerin hat Gurt möglicherweise selbst geöffnet, **kein Anspruch** OLG Jena, Urt. v. 5. 6. 2012 – 4 U 488/11, GesR 2012, 500, 501: zweiter Sturz im KKH, **Anspruch verneint**; KG, Urt. v. 25. 5. 2004 – 14 U 37/03, OLGR 2005, 45: **keine Haftung** des Heimträgers bei Sturz des nicht fixierten Patienten aus dem Rollstuhl; OLG Koblenz, Beschl. v. 21. 7. 2010 – 5 U 761/10, VersR 2011, 225: Sturz aus dem Rollstuhl nach Untersuchung, **keine Haftung**; OLG Köln, Beschl. v. 5. 5. 2010 – 5 W 10/10, GesR 2010, 691, 692 = MedR 2011, 290, 291: Sturz im Krankenhaus, Bettgitter war ex-ante nicht erforderlich, **Anspruch verneint**; OLG Koblenz, Beschl. v. 2. 1. 2013 – 5 U 693/12, GesR 2013, 159, 161: **Sturz von einer Übungsmatte bei Krankengymnastik nicht voll beherrschbar**; OLG Naumburg, Urt. v. 26. 4. 2005 – 12 U 170/04, OLGR 2005,

860, 861; OLG Naumburg, Urt. v. 31. 1. 2007 – 6 U 98/06, OLGR 2008, 200, 201: **zweite Pflegekraft nur bei erhöhter Sturzgefahr hinzuzuziehen;** OLG Saarbrücken, Urt. v. 29. 1. 2008 – 4 U 318/07-115, OLGR 2008, 336, 339: Sturz im Pflegeheim; LG Berlin, Urt. v. 22. 3. 2007 – 52 S 159/06, GesR 2007, 402: Sturz beim Umsetzen im „Patientenlift"; Jorzig, GesR 2005, 306: keine Haftung bei Nichtvorliegen einer konkreten Gefahrensituation; Schmid, VersR 2005, 1540: Schaden muss im Zusammenhang mit den konkret geschuldeten Hilfeleistungen entstanden sein; S/Pa, 12. Aufl., Rz. 619–624; F/N/W, 5. Aufl., Rz. 159; L/K-Laufs/Kern, § 109 Rz. 18, 19, 20).

So ist ein Heimbetreiber nicht zu einer ständigen Beaufsichtigung eines im Rollstuhl sitzenden Heimbewohners verpflichtet, soweit es sich nicht um eine unmittelbare Bewegungs-, Transport- oder sonstige pflegerische Maßnahme in Anwesenheit von Pflegekräften handelt, so dass ein Sturz aus dem Rollstuhl nicht automatisch eine Pflichtverletzung des Heimbetreibers begründet (KG, Urt. v. 25. 5. 2004 – 14 U 37/03, OLGR 2005, 45; ebenso: OLG Düsseldorf, Beschl. v. 20. 3. 2008 – I-24 U 166/07, VersR 2008, 1079, 1080 = OLGR 2008, 585; OLG Düsseldorf, Urt. v. 2. 3. 2006 – I-8 U 163/04, GesR 2006, 214, 216: aber Kontrolle im Abstand von 15–30 Minuten bei deutlich erhöhtem Sturzrisiko erforderlich; OLG Düsseldorf, Beschl. v. 16. 2. 2010 – 24 U 141/09, MDR 2010, 854: **Heimbewohner ist alleine mit dem Rollstuhl unterwegs** und stürzt; OLG Koblenz, Beschl. v. 21. 7. 2010 – 5 U 761/10, VersR 2011, 225: Patientin setzt sich bei Arztbesuch **unaufgefordert wieder in den Rollstuhl;** OLG Naumburg, Urt. v. 26. 4. 2005 – 12 U 170/04, OLGR 2005, 860, 861; OLG Naumburg, Urt. v. 31. 1. 2007 – 6 U 98/06, OLGR 2008, 200, 201: Sturz aus dem Rollstuhl im Bereich des Pflegeheims **außerhalb einer konkret geschuldeten Hilfeleistung).** **V 372a**

Liegt **keine konkrete Gefahrensituation** für einen Heimbewohner vor, etwa eine konkrete Pflege-, Bewegungs-, oder Transportmaßnahme, und befindet sich der Heimbewohner in einer alltäglichen und generell ungefährlichen Situation (hier: **Heimbewohner war mit dem Rollstuhl unterwegs und stürzt eine Treppe hinunter**), so ist der Bewohner nicht ständig zu bewachen (OLG Düsseldorf, Beschl. v. 16. 2. 2010 – 24 U 141/09, MDR 2010, 854 = NJW-RR 2010, 1533, 1534). **V 372b**

Befindet sich die Heimbewohnerin **außerhalb einer konkreten Pflegemaßnahme** mit ihrem Rollstuhl in der Küche bzw. im Essraum des Pflegeheims und kommt es nach einem ungeklärten Lösen des Bauchgurts zum **Sturz aus dem Rollstuhl,** greifen Beweiserleichterungen zugunsten der Heimbewohnerin bzw. deren Krankenkasse nicht ein, wenn nicht ausgeschlossen werden kann, dass die Heimbewohnerin den **Bauchgurt selbst absichtlich oder versehentlich geöffnet** hat (OLG Düsseldorf, Beschl. v. 20. 3. 2008 – I-24 U 166/07, VersR 2008, 1079, 1080 = OLGR 2008, 585, 586). **V 372c**

Muss die Patientin **zur Durchführung einer Untersuchung aus dem Rollstuhl auf eine Untersuchungsliege** verbracht werden, darf sie den Umstand, dass der Arzt den Rollstuhl nach der Untersuchung an die Liege schiebt, nicht als Aufforderung verstehen, sich nunmehr ohne fremde Hilfe wieder in den Rollstuhl zu setzen (OLG Koblenz, Beschl. v. 21. 7. 2010 – 5 U 761/10, VersR 2011, 225: Klage abgewiesen). **V 372d**

V 372e Hat sich das Pflegepersonal davon überzeugt, dass ein halbseitig gelähmter, nur bedingt steuerungsfähiger, jedoch weder desorientierter noch sonst geistig verwirrter Heimbewohner dazu in der Lage ist, sich im Außengelände einschließlich einer leicht abschüssigen Zufahrt **ohne fremde Hilfe aktiv im Rollstuhl zu bewegen, besteht keine Veranlassung für ein Verbot, das Heim mit dem Rollstuhl unbegleitet zu verlassen** oder den Heimbewohner bei oder nach dem Verlassen des Gebäudes ständig zu beobachten (OLG Saarbrücken, Urt. v. 29. 1. 2008 – 4 U 318/07-115, OLGR 2008, 336, 339).

V 372f Stürzt eine zwar hochbetagte, aber **körperlich und geistig rüstige, pflegebedürftige Patientin** bei dem Versuch, das Bett zu verlassen, das zuvor von der Pflegekraft versehentlich nicht auf die niedrigste Höhe eingestellt wurde, so **kann das Verschulden der Pflegekraft vollständig hinter dem Eigenverschulden der Patientin zurücktreten** (OLG Köln, Beschl. v. 25. 8. 2010 – 5 U 73/10, VersR 2011, 1194).

V 372g Das **Anbringen eines Bettgitters gegen den Willen des Patienten** bedeutet eine erhebliche Einschränkung der persönlichen Freiheit, die nur im Falle einer **konkreten, akuten und erheblichen Gesundheitsgefährdung** gerechtfertigt sein kann. Derartige Sicherungsmaßnahmen sind nur dann zulässig, wenn sie zum Wohl des Patienten erforderlich sind und **nicht durch andere pflegerische Maßnahmen verhindert** werden können. So kommt das Anbringen von Bettgittern grundsätzlich nur bei **uneinsichtigen bzw. dementen Patienten, die eine Bettflüchtigkeit zeigen** und sich hierdurch selbst erheblich gefährden, in Betracht (OLG Köln, Beschl. v. 5. 5. 2010 – 5 W 10/10, GesR 2010, 691, 692 = MedR 2011, 290, 291; ebenso OLG Bremen, Urt. v. 22. 10. 2009 – 5 U 25/09, MDR 2010, 212, 213 = GesR 2010, 25, 25; KG, Urt. v. 25. 5. 2004 – 14 U 37/03, OLGR 2005, 45).

V 372h Dies gilt auch dann, wenn davor eine **Sturzneigung des Patienten** bestand, die Orientierung und Bewusstseinlage jedoch problemlos war und sich **keine erneute Bettflüchtigkeit** zeigte (OLG Köln, a.a.O.) und auch dann, wenn der **Patient blind und herzkrank ist** (OLG Bremen, a.a.O.). Denn auch Blinde können sich mit Hilfsmitteln oder Fremdhilfe in einer für sie ungewohnten Umgebung bewegen. Jedenfalls ist es auch den blinden Patienten zumutbar, mit der am Krankenbett befestigten Klingel eine Pflegekraft herbeizurufen, wenn er beabsichtigt, das Bett zu verlassen (OLG Bremen, MDR 2010, 212, 213 = GesR 2010, 25, 26).

V 372i Auch bei einem Patienten, der **demenzbedingt zum eigenständigen Gehen nicht mehr in der Lage is**t (hier: Pflegestufe III), besteht grundsätzlich kein Anlass, ihn in einem Krankenhaus ständig – auch im Sitzen – zu fixieren oder zu überwachen (OLG Düsseldorf, Urt. v. 2. 3. 2006 – I-8 U 163/04, AHRS III, 3500, 314).

V 372k Selbst bei Vorliegen eines **gerichtlichen „Fixierungsbeschlusses"** ist eine **ständige Fixierung zur Sturzprävention nicht gerechtfertigt**. Von einer Fixierung oder sonstigen freiheitsentziehenden Maßnahme ist abzusehen bzw. die Maßnahme unverzüglich abzubrechen, sobald sie nicht (mehr) erforderlich ist (OLG Düsseldorf, Beschl. v. 13. 7. 2007 – I-24 U 16/10, GesR 2010, 689, 691).

V 372l Eine lediglich **latent vorhandene Sturzneigung des Patienten rechtfertigt alleine noch keine Fixierung oder beständige Überwachung** des Patienten, sofern sich diese nicht zu einer konkreten Gefahrenlage zuspitzt, aus der eine gesteigerte Obhutspflicht des Heim- bzw. Klinikträgers erwächst. Eine **konkrete Gefahrenlage**, die Veranlassung zum **Anbringen eines Bettgitters**, zu einer **Fixierung** (nach Vorliegen der gesetzlichen Voraussetzungen, § 1906 IV BGB) **und/oder lückenlosen Überwachung** bieten würde, liegt noch nicht vor, wenn der Patient Wochen zuvor schon zweimal im Zimmer gestürzt ist, wenn **vorherige Anzeichen für einen erneuten Sturz wie z.B. nächtliche Unruhe, Hinweise auf eine Bettflucht o.a. nicht vorliegen** und wegen der latenten Sturzgefährdung **Beobachtungsintervalle von zwei Stunden dokumentiert** sind (OLG Jena, Urt. v. 5. 6. 2012 – 4 U 488/11, GesR 2012, 500, 501 = NJW-RR 2012, 1419, 1420).

Ein Heimbetreiber ist auch **nicht von sich aus verpflichtet, eine zweite Pflegekraft hinzuzuziehen**, wenn sich der Heimbewohner **nicht in einer konkreten Gefahrensituation befindet**, die eine gesteigerte Obhutspflicht auslöst (OLG Naumburg, Urt. v. 31. 1. 2007 – 6 U 98/06, OLGR 2008, 200, 201; vgl. aber OLG Düsseldorf, Urt. v. 17. 1. 2012 – I-24 U 78/11, MDR 2012, 522, 523 f. = NJW-RR 2012, 716, 717: Pflegeheimbewohnerin war teilweise gelähmt, konnte nicht alleine stehen, zweite Pflegekraft war erforderlich; vgl. Rz. V 364, V 364a). **V 373**

Nach Auffassung des OLG Schleswig (Urt. v. 6. 6. 2003 – 4 U 70/02, NJW-RR 2004, 237 = OLGR 2004, 3, 4) liegt auch dann kein Fall des „voll beherrschbaren Risikos" vor, wenn ein 82-jähriger Patient nachts auf einer normalen Station **aus dem Krankenbett fällt**, wenn zuvor keine konkreten Anhaltspunkte für eine Eigen- oder Fremdgefährdung, etwa eine „Bettflüchtigkeit" oder Uneinsichtigkeit des Patienten, bestanden. **V 374**

Stürzt ein Patient in der geriatrischen Abteilung eines Krankenhaus (o.a.) **beim Verlassen des Bettes**, so ist nach Ansicht des OLG Oldenburg durch Einholung eines medizinischen Gutachtens zu klären, ob der **Sturz** bei ordnungsgemäßem medizinischen bzw. pflegerischen Verhalten **zu verhindern** gewesen wäre (OLG Oldenburg, Beschl. v. 12. 12. 2008 – 5 W 91/0/8, OLGR 2009, 372 = VersR 2009, 1120). **V 375**

Einstweilen frei. **V 376 – V 379**

4. Infektionen

Die allgemeine und spezifische Hygiene gehört zum pflegerischen Bereich, für dessen Einhaltung, Überwachung und Kontrolle nicht der ärztliche Dienst, sondern der Krankenhausträger bzw. dessen pflegerische Leitung zuständig und für Fehler haftbar ist. Insoweit findet der Rechtsgedanke des § 280 I 2 BGB Anwendung, als es um den Bereich des „voll beherrschbaren Risikos" der **allgemeinen Gewährung hygienischer Verhältnisse** geht (BGH, Urt. v. 20. 3. 2007 – VI ZR 158/06, VersR 2007, 847, 848 = GesR 2007, 254 = NJW 2007, 1682, 1683; BGH, VersR 1999, 60 = NJW 1999, 860 = MDR 1999, 36; OLG Köln, Beschl. v. 8. 12. 2010 – 5 U 88/10, GesR 2011, 600, 601: **kein Anscheinsbeweis bei Auftreten von Pneumonien, einer Endokarditis und einer Augenentzündung;** OLG München, Urt. v. 25. 3. 2011 – 1 U 4594/08, VersR 2011, 885, 887: **keine Haftung, wenn alle gebotenen Vorkehrungen zur Vermeidung einer Keimübertra-** **V 380** gung getroffen wurden; OLG München, Urt. v. 30. 6. 2011 – 1 U 2414/10, juris, Rz. 48: es muss feststehen, dass sich ein voll beherrschbares Risiko realisiert hat; OLG Zweibrücken, Urt. v. 27. 7. 2004 – 5 U 15/02, NJW-RR 2004, 1607 = GesR 2004, 468; F/N/W, 5. Aufl., Rz. 158; L/K-Laufs/Kern, § 109 Rz. 16, 17; L/K/L-Katzenmeier, Rz. XI 112; Wenzel-Müller, Kap. 2 Rz. 1502, 1513).

V 381   Die absolute Keimfreiheit des ärztlichen Personals und weiterer Operations-beteiligter kann allerdings nicht erreicht werden, so dass Keimübertragungen, die sich trotz Einhaltung der gebotenen hygienischen Vorkehrungen ereignen, zum entschädigungslos bleibenden Krankheitsrisiko des Patienten gehören. Eine Haftung des Krankenhausträgers kommt daher nur in Betracht, wenn die Keimübertragung durch die gebotene hygienische Sorgfalt hätte verhindert wer-den können. **Nur wenn feststeht, dass die Infektion aus einem hygienisch voll beherrschbaren Bereich hervorgegangen sein muss, hat der Krankenhausträger bzw. Behandler für die Folgen der Infektion einzustehen, sofern er sich nicht entsprechend § 280 I 2 BGB entlasten kann** (BGH, Urt. v. 20. 3. 2007 – VI ZR 158/06, VersR 2007, 847, 848 = NJW 2007, 1682, 1683: **Keimträgerin stand hier fest**; BGH, NJW 1991, 1541, 1542 = MDR 1991, 730 = VersR 1991, 467: **Identität des Keimträgers konnte nicht ermittelt werden**; OLG Köln, Beschl. v. 10. 10. 2012 – 5 U 69/12, juris, Nr. 4 = GesR 2013, 413, 414 = VersR 2013, 463, 464: **Der Vortrag, die Infektion hätte bei Aufnahme des Patienten im KKH nicht vorgelegen, nach der Behandlung sei er infiziert gewesen, reicht nicht aus**; OLG München, Urt. v. 6. 6. 2013 – 1 U 319/13, juris, Nr. 33, 34, 38 = GesR 2013, 618, 620: **MRSA-Infektion kein Indiz für Behandlungsfehler, selbst wenn ein Mit-patient als Keimträger in Frage kommt**; OLG Naumburg, Urt. v. 12. 6. 2012 – 1 U 119/11, NJW-RR 2012, 1375, 1376: **Infektion im KKH kein Indiz für Behand-lungsfehler, allgemeines Infektionsrisiko im KKH auch nicht aufklärungspflich-tig**; OLG Oldenburg, Urt. v. 20. 12. 2006 – 5 U 108/05 mit NZB BGH v. 15. 4. 2008 – VI ZR 21/07, AHRS III, 3040/315: **MRSA-Keime bei Hüftgelenk-OP, nicht voll beherrschbar**; Spickhoff-Greiner, § 823 BGB Rz. 164, 165; F/N/W, 5. Aufl., Rz. 158; Wenzel-Müller, Kap. 2 Rz. 1502, 1513; G/G, 6. Aufl., Rz. B 214, 245; weitere Nachweise bei Rz. V 385).

V 382   Zum schlüssigen Vortrag im Hinblick auf behauptete Hygienemängel eines Krankenhauses reicht es nicht aus, dass es bei dem Patienten zu Infektionen wie Pneumonien, einer Endokarditis und einer Augenentzündung gekommen ist (OLG Köln, Beschl. v. 8. 12. 2010 – 5 U 88/10, GesR 2011, 600, 601). Allein **der Vortrag des Patienten, die Infektion hätte bei Aufnahme im Krankenhaus noch nicht vorgelegen, nach der Behandlung sei er aber infiziert gewesen** (OLG Köln, Beschl. v. 10. 10. 2012 – 5 U 69/12, GesR 2013, 413, 414) bzw. es sei Sache des Krankenhausträgers, die **Übereinstimmung seines Hygieneplanes mit den Vorschriften des Robert-Koch-Instituts** darzulegen und zu beweisen, nachdem beim Patienten nach der Entlassung aus dem Krankenhaus eine MRSA-Infektion festgestellt worden ist und es wahrscheinlich sei, dass der Keim von einem zeit-weise im gleichen Zimmer liegenden Mitpatienten übertragen worden ist (OLG München, Urt. v. 6. 6. 2013 – 1 U 319/13, juris, Nr. 30, 34, 38: Ein Gutachten ist nicht schon deshalb einzuholen), **genügt für das Eingreifen von Beweiserleichte-rungen nicht.** Vielmehr obliegt dem Patienten der **Vollbeweis gemäß § 286 ZPO dafür, dass die Infektion während des stationären Aufenthalts in einem voll be-**

herrschbaren Bereich entstanden ist bzw. gesetzt wurde (OLG München, VersR 2011, 885, 887; OLG München, Urt. v. 30. 6. 2011 – 1 U 2414/10, juris, Nr. 48; OLG München, Urt. v. 6. 6. 2013 – 1 U 319/13, juris, Nr. 33, 34, 38 = GesR 2013, 618; OLG Naumburg, Urt. v. 12. 6. 2012 – 1 U 119/11, NJW-RR 2012, 1375; OLG Köln, Beschl. v. 10. 10. 2012 – 5 U 69/12, GesR 2013, 413, 414 = VersR 2013, 463, 464; OLG Düsseldorf, Urt. v. 5. 8. 2004 – I-8 U 17/04, AHRS III, 6330/303). Zur Haftung kann es nur dann kommen, wenn sowohl **der Keimträger als auch feststeht, dass die Infektion durch Beachtung der Hygienevorschriften hätte vermieden werden können** (OLG Hamm, Urt. v. 13. 12. 2004 – 3 U 135/04, MedR 2006, 288; OLG Naumburg, NJW-RR 2012, 1375, 1376; OLG Oldenburg, Urt. v. 20. 12. 2006 – 5 U 108/05, AHRS III, 6330/308; Wenzel-Müller, Kap. 2 Rz. 1513).

Ist dies der Fall, muss der **Krankenhausträger bzw. Behandler beweisen, dass er alle organisatorischen und technischen Vorkehrungen gegen vermeidbare Keimübertragungen getroffen hatte** (BGH, Urt. v. 20. 3. 2007 – VI ZR 158/06, VersR 2007, 847, 848 = GesR 2007, 254, 255; OLG München, Urt. v. 25. 3. 2011 – 1 U 4594/08, VersR 2011, 885, 887; Jorzig, GesR 2004, 469). Hierfür reicht es nicht aus, dass die (festgestellte) Infizierung der Arzthelferin für den Arzt bzw. den Krankenhausträger **subjektiv nicht erkennbar** war; der **Entlastungsbeweis erfordert vielmehr auch den Nachweis, dass in der Praxis im Übrigen die gebotene Sorgfalt gewahrt worden ist** (BGH a. a. O.; OLG München a. a. O.). Dieser Entlastungsbeweis ist nicht geführt, wenn festgestellt wird, dass in der Arztpraxis **elementare Hygienegebote missachtet** worden sind, etwa wenn Desinfektionsmittel nicht in ihren Originalbehältern aufbewahrt werden, zwei von vier überprüften Alkoholen verkeimt sind, Durchstechflaschen mit Injektionssubstanzen über mehrere Tage hinweg Verwendung finden, Flächendesinfektionsmittel mit einer langen Einwirkungszeit fehlerhaft zur Hautdesinfektion eingesetzt werden und Arzthelferinnen vor dem Aufziehen einer Spritze nicht – wie üblich – ihre Hände desinfizieren (BGH, Urt. v. 20. 3. 2007 – VI ZR 158/06, VersR 2007, 847, 848 unter Zurückweisung der Revision gegen das Urteil des OLG Koblenz, Urt. v. 22. 6. 2006 – 5 U 1711/05, NJW-RR 2006, 1401; Jungbecker, VersR 2007, 849 befürwortet in einem solchen Fall einen **Anscheinsbeweis**).

Die Haftung des Krankenhausträgers scheidet aber aus, wenn die Beweisaufnahme zu den Vorsorgemaßnahmen und den Hygienestandards ergeben hat, dass **alle gebotenen Vorkehrungen zur Vermeidung einer Keimübertragung** nach dem Auftreten von Hygienemängeln getroffen worden sind (OLG München, Urt. v. 25. 3. 2011 – 1 U 4594/08, VersR 2011, 885, 887). **Einzelfälle:**

Infektion nach Operation oder Krankenhausaufenthalt

V 383

V 384

V 385

Die Verursachung einer **Wundinfektion** durch einen menschlichen Keimträger während einer Operation oder eines Klinikaufenthalts kann auch bei der Anwendung aller hygienischen Sorgfalt nicht immer vermieden werden. Die Vorgänge im lebenden Organismus lassen sich nicht so sicher beherrschen, dass ein Misserfolg der Behandlung bereits den Schluss auf das Vorliegen eines Behandlungsfehlers und ein Verschulden der Behandlungsseite entsprechend § 280 I 2 BGB zulassen würde. (BGH, NJW 1991, 1541, 1542; OLG Düsseldorf, Urt. v. 5. 8. 2004 – I-8 U 17/04, AHRS III, 6330/303: Patient muss beweisen, dass Infektion nach Arthroskopie des Kniegelenks in voll beherrschbarem Gefahrenbereich entstanden ist; OLG Hamburg, Urt. v. 22. 2. 2002 – 1 U 35/00, MDR 2002, 1315: **Besiedelung der Operationswunde durch Raumkeime nie sicher vermeidbar;** OLG Hamm, Urt. v. 13. 12. 2004 – 3 U 135/04, GesR 2005, 164, 165; OLG Hamm, Urt. v. 16. 6. 2008 – 3 U 148/07, OLGR 2009, 78, 81: **MRSA-Infektion im KKH, nicht voll beherrschbar;** OLG Hamm, Urt. v. 20. 8. 2007 – 3 U 274/06, MedR 2008, 217, 219: **Infektionsrisiko kann auch bei Tragen eines Mundschutzes nicht vollständig ausgeschlossen werden;** OLG Karlsruhe, Urt. v. 24. 1. 2001 – 7 U 239/98, AHRS III, 3040/300 und Urt. v. 27. 3. 2002 – 7 U 93/01, AHRS III, 3040/304: auch bei Anwendung sämtlicher Hygienemaßnahmen lässt sich eine **Wundinfektion nicht immer vermeiden;** OLG München, Urt. v. 25. 3. 2011 – 1 U 4595/08, VersR 2011, 885, 887: **Hepatitis-C-Infektion nicht sicher in voll beherrschbarem Bereich verursacht, Patient beweisfällig;** OLG München, Urt. v. 30. 6. 2011 – 1 U 2414/10, juris, Nr. 48, 50, 54: **Infektionsrisiko kann sich auch beim Tragen von Handschuhen realisieren, nicht sicher im voll beherrschbaren Bereich entstanden;** OLG München, Urt. v. 18. 9. 2008 – 1 U 4837/07, juris, Nr. 33: **Infektion eines Neugeborenen im KKH mit Rotaviren nicht voll beherrschbar;** OLG München, Urt. v. 6. 6. 2013 – 1 U 319/13, juris, Nr. 33, 34, 38 = GesR 2013, 618, 620: **Zeitpunkt und Quelle der MRSA-Keimübertragung unbekannt;** OLG Naumburg, Urt. v. 12. 6. 2012 – 1 U 119/11, NJW-RR 2012, 1375: **Infizierung in einem voll beherrschbaren Bereich vom Patienten nachzuweisen;** OLG Oldenburg, Urt. v. 20. 12. 2006 – 5 U 108/05 mit NZB BGH v. 15. 4. 2008 – VI ZR 21/07, AHRS III, 3040/315: **MRSA-Keime bei Hüftgelenk-OP, nicht voll beherrschbar;** OLG Zweibrücken, Urt. v. 27. 7. 2004 – 5 U 15/02, NJW-RR 2004, 1607; Spickhoff-Greiner, § 823 BGB Rz. 164, 165; F/N/W, 5. Aufl., Rz. 158; Wenzel-Müller, Kap. 2 Rz. 1502, 1513; G/G, 6. Aufl., Rz. B 214, 245).

V 386 Eine Haftung der Behandlungsseite kommt bei Infektionen im Zusammenhang mit einer Operation oder stationären Behandlung nur in Betracht, wenn **die Keimübertragung durch die gebotenen hygienischen Vorsorgen zuverlässig hätten verhindert werden können** (OLG Hamm, Urt. v. 16. 6. 2008 – 3 U 148/07, OLGR 2009, 78, 81; OLG Oldenburg, Urt. v. 20. 12. 2006 – 5 U 108/05, AHRS III, 3040/315 und AHRS III, 6330/308: wenn nicht festgestellt werden kann, ob die Keimübertragung durch hyienische Vorsorge hätte verhindert werden können, kann schon eine Herkunft der Infektion aus einem voll beherrschbaren Bereich nicht angenommen werden). Selbst **Keimübertragungen durch ein Mitglied des Operationsteams sind nicht stets vermeidbar und beherrschbar** (BGH, NJW 1991, 1541, 1542; OLG Hamm, Urt. v. 13. 12. 2004 – 3 U 135/04, GesR 2005, 164, 165).

V 387 Hat der Klinikträger die gebotene hygienische Vorsorge beachtet und kommt für die Infektion einer Patientin nach den späteren Feststellungen des gerichtlich beauftragten Sachverständigen auch eine **vorbestehende Kolonisation des Gebärmutterhalses bzw. ein Infekt** infrage, kommt eine Beweiserleichterung aus dem Gesichtspunkt des „voll beherrschbaren Risikos" oder des „Anscheinsbeweises" nicht in Betracht (OLG Hamm, Urt. v. 13. 12. 2004 – 3 U 135/04, GesR 2005, 164, 165). Dies gilt auch dann, wenn mehr als einen Monat nach dem Auftreten der Infektion bei der Patienten bei einem **Krankenpfleger eine Streptokokken-**

A-Infektion festgestellt und zuvor noch vier weitere Fälle von Streptokokken-A-Infektionen bei Patientinnen und Patienten diagnostiziert worden sind (OLG Hamm, Urt. v. 13. 12. 2004 – 3 U 135/04, GesR 2005, 164, 165).

Allein der Umstand, dass der Kläger einen **MRSA-Keim über einen Mitpatienten** V 387a
als zunächst unbekanntem Keimträger erworben haben könnte, führt nicht zum Eingreifen von Beweiserleichterungen aus dem Gesichtspunkt des „voll beherrschbaren Risikos" und verpflichtet das Gericht nicht, die Übereinstimmung des Hygieneplanes des Krankenhauses mit den Vorschriften des Robert-Koch-Instituts durch Einholung eines Sachverständigengutachtens feststellen zu lassen (OLG München, Urt. v. 6. 6. 2013 – 1 U 319/13, juris, Nr. 30, 34, 38 = GesR 2013, 618, 620).

Etwas anderes kann jedoch gelten, wenn eine **Infektionswelle in der Klinik** vo- V 388
rausgegangen ist (OLG Oldenburg, Urt. v. 3. 12. 2002 – 5 U 100/00, VersR 2003, 1544 = OLGR 2003, 82). Tritt etwa in einer Klinik eine Streptokokkeninfektion auf, ist die Klinikleitung verpflichtet, dies den Chefärzten der Klinik mitzuteilen. Es stellt einen **groben Behandlungsfehler** dar, wenn selbst nach erneutem Auftreten von Streptokokkeninfektionen eine Krisensitzung unter **Hinzuziehung eines Krankenhaushygienikers** und der verantwortlichen Ärzte unterbleibt und es nachfolgend zu einer Streptokokkeninfektion einer schwangeren Patientin kommt, auf die zudem noch um einen Tag verspätet reagiert wird (OLG Oldenburg, Urt. v. 3. 12. 2002 – 5 U 100/00, VersR 2003, 1544, 1546).

Grundsätzlich besteht für den Klinikträger Veranlassung zu besonderen organi- V 389
satorischen Maßnahmen, wenn eine **auffallend hohe Infektionsrate mit Staphylokokken** festgestellt wird (OLG Zweibrücken, Urt. v. 27. 7. 2004 – 5 U 15/02, NJW-RR 2004, 1607, 1608). Allerdings bestanden im Jahr 1996 in Deutschland keine verbindlichen Kriterien für ein Überwachungssystem betreffend nosocomiale Infektionen. Eine Datenerfassung nach KISS-Kriterien (Krankenhaus-Infektions-Surveillance-System) oder NNIS-Kriterien (National-Nosocominal-Infektions-Surveillance) wurde erstmals 1997 in Deutschland begonnen und hat sich noch nicht zum verpflichtenden Standard entwickelt (OLG Zweibrücken, Urt. v. 27. 7. 2004 – 5 U 15/02, NJW-RR 2004, 1607, 1608 = GesR 2004, 468, 469). Aus der Nichtbeachtung der KISS- bzw. NNIS-Kriterien kann somit nach wie vor nicht auf einen Verstoß gegen die Hygienestandards geschlossen werden (Jorzig, GesR 2004, 469 zu OLG Zweibrücken a. a. O.). **Insgesamt ist es auf Seiten des Krankenhausträgers ausreichend, wenn eine sogenannte Infektstatistik geführt wird, um ggf. den Entlastungsbeweis antreten zu können** (Jorzig a. a. O. oder ein Hygieneplan erstellt wird, vgl. hierzu Rz. V 400 ff.).

Das OLG Zweibrücken (Urt. v. 27. 7. 2004 – 5 U 15/02, NJW 2004, 1607, 1608) hat die Klage des Patienten im Übrigen abgewiesen, da nicht festgestellt werden konnte – was zur Beweislast des Patienten stand –, dass der Krankenhausträger bzw. die tätig werdenden Ärzte und Pflegekräfte pflichtwidrig Maßnahmen unterlassen hätten, die geeignet gewesen wären, eine beim Patienten aufgetretene Infektion zu vermeiden.

Dass man sich in einem Krankenhaus mit Keimen infizieren kann und das **In-** V 389a
fektionsrisiko bei einer Vorerkrankung oder dem Vorhandensein von Wunden

erhöht ist, ist allgemein bekannt und hat deshalb nicht Gegenstand einer besonderen Risikoaufklärung zu sein. Auch bei einer MRSA-Infektion handelt es sich nicht um ein spezifisches Risiko eines bestimmten Eingriffes oder eines bestimmten Patienten, sondern um ein generelles Problem von Antibiotikaresistenzen (OLG Naumburg, Urt. v. 12. 6. 2012 – 1 U 119/11, NJW-RR 2012, 1375, 1378; auch OLG Hamm, Urt. v. 16. 6. 2008, BeckRS 2008, 23874).

V 390 **Punktionen und intraartikuläre Injektionen**

Auch bei **Punktionen und intraartikulären Injektionen** besteht **keine „volle Beherrschbarkeit" des Infektionsrisikos** (OLG Hamm, Urt. v. 20. 8. 2007 – 3 U 274/06, MedR 2008, 217, 219: Infektion nach Injektion; OLG München, NJW-RR 1994, 1309; OLG Dresden, Urt. v. 24. 7. 2008 – 4 U 1857/07, OLGR 2008, 818, 820: Fehlinjektion mit Nervschädigung durch Arzt oder MTA nicht voll beherrschbar; OLG Düsseldorf, Urt. v. 5. 8. 2004 – I-8 U 17/04, AHRS III, 6330/303: Infektion nach Arthroskopie ins Kniegelenk, nicht voll beherrschbar).

V 391 Ebenso wenig lässt die Entwicklung einer Infektion einen Rückschluss auf eine erhebliche Keimverschleppung und ein mögliches fehlerhaftes Vorgehen der Behandlungsseite zu (OLG Hamm a. a. O.). Insbesondere dann, wenn die Infektionsrate bei Operationen der vorgenommenen Art in Verbindung mit Weichteilverletzungen 1,5–2 % beträgt, kann nicht davon ausgegangen werden, dass eine dann eingetretene Infektion aus einem „voll beherrschbaren" Bereich hervorgegangen ist (BGH, NJW 1999, 3408, 3410). In derartigen Fällen kommt auch ein **Anscheinsbeweis nicht in Betracht** (vgl. hierzu Rz. A 178; OLG Hamm, Urt. v. 13. 12. 2004 – 3 U 135/04, GesR 2005, 164, 165; G/G, 6. Aufl., Rz. B 236).

V 392 **Unterlassene Anwendung eines Mundschutzes**

Die **unterlassene Anwendung eines Mundschutzes** bei der Durchführung einer Injektionsbehandlung (hier: Einführung einer offenen Kanüle in den Körper, wodurch die Infektionsgefahr erhöht wird) stellt einen einfachen, jedoch **keinen groben Behandlungsfehler** dar (OLG Hamm, Urt. v. 20. 8. 2007 – 3 U 274/06, MedR 2008, 217, 219).

V 393 Auch die präoperative Desinfektion der Haut des Patienten (hier: vor einem arthroskopischen Eingriff) führt lediglich zu einer erheblichen Reduktion von Hautkeimen, nicht aber zur Keimfreiheit der Umgebung, so dass nicht auszuschließen ist, dass verbliebene Erreger auch bei Durchführung der gebotenen Hautdesinfektion in ein Gelenk eindringen. Die unterlassene Hautdesinfektion ist jedenfalls **nicht grob fehlerhaft** (OLG Hamm, Urt. v. 10. 4. 2002 – 3 U 126/01, AHRS III, 3040/305).

V 394 Es ist auch **nicht behandlungsfehlerhaft**, wenn ein Arzt **bei minimalen Eingriffen** wie bei der Spaltung eines Abzesses zur Entlastung der Wunde durch Austreten von Eiter **keine Handschuhe** trägt, wenn die Wunde wohl bereits zuvor wundsteril war und die weiteren Hygienestandards wie Verwendung steriler Kompressen und eines sterilen Skalpells eingehalten worden sind (OLG München, Urt. v. 30. 6. 2011 – 1 U 2414/10, juris, Nr. 48, 50, 54).

V 395 Demgegenüber ist es **fehlerhaft**, bei einer Punktion im Knie mit hiermit verbundenem Spritzenwechsel **keine sterilen Handschuhe zu tragen und die Hände**

nicht bzw. nur ungenügend zu desinfizieren (OLG München, Urt. v. 30. 6. 2011
– 1 U 2414/10, juris, Nr. 52; auch OLG Düsseldorf, NJW-RR 2001, 389: sterile
Handschuhe bei Punktion im Knie erforderlich; OLG Düsseldorf, VersR 1998,
1121: ungenügende Handdesinfektion vor einer Kniepunktion fehlerhaft).

In einer früheren Entscheidung hatte das OLG Düsseldorf (NJW 1988, 2307 =   V 396
VersR 1988, 40, 41) einen **groben Behandlungsfehler** angenommen, wenn der
Arzt vor einer Injektion seine Hände nicht bzw. nicht ausreichend desinfiziert.
Gleiches gilt, wenn der Arzt eine Injektion im Straßenanzug, ohne jegliche
Schutzkleidung, durchführt (OLG Karlsruhe, VersR 1989, 195, 196: grober Be-
handlungsfehler).

Kann dann nicht festgestellt werden, dass die **Infektionsquelle aus einer Sphäre**   V 397
kam, die der vollen Beherrschbarkeit des Arztes bzw. Krankenhauses unterlag,
greift zugunsten des Patienten keine Beweiserleichterung aus dem Gesichts-
punkt des „voll beherrschbaren Risikos" ein. Das Infektionsrisiko kann auch
bei Einhaltung aller Hygienevorschriften, insbesondere **auch beim Tragen eines**
Mundschutzes, nie vollständig ausgeschlossen werden (OLG Hamm, Urt. v.
20. 8. 2007 – 3 U 274/06, MedR 2008, 217, 219; zustimmend Cramer, MedR
2008, 219 zum unterlassenenen Tragen eines Mundschutzes; OLG Hamm, Urt.
v. 10. 4. 2002 – 3 U 126/01, AHRS III, 3040/305 zur unterlassenen präoperativen
Hautdesinfektion vor einem arthroskopischen Eingriff, kein grober Behandlungsfehler; OLG München, Urt. v. 25. 3. 2011 – 1 U 4595/08, VersR 2011, 885,
887: **Hepatitis-C-Infektion nicht sicher in voll beherrschbarem Bereich ver-**
ursacht, Patient beweisfällig; OLG München, Urt. v. 30. 6. 2011 – 1 U 2414/10,
juris, Nr. 48, 50, 54: Infektionsrisiko kann sich auch beim Tragen von Handschuhen realisieren).

Liegt im Einzelfall allerdings ein **„grober Behandlungsfehler"** vor (s. o.), ergibt
sich die Beweiserleichterung nach den hierzu aufgestellten Grundsätzen (OLG
Naumburg, Urt. v. 20. 8. 2009 – 1 U 86/08: **vollständiges Unterlassen einer Des-**
infektion vor einer Injektionsbehandlung durch Notarzt; OLG Karlsruhe, VersR
1989, 195, 196: **Injektion im Straßenanzug**).

Insterile Infusion, verunreinigtes Desinfektionsmittel   V 398

Der Krankenhausträger hat entsprechend § 280 I 2 BGB das mangelnde Verschulden der angesetzten Ärzte und Pflegekräfte zu beweisen, wenn die dem Patienten verabreichte **Infusionsflüssigkeit** bei oder nach ihrer Zubereitung im
Krankenhaus **unsteril** wurde (BGH, NJW 1982, 699; S/Pa, 12. Aufl., Rz. 611,
614; G/G, 6. Aufl., Rz. B 245). Gleiches gilt, wenn nachweislich verunreinigtes
Desinfektionsmittel zum Einsatz gekommen ist (BGH, NJW 1978, 1683; G/G,
6. Aufl., Rz. B 245).

Spritzenabszess in einer Arztpraxis mit schweren Hygienemängeln.   V 399

Kommt es nach einer Injektion zu einem **Spritzenabszess** und steht fest, dass es
in der Arztpraxis **gravierende Hygienemängel** gab (hier: klare Hygienepläne fehlten, Desinfektionsmittel wurden aus den Originalbehältnissen umgefüllt, von
vier überprüften Alkoholen waren zwei verkeimt, Flächendesinfektionsmittel
mit einer langen Einwirkungszeit wurden zur Handdesinfektion mit erforderli-

cher kurzer Einwirkung eingesetzt, Durchstechflaschen mit Injektionssubstanzen fanden über mehrere Tage hinweg Verwendung, die Arzthelferinnen haben vor dem Aufziehen von Spritzen ihre Hände nicht desinfiziert), **muss der Arzt beweisen, dass der Schaden der Patientin nach der aufgetretenen Staphylokokken-Infektion auch bei Beachtung der maßgeblichen Hygieneregeln eingetreten wäre** (OLG Koblenz, Urt. v. 22. 6. 2006 – 5 U 1711/05, OLGR 2006, 913, 914 = GesR 2006, 469, 470 = NJW-RR 2006, 1401, 1402; bestätigt von BGH, Urt. v. 20. 3. 2007 – VI ZR 158/06, VersR 2007, 847, 848 = NJW 2007, 1682, 1683 = GesR 2007, 254, 255).

V. Exkurs: Infektionsschutzgesetz (IfSG)

V 400 Die zentrale Neuregelung des § 23 VIII IfSG n. F. (vgl. hierzu auch Rz. P 91 ff.) enthält die Verpflichtung der Länder, bis zum 31. 3. 2011 Verordnungen zur Infektionshygiene und zur Prävention von resistenten Krankheitserregern in medizinischen Einrichtungen zu erlangen. Bis März 2012 hatten sieben Bundesländer (Baden-Württemberg, Berlin, Bremen, Nordrhein-Westfalen, Saarland, Sachsen, Bayern) entsprechende Regelungen erlassen (Stollmann, GesR 2011, 705, 706; Lorz, NJW 2011, 3397, 3400).

V 401 Gemäß § 23 V 1 IfSG haben die Leiter von Krankenhäusern, Einrichtungen für ambulantes Operieren, Vorsorge- und Rehabilitationseinrichtungen, Dialyseeinrichtungen, Tageskliniken, Entbindungseinrichtungen sowie vergleichbare Behandlungs- oder Vorsorgeeinrichtungen sicherzustellen, dass innerbetriebliche Verfahrensweisen zur Infektionshygiene in **Hygieneplänen** festgelegt sind (Stollmann, GesR 2011, 705, 708; Lorz, NJW 2011, 3397, 3399). Damit wird die haftungsrechtliche Verantwortlichkeit der Leiter medizinischer Einrichtungen bei der Verpflichtung zur Verhütung nosokomialer Infektionen und zur Vermeidung der Weiterverbreitung von Krankheitserregern erweitert. Dier haftungsrechtliche Verantwortlichkeit des einzelnen Arztes und des Pflegepersonals wegen eines diesen zurechenbaren Hygieneverstoßes, etwa bei unterlassener Händedesinfektion (s. o.), bleibt hiervon unberührt (Lorz, NJW 2011, 3397, 3399).

V 402 **Stammt eine Infizierung aus dem Bereich eines Krankenhauses oder einer anderen medizinischen Einrichtung, so muss deren Leiter im Haftungsprozess substantiiert darlegen und beweisen, dass er die Empfehlungen der von der KRINKO (Kommission für Krankenhaushygiene und Infektionsprävention) und die Empfehlungen der neuen Kommission ART (Kommission Antiinfektiva, Ressistenz und Therapie am Robert-Koch-Institut) beachtet hat (§ 23 II, III 1, III 2; § 4 II Nr. 2b IfSG). Gelingt ihm der Beweis, so spricht für ihn die Vermutung, dass der Stand der medizinischen Wissenschaft eingehalten wurde** (Lorz, NJW 2011, 3397, 3400; Stollmann, GesR 2011, 705, 708). Greift die Vermutungswirkung (§ 23 III 2 IfSG) ein, obliegt es dem Patienten, darzulegen und zu beweisen, dass die eingehaltenen Empfehlungen hinter dem Stand der medizinischen Wissenschaft zurückbleiben bzw. die Empfehlungen im konkreten Einzelfall nicht eingehalten worden sind (Lorz, NJW 2011, 3397, 3400; Stollmann, GesR 2011, 705, 708; vgl. auch Rz. P 96 ff.).

Die widerlegbare Vermutung lässt im Einzelfall ein Unterschreiten der Empfehlungen der KRINKO und der ART zu, etwa wenn nicht erfüllte baulich, funktionelle Voraussetzungen durch betrieblich-organisatorische Maßnahmen kompensiert werden können (vgl. BT-Drucksache, 17/5178, S. 18; Lorz, NJW 2011, 3397, 3400; Stollmann, GesR 2011, 705, 708). Ein Überschreiten der Empfehlung ist dann erforderlich, soweit diese objektiv nicht an den Stand der Wissenschaft angepasst sind (Stollmann a. a. O.; Lorz a. a. O.).

Die Leitungen von Krankenhäusern und sonstigen Einrichtungen haben nach § 4 II Nr. 2b IfSG auch sicherzustellen, dass die dort festgelegten nosokomialen Infektionen und das Auftreten von Krankheitserregern mit speziellen Ressistenzen und Multiressistenzen fortlaufend in einer gesonderten Niederschrift aufgezeichnet, bewertet und fachgerechte Schlussfolgerungen hinsichtlich erforderlicher Präventionsmaßnahmen gezogen werden; diese Präventionsmaßnahmen sind dem Personal mitzuteilen und umzusetzen (§ 4 II Nr. 2b, 23 IV 1 IfSG).   V 403

Dem zuständigen Gesundheitsamt ist auf Verlangen Einsicht in die Aufzeichnungen, Bewertungen und Schlussfolgerungen zu gewähren, § 23 IV 4 IfSG (Stollmann, GesR 2011, 705, 708; Lorz, NJW 2011, 3397, 3400; OLG Hamm, GesR 2011, 671: **das Einsichtsrecht steht dem Gesundheitsamt, nicht dem einzelnen Patienten zu**).   V 404

Die Leiter von Krankenhäusern und Einrichtungen für ambulantes Operieren sind auch verpflichtet, Art und Umfang des Verbrauchs von Antibiotika aufzuzeichnen, unter Berücksichtigung der örtlichen Ressistenzsituation zu bewerten und sachgerechte Schlussfolgerungen zum Antibiotikaeinsatz zu ziehen. Die erforderlichen Anpassungen hinsichtlich des Antibiotikaeinsatzes müssen dann wiederum dem Personal mitgeteilt und umgesetzt werden, §§ 4 II Nr. 2b, 23 IV 2 IfSG (Stollmann, GesR 2011, 705, 708; Lorz, NJW 2011, 3397, 3400).

Stichwortverzeichnis

A 1619, A 1783b, A 1942 f., A 1960, A 2275d, G 1041

- Diagnoseirrtum D 21f, D 22f ff., D 74 ff., G 386 ff., G 388 ff.

- Dokumentation D 215 ff., D 239, D 320 f., D 329, D 348 f., D 357, D 357c f., D 402 ff., D 407, D 432

- Grober Behandlungsfehler D 51, G 195 ff., G 386 ff., G 553 ff., G 809 ff., U 22a

- Medizinischer Hintergrund A 1405 *(Beckenendlage)*, G 66a *(Down-Syndrom, Mongolismus)*, T 118 *(HELLP-Syndrom)*, G 577b *(Mammakarzinom, Mammographie)*, A 1371, D 83a *(Thrombose)*

- Sachverständiger S 6, S 12, S 14f.

- Sectio A 382d, A 913, A 1382 ff., A 1420 ff., A 1438, A 1710, A 1882, A 2097, A 2255, D 218b, G 196 f., G 392b, G 583, G 824, G 832 f., G 838 ff., G 847a ff., G 860 ff., G 1021, G 1026, T 85, T 97, T 111 f., T 117, U 180, U 236, U 239, U 322

- Unterlassene Befunderhebung D 21f, D 22f ff., D 25c, G 553 ff., G 574 ff., G 856 ff., U 22, U 38, U 61a, U 76 ff., U 175 ff., U 216 ff., U 230 ff., U 245 ff.

- Wiedervorstellung bzw. Einbestellung A 301 ff., A 633, A 661, D 148, G 388, G 576 f., G 581, G 812, G 872, G 923a, G 1034, G 1041

Hämorrhoiden A 1141 ff., A 1287, D 89 ff., G 642

Hallux valgus A 868c, A 928 f., A 1276 ff., A 1527a, A 1583 f., A 2083

Handgelenk/Handgelenkverletzung A 228, A 490a, T 18 ff., T 27, T 52c

- Aufklärung A 592 f., A 1280 ff., A 1330b, A 1519, A 1524, A 1939, A 2081

- Diagnoseirrtum D 25e, D 61, D 84, D 92, D 105, G 364

- Grober Behandlungsfehler G 373, G 546, G 1040

Harnleiter/Harnleiterverletzung A 200, A 517a, A 836a, A 909, A 1014a, A 1077, A 1105, A 1133, A 1143a, A 1145 ff., A 1577, A 1912d, A 1943, A 1945, A 2137, A 2355, D 91, G 387a, G 585, T 48c, T 94, U 177, U 247

H-Arzt (Heilbehandlungsarzt) A 491

Haushaltsführungsschaden K 102a, K 108c, K 119

Hautarzt D 22b, U 41, U 288 f.

Hebamme A 138 ff., A 380 ff., A 385 ff., G 829, G 833 ff., G 1022 ff., K 207 ff., P 11

- Arbeitsteilung/eigene Haftung A 110 ff., A 138 ff., A 378, A 385 ff., A 392, K 164, K 192, K 207 ff., K 217

- Dokumentation D 216 ff., D 406

- Grobe Behandlungsfehler G 195, G 198, G 202, G 258, G 554, G 824, G 828 f., G 833 ff., G 853 f., G 860, G 867, G 869, G 1017, G 1022 ff.

- Unterlassene Befunderhebung U 66, U 240, U 322

Hellp-Syndrom G 392b, T 117, T 118 *(med. Hintergrund)*

Heparin *s. Thrombose*

Hepatitis A 173, A 183, A 203, A 693, A 698, A 1378, A 2337, G 267, G 653a, U 82g, U 153, V 397 *s. auch Leber/Leberresektion*

Herzinfarkt A 583, A 647 f., A 746 ff., A 874 f., A 1136, A 1925a, A 1950, D 24 ff., D 45 ff., D 92 ff., D 133, G 462 ff., G 539, G 644, G 652 ff., G 908, G 910, G 930, G 941, G 982, T 148, U 21 ff., U 40, U 160 ff.

- Anspruch bejaht A 583, A 746 ff., A 1288, D 24b, D 24d, D 25g, D 45, D 47, D 93 f., G 465 ff., G 652 ff., G 930 f., G 982, T 148, U 21 ff., U 160 ff.

- Anspruch verneint A 875, A 1925a, D 24 ff., D 48, D 92 f., D 95, D 133, G 463 ff., G 644, G 656, G 910, G 941, U 40

Absender

_____

_____

_____

_____

Antwortkarte

Informationen unter **www.otto-schmidt.de**

So können Sie uns auch erreichen:
lektorat@otto-schmidt.de

Wichtig: Bitte immer den Titel des Werkes
angeben!

Verlag Dr. Otto Schmidt KG
Lektorat
Gustav-Heinemann-Ufer 58
50968 Köln

Absender

_____

_____

_____

_____

Antwortkarte

Informationen unter **www.otto-schmidt.de**

So können Sie uns auch erreichen:
lektorat@otto-schmidt.de

Wichtig: Bitte immer den Titel des Werkes
angeben!

Verlag Dr. Otto Schmidt KG
Lektorat
Gustav-Heinemann-Ufer 58
50968 Köln

Martis/Winkhart, **Arzthaftungsrecht**, 4. Auflage

• Hinweise und Anregungen: _____

_____

_____

_____

_____

• Auf Seite _____ Rz. _____ Zeile _____ von oben/unten

muss es statt _____

_____

_____

richtig heißen _____

_____

_____

Martis/Winkhart, **Arzthaftungsrecht**, 4. Auflage

• Hinweise und Anregungen: _____

_____

_____

_____

_____

• Auf Seite _____ Rz. _____ Zeile _____ von oben/unten

muss es statt _____

_____

_____

richtig heißen _____

_____

_____